中国集邮史

（1878–2018）

◎ 中华全国集邮联合会　编

人民邮电出版社
北京

图书在版编目（CIP）数据

中国集邮史 : 1878-2018 / 中华全国集邮联合会编
. -- 北京 : 人民邮电出版社, 2020.5(2020.7重印)
ISBN 978-7-115-20399-1

Ⅰ. ①中… Ⅱ. ①中… Ⅲ. ①集邮－历史－中国－1878-2018 Ⅳ. ①G894.1

中国版本图书馆CIP数据核字(2019)第298017号

内 容 提 要

《中国集邮史（1878—2018）》由中华全国集邮联合会组织编修，整理回顾了中国自1878年大龙邮票发行以来140年的集邮活动历程，客观、审慎、全面、系统地总结反映各个历史阶段的中国集邮发展情况。该书是我国邮政事业和集邮事业发展历程的历史记录，是集邮界重要的集邮文献之一。该书是向国际集邮界系统介绍中国邮政与集邮历史、加强集邮文化交流，特别是宣传20世纪80年代以来我国集邮成就的重要文献；也是向广大集邮爱好者，特别是青少年提供集邮知识，进行近代史教育、爱国主义教育、精神文明建设的生动教材。

◆ 编　　　　中华全国集邮联合会
责任编辑　刘　劲　马臻杰
责任印制　彭志环
◆ 人民邮电出版社有限公司发行　北京市丰台区成寿寺路11号
邮编　100164　　电子邮件　315@ptpress.com.cn
网址　https://www.ptpress.com.cn
北京协力旁普包装制品有限公司印刷
◆ 开本：787×1092　1/16
印张：94　　　　2020年7月第1版
字数：1 963千字　　　　2020年7月北京第2次印刷

定价：960.00元

读者服务热线：(010)81055493　印装质量热线：(010)81055316
反盗版热线：(010)81055315
广告经营许可证：京东市监广登字20170147号

编辑委员会成员名单

主　编：李近朱
副主编：成冬青　林　轩
统　稿：客文达

编纂者：（以姓氏笔画为序）
马　驎　王俊清　成冬青　毕晓光　刘惠吉　李汇祥
李志辉　李近朱　何　欣　宋晓文　陈　波　邵　林
林　轩　金问涛　孟宪利　客文达　葛建亚　焦　疆

特邀审校：
顾问：孙少颖
审校人：（以姓氏笔画为序）
王国栋　吕兴华　刘　劲　刘广实　刘佳维　刘建辉
刘格文　李　滨　李曙光　张玉虎　陈文骐　郝宪明
梅建生　龚达才　焦晓光　谢孜学　蔡　旸

资料提供：（以姓氏笔画为序）
马小玲　王　威　王志刚　王宏伟　王建平　孔令金　左　明
冯清海　刘　佳　刘大有　刘建辉　杜宜攀　杨云华　李　浩
李　滨　李国庆　李毅民　何子威　狄超英　宋　宁　张效建
陈　山　陈士能　陈元祯　陈肇宗　柳承美　赵　岳　徐永胜
梅海涛　黄剑波　梁耀华　魏中时

中国邮政文史中心　《集邮》杂志社　《中国集邮报》社
《集邮博览》杂志社　《集邮报》社
（在编撰过程中有部分资料是编写组辗转查找，原作者及资料提供者可能会有遗漏，在此一并表示感谢）

图片统筹：刘大有　孟宪利
英文翻译：俞　玮
装帧设计：赵　彬
责任编辑：刘　劲　马臻杰

堅守集邮初心

牢記文化使命

戊戌年十月

張懷西

中华全国集邮联合会名誉会长张怀西题词

記百年邮史
叙方寸春秋

為中國集邮史題

黄孟複

中华全国集邮联合会名誉会长黄孟复题词

忆百年邮史
叙方寸春秋

王家瑞

二〇一八年十一月

中华全国集邮联合会名誉会长王家瑞题词

序　言

文化的传承和延续，将历史与今天连接起来。今天会成为历史，历史会为今天借镜。书写与记录历史的目的，就是留住历史经验，以作今鉴。

集邮，作为一项以收集、鉴赏和研究邮票为主要内容的文化活动，源于英国，兴于欧美，遍及世界，已有近 200 年历史。我国集邮活动源自中国近代邮政的出现和西风东渐的影响。从晚清 1878 年中国第一套邮票“大龙邮票”发行，我国集邮活动由此渐起，延宕至 20 世纪上半叶。

1949 年 10 月 1 日中华人民共和国成立，为集邮文化活动的发展开辟了新的前景。1978 年以来改革开放国策的实行，促进了经济的发展和文化的兴盛，推进了集邮的快速发展。1982 年中华全国集邮联合会成立，以及全国范围内集邮组织的组建，成为当代中国集邮事业发展的基本组织保障。1983 年，中国加入国际集邮联合会和亚洲集邮联合会，成为世界集邮活动中的重要成员。

多年来，在我国各级政府部门和社会各界的关心支持下，群众性集邮文化活动蓬勃开展，并融入整个社会文化建设之中。集邮组织不断加强，队伍发展日趋成熟。集邮产业与集邮事业协调发展，集邮基础建设形成了一定格局。集邮展览在步入世界集邮的过程中，整体水平逐步提高，参展邮集硕果累累。集邮学术研究和集邮宣传工作也取得了可喜的成绩与进步。总之，中国集邮在开拓创新中，持续发展，形成特色，走向繁荣。中国已成为国际集邮领域中的一个重要国家，中国集邮事业已成为世界集邮发展的一个重要组成部分。

历史的记忆镌刻在岁月的丰碑上。在庆祝中华人民共和国成立七十周年之际，凝聚着我国老中青三代集邮家集体智慧和心血的《中国集邮史（1878—2018）》即将付梓。这部由中华全国集邮联合会组织编纂的专业类通史，本着“尊重历史、反映时代、体现文化”的宗旨，坚持“以史为经、史论结合”的原则，在《中国集邮史》1999 年版的基础上重新架构，拓展延伸编纂而成，体例严谨、内容翔实，较全面记载了 140 年来中国集邮的产生和发展的历史进程，客观地总结了当代中国集邮工作和集邮文化事业发展的主要做法和经验。全书篇幅已过百万字，堪称当代中国专业类通史编纂的一部重要著述。

《中国集邮史（1878—2018）》的编纂，是展现当代中国文化自信和文化传承的具体实践，是一项功在当代、利在千秋的文化工程。它不仅有利于促进国内集邮文化的发展和繁荣，也有助于向世界介绍中国集邮、推动国际集邮文化交流。随着时间的推移，它的历史价值、文化价值，以及对于中国集邮事业发展的借鉴意义必将日益显现出来。

我对这部书的编纂完成和问世，感到由衷欣慰，并致以诚挚祝贺！

如今，我国社会安定、经济繁荣、文化兴盛，比任何时期都更接近中华民族复兴的伟大目标。我们要以史鉴今，继往开来，砥砺奋进，为实现我国集邮事业的健康、协调和可持续发展，为繁荣社会主义文化，为实现中华民族的伟大复兴，做出新的更大的贡献。

第十二届全国政协副主席

中华全国集邮联合会名誉会长　王家瑞

Foreword

The inheritance and continuation of culture connect history with today. Today will be history. History can take references for today. The purpose of writing and recording history is to retain historical experience for today's reference.

Philately has a history of nearly 200 years. As a cultural activity with the main content of collecting, appreciating and researching stamps, it is originated in Britain, thrived in Europe and America, and spread all over the world. China's philatelic activities were derived from the emergence of modern postal services in China and the influence by the western world. China's first set of stamps "Dragon Stamp" was issued in 1878 in the late Qing Dynasty.Stamp collecting activities of our country began gradually and lasted until the first half of the 20th century.

The founding of the People's Republic of China on October 1, 1949 opened up a new prospects for the development of philatelic cultural activities. Since 1978, the implementation of the national policy of reform and opening up has promoted the economic development and cultural prosperity, which also accelerated the rapid development of philately. The founding of the All–China Philatelic Federation in 1982 and the establishment of philatelic organizations throughout the country have become the basic organizational guarantee for the development of contemporary Chinese philatelic undertakings. In 1983, the All–China Philatelic Federation joined the Federation of International Philately and the Federation of Inter–Asian Philately and became an important member of the world's philatelic activities.

Over the years, with the concern and support of government departments at all levels and all walks of life, mass philatelic cultural activities have been vigorously carried out and integrated into the whole social and cultural construction. Philatelic organizations are constantly strengthened and the development of the team is becoming more and more mature. Philatelic industry and philatelic undertakings have coordinately developed. Philatelic infrastructure has formed a certain pattern. In the process of entering the world philatelic exhibition, the overall level of philatelic exhibits has gradually improved, and the participating philatelic exhibitions has made great achievements. Academic research and publicity of stamp collecting have also made gratifying achievements and progress. In a word, in the course of development and innovation, China's philately has developed continuously, formed its own characteristics and flourished. China has become an important country in the field of international philately, and Chinese philately has become an important part of the development of world philately.

The memory of history is engraved on the monument of time. On the occasion of the 70th anniversary of the founding of the People's Republic of China, *The Philatelic History of China (1878 – 2018)*, collective intelligence and painstaking efforts of the old, middle and young three generations of philatelists of our country will soon be published. This general history of professional subjects compiled by the All–China Philatelic Federation is based on the purpose of "respecting history, reflecting the times and giving expression to culture", adhering to the principle of "taking history as the classic and combining history with theory", on the basis of the 1999 edition of *The Philatelic History of China* as well, restructuring, expanding and extending to compile. The book is rigorous in style and informative in content. The book fully records the historical process of the emergence and development of stamp collecting in China in the past 140 years, objectively summarizes the main practices and experiences of philatelic work and development of philatelic culture in contemporary China. The book is over one million words long and can be regarded as an important work in compiling the general history of contemporary China.

The compilation of *The Philatelic History of China (1878 – 2018)* is a concrete practice to show the cultural confidence and inheritance of contemporary China. It is a cultural project which is beneficial to the present and the future. It is not only conducive to promoting the development and prosperity of domestic philatelic culture, but also conducive to introducing Chinese philatelic culture to the world and promoting international philatelic cultural exchanges. With the passage of time, its historical value, cultural value and reference significance for the development of China's philatelic undertakings will become increasingly apparent.

As the honorable president of ACPF, I am heartfelt gratified that this book has been compiled and published, and I sincerely congratulate it!

Nowadays, with social stability, economic prosperity and cultural flourish,China is closer to the great goal of the rejuvenation of the Chinese nation than anytime. For the healthy, coordinated and sustainable development of Chinese philatelic cause, for the prosperous socialist culture and for the great rejuvenation of the Chinese nation, we should learn from the past, carry forward the future and make new and great contributions.

Wang Jiarui, Vice–Chairman of the 12th The Chinese People's
Political Consultative Conference National Committee,
Honorary President of All–China Philatelic Federation

前　言

我热忱地祝贺《中国集邮史（1878—2018）》付梓印行。

这是集邮界向中华人民共和国成立七十周年和“中国 2019 世界集邮展览”敬献的一份厚礼。为此，我谨代表中华全国集邮联合会，向努力工作与奉献的本书全体编纂人员，向关心支持本书出版的编委会成员，向关爱重视集邮工作的社会各界，表示衷心感谢。

集邮源于邮票，邮票源于邮政。没有邮政事业的发展，就没有集邮事业的进步。反之，集邮事业的进步，也促进了邮政事业的发展。1982 年年初，经邮电部、外交部联名报经国务院批准，成立中华全国集邮联合会，同年 8 月 25 日，在北京召开了第一次代表大会。这是我国集邮队伍有领导、有组织、大发展的发端。

当年，参加中国集邮组织成立活动的 FIP 主席德沃拉齐克先生，曾对集邮有过一个全面阐释。他说：“集邮不仅仅是个人爱好，而且是人类、社会和文化活动的不可分割的一部分。集邮寻找、收集、保存各种集邮资料，如邮票、邮政用品、实寄封、邮戳以及其他人类之间联系的集邮用品，集邮本身已成为人与人之间关系的历史的一部分。”

全国集邮联成立之后，全面开展群众性的集邮文化活动，在学术、宣传、邮展、青少年与老年集邮等各个领域，在融入社会文化、收藏文化各个方面进行了深入探索，取得令人瞩目的成就。集邮文化凸显了宣传和教育功能，传播了科学文化知识，提高了人们的艺术鉴赏力，实现了精神娱乐的普及，进行了增进友谊的交流，也记录了集邮的历史进程。

1999 年，全国集邮联组织编写出版了《中国集邮史》1999 年版，引起较大反响。此后二十多年中，随着改革开放的不断深入，中国集邮事业发生了巨大变化。特别是党的十八大以来，我国集邮界贯彻坚持“文化自信”的新理念、新思路，先后举办了纪念中国人民抗日战争暨世界反法西斯战争胜利 70 周年全国集邮巡回展览、“弘扬长征魂 同筑中国梦”、中国工农红军长征胜利八十周年全国青少年集邮教育实践活动、“驿路・丝路・复兴路——行走新丝路 喜迎十九大”全国集邮巡回展和庆祝改革开放四十周年等宣传国家战略的大型集邮文化活动，在全国产生很大影响。新时代的集邮事业的蓬勃发展，应当也必要写入中国集邮史程之中。于是，在 2017 年 5 月，全国集邮联组织全国各地集邮专家，成立了编撰团队，正式启动《中国集邮史（1878—2018）》编撰工作。

在修订《中国集邮史》1999年版的基础上，遵循“突出新撰、还原历史、客观真实、史论结合、以事带人、以干带枝、拉通结构”等编纂原则，以“新撰”概念撰写了这部记录中国集邮历程的史书。全体编纂人员本着认真负责、精心写作、不留缺憾、精练提升的创作态度，经过近两年时间的修撰打磨，数易其稿，经过编委会及邮政和集邮专家的审阅框定，终于完成编纂，付梓出版。

这部集邮史在纵向方面，把中国集邮的基本特征归纳提炼出来，按照“组织、活动、交流、邮展、学术、宣传、市场”七大脉络进行了信息整合、价值认定、叙述把控，并成为贯穿全书的主线。同时，这部史书还对全书框架作了符合历史进程的调整，保持了历史脉络的贯通与衔接。

这部集邮史在横向方面，重点把新增部分的撰写与原有内容的增补修订勘正衔接起来，以1878年至2018年这140年的大时间跨度，书写了中国集邮百余年的辉煌，并探索和表述了中国集邮的中国特色。

《中国集邮史（1878—2018）》是全体编纂人员齐心协力、精益求精、攻坚克难、心智合一的一部力作，这部集邮史从集邮文化领域，继承传统文化、弘扬民族精神，从一个侧面反映了中国近现代的历史进程；堪为表现新中国、新时代“文化自信”的一部重要著述。

《中国集邮史（1878—2018）》的出版，是中国集邮界具有历史意义和现实意义的一件大事。以史鉴今，是我们这一代集邮人责无旁贷的使命与职责。我们既是历史的继承者，也是历史的创造者与记录者。习近平同志曾为集邮题词：“陶冶情操，增长知识。”这是对集邮文化的高度概括。我们相信，中华全国集邮联合会编纂的《中国集邮史（1878—2018）》，将对中国集邮的发展，对中国集邮走向未来，对中国集邮的大发展产生积极和深远的影响。

新时代中国的集邮正站在一个新的历史高度，进一步坚定“文化自信”，以古鉴今，不忘初心，将集邮文化活动融入中国特色社会主义文化大发展、大繁荣之中，为传承和发展中国优秀文化做出新的贡献。我相信中国集邮将迎来一个更加辉煌灿烂的明天！

中华全国集邮联合会会长　杨利民

Preface

I heartily congratulate to put into print on *The Philatelic History of China (1878 – 2018)*.

This is a great gift from the philatelic community to the 70th anniversary of the founding of the People's Republic of China and the "China 2019 World Stamp Exhibition". Therefore, on behalf of the All–China Philatelic Federation, I would like to express my heartfelt thanks to all the writers who have worked hard and devoted themselves to this book, to all the members of the editorial board who have cared for and supported the publication of this book, and to all the people who have cared for and valued philatelic works.

Stamp collecting is from stamps issuing, and stamps issuing is the need of postal service. Without the progress of postal service, there will be no philatelic development. On the contrary, the progress of philately has also promoted the development of postal service. In the beginning of the year 1982, the All–China Philatelic Federation was established by the approval of the State Council with The Ministry of Posts and Telecommunications and The Ministry of Foreign Affairs jointly reported. On August 25 that year, the first Congress was held in Beijing. This is the beginning of the leadership, organization and development for our philatelic team.

In that year, Mr. Dvorazik, the chairman of FIP who participated in the founding of All–China Philatelic Federation, gave a comprehensive explanation for philately. He said, "Stamp collecting is not only a personal hobby, but also an inseparable part of human, social and cultural activities. Philately seek, collect, and preserve all kinds of postal service materials, such as stamps, postal stationeries, actual envelopes, postmarks and other postal documents for people to communicate by postal service. Philately has become a historical part of the relationship between people."

After the founding of the All–China Philatelic Federation, a mass philatelic cultural activity was carried out in an all–round way within various fields, such as academic, philatelic propaganda, stamp exhibition, youth and old people's stamp collecting. That's mean a thorough exploration was made in integrating social culture and collecting culture, and remarkable achievements were made.

Philatelic culture highlights the propaganda and educational functions, disseminates scientific and cultural knowledge, improves people's artistic appreciation, realizes the popularization of spiritual entertainment, carries out exchanges to enhance friendship, and records the historical process of philately.

In 1999, All China Philatelic Federation organized the publication of *The Philatelic History of China*, 1999 edition. This book has aroused great repercussions. Since then, with the deepening of reform and open, great changes have taken place in China's philatelic community. Especially since the 18th National Congress of CPC, the philatelic communities in China have adhered to the new concept and new ideas of "cultural self-confidence". Successively held national philatelic exhibition tour commemorating the 70th Anniversary of the Victory of the Chinese People's Anti-Japanese War and the World Anti-Fascist War, "Carrying forward the spirit of the Long March and co-building the Chinese Dream", National youth stamp collecting education practice for the Chinese Workers and Peasants Red Army Long March victory 80th anniversary, "Post Road, Silk Road, Rejuvenation Road-Walking on New Silk Road, welcomes the 19th National Congress of CPC" large-scale philatelic cultural activities, the national philatelic exhibition tour and the celebration of the 40th Anniversary of the Reform and Open. These activities have a great impact on the whole country. The great development of philatelic undertaking in the new period and the new epoch should be and also must be written into the philatelic history of China. Therefore, in May 2017, we organized philatelic experts from all over the country, established a compilation team, and started the compilation of *The Philatelic History of China (1878 – 2018)*.

On the basis of emending the 1999 edition of *The Philatelic History of China*, following the compiling principles of "highlighting new writing, restoring history, objectively realizing, combining history and theories, leading people by matters, leading branches by trunks and Pulling through structure ", rewrote the book for philatelic history of China. All the compilers in a conscientious, responsible, meticulous writing, no regrets, refinement and upgrading of the creative attitude, after two years more of compilation and grinding, rewriting several drafts. The whole content has been reviewed and framed by the editorial board and postal and philatelic experts. This book was finished.

This philatelic history summarizes the basic characteristics of Chinese philately vertically. According to seven dimensions of "organization, activity, communication, exhibition, academia, publicity, market" to integrate information, identify value, control narrative are carried out as the main line throughout the book. At the same time, the framework of the whole book has been adjusted in line with the historical process, maintaining continuity and coherence of the historical context.

In terms of horizontal aspect, this philatelic history focuses on connecting the writing of new parts with the supplement, revision and correction of the original contents. In the 140 years span from 1878 to 2018, it has written the new glory of China's philatelic history for more than 100 years, and explored and expressed the Chinese characteristics of China's philatelic.

The Philatelic History of China (1878 – 2018) is a masterpiece written by all the compilers in a concerted effort to strive for excellence, overcome difficulties and integrate their minds. This philatelic history inherits traditional culture and carries forward national spirit from Philatelic Culture Field. It reflects the historical process of modern China from one aspect. It can be regarded as an important work of "cultural self–confidence" in the new China and the new era.

The publication of *The Philatelic History of China (1878 – 2018)* is a great event of historic and realistic meaning for the Chinese philatelic community. In view of the history as a lesson is our philatelic generation's unshirkable responsibility. We are both the successors of history and the makers and recorders of history. Comrade Xi Jinping once wrote an inscription for stamp collecting: "cultivating taste and increasing knowledge." This is a high degree of generalization for philatelic culture. We believe that *The Philatelic History of China (1878 – 2018)*, compiled by the All China Philatelic Federation, will have a positive and far–reaching impact on the development of China's philately, the future of China's philately and the great growth of China's philately.

In the new ear, China's philately is standing at a new historical height. We should further strengthen "cultural self–confidence", use the past to prove the present, remain true to our original aspiration, integrate philatelic cultural activities into the great development and prosperity of socialist culture with Chinese characteristics, making new contributions to the inheritance and development of China's excellent culture. I believe that China's philately will usher in a more brilliant tomorrow!

Yang Limin, President of All–China Philatelic Federation

目　录

上

下

Contents

Vol. I

Vol. Ⅱ

Chapter 10 China's philately in the socialist market economy era(1992–1999)..............793

序篇　邮票诞生与集邮的出现

蒸汽机的发明和应用，标志着一场工业革命的到来。18 世纪 60 年代，英国兴起的这场革命，完成了以手工技术为基础的工场手工业到以机器生产为基础的工厂制的过渡。此后，法国、美国、德国等欧美国家相继完成了工业革命，并形成了占据统治地位的资本主义制度。

当时，英国和其他国家的早期邮政，其通信资费按邮件运递路程的远近和信件纸张的数量、重量计算，主要由收件人交付。因邮费高昂，付不起邮费的穷人拒收邮件、拒付邮资现象屡屡发生；加上王室贵族、官员和国会议员享有邮件免费特权（免费邮件约占邮件总量的四分之三），因此，造成通信在社会上的不公平，并使邮政连年亏损，难以维持运营。在率先完成工业革命的英国，现行的邮政制度与正在发展的资本主义经济之间的矛盾，日益突出。改革邮政制度，已成为当时社会的焦点。

在这样的时代和社会背景下，1840 年 5 月 6 日，以邮资凭证方式出现的世界第一枚邮票——黑色 1 便士邮票，开始在英国行用。世界邮政史的新纪元自此开始，不仅出现了延宕至今的“邮票”，也出现了随之产生的邮票集藏行为，即“集邮”。

一、邮票的诞生

预付邮资制的思路产生于 19 世纪 30 年代，据倡导人罗兰·希尔（Rowland Hill

罗兰·希尔

POST OFFICE REGULATIONS.

ON AND AFTER THE 10th JANUARY, a Letter not exceeding HALF AN OUNCE IN WEIGHT, may be sent from any part of the United Kingdom, to any other part, for ONE PENNY, if paid when posted, or for TWO PENCE if paid when delivered.

THE SCALE OF RATES,

If paid when posted, is as follows, for all Letters, whether sent by the General or by any Local Post,

Not exceeding ½ Ounce .... **One Penny.**
Exceeding ½ Ounce, but not exceeding 1 Ounce **Twopence.**
Ditto 1 Ounce .... 2 Ounces **Fourpence.**
Ditto 2 Ounces .... 3 Ounces **Sixpence.**

and so on; an additional Two-pence for every additional Ounce. With but few exceptions, the WEIGHT is limited to Sixteen Ounces.

If not paid when posted, double the above Rates are charged on Inland Letters.

COLONIAL LETTERS.

If sent by Packet Twelve Times, if by Private Ship Eight Times, the above Rates.

FOREIGN LETTERS.

The Packet Rates which vary, will be seen at the Post Office. The Ship Rates are the same as the Ship Rates for Colonial Letters.

As regards Foreign and Colonial Letters, there is no limitation as to weight. All sent outwards, with a few exceptions, which may be learnt at the Post Office, must be paid when posted as heretofore.

Letters intended to go by Private Ship must be marked "*Ship Letter.*"

Some arrangements of minor importance, which are omitted in this Notice, may be seen in that placarded at the Post Office.

No Articles should be transmitted by Post which are liable to *injury* by being stamped, or by being crushed in the Bags.

It is particularly requested that all Letters may be *fully* and *legibly addressed*, and *posted as early* as convenient.

January 7th, 1840.

By Authority: —J. Hartnell, London.

实行均一邮资制的公告

1795—1879，英国人）自述，他所受到的启迪源自塞缪尔·泰勒·柯勒律治（Samuel Taylor Coleridge 1772—1834）的亲身经历：某天，柯勒律治途经英格兰小镇凯西克（Keswick）的一间茅屋，恰见邮递员向女主人（即收信人）索取1先令的信资。因资费高昂，女主人宁可放弃收取寄给她的信件，也不愿付给信资。不过事后柯先生得知，寄信人是女主人的儿子，他在信封上做了暗号，故女主人不必付资收信即已知其平安。这件事触动了罗兰·希尔，他深感向收件人收取邮费的不合理性，这是英国邮政的一种弊端。经过考查研究，1837年他终于写出一篇题为《邮政改革：其重要性和可行性》（*Post Office Reform: Its Importance and Practicability*）的文章，印成小册子广为散发。他在文章中建议取消邮件免费特权，大幅降低邮费，改革邮资交纳制度，实行预付邮资办法；邮件不分远近，每重半盎司收1便士，实行“均一邮资制”与“一便士邮资法”。他具体提出了“以一大小恰与邮戳相等的纸片，背面涂上胶液，略润湿后将其贴在信封收件人地名之上的右边”，作为邮资预付凭证。

罗兰·希尔的改革主张得到英国商民的拥护和支持，2000多份支持他的请愿书投向英国下院。1839年8月，罗兰·希尔的邮政改革主张终于作为议案提交给上下两院，经过多次辩论后获得通过。同年9月16日，维多利亚女王批准了这一提案，并任命罗兰·希尔为财政部邮政顾问，负责主持邮政改革工作。

为了设计好预付邮资制的凭证，在罗兰·希尔主持下，英国财政部向社会公开征集到2600余件图稿，但均不理想。最后，罗兰·希尔选定了由维廉·怀恩创作的女王维多利亚肖像画为邮资凭证主图，交查尔斯和费雷德里克·希思父子雕刻制版，由帕金斯、培根和佩奇公司用小皇冠水印纸印制。这种邮资凭证有背胶，尚无齿孔，面值为1便士；全张共有240（12×20）枚邮资凭证，每枚的左右下角印

“黑便士”邮票

马尔雷迪邮资邮简

再述奇卷四

鐵嶺 德明在初隨筆
貴榮竹坪校閱

戊辰十一月初五日戊寅陰雨凉酉初艾教習之友薩德樂約晚餐明遂與之同往其夫妻相待甚殷肴列多品有名滿洲羊肉者其味酸羶薩言予久住法邦得食此肉其味甚美云係仿中華而造今獻此品君必喜食也明言此品色雖同而味少遜夫我國所謂燒羊肉者調以薑桂煎以香油故甘脆肥美今此品熏以糖色和以牛膏依然中華之味然予得食此品亦可稍慰故鄉蓴鱸之念耳薩言恨予緣慳不克遨遊中土儻天假其便遠泛華槎不惟擴耳目之見聞更欲廣搜食品一潤枯腸也言罷撫掌大笑

初六日己卯晴聞英國于二三年前有種陋俗凡收得信票者張貼壁上以多為貴相習成風女子有因無許多信票而不得嫁者據艾教習云有貧孀吳姓者慮得欠款銀一百二十兩非有百萬舊信票不能得以故眾人集得萬餘張送去

初七日庚辰陰巳正回寓面謁志祿雨

《欧美环游记·再述奇》

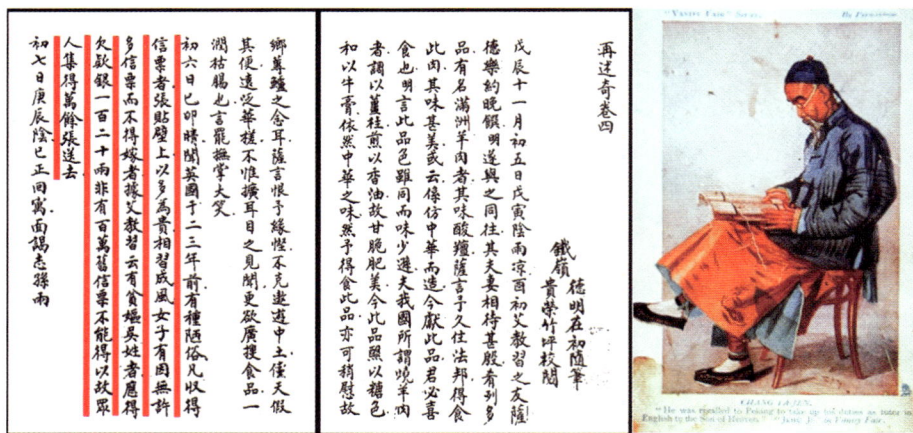

有英文字母，标示出其在全张所处的位置。左下角的字母表示其所在竖行的位置，由上至下字母顺序从 A 至 T；右下角的字母表示其所在横行的位置，字母顺序从 A 至 L。因此，全张上的每一枚邮票的字母组合各不相同，符合当年英国币制 240 便士 =20 先令 =1 英镑。这种邮票因用黑色油墨印刷，后人称其为“黑便士”邮票。黑便士邮票于 1840 年 5 月 1 日开始销售，5 月 6 日正式使用。于此时发行的还有由英国皇家艺术学会会员、风俗画家威廉·马尔雷迪（William Mulready 1786—1863）设计的面值 1 便士、2 便士的邮资信封和邮简。均一邮资制的实施和邮票的发行，使英国邮件收寄量呈上升趋势，邮政亏损的情况开始好转。

英国邮政制度改革成功后，欧美一些国家相继仿效。1843 年至 1850 年，巴西、瑞士的苏黎世和日内瓦、美国、法国、西班牙、比利时、奥地利以及英属毛里求斯、德国的巴伐利亚等地区、澳大利亚的新南威尔士等地区，共有十多个国家和地区开始发行邮票。1860 年时，全世界有 85 个邮政机构发行了大约 1000 种邮票。到了 1870 年，邮票发行的种类已经超过了 6000 种。到了 1940 年 5 月，世界各国在百年之中所发行的邮票，达到了 61134 种。欧美各国的邮政制度的改革，使世界邮政跨入新的历史时期。邮票的发明、使用和传播，为集邮的兴起提供了物质基础。

二、集邮的出现

据记载，英国“黑便士”邮票发售的当天，大英博物馆的约翰·爱德华·格雷（John Edward Gray 1800—1875）即从邮局购得邮票，作为实行均一邮资制的物证加以收藏。他被认为是最早收集邮票的人。最初收集邮票的人多是妇女和儿童，因为邮票印制得小巧美丽吸引了他们，妇女用邮票美化居室，儿童把它当作玩耍的画片。1841 年 10 月 29 日，英国《泰晤士报》刊出一则某伦敦妇女的启事，大意是她要装裱居室，征求大量的信销邮票。晚清外交官张德彝（1847—1918，曾任驻英大臣郭嵩焘的翻译）在其所撰《欧美环游记·再述奇》中写于同治七年十一月初六日（1868年12月19日）的笔记中，对英国妇女收集邮票有这样的记述："闻英国于二三年前，有种陋俗，凡收得信票者，张贴壁上，以多为贵，相习成风，女子有因无许多信票而不得嫁者。"

"集邮"一词的英文为"Philately"，它源于法文新词"Philatélie"，由希腊文转拉丁文的Philo（爱好）和Ateleia（凭证）组合；最早出现在古斯塔夫·埃尔潘（Gustave Herpin，法国）于1864年11月在法国《邮票收集者》（*Gollectionneur de Timbre-poste*）发表的文章中，埃尔潘称邮票收集活动为"Philatélie"。此后，这一词汇被收藏界沿用至今。

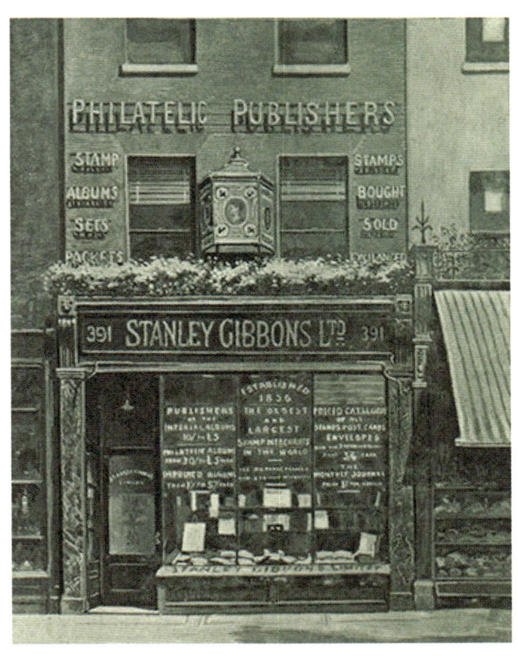

伦敦吉本斯邮票商店旧址

19世纪50年代，发行邮票的国家和地区已增加到十多个，邮票的种类、数量不断增加，邮票的图案内容也出现变化，从而引起社会各阶层中更多人的收集兴趣。这一时期收集邮票目的由最初的美化居室、以多为贵，逐渐转向收藏、欣赏和研究。1852年，比利时人菲利普·温地美伦（Phillip Vandermailen 1795—1869）将收集到的88枚邮票放在镜框里，送到布鲁塞尔的一个工艺美术品展览会上展出，供人们观赏，这就是最早的邮票展览。

1861年，法国人奥斯卡·贝尔热-莱弗奥尔特（Oscar Berger-Levrault 1825—1903）将各国发行的500多种邮票编印成一本名为《邮票》的小册子，赠送给集邮者，这是最早的邮票目录。

随着集邮活动的开展，一些集邮者开始对邮票的纸张、水印、齿孔进行分辨与研究。法国人勒格兰（J. A. Legrand 1820—1912）先后发表了《谈水印和印刷邮票的纸张》《关于邮票齿孔的研究》等研究论文，并由他率先提出了邮票齿孔的计量方法，并发明了至今仍在使用的量齿尺。1862年，美国纽约的阿普尔顿公司推出了最早的集邮用品——集邮册。过了几年，又出现了不伤邮票的胶水纸和护邮袋。

随着集邮人数的不断增加，1865年法国巴黎出现了由海尔宾组织领导的集邮俱乐部。1869年，英国"伦敦邮学会"成立，后改称"英国皇家邮学会"。集邮出现群体组织，表明它在一个国家或一个地区开始发展成为一种组织有序的活动。在欧美一些国家出现集邮群体组织后，1872年和1876年在德国、1878年在法国巴黎先后召开过国际性集邮会议，促进了国际性的集邮交流活动。

随着集邮活动的发展，1852年，比利时人让·巴蒂斯特·莫恩（Jean-Baptiste Moens 1833—1908）在布鲁塞尔开设的书店内兼做起买卖邮票的生意。1856年，英国人斯坦利·吉本斯（Stanley Gibbons 1840—1913）在普利茅斯开设了吉本斯邮票商店。1881年，该店迁到伦敦，其后又几易店址，1893年曾在斯特兰德大街391号，后来在该街的399号，逐步发展成为世界最著名的邮票商店之一。1860年，英国伦敦出现露天邮票交换市场。1863年，德国莱比锡出现第一本供买卖邮票使用的商品目录。1865年，邮票拍卖活动在法国巴黎出现。至19世纪60年代末期，欧美一些国家的邮票商业活动已很活跃。

19世纪60年代，集邮活动在社会上已产生一定的影响，相关的集邮刊物、文学作品相继出现。1862年英国利物浦的爱德华·穆尔公司开始出版专门性集邮刊物《广告月刊》。由大文豪狄更斯（Charles Dickens 1812—1870）创办的名为《一年到头》的杂志刊出了以集邮为题材的短篇文学作品《我侄子的邮集》。1864年，一部描写在露天市场做邮票投机生意的话剧《贝诺阿顿一家》在法国巴黎上演。

19世纪最大的邮票收藏家有菲利普·冯·费拉里（Philippe Von Ferrari 1848—1917）、托马斯·凯伊·塔普林（Thomas Keay Tapling 1855—1891）和弗雷德里克·布赖富斯（Frédéric Breitfoss 1851—1911），这几位收藏家被认为是当时收藏数量最多、价值最高的邮票拥有者。

1870年，在德国德累斯顿出现首次独立的邮票展览。1881年11月13—20日在维也纳举行了第一次国际邮展。大英博物馆集邮藏品主管詹姆斯·麦凯的《吉尼斯世界纪录大全》则记载：1887年，在美因河畔的法兰克福举办了第一次国际邮展，法兰克福地方邮政并为此发行5枚不同颜色的1芬尼邮票，还印制了5种印有皇太子弗雷德里克·威廉像的签条。

至此，集邮在欧美一些国家兴起，并很快形成一种社会性的文化活动，它为社会文明史增添了新的内容。

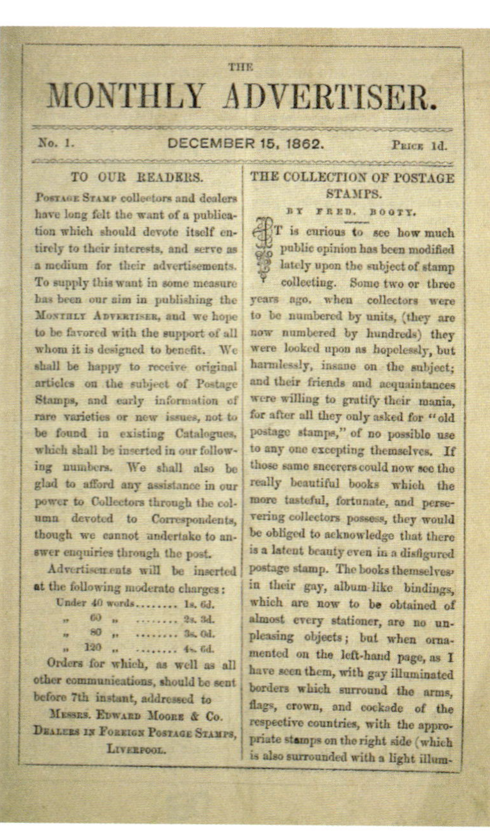

THE

MONTHLY ADVERTISER.

No. 1. DECEMBER 15, 1862. Price 1d.

TO OUR READERS.

Postage Stamp collectors and dealers have long felt the want of a publication which should devote itself entirely to their interests, and serve as a medium for their advertisements. To supply this want in some measure has been our aim in publishing the Monthly Advertiser, and we hope to be favored with the support of all whom it is designed to benefit. We shall be happy to receive original articles on the subject of Postage Stamps, and early information of rare varieties or new issues, not to be found in existing Catalogues, which shall be inserted in our following numbers. We shall also be glad to afford any assistance in our power to Collectors through the column devoted to Correspondents, though we cannot undertake to answer enquiries through the post.

Advertisements will be inserted at the following moderate charges:

Under 40 words........ 1s. 6d.
" 60 " .... 2s. 3d.
" 80 " .... 3s. 0d.
" 120 " .... 4s. 6d.

Orders for which, as well as all other communications, should be sent before 7th instant, addressed to

Messrs. Edward Moore & Co.
Dealers in Foreign Postage Stamps,
Liverpool.

THE COLLECTION OF POSTAGE STAMPS.

BY FRED. BOOTY.

IT is curious to see how much public opinion has been modified lately upon the subject of stamp collecting. Some two or three years ago, when collectors were to be numbered by units, (they are now numbered by hundreds) they were looked upon as hopelessly, but harmlessly, insane on the subject; and their friends and acquaintances were willing to gratify their mania, for after all they only asked for "old postage stamps," of no possible use to any one excepting themselves. If those same sneerers could now see the really beautiful books which the more tasteful, fortunate, and persevering collectors possess, they would be obliged to acknowledge that there is a latent beauty even in a disfigured postage stamp. The books themselves, in their gay, album-like bindings, which are now to be obtained of almost every stationer, are no unpleasing objects; but when ornamented on the left-hand page, as I have seen them, with gay illuminated borders which surround the arms, flags, crown, and cockade of the respective countries, with the appropriate stamps on the right side (which is also surrounded with a light illum-

《广告月刊》

第一章　中国早期集邮活动

（1878—1911）

概　述

中国是具有5000余年历史的文明古国。几千年来，中国古老的邮驿体系对中国社会的进步，对促进科学和文化的发展，做出了卓越的贡献。

由于没落的封建制度的延续，晚清政权的腐败，近代中国在政治、经济、文化、军事等领域均处于落后的局面。19世纪初，英、法、美、德等西方国家完成了资产阶级革命，并在工业革命的基础上迅速发展了资本主义经济制度。为了扩大商品市场和原料供应地，中国成为西方列强向东方掠夺的重要目标。1840年鸦片战争后，中国封建社会逐步解体，一步步地成为半殖民地半封建社会。

当时，工业革命导致了英国邮政通信的革命。英国率先实行了官办民用、均一邮资、预付邮资、发行邮票等制度。邮政制度的重大改革，成为近代邮政新发展的重要标志。

这一时期，中国的通信机构依然以古老的邮驿为主，尽管传邮状况十分落后，但邮驿在当时的社会生活中还是起到了传递信息的重要作用。邮驿，作为历代朝廷和各地官署传递文书的官办官用的通信机构，从周代延续到清末民初。清代的中国有驿站2000多个，递铺1.4万多个，驿夫7000多名，铺兵4万多名，构成规模庞大、网络纵横的邮驿组织。由于清朝政府日益腐败，邮驿机构已变成官吏营私的工具，传递效力低下，公文、军机要件贻误之事时有发生。

1876年（清光绪二年），因联系驻国外使节的需要，经总理衙门批准，在上海成立了文报局。此后，各地也有些成立文报局，主要为地方官府服务。18世纪前后，民间手工业和商贸开始发展，为商号和百姓通信服务的民间信局随之兴起。清光绪年间，民信局鼎盛。除有信局总局外，大城市还设分局，投递信函、包裹，兑付银两。民信局在闽粤地区还设立了办理侨汇的“侨批”局（“批”系福建方言，即“信”）。其在国内外设有传递网络，除传递信汇外，还负有带领华工出国、为华工介绍劳务之责。民信局、侨批局顺应民间通信的需求，为商号和百姓的信息交流发挥了重要作用。

1840年后，西方资本主义国家凭借不平等条约，在中国沿海口岸、主要城市以至边远地区开办在华邮局（“客邮”）或军邮局（野战邮局）。自1863年起，一些外国人聚居的商埠城市，开办了商埠邮政（一般称为“书信馆”）。尽管各国在华邮局、商埠邮政互不隶属，但普遍执行均一邮资制，发售邮票，收寄华洋邮件。西方近代邮政制度在中国的出现与传播，抗衡和挑战了中国古老的邮驿制度。

1878年清政府在海关试办邮政，7月发行了中国第一套邮票——大龙邮票，同时这也意味着中国古老的邮驿制度行将结束它的使命。

经海关试办邮政18年，清光绪皇帝终于在1896年3月20日批准成立大清邮政官局。从此，近代邮政在中国开始普遍推广。至 1911 年，全国邮政局、所已增至 6250 处，收寄范围有信函、明信片、包裹、新闻纸、印刷物、贸易契、货样等；邮件种类有平信、挂号、快信、保价等；同时还开办了汇兑业务和邮政代办机构。初具规模的全国邮路总长度达 19 万多公里，邮运手段有步差、骑差、自行车、汽车、火车、船舶等，并同一些国家建立了邮件互换业务。在借鉴吸收西方邮政管理方式的基础上，各项规章制度和管理手段不断完善。

1878—1911 年，清代邮政机构发行了普通、纪念、快信、限西藏贴用及欠资等不同用途的邮票，并以象征皇权的图案作为邮票主图。中国近代邮政的开办和邮票的发行，外国在华邮局的设立与商埠书信馆的兴办，为中国集邮的兴起提供了必要的社会条件和物质保证。

第一节　近代邮政传入中国

1840 年 6 月，英国对中国发动了鸦片战争。1842 年 8 月 29 日，清政府被迫与英国签订了近代中国历史上第一个不平等条约《南京条约》。次年，清政府又与英国订立了《五口通商章程》等附约，作为《南京条约》的补充条款。随后，法、美、俄、日等列强也纷纷以武力等手段，胁迫清政府接连签订了一系列不平等条约，在中国获取了政治、军事、经济、文化的种种特权。它们在中国的土地上强行划分各自的“势力范围”和“租界地”，派驻军队和警察，从而打破了中国几千年闭关自守的封建制度，使中国成为半殖民地半封建的国家。帝国主义列强无视中国的主权，在中国土地上设立外国邮局，就是其中一个的例证。

一、列强在华设立邮局

随着帝国主义列强对中国的军事入侵和经济掠夺，以及对华贸易的不断扩大和无限延伸，来华经商、办厂、传教、办学、侨居的外国人接踵而至。一些国家凭借对华的不平等条约，借口“中国没有邮政机构”设立在华邮局。

最早在华设立邮局的是英国。1842 年 4 月 15 日，在香港主权还属于中国的时候，英国驻香港全权代表璞鼎查即发布通告，开办“香港英国邮局”。1844 年，在中国各通商口岸的英国领事办公处内设立邮政代办所（Consulate Packet-Agency），直属英

1886 年厦门寄伦敦的“香港邮局”明信片

国邮政总局（1867—1911 年改由香港邮局管辖）。

随后，法国、美国、俄国、日本、德国、奥地利、意大利等国也纷纷效仿英国，趁势凭借不平等条约，先后在华设立邮局，其中包括民用邮局、随军邮局、租借地邮局等。列强将邮政机构伸向中国的广东、广西、湖南、湖北、江苏、浙江、福建、江西、四川、山东、河北、黑龙江、吉林、辽宁、云南、西藏、新疆、蒙古等沿江、沿海港口城市和铁路沿线以及边境等地区，数量多达 344 处。其中，以日本和俄国设立的最多，分别为 140 处和 119 处。美国人霍塞所著的《出卖的上海滩》一书中，对上海的外国在华邮局的活动有这样的记述："渣甸洋行和颠地洋行都是上海的主要洋行。它们在很长时期内胜过竞争者的地方在于邮件的递送……每逢邮期，急差们骑着最快的马沿着外滩疾驰，大声叫喊着，一边把邮包掷向洋行的石阶……工役们把邮包捡起交给大班，他们就靠那些一鳞半爪的重要消息来进行贸易。"美国驻华公使康格（Edwin H. Conger）在 1902 年 4 月 20 日的一份外交报告中承认："各国在中国设置客邮，大都基于政治原因并未得到中国的允许，根本无视中国之意旨。"

这些外国在华邮局，收寄华洋公众在中国境内互寄和自中国境内寄往外国的邮件，贴用该国的邮票。最初出售并使用的是该国国内的通用邮票，后改为出售和使用专门加盖该国文字中国国名的邮票。例如，英国为"CHINA"、法国为"CHINE"、俄国为"КИТАИ"、日本为"支那"、德国为"China"，等等；或加盖该国文字中国地名的邮票，如美国加盖的"SHANGHAI CHINA"（中国上海）、法国加盖的"Kouang Tcheou-Wan"（广州湾）及"KOUANG—TCHEOU"（广州）；或专门印制带有"中国"字样的邮票。这些在华邮局邮票的种类有普通邮票、军用邮票、纪念邮票、欠资邮票、通用邮票和限地方使用邮票等。

外国在华邮局在中国的国土上共发售过各种邮票 101 套 2050 余种。仅法属安南即发售在华邮局通用和限"蒙自""云南府""海口""广州""北海""重庆""广州湾"贴用的各类加盖邮票 38 套 590 余种，其中限"蒙自"贴用邮票有 4 套 67 种，平均 1 套邮票多达 17 种。很明显，这并不完全是为了满足在华外国人通信的需要，还出于他们收集和售卖邮票的需要。

二、商埠书信馆的开设

1842 年签订的中英《南京条约》规定：中国开放广州、厦门、福州、宁波、上海 5 处港口，准许"英国人民带同家眷寄居"这些港口，进行贸易通商活动。这 5 处口岸，即成为近代中国最早对外开放、从事进出口贸易的商埠。随后，在与各列强国家签订了一系列不平等条约后，清政府又陆续开放了潮州（汕头）、镇江、牛庄（营口）、芝罘（烟台）、汉口、九江、打狗（高雄）、淡水、琼州（海口）、天津、大沽、宜昌、芜湖、北海、温州、龙州、蒙自、重庆、苏州、杭州、沙市、思茅、梧州、三水、河口、九龙、南京、腾越、江门、长沙、奉天（沈阳）、安东（丹东）、长春、吉林、满洲里、海拉尔、哈尔滨等 70 余处为"约开商埠"。

外国人在这些对外开放的商埠里，可

以租地建屋居住，也可以自由地开设行栈，从事商贸活动。在商埠聚居的外国人，成立了各种名目的自行管理组织。1854 年，上海公共租界自行成立了市政机构“上海工部局”，管理租界内的一切公共事务，成为“国中之国”。1863 年，上海工部局仿照近代通信机构开办了“上海工部书信馆”，除上海本地的邮件外，还收寄日本和欧美国家的邮件。后改为只接收中国各地的邮件。上海工部书信馆于 1865 年发行了第一套以龙为图案的邮票（后人习称为“上海大龙”或“上海工部大龙”邮票）。除发行邮票外，上海工部局还发行了邮资信封、明信片和邮资包封纸。上海工部书信馆为扩展业务，又接连在厦门、汕头、福州、烟台、南京、芜湖、九江、汉口等地设立了分支机构或代办处，形成一个邮件收寄和传递的网络。

19 世纪 90 年代，汉口、烟台、重庆、九江、芜湖、镇江、宜昌、厦门、福州、南京等地的外国人先后在当地开办书信馆后，上海书信馆才将这些地区的分支机构或代办处撤销。各地书信馆自定邮资，自印邮票，各自为政。据统计，各地书信馆自 1865 年起至 1897 年关闭时止，共发行了普通、纪念、公事、欠资邮票 90 套 537 种，其中上海工部书信馆发售的邮票为 30 套 189 种；芜湖书信馆开业仅 3 年（1894—1897），发售邮票即达 9 套 105 种。

各商埠书信馆发售邮票，固然为收寄邮件的需要，但在很大程度上也是为了满足当时在华外国人收集邮票的需求。主要表现在以下几个方面：1. 大量印制欠资邮票。如镇江工部书信馆 1894—1895 年共发

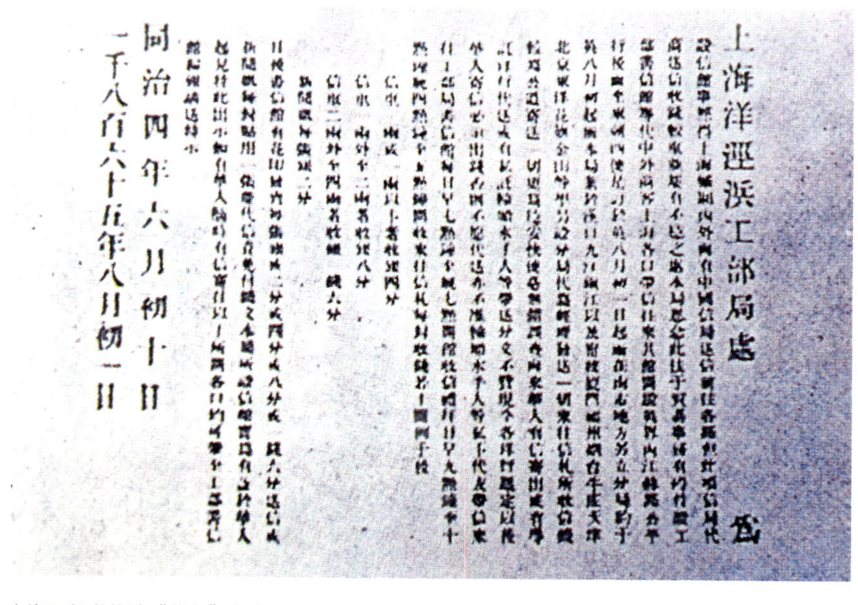
上海洋涇浜工部局啓

同治四年六月初十日
一千八百六十五年八月初一日

上海工部书信馆“花印”布告

售邮票8套54种，其中欠资邮票占5套31种；再如九江工部书信馆1895—1896年共发售邮票6套42种，其中欠资邮票占3套26种。2. 肆意加盖邮票。1897年大清邮政官局正式挂牌营业后，责令各地书信馆立即关闭，汉口书信馆、芜湖书信馆在关闭前肆意在邮票上加盖“P. P. C”字样后加紧出售。“P. P. C”是法文Pour Prendre Congé的缩写，意为“告别”“再见”。仅芜湖书信馆一家便在普通、欠资邮票上加盖这种文字达30种，一时成为笑柄。3. 故意将邮票改值。此外，还有故意制造变体邮票的现象，以镇江书信馆最为突出，花样种类多、数量大。商埠书信馆滥发邮票完全是为了图利赚钱。曾为中国海关客卿的美国人马士（H. Ballou Morse 1855—1934，“马士”是他在中国海关时所用的中文名字）在其所著《大清帝国的国际关系》（*The International Relations of The Chinese Empire*）一书中，对商埠书信馆的所作所为一针见血地指出：“（除上海书信馆外）那些书信馆无所事事，仅以发行邮票供应给西洋爱好收集邮票的收藏家，借此图利，维持开支。”

外国在华设立邮局和开办商埠书信馆，是中国成为半殖民地半封建社会的产物。西方近代邮政在中国的出现，对中国几千年的古老的通信制度形成冲击之势，对中国近代邮政的诞生和集邮活动的兴起起到了催化作用。

第二节　中国邮政的开办

中国近代邮政是随着帝国主义列强的入侵而产生的，是一个首先由外国邮政在华设立邮局，后来逐步转到由中国政府自己开办的过程。它始于十九世纪六七十年代，到二十世纪初已初具规模。

西方近代邮政制度的模式，打开了中国人的眼界，促进了中国邮驿通信制度的改革和近代邮政的建立。

太平天国领袖洪秀全的族弟洪仁玕（1822—1864）是较早接受西方文化思想的人士，在他编撰并于1859年刊行的《资政新篇》中，就对改革落后的邮驿制度提出了仍为官民分列的“兴邮亭以通朝廷文书，书信馆以通各色家信”的设想。但是太平天国并没有尝试开办近代邮政。

开办中国近代邮政的契机始于中国海关。中国海关在清代的行政机构中只是很小的一部分，但由于海关大权掌握在以英国人为主的外国人手中，其影响远远超出征收关税的范围，对清政府的海事、外贸、财政、军事、外交等各方面都有或大或小的涉及，尤其是对中国近代邮政的诞生与发展起了非常重大的作用。

一、从海关试办邮政到国家邮政

1861年，广州海关副税务司、英国人罗伯特·赫德（Robert Hart 1835—1911）赴京晋见恭亲王奕䜣时，向奕䜣建议：中国应仿照西法，兴办国家邮政，结束邮务方面的无序和竞争状态，开辟新的国家财源。清政府洋务派主要人物之一李鸿章也提出：“惟中国积弱由于患贫。西洋方千里数百里之国，岁入财赋动以数万万计，无非取资于煤铁五金之矿、铁路、电报、信局、丁口等税。酌度时势，若不早图变计，择其至要者逐渐仿行，以贫交富，以弱敌强，未有不终受其敝者。”1863年11月，清政府任命赫德为中国海关总税务司，这为赫德日后介入建立中国近代邮政提供了条件。

1868年1月，天津海关开始收寄外侨寄往上海的信件。至1876年，凡海关设有邮务处的地方，均可收寄外侨寄往各地口岸的信件。海关兼办邮递，为海关试办邮政奠定了基础。

19世纪70年代，清政府就有在通商口

赫德

岸设立送信官局的打算。1876年，总理衙门在指示总税务司应办的事务清单中，即列有“通商口岸及就近地方设立送信官局，由总税务司管理之”的内容。1878年3月，赫德在奉派参加法国万国博览会活动前与李鸿章商定，指派天津海关税务司德璀琳以天津为中心，在北京、天津、烟台、牛庄（营口）、上海5处海关试办邮政。5月1日，天津海关邮局公布邮资表。7月下旬，中国开始发售第一套邮票——大龙邮票，均一邮资制正式得到实施。

1878年7月24日，海关造册处于7月18日由上海发往天津海关的首批五分银大龙邮票500全张计12500枚运抵天津海关，由德催琳签收。

从西方邮政制度传入中国，到中国海关试办邮政，以及发行了有“大清邮政局”标记的邮票，这标志着中国近代邮政的开端。

二、中国第一套邮票诞生

在中国海关试办邮政之前，海关总税务司赫德与德璀琳等人即着手为海关试办邮政发行邮票而设计图稿。设计草图3种：“龙”“宝塔”和“万年有象”图。经过雕刻母模试样后，最后决定采用“龙”作为邮票的主图。中国海关自1878年7月起发行了龙图案邮票。该票由上海海关造册处以凸版印制，在使用期间未正式命名，因其比后来发行的另一种龙图邮票（小龙邮票）相对大些，习称“海关大龙”；从20世纪20年代起，被集邮界所公认为“大龙邮票”。1988年，中华人民共和国邮电部正式命名该票为“中国大龙邮票”。

大龙邮票共有3种面值票，分别为1分银（绿色）、3分银（红色）、5分银（黄色），它们图案相同，图幅均为22.5毫米×25.5毫米，有齿孔、背胶。按照当时的印制工艺，邮票全张是用一定数量的子模组合制版、印制而成，印制工作完成后，这些子模则被拆开，收存备用。1878—1885年，大龙邮票印制了若干批次，每次印制时，邮票子模都须重新组合，因此不同印制批次的全张邮票，在子模排列、纸质等方面会有所不同，全张枚数和排列也有变化。

1878年为第一次发行，这一时期的大龙邮票纸质韧薄，略微透明，图幅间距约

大龙邮票

为2.5毫米，全张枚数为25（5×5）枚，其中3分银邮票见有少量全张为20（5×4）枚的。第一次发行的大龙邮票，习称“薄纸大龙”邮票。

1882年印制大龙邮票时用纸较杂，有的纸薄脆易破损，图幅间距约为4.5毫米，1分银和5分银邮票的全张枚数依旧为25（5×5）枚，而3分银邮票的全张枚数为15（5×3）枚。这一时期印制的大龙邮票习称“阔边大龙”邮票。其中的阔边5分银邮票纸质多脆，存世的25枚全张邮票为孤品。

1883年印制大龙邮票时用纸较厚，全张枚数为20（4×5或5×4）枚，其中5分银邮票有一版为25（5×5）枚；这时期的大龙邮票的齿孔有光齿和毛齿之分，习称“厚纸大龙”邮票。

大龙邮票并非一次印就，每次加印都要将子模重新组合拼版，故每一批印刷的大龙邮票全张版式各异。因大龙邮票的印制档案至今未能发现，其印刷过程中各面值票究竟应各有多少种版式，尚无法查考。版式研究历来是大龙邮票研究的热点。迄今，多数版式已经查出。

大龙邮票的发行，开创了中国邮票的发行历史，也是中国近代邮政肇始的标志物。大龙邮票已成为中国邮政历史上的重要文物。

1885年，在大龙邮票发行7年以后，海关邮政发行了第二套邮票。这套邮票从主图、铭记、面值、枚数等方面，与第一套大龙邮票相近。邮政史料的记载称其为“第二次出印”，又称“清二次票”或“海关二次票”，因其与大龙邮票相比图幅较小，集邮界通常称作“小龙邮票”或“海关小龙”。

海关小龙邮票

清代海关邮政共发行普通邮票2套15种，包括大龙邮票和小龙邮票各一套；纪念邮票1套36种，为纪念慈禧寿辰而发行。

清代邮票的设计虽然掌握在外国人手中，但其图案都具有中华传统文化的特色。其中多数邮票以封建皇权象征的龙为主图，另外还有以鲤鱼、鸿雁为主图的，寓意鱼雁传书；而邮票的边饰也采用了具有吉祥象征的灵芝、蝙蝠、万年青、蟠桃等作图案。

三、大清国家邮政的开办

海关试办邮政和中国第一套“邮资凭证”——大龙邮票的发行，打破了中国沿袭几千年的古老但已然落后的通信制度，新的近代邮政制度在中国诞生。海关试办邮政，很快就显示出了它的优越性，近代邮政制度逐渐被官民们认识和接受。于是，一些有识之士开始要求清政府关闭驿站，正式开办国家邮政。

1. 颁布邮政规章

1885年，宁波海关在葛显礼主持下，洋务委员李圭把《香港邮政指南》译成中文，并起草《译拟邮政局寄信条规》一份，送交宁绍台道薛福成。薛福成将《条规》呈送北洋大臣李鸿章，李鸿章又将其转给

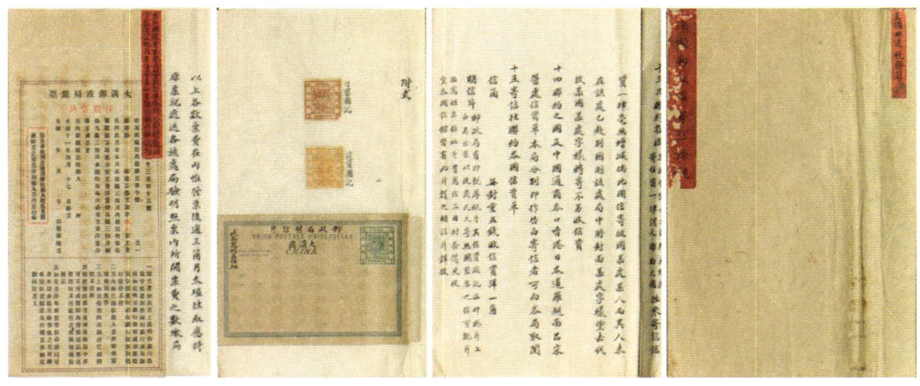

《译拟邮政局寄信条规》

了总税务司赫德参办。李圭译拟的条规共18项158条。

1888年，台湾省首任巡抚刘铭传在台湾率先改驿为邮，创办地方邮政，制定《台湾省邮政章程》，设立台湾邮政总局，收寄官民信件，发行地方邮票。

1892年12月，总税务司赫德将其拟订的开办国家邮政的计划和草拟的《邮政章程》函报总理各国事务衙门。

1895年5月2日，戊戌变法运动的主要领导人康有为联合在北京会试的举人1300余人联名向光绪皇帝上书（即"公车上书"），提出治国之策，其中将建立国家邮政列为富国六法之一。康有为在上书中提出的各项主张，对光绪皇帝和清政府上层人物产生了重要影响。

1895年冬，南洋大臣、两江总督张之洞为建立国家邮政上奏："税关所设之邮递，与国家所设之邮政体制不同，故推广每多窒碍"，应"转饬赫德妥议章程开办（邮政），推行沿江沿海各省，兼及内地水陆各路，务令各国将所设信局全行撤去，并与各国联会，彼此传递文函，互相联络"。张之洞的奏章成为开办国家邮政的一份关键性奏章。

1896年3月20日（光绪二十二年二月初七日），总理各国事务衙门根据张之洞的奏章，为开办国家邮政向光绪皇帝递交了《恭亲王奕䜣等为总理衙门遵议办理邮政并与各国联会事奏折》和《总理衙门奏折附呈赫德所拟开办邮政章程清单》。光绪皇帝当日朱批："依议。钦此。"并在开办邮政章程清单上朱批"览"字。从此，1896年3月20日即为中国国家邮政开办之日。从民国时期开始，3月20日发行邮票、举办邮展，应是有目的的举动。清代开办邮政官局终于得到皇帝的批准。从1897年2月20日起，北京、上海、天津等地的邮政官局陆续挂牌，经办业务。

为了促进国家邮政的发展，清政府逐步采取了如下措施。

（1）颁布邮政业务规章制度。1897年颁布《邮票章程》《挂号邮件章程》，1899年颁布《大清邮政章程》《大清邮政民局章程》，1909年颁布《快信章程》，1907年颁布《邮政代办章程》。

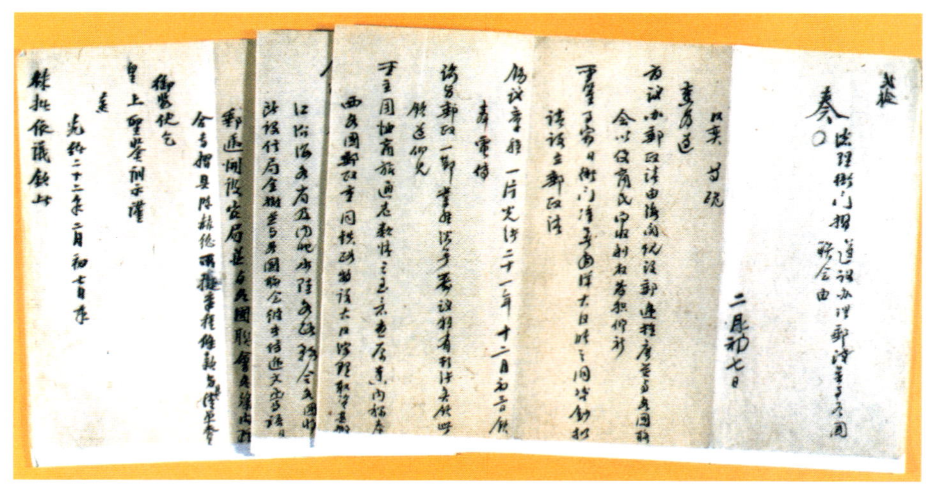

光绪皇帝御批开办邮政章程

（2）1906 年设邮传部。1911 年从海关手中接管邮政领导权。

（3）在全国各地增设邮政局，积极推广邮政代办所。1901 年全国邮政局、所增至 6250 处。

（4）扩展邮政业务，接连开办了快信、保险信函、包裹、邮政汇兑等业务。

（5）提高邮运速度，利用自行车、汽车、火车、邮艇、轮船等运载工具传送邮件。

（6）同法国、日本、德国、俄国等国家建立了双边联邮协定，扩大国外通邮地区，为我国加入万国邮政联盟做准备。

（7）关闭在华外国人开设的商埠书信馆。

（8）抑制各地商办民信局的发展。

（9）通过外交途径，提出撤销外国在华邮局，维护中国邮政主权。

（10）为维护邮政信誉，1906 年刑部向清皇太后、皇帝上奏《严定伪造邮票、冒用旧票并沉匿邮件治罪专章折》，要求对所列违法行为严加惩处。刑部拟定：“伪造邮票及信片已成者，计赃准窃盗论，罪止流三千里。”

2. 发行多种邮票

自 1897 年至 1911 年的 15 年中，清代国家邮政以“大清国邮政局”“大清国邮政”和“大清邮政”等铭记，共发行普通邮票 14 套 129 枚，纪念邮票 1 套 3 枚，欠资邮票 3 套 20 枚，快信邮票 7 套 7 枚，限地方贴用邮票 1 套 11 枚。

1897 年 2 月 2 日是中国农历春节。在这一天，大清邮政发行了“红印花加盖暂作邮票”。1896 年清代国家邮政开办后，对各种面值邮票的需求迫切，在这种情况下，邮政部门于 1897 年将造册处储存的 60 万枚未经使用的红色 3 分海关印纸，分批加盖了 1 分、2 分、4 分、1 元和 5 元共 5 种面值，加上加盖字体的变化，共有 8 种用来暂作邮票发售。该邮票自 1897 年 2 月 2 日开始发行，同年 9 月 30 日停止发售。由于发售期较短以及年代久远等因素，流传于世的红印花加盖暂作邮票很少，其中的

红印花原票

“小字当 1 元”邮票更为罕见，被集邮界发现的仅有 32 枚，包括一件四方连。红印花小字当 1 元邮票的旧票仅发现 1 枚，收藏于中国邮政邮票博物馆。

红印花原票是清朝海关的一种票据凭证，于 1896 年由英国的一家印厂印制完成。但由于英国人向清政府交付“红印花”时，主管此事的北洋大臣李鸿章正在美国考察，无暇顾及国事，所以，这些“红印花”就被暂存入海关库房，没有立刻投入使用。红印花原票从来没有出售过。红印花原票流出仅有 53 枚，成为难觅的珍品。

红印花邮票在加盖、发售和使用过程中，产生了多种变体票和实寄封，使得对它的研究内容变得十分丰富。几种红印花加盖票已成为最著名的“中国珍邮”。有多位中外集邮家为收集和研究红印花邮票付出了毕生的精力。

3. 发行邮资明信片

1897 年 10 月 1 日，清代国家邮政发行了第一套邮资明信片。邮资图采用“蟠龙图”，被集邮界称为“大清邮政蟠龙图”邮资片。蟠龙图邮资明信片第一版（简称“清一次片”）采用中国传统竖式排版，由日本筑地印刷所印制。这种明信片的邮资图位于左上角，椭圆形。图案的上部有蟠龙，下部有万年青，中部有资费“壹分”字样。

此后，大清邮政于 1898 年（光绪二十四年）发行了蟠龙图邮资明信片第二版（简称“清二次片”），又于 1907 年 10 月 1 日发行了蟠龙图邮资明信片第三版（简称“清三次片”）。因清三次片的印刷厂不同，故字体大小不一，版式也有 4 种之多。其中正片在左、副片在右的双片存世量极少，历来被邮政用品收集者认为是清代邮资明信片中的珍品和重点研究对象。大清邮政于 1908 年 5 月 1 日开始发行蟠龙图邮资明信片第四版（简称“清四次片”），该明信片的正面首次采用横式设计。蟠龙图邮资明信片是中国第一套邮政用品，也是各时期集邮家重点收藏的票品之一。

蟠龙图邮资明信片第一版

中国近代邮政的创建过程，也是中国人放眼看世界、学习西方先进管理制度的过程。从洪仁玕《资政新篇》中的理想，到张之洞、李鸿章等人的呼吁筹划，可以说走过了艰难的历程。在中国从古老的邮驿制迈向近代邮政的开端时刻，英国人赫德起到了作用。赫德在中国海关任职 40 多年，独揽海关与邮政大权，插手中国的外交事务。赫德于 1911 年在英国去世后被清政府追赐太子少保衔。

第三节　集邮活动在中国初现

中国的集邮活动最初是由在华外国人收集邮票开始的。他们在中国进行邮票收集、寄发实寄封、购买大宗邮票、交易邮品和邮集、刊登求购广告等一系列的集邮活动和集邮商业活动，并把这种爱好传播给他们接近的中国人。可以说，集邮这种“舶来品”因此在中国的土壤上出现了萌芽。

一、在华外国人收集邮票

19 世纪 40 年代以后，外国人蜂拥来华，他们也把欧美国家早已兴起并成为一种社会时尚的集邮活动带到了中国，在中国进行邮票的收集。1877—1895 年，见诸《申报》广告并持续收购邮票的人有海关营造处的肖芒（又译守蒙德、沙孟、沙门、肖孟、邵蒙）、三菱公司的西理物等；见列 1877 年版加拿大《国际邮票名录》的旅华集邮者有贝克（R. B. Baker）、汉森（H. P. Hamsen）、米契（A. Michie 1833—1902）、戴特（J. Priestley Tate）4 人，他们都曾任上海工部局董事。

在 1900 年前后，比较具有代表性的旅华集邮者是英国人宾司（Captain Robert Binns 1860—约 1920，又译宾斯）。宾司 1890 年左右来到中国，任吴淞号轮船船长，往来于长江上下游和沿海商埠之间。除中国邮票外，宾司还专好收集中国的商埠邮

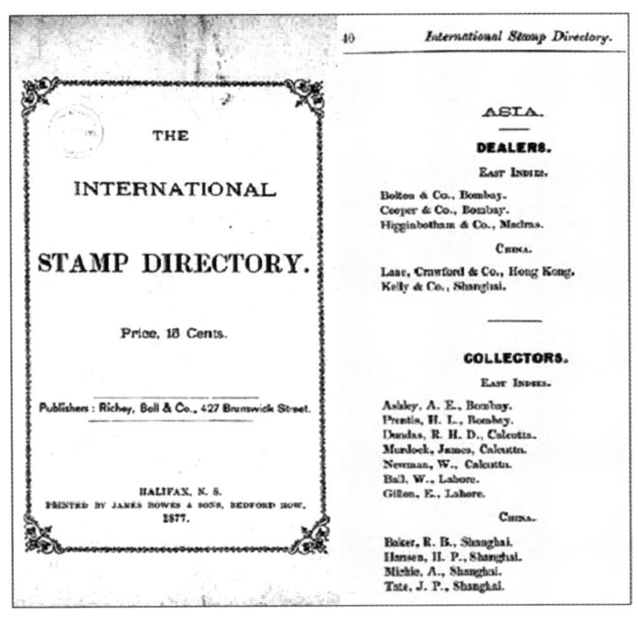
THE

INTERNATIONAL

STAMP DIRECTORY.

Price, 15 Cents.

Publishers: Richey, Bell & Co., 427 Brunswick Street.

HALIFAX, N. S.

PRINTED BY JAMES BOWES & SONS, BEDFORD ROW.

1877.

40　International Stamp Directory.

ASIA.

DEALERS.

East Indies.

Bolton & Co., Bombay.
Cooper & Co., Bombay.
Higginbotham & Co., Madras.

China.

Lane, Crawford & Co., Hong Kong.
Kelly & Co., Shanghai.

COLLECTORS.

East Indies.

Ashley, A. E., Bombay.
Prentis, H. L., Bombay.
Dundas, R. H. D., Calcutta.
Murdock, James, Calcutta.
Newman, W., Calcutta.
Ball, W., Lahore.
Gillon, E., Lahore.

China.

Baker, R. B., Shanghai.
Hansen, H. P., Shanghai.
Michie, A., Shanghai.
Tate, J. P., Shanghai.

《国际邮票名录》刊载的集邮者名录

票，更喜欢寻求变体票，每有发现就会大宗购藏。宾司喜爱实寄信封，他把各商埠邮票一一贴在信封上实寄，集成全组，分让于人。地处北京的中国邮政邮票博物馆内现藏有6件贴有万寿邮票的宾司封。宾司还收藏明信片、挂号快信收条、代封票以及邮局的各种章则等。民国初年发售的宋体字加盖“中华民国”邮票中，1/2分面值票见有倒盖变体，据传这种变体票与宾司有关。

清代海关是世界列强争夺势力范围的主要部门，在这里工作的外国人较为集中，他们当中喜好集邮的人数也较多，成为海关里的集邮群体，如总税务司赫德、天津税务司德璀琳、造册处绘图员费拉尔、邮政总办帛黎，以及海关职员德铿、绵嘉义、谭安、芮朋以及施开甲等人。他们利用职务之便，大量收集中国邮票，特别是错变体票，从种类到数量让他人无法相比。清代邮票中的许多珍品，大都被他们搜获，并流往国外。

德璀琳（G. Detring 1842—1913），德国人，1864年进入中国海关，先后在厦门、北京、上海、镇江、宁波、烟台、广州、天津等地海关任职。他在天津任海关税务司期间，与总税务司赫德一同积极筹办中国近代邮政。在他的组织筹划下，中国第一套邮票于1878年7月发行。他的集邮藏品有十余厚册，其中包括清代和民国初期的邮票及一些变体票。1913年，德璀琳在天津去世之后，其邮集被陆续卖出。

谭安（C. E. Tanant 约1865—？“谭安”是他在中国海关使用的中国名字，又译唐纳），法国人，于1887年来到中国，进入中国海关，1894—1896年由海关选调北京同文馆任法文教习，1896年任总税务司署副税务司，1899年兼任大清邮政总局邮政副总办，而后离京，赴龙州、沙市、三水、梧州、重庆、南宁诸关，1911年至1923年先后任蒙自、岳州、瓯（温州）、江海关、三都澳海关税务司。谭安喜好集邮，在他的邮集中清代和民国初期的方连邮票居多，并分有不同版别和刷色。1923年10月，谭安退职返回法国巴黎定居。谭安去

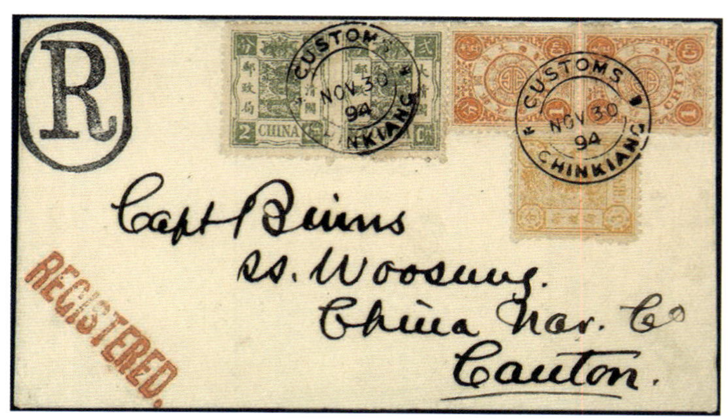

“宾司封”

德璀琳

世后，他的邮集由其遗孀卖给中国人张乃骥。2011 年，一册谭安 1903 年 5 月至 12 月返华时，从巴黎经德国、俄罗斯及中国，自蒙古、北京、曲阜至上海过程中寄给其母之各地风光明信片（共 94 件），曾亮相中国嘉德春季邮品钱币铜镜专场拍卖会。

德铿（A. Diercking 1864—1948，又译德根、特根），海关汉名为第经，德籍犹太人，集邮家。德铿于童年时代来到中国，曾在广州、汉口、重庆、福州海关任职，1902 年后在上海工部局任职。在华期间，德铿广为收集中国邮票和外国在华邮局邮票。1932 年，德铿担任上海邮票会会长。在他收藏的中国邮票中，有万寿票，红印花加盖票的倒盖、复盖双连、四方连及红印花小 1 元双连等珍品。

施开甲（R. E. Scatchard，又译士开卡），英国人，早年任职上海工部局工务处。1909 年，施开甲开始重点收集中国邮票，尤其关注商埠邮票。在 1922 年上海首次邮展中，施开甲展出了他的邮集。施开甲兼营邮票买卖，常在沪上集邮家之间充当调剂邮品的中介。1927 年经他介绍，周今觉以纹银约 2500 两从费拉尔遗孀手上购得红印花小 1 元四方连。施开甲是上海邮票会发起人之一，为中华邮票会会员，其 1924—1925 年致周今觉函中的 36 件，后由周今觉次子周煦良整理为《今觉盦集邮通讯选粹》连载于《近代邮刊》。1926 年，上海邮票会举行邮票大杯竞赛，施开甲与周今觉共同担任评审员。

中国的第一套邮票——大龙邮票发行之前，已有人事先大量订购。在上海经商的英国人欧瓦尔在 1877 年 5 月就打通海关邮政官员的关系，大量预订大龙邮票。欧瓦尔（H. Everall 1842—1886），英国集邮家，1864 年侨居上海，1870 年与人合伙接手在上海英租界大马路（现南京路与四川路口东南角）的“福利洋行”（Hall & Holtz），该洋行源于 1848 年霍尔创立的面包房。欧瓦尔为及时购得中国第一套邮票——大龙邮票，设法打通了时任天津海关税务司、主管中国海关邮政工作的德璀琳及海关总税务司署造册处下设印刷所正印书（经理）、英国人拔拉茂旦（B. Palamountain）等人的关系，在大龙邮票即将发行之时便向他们订购了大龙邮票 1 分银 200 个全张（5000 枚）、3 分银 67 个全张（1675 枚）、5 分银 25 个全张（625 枚）。德璀琳说欧瓦尔是位大集邮家，并表示如需购买今后发行的邮票，只要付给邮票款就可以提供，并且枚数不限。有关欧瓦尔购买大龙邮票的情况，在海关档案中有记载。

1878 年 8 月 18 日，德璀琳在致海关总税务司署造册处代理处长夏德（Fijadrich Hirth 1845—1927）的函中说：“去年 5 月，拔拉茂旦先后和我商谈印制第一批邮票时，曾为其友欧瓦尔请我允许给他提供若干张首次发行的邮票，我同意了他的请求。我现在收到了欧瓦尔先生一封信和一张关平银 81.50 两的支票，以偿付 1675 枚 3 分银的邮票，计关平银 50.25 两；625 枚 5 分银的邮票，计关平银 31.25 两。”

1878 年 9 月 5 日，德璀琳在致欧瓦尔的函中写道：“根据您上月 24 日备忘录中所表示的愿望，现另件寄去 5000 枚 1 分银邮票，这些邮票价值为关平银 50 两……”。

欧瓦尔在大龙邮票发行之初，还注意收藏贴有大龙邮票的实寄封。现存最早的大龙邮票实寄封，就是一件 1878 年 10 月

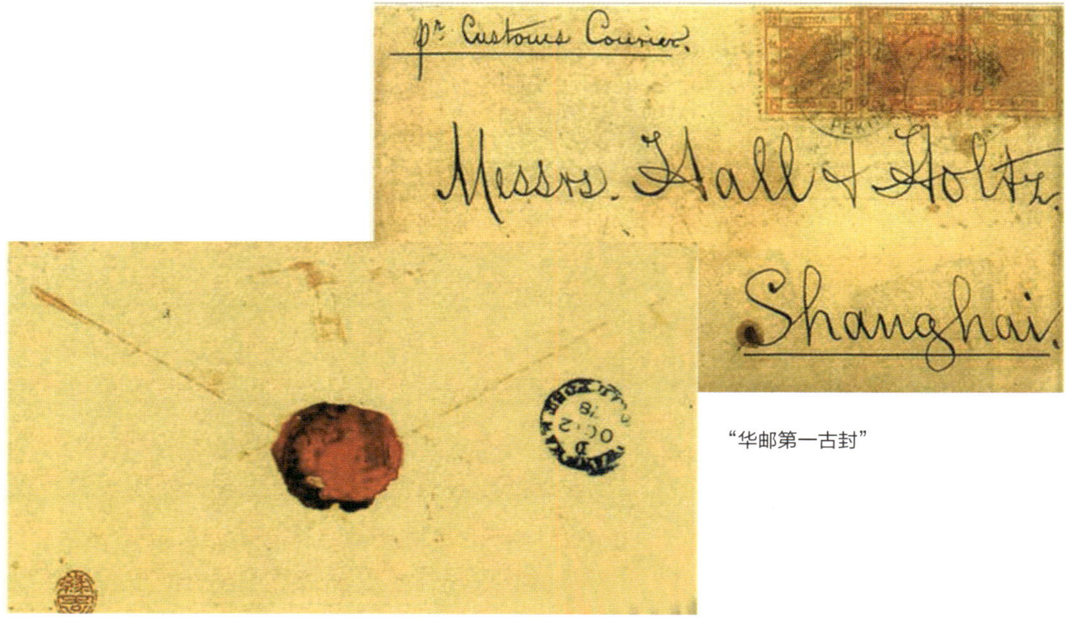

“华邮第一古封”

5 日由北京秘鲁公使馆寄给上海福利公司的实寄封，封上贴有大龙邮票 5 分银 3 枚，被集邮界称作“华邮第一古封”。2018 年 6 月 16 日，该封在香港特别行政区的亚洲国际拍卖会上以 1897.5 万港元（含佣金）拍出。1993 年 2 月 20 日，英国吉本斯公司在澳大利亚的维多利亚举行拍卖会，拍品中有欧瓦尔的遗集，内有大龙邮票 1 分银 10 个全张、3 分银 6 个全张，以及贴有大龙邮票的实寄封 17 件。这些实寄封（连同以前入市的）均为 1878 年至 1879 年由北京、天津、牛庄（营口）、镇江寄往上海福利公司的。这批“福利封”已成为研究大龙邮票贴用时期中国邮路、邮资、邮戳的重要实物资料。

莫斯（Herrn Julius Maus 1855—1935）是 19 世纪末德国的一名尉级工程军官，集邮家。莫斯并未到过中国，但他从 1899 年至 1905 年期间陆续收到来自中国梧州海关的德籍职员帅哲尔（H. R. Schweiger）和胶州海关的德籍职员白淡飞（M. J. H. C. Breitenfeldt）等人寄给他的实寄封达 1000 件以上（存世已知数量有 200 余枚），收信人名址为“Mr. J. Maus，Lichtenthal Baden-Baden Gemany”（莫斯，德国巴登利希滕塔尔）。这些实寄封有的将当时行用的邮票与已停售的邮票混贴，如将行用中的蟠龙邮票分别与大龙、小龙、小龙加盖、万寿、万寿加盖、红印花加盖中的各版、各种面值邮票组合贴用；有的贴用罕见票和变体票，如万寿 9 分银双连对倒、万寿 9 分银加盖大字短距暂作 1 角倒盖、红印花加盖当 5 元倒盖、红印花加盖 2 分倒盖等；有的多贴高值票，成为超资封。后人称这批实寄封为“莫斯封”。这些实寄封虽为集邮者刻意制作，但仍有收藏和研究价值。

“莫斯封”

凯伯（Herrn Amold Keppel，又译浦尔）是德国汉堡的集邮家。19世纪末20世纪初，他同莫斯一样热衷于收集从中国寄出的实寄封，但“凯伯封”存世数量不及“莫斯封”的1/20，目前所见者不过10余件，寄发地有厦门、上海与广州。根据存世的实寄封分析，凯伯到过中国，至少到过广州。“莫斯封”和“凯伯封”的出现，真实地反映出当时在华外国人的集邮以及投资心态。

1903年10月22日，福州邮局因面值1分的邮票售缺，自行决定将蟠龙无水印红色2分邮票沿对角线斜剖，剪成两份，每份按1分面值贴用。这种对剖票使用时，由窗口营业员代为粘贴，并用“Postage l Cent Paid”（邮资1分已付）长方形戳记和邮政日戳盖销。这一做法一直持续到10月24日。对剖票在福州的使用，引起当地集邮者的很大兴趣，他们纷纷跑到邮局制作对剖票封。

其间，俄国人莫尔尼考夫（D. M. Melnikoff）正在俄商开设的福州顺丰砖茶厂任职，他用福州对剖票给朋友发出若干信函。他曾说：“我用对剖票发出的信函一打，是寄给九江及汉口朋友的，要求他们把信封退回，他们都照办了。”他当时发出信函的目的很明显，就是为集邮制作“集邮品”。集邮界把这批实寄封称作“莫尔尼考夫封”。

福州对剖票封有两多、两少，即销印封多，实寄封少；外文封多，中文封少。未经邮局实寄的销印封的收信人，大都在与福州邮局近在咫尺、外国人较为集中的“大东电报公司”。由于是匆忙赶制，那些销印封有的连地址、姓名都没有写全，有的收信人是“钢笔”“墨水”“日记本”等，笑话百出。在福州的外国人如此狂热地制造对剖票封，显然是为了得到中国邮票实

“莫尔尼考夫封”

寄封的“珍品”。

当时在福州邮局工作的谢选卿（1868—1938，又名谢铨庭），后来见福州对剖票封有利可图，于1904年发动全家动手赶制赝品应市，销往国内外，发了不少财。

二、费拉尔监印邮票之弊

费拉尔（R. A. de Villard 1860—1910？又译戴维德、窦维拉、棣费拉德等），原籍德国，后移居巴黎，能操德、法、英等多种语言，善绘画，通音乐。费拉尔大约于1885年来华，1892年入海关造册处任供事，曾负责设计清代“万寿”“蟠龙”邮票及邮资明信片，负责监印“小龙”“万寿”“红印花”加盖改值邮票，成为最早的兼职中国邮票设计师。

费拉尔喜欢收藏邮票，特别是懂得变异邮票在集邮中的价值。当他进入中国海关造册处后，便利用设计、监印邮票之机，大动手脚，制造出五花八门的变异邮票，诸如万寿邮票9分银图案对倒；小龙邮票加盖改值中的大字加盖、小字加盖；万寿邮票加盖改值中的小字加盖，大字加盖中的长距、短距、倒盖；红印花加盖改作邮票中的小字加盖、大字加盖、倒盖，等等。

费拉尔与国外集邮家及邮商交往甚密，熟悉国外邮票市场行情。1896年8月15日，费拉尔在《备忘录一》中向海关总税务司赫德提供了有关中国大龙、小龙、万寿邮票在欧美市场的价格。他写道：“中国一俟成为万国邮联成员国，她将不难销售其剩余的第二套和第三套邮票，也许甚至会以高于面值的价格售出”，“对国库这是一笔不大但足能令人满意的收入。”由于费拉尔懂得变异邮票的价值、了解邮票市场行情，因此他在监印邮票时大造变异邮票就不足为怪了。

费拉尔这位中国邮票的早期设计师，不仅同时包揽了中国及商埠邮政的邮票设计，还为“兼职”单位联系印制工厂，充当“甲方代表”，可以说是长袖善舞、风头出足。然而，他也终因伸手太长，弄得首尾难顾。镇江工部一次金山图票，由于要省钱，不在日本印，而在本国的叶子云工

费拉尔设计的邮票手绘稿

厂印制；不用进口纸（每令8美元），而用国产纸（每令折合4.6美元）。由于叶子云工厂隔壁失火，殃及并烧坏了其印刷机，因此镇江一次金山图票又改由日本筑地印制。为赶时间，邮票印完并于1894年7月30日运抵上海后，未经拆包即转运镇江，以便于8月6日正式发行。镇江二次金山图票和欠资票仍由日本筑地印制。尽管一次票有3种面值票出现了中缝漏齿现象，二次票的前7种面值票也出现了宽版、窄版，但总体来说邮票印得比较正规。所有的印样和印错、印脏的邮票，费拉尔都向工厂要了回来。

镇江书信馆邮票尚未印制时，镇江工部的格雷森发现上海邮市上出现其样票，便于6月1日写信向费拉尔询问。费拉尔6月2日复信称是2枚废弃的样票，被他的雇工拉维塔（Mr. F. Ravetta）私自拿去向外轮船员兜售，但已“索回并撕毁”并“将此人解雇”，“保证今后不再发生此类事情”。然而一次金山图邮票的加盖“欠资”与二次金山图邮票加盖“SERVICE”（公事）邮票，却出了不少倒盖、复盖与漏字的变异票，还有先盖红字再补盖黑字的情况。正式发行的欠资票也有不规则的乱齿现象。尤其是部分50枚全张，其前三行正盖、后两行倒盖，从而形成这样一种状况：如将中间第三、第四行单独撕出，则成为对倒加盖。这明显是人为的，但加盖了多少，无从知道。

费拉尔在7月12日的信中通知格雷森：“已向欧美四大邮商邮寄经你们批准的镇江工部邮票设计图稿的照片，这是邮票设计者的惯例。”这些邮商是：惠特费尔德·金（Whitfield King，英国伊普斯威奇）、斯坦利·吉本斯公司（英国伦敦）、Cheprs，Lerf & Co.（德国莱比锡）、Monsieur Fremy（法国巴黎）。“邮票印好后，我建议你们每家送它们10套，它们是世界顶级邮社，掌控世界知名邮学报刊，它们会推介你们的邮票”，“你们的邮票一定会好卖”。事实也如此，1894年12月27日发行的第一次加盖欠资票共20500枚，到翌年2月才1个多月的时间便已告售缺，而不得不第二次加盖。镇江工部也乐得不断生产、加盖、印制，以提高财政收入。镇江隔壁的九江工部于1894年6月1日发行的一次邮票，低面值的1/2分票发行了10万枚，2个月之内，除中国国内消耗了5000枚外，其余9.5万枚全部出现在美国《米基尔邮票周讯》（*Mekeel's weekly stamp News*）的广告上了。费拉尔在信中告知格雷森，他会向斯科特公司等大牌目录的出版商解释，中国的商埠未设国家邮局，也没有官方服务机构，所以必须由商埠的工部邮局发行邮票并提供邮政服务。

上海邮市出现了不少这种镇江加盖欠资票变体，格雷森一方面向费拉尔抱怨，一方面不断撇清自己。费拉尔说上海有一家新成立的东方邮票公司（Oriental Stamps Co.），宾司船长（Capt. Binns）与该公司有关系。费拉尔看到宾司在里面公开销售各种镇江商埠票，包括不到 20 枚的倒盖票。如果有问题，宾司不会公开销售。最终事情闹到镇江府，费拉尔也在 1897 年 7 月 23 日被镇江府叫去“接受调查”。海关总税务司赫德在 1897 年 7 月 25 日写给中国海关驻英国伦敦办事处税务司金登干的信中说：“费拉尔这个会画图的聪敏小子，因伪造邮票作弊案被揭发，而在审究中。这一下可糟了，他这个娄子可捅大了。”

当年中国政府似乎没有这样的立法——“工厂印错的邮票不能拿出去卖”。如果 1 分面值的倒盖票能卖 2 分钱，那么究竟有多少卖出去了，获利多少？哪些是费拉尔拿出去的，哪些是工厂流出去的，哪些是镇江工部卖出去的？证据不是很清楚。因此镇江府只好作罢。再说中国官方也无权扣押洋人。虽如此，如果费拉尔原来的上司葛显礼还在，费拉尔也许还可被留用察看，而与葛显礼在邮票印制上有不同意见的赫德则正如他在给金登干的信中所说“不如让他快快离开”。后来，赫德也总算给了费拉尔面子，先令其“停职”，然而再给他一个“辞职”的处分，让他体面地离开造册处。从此，这位富有争议的清代邮政中唯一的兼职邮票设计师逐渐淡出邮坛。

费拉尔生前已出售其集邮藏品，其遗

《费拉尔手稿》

集藏品中有邮票、图稿、拟样、手稿、日记、往来书信等，被其遗孀（中国人）在上海陆续变卖，其中不乏费拉尔制造的许多变异邮票。1991 年 5 月，中国邮票博物馆（现为中国邮政邮票博物馆）将珍藏的《费拉尔手稿》译成中文，与手稿影印件合编，交人民邮电出版社出版。书中真实记录了费拉尔经手的清代邮票、邮资明信片设计过程等，是研究清代邮资票品的重要史料。

三、绵嘉义的《华邮报告书》

绵嘉义（Juan Mencarini 1860—1939），是他在海关使用的中文名，又译绵嘉理义、绵嘉礼义、曼卡瑞尼等。绵嘉义生于埃及，少年时代在菲律宾度过，自署西班牙籍，1881 年 1 月在广州为中国海关录用，此后 31 年间先后辗转于广州、上海、福州、厦门、汉口各关，1907 年 11 月升至超等帮办前班，曾署代厦海关税务司，但并未实授税务司。1912 年 10 月，绵嘉义退职后寓居上海，在拉齐之后，于 1914—1920 年担任上海邮票会会长。1922 年，绵嘉义将其华邮藏品在沪数次拍卖出尽后，于翌年返回马尼拉，曾任菲律宾邮学会理事长。

绵嘉义于 1905 年升任海关一等帮办后，在造册处处长马士的帮助下，调阅了造册处关于邮票印制的资料，得以在 1906 年 3 月 31 日编写完成《华邮报告书》（*Note on the postage stamps of China 1878—1905*）。这一报告书作为附录 M，刊于帛黎 1906 年 3 月 2 日编写完成的《光绪三十一年大清邮政事务通报》（*Report on the Working of the Post Office 1905*）之后，而此通报则是《1905 年大清海关贸易统计册》的一部分。帛黎的通报有 13 个附录，前 12 个讲邮政，第 13 个（即附录 M）为绵嘉义附入，专讲邮票。《光绪三十一年大清邮政事务通报》由总税务司授权，海关造册处在 1906 年出版，别发洋行在世界各地经销，标价 2 美元。此书为大 16 开本，其中的万寿、红印花加盖字样都采用了原铅模排印（小字 2 分除外），快信票则用彩色精印，清晰美观、装订精良，成为当年世界各地集邮家唯一的中国邮票参考书。此书于 1935 年在伦敦的售价为 2 镑 2 先令，1953 年在中国香港有以 100 英镑成交的实例。《华邮报告书》部分另有英文单行本，为大 16 开 19 页。

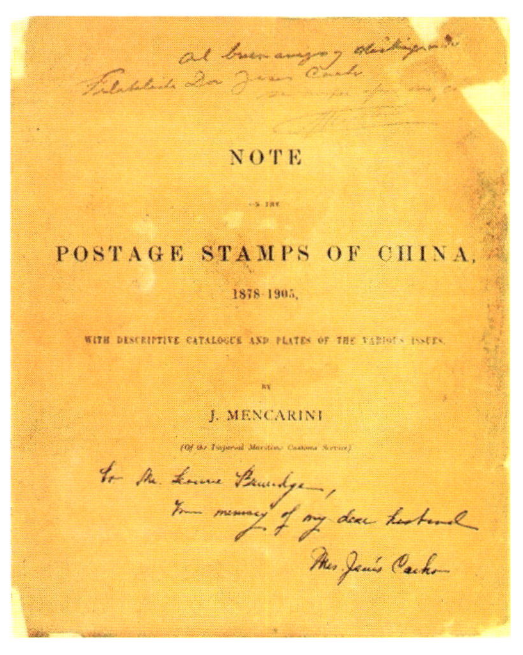
NOTE

ON THE

POSTAGE STAMPS OF CHINA,

1878-1905,

WITH DESCRIPTIVE CATALOGUE AND PLATES OF THE VARIOUS ISSUES.

BY

J. MENCARINI

(Of the Imperial Maritime Customs Service)

《华邮报告书》

《华邮报告书》共分 3 部分，第一部分为“华邮纪要”；第二部分为 1878—1905 年“华邮目录”，详列在此期间大清海关与邮政官局所发行邮票的种类、发行日期、面值、刷色、齿度、发行数量，以及著名的变体等，包括全部明信片、封口纸以及快信邮票。前两部分为 15 页；第三部分为邮票插图 4 页，包括大龙、小龙、万寿、蟠龙等邮票，万寿与红印花加盖字模，欠资票，红色印的邮资明信片（局部）与绿色印的快信邮票。这部报告书规制合理、内容详尽，因属海关文件，长期以来被集邮界视为官方正式记录，奉为经典。但因资料不全，不少内容纯属臆测或误记，从而也使集邮者产生困惑。尽管如此，此书毕竟是中国集邮史上第一部华邮目录。

《华邮报告书》的第一部分“华邮纪要”后来由孙君毅译成中文，刊于《邮友》第 12 期。中国香港的方业光则将“邮票目录”部分翻译并连载于香港中国邮学会会刊《邮光》3 卷 2 期至 4 卷 1 期。

绵嘉义在沪期间，曾于 1922 年 2 月 22 日在上海邮票会举办的报告会上，就大

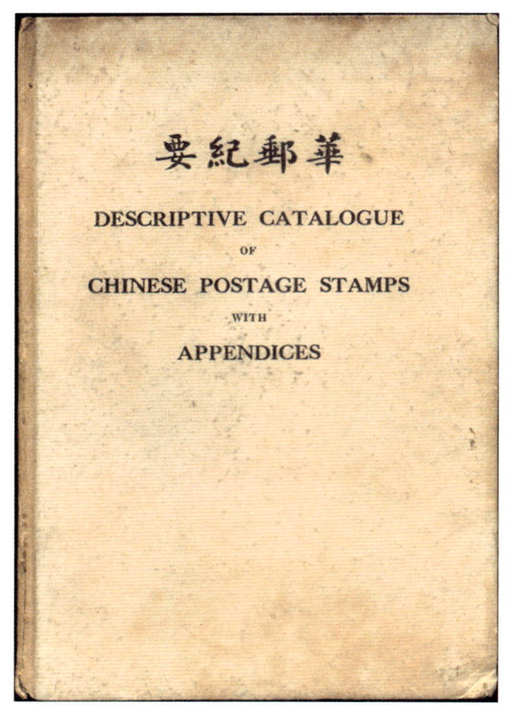

《华邮纪要》

龙邮票的版模、图案、版式、印刷、票幅、间距、齿孔、纸张、版式识别、变体、邮戳、刷色等问题进行了详细的研究论述。这次报告后来被邵洵美翻译成中文，发表在《国粹邮刊》上，产生过影响。回到菲律宾后，绵嘉义仍致力于中国邮票的编目与研究，对《华邮报告书 1878—1905》中的“华邮目录”，将其内容从 1905 年的清代邮票续写到 1916 年的民国邮票为止，包括清代的“宣统登基”纪念邮票、民国的“临时中立”及蟠龙加盖宋体字、楷体字，等等。对 1905 年以前的部分，也稍作修改。1929 年年底，他将其全部华邮目录的英文书稿寄至上海，并致函周今觉，愿将版权让予中华邮票会，供其印行，让全体华邮藏家分享。此书于 1937 年由周今觉出资并作序，冠名《华邮纪要》在上海印行，赠予中华邮票会会员。

四、《花图新报》等报刊宣传集邮

《花图新报》是上海基督教会清心堂出版的一种刊物，创办人为美国北长老会教士范约翰（John Marshall Willoughby Famham 1829—1917）。1880 年 6 月，《花图新报》第 3 卷刊出了一篇题为《各国信馆之印图》的文章，内容涉及世界近代邮政的产生和邮票的诞生，以及西方的集邮活动。文中提出集邮是“启迪蒙童之道”。这是我国最早出现的一篇以中文宣传集邮的文章。其原文如下。

各国信馆之印图

地球各国书信往来，俱有信资，计路之远近，递加寄费，此通例也。无如信局中人，争多论少，商贾深为不便，故议立书信馆，将信局统归国家经理，法以信之轻重，计费之多寡，买一国印，贴于书信面，以代信费。如寄至美国，无论南北，信重五钱，计洋五分，信重一两，计洋一角，余可类推。其国印，各国不同，如中国以龙为记，英国以君像为记，观图便明。如有私造者，立置重典，法至善也。凡国内欲创此者，须会同各国商议，载入约内，如别国来信，则有本国之印者则书信馆将信件饬人送往，不取信资，本国至别国亦然。现日本已仿其法而行，民皆称便。闻中朝亦欲举行，刻向未定，因未与各国商议，而民间信局，亦未归并于国家也。

考信印之设肇自英国，于一千八百四十年，始用蓝色黑色之信封，经六月后觉不便，乃易以黑色之信印。现有博古之人，欲觅其蓝色黑色之信封，已无有矣。至一千八百四十二年，始五色定价目，如洋二分则用红色，四分则用蓝色，六分则用淡红，八分则用桃红，一角二分则用雪青，一角八分则用黄色，二角则用褐色，二角四分则用绿色，此制至今不改。法国则起于一千八百四十八年，后各国亦接踵而起，俄国亦于是年举行。现用此法者，有一百三十国，各国花样不同，有火车者，有轮舟者，有山水者，有君像者，有十字架者，有炮台者，有鹰、鹅、马、钥匙、客寓等，不可枚举，约共一千四五百种。西国人喜将各种信印，聚而贴于无字之簿上，以教其子女，俾其童而习之，不至误用。其无字之簿，装潢好看，并有讲解，使小孩乐于观看，亦启迪蒙童之道也。

此文全篇不足千字，但内容丰富、言简意赅，堪称一篇宣传近代邮政和集邮活动的佳文。另外也说明，西方宗教在向我国民众渗透的同时，也在向我国民众传播集邮知识。

19 世纪末 20 世纪初的上海，不独《花图新报》一家，《苏报》《集成报》《益闻录》《万国公报》《通问报》等社会报刊也见有刊载宣传集邮的文章。

《集成报》是我国最早出版的文摘报，1897 年在上海创刊。1897 年 5 月 6 日，《集成报》创刊号上摘登了《古邮券居奇》一文，该稿摘自《苏报》，讲述的是一则美国的集邮故事，内容如下。

美国西搯俄市有奇人，名乐紫斯者，喜蒐集古邮券，二十年如一日，不少懈，人目之为痴，亦不测其故。于本年西二月下旬，米鲁伍阿既市，有素封之家名八吨者，授其爱子古邮券生涯，闻乐紫斯收藏古邮券甚夥，值价三万五千元。八吨遂以八裂市旅店房屋抵与乐紫斯，估价适值三万五千元。彼此授受之际，将邮券点清殊费数日之劳云。

《益闻录》为中国天主教舆论机关报，1879 年在上海创刊。1898 年 2 月 23 日，《益闻录》刊登了《信票癖》一文，内容如下。

信票，一名印花票，西历一千八百四十年英国创行。他国以为便，遂渐次仿行，

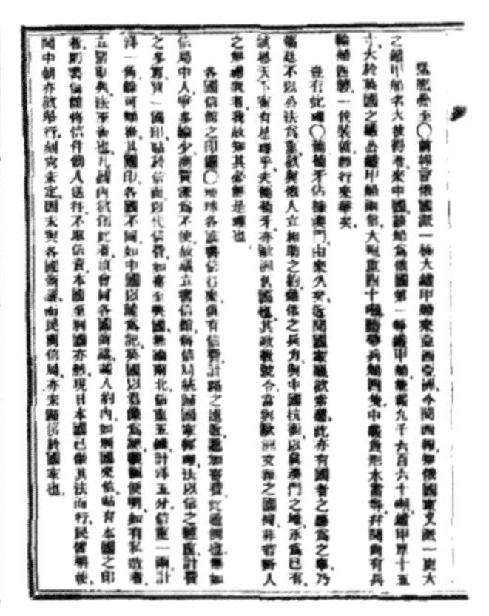

耶穌降世一千八百八十年
花圖新報
第三卷
光緒陸年歲次庚辰　六月　上海清心書館印發

《花图新报》登载的各国信馆之印图

垂为定例。中国自设邮政局，亦已各埠通用。今欧、美二洲，恒有人广搜信票，汇集成编。其罕见者，不惜重价购置。南洋茅利斯岛一千八百四十七年信票，每张值五千佛郎。俄国一千八百五十年信票，每张值一千五百佛郎。英属奇英地方一千八百六十二年信票，每张值二千七百佛郎。墨西谷一千八百四十七年信票，每张值五百佛郎。盖物少则贵，此种故票，皆不可数见矣。天下各方信票之式，多至三万三千种，内一万种为信札用，其余二万三千为货物用。法兰西一国，每岁国家售票至一千万张之多，巴黎城中富翁咈辣里搜得旧票最夥，无一不备，值银二百万佛郎。有名达伯林者，以一集售英国博物院，价八十万佛郎。西人加意瓦德，有一集值银二十万佛郎。俄国皇、荷兰国后、法国总统各有一集，均价值奇昂，难以计数。美国最全一集，在富人本德家，珍之逾连城璧。西人行事，都求实用，惟此殊觉无谓。

《信票癖》一文不仅向国人介绍了邮票的来历、发行概况、珍邮，还介绍了著名集邮家费拉里（1848—1947）、塔普林（1855—1891）、欣德（1856—1933）等，不失为国人了解早期西洋集邮史的重要资料。

《万国公报》原名《教会新报》，1868年在上海由林乐知等传教士创办，是在中国发行最久、影响最大的一份杂志，被视为“西学新知之总荟”。《万国公报》1905年第193册、第197册及1907年第217册，分别刊载了由林乐知译、范祎述的3篇邮文：《明信片源流》《邮票式样》《邮票之历史》。

《通问报》创刊于1902年，由美南长老会传教士吴板桥创办，是沪上发行量最大的教会周刊。1909年《通问报》发表了王完白（1884—？ 浙江绍兴人）署名的邮文《说邮票》。该文分前言、邮票之历史、邮票之种类、邮票之贸易、邮票之书报、结言6个段落，全文约800字，篇幅虽不长，但集邮要素俱全。而且该文不只限于介绍西洋人集邮的癖好与邮票知识，而且述及集邮组织（西国征积邮票者既众，于是有组织会社），邮票交换和邮票公司，集邮工具、邮票目录和集邮杂志报章，邮集和邮展（汇集成谱，暇时偶一展阅）。虽尚不清楚作者本人是否集邮，然该文堪称集邮爱好者普及读物的先声。

五、收购与拍卖邮票的广告

1877年至1895年间，仅在《申报》刊登的不同内容、不同收购目的邮票广告不下25则。刊登买卖邮票广告的上海报纸，不仅有《申报》和《新闻报》，还有《时报》和英文《字林西报》等。从中可以发现：1.邮票收购者都是在沪外侨，有的是兼职邮商，如海关营造处的肖芒1883—1893年间发布广告13次，三菱公司的西理物连续刊登广告30天；2.邮票收购者虽是驻沪外侨，但华文报纸的读者主要是上海和周边城市的国人，也就是说，当时国人已有可能供应大量旧邮票；3.邮票收购者既有个人，也有洋行，邮票收购或为公司业务之一，如和顺洋行1895年连续刊登收购邮票的广告31次，又如九江路21号的比利时良济洋行1899年7月9日至14日在《新闻报》连续刊登收购邮票的广告；4.中国邮票的收购价在逐年提高，如海关邮票1879年每百枚为2角，1883年升至每百枚3角，

1884年再升至4角，1886年为5角，1892年为6角，1893年达到了1元。《申报》刊登收买邮票的广告，在客观上起到了向中国人宣传邮票（包括信销票）的商品价值的作用。

1879年6月13日（清光绪五年四月二十四日），上海《申报》刊出一则收买邮票的广告，收买人是上海新泰兴洋行一个名叫“哈立斯”的外国人，全文如下。

收买信封老人头

工部书信馆人头　　每百个价二角

海关人头　　每百个价二角

东洋人头　　每百个价三角

如送至新泰兴洋行内哈立斯收即可付价，他国之信封人头亦可收买。

1884年3月5日（光绪十年二月初八日），上海《申报》刊出另一则收买邮票的广告，收买人为海关营造处的“沙孟”。全文如下。

收买信面人头

启者，现有人欲收买中国及日本信面用过人头。中国人头每百出洋四角，日本人头每百出洋三角，但每人头须在十先时以上者。如有人出售，请送至海关营造处与沙孟先生面议可也。

这两则广告中所说的“人头”是当时对邮票的称谓。因为当时各国的邮票多以帝王头像为图案，故称邮票为“人头”“老人头”“信封老人头”。“信面人头”即指贴信用过的邮票。比较两则广告所列邮票价格，不难看出其价格有所变化，前者中国邮票的价格低于日本邮票，后者中国邮票的价格高于日本邮票，说明中国邮票在集邮者心中的收藏价值在提高。

上述“哈立斯”广告，很久以来被视为《申报》上首则收买邮票的广告。但新的证据表明，此项纪录至少可提前两年。1877年5月9日，《申报》刊出过一则苏模洋行收买邮票的广告，并在一周内连续刊登了6天。全文如下。

申報

照收買信局舊人頭

凡上海東洋兩處所發已用信局人頭情願賣出者價每百个銀五角又呂宋人頭每百个出價七角五分

虹口黃浦灘路第六號門牌

蘇模洋行啓

《申报》收买旧邮票广告

照收买信局旧人头

凡上海、东洋两处所发已用信局人头情愿卖出者，价每百个银五角，又吕宋人头每百个出价七角五分。虹口黄浦滩路第六号门牌 苏模洋行启。

随着集邮者的增多和邮商的出现，邮票遂进入洋行拍卖，起始时间不迟于1890年。是年2月22日，鲁意师摩（Lewis Moore）洋行在《申报》上刊登广告《礼拜四拍卖》：“初二日两点钟在本行拍卖书信馆人头数万、自鸣钟、白磁罩……”

1904年，瑞和洋行在《申报》刊登专场拍卖广告《礼拜三拍卖》：“准于廿一日十点半钟在本行拍卖各国书信人头数万个。

1890. 2. 20 鲁意斯摩广告

1892. 4. 2 福茂行广告

1894. 12. 18 瑞和洋行广告

《申报》等登载的邮票拍卖会广告

此布，瑞和洋行启。”

1908 年鲁意师摩洋行在《字林西报》上的广告显示，已有集邮专册付拍：“1. 10 月 27 日周二，上午 10 点，拍卖已故 Velentzas 先生的一部绝佳邮集。2. 11 月 12 日周四，上午 10 点，拍卖一本 2000 多枚邮票的集邮册。”

第四节　中国人集邮肇始

中国人集邮，大约始于19世纪90年代。主要是与外国人交往较多的人或工作在外国人较集中的海关、银行、铁路、邮局以及外国人主办或执教的院校、外国人开办的洋行、教堂里的中国员工、学生、教徒。他们在与外国人接触交往时，较早地接受了西方的思想和文化，同时对西方较时尚的集邮情趣也渐渐产生了兴趣，开始收集邮票。

张承惠

一、中国早期集邮者和邮商

1910年前后，中国集邮者开始增多。始于清末有据可查的中国集邮者，有卢赋梅、叶颂蕃、黎永锦、张景盂、谢慎修、陈桓士、陈葆藩、王聘彦、梁芸斋、张承惠、张包子俊、徐慕邢、裕憓霆、王晋斋，以及邮商李辉堂、朱世杰等人。

上海是中国集邮的发源地，也是我国早期集邮者的聚集地。客居松江的叶颂蕃十六七岁就开始收集邮票；黎永锦1903年于上海汇文书院毕业前已开始集邮；张承惠1910年在圣约翰学校读书时，受同学的影响开始收集信封上的邮票，并按外国报纸上征换邮票的广告要求，将自己多余的邮票寄给外国邮商，换回外国邮票，成为最早与国外邮商建立邮票交换关系的集邮者。

叶颂蕃（1880—1945），祖籍江苏洞庭山，执教江阴南菁、上海松江等中学30余年。叶颂蕃集邮近50年，曾购得德文邮票目录，按图索骥，后为鲁意斯摩洋行邮票拍卖的常客，晚年将邮集大部分出售。叶颂蕃为神州邮票会的发起人之一，任该会的副会长兼中文书记，他还是中华邮票会董事、书记及流通部主任，新光邮票会理事、监事。

张承惠（1891—1942），浙江慈溪人，上海圣约翰学校毕业，任黄浦江浚浦局帮办工程师、水利科科长。1922年，成为中国第一个集邮组织“神州邮票研究会”的发起人之一。中华邮票会首任英文书记，新光邮票会理事、理事长。

被称作上海“后花园”的苏州，受上海集邮界的影响，早期集邮者也不少，代表人物有卢赋梅、张景盂等。前者1897年已开始集邮，后者开始集邮也不晚于1906年。

卢赋梅（1882—？），江苏吴县人，苏州东吴大学首任图书管理员，喜集国邮变

卢赋梅

陈葆藩

体票，曾参加常州邮展并获高奖。1919 年，卢赋梅在苏州开办卢义思邮票公司。他善于邮学研究，1926 年与陈复祥合编了国内最早的中文邮票目录《中国邮票汇编》。卢赋梅为中华邮票会评议员，新光邮票会研究部、拍卖部及江苏分会主任，甲戌邮票会顾问。

在沿海通商的口岸中，除上海外，集邮较早传入了福州，清末即有集邮者和邮商出现。

陈葆藩（1897—1984），福建闽侯人，12 岁在学校同学的影响下开始集邮，后来致力于收集研究邮票和有关史料。陈葆藩到上海后常以“一芹”为笔名发表集邮文章，曾是中华邮票会、新光邮票会的骨干和负责人。

中国早期集邮者的另一个聚集地是文化古都北京。民国元年之前，在北京开启集邮生涯的人有梁芸斋、徐慕邢、裕憓霆、王晋斋等人。

梁芸斋（1894—1966），字晋华，广东南海人，后为海关高级职员。梁芸斋的邮品收藏宏富，尤以齿孔变体票为其心爱，其藏品多次参加邮展。梁芸斋早年加入北京邮票交换会，到上海后曾任新光邮票会

裕憓霆

主席理事，中华邮票会董事、藏书部主任及书记部英文主任。

徐慕邢（1889—1960？），字南虎，安徽南陵人，曾任徐世昌总统府秘书和杜月笙的私人秘书。徐慕邢1910年后在北京开始集邮，至1918年已购入蟠龙邮票十余万枚。到沪后他与周今觉、袁寒云交厚，集邮热情高涨，成为高价收购珍邮的买家之一。徐慕邢为中华、新光、甲戌三大邮会会员，曾任中华邮票会董事、基金部主任。

裕憓霆（1883—？），本名裕寿，别号颂廷（也作松亭），满族镶黄旗人，定居北京。裕憓霆在集邮方面藏品颇丰，藏有大量盖有“干支戳”的邮票副品，曾斥资大量购买“洪宪帝国”样票。他代办欧美邮社华邮古票及变体票，人称“旧都邮王”。1918年，裕憓霆在京筹划邮票展览。1923年，他创办了万国交换通信社并印行英文季刊一种。裕憓霆为北京邮票交换会、新光邮票会早期会员。

在赴外使领馆人员中，也出现了邮票收集者，如陈桓士、水钧韶等。陈桓士，晚清外务官员。李经方（伯行）出任赴英国钦差大臣时（1907—1910）曾随行。陈桓士在英国期间购藏过邮票，后有邮票赠予其外孙——智仁勇女学校校长徐仁广。陈桓士的集邮藏品抗战时存于重庆。

中国的邮票商业在清代末期已显萌芽。当时主要是沿海商埠率先出现了兼做邮票生意的商人。据早期文字记录，清末开始经营邮票生意的中国邮商有李辉堂、朱世杰、徐子珊、魏叔彝等。

李辉堂于1899年在上海创办邮社，成为中国的早期邮商。他在俄国邮票会1940年11月出版的《ROSSICA》第41期（远东版）刊登过一则广告：“LEE FAI

FAR EASTERN SUPPLEMENT
to
ROSSICA MAGAZINE
No. 41

WITH COMPLIMENT
TO OUR EUROPEAN AND OVERSEAS' MEMBERS

Shanghai Members

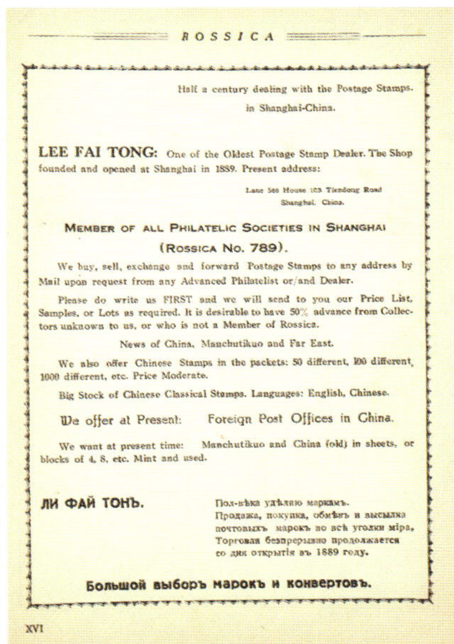

ROSSICA

Half a century dealing with the Postage Stamps.
in Shanghai-China.

LEE FAI TONG: One of the Oldest Postage Stamp Dealer. The Shop founded and opened at Shanghai in 1889. Present address:

Lane [illegible] House 103 Tiendong Road
Shanghai. China.

MEMBER OF ALL PHILATELIC SOCIETIES IN SHANGHAI
(ROSSICA No. 789).

We buy, sell, exchange and forward Postage Stamps to any address by Mail upon request from any Advanced Philatelist or/and Dealer.

Please do write us FIRST and we will send to you our Price List, Samples, or Lots as required. It is desirable to have 50% advance from Collectors unknown to us, or who is not a Member of Rossica.

News of China, Manchutikuo and Far East.

We also offer Chinese Stamps in the packets: 50 different, 100 different, 1000 different, etc. Price Moderate.

Big Stock of Chinese Classical Stamps. Languages: English, Chinese.

We offer at Present: Foreign Post Offices in China.

We want at present time: Manchutikuo and China (old) in sheets, or blocks of 4, 8, etc. Mint and used.

ЛИ ФАЙ ТОНЪ.

Пол-вѣка удѣляю маркамъ.
Продажа, покупка, обмѣнъ и высылка почтовыхъ марокъ во всѣ уголки міра.
Торговля безпрерывно продолжается со дня открытія въ 1889 году.

Большой выборъ марокъ и конвертовъ.

XVI

刊于《ROSSICA》杂志的李辉堂广告

TONG”“One of the Oldest Postage Stamp Dealer. The founded and opened at Shanghai in 1899”（中国最老邮商之一，1899 年于上海创办邮社）。

朱世杰于 1903 年业邮，曾在中华邮票会 1929 年 6 月 15 日出版的《邮学月刊》第 1 卷第 8 期封底刊登“集古社”广告：“本社创设申江迄今二十六载矣”。据此推算，其邮社成立时间应是 1903 年，但实际上在十多年后才有“集古社正式成立”。

上述集邮者和邮商，日后均为推动中国集邮的兴盛发挥了积极的作用。

盖有筹款义卖会纪念邮戳的明信片

二、纪念邮戳在上海先行启用

1899 年 11 月 16—17 日，在上海南京路排演厅（DRILL HALL）举办了一场“上海维多利亚护理学校筹款义卖会”。据《北华捷报》报道，会场内设有邮局，“凡在邮局售买漂亮图案明信片，可在那里写封信并免费寄发，由收件人付费。”存世的这种明信片，见销圆形“SHANGHAI VICTORIA-NURSING-INSTITUTE, FANCY FAIR 16.11.1899”纪念特戳。这是目前已知最早在中国行用的全英文纪念邮戳。由于此次活动基本限于外籍人士，国人鲜有知晓者。

到了 1907 年，为赈济江皖特大水灾，华洋义赈会中外士绅在上海张园举行万国赛珍会。会场内设有临时邮局，工部局书信馆特制了两种圆形纪念戳。一种是纯中文戳，戳文为“万国赈济赛珍会”；另一种是中英文日戳，圈外英文为“INTERNATIONAL FANCY FAIR AND FETE, SHANGHAI MAY 1907”，圈内中文为“万国赈济赛珍会”。义卖会还印制有面值的纪念张（已见 4 种），供会场内明信片贴用与销盖纪念戳。临时邮局可加盖工部局书信馆日戳“SHANGHAI LOCAL POST 07 MAY 23-26”，在本埠范围内予以免费寄递。这次活动有众多中国观众参与。存世的“万国赛珍会”纪念戳邮品已知不少于 10 件。

1909 年 11 月 21 日起，上海出品协会在上海张园举办展览，会期 1 个月。该会是南京拟于 1910 年举办的南洋劝业会的上海地区出品预展。上海出品协会在会场设临时邮局，制椭圆形纪念戳一枚。内圈为两行中文“出品协会邮政局”，外圈上方为双龙戏珠图，下方为英文“Industrial Exhibition Post Office”，无日期。已知存世戳品总计 5 件 7 戳，具体如下：1.《新光杂

“出品协会邮政局”纪念戳记

志》第5卷第5期“赓伯”首度披露蟠龙1分、2分销“出品协会纪念戳”残片；“赓伯”还在第7卷第4期登载的《前清及民国之张园纪念戳》中记述：“此戳余得之于廿五年夏，为俞润泉兄在收下之大批信封内觅出剪下，以之赠余者。”2.《天津邮刊》第2卷第3期登载孙宝琳的《中国第一次纪念戳》一文中，展示了其“得之于外人邮集”的“宣统登基”纪念邮票3分票直三连加盖一戳票。3.李东园在《五十年集邮回忆录》中见示其所藏一件“宣统登基”纪念邮票双连全套票上销3枚特戳之断片。4.基础民在《中国纪念邮戳选》中记载，此戳“目前存世者仅知有三件”，其藏品得自张赓伯。5.刘广实在《旧中国纪念邮戳图鉴》中披露，其藏有蟠龙1分票带边纸直双连加盖一戳票。6.中国台湾的何辉庆在《中国纪念（临局）邮戳史》中披露，“另见录一枚，盖销于不带边纸的蟠龙1分双连票上”。

中国的纪念邮戳始见于清朝末年，到了民国随即增多。随着航邮封的兴盛，自20世纪20年代起，纪念邮戳开始受到集邮者的青睐。1930年后，重要的集邮活动纷纷延请邮局入场，并制用纪念邮戳。《中国纪念（临局）邮戳史（1899—1949）》见录的特戳（不含伪满纪念戳）多达269种，纪念邮戳已成为一个重要的集藏和研究门类。

三、宣统登基纪念邮票的购买热

清宣统元年（1909年）六月二十九日，税务大臣致军机处呈文报称：据总税务司署申称，“查各国邮政每际国家喜庆大典，常发新式邮票以表贺忱。现值皇帝御极元年，中外欢忭、爰饬邮局制造新式邮票，计二分、三分、七分3种，由上海总局分发各处邮局出售。”

清代国家邮政这套为纪念宣统皇帝御极庆典的邮票，于1909年9月8日发行，主图为北京天坛祈年殿，其设计、印制古色古香。

这套邮票得到邮政当局的大力推荐，并采取特别发行举措。1909年5月15日，在距邮票发行还有将近4个月时，邮政总办帛黎就发布了邮政通札第224号，内称“为宣统御极而发行的纪念邮票，正在伦敦赶印中，一俟运到，分发各局即可供售行用”。随此公文附有分发各邮界邮票的明细表，所涉邮界计有北京、太原府、开封、西安府、东三省、天津、烟台、济南、胶州、重庆、成都、宜昌、万县、沙市、长沙、岳州、贵阳、汉口、九江、大通、芜湖、南京、镇江、上海、苏州、杭州、宁波、温州、三都澳、福州、厦门、汕头、广州、琼州、龙州、蒙自、思茅、腾越。出票后，多地邮局纷纷张贴“现本邮政局接到志贺”告示。

这套邮票发行后，出现了前所未有的购买热潮。对此，《大清邮政宣统元年事务情形总论》记载如下。

“此项纪念宣统建元之邮票，已于中国境内遍行陈列发售”；“查纪念票在各通

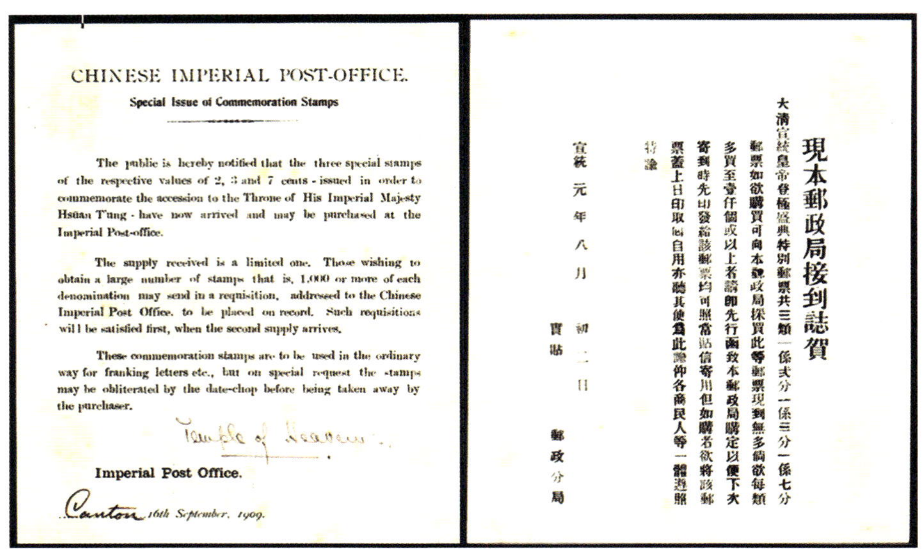

CHINESE IMPERIAL POST-OFFICE.

Special Issue of Commemoration Stamps

The public is hereby notified that the three special stamps of the respective values of 2, 3 and 7 cents - issued in order to commemorate the accession to the Throne of His Imperial Majesty Hsüan T'ung - have now arrived and may be purchased at the Imperial Post-office.

The supply received is a limited one. Those wishing to obtain a large number of stamps that is, 1,000 or more of each denomination may send in a requisition, addressed to the Chinese Imperial Post Office, to be placed on record. Such requisitions will be satisfied first, when the second supply arrives.

These commemoration stamps are to be used in the ordinary way for franking letters etc., but on special request the stamps may be obliterated by the date-chop before being taken away by the purchaser.

Temple of Heaven.

Imperial Post Office.

Canton 16th September, 1909.

現本郵政局接到誌賀

大清宣統皇帝登極盛典特別郵票共三類一係弍分一係三分一係七分郵票如欲購買可向本郵政局採買此等郵票現到無多倘欲每類多買至壹仟個或以上者請即先行函致本郵政局購定以便下次寄到時先出發給該郵票均可照常貼信寄用但如購者欲將該郵票蓋上日印取回自用亦聽其便爲此諭仰各商民人等一體遵照特諭

宣統元年八月初二日

郵政分局

實貼

宣统御极邮票发行告示

商口岸销场甚旺”；“发售纪念票一举，在上海一处可见历年未有之现象。所发之值价一万四千元，于一点半钟内全行售出”；“上海邮界，此界入款增多，其所增者数分系纪念票之效力，其故系商民乐于购买”。

宣统御极纪念邮票全套面值为 1 角 2 分，上海发行当日在一个半小时内全部售完；14000 元邮票款，折合邮票 116660 套。这种“商民乐于购买”的情形，确实是“历年未有之现象”。

在清代邮政年报中，对邮票发售情况如此详细记述的尚属首次。从中可以看出清末邮政当局已采取在“中国境内遍行陈列发售”的办法，促销宣统御极纪念邮票，以引起集邮者的购藏。宣统御极纪念邮票“在各通商口岸销场甚旺”，说明当时中外集邮者主要集中在各通商口岸，中国的集邮者人数在增多。这时的中国集邮者不仅从旧信封上收集已盖销过的邮票，而且已经懂得从邮局购买一定数量的新邮票收藏。

结　语

中国近代邮政的建立，是中国几千年古老通信制度的重大改革，也是西方邮政通信制度引入中国的重要标志。它不仅促进了中国通信形式和手段的近代化，也为国家邮政的统一经营奠定了基础，为后来的邮政发展创造了条件。

清代邮政实权虽曾旁落在外国人之手，但清代邮票的选题、内容与设计风格，却独具中华民族的文化特色。

随着邮票的诞生，集邮活动首先在欧洲兴起，并由外国来华人员传到中国，并使集邮成为一项以收集、鉴赏邮票为主的世界性文化活动。一些懂集邮或本身就集邮、供职于中国海关的外国人，利用职务之便，尽搜广藏中国清代邮票珍品。在华外国人的集邮活动，也影响到了与这些外国人接触的中国知识分子、职员、学生等。自此，中国人才开始集邮。清代晚期，中国的集邮人数开始增多，邮票商人也已出现，为中国集邮的兴起与发展起到了推动作用。

第二章　中国集邮活动兴起

（1912—1927）

概　述

1911 年 10 月 10 日，辛亥革命爆发。以孙中山为代表的资产阶级革命派，推翻了清王朝的腐朽统治，结束了两千多年的封建君主专制制度。1912 年 1 月 1 日，中华民国临时政府在南京成立，并选举孙中山为临时大总统。

孙中山就任不久，下令废除原邮政局名前所冠的“大清”二字。自此，中国邮政进入“中华邮政”时期。

这一时期，国内邮政领域发生了较大变化。1912 年 5 月，北洋政府将邮传部改为交通部，下设北京邮政总局；1913 年，交通部明令废除全部驿站；1914 年，中华邮政加入万国邮政联盟，实行划分邮区，设立省邮务管理局，下设一、二、三等邮局新邮区的体制；1922 年，取消外国列强在华的大部分“客邮”。

中华民国南京临时政府成立之初，北京邮政总办、法国人帛黎对辛亥革命持观望态度，擅自在清代蟠龙和欠资邮票上加盖横排“临时中立”字样，后又在已加盖“临时中立”的邮票上再次加盖直排“中华民国”字样，形成十字形的“中华民国 临时中立”加盖票。1912 年 12 月 15 日，中华邮政同时发行了印有孙中山像的《中华民国光复纪念》邮票和印有袁世凯像的《中华民国共和纪念》邮票，这是当时邮票发行中的一个特殊的历史现象。自 1921 年 10 月 10 日中华邮政发行《中华邮政开办廿五年之纪念》邮票起，中华邮政发行了多套纪念邮票，均由北京财政部印刷局以雕刻版印刷。

在此时期的邮票印制和发行中，产生了“宫门倒印”“北京一版帆船叁分加盖‘暂作贰分’倒盖票”“北京二版帆船叁分加盖‘暂作叁分’倒盖票”“北京一版帆船票加盖‘限省新贴用’票”等错体邮票，被集邮界所披露，也成为收藏领域中的珍罕邮票。

这一时期，中国集邮以上海为中心，由沿海城市逐步向内地城市发展，涌现了数以万计的集邮者和一批优秀的集邮家。他们收集华邮珍品、研究邮学、组织邮会活动、撰写邮文和普及集邮知识，为中国集邮的初创时期做出不可磨灭的贡献，为开创中国集邮之路迈出了第一步。特别是集邮家周今觉，不遗余力地从外国人手中购回大量华邮珍品，潜心研究中国早期邮票，热心从事邮会活动，为提高中国邮票和中国集邮在国际上的地位付出了相当多的努力。

第一节　中华民国前期的邮政和集邮状况

1911年10月10日，武昌起义爆发。次日，起义军成立了湖北军政府，推举新军协统黎元洪为都督，将国号改为“中华民国”。自此，中国近代史揭开了新的一页。中国的邮票发行史和集邮活动史也由此开始了新的篇章。

一、政权更迭时期的邮票发行

起义军攻克武汉三镇后，即派员接管邮政、电报机关，制定了《暂定邮政办理章程》计5款，其一为：“本局改为中华民国汉口邮政局，惟印花一层一时措办不及，暂用旧式。”

10月22日，湖南新军起义，占领长沙，推焦达峰为都督，随即派司账二人、监督一人前往接管邮政。11月9日，福建新军起义，在福州成立军政府，推孙道仁为都督。孙都督照会福州邮政总办：“本都督已接管福建一切事宜，嘱将邮票上‘大清’二字代以‘中华’字样，并惟都督命令是听，售卖邮票须盖‘中华民国’戳记。”但是福州邮务总办卜礼士秉遵北京邮政总局的指示，对在大清邮票上加盖“中华民国戳记”的命令拖延不办。福建军政府于是决定更换大清邮票，印制新邮票。后因战局不定，福建军政府印制新邮票一事未成，但收回邮政权、废大清邮票、发行新邮票的愿望已明示公众。

1.“临时中立”邮票发行始末

辛亥革命之初，在北京的清朝中央政府尚未解体，帝国主义国家为最大限度地谋取在华利益，纷纷标榜对中国的复杂局势保持“中立”。1911年10月18日，英、法、俄、德、日等国驻汉口领事和驻北京公使相继宣告“严守中立”。当时把持中国邮政大权的清朝邮传部邮政总办、法国人帛黎（A. Theophile Piry 1850—1918）获悉福建新政权要求改革邮票的消息后，在1911年11月15日《邮政总局致邮传部呈文》中明确提出：“为今之计，惟有使中国邮局作为中立局，所俾各省照旧交通……原则，即恐党人占领省份，邮政紊乱，将来难于复原。”帛黎对福建要求改革邮票一事置之不理，但福建新政权态度强硬，帛黎惟恐福州发行新邮票，赶紧下令上海邮政供应处，将一批清蟠龙无水印邮票和欠资邮票加盖“临时中立”4个字，发往福州应急。

1912年1月30日，福州邮局开始发售加盖“临时中立”的邮票，至2月1日，3天时间共售出蟠龙加盖邮票4种6180枚、欠资加盖邮票5种450枚。加盖“临时中立”邮票出售后，訾议四起。福建省交通司立即致电中华民国南京临时政府交通部，

加盖“临时中立”邮票

加盖“中华民国 临时中立”邮票

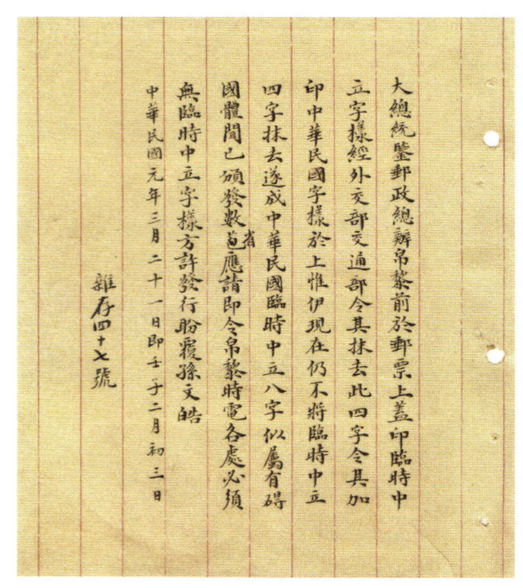

大總統鑒郵政總辦帛黎前於郵票上蓋印臨時中
立字樣經外交部交通部令其抹去此四字令其加
印中華民國字樣於上惟伊現在仍不將臨時中立
四字抹去遂成中華民國臨時中立八字似屬有碍
國體聞已頒發數省應請即令帛黎時電各處必須
無臨時中立字樣方許發行盼覆孫文皓
中華民國元年三月二十一日即壬子二月初三日
雜存四十七號

孙中山就加盖邮票必须抹去“临时中立”致袁世凯电文

指出此邮票发行“事关民国主权”，请外交部与帛黎交涉，今后邮票发行不必由他经办。南京政府闻讯，当即由外交部、交通部电令停售“临时中立”邮票。

2 月 12 日，溥仪下诏退位，清王朝统治宣告结束。帛黎于是授意上海邮政供应处在各地退缴和库存的“临时中立”邮票上，再补盖竖行“中华民国”4 个字。自 3 月 20 日起，加盖有“中华民国 临时中立”字样的邮票开始在汉口、南京、长沙三地邮局部分出售。孙中山得知此事十分气愤，在预定发售的前一天（即 3 月 19 日）致电袁世凯，提出抗议：“邮政总办帛黎，前于邮票上盖印‘临时中立’字样，经外交、交通两部令其抹去此四字，加印‘中华民国’字样于上。惟伊现在仍不将‘临时中立’四字抹去，遂成‘中华民国 临时中立’八字，实属有碍国体。闻已颁发数省，应请即令帛黎转电各处，必须无‘临时中立’字样，方许发行。”

在孙中山的斥责下，帛黎有所收敛，下令停售并撤回上述邮票。自 3 月 24 日起，各地邮局先后开始发行加盖有“中华民国”字样的邮票。当南京邮局出售加盖“中华民国 临时中立”票时，美国驻南京领事兼芜湖领事葛威布（W. T. Gracey）即从邮局购得大量加盖票。葛威布事后致函南京分区邮政局局长诗·路氏（C. Rcusse），询问该票的发行情况。该局局长复函称：“加盖‘中华民国 临时中立’邮票，在南京仅发行 1689 枚，而你一人就购得了 1037 枚。我知道你是这宗邮票的主要买主，我向你恭贺。”这些加盖票，已成为中国邮票中的珍品。

这一时期，邮票发行一度出现混乱。原清朝邮传部、中华民国交通部、地方邮政机构都在加盖邮票发售。据一些邮刊记载，中国黄渡、和州、都昌县、建阳、广

加盖“中华民国”邮票

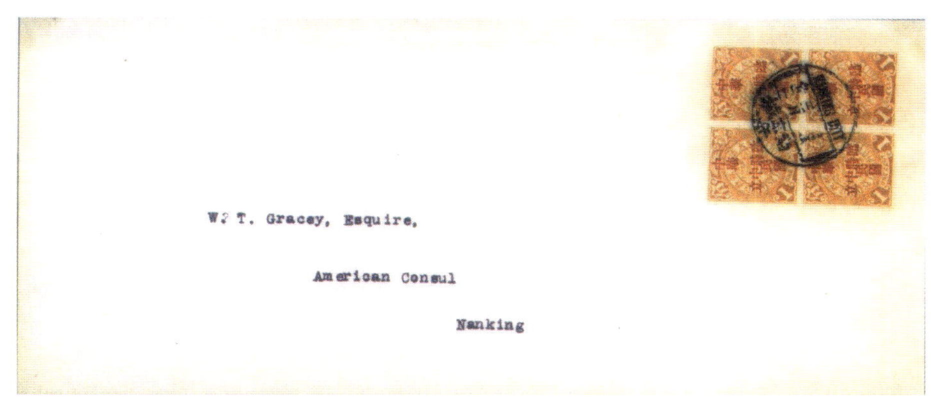

加盖“中华民国 临时中立”邮票的实寄封

州、天津、哈尔滨、新兴（山东）、双凤镇（江苏）、黄石港、码头镇（山东）、杭州、通州、江门、张家口、崇明、柳州、马渚（浙江）、吴家市（江苏）、牛庄、福州、平度等地方邮政局所，都出售过自行加盖“中华民国”“民国”字样的邮票。这些邮票真实地记录了当时社会的动荡状况，具有重要的史料价值，加上发售时间短、出售数量小，成为集邮者乐于收集的对象。

2. “光复”与“共和”邮票

孙中山对建立国家邮政、发行中华民国邮票极为重视。交通部针对当时不得已沿用大清邮票的情况，提议立即印制新邮票。为此，孙中山亲自召集交通部秘书程滑、邮政司司长陈廷骥、邮电司科长唐文启及属员四至五人，研究印制新邮票事宜。孙中山在笔记本上亲笔写下了关于邮票设计和印制邮票的提要，随后将此页笔记撕下交与秘书办理。在这一页笔记上，左下角贴有3枚外国普通邮票作为参考，自左至右依次是俄国3戈比邮票（红色）、德国在华（胶州湾）邮局2芬尼邮票（绿色）、比利时5分邮票（绿色）。笔记上端有孙中山手迹“Republique Chinois”（法文“中华民国”）；“中华民国元年”“特别用总统像，光复纪念”；“平常用飞船”。

1912年2月5日上午，孙中山主持内阁会议，内阁决议：“《光复纪念》邮票用孙中山大总统肖像。”1912年2月12日，上海《民立报》载：“前内阁决议，更变邮票，系分两种：一系《中华民国光复纪念》邮票，印孙总统像；一系通用邮票，拟印飞艇。”2月13日上海《申报》载：“上星期一（2月5日）内阁议决，《中华民国光复纪念》邮票用孙大总统肖像。总统以前

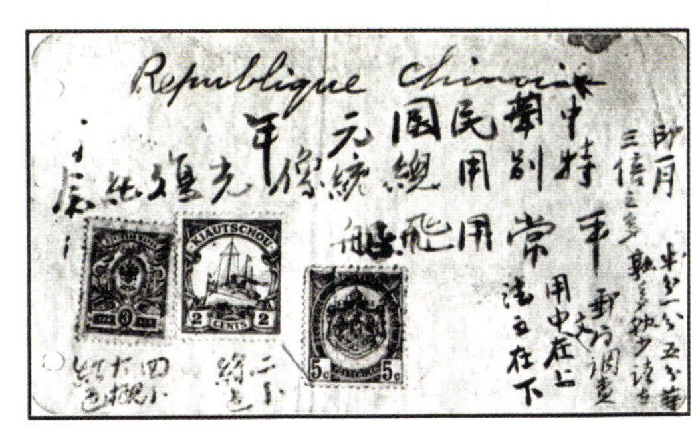

孙中山关于邮票设计印制的提要

时所摄相片均不满意，前日另摄半身正形一张，左侧形一张，右侧形一张，均甚清晰，拟择一张印入票中。”3 月上旬，上海商务印书馆所制邮票印样，经交通部官员送孙中山审阅。孙中山面谕：“速将中华民国《中华民国光复纪念》邮票印就发行，以新耳目而崇体制。”就在《中华民国光复纪念》邮票即将正式开印之际，南京临时政府却以孙中山辞职而告结束。印刷邮票之事遂被搁置。

1912 年 3 月 10 日，袁世凯在北京就任中华民国第二任临时大总统。局势的变化，使民国首套纪念邮票的发行权落到了北洋政府手中。决议同时发行印有孙中山头像的《中华民国光复纪念》邮票和印有袁世凯头像的《中华民国共和纪念》邮票，两套邮票各 12 枚。此事几经周折，待全部印妥并正式发行已是 1912 年 12 月 15 日了。

一个国家同时发行两套以政见不同、又同时在世的国家元首的肖像为图案的纪念邮票，举世罕见。以孙中山为首的资产阶级革命派与反动势力既激烈又妥协的坎坷斗争，在邮票上留下了不可磨灭的烙印。中华民国首套纪念邮票的发行，使社会公众对邮票的政治意义有了更深刻的认识。集邮者争相购买“光复”“共和”纪念邮票，许多不集邮的人也由此开始走上了集邮之路。

二、错体邮票的产生与流传

1912 年至 1922 年，军阀割据、政权更迭，导致邮票在印制和发行环节中出现了纰漏，产生了一些错体和变体邮票。这些邮票在使用和流通中被集邮者发现，“民国四珍”就是由中华邮票会于 1926 年出版的会刊《邮乘》上首先提出的。

1. “宫门倒印”邮票

中华民国邮政于 1913 年 5 月 5 日发行了一套普通邮票，共有 19 枚。面值为半分至 1 角的邮票主图为一艘帆船，背景是铁桥上飞驶的火车，俗称“帆船”邮票；面值 1 角 5 分至 5 角的邮票主图为一位收获的农民，背景为北京天坛的祈年殿，俗称“农获邮票”；面值 1 元及以上的邮票主图为北京国子监牌楼，俗称“宫门”邮票。这套邮票先后共发行了 3 次。因其图案被称为“帆船、农获、牌坊”普通邮票，简称“帆船”邮票

1913 年发行的“帆船”邮票是在英国伦敦印刷的，被称为“伦敦版”。1914 年因第一次世界大战爆发，第二版“帆船”邮票不能继续在英国印刷，改由北京财政部印刷局印刷。第二版“帆船”邮票的票图与伦敦版相似，初期也是 19 种面值票，1919 年又增加发行 1 分半、1 角 3 分和 20 元 3 种面值票，故全套枚数总计 22 枚，被称为“北京老版”或“北京一版”。1923 年在北京财政部印刷局印制的第三版“帆船”邮票，全套 22 枚，被称为“北京新版”或“北京二版”。在北京老版的“宫门邮票”中，有 1 元、2 元、5 元、10 元和 20 元 5 种面值票，其中 2 元面值票，在印刷中出现了严重的失误。此票的中心主图牌楼，刷色为黑色，而边框的刷色为蓝色，故采用双色套印的方法印制，即先用一个版印出边框，再用另一个版套印中心图案。由于印刷工人忙中出错，在套印中心主图时将一张已印好边框图案的邮票纸倒置，造成这一整张邮票的中心牌楼图案都是倒置的，俗称“宫门倒印”邮票。

“宫门倒印”邮票

关于此枚错体邮票的存世量一直是集邮界研究的问题，多数意见认为存世量在50枚以下。

2. 北京一版帆船票加盖“限省新贴用”错体邮票

中华民国邮政时期，因各地币制不同，币值相差悬殊较大。为防止从低币值地区购买邮票到高币值地区谋利，邮政部门会在邮票上加盖“限 × 省贴用”字样以避免这一弊端，如加盖“限新省贴用”“限滇省贴用”“限四川贴用”等。1915 年，中华邮政发行了一套“限新省贴用”邮票，全套 16 枚。其中面值 1 元的“帆船”邮票采用红色加盖“限新省贴用”字样，其余均为黑色。在加盖 1 元“帆船”邮票全张 50（10×5）枚时，其中 1 枚因排字工人粗心，把“限新省贴用”中的“新省”二字颠倒，印成了“限省新贴用”错体票。

这种错体票是一位侨居上海的外国人首先发现的。他从新疆迪化（今乌鲁木齐）邮局函购“限新省贴用”邮票 100 套，在清点邮票时发现 1 元面值票中有 1 枚“限省新贴用”错体票。于是，他又写信并汇款给新疆迪化邮局，要求把全张中仅有的 1 枚错体票，连同 3 枚正体票撕成四方连，无论有多少，均全部购下。迪化邮局接到这位外国人来信后，检查 1 元面值票全张中，果然有 1 枚错体票，当即将这种错体票全部撕下，上交后销毁。在回收这种错体票的过程中，仅有少数流出。

3. 北京一版帆船叁分加盖“暂作贰分”倒盖邮票

1922 年 11 月 1 日，中华民国邮政调整资费，明信片和印刷品的邮资由 1 分调至 2 分，国内平信由 3 分调至 4 分。因当时临近圣诞节和元旦，明信片和印刷品的邮件数量猛增，需要大批 2 分面值的邮票；再加上当时平信邮资已由 3 分改为 4 分，3 分面值的邮票用量大减。因此，邮政部门决定将库存的北京一版“帆船”邮票加盖“暂作贰分”使用。加盖方式为用红色油墨在邮票中心加盖“2Cts.”，两侧加盖“暂作贰分”字样，四角用小五星盖印住原面值。在加盖过程中，由于印刷厂工人的粗心，造成倒盖错体票。当年有一位外国人在苏州邮局买到 2 枚面值 2 分的邮票寄信，他发现这是倒盖错体票，便又一连买了 12 枚。这时，邮局营业员才发现是倒盖错体邮票，便请示局长立即停售，并动员这位外国人把已购到的错体邮票退回。但这位外国人坚决不退，营业员只好把未售出的错体邮票全部封存，并上交邮政总局销毁。

4. 北京二版帆船肆分加盖“暂作叁分”倒盖邮票

1922 年 11 月 1 日，中华民国邮政国内平信的资费由 3 分调为 4 分，并准备了大量面值为 4 分的北京二版“帆船”邮票。但这种调整邮资的举措，遭到地方军阀的反对，实行不久即停止，国内平信邮资仍改为 3 分，造成已大量备用的 4 分邮票派不上用场，而面值 3 分的邮票用量大增而形成短缺。为此，邮政部门便将 4 分

“帆船”4分加盖“暂作叁分”倒盖邮票

“帆船”邮票加盖“暂作叁分”使用。加盖的方式是用红色油墨在邮票中心加盖“3Cts.”，两侧加盖“暂作叁分”字样。在加盖时，由于印刷厂工人的疏忽，出现了倒盖错体邮票。这种错体邮票被住在上海的一位外国人购得而发现。其存世量约为10枚。

三、报刊上的集邮消息

政权更迭给邮票发行带来的变化，引起新闻媒体的关注，不仅登载邮票发行的消息，并且开始刊载集邮知识，使得邮票和集邮活动在更大的程度上得以传播。这说明社会对集邮的关注度明显提升。

●發行紀念郵票預告

本埠郵政總局前日發出通告云爲通告事光復功成共和建立際此非常之盛際允宜垂紀以隆歡愛由政府特發兩項郵票以昭紀念其一爲光復紀念郵票前臨時大總統孫公肖像在焉一爲共和紀念郵票臨時大總統袁公肖像在焉凡此兩版其數目種類俱同其種類區爲一分二分三分五分八分一角六分二角五角一元二元五元計十二類兩版同時分由各郵政局暨分局領給各等郵政處所發售截至中華民國二年四月三十日未經售盡之票繳交該管郵局再售至二年七月三十一日爲期屆時未售之票一律繳回銷燬無論有何情形概不增印是以一逾七月三十一號紀念郵票即無從購取票出無多仍與現用加印之尋常郵票相輔而行預計民國本年歲杪以前即可分派各局出售先此通佈週知

《申报》登载的《发行纪念邮票预告》

1. 发布邮票发行消息

1912年12月15日，邮政总局发行《中华民国光复纪念》《中华民国共和纪念》两套纪念邮票的前3天，上海《时报》与《申报》即用300字的篇幅，分别以《快购纪念邮票》和《发行纪念邮票预告》为题，向社会公众详细报道了这两套新邮票的发行通告，内容包括发行缘起、邮票名称、图案内容、邮票面值、全套枚数、停售日期以及停售后余票的收缴销毁、不再重印等情况，使人读后对新邮票的情况一目了然。

1913年9月17日，北京《大自由报》以《新邮票之类别》为题，向公众公布了民国首套普通邮票的发售信息，具体如下。

邮政所发前清龙纹邮票，因一时权宜起见，加印“中华民国”字样，此项邮票现将售罄。今已发行新式邮票，佥系视旧邮票某种用罄，即以新邮票之同一种类者，由各邮局一体出售。惟购票人刻下如欲购取新邮票，不拘何种，邮局仍可即行售给。所有此次发行之新邮票，计普通邮票共19种，内分船式者10种，值价半分、1分、2分、3分、4分、5分、6分、7分、8分、1角；农获式者5种，值价1角5分、1角6分、2角、3角、5角；圜桥式者4种，值价1元、2元、5元、10元；新式欠资邮票8种，系蓝色，值价计分半分、1分、2分、4分、5分、1角、2角、3角等类云。

1917年10月10日发行小本邮票后，江苏常州《武进报》于1918年3月22日发布的消息如下。

邮局发售一元邮票册。邮务管理局昨发布告云：照得本局暨各支局，现有售价一元之邮票册发售，计分两种：（一）黄色邮票册，内装一分邮票28枚，合2角8分，及三分邮票24枚，合7角2分，共合1元。（二）绿色邮票册，内装1角邮票4枚，合4角，及三分邮票18枚，合5角4分，以及一分邮票6枚，共计售价1元。前项邮票册，每册所装邮票共值1元，其售价即合1元收取，册面并不收费云。

同年12月5日，北京《晨钟报》刊载的《发行邮票信笺》报道称："京师一等邮务管理局因明信邮票及保险信封发行以来，深受社会欢迎，营业颇形发达，现又新印一种邮票信笺，以备旅行者之应用。惟此项信笺每人每次只得购取10张，以示限制云。"

中国首套航空邮票在发行前夕也有预报。据1921年6月25日出版的《益世报》刊登的《期售航空邮票》一文中介绍："交通部现因北京至济南间第一段之航空邮务已定于7月1号实行，其航空邮票5种，业由财政部印刷局印竣交来，于23号发交一等邮局。限即分发支局，自26号起出售，以备购贴云。"

在当时的报刊上，除可以看到邮票发行消息外，有时还可以看到邮局使用纪念邮戳的消息。1918年10月，徐世昌由安福国会选为总统。10月9日，在常州《新报》上刊出了邮局启用"徐大总统就职纪念邮戳"的消息："邮局盖用纪念邮戳记。国庆纪念日，为徐大总统就职日期。经国务院通电，督军省长转令吾邑各机关妥为筹备等情况，已志本报。兹悉：邮务管理局于是日特备纪念日期戳记一方，用以盖销各邮件上之邮票。并发布邮政紧急布告云：兹因徐大总统于双十节就任，邮局为申庆贺起见，特备纪念日戳记，于10月10日在各邮务管理局及重要一等局，以盖销各邮件上之邮票。各界人士等是日将邮票交由上述之邮局加盖此项戳记，亦可照办。惟只以是日为限，幸勿错过机会。"从这则消息中可以看出，当时邮政部门已注意到集邮者收集邮政戳记的需要。

上海"徐大总统就任纪念"邮戳

2. 介绍邮票与集邮知识

上海《中华小说界》月刊，从1915年7月出版的第2卷第7期起连载署名"苇如"的文章《邮票考略》，至1916年6月第3卷第6期该刊停刊止，全文未完，共载12篇，长达5万余字，并附有大量的插图。《邮票考略》基本以目录的形式介绍中国邮票以及其他一些国家、地区的邮票，逐套、逐枚介绍了邮票的面值、刷色及原票加盖、改值等情况，同时还介绍了有关的集邮知识、集邮工具等。在当时国内尚无一份专门集邮报刊的情况下，《中华小说界》月刊以连载方式介绍邮票和集邮知识，实属难得。该邮文还首度对孙中山主持设计邮票的情况予以揭秘。《邮票考略》是民国初期（1912—1920）最高水平的集邮著作，对当时的中国集邮活动产生了相当大的影响。作者"苇如"经考证为刘半农，其时正在上海担任中华书局编辑。

刘半农（1891—1934），原名寿彭，后名复，江苏江阴人，新文化运动的先驱之一。刘半农早年参加《新青年》编辑工作，

《中华小说界》登载的《邮票考略》

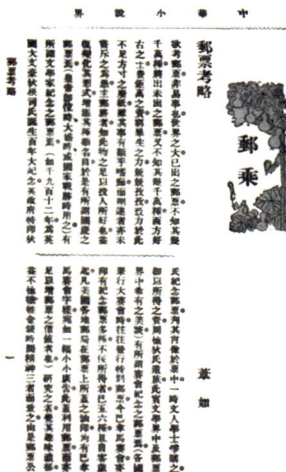

1917 年受聘为北京大学教授；曾旅欧留学，获法国国家文学博士学位，著作甚丰。刘半农曾倡导和推动发行《中国西北科学考察团纪念》邮票，并将斯文·赫定的贴票实寄封赠予王纪泽。刘半农收藏邮票 500 余套，身后由其夫人委托沙伯泉经销。

《申报·自由谈》1919 年 7 月 28 日至 8 月 6 日连载署名“秋叶”的文章《邮苑琐话》，共 9 篇。《邮苑琐话》全文 8000 余字，以世界各国的邮票为素材，详细介绍了邮票的用纸、齿孔、形状、图案、种类、变体及收集方式方法。作者“秋叶”经考证为福建闽县人林之夏（1878—1947）。

刘半农

上海《时报》于 1925 年 12 月 23—31 日连载署名“微笑”的文章《邮苑珍闻》，共 9 篇，内容为“旧邮票与搜邮家”的集邮典故，副标题有“手枪可换邮票么”“三万二千五百元”“几百万信徒中的世界皇室”“三种搜邮家”“大富豪摩根被人奚落”“潦倒一生的搜邮家”“可惨的悲剧”“收藏家兼经纪人”“破字纸堆中的金矿”“一百元变成十万元”“五分邮票卖一万二千元”“大家起来掘藏”“至少五十万美金一家”“伪造的邮票也有价值”“邮票生须”“哥伦布居然拿着望远镜”“贱日岂殊众，责来方悟稀”。

20 世纪 20 年代刊登集邮文章有深远影响的报刊是上海出版的三日刊《晶报》，周今觉最早的集邮文章《邮话》就是在《晶报》的“社会定期刊”专栏发表的。《邮话》全文分两部分，第一部分发表于1924年1月1日至9月24日，内容为其收集与研究华邮的经历与成果；第二部分发表于1924年12月21日至1925年2月24日，为其对集邮宏观问题的研究心得。全文逾4万字，共计55篇，分70期连载。《邮话》一出，读者争相传阅。袁世凯的次子袁寒云受周今觉的影响，随后也撰写集邮随笔《说邮》，长篇连载于《晶报》。《说邮》从1926年10月30日至1927年11月6日，共54篇，内容包括对其集邮经历的记述，以及对“华邮四宝”的质疑、“限省新贴用”变体邮票的发现经过、商埠邮局和商埠邮票的由来等邮学研究成果，还有他购藏红印花小1元旧票孤品、与陈复祥和朱泽民的交往等轶事。周今觉的《邮话》和袁寒云的《说邮》，当时对社会公众与集邮者都产生了不小的影响。

3. 刊登邮商广告

中华民国成立后，国内的邮商、邮社开始注重在报刊登载广告。1913年9月27日，上海东方邮花兑换部的广告率先出现在《申报》上。

积多种本国旧邮票、欲换各国旧邮票以备珍藏者，可向本部通信调换。其各洋行执事积有外国普通邮票愿出售者，可寄样探问市情。海内收藏家欲觅何国古邮，或有余者让出，皆可函委。通信处上海南市竹行弄吉星里四十四号。

1914年1月16日，《时报》刊登了广告《贵重邮票出现》，内容如下。

德爵克劳福所遗古今各国邮票数百组，贵常参杂，今有一部分可运华。发售计分：五十种不同，大洋一元；百种二元；二百种五元；三百种十元；四百种十五元；五百种二十元。诸君欲得者，速做邮政汇票，函向苏州丁香巷八号蒋伯年君预约，迟恐不及矣。

当时的沪上四大报——《申报》《新闻报》《时事新报》《时报》，因经营多年，发行面广量大，故深受邮人关注。1922年3月10日，苏州天赐庄35号（徐氏兄弟）邮票社首次在《申报》刊登广告，不到4天，就得到远在东北长春的集邮者的回应。至1930年前，见登《申报》广告栏的江、浙、沪的邮票商社有近30家。

上海周边邮市活跃的城市，其地方报纸也不时地刊登邮商广告，有的内容很简要。如1917年8月28日，常州《武进报》刊登过兼营邮票买卖的梳篦号经理严兆芹的一则广告：“收买中国用过的旧邮票，或买或调换，并寄售邮票，请到大街恒兴泰梳篦号接洽。”有的广告则带有对集邮活动的鼓动性。如1920年5月30日，常州《商报》刊出的万国古邮所主人俞振云的广告。除了商业文字，还介绍了集邮的益处。具体如下。

万国古邮所邮花发售。世界各国邮政票，有印入动物、风景、皇像纪念等。购买数枚，镶入镜框，悬诸左右，颇可畅心悦目。如像票有各国皇像印上，不出室门一步，即可瞻仰。其余若各国运河、山水、名胜，亦有印入票中者，岂非不出国门，即能见诸名胜于座旁乎。要购宜速，定价克己，照实看样，不折不扣。外埠同乡如欲看后采选，敝所另有票贴，可以行码。并印有看票办法，函示即寄。常州南河沿万国古邮所谨白。寄本地经售处：甘棠桥

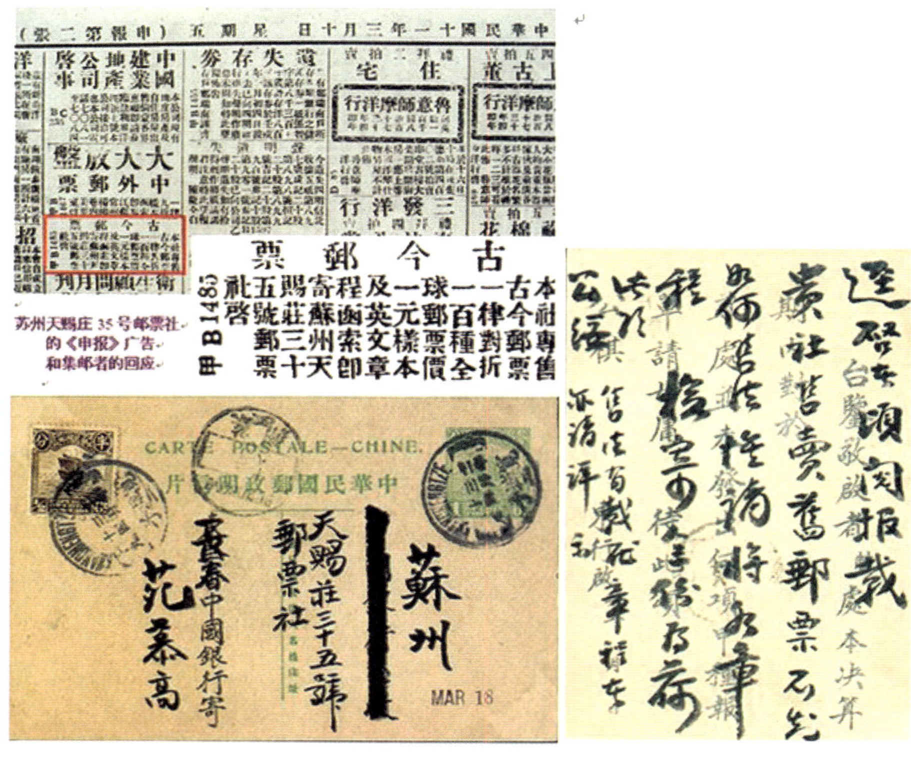

苏州邮社在《申报》刊登的广告和客户寄来购邮的明信片

宏济药房、县西街武进书馆，备中国旧票。

万国古邮所有几个经售点，可见其经营邮票生意已具一定规模。

从以上情况可以看出，在民国初期的报刊上，不仅已注意并及时发布邮票信息，而且用一定篇幅刊发集邮知识和邮商广告，这反映出当时社会文化生活的发展进步。

四、在华出现的外国集邮团体

鸦片战争后，上海被辟为对外开放的商埠城市，外国人来沪频繁。在他们带来的西方文化中，集邮自然是最活跃的一项活动。

1912 年 12 月，在来泰洋行任职的拉奇、在上海工部局工务段任职的施开甲等人在上海客利饭店聚会，经商议决定成立上海邮票会（Shanghai Philatelic Society），并由 9 人组成临时委员会（理事会）。这是中国出现的第一个集邮团体，首任会长为拉奇。1913 年秋，该会会员为 30 人，到了 1937 年全民族全面抗战爆发前，会员人数多达 200 余人。该会会员的国籍有英国、美国、德国、俄国、日本、法国、荷兰、希腊、葡萄牙和中国，其中中国籍会员有 17 人。最早加入该会的中国会员是李辉堂，其后陆续加入的有张承惠、陈复祥、叶颂蕃、周今觉、严西峤、张赓伯、马任全等人。

上海客利饭店

上海邮票会在组织管理上除设有正、副会长各一人外，还设有书记、会计、拍卖主任、交换主任、藏书主任各一人。历任会长为拉奇、绵嘉义、斯莫尔本斯（J. A. Smallbones）、赉美（J. Em. Lemiere）、布许（E. Busch）、马立师（Harold H. Morris）、萨义克（R. M. Saker）、麦克米金（Herbert William Porter McMeekin）、斯图亚特（John V. Stuart 1896—1954）、德铿、巴文道（A. E. H. Parrott）、法郎克（W. J. Fronk）、史道达（Edward. P. Stauder 1893—？）、阚恩（E. Kann 1880—1962）。

该会的活动地点先后有客利饭店、亚洲文会、福利公司等处，后期在四川路320号大厦4楼设立会所及图书室。上海邮票会的会员多以收集和研究中国邮票、外国在华邮局（客邮）邮票、中国商埠邮票为主。每月在会所活动一两次，进行集邮交流与邮票交换活动。

集邮界一度认为“惟该会无会刊月报发行”。直到21世纪初国内集邮家从欧洲拍得《Stamp Topics》1920年第1卷第5期至1923年第2卷第1期（共17期）后，上海邮票会拥有会刊的事实才得以确认。

Stamp Topics

OFFICIAL ORGAN OF THE SHANGHAI PHILATELIC SOCIETY

Publication Office: 17a Nanking Road, Shanghai

No. 8 (Per issue: in China, 3 cts.; Foreign, 2½d. or 5 cts.) November, 1920

Japanese Commemorative Stamps | Chinese Famine Relief Stamps

《Stamp Topics》

该刊1920年由美国邮商薛多尔在沪创办（1936年周今觉在《所望于老邮学家者》一文曾提及此刊），同年11月出版的第8期，另署副题《Offcial Organ of the Shanghai Philatlic Society》（上海邮票会机关刊物），自此转为上海邮票会会刊。

从已经面世的17期《Stamp Topics》来看，其内容含：1. 邮学研究论文。撰稿者有赉美、品斯、KUMIN、LETTS、张承惠、狄夫斯等。2. 中外邮票介绍及相关知识。如第8期介绍中国赈灾邮票，同时介绍了中国北方五省一带一年以上没有下雨、旱灾严重、5000万人受灾的背景；第9期图示对比“帆船”邮票伦敦版和北京老版3种图案的版别特征。3. 邮票行情。连载《50年前后（1870/1920）邮票价格对比》。4. 会务报道。有年会纪要，决议吸收中国集邮家为会员，解散批准新会员投票委员会、改为全体会员投票，万国邮政联盟会议通报，下次例会日期、地点，会员品斯的讣告等。5. 邮票交换办法。专设邮票交换干事，每个会员准备一个交换袋，内置欲交换出让的邮票，并列出出让价格，交易成功后支付5%的委托费。6. 邮票买卖广告等。据现有的《Stamp Topics》判断，其创刊号始发于1920年4月，改会刊后仍由薛多尔主编，1922年2月因其风瘫休刊一年，1923年4月续出总21期。另据1929年《新光月刊》第12期中的《新光邮票会图书目录》公布，该会存有万灿文捐献的《Stamp Topics》1927至—1928年英文刊。

上海邮票会较突出的活动有：1. 举办邮票展览。1922年6月，曾在法兴印书馆楼上举办上海首次邮票展览会。2. 举办集邮讲座。例如1922年2月22日，绵嘉义就中国海关大龙邮票为题在上海邮票会作学术讲演，会上分发了绵嘉义的英文讲稿《THE POSTAGE STAMPS CHINA 1878—1883》，小册子共6页，附有大龙邮票原模放大影印插图，有一定史料价值。3. 举办邮票拍卖活动。20世纪20年代，该会每星期五在会所举行一次拍卖，预先将拍卖目录分寄会员，邮会从中收取佣金，作为该会基金，用于经费支出。

上海邮票会存续约30年，后因太平洋战争爆发，日寇占领上海租界，该会即行解体。上海邮票会在中国的出现，不仅为中国培养了第一代的集邮活动骨干，而且对中国集邮组织的诞生也起到催化作用。其组织模式、活动内容与方式，都对中国后来兴起的集邮组织有着重要的影响和借鉴作用。

中国香港最早的集邮团体是1921年6月成立的香港邮票会（Hong Kong Philatelic Society）。初创之时，该会会员不足25人，首任会长为迪克（H. W. Dick），继任者有哈蒙德（H. W. Hammond）、勒内（René Ohl）、塞耶斯（W. Sayers）、米切尔（Mitchell）和奥斯本（A. R. Osborne）。香港邮票会会员以英国人为主，后陆续有葡萄牙、澳大利亚以及中国内地的集邮者入会，会员分为永久会员和普通会员两种，至第二次世界大战前，香港邮票会会员已有百余人。1937年全民族全面抗战爆发前，已有华人担任该会副会长，萧作斌曾担任该会的中文秘书。

香港邮票会的主要活动是每月例会一次，聚会时除交流集邮心得、互相观摩邮集外，还举行专题演讲及邮品拍卖，有时还从外国直接搜购珍品，在例会中竞拍，颇受会员欢迎。1924年前后，南京也出现了由外侨组织的邮票会。20世纪20年代在南京曾举办过两次邮展。南京邮票研究会发起人为任乐德，会址在户部街。

据陈志川汇考，中国台湾日侨邮会始于1922年4月20日，由服部武彦所创，初为邮友观摩性质，翌年定名“台湾邮会”。1929年，由日人蒐藏“七雄”深川雅弘、古贺俊朗、绪方吾一郎、杉山房太郎、立花筹、竹之内达弘、里川吉太郎及台湾本省人杨人俊，在台北另组“邮券俱乐部”，次年出版会刊《蒐集》(*Molinoon*)，并举办过邮展。

第二节　中国集邮组织的诞生

20 世纪 20 年代前，中国的集邮活动以在华的外国人为主，多数中国集邮者处在分散状态。此后，中国集邮者逐渐觉醒，并先从各大城市组织起来，振兴中国集邮，这是中国集邮者的共同心愿。

一、神州邮票研究会成立

1922 年夏秋之交，在上海黄浦江浚浦局任职的张承惠和在华商证券交易所任职的陈复祥，邀请叶颂蕃、李辉堂、邓伯昭、黎永锦、蔡寄云等人，在上海文监师路（又名蓬路，今塘沽路）陈复祥家中聚会，经讨论，决议创办上海神州邮票研究会，并推举“研集最久”的京兆（北京）画家张棣郜为上海神州邮票研究会会长，叶颂蕃为副会长兼中文书记，张承惠为英文书记，李辉堂为审核员，陈复祥为交换部主任，邓伯昭（亚细亚火油公司）、蔡寄云（江海关）、黎永锦（英美烟公司）、陈思明（牙科诊所）、许锡臣（金星人寿保险公司）、朱咏清（金星人寿保险公司）6 人为评议员，同时制订了该会章程和交换部暂行条例。为维护会员权益，条例规定：交换票簿中之票不得售于会外。

张棣郜（生卒年不详），北京画家，上海神州邮票研究会发起人之一，因“研集最久”被推举为会长。张棣郜还是海上邮界联欢会发起人之一，中华邮票会董事（1926—1937）、第二任中文书记兼会计主任，参与编辑会刊《邮讯》（1936.3—1937.7），他还曾指导新光邮票研究会的组织建设。张棣郜 1929 年入上海江苏银行佐文书事，1930 年秋一度赴汉口谋事，1937 年全民族全面抗战爆发后返回北京，行前将邮集售予许伯明。

上海神州邮票研究会成立后，先后入

《神州邮票研究会章程》封面

张棣郜

会的有蔡丽生（大精神学研究会会员）、顾纬亚（山东胶济铁路工程处）、柴冠群（同里江震盐公堂）、朱烈卿（盐务）、陶仰遽（福新面粉厂）、袁醴波（德和洋行）、谭蓉圃（德和洋行）、张叶笙（上海面粉公会）、区甘源（茶业）、程志江（友华银行）、叶真源（商业）。到1922年年底，该会会员人数已有22人，因有外地会员，会名改为“神州邮票研究会”，取消了“上海”二字。该会每月聚会活动一次。据陈复祥回忆，《神州邮票研究会会刊》编印后，又有上海徐子珊、苏州张景盂和卢赋梅等人先后入会，至散会时已有会员近50人。

1923年1月1日，该会编辑出版了第一期《神州邮票研究会会刊》。该会刊为32开，36页，铅印直排，由上海白克路振兴印务局承印，北四川路中华邮票公司代售，每册定价二角。内中署名文章有：豹隐的《发刊辞》，陶仰遽的《论收集邮票之益》，黎永锦的《邮票之价值》，张悟庵的《新旧邮票说》《客邮录》，柴冠群的《美国邮票收藏家之研究入微》《邮票蒐集家当注意水印》，叶颂蕃的《邮票上之四大要点》，李辉堂的《中国邮票史》，陈复祥的《中华民国邮票考》，蔡羁魂的《福州飓风邮票谈》，张承惠的《月会演讲记》，冯狂圣的《滑稽小说》。此外，该刊还刊有“本会职员摄影”“职员录”“会员录”“国外新闻”“本埠新闻”“新邮票消息”，以及“伦敦版与北京版邮票区别图”，并在征稿通告中说明“来稿刊出后当以相当旧邮票作酬谢”。

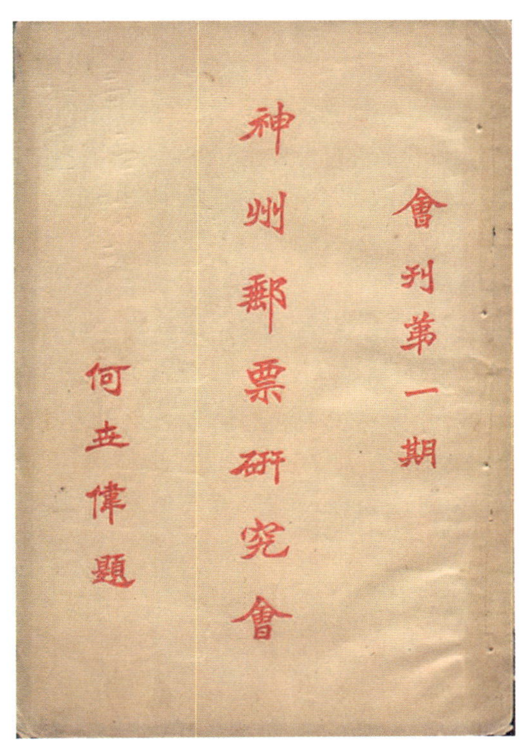

《神州邮票研究会会刊》

该会的成立，反映出中国集邮活动的崛起和中国集邮者的进一步成熟，标志着外国在华集邮者深度影响中国为主体的集邮活动时代的结束。会刊的出版，充分显示出中国集邮者组织起来后，具有一种超越上海邮票会的高昂的爱国气质。从会刊作者的阵容看，该会集中了当时中国集邮界的事业有成者，他们一开始便倡导邮票研究和集邮理论研究，以此振兴中国的集邮活动，使中国的集邮事业在国际邮坛上占得一席之地。

该会存续一年左右，会刊也只出版一期。因“内部职员误会意见”，即自行解散。它存在的时间虽很短暂，在中国集邮史上却留下了不可磨灭的足迹。

二、周今觉与中华邮票会

1923年秋天，一个资产雄厚、学识渊博的人物加入了集邮者的行列，他就是后

周今觉

来被若干集邮者称为“邮王”的周今觉。

周今觉（1879—1949），名达，字美权、梅泉，安徽至德人，清代两广总督周馥长孙，其父周学海为清代进士、浙江候补道、医学家。周今觉是一位影响了中国集邮发展的重要人物，开创了中国邮票研究的多个领域，卓有建树。他创办的邮会、邮刊，中外同钦。周今觉最重要的藏品有：“红印花小字当1元四方连”“万寿第二版新票方连全套”“蟠龙无水印二元票加盖宋体字‘中华民国’倒盖全张”“宫门倒双连”“北京老版帆船三分暂作倒盖四方连”等，其收藏的大龙邮票多至千余枚。

20世纪20年代前，周今觉并不知道集邮，他自言集邮缘起儿子患病。1923年10月，周今觉为安慰病儿，在静安寺路跑马厅一家花摊上购买了一包外国邮票供小儿玩赏，不想自己却被花花绿绿的各种外国邮票吸引了，“以为这真极洋洋之大观，从此生了一种歆羡心、好奇心、爱美心，不知不觉的便有了集邮之志了”。张包子俊则在《近代邮刊》撰文披露，周今觉之集邮实始于“先生之友孙君于归国后赠其好望角邮集一部，先生大乐，乃摒弃古玩之好，专集邮票”。嗣后，周今觉在报上看见一条新闻，说有一位叫陈复祥的上海集邮家将要发行一种名叫《邮声》的邮票周刊。他赶紧订了一份，并写信向陈复祥请教如何鉴别邮票真假，并请他告之集邮门径。这是周今觉首次与陈复祥交往。陈复祥复信说，不知鉴别真假不要紧，只需多看看，将来就会了。陈复祥劝周今觉“不必买外国邮票，应当集中国票。先将现行票买全，再将孙、袁纪念票各买一套，然后渐渐往前清推上去”。通过《邮声》，周今觉又结识了区甘源。区甘源对周今觉的集邮道路也产生了较大影响。

周今觉集邮之志既定，便不惜巨资搜购中国邮票。他买下了施开甲等人的邮集，不到3个月，其华邮收藏已大为可观。周今觉再写信向陈复祥咨询，陈复祥细阅来函及其藏品目录后，复信说：“1898年以前古票，已经为人所不能及，若能把1898年以后的票子，再整顿一下，在华人当中，便可算无敌的了。”1923年年底，区甘源陪同周今觉去文监师路拜访陈复祥，这两位集邮家相对而坐，切磋邮学。第二年正月，周氏把他的邮集带给陈复祥观赏，陈复祥夸赞说：“这不用说，是在华人之中第一名了。”1924年夏，周今觉经施开甲介绍，以1000英镑买下了英国集邮家勒夫雷司（C. L. Harte-Lovelace）的华邮邮集，其中珍品较多。之后，周今觉收藏的大龙邮票很快增至1200枚。

1924年11月，周今觉、陈复祥、张棣邨等人为便于相互交流，以聚餐的形式，采取会无定期、聚无定址、主席无定人、轮流做东的办法，在一起观摩邮集、交换邮品、切磋邮识，并为此取名“海上邮界联欢会”，参加者有时可达20余人。周今觉通过与中外集邮家和邮商的广泛接触切磋，邮识大增。他从1924年元旦开始，接连在上海《晶报》上发表集邮文章《邮话》，为当时中外集邮家所瞩目。1924年冬，周今觉加入外籍集邮者组织的上海邮票会。由于对邮票研究至深，英国皇家集邮学会曾授予他“会友”称号。在交往中，周今觉见外籍集邮者在华大肆搜罗华邮，有些人对中国集邮家不屑一顾，且盛气凌人，他认为这是中国集邮者的耻辱。后来，他在一篇文章中悲愤地写道：“……而彼西人之上海邮票会，则固岿然存在，虽星霜十易，中更欧战巨变，会友半去从戎，亦不因之中止。相形之下，吾华人合群力之弱点，乃愈益暴露矣！吾耻之，吾重耻之。”在陈复祥、李辉堂、叶颂蕃、张棣邨、张承惠、袁醴波、张景盂等人相互联络商议下，周今觉毅然决意发起成立集邮组织，定名为“中华邮票会”。

1925年7月4日的上海《申报》见刊《中华邮票会之会则》，全文如下。

1. 名称：本会定名中华邮票会，西文名为Chinese Philatelic Society或C. P. S。

2. 宗旨：广益集思，交换邮识，以研究专门为主体，以引导初恍为职志，提倡道乐宗风，不取营利主义。

3. 会址：暂设于上海文监师路一千二百五十六号。

4. 会员：不限国籍，不限定额，凡赞成本会宗旨，经会员二人介绍者，得入会为会员。

5. 会期：自九月至次年六月为一会年（以阳历计）。除七月、八月休会外，每月第一星期日开常会一次。九月开年会一次，选举职员、报告会务。其有特别事务者，得召集临时会。

6. 会费：每年二元。新会员随同入会请愿书缴纳，旧会员仅九、十月两月内必须缴纳。

7. 职员：设会长一人，会计主任一人，华文书记一人，英文书记一人，评议员若干人（暂无定额）。会长由投票选举，余皆由年会推举。

8. 会报：本会拟刊布机关杂志，名曰《邮乘》（*Philatelic Bulletin*），每月发行一册，七、八两月休刊。

9. 会员之权利：会员有赠阅月刊之权利；会员登月刊告白有照定价折扣之权利；会员有质问疑义及以邮票交本会鉴定真伪者，概不取费（但须附回信邮资或挂号、保险费）。

10. 退会：会员于邮界有诈欺行为者，有毁坏本会名誉者，有迟纳会费至三个月之久者，经职员决议，得宣布除名退会。

以上会则有应行临时修改者，得于年

《中华邮票会之会则》

中华邮票会会员证

会讨论之。

经过积极筹备，在一个阴雨之日——1925年7月11日，在上海文监师路陈复祥寓所，召开了中华邮票会成立大会。首先由周今觉报告创立该会的缘起及其筹备经过："当提议之始，鉴于前度神州邮票会失败之历史，颇极踌躇审慎。然凡事必待万一然后出手，则恐永无成立之日，故与二三同志，毅然决然，成立此会。"

周今觉的一席讲话，使到会的集邮者对邮会的生存和发展有了信心。在讨论通过《会则》之后，大家即投票选举周今觉为中华邮票会会长，推举陈复祥为中文书记，张承惠为英文书记。而会计主任一职，因会长需垫付大宗经费，所以推举周今觉兼任。随后又推举卢赋梅、柴冠群、张景盂、李辉堂、袁醴波5人为评议员。

在中华邮票会成立会上，大家还讨论了会刊的撰稿、编辑问题。随后，周今觉拿出印度支那邮集、原世界邮王费拉里遗集中的藏品和一册美国最初光边无齿印样（Proofs），计220枚，供人欣赏，令人叹服。借此他提议，今后每次会员聚会，各位会员应轮流出示所藏邮集，供大家观赏，以增兴趣及交流邮品。至此，在20世纪20年代的中国集邮史上，一个有重大影响的集邮团体就这样在一种和谐的气氛中诞生了。

中华邮票会成立初期，会员只有七八十人，1929年发展到164人，至1940年已有580人。中华邮票会的会员以上海本埠会员为主，遍布十几个省市，当时国内有名的集邮家、邮商几乎都加入了。除中国会员外，还有英国、美国、日本、法国、德国、荷兰、瑞士、挪威、西班牙、希腊等国籍的会员40余人。

中华邮票会会所最初在上海文监师路1256号陈复祥寓所，后迁至西摩路141号周今觉住处。定期的开会活动地点在香港路银行俱乐部，场所设备豪华。

为便于组织与活动管理，1926年中华邮票会设立了董事会，内设出版部、藏书部、审查部、交换部、拍卖部、编辑部等机构，并数次修改会章，以适应邮会发展的需要。1927年，中华邮票会又分别制定了《中华邮票会拍卖章程》《中华邮票会交换章程》。

中华邮票会董事会成员均由当时的集邮名家担当，他们以自身的影响为中华邮票会的发展做出了贡献。1930年前，"沪上国人集邮家有声望为众习知者，除周今觉氏外，得五人焉：袁醴波、袁寒云、张棣郚、李隽青、许伯明是也"。以上集邮家中除袁寒云外，其余均为中华邮票会1929—1930年间的当选董事。

许伯明（1877—1957），别名葆英，浙江海宁人，早年留学日本，历任上海都督府军械局局长、总统府咨议、保定中国银行行长、上海江苏银行总经理、江苏省财政厅长、南京中央银行副经理、重庆江苏银行总经理等职。许伯明嗜好集邮，对各种邮票兼收并蓄，后重视航邮，并言传身教带动梅兰芳爱上集邮。许伯明是新光、中华、甲戌三大邮票会的早期会员，1930—1936 年任中华邮票会董事，曾与周今觉一起接待施塔。

袁醴波（1892—1936），原名袁礼本，字醴波，浙江慈溪人，任上海德和洋行会计主任约 20 年，后任职大华药房，1931 年因病辞职。袁醴波 1920 年左右开始集邮，以两三年时间，花费了两三千元，集成一部相当完备的中国邮票集，被誉为“国人专集国邮最早者之一”。其邮集（包括“翡翠姐”）生前悉数让给谭蓉圃。袁醴波为神州邮票会会员，中华邮票会（6 号）评议员、董事、藏书部主任，新光邮票会会员。

李隽青（1897—1966），原籍安徽，生于上海，1920 年毕业于大同大学英文专修科。李隽青 1926 年加入新光邮票会，后任国外部主任。1928 年加入中华邮票会，后为董事。他集邮时间不长，但颇重研究。集票讲究品相，曾不遗余力搜购航空封，撰有《虹桥硃印记》《寸心千里楼杂话》《从不景气的邮界说到平民化的集邮》《集邮的“三何”问题》等，颇有见地。1931 年因投机失败，售尽邮集。

中华邮票会成立后，除正常例会活动外，主要致力于中国邮票的研究，竭力提高华邮的国际地位。

1. 出版会刊

中华邮票会以出版会刊作为维系会员、交流邮识的重要方式。自 1925 年 10 月至 1940 年 11 月先后出版 4 种刊物：（1）《邮乘》（1925 年 10 月—1929 年 7 月）3 卷 9 期，中、英文合刊，周今觉主编；（2）《邮学月刊》（1928 年 11 月—1932 年 12 月）4 卷 48 期，周今觉主编；（3）《邮讯》（1936 年 3 月至 1937 年 7 月）2 卷 17 期，以会务通讯、集邮信息为主，由周今觉、谢鄂常负责；（4）《邮典》（1936 年 4 月至 1940 年 11 月）6 期（含由周今觉、谢鄂常编辑的十周纪念特刊），中、英文合刊，由张赓伯、梁芸斋（英文）编辑。除《邮讯》外，其他 3 种刊物主要刊载中国邮票研究文章，其中以周今觉撰述居多。

2. 借助媒体宣传集邮

上海开洛电台经理曹仲渊（中华邮票

中华邮票会会刊 4 种

会会员）邀请周今觉于1926年7月24日下午4时，在电台发表了30分钟的题为《集邮之趣味与裨益》的演说。周今觉在演说中简述了邮票的历史，指出“集邮乃王者之嗜好”。呼吁初集邮者不要贪图种类繁多的各国邮票，提倡中国人集中国邮票：“华邮已经有了四十九年的历史，中国经过无数变化改革，奇珍异品叠出不穷。近几年来市价腾腾上涨，日新月异，已变为一个极时髦的国度了。”“但是国内的实力，究竟还嫌太差，实力不足的原因是因为新进的集邮家太少，声气太孤。”“希望中流社会的人们节省一切玩好娱乐的费用，从事集邮，人人都有一本小邮集……各从其所好。”周今觉还提到了邮票增值：“集邮不是消费虚糜的性质，乃是投资储蓄的性质……有许多外国人，早年集成的邮册，到了晚年卖掉，得了十倍、百倍的厚利。”他最后欢迎听众加入中华邮票会，可以受到集邮指导。周今觉的集邮广播演说，开创了中国集邮广播的先河。

3. 奖励华邮获奖邮集

为提高中国邮票的国际地位，中华邮票会注重密切与国际邮展组织的联系。当得知美国将于1926年10月在纽约举办国际邮展的消息后，中华邮票会于同年8月29日召开董事会议，决定以中华邮票会的名义，由周今觉出资，捐助纽约国际邮展金牌两面和大银杯一座，并言明银杯专门“奖给华邮之优胜者”。后经邮展评审，美国集邮家施塔的中国邮票集获此次邮展的镀金奖，为参展的中国邮票集里的最高奖，而中华邮票会捐助的大银杯奖最后也奖给了施塔。中华邮票会在国际邮展中奖励华邮获奖邮集，对提高中国邮票的国际地位有着重要影响。

4. 申免邮票进口税

在20世纪20年代，周今觉深感中国集邮活动有两大阻力，一是“华邮早已陆续流入外洋，近来购票无论珍异或寻常之品，多赖舶来输入”；二是关税阻碍，“进口皆须纳税，即华邮当日由本国输出，今日由外洋返其母国者，亦不能豁免”，这对于中国集邮者收集研究华邮极为不利。随即说通上海邮票会会长布许，“有合力请求免税之必要”，于1926年以中华邮票会和上海邮票会的名义，联合上书总税务司请求免征进口税，不料遭到回绝。周今觉在同年12月将上书与批复原文一并公诸邮刊上，以示抗议。

中华邮票会在周今觉领导下，汇聚了我国当时集邮界的精英，在倡导收集研究中国邮票上，在努力同国际邮坛的交往上，在维护中国邮票的国际地位上，都发挥了很大作用，为我国集邮界树立了榜样。后因日本侵华、全民族抗战爆发，该会暂停活动。1940年年底该会无形停顿。

三、新光邮票研究会成立

早在1923年，浙江杭州就出现了集邮小组。一是基督教青年会集邮小组，由美国籍总干事狄尔耐和干事伍立夫、中国籍干事李弗如等组织，陈念祖为组长，曾举办过一次邮票陈列；二是潘光震在其家中成立的新光社，分音乐、体育、集邮、文艺各组，集邮组成员有潘光震、张包子俊、李登云、凌能夏、虞介藩、郑汝纯、郑允明兄弟等人。

1925年冬，张包子俊、李弗如、陈念祖等人在张包子俊家集会，发起筹组新光

杭州青年会旧址

柴冠群

邮票研究会。张包子俊在原新光社社章的基础上加以修改，订出新的会章，并刻制了一枚“新光邮票研究会”的木戳。1926年元旦，新光邮票研究会正式成立，会址设在杭州严衙弄张包子俊家。

新光邮票研究会成立后，经过半年时间的广泛征集会员，于1926年7月通过通信选举，产生了该会的领导和各部的负责人：会长柴冠群、副会长凌能夏、研究部主任卢赋梅、出版部主任张包子俊、会员部主任陈念祖、会计部主任张包子俊。张包子俊对此次选举曾回忆说：“余既获诸君之助，并以自身学历之浅薄，深不愿在会中居何名义。故第一次获任本会会长者即为柴冠群……柴君以远居苏州，会实遥领，但捐助颇多。凌君勤于著述，发扬甚多。评议诸君均属集外邮名家……本会经此选举成功，会务大张，会员日增。”

柴冠群（1889—1945），又名柴英，号甸澄，原籍浙江上虞，清光绪初年其祖任两淮盐运使时迁苏州。辛亥革命后，柴冠群继承父业经营盐业。柴冠群喜好集邮，1922年即加入神州邮票研究会，1925年加入中华邮票会，并被推选为评议员。柴冠群专集华邮，藏品较丰富，是当时国内较有名望的集邮家。

柴冠群虽被推为会长，但因远在苏州，会务实由陈念祖、李弗如、张包子俊等人操办。

1928年秋，新光邮票研究会重新改选，福州集邮家阮景光被推为会长，张包子俊被推为副会长，评议长为柴冠群，评议有李弗如、张景盂、沈瑞芝、莫星白，拍卖部主任为卢赋梅，出版部主任为谢鄂常，委托部主任为沈瑞芝，交换部主任为蔡丽生，会计部主任为潘侠遊，图书部主任为钟韵玉，中文书记为蔡丽生，英文书记为郑汝纯，日文书记为王抱存。

阮景光（1901—1957），福州人，毕业于美国人创办的英华书院。阮景光少年时

阮景光

代就开始集邮。1925年福州市基督教青年会成立集邮团，阮景光被推选为团长，同年加入中华邮票会，为34号会员。阮景光的藏品和邮识丰富，在集邮界颇有威信。阮景光虽被推为新光邮票会的会长，但因身居福州，邮票会事务主要由张包子俊操办。

阮景光主会期间，制定出《会则》12条，内中明确规定如下。

一、定名　本会定名新光邮票研究会，简称新光邮票会，西文名 New Light Philatelic Society。

二、宗旨　本会以广集同志共研邮识，引导初进，藉倡斯风，俾收攻错之益，不涉营利之途为宗旨。

三、会所　本会设杭州市严衙弄九号。分会会所及各部办事处，即在各职员所在地。

四、征集会员　本会征集会员不限国籍、性别、年龄，凡品行纯正、能守信誉、赞成本会宗旨，而有会员一人以上介绍者，均得为会员。惟入会人务须填写入会书为证（入会书式另附）。

五、会费　新会员免纳入会费，每年只纳常年会费一元，以入会之月起算。

六、权利　本会会员得享有左列（编者注：当时为竖排）各权利；1. 有享阅会刊会员录及借阅图书之益；2. 有询问疑义及鉴别邮票之利益（但须付复信邮资）；3. 有委托本会代理关于集邮事宜之益；4. 有交换及拍卖邮票之益；5. 登刊广告有特别折扣之益；6. 介绍向其他邮社购买邮票有优待之益。

七、义务　本会会员除纳年费外，有维持本会得酌量自由捐助本会经费，及随时报告关于集邮新闻记述与投稿等义务，俾推广刊物以供同好。

八、组织及任期　本会由全体会员用通信法选举正副会长各一人，评议五人（再互选评议长一人），各部主任各一人，编辑、会计、书记各若干人，任期一年，均得连任至三次，并可兼任两职。下届选举未竣以前，在会员资格未消失时，得延长至三个月。

九、会议　本会每年开大会一次（地点及日期先一日通告）。会员因事故不能到会者，得托会员代表，但每一会员至多代表五人为限。其平常事务由正副会长评议，用通函议决施行。凡会员如有议案，经三人以上之连署者，当付评议，以定取去（大会时则公决之）。

十、会务　本会会务除会长评议外，得设下列各部处理之，并各地会员视会务之状况，得设分会于各地，但仍须依照本章程办理之。总务部主任一人（会计、书记，均归纳之）；出版部主任一人（编辑、翻译，均归纳之）；拍卖部主任一人；委托部主任一人；交换部主任一人；国外部主任一人；审查部主任一人；图书部主任一人。

十一、退会　本会会员对于会友有欺诈行为或损害本会荣誉暨延欠会费，经通告后延至三月之久，经评议议决者，得宣布除名退会。

十二、附则　本章程有未适合时，得随时修改，于大会时公决追认之。

在制定会则时，还审定了各部章则，其中有：总务部章则、拍卖部章则、委托部章则、交换部章则、审查部章程和图书部章程。

新光邮票研究会注重发展会员，为扩大组织，曾在1937年年初掀起一次发展会员的活动，规定凡会员介绍5人入会，介绍者可免收一年的会费。同时吸收了一批钱币收藏者为该会会员。至1937年年底，新光邮票研究会在册会员已达千余人，遍布许多省市。为加强会员的联系和管理，在江苏分会及华北、华南通讯处撤销后，于上海、南京、山海关、昆明、青岛、长春、广州、汕头以及比利时设立了通讯处，并设立了华北（初名东北）、华南（后改西南）两个分会。及至全民族抗战爆发，新光邮票研究会于1938年2月将会所迁至上海。

新光邮票会从创办至抗战爆发，除定期举办各种例会活动外，主要做了以下几方面的工作。

1. 出版会刊

全民族抗战爆发前，新光系列会刊有以下几种。（1）《邮票新声》，从1926年1月16日创刊—1929年12月共出版3卷20期。第1—12期为月刊，32开2页，文章短小，内容简单。从1927年开始不定期出版，但页数增加，内容逐渐丰富，研究性文章增多。1929年12月出版的第3、4期合刊为航邮专号。《邮票新声》余稿，由谢鄂常、张包子俊编辑，于1931年年底出版《中国邮戳纪略》。（2）《新光月刊》（第二种会刊），1928年10月创刊，至1930年10月共出版2卷（1—2卷）24期，16开，每期4—6页，内容以会务报道、会员委托售品目录、拍卖目录、征求目录为主，约占3—4页，后也有些该会会务通讯性质。（3）《新光》（会刊更名），从1931年1月起至1932年10月为第3卷，共出版4期

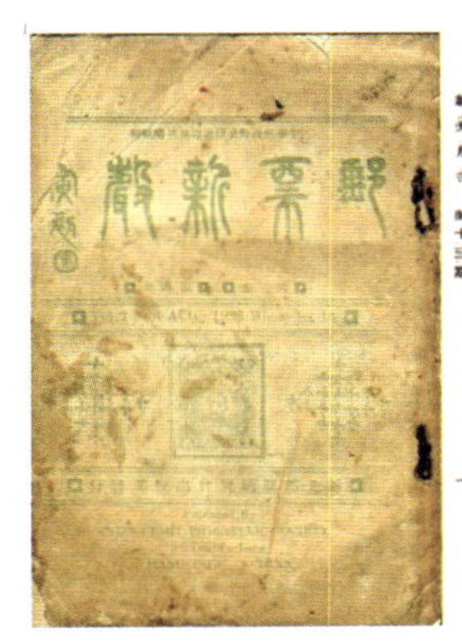

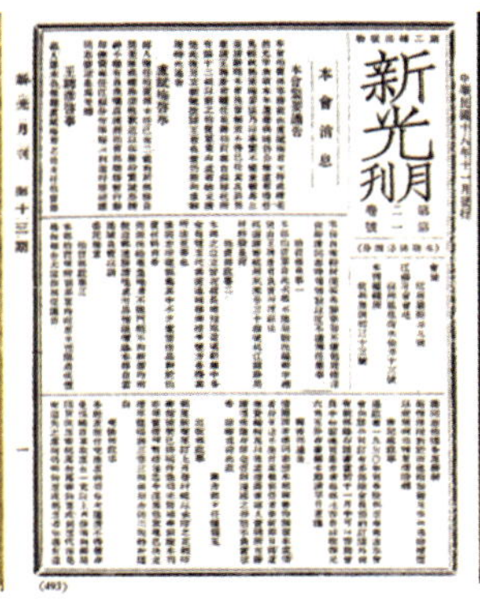

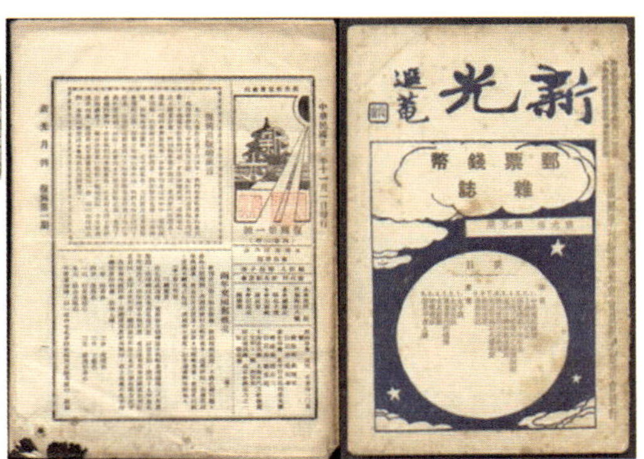

新光邮票会会刊4种

（含临时号“特刊”1 期），每期 4—16 页。1934 年 11 月《新光》第 4 卷“复兴号”出版，1935 年该卷第 10—12 期易名《新光邮学杂志》，另有临时号“特刊”1 期。第 3、第 4 卷合计 17 期。内容除会务报道外，集邮文章增多，出现了陈复祥《中国商埠邮票史》、万灿文《世界纪念邮票史》等长篇连载文章。（4）《新光邮票钱币杂志》（会刊更名），从 1936 年 1 月改名，至 1937 年 7 月共出 2 卷（第 5—6 卷）19 期，每期 30—60 页不等，增辟有《中国邮商公会会刊》和“泉币”专栏，但仍以集邮为主，学术性文章增多。

2. 邮票拍售

1927 年 10 月，新光邮票会增设拍卖部，卢赋梅为主任。1929 年 11 月，拍卖部改由王聘彦为主任，一年后卸任，1930 年 9 月改由张包子俊接任。1928 年 9 月，新光邮票会增设委托部，主任沈瑞芝，1930 年沈病故后由赵善长主任其事。《新光月刊》第 5 期（1929 年 2 月）起开设“五都邮市”栏目，刊登拍卖部拍品目录与得标名单，以及委托部的售品委托单。

后因王聘彦、赵善长的工作地内迁，新光会邮票的拍售活动一度沉寂。1937 年 6 月，上海通讯处成立拍卖部，为日后新光总部迁沪恢复活动奠定了基础。

3. 分会活动

新光邮票会各地通讯处及分会的活动较为活跃。1929 年 1 月，新光邮票会江苏分会及上海通讯处率先成立，后者设于西门方斜路庆安里 11 号，谢鄂常为主任。上海通讯处初期，因谢鄂常身兼总会要职，先后担任《邮票新声》主编、出版部主任、评议长、总务部主任等职，且一度醉心集币，故通讯处仅限于会费收缴、信函收发等基本事务，尚无会员集会活动。为此，1935 年谢鄂常在会刊发布启事：“仆自去秋以来，醉心集币，数月来于集币上虽已猛进，然对集邮仍时征集，并未中止前进，只因个人公私两忙，对于集邮同好之赐函，每多延搁，此则深觉抱歉不安，应向诸同志告罪求宥者。至于仆对本会会务，向抱共与进退之宗旨，今仆于集币上已告相当段落，此后当努力于集邮，更当为本会尽力也，诸希亮察是为企荷。”

1937 年是上海通讯处最为活跃的一年，见诸邮刊报道的活动有：6 月成立拍卖部，拍卖活动得到了中国邮商公会的支持，特派邓伯昭襄助并补充拍票。例行拍卖通常由邓伯昭主持，朱朴庐和叶振伯襄助。谢鄂常在其执掌新光会总务部任内发起组织“纪白交换组”，并于 1937 年 7 月 1 日公布《纪白交换组第一次名单》。首期成员 27 人，地域涉及上海、张堰、苏州、青岛、杭州、宁波、镇海、汕头、长沙、介休、泸西、蒙自、昆明、北平、梧州、南京、常德、广州 18 处。依照当届理事会决议，7 月 4 日下午于法租界天主堂街兴业里 8 号永大杂粮行二楼召集第一次谈话会，由谢鄂常主持，出席者有 50 余人。谈话会决议：以后每星期日于此时此地召集谈话会。会后余兴为拍卖邮票。

经郭用和倡导的新光邮票会青岛通讯处于 1936 年 1 月成立。1937 年 2 月 28 日至 7 月 3 日，郭用和在其任所先后 6 次召集青岛会员谈话会，会后互相观摩邮集、交换复品并合影留念。《新光邮票杂志》第 6 卷第 3 期中的《青岛通讯处启事》写道：“本会为本市会员联络感情、商讨一切及研究邮识起见，爰每月第一个星期日下午一时，在中华路国华银行议事厅举行会员谈话会一次。其第一次业于二月廿八日举行。”《新光邮票杂志》第6卷第5期中的《总务部启事》又写道：“自本会青岛通讯处自动召开会员谈话以来，颇具成绩，近已连续开会四次之多。在青岛第四次集会时，本部即将上海年会余剩之奖品移赠青市会员。”

郭用和（1902—？），又名郭沈用和，浙江海宁人，早年供职上海国华银行，1935年调职青岛国华银行，全民族抗战爆发后离开青岛返乡，回浙江硖石仓基老家。郭用和主集华邮，1928年加入新光邮票会（88号），1934年加入甲戌邮票会（66号），1936年兼任新光和甲戌两会青岛通讯处主任。《甲戌邮刊》第4卷第4期刊载过他的文章《记西人邮票会洽谈会》。

郭用和于1936年11月被推选为甲戌邮票会青岛通讯处主任，故青岛会员谈话会实为新光、甲戌两会的共同活动，与会者兼为两会会员的不少，故《甲戌邮刊》第4卷第5—9期也刊登了第2—6次青岛会员谈话会的记录。

1930年3月，经张包子俊提议，新光邮票会华北通讯处在青岛成立。1932年春，青岛因张包子俊离开青岛返回杭州而逐渐停止活动。1934年11月，新光邮票会华北通讯处移址北平，更名“华北分会”，由赵品三主任总务部、刘荣庭主任信托部。其最重要的活动是1937年3月21日在东安市场芾棠经济食堂举行“新光邮票钱币会华北分会开会纪念”大会，出席者有北平会员赵品三、陈芾棠、崔显堂、乔玉璋、周绍良、方雨楼、吕升东、白旭华、汪子年、吴南愚、周翔九、林志慎、孙捷三、张瑞枕、孙希源、刘济川、骆泽民、李庆裕及天津会员王沛臣19人。赵品三、汪子

新光邮票会华北分会会员合影

郵票交換會成立

北京遠集郵票家，以北京為中國之首都，未聞有郵票會之組織，且搜集郵票乃一種高尚文雅之娛樂，不特足以陶冶性情，且于科學上美術上亦有莫大之貢獻，故特集合諸同道，組織一郵票交換會於青年會。此會內容專以互相交換，互相研究，藉以增進智識為宗旨。凡中外人士不拘男女，樂於郵票者，均可加入為會員。會員每人每季僅收大洋五角，且有會誌附送。此種會誌專載該會員詳細住址，以及各國郵票新聞郵票廣告等等。凡是本京會員每星期下午三點，必在該會聚集一處，互相交換。其交換標準，照據美國之史各脫或法國之香濟目錄書，以示中允。如不欲交換郵票，亦可以現金代之。此種組織，不特予集郵者以交換之機會，且使集郵者知中國有一固定之機關，可以聯絡大衆之感情，如外埠人士不能在京參會，亦可照例與任何會員互相通信。聞該會會員除每星期例會外，每六個月即開一郵票比賽大會，藉以提倡集郵者之興趣，接洽者為青年會趙雲路云。

《晨报》登载的邮票交换会成立消息

年分别致年会“说辞”。茶话会后开始展示邮品，有赵品三的航空封，汪子年的全套法国客邮，周翔九的清加盖变体票，陈芾棠的中国片、笺 200 种，骆泽民和李庆裕的珍贵古泉等。吴南愚则赠送各位 1 枚甲戌明信片助兴。合影后尽欢而散。

新光邮票会的复苏触动了周今觉。1937 年 5 月 9 日周绍良受其委托，在北平中山公园来今雨轩召集在京中华邮票会同好座谈，到会 17 人，是日即作为北平分会成立日。事后周今觉亲拟《中华邮票会北平分会简章》，并刊发于《邮讯》1937 年第 2 卷第 5 期。

周绍良（1917—2005），原籍安徽建德，生于天津，著名红学家、文史学家及收藏家，曾翻译美国集邮家施塔、梅赞文合著的《中国航空邮鉴》，连载于《邮典》。周绍良为新光、甲戌、中华邮票会会员，抗战时期在贵阳加入金竹邮票会（72 号）。

全民族抗战爆发后，新光邮票会华北分会及上海、青岛通讯处的会务相继停顿。

四、各地邮票会相继创办

20 世纪 20 年代上海、杭州先后成立集邮团体后，对内地集邮者影响极大，相继出现的集邮组织还有 1926 年成立的北京邮票交换会、辽宁海城的华北邮票交换俱乐部等。

1. 北京邮票交换会

1926 年 3 月 19 日，北京《晨报》刊登

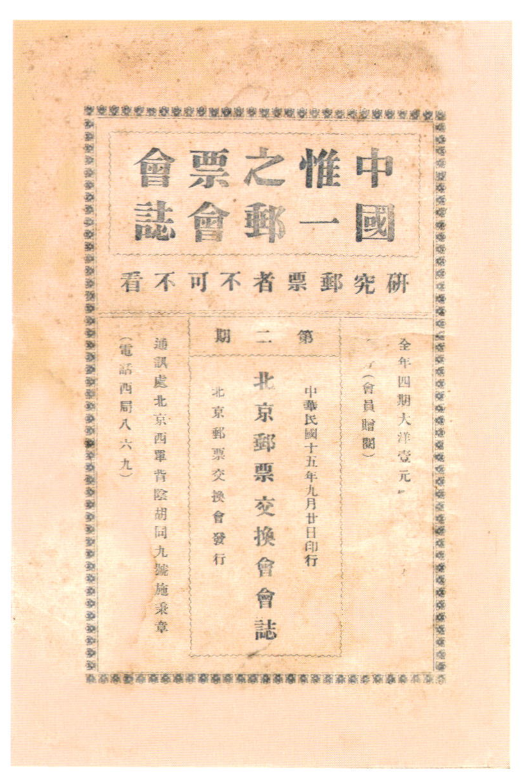

中國惟一之郵票會會誌

研究郵票者不可不看

第二期

北京郵票交換會會誌

中華民國十五年九月廿日印行

北京郵票交換會發行

通訊處北京西單背陰胡同九號施秉章

（電話西局八六九）

全年四期大洋壹元

（會員贈閱）

《北京邮票交换会会志》

启事："组织一邮票交换会于青年会。"发起人是环球邮票社店主施秉章。北京邮票交换会自5月1日起登记会员，聘请艾德敷为名誉会长，推选王翰祥（王汉强）为会长，汪效庸、樊惠亭为副会长，设干事员张剑秋、施秉章（兼书记员）、陈允中、陈明之、杜鉴依、裕懮霆、王晋斋、杨励清，王馨山任会计员。翌年，会长王翰祥因"在沪不能遥领会务"而辞职，汪效庸递补为会长，施秉章副之。该会每星期日下午在北京基督教青年会楼上103室召开例会，并组织交换邮票活动。会刊为《北京邮票交换会会志》，于1926年6月创刊，1927年6月印行第二期后停刊。会刊由施秉章编辑，文章是无标点的文言，竖排线装，中、英文合刊，刊有铜版华邮珍品及世界新邮照片。后因施秉章忙于邮票生意，无暇顾及，不得不停刊。

艾德敷（Dwight W Edwards 1883—1967），生于美国明尼苏达州圣保罗，1905年获得普林斯顿大学硕士学位，1906年与格林在北京筹建基督教青年会，为此获得中国政府三等嘉禾勋章。艾德敷长期致力于义赈救灾事业，曾任美国援华救济联合会驻华办事处主任。艾德敷与燕京大学渊源颇深，1922年倡建燕京大学社会学系，成都复校与战后回归均见其足迹。艾德敷在华传教40余年，是民国时期对我国教育和社会福利事业做出一定贡献的国际友人。艾德敷受聘北京邮票交换会名誉会长时，正担任北京青年会总干事。

2. 华北邮票交换俱乐部

华北邮票交换俱乐部于1926年由宋尧阶在辽宁海城发起成立，该社团可溯源至1918年开设的蕢朗邮票社。1929年，蕢朗邮票社与华北邮票交换俱乐部均易名为蕢朗俱乐部，也称蕢朗邮票会。1934年后使用的会名有蕢郎邮票商会、蕢郎邮泉商会等，是东北地区最早的集邮组织。1926年10月起以该俱乐部名义编印会刊《邮趣》，

艾德敷

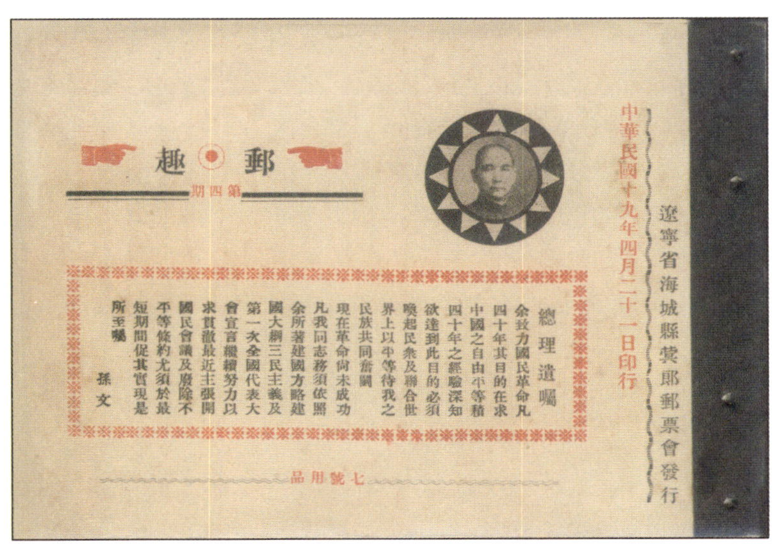

《邮趣》

初为年刊，1926—1930年出刊1—5期，从1937年5月第20卷起改为月刊，当年5—9月发行总第26—30期。1929年，该会会员有50余人，其中中华、新光会员占比过半。1930—1931年编有《会员录》，题名会员实数超过300人。

宋尧阶

宋尧阶（生卒年不详），字殿蓂，辽宁海城人。法学学士。青年时代喜好文艺，曾在上海《少年杂志》发表习作并荣登该刊“爱读诸君肖像”榜。1926年，他组建了华北邮票俱乐部，并创办《邮趣》。宋尧阶是北京邮票交换会及新光、中华、甲戌邮票会会员。据《海城集邮志》记载，宋尧阶曾于1943年在海城姜公馆举办过个人邮展，展品有大龙邮票、万寿邮票、外国邮票等。

五、学生集邮社团与集邮热

“少年强则国强，少年兴则集邮盛。”20世纪20年代末至30年代初，国内已呈现青少年集邮热，从上海的情况可见一斑。

1927年上海的《复旦实中季刊》第1卷第1期见刊《谈谈集邮》（稚心）。正文分为两部分，第一部分是“邮票给我们的趣味”，第二部分是“集邮方法”。全篇5000余字，洋洋大观、头头是道。文末附同学耿孙所撰后记：“稚心是个邮迷，他从别人那看了几张外国邮票后，就引起了集邮的念头。他把身子终日躲在邮票店里，同时还参考各种关于集邮的书籍，这样过了二个多月的光阴，得到了许多的知识——虽然收集到的不满五千种。被他引起集邮的很多——我也是其中之一，我们组织了一个邮社来共同研究。这篇可说是他从研究而得到的结晶品。他所研究到的还是初步，可是已经很难了。这篇印出以后，包有几个会被它引起兴趣。因为时间关系，草就未曾改修，图案也不及印入，这是代著者声明的。再著者很望与同癖的互相研究与交换，一切可赐函与他，他姓胡。”经考，邮会主力“稚心”本名胡宗海、“耿孙”即《东方杂志》主编杜亚泉的堂弟杜耿孙，两人当时均在复旦实中就读高三理科，又分别兼职校体育会的司库与书记。1930年9月，尚见该校高一学生江之蕃加入新光邮票会（186号）。

第三节　民国前期的国际集邮交往

20 世纪 20 年代，中国集邮界即开始注意采取不同形式进行国际集邮交流与交往活动，最主要的内容是中外集邮组织间的交流、互动与融合；其次是参加与赞助国际集邮展览，以提高华邮的世界知名度，维护华邮的国际地位；再就是中外集邮著述的相互介绍以及中外集邮家个人之间的友好交往。

一、外国邮人加入中国集邮组织

1925 年中华邮票会成立后，经会长周今觉与上海邮票会会长布许的共同努力，两会联系密切。当年 11 月 15 日，中华邮票会为了联络外国集邮家，特于一枝香餐馆举行中外邮界联合聚餐会。上海邮票会的全部外籍董事参会，并在席间全体加入中华邮票会。翌年，又有大柴峰吉等 10 位日本集邮名家加盟中华邮票会。

中华邮票会成立后，先后吸收了法国、美国、英国、日本、荷兰、加拿大、希腊、德国、瑞士、西班牙、挪威、菲律宾等国籍的集邮家加入该会为会员，至 1929 年 9 月已有外籍会员 48 名，占比几近三分之一。其中的名家有日本集邮家大柴峰吉、邮乐会会长木村梅次郎、邮便切手协会会长三井高阳、松木邮朋会会长梶原元继及日本邮商林勇，美国集邮家任乐德、施塔、帕森司、菲纳根及邮商克莱恩，英国集邮家施开甲、曾任上海邮票会书记的邓南及狄夫斯，西班牙籍集邮家绵嘉义等。

新光邮票会及甲戌邮票会吸收的知名外国集邮家还有日本“中日交换会”发起人高原正太郎与英国华邮大家阿格纽等。

地方集邮组织中也不乏外国集邮者入会，如北京邮票交换会 1927 年会员录（List of Members）中见列百余个国家和地区集邮者的通信处。

二、中国邮人加入外国人在华邮会

为了得到集邮方面的各种信息，以及开展交换邮票等活动，有少数中国集邮者加入了外国的集邮组织。见诸史料记载的早期加入国外邮票会的中国集邮家有王晋斋、张承惠、李辉堂、周今觉、陈复祥、朱发东、叶颂蕃、张棣邨、施秉章、姜治方、苏子西、于梓范、张赓伯等。

北京的王晋斋，为已知较早加入国外邮票会的中国集邮家。美国 1917 年的《The American Philatelist》、1919 年的《The Stamp Herald》都记载了王晋斋的通信地址、收集范围等会员资料。

周今觉曾多次游历日本，为收集日邮而购买了全套《邮乐》杂志，并先后加入日本的邮乐会、邮便切手协会及松本邮朋会，得与林勇、大柴峰吉、木村梅次郎等日邮名家观摩相善和通信往来。1926 年 2 月 24 日，周今觉还收到日本邮学协会寄赠的该会第 11 号荣誉金牌一块及会长小岛勇之助来函一件。

上海邮票会建会初期，并不吸收中国集邮者，故迄至一战结束时尚未有中国会员加入。1920 年 11 月 5 日，上海邮票会年

118 The Stamp Herald,

Society of Philatelic Americans resolve a stronger support to Philately than ever before and send along the good Philately wishes of the season to create a keener and more definite purpose for the good of the organization.

I have been exceptionally pleased with the apparently aroused interest in many of our members since the Convention and I hope they will keep up the good work for it not only will benefit the Individual but will benefit the Organization as well. Glad to see it and I know any of the officers stand ready to assist you at any time.

The report of the Convention proceedings has gone forward to the Secretary and I know he will have the year book for you within a short time.

street, New York City; 43. Merchant. M. Ohlman.

3407—Roger H. Reagan, Box 871, Seattle, Wash.; 18. Student. Guaranteed by K. H. Reagan. C. V. Webb.

3408—S. S. Wang Chin Chai, 17 Pei-Me-Tsuang, Pekin, China; 37. Auditor. C. V. Webb.

3409—Wayne B. Westrope, Corning, Ia.; 18. Drug Salesman. Guaranteed by Wayne Westrope, Sr. J. H. Dunn.

3410—Albert G. Rivers, 1997 Montreal avenue, St. Paul, Minn.; 43. Farmer. C. V. Webb.

《The Stamp Herald》登载的王晋斋资料

会做出吸收中国籍会员的决议。据周今觉《邮话》(45)记载，截至1924年年底，仅有张承惠、李辉堂、周今觉、陈复祥4人入会。然而当时该会应该还有朱发东等华人会员。《小时报》1923年2月9日刊文《邮票收藏家开会》报道："上海邮票收藏会昨日开会，计会员五十二人，中有华人数名。昨会员朱发东陈列所藏之中国邮票多种。"1926年年初，中华邮票会添设董事会。据张赓伯追记："全体董事均加入（上海邮票会）为会员。"当时的中华邮票会董事为周今觉、陈复祥、张承惠、叶颂蕃、李辉堂、张棣郛。

因收集外邮的需要，以及日本、美国等国的集邮组织也在中国广告征集会员，还有以下中国集邮者在抗战前已加入外国集邮组织。

《北京邮票交换会会志》1926年第2期刊登施秉章《集邮记》载："予现为世界各国著名邮票会之会员，凡廿有四吧，与外国通讯者不下数千人。"

三、国际集邮交往活动

中外邮人相互加入对方主办的集邮团体，在集邮交往中增进了解；中国集邮家参观国际邮展、报送邮刊参展，维护和提高了华邮的国际地位；中外邮人的国际集邮交流，邮文相互译及发表，这些都对中国集邮的发展起到了促进作用。

1. 参加国际邮票展览

中华邮票会会刊《邮乘》于1926年10

《邮乘》获纽约万国邮票博览会特别铜牌奖

月在纽约万国邮票博览会展出，获特别铜牌奖。

此外，还有集邮者个人借出国之便专门参观集邮展览的。如1925年春，海城集邮家鲍子谟旅行日本，曾专程赴东京参观由邮乐会会长木村梅次郎发起的邮展；1933年周炜良受父亲周今觉之托，赴维也纳观摩邮展并拜访了集邮名家。

为提高华邮在国际邮展中的地位，以周今觉为首的中华邮票会，一方面不惜钱财支持国际邮票展览，另一方面不卑不亢，对贬低华邮地位的情况进行抗争。如1926年10月，美国纽约举办万国邮票博览会，中华邮票会向该展览会捐助金牌两块和大银杯一个，但言明大银杯需奖给中国邮票集获高奖者。

2. 与国外集邮家切磋邮学

1926年6月在华的集邮家邬德华德、1931年2月来华的美国集邮家施塔，都曾同周今觉、朱世杰等中国集邮家交流经验，相互切磋邮识。对这些难以忘怀的经历，周今觉曾不吝笔墨在其主编的邮刊上详细记载。前者见《邮乘》2卷2期的《纪日邮大王邬德华德氏之谈话》，后者有《邮学月刊》3卷5期的《欢迎美国华邮专家施塔氏纪事》。

日本邮票是周今觉仅次于中国邮票的重要收藏，他对邬德华德早有所仰，经布许之友牵线，两人终于1926年6月5日在周家茶话会上相会，参加者另有施开甲、张棣郜、朱世杰等沪上集邮名家。席间，邬德华德鉴赏了周今觉的日邮专集，周今觉谦虚地表示“是以小巫见大巫”。邬则激励道：“吾以三十余年专集一国，君集日邮仅二十余月耳，以集华邮之余力为之，而成绩能优美如此，亦可惊矣。其中除极难得之大珍品尚缺数枚外，余则应有尽有，大致略备。”是日周今觉虚心求教，邬德华德有问必答，宾主皆尽其欢。

3. 延聘外籍人士助推会务

中华邮票会在1926年7月11日召开的第十一次常委会议决：为在外国推销《邮乘》，决定在英国伦敦哈里司及瓦兰西两邮学书店、美国飞立浦及朴尔、日本大柴峰吉5处设代销经理，通过与英伦皇家邮学会之《London Philatelist》杂志等7家外国邮报交换邮刊。

1926年，经会员任乐德举荐，延聘梅赞文担任《邮乘》英文专栏编译工作。1927年，中华邮票会还聘请帕森司为邮票调查员，及时报告纽约邮展情况。

梅赞文（S. J. Mills 1889—？），美国人，生于山东蓬莱，在美国拉法一脱大学毕业后于1911年被派回中国，曾任济南基督教青年会外籍总干事，后执教南京金陵大学华语科。梅赞文爱好集邮，1926年加入中华邮票会（72号），曾友情出任会刊英文编辑而被举荐为永久会员。梅赞文在南京期间还兼营邮业，曾与施塔合著《中国航空邮鉴》。

4. 中外邮学著述交流

中华邮票会本着相互借鉴的宗旨，一方面为宣传华邮，在会刊推出英文栏，如1926年3月7日该会在银行俱乐部召开该年度第七次常会，决议同意《美国集邮家》杂志转载《华邮图鉴》英文稿；另一方面翻译国外邮学书刊，包括在《邮乘》连载译作《邮王》。

1926年，偏居东北一隅的新光邮票会日文书记王抱存也把目光关注于国际邮学研究方面。自1925年8月起，日本集邮家大柴峰吉连续写了7篇有关中国台湾虎图邮票的文章，刊于日本邮学杂志《邮乐》。王抱存随即译成中文，后在1927—1929年间连载于《邮票新声》。

王抱存（1902—1960？），本名王铭璞，字抱存，辽宁海城人，毕业于满洲医科大学。王抱存中学时开始集邮，为中华、新光、甲戌及冀朗、北京诸邮票会早期会员，集邮足迹涉及海城、营口、天津、福州、厦门等地。王抱存擅长邮学，尤其是邮史研究，其代表作有《十年之回顾》《闲话集邮》《最近十年之追忆》《天津邮票会创立述怀》《我国邮刊界之动态及今后应注意几点》《枪林弹雨话集邮》《展邮忆友话辽东》《凭邮怀旧吊故人》等。

中国集邮界经过努力，打开了与国际集邮界交往的大门，通过参与国际邮坛的活动，中国集邮界在国际上的影响和地位开始显示出来。

第四节　国内早期集邮展览

邮票展览是向社会推广与普及集邮活动的一种形式，举办邮票展览是表明该地区形成集邮氛围的重要标志。中国早期的集邮展览是中国集邮活动兴起的重要标志，也是中国集邮史上的重要事件。

一、福建展览会中的邮票展览

1914 年，福建、山东、江苏、浙江、河南、湖南、湖北、直隶等多省举办了出品展览会，这是中国备战 1915 年巴拿马赛会（世博会）的前奏。根据文献记载，中国最早的邮票展览就是在这时展出的。

1914 年 7 月，福建展览会在福州城内三牧坊第一中学校内举办，展期长达两星期。该展览会以展出福建土特产为主，但在展场上还展示了中外邮票。其中中国邮票部分由福州邮商魏叔彝提供，世界各国邮票由美国人卜威利提供。魏叔彝经营的世界邮票社在会场设摊售卖邮品。展览会场还设有临时邮局，由南街学院前福州城内邮局办理，并刻用了橄榄形的木质纪念邮戳，用黑色的油墨盖销。

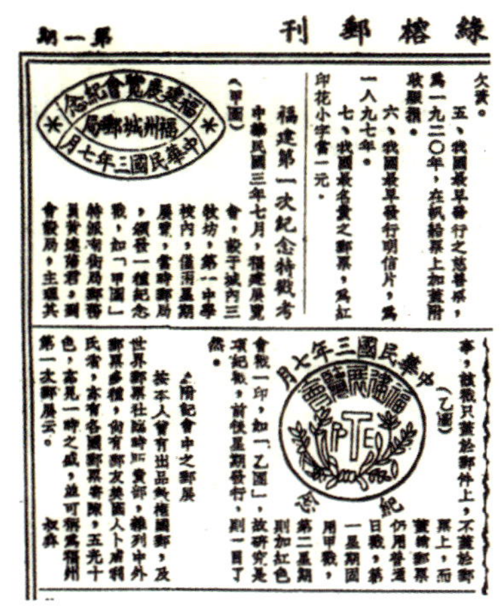
綠榕郵刊　第一期

久實。

五、我國最早發行之慈善郵票，為一九二〇年，在帆船票上加蓋附款賑災。

六、我國最早發行明信片，為一八九七年。

七、我國最名貴之郵票，為紅印花小字當一元。

福建第一次紀念特戳考

中華民國三年七月，福建展覽會，設于城內三牧坊，第一中學校內，僅兩星期展覽，當時郵局頒發一種紀念戳，如「甲圖」，特派南街局郵務員黃連藩君，到會設局，主理其事，該戳只蓋於郵件上，不蓋於郵票上，而蓋銷郵票仍用普通日戳，第一星期固用甲戳，第二星期則加紅色會戳一印，如「乙圖」，故研究是項紀戳，前後星期發行，則一目了然。

（甲圖）
福建展覽會紀念
福州城郵局
中華民國三年七月

（乙圖）
中華民國三年七月
福建展覽會
紀念

附記會中之郵展

按本人曾有出品數框國郵，及世界郵票社臨時販賣部，雜列中外郵票多種，尚有郵友美國人卜威利氏者，亦有各國郵票寄陳，五光十色，亦見一時之盛，並可稱為福州第一次郵展云。　叔彝

《福建第一次纪念特戳考》

1947 年《绿榕邮刊》创刊号中叔彝的《福建第一次纪念特戳考》载："中华民国三年七月，福建展览会设于城内三牧坊第一中学校内，仅两星期展览。当时邮局颁发一种纪念戳，如（甲图），特派南街局邮务员黄连藩君到会设局，主理其事。该戳只盖于邮件上，不盖于邮票上，而盖销邮票仍用普通日戳。第一星期固用甲戳，第二星期则加红色会戳一印，如（乙图），故研究是项纪戳，前后星期发行，则一目了然。"

文末《附记会中之邮展》载："按本人曾有出品数框国邮，及世界邮票社临时贩卖部，杂列中外邮票多种，尚有邮友美国人卜威利氏者，亦有各国邮票寄陈，五光十色，亦见一时之盛，并可称为福州第一次邮展云。"

二、常州举办的竞赛性集邮展览

1918 年 5 月 10—12 日，在江苏常州的常州公园内的武进商会图书馆，由当地集邮者主办过一次竞赛性邮票展览。有关这次邮展，当地出版的《晨钟报》《武进报》等报刊有较具体的报道。1918 年 3 月 11 日，《晨钟报》首先发布邮展消息，同时发表了署名"博"的评论文章。据《武进报》报道，

举办邮展最初由“平素搜罗中外邮花甚富”的本邑藏邮家魏伯熙、左起喜发起，后因魏君“有要务缠身，不克预闻此事”并“因公离常”而改由邹英、左鲁川、徐鸿伟等人接办。参展者除本埠集邮者外，正在上海读中学的集邮爱好者张赓伯等“外埠诸同志寄来的邮票不下数千种”。邮展组织者还聘请许剑鸣、卜志澄、胡焕尧诸人为评判员，经过评判，“最佳者赠以金奖牌等”。邮展期间，还印发了邮展纪念刊《邮乘丛刊》，由许剑鸣主编，常州兰陵编译社出版。

此次邮展展前，上海《时报》也见有相关报道。1918 年 4 月 7 日《时报》见载锡类《邮票展览会之办法》及《邮票展览会》两篇报道，前一篇内容如下。

爱集邮者更当注意

武进魏柏熙等，发起世界邮票展览会，假公园开会，各情曾志本报，兹将魏君所订章程，揭载于下：▲名义 同人等为提倡美术起见，特邀集珍藏同志，设会展览，俾引动社会人士美术的观念，故定名曰世界邮票展览会。▲规则 甲、凡本邑同志交件，自阴历三月初五日起九日为止，送至本会，给付收条，以便闭展后凭条领回原件。乙、不论集邮多少，按照国名排列于玻璃框内，背用印章封皮封固。丙、凡在外埠者，票件交邮寄下，闭会后由本会自备寄资，纳足寄退，要件务于夏历三月初九之前到常。丁、外埠同志，如能到会，更所欢迎，或有深知邮票优次者，当请为评定员，本会暂请搜集大家许剑鸣、卜志

民國七年五月九日（星期四） 武進報

中華郵政總局特准掛號之報紙

武進

第一千三百二十一號

編輯發行所甘棠橋下印刷所楊日升

本園自三月二十五日起每日下午開演文武幻術門券照常 公園啓

郵票展覽會夏歷四月初一至初三日止在本園開會三天 公園又啓

郵票展覽會啓事

鄙人等所發起之展覽會前推魏君爲主辦今魏君因公離常與本會完全脫離關係但開會事仍積極進行所有會務歸鄙人等分頭接洽本外埠列會之品於閉會後分別寄出决不遲延 鄒英 左魯川 徐鴻偉等同啓

《武进》报邮展消息

常州公园内邮展举办地旧影

郵票展覽會之辦法（投稿）

▲愛郵者更當注意

武進魏柏熙等發起世界郵票展覽會假公園開會各情曾誌本報茲將魏君所訂章程揭載於下

▲名義　同人等爲提倡美術起見特邀集珍藏同志設會展覽俾引動社會人士美術的觀念故定名曰世界郵票展覽會

▲籌備　本會籌備伊始同人棉力薄弱因函招同志以夏曆二月底前爲籌備期限

▲資格　願參與本會陳列苟能遵照本章程即爲合格

▲規則　甲凡本邑同志交件自陰曆三月初五日起九日爲止逕至本會給付收條以便閉展後憑條領回原件　乙不論集郵之多少按照國名排列於玻璃框內背用印章封皮封固　丙凡在外埠者票件交郵寄下閉會後由本會自備寄費納足寄退要件務於夏曆三月初九之前到[illegible]　丁外埠同志如能到會更所歡迎　戊有深知郵[illegible]者當請爲評定員本會暫請搜集大家許銘[illegible]卜志澄左起喜爲評定員若列超等者本會獎給金章其餘以次給憑

▲會場　本會茲爲試行第一次展覽暫設江蘇常州公園內

▲通信　凡海內同志照本章入會者即按規則乙丙丁三項辦理可也通信收件處江蘇常州公園內本會收此註

▲會期　展覽期訂陰曆三月十八日十九日二十日三天陰雨順延　發起人魏柏熙謹訂（3）

《时报》登载的《邮票展览会之办法》

澄、左起喜为评定员，若列超等者，本会奖给金章，其余以次给凭。▲会场　本会兹为试行第一次展览，暂设江苏常州公园内。▲通信　凡海内同志，照本章入会者，即按规则乙丙丁三项办理可也，通信收件处，江苏常州公园内本会收此注。▲会期　展览期，订阴历三月十八日十九日二十日三天，阴雨顺延。发起人魏柏熙谨订。

集邮家张赓伯在回忆录中记述："武进某报，忽发起一邮票展览会，地点在邑之公园中，余以所藏贴满四玻框送往陈列，犹忆每框之中心一枚，则以好望角三角形票及土耳其之八角形等票粘入。观者居然有数百人，但能真明何谓集邮者恐百不获一焉。苏州张景盂、柴冠群、卢赋梅辈，均专程来常陈列票品，会三日结束，柴、卢辈获首奖以去（某报之一纸奖状耳）。余亦得第五名之奖，其乐不可言喻也。"

常州邮展的特点是：1. 集邮者自办邮展；2. 规模大，参展人数多，并邀请外地集邮者参展；3. 设立奖级，开展竞赛；4. 聘请评审员，评定展品奖级；5. 新闻媒体积极配合，社会影响大。在当时社会环境下，常州邮展是一次成功的邮展，它表明中国的竞赛性邮展已具雏形，并成为中国集邮活动中竞赛性邮展的开端。

三、上海举办的集邮展览

上海是中国集邮活动的发祥地之一，上海得风气之先，各项集邮活动都开展得比较早，成为周边地区以至全国各地的榜样。上海的集邮展览从开始就是由集邮团体组织的，具有很强的引导作用。

1. 国内集邮团体首次主办邮展

1922 年 6 月 15—17 日，上海法兴书局的上海邮票会邮展，是国内最早的由集邮团体举办的一次邮展。展前半个月已在沪上预报并公开征集展品。周今觉在 1924 年 4 月发表的《邮话》（25）追述道："上海邮票赛会，只有前年阳历六月间在法界法兴书局楼上举行三日。其时余尚未从事集邮，故未得参与其盛。近得一赛会纪录小册，略述与赛者之成绩与出品，其中陈列华邮者仅麦嘉义与李辉堂二人。麦陈列华

上海法兴书局旧影

上海博物院老楼旧影

邮有全套临时中立票，但缺少棕色欠资二枚；四宝仅未加暂作之红印花与小字一元。而李君则有一宫门倒印。合两人而四宝尚不能全。其中有异品足录者，如万寿四分、九分两倒印，红印花小二分倒印，皆有四连。中华民国宋字倒印者，二元票之外尚有一、五元票；而楷书倒印者，三分之外尚有一、四分者，此皆不见经传之奇品也。李君所赛，有前清一分、二分、一角票双面印者，欠资一分、五分票双连无齿者，前清五元票双连无齿者，亦皆难得。此外客邮则有赉美律师之意大利—北京全套，约值二千两，上海一套约值六千两，尚有连信封数枚，每枚有值三千五百两者。计赉美出品不足三十枚，其值已达二万两，在客邮中，此为最珍异之品矣”。此外，还有芮朋、施开甲等人展出的欧美国家早期票等。

2. 联合举办的邮票大杯赛

1925 年 12 月，上海邮票会致信中华邮票会会长周今觉，提议举办一次竞赛性的邮票展览。周今觉积极响应，立即提出了举办邮票大杯赛的具体办法，还主动提出愿意承担购买奖品的费用以及各种筹办费、广告费等。上海邮票会全体董事一致同意中华邮票会的方案。1925 年 12 月 14—15 日《申报》见刊《邮票大杯竞赛》启事，陈赛地点在博物院路博物院老楼演说堂。这次邮票大杯赛，首次于 1926 年 1 月 6 日举行，专赛中国邮票；第二次于 1 月 20 日举行，专赛各国在华客邮；第三次于 2 月 3 日举行，专赛除华邮外其余远东各国和地区的邮票。每人最多展出 10 页展品，聘周今觉和施开甲为评审员，设一、二、三等奖。评分标准按价值、趣味、排列、说明四项，不专以票值之昂贵为主体。参赛者或仅赛一期二期，或三期俱赛均可。得奖高低视总分多寡为等差，其总分最高者为第一奖，奖大银杯一具。这次竞赛邮展，中华、上海两会会员及非会员“参赛者甚盛”。

《邮票新声》第 2 期公布了《邮票大杯竞赛之结果》：第一、第二、第三名均为西人，分别是巴巴多泊罗的中国香港邮票集、布许的中国邮票集、施密司的暹罗邮集，其中布许因贵票并获特别奖；中国集邮家袁醴波、朱世杰的中国邮票集屈居第

四、第五名。这次邮展，对增强我国集邮者的竞赛意识有积极的作用。但由于评审员周今觉因病未能全程参与，故此评奖存在瑕疵，如巴巴多泊罗在一、二轮均未参赛，仍得第一。

3. 未办成的中华邮票会邮展

周今觉对上海邮票大杯竞赛倾注了心血，且捐资提供奖品，然而他所提议的竞赛之法并未被完全采纳、竞赛结果也未如预期，故而萌生独立办展的想法。经与中华邮票会同仁商议，计划举办“邮票擂台赛”。1926年3月会刊《邮乘》2卷1期刊登《破天荒之邮票擂台赛》与《擂台赛与赛章程》，对擂台赛的发动缘起、邮集分类、比赛章程及评奖规则作了详细说明。但擂台赛公布后，却是数月无人报名参赛。细观评奖规则可知，因定位于“挑战”邮王，且擂台赛以罕贵为主要评分标准，虽欲与国际接轨，但并不符合当时国情、曲高和寡，因此这次“邮票擂台赛”的计划终以流产告终。

此后，中华邮票会再未单独举办过邮展，但会内不乏观摩性的会员邮品展示。1930年《会务报告》记：3月23日，在银行俱乐部开本届第六次常会，到（会的）中西会员16人，并陈列梁芸斋君所藏吉黑变体邮集，及其北京版试印票全套。报告并附详目。为饱更多会员眼福，会后，会长向梁芸斋商借数种奇异票，经照相制版公诸于《邮学月刊》第2卷第9号。

四、由各地邮票会举办的集邮展览

受上海等地成功举办集邮展览的影响，周边的杭州、南京、芜湖等地邮人和邮会也被激发了热情，陆续举办各类邮展。

公共娱乐场所一向是集邮家所青睐的邮展举办地。1918年3月16日，北京《晨钟报》载：“兹有徐某、豫某收藏古今各国邮票甚多，特拟于天坛地方发起邮票展览会，召集中外各大收藏家将所有邮票分别陈列。到会比赛。”同年11月3日，上海《时报》报道：“兹闻日本收藏家冈山秀吉氏，近由东京乘轮来沪，携有特别邮票数千种，拟于阳历十一月五号，假虹口六三花园开一邮票展览会。”

这一时期，南到长沙、新会、福州、台北、香港，北到开封、太原、北京、天津、大连，西至重庆、昆明，邮展在各地登上了社会的大雅之堂。

1. 杭州新光邮票会邮展

张包子俊在《本会与邮展》一文中写道：“新光邮票会之创立，动机于民十二年杭州青年会举行之邮票陈列会，事后青年会即创集邮组……十四年终，始改组而称新光邮票研究会焉。本会既立，首印邮刊，复举行邮票展览。”

张包子俊1946年在《来一次邮票陈列》一文中描述了这次邮展之细节：“十四年冬，新光邮票研究会成立了。不过会员太少，总得多拉几个同志才好，用什么方法呢？李弗如、陈念祖诸位都主张来一个邮票展览……陈列会的地点，是在青年会，诸事便利不少，大约有四五十个镜框。果然开始的几日参观的非常热闹，大约有二三百人一天，不过小学生居多。过了三天，参观的人就少了……但是外埠热心的人倒有，一位张景盂从苏州寄来一组暹罗的大数票，卢赋梅也寄来了许多外国老邮票，价值大得惊人，我们不能辜负人家好意，于是又开了三天。”

1926 年 4 月《邮票新声》第 4 期刊登了副会长凌能夏的纪实报道《杭州邮票陈列会记》，其中写道："本会会员有提议于此春光明媚之期作陈列邮票之举……于是有邮票陈列会之举，商之青年会假其礼堂以为会场，于四月二、三日陈列两天。惟以筹备短促，苏沪搜集名家多未得预其事，实属大憾。开会之第一日以天雨故人数无多，于第二日则大拥挤，总计二日观众将及八百，且有外埠搜集家以春游之便惠然来观，则又本会引以为荣幸者也。第一日陈列镜框计七十余，出品人十数。第二日又增加若干，其中如卢赋梅君之暹罗票及太奈古耳票……"

2. 南京邮票研究会邮展

据 1927 年上海《时报》和海城《邮趣》所载《石城邮讯》记："南京邮票研究会，昨日（一月六日）假鼓楼美侨司丹逊私宅，举行第二次万国邮票展览会。与会者，中西人士约有百人。午后二时，有记者驱车往视。门首悬一以邮票制成之五色彩匾，额曰'万国邮票展览会'七字，可谓别开生面。参观者，车水马龙，甚为热闹，闺秀淑媛，亦联袂莅止，诚盛会也。邮票之陈列，琳琅满目，种类新奇，光怪陆离，美不胜收，计有五万七千余张，分陈四室。其中尤以'埃及金字塔票''美国瀑布票'、日本之'日俄战后票'、爪哇'牛虎凶斗票'、中国'福州三角票'等最为名贵。名票咸印制精良、笔画工细，其最细者，非藉显微镜之力，无由窥其全豹也。"

第五节　民国前期的集邮研究

集邮离不开邮政。邮票的陆续发行，以及邮政业务的发展与变化，都在不断扩大集邮者的收藏视野及集邮研究领域。集邮者收集到一定数量的邮品后，研究、整理就变得十分重要，否则，单纯的收集活动并不能让人体会到收藏的全部乐趣。此外，邮票进入商品市场后，因升值、赢利会诱发作伪行为，因此，对邮品的研究也可以增强集邮者辨伪的能力。

一、对邮票、邮品的研究

集邮研究起步于对邮票的发行时间、图案、全套枚数等内容的探讨，继而发展到对邮票的版式、刷色、齿孔、用纸的研究，从中发现变体、罕品和珍品。由于许多集邮名词始于外文，中文译名的确定也成为集邮研究项目。随着集邮范围的扩大，对封、片、简、戳的研究也逐渐引起人们的兴趣。

1. 邮票研究

中国集邮者最先感兴趣的研究活动是对邮票本身的研究。研究对象以清代、民国邮票为主，同时包括各地商埠邮票和外国在华邮局邮票。研究内容涉及邮票的版式、纸张、刷色、齿孔等。比较有代表性的研究文章有：周今觉的《论“大龙邮票”版式》，王聘彦的《慈禧万寿纪念票刷色表解》《关于前清五分棕色欠资票问题之讨论》《总理像邮票图案分大小型之研究》，阎东魁的《烈士半分票图案大小型之研究》，“怡生”的《伦敦北京版简易鉴别法》等。周今觉收藏的大龙邮票有千余枚，对大龙邮票的研究也最有成果。他在1925年10月出版的《邮乘》创刊号和12月出版的第2期中，对大龙邮票的描述已是洋洋万言，对其社会背景、发行时间、图案、齿孔、刷色、纸质、票幅、版式、背胶、水印、版模、变异等进行了详尽的研究。《华邮图鉴・论版式》中有一段记述，可以管窥豹。

第一次票最有研究之价值与趣味者，莫如其版式。此一类之研究，初无人注意，自勒夫雷司提倡于前，朴尔（B. W. H.Poole）响应于后，乃渐为人所重视。人皆知上海票第一次有版式之不同，一望即可辨别。顾中国第一次票，却不如是之易。盖彼为木版，每一枚之边线、版心及文字，皆人工凑合而成，故错落参差，易生差别，此则铜模精铸，形式雷同，辨别仅在几希惟微之间。故虽以勒、朴两氏先后精研，尚有数种不能辨出之版式，即能辨出者，亦尚有多数只可意会不可言诠之处，著书者仅能将其中较易识别者之数种，考其分合变迁之变，示读者以梗概而已……第一次票版模，一分、三分、五分各二十五枚，共七十五枚。本个个散置，至印刷时，然后掇凑成版，印毕复折散之。每印一次，即重行排列一次，每次排列次序当然不同。故发现一个不同之版式，即可知其已重印一次。集邮家以为薄纸、阔边、厚纸三次不同，必只印刷三次，此大误也。吾人划分此三期者，因其纸质幅广，显然易分之故。其实每一期中，重印已不止一次，其详细次数，虽不可知，但吾人苟就其版式排列之不同而考之，亦可得其大概。就余所考知者，一分票薄纸者有三种版式（即排印三次，下同），阔边者只一种版式，厚纸者有三种版式。三分票版式：薄纸者有三种，阔边者只一种，厚纸者有三种。五分票版式：薄纸者只一种，阔边者亦只一种，厚纸者有三种。统而观之，阔边者版式最少，固由全张及大方连不易得、参考材料缺乏之故，亦实由发行期限甚短，不足一年，即改为厚纸，当时或只印一次，未曾再版，亦未可知也。

周今觉对大龙邮票版式研究的甚为精深，在当时屈指可数。他的文章发表后，对中国邮票的版式研究起到引导作用。

2. 加盖票研究

中国自清末开始，因政权更迭、改变币制等原因，曾将已有邮票另行加盖文字或新面值后再发行，存在这种情况的邮票至20世纪30年代时种类已经较多。在这些加盖邮票中，有些加盖的版式、字体不一，发售数量也不相等。诸如在加盖票上出现的加盖长距、短距，加盖大字、小字、机盖、手盖、木戳加盖、铜戳加盖，楷体字、宋体字、红色加盖、黑色加盖，加盖歪头、直头，加盖原票版别、纸质不同，以及加盖厂家不同，等等。因此，加盖票在研究中具有丰富的内容，集邮家对此有很大的研究兴趣。在此期间发表的研究文章中，具有代表性的有周今觉的《红印花小二分版式研究》、“冷然”的《万寿加盖小字票长短距之研究》、戴郁华的《滇省初次加盖票之胜谈》、张包子俊的《新疆暂作航空票之研究》、“惜邮”的《总理像再版四分暂作一分票说》、蔡丽生的《楷字加盖票发现新变体》、“御风”的《滇吉加盖票

虹桥碌印戳实寄封

考略》等，都从不同角度反映出当时对加盖票的收集与研究状况。

3. 首航封的收集研究

1920 年 5 月 2 日，中华邮政自福州至上海飞机运载邮件试验成功；5 月 7 日，自北京至天津飞机运载邮件试验成功。《申报》1920 年 5 月 3 日刊文《意飞机抵沪之情形》报道："福州寄沪邮件，昨该机实行带来福州邮件两包，中国用飞机传邮，实以此为嚆矢。"这比以往邮坛视作最早的京津航空邮递早 5 天。1921 年 7 月 1 日，中华邮政发行了第一套航空邮票，同时首次开通北京至济南航空邮班。随后，国内其他城市的航空邮班，以及国外航空邮班陆续开通。每到航空邮班首次开通时，中外集邮者都不失时机地收集实寄封、纪念邮戳、纪念封以及有关航线与邮班的资料，并进行研究。从存世邮件看，当时觅戳并批量制作航邮封的集邮家和邮商有李隽青、朱世杰、谢鄂常、李辉堂、王晋斋、薛多尔、巴巴多泊罗、梅赞文等。在此时期，所发表的较有代表性的研究文章有：李隽青的《虹桥硃印记》《广州号航邮之又一讯》，"御风"的《沪宁航邮中之珍闻》，张锡天的《金马号最后之使命：粤滇航邮之阻击》，郑汝纯的《沪宁航邮：南京通讯》，朱世杰的《宁沪航邮红色戳再志》，"国华"的《罢邮期内之航邮补志》，"植明"的《泛太平洋第一次航邮纪念封》，姜子勋（姜治方）的《国邮古航封动态》，麦沃甸的《广琼南航邮开航略志》，魏亦亨的《中国历次航邮志略》《航邮志略补遗》《航邮倒戳之余闻》，谢鄂常的《中国航空邮政述略》《记欧亚航邮开航纪念之戳》《沪汉航邮略记》《广州号航邮纪念笺与纪念戳》，戴郁华的《陕滇航邮再记》《渝昆线开航纪念戳》，张棣邨的《记上海广州间第一次航空邮政》等。收集、研究首航封及其相关史料，已成为当时集邮者的热门之选。

二、集邮理论研究

这一时期，我国集邮界除不断扩大收集、研究范围外，还开始注意运用理论的方式，引导集邮活动、探讨集邮问题、规范集邮用语，逐渐形成集邮理论——当时称之为"邮学"。这种理论上的研讨，其代表作有：周今觉的《邮学刍言》《集邮家与邮学家》，汪剑魂的《玩物丧志与集邮》，李隽青的《集邮的"三何"问题》，姜治方的《集邮不普及的原因》，王聘彦的《邮学辞典草案》《华邮与邮片名称之商榷》等。

这一时期，集邮人还在邮刊上掀起了有关"前四宝""后四宝"的讨论。1925 年 10 月，周今觉在《邮乘》创刊号首次以铜版彩印推出"华邮四宝"图谱，引起集邮界及社会民众极大的兴趣。这"四宝"分别是"3 分红印花原票""红印花小字当 1 元""红印花大字当 5 元倒盖"和"宫门中心倒印 2 元"。图谱一出，这 4 种邮票的身价上涨。但一些集邮家另有看法，于是引起了集邮界的一场讨论。

袁寒云首先提出不同观点，认为："窃谓四宝中漏盖之红印花，不当列入。盖印花未经加盖，则无关于邮也，其价值虽贵，不得视为邮中之宝。且列入四宝，尤足启外人轻视华邮之心。将谓支那贵券，区区四品，尚藉一印花券而足成之，可以觇其寡陋矣。如是宁不为国邮之玷耶？故予将以中华邮票会会员之地位，提出修正四宝之议案，请全会公决之。予意拟以万寿日本版加盖大字短距离二分改二分之新券，替为四室之一，考邮诸名宿，以为如何？”

袁寒云（1890—1931），本名克文，字豹岑、抱存，自号寒云，河南项城人，生于朝鲜。袁寒云一生风流倜傥，不惜一掷千金，其收藏以古籍、钱币与邮票为主。1926年年底起，他在《晶报》连载《说邮》。他的集邮高潮在1927年寓沪期间，曾以4000元购得布许邮集，还重金购买红印花小1元旧票、“民国四珍”及“临时中立”票全套，并好收集连票信封，有大龙邮票封近十枚，遂一跃而成沪上一流集邮家。

袁寒云

袁寒云的论点立即得到苏州邮商卢赋梅的赞同：“前读去年十一月六号《晶报》，报载寒云姻兄论及国邮中之四宝，有漏盖暂作印花一枚，因与邮票无关，不宜列入四宝中，至理名言，确切不移。足征研究有素，鉴观不爽。欧美收藏家，对于印花兼收并蓄，亦颇重视，其漏盖红印花应入印花集内，价值之低昂，不亚于邮票。试观国外目录所载，当亦可知，若以漏盖红印花误作邮票，而粘于信封者，仍不得视为至宝。故袁君之意拟舍此红印花票，而以万寿日本版加盖大字短距离二分暂作二分新票作为四宝之一，诚哉是言，实获我心。”

署名“忆媚”者却提出：“余以为无论其为红印花为万寿，均不应列入华邮四宝，以此二类亦犹之临时中立，珍品极多，列其一二则挂一漏万，一一列入，则虽十宝八宝尤不能容之。反不如听其各张一军，择其能与二元宫门倒印抗衡者，列成一军。如是则万寿、红印花、临时中立四宝四者，互相对峙，将为华邮中珍品荟萃之所矣，望诸大集邮家有以确定之。”

署名“雪”者则提出：“故华邮四宝之名，仅红印花加盖一元小字票，能名副其实耳。”

而集邮家凌能夏却认为：“余以为欲罗列珍贵之票者，可按时期以容之，如清初之珍品也，1897年过渡时代之珍品也，民国之珍品也，分门别类，庶几网罗无遗。珍品荟萃，有新发现者，则随时加入，不必斤斤于数字之间。”

虽然集邮界对“华邮四宝”之说议论纷纷，但周今觉不为所动，坚持己见。至1927年，国人多认为清代邮票与民初邮票合为四珍，似有不妥，而提出以“红印花小字2分倒盖兼复盖”取代“二元宫门倒印”，并提出了“民国四珍”，具体有“2元宫门倒印”“3分暂作2分倒盖”“4分暂作3分倒盖”和“限省新贴用”。此四珍基本得到集邮界的认可。后来，集邮界将清代四宝称为“前四宝”或称之为“红印花四宝”，将民国四珍称之为“后四宝”。

集邮四宝的提出和认可促进了中外集邮家对中国珍邮的搜集、研究以及华邮的身价。上述珍品至今仍作为评价中国传统邮集珍罕程度的主要依据。

集邮理论研究的出现，邮学的逐渐形成，表明我国的集邮活动正在走向成熟。

三、邮票辨伪研究

随着集邮人数的增加，对邮票和集邮品的需求量自然也会加大，一些不法之徒乘机制造假邮票，蒙骗集邮者及一般寄信用邮者。因作伪程度足以乱真，致使集邮者难以辨别，屡受其害。此类事件以上海、天津发生最多。

当时的作伪者多为外国人或在华的外国人，不仅作伪种类多，数量也大。1925年《邮乘》第1卷第2期即刊有署名“炜良”的文章，题为《大批华邮伪票发见之警告》，内称欧洲有的地方，专门仿造东亚的珍贵邮票，尤其是华邮。包括中国珍邮以及香港邮政部门、上海工部局书信馆及中法客邮的邮票，有的足可乱真。集邮家稍一忽略，便被瞒过，不可不特别注意。其作伪之处，专在加盖，如万寿倒印等，此外还有蒙自、北海、重庆加盖票，种类甚多，且有数种极佳。而且不光在加盖处作伪，甚至在正票上做手脚描画成变异票。然而无论如何作伪，仔细观察，终有破绽可寻，不是墨色略有不符，就是笔画略有出入。

关于上海假邮票的出现，周今觉曾写道：“上海出现伪邮票，以余所知者有四次，一在1915年，一在1919年，一在1922年，一在1924年，余皆藏有数枚，以备参考。其最小之数为一角，而三角、五角至一元为止。从无有伪造一分、三分者。四次之中以1915年之五角票、1919年之一角票为最精，真可以乱楮叶，非细察之不辨，邮商偶有一二枚出售，其价值乃远在真者之上。专门邮集中，虽此类伪品票，亦不可不备一格，所谓牛溲马勃皆药笼中物是也。”

1925年，上海又出现伪票，新闻媒介终于披露，《邮乘》第1卷第2期作了转载：“上海日报云，今春北四川路三号志贺洋行之志贺政男，接到东京中野町本乡501住居之北原利男来信，函内有中国邮票一分、三分各数张，云彼有多数邮票，托为销售。志贺当即转托去年同文书院卒业现为邮局职员之某氏。某持归后语福家氏，经福认明票系伪造，恐其散布，即告以可买。志贺当发急电往东京，旋寄来少数。福家氏于五月二十七日持往日本总领事署警察署，要求日本警视厅拘押人犯。嗣在日本内地捕获有关系者三名，没收伪邮票值一万数千元……此事遂在沪发觉，日本警视厅得上海领事署警官报告，于六月六日，在远

大批華郵僞票發見之警告　煒良

近日歐洲有多數地方。專模造遠東罕貴之票。尤注重於華郵。余所見者。中國之外。有香港上海。及中法客郵。其佳者足可亂眞。集郵家稍一忽略。便爲瞞過。不可不特別注意也。其作僞之處。專在加蓋。華郵則如萬壽倒印四種。上海則一八七三至七五年之紅色加蓋。及一錢六分暫作三分之藍色加蓋。香港則一八九七年棠綠色二元印花稅票暫作一元郵票之華文漏印變體。中法客郵。僞造尤夥。其最貴者爲一九〇一年瓊州發行藍色十五生丁票。

《大批华邮伪票发见之警告》

通告欄

天津趙世暹君來函 特別二區敦益里

大作鑑別隅談一篇。極有裨益之作。沾溉後學。佳惠無窮。
惟更有無厭之請者。能再將各種分別華郵眞贋之法。臚
列而詳言之。則尤爲郵界所歡迎。想抱此企望者。不止暹
一人也。天津所造僞票。就暹所知。乃一某國人所製。此人
民八始來津販郵。專製僞戳加蓋。其連信封之僞加蓋。乃

《邮乘》登载赵世暹揭露伪加盖票的信

藤宅搜获邮票一万六千余张……”

1926 年，有一个叫道格拉斯（R. K. Douglas）的英国人在天津某洋行任职，兼营邮业，常制作假票骗人。他收购大量旧信封，在蟠龙票上伪盖成“临时中立”，或者宋体字“中华民国”倒盖等。20 世纪 20 年代所见“临时中立”正票及复盖、倒盖以及“中华民国”宋体字 1 分、2 分、2 角倒盖等伪票，几乎都出自他的手。他的伪品制作相当高明，使不少人上当。对于此事，天津集邮家赵世暹曾写信给中华邮票会会长周今觉：“天津所造伪票，就暹所知，乃一某国人所制。此人，民八始来津贩邮，专制伪戳加盖，其连信封之伪加盖，乃取元二时代使用未加盖之清票信封，私自加倒盖、复盖于上，故邮戳真而加盖则伪也。暹有一枚三分倒盖，其加盖墨迹，乃在邮戳之上，隐约可辨。”道格拉斯还从日本贱价买回一些伪票，如在日本伪印的大龙、小龙、万寿以及日本的龙票、菊小判等假票，经其手流入天津。

第六节 多种集邮书刊印行

集邮文献是伴随着集邮活动而出现的，是承载集邮票品和集邮活动各种信息和研究成果的载体，是集邮者获知集邮信息，收集、研究集邮票品的必备工具。集邮文献主要是指各种集邮书籍、邮票目录、集邮报刊等。

一、集邮专著

集邮家的研究成果，经过笔耕形成专著，或在邮刊上刊发，或专册出版，对集邮后来者起着启发和引导作用。这一时期编著和出版的集邮书籍择要介绍如下。

1.《华邮图鉴》

周今觉编著。自 1925 年 10 月在《邮乘》第 1 卷第 1 期发表起，连续刊发至 1936 年 4 月《邮典》创刊号止，计 12 篇 10 万余字。《华邮图鉴》对清代邮政发行的大龙、小龙、万寿、红印花加盖邮票和蟠龙、宣统纪念邮票等逐套、逐枚地进行了详细论述，对邮票的发行时间、印刷厂家、印量、版次、版式、纸质、刷色、齿孔、背胶、水印、图案、面值、加盖、改值、变体、停用时间、新旧邮票市价等都进行了严谨的考证，做了翔实的记载，并配有大量的邮票照片、版式示意图及实寄封。不少内容是周今觉的新发现、新见解。

2.《中国邮票汇编》

陈复祥与卢赋梅合编。该书 1926 年 4 月由苏州卢义思邮票公司出版发行，铅印，32 开本，42 页，为国内最早发行的中文版华邮目录。此书简中带详，对大龙、小龙等早期邮票的齿孔变异，以及部分民国邮票的纸质及刷色记录最详。此前已有 1913 年上海别发洋行版的《中国邮政票》英文版贴票册，以及 1914 年天津印字馆英文版华邮目录发行，后者题名《The Postage Stamps of China 1878—1914》，32 开，23 页。

3.《中国集邮图谱》

朱耀宗（世杰）编。该图谱 1926 年 7 月由上海集古社出版，是一本有说明文字的定位贴票簿，内容包括中国邮票、各商

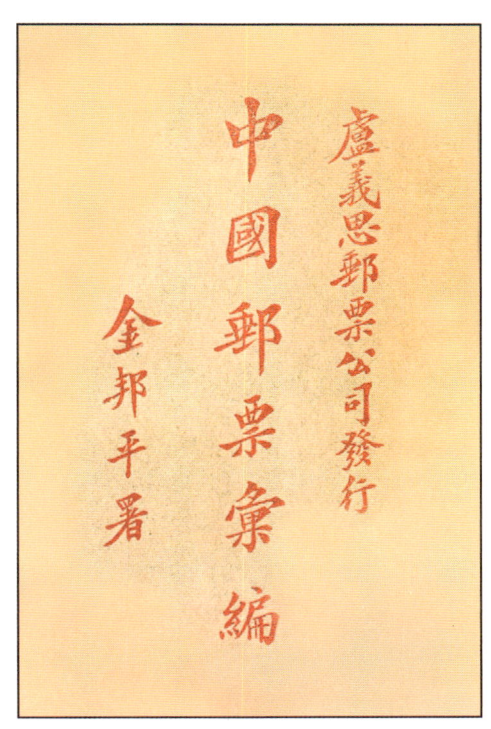

《中国邮票汇编》

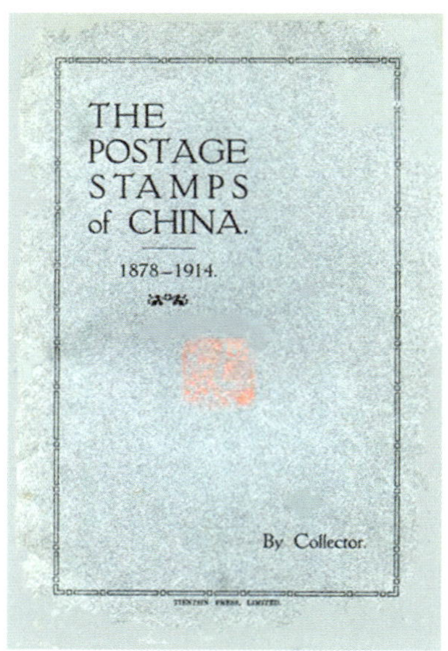

《中国邮票 1878—1914》英文版

埠书信馆邮票共 83 套，明信片 30 种，依各枚尺寸制成；印有邮票图样，上端注明刷色，以便搜集者按图索骥，将邮票粘贴其上。此图谱出版后，对初学集邮者有较大帮助。

4.《集邮须知》

张景盂编著。此书 1927 年 1 月由苏州五洲邮票社出版，32 开，50 页，共出过 3 版。该书为初集邮者读物，对于搜集的方法、纪念邮票的历史、各票图案的缘由、各国币制的参考、集邮史的逸闻轶事、各项必要邮识均有叙述，颇受初集邮者欢迎。

二、集邮刊物

会刊是邮会的旗帜。中华、新光两大邮票会各具特色，这些均反映在它们出版的会刊上。

中华邮票会会刊以研究中国邮票为主，兼有对外国在华邮局邮票、商埠邮票的研究。其办刊起点高、水平高，中、英文并举，有较强的学术性和史料性。其文稿质量和印刷质量在当时都是上乘的。读者群以中外集邮家为主，有“以力争在国际邮刊中占有一席之地为己任”的雄心，对中国集邮活动起了导向性的作用。

新光邮票会会刊的特点是：小型灵活，面对广大初级集邮者，重在宣传、普及，在普及中求提高；发行量最大，长年坚持出版。新光邮票会会刊从 1926 年 1 月至 1948 年停刊，经历了曲折坎坷的历程。该刊几度更换刊名、改换编辑人员、改变开本、增减页数，忽月刊，忽季刊，忽又双月刊，可谓风风雨雨，备尝艰辛。20 多年中，新光邮票会会刊共出刊 18 卷，为中国集邮史留下了宝贵的资料，对推动中国集邮活动发挥了重要作用。

还有一些活动时间较短的邮会会刊，如《北京邮票交换会会志》《邮话月刊》《青春邮语月刊》等也办得很有特色。各种会刊相互辉映，形成了中国集邮的第一个繁荣时期的百花园。

见诸实物的其他邮刊介绍如下。

1.《邮票月刊》

1923 年 1 月创刊，张承惠主编，中华邮票公司出版。该刊为月刊，32 开本，正文页码连贯，1—6 期共 70 页。该刊以“提倡集邮”为目的，刊登中国邮票沿革、集邮知识、邮票介绍、邮票信息、邮票问答、各国邮票价目表等，中、英文合刊。主要篇目有：《ABOUT STAMP VOICE》《缘起》、“觉”的《中国邮票之起源》、“亦会员”的《读神州邮票研究会会刊书后》、陈复祥的《谈屑》等。

2.《邮声》

1923 年 11 月 3 日创刊，区甘源主办。该刊初为周刊，陈复祥主编，32 开，4 版，1923 年 11 月 3 日至 1924 年 3 月 15 日共出 17 期。《邮声》栏目众多、体裁多样、编排紧凑，辟有论说、邮识、新闻、新邮票、趣谈、谈屑、游戏、问答栏、来函栏、滑稽小说、短篇小说等众多栏目，连载篇目有："适衷"的论说《初集者小言》、"觉"的《中国邮票史沿革》、"仪"的《临匪邮票小史》、"祥"的《中国商埠邮票》及小说《箧中吾爱》《一个饭桶的职员》等。该刊还刊载当时邮人、邮商、邮刊、邮会等诸多史料信息。1924 年 8—9 月，《申报》见刊"出版界消息"两则：区甘源等拟加增《邮声周刊》页数，改为月报继续出版，聘朱瘦桐主编；朱瘦桐主编之《邮声月刊》第一期业已出版，中如一非之《纪法京拍卖斐立拉氏邮票之详情》及徐荫祺之《收集邮票应注意之要点》均有价值，宝山路集邮室可购。

3.《邮票三月刊》

1926 年 3 月 10 日创刊，蔡丽生编辑，杭州新宫桥东亚邮票社发行。该刊为季刊，32 开本，每期 24—32 页，至当年 12 月共出 4 期。主要篇目有：蔡丽生的《洪宪邮票之起倒》、"苦孔"的《我之异品邮票谈》、"济明"的《中国邮票略史》、蔡根柏的《中国商埠书信馆考》、王抱存的《十年之回顾》《集邮一夕谈》《邮界专用名词之研究》、鲍子谟的《瀛都邮票展览会参观记》、大柴峰吉原著《台湾民主国邮票》、维石的侦探滑稽小说《华邮四宝》及陈念祖的《二十世纪的圣诞老人》等，另载《中华邮票交换通信社章程》及社友名录。

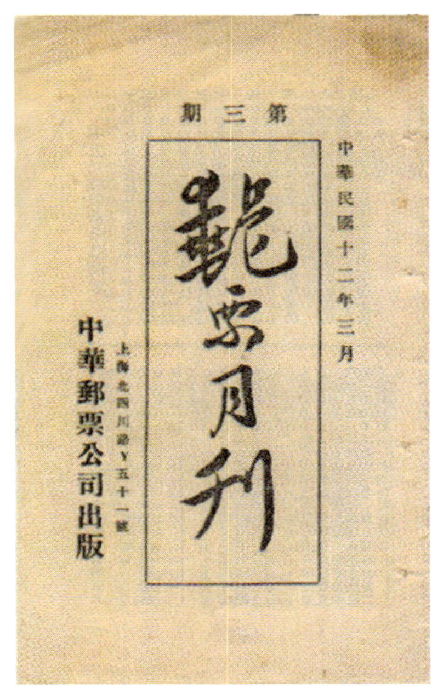

《邮票月刊》

1912—1927 年间的存目集邮刊物还有：《邮志界》（白狄人主编，1918 年 2 月世界邮花联合会发行）、《邮乘丛刊》（许剑鸣主编，1918 年 4 月常州兰陵编译社发行）、《大陆邮票新闻》（徐荫祺主编，英文季刊，1922 年苏州徐氏兄弟邮票社发行）、《置邮室纪念刊》（杜进高主编，1922 年四川万县置邮室发行）、1922 年《邮票杂志》和《邮票新闻》（太仓世界邮票社编印，《邮票新闻》第 3 期在 1924 年易名为《邮票界》出版）、《东亚邮票社年刊》（蔡丽生主编，1923 年杭州东亚邮票社发行）、万国交换通信社英文季刊（1923 年北京裕憾霆编发）、《邮票世界》及《紫邮花月刊》（熊宴秋主编，1923 年湖南辰州邮票世界社发行）等。

第七节　邮票经营的兴起

邮票经营是伴随着集邮活动而出现的商业活动，它以各类集邮票品、集邮工具和集邮报刊为经营对象，服务于集邮者。许多邮商本身就是集邮者，或由集邮者转化而成，其中有的邮商有着很高的邮识和研究水平。

一、邮票经营在大城市出现

随着集邮人数的增加，上海、福州、苏州、常州、天津等一些沿江、沿海城市相继出现邮票商业，其经营方式多以兼营为主。上海城隍庙的地摊、北四川路的钱庄、静安寺路的花店、西式洗染店、书店以及天津紫竹林一带的摊商、常州的梳篦店等一时都兼做起邮票生意，出售的多是外零散新、旧邮票，有时也能见到一些名贵邮票。集邮家袁醴波即从上海四川路张子堂开设的兆余钱庄里，寻得一枚万寿日本版 2 分短距新票孤品，成为佳话。20 世纪 10 年代设店专营邮票生意的，除福州魏叔彝 1909 年开设的世界邮票社外，还有苏州张景盂开设的五洲邮票社以及卢赋梅开设的卢义思邮票公司、常州俞振云开设的万国古邮所、天津王沛臣开设的沛记邮票社等。在上海等地还有另一种经营方式，即不开店、不设摊，而是在家中做邮票生意，如上海的李辉堂等。

邮票拍卖作为邮票商业的一种方式最早在上海出现。沪上邮品拍卖在 1922 年达到高潮。以《申报》广告为例，据不完全统计，1912—1922 年的邮票拍卖广告中，仅 1922 年一年之中即有百余条之多，占比超过 30%，其中以鲁意师摩（旧称“鲁意斯摩”）洋行的广告最为频繁。前往参加邮票拍卖的除外籍集邮者外，也有不少中国集邮者，如李辉堂、张承惠、陈复祥、张棣邨、叶颂蕃、张赓伯、姜治方等。对于李辉堂参拍的情况，张赓伯曾回忆道：“二十余年前，鲁意斯摩拍卖，每有一老者道貌岸然，手戴钻戒、口衔雪茄，据前排座。每遇罕贵票，辄与碧眼儿竞购甚力。某次与一西人争购临时中立一角六分、五角两枚，出价高于市值一倍以上，此时国人高等集邮家颇少，人均为之注目。时余方弱冠，求学沪滨，亦时至鲁意斯摩拍购廉价西票。见此老者，亦以为奇，私询于人，始知此即老邮商李辉堂也。”集邮家叶颂蕃 1920—1921 年在松江中学任教，为参加每星期六午后举行的邮票拍卖，特与同事调换课程，挪出时间赴鲁意师摩拍卖行，并一一记录每期邮票拍卖底价和拍出价。姜治方在回忆录中写道：“在《申报》广告栏中，我看到鲁意斯摩洋行拍卖邮票的广告。我按报载时间，如期赶到北四川路这家洋行。鲁意斯摩洋行内家具、书籍、古董、字画应有尽有。那天下午，拍卖邮票，在场二三十人，挤满一屋，我无一认识者。拍卖的邮票共有一百多号，华邮外邮各半，拍板的是外国人，喊价以英语为主，也夹杂几句汉语。大龙票光齿三枚，三分、五分者为新票，一分为旧票，起价六元，我以七元拍得。”

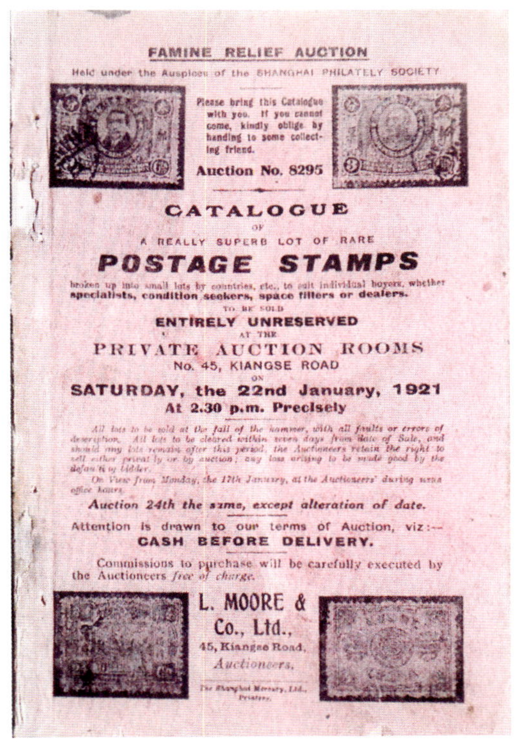

FAMINE RELIEF AUCTION

Held under the Auspices of the SHANGHAI PHILATELY SOCIETY

Please bring this Catalogue with you. If you cannot come, kindly oblige by handing to some collecting friend.

Auction No. 8295

CATALOGUE

OF

A REALLY SUPERB LOT OF RARE

POSTAGE STAMPS

broken up into small lots by countries, etc., to suit individual buyers, whether specialists, condition seekers, space fillers or dealers.

TO BE SOLD

ENTIRELY UNRESERVED

AT THE

PRIVATE AUCTION ROOMS

No. 45, KIANGSE ROAD

ON

SATURDAY, the 22nd January, 1921

At 2.30 p.m. Precisely

All lots to be sold at the fall of the hammer, with all faults or errors of description. All lots to be cleared within seven days from date of Sale, and should any lots remain after this period, the Auctioneers retain the right to sell either privately or by auction; any loss arising to be made good by the defaulting bidder.

On View from Monday, the 17th January, at the Auctioneers' during usual office hours.

Auction 24th the same, except alteration of date.

Attention is drawn to our terms of Auction, viz:—

CASH BEFORE DELIVERY.

Commissions to purchase will be carefully executed by the Auctioneers *free of charge.*

L. MOORE & Co., Ltd.,
45, Kiangse Road,
Auctioneers.

The Shanghai Mercury, Ltd., Printers.

鲁意师摩洋行 1921 年拍卖目录

可以看出，当时一部分集邮者已不满足仅从邮票摊店中寻购邮票，于是进入拍卖行去争购需要的票品，以补充邮集。还有一些中国集邮者，看到许多珍贵华邮落入外籍集邮者手中，感到痛心，于是不惜巨资，纷纷从外国人手中购回。

1922 年，绵嘉义的中国邮集交付鲁意师摩洋行分期拍卖，中国集邮者踊跃参拍。其中有红印花小字 1 元新票两枚，李辉堂代友购得 1 枚，陈复祥购得 1 枚；万寿大样票有 3 枚，也为李辉堂购得。有“世界邮王”之称的费拉里去世后，其遗集自 1921 年 6 月 21 日起分批在法国巴黎拍卖。华邮部分于 1925 年 4 月 22 日拍卖（第 12 次）。周今觉在一年前即全权委托英国邮商罗伯特代拍。当时周今觉因不知此次拍卖邮品是以组计而不以枚计，限价、报价多有不合，故许多珍品落人法国香槟公司和美国集邮家海音·欣德（Arthur Hind 1856—1933）手中，周今觉深感遗憾。但周今觉也拍回一些珍品，如以 35 镑拍得一枚“2 元宫门倒印”带边纸新票，以 35 镑拍得红印花小 4 分加盖邮票及民初加盖邮票共 366 枚。

这时的邮票商业与清代邮票商业的数量与经营方式相比，有了新的发展，基本上适应了这一时期集邮活动的发展形势。民国初年（1912—1919），国内专业邮商仅有 10 余家，至 20 世纪 20 年代末增至 50 余家。上海是中国邮业中心，中外邮商咸集，邮商业务发达。天津、北京、苏州、杭州、福州、常州等城市的邮票商业也迅速发展。其经营方式，有奔走于集邮者之间推销邮品的行商；有开店经营的坐商；有在家做通信买卖的兼职邮商和从事邮票拍卖的邮商等。在他们当中，有的不仅做邮票买卖，还对邮票进行研究，并拥有自己喜爱的邮集。他们撰写集邮文章、编印邮刊，积极支持集邮组织的活动，在集邮者中有很高的威信。他们既是邮商的中坚力量，又是集邮组织、集邮活动的骨干，有些集邮家就是在他们的帮助下不断取得集邮成就的。

中国邮票商业在 20 世纪初只是在个别沿海城市呈萌芽状态，到了二三十年代，一些内地城市相继出现邮票商业，出现了邮票商业的繁荣时期。这些邮票商社的出现，向集邮者提供了他们需要的票品，对集邮者的收集、研究活动起到重要的保障作用。

二、著名的中外邮商

1912—1927 年，除李辉堂、朱世杰、徐子珊、魏叔彝仍在业邮外，还涌现了另一批有为的邮商，以陈复祥、张景盂、卢赋梅、施秉章等为代表。他们不仅从事邮票买卖，为集邮者调剂余缺，还刻苦钻研邮学，努力宣传集邮，普及集邮知识，积极参加和赞助集邮组织的活动，为扩大集邮队伍、促进各地的集邮活动做出了贡献。

1. 中国著名邮商

李辉堂（1869—1943），广东四会人。他在《ROSSICA》（远东版）第 41 期的广告中声称业邮始于 1889 年。李辉堂于 20 世纪初弃职专营邮业，成为中国最早的邮商。他称：“余之从事邮票买卖，初非恒业，后以市于余者日益众，不遑兼顾，乃舍向所操作而一意经营之。盛年鉴于欧美邮业之隆、规模之伟，颇有雄心而力不逮。”李辉堂的两个徒弟冯荣龄与庄梁立也随师改行业邮，分别在上海四川路宁波路口、虹口路设店，从事邮票生意。

李辉堂为人忠直，经手的邮票珍品多不可计，但自己很少保留，曾委托鲁意师摩洋行拍卖其藏品。1898—1902 年，清一次、二次有水印和无水印蟠龙邮票发行时，他托在邮政局任售票员的朱世杰留意漏齿等变体邮票，还托在美客邮局中的朋友留意变体邮票，曾获得 2 元复盖票 1 全张计 50 枚，不惜以低价转手售予集邮者。1922 年，绵嘉义的中国邮集在鲁意师摩洋行拍卖，李辉堂拍得红印花小字当 1 元新票 1 枚，万寿大样票 3 枚。这枚“小 1 元”后归霍雪侯所有，而 3 枚万寿样票则收入周今觉邮集。1927 年，袁寒云购得名贵的布许邮集，就是由李辉堂从中介绍成交的。袁在其日记中曾多次提及：“二月十九日，李辉堂来邀过布许家观邮券。”“三月初五日，李辉堂来，邀至布许处观邮券，有佳品甚多，索值四千元，署约而返。”“五月十四日，雨中偕辉堂访布许，商邮集事。予先返，辉堂、布许携邮册继至，遂以册

李辉堂

《申报》登载的李辉堂邮票拍卖广告

归予，值四千金，珍券累累：最罕贵者有汉口、南京临时中立用过者全七八枚。福州中立欠资全六枚。二元宫门倒印、四分暂作三分倒盖、海关加盖四分及一角棕色两倒盖、伦敦加盖四分倒盖等品，或久已名著，或未见谱录，皆希世品也……”

作为第二任中国邮商公会主席，李辉堂还热心参加邮会活动。他早年参加了上海邮票会，被选为中国籍董事；1922 年神州邮票会成立，他被推选为审核员；后中华邮票会成立，任评议员、拍卖部主任、董事等职；1930 年入新光邮票会。他曾撰写邮文，发表于中国早期邮刊。

朱世杰对中国邮票有研究，曾编辑《中国集邮图谱》，于 1926 年初版发行。这是第一本由中国人编辑出版的中国邮票专用贴册，横式 16 开，36 面，印有中国邮票及各商埠邮票图案及中、英文说明；1928 年曾增订再版，增至 96 面，更受集邮者欢迎。该图谱长期被中国集邮者使用。

魏叔彝颇善经营，1914 年率先在福州展览会上陈展中外邮票。1929 年又登堂入室，将其开办的世界邮票社的邮票陈列于福建美术展的展室中。他还与集邮界打成一片。1925 年福州基督教青年会集邮社团成立，魏叔彝任副团长；后又担任福州市邮票研究会常务理事兼会员部主任；他还是新光邮票会（40 号）、北京邮票交换会（45 号）、萁郎邮票会（315 号）及甲戌邮票会（129 号）等多个早期邮会的会员；当地邮刊《邮椿杌》《绿榕邮刊》均见其发表邮文。

魏叔彝（？—1953），本名魏德铭，福建福州人。1909 年开始业邮，20 世纪 10 年代为福州邮票兑换所店主，20 世纪 20 年代承继世界邮票社，先后易址大中寺、觉民铺、道山路、花园路。1914 年 7 月，在福州举办的福建展览会上举办的邮票展览，其展品的提供者之一就是魏叔彝，他为中国首次举办的邮票展览做出了突出贡献。

世界邮票社的经营对象主要是中小学生和初集邮者，魏叔彝对之循循善诱，施秉章即为受益者之一。世界邮票社中外邮票兼营，以门市销售为主，《新光》《甲戌邮刊》《绿榕邮刊》也见其刊登广告，还编印过卖品目录。1920 年 12 月 1 日—1921 年 10 月 10 日“帆船附加赈捐邮票”行用期间，他曾批量制作西式贴票实寄封 314

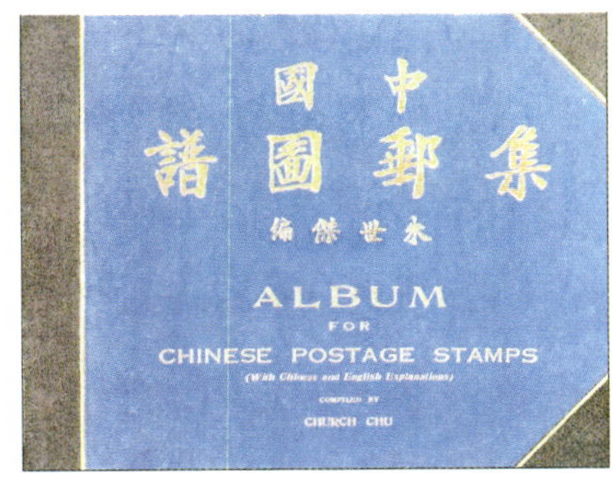

《中国集邮图谱》

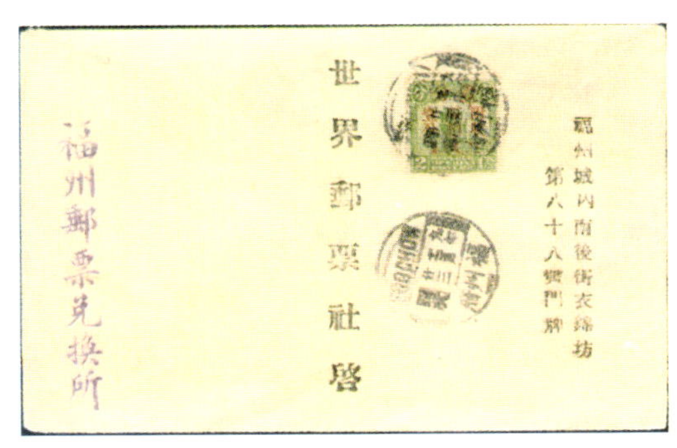

福州邮票兑换所实寄封

世界邮票社卖品目录

枚，供集邮者收藏。世界邮票社于 1949 年前后停业。

张景孟（1893—1945），江苏吴县人，初为小学教员，20 岁即爱上集邮，所集世界邮票曾参加常州邮展及新光邮票会上海大新公司邮展。1915 年，他在苏州开办了五洲邮票社，为早期国内邮商中经营有道而规模备具者的先锋。

张景孟注意宣传邮票知识，买卖邮票遵守信用，许多集邮家都愿与之交往。他多次在上海《申报》《新闻报》刊登广告，为各地集邮者函购邮票提供方便。张景孟 1925 年加入中华邮票会，后来凡有新的邮会成立，他都积极参加。他在印发卖品目录的同时，还编印宣传集邮的小册子，传播集邮知识。他于 1927 年编印的《集邮须知》是我国最早的集邮普及读物之一，后来曾多次再版。他还编印过《邮苑珍闻》《标准中西地名对照表》等读物。

张景孟积极为邮刊撰稿，他在《集邮之乐趣》一文中写道："搜集邮票最有趣味，因其富于美育性质，易动人好，故欧美人士竞喜集之。以作遣兴消愁之助，兼收参证观摩之益。近则此风东渐，我国集邮同志亦日臻发达，可见审美观念，尽人所同也。""集邮之趣，人初不知，殊不知此事为最文雅、最高尚之娱乐，断不可以儿戏视之集邮之事，与文化、史学、艺术等均有密切之关系，故较之好骨董者，更饶兴趣，且不必耗巨额之金钱，已可获得种种学问上之利益，不若古玩之定须重价搜求，而徒供滥赏已也。"该社的售品目录为铅印，分类排序，不定期发行。在售品目录中，还有介绍集邮的意义、发行国的历史地理、邮票故事等内容。该社于全面抗战爆发后迁往上海继续营业，后由长子张心华承继，父子两代经营时间长达半个多世纪。

张景孟

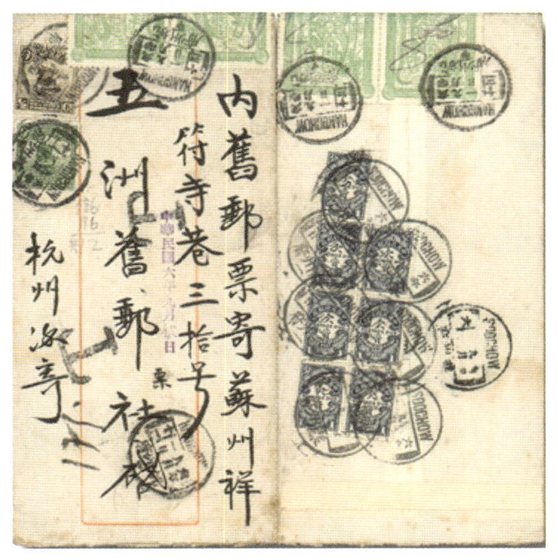

杭州寄五洲邮票社封

古舊郵票

本公司專營買賣各國新舊郵票不事鼓吹以信義為本為中國最穩實之郵票公司袋類每五十種不同樣者僅售大洋二角一百種不同樣者備售大洋一元皆國內罕見之票無一平常又大小套類每套自二角至十元不等外埠欲選賺者請寄信金一元當以倍值之郵票奉上選賺也〇上海北四川路字Y五十一號中華郵票公司啓

《申报》登载的中华邮票公司广告

陈复祥集藏有大龙、小龙、万寿、红印花、商埠票及商埠戳、海关邮戳等邮集，其收藏之丰、研究之深，令人敬佩。1922年，陈复祥在上海北四川路开办中华邮票公司。1926年3月，他在《邮乘》上刊登过如下广告："中国最大之邮票供给所，诸君欲集邮之先，不可不到敝处一问，能使诸君省费而满意，能使诸君于一年之内集成高等之邮集，比直接向外国收集者尤为价廉。……敝处常年备有选票簿一百余种，随时可以寄上（但初次交易者须略寄信用金），如欲配购各票，请将名目开示，即当代配，原班回信不误。上海文监师路1256号陈复祥启。"

1922年12月，陈复祥以银220两在上海鲁意师摩洋行拍得"红印花小字当1元邮票"，后转售给周今觉。陈复祥还从费拉尔遗集中购得大量华邮珍品，以供应中国集邮家。他有丰富经验，研究至深，对伪假邮品能做出正确判断，经他鉴定者，均加盖"F. Z. CHUN"保真戳，得到了国际承认。1935年，陈复祥将20余套木戳加盖的"航空"邮票卖给美国邮商萨纳尔亚（Sarabria），总成交价达4800多美元，相当于当时邮市8枚红印花小字当1元邮票的售价。这是陈复祥邮票买卖生涯中可圈可点的大笔交易。1923年1月，陈复祥与张承惠合编《邮票月刊》，由中华邮票公司出版发行。1926年4月，陈复祥与卢赋梅合编的《中国邮票汇编》，由苏州卢义思邮票公司出版。

施秉章开办的北京环球邮票社不但经营门市买卖，还兼营通信批发，天津、上海等地都有邮商向他批购外国低档的成套票或小套票。20世纪20年代末，北京邮市清淡，环球邮票社也生意萧条。为节省开支，施秉章于1930年关了门店，迁到贾家胡同自己家中营业。1937年年初，他又将环球邮票社迁到天津法租界天祥市场楼下，租赁摊位营业，尽力为邮人服务，受到邮人称赞。1939年天津洪水为患，门店被淹又遭窃，遂被迫返京，此后生意欠佳。

2. 在华外籍邮商

在华外籍邮商以上海的居早、居多，代表者有品斯、薛多尔、巴巴多泊罗等。

品斯（Charles Pinns 1861—1923），英国人，曾为上海屈臣氏汽水公司经理，兼营邮业。第一次世界大战时欧美市场萧条，他趁机以全力向欧美各大邮票公司购进很多华邮，使红印花、大龙等众多珍贵华邮回流中国。之后，他曾主持上海鲁意师摩拍卖行的邮票拍卖业务多年。品斯也是上海邮票会的骨干，在1920年的年会上与德铿、施开甲、薛多尔等6人当选为该会投票委员会成员，稍后又当选为书记。品斯其人颇重邮德，民初曾经手“临时中立”票，发现伪加盖后，即将所余之品完全销毁。品斯1923年病故于上海，遗集由其家属携归，售于英伦。

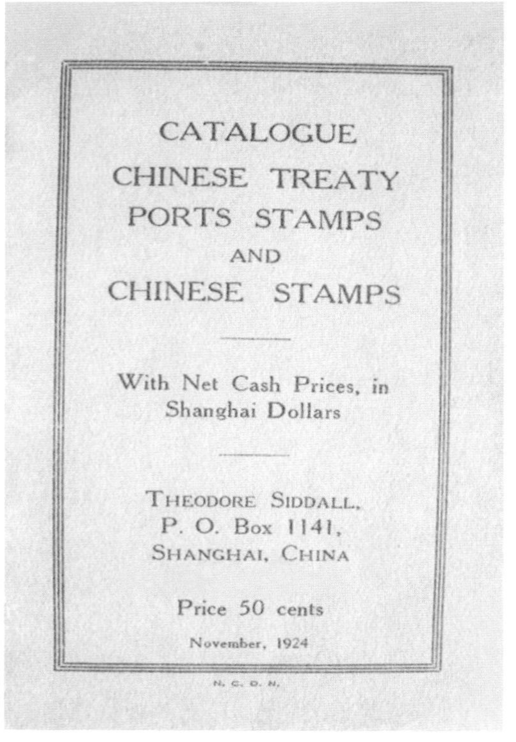
CATALOGUE
CHINESE TREATY
PORTS STAMPS
AND
CHINESE STAMPS

With Net Cash Prices, in
Shanghai Dollars

THEODORE SIDDALL,
P. O. Box 1141,
SHANGHAI, CHINA

Price 50 cents
November, 1924

《中国邮票目录》英文版

薛多尔（Theodore Siddall），美国人。他年轻时来华，1910年起在沪经营邮票买卖。其存票丰富，邮识甚高。1920年，薛多尔创办售品邮刊《Stamp Topics》。1924年，他曾编印过一册英文版的中国邮票目录，并三易其版，其内容详尽。书后并附商埠票，标有邮票价格，也不失翔实。当时收集中国邮票而又略懂英文的人，几乎人手一册。薛多尔曾于1926年12月在《邮乘》刊登广告，“分类选票簿，有每票一分、二分、三分、五分、一角五种。如一分簿，其中皆每枚一分之票有一千五百种不同样，在美国目录中只有四百余种。其价低至美金一分者，而余则只取英洋一分，有许多值美金八分之票，亦标一分之价，其廉极矣。又华邮贵票，亦有多数出售，且愿出价买进。上海昆山花园街15号薛多尔启。”薛多尔曾任上海邮票会理事，1926年加入中华邮票会，1930年后在沪薛华立路103号之20号开办邮票公司（Allstates Stamp Co.）继续营业。当时邮市行情低落，生意不佳，薛多尔郁郁不得志，于上海去世。

巴巴多泊罗（Stephen A. Pappadopulo），希腊人。从1920年起，巴巴多泊罗夫妇俩在沪经营司蒂芬邮票公司（STEPHENS STAMP CO.），店址先后设在文监师路142号、101号，拔亚士大厦3楼68号、429楼3号、静安寺路934号麦特赫司脱大厦。1929年7月，巴巴多泊罗在《邮乘》刊登广告如下：“本公司于远东及各国邮票有极丰富之存储，并出售各项邮具、邮册、胶纸、票钳、放大镜等，种类极多，并可代向外洋定购。华邮、客邮、商埠票等皆贴有选票簿，任客选取，定价低廉，并可代配各种全部邮集。此次上海广州间第一次飞行信封，本公司有三戳俱备者，廉价出售。本公司主人自漫游欧陆归来，所得华邮珍品极多。以供高等集邮家之选择，并愿以高价收买各种邮票及大部邮集，欢迎面洽。”巴巴多泊罗编有《中国及商埠邮票目录》，以薛氏目录为蓝本，1929—1935年间三易其版。巴巴多泊罗先后加入上海邮票会、中华邮票会、北京邮票交换会和旅华俄国邮票会，并主持邮会拍卖多年。

身处北方的外籍邮商大多活动在天津和哈尔滨，以天津的苏尔芝和哈尔滨的耶路史味趣为早期代表。

苏尔芝（Franz Scholz），德国侨民，1900年前后来华，并在天津开设利生洋行，早期常使用清末印制的风景明信片及清二次蟠龙单片加印洋行广告。袁寒云1926年在其《说邮》（三）中记载：“沽上德意志侨商苏尔芝Scholz者，客华廿余年，有集邮癖，盖藏以中立全套及俄罗斯客邮为最。中立诸券，乃当时丐福州、汉口邮局中友人，为易得者，完好精美，无与伦比。且曾携归彼邦，以数十金马克，乞某大公司加钤真赏小印于券背，字若蚁脚，以显微镜瞩之始辨。予以友人张子维廉及解泽霖之介，斥千金易之，国邮至宝，重归故邦，予不仅以得宝自喜也，厥品真者绝尠，昔今觉详论之矣。”

《中国及商埠邮票目录》

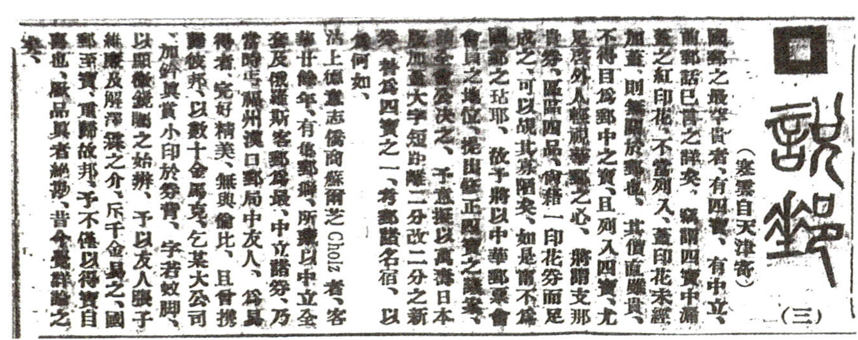
說郵（三）

（寒雲自天津寄）

國郵之最爲貴者，有四寶、有中立、前郵話已言之詳矣，所謂四寶中滿蓋之紅印花，不當列入，蓋印花未經加蓋，則無關於郵也，其價值雖貴，不得目爲郵中之寶，且列入四寶，尤[illegible]券、區區四品，何藉一印花券而足成之，可以覘其寡陋矣，如是尚不爲國郵之玷耶，故予將以中華郵票會會員之地位，提出修正四寶之議案，請全會公決之，予意擬以萬壽日本版加蓋大字短距離二分改二分之新券，替爲四寶之一，考郵諸名宿，以爲何如、

沽上德意志僑商蘇爾芝Cholz者，客華廿餘年，有集郵癖，所藏以中立全套及俄羅斯客郵爲最，中立諸券，乃當時丐福州漢口郵局中友人，爲其得者，完好精美，無與倫比，且曾携歸彼邦，以數十金馬克，乞某大公司加鈐真賞小印於券背，字若蚊脚，以顯微鏡矚之始辨，予以友人張子維廉及解澤霖之介，斥千金易之，國郵至寶，重歸故邦，予不僅以得寶自喜也，厥品真者絶尠，昔今覺詳論之矣、

袁寒云谈苏尔芝

结　语

1912—1927 年，是中国集邮兴起和发展的一个时期。其主要标志是，中国集邮者成立了自己的集邮组织，以中华、新光两大邮票会为代表，中国集邮进入有组织的发展时期；邮票的集藏与研究范围进一步拓展；邮票展览开始在各地举办；中国集邮界涌现出一批收藏丰富、邮识精深的集邮家。

这一时期，中国集邮活动形成以上海为中心，由沿海城市逐步向内地城市发展的格局。集邮人数明显增加，集邮群体接连出现。在收集华邮珍品、研究邮学、撰写集邮著述、普及集邮知识和组织邮会活动等方面，探索了中国集邮之路的方向，为中国集邮的初创与兴起奠定了较好的基础。

由于集邮活动繁荣，还造就一批著名邮商。他们邮识精深，善于辨伪、精于交易、致力于宣传普及集邮。邮商行业组织的成立，对于规范邮商经营和推进中国集邮的发展进程，起到了积极作用。

中国集邮者在与国际集邮界的交往中，以周今觉为代表的集邮家积极参与国际邮坛活动，并从外国人手中购回华邮珍品；为维护中国邮票的声誉和国际地位，勇于同国际邮展中出现的轻视中国邮品的现象进行斗争，体现出中国集邮者的爱国精神。

第三章　土地革命战争时期的集邮活动

（1927—1937）

概　述

土地革命战争是中国共产党领导中国革命武装和中国人民为反对国民党反动统治，废除封建土地制度，建立工农民主政权而进行的革命战争。土地革命战争时期，中国工农红军在中国共产党的领导下，从无到有，从小到大，走过了极其艰难曲折的道路。

土地革命战争时期，由中国共产党领导的红色区域建立了中华苏维埃政权和中央苏区，简称“苏区”。面对国民党当局的多次“围剿”，苏区人民和红军战士与其展开浴血抗争。在苏区普遍创办了赤色邮政。赤色邮政是土地革命战争时期，中国共产党为适应军事斗争的需要，以服务战争为主要目的邮政组织，它担负着苏区党政军民的信件、包裹、文件、书报刊的传递任务。在捍卫中华苏维埃政权和中央苏区的生存、发展过程中，赤色邮政发挥了重要的作用。

这一时期，各地建立的赤色邮政共发行了 8 套 13 种邮票。由苏区邮政发行的邮票，分为“赤色邮政邮票”和“苏维埃邮政邮票”，简称“苏区邮票”，集邮界通常称为“区票”。这些邮票为红军指战员和苏区民众的邮件传递起到重要作用，保存下来的邮票十分珍罕，成为见证红色政权艰苦卓绝斗争历史的文物。

1932 年 5 月 1 日，中华苏维埃共和国邮政总局成立。1932 年 5 月—1934 年 10 月，中华苏维埃邮政总局在中央苏区共发行了 2 套 19 枚邮票；湘赣、闽浙赣苏维埃邮政共发行了 2 套 6 枚苏维埃邮票；西北苏区邮政发行了 1 套 4 枚中华苏维埃邮票。

1935 年 10 月，中央红军（红一方面军）长征胜利到达陕北后，成立了陕甘宁苏维埃政府，并设立苏维埃邮政分局。1936 年底西安事变之后，抗日民族统一战线初步形成。1937 年 5 月中国共产党将陕甘宁苏区改名为陕甘宁特区，中华苏维埃邮政管理局改称陕甘宁特区邮政管理局。

这一时期，国内其他地区的中华邮政及邮票发行也发生了变化。1931 年 9 月，中华邮政结束由外籍人员控制中国邮政最高管理权的局面；1934 年，交通部严令取缔各地民营信局，中华邮政掌握了全国邮政的专营权。

中华邮政在这一时期发行了普通邮票 4 套 32 枚、纪念邮票 7 套 28 枚、欠资邮票 1 套 8 枚、航空邮票 2 套 15 枚。此外，还发行了限新疆、云南、吉黑地区、四川等地方贴用的多套邮票，反映出当时国内的混乱局面。这些邮票不仅满足了当时人们的通信需求，也成为集邮者的收藏对象。

这一时期，国内的集邮组织得到进一步发展，主要体现在票品研究、集邮宣传、集邮展览等方面水平的提高，邮商经营趋于理性和正规化，使中国集邮活动出现了一个小的高潮。

第一节　土地革命战争时期邮政及邮票发行状况

1927 年大革命失败后，中国共产党独立高举革命旗帜，领导中国人民的反帝反封建斗争进入土地革命战争时期。党创建发展了红军和革命根据地，逐步开辟了农村包围城市、武装夺取政权的道路。在此期间，井冈山革命根据地的通信系统也开始建立，逐步发展成为赤色邮政，并发行邮票。1931 年，中华苏维埃共和国在江西瑞金建立，随后中华苏维埃共和国邮政建立，并发行邮票。

这一时期，国民党统治区的中华邮政艰难维持。特别是 1931 年九一八事变后，中华邮政在沦陷区举步维艰。为了保障通信畅通，邮政员工不畏艰险、坚守岗位。此时期中华邮政发行了多套邮票。

一、赤色邮政的建立及邮票发行

赤色邮政是土地革命战争时期，中国共产党领导的红色政权为适应革命斗争的需要，建立起来的邮政机构，在各根据地内部及根据地之间起着通信联络和传递军情的重要作用，为红军在对敌斗争中的统一行动和战斗的胜利提供了信息保障。赤色邮政在严酷的白色恐怖中，以其特殊的方式，宣传了红军和苏区，反映出中国革命艰苦卓绝的历程。

1. 赤色邮政的建立

中国工农红军在中国共产党的领导下，于 1927 年首先开辟了井冈山革命根据地。在极其艰苦的条件下，为了通信的需要，根据地创立了一种叫“步递哨”的通信组织。其通信方法是由党组织指定部分群众，负责一村传一村，一站传一站地把各村连成一个通信网。后来，为了适应“反围剿”斗争的需要，又将这种群众性的“步递哨”发展成“传山哨”。传山哨也是群众性通信组织，以农村赤卫队为基础，指定若干哨员，每个哨员有一定的哨点，平时在山头放哨，若发现敌情，就用信号将敌人的人数、武器种类和数量、行动方向等传给邻村。

此外，根据地还在国民党统治的部分地区设立了地下交通站，来往传递信息，护送干部转移和运送物资。

1927 年 11 月，井冈山革命根据地建立了赤色邮局。毛泽东同志率领中国工农革命军占领宁冈县龙头镇后，将原来的邮局改造成了赤色邮局。当时的赤色邮局虽然设有固定的邮戳，可以进行小范围的通信活动，但相关制度还缺乏规范。1928 年 5 月，湘赣边区工农民主政府成立，才正式设立赤色邮政湘赣总局，并颁布了《赤色邮政暂行章程》。赤色邮政除了完成革命政权与部队的通信任务外，还免费为干部和战士传送家信。

在赤色邮政的建立过程中，红军对中华邮政采取了利用和保护的政策，苏维埃邮政与中华邮政成为两个并存的邮政系统。1929 年 3 月，红军占领了当时称汀州的长汀县，福建省的中华邮政邮局对外承认：“红军下令保护邮局，因而邮局一切公款和邮票都保存下来。”随后，汀州的中华邮政局成了苏区与国统区通信的交换局。红四

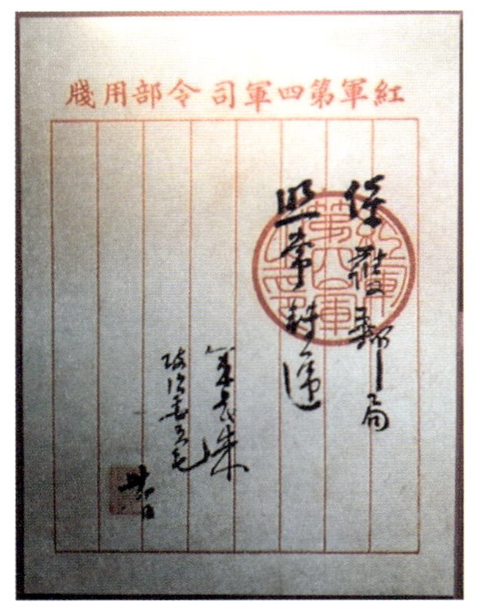
紅軍第四軍司令部用箋

保護郵局
照常轉遞

軍長朱
政治委員毛

红四军“保护邮局，照常转递”命令

赣西南赤色邮政总局在江西吉安成立

军军长朱德、政治委员毛泽东于1929年12月在上杭县古田乡签署了“保护邮局，照常转递”的命令。

1930年3月26日，赣西苏维埃政府改为赣西南苏维埃政府。与此同时，第一个赤色邮政管理机构——赣西南赤色邮政总局在江西吉安富田成立。总局的成立，标志着赤色邮政由小到大，由分散到集中，建立了从上到下比较完善的邮政通信体系，进入集中统一领导和管理的新时期，为建立赤色邮票发行体系奠定了坚实的基础。

赣西南赤色邮政总局于1931年5月转移到江西永丰龙冈，改为江西省赤色邮务总局。1932年5月1日，中华苏维埃共和国邮政总局成立后，江西省赤色邮务总局又改称江西省邮政管理局，并入了苏维埃邮政管理体系。

1930年3月，闽西第一届工农兵代表大会在龙岩召开，成立了闽西苏维埃政府，通过了《闽西第一届工农兵代表会议宣言及决议》。根据决议精神，闽西交通总局随后在龙岩成立，形成了较健全的邮政组织体系。

1930年8月，赣东北赤色邮政总局在江西弋阳芳家墩成立。因战争形势紧迫，该局曾多次迁址，1931年改名为赣东北省赤色邮政总局。

1931年8月，由王首道、甘泗淇等同志在江西永新县组成了中共湘赣边临时省委和省苏维埃政府，并在该县禾川镇建立了中华赤色邮政湘赣边省总局。

湘鄂西省是土地革命时期革命根据地之一，它地跨湖南、湖北两省的西部边界地区。湘鄂西省的范围，是以洪湖为中心，位于长江、汉水之间，管辖湖南、湖北西部边界和巴东、兴山、秭归、襄阳、枣阳、宣城等根据地，共设30余个县。该地区是由贺龙、周逸群、邓中夏等率领的红二军团活动的主要根据地。1930年4月，鄂西苏维埃五县联县政府成立时，就创建了鄂

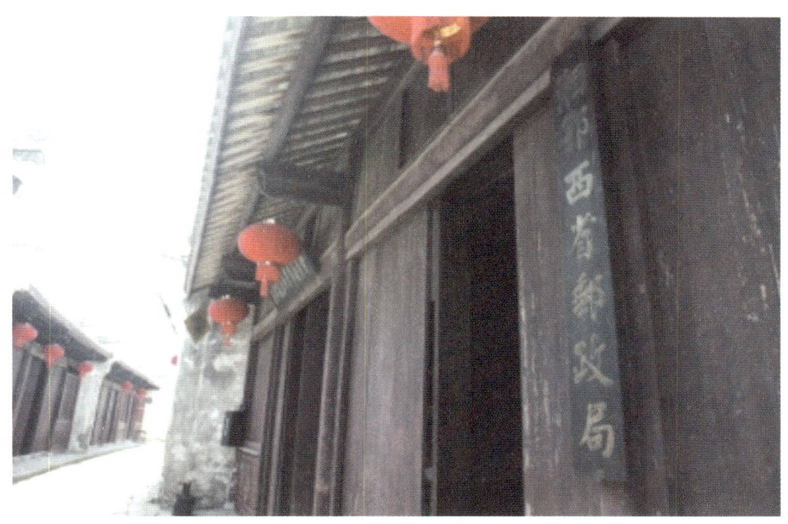

湖北洪湖瞿家湾镇湘鄂西省邮政局旧址

西赤色邮务总局。1931 年 12 月改为湘鄂西省赤色邮务总局，并发行了一套赤色邮票。

2. 赤色邮票的发行

赤色邮政建立后，各邮政机构先后发行了多种赤色邮票，这些邮票的虽然图案简单、印刷粗糙，但它们除了自身邮资凭证的价值外还有流通价值，在某些地区与货币等同使用。它们还是中华苏维埃共和国的名片，通过各种渠道流入国统区，流向国外，成为外国了解中国革命的窗口。这些画有红星、红旗、镰刀、斧头、战士冲锋、生产斗争等图案的邮票与邮戳一起成为宣传中国革命的载体。

赣西南赤色邮政总局于 1930 年的五六月间发行了第一套邮票。据档案记载，这套邮票为方形，盖以红朱色的略似图记，四周及中央绘有星形，上有“赤色邮政”字样，其面值除 1 分外，还有另外几种。在十分艰苦的条件下，多年来一直没有实物面世。

1930 年 10 月，赣西南赤色邮政总局又发行了第二套赣西南赤色邮票，全套共 3 枚。面值和刷色分别为 1 分蓝色、3 分黄绿色、8 分蓝色。邮票主图案为“8”字形花框内直列“赣西南赤色邮政”字样，上端左右两角圆框内为中文面值；1 分邮票下端左右两角圆框内均为“1”字，3 分邮票下端左右两角圆框内均为“3”字，8 分邮票下端左右两角圆框内则分别印有“邮”“票”二字；邮票图幅约为 24 毫米 ×19.5 毫米，无齿孔，白纸，以石版印刷。当时，这套邮票仅在赣西南苏区的 30 多个县流通使用。目前所发现的这套邮票，均为贴在实寄封上的旧票。这些邮票共发现了 21 枚，分别贴在 14 个实寄封上，其中贴有 1 分邮票的实寄封仅发现 1 个，上面贴有 2 枚 1 分邮票；贴有 3 分邮票的实寄封发现了 6 个，上面各贴 1 枚 3 分邮票；贴有 8 分邮票的实寄封发现了 7 个，有 6 个实寄封上各贴有 2 枚 8 分邮票，另一个封上只贴有 1

赣西南赤色邮票

枚8分邮票。这些实寄封，分别藏于中国邮政邮票博物馆和个别集邮家手中。

闽西赤色邮政1930年起先后两次发行过赤色邮票。第一次发行于1930年10月，全套2枚，铭记为“闽西交通总局赤色邮政”，图案由镰刀、铁锤和五角星组成，面值为铜圆2片（黄棕色）、4片（棕色），以石版印刷，无齿孔，由龙岩东碧斋印书馆印制，设计者为闽西苏维埃政府机关报《红报》的美术编辑张廷竹。他在一间临街阁楼埋头苦干几天，将图稿设计完成。

1931年1月，闽西赤色邮政发行了第二套赤色邮票，全套1枚，铭记为“闽西交通局赤色邮花”，图案仍由镰刀、铁锤和五角星组成，绿色，面值为铜圆4片，以石版印刷，无齿孔。

当时的福建省国民党当局邮务管理局英文《月报》称：“内地邮局收到的从共产党官员寄来的文件上，都有镰刀与斧头的标记，外面用五星围着，他们自称是苏维埃。”

赣东北赤色邮政总局自1930年9月至1931年11月，先后两次发行邮票。第一次于1930年9月发行了赣东北《江西东北邮政》邮票，邮票上方弧形框内的铭记为“江西东北邮政”，主图为镰刀、斧头，上下有花卉，已知有1分、2分两种面值，刷色为红色，以石版印刷，无齿孔；第二次于1931年11月发行了赣东北“赤色邮政”邮票，主图为嘉禾（花卉），弧形框内横列铭记“赤色邮政”，无省名标记，面值2分，红色，以石版印刷，无齿孔。这两组邮票保存下来的十分罕见。

中华赤色邮政湘赣边省总局于1931年9月发行了《湘赣边省赤色邮票》，全套3枚，面值分别为1分（灰蓝）、2分（蓝绿）、8分（蓝）。该邮票呈横长方形，图案正中为五角星，内有镰刀和铁锤，五角星左右2个圆圈横内分列中文面值，五角星上端为“湘赣边省”铭记，下端印有“赤色邮票”，图幅为23毫米×19.5毫米，以石版印刷，无齿孔。此票面值的币制为湘赣苏维埃银币券。这套邮票中的8分票有薄纸和厚白纸2种，存世量不超过10枚，十分珍贵，

闽西赤色邮花

赣东北赤色邮票

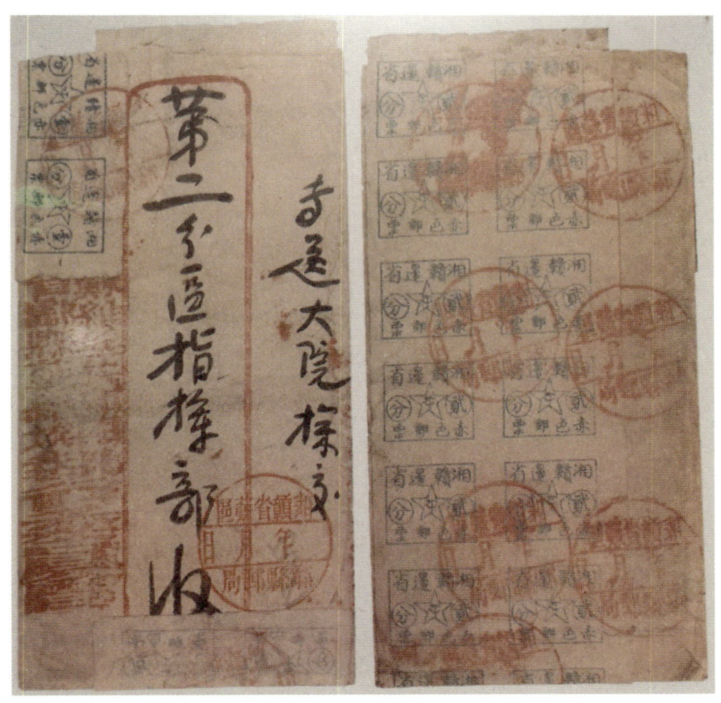
贴 16 枚湘赣边省赤色邮票的酃县苏维埃执委会实寄封

也是珍贵的革命历史文物。

江西省赤色邮务总局于 1931 年年底发行了《江西赤色邮票》半分、3 分、8 分等几种面值的邮票和面值 1 分、2 分、5 分的欠资邮票。这些邮票由江西兴国印刷厂印制，在江西省苏维埃政府所辖的 30 个县内使用。至 1932 年 5 月，使用期总共不到半年的时间。由于根据地一直处在异常艰难的战争环境下，因此该邮票的实物仅发现 1 枚 1 分面值票。

1931 年 10 月，湘鄂西省赤色邮务总局发行了一套湘鄂西省赤色邮票，共有 1 枚。该邮票的图案是地球上飘扬着一面旗帜，旗帜上有小五星和镰刀锤头，地球图上还有“湘鄂西省赤色邮务总局”铭记。此种邮票面值 1 角，分黄、红两种，白纸，石印，图幅 24 毫米 ×22 毫米，无齿孔，币值为湘鄂西苏维埃银币券。

湘鄂西省赤色邮票

二、中华苏维埃共和国邮政成立及邮票发行

1930 年 3—10 月，赣西南和闽西苏区先后建立和健全了赤色邮政机构，制定章程，发行了赤色邮政邮票，但章程内容各

瑞金中华苏维埃共和国邮政总局旧址

不相同，组织机构也不统一，加上两地间币值上的差异，造成一些矛盾和工作上的失误。因此，建立统一的中央苏区邮政迫在眉睫。

1. 中华苏维埃共和国邮政成立

为了统一领导中央苏区邮政业务的开展，中华苏维埃政府在1932年1月开始整顿中央苏区的邮政工作，筹备印制统一的邮票，建立和完善邮政组织机构。4月24日，中央内务部在瑞金召开了闽、赣两省县邮政局以上交通负责人联席会议。经过3天的充分酝酿和讨论，确定了对中央苏区邮政机构的整顿和管理办法。在此前后，中央内务部发布了由代部长何叔衡签发的《关于统一苏维埃邮政问题》的第一号布告和《整理苏维埃邮政统一组织统一办法》的训令。布告和训令均指出："为了统一中央苏区邮政，决定：（1）从5月1日起，建立中央邮政总局和在各省设立邮政管理局，各县和各交通要道分设甲乙两种邮局，非交通要道设立邮政分局及邮政代办所，原闽、赣两省所设的赤色邮政局按章更名；（2）制定邮件寄费新章程和新邮票4种，自5月1日起实施和发行，原闽赣两省所定的章程和邮票宣布取消；（3）今后凡机关和个人投递的邮件一律按章贴足邮票，否则加倍罚款；（4）对窃盖红军免费印记的信件，一经查出，加倍处罚。"

上述布告和训令颁发后，在闽赣两省苏区得到迅速贯彻执行。5月1日，中华苏维埃共和国邮政总局正式成立，局址设在瑞金叶坪的中石村。与此同时，原福建省总交通局和江西省赤色邮务总局分别改名为福建省邮政管理局和江西省邮政管理局。在中央苏区内开始发行的苏维埃邮政邮票，按规定其币值一律以大洋为计算单位，这样就解决了闽、赣两省长期因币值差异而存在的矛盾，奠定了中央苏区邮政统一的

苏维埃邮政邮票

基础。

2. 苏维埃邮票发行

1932 年 5 月至 1934 年 10 月，中华苏维埃共和国邮政总局在中央苏区共发行了 9 种 15 枚不同面值的邮票。这些邮票可以分为有资邮票和欠资邮票。票面都标有“苏维埃邮政”字样，统称为苏维埃邮政邮票。邮票上苏维埃的“苏”字共有“蘇”“苏”“苿”3 种不同写法。有资邮票图案分为“球旗图”“工农图”“红军战士图”“战士军旗图”“苏维埃旗帜图”“战士冲锋图”“指挥图”“行军图”。

中华苏维埃邮政总局发行的邮票，在各苏区流通使用，但使用时间并不长，到 1934 年 10 月，中央红军实施战略转移，开始长征，中央根据地丢失后就不使用了。如今这些邮票保留下来的极为稀少，特别是 3 角面值票更为罕见。

1932 年 5 月至 1934 年 10 月，中华苏维埃邮政总局在中央苏区发行了两类邮票：一是有资邮票，有 12 枚 7 种面值；二是欠资邮票，有 3 枚 2 种面值。这些邮票的票面都标有“苏维埃邮政”，故统称苏维埃邮政邮票。这些邮票均无齿孔、无背胶，在瑞金采用石版印制。

中华苏维埃邮政发行的“红军战士”等邮票，是由黄亚光设计的。黄亚光青年时期就读于日本，攻读农科，同时学习美术和书法。参加革命后，他在队伍中从事美术设计工作。据他回忆：1931 年 5 月，毛泽民同志让我负责钞票和邮票的设计。那时的条件十分艰苦，没有绘图文具，毛泽民同志就找来圆规，我用圆规勉强画出邮票的底稿。此后，这套邮票采用石版印刷。黄亚光设计过这套邮票半分、1 分、3 分、5 分等几种面值票。

1990 年，由黄亚光设计的中华苏维埃邮政“红军战士”邮票，以票中票形式出现在中国邮政发行的 J.169《中国人民革命战争时期邮票发行六十周年》纪念邮票第 2 枚票图上。

黄亚光（1901—1993），福建省长汀县人，1927 年加入中国共产党，1930 年 10 月—1931 年 12 月任中共汀连县委宣传

黄亚光

部部长，后任中华苏维埃共和国临时中央政府总务厅文书、出版处处长，中华苏维埃共和国国家银行调查处处长等职。他曾设计过中华苏维埃共和国国家银行的纸币。1934年10月，黄亚光参加长征。到达陕北后，任中华苏维埃共和国临时中央政府西北办事处财政部主任秘书。新中国成立后，黄亚光在担任银行领导工作时，积极参加人民币的规划、自制及发行等工作，为国家的金融事业再做贡献。

苏维埃邮政邮票的发行和使用跨越了土地革命战争的中后期，是中国共产党领导的红色政权为创立人民邮政事业而留下的历史见证。

三、陕甘宁特区邮政建立及邮票发行

1935年10月，中央红军到达陕北与红十五军团胜利会师后，陕甘边和陕北两块革命根据地连成一片，形成了陕甘宁苏区。11月，在中华苏维埃共和国临时中央政府西北办事处领导下，西北邮政管理局在瓦窑堡建立。12月，西北邮政管理局颁布了邮政管理暂行章程，随后发行了中华苏维埃（西北）邮政邮票，为发展西北红色邮政奠定了基础。

1. 陕甘宁边区及特区邮政的建立

陕甘宁边区在1931年游击战争开始后，区以上的红色政权设专门担负通信责任的武装交通员，在农村的赤卫队中安排农村交通员，建立了农村通信网。后来，由于国民党加紧“围剿”，又建立了一种“传山哨”，即各个山头上用约定的暗号传递信号、情报的通信方式。

陕甘宁边区有正式的邮政通信机构，在1934—1935年间建立的交通站是苏维埃政权机关在县区以上交通干线上专设的通信机构，交通总站设在瓦窑堡。

1935年3月，陕北苏维埃政府在瓦窑堡成立，5月成立陕北苏维埃邮政总局，随即在绥德设立了全区第一个苏维埃邮政局，7月清涧设立了苏维埃邮政局。7月3日，陕北苏维埃邮政总局迁到永坪镇，辖有绥德、吴堡、清涧、横山等11个县苏维埃邮局。县邮政局局长由县政府秘书兼任，局内有三四名通讯员，也称交通员。随后，边区政府在靖边建立了通讯站，在定边成立了苏维埃邮政局。

1935年10月，陕甘宁苏维埃政府成立，11月，“中华苏维埃西北邮政管理局”在瓦窑堡成立。1936年7月，西北邮政管理局随中共中央迁往延安城内。总局成立时，只管辖陕北、陕甘两省和关中特区邮政局。1936年6月，陕甘宁省成立，辖有安边、定边等12个县以及神府特区（榆林、神木、府谷、葭县）。这些县均设有邮局，归西北邮政总局管辖。这一年，在神木贺

中华苏维埃西北邮政总局的收发窗口（1936 年）

家川成立通讯站，在府谷王家墩建立秘密交通联络站，属神木贺家川通讯站领导。

1937 年 3 月，陕甘宁苏区改名为“陕甘宁特区”，西北邮政总局也于 5 月改名为“陕甘宁特区邮政局”。9 月 6 日，根据国共两党的协议，陕甘宁特区政府改为“陕甘宁边区政府”，“陕甘宁特区邮政局”改名为“陕甘宁边区邮政局”。

2. 西北苏区和陕甘宁特区邮票

1935 年 12 月，中华苏维埃西北邮政管理局发行了一套中华苏维埃邮票，全套 4 枚，面值分别为半分、1 分、2 分、8 分。这套邮票采用木版和石版印刷，规格约为 21 毫米 ×20 毫米，由中华苏维埃西北办事处财政部印刷所印制。该套邮票的图案为“战士头像”“中国共产党党徽”“苏维埃旗帜”和“中华苏维埃”字样 4 种。

1936 年 12 月西安事变后，抗日民族统一战线初步形成。1937 年 5 月，中国共产党将陕甘宁苏区改名为陕甘宁特区，中华苏维埃邮政管理局改称陕甘宁特区邮政管理局，发行了铭记为“中华邮政”的邮票 3 枚，面值分别为半分、1 分、2 分。这套邮票以石版印制，采用了道林纸，无齿孔，图幅为 23 毫米 ×20 毫米，有两种版别。这套邮票是苏区发行的最后一套邮票，保存下来的极少。

这套邮票由黄亚光设计，他在林伯渠的领导下投入设计工作，其中“战士图”是在 1931 年设计的苏维埃邮票的基础上加以改进设计的。此图案与苏维埃邮政发行的“红军战士”邮票基本相同，只是去掉了党旗上的镰刀斧头。图案虽有修改，但大致相仿。改动最大的是将邮票铭记“苏维埃邮政”改为“中华邮政”。

第一版邮票全套共 3 枚，分别为朱红色半分“宣传图”、绿色 1 分“农耕图”、蓝色 2 分“战士图”。前后共发行过两个版次，分大字版和小字版，印刷厂家为延安中央印刷厂。

朱红色半分宣传图邮票，图幅为 23.5 毫米 ×20 毫米，无齿孔，主图为会议场面，上端有“中华邮政”铭记，其“华”字为繁体，“邮”字为简体。邮票四角的圆

中华苏维埃西北邮政管理局发行的中华苏维埃邮票

陕甘宁边区“中华邮政”农耕图 1 分邮票

圈内印有面值。

绿色 1 分“农耕图”邮票，图幅同为 23.5 毫米 ×20 毫米，无齿孔，构图与朱红色半分宣传图邮票相似，只是将边框上的双线条改为单线条，中间图案为农民和耕地，上端有“中华邮政”铭记，图案四角的圆圈内为面值。

绿色 2 分“战士图”邮票，图案为一位直立的红军战士，手持上刺刀的步枪，头戴军帽，身披子弹袋，打着绑腿。红军战士的背后，左侧为一颗从大地上升起放着光芒的五角星，右侧是一面飘扬的红旗，上端有“中华邮政”铭记，面值设置在邮票上部右、左两个圆圈内，为“贰”和“分”，图案下边两角无圆圈，不同于其他两枚邮票。

四、中华邮政艰难维持

1927 年土地革命战争开始后，中国共产党领导的革命军队与国民党反动派军队在江西展开武装斗争。在此期间，1931 年日本发动了九一八事变。意大利人巴立地奉命于危难之际，在东北沦陷后全权管理东北地区的中华邮政。鉴于当时中日两国还没有大规模开战，日本对抢夺邮政可能引起的万国邮联的干涉，还有所顾虑。因此中华邮政在东北得以继续存在。1932 年 3 月，伪满洲国建立后，在其所谓的“交通部”下设立有“邮务司”，由日本人任司长。伪满洲国宣布接管在东北的中华邮政后，一面开始发行自己的邮票，一面要求在邮件上加盖有伪年号“大同”的邮戳。东北地区的中华邮政对此予以抵制，因此而遭到日伪宪兵的骚扰。中华邮政无法在东北维持，无奈撤往后方。

随着战事的扩大，日寇入侵北平、河北等地。中华邮政力求实现“沦陷区不撤邮”的设想。国民政府交通部命令处于战区的各地邮局员工在战事结束后，即便所在城市沦陷，也应设法返回邮局继续营业。北平的古北口邮局地处战场的最前线，经常遭到日军飞机的轰炸。邮政员工只能白天到野外躲避，晚上在回到邮局办理业务。1933 年 3 月，古北口失守，邮局奉命撤往密云，不久密云也告失守，邮局又撤往顺义复工。

中华邮政除了在沦陷区勉强维持外，国民政府还在沦陷区开设秘密邮路，设立转运站，绕过战区传递情报和邮件。

1927 年至 1937 年，中华邮政发行了普通邮票 4 套 32 枚、纪念邮票 7 套 28 枚、欠资邮票 1 套 8 枚、航空邮票 2 套 15 枚。此外，还发行了限新疆、云南、吉黑地区、四川等地方贴用等多套邮票。由于这些邮票的发行状况十分复杂，给集邮者的收藏带来不便。

第二节　苏区邮票的流传与收藏

在土地革命战争时期，中国共产党领导的革命武装先后创建了湘赣、赣西南、闽西、赣东北、闽浙赣、鄂豫皖、湘鄂西、川陕、湘鄂川黔、陕甘等革命根据地。这些革命根据地为红色苏维埃区域，简称“苏区”，由苏区邮政发行的各类邮票被称作“苏区邮票”。这些邮票随着信函流传到各地，随即引起集邮者的关注和收藏热情。苏区邮票不仅是集邮者争相收集的对象，而且是各博物馆努力征集的对象，作为珍贵的馆藏品和爱国主义教育的生动教材。

一、集邮家对苏区邮票的收集

据不完全统计，从1930—1937年，在中国共产党领导下的红色区域，先后发行的赤色邮票、苏维埃邮票有15套40多种。这些苏区邮票由于发行数量较少、使用范围较窄、使用时间较短，而又处于长年的战争环境中，因此留存下来的极其有限，可谓弥足珍贵。流传在世的苏区邮票及实寄封，主要是当年的苏区的军民，怀着对中国共产党和苏维埃政权以及中国工农红军的深厚情感，视为珍贵的纪念品而珍藏下来的，有些还是革命烈士的遗物。

1. 来自苏区的邮票和实寄封

被封锁、围困的苏区，有时也能通过中华邮政与国民党统治区通信，苏区邮票也就随着信件进入国统区。由于国民党反动派的严密封锁，这些信件难以保存下来，因此在国统区能接触到苏区邮票的人也就很少。只有个别人在特殊情况下接触到苏区邮票，并冒着风险藏匿。后来成为福建医学院教授的李国方就是其中的一人。

李国方从小就对邮票感兴趣。其父在福建邮政管理局担任医务工作，他经常向与父亲来往的亲戚朋友寻觅邮票。约1933年时，父亲给了他一件实寄封，说是海关的一位叔叔给的，上面贴有一枚1分面值的江西赤色邮票。他当时正在求学，由于不知道实寄封的集邮价值和用处，为了收存方便，就把邮票剪下收藏。因为纸质较差，他没敢用水洗。在几十年后的“文革”中，红卫兵抄走了他的全部集邮册，后来归还了一部邮册，这枚江西赤色邮票赫然在内，实为幸事。这是至今发现的唯一保存下来的一枚江西赤色邮票。它的存世，不仅证明了江西省赤色邮务总局发行邮票的史实，而且还解开了苏区早期邮政史上的一个疑点，填补了中国邮票发行史上的一段空白。

新光邮票会的创始人之一张包子俊，是最早接触苏区邮票的集邮家之一。20世纪30年代，有些国统区的学生途经杭州奔赴苏区参加革命工作。当时在杭州协助经营清泰第二旅馆的张包子俊，经人介绍见

江西赤色邮政1分邮票

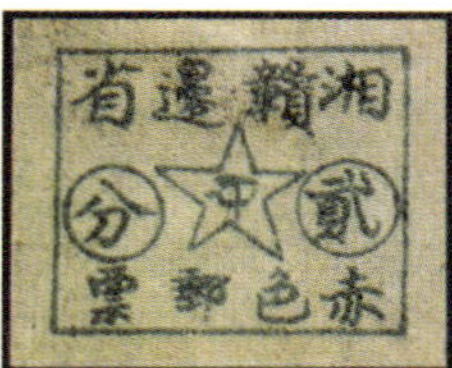

湘赣边省赤色邮票

张包子俊

到这些前来住店的学生，并请他们到了苏区以后，如果见到有邮局，或有邮票发行，就给个消息或寄些邮票来。时隔两三年后的一天，张包子俊忽然收到一封平信，信封上赫然贴着3枚《湘赣边省赤色邮票》，用红色邮戳盖销，信中只有“寄上这里发售的邮票，请速收”的简短话语，未署姓名。信封中装有《湘赣边省赤色邮票》2分票的一个全张和一个大方连。这是张包子俊第一次见到苏区邮票，自然爱不释手，平时不轻易示人，更不能说明来源。过了一段时间，张包子俊逐渐把这些苏区邮票分给同好，有人认为邮票图案过于简单，印制也欠精良。对此，张包子俊也只能是一笑置之。后来，当时在杭州基督教青年会（YMCA）工作的美国集邮家狄尔耐（E. A. Turner）换走了这件难得的实寄封，成为张包子俊一生追悔莫及的事情。

张包子俊（1901—1994），安徽歙县人。他少年时期开始集邮，青年时期开始热心推动社会集邮活动，1925年在杭州发起筹组新光邮票研究会，1928—1945年先后任该会副会长、会长、主席理事，并数度担任该会会刊主编。全民族抗战爆发后，他为了维持新光邮票会的活动，于1938年2月将该会从杭州迁至上海，使该会成为20世纪40年代具有重要影响的集邮社团之一。中国邮票是他收集和研究的重点。抗战期间，他的大量藏品被日寇烧毁。张包子俊晚年为推动中国集邮活动的发展，不顾高龄，经常为集邮爱好者进行集邮讲学活动。1982年以后，他当选了中华全国集邮联合会第一至三届副会长。

2. 热衷收集苏区邮票的集邮者

吴元亮，1935年在上海学习无线电通讯技术，1937年10月底来到延安，被安排在电台工作。吴元亮对革命根据地的钞票、粮票、邮票等票券很感兴趣，更喜欢收集邮票。他与工作单位负责收发的人很熟，其收藏的《中华苏维埃邮票》“战士图”半分票直四连就是收发人员送给他的，并告知这种邮票已经停用。这4枚邮票保存完好、十分珍罕，是至今发现的此种邮票唯一的连票。这种半分票与延安革命纪念馆中收藏的《中华苏维埃邮政》1分、2分、8分票合成全套邮票，填补了西北苏区邮票的空白。

吴元亮还收藏有陕甘宁特区邮政管理局1937年发行的《中华邮政邮票》“战士图”2分票、地球图邮票一新一旧，旧票为

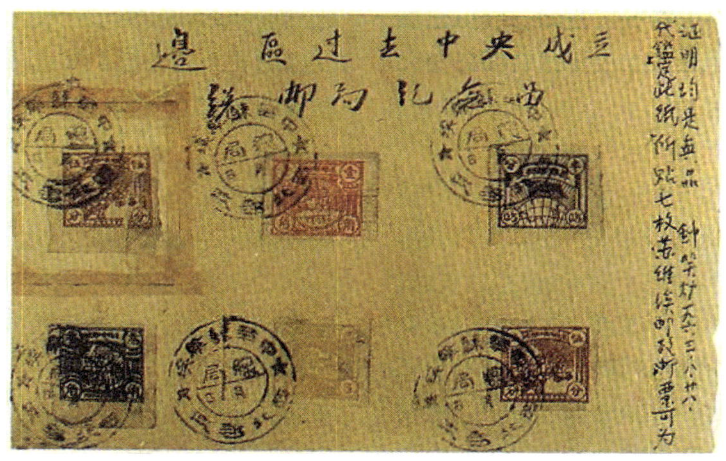

销“中华苏维埃西北邮政总局”日戳的中央苏区邮票

信销票，销票日戳完整清晰，内容为“中华邮政陕北省延水县局 × 月 × 日”，也为此种“中华邮政”铭记的邮票确为陕甘宁特区发行，提供了无可置疑的物证。

1949 年 5 月下旬，南京邮商钱慕仑曾经从一位年轻人手中购得一件贴有 7 枚中央苏区中华苏维埃邮政总局发行的《苏维埃邮票》的纸片，每枚邮票加盖有“中华苏维埃西北邮政总局”日戳。据推断，这应该是一位参加长征的红军干部，将中央苏区的邮票带到陕北后，贴在纸上，用“苏维埃西北邮政总局”日戳盖销后，当作纪念品收藏的。

3. 苏区邮票稀世孤品的流传

以湖北省中部洪湖周边一带为中心区域的湘鄂西苏区，曾设立了湘鄂西省苏维埃政府所属的赤色邮务总局，并于 1931 年年底至 1932 年年初，发行了若干种不同面值的《湘鄂西省赤色邮票》，也称“赤色邮花”。1932 年春夏之际，应邀来华出任国民政府救济水灾委员会副委员长（后兼任总干事）的英国人约翰·霍普·辛普森爵士（Sir John Hope Simpson），通过其英籍同乡、时任中国“华洋义赈救灾总会”执行委员安献今（本名 George Findlay Andrew）的协助，获得了一件湖北省“监利县苏维埃政府”寄给“观音洲堤工委员会”的实寄封。该封的正面贴有 1 枚《湘鄂西省赤色》“壹

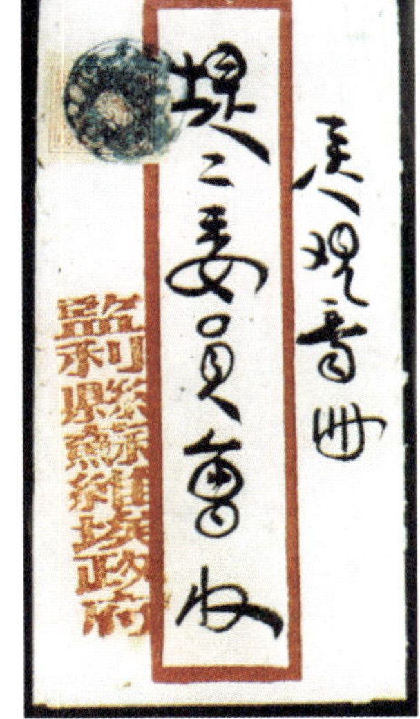

监利县苏维埃政府寄观音洲堤工委员会实寄封

分邮花”（即邮票），并以蓝色邮戳盖销。不久以后，爱好收藏的辛普森爵士，将这件难得的苏区邮票实寄封带回英国，长期秘藏而不示人。直到他去世多年后，才被其孙女交付拍卖，从而使这件贴有湘鄂西苏区邮票的珍罕孤品实寄封，首次公诸于世，随即引起我国集邮界的关注和重视。数十年后，此封经过多次辗转，终于被我国集邮家收入到自己的藏品中。

江西赣州的老红军赖余春，1932 年参加红军，曾得到过一些苏维埃邮政发行的邮票。当时苏区的发展很快，不断开辟一些新的根据地，而红军随身携带的都是苏维埃银行的大额纸钞，在新区买东西时往往没钱找零。于是战士们向干部提意见，要求配发一些小额钞票。由于当时小额钞票不够，上级就发给红军战士们一些邮票当钞票。赖余春 1934 年负伤回到老苏区，用手中的邮票买不到东西，就此保存下来。红军长征离开苏区后，赖余春躲到了外地，临走时把伤残证和邮票用烟叶包好，外面再包一层油纸，然后用两片瓦盖好，藏在屋檐下的墙上，直到新中国成立后才取出来，交给了他的儿孙们。

居住在成都的资深集邮者兼邮商李弗如，曾在抗战胜利前后一次偶然的机会，从某位不知名者手中购得若干《湘鄂西省赤色邮票》“壹角”新票，一直未出手。1950 年年底，他委托钟笑炉在《近代邮刊》上刊登出让该票的广告，每枚标价旧人民币 12 万元。这也是此种苏区邮票在我国邮坛上首次公开出售。

二、博物馆馆藏的苏区邮票

由苏区邮政部门发行的邮票以及派生的实寄封，不仅是“区票”集邮家邮集中的珍罕素材，而且是国家级博物馆、纪念馆和各地博物馆、纪念馆珍藏的文物。这些邮票和实寄封真实记录了中国共产党领导的红色政权的存在和发展，更是对后人进行爱国主义教育的宝贵教材。

1. 红军及家属保存的苏区邮票

1933 年 6 月，中华赤色邮政湘赣边省总局局长陈致万（又名陈介福）牺牲后，有人将“中华赤色邮政湘赣省总局”局牌、《湘赣苏维埃邮票》誊写版油印票等遗物，转交给他的妻子刘娥姬。在白色恐怖的年代，刘娥姬冒着生命危险，割下自家皮箱的牛皮，将这些烈士遗物精心包好并隐藏起来。直到中华人民共和国成立后，她才将这些文物交给当地人民政府，现保存在江西省莲花县革命纪念馆。

1934 年 10 月，中央红军开始长征后，国民党军队对苏区实行白色恐怖。福建省永定县赤树坪村的赤卫队员张贡祥，出于对革命政权的尊崇和爱戴，将本地天德乡苏维埃政府使用的赤卫队旗、袖章、印章和赤色邮票等，藏在本村张氏祠堂“先训堂”上方悬挂的牌匾后面。1940 年翻修祠堂时，张氏族人无意中发现了这些物品，由于怕引来祸患，乡亲们商议后决定烧掉。在场的青年张暖祥把其中一卷《闽西赤色邮花》邮票取出，带回家中藏起来。但他父亲又把这些邮票拿走，坚持要烧掉。中华人民共和国成立后，张暖祥意外地发现，家中抽屉的底板上，藏着他父亲隐藏下来的 7 大张邮票（共 116 枚），可惜其中有些被虫蛀了。有的一大张含 36 枚邮票，边纸上印有“每大张百枚”字样，这对研究闽西赤色邮票的设计、版式、印刷等有着重

《闽西赤色邮花》三十六连票

要价值。目前，这些邮票分别收藏在中国邮政邮票博物馆、福建省博物馆和龙岩市博物馆。

在北京中国人民革命军事博物馆的馆藏文物中，有两大张《湘赣苏维埃邮票》誊写版油印票，是1959年该馆筹建时，由驻广州的人民解放军第55军和江西省莲花县分别赠献的。莲花县在赠献材料中说明，这种邮票是“湘赣苏维埃政府印”。莲花县革命纪念馆还收藏有一些这种大张的油印邮票。这种邮票都是由当地人民保存下来捐赠给国家的。

1984年春，陕西省延长县委党史办干部冯德荣回家谈及征集本县党史资料时，其父冯明星将保存多年的一些革命史料交给他。其中有老人家1937年参加革命工作时，在绥德县购买的16枚长连邮票，图案为镰锤，面值为1分。这种蓝色《中华苏维埃邮票》大连张，以前其他人从未见过，对研究《中华苏维埃邮票》的设计、发行和使用，有着重要意义。该票现由延安革

《中华苏维埃邮票》1分票十六连张

命纪念馆所收藏。

2. 档案记载的苏区邮票

目前存世的一些苏区邮票及实寄封，有一些是在战争环境下被国民党军队劫掠或中华邮政在邮件传递途中截获后流传下来的。还有一些并无实物留存，只有文字资料在国民党政权的档案中留下若干记载。

赣西南苏区于1930年5月底至6月初建立赤色邮政，同时发行第一套“赣西南赤色邮政”邮票。这套邮票并没有实物传世，在中华邮政江西邮务管理局1930年8月8日向其上级的呈文中，对这套邮票中的1分票有如下记述。

本年6月26日，赣州邮局邮政检查员检出本省兴国县东固区苏维埃政府发于都转递南康苏维埃政府收的印刷品一件，封面上贴有红军自印邮票一枚。票系方形薄纸，盖以红莱，略似图记，四周及中央刻有星形，上有赤色邮政及一分等字样，并以私造圆形、镌有邮局一九三〇年 月 日等字样之紫色日戳盖销之。

又据于都局长自赣州呈，顷据信差杨金洪报称，兹有于都红军总指挥部兵士来局，寄发安远平信三件，概系贴用红军自制之赤色邮票（形式与赣州局长所报者相同）。

这段档案文字，证实了在赣西南苏区当时已普遍使用赤色邮票，而且记载了赣西南赤色邮票的形状、图案、面值、用纸及销票日戳等情况。这套邮票是目前所知苏区发行的第一套邮票。

3. 集邮家捐赠的苏区邮票

赣西南赤色邮政于1930年10月发行第二套邮票，全套3枚，面值分别为1分、3分、8分，仅有贴用这种邮票的十余件赣西南赤色邮政的实寄封存世。这些实寄封是红军同一部队（红三军团五军所属部队）、同一时间（1931年2月）、从同一地区（江西宁都县西北部）、经同一条邮路（丰南、宁都到萍乡）、寄往同一地点（湖南平江）的红军家信，有平信、单挂号、双挂号等不同类型。平信贴2分、3分邮票，单挂号贴8分邮票，双挂号贴16分邮票；信封的正反面均盖满了接力邮寄的苏区邮局、邮站的日戳，这为了解赣西南赤色邮政的邮政机构设置、邮路、邮资、邮票及邮戳等，提供了可靠而宝贵的实物史料。当年，这批家信在萍乡附近被国民党当局截留，其中的一部分实寄封又辗转流传到集邮家姜治方手中保存下来，并在中华人民共和国成立后捐献给国家，现收藏于中国邮政邮票博物馆。《人民画报》1957年第8期刊载了姜治方的文章《革命根据地的邮票》。

北京著名收藏家张珩曾在文化部门负责书画鉴定工作，也曾广泛收集包括区票在内的中国人民革命战争时期邮票，其中包括《湘赣边省赤色邮票》1分、2分票，《闽西赤色邮票》《湘鄂西省赤色邮票》1角票、中央苏区发行的苏维埃邮政“花卉图”“地球图”“战士双旗图”“五角星图”等各种邮票，以及晋察冀边区临时邮政总局发行的《“半白日”图邮票》5分票等，不乏珍品。1963年下半年张珩因病去世，其夫人顾眉于1974年10月将包括这些珍藏在内的邮票藏品，全部捐献给中国革命博物馆，现由中国国家博物馆收藏。

张珩（1915—1963），字葱玉，别署希逸，出生于浙江湖州南浔镇，古书画鉴定专家，其祖父张均衡、伯父张乃熊，均为著名藏书家。1934—1946年，他曾两度被

革命根据地的邮票

《人民画报》刊登姜治方的《革命根据地的邮票》

张珩捐赠的苏维埃邮政邮票

张珩

聘为故宫博物院鉴定委员。中华人民共和国成立后，他于1950年任上海市文物管理委员会顾问。同年，他又调任文化部文物局文物处副处长兼文物出版社副总编辑。张珩在集邮收藏与研究方面具有较深的造诣。

此外，在北京中央档案馆内，1997年被发现收藏有《湘鄂西省赤色邮票》“壹角”新票18枚，其中有横3纵5共15枚为连票，这是目前所知此种邮票存世的最大连票。在湖北省监利县博物馆内，也收藏有当地的资深集邮者邵名杰1986年9月捐赠的1枚《湘鄂西省赤色邮票》“壹角”新票。

第三节　集邮宣传与邮刊

1927年至1937年，集邮活动的宣传不断扩大和深入。多家刊物冲破阻力宣传和介绍苏区邮票，也是对中国共产党领导的红色政权的宣传。这一时期，集邮专著不断增多，表明集邮活动向深层次发展；社会媒体采取开设集邮专栏等形式，也是对集邮活动的有力推动。

一、各邮刊对苏区邮票的宣传

土地革命战争时期，苏区邮政发行了多套邮票。由于国民党当局的封锁，这些邮票在流传和宣传上受到很大影响。尽管如此，一些集邮刊物和社会媒体还是以各种方式向读者详细介绍了苏区邮票的发行和使用，让社会各界和集邮者了解到苏区邮票的真实情况。

1. 集邮刊物对苏区邮票的宣传

1931年7月出版的中华邮票会《邮学月刊》第3卷第8、9期合刊中，刊出的文章《马杰礼君来函二》，介绍了闽西苏区赤色邮花。身处闽西苏区周边一带的福建资深集邮者马杰礼，在函中叙述了闽西赤色邮票的概况。其大意为：弟见友人有闽西共产党的邮票，票价乃二片，色淡红，纸颇薄，略如日本地震票之纸质，无齿，图甚粗。中心系一五角星形，星内有似锚非锚、似钗非钗之标记，又似镰刀一把、锄一柄，交叉而置……据友人云，彼尚见有四片者，其图色与二片者同。查片者，乃福建铜元之别名，二片乃铜元二枚也……闻该票系去年闽西汀州连城、上杭一带之共产党组织苏维埃政府时所发行，只能于该区域内通用，邮局不为投云。弟恳友人转托其友代购，竟被拒绝。文中介绍的闽西赤色邮票，其图案特征已准确得令人吃惊。这是在国统区最早报道红色根据地邮票的文章。

1932年4月和7月《新光月刊》第4卷6期与7期，发表了阎东魁的《再谈赤邮》等文章，补充介绍了数种苏区邮票：“一分票为浅绿色，颇明显，大小略等于普通邮票，图案中上下四角四圆圈中，分印‘壹’‘分’及‘邮’‘票’四字，并无阿拉伯数值，以及外国文字。上图网状图案中，印有五角星形之赤徽。中部于‘苏维埃邮政’五字之下（‘蘇’字简写为‘苏’）则印有双嘉禾。又于图案四周双线之外，围绕不整齐三角齿边形。纸质为极薄之有光泽加纸，背面无胶，系用浆糊粘贴者。边无齿孔，剪裁亦不一律，致票之大小，略有差异，确属石印。使用之邮戳为圆形，分上中下三格，上格为‘闽浙赣’三字，下格为‘管理局’三字，中格为年月日，此外并无沿站及到达邮戳。二分票余所见者有两种，均为红色……此票图案，除‘苏维埃邮政’五字，易为‘赤色邮政’外，余均与前相似。此票亦确属实寄用过，惟并无加盖邮戳，只于票面之上，签有墨笔书写之口押字……”；“迩者会友赵淑清女士，又有新发现……上书‘江西东北邮政’，中绘镰斧……”“此一分红色票，图案上端，除左右两圆圈分镌票之价值‘壹’‘分’两字，并于中间印有‘苏维埃邮政’五字外，别无他字，亦无阿拉伯数字。一武装士兵，鹄立中部，右手持枪，左手握其刺刀之柄，状颇赳赳……”

1935年2月1日，《新光月刊》第4卷第4期刊登了介绍“湘赣赤邮实寄封和邮票”的文章，涉及赣西南、湘赣根据地赤色邮票和苏维埃欠资邮票。文中介绍：“信背贴有三分邮票一枚，图案略如前军阀时代北方各省之印花税票，中留白地葫芦形，内绘图案，模糊难辨。四周有四个圆圈，内镌票值数字，上角大写‘叁分’两字，下角分写‘3、3’两字，余则满地绘横水波纹，并无其他文字记载。色为草绿，纸甚粗劣，边无齿孔，而印刷亦未见精良，似属石印。上盖邮戳十枚，只为双层菱形，外圈上边不明，下边为‘苏维埃政府’五字……”“严西峤社友，亦有赤邮之记述……湘赣赤邮为极粗劣之皮质印制者，上镌‘湘赣边省’及‘赤色邮票’等字样，中心系共产党标记。有1分蓝色、2分绿色两种，似属石印。皆无胶质，边无齿孔。复有欠资票一种，上端镌‘苏维埃政府’五字，中镌‘欠资’二字，占票幅三分之一，下角为阿拉伯数字，纸质甚薄，亦无胶质无齿孔……确曾实地在赤区通行也”。

2. 社会媒体对苏区邮票的宣传

1932年10月，湘鄂西苏区的反“围剿”斗争失利、红三军被迫执行战略转移，大批国民党军队进占苏区各地，因而有少量的湘鄂西苏区发行的赤色邮票，在苏区沦陷后的严密搜查中，落入国民党军政人员之手。一位任职于国民政府军政部的随军人员，曾将在湘鄂西苏区搜获的一枚湘鄂西省赤色邮局1角邮票赠给了其爱好集邮的友人蒋纲裳。1933年初春，蒋纲裳将这枚具有特殊来历的湘鄂西苏区邮票，公开披露于天津出版的《北洋画报》上。这是土地革命战争时期的苏区邮票，作为当时集邮者保存的藏品，首次完整地将图案刊登在国统区的社会报刊上。

1936年10月13日，由设在苏联莫斯科的中共中央驻共产国际代表团主办、在法国巴黎出版的中文《救国时报》第61期上，有一篇专门介绍中国情况的《江西苏维埃区域的回忆录》，文中刊出了“湘鄂西省赤色邮务总局”壹角邮票的横4纵5共

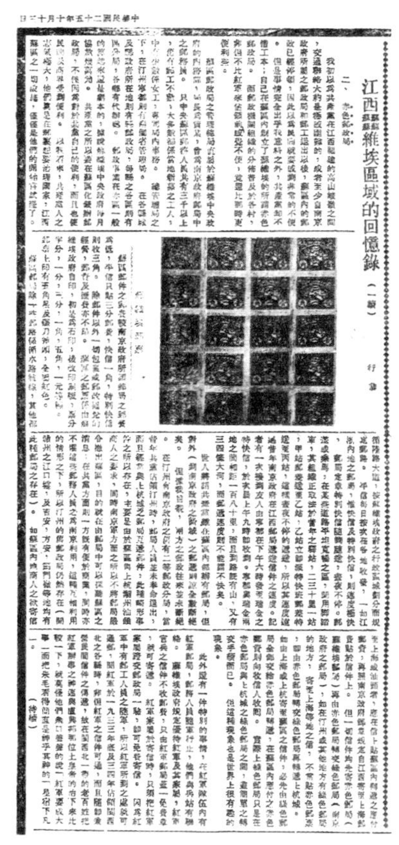
中華民國二十五年十月十三日

江西蘇維埃區域的回憶錄（一續）

《救国时报》专文刊登了湘鄂西省赤色邮务总局邮票二十方连

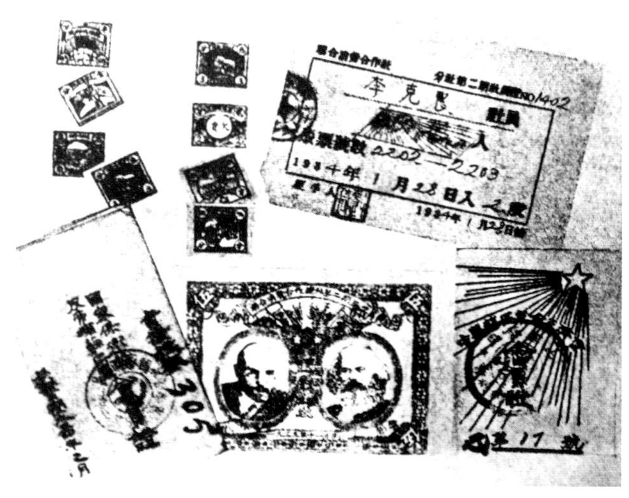

《西行漫记》披露的苏区邮票、钞票等图样

20 枚新票大方连的黑白图样，以作为当时“中华苏维埃共和国”建立赤色邮政事业的佐证。

上述这些出现于各地不同报刊上的记述与附图，非常写实、逼真地描述了当时赣西南、闽西、赣东北、闽浙赣、湘赣、湘鄂西及中央苏区发行的各类邮票，不仅为后世保存了极为难得的第一手资料，在客观上也起到了打破国民党当局的封锁，宣传和介绍苏区邮票的宝贵作用。

1936 年 6 月，美国著名记者、作家埃德加·斯诺由北平出发，经过西安首次进入陕北苏区采访。他将亲身经历的事实，写了许多轰动一时的通讯报道，然后汇编成《红星照耀中国》（中译本书名为《西行漫记》）出版。书中在介绍陕北苏区开创时写道：“1934 年和 1935 年间，陕西红军迅速扩大，提高了素质，多少稳定了他们所在地区的情况。成立了陕西省苏维埃政府，设立了一所党校，司令部设在保安，苏区有自己的银行、邮局，开始发行粗糙的钞票、邮票……”在该书 1938 年中文版的照片页上，赫然印有 8 枚中央苏区发行的苏维埃邮政邮票和钞票等，这是外国记者最早向国外公开报道苏区邮票的消息。

二、集邮专著增多

随着中国集邮出现的小高潮，地处集邮活跃地区的资深集邮家也不断推出自己的专著。其中包括集邮史志、图集、工具书、特刊等多种体裁。

1. 集邮史志类专著

《华邮珍史》，由严静之（西峤）编著。该书 1934 年由上海现代邮票社出版，32 开本，10 页。作者自述“本书详述华邮珍品变体源流，文字简洁，分段清楚”。赵善长阅后评语：“记载翔实，多所发明，堪称佳构。”该书实际内容浅显，仅适合入门者。

《中国商埠邮票史》，由陈复祥编著。自 1935 年 5 月 1 日起在《新光》会刊刊发，至 1939 年 2 月《新光邮票杂志》第 2 期止，共连载近 30 篇。这是中国第一部有关商埠邮票史的研究论著。

2. 集邮工具书

《中国邮戳纪略》，由谢鄂常、张包子俊编著。该书1931年12月由新光邮票研究会出版，32开本，86页，汇编了中国使用的普通邮戳、特种（纪念）邮戳、邮政副戳、平津邮局怠工戳等有关文章52篇，附图209幅。该书较全面地反映出20世纪30年代对于邮戳收集、研究的成果，具有史料价值。

《中国邮票图集》，由王汉强编著。该图集1934年1月由上海文华图书公司印行，1936年8月再版，16开本，许伯明题签，周今觉作序，编者自撰"卷首语"。该图集由目录和序言、图集、空白贴票册、版权页4个部分组成，不含目录、序言共计46页。收录范围从1878年"中国海关第一次邮票"起，止于1933年"先烈纪念票加盖限四川贴用"，并附图介绍部分邮票的版式和邮戳，但内容较为简略。王汉强另自1935年起编绘《世界邮票地图》，为全张彩色地图，由上海世界邮票地图社出版；当年7月发行"海洋洲全图"（附邮图40种），翌年5月发行"亚非利加全图"(附邮图110种)。

《邮学辞典草案》，由王聘彦编著。自1935年4月起在《甲戌邮刊》刊载，至1939年12月止，共连载10期273条，是中国第一部集邮辞典。后因作者工作繁忙、身体不佳而搁笔。

3. 其他方面专著

《集邮常识录》，由宋尧阶编著。该书1934年由海城蓂郎邮票会发行，32开本，124页，由吉林柳仲权作序，宋尧阶自撰"引言"。全书分：邮票、鉴别、分类、用具、方法、搜集、会社、刊物和结论共9章，内容较为丰富，且有一定的资料性。

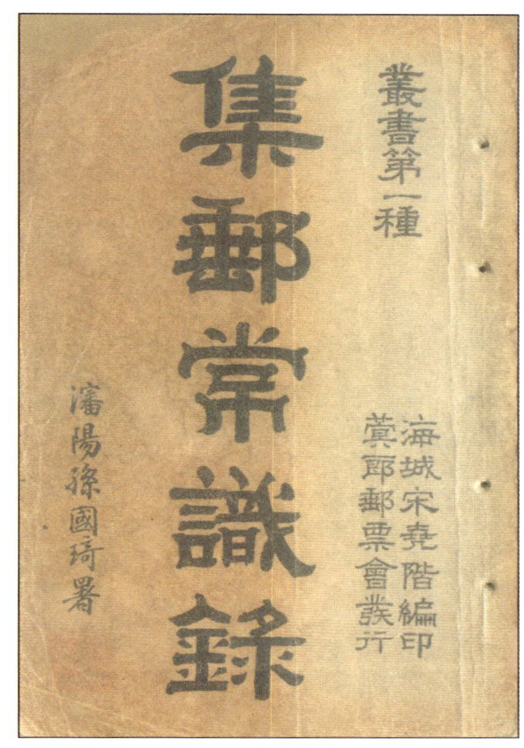

《集邮常识录》

《邮王》，由秦理斋编译。1935年10月刊行于"中华邮票会十周年纪念"特刊，32开，269页，章回小说体，共分27回。1926年周今觉作《邮王序》："邮王一书，西名《The Stamp King》，为邮林中唯一之名小说，当时曾分期附载于吉本司周刊中。传诵遐迩，能使读者回肠荡气，油然生集邮之决心。原书为法人G. De Beauregard与H. De Gorsse合著，经英国Miss Edith C. Phillips译为英文，余复请秦君理斋重译为华文，分期揭之邮乘，以饷我邮界同志。"

《华邮便览》，由刘虞唐编著，刘荣庭审定。此书1936年1月由山海关古泉邮票

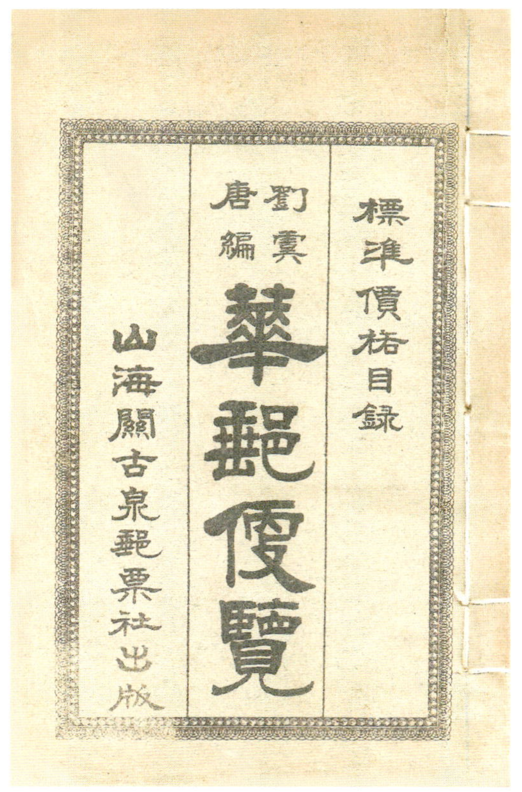

《华邮便览》

社发行，32 开，184 页，为右翻式线装本，内容包括自序、说明、总目、索引、正文、勘误及更正、跋等，惜未配票图。全书收录的正票自 1878 年海关大龙邮票至 1933 年“限四川贴用”北平版烈士像邮票约 684 种；明信片部分从大清一次邮资片到民国四次邮资片约 51 种；书中还单独列出了从海关薄纸大龙到民国三次加盖“限吉黑贴用”约 167 种变体。

《华邮纪要》（《*Descriptive Catalogue of Chinese Porstage Stamps with Appendices*》），由绵嘉义编著。1937 年 6 月由中华邮票会出版，32 开本，70 余页，铅印，英文版，有精装本。此书以绵嘉义著《华邮报告书（1878—1905）》为底本，增加了 1906—1916 年华邮记录，由周今觉校订。书末附有周今觉《红印花小字二分版式研究》英文版一篇。

三、社会报刊上的集邮专栏

社会报刊因面向大众、且发行量大，故其对于集邮知识推广的影响力更大。1912—1937 年间，除前述《中华小说界》的“邮乘”专栏及《申报》《时报》《晶报》的邮文连载外，各社会报刊还见有如下集邮专栏。

1.《大亚画报》的“华邮小史”

1928 年 5 月至 1930 年 5 月，该报连载“华邮小史”。《大亚画报》是《大亚公报》的副刊，为辽宁地区第一份画报，1926 年 5 月由奉天沈叔邃主办，“九一八”事变前出至第 323 期。1928 年 5 月起连载张赓伯、孙曼君合撰的“华邮小史”，至 1930 年 5 月 25 日终结于第 50 篇，篇名为《暂作一分票》。已见篇目还有:《海关邮政与帝国邮政过渡时代暂作各票》《帝国邮政正式欠资票》《民国第一次正式邮票及欠资票》《宪法纪念票》《北京新版四分票与暂作三分票》《北京印第三次票》《大元帅就职纪念邮票》《国民政府统一纪念邮票》《孙总理国葬纪念邮票》《新版航空邮票》《限本地贴用票（一）限新省贴用邮票、（二）限滇省贴用邮票、（三）限吉黑贴用邮票》等。该系列邮文多附刊票图，图文并茂。

2.《蜜丝》的“邮票界”

1930 年 7 月至 1931 年 2 月连载，津津邮票会主编。《蜜丝》为半月刊，1930 年 6 月 1 日创刊于天津，至 1931 年 2 月终

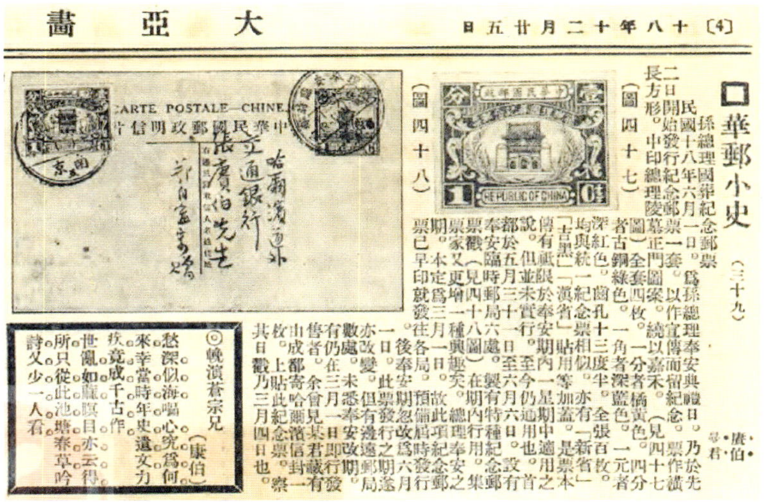

大亞畫　〔4〕十八年十二月廿五日

華郵小史（三十九）

庚伯

孫總理國葬紀念郵票

（圖四十七）

（圖四十八）

《大亚画报》登载的“华邮小史”

刊，陈叔道主编。该刊自第1卷第3号起开设“邮票界”专栏，至第2卷第3号终刊止，连载9期，合计刊文约50篇。主要邮文篇目有：秉吾的《华邮之九种纪念票》《新邮票将取消英文》，刘虞唐的《民国两种老版邮票详论》《民国邮票之贵品》，张景孟的《额非尔士峰探险邮票》《开麦士略传》《邮苑杂谈》，蔡丽生的《暂作一分票发现变种》，张元贤的《集邮说》，蔡受百的《世界邮票业谈》，施秉章的《论邮票与邮识》等。邮会资料则有：《本志邮会消息》《津津邮票会成立之宣言》《津津邮票会会则》《本会代理职员录》《津津邮票会会员题名录》《新会员题名录》《津津邮票会委托部简则》等。

3.《新国民日报》的“邮票专号”

1930年8月23日—1933年3月18日连载，主持者不详。《新国民日报》是孙中山、陈新政等国民党人1914年在新加坡创办的宣传机关报《国民日报》的延续，1919年由谢文进改组易名。1930年8月23日报纸首辟“邮票专号”，截至1933年3月18日共刊出21期。该专号逢周六刊出，每期均为4开，一整版，邮文10篇左右，未署名或署笔名者居多，选用的邮文质量较高，图文并茂，版面清新。第19—21期为《中国邮票纪略》连载（1—3），全文转载了谢鄂常、李弗如、赵善长、莫星白、万灿文、戴郁华、蒋伯埙等十余人的邮文。

4. 天津《大公报》的“邮票丛谈”

1932年8月16日至10月6日间已见连载20篇，施秉章撰稿。“邮票丛谈”基本刊载于该报第11版，每期篇幅约900字，未列序号与小标题，属集邮散文。行文内容从多国邮票选介入手，述及邮票的类别、式样、图案，并对比点评国内邮票设计的不足；还包括各国集邮情况，搜集邮票者的心理，集邮常识与集邮工具，并介绍国外邮票公司及其发行年鉴情况，经营方式及经营旧邮票的经济价值；此外，还述及

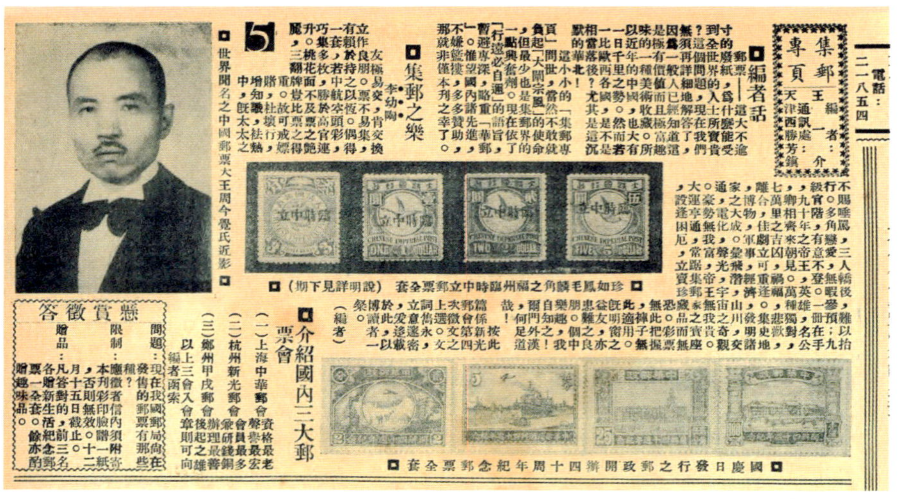

《语美画刊》的“集邮专页”

朱世杰、周今觉、中华邮票会和北京邮票交换会等。

5.《文华艺术月刊》的“集邮”

1933 年 2 月至 1934 年 6 月连载 14 期。《文华艺术月刊》1929 年 8 月创刊，至 1935 年 5 月终刊，共出 54 期，由上海好友艺术社出版，文华美术图书印刷有限公司发行，主要刊登美术、文学、时事政治方面的图片与文字。三色版“集邮”专栏自 1933 年 2 月第 35 期至 1934 年 6 月第 48 期连载 14 篇。“集邮”专版以名家集邮藏品图录为中心内容，寓教于乐，藏品提供者有王汉强、刘铁孙，及苏州五洲邮票社等。“文华”第 43、第 44 期“集邮”专版，还分别刊有五洲邮票社“征求集邮同志”的广告与社主张景盂的邮文《谈谈南洋邮票》。“文华”第 38 期载王汉强《代邮复关先生》一文披露：“鄙人于民国十四年，曾在北京创办邮票交换会，谬任会长职务。”第 47、53 期还见刊“暹罗会员李运杰求征集邮同志”等广告。

6.《语美画刊》的“集邮专页”

1936 年 11 月至 1937 年 7 月间连载，王一介主编。《语美画刊》1936 年 9 月 9 日创办于天津，主编李幼珉。受七七事变影响，该画刊于 1937 年 7 月 21 日终刊，共计出刊 45 期。该画刊自第 12 期起，开辟“集邮专页”，由集邮家王一介主编，至画刊停刊时已连载 23 期。“集邮专页”自第 2 期起由周今觉题写专栏名，每期 1 整版，内容以普及邮识为主，并有邮坛动态和集邮问答。“集邮专页”图文并茂，连载有黄绍斋、庞凤侣（李弗如夫人）、郭望渠提供原票图案的《国邮图要》，并刊登了周今觉的华邮珍藏、严台孙的商埠邮票，还刊有三大邮会主办人周今觉、张包子俊、赵善长的肖像。

此外，此类专栏还有 1933 年长沙《民国日报》副刊“邮话”（宋宝龄主编）、1936 年《嘉区民国日报》副刊“邮亭”（基础民主编）等。

第四节　各集邮组织成立及活动

1927—1937年，中国集邮组织的发展和活动主要集中在一些大城市。上海一直保持着集邮活动的热度，也是集邮发展最快的地区。这一时期，地处中原的郑州由于甲戌邮票会的成立而成为另一处热点地区；天津、浙江、山西、台湾等地也成立了颇具影响力的集邮团体，使中国集邮呈现出一个小的高潮。

一、甲戌邮票会成立

1931年九一八事变后，国内局势日趋紧张。迫于时局，加之经费、稿源等困难，1933年中华、新光两会会刊均已休刊，邮坛一时沉寂。在郑州陇海铁路部门工作的赵善长、周啸湖、吴济民等集邮者遂联络开封的邮友魏亦亨、李弗如等发起成立集邮组织，于1934年5月1日在郑州宣告甲戌邮票会成立。各地邮人纷纷加入，尤其是铁路部门的邮人更是踊跃参加。1934年11月，经会员通信推选，王聘彦任会长兼审查部主任，赵善长任副会长兼流通部主任，吴济民任总务部主任，周啸湖任出版部主任，李弗如任会计部主任，阎东魁任图书部主任，会员还一致同意聘请山西集邮家黄绍斋为名誉会长。

1936年11月8日，甲戌邮票会第二届会员会议改会长制为委员制，选出委员35人，候补委员12人，并决定聘请周今觉、黄绍斋为名誉会长，陈复祥、陆志韦、卢赋梅、施家铎、张包子俊为顾问，孙君毅为法律顾问。甲戌邮票会下设会务委员会、经济委员会、宣传委员会，其成员名单如下。

会务委员会：常务委员赵善长，总务部主任周啸湖，审查部主任王聘彦（兼），编译部主任郭望渠，出版部主任黄荣甫，流通部主任李弗如，拍卖部主任朱朴庐，服务部主任汤麟囿，图书部主任阎东魁。

经济委员会：常务委员黄绍斋，基金保管部主任黄绍斋（兼），会计部主任赵善长（兼）。

宣传委员会以各地通讯处主任为主组成，其中常务委员为王聘彦。各地通讯处主任及委员包括：美国李经，英国叶树梁，法国刘子惠，比利时姜治方，暹罗李运杰；南京郑汝纯，委员禹骥良、钱慕仑；上海谢鄂常，委员朱世杰；吴县陶墨畊，委员张景盂；北平吴南愚，委员赵品三；天津郭望渠（兼），委员黎震寰；汉口林豹岑；长沙李相均；青岛沈用和；广州莫星白，委员麦沃甸；昆明万灿文，委员戴郁华；临榆刘荣庭。

赵品三（1896—？），河北涿鹿人，早年留学法国巴黎，曾任职银行，20世纪30年代寓家经营邮业。赵品三的片封集藏较为可观（包括“元年”戳与八卦戳实寄封及蒙古封等），尤以首航封为最。赵品三1927年在北京加入北京邮票交换会（76号），为新光、中华、甲戌邮票会早期会员。

上述成员多为当时著名的集邮家和邮商，其中不少是中华、新光邮票会的骨干

赵品三

甲戌邮票会会花

分子，其阵容之大超过中华、新光两会。

当时还拟定《修正章程》如下。

第一条：本会创始于民国甲戌年，故定名为甲戌邮票会。

第二条：本会以提倡高尚娱乐，研究邮票学识，砥砺攻错，不涉营利为宗旨。

第三条：本会会务，视事实之需要，暂由各会员中互选委员三十五人，候补委员十二人，分别互推担任，均为义务职，不支薪费。用通信选举法选举之，任期二年，连选得连任。

第四条：本会分设会务、经济、宣传三个委员会，各设常务委员一人，主持会务。（下略）

第五条：凡集邮同志，著有声望及有大功绩于本会者，经过年会议决，或一次捐助本会经费达一百元者，经常会通过，均由会分别聘请为本会名誉会长或顾问。

第六条：凡集邮同志，不分国别或性别，赞成本会宗旨，填具入会志愿书，经会员一人介绍，提交常会通过者，得为本会普通或永久会员。

第七条：会员有左列情事之一，经会员检举，由常会通过者，得由会刊公布除名：一、毁坏本会名誉者；二、在会员中有欺诈行为者；三、迟缴会费满三个月者。

第八条：会员自愿退会，应由本人声明，经常会通过，得准予退会，所缴会费，概不退还。会员有介绍同志入会，及撰著会刊稿件之义务。

第九条：普通会员，国内每年应缴纳会费一元，香港一元二角，国外一元五角，均以年度计算，由会补足本年度刊物，及其他权利。永久会员，无论国内外，缴纳会费二十元，以一次缴足者为限，永远享受本会一切利益；如不能一次缴足，可通融四期缴纳，即每半年缴费五元，于两年内缴足。

第十条：会员有介绍同志入会，及撰著会刊稿件之义务。

第十一条：会员有介绍同志入会，及撰著会刊稿件之义务。

第十二条：会员于本会刊物，得减折刊登广告。

第十三条：会员得免费赠阅会刊，及借阅本会所备之邮学图书。

第十四条：会员以邮票交本会鉴定，概不取资。

甲戌邮票会青岛会员合影

第十五条至第廿二条（略）

甲戌邮票会积极开展活动，发展会员，按时编印会刊。1937 年 6 月。该会在开封举办了首届邮展。1938 年 3 月会所从郑州迁往西安时已有会员约 1000 人。

甲戌邮票会之所以能蓬勃发展，会员遍及海内外，与 3 名骨干关系甚大，他们是会长王聘彦、副会长赵善长、名誉会长黄绍斋。

王聘彦

王聘彦（1895—1940），原名王纯俊，浙江鄞县人，毕业于交通大学唐山工学院，后任京汉铁路工程师，长期在铁路部门工作。王聘彦 1908 年前就读两等小学堂时开始集邮，致力于收集清代邮票，包括变体票、错体票及实寄封，旁及地名戳票等。1925 年，王聘彦加入中华邮票会。1934 年甲戌邮票会成立，王聘彦当选会长兼审查部主任。他热心于邮学名词研究，著有《邮学辞典草案》，在《甲戌邮刊》连载，可惜未能完稿。

黄绍斋

黄绍斋（1883—1958），原名黄国梁，陕西洋县人，毕业于山西武备学堂、日本士官学校。1909年黄绍斋回国，后参加辛亥山西起义，历任山西都督府军政司司长、参谋长，十二混成旅旅长，北京总统府参议，将军府将军等职。1930年爆发蒋、冯、阎中原大战，黄绍斋厌于内争，辞去一切职务，遂开始集邮，于1934年先后加入甲戌、新光、中华三大邮票会。

黄绍斋的早期邮票收藏甚丰，“红印花七宝已有其六”（赵善长语），并很早就开始收集抗日根据地邮政发行的邮票。1939年7月，他首先在《甲戌邮刊》披露晋察冀边区半白日徽图和全白日徽图邮票、抗战军人纪念邮票等。他支持集邮，不慕虚名，深得邮人称赞。

甲戌邮票会会刊《甲戌邮刊》于1934年5月1日在郑州创刊，至1937年共出版了4卷。《甲戌邮刊》创刊时会址在郑州晴川里26号，但会刊在开封印行，由赵善长主编，按月出版，为16开16版。会刊内容除登载会务报告和会员名录外，设有专载、专著、邮学专论、邮学说丛、新邮消息、邮学问答等专栏。赵善长曾在发刊词中疾呼：“独木难支夫大厦，众志始可以成城。”会刊创刊后，即得到南京邮友王聘彦、郑汝纯、阎东魁等人的支持。后得到铁路局同意，调阎东魁、李弗如到郑州路局工作，业余协助会务。从1935年起,《甲戌邮刊》改到郑州印发。该刊1937年第4卷第3—8期由南京通讯处主任郑汝纯主持在南京印发，这几期刊内容充实、印刷精

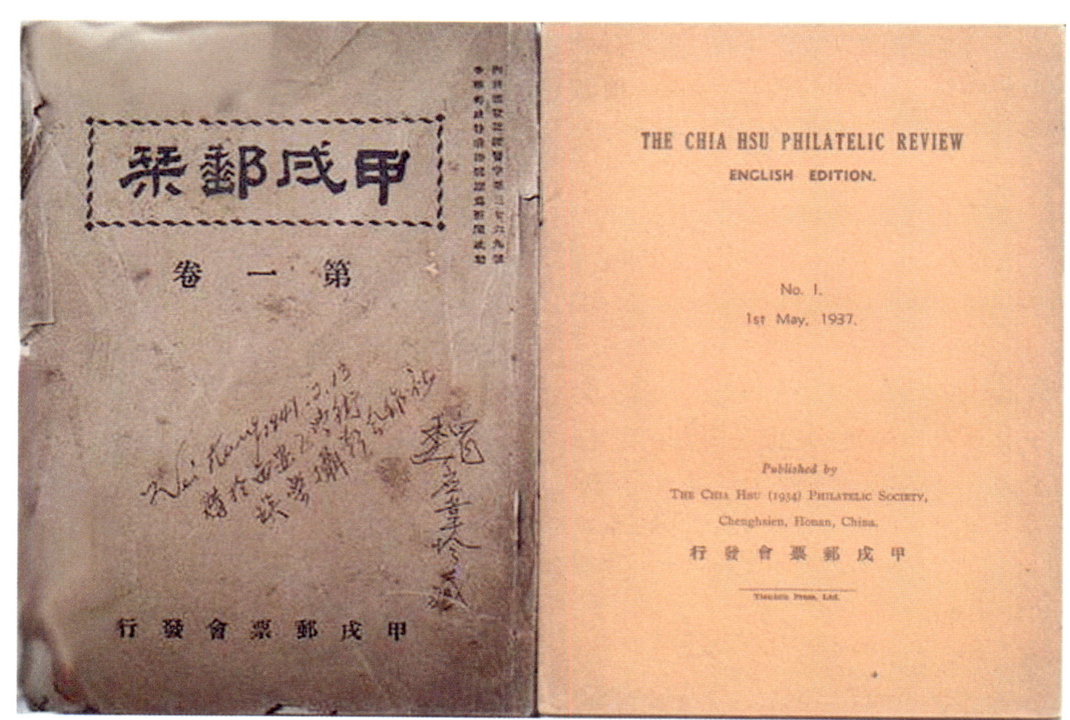

《甲戌邮刊》第一卷和英文版

美。1937 年 5 月 1 日，增发一期英文版会刊，刊名《The Chia Hsu Philatelic Review, English Edition》，由该会编译部主任郭望渠在天津编译，寄往国外各著名集邮家及集邮公司，颇得国外邮人好评。全民族抗战爆发后，《甲戌邮刊》随会避迁西安编发。

甲戌邮票会在中原地区的崛起，对推进中国集邮活动起到重要接续作用。

二、各地邮票会陆续成立

1930 年在天津成立的津津邮票会、1931 年台北成立的东瀛雪鸿会、1932 年成立的天津美术馆邮票研究会、1933 年在芜湖成立的大同邮票会、1936 年成立的嘉兴邮票研究会，以及绿洲邮票会等都是这一时期成立的邮票社团。

1. 津津邮票会

津津邮票会 1930 年 11 月于天津发布《津津邮票会成立之宣言》，会址设在天津河北新大马路骏骥里 10 号《蜜丝》杂志社内。津津邮票会会刊定名《邮票界》，附载于《蜜丝》杂志，撰稿者有刘虞唐、张景盂、秉吾、张元贤、蔡丽生、蔡受百、施秉章等，不过该刊随《蜜丝》第 2 卷第 3 号终刊而止。津津邮票会初期公布会员 36 名，职员班底为：会长陈叔道、副会长刘愚唐、评议长严台孙、山海关分会长刘荣庭、沈阳分会长王恩寿、总务部主任张桂影、委托部主任焦馥芮、图书部主任席笃孙、出版部主任陈叔道（兼）。该会还制订了《津津邮票会会则》13 款。邮会代理职员录显示，津津邮票会以中华、新光等集邮团体为楷模，建会之初即已搭建出天津总会加山海关、沈阳两分会的架构。惜时运不济，该会未及一年便销声匿迹。

2. 东瀛雪鸿会

东瀛雪鸿会于 1931 年夏由台胞组建于台北，会长杨仁俊，会友有陈其昌、骆子珊、吴有福、林天护（基隆）、汪松林、林火土、王汉慕、阮再诰（高雄）、吴丹桂、何连生、张云沧、戴寿湛、林华蒿、陈财河等 10 余人。为类同雅集的松散型邮会组织，每月例会在明町杨宅举行，会后欢叙，由会友轮流做东。曾举办过邮展。该会活动延续至七七事变后日寇管制台胞集会而停顿。

3. 天津美术馆邮票研究会

天津美术馆邮票研究会于 1932 年 7 月 10 日正式成立。次日，天津《大公报》以《市美术馆成立邮票研究会》为题报道："市立美术馆，为从市民娱乐起见，曾屡次举办展览会，并发起各种研究会，刻又邀集本市集邮人士，开办邮票研究会，推广邮票研究交换之工作……本市有集邮嗜好者颇多，故此消息一经传出，自动加入该会者，已达四五十人。特于昨日下午二时在美术馆内开成立大会，由该会名誉会长西人饶斌森氏致开会词，严台孙、张子明、张季高诸氏，均有演说，对集邮兴趣经验及所得之益处，均有发挥。直至四时许始摄影散会。议定嗣后每逢星期四，在美术馆开会一次，互相研究并交换有无。对该会抱同情者，乃可随时加入。该会内部组织，事务股有文书组、会计组、庶务组，研究股有鉴定组、调查组，交换股有交换组、评议组，编辑股有编辑组、出版组，交际股有交际组、宣传组，保管股有邮票保管组、文件图书保管组。预定十月公开展览一次，使会外人士均有欣赏机会。该会会员收藏邮票最多者，有至五千种，约

有益之消遣

市美術館成立

郵票研究會

郵票本身具有繪畫雕刻印刷三種美術 票上所繪代表一國歷史地理種種事物

可作美術欣賞可作考古研究

市立美術館，爲提市民娛樂起見，曾屢次舉辦展覽會，並發起各種研究會，乃又徵集本市集郵人士，開辦郵票研究會，[illegible]郵票研究交換之工作，因郵票一物，不但爲世界各國寄遞郵件之媒介，即郵票本身，無一不含有美術之價值，其上所刊之畫像，均係代表某一國家之歷史•地理•風景•特產•風俗等事物，收藏者除作美術之欣賞外，並可藉以研究上述之學識，實較收藏一般美術爲有益，本市有集郵嗜好者頗多，故此消息一經傳出，自動加入該會者，已達四五十人，特於昨日下午二時在美術館內開成立大會，由該會名譽會長西人鶴爾森氏致開會詞，嚴召琛•張子明•張季高諸氏，均有演說，對集郵興趣經驗及所得之益處，均有發揮，直至四時許始攝影散會，當定嗣後每逢星期四，在美術館開會一次，互相研究並交換有無，對該會抱同情者，仍可隨時加入，該會內部組織，事務股有文書組•會計組•庶務組，研究股有鑑定組•調查組，交換股有交換組•評議組，編輯股有編輯組•出版組，交際股•交際組•宣傳組，保管股有郵票保管組，文件圖書保管組，預定十月公開展覽一次，使會外人士均有欣賞機會，該會會員所藏郵票最多者，有至五千種，約數萬張之多。

天津《大公报》登载市美术馆邮票会成立消息

数万张之多。”该邮会订有《天津美术馆邮票研究会简章》，显示出它是一个挂靠在天津市美术馆的地方性集邮爱好者团体。

4. 大同邮票会

1929 年，大同邮票会的主持人为谢慎修在芜湖开办大同邮票社。1933 年 9 月，在大同邮票社开业 4 周年之际，大同邮票会正式成立。该邮会的骨干有：主持兼编辑谢慎修、总务股陈诚、服务股陈建章、研究股林祖光、会计股李家曜、图书股黄孟著、推广股曹启文、出版股庞凤侣。大同邮票会成立后，十分重视规章制度的建设，先后公布《大同邮票会简章》《大同邮票会详章》《大同邮票会会章》《大同邮票会进步会员简章》《优待学生会员办法》《大同邮票会交换邮票办法》等细则。全民族抗战爆发之前有会员约 150 人，分普通会员、进步会员、研究会员及永久会员 4 种。大同邮票会印行的《邮话月刊》，于 1935 年 5 月 1 日创刊，由大同邮票会编辑、谢慎修主编，大同邮票社发行。《邮话月刊》为 32 开本，每期 20 余页，至 1936 年 4 月出刊 12 期；1936 年 5 月起改刊名为《邮话》，至 8 月共出 4 期。全民族抗战爆发后，因骨干星散、邮社歇业，大同邮票会无形解散。

5. 嘉兴邮票研究会

1936 年 5 月 5 日，嘉兴邮票研究会在浙江嘉兴民众俱乐部成立，聘请陆初觉、张子廉任名誉会长，推选崔福隆为会长，基础民为副会长，会址定在荐桥街民教馆内，有会员 30 余人。嘉兴邮票研究会会刊《邮亭》，不是单独出版，而是作为《嘉区民国日报》的副刊，每周出版 1 期，由基

嘉兴邮票研究会成立合影

础民编辑，自1936年6月至7月计出版7期，主要内容为报道新邮消息，交流邮识及交换拍卖。不久全民族抗战爆发，邮会活动停顿。

基础民（1913—1999），生于江苏镇江，12岁便离家谋生，先后在溧阳、上海、平湖、嘉兴等地纸品店、书局当学徒，退休前任职上海市邮局。基础民1932年开始集邮，1934年加入新光邮票会，1936年联络同好组织成立嘉兴邮票研究会，并创办会刊《邮亭》；后又组建新光邮票会嘉兴分会，任理事长，并出版《嘉区邮报》。基础民对邮资片、简及纪念邮戳等多有研究，其编组的邮集在国内外邮展上多次获奖。

6. 绿洲邮票会

绿洲邮票会于1936年年底创办于上海小西门尚文路松雪坊7号，创办人为华特生。该邮会的前身为1932年开设于常熟东河街52号的绿洲邮票社，1936年年底，邮社移址上海。绿洲邮票会的会刊为《青春邮语月刊》，1936年12月至1937年7月共出6期，64开袖珍本，每期20页。该邮会“以研究邮识、交换复品及引导初集同志为宗旨”，订立了《绿洲邮票会会章》6款，并明确“本会会员得享十大权利”，组织“剪邮猜奖”“文虎悬奖”等特色活动。至全民族抗战爆发前，该会的登记会员有140人。

华特生（1913—1985），原名庞树灿，字萌庭，江苏常熟人。1926年常熟县立中学肄业，1929年入苏州世界魔术学院进修，师从吴恩淇，是“闪电派”魔术的创始人，历任数家魔术、杂技团的团长。华特生退休后定居上海徐汇区，集邮为其终生嗜好。华特生1936年加入新光邮票会（1040号），1937年由中国邮商公会第二届执监委员会推举为出版部主任，与周今觉、陈复祥、张包子俊等邮友多有交往。

三、学生集邮团体不断增多

二十世纪二三十年代，涌现集邮爱好者的上海中小学已非个案。据1930年南洋模范中小学高小预备班录取的新生张万佛多年后在《南洋模范中学九十周年纪念特

《青春邮语月刊》

刊》中对当年学校生活的回忆：“同学们另外一个爱好是集邮，其中数孙琭方的水平最高。我是跟着他开始学集邮的。我第一步是回家的时候，把阁楼上的父亲的旧信封理了出来，剪下上面的邮票，拿到学校里来跟同学交换。渐渐地我也集了好几本，从邮票的图案上学到了许多有关方面的知识。”另有一位身残志坚的青年集邮家代表施家铎，也出自该校。

孙琭方（约 1920—？），早年就读上海南洋模范中小学等校，1939 年被之江文理学院录取，后进复旦大学深造，曾为上海面粉厂业主、第二碾米厂工商业主，后去香港。孙琭方学生时代多才艺、爱集邮、好运动。1981 年，孙琭方由其夫人代表，在沪向国家捐献了一批早期华邮珍品，内含 46 枚一组的“临时中立”大全套 8 套，及带上边纸的“绿衣红娘”直双连孤品等，为此受到邮电部表彰。

上海浦东中学也是沪滨早期具有集邮传统的一所学校。1929 年，时年 17 岁的初三学生刘长桢加入新光邮票会（124 号）。1934 年 12 月至 1935 年 6 月的半年间，接连加入甲戌邮票会的该校学生有任致（138 号）、李滋浩（195 号）、曹南生（208 号）。

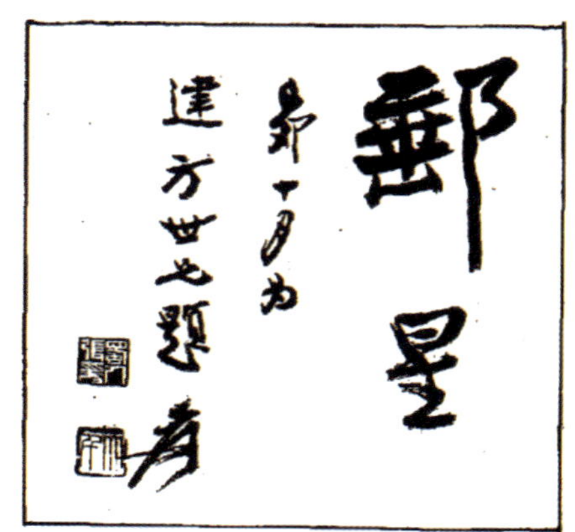

张大千为学生孙建方题字

在上海的其他中小学，同样不乏少年“邮星”。如正风中学的孙建方与大中中学的孙建章两兄弟，酷爱集邮、结伴同行，邮学心得双双亮相芜湖《邮话月刊》。浙江余姚人孙建方读小学时就开始集邮，1936 年起先后加入新光（400 号）、甲戌（343 号）、绿洲（136 号）等邮票会。1936—1938 年，他在《新光》《甲戌邮刊》发表了《集邮之乐》《不速之客》《邮友的死》等邮文多篇，所得稿酬即用于集邮，故邮藏颇为可观。国画大师张大千曾为其题字“邮星”以资鼓励。抗战军兴，孙建方与同学友人离沪奔赴延安，途中因病返沪。

上海中小学生早期集邮活动的形式多样，还出现了“少年邮局”的雏形。据当事人刘寿祥披露：1934 年，尚文小学校学生自治会因每年 12 月下旬同学间在校区间（全校主建筑划为 3 区）互递贺年卡之需，为节省大众邮费并提高同学之服务精神及知识起见，创办了“尚文市邮务局”，并由校方出资印制“邮票”零售给学生，再由同学中推举若干位以办理收件及整理、盖戳、寄发等事，好似正规的邮政。所印行的“邮票”有 1 分、2 分、5 分 3 种（行用邮资规定本区 1 分、外区 2 分）。1935 年冬，因 5 分票销用不广，故曾加盖暂作 1 分、暂作 2 分发售。

少年集邮热并非仅限于上海。据沈家骏《许寿裳先生杂忆》中记述，20 世纪 30 年代初在南京，其侄子的长女许勉文，在中央大学实验学校举办的一次学生成绩作业展览会中，“在雪耻楼展出所藏部分邮票，观者途塞。当时中央大学校长罗家伦先生、

上海尚文小学“邮务局”的“邮票”

教务长陈剑翛先生和我们实验学校的徐本震主任，还有勉文的级任老师常任侠先生等看了以后，称赏不已”。学生集邮社团的涌现，是青少年集邮热的集中体现。抗战前成立的学生邮会，除上述的复旦实中邮社（1927 年）外，见诸早期史料记载的还有不少。

1. 苏州东吴集邮社

据 1929 年《老少年》第 9 期《东吴集邮社成立消息》宣布，已有集邮社组织成立，定名东吴集邮社，并聘请顾问、选定职员共同进行社务，每星期三开常会一次，研究各种邮票知识，并拟开展览会供同学一览。据查考，当时在东吴苏州校园中的集邮爱好者，除了 1929 年春之前已加入新光邮票会的王明星（81 号，高一）和汪葆熙（108 号，高二），还有沈大铨（高二）、尤心贤（高一）、强亦明（休学生）等，大学部则有蒋宪清（理学院三年级），而集邮先进徐荫祺正在理学院担任生物学助教。此外，早年入读东吴的集邮先进卢赋梅是年 1 月起负责新光邮票会江苏分会，会所就设于苏州凤凰街水仙弄其寓所。汪葆熙少时聪颖好学，就读东吴附中时活跃上进，1929 年他不仅是高二年级的级长，还成为一中的学生会主席，同年加入新光邮票会。汪葆熙本科阶段为潜心学业，一度中断邮会活动，研修有成，1933 年连续在《东吴》学报发表多篇论文。1934 年，汪葆熙从东吴本科毕业后任职上海商业储蓄银行。汪葆熙的集邮情结始终割舍不断，1942 年，其名又见列新光会员录。

2. 杭州之江集邮社

据《之江校刊》报道：该社具有悠久之历史，1932 年复建，由旧社员王绍恭着手征集同志，不数日新会员加入者已有十数人，乃于 10 月 7 日假该社指导长课勤（Mr. Howe）住宅集会，选定宋亮为主席。该社备有大批名贵邮票出售。

3. 杭州少年邮票团

据《杭州青年》报道，杭州少年邮票团 1933 年 6 月 28 日由杭州青年会少年科召集，于该会第二教室开会，正式成立。该团公举倪宣祥为团长、赵振德为干事，并议决团内一切办法。该团正式成立前一周，曾举办少年邮票展览会两天，有倪宣

東吳集郵社成立消息

搜集郵票一事。爲歐美人士所深嗜。即貴如英國國王。日本太子。而至於普通平民。無不以此爲事。競相收集。雖重價不吝。近日歐風東漸。吾國人士亦相效尤。蓋郵票項目繁多。花紋新穎。富有美術上之興趣。且與歷史亦有連帶之關係。並藉此可以養成收集力。辨別力。種種良好習慣。吾校同學中嗜此者。頗不乏人。惟郵票種類極夥。珍奇之品。斷非一二人所能搜集無遺。於是乃有集郵社之組織。定名曰東吳集郵社。並聘請顧問。選定職員。共同進行社務。每星期三開常會一次。以便研究各種郵票智識。目下各方進行甚利。將來必有一美滿之展覽會。以供諸同學一覽云。

东吴集邮社成立消息

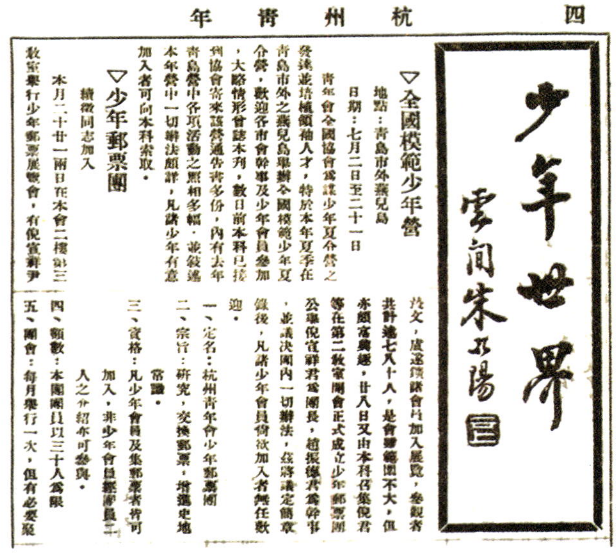
四　　杭州青年

少年世界　雲間朱孔陽

▽全國模範少年營

地點：青島市外燕兒島

日期：七月二日至二十一日

青年會全國協會爲謀少年夏令營之發展並培植領袖人才，特於本年夏季在青島市外之燕兒島舉辦全國模範少年夏令營，歡迎各市會幹事及少年會員參加，大略情形會誌本刊，數日前本科已接到協會寄來該營通告書多份，內有去年青島營中各項活動之照相多幅，並敍述本年營中一切辦法頗詳，凡諸少年有意加入者可向本科索取。

▽少年郵票團

續徵同志加入

本月二十廿一兩日在本會二樓第三教室舉行少年郵票展覽會，有倪宣祥尹葭文，盧燧鑛諸會員加入展覽，參觀者共計達七八十人，是會雖範圍不大，但亦頗富興趣，廿八日又由本科召集倪君等在第二教室開會正式成立少年郵票團，公舉倪宣祥君爲團長，趙振樑君爲幹事，並議決團內一切辦法，茲將議定簡章錄後，凡諸少年會員倘欲加入者無任歡迎。

一、定名：杭州青年會少年郵票團

二、宗旨：研究，交換郵票，增進史地常識。

三、資格：凡少年會員及集郵票者皆可加入，非少年會員經團員二人之介紹亦可參與。

四、額數：本團團員以三十人爲限

五、團會：每月舉行一次，但有必要

《杭州青年》登载的少年邮票团成立消息

祥、尹葭文、卢燧矿等出品展览，观众达七八十人。杭州少年邮票团建团后活动频繁，如为增进团员集邮知识，特请集邮专家管线白莅会演讲，聚集第二次团会，展览国耻邮票等。

倪宣祥（1917—1998），原籍浙江杭州，生于上海，童年入学杭州蕙兰幼儿园与蕙兰小学，与陈志川长期同班。1933 年，倪宣祥就读之江文理学院高一，1935 年转学沪江大学附中，当年加入新光邮票会（300 号）。1938 年，倪宣祥赴美求学并成家立业。1940 年，他加入中华邮票会（574 号），又加入美国中华集邮会，为旅美著名华邮收藏家。

4. 香港少年会员邮票团

1932 年，香港基督教青年会少年部着手组建少年会员邮票团，并在《同工》第 117 期公布简章如下。

（1）命名：少年会员邮票团；（2）宗旨：善导少年搜集本能之趋向，增加地理历史常识，并陶养有秩序、有恒心之性情；（3）资格：凡对于搜集邮票感有兴趣之少年会友，皆可加入；（4）叙会：无定期，惟一月最少叙会一次，每次时间由团员商定之；（5）地点：在少年部，或团友家庭；（6）人数：限三十人；（7）搜集方法：收买或团友彼此交换。

1935 年 5 月，该邮票团改组，增加了“缴纳团费”与“公选职员”的简章条文。对于团务工作努力拓展，开办了如音乐会、旅行会、讨论会等活动，以引起团友的兴趣。并分赠邮票与各团友，举行邮票研究等。同年秋天，该团公选职员：团长为卢元昉、团副为张铸侠、书记为梁昭权、司库为唐成璋、游艺主任为谭耀晖和张梦如、音乐主任为陈鸿修、体育主任为谭卫钊和崔育曾。以“邮票团”冠名、囊括一应娱乐活动，如此架构的邮会组织独一无二。

该邮票团当年还出版了刊登邮票常识、新闻及消息的《邮声》小刊 1 册。《香港青年》报道了当年少年会员邮票团团务，还有祝诞会、叙会选举下届职员、请陈江峰先生主理研究邮票、开邮票研究兼音乐联欢会等活动。1935 年，香港青年会少年会员邮票团成为新光邮票会团体会员（423 号）。

5. 汉口圣潮集邮研究会

据《邮花杂志》第 1 卷第 10 期登载的陈焕彪的《我的集邮经过》记述：“当我进（汉口圣潮中学）初中读书时，校里的六位外国先生都收集旧邮票，就是同学们收集邮票的也有十分之七以上……后来（1935 年）由我发起组织‘邮票会’，参加的同学与朋友有七十五人，人数颇多，名曰‘圣潮集邮研究会’，每半月并出有《圣潮邮票半月刊》一册。可是那时的会员并不甚多，且经费也不足，故半月刊只用油印机印刷供会员作集邮的参考，并不向外界发售。不幸战争爆发，汉口疏散人口，这三年短短生命的邮票会便告‘呜呼哀哉’。”

6. 宁波浙东集邮会

1935—1936 年，宁波浙东中学校刊《浙东》上已出现学生的邮文，如公珍的《我为何集邮》，自述 1930 年以来的集邮经历；卯木的《集邮花絮录》则言及：“晚间无事，常有小同学来谈聚邮票之事，有几位得到一张新票，如获珍品，喜得什么似的，有几位拿了邮票来问国名，也有自述将来的集邮计划的。”该校的集邮氛围甚浓，柳至川顺势发起组织浙东集邮会。该会经常在校举行观赏邮票、阅读集邮刊物和邮票交换活动。浙东集邮会于 1936 年加入新光邮票会，成为新光邮票会少数团体会员（682 号）之一。当年的学生施文骥日后成为沪上活跃的集邮家。《浙东》第 3 卷第 11 期《浙东集邮会消息》记载：“浙东集邮会有会员六七十人，由高二傅丰铨君主持。会员热心收集世界各国旧邮票，特向印刷所定制集邮册六十本，凡富有史地兴味之外国邮票均收集之。其来源除向西方师友及同声索讨外，间亦向外购置。最近该会指导柳先生，曾向加拿大购进一大批，其中有非洲之骆驼、长颈鹿、斑马动物邮票，有哥伦布出发寻觅新大陆等邮票。其袋类混合票二百种不同样者，闻原价仅值美金七八分，各同学闻讯前往要求出让者，颇不乏人。该会最近举行抽签赠送外国美丽邮票，各小同学均甚感兴趣。高年级同学，将于最近撰写集邮珍闻及故事投登上海新光邮票杂志云”。

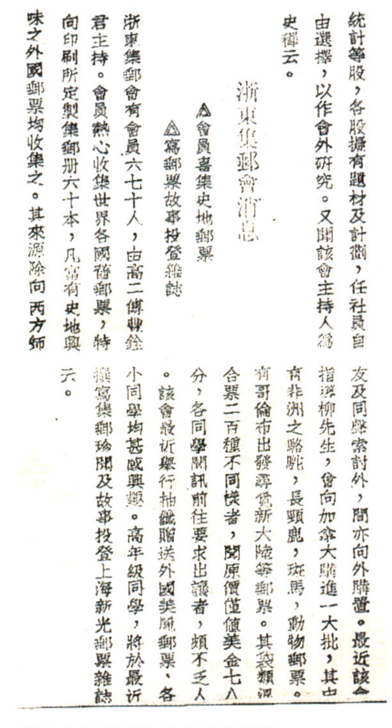
統計等股，各股擬有題材及計劃，任社員自由選擇，以作會外研究。又聞該會主持人為史穉云。

浙東集郵會消息

△會員喜集史地郵票

△寫郵票故事投登雜誌

浙東集郵會有會員六七十人，由高二傅豐銓君主持。會員熱心收集世界各國舊郵票，特向印刷所定製集郵册六十本，凡富有史地興味之外國郵票均收集之。其來源除向西方師友及同聲索討外，間亦向外購置。最近該會指導柳先生，曾向加拿大購進一大批，其中有非洲之駱駝，長頸鹿，斑馬，動物郵票。有哥倫布出發尋覓新大陸等郵票。其袋類混合票二百種不同樣者，聞原價僅值美金七八分，各同學聞訊前往要求出讓者，頗不乏人。該會最近舉行抽籤贈送外國美麗郵票、各小同學均甚感興趣。高年級同學，將於最近撰寫集郵珍聞及故事投登上海新光郵票雜誌云。

浙东中学校刊上的集邮会消息

柳至川（1909—1997），浙江兰溪人，早年供职宁波浙东中学总务处，任文牍兼会计。全民族抗战爆发后到沪业邮，后移居香港。柳至川喜集外邮，1935 年加入新光和甲戌邮票会，翌年发起组织浙东集邮会并担任指导老师。1936 年，柳至川在宁波以东方邮票服务社的名义与国外交易邮票，到沪后与张包子俊、钟钧玉合营开办奥伦多邮票公司，后自办东方邮票公司。柳至川曾任新光邮票会理事，并加入成都集邮会和香港中国邮学会。

7. 天津友联集邮会

天津友联集邮会（也称友联邮票会），是 1937 年年初创于西沽桃林国立北洋工学院的学生集邮团体，名誉会长为崔爱棠，会长为高不危。该会于 1937 年 4 月 11 日在天津校区组织举办了我国最早的学生邮展，《新光邮票钱币杂志》第 6 卷第 6 期与《语美画刊 · 集邮专页》第 10 期均有相关报道。1944 年，高不危在渝加入重庆邮票研究会（360 号）。

二十世纪二三十年代青少年集邮活动的蓬勃发展，与集邮家的关心与指导是分不开的。除了前述的卢赋梅、柳至川事例外，张包子俊也做了大量工作，如 1929 年 6 月 30 日张包子俊曾实寄苏州城南小学西湖免资片，与小朋友互动，以宣传、鼓励集邮。

张包子俊寄给苏州小学生的西湖免资片

四、在华出现的外国集邮团体

上海外侨组织的集邮团体，除前述上海邮票会外还有旅华俄国邮票会。1934 年 12 月 23 日，经卡特科夫（A. A. Katkoff）提议，由樊沙维趣领导和主持，旅华俄国集邮家在上海乌克兰人协会（Ukrainian Association in Shanghai）会所（大沽路 450 号）召开首次会议，旅华俄国邮票会宣告成立。会议由一个临时委员会主持选举，并进行了一次邮票拍卖，其收益全部交作邮会的组织基金。其他创始成员包括阿沃斯特（K. Ahwerst）、克洛普诺（J. Chlopunow）、多布罗霍托夫（Dobrohotoff）、恩克沃特（V. Enckevort）夫妇、法德耶夫（N. Fadeyeff）、科洛特（L. Kolot）、施万贝格（H. Schwamberg）、狄托（G. Titow）、扎耶夫（S. Zajeff）等人。

樊沙维趣（A. N. Vansovich），旅华俄国邮票会创始人。他自 1934 年下半年起担任名列沪上外文报销量第三的《上海柴拉报》的“集邮版”编辑，通过他富有吸引力的呼吁与坚持不懈的鼓动，为俄国邮票会的诞生打下根基。他的集藏以伪满洲票为重点，曾在该会“英国海军俱乐部邮展”中展出 10 余框。

1935 年 1 月 13 日，俄国邮票会召开常委会，弗夏尔（J. G Vershaer）当选主席。是年，上海邮票会会长、美国人史道达加入俄国邮票会。俄国邮票会最初会员有 40 余人，中国会员仅有张赓伯一人。1937 年起，俄国邮票会每年在交易会上举办展览

樊沙维趣

和拍卖，因而引起上海集邮家的兴趣和欢迎，加入该会者渐多。其成员一半为俄罗斯会员，另一半成员则来自奥地利、比利时、中国、德国、英国、荷兰、匈牙利、意大利、波兰、葡萄牙、罗马尼亚、瑞士、美国以及拉脱维亚、乌克兰。

另据《新光杂志》第7卷第2期《参观上海俄国邮票会春季"邮市"及"展览会"记》载：（旅华）俄国邮票会，创立于1935年，最初会员40余人；华人最初加入该会为会员者，仅张赓伯一人。

香港邮学会从20世纪30年代起，在英文版的《南华早报》上开辟了"邮票评述"专栏，逢星期五刊出，其内容除介绍邮票外，还介绍本地及外国的集邮活动。在香港邮学会每次例会活动中，还有一种形式是设置十多个邮票交换箱，每箱装有交换册20本，都是会员提供的复品，交换册中邮品的标价比邮市低，会员可在交换册中自行增添或取出。1935年10月至太平洋战事前，邮会每年都举办展览会。太平洋战争爆发后，香港沦陷，香港邮票会的活动也随之停止。

1934年，哈尔滨俄侨发起成立"满洲蒐集家俱乐部"，会长查德维克（F. Chadwick）、秘书奈德尔斯基（A. T. Nedelskiy），出版会刊《满洲蒐集家》（*The Manchurian Collector*），至1936年7月，其会员人数达150人。

据《亚细亚邮刊》资料，汉口集邮会成立于1935年11月14日。该市的一群外国收藏者在俄罗斯俱乐部聚会，一致推选满杰克（S. P. Manjak）为名誉秘书，并决定每两周举行一次会议。在1935年12月9日举行的第三次会议上，由阿普尔顿（Dr. Appleton）领导的一个小组委员会提交了邮会的规则和细则。通过的当选职员名单为：会长彭森（F. H. Bahnson）、名誉秘书满杰克、名誉司库特奥莱特（J. Teouillet）。此后，该会经常在汉口海军基督教青年会开展活动，包括定期举行会议、拍卖、邮品交流及展览等，并延续至沦陷时期。

在华的外国集邮组织的建立，不同程度地引领当地集邮活动的深入展开。

第五节　参加和举办集邮展览

1927 年至 1937 年间，是中国集邮界参加国外举办的集邮展览和在国内举办集邮展览较活跃的一个时期。中国集邮家将自己的展品推向国际邮展，是有利于国际集邮界了解中国集邮状况的举措。这一时期，经各地集邮组织的努力，举办了多次集邮展览，向社会展示了集邮收藏的魅力。

一、参加国外举办的集邮展览

1933 年，姜治方的首航封邮集在比利时布鲁塞尔举办的航邮展览会上展出，获得银奖；1935 年 8 月，《新光邮票杂志》《甲戌邮刊》在布鲁塞尔国际邮展上展出，获得奖状，并加入了万国邮学刊物联盟会。

1935 年 3 月，美国纽约国际邮展组织者利区坦司吞函聘周今觉为邮展评审员。当得知此次邮展拟将华邮由金牌级降为镀金牌级时，周今觉愤怒不已，深感这是“中国全体集邮家皆引为耻辱”的事。他严正表明：“不愿接受该会任何名义。”见周今觉的立场如此坚定，美方的利区坦司吞于同年 10 月 11 日第二次致函周今觉表示：“藉知阁下对于华邮等级表示反对，但此事已经本会委员重加考虑，在第二次计划书中已经改正”，并“希望明年 5 月能在纽约与阁下作一良晤。”周见抗争胜利，遂于 1935 年 11 月 11 日复函“愿尽力赞助”。

姜治方获比利时 1933 航空邮展银奖

紧接着，周今觉又收到法国多尔于 1935 年 10 月 3 日来函，聘其为 1937 年巴黎国际邮展“赞成员”。周今觉有美国的前车之鉴，于 11 月 21 日复函称：“不知贵国草案中，将华邮列于何种等级，金牌级耶？或镀金牌级耶？鄙人不能不问明在先。”最后申明“鄙人不能违众辱国之苦衷，仍候贵会草案寄来后，鄙人方可决定从命与否”。后得知法国邮展组织者未将华邮降级，周今觉方接受了法国的聘请。周今觉不违众辱国，维护华邮的国际地位的举措，在中外集邮界成为美谈。

周今觉与施塔的邮缘系于大龙阔边 5 分银全张新票。当年周今觉得知此“宝中之宝、王中之王”由美国邮商朴尔出让给施塔，遂表示愿出重价求让。虽然施塔没有应允，但从此两人惺惺相惜。1931 年 2 月 21 日，施塔携妻女乘奥皇后号邮轮抵达上海，周今觉与梅赞文应约前往大华饭店会晤。两人相见甚欢，施塔甚至迫不及待地在更衣室外的小茶几上就向周今觉展示其邮集，随后 3 人一同乘车前往银行俱乐部，受到早已在此等候的叶颂蕃、李辉堂、朱世杰、梁芸斋、许伯明、谢鄂常等中华

周今觉等与施塔在沪合影

邮票会会友的热烈欢迎，并留下珍贵合影。施塔在银行俱乐部展示了随身携带的邮集，其中有华邮孤品大龙阔边5分银全张新票，令中国集邮家一饱眼福。周今觉则向施塔展示了家藏的慈禧画扇与立轴，并馈赠一张全套印在一起的“万寿大黑样票”给施塔。

施塔（Major James Star 1870—1948），美国人，生于费城日尔曼镇，学成于本雪文尼大学科学院，为费城海耳煤矿公司董事长。施塔1898年参加了美西战争，获少校军衔。1900年，他开始集邮，曾任美国中华集邮会会长、会刊《中国飞剪》助理编辑，他还是英伦皇家邮学会会士。施塔华邮藏品丰富，尤多珍品，如阔边大龙5分银邮票25枚全张孤品、阔边大龙5分银邮票直三连实寄封、红印花小1元、“宫门倒”等。其华邮展品获1926年纽约国际邮展镀金奖，其中国商埠邮集获1927年法国国际邮展金奖。他与梅赞文合著有《中国航空邮鉴》。施塔遗集于1991年9月由苏富比公司在伦敦拍卖。

周今觉为搞清中国香港1880年8分加盖暂作5分邮票倒盖变体存世枚数的问题，于1926年7月24日写信给英国国王乔治五世，与其研讨，博得英王称赞。周今觉于1931年2月12日被英伦皇家邮学会授予“会友”（现称为“会士”）称号。

1937年春，周今觉还致函英国集藏大家阿格纽，索观珍稀华邮变体票的图片和目录，阿格纽立以照片寄赠。

1930年9月，德国柏林举办国际邮展，周今觉被聘为名誉董事。1933年6月，奥地利维也纳举办国际邮展，周今觉被聘为邮展评审员，阮景光、梁芸斋、刘子惠、陆志韦被聘为名誉董事。

还有1929年没能举办成的西湖博览会邮展。新光邮票会曾为此专门制定了《新光邮票展览会简章》，并公布由委员长阮景光领衔的17人筹备会职员名单，还向博览会及邮政当局发出“发行纪念邮票、纪念明信片和行用纪念邮戳之陈请”。但终因主办方只允展出外国邮票而不得以作罢。张包子俊、郑汝纯、蔡丽生同启《致本会各同志书》曰：“惟以中国之博览会而不能容许华邮之参加殊属痛心之事，于此足见本会对于集邮界实有格外努力之必要，将来如有机会总当经营独立的邮票展览会。”6月6日西湖博览会正式开馆，虽因时间关系，纪念邮票止于设计图稿，然而现场有纪念邮戳供人使用，还有36枚一套的纪念明信片也陆续发行。

二、各地邮会举办的集邮展览

各地邮票会成立后，将集邮展览作为一些重要的活动内容。会员们也充分利用这个平台，展示自己的藏品。参展者中不乏已经成名的集邮家和他们收藏的珍贵邮票。邮展面向社会是对集邮活动的最好宣传。

1. 台北的邮会邮展

1930年10月和1931年10月31日至11月1日，台北邮券俱乐部在《日日新报》社三楼礼堂举办了两次搜集展览会，观众达数千人。

1933年间，东瀛雪鸿会借太平町稻江信用组合三楼举办了一次盛大的邮展。部分展品以玻璃遮压平置于长桌。展室四壁除悬挂数面展品镜框外，另以会友家藏书画悬挂补壁，会场气氛雅致。这次邮展观众云集，多至数千人，都激赏不已，邮展颇获好评。

2. 香港邮票会邮展

1935年12月11—12日，该会在《南华早报》议事厅开第一次邮票展览年会，每日下午3点到8点开放，不收门票，每天有数百名中外人士观展。场内印有目录表，人手一张。全场展品约300镜框，出品者约20人，均为会员。展会设评判员，评选优良者5名，第一名为沙文的华邮，从初次海关票至烈士票齐备，共48框；第二名为钟士的航空纪念封。1936年12月9—10日，香港邮票会在《南华早报》议事厅举办第二届年展，本次展品共有27部，其中华邮5部、商埠邮票3部、香港地区邮票5部，航邮封4部，其余为英属地邮票集，均装框陈列。展前已聘评判3名并评定展品名次，首奖为O. B. Payne的5框华邮。

3. 芜湖大同邮票会邮展

1936年3月，大同邮票会会员李家曜在会刊上提议举办邮票展览，“以引起芜地人士对于集邮之兴趣”。该年暑假，李家曜从复旦大学返乡，与谢永思于8月17—19日，在芜湖青年会会堂举办“芜湖大同邮票会首届邮展”，展品均为芜湖本地会员藏品。在3天的展期间，每天还使用一种纪念戳。此次邮展打破了以往集邮“深藏固闭、不愿示人”的保守局面，因此“颇博得当地人士及各会员之好评”。

4. 上海旅华俄国邮票会邮展

旅华俄国邮票会自1936年起每年都举办邮票交易会，附带邮展。每个集邮者通常可展出藏品100种。邮展免费开放，每个参观者获赠彩票一张，中奖者可得到一套邮票。展出结束后还会有邮票拍卖活动。《邮讯》1937年第2卷第1期刊载“今觉”的《邮界消息》介绍道：“去岁十二月廿一日星期一，本埠威海卫路俄人邮票会开

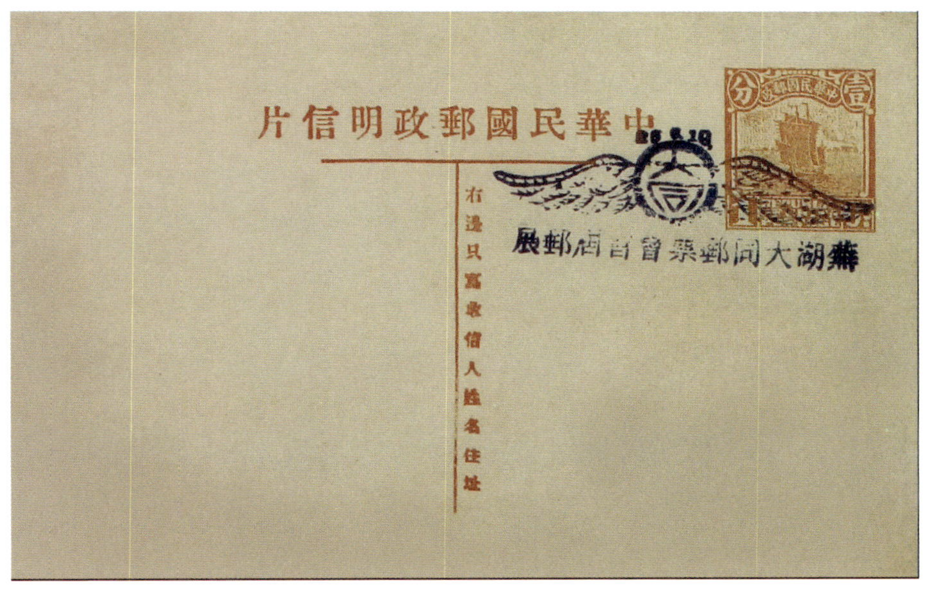

销大同邮票会邮展纪念戳的明信片

展览会，并有拍卖交换。午后七时前往参观，李君辉堂已先在，为余介绍于该会会长，梁芸斋君继至。余见墙上贴满红红绿绿、五光十色，迫而视之，则（伪）满洲国、外蒙古、俄国客邮为多，西比利亚票亦间有之，华邮则商埠票略有少许、正式华邮则非常之少。”《亚细亚邮刊》1939 年第 1 卷第 2 期《俄国集邮协会在中国》记：在邮票会创立的第二年，1936 年（原文误印为 1938 年）5 月 18 日在上海举办了有史以来的第一次邮票交易会，它的成功是巨大的。第三年和第四年起每年在交易会举行展览和拍卖，这些已经成为邮票会的传统项目。

5. 新光邮票会在上海举办邮展

1937 年 3 月 21 日，新光邮票会借开展年会活动之机，在上海八仙桥青年会再次举办邮展。当时会所仍在杭州，但上海会员已占了多数，因此，决定邮展在上海举办。参展者有周今觉、李隽青、梁芸斋、谢鄂常、张包子俊等集邮家，展品计 50 框。其中，周今觉展出珍邮 4 框，有红印花小 4 分、当 5 元各一框，每框计 20 余枚，另有英国在华铁路邮局“B.R.A”绿加盖 20 余枚邮票；李隽青展出了“万寿”变体邮票；梁芸斋展出了加盖宋体字、楷体字变体票，还有不列入镜框的。此外还有谢鄂常送展的片、笺和张包子俊送展的首航封等。张包子俊在谈及此次邮展时写道：“新光邮票会经此阶段后，声名大张于申江，余益信邮票展览之不可少。”

6. 天津友联集邮会邮展

受天津市立美术馆 1937 年主办世界邮票展览会之影响，同年 4 月 11 日，西沽北洋工学院的友联集邮会也举办了一次各国邮票展览，票品均由该校集邮小组提供，

新光邮票会上海年会合影

基本是信销票。展品按地理位置分国编排，各国再按发行年代陈列，并有详细的注解和说明，堪称别具匠心。该会的名誉会长是崔爱棠，也为展会提供了部分中外邮票。这次邮展为期 1 天，观众有 1700 余人。

7. 开封甲戌邮票会邮展

甲戌邮票会于 1937 年 6 月 5—7 日，在开封青年会举办首次邮展，计划展出 14 名会员的藏品计 68 框（后王聘彦、李相均的展品因故未能参展），参观者很踊跃。据该会北平通讯处主任吴南愚参观日记载：“奇珍异宝，古色古香，皆罕见之品。黄绍斋之万寿试印黑色票、复盖倒印、无齿及海关无齿、红印花等，计 60 号；赵善长之海关初次、二次及万寿、红印花各种变体、四方连全套、临时中立、福州对剖全套，实寄封及郑、洛、新疆临时双连全套航封，洪宪元年实寄封等 200 余号；郑汝纯之西藏票专集、禹骥良之各种纪念封、阎东魁之各种纪念及航封均为奇品；李弗如之古今中外明信片、吴哲明之各种变体票、谢鄂常之变体官片、魏亦亨之开航首日封、赵养廉之国耻邮政（台湾、伪满邮票）及变体票、吴南愚之红印花加盖一分二十方连内六枚变体，宋字倒盖、清票无水印、长头长尾漏齿、光复纪念试印票、京奉航样票等，均极名贵而罕见。”

最引人注目的是阎东魁送展的苏区邮票专集，内有湘赣边省赤色邮票、赣东北邮政邮票、苏维埃邮政邮票，其中有横三连、十五方连票和贴有苏维埃邮政邮票的 4 件实寄封。这是苏区邮票首次公开展出，令参观者大开眼界。此次邮展不仅印发了邮展目录，而且召集会务会议评奖。经评议，黄绍斋获一等奖，吴南愚获二等奖，赵善长获三等奖，阎东魁获四等奖，魏亦亨获五等奖。这是 20 世纪 30 年代中国集邮组织举办的一次较有影响的邮展。

8. 上海邮票会成立 25 周年邮展

1937 年，为纪念上海邮票会成立 25 周年，该会于 4 月 11—17 日在上海博物院路亚洲文会新楼伍连德讲堂举办了邮票展览。

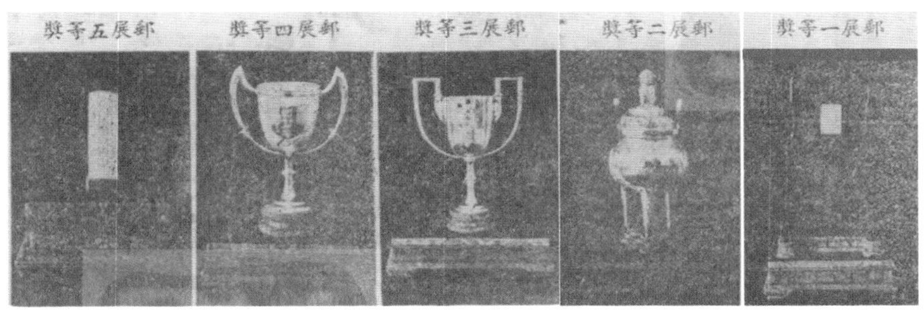

甲戌邮展各等级奖品

这次邮展有 30 人参展，展品共 268 框，其中华邮及商埠邮票占 40%。德铿的 4 框华邮展品较精彩。外籍会员展出华邮的尚有 5 人，其中以司蒂芬的展品最为整齐。中国会员有周今觉、李辉堂、叶颂蕃、朱世杰的藏品参加了这次展出，并在邮展中占有一定分量。外邮出品数量最多者为法郎克、郜勒、温索维枢。另有 11 面镜框专为青年集邮家特设，有 3 人参展，展品有各国邮票、英王银禧票、航空信封等。

亚洲文会新楼旧影

这次庆典邮展由时任上海邮票会会长法郎克发起，筹备达 3 个月之久，并于展出前由专人（杜伯罗哈道夫）负责，将各会员展品分别登记、上保险及编印邮展目录。因会员的支持、赞助，这次展览的结果十分圆满。据记载，邮展开展当日，盛况空前，亚洲文会大门布置的白布横幅长有丈余，上书红色英文“Shanghai Philatelic Society Stamp Exhibits”（上海邮票会邮展）。门内扶梯处也有指示牌标明“Stamp Exhibits 1st Floor”（邮展在一楼）。展厅入口处设有接待桌，旁坐一位外籍女郎出售入场券，入场券上注明“保存兑奖，可得价值 50 元邮集之希望”字样，每张 2 角，附赠英文邮展目录 1 册。讲堂内的讲台上悬挂一面银色大旗，上有上海邮票会会徽图案及 25 周年纪念邮展字样。讲台中间布置有银色背景纸，绘有美丽悦目的字画，并贴有世界各国邮票一页，表示集邮不分国界、不限国籍之意。讲台右侧置有价值 50 元的奖品邮集 1 册。

场内设木架 3 排，每排长约 5 丈，两侧都铺斜板以便悬挂镜框。镜框有大、中、小 3 种规格，都是邮会为邮展而特制的。

全部镜框近300面，网罗世界各国邮票，琳琅满目、美不胜收，几乎塞满展厅。每框面积可容普通贴票簿2页至4页。4月18日下午8时，邮会在黄浦路礼查饭店举行了会员聚餐联欢大会，盛极一时。邮展原定举办3日，前3日参观者约1500人，因参观者踊跃及“各界要求”，遂延长4日，前后展出合计1周。这次盛会是上海邮票会近30年的历史上规模最大、也是最后一次邮展。

三、社会各界举办邮展

由于邮票展览会的影响力，使集邮活动获得社会各界的广泛支持，也得到邮政部门的重视。一些地方邮政部门还为邮展

江海關布告

（二十二）第一四零九號　爲中國及各國舊郵票准予免稅進口

現遵奉

財政部令，自本年十二月三日起，所有中國及各國舊郵票進口，概免征進口稅。仰商民人等一體周知。特此布告。

中華民國二十三年十二月十一日

江海关关于旧邮票免税进口的布告

启用了纪念邮戳。

1930年大连邮政局为新楼竣工举行的展览会中，除邮政相关物品应有尽有外，还有各种邮票、明信片及20余册外国邮票，并在6月20日至7月2日的展期加盖“大连递信展览会”纪念邮戳。

为满足集邮者需求，1934年9月1日，全国邮政会议决定设立国内邮票特销课，专向国内外集邮者出售中外现行邮票供收藏。上海邮局率先在四川路设立特销课。

1937年9月，为方便集邮者加盖邮政日戳，邮政总局通令：凡持有明信片及贴有邮票之信封，请求加盖邮局日戳者，一律准予代销盖，同时要加盖“集邮品”字样的木戳。这表明邮政部门已注意按集邮的需要向集邮者提供服务。

一些地区的青年会也相继举办过邮票展览。例如，1928年5月1日，重庆基督教青年会举办了重庆邮票展览，展出了毛宅三、陈君宝、贺伯辛、殷仲子、周玉书、张福民、蒋伯埙、蔡寄云等人的中外邮票20多框1000多种，以及集邮书刊。

1929年，福建教育厅为提倡美术并召集本省美术出品，于3月21—22日在福州西湖公园开福州出品协会，魏叔彝世界邮票社的邮票“登堂入室”，陈列于开化寺大士殿第五展室。同时，一些城市的民众教育馆也相继成为举办邮票展览的场所。

1932年8月5—20日，张镜秋在昆明市民众教育馆举办“世界语通讯展览”，同时展出40多个国家的邮票。1936年4月1—14日，广东新会民众教育馆赞助支持当地集邮者张文光、李华焕举办的邮票展览，展出邮票近5000枚，参观者十分踊跃，展框和展柜的玻璃被压碎了十余块。同年9

天津美术馆旧影

月 10 日，北平民众教育馆举办了邮政展览会，除展览邮政器物和邮政出版物外，还展出了各种邮票和明信片。

1935 年 8 月 8—14 日，云南基督教青年会为庆祝新会址在昆明落成，举办过中外邮票展览，省政府主席龙云参加了开幕式，龙夫人为展览会剪彩。云南集邮者万灿文展出了中国历次发行的新旧纪念邮票及非洲、欧洲（德国、比利时）发行的纪念邮票；楚衍展出了渝昆航空开航纪念专集，美国籍集邮者安保罗展出了美国、英国邮票。基督教青年会一时成为集邮活动的社会场所。

1937 年 1 月 10 日，上海市博物馆试行开放，同时举行公开展览，邮、币两个门类也有展出，均置于第四陈列廊。入馆门券上印有蟠龙套票中的“鲤鱼”“飞雁”邮票图。

1937 年 3 月 1—7 日，由天津市立美术馆馆长严智开组织集邮者在河北公园内的美术馆举办了世界邮票展览，展出 40 多个国家和地区发行的邮票 2000 多枚。该展览不收门票，观众多达 4500 人次。

青年会、城市公园、民教馆、博物馆、美术馆为邮票展览提供场所，表明集邮活动在当时的社会地位已得到认可，并登上了社会的大雅之堂。在上述社会机构举办的邮展中，同样是邮会骨干唱主角。如参加重庆邮展的贺伯辛、蒋伯埙都是新光会早期会员，昆明的张镜秋也是新光会员。参加天津市立美术馆邮展的有时为津津邮票会评议长的严台荪。云南青年会邮展的策划、主持及带头出品人则是新光西南分会理事戴郁华。1936 年中华邮票会早期会员、甲戌邮票会广州通讯处主任莫星白曾积极联络、热心促成《邮讯》《邮学月刊》《甲戌邮刊》参展广东新会民教馆邮展。此外，甲戌邮票会名誉会长黄绍斋 1935 年在太原举办了一次个人邮展。

蒋伯埙（1894—1965），原名寿鉒，江苏吴县人。1909 年考入苏州邮局，先后在徐州、南京、重庆等地邮局任职，20 世纪 30 年代初因调动工作迁居杭州，退休后长住上海。蒋伯埙于 20 世纪 20 年代起开始集邮、藏币，他是中华邮票会早期会员（67 号）。他还是新光邮票会发起人之一，1936 年任会刊“泉币”专栏主编，1937 年当选为该会理事。蒋伯埙所集的清代邮票、中国人民革命战争邮票都有珍品。他的藏品红印花倒盖票及正票曾亮相新光首次邮展，“张勋复辟”徐州古封收件获后得于周今觉题识，现藏于中国邮政邮票博物馆。其余遗藏大多数传予其子蒋康宁。

此外，在一些学校，邮展也被视为重要的课余活动。1937 年 6 月 8 日，长沙广雅中学举办集邮展览会，当地集邮家汤麟囿、李相均、蔡汉超担当现场评判与讲解。

第六节　对邮品的多种研究

土地革命战争时期，国民党蒋介石集团不断对各苏区发动大规模的经济封锁和“围剿”，斗争异常激烈，尤其是对通信邮件的封锁更加严密。因此，苏区邮票和交通邮政资料保存下来的极为少见。偶然流传到苏区以外的苏区邮票和实寄封，被集邮者悄然秘藏，并对它产生了强烈的收集兴趣和研究热情，为中国集邮活动增添了崭新的内容。与此同时，国内其他地区的集邮者对邮票和其他邮品的研究也在深入进行，使中国集邮活动的内容更加丰富，范围也有所扩大。

一、对苏区邮票的研究与展示

专门收集中国邮票的集邮家姜治方，1935 年在国民政府驻比利时大使馆任职，与国内集邮界一直保持通信联系，并进行邮品交换。他的湖南省籍同乡、资深集邮家李相均时任常德市税务局长，姜治方与他交换了一些贴有苏区邮票或盖有红军宣传戳记的实寄封，其中就有被国民党方面扣留的贴用《赣西南赤色邮票》8 分票的实寄封。另有一件贴有《湘赣边省赤色邮票》1 分票的快件实寄封，至今仍是存世孤品。姜治方对这两件来自苏区的实寄封做了分析和研究，并将这两件难得的苏区邮票实寄封借给同乡好友、派往巴黎开展工作的中共青年干部周竹安一段时间，周竹安在法国进步组织举办的展览会上对外公开展示，以实物使海外知晓中国共产党红色政权的存在。到会人士均表示首次见到中国的苏区邮票实寄封，并大加赞赏。

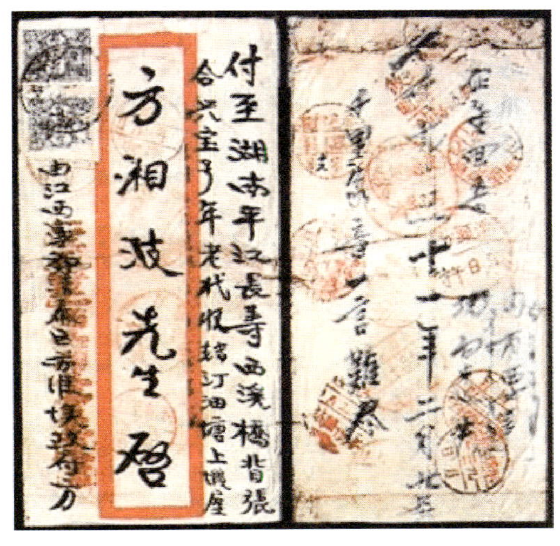

赣西南赤色邮政邮票实寄封

1937 年 6 月，在河南开封基督教青年会举行的甲戌邮票会首次邮票展览会上，该会图书部主任阎东魁、长沙通讯处主任李相均分别送展的两部展品中，均包括他们各自收集到的《湘赣边省赤色邮票》《赣西南赤色邮票》《湘鄂西省赤色邮票》邮票六方连和《湘赣边省赤色邮票》实寄封等，引起了观众们的极大兴趣。阎东魁和李相均的展品对这些邮票作了简要介绍，这也是苏区邮票及实寄封首次在国统区公开展示，反映了当时的集邮者对于苏区邮票的一种探求的欲望。

二、对邮票的辨伪研究

1930 年春，天津集邮家李东园与邮局业务科科长刘叔度，曾联手破获一起仿造北京一版“帆船”蓝色 1 角票案件。当时有一集邮者在剪洗旧票时，发现两枚蓝色

1 角票的“壹”字较其他 1 角票“肥”，以为是版模变体。不久又有外籍邮商持“肥壹”旧票兜售，引起不少人寻找“肥壹”。李东园托刘叔度到邮局票库翻查存票，竟一无所获。后将“肥壹”与邮局存票对照，发现是伪票。经追究，查明是住特别一区汝南里的白俄人和犹太人制作，在其住处搜出作伪工具及一部分印好的伪票。据案犯供认：假票用珂罗版印制，由于照相后“壹”字不清，修版后留下破绽。后来，那儿名无国籍作伪者被中国当局判了劳役。

1937 年 3 月，天津英租界狄更生道邮局（13 支局）局长张文澜，参与破获一起白俄人伪造单圈及烈士像图案邮票案。当场查获印刷机一架、印制假邮票的铜模 10 块及切刀、印油等，还有印成而未打孔的 5 角假邮票 67 张。印制假邮票的铜模有 4 分、5 分、16 分、5 角等面值。后由天津地方法院判处两名白俄人徒刑 4 年零 2 个月，并罚金各 500 元。破案有功人员张文澜后被记大功一次，提前 9 个月晋级。

通过辨伪研究，总结辨伪经验，造就了一批负有名望的邮票鉴定家，其中以陈复祥、朱世杰、周今觉等人为代表。袁寒云曾称赞他们“考藏累年、鉴别精深，从无伪者能逃其目”。周今觉的《鉴别隅谈》以及张赓伯的《“假”之分晰》，对假票的来历、假票的类型及鉴别方法等都作了详细分析，是当时集邮者的辨伪读物。

三、对各类邮戳的研究

邮政戳记是研究邮政史、邮票史的依据之一，同时也是研究实寄封邮递过程或真伪的重要依据。在二十世纪二三十年代，中国集邮者对收集、研究邮政戳记已很重视，有关研究文章也不断在当时的邮刊中出现。李弗如是中国最早提倡搜集地名戳票的集邮家，他长期坚持搜集地名戳票，共集了 4000 多种（枚），分贴六大巨册。其著述有《搜集地名邮票之兴趣》《邮戳漫谭》《搜集地名票之进程》《火车邮戳之一斑》《商埠邮戳之一斑》《干支邮戳》等。早期富藏戳票的还有北京的裕憸霆。赵善长曾在他的邮集中，选择了干支年份邮戳的完整复品邮票一组。以收集研究实寄封及邮戳闻名的集邮家还有赵世暹。张赓伯曾写道：“……君初本集华邮，后因对于邮戳特感兴趣，乃放弃正票而专集邮票信封，所集自海关至近代止，不下四五千枚……君尝谓研究邮戳为国邮史料上最重要者，而乏人注意，故愿多集材料，辑一专书。”赵世暹珍藏的“洪宪元年戳集”中，袁世凯称帝的邮戳无一或缺。其主要著述有《1920 年中俄客邮》《研究邮戳的小建议》等。

赵世暹（1897—？）字敦甫，籍贯江西南丰，20 世纪 20 年代在东北期间与张赓伯成为莫逆之交，曾拥有“蒙古邮集”“洪宪元年戳集”“哈尔滨加盖俄客邮集”这 3 部“他人所无之极佳专门邮集”。1932 年秋，赵世暹的集邮藏品在张家湾至哈尔滨途中遇匪劫车而尽失所有，集邮界都为之扼腕。此后，赵世暹的集藏重点转为古籍，但并未脱离邮坛，曾先后出任金城邮票会监事、首都集邮学会监事等职。

“洪宪”元年邮戳

这一时期的邮刊，中华邮票会会刊侧重研究中国邮票，新光邮票会会刊则有所拓展。其刊载的专门研究邮戳的文章见有“睡客”的《邮件上之标语戳》、汪效庸的《平津邮政怠工邮戳及经过》、万灿文的《迪化壬字邮戳之我见》、张包子俊的《珠江号之邮章》等。1931 年，张包子俊和谢鄂常合作，将《邮票新声》余稿汇编成《中国邮戳纪略》一书。《甲戌邮刊》创办后，对邮戳的研究更加深入。如赵善长的《我国邮戳过程概略》《军邮业务局戳》《干支邮戳及其月日》，姜子勋的《八国联军时代军事邮戳记》等。1937 年 3 月开始连载逊龛（李相均）的《中国邮务图志》。这部专著集邮戳之大成，它以锌版刊登从清代到民国 25 年的邮戳和封片共 500 多种。可见，当时对邮戳的收集研究范围已涉及邮政日戳、纪念戳、军邮戳、标语戳、其他邮政戳记，等等，并且具有了一定的水平。

四、对明信片的研究

与邮票相比，中国邮政明信片发行的种类较少，但已引起部分集邮者的注意，如在华英国集邮家德铿即收藏有堪称沪上一流的大清明信片、商埠明信片。随着纪念特戳的增多，以及 1927 年交通银行二十周年纪念邮资明信片与 1929 年西湖博览会（免资）明信片的发行，明信片的收藏与研究开始趋热。如 1930 年《新光月刊》公共邮箱出现一则广告：“征求徐大总统就任纪念戳官白一枚，又沪宁段 1 角 5 分航空票加盖第一日纪念戳官白上海南京各一枚，惟邮片须同日加盖普通邮戳者。”1935 年，又见新光邮票会总务部启事：“兹承于梓范君惠赠满邮官白一百枚，特此致谢，并自即日起加入之新会员概赠一枚，赠完为止。”

谢鄂常（1898—1942），浙江嘉兴人。他 20 岁开始集邮，是新光、中华、甲戌三大邮会会员。谢鄂常专门收集中国明信片、邮简，有“明信片专家”之称。集邮家张赓伯对他甚为敬佩，曾记述：“十六七年间（1927—1928 年）即知谢鄂常君为此类副品之专门搜集家。因与通信，开始集片，时正式国邮片笺，只数十种……至廿一年秋，余由哈来沪，始见及鄂常兄之片笺集，有数十厚册之多，叹为观止。”谢鄂常的主要著述有：《西湖博览会期中之纪念片统计》《中国邮政信笺略说》《中国邮政片草目》《纪白集藏常识之商讨》《中国邮政特制信简概述》等。

当时集藏“官白”的代表人物为上海的谢鄂常。1934 年，他在《甲戌邮刊》发表《提倡官白与征求正式名称》一文，引发了“官白”“纪白”及“销片”之研讨，参与讨论者有阎东魁、万灿文等。鉴于明信片爱好者的呼声，1937 年 4 月谢鄂常执掌的新光邮票会总务部启事：“本部据青岛通讯处之议决，特成立纪白交换组。”并于当年 7 月 1 日公布《纪白交换组第一次名单》，首期成员 27 人。

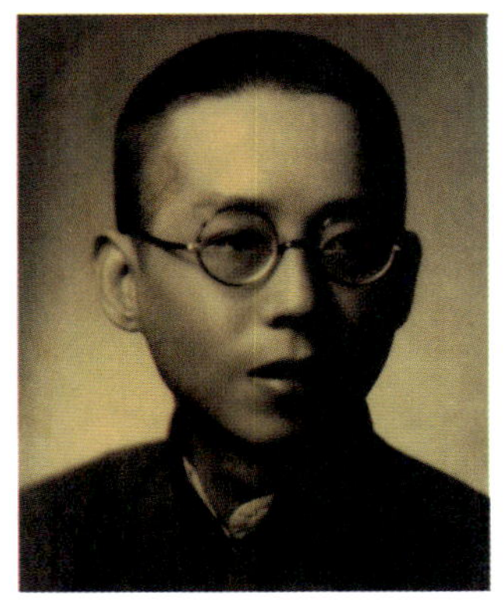

谢鄂常

第七节　邮商公会与邮票经营

20世纪30年代中期，上海等城市的邮票商社日益发展，已呈现出兴旺发达的景象。在当时，邮票买卖已成为一个独立的新兴行业。不过，在邮票交易中也出现了一些不轨行为。很多正直的邮商认为有必要联合起来，捍卫邮票行业的生存和发展，以推动集邮活动的发展。这一时期，涌现出多位邮德高尚、诚实守信的邮商，他们为中国集邮活动的兴旺起到了积极作用。

一、中国邮商公会成立及反伪斗争

针对一些邮商在与集邮者和同行的交易中，不顾商业道德，以次充好、以伪充真、弄虚作假、欺蒙顾客，损害集邮者的利益，使邮商信誉蒙受影响，整个邮票行业的社会声誉下降，邮商中的一些有识之士开始酝酿成立一个行业组织，以重新树立邮商的形象。

1. 中国邮商公会成立

上海著名邮商陈复祥对成立邮商行业组织尤为热心。自1935年下半年起，他多方联络，酝酿筹备，终于在1936年1月1日在上海成立了中国第一个邮票行业组织——中国邮商公会。其组织构成及人员分工如下。主席：陈复祥；会计科：张志成；出版部：严西峤、陈复祥；文书科：叶振伯、严西峤；流通部：邓伯昭、李辉堂；审定部：朱世杰及全体委员；监察委员：王汉强、徐子珊；各区委员：郑州为赵善长，开封为庞凤侣，天津为王沛臣，北平为沙伯泉，石家庄为李纪润，汕头为郭挽唐，杭州为蒋康乐，苏州为张景孟，定县为王纪泽。

《中国邮商公会成立宣言》明确向集邮人士表明“公会”成立的缘由、宗旨和任务：“敬启者，同人等鉴于吾国邮界日趋消沉，各地同业虽如雨后春笋，而市侩之流，充斥其间，诡谲百出。集邮家认为此中黑幕重重，致半途灰心者，指不胜屈。吾同业若再不奋起改善旧例，纠正恶习，则不免自甘堕落，而正在萌芽之我国集邮前途，亦将摧残难兴，不克普及矣。爰联络各埠忠实邮商一再讨论研考，佥以为本会实有成立之必要，着手筹备，达半年之久，始于二十五年元旦日宣告正式成立。同人等所可告慰于邮界者，即本提倡集邮与集邮家合作之宗旨，埋头实干，不求有功，但求无过，决不作自私自利及垄断之举，尚望吾邮界时赐教言，加以匡正，则不胜荣幸感荷之至！”该宣言还提到，“公会”将借新光邮票会会刊版面刊载该会公务情况及邮票行业动态。《中国邮商公会会刊》1936—1937年，在《新光》邮刊共刊载16期。中国邮商公会会址设在上海文监师路948号陈复祥家中。“公会”成立不久，为保护会员利益，即向会员发出通知，将经营中受骗遭受损失的情况详加报告，由“公会统一公布，以杜其奸”。为防止会员哄抬售价，“公会”于1936年5月作出决议：凡会员售品价格目录，须报“公会”审核，方可核发。

中國郵商公會成立宣言

敬啓者同人等聽於吾國郵界日趨消沉各地同業雖如雨後春筍而市儈之流充斥其間變譎百出集郵家認爲此中黑幕重重致半途灰心者指不勝屈吾同業若再不奮起改善舊例糾正惡習則不免自甘墮落而正在萌芽之我國集郵前途亦將摧殘難興不克普及矣爰聯絡各埠忠實郵商一再討論研考俱以爲本會實有成立之必要着手籌備達半年之久始于二十五年元旦日宣告正式成立同人等所可告慰於郵界者即本提倡集郵與集郵家合作之宗旨埋頭實幹不求有功但求無過決不作自私自利及壟斷之舉倘蒙吾郵界時賜教言加以匡正則不勝榮幸感荷之至本會並蒙新光郵票會刊慨借寶貴篇幅披露本會會務情形及郵業之珍聞趣屑茲決于五卷三期起按期發刊凡吾會員務希踴躍賜稿函寄本會出版部爲荷

主席 陳復祥　會計科 張志成　流通部 鄧伯昭 李輝堂

出版部 嚴西嶠 陳復祥　文書科 葉扐作 嚴西嶠　審定部 朱世傑 全體委員

監察委員 王漢强 徐子珊

各區委員 鄭州趙壽長 開封龐鳳侶 天津王沛臣 北平沙伯泉 石家莊李紀潤 汕頭郭挽唐 杭州蔣康樂 蘇州張景宇 定縣王紀澤

《中国邮商公会成立宣言》

2. 中国邮商公会的反伪斗争

中国邮商公会成立不久，即发生邮商严西峤售卖伪品事件。1936 年 6 月 23 日，山西太原集邮家黄绍斋告发严西峤以“担保真品”之名，出售上海工部局书信馆 1865 年发行的工部大龙 3 分银伪票，售价 12 元。经过私下与严交涉，无结果，请中国邮商公会出面解决。此票经陈复祥等人鉴定调查，黄绍斋陈情属实。为维护声誉，中国邮商公会于 7 月 5 日发出紧急通告，暂停严西峤委员和出版部主任职务，并于 7 月 12 日召开紧急会议。经过投票表决，以严西峤违反章程第 10 条第 1 项规定，给予除名处分，提补范广珍为执委及出版部主任。严氏对“公会”的处分，诚恳接受，还在邮刊上刊登启事，公开道歉：“因疏忽不慎，致寄于太原黄绍斋先生处价值 582 元之华邮内发现有上海工部 3 分银票 1 枚价 12 元者系伪品，深觉抱歉之至。”“鄙人出售中西邮票已达五载，间或疏忽，难免失察，有可疑伪造之票出售出现，特敦请陈复祥君为负责证明人，凡确系鄙人售出而有信函可据者，请迳寄交陈君处，当由鄙人按原价加倍偿还，以示信用藉补前愆。”由此也可以看出陈复祥在邮商中的威信。

为加强反伪斗争、搞好邮票鉴定工作，中国邮商公会于 1936 年 12 月公布了《中国邮商公会审定部简章》。为加强会员间的票品流通，该会又于 1937 年 1 月公布了《中国邮商公会流通部暂行简章》。

1937 年春，中国邮商公会主席陈复祥疾病缠身，遂于 3 月 7 日召开第二届会员大会。陈复祥以“身体急待调养”，坚辞主席职。大会通过了陈复祥的辞呈，改选老邮商李辉堂继任第二届主席，陈复祥、李辉堂、朱世杰、叶振伯、范广珍、徐子珊、俞润泉 7 人为执行委员，王汉强、张洁斋 2 人为监察委员。会长以下各部职员如下，会计科为陈复祥、文书科为叶振伯、流通部为范广珍、出版部为华特生、审查部为朱世杰。该年 7 月，日寇对中国发动大规模侵略战争，由于时局动荡，“公会”随之不宣而散。

中国邮商公会从成立到解体只有一年多的时间，其活动时间虽短，但实践活动表明，该会组织健全、纪律严明，注意邮商道德，在维护邮商声誉、邮商和集邮者的切身利益方面做了不少工作，在商务活动中能够伸张正义。邮商公会活动期间，邮票行业中的正气有所回升，市侩之流有所收敛。中国邮商公会的活动得到集邮界的认可和好评，为日后中国邮商组织的发展提供了有益的借鉴。

二、邮商与邮票经营

集邮活动的发展与邮政和邮票经营有着密切的关系。而政府部门的支持又是集邮活动的重要支撑点。1934 年国民政府财政部下令，自 12 月 3 日起，所有中国及各国旧邮票进口，一概免征进口税。这项举措使当时的集邮者和邮商都从中受益。而个别邮商的一些举动也对邮政部门产生了积极作用。

1. 邮商对邮政的贡献

1936 年，邮政总局发现其库存清代邮票缺项很多，于是将所缺邮票开列清单向上海著名邮商招标求购，以便能凑成多部全集。最后大部分由朱世杰中标，总成交价值 7000 多元。据说邮价普遍偏低，这批邮票按当时市价要超过 3 万元，其中包括石印蟠龙 2 元票 10 枚、5 元票 6 枚，北海票 10 套，商埠票大全套 3 部，上海工部局未加盖票全套等。为解决邮局支付巨额资金的困难，朱世杰提出，可以把邮局库存的限滇省双、单圈票各 100 套及限滇省京烈票 100 套按面值计算，楷体字民国欠资票 100 套按香槟目录价计算，折价交换。朱世杰的倡议空前绝后，这一官方邮局与民间邮商交换邮票的大生意，既成全了国家收购珍邮的计划，又为集邮界保留了一批后来难得的民国邮票。邮政总局经此补充完善的中国邮票集共有 10 部，完全是正票，变体和旧票都未列入。这不能不说是朱世杰对中国邮票实物档案的贡献。

朱世杰（1880—1956），原名朱耀宗，祖籍安徽，生于苏州，长于沪滨。朱世杰 21 岁起供职邮局，业余时间兼营邮业。1920 年起，他创办的集古社的广告亮相上海《时报》《新闻报》。该店由其子朱泽民守店。1926 年 1 月，他在《邮票新声》刊登广告称：“搜集华邮者鉴：敝社宿抱国粹，重于华邮，搜集数十年，种类成套，莫不搜罗完备，以资研究，早蒙沪地各界同志赏识者同声赞许。兹更谋普及起见，特设外埠通信部，以副外埠同志得于选购搜集，并希介绍同好友人互相研究，共谋普及，无任欢迎。通信部主任朱泽民谨启。通讯处：上海北山西路德安里 143 号集古社内。简章附邮即寄。”

朱世杰

2. 讲诚信的邮商

朱世杰在上海经营邮票货真价实、公道待人，在集邮家中颇有信誉。集邮家周今觉、袁寒云等多与之交往。袁寒云还曾为朱世杰题写集古社匾额。对于朱世杰，袁寒云曾有如下记述。

海上有陈复祥、朱世杰二子，皆中华邮票会最初会员，各有邮册，供人选取，所出让之品为值既廉，而品尤精确，决不至使人有悔憾之虞。盖二子者，考藏累年，鉴别精深，所以无伪者能逃其目，倘有欲略集自娱者，可与往返焉。

海上友人，朱子世杰，集邮历数十年，专攻邮学，致力甚笃，于国邮嬗变，类能详言。今撰中国集邮图谱一卷，始于海关邮券，迄于各地客邮，每种咸附以图说，期间若各种加盖及变体，又若纪念券、赈捐券、航空券，皆一罗列，靡或遗阙，客邮中于上海一埠尤为翔尽。初事集邮者，可按图搜致，缀贴其上，既宜玩赏，且资研求，厥册有功于国邮，诚匪鲜焉。其刊印之精，附图之备，犹余事也。

除了邮商的身份，朱世杰还是一名著名的集邮家，其所藏四方连集、无齿孔集、商埠邮票集、航空邮封集、上海工部书信馆及商埠封片集等，洋洋大观，可与国内外的华邮集邮名家媲美。

沙伯泉原本在北京前门劝业场经营珠宝玉器，1927 年迁移到东安市场南花园改售图章。当时，东安市场有几家邮票社，这对从小喜爱邮票的沙伯泉启发很大。经过一段时间的筹备，沙伯泉于 1933 年将“志生图章行”改为“志生邮票图章行”。为了做好邮票生意，沙伯泉注意增长邮识。他先后加入了中华、新光、甲戌等邮票会，通过阅读集邮书刊，汲取营养，同时广交集邮界知名人士，了解他们需要什么邮票，并千方百计地为他们搜寻，尽量让他们满意。

在邮票收售的过程中，沙伯泉也曾遇到过一些珍邮。1934 年，他曾收购进 50 多套“限新省贴用”首次加盖的“歪头”邮票。北京大学教授刘半农逝世后，沙伯泉从他遗孀手中收购了 500 多套“西北科学考察团”邮票。而且，他还收到过“宫门倒印”邮票。

沙伯泉曾经在《邮苑漫忆》一文中回忆道：“在经营方针上，我以信誉为重，薄利多销，争取做到‘人无我有，人有我贱’，以此赢得顾客的信任”。

3. 邮商参与邮票设计

施秉章的署名文章《余与张作霖纪念票之关系》，刊登于 1929 年 3 月 15 日的中华邮票会会刊《邮学月刊》第 1 卷第 5 号。其文有如下记述。

张作霖纪念票提议之动机，系张氏就职之后，其图案完全系余所拟。惟于呈文之中提议用钢板套色，其中包含九分及一角四分两种。惟交部以套版印刷，需费较昂，若改用三色版印刷，又恐因陋就简，是以缩为四种，仍用单色。该票于前年年底工竣，本拟从速发行，然本人势力，不能伸张于南省，深恐该票有碍通行，故仍存犹豫。无如两月以来，革军北伐，势如破竹。故次长常荫槐仓促之间，于去年二月二十九日呈请发行日期，卅日明令批准，三月一始正式发行。至于此次纪念票而有圆数，亦余之提议。盖吾国自孙、袁纪念票之后，所出纪念票，最高不过一角，时价既无增进，似乏趣味，故有圆数之发行。

施秉章

环球邮票社卖品目录

亦差强人意之举也。

1927 年 7 月，北京政府国务院协调办事施景琛上书国务院，呈请发行“大元帅就职纪念”邮票，并附上已制定好的《大元帅就职发行纪念邮票办法》。此建议被张作霖采纳，并迅速转交有关人员办理。在设计过程中，经办人为了讨好，竭力想将此邮票印的精美些，但选用何种图案却举棋不定。当时施秉章在北京经营寰球邮票社，国内外通信广泛，名声显赫。为此，经办人专程向施秉章求教，并借去多种世界各国元首就职邮票作为参考。施秉章也提出了自己的设计建议。邮票图案选定后，经办人又征求了施秉章的意见。这是中国邮商首次参与邮票设计。

施秉章（1904—1970），字畏如，福建长乐人，在福州初中毕业后随父到北京，由集邮而业邮。施秉章先是参加外国邮会，后自办环球邮票社。他用中国邮票换回大量外国邮票，供应给初集邮者。环球邮票社初创时，其声势和气派都相当显赫，如供售邮品装用的纸袋，是特别印刷的精美的透明纸袋，有多种规格；铅印的售品目录犹如中外邮票目录，还附部分邮票的照片及简单的集邮常识。施秉章曾发起成立北京邮票交换会，自任干事员兼书记员，并编印《北京邮票交换会会志》。

1933 年 4 月，施秉章还编印过《邮票画刊》，以环球邮票社名义出版，这是中国邮史上独具一格的邮刊，仅出一期。

结　语

土地革命战争时期，中国共产党领导的红色区域邮政发行的邮票的收藏者主要由两部分组成：一部分是苏区的革命干部、部队指战员和普通民众，他们在艰苦的环境下，精心保存了珍贵的邮品和邮政史料；另一部分是分散在国民党统治区、沦陷区的集邮者，他们具有较多的集邮知识，有一定的精力和财力，专注收集并保存了这一时期少量的珍贵邮票和邮政史料，并进行了一些宣传、展示和研究。

由于战争环境的严酷，许多珍贵的苏区邮票及其发行资料未能完整保留下来，存世的邮票十分有限，弥足珍贵。还有一些苏区邮票，尽管在邮政史料上有记载，但至今仍未能见到实物。

对中国共产党领导的红色政权邮政发行的邮票的发掘、搜集和研究，有重要的意义。因其所具有很高的文物价值，得到国内外集邮界的高度重视，并产生了广泛的国际影响，在世界邮票史和集邮史上占有重要地位。

这一时期，由于国内政治环境的不稳定，特别是1931年九一八事件的发生，使中华民族遭受日寇铁蹄的践踏，正常的通信系统受到严重影响。在这种异常艰难的环境下，多数集邮者很难再专心于集邮收藏。而少数集邮者通过不懈的努力，在集邮收藏方面取得了一些成就，实属来之不易。

第四章　全民族抗战时期的集邮活动

（1937—1945）

概　述

1937 年 7 月 7 日，侵华日军在北平卢沟桥发动了震惊中外的七七事变。中国驻军奋起抵抗，揭开了中华民族全民族抗日战争的序幕，中国进入全民族抗战时期。中国共产党领导的八路军、新四军挺进敌后，开展游击战争，在各地建立了由中国共产党领导的红色区域——抗日民主根据地。

全民族抗日战争时期，中国共产党领导的八路军、新四军先后在华北、华中地区建立了抗日根据地。由抗日根据地邮政发行的邮票，被称作“抗日战争时期抗日根据地邮票”，也称“边区邮票”，集邮界通常将这一时期的邮票也称作“区票”。边区邮票分为华北区和华中区两大部分。华北区包括：晋察冀边区、冀南区、晋冀鲁豫边区、清河区、山东区和胶东区；华中区包括：淮南区、盐阜区、苏中区和皖中区。这些邮票为八路军、新四军指战员和根据地民众的邮件传递发挥了重要作用，保存下来的很多邮票非常珍贵，是见证全民族抗战的历史文物。

这一时期，大批城市青年知识分子，在中国共产党抗战主张的感召下，投奔抗日根据地，参加革命工作。其中一些人爱好集邮，在艰苦的战争环境下，保持了收藏邮票的兴趣和热情。因此，抗日根据地内便有了一批集邮者。他们注意收集、保存各个抗日根据地的邮票，保留下了抗日根据地邮政的实物见证。而在国民党统治区、日伪占领区，一些集邮者和邮商通过各种途径，收集、收购抗日根据地邮票，客观上扩大了抗日根据地邮票的影响。

中华民族全民族抗战爆发后，交通部于 1937 年 7 月 18 日密令各地邮局：邮政人员不随军政机关一起撤退，仍在沦陷区维持邮政运行。邮政总局于 1937 年 8 月 19 日迁往汉口。1938 年 6 月，又分批迁往昆明和重庆。1942 年 6 月，全部移驻重庆黄桷垭履职。在此期间，中华邮政的邮票发行呈现出一片混乱局面。

全民族抗战时期，中国共产党同中国国民党第二次建立合作，形成了抗日民族统一战线。在此背景下，国共两区实现了通邮。

1937 年 9 月，中华邮政开办军邮。从 1941 年起，湖南、湖北、东川、浙江、广东、广西、江西等邮区先后发行加盖“军邮”的邮票。1945 年元旦，发行了第一套专印军邮邮票。随着中国远征军进入缅甸、印度，随军邮政也相继开办。在各支抗战部队中，也不乏集邮者在内。他们当中既有将军、也有士兵。

战争迫使一些集邮者背井离乡，集邮群体发生了变化。在集邮者相对集中之地，具备了建立新的集邮团体和开展集邮活动的条件，这使得原本在沿海城市比较活跃的集邮活动，在内地得到普及和发展。部分集邮者因战乱失业，有空闲时间钻研邮学，或成为邮商。国难当头，许多人士试图通过集邮弘扬中国文化，体现中国邮票的价值。在中华民族全民族抗战期间，中国集邮活动在这样一种特殊的战争环境下开展起来。

第一节　全民族抗战时期的邮政及邮票发行状况

七七事变后，在“国共合作、共同抗日”的大背景下，有识之士推动了国共两区实现通邮。中国共产党领导的抗日民主根据地相继建立了战时交通邮政通信组织，并逐步走向统一。在国民党统治区，中华邮政艰难维持，其总局曾迁至汉口，再从汉口迁至昆明、重庆。在一些沦陷区，出现了伪政权邮政。

这一时期，邮票的发行情况比较复杂，出现了由中国共产党领导的华北、华中各边区邮政发行的邮票，以及由中华邮政发行的各类邮票以及限地方贴用邮票。而日本帝国主义在侵华期间建立的伪政权邮政发行的邮票，成为他们侵略中国、实行法西斯统治的罪证。全民族抗战期间及抗战胜利后所发行的抗战纪念邮票，以及各地启用的抗战纪念邮戳和宣传戳，不仅是邮政部门抵抗侵略的一种方式，而且为集邮者留下了宝贵的纪念品。

一、全民族抗战时期的邮政状况

在全民族抗战爆发之前，国民党对中国共产党创建的边区及各根据地实行全面封锁，致使大量的邮件得不到及时传送。因此，中国共产党在全民族抗战初期就提出国共双方管辖区内协力通邮的号召和建议，得到国民党中一些有识之士的响应。1939 年，双方开始了临时通邮。国民党方面负责邮务的林卓午于 1941 年亲赴延安商榷国共双方邮务的一系列问题，最后双方得到了圆满结果。

1. 国共两区实现通邮

全民族抗战爆发后，林卓午在要求奔赴抗日前线工作时说：“国难当头，匹夫有责！”次年，国民党当局委任他为中华邮政局驻西安第三段军邮总视察，负责晋、陕、甘、宁等省军邮和晋邮业务，其办理处设在西安。由于国民党当局封锁邮政，边区通邮工作遇到不少困难。根据中共关于在抗日民主根据地与国民党管辖区通邮的建议，林卓午多次与驻西安八路军办事处主任林伯渠会晤。通过磋商，陕管局于 1939 年 2 月下达 1168 号文，令延安局派员整顿三原至绥德的邮路。林伯渠亲题“山重水复疑无路，柳暗花明又一村”赠送林卓午。林卓午阅后，便珍藏起来。为了摆脱特务的监视，林卓午经常以与林伯渠“联宗续谱”为由，邀他到餐馆聚会，以商国是。

1940 年 5 月 9 日，周恩来应林卓午之邀来到其办理处，为全体职工作时事讲话。临别前，周恩来即兴题写了“传邮万里国脉所系”送与林卓午。其间，林卓午还受林伯渠的委托，在寄往边区的军邮件里，将药品、电信器材、书刊等国民党禁运物品暗中转运给边区军民。1942 年年初，在中国共产党的提议下，林卓午以军邮总视察的身份率员亲赴延安，磋商陕甘宁边区通邮事宜，受到毛泽东、朱德、叶剑英的亲切接见，最后达成国共通邮的协议。

1942 年 1 月 14 日，国民革命军第十八集团军总部发出了关于邮务问题的通令、

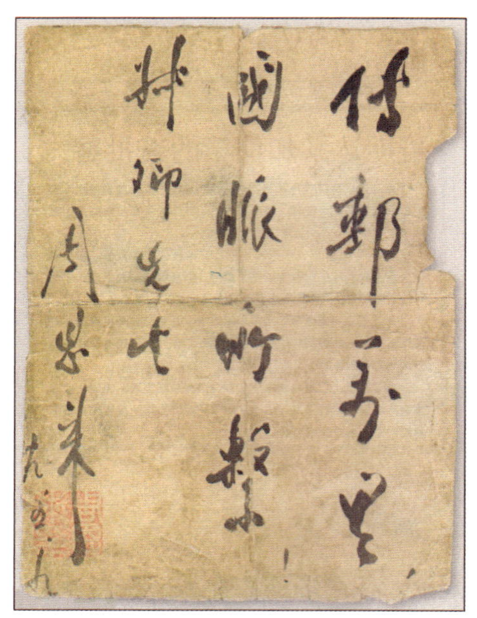

周恩来为林卓午题词“传邮万里 国脉所系”

饬令，要求各地军政部门给予邮务以业务便利与妥善保护。

林卓午的进步行动触怒了国民党当局，他回到西安后不久就受到特务的监视；后来家被查抄，军邮总视察的职务被撤，贬到安徽崔山邮局“控制”使用。

林卓午

林卓午（1889—1957），字叔卿，出生于福建福安。全民族抗战时期任中华邮政局驻西安第三段军邮总视察，授少将军衔。全民族抗战期间，他为国共两区通邮做出了贡献。周恩来的亲笔题词一直被林卓午珍藏。他去世后，这件珍贵文物由其子女林孝祥、林振翠珍藏，并于 1981 年 1 月 22 日捐献给国家。邮电部于同年 5 月 9 日发行了《传邮万里 国脉所系》纪念邮票一套 1 枚。

2. 将珍贵邮票作为国礼

1942 年，全民族抗日战争正处于相持阶段。为得到美国的援助，蒋介石委托宋美龄代表他访美，并拜会罗斯福总统。罗斯福总统酷爱集邮之事闻名于世，于是国民党方面在筹办访美礼品时有人献计：把中国珍贵的邮票作为礼品。时任交通部长的张嘉璈提供了一条绝密信息：原邮政总局在上海胶州路邮票供应处的库房内藏有从 1878 年清代第一套大龙邮票到民国时期的全套邮票。于是，交通部派人设法从上海仓库将邮票册秘密运到重庆。这部珍贵的“礼品册”中包括了从清代大龙邮票至当年的已发行和未发行的大部分邮票。该礼品册用精致邮簿装订，“阔约 6 英寸，长约 10 英寸”，用绿绸制作封面，中文烫金，庄重美观。

11 月 17 日，宋美龄带着这些珍贵礼品从重庆秘密飞往美国。她先在美国疗养了 3 个月，于 1943 年 2 月 17 日首次拜会罗斯福总统，并将随身带来的邮票册赠送给他。罗斯福总统见到这些珍贵的中国邮票，异常兴奋。在随后的时间里，美国加大了对

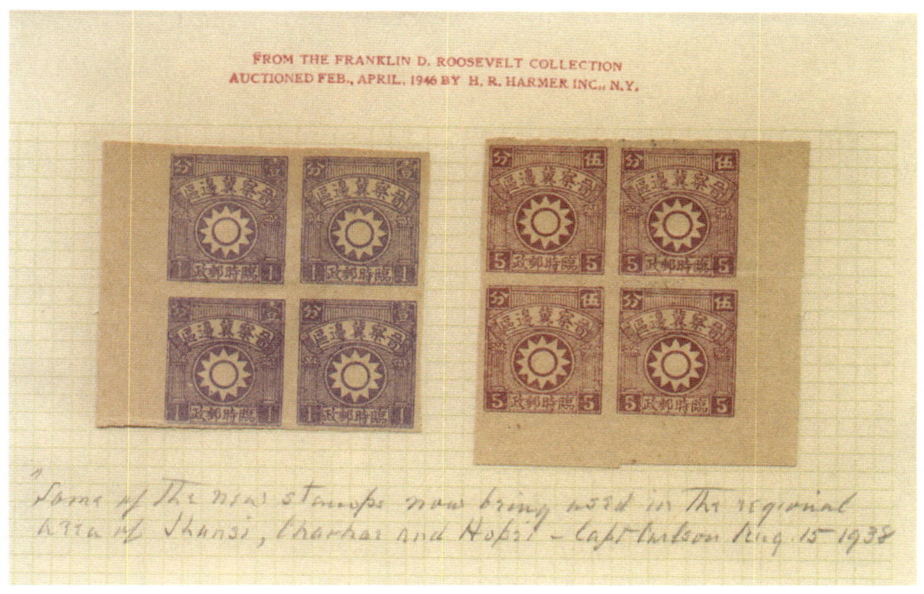

罗斯福总统收藏的“全白日徽图”邮票四方连

华的军事援助。这一“邮票礼品外交”不仅成为中国首次将珍贵邮票赠送外国元首的范例，而且成为国际邮坛的一则趣闻轶事。据当时的承办人之一、邮政总局局长霍锡祥的回忆，交通部上海仓库共有 4 部邮票册，宋美龄以正票 1 部作为国礼馈赠罗斯福，她自己留下 1 部，余下的两部在送回交通部时被经手人徐昌成私自截留了 1 部。

3. 边区邮票引起罗斯福兴趣

中国全民族抗战爆发后的 1937 年 7 月 31 日，美国海军陆战队上尉埃文斯・F・卡尔逊（Evans Fordyce Carlson）奉美国总统罗斯福之命启程来华考察。当年 12 月中旬至 1938 年 2 月，卡尔逊曾对中共领导下的晋察冀边区、陕甘宁边区访问了两个多月，并通过边区邮政向罗斯福总统的秘书多次寄出信函。在他写于八路军总部、托人于 1937 年 12 月 25 日自山西洪洞寄出的信中指出：“在边区，他们已经获得权力印制在当地使用的邮票（我寄上一张样品）。这是一种极为有趣的局面”。信中有两次分别附寄了晋察冀边区早期发行的“半白日徽图”邮票 1 分单枚、第一版“全白日徽图”邮票 1 分与 5 分两个四方连，并加以简略介绍。这些来自于遥远中国的若干枚边区邮票，成为素有集邮爱好的罗斯福总统的私人珍藏，并在其集邮册中亲笔添加了简短的记录和注解。罗斯福于“二战”胜利前夕逝世，其遗藏邮品被交付拍卖。时隔多年以后，这几枚难得的边区邮票终于重归故里，成为中国集邮家珍爱的藏品。

二、发行抗战纪念邮票

自 1937 年 12 月晋察冀边区临时邮政发行第一套抗日根据地邮票以来，由中国

《抗战军人纪念》邮票

共产党领导的各边区邮政共发行了 56 套共 219 枚邮票。这些邮票见证了革命军民爱国救亡、奋勇杀敌、争取民族独立与自由的历程。抗战胜利后，中华邮政发行了《庆祝胜利》纪念邮票。

1. 抗战期间发行的邮票

发行抗战纪念邮票是从晋察冀边区邮政开始的。1938 年 9 月，为优待抗日战士通信，晋察冀边区临时邮政印制了一套 1 枚不设面值的大规格无齿孔纪念邮票，交边区政府免费发给抗战军人使用。该邮票发行量 3 万枚，至 1938 年 12 月底停用。

《抗战军人纪念》邮票具有独特的地位，被誉为“中国人民革命战争时期第一套纪念邮票”“第一套军人专用邮票”等。据 1939 年《甲戌邮刊》第 6 卷第 6、7 期合刊中介绍：“又闻此项邮票系由一位爱好美术之高君所设计。”“高君”是指高晋材。该邮票在五台县射虎川《晋察冀日报》社以平版石印而成。邮票的设计思路表现出“敌进我退，敌退我追”的游击战法，画出了一名头戴的草帽的游击战士持枪跑步前进的姿态。由于该枚邮票票幅很大，为 35 毫米 ×42 毫米，构图饱满、感染力强，成为边区内外集邮者争相购藏的热门邮票。1982 年 10 月 15 日，中国邮票公司与商务印书馆香港分馆在中国香港举办的“中国解放区邮票展览”，其展品目录的封面，邮展纪念封、纪念邮戳，都选用了这枚《抗战军人纪念邮票》作为图案。

1942 年，全民族抗战进入了最艰苦的岁月。为了沟通山东各战区的通信联系、有效打击日本侵略者，在中共山东分局和山东战时工作推行委员会的领导下，山东战邮总局于 1942 年 2 月 7 日在沂南县牛王庙成立，赵志刚任局长。

赵志刚（1908—1990），河北阜城人，1927 年加入中国共产党。全民族抗战爆发后，赵志刚奉派到山东诸城开展抗日救亡活动。1942 年，他到山东任战时工作委员会邮政总局局长。解放战争时期，他先后担任山东省邮政管理总局局长、华东财办交通部长、华东邮电总局局长、上海军管会邮政处长等职。1949 年后，他先后任邮

中国香港 1982“中国解放区邮票展览”目录

赵志刚

电部邮政总局副局长、办公厅主任、部长助理、副部长兼纪检组组长等职。他是第五届、第六届全国政协委员会委员。

山东战时邮务总局于 1942 年 7 月发行邮票 5 枚，图案分别是：山东地图、战士冲锋、火炬、时代车轮和骑兵。这套邮票由张剑、王济让、韩寓吾 3 人设计，其中张剑是主持人。据张剑回忆录《忆山东战邮第一套邮票的设制》中记载，总局发行的第一套邮票的设计印制时间约在 1942 年的四五月份，“这时省机关住在南沂蒙县南部某村（村名记不得了）”，应该就是莒南县南甘霖村。战邮老战士何子朋、谷春荣在回忆录《忆李旦复》中也提到，“1942—1943 年总局驻莒南县甘霖村时，他（李旦复）任总局邮务科长并兼任实验邮站站长”，与前者所述时间相吻合。4 月，赵志刚局长在南甘霖村创刊《山东战邮报》后，部署设计、印制、发行邮票。当时《大众日报》社编辑部、印刷厂就在邻村南高庄村，因赵志刚兼任《大众日报》发行部部长，邮票的印刷条件不成问题。邮票印制时最开始是用油印，由于效果差且废票较多，后来改为石印。

1938 年，侵华日军调集了 5 万兵力，分 25 路向晋察冀边区腹地的五台、阜平、涞源等地大举围攻。晋察冀边区军民在中共中央和八路军总部的指挥下，经过 40 多天的激战，粉碎了敌人的围攻，保卫了根据地。这枚邮票上有“纪念邮票”字样，可以看出，它是为纪念边区军民抗战而发行的。

1941 年 2 月，华北区冀南抗日邮政总局发行了《冀南抗日邮票》一套 3 枚。其中，第 1 枚邮票的主图为中国地图，左右两边分别印有“团结进步”“抗战建国”字样，上方印有“冀南抗日邮政”字样，下方印有“中华民国二十九年”字样；第 2 枚邮票的主图为抗战游行示威队伍；第 3 枚邮票的主图为抗战中的黄土高原。

1944 年 1 月，山东胶东战时邮局为了拥军优属，根据省局的精神，与胶东军区和行政公署印制了 4 种免资贺年明信片，分发给部队及地方干部及抗日军属使用。这些明信片上的祝颂语分别是：“恭贺春节”“敬贺春节”“恭贺新年”“并祝进步”“恭贺新春”“并祝进步”。4 种明信片的图案分别是：毛主席挥手、指引人民群众奋勇前进、军民联防保家园、春耕大生产。

韩挺于 1938 年加入中国共产党，全民族抗战期间在胶东打游击。他曾经给在蓬莱教书的陈光寄去了这种免资贺年明信片。陈光老师将寄自不同地点的多枚贺年片一直保存到中华人民共和国成立后，使之成为集邮界不可多得的珍贵的革命文物。

1944 年 3 月发行的毛泽东像邮票是中国发行的第一套毛泽东像邮票。1945 年发行的朱德像邮票、中共第七次代表大会等纪念邮票，在中国人民革命战争邮票中都

胶东免资贺年明信片

是首次发行。

2. 纪念抗战胜利发行的邮票

1945年12月，山东战时邮务总局发行《抗日民族战争胜利纪念》邮票一套4枚，其中3枚票为单色票，另一枚20元面值票由绿、红、蓝三色套印，这是中国人民革命战争邮票中第一次使用铜版三色套印的邮票，也是最早发行的一套纪念抗战胜利的邮票。该邮票原拓的作者是李善一，他曾经在山东《胶东画报》社工作。1945年春，李善一到胶东党校学习，此时，恰逢胶东战时邮务管理局请他设计邮票。李善一用他酷爱的版画技法设计了这套邮票，画面上是毛泽东主席挥手向前的侧面像，其构思源自同年4月在延安召开的中国共产党第七次全国代表大会，毛泽东主席在作《论联合政府》的报告时，指明了中国革命的方向。这枚邮票的原拓一直被李善一珍藏。1982年10月，在北京举办的“伟大的祖国 可爱的北京”集邮展览上，这件邮票的原拓片得以向观众展示。

1945年，日本侵略军在中国战场上接连遭到失败，日本国内又遭到美国原子弹的重创。8月10日，侵华日军将请降书托瑞典政府转达同盟国一方。8月15日，日本天皇颁布无条件投降敕令。同月21日，乞降使节飞抵湖南芷江，接受关于日军受降的重要文件——《中字第一号备忘录》。9月8日，何应钦飞抵南京，于9月9日上午9时代表中国政府主持中国战区日本投降签字典礼。中华邮政总局于10月10日发行了《庆祝胜利》纪念邮票一套4枚。

日本宣布无条件投降后，八路军晋察冀部队解放了张家口市。为隆重纪念全民

“大抗战”邮票

“小抗战”邮票

族抗日战争胜利，晋察冀边区邮政管理局从 1945 年 12 月开始，在张家口发行了《抗战胜利纪念》邮票。该邮票先后发行了两种版别，图案完全相同，但票幅相差很大。率先发行的一版票幅规格较大（35 毫米 ×42 毫米），全套 8 枚，俗称“大抗战”。4 个月后，又发行了票幅较小的一版（20 毫米 ×21.5 毫米），全套 15 枚，俗称“小抗战”。抗战胜利纪念邮票的设计方案，采取在边区机关内公开征稿的办法。在十多份应征稿件中，由华北联合大学集体创作的《八路军健儿疆场杀敌图》最终入选。邮票设计图稿为八路军骑兵和步兵英勇杀敌的场景，是对抗战历史的真实记录。此套邮票于 1947 年 5 月停售。

此外，为声援中国的抗日战争，美国邮政总署于 1942 年 7 月 7 日发行了一枚《中国抗战五周年纪念》邮票。这是美国历史上第一枚用外国文字组成中心图案的邮票，也是美国第一枚印有中文的邮票。在邮票设计时，罗斯福特意要求将邮票面值设为 5 美分，这是当年美国寄往中国的航空信件的基本资费。美国发行这枚《中国抗战五周年纪念》邮票意义重大，时任中国外交部部长的宋子文亲赴白宫，接受美国罗斯福总统赠予这枚纪念邮票。

三、启用抗战宣传戳和纪念邮戳

抗战期间，各地邮局以多种形式支持前线将士，并积极宣传抗战，其中刻制带有抗日内容的邮戳起到一定的宣传作用。

美国发行的《中国抗战五周年纪念》邮票

“御侮救国、誓复失地”邮政宣传戳

这种纪念邮戳最早可以追溯到 1931 年。

1931 年九一八事变发生后，抗日怒潮席卷全国。很多爱国人士纷纷主张抵制日货、不为日本人打工。福建厦门邮政工会刻制了一种宣传戳，戳上的文字是：“唯一救国方法就是不买日本货，不作日本工，不坐日本车。”反映出反帝爱国的热情。这枚宣传戳用作加盖在邮件上，起到很好的宣传作用。

1932 年是九一八事变发生一周年，中华邮政总局通令所属各局一律使用“御侮救国、誓复失地”字样的宣传戳，用作加盖在邮件上。同年 10 月 16 日，邮务总局工会通知各地统一启用“纪念抗日殉难邮工，誓死收复东北失地”字样的宣传戳。

1945 年 9 月 2 日，中国抗日战争胜利结束。中华邮政总局通令各地邮局一律使用带有“抗战胜利纪念”字样的纪念邮戳。该纪念邮戳的使用日期分为两种情况，属于大后方的重庆等地邮局为 9 月 3 日使用，而收复的沦陷区南京、上海等地为 10 月 10 日使用。

1945 年 9 月 9 日，在南京举行了本侵略者投降签字仪式。当天南京邮局使用了带有“中国战区日本投降签字典礼纪念”字样的纪念邮戳。

1945 年 10 月 25 日，在台北举行了中国政府收回台湾仪式。这一天被定为“台湾光复节”。为此，台湾邮局使用了带有“台湾光复纪念”字样的纪念邮戳。

保存至今的“中国战区日本投降签字典礼纪念”纪念邮戳

第二节　各地坚持开展集邮活动

全民族抗战时期，中国共产党创建了敌后根据地。在华北、华中各抗日根据地先后开办了边区邮政、战时邮政或交通机构，并发行了多套邮票。由于大批青年学生、知识分子投入到根据地参加抗日工作，他们之中有的本来就是集邮爱好者，有的在革命斗争中萌发了收藏的兴趣，因此在抗日根据地的革命队伍中出现了一批集邮者，他们在极为艰苦的环境下坚持集邮，其中部分人在“区票”收藏领域卓有成就。

全民族抗战开始后，随着国民党军队在正面战场的失利，大批机关、学校、工厂迁往后方，使内地的经济、文化发生了重大的变化。内地的大城市由于商人、职员和知识分子空前集中，特别是到了1938年年底抗日战争进入了相持阶段，大后方相对稳定，外来的和本地的集邮者相互往来，集邮活动也逐渐兴盛起来，出现了成立集邮组织的呼声。于是，各邮票会相继产生，会刊相继问世，并且通过邮刊的媒介作用，沟通着内地和沦陷区之间集邮者的联系。

一、抗日根据地集邮者的艰辛收藏

从1937年9月至1945年9月，各抗日根据地先后发行邮票48套229种，其中除普通邮票外，还有纪念邮票、专用邮票、欠资邮票、无面值邮票、加盖改值邮票。抗战后期，山东战时邮政于1944年发行了中国首套毛泽东像邮票，还发行了邮资（免资）信封、明信片等。

抗日根据地邮票内容丰富，如晋察冀边区临时邮政总局1937年发行的《“半白日”图邮票》、1938年发行的《抗战军人纪念邮票》，1941年冀南抗日邮政总局发行的《冀南抗日邮票》，1942年晋冀鲁豫边区交通总局发行的《代邮券》，早期山东战邮邮票以及华中抗日根据地淮南区、盐阜区、苏中区等邮政机构发行的邮票，都较为难得，引起根据地内外很多集邮者的收藏兴趣。

1. 在战争中坚持集邮的军人

由中国共产党领导的八路军、新四军队伍中，有多位邮票收藏者。沈曾华、杨雪林、居洽群、田辛、钱敏、胡辛人、朱星南等人在艰苦的战争条件下，坚持收集抗日根据地邮政发行的邮票和资料，为以后对这些的邮票研究打下了良好的基础。中华人民共和国成立后，这些人成为新中国的集邮家。但是，这个时期各抗日根据地内的集邮行为是自发的、分散的，有些甚至是无意识的，基本不存在群体性的集邮活动。

1937年10月，就读于山东临沂简易师范学校的周之同，在抗日救亡大潮的感召下，还没等到毕业就毅然投奔延安参加了革命。在“抗大”学习期间，他不忘早已在家乡萌发的集邮爱好，精心保存了在此收集到的边区邮票。此后，他被分配到八路军115师，先后担任参谋、营教导员。又在转战于山东抗日根据地期间，陆续收集到山东战邮发行的加盖“总局之章”的

“火炬图”邮票，以及“耕牛图”“掷弹图”与“朱德像”等邮票，长久悉心保存，并成为他集邮生涯中的难忘记忆。

周之同（1914—2012），山东沂南县人，1936年开始集邮，1937年10月奔赴延安，在艰苦卓绝的环境中坚持集邮。1938年，他从抗日军政大学毕业后，到八路军115师当参谋。在转战山东期间，他收集到山东战区邮票。在战争年代，周之同是从搜集历史文物角度出发收集邮票的。在抗日战场上，很多八路军战士将打扫战场获得的邮票，作为战利品送给周之同以纪念，并且伴随了他的一生。1949年后，周之同曾任中国人民解放军总政治部文化部副部长等职。1982年，他当选为中华全国集邮联合会第一届理事会常务理事。2003年，周之同被授予全国集邮联第一批名誉会士。

周之同

杨雪林原是上海一家绸布厂的工人，全民族抗日战争爆发后，他积极投身于救亡运动，于1938年年底参加了新四军，先后担任连指导员和营教导员等职务，战斗在淮南的路东和路西一带。大约在1943年，他对邮票产生了兴趣，在战斗的间隙遇到机会就收集一些。1945年6月，杨雪林从军队调到地方工作，奔波于苏皖和山东等根据地。1946年6月，新四军北撤山东，要求轻装前进。当时，有人清理出一些邮票，连同装邮票的牛皮纸信封准备烧掉，杨雪林觉得太可惜，就捡回保存起来，一直带在身边。20世纪80年代，这批幸存的邮票，被发现有许多不曾露面的珍品，如淮南区无面值邮票《加盖“暂作”改值邮票》多种，使这套邮票从原先的5个品种增至14个品种，其中木戳手盖的8种、铅字机盖的6种。再如淮南区《津浦路西区邮票》“邮筒信封图”10分票，是现存的孤品。盐阜区邮票和苏中区邮票中，加盖“AIII”代号戳的正盖“暂作平邮”苏中区邮票、加盖左读“改新抗”的盐阜区邮

《津浦路西区邮票》“邮筒信封图”10分票

郑挥

盐阜区 1 角加盖“新抗”再盖“改新抗”邮票

票等，均不同于已知的品种。

郑挥，1930 年出生于上海，11 岁开始集邮。抗日战争期间，他为上海地下组织放哨、传递信件。1945 年，郑挥去苏北参加新四军后在华中建设大学和山东大学文艺系新闻班学习，曾从事宣传工作。1939 年，他的大哥、大姐发起创办了“海藻文艺社”并出版期刊，陆续培育了一批抗日战士和干部。他那时帮助大哥送信、打杂，从此便爱上了集邮。

当年，郑挥的父亲工作的印书馆印制了一批精装集邮册，打算送给客户，后来剩下一本，父亲便拿回家送给郑挥，让他爱不释手。这本集邮册并没有跟随他太久，等到他欲前往苏北参加新四军时，由于路费不够，他决定卖掉集邮册和所收藏的邮票。不料遭遇到奸商，收到了一笔假币。后来，郑挥在地下党的帮助下，筹到了 1000 元钱，才能最终成行。1945 年，他去苏北参加新四军后，在《大众日报》社、《鲁中南报》社和《前卫报》社工作过。

原南京邮电学院党委副书记李之林，1937 年参加革命，1943 年后在苏北盐阜区工作，当时收集了一些根据地发行的邮票和货币，他把这些邮票贴在苏北出版社出版的《大众字典副册》的封三上。直至 1981 年，集邮家王菜元发现，其中一枚盐阜区蓝色帆船图案 1 角加盖“新抗”再盖“改新抗”邮票，为当时国内外目录所未载，应是较为罕见的盐阜区邮票。于是，李之林将这枚邮票捐献给国家，受到了奖励。

在抗日战争最艰苦的 1942 年，19 岁的张国兴参加了八路军。刚参军时，他在冀热辽军区某部当收发员，为部队首长收发文件和整理档案。后来他担任了交通队队长，率领七八位交通员接送来往部队和传递从敌占区投递的信件。这些经历，为他后来的集邮生涯埋下了宝贵的种子，并且留下了难忘的记忆。

张国兴（1923—2018），出生于河北迁安，1942 年 6 月参加八路军。他是从战争硝烟中走来的集邮家。1987 年他离职前，曾任广州军区后勤部副部长等职。1988 年，张国兴担任了广州驻军老年集邮协会会长，两次被选为广东省邮协副会长。2000 年，

张国兴

他当选中华全国集邮联第五届理事会理事。他的邮集《中国人民军事邮政野战军军邮（1949—1951）》获得全国首届老年邮展大金奖加特别奖、第16届和第17届亚洲国际邮展大镀金奖。2007年，他被授予中华全国集邮联合会第二批名誉会士。

2. 洪流保存的“盐阜区005邮票”

洪流1940年到苏北盐城参加革命工作时，随身携带了两本集邮册。因为当时根据地内很少有人集邮，他在盐城就成为人所共知的集邮爱好者。据洪流回忆：在盐城，人们都知道我是唯一的集邮爱好者。一些热心人特别是交通站的工作人员，发现有好看的邮票常常主动送给他，使他的邮票收藏收获很大。到了1946年夏天，洪流已经收集到根据地新票360多枚、信销票700多枚，另有实寄封20多件。战友们还曾送给他苏维埃邮政“旗球图”半分邮票和晋察冀边区的《抗战军人纪念邮票》等早期珍贵的邮票。

虽然这些邮票在1946年国民党军队向苏北解放区发动进攻时散失了不少，但保存下来的仍有许多较为珍贵。如淮南五角星加盖“稿”字邮票、盐阜区加盖“新抗”四方连邮票、苏皖边区火车图邮票厚纸十二方连等，其中最为珍贵的是盐阜区“005”邮票。该票是苏北的盐阜区在敌军封锁的形势下，由盐城县交通局自行用木刻板印制的。图案参照苏中区帆船图平邮和飞鹰图快邮邮票，全套邮票有3种，分为“本区交通平”“本区交通快”和“秘密”。每枚邮票上均有阴文“005”字样。这种邮票印出后仅在战斗频繁的环境中使用了不到两个月，待盐阜区邮票发下后，剩余的“005”邮票就全部销毁了。洪流收藏的全套“005”邮票，就成了盐阜区邮票中仅存的品种。

3. 居洽群的“区票”收藏

1941年，居洽群参加新四军领导的抗日民主根据地财经和教育工作。到苏北根据地后，他集邮的兴趣不减，每到一处就设法购买当地的邮票，也随时注意收集根据地邮票发行和使用情况的资料。1943年，他在做财经工作时第一次见到根据地无面值绿色帆船图案的“平”字邮票，并保存了一枚。以后又见到火炬图的“机”字邮票和飞鹰图的“快”字邮票，即开始有目的地搜求。

居洽群为了收集根据地的邮票，除了向熟悉的同事索要外，还准备了一个小集

盐阜区“005”邮票

邮本，一有机会就用实物向别人说明集邮的意义，以获支援。1945 年冬在兴化听报告时，他翻开集邮本，引起身旁一位同事的注意。这位同事从一个夹子里，取出 7 张苏中区有面值邮票的黑色大样票送给他，他竟兴奋得竟忘记了道谢。1946 年，苏皖边区邮局公开出售邮票，居洽群便买来邮票与外地邮友交换。由于居洽群既重邮品、又重史料，因而积累了丰富的藏品和相关的研究知识，使他较早地辨别出几种印有“十月决战”“全民生产”等口号的“皖江邮票”是伪品，这在当时是很不容易的。1946 年，他第一次为《近代邮刊》写稿，介绍苏皖边区邮票，后经钟笑炉改写为《苏皖边区邮票综述》，发表在 1948 年无锡集邮研究会会刊《邮友》第 18 期、19 期上，成为最早向集邮界系统介绍华中抗日根据地邮票的文章。

居洽群（1912—2003），江苏宝应人，自幼集邮，1928 年加入新光邮票会，并担任该会负责人。1941 年，他参加了新四军，热衷于区票的收藏，对区票的制版、印刷、发行、使用以及真伪辨别都有研究。1958 年，居洽群向邮电部建议创办邮票博物馆，并两次向国家捐献出自己珍藏的区票 381 枚，其中有大量珍罕邮品。1982 年，他当选中华全国集邮联合会第一届理事会理事，2003 年被授予中华全国集邮联合会第一批名誉会士。

居洽群

4. 沈曾华保存的“稿”字邮票四方连

沈曾华在抗日战争初期就投入了救亡运动。1942 年春，他受中共党组织派遣，从上海到新四军驻扎的苏北根据地工作。在紧张的战斗生活中，沈曾华仍坚持通过各种办法，搜集根据地邮票和实寄封。在他工作的县委机关里，只要公务员把信包一打开，他总是先看看有没有各抗日根据地的邮票。平时，他总是把搜集到的邮票，小心翼翼地整理好夹在小本里。有时行军打仗，一夜要跑 100 多里路 . 在环境最艰苦的时候，许多东西都被扔掉了，他的邮票却舍不得扔掉。

1943 年 8 月，沈曾华因调回江淮大学工作，即将离开苏皖交界的盱嘉县委机关。临别之际，兼任本区党委机关报《新路东报》通讯员的战友周世民，把夹在笔记本里的全新的“稿”字邮票四方连，送给他留作纪念，两人相约胜利后再相会。然而，他们两人一别几十年竟无音信。37 年后，当《集邮》杂志刊出沈曾华的集邮回忆录和“稿”字邮票四方连后，周世民才与沈曾华取得了联系。二人久别重逢，成为邮坛上的一段佳话。沈曾华保存了许多极为珍贵的华中抗日根据地的邮票，包括淮南区各套、各版邮票，有的是全张，有的贴用在实寄封上。他还收集了陈毅、邓子恢、

淮南区“稿”字邮票四方连

沈曾华

谭振林、粟裕等新四军领导人的实寄封几十件，被公认为区票专家。而他因战友相送得到的“稿”字邮票四方连，经过数十年的时空变幻，早已成为一件具有传奇色彩的存世孤品，引人瞩目。

沈曾华（1922—2006），又名曾丰秧，江苏淮安人。1940 年，他在上海麦伦中学读高中时发起成立麦伦集邮协会，油印出版邮刊《邮集》，1941 年年底举办过邮展。1942 年，沈增华参加新四军后，仍坚持集邮，收集各边区邮票。1982 年后，他曾当选中华全国集邮联第一至五届理事会常务理事，此外，他还是国家级邮展评审员。他的《华东人民邮政》邮集曾获 1990 年伦敦世界邮展金奖，中国 1999 世界集邮展览大金奖加特别奖、国家大奖，成为在世界邮展上获此殊荣的第一位中国人。2003 年，他被授予中华全国集邮联合会第一批名誉会士。

二、抗日根据地邮票的保存与流传

随着中国共产党开辟和领导的抗日根据地的影响不断扩大，由根据地邮政发行的各类邮票也引起越来越多的集邮者的收藏热情。这些集邮者中，既有根据地内的人士，也有国民党统治区的人士，还有海外的各界人士。

1. 国内其他集邮者对“区票”的收集

曾经先后加入了甲戌、新光邮票会的徐敏，是陕西一名年轻的集邮者，曾在中华邮政服务。他于 1940 年 1 月以后接受上级派遣，到陕北的肤施（即延安）邮局工作了一段时间。由于他在《新光邮票会会员录》中留下“肤施邮局转交”的地址，曾引得一些国统区的邮友去信，询问有无特殊邮品。徐敏托人找到一些陕甘宁边区早期——陕甘宁特区时期的邮票，当集邮者或同事来信询问、索要边区邮票时，他均回信附赠一枚邮票，聊表心意。1941 年，

陕甘宁特区发行的“中华邮政”《农耕图》1 分邮票

徐敏到西安访问当时任职于陇海铁路局的集邮家阎东魁时，赠送了陕甘宁特区发行的“中华邮政”邮票半分、1 分票各一枚。后来，徐敏保留及赠送出去的陕甘宁特区发行的“中华邮政”邮票，与其他集邮者收集的同类邮票，成为“此票不假”的有力证据，为陕甘宁特区邮票的认定提供了确切的物证。

韩居宣自幼喜欢集邮，尤其喜欢收集实寄封。1944 年他由山东胶县回黄县看望生病的母亲，适逢日伪军下乡抢粮，他便到根据地的三哥家暂避数日。来到根据地后，他请三哥去找根据地的邮票和实寄封，三哥真的找到了两件实寄封以及 4 件未使用的拥军信封。这些拥军信封上印有“拥军函件”“免费寄递”等字样，落款为“胶东战邮”，这是他从来未见过的。韩居宣把它们带回胶县后，将 3 件拥军信封赠送邮友，自己留下 1 件，长期保存。

2. 外国集邮者的区票收藏

自从抗日根据地邮票诞生之日起，就受到国外集邮者的关注，并通过各种渠道寻觅收集。抗日战争时期，曾有美国友人写信到抗日根据地，索要边区的邮票、纸币。在晋察冀边区阜平县出版的《救国报》上，就曾刊登过一篇根据地的街头诗（时间大约为 1938 年至 1939 年），其内容为：“在纽约，那远远的海岛，美国的朋友写信来，要临时邮票和边区钞票，他说这是无上的至宝！”反映出一些外国朋友对抗日根据地邮票的重视和渴望得到的心情。

在收集抗日根据地邮票的各界人士中，还有凭借自身的外侨优势、可以出入根据地的外籍集邮者和神职人员。德国人浦山是一家打蛋厂的老板，全民族抗战前住在北平，妻子是中国人。他也是个兼职邮商，出版刊物并售卖区票。一度活跃在河北省省会保定一带的美国集邮家、基督教“公理会”传教士胡本德（H. W. Hubbard），曾参与北平中美邮票会编写邮票目录。在大力支援中国抗日战争的同时，他不仅设法转交过从加拿大寄给工作于晋察冀边区八路军战地医院的白求恩大夫的家信，而且还曾在进入晋察冀边区根据地之际，购买到“半白日徽图”“全白日徽图”以及“抗战军人”等许多边区邮票，用于自己收藏并与人交换。1940 年前后，胡本德来到北平“公理会”任职，邮商沙伯泉曾从他手里买到过这些边区邮票。另外，天津的天主教堂法国籍神父马乐，曾到冀中的深泽、献县一带传教，也曾利用往返根据地与沦陷区的便利，购买到晋察冀边区发行的各种邮票，转售给天津的邮票社和集邮家。

三、其他抗战军人的集邮活动

七七事变后，很多热血青年纷纷投入到全民族抗日救国的斗争中来，其中不乏爱国军人。在他们当中就有集邮爱好者。他们将集邮册随身携带，无论走到哪里，都不会忘记对邮票和信封的收集。

汪剑魂是一位抗日将领，一生酷爱集邮。1930 年，汪剑魂 24 岁时考进中央陆军军官学校，受训后又被吸收入中央军校高等教育班第二期受训，1933 年毕业。那一年，日军大举进攻我国华北地区，汪剑魂以 40 军庞炳勋部 230 团副团长的身份，奉令和宋哲元、商震、于学忠、关麟征等部队在长城一带阻击日本侵略军。1936 年，汪剑魂被派到山西太原，担任晋绥大专学生集训总队部的总教官。全民族抗战开始后，汪剑魂奉命归队，担任第三兵团第 40 军庞炳勋部第 39 师第 115 旅上校副旅长。

在抗日战争的戎马生涯中，汪剑魂所收集的邮票始终不离左右。在他的指挥部里，军用地图上经常利用中日两国邮票作为敌我双方攻守进退的标记。他根据每天的情报，综合战况，用邮票在地图上作业指挥，实为古今中外战史所罕见。因此，他被称为“将军集邮家”和“邮侠”。

在台儿庄血战中，汪剑魂亲临前线指挥，不幸身负重伤，被送到后方的汉口野战医院治疗。1938 年 6 月他出院后，因身体虚弱，不宜再上前线，先后在重庆、成都两地的大专生集训总队部任总教官，这使他接触邮票的时间多了一些。

这一时期，有许多内地迁来的政府机构、高等学府、企业单位、社会团体，都聚集在重庆、成都两地，其中不乏集邮人士。同时，两地邮票商社也应运而生。面对邮票社这一新兴事物，汪剑魂有这样一段记述：“好像是一种奇迹，谁会想到寂寞消沉的锦官城内，居然也有‘邮票社’的出现呢？‘丞相祠堂何处寻，锦官城外柏森森’……”从这段回忆可以想象到，抗战时期成都城区的各邮票社门庭若市，是汪剑魂从未见过的景象。

1937 年 9 月，国民政府成立了“军邮总处”“军邮承转局”，并在各军、师及独立旅成立了“军邮业务局”，方便军人通信，使用军邮邮戳。当年，汪剑魂率部抗日途经沧州时，曾去沧州邮局加盖“军邮特戳”信函。有一天，他刚进入邮局就遇到日军飞机前来轰炸。躲过空袭后，他又继续盖销“军邮特戳”，并将盖好的信件寄给各地邮友。当时，国内有许多邮刊相

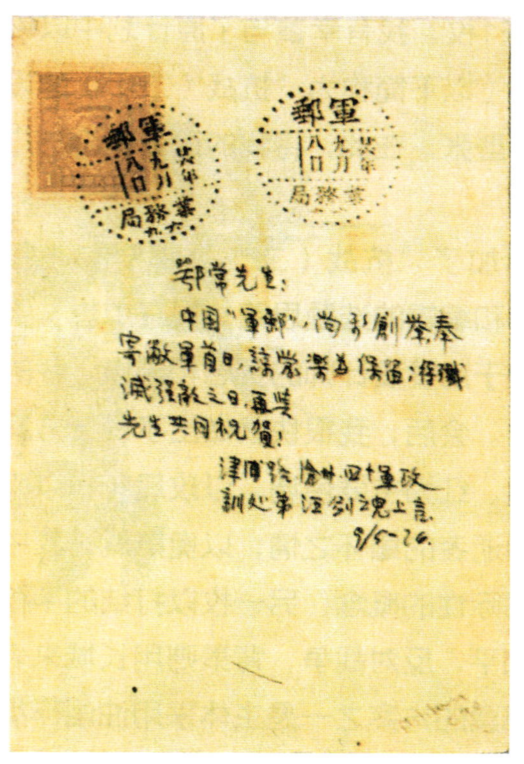

汪剑魂寄谢鄂常的军邮特戳邮件

继刊登过他从前线寄来的信函和稿件。汪剑魂在寄给邮友谢鄂常的邮件中这样写道：“鄂常先生：中国‘军邮’，尚系创举，奉寄敝军首日，谅蒙乐为保留；待歼灭强敌之日，再与先生共同祝贺！”落款是“津浦路沧州四十军政训处弟汪剑魂上言 5/9—26”。这段内容反映出汪剑魂对“军邮特戳”敏感的收藏意识，以及抗战必胜的信念。

据汪剑魂回忆：1938 年在与日军进行的一场惨烈的战斗中，他把从战场上缴获的日军的信封和明信片保留下来，并分别赠送给阎东魁、赵善长等邮友，被邮友们称作“血肉换来的邮片”。

汪剑魂

汪剑魂（1905—1996），四川资中人，职业军人，国民党军师长，少将军衔，抗日战争时期在台儿庄战役中负伤，一度回成都疗养。汪剑魂于20世纪20年代后期开始集邮，与太原黄绍斋联系密切，其藏品以片、封见长，军邮封尤为突出。他先后加入过新光、甲戌邮票会，参与创建了成都集邮会，并担任理事、交际部主任。他的邮识十分渊博，勤于笔耕，在战斗的间隙也不忘撰写文章，其代表作有《中国军邮之综合观》《玩物丧志与集邮》等文章。

叶季戎也是一位军旅集邮者。1937年7月全民族抗战爆发后，他怀着救国的热忱，加入了国民党军第23军潘文华部。叶季戎在司令部任译电员，不久随军部出川开赴抗战前线，这一年他刚刚20岁。军队生活虽然紧张，但叶季戎仍然不忘集邮。他随身携带集邮册，每到一地，尽可能寻找部队驻地的邮社，以购买新的邮票。他所在的部队出发后第一站到达重庆，并在那里驻扎了10天。叶季戎收到家中转寄的他在上海订购的邮票和邮册。当时，他看到邮册内有一小包长方块状的小纸，不知有何用，就丢弃了。后来他才知道那是专门用来贴邮票的胶水纸，于是他只好到商店买了一瓶胶水用来贴邮票。在重庆时，叶季戎想寻找邮票店，四处打听却无人知晓。

离开重庆，他所在的部队乘船沿长江到达汉口，又乘火车赴郑州，在郑州驻扎了十多天。叶季戎后来回忆道："那时根本不知有甲戌邮票会，更不知邮会就在郑州，无缘与一些知名集邮家相识。"随后，他随部队开赴南京。这时的南京处于临战状态，大街上的商店均关门停业，街道旁堆积着沙包掩体。

后来，叶季戎所在部队又在安徽芜湖驻扎了3天。他抽空在街上一个书店里打听当地有没有邮票社，店主告诉他梧桐巷有一家大同邮票社，并画了个简单的路线图。叶季戎找到那里，只见门上还挂着"大同邮票社"的小铜牌。他上前敲了很长时间的门，才有一位老妇人出来开门。叶季戎问她邮票社主人在否，她回道："因为战火临近，上个月店家就搬到乡下躲避去了。"叶季戎只得败兴而归。

紧接着部队又开到汉口，在那里驻扎了几个月。这期间叶季戎在第23军驻汉口办事处电台供职，闲时心里还想着找邮票商社的事。无奈战乱期间，百业凋敝，他虽多方寻觅和探访，但毫无结果。1938年2月，因祖父生病来电，叶季戎获准返回成都。

5个多月的部队生活和短暂的军中集邮经历，并没有取得什么收获。此后，叶季戎凭借自身的不懈努力和邮坛专家陈复祥的大力相助，其国邮收藏之宏富令人叹为观止。在他收藏的国邮正票中，除红印花小1元和"临时中立"等极少数顶尖珍邮

叶季戎

外，基本全部齐备，而且还有大量珍罕的变体票和样票，可谓珍品林立、洋洋大观。

叶季戎（1917—2003），四川成都人。他1936年开始集邮，其藏品以早期华邮为主，从1878年的大龙邮票到1935年所发行邮票基本齐备。他是成都邮会的发起人之一，并在抗战胜利后主编会刊《邮苑》，共编发该邮刊4卷27期。从20世纪30年代以后的60多年中，他先后撰写了集邮研究文章600余篇，并出版了《邮海话沧桑》一书，在海内外具有一定的影响。

四、陪都重庆的集邮活动

1937年12月1日，国民政府迁至重庆办公。1939年5月，重庆改为直辖市；1940年10月1日，重庆正式定为陪都。1942年6月，中华邮政总局迁至重庆黄桷桠。南京、武汉等地来重庆的一些集邮人士为排遣背井离乡的苦闷，重整旗鼓从事集邮。通过三五成群的聚会，营造了建立集邮团体的氛围；在热心人士的策动下，组织邮会，扩大集邮的社会影响，使陪都重庆的集邮活动活跃起来。

1. 交通部同人集邮会

交通部是集邮人士比较集中的机关，如郑汝纯、张枕鹤等集邮家都是交通部的职员。交通部从南京迁到重庆后，1940年由赵翔云发起，创建了“交通部邮人联谊会”，成为重庆最早的集邮团体，也是中国政府机关内第一个集邮组织。

交通部邮人联谊会最初只是一个内部社团，并无多大的社会影响。至1941年7月1日改组，易名为“交通部同人集邮会”，分设事务、会计、流通、研究4个组。当

中华邮政总局重庆局址（1945年）

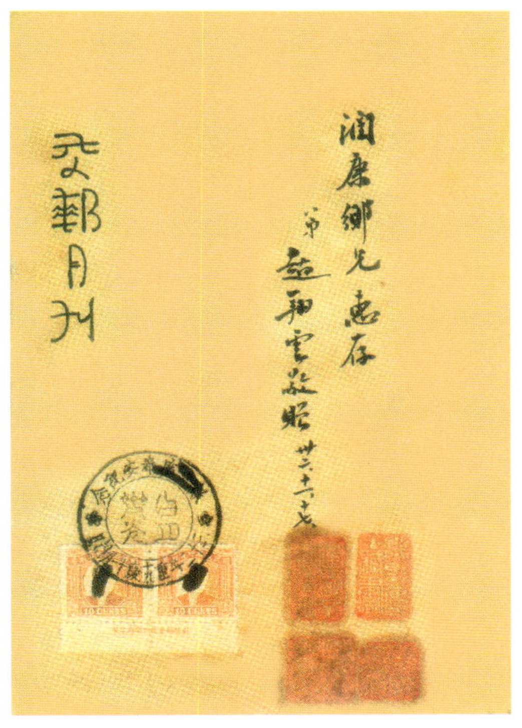

《交邮月刊》

时有会员 37 人，推举赵翔云为会长并主编会刊《交邮月刊》。该刊从 1941 年 10 月份起出版，誊写油印，每期 5—8 页不等。1942 年 9 月 20 日停刊。

交通部同人集邮会每星期举行邮人座谈会，欢迎社会上的集邮家参加活动。由此，它从内部邮会活动走向社会活动，加上《交邮月刊》的诞生，将邮会的影响扩大到更广泛的集邮者中，从而催生了重庆集邮界在更大范围内建立集邮团体的愿望。

2. 山城集邮会

1942 年 1 月 11 日，由赵达甫发起创建的山城集邮会召开成立大会。全民族抗战初期，赵达甫主理的义瑞商行成为重庆集邮者的聚会场所，他们在此交流邮识、交换邮品。当赵达甫提出建立邮会的动议后，很快得到邮友们的赞同。1941 年 12 月 20 日召开了筹备会议，决定成立山城集邮会和召开成立大会。郑汝纯、张枕鹤、赵翔云、姚秋农、乐美琮、嵇德英、党恩来、刘恒生、刘瑞章、郑大镛等数十人加入了这个组织。山城集邮会由赵达甫任会长，主持会务，会址设在义瑞商行，后来迁至长江南岸的玄坛庙于友里 61 号。邮会成立后，每星期日上午 9 时至下午 2 时有聚会活动，但出版《山城邮刊》的计划未能实现。山城集邮会吸收会员的条件，除要求入会者交纳会费外，还要求具有一定的集邮知识和相当的藏品，所以会员不多。1942 年 6 月，赵达甫因商业不得意和人际关系等原因，无法继续维持邮会的活动，山城集邮会便宣告解散。山城集邮会虽只活动了短暂的半年，但它毕竟是重庆最早的社会性集邮团体，并为此后重庆市邮票研究会的成立打下了基础、积累了经验。

山城集邮会解散后，部分会友仍然坚持每周的聚会，只是改在星期一晚上，在中华路 107 号郑大镛处研讨邮学、互通邮讯；他们还在每月的第一个星期日举行一次月会，商议会务和交换邮品。他们也曾商议重组邮会，但鉴于山城集邮会的教训，暂且不求形式上的组织，只以“陪都邮人座谈会”的名义活动。

3. 重庆市邮票研究会

1943 年 1 月，“陪都邮人座谈会”的组织者鉴于参加座谈会的邮友日渐增多，尤其是散居远地的集邮者也想与市区的邮友保持经常的联系，原来的形式已无法满足重庆集邮活动发展的需要，于是公推郑大镛、潘佑林、张枕鹤 3 人起草，由郑大镛执笔写出呈文，按照“非常时期人民团体组织法”的规定上报重庆市社会局，申请注册成立“陪都邮票会”。1月3日下午，陪都邮票会成立大会在都邮街邮政储金汇业局楼上举行。那时甲戌邮票会的主要负责人赵善长正好从西安调来重庆工作，于是，合并为欢迎赵善长的茶话会。郑汝纯代表重庆邮友致欢迎词，赵善长致谢词，而后当场捐出100元作为邮会的基金，引起众人附和，一时募得数百元。那天到会者约40人，大家推举郑汝纯为理事长。

郑汝纯（1904—1980），名熙，江苏苏州人，毕业于浙江省甲种工业学校，长期从事铁道科技工作。郑汝纯青年时代开始集邮，主要收集中国早期邮票。他热心赞助邮会活动，为中华邮票会会员，先后参与创办了新光邮票会和甲戌邮票会，为甲戌邮票会南京通讯处主任。郑汝纯所藏邮票于1939年日军轰炸贵阳时被毁。全民族抗战爆发后，他先后在南京、武汉、湖南、云南、贵阳工作，最后调到重庆，于交通部材料司任职。

申请成立邮会的呈文上报后，因邮会名称问题一时未获同意。几经磋商，直至1943年4月22日社会局才正式核准，邮会名称改为“重庆市邮票研究会”。邮会的发起人收到批复后，随即成立了9人筹备组，推举郑大镛为负责代表，由其主持拟定会章，并开始吸收会员。

郑汝纯

1943年6月6日，重庆市邮票研究会在林森路（今解放东路）宁波同乡会所召开成立大会，与会的有35名会员和社会局的代表。会上选举产生了理监事，并商定了分工。理事长为郑汝纯，郑大镛、张枕鹤、潘佑林、吴乐园为常务理事，姚秋农、党恩来、赵翔云等10人为理事，另有候补理事7人，常务监事、监事、候补监事等共7人。为纪念成立大会和提高会员兴趣，还刻有一枚纪念图章，由张枕鹤设计，图案为陪都广场“精神堡垒”的缩影，象征会员百折不挠。

郑大镛（1913—1964），字声宏，福建福州人，毕业于上海南洋公学工商管理系，全民族抗战时期去往重庆，在经济部平价供应处任职。郑大镛是新光、甲戌邮票会会员，主要收集中国邮票，对加盖“改作二角”“国内平信附加已付”“贵州改作五角”邮票及其加盖票等深有研究，曾在《陪都邮声》发表《各地发行改值票之种类》《各地渝版十六分改作五角票概论》《记东川涂改五角移位票》《节建票直中缝之间隔不同》等文章。

重庆市邮票研究会成立后，当年7月出版会刊《陪都邮声》。该刊为双月刊，16开，铅印，每期4页8版，前8期用土黄薄纸印制，其后改用土白薄纸，无卷号。该刊先后由吴乐园、张枕鹤主编，共出版了11期，前10期在抗战时期出版，1945

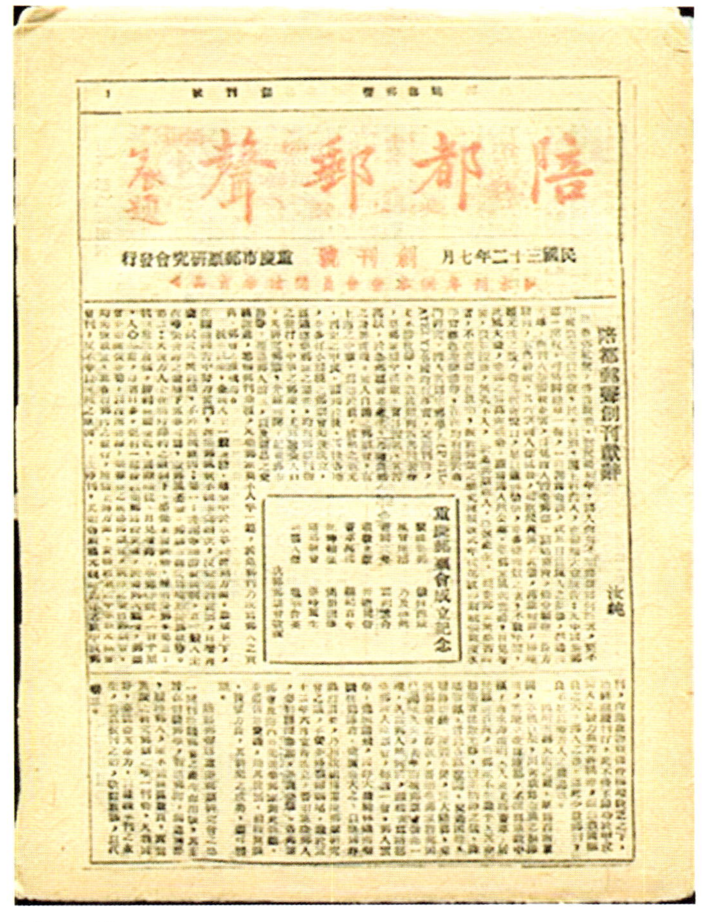

陪都郵聲

民國三十二年七月　創刊號　重慶市郵票研究會發行

陪都郵聲創刊獻辭

重慶郵票會成立紀念

《陪都邮声》

年 12 月休刊。

《陪都邮声》刊载过的主要文章有：赵翔云的《国邮的编排分类法》（连载）、张枕鹤的《中国台湾票与台湾民主国票史略》、赵达甫的《寓教育于集邮论》《谈谈鸳鸯齿》、艾元俊的《新疆公文贴用之商榷》《保真戳》等。

由于在会刊上和《甲戌邮刊》上刊登了吸收会员的消息，加之重庆又是这一时期全国邮政总局的所在地，因此成都的吴孔昭、贵阳的郭润康、昆明的万灿文、西安的吴乃器、兰州的杨世昌、上海的钟笑炉、无锡的张筱庵、龙泉的蒋伯埙、常德的魏墨怜等纷纷加入。重庆市邮票研究会虽冠名为一个城市的邮会，实则影响整个大后方及长江中下游。至 1945 年 4 月，该会的会员人数已达 567 名，成为当时国内举足轻重的集邮团体。

重庆市邮票研究会于 1944 年 6 月 4 日召开了第二届会员大会，出席的会员有

40余人。此次大会改选了理监事，仍由郑汝纯为理事长。在二届一次理监事联席会议上，调整了组织机构，改设文书、会员、会计、服务、流通、编辑、发行、研究8个组，其中的编辑组由张枕鹤任主任。1945年春，二届三次常务理事会再次调整组织机构及各部主任，主要是把流通组并入服务组。这时办事的主要骨干为张枕鹤、郑大镛、艾元俊、陈允良、蒋维、赵翔云和赫崇佩。

重庆市邮票研究会成立以后，当地集邮者以“提倡高尚娱乐、交换邮识、研究邮学”为荣，视“提倡集邮、保存国粹”为己任，集邮风气从而迅速蔓延，重庆也成为全民族抗战时期全国集邮活动的重要基地之一。

4. 涪陵邮票会

位于重庆东部长江与乌江汇合处的涪陵，受重庆市邮票研究会的影响成立了涪陵邮票会。1945年7月7日，涪陵的集邮者在公园里的民众教育馆聚会，议定邮会的名称，第二天就在一位姓任的邮友家里召开了筹备会，拟定邮会章程草案。7月22日，成立会在邮友屈后斌家召开，共有会员12人，推举张绚秋（名德辉，笔名“畏邮小子”）为会长兼宣传，陈南屏为总务。到会的9人在会前还去照相馆摄影留念。邮会成立时刻用了一个纪念图章，除文字和日期外，画面图案为中国地图和火炬，寓意光明照遍全国。涪陵邮票会从成立的时候就明确要以重庆市邮票研究会为“保姆”，以甲戌邮票会为导师，并且争取金竹、成都邮会的支持。会员每星期四聚会一次，他们讨论了对新发行的纪念邮票的意见，要求通过重庆市邮票研究会向有关部门转达。不久，因抗战胜利，人员离散，该邮会随之解散。

涪陵邮票会成立纪念图章

五、西南和西北地区的集邮活动

西川邮政管理局所在地成都，是大后方开展集邮活动的又一个重要基地。成都邮人筹划集邮团体的时间，比重庆市邮票研究会创建的时间还要早一些。

1. 成都集邮会

1941年，由成都集邮家吴孔昭、汪剑魂、王育中、李有年、潘志复、李弗如6人发起，提出在集邮者之间召集小型聚会，以促进相互间的友谊、增加邮识和扩大交换邮品的想法，当即得到当地邮人的一致赞成。1941年11月—1942年6月，成都邮人座谈会按月择周日举行一次，共计8次。在第6次座谈会上，吴孔昭当众提议正式成立邮会，邮友们一致赞成。筹建邮会的工作就此开始，由李弗如起草简章，公推李有年暂负会计、文书、流通之责。

1942年7月12日，成都邮票会正式成立，并于同年10月10日出版会刊《邮苑》

中華民國三十一年十月十日　郵苑　創刊號

郵苑

第一卷第一期

發刊詞

孔昭

本刊定價

廣告刊例

本會成立之後顧與前瞻

弗如

本期贈送　歡迎入會

《邮苑》创刊号

创刊号）。1943年7月，邮会改名为成都集邮会。该邮会以“除专门研究邮票学识外，毫不涉及其他问题”为要旨，推举吴孔昭为主席理事，李弗如、李有年、汪剑魂等为理事，分设总务部，办理吸收会员、处理建议、提供咨询，由李有年负责，以其住宅上升街17号为会所。

李弗如（1894—1979），山东济宁人，先后任职杭州青年会及河南、西川中华圣公会。他从20世纪20年代初开始集邮，主要收集片、封、简、戳，特别是对收集地名邮戳注入的心血最多。其藏品水平高，讲究邮戳所盖邮票与地名的关系。李弗如在杭州青年会任干事时，参与新光邮票会的创建。甲戌邮票会筹建时，他已调到开封青年会工作。1937年，李弗如由赵善长调入铁路系统，到郑州协理甲戌的会务。1940年，他以夫人庞凤侣的名义开设了蓉锦邮票社。

李有年（1914—1983），四川成都人，20世纪20年代后期开始集邮，主要收集中国邮票，以旧票组集，讲究品相，所藏皆为销印上乘之精品。李有年于1940年开设西南集邮社，1942年创办《西南邮刊》，同时负责《甲戌邮刊》的印刷、寄发事务。1943年，李有年出川抗敌。1944年，李有年回蓉，开设锦星社，仍做邮商，并恢复《西南邮刊》，出版至1947年停刊。李有年是新光、甲戌、重庆、金竹等邮票会会员。

因为李有年1943年9月下旬曾一度出川，故成都集邮会会所改在升平街52号吴孔昭寓所。成都集邮会的审查部负责鉴定邮票，由李弗如负责；流通部负责调剂会员复品、代购新邮、代办请求盖销纪念邮戳，由虞文彬负责；编辑部负责编辑、出版会刊，由王育中负责；另设会计、出版、交际部，分别由王佩仓、周文钦、汪剑魂负责。

会刊《邮苑》原拟出版双月刊，由于编辑部主任王育中因事离蓉去渝，从第3期起改由吴孔昭主编，同时接受读者意见，由单张报纸式改为24开书本式，增加篇幅，刊期改为季刊。因向内政部申请出版登记证等缘故，第1卷第4期相隔了14个月才得以出版，由林名均主编。此后又经过9个月，至1945年6月才出版第2卷第1、2期合刊，由王一士主编。主要文章有：比木（即林名均）的《西川加盖改作五角票之研究》、李有年的《西川改作贰角票之版式研究》、李弗如的《发行改值数票之管见》等。

成都集邮会的活动除出版会刊外，主要为每月第一个星期日下午在会所举行的月会，会后还有邮票拍卖。由于通货膨胀严重，邮会单靠会费难以维持会刊出版，因此，除由会员捐助外，还采用了“捐而不募”的方式征集基金，即由认捐人垫出一定资金，汇总后存入银行以本生息，邮会以利息贴补经费的不足。

全民族抗战时期，蓉城除成都集邮会外，还有一个私人间联络邮谊的小聚会，由杨锡觉、吴孔昭、林名均、龚光宗等人发起，每逢周四下午相约茶馆谈邮，“因每四必会，故以四会名之”。后因闻讯参加的邮友日增，茶馆多有不便，乃移至李弗如寓居的圣公会。四会的集邮活动情形类似上海的“邮星小集”，“或啜茗，或便餐”，来去自如。“四会”一直维持到1949年10月。

成都邮票会的成立，推动了当地的集邮活动。1943年元旦，首届蓉城集邮日活动在成都望江公园举行。1945年年初，华西大学的成恩元等邀集本校及当时同在成都华西坝的燕京大学、金陵大学、金陵女子大学、齐鲁大学的十余名集邮者，成立了一个“大学邮票研究会”，推举李世玺

十万知识青年从军入营纪念图章

为理事长，成恩元等为理事。该会曾于当年 2 月刻用“十万知识青年从军入营纪念”图章，呼应四川知识青年响应号召、从军入营、准备抗击日寇的事迹。抗战胜利后，这些大学各自迁归，大学邮会解散。

2. 金竹邮票会

1942 年，金竹邮票会在贵阳成立。全民族抗战爆发后，沿海等地的集邮人士如郭润康、严澄孚、陈家骧、龚其康、惠全安等纷纷来到贵阳工作或定居。20 世纪 40 年代初，贵阳的集邮聚会最初在青年会兴起。青年会夜校部的学员郭润康、彭植榕、陈世富等都爱好集邮，青年会干事惠全安则在小卖部陈列和出售邮票，于是这里就成为邮友常来的地方。1942 年 6 月间，他们在惠全安的支持下，挂出一个用邮票拼成的“征求集邮同好”字样的镜框。消息传出之后，有 30 多人前来登记，由青年会出面，柬邀召开集邮茶话会。

6 月 28 日同好聚会期间，大家希望成立一个邮会，便于活动。经过商议，当即成立“金筑邮票会筹备会”，决定此后每星期日下午在青年会聚会。7 月 5 日召开第二次会议，散发《在筑集邮同人通讯录》，并在会上交流邮识和互换新邮。在 7 月 12 日的第三次会议上，有人顾虑“金筑邮会”的名称会招惹政府当局的查处。因为金筑是贵阳的别名，当时属于“非常时期”，人民结社不仅要有“合法”的条件，而且须经国民党及其政府许可。为了省却麻烦，筹备会决定就以“青年会集邮组”的名义活动，核心组织的名称也改为干事会，并

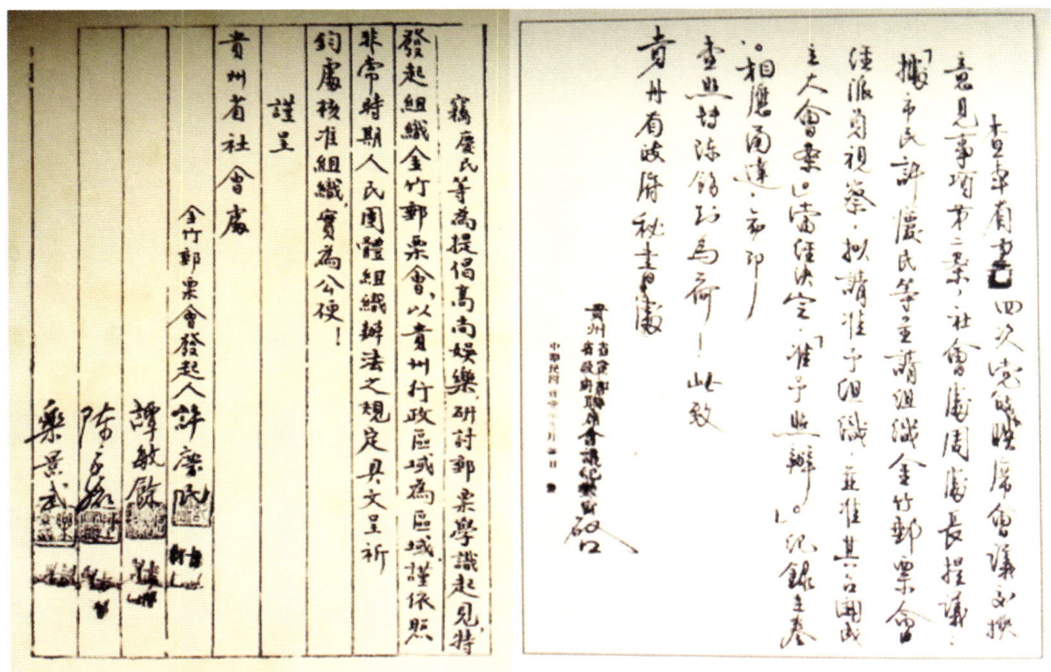
竊慶民等為提倡高尚娛樂，研討郵票學識起見，特發起組織金竹郵票會，以貴州行政區域為區域，謹依照非常時期人民團體組織辦法之規定具文呈祈鈞處核准組織，實為公便！

謹呈

貴州省社會處

金竹郵票會發起人許慶民

譚敏啟

陳[illegible]

梁景武

查本府[illegible]四次党政聯席會議交換意見事項第二案，社會處周處長提議：「據市民許慶民等呈請組織金竹郵票會，經派員視察，擬請准予組織，並准其召開成立大會案」，已當經決定：「准予照辦」。紀錄在卷，相應函達，希即查照飭知為荷！此致

貴州省政府秘書處

貴州省社會處

貴州省社會處关于金竹邮票会成立的批文

从当天就开始收取会费。7 月 26 日，青年会集邮组举行了第一次邮票拍卖，出现了当地集邮活动前所未有的盛况。

在 7 月 19 日青年会集邮组第二次干事会后，许庆民认为邮会附属于青年会使开展会务难免受到限制，还是成立独立的集邮团体为好，以便同外地邮友广泛联络。他和任善震、郭润康牵头，约集了 31 人填写申请书及详细履历、签名盖章，共同作为发起人，并将邮会名称改为“金竹邮票会”，于 7 月 28 日向贵州省社会处登记。金竹是生长于黔中的一种植物，又是贵阳的古名；金不畏火，竹性耐寒，故邮会以此为名，寓意奋斗与坚贞。经贵州省政府和国民党贵州省党部召开联席会议讨论，决定“准予照办”，并于 8 月 14 日取得了社会处批准。8 月 23 日，金竹邮票会成立大会召开，会场设在大西门三元宫内的新生活运动促进会礼堂，同时举办了邮展。因对外开放，吸引了很多民众前来参观。

金竹邮票会第一届理监事会由 10 人组成，许庆民、任善震、严澄孚、郭润康、陈家骧、龚其康、谭敏余为理事，黄干民为常务监事，乐景武、商澜波为监事；推举许庆民为理事长，任善震为副理事长。该会于第二年增补了 2 名理事。至 1944 年改选，仍由许庆民为理事长，不设副理事长，而由任善震和郭润康为常务理事。

1942 年 9 月出版会刊《金竹邮刊》，由任善震主编。后因任善震体质孱弱，自第 2 卷第 2 期起，主编由郭润康担任。1943 年 1 月 4 日，邮会又向社会处报告，把活动范围从原来规定的“以贵州行政区域为区域”扩大至全国各地，但未获批准。然而邮会早已吸收了很多省外的会员，会刊上也登有许多省外作者的来稿。《金竹邮刊》为 32 开本，先为双月刊，1944 年起改为月刊，每年一卷；1946 年 6 月出版第 5 卷第 3 期后停刊，共计 35 期。其中第 1 卷为 2 期，第 2 卷为 6 期，第 3、4 卷都是 12 期，第 5 卷为 3 期；每期印量为 1000 份。

金竹邮票会于 1943 年 8 月 22 日召开成立一周年纪念大会，会后举行了邮票义卖和拍卖。金竹邮票会成立后，很快就与各地邮会和邮友建立了联系。1943 年 6 月 26 日，邮会第 7 次理事会决定，聘请赵善长、郑汝纯、吴孔昭、万灿文为顾问。1945 年 1 月 7 日，第二届理事会第一次会议决定，增聘陈志川为顾问。至 1945 年 7 月，邮会已有会员 840 人，其中包括许多

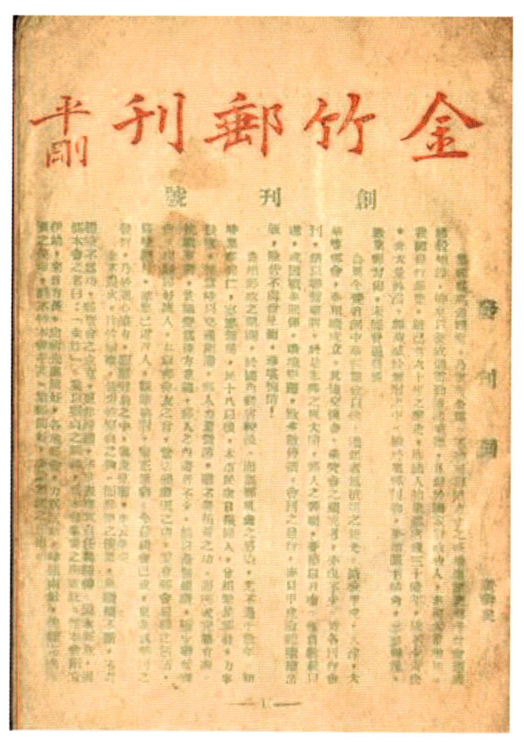
金竹郵刊

創刊號

《金竹邮刊》

外地邮友，遍及川、滇、陕、甘、湘、桂、粤、闽、赣、浙、沪，几乎包括了当时西南、西北、华南和上海所有最为活跃的集邮家。

云南过去很少有人集邮，全民族抗战时期其改变了昔日闭塞的状态。那时候，昆明邮市比较活跃，新集邮者不断增加，但当地并未建立集邮团体，于是本地集邮者纷纷加入外地邮会。金竹邮票会在贵阳成立后，除昆明外，云南还有 17 个县都有它的会员。云南集邮者加入新光、甲戌和金竹邮票会，与万灿文的热忱不无关系。1940 年他在云瑞中学执教时，就在校内提倡集邮，有 100 多人爱上了这项活动，占全校学生的三分之一以上。

万灿文

万灿文（1904—1959），笔名目则生、隐峰，云南蒙自人，童年开始集邮。万灿文 1926 年在北京参与了北京邮票交换会活动，1927 年考入北京大学，1928 年加入新光邮票会并担任北平通讯处主任。万灿文热心邮会活动，乐于为邮友服务，毕业后曾应张包子俊之邀，协助处理新光会务、编辑新光会刊。万灿文回到云南后，先后在蒙自、昆明等地从事教育工作。1934 年，他加入甲戌邮票会，任云南通讯处主任，1936 年任甲戌邮票会委员。1937 年，他曾任新光邮票会理事、国外部主任。1939 年新光会在上海恢复活动后，他担任昆明通讯处负责人。1942 年，他加入了金竹邮票会，1944 年受聘为顾问，经常为《金竹邮刊》撰写文章。

全民族抗战时期，迁至内地的浙江大学在黔北的湄潭设有一所分校，为其理、农二院。校内有 10 位同学爱好集邮。1945 年 6 月 30 日，他们聚集在一起座谈，一致同意组织邮会，第二天上午就召开了湄江邮票会成立大会，主要负责人为吴楠选、雷通明等。他们曾筹划创办会刊，欢迎当地的集邮者入会，希望全国的邮友供给邮识和报道信息，还要聘请资深集邮家为名誉会员。不久抗战胜利，浙大返回杭州，该邮会也就停止了活动。

3. 金城邮票会

1944 年 4 月，兰州成立了金城邮票会，陈明述为理事长，张用宾、丁宝铨为常务理事，杨世昌、马鸿宾为理事，另有常务监事、监事 3 名，并分设各部；总务部由马鸿宾兼主任，出版部由候补理事戴礼轩兼主任，服务部由杨世昌兼主任，研究部由陈明述兼主任。邮会成立后，各地邮友闻风响应，至同年 10 月，已有会员 122 名。邮会成立不久，会长陈明述因所在电报局工作紧张而坚请辞职，总务部主任马鸿宾又于当年 8 月因事去往重庆，邮会事务大部分落在了七七事变后来到兰州的张用宾身上。

张用宾（1906—？），笔名冰，江苏常熟人，1937 年在香港工作时开始集邮。1942 年，他到甘肃玉门老君庙工作，这时的他主要收集外国信销票。随后他又到兰州甘肃水利林牧公司任业务处襄理兼文书科长。1944 年，他参与创办金城邮票会，担任第一届理事会常务理事。1945 年 11 月 25 日，金城邮票会召开会员大会，理事会和监事会改组为干事会，张用宾任总干事兼宣传部干事。

杨世昌（1916—2005），陕西泾县人，1942 年毕业于西北工学院电机系，曾任兰州电厂工务员、副工程师等职。杨世昌主集中国邮票，曾出品参加兰州邮展。他是金城邮票会发起人之一，为该会及《金城邮刊》的后期主持人。他的早期邮文散见于《甲戌邮刊》、《蓉锦邮灿》、《邮讯》（重庆）、《金竹邮刊》、《金城邮刊》、《近代邮刊》《邮话》等刊。

会刊《金城邮刊》于 1944 年 6 月 1 日创刊，因为经费困难，创刊号只印了 300 份，部分纸张还是由任职于兴陇公司造纸厂的永久会员姜锦春捐助的，仅印刷费就

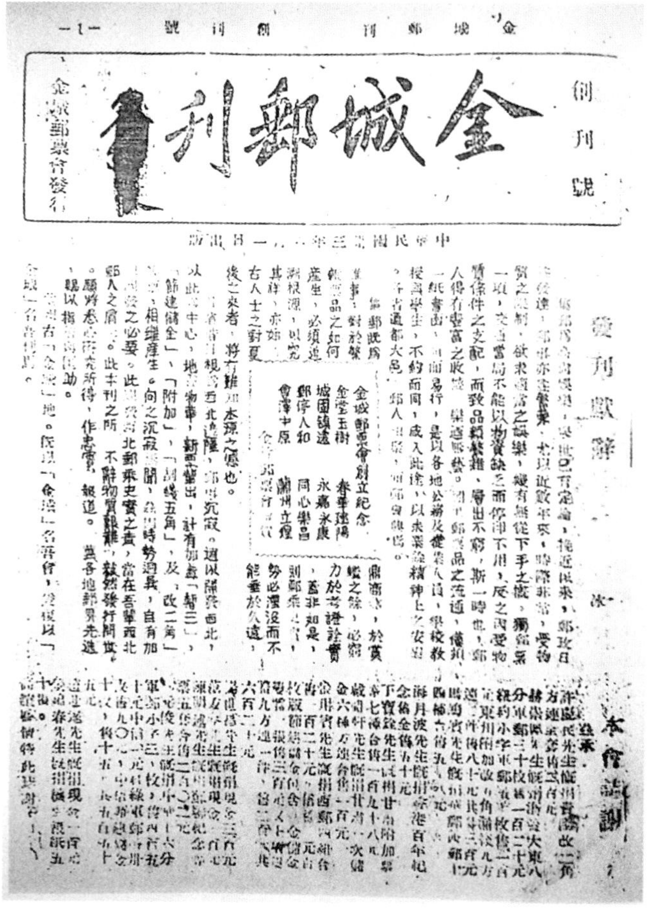
金城郵刊　創刊號　—1—

金城郵刊

創刊號

金城郵票會發行

中華民國三十三年六月一日出版

發刊獻辭

金城郵票會創立紀念
金堂玉樹　春華踵陽
城固鎮遠　永嘉永康
郵停人和　同心樂昌
會澤中原　蘭州立煌

《金城邮刊》

耗去了普通会费的一半。第二年除会费外，另加收会刊费，会刊才按双月刊的计划出版。在 1945 年 8 月 1 日出版的会刊上，张用宾和杨世昌联名发表了《各邮会联合出版会刊的建议》，也从一个侧面反映了当时兰州的物质条件实在恶劣，以及坚持出版会刊的难能可贵。《金城邮刊》每期 6 至 8 页，由戴礼轩（即戴无涯）主编，第 10 期起由杨世昌主编，直到终刊。所刊主要文章有：陈明述的《甘肃改作二角之研讨》，戴无涯的《甘肃加盖节建储金邮票之初探》，丁宝铨的《甘肃“暂三”票分类之我见》，杨世昌的《涂改伍角票之种类》《论齿》《国民党五十年纪念票之版模》，党恩来的《新省节约建国纪念票及节建小全张概述》《新省储金邮票简述》，张用宾的《甘肃节建储金邮票之探讨》《改作票样张之报道》《邮片类举》《论邮风》，郭润康的《中信版票之变体》，艾元俊的《怎样发展集邮事业》等。

邮会成立后，每星期日上午举行周会，地点每次更换。因分别通知十分麻烦，后经商议决定，周会地点固定在杨世昌任职的兰州电厂。1945 年 5 月，因会员增多，电厂会客室常容不下，于是改在南城巷 20 号张用宾、戴礼轩、赵世暹任职的甘肃水利林牧公司举行。周会采取座谈方式，讨论会务，研究邮学，观摩、流通与拍卖邮票。

4. 其他集邮组织

1945 年 6 月 28 日，甘肃玉门老君庙油矿集邮者聚会，决定成立业余集邮会，并刻制“老君庙业余邮人座谈会”纪念图章一枚，供加盖。邮会决定以 7 月 1 日为成立日，推举郃逸周为理事长，廖均灵、郑晓坪为总务部干事，金兆潭、于霞农为会计部干事，张秋龠、戴培初为研究部干事。是年底，该会成为甲戌邮票会团体会员（2201 号）。会刊《集邮生活》由张秋龠主编，在邮会成立前已出版。

老君庙业余邮人座谈会纪念图章

自 1942 年起，关内前去新疆的人员逐渐增多。1943 年，在重庆中央银行工作的党恩来调到迪化（乌鲁木齐），当地的集邮活动更加活跃。经常在中央银行迪化分行参加聚会活动的还有王蔼云、殷仲子、于东海、桑新如、金定湘等。

党恩来（1914—1987），辽宁铁岭人，抗战时期毕业于内迁四川的东北大学经济系，在重庆考入中央银行。党恩来少年时代开始集邮，为新光邮票会会员，参与创办重庆市邮票研究会，任理事和研究员。曾与邮友组织“业余集邮社”，合作进行邮票经营。他注重邮学研究，在各家邮刊发表邮文，如《新省储金邮票纪要》《新省二次航空票概观》《新省现行票简述》等。

党恩来供职的中央银行迪化分行与邮局仅一墙之隔，他与当时的邮局员工刘日痊、于东海、桑新如等非常熟悉。党恩来通过他们不仅买到了当时的一些罕少邮票，如“限新省贴用”百城凹版无齿50元邮票，香港大东版“实钮”8分邮票，上海加盖北京版“烈士”3分邮票以及北京版2角5分红字手盖邮票和“节约建国”手盖红字、黑字小全张。通过刘日痊介绍，他还从一位邮局退休员工那里买到了早已停售10年之久的“新省木戳航空”邮票新票数套。后来，每逢和别人谈起在新疆“挖宝”的收获，他都称那是毕生最大的集邮乐趣。在新疆短短的几年，使党恩来荣膺“新省邮票专家”的头衔。

阎东魁

六、甲戌邮票会被迫西迁

1934年成立的甲戌邮票会，在全民族抗战爆发前已有800名会员，与先期成立的中华邮票会和新光邮票会齐名。七七事变后，中华和新光都曾暂停活动，甲戌因在后方，会务未曾间断。甲戌邮票会的骨干主要是铁路系统的职员，也有在军政机关任职的会员。全民族抗战爆发之初，许多会员随机关迁往内地，但始终保持着与邮票会的联系，而且往往成为在当地普及集邮的积极分子。1938年2月，邮票会的主要负责人、会务委员会常务委员兼会计部主任赵善长和图书部主任阎东魁，随陇海铁路局总部从郑州迁至西安，而总务部主任周啸湖和流通部主任李弗如则已先期于1937年8月到达西安。他们人到哪里，会也办到哪里，虽然条件困难、物资紧缺，但因心怀众多会员的殷切期望，仍坚持出版会刊、联系会员，终于使甲戌邮票会成为大后方团结集邮人士最广、持续时间最久、信誉和声望最高的集邮组织。这一时期，该会的会刊能够持续出版，还能与各地会员保持密切联系，主要得益于赵善长和阎东魁。

阎东魁（1900—1992），字子明，山东德州人，是甲戌邮票会创始人之一。“甲戌”成立后，赵善长凭借其在陇海铁路局主管人事的关系，将阎调到郑州铁路部门，以便襄办会务和《甲戌邮刊》的编务。

全民族抗战爆发前，甲戌邮票会已在南京、上海、苏州、北平、天津、汉口、长沙、青岛、广州、昆明、临榆，以及美国、英国、法国、比利时、泰国等地设立了通讯处，扩充和联络会员。全民族抗战爆发后，因人员迁徙，冀、鲁、苏、鄂、湘、粤等处通讯处暂告停顿，而迁居内地各大城市的会员却日益增多，至1939年9月，福州、重庆、成都、贵阳的通讯处已相继建立。此后，西南、西北各省的集邮活动渐次活跃，而其骨干则不乏新光、甲戌的会员，但由于交通与通信的原因，他们与甲戌的联系更为密切。事实上，甲戌邮票会成了全民族抗战初期广泛联系与团结大后方各邮会组织及集邮人士的纽带。

在《甲戌邮刊》1938 年的新年纪念号上，发表了原会长王聘彦的祝词，题为《国难中过新年》。他写道："前线浴血抗战，犹当引吭高歌，以壮声威；后方埋首工作，焉可遽废学艺，自乱脚步。"他认为前线固须沉着应战，后方更要从容接济，只有安定、镇静而不乱秩序，才能持久抗战，争取最后胜利。研究邮学的团体也是社会的缩影，非常时期也应有相应的计划，维持其循序的进展。甲戌会员大多在后方工作，战时任务繁重，需要振奋精神。集邮者以自己的爱好来调节身心的健康，很有益处。王氏此文试图探讨在抗战时期开展集邮活动重要性的理论依据。

在同期会刊上，周啸湖以"啸父"为笔名撰文分析了七七事变以来集邮界的动向，并且首次提出了抗战时期的集邮口号。他认为居住在各地租界的集邮者生活相对安定、经济条件较好，希望他们居安思危，勿忘难民、伤兵的苦楚，负起国民应尽的责任，"集邮毋忘救国！"在后方机关工作的公务员，任重薪低，迫于敌机轰炸的恐怖，"在炸弹大炮声中玩邮票，可以锻炼你的胆气，测量你的镇定力"。还望他们"救国不忘集邮！"至于在战乱中散失邮集，甚至因失业而生活都成问题的集邮者，既已保住了性命，只有赶紧去寻找加强抗敌力量的途径，苦干一下，尽快实现"复兴邮集"和"收复失邮"的目标。

《甲戌邮刊》能够在印刷和纸张费用不断上涨、多次易地印刷的情况下坚持出版，可见甲戌邮票会的骨干们在抗战期间是怎样以坚韧卓绝的精神办理会务的。甲戌的会员也无时不为团体做出贡献，各地都有会员向邮会捐款，在会刊上经常可以看到会计部向捐赠基金的会员致谢。

为保障邮刊的印刷质量，邮会经常选择印刷条件较好的地方印刷会刊。1937 年在南京出版第 4 卷第 3 至第 8 期后，从第 9 期起，会刊迁回郑州出版。从 1938 年第 5 卷第 3、4 期合刊起，会刊迁至西安出版。第 7 期起，会刊改为双月刊。1939 年第 6 卷为季刊。1940 年第 7 卷为双月刊。1941 年第 8 卷至 1945 年第 12 卷都按季出版合刊。其间，1942 年夏季起在成都印刷；1945 年起在乐山印刷。抗战时期的《甲戌邮刊》，号召"集邮毋忘救国，救国不忘集邮！"会刊上常有集邮者遭受战争灾难的报道，以及激励读者发扬爱国情怀的邮文，如《血肉换来的邮片》（周啸湖）、《和日寇断绝集邮关系》（尚修）等。

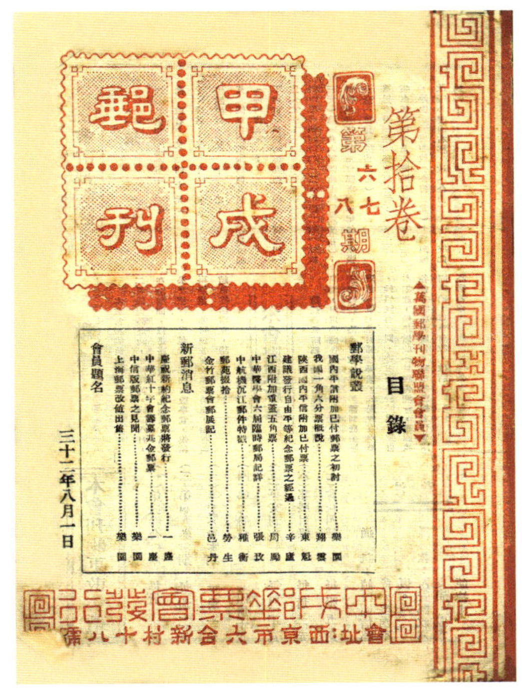

西安版《甲戌邮刊》

这一时期登载的重要文章有：阎东魁的《邮海珍闻》（连载），王聘彦的《邮学辞典草案》《集邮观感随笔》（连载），李相均的《中国邮务图志》（连载），赵善长的《邮票诞生百龄纪念》，万灿文的《邮话》（连载），汪剑魂的《漫谈军邮》，党恩来的《新省三次航空票概观》等。特别值得提出的是，1938 年 4 月 1 日出版的第 5 卷第 3、4 期合刊发表了赵善长的《晋省发行临时邮票》，介绍了晋察冀边区邮票，并评价其“具有特殊性质，集邮同志，务速及时搜罗！”

1939 年 7 月 1 日出版的第 6 卷第 6、第 7 期合刊，刊出黄绍斋的《记晋察冀边区邮票》，详细介绍了《“半白日”图邮票》《“全白日”图邮票》和《抗战军人纪念邮票》，并对此发表了热情洋溢的感想：“战事发生，迄今两载，在此过程中，惟以此边区邮票最足欣赏，乃吾集邮界仅有之珍品，各会友无不重视，故吾人当亦不厌多方探讨。”“甲戌邮票会在艰苦的条件下坚持办会，的确难能可贵。”

时居欧洲的甲戌邮票会会员姜治方，其大龙、小龙邮票及实寄封邮集，参加了 1944 年葡萄牙首届国际邮展获镀金奖。

姜治方获得葡萄牙国际邮展镀金奖牌

全民族抗战期间，对沦陷区的会员已经暂时停止了通信交换，而在内地各城市，则一直坚持未停。对这部分会员的邮品选购工作，阎东魁做得十分仔细，从登账、贴册、寄出，到收回、检视、记账、结算，无不清清楚楚，受到不少会员的赞扬。

甲戌邮票会迁至西安，也带动了当地的集邮活动。吴乃器（吴凤岗）、李羡文（李容）、叶增英、张瑞麟、吴廷琦、余经梁、郝煜、王琪桢、任德孚等先后加入甲戌邮票会。他们当中有不少人是陕西邮政管理局的年轻员工。由于当时邮局员工不准集邮，他们便采用化名或别号，不公开地参加进来。由于他们来自邮政部门，对邮政历史比较熟悉，因而为集邮学术研究提供了一定的帮助。甲戌邮票会的西迁，无疑是给西南、西北各省播下了集邮的种子。

七、沦陷区和“孤岛”的集邮活动

1937 年 11 月 12 日，上海沦陷。当时日本与英、法等国尚未正式交战，日军暂未入驻租界。这块弹丸之地依旧属于西方国家的势力范围，各种政治身份的中国人和外国人杂处其间，上海的租界成了日军包围中的“孤岛”。1939 年 2 月，中华邮政总局在“孤岛”上海设立邮政总局驻沪办事处，使用中华邮政上海供应处配发的邮票，维持邮政通信业务。在特殊的历史环境下，由于当时国内国际各方政治、军事、经济因素错综复杂的关系，“孤岛”时期的上海出现了意外的文化繁荣。集邮活动作为一项社会性的文化活动，在此时此地也得到了相应的发展。

滬郵局長擘劃
游擊區郵遞
先行恢復者有七處
重件包裹仍難收寄

自中日戰事爆發後、昆明郵政總局即委任上海郵政管理局局長乍配林主持蘇浙皖三省郵務、自國軍西移後、以上三省戰區擴大、郵遞亦相繼停頓、茲悉乍氏爲便利民衆投遞信函起見、不辭艱辛、擘劃恢復游擊區郵遞、即與各省郵政總局往返接洽、惟因水陸交通、皆未恢復常態、故將重件包裹、仍難收寄、據悉、蘇浙皖已先行恢復郵遞者、計上海區閔行・瀏河、江蘇區睢寗・連雲港・墟溝、浙江區塘棲、安徽區樅陽鎭、

《申报》1939 年 7 月 6 日报道了上海邮政艰辛维持业务的情况

1. 各沦陷区的集邮活动

日寇侵占中国东北三省后，在东北地区实行殖民统治，对东北人民灌输奴化思想。伪满洲国邮政发行的邮票大多由日本人设计，图案风格与同时期的日本邮票相近。由于邮票来源的关系，当时在东北的集邮者很多会同时收集中国邮票、伪满邮票和日本邮票。那时候，虽然通信受阻，东北地区的集邮者仍努力与关内同好经常联系。新光邮票会长春代理处负责人徐寿伯除为新光会刊供稿外，还积极地为新光发展新的会员，如开设艺光邮票社的邓庆余。原在黑龙江肇东的集邮者雷喜晨于 1940 年迁至吉林榆树，经邓庆余介绍，也加入了新光会。1940 年天津邮票会成立后，徐寿伯和沈阳的雷振甲都加入为会员，并为《天津邮刊》写稿。1941 年，二人还被推举为理事、会刊编辑和特约通讯员。

七七事变后，交通部于 1937 年 7 月 18 日密令各地邮局：“如遇地方情形紧急，非至当地机关及民众确已迁移不得不撤退，撤退时亦应于可能范围内在邻近安全地点暂避，并相机回局恢复业务，以便民众。确保当地政府和人民群众的通信畅通。”北平邮局遭到日伪干涉和侵夺，最先是从邮票被强行抢走开始的。10 月 13 日，日伪当局派遣人员持枪闯入北平邮局，宣称在张家口已成立了所谓的“察南邮政”的邮局，需要相当数目的邮票，责令北平邮局将邮票借给“察南邮政”，如不照办，必要时当强制执行。10 月 20 日，武装宪兵及特务占据了北平邮局，以暴力强行将 5 万元邮票抢走。直至抗战胜利，这 5 万元邮票也未归还。

北平沦陷后，那里的集邮活动并未完全停止。1941 年 6 月，北平的新光会员赵品三、伍长庚、蔡方选、张瑞枕、贺孔才、贺建之、林崧、苏耀南、张月庭、韦鸿彬、马起成、韦诚起、丁健壮、吴鸿选、王鸣岐、贺启之、王黎青、杨建邦、冯世五、陈芾棠、王宪周、李慕韬、张彤芳、李长琨、卢芝生等联合同具公函，呈请北平邮政总局设立集邮处，最终获邮局局长的承允，并于次月设立集邮处，集邮者大感便利。

河北的保定同仁邮票研究会，大约成立于1941年前，是以同仁中学教工和学生中的集邮者为主体的邮会，会长王承立。会友们经常在校内或会长宿舍聚会，切磋邮识、交换邮品，并以“保定同仁邮票会”名义在《天津邮刊》登载出让邮品广告；曾以该会名义印制《华北六处加盖邮票大小字类别表》，还举办过一次邮展。据王承立的儿子王治国回忆，他曾见过一张署名“同仁邮票研究会会员合影”的照片，前后两排约有10人，已确认者有同仁教师王承立、陶文祥、刘羡秋、马泽长等，此外尚有学生及校外人员。1941年年底，驻保定日军接管了基督教办的教堂、医院、学校，公理会中外人士遭到日军羁押，同仁邮票研究会的活动遂告终止。

江苏苏州是京沪铁路沿线距上海最近的城市，受上海影响，集邮风气较浓。1941年春，徐逢生、谈佐麟等发起创办苏州集邮会，徐逢生任会长，第一批会员共有37人。同年4月21日，该会在旧学前民众教育馆举行邮票展览会，历时3天，展品70余框，为苏州最早的邮展。该会总务部设在观前街264号，流通部模仿新光邮票会每周举行拍卖。当年6月10日，徐逢生、谈佐麟等在上海开会，落实会刊出版的工作，并推举3年前将五洲邮票社由苏州迁至上海营业的张景盂负责主编。为了适应接纳外地会员的需要，遂将邮会名称改为大华邮票会，会址设在苏州井巷9号。会刊《大华邮刊》于同年7月创刊，11月出版了第2期。

太平洋战争爆发后，大华邮票会停顿。此后，苏州集邮者仍不定期地在吴苑茶楼相聚，也曾举办邮票拍卖和交换活动。先是每星期六下午在观前街珍珠弄娑萝花馆举办邮票拍卖，后来改在护龙街（今人民路）周志克家举行，但不久也告中辍。大华邮票会曾促成“中国自有集邮史以来，邮人集团旅行实属邮界创举”（陈志川语）的沪苏邮人联谊活动。1943年12月18日，应徐逢生、谈佐麟之邀，海上邮人陈志川、郭植芳、杨成一、陈之逵、王纪泽、张包子俊、严西峤一行7人结伴旅游苏州，大华邮票会会员与上海邮人于苏州新亚酒家茶话联欢。1945年5月21日，苏州邮人在欢迎上海邮人王疆松莅苏的公聚宴后，又举行了一次邮票拍卖。同年6月，苏州集邮者诸绶熙、金德声、马珪芳、朱万钟等4人发起成立苏州邮人联谊会，以阊门内下塘街5号（崇真宫桥西堍）为会所，聘请吴晓谷担任理事长。

1944年10月，新光邮票会会员徐继尧从上海到无锡工作。他受张包子俊委托，带来了无锡邮友的姓名、地址，并经王祺生、窦莲荪奔走联系，预做准备，终于在11月26日下午邀集了14位无锡邮友，在北门外布巷弄他任职的中国农民银行二楼会议室举行联谊座谈会，酝酿建立无锡的邮会。到会者有徐继尧、王祺生、宣庆祥、郁璞、王志学、王学民、宋瑜、周慕生、张筱盦、张建秋、张鹤鸣、刘雨础、窦莲荪及龚菊成，王祺生还为这次座谈会设计了纪念图章和签名笺。此图章为圆形，内圈图案为惠山、锡山、鼋头渚灯塔，寓意聚沙成塔、前途光明；外圈有会议日期以及“无锡邮友座谈会创筹纪念”字样。邀请邮友参加座谈会的明信片上就盖有这个纪念图章。会议由徐继尧主持，他转达了上海邮友的问候，介绍了新光邮票会的活

大华邮票会苏沪联欢茶叙

动。邮友相聚，分外欢欣，畅叙邮事，稍舒积闷。大家盼望抗战的胜利，决议筹划成立无锡集邮研究会。但这个拟办的邮会直至抗战胜利后方才成立。

福州在抗战时期曾两度沦陷。1941年年初，魏琪光和陈冠英等曾发起成立集成邮票会，每半月出版会刊《会友消息》一期。该会刊除载专论和信息外，侧重会员复品买卖的服务广告，每年收会费1元。1943年10月10日，福州集邮家联合组织邮票会，称福建导邮社，公推阮景光为理事会主席，郑千里、王抱存为编辑主干，陈永蕃、魏叔彝、王谢燕、卢汝淮、刘磊等分任总务、会计、流通、事务各部理事，但因时局不稳和人员流动，该会的活动不多。

无锡邮友座谈会创筹纪念图章

在台湾南部，1940年由施有政、赖建铭、陈志春发起成立了东亚邮票会。最初由施有政主持，继由赖建铭负责。该会成立时有会员20多人，后增至40余人。该会会员以台南市人为主，另有嘉义、高雄、冈山、麻豆各地人士及少数日本人参加。该会曾编印《邮讯》及《会员名册》。因日本占领时期台南全市无一邮商，宝岛邮人通常采用通信方式函购邮品，故该会特约日本大阪邮商供应外邮，让会员选购，另由住在广州的会员魏为山供应华邮及粤区加盖票。上海和香港邮商也是该会会员收集华邮的主要渠道。沦陷时期，两岸邮人从日本邮票会刊物或其他中日邮刊上获得同好的姓名地址等信息，进而彼此通信。

2. 天津邮票会的活动

在全民族抗日战争正面战场的前线掠过华北之后，天津也因有租界的存在，顿时成了华北的“孤岛”。那里商贾云集、文人相聚，不少富户来此充当寓公，北平许多邮商也迁至天津劝业场经营。1939 年夏，集邮同好在聚餐会上谈道：虽然天津的集邮风气日炽，同好虽多，但平日缺乏联系，没有沟通邮识的机会。于是，倡议成立邮会。只因当年 6 月 14 日洪水肆虐，不少集邮藏品遭洪水浸泡，成立邮会的事被耽搁下来。后经雷润生、李东园、张伯江、范兰如、冯国栋、宋慧泉诸人努力，终于在年底拟定了会章，做好了成立邮会的准备。

1940 年 1 月 7 日，天津邮票会成立大会在永安饭店西餐部举行，有近 30 人到会。会前，还展出了李东园收藏的数页邮票精品。李东园在会上介绍了邮票会成立的缘起及章程草案。章程通过后，推举雷润生为会长，李东园为副会长兼编辑部主任，孙宝琳为审查部主任，张伯江为会计部主任，冯国栋为拍卖部主任，范兰如为交际部主任，柯缦庭为出版部主任。从此，天津邮票会就以雷润生所在的新泰兴洋行为会址。李东园不仅担任会刊的编辑出版工作，又兼了总务部主任，联络会员，成为邮会的台柱子。张伯江兼了文牍部主任，孙宝琳兼了广告和刊务部主任，又推举李信甫为宣传部主任。雷润生则捐出《邮乘》《邮讯》《邮典》等邮刊，主持图书临时保管部，接待会员借阅。

雷润生（1891—1963），名浩然，河北冀县人，1923 年开始集邮，为中华邮票会会员。他主要收集中国邮票，以旧票组集，兼集新票和变体票。在他的旧票邮集中，凡遇所缺品种，就会暂时用新票代替。他甚至常愿意以新票换取同类旧票，两者虽有差价（通常是新票贵一些）也不计较，所以他在邮友中颇为人所称道。

李东园（1901—1979），天津人，童年就读于教会学校时受传教士的影响而开始集邮。他主要收集清代邮票、商埠邮票、外国在华邮局邮票，藏有多种民国初期的试印样票，在邮票史研究上有独特见解，并兼集钱币。

天津邮票会的会刊为《天津邮刊》，1940 年创刊，32 开，杂志型，每年一卷。第 1 卷出版了 6 期，第 2 卷为 4 期。《天津邮刊》先后由李东园、黎震寰担任主编，代表性文章有：李东园的《民国试印票考》《德璀琳邮集飘零录》《清帝国二次蟠龙黄一分“壬字头”破角邮票变体之研究》《新疆航空试航首日封及其他》《平津邮局怠工戳》，连载文章《继鹤斋藏邮散记》，孙宝琳的《新疆木戳航空邮票之研究》等。会刊自第 1 卷第 4 期起增设泉币栏目。该刊为全民族抗战时期华北地区唯一的邮会刊物，对全国有较大影响。

天津邮票会经群策群力，很是活跃。1940 年 2 月 4 日，邮会在泰康商场楼上举行首次邮票拍卖会，以后每月一次。天津邮票会的会员迅速增加，且有大量外地同好加入，一年后会员达 300 多人。该会的

《天津邮刊》创刊号

活动还向社会扩展。基督教青年会设立集邮班，是一种讲习班，聘请李东园为这个班的“领袖”，就是主讲导师。1940 年 2 月 1 日，举行了全体欢迎“领袖”联欢会。3 月 7 日正式开班，每两星期活动一次，印发讲义，观摩邮集，还筹备举行邮币展。

天津邮票会的成立与维持，推动了华北地区集邮活动的发展，到 1941 年年底，其会员已近 500 人。正当津会邮友壮志满怀，筹备成立二周年会员大会之际，太平洋战争爆发，日军进入租界，对沦陷区加强控制，并禁止结社和集会。伪政府的宣传部门要求各种报刊必须加印反同盟国和反共标语，否则不准出版。邮会理事对此一致反对，宁可停办会刊也决不接受无理要挟。于是，天津邮票会于 12 月 20 日向全体会员发出《紧要通告》：“值此非常时期，本会会务已难赓续进行……一俟将来有机会时，再行复会。”此通知刊登在延期出版的第 2 卷第 4 期会刊上。

3. 新光邮票会在上海恢复活动

上海原来就是中国集邮家的重要聚集地。日军侵华，不少外地的集邮家为躲避战乱，纷纷到上海安身。所以“孤岛”时期上海集邮界人物荟萃，这些集邮积极分子的活动，不仅构成了这一时期当地集邮活动的特色，而且也是中国集邮史上应该记下的一页。

（1）杭州总会移师上海，全面恢复会务

“八一三事变”后，杭州失陷，张包子俊的寓所（即新光邮票会的会所）被日军占用，大量书籍被毁，拟刊的新光会刊稿件也一并遭难。1938 年年初，张包子俊到了上海，与上海的集邮家和邮商们相会。当年 3 月起，经张赓伯、朱瘦桐（朱朴庐）、叶振伯等人努力，新光邮票会上海分会的拍卖部恢复了每星期日下午举行邮票拍卖的活动。拍卖会最初在包志良开设的黄浦

天津青年会集邮班

邮票社（南京路262号）举行，后来迁至慕尔鸣路（今北茂名路）285弄蕃祉里念慈小学内，从此不再间断。当时正值四方避难同好群集此地，为邮票拍卖能够持续创造了条件。而拍卖活动的恢复，则让新光会员增加了相聚的机会。每次拍卖完毕后，办事人员还发起组织邮友聚餐。这种聚餐会，实际上就成了新光邮票会的核心会议，或者说是全面恢复会务活动的筹备会。

1939年3月，停刊约1年半的会刊《新光》终于在上海出版了第7卷第1期，成为"杭州总会，暂移上海"的标志。张包子俊在第7卷第1期发表的《会务报告——停顿中的一年》，实际上是"新光"在上海复会的宣言书。他写道："二十七年二月，余已来沪，既不能作归计，只得在沪暂居，旧雨相见，惟相惋惜！集邮固为雅趣之一，但阅之足以消愁寄恨！同志竺敬业职业航空，曾函告我云：'上机××，下机看邮'，英威之气，寄予所好。故集邮一事，虽在乱世，亦不宜废。"竺敬业是一名中国空军，张包子俊在文中没有明写的是"杀敌"二字。这段文字表明邮人们把自己对集邮的热情不仅看成是一种"雅趣"，更当作是一种寄托对侵略者无比仇恨的方式。同期还刊载了总务部的通告，要求新旧会员重新填写入会书，希望各位会员尽力协助联系旧会员和征求新会员。

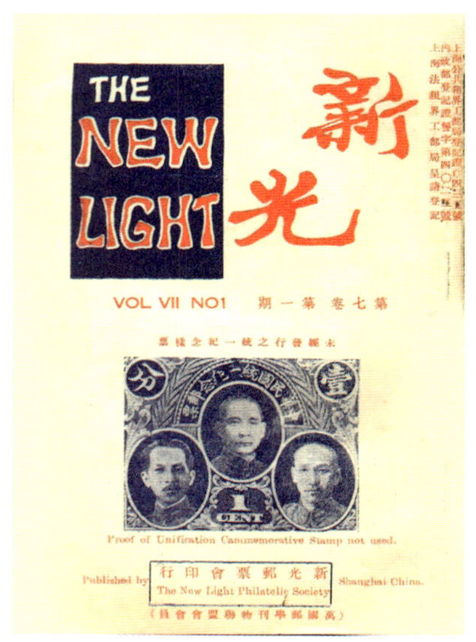

《新光》会刊

新光邮票会在上海全面恢复会务后，于1939年5月出版的第7卷第2期会刊上，通告取消华北、华南分会名义，但列出了北平、长春、福州、香港、昆明、成都、汉口、西安以及欧洲、美洲、南洋11个地方的代理人名址。在上海，除王振家的工作单位外，另有9家邮票商社也接受代理吸收会员和收取会费。1940年，新光又在重庆、天津、济南、南平以及越南增设了代理处。

王振家（1912—？），浙江上虞人，专集外国航空邮票，兼集华邮正票。新光会在上海复会之初，他集邮已有十三四年。王振家当时在中一信托公司做会计工作，并以办公室作为新光邮票会代理处，接受旧会员登记、新会员加入和交纳会费。他因责任心强，办事细致而深得邮友好评。

随着新会员的加入、旧会员重新登记，到了1940年年初，新光邮票会的会员已超过600人，同年9月底达850人以上，其中约五分之三为上海之外的集邮者，已接近七七事变前的水平。

新光会在上海复会后，本地会员兴致很高，不久就举行了一次扩大的聚餐会，到场会员有48人。席间由主席报告邮会移沪的状况，并由会计报告收支情况，同时举行会员间抽彩，实际上成为一次非正式的会员大会。餐后有拍卖活动，共 60 号拍品，成交总额为 307 元。会后，骨干们的兴致更高，动议此后经常举行这种会员及非会员均可加入的大型聚餐会。后经筹备，新光会于 7 月 25 日正式召开了年度会员大会，地点在上海文监师路 948 号陈复祥寓所举，有 100 多人参加。张包子俊会长报告了会务进展及拍卖部和编辑部的工作，宣读会计报告，推举理事共 24 名，其中本埠 19 名、外埠 5 名。接着举行拍卖、聚餐、会员交换邮品，抽签赠送主要由热心会员捐赠的邮票纪念品，至晚间 10 时。新光会复会的第一年，还组织会员承担了古今柬帖展览会和上海文艺展览会中的邮票展览。

1940 年是世界第一枚邮票黑便士诞生 100 周年，新光邮票会于 5 月 5 日在维多利亚饭店举行会员大会——“邮票百年纪念会”，实际上是一次大型的公开的综合性集邮活动。这次纪念会因为举办邮展，故有 1000 多人到场参观。活动现场同时开辟了邮票市场，供邮商设摊。参加的邮商有上海五洲邮票社、奥伦多公司、国粹公司等十余家。各家邮商均缴纳租金，以补偿会中开支。各家邮商全日营业状况极佳。

邮票拍卖会从上午 9 时即陈列拍品供人检视，于下午 15—18 时开拍，有 100 余人参加。然后还有聚餐、猜奖、摸奖、猜谜等活动，气氛十分热烈。聚餐会末，“维多利亚饭店主人出一生日（蛋）糕，大逾二英尺，糕上以糖粉铺成维多利亚女王之像，配以齿边，绘成一张可食之黑便士邮票，大为众人所赞许”。新光邮票会还为这次纪念会印制了纪念张，可以说是中国集邮活动纪念张的滥觞。该纪念张由范广珍策划，类似邮票小全张，中间为黑便士邮票图，左右为今昔交通之比较，上列中、英文“邮票百年纪念”“1840”“1940”字样，下列“新光邮票会”和它的英文缩写“NLPS”。全套同图异色的 2 种，为红蓝黑和黄蓝黑。另以同式图样加印在一部分明信片上。这种纪念张原来只印了 500 张，会上很快售完。纪念会后又加印了 2000 张，以供外地会员之需。

（2）新光会刊的兴盛

1939 年 3 月，会刊《新光》第 7 卷在上海复刊后，从第 2 期起，就由张赓伯协助张包子俊编辑。理事会分工后，张赓伯便一连 3 年挑起了会刊主编的重担。

张赓伯（1902—1972），名鹏，号翔九，江苏常州人。他中学时开始集邮，十分认真地收藏和阅读邮学书刊，邮识丰富。张赓伯早年加入中华邮票会和新光邮票会，还是第一个加入上海俄国邮票会的中国人。他专集中国邮票，重视收藏实寄封和邮政用品。他研究邮政史、邮票史和集邮史，对各种邮票印样，尤其是未采用图稿的试

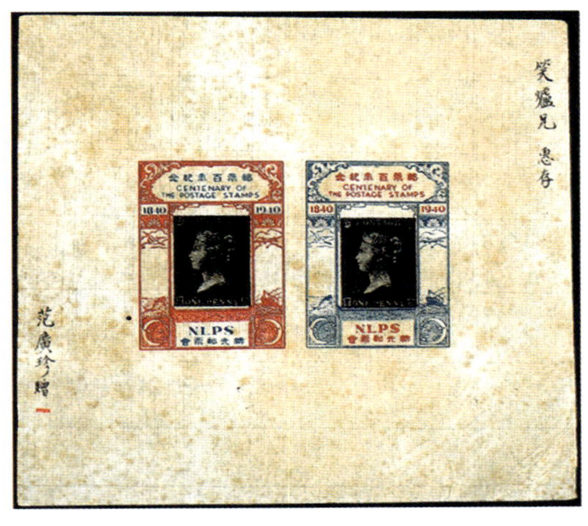

新光邮票会印制的黑便士百年纪念张

张赓伯

模样票有极大的兴趣，提倡为保存史粹而集邮。邮坛多称他为“邮史矿”，其在邮友中有很高的威望。

出版会刊最初遇到的问题是经济上的困难。会刊第3期的《编后语》载：“月刊的材料和印刷，是比较以前丰富和改良，但是一笔浩大的印刷费，使本会极大困难。若仅就会费的收入，恐怕还不足支持两期……所以我们惟一希望就是：（1）各会员和读者多介绍广告。（2）多介绍新会员入会。（3）设法使零售销数增多……希望诸位在（1）、（2）两点尽尽力、帮帮忙。”其实，此时的会刊已经办得相当精彩，不但从第7卷第2期起增添了彩色封面，而且刊登了不少好文章，如张赓伯的《无尽藏室邮话》连载、陈葆藩的《寄寸楼邮话》连载、陈复祥的《中国商埠邮票史》连载等。

在1939年7月出版的第7卷第4期上，张包子俊在《柬帖展览会中之邮票展览记详》一文中披露了一段“新闻”。文中提到：“最引人注目者，则为中国共产党邮票。邮票有江西、湘鄂及西北发行者多种。”在同年10月出版的第7卷第7期上，署名“则鸣”的《答邮徒君之集邮日记》一文中，介绍了晋察冀边区邮票，并在第8卷第2期上再以“则鸣”署名刊出《边区邮票纪略》，披露黄绍斋提供的《“半白日”图邮票》《“全白日”图邮票》和《抗战军人纪念邮票》的照片，以及谢鄂常提供的《“全白日”图邮票》实寄封的贴票部分。在第8卷第3期上还发表了寄萍的《值得纪念之一页》，叙述苏区建立苏维埃政权及其发行的邮票。

会刊经过群策群力，果然得到回报。在第7卷4期《卷头语》中，编者欣喜地告诉读者：“在前三期中，销数一期比一期好，舆论也总算不错，会员增添数比前两个月多了一倍以上，会刊的销路也遍及全国及海外。”会刊第7卷至第9卷，为24开本，每册平均43页。第7卷共8期，1940年2月起出版的第8卷共8期7册，1941年5月起出版的第9卷共6期3册。在这样一个非常时期，《新光邮票杂志》不但坚持出版，而且办得出色，这与邮会骨干的努力是分不开的。各位理事也时时在为邮会的经济操心。新光会刊能维持下来，很大程度上是依靠拍卖部所得的佣金的支持。1939年10月，邮局拒收寄往内地的印刷品，会刊只能转经香港送往大后方，但这势必增加邮费。由于会刊的成本超过会费收入，理事会决定暂停征收永久会员，同时成立基金保管委员会，设法积累资金，先由理事长张承惠捐了100元。

1940年时，张赓伯不仅主编新光会刊，同时又担任了中华邮票会的总务部主任及其会刊《邮典》的主编。起先他还信心十足，不料此时出现了稿荒，就连连载文章的作者也因病或者因为繁忙未能及时交稿，于是张赓伯在1941年第8卷第7、第8期合刊上，一个人写了2万字的文稿（几乎占全刊的三分之二），拿去排印，勉强出版。又因1940年10月起，香港邮局拒绝向内地转寄印刷品，新光邮票会于是在1941年的首次理事会上决定会刊改出两种。一种以《副刊》报道会务及简讯，以平信及时寄送会员；另一种以《杂志》刊登论文及连载，改为不定期的全年6期，暂时停寄外埠，唯对补寄会费的会员以挂号信件寄发。于是，张赓伯在1941年5至7月连续出版了3本会刊合刊后，总算功德圆满地完成了当年的任务。此后因太平洋战争爆发，日寇侵入上海租界，会刊再度休刊。

因杂志脱期，从1941年4月起，同时出版《新光邮票杂志副刊》，共7期；1942年12月，单独出版《新光年刊》一册，都由张包子俊主编。1943年4月，会刊再次复刊，改刊名为《新光会刊》。这次改刊后，会刊变为季刊，8开，报纸型，卷号接续前刊编为第10卷，由钟笑炉主编。1944年第11卷由陈志川主编，1945年第12卷由钟韵玉主编。

1942年下半年，新光理事们皆忙于筹备邮票展览，月刊最终未能出版，直至年末，勉强印出一本32开10页正文的《新光年刊》、一份16开4页的《会务报告》和一份同样篇幅的《会员录》，算是向交付会费的会员交差。《新光年刊》除刊首一篇周载沧写的《我所希望于新光邮票会》外，全部是张包子俊编写的一年半以来新邮发行概况。周载沧在其文中写道："发行会刊，是邮会中最重要的工作。可是我们新光邮票会目前所停止进行的就是出版部的工作。"他也列出会刊出版的3项困难：环境、经济、工作人员。其中"环境"是指这时伪政府对人民结社严加限制，新光会刊无法获得出版许可证。

（3）新光邮票会的拍卖活动

邮票拍卖是当年邮会最为普遍的经常性活动，如上海邮票会和旅华俄国邮票会，会刊可以不办，但拍卖则每年连续举行9个月，只在暑期休假。新光邮票会自1938年3月起在上海开始举行拍卖后，每逢星期日下午会在一个固定的场所举行普通拍卖，每隔一段时间会举行一次规模较大的特别拍卖，全年并无间断。普通拍卖不印目录，要求买方提前20分钟至1小时先去查看拍品。特别拍卖，也叫"高价拍卖"，每项拍品从1元起拍，则会编印目录，免费赠阅。章程规定拍卖每月或隔月一次，实际上是不定期地举行，临时遍发请柬和拍品目录。各类拍卖，无论是否会员都可参加。佣金只向卖方收取，1939年时，会员佣金为10%，非会员为15%。至1943年修订章程时，非会员需加倍缴付佣金了。

新光邮票会拍卖部主要由叶振伯负责。1942年秋起叶振伯因病而由钟韵玉代替。执槌者则先为张赓伯，陈海忠、陈志川为替补，1942年夏由邓伯昭担任，后来由陈志川主拍，邓伯昭、陈海忠为替补。

叶振伯（1900—1943），是集邮家叶颂藩的长子。叶振伯承袭父亲的业余爱好，不仅对华邮有丰富的学识，而且对外邮也十分熟悉。他原来在洋行工作，因体弱不能耐劳而辞职。在集邮之余，叶振伯也做邮票生意。新光邮票会的拍卖事务由他负责，他便不顾体弱路远，数年如一日地从不缺席。1942 年夏，终因体力不支在家养病，迁延一年去世，年仅 44 岁。

1940 年 1 月举行的第一次特别拍卖，陈志川负责征集拍品、编印目录，张赓伯、叶振伯、万衡山、张包子俊等都参与筹备。由于他们的辛勤努力，预先发送了英文拍品目录，虽然拍卖会当天风雪交加，拍卖时仍有 150 余人参加，还包括二三十名外国人。在华外国人中收集华邮资格最老、藏品最丰的德铿，已有 75 岁高龄，也冒雪前来，并在验看邮品后宣称无一伪品，使新光的同人很受鼓舞。在 160 项拍品中，八九成为华邮，拍得总金额约 5000 元。因鼓励高档邮品付拍，取佣特廉，当日佣金收入为 178.10 元，出现了十余年前品斯在上海拍卖邮票以来从未有过的盛况。

日军侵入租界后，“新光”的邮票拍卖活动暂时停顿。

1943 年春季以来，华北地区严重的干旱给饱受战祸的平民又带来灾难。6 月 5 日在新光邮票会第 2 次理监事会议上，李友芳提议，为救济华北灾民发起邮票义卖，通过后即成立了赈灾义卖委员会。1943 年 7 月 4 日，在上海永安公司新厦 10 楼粤商俱乐部举行的华北急赈邮票义卖大会，到场 300 多人，共有 56 人捐出邮品或现金，65 人竞购拍品。这次义卖票品分完全义卖与提成义卖两种，其中后者不论拍出或拍回都按拍价提收 3 成。最终，完全义卖的

新光邮票会第一次特别拍卖

拍品共有 210 号，拍得 34032 元；提成义卖的共有 26 号，拍得 12040 元，提成 3612 元；同时收到现金捐助 1200 元，合计筹得赈灾款 38844 元，全部捐给了有关方面。这次义赈拍卖不仅在社会上有所反响，同时也使得停顿多时的新光邮票的拍卖活动重新启动。

4．中华邮票会的短暂复会

新光邮票会在上海恢复出版会刊，会员们重新联络起来。而这时中国邮票的地位在国际集邮界也有所上升，人们便自然地想起为提倡收集中国邮票做过重大贡献的中华邮票会，并希望周今觉等再度出山，重振会务，做出为中国集邮界争光的业绩来。

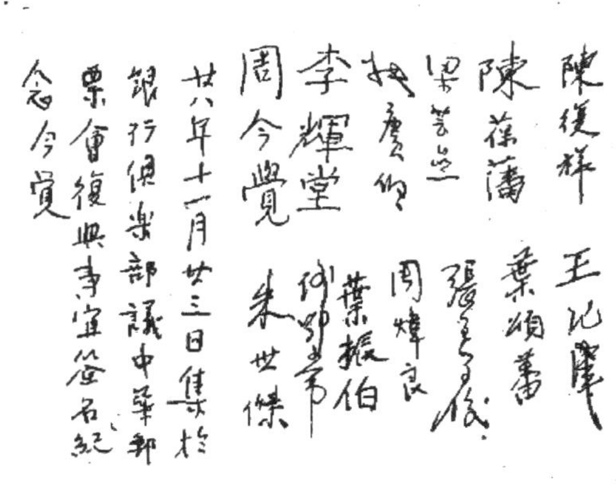
郵典
陳復祥　王紀澤
陳葆藩　葉頌蕃
梁芸齋　張包子俊
張賡伯　周煒良
李輝堂　葉振伯
周今覺　謝鄂常　朱世傑
廿八年十一月廿三日集於銀行俱樂部議中華郵票會復興事宜簽名紀念　今覺

《邮典》刊载的中华邮票会复会筹备会名签

新光在上海复会，对中国集邮界具有重要的鼓励作用。周今觉看到新光邮票会在一班年轻朋友的努力下恢复出版会刊，广泛联系邮友，不禁心有所动，也想重振中华邮票会。他亲自去张赓伯寓所，请张氏来办中华邮票会的会刊。经过协商之后，决定由张赓伯和谢鄂常挑起复会的重担。

1939 年 11 月，周今觉召集开了两次筹备会，到会者有原来的董事叶颂蕃、陈复祥、李辉堂、朱世杰、梁芸斋、谢鄂常，也有复会后新入董事会的张赓伯、王纪泽、陈葆藩、张包子俊、周炜良、叶振伯。会上议定了修订的会章、各部董事的职责和董事的分工，以及会刊的《复刊弁言》。与以前不同的是，复会后设立总务部，凡会长的职责、任务，以及会长交办的会务，总务部都应去办。而办会方针、对外名义仍由会长掌握，而实际操劳的则是谢鄂常、张赓伯、梁芸斋。

《邮典》是中华邮票会的最后一种会刊。早在 1936 年 4 月，邮会就曾以此为刊名，作为不定期刊出版了它的第一号，即“十周纪念创刊号”。其原意是以此发表学术性稿件，与《邮讯》月刊同为会刊，但只此一期后就销声匿迹。直到 1940 年恢复会务活动后，《邮典》才重新编为第 1 卷第 1 期出版。《邮典》为大 32 开本，每期 34 至 38 页不等，由张赓伯与梁芸斋分任中、英文主编，主要发表研究性、资料性文章。重要文章有：周今觉的《万寿黑样票之研究》《包克氏斜角对剖票鉴别之驳议》《余之错误》《I.P.O. 戳与八卦戳之研究》《华邮中惊人之新发现》（报道万寿 3 分银改版票）、《圆寿庐邮话》（连载）等，叶颂蕃的《样票谈》，朱世杰的《老邮商李辉堂君略传》，谢鄂常的《二分半邮简之初见》，陈复祥的《棣集遗珍》《华邮漫谭》（连载），张赓伯的《中华帝国邮票拾遗》《邮林散记》（连载），陈葆藩的《寄寸楼随笔》（连载），美国施塔、梅赞文合著的《中国航空邮鉴》

（周绍良译，连载），梁芸斋译、周今觉撰写按语的《品相论》和张包子俊、徐慕邢等人的文章。

此外，该刊还有报道新邮发行、纪念邮戳和集邮活动消息的“邮闻简报”，以及会务报告、会员录等。同时，该刊每期用铜版纸插页刊出珍邮图片，如阿格纽的红印花原票八方连和费拉尔遗集中最后上市的一些变体票。《邮典》只出版了 1 卷 5 期，于 1940 年 11 月停刊。虽如此，其内容充实，不乏中国早期邮票研究的重要文章。

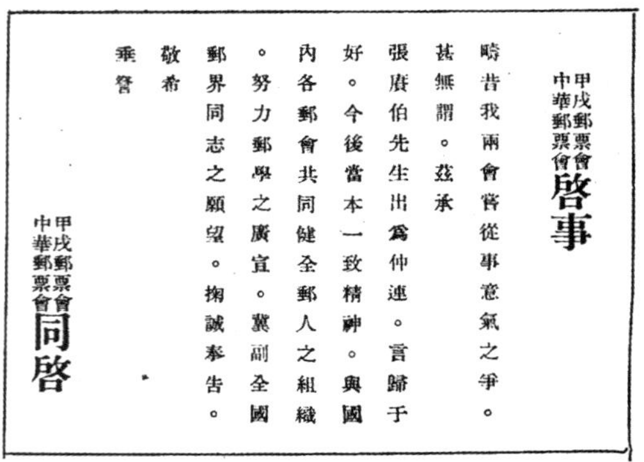
甲戌郵票會 中華郵票會 啓事

疇昔我兩會嘗從事意氣之爭。甚無謂。茲承張賡伯先生出爲仲連。言歸于好。今後當本一致精神。與國內各郵會共同健全郵人之組織。努力郵學之廣宣。冀副全國郵界同志之願望。掬誠奉告。敬希垂詧

甲戌郵票會 中華郵票會 同啓

甲戌、中华两邮会和解启事

在上海“孤岛”，由最热衷于集邮的一班人马同时运作的中华、新光两个邮会，一个以争光于世界邮坛为主要目标，另一个以团结大多数邮友为己任。在两会同时遇到人力、财力等主客观方面的困难时，他们顺应潮流，并肩合作。张赓伯也没有忽略周今觉与甲戌邮票会的骨干们曾经利用各自的会刊有过一番唇枪舌剑。经过他的调解，双方化干戈为玉帛。《邮典》第 2 期上就刊出了甲戌邮票会和中华邮票会的共同《启事》：“畴昔我两会常从事意气之争，甚无谓。兹承张赓伯先生出为仲连，言归于好。今后当本一致精神，与国内各邮会共同健全邮人组织，努力邮学之广宣，冀副全国邮界同志之愿望。掬诚奉告。”值此大敌当前的非常时期，还有什么理由不能言归于好呢？张赓伯促成甲戌和中华两邮会的和好，解开了当事人乃至广大会员为此而挂在心上的郁结，使中国集邮史上影响最大的 3 个邮会重新团结起来。

5. 在华外国人集邮团体的活动

全民族抗日战争初期，外侨主办的上海邮票会和旅华俄国邮票会继续活动，全年会期为 9 个月，7—9 月为暑期休假。该邮会的主要活动是每星期举行邮票拍卖，也有邮票交换。当时，上海邮票会每年的会费为 5 元，俄国邮票会每年的会费为 3 元。1939 年因公用事业等费用增加，两会的会费分别调整为 10 元和 6 元。

上海邮票会自 1937 年 4 月举办纪念邮会成立 25 周年邮票展览后，虽然每月仍举办几次邮票拍卖，但中国邮人对它的印象较差，一般很少去参加。该会在拍卖之前，会将印就的拍卖目录寄给会员。由于该会会员多为富有的侨民，所以每次邮品的拍出价均比他处要高，而且不论拍入或拍出都要收取佣金。数年间，该会积累的基金甚多，其主事者用这些基金购入债券、股票，获利后又以一部分基金购入中等邮集数部，分批分期在会中拍卖，获利更丰。英国集邮家台维德来上海搜罗中国珍邮，上海邮票会为其主要着眼点。台维德经常参加该会的活动，同旅沪的外侨集邮人士进行交流。1941 年 12 月 4 日，上海中外集邮家在新雅粤菜馆欢宴台维德，留下一段邮坛佳话。

太平洋战争爆发后，由于不少会员进

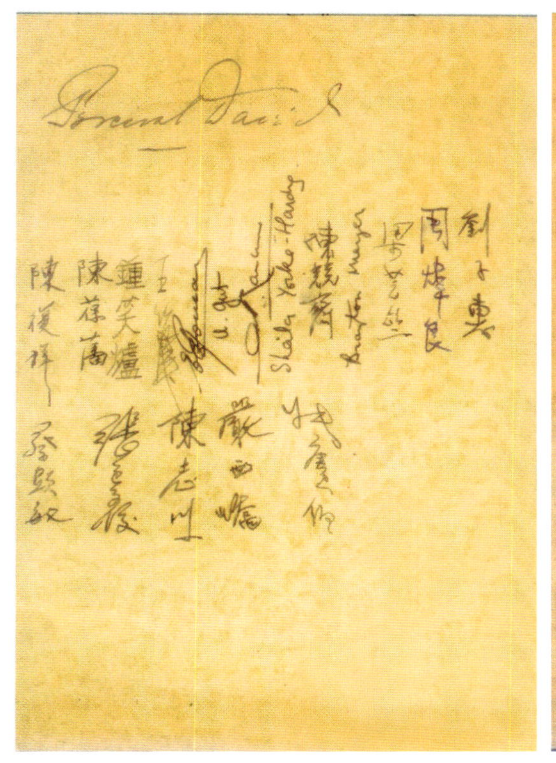

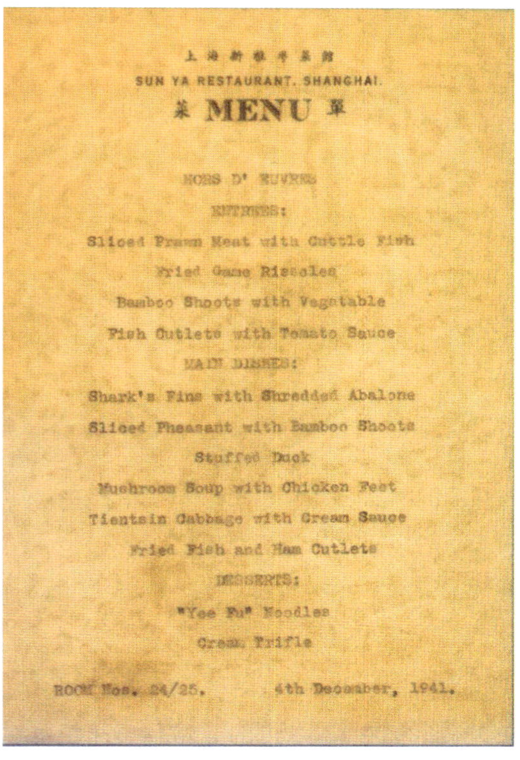

上海新雅粤菜館

SUN YA RESTAURANT, SHANGHAI.

菜 MENU 單

HORS D' ŒUVRES

ENTREES:

Sliced Prawn Meat with Cuttle Fish

Fried Game Rissoles

Bamboo Shoots with Vegetable

Fish Cutlets with Tomato Sauce

MAIN DISHES:

Shark's Fins with Shredded Abalone

Sliced Pheasant with Bamboo Shoots

Stuffed Duck

Mushroom Soup with Chicken Feet

Tientsin Cabbage with Cream Sauce

Fried Fish and Ham Cutlets

DESSERTS:

"Yee Fu" Noodles

Cream Trifle

ROOM Nos. 24/25.　　4th December, 1941.

中外集邮家签名的菜单

了集中营，上海邮票会也停止活动。而苏联当时与日本没有宣战，故旅沪俄国人的活动不受限制。至 1941 年 4 月，旅华俄国邮票会会员人数增至 245 人（同期上海邮票会公布的会员数为 150 余人），中国会员有张赓伯、李辉堂、叶振伯、包志良、包伟民、郭植芳、陈海忠、谈贵生、袁必成、张包子俊、陈志川等约 20 人。

1940 年 3 月底，该会召开年会，并选出了理事会。会长为马克拉耶夫斯基、副会长为卡特科夫、名誉秘书为马卡罗夫、名誉司库为伊利韦斯、常务理事为乌金和马斯洛夫。1941 年 1 月 5 日，俄国邮票会年会选出的职员班底为：会长马克拉耶夫斯基、副会长霍夫、书记莫萨斯狄柯夫、会计部樊沙维趣、交换部利连撒尔、拍卖部阿南因。理事会成员：卡特科夫、兰格留基、马卡罗夫；监事会成员：沙沃罗斯托夫、埃贝尔、沈衡庄。同年，该会出版了英、俄文合刊的《旅华俄国邮票会 6 周年纪念专刊》。

旅华俄国邮票会设有固定会所。1939 年前后在小沙渡路（今西康路）85 号英海军俱乐部内，1940 年 11 月自福煦路 864 号迁至 1053 号俄国俱乐部底楼。该邮会每周一上午 8 点开放交换邮票，周二晚 8 点举行拍卖。该邮会还常举办华邮讲座，如“邮票与中国港口通商史”等。

在东北沦陷区，集邮活动也有开展，除了坚持集邮的中国人外，还有一些日本

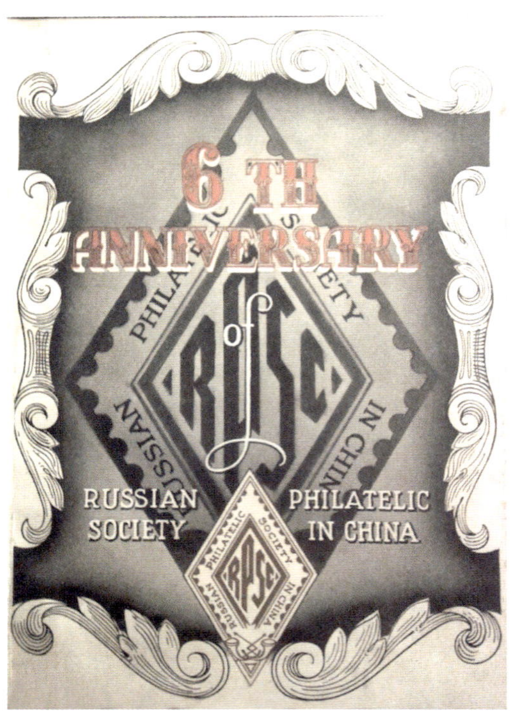

旅华俄国邮票会 6 周年纪念专刊

人。在此期间，也成立了几个邮票会，并出版会刊，从事一些邮票拍卖活动。随着抗战的胜利，这些邮会即行解散。

哈尔滨集邮俱乐部是哈尔滨商业俱乐部于 1940 年新设立的下属协会，商业俱乐部为当地俄侨集邮者提供场所进行集体研究和交换邮票，平时安排邮票专题讲座，每年秋天举办展览。

据 1941 年 4 月的《亚细亚邮刊》报道，在广州首次出现有 15 位成员的邮票会，其中有两位外籍集邮家，一位是曾任岭南大学监督的美国教士香雅各（James McClure Henry，1880—1958），另一位是曾任广东邮务长的英国邮务客卿聂克逊（F. A. Nixon），他们分别担任该会的正、副主席。

6. “庆美”纪念邮票引起祸患

1939 年 7 月 4 日，中华邮政发行了一套《美国开国百五十年纪念》邮票，俗称“庆美”邮票。无论是大后方还是沦陷区的集邮者，都把这种中国遭受日本侵略期间中华邮政发行的友好国家题材的纪念邮票，看成是中国平等参与国际合作的象征，因而对这套邮票寄以特殊的热情。

这套邮票虽为庆祝美国国庆而发行，但邮票图案上有迎风招展的中、美两国国旗，向全世界表现了当此抗日战争时期中国的精神；邮票上还绘有包括东三省的中国地图，明白表示了中国反对日本将中国东三省划为伪“满洲国”的侵略行为。日本侵略军对此非常恼火，直接阻挠这套邮票在上海发行。原先各邮局早就悬挂了第 1552 号通告，预告 7 月 4 日正式发行这套邮票，到时还将提供盖销日戳的服务。但迫于日伪的压力，到了 6 月 2 日，上海邮局窗口的通告突然撤去，并停止接受预订，还通知“延期出售”。集邮者获知上海邮局不能与内地同时发售这套邮票时，期待中的喜悦顿时变成了蓄积着家国仇恨的满腔悲愤。7 月 4 日，上海沦陷区各邮局都没能发售这套邮票，对于已向邮局付款预订的集邮者，上海邮局只得请求当时迁往昆明的邮政总局履约。由滇寄沪的这套邮票合计 25000 套，有半数以上是国外集邮者预订的。

由昆明寄来的这套邮票迟至 7 月 11 日才到上海。收到此票的人还都收到一份附加的、6 月 28 日发出的英文通知，说明它们由昆明寄来，并且劝告收到此票的预订者不要在沦陷区使用它们。没有在邮局预订到这套邮票的上海集邮者，只能向邮商

OCTOBER 1940 THE ASIA STAMP JOURNAL 193

SHANGHAI PHILATELIC SOCIETIES OPEN 1940-1941 SEASON.

Announcement has been made that the **Shanghai Philatelic Society** will commence its series of weekly auctions for the 1940-1941 season, at a meeting scheduled for its club rooms at 320 Szechuen Road on Friday, October 11th at 5:30 p.m. These auctions, according to custom, are held each Friday from early October until late May.

The **Russian Philatelic Society in China** opened its new season early in October with scheduled weekly auctions.

RAPIDLY GROWING COVER COLLECTORS OF AMERICA CHOOSE TO CONVENE IN TULSA.

NEW HARBIN STAMP CLUB ANNOUNCES SLATE OF OFFICERS.

First officers of the first stamp club to be organized in Harbin have been announced as follows:

President, V.I. Kauffman;
Vice-President, P. Pickershill;
Secretary, John V. Sweet;
Assistant Secretary and Treasurer, P.N. Alin;
Auditor, A. Lazareff.

This club has been organized as a Philatelic Section of the Harbin Commercial Club for the purpose of unifying local stamp collectors, protection of their interests and for provision of facilities to assist in their collective study and exchange of stamps. It is planned by the club to hold an exhibition each autumn and to produce programs featuring lectures on stamps from time to time.

《亚细亚邮刊》

寄上海外籍人士的“庆美”邮票实寄封

购买。过了一段时期，上海邮局的集邮处也曾一度供应这套邮票，但仍劝告购买者不要在沦陷区使用。因预订量大，这套邮票在各地都很快售完。重庆只在邮票发行首日卖了几个小时，而昆明在发行的第二天即无票供应。

太平洋战争爆发后，日军全面控制了上海。由于英、美已向其宣战，所以日本将英、美在沪的企业、财产均视为“敌产”，一律没收，并将侨民投入集中营。为进一步消除英、美在沪影响，商店招牌凡带有英文的全部予以涂掉。因事起仓促，有的邮票社柜台内尚摆放着《美国开国百五十年纪念》邮票，被奸民告密，引起日本侵略军的注意，下令禁售并追究来源，并指示日本宪兵在上海查抄这套邮票。于是，一些宪兵先从邮票社入手，查出“庆美”邮票之后，不仅没收邮票，而且肆意威胁恐吓、敲诈勒索，首当其冲的是张景盂开设的五洲邮票社和张天铎开设的绿光邮票社。他们还逼迫张天铎领着前往张包子俊和钟韵玉开设的奥伦多邮票公司，在那里劫走这套邮票，还抢去一册记有通信地址的新光邮票会会员名单，从而连累了更多集邮者，使他们“闭门家中坐，祸从天上来”。其中以王疆松的遭遇最惨。

1943年农历春节后的正月初十，王疆松一家还沉浸在新春的气氛中，突然有一男一女闯到他家。男的穷凶极恶，蛮不讲理。王疆松以为来的是强盗，便招呼邻居报警，结果得罪了来者，险遭大祸。原来来人是日本宪兵队的军曹樱井，闯入王家就是为了搜查那套带有美国国旗图案的《美国开国百五十年纪念》邮票。幸而王疆松早从邮友处获知查抄“庆美”邮票的事情，事先已将邮票转移。樱井虽然未能搜到这套邮票，仍不罢休，借口王疆松的态度不好，传他次日上午去梵皇渡路（万航渡）日本宪兵司令部报到。此后，几经恐吓，王疆松夜不成眠，全家惶恐。后来，樱井又指使在汪伪“和平军”混事的伪军官夫妇出面“调停”此事。纠缠了3天，王疆松损失了相当于10500元的中储券，才破财消灾。

王疆松（1898—1999），又名王强松，江苏苏州人，东吴大学生物系毕业，任职于中福煤矿上海经理处，七七事变后退职。1941年，他因助小辈在邮摊挑选邮票而对集邮发生兴趣。经人介绍认识张包子俊后，他先是专集中国邮票，后随钟笑炉收集近代票，追求带版铭的邮票四方连，颇有成就。其所集伪“华北”六区加盖票，上海公认第一。王疆松还曾担任新光邮票会会计部主任理事。

“庆美”纪念邮票风波的受害者还有“隐居”沪滨的广州集邮家林萍湘。据《申江检邮记》记述：“时在民国卅一年春夏

王疆松

间，有便衣日人突到余寓。见手持庆祝美国百五十年纪念邮票，操不纯熟之沪语而询余，问有此种票否；凡集邮者不能存此种邮票，例应没收，着余检出。余在恶势力之下只好唯唯从命，将庆美邮票完全交出”。

这一风波甚至波及台湾，当地的邮人也未能幸免。赖建铭在《东亚邮票会的回忆》中曾详述其得自广州魏为山的“庆美”邮票被日本警宪没收的经过。庄天赐《我的集邮经过》中也提到台中市邮友的“庆美”邮票被查扣的往事。

这场查抄风波，因为邮人间的声气相通，实际上并没有收缴到大数目的“庆美”邮票。在一个不长的时间里，不仅上海，其他沦陷区邮票商社的门店也已经没有了“庆美”邮票的踪迹，但集邮人之间仍有成交。

第三节　集邮宣传与出版物的涌现

全民族抗战期间，集邮者同全国人民一样，遭受到精神上的痛苦和物质上的损失。但在特殊的环境下，集邮活动却有所发展，集邮出版物也不断涌现。由于各个邮会的建立，会刊随之诞生。由于邮品交易的活跃，邮商办刊此起彼应。为了推广集邮、记载资料和研究成果，各种邮票目录、手册等工具书陆续问世。这些刊物成为集邮者倾诉情怀、体现才能、联络同好的园地，而其中的工具书籍更是集邮者朝夕相伴的良友。集邮作者在邮文中常以“微言大义”的方式，宣传爱国思想，抨击敌寇。这一时期，各集邮出版物对中国集邮学术水平的提高起着较大的作用。

一、全民族抗战时期各邮刊对“区票”的宣传

全民族抗日战争时期，由于抗日民族统一战线的建立，国共双方形成了联合抗战的新局面。通过若干公开出版的进步书刊的报道，中国共产党领导下的晋察冀边区等抗日根据地发行的邮票，引起了国统区民众的关注，其中更有一些集邮家刻意搜求。有的集邮者则在各种邮刊上对这些邮票加以介绍，扩大了抗日根据地邮票的影响。

1937 年 12 月中旬至 1938 年 2 月中下旬，青年作家周立波作为随同翻译，全程参与了美军观察员卡尔逊上尉在晋察冀边区的考察活动。随后，他又根据这段经历，编写了《晋察冀边区印象记》和《战地日记》两本著作，于 1938 年夏天相继在汉口公开出版。在《晋察冀边区印象记》中，有着生动地描述：“现在他们建立了边区的临时邮政，印行了新的邮票……他们都有坚定的信心：我们的抗战迟早会胜利，会把日寇完全驱逐……”“边区重新建立了邮政……把那些没有逃亡的邮政人员召集起来，印制了两种临时邮票，一种五分，一种一分，通行于边区四十三县”。这是对晋察冀边区首次发行邮票的较早披露。

1939 年春，晋察冀边区曾派出胡、刘两位代表，参加国民政府第二战区在山西某地召集的军政会议，共商抗战大计。二人携带了若干边区邮票赠送给会议的主办单位。长期居住于山西太原的甲戌邮票会名誉会长、晋军前高级将领黄绍斋，曾借近水楼台之便，通过出席此次会议的杨姓亲友，咨询了晋察冀边区早期发行邮票的概况，并得到一批邮票，包括晋察冀边区临时邮政“半白日徽图”5 分邮票、“全白日徽图”邮票全套 3 枚，以及《抗战军人纪念邮票》等，颇为珍视。

晋察冀边区“半白日徽图”邮票

在1939年7月出版的《甲戌邮刊》第6卷6、7期合刊上，黄绍斋根据自己的上述见闻，以《记晋察冀边区邮票》为题进行了详细介绍："晋察冀边区临时邮局发行之自制邮票，始于民国二十六年十二月，至二十七年十二月底止，在此一年中共发行邮票三次。"他不仅对这些邮票给予了较高的评价，而且还在文章最后强调"战事发生，迄今两载，在此过程中，惟以此边区邮票最足欣赏，乃吾集邮界仅有之珍品，各会友无不重视，故吾人当亦不厌多方探讨，力求翔尽，以实史乘，而供同好之参考也。"此文在当时的集邮界颇有影响。1941年9月的《甲戌邮刊》，再次刊出吕立中的文章《再记晋察冀边区邮票》，对不同于黄绍斋记述的部分邮票进行了补充介绍。

二、《国粹邮刊》创刊

《国粹邮刊》是陈志川以国粹邮票公司编辑部的名义主办的，1942年3月1日创刊，每年一卷，每月一期，每期8开对折1张，成16开4页。1942年3月至1944年7月，《国粹邮刊》共出刊33期，但1945年出版第4卷时刊期不再正常。据1945年年初统计：第1卷订户为250户，第2和第3卷分别为550和910户；第1卷每期印600—1000份不等，第2卷每期印1660份，第3卷每期印2000份，成为当时中国发行量最大的邮刊。

陈志川（1916—1977），浙江绍兴人，生于杭州，曾就读之江大学和浙江省财务专门学校，先后在其父投资的银行和米厂工作。杭州沦陷后，他来到上海。陈志川1931年加入新光邮票会，从此开始收购邮票和钻研邮学，并且很快确定了以收集中国早期邮票为目标。他曾卖掉自用的一辆1937年生产的顺风牌6缸小汽车，所得数千元，尽数用于购邮。在亲友眼中，他就是一个"以崭新汽车换方寸废纸"的痴子。1940年7月，他在上海霞飞路（今淮海中路）开设了国粹邮票公司。

《国粹邮刊》的办刊宗旨是继承和发扬中华邮票会的传统——为提高中国邮票的地位而对中国早期邮票进行研究，因此，《国粹邮刊》虽属邮商办刊，但在《发刊辞》中宣称："本刊纯以研究邮学为立场，不作营业上的宣传。"陈志川后来的行动也确实如此。

为编辑出版《国粹邮刊》，陈志川投

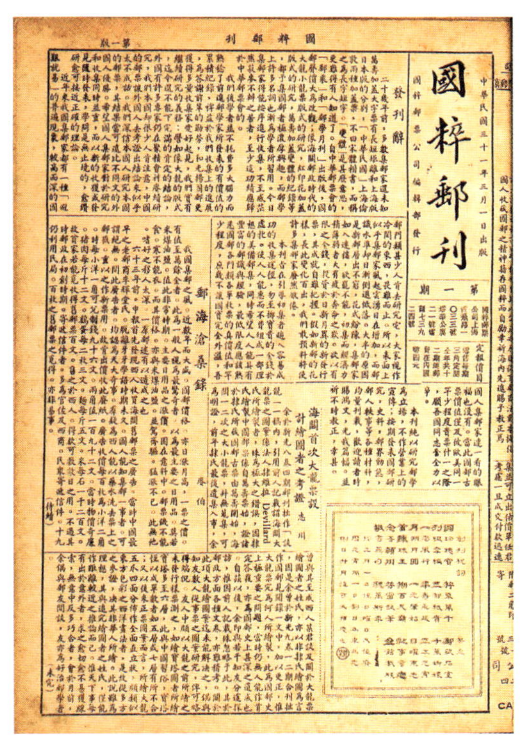
國粹郵刊
第一期
中華民國三十一年三月一日出版
國粹郵票公司編輯部發行
發刊辭
郵海滄桑錄
海關首次大龍票設計圖者之考證

《国粹邮刊》创刊号

入了大量的精力和资金，终于将其打造成《邮乘》停刊以来学术水平最高的集邮刊物。这一时期发表的重要文章可分类如下。

1. 邮票发行史前邮政研究：《中国民信局漫谈》（张包子俊）、《民信局之沿革史料》（张赓伯），这是最早专门论述中国旧式邮政的集邮文章。

2. 清代海关邮政邮票：《海关首次大龙票重要史料》（绵嘉义原著，邵洵美译并注）、《清人笔记中之海关邮政》（张赓伯）、《海关大龙阔边三分票之讨论》《万寿大样票与九分对倒之由来》及连载《国邮见闻录》（陈志川）、《吾见之小龙五分银票版式纪略》（陈复祥）、《"万寿黑样票"我见》（严西峤）、《万寿九分银对倒票之研究》（周炜良）。

3. 小龙、万寿加盖改值邮票和红印花邮票：张赓伯的《北海票之疑问》《再谈北海票》，周今觉的《关于北海票之我见》《万寿加盖票全张之研究》《关于万寿加盖票之全张》，陈复祥的《记万寿大字长距三角日本版数字上移票》，宋醉陶的《万寿加盖版式与红印花小字四分票之检讨》《谈万寿大字的加盖短距之由来》《万寿大字"作"字左右移之版式》《万寿三分原票版模变体之新发现与万寿日本印之疑问》等。

4. 蟠龙邮票：《清红贰分修饰新变体》（邵洵美）、《清蟠龙无水印一分票未见目录之另一边框修饰变体》（陈志川）。

5. 商埠邮政：《上海工部局书信馆史料》（萧尘）、《厦门商埠之世界语临时邮票》（宏杰）。

6. 民国邮票：邵洵美的《民国试制票中之珍品》《总理侧面像试制票之发现》，周今觉的《中立票之存在枚数》，陈志川的《所谓统一纪念试制票之续闻》，钟笑炉的《初版限新省贴用为什么有歪头》《伦敦版单圈五分阔版票发现四种版型》《港版烈士像邮票总论》等。

7. 综合研究：《邮票之一次打孔和二次打孔》《谈邮票的化学变色》（钟笑炉）。

8. 集邮史：《邮海沧桑录》连载（张赓伯）、《海上邮人小志》连载（一芹，即陈葆藩）。

9. 集邮常识：《她的集邮生活》（陈志川）。

为了提高中国邮票的研究水平，陈志川做了两项基本工作：一是建立了"国粹邮学藏书库"，收藏古今中外各种与邮学有关的刊物书籍，供学者参考；二是建立了"国粹邮学资料室"，剪辑各种有关邮政的档案，摄制珍品的图照，记录各种珍品变体的历史，探求来踪去迹，并随时注意罗致与邮学有关的票品，尽先予研究者最优先购藏的权利。

国粹邮票公司于 1945 年 3 月 1 日宣布"休业"后，接受马任全、钟笑炉等人的帮助，邮刊改以"国粹邮学研究出版社"的名义发行，马任全为社长，钟笑炉为经理，陈志川仍自任主编。不久，马任全又投资购买全副排版铅字，在自己家里设立"国粹排字工场"，以降低印刷成本和提高工作效率。

三、其他邮票商社发行的邮刊

邮票商社主办的邮刊除《万寿》邮刊外，多数附载售品目录，但也不乏有价值的集邮论述。

1.《绿光邮票社月刊》。该刊由上海绿光邮票社出版，1938 年 8 月创办，至 1941

年9月休刊（1946年1月更名为《绿光邮刊》再度复刊），共10期。张寄文、张天铎相继任主编。该刊开本为32开，10余页，初为售品价目单，1939年第7期起“多刊提倡集邮文字”，连载邮文《邮务辑要》《集邮新讯集锦》等，有一定的参考价值。

张寄文（1894—1939），原籍江苏吴县，寄籍南汇周浦。早年参加辛亥革命光复上海、南京、南汇诸役，后弃政从商。张寄文从1935年起在其上海寓所西唐家街38号开设“绿光邮票社”。他是中华、新光、甲戌邮票会的永久会员，还曾加入欧美邮票交换会。张寄文、张天铎父子长期为在海外履职的姜治方提供国内新邮。

2.《邮花杂志》。该刊由上海国光邮票社出版，1939年2月创刊，为16开杂志型月刊，每期34—78页。第1卷共12期，由何堪主编；第2卷共10期，由马家安主编。1942年3月停刊。该刊图文并茂，以通俗、趣味和各国邮票并重为特色，介绍珍邮、新邮和邮政史，其中外国邮票内容占一半以上篇幅。主要文章有：《世界各国著名邮票刊物之介绍》《世界著名邮票目录之介绍》《法国在中国开办的邮局》《美国著名集邮会社之介绍》《中国珍贵邮票史》等。

3.《集邮杂志》。该刊由上海黄浦邮票社出版，1939年5月创刊，包志良主编。因成本高昂而于同年6月停刊，共出版了2期，为16开报纸型杂志。有很多邮学家为该刊执笔，如朱世杰、谢鄂常、张赓伯、陈葆藩、陈复祥、张承惠、张包子俊、王

《邮花杂志》创刊号

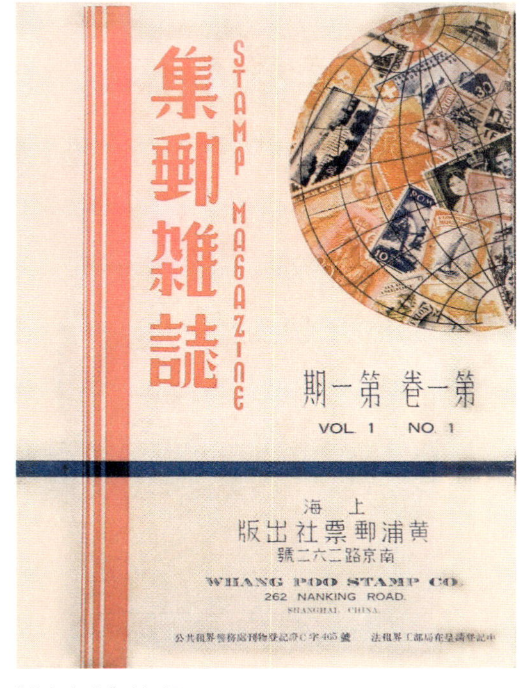

《集邮杂志》创刊号

纪泽等。主要文章有陈复祥的《国人对于商埠票应有之认识》及张赓伯的《蒙古邮票史》等。

包志良（1909—2003），浙江鄞县人，1928年秋从事邮业，后迁居香港。包志良本人集邮且有研究，其藏品曾出展新光邮票会1937年度会员大会，著有《虞洽卿路命名典礼特戳纪要》《军事邮戳谈》《本会二十六年年会巡礼》《〈新光〉上海刊行辞》《临城抱犊崮匪邮》等。为甲戌、新光、中华邮票会会员，曾任新光邮票会理事。

4.《蓉锦邮朏》。该刊由成都蓉锦邮票社出版，1941年12月创刊，李弗如主编，刊名中的“朏”字表示每月出一期。该刊为24开本，每期16页，为不定期刊，1949年10月停刊，共出版了34期。该刊是西南地区最早的私家邮刊，内地许多邮学家为之撰稿，故有较大影响。主要邮文有《清代邮票概述》《中国纪念邮票概述》等。每期刊有售品目录。

5.《邮话》。该刊由上海奥伦多邮票公司出版，1942年1月创刊，张包子俊主编。该刊为16开本，每期4页，第1至36期为月刊，此后改为不定期，1946年5月31日出版第44期后停刊。该刊内容门类丰富，文笔轻松活泼，报道新邮、分析邮市、研究早期华邮、介绍近代邮票和外国邮票，既刊登其公司的售品，也不排斥其他邮商的广告。主要文章有：张包子俊连载的《上海邮市动态》、张赓伯连载的《无尽藏室邮

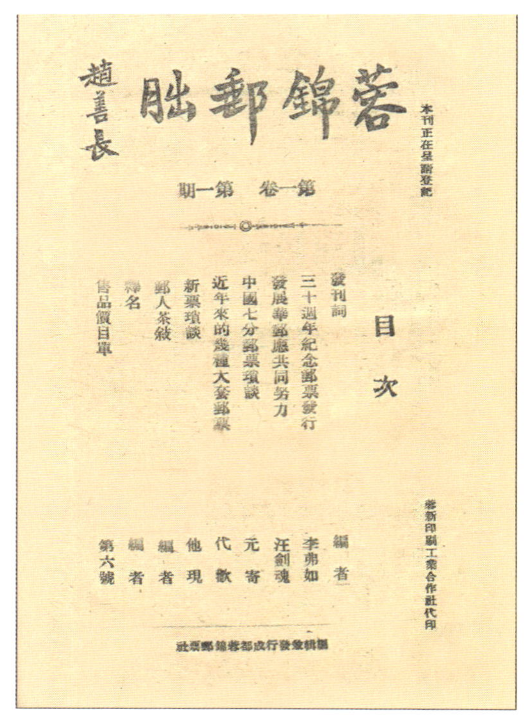
蓉錦郵朏

趙善長

本刊正在呈請登記

第一卷 第一期

目次

發刊詞
三十週年紀念郵票發行
發展華郵應共同努力
中國七分郵票瑣談
近年來的幾種大套郵票
新票瑣談
郵人茶敍
釋名
售品價目單

編者
李弗如
汪劍魂
元寄
代歙
他現
編者
編者
第六號

蓉新印刷工業合作社代印

編輯發行 成都蓉錦郵票社

《蓉锦邮朏》

THE STAMP GOSSIP

郵話

敍言

郵商與集郵家之關係

《邮话》

话》、钟笑炉连载的《谈改作二角邮票》、陈志川连载的《邮途末技篇》、倪宣文的《红印花珍品谈》、马任全的《余之集邮年纪》、钟韵玉的《帆船票纸质之分别》等。

6.《集邮丛话》。该刊由天津寒洋邮票社出版，1942 年 6 月创刊，杨汝泉主编。该刊为 16 开本，每期 2 页，至 1943 年 6 月共出刊 10 期。该刊以文章短小、注重集邮知识普及而著称一时，邮文作者有蒋孝闵、杨汝泉、李汉森、徐纪同、顾蔼如、陈葆藩、张伯江、侯晋康、贾璞华、阎光道、班若梦等。

7.《万邮简报》。该刊由天津万邮馆出版，1943 年 6 月创刊，黄钟善主办。该刊为报纸型月刊，1946 年 4 月停刊，共出 24 期，合刊较多。该报辑录了由崔显堂整理的大量邮资片、简的资料和纪念邮戳资料。主要邮文有：《卢案后之纪念邮戳》《中国绘图纪念明信片》《中国邮政片草目续述》《邮政公用信封简目》《中国邮票册》等。钟笑炉也发表了数篇有关研究仿版邮票版号与版式的文章。该报是华北地区在《天津邮刊》停办后，唯一能够大量刊登邮学研究文章和邮品资料的集邮报刊。

黄钟善（也称黄大成，生卒年不详），曾供职天津怡大洋行。1941 年 4 月在黄家花园金城大楼开办万邮馆，设有信托部，开展函购业务，还曾举办通信拍卖。黄钟善本人集中国及世界邮票，重点收藏英国属地邮票，他是新光、天津邮票会会员。

8.《艺鸣邮刊》。江苏泰兴艺鸣邮票社出版，1943 年 8 月创刊，宋和鸣主编。该刊为 32 开本，1944 年出版第 6 期（新年号）后停刊，撰稿人有钱万能、钟韵玉、张景盂、钟笑炉、陶墨畊、钱希清、张枕鹤、

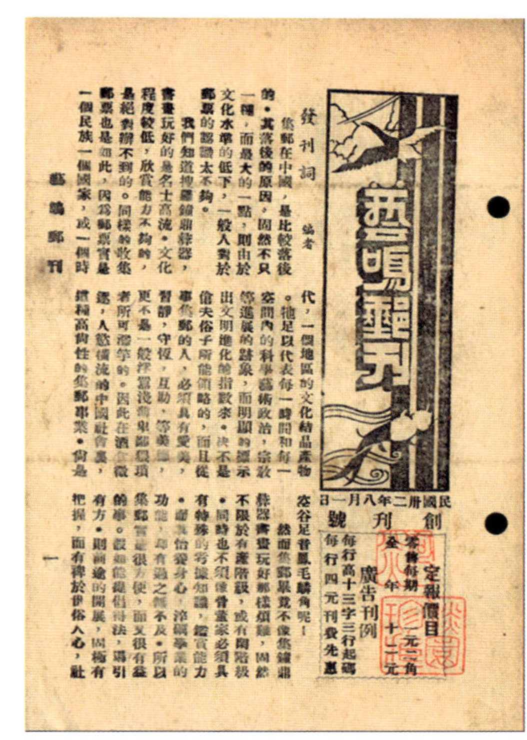
藝鳴郵刊

民國卅二年八月一日
創刊號

定報價目
零售每期一元二角
全年十二元

廣告刊例
每行高十三字三行起碼
每行四元刊費先惠

發刊詞　編者

集郵在中國，是比較落後的。其落後的原因，固然不只一種，而最大的一點，則由於文化水準的低下，一般人對於郵票的認識太不夠。

我們知道搜羅鐘鼎彝器，書畫玩好的是名士高流。文化程度較低，欣賞能力不夠的，是絕對辦不到的。同樣的收集郵票也是如此，因為郵票實是一個民族一個國家，或一個時代，一個地區的文化結晶產物。牠足以代表每一時間和每一空間內的科學藝術政治，宗教等進展的跡象，而明顯的顯示出文明進化的指數來。決不是傖夫俗子所能領略的，而且從事集郵的人，必須具有愛美，習靜，守恆，互助，等美德，更不是一般浮囂淺薄卑鄙猥瑣者所可躋等的。因此在酒食徵逐，人慾橫流的中國社會裏，提倡高尚性的集郵事業。倘是空谷足音鳳毛麟角呢！

然而集郵畢竟不像集鐘鼎彝器書畫玩好那樣煩難，固然不限於有產階級，或有閑階級。同時也不須像骨董家必須具有特殊的考據知識，鑑賞能力。雖其怡養身心，淬礪學業的功能，卻有過之無不及。所以集郵實是很方便，而又很有益的事。假如能提倡得法，導引有方。則前途的開展，固極有把握，而有裨於世俗人心，社

藝鳴郵刊　一

《艺鸣邮刊》

张筱盦等。

9.《闽友邮刊》。该刊由福建福州闽友集邮社出版，1943 年 8 月创刊，魏琪光主编。该刊初期为非独立发行邮刊，第 1—19 期作为福州《毅报》副刊（8 开单面），第 20—21 期见刊《青年晚报》，第 22—28 期改刊《中央日报》副刊栏，第 29—35 期又改登《真理报》，自 1946 年年底的第 36 期起该刊才独立出版，出至第 41 期后停刊。该刊尤为重视对福建地方邮票的考据，发表有《谈福州临时中立票》《福州飓风票》等文章。

魏琪光（1912—？），福建福州人，上海正风书院毕业，曾任中学教员、《正风报》发行人、福州私立厚美初级中学校长等职。

魏琪光青年时代即喜欢收藏书刊，17 岁开始集邮，1940 年 2 月加入甲戌邮票会（971 号），1941 年年初在榕城（即福州）发起成立集成邮票会，1942 年创办闽友集邮社，翌年出刊。他的邮文散见于《红棉邮刊》《邮钞快讯》《邮谈》等刊。魏琪光定居台北后复办“闽友集邮社”，先后创办《闽台邮讯》《闽友邮简》《邮谭》《邮币福音》。

10.《邮讯》。该刊由重庆鱼光邮票社主办，该刊 1943 年 11 月 1 日创刊，郭晋康发行，张枕鹤（又名张静庵）主编。1945 年 7 月 20 日出版第 2 卷第 2 期后休刊，共出版了 2 卷 14 期。《邮讯》的创刊号为油印，1944 年 2 月 1 日又铅印了创刊号修正版，此后各期均为铅印；除第 2 卷第 1 期用土白纸外，其余铅印各期都用土黄纸。

《邮讯》的专栏刊有连载文章，如忆云的《邮人小传》、赵翔云的《集邮的苦闷》、郭润康的《中国邮票上之趣点》、尼人翻译的《俄国纪念邮票一览》。其他重要文章还有郭润康的《要目与简目》《邮人、邮会、邮商》、赵翔云的《大东八分军邮票之质疑》等。

11.《西南邮刊》。该刊由成都西南集邮社（后改名为锦星社）出版，1942 年 7 月创刊，李有年主编。该刊于 1947 年 6 月总第 10 期出版后停刊，主要邮文有：李弗如的《谈地名票》《闲话信封》，李有年的《记中信版壹圆壹角陆分样票》、吴乃器的《漫谈国际回信邮票券》、比木的《庆祝胜利纪念套色变体票》、汤囿麟的《“初步”与“进步”集邮之我见》、李伯鲲的《记美国军邮戳封》、汪剑魂的《军邮之回顾与前瞻》、张枕鹤的《本届新运特戳流产记》、叶季戎的《万寿大黑样票之版式排列及其他》等。

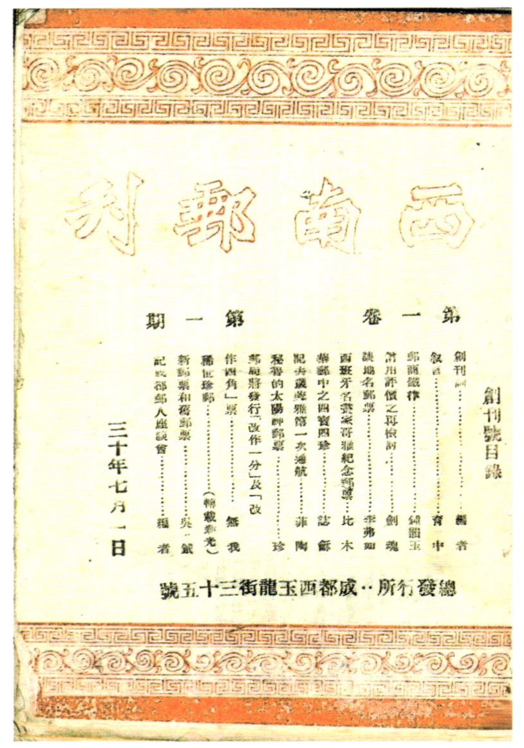
西南郵刊

第一卷 第一期

創刊號目錄

創刊詞……編者
叙言……育中
郵商識律……錦韜玉
當用評價之再檢討……劍魂
談地名郵票……李弗如
西班牙名畫家哥雅紀念郵票……比木
華郵中之四寶四珍……誌餘
記大義與雅爾第一次通航……菲陶
稀得的太陽神郵票……珍
郵局將發行「改作一分」及「改作四角」票……無我
稀世珍郵……（轉載郵光）
新郵票和舊郵票……吳鋹
記成都郵人座談會……編者

三十年七月一日

總發行所：成都西玉龍街三十五號

《西南邮刊》

12.《黎明邮刊》。该刊由贵阳黎明邮票社主办，朱宝鉴发行。该刊 1943 年 3 月 1 日创刊，当年 6 月出版第 2 期后因向有关当局办理手续而休刊 1 年；该刊自 1944 年 7 月起逐月出版，改由郭润康主编，10 月终刊，前后共计 6 期。主要文章有：郭润康的《南明邮室散记》《吉黑斜剖票》等，万灿文的《我所见到的“军邮”加盖票》，端木瑞禾的《版暗记之种类》等。

13.《现代国邮专刊》。该刊由重庆现代国邮专刊社出版，1944 年 8 月创刊，由张枕鹤、刘恒生编，艾元俊发行。该刊为 32 开本，1944 年 9 月停刊，共出版了 2 期。其内容以近期中信版孙中山像邮票及其加

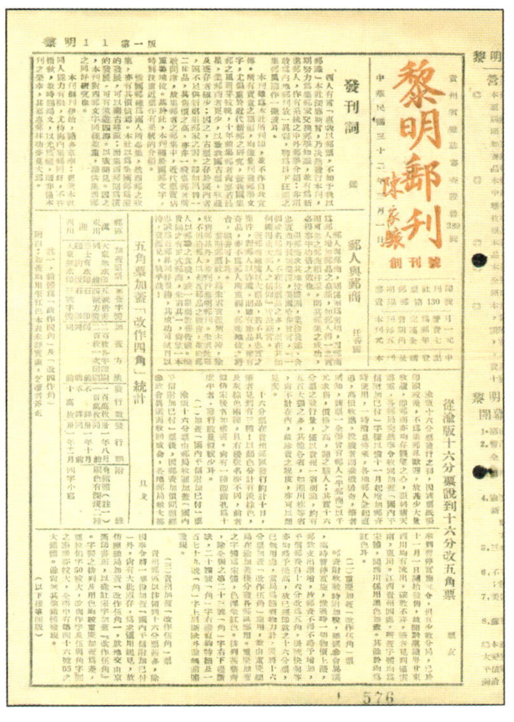
黎明郵刊 創刊號

發刊詞

郵人與郵商

五角票加蓋「改作四角」統計

從渝版十六分票說到十六分改五角票

《黎明邮刊》

盖研究为主，资料性较强，刊有较多邮票图片。

14.《万寿》邮刊。该刊是郭润康以贵阳万寿邮刊社名义由个人集资主办，自任主编，1945 年 4 月创刊，1946 年 2 月在上海出版第 6 期（由 32 开改为 16 开本）后终刊。该刊以邮学专论和邮史资料为主要内容，兼及集邮评论和讨论等，主要文章有：吴凤岗的《邮学与集邮学》《“过超料承诺”邮戳研究》《早年之一分票专集说》《纪总理式邮片样张》《客邮局所数及撤销时间》，郭润康的《邮人之邮刊》，姚秋农的《中信一元一角六分试模票》，万灿文连载的《集邮话古今》等。

此外，大后方与沦陷区还有一些邮票

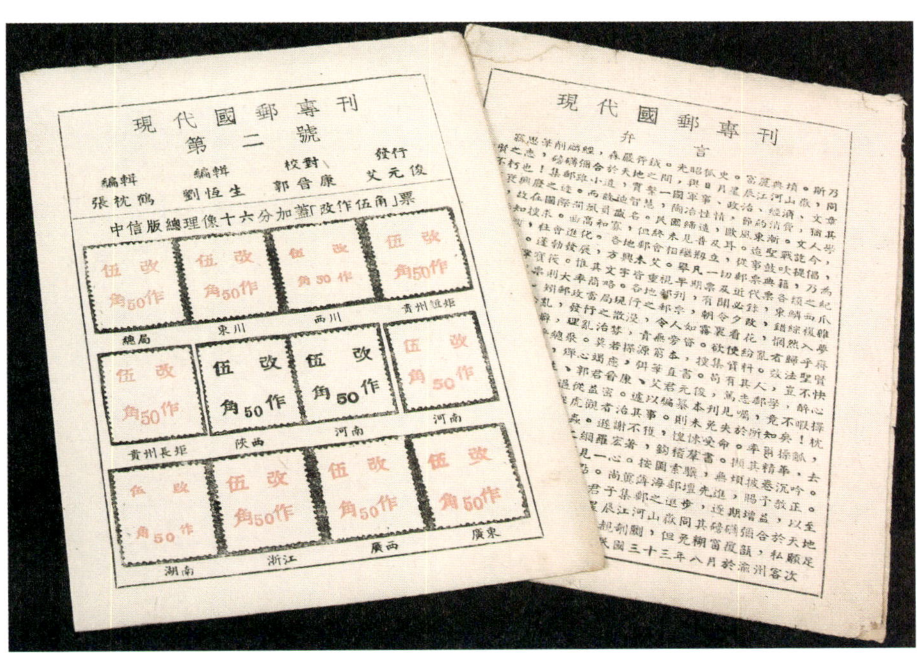
現代國郵專刊

第二號

編輯 張𬙂鶴　編輯 劉恆生　校對 郭含康　發行 艾元俊

中信版總理像十六分加蓋「改作伍角」票

總局　東川　西川　貴州遵矩

貴州長矩　陝西　河南　河南

湖南　浙江　廣西　廣東

現代國郵專刊

弁言

《现代国邮专刊》

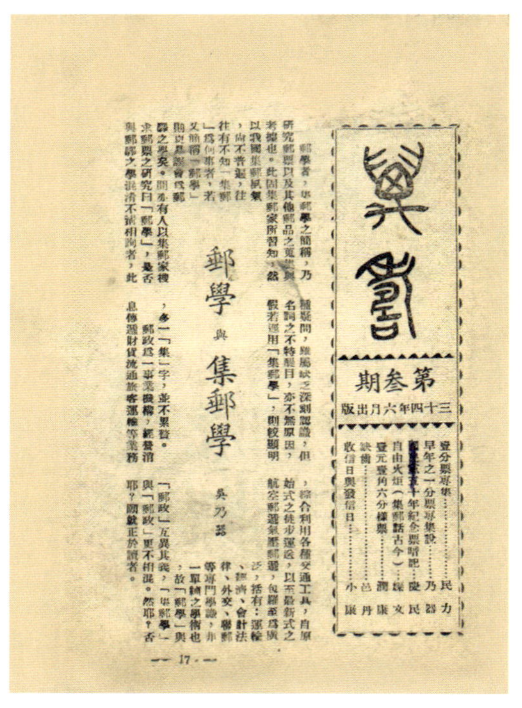

第叁期

三十四年六月出版

壹分票專集……民力

早年之一分票專集說……乃器

自由火炬（集郵話古今）……燦文

壹元壹角六分樣票……潤康

缺齒……邑丹

收信日與發信日……小康

郵學與集郵學

吳乃器

《万寿》邮刊

主要根据《斯科特邮票年鉴》的内容辑录，不分普通邮票和纪念邮票，按发行顺序排列；对区分版式、真伪较为重视，记录了大龙邮票的版式特征，并对新、旧邮票分别标注中国货币和美元标价。休门另编有英文版的伪满洲国邮票专门目录，由美古邮票公司 1940 年 3 月在上海发行了初版，1940 年 9 月推出了二版，1941 年 9 月出版了三版，1942 年 10 月推出了四版。

《罗门氏中国及商埠票专门目录》，英文版，主要执笔人为陈复祥，1940 年 9 月由上海罗门氏邮票公司出版。此书为 32 开本，200 余页，附有邮票图，其内容包括清代邮票、中华邮政邮票及商埠邮票，详列正票及变异，是当时最为完整的中国邮票目录。该书的编辑体例以及对中国早期邮票的分类方式，成为后来的同类目录的示范。此书首次比较系统地介绍了海关邮

社也出版发行过邮刊，但有的只办了一两期，有的并没有刊载过有价值的邮学文章。

四、各种版本的集邮工具书

全民族抗战爆发之前，用于指导集邮的邮票目录、图鉴之类的书籍，除朱世杰编写的《中国集邮图谱》和王汉强编写的《中国邮票图集》之外，大部分是外国人出版的。以下介绍一些抗战时期较有影响的集邮工具书。

《休门氏中国邮票专门目录》，英文版，旅沪俄侨邮商亚历山大·休门编著，1940 年 6 月由上海美古邮票公司发行了初版），1941 年 4 月推出了第 2 版，至 1943 年 1 月印行了第 5 版。此书为 32 开本，134 页，

《休门氏中国邮票专门目录》

《罗门氏中国及商埠票专门目录》

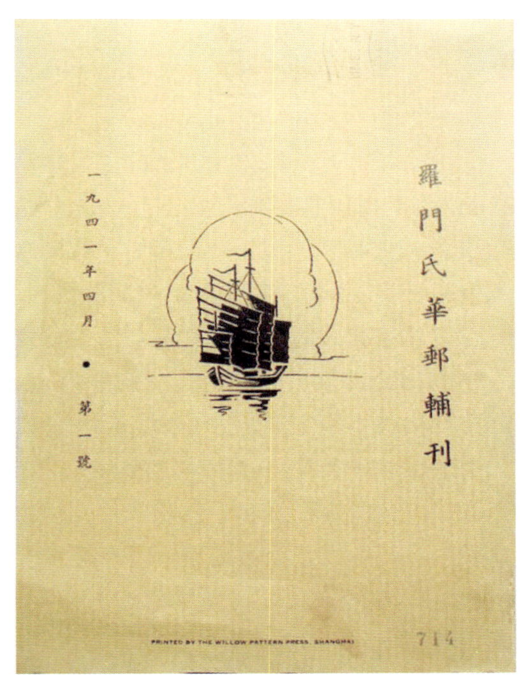

《罗门氏华邮辅刊》

政时期的邮票概况。这本目录被广泛应用，只是由于全书通篇为英文，不谙外语的中国集邮家使用起来非常不方便。1941 年 4 月，续出《罗门氏华邮辅刊》，补充了香港版邮票及加盖“暂作叁分”邮票的资料。

中国籍犹太人罗伟廉于 1941 年 3 月在上海自费编纂出版了英文版《中国商埠邮票》。此书内容较为翔尽，对邮票均列有标价，并附彩图 6 幅。该书的出版，受到国外搜集中国商埠邮票的集邮家和集邮界的重视，本书作者也因此被吸收为英国皇家集邮学会会员。

罗伟廉（Dr. William Rosenberg），原籍德国海根，1940 年加入中国籍。“一战”时为高级军医，到沪后开设私人诊所。他钟情早期华邮，曾在邮票诞生百年纪念邮展

《中国商埠邮票》

上展出大龙邮票 170 余枚。罗伟廉是中华、新光、旅华俄国邮票会会员，1942 年年底在沪开设邮票公司。

1942 年 2 月，陈志川编著的《国邮简目》，由上海国粹邮票公司出版，此书是 48 开的横式袖珍小册，硬面精装，有周今觉等写的序言，附有铜版纸精印的邮票图，还印有尺寸准确的量齿尺。正文是表格式的中国邮票目录。因当时通货膨胀严重，邮票价格极不稳定，无法标价，因此编者采用了将珍贵品种用红色印出的方法作为弥补，而且精确到每套中的每一种，醒目易查，从而构成了该书的一大特点。对于初集国邮者，可以起到循序渐进的作用。此书出版后不久即告售罄。

不久，黎震寰编著的《近代中国邮票图鉴》《近代中国邮票图鉴补刊》《中国邮票图鉴全集》，相继问世。黎震寰在集邮过程中，逐渐感到集邮工具书的缺乏。因为当时的中国邮票目录多为外文，不懂外文的人用起来很不方便。于是他决定自己动手编写一部中文版的中国邮票图鉴。黎震寰于 1942 年 4 月在天津先自费出版了一册《近代中国邮票图鉴》。这部书从香港版邮票开始，对近代票部分叙述详尽，并附有必要的图案与版式图解，集邮者可以按图索骥。1942 年 10 月，续出《近代中国邮票图鉴补刊》，对于新发行的近代邮票的种类、价格又进行了补充订正。这两部书的出版，既满足了当时的集邮者的需要，又有广泛征求意见的意图，为《中国邮票图鉴全集》最后定稿创造条件。

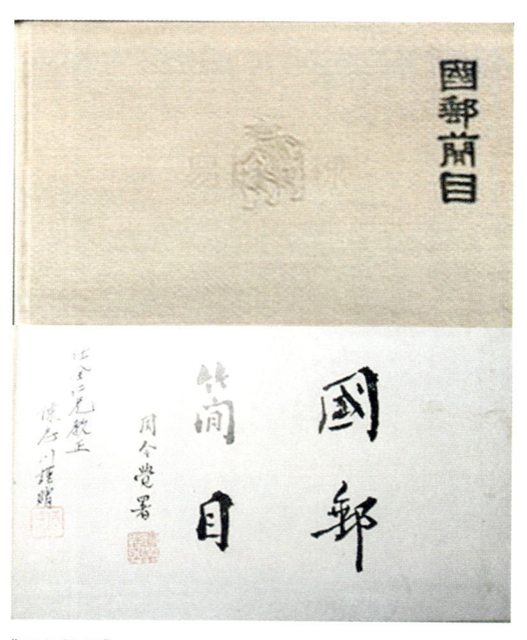

《国邮简目》

《近代中国邮票图鉴》

《中国邮票图鉴全集》

《国邮要目》

1944 年 1 月，《中国邮票图鉴全集》在天津出版。该书为 32 开本，124 页，收录了 1878—1943 年发行的全部邮票，附有邮票发行简史、价格等资料，以及 300 余幅黑白或彩色邮票图。全书有甲、乙、丙三编，甲编为清代邮票，乙编为 1937 年以前发行的民国邮票，丙编为 1937 年全民族抗日战争爆发后的民国邮票，共 24 章，只列正票，不列变体票。因为这是一部中文版的中国邮票图鉴，出版后在中国集邮界引起了较大反响。

在当时条件下，一个普通集邮家，靠个人力量出版这样一部前所未有的邮学著作是难能可贵的。陈志川在《万邮简报》上发表评论说：“这本书倒并不出版于中国集邮事业荟萃之区的上海，而竟由一位远居津沽的邮人私人出版，那么我们多少有点同情而自惭形秽的了。”

《国邮要目》，党恩来编著，1943 年 4 月 1 日重庆业余出版社出版。该书为横式 64 开，铅印，是抗日战争时期在大后方出版的唯一一部中国邮票目录。此书编排方式仿照陈志川的《国邮简目》，内容分为正常邮票、限地方贴用邮票和特种邮票三大类。收录范围自 1878 年的大龙邮票起至 1943 年的各区“改作五角”邮票止。附有版式区别插图 30 余幅，资料丰富，可以起到启迪后学的作用。在当时当地是一部重要的集邮工具书。

《国邮手册》，马任全主编，陈志川、钟笑炉助编，1944 年 6 月由上海国粹邮票公司出版。此书的开本较《国邮简目》缩小约一半，为 86 毫米 ×108 毫米。前有“国邮年谱”，逐套列出邮票发行年份、全张枚数及齿度；中为“国邮目录”，分类编排，为每一具体品种编出代号，并留有空格，供读者手填新票和旧票的收藏情况，每一分类后留有空行，供读者手填今后发行的新邮；最后附列“版式图解”“中华邮

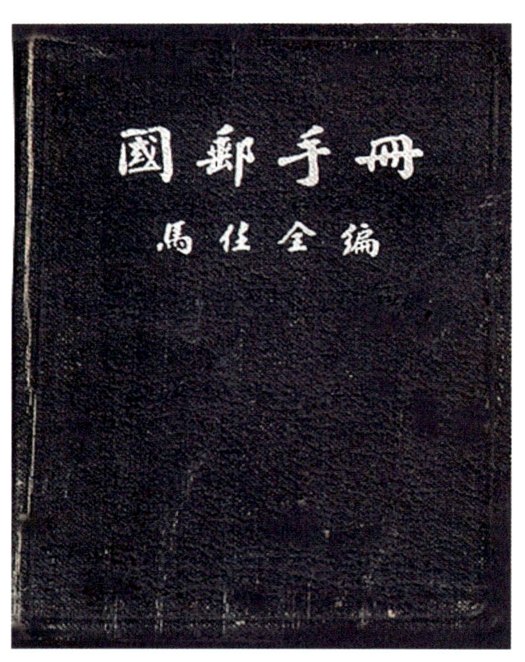

《国邮手册》

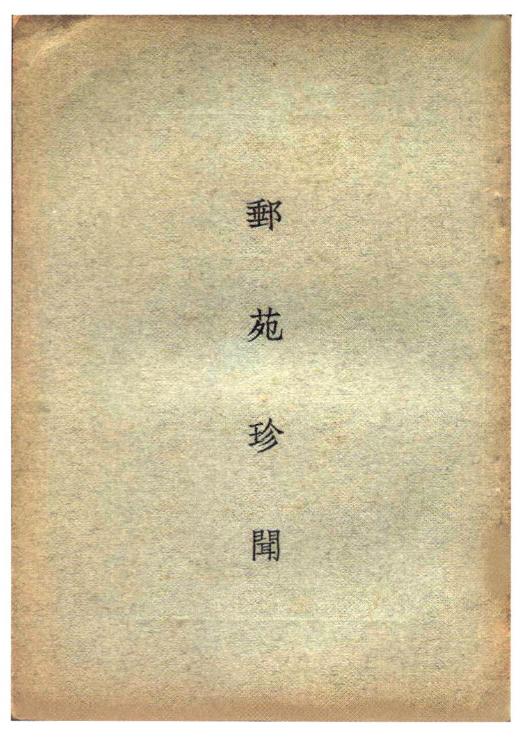

《邮苑珍闻》

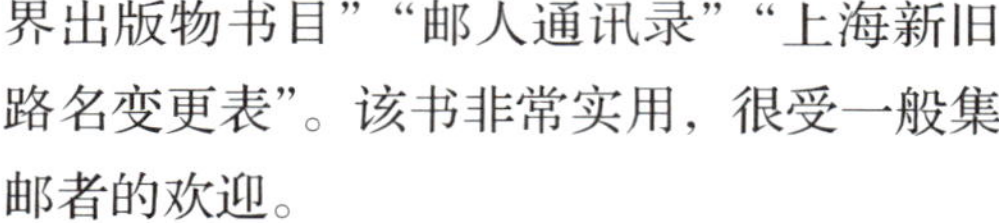

界出版物书目”“邮人通讯录”“上海新旧路名变更表”。该书非常实用，很受一般集邮者的欢迎。

五、集邮专著和报刊的集邮专栏

在这个时期，还出版过一些集邮专著。有的报刊也不断刊载关于集邮、邮票史方面的文章。对集邮专著介绍如下几种。

《邮苑珍闻》，张景盂编写，1938 年上海五洲邮票社出版。该书为 32 开本，100 页，共有 54 篇文章，6 万余字，为普及性集邮读物。书中第一篇是译自美国杂志的《如何开始集邮》，其余大多是按国家、地区或票种概述外国邮票的文章。如《圣马力诺邮票琐谈》《南洋邮史》《航空邮政之起始情形》。也有比较具体的集邮知识，如《司各脱邮票年鉴之内容》。该书文章短小，知识性和趣味性兼备，是收集外国邮票的参考书。

《标准中西地名对照表》，张景盂编，1939 年 6 月由上海五洲邮票社出版。该书为 32 开本，52 页，是国内首次编印的外国邮票地名对照工具书，汇编了全世界发行邮票的国家、地区译名 800 余处。此书出版后较为畅销。

《集邮入门》，陈焕彪著，1940 年 4 月在上海出版。该书为 32 开本，45 页，是一本集邮基础知识读物，为文言体。

《红印花暂作小二分版号识别法》，陈复祥编著，1942 年 5 月由上海中华邮票公司出版。该书为 64 开本，16 页。书中前 4 页为综述，指出红印花“小 2 分”邮票的

《标准中西地名对照表》

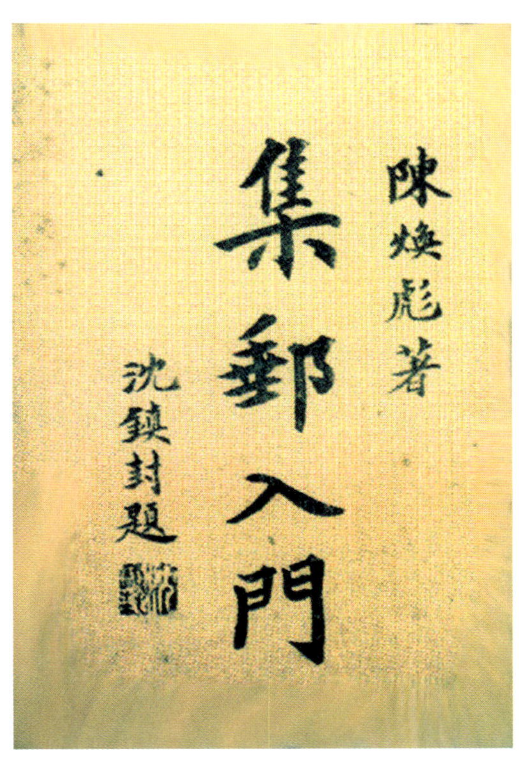

《集邮入门》

加盖字模中，“大、清、作、洋、银、分”6字“皆有大小不同之字体”“杂用于全版二十枚中”“为辨别版式之主要点”。

《中国邮驿发达史》，中华邮政职员楼祖诒著，1940年8月由中华书局出版。此书为大32开本，498页，研究和论述了中国古代邮驿历史。书中正编记述了历代邮驿沿革，副编为各地驿站名称、位置等资料。全书固然与邮票无关，但可作为收集、研究古代史前邮品的重要参考书，在当时即被誉为空前的巨著。

《集邮之研究》，周克雄编著，1942年3月由上海正英学校发行。此书为32开本，19页，内容包括绪论、集邮与收藏古玩、集邮常识和技术上方法上的研究、处理邮票损坏的科学方法、集邮需要的工具、我

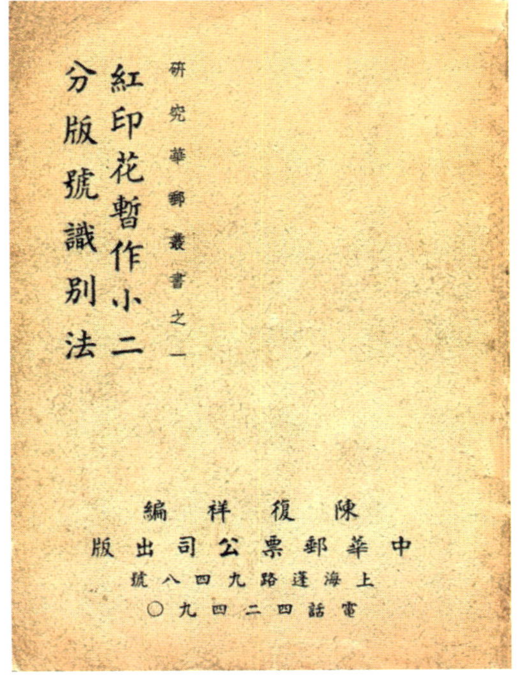

《红印花暂作小二分版号识别法》

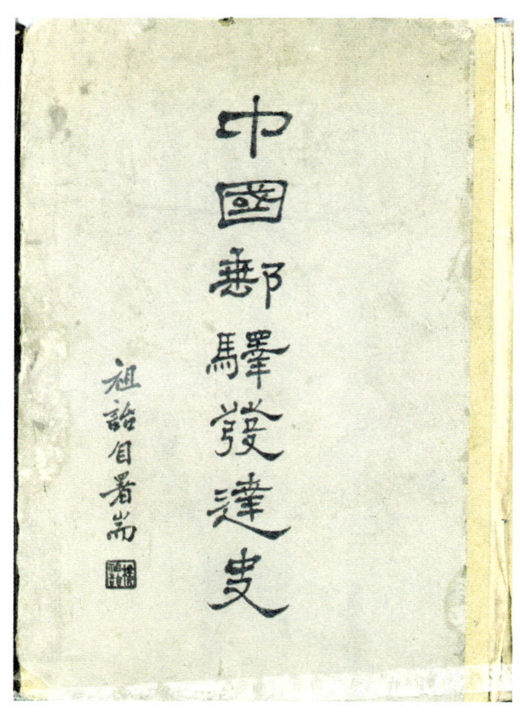

《中国邮驿发达史》

国百年来邮票的概况、我国的纪念邮票 7 个部分。

《集邮散记》，宋和鸣编著，1942 年 11 月由江苏泰兴艺鸣邮票社出版。此书为 32 开本，内有序言 5 篇、正文 39 篇、附录 2 篇。内容为阐述集邮的意义、兴趣和心得，主要介绍中外邮票，并以专题分类的观点描述中国邮票和商埠邮票图案。

《集邮浅说》，徐寿伯著，1943 年 5 月由长春艺光邮票社发行。此书为 64 开本，46 页，内容分为集邮之旨趣、邮票之发行、邮票之种类、集邮之方法、邮票之要点、集邮之用具、其他集邮事项 7 部分。

《她的集邮生活》，陈志川著，1945 年 1 月由上海国粹邮票公司出版部出版。此书为 16 开本，16 页，是一本集邮常识读

《集邮之研究》

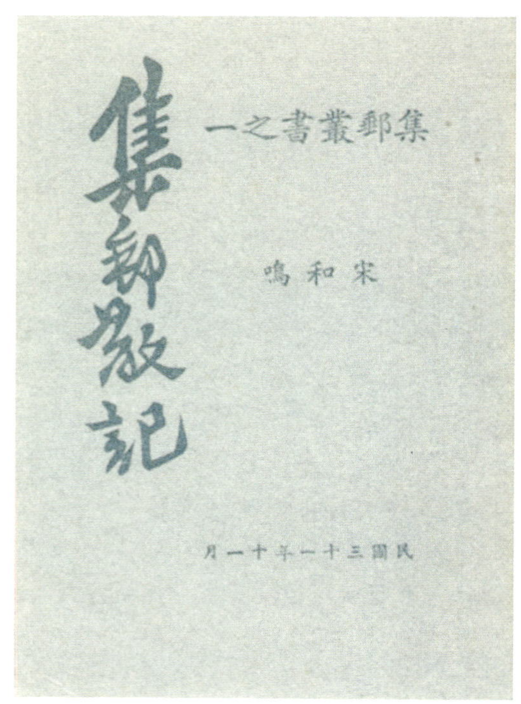

《集邮散记》

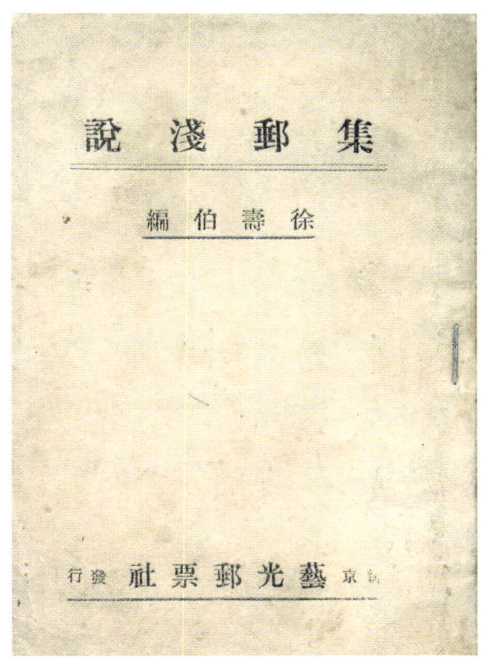

《集邮浅说》

物，以照片连环画的形式深入浅出地讲解了集邮常识，而且还带有故事性，很受初集邮者欢迎。书中内容曾于《国粹邮刊》第19—34期连载。

在众多的报纸集邮专栏邮文中，影响大的有邵洵美编写的《中国邮票讲话》。《中国邮票讲话》是邵洵美以初盦为笔名，从1943年3月1日至4月29日连载于上海《新申报》上的长篇邮文，共60篇，是抗战时期广为邮人保存的邮文。该文系统地介绍了中国邮票，意在普及与提高并重，词汇朴实，通俗易懂，一时吸引了众多的读者。有不少中途看到《中国邮票讲话》的人，都找到报馆要求配齐连载的报纸，也有的人因此而走上了集邮的道路。

邵洵美（1906—1968），浙江余姚人，其祖父邵友濂由台湾巡抚调任苏松太兵备道后，便在上海安家。他的外祖父是邮传部尚书盛宣怀。邵洵美曾去英国留学，回国后与胡适、林语堂等合作搞出版、印刷等事务。1941年，他因陪伴喜爱邮票的儿子去邮票公司，由此对中国邮票发生了极大的兴趣。他与陈志川、德铿、台维德等讨论邮识终日不倦，同时努力搜求未见著录并有邮学研究价值的邮票。

《华邮新标准目录一览》，人言（李信甫）编，1938年6—7月于天津《新都会画报》副刊连载35期。《集邮漫话》，吴山青主编，刊载于1939年上海《中美日报》副刊。《邮票周刊》，张包子俊、柳至川、钟韵玉主编，1939年刊载于上海《大美报》副刊。《惜分楼藏邮》，张蒙诚撰稿，1939年4月起在天津报刊上分期连载。《邮花新闻》，张包子俊等主持，1939年7月16日至1940年8月4日及1941年2月9日至4月27日刊于上海《大美周报》专栏，共24期。

其他报刊附设的集邮专栏，以上海较多，也不同程度地起到了普及集邮、扩大社会影响的作用。

邵洵美

第四节　各地举办的集邮展览

由于全民族抗战期间战事频繁，日寇不断对一些后方城市进行空袭，造成社会一度混乱，集邮活动受到限制，集邮展览只能在有限度的条件下举办。在祖国西南的重庆、成都、贵阳，西北的城固、西安、兰州，都有邮会或集邮个人在学校等处举办一些小型集邮展览。而沦陷区在日寇的践踏下，集邮展览更是在困难的环境下开展，显示出集邮者的执着和耐力。

一、内地举办的邮票展览

在重庆，1944 年 7 月 2 日，重庆市邮票研究会 112 号会员孙湘琦在北碚举办了个人邮展。同年夏秋期间，位于歌乐山金刚坡森林峡谷中的扶轮中学，曾有学生在校内举办小型邮展。这是一所全民族抗战时期新建的交通部子弟中学，不少学生是邮政总局职工的子弟，校内集邮风气较浓，其中初中部学生刘国珊等特别活跃。某日，校方贴出海报，将举办邮展为奉行反共政策的三青团募捐，刘国珊便与几位爱好集邮的邮政子弟抢先另办了一个免费参观的邮展。他们在教室的粉墙上张贴白纸，布置展品，主要是中华邮政时期的邮票，受到广大师生的欢迎，校外集邮家也来参观。学校的训导主任对刘国珊等自办邮展抵制为三青团募捐邮展的举动大为光火，迫令他们公开承认错误，遭到学生们的拒绝。他们中的初中毕业班学生准备在校内复习报考高中时，竟被勒令 3 日内离校。

在重庆西南部，江津癸未邮票会于 1943 年 4 月 13 日成立时，在德感坝武昌艺专举办了邮展，主持人为该校教师、重庆市邮票研究会 54 号会员孟庆寅。在战时文化区的江津县白沙镇，国立中央图书馆为提倡集邮，于同年 11 月 12 日起举办邮票展览会 4 天，展品共计 45 框，其中两框华邮，其余均为外邮。因会址面积小、参观者较多，展场拥挤不堪。

1944 年 10 月 10—15 日，国防科学展览会分 9 个展场举行。在中央图书馆分场中辟有交通馆，附设邮票展览，由东川邮政管理局提供展品，并在展场设临时邮局。开幕日当天曾使用纪念邮戳，其余各天使用临时邮戳。展品主要是中华邮政时期的正票，清代票仅有“小龙”和“宣统登极”各 1 套，“万寿”全套尚缺 6 分银 1 枚，“蓝欠资”和“棕欠资”也缺一枚。最令人瞩目的是蟠龙加盖“临时中立”邮票，包括未发行的 15 种全套，以及清欠资加盖“临时中立”包括未发行品种的 8 种全套，这些邮票在当时属于世界范围内的首次公开亮相。展览会闭幕当天是星期日，当地集邮名流张枕鹤、赵翔云、许伯明等相约前往观展。吴乐园征得邮局负责人同意后，为加盖“临时中立”邮票拍摄了照片。蟠龙加盖“临时中立”邮票发行了 4 种，加盖“中华民国 临时中立”发行了 8 种，已为人所熟知，而邮局藏有这两套邮票包括未发行品种的 15 种全套邮票，也已为人所知。张赓伯在 1940 年 2 月的《新光》会刊上曾希望邮局能公开陈列这些名贵邮票，

销邮展纪念戳的《共拯饥溺》邮票小全张

不期 4 年之后在重庆得以实现。这与此前中国政府以邮票作为礼品赠送美国总统罗斯福或有关系。

美国总统罗斯福是一位举世皆知的集邮爱好者。太平洋战争后，中美结盟，协同作战。1942 年 11 月，蒋介石夫人宋美龄出访美国，赠给罗斯福总统从清代大龙邮票起至最近发行的整部邮票。邮集精致装订，庄重美观。

直至 1944 年，重庆国防科学展览会才有上述未发行的加盖“临时中立”邮票展出。在此之前，也有集邮家私下见过蟠龙加盖“临时中立”“中华民国 临时中立”的大全套。就在公开展出前，姚秋农在重庆市邮票研究会会所（即郑汝纯办公处），由郑汝纯的同事翟世节给他看了两种大全套各 15 种，姚秋农还拍摄了照片留作资料。

姚秋农（1916—2005），湖北汉口人，毕业于汉口中学。1938 年冬武汉沦陷前迁居重庆，开设银光照相馆。他从学生时代开始集邮，抵渝后认真收集和研究邮票。1941 年参加新光邮票会，为山城邮票会会员。重庆市邮票研究会创建时，他是 9 人筹备组成员，此后为研究部理事。姚秋农主要收集中国邮票及商埠邮票，藏有红印花小 4 分横双连旧票、红印花 5 元倒盖票、中信版 16 分无齿样票九方连及多种孙中山像加盖邮票等珍品。

在成都，1939 年华西协合高级中学第 13 班举办了生活展览，李世琦用两个镜框展出了 200 多枚中外邮票。成都集邮会成立后未及举办邮展，却有两位会员先后举办了个人邮展。1943 年 12 月 12 日，成都集邮会监事、四川大学农学院教授李超然在校内展出中外邮票，展期跨年到 1944 年元旦，并刻用“超然邮集展览会纪念”图

“超然邮集展览会纪念”图章

有年邮集展览纪念明信片

章供参观者盖用。图章刻有两种，分“复兴节”与“元旦”两式。1944 年 6 月，李有年自外地回蓉，9 月 23 日在春熙路青年会大厅举办“有年邮集展览”，展品 40 大框，包括中外邮票及小型张、片、封、戳等，其中的中国邮票较为完备。此次展览历时 3 天，也刻有纪念图章，盖在孙中山像 1 分邮资明信片上赠送参观者。1945 年年初，成恩元在华西大学学生公社召集华西坝“大学邮票研究会”筹备会，确定举办一次大学生集邮展览。这次邮展共展出中外邮票十余框，其中有当时各区“改作贰角”邮票的大全套。邮展刻用了“成都华西坝学生公社 / 集邮展览 / 集邮纪念”特戳一枚。

成都华西坝学生公社集邮展览特戳

在贵阳，金竹邮票会于 1942 年 8 月立会之初即宣布“邮展”为会中工作之一，成立当日借用贵阳新生活促进会会场举办了邮展。进门后，左右两室分别陈列华邮与外邮，一框一框的美丽邮票有次序地挂在墙上，每框、每种邮票均有简要说明，还有各种邮刊和邮票书籍及集邮用品陈列于玻璃柜中。同年 10 月 10 日，贵州省教育厅在省立图书馆主办全省文化教育科学展览会，专辟一室邀请金竹邮票会提供集邮展品，共 56 框，展出后受到各界好评。当时的省主席吴鼎昌到场观展，并为《金竹邮刊》题词。1943 年 3 月 11—15 日，邮会接受社会部贵阳社会服务处艺文社的邀请，在贵阳民众教育馆展出邮票、钱币，其中邮票展品有 185 框。此次邮展，会场异常宽大，观众接踵而至，每天有成千市民前往观览。展室布置分三大板块：一为华邮，一律装以镜框展出，全部为正票，依年序顺次悬挂壁间；二为外邮，以美丽套票为主；三为片、封及各种大套票，均用玻璃板压于桌面。另备大玻璃柜一个，陈列各种集邮用具及图书。此外，尚有各种美术作品及趣味品，可谓琳琅满目。1944 年 10 月 10 日，贵州省立民众教育馆开设博物院，将邮票作为经常性展出的内容，展品由金竹邮票会会员提供。

在陕西，位于城固的西北师范学院附中有不少师生喜爱集邮，1941 年至 1943 年曾每年举办邮展。第一次邮展是在 1941 年 2 月 23 日，展品主要由教师马永春提供，也有学生的展品。14 岁的甲戌会员邱作均以“小集邮家”的名义参展。参观者需带一个旧信封充当入场券，是这次邮展的最大特色。当地县邮政局在邮展会场设邮政信箱，对所收信件使用纪念邮戳盖销，戳上刻有“附中邮展纪念 /FEB.23.1941/ 城固”字样。这是陕西最早为举办邮展而启用的纪念邮戳。1943 年 2 月 6—7 日，该校举行了第二次邮展，一方面庆祝中美、中英“平等新约”签订，另一方面欢度春节。此次邮展刻制了纪念邮戳。1944 年冬，西北师范大学附中迁至兰州，教师马永春在校内举办了个人邮展。1945 年元旦，展品又在兰州市立中学（校址在今 11 中学处）成绩展览会上展出。

马永春（1898—？），字久斋，河北定县人，1921 年毕业于北京师范学校，七七事变后随校西迁。他在城固期间积极推动当地集邮活动并多次组织邮展，还出品参加兰州邮展。曾任金城邮票会干事及北平邮票会理事。

1942 年 2 月 15 日，陕西城固举办了“陕南邮展”，主办单位刻用一枚大雁传书图纪念图章。该县的集邮文化氛围甚浓。1945 年 4 月 29 日，城固县学生服务处主办年度邮展，展品由学生及邮友联合提供；

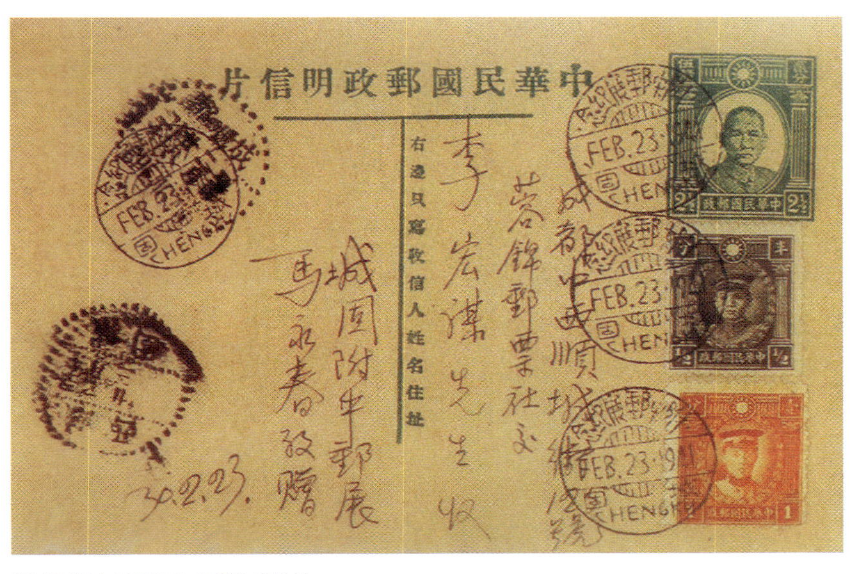

销城固附中邮展纪念邮戳的明信片

此次邮展也刻用了纪念图章，戳记由三角形及横排文字说明组成。

此外，西安力行中学的部分同学，响应“筹募百万元基金救灾运动”，于1943年5月8—9日在省城民众教育馆举办邮票展览会并义卖邮品，全部所得充当救灾基金。展室设在青年路一个60平方米的小礼堂中，其中有吴凤岗的个人藏品参展。邮展会场刻用两枚纪念特戳，分日销用。

二、“孤岛”上海举办的邮展

“孤岛”时期的上海，集邮活动并没有中断。很多没有转移到外地的集邮者，成为这一时期集邮活动的骨干。新光邮票会、旅华俄国邮票会举办了集邮展览，麦伦中学、之江大学、沪江大学的校园集邮展览也成为这一时期集邮活动的主要内容。

1. 新光邮票会的邮展

1940年，新光邮票会“邮票百年纪念会”会场内附设展览、邮票市场、拍卖三室。邮展设于第一室，展品多半为“集邮界不经见之罕品与专门之研究品”，有“朱世杰陈列由伦敦新拍得之清1分复盖票、陈复祥之英属珍罕票、陈志川陈列红印花之研究及清代样票、罗伟廉陈列海关一次票数框计170余枚以及上海工部局书信馆著名珍品等、张赓伯陈列之蒙古票全集及各种未发行样票、叶颂蕃之大龙新票全部、王纪泽陈列之红印花全部、谢鄂常之百年前之邮制信笺、范广珍之集邮小全张、徐仁广之德奥纪念票全集、张包子俊陈列之样票及香港版邮票版式之研究等，均称佳构”。展览室全日参观人数超过千人。

抗战时期，规模最大的邮展当是新光邮票会于1941年11月3—7日在上海大新公司四楼举办的“上海联合邮展”。在邮展前两个多月召开的新光邮票会理事会上，决定为纪念邮会成立15周年。举办这次邮展。当即成立筹备会，推举筹备委员分工办事。共设总务处、征集处、保管处、场务处、宣传处、会计处、让品处7个部门，以下再分小组。理事们都担任了具体的工作。为了争取更多集邮家的支持，筹备会斟酌了展览会的名称，只提“新光邮票会主办”“不用本会15周年纪念字样”。此举果然得到各家集邮团体的响应，上海邮票会借出镜框200余个，俄国邮票会主席麦克李维斯基亲自鼓动会员参展。筹备会宣传的邮展宗旨为“收集精华，供千载一时之浏览机会。同时亦在发扬集邮运动，以引起大众收集作先驱”，为此特设少年组给初集邮者示范。筹备会请求邮局在邮展会场设立临时邮局，启用纪念邮戳。上海邮政局局长乍配林以上海情况特殊为由而未应允。后经罗门邀约上海邮票会的迈耶和陈复祥、张包子俊一起向乍配林当面申述，乍配林才同意向总局发电请示。后来，邮局派往展场临时邮局和集邮处办事的人员多达30余名，尚觉应接不暇。

展场设在大新公司（今上海市第一百货商店），位于上海最热闹的地段。展场5天的租金高达2500元。新光会的理事们不免担忧门票收入支付不了场租。陈志川承诺，愿由个人负担此项可能发生的费用不足。这次展览为鼓励更多的集邮者参展，不作竞赛，都给证书。展品分少年部、外邮部、国邮全集部和国邮专门部。

在全集部中，徐慕邢和王纪泽展出的邮集都从大龙邮票至“庆祝美国开国百五十周年纪念”邮票止；谢鄂常展出了

新光邮票会、俄国邮票会的上海联合邮展纪念封

上海联合邮展现场

从清代至1941年明信片全集和上海工部局书信馆明信片全集。在专门部中，刘子惠展出了万寿及其加盖邮票、红印花旧票全套、著名孤品——红印花小1元旧票；徐慕邢展出了红印花系列加盖票中的小2分票倒盖横双连、小2分票复盖、小4分票复盖、5元票直双连、5元票倒盖、1分票十二方连左边漏齿，此外还有欠资票加盖楷体字1分倒盖、宫门倒等变体邮票；陈复祥展出了大龙和小龙黑样票、万寿黑样票、莫伦道夫票，都是四方连，万寿条纹纸无齿样票则为九方连或十二方连，红印花加盖票有小2分复组100枚全张，其中74枚为旧票大方连，1分票、大2分票、小2分票、大4分票都是25枚全格或二十五方连，小2分票倒盖和小4分票都是四方连，大1元票为十方连，5元票为贴在汇票上的直双连新票；罗门的展品也以1897年加盖票为主，其中红印花为新票全套及原票、小2分票复盖、小2分票倒盖，小龙票加盖大字全套为四方连，加盖小字有未见经传的3分改作2分复盖变体，万寿黑样票全套全格；梁芸斋展出了加盖“中华民国”邮票专集及新版“帆船”1分邮票200枚全张直缝漏齿；黄艾伯展出了“临时中立”正式发行票12种全套和红印花5元票倒盖；朱世杰展出了商埠邮票专集、台湾邮票专集等；王纪泽展出了样票专集和红印花专集，前者包括万寿黑样票、小黑样票、条纹纸无齿彩色样票，皆为全套，光复厚纸无齿样票全套，以及中华邮政各种黑样票和印在大幅玉版宣纸上的试模样票等，后者只缺红印花小1元，其余为新旧单枚、大方连、全格，并有实寄封10件及盖有不同邮戳的旧票；周炜良展出了他的版式研究成果，为万寿9分银票对倒，红印花大1元票复组25枚全格及大2分票、大4分票全格，汉口商埠一次票；陈志川主要展出了大龙邮票，有薄纸3分银票不同刷色全张，无齿样票（多一圈）四方连，厚纸3分银票半圈变体等，而红印花有小4分票横双连及单枚、小2分票倒盖及各种版模变体，另有未见经传的小2分票绿色加盖；黎永锦展出了商埠邮票专集等；张赓伯展出了中华邮政未采用图稿试模样票；张包子俊展出了万寿票及中华邮政全部纪念邮票四方连，中华邮政香港版邮票全部带中文厂铭四方连；钟笑炉展出了孙中山像改作3分和改作4分票的版式研究；郭植芳展出了各种实寄封，内容广泛，有大、小龙实寄封，小龙及万寿全套盖销封，清欠资票封和对剖票封，乃至民国纪念邮票封、首航封等；罗伟廉展出了小龙、万寿样票以及不同刷色与版模特征，万寿加盖邮票版模特征及变体，宋体、楷体字“壬”字头全格及实寄封，重庆对剖票实寄封、快信邮票、各版帆船漏齿票等；谢鄂常展出了各种纪念邮戳。

此外，尚有叶颂蕃、张少朴、宋慧泉、周祖贞、吴联懋、张璜、周绍庵、李纪润、王纪龙、杨成一等展出的中国邮票，张景孟、休门等9人展出的外国邮票。其中，陈子绳展出了航空邮票，王振家展出了儿童、动物专题邮票，唐效良展出了法国纪念邮票等。

新光邮票会除主办专门性的邮展外，还曾两次为公益性的文艺展览组织会员提供展品，在社会上展出邮票。一次是1939年5月31日至6月9日参加古今柬帖展览会的邮票展览。此次展览展品包括古钱、邮票、卷烟画片等。新光邮票会在各位骨干中约集了21人提供120个镜框的展品，展品分华邮、航空邮票及信封，上海工部局、各地商埠票，台湾、蒙古及西藏地方邮票、样票、纪念邮戳等十大类，其中最为引人注目的是中国共产党领导的“江西、湘鄂及西北”等苏区邮票，有的观众反复前来参观这些苏区邮票。

另一次是1939年12月23—26日参加上海文艺展览会邮票展览。这次展览由上海难胞生产合作社为筹募基金及扩充难民工场而主办，在宁波同乡会举行。因王纪泽原为该社委员，乃牵线搭桥促成，经新光会全体理事通过后决定参展。邮票展品共为160框，出品人有徐慕邢、朱世杰、高开第、陈志川、梁芸斋、谢鄂常、张包子俊、叶振伯、王振家等18人。王纪泽等8人到场值班，其中叶振伯抱病坚持，梁芸斋、张赓伯、陈葆藩则向本单位请假前往。这次展览展品内容丰富，如徐慕邢展出了

上海文艺展览会邮票展览

全部正票；梁芸斋展出的吉黑专集，装了4框，衬以“河山依旧”4字，喻示东北地区白山黑水原该使用此项中华邮政邮票，如今大好河山遭敌寇蹂躏，邮政主权也被掠夺；王纪泽展出了1922年江皖浙鄂湘黔水灾赈务处负责人恽宝惠送给他的哀鸿遍野图附加赈款票全套全张，此票除存档者外，应再无全张留存。附带展出的各国异形邮票、邮展封口纸、纽约博览会封口纸等也很受欢迎。参观邮展后加入新光邮票会的有十余人。

2. 旅华俄国邮票会邮展

该会每年举行一次的大型博览会称为年会，除邮展和交易外，在晚间还举行特别拍卖及摇奖活动。

1939年4月16日，春季邮票交易会设于英海军俱乐部该会会所，邮商及到会参观者超过500人。会场分两室：第1室为“邮市”，室内有各邮商所设临时摊位20余个；第2室陈列展览品，现场布置简洁，壁挂展品大致为各国风景明信片以及图案奇特、色彩美丽的邮票等，桌上陈列品都装以大镜框保护，珍品颇多，合计60余框，由10余人出品。其中，朱世杰陈列6框，精品甚多，如红印花1分邮票全张、5元邮票正盖和倒盖票各1枚、小4分新票1枚等，堪称本届出品之冠。威特门（S. Weidman）陈列七八框，华邮佳品不少，但也见伪品、疑品数枚。罗门出品华邮珍品数框，含红印花、万寿珍品及苏维埃邮票、“临时中立”全套、十字形“临时中立”实寄封等。门杰克（Dr. S. P. Manjak）展出了俄国客邮，内以哈尔滨加盖票最为齐全。樊沙维趣展出了10余框，伪满各票大致齐备。李辉堂展出了趣味品，内有大清邮局供应股所用大龙纹绿色封条一张。兰格柳季（Langelutje）的俄国各式样票也颇为出色。美中不足的是这次展品大都由邮商提供。

1941年6月8日，俄国邮票会在福煦路1053号俄侨总会举行集邮展览年会。据《申报》报道，展品有中国各省5分改3分等最新珍异邮票，并于午后6时择出罕见之邮票若干举行拍卖。

抗战时期，影响最大的年会为旅华俄国邮票会成立8周年之际，于1943年2月28日在蒲石路（今长乐路）安凯第总会举行了一次邮票展览。展品以罗门提供的费拉尔遗集最为引人注目。陈志川、王纪泽和李纪润等中国集邮家也有邮品送展。为补贴邮展经费，主办者还取得上海邮局局长的支持，在展场设立临时邮局，刻用“上海俄侨邮票展览会临时邮局／三十二年二月二十八日／上海”邮戳；并争取到邮会在当时通用的《节约建国》邮票小全张上加印中文、俄文和法文“旅华俄国邮票会邮票展览纪念”及“一九四三、二、二八，上海”的纪念文字后，自行加价出

旅华俄国邮票会会员在临时邮局前合影

上海邮展《节约建国》加字小全张

售，同时由临时邮局在这种加字小全张上盖销纪念邮戳。邮会购买了6000张小全张，盖销纪念邮戳的以每张5元销售，未盖纪念邮戳的以每张10元销售，并向斯科特、吉本斯等邮票公司各送60张样品。因此，这种未经邮局发行的加字小全张，在中国的邮票目录上未著一笔，而在斯科特、吉本斯、香槟、米歇尔等世界著名的邮票年鉴上都有记载。

3. 麦伦中学等邮展

1940年，沈曾华在上海教会学校麦伦书院读高中时，曾在上海基督教学生团体联合会（中国共产党的外围群众组织）举办的夏令营中展出邮票，后又与同班同学范正矩等发起组织了麦伦集邮协会。通过集邮，团结了各班爱好集邮的同学，还定期组织活动，互相观摩邮品、交换邮品。并出版定期周刊，名为《邮集》，由大家分头刻钢版油印，每期32开，4—8页，由沈曾华刻制木刻图的封面。内容有集邮知识和邮讯，或发表会员文章，刊物办得比较活泼。

太平洋战争爆发后，日本人接管上海的租界，麦伦书院英籍副校长兼英语教师白约翰被送入集中营。形势的恶化反而激发了师生们的爱国热情。集邮会成员建议举办一次邮票展览，经过研究，决定以反对法西斯为主要内容，但又不能过于明显而受到敌人的注意。考虑到当时苏联是欧洲战场反法西斯的主力军，又是第一个社会主义国家，所以邮票展览以介绍苏联邮票为重点，同时展出中国和其他国家、地区的邮票。

经过积极筹备，麦伦首次邮票展览于1941年12月25—27日举行，展场在胶州路口麦伦书院二楼，共有20多名会员提供展品。为了给这次邮展留作纪念，协会专门刻制了1枚橡皮纪念章。此章的上半部为中文“麦伦邮票展览会纪念章”，下半部为英文“M.C”，系麦伦书院英文名Medmust College的缩写；中间刻有“三十年十二月二十五日至二十七日”，为展览的日期。使用蓝色印油盖印。这次展览共3天，同学们参观非常踊跃，盖戳的桌前排满了长队。许多同学都准备了信封和明信片，盖上纪念章留作特殊的纪念。这次集邮展览在师生中引起很大反响，大家都心照不宣地接受了一次反对法西斯战争、爱国抗日的教育，也吸引了更多的同学参加到集邮活动中来。

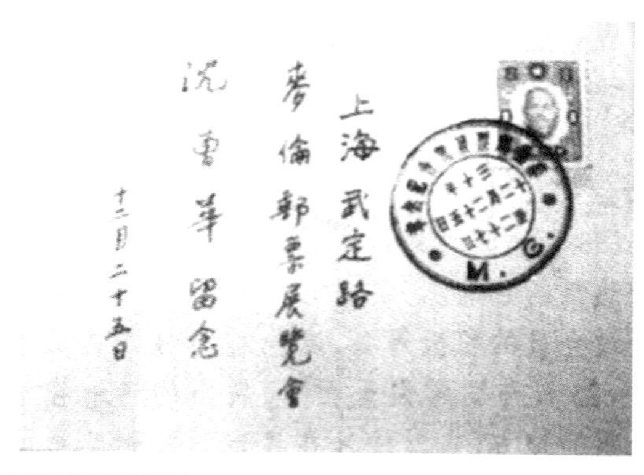

麦伦邮展纪念封

由于日伪的残酷统治不断加剧，特别是麦伦书院同学们的各项活动引起了特务的注意，加之麦伦集邮会中的大部分成员面临毕业，集邮会即停止了活动。他们当中有不少同学于1942年间陆续投身到抗日战争的最前线，走上了革命的道路。沈曾华此时也参加了新四军，并在抗日战争中坚持业余时间搜集邮票。

无独有偶，留有记载的“孤岛”时期学校邮展，还见于迁沪的之江大学展览会。1941年6月10日的《申报》报道：“本埠之江大学，自由杭迁沪开学后校务蒸蒸日上，而学生活动进步尤速。该校学生组织之青年会暨土木建筑经济贸易会计银行教育化学管理各学系学会联合发起举行一盛大之展览会，经过半年多的筹备，兹定自明日起至十三日止每日下午二时至七时，假南京路慈淑大楼六楼该校全部及四楼四五〇号大礼堂隆重举行。学生青年会方面由该会各部平均负责布置筹备，总务部展览该会人数统计、经济状况、会员调查等，娱乐部搜集全沪各项娱乐统计、负责户内运动表演等，学术部特设一新型流通图书馆及民众夜校学生成绩展览等，宗教部则陈列各种宗教名著等等，并由该会所属十余小团契参加表演，搜集大宗邮票、古钱、生活照片及学生各项嗜好品与兴趣调查表格等。”

1943 年《邮话》第 16 期《沪江大学邮展征件启事》报道：“本校定于 4 月 23 日起举行大规模之好癖展览会 7 天，邮展方面已委聘钱万能君主持，海内外不乏珍贵罕品，如荷参加陈列以助同好，尤深感纫。赐件请送上海福州路时报馆大楼邮展筹备处，钱万能君收即好。”

三、“孤岛”天津举办的邮展

天津邮票会于 1941 年 1 月 5 日，在法租界巧佳饭店举行了周年纪念庆祝大会，并举办综合性的邮票钱币博览会。北平和天津的会员约有十分之八到场，更有从沈阳等地赶来参加的会员，共有会员百余人参加。邮会还邀请了当地文化界名流前来参观，参观者达千人以上。

展品有：雷润生的万寿加盖小字 8 分直双连中缝漏齿，蟠龙无水印 2 角直 4 连、红 2 分直五连、1 分横双连中缝漏齿，以及法国“客邮”尾日销印封全套 12 枚等；李东园的大龙不同刷色连票，1882 年大龙阔边 3 分银票实寄封 2 枚（为德璀琳旧物），福州“临时中立”欠资棕色 1 分及蓝色半分、5 分、1 角、2 角、3 角，福州“临时中立”3 分实寄封，福州、重庆、长沙、陕西对剖票剪片，“农获”未缩小图稿黑色印于玉版宣纸 3 种（其中 2 种为未采用图稿），以及邮资明信片大全套等。宋慧泉的红印花正票 7 种，小 2 分 20 枚全格，小 2 分倒盖旧票等；范兰如的大龙 3 分银“多一圈”无齿样票，3 分银十八方连，大龙薄纸、阔边、厚纸、毛齿共 4 套旧票，1 分银加 5 分银实寄封，小龙二十连全套，红印花大 4 分二十连、小 2 分直双连实寄封等，石印蟠龙全套、5 元样票，蟠龙加盖宋体、楷体字全套，香港版普票全套四方连带版铭等；孙宝琳的蟠龙加盖宋体“中华民国”倒盖半分、1 分、3 分、2 元，“壬”字头新票，八方连旧票内“壬字头”，大“国”字“壬字头”新票及其实寄封等。

另外，还有张伯江、红屋邮票公司、“半月间”等提供的展品。展场外有 6 家邮币商设柜展销，除向大会交付租金外，个别邮币商还主动捐出营业额的 5% 资助邮会。为提高兴趣和留下纪念，大会还刻用一个由李东园设计的纪念图章，圆形，内外圈间文字为“天津邮票会一周年纪念”和（民

天津邮票会周年邮展“华邮四宝”纪念卡

国）“三十年一月七日”，内圈中绘五蝠捧寿图，供会员或来宾加盖邮票，并在展览结束后郑重其事地在会长监督下销毁。会员及贵宾们摄影留念，并获赠由李东园设计的印有“华邮四宝”的彩色纪念卡片。

四、其他沦陷区举办的邮展

1941 年 4 月 20 日苏州集邮会成立后，为“提倡高尚娱乐，灌输集邮常识起见”，特于同月 21—23 日“假座旧学前民众教育馆，举行邮票展览三天”，展出了苏州邮人的中外邮票 70 框，以及《邮乘》《邮票新声》《斯科特目录》等中外集邮资料。正副会长徐逢生、谈佐麟还在现场讲解展品，解答观众提出的问题，并接受百灵无线电台及《苏州新报》的采访。参观者数量不少，各小学均由教师带领学生前来观展。这年秋天，该会还参加了在民众图书馆举行的邮票画片展览会，又在百货公司与油画合展了数次。

1941 年春夏之时，保定同仁邮票研究会曾在同仁中学女生部院内一座小教堂中举办过一次邮展，用镜框展出各种邮票，一排排整齐地悬挂在墙上。

1943 年 7 月 7—9 日，广东阳江民众教育馆举行了一次邮票展览。当时逃难滞留曲江的张文光曾接到参展邀请。请柬为红色草纸，呈长方形，以蜡版刻写油印，由阳江县立民众教育馆馆长谭国谟及邮票展览会李济民、麦沃甸、左度颜联名发出，其文字写明：“本馆詹于本月七日起一连三天每日上午十时起至下午三时止举行邮票展览，敬希莅临指导。”主办单位盖有“广东阳江民众教育馆邮票展览纪念 / 卅二年七月七日”的圆形图章。李济民、麦沃甸其时均已加入甲戌邮票会。

广东阳江民众教育馆邮展纪念图章

1944 年 4 月，魏琪光主持的闽友集邮社曾在省民众教育馆举办过为期 3 天的邮展。

1945 年 7 月 18 日，安徽《中央日报》社三周纪念邮展在报社举办，展品由新光会员周鸡晨提供。因事前曾在报纸披露过邮展消息，故展出当天的观众极为踊跃。会场备纪念图章一种，供观众自行盖用存念。

这一时期，在东北沦陷区，伪奉天邮政管理局和一些集邮组织也举办过邮票展览以及巡展，展品来自沈阳、长春、大连、抚顺 4 个地方，内容分为邮票、明信片、

集郵會昨成立

今日起舉行郵展三天

蘇州集郵會、係本埠集郵家徐逢生、談佐麐兩位發起組織、昨日（二十日）爲該會成立之期、該會爲提倡高尚娛樂、灌輸集郵常識起見、特于今日起至二十三日止、假座舊學前民衆教育館、舉行郵票展覽三天、歡迎各界參觀云、

《苏州新报》的集邮会成立报道

邮戳、邮票原图、邮票版模、邮票印刷工序、邮票赠送品、邮票图书和杂志、杂项9类。展览期间，均启用局名有别的纪念邮戳。

在华南地区，1942年“广州邮票会”成立，并于当年10月1—4日举办了第一次邮展。其他沦陷区的邮展则以集邮者自发组织为主。

第五节　邮票研究领域产生多项成果

抗战时期，由于日本侵略军的占领和破坏，有的地方战乱频繁、社会动荡、物资匮乏，使集邮活动受到严重影响。战争导致该时期的邮票发行状况十分复杂，在印制和发行环节产生了一些错体和变体邮票，这就刺激了部分集邮者集藏与研究的兴趣，并产生了一些研究成果。

一、为“北海票”正名

“北海票”是小龙加盖大字短距改值票的俗称。依据旧说，清代国家邮政以小龙和万寿票加盖改值暂作洋银邮票，其原票一部分是由各地邮局退回后加盖。而北海在广西，是当时距离最远的分局，故迟至1897年3月之后才将所存的小龙邮票寄到上海。此时，加盖小字和大字长距的时间已经过去，所以只能与第三期各票同时加盖短距字模，因而称之为“北海票”。

据绵嘉义的“报告书”中记载，（小龙）1分银暂作1分加盖了109枚，3分银暂作2分加盖了54枚，5分银暂作5分加盖了159枚。因为加盖大字短距改值的数量远比加盖小字的少，所以前者的价格也比后者高出若干倍。绵嘉义还说：“此票加盖后，并无一枚寄还北海，且未在他处使用，市上所见用过之品，均为请求销印。”

“北海票”

对于这3种“北海票”的加盖数量，周今觉在《邮乘》第2卷第3期上早就提出“绝对不确”，因为仅就当时周今觉一人所藏，每种已有两三个全张。他推论每种数量应各为1000枚。至于原票是否来自北海，在当时无人对此提出过疑问。1943年4月，张赓伯在《国粹邮刊》发表《北海票之疑问》，对于绵嘉义所说提出怀疑。因为绵嘉义报告中对于此票的发行枚数、加盖印刷单位的记录明显错误，所以张氏发表了以下见解。

1.此票原票，绝非北海邮局寄回，乃邮局加盖第3期票时，偶尔觅出小龙票若干，弃之可惜，乃以之付诸加盖，同时发行。

2.此票加盖之数，确是不多，为棣（费拉尔）、绵（绵嘉义）诸氏所深悉，乃思用操纵手腕一网打尽之策。1、2分票票面小，且发行数量亦少，乃仅在上海发行，由棣、绵诸人完全购下，而分若干枚与当地集邮家，以做宣传。5分票数量较多……乃以此票发往最远之北海邮局，以免落于他人之手，一面再筹款由北海局将此票完全购回。

3.此票既完全为棣、绵2人所得，好似西北科学考察团邮票之在一人之手，大加操纵。一面造出了如上之一段记载，以增人们的兴趣。“北海票”因此成名，身价变高。

张赓伯的文章引起周今觉的兴趣。同年5月的《国粹邮刊》上便有周氏《关于北海票之我见》一文，认为“必须研究者，乃其存世之多寡”，而对张文的某些论点提出商榷。周今觉否定了自己“曾经在《华邮图鉴》上斥绵氏报告为失实”，而认为“绵氏报告的数字确有极大的价值”，因为“他的邮政报告，乃是附在海关贸易报告册之后，为海关邮政时代之总结。他的数字乃是从邮局记录上抄出来呈报政府的，绝不至于乱造谣言”。所以周今觉的结论是：“他（绵）的北海票发行数目，乃是邮局在柜台卖出之实数。三种合起来，不过发行300余枚，其余的都是棣氏一人包买而去。”而否定绵嘉义参与其中之说。周今觉还认为：“北海是最后寄来的票子，仅赶上大字短距离，当然是一种特殊的，叫他为北海票，倒也名副其实。”

张赓伯在下一期的《国粹邮刊》上发表了《再谈北海票》，对周今觉的说法有不同看法。张赓伯重申：“上次所写《北海票之疑问》的一篇里，最重要的问题，是北海票的原票，是否系北海寄回，绵氏的一段报告，是否可靠。因这问题关于北海票本身名称，非常重要。现在仍没有确定的证据来证明这问题，使我仍旧怀疑到底”。“另一问题是北海票究竟发行多少？”他仍认为“绵氏报告的发行数，实在有令人可疑之点。”

文章最后转述了德铿与邵洵美就“北海票”问题的一段谈话。德铿说：“棣费拉德人极聪明，当各种邮票加盖时，常盖些奇怪之品。红印花小四分也是棣费拉德有意所盖，因此事曾为莫伦道夫君训斥一次。至于北海票，也是棣费拉德有意加盖，等到加盖好后，棣氏曾经寄出两批到外埠邮局。但并不是出售而是请其销印。寄往的邮局一是北海、一是汕头。”“北海票原票实在与北海没有关系，完全是棣费拉德弄的玄虚而已。绵嘉义君对于邮票并无特殊兴趣，报告中的数字，不十分可靠……”后来，集邮界多以德铿的说法为准。

二、对“万寿票”及其加盖票的版式研究

中国的第一套纪念邮票——慈禧寿辰纪念邮票（通称“万寿票”），分3种版别，还有“对倒”和中缝漏齿等变异；其加盖改值邮票，又有字体大小、字距长短等变化，还出现了倒盖，更引发集邮者的兴趣，产生了诸多研究成果。

1．万寿3分银改版票加盖大字半分的发现

1940年，中华邮票会以《邮典》为名恢复出版会刊。在1月份出版的第1期上，周今觉以中、英文同时发表《万寿黑样票之研究》，而在11月出版的最后一期上，他又以中、英文同时发表《华邮中惊人之新发现》。后者的中文版面还特地用四号字印制，以示重要和提醒读者注意。此文报道在万寿大字短距加盖邮票中，发现了用作原票的3分银改版票。原来，周今觉在《华邮图鉴》中曾讨论过万寿小黑样票的1分票。1928年，德国克利伯格（Paul Kleeberg）寄给《邮乘》一篇投稿，详细描述了各种面值万寿小黑样票与正票的差异。因周今觉不识德文，待后来请人译出时该文时，《邮乘》已不再出版。此后，周今觉已经集得全套小黑样票，经其研究，订正了克利伯格因无大黑样票而做出的判断。周今觉在《万寿黑样票之研究》中阐述了经过修改的改版样票与正票的差异，并提

萬壽黑樣票之研究

今覺

英文字Proof。余從前譯爲試印票。而以樣票二字爲Specimen之譯名。但試印票三字。於筆舌之間。用之皆不方便。以通俗皆呼爲樣票也。因思Specimen一名。在郵學中並不常見。反將此樣票之名。置之無用之地。未免可惜。故此篇仍以樣票爲名。黑樣票即Black proof也。

萬壽黑色樣票有兩種。一種大型者。將九種數值印在一張紙上。量其圖案之尺寸。邊線與邊線比。約比正票大四倍上下。蓋最初所繪之母圖。正票即由此圖縮小而

（圖一）萬壽大判黑樣票縮小之圖

周今觉《万寿黑样票之研究》

出了一种疑问：为什么改版票只有2分一种？于是他对各种形式的万寿再版票一一加以仔细观察，终于发现大字短距加盖“暂作半分”的3分票也有原版和改版两种，这就是“惊人之新发现”。

2. 确定万寿9分银对倒票的子模特征

周今觉的丰富藏品，也为其子周炜良的研究提供了良好的条件。周炜良在1942年《国粹邮刊》第1—4期上发表了《万寿9分银对倒票之研究》一文，就是大量

观察、比较这一对倒票的成果。在这篇文章中，作者不仅证实万寿大面值票的全张含有6格（横2纵3），而且指出了每格所含倒置票的子模特征，并附带报道“修角”变体位于第2格第5号和第3格第5号，前者较为明显；新发现一种“折版”变体位于第6格第5号。由于明确了每格所含倒置的子模特征和“修角”变体，所以连带就给人们提示了一个较为有趣的问题，即凭借这些特征，存有对倒票的集邮家可以检视他们邮集上所贴的9分银对倒票，有没有贴错了方向。

周炜良在文章中还提到：“有一个问题，和9分银对倒的研究极有关系，就是万寿加盖小字9分改1角倒盖票了。”他根据当时存世不多的万寿小字9分倒盖票，提出了一个新的观点：“如果是和几种大字倒盖票子一样，是一个全版倒置，所有的票子都倒盖了，那就和对倒票子没有关系，这里也就不必再谈了。但是这个小字9分倒盖也许不是如此发生的。万寿9分银票，因为每格里有一个倒置票子，所以在加盖的时候，先将左边一行撕去，免得每一格都有一个倒盖。现在要研究的，就是（现存的）这几枚小字9分倒盖是否是由对倒而发生的。就是说，或者有几格9分银票，在加盖的时候左边一行没有撕去，因此发生了倒盖。要解决这个问题，必须根据对倒研究的结果，细细地研究这几枚小字9分倒盖。”数年后，陈志川、吴乐园都根据实物的对倒版式，证实了周炜良的观点，即万寿小字9分银改1角倒盖票，是由于原票对倒而产生的。

周炜良

周炜良（1911—1995），安徽至德人，生于上海，周今觉第三子，为留美华裔数学家。他12岁开始集邮，1925年起，《邮乘》见载署名“炜良”的邮文。抗战滞留上海时，他加入了中华与新光邮票会，曾任中华邮票会英文书记、董事。周炜良注重早期华邮研究，在红印花当5元票、小字当1元票、大字1元票、小字4分票、大字4分票等加盖版式、重组全张等研究方面的成绩，受到同好称赞。

3. 为万寿小字2分银改2分倒盖票正名

1940年左右，梁芸斋从邮商李辉堂处购得万寿小字2分银改2分倒盖旧票1枚。此票因为属于“未见经传”，不少集邮家认为其是赝品。《国粹邮刊》第1卷第8期专门将此票刊出，图注为“聚讼纷纭值得研究之万寿小字二分倒盖票”。1944年年初，汉口薛福中携其父薛亨遗集一部，来上海求售，内中竟有该倒盖旧票数枚，陈志川即全部借来加以研究。此时万寿小字2分加盖版式，已由宋醉陶、周炜良研究成功。陈志川根据其中1枚票为阿拉伯数字“2”字左移，从版式上论证了这种倒盖票“当属真品”。他撰写了《万寿小字2分倒盖票悬案之结束》，刊于《国粹邮刊》第3卷第8至10期，为这枚票正了名。

三、红印花加盖票全格的复组

红印花邮票之为众多集邮者所喜爱，不只是由于它的“大家族”中拥有“四宝”珍品，而且对它的研究内容实在丰富有趣。比如经过对其版式的研究，即使较易得到的品种，几乎每一枚都能查到它在加盖印版上的位置，这就能够在邮集上做出标识，以体现收集者的学识、功力。因此，红印花加盖邮票全格的复组成为一种传统的研究课题。

陈志川对红印花1分邮票版式特征的研究于1940年年初已得到初步结果，当时由陈葆藩以“一芹”为笔名撰文《红印花当一分版模之研究》，在新光会刊发表；但留下6个版号的特征未能辨出，而陈志川此时又一头钻入大龙邮票的研究中去了。4年后他才重拣旧题，终于写出《红印花当一分版模之研究补遗》，发表于《国粹邮刊》。有趣的是，陈志川先前研究所据的材料——1分邮票全格及复组全格，都已于1941年冬分别让给王纪泽和徐慕邢，故1944年继续研究时又向徐慕邢购回原物。1941年，叶颂蕃也在《邮典》上发表了《红印花当一分之研究》。

早在1941年的“上海联合邮展”中，周炜良就曾展出其红印花大1元票复组全格，后来王纪泽复组大1元票全格也获成功，但当时均未形成论文在邮刊披露。

1942年，陈复祥编著的《红印花暂作小二分版号识别法》出版，此书虽是一种64开的小册子，却是中国集邮史上最早单独出版的红印花研究专著。此前，集邮界对小2分版式特征的研究已有周今觉的成果，他从“大”“清”“作”“洋”“银”“分”6个字的字形出发进行辨识，陈复祥的研究则从这6个字的大小出发。陈复祥收藏的小2分票连票、全张合计达六七百枚之多，加上他精湛的邮识和持续努力，取得这样的成果也就不足为奇了。难能可贵的是，到了1944年，忽然有一位年方十六的少年倪宣文，也在《国粹邮刊》上发表了关于红印花版式研究的论文，而且第一篇就是对陈复祥的方法再加改进，因为他悟得“研究版式，固须从精密之方法为之，惟鉴别号，应从最简捷之方入手”，从而找到了只需从“清”“作”“银”“分”4个字的大小进行辨别的方法。接着，他又得到周炜良的帮助并提供5种版号的辨识方法后，在第32、第33期《国粹邮刊》上发表《红印花大字四分版模之研究》，但还留下第5、8、19三个版号的特征未能辨出。此后，倪宣文又对大2分邮票进行研究，写出了《红印花大字贰分版式钩沉》，可据以复组大2

清	作	銀	分	模字 字 型 貳版中格全
				1.7.17.10.20
×				11. 12.
	×			15.
		×		2. 14. 18.
			×	13. 16. 19.
×	×			8.
	×	×		6.
		×	×	5.
×		×		4.
×		×	×	3.
×	×	×		9.

《红印花小贰分版模之我见》附表

分票的全格。

倪宣文（1928—？），原籍浙江鄞县，生于上海，毕业于上海南洋模范中学，1946 年年底留学美国宾夕法尼亚，后在美行医。倪宣文求学时期开始集邮，1943 年加入新光邮票会（1915 号）。1944 年春倾其所藏，改弦更张专集红印花加盖邮票，并在课后经常求教于有道，终成大器。

20 世纪 40 年代对红印花加盖邮票复组全格的研究，对后来不断深入地探讨红印花加盖票的加盖方式、加盖程序和加盖数量等一系列专项问题的研究以及取得的成就，产生了很大的影响。如经黄光城将“未能辨出”的版号，引用其他字模显著者为之加以注释，并核对自己保存的大 4 分票复组全格和十六方连以比较察看，对倪的研究成果再予补充，于是大 4 分邮票的版式基本完备。

四、对伦敦版（单圈）邮票版型的研究

民国首次孙中山像普通邮票，是由英国伦敦德纳罗公司印制的。该票原定于 1931 年 9 月 1 日发行，但在交货时发现图案上的青天白日徽错印成双线（即集邮界俗称的“双圈”），遂暂停出售这种错印票，并向印刷厂交涉。经将双线改成单线（即俗称的“单圈”）重印交货，于 1931 年 11 月 12 日起陆续发行。因为是现行使用之票，有些面值票也在不断添印。

1934 年 10 月 1 日，赵善长在《甲戌邮刊》第 1 卷第 6 期上发表《总理像邮票之图案问题》一文，首次指出：“由本会会友黄君报告，经研究发现单圈票二分及五分两种有大小型之别。”经钱慕仑、王聘彦研究，证实大小型情况确实存在。王聘彦并测出大型票 2 分者为 20 毫米 ×22.8 毫米，5 分者为 19.5 毫米 ×22.2 毫米；小型票 2 分者为 19.2 毫米 ×22.2 毫米，5 分者为 19 毫米 ×22 毫米。为此，王聘彦专函邮政总局询问其成因。后接上海邮政总局第 3613 号函复称：“孙总理遗像邮票所印国徽，有双圈单圈两种，双圈系初版印，为数不多。至于邮票面积略有大小一节，前据承印公司声称系因印票之纸中有一批缩力较大，故印出之票，面积较小等语”……此事即被搁置，未再深入研究。

1940 年，姚苏凤在《新光邮票杂志》第 8 卷第 6 期发表《伦敦版总理像单圈二分票图案之研讨》，根据他发现的“邮”字，有两种不同版型（后称“直邮”与“曲邮”），提出“未识此种异点之原因何在”“为原版模损坏后修补者乎，抑或重镌者乎？”于是又将这一问题提上研究日程。

经过王德庆、王育和、钟笑炉等多人研究并结合版号，认定单圈票的图案宽窄，是由于两种（或以上）不同版模印制所造成，而不是如邮政总局据承印公司所答复的纸张伸缩所致。根据同面值版号的数字大小、位置高低，认定先印出的单圈窄版 2 分、4 分、1 角 5 分（绿）、2 角 5 分、1 元、2 元、5 元这 7 种邮票，都是将原来的双圈版模经过修补以便赶印交货。后来印刷和添印某种邮票时，又重新压制版模加以印刷。由于前后两次（有的在两次以上）压制版模的压力不同，因而造成同一面值票的宽窄不同。对于当时使用最多的 2 分、4 分、5 分这 3 种面值票，除图幅有宽窄之分外，还存在有不同版型的区别。

王德庆在《国粹邮刊》发表了《伦敦

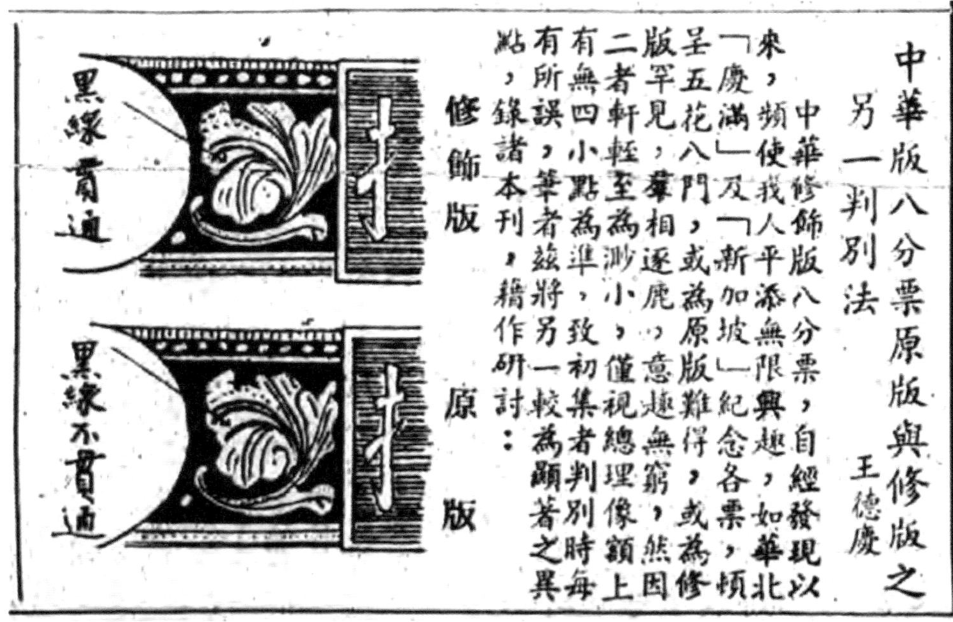

中華版八分票原版與修版之另一判別法

王德慶

中華修飾版八分票，自經發現以來，頻使我人平添無限興趣，如華北「慶滿」及「新加坡」紀念各票，頗呈五花八門，或為原版難得，或為修版罕見，羣相逐鹿，意趣無窮，然因二者軒輊至為渺小，僅視總理像額上有無四小點為準，致初集者判別時每有所誤，筆者茲將另一較為顯著之異點，錄諸本刊，藉作研討：

《中华版八分票原版与修版之另一判别法》

版单圈总理跟京版烈士版式之一得》和《单圈四分再版票之断框暗记》两篇文章，首先公布其发现了伦敦版单圈票的图幅有宽窄之不同。对于香港中华改版 2 分、8 分邮票有别于原版的情况，也是他第一个发现的。此外，他还撰有《中华版二分票修饰版之发现》《从中华实心版一元再版票谈到“再版”与“修饰版”之分野》《中华版八分票原版与修版之另一判别法》等文。

上述研究开创了民国邮票研究的新领域，为后来对香港版邮票的版式研究，以及对中信版邮票的分版、分纸、分齿的研究，都起着启迪和借鉴的作用，使不少有志于研究中国邮票的后进者，认识到对于邮学的研究不单纯是从古典邮票里寻找课题，在近期所发行的普通邮票里同样有着广阔的研究领域。这种认识上的提高，给中国的邮学研究带来深远的影响。

另外，由于对伦敦版单圈票宽、窄版的确认和定论推后了数年，以致出现了某些版别的新票难以寻觅。如窄版中的 2 分、5 分和 1 元、2 元、5 元邮票。宽版中的 4 分邮票。此外，加盖改值中的 4 分“暂作 1 分”新票，存世数量更是极少，已被公认为近代票中比较著名的罕品了。

五、对香港商务版邮票版模与齿孔的研究

自 1945 年 7 月起，钟笑炉在《国粹邮刊》第 4 卷连载的《香港版烈士像邮票总论》，是较早在集邮刊物上系统论述雕刻版邮票制版程序的重要著作。该文章分别就“十九种之票面及图案刷色”“纸张及背胶”“齿度及齿孔”“版铭及版号”“版式

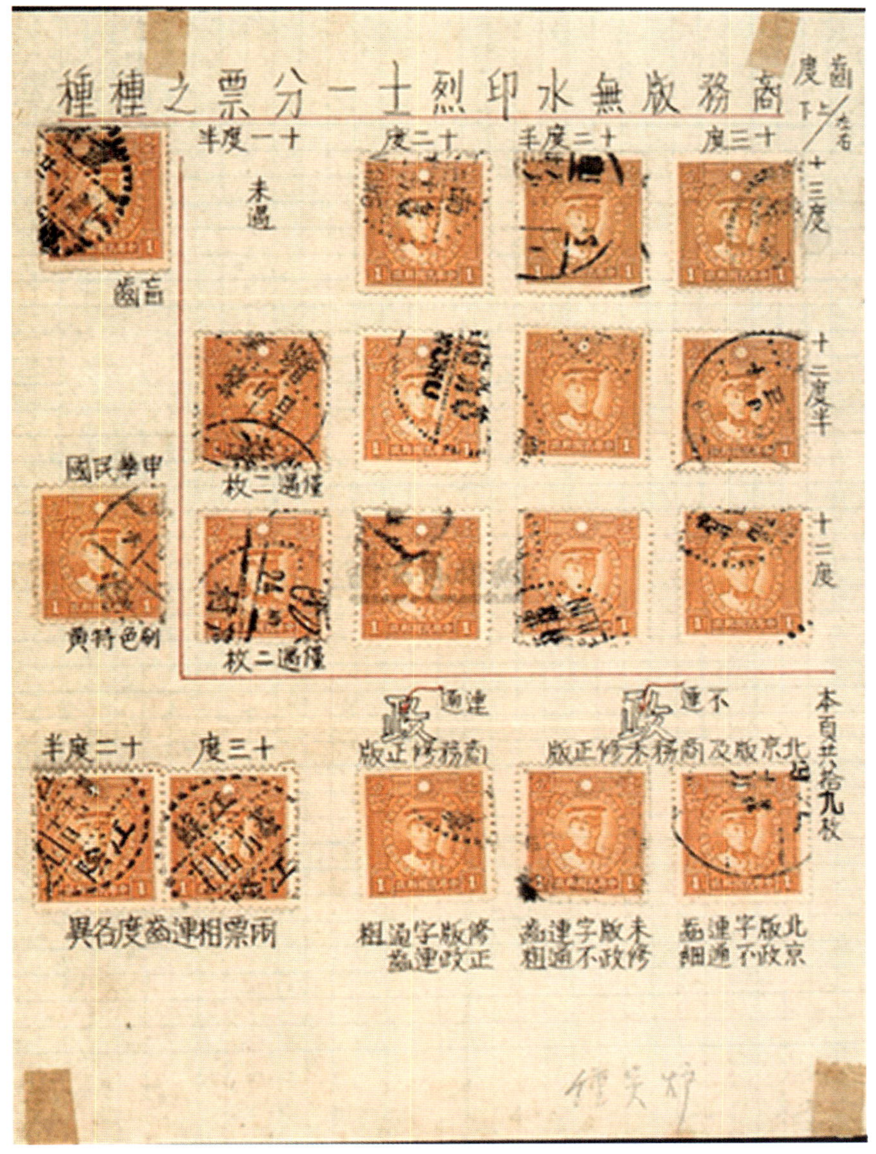

钟笑炉关于港版烈士票研究的手稿

上之暗记与复体”“母模暗记”“子模组暗记”“版暗记”等方面作了论述，而且附了大量的插图，供读者对照，起到触类旁通的作用。尤其是该文章中除了附录了“商务版烈士像票之最大版号”外，还请马任全将他所搜集到的“港版烈士像票版号”作了全部披露。这份资料，为后人研究香港商务版烈士像邮票提供了一份事半功倍的素材。而且这篇论文的内容并不局限于题目所示的香港商务版烈士像普通邮票，作者在详细描述他在研究中发现的各种版式特征时，先以明晰的语言准确地解释了雕刻版邮票母模暗记、子模组暗记、版暗记的形成原因，这些说明对于此后集邮界进行传统集邮研究产生了深远的影响。

1943 年 6 月，钟笑炉在《国粹邮刊》发表了《邮票之一次打孔和二次打孔》，这是一篇最早在集邮刊物上用比较法探讨邮票打孔方式的研究报告。作者同绝大多数的集邮者一样，并没有实地见过打齿孔的机器和打齿孔的工作情形，所有的推论都是从观察邮票而来。这篇论文首先提出了“一次打孔”和“二次打孔”的概念。作者指出：“所谓一次打孔，是说这种邮票的全张，其齿孔不论横的、直的，是同时一齐打成。所谓二次打孔，是说这种邮票的全张，其横齿和直齿是分为前后两次打成的，或先打横齿再打直齿，或先打直齿再打横齿。”他指出了两者的特征：一次打孔“在此种全张中不论任何部位，凡横齿孔与直齿孔相交之处，其构成交点的一个齿孔，恰恰居于横齿直齿构成的十字形中央”；二次打孔“其构成交点之十字形中央，却每每不是一个齿孔。”作者进一步指出：“若在单枚邮票，我们要辨别一次孔或二次孔，就要看这枚邮票左边最上最下和右边最上最下的 4 个凸齿情形了。一次打孔的票，这 4 个凸齿在左的和在右的高低相同，大小相同，而且在左下和右下的两个凸齿，必较其他凸齿为大而较钝；二次打孔的票，这 4 个凸齿在左的和在右的高低大小都不相称，而且这 4 个凸齿中常有一个或一个以上亦成极细极尖的凸齿。”

百城版未发行邮票大宽边试模票

钟笑炉还引述和认同了黎震寰与他通信中所提出的“一次打孔”“均用一种钉耙式之机所打”的意见。“线式”与“钉耙式”打孔方式（后来通称梳式打孔），都是日后被越来越多的材料证明为正确的结论。虽然此文对于邮票打孔的描述还不够全面，但确实已将集邮界对邮票打孔的认识提高了一步。

当时由于香港中华版 12 度半齿的邮票，存在着“线式”与“钉耙式”两种不同的打孔方式，很多集邮者是按照两类齿孔来搜集的，故向大家剖析清楚它们的名称及形态是非常必要的。

六、对中信版和其他内地版邮票的研究

太平洋战争爆发后，香港沦陷。原来在港印制的邮票改由重庆中央信托局印制厂和南平百城印务局承印。限于条件，这

中信版票（四）

邑丹初稿　钟笑炉参注

齒度＼數值			壹角	壹角陸分	貳角	貳角伍分	叁角	肆角	伍角	紅壹元	綠壹元	壹元伍角	貳元	叁元	伍元
十一度	（直）	光	—	有	有	—	有	有	有	△	—	—	—	—	—
	（疏齒）	毛	—	—	有	—	—	有	有	有	—	—	—	—	—
		面	—	—	—	—	—	—	—	—	—	—	—	—	—
十一度	（灣）	光	—	有	—	—	有	—	有	—	—	—	—	—	—
	（粗齒）	毛	—	—	—	—	—	—	—	—	—	—	—	—	—
		面	—	有	—	—	—	—	—	—	—	—	—	—	—
十一度半	（大孔）		—	—	△	—	—	—	有	—	—	—	—	—	—
十二度半	（中華孔）		—	—	—	—	—	—	—	—	—	—	有	—	—
十三度	（細齒）	光	有	有	有	有	有	有	有	有	有	有	有	△	有
		毛	有	有	有	△	有	有	有	有	有	△	有	有	有
		面	有	有	有	△	△	△	△	有	有	有	有	有	有
十三度半	（密齒）								有						

郭润康《中信版票》附表

些邮票一律不再刷背胶，用纸也不正规，印刷很粗糙。初期因为设备不完善，邮票的齿孔复杂多样，印刷用的油墨多是就地取材，印刷时间的先后不同，所以印成的邮票即便是同一面值，也都有着很大的差异。集邮家们并没有因它们的单调、粗劣而对其摒弃，相反却投入了很大的精力，去搜罗、交流、探索，进行深入细微的研究，并且取得了非常喜人的成果。

1944 年 7 月，郭润康用笔名“邑丹”撰写了《中信版票（初稿）》，在《国粹邮刊》上连续刊载，分别从名称、图案、版式、版铭、种类、纸质、刷色、齿孔、暗记、变体 10 个部分进行了全面论述，并由钟笑炉以“参注”的名义进行了更加细微的补充。在此之前，内地出版的邮刊，如《陪都邮声》《甲戌邮刊》《金竹邮刊》等已经发表过多篇研究中信版邮票的文章。《国粹邮刊》的连载文章可算是集各家之大成，再加上钟笑炉的按注，更可说是“相得益彰”。事实说明，在当时所述及的有些观点几乎已经算是定论。

例如对其纸质，钟笑炉列举的“条纹土纸”“云纹土纸”“无纹土纸”“西道林纸”“东道林纸”“国产道林纸”“印花纸”等，目前一直在沿用。

对于刷色，他们认为：“刷色深浅每为异期印制更换纸质、更换模子之表征。在分类上，对其刷色固毋须理论，而在研究参考上则宜并存。”这种观点也为后人所接受。

对于齿孔，他们分 10 度半、11 度、11 度半、12 度、13 度半为前期（1942 年内）所用，13 度为第二期（1943 年内）所用，第三期（1944 年内）多用 12 度半的梳式打孔机，并指出，还有粗细齿混用的“鸳鸯齿”存在。这种分类，也是相当正确的。

关于母模暗记，郭润康设计了九宫格，便于查找，并在文中编列成简表。后经核对，除当时尚未发行的 4 元面值票外，其他面值的母模暗记均标注正确。

至于版铭，仅列出各种面值的地位和相同面值票的不同地位，以及后期印制之票，而对新增添的工铭和时间铭则未做进一步探索，给后人留下了可以继续探讨与研究的课题。

对中信版邮票的研究，的确是在我国近代邮票研究史上开拓了一个新的领域。它的影响所及，使得后来的百城凸版邮票同样沿用了这方面的研究成果，而且都被国际上所接受。同时，由于分齿而产生的中信版 1 角 6 分粗齿票，其珍罕性也为国内外集邮界所接受，成了近代邮票中的名品。

第六节　著名华邮专集和珍贵邮品易主

二十世纪三四十年代，在世界范围内，收集中国邮票的外国集邮家以施塔、菲纳根、阿格纽3人最负盛名，他们都在早年华邮价格较低的时候购入许多珍品。但在中国全民族抗战时期，他们3人中有两个人的邮集变换了主人。

一、菲纳根邮集华邮珍品的分散

菲纳根（Edwin H. Finegan，1882—1947），生于美国密歇根州，是一位家具商。他是美国最早专集中国邮票的集邮家，为美国邮票会华邮小组成员，1928年加入中华邮票会（140号）。他专集中国的早期邮票，搜求不同刷色的邮票四方连，新旧皆集，因此收藏丰富。如他收藏了各种大龙邮票合计达1200余枚，各种清代邮票的中缝漏齿票也有100件以上，其中有些得自赫德遗集。他曾以其收藏精品组集《中国古信封集》。1937年因经商失利，由哈默·洛克公司于10月14—15日在英国伦敦拍卖其邮集。菲纳根邮集的拍品分组共765项，得款3900英镑（合当时尚未贬值的法币约为23.4万元）。这里且举若干名品为例，以见一斑。

大龙邮票：1分银邮票黑色印样1枚；无齿有胶1分银邮票全张1件（系赫德原物），存世仅2件；1分银邮票试印于白色透明薄纸上，右上角四方连带版边；薄纸1分银邮票深明绿色二十方连；3分银试印票，右上角四方连、右下角四方连及左上角四方连；薄纸3分银25枚新票全张带版边。还有刷色不同的3分银票25枚全张；3分银票无齿无胶25枚全张；5分银票试印于白色明薄纸上，左下角四方连；薄纸5分银票橘黄色25枚新全张；5分银票橘黄色上右角无齿四方连；阔边1分银票六方连及双连；阔边5分银新票上品及7枚刷色各异的中品；厚纸1分银票中缝漏齿、无胶；厚纸1分银票20枚全张，四周带版边（沃辛顿旧藏）；厚纸3分银票双连中缝漏齿（勒夫旧藏）。

小龙邮票：毛齿1分银、3分银、5分银票40枚全张各一件；无水印1分银、3分银、5分银票右上角四方连无齿；1分银、5分银、3分银票直横双连中缝漏齿旧；5分银复印；5分银十二方连（4×3）直缝漏

大龙1分银邮票黑色印样

齿销天津蓝色邮戳（目录上注：世界孤品）。

万寿邮票：黑色硬纸样票全套；试印于极薄条纸的彩色样票全套；1 分银票橘红色六方连（2×3）横缝漏齿；9 分银票六方连（含对倒票）横缝漏齿；再版票全套（多出 6 分银、9 分银票各 1 枚）；再版 4 分银、5 分银、2 钱 4 分票四方连各一件；小字 3 分银改半分票横双连中缝漏齿；小字 1 钱 2 分改 1 角票四方连横缝无齿；9 分银改 1 角票倒盖新、旧各 1 枚（新票下端缺 1 齿）；小字 3 分银改半分票横双连，2 分银改 2 分、9 分银改 1 角票复盖各 1 枚。大字长距加盖票中，有初版 2 钱 4 分改 3 角票“30”右移变体，3 分银改半分票四方连含 1 枚缺“t”大变体，2 钱 4 分改 3 角票“30”与“Cents”距离 2 毫米变体，再版 2 钱 4 分改 3 角票四方连含“叁”字异体 1 枚；大字短距加盖票中，有初版 2 钱 4 分改 3 角票，3 分银改半分票倒盖，2 分银改 2 分、4 分银改 4 分、9 分银改 1 角票倒盖各 1 枚。

红印花：未加盖原票；当 5 元正票及倒盖票各 1 枚；小字 2 分票倒盖八方连（4×2），下 2 枚兼复盖（原注：小字 2 分复盖变体之产生，并非全版重复加盖，乃印刷时纸张一角走动所致，故全版中有若干枚为复盖而其余仍为原样者，亦有走动距离之远近而分复盖之清晰与模糊者）；小字 4 分、小字当 1 元各 1 枚。

“民国四珍”中有“帆船”4 分改 3 分邮票倒盖及北京老版 2 元“宫门倒印”邮票各 1 枚。

菲纳根邮集拍卖之日，正值中国战火连天之时，中国集邮家大多无心顾及，只有侨居上海的德铿买到了其中的万寿大字短距 2 分银改 2 分票倒盖 1 枚（75 英镑，折当时法币 4500 元）、万寿 9 分银改 1 角倒盖旧票 1 枚（32 英镑，折当时法币 1920 元）、万寿初版大字长距 2 钱 4 分改 3 角“30”右移变体 1 枚（21 英镑，折当时法币 1260 元）、“帆船”4 分暂作 3 分票倒盖 1 枚（20 英镑，折当时法币 1200 元）等少数几件。而此时英国人台维德正好对中国邮票发生了浓厚兴趣，多数珍品由他购得。这次拍卖，使不少华邮珍品有了可资参考的定价依据。《斯科特邮票目录》和《吉本斯邮票目录》也从 1939 年版（编辑于 1938 年）起，以较高于这次拍卖价的数字，开始标注万寿及其加盖邮票、蟠龙及其加盖邮票、伦敦版“帆船”邮票这三大类邮票的各种中缝漏齿变体的价格。

二、中国珍邮备受青睐

受战争和外汇紧缺、币值日贬等方面的影响，集邮界有不少人购藏珍邮以期保值。由于汇率调高，进口外邮价高，在华外国邮商也多参与经营中国邮票。通过集邮家的积极研究，揭示了中国邮票深厚的文史价值。中国早期邮票不仅受到中国人的青睐，连原来不熟悉它们的外国人也热衷于搜寻。这些因素相互作用，在客观上促进了邮票市场的发展和中国邮票的价格上涨。

1939 年 6 月，在英国伦敦的一次邮票拍卖中，中国邮票的成交价格超常优异。拍卖开始后，场内竞争平淡，但当拍到中国邮票时，气氛立刻热烈，以致全部拍品中 40 余项中国邮票的成交价无不超过以往的纪录。参加拍卖的主顾中，远在上海的都以信函委托，而现场也来了许多陌生的面孔，特别是台维德派了专门为他整理邮集的女秘书出场，她的果断出价为众人所折服。一组万寿初版加盖大字长距新票，共有6种，即全套缺3分、4分、6分这3种面值票，德铿出价35英镑，竞购者加到59英镑，最后由这位女秘书以60英镑的高价夺去，较当时上海邮市的估价要高出三四倍。还有一项是万寿再版加盖大字长距半分票直五连，横缝漏齿，内含缺“t”变体票一枚，张承惠出价20英镑，陈复祥出价28英镑，德铿出价30英镑，在场的还有人累增上去，结果又被女秘书以60英镑的高价得到。

绵嘉义翻印的大龙邮票四方连

这种情况在国内的拍卖会上也常出现。以上海一地为例，尽管战时经济萧条、百业凋敝，但一些身居“孤岛”的有实力的集邮家依然是积极投入。他们当中有的是从集邮研究出发，不断充实自己所藏，也有的是从“保值增值”着眼，想方设法追求珍邮。所以，不论是新光拍卖，还是上海邮票会拍卖，每逢中国邮票付拍，竞争必然激烈。受此影响，使得某些有经济头脑的邮商也在为寻找票源开动脑筋，俄侨罗门就是其中之一。

罗门（A. Roman），俄国人，原在运输公司任职，只是业余兼作邮商。罗门起初只能经营一些普通品种和外国票，后来托人介绍与陈复祥相识，邮识才得以不断提高。1939年，他在上海环龙路挂牌罗门邮票公司，开始经营早期中国名贵邮票，并在1939年、1941年、1943年俄侨邮票会的春季邮票交易会上提供华邮珍品出展。罗门曾于1939年间从一名法国传教士处低价购得法籍集邮家赉美的遗集一部，珍品无数，简介如下。

绵嘉义翻印大龙、小龙全套邮票各一个四方连；薄纸大龙5分银六方连（3×2）新票，5分银横五连新票（正中1枚票上，“CHINA”后面无“.”）；阔边大龙新旧票27枚；厚纸大龙新旧票20余枚；小龙1分银票20枚大连票，3分银票十方连（2×5）；小龙毛齿5分银票1全格；万寿初版票全套全格，四方连全套，9分银对倒2对；万寿再版一组（全套缺9分银、12分银票）；小龙邮票加盖小字全格；万寿各种加盖；红印花当5元票1枚；其他红印花还有大字1分、大小字2分、大字4分票数十枚。

罗门得此邮集后，立即轰动了上海集邮界，人们无不争相向他求购。罗门转手间即获得10倍以上的利润，于是他打算集中力量经营中国邮票。此后不久，他又竞得费拉尔遗集的最后一部分珍品。

三、费拉尔遗集的拆售

费拉尔的妻子为中国人，他在上海虹口置有地产，其遗集与房产全部由其妻继承。费拉尔的华邮邮集在他生前一直被认为是“全球第一”。他死后，一些外籍邮商曾多次向其遗孀求售。20 世纪 20 年代，费拉尔遗集即陆续售出大部分，周今觉的红印花小 1 元四方连即在那时购得，德铿也购得不少。

1940 年，费拉尔遗孀认为自己年事已高，而且全民族抗战爆发后再无收入，当时外汇紧缩，邮票价格猛涨，她就委托费拉尔的外甥雷本出面，分组出售剩余的邮票。先由罗门购得 2 组，一组为红印花小 4 分票横四连 1 件及品相有损的单枚票 2 件；另一组为“北海票”全套 40 枚全张（4000 元），被罗门拆开分售。

雷本（G. D. Raeburn），P. L. 芮朋之子，英国人，20 世纪 20 年代—40 年代任职上海怡和洋行。他子承父好，藏有费拉尔肖像、手稿与中文图章等，与陈志川、马任全、王纪泽等中国集邮家都有交往，曾任上海西人泉币会名誉总干事。

分售费拉尔遗集时，费拉尔遗孀本人并未出面，而是由雷本全权办理。雷本并无邮商经验，其分组水平较差，但要价都超过市价。邮识高超的陈复祥于 3 月初买到了一组红印花小 4 分票四方连（3200 元），一组红印花小 2 分票倒盖四方连，一组石印蟠龙母模样票 9 种——包括未采用图印样、试色印样和正票同图同色的印样（500 元）；另一组为“罕品尽在，趣味深浓”的万寿及其加盖改值邮票变体大方连 6 种（4500 元），其中有 9 分银九方连直缝漏齿带较阔右边纸，大字短距初版 3 分改半分票加盖向上并偏斜移位八方连（4×2），小字 2 分票直缝漏齿十二方连（4×3），大字长距 3 分改半分票横缝漏齿十六方连（4×5

红印花小 4 分四方连

全格，缺右下四方连），大字长距 2 分票加盖移位十六方连左右边纸上盖有“暂作”和“ts”，大字长距 3 分改半分票偏左 2 至 4 毫米双向齿孔移位 20 枚（4×5）全格。

陈志川买到了一组石印蟠龙母模样票，虽有 10 余枚，但较陈复祥买到的少了 2 种，又多了几枚复品。在这一组内尚有万寿大字长距 4 分票双连加盖透印，红印花大 4 分票加盖透印。此外，这次出售的费拉尔邮集的余存中，还有红印花小 1 元票 1 枚、小 2 分票复盖双连、小 4 分票直四连及单枚，万寿初版十六方连全套、9 分票对倒 4 对、再版票四方连及单枚票全套、改版 3 分票全张右上部分印出无齿印刷废纸、万寿大字长距 2 分票十五方连（3×5）、4 分票二十方连（5×4）水印移位变体（上边纸多水印，末行少水印），石印蟠龙 5 角票深蓝绿色和错为墨绿色各 20 枚全格，以及其他变体和零票。

陈复祥还为成都叶季戎向罗门购得费氏遗珍中的万寿再版新票全套。先是陈复祥出价法币 3000 元，罗门却将此票居为奇货，不肯脱手。陈复祥认为上海集邮家不会高过此价向罗门购买，劝叶勿急，果然半年后罗门“亲谒陈门，降心相从”，按3000元成交。陈复祥以原价售给叶季戎。如此诚意相助，令叶季戎在数十年后还追怀不已。

费拉尔遗集中的红印花小1元票也由罗门经手易主，第二年冬为徐慕邢所得，其成交还很有些戏剧色彩。徐慕邢集邮多年，新光会在沪举办邮展，常由他展出华邮正票全集。他收集的红印花邮票虽然丰富且多变体，但独缺小1元票。1941年11月的盛大邮展中，只有他与王纪泽展出了正票全集。王纪泽专门收集红印花，品种可谓不胜枚举，可是他当时也没有这枚“国邮之王”。当罗门在同一邮展上公开展出“小1元”后，徐、王二人对此票都欲得之，但罗门当时无出售打算，此事遂被搁置。一年之后，徐慕邢至罗门处选票时，重提购买“小1元”事，罗门开价甚高且表示不能降价。徐正犹疑间，王纪泽正好到来，坐在一旁不发一言。徐从王纪泽的目光中意识到，如不当机立断，必被其乘虚而入，于是毅然照罗门所开价格购入。王纪泽见双方交易已成，只得郁郁而去。

费拉尔的遗集，因为是分批出售，直到1941年才最后售完。在其后未入市的珍品里，有的比起先前所售，更有不少罕见和未见经传的品种。如万寿对倒9分银票左下角四方连，直缝及左连、下边横缝均漏齿；万寿小字3分银改半分票复盖四方连；万寿再版大字短距4分银改4分票倒盖四方连；9分银改1角票倒盖四方连；万寿再版大字短距2分银改2分票骑缝错盖、销河口大圆戳四方连；小龙小字3分银改2分票复盖；红印花未加盖原票；红印花小4分票六方连。这其中的大部分后为罗门所得。

四、“邮星小集”和珍邮流通

太平洋战争爆发后，上海租界的“孤岛”状况已不存在。当时法国贝当傀儡政府亲日，故原法租界比公共租界稍宽松。在这种政治气候下，上海的集邮家们仍不愿与敌伪为伍，所以更将集邮当作排遣情怀、交流感情的所在。因为物价不断上涨，《新光邮票杂志》已经不易出版，仅能改出寥寥几页的“季刊”或“年刊”做些会务报道。居住在上海的“新光”会员不甘寂寞，又组织了一个较为松散的邮友聚会活动。

1942年11月11日，陈志川、张包子俊、张赓伯、陈海忠、徐秉鸿、钟笑炉、严西峤、梁芸斋、郭植芳、李友芳10人，在法租界内锦江茶室聚餐，举行首次“邮星小集”雅集。鉴于新光邮票拍卖活动基本上陷于停顿，大家认为有必要找一个新的交流邮品、沟通信息的去处。经研究，议定于每周三、周六晚间聚会一次，参加者每人交纳百元作为基金。

“邮星小集”是由梁芸斋所命名，为大家一致赞同。这个不对外公开的组织带有沙龙性质，也可以说是脱胎于新光邮票会骨干分子的聚餐会，但它与新光邮票会的会务并无关系。

“邮星小集”活动自由，或品茗谈交易，或玩棋牌游戏，或闲聊打麻将，无所不可。为维持“邮星小集”的品格，非经全体同意，不能邀请其他人参加。后来经公议又吸引几名新参加者，有王纪泽、王振家、张景盂、马任全、宋醉陶、邵洵美、钟韵玉等，成员总共不过十七八人。

红印花大 4 分二十五方连票

“邮星小集”不只促进邮人之间的相互了解，更有一种感情上的联系。在他们之间的助人为乐的邮谊往往高于利害得失。例如，1944 年 3 月中旬，陈海忠分 3 批购得 10 枚大龙邮票实寄封。卖主是一位侨居上海的英国人，因太平洋战争爆发后进入集中营，断绝了经济来源，迫于生计而出让。前两批共 5 枚大龙封，很快经陈海忠由郭植芳和陈志川买去；第 3 批的 5 枚大龙封中，就包括后来被集邮界称为“华邮第一古封”或“大龙第一古封”的那一枚。因多人求购，陈海忠高价待售，4 月间为王振家所得。陈志川闻听后，多次相求，至 5 月 16 日如愿以偿；经把玩数月后让给郭植芳，以成全他搜集大龙信封的心愿。再如，马任全的红印花小 1 元旧票，也是在“邮星小集”时经陈志川搭桥，以美金千元的代价由刘子惠让出的。

偶遇机会，他们之间也会合伙共同集资收购入市的巨值邮品，然后，根据每个人的不同需要，按合理的价值分配。像汉口薛亨遗集由其后人携到上海后，就是大家集资购下来的。通过“邮星小集”所成交的名贵邮票不少。如王纪泽购得“宫门倒”、福州及汉口“临时中立”票全套、福州“临时中立”欠资票4种，陈志川购得大龙阔边5分银新票，宋醉陶购得万寿初版24分银大字短距加盖3角新票、万寿大字长距改半分票直四连含缺“t”、万寿大字长距改3角票四方连含“30”距“cents”2毫米、万寿大字短距2分票倒盖、万寿改版大字短距改半分票四方连含“1/2”距“银”0.5毫米等，张包子俊购得红印花大4分票25枚全格、万寿改版大字短距改半分票40枚全格含“1/2”距“银”0.5毫米，郭植芳以14万元购得福州“临时中立”欠资邮票6种全套、以14万元购得大龙3分银和5分银票各一全张，他还购得伦敦版“帆船”3角邮票横双连中缝漏齿等。

虽然“邮星小集”的成员中也有人曾一度掌握邮市上若干国邮正票的涨落行情，操纵过这一时期的全国集邮市场，但这只是末节。“邮星小集”如同播种一样，撒下许多在集邮当中发扬国粹和推动学术研究的种子，而且取得不少可喜的收获。例如李友芳、马任全、王振家等原来都是重量不重质的收藏家，加入“邮星小集”后，观念一新。邵洵美的天真集邮观和陈海忠对英属地邮票的专注，都是在这里逐渐认识到了国邮的珍贵性和它的历史地位，因而改弦易辙重新确定了自己的收集范围。有“万寿”专家之称的宋醉陶，对“万寿”票的研究之所以能取得飞速的进步，与“小集”某些成员的群策群力也有一定关系。

1944年夏秋之夜，日伪当局在上海实行“灯火永久管制”，严厉限制居民晚间用电；又因市内公共交通车辆缩短夜间行驶时间，给人们出行造成不便，“邮星小集”才暂时停止了活动。

五、“绿衣红娘”两易其主

1944年7月，宋醉陶在《国粹邮刊》第33期上撰写了一篇文章，名为《似曾相识燕归来》；一年之后，他又在《国粹邮刊》第38期上刊登了一篇《无可奈何花落去》，记述了他对红印花小2分绿色加盖新票的得失经过。这两篇文章文辞委婉、曲折动人，是中国集邮家将著名珍邮拟人化的嚆矢。红印花小2分绿色加盖票在当年是仅见一枚的孤品，只因不见经传、身世不明，不能确知其为错色变体还是试色样票，甚至还有人怀疑它是化学变色，所以虽受多人青睐，但并未被视为红印花专集必备之品。此票最初由陈志川得自某外国人，后因陈专集大龙，于1941年冬让给天津的宋慧泉。

宋醉陶（1903—1998），名沅清，字醉陶，浙江吴兴人，生于上海，先后在商界、警界与银行界任职。他于1929年加入中华邮票会，20世纪40年代起重点收集万寿邮票，不惜重金多方搜罗，无论方连、全格、双连以及不同刷色均在其收集范围之内。宋醉陶不仅收藏丰富，而且研究深入，1943—1946年先后在邮刊上发表了“万寿票”研究论文十余篇，当年被誉为“当代

红印花小2分绿色加盖票“绿衣红娘”

宋醉陶

唯一万寿票专家”。

1943年宋慧泉来沪时，将此小2分绿色加盖邮票带来，邵洵美见了十分喜爱，将此票称为“红衣绿姑娘”（后来被传为“绿衣红娘”），曾托陈志川作中介求购未果。此时，王纪泽、宋醉陶、郭植芳等均想得到此票，但见宋不欲割爱，遂未张口。1944年夏，宋醉陶为研究“万寿版式”致函宋慧泉，求他相让“万寿”小字2分银改2分倒盖旧票，顺便提及“绿衣红娘”之事，宋慧泉答应可以考虑。不久，宋慧泉来上海，陈志川、宋醉陶、王纪泽等为他设宴洗尘。席间，陈志川出面代宋醉陶婉商，最后以“万寿”大字短距3分银改半分、4分银改4分、9分银改1角票倒盖和一些商埠整版票（南京、宜昌、芜湖）及大方连票，双方做了交换。陈志川因为中介的关系，要求将“绿衣红娘”暂留他处，以研究其版式。

数日后，陈志川为宋慧泉饯行，邀宋醉陶、邵洵美等人作陪，并将“绿衣红娘”还给宋醉陶。当时邵洵美提出借此票数日，宋不好拒绝，即交与邵。邵得票后，即提出愿以高价求让，并再三要求宋醉陶割爱。见此光景，大家婉言相劝。最后，邵洵美以比原交换价高出7倍的价钱从宋醉陶手中买了过去。

宋慧泉（1902—1968），山东兰陵人，国民党爱国将领宋哲元的胞弟，有收藏癖好，喜爱金石、字画、泉币等项，邮票只是其中的一部分。他的国邮早期正票基本齐全，对“客邮”“商埠”票有独特的搜集兴趣。他每年都要到上海选购自己所需。

第七节　各地邮票商社的盛衰

全民族抗战时期，经济萧条、百业凋敝，不少人背井离乡，苦不堪言。因寻找精神寄托而加入集邮行列的人逐渐增多，促使邮品交易频繁，邮票商业兴盛。一些有抱负、有能力的集邮家因对集邮研究全身心地高度投入，储存了大量的复品，而当起了邮商。还有人采取“以邮养邮”的方式增加藏品，实际上充当了业余邮商的角色。集邮商业的盛衰，在一定程度上取决于邮票市价的涨落。战时的通货膨胀，造成邮票价格持续上涨，突出了邮票保值、增值的功能，在客观上推动了集邮活动的发展和集邮市场的繁荣。经集邮家的研究与宣传，中国珍邮的价值越来越被人们充分认识，集邮家都以把它们留在国内作为自己光荣的职责，不惜高价争购珍邮。

一、大后方的邮票经营

全民族抗战时期的大后方，是指中日相持阶段国民党统治区域，主要在中国西南的重庆、成都、贵阳、昆明等地，以及西北的迪化（乌鲁木齐）、兰州等地。大后方的邮票商社，或挂牌门市营业，或编目函购、通信拍卖，有的还主办邮刊、参加和资助邮会，共同促进大后方集邮活动的普及与发展。

1. 重庆的邮票商社

全民族抗战初期，外地集邮者纷至山城。随着集邮活动的不断普及，邮票商社如雨后春笋般开设，到抗战胜利时已有30多家，成为集邮者获得邮品和信息的来源、经营者施展才能的基地，与邮会组织相辅相成地促进了重庆集邮的昌盛。

同歆邮票社。社主刘恒生，浙江镇海人，毕业于浙江中学。1926年，刘恒生在江苏泰县面粉厂工作时，因见国内外厂商寄来的商业宣传品封皮上所贴邮票光怪陆离，心生好奇，遂剪下保存。1931年在江苏镇江工作时，通过邮商广告而渐入集邮门径。1936年到重庆后，即从事邮票买卖，1937年正式挂牌营业。

同歆邮票社最初设在林森路三德里（道门口）顺记五金号二楼。房内有一张大餐桌，周置木椅。桌上摆放着邮票册，四壁挂有邮票镜框，陈列的邮票以外国票居多，供顾客观赏选购。邮社备有售品目录，可查阅未陈列的邮票。该邮票社曾出售过晋察冀边区《抗战军人纪念邮票》和晋冀鲁豫《交通徽图邮票》。因社主乐于助人、邮识丰富，所以该邮社业务兴旺。邮社后来迁址太平门四方街，并在大同路中华路口的大鑫电料行内设立分社，还在《陪都

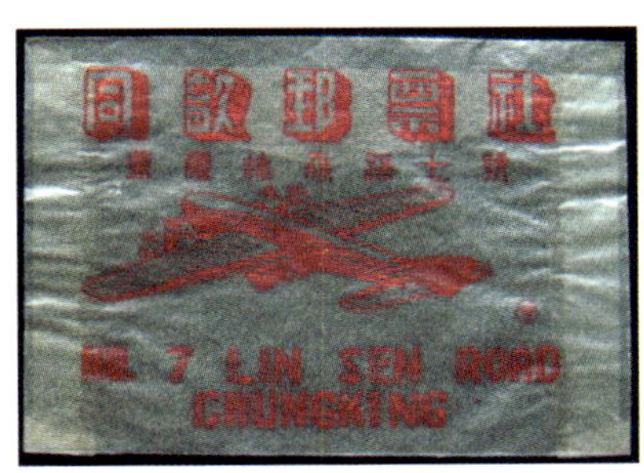

同歆邮票社邮票袋

邮声》《邮讯》以及各地邮刊上刊登征让广告，自编《同歃邮目》，发展函购业务，同时积极赞助重庆市邮票研究会的会务经费，努力扩大影响。抗战胜利后，该社以函购业务为主，至1950年歇业。同歃邮票社为重庆首家开办且持续时间最长、影响大、声誉佳的邮票商社。

景侣邮票社。社主刘瑞章，字秉昌，江苏苏州人。刘瑞章15岁开始集邮，为新光、甲戌邮票会会员。1943年1月，他在守备街花街子金家巷7号寓所外挂出景侣邮票社的招牌，经营中外邮票。以后将邮社改称“景侣邮票公司”。刘瑞章主编《邮侣》月刊，从1946年10月至1950年5月出版了42期。重庆市邮票研究会成立后，刘瑞章被选举为第一届候补理事、第二届常务监事，经常资助邮会。景侣邮票社备有售品目录，以加盖改值及其变体票品种丰富为特色，以美观的外国邮票吸引了许多青少年学生对集邮发生兴趣。刘瑞章善于经营，出售邮票定价合理，童叟无欺。刘瑞章还开展了函购和通信拍卖业务，生意兴隆，延续至1951年歇业。

国宝邮票公司。1943年7月1日由吴乐园开设在上清寺美专街3号，主要经营中高档中国邮票。吴乐园本有正业，且富于财力，本身也搜集国邮珍品，并有相当邮识，曾冒险赴沦陷区收购珍邮，甚有收获，为当时重庆邮商中有实力的人物。公司于开张当年的9月开始编印售品目录，并在邮刊上遍登广告，以扩大影响。郑汝纯、姚秋农等集邮家都是该公司的常年主顾。抗战胜利后，公司迁往上海。

重庆邮票社。社主耿凤翔，河北滦县人。该邮社1943年在两路口中山三路95号挂牌营业，次年迁天星桥47号。该邮社主营近期中国邮票，兼营外国邮票，备有售品目录供函索。耿凤翔为人直爽，讲求信誉，邮品售价比较低廉。抗战胜利后，邮社迁往石家庄，改名为“凤翔邮票社”。

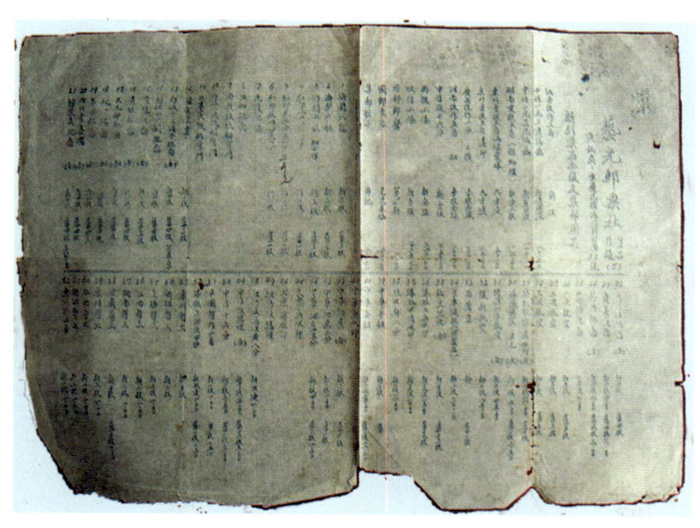

艺光邮票社卖品目录

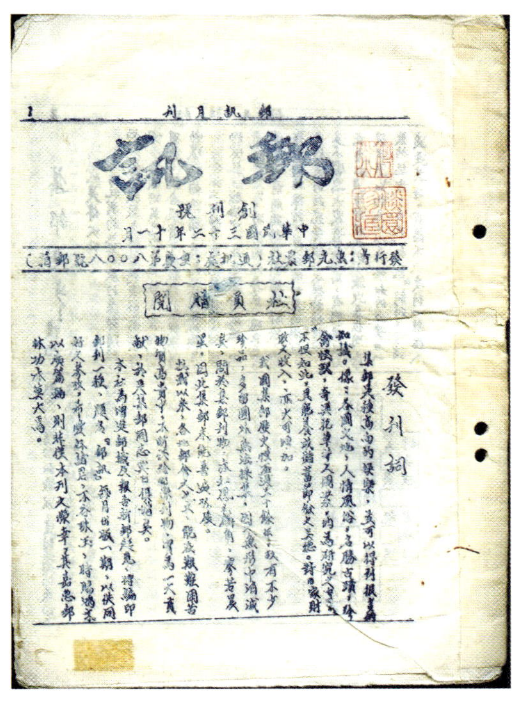
郵訊月刊　1

郵訊

創刊號

中華民國三十二年十一月

社員贈閱

發刊詞

鱼光邮票社《邮讯》

艺光邮票社。社主乐美琮，字祖荫，浙江宁波人。乐美琮自 1931 年起在文化部门工作，因受人馈赠两大册各国邮票而开始集邮，为中华、新光、甲戌三大邮会会员。全民族抗战初期，乐美琮从武汉到重庆，先后在《商务日报》、正中书局任营业主任等职。重庆市邮票研究会创建时，乐美琮为 9 人筹备组成员，及第一届、第二届理事。1943 年，乐美琮在民权路开设邮社，兼营图书；收购邮票出价特高，寄售邮票则收费低廉，出售定价公道合理，备有售品目录。

鱼光邮票社。1943 年开业，由郭晋康与张静盦在南岸瓦厂湾 15 号建华制漆厂内合作经营，并分设新邮服务部、国邮代办部、外邮选购部，后迁夫子池大同路 14 号和白象街 20 号等处。邮社备有售品目录，每月出版一册。邮社开业当年 11 月创办《邮讯》月刊，由张静盦为编辑，附载售品目录。该社因采取薄利多销的方针，标价低廉，颇受集邮者欢迎。邮社广泛征求社员，社员中多为重庆市邮票研究会会友和西南地区的集邮名家，如贵阳的郭润康等。1946 年，邮社因郭晋康返回上海而停业。

劳生公司。负责人王劳生，原名王学通，江苏无锡人，1924 年考入复旦大学，全民族抗战前活跃于上海摄影界，其摄影艺术与郎静山齐名。1944 年 8 月，王劳生由广西桂林到重庆，业余时间在林森路 128 号启新照相馆内兼营邮业，后迁大梁子青年会内。该公司以经营早期国邮为主，外国邮票为辅，售品档次较高，备有个人保真戳。邮社兼售原版《斯科特邮票年鉴》，以及进口柯达牌护邮袋，很受集邮者欢迎。王劳生在集邮界交友广泛，且重信誉，是陪都时期重庆文化层次较高的邮商。公司设有函购部，以邮政信箱联系，售品目录分“春”“夏”“秋”“冬”四季号。抗战胜利后，该邮公司主要办理邮票函购业务，于 1950 年歇业。

蕴记邮票社。社主嵇德英，江苏无锡人。该邮社 1943 年开业，专营外国邮票，因与吴乐园的国宝邮票公司同设一处，故常被人视为“国宝”的外邮部。

邮友邮票公司。负责人艾元俊，安徽合肥人。该邮社 1944 年开业，设在重庆望龙门 19 号，曾用名为重庆邮友合作社、重庆邮友服务社，1945 年改名为“邮友邮票公司”。该店原以经营百货为主，兼营邮票，改名为公司后专营邮票，主营中国邮票。

劳生公司实寄封

世界邮票社。社主王育中，河北丰润人，全民族抗前任职济南民生银行，战时辗转西安、成都、重庆经营邮票。1944 年，邮社由成都迁至重庆，同年 8 月在大同路 24 号正式营业。该邮社以经营中国邮票为主，薄利销售，未印售品目录，以邮刊广告招揽业务。抗战胜利后，王育中返回济南。

伟光集邮社。社主潘伟光，江苏南京人。该邮社 1944 年在纯阳洞开业，后迁金刚塔街 63 号。潘伟光收购和出售邮票定价公道，还为集邮者代办征求、交换邮票。抗战胜利后，潘伟光返回南京。

新生邮票社。社主许寰儒，浙江杭县人。全民族抗战初期，许寰儒考入东川邮政管理局，集得大批邮票。1941 年秋，许寰儒开办邮社，并在贵州遵义团溪设立由张云涛负责的分社。后应北碚编译局的聘请，许寰儒迁居北碚。1943 年在北碚继续经营邮票买卖。1944 年，许寰儒去往云南。

业余邮票社。由党恩来和舒宇澄于 1943 年业余合作经营，设在白象街 77 号党恩来寓所。该邮社主要出售党恩来编著的《国邮要目》，兼营邮票。1944 年，党恩来去新疆迪化（乌鲁木齐）工作，仍业余经

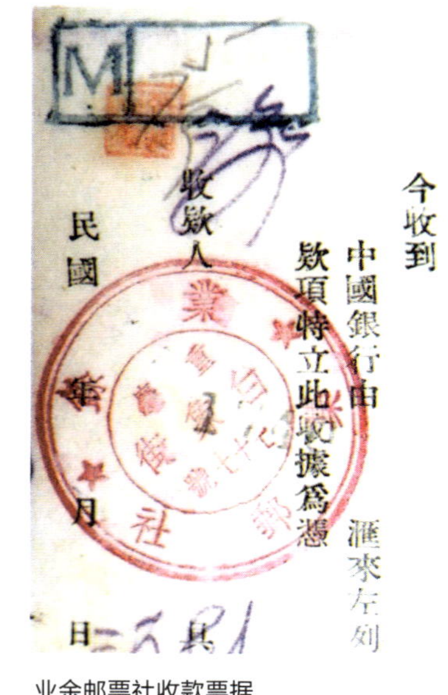

业余邮票社收款票据

营邮票买卖。

1944 年 5 月，刘恒生、郭晋康等邮商鉴于邮品价格在各家邮票社互不一致，有损邮商信誉，因而筹组重庆市邮商联谊会。每月在太平门同歆邮票社开会，旨在联络同业情感，评定划一市价，协调集邮者与邮商之间的关系，并在《陪都邮声》《邮讯》上刊出公告。

此外，还有集邮家以邮社名义刊登广告，业余买卖或交换邮票，像国际邮屋（董芊里，即董光呈）、一德集邮服务社（嵇德英、顾一尘）、同盟邮票社（庄子植）、共和国邮票公司（周永松）等。

2. 成都的邮票商社

七七事变后，原沿海地区的一些集邮者迁居成都，邮票商社应运而生，择要介绍如下。

世界邮票社。全民族抗战前开办于山东济南，1939 年春随王育中迁至成都复业，设在正科甲巷 157 号，后迁至大墙西街 70 号。1944 年，该邮社迁往重庆。

蓉锦邮票社。社主李弗如，1938 年来到成都，1940 年开办邮社，门市部设在西顺城街，由其妻庞凤侣主持。李弗如本人则操办通信函售业务。该邮社自办《蓉锦邮胐》月刊，每期刊出卖品数百项。该邮社还代售《甲戌邮刊》《国粹邮刊》《邮话》《西南邮刊》及《邮苑》等邮刊。该邮社因票源充足、种类齐全、价格克己，其营业状况列于成都邮商中的首位。

西南集邮社。1940 年 10 月由李有年开办，门市部设在西玉龙街 35 号，函购部通信处设在上升街 71 号其寓所。该邮社自办《西南邮刊》，附载卖品目录。1943 年，李有年出川抗敌，邮社、邮刊中辍。翌年李有年回蓉，东山再起，邮社改名为“锦星社”，门市部设在西玉龙街 112—114 号。除供应邮品外，该邮社也代售《甲戌邮刊》《蓉锦邮胐》及《邮苑》。

华光邮票社。秦宝通（1918—？）于 1945 年开办，设在指挥街 111 号。秦宝通是甲戌邮票会早期会员（69 号），嘉定人，曾试办《成都邮刊》《华光邮箱》各一期（16 开 4 版单张报纸式）。秦宝通于 1947 年后离蓉，20 世纪 50 年代在上海担任华东化工学院物理学教授。

邮票商社在成都的出现，为集邮者互通声息创造了条件，使成都的集邮活动从个人分散收藏发展为社会性文化活动。当时成都的邮商大多是参与创办邮会的骨干。此外，在四川成渝线中段的自贡还有一家开办于 1944 年的鹓云集邮社，负责人张仲宇，租用自贡邮箱 22 号，开展函购业务。

3. 大后方的其他邮票商社

七七事变后，贵阳共有两家邮社。一为黎明邮票社，社主朱宝鉴，杭州人。该邮社于 1943 年年初开办，不设门市，借用郭润康租用的 130 号邮政信箱作通信函售的联络处。该邮社自办《黎明邮刊》，聘请郭润康任主编，附载卖品目录。黎明邮票社还常在《金竹邮刊》刊登广告，号称“贵阳首创”邮社。抗战胜利后，朱宝鉴返回杭州，邮票社停业。另一家是贵阳邮票社，店主林顺发，在香狮路寓所营业。

此外，贵阳也有不立店招的业余邮商，如陈家骧，也是杭州人，全民族抗战时来到后方，原在昆明，后至贵阳。抗战胜利后，陈家骧返回杭州，在浙江大学图书馆工作。

全民族抗战期间，有记载的在云南公

开经营邮票业务的邮社有两家。一家是新光邮票社，负责人伍光明，1941 年开办于昆明正义路 480 号，专营世界各国新旧成套邮票；另一家是安多尼邮票杜，负责人解慕愚，1943 年年初开办于四川乐山，翌年随店主迁址云南永仁县，以 1 号邮政信箱作通信函售。而那里比较知名的集邮家，如万灿文、戴郁华等人，却经常从省外通信购买或交换邮品。就云南邮商而言，该邮社则可谓是凤毛麟角了。

西北地区只有新疆的迪化（乌鲁木齐）和兰州两地出现过类似业余性质的邮商。如马子珍在兰州的西北邮票社，实际并无门市，只靠通信买卖。党恩来在迪化同样如此。他本为中央银行迪化分行高级职员，他和陈维瑞所组织的邮票社，开宗明义地称之为“迪化业余邮票社”。后来他们又与邮局退休职工于东海合作，开设义成号邮票社，也是业余性质，不设门市，以通信方式向各地集邮者供应“限新省贴用”邮票。

二、上海“孤岛”的业邮情况

全民族抗战以前，上海就有不少邮商。上海租界形成“孤岛”后，人口剧增，经济畸形发展。各地集邮者和邮商纷至此地，既有邮商迁址复业，又有集邮者业邮，还有从欧洲逃难来此的犹太人，因别无谋生出路，即使邮识肤浅，也都干起了邮商的营生。20 世纪 40 年代初，在上海设有店铺的邮票商社多达 70 余家，尤其在繁华路段如南京路、霞飞路（今淮海路）比较集中，而不挂招牌的行商和摊贩更多。

1. 奥伦多邮票公司与国粹邮票公司

1939 年，新光邮票会的创始人张包子俊也当上了邮商，经营起奥伦多邮票公司和邮人服务社。“八一三”事变后，张包子俊在杭州的家及开设的旅社都被日军占用，全家逃难来沪，一时苦无经济来源，面临衣食问题。这时他的二妹夫钟韵玉一家也到了上海。钟韵玉在杭州时就是新光邮票会的骨干。张包子俊和钟韵玉一方面同张承惠、柳至川合作，开设奥伦多邮票公司，一方面又同徐秉鸿合作，组织邮人服务社。“奥伦多”是原来宁波邮商柳至川同外国客户交易时用的英文招牌“Oriento Stamp Service”（东方邮票服务社）的音译。

1939 年年初，张包子俊以寓所作为“邮票服务社”的上海代理处，不久又找到福煦路 852 号康悌药房代理门市业务，而以寓所为函购处。到了下半年，正式打出“奥伦多邮票公司”的牌子，不仅继续供应外国邮票，而且全面征、让中国邮票，并以经营“高贵华邮”为号召。该公司虽不备售品详目，但向客户收取 5 元保证金后，即可寄给指定范围的选票册供其函购。1940 年 6 月，张包子俊搬家，新光邮票会总务部随他移到了爱文义路永吉里 19 号，奥伦多邮票公司则另租爱文义路福田村 71 号专设门市部。同年 11 月，邮人服务社开张，以慕尔鸣路 220 弄 3 号为社址，函购部设在台斯德郎路（今广元路）四维村 1 号 A 钟韵玉寓所，门市部与奥伦多公司设在一起。邮人服务社成立之初，提出“代君解决一切”的承诺，不仅代理买卖邮票及集邮用品，还为集邮者代购、代卖日用物品，代办邮包报关运输保险，代客调查上海集邮界人士的信用，提供有关集邮的信息服务。这一切都由徐秉鸿负责办理。

徐秉鸿（1910—1943），字茂君，江苏

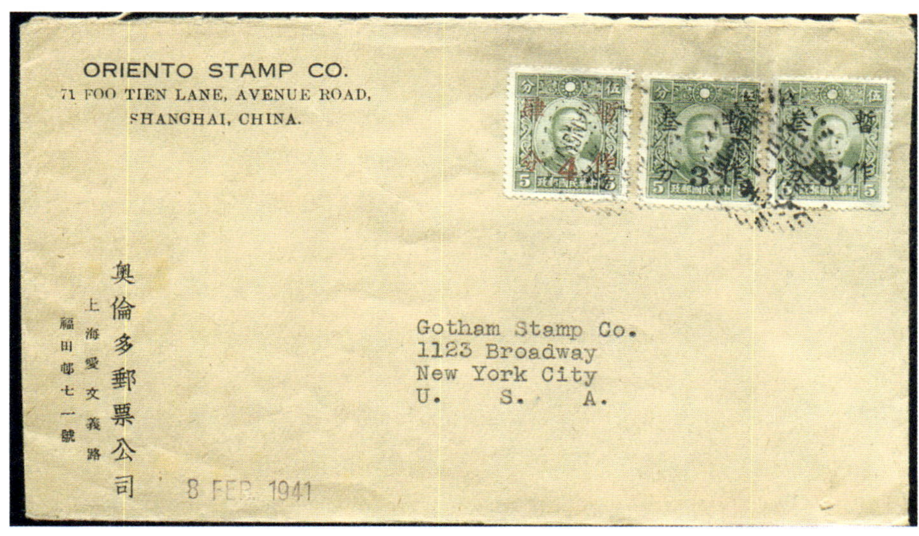

奥伦多邮票公司实寄封

镇江人，永安公司（当时上海最大的百货公司之一）文具部的职员。因为那里经销混合的袋装邮票，徐遂同邮友稔熟。有感于集邮用品耗费大量外汇，徐秉鸿便业余同朋友合办协进文艺社，制售集邮簿册。奥伦多主营邮票，邮人服务社主营集邮簿册，两者相得益彰，也是张包子俊策划有方。

为了经营的需要，奥伦多从1942年起自办《邮话》月刊，既登自家售品简目，也登同行广告，同时采纳名家佳作，办成一种有信息、有材料、有观点的综合性邮刊，扩大了奥伦多的影响和声望。太平洋战争爆发后，部分外国邮票的来源被阻断，负责国外业务的柳至川便脱离公司，而奥伦多也不再使用柳至川的英文招牌。由于业务繁重，张包子俊对邮人服务社的工作难以兼顾，1942年年初，邮人服务社便由徐秉鸿独自经营，社址也改在他的寓所，业务内容则主要为邮票函售。1943年夏，徐秉鸿去世。受徐秉鸿遗嘱委托，张包子俊和钟韵玉清理了邮人服务社对外的账务。1943年5月1日，钟韵玉重新树起邮人服务社的招牌，经营邮票、集邮用品和集邮图书；张包子俊则独自专营奥伦多，直至抗战胜利。

陈志川从1939年起就遍征珍贵华邮，复品自然多多。1940年年初，他在新光会刊上登载广告，提供选票册备人函购。同年7月，陈志川正式挂出国粹邮票公司的招牌，以经营名贵华邮为主。国粹邮票公司位于霞飞路1033号塔华公寓21号，店堂光线充足、座位舒适，内设营业处和办事处，有数名从业人员。除门市外，公司还设有函购部。该公司有代客征求业务，代为征求市上罕见之国邮珍品，特别是包括了邮学书籍。陈志川努力宣传中国古典邮票，出版《国粹邮刊》，在物价不断上涨的年代里亏本很多，国粹邮票公司的盈利大半都贴补了《国粹邮刊》。若干年后，陈

国粹邮票公司

志川回忆起这段经历时说：“《国粹》是在我业邮的时代创刊，当时虽做邮商职业性的尝试，但并不忘情集邮家业余的兴趣。”并提到“《国粹》出版”是为了“取之于邮人，用之于邮人”。

2. 其他沪上新办邮社

1939—1945 年，沪上的新办邮社，广告题名者还有 40 余家，以下介绍其中颇具影响的几家邮社。

国光邮票社。店主何堪，初设于福煦路四明村 90 号，1940 年 8 月在四川中路宁波路口复盛钱庄内添设门市部，主营世界各国邮票。为促进邮社业务，于 1939 年创办《邮花杂志》，累计出刊 22 期，创“孤岛”邮刊期数之最。该刊内容除邮社售品目录及邮票交换栏外，大篇幅登载集邮知识普及文章，并附录新邮图等，曾发行至内地的昆明、重庆。

中国邮票公司（THE CHINA STAMP CO.）。店主陈海忠，1939 年开办于霞飞路 798 号，1942 年 9 月迁至环龙路 248 号，后又迁至长乐路 388 号。该公司主营外国邮票，特别注重英国及英属地邮票，邮社广告还登载于《亚细亚邮刊》及《ROCICA》（远东版）等外文邮刊。

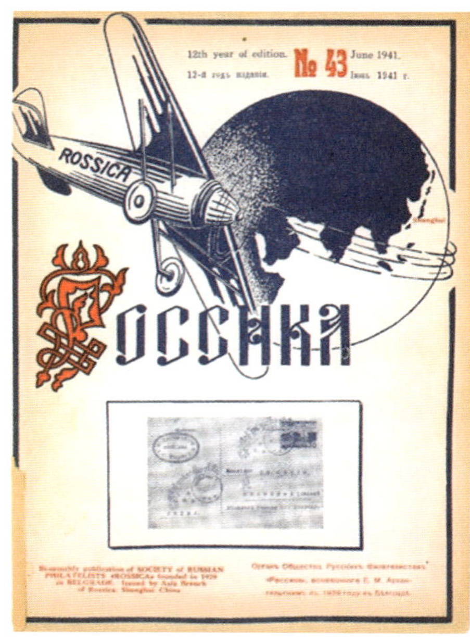

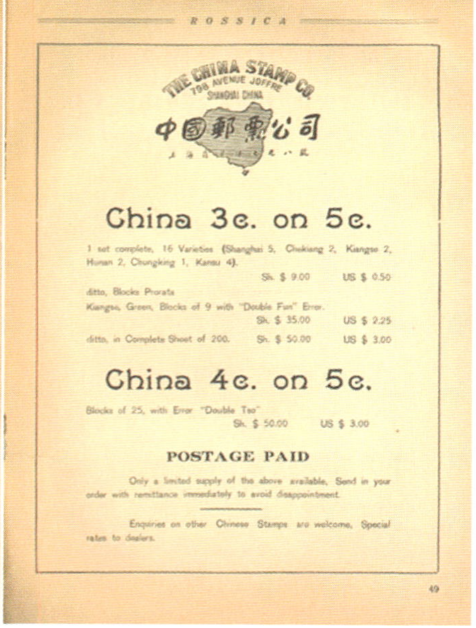
ROSSICA

THE CHINA STAMP CO.
798 AVENUE JOFFRE
SHANGHAI CHINA
中国邮票公司

China 3c. on 5c.

1 set complete, 16 Varieties (Shanghai 5, Chekiang 2, Kiangse 2, Hunan 2, Chungking 1, Kansu 4).
Sh. $ 9.00 US $ 0.50

ditto, Blocks Prorata
Kiangse, Green, Blocks of 9 with "Double Fen" Error.
Sh. $ 35.00 US $ 2.25

ditto, in Complete Sheet of 200. Sh. $ 50.00 US $ 3.00

China 4c. on 5c.

Blocks of 25, with Error "Double Teo"
Sh. $ 50.00 US $ 3.00

POSTAGE PAID

Only a limited supply of the above available, Send in your order with remittance immediately to avoid disappointment.

Enquiries on other Chinese Stamps are welcome, Special rates to dealers.

49

《ROCICA》邮刊远东版

绿静邮票社。店主陆静哲，设在蓬莱路一德里 5 号，其广告初见于 1941 年《天津邮刊》第 2 卷第 1 期。该邮社翌年迁址至南成都路晋德坊 7 号，更名为合众邮票社。绿静邮票社大量收购低档中国邮票供出口，与国外邮商进行交换，进口外国邮票后再向各地批发，备有批发目录。

复兴集邮社。店主陈德清，1942 年上半年开设于江西路 325 号，售品以本人藏品为主，虽为设店售邮，实是以邮会友，售价比同行便宜许多。该邮社经营历时 3 年，于抗战胜利后结束。陈德清主集日本、美国邮票，其邮集曾亮相 1941 年上海新光邮展。他还是新光、中华及甲戌邮票会早期会员，沦陷时期积极参与邮会拍卖活动服务，多次担任新光邮票会理事。陈德清曾在《新光杂志》《邮话》《近代邮刊》发表过《和气服务》《集邮指南的一页》《谈邮票刊物》《神秘故事》《难产的新德邮》等邮文 30 余篇。

萬壽公司開幕

名集郵家王紀澤君。以蒐集紅印花及萬壽票豐富。且研究極有心得。爲集郵界所稱譽。頻年息影滬濱。以郵自娛。近忽對於郵票商事業突饒興趣。遂與嚴西嶠君合組萬壽郵票公司。JUBILEE STAMP CO. 即設於上海福履里路最新落成之懿園內。籌備以來。存票已相當豐富美備。現定期九月九日開幕。以王君之聲望與嚴君之經驗。他日業務定卜發達也。

万寿邮票公司开幕消息

万寿邮票公司。店主王纪泽，1942 年 9 月 9 日在上海福履里路 506 号懿园内 34 号开业。该公司按照原计划同严西峤合作，但不满 1 个月，严西峤辞职，王纪泽独自经营。万寿邮票公司主要经营珍贵华邮，由于流通的范围较窄，大多业务在茶楼酒肆的聚会中就可以完成，并不需要像样的店铺，该邮社于 1943 年 8 月宣告关闭。

就在这一年的圣诞节，王纪泽同张包子俊的小妹张包平之结为伉俪。张包平之早年在杭州闺中，耳濡目染，也成了一名集邮家。婚礼中，陈葆藩和钟韵玉担任介绍人，男方的聘礼为万寿邮票四方连，女方的陪嫁为中华邮政全部纪念邮票。这成为中国邮坛的一段佳话。

集邮用品商社。随着集邮人数增多，进口渠道不畅，再加外汇紧缩，集邮用品的国产化势在必行，于是生产和经营集邮用品的专业商社也应运而生。当时在上海专营集邮用品的商社，主要有设在戈登路 1080 弄 125 号的协进文艺社和设在上海西门路天和里 14 号的玫瑰园两家。它们生产各种插票册和贴票册、护邮袋、量齿尺等集邮用品。协进文艺社的插票册有透明纸制的和“蜡布”制的两类，贴票册有固定页数的和活页的两类，而护邮袋主要按普通邮票的规格设计，适合单枚、横双连、横双连带厂铭、四方连、四方连带厂铭等形式的邮票使用。另有一家樱桃邮票社，以菜市路 6 弄 7 号元昌广告公司为总经售处，制作出售“珍藏贴邮簿”。集邮家梁芸斋还发明了一种赛璐珞制的双面透明袋——芸式邮票夹，每一页上按邮票长度分成数格，活页装订，外封面为牛皮质地，比较实用。这些都为集邮用品国产化奠定了有利基础。

当时上海的邮商达到前所未有的数量，邮票商店集中地为南京路、静安寺路与淮海中路，不挂店招兼营邮业者尚有四五十人。此外，如四川路、江西路、河南路一带的邮票摊贩星罗棋布。业余买卖邮票的集邮者更是难以计数。他们多以通信征让，或在熟人间交易。各有职业的张承惠、张赓伯、王振家、万衡山、李友芳、林萍湘、冯云浦等，概莫能外。至于以“邮商”名义在各家邮刊上刊登广告的更多属于业余性质。

战时的上海，是国外新票和珍贵华邮最主要的集散地，不仅为沦陷区的集邮者提供服务，而且成为联系内地邮坛的重要纽带。上海邮商极大地丰富了内地集邮家的收藏。以叶季戎为例，其收藏在民国时期的西南、西北集邮界是仅次于黄绍斋的第二人，据《邮海话沧桑》自述，他在1938年获上海五洲邮票社卖品目录，始与邮商正式交往并走上集邮征途，先后与之交易者有邓伯昭、陈复祥、张景盂、陈志川、严西峤、张包子俊、钟韵玉等。叶季戎邮集中的珍罕品全部来自外地，以上海最多。

上海邮商行业的复兴，催生了恢复邮商公会的动议。1940年1月，陈复祥、朱世杰、张承惠等人集会，商议另行成立邮商协会。1942年5月，沪上邮商在国粹邮票公司集会，钟笑炉等提出拟组织海上邮商联谊会。同年6月，上海五洲邮票社、中华邮票公司、中国邮票公司等20家邮社就应对沪市币制变动发表《上海邮商联合启事》。鉴于上海各业纷纷组建公会，7月25日，中华、集古、国粹、华北、中国、现代、奥伦多等邮票公司的负责人再度商议成立邮商公会的事宜。然而时值日本占领时期，结社谈何容易，最终未能办成。

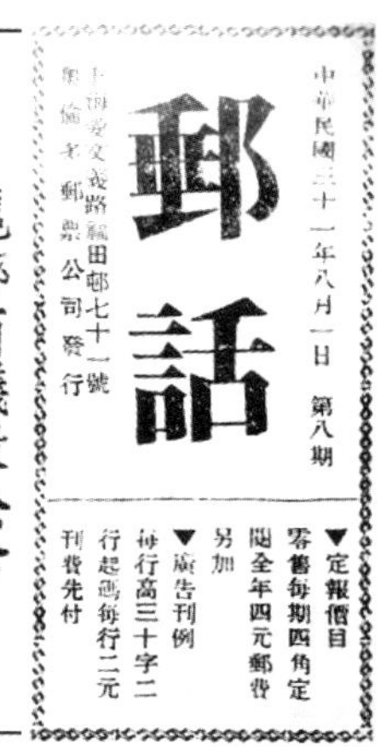
中華民國三十一年八月一日　第八期

郵話

上海愛文義路福田邨七十一號
奧倫多郵票公司發行

▼定報價目
零售每期四角定閱全年四元郵費另加
▼廣告刊例
每行高三十字二行起碼每行二元
刊費先付

滬郵商議設公會

滬郵商近鑒於各業紛組公會。且當局令納零售款。已承認郵商爲正式商業之一種。而同業中則頗有不倫不類者。亦有藉郵商名義通信施騙之人。故正直郵商均盼公會之成立。上月二十五日。中華，集古，國粹，華北，中國，現代，奧倫多諸公司負責人。一度集議。近正擬訂辦法以便開始登記云。

《邮话》刊发沪邮商议设公会消息

此外，“孤岛”时期还有一些新兴的外国邮社。1939年9月，第二次世界大战爆发，不少外国侨民流寓上海。“孤岛”效应导致其商业意外繁荣，使部分外侨看到了商机，并先后加入业邮行列，尤以犹太人居多。早期他们在沪大量收买远东各国普通旧邮票，分品种装箱寄往欧美各国邮票公司，换取低价、美观的外国邮票，倾销给上海的邮贩和初集邮者。后期看到华邮珍品开始回归中国市场，他们转而从低迷的欧洲邮市与拍卖中收购早期名贵华邮，成为其邮社的主营商品。

三、北平和天津的邮票商社

北平和天津在战前就有邮商，尤其在北平，经营邮票成为一种新兴的行业，并已出现子承父业的邮商世家。七七事变后，北平和天津的集邮气氛却大相径庭。北平沦陷后邮市萧条，而天津的英、法租界在日军尚未入驻时，富裕人家避入躲灾，那里的集邮活动也相对活跃起来。北平的许多邮商先后去往天津开设分社，同时天津也有集邮家在当地开设邮社。

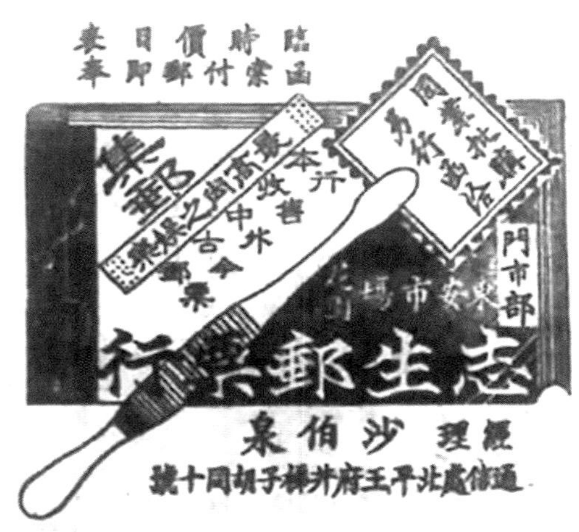

志生邮票行广告

1. 沦陷时期北平的知名邮社

寰球邮票社。1926 年创办，社主为施秉章，原来设在背阴胡同 9 号，先后迁址骡马市街 35 号、贾家胡同 50 号。全民族抗战初期施秉章便将邮社迁至天津，在法租界天祥市场楼下租赁摊位，每天上午 10 时至晚 7 时连续营业。他待人和气，对于初集邮者能够做到有问必答，使顾客既买到邮票又获得邮识。天津的一些知名集邮家也乐意在他的摊位上盘桓。1939 年 8 月，天津洪水为患，寰球邮票社不少货品被淹，施秉章暂回北平。10 月间洪水退尽他再来天津时，其住所被窃，丢失了大量袋票和其他邮品。施秉章因此元气大伤，将摊位让予国华邮票社后返回北平，于宣武门外麻线胡同 1 号继续营业。邮社编有《卖品目录》，以邮票图录为主、文字为辅。

志生图章邮票社。沙伯泉在北平开设，原名沙伯泉邮票图章社，业务以刻字为主、售卖邮品为辅，后来邮票生意兴隆，便专营邮票。1937 年后“志生图章邮票社”更名为“志生邮票行”)。该邮社的邮票来源有二,一是来自陈复祥、严西峤、钟韵玉、朱世杰等上海邮商处，二是门市收进或到顾客家中收购。1940 年，邮社曾通过日本东京邮票会购进大批邮票，后代售并开始经营区票。该社（集邮专柜）业务延续至 1963 年。在沙伯泉家族中，有沙岳川、沙永华等 4 人从事邮业，为牛街知名邮商家族之一。沙伯泉为增长邮识、搞好经营，先后加入新光（1510 号）、中华（366 号）、甲戌（172 号）、天津（266 号）、北平（9 号）等邮票会，为中国邮商公会（北平）地区委员，曾任北平邮票会理事，兼广告、拍卖股和服务组负责人。

诚记邮票社。店主韦诚起，约 1930 年于东安市场南花园开设。当年该邮社的函购业务遍及欧、美、日和东南亚各国以及港澳地区。1943 年，韦诚起委派其 4 个儿子在天津劝业场 4 楼开办分社。北平集邮家赵品三、王黎青、林崧、伍长庚等及天津集邮家宋慧泉、李东园、房桢庭、陆逵九、张伯江、孙学文、董冀平、董亮友、黎震寰等，都是平津两地诚记邮票社的老主顾。韦诚起之子韦崇亮、韦崇福、韦崇泉、韦崇岐，20 世纪 40 年代奔波于平津两地从事邮业，韦诚起、韦崇亮父子在北京经营诚记邮票社直至中华人民共和国成立；邮社发行有《诚记邮讯》《售品目录》《通讯拍卖目录》。其子韦崇福、韦崇泉、韦崇岐在天津经营诚记邮票社也有声有色。

韦氏也成为北京牛街知名邮商家族之一。韦诚起住家临近北平财政部印刷局，从收购废纸起家。韦诚起早年收集字画、香烟片、旧信封，结识集邮家张瑞枕后邮识增长。他善于从废纸中挖掘珍品，曾收售过大龙实寄封、新疆航空封、华洋书信馆封和不少民信局封。他还和杨永福等人收购过民国“鱼雁”图试印样票、“农获”图大样张、“光复”“共和”“邮政开办25周年”等邮票样票。韦诚起先后加入天津、北平邮票会，为北平邮票会监事，曾参加该会邮展。韦诚起于新中国成立前夕在北平东单三条开设“诚记号”书店，不久接替其父的学校教职，北京诚记邮票社业务遂交袁香举代管。

北平东亚邮票社。创始人杨永福，早先在京城以收购废纸为业，绰号“烂纸杨”，后以卖邮票为生，外号遂改为“邮票杨”。杨永福膝下五子：启曾、启明、启亮、启勋、启彬，皆染指邮票业，为牛街又一知名邮商家族，业绩以杨启明为最。

北平沦陷后，比较活跃的邮社还有：庚辰邮票社（苏耀南）、中原邮票社（沙琪）、美丰邮票行（季子荣）、长城邮票社（张福澂）、金光邮票社（韦景贤）等，大多是门市和通信兼营。此外，也有不设店铺的行商、摆摊设点的邮贩。如张瑞庭在西单商场福音堂门口设摊，所售都是廉价零星之品，也偶有中高档邮票流通。

2. 天津从战前延续到战时的主要邮社

沛记邮票社。社主王沛臣，设在西门脸115号，是天津最早专营邮票的商店。该邮社出售的外国邮票主要源自施秉章，中国邮票则由韦诚起和杨永福供应。1936年，王沛臣成为中国邮商公会（天津）地区委员。1942年冬，该社曾收购、销售过

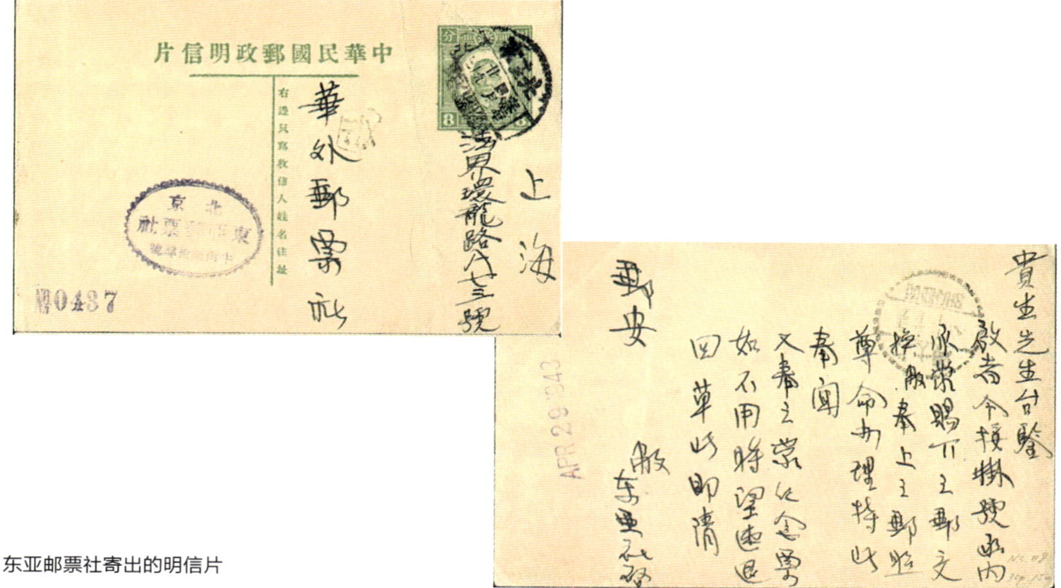

东亚邮票社寄出的明信片

中华苏维埃邮政“战士图”邮票。

小琅环邮票社。社主唐伯昆，设在南门西路南23号。唐伯昆曾在军队任文书，喜好集邮，有一定邮识。唐伯昆最初在天津开设小琅环书画铺，经营近代书画家作品，兼营香烟画片和邮票，至1931年才改营邮票生意。唐伯昆善于从收购的旧信封中挑选出有价值的实寄封单独出售，一般的剪片洗成旧票，贴册任选。他还会把残破邮票剪贴拼凑成花卉人物画，当成艺术品出售。小琅环的业务灵活，除门市生意外，还搞通信交换买卖，代邮友征购邮品等。

文利邮票社。社主樊文炳，设在泰康商场楼下，前店后家，以薄利经营的作风吸引了大量的顾客。1940年，樊文炳曾任天津邮票会理事兼拍卖部理事，邮会拍卖活动常以其邮社为聚集点。

3. 战时新开张的天津主要邮社

国华邮票社。1939年年底从北平迁至天津天祥市场底层开业，由黑玉珍及其亲戚李长山合伙经营。黑玉珍在北平经营邮票的历史较长，他与开设东亚邮票社的杨家有亲戚关系，是杨启明的舅舅，又与白纸坊财政部印刷局的员工有密切关系，备有不少中华邮政早期邮票试模、试色样票。1940年3月，黑玉珍与李长山分道扬镳，邮社遂由黑玉珍及其儿子经营。

万邮馆。黄钟善于1941年4月开办，设在天津海大道74号他供职的怡大行内，每天下午营业。其营业场所不同于旧式店铺，尽可在办公桌上挑选邮票，在沙发椅上洽谈买卖，在保险箱里存放商品，因此

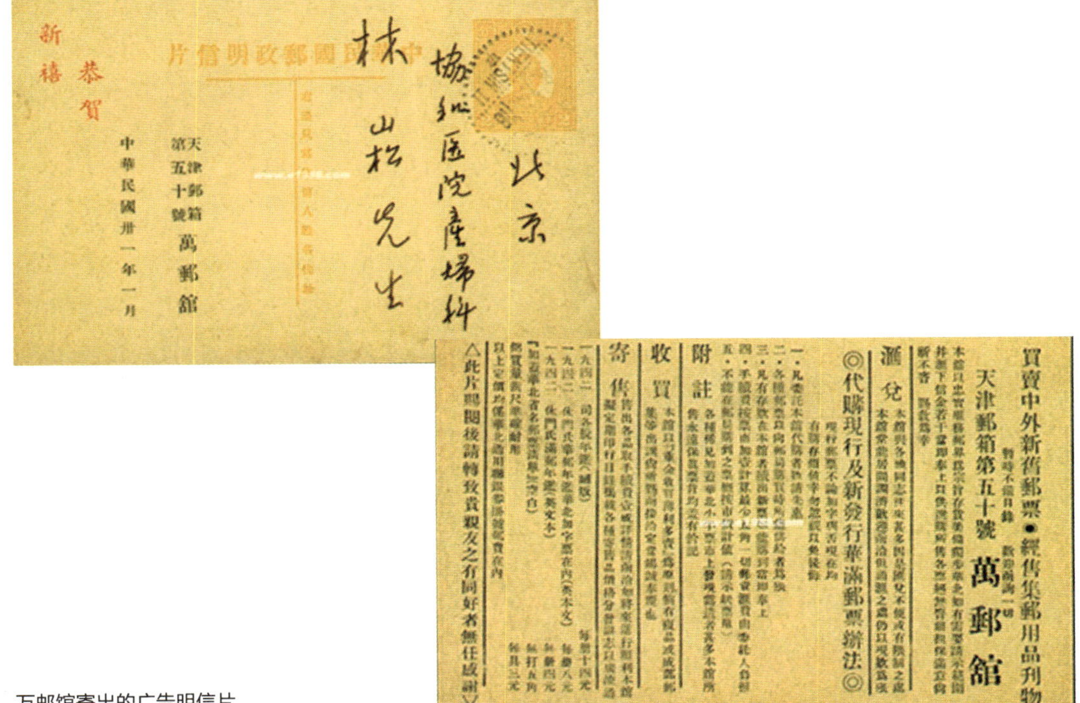

万邮馆寄出的广告明信片

被人称为“海派”邮商。黄氏在多种邮刊上遍登广告，代客配购伪华北加盖邮票，因此函售业务也很兴旺。太平洋战争爆发后，万邮馆迁至黄家花园金城大楼营业。自1943年6月起，万邮馆开始出版发行《万邮简报》。万邮馆开办之初，适逢天津租界内购买力畸形膨胀，市场繁荣，邮票价格跟着上扬，生意兴隆。至抗战后期，各家邮社几乎门可罗雀，多有歇业，而万邮馆则坚持到抗战胜利，于1946年5月停办。

久华邮票社。由天津邮票会会长雷润生于1942年2月开办。日军进入租界后，雷润生供职的英商新泰兴洋行被没收，华籍高级职员皆遭裁撤。雷氏在职时收入较丰，多年来积存许多邮票复品，离职后遂“下海”为商。最初在海大道（大沽南路）恩庆里3号寓所营业，不久即在劝业场4楼西租赁柜台，每天下午待客。该邮社主要经营中国邮票，兼营集邮用品和上海、天津出版的集邮书刊，也有外邮袋票、苏联邮票、英属地邮票出售。开业初期，该邮社曾收购到若干整部邮集。当时正值伪华北、伪蒙疆加盖邮票发行之时，在天津邮局工作的陈承荫和于静轩垄断了一些稀有品种，通过雷润生投入市场，久华邮票社也以伪组织邮票货源充沛为特色。

北京邮票社。即诚记邮票社的天津分号。1943年年初，该邮社即在天津劝业场4楼的东北角设立柜台，以北京邮票社的名称营业。最初，该邮社由韦诚起的长子韦崇亮和诚记聘用的王霖共同操持。他们以北平为收购基地，以天津为销售场所，奔波两地。除门市营业外，邮社也对国内各地进行通信交易。开业不久，王霖脱离北京邮票社另谋他就，韦诚起遂派其次子韦崇福赴津，由弟兄俩共同经营，生意日趋兴旺。1943年，王育和、钟笑炉等人研究发现伦敦版孙中山像单圈邮票除宽、窄版不同外，2分票、4分票都可细分出不同的版型。这一研究成果发表后，以此为原票加盖的邮票也被按细分的要求进行收集。韦崇福即对其所存的伪华北、伪蒙疆加盖邮票仔细分辨不同的版型，供买主选配，获得了不菲的收入。

东亚邮票社。1943年7月由杨启明的三弟杨启亮、五弟杨启勋到天津劝业场2楼北部设立柜台，以东亚邮票社天津分社的名义经营。这时天津劝业场、天祥商场、泰康商场3处的邮商都已着鞭在先，久华邮票社和北京邮票社也已声名鹊起，于是东亚邮票社在开业前就备足货源，并在供应方式上独辟蹊径：晚间停止门市营业后，有目标地上门为集邮家服务。而且不即刻收款，留给客户考虑取舍的时间。如此作风，显示了邮社的实力，增加了顾客对邮社的信赖，使邮社很快就在天津站稳了脚跟，终于与久华邮票社和北京邮票社一起在劝业场形成了鼎足之势。

此外，在天津开办国华邮票社的黑玉珍、黑文彬父子及设摊经营的黑玉祥之黑氏，在上海开设邮社的李长海与国华邮票社合伙人李长山之李氏，也为知名的邮商家族。天津还出现不少业余邮商，如侯晋康、孙学文、陈承荫、于静轩、李玉学等，他们对“挖票源”各有各的本事。邮票社见不到的东西，往往他们能够供应。所以，不论是邮商还是集邮家，都愿意同他们打交道。

四、沦陷区的其他邮票社

在沦陷区其他地方活跃的邮票社，以

东北地区与东南沿海地区为主。东北地区的邮社多经营伪满洲国等邮票，并发售定位贴票册。沿海的江苏、浙江、福建、广东和山东各省也有邮社和个人乃至外籍邮商继续从事邮票生意。

全民族抗战时期，东北地区的邮票商社主要供应伪满洲国邮票和日本邮票，以及伪华北、伪华中、伪蒙疆等伪政权发行的邮票。辽宁约有10余家邮商，如沈阳雷振甲的“盛京邮币社”、东亚街的“满洲邮票社”、中原商场内陈叔林的“长盛永集邮社”，以及洮南的“张博纶集邮社”等。

刘荣庭、刘虞唐叔侄的古泉邮票社位于山海关，按当时的区划属河北省，紧邻东北的辽宁。七七事变前，榆关是与伪满通邮的交接地之一，与关内通信由“汇通转递局”承转。古泉邮票社为避免信中夹带的伪满邮票惹麻烦，只是少量放入信内。事变之后，因日本的一手操控，关内外通邮的限制已不存在，雷振甲及刘荣庭、刘虞唐等很快地就恢复了与关内沦陷区邮人、邮商的直接联系，并随时向《新光邮票杂志》提供这类邮票的发行信息，即大量做起伪满邮票生意来，赚了不少钱。

吉林的长春与吉林市共有邮商六七家。在长春，邓学攸（邓庆余）的艺光邮票社于1936年开业，位于西四马路。制作出售过定位贴票册，分平装、精装两种，在当时也有一定销路。与“艺光”毗邻的还有刘效光开设的依古斋邮票社。在吉林市尚有德胜区的又罡邮票社。

在哈尔滨，徐必达的良友邮票社于1935年开业，是此地第一家中国人办的邮票商社。曾是集邮家的苏子西原与徐必达合作经营良友邮票社，拆伙后，苏子西开设了松江邮票社，门市设在哈尔滨中央街194号，抗战胜利后主要经营东北地方加盖票和东北解放区票。他经常去长春、北平、

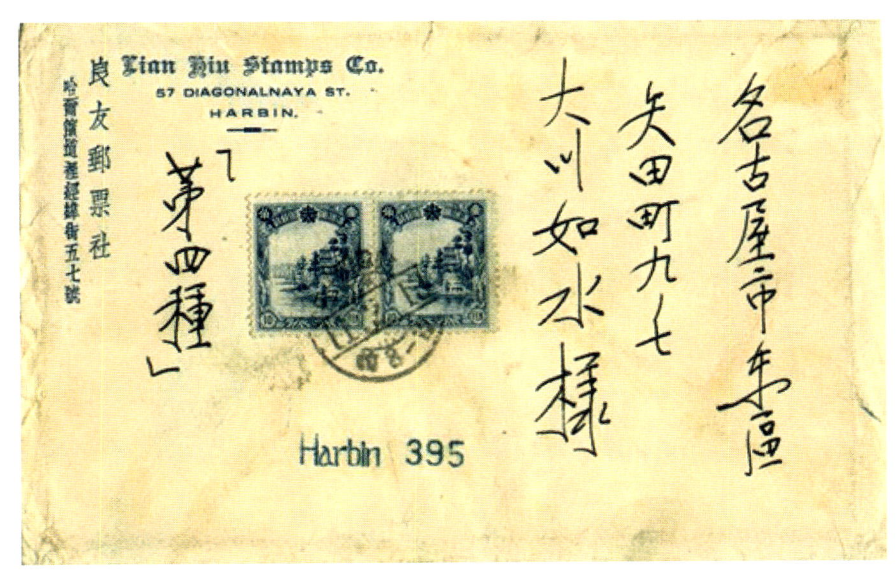

良友邮票社的实寄封

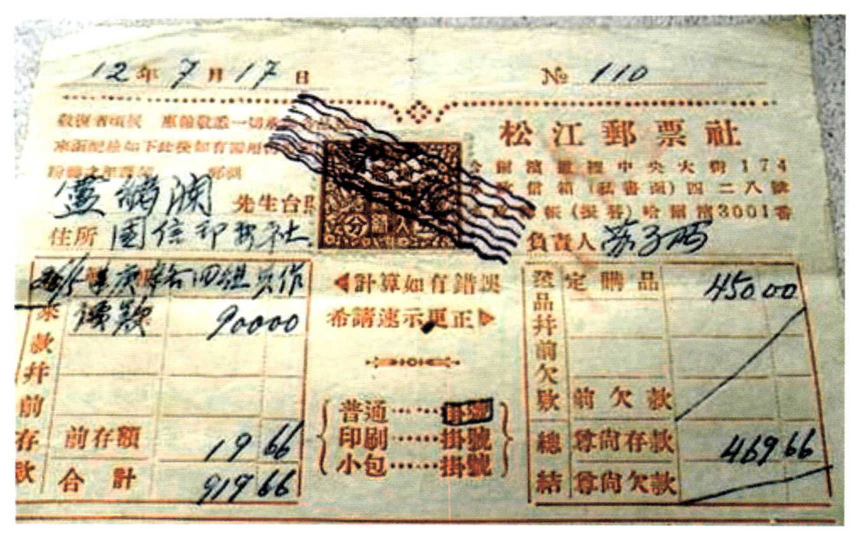
12年7月17日　№ 110

松江郵票社

先生台照

住所

負責人

計算如有錯誤　希請速示更正

普通……掛號
印刷……掛號
小包……掛號

	前存額	1966
	合計	91966

定購品	45000
前欠款	
尊尚存款	46966
尊尚欠款	

松江邮票社邮品交易单据

天津调剂商品，直至 1950 年停业。

此外，还有兰村邮票社、义古斋、哈市邮友业余服务社，以及不挂招牌的邮商何连珠（专营通信交易，后迁沈阳）。外籍邮商有开设高福满文具邮票社的犹太人高福满、俄侨马拉绍夫等，他们除门市外也做通信买卖，但对象以津沪两地的外侨集邮家和邮商为主，与中国集邮家很少往来。

在牡丹江，有大东邮票社及邮商吴文宗。黑龙江拜泉县有拜泉邮票社，1937 年开业。黑龙江双城县有宋治平的古城邮票社，约在 1941 年时以租用长虹照相馆两个柜台的形式开设，1946 年歇业。宋治平专营药材，本人集邮并兼作邮商。

在南京，除战前开设于瞻园路 47 号的“南京首家”慕仓邮票社仍在营业外，尚有翟仙安的集邮服务部（南祖师庵 34 号 1940 年）及贾子平的好友集邮社（栅栏门 1943 年）等，另有姚筱圃以升平桥晒厂 8 号函洽“专门买卖交换中外邮票”。

在镇江，1940 年有镇江集邮服务部，设在红南更楼巷 15 弄 1 号，通信买卖及代配各种邮品，并曾出版《邮侣》4 期。同年，《新光杂志》第 8 卷第 4 期另见宝塔巷横街潘家福“专营通讯买卖”邮票广告。店主严家栋，设在城内中山路的开通书局集邮部，在 1943 年 8 月版上海的《邮话》第 20 期见刊其“买卖交换中外邮品邮票”广告。

苏州有朱万钟设于穿珠巷 51 号的光明邮票社、马珪芳设于阊门下塘街 5 号的香港邮票社、周志克设于护龙街 247 号的大华邮票社，以及丁宗琪、金德声设于东美巷 16 号的心爱邮币社、费昌渊设于阊门内三茅观敦仁里的友谊邮票社，均为 20 世纪 40 年代初期开办。此外，蛰居常熟浒浦口乡间的陶墨畊，1939 年起即在浛生百货商店通信业邮，并在 1945 年年底打出“乐爱邮票公司”的招牌。

无锡有张建秋设于胜利街 12 号的晨曦集邮服务社、张筱盦设于北塘东街 165 号

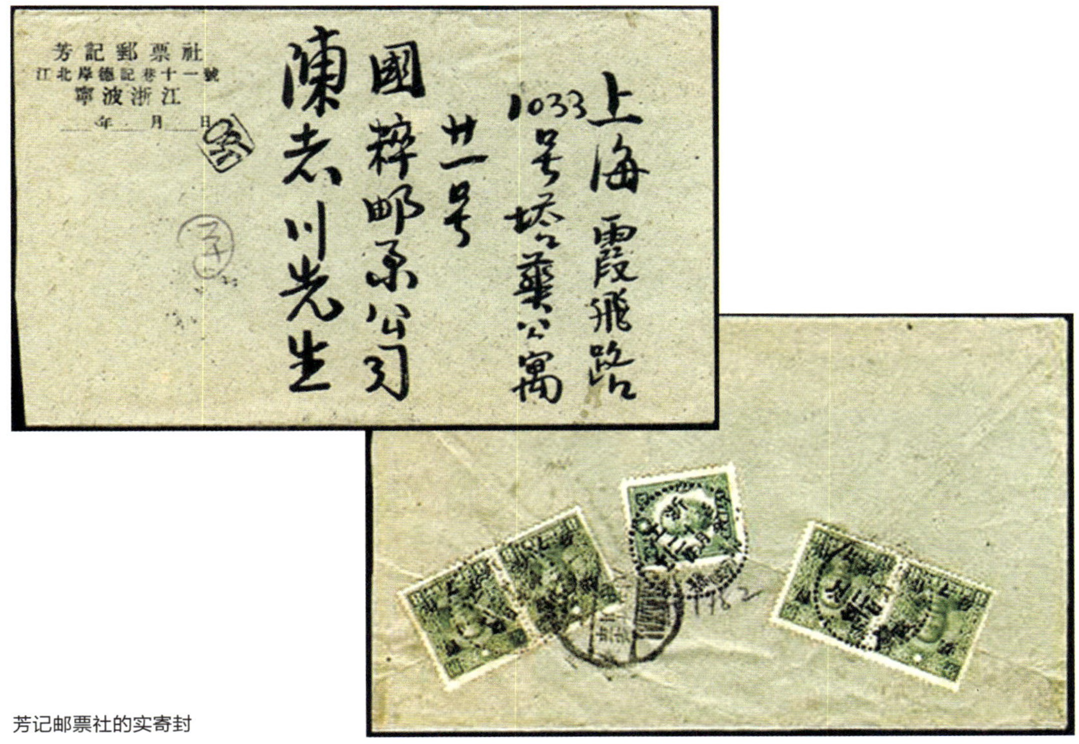

芳记邮票社的实寄封

的白鹤邮票社（1943 年）、陆肇鸿设于公园路 21 号的万国邮票社、蒋塞铮设于无锡城中观前街的虹光邮票社（1944 年）。

在苏北，1943 年春除宋和鸣的艺鸣集邮社外，泰县县城内还成立了裴斐（裴爵三）的精进集邮社、汪千云的海光集邮社，以及艺光集邮社、世界集邮社 4 家集邮社。

宁波有国光邮票社，在中山东路 215 号，1943 年改名希清集邮社，迁址在中山东路 134 号，店主钱希清（永昌）。另有方名芳 1942 年开设的芳记邮票社，社址在江北岸德记巷 11 号。1943 年，徐传康、陈笑天于骆驼桥培玉小学开设了星社集邮社。此外，还有吴兴城内钦古巷 8 号张弛开设的湖光集邮社，以及湖州的学余集邮社等。

沦陷时期在广东营业的邮社有：何君侠邮币社，1943 年何君侠由澳门返回广州后开办，门市部设在文德路 70 号，函购部在永胜路其寓所；绿屋邮票社，店主何星晃，社址位于广州文德路 156 号，广告见刊 1943 年《邮话》第 16 期；中国集邮合作社，开办于广东北部的南雄，1943 年《邮苑》第 1 卷第 3 期见刊广告。

福州在全民族抗战初期曾被日军占领，数月后光复，抗战后期复遭沦陷，期间继续营业的老邮社有魏叔彝的世界邮票社和陈永蕃的中外邮票社（后由其子陈院生继承）等。另据 1938 年《甲戌邮刊》第 5 卷第 5 期“抱存”的《福州市邮肆巡礼记》报道，其时福州城内台区两处街头巷尾相继“陈邮设肆”者已达12家之多。1943年前后又见由魏琪光开设的琪光邮票社和闽友集邮社。

1938年日军进攻厦门，大批华人避居鼓浪屿。1941年12月，太平洋战争爆发后，日军进驻鼓浪屿公共租界。在上述时段的鼓浪屿，集聚的邮社有姚景水、姚景文的美奇邮社，欧阳水生的时代邮票社，以及陈显荣的东南邮票社等。

在济南，王育和于1937年开设世界邮票社。日军入侵山东后，该邮社一度停业，1939年为生计而复业。1940年冯靖尘在大观园南门开设了天德邮票社。1942年刘任之在济南创办了迟春邮票社。

在青岛，李佩钧的青岛环球邮票社于1938年在云南路135号开张。另有周跃南以馆陶路43号通信交易。孙义舟于1937年7月在牟平县城内祝家巷2号开办了义舟邮币社。

五、集邮界对假票的抵制

邮票中的伪品一向为集邮人士所深恶痛绝，此时期大后方和沦陷区邮坛经常有假票出现。为保障集邮家的权益，新光邮票会设有审查部，专门为会员和非会员鉴定邮品。

新光会的审查部对一部分混迹于集邮界的制伪卖假之徒起到了震慑作用。1940年2月出版的会刊上发表审查部章程，首先是审查的范围，为中国邮票、商埠邮票和外国在华邮政邮票，但对未发行票、地方加盖、新疆暂作“航空”等只发表参考意见，不出具证明书。接着是一条声明“本部有权可以拒绝审查任何难以辨识之票”。按照章程规定，当面审查免费，书面答复每件收费1角并加寄费。若需出具真品证明书者，则按审查对象的吉本斯目录标价，分5个等级收费，自5角至8元。证明书上贴照片，并由审查部留“存根”。证明书由半数以上委员签名或盖章，并盖审查部章。签名的委员“不负法律或金钱上任何责任，但负道德上之责任”。所收费用则充作邮会的基金。

此后，会刊上曾及时公告在邮市上发现或由邮商送来鉴定的伪票，提请读者注意。有一般的伪加盖，也有“利用集邮家争取珍品的心理”而臆造的加盖。如子虚乌有的孙中山像单圈加盖“限滇省贴用”2角票，伪造变体的如孙中山像4分加盖暂作1分票漏盖“壹”字或“1”字，有将大东版孙中山像邮票用刀剔去油墨冒充中华版细齿邮票，有将香港版孙中山像邮票切边拼合制成漏齿变体后贴在信封上盖销的变造品，有将伪满三版15分票挖去“帝”字冒充二版票的变造品。审查部对于送来鉴定认准的伪票，都会在票上加盖“伪品”2字的戳记。向邮商兜售而被扣送审的伪票，都未见物主前来领回。

因销售假票，1936年，新光会员严西峤被中国邮商公会议决“除名退会”；1940年，新光会员严西川被新光理事会议决“除名退会”。

除新光邮票会之外，同时期各邮会的会刊上也在频频揭露伪假邮票，告诫集邮者提高警惕，以免上当受骗。1940年11月出版的《邮典》在“邮闻简报”栏刊载了《注意大批假票》一文：“最近某名集邮家语编者，有人持邮集一册，向其求售，索价美金一万一千五百元，合华币将十八万元之钜。其中，各票均为不见经传之品，如万寿小字暂作一角加盖于三分票上……凡一二元票面以上之票一律旧票，小数值票则十之八九新票云。”这是几无邮识者的“杰作”，容易识破。同栏接着又以《限新省贴用假戳票充斥市场》为题，揭露数月前上海邮票会拍出单、双圈和烈士限新省贴用旧票各一套，都是真票伪戳，并剖析伪戳的特征为“字体呆滞，且较常戳略大，英文尤大，高低不齐……地名有数种，多数为迪化”。

在1940年5月的《天津邮刊》上刊载了张伯江的《伪盖票琐谈》，将其所见10余种伪加盖限省贴用邮票的特征公诸于世：“加盖字体，殊属粗劣，所印墨色，悉较真者稍浅，而字体亦欠规整，或较小或较大，或粗或细，颇易分别，如‘新省二十五年’，伪盖墨色浮浅，较真者略长。新省伪盖，尤易鉴别，‘限’字失捺形，‘省’字一撇特长而弯，‘用’字宽而斜……”张伯江亲见一枚伪加盖票，为北京二版“帆船”20元票加盖“限新省贴用”，“邮戳清晰品相完整”，邮戳的中文地名不在票上，而票上只露英文地名一行为“SWATOW”（汕头）。他认为“此票暂不究其加盖字体之真伪，即已显然矣”。1941年6月《天津邮刊》以审查部门名义刊出《警告》：“海上邮骗严某，曾由新光邮刊宣布其劣迹，后据闻其已化名潜迹津门，伪造各票以骗人。即近日市上发现伪满三版改字二版15分票、涂‘壬’字头票、化学变色清棕色欠资5分票、红印花大字4分改小字票，以及中山像烈士各种漏齿票，俱为严某所伪造。然后勾串不道德之邮商，欺骗顾客。”提醒会员切勿上当。

在当时的环境下，对于假票的抵制，只能依仗邮刊上的揭发，以及个人独立作战，其效果并不理想。富有正义感的张赓伯，就是因为揭露“暂作叁分”假票一事，引发很大的烦恼。

1940年9月，因外埠邮资由5分调整为8分，11月开始发行孙中山像5分加盖“暂作叁分”邮票，由各邮区自行加盖后上报备案。加盖和发行的邮区有6个，用作加盖的原票有中华版和大东版，有水印和无水印；加盖所用的字体有楷体和宋体，加盖方式也有机盖和手盖之分，但集邮者事先并不知道有哪些样式。该票因面值低、品种多，很受人喜爱。拥有货源的邮商便居奇哄抬，更有人乘机伪造。张赓伯经过调查研究，写出一篇4000多字的研究报告，名为《香港版伍分暂作加盖邮票》，发表在《新光邮票杂志》第9卷1、2期合刊上，对当时出现的所谓“河南暂叁”“甘肃暂叁”“芜湖暂叁”“江西暂叁”等，进行了充分的揭露，并指名道姓地警告售出假票的邮商，应该“尽量收回已售之票，则名誉尚可挽回”。同时揭露了“不道德的邮商兜售此种假加盖票时，常喜言某大邮票公司亦售此票，绝非伪品，以坚人信”的骗人手法。他还透露出当时的国粹邮票公司、奥伦多邮票公司，以及张景盂、王纪泽等为人所利用的内幕情况。他在文章中大声疾呼：希望已购入各种伪加盖票的人们，不要顾及情面，应当向对方退票。张赓伯又在《新光邮票杂志》第9卷第3、第4期合刊上发表了《香港暂作加盖补述》，除补充揭露了“浙江暂叁”伪盖臆造品外，还对前文中涉及的有些当事者的申辩，做了“声明与更正”。

这桩假票事件，涉及当时上海不少邮

被揭露的“暂作叁分”伪加盖票

商，他们当中有的是失察，有的是见利忘义，有的则对张赓伯这种不留情面的做法反感。这些人当面不敢如何，背后则散布一些流言蜚语，连几位集邮界知名人士也抱着姑息态度，最后不了了之。这件事令张赓伯非常气愤，有一段时间他因此不参与邮事活动。

1942 年，由于邮政入不敷出，邮政总局曾打算在 1 角 6 分平信邮资之外，再加收战时附加费 1 元。为配合这次邮资变动，将刚发行不久的中信版孙中山像 1 角 6 分普通邮票全部停售，由当时所辖的 14 个邮区自行就地加盖“国内平信附加已付”字样，按 1 元 1 角 6 分出售。该构想原计划于 11 月 1 日实行，但在 10 月中旬被最高国防会议否决，于是总局命令各邮区暂停执行。虽有个别邮区先期发售了少量加盖票，但大部分邮区均未正式出售，只是事后从内部有所流出。因此，“附加已付”票就成了这个时期的热门货，集邮家们争相追逐，特别是其中的“湖北”“安徽”“广东”“河南”等“附加已付”票的数量更少，市价一时达到惊人的地步。一般经济水平较低的集邮者已难以问津。

在此前后，出现了一桩邮票失窃案：位于成都的西川邮政管理局因为保管不慎，在邮票库中竟然丢失了中信版 1 角 6 分邮票一整包，计 10 万枚，虽经侦查并无下落。稍过一段时间，内地与沦陷区的邮市上，常常见有 1 角 6 分整版票出现。人们虽推测这或许是邮局失窃之物，但查无实据。中信版 1 角 6 分邮票出售不到半月即停售，大多数集邮者来不及大量购存，所以停售后一时市价很高。待这批 1 角 6 分票出现之后，市价就慢慢回落下来，到售价最低时，已经高出原面值不多。岂知有人在这上面动了脑筋。重庆一家小有名气的邮票社，利用中信版 1 角 6 分原票，伪盖了一批“国内平信附加已付”邮票，以图鱼目混珠。此事一出现苗头，即被刚成立不久的重庆市邮票研究会得知，即由邮会出面向其讲明利害关系。这位邮商当即将全部伪加盖票在邮会人员的监视下，在背面盖上了“伪制品”字样，任凭顾客自愿购买。像这样的处理方法，当时颇为人们称道。

在重庆的一家拍卖行，还发现过一批陕西“国内平信附加已付”伪加盖票，有近百枚之多。艺光邮票社的乐美琮收购了这种假票 48 枚，察觉其为伪品后，本人一面刊登广告承认“失察”，一面表示愿为购买者全部退款。

在华北，假票的不时出现也在困扰着集邮界。1941 年 7 月以后，伪华北邮政当局发行了六区大小字邮票，加盖邮票种类

陕西“国内平信附加已付”伪加盖票

繁多，常有“缺票”被哄抬到新发行邮票少见的价位。又有伪邮局内经手邮票的人员，克扣某些加盖量稀少的品种，据以垄断，集邮界称之为“扣票”。更有甚者，指使印刷部门私自加盖计划外的品种，居为奇货，集邮界贬之为“黑票”。在当时的情况下，也有人搜集这类伪组织邮票。它们当中价格高昂的是“缺票”“扣票”“礼票”“请印票”，其不加盖原票却往往是俯拾皆是的低档票，而加盖字体又极简单。所以，有些人也在制造假加盖。

仅就当时的调查研究，加盖各区小字票中的伪加盖即近50种，像较罕见的有：河北小字“烈士水印”3角、“单圈”2角；河南小字“中华实心”“空心”1元；山东小字“单圈”2角5分、“中华实心”1元，山东小字“京烈”1角3分，“大东水印”3角、5角；苏北小字“中华空心”1元，“大东”10元、20元；伪蒙疆小字“中华实心”1元、“京烈”1角3分，“烈士水印”1角、3角、5角等。有的假票加盖还不止一次，有的甚至几可乱真，使人防不胜防。也有人为购进1枚伪蒙疆小字“中华实心”1元假票而诉诸法律，但在敌伪统治时代，这种诉讼自然不会有什么结果。在上海“孤岛”时期，也发生过一桩假票案。

对于抵制假票，也有特别认真的，一旦发现受骗，绝非退货还款了事，而是为此对簿公堂，追究法律责任。1940年2月15日，寓沪华籍犹太人罗伟廉在光明书店以14元选购邮票25枚，经集邮家鉴定为假票。罗即报告新闻捕房。捕方探目便于17日拘捕了在书店寄售邮票的物主俞薇生，并以欺诈罪向法院起诉。俞为中华邮票会和新光邮票会会员，曾在南京政府担任高级职员，因经济困难而变卖邮票。21日庭审时由律师辩护，称正因这些邮票真伪难辨，所以标价特低，如价值700元的只标50元，并非蓄意欺诈。地方法院刑庭判决如下。

出售所藏郵票
被控詐欺
俞薇生無罪

曾任國府高級職員之粤人俞薇生、（年四十五歲住辣斐德路一一三一七弄三號）素有集郵癖、前曾以高價向呂班路蒲柏坊四十二號集古郵票社・南京路黃浦郵票社等、購集名貴郵票甚

《申报》报道邮票公案

查收集旧邮票，亦如收集古玩，收买出卖，纯系基于赏玩心理，鉴别能力又属因人而异。被告收进邮票，自己亦难自信辨认精审，故于每页邮品注明价额，一面又注明，如系真品，当值价若干，显非以假作真。而此项邮票，又系被告以相当代价购来，标价亦低，又未如真品之同一高价出售，显无意图为自己或第三人不法所有之故意。此次罗伟廉向光明书店出价购买，亦非被告施用诈术，自无诈欺未遂罪责可言。合予依法宣告无罪。

看来，邮票这种“特殊”商品，集邮家本人必须有自我防护意识，才不至于上当受骗。有时即便是邮识高深的集邮家，如果放松警惕，也会堕入彀中。素有大龙邮票专家之称的陈志川购进大龙假票一事，就更加发人深省了。

1943年3月的一天下午，国粹邮票公司来了一个身着西装的很体面的男子，声称有点邮票请陈志川代为估价。他取出“二本黑卡纸的小簿子，一本里面贴满了大龙薄纸5分银旧票约40余枚，每枚邮票均系实贴在黑卡纸上。偶尔翻上几枚，则票子背后尚连有信封上的纸角，有几枚并有红色渍痕，似从旧式红签条封上洗下时不慎所沾染。邮票的刷色灰暗异常，邮戳有着蓝色北京的椭圆戳，镇江的红色戳，双线小圆戳，或天津的篆文紫色戳等，有双戳重印种种的形式。统观全邮集的品相，似乎绝对不能说是上等”。另一簿贴蟠龙有无水印红2分旧票数十枚。经过一番讨价还价，陈志川用800元买下了这部“邮集”。

来人走后，陈志川在洗票时发现纸质完全不对，“因为大龙薄纸票是一种半透明薄纸，这些票子是道林纸。再仔细检查版式，有三四十枚的5分大龙票，完全是一个版模印出”。于是他确定这些票完全是伪造的。他追述这段经历时，不无感慨地说：“因为他伪造的方法太精，以及其出卖时的行为，没有露出一点慌张、虚伪的情形，而我又一时疏忽，故上此当。自觉可笑。”陈志川总结这次受骗，“可说花了这八百块钱，得了我生平业邮以来第一次被骗的经验”。他在《被骗记》一文的最后写道：“我有两种感想，一是可笑。因为我自己是一个专门搜藏大龙邮票的人，反购进大龙的假票。二是可耻。做了国邮专门邮商，不先鉴别真伪，而匆忙购进了假票，造成本人业邮以来最大的耻辱。在平日有人说我素来是很仔细的，尤其在购进邮票时，常以高度的显微镜（指放大镜）去仔细审视。这次大概心理上关系，自以为大龙票与我有密切关系，所以在疏忽的情形下，受了骗。”于是，他将这些伪票装入镜框，悬挂在国粹邮票公司的办公室里，既作警示，又供同事参考。

结　语

自 1931 年九一八事变起，到 1945 年日本战败宣布投降，中国人民进行了 14 年的抗日战争并取得最后胜利。这一时期，中华民族国破家难、痛恨仇敌，除抗日军人上前线与顽敌进行搏杀外，一部分热血青年投奔由中国共产党领导的红色区域抗日根据地进行对日斗争，多数集邮者分布在大后方、沦陷区或英、美对日宣战前的“租界”内，使集邮活动受到很大影响。

全民族抗战期间，中国集邮人士爱国、团结、奋发。他们以弘扬国粹和保存国宝为精神动力，钻研集邮知识，收集中国邮票，发掘中国珍邮，宣扬邮票的文物价值和经济价值，以此寄托悲愤情怀，体现个人的社会价值。

集邮者因逃避战乱或单位迁徙而流动，集邮行为也随之得到广泛传播，使原来集中在沿海少数城市的这一文化现象，扩展到包括西南和西北等内陆地区的广大地域。由于战时通货膨胀、外汇紧缩、沦陷区伪币兑换率因地而异等，造成邮票价格不断上扬，客观上促使集邮队伍有了一定的增长。又由于战争使部分集邮者失业，不少人以业邮谋生，使邮票商社成为 20 世纪 40 年代中国一些城市的一门新兴的行业。

这一时期，中国珍邮不断从外国人转移到中国人手中，因此而造就了一批有学识、有魄力，愿高价征购中国珍邮的集邮家。他们为更多的国宝珍邮回归祖国做出了一定的贡献。

第五章　新中国成立前的集邮活动

（1945—1949）

概　述

1945年7月26日，中国、美国和英国联合发表了《波茨坦公告》，促令日本无条件投降。1945年8月15日，日本宣布无条件投降。9月2日，中国抗日战争结束。中国人民历时14年的抗战获得胜利。

全民族抗战胜利后，社会渐趋稳定，各地邮票会的活动逐渐得到恢复。战时迁移到大后方的邮票会以及一些资深的集邮家和邮商，重新返回原来的城市。这就使当时的集邮活动形成一种新的格局，集邮展览频繁举办、票品研究成果和集邮刊物不断涌现、邮票经营也再度活跃。

1946年6月，国民党政府撕毁国共停战协议，大举进攻解放区，挑起内战，经历多年战争创伤的中国社会，不得不再次进入战争状态。

1946年6月以后，由中国共产党领导的革命军队从敌伪统治和国民党反动统治下解放出来的地区称作“解放区”。

这一时期的邮票发行和集邮活动，分别在国民党统治区和由中国共产党领导的红色区域解放区开展。一边是由中华邮政发行的各类国币改值、金圆改值、银圆改值、长框改作以及金圆券等邮票；一边是由人民政权各解放区邮政发行的各类邮票，形成了中国邮票发行史上十分特殊的一个阶段。

随着解放军在战场上节节胜利，解放区不断扩大，解放区邮政也迅速发展和壮大。至中华人民共和国成立前夕，东北、华北、华东、华中、西北等各大解放区，先后建立邮政（邮电）管理机构。各解放区邮政不仅发行各种邮票，还发行了多种预印邮资（或免资）的信封、邮简、明信片等。随着解放区的扩大和稳定，解放区的集邮者也逐渐增多。为了满足集邮者的需要，东北、华北、华东、华中等解放区还发行了不少受集邮者欢迎的纪念邮票。这些举措促进了解放区集邮活动的发展。

解放战争时期，由中国共产党领导的各解放区邮政发行的邮票，被称作“解放战争时期邮票”，简称“解放区邮票”。集邮界则将1945年9月以后各解放区发行的邮票也界定为“解放战争时期邮票”，亦称“解放区邮票”，通常又称作“区票”。这些邮票为人民解放军指战员和解放区民众的邮件传递起到重要作用，其中保存下来的部分邮票很珍贵，成为见证解放区政权的历史文物。

处于国民党统治区的集邮者和邮商，处于一种十分复杂的收藏状态。他们不仅收集和研究中华邮政发行的各类邮票，也对各解放区发行的邮票很感兴趣，纷纷收集、收购、囤积、出售和研究。在国统区举办的集邮展览上，就多次出现了各个时期的“区票”，并且引起观众的浓厚兴趣。

解放区与国统区通邮是中国共产党的一贯主张。人民邮政在创建与发展时期，都曾多次与中华邮政进行过通邮谈判，沟通了国共两区的通邮关系。第二次国共通邮是解放战争时期的1949年1月。当时中华邮政扬州邮政局撤至镇江，国、共两军处于对峙状态，长江两岸邮路中断。此时，国、共双方进行了通邮谈判，确定4月1日为双方通邮日期，每日交换邮件一次。此次长江两岸开始的临时区域性通邮，直到人民解放军渡江战役打响为止，历时仅20天。

随着解放战争形势的发展，以及国民党政权的溃败，国统区的集邮活动必然会受到影响。集邮家迁移、活动中断、邮市萧条等情况不可避免地再次出现。但这只是暂时的现象，等待中国集邮的将是一个光明的新时期。

第一节　新中国成立前的邮政和集邮状况

全民族抗战胜利后，国内邮政和邮票发行形成了另一种的格局：一边是中国共产党领导的各解放区建立的邮政，发行在各解放区内使用的各类邮票；另一边是国民党政府统治区内的中华邮政，发行在国统区内使用的各类邮票以及限地方贴用邮票。地域的分散性，印制、发行和使用的混乱是这一时期邮票的显著特点。

这一时期的集邮活动出现了短期的活跃，主要源于两个方面：一是收集和研究解放区邮票的集邮者增多，解放区邮政开展多项集邮服务；二是中华邮政采取多种措施，倡导和支持集邮。

一、解放区邮政及邮票发行

随着解放战争形势的发展，各解放区在邮政方面采取了两项措施：一是巩固和扩大了随军邮政机构，各野战军设军邮总局，在各兵团、纵队和师团设军邮分局、支局和军邮站，组成了一个完整的军邮通信系统；二是接管了新解放区的邮电部门机构，相继建立了各大区、各省的邮电管理局。从抗战胜利到新中国成立，各解放区邮政发行了多种邮票，既保障了通信的需要，也满足了集邮者的收藏愿望。

1．各解放区邮政的状况

解放战争期间，各根据地的交通局、站和战时邮局，陆续改组为人民邮政，在确保党政军通信需要的同时，向社会公众开办了多种业务。1946 年，国民党发动全面内战后，解放军人民邮政设立了随军邮局，组织了支前邮路。1947 年后，随着革命形势的发展和解放区的不断扩大，人民邮政一方面确保战争通信需要，另一方面贯彻华北交通工作会议决议，实行经营企业化、人员专业化方针，使解放区邮政实

晋察冀边区邮政的营业人员

现了战略性转变。同时，顺利地完成了对新解放城镇的中华邮政的接管。1948 年后，随着解放战争的节节胜利，各解放区连成一片，除了东北邮电管理局先于 1946 年成立外，华北、华东、中南和西北邮政管理总局或邮资管理局先后成立，为新中国成立后统一全国邮政奠定了很好的基础。

中华人民共和国成立前夕，华北、东北、西北、华东和华中解放区都建立了邮政（邮电）管理总局，其中有的邮局还开展了集邮服务。

1947 年 3 月，中共中央机关离开陕甘宁边区，东渡黄河。5 月进驻河北西柏坡。于是，这个普通的小山村就成为解放战争后期中共中央机关所在地和中央军委的指挥中心。1948 年 2 月，晋察冀边区邮政管理局在西柏坡专门成立了为党中央提供通信服务的邮政机构。为保密起见，取名为“山河”邮局。山河邮局和中央办公厅总收发科一起办公，接受中央办公厅和晋察冀边区邮政管理局的双重领导。该局设有两条邮路，一条通过建屏县邮局与晋绥、陕甘宁、太行、太岳解放区联系，另一条通过冶河邮局与华北、华东、中原、东北各解放区联系。由于全体邮政职工的努力工作，山河邮局迅速、准确地传递了中共中央机关报《人民日报》和各类邮件，沟通了与各解放区的联系，保障了党中央对全国解放战争的指挥。此后，被集邮者收集到的晋察冀“山河”邮局实寄封，成为珍贵的历史文物。

1948 年 12 月，是解放战争进入战略决战的关键时期。在筹备《人民邮电》创刊工作时，工作人员希望毛主席题写刊头，于是推举时任华北邮电总局负责人孙志平给毛主席写信，请他题字。毛主席收到信后，于 1948 年 12 月 30 日在西柏坡欣然命笔，将“人民邮电”4 个字反复写了 3 行，并且在第三行题词的右侧画了一个圈，其意图是建议用这个题词。从此，“人民邮电”这 4 个大字一直成为邮电行业的标志

信销票剪片上的晋察冀“山河”邮局日戳

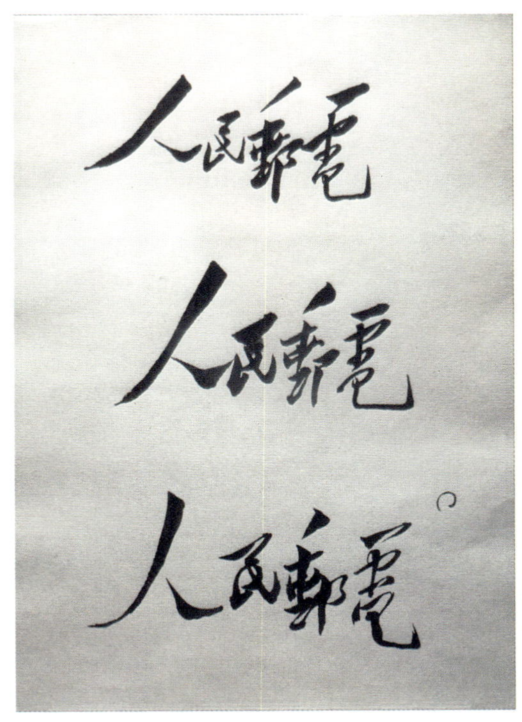

毛泽东主席“人民邮电”题词

2. 各解放区发行的邮票

全国解放战争时期，各大解放区为了适应通信的需要，分别发行了大量的邮票。这些邮票被称作“解放区邮票”，是中国共产党领导的红色区域邮票的组成部分。集邮界通常将其列入“区票”的范畴，也简称为“区票”。

解放区邮票发行情况如下：华北区有晋察冀边区、冀察热辽区，晋冀鲁豫边区、晋绥边区、华北区等，共发行邮票 73 套 408 枚；东北区有安东（辽东）、辽宁、延边、吉东、辽南、西满、北满、东北、旅大等，共发行邮票约 90 套 322 枚；西北区主要有陕甘宁边区、陕北、陕西、陕南、甘宁青、新疆，伊塔阿等，共发行邮票约 32 套 151 枚；华东区有山东战邮、山东邮政、苏皖、华中、华东等，共发行邮票 85 套 327 枚；中南区有中原、华中、河南、湖北、湖南、江西、广东等，共发行邮票 39 套 235 枚；西南区解放较晚，所有解放区邮票都是在新中国成立后、解放战争进行中发行的，有西南、东川、西川、贵州、云南等，共发行邮票 47 套 158 枚。

晋绥第一版毛泽东像邮票印样

李少言是战争年代革命队伍中的一位美术工作者。据他回忆：在革命战争年代，各个解放区的制版和印刷条件不同，因此发行邮票的形式也就不一样。晋绥边区只有两部对开平板铅印机和几部最原始的手摇石印机，更没有照相分色制版设备。边区人民政府所发行的钞票、粮票和邮票的原版，都是美术工作者用木刻原大刻制的。晋绥边区邮政 1947 年 1 月 1 日发行的第一版毛泽东像邮票的原版就是由他刻制的。在接到设计这套邮票的任务后，李少言想方设法、克服困难，按照邮票的原大（23 毫米 ×27 毫米）刻制原版，再用石印机印刷。在规格很小的木版上手工刻制邮票图案难度很大，毛主席的形象既要刻得准确，又要线条简练。刻好邮票的原版，还要将木刻版上的图案翻印在石版机的石板上，再根据邮局的需要，刻制 9 种不同的面值。就这样，李少言不仅出色地完成了邮票的制版任务，而且还参加了生产这套邮票的全过程。

李少言（1918—2002），山东临沂人，擅长版画。1937 年七七事变前，他在北平读

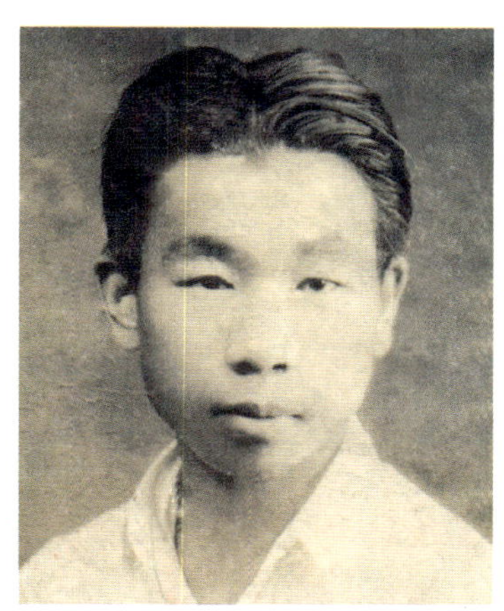
李少言

书，参加了中华民族解放先锋队。1938 年，李少言进入陕北公学学习，开始木刻创作。同年，他加入了中国共产党。1939 年 12 月，李少言调八路军 120 师工作，任贺龙、关向应的秘书，在此创作了大型木刻组画《一二〇师在华北》。1949 年后，李少言历任中共四川省委宣传部副部长，中国美术家协会副主席，连续当选第三至七届全国人大代表。

解放战争时期，随着各地的陆续解放，“解放纪念”成为解放区邮票的热门题材，“东北解放纪念”“南京上海解放纪念”“武汉解放纪念”“广州解放纪念”“西南解放纪念”等邮票纷纷问世。这类邮票的宣传鼓动性强，特别受到人民的欢迎。

俞竞曾经在山东战邮总局担任业务股长。1946 年 4 月 28 日以后，他随部队来到哈尔滨，组织上让他负责邮票发行工作。如何设计和发行东北解放区邮票，是俞竞经常考虑的问题。于是，他走访了当地的几家美术社。在“艺民美术社”，他发现了具有进步思想的郝艺民。这是一位 30 多岁的画家，曾经参加过金剑啸烈士组织的工人地下活动。俞竞毫不犹豫地将设计东北解放区第一套邮票的任务交给了郝艺民。俞竞取出一张毛主席的照片交给郝艺民，让他根据这张照片设计邮票图稿。这张照片是一位老同志从延安带来的。郝艺民仅用两天就完成了初稿，又根据俞竞的要求进行重画。当时，设计邮票的报酬很有限，也可以说是带有尽义务的性质。但是，以绘画谋生的郝艺民从不计较得失。在完成了东北解放区第一套邮票的设计后，郝艺民还设计了毛主席像普通邮票一至五版，“双 12”“2・7”“3・8”“9・18”“第六次全国劳动大会”等 10 套邮票，为东北解放区邮票发行做出了突出贡献。

辽宁省邮政管理局于 1946 年 1 月在抚顺成立。该局 2 月迁至本溪，4 月搬到安东，6 月 28 日与安东省邮电管理局合并，成立了辽东邮政管理局。1946 年 5 月下旬，辽北省和辽宁省的一部分人员撤到通化，成立了辽宁省政府，张善堂任辽宁省邮政管理局局长。为适应革命形势需要，辽宁省邮政局决定印制发行毛泽东像邮票。此事责成局内生产科长王为铎负责。但王为铎从未设计过邮票，也无绘画基础，因此画出来的毛泽东像不太准确。由于该套邮票的印量较少，只能交给拥有一台手摇式石印机的小印刷厂印制。该套邮票的总印量只有 2 万枚，高面值票的印量更少。经过出售、使用、消耗，这套解放战争时期流传下来的“通化版”毛泽东像邮票已经很少，成为区票中的珍品。

东北邮电管理总局在 1946—1949 年间，除了发行多套普通邮票以供邮政业务日常使用之需外，还设计、发行了 20 多套具有纪念、宣传性质的邮票，如“三八国际妇女节”纪念邮票、“四四儿童节”纪念邮票、“五一国际劳动节”纪念邮票、“五四运动”纪念邮票、“中国共产党二十六周年纪念”邮票等，这在解放区邮票中是首屈一指的。

为了满足集邮者的需要，东北邮电管理局于1947年5月30日、7月7日先后发行了《“五卅”二十二周年纪念》《七七抗战十周年纪念》两套邮票的小全张。这是中国解放区邮票中仅有的两种小全张。

1949年3月底，苏北地区已全部解放。为了支持解放大军强渡长江、解放南京，各条战线都在做支援前线的准备工作。邮政部门为了满足渡江前后大量通信的需要，设计并印制了一套邮票。该邮票的图案是毛主席的半侧面像，由当时在江海报社工作的李增平以木刻版画设计，然后采用石版印刷。这套邮票共有6种面值。由于苏北解放区条件较差，这套邮票在印制时有一部分使用了道林纸，另一部分使用西白报纸。此套邮票于4月底正式使用。

3. 发行有齿孔和无齿孔的邮票

陕甘宁边区邮政1946年发行的“延安宝塔山邮票”，是一套无齿孔邮票。这套邮票的设计者钟灵，是一位在革命战争中成长起来的美术家，曾经设计了陕甘宁边区邮政发行的“宝塔山”邮票。据钟灵回忆：1945年的初冬，他接受了设计陕甘宁边区邮票的任务。他与陕甘宁边区邮政管

《七七抗战十周年纪念》邮票小全张

陕甘宁延安宝塔山邮票

理局负责同志的设想一样，将延安宝塔山作为邮票图案。于是，他画了一张宝塔山的速写，并根据这幅速写，加上文字和面值，装饰成长方形，将此设计稿送审。这枚陕甘宁边区邮票，从纸质到印刷的条件要比其他解放区优越。陕甘宁边区邮票的印制，是在陕甘宁边区银行印制钞票的地方，地点在延安市场沟后沟。印刷机器安装在东山坡的一排窑洞内。邮票图案翻印在石版上，一次大约可印 200 枚。因为该邮票没有打齿孔，使用时要用剪刀剪开。后来，这枚“宝塔山”邮票于 1983 年以票中票形式出现在 J.99《中华全国集邮展览 1983 · 北京》纪念邮票的第 2 枚的画面上。

钟灵（1921—2007），山东济南人，1938 年 7 月加入中国共产党，并被派往延安进入鲁迅艺术文学院美术系学习。毕业后，他在陕甘宁边区做文化教育工作，并在延安各报刊发表木刻、漫画作品多幅。1949 年后，钟灵参与了中国人民政治协商会议会徽和中华人民共和国国徽的设计；设计、布置了开国大典的会场；曾先后设计新中国邮票 28 枚。1982 年，他出席了中华全国集邮联合会第一次代表大会。

有些解放区邮票存在有齿孔和无齿孔的情况，是战争环境下不得已而为之的结果。如 1949 年 4 月中原邮政发行的毛泽东像邮票（郑州版），在打孔时由于排针机没有安装好，又急于使用邮票，只好先按无齿票发行。后来借到打孔机，再将库存的这种邮票打孔，于是出现了无齿和有齿两种形式。集邮者会把它们当作不同的邮票种类一起收藏的。

为了满足各方面的需求，后期一些较为大型、精美的解放区邮票在发行有齿孔邮票的同时，会特意制作一部分无齿孔的邮票。如 1949 年 4 月华东邮政管理总局发行的“山东二七建邮七周年纪念”邮票、“淮海战役胜利纪念”邮票、“交通工具图”邮票，1949 年 8 月 16 日华中邮政管理局发行的“武汉解放纪念”邮票等。

设于北平的华北邮政总局（曾一度更名为华北邮电总局），1949 年 5 月 30 日发行的《五一国际劳动节纪念》邮票，除了有齿孔、无齿孔两种以外，还专为集邮者发行了一种四方连中缝无齿孔邮票，集邮

钟灵

者可以预订购买。这在中国解放区邮票中是唯一。华北邮政总局1949年7月1日发行的《中国共产党诞生二十八周年纪念》邮票，全套7枚，也分为有齿孔和无齿孔两组邮票。

二、中华邮政及邮票发行出现复杂局面

1945年8月26日，交通部邮政总局局长徐继庄签发了《收复沦陷区邮政紧急措施办法》及《接收沦陷区邮政补充办法》等4个文件，责令所有敌占区的邮局人员做好看管工作以等待接收，并告诫不许中断或停顿邮路，照常收寄邮件，保证传邮运行。

中华邮政总局很快就派员搭乘军用飞机先行抵达各重要收复区做接收的准备。因邮票无法运达，收复区和光复区各以临时措施“暂售”。如上海及华南使用“上海暂售”邮票，东北三省暂用伪满邮票等，邮资也暂时维持原状。

1945年9月13日，中华邮政总局驻沪办事处发出通告：收复区邮资改按国币（法币）计收。内地邮票未运到之前，先把“暂售”邮票7种加盖成“国币×角”或“国币×元”发售，以应急需。自9月17日开始，在上海邮局窗口出售，同时也分发到各地。

在接收过程中，邮政总局利用库存的各版邮票作为原票，加盖“国币”改值，继续使用；一些地方邮局也有自行加盖“国币”的邮票。在3年多的时间内，各种“国币”改值邮票，按邮局分类，有90余种。集邮家则按原票的版别、纸质、齿孔、刷色等，再细细分类，如此则“国币”改值邮票的种类就超过了300种，其中还出现了几种较为罕见的组外品。“国币”改值邮票是中华邮政后期邮票的一个特点。

1945年10月25日，台湾及附属岛屿及澎湖列岛重归中国版图。11月1日，邮政接收就绪，台湾省邮电管理委员会成立。由于后方加盖台币面值的邮票不能运达，为应急需，邮政部门利用日本占领时期的台湾邮票，加盖“中华民国台湾省”字样，按原来面值出售，总共9种。

1945年11月7日，伪满“邮政总局”被关闭。中华邮政总局驻长春办事处成立，下辖沈阳、锦州、长春、哈尔滨、牡丹江5个邮政管理局。在此前后各邮区以伪满洲国邮票加盖“中华暂用”或“中华民国”字样，作为临时性邮票流通。这一时期，个别不法邮商为牟取非法利润，利用伪满邮票，刻制戳记进行私盖，臆造出大批所谓的东北地方加盖邮票，使不少集邮者上当受骗。这类加盖票虽经集邮界反复甄别，仍有部分难辨真伪。

1946年6月，国民党当局发动内战。由于政府官员腐化成风，大量军费支出以及经济凋敝，导致物价飞涨、民不聊生。随着通货膨胀、法币贬值，致使邮资一再调整，邮票面值越来越高。邮政部门虽然增加发行了几组普通邮票，却远远赶不上邮资不断调高的速度，只能继续采用加盖改值的方式应付需求。

1948年4月，平信邮资已提高到5000元，邮政部门因此发行了5000元面值以上的改值邮票。这些加盖改值邮票先后共发行了16种，均取消了“国币”二字，其加盖文字直接印成“改作××圆”，数值框也随之加长，集邮界称其为“长框改作”

改值邮票。

1948 年夏天，法币已濒临崩溃的边缘。国民党当局为摆脱困境，于 8 月 19 日突然宣布“币值改革”，规定自即日起以金圆券为本位币，限期以法币 300 万元折合金圆券 1 元的比率，收兑已发行的法币；限期收兑人民所有黄金、白银、银币及外国币券……现存邮票则于 1949 年 1 月 31 日停用。对于集邮而言，停用比停售更显重要。

这一时期，邮政部门按金圆券收取邮资，并筹印金圆券面值邮票。当时库存的法币面值邮票、包裹印纸等积压甚多。于是，把它们分别加盖“金圆”字样，改值使用。改用金圆券以后，全国各税务部门余存的法币面值印花税票，也被当作原票，加盖改作“金圆”邮票发售。

1948 年 11 月 19 日，邮政部门调整了更改金圆券后的邮资，平信由半分调到 1 角。此后通货膨胀加剧，仅 5 个月后，平信邮资升至金圆券 1500 元。金圆券邮票的面值不断加大，致使这一时期国统区中华邮政的邮资和邮票，已混乱到无以复加的

贴在邮票上的信封

地步。

1949 年 4 月，湖南的民众拒用金圆券，并波及尚未解放的一些省份。湖南邮政管理局通令所辖各局，自 4 月 25 日起，邮资正式按银圆收费，并发行加盖银圆邮资单位的邮票和基数邮票。次日，江西邮区起而仿效。这迫使中华邮政总局不得不呈报交通部批准，各类邮资于 4 月 27 日起改按银圆收费。

1949 年 6 月 8 日，重庆华南版孙中山像邮资基数邮票，在国统区内陆续发行。此时，已临近全国解放，这组被称为“华南版银圆”的邮票，是中华民国时期正式印制的最后一组孙中山像邮票。

1949 年 7 月 2 日，撤退至广州的国民党当局，又进行了一次所谓的改革币制——发行银圆券，7 月 4 日和 7 月 8 日分别在广州与重庆实施，7 月 4 日，广州的兑换比率是金圆券 5 亿元折合银圆券 1 元；到了 7 月 8 日，重庆的兑换比率已变为金圆券 7.5 亿元才能兑换银圆券 1 元。邮政部门则下令广东、东川邮区，就地加盖改作银圆邮票两组。

实行银圆邮资后，尚在使用金圆券的地区，按中央银行当日的银圆牌价折合成金圆券计算当日邮资。那时候，一封平信的邮资在折算成不断贬值的金圆券后，要贴金圆券邮票数十枚或数百枚才够，当时竟出现了邮政史上罕见的把信封贴在邮票之上的特殊现象。

三、解放区邮政开展集邮服务

1946 年解放战争开始后，部分解放区邮局除了加强邮政营业窗口的邮票销售外，还专门设立集邮台为集邮者服务。东北、华北、华中解放区的邮政主管部门，还专门面向集邮者发行特殊品种的纪念邮票。在解放区内最早开办集邮台提供专门集邮服务的，是政权相对稳定的东北解放区。随着全国各大城市相继解放，人民的物质生活有所好转，对文化生活的追求有所增加，邮政部门陆续在邮局设立集邮台，开展集邮经营。

1. 设立集邮服务台

（1）东北解放后率先设立集邮服务台

1946 年 4 月 28 日，哈尔滨市解放。在中共东北局的协助下，哈尔滨市的社会局势和人民生活很快稳定了。1947 年 5 月 22 日，东北邮电管理总局率先在哈尔滨成立集邮服务处，出售东北区的普通邮票和纪念邮票、小型张等邮品，地点设在哈尔滨市南岗区的长官公署街 42 号。为了扩大集邮服务的宣传力度，总局还在中共中央东北局机关报《东北日报》上，刊登了集邮

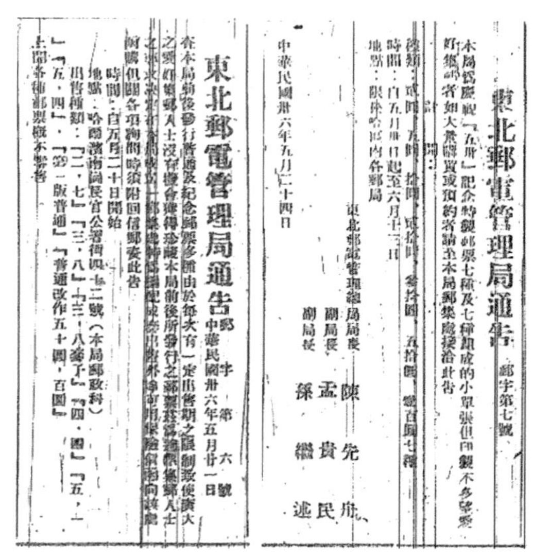
東北郵電管理局通告 郵字第七號

本局鑒應視「五卅」紀念特製郵票七種及七種組成的小單張但印製不多望愛好集郵者如大量購買或預約者請至本局郵集處接洽此告

計開：

種類：貳圓、五圓、拾圓、貳拾圓、叁拾圓、五拾圓、壹百圓七種

時間：自五月卅日起至六月廿三日

地點：限於哈市內各郵局

東北郵電管理總局局長 陳先舟

副局長 孟貴民

副局長 孫繼述

中華民國卅六年五月二十四日

東北郵電管理局通告 郵字第六號 中華民國卅六年五月廿一日

查本局前後發行普通及紀念郵票多種由於每次有一定出售期之限制致使廣大之集郵人士沒有機會購得珍藏本局前後所發行之郵票[illegible]集郵人士之要求[illegible]

函購但關各項詢問時須附回信郵資此告

時間：自五月二十日開始

地點：哈爾濱南崗長官公署街四十二號（本局郵政科）

出售種類：「二・七」「三・八」「三一・八週年」「四・四」「五・一」「五・四」「第一版普通」「普通改作五十圓、百圓」

上開各種郵票概不零售

《东北日报》刊登的邮电通告

服务处开业的广告。

全民族抗战胜利后的哈尔滨，早已是一座工业、商贸、文化、教育比较发达的大城市，有许多外国侨民和苏联驻军，当地的集邮者和邮商也比较多，他们收集解放区邮票的热情很高。集邮服务处开业以后十分繁忙，不仅有许多本地集邮者前来购买邮品，而且外地集邮者函购数量也很多。当时，对外埠函购邮品者均使用保险信函寄递。3 个月后，随着解放战争的胜利推进，销售解放区纪念邮票的网点也逐渐增多。有鉴于此，东北邮电管理总局为了节约人力，决定自 1947 年 9 月 5 日起，撤销集邮服务处。为了使外地集邮者周知，总局又在《东北日报》上刊登启事，要求外地函购者从速购买票品，逾期将谢绝办理。

虽然，东北邮电管理总局特设的集邮服务处只存在了 3 个多月，但它无疑具有特殊的历史意义。作为解放区出现的第一个集邮服务处，它为解放区邮政部门在大城市开展集邮服务工作，进行了初步的尝试，积累了一定的管理经验。同时，它也向解放区的人民群众和干部战士们进行了一次有益的集邮业务宣传，扩大了解放区邮票在集邮者中的影响，说明新生的解放区人民政权是重视与支持集邮活动的。

（2）平津解放后随即设立集邮服务台

1949 年 8 月 1 日，华北邮政总局为了增加业务收入，并满足集邮者的需求，发出业务公函，商请各解放区的邮政管理部门，将所发行的普通及纪念邮票寄到北平管理局 2000 枚，寄到天津邮局 4000 枚应售。

北平和平解放后，北平邮政管理局开办的集邮组，虽然业务停顿了一个时期，但不久后即恢复了营业。除了出售华北邮政总局发行的邮票贴册外，重新开业时还出售华北区现行的各种邮票，随后逐步增加了旅大、东北、华东、华中、华南、西南各解放区的邮票。集邮组还负责办理集邮者预订华北邮政总局发行的《五一国际劳动节纪念》邮票四方连中缝无齿票和《中国共产党诞生二十八周年纪念》无齿邮票的服务。

1949 年 1 月 15 日天津解放后，天津一等邮局设立的集邮台于同年 5 月 1 日重新开业。起初，集台仅出售晋察冀边区的毛泽东像邮票、华东区《淮海战役胜利纪念》《邮运工具图》《“二七”建邮七周年》

《五一国际劳动节纪念》邮票四方连中缝无齿票

等几种邮票。为适应集邮者需要，邮局派人赴上海，以华北区《五一国际劳动节纪念》邮票交换华东区的《南京上海解放纪念》邮票，以后，又与华中、西南、西北、东北、旅大等区建立了联系，互换解放区邮票。由于相隔数日就有新邮票出售，前往集邮台选购的集邮者时常络绎不绝。

（3）华东解放后恢复或开办集邮服务台

1949年5月29日，上海解放后，上海市邮政管理局的集邮台继续开办。6月18日的中共中央华东局机关报《解放日报》，刊发了一则由上海邮局提供的集邮公告："自5月30日起，开始发售人民币新邮票，最近接到《南京上海解放纪念》邮票、《淮海战役纪念》邮票及华东区普通邮票4种，全套共计31枚。该项邮票图案新颖精致，颜色鲜明，惟数量不多，请集邮人士迅向该局集邮组购置，以免向隅。该组备有邮票目录，函索即寄"。

小包郵件包裹 今日恢復收寄

〔本報訊〕自六月八日起上海郵政管理局恢復收寄左列路綫沿綫各地之小包郵件、個人及商品包裹：京滬綫（上海至南京各地），津浦綫浦蚌段（浦口至蚌埠各地），長江綫滬漢段（蕪湖安慶九江漢口各地），南潯綫（南昌至九江各地）。

同日起，該局恢復收寄左列路綫沿綫各地之小包郵件及個人包

舊郵票一律不通用

，顏色鮮明，惟數量不多，請集郵人士迅向該局集郵組購置，以免向隅。該組並備有郵票目錄，函索即寄。

自即日起，各種非本市郵政管理局發行之解放區郵票，一律不得通用，凡有投入各信箱信筒貼用該項不通用郵票之信件，當退還寄件人換貼郵票，或按欠資郵件辦理。至本市交寄之信件，概

《解放日报》刊登的邮政和邮票消息

成立于上海的华东邮政管理局，于1949年11月1日发出通令，明确要求各地邮局应恢复集邮组（站）、发展业务及出售外区邮票事项。其中规定如下。

各管理局原有集邮组（站）如解放后未恢复业务者，应迅速利用现有人手予以恢复；各局可尽量利用种种方法对外宣传，借以促进公众集邮兴趣。其具体要求为：（一）经常在《邮政消息》内公布新发行邮票或新到邮票消息，并摘要作新闻稿送请当地报纸刊登。（二）利用旧有玻璃镜框（或橱窗）将发售之各项邮票，陈列于集邮组（站）窗口或明显处所，以资宣传。（三）编印《出售集邮邮票一览表》备公众索取选购。（四）在"邮政知识"广播节目内传播集邮消息。各级邮局营业窗口，如遇集邮人士选购各种邮票时，望在邮政章程许可范围内，尽量予以便利，如邮票种类不齐全，可婉言告以省管理局设有集邮组，发售各种邮票，专供集邮者购买和收藏，劝其经过函购向邮局购买。

（4）各地积极开展集邮经营与服务

1949年8月16日，在庆祝武汉三镇解放3个月之际，武汉市军管会交通接管部邮政处以"中华邮政华中区"的铭记，发行了一套《武汉解放纪念》邮票，分3种图案，每种图案各印两种颜色票，共6种面值票。同时，为满足集邮者的需求，还特地发行了与上述图案和面值完全相同的《武汉解放纪念》无齿孔邮票一套6枚。这也是华中区邮政部门唯一为集邮者发行的一套无齿孔纪念邮票。

河南省邮政管理局对外埠集邮者来函

来款购买解放区邮票提供优质服务，不但按要求提供了所需邮票，而且会计科还对集邮者咨询关于解放区邮政机构调整、邮票发行和版式、邮资变动等情况都一一答复，细致入微，并附寄《中原解放区邮局各类邮件资费表》和 1949 年 4 月 1 日起实行的《中原邮区各类邮件资费表》（第一号），具体如下。

一、豫西、豫皖苏分区均已撤销（日期为本年三月）归并本局，陕南、江汉各区现已不归本局领导。

二、本局系于（1948）民国卅七年十一月成立。原系“中州邮政管理局”。（1949）民国卅八年一月改为“中原邮政管理局”，同年五月改为现名。

三、本区邮资曾经调整一次。兹将资费表附寄两份以作参考。

四、本局除发行中州、中原两版普通邮票外，并未发行过其他邮票。中州版票分 1 元、4 元、10 元、26 元、34 元、42 元六种，每大张均系二百枚，无孔。中原版分 5 元、10 元、30 元、50 元、100 元、175 元、300 元七种，除 175 元及 300 元两种每张系 50 枚外，其余者每张均系 100 枚。

五、最近将中州版之 26 元票改作为 1 元票，34 元及 42 元者均改作为 25 元票。

六、本区发行之票均以中州钞收价。现在按银行规定人民券与中州钞之兑换率为一比三。

晋绥邮政管理局为了促进集邮业务的开展，使集邮者了解该区邮票的发行情况，于 1949 年 8 月印制了《晋绥邮政（1946—

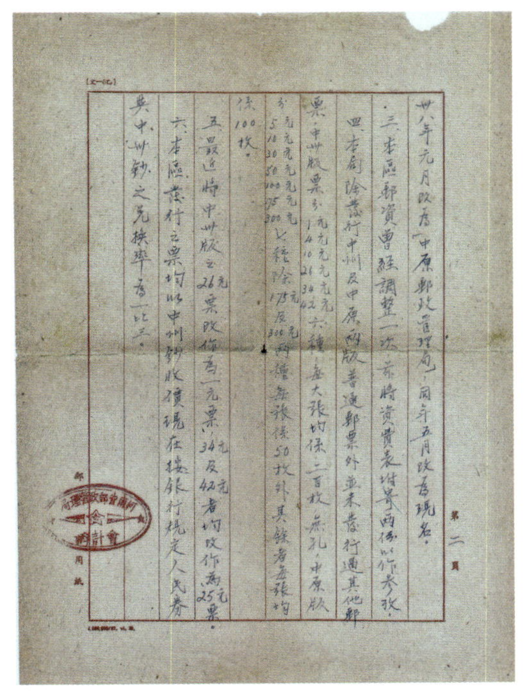

卅八年元月改為「中原郵政管理局」，同年五月改為現名。

三、本區郵資曾經調整一次，茲將資費表附寄兩份以作參考。

四、本局除發行中州及中原兩版普通郵票外，並未發行過其他郵票。中州版票分1元、4元、10元、26元、34元、42元六種，每大張均係二百枚，無孔。中原版分5元、10元、30元、50元、100元、175元、300元七種，除175元及300元兩種每張係50枚外，其餘者每張均係100枚。

五、最近將中州版之26元票改作為一元票，34元及42元者均改作為25元票。

六、本區發行之票均以中州鈔收價，現在按銀行規定人民券與中州鈔之兌換率為一比三。

第二頁

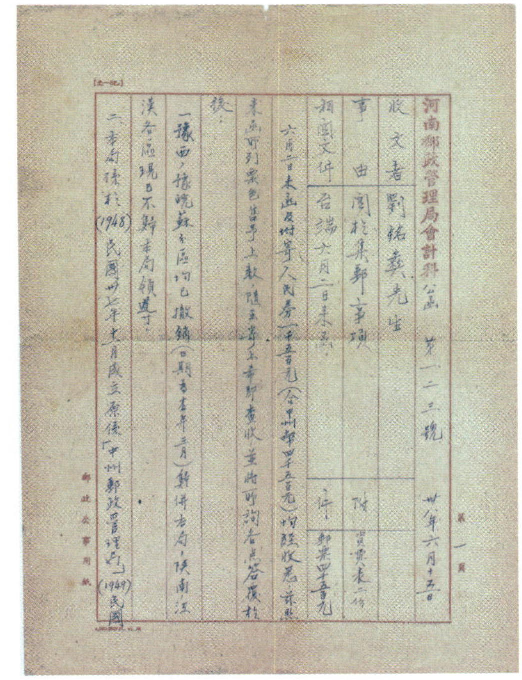

河南郵政管理局會計科公函　第一二三號　卅八年六月十五日

收文者：劉銘彝先生

事由：關於集郵事項

相關文件：台端六月二日來函

附件：資費表二份；郵票四千五百元

六月二日來函及附寄人民券一千五百元（合中州鈔四千五百元）均經收悉，茲照來函所列票色各予上數，隨函寄奉，希即查收，並將所詢各點答復於後：

一、豫西、豫皖蘇分區均已撤銷（日期為本年三月）歸併本局，陝南、江漢各區現已不歸本局領導。

二、本局係於（1948）民國卅七年十一月成立，原係「中州郵政管理局」（1949）民國

第一頁

河南省邮政管理局会计科答复集邮者的公函

1949）历次邮资调整情况表》和《晋绥邮政现售集邮票种类价目表》等4种表格，免费寄赠给感兴趣的集邮者。这些表格详细列出了晋绥区邮资变更概况及各种邮票发行、使用情况（包括邮票名称、发行时间、图案内容、面值、币值、整张尺寸、枚数及用途等），特别在《现售集邮票种类价目表》中，注明了每套邮票的每枚售价及购买数量（有的限量，有的不限量）。晋绥邮政管理局通过这样一份很有价值的资料，体现了热心为集邮者服务的精神，受到集邮者的欢迎和好评。

2. 制作邮票册用于赠送或出售

制作贴票纪念册等邮品，用于馈赠或出售，是中国解放区邮政部门宣传邮票、为集邮者服务的一大特点。

1946年5月，胶东战邮管理局在物质条件十分艰难的情况下，将抗战时期发行的山东战邮邮票，汇编为一种装订简易的《山东解放区邮政出版各类邮票粘存簿》，设计、印制得非常精美。封面采用胶东著名画家李善一的彩色版画，用红、蓝、绿三色套印，图案类似《抗日战争胜利纪念》邮票，是毛主席指挥解放区军民争取抗战胜利的图案。内页7张或8张，采用淡雅的浅黄色，共贴珍贵山东区票22—27枚。所贴的邮票，是当时库存的在胶东地区印制的几种邮票，因为主要是作礼品使用，不是档案，不讲求齐全。当时任职于联合国善后救济总署（UNRRA）驻华办事机构

晋綏郵政管理局歷次改作郵票詳情表　1949年8月

種類	版次	面值幣制	發行年月	面額 原面額	面額 改作面額	字體印色	每大張枚數 縱	每大張枚數 橫	每大張枚數 計	附註
毛主席像郵票	第一版	西北農民幣	一九四七年七月	1元	500元	楷書木刻手工加蓋黑字	5	20	100枚	因郵資調整急迫應需要而改作當時郵資只收寄平信500元，不辦理掛號。
				3	500	〃 紅字	〃	〃	〃	
						〃 〃 〃	〃	〃	〃	
仝上	第二版	仝上	一九四八年六月	15元	5,000元	老五號鉛字手工加蓋黑字	5	20	100	當時郵資平信5,000，單掛號10,000，雙掛號15,000。
				3	10,000	〃 紅字	〃	〃	〃	
仝上	第三版	仝上	一九四八年七月	3元	500元	楷書石印紅色字	5	20	100	郵資未变
				20	1,000	〃 〃 黑色字	〃	〃	〃	
				10	3,000	〃 〃 紅色字	〃	〃	〃	
				30	3,000	〃 〃	〃	〃	〃	
				50	3,000	〃 〃 黑色字	〃	〃	〃	
				20	4,000	〃 〃	〃	〃	〃	
仝上	第四版	仝上	一九四八年九月	20	4000	楷書木刻手工加蓋黑色	〃	〃	〃	郵資未变
				20	5000	〃 〃	〃	〃	〃	
				50	5000	〃 〃	〃	〃	〃	
				50	4000	〃 〃	〃	〃	〃	
				1	600	〃 〃	〃	〃	〃	

晋绥邮政改作邮票详情表

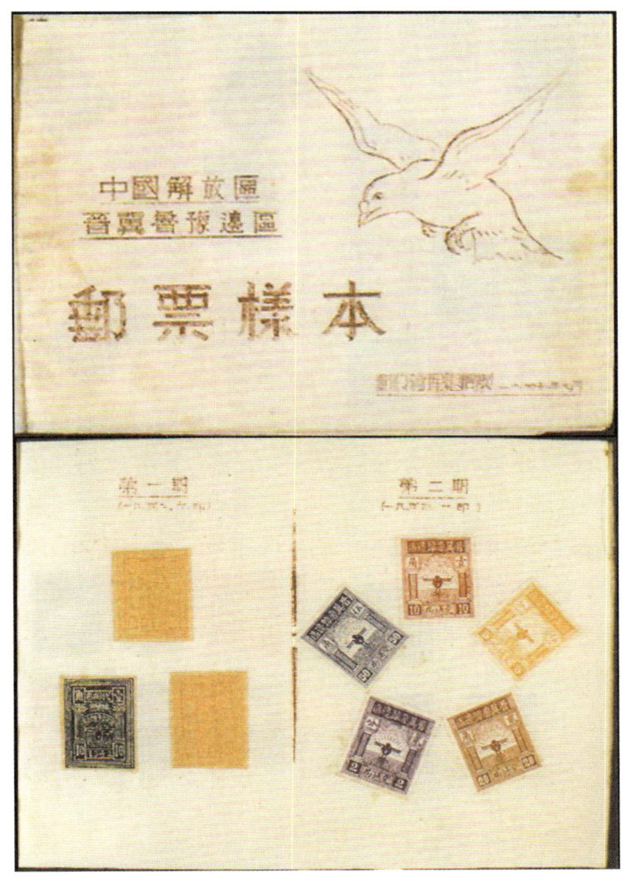

《中国解放区晋冀鲁豫边区邮票样本》

的集邮者戴无涯，从南京赴烟台解放区工作期间，获赠此种《战邮邮票粘贴簿》数册，带回南京精心保存，并撰文予以详细介绍。

此外，华北邮政总局、旅大邮电管理局，也都先后印制、装订过邮票汇编本，分别将本区发行的部分或全部邮票，精心汇编成贴票册或单页。在这种汇编本中，除粘贴有邮票的页面外，往往还在后面附有空白页，供保存者以后陆续粘贴新发行的邮票之用。此外，晋冀鲁豫边区和苏皖边区也以油印方式制作了邮票贴册，其中加贴的邮票数量较少，印量也很有限。

东北邮电管理总局自1947年起，先后4次印发过精美的《东北解放区邮票汇编》，其中按发行顺序贴有整套邮票。第一次印发“汇编”的时间为1947年7—8月，封面印有“东北解放区邮票汇编”和“东北邮电管理总局敬赠”等字样，册中粘贴的最后一套邮票是同年7月1日发行的《中国共产党二十六周年纪念》；第二次印发的“汇编”封面，除了“东北解放区邮票汇编”和“东北邮电管理总局敬赠”字样外，还印有地球和鸿雁，册中粘贴的最后一套邮票是1948年8月10日发行的《庆祝第六次全国劳动大会纪念》；第三次印发“汇编”在哈尔滨举行的第六次全国劳动大会期间，东北邮电管理总局把《东北解放区邮票汇编》封面上的文字“东北邮电管理总局”加盖红线，再印上“第六次全国劳动大会”字样，以大会的名义赠送给参会的每一位代表；第四次印发的“汇编”，为该局自哈尔滨南迁沈阳后印制的，并将安东、齐齐哈尔、吉江、通化等解放区发行的邮票都收入其中。

华北邮政总局为了开办集邮业务的需要，于 1949 年 5 月 17 日向华北各解放区的邮政管理局发出通函，要求相互交换历年各自发行的各种解放区邮票 5000 套。不久，在北平邮局的集邮服务台，即开始出售华北邮政总局特制发行的解放区邮票贴册《邮票汇集》，其中包括晋察冀边区、晋冀鲁豫边区发行的各种邮票 50 余枚。这批《邮票汇集》有 100 册，采取预交款订购的办法，每册售价 10 万元（旧人民币，折合新人民币 10 元）。

1949 年 7 月 21 日，武汉市军管会交通接管部邮政处以“中华邮政华中区”为铭记，发行了“工农兵图”和“五角星图”两种邮票，不久后又由汉口国光印铸厂少量制作了样票本，以军管会交通接管部邮政处的名义，分发给本地各相关人员留作纪念。样票本内贴有“工农兵图”邮票 8 种面值，“五角星图”邮票 7 种面值。此后，华中区邮政管理局又两次制作了《武汉解放纪念》邮票样票本、华中区添印新面值的“工农兵图”与“五角星图”邮票的样票本，分发给有关机构或个人留存，至今均已难得一见。

各解放区印制邮票册的大多数为非卖品，主要赠送对象为本地区的有关领导干部、业务部门与少量外宾等。许多得到这

《东北解放区邮票汇编》

类邮票册的人士，都视之为珍贵的纪念品加以收藏。少数公开出售的这类邮票册，则为集邮者提供了新的收藏品种，也为邮政部门增加了经济收入。这种邮票册不仅有利于各解放区邮票的保存，也为集邮者提供了重要的邮票史料。

3. 启用纪念邮戳

刻制和启用纪念邮戳是集邮服务中常见的一种形式。部分解放区邮政在开展集邮服务的过程中，也逐渐启用纪念邮戳。而当年加盖的各式纪念邮戳，经过时间的流逝，已经成为珍罕的集邮品。

1946 年 4 月，大连邮政局为集邮者刻制了“辽宁邮政四一接收纪念”邮戳供加盖使用。旅大邮电管理局为了纪念抗战胜利 4 周年及“大陆工业展览会”开幕，于 1949 年 9 月 1 日发行了一套纪念邮票。大连市邮政局在展览会现场设置了临时邮局，刻制了一种纪念邮戳，供参观者、集邮者免费加盖。纪念邮戳的使用成为解放区人民邮政支持集邮活动的重要方式，上海、南京、无锡、厦门、天水等地均有使用。

利用纪念邮戳宣传重大节日或活动，扩大邮政的影响，并为集邮者提供盖戳服务的举措，也得到一些解放区邮政部门的重视。1949 年 5 月 1 日，华北第一届职工代表大会在天津召开，为了扩大影响，华北邮政总局事前决定发行《五一国际劳动节纪念》邮票。但因会期临近，纪念邮票难以及时发行，华北邮政总局随即指令北平、天津邮政管理局，先行刻制“五一”纪念邮戳，用于盖销会议期间所收邮件上的邮票。为了扩大宣传，对于自愿购买邮票并请求加盖此项纪念邮戳作为集邮纪念品者，可以免费加盖。

华北“五一国际劳动节纪念”邮戳

为配合华东邮政管理总局于 1949 年 8 月 1 日发行《中国人民解放军二十周年纪念》邮票，上海邮政管理局刻制了一种纪念邮戳，供集邮者盖用。原规定此戳盖用期为半个月，后因这套纪念邮票全套到齐的时间较晚，上海邮政管理局于同年 8 月 17 日又专门发出通知，“为适应集邮人士需求起见，将上项纪念邮戳使用期限，延长两星期，自本月十五日起至二十八日止，以便集邮人士盖用”。

为了满足国外集邮者对中国邮票的需求，也为出口邮票换取外汇，1949 年 7 月，华北人民政府工商部致函华北邮政总局，告知“最近美国市场对中国邮票甚为需要，我接收敌伪邮票除一部分自用外，其余可暂保留，全数交商人出口”。为此，工商部向华北人民政府提出意见：（1）请交通部通知各地（特别是平、津两市）邮局，暂停销毁、涂改历年邮票；（2）由对外贸易管理局主办，介绍专门出口商向邮局接洽，所得外汇结售银行，应得人民币交邮局，另给商人 5% 以下佣金。据此，华北人民政府交通部发函，令华北邮政总局很好研究，同外贸局及银行联系，组织历年旧邮票出口。华北邮政总局于 1949 年 7 月 27 日分别致函东北邮电管理总局、华东邮政管理总局、西北邮政总局、华中邮政管理总局，请各局将所有中华邮政邮票集中管理，以便出口换取外汇。

四、中华邮政倡导和支持集邮

1946 年 5 月，国民政府自重庆迁回南京后，邮政部门在进行一系列业务革新措施中，将提倡集邮作为增加营业收入的一个措施。尽管集邮服务只是中华邮政各项邮政业务中甚为小量的一项，但由于邮票的出售也是邮政的一项收入，集邮服务也是世界各国邮政所重视的服务内容，故中华邮政对集邮活动与集邮服务还是给予一定的倡导与支持，尽可能地方便集邮者收集邮票与邮品。

1. 各邮区陆续设立集邮台

抗战胜利后，中华邮政总局驻沪办事处重新恢复行使职权，上海集邮组稍事整顿便继续营业。北平集邮组则暂时未予恢复。

1947 年 4 月，中华邮政总局召集北平、河北、陕西、广东、湖北 5 个邮区管理局局长及帮办会议，其中对“增加人民对集邮之兴趣，并设法予以便利”等事项作出决议，要求与会的邮区尽快建立起集邮组。会上还决定在当年 10 月举办一次邮票展览，借以广泛宣传。为起表率作用，中华邮政总局集邮组于 4 月 26 日宣告成立，设在南京新建的鼓楼邮局内，组长为陈在文。同年 6 月，中华邮政总局又召开第二次会议，出席者有湖南、浙江、广西、江西、东川、西川 6 个邮区的局长和帮办。这之

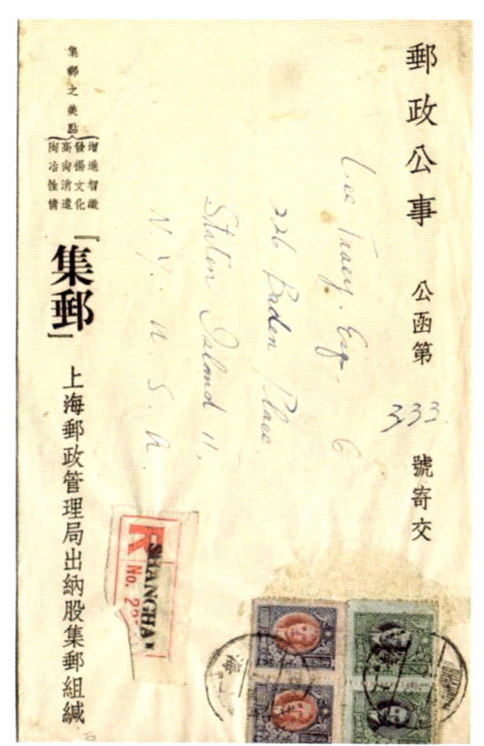

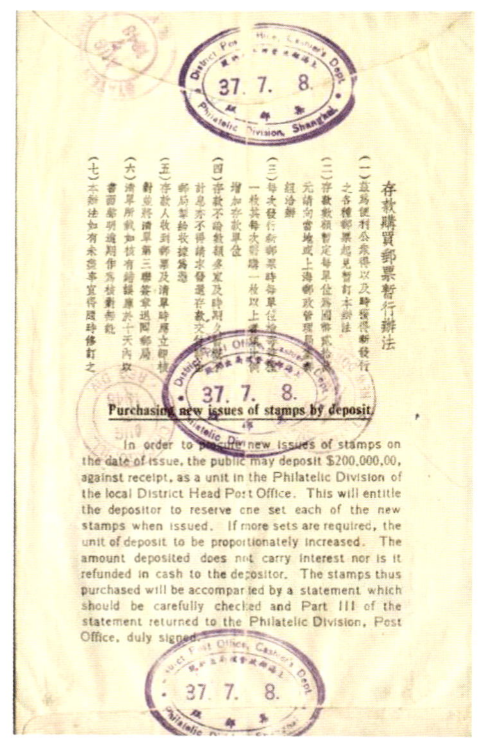

背面印有“存款购买邮票暂行办法”广告的信封

后，各邮区的管理局都陆续设立了专门的集邮台或集邮组，除原有的外，新增加和恢复的有北平、西安、长沙、贵阳、广州、昆明、成都、汉口、兰州、开封、天津、福州等处。

为了方便集邮者购买邮票，邮政总局还特地通知各地集邮组，自 1947 年 10 月 1 日起，各局对于国内集邮人士函购邮票的，回件可按“邮政公事”作为快递挂号邮件寄送，并免收邮费。

1948 年年初，邮政总局又推出一项“存款购买邮票”的办法，规定存款数额每单位为法币 20 万元，发行新邮票时，每单位检寄每种 1 枚（需购 1 枚以上者存款单位按比例增加）；存款余额不足 5 万元时，由邮局通知存款人补足；邮局检寄邮票时，挂号免费寄交或派差投递；存款人住址如有更改，可随时通知原存款邮局。这种“存款购买邮票”办法，所有附设集邮台（组）的邮局都可以办理。

各邮区集邮台基本上是由管理局的票款股负责。然而全国各地情况复杂，集邮台所配备的人员并不完全能够尽如人意。上海、天津、成都等集邮台的情况较好，经办人大都对集邮有所了解，这些工作人员在同集邮家的交往过程中，也不断增加邮识，提高了这方面的素养。他们当中有些事业心很强的人，肯于钻研业务，能够想方设法地满足集邮者的需求，对当时的集邮活动，确实起了一定的作用。比如在加盖“国币”“长框改作”和“金圆”邮票发售之际，由于所使用的原票版别繁多，纸质、齿孔与加盖厂家各有不同，上海、天津集邮台的工作人员，便想到要帮助集邮者扩大搜集范围，在编组出售的时候，尽量将少量的纸张不同、齿孔有异之票单独摆放出来，供集邮家自行挑选。

但是有些地区集邮台的工作人员的业务能力不强，只能做到领到什么票供应什么票。个别地方更有甚者，集邮组成立后，徒有虚名，令集邮者十分不满。西安的张瑞麟就曾以《陕西管理局的集邮组》为题，在《近代邮刊》上公开批评说：“（西安）集邮组虽成立已有数月，但因该组的售票先生态度傲慢、头脑糊涂，更缺乏知识，购票一次，往往须等上两三个钟头……所购的邮票，四方连他常将它撕成三连零一枚，甚至于有的时候将票品都撕破了，弄得集邮人哭笑不得。”陕西邮政管理局倒是十分重视此事，经过调查了解，后来将这名售票员另外安排工作，集邮组换了新人。

1949 年新中国成立前夕，国民党军队败退到西南、西北。只有东川、西川邮区的成都和重庆两集邮台尚在维持营业。此时正是各邮区自行加盖单位、基数、银圆邮票发行之际。两地集邮台千方百计地从各邮区调票以供应集邮者。尤其值得一提的是，成都集邮台的主管人陈善治，在长期从事邮局集邮业务中，同很多集邮者交了朋友。当西川邮区发行加盖“平信”“挂号”“航空”邮资单位邮票时，他采纳了集邮人的建议，将“平信”单位邮票 26 枚编为一组，“挂号”单位邮票 8 枚编为一组，“航空”单位邮票 6 枚编为一组，方便了集邮者的选择，既可分组购买，也可按大全组购买。那时，西川邮区的单位邮票在全部银圆邮票里是数量最多的一组，所用原票以上海大东版为主，并有一些其他版掺杂在内。如果不是在发售初期由陈善治根据邮局内部掌握的原票类别设法全部调到集邮台出售，而放任自流式地拨给集邮台多少种即售多少种，那么这组加盖票恐怕就不会这样容易凑齐了。

2. 邮局人员参与集邮研究

中华邮政总局原有一条不成文的规定，即邮局人员不得从事集邮活动。这显然是为了防止邮政从业者借邮票出售之机牟取不正当钱财。但实际情况是，邮局职员中的集邮者不在少数，而且有些人在当时的集邮圈里还颇有名气。像供职于浙江邮政管理局的蒋伯勋，供职于新疆邮政管理局的桑新如、于东海，供职于甘宁青邮政管理局的盛悟生，供职于河北邮政管理局的周炳文，供职于陕西邮政管理局的吴廷琦、李容、任澂，供职于中华邮政总局的程本正、吴凤岗等。不过他们在对外联系时常常使用别名，一般人并不注意。这些邮局内部的集邮者也经常在邮刊上撰写报道，发表有关集邮和邮票发行的文章。他们也积极参加各地的集邮组织。

抗战胜利后，中华邮政总局自重庆迁回南京，对于邮局员工不准集邮的规定虽未明确取消，但也采取漠然置之的冷处理。因此，邮局中的集邮者大多公开亮相了。据1947年《新光邮票会会员录》不完全统计，在邮局中工作的会员就有近30名。

1948年3月和5月，交通部邮政总局在南京和上海两次举办大规模的邮票展览，程本正与吴凤岗奉派为特派员参与此项工作，对推动当时的集邮活动起到一定的作用。

程本正

程本正（1905—1984），浙江杭州人，毕业于天津南开大学，留学美国学矿业，回国后进入国民政府交通部邮电司，任第一科科长。程本正留美期间即开始集邮，搜集各国早期邮票，后又重点搜集中国早期邮票。1949年后，他先后在邮电部邮政总局和邮票发行局工作。他撰写的研究文章有：《邮票的诞生及其作用》《邮票的齿孔》《邮票的分类和收集》《怎样研究邮票》等。尤其是《近代国邮发行史》《邮局邮展回忆录》等文章，内容翔实，极具史料参考价值。

新疆地处西北边陲，当时交通不便，信息十分闭塞，幸有桑新如、于东海等热心集邮的邮局从业人员，将有些新邮发行的情况及时地向内地邮刊报道消息。

由于邮局内部有为数不少的集邮积极分子存在，极大地促进了邮政当局和集邮者之间的相互理解，使邮政主管部门能够了解集邮者的需求，从而促使他们随时调整有关集邮业务方面的方针。

第二节　集邮活动再度活跃

在中国共产党领导的解放区，邮政业务和邮票发行不断扩大，解放区邮票的收藏者也不断增多。特别是一些大中城市的相继解放，使解放区邮票逐渐成为集邮者和邮商收集、经销的重点。新老解放区的集邮者也日趋活跃。在这些集邮者中，有的是原抗日根据地的老集邮者，也有的是原国统区或日伪占领区的集邮者，还有一些是新老解放区的青年学生，他们被画面独特的解放区邮票所吸引，因而开始了邮票收藏活动。

抗战胜利后，到外地躲避战乱的集邮者陆续返回原来的城市，邮票会恢复活动、邮刊恢复出刊，使集邮活动再度出现一个活跃期。由于国民党政权日益腐败，造成了经济的迅速崩溃。当时的邮政也呈现出一片混乱的局面，邮政业务资费的频繁上涨，各类普通邮票的频繁发行，都反映出一种极不正常的局面。这也使刚刚恢复的集邮活动受到一定的影响。

一、解放区邮票收藏者和集邮活动

在解放战争时期，各解放区都普遍建立了正规的邮政机构，陕甘宁、晋绥、晋察冀、晋冀鲁豫、山东和苏皖等边区的人民邮政都已初具规模，业务不断增多。随着解放战争的进展，各解放区不断扩大、沟通，并逐渐连成一片，通信量骤增，人民邮政也随之发展起来。东北、华北、华东和华中各解放区的人民邮政机构相继组建或合并。在人民解放军各野战部队中，还组织了随军邮政机构，组成了完善的军邮通信系统，以保证战争的顺利进行。

随着人民解放军节节胜利，新的解放区不断增加，各地都在接管中华邮政的基础上，建立起人民邮政机构，迅速开通了邮政通信服务，使用解放区邮票或加盖、改值发行的解放区临时邮票。在整个解放战争期间，各解放区共发行了近400套约1600多种邮票，这些邮票政治宣传性强，毛泽东像邮票增多，邮票的设计、印刷水平也明显提高。

1. 革命队伍中的“区票”收集活动

早在1935年，年仅15岁的钱敏在家乡无锡当学徒时，即注意到店里来信上贴有花花绿绿的邮票，不久后即爱上了集邮。1937年日军占领无锡，他的家被查抄，所藏邮票损失一空。到了抗战中期，他毅然投身于革命工作，即便是在紧张的工作之余，他也没有完全放弃自己的集邮爱好，并重点收集本地发行的解放区邮票。1946年年初，钱敏奉调至中共华东局组织部担任组织科长，其部下恰好有一位深爱集邮的巡视员沈曾华。两人虽是上下级关系，但平日里也经常交流集邮之事，并互赠邮品。在如火如荼的革命战争环境里，两人逐渐成为集邮领域的至交，结下了深厚的“邮谊”。

钱敏（1915—2016），江苏无锡人，1930年开始集邮，1936年投身革命，在抗日战争、解放战争期间先后担任地委书记、军区政委、工委书记等职。抗战期间，钱敏

钱敏

“县办报刊专用”邮票信销票

参加了“无锡青年抗敌后援会”。在艰苦卓绝的战争环境中，他还抽空收集区票。中华人民共和国成立后，钱敏先后担任过杭州市委第一副书记、第四机械工业部部长、电子工业部部长等职。1982年以后，他当选了中华全国集邮联合会常务理事、中国解放区邮票研究会名誉会长。他的论文《关于苏中五分区是否发行过邮票问题的看法》是20世纪80年代中期亲身到当年工作过的地方进行走访、考察后写出的。2007年，他被授予中华全国集邮联合会第二批名誉会士。

王殿文在山东解放区文协工作时开始收藏邮票。做秘书工作的他，每天会收到各地寄来的几十件邮件。1946年年初，为了响应上级“用邮票换取外汇、支援解放区建设”的号召，在不到一年的时间里，他收集到数千枚邮票。后因内战爆发，上级没有派人来收取这些邮票，他便将这些邮票保存起来。1947年3月，国民党军队重点进攻山东解放区，王殿文投入支前工作，被分配到《滨海农村报》负责各县的通信工作。在日照县邮寄油印小报的信封上，他见到一枚“县办报刊专用”邮票，便剪下收藏起来。年底时因战事紧张，上级要求轻装，他挑选了几十枚邮票带在身上，其余的数千枚邮票只能都扔掉了。这些保留下来的邮票十分珍贵，其中那一枚“县办报刊专用”邮票，属于存世稀少的信销票。

1948年，14岁的常增书参加了解放军。他在给家里写的第一封信上，贴上了晋察冀边区邮政发行的毛泽东像邮票。他非常喜欢这封家信上的毛泽东像邮票，几个月后回家探亲时，就把这封贴有毛泽东像邮票的家信，找出来带回部队，一直珍藏在身边。正是这枚毛泽东像邮票，使他萌生了集邮的念头。1949年10月汕头解放时，邮政曾发行加盖“解放暂用”邮票，

汕头加盖“解放暂用”1元邮票

其中加盖1元和10元的面值票主要是供侨批局发往国外的大宗信件使用。当时，1元邮票就是一块大洋，常增书因为很喜爱这枚邮票，不惜代价，在自己收藏的解放区邮票中，留下了这枚高面值的区票珍品。

常增书出生于1933年，河北平山人，1948年参加革命并开始集邮。1981年后，他历任广州市暨广东省集邮协会首任会长。他是中华全国集邮联合会第一届理事会常务理事。1986年以后，他当选了中华全国集邮联合会第二至六届副会长。他还担任了全国集邮名词审定委员会主任。他的《中国早期航空邮政（1921—1941）》展品在西班牙1992世界邮展为中国首次获得航空类展品镀金奖。2003年，他被授予中华全国集邮联合会第一批会士。

1949年春夏之交的渡江战役胜利后，在华东地区担任解放军某团参谋长的杨勇伟，无意中接触到华东人民邮政发行的《淮海战役胜利纪念》《南京上海解放纪念》等邮票。这两种华东区邮票的画面，恰好反映了他刚刚亲身经历的两次重大事件，特别感到值得留作纪念。于是，他就有意识地珍藏起这些邮票，并由此而引发了集邮兴趣。此后，他把这项业余爱好，与其难忘的革命战斗生涯，紧密地联系在一起。

杨勇伟（1921—2012），上海人，毕业于上海现代电影话剧专科学校。1940年10月，他任新四军连政治指导员，1943年任南通县短枪队队长，1947年7月任华中九分区如东团参谋长，1949年4月任苏南军区特务团及嘉定乡总队副总队长，1951年任华东军区总医院副院长。1982年，杨勇伟出席了中华全国集邮联合会第一次代表大会。此后当选过中华全国集邮联合会第二、三、四届理事。2003年，他被授予中华全国集邮联合会第一批名誉会士。

1949年秋，苏皖边区的解放军奉命轻装北撤山东。居治群宁肯丢掉衣物、鞋子，也要带着挎包里的几本夹着区票的本子随身而行。行军途中经过一个小镇，他看到邮局墙上贴着一张通告，内容是发行南通

常增书

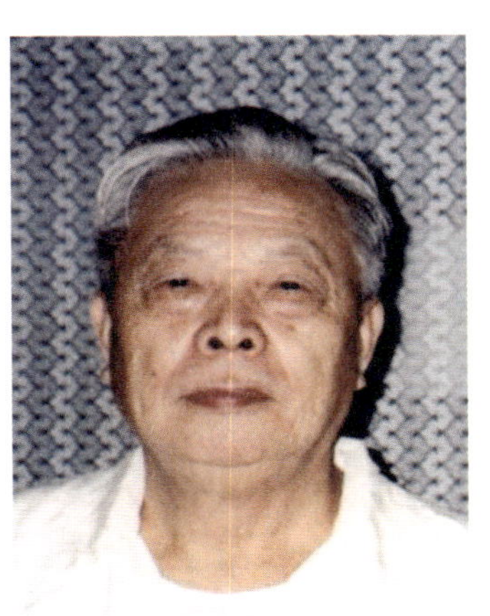

杨勇伟

南通版毛泽东像邮票样张

版毛泽东像邮票，并有邮票样张粘贴。于是，他请了几分钟假，小心翼翼地将通告从墙上揭下来，并保护好，其中包括全套的毛泽东像样票。如今，这件通告及样票已经成为佐证南通版毛泽东像邮票发行的珍贵史料。

2. 其他各地的“区票”收集

1938 年，马凌光在河北张家口的中华书局工作时开始集邮。他最先得到的两枚解放区邮票，是日本战败投降前夕由上海的集邮家钟笑炉以“保价信函”的方式邮寄过来的，一枚是苏中区 25 分改作 4 角邮票，另一枚是帆船图加盖“平”字邮票，这激起了他收集解放区邮票的欲望。1945 年 8 月 23 日，张家口解放。马凌光利用在门市售书的机会，与读者攀谈，托老乡寻觅解放区邮票。不久，先后有两位同乡给他找来两枚晋察冀边区“全白日徽图”1 分票和一张 5×7 的“全白日徽图”1 分票大方连。晋察冀边区邮政管理局成立后，在张家口先后发行了蒙文版孙中山像加盖改值票 3 种和大、小型“抗战胜利纪念”邮票，马凌光几乎都是在发行首日购进了这些新邮票。每购买一种新邮票，他就把邮票的面值、刷色、发行首日、枚数等信息记录在一个小本子上。他还收藏有华北邮电总局 1949 年 1 月用晋察冀边区毛泽东像邮票 500 元加盖改值 6 元后发行的邮票，其中 9×3 横缝漏齿大方连票也很珍贵。

1949 年 5 月，已在中原解放区参加革命工作的徐敏，以中原邮政管理局业务干部的身份奉命从开封南下武汉，参加了对原湖北邮政管理局的接管工作。作为一名资深的集邮者，他在调任湖北省人民邮政管理局后，悉心收藏了由汉口复兴印书馆以 15 种颜色印制但未被上级批准采用的华中区毛泽东像邮票全套 15 枚试色印样，为华中解放区邮票的研究，保存了一份难得的史料。

在汉口经营照相馆业务的姚秋农，是较早收集解放区邮票的资深集邮者之一。1948 年前后，他曾通过北平的邮友杨启明等人收集到了一些晋察冀边区邮票。但因当时国统区环境险恶，这些邮票只能在邮友聚会时私下观摩、欣赏。后来，他带动了他的集邮弟子、武昌文华中学的高中学生黄永江一起收集解放区邮票，并通过这些解放区邮票，逐渐增加了对中国共产党的认识和了解。武汉解放后，华中区邮票陆续发行，姚秋农更是积极投入到对这些邮票地收集与研究之中，并利用与各地集邮者的通信交流，不断宣传、介绍华中区票，加深了各地集邮者对收集、研究华中区票的兴趣和认识。

甲戌邮票会首任会长王聘彦之子王建申，早年开始集邮。陕西解放前，他在宝鸡的申新纱厂工作。当地解放后，他刻意收集一些新解放地区的邮票，只要得到消息，他就给有关邮局写信寄款，函购新发行的解放区邮票。1949 年甘肃华亭县解放初期，当地邮局发行了一种用中华邮政孙中山像邮票木戳加盖“暂作人民邮票三十元”邮票，共发售了 1368 枚。王建申在收集到一枚这种邮票的信销票后，即给该县邮局去信函购新票，该县邮局很快给他回信，告知此票早已售罄，特意为他觅到新票横四连赠送。这件横四连邮票此后成为存世孤品。

1949 年 5 月，武汉解放后不久，在汉口邮政汽车站担任站长的姜士楚，一面积极配合军管会派员接管原湖北邮政管理局各机构，同时还应军管会有关负责人的要求，以老邮政工作人员和资深集邮者的双重身份，在华中解放区邮票的印制、发行之初，提供了许多有益的参考意见，并提供了自己收集的部分解放区邮票，作为华中区邮票的设计参考。此后，陆续印制、发行的各套华中区邮票，他均加以认真收集与研究，并精心保存了军管会邮政处特制的样票集等重要资料。

华中区“武汉解放”邮票样本

1949年7月21日，华中区第1版工农兵图邮票开始在汉口发行。姜士楚当天专门以加盖“汉口邮政汽车站”字样的竖式信封，贴上两枚15元国光版新票，实寄给上海集邮家钟笑炉留作纪念，也为这种华中区第1套专印邮票的首日发行，留下了难得的历史见证。此封作为目前唯一存世的华中区邮票首日实寄封，后来长期收藏于美国一位集邮家的邮集中，弥足珍贵。

姜士楚（1916—2008），原籍福建福州，1938年7月考入武汉邮局，担任汉口邮政汽车站机工监事。姜士楚20世纪30年代初开始集邮，主要收集清末、民国和解放区邮票。1944年年初，他在贵阳首先加入了金竹邮票会，此后陆续加入了新光邮票研究会、甲戌邮票会等各地集邮组织。2000年8月，姜士楚应邀参加北京“纪念中国人民革命战争时期邮票发行70周年邮展”，并在开幕式上把凝聚了多年心血的“华中区邮票”邮集，捐献给中国邮票博物馆永久珍藏。2007年，他被授予中华全国集邮联合会第二批名誉会士。

盛悟生是一位资深集邮者，曾在甘肃天水的邮政部门任职多年，重点收集了许多西北解放区邮票，尤其是西北解放区的渭南、扶风、华县、华亭、岷县、武功等地方的加盖邮票，品种较为齐全。1949年8月3日，天水解放。他经手办理了天水邮局加盖“人民邮政（陇南）叁拾圆”邮票的全过程，并撰文提供给《近代邮刊》发表，为集邮界研究此种加盖邮票，提供了确切的证明。

姜士楚

1949年11月15日贵阳解放后，当时任职于新洲药房的郭润康，随即开始密切关注本地人民邮政发行新邮票的情况。他完整地收集了全套人民邮政“黔区”加盖改值邮票，还精心保存了1枚1950年1月27日发行的“盘县邮局人民币伍佰元”木戳加盖邮票的信销票，极其难得一见，弥足珍贵。

集邮家王建申得知四川剑阁于1949年12月18日解放后，曾发行了一种用中华邮政孙中山像邮票加盖“人民邮政”邮票，写信寄款给剑阁邮局函购。剑阁邮局负责人亲笔回信，给他寄去该套邮票的两种四方连，并告知此票为木戳加盖和加盖数量，为这套邮票的发行情况留下了宝贵资料。

1950年年初，王建申还曾向湖北均县邮局写信，函购陕南解放区发行的人民邮票。均县邮局将他的信又转到了当时陕南区行署所在地的湖北郧县邮局。几经周折，郧县邮局给他寄来陕南区行署交通局1949年10月1日发行的一套毛泽东像邮票中的200元面值票6连新票，票边带有“× 县华光石印馆代印”的印刷厂铭。后来，他经过对这个缺字的厂铭地长期研究，终于确认了这套邮票为湖北郧县的华光石印馆印刷。

陕南区毛泽东像 200 元邮票

这一时期，各解放区内的集邮活动逐渐开展。在东北解放区等老解放区内，已有了相当数量的集邮者，对东北等解放区发行的邮票进行了收集。东北解放区内不仅有像雷振甲、韦介夫等资深集邮家，也有像李登汉、王晋枫等以后在集邮上卓有成效的中青年集邮者，还有像邓学攸、白子宪等邮商。

二、国统区集邮者的“区票”收集

解放战争时期，各解放区发行的邮票受到国内外社会各界人士的注意，也受到各地集邮爱好者关注。尤其是在沦陷区和国统区的一些集邮者，他们甘愿冒着“通共”的风险，千方百计地收集“区票”。

1. 集邮家想方设法保护“区票”

在国统区收藏解放区邮票的不仅有一般的收集者，也有不少资深的集邮家，他们辗转以求，并给予如实报导与宣传。随着革命形势的发展，富有传奇色彩的中国各解放区邮票，冲破重重封锁，成为集邮的热门方向之一。国统区具有远见卓识的集邮者，冒险收藏的中国各时期“区票”的成果，为我们留下了一大批非常珍贵的实物与资料。

1942—1943 年，在贵阳工作的郭润康通过一位遵义邮友的转让，得到一枚的晋察冀边区《抗战军人纪念邮票》。该票票型较大、设计独特，欣赏后让人精神为之一振。这是他收集到的第一枚解放区邮票，非常喜爱，便不顾可能招致“私通异党”的嫌疑，经常取出该票与邮友共同观赏。后来，他又陆续收集到晋察冀边区“全白

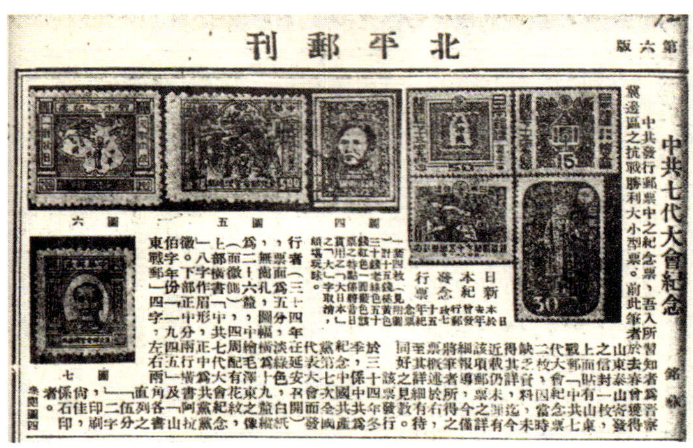
北平郵刊

第六版

中共七代大會紀念

銘軾

圖四　圖五　圖六　圖七

《北平邮刊》刊登的《中共七代大会纪念》邮票

日徽图”、苏中区“耕牛图”等邮票，同样长期珍藏。

1946年2月，华北一带的国统区与解放区曾一度短期通邮。当时，北平集邮者刘铭彝刚刚收集到晋察冀边区发行的大型《抗战胜利纪念》邮票，不久又得到其父的朋友转赠的一件实寄封，封上贴有两枚山东战邮发行的《中共七代大会纪念》邮票，由此引起他对解放区邮票的极大兴趣。为了了解这种《中共七代大会纪念》邮票的发行背景，他想方设法查阅了毛泽东主席、朱德总司令在“中共七大”所作报告的内容，深化了对“中共七大”的认识和了解，对自己的思想进步也产生了很大帮助。

为了邮购、交换解放区邮票的安全，避免政治上、经济上的风险，身在国统区的集邮者想尽了各种办法。他们有的把解放区邮票夹在精装的书中，有的则夹在用双层厚纸糊制的信封里。钟笑炉更想出一个绝招，他在信封上贴一个四方连邮票，把解放区邮票藏在四方连邮票下边寄出。凭借着集邮者的智慧和他们对“区票”的喜爱，解放区邮票才一次次成功地躲过国统区特务的检查。

2. 林崧冒险收藏“区票”

长期在天津工作的林崧于20世纪30年代开始集邮。他先是收集世界各国邮票，后来全力专集中国邮票。由于他与天津的著名邮商交往较多，又不吝钱财，因此藏品颇丰；即便是一些有疑义的邮品，他也要留存待考。抗战胜利后，华北、华东各解放区的邮票开始涌入天津邮市，林崧以极大的兴趣去搜集这些从未见过的邮票。即使是当时被认为真伪莫辨的“东北地方加盖”邮票，他也每种购买一套，以备验证。有些当时多数人认为是“伪品”的区票，他也精心保留下来，例如中华苏维埃战士图2分邮票、山东清河区五角星邮票、陕甘宁特区“中华邮政”战士图半分邮票等。这些邮票后来得到认定，居然是极其珍罕的“区票”。

山东清河区五角星邮票

1946年6月以后，国共内战爆发，解放区邮票在国统区一度被列入“严禁”之列。天津各邮票社从公开出售，改为暗中交易。包括林崧在内的几位集邮家，甘冒“通共”风险，请邮商送货上门，在自己家中购买中国解放区邮票，秘密收藏。林崧曾经回忆说：“那时的解放区邮票都是偷偷地从邮商或朋友那里买的。当时，解放区邮票发行极不统一，小到一个县都可发行邮票，因此版式很多，有时真假难辨，这就要担当经济上的风险。至于政治上的风险，那就更不用说了。那时，有些从解放区寄来的信封，我就没敢保存。”

林崧（1905—1999），福建莆田人，中国妇产科病理学的奠基人，天津市政协第一至六届委员，天津市人大代表、常委，全国政协第五、六届委员。他是新光邮票会、天津邮票会会员，中华全国集邮联合会理事。他坚持集邮60余年，所藏的各时期的中国邮票都有珍品。1982年，林崧当选中华全国集邮联合会第一届理事会

林崧

常务理事。他的《华北人民邮政（1937—1949)》传统类展品在中国 1999 世界邮展上获得了金奖。

三、解放区发行的邮票逐渐具有国际影响

随着中国共产党和所领导的人民军队在国际上的影响不断增大，由解放区发行的邮票在国际上的影响也不断增加。一些国际友人和各国集邮者对产生于中国解放区的这些邮票表现出极大的兴趣。特别是外国政府首脑收藏中国解放区邮票，更增加了区票的国际影响力。

1. 支持外方人员收集“区票”

1946 年 1 月，中国共产党与国民党当局达成停战协议，同时组成国共双方和美国代表参加的三人小组和北平军事调处执行部（简称“军调部”），监督停战协议的执行和调处双方的军事冲突。叶剑英为中共方面派出的军调部委员。在参加各地军调小组工作的美军人员中，有许多收藏爱好者，他们多次向中共方面的代表索要解放区邮票和纸币。

为此，叶剑英专门给晋冀鲁豫军区领导人刘伯承、邓小平写了一封信，信中提出“为着有利于工作的进行，同此间各工作同志需加强社会活动。因有些美国人想找我区的邮票（最好是用过、盖过章的）及边币样子，请将你区各种各色的邮票及边币样子各搜集几十份，委托人速送来平为荷！”当时，晋冀鲁豫边区邮务总局接到上级转来的这封信，迅速收集了晋冀鲁豫边区发行的一些邮票送到北平。

时隔不久，长期支持我国抗战事业的著名外籍援华志愿者组织“公谊救护队”，派员来到晋冀鲁豫边区进行短期工作访问。边区政府又致函边区邮务总局局长申修，告知：“公谊救护队国际友人，要求给他们你局最近出版的 6 种邮票，每种 10 张，希于今晚或明晨送交朱仲止同志为盼。”接到上级的指令后，边区邮务总局当即派人收集新发行的交通徽地球图邮票 6 种，如数送去。

自 1944 年 7 月起，为了交流对日作战情报、协调世界反法西斯各国盟军的关系，在延安一直派驻有一个美军观察组。抗战胜利后的 1946 年年底，几位美军观察组成员来到陕甘宁边区邮政管理局，表示他们很喜欢发行不久的延安宝塔山图邮票。有的人购买了整版邮票，并要求给予盖销。陕甘宁边区的邮政工作人员弄不清楚原因，都不敢给予盖销。还是一位业务科长出面给他们盖了戳，美军人员满意而去。由此，边区的邮政工作人员才知道，收藏邮票还有盖戳这种方式。后来，这些延安宝塔山图邮票，一直被他们长期精心保存，视为

山东解放区邮政出版各类邮票粘存簿

在延安那一段工作经历的珍贵纪念。

2. 把“区票”作为礼品赠送友人

1945年8月，八路军通过7天7夜的激战，从日伪军手中，将烟台解放。烟台成为八路军在全国最早解放的港口城市。许多为和平而奔走的国际友人以及包括港澳人士在内的国内各地的学者名流，不得不由海路绕道来烟台，然后再转往各个边区。集邮家王景文就此回忆如下。

当时国内外的来客，大都是知识阶层，其中不少人还是集邮爱好者，对设计简单、印制粗糙的山东解放区邮票非常喜爱。因其风格特异、政治性强、使用面很窄、发行量特少，是客人们从来没有看到、在别处也无法买到的。于是，他们纷纷自到邮局购买，买到者则奔走相告，有的还特意到邮局柜台去请求销戳。这使当时的胶东战邮局和烟台一等邮局，忙碌了好长一段时间。

但来宾们仍不满足，就设法通过组织找胶东有关领导人帮忙，想买到更多、更全（的解放区邮票）。这期间，率领联合国救济总署人员到胶东工作的宋庆龄，还曾应他们领导人的要求，出面索去一批邮票并找人搜集使用过的信销票。胶东战邮的负责人张善堂、王武夫等，对此，都有深刻的印象，并曾在回忆录中记述过。

针对这种情况，胶东战邮局经过仔细研究，又请示山东省总局的批准，专门设计印制了一批邮票粘存簿，用以赠送给国内外的友人。这件东西，既是客人们最喜爱的礼品，又能有效地宣传中国解放区，比起零散邮票来，当然显得更加郑重而又体面了。

四、抗战胜利后部分城市的集邮活动

抗战的胜利，不仅极大地激起中华民族的爱国热情，而且使中国的集邮活动产生了新的变化。身居抗战时期沦陷区的集邮者重新振作起来，他们怀着喜悦的心情，补充自己的藏品，开展各种集邮活动。

1. 抗战胜利带给集邮者的喜悦

上海集邮家张包平之，在其所发表的《邮人日记》中，对此种心情曾有极为生动的描述。她写道：“三十四年（即 1945 年）8 月 10 日午夜，为户外人声惊醒。披衣起视，推窗远眺，见马路上星火点点，行人密集；白俄结队狂歌，欢舞逾常；左右邻居，有叩门通贺胜利喜讯者。即持烛下楼，启户相应，灯火遍弄，竟不知犹在防空警戒中。归乃不复成眠，电话频频，亲友竞传佳讯，抚视案头邮集快慰莫名，盖今日始为我有耳。”她在文中还言及其他邮人，“连日来集邮界皆大欢喜，同好如周今觉、李友芳、马任全、宋醉陶诸君，因空袭关系，皆将邮集疏散……今已着手整理陆续复原。”此时确有不少人对胜利后的集邮道路作了新的安排。

陈志川在《国粹邮刊》第 39 期的《编辑人语》中写道：“我人所渴望者，于兹八年悠久之岁月，终于完全达到。消息于

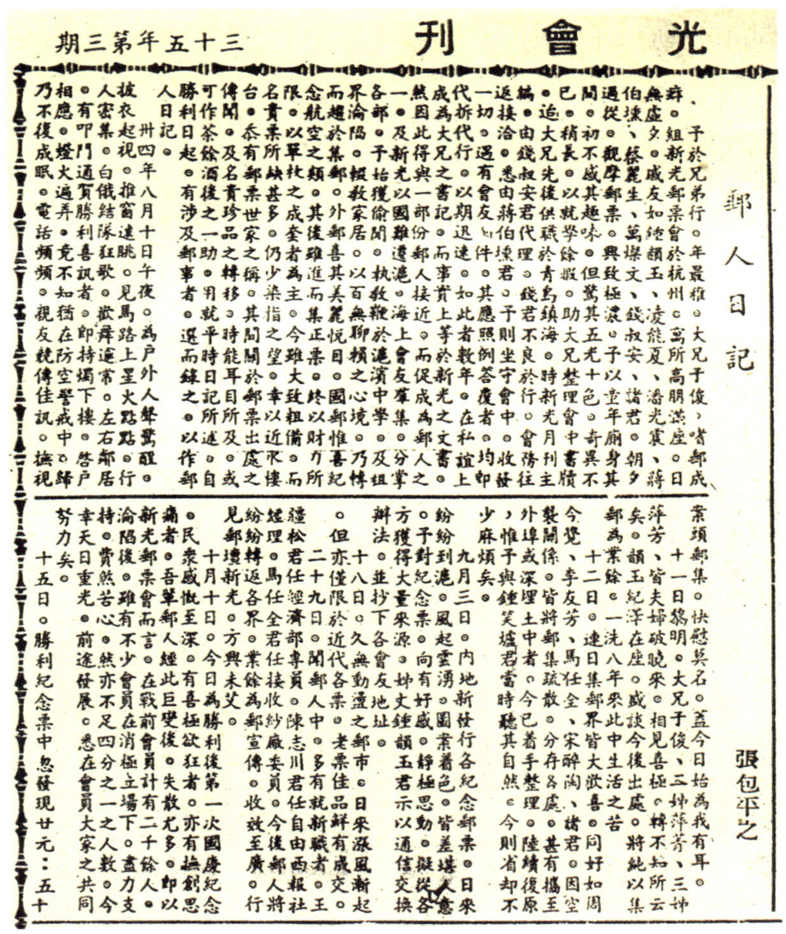
光會刊

三十五年第三期

郵人日記

張包平之

张包平之《邮人日记》

8月10日之午夜传出，遽闻佳讯，内心沸腾，追怀往事，万念丛集，热泪满眶，不自觉而泣然矣。迄16日事态大明，各报正式揭布，光荣胜利之和平业已实现，喜讯传遍全国。”“今则大局已定，交通恢复在即，南北邮人相聚有日。吾人于聆此国家光荣消息之余，敬表热忱欢迎内地同好莅申，设余仍得容居海上之日，恭设团叙之宴义无辞也。”这种喜悦的心情，具有一定的代表性。

2. 集邮家重返故地

1945—1946年，原来在抗战时期内迁到西南、西北的集邮家和邮商，也陆续回到光复后的各个城市。傅德霖、陈景祁、贾淡园等回到上海，孙君毅、龚菊成回到无锡，陈家骧、朱云铿回到杭州，钱希清回到宁波，禹骥良、严澄孚、钱慕仑、赵翔云、张枕鹤、程本正等回到南京，艾元俊回到合肥，王劳生回到桂林后赴香港，乐美琮先到天津又迁武汉，姚秋农也回到武汉，郑汝纯、解慕愚、党恩来到北平，赫崇佩回到锦州，赵善长、阎东魁回到开封。

这些集邮家的回归，给当地邮坛注入了一定的活力，对于日后组织南京首都集邮学会、无锡集邮研究会和北平邮票会都起到了骨干作用。

而在战时的大后方，由于不少知名集邮家离去，邮市呈现出某种程度的冷落，但很快也有不少人在胜利的精神鼓舞下重新拾起邮事，“纳故而迎新”，补充自己的邮集。

邮运畅通之后，内地与沦陷区邮品交流的障碍也基本消除，各地邮人追补内地或沦陷区邮票的劲头都很足。因此，即使在票源充足的上海与天津邮市上，一些清代、民国早期、民国中后期中高档邮票也出现供不应求的情况，使得不少早期名票的价格不断上涨，由此也带动一些近代票的价格。

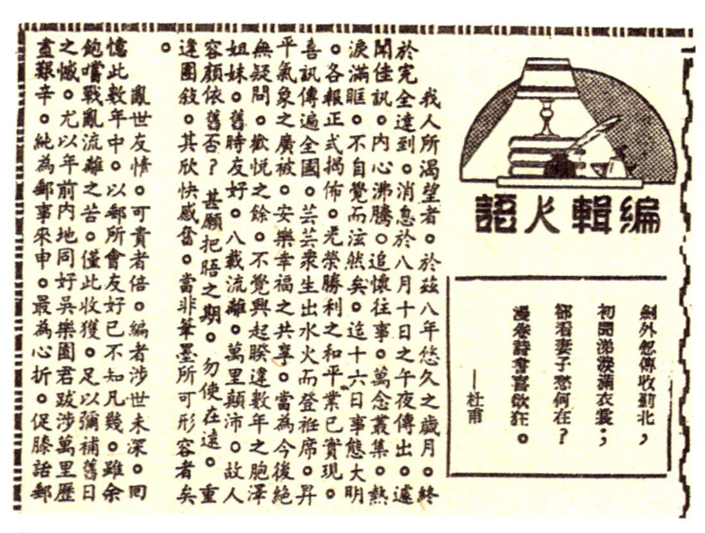

編輯人語

劍外忽傳收薊北，
初聞涕淚滿衣裳；
卻看妻子愁何在？
漫卷詩書喜欲狂。
——杜甫

我人所渴望者。於茲八年悠久之歲月。終於完全達到。消息於八月十日之午夜傳出。遽聞佳訊。內心沸騰。追懷往事。萬念叢集。熱淚滿眶。不自覺而泫然矣。迄十六日事態大明。各報正式揭佈。光榮勝利之和平。業已實現。喜訊傳遍全國。芸芸衆生出水火而登衽席。昇平氣象之廣被。安樂幸福之共享。當爲今後絕無疑問。歡悅之餘。不覺興起睽違數年之胞澤姐妹。舊時友好。八載流離。萬里顛沛。故人容顏依舊否？甚願把晤之期。勿使在遠。重逢團敍。其欣快感奮。當非筆墨所可形容者矣。

亂世友情。可貴者倍。編者涉世未深。同憶此數年中。以郵所會友好已不知凡幾。雖飽嘗戰亂流離之苦。僅此收穫。足以彌補舊日之憾。尤以年前內地同好吳樂園君跋涉萬里歷盡艱辛。純爲郵事來申。最爲心折。促膝話郵

《国粹邮刊》编辑人语

此时，虽有“伪组织邮票应不应收集？”的争论，在邮刊上也有不同观点各抒已见，但并未影响到对于伪满洲邮票、伪华北六区大小字、“折半”“原值”邮票和汪伪组织所发行的“暂售”“粤区粤省”等邮票的收集。特别是它们当中罕贵的组外品、未发行邮票，都炙手可热、价格不菲。例如，伪满印就而未来得及发行的“航空附加”邮票，全组4枚，有少量从长春流出，售价即达2两黄金；据称只发现了50枚的上海“暂售”伦敦版“双圈”改1000元错盖邮票，开价更是惊人；还有“暂售”庚组中的组外品——大东版有水印3角改50元邮票，也很难求。华北方面也是这样。在1945年10月，伪华北邮政被接收前编纂发行的一册《华北邮政总局邮票汇编》，里面收罗了中华邮政总局加盖、被伪华北邮政总局拒用的“限冀省贴用”邮票17种、“限鲁省贴用”邮票16种，以及未正式发行的北京仿版孙中山像、烈士像原票，仿新民版部分原票，还有伪华北的六区大字、“折半”“原值”邮票，等等。内中收录的几枚“礼票”更引起集邮家们的关注，因为它仅以赠送方式少量流出，所以成交价格扶摇直上。

伪华南邮政后期所发行的“暂售”再改值、欠资加盖“暂作壹佰圆”，和汕头加盖“暂售肆佰圆”，因为使用时间短暂、存世数量较少，也成了人们所追逐的对象。与此同时，上海又发现了加盖“粤区特用”大东8分空钮票和加盖“粤省贴用”中华原版8分票两枚组外品，都成了当时的热门，但要价高昂，一般集邮者不敢问津。

在普通邮票中，意外地出现了一些前所未闻的不同纸质、不同齿孔的新品种。

中信版孙中山像邮票

本来中信版孙中山像邮票，是以纸张、齿孔、刷色复杂而闻名于集邮界的，在抗战期间即成为集邮家们研究的对象。经过几年时间的搜集、整理，它们当中的有条纹土纸1角6分10.5—11度粗齿票，和中国道林纸红1元11度粗齿票，已被公认为较稀少的票品。但在抗战胜利后，邮人们又发现了有条纹土纸2元13度齿票和外国道林纸1元5角11度齿票两种新品种。与此同时，福建南平仿中信版2元和5元票，在不同的纸质票里都发现了10.5度粗齿票。所有这些都极大地吸引了集邮家们的搜集兴趣。

3. 集藏范围的扩展

1945年国共谈判期间，国统区与各边区尚在通邮。此时，晋察冀边区、山东战时邮局、苏中苏皖边区所发行的边区邮票，从不同渠道流入平、津、沪、宁、穗和全国其他地区的邮市。这些邮票的独特风格，使人们耳目一新。

大型抗战胜利纪念邮票是到达国统区较早的区票，十分引人注目，大家争相购存。有的邮刊上公开赞扬该票要比中华邮政当局所发行的庆祝胜利纪念邮票设计的更好。也有人开始搜集贴有解放区邮票的实寄封。

光复后的东北三省和台湾省，因为币

制关系单独发行的东北地方流通券面值和台币面值邮票，以及东北地方加盖邮票，也都源源不断地进入邮市，对集邮者的搜集热情有着极大的推动。由于票源充足、品种众多，无论是南京、上海，还是北平、天津，或者成都、重庆、沈阳、长春、广州等地的集邮活动，都呈现出蓬勃发展的景象。

解放战争时期，由于国民党当局挑起内战，军费开支加大，国统区物价不断上涨，邮资也屡屡上调，以致加盖“国币”改值邮票层出不穷。加之所使用的原票版别不一、纸质与齿孔也很复杂，客观上引起了传统集邮爱好者的搜集、探索、研究的浓厚兴趣。

直到新中国成立前夕，加盖“金圆”“银圆”邮票发行时，集邮者对于版别、版型、齿度、纸张、刷色等一系列传统集邮的研究，仍然有很高的热情。这种研究方式，一直延续到新中国成立后。

第三节　集邮组织的恢复与变化

抗日战争的胜利，让中国人民迎来和平安宁的新生活。因躲避日寇而背井离乡的人们，终于可以返回自己的家乡了，这其中也包括很多集邮者。正因为如此，各地已经形成的集邮组织发生了变化，或进行了重新组合。随着解放战争的推进和解放区的不断扩大，集邮者和集邮组织的暂短的稳定再次被打破。

一、老邮会的新变化

抗战胜利后的邮票会因为会员基本上遍及各地，故而平时的会务活动以出版会刊最为重要。一般而言，集邮者申请入会，绝大多数能得到会刊，从中汲取集邮知识为首要目的。这一时期集邮活动的特点是，会刊成为邮会与会员之间的纽带，会刊兴则邮会兴，会刊停则邮会亡。

1. 新光邮票会

抗日战争的胜利给新光邮票会带来了新的契机。新光邮票会在上海的会员实力本来就具有较大的优势，抗战胜利后，一些有成就的集邮家陆续返回上海，更是给“新光”注入了新的活力。在沪的会员们不断举行邮品拍卖、座谈、聚会、联欢、旅游等各项活动，并促成了中华人民共和国成立之前全国最大的一次邮票展览。

《新光会刊》也逐步由散页式又恢复成为书本式的《新光邮票杂志》。该会刊在 1948 年 5 月出版第 15 卷第 1 期时，增加了英文版，并向美国中华集邮会（China

新光邮票会办公处

Stamp Society）赠送了200本，借以扩大影响。该会后来还吸引了不少搜集中国邮票的外籍集邮家入会。

抗战胜利后，新光邮票会仍旧租赁上海中正中路（延安中路）830号作为办公地址，并安装了电话，同时聘用伍瑞小姐为邮会专职人员，负责处理具体事务。

该会拍卖部每周日照常举行邮票拍卖，以佣金补贴邮会开支。此外，杭州、苏州、武汉、昆明等地还建立了新光邮票会分会。至此，新光邮票会又焕发了青春，拥有会员4000多人，被集邮界公认为新中国成立前最大的集邮组织，而抗战胜利后的3年多正是它最为辉煌的时期。

1949年年初，在国民党统治末期，新光上海总会取消了各地分会，停止吸收会员，不收会费，主席辞职，会务停顿。同年2月，原杭州分会改组为“杭州新光邮票会”，钟韵玉任主席理事，在全国范围吸收会员。

2. 甲戌邮票会

1945年秋，赵善长、阎东魁奉调赴开封办理铁路接收事务。甲戌邮票会的会址由西安迁至开封，《甲戌邮刊》也改在开封出版。此时的刊物主编由阎东魁侧重承担，赵善长负责会员间的邮品流通及会所事务。1948年2月，阎东魁又调往广西柳州，加上陇海路沿线战事紧张，《甲戌邮刊》在开封出版受到交通、经济等方面的制约，遂由阎东魁与当地原有的集邮组织——湘桂黔邮学会协商，与其发行的《西南邮风》联合出版。

双方自1948年4月至1949年9月，共出版“联合版”9期。1948年6月，开封解放，赵善长回到其故乡江苏武进，“甲戌”的会址即改设在柳州阎东魁处。其活动范围也仅限于收取会费、寄发会刊，其他方面均未再进行。

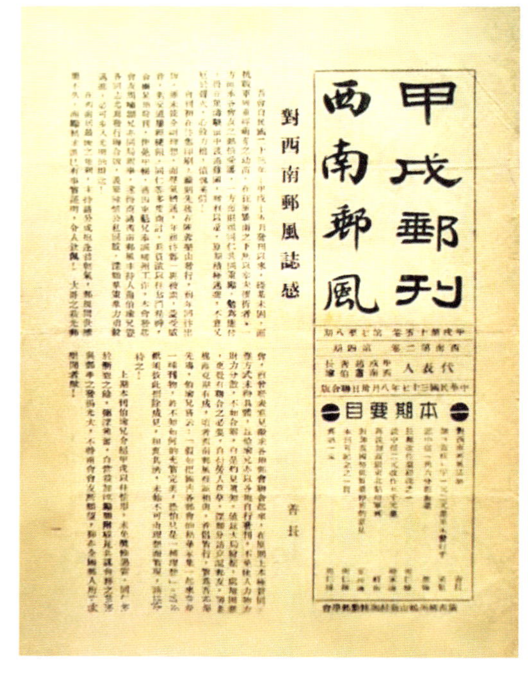
甲戌郵刊
西南郵風
本期要目
對西南郵風誌感
善長

《甲戌邮刊》《西南邮风》联合出版

3. 天津邮票会

1946年2月，李东园、雷润生、范兰如等人发起恢复天津邮票会的活动。先于2月17日和24日两次召开“天津邮票会复会筹备会”，讨论修订了会章草案，并接受建议加入对钱币的研究，将会名更改为“邮币学会”。同年3月31日，复会大会在天津永安饭店举行。此次会议选举李东园为理事长，郭望渠、雷润生为常务理事，房桢亭为监事，会址定在银行公会。会后即进行了征集新会员、筹备会刊的复刊和登记备案等一系列的工作，并推举黎震寰、张宝良、张伯江等草拟编辑计划，初步商

天津邮票会复会筹备会

定在1946年9月18日出版会刊复刊号，但由于种种原因未能实现。天津邮票会虽然名义上复会，实际上徒有虚名。

4．苏州邮人联谊会

其他地方的邮会中，也有因抗战胜利而活跃起来的，如1945年6月创建的苏州邮人联谊会。当年10月，马珪芳接替吴晓谷担任邮会理事长职务，会员活动以拍卖与邮品交换为主。1946年5月，会刊《苏州邮刊》创刊，李铭任主编，当年出版了6期。同年10月，苏州邮人联谊会骨干曾聚餐并合影留念。

抗战胜利后，内地原有的一些邮票会发生了变化。

5．重庆市邮票研究会

由于“复员”，原来避居内地的邮人重新走向工作岗位。各邮票会的骨干力量，因为人员的变动，有的削弱了，直接影响到邮会本身的会务及活动。像重庆市邮票研究会的骨干郑汝纯、张枕鹤、吴乐园、乐美琮、姚秋农、党恩来、赵翔云、傅德

苏州邮人联谊会聚餐合影

霖、王育中、赫崇佩等人返回原籍或去往其他各地，使得《陪都邮声》的编辑力量下降，1945年12月出版第11期后，不得已而停刊。邮会的会务由刘恒生、刘瑞章等勉强支撑，会员的投稿也改在《邮侣》上刊发，邮会没有自己的刊物，对会员的凝聚力也就不大了。

6. 金城邮票会和金竹邮票会

兰州的金城邮票会也面临同样情况，其骨干力量张用宾、丁宝铨、马鸿宾、戴礼轩、杨露影等人陆续返还故里，削弱了会务活动。1946年11月，《金城邮刊》出版第14期后因经费无着而停刊。贵阳的金竹邮票会也差不多，维持到1946年6月，随着《金竹邮刊》的停刊，邮会也就停顿了。

7. 成都集邮会

在此期间成都集邮会却是例外，虽也有不少邮人离蓉，但邮会会务并未受到影响。其主要原因是得到了不少当地热心会员支持，尤其是在经济上的支援。为了使刊物按期出版不致中断，该会先是要求不论永久或普通会员一律补交刊物补助费2000元。后来则采取刊物不足之费由会员自觉分担的办法。实行这个办法后，每期大都有20位以上的热心者自愿赞助，有人甚至还愿出双份垫贴。会刊《邮苑》从1945年12月出版第3、4期合刊开始，由叶季戎担任编辑，并兼任《邮苑》出版的一切总务工作。叶季戎接办《邮苑》后，努力革新、广求稿源，使成都集邮会这份会刊颇为邮人称道。邮史学家公孙柳对此即作过客观的评价："该会维持七年之久，除中华、新光、甲戌三邮会外，地方性邮会中当以该会之生命为最长久。而叶季戎独力支持达五年之久，会刊发行期数逐渐增加，内容水准亦逐渐提高，诚难能可贵也。"

此外，因抗战胜利调职台湾参与接收和建设的邮人，如甲戌会员胡景溪、沈嘉济、郁振寰、魏东安、黄开守，新光会员尹嗥轩等，到台后仍与邮会及邮友保持着联系。还有一批迁台邮人加入了新的邮会，如无锡会员叶佩曾、吴杰、潘昭汉，广州会员洪章训等。他们当中的多数人集邮热情不减，将在台见闻执笔撰稿投稿发表者有沈嘉济、郁振寰、叶佩曾、洪章训等。会聚台湾（以台北人数最多）的各地邮会会员，基于共同嗜好，很快就彼此熟识，进而与当地邮人交往，经常聚会拍卖、交换、餐叙，从而推动了台湾的集邮风气。

二、新邮会的诞生

抗战胜利后，在一个较短暂的时间内，集邮者的激情确实很高，主要体现在集邮活动空前的活跃。除了一些资深的集邮家返回家乡外，各地新的集邮组织相继涌现出来。其中一批新人为集邮界增添了活力。

1. 无锡集邮研究会

无锡集邮研究会为抗战胜利后最有生气的邮票会。其会刊《邮友》在当时也属于水平较高的，并受到国际集邮界的重视。无锡集邮研究会后期的核心人物为孙君毅。

无锡集邮研究会的前身为无锡邮友联谊座谈会。1945年10月10日，该会为庆祝抗战胜利举办了一次邮展，并经大家决议成立无锡集邮研究会，推举敖恩涛为常务理事。1946年元旦，《邮友》创刊。后因人事和经济问题，会务遂陷于停顿。随着抗战胜利后无锡籍邮人张枕鹤、丁宝铨、金兆溱、张桐孙等陆续返回故乡，大家一致认为邮票研究会应该东山再起。经几次研究，决定先将《邮友》复刊。当年10月，第2期《邮友》出版。后由孙君毅免费借与位于商业中心的无锡北大街30号三楼为会址，另设小报室一间供接待会员。于是研究会的会务和活动又重新开始运转了。

1948年1月，《邮友》从第11期起对版面进行了革新，稿件内容有了较大提高，陆续刊出不少有学术价值的关于中国古典邮票的研究文章。如《万寿票之样票》《万寿大字长距上海版一分票版式一斑》《万寿票日本版及上海版乎抑初版及再版乎》《万寿票版别之我见》《两个原子炸弹投在大小龙身上》《海关首次票版模之印铸问题》等，因此，《邮友》就成了名副其实的集邮研究和探讨的阵地。此时的会刊编辑及会务重任大都落在孙君毅身上。

孙君毅（1903—1983），山东章丘人，生于无锡，东吴大学法学院毕业，律师。20世纪30年代，孙君毅开始集邮，以搜集研究中国早期邮票、邮戳为主，同时致力于邮学研究。他的主要著作有《邮学词典》《中国对剖票》《清代邮戳志》等，成为中国富有成就的集邮家和邮学家。1982年，孙君毅当选中华全国集邮联合会第一届理事会理事。

孙君毅

由于《邮友》大量刊登关于早期国邮的著述，并富有精湛的研究，周今觉于1948年4月自动加入该会。经公议，无锡集邮研究会授予他“荣誉会员”的称号。美国中华集邮会副会长兰金（W. R. Rankin），于1948年8月致函无锡集邮研究会，盛赞《邮友》内容丰富，拟将其中一些文章择要翻译刊登在其会刊——《中国飞剪号》上，同时申请入会。

该会曾于1948年7月17—18日盛情接待了上海新光同人陈志川等一行13人旅游无锡，并摄影留念，还举办过两次小规模的邮展，每个月（间断性地）举行两次邮品拍卖，出版过孙君毅编写和翻译的《中国快信邮票志》及《集邮家罗斯福》两本书。

无锡集邮研究会的存在时间为3年零9个月，于1949年9月停止活动，其会刊《邮友》共出版了33期。

2. 怡友邮票研究会

怡友邮票研究会由成都市建国中学同学组织成立。该会于1945年夏天开始酝酿，日本宣布投降后，大家热情很高地成立了筹备会，选出临时干事。该邮会于是年11月18日正式诞生。其名“怡友”有双重意义，一是“怡”有“和”“乐”之意，寓意以邮会友；二是1945年岁次乙酉，谐音怡友，暗示该会成立之年。该会以“提倡集邮，研究邮学，砥砺攻错为主，除集

新光会邮友在无锡留影

邮外，决不涉及其他事项”。

怡友邮票研究会的会刊名为《行远邮刊》，于1946年元旦发行创刊号。编辑先为方清兴，第2期方清兴因病辞去，改由陈炳谦担任。该会会长为丁昌佑，另聘各地集邮家赵善长、汪剑魂、张枕鹤、吴孔昭为名誉会长。吴乃器、钟笑炉、赵翔云、叶季戎为编辑顾问。李弗如、李有年为名誉顾问。该会在当时颇具一定声势，全国很多知名集邮家都参加了该会。至1946年8月，该会已有普通会员300人，永久会员42人。

因为该邮会为学生组织，其经费来源基本靠捐赠。后来由于有些骨干分子离开成都，削弱了邮会力量，加上物价飞涨，经费困难，《行远邮刊》于1947年春出版第7期后停刊，会务也自然而然地停顿了。

3. 辽东集邮会与沈阳邮泉研究会

东北三省光复后，东北地区的集邮家们也在着手组织邮票会。

本刊正在呈請登記中

行遠郵刊

白洲題

創刊號

怡友郵票研究會三十五年元旦發行

發刊詞

昌佑

《行远邮刊》

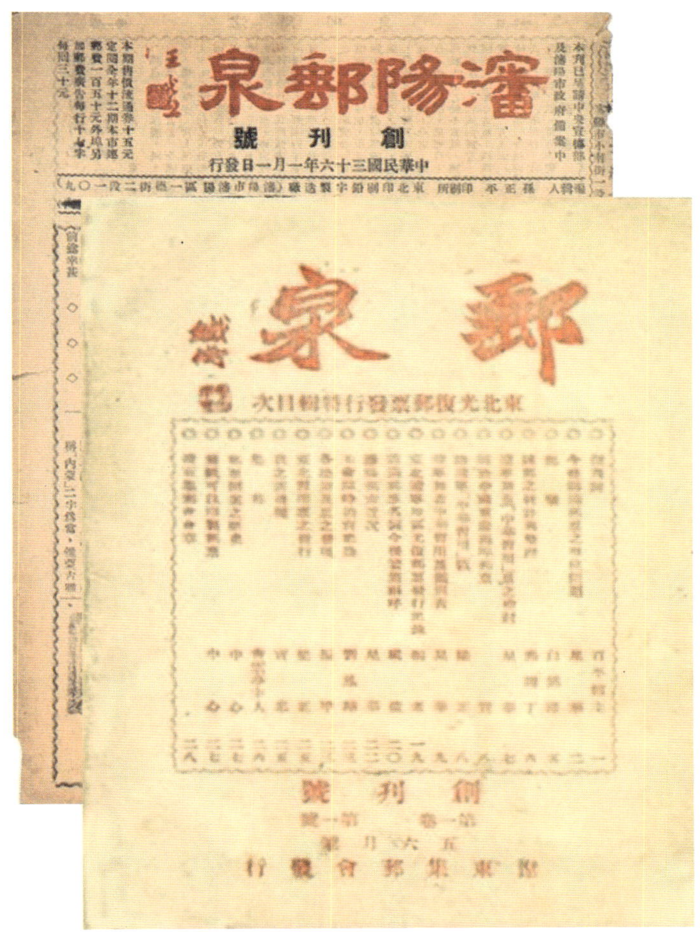
瀋陽郵泉
創刊號
中華民國三十六年一月一日發行

郵泉
東北光復郵票發行特輯目次
創刊號
第一卷　第一號
五　六月號
遼東集郵會發行

《邮泉》和《沈阳邮泉》

1945年9月，辽东集邮会在沈阳成立，出版《辽东集邮会临时邮刊》1期，主编孙正平。1946年6月，会刊更名《邮泉》，主编仍为孙正平，“仅寿一期，又行中止，乃因无团结力而分手”。

1946年年底，沈阳邮人雷振甲、孙正平、白子宪等人“为开拓荒凉之东北邮泉园地”再次组织了沈阳邮泉研究会，并于翌年1月1日印行《沈阳邮泉》创刊号，作为该会会刊，但仅出了2期即终止。该会的活动场所设在沈阳劝业场盛京邮票社内，邮会经费也多为该邮票社主人雷振甲资助。因此时东北解放战争已经打响，故入会者不多。该会此后停顿于无形。上述两个邮票会所发行的会刊，内容多以研究伪满邮票和东北地方加盖邮票为主。

4. 东北邮票会

日本投降后不久，在长春经营艺光邮票社的邓学攸即联络当地的一些知名集邮家，如韦介夫、姚志馨、徐寿伯及邮商丁

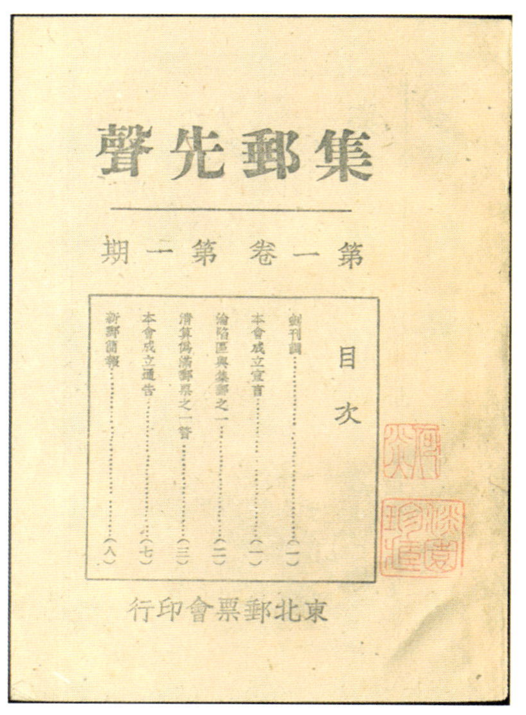
集郵先聲

第一卷 第二期

目次

創刊詞……（一）
本會成立宣言……（一）
淪陷區與集郵之一……（二）
清算偽滿郵票之一瞥……（三）
本會成立通告……（七）
新郵簡報……（八）

東北郵票會印行

《集邮先声》

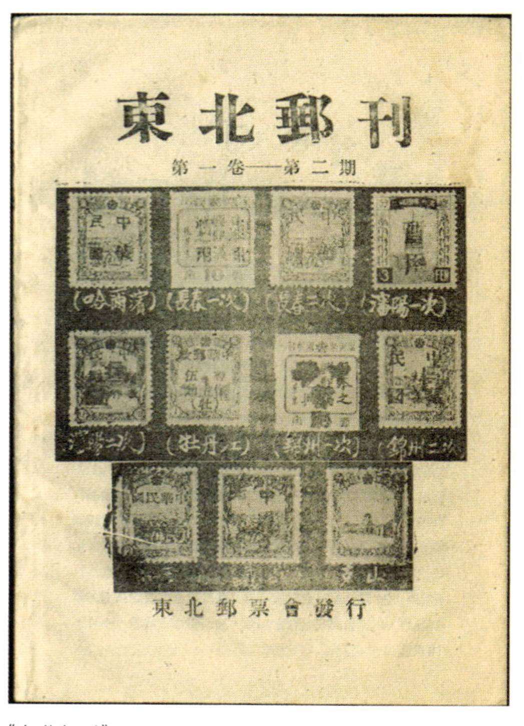
東北郵刊

第一卷——第二期

（哈爾濱）（長春一次）（長春二次）（瀋陽一次）
（瀋陽二次）（牡丹江）（錦州一次）（錦州二次）

東北郵票會發行

《东北邮刊》

少田，组织了东北邮票会。并由邓学攸出资，丁少田负责编辑，出版了《集邮先声》第一期，作为东北邮票会会刊。同时向全国征集会员。第二期会刊出版时，刊名变更为《东北邮刊》，先后出版了 6 期。截至 1946 年年底，该会公布的会员数为 183 人。因经费不足，该会的会务遂告停顿。东北邮票会停顿后，邓学攸继承了该会的事务，并于 1947 年 2 月 28 日另以《艺光邮报》的名义继续出刊。该刊由徐寿伯编辑，为 32 开书本式。

邓学攸（1913—1999），又名邓庆余，辽宁海城人。他中学时期受冀朗邮票会及其会刊《邮趣》影响爱上集邮。1934 年他在长春伪满“中央银行”当门夫时兼营邮业，1936 年起成为职业邮商。邓学攸先后加入了甲戌、新光、天津邮票会等，其藏品曾参加过当地举办的邮展。他所开办的艺光邮票社发行过《集邮浅说》《艺光邮报》等书刊。该邮社经营至 1955 年。

5. 新生邮票会

新生邮票会于 1946 年元旦成立，前身为济南邮友联谊会。抗战胜利后，由济南邮人严诚、王育和、章效良、周绍庵、王耕春等人发起。1945 年 12 月第三次筹备会议时，定名为新生邮票会；公推王耕春为会长，周绍庵为副会长，邹仲韬为理事长，严诚为副理事长；会址在济南市历山顶新街 18 号王育和所经营的世界邮票社内。该会还在各地设立了办事处，各分会负责人有上海的钟笑炉、南京的钱慕仑、苏州的谈佐鳞、无锡的龚菊成（后改为张建秋）、西安的王育中（后改为吴乃器）、汉口的刘国霖、北平的王藜青、天津的范兰如、青岛的李佩钧、兰州的杨世昌、贵阳的谭廷贞、徐州的展伯铎，拥有会员近 400 人。

王耕春（1913—？），原籍浙江绍兴，长于北京，后随任职银行界的父亲到济南。王耕春从齐鲁高中毕业后，供职颐中烟草公司。他年轻时多才艺，吹口琴、搞摄影、演京戏，无一不精。王耕春在其兄王星伯引导下步入集邮殿堂。至抗战胜利，其所集国邮正票全集仅缺数枚珍品，伪满新票俱全，外票集也蔚为大观。

新生邮票会会刊为《新生邮刊》，由严诚负责编辑，于 1946 年 1 月 1 日发行创刊号，16 开，活页 4 版。该刊原计划每月出版 1 期，由于经费来源枯竭，共出版了 9 期（其中第 5、6 期为合刊，故实际发行了 8 册）即告停刊。此时会务活动仍照常进行。

新生郵刊
第一期
從郵友聯誼會的發起先聲到新生郵票會的成立
信用萬國
大地回春
國郵近期票定名之商榷
對郵友聯誼會之期望

《新生邮刊》

该会举办过两次邮展，还搞了几次邮品拍卖，最大的一次拍卖总额达 125 万元法币。新生邮票会的一系列活动在当时北方还是很有影响的。

6. 香港中国邮学会

抗战时期，内地有些工商界，文化界人士为躲避战乱暂居香港，使得在港的内地集邮者有所增加。抗战胜利后，在港的内地集邮者的集邮热情继续高涨。1946 年 2 月 24 日，由陈江峰、方业光、肖作斌、卢元博、麦钧锡等人发起组织的香港中国邮学会（The China Philatelic Society of Hong Kong）在香港安乐园成立。陈江峰为理事长。

肖作斌（1917—1991），笔名尊斌，广东梅县人，在香港出生。他 7 岁开始集邮，早年即在侨港英国人主办的“香港邮票会”担任中文秘书，太平洋战争前所撰邮文颇多，所集《香港邮票专集》非常齐全。在 20 世纪 40—80 年代，他曾多次担任香港中国邮学会理事长。

1946 年 7 月，《中国邮学会会刊》创刊，内容以介绍和研究中国香港及东南亚邮票为主。1948 年 6 月出版第七期后，该刊改名为《邮光》。会刊每季出版一期，肖作斌任主编，并增入研究中国邮票的文章。因内容丰富、印刷精美，该刊在本港以及华南一带，都具有一定的影响。

该会建会以来活动颇为活跃，常会、周年大会、聚餐、邮票交换与拍卖、集邮指导与讲座、旅行等活动丰富多彩。该会还建有图书馆，举办过两次邮展。

香港中国邮学会成立周年纪念

香港中国邮学会的理事会每年改选一次，当地著名集邮家陈江峰、方业光、肖作斌等先后担任过理事长。内地的一些知名集邮家，如张包子俊、钟笑炉、陈志川、郭植芳、孙君毅、吴凤岗、张文光等都是该会会员。1948 年年底版《香港中国邮学会会员录》显示，该会当时有会员 401 人，其中香港和内地分别有 176 人、140 人，国外有 85 人。

7. 绵竹集邮研究会

1946 年年初，四川绵竹邮人何图实、方清兴等提议成立邮会，2 月 6 日，绵竹邮人座谈会于绵竹县银行二楼举行，提议发起组织邮票会。参加座谈会的人员有唐仲萼、何图实、王自忠、黄十光、刘德润、方清兴、彭光海、张锯彦、唐国权、蔡君寿、王安宁、张永绵 12 人。第一次筹备会后，复经唐仲萼、方清兴召集茶话会会商一切，并推选临时负责人。

1946 年 5 月 12 日，绵竹集邮研究会成立大会在县大礼堂举行，同时选举邮会执事人员并通过会章。会场备有成都集邮家李有年刻赠的纪念章一种，内圈文字为“以邮会友”，供参加会议的人加盖留念。会刊创刊号中的《会务公告》公布的理事班底为：理事长唐仲萼，理事何图实、方清兴、蔡君寿、唐国权，候补理事张锯彦、彭光海，常务监事王安宁，监事刘德润、肖顺福，候补监事王赞叔。该会聘请张包子俊、吴孔昭为名誉会长，陈志川、钟笑炉、许庆民、吴乃器、叶季戎、郭润康、陈炳谦、蒋伯埙为编辑顾问，李弗如、李有年、严西峤、沙伯泉为研究顾问。该会分设总务、会员、编辑、研究、会计、流

绵竹邮人座谈会合影

通 6 个组。1946 年 7 月 7 日，该会创办会刊《邮传》，何图实为主编，至 1947 年元旦共出刊 4 期，会刊题名会员合计 126 人。

8. 湘桂黔邮学会

湘桂黔邮学会由该路段职工肖伯瑜、周仁樟等人发起组织，全称为“湘桂黔铁路同仁邮学研究会”，成立于 1946 年 9 月。该会以提倡高尚娱乐，广集同好，研究邮票学识，增加集邮兴趣为宗旨，会址设在广西柳州鹅山新村湘桂黔铁路工程局内，常务理事为肖伯瑜。会刊名为《西南邮风》，32 开，书本式季刊，于 1947 年 3 月创刊，第一卷出版了 4 期。

肖伯瑜（1908—1996），本名肖瑾，祖籍四川三台，生于山东济南，1931 年从唐山交通大学本科毕业，1933 年获美国伊利

湘桂黔邮学会柳州会员聚会

诺州立大学土木工程专业硕士学位，后为国内知名的铁路勘测设计专家。肖伯瑜于1920年前后开始集邮，留美归来后邮兴大发，于1936年加入新光、中华、甲戌三大邮会。肖伯瑜执掌湘桂黔邮学会的两年多，也是肖伯瑜集邮收藏与邮学研究的“厚积薄发”期。

1948年2月，甲戌邮票会的负责人之一阎东魁调到柳州湘桂黔铁路工程局人事室。而此时开封即将解放，甲戌邮票会的会务难以进行，故而由他与湘桂黔邮学会协商，从1948年4月底起，双方会刊实行联合出版。

该会曾举办过3次集邮展览，提供展品者均为在柳州的会员。虽然展品比较一般，但在广西，此种举动尚属首创，吸引了不少参观群众。受当时客观条件所限，湘桂黔邮学会的会员不多，不足200人。

9. 首都集邮学会

1946年9月，赵翔云于南京发起筹备首都集邮学会。抗战胜利，赵翔云随交通部迁回南京后，即联合南京的一些邮人组织中国集邮学会。但不久后，他被调职上海，该会的组织工作停顿了近一年。1947年8月，此事又由钱慕仑等人接手积极筹备，并在南京各报纸上刊登启事征求会员。不到1个月，登记参加者不下200人，遂于1947年9月7日举行成立大会，正式定名为首都集邮学会，并通过会章。大会选举张枕鹤为理事长，张天松、张筱弃、沈南来、钱慕仑、吴乃器、王季庵、程本正等13人为理事，选出5名监事，并聘请赵翔云、钟笑炉、赵善长为邮会顾问。该会“以联络集邮同好研讨邮学，并提倡集邮”为宗旨，会员不限国籍、性别。陆续加入该会的会员共有500多人。

张枕鹤（1905—1987），字静龛，祖籍江苏吴县，生于无锡。张枕鹤20岁起步入商界，一度弃商从戎，后在重庆、南京运输系统任职。张枕鹤9岁开始集邮，1936年起先后加入甲戌、新光、成都、重庆、金竹、无锡、首都等多个邮会，曾任《陪都邮刊》、重庆《邮讯》《现代国邮专刊》《首都邮刊》等刊主编。

首都集邮学会的会刊为《首都邮刊》，每月出版1期，内容以报道和研究新邮与近代票为主，也刊载一些史料性文章。在创刊号上，刊登了张筱弃撰写的《红便士票在边区》，首次介绍了苏皖边区所印制的5分红色毛泽东头像邮票，并誉之为“红便士”。在当时的政治气候下，况又在国民党统治区，公开宣扬印有毛泽东像的边区邮票是冒了很大风险的。《首都邮刊》至1948年11月出版第13期后，因受物价波动影响，经费窘促无法维持而停刊，不久会务也陷于停顿。

南京首都集邮学会虽只存在一年多时间，却有不少知名集邮家加入，像上海的陈复祥、吴乐园，天津的雷润生、范兰如，北平的郑汝纯、杨启明，无锡的孙君毅，杭州的蒋伯勋，广州的张文光，成都的叶季戎等都是该会会员，所以在当时颇有一定影响。

10. 广州邮票研究会

广州邮票研究会于1947年6月14日成立，是华南地区较有影响的集邮团体，会址设在广州市六榕路稻谷仓1号非园，其宗旨为“提倡高尚娱乐，研究邮票学识”。该会最初由广州邮人林萍湘、黎熯生、范羽孙、杨宝谦、张文光、曾国光、

广州邮票研究会筹备组

甘耀敬、何君侠、曾肇禹9人担任筹备员负责筹组，到1949年4月已发展会员593人。国内许多著名的集邮家，如钟笑炉、陈复祥、陈志川、张赓伯、王纪泽、马任全、郭植芳、吴乐园、张包子俊、蒋伯勋、赵善长、阎东魁、郑汝纯、孙君毅、萧作斌、方业光等都是该会会员。

广州邮票研究会成立时，林萍湘被选为理事长。1948年6月，改选王君诚为理事长。

林萍湘（1898—1962），广东南海人，抗战时期隐居上海孤岛，1946年返回广州，新中国成立前夕移居香港。林萍湘收藏中信版、百城版邮票，对这两版票的纸质、版模的研究甚精，分析也详尽，发表的研究文章有30余篇。1947年广州邮票研究会在其宅第“非园”宣告成立。他曾赞助出版《广州邮刊》，1948年曾去上海参加新光会的上海邮展。1949年他也曾参加香港中国邮学会邮展。

广州邮票研究会会刊为《广州邮刊》，1947年2月筹组邮会期间即已出版发行。该刊初为双月刊，从第9期起改为月刊，共出版了24期。该刊主编由黎熯生担任，执笔者有不少知名集邮家，其内容侧重研究和报道现行通用的各种邮票，对广东地区所发行的邮票探讨与研究尤为详细。该刊第2期曾专门开辟广东加盖邮票专号，以后各期也多有这方面论述，很具地方特色。1949年10月，该刊出版至第24期后停刊。该会还为赈济两广水灾举办过两次义捐义卖的拍卖活动，捐款数额较大，深受好评。

11. 时代邮会

在抗战胜利后日趋活跃的安徽集邮活动中，时代邮会写下浓浓的一笔。1947年，皖南山区祁门茶叶改良场的青年集邮爱好者程绳麟、洪时和、张为璠、吴紫竹及屯溪的朱殿仁、章志均等奔走联络，于当年8月1日成立邮会，取名“时代邮会”。一年内入会者逾百，会员以安徽当地邮人为主，也不乏省外邮坛名家，如张天铎、史济人、马则新、蒋伯埙、兰为汉、王谢燕、朱全藩、黎自牧、张筱弃、张建秋、莫星白、李友芳、解慕愚、王席儒、魏墨龄、田奇田等。

该会于1948年元旦创办会刊《时代邮刊》，共出版了3期。时代邮会的成立与会刊的创办，为祁门、屯溪山城的邮人打通了与省内外集邮界联系的渠道。

《时代邮刊》

12. 自贡集邮学会

1948年，四川自贡邮人张宇仲、王哲人、徐用圭等重议组建邮会事宜，先后在张宇仲家中召开两次筹备商议。当年3月14日，集邮者集聚马鞍山公园桃林，自贡集邮学会在此成立。成立活动有会友、来宾约60人，先由主席致辞，再由来宾李弗如、艾元俊、王劳生、刘恒生等发表祝词。而后，通过集邮学会章程并选举职员。大家公推张宇仲为会长，王哲人、徐用圭为副会长，职员有张宇仲、王哲人、徐用圭、曹辉庭、杜志愉、张翰、曾印南、万远安、张纪民、刘光斗、陈静、倪篪（倪柏权）、宋光武13人。《川中日报》《川中晨报》派有记者到场采访，并分别报道。

自贡集邮学会会址设在自贡自流井上桥宝森堂，会务机构有会员组、编辑组、研究组、会计组、发行组及流通组，同年10月出版会刊《自贡邮刊》1期。

13. 北平邮票会

北平邮票会于1948年6月6日成立。前身为吴嘉祥、刘麟、韦景贤、刘铭彝等发起的“北平邮人座谈会”。1948年1月4日，22位北平邮人集聚北平邮刊社座谈，共同发起筹备“北平邮票会”。与会者在会前还一起合影留念。北平邮票会以“研究邮票学识，提倡集邮之高尚娱乐及联络友谊”为宗旨。该会理事长为郑汝纯，主要成员有：韦景贤、刘铭彝、白子宪、刘麟、吴嘉祥、沙伯泉、常天戈、马永春等，会址设在西单北大街268号，共吸收会员367人。该邮会的主要发起人韦景贤无偿转让了《北平邮刊》的发行权，《北平邮刊》即作为会刊继续出版，由刘铭彝主编。该刊第一卷出版了6期，第2卷仅出版了1期后北平即告和平解放。该会于1949年5月31日自行解散。

该会的另一项活动为通过北平广播电台举办“集邮之趣味”系列讲座。以《集

自贡集邮学会成立

北平邮票会筹备会合影

邮和各种科学的关系》《集邮人与邮德之关系》《集邮与生活》《世界动物邮票之介绍》《中国递信史略》《关于邮票的几个故事》等20个专题，每周播讲一次，共播出了20次，对于宣传和普及集邮知识、推动集邮活动，起到积极的作用。

北平邮票会的存在时间虽很短暂，但由于开展广播讲座、邮展等一系列活动，在群众当中产生的影响不小。新中国成立初期，北京涌现出不少新的集邮爱好者，应该说与北平邮票会的影响有很大关系。

14. 青岛集邮同志联谊会

青岛集邮同志联谊会简称青岛集邮会，1947年3月开始筹组，俞祖同、陈纪昌、刘聿修、应仁森、薛洪孙5人为筹备员，并拟定组织章程。后经青岛市政府社会局批准，该会确定于同年8月15日正式成立，遂于17日在汇泉中山公园饭店举行成立大会。当日，大会发售三色版成立纪念邮花，并备"青岛集邮会成立纪念·三十六年八

北平邮票会成立纪念戳

青岛集邮会成立纪念戳

福州市邮票研究会成立

月十五日”戳供会员加盖。会刊定名《青岛邮学月刊》，由俞祖同任发行人兼主编。

青岛集邮会每月除出版会刊外，还于第一个周日举行座谈会、第三个周日举行邮票流通会（交换或拍卖），并另组国邮社，备会员采购新邮。1949 年年初，该会会务停顿，会员不足 100 人。

15. 福州市邮票研究会

福州市邮票研究会是福建早期规模较大、组织较为完善的集邮组织。1947 年 3 月 16 日，由阮景光、陈院生、吴景堂、王谢燕等人倡议，潘心浩、蔡训忠、陈鸿培、孙儒荣等 20 余人赞襄，在福州苍霞洲青年会座谈，商讨成立邮会事宜。在 4 月 6 日召开的第二次座谈会上，与会者公推陈院生起草入会章程与立案公文，会后由潘心浩、吴景堂将呈文报送福州市政府转社会部。9 月 8 日，批复准予成立。筹备会于 13 日在青年会召开，推举阮景光为筹备主任，陈院生、王谢燕、陈铎、吴景堂等 11 人为筹备委员。随后，该会在福州各报刊登通告与新闻稿，拟定自 9 月 15 日起登记新会员。

1947 年 9 月 28 日，福州市邮票研究会成立大会在苍霞洲青年会举行。选举阮景光为理事长，陈院生、魏叔彝为常务理事，蔡训忠为常务监事。还成立了总务部、编辑部、会员部、会计部、出版部、发行部、交际部、流通部、图书部、审查部，并明确了理监事的分工。与会者于会后合影与聚餐。该会会员遍布全国，有 150 人左右。1948 年 7 月出版会刊《福州邮刊》，仅 1

期即停刊。1949 年，因时局动荡，研究会自行停止活动。

抗战胜利后，人们对于新生活的向往，也激发了各地方及基层的集邮热，尤其在学校中出现了多个邮会组织，多半还出版了会刊。虽然这些邮会或因经费、人事及其他方面原因存在时间甚为短暂，但仍值得书写一笔以存史实。

作为空军预备军的四川灌县空军幼年学校中集邮者不在少数，故在 1945 年 10 月 1 日，他们借用长官们的交谊厅召开首次座谈会，成立了幼校集邮研究会。当年该会还举办了首次邮展，并创办会刊《亚峨邮刊》。1947 年，该校又见落款“五五集邮研究会”的邮刊《蒲风》编出。

1945 年 12 月，陕西耀县集邮爱好者纪伯澄、任瑞文、阎广文等，提倡集邮，在陕西创立邮会，冠名“华原邮票研究会”，并创办会刊《华原邮报》，至 1947 年共刊出 5 期。

1946 年年初，成都兵工厂已组建“业余集邮会”，曾于 5 月 5 日制用“庆祝还都纪念”图章一枚，并于翌年举办新年邮展。

1946 年 7 月，重庆沙坪坝南开中学学生张和生，鉴于校内集邮钞币之风日盛，遂与同学们组织了“南开邮钞币学会”。会内组织分为编辑、总务、发行、会计、研究 5 个组，由同学们分担其职。学会为会员交换收藏品、代购新邮票，并与当年在校举办邮展与创办会刊《万千邮刊》。该刊发行 5 期后于 1947 年 5 月停刊，邮会也因主要成员临近毕业而最终停止活动。

1946 年年底，沙坪坝重庆大学的几位职员与学生，见重庆市邮票研究会工作停缓，为维系当地的集邮活动，由刘传德等发起成立“沙坪集邮会”。是年 12 月出版《沙坪邮风》。该刊出版 11 期后于 1949 年 1 月停刊。

1947 年，位于重庆“抗战文化古镇”的青木关中学成立了“斯坦福集邮会”，有集邮爱好者 8 人参与，推举廖子谦为负责人。该会定于每周日在校举行座谈会，并欢迎邮友扶持和指导。

1947 年 1 月 5 日，侠勇邮票研究会（简称侠勇邮票会）在四川资中宣告成立，会刊《蜀资邮刊》于当年 2—7 月出刊 3 期，祝国弘、陈世英任编辑。创刊号登载《本会章程》（11 条）、《本会成立之经过及纪戳略述》以及钟笑炉题词“能助人者为侠，能自强者为勇，集邮需侠勇，侠勇可集邮”。

抗战胜利后，会聚南昌的政府复员公教人员中的集邮爱好者 20 余人，因互相交换邮品而过从密切，遂相约组建业余邮票社。1947 年 1 月 6 日，“南昌青年业余邮票社”成立大会在南昌青年会召开。该社为研究邮学的机构，设理监事会，理事中推 3 人为常务理事，由甲戌永久会员顾荄生任理事长，下设总务、研究、宣传、服务 4 部，由舒政铨等分别主事，并确定张叔平日常驻社，每周日社员集会研讨邮学及举行社友委托出让品拍卖。

1948 年年初，刚加入甲戌邮票会不久、尚在郑州读书的孙保轩，在赵善长的指导下，与几位中学生发起组建“郑县青年邮票会”，并制定了章程。该会还刻制了一圆、一方两枚公章，又在证章店制作了 40 枚铜质烧瓷证章。这种证章为蓝边白底，中绘黄瓣红蕊的梅花，上部为半圆形“青年邮票会”红边白字，下部横书“郑

郑县青年邮票会证章

县”二字。该会会址设在郑州东大街 121 号，孙保轩任会长，高会武、弓永阳、陈铁良等任干事，会员有吉得辅、张国正、阴飞龙、欧阳勇、孔令炯、孙保辕等 20 余人。邮会成立后，大家放学后便集聚孙保轩家活动，节假日为大活动。其活动内容有会员一同欣赏邮票、研读学习《甲戌邮刊》、合伙向上海五洲邮票社或南京新街口集邮组汇款买邮票，他们也经常结伴去当地邮局职员刘登云家买邮票。郑州解放后，随着骨干孙保轩、高会武、陈铁良的离开，该邮会的活动遂停止。

武汉为华中第一大城市，新光邮票会在武汉本设有分会。1948 年 8 月，新光会员戴行遥、李国涛发起创刊《武汉邮风》，附在汉口的《正风报》副刊上，每周出版一期。出版 7 期后，囿于篇幅有限，不能适应邮人需要，遂由屠鼎芳、杨关平、乐美琮、刘国霖、任福田、吴雅南、傅铭山、李国涛、黄永江、姚秋农、戴行遥等 20 多人发起组织武汉邮风杜。会刊仍由戴行遥、李国涛主编，改为月刊，于 1948 年 9 月 30 日创刊出版。《武汉邮风》出版后反应良好，遂筹划成立邮票会。

武漢郵風

本刊發起人

月刊 第一期

WU HAN STAMP NEWS VOL.1 No.1

No. 1209-4 JONG SHAN ROAD HANKOW CHINA

我們的話

對於郵票的設計和發行技術的改善一點意見

代創刊詞

如若滿意請介紹訂閱本刊

本刊已依法呈請登記中

《武汉邮风》

三、集邮者倡导邮会合并

1945 年 8 月 1 日出版的《金城邮刊》第 7 期，发表了（张）用宾、（杨）世昌题为《各邮会联合出版会刊的建议》的文章。作者认为，受物价波动、纸张困难、内地印刷设备条件差等方面原因所影响，邮刊最好能联合出版。这样“不但可以减少各自印刷的困难，并可以充实会刊的内容”。文章最后还提出“筹设一个中国集邮的中心机构，统筹集邮事业的发展和树立良好的邮风”。作者声明这是作为非正式的创意提出，“有待于将来的从长计议”。

1945 年《新光会刊》第 4 期发表了姚志远的文章《建议合并全国邮会》，响应这个建议。认为如能合并全国邮会，“则众擎易举，力量集中，必能有较佳之成绩”，对“今后集邮事业之发展，必可因以增加速度而更趋普遍”。转年的《新光会刊》第 1 期由理事钟韵玉署名，公布了一项“新光邮会会员科通告”，文中提到“每城市有会员 50 人以上之处，可立分会；20 人以上之处，可立通讯处。”因为这个新规定正好与姚志远建议里的设想相同，所以引起了一场有关邮会、邮刊合并的争论。

苏州邮人联谊会前期主要负责人马珪芳在 1946 年 7 月 15 日出版的《苏州邮刊》第 2 期上，以《为各地邮会》为题，指责“新光会见各地正在动摇之时，它就仗着历史最久、会员最多、实力最广的大会口吻，高喊着合并全国邮会，设立分会来挽救各地邮会。”同时认为，“虽然分会成立了不少，不过是个有名无实的设备”，还列举了 3 个反对理由。广州《红棉邮刊》也以《兔死狐悲》为题，指责邮刊合并的意见。钟韵玉也致函《红棉邮刊》，说明《苏州邮刊》所载消息完全不确，且有“故意挑引各邮会向新光攻击”的意图。他认为：“邮会互相联合，融洽意见，捐除门户之见，进而合并力量，成为全国有力之邮会，足以代表国家邮会向国内外发扬集邮运动，并非坏事。”

何君侠仍然反对钟韵玉的意见，并利用《红棉邮刊》对钟韵玉的再次来函作了答复。其要点为：“团结合作精神不在形式，如各邮会能精诚团结，努力发展，互相协助，互相切磋，又何厌其多？”由于未将钟的原函公布，所以引不起旁人对此的讨论兴趣。

实际上，根据当时的客观情况，一些邮票会的生存和出版会刊确实有不少困难。为集中邮学家们的研究成果，为提高邮学刊物的文章水平，为节省会员的会刊费用，提出“合并”意见，不失为一个积极举动。但由于认识不一，而未能成为现实。到 1948 年前后，不少邮票会即因为会刊出版艰难而导致会务停顿，最后不得已而自行消亡。

四、张包子俊的《统一刍议》

1948 年 5 月，交通部邮政总局会同上海新光邮票会在沪举行邮票展览会期间，张包子俊自杭州到上海与一些永久会员交换意见后，在《新光邮票杂志》第 15 卷第

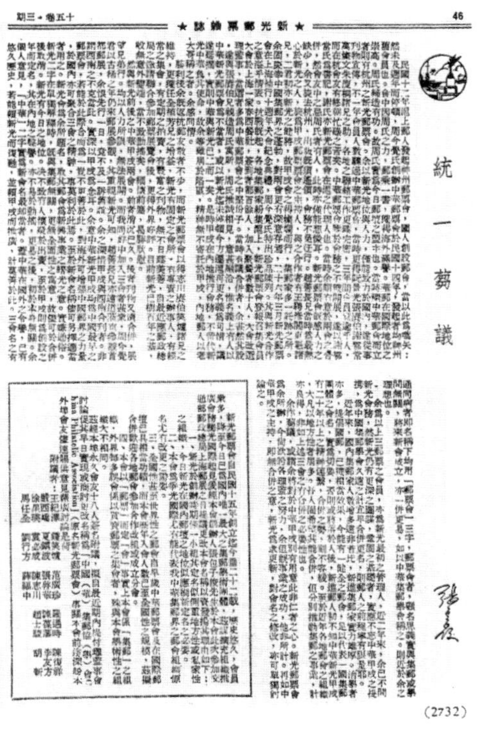
★ 新光郵票雜誌 ★ 十五卷・三期 46

統一芻議

(2732)

《新光邮票杂志》刊载张包子俊的《统一刍议》

3 期上，发表了一篇名为《统一刍议》的文章，建议三大邮会合并。提出：“余意中华、新光、甲戌均为中国最早之邮票会，若能于此际合而为一，岂不更善于此。对海外可增强中国邮界之力量，于国内亦可聚合三会之精神，事莫利于此焉。”

他还进一步阐述说：“近年来，国内集邮家人数增多，远非昔比，新进集邮家实力雄厚，治学者亦多，提倡国邮，已获相当效果。今能有一健全之邮会，足以代表一国集邮团体之会名，实为切要，否则或将落于人后。新进邮人初不知中华、新光、甲戌有二十年以上之精神联系，合并之势，刻不容缓。”他还有所区别地指明：“至于近年各地邮会之组织，大凡以地方性者居多。吾人固希望其能合并，但分别推动集邮之事业，计亦良得，非如上述三会之有合并之必要性也。”

为了先从新光邮票会做起，他开列了 4 点意见，联络在沪的“新光”永久会员王纪泽、钟笑炉、陈复祥、严西峤、徐星瑛、袁必成、陈志川、赵士骏、马任全等 18 人签名附议，拟更改名称为“中国（华）集邮协（学）会”向全体会员征求意见，并希望广泛展开讨论。

就此，有很多会员来函发表了看法，还提出不少带有建设性的意见。他们在大体上都同意合并的建议，只是在会名方面有一些不同的见解。

1948 年 8 月，香港中国邮学会会刊《邮光》第 3 卷第 2 期，发表署名方宽烈（即方业光）的响应文章，题为《组织邮学协会刍议》，较具体地提出修正主张，并草拟大纲分名称、宗旨、会员、刊物、权利等项，将会员分为个人会员、团体会员。同时还提到“协会组织成功”有五大优点：1. 全国集邮人数，可得正确统计；2. 各会邮刊可有相当销路；3. 使加入邮会者，手续简单；4. 向政府或邮政当局有所建议时，较为方便统一；5. 每年可与邮政当局，合办一全国性的邮展。

事实上，在当时的情况下，合并的条件并不成熟。后来因为国内形势发生重大变化，此事遂被搁置。

第四节　新中国成立前的集邮宣传

抗日战争时期，各抗日根据地处于及其艰苦的条件下，又加之国共合作时各边区人民邮政被取消，因此这一时期解放区邮票发行的数量不多。整体而言，这一时期对“区票”的介绍与宣传是较少的。少量被披露的苏区与抗日革命根据地邮票的信息，成为珍贵的历史资料。这一时期，国民党统治区和沦陷区出版的邮刊，对介绍和宣传“区票”起到了重要的作用。

一、对“区票”的介绍和宣传

对“区票”的介绍和宣传，主要依靠各个时期个别的社会刊物和民间创办的邮刊。这些邮刊主要分布于国民党统治区，以及在外国的邮刊。在这段时间，刊登宣传“区票”的文章或信息要冒很大的风险。因此，在很大程度上影响了“区票”的社会影响以及国际影响。

1945 年 8 月，抗战胜利以后，避居内地大后方的邮人纷纷返回原籍，导致华东、华北等地各大城市的集邮活动再次活跃，各种邮刊也很快发展起来，刊登有关解放区邮票的信息也日渐增多。

由张包子俊主办的《邮话》于 1946 年 1 月 20 日第 41 期刊登了一篇介绍解放区邮票的报道，其大意是：共产党军队之足迹，逼近苏鲁直绥锦各地。所至之处，均有邮票发行，兹分志之。（1）辽西邮区（八月）三十一日八路军即相继到达，九月十日重组绥中县政府，当时华县长命令，不许再把伪“满洲帝国”邮票重用，即将原来邮票上之“帝国”文字加盖“辽西专区”四字，暂予使用，于九月十八日开始发行……（2）吉林各地……（3）晋察冀地区……该地亦由八路军先行进驻，遂以此项印面的邮票上，加盖‘晋察冀暂用’五字使用……（4）苏北地区，苏北地区的解放区邮票，一部分曾见于南通出现……所见者……图绘农夫与牧牛……（5）鲁南地区，鲁南各地的解放区邮票，亦系单印，余所见者有两种，一为五分蓝色，一为一角绿色，图案为共产党领导人像，右下角绘稻花，有黑底白文数字，左下书仿宋“山东战邮”四字……，颇为翔尽。

在 1946 年 3 月出版的《邮话》第 43 期上，又刊出了《中共邮票续志》一文，介绍了 8 个已经解放地区的邮票。同期还有一篇《胜利邮闻剪辑》，文中写道：“其中只有晋察冀区发行的抗战纪念邮票，倒比此间邮局发行的中央印制厂版《庆祝胜利纪念》邮票印得好……”

山东战邮毛泽东像邮票

四川成都的怡友邮票研究会1946年年初出版的会刊《行远邮刊》第2期上，登载了解放区发行毛泽东像邮票的消息。该刊7月号第4期登载的《边区邮票又一新发现》一文称："边区邮票，种类已见不少，顷又见到一种……图案中为毛泽东像，有弧形花框横贯上端，框内书'中共七代大会纪念'八字……因见各邮刊均未报道，特志之，希同好留意焉。"这里介绍的是1945年10月山东省战时邮务总局发行的纪念邮票。

甘肃兰州的金城邮票会会刊《金城邮刊》于1946年2月1日第10期，刊登了介绍边区邮票的信息："晋察冀边区邮政印行《抗战胜利纪念》邮票，计分一元、四元、八元三种，中绘军人纵骑杀敌图，并绘有一大国旗迎风飘扬，刷色一切远较以前所见共区票为雅致大方……""恢复区内近有晋察冀暂用票，分红、黑二种加盖……"等消息。

1947年10月10日，在南京创刊的首都邮学会会刊《首都邮刊》第一期，即刊载了张筱弁的《红便士票在边区》一文，介绍苏皖边区发行的毛泽东像邮票。文中写道："（民国）三十五年六月间，中共于苏皖边区曾发行邮票一组，该票印制……除5分蓝色一枚有齿外，余均无齿，图案为毛泽东正面像，下列'苏皖边区邮政'六字……笔者斯时集边区票兴趣颇浓，友朋往来信札亦多，因其时邮政当局否认该项邮票，致有互作欠资、补付邮资者，但不久又复通用矣……（高邮居洽群）后于六月间寄来一函，贴有五分深红色便字票一枚，日戳为三十六年元月十五日七高邮……封上居然是未加盖的红色便字邮票，

"红便邮"——毛泽东像邮票

喜拟其名曰红便士票。"

1948年7月30日，《首都邮刊》第2卷第6期、7期上，曾刊登戴无涯的长文《山东胶东区发行邮票纪略》，较为翔尽地介绍了山东解放区的胶东区邮政管理分局印制的"各类邮票粘存簿"（共6页）上的解放区邮票。

北平集邮家兼邮商韦景贤于1945年9月创办《北平邮刊》，1945年10月首先报道了《伪满邮票绥中加盖辽西专区》；1946年1月第5期再刊发王侣芝《辽西加盖续有发行》《晋察冀改为红色加盖》；2月1日报道《张垣晋察冀边区邮政发售抗战胜利纪念票》《东北各地加盖票缤纷出现》；9月19日合刊报道《八面城使用边区邮票》；12月10日刊载雷振甲的《今日中共区的邮况》，副题为"多数邮局尚未开办，五种加盖票从何而来？牡丹江双十节纪念票一组为何有两种字体？"1947年1月12日刊载韦景贤《中共发行辽东邮票》，并附有5枚邮票的清晰图样；3月10日刊载了《哈尔滨发行的中共邮票》一文，报道了东北邮政管理总局发行的"双十二纪念邮票""'二七'二十四周年纪念邮票"与毛泽东像普通邮票一组。该刊在3年的时间内先后发表了16篇介绍解放区邮票的文

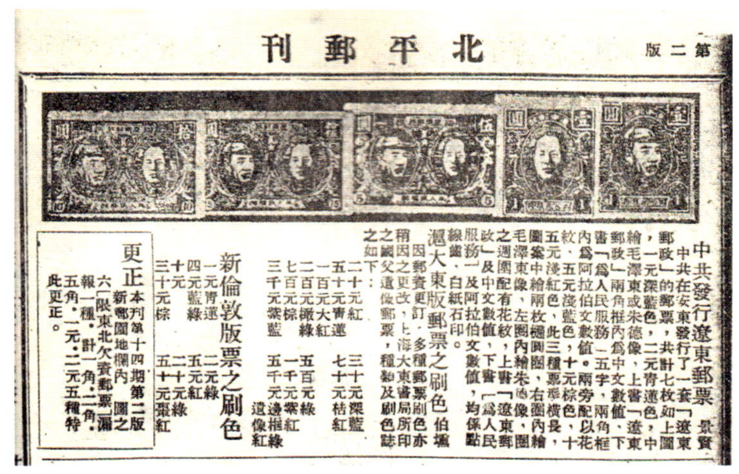

北平郵刊　第二版

中共發行遼東郵票　景賢

中共在安東發行了一套「遼東郵政」的郵票，共計七枚，如上圖，一元深藍色，二元青蓮色，中繪毛澤東或朱德像，上書「遼東郵政」兩角框內為中文數值、下書「為人民服務」五字，兩角框內為阿拉伯文數值。兩旁配以花紋、五元淺藍色，十元棕色、十五元淺紅色、此三種票為橫長，圖案中繪兩枚橢圓圖，右圖內繪毛澤東像、左圖內繪朱德像、圖之週圖配有花紋，上書「遼東郵政」及中文數值、下書「為人民服務」及阿拉伯文數值，均係點線齒、白紙石印。

滬大東版郵票之刷色　伯壎

因郵資更訂，多種郵票刷色亦稍因之更改，上海大東書局所印之國父遺像郵票，種類及刷色誌之如下：

二十元紅　五十元青蓮　一百元大紅　二百元橄綠　七百元棕　三千元紫藍

三十元深藍　七十元桔紅　五百元綠　一千元紫紅　五千元邊框綠遺像紅

新倫敦版票之刷色

一元青蓮　四元藍綠　十元　三十元棕

二元綠　五元紅　二十元綠　五十元褐紅

更正　本刊第十四期第二版新郵圖地欄內圖之六「限東北欠資郵票」漏報一種，計一角、二角、五角、一元、二元五種，特此更正。

《北平邮刊》刊登的《中共发行辽东邮票》

章，几乎每期都有，并且配发大幅的清晰图样。在国民党重点统治城市敢于这样做，是要有些胆识的。

韦景贤（1916—1996），回族，北京人。少年时期在沈阳时初识集邮，后在三叔韦向纯影响下开始集邮，还参加了新光、甲戌两大邮票会。20 世纪 30 年代末韦景贤在沈阳开办了金光邮票社，1943 年迁至北平，抗战胜利后更名北平邮币公司，其营业处成为该市邮人聚集地，“北平邮票会”首次筹组座谈会即在那里召开。1946 年，他曾编出《中国邮友通信录》。

韦景贤

由上海钟笑炉主办的学术性刊物《近代邮刊》，曾一度打破政治禁忌，在 1948 年 6 月出版的第 30 期，刊登了晋察冀边区发行的平山版毛泽东像邮票。不料当年 9 月，其主编钟笑炉因此遭人告发，被国民党上海市当局借故派员上门骚扰，几度搜查，多方刁难，并强行没收了刊登毛泽东像邮票的部分刊物，勒令暂停出版，直到被迫付出重金、托人打通关节后，方才勉强度过这次劫难。

在国统区的部分城市，除了各种邮刊介绍、宣传区票外，有的集邮组织还利用集邮展览的形式，展出、宣传区票，而这种方式要冒更大的风险。成立于甘肃兰州的金城邮票会，于 1946 年 2 月 23 日至 25 日主办了第二次邮展，其中“边区邮票”

部分就展出了晋察冀边区邮票。

北平邮票会于1948年6月成立后不久，即在刘铭彝的提议下，很快于同年9月11—12日在东单青年宫举办邮票展览，陈列票品100余框，其中在“各国和平胜利票全集”部分，展出了山东战邮和晋察冀边区发行的抗战胜利内容的邮票。这是对区票的一次极好的宣传。

二、集邮书刊大量出版

抗战后期，虽说大后方资源紧缺，但一些集邮组织的会刊基本上还能做到按时出版。像重庆集邮研究会的《陪都邮声》、成都集邮会的《邮苑》、贵阳金竹邮票会的《金竹邮刊》等，尽管这一时期会刊所使用纸张粗劣些，毕竟邮人们还是能够得到信息上的沟通。沦陷区的情况就不同了，上海奥伦多邮票公司发行的《邮话》改为不定期刊；新光邮票会的《新光会刊》也改为按季出版，仅刊登会务消息和少量的邮票报道，引不起人们的兴趣；天津万邮馆发行的《万邮简报》，虽然刊载一些有关邮票研究的文章，但因为经费不足，经常不能按期出版；只有上海的《国粹邮刊》还能勉强维持出版，但该刊侧重于古典邮票，不太适合初集邮者阅读，倒是专辟的“时事话邮”栏目能够及时报道一些新邮消息，颇受读者的欢迎。《国粹邮刊》与其他一些邮刊迎来了抗战胜利，1946年6月，出版至第4卷第6期后休刊。

抗战胜利促进了中国集邮活动的发展，也导致了集邮人士对于精神食粮方面的需求，从而促使新的集邮书刊大量出版。集邮书刊的大量出版，又必然推动集邮活动朝着健康、完善的道路不断前进，这是抗战胜利以后，中国的集邮活动再度活跃时期的一个最大特征。

1.《北平邮刊》率先出版

抗战胜利后不久，北平邮币公司韦景贤主编的《北平邮刊》于1945年9月1日出版。其办刊宗旨正如他在创刊号上所谈的：“志在提倡邮风，而尤注意于如何协助新进集邮家，引起集邮之兴趣，故不欲高谈理论。”他还说：“提倡集邮兴趣，报告新邮消息，借以联络集邮同志，沟通声气。广泛研讨邮识专论，以资启迪大众集邮生活。”事实上，这份邮刊也是按照这一原则去做的。该刊每月出版一期，到1946年6月至8月因办理登记暂停刊；9月复刊，改由张宝良任编辑；1947年第22期至24期

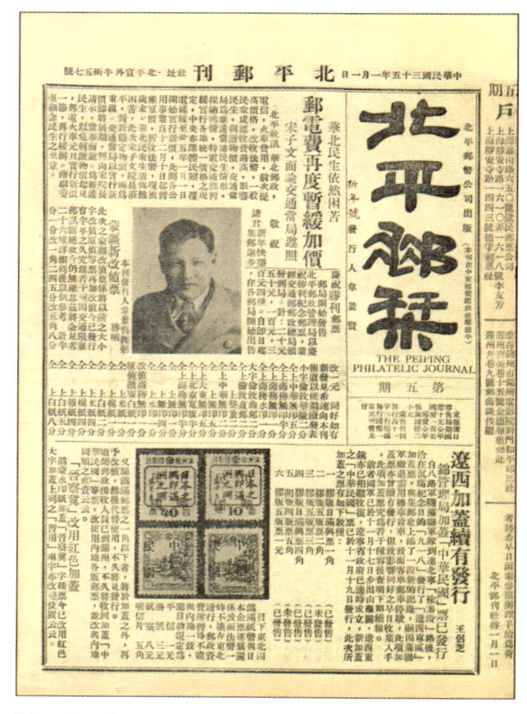
中華民國三十五年一月一日　北平郵刊　社址·北平宣外牛街五七號

北平郵票

THE PEIPING PHILATELIC JOURNAL

第五期

北平郵幣公司出版

新年號　發行人韋景賢

華北民生依然困苦　郵電費再度暫緩加價　宋子文面諭交通當局遵照

慶祝勝利郵票

家鼎新改值票

遼西加蓋續有發行

《北平邮刊》

合刊出版后，又行停刊；10 月 10 日再度复刊，以后按月发行，由张宝良和刘铭彝共任编辑。到 1948 年 3 月 10 日出版第 30 期后，韦景贤将《北平邮刊》的发行权，转赠给北平邮票会作为会刊继续出版。

《北平邮刊》不仅对新邮消息报道迅速，而且大量刊登广告和“邮人地址介绍”，对邮人之间的交往与邮品交流，起到很好效果。因而，新老邮人都喜欢订阅。该刊最多时每月发行量超过千份，在当时有此销路已属不易，对于活跃北平集邮界的沉闷气氛起到一定作用。

尤为难得的是《北平邮刊》对于解放区邮票的报道也很经常，有不少邮品还制图刊登。

《北平邮刊》还发表过一些关于研究伪满、伪华北、伪蒙疆邮票的文章，保存了不少历史资料，这也是在同时期出版的邮刊里难以见到的。

北平邮票会接过《北平邮刊》后，由理事刘铭彝担任主编。1948 年 5 月 1 日刊出第 1 期，1949 年 1 月出版第 2 卷第 1 期后停刊。

会刊除会务报告和会员录外，刊发的重要篇章有《闲话邮风》（汝纯）、《为正邮风与汝纯书》（张包子俊）、专栏“国币四宝”的讨论，连载《邮票上的世界科学家》（子宪）、《建议邮政当局》（刘麟）、《日本邮票概论》（刘铭彝）等，及配合邮展编辑《北京邮票展览会特刊》一期。

近代郵刊
第一期
華外郵票社
黄浦郵票社

近代郵刊
MODERN PHILATELIC MONTHLY No.1
發刊詞
談談軍郵

《近代邮刊》创刊号原版和改版

2. 钟笑炉创办《近代邮刊》

1946 年 1 月,《近代邮刊》在上海创刊。该刊由近代邮票专家钟笑炉联合钟韵玉、徐星瑛、赵体臣等人创办，由协进文艺用品社承印，以近代邮学研究社名义出版。该刊的国邮部分由钟笑炉与钟韵玉担任编辑，徐星瑛担任外邮编辑，赵体臣负责招揽中缝广告，先后由陆建平、郭永斌负责发行，每月出版一期。该刊第一卷（除第 11 期为 6 版外）每期 4 版，第二卷扩充为 6 版。1947 年 6 月因钟韵玉受聘于浙江新闻日报社，返回杭州，自第 19 期起，国邮部分由钟笑炉独编，外邮方面增加了正在大同大学读书的胡新与徐星瑛共同负责编辑；此外，每期页数扩充为 12 版。第 22 期起，由钟笑炉担任主编，由黄维任代表人责任主编，徐星瑛、胡新为编辑，同时革新版面，充实内容，第 24 期扩充页数到 24 版。

黄维本名黄巍，湖北钟祥人，在军队曾任文职人员。抗战胜利后，他因下肢瘫痪，长期住在上海虹口沪东医院疗养，平时即以集邮、读书消遣。他因在《近代邮刊》上评论马任全的《国邮图鉴》时语多中肯而引起集邮界重视，并与钟笑炉结交。此时，集邮人士对《近代邮刊》扩版、改善编排的呼声甚高，黄维遂自告奋勇主持编辑部。钟笑炉改任代表人。另设总务部由郭永斌负责，徐星瑛、胡新负责广告部，发行部由钟瑚绵、吴家樾负责。

第三卷第 1 期起,《近代邮刊》改为 16 开书本式，每期 20 到 24 版，并以各种试制票、样票原色套印作封面。该刊后来又增加了扉页，以原色刊登各种珍邮，颇受读者欢迎。

那两年是《近代邮刊》的全盛时期，不只资料丰富、编排新颖，且版面生动活泼、内容多彩多姿。邮刊作者几乎包括了当时全国的集邮名家，刊登的文章有极大的学术价值，富有史料性的文章更是数不胜数。尤其是黄维撰写的《加盖“国币”邮票专门目录（初稿）》、钟笑炉撰写的《“改作贰角”图鉴》和《加盖“金圆”邮票专门目录》，至今都有很大的实用价值。

《近代邮刊》自创刊号开始，即刊登了张家口加盖“晋察冀暂用”三组边区邮票的新邮报道，后来又陆续介绍了各解放区的邮票。特别是在总第 15 期上刊登东北“双十二”纪念邮票，由于票上有“反对内战”“一致抗日”的标语口号和蒋介石举手投降的漫画，引起了国民党上海市社会局和警察局的注意。后来又刊登平山版毛泽东像和辽南加盖票，因而受到国民党当局的查禁，经过疏通才恢复出版。1949 年 5 月，上海解放前夕，该刊出完总第 41 期临时版后，暂时停刊。

上海解放后,《近代邮刊》于 1949 年 6 月先行复刊（后补办登记手续），自此，即可光明正大地刊登介绍解放区邮票的文章，包括新邮报道和研究心得，为中华人民共和国成立后研究解放区邮票和邮政史留下了可贵的资料。《近代邮刊》于 1951 年年底出齐第 6 卷第 12 期（总 72 期）后停刊。

3.《中外邮学杂志》勇于革新

1947 年 4 月 1 日，福州中外邮票社发行的《中外邮刊》创刊，编辑人陈院生。该刊为 16 开活页式，每期 4 至 8 版，白报纸印。出版 6 期之后，该刊接受建议进行了改组革新，更名为《中外邮学杂志》，由陈院生任发行人兼总编，由王谢燕、孙儒荣、陈鸿培任编辑。更名后，该刊的期数仍承前为第2卷第1期，于1947年11月30日出版，正文28版，广告4版，封面以三色套印。以后各期的正文为16到20版不等，广告版面加多，其声势之大，一时可与《近代邮刊》相抗衡。该刊每期栏目甚是广泛，有“论著”“邮人小志”“邮林杂咏”“国内新邮”“国外新邮”“读者批评”等。该刊在国内建立通讯网48处，有通讯员82人，均为当时知名集邮家。该刊读者分布全国各省，国外也有订户，为那个时期最风行的集邮刊物。

该刊登载过不少好文章，如郭润康倡议的“华邮第三宝”的选定问题即是该刊提出，当时争论十分热烈，虽然不曾有结论，但对于中国各种珍邮发掘，以及对其源流与历史之研讨、考证都有深远意义。又如叶季戎的《华邮五十贵票》对中国早期珍邮，进行了实事求是的评价。有关百城凸版2元和5元10.5度粗齿票的发现，也是该刊首先介绍的。

《中外邮学杂志》

陈院生（1921—？），为福州著名集邮家兼邮商陈永蕃之子。陈院生子承父业，家学渊源，有一定邮识，曾制作过为数不少的笏石、金井对剖票销印封。1945年后，他加入了新光等几个邮票会。抗战期间，陈院生十分关注百城版邮票的集藏研究，先后撰发了《百城凸版粗齿之发现》《百城凸版粗齿之续见》等邮文，详细介绍他的发现。他所藏的一枚百城凸版2元布纹纸绿色10.5度粗齿旧票，被公认为珍罕品。他认定集邮业务的兴衰倚重于宣传，因此创办了《中外邮刊》。

由于物价上涨、办刊亏损，《中外邮学杂志》从第2卷第3期起改为双月刊，至1948年7月出版第2卷第5期后停刊。

4．支撑4年多的《邮侣》

1946年10月20日，由重庆景吕邮票公司发行的《邮侣》月刊在重庆创刊的，这是一种带商业性质的邮刊。该刊的主持人是刘瑞章，与蔡保德一起同任编辑。这份刊物先是以《陪都邮声》后继者的身份出现的，有些稿件在《陪都邮声》上未来得及刊登即转到这里刊登。从第7期起，该刊增加马子珍为编辑，杨安国为发行人。从第10期起，该刊由刘瑞章主编，并聘刘恒生、张枕鹤、王劳生为顾问。《邮侣》每期16开4版，中缝及第4版为广告和售品目录，其他3版刊登文章。《邮侣》第1卷出版到第37期。1949年11月出版第2卷时，

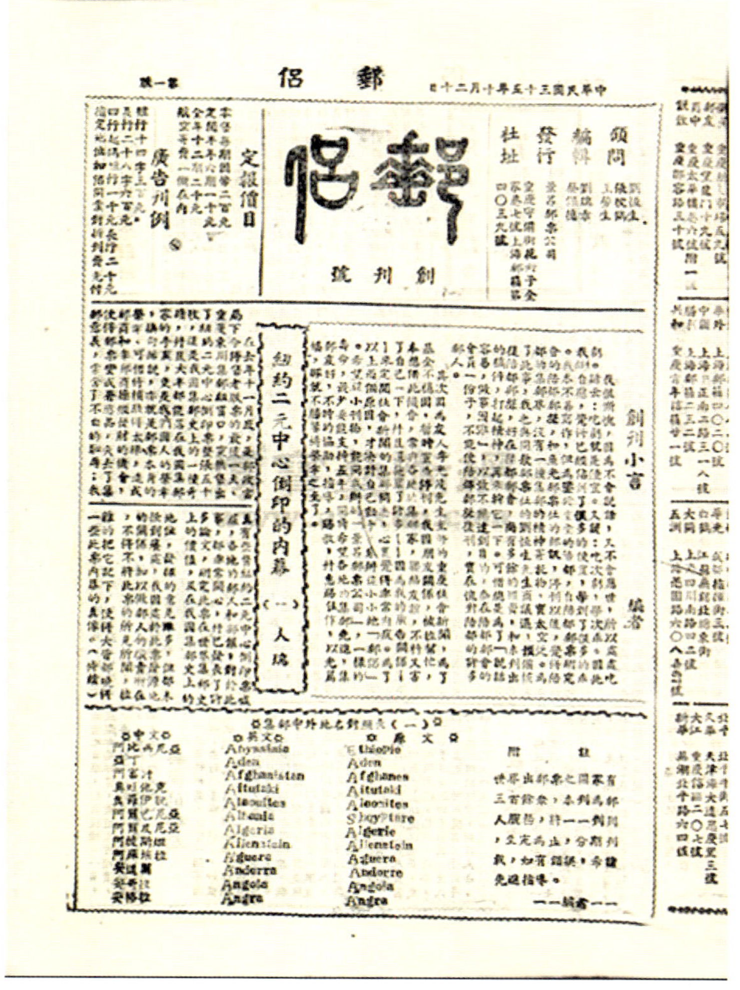
中華民國三十五年十月二十日 郵侶 第一期

郵侶

創刊號

文報價目

廣告刊例

紐約二元中心倒印的內幕（一） 人瑞

創刊小言 編者

《邮侣》

缩小开本改为 32 开，仍为 4 个版面。1950 年 7 月出版第 2 卷第 3 期时，该刊改为石印。到当年 9 月，出版第 2 卷第 5 期后停刊。

《邮侣》创刊时，正是纽约版 2 元中心倒印邮票在重庆被发现不久，得地利与人和的条件，刘瑞章以笔名“人瑞”撰写了《纽约 2 元中心倒印的内幕》及其“补遗”两篇追踪报道，对当时的真相作了某些透露，给后人留下不可多得的集邮史料。

《邮侣》月刊以邮商个人独立支撑，办了 4 年多，而且基本上做到按时出版。在当时的条件下，可算是难能可贵的。

5. 颇具特色的民间邮刊

这一时期还出现数种个人创办且颇具特色的民间邮刊，如钱万能的《上海邮刊》、张宇仲的《邮坛画刊》、徐吾行的《邮谈》、王谢燕的《邮梼杌》等。

《上海邮刊》，1948年1月创办于上海，主编钱万能。该刊为32开本，每期4至8页，号称“全国独一之幽默趣味集邮刊物”，开设栏目有“上海邮商介绍”；“集邮趣味文章介绍”，主要文章有《王老三教子》《上海的邮展》《中国邮商国》《抢购风潮黄牛党》；“内幕新闻”，主要文章有《因祸得福记》《原来如此这般》《重赏之下必有勇夫》；“趣味译文”，主要文章有傅湘洲译的《孩子的邮票》等，寓教于乐。该刊共出版了20期，至1949年8月停刊。

《邮坛画刊》，1948年7月创办于四川自贡，主编张宇仲。前两期题名《邮坛》，32开本，每期4至6页，共出刊4期，至当年10月停刊。该刊为我国最早的集邮漫画专刊，以刊登集邮漫画为主，诗词、短文为辅，用图文并茂的崭新形式介绍了许多集邮界的趣事。该刊设有诸多特色栏目，如“邮人百态图”栏目以人物漫画配相关短诗的形式，对马任全、宋醉陶、张赓伯、徐用圭等邮界名人的集邮事迹作了简介；“邮海动物篇”栏目以金鱼、龟、精卫、鲤等动物来比喻某些邮商，对他们经营邮票的种种心态作了入木三分的刻画；“邮坛闲话”栏目以幽默诙谐的语言，谈论受人关注的邮坛时事；“笑林”栏目让人捧腹开怀，笑口常开；“集邮漫画”栏目以《无妄之灾》《邮局售票员》《挤》《集邮之家》等多格漫画，引领读者走进繁花似锦的集邮天地。

《邮谈》，1948年8月创刊于福州，主

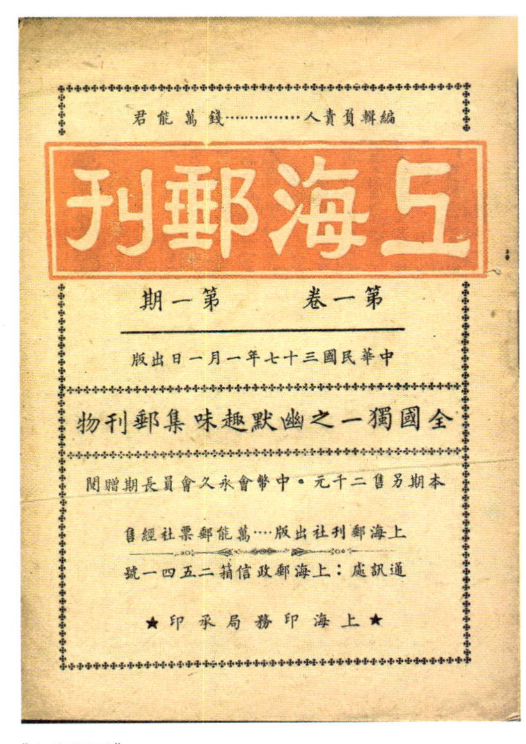

《上海邮刊》

《邮坛》

编徐吾行。该刊为双周刊，8 开单页。第 16 期出刊时更名为《福建邮谈》，同时改版为 16 开 4 页。1949 年 4 月终刊。

《邮梼杌》，1948 年 9 月创办于福州，主编王谢燕。该刊为 16 开 10 页，共出刊 4 期，于同年 12 月停刊。该刊内页采用竖式排版，颇具古风。刊载的邮文以自撰为主，且自行编辑、自费印刷；全刊无广告，每期邮文十余篇，内容包括邮戳研究、邮票研究、邮史研究等类，如《谈纪念戳》《中国邮票史》《宣统登极纪念邮票数目之纪实》《我国集邮之沿起》《中信小票作金圆邮票前因与后果》，该刊还载有魏叔彝所撰《福州邮人介绍》。

王谢燕（1891—1964），又名王汉成，祖籍河南固始，生于福州，早年曾参加北

郵談

國慶與紀念郵票

大清蟠龍票

《邮谈》

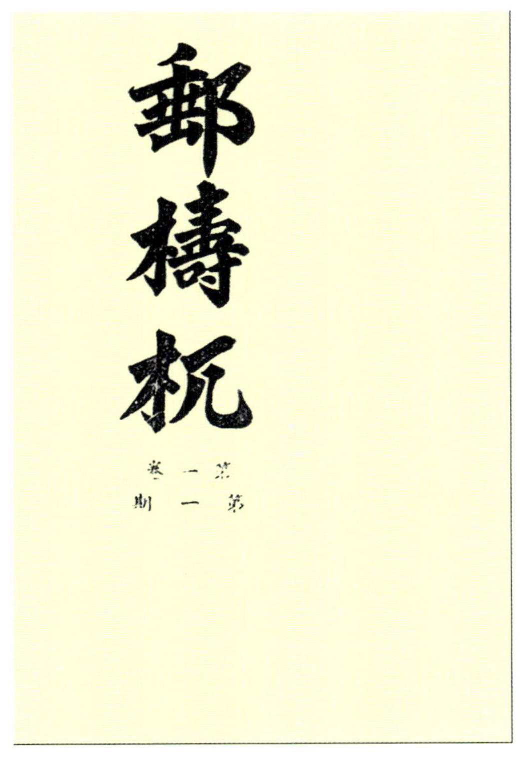

《邮梼杌》

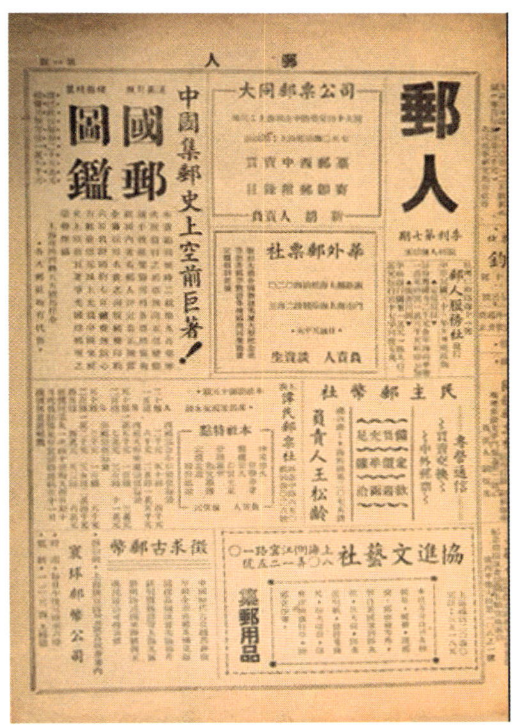
郵人
中國集郵史上空前巨著！
國郵圖鑑
大同郵票公司
華外郵票社
民主郵幣社
負責人王松齡
徵求古郵幣
寰球郵幣公司
協進文藝社
集郵用品

《邮人》

伐军，后从事教职。王谢燕受福州英华书院教授黄幼光影响开始集邮，先后加入新光、萁郎、甲戌等近10个邮会，是民国时期福建的资深集邮家之一，其“收藏丰富，蔚成大观，为闽中集邮之冠。除阮景光先生外，王君诚为有数之集邮人物也”（魏叔彝语）。

6. 其他带商业性质的邮刊

1946年2月，上海邮人服务社出版了《邮人》季刊，由钟韵玉主编。《邮人》也是一本具有商业性质的邮刊，每期大多刊登一些短小的文章，以消息为主。设有“新邮报导”“变体新讯”“邮人谈荟”“集邮新闻”“邮人掌故”等栏目。第1、4版和中缝为邮商、邮会广告，第2、3版除邮文外，附有邮人服务社的售品目录。

钟韵玉（1907—1996），浙江杭州人，1920年开始集邮。1925年冬，钟韵玉与张包子俊、郑汝纯、李弗如等人创建新光邮票研究会，任图书部主任。1937年，钟韵玉避居上海租界，与张包子俊、徐秉鸿创办邮人服务社。抗战胜利后，钟韵玉继续经营邮人服务社。1947年，他回到杭州新闻界任职，《邮人》也迁到杭州。

《邮摘》周刊，由苏州《邮摘》周报社于1948年1月创刊，李铭为主编，32开4页，每周六出版，至1949年6月停刊时共编出74期。该刊设有“邮刊消息”“邮会消息”“新出邮票”“邮政简报”“读者信箱”等栏目，刊登广告及邮联社通讯拍卖目录，

钟韵玉

并注重报道当时邮币市场动态，如见刊国内平信涨价表、国邮市价报告、苏州邮市一周间、国内邮钞票品用具书报市价表、美国司各脱华邮定价表、上海集邮组出售加印金圆字样邮票表、一年来邮币行市表、金圆改值票简明表等。《邮摘》也发表有关邮票和钱币知识的文章，代表作有多期连载的《国邮早期票讲话》与《马来亚沦陷时代邮票史》等。

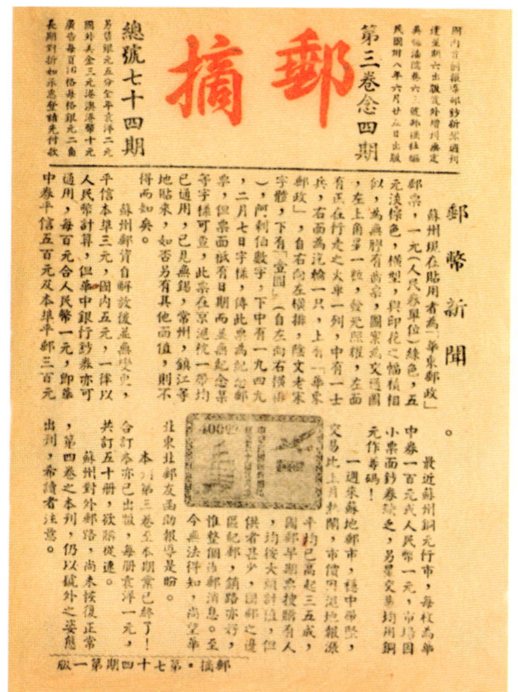

郵摘

第三卷念四期

總號七十四期

郵幣新聞

蘇州現在貼用者為「華東郵政」郵票，一元（人民券單位）綠色，五元淡棕色，橫型，與印花之幅[illegible]相似，為無齒有齒票，圖案為交通圖，左上角另一[illegible]，發光照耀，左面有正在行走之火車一列，中有一士兵，右面為汽輪一只，上有「華東郵政」，自右向左橫排，隸文老宋字體，下有「金圓」（自左向右橫排），阿剌伯數字，下中有一九四九，二月七日字樣，傳此票為紀念郵票，但票面祇有日期而並無紀念票等字樣可查，此票在京滬杭一帶均已通用，已見無錫，常州，鎮江等地貼來，如否另有其他面值，則不得而知矣。

蘇州郵資自解放後並無變更，平信本埠三元，國內五元，一律以人民幣計算，但華中銀行鈔券亦可通用，每百元合人民幣一元，即華中券平信五百元及本埠平郵三百元。

最近蘇州銅元行市，每枚為華中券一百元或人民幣一元，市場因小票面鈔券缺乏，另有交易均用銅元作籌碼！

一週來蘇地郵市，穩中帶緊，交易比上月熱鬧，市價則[illegible]千均已高起三五成，國郵早期票搜購者有人，均按大[illegible]計值，但供者甚少，區紀郵，銷路亦好，惟整個[illegible]郵消息。至今無法得知，尚望華北東北郵友函助報導是盼。

本刊第三卷至本期業已終了！合訂本亦已出版，每冊[illegible]洋一元，共訂五十冊，欲購從速。

蘇州對外郵路，尚未恢復正常，第四卷之本刊，仍以試外之姿態出刊，希讀者注意。

郵摘·第七十四期第一版

《邮摘》

这一时期类似上述带有商业性质的邮刊还有：浙江宁波芳记邮票社（负责人方名芳）发行的《邮目》（1946 年 3 月创刊）、广州何君侠邮币社（负责人何君侠）发行的《红棉邮刊》（1946 年 6 月创刊）、长春邮友服务社（负责人丁少田）发行的《邮友》（1946 年 9 月创刊）、武汉邮票公司（负责人戴行遥、陈维瑞）发行的《武汉邮坛》（1946 年 9 月创刊）、；长沙尚美邮票社（负责人吴伟俊）发行的《尚美邮刊》（1947 年 1 月创刊）、福州绿榕邮学研究社（负责人朱全藩）的《绿榕邮刊》（1947 年 1 月创刊）、长春艺光邮票社（徐寿伯）发行的《艺光邮报》（1947 年 2 月创刊）、重庆丽丽邮票社（负责人陈实）发行的《丽丽邮声》（1947 年 4 月创刊）、浙江萧山邮海月刊社（负责人何中仁）发行的《邮海月刊》（1947 年 11 月创刊）、上海成记邮票社（负责人袁必成）发行的《邮讯周刊》（1948 年 1 月创刊）、江苏溱潼宓宁邮票社（负责人李宁）发行的《宓宁邮刊》（1948 年 4 月创刊）、南京伟光邮票社（负责人潘伟光）发行的《伟光邮刊》（1948 年 7 月创刊）等。

这些小报刊登的内容多以新邮报道为主，间以穿插些邮闻、邮事之类的小型文章，也有的附有邮票行情信息、售品目录，倒也受到集邮者的欢迎。

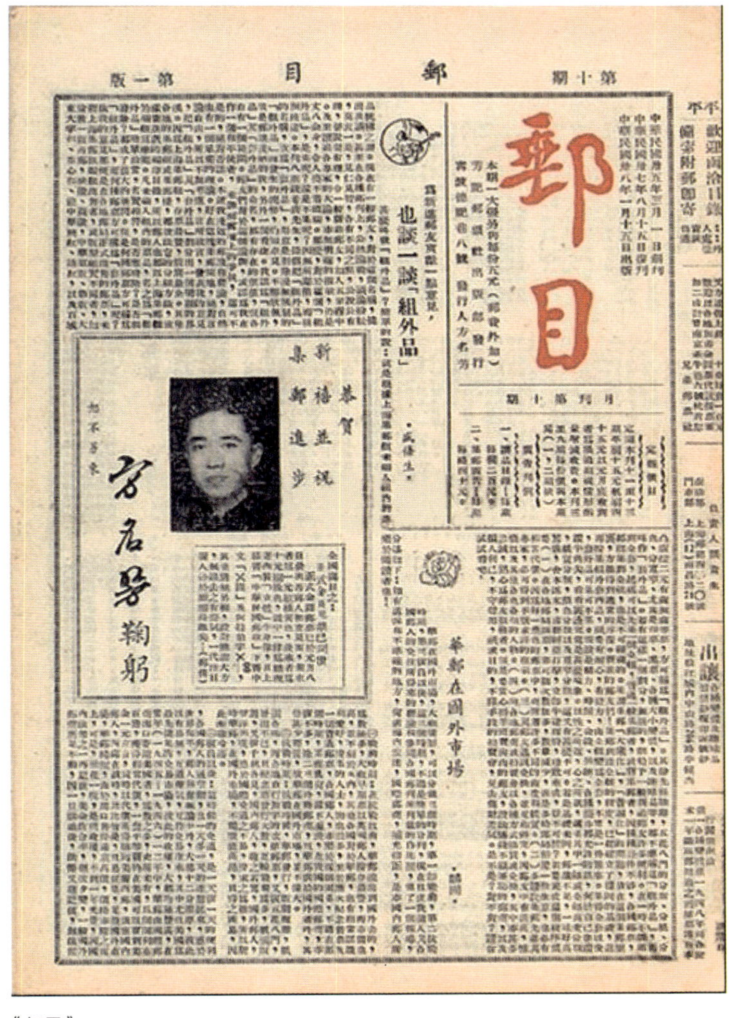

第十期　郵目　第一版

郵目

也談一談「組外品」

恭賀 新禧並祝 集郵進步

華郵在國外市場

《邮目》

7. 集邮专栏与副刊

这一时期，社会报刊上的集邮专栏与副刊也较丰富，并颇受邮人关注。如上海的范广珍自1947年4月24日起在《小日报》主编“邮钞讲座”，聘名誉主编周今觉，特约撰述严西峤、钟笑炉、钟韵玉、刘行方、乐秀隆、张包平之、张包子俊、张赓伯、陈复祥、陈志川、梁芸斋、马任全、吴乐园、朱世杰、王纪泽、王松林，至当年9月17日共刊出136期。10月12日起，这一专栏又改于上海《立报》继续刊行。

《大公报》记者杨汝泉所撰“邮海尘谈”于1947年8月15日至1948年5月26日间，在天津《益世报》连载，总计65篇。

天津《民国日报》上，见有贺培新主编的集邮副刊（1948年刊出42期）。

此外尚有，上海《福幼报》上谢颂羔的“集邮谈”（1948年刊出7期）、江苏

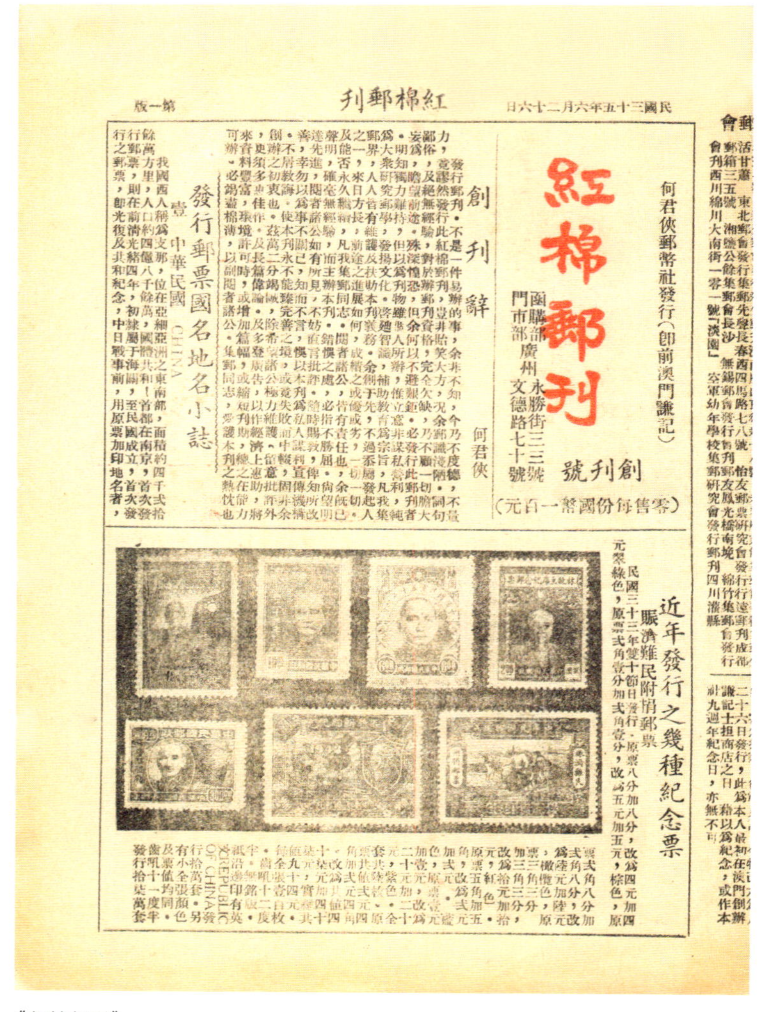
民國三十五年六月二十六日　紅棉郵刊　第一版

紅棉郵刊

何君俠郵幣社發行（即前澳門謙記）

函購部　廣州永勝街三十三號
門市部　文德路七十號

創刊號

（零售每份國幣一百元）

創刊辭　何君俠

壹　中華民國發行郵票國名地名小誌

近年發行之幾種紀念票

《红棉邮刊》

徐州《徐报》上的《邮海》副刊（1948年6—10月刊出5期）、《西安经济快报》《战斗日报》上奚定一（丁乙）主编的《邮风》副刊（1948年11月至1949年1月刊出8期）、贵阳《中央日报》上郭润康主编的《邮识》副刊（1949年2—10月刊出7期）等。

8. 集邮专著相继问世

1947年7月，《国邮图鉴》出版。这部书署名“马润叟遗著、马任全译纂”。据考证，马任全的父亲马润叟70岁开始集邮，74岁病逝。生前仅撰写了此书清代部分中的大、小龙及万寿邮票的相关内容，而且也只有短短的几节。马任全在此基础上加以补充、综合、翻译及出资印刷出版。

这部著作的内容经过了当时一些知名邮人审定，如陈志川、吴乐园负责大、小龙邮票部分，严西峤负责万寿邮票部分，王纪泽、王振家负责红印花邮票部分，钟

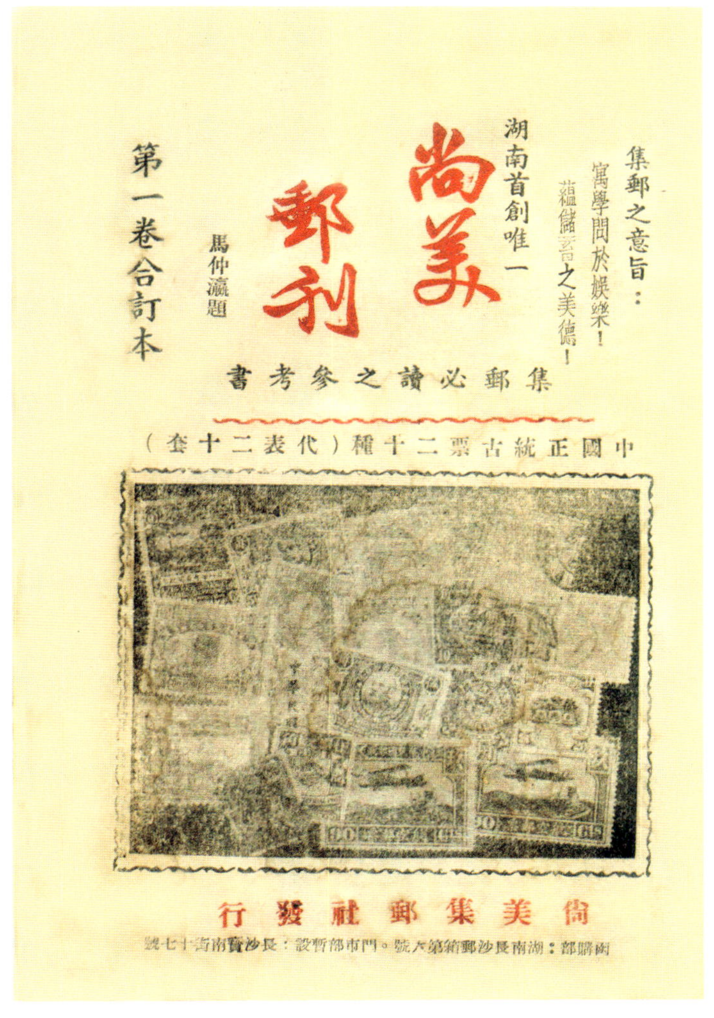

《尚美邮刊》

笑炉负责近期邮票部分，黎震寰负责华北伪组织邮票等，其审稿阵容可谓是人才济济。

全书正文共有 586 页，图片有 661 幅，所用纸张、印刷和装帧均属上乘。马任全还利用原国粹邮学研究出版社购置的铅字及印刷器材，聘技工在自己家中排版，由其个人负责校对，着实下力不小。在此书问世前，天津集邮家黎震寰于 1944 年 1 月曾编纂出版了一部《中国邮票图鉴全集》。这是第一部由中国人编写出版的邮票图鉴，但只是介绍了国邮正票。而《国邮图鉴》所涉及的内容和资料要更上一层阶梯。书中对变体票的介绍几乎罗列无遗，仅变异部分即有 1200 号左右，因而被集邮家和邮学家们誉为当时最充实、最严谨的巨著。但是，由于这部书装帧高档、书价昂贵，

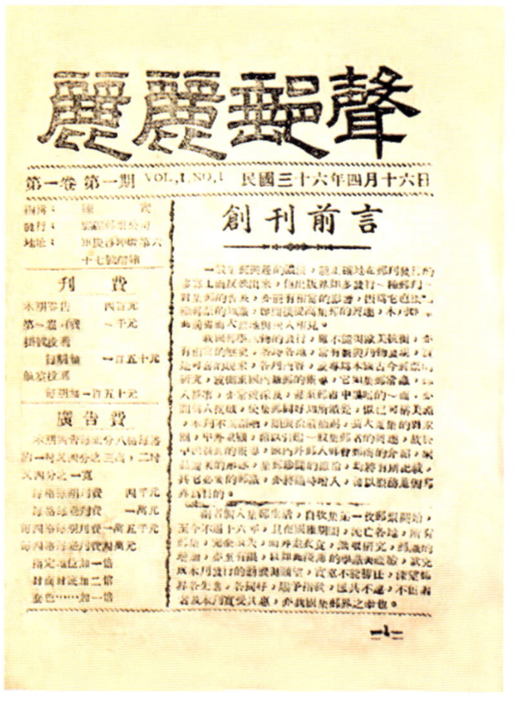

麗麗郵聲

第一卷 第一期 VOL.1, NO.1 民國三十六年四月十六日

創刊前言

《丽丽邮声》

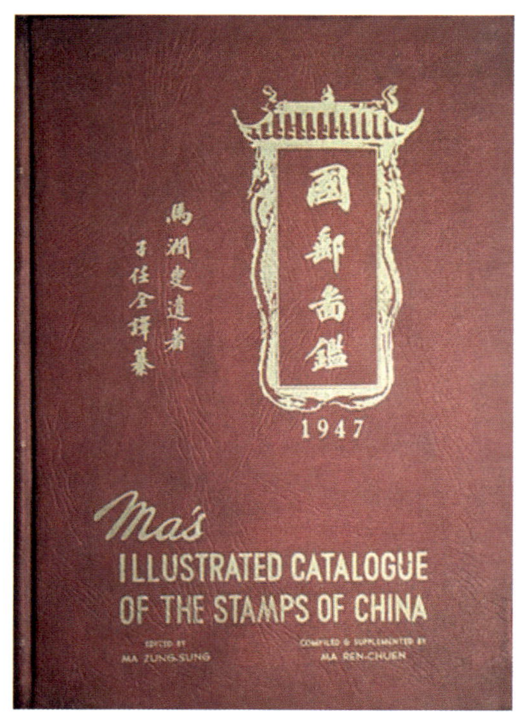

《国邮图鉴》

超出当时国内一般集邮者的购买能力。

《国邮图鉴》出版不久，即在集邮界引起一番争论。《近代邮刊》曾为此开辟了几期专栏，供邮人们各抒已见。另外，由于该书对近代票标价偏低，也引起一些邮商不满，对此书大肆攻击。马任全对邮商的攻击一直不予理睬，而对于集邮者提出的确属学术上的不同观点和书中的纰漏则非常重视。如书中首次将万寿邮票的日本版和上海版改称万寿初版、再版，被人质疑后的追根溯源，以及看到黄维对《国邮图鉴》的中肯批评，而请钟笑炉赴医院求教等，都说明了马任全本人从善如流的治学精神。

对《国邮图鉴》一书，集邮界虽是褒贬不一，但以客观公论，在20世纪40年代由个人独资出版这样一部集邮学术研究专著，印刷又如此精美，实不容易。事实证明，在以后40多年里，《国邮图鉴》在中国台湾地区、中国香港地区以及日本几经翻印，一直被认为是搜集国邮的最佳参考书籍。

1946年10月，孙君毅编著的《邮学词典》，以甲戌邮票会丛书的名义出版。这是集邮领域里第一部词典性质的工具书。全书40页，32开本，收入邮学名词388条，各附英文。内分总则、邮票分类、印刷、纸张、水印、颜色、齿孔、邮戳、国邮等部分，并由王聘彦、赵善长作序，很具实用价值。

孙君毅还编译了《集邮家的罗斯福》，

作为无锡集邮研究会的小丛书，于 1948 年 8 月出版。该书以“一代伟人之集邮史”为主线，叙述了美国总统富兰克林·D. 罗斯福受集邮陶冶，在事业中的博大胸怀，具有很强的可信性与可读性。此书出版后，受到当时不少集邮家的好评，普遍认为：“内容丰富、译笔流畅、生动，附图尤多切合”。

在无锡集邮研究会出版的集邮丛书中，还有《中国快信邮票志》，美国卢澜博士（Dr Lloyd S. Ruland，中文名任乐德）著，孙君毅译，1949 年由无锡艺海美术印书馆出版。原书因受时间局限，只叙述到 1914 年的民国二次快信票为止。孙君毅翻译时，将 1941 年发行的快信邮票一种，作了补充介绍，以完善此书。外国人集中国快信邮票而有成就者，有施塔和菲纳根。菲纳根去世后，其遗集为卢澜所得。卢氏潜心研究撰写此文，连载于美国《飞剪号》第 6 卷。孙君毅将其翻译出版，可算是为集邮界做了一件大好事。

1946 年 7 月，北平邮币公司编印出版了一本《中国邮友通讯录》，收录了不少当时的知名集邮家，附照片 240 余幅。该书由天津集邮家李东园题写书名，以汇集的方式刊行。

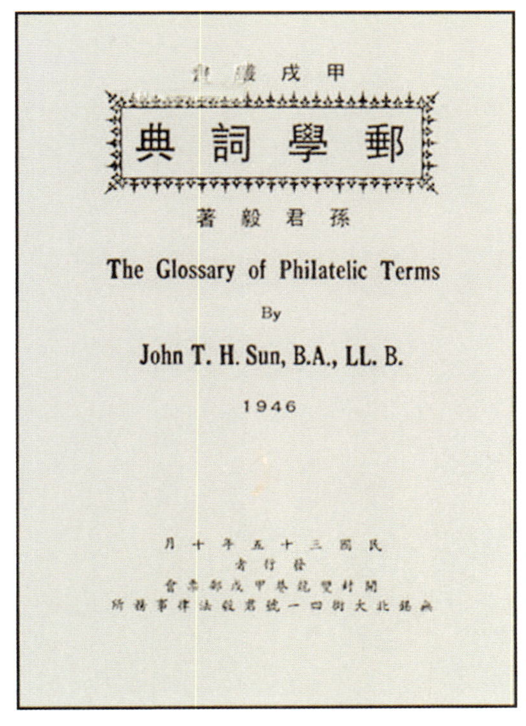

《邮学词典》

《集邮家的罗斯福》

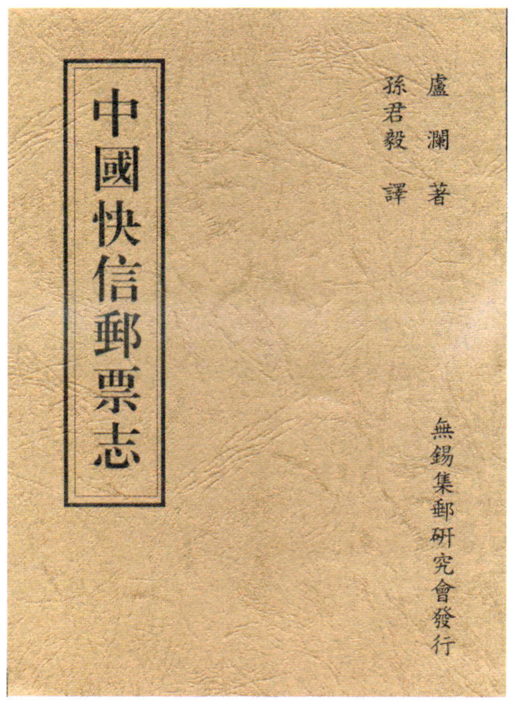

《中国快信邮票志》

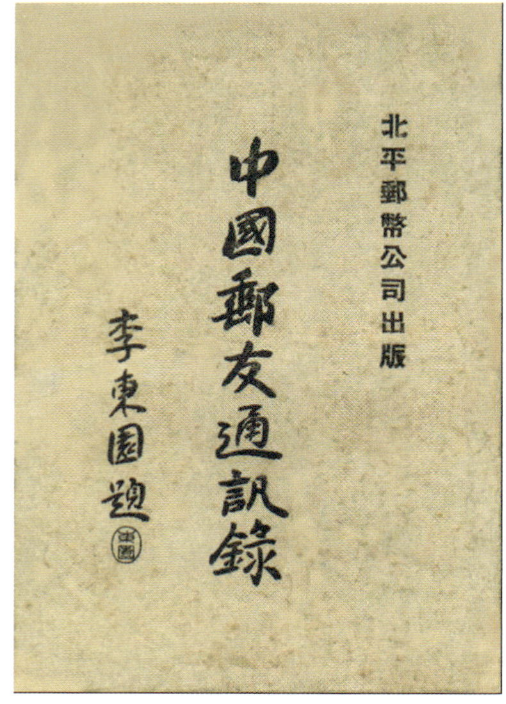

《中国邮友通讯录》

第五节　收集范围与研究领域的扩展

抗战胜利后，集邮活动再度活跃，邮票研究得以深入开展，集邮研究也有了较多的成果。这一时期，解放区邮票从不同渠道流入集邮者手中，成为集邮者研究的内容之一。中华邮政发行的邮票，版别多、加盖形式复杂，不仅为集邮者从事票品研究提供了多种素材，而且使民国后期的加盖“国币”“金圆”“银圆”等邮票受到国际集邮界的关注。这一时期的邮票，直接反映出当时的政治、经济形势和社会的状况。同时，也为集邮者提供了收藏和研究的空间。

一、对“区票”的研究

随着解放区的日益扩大，对解放区邮票的介绍与宣传也有了较大进展。尽管战争影响到一些地域集邮活动的开展，但新的解放区的集邮者立即转入对区票的收集、研究和宣传。各解放区内收藏区票的军民，即使是集邮爱好者，绝大多数也仅仅做到收集、欣赏和保存。由于战争环境的限制，他们基本上没有时间、也没有条件对这些邮票进行深入整理和微观研究。

而在国统区内收藏区票的集邮人士，许多是资深的集邮家或邮商。他们既有丰富的邮识，掌握着研究和整理方法，又有一定的时间和财力对邮票进行分析和研究。在条件许可时，他们还会在邮刊上发表文章，或在邮展中展出区票，甚至进行多种形式的交易。关于区票的早期研究成果，许多都是由这些集邮家和邮商做出的，他们为以后集邮界对区邮的发掘和研究奠定了基础。

1. 多位集邮家深入研究“区票”

抗战胜利后，吉林长春的韦介夫、邓庆余等资深集邮者，尤其关注东北地区发行的各种解放区邮票，进行了大量地收集、研究与论述。韦介夫在广泛收集、深入考查、不懈钻研的基础上，撰写了《谈东北加盖邮票》等长篇文章，陆续在《东北邮刊》等集邮刊物上发表，展现了他对东北解放区邮票研究的难度、深度和广度。邓庆余根据多年的研究，写出了《东北地方加盖邮票》的手稿，其中收录了东北地区加盖邮票达 4121 种。1981 年，邓庆余将这部手稿捐献给邮电部邮票发行局，体现了一位老集邮家的爱国之心。

韦介夫（1914—1985），辽宁省辽阳人，1938 年毕业于日本东京教育大学。

韦介夫

1946 年，长春成立东北邮票会，他成为骨干之一。他对东北各地不同时期加盖邮票有较深的研究。1982 年，韦介夫当选中华全国集邮联合会第一届理事会理事。他还被聘为《中国人民革命战争时期邮票目录》编委会委员，并担任东北组组长。在北京 1983 年举办的中华全国集邮展览上，他还担任了评审员。

钟笑炉对解放区邮票的记述和研究是长期的、系统的、深入的，久为集邮界所称道、所尊敬。钟笑炉曾将自己研究中国解放区邮票的成果，无偿提供给香港的杨乃强、上海的刘广实、北京的张珩，以及日本的水原明窗等人。在他们后来撰写的英文、日文、中文版的中国解放区邮票目录相关资料中，都可以看到钟笑炉的辛勤劳动成果。

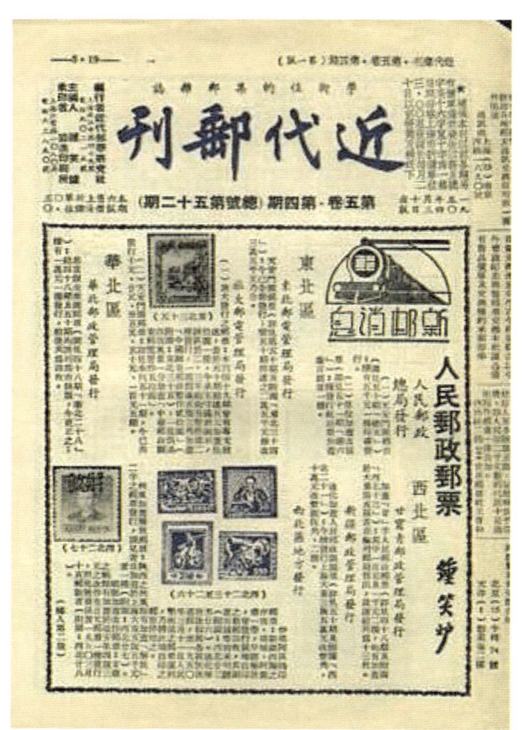
近代郵刊

第五卷·第四期（總號第五十二期）

新郵消息

人民郵政郵票

鍾笑爐

東北區

華北區

西北區

《近代邮刊》刊登介绍解放区票的文章

刘铭彝在北平解放后，开始全面收集、研究各解放区邮票，并准备在此基础上，编写一部资料性的《中国人民解放战争时期解放区邮票汇编》。他在 1949 年 5 月、6 月仅出版两期的《集邮小报》上，以主要版面重点刊登了关于华北解放区邮票的研究文章，如《冀东加盖票之初步统计》《山东解放区邮品概论》等，即为其著作首先完成的部分初稿，均由刘铭彝自己动手撰述。同年夏天，中国革命历史博物馆筹备处在故宫的午门上，举办了一个革命历史文物展览，其中展出另外一部分解放区邮票。刘铭彝在参观展览后，根据自己掌握的解放区邮票知识，专门写信给展览主办单位，指出其中的部分展品不属于解放区邮票的范畴，后来还收到了主办单位回复的感谢信。

刘铭彝（1924—2000），祖籍河北唐山。他 14 岁开始集邮，1939 年加入新光邮票会，翌年在天津《天声报》发表提倡集邮文章。他曾发起筹建北平邮票会，并主编《北平集邮》。他将主要精力放在晋绥边区邮票的研究上，取得了显著成果。1985 年，他将所收集的边区邮票编组成《冀察热辽及晋绥解放区邮票》邮集，在中国人民革命战争时期邮票展览上获得镀金奖；他的《中国晋绥边区邮票》邮集在中国 1999 世界集邮展览上获得镀金奖。

2. 在邮刊上介绍“区票”研究成果

《近代邮刊》自 1946 年 1 月在上海创刊以来，几乎每期均有关于区票的内容，并专门开辟“边区邮票”栏目，所刊载的文章图文并茂、内容翔实、研究独到。首

刘铭彝

先，在办刊初期，对区票的报道迅速。如第 1 期介绍了蒙文版孙中山像邮票加盖“晋察冀暂用”，第 2 期介绍了晋察冀边区大型“抗战胜利纪念”邮票等，都属于最早的报道。其次，对区票的报道逐步系列化，每期有重点地介绍各个地区发行的邮票，并作研究说明。如第 3 期介绍了苏中区邮票，第 4 期介绍了苏皖边区邮票，第 5、第 6 期介绍了晋冀鲁豫边区的“鸟球图”邮票。

在有关解放区邮票的报道上，《近代邮刊》较为全面，消息来源广泛及时，并有所探求。1949 年 6 月上海解放后不久，钟

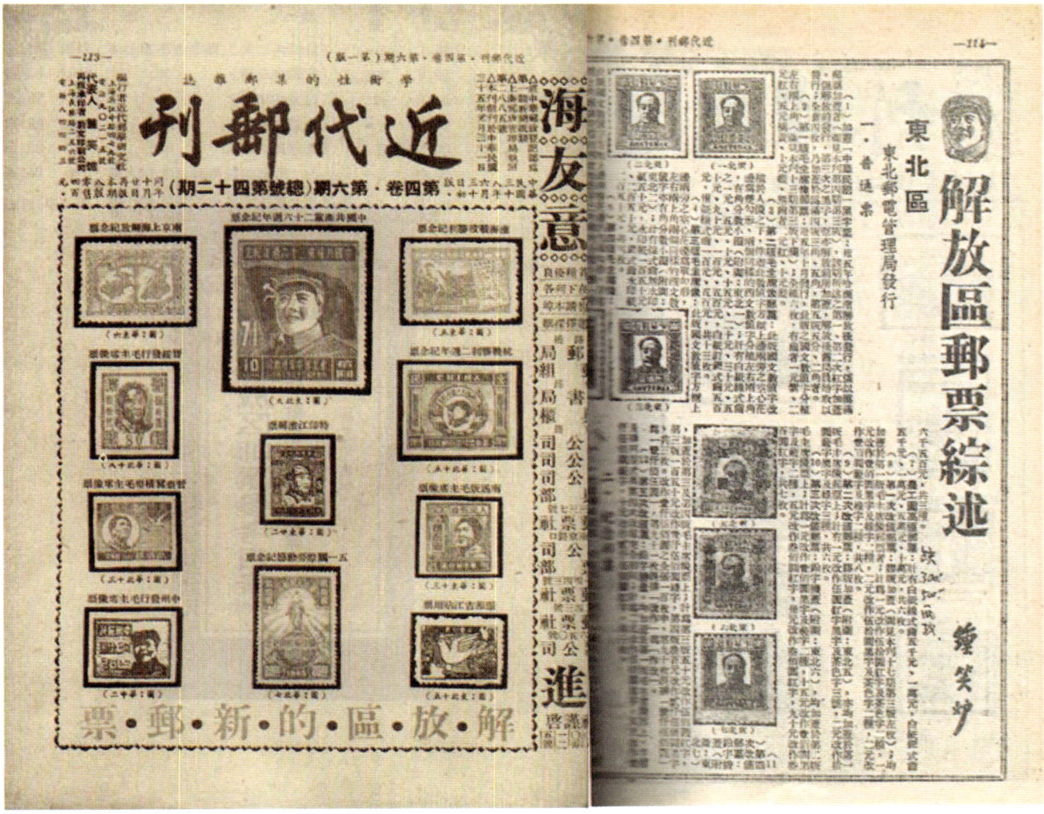

《近代邮刊》刊登的《解放区邮票综述》

國郵手册

馬任全编

1946

再版本

國郵目錄(中共票)

名稱	種類	票面	刷色	集藏記錄	編號
中共晉察冀邊區郵票	阿拉伯數字以分為單位	2分	青蓮		共1
		5分	橘黃		共2
		10分	紅		共3
		20分	棕黃		共4
		50分	藍		共5
		100分	綠		共6
	阿拉伯數字以角為單位	5角	藍		共7
		10角	綠		共8
	阿拉伯數字以元為單位	1元	綠		共9
		2元	紅		共10
		5元	青蓮		共11
中共蒙文郵票	加蓋「暫用」	5角	紅字		共12
		1元	紅字		共13
	加蓋蒙寄「暫用」	5角	紅字		共14
		1元	紅字		共15
		5角	黑字		共16
		1元	黑字		共17

[208]

國郵目錄(中共票)

名稱	種類		票面	刷色	集藏記錄	編號
中共抗戰勝利大型郵票	無水印	報紙	1元	棕紅		共18
	有水印	白紙	1元	棕紅		共19
			2元	橄綠		共20
			4元	紅		共21
			5元	棕紫		共22
			8元	海藍		共23
			10元	玫紅		共24
			12元	黃		共25
			20元	綠		共26
中共抗戰勝利小型郵票	無水印	薄紙	1元	淡紅		共27
			2元	綠		共28
			5元	紫		共29
			10元	玫瑰		共30
			15元	青蓮		共31
		厚紙	20元	翠綠		共32
			30元	淡藍		共33
			50元	棕黃		共34
	有水印		100元	珊瑚		共35
			200元	藍		共36

[209]

國郵目錄(中共票)

名稱	種類		票面	刷色	集藏記錄	編號
中共蘇皖邊毛澤東像郵票	便郵		5分	藍		共37
	印郵		5分	紫		共38
	平郵		1角	棕		共39
	航郵		2角	深藍		共39
	快郵		2角	紅		共40
	掛郵		5分加蓋改作二角			共41
	便郵		5分紅色改七角五分			共42
中共山東戰郵	毛澤東像		1角	綠		共43
			5角	棕黃		共44
	朱德像	有齒	5分	藍		共45
			1角	綠		共46
			5角	棕紅		共47
			1元	紅		共48
			3元	棕紫		共49
		無齒	5分	藍		共50
			1角	綠		共51
			5角	棕紅		共52
			1元	紅		共53
			3元	棕紅		共54

[210]

《国邮手册》介绍解放区邮票

笑炉即充分利用当时的大好形势，很快出版了第42期，并连续3期以《解放区邮票综述》为主题，集中篇幅对近20年来各种“区票”的发行情况作了全面介绍。其后的每期《近代邮刊》，均有各地的补充信息。除刊登王亚曾的《冀东区和唐山邮票》、陈印白的《老解放区邮政史话》、居洽群的《苏皖边区邮票发行史》等重头文章外，许多有见地的分析、综合文章，均出自作为主编的钟笑炉之笔下，如《晋冀鲁豫边区邮票》《旅大区的邮政和邮票》《早期的山东区邮票》《漫记老解放区邮票》《解放区邮票谈丛》等，具有较高的学术参考价值。

江苏泰州的溱潼镇解放后不久，当地苾宁邮票社的李宁和李苾兄弟二人，于1949年8月创办了《集邮月刊》，非常注意宣传各解放区发行的邮票，不仅有消息、综述，也有考证，其中的重要文章有：《我所知道的“苏中战邮”及“苏皖边邮”》《华中一分区发行的油印邮票》《东北人民邮票综述》《河南邮区邮票记略》等。

3. 整理和编纂“区票”资料

上海著名集邮家马任全，也很注重对“区票”的收集。他在1946年6月再版自己的《国邮手册》时，为了便于集邮者整理“区票”，并向更多的人宣传、介绍“区票”，新增了3页有关“区票”的内容，把印有毛泽东像、朱德像的晋察冀边区、晋冀鲁豫边区、苏皖边区、山东战邮等邮票编入书中，共收录了54种区票。这是最早公开出版的包括有区票在内的中国邮票简明目录，也可以视为以后编印各种收入区票的目录的先声。

马任全（1908—1988），江苏武进人。

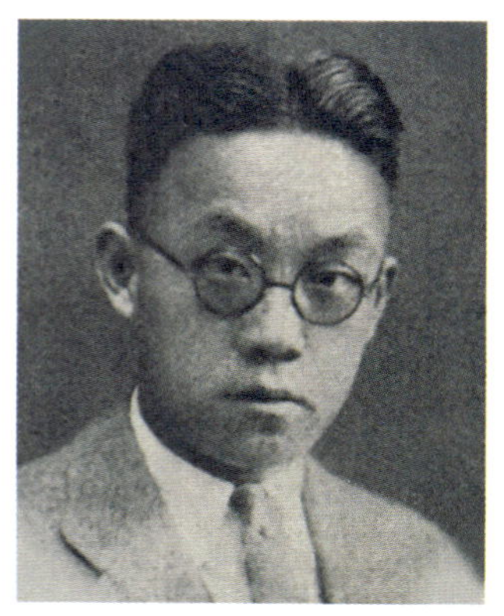

马任全

从学生时代开始集邮。主要从事清代邮票和区票的收集和研究。1947 年编写出版中、英文合刊《马氏国邮图鉴》，被国内外公认为研究中国早期邮票的权威著作。1956 年，他毅然将新中国成立前用重金购得的仅存世一枚的清代“红印花加盖小字当 1 元”旧票，连同其他珍贵的各个时期的中国邮票共 6167 枚捐献给国家。1957 年，他在莫斯科举办的国际邮展上获得银质奖。1982 年以后，他分别当选中华全国集邮联合会第一、二届副会长。

二、加盖邮票引起的搜集兴趣

追新逐异本是大多数集邮爱好者的共同心理。早年间，印制邮票几乎全是采用雕刻版，特别是那些常用的普通邮票，由于需求的数量大，经常要多次印刷。所以，即使是一些同面值、同版别邮票，因为频频添印，也常常出现版型、版式上的差异。这种情况，作为负责出售邮票的邮局是不必了解得一清二楚的，但对于集邮者就不同了，他们能够从那些相同版别或不同版别里，发现异乎寻常的东西，这也正是集邮的一个乐趣所在。尤其是在 20 世纪 40 年代初期，伦敦版孙中山像邮票单圈票的窄版、宽版的确定和其中 2 分、4 分、5 分面值票不同版型的发现，把集邮者的研究兴趣推进了一大步。

抗战胜利后，在收复区内，因为后方邮票不能及时运到，邮政部门只能临时以汪伪当局所发行的“暂售”票加盖改值使用，后来又利用已经停售的旧版邮票复行加盖“国币”改值通用于全国。这些用于加盖的原票，原本就具有版别、版型、面值、纸质、齿孔和刷色等各个方面的不同，再加上加盖的厂商又有多家，其所用的字体又各不相同，因而产生了更为繁杂的种类。特别是有些同面值、异版型的邮票，有的在邮局集邮组编组出售，有的则未被列入集邮组的编组之内，只是在一些邮局窗口作为平常邮票出售，这类邮票被集邮界称作的“组外品”。其实有的“组外品”的数量并不比“组内品”少，只是集邮组未出售，而邮人们也较容易从邮局窗口买到。各地邮刊对此都不失时机地进行了系统报道。有些集邮者也将自己搜集的心得体会撰写成文章在邮刊上相互交流，因此，吸引了很多集邮爱好者的搜集兴趣，在当时成了较热门题材。

从加盖“国币”改值邮票开始，一直延续到“长框改作”和加盖“金圆”改值邮票，以分版、分型、分纸、分齿、分色方式搜集大全套的方法，一直为不少集邮者遵循。

因为在早期和中期国邮当中，邮票上的那些特征和差异，如果深深研究起来，的确是引人入胜。尤其是对于有一定邮识与有相当搜集成效的集邮家来说，确实可以满足他们辨物入微和不断追求的乐趣。

这种情况不仅是在国内，有些外国集邮家对于加盖“国币”改值和“金圆”改值邮票的研究也很有成就，英国的 J. M. 威廉姆就是其中之一。他发表过不少有关加盖“国币”和“金圆”邮票的研究文章，并有《中国“国币”邮票 1945—1948》（*The National Currency Stamps of China 1945—48*）和《中国“金圆”邮票》（*The Gold Yuan Stamps of China*）两部专著。外国集邮人士搜集这类邮票多以这两部专著为依据。

《中国“国币”邮票 1945—1948》英文版

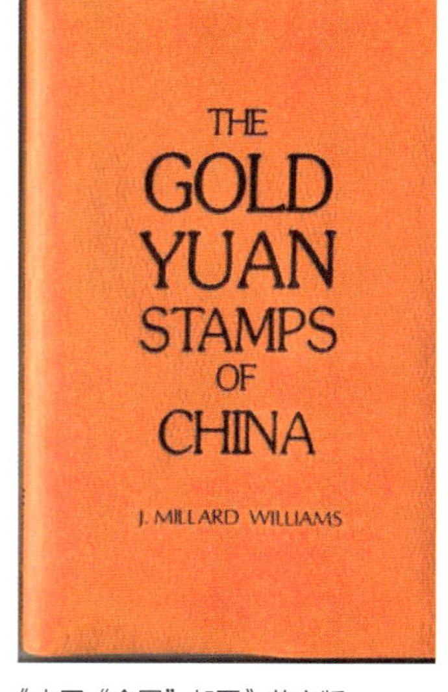

《中国“金圆”邮票》英文版

不过，这种搜集方法在当时也遭到一部分人的反对，从而展开了一场“集邮大众化”之争。

经历了半个多世纪的今天，人们不难看出这种对民国普通邮票的版式研究和搜集方法，对于提高邮识和邮学水平还是起到了一定的作用。这种传统式的集邮研究，到今日依然被相当一部分集邮家承袭。同时，这与国际集邮联（FIP）的展览规则对传统集邮的要求也极为一致。

三、对近期邮票的版式研究

集邮界对于中国近代邮票的研究，自20世纪40年代初已经开始。《近代邮刊》创办后，这类研究逐步走入了全盛时代，而在这当中贡献较大者，首先应推钟笑炉。

钟笑炉（1903—1976），广东花县人，原在上海经营广东袜厂商铺，富有才干，善于与人交往。他36岁开始集邮，曾斥购买过500枚的袋装邮票若干袋，拟对各国邮票求全。后经黎庆云介绍参加了新光邮票研究会。钟笑炉致力邮学研究，在短期内便成绩卓然，蜚声上海邮坛。他锲而不舍，终于成为国际上著名的集邮家，给邮坛增添了丰富而珍贵的遗产，对中外集邮界产生了深远的影响。

钟笑炉

钟笑炉在以后的搜集过程中，凡是遇到纸张、刷色有异的票品，都兼收并蓄。他从旧票里发现各地所出售的（同一版别、面值）邮票常有不同之处，于是他通过“新光会员录”拟了一个全国通信网，委托各地邮友为他代购当地出售的邮票，开始了对加盖邮票原票的版式、版型、纸张、齿孔以及加盖票的字体、墨色、特征等方面的研究。他在不断总结前人发现的同时，常常以令人信服的物证，充实和完善某一种邮票的版式特征。经他发现和总结出来的近代邮票版式，计有伦敦版孙中山像单圈邮票2分、4分、5分的分型，北京版烈士像邮票的高、矮版，北京仿版票版号的内在联系等。自抗战胜利起，他除继续撰写、连载《港版烈士像邮票总论》外，涉及分版、分型和版式研究方面的论述还有：《中信版样票记》《商务版航空邮票之铭版》《改作贰角邮票图鉴》《国大纪念票之版式》《论阔窄版与高矮版》《单圈二分之四种版型》《加盖金圆邮票之印花税票各版分别法》等，为版式研究和邮学研究做出了重要贡献。

陈志川在《新光》第15卷第2期发表《邮学研究如何进行》一文时，曾推崇钟笑炉的成就说：“咸知钟笑炉君之对于近代票，已入辨物入微之境，为近代票中唯一邮学专家。研究版式常于200枚一全张之票，从数百全张票中追寻细微之版式特点，考究暗记，废寝忘食，日以继夜，不达成功之境，决不稍辄。”这段论述准确地概括了钟笑炉集邮研究的特点。

这一时期，注重版式研究的还有钱希清、吴嘉祥等人。

钱希清对百城凸版孙中山像邮票有独到的研究，大多数邮人对他所主张的百城凸版票的版、纸、齿的分类还是赞同的。

钱希清（1922—2015），浙江宁波人，又名钱永昌，字希清。钱希清1941年毕业于宁波高级工业学校，长期在江西和广东公路部门工作。他参加工作后就开始集邮，先后参加了新光、甲戌、陪都、广州、首都、成都和金竹等我国早期邮会。从1942年起，钱希清开始收集研究百城凸版邮票，着重于对版式、刷色、齿孔、暗记等内容的研究，并将研究成果写成文章发表。

吴嘉祥对香港商务版航空邮票的版式研究在当时也受到人们的重视。他所撰写的《港版航空三角加盖”国币”及其原票之研究》（载《近代邮刊》3卷6期），较早地提出港版航空无水印邮票存在着两种版型：一是A型，特征为图案下边中部无横线相连；二是B型，特征为图案下边中部有横线相连。并根据版号研究出A型票共有6个印版，B型票共有8个印版。后来钟笑炉又代为补充指出：4角5分面值票，不论无水印纸或是有水印纸，都存在有A

钱希清

型和 B 型。

吴嘉祥（1908—？），山东蓬莱人。抗战胜利后在北平经营祥生贸易公司，为北平邮票会倡议人之一，曾参与北平广播电台《集邮之趣味》播音讲座“近代航空票版别之研究”及北平邮展。中华人民共和国成立后，他主编了《东方邮刊》3 期。其撰文除《港版航空三角加盖”国币”及其原票之研究》外，尚有《加盖“国币”变体票之研究》《商务版票齿孔之检讨》《华北区人民邮票之研究》等。

四、“万寿邮票”原版、再版的定论

中国的古典邮票同样存在版式研究的问题。20 世纪 40 年代在中国集邮界引起轰动的一件大事，莫如对于“万寿”纪念邮票并非是日本、上海两处印刷，实际上它们完全是上海（分几次）印刷的定论。

这个问题的提出，也是由于研究“万寿”及其加盖改值票的版式而引发的。

在 1906 年以前，中外集邮家们并不知道“万寿”纪念邮票是在何处所印，也无人对此加以研究。1906 年，上海海关造册处出版了一份《光绪三十一年大清邮政事务通报》（*REPORT ON WORLING OF THE POST OFFICE FOR THE YEAR 1905*），其中附有《1978—1905 年华邮纪要》，执笔人为绵嘉义。

《华邮纪要》首次提到“（万寿邮票）第一批在日本石印印刷，其余在上海印制”（These were cutted and lithographed the first cot in Japan and the remaining issues at Shanghai）。所以，那时候国内外集邮界一直将“万寿”纪念邮票和后来加盖小字改值的原票，称之为“日本版”。将加盖大长距或短距中的再版票，称为“上海版”。

最早对“万寿”邮票的印刷地点提出疑问的是上海集邮家宋醉陶，他在 1945 年 4 月出版的第 37 期《国粹邮刊》上，以《万寿叁分原票版模变体之新发现与万寿日本

“万寿”邮票

印之疑问》为题，引用所谓“日本”“上海”两版的 3 分银票，在每个全格的第 11 号位置都存在“3”字粗肥的修饰变体，从而他对日本、上海两地印刷的说法产生了怀疑。他列举了 4 点疑问：“1. 日本、上海相隔万里，两版何以有共同之修饰变体？ 2. 来自日本之说，系根据绵嘉义之记述，安知非为日本人印刷之误？ 3. 设为日本人所印，则可能为上海之日商印刷所承印。4. 现时两版辨别之点，仅赖刷色、纸质、背胶数点，设为日商、华商先后承印，亦可能有此。至其浸润不同之处，或亦仅为颜料不同而已”。其中心论点即所有的“万寿”各版邮票，有可能都在同一地点印刷。

陈志川在同一期《国粹邮刊》的《国邮见闻录（37）》里，支持了宋的论点。但他认为“万寿”以印刷地定名由来已久，如想推翻前人之说，须有实据。他在文章里透露，上海邮商罗门得到了《费拉尔手稿》后，曾告诉过他：“万寿确无日本版。”

1945 年年底宋醉陶又撰写了《万寿三分原票版模变体之续闻》，名义上是探索“3”字修饰变体的数量、存在位置，实际上是为了进一步研究“日本”“上海”两版还有没有其他相同之处。只是由于《国粹邮刊》暂时休刊，这一讨论遂被搁浅。

1947 年 7 月，马任全编写的《国邮图鉴》出版。首次将“万寿”票的印刷地点作了新的论述。

书里介绍，“万寿票共分三类”，其一是 1894 年所印的初版邮票，即通常所称“日本版”；其二为 1897 年所印的再版邮票，即通常所称“上海版”；其三为非正式发行的“莫仑道夫版”，也是 1897 年所印。根据当时设计及监印万寿邮票的费拉尔所著记录，万寿邮票确实未在日本印刷。故历来邮界所用“日本版”的名称，是一大错误。然而万寿邮票虽均在上海所印，其分类仍应保存，因为该票并非一次印刷，确为事实。“其区别亦甚明显也”。可是，对这个已经具有定论性质的论述，在当时仍有不同的意见。

1948 年 1 月，无锡集邮研究会出版的第 13 期《邮友》，刊登了孙君毅的《万寿票日本版及上海版乎，抑初版及再版乎》，对《国邮图鉴》将日本版改称“初版”，上海版改称“再版”的情况提出个人意见。他认为《国粹邮刊》所刊登的宋、陈二人的相关文章，只是提出疑问，“而马氏竟断然根据此疑问改称，此乃有关于吾邮学史上之巨”。孙君毅自称“余之倾向固抱旧说者，但非绝对”。他认为推翻旧说证据不足，况且“绵氏著述，附印在海关报告书内，官家文书也。棣氏图样集，私人收藏之私家文书也。吾人不信官文书而去信私文书，当无是理”。当时他对绵氏说法深信不疑，所以他还认为：“棣氏集内并未有不在日本印刷之说”，即或有，“亦不足以为证信”。

吴乐园在同期《邮友》上。也认为“马氏之改称，并不能提供确实证据，笼统简单”。

陈复祥也认为：“马氏图鉴，未有确切理由欲全国邮界推翻旧说，信从其新说，并谓邮界所用日本版之名称为一大错误，则未免胡断”。但他对费拉尔的评价与孙君毅有所不同，他认为：“棣氏人固狡猾，但其日记所载，未必虚伪”。实际上，他对日本版之说也有怀疑。

严西峤在罗列了有利于新说和旧说若

干理由后，认为："初版、再版之说，从文义与事实上毕竟还是可以通用的，至于废止前者的名称似也不必"。在这一点上，黄维的意见也和他一致。总之，大家各抒己见，进行了广泛的讨论，使当时邮坛上的学术气氛非常活跃。

国外一些研究中国早期票的专家，如美国的列文斯登、英国的克拉克（H. B. R. Clarke）等也都发表文章，以他们所掌握的资料，对"万寿"邮票在日本印刷的说法提出怀疑。克拉克《论1894年万寿60诞辰纪念邮票之发行》一文中提到：他在1947年5月，去美国费城会晤施塔时，曾谈到"万寿"邮票的印刷地点问题，施塔氏针对所使用的太极图水印纸，对所谓"在日本印刷"一事，也表示怀疑。

根据陈志川在1948年10月发表的《日本印刷之疑案我见》（《邮友》第22期）文章里得知，《国邮图鉴》采用上海版之说，是陈志川的建议。而陈志川与陈复祥都有机会在罗门处目睹过《费拉尔手稿》，但只是稍加过目，并未细读，故而不能提出足以服人的确实证据。《国邮图鉴》出版后，一些人指责马任全贸然更改"初版""再版"名称的文章不断发表。马氏为了追本溯源，造访了他的商业伙伴——费拉尔的外甥雷本，并在雷本处首次阅读费拉尔亲笔所记关于清代邮政、邮票、明信片的备忘录（即1991年由人民邮电出版社出版的《费拉尔手稿》）。马任全摘录了有关万寿邮票部分内容，如："印刷每千枚成本为5角7分""9块旧石头（指印刷邮票的石版），比新石头便宜一半。印毕返还海关"等，里面还有一段记载了费拉尔的工作情况："海关办公时间每日上午9时至下午4时半，除此时间外，每日亲往监工印刷，每张点好交印刷所，共用7令纸。"这些记录坚定了他的观点。

这部手稿当时售与了上海邮商罗门。陈志川再次在罗门处细读了它，于是"万寿"邮票在日本印制之说即被否定。从此，"万寿"即改称为初版、再版。

五、集邮"大众化"的讨论

1946—1947年，中国集邮界曾发生过一场关系到集邮方式的学术争论，争论的焦点是要不要对当时发行不久的中信版、百城凸版等邮票存在纸质、齿度、刷色等方面的差异进行传统的分类搜集。

按中信版孙中山像普通邮票的分纸、分齿、分色、分型搜集，延续到百城凸版孙中山像邮票，以及"改作伍角""划线伍角""国币""金圆"加盖等，在版式、纸质、齿度、刷色方面的详细分类，自能引起一部分集邮者搜集、研究的兴趣，但也确实有错综复杂，不知如何入手的感觉。

1946年5月，《苏州邮刊》创刊号上，刊登该刊主编李铭针对性地提出的"集邮大众化"之说。其主要论点为："集邮的意义无非是一些兴趣，可借此得到一国的地理、历史及一切其他宝贵知识。要使每一套邮票、每一枚邮票大家都有机会搜集，大家都有能力收藏。欲使华邮跟上世界的市场，欲国人有兴趣专集华邮，必须将'牛角尖'式的研究方法打破，使华邮普遍起来"。他提出"在集邮大众化的原则下，使分类的种类减少。即有发现，均可作为'暂售组外票'而论，与普通正票无关"。

李铭（1915—？），又名李鼎杰，江苏吴县人，毕业于上海雷氏德工业专科学校电机科，曾担任交通部上海电台工程师、海光无线电厂厂长等职，还先后于沪、苏两地开办工艺书局。1926 年，李铭开始集邮。1945 年，他返回家乡后于苏州邮坛大显身手，先后主编了《苏州邮刊》《邮摘》，并主持苏州邮币会工作。李铭重视邮学研究，曾在国内 10 余种邮刊上发表邮文 50 余篇，著有《集邮趣味》等书。

赞同李铭论点的有朱璐。他在名为《谈谈中信百城版》的文章里，同意李铭所编工艺版《华邮袖珍手册》的分类。他指出："中信版总理票无胶条纹、云纹、无纹土纸、中西道林纸、粗细齿孔混合票，自 1 角至 5 元共计 14 种；中版百印总理票无胶有齿、加二字暗记，专供东南邮区使用，自 3 角至 10 元共计 9 种（成文时，20 元至 100 元高面值尚未发行），无齿有 2 元 1 种；百城版总理票无胶无齿 7 种，圆孔齿 12 种，划线齿 3 种。三票相加，共计 46 种。这几种总理票，是根据集邮大众化原则而编的，不分纸型、刷色、粗细齿，已经够使集邮者搜集为难。假使经上海近代票权威孜孜地漫无止境地发掘起来，将来 100 种、200 种，甚至 1000 种亦可能，到这时候，还有人敢着手收集呢！"

这种言词似已偏离了学术上的争论，有影射之嫌。尤其他提到："切勿受近代票权威的引诱，引到牛角尖里去"。被主张对中信版及百城凸版票进行详细区分的钱希清认为是对其本人的攻击。

他从维护集邮研究出发，在 1946 年的《邮目》第 4 期和《近代邮刊》第 7 期上分别撰写了《牛角尖式的研究是什么？》《驳朱璐君所谓的大众化集邮》两篇文章。阐明他所主张的"大众化"，应该将繁复的内地版票，如何运用科学方法去研究，使之趋于简单。对于朱璐不加区别地搜集之说，认为是"因噎废食"。他主张对中信版、百城凸版票的分类，应承袭孙中山像港版票的划分方法，由浅入深达到逐步集齐的途径。

两方都主张"大众化"，一是提倡普及，一是主张专门，彼此展开论战达 8 个月。参加讨论的有：马珪芳、应幼梅、孙君毅、沈南来、范怡模、钱希清、钟笑炉、李铭、朱璐等 30 余人，登载相关文章的邮刊达 20 余种。1948 年年底，《苏州邮刊》曾预告将汇订成书，编出《集邮大众化荟谈》（终未出版）以资留念。在这场论战中，除引发者李铭、朱璐等是反对传统式的集邮研究外，多数人原则上并不反对传统研究，但为了促使集邮大众化，应提倡非研究的简单收集方式。由原来的"大众化集邮"一变而为"集邮大众化"，辩论的主题被扭曲，所以辩论也被引入歧途。甚至

集郵大衆化薈談

這是一九四六年，蘇州郵會給予中國郵壇的一顆極性炸彈，從蘇州郵刊創刊號，李銘先生的「關於集郵大衆化的幾句話」一起，引起了廣大郵友的熱烈論戰，參加的戰士有三十幾位，討論的著名郵學刊物，達二十餘種，是中國集郵界劃時代的一種運動，茲為慶祝本會成立四周紀念，特集合各家意見，彙訂成書，以資留念。

《集邮大众化荟谈》出版预告

将钱希清的观点引申为“阻碍集邮大众化，打击初集邮者积极性”的错误。而实质上，这场争论就是如何处理普及与提高两者间关系的问题。由于辩论是群众自发性的，失之毫厘，谬以千里了。

后来，钟笑炉在《近代邮刊》第13期李铭写的《从大众化到专门化》一文所加的“按语”中，做了较为公正的论述。他谈道：“邮票分类太繁复，一部分集邮者无法应付，这是事实。提倡一些简便集邮法来对这一部分集（邮）者打气，使他（们）不要灰心，这是很需要的。不过这是简便集邮法，绝不是大众化。一用‘大众化’三字，似乎叫全体集邮家都要简便法，这就觉得不妥。集邮是顶好有研究，但并不是必要研究才能集邮。把研究放到大众化三个字里去，似乎叫全体集邮者都要研究，这就是把研究看得太轻易了。我觉得钱、李二君所主张的都不错，只是‘大众化’三个字从中作祟。

“因为集邮的资格就是时间、金钱、兴趣、机会、毅力、邮识、信仰所构成。资格最浅的，任你用什么简便法，仍不能使他一定有何成就。资格最深的，任你对他说怎样研究结果，他会笑你所见未周。集邮的资格，全由各人的环境自然造成，决不能把各人的集邮资格造成大众化。所以集邮这件事，事实上也就没有大众化可能。如果把‘大众化’三个字抛开了，各就其对象而言——有人提倡简便集邮法，来对集邮资格浅薄的指引一条可进之路；有人提倡集邮应当研究论，来对集邮资格优厚的作共谋精进之图，这都是邮坛上功德无量之事，可以并行而不悖，就不用再有争辩了。

“不过简便集邮法是从权的、暂时的，因势利导，劝人采用简便集邮法是很好的，劝人只知简单的邮识就不妥了。因为人的欲望无尽，而集邮的资格变动不常，不能像学级般划分等第，限年龄以升，如使囿于闻见，未免为将来进步之累了。”

钟笑炉的这篇文章发表后，“集邮大众化”之争也就逐渐平息了。

在上述争论平息一年后，郭润康于1948年8月30日发表的《集邮概论》中指出：“在现阶段的邮坛上，有集邮大众化之说，其出发点为简化邮票的收藏而已，意义不免狭窄。”其主张：“所谓集邮大众化，是要鼓励每一个大众都有集邮的机会，这才是真正的集邮大众化”，从而形成了他一生秉持的理念并身体力行。

六、华邮“第三宝”与国币四宝的提议

1947年11月出版的《中外邮学杂志》第2卷第1期，贵阳集邮家郭润康撰文，倡议继“华邮四宝”“民国四珍”之后，应再评议“华邮第三宝”。

他列举的“华邮第三宝”的候选者有：1.纽约版2元人像倒印票；2.中信版16分粗齿票；3.湖南改作2角京版烈士13分票；4.湖北涂改5角机器、手工双加盖票。

在该刊第2卷第3期上，他又撰写了《华邮第三宝各票来历忆述》一文，将他所提名的4枚票，分别叙述了其身世来历。同时他号召说：“这一件邮人雅事，（希望）大家来品茗浅酌一番，如有好的珍品，不妨多多提出来。不过，在这里我有一点小意见，就是在选择三宝的时候，尽可能以正票为主，盖变体虽罕，终不如正票之珍

贵也。”

这两篇文章在当时较为沉寂的集邮圈里引起一连串反响。参加这场讨论的人十分踊跃，不少是当时知名集邮家，如戴郁华、张宇仲、窦莲荪、沈南来、钱希清、严西峤、刘畏三、孙培楷、赵体臣、陈炳谦、周仁樟、赵公溥、何中仁等，共 20 多人发表意见。自 1947 年 11 月起，至第二年 7 月止，历时 8 个月。《中外邮学杂志》特开辟“关于华邮第三宝之讨论专辑”供读者争鸣。其中或探讨“华邮第三宝”的历史和存世数量，或否认新三宝的珍贵性，或提出补充新三宝的意见，仁者见仁，智者见智，一时讨论十分热烈，学术气氛甚为浓厚。除《中外邮学杂志》为主论坛外，《近代邮刊》《北平邮刊》等，也都刊登了有关“华邮第三宝”的讨论文章。

1948 年 8 月，《中外邮学杂志》第 2 卷第 5 期上，特约福建集邮家徐吾行将各家意见予以综合，写出了《华邮第三宝讨论综述》一文，就所提出的总共 16 种票品分别列出赞成或反对的理由，加以综合分析。从总的方面来看，对郭润康所提出的纽约版 2 元中心倒印票意见一致，可以为确切无疑的一宝。至于其他 3 种，即便并非“黑票”，也仅可视为罕票，不宜列入“珍宝”之林。大家推举的其他 12 种票品也是同样，不宜滥竽充数，否则“珍宝”不“珍”了。

这番研讨，虽然未做出完整定论，但众多集邮者对所提出的候选票品来源历史和珍罕程度，有了更进一步的了解，也是一件十分有意义的事情。

1948 年 7 月，南京集邮家沈南来在北平邮票会出版的《北平邮刊》第 1 卷第 2 期上，撰写了《国币四宝论》，倡议将重庆大东加盖商务版烈士像有水印 3 分改“国币贰拾圆”、重庆中央加盖北京三版航空 2 角 5 分改“国币柒拾叁圆”、上海永宁一次加盖商务版烈士像有水印半分改“国币叁拾圆”和上海永宁三次加盖百城凸版 2 元无齿改“国币壹仟圆”4 种票评为“国币四宝”。

沈南来（1916—？），广东梅县人，抗战胜利后在南京开办梅州集邮社，1949 年年初返回广东老家。沈南来是位邮识丰富的专业邮商，先后加入成都、首都、广州及北平等邮票会，1946—1949 年在 10 余种邮刊上撰发邮文 70 余篇，除提出“国币四宝论”外，还撰文参与“集邮大众化”的邮学大讨论。

《北平邮刊》在第 1 卷第 3 期上，特开辟了“‘国币四宝’之讨论”专栏，并加了编者按：“希望海内先进尽量发表伟见或珍藏，以便集思广益，早日得到讨论。”

在同期刊物上，还刊登了“钧书”的文章，题为《国币四宝之首位》，建议将新发现的重庆中央加盖香港大东版橄榄绿 5 分误盖“国币念圆”票放到首位。其他 3 枚票则按照沈南来的排列顺序而下，去掉存世较多的百城凸版 2 元无齿改“国币壹仟圆”票。

他所提出的这枚误盖票，是上海集邮家陆建平发现的。陆建平在他从邮局购买的大批低面值整版票中，发现了一版此票，计 50 枚。他断定是在加盖过程中将应该用的 8 分面值底票，错放 5 分面值票造成的。

这枚误盖票在开始分售时，定价奇昂无比，颇受集邮界的非议。随着时间的推移，证实这枚票的存世数量的确不多，而

国币票“四大罕品”

且来路也很正常。目前，已为国内外搜集“国币”改值票的集邮家们所认可。

有关“国币四宝”票的讨论，不如“华邮第三宝”那样热烈。因为此时全国解放战争已逐步扩展到天津以及全国，人们对邮事有所冷落。北平解放后，《北平邮刊》停刊，这一讨论随之而中断。

“国币四宝”虽未正式定论，但这 4 种邮票的存世数量已经经受了时间考验，其罕少程度得到了人们的认同，20 世纪 50 年代后期，即被海外集邮家公认为国币票“四大罕品”。

七、对伪政权邮票的讨论

九一八事变后，全国掀起了抗日高潮，群情激愤。但是，对于日本邮票还是有一些人照常搜集。1932 年 3 月，日本扶植溥仪成立伪满洲国。7 月，中华邮政总局停办东北邮务，将邮政人员撤回关内。伪满当局全面接管东三省邮政，并开始发行伪满洲国邮政邮票。在近 3 年的时间里，关内与关外间的信件往来基本上陷于停滞的状态，关内的集邮家们对于伪邮票的发行情况基本不了解。除了个别有条件者稍事收集之外，大多数人并不问津。

1935 年 1 月，中华邮政与伪满洲国邮政实行“通邮”。“通邮”之后，担负交换邮件责任的河北邮政管理局，奉命对进关的邮件检查，十分严格。如果发现信函内夹寄伪满邮票，一律予以扣留或退回寄件人，能够侥幸到集邮人士手中的伪满邮票，寥寥无几。在这段时间里，居住于沈阳、长春、哈尔滨等地的集邮者，收集伪满邮票比起关内集邮家们则具有方便条件，所以他们仍然较有系统地从事收集和研究。

抗战胜利后，全国通信网络基本通畅。初期，广大的集邮者以胜利者的心情对伪政权所发行的各种邮票，仍然是采取照常收集的态度，特别是那些身居内地的集邮者，便努力拾遗补缺、广泛追求。因此在一个短时间内，各个伪政权所发行的邮票的价格不断上涨。应该看到，在初期这类票品价格的攀升，带有一定程度的盲目性，之后受供求关系的影响，一些属于“大路货”的邮品，价格慢慢降了下来；而属于伪组织票中的高档次邮品，像“伪华北”中的《华北邮政总局邮票汇集》纪念册，加盖“河北”“河南”“山东”“山西”“苏北”“蒙疆”六区大小字票中的“礼票”，以及上海“暂售”改值票中的组外品，“粤区粤省”中的“改作欠资”“汕头加盖改值”及“伪满票”中的“二版一角五”“通邮 13 分宽距”和未正式发行的“航空附加”等邮票，其价格则是扶摇直上。一些有经济实力的集邮者，对它们紧追不舍，致使其中某些邮品的价格，已非一般集邮者所能承受得了。

1945 年 11 月出版的《金竹邮刊》第 4 卷第 11 期刊登了世昌的《复员声中论“沦陷邮票”》一文，在集邮界引发了对伪政权邮票地位的讨论。

文章中提出：“九一八事变发生，日寇凭借武力，先是占我东北三省，创其傀儡政治机构伪‘满洲帝国’，发行‘通邮邮票’及伪‘满洲帝国邮票’。继而发动七七事变，占我华北及江南各省，创立伪‘蒙疆政府’、伪‘华北政委会’、伪‘南京政府’，先后于我国发行邮票，加盖地名及改值并加宣传文字，进而自印仿版邮票并印行各种纪念邮票等。此项邮票，虽于十数年来在我沦陷区大量发行使用，但其发行权，全操诸敌寇或在敌寇枪刺下之伪政府手中，而非迁移重庆之我国民政府所发行，故均不得称为我中华民国之正式邮票。”“国人为纪念史实而集藏此项邮票者，应当另备专册，不能混贴于我国正式邮票册簿之内，如此方能显出真伪及我国主权之重大意义。”

他针对当时对这类邮票有“国耻票”“敌伪票”“伪票”等不同称谓，认为“较为恰当之名称，应称之为‘沦陷区票’（OCCUPIES STAMPS）。”然后可分别命名为：“伪满邮票”“伪蒙疆政府邮票”“伪南京政府邮票”（其中再细分为：“伪华中票”“伪华北票”“伪华南票”）。

他在文中虽然没有明确表态应该不应该收集，但可以从中看出他的观点是倾向于可以收集的类型。

在当时持这种观点的集邮人士，占有较大的比重。持相反观点的代表者为孙君毅。他于 1946 年 11 月出版的《邮友》月刊上，发表了名为《论沦陷区伪邮之地位》的文章，从法律角度阐述了伪邮的不合法性，指出：“凡国际间之战争，某地沦陷，日后光复，其沦陷期间所发行之一切凭证、税票，除非光复者予以事后承认，在法律上概不生效，在法律上无丝毫地位。”他特别提出：“集邮家之集邮，虽不分国界，但如对象并非为一国家，而其界域又为非法占领，且占领之界，又为我国之领土，集邮家如再公认其有地位，无疑认贼作父。”所以，他主张：“在我国境内之伪票，不应列入年鉴，系名正言顺……邮人应一致严守之，勿令伪票存在，为我国集邮史上留一污点。”

随后，他在《甲戌邮刊》上撰文，提倡“邮票正统运动”，着重指出：“我国邮学正在发轫之始，不容紊乱系统。”“国土光复，凡敌伪所颁行之政令，概无效力，邮票岂能例外？况敌伪所发行之邮票，剥夺主权，摧毁民族意志，侮辱我国及盟国者，不特依法统而无其地位，即以民族立场论，亦断不容许其存在。”

响应孙君毅“邮票正统运动”的文章有：尚修的《伪满邮票地位之讨论》（载《甲戌邮刊》）、严诚的《论沦陷区所发行纪念邮票之存在价值》（载《新生邮刊》）。

有些人对孙君毅所主张的“邮票正统运动”并不十分赞同。特别是他强调的，承认伪邮的地位无疑是认贼作父的观点，更为多数人所不能接受。

归纳起来，大致有几个方面的不同意见。

其一，集邮的目的是为娱乐、考古、纪念等，非为研究法律而集邮，联系法律，可以评论邮票之地位，但不应该以其是否有地位，而决定应集与不应集。

其二，除汉奸辈认贼作父外，若集邮家仅认为伪邮有一定的地位，即被扣上“认贼作父”的帽子，未免言之太过。

其三，英美年鉴列入伪邮，若注明系非正式之伪政府所发行并无不可；若以含混而与正统票夹杂列入，吾人自应抨击之，政府亦应交涉之。“不应列入年鉴”之说，未免苛求，须知年鉴乃邮票之年鉴，并非是“忠臣列传”。

藏邮与历史相似，如果认为“令伪邮存在，为我国集邮史上留一污点”，那么，历史之书亦只能记载国家之兴盛，不能记载国家之衰败，否则即是为国家留下永久的污点。

在讨论中，也有一些糊涂观点，如在一篇《沦陷区加盖票之我见》的文章里，认为：“各地邮局原系奉令留守，其业务设施，自当因地制宜，妥为策应。况沦陷区贴用加盖票之信件，内地各邮局仍然照常投递，并未中阻，此亦足证政府对加盖票，并无轩轾也。”接着文章列举抗日战争结束后河北、山东各邮政管理局于新任局长接收之后，初期仍贴用“华北”加盖票；以及河南因国币邮票未曾发到，奉令就地以华北加盖票划去“华北”二字，而加盖国币使用；并沪局也已将暂售票7种，加盖为国币邮票的种种事例，说明沦陷区加盖票，可属于正式的中国邮票的结论。

集邮家肖伯青，在参与《近代邮刊》“关于国邮命名的讨论”时，有一个较长的章节，对伪政权邮票的身份等问题，专门进行了研讨。

他不同意将它们称之为“沦陷区邮票”，认为容易使人以为是中国邮政当局专门发行的一种限沦陷区贴用的邮票。他主张可称为“伪政权邮票”或“伪组织邮票”。并且强调：“对这类票必须冠以‘伪’字，以明身份。”同时认为，“在目录应该收录，但必须列为旁支，以别于国邮正票。”“应该算是一种国耻纪念品。”他进而阐述说，伪组织邮票在国邮上应居于从属地位，并不减低它的集藏价值。

他所持的观点是，“伪虽是伪，集仍可以集”；或者说，“集只管集，伪仍是伪”。他还着重提出：“我们认定其伪，倒不是说要把这类票全部烧光。”

钟笑炉对肖伯青的观点表示赞同：“立论严正精警，情理兼顾周详。”但也有人认为肖伯青的观点，系“折中主义”。

对伪组织票究竟应不应搜集，在当时的情况下，不可能取得一致的意见。

八、其他方面的学术研究

这一时期的集邮学术研究气氛较活跃，特别是各地邮刊的出版，为集邮学术方面的探讨，提供了足够的阵地。有些文章的立论和见解，甚至起到了承前启后的作用。如黄维发表的《关于国邮命名的检讨》，在《近代邮刊》上分载了3期后，引发集邮界展开了一场热烈讨论，持续了一年多。实际上这是为如何统一集邮名词所迈出的第一步。作者提出：“孙君毅先生编著的《邮学词典》，还（算）是我国邮学名词唯一的一本专门书籍。但那终属‘一家之言’，站在学术的立场说，暂时仍只能算是‘草案’，还有待多数学者的研讨。”随后，肖伯青的《中国纪念邮票文例》、邑丹（郭润康）的《邮学词林》等，都是这类性质的呼应。

甘木（程本正）撰写的《近代国邮发行史》《中国邮票发行简史》，陈志川撰写的《我所见闻之海关大龙信封漫谈》，李东园的《中国邮局代封票之沿革》，孙君毅编撰和翻译的《中国纪念邮戳志》《中国快信邮票志》，和郭润康的《中国军邮邮戳志》等，无论是从邮政史、集邮史，还是从邮票史、邮戳史的角度，都算是开了先河。

另外，肖伯青在他撰写的一篇《港版国父像票旁论》的邮文里，除了研究中华书局、大东书局所印制的孙中山像邮票，使用甲、乙两种母模的原因和它们之间的关系外，还不点名地揭露和批评了以孔祥熙为代表的“半官半商”“亦官亦商”的官僚资本，与民争利，稳赚公家钱的内幕情况。在当时的政治气候下，敢发表如此锋芒毕露的文章，确实难能可贵。

孙君毅在《新光邮票杂志》上发表的《邮政法诠讨》，是中国第一篇从法律角度论述邮政法的文章。说明从那时起，集邮人对集邮宏观上的研讨已经有了一定的深度。

九、对外国票品的收集与研究

第二次世界大战结束后，海外邮路陆续畅通，国内同国外集邮人士逐渐恢复了联系，品种繁多的外国邮票也从不同渠道大量流入国内。此时，在津沪各地出现了富兰克林·D. 罗斯福纪念邮票搜集热。

富兰克林·D. 罗斯福是当时国际风云人物，是美国历史上唯一连任4届、执政12年的总统。1945年4月12日，罗斯福总统因脑溢血于任上逝世。此后，全世界有近30个国家发行了邮票纪念。其中以美洲国家为最多，欧洲次之，非洲又次之，亚洲国家最少。按邮票种类区分，计有普通票、航空票、加盖票、慈善票、航空慈善票和航空公文票，还有数种小全（型）张，总计在200种以上。

还有相关邮品。如1945年卢森堡（非官方）发行的一枚贴票盖戳的纪念张，上面印着一行文字：“不用忧愁，我亲爱的孩子，我会把你送回家里的。”下面的注释是：“这句话是罗斯福总统于第二次世界大战初期，在华盛顿亲口向卢森堡女大公夏绿蒂公爵夫人说的。结果，这位伟大的人道主义者没有食言。卢森堡国永远感谢他。”这枚纪念张的图案是并列的罗斯福与夏绿蒂公爵夫人的半身像，尤为别致的是票面以欧美两洲的地图为背景，借用夏绿蒂在华

卢森堡邮票纪念卡

盛顿避难时向罗斯福说过的一句话："你要把卢森堡国家放在地图之上。"将两大洲地图连接起来，这种寓情寓理的设计构思，受到广大集邮爱好者的喜爱。在当时那种特定的历史时期，有些本来不收集外国邮票的集邮家，也都破例收集了罗斯福纪念邮票。

另一种引起人们普遍搜集兴趣的，就是世界各国庆祝第二次世界大战胜利的纪念邮票大全套。它的发行国家、种类、版别、颜色、票型比起罗斯福纪念邮票，更是规模大、数量多。由于人们求购踊跃，邮商们有时到货较少，还出现过供不应求的局面。

苏联的新票和盖销票以大型、美丽而受到邮人欢迎，此时也在哈尔滨源源到货。这一时期，国内已出现系统收集外国邮票者，代表人物有李凤岈等。

李凤岈（1901—1971），江苏无锡人，初在钱庄习业，后进上海福新第七面粉厂，随外国工程师爱格门工作。抗日战争胜利后，李凤岈晋升为无锡茂新面粉公司总工程师，兼任荣氏系统上海鸿丰面粉厂工程师，1948 年又兼无锡江南大学面粉专修科的教学工作。工作之余，李凤岈以集邮为精神寄托，其外邮收藏在京、沪两地均享有盛誉。

李凤岈的外邮收藏始于 20 世纪 40 年代中期，中华人民共和国成立前后均委托福利集邮商店顾培钧按斯科特目录拾遗补缺。他的外邮集有如下特点：1. 收集范围广，多达 150 余国和地区，至中华人民共和国成立初期，其藏品贴票簿足有百多本。2. 按传统式收集，每年购置一套新版斯科特目录，并将上年目录交邮商，按发行顺序代为补缺；新旧票兼集，包括组外品和变体票。3. 分国从首枚票集起，古典票有一定实力，中近期票较完善，沪上邮人称他为"外邮泰斗"，北京水泗宏赞其邮集是"平生所见到的最精美、最丰富的邮集"。4. 对收藏邮票均作深入研究，故邮识非常丰富。

第六节　抗战胜利后的集邮展览

抗战胜利后，国内集邮界开始出现新的气象，体现在集邮者在收集、研究、办刊、著书等多个方面有所建树。特别是南京、上海等地的邮票会频繁举办集邮展览，由邮政部门举办的集邮展览引起社会的关注。国内还有多地也举办了各类集邮展览，反映出邮政部门对集邮活动的支持和集邮者高涨的热情。这一时期的集邮展览以普及为目的，形式上也趋于成熟。在邮政部门有意识地介入和支持下，邮展规模空前扩大，社会影响力也大大加强。但随着内战的爆发和社会经济状况的恶化，集邮展览及其他集邮活动不可避免地大受影响。

一、新老邮会组织的集邮展览

国内各地由邮票会举办的集邮展览，主题不同、规模各异，多则数百个展框，少则数十框。邮展主要以展示中国各时期邮票和外国邮票为主，有的邮展还设立了临时邮局，并刻制纪念邮戳。各邮票会会刊均对邮展予以报道。

1. 重庆各邮票会邮展

在全民族抗战期间，重庆的邮人虽然骤增，却没有举办过一次由邮会组织的邮展，成为寓渝邮人的憾事。抗战胜利之年，重庆市邮票研究会即着手筹划举办邮展。1946 年 1 月 9 日，该会理事长张枕鹤起草议案呈报重庆市社会局：本会“当兹抗战胜利举国腾欢之时，为倡导集邮、辅助教育、提高文化、发扬国光起见，谨择于本年二月三日至七日假江苏同乡会举行陪都邮票展览五天，俾供中外人士之观摩”。议案获批后，又由理事刘恒生起草文案呈报邮政总局局长，请求在展场设立临时邮局，启用纪念特戳。

1946 年 2 月 3—7 日，“陪都邮展”在重庆七星岗江苏同乡会按计划如期举行。这次邮展规模宏大，展品计分国邮、陷区、边区、西邮、附属五大部分，展出邮票 1000 余套、邮学书刊 26 种 400 余份，还有集邮用品及文艺作品等，展品由艾元俊、吕兆荣、张枕鹤、姚秋农等 24 位会员提供，并得到同歆、鱼光、邮友、劳生、景吕等家邮票商社的支持与赞助。

此次邮展观展一律免费。东川邮政管理局现场设置临时邮局，赵翔云等专为邮展设计了“象御万年青”图纪念封和“精神堡垒梅花图”纪念图章各一款，供观展者购藏纪念。邮展中还举办了邮票联合义卖，所获款项全部捐献重庆市邮票研究会，充作会务基金。5 天展期内，观者潮涌不息，成为当时全国邮坛盛举，《甲戌邮刊》《金竹邮刊》《行远邮刊》《新生邮刊》《苏州邮刊》《蓉锦邮朏》等刊均予报道。

1946 年 7 月初，重庆南开中学南开邮钞币学会即在校募集基金，筹备邮钞币联合展览。该展览于当月 13—15 日在南开范孙楼开幕，展品繁多。会场设有临时邮局，还备有镌刻篆文“南开邮钞币学会展览纪念”字样的贝形纪念图章，还有拍卖部当场拍卖邮票，以及会员登记处，办理会员入会事宜。

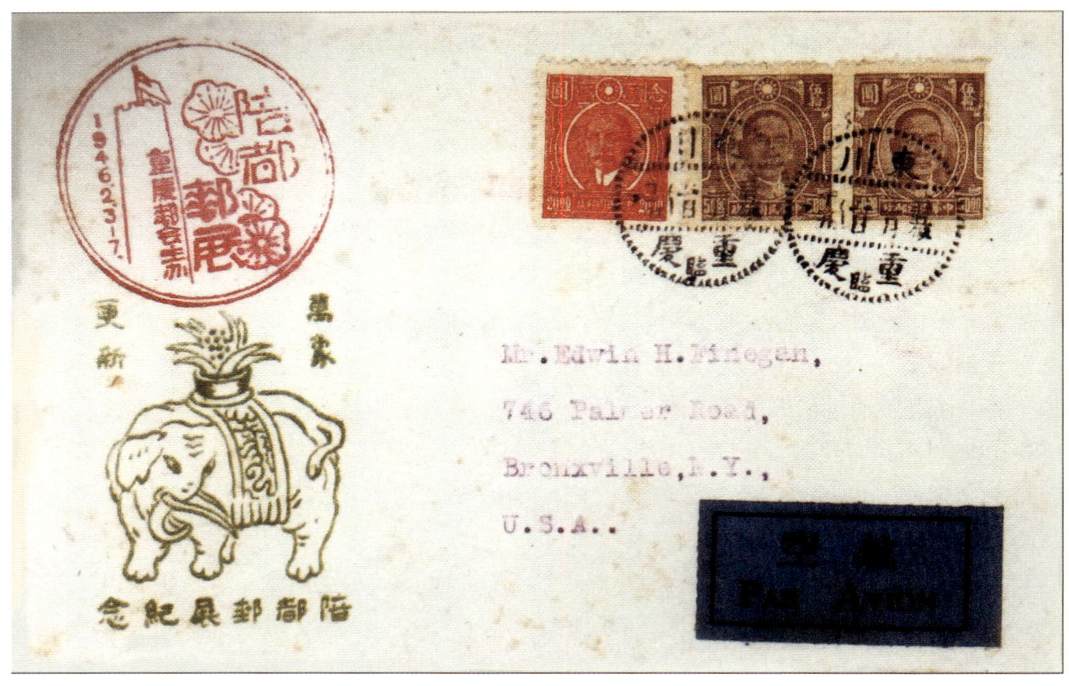

陪都邮展纪念封

2. 四川各邮票会邮展

1945 年 10 月 1 日，四川灌县空军幼校集邮同好，在该校师长交谊厅召开会议，正式成立“空军幼校集邮研究会”。同年 10 月 10 日，研究会特别举办该校首次邮展，引发同学们的兴趣，观展者十分踊跃。展出当日，备有纪念图章，章图为驾驶操纵盘及飞翔双翼，章上文字为“空军幼校集邮研究会邮展纪念”。

1946 年 5 月 12—14 日，绵竹集邮研究会在绵竹民众教育馆举办首届邮展。此次邮展共有 3 天，展品由会员方清兴、何图实、王安宁、彭光海、唐国权等提供，计有华邮、外邮、片封、特戳 4 类，共 100 余框，观展者逾 3000 人，展场附设临时邮局，邮展首日还有李有年提供的一枚以“绵竹一丛”为中心图案的纪念图章。

实际此前已有一次预演：唐仲萼等绵竹邮人曾出品参加过 1945 年 12 月 29 日绵竹县金石书画展览会的“附设邮展”，深得观众赞誉。唐君等 4 人并曾于邮展首日专函致送各地邮会会友，作为纪念。

1946 年 11 月怡友邮票研究会成立一周年之际，成都市建国中学学生丁昌佑、刘毓成、陈炳谦、祁祥麟等发起筹办邮展，以扩大宣传。元旦前两天他们即着手布展。1947 年元旦上午 10 时邮展在美术协会正式开展。会场设有两个展室，第一展室陈列苏联和美国邮票，第二展室的华邮占据一半，并有集邮书籍与用具。展品颇具规模，有 120 镜框，展场贴有富兰克林 · D. 罗斯福、乔治五世、英国黑便士、圭亚那一分品红票等大幅画像和图片。场内设询问处，解答咨询、拍卖邮票、盖纪念图章（由成

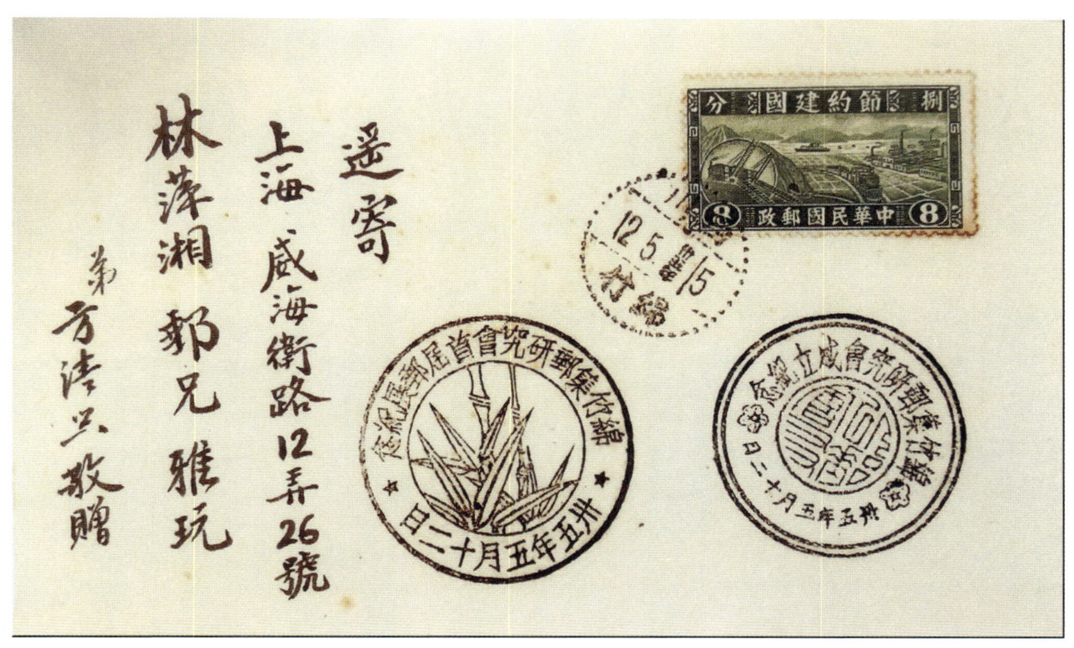

绵竹集邮研究会首届邮展实寄封

都集邮家李有年赠送）。这次展览发售入场券，共举行 3 天，还格外发行一页邮展特刊。

1947 年 1 月 1—3 日，该会在成都市春熙路青年会内举办邮展，展品以中外邮票为主，国邮中有大龙、小龙、万寿、红印花及蟠龙有无水印、加盖宋体字和楷体字，“帆船”邮票等。内中最引人注目的展品是成都集邮会 194 号会员沈君成珍藏的“民初未采用试模样票”。该票为雕刻版，玫瑰红色，四周无齿孔。

1948 年，自贡集邮学会成立后不久即着手筹备邮展。在会长张宇仲支持下，该会编辑组、研究组成员张翰于当年 5 月 1 日承办了这次自贡最早的邮票展览。该邮展设在自贡市三圣桥与八店街的长春茶馆，规模仅 30 多个大小各异的镜框，展品多以清代散票、民国时期发行的普通邮票为主，只有少数纪念邮票和国外动植物邮票。张宇仲提供了部分藏品，将我国第一套纪念邮票“慈禧寿辰纪念”邮票，首次在自贡公开亮相。

3. 苏浙各邮票会邮展

1945 年 10 月 10 日，“庆祝抗战胜利邮票展览会”在无锡三凤桥南堍无锡集邮研究会举办，在当时曾引起轰动。该邮展不售门票，免费入场，观众很多。该展览原定展期 5 天，后延长到一周，其展品由孙君毅、钟笑炉、郁璞、王祺生、宋瑜、周慕生、张建秋、张筱弃、陆肇鸿、宣庆祥、敖恩涛、窦莲荪 12 人提供，分邮票、封片、邮刊 3 类，有“万寿”等珍品多种。邮展还编印了《纪念特刊》分赠邮友。

抗战胜利前夕成立的浙大湄江邮票会，

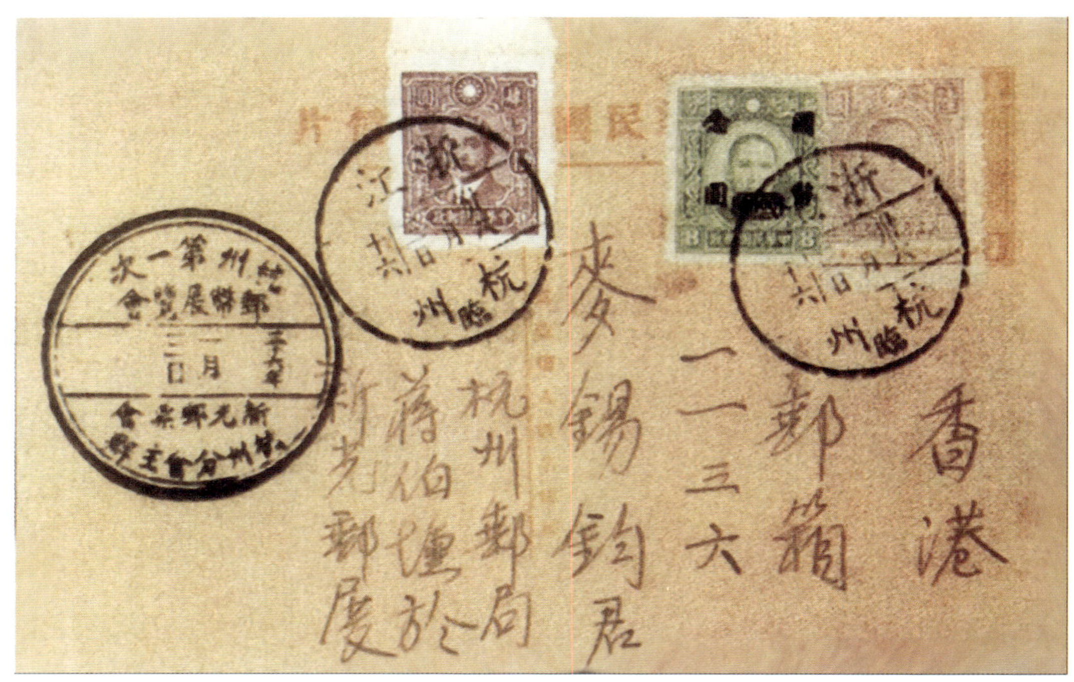

杭州第一次邮币展览会实寄片

于胜利年年底成为金竹（874 号）与甲戌邮票会（2171 号）团体会员。为提倡校内同学集邮风气，该会于 1946 年 1 月 20 日在贵州湄潭校区举办了邮票展览，会场备有“湄江邮票会 / 邮展纪念 / 三五年一月廿日”纪念图章供使用。

私立浙江流通图书馆为筹集复员经费，由新光邮票会杭州分会出面，举行杭州第一次邮币展览会，展期为 1947 年 1 月 1—4 日，地点在湖滨路浙江省立民教馆，入场券售国币 2000 元，学生凭证章半价。会场设立临时邮局，使用杭州“临”字日戳，会方另刻用双圈圆形纪念图章“杭州第一次邮币展览会 / 三十六年一月 × 日 / 新光邮票会杭州分会主办”。

出品参展者有钟韵玉、张包子俊、宋志道、蒋伯埙、俞大雄 5 人。邮票部分有解放区各种邮票，清代及民国的军邮，以及伪满、伪华北、伪蒙疆邮票，其他如明信片、信封、信笺、汇兑、储金及变体等一应俱有，并有外邮及集邮刊物陈列；钞券部分有关金和中央、中国、交通、农民 4 家银行发行的法币，以及 14 省市银行发行的法币等。全部展品多达两三万种，极为丰富。

4. 甘肃各邮票会邮展

1945 年 8 月 19—21 日，金城邮票会在民国路省立兰州图书馆举办“兰州市第一届邮票展览会”。展场为两间阅览室，国邮与外邮各占一室。提供邮品较多者为马永春、章联翔、陈明述、丁宝铨等，马永春并担当现场解答宣传。展场备“兰州市第一届邮票展览会/金城/卅四年八月十九日至廿一日”纪念图章，供观者加盖。邮会还以此图章销盖制作纪念品，随会刊寄赠会员，以留纪念。

1946年2月23—25日，金城邮票会在兰州民国路青年馆内举办金城二次邮展。展出了边区票类、国邮类（11项）、沦陷区票类、外国邮票类、邮刊用具类等，并有3幅邮票剪贴画展出。会场还备有纪念图章。提供邮品出展者为丁宝铨、朱军、海月波、马永春、马子珍、陈维瑞、陈明述、章联翔、杨露影、杨世昌、赵同春11人。

抗战胜利前夕成立的老君庙业余邮人座谈会，1945年年底以老君庙“业余集邮会”的名义团体加入甲戌邮票会。1946年3月16—17日，该会举办邮票展览会两天，镌刻双圈纪念图章两式：两者内外圈间字样均为“老君庙邮票展览会纪念·甘肃”，一式的内圈为日期；另一式为篆文“邮”字。

1946年5月5日，时为国民政府还都纪念日，也是甘肃天水国立五中校庆日。该校“五五邮会”于当日在校内举行校庆邮展，刻用一枚纪念图章，图案为梅花，文字为“校庆邮展/一九四六、五、五、/国立五中 五五邮会”。

5. 济南邮票会邮展

济南邮票会于1946年4月20—21日，在济南普利门外青年会举办了“新生第一次邮票展览会”，为期两天。因为报纸及电台宣传得力，参观者近1万人，此次展览由该会理、监事捐助邮票，盛况空前。所展出的邮品也颇有水平，自清代海关大龙起，到抗战胜利后的1946年所发行的正票基本齐全，而且还展出了伪满、伪华北、伪蒙疆、伪华中、伪华南所发行的全部邮票，可说是绝无仅有的一次。邮展中还展出了国邮版式区别图解和各种实寄封、片、简以及少量外国邮票。鲜为人知的是，展厅内另辟一室，仅供会员及集邮人士参观，不对外展出。展出了一些在当时所能搜集到的“区票”，如山东省战时邮政普通邮票，山东战邮毛泽东像、朱德像邮票，“八一”“七大”纪念邮票与晋察冀边区的大、小抗战邮票。邮展刻有圆形纪念图章一枚供人们盖销，展场并设有临时邮局。会场内设立儿童选票处，廉价专供

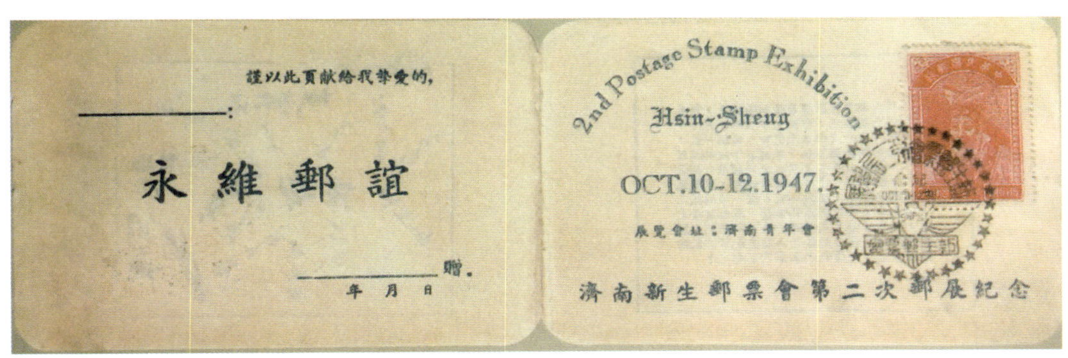

济南新生邮票会第二次邮展纪念卡

儿童，以引起他们的集邮兴趣。

1947 年 10 月 10—12 日，该会仍在青年会大厅举办了第二次邮展。此次展品除增加了新发行的邮票外，基本上和第一次所展出的相同。由于客观情况的复杂，“区票”部分未再展出。此次邮展特印制了一个对折式的纪念卡，印有“永维邮谊”4 个字及“济南新生邮票会第二次邮展纪念”，并设计一枚大型纪念图章供参观者盖销。此外，展场还设有临时邮局。

6. 广西各邮会的邮展

湘桂黔邮学会从 1946 年 9 月成立至 1949 年 10 月解散，期间共举办过 3 次邮展。

首次邮展于 1947 年元旦在柳州路局职工教育委员会会堂举办。展厅门前悬挂着用各种邮票粘贴而成的“邮展”两个大字，五彩缤纷、别有情趣，吸引了不少观众。参展者有萧伯瑜、姜士楚、周仁樟、孙祥甫等 10 余人。展品内容包括清代邮票、民国时期的纪念邮票、普通邮票、加盖邮票、航空邮票和部分外国邮票。其中姜士楚展出的变体票、趣味品等，更使观众流连忘返。邮展原定展出一天，后应观众要求又顺延了半天。

第二次邮展于 1948 年元旦在路局会堂举办，共展出中国邮票 100 多框、外邮数十框。展品内容相当丰富，有清代大龙邮票全套、红印花邮票、蟠龙邮票、万寿纪念邮票，民国的伦敦版“帆船”邮票全套、各种欠资邮票、限新省航空邮票全套以及实寄封等。邮展当日行用长方形火车图案的纪念图章一枚，展览期间还举办了邮票拍卖会。参展者均为在柳州的会员，展后留有合影。

第三次邮展于 1949 年元旦在鹅山新村办公大厦举行。此次邮展筹备时间较长，展品相当丰富。国邮部分有肖伯瑜的大龙和小龙邮票、清代欠资邮票，阎东魁的万寿邮票、商埠邮票，唐伯诚的红印花邮票、航空邮票、蟠龙加盖邮票，胡庆涛的光复、共和邮票及各种纪念邮票，柳家涛的“改作”邮票、陈继武的伪满邮票等；外邮部分主要有李玉良的蒙古票，邵德彝、夏竹君的外邮及变体票。会场也刻用纪念特戳，还设有代让邮品处。

1949 年 1 月 30 日，广西贵县举办首次邮展，由“东湖集邮社”主办。该社由陈炳谦等集邮同好 50 余人组成。该社主编的《东湖邮声》见载《贵县日报》副刊。邮展当日为农历大年初二，观展民众颇多。会场刻用一枚圆形纪念图章，行文为“东湖集邮社首次邮展纪念 / 湘桂黔 / 三十八年一月三十日”。

7. 香港中国邮学会邮展

1948 年 1 月 24—25 日，香港中国邮学会在香港中区皇后大道胜斯酒店二楼，举办了首届邮票展览。展品有萧作斌、方业光、陈江峰、郭永祺、余禄佑等人的藏品，参展镜框达 232 框。此次邮展免费参观，并赠以邮展目录纪念册和量齿尺；小学生别赠袋票。该展览的参观人数有 1500 余人。

余禄佑（1915—2005），广东香山县人，香港太平绅士。他上小学时即爱上集邮，一直坚持不懈。第二次世界大战结束后，他专集中国以及香港地区邮票，曾任香港中国邮学会副理事长，1947 年参加英国皇家集邮学会（The Royal Philatelic Soriety of Grent Britain），后被该会选为会士，成为继周今觉之后第二位获此荣誉的中国集

香港中国邮学会第二届邮展职员合影

邮家。

1949 年 10 月 14—16 日，该会在香港又举行了第二次邮票展览，参观者达 1 万人，盛极一时。展品共有 300 余框，编有邮展出品目录，具体有方业光的全部早期邮票及“临时中立”46 枚大全套，林金城的新疆航空至近代加盖国币航空票、“附加已付”及变体全部，林萍湘的金圆邮票全部及其加盖金圆邮票分齿孔、纸质、型式、刷色票 200 种，肖作斌的全部香港邮集，李颂平的第二次世界大战史邮集等。展览费用全部由港地邮友分担，并由该会理事现场解答集邮者咨询。

8. 北平邮票会邮展

经北平邮票会理事会决定并筹备，1948 年 9 月 11—12 日，在北平东单青年馆举办了邮展。出品人有王黎青、白子宪、任友三、沈正元、吴嘉祥、沙伯泉、季子荣、徐庚、马永春、马泉、韦景贤、韦诚起、常天戈、杨启明、郑汝纯、刘铭彝、刘麟、戴乐天、魏德本、苏耀南 20 位会员。

会场四周陈列票品 100 余框，场中央为 6 家邮商临时售品处。展品分中外两部。国邮含大龙邮票起至近期邮票全部、纪念邮票全部、变体邮票以及敌伪时期邮票、伪满邮票 5 类；外邮含全世界航空票、各国和平胜利票、各国罗斯福纪念票、运动类票、外邮选粹 5 类。其他如趣味品、雕刻版样、未发行样票、邮刊等均有点缀，还有珍邮摄影 1 框。

北京东单青年馆

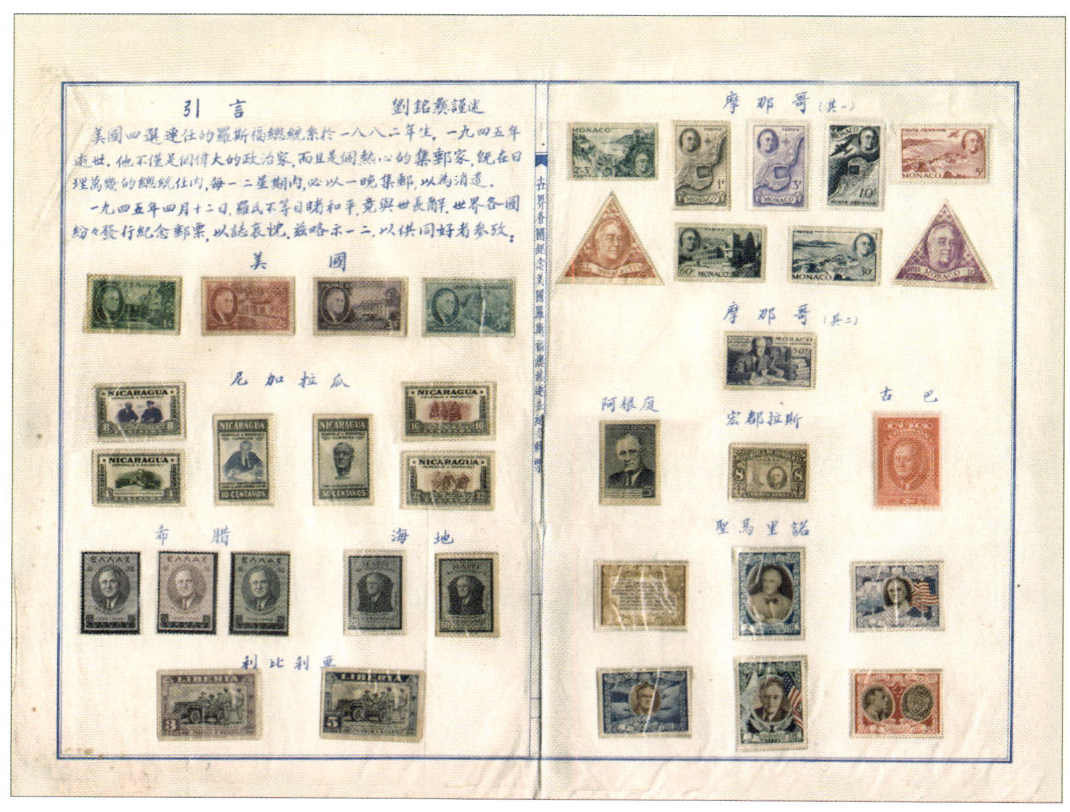

罗斯福纪念邮票展品

两天中观展者有1000余人，售出门票600张（会员凭会员证入场），展后发行《北平邮票展览会特刊》（《北平邮刊》1948年第4期），刊载邮展报道4篇。

二、邮政部门参与的邮票展览

抗战胜利后的3年多时间里，民国政府的官方邮政部门重视与支持的集邮活动，分别在南京和上海举办了规模较大的3次邮展，受到了广大集邮家和集邮爱好者的欢迎。在这3次邮展中，展出了多种珍罕的邮票，在社会上引起很大反响。

1. 南京举办的邮展

1947年10月10日，中华全国美术会在南京香铺营文化会堂主办“国庆美术展览会”。这是胜利还都后文化界第一次盛大集会。会方特别邀请邮政总局参加展出邮票。由于人手、时间和展场等限制，不便展出全部国邮，遂挑选出其中设计较佳、雕版较精、色泽较鲜艳、具有美术意味或者品种较为珍罕的62组邮票共计21框参加展出。内含“临时中立”46枚大全套和红印花小2分绿色加盖样票（即“绿衣红娘”），上端盖黑色“Specimen”横戳，另有未见发行的孔子诞辰纪念票3种、邮政50年纪念全套试模票等。但因为展出的时间短暂、邮品又不完备，此次展览并未引起集邮界多大的关注。

“绿衣红娘”——红印花小2分绿色加盖样票

时隔5个月后的1948年3月20日，正值国家邮政开办52周年，邮政总局于3月19—26日在南京新街口社会服务处二楼举行了一次空前规模的邮票展览会。接着又于4月1—3日在交通部大礼堂展览3天，前后共计11天。

在正式展览的前一天，邮政总局发出大批请柬，邀请南京当地集邮人士及新闻记者举行预展，造成一定声势。

这次邮展共展出邮票64框，按照邮展的分类，国邮正票基本没有遗漏；著名珍邮只缺红印花邮票中的小4分、小1元票。但是有一些名不见经传的票品这次首次由邮政部门公开展出，引起了集邮界的注意。如北京新版“帆船”加盖“桂”字1元至20元票5枚，加盖“黔”字5元至20元票3枚，加盖“限滇省贴用”棕色6分票1枚。还有一全组未发行的加盖“中华帝国”邮票，原票为北京老版“帆船”半分至10元票共19枚，加盖“限新省贴用”半分至1元邮票共16枚，及北京版蓝欠资邮票8枚，在当时都产生了轰动效应。

这次邮展专门印制了展品目录，还特地发行了一组《邮政纪念日邮票展览》纪念邮票。该票是以“光复”和“邮政50周年”两种纪念票为图案的大型票中票，刷桃红色，分为有齿和无齿两种，并刻制了纪念邮戳。由此可以看出，邮政当局对于集邮的倡导。

2. 上海举办的邮展

南京邮展前夕，上海新光邮票会致函邮政总局打算组织一个参观团赴南京参观

《邮政纪念日邮票展览》有齿和无齿票

邮展，后者表示同意。名誉会长张包子俊、主席理事陈志川及部分理监事梁芸斋、钟笑炉、胡新、包伟民、孙君毅、赵士骏等人专程从上海出发前往。交通部邮政总局特指派程本正予以接待。在此期间，新光邮票会还与邮政当局负责人交换了意见，建议将邮展再行移到上海举办一次，邮政当局对此表示赞同。

1948 年 3 月 24 日，新光邮票会正式致函交通部邮政总局。3 月 30 日邮政总局作出答复，上海邮展之事遂告定局。

邮政总局将上海邮展之事委托了上海邮政管理局全权办理，总局特派员程本正、陈涤新和吴凤岗协办。上海邮政管理局不少高级人员都各负其责地安排到官方展出的范围。

新光邮票会由陈志川、王纪泽、马任全、严西峤、钟笑炉、张赓伯、吴乐园、陈复祥、梁芸斋、朱世杰等理事监事负责征集集邮人士的展品。

上海邮展由上海邮政管理局局长李进禄主持、新光邮票会主席陈志川主理，于 1948 年 5 月 19 日在上海南京路中国国货公

李进禄与陈志川在上海邮展开幕式

司大厦二楼开幕，为期一周，至5月25日结束。为此，邮政总局又发行了第二组邮展纪念邮票，图案与南京邮展发行的第一组相同，只是将颜色改成绿色，仍分有齿孔和无齿两种。在会场还设置了临时邮局，上海邮政管理局集邮组也特地移到会场营业。

这次邮展的展品与在南京展出时基本相同，只增添了1枚香港中华原版2分孙中山像邮票由重庆大东书局红色加盖“国币”20元票。这枚正票真正面世应该是中华改版2分，而这次却特意展出原版原票，引起搜集“国币”改值票的邮人们不小的震动。

新光邮票会会员所展出的邮品，可称是集中国邮票之大成，无论是正票还是变体、样票，其内容之丰富，展品之精美，“空前”两个字足可当之。尤其有一个别出心裁的做法，即在邮展期间，每天必有一些新的邮票珍品轮换展出，如邵洵美的“绿衣红娘”、马任全的“红印花小1元”旧票、霍雪侯的“红印花小1元”新票和红印花原票销厦门大圆戳以及北京老版2元“宫门倒印”、吕兆荣的北京老版2元“宫门倒印”和纽约版2元“中心倒印”、王纪泽的“红印花小1元”、郭植芳的“临时中立”全套旧票和大龙薄纸4个全张，等等。因此，观众即便是每天都去参观，也会有耳目一新的感觉。所以，一周展期里，来展厅参观的人们络绎不绝。有不少外地会员，像北平的蒲山（德籍）、马永春，广州的林萍湘，汉口的许国安，南京的陈景礽，无锡的孙君毅、龚菊成、窦莲荪、张建秋，苏州的李德荣、李筱荷、陈子久、陆志新、周嘉平、钱梦方、谈祖麟、朱万钟，嘉兴的基础民等都自费前来参观。

出人意料的是，5月23日下午，被誉为“邮王”且多年未在集邮圈内露面的周今觉，在其亲戚的陪同下来到了会场，并与不少老邮友见了面，在现场引起不小的轰动。周今觉参观邮展不久，即在家中患中风卧床不起。

邮展期间，出版方每天出版一份《上海邮展速报》，由徐星瑛一人担当采访、编排、印刷、发行等工作，颇给邮展壮了声势。

邮展闭幕后的5月26日中午，新光邮票会在上海西郊郭植芳家族的花园别墅举行盛大游园会，招待上海邮政管理局局长李进禄以及邮局高级人员，并共进午餐，宾主到场共有50多人。当天下午，新光邮票会在上海南京路义利洋行西餐厅举行了一次邮展纪念特别拍卖会。晚上由上海邮政管理局代表交通部邮政总局宴请了新光邮票会参与这次邮展的有关人员和一些外地会员。

三、其他方面的集邮展览

这一时期，集邮者在举办邮展方面重新活跃起来。由多位集邮者提供展品，举办主题性邮展，或集邮者个人提供展品举办个人邮展，都在这个时期引起大量观众前来参观，渲染了社会的文化氛围。

1. 集邮者联合举办邮展

1945年8月29—31日，位于川西的崇庆集邮同好为庆祝抗战胜利，在县参议会会议室举办崇庆集邮联合展览。展品包括11类国邮：纪念、宣传、航空、特别信件专用、慈善、欠资、普通、限地域贴用、改数值、小全张、杂题及戳片、外邮

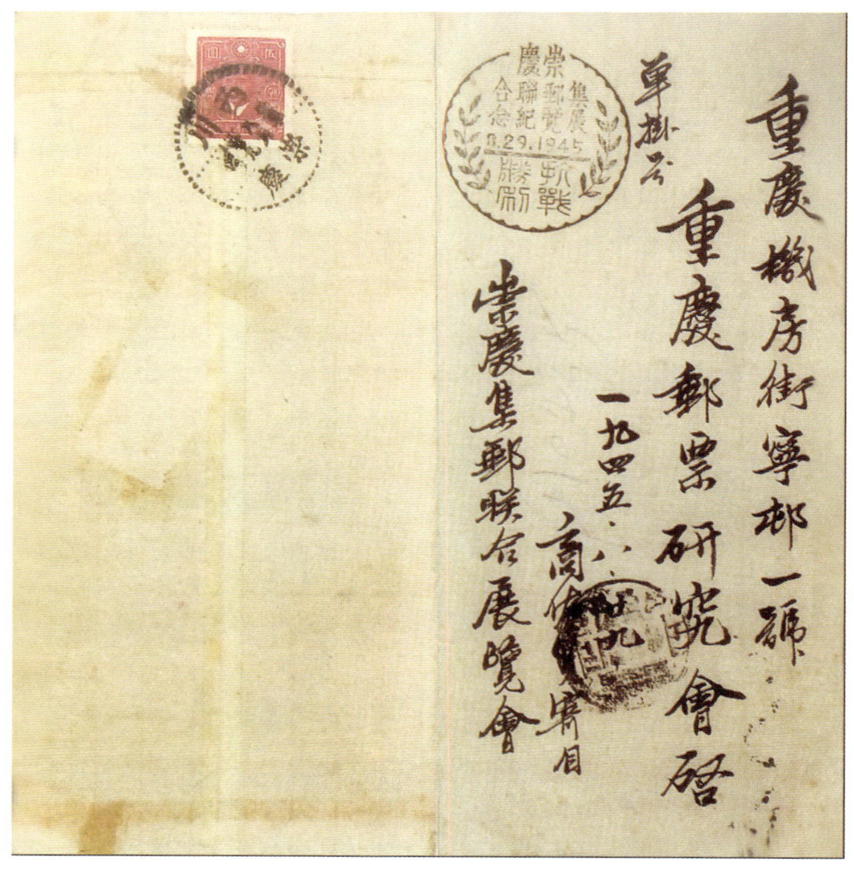

崇庆集邮联展实寄封

之类。会场备有“崇庆集邮联合展览纪念/1945.8.29/抗战胜利”纪念图章，供观众加盖留念。

1947年11月12—18日，在重庆中央公园市立民众教育馆二楼，由该馆馆长屈义林发起并主持了“重庆第二届邮票展览”。这次邮展的展室有两间，因陋就简地布置了大小不一的镜框30余个，陈列中外邮票、纪念邮戳、实寄封等，另有集邮刊物50余种，展品由该馆向同歆、劳生、景吕、锐钦4家邮社借用。

1948年1月1—3日，长沙民教馆及青年馆在长沙又一村青年馆交谊厅联合举办了“长沙首届中西邮票展览会”。这次展览的筹备工作始于1947年12月27日，由尚美集邮社吴伟俊负责征集邮品，以青年馆邮展筹备名义函请邮政当局于展场设立临时邮局。“五天后即告竣事，旋由中央通讯社发布新闻”，长沙各报均于年末刊载消息。参展的邮品有汤麟囿的英国胜利纪念专集及英美首日封、曾国华的英皇加冕专集、陈士钧的人物专集、曾宪君的各国纪念富兰克林·D. 罗斯福总统专集、吴伟俊的万寿邮票及其他中外古票等，装配成

50 余框悬挂于青年馆礼堂四壁。参观者以学生为主，首日人数已逾万，驻场邮局销售成套纪念票的收入达 700 余万元。长沙民教馆与青年馆自行刻用圆形纪念图章一枚，文字为“长沙首届中西邮票展览会纪念 /1948.1.1—3/ 青年馆 / 又一村”，由吴伟俊代为设计，请求加盖的参观者应接不暇。

1949 年 4 月 3 日，长沙市公路、电力、邮政、航运 4 个部门在民生服务处联合举办“长沙市交通机关春季联合业务展览大会”，展品除各单位提供的图表、模型、照片外，还邀请集邮家提供藏品参展。邮集由吴伟俊组织征集，除自藏的外国邮票集外，另有李相均送展的全套海关大龙、小龙、万寿邮票以及“临时中立”邮票，李弗如的长江港口邮戳集，陈复祥的中外实寄封片集等，共约 50 框。

1948 年 1 月 9 日，重庆国立四川大学（1931 年由四川成都大学、成都师范大学、四川大学合并而成）绿社为纪念并校 17 周年举办校庆邮展。会场刻用纪念图章一枚，以火车行驶铁轨为主图，行文为“四川大学十七周年校庆邮展纪念 / 一九四八 . 一 . 九 . 绿社主办”。

长沙首届中西邮票展览会纪念戳

1948 年 4 月 12 日，为纪念成都县立中学创校 43 周年，校方特于学校礼堂举办校庆邮展。展场刻用圆形纪念图章一枚，行文为“成都县中 / 三十四周年校庆纪念 / 邮票展览 / 卅七年四月十二日”。

1948 年 11 月 5 日，湖北武昌文华大学举办协友联合邮展，会场刻用圆形纪念图章一枚，行文为“文华协友联合邮展 / 卅七年十一月五日 / 武昌”。

2. 集邮者举办个人邮展

1946 年 6 月 14—16 日，新光早期会员贺伯辛与龚诰镛、周宏基在四川宜宾县民教馆联合举办邮展，展品中外古今皆备，盛况空前，并刻有纪念图章，行文“宜宾 / 卅五年六月十四 / 首届邮展纪念”，加盖信封分寄各地邮友。两个月后，时任宜宾县立图书馆馆长的贺伯辛又发动宜宾全县中学生联合美术展览会，除展览图画、劳作、美术品外，并陈列中外邮票若干框，以供集邮同好欣赏。

1946 年 10 月 10—14 日，集邮爱好者吴戈在甘肃天水中山公园图书馆举办天水首次邮展，观者很多，得到了很多赞誉。会场刻用“天水首次邮展 / 邮 / 三十五年十月十日”纪念图章。

1947 年春，广州邮票研究会 200 号会员黄耀煊应广东茂名县社会服务处李朝仪主任之邀，在家乡举办了一个国邮小型展览，设展框 21 个，展期 3 天，观者非常踊跃。

1947 年 4 月 20 日，川陕公路工务处集邮爱好者吕大维在四川梓潼西街 39 号农林部第一工程队内举办个人邮展。

1947 年 5 月 17—25 日，甲戌邮票会

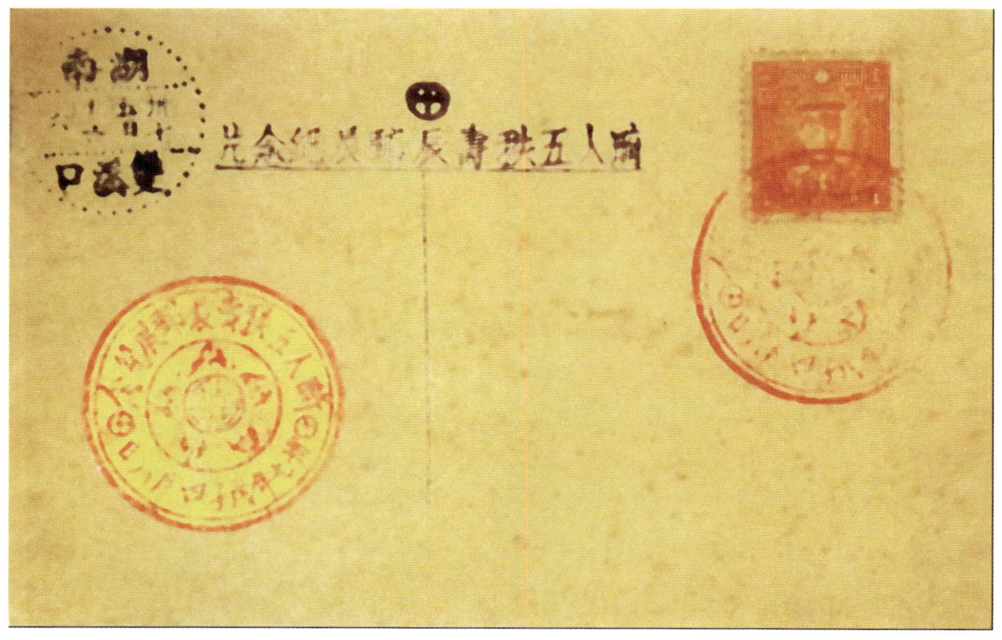

销畸人五秩寿辰邮展纪念戳的明信片

1065 号会员曾淡人于湖南芷江“淡人美术馆”内举办邮展，展览中外邮票 9000 种，分为国邮、美、欧、非、亚、澳 6 部陈列。

1948 年 7 月，福建仙游集邮者在城内青年服务社礼堂举办了仙游县首届邮展。

1949 年 5 月 16 日（农历四月八日），甲戌永久会员田奇田在五秩寿辰之期，于湖南常德双溪口田宅秀衍书楼展览个人藏品。展品有中外邮票、印花、钞券等，分装数十个镜框悬挂四壁；并张贴集邮地图及标语多帧；各种邮片、纪念简封、集邮刊物、邮币丛考、集邮用品、古钱硬币等，分别陈列于数张长桌上，布置得井然有序。展场镌用圆形双圈纪念图章，中绘五蝠，喻示“五福临门”，外圈文字为“畸人五秩寿辰邮展纪念 / 卅七年戊子四月八日”，以红色油墨供人加盖。

1949 年元旦，甲戌邮票会 2168 号会员李赋林在西安革命公园举办个人邮展，当时还曾酝酿筹组“西安邮票会”，因故未果。

1949 年 3 月 20 日，湘西桃源民教馆为庆祝第 53 届邮政节，特于该馆交谊厅举行首届邮票展览大会。前往观光者摩肩接踵、络绎不绝。甲戌永久会员田奇田出品所藏，并代为设计、镌刻“桃源民教馆主办邮票展览会纪念 / 三十八年三月廿日邮政节”纪念图章一枚。

第七节　邮票的流传与经营

随着人民解放军的节节胜利，全国解放区在不断扩大，解放区邮票的新品种也在不断增多，一些邮商看准商机，收购、囤积和销售解放区邮票，使解放区邮票的影响越来越广。这一时期，地处国统区的邮票流传和经营情况也有好转，一些珍贵的邮票和著名集邮家的旧藏易主；原有的邮票社和新涌现的邮票社共同为集邮者提供票品，促进了邮票的流通，满足了集邮者的需求。

一、邮商将“区票”辗转输入国统区

国统区的一些人为了生活或为了牟利，千方百计地从解放区购买解放区发行的邮票，辗转输入国统区销售。抗战胜利后的北平、天津，其周边大多为晋察冀边区的各分区所环绕。因边区物资缺乏，有些人就冒险把物资带往解放区，然后换成解放区邮票带到北京、天津，由邮商收购后再向全国各地销售。其中最有代表性的是晋察冀边区发行的大型《抗战胜利纪念》邮票，因其票型较大、图案新颖、印刷精致，从一开始发行，消息就很快传到了北平及其他各地，成为集邮者抢购的邮品。一些人冒着很大风险，从北平等地前往晋察冀边区，购买这种邮票带回国统区销售。

寓居石家庄的集邮者兼业余邮商解慕愚、孙瑞堂，1947年迁往尚未解放的北平。他们在石家庄购买到大约50版晋察冀边区《抗战胜利纪念》邮票与毛泽东像邮票等，絮在棉被套里，坐马车带进北平，此后陆续分让给各地集邮者。被带进天津的大型《抗战胜利纪念》邮票数量也很可观，仅仅天津的东亚邮票社经手售出的就有近万套。许多东北解放区和山东解放区发行的邮票，则是由另一些邮商和集邮者大批贩运进入北平。在1947年前后的北平邮市上，来自各解放区的邮票均有出售，同时也波及周边其他地区的城市。那些地方也多有解放区邮票公开或秘密出售。

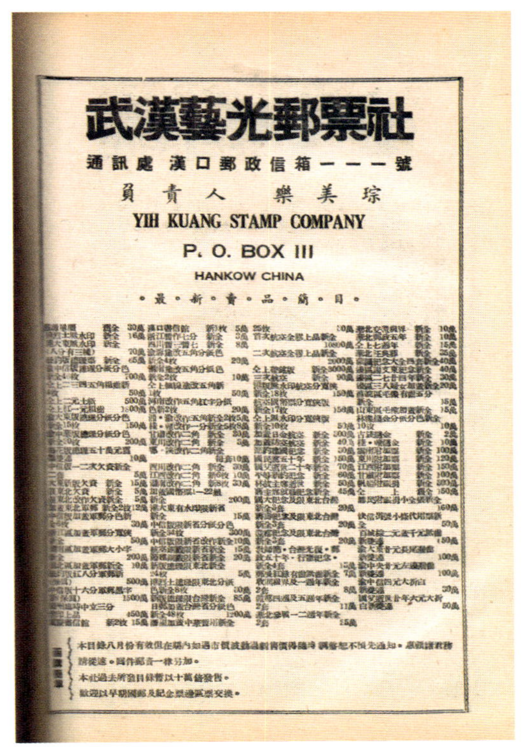
武漢藝光郵票社
通訊處 漢口郵政信箱一一一號
負責人　樂美琮
YIH KUANG STAMP COMPANY
P. O. BOX III
HANKOW CHINA
•最•新•賣•品•簡•目•

歡迎以早期國郵及紀念票邊區票交換。

艺光邮票社卖品目录

1948年5月，资深邮商乐美琮借用其妻虞英的名义，在汉口开办了以函购方式为主的新生活邮票公司，并在上海《近代邮刊》第3卷第5期刊登的广告中，专门列出“山东边区毛（泽东）像盖壹元倒盖四方连”等解放区邮票。同年7月，乐美琮经营的艺光邮票社，也在《近代邮刊》第3卷第7期上刊登整版广告，售品中也有“（东北）边区‘二七’廿四年新全”“（东北）边区‘三八’妇女（节）加盖新全”“苏皖区毛（泽东）像加盖新全”及“山东区毛（泽东）像加盖新全”等多种解放区邮票。

1949年二三月间，汉口新力邮票公司负责人、资深集邮者戴行遥，为了满足本地集邮者对解放区邮票日益增多的需求，不顾国统区有关当局时常进行的书报检查压力，在他所主办的《武汉邮风》月刊第6、7期上连续两次刊登广告，向各地邮人广泛征求“边区各种成套纪念票及各种成套邮票或邮集”，并表示“出价特高，欢迎函洽”。

二、珍贵邮品的流传

抗战胜利后，各地交通逐渐恢复。上海已停顿数年之久的海外邮路，渐趋畅通。一些曾与海外交往的集邮家和邮商，都争相以航空信与国外邮商联系，向他们征求国邮早期票。因战争刚刚结束，人心还未安定，有时回信也不是很快，而且寄来的邮票大路货偏多，难以满足一些集邮家对高档邮票的需求。像天津的波兰籍邮商瑞尔（W. Ryl），战前本为司各脱邮票公司在华代理人之一，抗战胜利后，也很快与公司恢复了联系。上海的一些经营邮票出口的犹太邮商也开始活跃起来，大量购买新发行的抗战胜利纪念邮票和加盖“国币”普通邮票，并组织出口。但由于他们的邮识有限，换回的只是外国或中国的低档邮票。

这一期间，能够购回一些国邮珍品的，当推郭植芳和周祖彭两个人。后来，吴乐园也购回了一些珍邮。

1. 周今觉邮藏的归宿

周今觉的集邮珍藏浩繁广博，在沦陷时期由小儿子炜良滞留“孤岛”，为其整理所藏，并选择复品逐渐开始出让。1940年《邮典》第5期见刊周炜良广告“名贵华邮出让：兹有少数华邮复品廉价出让”。这些转让的华邮中不乏精品。据张包平之在《邮人日记》中披露：“王振家当时正专集倒盖票，听说邮王周今觉那里有其所需复品，于是再三恳求周炜良设法相让，‘蒙邮王俯鉴其诚’，终获民国四珍中的北京老版3分暂作2分和北京新版4分暂作3分两种倒盖新票，以及商务加盖宋体字‘中华民国’一分倒盖新票等周今觉旧藏。”又据《爱邮的一生——忆纪泽》记载，1943年王纪泽见到周今觉复集中的红印花小1元新票后，便三天两头到周家去软求硬磨，加之周炜良的帮助，最终以购下全册“复集”的代价将这枚珍品买到手。

周今觉自藏精华的散出，据司马驿《周氏珍藏知多少》介绍：则多于胜利后、炜良出国前，始告易主。典型案例为：1947年，他将号称“东半球华邮之王”的“红印花小1元四方连”转让与郭植芳。出让原因一说是因家产镇江大照电灯公司案由（殷惠千说），一说是资助炜良举家出国之需（陈志川语）。此珍宝自周今觉起，及至郭植芳、林文琰等集邮家，几经流传，始终留存在中国人之手。

周今觉所藏邮票珍品在抗战胜利前已有出让，如“临时中立”1分票十六方连含有壬字头两变体，在1940年《邮典》第1卷第1期展示时，已标注为“周今觉旧藏”。“插图说明”介绍：“更有不能已于言者，此诸珍品，照片虽存，原物已不尽属寒家所有。盖十余年来，屡经丧乱，余之环境，亦与之变迁，与其忍饿而守宝，曷若割爱以偿逋。倩影空留，名姝已去，读者幸勿刻舟求剑也可。”

《邮典》展示周今觉旧藏

周今觉晚年，尚见其委托女婿殷惠千接洽渡让孤品“前清四分棕色欠资四方连”及“前清五分棕色欠资四方连”的书札，但未见下文。

周今觉身后集邮藏品的去向有两处：其一是存沪邮品，按照遗嘱法与惯例，并请王纪泽协助分割事宜，按集分成11份，由11位子女抽签各得一份。据唐无忌介绍，其母（周稚芙）抽得冠名“错中错”之英国票专集和一册中国香港票专集。其二是由周炜良1947年赴美时带出的华邮精品。司马驿（陈志川）在《周炜良教授的邮学造诣》中介绍：“周氏旧藏精品，虽多有易主，唯当民国卅六年炜良出国赴美任教之际，仍有大部分的珍品，携之同行，遥闻其集中所藏慈寿初版加盖大字长短距票四方连全套，曾使郭氏追求多年未果”。携美周氏旧藏，除周炜良留美前期因生计出售者外，余下部分安置于银行保险箱中。周炜良去世后方由遗孀交香港苏富比拍卖公司于1996年4月29日以署名拍卖形式在中国香港付拍。该期拍卖目录介绍：“本次拍卖品中包含M. D. Chow传奇式邮集中的众多珍品”。检视图录，其中不乏华邮珍品，如红印花当5元倒盖旧票、宫门倒横双连、“帆船”4分暂作3分倒盖旧票、“帆船”3分暂作2分倒盖等大珍品，最终均以善价成交。

2. 郭植芳购回国邮珍品

郭植芳于1939年开始集邮，以“有魄力”著称。开始时，他先后斥资购买了两部国邮专集为基础。经不断追求，仅一年多的时间，他收藏的新、旧各票均大体完备。郭植芳以搜集19世纪的中国古典邮票为主，他在国内各知名邮商的协助下，搜罗到珍品无数。抗战胜利后，他将购票的目光转到了国外。1945年10月，他致函国外各专营华邮的邮商，要求供应国邮高档票。3个月后，他陆续接到回信，先后从国外购回的珍贵邮票有：红印花小4分新票、红印花当5元新票、红印花小2分倒盖兼复盖新票，以及盖有1897年8月13日“琼州”单线小圆戳的红印花5元倒盖旧票。还有海关大龙薄纸5分银票25枚全张和十五连、十连等新票。通过美、英著名邮商列文斯登（L. F. Livingston）、罗斯（D. Roth）和雷奇道夫（J. S. Rachitoff）等人之手，郭植芳还购到大龙信封多件，以及已故法籍著名邮学家吉尔伯脱遗集全部，郭植芳由此声名大振。

郭植芳（1910—1967），广东中山人，生于澳大利亚的悉尼，9岁就学于中国香港，后移居上海。他16岁时考入美国加利福尼亚中学，后转学英国。九一八事变后，郭植芳再赴英国，在曼彻斯特大学深造，学习纺织机械工程，获得工程师职称。回

郭植芳

国后，郭植芳任上海永安纺织厂技师，后升任第一厂厂长。抗战胜利后，他被选为永安公司董事长兼经理。1948 年，郭植芳定居美国。

吉尔伯脱（G. Gilbert 1879—1943），法国人，留学于英国和德国，曾设邮肆于巴黎，经营罕贵邮票，经手拍卖过费拉里邮集。1939 年，吉尔伯脱去往美国，1943 年病逝于纽约。吉尔伯脱素以研究中国大龙邮票而闻名于世，他的学术研究成果也为中国大龙邮票研究专家周今觉和美国施塔等人赞赏。吉尔伯脱曾与他人合著集邮书籍数种，《吉尔伯脱论海关大龙版式函件》见刊《国粹邮刊》及《新光邮票杂志》。

吉尔伯脱遗集中的海关大龙邮票研究资料共分 3 册，是他遗集里的精华所在。这些资料大致可分为两个部分：其一为 1 分银与 3 分银票的各种版式研究，完全是先从逐版、逐号的单枚票开始，并附有图解和双连票、方连票以及断书残简的各种证明，进而复组大方连或全张；其二为大龙邮票戳的研究与搜集，包括大龙名贵票——初期的无齿样票（有圈及无圈），薄纸大龙 3 分银、5 分银新票各 25 枚全张，薄纸 1 分银十方连新票，阔边大龙黄 5 分银横 2 纵 4 的八方连新票和四方连、七方连旧票；其中阔边 5 分银票复组全张由新、旧票混杂拼成，虽略有版式所缺或重复品，总枚数也有 20 多枚，的确难得。这部遗集搜罗的大龙邮票不下 1000 多枚，而且每页均附有手书的研究成果和各种有关研究的大龙方连、大方连及全张票的照片。

这部遗集除大龙票外，其他珍品也不少，较名贵的有：海关小龙 5 分银复印新票，万寿初版 5 分银横双连直缝漏齿，红印花未加盖原票，红印花小 1 元新票，红印花小 4 分及当 5 元新票，万寿大字短距再版 2 钱 4 分暂作 3 角新票，福州“临时中立”3 分、1 元、2 元、5 元新票，“中华民国临时中立”实寄封 3 件（其一贴 1 分、3 分、1 角 6 分票各 1 枚，其二贴 1 元票 2 枚、2 元票 1 枚，其三贴 5 元票 1 枚；三者均盖销 1912 年 3 月 22 日南京邮戳），民国北京老版 2 元宫门倒印新票。其他像石印蟠龙、伦敦版蟠龙，以及民国的北京老版黄 20 元新票等，无不应有尽有。这部邮集在 1947 年 10 月的成交价格，加上佣金和其他费用要美元 1.2 万元以上，按当时的外汇牌价（1947 年 10 月 29 日：1 美金 = 49500 元法币），换算成法币后总价十分惊人（约合 6 亿法币）。所以，它的成交和回到国人之手，引起海外集邮界的极大关注。

1948 年上海邮展时，郭植芳应邀参展。其邮集中的大龙邮票 3 分银票的研究部分即占了近 60 个贴片，其余票品可想而知了。

与此同时，郭植芳以黄金 330 两的代价，自周炜良手中购到周今觉所藏的红印

红印花小 1 元新票四方连

周祖彭等人在上海郭园聚会

花小 1 元新票四方连。此事又在邮坛轰动，郭植芳因此被誉为中国的“新邮王”。

3. 周祖彭、吴乐园购回珍邮

周祖彭在美国期间，曾遍访经营中国邮票的著名邮商，如克莱恩（Eugene klein）、雷努夫（Henrt Renouf）等人，以“地利”之便，先后购得较著名的国邮珍品有：大龙宽边黄 5 分银新票、红印花原票、红印花小 1 元新票、红印花小 4 分及当 5 元新票各 2 枚、民国北京老版 2 元宫门倒印新票带下边纸，另有自大龙到北京老版“帆船”新票邮集一部，含少量变体票。如，一枚带边纸的红印花小 2 分新票，由于加盖时略有移动，造成了边纸上多盖了“大清邮政”4 个字。还有万寿大字短距 4 分和 1 角倒盖票两枚，小字 1 钱 2 分作 1 角直五连横缝全部漏齿新票 1 件。其红印花小 1 元新票，刷色鲜明、背胶完整，只是图案略向左偏，是从克莱恩处以 450 美元的代价购进。据黄光城考证：此票属小 1 元全版第 21 号，原为上一下二之 3 连票。1935 年，克莱恩曾想将其再凑上 1 个单枚拼成四方连，售与周今觉，但被周拒绝，克莱恩遂将其拆开出售，周祖彭所得为其中的 1 枚。

周祖彭，山东人，1933 年毕业于同济大学工学院机械系，是我国著名的精密机械专家。1936 年，周祖彭题名甲戌邮票会。当时周祖彭任职南京军政部兵工署，抗战时随兵工署西迁重庆，在此期间与吴乐园交好。抗战胜利后，周祖彭奉派赴美国考察采购军需器械，时间为一年。当时他对国邮的搜集兴趣很浓。回国后，他又加入无锡邮票研究会及首都集邮学会，并于

1948年上海邮展现身。

从重庆迁到上海营业的吴乐园也不甘落后，多次从国外购回国邮珍品，以供应门市。此时，国外的高档票价格比之国内要便宜很多。如1946年前后，红印花小4分新票在国外仅为五六十美元，而国内则要高4至5倍，所以从国外购进国邮高档票出售是有利可图的。吴乐园虽是从邮商角度上从国外购回一些大龙、万寿、红印花以及“宫门倒印”等珍罕邮品，但在客观上也起到了促使珍邮回国的作用。

吴乐园（1913—2007），浙江东阳人，1936年加入甲戌及新光邮票会，1942年受聘为甲戌邮票会顾问，1943年任重庆邮票研究会常务理事，同年在渝开办国宝邮票公司。抗战胜利后，吴乐园迁至上海。1947—1948年，他当选新光理事。吴乐园的华邮收藏宏富，其藏品参加过1948年上海邮展。1949年，吴乐园移居台北后，专心致力于搜罗各种早期华邮，著有《红印花加盖邮票专集》等专著。

吴乐园

4. “纽约版2元中心倒印”票的出现

抗战胜利后，在集邮界引起轰动效应的事情莫过于纽约版孙中山像2元中心倒印票的出现。这枚被追誉为“民国五珍”的特大变体邮票，与早年的北京老版2元“宫门倒印”邮票，堪称是中国邮坛上变体票的珍品。

早在1946—1947年，《邮侣》即对此事“内幕”作过长篇累牍的报道。该票于1945年11月底自东川邮局集邮处售出，由郑氏兄妹在所购1整卷邮票中检出“纽约倒”一全张，并由当时就读南温泉中学的郑晴初经手与重庆邮商王劳生、艾元俊联系后分拆散出。

该全张票在分拆前，曾拿到南温泉照相馆留影（此照于1950年在香港版《国粹邮刊》第5卷第1期上披露）。1946年2月，由艾元俊提供的“纽约倒”四方连，在“陪都邮票展览会”上首度公开亮相。

“纽约倒”的分拆，从重庆传到上海、再至香港，绵延半个世纪之久。在渝由郑晴初分拆了15枚，过手这批邮票者有艾元俊、吕兆荣、郝崇佩、范兰如、张枕鹤、郭晋康、刘恒生、贾淡园、荣宝澧、王劳生、柳志川、姚秋农、张包平之、谈贵生、蒋伯埙、戴无涯、叶季戎等。余票由郑父郑栋林保管并携至上海，经邮商吴乐园洽定“运销合同”买去20余枚。

5. 港版无齿票与“赈济难民”原票的出现

1945年10月，华北、华中各地邮票社直接、间接地从广州购买到一种香港中华版5元无齿票。起初，该票的上市量很少，或是单枚，或是方连，最多也只是6至8枚的大方连，售价很高。由于前几年

纽约版孙中山像 2 元中心倒印票十方连

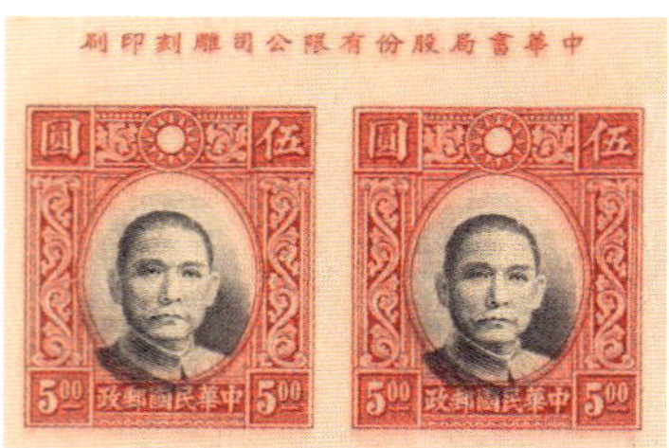

香港中华版 5 元无齿票

邮市上也有过香港三联书局所印孙中山像、烈士像和欠资无齿票出现，所以，很多邮人都在未细究其来源的情况下，争相购存。不久，集邮者发现这种票愈来愈多，售价也在不断下降。最后，在京津沪邮市上，竟然出现了 50 枚的全张无齿票，甚至见到 300 枚的大全张，而售价只相当于当时两封平信的邮资。每个集邮者都有一种被愚弄的感觉。经过一些集邮人士互通信息，才逐步了解到中华版 5 元无齿票出现的真相。

日军入侵香港后，中华、大东、商务 3 家印刷厂即被查封。日军在搜查印厂时发现了许多已经印好尚未交货的邮票和一部分虽已印好但未打齿孔的半成品，还有很多印坏、报废的废品。日本军队将印好未交货的邮票，统统交给了伪华南邮政总局，对那些半成品，则设法刷上背胶、补打齿孔，陆续交给了汪伪邮政总局。此时，因为管理不严，曾流出少量的全张无齿票。经过后来统计，在抗战胜利的前两年，所流出的港版全张无齿票有：中华版 3 分、1 角 5 分、1 角 6 分；大东版 8 分、1 角、3 角；商务版（烈士像）半分、1 分、2 分、4 分、5 分、1 角 5 分、2 角、4 角；（欠资）5 分、1 角、2 角、5 角、2 元。

至于 5 元无齿票则全属废纸。抗战胜利后，辗转流传到广州废纸商人手中，当作糊纸盒、做纸袋的材料。由于数量太大，有一部分低价卖给了广东南海县盐步造纸厂，准备回炉造纸。此事被广州邮商何君侠得知，遂到造纸厂加价买到了尚未销毁的部分，有几百斤。由于都是印刷时剔出

《赈济难民》附捐邮票未加盖原票

来的废品，折白、移位、偏印的很多，甚至有人像中心倒印等。何君侠很会做生意，他将这些不同类型的废票，分门别类地从全张剪成双连、方连，作为“变体”票出售。毕竟因为它们的数量太大，所以到后来才一再降价，不得不将300枚的印刷全张，裁成50枚邮票全张出售。可见这类“无齿票”，有的属于半成品在非常时期因管理不严而流出，有的则属于废品，是邮商人为造市，并无多少价值。

《赈济难民》附捐邮票未加盖原票的出现，则与此不同。这套邮票早在1941年10月即由美国钞票公司印齐，原计划从纽约分两批运至印度再转中国昆明进入国内。第1批邮票共有11箱，因太平洋战争爆发，轮船在运输中被击沉而损失了8箱，另外3箱则被日军截获。这样不得不在1942年12月由美方补印，到1943年2月才运到昆明。而此时国内邮资已经变动，所以要在普通邮票和小全张上加盖新的面值发行。

1948年年底，在上海邮市上忽然出现未加盖的《赈济难民》附捐邮票原票5种（仅缺少原面值1元加1元者1种），是从日本寄来的，当时要价很高。集邮人士推断，此为当年日军截获之物。因有中华版5元票的前车之鉴，再加上此时已处于新中国成立前夕，所以购买者并不是很多。

三、邮票商社的经营

抗战胜利后，国民党统治区的上海、南京、天津、北平等地的集邮活动明显回暖，那些与集邮密不可分的新、老邮票社也展现出一派复苏的景象。武汉、广州、重庆、成都、济南、青岛等一些城市的邮票生意也渐渐好转。

1. 各地著名的邮票商社

上海原有的伟民、华外等邮社，一改在沦陷时期的“等主候客”作风，或是编印售品目录，或是开展函购，或是利用邮刊刊登醒目广告，用以招揽生意。

除了这些中档的邮票商社之外，还出现几家供应高档邮品的邮商和个人，其中较有名气的是吴乐园的国宝邮票社。国宝邮票社实际上是业余兼营性质，但是吴乐园的活动能量很大，很会做生意。

供应高档邮品的邮商，还有严西峤、赵士骏，以及外侨罗门等人。至于久负盛名的老邮商如朱世杰、陈复祥，虽然仍在营业，但是可以供应的高档票品已不是很多了。

位于上海四川路的成记邮票社以出售中、低价的中外邮票为主，兼营批发与出口。抗战胜利后，该邮社扩大规模，在静安寺路和北京西路另设两个分社，并将总社的阁楼辟作邮票拍卖市场，于每星期六下午举行一次拍卖活动。当大宗邮票交易火热之后，该社每天以特制的黑板对外公布大宗邮票的交易牌价，这同当时的股票市场做法相似，颇吸引了一部分大宗邮票的囤户。因为每周的邮票拍卖始终不衰，上海的邮人也时常在这里会晤，同业邮商也都乐于驻足。

作为主业经营，成记邮票社还出版过3期中国邮票目录。该目录与别家出版的略有不同，系自清代大龙邮票起，至民国现行票为止，逐项编排，无论有货与否，一律标价，并有插图和简易的版式区别，所以很受集邮者的欢迎。到了后期，由于物

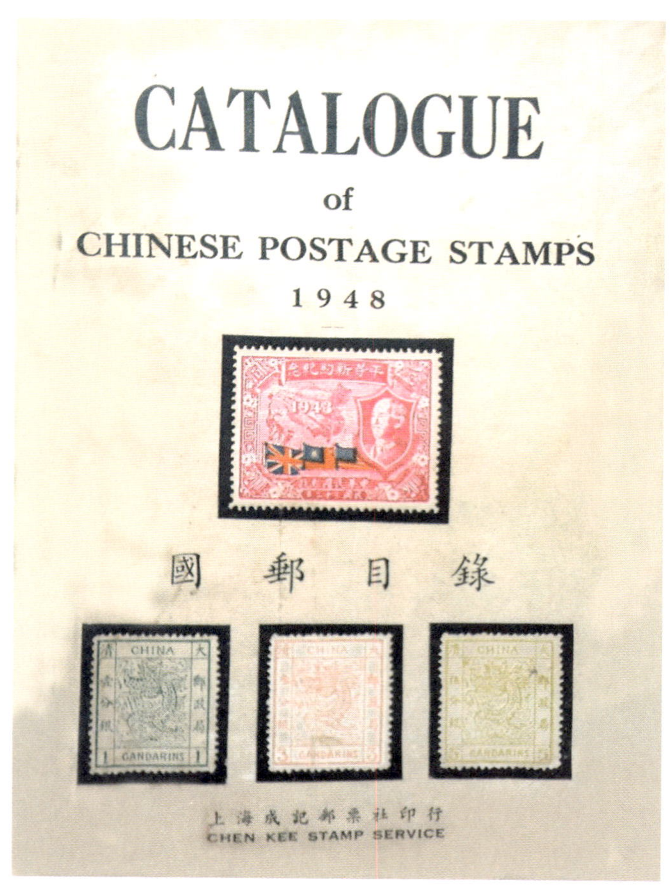

成记邮票社《国邮目录》

价波动较快，标价改用“邮币”计算，所谓“邮币”，实际就是黑市美元的代名词。

在天津，原来已经歇业的文利、盛大邮社，此时又恢复了营业。劝业场里的大新、东亚邮票社的生意也都十分红火。尤其是不断出现的东北地方加盖票和解放区票，吸引了不少新老集邮者。由于美国军队到达天津，不少美国兵也在购买中国邮票。此时，一家国际邮票社在外侨主要居住地区的小白楼开业了。该社以出售中外邮票为主，其对象多是外国邮人。

北平方面，除原有的东亚、诚记、志生邮社外，韦景贤经营的金光邮币社从东北迁来，更名为北平邮票社，后又改称北平邮币公司，并出版《北平邮刊》，成为抗战胜利后华北地区长期出版的邮刊。

其他地方的邮票社也十分兴旺发达，较著名的有南京的慕仑邮票社（负责人钱慕仑）、伟光邮票社（负责人潘伟光）、汉口的艺光邮票社（负责人乐美琮）、济南的世界邮票社（负责人王育和）、重庆的景吕邮票社（负责人刘瑞章），同歆邮票社（负责人刘恒生）、劳生公司（负责人王劳生）、成都的蓉锦邮票社（负责人李弗如）、锦星邮票社（负责人李有年）、福州的中外邮票社（负责人陈院生）、沈阳的盛京邮票社（负责人雷振甲）、长春的艺光邮票社（负责人邓学攸）、邮友服务社（负责人丁少田）、松江邮票社（负责人苏子西）等。这些邮票社的主事者大都有一定的邮识，他们的信誉和邮德，大多数还是无可挑剔的。为了招揽生意和宣传集邮，有的邮票社定期出版邮刊，如《北平邮刊》《中外邮学杂志》《邮侣》《蓉锦邮朏》《邮友》等，在当时有一定的影响。

香港的邮票商社也很发达。较著名的有晶记士担公司，负责人为麦钧锡，邮识较为丰富，与内地集邮家多有往来，门市部在上环楼梯街。位于德辅大道亚历山大大厦里的陶兴古玩铺，主人丁伯钊系香港资格较老的邮商。还有一家与内地通信较多的之希集邮社，门市设在九龙弥敦道 70 号。再就是位于西营盘东边街 35 号楼下的任致全，他是位集邮家兼作邮商。此外，随着解放战争的节节胜利，内地的一些邮票社及个人也有迁往香港的，像上海业余邮商胡新，由上海到香港，依然做通信生意；集邮家林萍湘等人自广州到香港后，也当起了邮商；谢植勋由广州迁到香港，与其兄谢洪合伙做邮票生意。

这一时期，各地还有一部分集邮家，或用某某邮社名义，或用个人名义在邮刊上刊登广告，出售邮品。其中也有一些知名人士。不过他们的目的有的是处理复品，有的是以邮养邮，并非是正规邮商。

邮商的存在有助于丰富集邮者的藏品，提高他们的邮集水平，推动集邮活动的广泛展开。他们对中国集邮活动的贡献，绝不是仅仅供应几枚珍邮。但是，也应该看到，各个时期都有少数邮商、邮贩丧失邮德，制假、贩假谋取不义之财，其恶劣影响，甚至累及后世，给中国集邮带来损失。

2. 邮票通信拍卖的兴起

邮票公开拍卖本不是什么新鲜事物，早在 20 世纪 20 年代初，上海、天津等地的拍卖行就常常举办。后来，新光、甲戌及天津等地的邮票会在会员内部开始举办单纯的邮票、邮品的拍卖。

邮票通信（当时习称“通讯”）拍卖是 20 世纪 40 年代令集邮界关注之事，中国

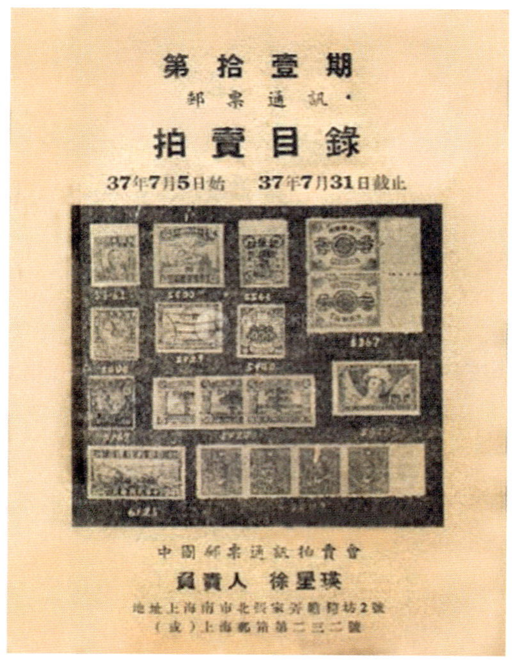

中国邮票通讯拍卖会拍卖目录

的邮票通信拍卖始于 1947 年 9 月，每月一次。拍卖目录前 9 期为油印，第 10 期起，改为 32 开铅印书本式，封面上配以当期拍品的图片。拍卖会的主办人为徐星瑛，对外名义为“中国邮票通讯拍卖会”。其章程比较简单，规定“凡诸集邮同好皆可委托办理”，拍卖品“每人每期以 50 号为限”；对买方的要求是“任何人皆可按拍卖邮票底价以上之合意价格，进行投标”。并规定：“邮品拍出后，向出品人收取佣金百分之八。”

此时正逢集邮名家汇聚上海滩，集邮热潮方兴未艾，而徐星瑛又值盛年，精力充沛、交际面广，所以每期的拍卖都能征集到一些不太常见的高档邮品。一些名家如郭植芳、王纪泽、马任全等人的收藏中有一定数量的复品，有时也会出一些物美价廉的“俏货”来壮声势，故而在邮票通讯拍卖举办不久，即收到很好的效果。一些民国中后期的纪念新票，所标底价大多比市价要低百分之二十，有时投标以略高于底价的价格即可成交。

徐星瑛在广告里选用“以有易无”4 个字作为宣传用语，很为当时一些集邮家所赏识。从每次拍卖结果来看，成交的数额还是可观的，不少名贵邮品在这里找到了新的归宿。据不完全统计，经通信拍卖而售出的各种名贵票品有：“大龙”7 套，“万寿”4 套，“小龙加盖大字长距”（俗称北海票）两套，红印花小 4 分四方连及单枚、红印花当 5 元正盖及倒盖各 1 枚，“蟠龙加盖西藏贴用”3 套，“临时中立”欠资 6 枚，单圈小字限滇省贴用票等。此外，还有华德路半色试色等样票。

受徐星瑛的影响，天津邮商雷润生于 1948 年间创办了“大新邮钞通讯拍卖”，吸引了一定数量的邮人参加，初期效果尚佳。但通信拍卖毕竟不同于现场竞拍，拍卖品的品相就不那么直观。如果目录上标注不清，成交后，很容易引起争议。再加上那时的通货膨胀愈演愈烈，到 1948 年夏天改行金圆券后，物价一夕数变更是常事。通信拍卖的时效为一个多月，邮品成交后再付款，时间一拖，常使卖方利益受损。于是 1949 年 2 月徐星瑛出版第 18 期邮票通信拍卖目录时，即将标价改为银圆。到上海解放前夕，总共举办了 21 次这样的通信拍卖。

3. 邮商囤积邮票

抗战后期的上海和其他地方一样，物价上涨，投机倒把之风盛行。人们为求保值，也多购买物资储存，集邮家们也不能例外。而他们当中的少数多财善贾者，则将邮票视为“筹码”进行囤积。

上海米高美舞厅的大股东蒋锦松，即为当时邮票囤积大户之一。抗日战争胜利初期，他还囤有纽约版孙中山像邮票近万套，港版航空邮票、欠资邮票及港版烈士邮票近万套，上海“暂售”票1000套，“暂售”加盖国币票则有5万套……类似这样的邮票囤积大户，在当时的上海很有几人，如王振家、陈海忠等，后来都获利丰厚。

随着抗战胜利的来临，国内各地邮市一度兴旺。那些经营邮票出口的出口商也十分活跃，把成百上千套的纪念邮票出口到国外，从而启动了纪念邮票和成套普通票的大宗交易。原来的一些囤户时来运转。于是在一些大城市除了集邮家与邮商之间的常规生意之外，大宗交易也形成了一定的气候。

最初作为“筹码”出现的邮票为“庆祝胜利”和“蒋寿”两组纪念邮票，还有7枚1组的“暂售”加盖“国币”改值普通邮票。后来，其他纪念邮票陆续发行，像“国民大会”“还都”“教师节”“台湾光复”等邮票，也都成了“筹码”，被用来大宗交易，或是出口，或是囤积。但是很快有一件事，给邮票囤积者一个很大的打击。

1947年3月，为纪念国家邮政开办50周年，交通部邮政总局在美国订印了1组纪念邮票，全套5枚，计划在当年发行。为防止发售时邮局窗口拥挤，各地邮局特办理预订，并限定每人或每一团体至少预订10套，最多为1000套。预订期限为1947年7月15日至8月20日。

这批邮票的总数为4000万枚（800万套），于1947年9月中旬全部由美国运抵上海。由于外汇短缺，行政院拒绝签发许可证，使得这批邮票一直压在海关关栈，不能提取。经过一连串地纠缠交涉，直到12月中旬，这批邮票才办完进口手续。待到12月16日正式出售时，由于此时的平信邮资已由年初的500元调到2000元，上涨了4倍。这组印刷精致的纪念邮票马上成了派不上用场的低面值，自然而然地成为“垃圾票”，连出口都得不到青睐。尤其是在预订这种票时，每千套要折合5石米的价钱，可是到了出售时，每千套票只值1石米。并且各地的集邮台还在源源不断地供应。所以，起初预订“邮政50年”票准备囤积的大户，无一不是“大蚀本”的结果。

1948年8月，改行金圆券后，邮政总局曾颁布会字第191号通令，拟将中信版小额邮票直接作为金圆使用。早得信息者事先已纷纷多方设法大量购进中信小额票，意图在不久的将来牟取暴利。后经集邮界有识之士呈文反映，邮政总局遂收回成命、暂缓办理，使借机囤货发财者的行为未能得逞。

然而，终究由于邮局供应失当、调配不妥，以及币值混乱等因素，使邮局库存邮票堆积如山。在金圆面值邮票发行之后，国币面值邮票仍未废止使用，所以到了金圆券贬值的时候，集邮者们仍可以按300万比1从集邮台大量购到国币面值的邮票。

此时，平、津地区受解放战争影响，邮票投机之风已然停止。而上海的邮市则出现了畸形的狂热，对于那些抗战胜利后发行的纪念邮票和特种邮票，一次5000套、1万套地成交，已属平常之事，即或是5万套、10万套的交易也屡见不鲜。

时隔数十年后，各地邮市上这类民国后期的廉价纪念邮票和特种邮票还很常见。这些当年大宗成交的遗留品，市价一直上不去，关键问题就是囤积的数量太多了。

4. 臆造和伪造的邮票

随着集邮活动的再度活跃，集邮者对邮票和集邮品的需求明显增加。在这种情况下，一些不法邮商炮制了臆造的和伪造的邮票和实寄封，而且涉及多个领域。这种造假行为不仅坑害了集邮者，也使刚刚活跃的集邮活动受到影响。

（1）臆造东北地方加盖票

抗战胜利后，中华邮政总局通令各光复区，命令原有的邮局人员做好看管工作，等待接收。同时指示他们不许停顿邮路，要照常收寄邮件。东北各邮区的邮政管理局和一些邮政局在未接到总局统一发行的邮票之前，为了通信的需要，只能使用以伪满邮票为底票的临时加盖邮票，加盖文字大多为“中华暂用”“中华民国”“中华邮政”等。正是在这种特定的环境之下，集邮家们对东北光复后所发行使用的各种邮票，有很大的兴趣。平、津、沪、宁等地的邮市上，屡屡出现新品种的东北地方加盖票，销路一直很好，形成了当时的一大热门。尤其是上海的《近代邮刊》，每期都以“有闻必录”的方式加以报道，更增加了人们的收集热情。不止在国内，国外的集邮家搜集东北地方加盖邮票的也大有人在。

过了一段时间，集邮者发现，这类东北地方加盖邮票竟是源源不断，而且品种层出不穷，不但加盖的地名越来越多，同一个地名的加盖邮票上也出现了红、蓝、黑、紫等各种加盖颜色的文字。他们还发现，有些地名在地图上根本查不到，甚至还有一些非常古怪的地名，细究起来，才知道那只不过是一些邮政代办所的所在地。这种买不胜买、集不胜集的情况，使得不少集邮者产生了被欺骗、被愚弄的感觉。随着事态发展，内幕情况逐渐为人所知。原来是一小撮不法邮商为了攫取不义之财，利用胜利后大量流失的伪满洲国邮票，刻制假戳、拼凑铅字，进行私盖，臆造了大批所谓的东北地方加盖邮票。他们甚至还伪造了不少实寄封，在中国邮票史和集邮史上留下了不光彩的一页。

经过半个多世纪的努力，东北地方加盖邮票鱼龙混杂、真伪难辨的状况，在今天基本得到了清理。凡是通过正式渠道发行的东北地方加盖票，不论是国民党统治区，还是属于解放区范畴的，只要有据可查，陆续都得到了认定。

同时，经过调查核实，也确认了一些邮商伪造的东北地方加盖票。比如所谓的“中华邮政临时暂用（珠河）加盖票”，是尚志县邮商毕作新伪造。他还伪造了石头河、苇河、黑龙宫、小九等地名加盖邮票。拜泉邮票社的于湘庭，伪造了所谓拜泉加盖“中华民国暂用”和“中华邮政暂作壹圆”等约 20 多种邮票。沈阳邮商孙绍文更是肆无忌惮，据钟笑炉统计，他一人即伪造了 53 套之多，所用地名有：安仁、长林子、朝阳山、枷板站、中江镇、钓鱼台、扶余、火石岭子、黑山头、白旗屯、白城子等。此外，哈尔滨的徐必达、长春的刘效光等人，也都有伪造东北地方加盖票的劣迹。

（2）臆造的“谢文东邮票”

在臆造的东北地方加盖票中，还有一

个比较特殊的品种，即特印的“谢文东邮票”。1947 年下半年，平、津、沪一带的集邮家和邮商直接从长春某邮商处购到所谓“谢文东纪念邮票”若干。该票是胶版印制，图案是东三省地图和一个骷髅，当中横列“纪念九一八”5 个美术字，两侧分别为阴文“谢文东”及“三十五年”，上部为“中华民国万岁”及青天白日徽；由竖6横11共66枚组成一个印版，分别用淡紫、淡绿、橘红、浅蓝、玫瑰 5 种颜色印刷；无面值，先用 6 号铅字一律加盖黑色“100壹佰圆”，然后又加盖蓝字“改作 × 圆”。

“谢文东邮票”使用的纸张是伪满时期的“满洲帝国邮政”水印邮票纸，所刷背胶与印出来的色泽和伪满后期所印的邮票相同。这套“邮票”刚露面时，着实迷惑了不少邮人，很多邮刊都对它进行了报道。但是过了一段时间，人们发现了这套票的不少疑点，归纳起来大致有几个方面。

一是从邮票的用纸、刷色、背胶上看，这组邮票只有长春才有条件印刷，而谢文东的队伍长期盘踞在黑龙江省宝清一带，与长春相隔逾千里，在当时交通阻隔的情况下，不可能专程到长春去印制邮票。二是图案上不用“中华民国邮政”字样，而用“中华民国万岁”，并且没有面值，显然是为了便于个人私印，逃避政府检查。就谢文东的心态来讲，并不畏惧中央政府，如果想私印邮票，会做得与真的邮票无异。三是使用一个印版，印成 5 种颜色，然后再补盖面值，也从一个方面说明作伪者缺少经济实力，是为了节省制版费用，不得已而为之。四是整版票中竟含有“倒骷髅”图案两枚，50 元面值整版票中漏印“圆”字的有两枚，100 元面值整版票中错排成“壹圆佰”的有一枚，纯粹是故意制造变体，留有行家里手的作伪痕迹。五是从未发现旧票和实寄封，不知谢文东部印制它们何用之有?

这样的疑问很快得到当时许多集邮人士的认同，所以后来都以伪品对待“谢文东邮票”。但是在香港和台湾地区，有人至今对这组邮票的身份仍存在不同的看法。台湾地区一些民间邮票目录把此票当作未发行邮票；香港地区出版的中国邮票目录，也持同样观点，将它们与有据可查的苏炳文邮票、“中华帝国”邮票等同起来，列入附录之中。这种谬误也影响了一些国外的集邮人士，到现在国外某些拍卖场合，还经常可见这组伪品，而且成交价格不低。

（3）臆造解放区邮票

在邮市上出现大量伪造东北地方加盖票的同时，也有一些人在伪造解放区邮票。其中有代表性的是钱万能和陈果清。

1931 年起，钱万能在上海慕尔鸣路（茂名路）福煦路的升平街口摆摊卖邮票，并以“万能邮票社”的名义做通信交易。他有时在邮刊上写些邮文、小诗给一些邮报投稿。还断断续续出版过许多名称不同的小型邮刊，如《万能之邮》《上海邮刊》《邮钞快讯》《国戳季刊》等。应该说钱万能有些邮识，文笔也不错，经常参加一些集邮活动，与著名的集邮家也有点头之交，只是与他们很少有邮品往来。

1944 年前后，钱万能开始出售解放区邮票，使得不少集邮家对他刮目相看。据钱万能自己讲，这些邮票来自“游击区”，并暗示人们，他自己就是新四军派在上海的负责人之一，出售邮票是为了筹集军费。

钱万能先后出售的此类邮票有几十种，

其最大的特点是所有的图案都是木刻版，手工印刷，内容则是多种多样，大致有“苏北区战时邮政”“浙东区战时邮政”“江南区战时邮政”“晋察冀区”“晋豫苏维埃”等，还有一些所谓的纪念邮票和“公文贴用”邮票。很多人被他的花言巧语所迷惑，购买留存了不少。由于销路很好，钱万能又伪造出种种加盖字体，以致使这类伪品多达百种。而当时的集邮者大都有见票即集的心理，对于邮票本身的真伪考虑不多，所以钱万能也着实赚了不少钱。

直到抗战胜利之后，人们才对战争时期中国共产党领导下的八路军、新四军的活动情况，以及他们所控制的地区，有了大体了解。这才发现钱万能经售的“解放区邮票”和实际存在的边区、地区对不上号。但是善良的集邮者对钱万能的作伪行径仍然没有足够的认识，只把他当成间接受害者，认为造假者另有其人。对他售出的那些伪品，也没有深究。

另一桩臆造解放区邮票的事件，则发生在天津。1945 年 10 月，平、津各邮票社先后出现了一种晋察冀边区发行的大型“抗战胜利纪念邮票”4 元票，这是一些民间跑单帮的商贩从张家口带过来的。因为这是平、津集邮家们最早见到的解放区邮票，而且又是纪念抗日战争胜利的题材，所以大家竞相购存，一时间价格抬得很高。

当时，国民党统治区与解放区不通汇兑，有的跑单帮的商贩从国统区带过去物资卖掉，就在张家口一带买成晋察冀边区邮政局发行的邮票带回来。这些邮票既有蒙文版加盖“晋察冀暂用”普通邮票，也有大、小抗战之类的纪念邮票。商贩们对集邮大多是外行，邮票带回之后，只能与邮商、邮贩打交道，将邮票卖给他们，以求尽快换回本钱。

此时，天津有一个邮商叫陈果清，原是伪华北时期天津邮局的留用人员，有一定的邮识，平时即以倒卖邮票为副业。他很快就与跑单帮的商贩联系上，成了边区邮票的二传手。不过，经陈果清之手卖出的“边区邮票”除了上述的几种之外，还有中信版孙中山像加盖“晋察冀”改值票 3 种和加盖“山东战邮”改值票 6 种。由于当时价格不高，平、津一带的集邮家大多购存了这两套票。后来证实这两套加盖票都是陈果清一手伪造的。因为抗战胜利后，中信版票已经成为低面值，只在平、津、沪一带出售过，张家口是在日本投降后解放的城市，国民党的接收人员并未到过那里，当然不可能有中信版（或百城版）原票供其加盖了。只是由于当时交通不便、消息阻隔，这种很低劣的作伪手法才一时得逞。

《近代邮刊》第 5 卷第 3 期曾以《完全空中楼阁 臆造的伪品》为题，整版刊登伪品图案，对臆造解放区邮票的行径予以坚决的揭露，并加以说明：华北和沪市发现的此“所刊 20 余种（伪品），其种种加盖字样型式共有数百种之多”。

（4）臆造“祁阳加盖”金圆邮票

“祁阳加盖”金圆邮票是临近解放前夕出现的几乎以假乱真的邮票伪品。

1948 年 12 月初，上海、南京、武汉、成都等地的一些有名的邮票社和一些邮刊出版单位，几乎同时收到了湖南祁阳寄来的平信和挂号信件，或是推销所谓“祁阳加盖”金圆 1 角和 4 角两种邮票，或是报道祁阳邮局发行这两枚邮票的经过。在来信的上面都同样贴着一枚或两枚这种邮票。

据称在1948年11月19日邮资调整时，平信资费由半分调到1角，挂号费调到3角，祁阳邮局由于缺少这两种面值的邮票，因此自作主张，将重庆大东版2元加盖“国币1000圆”票和中信版3元加盖“国币

—5·17—　近代郵刊·第五卷·第三期（第五版）

完全空中樓閣

臆造的僞品

《近代邮刊》揭露的臆造票

2000 圆”票，用木戳分别以手工加盖，改成“金圆 1 角”和“金圆 4 角”两种邮票，于 12 月 27 日一面呈报湖南邮政管理局，一面在邮局窗口发售。到了 29 日，因为没有得到湖南邮政管理局的批准，该局即停止出售。当时出版的《邮苑》《武汉邮风》《集邮人》《邮友》《中国邮报》《广州邮刊》《尚美邮刊》《近代邮刊》等，都做过类似的报道。

一些集邮家和邮商，如叶季戎、钟笑炉、钱慕仑等人，专门给祁阳邮局去函查询这两枚邮票的发行始末，并要求购买这两种邮票。最初祁阳邮局的答复模棱两可，只是含混地说：“本局前存渝大东版 2 元加盖国币 1000 圆复加盖 1 角之邮票，早已售罄，无以应命”，给人以这两种邮票曾在祁阳邮局出售过，只是现在已经售缺的印象。于是，钟笑炉又进一步向湖南邮政管理局查询，该局以湘字第 1244 号公函回复称：“本区并无自行加盖任何金圆面值邮票。您所指购之票，恐系伪造。我们曾收到另一集邮家的信，也来请购国币 1000 圆、2000 圆加盖红字金圆 1 角及 4 角的票。此案正在密查中，如能供给有力证据，协助破案，当甚感激……”

钱慕仑（1880—1962），江苏武进人，行伍出身，曾任东北军军官。1932 年，钱慕仑在哈尔滨加入中华和新光邮票会，1934 年加入甲戌，是《甲戌邮刊》的积极撰稿者。1936 年，钱慕仑在宁开办“南京首创”的慕仑邮票社，此后更与集邮界打成一片。他于 1941 年任天津邮票会理事、《天津邮刊》编辑兼外埠特约通讯员，1946 年执掌济南新生邮票会南京办事处，1947 年参与筹组首都集邮学会并任理事，1948 年加入北平和成都邮票会，还为《新光杂志》《近代邮刊》《天津邮刊》《大华邮刊》、《新生邮刊》《广州邮刊》《首都邮刊》等多份邮刊撰稿。

后来，叶季戎和钱慕仑两人又都以此再次向祁阳邮局询问。这次祁阳邮局来了个 180 度大转弯，分别给叶、钱二人回函说：“前函系出于误答，本局实未出售（那两枚邮票）。”为了弄清事实真相，钟笑炉将先后收到的化名寄自祁阳的实寄封和祁阳邮局回复的几封公函，认真加以核对、研究，发现这些实寄封上虽然姓名、地址各不相同，但是笔迹却很相似，公函上的字体与实寄封对照，也有极其相似之点；再加上祁阳邮局前后对这两枚邮票的公函回复，先是“早已售罄”，后又“实未出售”，难以遮掩背后的复杂原因；而湖南邮政管理局对此事较为明朗的态度，也证明了这两枚邮票有诈。基于此，钟笑炉认定所谓“祁阳加盖”是邮局内部的某个职员私自伪造的。此人利用职务上的便利条件，将贴有这种假邮票的多封信件通过正常的邮寄程序发出，使人们不至于产生怀疑。由于“祁阳加盖”的迷惑性较大，为防止人们上当受骗，钟笑炉特别撰写了《祁阳加盖“金圆”邮票是真的吗？》一文，刊登在《近代邮刊》第四卷第二期上，告诫人们：同好中有以为既有实寄封，定为该局发行无疑，可谓自甘受愚；如有不良局员而欲伪造实寄封，易如反掌也。

“祁阳加盖”臆造伪品的出现，已是新中国成立前夕，知道此事来龙去脉者不多，特别是港台地区的集邮界，多将此票当“未核准发行票”看待，甚至收入他们所编的邮票目录、图鉴当中，以致在国外

— 37 —

祁陽加蓋「金圓」郵票是眞的嗎？

鍾笑爐

祁陽加蓋金圓郵票發現後，湖南郵政管理局聞訊即聲明該區並不加蓋金圓郵票發行，郵政總局且通令各屬局嚴密注意追查僞造來源；而祁陽郵局於卅七年十二月廿三日覆成都葉季戎君外字九六號及同月廿九日覆南京錢慕爺翁外字九九號公函，均有「前存此項加蓋票早已售罄」之語；繼於卅八年一月十三日再致葉君外字八號及同月十五日再覆錢翁外字十一號公函，則又稱「前函係出誤答，本局實未發售」云云；前後矛盾，實感撲朔迷離！查葉君附來實寄封二件均寫「祁陽西正街明明號」，函內具名王超羣，一封用普通白信封，一封借用「祁陽縣立簡易師範學校緘」之牛皮紙信封；上海萬國郵票公司贈我一實寄封則寫「祁陽崇漢中學」，函內具名劉石三，抵滬被罰欠資一角，用普通牛皮紙信封，形色與師校用者全同；又借來祁陽局卅八年外字十三號公函連封一件，「祁陽西正街明明號」僞加蓋票實封一件，「祁陽彭華椿」十二月廿五日函一件，「祁陽西正街閟逡黨金」函內具名金全前者一件，錢翁借來「祁陽西正街明明號」寄南京兄弟郵票社僞加蓋實寄封一件，祁陽局卅七年外字九九號及卅八年十一號公函各一件，均經分別詳加審視核對。查上述各封姓名地址雖各有異，而筆跡則完全相同，如經郵局正式發售，何用化名寄出？綜觀各件，顯係有一局員私自僞蓋，假職務上便利私自消蓋郵戳混入發寄實封，故意多化姓名地址，使人誤憑實封而不疑；再查公函字跡，

钟笑炉在《近代邮刊》揭露“祁阳加盖”伪票

的一些拍卖场合，还不时见到这两枚邮票。此一状况，若不是知情者有意为之，便真是“自甘受愚”了。

5. 邮票商社再次陷入低谷

1948 年下半年，国统区的政治经济危机日益严重，平、津地区更是首当其冲。老百姓为衣食奔波尚且自顾不暇，工薪阶层的集邮者更无力购买邮票。加上交通隔断，通信困难，邮商亦无条件再进出邮品。为了养家糊口，北平和天津各邮票社不得不兼营其他业务、以渡难关。

此种局面在上海和南京也是如此，各邮票社几乎没有生意可做。成记邮票社的袁必成走通门路，将大部分资财迁到了中国香港。国宝邮票公司的吴乐园本是政界人士，遁走台湾也是必然。还有一些邮商兼集邮家，也陆续去了中国香港，他们当中有胡新、林萍湘、严西峤、陈志川等。

相比之下，四川、广东、云南、贵州等尚未解放的省份，由于各个邮区分别发行单位、基数银圆邮票，而且品种复杂，给集邮家带来一些收集欲望，从而使当地的邮票商社有所经营。但由于金圆券一再贬值，集邮家的购买力大幅度下降，使邮商不敢大批购存邮票。

因此，在这个时期，各地区的单位、基数邮票存于集邮家和邮商手中的数量并不多。如果不是解放后上海、西安、长沙等邮局的集邮台，将其作为用于集邮的邮票降价出售一些，这类邮票的市场价格肯定要上涨许多。

结 语

从抗战胜利到新中国成立前夕，中国集邮出现了一次短暂的活跃期。虽然只有3年的时间，但所取得的成就却引人瞩目。特别是对“区票”的收藏和研究方面，超过了以往任何时期。此外，各种邮票发行增多，吸引很多人走上集邮道路；集邮活动领域扩大，并拓宽了集邮者的视野；各地展览频繁举办，产生一定的社会效益；集邮者对各类邮票和邮品进行微观的研究，并且取得一定的成果，这是对历史的一种补缺。集邮研究的课题还涉及集邮理论方面，并且涉及邮票会的联合。

这一时期，各种邮刊大量出版。据统计，各种邮学刊物出版达数十种。其中立论严谨、资料翔实的在10种以上。有些文章实用价值高，具有极大的参考性，时至今日仍为人们所珍视，并将这些刊物和文章加以整理并出版。

邮政部门对集邮的倡导与支持，是集邮活动复兴的重要因素。无论是各主要邮区邮政管理局广设集邮台，还是举办邮票展览会，都促进了集邮活动的开展。邮政窗口和集邮柜台按照面值出售邮票，以及多种措施服务于集邮者。

这一时期，是中国历史进程重要的转折时期，邮票和邮资的急剧变化，是新旧时代交替的一个必然现象。而集邮者所开展的各种活动，体现出他们对文化的一种渴求和执着。1949年，随着中国大部分国土的解放，解放区和国统区的集邮者汇合在一起，使中国集邮进入一个良性发展的新阶段。

第六章　社会主义革命和建设前期的集邮活动（1949—1966）

概　述

1949 年 10 月 1 日，在北京天安门广场举行了隆重的开国大典，毛泽东主席向全世界庄严宣告："中华人民共和国中央人民政府成立了"。新中国成立开辟了中国历史的新纪元，中国结束了一百多年来被侵略、被奴役的屈辱历史，真正成为独立自主的国家，中国人民从此站起来了，成为国家的主人。

中华人民共和国成立后，不仅面临着国内百业待兴、百废待举的局面，而且面临着严峻的国际形势。邮电部邮政总局为发展新中国的集邮，采取了多种切实可行的政策和措施。在新邮票发行、改造邮商、参与国际邮展等方面，做出了多种努力。随着国民经济的好转，集邮队伍日渐扩大，集邮活动渐见起色，逐步摆脱了新中国成立前停滞冷清的局面。

这一时期，邮政总局积极组织设计、印制、发行了画面精美、面值低、票幅大，且印有志号的纪念邮票和特种邮票，以及设计新颖的美术明信片等。集邮柜台也积极出售各种解放区邮票，为集邮者提供新的邮品；同时，引进苏联及东欧社会主义国家的邮票，丰富了集邮者的收藏。

1955 年是中国集邮发展的重要节点。这一年，中国集邮公司开业，作为国营邮票经营唯一的销售渠道，陆续向广大集邮者提供了价廉物美的邮票；这一年，《集邮》杂志创刊，作为集邮专业媒体，担负起宣传集邮、发布新邮票信息和引导全国集邮活动的重任。

在正确的方针政策引导下，新中国成立初期的集邮事业有了很快发展。社会上的厂矿企业、机关学校，集邮活动尤为活跃。中国集邮者与外国集邮者的交往也日益频繁起来。这一时期，全社会的集邮风气和谐、淳朴，守信誉，讲邮德，互助共进。有些求知好学、有毅力、有悟性的青少年，受益于老集邮家的深厚邮识，又接受了新文化的科学态度与研究方法，逐渐成为中国集邮界的新生力量。

20 世纪 50 年代末期至 60 年代中期，中国邮票的艺术性达到了一个前所未有的较高水平。1959 年，北京邮票厂建成投产。在此前后，中国邮票的设计水平、印刷质量均可与国际先进水平比肩而立。

在新中国成后的 17 年间，共发行了 195 套纪念邮票和特种邮票。这时期的邮票在印制工艺上，以难度较大的雕刻版、影写版、影雕版精品居多。其中，纪念邮票《中华人民共和国成立十周年（第五组）》《梅兰芳舞台艺术》，特种邮票《金鱼》《菊花》《黄山》《牡丹》等经典邮票，在选题、知识含量、设计手法、印制水准上，都以新的审美特征展现于世人面前，从而激发更多的人加入集邮队伍。

20 世纪 60 年代初，中国在经济方面遇到了相当大的困难，人民生活受到影响。另一方面，由于国内政治形势的影响，传统的集邮学术研究被搁置，集邮的"娱乐性"受到非议，自发诞生的各地集邮小组活动日渐减少。在此情况下，集邮者个人的收集空间随之缩小，不少集邮者不情愿地放弃了集邮。在“集邮革命化”的舆论导向引领下，集邮者注重收集“革命”题材邮票，编组相同题材的邮集，并举办一些“革命”题材的邮展。1966 年，随着特75《服务行业中的妇女》特种邮票发行，为“特”字头邮票画上句号，标志着新中国邮票发行从此进入了一个特殊时期；同时，中国的集邮活动也即将进入一个特殊时期。

第一节　集邮活动再度兴起

1949 年，中华人民共和国的成立，是中华民族发展史上的一个伟大事件，也是人类发展史上的一个伟大事件。持续多年的战火纷飞、通邮艰难的旧时代一去不复返了。这一时期，中国集邮以坚韧的生命力，续接了新旧社会变革所形成的断裂。在中华人民共和国成立前夕，由于社会的动荡，集邮活动在各地基本处于停顿状态。中华人民共和国成立后，在人民政府的支持下，集邮活动很快得到恢复，而且迎来一个新的发展时期。

一、新中国成立前后邮政和集邮状况

中华人民共和国成立前后，国内各地的集邮活动不仅呈现出松散的状态，而且萎缩到一个历史的低点。在新旧政权更迭之际，人们对集邮的前景产生疑虑并且持观望态度。人民邮政不失时机地发行纪念邮票和启用纪念邮戳，不仅用邮品见证了重要的历史时刻，而且重新带来中国集邮的希望。

1．邮戳、邮票见证新旧政权更迭

1949 年 9 月 27 日，中国人民政治协商会议第一届全体会议通过了《关于中华人民共和国首都、纪年、国歌、国旗的决议》，将北平更名为北京。10 月 1 日，在天安门广场举行开国大典。

10 月 1 日下午 3 时，刚刚就职的中华人民共和国中央人民政府主席毛泽东登上天安门城楼。在《义勇军进行曲》的乐曲声中，中央人民政府主席、副主席和各位委员就位。毛泽东主席向全世界庄严宣告：“中华人民共和国中央人民政府今天成立了！”

北京各邮政局在这一天更换了新的日戳，将原来使用的“北平”字样的邮戳更换为“北京”字样的邮戳，以此见证这一历史性的变迁。

为了庆祝中华人民共和国成立这一伟大的历史时刻，全国多地邮政部门启用了纪念邮戳。

北京市邮政管理局、西长安街、后门桥、骡马市、东四等邮局于 10 月 1 日启用了“庆祝中华人民共和国成立纪念”邮戳。北京、天津、唐山等地于 10 月 1 日还启用了“庆祝中央人民政府成立纪念”邮戳。东北地区的沈阳、哈尔滨、锦州、辽阳、安东等地于 10 月 1 日启用了“庆贺中华人民共和国成立纪念”邮戳。河南开封邮局于 10 月 1 日启用了“庆祝中华人民共和国开国纪念”邮戳。西安邮局于 10 月 2 日启

1949 年 10 月 1 日启用的北京邮政日戳和纪念邮戳

华东区启用的庆祝中国人民政治协商会议纪念邮戳

《庆祝中国人民政治协商会议第一届全体会议》纪念邮票

用了“庆祝中央人民政府成立纪念”邮戳。

由华东区各邮局刻制的“庆祝中国人民政治协商会议暨国际和平斗争日纪念”邮戳，在上海、南京、杭州、福州等地邮局使用。使用期在10月2至17日之间，各地邮局时间不等。

这些纪念邮戳用于加盖在邮件上，经过传递起到很好的宣传作用，为研究我国社会主义建设历程和新中国邮政历史留下可贵的资料。

华北邮政总局于10月8日发行了中华人民共和国第一套邮票——《庆祝中国人民政治协商会议第一届全体会议》纪念邮票，全套4枚，图案均为宫灯、天安门和群众游行队伍。

中华人民共和国成立前夕，华北邮政总局即奉命筹划新中国邮票的设计和发行工作。新中国的邮票以什么面貌展现于世？如何确立票种、表现票种？如何便于集邮者收集整理？这是当时邮政部门领导和有关人员反复考虑的问题。最后采纳了邓连普的意见，在邮票的下边印志号。志号由票种的词头、套号、枚号组成。1949年10月8日发行的《庆祝中国人民政治协商会议第一届全体会议》邮票，志号为“纪1.4-×”。此志号表明，该票为纪念邮票的第一套，此套邮票共有4枚，“-”后的数字表示该票是全套票里的第×枚。邮票志号的创立，是新中国邮票的特色，为中外集邮者识别新中国邮票的票种、套数、枚数提供方便。创立邮票志号是新中国邮政为推广、普及集邮所采取的一项创造性措施。

纪1《庆祝中国人民政治协商会议第一届全体会议》纪念邮票由美术家张仃、钟灵设计，孙传哲绘制版图，上海商务印书馆胶版印制。

张仃（1917—2010），号它山，辽宁黑山人，现代中国美术家、教育家，清华大学教授、原中央工艺美术学院院长。他是中国人民政治协商会议会徽的设计者、中华人民共和国国徽的创意者。张仃对新中国邮票的设计发挥了重要作用，他设计的和与他人合作设计的邮票有：《庆祝中国人民政治协商会议第一届全体会议》《中国人民政治协商会议纪念》《中华人民共和国开国纪念》《伟大的十月社会主义革命四十周年》《中华人民共和国成立十周年邮票（第三组）》《剪纸》《辛酉年》等。1982年，张仃出席了中华全国集邮联合会第一次代表

张仃

大会。

2. 新中国成立初期的邮政资费调整

1949年11月1日，邮电部成立。11月25日，邮电部统一全国邮政邮资：本埠平信0.015元（旧币折，下同）、外埠平信为0.03元、单挂号另加0.09元、双挂号另加0.18元；12月，邮电部第一次全国邮政会议确定：邮政名称为“中国人民邮政”，邮票统一由邮政总局发行。

因国内邮资是在原有基础上调整和改革的，因此，有很多不完善的地方，故在1949年11月25日邮电部统一全国邮资后，进行了多次调整完善。

第一次调整是1950年1月10日，除东北外，邮资信函平信（不分本外埠）为人民币0.05元、明信片0.025元、印刷品0.012元、挂号费0.15元。

第二次调整是1950年2月1日，除东北以外，信函平信调整为0.08元、明信片调整为0.04元、挂号费调整为0.24元。

第三次调整是1950年3月11日，除东北以外，信函平信调整为0.1元、明信片调整为0.04元，其他未变。

第四次调整是1950年5月11日，除东北以外，将0.1元的信函平信资费回调为800元0.08元、将0.05元的明信片资费回调到0.04元，而将印刷品的资费从0.012元上调到0.024元。

第五次调整是1950年7月1日，除东北以外：这次调整将信函平信、明信片和印刷品的资费分为本埠平信和外埠平信资费，本埠平信资费为0.04元、外埠平信为0.08元；明信片本埠为0.02元、外埠为0.04元；印刷品本埠为0.012元、外埠为0.024元，而将挂号费从0.24元下调到0.12元。

第六次调整是1950年8月16日，将印刷品本埠资费从0.012元下调到0.01元、将外埠0.024元的资费上调到0.025元，其他未变。

第七次调整是1958年1月6日，将印刷品的本埠资费由0.01元调整为0.015元、外埠0.025元调整为0.03元，其他未变。

多次资费调整产生了大量的实寄封片，历经岁月保留下来的实物成为集邮者研究和编组邮政历史邮集的好素材。

3. 新中国成立初期的邮票发行情况

1949年11月—1950年4月，四川、西康、云南、贵州相继解放。1949年11月重庆解放后，西南邮政管理局成立，该局下辖东川、西川、云南、贵州四个邮区。为适应西南各地解放后的邮政业务需要，西南邮政管理局成立前便开始筹印邮票。首套邮票参照华东区发行的《解放军建军二十二周年》纪念邮票的图案进行设计，制成的邮票仅将下框文字改为“西南区”，右侧文字改为“中国人民邮政”，集邮界通

“西南区进军图”邮票

称“西南区进军图”邮票。全套11枚，面值分别为10元至5000元不等，自1950年1月5日陆续发行。1950年1月，西南邮政管理局还发行了《西南解放纪念》邮票全套4枚。此后至1950年5月，该局及下辖的各邮区又发行了50余套邮票。

1949年10月，广州解放，随即成立了广东省邮政管理局。同年11月，发行了《广州解放纪念》邮票全套5枚，面值分别为10元至100元不等，图案为广州珠江大桥，道林纸胶印，无齿孔。这套邮票通用于广东、广西等地区，但发行不久就因资费调整，1950年1月再次发行，面值调整为300—1000元不等。此后至1949年年底，又发行了多套邮票。

《国徽》特种邮票

广州解放后，华南与华中合称为中南区。新中国成立后，华北、东北、西北、华东、中南、西南六大邮区划归邮电部邮政总局统一领导。由西南解放区、华南解放区发行的邮票，是中国共产党领导的红色区域邮票的组成部分，这些邮票被列入“解放区邮票”，集邮界通常称作“区票”。

1949—1966年，邮电部共发行了“纪”字头邮票124套377枚，“特”字头邮票75套444枚，普通邮票13套105种，东北贴用普通邮票2套23种，旅大贴用邮票1套5种，加字改值邮票10套55种，欠资邮票2套14种，航空邮票2套9种，军人贴用邮票1套3枚，包裹邮票1套7种。

1951年10月1日，邮电部发行了志号为“特1”的《国徽》邮票一套5枚，图案是中华人民共和国国徽，采用胶雕套印方式印制，图案相同，分5种不同颜色。开启了“特”字头邮票发行。此后，“纪”“特”字头邮票成为多数集邮者收集的主要对象。

这一时期的邮票在印制上有两个特点：一是1949—1959年的邮票以胶版、雕刻版和胶雕套印三种方式印制；二是1959年7月北京邮票厂建成后增加了影写版和影雕套印版，使邮票的版别更为丰富。

这一时期的邮票设计基本上以专业设计人员为主，他们根据不同的选题采取适当的方式进行设计。特别是1959—1965年，涌现出一批优秀的邮票，被集邮界称作“邮票设计的第一个黄金时期”。如1959年发行的《中华人民共和国成立十周年（第五组）》、1962年发行的《梅兰芳舞台艺术》纪念邮票、1960年发行的《金鱼》《菊花》特种邮票、1963年发行的《黄山风景》特

《服务行业中的妇女》邮票、《向 32111 英雄钻井队学习》邮票

种邮票、1964 年发行的《牡丹》特种邮票。

这一时期邮票在设计和印制过程中，产生了一些错体和变体票，其中少量流入社会，成为少数集邮者猎奇和集邮家编组邮集的珍稀素材。如《伟大的苏联十月革命三十五周年纪念》中止发行邮票、《军人贴用》“蓝军邮”中止发行邮票、《首都名胜》“放光芒”中止发行邮票、《第五届世界学生代表大会》中止发行邮票、《中国古代科学家（第二组）》“蔡伦像”中止发行邮票、《京剧脸谱》撤销发行邮票等。

1951 年发行的普 5《天安门图案》普通邮票由于面值较高、使用和存世量都很少，因此成为新中国珍邮之一。

1966 年 5 月 10 日，随着特 75《服务行业中的妇女》邮票发行，“特”字头邮票终止发行；1967 年 3 月 10 日，随着纪 124《向 32111 英雄钻井队学习》邮票发行，“纪”字头邮票终止发行。

4. 集邮活动有待恢复

1948 年，解放战争取得节节胜利，国民党统治区政治危机加深，经济崩溃、货币贬值、物价飞涨、民不聊生，社会动荡不安。集邮组织经费严重短缺，正常的活动无法维持，会员离散，会刊、会报无法照常出版。

各地区在解放前夕，南京首都集邮学会和《首都邮刊》、甲戌邮票会和《甲戌邮刊》、湘桂黔邮学会和《西南邮风》、青岛邮学会和《青岛邮学月刊》、福州邮票研究会和《福州邮刊》、无锡集邮研究会和《邮友》、成都集邮会和《邮苑》等一些在当地较有影响的集邮组织陆续终止活动并停止出版会刊。新光邮票研究会主席理事陈志川“已坚决辞去了主席的职务”，主席一职无人接掌。该会元老张包子俊回到杭州，担任“杭州新光邮票会”（原为新光会杭州分会）理事。作为与各地会员联系的《新光邮票杂志》也于 1948 年 8 月 30 日出版第 15 卷第 4 期后停刊。

1949 年 5 月 31 日，北平邮票会向会员发出如下通知：“自北平解放后，由于本会理监事的东西离散，以致会务无形停顿。虽然召集了两次理监事联席会议，但是都没有得到结论。因为后继无人，所以不得不忍痛请求自动解散，以结清会务。现在业经奉到北平市人民政府民政局社字第 1621 号通知照准。因将本会收支结清，所有旧存物资均行拍卖或标售……按本年度入会人数（91 人）平均分配……”北平邮票会从成立到解体，存在时间仅仅一年。

中华人民共和国成立伊始，人民群众

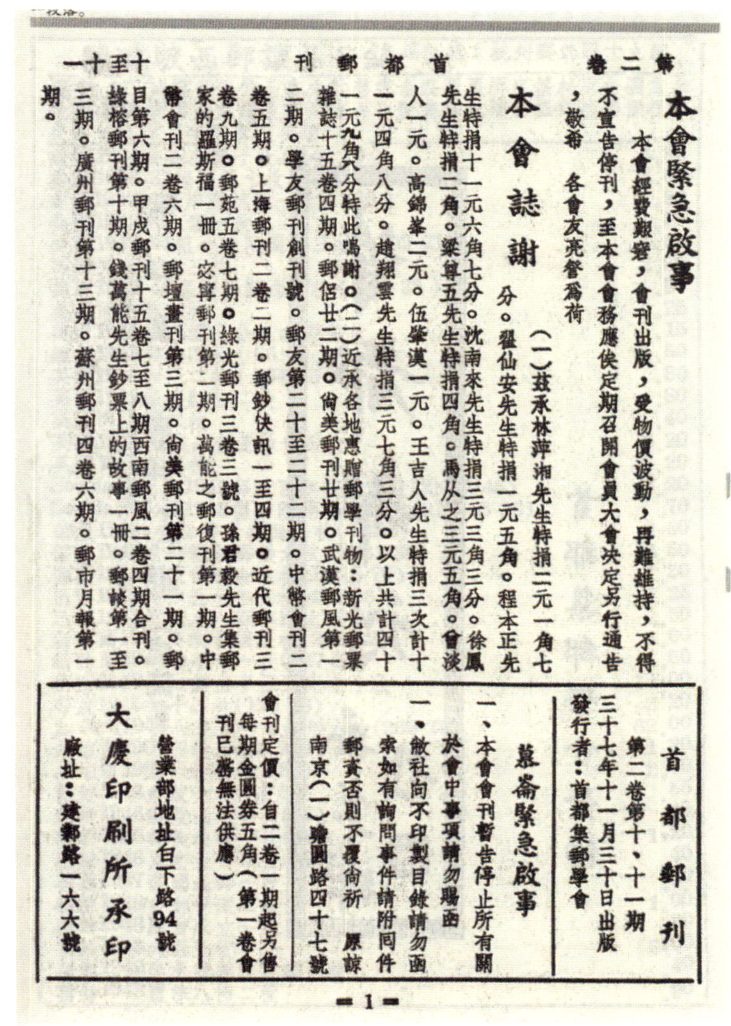

第二卷　　首都郵刊　　十至十一

本會緊急啟事

本會經費艱窘，會刊出版，受物價波動，再難維持，不得不宣告停刊，至本會會務應俟定期召開會員大會決定另行通告，敬希　各會友亮督為荷

本會誌謝

(一)茲承林萍湘先生特捐二元一角七分。翟仙安先生特捐一元五角。程本正先生特捐十一元六角七分。沈南來先生特捐三元三角三分。徐鳳先生特捐二角。梁尊五先生特捐四角。馬从之三元五角。曾淡人一元。高錦峯二元。伍肇漢一元。王吉人先生特捐三次計十一元四角八分。趙翔雲先生特捐三元七角三分。以上共計四十一元九角八分特此鳴謝。(二)近承各地惠贈郵學刊物：新光郵票雜誌十五卷四期。郵侶廿二期。尙美郵刊廿期。武漢郵風第一二期。學友郵刊創刊號。郵友第二十至二十二期。中幣會刊二卷五期。上海郵刊二卷二期。郵鈔快訊一至四期。近代郵刊三卷九期。郵苑五卷七期。綠光郵刊三卷三號。孫君毅先生集郵家的羅斯福一冊。宓寧郵刊第一期。葛能之郵復刊第一期。中幣會刊二卷六期。郵壇畫刊第三期。尙美郵刊第二十一期。郵目第六期。甲戌郵刊十五卷七至八期西南郵風二卷四期合刊。綠榕郵刊第十期。錢萬能先生鈔票上的故事一冊。郵詠第一至三期。廣州郵刊第十三期。蘇州郵刊四卷六期。郵市月報第一期。

首都郵刊

第二卷第十、十一期
三十七年十一月三十日出版
發行者：首都集郵學會

慕喬緊急啟事

一、本會會刊暫告停止所有關於會中事項請勿賜函
一、敝社向不印製目錄請勿函索如有詢問事件請附同件郵資否則不覆尙祈　原諒
南京(一)瞻園路四十七號

會刊定價：自二卷一期起另售每期金圓券五角(第一卷會刊已罄無法供應)

營業部地址白下路94號
大慶印刷所承印
廠址：建鄴路一六大號

— 1 —

《首都邮刊》停刊启事

无不欢欣鼓舞，对前途充满希望。但由于多年战乱，特别是国民党政权崩溃前夕搜刮掠夺，致使民不聊生，给新中国留下了千疮百孔的烂摊子。在生计得不到保障的情况下，集邮者只能暂时放弃收藏。在这个时期，邮票进出口阻滞、邮市萎缩，集邮活动基本停滞。

1950 年 4 月的《天津邮学月刊》记述：“自去岁解放以来因对外邮件断绝，失去国外交易，邮人又多星散，以至一蹶不振，业邮者莫不感维持之不易，因而转业或兼营他业者大有人在。”

1950 年 7 月的《京联邮讯》报道京津邮市近况指出，“现因银根紧缩、百货滞销，邮市实销不畅。至于各家门市，生意亦殊平平。天津情况似较京地为佳，但亦乏蓬

勃活跃景况。”

1951 年 4 月的《近代邮刊》记述了当时邮市、邮刊、邮商和集邮者的心态：“《近代邮刊》往年每月最高之销数为 1600 份，上海解放后缩至 200 份左右。其原因，一为战事关系，集邮者星散；二为一部分集邮者生活转变未能顾及集邮；三为当时各邮区分别发行邮票，种类繁多、面值又高，一般购买力不及，因无力继续集邮，故对集邮刊物亦不订阅；四为没有新进集邮者增加；五为原有集邮者一部分发生疑虑，不知人民政府将来是否提倡集邮，因而存观望的心理而停止，甚或将其以前所存邮票，悉数售出。国内邮市，因此供过于求远甚，邮票价值惨跌，影响一般集邮购藏邮票之心理极大。”

二、政府及邮政主管部门支持集邮

随着平津战役的胜利结束，古都北平在 1949 年 1 月 31 日和平解放。华北人民政府十分重视邮政的恢复和建设，派遣得力干部接管北平邮政，并迅速恢复了通信业务。与此同时，各邮局还积极宣传和开办集邮业务，使集邮活动再度活跃起来。

1. 人民政府对邮政事业的关切

早在平津战役发起之初的 1948 年 11 月，华北人民政府交通部就召开会议，研究了包括北平邮政在内的诸项接管准备工作。会议决定由成安玉为北平交通接管部副部长，具体负责组建北平邮政接管处。成安玉随即抽调干部组成接管处从石家庄向北平进发。在路经保定时，叶剑英还接见了他们一行，特别强调接管邮局后要立即开门营业，收寄的信件要停止使用中华邮政邮票，一定要贴解放区邮票，以象征人民取得了政权。

1949 年 2 月 1 日，军代表成安玉与另一名干部，作为接管处先遣人员随中国人民解放军北平军事管制委员会进入北平。次日，他们来到北平邮政管理局，与尚未卸任的局长李质君等洽谈接管事宜。6 日，全体接管人员进驻北平邮政管理局。8 日，北平邮政接管处正式接管了北平邮政管理局及其所属的 21 个市内支局、6 处邮亭、5 个近郊区邮局和北平邮政储金汇业分局以及所属的 4 个办事处。自此，北平邮政获得了新生。

其他新解放地区情况也大致如此。1949 年 1 月 25 日扬州解放，扬州市军事管制委员会邮电管理委员会派出军代表接管了旧中华邮政扬州邮局，并易名为扬州邮政局。

迅速恢复邮政通信业务，既是北平邮政职工的热切愿望，也是稳定社会秩序的必要措施。接管后的第 3 天即 2 月 11 日，北平邮政管理局便开始收寄发往各大解放区的平信和挂号信；2 月 23 日恢复寄往铁路沿线直达邮局的快递邮件业务；2 月 25 日恢复北平郊区互寄包裹业务并收寄发往华中、北岳等区的包裹；3 月 10 日又开始收寄发往尚未解放地区的平信和挂号信，至 4 月 18 日恢复办理国际邮件寄递业务时，北平已基本上实现了与国内外的通邮。

北平邮政管理局在迅速恢复通邮的同时，又按照叶剑英的要求立即停止了中华邮政邮票的使用，开始贴用从华北邮政总局带来的解放区邮票。但这批邮票太少，无法满足人民群众的用邮需求，而印制新邮票在时间上又来不及。受华北邮政总局的委托，北平邮政管理局与京华印书

“华北人民邮政改作”邮票

局所属印刷厂签订合同，将接收的中央一版、二版和上海大东一版、二版孙中山像中华邮政邮票，加印上“华北人民邮政改作”“华北人民邮政暂用”字样，分发北平以及华北各地使用。据统计，此项加印有43种之多。由于在加印过程中监管不严，发生了邮局业务员崔桐彬等人私自加盖“华北人民邮政暂用三千元”邮票600枚的事件，北平邮政管理局遂与京华印书局所属印刷厂中止了合同，改由时称“白纸坊”的印钞厂承担此项加印工作。1950年4月，主犯崔桐彬被人民法院判处有期徒刑6年。

2. 邮政部门多种措施支持集邮

北平和平解放后，邮政主管部门筹集各解放区发行的邮票，为开展集邮业务做准备。1950年1月1日，邮电部邮政总局成立。为发展集邮，主管部门在邮局设立集邮台，在邮票上编印志号，大力宣传集邮和新邮消息，征求普及集邮的意见，改进邮票发行政策，举办与参加国内外邮展等各方面做出了不懈努力，终于使新中国初期的集邮活动走出萧条。

1949年5月，主持华北邮政总局工作的苏幼农，向各解放区邮政管理局发出通函，要求交换历来各自发行的各种邮票5000套，以满足收集解放区邮票的集邮者所需。这项重要措施，把即将停用的解放区邮票及时集聚起来，免遭流失，使解放区邮票得以转入集邮领域，为后来的集邮公司营业售品、解放区邮票的收集研究奠定了物质基础，也为以后通过“区票”进行革命传统教育提供了素材。这一时期，哈尔滨、北京、天津等大城市邮局设立的集邮台继续营业，主要出售解放区邮票。1949年11月1日，华东邮政管理局就恢复集邮台、发展集邮业务及出售各解放区邮票发出通令：如解放后未恢复业务者，应迅即利用现有人手予以恢复；各局可尽量利用种种方法对外宣传，借以促进公众集邮兴趣。

苏幼农（1903—1982），四川省邻水县人，早年参加革命。1945年到晋冀鲁豫边区。1946年任边区邮政总局局长。1948年8月任华北邮政总局局长。在以后几次邮电体制变动中，苏幼农一直任总局局长。中华人民共和国成立后，他出任邮电部邮政总局第一任局长。他在着手统一全国邮政

苏幼农

的同时，采取积极措施发展集邮业务，以推动新中国集邮活动的开展。

1949年12月，苏幼农主持了第一次全国邮政会议，会议确定统一邮资，规定了邮票由邮电部统一发行。此后，他具体筹划实施了新中国初期邮票的选题设计、印制及发行工作，组建专业的邮票设计、雕刻队伍，筹建北京邮票厂。他积极宣传、提倡集邮活动。在这次会议上，确定全国邮票由邮电部统一发行，邮政名称定为“中国人民邮政”。1950年2月10日，《天安门图案（第一版）》普通邮票发行。自本套邮票起，铭记由“中华人民邮政”改为“中国人民邮政”。

1950年、1951年邮政总局先后发行了两组《保卫世界和平》纪念邮票。为了增加集邮品种、提高集邮者的收集兴趣，1951年还曾计划发行志号为“集”字系列的集邮小型张，“集1”邮票小型张即由这两组邮票各2枚组成，但“集1”邮票小型张最终未发行。

3. 邮政部门加强集邮宣传

邮政总局为加强对新发行邮票的宣传，倡导集邮，每逢发行纪念邮票或特种邮票时，都通过新华社、广播电台、《人民日报》等报道新邮消息，同时，还向民办的集邮刊物如《近代邮刊》《天津邮学月刊》《集邮月刊》等寄赠新邮资料。邮政总局的举动，得到集邮者和邮商的赞扬。1950年9月第3期《东方邮刊》以《邮政总局重视集邮界》为题作报道：“邮政当局最近对国内集邮刊物甚为重视，当8月1日发行‘保卫世界和平’邮票之际，对各集邮刊物之出版者一律赠与含有东北贴用之该票一全套作为参考及宣传资料。将有关邮票之消息资料尽可能供给集邮者，各定期集邮刊物出版时，可向该局寄赠两份以备参考，寄交处：邮电部供应局邮票管理科。”

1951年8月25日和10月29日，邮政总局局长苏幼农和副局长谷春帆具名，先后以业字770号、927号函致江苏溱潼集邮月刊社，要求在《集邮月刊》上刊发《中国共产党三十周年纪念》《保卫世界和平》《鲁迅逝世十五周年》等纪念邮票的发行消息。公函中不仅介绍了发行缘由、邮票面值、邮票图案，并随函附寄上述3套纪念邮票，要求消息刊出后，“检寄一份”刊物，同时“将该项邮票在贵处集邮界所发生之印象及销售情形得便示知”。让集邮者通过邮刊及时了解到邮票发行信息，并通过邮刊将集邮者的意见反馈给邮政总局，是当时改进邮票发行工作的一项措施。

邮政总局为宣传集邮活动，在当时发行、使用的邮资邮简以及包裹单的背面，都印上提倡集邮的文字。1952年的邮资邮简上印有：“集邮——即是收集邮票欣赏研究——是一种健康的趣味丰富的文化娱乐。人民邮政发行了多种纪念邮票和特种邮票，它们体现着祖国各方面的伟大建设和保卫世界和平事业的辉煌成就。各邮局均发售各种邮票，购买便利。”在国内包裹单单据背面，也印有“购存各种邮票，欣赏研究，是趣味丰富的文化娱乐”的字样。言简意赅的行文，铭记了新中国成立初期的人民邮政为宣传、开展新中国的集邮活动，精心策划、不遗余力的敬业精神。

邮电部供应局于1951年3月特发函给集邮家和邮商，就如何使集邮大众化，邮票发行之方向，扩大邮票的国内外销路，特别是邮票出口等问题广泛征求意见。这

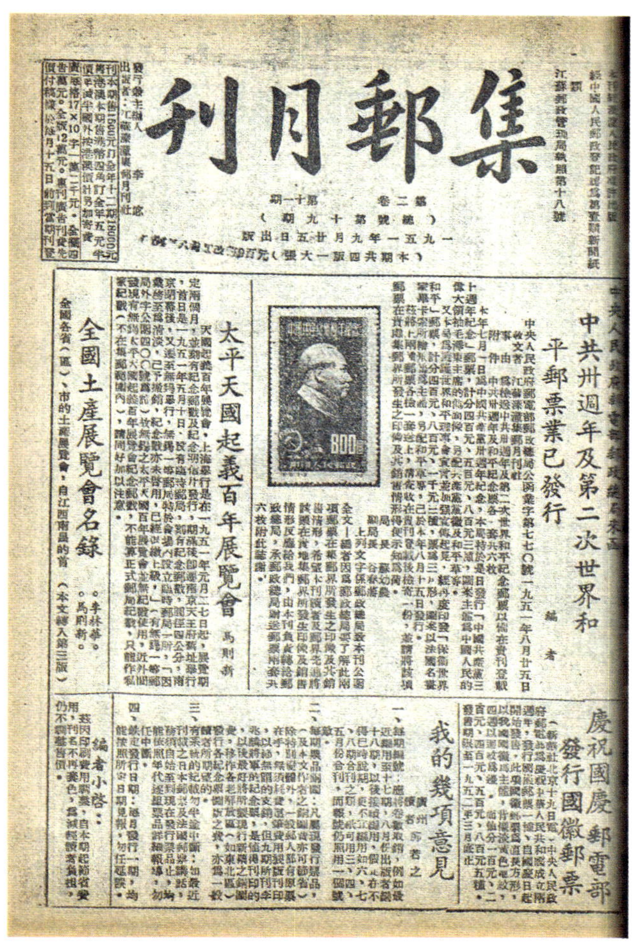

集郵月刊

第二卷　第十一期

一九五一年九月廿五日出版

中共卅週年及第二次世界和平郵票業已發行

太平天國起義百年展覽會

全國土產展覽會名錄

慶祝國慶發行國徽郵票

我的幾項意見

編者小啓

《集邮月刊》刊登新邮消息

是振兴新中国集邮的又一项措施。

4．邮政部门倾听集邮家建议

1951 年 3 月 21 日，上海著名集邮家、邮商钟笑炉，联名陈海忠、徐星瑛、顾培钧等发表《为发展我国集邮业务问题复邮政当局书》。其中客观地陈述了当时集邮者、邮商的心态，分析了邮市经营状况，依此，为发展集邮提出 3 点建议。

（1）邮政主管部门发行一份集邮刊物。“出版中西文字之集邮刊物，并扶植卓有成绩的私营邮刊之出版，既可对外宣传，复可使国内集邮日渐大众化而增大国内之销路。”“故深盼我邮政当局能有集邮刊物出版，庶集邮者的疑虑可以祛除，新进集邮者借此可以大量增加。国内集邮状况良好，则我国邮票在世界市场上乃能有巩固的地位而畅销。”

（2）邮政部门举办邮展。“宜连续于全国各大城市举行。其作用与上条相同，因此系实物表现，其效果当更宏大。”

（3）关于邮票发行政策。“为使我国邮票能大量出口，推广国内销路，使集邮大众化计，宜着重于纪念邮票的不断发行，面值宜低，枚数宜少。使如目前邮资情形，每套有 120 元、400 元、800 元 3 种似已敷用，且较能适合于目前的购买力。每一新纪念票发行时，宜规定在若干日期内全国各邮局窗口必须发售此项纪念邮票，以收普遍宣传是次纪念意义之效……易于引起集邮之兴趣而收集邮大众化之功。”

钟笑炉作为邮识渊博的集邮家、邮商，深谙邮票发行政策与普及集邮、邮票市场的关系。他的 3 项建议，切合当时普及集邮的客观社会状况。邮政总局从谏如流，这些建议陆续得以实施。

邮政总局还通过集邮者信访，听取群众意见，掌握集邮活动动态，把邮票发行政策向群众交底。

1951 年 6 月 15 日，重庆集邮者陈怀璠曾就集邮中的问题致函邮电部邮政总局，

近代郵刊

—6.101—

郵★票★新★聞

中國第一套三角形郵花

一次保衛世界和平郵票

稅務局天安門圖郵票

江西郵電管理局發行八一建軍節紀念郵簡

西南區巫山地方加蓋「人民郵政」票

郵政總局表示關切集郵活動 正在吸取經驗計劃改進推展

現正考慮發行和平解放西藏紀念郵票

《近代邮刊》公开发表邮政总局复函

陈述意见。事隔月余，邮政总局局长苏幼农、副局长谷春帆于7月18日联合具名，以业字675号函复重庆陈怀璠，就其提出的建议，做出长达700字的答复，主要内容如下。

本年6月15日来信收悉，承你对于集邮业务提供了很多宝贵的意见，我们很感谢。我们现在就先生所提的几点扼要奉复如下：

1. 我们为了照顾集邮家和一般人的购买力，纪念邮票的面值已尽可能减低了一些，例如7月1日发行的中国共产党三十周年纪念邮票，全套3枚，共1千7百元，以后发行纪念邮票当照顾到这一点。不过普通邮票航空邮票，为了配合业务上的需要，其中不能不有较高面值者，如果单为符合搜集家的购买力而减低面值，则邮件上必致多贴邮票，处理时颇不便利，甚至减低邮递速度，浪费邮票。

2. 邮票在政治上确有宣传教育的意义，人民搜集邮票，对于提高文化水平，加强政治觉悟和个人的节约储蓄方面都有帮助，是一种正当的文娱活动。人民邮政是提倡集邮的，现在各省局都设有专门发售邮票的集邮股（台），供集邮家选购……

3. 关于要多发行纪念邮票一节，我们是同意的，今年上半年发行邮票较少，固然主要是受了印制技术上客观条件的一些限制，但其他方面也是有缺点的，我们吸取这些经验教训，积极设法克服这些困难，争取改进……

4. 建议在集邮组内代售集邮用品一节，现在有些集邮组已经如此办理，同时推展至各地集邮组……

无论是邮政总局复函的内容，还是局长批复信件本身，在当时集邮界均引起很大反响。1951年第8期的《近代邮刊》公开发表了这封信。广大集邮者对邮政领导部门这种联系群众、服务于民的工作作风非常赞赏，更多的集邮者了解了人民邮政对发行邮票、开展集邮的方针政策，进一步推动了集邮的开展。

5. 纪特邮票品质稳步提升

中华人民共和国成立后的前十年，受各方面条件所限，邮票选题、设计和印制都受到一定的影响。这一时期，邮票印制厂家主要有：上海商务印书馆、上海市印刷一厂、北京人民印刷厂、大东书局上海印刷厂、上海大业印刷公司等。这些印刷厂对新中国前十年的邮票印制起到重要的作用。但是，这一时期印制的邮票主要是胶版和雕刻版的，而且颜色也很单调。

1952年5月6日，中国与捷克斯洛伐克关于文化、邮政、电信及科学技术的合作协定在北京签订。北京邮票厂的技术设计和筹建施工，就是中捷邮电合作项目之一。为使捷克斯洛伐克的先进的技术经验同中国实际状况结合起来，根据中捷科学技术协定，捷克斯洛伐克政府先后派来了筹建邮票印刷厂的工艺专家，厂房建筑、电气设计等专家，拍照、制版、印刷生产技术指导专家。中国政府也派出人员到捷克斯洛伐克邮票厂学习。北京邮票厂的厂房建筑于1956年11月15日动工兴建。

北京邮票厂在经历了酝酿、筹建、停建、复建到竣工，将近7年的时间，终于在1959年国庆十周年大庆之际，于1959年9月25日举行了落成典礼。邮票上的厂铭"北京邮票厂"摘自同年9月邮票印制专家董纯琦与同事张济众专门请郭沫若同

北京邮票厂落成开工典礼

朱德委员长视察北京邮票厂

志题写的“邮电部北京邮票厂”。1959年11月21日，全国人大常委会委员长朱德亲临北京邮票厂视察。

董纯琦，1931年出生于上海，高级工程师，1954年毕业于中央美术学院绘画系，分配到邮电部邮政总局邮票处从事邮票设计工作。1956年，董纯琦前往捷克斯洛伐克邮电部邮票印刷厂学习，回国后参加邮电部北京邮票厂的筹建工作，后任副厂长。1985年8月，董纯琦任邮票发行局设计室主任。在历届邮票图稿评议委员会担任委员，为中国邮票事业做出了贡献。他设计过《中国红十字会成立五十周年纪念》等邮票。1982年，董纯琦出席了中华全国集邮联合会第一次代表大会。

1959年7月1日发行的《“五四”运动四十周年》纪念邮票，是北京邮票厂试印成功的第一套影写版邮票。此后，影写版邮票的数量不断增多，使中国邮票更加绚丽多彩。

1959年10月1日是中华人民共和国成立10周年纪念日。为此，邮电部分5组发行了纪念邮票共19枚。其中两套邮票由北京邮票厂以影写版和影雕套印版印制，3套邮票由北京人民印刷厂以胶版和雕刻版印制。影写版、影雕套印版邮票的出现，不仅丰富了中国邮票的版别，而且拓宽了邮票选题及表现方法，从整体上提高了中国邮票的观赏性，激发了人们的收藏热情。

董纯琦

《中华人民共和国成立十周年（第五组）》纪念邮票“开国大典”

由北京人民印刷厂印制的《中华人民共和国成立十周年（第五组）》纪念邮票是国庆十周年系列纪念邮票中的经典。这枚邮票图案是根据中央美术学院教授董希文于1953年创作的油画《开国大典》构思，并依据1954年第三次修改后的画面设计。邮票设计者和雕刻者是新中国第一代邮票雕刻师唐霖坤。这枚邮票的图幅采用较大的52.5毫米×33毫米的规格，紫红色调，显得大气磅礴。

1959年10月1日发行的《中华人民共和国成立十周年（第三组）》纪念邮票，是北京邮票厂印制的第一套影雕套印版邮票。此前，新中国邮票基本上以胶版和雕刻版印制。这一时期，我国拥有唐霖坤、高品璋、孔绍惠、孙鸿年、孙经涌等多位技艺高超的邮票雕刻师。影雕套印版的出现，更增加了邮票的表现力和观赏性。《黄山风景》《工业新产品》《殷代铜器》等，就是

高品璋

孙传哲

影雕套印版邮票的经典之作。

高品璋（1919—1999），河北滦县人，1934 年进入财政部印刷局学习雕刻，1949 年调入北京人民印刷厂从事钢版雕刻工作。1958 年，高品璋调入邮电部邮票发行局从事专业邮票雕刻工作，任高级工艺美术师。他雕刻的邮票主要有：《中国古塔建筑艺术》《黄山风景》《殷代铜器》《弗·伊·列宁诞辰一百一十周年》《马克思逝世一百周年》《峨眉风光》等。1982 年，高品璋出席了中华全国集邮联合会第一次代表大会。

1960 年 6 月 1 日，邮电部发行了《金鱼》特种邮票一套 12 枚，其中 11 枚由孙传哲设计，另一枚由刘硕仁设计，北京邮票厂以影写版印制。这是首次为动物题材发行大套邮票。12 条不同品种的金鱼，活灵活现地呈现在 12 枚邮票上，绚丽的色彩和逼真的动态，使人爱不释手。此后，邮电部又发行了《菊花（第一组）》《唐三彩》《丹顶鹤》《蝴蝶》《黄山风景》《金丝猴》《牡丹》及小型张等特种邮票，同样受到集邮者的喜爱。

孙传哲（1916—1995），浙江宁波人，曾经在上海美术专科学校学习，后转入南京中央大学艺术系，师从徐悲鸿等，奠定了坚实的艺术功底。新中国成立后，他参与设计了第一套纪念邮票、第一套特种邮票、第一套普通邮票、第一套航空邮票和第一套欠资邮票，是邮票设计专业队伍的开拓者和群体代表。他曾担任邮电部邮票发行局设计室主任，共设计了 100 多套各类邮票。其中《金鱼》《黄山风景》等邮票，在国际邮坛受到了很高的赞誉。1982 年，孙传哲出席了中华全国集邮联合会第一次代表大会并当选第一届理事会理事。

为纪念京剧艺术大师梅兰芳逝世一周年，邮电部于 1962 年 8 月 8 日发行了《梅兰芳舞台艺术》纪念邮票一套 8 枚，同年 9 月 15 日又发行小型张 1 枚，在此期间，还发行了无齿邮票。这套由邮票由孙传哲设计、小型张由吴建坤设计，北京邮票厂以影写版印制。该套邮票从设计到印制，都显示出较高的水准，被视作新中国邮票的代表作。

这一时期发行的邮票，无论选题、设计和印制，都达到前所未有的高度，被称作新中国邮票的“第一个黄金时期”。

6. 邮政部门启用多种纪念邮戳

为普及集邮，邮政管理部门与时俱进，在邮票设计周期过长、印制工艺不高的不利条件下，积极开发，利用自身优势，刻制纪念邮戳供集邮者加盖，以达到宣传目的并丰富集邮者的收藏品种。1951 年出版的《近代邮刊》，刊发了《新中国纪念邮戳选》5 期，直至停刊。

从 1949 年 10 月至 1964 年 10 月，15 年间仅江苏全省刻制、使用纪念邮戳就达 100 枚之多。其中全国统一使用者 23 枚、华东统一使用者 2 枚、华东各市（县）自行使用者 75 枚，极大地丰富了集邮者的收藏品种，并成为不可多得的历史文物。

1950 年 5 月 1 日，汉口邮局刻制、使用“庆祝五一国际劳动节纪念”邮戳，此为目前所知新中国成立后湖北邮政的首款纪念邮戳。

1957 年 10 月 15 日，万里长江第一桥——武汉长江大桥建成通车，武汉市邮局刻制、使用了主图为武汉长江大桥的通车纪念邮戳，与 10 月 1 日发行的纪 43《武汉长江大桥》纪念邮票互为辉映。武汉集

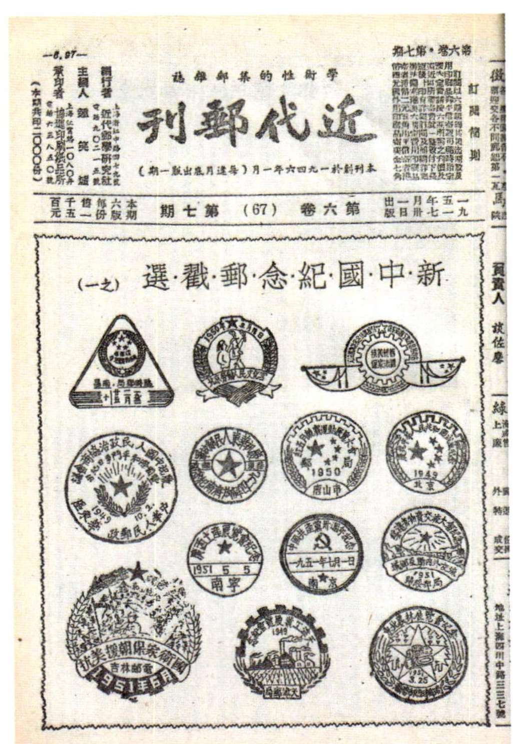

學術性的集郵雜誌

近代郵刊

第六卷 (67) 第七期

新中國紀念郵戳選（之一）

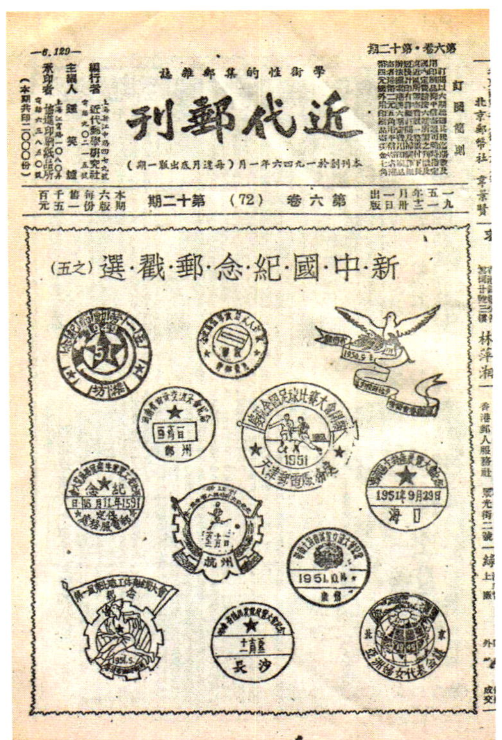

學術性的集郵雜誌

近代郵刊

第六卷 (72) 第十二期

新中國紀念郵戳選（之五）

《近代邮刊》发表的《新中国纪念邮戳选》

全国统一形制的中华人民共和国成立十周年纪念邮戳

邮者任福田还使用此戳盖销了贴在武汉长江大桥明信片上的纪 43《武汉长江大桥》纪念邮票，此举成为湖北极限集邮之先行者。

1951 年 5 月 8 日—6 月 4 日，苏北行署在扬州市举办了规模盛大的“苏北物产展览交流大会”。扬州邮电局在瘦西湖会场内设立了临时邮局并刻制钢质纪念邮戳为大会服务，其戳图为握手的工人与农民，背景则为扬州的标志性建筑五亭桥，极富时代与地域特色。此后，六合县邮政局、高邮县邮政局也刻制使用过同类纪念邮戳。

自 1951 年 3 月起，重庆邮电局先后启用了“重庆市第一届工会会员代表大会总工会成立纪念”“重庆首届妇女代表大会纪念”等纪念邮戳，时至今日均成为珍贵的历史文物。

1958 年 1 月 30 日，邮电部发行了《胜利超额完成第一个五年计划》纪念邮票，其中第三枚邮票的主图是重庆白沙沱长江大桥。从 1959 年 12 月 10 日起的一个月内，邮政用户均可在白沙沱、打铜街、民权路邮政局为交寄的函件加盖“重庆白沙沱长江大桥通车纪念”邮戳。

1958 年修建十三陵水库时，北京邮政管理局刻制了“十三陵水库修建纪念”邮戳 6 枚，从 3 月 24 日起发至昌平支局和水库工地服务处，使用到工程完工。

北京邮政管理局在 20 世纪 50 年代根据邮电部的指示，多次刻制全国统一形制的国庆纪念邮戳，供邮政用户和集邮者寄递信件加盖留念。

吉林省邮电管理局在 20 世纪 50 年代就根据邮电部邮政总局统一规定的式样，多次刻制、使用纪念邮戳。此外，该局所

1951 年沈阳启用东北物资交流大会纪念邮戳

制地方性的纪念邮戳也屡见不鲜。1951 年 10 月 25 日，长春邮政局为配合“长春市第一届生产建设展览会”的召开，刻制、使用了图案为邮电徽志、信筒、齿轮、麦穗和飘带的纪念邮戳。

地处祖国边陲的延边朝鲜族自治州首府延吉市邮政局，也刻制并使用了国庆纪念邮戳。早在中华人民共和国成立之时，内蒙古自治区当时首府所在地乌兰浩特市邮政局就刻制、使用过纪念邮戳，以记其盛。纪念邮戳的主图为万里长城和天安门城楼，戳面文字是“中华人民共和国”“乌兰浩特”“1949 年 10 月 1 日”。

三、新中国成立初期的集邮活动

中国几代集邮者近半个世纪历经沧桑，对集邮的文化价值和商品价值的思考，逐渐形成了自身的观念。在收集内容、研究方法、组织邮会、创办邮刊等各方面有了一套传统的模式。新中国成立初期的集邮者，如何承接历史，以新思想认识集邮，转变集邮观念，邮商如何改变经营思想，均成为人们思考的问题。在中华人民共和国成立之后，集邮的文化内涵逐渐被人们认识，集邮不仅仅是一项个人的收藏爱好，也成为一项健康有益的文化活动。

1. 党和国家领导人关心和支持集邮

集邮是一项文化活动，但是因为它入门较易，普及性强，邮票又具有知识性、宣传性、艺术性的特点，所以一些党和国家领导人、知识文化界名人支持集邮、鼓励集邮，对集邮有很高的评价。

毛泽东主席在繁忙的工作之余，也观看过集邮展览。1954 年 10 月 25 日，毛泽东、刘少奇、周恩来、朱德等国家领导人在北

《北京苏联经济及文化建设成就展览会》纪念邮票

京参观“苏联经济及文化建设成就展览会”，并观看了展览会文化艺术馆中的“苏联邮票展览”，这是我国党政领导人首次公开参观集邮展览。这个邮展共展出了苏联自 1943 年到 1953 年发行的近 200 套纪念邮票，主题共分 5 个部分：（1）伟大的节日与革命导师纪念邮票；（2）科学与文化；（3）文化活动；（4）苏维埃联盟与苏联各民族团结友爱；（5）工厂、学校和城市建设。展品浓缩了苏联经济建设与文化建设领域的成就。中华人民共和国邮电部为此次展览于同年 11 月 7 日发行了一套纪念邮票。1955 年，“苏联经济建设成就展览会”移至上海展出，邮票展览同时展出。

1959 年国庆之夜，住在北京的杨绍明找到刚刚参加完国庆庆祝活动的毛泽东主席，请他在当天发行的根据油画《开国大典》设计的纪 71《中华人民共和国成立十周年（第五组）》纪念邮票二十四方连上签名留念。据杨绍明回忆：“毛伯伯知道我喜欢集邮，就一口答应了。他问：‘签在哪里？’我说：‘请签在邮票上。’他笑了，说：‘那不把邮票弄坏了？’我说：‘没关系，这才有意义哩！’毛伯伯当时兴致极好，欣然命笔，一挥而就，写下了‘毛泽东’三个大字，还特意注上：‘一九五九年十月一日’”。从此，收集名人签名邮票便成了杨绍明一生的业余之好。

毛泽东签名的“开国大典”纪念邮票二十四方连

关于毛泽东同志支持集邮的故事，可以追溯到1926年。据集邮家姜治方回忆：1926年春，第一次国共合作时期，姜治方考入了国民党中央党部在广州举办的政治学习班。有一天，他把军装穿扎整齐，走进宣传部办公室。毛泽东此时正在伏案工作，旁边坐着他的秘书沈雁冰。姜治方向毛泽东和沈雁冰行军礼致敬后，就说明来意是要邮票。毛泽东微笑着说：“你要邮票可以到楼下图书馆资料室去找张先生，就说是我要你去找的。”随后，姜治方来到图书馆，收获了一批贴着世界各国邮票的实寄封。

《集邮》杂志1958年第1期刊出照片，那是朱德副主席和陈毅副总理在北京中山公园中山堂为庆祝十月社会主义革命40周年所办“苏联图片展览”上，笑容可掬地参观苏联邮票展览。

《集邮》杂志1960年第2期刊登了毛泽东主席为苏联友人在《中国共产党三十周年纪念》邮票上签名的邮票方连，之后又刊登了朱德、董必武等领导人为集邮者签名的邮票方连，使集邮的社会影响声名加大。

罗华生是部队中的一位集邮者。1950年年初，他调到湖北军区司令部工作。当时，王树声同志任军区司令。一次偶然的机会，当王树声得知罗华生有集邮的爱好后，就让警卫员将自己所藏的22枚黄色军用邮票全部送给了罗华生。这一时期，罗华生凭借工作关系，陆续得到一些党和国家领导人的签名邮票。其中有朱德、董必武、宋庆龄等国家领导人，以及郭沫若、谢觉哉、吴玉章等人的签名邮票。特别是董必武同志，不仅在罗华生的邮票上签名，还指着一枚“中共上海一大会址”纪念邮票说：“这些邮票都是宣传毛主席革命思想的，收集起来可以使我们了解革命斗争的艰苦性、复杂性、长期性。”“你要好好学习毛泽东思想，对集邮要持之以恒啊。”

《集邮》杂志1965年第1期，刊登了邮电部部长朱学范为《集邮》创刊10周年题字“高举毛泽东思想伟大红旗，办好‘集邮’月刊，为工农兵服务，为社会主义服务，促进集邮活动革命化。一九六五年元月”。

《集邮》杂志1966年第3期，刊出了

朱德、陈毅参观苏联邮票展览

全国妇联副主席章蕴为《服务行业的妇女》特种邮票题词。

新的邮票发行是集邮者关注的焦点。配合新邮发行，有关领导或文化名人

会为之撰文题词或赋诗。《集邮》杂志1959年3期，刊出了谢觉哉为“农业大丰收”特种邮票赋的诗篇。《集邮》杂志1959年第10期，再次刊出了谢老为国庆10周年纪念邮票的题诗；《集邮》杂志1964年第2期，刊登了邓颖超同志为“人民公社女社员”特种邮票题词：“中国妇女在建设祖国、保卫祖国的各种岗位上，不断地发挥着积极性和创造性，越来越起着重要的作用”。

2. 抗美援朝期间的集藏活动

集邮家朱祖威从小就酷爱集邮。1949年，13岁的他举着自己亲手做的邮票灯笼美滋滋地夹在游行队伍中参加了中华人民共和国开国大典。1952年，朱祖威响应国家号召应征入伍，并且跨过鸭绿江参加了抗美援朝。在他简单得不能再简单的行李中，两本集邮册是经过反复筛选最终没能割舍掉的。当年，朱祖威为了能参加抗美援朝，报名参军时虚报了两岁。在赴朝大军即将出发时，已经背好行囊的他却意外地被通知到团部政治处报到，因为部队知道了他当时只有16岁，让他留守。但朱祖威人小志大，他将一张血书摆在了部队领导的桌上，上面写了8个字：“抗美援朝 保家卫国”。部队领导被他的倔劲儿感动了，于是，从前线回来办事的罗参谋在返回朝鲜时，身边就多了一个揣着两本集邮册的小志愿兵。此后，在朝鲜一年多的战地生活中，朱祖威在抗击侵略、艰苦作战之余，居然还积攒了100多枚朝鲜邮票。

朱祖威（1935—2013），北京人。16岁入伍参军，参加过抗美援朝。他13岁开始集邮，主要收集“区票”、新中国邮票和世界各国邮票。他曾担任北京燕山出版社副社长，北京市集邮协会副会长、学术委员会主任等职。从20世纪80年代起，朱祖威致力于集邮著述，担任过《列宁邮票

朱祖威

全集》《毛泽东邮票全集》《中华世界邮票目录》《苏联邮票目录》等多部集邮图书的主编；他主持了第1届至第11届年度世界最佳邮票评选活动。2011年，朱祖威被授予中华全国集邮联合会第三批会士。

安徽马鞍山的石强1930年出生于湖南邵阳，1949年10月入伍。1952年冬，他进入中国人民志愿军部队。1953年年初入朝参加抗美援朝战争。因为入伍前具有初中学历，他被选为连队文化教员。在艰苦的战斗之余，前线部队每天都能收到来自国内亲人或人民群众的慰问信件。年轻的石强每次看到信封上印有五星红旗的邮票都备感亲切，每次读到祖国亲人饱含深情的思念和祖国人民对志愿军战士真挚的关爱和拥护都深受鼓舞、激动万分。在激励中坚定杀敌报国信念的同时，石强都会把一枚枚小小的邮票、战地宣传画等小心翼翼地剪下来，夹在本子里，并认真记录每一份资料背后的故事。因为，这些物品有些是牺牲的战友留下的。在朝鲜作战期间，石强集邮并收集抗美援朝纪念品的举动一直没有间断，由此保留了一些记录抗美援朝战争的珍贵史料。石强还经常利用邮票等实物作为教材，为中小学生讲述抗美援

石强用邮票给孩子们讲故事

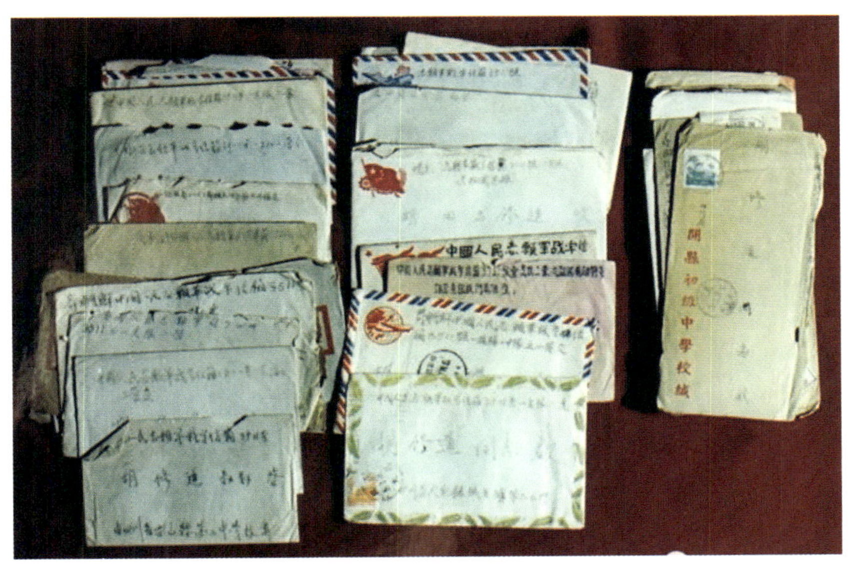

志愿军英雄胡修道收到的慰问信

朝故事。

这一时期，全国人民都在轰轰烈烈地支援抗美援朝战争，并且把志愿军战士称作“最可爱的人”。那时国内的很多学校发起“给最可爱的人写慰问信”的活动。中国人民革命军事博物馆中，收藏了志愿军一级英雄胡修道收到的大量来自祖国的慰问信。当时在上海晋元中学上高中的蔡葵就曾经给志愿军写过慰问信。1953 年 2 月 27 日，蔡葵参加了上海市中等学校学生代表大会。会上，执行主席宣读了志愿军某部给上海学生的信，各位代表都很激动。当晚，蔡葵就给志愿军写了慰问信，并且附寄了领袖像章。6 月 17 日，记者丁固从朝鲜前线发来通讯《一枚纪念章》，报道了蔡葵的慰问信和像章在上甘岭志愿军某部第九连战士中间传看的故事。7 月，蔡葵接连收到志愿军第二十四军政治部青年科和守卫上甘岭的志愿军某部第九连团支部的来信，信中介绍了九连指战员在战斗结束后，经过民主讨论，将蔡葵寄去的领袖像章颁发给作战最英勇的战士。当时，来自祖国的一件收藏品，对前线战士是一种极大的鼓舞。此后，蔡葵与志愿军某部九连还有书信往来。1984 年上海晋元中学 80 周年校庆，蔡葵将保存多年的志愿军来信作为礼物捐献给母校。

为了慰问在前方浴血奋战的志愿军，中国人民解放军华北军区政治部《华北解放军》报社、战友社、《华北画报》社等部门印制了一套《人民胜利纪念》军用明信片，共 20 枚，于 1950 年 9 月 25 日在北京召开的全国战斗英雄代表大会上赠送与会人员。1953 年 4 月，中国人民志愿军后方勤务司令部卫生部印制了一套《中国人民志愿军战士卫生邮简》，共 20 枚，分发给志愿军战士。同年，前往朝鲜的中国人民志愿军慰问团还将一套 10 枚的《中国人民

中国人民志愿军战士卫生邮简

志愿军军邮明信片》赠送给中国人民志愿军战士。随着时间的流逝，这些军用明信片和邮简保存下来的已经很少，成为国际和国内集邮界不可多得的邮品。

3.“区票”成为收藏热点

中华人民共和国成立初期，出于对于党和人民政权的热爱，许多集邮者将收藏重点投向中国共产党领导的红色区域发行的邮票。在这个时期，集邮柜台、邮票商社都出售“区票”，使收集“区票”成为热点。“区票”市场看好，而清代、民国邮票销势减弱。据 1950 年 9 月的《东方邮刊》报道：“最近有一邮集折售，主要票品为万寿方连全套、限省普通票纪念票全集、航空票全集。尚有邮集一部待售，内容颇佳。除历次正票大致具备外，并含有样票与变体票两专集。惜邮市消沉难得善价，此固与购买力有关，但主要原因一般正热衷于老的‘区票’，对专集及特殊票品多为漠视”。此时的邮刊，几乎每期都有出让清代、民国邮票的广告。

天津原有的东亚、国华、国际、良友几家邮票社在解放后不久即重新开业。天津邮商的生意做得灵活，东亚和诚记邮社行动较快，每当某一城市解放，即给当地邮局汇款，要求买下当地使用的邮票。这个办法使他们收购到大量的“区票”，其中有不少地方临时加盖票，由此赚了钱。当时，天津集邮比北京活跃，邮市的买卖也比北京兴旺一些。

据集邮家和邮商杨启明回忆，“由于‘区票’种类很多，国家又（重视）对外贸易，奖励出口，国家银行还代收货款，所以我的出口业务又恢复了。加之物价稳定，给获利奠定了基础，我的邮业走向了兴旺发达时期。”

4. 老集邮家的爱国举动

当中国进入社会主义革命和建设的新时期后，随着对农业、手工业、资本主义工商业的社会主义改造的逐步完成，人民大众的思想观念发生了深刻变化。在集邮界，爱国是集邮者特有的传统和品质，特别是那些经历过新旧两种社会的集邮者，对新中国更是情有独钟，通过几次对集邮观的公开讨论之后，集邮爱国的思想观念深入人心。以姜治方为代表的一些著名集邮家，开始陆续向当地有关部门或国家邮政部门，捐献出了他们多年呕心沥血苦心收藏的大量邮票和其他集邮品，其中不少为中国的珍贵邮品。

1949 年 10 月 7 日，时任驻波兰临时代办的姜治方打电报给毛主席和周总理，“宣布正式脱离国民党政府，投靠人民”。1951 年 9 月 30 日，姜治方一家六口携数箱珍邮，行程万里回到北京。在北京，姜治方不仅与集邮大家夏衍等人因邮结缘，还和走街串巷打鼓的小贩保持着密切的交往。因为他发现这些小贩手里有成堆成捆论斤当废纸收来的旧信封，凭直觉他认定其中必有珍品，经过一番挑拣，果然找到两枚盖有“洪宪元年”邮戳的实寄封。后来，姜治方又在一个小贩手里陆续寻得一些清代民信局和华洋书信馆的信封，以及传递文职衙门公文的“排单”和武职衙门专用的“将军火票”。

1957 年 9 月，中国人民对外友好协会会长楚图南为招待日本集邮家中岛健藏举行的鸡尾酒会上，夏衍建议姜治方把八国联军侵略京、津时使用的邮票，拿出一些捐给中国历史博物馆，姜治方当即答应下来。第二天，他就将整理好的德、英、美、日、法、俄在这一时期发行并使用的邮票、明信片等邮品，亲自交给文化部文物保管处处长张珩。当年的《人民画报》还专门

老集邮家捐献的红印花加盖票全套票

宋兴民为姜治方颁奖

采访了姜治方，并发表了他与崔显堂等三位北京集邮家在一起交流心得的照片。由影响较为广泛的《人民画报》宣传集邮家和集邮活动，是中国集邮的殊荣。1966年，姜治方将所藏邮品连同集邮书刊和参加邮展获得的奖杯、奖章，全部无私地捐献给国家，体现出一个集邮大家的爱国情怀。邮电部特地在湖南为姜治方颁奖。

无私捐献邮票和其他集邮品的集邮大家还有：

张包子俊于1950年向浙江中苏友好协会捐献了苏联邮票集，1955年向浙江博物馆捐献了伪满邮票全集。

红印花加盖小一元旧票

马任全于1956年7月向上海博物馆捐献了1878年大龙邮票起各个历史时期的中国邮票3167枚，其中包括存世仅1枚、1897年发行的红印花加盖小字当一元旧票。

居洽群于1958年向邮电部建议创办邮票博物馆，并声明愿将自己所藏的“区票”珍邮捐献给国家。此后，他先后于1959年、1982年两次向国家捐献出自己珍藏的“区票”381枚，其中还有样票、“区票”实寄封等大量珍罕邮品。

王纪泽与周煦良于1955年向上海文物保管委员会捐献集邮书刊2565册。1965年，王纪泽又将其毕生呕心收藏的红印花加盖邮票专集全部捐献给邮电部，其中邮票珍品众多。

王纪泽（1900—1982），江苏镇江人。他在北京上学时即开始集邮，燕京大学毕业后进入银行任职，系中华、新光邮票会会员。1928年，王纪泽调到东三省。九一八事变后王纪泽不愿觍颜事敌，历尽

王纪泽与红印花加盖小一元邮票

艰辛回到北平，但所有集邮藏品未能携出而全部损失。入关后，他先后在河北省银行天津、北平、定县、清风店等分行工作，依靠通信重新收集中国早期邮票。

此外，张珩因病于1963年8月英年早逝，其夫人顾湄和长子张贻义将他收藏的“区票”，全部捐献给中国革命博物馆。

集邮家的无私捐献，极大地丰富了国家馆藏邮品，其中一些珍罕票品已成为国家文物。

5. 各地开展多种集邮活动

新中国成立初期，各地集邮者以一股政治热情坚持集邮活动。因为当时宣传导向把集邮与政治紧密相连，“集邮即政治”。占集邮队伍80%的青少年集邮者都是“在红旗下长大的”，容易接受正面教育，在集邮活动中投入高涨的政治热情。

20世纪50年代中期，国民经济恢复、政治稳定，中国集邮呈现出一派欣欣向荣的景象。1955年，中国集邮公司开业；同年，《集邮》杂志创刊。中国集邮公司作为国家唯一的权威渠道，陆续向集邮者提供价廉物美的新中国、苏联及东欧邮票。《集邮》杂志以它被集邮界确认的权威位置，成为集邮者瞩目的中心。《集邮》杂志不断发布新信息，引导全国的集邮活动。集邮事业得力于正确的方针政策，有了极快的发展。厂矿企业、机关学校尤为活跃，集邮小组连连诞生，集邮者与国外邮友的交往也日益频繁起来。此时期，全社会集邮风气和谐、淳朴，人们重视信誉、互助互敬。特别应该提到的是，那些求知好学、条理性强、有集邮悟性的青少年，受益于老集邮家的学识，又接受了新文化的科学态度与研究方法，成为中国集邮界的新生力量。

1962—1963年，中国的国民经济开始好转，文化领域呈现活跃气氛。此时，邮票选题又有所扩展，《梅兰芳舞台艺术》《唐三彩》《中国民间舞蹈》等邮票都是这一时期发行的。《集邮》杂志广泛介绍了传统集邮知识、邮票画面的专题知识及中国邮政、

《梅兰芳舞台艺术》邮票小型张

邮票史等内容。在媒体的宣传下，集邮活动日见回暖。

1964 年 10 月，为纪念中华人民共和国成立 15 周年，宜昌、合肥、广州、杭州、福州、长沙、贵阳等十几个城市的集邮者举办了邮票展览。展览会都是以新中国 15 年来的成就为主题，展出这一时期我国发行的纪念邮票、特种邮票，并配以文字说明。

这一时期，广东地区的集邮较为活跃。1963 年 3 月，“广州市工人文化宫职工集邮筹备小组”成立，选举常增书为组长。这个集邮小组活动形式多种多样，除组织交换邮票、欣赏邮票外，还结合政治形势组织集邮讲座，协助广州市集邮分公司举办了“新中国邮票展览”“光辉的历年邮票展览”。该集邮小组还出版了油印的会刊《集邮简讯》《广州职工集邮》，在当时是难能可贵的。

1964 年春季，广州市集邮分公司组织了“1963 年我最喜爱的集邮邮票”评选活动，收到选票 4212 张，3 套邮票和 3 枚单枚票获奖。这不仅是新中国集邮史，也是整个中国集邮史上的首次邮票评选。这项活动连续进行到 1966 年，共举办了 3 届。

这一时期，集邮者的收藏方式仍普遍沿袭旧法，使用插票册。传统集邮者将邮票按年逐套插入邮册；专题集邮者虽然在收集内容上作了新的选择，却仍恪守旧法，将同一专题的邮票插进邮册。这两者都不在插册上作任何文字标述。稍后，苏联的定位贴票册传入中国，也只有极少数集邮者率先采用这种先进的收藏方式。

四、集邮活动出现波折

中华人民共和国成立初期，国际和国内形势错综复杂，党和人民面临着巨大困难和严峻考验。国际上，美国拒绝承认并竭力阻挠其他国家承认新中国，阻挠恢复中华人民共和国在联合国的合法席位，对新中国实行政治孤立、经济封锁和军事包围的政策。在经济上，人民政府面临的是一个十分落后的烂摊子。在人民生活处于一个较低水平的情况下，集邮活动难免会遇到挫折。

同时，国内开展的接连不断的政治运动，波及了意识形态领域，也影响了集邮领域。那时，在《集邮》杂志等报刊上，展开了一次又一次的关于集邮观的讨论。集邮活动在社会大形势和大环境下，受到了影响。

20 世纪 60 年代以来，中国遭受了严重的自然灾害；特别是中、苏两党关系破裂

集邮 月刊　　1961年第1期(总第68期)

编辑、出版：人民邮电出版社
北京东四6条13号
电話：4—1264　电报掛号：04882
印刷：邮电部北京邮票厂
总发行：邮电部北京邮局
订購处：各地邮电局所
代订、代售：各地新华书店
每月28日出版　每册0.15元　本刊代号：2—222

·12·　　集邮

复刊的《集邮》1961 年第 1 期只有 12 页

后，苏联单方面撤走在华的全部专家，撕毁了 243 份合同书，废除科技合作项目 257 个，给中国经济建设造成损失。受其影响，刚刚好转的人民生活又陷入低谷，集邮者可以用来购买邮票的资金也越来越少。

中国集邮公司陆续撤掉苏联及东欧国家的邮票。原来大厅西侧整个一排展柜里全部是苏联邮票，琳琅满目。此后，几个插票板上只有稀稀落落的体育、动物、花卉等“中性”邮票出售。东欧诸国的邮票也撤掉许多，唯有罗马尼亚邮票保留得略多一些，但也以“中性”邮票居多。营业厅因此变得空空荡荡。由于关于集邮观的舆论导向，以及经济生活的困难、集邮公司削减外国邮票的种类等因素，来自多方面的制约，使全国的集邮低迷，集邮人数开始减少。

作为当时集邮活动风向标的《集邮》杂志，它的际遇非常明显地显示出这一时期集邮活动的低落。《集邮》杂志创刊时的容量是每期 16 个内页。到 1958 年年底扩至 24 个内页。1960 年第 7 期突然降至 16 个内页，而且此后立即停刊，并未通知《集邮》订户。1961 年下半年，《集邮》杂志复刊。这停刊与复刊的因由，当时并没有明确说法。复刊后的《集邮》杂志容量降为 12 个内页。

多年后，当时《集邮》杂志的负责人回忆到：这与当时的国家大形势相关，正值三年困难时期，国家发生经济困难，纸张等物资供应紧张，停刊是不得已而为之。当我们看到那个时期《集邮》杂志黢黑的纸张、断裂的铅字，正反映了那个时期物质匮乏、经济蹇然的现象。对与国计民生相关不大的《集邮》杂志被迫采取消减、甚至停刊，以当时形势来看，也在情理之中。

这一时期，在迫不得已情况下，有些集邮家出售了自己精心所藏。如郑汝纯在

姜治方与子女欣赏邮票

新中国初期因经济困难，卖掉了部分中国早期邮票。1955 年，他又将一部西藏地方邮集作价转让给姜治方。白子宪在 70 岁后不再大量收藏邮票，几经协商将所藏日本初期邮票 60 余枚，以 300 元卖给了周贻白。而两枚 1908 年旧高面值新票，则以 70 元卖给了林崧。

20 世纪 60 年代初，赫崇佩患病住院，困难之际，决定把所藏珍品让出。后经人介绍将红印花加盖“当伍元”和小字“当肆分”以 450 元转让给周贻白。这一项正常的集邮交易，在“文革”期间曾被视为特大投机倒把案，买主周贻白被隔离审查。

1929 年秋加入过中华邮票会的集邮家陆志韦博士，1949 年任代校长时曾主持燕京大学，并出席了中国人民政治协商会议第一届全体会议。1955 年 2 月 7 日（时值农历正月十五），陆志韦将两册邮集作价 1000 余元，转让给姜治方、夏衍和赵人龙。

姜治方对此事回忆道：“记得那是 1955 年元宵佳节之夜，我妻特从稻香村买来了元宵待客。陆志韦、夏衍先后到寓，主客入座。我们边吃元宵，边仔细观看品评陆的大龙邮票，交换条件一谈即成。夏衍高兴地说，他一次能得到六七十枚大龙邮票，真是机会难逢”。

赵人龙也在回忆录中写道：“（20 世纪）50 年代中期，原燕京大学代校长陆志韦华邮邮集出售，代价约一千余元。”陆志韦虽然出售了邮集，但对集邮活动仍是关心，表示愿发起筹组全国性集邮组织。

由交换、买卖邮票构成的市场，在当时计划经济体制下和社会环境中，未可延续。20 世纪 60 年代中期，中国集邮公司营业厅内外的交换者，只三三两两。后来，只要这些人中有买卖邮票的，就会有人上前盘查。有时，还会将买卖双方带到东安市场公安机关，并向双方单位发函调查，或是通知单位领导。中国集邮公司营业厅内外因此逐渐冷落了下来。

第二节　集邮群体的活动与集邮组织的形成

中华人民共和国成立后，社会安定、经济发展，人民文化生活水平逐步提高。群众性的集邮活动在政府与邮政、文化部门的提倡和支持下，获得很大发展。20 世纪 50 年代中期，集邮活动以一种前所未有的速度向中国的工矿企业、机关、学校、部队、医院、城区街道乃至农村延伸，集邮人数之多、阶层和地区之广泛，足以看出当时的中国集邮呈现出空前普及的态势。

尽管如此，邮集还只是在集邮家之间转让。当然，转让也是一种继承。暂时的波折过去之后，集邮活动还会得到恢复。

一、集邮群体得到较快发展

20 世纪 50 年代以来，在人民政府和邮政部门的倡导和支持下，集邮者群体很快扩大，并且从个体行为逐步转向群体行为，这种有组织的集邮活动为各级集邮组织的建立打下较好的基础。

1. 群众性集邮活动兴起

中华人民共和国成立初期的集邮者，大多从旧社会过来，主体是居住在大中城市的职员、学生。他们仍以传统的集邮方式和研究方法为主，收集中国各时期邮票，研究邮票的版式、齿孔、纸质、刷色等特征，并开始收集新中国、解放区及外国邮票。20 世纪 50 年代中期，集邮者队伍也发生了变化，青年工人、解放军指战员、干部、中学生陆续走进集邮者行列，收集方式也从单一的传统集邮转向专题收集，一时间专题集邮开始风行。极限明信片的知识也在此时传入中国，少数青少年集邮者开始制作极限明信片。中国的专题集邮、极限集邮在这一阶段初具雏形。

这一时期，集邮者的群体活动已经形成。如天津、郑州、济南、江苏常州、福建厦门、内蒙古包头、四川城口、陕西平利、上海青年宫、南昌工人文化宫、上海福利会少年宫、北京少年之家、中国协和医学院（北京）、山东大学、新疆交通厅和公路局等地区和单位出现了不定期的集邮群体活动。

各地相继建立的文化馆、工人文化宫（俱乐部）、青年宫、少年宫等场馆，不少都成为集邮活动的举办地和集邮者的聚会场地。在各地文化部门、工会组织支持下，集邮不仅被纳入正当的有组织的业余文化活动，而且从活动场地、经费，到印发集邮报刊资料都有了必要的保证，这对 20 世纪 50 年代中期的集邮热潮起到推动作用。

1955 年 7 月，上海福利会少年宫利用暑假夏令营活动开设了集邮俱乐部，除举办集邮讲座、邮展外，还欣赏、观摩邮票。此后，组织少年集邮成为许多少年宫的活动内容之一。1956 年 1 月 15 日，北京市少年之家为少年集邮爱好者举办了集邮活动，帮助他们正确认识集邮，并掌握多种集邮方法，提高了他们的集邮水平。

2. 集邮队伍注入新的活力

在集邮活动蓬勃发展、不断普及的时期，中国集邮者的成分发生着变化。新中国成立前的那些集邮者仍在孜孜不倦地坚

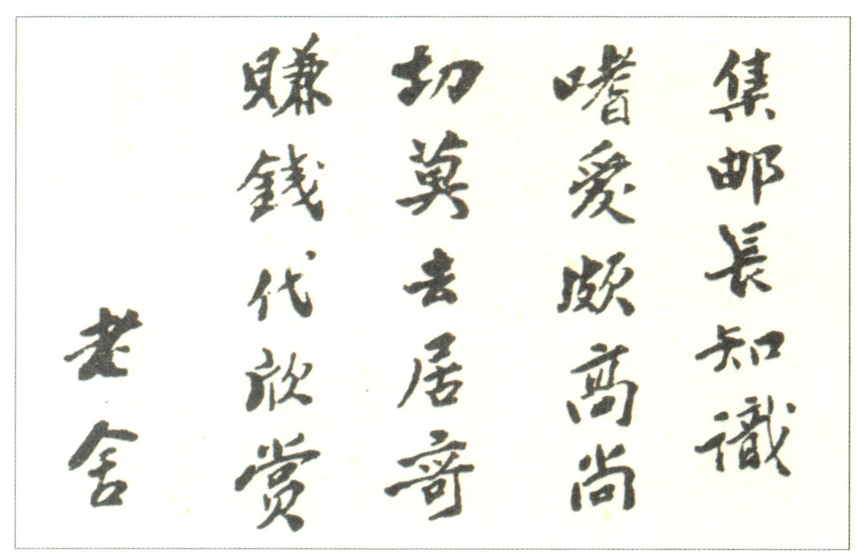

老舍为集邮题诗

持，使中国集邮延续下来，他们是中国集邮界的宝贵财富。这一时期，人民安居乐业，生活水平有了较大的提高，青少年大多有了上学的机会，集邮的普及有了相当的群众基础和物质条件。于是，青年工人、干部、职员、解放军指战员、大学生、中学生大量涌进集邮队伍。在南方经济较富裕的农村，有的农民也开始集邮。这些新集邮者给集邮界带来生机。集邮大环境的宽松，使一些青少年集邮者在活动中崭露头角。他们大多在当时的《集邮》杂志或省、市报刊上发表集邮文章，有的在集邮活动中表现出高涨的政治热情和组织能力。他们认真地收集邮票、研究邮票，在实践中积累邮识。文学艺术界对集邮也始终给予重视与支持，人民艺术家老舍还为集邮者题写了言简意赅、别具风格的题词："集邮长知识，嗜爱颇高尚，切莫去居奇，赚钱代欣赏"，真切道出了当时的集邮风尚。

随着集邮队伍的迅速扩大，集邮界同人热切期望成立各地的集邮组织，最终成立一个全国性的集邮组织，引导广大集邮者开展各项有益的集邮活动。这一呼吁在新中国成立之初的 17 年中一直未间断。

二、各地集邮小组不断涌现

集邮是一项群体性文化活动，它离不开人与人之间的交流。因此，当集邮热潮出现时，各种集邮组织也就孕育而生了。除了在原有基础上恢复活动的集邮组织外，更多的是新涌现的集邮活动小组。这些集邮组织遍布各地基层，而且进入到工厂和乡村。

1. 新中国第一个集邮组织成立

杭州解放之际，鉴于原新光邮票会会员变动较大，杭州新光邮票会便宣告停止活动。中华人民共和国成立后，社会生活日趋稳定，经集邮者充分酝酿并与原新光

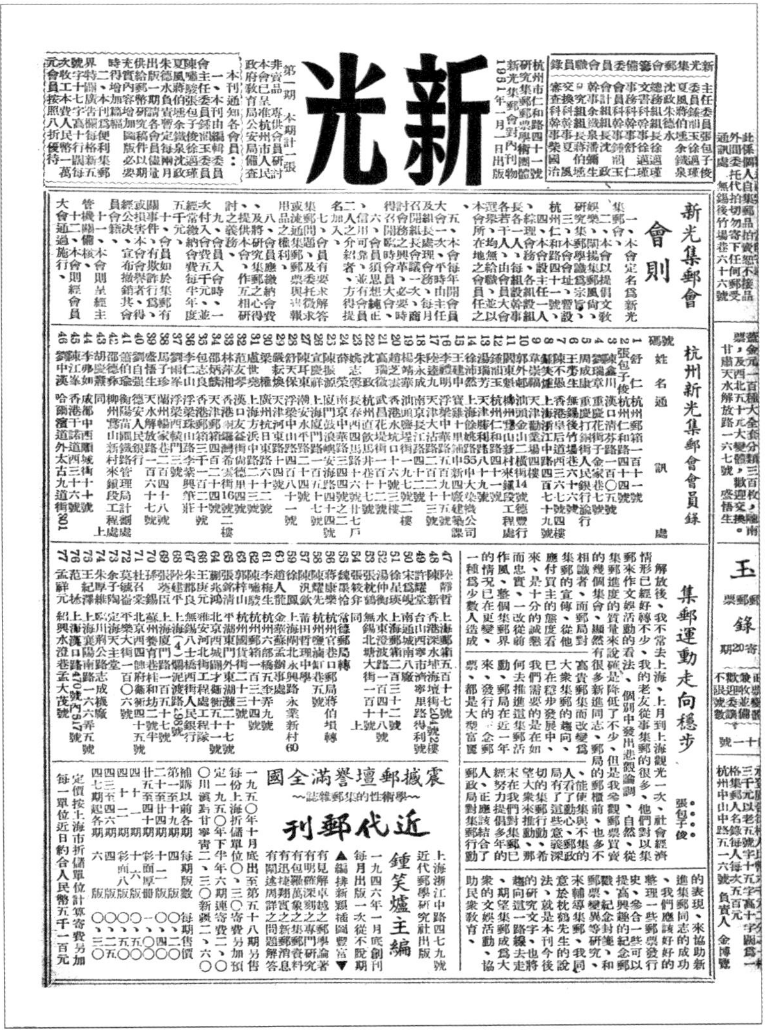

新光

新光集郵會會則

杭州新光集郵會會員錄

集郵運動走向穩步

震撼郵壇譽滿全國

近代郵刊

鍾笑爐主編

新光集邮会会刊《新光》

邮票会会员商讨，于1950年年底成立了杭州在新中国成立后的第一个经人民政权确认的集邮组织——新光集邮会，会址为杭州仁和路41号。1951年元旦，新光集邮会发行会刊《新光》，声明“本会已呈杭州市人民政府教育局、公安局备查”。新成立的新光集邮会有自己的会则、会员编号。

在首批77名会员中，杭州以外人士也不在少数，像上海的钟笑炉和徐星瑛、广西的阎东魁、四川的李弗如、香港的林湘萍和包志良等均在其中。张包子俊任主任委员，委员有钟韵玉、徐迈瑾、夏风、蒋伯埙、余铁泉、朱德水、沈政等。邮会设立有文书科、事务科、会员科、交换科、审查科和总务组、会计组、研究组等部门。新光集邮会几乎每周日都在清泰第二旅馆举办交流、拍卖活动。参加活动的除了新光集邮会的会员外，还有许多来自浙江大学等院校的学生。1952 年，新光集邮会根据有关部门的指示精神停止了活动。尽管它只存在了短短的两年时间，仅发行了一期《新光》会刊，但其巨大影响是不言而喻的。

2. 基层集邮小组不断涌现

在校园中，《集邮》杂志 1955 年第 4 期以《新的集邮小组》为题，介绍了北京女三中有 20 多个爱好集邮的同学，在学校辅导员的帮助下成立了集邮小组，并且每两周举办一次邮票鉴赏活动；北京林学院森林经营专业二年级的同学成立集邮小组后，出了第一期《邮票展览》；青岛第十中学、包头师范学校、重庆西南公路学校也都成立了集邮小组。在农村方面，广东顺德县勒南乡成立了新风集邮小组。

在集邮者较为集中的地区和单位，相继出现了新的集邮组织，如北京二中集邮小组、北京五中集邮小组、北京十中集邮小组、北京大学集邮组、四川成都市业余集邮组、广州工人文化宫集邮小组、江门新生集邮小组和友谊集邮组、广西南宁市集邮小组、江苏南通市工人文化宫集邮小组、南京工人文化宫集邮组、苏州工人文化宫集邮研究组、苏州钢铁厂集邮小组、无锡县星火集邮小组、无锡崇安区工人俱乐部集邮小组、湖州集邮小组、中国人民银行武汉营业部集邮小组、武汉钢铁公司集邮小组、吉林长春市工人文化宫职工业余集邮小组、贵州贵阳南明区文化馆集邮组、黑龙江哈尔滨道里人民文化馆集邮组等。

集邮家田健行曾对北京二中集邮小组有过这样的追忆：“1962 年 11 月 25 日，北京二中 6205 集邮小组更名为前进集邮小组，组员多分布在北京各高等院校。1963 年 3 月 2 日建立了北京林学院分组。1964 年至 1965 年前进集邮小组的活动进入又一高潮，在《集邮》刊物上发表文章。”

在群众性集邮活动的积极推动下，长春市工人文化宫在 1957 年 12 月以《集邮的好消息》为题贴出通知，宣布“……在二楼开辟一间集邮活动室。该室今后经常举办集邮各项活动，如举办集邮展览会、集邮知识讲座、交换邮票、和国内外各地集邮组织联系、成立职工集邮小组……”12 月 24 日，长春市职工业余集邮小组正式成立，其宗旨为活跃长春市职工业余文化生活、广结邮友、共研邮识、不涉营利。加入条件是应为本市职工，又是集邮爱好者，填写申请表和有工作单位的介绍信，并经组员 1 人介绍，即可成为会员。集邮小组成立后，推举吴景春为组长、满衡祥为副组长。该小组的成员有 40 多人，每周六晚集会和活动于文化宫活动室，共同欣赏新邮、交流集邮信息、探讨邮识或交换邮品。

特别值得一提的是，1958 年 9 月，在安徽铜陵当时的大通区新民公社，由青年社员黄长胜牵头成立了农民集邮组织——“新农集邮小组”。他们自费订阅《集邮》杂志，与安庆、芜湖以及南京等地的集邮小组和集邮者积极联系，相互学习、共同提高。针对农村的生产实际，他们因地制宜丰富人们的业余文化生活，利用下雨无法出工的机会，在公社向社员们展览邮票，以此宣传社会主义的优越性。

三、呼吁成立全国集邮组织

二十世纪五六十年代，关于筹组全国集邮组织的呼声很高，尽管集邮界和邮政部门都有积极的态度，但由于当时的环境，一些具体问题也未能达成一致；在此情况下，这一建议的落实被搁置下来。但是，这些呼声对若干年后中华全国集邮联合会的成立，起到了铺垫作用。

1. 集邮家提出建议

新中国成立之初，集邮家赵翔云感受到人民政府、邮政部门和文化部门对群众集邮活动的支持，于1950年11月28日奋笔疾书6000字的《对集邮界提出四项革新要求》，刊发在1950年12月31日出版的《近代邮刊》第5卷第12期和1951年1月31日第6卷第1期上。他认为："我们的集邮界，也随着时代巨轮有了一个极大的转变"。在"集邮界应如何主动的积极的振奋精神"的问题上，他提出4项建议，其中一项就是建立全国性的集邮组织。他认为"关于邮会方面：过去我国的邮会，都或多或少存在着地方性与局限性，始终没有一个真正全国规模的邮会出现。在邮人当中也曾几次提倡要统一邮会，但由于种种主客观条件的不够，始终没有能够实现。""……其主要关键乃系于过去的政府对于集邮缺乏足够的认识。现在人民政府对于集邮很为重视，并正竭力提倡。""我们希望在北京由邮政总局方面发起，用行政力量来组织一个全国规模的集邮学会，各区成立分会，各县成立支会。""把这个集邮总会搞好，订出一套完整的章程制度方针与计划来，这才使我广大的邮人有了严密的组织与正确的领导……"这篇文章说出了广大集邮者多年来的心愿，在各地反响很大。

2. 上海筹备成立"中国集邮会"

1951年8月24日，上海集邮界50多位集邮者，在延安中路新光邮票会会所集会。在集邮家王纪泽的主持下，与会者共同围绕成立全国性集邮组织问题展开热烈讨论。会上，多数人发言认为，新中国正处在准备迎接文化建设高潮的前夕，负有宣传与普及文化任务的集邮活动，自然也不容许长期缄默了，必须立即发动筹组一个足以配合新形势与新需要的新型的全国性集邮团体，来迎接集邮界的时代任务。经过讨论，决定组织一个名称暂定为"中国集邮会"的机构，并原则同意所拟《中国集邮会章程草案》，确立以研究邮票学识，宣传推广集邮活动，传播中国邮票信息为该会宗旨。会上，当即有王纪泽、徐星瑛、钟笑炉、居洽群、柳至川、傅湘洲、陈复祥、朱世杰、马任全、周煦良、史济宏、陈海忠、包伟民等44人签名，作为第一批发起人，同时推举王纪泽、钟笑炉、居洽群、徐星瑛、朱朴庐、陈复祥、陈海忠、陈兆麟、周煦良9人为发起人代表，负责筹备联络工作，确定《近代邮刊》为联系处。

徐星瑛（1919—2011），浙江桐乡人，抗战期间到上海，初任会计。徐星瑛1945年业邮，初名胜利邮票社，1947年6月开始专营邮票通讯拍卖业务，1949年后作为职业邮商划归市邮票公司管理，从事邮票出口交易。1931年，徐星瑛开始集邮，集邮藏品曾参加1948年上海邮展，并编出《上海邮展速报》日刊。徐星瑛对中国清代邮

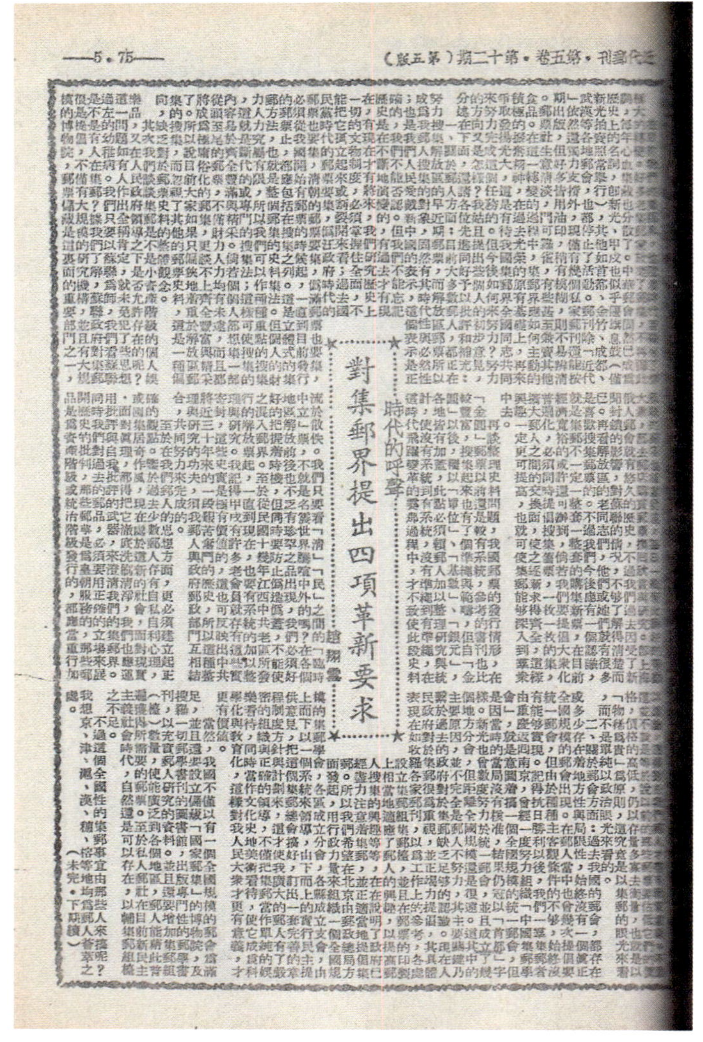
——5．75——　　（第五版）第二十期・第五卷・近代郵刊

對集郵界提出四項革新要求

時代的呼聲

趙翔雲

《近代邮刊》登载赵翔云《对集邮界提出四项革新要求》

票、中华民国邮票、“区票”等都有很深的研究。1945 年，徐星瑛加入新光邮票会。1946 年与钟笑炉等合作组建近代邮学研究出版社，并担任《近代邮刊》外邮信息编辑，为国内邮票通讯拍卖创始人。2003 年，徐星瑛被授予中华全国集邮联合会第一批名誉会士。

陈复祥（1902—1970），江苏吴县人，长于上海。陈复祥少年时期开始集邮，1922 年与张棣村等人发起成立神州邮票研究会，1925 年与周今觉共同发起成立中华邮票会，1936 年发起成立中国邮商公会，

徐星瑛

陈复祥

任主席。1948年，他与陈志川等人积极承担筹备中华邮政总局与新光邮票研究会联合在上海举办的邮票展览。1957年7月，其编组的《海关大龙小龙邮票上的邮戳》在莫斯科青年联欢节举办的国际邮展中获银奖。

1951年8月31日，《近代邮刊》第6卷第8期刊发了《发起筹组“中国集邮会”座谈会纪略》《中国集邮会章程草案》《告全国邮友书》，在章程草案中对“中国集邮会”的宗旨做出如下规定：（1）研究邮票学识；（2）宣传并推广国内集邮运动；（3）将中国邮票消息及邮票向各国传播与推广，使全世界人民对新中国的认识有所帮助与提高；（4）大量介绍苏联及新民主主义国家及其他国家的集邮消息及交换。《告全国邮友书》中表示：“全国邮友的确都在殷切地盼望有一个新型的全国性集邮团体来指导集邮的新方向，并团结全国邮友，开展新中国的集邮活动。现在，这个愿望已经有可能实现了……让我们为中国即将出现一个新型的全国性集邮团体而欢呼！”号召集邮界广泛宣传，参加发起人的签名运动。

《告全国邮友书》发出后，在集邮界反响强烈，截至同年12月31日《近代邮刊》停刊止，已得到上海、南京、无锡、绍兴、嘉兴、苏州、南通、广州、济南、桂林、沈阳、天津、长沙、湘潭、西安、营口、北京、南宁、汉口、汕头、厦门、兰州、重庆、大连、成都、吉林、福州、哈尔滨、宜昌、长春、香港等地的280余名集邮者签名响应，积极拥护筹组全国性的集邮组织。

这次掀起的较大规模的筹组全国性集邮组织的活动，正与集邮家赵翔云的“革新要求”相呼应。但这次发起只是集邮界的一次民间行动，当时在全国范围内掀起的“三反”“五反”运动，很快成为压倒一切的中心，筹组全国集邮组织之事，便搁置起来。

3. 中国集邮公司牵头筹组全国集邮组织

1955年1月，中国集邮公司从发展集

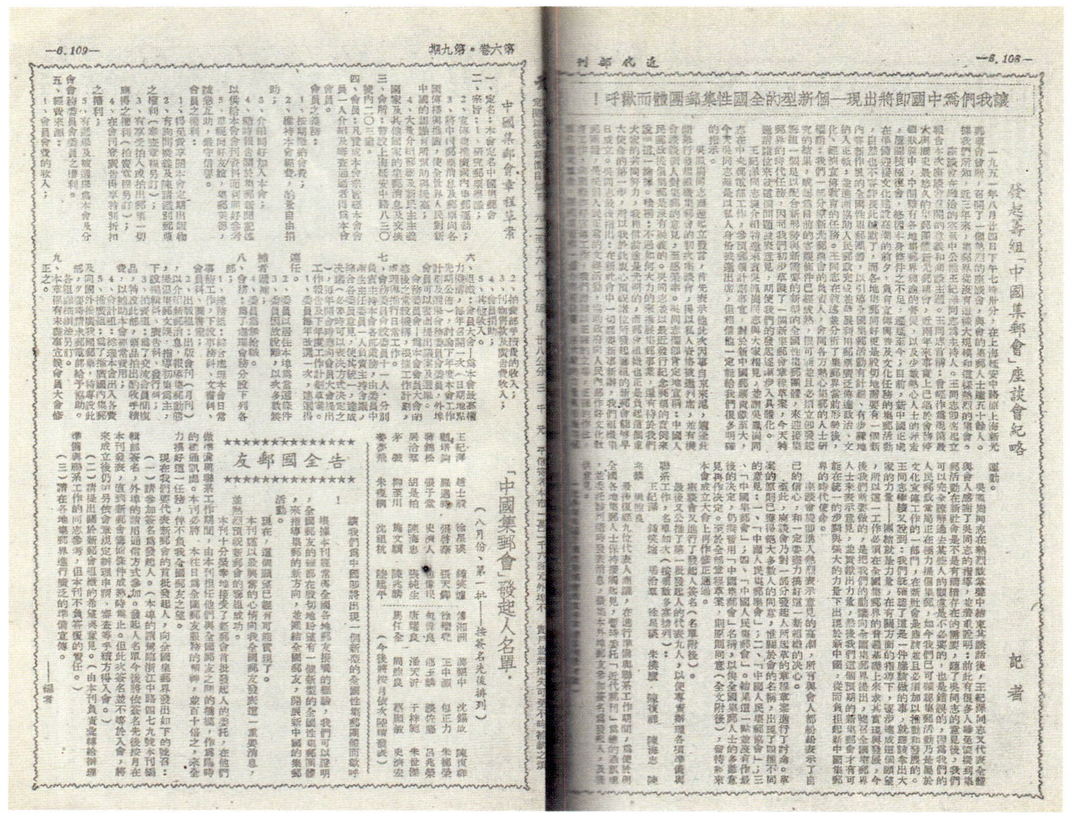
第六卷·第九期 —6.109—

中國集郵會章程草案

「中國集郵會」發起人名單

告全國郵友

近代郵刊 —6.108—

讓我們為中國即將出現一個新型的全國性集郵團體而歡呼！

發起籌組「中國集郵會」座談會紀略

記者

《近代邮刊》专题报道：上海发起筹组“中国集邮会”

邮业务的角度考虑，认为应该有个全国性的集邮组织，把集邮者组织起来，打开业务渠道。这种想法，得到邮电部部长朱学范和邮政总局局长苏幼农的支持，并在他们的同意下，为筹组全国集邮组织，在北京开始了沟通和征询意见的工作。

据时任中国集邮公司营业部主任的吴凤岗回忆：“当时我陪同王安国先后访问了集邮界的朋友——国际关系研究所的姜治方、铁道部的郑汝纯、语言研究所的陆志韦、北京二十五中学的崔显堂，他们都愿意担任发起筹组集邮协会的任务。尔后，又和文化部副部长夏衍及教育部部长张奚若约好时间，分别到家里去拜访。我们说明来意后，两位部长询问了许多集邮方面的事，同意在将来的集邮协会担任名誉职务。此外，我们还登门访问了京剧艺术大师梅兰芳先生……叙谈许久，梅先生在笑谈中同意在集邮协会中担任名誉职务。我们还访问了文学艺术界联合会和中国作家协会，了解他们办协会的情况和经验。”姜治方在《人民画报》的集邮四十年文章最后说，“现在我们正在筹备组织集邮协会，这个会成立后，集邮朋友们的联系就更密

姜治方与郑汝纯、邵伦兴、崔显堂

切了。”

吴凤岗（1920—2000），满族，原籍西安，学生时代即开始集邮。他21岁考入邮局，先在陕西邮政管理局任职，抗战胜利后，调入交通部邮政总局。他勤于写作，长期从事集邮学术研究，主张考据与研究不可偏废。1983年，吴凤岗担任中国邮票博物馆筹备处主任。他曾经当选中华全国集邮联合会第一至五届理事会常务理事，学术委员会副主任。1986年，吴凤岗担任了国家文物鉴定委员会委员。他还曾经担任过《实用集邮词典》《中国邮票全集》主编。

在王安国、吴凤岗两人四处奔走和沟通下，所到之处都对筹组全国集邮组织一事给予热情支持。但吴凤岗回忆说：“当我们把向各界探询的初步情况向领导汇报之后，领导作了研究，认为集邮是一项文化活动，而群众性的集邮团体，应由文化

吴凤岗

夏衍等参观邮展

部门来领导。后来经过几次接触，文化部门无意出面领导此事。因此，不得不暂时搁置。”

4. 上海、广州集邮界的呼吁

20世纪60年代初，党中央提出“调整、巩固、充实、提高”的方针后，国民经济形势开始好转。1962年，在上海的集邮家开始以聚餐会的形式进行联络活动。在相互交流中，成立全国性组织一时又成为共同话题。席间，推举上海市政协副秘书长周煦良在赴京期间，代表上海集邮界会见夏衍，向夏衍陈述上海的意愿。夏衍虽表示支持，但仍因主客观条件不具备，无法如愿。

夏衍（1900—1995）浙江杭州人，早年参加过“五四运动”。他是作家、剧作家、集邮家和社会活动家。新中国成立后历任上海市委常委、宣传部长、文化部副部长、中国文联副主席等职，还是全国人大代表、全国政协常委。夏衍主要收集大龙、小龙、红印花加盖票、日本早期邮票以及实寄封。1991年他将毕生收藏大部分捐献给上海博物馆。

1964年，常增书致函广州市主管文化工作的副市长林西，提出应该由中国集邮公司牵头，成立全国集邮组织。广州市将常增书的建议信转送到了文化部副部长夏衍处。

同年5月，正当邮政总局局长苏幼农、中国集邮公司经理王安国及吴凤岗在广州参加中国出口商品交易会期间，常增书又向王安国和吴凤岗提出筹建全国集邮组织的建议，并在他的奔走下，广州市副市长林西约见了苏幼农、王安国、吴凤岗。林西也建议应由邮政部门出面筹组。席间，苏幼农局长表示此事回到北京进行研究。

然而，邮电部领导最后仍然决定，邮政部门只管集邮业务，集邮组织由文化部门领导为好。筹组全国集邮组织之事再次搁浅。

中国统一集邮组织的问题，自 1950 年至 1966 年终未解决。不久，全国开始了“文化大革命”运动，筹组全国集邮组织一事便又停止下来。

第三节　新中国成立之初的集邮交流

第二次世界大战结束后，东西方之间形成两大阵营。新中国当时成为以苏联为首的社会主义阵营的重要成员，中苏两国还签订了友好互助条约。当时的中国集邮界受苏联影响最深，两国集邮者的交往也非常密切。此外，中国集邮家与日本集邮家也保持着较多的交往。

一、与苏联和东欧国家的集邮交流

1950 年 6 月，朝鲜战争爆发。在此情况下，集邮者只能将收集外国邮票的目标，转向苏联以及罗马尼亚、保加利亚、匈牙利、波兰等社会主义国家的邮票。

中华人民共和国成立后，中国与苏联及东欧的社会主义国家建立了友好关系。设计、印制俱佳的苏联及东欧的社会主义国家邮票，一时成为集邮者特别是以大、中学生为主体的新生集邮者热情追捧的收藏品。

1951 年秋天，正在厦门大学海洋系就读的何大仁，有幸参加了中国学生访苏代表团。抵苏后他用代表团发给每个人全部零用钱的一半——也就是 10 卢布，购买了一套 15 枚苏联 1947 年发行的《莫斯科建城 800 周年》纪念邮票。当时，许多大、中学校为配合国际主义教育和俄语教学，组织、鼓励学生开展与社会主义国家的学生进行友好通信活动。其中苏联及东欧国家学生有不少是集邮爱好者，他们在来信中请求中国学生为他们收集中国邮票。这样，又把一批大、中学生吸引到集邮队伍中，并且开始了友谊交换邮票活动。当时，由于语言文字障碍，一般的通信交往持续时间往往不长，唯有集邮者之间通信交换邮票持续了相当长的时间。

何大仁（1932—2010），浙江瑞安人，福建厦门大学教授。他主要收集和研究中国、俄罗斯、新加坡等国邮票，兼集鱼类专题邮票。自 1983 年起，何大仁参加福建省邮展和全国邮展，有百余篇集邮文章发表于报刊。何大仁于 1986 年率先在大学开设集邮学课程。1992 年、2002 年两次被评为全国集邮先进个人。2007 年，何大仁被授予中华全国联合会第二批会士。

这一时期中国集邮者的国际交往，也是面向苏联的。许多大、中学校结合俄语教学，积极鼓励、组织学生与苏联学生友好通信，爱好集邮的学生还借此良机，与苏联青年集邮者进行了长时间的邮票交换。

何大仁

北京外贸学院的学生，经常与苏联、东欧留学生聚在一起欣赏并交换邮票，毕业分别后还保持通信联系。北京四十一中高二（1）班的几位爱好集邮的学生，也在通信中与苏联小邮迷互寄了邮票。1956年第3期《集邮》杂志发表了3位苏联集邮者征求交换邮票的来信，因为苏联集邮者的信誉极佳，一时吸引了许多集邮者与之联系交换。通过他们可以交换到一些西欧国家的邮票，从而使中国集邮者受益良多。

为便于中国集邮者开展国际交往，由上海王少梅主编、江世睽校阅的《国际邮友通讯录》于1958年印发。这本通讯录为32开，含封面封底12页，收录了蒙古国、朝鲜、越南、苏联、波兰、民主德国、捷克斯洛伐克、匈牙利、罗马尼亚和保加利亚70位集邮爱好者的通讯地址。该通讯录特别制订了7条“通讯注意事项”，如“在通讯过程中必须坚守信用，保持我国邮人在国际上之信誉”等。

《国际邮友通讯录》

1952年，中国国际书店经由苏联国际图书公司进口苏联邮票和苏联的美术明信片经销。经销处设在北京苏州胡同国际书店总店和上海福州路国际书店上海分店。第一批出售的苏联邮票有80多种。为方便集邮者函购，还编印了售品目录。目录上说明：“如蒙选购，请注明邮票号码并按定价汇款（或用国内通用的邮票代替亦可），本店立即寄奉。”这个办法解决了小额汇款的不便。这种为集邮者提供方便的作法，体现出当时国营企业为人民服务的宗旨。国际书店出售邮票数量不太多，经营时间不长，但对推动北京、上海的集邮活动起到一定作用。

蓬勃兴起的新中国集邮，还得到了来自社会主义阵营集邮者的有力支持。在中国科学院长春应用化学研究所工作的匈牙利专家，赠送给长春市集邮门市部一部世界邮票目录，供集邮者查阅有关信息。在帝国主义的严密封锁下，这部世界邮票目录让新中国集邮者眼界大开。

1953年，邮政总局先后与苏联、波兰、捷克斯洛伐克等国家建立了邮票交换关系。从此，邮政部门成为销售苏联等社会主义国家邮票的主渠道，其售价比私人邮票商社低许多，与新生集邮者的购买力相适应。但苏联在与各国交换邮票时总想按贸易牌价（高计价）计价。1959年6月，中国集邮公司参加了匈牙利集邮公司倡议举行的布达佩斯社会主义国家集邮企业会议。会议期间，我国代表反对苏联代表提出的交换邮票按贸易牌价（高计价）的提案，建议改按非贸易外汇牌价（低计价）计价，并获得通过。

二、中日集邮界的友好交往

中国与日本是一衣带水的邻邦。但是，近代以来特别是在第二次世界大战中，日本给中国人民造成极大伤害。中华人民共和国成立以后，日本右翼政府继续奉行敌视中国的顽固政策。为打破僵局，我国采取了灵活的民间外交方式，巧妙地打开了两国人民友好交往的大门，集邮交往作为民间外交的一部分，自然也参与其中。

1956年第6期《集邮》杂志发表了日本邮趣协会理事长水原明窗给中国集邮者的信，由此中国集邮者与其建立了通信交换邮票的关系。1957年8月，应《集邮》杂志编辑部和中国集邮公司的邀请，水原明窗来华进行集邮访问。在北京期间，他参观了《集邮》杂志编辑部，在中国集邮公司门市部营业大厅和东安市场买到了寻觅已久的邮票。水原明窗对购买邮票一事回忆说：“在中国集邮公司的柜台上，公开出售从地方邮局收回的各解放区票。就是在这个时候，我能够买到新疆伊塔阿十分罕见的邮票。这种邮票是我寻觅很久的。”“我空余时间里就去北京东安市场拜访邮商，寻找所需要的邮票。因为那时收集‘区票’的人还不太多……我能够得到很多很有趣的材料。”

在此次访问中，水原明窗在中国集邮公司经理王安国的办公室，拜会了集邮家姜治方，两人一见如故，交谈甚欢。以致两天后他又在王安国等人的陪同下，前往姜治方家观赏大龙邮集。当年9月，姜治方在家中还接待过另一位也是王安国陪同

水原明窗到姜治方家中交流

前来的日本著名集邮家中岛健藏。中岛健藏十分认真地观赏了姜治方的清代邮集，一再称赞其是他“平生看到的最好的中国邮集”。

王安国（1920—）海南文昌人，1939年3月参加革命。中华人民共和国成立后，王安国历任任邮电部邮政总局邮票处处长、中国集邮公司首任经理、邮电部邮票发行局首任局长。他对我国20世纪50年代集邮业务的发展做了大量开创性工作，主持了1955年再版邮票的发行，确立了邮票年度发行计划的规范并拓宽了邮票选题范围；他组织中国集邮公司积极开展邮票出口业务，与世界多国建立邮票经营合作。

1964年8月，水原明窗再次来华进行集邮访问，他在周贻白家对其收藏的日本早期名贵邮票做了鉴定，对1924年新高额普通切手5元和10元新票四方连赞不绝口，认为在日本都很难找到了。北京集邮家与日本集邮家的交流，促进了两国人民的相互了解和友谊。

水原明窗在日本侵华战争时期到过中国，后来开始集邮。1946年，他创办了《邮趣》杂志。他收集和研究的重点是中国各个时期的邮票，而且成就卓著。上海集邮家钟笑炉与水原明窗保持了多年的交往。1955年，水原明窗要编辑一本《新中国邮票图鉴》，请钟笑炉进行校订。钟笑炉愉快地接受此事，并且认真进行校对。事后，水原明窗按照事先约定，寄来100多枚日本信销票作为酬劳，但被海关拒绝入境。后来，水原明窗通过中国香港给钟笑炉汇入稿酬62元人民币。

1957年8月，水原明窗应中国集邮公司邀请来华访问。在上海访问的一周期间，由上海集邮公司负责接待。邮票公司安排钟笑炉和徐星瑛每天在咖啡馆与水原明窗探讨集邮，特别是关于中国解放区邮票的内容。水原明窗是顶尖的华邮收藏家，他最崇拜的中国集邮家非钟笑炉莫属。在“文革”运动中，钟笑炉不幸离世。两位热衷于收藏华邮与研究的大集邮家，虽然靠通信交流多年，却仅有1957年在上海有过一周时间的见面机缘。

三、在对外交往中学习借鉴

在当时对外交往并不畅通的年代，中国集邮界利用许多难得的机会，学习外国先进的集邮经验和集邮方法，不仅在对外交往中丰富了自己的收藏，而且还掌握了对邮品的研究方法。

1．接受外国先进的集邮理念

在与外国集邮界交流过程中，由于票品供应渠道单一，大多由苏联及东欧国家盖销票组成，专题集邮所集的票品质量不高。有的夹杂少量其他国家（或地区）如圣马利诺、摩纳哥、葡属安哥拉、莫桑比克、西班牙及其属地以及南斯拉夫等低面值小套专题邮票。专题集邮拥有的人数众多，集邮热情高，但总体水平有限。那时的专题集邮，只是收集邮票而不收集有关专题的封、片、戳，目的不过是把同一个专题的邮票收集到一起，自己欣赏罢了。在当时只有个别集邮家从事封、片的收集研究，而且是以清代、民国时期的封、片为主。多数人忽视了对实寄封、片的收集保存。福州仓山的程光新既是老邮政又是一个集邮者，曾收藏大量1949年“信封贴在邮票上”的实寄封，但因其缺乏收藏实寄封的意识，只是将盖有清晰地名邮戳

1956 年广东新会青年集邮者从信封上剪邮票

的四方连邮票撕下来保存，致使大量实寄封被毁弃。后来有人编组《旧中国货币贬值·通货膨胀》邮集，就因缺少此类实寄封而使邮集达不到应有的水平。

无论是传统集邮，还是专题集邮，集邮者护邮的观念都不是很强。集藏邮票大多使用插票册，在邮册上也缺少任何资料性的文字标注。东欧国家如捷克斯洛伐克、匈牙利、民主德国等国家的邮票背胶较厚，插入邮册后，潮湿的天气很容易使背胶融化，邮票因此会粘在邮册上，损坏了不少。于是有的集邮者就用玻璃纸包邮票，避免这一问题。但是玻璃纸干燥后会收缩，将邮票四边的齿孔挤平，也使不少邮票致残。另外，集邮工具更新缓慢、收藏方法滞后，也是二十世纪五六十年代中国集邮活动的一个缺憾。后来有些按传统方式收集苏联、日本邮票的集邮者，率先使用了苏制、日制的定位贴票册，只是这种先进的收藏方法在当时因经济条件的制约并未普及。

2. 接受外国新的集邮方式

此一时期，新的集邮形势不断传入并被集邮者所接受。北京集邮家王泰来是新中国极限集邮最早的实践者，尽管他当时还没有极限集邮的概念。20 世纪 50 年代初，王泰来还在上小学。有一次，他的苏联小朋友沙林寄来的邮品有一种是很特别的，就是将邮票贴在图案相同或相似的明信片上，然后盖上最近邮局的邮政日戳，诸如把克里姆林宫邮票贴在克里姆林宫明信片上，再用莫斯科与之有关的邮政日戳销票。王泰来见了感到很新奇，便也照葫芦画瓢地自己动手做起来。后来，他见到相关文章介绍，才知道这种邮品名叫“极限明信片”。

1956 年第 1 期中文版的《世界青年》杂志刊登一篇题为《你听说过“极限明信片”吗？》的文章，首次把极限明信片的知识介绍给中国读者。接着 1956 年第 11 期《集邮》杂志发表了《极限明信片》一文，较详细地介绍了极限明信片的规范要求，并有附图说明。

这些文章对当时的青年集邮者王晋枫产生了影响，从此他开始注意收集明信片、制作极限片。1957 年武汉长江大桥建成通车时，邮电部为此发行了一套邮票。大桥开通时，正逢王晋枫在武汉出差，他目睹了全市张灯结彩、锣鼓喧天的场景后，赶到文具店买了有大桥图案的信封和彩色明信片，又到邮局去买了新发行的武汉长江大桥邮票，寄发了纪念封；又在贴票明信片上加盖了纪念邮戳，制作成了极限片。武汉长江大桥通车极限片由于票、片、戳三者高度和谐一致，现在已经是我国早期

武汉长江大桥极限明信片

标志性的极限片之一了。

据北京月坛中学教师李全山回忆：“20世纪50年代，有一个世界民主青年联盟组织，每月用多国文字出版《世界青年》杂志。有一次，我在其中文版封二上，看到了外国极限片，这激发了我制作中国极限片的念头。当年，我家距电报大楼不足200米。1959年的一天，我在邮局买到了一套北京风景明信片，其中就有电报大楼。回到家第一件事就找出电报大楼邮票，并将邮票贴在明信片的右上角。我选择电报大楼落成一周年的9月29日来到电报大楼，这是当时原民主德国援助建设的，楼内一层西侧办理电报业务，东侧办理邮政业务。在营业员的帮助下，我制成了第一枚极限片，这一年我才21岁。”

极限集邮是一项趣味十足的集邮方式，收集对象是极限明信片，收集制作极限明

北京电报大楼极限明信片

信片是一项经济而饶有趣味的集邮活动，最先投入的是青少年集邮者，而且乐此不疲。由于当时的新中国邮票和明信片相配能组成极限明信片的概率极低，集邮者有时用画片代替明信片制作，这些不规范的极限片，铭刻了中国极限集邮起步时艰难的历史足迹。

四、集邮媒体起到促进交流作用

中华人民共和国成立初期，广大集邮者获得外国集邮信息更多依靠《集邮》杂志的介绍。在这种情况下，《集邮》杂志编辑部采取了两项措施：一是加大对外国集邮信息的采编；二是通过增加“集邮者信箱”，为集邮者搭建交往的桥梁。

《集邮》杂志通过摘译形式，介绍了苏联及东欧国家的集邮情况，如《苏联的集邮活动》《集邮在波兰》《南斯拉夫集邮的昨天和今天》《捷克斯洛伐克的集邮组织和现在情况》《保加利亚的集邮事业》《保加利亚集邮活动的开展》等。这些文章的编发，与中国当时的外交政策相呼应，对中国当时的集邮活动方式有一定的影响。

《集邮》杂志还拉近了中国集邮者与世界集邮者之间的距离，使人们能较为及时地获知最新的集邮动态。1955 年第 10 期《集邮》杂志刊登了《人民反对使用原子武器——〈赤旗报〉宣布发行禁止原子弹封、票的新闻》一文，介绍了日本邮趣协会为配合“禁止使用原子武器和平签名运动”所设计的封、票。

1956 年第 6 期《集邮》发表了日本邮趣协会理事长水原明窗给中国集邮者的信，信中说，如果能够得到 1 枚封票，可用 10 枚纪、特旧票交换。当时，日本政府奉行敌视中国的政策，中国邮票在日本难以找到。中国集邮者中也有喜欢日本邮票的；因为中日文化、文字相通，中国集邮者能基本认懂日本邮票上的文字，了解邮票内

日本人民强烈要求禁止原子武器

中國集邮同志們：

去年第10期“集邮”月刊介紹我們要求“發行禁止原子彈氫彈邮票”运动的情况和“禁止原子彈氫彈封票”后，接到貴國 300 多位集邮同志來信鼓励。我們不但从心里感謝你們，並要坚决推進这个运动來报答你們的厚意。

我們要求發行邮票的簽名运动，到 2 月20日已有 8 万另 3 百人簽名，定於 3 月20日再向國会請願，因为这一天是日本禁止原子彈氫彈協議会所定的“向國会請願禁止原子彈氫彈”的日子，从日本各地來的代表，要展开强烈的斗爭。

3 月 1 日是日本漁民在太平洋上遭受美國氫彈試驗犧牲 2 周年的日子，我們在东京举行了禁止原子彈氫彈大会，到 3 月 1 日止，日本有三分之一的人口簽字要求禁止原子彈氫彈。

我們要求發行的邮票，因邮政省邮务局長松井逢迎美帝國主义，不肯發行。靠邮政省补助金經營的“全日本邮趣連盟”也帮着反对發行这种邮票。我們决定要進步的集邮家們参加这个連盟，改变連盟的成份，达到团結全日本集邮家的目的。这是我們今年的主要工作。

前次你們來信中要我們寄些“禁止原子彈氫彈封票”，当时因已售完，未能寄上。我們准备着第二次發行 3 万張（每張 6 枚），讓它貼在信件上，送到全世界各地去。出售封票所得的錢，一半作为我們运动的資金，一半救济廣島長崎受害的人們。

你們需要的話，可用新中國紀念和特种邮票旧票交換，因为日本集邮家很喜愛新中國邮票，但因为日本政府不允許進口，我們不易買到。交換标准是貴國紀念或特种邮票旧票10枚，換封票 1 張。我們要把貴國邮票分給全國集邮家，以促進日中兩國集邮家的友誼。

附帶提一下，我們从 2 月起在东京、大阪、神戶、札幌、小倉、仙台等地举行了人民民主國家的邮票展覽会，很受羣众欢迎，这在資本主义國家里是破天荒第一次。此致

敬禮

“發行禁止原子彈氫彈邮票”运动籌备会發起人
日本邮趣协会理事長
日中集邮协会理事長

水原明窓敬啓

地址：日本东京新宿邮箱一号

• 18 •

《集邮》杂志发表水原明窗来信

容。此时，许多集邮者给水原明窗寄去纪、特邮票，交换封票。不久收到水原明窗寄来了封票。从此，中国集邮者、集邮家和水原明窗建立了通信交换邮票的关系。

集邮交流对于集邮活动至关重要。在新中国成立初期，由于大众交流渠道还相对封闭，集邮者之间的交往主要靠谋面。因此，在邮刊上刊登带有广告性质的信息，就如同集邮者之间相互结识的一座桥梁。

《集邮》自 1956 年第 7 期起开辟“集邮者信箱”栏目，不仅满足了中国集邮者的交换需求，还吸引来苏联、越南、日本、加拿大、马来西亚、印度尼西亚等国的集邮者。在此刊登广告的加拿大、马来西亚、印度尼西亚集邮者，以居住在该国的华人为多。当时中国与印度尼西亚关系紧密，因此，与该国集邮者交换邮票的人自然就多一些。国际的通信交换，使一些西方国家（或地区）如法国、萨尔、日本、琉球、印度尼西亚、荷兰、埃及、西班牙等国（地区）的邮票进入中国，这些邮票大多为体育、动物、花卉、艺术等题材邮票，很受欢迎。国际的邮票交换，既丰富了中国集邮者的收藏品种，又开阔了中国集邮者的视野，让他们感受了专题集邮的趣味性，提高了中国集邮者专题集邮水平。

第四节　举办集邮展览与参加国际邮展

中华人民共和国成立初期，百废待兴，邮政主管部门、各地邮政部门以及文化、教育部门克服资金不足、人才稀缺、展品短少等诸多困难，积极举办、参与、支持国内外各类邮票展览，为新中国集邮史留下重要一页。群众性集邮组织为配合形势与任务举办各类集邮展览，也取得了较好效果。以今天的标准来衡量，当时的集邮展览非常稚嫩，规模小，档次低，但却活跃了基层文化，普及了集邮知识。

一、配合节庆举办的邮票展览

二十世纪五六十年代，集邮活动的一个重要特征是配合当时社会重要事件，以此体现出集邮的文化属性。而适时举办主题各异的集邮展览，则显示出集邮对社会文化大环境有较强的适应性。

为纪念贵阳解放一周年，贵州省人民邮政管理局于1950年11月15日在贵阳举行了“庆祝贵阳解放一周年纪念邮票展览”，展出了许多中国共产党领导的红色区域邮票，其中大部分为邮政部门所提供，也向本地集邮者征集了部分展品。郭润康在欣赏此次邮展之际，不仅详细观摩贵阳解放后发行的“黔区”加盖改值邮票，而且还在展品中发现一个非正式发行的改值100元票横双连，并在展览结束后特意将其留存，以作为今后的研究资料。

郭润康（1917—2017），江苏丹阳人，1931年开始集邮，1942年参与创建金竹邮票会，先后主编过《金竹邮刊》《黎明邮刊》《贵阳邮刊》等集邮刊物。1982年以后，他曾任贵州省集邮协会副会长、贵阳市集邮协会名誉顾问等职。郭润康曾任中华全国集邮联合会常务理事、学术委员、国家级邮展评审员。还曾参与《集邮辞典》的编纂工作。2003年，郭润康被授予中华全国集邮联合会第一批名誉会士。

1952年8月和12月，匈牙利人民共和国展览会先后在北京、上海展出，展览会上也展出了当代的匈牙利邮票。展场设有售品部，出售匈牙利邮票。两地的集邮爱好者闻讯前往观展，并购买邮票留念。北京、上海两地邮局分别刻制了纪念邮戳，供集邮者加盖留念。

1957年5月1日，为庆祝内蒙古自治区成立10周年，自治区邮电管理局在呼和浩特市春和玉中药店举办了“中华人民共和国邮票展览”。此次邮展是第一次由官

郭润康

呼和浩特集邮爱好者不少

邮票展覽会每天观众近千

（呼和浩特消息）内蒙古自治区邮电管理局在呼和浩特市首次举办的“中华人民共和国邮票展覽”自5月1日开幕以来，每天都有近千名群众絡繹不絕地前往参观。許多集邮家和集邮爱好者紛紛購买了心爱的邮票。

这次展覽預計在本月10日結束，并計划在我区各大城市繼續作流动展出。展品包括中华人民共和国成立以来所發行的各种邮票、解放前在解放区發行的一部分邮票、蒙古人民共和国和朝鮮民主主义人民共和国的邮票以及苏联、民主德国、捷克斯洛伐克、匈牙利、波蘭等兄弟国家的邮票、各种美术明信片、集邮用品、集邮書刊等，部分展品可以当場出售。这次邮票展覽是内蒙古自治区邮电管理局庆祝内蒙古自治区成立十周年的活动之一。

（牛軍）

《内蒙古日报》报道邮展盛况

方主办的少数民族自治区级邮展，且在中药店举办。5月8日出版的《内蒙古日报》对邮展的盛况作了详细的报道：“自5月1日开幕以来，每天都有近千名观众络绎不绝地前往参观，许多集邮家和集邮爱好者纷纷购买了心爱的邮票。展览预计于5月10日结束，并计划在全区各大城市作巡回展出。”

为庆祝十月社会主义革命40周年，中苏友好协会于1957年11月2—7日在北京中山公园举办苏联图片展，朱德副主席和陈毅副总理出席了开幕式。因为展品包括有546套苏联邮票，所以引来大批集邮者前来观展。在此期间，北京俄语学院也举办了苏联邮票展览。

1959年正值中华人民共和国成立10周年，中国集邮公司和邮电部邮票发行局经过长达半年时间的精心筹备，于9月6日在劳动人民文化宫隆重举办了为期半个月的“国庆十周年邮票展览”。此次邮展展场面积有1100平方米，不仅展出了新中国邮票、解放区邮票和苏联等社会主义国家邮票，还展出了集邮家王纪泽以及10岁小学生曹石燕等10人的专题邮集198框。此次邮票展览是新中国成立后在北京举办的规模与影响力最大的一次邮票展览，为宣传新中国邮票，推进集邮活动深入广泛地开展，发挥出重要作用。

二、多地举办邮票展览

中华人民共和国成立初期，集邮者自

国庆十周年邮展纪念邮戳

发组织的集邮展览，与旧时期已有天壤之别，不仅极大地丰富了展品，而且在内容上也与新时代紧密地结合在一起。这一时期，集邮展览很多带有鲜明的主题，并且配合了社会的重大事件。

1. 举办中苏友好邮票展览

1950年2月26日，上海“中华俄国邮票会”为纪念该会成立15周年特举办一次邮票展览。这是中华人民共和国成立后，由民间集邮组织举办的第一次邮展，又是在“集邮乐园”上海举行，引起集邮界广泛关注。展品以苏联及其他一些国家邮票为主，集邮家王纪泽的中国早期票，钟笑炉等人的“区票”应邀参展，上海邮政管理局提供20框展品，并在展场设临时邮局、集邮台，刻制了纪念邮戳，对展出予以全力支持。展期两天，参观者近万人。

1952年11月22日，贵州省和贵阳市邮电局为配合全国开展的“中苏友好月”活动，在贵阳市举办“中苏邮票展览会”，14天中参观者近万人。

1957年6月，武汉市邮局在汉口中苏友好宫（今武汉展览馆）举办武汉有史以来第一次大型集邮展览。尽管展出形式仅为“邮票展示”，但在27天的展期中还是吸引来大约5万观众。虽然他们中的大多数不知集邮为何物，却仍在参观时表现出对新中国邮票的极大热情，踊跃购买收藏起来。据邮局统计，展出期间的销售额达2300多元，在当时堪称巨款。

1957年10月13日，成都市邮局和成都市劳动人民文化宫联合举办全市性的邮展。除展出新中国邮票和苏联等社会主义国家邮票之外，还展出一部分民国时期的邮票和资本主义国家的邮票，总计共1300余种；此外还展示了美术明信片280种。邮展期间，成都市邮局刻制了1枚纪念邮戳。

上海社会主义国家邮票展览会纪念邮戳

1959年，为庆祝伟大的十月社会主义革命42周年，“社会主义国家邮票展览会”在上海举办。

2. 基层举办的邮票展览

随着基层集邮组织的建立，不同类型的集邮展览便成为其活动的重要形式。

北京作为祖国的文化中心，基层集邮展览的数量和规模在当时是位居全国前列的。中国协和医学院附属医院俱乐部于1955年6月11—16日举办了一次邮票展览会，展出了新中国成立以来的邮票和苏联以及波兰、越南等国家的邮票。中国集邮公司到展场不仅出售邮票、美术明信片、《集邮》月刊，还散发了集邮知识读物和新中国邮票目录，向医生、护士、学生、病员进行了一次集邮普及活动。

南宁市集邮小组于1956年7月15日成立，会员中有干部、学生、工人等。这个小组建立了邮票交换站，每两周活动一次，并先后在市总工会、文化馆等地举办了邮展。

1961年8月20日，扬州市文化馆业余

集邮小组在文化馆举办为期20天的“征服宇宙集邮展览”，主要展品为扬州集邮者糜凤鸣、许玉琪、黄寿龙、缪元海等提供的人造卫星、宇宙火箭、载人飞船邮票及相关的封片。此次小规模的邮展，尽管只具有专题邮展的雏形，但这是我国较早举办的一次专题集邮展览。

1963年1月16日，哈尔滨市集邮分公司与该市道里区文化馆联合举办过邮票展览等活动。每次邮票展览，都会促进集邮队伍的扩大。

北京钢铁研究院的集邮者于1963年“五一”劳动节期间，自发地在第九教室举办了首次邮票展览。没有贴片、没有展框，参展者就用相角将邮票固定在白纸上，在下面写上几句简单的说明文字，然后装进大小不等的玻璃镜框沿墙放在课桌上。如此简陋的邮票展览，在原定两天的展期结束时，又应大家的要求延长了两天，足见人们集邮热情之高。两年后，北京钢铁研究院又举办了第二次邮票展览。

基层集邮举办的各种形式的邮票展览，虽然规模不大、展品档次不高，但在活跃基层文化生活、开展集邮活动方面起到的积极作用是巨大的。这些邮票展览的共同点是，都有一个明确的政治主题，既紧密地配合了当时的宣传热点，又推动了集邮活动，从而达到寓政治教育于集邮之中的双赢目的。

3. 校园举办的邮票展览

二十世纪五六十年代，集邮在各地校园的普及程度较高。因此，在校园举办邮票展览，展示教师和学生的收藏成果，是一件很风光的事情。

1953年6月1日，浙江丽水的缙云中学举办了该地区首次邮展。此次邮展的形式极其特别，不是使用展框展示邮票，而是将插满邮票的册子摆在书桌上任由参观者翻看、欣赏。组织者为纪念此次邮展，还专门制作了邮戳卡供参观者收藏。

1955年4月15日，陕西平利县三仁小学少先队利用队日活动举办邮票展览，展出了“祖国光辉灿烂的文化遗产”“中国人民的愿望实现了”“伟大的人物”“祖国五年来经济建设成就”“中国人民热爱和平”等组新中国邮票。参观邮展后，还举行了座谈会，同学们都认为此次活动增长了知识，有很大收获。

1955年9月，四川简阳二中初二班的少先队员在大队辅导员和班主任的指导下，成立了集邮小组。该小组除每周出一期集邮黑板报外，还举办过小型的邮展。

1956年5月13—19日，北京大学集邮小组和中国集邮公司联合在该校学生宿舍区，举办为期一周的邮票展览会，展出中国共产党领导的红色区域邮票、新中国邮票和苏联等社会主义国家邮票。师生们看了邮展以后，对集邮产生了浓厚的兴趣，在校园里掀起了一个集邮的热潮。

1956年6月1日，地处山东青岛的山东大学举办“美术、邮票展览会”，全校师生参观踊跃，并有组织地开展了邮票交换活动。青岛邮局还在展场设立服务台，出售纪念邮票，很受师生们的欢迎。

1962年5月1日，重庆西南师范学院图画科教师为庆祝“五一”国际劳动节，结合自己的专业举办了“红五月专题邮票展览”，内容包括反映劳动生活、文化艺术等12个专题。在邮展中公开亮出“专题”二字，在国内还是第一次，足见重庆集邮

北京二十四中少先队大队委研究改进壁报邮票编排

者的超前意识。

北京二中前进集邮小组于20世纪60年代中期先后在北京大学、北京邮电学院和北京林学院等高校内，举办过小型专题邮票展览，展出最多的是参照大型音乐舞蹈史诗《东方红》编排的《东方红》主题邮集。1965年8月，北京二十四中少先队的“迎新壁报”，一半篇幅是《东方红》邮展。

此外，北京五中集邮小组、女三中集邮小组、广东顺德县疏流区新风集邮小组、长春市工人文化宫职工业余集邮小组、无锡市崇安区工人俱乐部集邮小组、贵阳市南明区文化馆集邮组、哈尔滨道里文化馆集邮组、广州工人文化宫职工集邮小组、南通市工人文化宫集邮小组等都结合中国的重大节日或“十月革命”“中苏友好”等主题举办过邮展。

4. 举办主题性邮票展览

有一些邮票展览是大型综合性展览的重要组成部分。如20世纪50年代初，南京博物院举办“反帝侵华史略展览”，邮商梁震球将自己收藏的德、俄、法、美等国清代在华发行的商埠邮票，作为帝国主义列强侵华的佐证送来展览。展览结束后，他又将展品主动捐赠出来，受到嘉奖。

从1958年7月13日开始，哈尔滨兆麟公园举办了为期一个月的“大闹技术革命游园大会”，在大会的邮电馆内就设有邮票展览室，展出由哈尔滨邮电局提供的各种邮票，吸引许多市民、特别是集邮者前来参观，一睹为快。

1958年8月24日至9月3日，为配合宣传社会主义建设总路线，中国集邮公司上海分公司与扬州邮电局在扬州市文化馆联合举办了题为“中国革命的道路”邮票展览会。设有3个展室的邮票展览会，展出了大量的解放区、新中国以及苏联和东欧社会主义国家的邮票。此次邮票展览会是扬州历史上的第一次，不仅有数千当地群众前来观展，上海集邮家赵士俊也携展品前来助兴，扬州邮电局还刻制了1款纪念邮戳在现场为观众免费加盖。

上海市集邮分公司注重结合国家的宣传中心举办各种主题邮展，先后与上海市青年宫联合举办过“台湾是中国的领土”（1958.9.20）、“帝国主义是纸老虎”（1959.1.1）、“劳动创造世界”（1959.5.1）、“庆祝十月革命42周年”（1959.11.7）等邮票展览。

5. 举办特殊意义的邮票展览

1966年2月，北京通县也和其他地区一样，开展了社会主义教育、阶级教育和形势教育。身为行政干部的朱祖威，用自己收藏的邮票在本单位举办了一个“热爱党、热爱社会主义”的邮票展览，受到好

北京通县商业局“热爱党、热爱社会主义邮票展览”

评。后来，通县县委书记得知此事，决定将此展览面向全县干部和中小学生展出。随后，上级拨了经费，由朱祖威负责，组织专人筹备邮展。邮展没有展框，没有贴页，就用白板纸作底，用玻璃纸包好邮票粘在白板纸上，每块白板纸上写有标题和说明文字，并配上有关照片和剪报，并由9名讲解员分工进行讲解。

1966年5月1—10日，“热爱党、热爱社会主义邮票展览”在北京市通县商业局礼堂举行。此次邮展分“没有共产党就没有新中国”“社会主义建设的伟大成就”“不忘阶级苦牢记血泪仇”“东风压倒西风”4个部分。共展出邮票3000多枚，均由朱祖威提供。邮展开幕时，通县县委书记、县长以及领导班子全体成员和县直属机关全体干部成为邮展的第一批观众。展览采取按系统发票的办法，基层单位组织职工参观，等于完成一项政治任务。在10天时间里，共有3万多名观众前来参观，邮展取得圆满成功。这也是“文革”运动开始前国内最后一次举办区级规模的邮展。

三、出国参加国际邮展

中华人民共和国成立初期，由于受帝国主义的封锁，使中国与世界各国的交流受到影响，集邮也未能幸免。但是，中国与苏联和东欧国家保持良好关系，邮电部领导非常重视集邮展览所起到的宣传作用，积极参加在国外举办的国际集邮展览。

1. 邮电部参加国外的集邮展览

早在1950年年初，邮电部收到捷克斯洛伐克邮政部和集邮协会来函，邀请中国参加10月在布拉格举办的国际邮展。函件称："送展具有完成政治及文化重要任务之图案的邮票，以表达我们的共同目标：世界和平与社会主义实现。""以期通过我们各国间业务上的关系，并可建立集邮业务上相互往来政策。"邀请函表明，这既是一次社会主义国家的邮展，又是一次国际集邮工作会议。

1955年布拉格国际邮票展览会宣传册

邮电部接受邀请，积极准备。参展展品主要来自上海供应处保存的"区票"，在邮电部礼堂预展后作了修改，由邮电部办公厅主任申光带领吴凤岗、邓连普、孙传哲三人将展品送中南海，布置在周恩来总理会议室周围，请政务院领导审查。这也是中国首次以官方身份参加的国际邮展，虽然邮电部未派代表团前往，但送展的180套597枚"区票"，荣获该邮展的五等奖。

此次邮展后，邮电部先后参加了十余次国际邮展，展品得到各参展国的好评。如1952年，邮电部应邀参加在捷克斯洛伐克的布拉迪斯拉发举行的社会主义国家国际邮展，以新中国发行的邮票参加官方类展出；1954年，我国应邀参加了在印度新德里举办的国际邮展；1955年，我国应邀参加了在德意志民主共和国莱比锡举办的国际邮展；1956年，我国应邀参加了在南斯拉夫萨格勒布市举办的国际邮展；1958年，我国应邀参加了在英国伦敦举办的国际邮展等。

1955年9月10—25日我国参加在布拉格举行的国际邮票展览会，参展展品是新中国成立后发行的纪念邮票33套、特种邮票12套，普通、航空、欠资邮票10套以及1955年第1—8期《集邮》杂志。以上展品得到各参展国的好评。展览结束后，人民邮电出版社还于1956年8月出版了《1955年布拉格国际邮票展览会》，向集邮者详细地介绍了此次邮展。

1964年8月27日，意大利里乔内举办第16届邮票博览会，邀请我国参会。主办方一再表示不会邀请台湾方面参加，于是邮电部送展新中国邮票，中国集邮公司送展解放区邮票，并派出以宋兴民为团长的代表团。由于当时我国与意大利尚未建立外交关系，所以代表团取道阿尔巴尼亚前往。在展览会的广场上，中华人民共和国的国旗与其他国家的国旗一道升起，影响

莫斯科世界青年联欢节国际集邮展览

很大。我国代表团借此机会，对意大利邮政和参观的民众进行宣传，散发新中国邮票纪念品。

2．集邮家参加第 6 届世界青年联欢节国际邮展

1957 年 7 月 28 日 —8 月 3 日，苏联在莫斯科举办了第 6 届世界青年联欢节与和平友谊联欢节，同时举办由 FIP 赞助的国际集邮展览。中国应邀参加了本次联欢活动和邮展。中国代表团由共青团中央和邮政总局联合组成，其中集邮家参展由团中央负责。参加活动的集邮家有：姜治方、王纪泽、史济宏、梁芸斋、高开第、马任全、陈复祥，马任全被聘为邮展主席团成员。

中国选送参展的 11 部邮集来自北京和上海两地。经评审，中国参展的邮集成绩斐然。北京集邮家姜治方的《首航封、“大龙”邮票实寄封、驿站排单和苏区邮票实寄封》邮集获金奖，马任全的变体票和样票邮集、陈复祥的大龙和小龙邮票邮戳邮集、王纪泽的红印花加盖票邮集、史济宏的商埠票邮集、高开弟的苏区邮票邮集获银奖，梁芸斋的加盖“中华民国”邮票邮集获铜奖；另外，肖立昂的列宁邮票集、毛远新的新中国邮票集、杨绍明的“为了和平与友谊”等邮集获少年奖。

值得一提的是，姜治方的展品得到国际集邮联合会主席伯塞洛特为首的评审委员会的很高评价和赞赏，不仅获得了一等金质奖章和水晶奖杯，还获得由评审委员会专家签署的荣誉证书。在他参展的展品中，有一对 1920 年中国第一条航线北京—天津往返首航封，被视作世界级罕品；还有中国邮政创办之前，文职衙门传递公文用的排单和武职衙门用的将军火票；还有

姜治方获得的奖章与奖杯

10 枚第二次国内革命战争时期各根据地的实寄封；以及 4 枚阔边大龙邮票实寄封等。他对每件展品都用法文写上说明，还绘制了精美的地图或附上照片，颇费心思。

姜治方（1907—1980），湖南长沙人，10 岁开始集邮，加入过新光、中华和甲戌邮票会，是我国早期集邮活动中著名的集邮家。姜治方早年留学日本、法国、比利时，立志专门收集中国邮票。此后，他在国民政府驻外大使馆工作。为了求获华邮珍品，姜治方奔波于欧亚的港口、码头、城市和乡村。巴黎的露天市场、布鲁塞尔的邮票商店，以及阿姆斯特丹、柏林、马德里、里斯本、苏黎世、布拉格、华沙等城市的大小邮票店和拍卖行，莫斯科的国际书店、北京大街小巷的旧货摊等地，都留下了他的足迹。

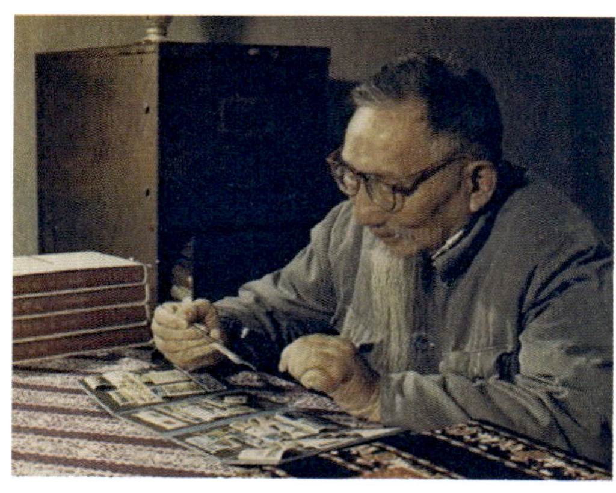
姜治方

这次邮展，是新中国成立以来第一次派集邮家出国参加国际邮展活动，第一次选送集邮家的邮集在国际邮展中展出，中国集邮家的邮集第一次在国际邮展中获金奖。中国邮集此次参展在国际邮展中产生了良好的影响，对推动中国的集邮活动起到积极的作用。邮集撤展回国后，自 9 月 6 日起在北京中国美术家协会公开展出两周后，又去上海展出，供广大集邮者观摩、学习

1958 年 11 月，天津集邮家白金林还曾以个人身份参加了国际集邮展览。他是看到《集邮》杂志上刊登罗马尼亚布加勒斯特要举办国际邮展的消息后，决定参展的。他把自己编组的传统邮集《俄罗斯和苏联地方邮政机关发行的邮票》直接寄往邮展组委会。他的邮集中包括俄罗斯第一枚地方邮局邮票，以及其他 140 个地方邮局的邮票。该邮集最终获得铜奖。1961 年 9 月，白金林再度以传统邮集《新中国纪念、特种邮票的版式研究》参加匈牙利布达佩斯国际邮展，获铜奖。1962 年 8 月，白金林又以《新中国纪念、特种邮票的版式研究》邮集，参加捷克斯洛伐克布拉格国际邮展。

第五节　集邮研究与集邮观的讨论

中华人民共和国成立初期，邮政部门没有自己办的集邮刊物，有关票品研究、集邮理论探讨、集邮导向性等一些文章，则大多发表在江苏泰州溱潼一家邮商办的小报《集邮月刊》上。《集邮》杂志创刊，为集邮收藏与研究提供了交流平台。在资深集邮家的启迪下，很多原来只注重收集邮票的集邮者开始注重研究邮票。与此同时，集邮界关于集邮的多种讨论也在进行着，各种观点、主张无不与当时社会的政治形势有着联系。

一、集邮收藏与研究的拓展

随着集邮活动的不断升温，以及各层面的人们进入集邮队伍，集邮者在收藏品种和研究方式上存在较大的差异。在这个时期，传统与创新、资深集邮家与初学者、国内与国外信息的交流与传播，都深深地影响到中国集邮的走向。

1. 集邮收藏与研究受到时代因素影响

20 世纪 50 年代，随着国内外政治形势的变化，集邮活动也受到一些影响。这一时期，《集邮月刊》陆续刊登文章，专门讨论“关于收集帝国主义国家和旧社会的邮票问题”“如何做一个‘新邮人’”“集邮是小资产阶级的娱乐品吗？”等问题。有的文章写道：“过去，国民党统治时代，有些集邮家有一种偏向——好钻牛角尖，甚至于有些朋友就根本没有一个明确的集邮观念，这些都要好好地研讨。有些邮商们操纵囤积，投机欺骗，无所不为，这也要彻底地检讨了。今后我们的集邮，要从纵横方面研究，因为过去一些集邮家们只研究齿孔、背胶、水印、大全套、组外品……从不研究图案，因此，对于文化、艺术、历史、地理各方面轻视了。”

该刊第 30 期发表《积极清除旧的集邮观》一文指出：“自鸣清高为保护‘国粹’而‘殉’忠，看到龙头、帆船恋恋不舍，对新中国的邮票则不感兴趣，因此他就专集清朝邮票或北洋军阀时代的邮票，表面上好像是些‘专家’，实际上这些象牙塔上的朋友，也就是‘遗老’。”

还有的文章表示，要烧毁帝国主义国家的邮票和反动内容的邮票。讨论的某些内容，如对清代邮票、民国邮票的收集，对传统集邮研究，对西方国家邮票均有持否定态度的言论。

2. 研究新中国邮票者增多

新中国成立后，许多集邮家和集邮者以热爱新中国的政治热情，已经自觉地不再收集伪满邮票等各种伪政权邮票，对那些印有帝王像的外国邮票也予以摒弃。尤其是青少年集邮者，非常喜欢那些票幅大、色彩鲜艳的新中国邮票。

张包子俊在《新光》邮会会刊第 1 期撰文说：“整个集邮界的情况已在改变，一种为少数人参与的高贵的集邮活动正改变为大众集邮并以趋向稳步发展之中，我们需要的是如何去推进这一活动”“期望集邮成为大众的文娱活动，协助民众教育”。这些都表现出当时集邮活动的趋向以及集邮所产生的社会意义。

1951年11月，日本《邮趣》杂志出版了新中国邮票特集第1号，发表关于解放区和新中国邮票等文章24页。1952年，水原明窗请钟笑炉为《邮趣》杂志撰写关于新中国纪念邮票的稿件。钟笑炉应邀撰写了一篇《新中国邮票漫谈》，刊登在1953年第1期《邮趣》上。文章对新中国发行的纪14《国际保卫儿童会议》邮票的齿孔、纪4《中华人民共和国开国纪念》邮票“念”字的变体、特1《国徽》邮票的纸张进行了研究。一篇千字左右的文章，却反映出这位老集邮家对新发行邮票的研究精神。

此外，《集邮》杂志还发表过一些对于新中国邮票的研究文章，有署名“普”的《纪念邮票和特种邮票的版式》、邮卒的《天安门图案普通邮票的版别》《“普11”和“普12”的主要区别》等。

《邮趣》1951年第11期

3. 老集邮家多喜欢传统集邮方式

从旧中国走过来的集邮者，经过政治学习，思想上逐步适应了在新的社会环境下收集、买卖邮票的方式。集邮者继承传统的集邮方式，选择新的收集内容，继续自己的收集和研究。他们在收集中对每套邮票都求全，而后按国家或地区分列，依邮票发行时间逐套、逐枚地收集和整理，把变体票、组外品置于正票后面。传统集邮主要以“区票”、新中国邮票、苏联邮票和日本邮票为主。也有个别集邮家仍然对清代、中华民国邮票的收集、研究锲而不舍。

在传统集邮中，关于中国共产党领导的红色区域邮票的收集研究有了长足进展。确认了一些珍贵的“区票”，涌现出一批专门收集研究“区票”的集邮家，如林崧、钟笑炉、张珩、周贻白、杨立、居洽群、吴廷琦、罗真、李登汉等。他们的收集使一些区票免于流失，其研究成果为后来编写《中国解放区邮票目录》《中国解放区邮票史》《中国邮票全集·解放区卷》以及编组“区票”邮集参加国际邮展，打下了坚实的基础。

1955年《集邮》杂志创刊后，经常发表集邮研究文章。该刊辟有“集邮研究”专栏，当时发表的文章，多为清代邮票的研究，有赵翔云的《“万寿”票的“日本版”问题》、陈复祥的《大龙票和小龙票的版别》《续谈“万寿”邮票》、陈湘涛的《谈“海关大龙”三分银票第26号版模》等。

陈湘涛（1894—1982），名俊，江苏松江（今属上海）人。上海文史馆馆员。1916年毕业于北京清华学校（留美预备学校）后，被保送到美国耶鲁大学学习，获文学学士学位。20世纪40年代初开始集邮，

陈湘涛

对各个时期的中国邮票都有较丰富的收藏与研究。曾任美国中华集邮会在中国的代表。《新光邮票杂志》编委。著述散见于中外邮刊。关于大龙邮票版式的研究论文是国际集邮界公认的权威著述。

4. 青年集邮者的新尝试

20世纪50年代中期，青少年集邮者是专题集邮的主力军，这是在普及集邮活动时涌现的新生力量。他们购买力低，求知欲强，收集意向自然趋于那些色彩鲜艳，画面动人，售价低廉的中外专题邮票。受欢迎的专题有体育、动物、花卉、儿童、交通工具、文学家、科学家、地理、建筑、绘画、音乐等。

1957年10月，苏联为纪念世界第一颗人造卫星发射成功，发行了1枚邮票。此后，中国及东欧国家陆续发行“宇航”题材邮票，但数量不多。到20世纪60年代初期，宇航邮票才作为一个专题被人重视。但是，集邮者能收集的宇航邮票，也仅是集邮公司出售的苏联、东欧的国家发行的，收集面很窄，但它终究是中国航天专题集邮的雏形。航天专题集邮的出现，可谓新中国专题集邮之肇始。有些青少年集邮爱好者还很热衷于收集名人签名邮品，认为这样才有意义。

上海集邮家刘广实自15岁就开始集邮，在老一辈集邮家的引导下，他刻苦学习，在集邮基本功上打下扎实的基础。1958年无锡《集邮通讯》第7期上发表了《海关邮政谈》。此文引证资料丰富、条理清晰。当时很多人以为是熟悉海关邮政制度的老集邮家所为，想不到竟出自一位年轻人之手。在此后的时间里，刘广实为国内外报纸杂志撰写了大量的邮学方面的研究文章，他研究的触角深入邮学的许多领域，而且成果被集邮界所赞叹。

刘广实1940年出生于上海。曾任上海市集邮协会副会长、学术委员会主任。他是中国邮票博物馆邮票鉴定室鉴定专家，参与编著、校阅多种重要集邮文献。1989年参加印度’89世界邮展见习评审并获得通过，成为中国第二位FIP邮展评审员。他的《中国民信局》展品在韩国1994世界邮

刘广实

展获得金奖。1982 年当选中华全国集邮联合会第一届理事会理事；2003 年被授予中华全国集邮联合会第一批会士；2007 年当选中华全国集邮联合会第六届副会长。

二、关于集邮观的大讨论

自 1957 至 1965 年的 8 年间，《集邮》杂志共组织了 3 次有关集邮观的大讨论。这是大规模的关于集邮理论方面的探讨。参与讨论的有各行业的集邮者，也有集邮界以外的人士。

1.“一切邮票都有收集保存的价值吗？”的讨论

“一切邮票都有收集保存的价值吗？”的讨论，是在 1957 年展开的。当年《集邮》杂志第 2 期刊出两篇署名文章，一篇题为《一切邮票都可以收集》，文中提出：政治上反动的邮票，不管你收集与不收集，这张邮票和它所载的事物，基本上是有过的，并不因为你不收集，它就不存在了。那么，我们为什么不可以收集呢？另一篇题为《解放前的邮票应该分别对待》，文中提出：“国民大会纪念邮票”和印有反动人物的邮票，就不应该保留。两篇文章观点截然不同，该刊同时刊发，是为了引发一场《一切邮票都有收集保存的价值吗？》的问题衬论。这次讨论至 1957 年第 6 期，共发表讨论文章 28 篇。

在讨论中，主张一切可以收集者的观点认为：客观存在的都可以收集，反动内容的邮票可以作为罪证和反面教员来收集。主张按不同的集邮者区别对待的观点认为：对一般集邮者特别是没有辨别能力的青少年集邮者来说，不要收集反动内容的邮票。

一 点 意 見

王观泉

編者按： 本刊从第2期起开展“一切郵票都有收集保存的价值嗎？”問題討論以来，很多讀者提出了自己的看法，大家的意見已大致接近。王观泉同志的“一点意見”一文比較有重点地說明了几个問題。这个問題的討論就到此結束。

內容反动的邮票也有收集保存的价值嗎？这个問題在一些集邮者心里是存在着的。这次“集郵”月刊組織的問題討論，集邮界很感兴趣。問題的焦点还是在于对待反动邮票的态度。現在問題已基本上趋向解决，原則上已沒有什么重大的分歧，大致上都認为：一、一切邮票均可收集，內容反动的邮票只要严加区别并“揭露其本質”是不会“中毒”的；二、对于广大的少年集邮者，不应提倡收集內容反动的邮票，更沒有必要叫那些各方面尚未成熟的小朋友从反动邮票里去受“反面教育”。当然，意見还有一些分歧，但不是主流。

一

邮票不仅是“邮資憑証”，而且是文化艺术中的一朵鮮花，有些邮票就內容和圖案上說，是社会的上層建筑，是具有鮮明的阶級性的，是为掌握政权的阶級服务的。如果不是这样，那末也就無所謂反动邮票了。但在反动政权中是否一切邮票都帶有反动色彩呢？并不完全这样。这些邮票往往是一些反映傑出人物的邮票（如国民党出的孙中山先生邮票；納粹德国出的莫扎特邮票等等）以及某些具有全民意义的紀念邮票（如国民党的邮政50年紀念，招商局75年紀念等等）。这些邮票之所以不反动，是因为它具有人民性，它的內容并不以反动政权为轉移。或者是一些自然科学如生物、文物、風景、特产等內容的邮票。

大家所說的反动邮票，是指像紀念罪惡昭彰的反动集团头子的邮票和那些紀念反动事業的邮票。討論中認为反动邮票可以保存，但应严格区别，揭露其反

1957年 第6期 · 5 ·

王观泉的《一点意见》

但对集邮家和研究人员来说，是可以收集的。是否收集内容反动的邮票，要根据自己集邮的目的与水平来决定，不能一概而论。但有文章认为：邮票是有阶级性的，凡是反动内容的邮票，不论是谁，一律不能收集。现在已有的反动内容的邮票，应全部销毁，否则就是阶级立场问题。在讨论中，有文章提出，不要给愿意收集内容反动邮票的人扣上思想意识不正确的大帽子。这次讨论各抒己见。1957 年第 6 期，以王观泉发表的《一点意见》宣布讨论结束。

2.“集邮者怎样对待资本主义国家邮票？”的讨论

1956 年 11 月 10—15 日召开的党的八届二中全会提出“当前我国社会的主要矛盾仍然是无产阶级同资产阶级、社会主义道路同资本主义道路的矛盾”。在此背景下，《集邮》杂志展开了“集邮者怎样对待资本主义国家邮票？”的大讨论。从 1958 年第 10 期开始，至 1959 年第 6 期讨论结束。在这次讨论中，把是否收集资本主义国家邮票的问题，提到是否“政治挂帅”“兴无灭资”的高度。

1958 年第 10 期译自民主德国《世界展望》1958 年 7 月号《集邮是有阶级性的》

问题讨论

集郵者怎样对待資本主义国家的郵票？

集邮是有阶級性的

集邮爱好者对邮票最关心的两个問題。一是邮票圖案的内容，一是圖案的艺术形式。在这两方面每个人的意見是不会相同的，但是大家都肯定一点：邮票不仅仅是邮政上的貨幣，而且是一个国家的面貌的反映。在一枚邮票上，我們可以看到一个国家的風景、名胜、历史和政治态度。西方資产阶級国家認为，邮票圖案只不过是圖案而已，与政治毫無关系，因而集邮也是“超政治”的。在社会主义国家則不然，它認为集邮是有一定阶級性的，决不是“超政治”的。

現在我們拿西德和民主德国發行的邮票为例。

西德發行的很多邮票充分地表現了德意志联邦共和国的政治态度，直接用来为阿登納政府的复仇主义和扩張主义政策服务，在 1956 年西德發行的“欧洲”邮票上，我們看到一株象征德国的菩提树，它的根株伸展到整个“欧洲”。从这枚邮票中，可知帝国主义是毫不掩飾自己的野心的，并且利用一切机会进行宣傳，邮票也不例外。

相反，我們在民主德国發行的邮票中，看到另一些圖案，我們看到人們对反法西斯战士的崇敬，社会主义建設的成就，保衞和平和保衞人权的意志。如圖1所示，世界人民的手在保护着象征和平的白鴿不受氫彈的危害，圖案中充滿着世界人民爭取和平的强烈意願，也洋溢着革命的人道主义。尤其是拉文斯桥紀念碑建成邮票（圖 2）中，更充分显示了民主德国的国际主义和人道主义精神。希特勒时代拉文斯桥以它的集中营而臭名远揚，在那兒有 19 个国家的 9 万 2 千名妇女兒童被杀戮。但今天德意志民主共和国在那兒修建了紀念碑，表示哀悼。究竟誰爱和平，誰講人道，在这兒表現得非常明显。

如上所述，邮票不是“超政治”的，它有着一定的阶級性。同样，一个集邮爱好者在收集邮票时，也应当注意到这一点，不应單純从趣味观点出發。

（罗华編譯自民主德国“世界展望”1958 年 7 月号）

“集邮者怎样对待资本主义国家的邮票？”大讨论

一文认为，“邮票不是‘超政治’的，它有着一定的阶级性。同样，一个集邮爱好者在收集邮票时，也应当注意到这一点，不应单纯从趣味观点出发。”接着一篇《应当运用阶级观点严格选择》的文章认为，对待资本主义国家的邮票，主要从邮票的阶级性来考虑，“应该政治挂帅，站在无产阶级立场上，严格地加以选择。”

1958 年第 11 期《这是方向问题》一文中提出：“再看集邮公司门口的交换邮票人群中，很多人不避风雨，拿着资本主义国家邮票，同青少年学生暗地里进行诈骗性的买卖和交换，从中牟利。”有人主张，“对资本主义国家的邮票，是应当坚决排斥的，因为它是反动的、有害的，应当选择典型，公开在报刊上、展览会上加以揭露、批判，使它成为广大集邮者的‘反面教员’。”“我们要把‘如何对待资本主义国家邮票’的群众性的讨论，转为群众性的揭露批判反动邮票。”

但也有人认为，“资本主义国家的邮票，总的说来是为占统治地位的资产阶级的利益服务的。但是，我们不能反过来说：所有资本主义国家的每一种邮票都是彻头彻尾反动的、有毒的，都无可取之处。这种机械的论证，也是不妥当的……对待资本主义国家邮票的根本问题，不是收集与不收集的问题，而是为什么收集和怎样收集的问题。只要有批判能力，站稳立场，对资本主义国家有毒素的邮票也可收集，作为研究和参考。可以坏事变成好事。”

这次讨论，该刊以《集邮者应该有立场》为题发表短评，提出：“新中国的集邮者，应该有明确的立场，在选择、购买、交换、收集邮票时，应该善于运用辨别香花与毒草的六项标准，决定取舍。”

1964 年第 3 期《集邮》杂志发表王平达的《关于集邮的几个问题》，他提出以下几点：（1）集邮要有正确的目的。集邮是一种文化生活，是一种学习，是一种学术研究活动，是一种调节业余精神生活的活动。以这样的目的去集邮，才是正确的态度。（2）集邮要有政治观点。我们的集邮者，应该以无产阶级的政治观点和阶级观点去对待集邮，要善于识别香花和毒草。对好的、有益的邮票可以收集，对坏的、反动的邮票不要收集。总之，我们的集邮者要提高警惕，要用明确的政治观点去对待集邮活动。（3）要提倡好的集邮风尚。在我们的集邮活动中，不能不反映出资产阶级思想和无产阶级思想的斗争。我们要革资本主义的旧的集邮风尚，而大兴社会主义的新的集邮风尚。（4）要摆好几个关系。摆好集邮与学习的关系、集邮与工作的关系、古今中外的关系、多与少和博与专的关系。

1965 年 1 月，《集邮》为纪念创刊 10 周年，举行了一次纪念座谈会。人民邮电出版社有关领导、《集邮》杂志编辑和部分集邮家、青年集邮者出席了座谈会。会上回顾了《集邮》创刊 10 年来走过的历程，肯定了成绩，尤其“强调当前的重要工作”是“集邮活动要突出政治”“用无产阶级思想占领集邮阵地”等，并在《集邮》杂志上深入开展讨论。

3. “怎样实现集邮革命化？”的讨论

这次讨论是在 1964 年某中央领导人提出要“突出政治”和“思想革命化”的社会背景下进行。《集邮》杂志为这次讨论专门设置了“大家谈”栏目，从 1965 年第 1

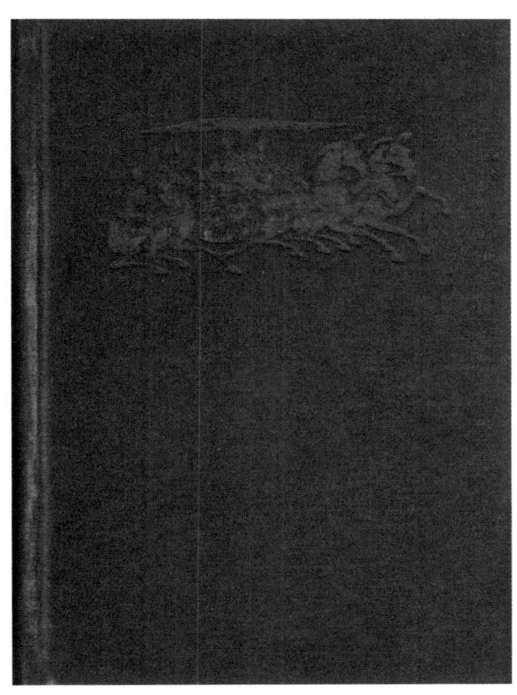

《集邮》杂志十周年纪念册

期至1966年第4期上，共发表讨论文章33篇。在讨论中提出如下观点：

（1）“谈集邮活动中的阶级斗争，绝不是什么叫‘小题大做’。”

（2）在北京（中国）集邮公司门口有一小撮人搞“交换”邮票，实际是投机倒把分子，散布腐朽的资产阶级思想，“这就是阶级斗争”。

（3）不清除“变体”邮票的思想，“就会自觉不自觉地走上旧‘集邮家’这条危险的道路”。

（4）把反动邮票保留欣赏，实际上是和敌人“和平共处”。

（5）“‘以邮养邮’是一条资本主义道路”。

（6）追求“罕品”“变体”和不正当的交换邮票，是资产阶级思想、资产阶级生

大家谈 怎样实现集邮革命化

关于「集邮家」

赵光华

解放前，在旧邮刊上，常常見到“集邮家”这个名詞。对于某些人，不仅一般地称为“集邮家”，还要加上什么“紅印花专家”、“万寿票专家”、“近代票巨擘”等更具体的头銜。这些所謂“专家”、“巨擘”，究竟是些什么样的人呢？据說，这些人是“珍品”、“罕品”邮票的收集者，或是对某一类邮票有专門研究的人，即所謂“在‘邮学’上有造詣”的人。事实果眞是这样的嗎？我們翻一翻旧邮刊上的邮商广告，就可以看到：戴着“××票专家”、“××票巨擘”头銜的人，就是这个或那个“邮票社”（邮票商店）的“負責人（就是老板）”。原来，“紅印花专家”、“万寿票专家”、“近代票巨擘”之类“专家”、“巨擘”就是专門买卖那一类邮票的大邮商。的确，其中有些人对于自己經营的某一类邮票也是很有研究的，但是，他們的研究，是为某些“罕品”、“变体”作考据，以証明它的貨眞价实。他們的研究，很象一般商人鑑别自己的貨色。所以，所謂“邮学”云云，不过“商品研究”的别名而已。

解放前，邮商所以利用他們的刊物互相吹捧什么“专家”、“巨擘”，目的只有一个——买卖邮票。一方面，他們挂上这些幌子可以造成声势，招徕顧客；另一方面，是自命淸高，以掩盖他們的銅臭本色。他們的幌子的确也迷惑过一些人。有些集邮者拿他們当目标，跟着他們跑，也想当“集邮家”。解放以后，旧的集邮思想仍或多或少地影响我們，以至現在仍然有些集邮者还想当“集邮家”。所以，认淸旧社会“集邮家”的本質，对于我們正确地集邮是有好处的。

解放以后，我們的集邮活动性質变了。今天，集邮是一項业余文化活动。通过了解邮票图案思想內容和欣賞它的艺术形式，可以提高思想觉悟，增加新的知識，最終的目的是更好地为社会主义革命和社会主义建設服务，更好地为人民服务。我們收集的邮票，主要是我国发行的邮票和具有进步政治內容的其他国家的邮票。我們所走的道路是社会主义的康庄大道，和旧社会“集邮家”所走的資本主义道路是完全不同的。今天，如果还追求“变体”、“罕品”票，或搞不正当的交换，那就是走旧“集邮家”的道路。我們应当认淸这个問題，坚决不走資本主义道路。

有人說，“你所說的是旧社会的‘集邮家’，我在集邮活动中想成名成家，是想当新社会的‘集邮家’，不当旧‘集邮家’，这成不成呢？”在我看来，这也不成。我們前面已經說过了，集邮是一項业余文化活动。既然是“业余”的，那就要摆好它和工作、学习的位置。我們每个人都有自己的工作或学习崗位。我們要为社会主义革命和社会主义建設貢献自己的力量，就应当大学毛主席著作，改造自己的思想，在业务方面練好过硬本領，搞好本崗位工作或出色地完成学习任务，决不应該过分花費精力和时間去搞集邮活动。我們平常所說的又紅又专，这“专”字是指专在自己的工作或学习上，而不是专在集邮活动上。如果有人硬要鉆牛角尖，想在集邮上成名成家，整天埋在邮票堆里，影响工作和学习，这是和我們的集邮目的背道而馳的。这样的人，也只能叫他为“集邮迷”，而不会称他为“集邮家”。

“怎样实现集邮革命化”大家谈

活方式，是集邮活动中的两条道路的斗争的反映。

该刊对这次讨论，在一篇编后语中表示：来稿反映的情况绝不是小事情，“这不仅是经济战线上的阶级斗争，而且是思想战线上的阶级斗争。”

这三次讨论，是《集邮》杂志在当时社会背景下展开的。最终集邮这种正当的文化娱乐活动，以及集邮领域中那种和谐的气氛，出现了混乱的局面。

第六节　集邮书刊的出版

中华人民共和国成立初期，仅有私人主办的几种邮刊出版，不久因政治运动的展开，于1952年前后基本停刊。1955年开始，中国集邮公司开业，《集邮》杂志创刊、发行，新中国的集部活动与集邮读物的出版亦随之出现第一个繁荣时期。特别是专题性集邮图书、期刊、目录的出现，适应并推动了新兴的专题集邮方式在中国的起步与发展。这些集邮读物的编印出版，不仅为集邮者提供了普及读物和集邮工具书，而且还为集邮研究和集邮史研究提供了大量的有价值的史料。当时集邮组织和集邮者编印的为数有限的集邮读物，尽管编写和印刷质量高下有别，但不论是在内容还是品种方面，无疑是对正式出版物的一种重要补充。

这个时期的集邮读物，大致有集邮图书、集邮期刊、邮资票品目录3种类型。编辑者分为出版社、集邮组织、集邮者；发行方式分为出售、赠送或交换。

一、《集邮》杂志创刊

《集邮》杂志创刊前，由于缺少专门宣传集邮的媒介，邮政部门只好利用发行邮政用品、单据和宣传品的机会，在上面印上提倡集邮的文字，以此来达到宣传集邮的目的。杭州邮电局就曾印发过2000枚宣传卡片赠送给邮政用户，称“收集邮票是一件极有意义和兴趣的事，从各种邮票精美的图案中，可以增进我们的政治、地理、历史、文化、艺术水平和鼓励个人节约储蓄……是一种正当而富有艺术性的文娱活动”，以此为集邮鼓与呼。为提升从业人员的业务素质，宣传邮政业务，邮电部武汉邮局在其编辑、出版的4开4版《武汉邮报》上，专门开辟有“集邮消息”“集邮知识”等专栏，不遗余力地宣传集邮。

编辑、出版一份全国性的集邮刊物，既是邮政部门的需要，也是广大集邮者的热切期望。1951年3月21日，上海集邮家钟笑炉等在《为发展我国集邮业务问题复邮政当局书》里，建议邮政主管部门发行一份集邮刊物，“出版中西文字之集邮刊物，

《集邮》杂志创刊号

并扶植卓有成绩的私营邮刊之出版，既可对外宣传，复可使国内集邮日渐大众化而增大国内之销路”。

1. 坚持正确的集邮导向

《集邮》杂志是当时由政府主办的唯一一份集邮刊物，具有无与伦比的权威性与导向性。1955 年 1 月 28 日《集邮》杂志创刊，它结束了 1953 年以来国内集邮刊物沉寂的状况。这份官办邮刊的出现，进一步向全社会表明邮政部门对集邮的提倡和支持。《集邮》杂志为月刊，由人民邮电出版社期刊编辑部编辑出版。16 开，铅印。创刊号封面主图选取纪 6《中华人民共和国开国一周年纪念》邮票的五星红旗图案。

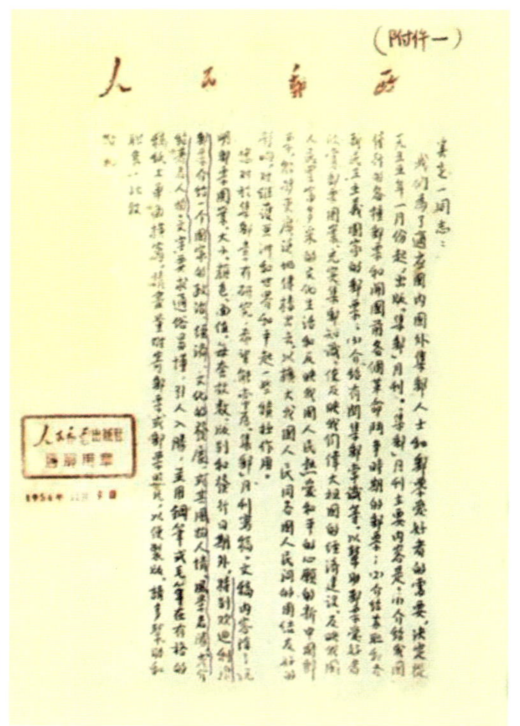

（附件一）

人民邮电

某某一同志：

我们为了适应国内国外集邮人士和邮票爱好者的需要，决定從一九五五年一月份起，出版“集邮”月刊。“集邮”月刊主要内容是：介绍我国发行的各种邮票和兄弟国家各个革命时期的邮票；介绍资本[illegible]新民主主义国家的邮票；介绍有关集邮常识等，以帮助邮票爱好者[illegible]充实集邮知识，使反映我们伟大祖国的经济建设，反映我国人民丰富多采的文化生活和反映我国人民热爱和平的心愿的新中国邮票，能够更广泛地传播出去，以扩大我国人民同各国人民间的团结友好的影响，对缓和国际紧张局势和世界和平起一些积极作用。

您对於集邮素有研究，希望能亦为“集邮”月刊写稿。文稿内容[illegible]说明邮票图案、大小、颜色、面值、发行数、版别和发行日期外，特别欢迎[illegible]邮票介绍一个国家的政治、经济、文化的发展，或其风土人情，[illegible]文字要求通俗易懂，引人入胜，並用钢笔或毛笔在有格的稿纸上单面抄写，请尽量附寄邮票或邮票照片，以便製版。请多多帮助和[illegible]

此致

敬礼

人民邮电出版社

[illegible]

1954年 [illegible]

《集邮》编辑部致作者的约稿信

《集邮》创刊号的发刊词中提出：“在人民民主国家里，集邮是一种正当的文化教育和娱乐活动。人们集邮，不是为了赚钱居奇，也不是把它当作少数人把玩的古董，更不是为了满足那些畸形的癖好，去搜求印刷上有错误和缺点的邮票为乐，或者只当作单纯的消遣……毛主席号召我们，努力学习苏联和各兄弟国家的先进经验。集邮活动也是这样……苏联人民广泛的集邮活动，是社会主义人民美好的高尚的文化生活的一方面。”

这一期还转译了捷克斯洛伐克邮电部部长诺曼博士写的《邮票的使命》一文，文章指出：“在资本主义国家里，集邮的一个附带特征，无疑是企求不劳而获的利润和剥削，真正的集邮者成为被剥削的对象，对他们来说，集邮不仅仅是一种积聚财富的方式。同样必须公开说明的，从社会主义者的观点来看，集邮是一种文化活动，利润的因素是不容许存在的。”此外还介绍了苏联的集邮状况和苏联邮票。

在读者来信栏目中，发表一封《反对邮票商谋取暴利》的来信，信中说：“现在一部分邮商把邮票作为投机的工具，高抬票价。对‘二七建邮’未加盖‘邮’字的，高抬票价四五元一枚。对于国家改版发行的废邮票，不法邮商也来居奇投机。”“编者按”表示支持读者的观点，指出“废品是不值得收集的”。同时对上海、汉口两家邮商将邮票提价的做法进行批评指责。

发刊词在集邮观念、集邮方式等方面，体现了邮政部门当时提倡集邮，开展集邮的指导思想：

（1）集邮的性质是文化教育和娱乐活动，不是单纯的消遣；

（2）反对集邮者居奇赚钱，反对收集“废品”——错体变体票；

（3）反对邮商根据市场需求将邮票提价；

（4）学习苏联、捷克斯洛伐克等兄弟国家的集邮模式；

（5）宣传、划定集邮范围：新中国邮票、解放区邮票、苏联及东欧兄弟国家邮票。

2. 以普及集邮知识为目的

当时的《集邮》杂志在全国集邮界具有一定的权威性和导向性。发刊词在集邮者中产生深远的影响，同时，也带有十分鲜明的时代特点。

此后，《集邮》杂志陆续发表有关集邮目的和意义的文章，如《提倡有益的集邮活动》《集邮的教育意义》《集邮究竟有什么意义》等，进一步宣传、树立新的集邮观念。除此之外，《集邮》杂志还有一些重点内容。

（1）宣传新中国邮票

由于邮电部重视邮票的发行工作，新中国邮票从选题到设计、印制都发生了重大变化，邮票内容涉及中国的重要政治、历史事件和历史人物，古代发明和重要文化遗产，现代经济建设和科技进步，著名风光和民族风情，妇女、儿童生活，以及珍稀动植物等，不仅邮票题材广泛，印制精美，而且知识内涵丰富。《集邮》月刊各期均用一定篇幅介绍，借此广泛宣传，以吸引集邮者的喜爱和收藏。

（2）介绍“区票”

由于战争等多方面的因素，多数国统区的集邮者对中国共产党领导的红色区域邮票不认识、不了解。新中国成立后，他们才开始对“区票”产生收集研究兴趣。《集邮》月刊为了宣传“区票”，有目的、有计划地在各期接连发表了陈印白、赵翔云、居洽群、一萍等人的介绍文章，内容包括发行地区和单位、发行背景、种类、流通使用情况等，对当时认识和收集“区票”起到了积极作用。

赵翔云（1913—1976），江苏丹阳人。大学毕业后在南京交通部秘书厅任职。喜爱书画诗文，读书时受同学影响而集邮，先后加入新光和甲戌邮票会，主要收集中国早期邮票。1946年春节，为庆祝抗战胜利，在他发起组织下，举办过陪都邮票展览会。赵翔云发表过的研究文章有：《大龙薄纸一分银复印之发现》《清紫色五分票发行量之商榷》《变体价值论》《国邮编排的分类法》《新旧地刍议》《对集邮界四项革新要求》《怎样选择邮票的品相》等。

（3）介绍集邮常识

集邮人数的增加，普及集邮知识便成为《集邮》月刊一项重要任务，先后发表程本正的《邮票的分类和收集》《邮票的齿

赵翔云

孔》《怎样研究邮票》，陈复祥的《什么叫水印》《集邮问答》，赵翔云的《怎样选择邮票的品相》，董纯琦的《邮票印制讲座》，郭润康的《加盖和加印，改值和代用》，邮卒的《邮票的种类》《有齿票和无齿票》等文章，对初集邮者有很大的帮助。

（4）报道集邮动态

该刊对中国当时的集邮动态和信息做出了及时的报道，如中国集邮公司开业第一天的情况、中国协和医院举办邮票展览的情况、中国参加莫斯科集邮展及获奖的情况、举办“建国 10 周年邮展”的情况，以及中国 10 年来集邮业务发展情况等，这些较为详细的报道为研究新中国成立前期的集邮状况留下了重要的史料。

《集邮》杂志创刊号的发行量为 25700 份，售罄后又加印 18000 份。第二期增加到 50000 份，这个发行量是空前的。以后每期的发行量保持在 40000 份左右，高于当时的许多期刊，也是世界上发行量最大的邮刊之一。它从一个侧面反映出新中国集邮的普及、繁荣的景象。从 1959 年起，《集邮》开始增页，由 1955 年每期 16 页增到 24 页。

3. 设立“集邮者信箱”

1956 年第 7 期《集邮》最后一页的左下角有几行文字引起许多集邮者注意，“刊登‘集邮者信箱’栏信件办法：（1）为便利读者间交换邮票，特设本栏。（2）读者在本栏刊登信件，每行（连标点 24 字）收费：国内 3 元 3 角；国外‘国际平信回信邮票券’15 张（每张折合 2 角 2 分），不满一行的按一行计算……（3）交换邮票由读者间直接联系，本刊不负转交责任。”当时，中国所有报刊都不刊登个人广告，《集邮》杂志破例开辟了广告专栏——集邮者信箱。

刊登“集邮者信箱”欄信件办法

（1）为便利讀者間交換郵票，特設本欄。（2）讀者在本欄刊登信件，每行（連标点24字）收費：國內 3 元 3 角，國外“國际平信回信邮票券”15張（每張折合 2 角 2 分），不滿一行的按一行計算。（3）送登时請附信稿和应付費用（國內只收邮局匯票，信封請寫明“人民邮电出版社集邮者信箱”）。（4）信稿依次刊登，不付費的不登，也不退还。（5）交換邮票由讀者間直接联系，本刊不負轉交責任。

集邮者信箱

刊登“集邮者信箱”欄信件办法，請見本刊第 7 期。

互相交換解放区邮票　北京宣外爛縵胡同 71 刘卓西

征求交換本国及世界邮票　上海陆家濱路 671 楊正修

“集邮者信箱”广告刊例和首次刊登的广告

“集邮者信箱”的开辟，对集邮者之间相互沟通，促进邮品交流均具实际意义。一些老集邮家和资深的集邮者，如陆逵九、任福田、居洽群、杨立、王黎青等，都刊登广告，征求自己所需的邮票。青少年集邮者希望通过“集邮者信箱”找到通信交换邮票的邮友，丰富自己的收藏。“集邮者信箱”使许多素不相识的集邮者，经过一段时间交换邮票后，成为朋友，形成一种新型的和谐的社会关系。通过交换邮票，还弥补了集邮公司不能满足集邮者多种需求的欠缺，使集邮者相互受益。

当时，一些邮商或已经停业的邮商也在“集邮者信箱”栏刊登广告，将其邮票编目、标价寄给集邮者。售品有清代、民国、解放区及 20 世纪 50 年代以前的外国邮票，零枚整套兼备，由此而形成一个邮商和集邮者之间的函购市场。由于集邮者的多种需求，函购市场也很活跃，一个邮商多的有几百个函购客户，每月都有售品目录寄给客户。

“集邮者信箱”自1956年第8期《集邮》杂志刊登广告起，一直办到1959年第4期止，为时两年多。

二、集邮图书的出版

中华人民共和国成立初期，由正式出版社出版的集邮图书相对较少。在为数不多的集邮图书中，基本上是以个人名义编著的。而由集邮组织及集邮者个人自行出版的集邮图书及期刊中，更侧重对邮资票品自身的研究。

此前集邮图书出版很少，只有天津集邮家黎震寰、杨耀增编写的两本。一是《新中国邮票手册》，1950年11月30日问世，《天津邮学月刊》社出版。该书是一本系统地介绍解放区邮票的简明目录，全书由“年谱及索引”“目录”“版式图解”“邮人通讯录”四部分构成。该书对解放区邮票的介绍，是按区、发行时间顺序排列，条理清楚，是当时收集解放区邮票不可少的工具书；二是《中国人民邮票图鉴》，黎震寰编著，1952年5月在香港出版。该书重点介绍各解放区发行的邮票，全书采用中英文对照，有利于向海外宣传，扩大解放区邮票的知名度。

黎震寰（1902—1990），名猷尚，广东南海人。居天津，在铁路部门工作。青年时代开始集邮，主要收集和研究中国邮票。积极推动天津地区的集邮活动。1937年天津首次举办邮展，为主要筹办人之一。

總　目

（頁數）

例言……1—2
年譜及索引……3—19
解放票目錄……21—100
甲　華北區……21—40
1.晉察冀邊區發行……21—24
2.晉冀魯豫邊區發行……25—28
3.冀魯豫邊區發行……28
4.晉綏區發行……29—31
5.晉南區地方發行……32
6.冀東區發行……32—34
7.華北郵政管理局發行……35—40
乙　東北區……41—50
8.東北地方發行……41—42
9.東北郵電管理局發行……43—50
丙　旅大區……51—54
10.旅大郵電管理局發行……51—54
丁　西北區……55—60
11.陝甘寧郵政管理局發行……55—57
12.甘寧青郵政管理局發行……57—58

（I）

《新中国邮票手册》总目

《中国人民邮票图鉴》

黎震寰

杨耀增

1940年天津邮票会成立后，为拍卖部主任，并协助李东园编辑会刊《天津邮刊》。

杨耀增（1925—2002），天津人。出生于一个从事“报关”行业的家庭。他中学时期开始集邮。曾先后参加过天津邮票会、北平邮票会和新光邮票会等早期集邮组织。1950—1951年，由他主编的《天津邮学月刊》，至今仍有很深的影响。1982年以后，他当选中华全国集邮联合会第一至四届学术委员会委员。

1. 各出版社出版的集邮图书

1953年10月上海少年儿童出版社出版朱翊新著《通信的故事》，内含“小集邮家”章节。但中华人民共和国第一部正式发行的集邮专书，是周小童编著，于1955年9月由上海儿童读物出版社出版的《怎样集邮》。此书较系统地介绍了集邮的一般常识，在当时为一部较完整的普及集邮读物。人民邮电出版社于1956年2月开始出版集邮图书，最先出版了马然编著的《新中国的邮票》和孟宪义编著的《新的集邮活动》，这两部书的出版对推动当时新中国的集邮活动起过积极作用。特别是北京作者马然编写的《新中国的邮票》，一共印刷了3次。此书分中国邮政简史和中华人民共和国邮票介绍两部分，前者着重讲了我国古代的

《怎样集邮》

《新中国的邮票》

《新的集邮活动》

通信组织、制度和不同历史时期邮政的发生与发展；后者在通过邮票热情讴歌社会主义建设成就的同时，还对美术明信片的发行、中国集邮公司的成立和《集邮》杂志的创刊等情况作了简要的说明。

此后，人民邮电出版社为配合当时中国的对外政策，接连出版了《邮票上的莫斯科》《苏联邮票》《苏联邮票上的文学家》《苏联邮票的故事》《丰富多彩的匈牙利邮票》等多部图书，这对了解和收集苏联、匈牙利等东欧社会主义国家邮票起到帮助作用。与此同时，该社还出版了陈印白编著的《外国邮票地名译文手册》及《中国人民革命战争时期的邮票》。上海文化出版社出版了邵伦忻编著的《集邮趣味》。其中，陈印白编著的《外国邮票地名译文手册》出版后，对集邮者识别邮票国别和收集外国邮票都具有较高的实用性，后因集邮者的需求量大，1986 年还曾出版修订增补本，并更名为《世界邮票地名译名手册》。

邮票目录是集邮者必备的工具书，也是最基础的集邮读物。1952 年宋庆龄和中国福利会创办的《中国建设》杂志，在英文版设置了邮票栏目，宣传中国邮票。该杂志社还分别在 1955 年、1958 年和 1963 年三度编印邮票目录《中华人民共和国邮票》，随刊附赠给海内外读者。

1957 年 10 月，人民邮电出版社出版了中国第一部《中华人民共和国邮票目录》。该目录收录了中华人民共和国成立以来的各类邮票，并且附有邮票的发行资料。新

《苏联邮票的故事》

《中国建设》英文版附赠《中华人民共和国邮票》

《集邮趣味》

中国邮票目录的出版，为集邮者按目录收集新中国邮票提供了便利条件。在此之后，该社还出版了《德意志民主共和国邮票目录》。

2. 集邮者自行编印的资料

除由出版社出版的集邮图书外，一些集邮组织也自行编印过集邮资料，如陈复祥、孙君毅编著的《海关邮件戳》《中国邮戳志》，分别于1959年、1962年由无锡崇安区工人俱乐部集邮小组印刷出版。赵永赏著的《东北戳图集》，于1960年由长春市工人文化宫集邮组印刷出版。刘广实编著的《老苏区的邮票》，于1963年由哈尔滨道里区文化馆印刷出版，等等。这几部由集邮组织印刷出版的集邮资料，集中反映了当时中国集邮家收集研究解放区邮票、中国邮戳的重要成果，特别是陈复祥与孙君毅合作编著的《海关邮件戳》和《中国邮戳志》具有一定的学术价值，它为1984年人民邮电出版社出版的孙君毅编著的《清代邮戳志》提供了重要的史料依据。个人编印集邮资料者，则有成都汤德铨于1961年5月整理油印《赤色邮政邮票简目》等。

专题邮票目录主要是集邮者出资自己编印，作交流交换之用。如鞍山魏匡群于1960年编印的《社会主义国家动植物专题邮票目录》，南京苏健人于1961年4月编印的《征服宇宙专题邮票目录》，贵阳党仁珊于1962年6月编印的《社会主义各国征服宇宙专题邮票目录》等。专题邮票目录的出现，反映出中国集邮界在20世纪五六十年代已出现一个从事专题集邮的群体，并能及时抓住热门专题（动植物）和新兴的专题（人类征服宇宙空间）进行收集研究。集邮者自费编印专题邮票目录，对当时中国的专题集邮活动是一种有益的推动。

由成都汤德铨于1959年1月编的《中华人民共和国纪特戳统计简表》、1960年无锡县星火集邮小组编印的《邮戳章目录》、广东罗家声于1961年5月编印的《新中国纪念邮戳简目》、上海鲍连奎于1961年10月编印的《上海解放后历年使用纪戳章简目》等，这些邮戳目录的编印和有关邮戳专门刊物的印发，证明了当时集邮者对邮政戳记收集研究的重视程度。

由刘广实编著的《中国集邮书刊简目》，于1964年8月由贵阳南明区文化馆集邮小组油印发行。这是新中国第一部集邮文献目录，它具有重要的史料价值。这份简目，汇编了1906年至1963年中国邮政部门、图书出版社、集邮组织、邮票商社、集邮者、报纸副刊编辑、印发的集邮图书、期刊、目录、专栏等近500种，内容包括：名称、类别、出版年月、发行者、编著者、出版地点等，内容详尽，实用性强。这份文献简目，对了解中国过去70年集邮读物的出版情况有很大帮助，对收集研究中国集邮文献起到重要索引作用。

三、民间编印的邮刊

新中国成立初期，由于一些集邮组织的解散，邮会的会刊也随之停办。当时，由旧社会跨进新社会继续出版的邮刊只有少数几家，如《近代邮刊》《邮侣》等。使集邮者、邮商高兴的是人民政府不仅没有禁止集邮，反而在大城市的邮政部门设立集邮台，积极倡导集邮，这使集邮者、邮商顿生信心，从而陆续自办邮刊。

1．二十世纪五六十年代的新老邮刊

（1）《天津邮学月刊》

天津解放后，百业振兴，人心欢畅，邮坛亦非常活跃。为了进一步提倡邮学研究，由集邮家范兰如、李信甫、韦崇福、杨耀增等发起，报请天津市军管会批准，于1950年4月创办了《天津邮学月刊》。杨耀增主编，黎震寰审稿。每期都发表多篇关于解放区邮票的文章，如《记旅大区邮票全集》《老解放区邮政简述》《东北解放区纪念邮票发行资料》《解放区邮票简史》等，都是在该刊首次发表的。在研究文章方面，发表了《万寿大型黑样票之谜》《谈光复共和纪念样票》等，较有参考价值。

《天津邮学月刊》，16开铅印，每期4至8页。封面选登中国珍邮四方连作为主图，如“抗战军人”“红印花小字壹圆”“纽约版中心倒印”等，颇引人注目。该刊以

（第一版）

—1—

學術性的集郵雜誌

天津郵學月刊

本刊經天津市軍事管制委員會文化教育部批准出版

一九五〇年五月十四日出版

第一卷・第一期

天津郵學月刊社出版 天津(一)勸業場三樓

發行人・章崇福

編輯人・楊耀增

發刊詞

天津郵學月刊印行感言 雷潤生

創刊獻詞 張伯江

晉察冀邊區早期紀念票

抗戰軍人四方連

（说明见本期15页）

《天津邮学月刊》

年编卷，1950 年出版的编为第 1 卷，共 9 期。1951 年出版第 2 卷，只出版 2 期，于 7 月停刊。总共两卷 11 期。

（2）《近代邮刊》

上海近代邮学研究社出版，钟笑炉主编。16 开本，铅印，月刊。《近代邮刊》重点研究中国近代邮票，每年 12 期编为一卷。新中国成立后，编印了第 5 卷和第 6 卷。每期都在“邮票新闻”栏目中，重点介绍新中国发行的纪念邮票、普通邮票。

该刊尤其重视对“区票”的研究，辟有“解放区邮票谈丛”专栏。通过比较系统的研究，使集邮者对“区票”有了初步的了解，为以后编印“区票”目录打下了基础。由于当时中国集邮队伍萎缩，该刊每期仅发行200份，于1951年12月出版第6卷第72期后停刊。

（3）《集邮月刊》

江苏溱潼宓宁邮票社出版，李宓主编。1949年8月创刊，16开，铅印。该刊以介绍“区票”为主，尤其重视苏皖“区票”的研究。主要文章有《苏皖边邮》《苏中战邮》《华中一分区发行的油印邮票》《苏皖罕品漫谈》等。此外还开设邮苑人物专栏，报道新邮消息。该刊在集邮评论栏目中，发表一些诸如《谈集邮》《积极清除旧的集邮观》等文章，在读者中引起反响。该刊于1952年12月停刊，共出版4卷32期。

（4）《东方邮刊》

北京东方集邮研究社出版，吴嘉祥主编。1950年7月创刊，16开，铅印，每期10页左右。该刊介绍人民邮政邮票的资料，新中国发行的邮票，还刊登了华北区邮票研究，集邮讲座等文章。该刊于1950年9月停刊，只3个月办了3期。

（5）《京联邮讯》

由北京韦景贤、杨启明、韦崇亮、袁香举、王育中联合编印。1950年6月创刊，16开，油印，每期4页，免费赠送。主要内容有新邮消息、京津邮市近况。对金圆邮票、“区票”、新中国邮票的介绍采用表格形式，言简意赅。该刊只出版了3期，在1950年8月第3期停刊启事中云“最近发生意想不到的阻碍，迫使我们不得不暂告停刊”。该刊虽为油印，手工刻写的宋体字娟秀清晰，邮刊独具特色。

（6）《邮侣》

由重庆张枕鹤、王劳生为顾问，由刘瑞章、蔡保德编辑，在1951年1月（刊至2卷44期）停刊。

其他商业性邮刊还有：南京伟光邮刊社出版、潘伟光主编的《伟光邮录》，1950年8月创刊，同年11月停刊，出版了4期，该刊广告较多。天津汤瑞芳编印的《服务邮讯》，油印，报道天津邮市，但售品目录占去大部篇幅，该刊于1951年停刊。天津新中华邮学研究社编印的《新中华邮讯》，上海成记邮票社出版的《成记邮讯》，宁波陈立言编印的《浙东邮讯》。此外还有《海燕邮讯》《诚记邮讯》《万象邮讯》《联合邮讯》《光星邮讯》《国邮杂志》等，这些邮刊多为油印，以售品目录为主，但有部分集邮文章，为期不长便告停刊。

这一时期的邮刊内容大有改观，首先是及时报道、介绍新中国新发行的邮票，几乎所有邮刊都将中国共产党领导的红色区域邮票的研究作为重点内容，把繁杂的“区票”的发行时间、套数、枚数、版式、纸质等基本考证清楚。这些研究构成了最新信息的集合，从而成为市场中具权威性的收集指南。一些集邮者就此开始专门收集“区票”。历史地看，这些邮刊为50年代中期“区票”收集热潮的形成打下了坚实的基础，也为日后对“区票”进行深入、系统的理论研究提供了翔实的历史资料。

然而，这些邮刊都是自行编印的，办刊者水平不一，故资料有误、观点有偏的情况在所难免。至于邮刊的形式、版式以及广告、售品目录的编排，多无创新，大多沿袭旧邮刊套路。

这些邮刊大多于1950—1951年两年中创刊和停刊，个别邮刊延续到1952年。这些邮刊虽存世短暂，却经历了中国新旧社会交替的历史大变革时代，记载了嬗变时期中国集邮的本真状态。这些邮刊经费自筹，从编写到发刊都由办刊人艰难运作。大型邮刊则是在办理准印和印刷手续繁复的情况下出版，因而发行量很少。它们无疑成为研究新中国初期集邮和邮市活动的宝贵史料。

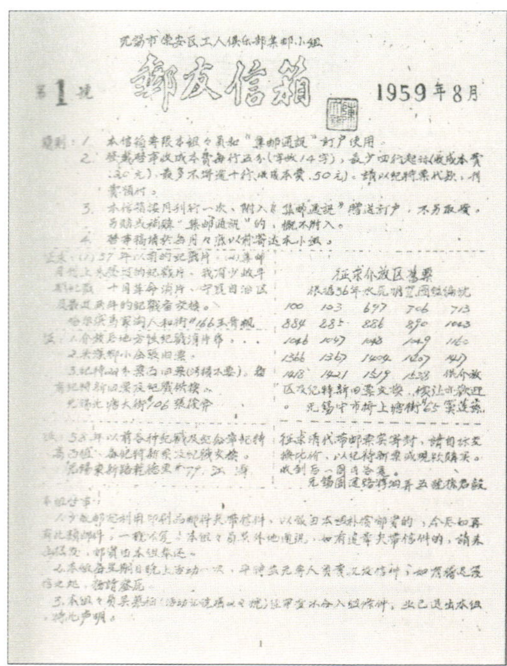
无锡市崇安区工人俱乐部集邮小组

第1號 邮友信箱 1959年8月

《邮友信箱》

2. 二十世纪五六十年代的民间邮刊

《集邮》杂志在1955年作为一份国家级集邮刊物公开出版发行后，集邮者欢欣鼓舞。一些地区在《集邮》杂志的带动下，不仅相继成立集邮组织，有计划地开展活动，而且还定期编印刊物进行交流。现在所见到的有：

无锡崇安区工人俱乐部集邮小组的《集邮通讯》（1958.2—1960.3）、《邮友信箱》（1959.8—1962.12），苏州工人文化宫集邮研究组的《集邮通讯》（1958.10），苏州钢铁厂集邮小组的《集邮快报》《集邮》《集邮通讯》《戳邮研究》（1959.3—1960.2），扬州五台山疗养院集邮小组的《纪戳通讯》（1959.6—1960.3），常熟虞山镇工人文化宫集邮组的《虞山邮讯》（1961.1—1963.8），扬州市文化宫群众业余集邮组的《集邮情况交流》（1961.1—1962.5），哈尔滨道里区文化馆集邮组的《集邮通讯》和《集邮通讯副页》（1962.7—1963.5），贵阳南明区文化馆集邮组的《南明邮刊》（1963.1）等。

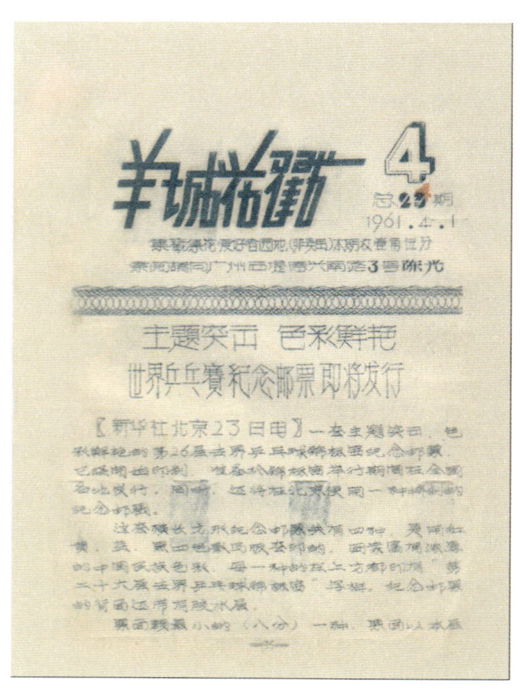
羊城花戳 4

1961.4.1

主题突出 色彩鲜艳

世界乒乓赛纪念邮票即将发行

《羊城花戳》

除此之外，在此期间还有集邮者自行出资编印的刊物，如浙江陈定盖编印的《集戳》，无锡吴慕伯编印的《集戳家》，苏州张惠生等编印的《邮戳学刊》，常熟祁介东的《集邮者论坛》《图案集》，昆明华熹、胡民选编印的《春城邮林》，湖北襄樊牛箭发的《襄樊邮讯》，黑龙江泰来王东升的《北星》等。

集邮组织和集邮者自行编印的集邮刊物，多为油印，自编自刻、自印、自发。在内容上以各种集邮动态和票品研究为主，同时刊发一些集邮资料。这类自行编印的刊物，印发数量较少，最多二三百份，但在传播集邮信息上，确实发挥了一定作用。

第七节　集邮经营与邮票交换活动

20 世纪 50 年代中期，中国基本完成了对农业、手工业、资本主义工商业的社会主义改造，集邮活动也出现新的生机，一些群众文化馆站、文化宫、俱乐部、学校都将集邮纳入群众性的文化活动。为满足日益增多的集邮者对邮票的需求，开办一种新型的国营商业机构——集邮公司就成为当务之急。此后，各地以国营为主的集邮经营逐渐形成。与此同时，民间集邮经营和集邮者自发的邮票交换市场也相继出现，形成了一种多元化的集邮经营局面。

一、中国集邮公司开业

早在 1953 年，北京集邮家兼邮商施秉章就曾针对当时的市场现状，写信给国务院有关部门，讲述集邮的积极意义，建议国家成立集邮公司，以促进各国文化交流，为国家增加经济收入。信件转到国务院负责文化工作的郭沫若手里后，郭沫若对此极为重视，很快就给施秉章回了信，不仅对其建议给予了较高的评价，还表示将采纳他的建议。

1. 树立为集邮者服务的宗旨

1953 年，邮电部邮政总局先后与苏联、波兰、捷克斯洛伐克等国家建立了邮票交换关系，为成立国营集邮企业奠定了基础。1959 年 8 月北京邮票厂建成后，为邮票印制水平的提高提供了保障。经过邮政总局邮票处对国内外邮票市场需求情况的调查，中国集邮公司作为邮政总局的商业企业，于 1955 年 1 月 10 日在北京东安门大街挂牌开业。

对于开业当天的情况，《集邮》杂志作如下报道：“1 月 10 日，邮票爱好者盼望已久的国营中国集邮公司开始营业。这一天虽然不是星期天，但是，北京东安门大街 77 号中国集邮公司的门市部里却挤得满满的，其中有歇班的工人，有中国人民解放军战士，有戴着红领巾的少先队员，有年轻的中学生，还有穿长袍的老先生……买邮票的人是那么多，营业员忙得不可开交……夜晚，在霓虹灯和日光灯下，在温暖的炉边，中国集邮公司的门市部里，还挤满了爱好集邮的人们。”开业首日的实况，反映出集邮者对邮票的渴望和中国集邮的发展势头。

中国集邮公司成立后，提出“为集邮者服务”的企业宗旨。当时，除出售新中国邮票和部分解放区邮票外，还出售苏联

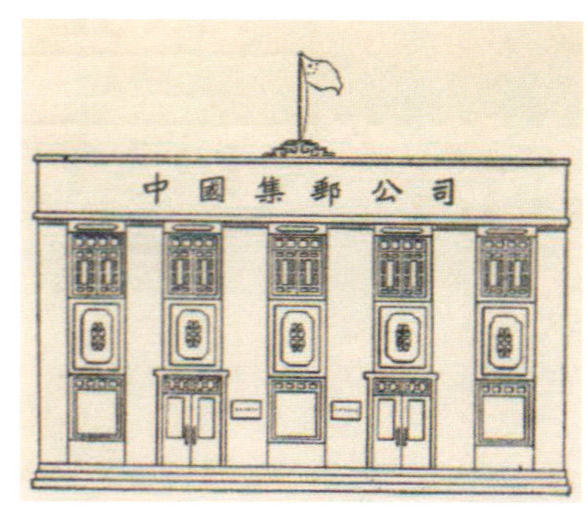

中国集邮公司营业部北立面图

和波兰、保加利亚等东欧社会主义国家的邮票，总数达 4000 多种。在销售方式上，公司把邮票按国家、发行时间编号，单号为新票，双号为盖销票，每一套邮票都按编号装在一个口袋里。由于这样分装的工作量大，业务人员经常加班，却毫无怨言。邮电部邮政总局机关干部下班后，也常常到公司门市部义务劳动装邮票。在集邮公司开业的当天，还有邮政总局的机关干部做营业员工作。每逢节假日购买邮票的集邮者常常排成长队，公司业务人员为提高工作效率，设计改进售票柜台，受到集邮者的欢迎。

中国集邮公司为更好地为集邮者服务，不断扩大业务范围，主要有：（1）出售新中国邮票及其盖销票、袋票；（2）通过外国建立邮票交换关系，曾先后出售苏联、捷克斯洛伐克、波兰、民主德国、匈牙利、罗马尼亚、保加利亚、朝鲜、越南、阿尔巴尼亚、古巴、南斯拉夫、埃及等国家的邮票；（3）出售集邮用品。为提高集邮册质量，中国集邮公司于 1958 年专门建立了邮册厂。在服务方式上，北京、上海、广州等地集邮公司先后开办函购、寄售、外票预订、专题邮票预订（中国集邮公司从 1958 年起，已把邮票分为政治、经济、地理、科学、文艺、青年、儿童、体育、动物、植物等 24 个专题）、首日封实寄等业务。有一段时间还开展了帮助集邮者将新中国零票配套的业务。

中国集邮公司开办后，业务日渐兴旺。根据集邮者的多种需求，公司不断扩大业务范围。1957 年开办寄售业务，这是计划经济体制下，在国营商业里开辟的一块市场经济的平台，售品主要是清代、民国和解放区的高档邮品，还有少量苏联早期邮票。如贴有福州对剖票的清代信封，每枚售价 5 元；“光复”“共和”两套新票，每套 40 元，这是当时集邮公司门市部所售邮票中价格最高的一套。寄售柜台的邮品，档次较高，平日难见，青少年集邮者有幸在此看到实物，打开了眼界。同时，寄售品也满足了一部分集邮家的需求。

2. 开发多种业务满足需求

1957 年 11 月 7 日，正值十月社会主义革命 40 周年，中国发行一套纪念邮票。中国集邮公司就是自这套邮票开始，印制发行首日封。那时，许多集邮者对首日封是

集邮公司业务员按用户选号配售邮票

中国集邮公司广告

《伟大的十月社会主义革命四十周年》邮票首日封

陌生的，集邮公司印制首日封出售，把集邮内容扩大到封的收集，普及到广大集邮者中，使整体集邮水平有所提高。受当时社会经济水平制约，人们的收入普遍偏低，能够用于文化消费的支出更是捉襟见肘。1962 年 9 月 15 日，邮电部发行面值 3 元的纪 94《梅兰芳舞台艺术》小型张，全国仅有 8 人向中国集邮公司订购了实寄首日封。此后，集邮公司开始印制邮折，择取选题好、印制精美的邮票贴置折内，有的贴新票，有的贴盖销票。《中华人民共和国成立十周年》纪念邮票邮折、《金鱼》《菊花》《蝴蝶》《黄山风景》《金丝猴》《熊猫》等邮折，作为新的集邮品，面世后很快售空。

20 世纪 50 年代，中国集邮者普遍使用插票册。在收入低或没有经济收入的青少年集邮群体中，当时十有八九都自己动手制作插票册。1958 年，中国集邮公司开办了邮册厂，生产高质量不同规格的插票册，受到集邮者欢迎。

由于集邮者人数的增加，新中国邮票的需求量越来越大。为了普及集邮，1955 年 1 月，邮电部发行了再版新中国初期 13 套纪念邮票和 3 套特种邮票。这十几套邮票的原版票，大多是在 1949—1951 年发行的，有的发行量很小，最少的仅 10 万套。这些数量远远满足不了集邮高潮时的市场需求，为此，邮电部在（55）邮票字第 33 号关于邮票再版发行通知中作了说明：

一、开国以来所发行的纪念邮票和特种邮票，大体反映了几年来我国在政治、经济和文化建设上的重大成就，邮票质量上也有提高，因而逐渐为国内外人民群众所喜爱，纷纷来函请求购买。有的并针对若干邮票早已停售的情况，建议我们以原版添印后发行，或以库存票重新出售。为了适当地满足国内外人民的需要，经请示前中央人民政府政务院财政经济委员会核准，决定将存量不多的部分纪念邮票和特种邮票，以原版添印若干，重新发行（简称再版发行）；同时决定将库存的其他停售的纪念邮票、特种邮票，重新出售。

二、上述发行的各种邮票，都是我部代表国家发行的邮票，除印的东北面值的且业已停用，不能用作交纳邮资外，其他各种邮票，如购买者粘贴在各种邮件上使用，应该和其他邮票同样发生邮资效力。

三、为便于各局识别版别起见，本部正在将再版发行的邮票和原版邮票的主要区别点制成图案，另行下达。

再版票虽然可以作邮资凭证用于邮政，但都在中国集邮公司出售。集邮者买到后，很少再把它贴在邮件上使用，所以再版票实寄封非常罕见。再版票每种印量均为250万枚。再版票对原版票的价值价格没有形成很大冲击，多少年来，原版票的市场价格一直高于再版票数倍甚至数十倍。

中国集邮公司出售的新中国盖销票，多为再版票盖销，价格便宜，符合当时国家的社会经济发展水平和人们的实际收入状况。如纪1《庆祝中国人民政治协商会议第一届全体会议》、特1《国徽》盖销票只售1角1套。这个价格适应了低收入集邮者和少年集邮者的购买力。

3. 开展邮票进出口业务

20世纪50年代，中国集邮公司出售的新中国、苏联、匈牙利等国的盖销票，培育了一代红领巾集邮爱好者，多年之后，他们成了中国集邮界的中坚力量。中国集邮公司全力为国内集邮者服务的同时，还大力开展邮票出口业务，为国家创收宝贵的外汇。

中国集邮公司邮票袋

中国集邮公司出售的苏联、匈牙利、捷克斯洛伐克等国的盖销票，价格低廉，也是当时的一个特点。如匈牙利1952年发行的《第15届奥运会》正菱形纪念邮票，北京邮商3枚低面值盖销票卖0.30元，集邮公司出售全套6枚售价0.31元；1950年“国际儿童节”邮票全套5枚，邮商3枚卖0.30元，集邮公司售价0.16元；保加利亚1956年发行的《水果》邮票，全套4枚，集邮公司仅售0.5元。这些价格低，票面鲜艳美丽的邮票，极受集邮者尤其是中、小学生集邮爱好者的欢迎。翻看当时青少年集邮者的邮册，大部分插着这些外国邮票。当时还是小学生的集邮家赵珩回忆道：“那时的集邮公司东西两侧是贴墙的玻璃橱柜，西南墙是苏联等社会主义国家的邮票，东南墙是中国解放区和1949年以来的中国邮票，大厅中还有两根方柱，四面也镶了玻璃，西侧的一根方柱四周一般是这些社会主义国家新发行的邮票。当时每套邮票都有两个价签，一是新票价签，一是盖销票价签，对我们这些小学生来说，当然只是选择盖销票了。那时一套盖销票的价钱最多三四角钱，有的只要几分钱，每次买上两三套邮票，就兴奋得不得了”。

1957年3月15日，邮电部、对外贸易部联合发出《关于邮票进出口贸易由中国集邮公司统一经营的规定》后，除上海个别私营邮票商社继续做进出口生意外，其他私营邮票商社和部门进出口邮票业务即行停办。

二十世纪五六十年代，世界上正处于两大阵营的“冷战”时期，一些国家禁止进口中国邮票。中国集邮公司为开办邮票出口业务，积极采取措施，先后与英国、日本、法国、意大利、澳大利亚、新加坡以及中国香港等国家和地区的近50个较大邮商建立了邮票出口批发关系，打通了中国邮票的出口渠道。在出口类别上，有中华人民共和国邮票，也有民国时期的邮票；出口种类上有新票、盖销票和枚数不等的混合袋票。中国先后发行的《金鱼》《菊花》《唐三彩》《梅兰芳舞台艺术》《蝴蝶》《丹顶鹤》《儿童》《黄山风景》《熊猫》《金丝猴》

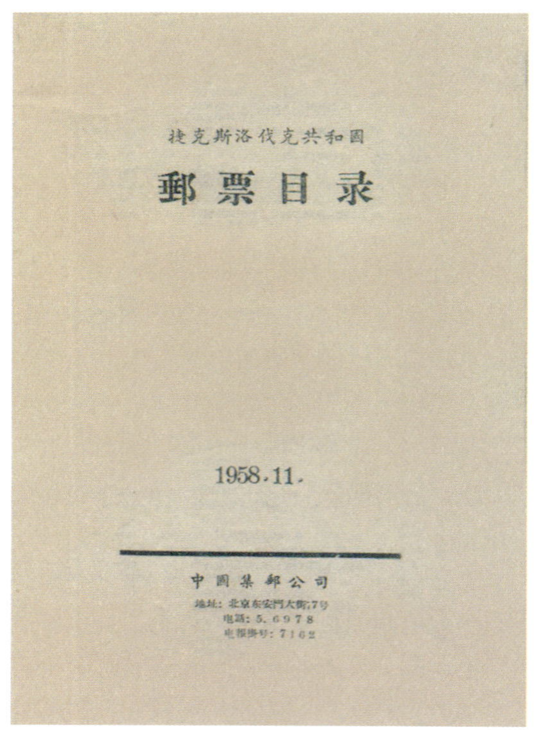

《捷克斯洛伐克共和国邮票目录》

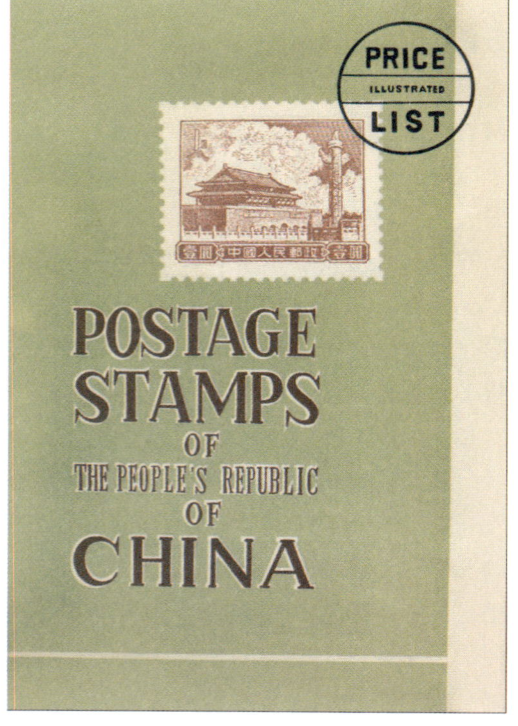

《中华人民共和国邮票价目表》英文版

《牡丹》等经典邮票，由于选题好，设计印制精美，又具有民族特色，出口量大增。

4. 积极参加国际邮票展销活动

中国集邮公司还积极参加国际邮票展销活动。1958 年 3 月，英国邮商协会在伦敦举办国际邮票展销，中国集邮公司派出代表团，不仅展出了中国邮票，同时开展了贸易洽谈活动。1964 年 8 月，意大利在里乔内举办第 16 届国际邮票博览会，中国集邮公司副经理宋兴民率代表团参加，并展出了邮票，同时进行了各种交流活动。

1959 年 6 月，在匈牙利集邮公司倡议下，在布达佩斯召开了社会主义国家集邮企业会议，中国集邮公司副经理宋兴民率团出席。与会的国家还有苏联、匈牙利、波兰、罗马尼亚、朝鲜、越南、民主德国、保加利亚等 10 国的代表。这次会议就向资本主义国家出口邮票最低价格标准、社会主义国家交换邮票计价问题、各国交换的邮票不得再出口等问题达成协议。中国代表在会上，反对苏联代表提出交换邮票按贸易牌价（高计价）的提案，建议改按非贸易外汇牌价计价（低计价），获得一致通过。

二、各地集邮经营逐渐恢复

中国集邮公司成立前后，全国各大城市为适应新的集邮形势，满足人们日益增长的文化需求，纷纷设立分公司或集邮门市部，出售中国集邮公司统一制作和自己开发的集邮产品以及邮票，为广大群众特别是集邮爱好者提供优质、便利的服务。

1. 各地成立集邮分公司和集邮门市部

新中国成立初期，国内的邮市一度呈萧条局面。为了让集邮活动尽快恢复，邮政主管部门努力发展集邮业务，使北京、天津、上海、江苏、安徽、山东、黑龙江、湖北、四川等地邮局的集邮柜台迅速恢复营业。

1955 年 10 月，中国集邮公司上海分公司成立。1961—1963 年，天津、哈尔滨、广州、沈阳集邮分公司相继成立。西安、武汉、南京、重庆、杭州、郑州等地

中国集邮公司上海分公司的苏联邮票目录

成立集邮门市部。据1959年的统计，当时已在29个省（直辖市、自治区）的地、市、县设立集邮服务网点230处，国营集邮产业网络在全国基本形成。各地集邮公司在各项业务中竭力体现为集邮者服务的宗旨，树立国营邮票商业的良好形象，对活跃邮市起着主导作用。

黑龙江省的情形也大致如此。为适应集邮者因数量增长而引发的对集邮票品的迫切需求，齐齐哈尔邮电局1956年率先在黑龙江省设立了中国集邮公司齐齐哈尔代售处，经销其部分票品和集邮用品，极大地方便了本地集邮者。1958年6月1日，哈尔滨邮电局根据邮电部关于开办集邮业务的要求，在道里区十二道街62号设立集邮门市部。集邮门市部的设立，迅速壮大了哈尔滨的集邮队伍，进而带动了全省集邮活动的蓬勃开展，特别是在中、小学校，收集、展示新中国邮票蔚然成风，已成为一种新时尚。1958年4月，黑龙江牡丹江邮电局在太平路邮政局营业厅开设集邮台，经营新中国邮票和苏联、东欧社会主义国家邮票。

为适应迅速发展的大好集邮形势，中国集邮公司哈尔滨分公司于1961年1月9日宣告成立，其门市部先后在哈尔滨电信电话局、南岗邮电局营业厅、市报刊门市部营业，并开办了省内函购业务。

2. 各地设立集邮柜台

集邮台为发展新中国集邮事业起了特殊作用。集邮柜台由邮政局设立并管理，它的营业表明了国家邮政部门对集邮活动提倡、扶植的决心。集邮柜台是新中国国营集邮企业的雏形，当时它营业范围虽小，

哈尔滨南岗邮电大楼

但却给几乎中断的集邮事业注入了活力。

北京的集邮柜台设在前门邮政局营业大厅。解放后曾出售华北区的现行邮票和《邮票汇集》，后来逐步增添了晋察冀边区、晋冀鲁豫边区以及旅大、东北、华中、华南、西北、西南各解放区的邮票。为了提高集邮者的收集兴趣，华北邮政总局决定，在1949年发行《五一国际劳动节》《中国共产党诞生二十八周年》等纪念邮票之前，集邮者可在北京邮局的集邮柜台办理“五一”邮票四方连中缝无齿和“七一”无齿邮票这两种特殊邮票的预订手续。

集邮柜台除了出售各解放区零套票外，还出售晋冀鲁豫边区邮票集，内中贴着该区发行的大部分邮票，每本售价100000元（相当于币值改革后的人民币10元），在当时属高档邮品了。

集邮柜台服务周到，经常编印售品目录赠予顾客。集邮柜台还设缺品登记簿，集邮者所缺邮票可登记预订。作为国有集邮企业的雏形，集邮柜台在新旧社会变革之际，有效地解决了集邮者无票可集的矛盾。

1949年1月15日，天津解放。5月1日，天津邮局集邮柜台恢复营业，出售晋察冀阜平版毛泽东像、华东淮海战役胜利纪念、邮运图和“二七”建邮等几种解放区邮票。华东这三种邮票系华东邮政管理局委托天津邮局在天津印刷并代垫款项，经有关负责人协商，将3种邮票各留一批无齿票与有齿票，在集邮柜台销售。天津集邮柜台为增加供应品种，特派人去上海，用华北“五一节”邮票交换“南京上海解放纪念”邮票，还与华中、西南、西北、东北等区建立互换解放区邮票的合作关系。由于品种渐多，购票的集邮者日见增加。

当时，天津经常举办城乡物资交流展览会，天津邮局特印纪念邮折，贴新中国最初的几套纪、特邮票，由集邮柜台在展场上出售。20世纪50年代中期，中国集邮公司成立，天津集邮柜台完成了历史使命后撤销了。

1949年11月，华东邮政管理总局通知区内各省、市邮局，设立集邮组（台）开办集邮业务。南京解放后，江苏邮政管理局财务科负责全省的邮资票品管理工作。1949年10月，江苏邮政管理局集邮柜台迁至南京萨家湾邮局二楼营业，曾先后多次印制“出售邮票一览表”，供集邮者参阅。不久，集邮柜台再迁建康路邮局并在太平路邮局内增设一处集邮台，向公众出售华东解放区邮票。南京集邮柜台的设立，使集邮者逐步完成了收集对象的转换，不仅收集1949年以前的中华邮政邮票，而且收集解放区和1949年以后的新中国邮票。

1952年11月，扬州邮电局设立集邮窗口，开始办理中国邮票的零售及函购等集邮业务。随着集邮的普及全市集邮者日益增多，扬州邮电局又于1958年在广陵路设立集邮台，其经营品种也扩展到苏联和东欧等社会主义国家邮票，同时还兼营集邮册、放大镜等集邮用品。

1955年，无锡在人民路报刊门市部附设集邮专柜，并代上海集邮分公司销售邮票和集邮用品。徐州、镇江、苏州、江阴、南通等城市，也根据自身情况创造条件先后开设了集邮专柜。1961年，南京中山南路报刊门市部改为集邮门市部，其优良的经营作风，热情周到的服务，以及可以优先供应集邮骨干的紧俏邮品，至今仍为集邮者津津乐道。

受安徽省政府委托，当时代管全省集邮票品工作的合肥邮局，在1949年12月初，在安庆路西段的邮政局营业厅开设了安徽邮区合肥一等邮局集邮台，主要出售江淮区、华东区以及省内的屯溪、芜湖等地方的加盖改值邮票。此外，集邮柜台还多次发出“集”字公函，向外地集邮者办理邮票函购业务。1950年3月15日，集邮柜台还油印了《安徽邮区合肥一等邮局集邮台集邮邮票一览表》，从中可窥其营业状况是良好的。合肥集邮柜台的设立和营业，在全省起到了极好的示范作用，具有在全省积极带动集邮活动开展的龙头效应。随着人们集邮热情的持续高涨，新发行邮票供应不及时甚至买不到，供需矛盾日益突出。为此，安徽省邮电管理局于1956年4月21日，就当涂向山集邮者反映的有关购票难问题，专门发出《关于加强对马鞍山工矿区纪念邮票和特种邮票销售工作的通知》，采取有效措施不断改进集邮服务工作。1957年10月15日，武汉市邮政局借发行《武汉长江大桥》纪念邮票之际，在大桥旁设立流动邮车，并且启用“武汉长江大桥建成通车”纪念邮戳，为集邮者提供多种服务。

武汉邮政流动邮车开到长江大桥旁

山东省邮政管理局遵照华东邮政管理总局的通知精神，虽暂未设立集邮柜台，但要求各级邮局营业窗口，如遇集邮人士选购各种邮票，望在邮政规则许可范围内尽量予以便利。1950年，青岛市邮电局在堂邑路邮政局一楼营业厅设立了专门出售集邮邮票的集邮台，这是解放后山东邮政机构最早经营集邮业务的邮政窗口，但不设专人而是由营业组长兼办。次年，集邮柜台改为集邮专柜，出售新中国邮票及部分解放区邮票，受到集邮者的欢迎。据青岛市邮电局业务宣传组统计，当时在集邮专柜登记要求营业员为其预留邮票者，达百人以上。

四川成都的集邮柜台是在一位邮政员工的积极倡议下设立的，他是荣县邮政局的投递员邹富林。邹富林对集邮工作可谓情有独钟，1950年8月，他向正在召开的西川区首次邮政工作会议递交了提案，建议“在我省二等以上各级邮局普遍设立集邮台。”大会通过了这个提案，在14日就以西川邮政管理局秘字第115号通令，列出此提案并附大会通过的实施办法，“不添人员为原则，以各地集邮人士多少及地方之大小分配集邮邮票，并将邮票目录送报馆登载及另制宣传品”。此令发出仅4天，成都邮局集邮柜台便告成立。出售集邮票品，印发标明售价的邮票。

重庆的集邮活动也走向繁荣，为满足日益增加的集邮者的需求，重庆集邮柜台开始出售新邮和盖销票，并备有邮票目录供集邮者函购使用。民权路邮局油印“集

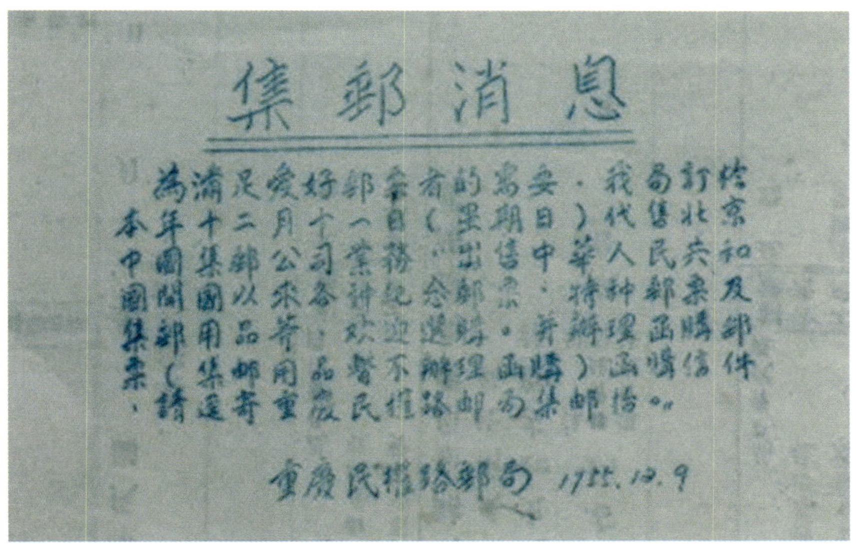

集郵消息

為滿足愛好郵票者的需要．我局訂於本年十二月十一日（星期日）代售北京中國集郵公司業務，出售中華人民共和國開國以來各種紀念郵票、特種郵票及集郵用品，歡迎選購。並辦理函購郵件（集郵用品暫不辦理函購）函購信件，請逕寄重慶民權路郵局集郵台。"

重慶民權路郵局　1955.12.9

重庆民权路邮局油印的“集邮消息”

邮消息”散发给集邮者，预告集邮台将办理集邮和函购业务。在小什字集邮门市部开业后，这块经营场所更是在无形中成为重庆集邮活动的组织者，发挥出很大的引领作用。

集邮柜台出售解放区邮票，使新旧社会交替时期的集邮者有票可集；使集邮者逐步完成了收集品种的转换。中华人民共和国成立伊始，湖北省邮政主管部门首先在汉口设立集邮台，经常编印邮票目录赠予集邮者，方便集邮者选择、购买。1951年2月1日，直属邮电部的武汉邮局成立，其设在汉口南京路的集邮柜台，成为集邮者购买新发行邮票的首选之地。

3. 爱国增产捐献运动与邮品开发

中华人民共和国成立初期的“爱国增产捐献运动”源于抗美援朝战争。1951年6月1日，为了进一步提高全国人民的政治觉悟和爱国热情，解决部分财政困难，支援抗美援朝战争，中国人民抗美援朝总会发出《关于推行爱国公约，捐献飞机大炮和优待烈属军属的号召》。随即在全国掀起了爱国增产捐献运动。邮电部门也通过各种手段增加营业收入，支援抗美援朝和国家建设。

昆明市邮电局的各项增产增收措施中，有一项邮品开发，就是制作、销售向毛主席和志愿军致贺的明信片。该明信片是用民国时期的孙中山像邮资明信片改作中国人民邮政明信片，右上角贴《保卫世界和平》纪念邮票400元票，加盖昆明邮电局刻制的“中华人民共和国开国二周年纪念”邮戳，每枚售价500元。明信片上预印“北京 中央人民政府 毛主席 收”字样。

江西省邮电局于1951年制作了一批“八一”纪念邮简，共有10个品种，预贴邮票出售。该邮局在推销“八一”纪念邮简的通令中指出：“本年八月一日为中国人

江西“八一”纪念邮简

民解放军建军节，本局为庆祝这一光荣伟大的节日，特印制‘八一’纪念邮简一批。另由本局财务科酌量分发各具销售，以期增加信函件数，并完成政治任务。”此外，还发行了许多题材的邮简。

江苏无锡邮电局于 1952 年印制并出售“庆祝 1952 年元旦”预贴邮票信封、“建军节纪念邮简”和“国庆纪念邮简”。该邮简以普 4 天安门图邮资邮简为载体，加印相关的字样。这一时期，纪念邮票和邮简是滞销的，需要邮政人员进行推销。相关的业务人员携带大批纪念邮票和邮简深入农村，通过地方政府推介，向群众销售。经过长时期的使用，这些为增产增收而印制的邮品，已经愈发显示出其收藏价值。

三、民间集邮经营与自发邮票交换活动

中华人民共和国成立初期，随着集邮活动逐渐升温，集邮者对集邮市场的依赖也日渐突出。在此段时间内，以邮政为主体的国营集邮市场还处于探索和发展时期，还不能满足集邮者日益增长的票品需求。于是，私人邮商和自发的邮票交换市场就成为集邮者依赖的主要票品来源。

1. 各地邮票商社继续经营

这一时期，北京、天津、上海几个大城市的邮票商社仍继续经营，但营业状况

不振。北京东亚邮票社杨启明回忆说，“解放初期，集邮业务开展不起来，后逐渐好转。”在西南的重庆，原有的规模较大的邮票经营商劳生邮票公司、景侣邮社等都因种种原因停止了经营业务，仅在夫子池、大梁子、和平路、上清寺和沙坪坝等地方，尚存几家进行邮品交易的小摊。杭州的集邮者则通过经常性的新光邮票会的活动，进行邮票的拍卖与交流，直到 1954 年才自行停止。

北京的邮商大多集中在东安市场和西单商场内。地处王府井大街的东安市场，是当时北京最繁华的地区，在此处设摊位经营邮票业，有地利的优势，使这里的邮商得以长期经营。东安市场的邮社，主要经营清代邮票、民国邮票、解放区邮票，有的兼营外国邮票。各商社都有不少清、民、解放区的实寄封。许多集邮家常到此挑选，时而能买到很有价值的票品。除高档票外，他们也卖低档邮票。比如袋票，有的内装各国普通邮票，兼有数枚清代蟠龙邮票，100 枚一袋卖 1 元钱，合 1 分钱 1 枚。这种袋票很受青少年或初入门的集邮者的欢迎。在东安市场经营邮票买卖的除杨启明外，还有沙琪、沙伯泉、季子荣等。

位于西单清真寺内的“景贤邮票社”，由韦景贤经营，这里中外邮票兼营。韦景贤在集邮界口碑较好，集邮家认为他“诚实可靠”。

杨启明、沙伯泉、沙琪、季子荣、韦景贤这几位邮商，邮识丰富，谈起中国各时期邮票的知识如数家珍，经营起来游刃有余，经营作风端正。沙琪有个买卖原则，就是“贱进贱出，贵进贵出”，收进的邮品，加二三成就卖，只赚个手续费。他们的经营作风促进了邮品的交流，对中国集邮的发展做出了一定的贡献。

杨启明（1918—2006），回族，北京人。14 岁时即辍学帮助父亲经营邮票生意，抗战时期接掌北平东亚邮票社，出口中国邮票，进口外国邮票和集邮用品、集邮书刊，获利颇丰。他是北平邮票会会员（263 号）。1958 年邮票社并入中国集邮公司，杨启明后担任中国邮票博物馆顾问，对清代、民国、区票均有研究，时为国内邮票鉴定专家之一。1982 年出席中华全国集邮联合会第一次代表大会。

天津原有的东亚、国华、国际、良友几家邮票社解放不久即重新开业。天津邮商的生意做得灵活，东亚和诚记邮社兵贵神速，每当某一城市解放，即给当地邮局汇款，要求买下当地使用的邮票。这个办法使他们收购到大量解放区的邮票，其中有不少地方临时加盖票，由此赚了钱。当

杨启明

时，天津集邮比北京活跃一些，邮市的买卖也比北京兴旺一些。

济南邮商王育和在 1950 年以“大众服务社”的名义，开办集邮通讯拍卖业务。为此，他还印发多期拍卖目录，寄往全国各地以广而告之。

上海是中国集邮、邮商最活跃的城市。当时，许多邮商叹息解放初期的几年生意冷落，交易额不及盛时的十分之一，但是这种局面很快就过去了。在外滩惠罗公司旁的小巷里，前来光顾的集邮者络绎不绝。

这一时期，广州的邮商也有几家在经营，如广州恩宁路颜志云的商店兼营邮票。此处还有几家邮票店。集邮活动不甚活跃的扬州，也有人在国庆路谢馥春香粉店门口挂出几个小玻璃镜框，出售中国邮票。特别值得一提的是，江苏扬州还有一个开眼科诊所的叫甘必特的土耳其人，在诊所内进行过清代、民国、解放区邮票以及外国邮票的交易，后因扬州集邮者太少几乎无人光顾而停办。

1949 年 12 月 27 日，成都和平解放后，原有的蓉锦邮票社、锦星邮票社仍在原址继续营业，出售旧存邮票。在祠堂街少城公园（今人民公园）附近的八角亭，也有几位摆摊谋生的邮商。后来成都整顿市面秩序，摊商全部集中到皇城坝继续营业。

2. 对私人邮票商社的改造

1954 年 7 月，中共中央发出《关于加强市场管理和改造私营商业的指示》，要求对私营批发商、零售商、进出口商实行社会主义改造。不久，即出现了全国范围内

1959 年经营集邮业务的东安市场北京特艺公司门市部

的对私营商业的社会主义改造。私人邮票商社在私营商业社会主义改造高潮中，发生了三种变化：

第一种是继续经营，上海改造后剩下20余家，由著名邮商钟笑炉任上海邮商大组长；天津改造后，将部分邮商组织在天津劝业场集邮柜台继续经营。

第二种是经过改造转入邮政部门工作，如北京东亚邮票社公私合营后，邮商杨启明即进入中国集邮公司营业部工作。

第三种是大量的资本较少的邮商被分配改作他业，或另谋职业。

如北京东安市场的几家邮票社，据沙伯泉回忆："1957年，沙伯泉的志生、沙琪的中原、季子荣的美丰、赵子泉的泉记等邮票社并入特艺公司。"沙伯泉在工艺品第三门市部内主持集邮业务，直到1963年。

经过私营商业改造，国营集邮商业得到较大发展。上海、天津几个城市私人邮票商社继续营业，但数量已减少很多，而沿海中小城市尚有少数邮社遗存，如1951年开办的苏州"苏一集邮社"，1958年公私合营迁址人民路后营业尚好，1962年至1965年还编出《苏一集邮店寄拍卖目录》33期。

3. 民间邮票交换活动悄然兴起

民间邮票交换市场在国外早已出现，这是集邮活动的一个特征。随着新中国集邮活动的开展，这种民间邮票市场在中国出现是必然的。但是，由于社会意识形态的差异和集邮者自律性的问题，致使民间邮票市场不能名正言顺地生存。

国营集邮公司、集邮分公司、集邮门市部在全国一些地区的建立，增加了国有商业的比重。但在当时国内外环境下，出售票品受到限制，时常感到无法满足集邮者的多种需求。于是，自发的邮票交换市场于20世纪50年代后期悄然兴起。集邮活动的一个重要特征，就是集邮者之间的邮品交换和买卖，它是满足收集欲望，丰富收藏的一条重要渠道。中华人民共和国成立后，邮会解散，集邮者没有聚会和交换邮票的场所，面对集邮者确需聚会、交换，以解决复品出让，购进所缺的实际情况，位于北京东华门大街的中国集邮公司营业厅便自然而然地形成一个自发的邮票交换的场所。

当时的交换者大多是青年职工和大、中学生，彼此间互通有无。双方的邮票比价说定后，不足的差额，一方指定以集邮公司出售的某套邮票冲抵，对方购买即可。如果一方无票可换取，也用这个方法作抵，很少用现金交易的。人群中偶尔也夹有邮票买卖的情况，但为数不多。

交换票品的档次参差不齐，许多人交换新中国的邮票，是为了换零票配套票。交换集邮公司售缺的外国票及西方国家（或地区）专题邮票的人最多，较多见的是日本、法国、印度尼西亚、意大利、利比里亚、摩纳哥、西班牙及其属地伊夫尼、撒哈拉、几内亚、丹吉尔等国的邮票，以中、低档票居多。也有早期的外国票；识货的老集邮家幸运的话，能买到便宜的珍罕票。有几种在当时就少见的新中国邮票时隐时现：一个小学生在某军事机关搬迁时，捡到一些黄色的军人贴用邮票，由于旧币面值800元作废，最初仅以每枚5分钱出售；纪20《伟大的苏联十月革命三十五周年纪念》撤销发行邮票，全套有人卖40元。由于信息闭塞，许多集邮者不认，由于价格较高，更令集邮者望而却步。这些票多被一些资深的集邮家买去。

到民间邮票交换市场的人越来越多，每逢节假日，集邮公司营业厅外的便道上及附近区域都有交换或买卖邮票的人群。这种景象一直持续到20世纪60年代初期。由于这种自发的市场缺乏管理，经常对周边环境和交通造成严重影响。为此，有关方面经常采取一些治安管理手段对付这些交换邮票的人群。

在其他城市，随着集邮者收藏欲望的增加，也自发地形成了各具特色、时间不定的交换市场。早在1952—1954年，每逢星期日无锡的集邮者先是在城中公园，后转移到公园路图书馆旁，有百多人聚在一起交换邮票，形成一个小有规模的邮票交换市场。在合肥，一些集邮者也经常于星期日下午，聚集在四牌楼邮政局营业厅进行邮票的交换与买卖。

这一时期，个体邮商也开始零星复现。福州仓山电影院附近就有一位租借店面经营的邮商，以较低的售价向周边的中、小学生出售中外邮票，其行为在客观上培养了一批青少年集邮者。集邮者相互之间交换邮票，是调剂余缺的方式之一。由于交换很难同时满足双方的需求，买卖就成了主要的手段，交换也就变成了交易。在当时，社会上公开打击“投机倒把”行为，而邮票交易经常被看作投机倒把，因此，在当时这种自发的邮票市场终究不会维持长久。

结　语

中华人民共和国成立后，几近停滞的集邮活动重新获得新生。20 世纪 50 年代中期，集邮广为普及，集邮活动呈现空前的繁荣，集邮成为丰富人民文化生活，提高群众文化素养，安定社会的积极因素。国家邮政部门的支持，集邮工作者的不懈努力，以及老一辈、新一代邮人的执着追求，使新中国的集邮事业有了一个良好的开端和传承。

新中国成立后的 17 年，中国集邮的经营是在计划经济的体制下进行。1956 年对资本主义工商业改造完成后，国营集邮公司迅即成为中国邮票市场的主体，从而形成了集邮公司卖什么邮票，集邮者就集什么邮票的“万人同面”的集邮同质化状况。销售渠道的固定与统一，使人们的集邮水平被制约在同一个层面上。当时，除了少数集邮家对清代邮票、中华民国邮票、中国共产党领导的红色区域邮票的收藏和研究水平较高之外，群众集邮的总体水平并不高。

在这 17 年中，集邮活动一直未被纳入政府组织领导的文化事业中，在一定程度上忽略了集邮的社会、文化乃至经济价值的宣传和研究，集邮活动基本上延续着传统的发展模式，集邮者在文化馆、俱乐部及各种正规组织的领导下组成集邮小组，自编刊物，自由交换、买卖藏品。虽然 17 年的集邮活动在普及方面有了长足的发展，但在较高层次的研究上，却与世界水平有着一定的差距。

这一时期，集邮活动的发展是呈波浪式的前行，它的高潮起落受到国家政治、经济等诸多方面因素的制约。集邮这种组织松散的群体，对于国家的方针、政策一直给予了最大的理解和支持，尽管他们的活动屡屡受到抑制，积极性未能得到充分调动，但他们一直热情不减。新中国成立后 17 年的集邮活动虽历经了一些曲折，但仍获得了很多新的成就，并通过举办集邮展览，参加在国外举办的邮展，扩大中国集邮在国际上的影响，为此后各个时期中国集邮的发展积蓄了相应的能量。

第七章　“文化大革命”及结束后的集邮活动（1966—1977）

概　述

1966 年，一场自上而下的“文化大革命”运动（简称“文革”运动）开始，造成了中国长达十年的“内乱”。

这一时期，全国各个领域受到严重冲击，但因邮电事业作为“国脉所系”的特种行业，关系到国内外通信联络的通畅，关系到国家重要通信体制的相对稳定，关系到国家外交和对外交往的大局。十年内乱中，邮政行业也受到特殊保护。尽管邮政体制发生多次变化，邮票发行受到冲击，集邮活动基本停止，集邮行为受到批判，《集邮》杂志停刊，集邮业务停办等，但邮政作为一个交通通信的特殊部门，还是以各种方式继续勉力运行；邮票作为“国家名片”，还在以富有时代特征的方式发行。

1966 年“文革”运动开始后，邮电部机构几近瘫痪。1967 年 8 月，为保证邮路畅通，上级对邮电部实行军管；此后，邮政体制多次变更，直到 1973 年 6 月，邮电部恢复建制，邮票发行局重新划归邮电部领导。

这一时期，对于 1966 年以前发行的邮票，在选题内容上清理了所谓的“封资修”的邮票。1967 年 4 月至 1970 年 1 月，邮政部门陆续发行了 19 套无志号、仅有内部编号邮票，现简称“文”字邮票。1970 年 8 月—1973 年 10 月，邮政部门又发行了 95 枚连续编号的邮票。在邮票的选题上，这些邮票与当时的形势配合；在设计上多以红、光、亮为主基调。

这一时期，一些集邮者和集邮家受到冲击，他们的珍藏被损毁。自此，国内公开的集邮活动中断达 12 年之久。但在“文革”运动期间，许多集邮者仍在集邮，暗自保护和留存下个人集邮藏品，并坚持收集当时发行的新邮票。在“文革”运动后期，一些集邮者开始编印邮票目录，并开始恢复小范围的集邮活动。这个时期邮票的对外交流一时中断。

“文革”运动后期，有关方面大力调整邮票发行和力主邮票出口，使邮票选题和设计有所改善。1971 年 8 月，在粟裕等领导同志的关心督促下，成立了中国邮票出口公司，开始恢复邮票对外出口业务。自 1974 年起，开始以新志号“J”“T”发行邮票，邮票选题和设计开始出现新的转机。

“文革”运动后期及结束后，有关方面出台一系列政策，退还了一部分“文革”运动中收缴的物品，其中包括邮票和邮品。这份存留成为日后中国集邮复兴和发展的重要资源。

第一节 “文革”期间邮政和邮票发行状况

长期以来，我国邮政管理体制实行以邮电部为主、地方政府为辅的双重领导，业务项目、规章制度、各项资费、基本建设、财政收支及物资供应等，均由邮电部统一计划安排。中国邮政通信具有社会公用、普遍服务性质，具有全程全网、统一调度特性。

“文革”时期，严重的内乱使邮政系统的工作受到很大影响；邮票发行工作出现无序局面。

一、邮政业务变动调整

1969年11月5日，国务院批转邮电部、铁道部、交通部等单位关于邮电体制调整意见的报告，决定撤销邮电部，邮政、电信从邮电部到基层分开。邮政部分成立中华人民共和国邮政总局，并入新的交通部。1973年5月，国务院、中央军委下达《关于调整邮电体制的通知》，邮政总局又由交通部划出；6月1日恢复邮电部，邮政和电信再度合并。

在此时期，邮政主管机构和管理体制的多次变动，使邮政工作受到很大影响。“文革”之初，领导干部受到冲击，工作停滞，影响到邮电通信业和工业企业的生产秩序和运行。

当时，我国邮政运输网是以铁路为主，水陆空综合利用的多渠道运输。此时，因“文革”运动造成全国铁路、交通运行阻滞，加上管理层受到冲击，业务工作的规章制度不能正常执行，邮政通信虽没有中断，但邮运时限或频次难以保证。

当时，邮政陆续停办了“代收货价”“国内邮政回执”“存局候领”以及“集邮”等业务。

二、邮票发行出现无序状态

这一时期，邮票发行不再遵循原定发行方针；忽视了邮票设计的专业性；强化了邮票的“文革”运动特征。这一时期的邮票发行呈现出无序的状态。

1. 邮票发行体制受到冲击

当时，邮票设计和发行在管理体制上发生重大变化，正常工作秩序受到冲击。从1967年5月起，邮电部军管会决定成立北京邮票厂“三结合”领导小组，由军代表、邮票厂工人、发行局三方组成，工人群众参与领导工作。1968年10月，邮电部军管会决定“撤销邮票发行局，邮票设计、发行工作交邮票厂管”。邮票发行局人员除少数人调北京邮票厂外，其余下放干校。至此，邮票厂部分群众掌管主持了邮票设计和印制。邮票图稿上报审批出现迟滞，以及由办事人员电话传达“口头意见”，甚至出现直接让北京邮票厂“开印”而邮政总局尚未得知的情况。直到1973年6月邮电部恢复建制，邮票发行局重新划归邮电部领导，才重新走向有序。

2. 邮票发行方针的改变

当时，基本取消了已制定的邮票发行计划，1966年原定的23个邮票选题，只采用了2个；已设计的邮票未获批准，已

《第一届亚洲新兴力量运动会》纪念邮票

获准的邮票选题，如《向焦裕禄同志学习》《半工（农）半读育新人》《中国船舶》等未能发行；特种邮票选题中断，1966年下半年—1967年3月，发行了“纪118”—“纪124”共7套纪念邮票，这些邮票作为原来纪念邮票的延续，在内容和风格上已发生明显变化，出现带有“文革”特征的设计风格。如“纪121”《第一届亚洲新兴力量运动会》为体育题材邮票，但也采用了毛主席语录和学习毛主席著作的画面。

1967年4月—1970年1月，邮电部取消邮票志号，开始发行无志号而仅有内部编号的“文”字邮票；1970年8月至1973年10月发行“编号”邮票；1974年开始采用“J”“T”志号编印邮票，方恢复“文革”运动前的邮票志号。邮票志号的变化以及邮票的风格特征，体现了“文革”不同阶段给邮票发行带来的种种印痕。

3. 对新中国成立17年来邮票发行的所谓“清理”

“文革”时期，社会上以及邮电系统内部的运动波及邮票发行。1967年9月14日，北京邮电系统大联合筹备小组编印的《邮电战报》第9期发表文章，基本上否定了新中国成立17年来邮票发行的方向和成就。

1968年年初，在邮电部军管会的领导下，邮电部机关、北京邮票厂、人民邮电出版社、邮票发行局等单位筹办了“毛泽东思想胜利万岁”邮票展览。

同年5月，邮展筹备处编印《让战无不胜的毛泽东思想永远占领邮票宣传阵地》宣传册。其中的《彻底肃清资产阶级集邮思想的流毒》一文，对于邮票的“历史文物论”“知识性、趣味性”“有益无害”“商品价值论”开展批判，称集邮是“旧文化、旧风俗、旧习惯”。

4. 推出“文革”题材的邮票

1967年10月，邮电部军管会生产指挥部指出：“邮票从表面上看是票证，但更主要是宣传工具”；提出邮票发行要跟上形势，“实现生产、设计、发行、思想、制度革命化”。

自此，“文革”期间的邮票从“文1”至“文13”，在选题上，多是庆祝革命委员会成立，纪念毛主席著作或最新指示发表，纪念建党、建军、国庆等重大事件；

《毛主席万岁》邮票的两种风格，分别由印刷工人和邮票设计师设计

《工农兵和革命圣地图案》普通邮票

在设计上，领袖形象多、标语和语录多、纪念日多；在手法上，照片多、宣传画多、色彩艳丽、票幅大。这一时期邮票的题材选定大多是计划外且由下向上提出，多半由工厂工人自行设计、自行把关。这些邮票的题材和设计，带有这一时期“红海洋”的视觉效果。

此后，毛泽东同志关于“不要强加于人”和周恩来同志关于“正确宣传毛泽东思想”的指示传达后，“文”字邮票不再出现领袖肖像以及语录和诗词。从“文14”开始，邮票选题有了改变，出现了长江大桥、知识青年、人民军队等内容。到“编号”邮票发行时，选题内容有了进一步拓展。

5. 发行普通邮票和邮政用品

1969年10月1日，是中华人民共和国成立20周年。此时的邮政部门没有像以往发行纪念邮票，而是发行了一套无编号的《工农兵和革命圣地图案》普通邮票。这套邮票共11枚，1969年10月1日发行了“工”“农”“兵”“延安”“天安门”共5枚；1970年1月1日发行了“延安枣园”“遵义会议会址”2枚，4月1日发行了“中国共产党第一次全国代表大会会址”“女拖拉机手”“人民英雄纪念碑”3枚，4月20日发行了“炼钢工人”1枚。由于这套邮票印刷版次多，其间产生了一些变体票，成为日后集邮者收藏对象和编组邮集的好素材。

这一时期，邮政部门还发行了普14《革命圣地图案》普通邮票（第三版）一套11枚；普15《交通运输图案》普通邮票一套2枚；普16《革命纪念地图案》普通邮票一套14枚；普17《北京建筑图案》普通邮票一套2枚；普18《工农业建设图案》普通邮票一套14枚。

1967年8月，邮政部门发行了《天安门图毛主席语录》普通邮资信封一套20枚。邮资图为正面的天安门，信封图分别为20条毛主席语录。红色胶版印刷。

1970年1月，邮政部门发行了一套无编号普通邮资信封20枚。邮资图和信封图均是剪纸作品，分别用红色和绿色胶版印制。图案内容均为工农兵和英模人物。其中第1、2、4、9、18、20号封收集难度较大，13、19号封收集难度最大。

1970—1973年，邮政部门发行了《普12天安门图》普通邮资信封一套5枚，图案为斜侧面天安门图。

6. 专业邮票设计队伍的状态

当时，长期从事邮票设计的人员和雕刻人员被贬为“臭老九”，人身受到冲击，

《普12天安门图》普通邮资信封

工作处于不正常状态。1968年10月，邮电部邮票发行局撤销，邮票发行局人员除少数调到北京邮票厂外，其余均下放到湖北阳新“五七”干校。当时，邮票厂的部分群众掌管主持邮票设计，仅有少数专业邮票设计人员能够参与部分邮票的设计工作，致使邮票的设计水平有所下降。

第二节 “文”字邮票特殊的发行状况

自1949年以来，邮政管理部门在所发行的纪念邮票与特种邮票的票面下部印有邮票志号，其内容包括顺序号、全套枚数、枚数顺序号和总顺序号、发行年份等内容。邮票志号为我国首创，具有科学性与实用性，为集邮者收集、研究邮票带来了诸多便利。但在“文革”时期，邮票志号被取消。

无志号的“文”字邮票是指1967年4月—1970年1月间发行的纪念邮票与特种邮票，共19套80枚。“文”字邮票是这一时期的特殊邮票。

“文”字邮票“中国人民邮政”铭记选用毛泽东手迹组合

一、“文”字邮票的来历

1966年，北京邮票厂一些职工提出，“以前新中国邮票上编印纪、特志号，会影响邮票的及时印制和发行，这与当前新气象、新形势的要求是不相适应的”，认为“编印邮票志号只有利于少数集邮爱好者”，要求取消邮票志号。

1967年3月1—3日，邮票发行局组织讨论，研究发行印有毛泽东形象的邮票，讨论中涉及取消邮票志号的问题。一些人提出，“纪特邮票志号为集邮服务”是为少数人服务，以及“避免因临时变动，或因邮票内容有问题停止发行造成缺号所引起的不良政治影响”等。3月4日，邮电部邮政总局决定取消邮票志号，并以1967年邮字18号文件予以确定：

1. 各种邮票（包括纪念、特种、普通、航空等）改为统一编号，自发行“无产阶级文化大革命”纪念邮票起实行。此套邮票被编为“文1”，以后以此类推。

2. 将编号印在邮票的大包封条上。除统一编号外，并标明这套邮票的枚数及这枚邮票是第几枚，例如：“文1·11−1”。

3. 在大张邮票的左下角纸边上并印有该套邮票的顺序号，例如第八枚，即印有“8”字。

4. 上述编号在邮票发行通知内仍按以往的办法注明。

同时，还把邮票上的铭记“中国人民邮政”由原来的印刷体改为毛泽东手迹组字体。

二、“文”字邮票设计和发行的特点

当时，邮票设计和发行把“文革”的典型形象和典型色彩纳入邮票。与以前的新中国邮票已形成的清新典雅风格不同，这一时期的邮票图案以语录、标语、红旗、红太阳、红宝书、领袖像等为图案，突显

《战无不胜的毛泽东思想万岁》邮票

“文革”特征。

1．“文”字邮票开始发行

1967年4月20日，为庆祝北京市革命委员会成立，邮电部决定发行“文1”《战无不胜的毛泽东思想万岁》纪念邮票，全套11枚。这套邮票的第1枚是1966年8月18日毛泽东主席在天安门城楼接见红卫兵时的照片，票名全称为：“我们伟大的导师、伟大的领袖、伟大的统帅、伟大的舵手毛主席万岁”，另外10枚邮票都以毛主席语录为图案；11枚全套邮票的主色调均为大红色，形成一派“红海洋”。

1967年4月19日，中央人民广播电台和各报刊发布了新华社消息：“闪耀着毛泽东思想灿烂光辉的纪念邮票《战无不胜的毛泽东思想万岁》于20日起在首都发行。这套邮票是邮电部为庆祝北京市革命委员会的成立，为满足亿万人民的渴望，决定提前发行的。”4月20日上午，北京邮票厂群众提取部分“文1”邮票，敲锣打鼓赶赴北京工人体育场，在北京市革委会庆祝大会现场出售。因此，“文1”邮票的最先发行地点不是在邮局，而是由北京邮票厂的工人在北京工人体育场出售。

2．“文”字邮票设计风格的形成与改变

“文”字邮票有很多是无计划的临时设计、发行的邮票，以致没有发行资料存档。在选题和设计上，以“文革”大事要事为主；毛主席像、语录、题词和标语口号成为主要表现内容；大红、金黄成为主要色调。1968年9月，北京邮票厂专门组织了一次向党中央汇报活动。用镜框装着已经发行的整版“文”字邮票，敲锣鼓、放鞭炮，送到中南海。

1967年10月1日，是中华人民共和国成立18周年，为此邮政部门开始发行一

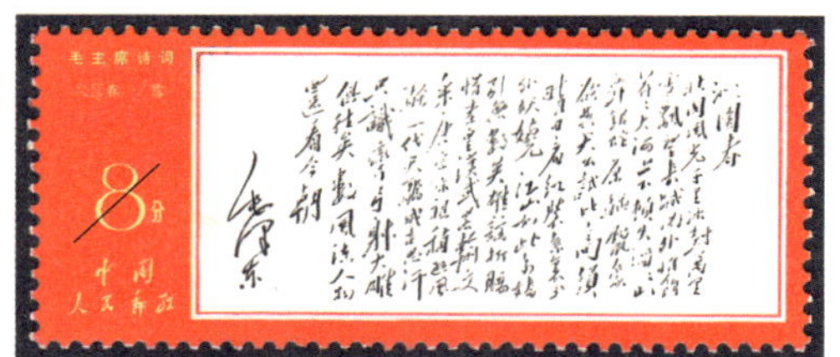

《毛主席诗词》“沁园春·雪”邮票

套《毛主席诗词》邮票。这套邮票共 14 枚，分三次发行。期中 8 枚于 1968 年 5 月 1 日发行。这套邮票选取了毛泽东主席在各个时期所作的诗词 13 首，全部是毛主席的书法作品。邮票采用影写版和影雕套印版印刷，是“文”字邮票中的经典邮票。

1968 年 12 月 19 日，邮电部军管会传达了周恩来总理等中央领导的批示：不再发行毛主席像、语录、诗词等邮票。会上强调不能简单化，不要认为有了毛主席像就是宣传毛泽东思想；要正确、积极地对待毛泽东思想；并提出，票幅要小，不再搞大票幅。在周总理的过问下，邮票设计上“红海洋”的做法得到一定程度的控制。

1969 年 5 月 1 日发行的“文 14”《南京长江大桥》邮票，在内容、票幅、色调、铭记等方面，明显有别于之前的“文”字邮票。邮票发行管理方面也逐步开始调整。

三、“文”字邮票的使用情况

“文”字邮票的发行量很大。“文”字邮票中发行量最少的是文 4《祝毛主席万寿无疆》，其中的 43 分面值票也达到 290 万枚；发行量最多的文 15《热烈欢呼中国共产党八届扩大的十二中全会公报的发表》则达到 1 亿枚。由于这一时期出现了学生串联、上山下乡等人员大流动，通信需求大增，使“文”字邮票大量用于邮政通信，留存下来的整套新票、连票和整版票较少。此外，在这期间还有部分邮票停止出售并销毁，也造成“文”字邮票存世量的减少。

1. “文”字邮票的使用

“文”字邮票在邮政寄递中，出现了一些不循常规的情况。因邮政寄递使用的

《南京长江大桥》邮票

不予盖销的《毛主席去安源》邮票实寄封

邮票大量出现毛主席形象和语录，为了表达敬意，邮政员工加盖邮戳需格外小心。1967 年 4 月 30 日，邮政总局发出通知，要求“把盖销工作当作政治任务”。在广东龙川县、湖北鄂城、贵州贵阳等地发现有把邮戳盖在毛泽东像上的情况。主管部门发出通知，强调“绝不允许把戳记盖在我们伟大领袖毛主席像邮票的面部和头部”。

1970 年 9 月 12 日，邮政总局所隶属的交通部向各省、直辖市、自治区邮政局，交通邮政局革命委员会、军管会发出（70）交邮字 444 号电报《关于立即停止出售毛主席像、语录、指示和诗词邮票的通知》。全文如下。

根据中央指示精神，凡印有伟大领袖毛主席像、语录、指示和诗词的邮票，立即停止出售，剩余的由各省、市、自治区自行处理。已售到群众手中的此类邮票，仍可继续使用。希立即转告所属各级邮政部门，坚决执行。

2.“不予盖销”的“文 12”邮票

1967 年 10 月 1 日，标注为中央工艺美术学院学生刘春华等执笔的油画《毛主席去安源》在中国革命博物馆首次展出。1968 年 7 月 1 日，《人民日报》《解放军报》《红旗》杂志以彩色单页形式隆重刊载此画。这幅油画的印刷数量累计达 9 亿多张，被认为是世界上印量最大的一幅油画。

1968 年 8 月 1 日，邮电部发行了文 12《毛主席去安源》邮票。在发行和使用中出现了两个现象：一是印量大。1968 年 7 月 27 日，邮票发行局发出“票字”第 58 号《关于修改“文 12”邮票印量的公函》，文件中明确要求：“8 分面值印量改为五亿枚（原订两千万枚）”。要求“全国人民每人一枚，五亿人印五亿枚”。北京邮票厂接到通知后，提出：“按设备能力，根本印不出来。”经研究，才将印量改为5000万枚。二是在1968年7月底邮票发行前夕，邮电部发出紧急电报通知：“为了画面不受污损，能保持完美，决定破例在贴用邮件时，不予盖销，另在邮件封面上空白处加盖收寄日戳。”从1968年8月至11月近4个月中，贴有这种邮票的邮件均未盖销邮戳。周恩来总理得知此事后给予严肃批评，这一做法才予纠正。

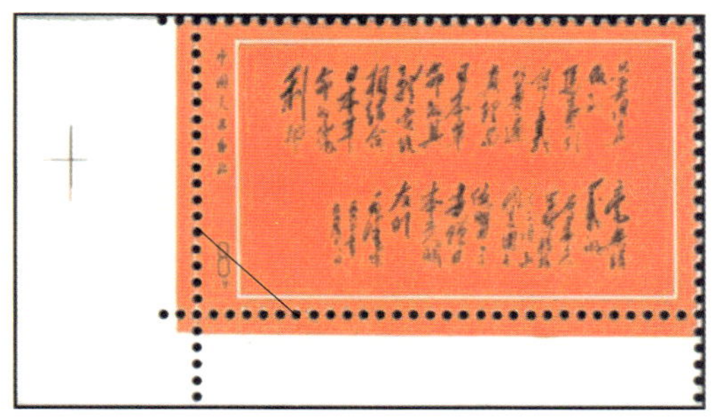

中止发行的《毛主席为日本工人题词》邮票印样

四、中止发行和撤销发行的邮票

“文革”时期，由于种种原因，曾多次出现中止发行和撤销发行邮票的情况。又因管理疏漏，致使此类邮票或印样流出，成为集邮界竞相追寻的珍品。

1.《纪念毛主席创建井冈山革命根据地四十周年》邮票中止发行

1967年6月，邮票发行局计划发行《纪念毛主席创建井冈山革命根据地四十周年》邮票。8月份，4枚邮票完成图稿设计。第一幅是毛主席像，第二幅是毛主席与林彪在天安门城楼检阅红卫兵时的合影，第三幅是毛主席语录，第四幅是毛主席诗词《西江月·井冈山》。邮票图稿上报审批，虽电话通知同意，但没有正式批文。经多次请示，得到通知，“经领导批示：暂不印行”。以后又多次请示未果。因纪念时间已过，邮电部领导通知“该套邮票不再印行”。

据北京邮票厂记载：这套邮票的第2、3、4图已印制了几十万张并交货。第1图未印，只打印样数千张。此票未下发，成品票与印样由北京邮票厂进行销毁，只有极少数流出，成为极为罕见的邮票。

2.《毛主席为日本工人题词》邮票中止发行

1962年9月18日，毛泽东接见日本工人学习积极分子访华代表团时，为日本工人朋友题词。1968年10月1日，邮电部计划发行《毛主席为日本工人题词》邮票，以纪念题词发表6周年。该邮票计划一套2枚，面值分别为8分、22分，图案相同。当时，邮票第一图已印好1295万枚。根据1968年9月27日中央宣传工作会议精神，邮电部决定停发这套邮票。邮票全部销毁，只有极少量流出。

3.《无产阶级文化大革命全面胜利万岁》邮票中止发行

1968年9月5日，西藏、新疆两个自治区革命委员会成立。至此，全国（除台湾省外）29个省、直辖市、自治区全部成立了革命委员会，实现了“全国山河一片红”。9月7日，中央人民广播电台、《人民日报》《解放军报》联合发表社论《无产阶级文化大革命的全面胜利万岁！》此后，邮票发行局安排设计同主题邮票。邮票设计师万维生与工人一起动手设计邮票图稿。画面是毛泽东主席和林彪一起向军民挥手致意，背景是红旗和欢呼的群众。经反复修改，图稿完成，一面报送审批，一面展开对外宣传。

当时，还特意以邮票图稿为蓝本绘制了宣传画，陈列在北京长安街邮票发行局橱窗内和东安门大街原中国集邮公司橱窗内。这套邮票原定2枚，计划在10月1日国庆节发行。但根据中央宣传工作会议精神，邮电部于1968年9月27日决定停发这套邮票。此时，北京邮票厂已印制该套邮票第一图8分面值票1亿枚、第二图22分面值票200万枚。这些已印完的邮票全部销毁，只有极少数流出。

4.《全国山河一片红》邮票撤销发行

《无产阶级文化大革命的全面胜利万岁》邮票停发以后，根据中央宣传工作会议精神，决定重新设计一套以“全国山河一片红”为主题的邮票，突出表现革命群众热烈欢呼的场面。于是，万维生重新设计，采用了中国地图和工农兵形象，画面为横幅。这就是集邮界俗称的“大一片红”。周恩来总理审批了这一图稿，指示：邮票还是要发行，但要修改，不要贪大求全。万维生按照指示，重新绘制图稿，画面改为竖幅，票幅减小，并删去“无产阶级文化大革命的全面胜利万岁”字样。修改后的图稿审批通过，邮票厂立即加班赶印。

撤销发行的《全国山河一片红》邮票

由于邮票图案上有“全国山河一片红”字样，该票被集邮界俗称为“小一片红”。这套邮票原定于1968年11月25日正式发行，但个别邮局提前出售。11月23日，地图出版社的业务人员陈潮买到这枚邮票，他以专业的敏感，发现邮票上的中国地图不规范，立即向邮电部反映。由于事关政治、外交，邮电部急电各地邮局立即停止发行，全部邮票清点退回，不得短数。

已经提前发售的少量《全国山河一片红》邮票被收回销毁，但有少量流入社会（据统计有2000余枚）。

1967年6月—1968年11月，连续多次中止、撤销邮票的发行，以及多种邮票或邮票印样流出，形成了“文革”时期“错票”频出的特殊现象。

第三节　集邮活动处于低谷

随着“文革”运动在全国展开，集邮活动中止，《集邮》杂志停刊，中国集邮公司和各地集邮公司停业，各地邮局的集邮窗口撤销。虽已没有公开的集邮活动，却仍有一些集邮者默默坚持集邮。

一、“文革”期间的集邮状态

“文革”运动从文化领域发端。10年间，对传统文化和外国文化进行了批判。集邮活动从西方引进，且与传统文化紧密相关，因此，这一时期的集邮活动处于中止、停滞状态。

1．集邮家受到的损失

当时，一些中外邮票成为需要清理和批判的对象。作为收集邮票的集邮活动，有人停止了集邮，有人销毁了邮票。

如南京集邮家董光呈把两箱中华民国时期的整版邮票和实寄封，用4个夜晚烧掉。福建集邮家徐闪把收藏的邮票全部烧掉，其中就有两版珍贵的民国中信版孙中山像加盖“国内平信附加已付”等较少见的邮票。

1968年夏天，合肥集邮家陈印白烧掉30多年收集起来的全部藏品，包括3000多枚清代和民国邮票、1000多枚解放区邮票、基本齐全的新中国邮票、2万多枚外国邮票、全份的《近代邮刊》（近半数留有钟笑炉的题款签章）、全份的《集邮》杂志（其中大多盖有编辑部赠送印章）及一批书刊资料和《苏联邮票上的文字》一书的手稿等。

陈印白（1920—1993），安徽庐江人，原名陈国玺，毕业于杭州艺专，擅长西洋画，长期从事中学美术教学和电影宣传工作。他15岁开始集邮，主要收集、研究外国邮票，积累了大量外国邮政和邮票的发行史料。20世纪50年代，他勤于笔耕，发表邮文，并出版了《外国邮票地名译文手册》等专著。

当时，集邮者手中的邮票大致有几种去向：首先是处理掉珍藏多年的邮票和资料；其次是被查没后下落不明；也有一些

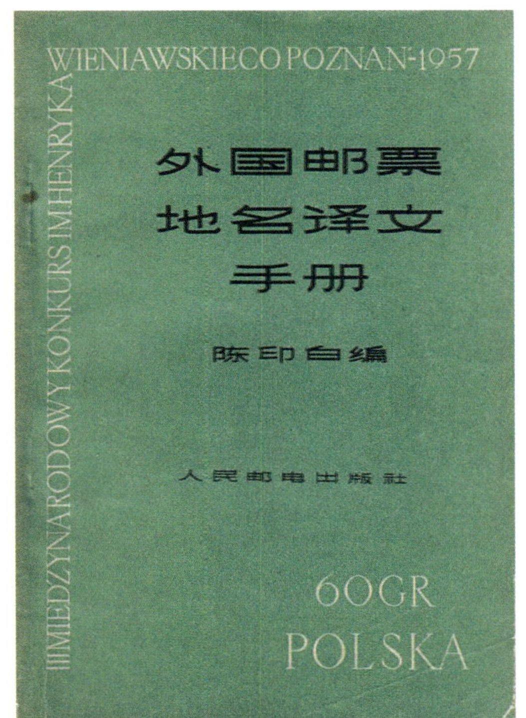

陈印白编《外国邮票地名译文手册》

集邮者将邮票珍藏下来；更有一些集邮家将珍贵邮集无偿捐献给国家。

文艺界前辈夏衍曾担任过文化部副部长，是一位收藏颇丰的集邮家。他以收集清代、解放区和新中国邮票为重点，藏品十分珍贵。“文革”运动中他的集邮成果遭到损失。多年以后，他将自己保存下来的清代、新中国以及外国邮票捐赠给上海博物馆。

2. 集邮藏品的查没与处理

上海是中国集邮的发祥地之一。“文革”运动中，许多集邮家、邮商以及社会知名人士的邮票和邮集被查没。据曾在邮电部邮票发行局工作过的沙子芬披露：据统计，自 1967 年 7 月起，共涉及 1247 户，邮票邮品的总重量达 3000 公斤左右。上海市邮电管理局于 1969 年 5 月成立“邮票清理小组”，先后清理两次。根据不同情况，采取 3 种处理办法：一是对比较珍贵或有一定历史和艺术价值的中外邮票等，列单移交给市博物馆保存；二是对有一定经济和参考价值的中外邮票，由邮电局暂时保存，以后再作处理；三是对当时认为有问题的邮票和邮品，送造纸厂销毁。

1949 年以前的集邮者，特别是资深集邮家，无不收藏有清代、民国，乃至欧美、日本等国家的邮票，或与国外有通信联系。一些名贵邮票大多出自知名集邮家。在“文革”期间，集邮家和集邮者受到冲击，集邮藏品被查没。如陈湘涛、钟笑炉、马任全、陈复祥、王纪泽等。此外，还有少数文艺界的集邮者，像巴金、贺绿汀、周信芳、童芷苓、周柏春等。

被查抄的珍贵邮票，仅陈湘涛的大龙邮票就有 900 余枚；王纪泽的蟠龙邮票实寄封有 1257 枚、红印花票有 260 多枚。解放区邮票，仅移交给上海博物馆保存的就有 44 册，物主涉及 16 人，其中钟笑炉的有数百套 5 万余枚，马任全的有 130 套 2300 多枚，顾培均的有 238 套 1500 多枚。

又如集邮家崔显堂，他重视收集封片和邮戳，以及集邮文献，其藏品可观，不乏清代实寄封等邮品，特别是国内各地的邮刊收集得很全。当时，查没他的珍藏中还包括他几十年来撰写发表的集邮文章，如装订成册的《崔显堂集邮文存》《崔显堂集币文存》等。

林崧是天津第一中心医院教授。新中国成立后，每逢新邮发行，他至少购存 10 套以上，数十年如一日。当时，他所收藏的数十枚“梅兰芳”小型张被毁。集邮家邹毅在日本东京留学时开始集邮，回国后与国内外集邮者和邮商长期交往。“文革”运动中，邹毅的大部分邮集被查没，一枚“蓝军邮”也被损毁。集邮家张包子俊的民国和解放区邮票、航空邮集、民信局封片专集、各国小型张、日本邮票集，以及大量的邮刊等均被损毁。中央戏剧学院教授周贻白也是一位集邮家，他收集各种邮票，藏品蔚为大观。周贻白执着集邮，在“文革”运动中受到批判。

在二十世纪五六十年代，许多集邮家与国外集邮者保持集邮通信交往。这种正常的集邮活动在这一时期也受到批判，完全终止。

3. 邮商受到的冲击

自民国时期到解放初期，个体邮商比较多，他们长期活跃于集邮界，知名度很高。在“文革”中，这些邮商也受到了冲击。当时，上海邮商陈复祥的集邮藏品损毁严重。在查没中，他收藏的珍贵的“红印花当五元”邮票贴在汇票上的实物被抛入水沟冲走。上海邮商谈佐麟、包伟民等人的邮票藏品被查没，还受到了大字报形式的批判。北京邮商施秉章一生以邮为业，从未担任过公职，对北京早期集邮活动贡献很大。当时，他因与国外通信，交换、买卖邮票，被审查入狱。东北邮商邓庆余，集邮经营数十年，当时把所存民国邮票、伪满邮票、外国邮票等统统烧掉。那一时期，重庆邮商、集邮家刘瑞章几十年经营的邮品被查没，达70多包。

这一时期，集邮者和邮商受到伤害，具有文物价值的珍贵邮票、邮品和邮刊遭到损毁，对中国集邮文化造成了难以弥补的损失。

二、《集邮》杂志停刊

自20世纪50年代以来，《集邮》杂志一直是中国唯一公开发行的集邮专业刊物。该刊是广大集邮者了解集邮信息的平台，是集邮家进行学术交流的重要园地。“文革”运动期间，这本伴随了中国集邮者11年之久的邮刊停刊。

1. 社会思潮在杂志上的反映

“文革”前夕，社会思潮波及集邮界。1965年1月，《集邮》为纪念创刊10周年，举行了一次座谈会。人民邮电出版社有关领导、《集邮》杂志编辑和部分集邮家、青年集邮者出席了座谈会。会上回顾了《集邮》创刊10年来走过的历程，肯定了成绩，强调“当前的重要工作”是“集邮活动要突出政治”“用无产阶级思想占领集邮阵地”等，并在《集邮》杂志上深入开展讨论。

《集邮》杂志从1965年第3期开始，连续开展了“怎样实现集邮革命化”的专题讨论。1966年第5期，用了23页的篇幅转载了《人民日报》《解放军报》的4篇社论和《评“三家村”》等长篇批判文章，用了4页篇幅刊登人民群众的批判文章，而原来《集邮》杂志的常规内容篇幅只剩下12页。《集邮》杂志1966年第6期扩版到40页，几乎整本都在转载有关“文革”运动的文件、社论、批判文章，真正有关集邮与邮票的文章所剩无几。

2.《集邮》杂志停刊

1966年6月，《集邮》杂志出版当年第

現因全力参加文化大革命运动，經上級批准，“集邮”月刊从今年第七期起暂时停刊，凡已交預訂費的订戶，由原收订邮局負責退款。

人民邮电出版社

夹在《集邮》杂志1966年第6期的停刊通知

6期（也就是总第125期），此期印发了“告读者通知书”，夹在杂志最后一页上，内容是“因全力参加文化大革命运动，经批准暂时停刊”。这份在中国集邮者中有很大影响的全国唯一的集邮杂志，在广大集邮者的视野中消失了。

人民邮电出版社作为邮电领域唯一的专业出版社，在1966年之前出版过《中华人民共和国邮票目录》《中国人民革命战争时期的邮票》《邮票集锦》《外国邮票地名译文手册》等一批集邮工具书和集邮普及读物，对全国集邮活动的影响很大。1969年5月5日，人民邮电出版社撤销。邮电出版工作连续几年出现空白，直到1973年恢复，开始出版一些专业图书和杂志；但没有《集邮》杂志和集邮图书。

三、停办集邮业务

“文革”运动期间，集邮者难再从事集邮活动，邮电部也决定停办集邮业务，让广大集邮者失去了收藏源头。

1. 撤销集邮公司，停办集邮业务

当时，邮电部邮政总局多次向各省市邮电管理局发出有关停办集邮业务的指示。1966年5月，邮政总局发出“（66）‘票’字第139号通知”，首先决定“停办外国集邮邮票业务”。1966年8月9日，邮政总局发出“（66）‘票’字第181号通知”，决定“暂停出售各解放区邮票。所余存的解放区票退回中国集邮公司”。9月13日，邮政总局发出“（66）‘票’字第209号通知”，决定“暂停办理集邮业务”。各省市邮电管理局接到邮政总局通知，向下转发，立即执行。

1966年8月，设在北京东安门大街的中国集邮公司停业。9月，全国各地的集邮分公司和集邮门市部相继停业。据《内蒙古集邮史》记载：包头市邮电局撤销了集邮台，东河区邮电局烧毁了剩余的纪特邮票。

1969年3月3日，邮电部军管会发出“（69）‘军管’字0021号文件”《关于停止集邮业务的通知》，决定采取如下措施：

一、自1969年起，不再同国外签订集邮合同。

二、1968年与国外签订而未完成的邮票合同，且对方欠我的邮票不再催交，我欠对方的仍选寄适当邮票，若对方拒收，我们亦将对方原来寄来的邮票退回。

三、国外在我国有购买邮票存款的，以停办集邮业务为理由，选寄适当邮票或将款退还。外国欠我国的款要催交。

四、今后不再参加国外举办的邮票展览活动。国内也不再举办集邮性质的邮票展览。

五、外国人需要购买我国邮票，可由各地邮电局按票面价值出售。

自此，全国集邮活动处于低谷状态。

2. 关闭临时邮票服务部

集邮虽然中断，但集邮公司的工作人员还是千方百计地想为集邮者做些有益的事情。1967年，原中国集邮公司门口挂出了名为“中国人民邮票服务处”的招牌。该服务处的工作人员仍是原中国集邮公司的工作人员。服务处只出售1966年5月以后发行的新邮票和特74《中国人民解放军》特种邮票，同时，继续向国外邮商寄发首日封、出口盖销邮票。从1966年6月—1967年4月，中国集邮公司仅为这期间发行的纪119《亚非作家紧急会议》邮票设

计了首日封，其余的邮票首日封都是业务人员用普通国际航空信封临时制作寄发的。邮票服务处的出现，为还在集邮的人们提供了购买邮票的渠道。

1968 年 7 月 1 日，根据邮政总局的建议，邮电部军管会将位于北京东安门大街的集邮门市部改称“中国人民邮票北京服务部”，出售“文革”期间发行的邮票。但未及两个月，这个服务部也关闭了。

1966 年 8 月，天津市集邮分公司关闭，并把认为有“问题”的邮票加以处理。原集邮分公司的营业员有的调离，有的留在已改为报刊门市部的原处工作。原来的营业大厅只留下一个很小的角落，出售供寄信贴用的邮票。原集邮公司的一些同志利用领取邮票的机会，想方设法多凑一些成套票，售给集邮者。即使一时凑不成全套，等到有新品种出售时，也会留起来，给集邮者配套。天津一些集邮者之所以在当时能够收集到新发行的大部分成套邮票，得益于这些集邮工作者的相助。当年，全国各地都有类似协助集邮者购买邮票的好心人，他们默契合作，延续着集邮。

3. 国家库存邮品与档案

1968 年 12 月 19 日，邮电部军管会召开有关邮票工作的会议，传达对邮票工作的指示，开始清理国家库存邮品与档案。

1949 年至 1971 年年底，中国邮政发行的纪、特、普等邮票共 231 套 1038 枚。邮电部军管会生产指挥部对 1966 年以前的邮票进行了两次清理，并于 1969 年 11 月 10 日下发通知，称“除以上两批审查可以继续发售的邮票共 107 种，其余‘文化大革命’以前发行的纪念、特种邮票均由各省、市、自治区邮电管理局负责集中清点销毁”。按照这个通知的要求，许多邮票在清理中被销毁。但在邮票管理部门工作的一些人员暗中保护和保存了票库中的一些邮票及邮票档案。

1969 年 10 月，邮电部邮票发行局邮票库、商品库、资料档案室的邮票成品、邮票设计原稿、邮票印制原版、各种集邮品清点完成。邮电部军管会提出邮票的处理原则如下。

（1）清代发行的邮票，每种留少量（其中一枚贴册保存，一枚送中国历史博物馆保存），其余销毁；

（2）民国邮政邮票，每种留少量，其余销毁；

（3）解放区邮票，全部归档，不销毁，但解放区加盖邮票要销毁；

（4）外国邮票和伪满洲国邮票，每种留少量作历史资料，其余销毁；

（5）新中国邮票，除 1969 年 6 月 19 日、1969 年 11 月 10 日军管会生产指挥部规定的 107 种可以继续发售外，其余的纪念、特种邮票，每种留少量作档案资料，多余的销毁。

根据指示，原邮电部邮票发行局资料档案室所存 1966 年以前的所有邮票，每种只留存 10 套，10 套中还要给中国历史博物馆 1 套。尽管原中国集邮公司经理王安国等老同志极力劝阻，仍有一大批中国历代邮票和大量高档集邮册被毁。

邮票发行局资料档案室保存着国家的档案邮票和资料邮票。档案邮票包括新中国成立后各地上交的解放区邮票和新中国发行的邮票。当时，被毁邮票的品种和数量是按资料档案的邮票账目确定的，凡账上邮票一律只留出 10 套，其余销毁，其中

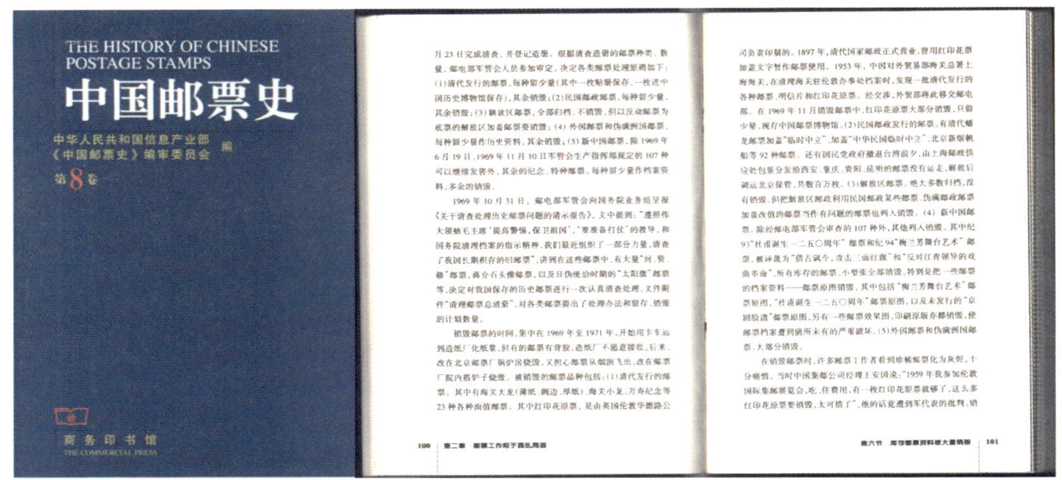

月 23 日完成清查，并登记造册。根据清查造册的邮票种类、数量，邮电部军管会人员参加审定，决定各类邮票处理原则如下：(1)清代发行的邮票，每种留少量(其中一枚贴册保存，一枚送中国历史博物馆保存)，其余销毁；(2)民国邮政邮票，每种留少量，其余销毁；(3)解放区邮票，全部归档，不销毁，但以反动邮票为底票的解放区加盖邮票要销毁；(4)外国邮票和伪满洲国邮票，每种留少量作历史资料，其余销毁；(5)新中国邮票，除 1969 年 6 月 19 日、1969 年 11 月 10 日军管会生产指挥部规定的 107 种可以继续发售外，其余的纪念、特种邮票，每种留少量作档案资料，多余的销毁。

1969 年 10 月 31 日，邮电部军管会向国务院业务组呈报《关于清查处理历史邮票问题的请示报告》，文中提到："遵照伟大领袖毛主席'提高警惕，保卫祖国'，'要准备打仗'的教导，和国务院清理档案的指示精神，我们最近组织了一部分力量，清查了我国长期积存的旧邮票"，讲到在这些邮票中，有大量"封、资、修"邮票，蒋介石头像邮票，以及日伪统治时期的"太阳旗"邮票等，决定对我国保存的历史邮票进行一次认真清查处理。文件附件"清理邮票总清册"，对各类邮票提出了处理办法和留存、销毁的计划数量。

销毁邮票的时间，集中在 1969 年至 1971 年。开始用卡车运到造纸厂化纸浆，但有的邮票有背胶，造纸厂不愿意接收。后来，改在北京邮票厂锅炉房烧毁，又担心邮票从烟囱飞出，改在邮票厂院内搭炉子烧毁。被销毁的邮票品种包括：(1)清代发行的邮票。其中有海关大龙(薄纸、阔边、厚纸)、海关小龙、万寿纪念等 23 种各种面值邮票。其中红印花原票，是由英国伦敦华德路公

100 第二章

司负责印制的。1897 年，清代国家邮政正式营业，曾用红印花票加盖文字暂作邮票使用。1953 年，中国对外贸易部海关总署上海海关，在清理海关驻伦敦办事处档案时，发现一批清代发行的各种邮票、明信片和红印花原票。经交涉，外贸部将此移交邮电部。在 1969 年 11 月销毁邮票中，红印花原票大部分销毁，只留少量，现存中国邮票博物馆。(2)民国邮政发行的邮票。有清代蟠龙邮票加盖"临时中立"、加盖"中华民国临时中立"、北京新版帆船等 92 种邮票。还有国民党政府撤退台湾前夕，由上海邮政供应处包装分发给西安、重庆、贵阳、昆明的邮票没有运走，解放后调运北京保管，共数百万枚。(3)解放区邮票。绝大多数归档，没有销毁。但把解放区邮政利用民国邮政某些邮票、伪满邮政邮票加盖改值的邮票当作有问题的邮票也列入销毁。(4)新中国邮票。除经邮电部军管会审查的 107 种外，其他列入销毁。其中纪 93"杜甫诞生一二五〇周年"邮票和纪 94"梅兰芳舞台艺术"邮票，被诬蔑为"借古讽今，攻击三面红旗"和"反对江青领导的戏曲革命"，所有库存的邮票、小型张全部销毁。特别是把一些邮票的档案资料——邮票原图销毁，其中包括"梅兰芳舞台艺术"邮票原图、"杜甫诞生一二五〇周年"邮票原图，以及未发行的"京剧脸谱"邮票原图，另有一些邮票效果图，印刷原版亦都销毁，使邮票档案遭到前所未有的严重破坏。(5)外国邮票和伪满洲国邮票，大部分销毁。

在销毁邮票时，许多邮票工作者看到珍稀邮票化为灰烬，十分痛惜。当时中国集邮公司经理王安国说："1959 年我参加伦敦国际集邮展览会，吃、住费用，有一枚红印花原票就够了，这么多红印花原票要销毁，太可惜了"。他的话竟遭到军代表的批判。销

第六节 库存邮票资料被大量销毁 101

《中国邮票史·第 8 卷》关于"文革"时期对库存邮票处理的记载

包括《梅兰芳舞台艺术》邮票小型张和这套邮票的设计原稿。

被毁的还有一批珍罕的清代红印花原票。1953 年，对外贸易部和海关总署在清理中国海关驻伦敦办事处的房产时，发现了清政府在英国印制的清代邮票、明信片等，其中有不少红印花原票，均被移交给邮电部邮票发行局。"文革"中这些珍贵的邮品均被毁掉。

当年，邮票发行局资料档案室仅有一名保管员，大量资料邮票和书刊无力全部清理，也来不及建账，全部封在包装箱中存放。时间一久，因不知存放的是何物，遂使部分清代邮票、中华民国邮票、外国邮票，以及集邮家捐献的邮品和书刊，连同未清理建账的一些珍贵的集邮史料得以留存。

四、"文革"时期的邮票展览

1968 年年初，由邮电部机关、北京邮票厂、人民邮电出版社、邮票发行局等单位的一些群众，经邮电部军管会批准，开始筹办名为"毛泽东思想胜利万岁"的邮票展览。元旦刚过，邮展筹委会成立，下设 4 个工作小组：编辑组、美工组、秘书组和讲解组。展品内容根据邮票题材分类，采取正反对照的方式"歌颂"和"批判"。

筹备期间，编辑组人员分头查阅了新中国成立以来发行邮票的全部卷宗，在召开会议研究后决定，邮展重点是批判所谓的"纪严特宽"。"纪严特宽"是指 1960 年邮票发行局上报中宣部确定的邮票发行方针——纪念邮票的发行适当严格控制，特种邮票的发行适当放宽。当时，"纪严"被认为是不宣传革命路线，"特宽"则是为封、资、修开绿灯。于是，邮展按照这个指导思想，进行了编组和撰写说明文字。

1968 年年底，该邮展在北京中山公园水榭正式展出。展出的邮票分两大类装在镜框里，如"庆祝国庆 10 周年""纪念建

党”等突出政治的邮票，挂在墙上；而如《梅兰芳舞台艺术》小型张、《菊花》《金鱼》等邮票，被认为是反面题材，摆在地上玻璃柜里。展出后，产生了意想不到的效果。有位来自工厂的参观者说：“好多邮票以前都没有见过，这下算开了眼界，真应该感谢这个展览啊！”

第四节　仍在坚持的集邮活动

由于集邮深受群众喜爱，“文革”时期仍有不少集邮爱好者坚持集邮收藏和研究。国家邮政部门领导以对集邮活动的远见卓识，邮票发行和管理部门工作人员以高度的责任感，逐步打开了集邮禁区，为集邮活动的恢复奠定了基础，迎接着集邮的复苏。

一、坚持集邮的人们

在当时的社会条件下，保护中外集邮藏品虽属不易，但集邮者的自觉行动却仍然维系了集邮的延续。

1. 集邮者和群众对集邮品的保护

“文革”前夕，集邮家姜治方将珍贵邮票全部捐献给国家，是与特殊的历史环境有直接关系。1961 年，姜治方调往长沙湖南大学任教，因南方天气潮湿，便把邮册留存在北京家中。1966 年 6 月，“文革”运动刚刚开始，姜治方的大儿子怕其耗费毕生心血所集的珍贵邮票受损，就按照他的预嘱，将全部邮集连同集邮书籍、杂志捐赠给中国集邮公司，使很多珍贵的收藏品得以幸存。

“文革”运动开始时，贵阳中医学院的集邮家郭润康把自己的集藏中印有孙中山头像的民国纪念、普通、储金、航空（有中山陵图）邮票和明信片的两大本专集，寄给宋庆龄副委员长，请她转送孙中山故居。郭润康希望这批邮票能得到妥善保存。后来，宋庆龄办公室回信，告知收到了这些捐赠。此外，郭润康还联系贵州博物馆，想把自己收藏的全部邮票和集邮书刊捐献给国家。博物馆说要研究研究，但久无回音。这一时期，郭润康已做准备，把集邮书刊和邮票分别放置，大部分邮票和集邮书刊装在 4 个箱子里存放，另外两大本认为没有问题的邮票仍放书架上以备检查，如此方避免了邮品受损。这是“文革”时期保护邮品的一件令人称奇之事。

郭润康不仅坚持集邮，还认真考虑了个人邮集的归宿，表现出与众不同的豁达。他认为，把自己的藏品捐献给国家，没有珍品拿不出手；传给子女，他们又无集邮兴趣。思之再三，决定把自己的集邮藏品赠送给在贵州省修文县工作的集邮者任尔勤，鼓励他继续收藏和研究。1975 年 7 月，郭润康和任尔勤分别向各自单位的领导作了汇报，任尔勤所在单位还给郭润康写了一封感谢信，双方严肃认真地进行了赠送交接。为了帮助任尔勤扩大与集邮界的联系，郭润康把许多知名集邮家介绍给他，并帮他建立通信往来。这一时期集邮家肝胆相照、“新老传承”的事迹，一直被传为邮坛佳话。

集邮家罗华生在《重庆集邮》1997 年第 3 期《难忘的回忆》一文中，记叙了重庆几位集邮家如何在“文革”时期留存下集邮藏品。文中写道：“赵恕中、杨连森和我三个人因为集邮多年，对邮品有着深厚的感情。老杨在自家室内的墙上挖下一块砖，把重要邮品用塑料袋包了一层又一层，塞进墙内，再把砖放上，没遇到什么麻烦。

老赵行动快，早就远走高飞把邮品送回老家入窖去了，也平安无事。我把邮品分送到几位亲友家中。”

当时，知名的集邮家大都受到冲击，他们想方设法保存自己所藏。在这个过程中，一些群众也暗自加持帮助。如在广州工作的集邮家常增书，晚上在家烧掉许多中外邮票。他的邻居是一位工人，很同情他，便把其余的邮票替他保存起来。

集邮家李曙光在幼年时期受父亲李敬轩的影响，开始迷上邮票。1966 年年初，李曙光已经是北京外语附中初一年级的学生。据他回忆：由于我们家世代都是贫农，爷爷奶奶都参加过抗日，父亲和母亲很小就加入了中国共产党，因此我们家没有受到冲击。在那一时期，父亲将一部分经典邮票包装好，送回了山东老家，那里是抗日根据地。另一部分放到家中储存衣物的箱底存了起来，并将箱子加上锁，钥匙由父母保管。从此，我们不再当众谈论集邮，也不再欣赏那些我十分喜爱的邮票。

2. 悄然收集邮票和编写资料的集邮者

这一时期，许多集邮者坚信集邮有益。他们千方百计地购买和寻找当时发行的邮票。为了进行邮票研究，一些人广为收集邮票资料。20 世纪 70 年代初，各地都有一些坚持集邮的活跃人物，其中有老集邮家，也有中年集邮家。他们对于集邮的热情依然如故。当时，有人恢复与邮友通信，相互交换邮票，交流信息；有人在家中接待邮友，聚会畅谈，切磋邮识；有人编印邮票目录，馈赠邮友；有人专心整理邮票史料，进行力所能及的研究。

当年，集邮家朱祖威在北京通县工作。为了获得集邮资料，他打听到北京国际书店仍与日本邮趣协会互相交换刊物。该会创办的《邮趣》杂志照常刊有研究中国各时期邮票的文章，以及报道中国新邮票的发行情况。当时，这类外国刊物买不到，书店所存的杂志也不许外借。因此，朱祖威便委托国际书店的朋友，在星期六把《邮趣》杂志拿出来，借给他阅读、抄录，到星期一早上再还回书店。1968 年至 1974 年，朱祖威用这种办法把《邮趣》杂志中有关中国邮票的研究文章和“文革”期间中国发行邮票的报道全部抄录下来。此外，还抄录了 20 多个专题的各国邮票资料，共抄录了 5 大本。

国际书店每天能收到数百封国外来信。朱祖威又向书店人员索要信封上的外国邮票，拿回家后分类整理，其中大多数是高

《邮趣》杂志 1966 年第 6 期

面值邮票。他将复品与北京邮友交换，还与外地邮友通信交换。自1974年起，朱祖威与西安的叶增英、成都的汤德铨一起，坚持收集并探讨外国邮票上的中国事物专题。他们一边收集各种资料，认真整理，一边讨论哪些邮票属于专题范围，动手编写专题邮票目录。这时，朱祖威从《邮趣》杂志上抄录的资料派上了用场。经过几年的相互通信、不懈努力，朱祖威、叶增英、汤德铨共同合作，编写出10多万字的《中征外志集》，即外国邮票上反映的中国特征事物。1980年9月，他们誊抄出复写稿。这部字迹工整的书稿一直没有机会出版，后来陆续发表在北京《鼓楼邮刊》上。

那个时期，汤德铨以孜孜不倦的精神，悄然着手编写了几本集邮资料。1973年12月，编成《中国人民邮政邮票目录（初稿）》。该目录分4部分。第一部分是原来印有“纪”“特”志号的邮票和普通邮票详目；第二部分是未印志号的邮品，包括邮票、邮资信封、美术明信片；第三部分是新印志号的邮品，包括“编号”邮票、邮资信封、邮资明信片、美术明信片、纪念邮戳；第四部分是“文”字邮票。这份邮票目录共109页，资料翔实、字迹清晰，仅手工油印了50册。1974年7月1日，汤德铨又对这本目录进行了补充修改，补入了1974年1至6月发行的新邮票资料，共计8页，同样以手工油印50册。1974年5月20日，汤德铨还编写了一份《纪念邮戳目录》。他将20页复写稿分寄各地邮友，名为征求意见稿，实际上已成为一份比较系统的邮戳资料，目录共列出了720个纪念邮戳条目。

在这段时期，仍然坚持集邮活动的集邮者收集当时发行的邮票成为集邮的主要取向。还有一些集邮家开始兼集烟标、火花、像章等其他收藏品。集邮家刘广实曾说，那时期自己只是把集邮的速度放慢，“文革”时从不与国外通信，但与国内一些邮友之间的联系并未中断。

“文革”时期，有的集邮家还开始进行整理资料、编撰邮史的工作。在集邮沉寂的年代里，致力于解放区邮票研究的钟笑炉于1976年1月在上海去世。1958年，他按照人民邮电出版社的建议，集中精力编写了几十万字的《中国解放区邮票》书稿，以他早年编辑《近代邮刊》时积累的大量史料为基础汇集而成。此书稿始终未能以全貌出版，其中部分内容经刘广实整理后，在1985年的《集邮研究》杂志上以《解放区邮票谈丛》为题刊登。

同样进行解放区邮票相关书稿编写的，还有刘肇宁。1963年，他经中央戏剧学院教授周贻白介绍，结识了文物收藏专家张珩。张珩专门收集、整理中国解放区邮票，藏品甚丰。为编写比较详细的《解放区邮票目录》和《解放区邮票史》，刘肇宁从钟笑炉那里借到两大册解放区邮票史料和手抄本解放区邮票目录，对照了自己的解放区邮票藏品，逐枚详细记录了刷色、面值、印版、图幅、齿孔、版式等内容；还查找了发行日期、发行数量、设计者等信息，甚至还记录下珍贵邮票的收藏者资料。

3. 集邮者自行编印邮票目录

“文革”时期，在西安铁路局工作的居洽群意外结识了同在西安铁路局工作的邮友韦殿才。韦殿才1941年开始集邮，1961年从辽宁调到西安铁路局工作，他从大字报上知道老居和自己一样也爱好集邮。当两人都下放到陕西户县“五七”干校劳动时，工余时常一起聊集邮。当时，他们只能收集新发行的邮票。可是邮局不办理集邮业务，只出售供通信使用的零散邮票，凑不成整套，再加上邮票志号取消，这一时期究竟发行多少种邮票，什么时间发行，一套邮票有多少枚，邮票的标准名称是什么，诸如此类的问题亟待搞清楚。邮识素养颇高的居洽群和韦殿才商定，一起编一本“文革”时期的邮票目录，为仍在集邮的同道整理出一份系统的参考资料。

1970 年起，居洽群、韦殿才两人开始研究、整理“文革”时期的邮票。但收集这些新发行邮票的资料很有难度，因为当时邮票发行不正规，媒体上有关新邮发行的消息很少。好在那时候从邮票厂发往各地邮局的邮票，其包装纸上都印有邮票的名称、日期、枚数等信息，居洽群就讨来这些废包装纸作为参考资料。邮局的工作人员被他们所感动，又通过文件帮助他们查找新邮票的发行日期和有关资料。同时，居洽群还通过与外地老邮友恢复通信，注意收集多方情况。韦殿才则大量翻阅报纸，从《人民日报》上获取发行新邮票的信息。一次，他偶然在国内出版的英文版、俄文版《中国建设》杂志以及日文版的《人民中国》杂志上看到新邮报道。于是，他每期买下，用几年时间，把这些资料经过翻译和整理，粘贴成厚厚一册。当邮票和资料有了一定的积累以后，居洽群和韦殿才开始着手编写“文革”时期邮票目录。

1972 年，由韦殿才负责刻印的《邮票目录（1967—1972）》终于诞生。随后，两人继续寻找资料，又进行核对补充，油印出该目录的修订本二三十册，分赠各地邮友。此后，他们又从各地邮友反馈的许多补充资料中进行筛选，不断充实到原目录中。1975 年，经居洽群再整理的第三版邮票目录的收录范围，增至 1973 年，页数增加到 21 页；由无锡的万祚新刻写蜡纸，然后寄回西安。这一版目录共油印了 200 多册。

1973 年 12 月，成都的汤德铨编印了一本《中国邮政邮票目录（初稿）》，其中的

《毛主席永远活在我们心中》《文化大革命期间邮票目录》等油印集邮资料

“文”字邮票部分就参考了“居治群目录”，后来还有续篇。该目录在说明中还提到居治群通过与原来熟悉的邮友通信，形成了一个集邮的联络网。

“文革”时期邮票目录的诞生，对集邮者有着莫大鼓舞。

1976年11月，朱祖威编印了名为《毛主席永远活在我们心中——闪耀在中外邮票上的毛主席光辉形象（资料集）》的油印本。内容包括3部分：（1）新中国成立后发行的印有毛主席形象的邮票；（2）解放前各革命根据地发行的毛主席像邮票；（3）世界各国发行的毛主席像邮票。这本毛泽东肖像邮票目录首次披露了1968年9月18日计划发行的“毛主席为日本工人题词”邮票的信息。这册目录印量200本，32开，26页，使用胶版纸誊印，由王泰来刻版；封面由于采取多色丝网套印，邮票图案清晰逼真，在当时的条件下，其刻印、装订水平是相当精致的。

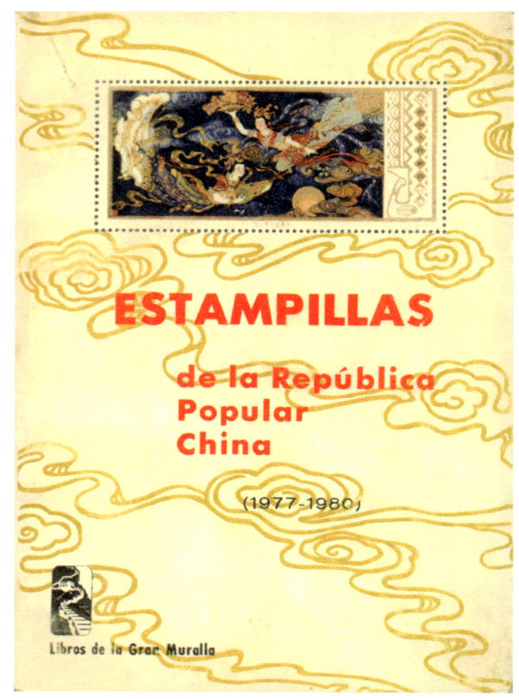

1972年《人民中国报道》世界语版刊载的新邮票消息

二、集邮宣传与信息交流

在“文革”运动时期，报刊上虽偶有新邮发行消息，但仍然关心集邮的人总能从多方面获得更多与邮票相关的宣传报道和有关信息。

1. 新闻报刊对邮票信息的报道

1967年4月20日，邮电部发行了文1《战无不胜的毛泽东思想万岁》邮票。之后，国内报纸上刊登了新华社报道的新邮发行消息。这些消息的内容虽比较简单，但也便于群众了解新邮情况。但从1968年8月发行“文13”《毛主席最新指示》邮票以后，新华社不再报道新邮发行消息。直到1973年以前，国内中文报刊均见不到有关邮票的消息，只有对外宣传的杂志上不时刊载一些新邮报道，如英文版的《中国建设》、世界语版的《人民中国报道》等，均刊登彩印邮票的报道。而从阿尔巴尼亚、朝鲜、越南、罗马尼亚等国家进口的画报上，也出现过这些国家发行的新邮票图案。

1973年前后，各国有关邮票的信息也渐在新闻和报刊中重现。1973年5月18日，新华社发出一则《庆祝“纪念班达拉奈克国际会议大厦”揭幕——斯里兰卡邮电部发行纪念邮票》的电讯。这篇仅200字的报道介绍了这枚纪念邮票的图案：正中是会议大厦，右上角有斯里兰卡已故总理班达拉奈克的画像。当天，这座国际会议大厦的邮局把贴有这种纪念邮票并加盖特别邮戳的信封送给了中国特使徐向前。

同年 5 月 25 日，新华社又发出一则题为《埃塞俄比亚为庆祝非洲统一组织成立十周年发行纪念邮票》的电讯。文中介绍了这套邮票共有 5 枚，每一枚邮票上都印有“团结起来争取自由”和“非洲统一组织十周年”的字样。还特别强调：“这些邮票以生动的图案反映了非洲国家和人民十年来在反帝反殖、争取民族独立斗争中所取得的一些成就，以及非洲人民要求团结统一，完全解放非洲内地的殷切愿望。”

1974 年 9 月 3 日，《体育报》介绍了伊朗为第七届亚运会发行的一套纪念邮票，并刊发了 8 枚邮票的照片。同年 8 月 26 日，《参考消息》报道了莫斯科高尔基公园旁的邮票交易活动。

这些文章介绍了中国和各国有关邮政和邮票方面的知识，虽未明言集邮，却间接传递了集邮信息。10 多年未见报端的这类文章，在集邮者中产生了共鸣。他们相信，全面恢复集邮活动的那一天为期不远了。

2. 民间邮刊的出现

中国集邮者历来重视集邮研究与交流，即使在二十世纪三四十年代的战乱时期，许多集邮者仍然克服各种困难，编印邮刊，开展研究与交流。“文革”运动时期，集邮者的研究与交流虽仅限于编印“文”字邮票或解放区邮票目录，但也出现了民间邮刊。

1968 年 6 月，北京大学学生田健行利

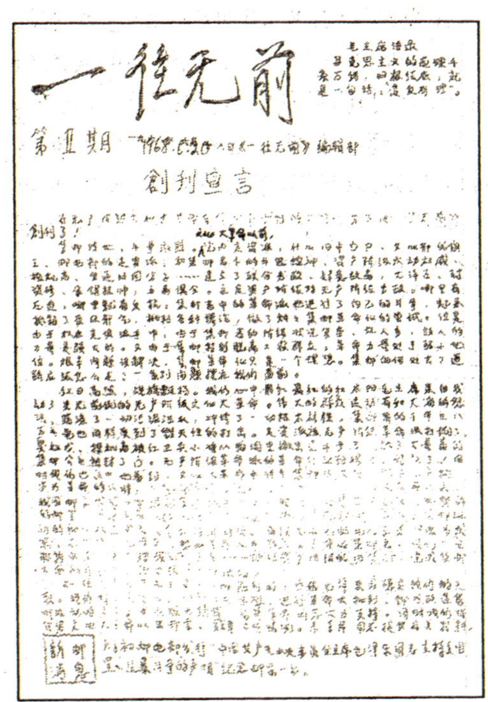

一往无前

创刊宣言

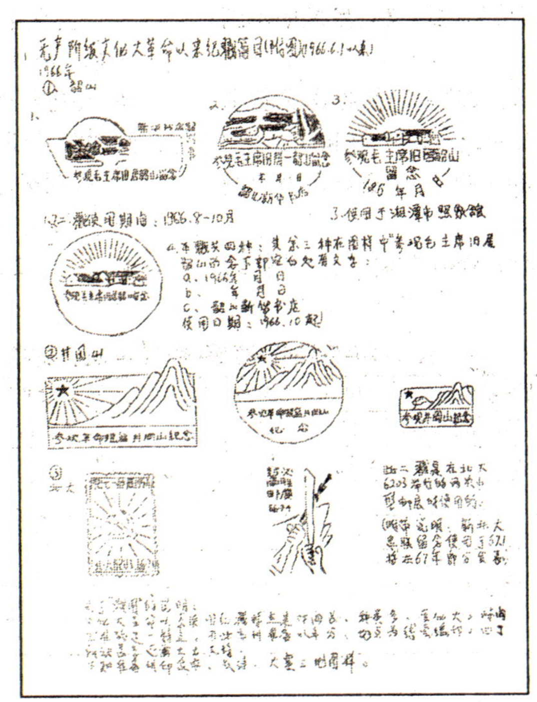

1967 北京大学集邮者编写、油印的《一往无前》邮刊

用宿舍的手推油印机，自己刻蜡板，编印了《一往无前》邮刊。

这份像传单一样的印刷品为16开，有2版，单面印刷，两个月内出版了3期。内容有新邮消息、“文革”以来的纪念戳简目等。3期邮刊共介绍了39种纪念戳，每种纪念戳都有手描图样、使用日期及说明，史料价值很高，是难得的集邮资料。田健行后来撰文说：“自编、自刻、自印、自发集邮小报《一往无前》，借此表达对集邮的坚持和信念，起名《一往无前》就是此意。”这份小报的意义在于表达了一种信念：集邮仍在！

1977年5月，一份名为“春风”的小邮刊在浙江问世，同样是16开，2版，油印。《春风邮刊》第一期发表了编辑组的文

春風邮刊

一九七七年六月十四日 | 第2期 | 本期二版

不定期发行 暂不订阅 本期收回成本费3分 邮费另加

纪念毛主席《讲话》发表三十五周年

浙江的《春风邮刊》

章《让春风吹遍邮园》，在这篇类似于发刊词的短文中，写有这样一段话：“《春风邮刊》是一份业余编写的小型集邮刊物。它以介绍1921年建党以来各个革命历史时期的邮政、邮票以及1949年新中国成立以来发行的邮票为主；介绍集邮知识，研究和讨论有关邮票史实，及时报道新邮发行情况。此外，也刊载有关我国邮政史、邮票史等邮学史料的专门性的研究文章。”文章最后充满激情地期望：“使我国的集邮能有一个蓬勃的发展，使‘集邮’这个大花园也来一个‘百花齐放’，让春风吹遍邮园。”

《春风邮刊》是“文革”结束后国内最早出现的民间邮刊。这一期还刊载了介绍邮电部同年5月9日发行《罗马尼亚独立一百周年》纪念邮票的文章——《东欧的雄狮》，介绍了这套新邮票的背景资料。还有一篇《国际函件资费表》，根据同年1月1日起邮电部对国际函件资费进行调整后的标准编写，是一份很有参考价值的邮政史资料。另外，该期还刊载了3则新邮报道，分别介绍了两套纪念邮票和普18《工农业建设图案》普通邮票的发行。

《春风邮刊》的编印者是浙江金华的集邮者俞炳森，当时他是浙江诸暨江藻供销社的营业员。俞炳森10岁开始集邮，长期坚持邮票的收集与研究。当时，他与一些集邮者保持联系，相互交流邮票和信息。“文革”结束后，俞炳森萌生办一份民间邮刊的念头。他征求了浙江杭州、上海、江苏无锡等地邮友的意见，大家表示赞成。这本邮刊取名“春风”是寓“野火烧不尽，春风吹又生”之意。该刊印刷了50份左右，仅在一些保持通信的邮友中分发。

1977年7月，《春风邮刊》第3期发行，且已扩大为4版。这一期发表了两篇集邮研究文章、两篇报道和史料，其中《文革期间未发行的一枚邮票资料》，披露了原计划于1968年10月1日发行、后又停售的《无产阶级文化大革命的全面胜利万岁》邮票的有关信息。这是国内对此票较早的一篇准确报道，作者署名“方寸痴人”（黎震寰）。另外，该刊还全文转载了1977年4月9日《光明日报》发表的一篇新华社东京电讯——《日本朋友通过收集中国邮票的活动宣传和介绍中国，为进一步增进日中两国人民友谊做出贡献》。国家级报纸能报道国外集邮活动，表明集邮在国内已被重新认识，全面恢复集邮活动指日可待。

综观5期《春风邮刊》，版面不多，但是文字精炼，信息量大。其内容包括发行邮票的背景资料介绍、解放区邮票研究、新邮报道和“文”字邮票发行简报、邮政部门的通告等，还有一个“邮事漫笔”专栏，转载过两篇《光明日报》《人民日报》上有关集邮的新闻报道。

《春风邮刊》能在1977年编印，说明当时的社会环境已发生变化，集邮环境逐渐宽松。该邮刊的出现，体现了集邮者对恢复集邮的渴望和兴奋。

三、从未停止的邮票收集和交换活动

“文革”时期，集邮活动并未完全停止。有的集邮者将邮票捐献或转让，有的集邮者将邮票妥善保存，还有的集邮者将收集重点转向当时发行的“文”字邮票，这些举动都为日后集邮活动的复苏作了准备。

1. 老集邮家的集藏新况

这一时期，老集邮家着重寻找各时期

邮票，补充配换邮集中损毁的邮票。有些老集邮家因落实政策补发了一笔工资，也用来购买所需邮票。这段时间国内集邮者人数很少，与国外的交换更少，因此邮票价格相对较低，这使老集邮家能够尽量恢复自己的邮品收藏。“文革”期间，很大一部分人不再集邮，把一些存票或出让或赠送，转移到其他集邮者手中。当时，人们只在相识者之间较小的圈子内交流。有人认为，这是中国第二次集邮品的大转移。第一次是新中国成立之初，此为集邮藏品的又一次转移和转让。

1970 年，江苏集邮家赵善长曾下放到江苏省武进县农村。1977 年初夏，他与张包子俊、王纪泽、史济宏、孙君毅等老邮友恢复通信联系，并于同年秋天邀请众友到江苏常州寓所相聚。次年年初，他又赴江苏无锡的锡山会友探梅，音讯中断十余年的老邮友重逢，感慨万千。赵善长曾撰文《我和孙君毅往还花絮录》，其中一段精彩感人：十年之间，邮友音讯中断。如今，“复得春风吹拂，多地邮事开始活动。我自 1977 年初夏，接得孙君毅来信，略谓：王纪泽兄闻悉善长兄健在，盖不通鱼雁，倏忽一二十载。老友闻讯，宜乎欣悦异常矣。”

赵善长（1903—1989），原名赵国元，江苏常州人，1920 年毕业于法国教会在武汉办的法文学院，长期在铁路部门供职。少年时代他开始集邮，以收集华邮为主，兼集首航封及地名戳票，是甲戌邮票会的创始人及主要负责人。赵善长勤于撰写邮文，在会内及集邮人中都有较高威信。1982 年后，他当选为中华全国集邮联合会第一届和第二届常务理事、学术委员。

赵善长

许多老集邮家能健康长寿，是因其始终保持乐观态度。1977 年，由窦莲荪、赵善长、孙君毅发起，将几十位老集邮家抒发欣喜心情的诗作，汇集油印成一本小册子——《丁巳邮人唱和集》。

2. 中青年集邮者的邮品购藏

这个时期，一批中青年集邮者异军突起。一些人早在学生时代就开始集邮，但所藏邮票数量和水平有限。这一时期，他们集邮热情高、劲头大，收获也大。一些老集邮家出让的邮品大部分被中青年集邮者购买，使他们的藏品和邮识有了质的提高。其中一部分人经过努力，其邮集达到很高的水平，成为二十世纪八九十年代活跃于中国邮坛的骨干力量。

1968 年，后来成为集邮家的李曙光来到陕北农村插队，他将几本邮票册打进了随身行李。临行前，父亲又送他一册新发行的“文”字邮票。当年，陕北农村还很贫穷，生活条件艰苦。李曙光经常收到父

几十位老集邮家的诗作《丁巳邮人唱和集》

母、弟弟妹妹以及朋友们寄来的邮票和贴着各种邮票的信件。在陕北农村的几年，他还把父母寄来的零花钱积攒起来，每逢赶集，都到县城邮局去买邮票。经过艰辛收集，他的藏品渐丰。这些邮票伴随他度过了插队岁月。

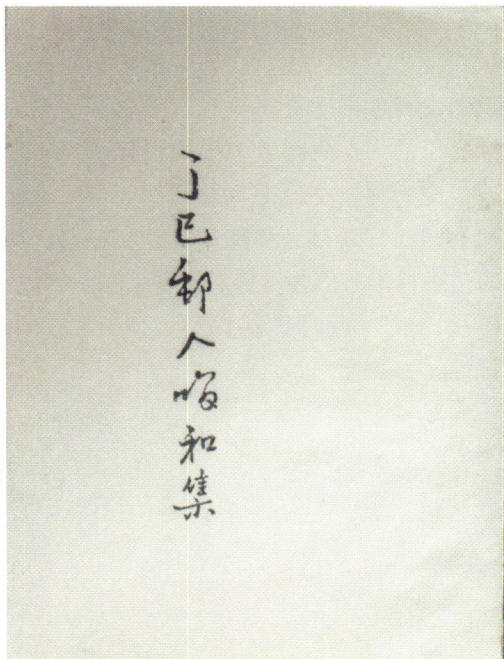

1966—1969年，社会上兴起收集毛主席像章的热潮，各地自发兴起交换毛主席像章的活动，这种活动大多在各地的街头巷尾或空场进行。北京历来是全国收藏爱好者交流的中心。当年，距离北京火车站很近的东城区西裱褙胡同东口，经常聚集着全国各地交换毛主席像章的人们。但在人群中，还有多位进行邮票交换的中青年集邮者。在这里，要交换的大多是“文”字邮票，交换比较珍罕的纪特邮票则另约地点进行。

3. 邮票交易活动仍在进行

进入20世纪70年代，民间集邮活动悄然回暖。此时，邮商开始活跃起来。过去的老邮商重操旧业；没有工作的返城知青，也做起“邮票生意”，靠嘴勤、腿勤，逐渐摸熟门路。此时，各地出现了一些不公开的邮票经营者，他们暗访老集邮家，专门从事协助买卖或交换邮票。上门的邮商逐渐多起来，有的人还打通了与国外联系的渠道。此时，一批图案美观、题材新颖的外国“花纸头”涌进国内。中国集邮者以十分惊喜的心情购买这些物美价廉的“外国邮票”，由于缺乏邮识，遂造成外国假票泛滥。

《儿童歌舞》邮票

1973年，“编号”邮票开始发行。人们发现这种采取大排行编号的邮票与此前发行的“文”字邮票相比，产生了不少变化。特别是《熊猫》《文化大革命期间出土文物》《儿童歌舞》等邮票，与“文革”前发行的一些“特”字头邮票的设计风格近似，引起了集邮者和邮商的注意。当时，由交换、买卖邮票自发形成的邮票市场，悄悄生存。

这一时期，集邮者收集、研究的热点仍是“文”字邮票。这些邮票由于印量大、版式变化较多，还有数种邮票印制完成又取消发行。由于资料缺乏，就有了重要的探究价值，在集邮者中很快引起研究的兴趣，成为邮友交流的重要话题。当时，民间油印的邮票目录和邮刊，以及邮票资料的“手抄本”广为流传。许多人相互借阅、传抄，成为当时集邮探讨、研究的一个特色。

第五节 “文革”后期集邮的逐步恢复

1971年，“文革”进入后期；10月25日，联合国大会通过决议恢复了中华人民共和国在联合国的合法席位。国内外形势的变化也带来了各领域形势的变化，其中包括邮政和集邮有了正常的发展趋向。

一、恢复邮票出口业务

1970年1月1日，交通部邮政总局正式成立。在国务院有关领导的关心和支持下，集邮业务得以逐步恢复。

1. 国务院领导批准恢复集邮业务

1971年，粟裕同志受周恩来总理委托，作为国务院业务组成员，分管交通工作。

6月初，粟裕听取邮政总局负责人燕鼎的工作汇报，当听到“中国停办集邮业务后，国内外反应强烈，许多外国朋友和侨胞写信索要中国邮票，不少人寄来外币要求购买中国邮票”时，粟裕一边翻阅来信，一边明确表态：“集邮本来是一项群众性非常广泛的有益活动。在外国，从老头老太太到娃娃都很喜爱集邮，他们很希望得到一枚新中国邮票，这种心情是完全可以理解的。你们停办了集邮业务，违背了集邮爱好者的愿望，人家当然有意见。开办集邮业务，恢复出口邮票，可以扩大新中国在世界人民心中的影响。人们可以从方寸邮票中增加对新中国的了解，增进对中国人民的感情，同时又可以为国家创造外汇收入，这样的好事为什么不办呢？”

粟裕最后指示：要恢复邮票出口和集

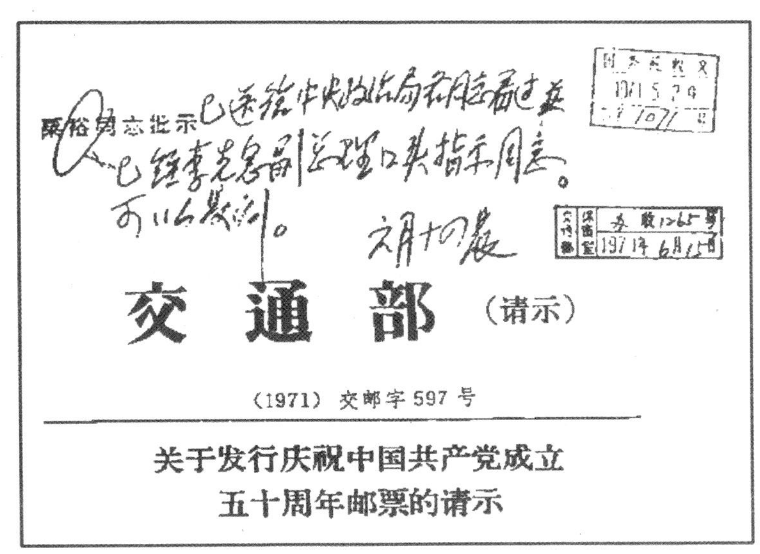
粟裕同志批示

交通部（请示）

（1971）交邮字597号

关于发行庆祝中国共产党成立五十周年邮票的请示

粟裕对请示发行庆祝中国共产党成立五十周年邮票的批件

邮业务，由交通部向国务院写一个专题报告，经国务院批准后执行。在这次汇报之后，粟裕先后3次让工作人员到邮政总局了解贯彻落实的情况，督促抓紧落实。

1971年8月9日，由外交部、交通部联合向国务院递交了《关于邮票出口问题的请示》报告。文中提到：

“据《人民中国》杂志编辑部反映，日中文化交流协会理事长中岛健藏及其他日本友好人士向我访日乒乓球代表团记者提出，中国邮票在日本很受欢迎，要求我国继续出口邮票。各国集邮商社也纷纷要求订购我国邮票。最近，加拿大驻华商务参赞连续三次向我外贸部探询进口我国邮票的可能性。另据国外来信反映，我国停办邮票出口业务后，外国有些参加广交会的商人，在我国内购买大量中国邮票，以高于面值十倍的价格，转手倒卖，从中牟利。”

文件提出：现在，鉴于国外广大人民群众对我国邮票的强烈需求，为了扩大对外政治宣传，促进我国和各国人民的友好和文化交流，经与有关部门研究，拟恢复我国邮票对外的出口业务。但在国内不办理集邮业务和出售外国邮票。有关邮票出口的具体业务工作，拟由北京邮局办理，为便于业务联系，对外拟用“中国邮票出口公司”名义。

2. 中国邮票出口公司成立

1971年8月13日，经国务院副总理李先念批准，同意成立中国邮票出口公司。经交通部与北京市革命委员会联系，责成北京市邮政局设立专门机构，对外名义用“中国邮票出口公司”，具体负责经营中华人民共和国邮票的出口业务。由于该业务中断多年，这次机构重建，困难重重，诸如人员不懂业务、没有可循的规章制度，特别是没有邮票可卖等。

在这种情况下，北京市邮政局任命生产组副组长刘宗训主抓这项工作，并兼任邮票出口公司的负责人。他一面抽调业务干部和翻译人才，招收学员进行短期培训，一面翻阅原来集邮公司的档案，请教集邮公司的老人，走访外贸、轻工、工艺、银

《庆祝中国共产党成立五十周年》邮票

行等涉外单位，学习、熟悉集邮业务和外贸政策、接待礼仪等。

1971 年 10 月 16 日，北京市邮政局向北京市革命委员会、交通部邮政总局递交了《关于邮票出口几个问题的请示》，对邮票出口工作的方针、原则，出口的地区与国家，经营的业务范围及品种，出口邮票的价格，收款办法等，提出具体的方案。该请示得到了交通部的批准。北京市邮政局又把东安门大街 28 号原集邮公司原址交由邮票出口公司营业。

邮票出口公司经过筹备，万事俱备，只差邮票货源了。中国邮票出口公司奉邮政总局指示和北京邮票厂联系，后者仅能提供《庆祝中国共产党成立五十周年》《亚非乒乓球友好邀请赛》等 4 套编号邮票。随即写紧急报告，又增加了 3 套邮票。

1972 年 1 月 1 日，中国邮票出口公司正式营业。当时，对国外的报道和门市部的陈列，全部是“文革”时期发行的 7 套 39 种邮票，以至后来流传有“4 套邮票办公司、7 套邮票就开张”的笑谈。中国邮票出口公司的开业对外影响很大，国外集邮者纷纷祝贺公司成立，来款订购邮票，同时也反映其经营的品种太少。他们认为，我国 1966 年以前的很多邮票印制精美，很受欢迎，要求购买。

当得知原邮票发行局资料室尚有未销毁的 1966 年以前发行的邮票时，中国邮票出口公司于 1971 年 10 月 25 日提交了《关于邮票品种的请示》，报请提取部分邮票。在报北京市革命委员会及交通部请示的清单中，包括 15 套 132 种邮票。其中除《全国第一届工人体育运动大会》是纪念邮票外，其余全部是特种邮票，如《中国古塔建筑艺术》《金鱼》《菊花》《唐三彩》《熊猫》等。

北京市革命委员会同意了这个报告。在等待交通部批复时，中国邮票出口公司又在第一份清单的基础上增加了若干套纪念和特种邮票，提出第二份邮票清单，共 28 套 229 种；同时，要求开放盖销票。第二份报告于 1972 年 1 月 22 日，以“京邮生”字 16 号文上报交通部。同年 2 月 19 日，交通部批复，决定如下。

（1）目前暂不办理盖销票出口业务。

（2）同意对外出售“文化大革命”前发行的 25 套（计 221 种）纪、特邮票（附清单）。

（3）邮票厂每套留 3000 套备用外，其余全部无偿拨给中国邮票出口公司。

1966 年前发行的 25 套邮票的补充，使中国邮票出口公司初步摆脱了票品单一的窘状，在国外集邮商社和团体中引起强烈反响，订购量大增。中国邮票出口公司以此为契机，于 1972 年 6 月 29 日又向交通部邮政总局提交了《关于申请对外出售建国以来发行的邮票的报告》。为使领导部门审查方便，报告中还列出了 3 个清单如下。

（1）请批准出售的 109 套 423 种邮票。

（2）请领导考虑的 27 套 79 种邮票。

（3）认为不宜出售的 19 套 59 种邮票。

所谓“不宜出售的”为涉及苏联、东欧国家的纪念邮票。

所谓“请领导考虑的”则涉及一些国际活动、国际组织的纪念邮票。

还有像《梅兰芳舞台艺术》等邮票，能否出售，也需研究。

9 月 19 日，交通部邮政总局发出《关于增加出口邮票品种问题的批复》，决定如下。

（1）同意对外出售文化大革命前发行的 61 套 233 种纪念、特种邮票。

（2）请邮票厂除每套留 3000 套外，其余无偿拨给中国邮票出口公司。

这样，1972 年 1—9 月，经邮政总局 3 次批准，中国邮票出口公司可以出售的邮票品种已达到 93 套 512 种。又经多次争取，11 月 2 日交通部发出《关于同意出售盖销票的批复》，批准出售盖销邮票。这就突破了只卖邮票、不出售集邮品的限制，无形中为集邮品的销售打开了渠道。同年 10 月 15 日，中国邮票出口公司在广州第 32 届中国出口商品交易会上开始展销中国邮票，以后历届广交会都有邮票展销。

3. 恢复邮票首日封的制作和发行

出售有集邮性质的盖销票，对外也产生了较大影响。外商又要求供应首日封等邮品。中国邮票出口公司认为：过去国内发行的首日封均有图案和纪念戳，是纯粹的集邮品，现在既然允许出售盖销票，就应该按盖销票规制制作首日封。于是，使用中国邮票出口公司的中、英文国际公文信封，有时也用没有任何文字的白封，贴“编 29-32”《轮船》邮票、“编 39-43”《发展体育运动》邮票、“编 57-62”《熊猫》邮票等，加盖邮戳当作盖销票出售给外商。这种首日封当时是按盖销邮票面值的价格出售的，连信封的成本也不收取。此前，中国邮票出口公司还利用北京人民印刷厂印制的信封，印上相关图案，贴上邮票，如发行过“编 45-48”《第一届亚洲乒乓球锦标赛》邮票、“编 91-94”《亚非拉乒乓球友好邀请赛》等邮票的首日封，盖上纪念邮戳出售。这种首日封除向国外邮票代理商出售外，还在比赛期间向各国运动员和来宾出售。仅《第一届亚洲乒乓球锦标赛》邮票首日封就售出约 7000 枚。

这种做法进一步突破了邮票出口公司

《第一届亚洲乒乓球锦标赛》首日封

只卖邮票、不制作集邮品的限定。当年，日本邮趣协会在收到这些没有装饰的白封后，觉得单调，就根据邮票的主题，自行设计了相关的图案，加印在信封的空白处，使首日封更加美观。日本邮趣协会一共为这一时期的29种中国首日封设计加印了图案。

1974年9月北京至东京直航航班首航时，中国邮票出口公司还与日本邮趣协会共同制作了首航封，信封背面印有中国邮票出口公司的英文名称和地址。1975年以后，中国邮票出口公司又增加了邮票折、袋票等集邮品种。中国邮票出口公司从1972年起，每年编印一本中、英文的《中华人民共和国邮票目录》；从1973年起，还印制了邮票月历，并贴上邮票实物；从1975年起，印发了《新邮报道》。这些对外赠送的集邮宣传品受到国外集邮爱好者的欢迎。

中国邮票出口公司成立当年，与32个国家和地区恢复了邮票经营业务，出口邮票1000多万枚。还为当年在喀麦隆举行的“雅温德国际书展”和1973年在德国慕尼黑举办的“国际集邮展览”提供了中国邮票展品，扩大了中国邮票的对外影响。

20世纪70年代初，中国邮票出口公司成立初期，在多方努力下能够出售近百套邮票和出售盖销票、首日封等集邮品，不仅满足了国际上对中国邮票的需求，也为以后逐步开展国内集邮业务打下了基础。

4. 发还查没的邮票、邮品

“文革”运动中对私人的邮票和邮品，经历了查没、清理和发还3个阶段。上海集邮界的经历，是中国集邮界的一个缩影。由于查没的邮票和邮品数量很大、很复杂，尚无专门力量进行清理，因此，有将查没的邮票和邮品移交邮电部的意向。

邮电部邮票发行局曾于1975年1月和1977年9月，两次派吴凤岗和沙子芬等人到上海了解情况。上海邮电管理局负责人认为，这些邮票具有参考价值，希望邮票发行局接收后进行研究和利用；上海博物馆认为，没有力量进行清理和研究，愿意将这些邮票邮品退回上海市邮电管理局，再转送邮票发行局保管。邮电部邮票发行局的人员表示愿意接收。但当时已有落实政策、归还查没物品的传闻，故邮票发行局才迟迟没有接收这批邮票。

1979年6月，上海市邮电管理局根据1978年年底上海市委宣传部发出、经过上海市委同意的《市文化局关于落实政策退还抄家文物图书问题的请示报告》文件精神，报请上级部门批准，决定发还查没的邮票和邮品。这个发还，成为中国集邮复苏的序曲。

二、邮票选题与设计的新变化

1970年，原来分管邮票设计和发行的部分干部恢复原职，交通部邮政总局重新负责邮票的发行工作。同时，抽调部分专业设计人员充实北京邮票厂的邮票设计组。此后，邮票发行审批手续改由交通部军管会负责，邮票的设计和发行工作逐渐恢复正常。

1. “编号”邮票的发行

为利于邮票的发行管理，经上级批准，交通部邮政总局决定在邮票上进行“编号”。从1970年8月1日发行的《革命现代京剧〈智取威虎山〉》邮票开始，采取每枚邮票连续“编号”的形式。同时，设计组对“编号”邮票的选题进行了初步规划。在征询了新华社、外交部等部门的意见后，拟定了近一二年邮票的选题计划，注重重要纪念节日、建设成就、文化艺术、体育等方面的选题。当时，还发行了动物邮票和文物邮票，如采用国画家吴作人先生作品——《熊猫》。设计人员力求避免邮票图案简单化、概念化的倾向，使艺术表现趋向多样化。

1970—1973 年发行的 95 枚“编号”邮票，是邮票发行归于有序的转变。邮票“编号”的做法不仅便于管理，也有利于集邮者收集。这些邮票在选题、设计、印刷、发行上都有了较大改进，使中国邮票逐步恢复了艺术魅力。

2. 邮票“志号”的恢复与改进

1974 年 1 月 1 日，邮电部将中国邮票出口公司并入邮票发行局。同时，在“编号”邮票的基础上，恢复了纪念、特种邮票“志号”，使用汉语拼音字母“J”“T”加以表示。这是邮票发行工作开始走向正轨的重要标志。原来的“编号”邮票只有每枚邮票的流水编号，不能标示邮票种类，也表示不出哪几枚邮票属于同一套，在邮票发行管理上多有不便，人们觉得还是原来的“纪”“特”邮票“志号”更好。邮政总局与邮票发行局在听取各方面的意见并比较之后，决定：在邮票“志号”里要有邮票票种、套号、图号、发行年份，用简洁的“J”“T”来代替“纪”“特”汉字，并取消了总图号。

3. 邮票选题和设计发生变化

从 1974 年 4 月至 1976 年 10 月，这两年多时间发行的邮票，题材内容和表现形式变化显著。邮票“志号”的恢复、特种邮票的独立出现、新题材新风格的探索，无不体现出邮票发行和设计出现了新的面貌。

J.1《万国邮政联盟成立一百周年》纪念邮票，是“文革”以后邮票上首次出现国际组织题材，而且邮票图案清新明快；T.1《体操运动》和 T.2《杂技》特种邮票，设计新颖、色彩绚丽、印制精美。这些变化，对关心集邮的群众是个鼓舞。特别是《胜利完成第四个五年计划》《中国出口商品交易会》《武术》《乡村女教师》《女民兵》《农业机械化》等邮票，以及随后发行

“编号”邮票第一套《革命现代京剧〈智取威虎山〉》

《万国邮政联盟成立一百周年》纪念邮票

的《医疗卫生科学新成就》《带电作业》等邮票，都是在宣传“搞好各条战线整顿，把国民经济搞上去”的政策和方针。其中，T.7《武术》特种邮票不但题材和设计新颖，而且还绘有边饰．采用了“对倒”方式印刷。这些艺术欣赏性较强的邮票更受集邮者喜爱。

结　语

从1966年6月《集邮》杂志停刊、8月中国集邮公司关闭，到1978年7月中国邮票公司恢复营业，国内集邮业务中止了12年，国内外集邮交流也停滞了10多年，使中国集邮与国际集邮水平的差距拉大。这一时期，国际集邮界发生了很多变化，集邮发达国家向多方位、多层次发展；集邮展览也出现了新类别、新规则，对于这些变化，处于相对封闭状态的中国集邮界却全然不知。

1976年10月，长达十年之久的“文革”运动结束。随后，国家开始拨乱反正。在中国文化领域全面复苏的形势下，中国集邮也开始逐渐恢复。

十年“内乱”期间，虽邮政业务未曾中断，但“文革”运动对于邮票发行和集邮的冲击，使中国集邮处于停滞甚至倒退的状态。集邮者长期得不到应有的票品信息和集邮指导，青少年一代几乎成了“邮盲”，造成人才匮乏，使中国集邮的整体水平下降。

但是，深受群众喜爱的集邮活动具有顽强的生命力。一些集邮者没有放弃集邮信念，继续集藏邮票和收集集邮资料。集邮者对于“文”字邮票进行收藏和研究，编印出一些邮票目录，成为重要的集邮文献。邮票发行和管理部门的工作人员，以高度的责任感保护了国家的邮票库存和档案资料，使大量集邮藏品和资料得以留存于世，成为中国集邮再度振兴的希望。

这段特殊的历史时期已经结束，人们在汲取沉痛教训的同时，将面对的是中国集邮一个全面复苏的新时期。

第八章　改革开放起步带来集邮复苏

（1978—1982）

概　述

1978年，在全国范围内展开了“实践是检验真理的唯一标准”的讨论。这是一次解放思想的运动，为大规模拨乱反正、正本清源和解决历史遗留问题创造了条件，也为中国共产党第十一届三中全会的召开作了理论的准备。

1978年12月，中国共产党第十一届三中全会在北京召开。全会坚决批判了“两个凡是”的错误方针，肯定了必须完整地、准确地掌握毛泽东思想的科学体系，确定了解放思想、实事求是、团结一致向前看的指导方针，做出了把工作重点转移到社会主义现代化建设上来的战略决策。这是新中国成立以来党的历史上具有深远意义的伟大转折。从此，中国进入了改革开放的新时期。

这一时期，群众性的文化活动十分活跃。集邮作为群众性的文化活动很快得以恢复。集邮的复苏给集邮者带来欣喜，他们开始公开集邮，整理邮票，研究邮学，交流体会，书写邮文，以记下自己亲知的集邮感悟和亲历的集邮历史。

1978年，国务院批示同意邮电部《关于邮票发行和扩大邮票出口意见的报告》。报告提出扩大邮票题材范围，提高邮票设计质量，恢复国内集邮业务。1978年7月1日，中国邮票公司国内营业部开业。之后，《人民日报》《光明日报》《体育报》等报纸开始刊登新邮信息，此外，还发表了集邮文章。这表明了国家对于集邮的提倡和肯定。

在这个社会变革初期，旧的观念尚存，新的思想还没有完全建立起来；集邮作为民间自发性的文化活动，还只是一种复苏状态下的逐渐恢复。这个时期的初始阶段，围绕着集邮活动产生的经济现象，仍还作为“邮德”问题受到质疑。有关部门对于邮票在市场上自由买卖，仍持否定态度。

随着改革开放的不断深入，以及市场经济意识的确立，集邮在经过两三年的蓄势之后，产生了多种变化：

集邮者的变化。20世纪60年代以来，集邮者经历了“文革”运动，仍心有余悸，认为集邮不过是一个文化性的业余爱好，取舍由人，不如放弃，另求他乐。但少数有成就的集邮家则以积极态度继续从事他们所热爱的集邮活动，成为新时期集邮队伍的中坚力量。另有不少20世纪60年代后期出生的青少年，也加入集邮行列。这一代集邮者在十几年后，有不少人在学术研究和国际邮展中取得了可喜的成就。

集邮市场的形成。进入20世纪80年代，各地邮票公司纷纷成立，但供应的票品远远不能满足集邮所需。市场经济的催生，使一个个自发的邮票市场在全国大中城市陆续形成。由于顺应国家经济体制改革的大势，它们终以顽强的生命力生存下来。

民间集邮团体的出现。改革开放带来宽松的政治局面和活跃的经济局面，使集邮者从20多年来形成的分散封闭的集邮方式中走了出来。他们自发联络，寻求文化部门的支持，纷纷成立民间的集邮组织。

种种迹象表明，中国集邮进入了一个新的发展时期。尽管当时集邮者表现出了很高的积极性，但在全国范围内，仍处于松散的自发的活动状态，集邮的整体水平还不能适应改革开放的新形势，与世界集邮水平相比有较大差距。但是，这毕竟是中国集邮从沉睡到复苏的转折时期，随着改革开放的不断深入，中国集邮的春天正在到来。

第一节　改革开放初期邮票发行和集邮状况

1978年12月，中共十一届三中全会以后，全国各项事业开始回归正轨。我国封闭已久的集邮活动开始复苏。这种复苏首先体现在邮票发行方面，中国邮票总公司的成立以及邮票设计室的成立，使邮品设计出现了一个黄金时期。一些久违的选题和设计精美的邮票激起人们的收藏热情。经过集邮者的奔走呼号，自发形成的集邮群体在有关部门的支持下，实现了向有领导、有组织的集邮团体的过渡，为成立全国性的集邮组织积蓄了较为雄厚的底蕴，从而掀开中国集邮史新的一页。

一、改革开放初期的邮票发行

改革开放初始，邮电部在邮票发行方面，思路产生了较大变化，特别是在邮票的选题、设计等方面，冲破多年禁锢，使其艺术性大大增强，吸引越来越多的人民群众喜爱邮票、收集邮票，使集邮人数迅速增加。

1. 邮票选题、设计的变化吸引集邮者

改革开放初始，邮票在选题、设计、印制方面从“文革”运动时期的束缚逐渐解脱出来，尊重自然、尊重科学、尊重艺术，反映中华民族传统文化的题材的邮票成为邮票发行的主流。涌现出一批被广大集邮者赞誉的邮票。

1978年是中国农历马年，邮电部门有关人士在对国外邮票发行情况进行考察后，提出了发行生肖题材邮票的建议，关于“马”的选题就被确定下来。随后，发行生肖题材邮票的计划被暂时搁浅，改成发行一套反映畜牧业题材的《良马》邮票。后来，又改为发行一套以画家徐悲鸿所画奔马为题材的邮票。但是，邮票名称没有选择《徐悲鸿作品选》或《徐悲鸿作品——

《奔马》邮票小型张

邮票公司恢复营业

奔马》，而确定为《奔马》。

《奔马》特种邮票于1978年5月5日发行，全套10枚，另发行小型张1枚，由刘硕仁设计，北京邮票厂以影写版印制。这套邮票的图案选取了著名画家徐悲鸿最具代表性的奔马画作，它们多数创作于抗战时期。画幅中的奔马笔墨简练、姿态各异、气势磅礴。小型张的边饰设计成装裱国画的绫子的效果。与此前几年发行的特种邮票形成鲜明对照，在设计上突显出民族风格，因此得到广大集邮者的好评，并且引发了踊跃购买的热潮。

刘硕仁出生于1930年，北京人，1953年毕业于中央美术学院，同年到邮电部从事邮票专业设计工作，曾任邮电部邮票发行高级工艺美术师、编辑室主任。刘硕仁是新中国第一代邮票设计家。他设计的《蝴蝶》《菊花》《奔马》等邮票于1980年被评为“三十年最佳邮票”。

以《奔马》特种邮票发行为标志，中国邮票从此发生了显著变化。随后发行的《工艺美术》《药用植物》《公路拱桥》《水乡新貌》等邮票从选题到设计都体现出全新的面貌。

2. 中国邮票总公司成立

1979年1月，邮电部为了对邮票的设计、印刷、发行、出口工作统一管理，决定将邮电部邮票发行局、北京邮票厂、中国邮票公司3家单位合并成立中国邮票总公司，宋兴民任总经理兼邮票发行局局长。中国邮票总公司负责有关邮票的一切业务，从邮票的选题、设计、印制、发行以及邮票内销和出口贸易等各项工作，均属中国邮票总公司管理；集邮当中涉及政府方面的活动，中国邮票总公司也负全责。创立这样的国家机构，在当代世界邮政系统尚属第一家。事实表明，中国邮票总公司不仅推动了中国集邮事业的发展，在中国邮票发行史上也创造了辉煌。

宋兴民（1923—2000），河北乐亭人，

宋兴民

历任邮电部邮票发行局副局长、邮政总局代局长、中国邮票总公司总经理等职。他主持对邮票的设计、印制和发行以及集邮业务一系列改革和开拓性工作，对20世纪80年代中国集邮的复苏、《集邮》杂志复刊、建立中国邮票博物馆、成立中华全国集邮联合会、中国加入FIP等集邮大事均做出了杰出的贡献。1982—1990年，宋兴民当选了中华全国集邮联合会第一至三届副会长。

3. 成立邮票设计室

在中国邮票总公司的统一管理下，设立了邮票设计室，由孙少颖担任设计室主任。这一时期，邮票选题思想开放，邮票的设计、印制、发行各环节协调，成果显著。从1979年到1981年发行的“J”“T”邮票中，就有多套在最佳邮票评选活动中获奖。纪念邮票中的《国际儿童年》《中华人民共和国成立三十周年（第四组）》《中国古代科学家（第三组）》《中国女排获得第三届世界杯冠军》；特种邮票中的《云南山茶花》《台湾风光》《中国古典小说——〈西游记〉》《齐白石作品选》《辛酉年》《红楼梦——金陵十二钗》，普通邮票中的普20《北京风景》、普21《祖国风光》等，这些邮票很好地体现了新时期的邮票美学特征，因此博得中外集邮界的一致好评。

这一时期发行的邮票，精美耐看，在中外集邮界享有较高的声誉；邮票的发行量适中，使得市场价格也稳中有升。在选题内容上突破了禁区。1964年已经印好的《京剧脸谱》邮票，在当时的社会背景下不得不停止发行。15年后，这套邮票又重新设计、印制、发行。特别是自1980年开始，发行的生肖题材邮票，进一步激发了人们的集邮热情。

这一时期，邮资票品的品种也有所创新，如J.59《中华人民共和国展览会》邮票小版张，T.51《童话——“咕咚”》、T.57《白鳖豚》、T.59《寓言——刻舟求剑》小本票等，使新中国邮票的形式朝着多样化方向良性发展。

此外，在邮资票品的设计、印制工作中，除了保证邮政通信所需，还能关注集邮者所求。在邮政用品的策划发行上，也打破多年沉寂局面，从1981年开始发行贺年邮资明信片。这种邮资明信片在策划设计中置入“HP”志号，为后续发行夯实了基础。这种新款邮政用品的发行，为集邮者拓展了收集范围。

4. 经典邮票不断涌现

1979年10月1日是中华人民共和国成立30周年，邮电部发行了5组纪念邮票和1枚小型张。这5组纪念邮票包括“国旗”“国徽”“国歌”“欢庆”“四化”等内容，

卢天骄和刘硕仁

在设计上也令人耳目一新。其中第四组纪念邮票以四方连形式设计，画面表现了各族人民载歌载舞、欢庆节日的景象，色彩绚丽、舞姿优美，深受集邮者的喜爱。该套邮票由卢天骄设计，北京邮票厂以影写版印制。在1980年举办的“三十年最佳邮票”评选活动中被评为最佳纪念邮票。

卢天骄出生于1934年，广东中山人，1954年毕业于中央美术学院，是中国的女邮票设计家。卢天骄还是全国政协委员、全国妇联执委、中国美术家协会会员；历任邮电部邮票发行局设计室副主任、国家邮政局邮票印制局高级工艺美术师。其作品《唐三彩》《中国人民伟大的无产阶级革命家、杰出的共产主义战士周恩来同志逝世一周年》《中华人民共和国名誉主席宋庆龄同志逝世一周年》《吴昌硕作品选》等被评为最佳邮票。1982年，卢天骄出席了中华全国集邮联合会第一次代表大会。

按中国农历计年，1980年为庚申年，即猴年。从这一年起，中国邮政开始发行生肖邮票。首轮生肖邮票《庚申年》于1980年2月15日发行。这一天是中国农历的除夕，“猴票”的发行无疑给当时的集邮活动注入了活力。

1979年的一天，黄永玉的学生——邮电部邮政总局邮票设计室邵柏林到黄永玉家中拜访，邀请他设计一枚生肖题材的猴邮票。为了纪念刚刚逝去的爱宠小猴，黄永玉欣然答应。他以红色为底，以墨色为主，画出了一只憨厚可掬的幼猴。邵柏林根据这幅画稿进一步设计、姜伟杰在此基础上进行布线和雕刻，使这只猴子身上的黑毛富有立体感。北京邮票厂采用影写版和雕刻版套印，猴子的脸部和爪子等部位使用了金色油墨。该枚邮票以红、黑、金三色印制，与中国新春贺年的春联的色彩相一致，很好地烘托了节庆气氛。

《庚申年》邮票采用了26毫米×31毫米的小票幅，图案显得精致、喜庆、美观。该邮票发行后，深受广大集邮者的喜爱。

《庚申年》邮票

黄永玉

由于该邮票的发行量不足500万枚，它在邮票市场价格上升很快，四方连和整版邮票的价格更高。1990年后，该套邮票不仅成为中国集邮的标志性藏品，更是中国集邮市场的一个风向标，以致在国内外举行的邮品拍卖会上，《庚申年》邮票成为投资者追逐的一个热点拍品。

黄永玉，1924年出生于湖南省凤凰县，土家族，受过小学和不完整初级中学教育。黄永玉擅长版画、彩墨画，曾在中国香港从事木刻创作活动，任长城电影公司剧本特邀撰写人、香港《新晚报》画页编辑，1953年后任中央美术学院教授。黄永玉是中国美术家协会常务理事、副主席、顾问。由他设计的《林业建设》特种邮票于1958年发行，其中“森林资源”一枚票被英国的《集邮者年鉴》评为1958年世界十枚最佳邮票之一。他还设计了《白鹤》《第十届世界旅游旅行大会》《丙申年》等邮票。

这一时期，在实事求是、解放思想的社会大背景推动下，中国邮票在艺术性方面所产生的变化，吸引了许多人购买和集藏，其中有不少人自此开始集邮。中国的集邮活动开始出现令人鼓舞的局面。在一些大城市，集邮从恢复阶段迅即转入发展阶段，到1980年年底，全国集邮人数成倍增长。

二、各地集邮活动的复苏

集邮活动的复苏体现在三个方面：一是当时购买邮票的人们迅速增加，他们当中的多数人成为集邮爱好者；二是经历过一段集邮的低谷时期，集邮爱好者迅速恢复了集邮爱好；三是由集邮骨干发起的、集邮者之间的多方面交流形成当时集邮活动的主要内容。

1978 年，位于北京东长安街的中国邮票公司国内营业部恢复营业，以出售 J、T 邮票为主，另外还出售部分老“纪”“特”新票和盖销票。由此，北京的一些集邮者除了迅速补充购买可以买到的邮票外，开始聚集在中国邮票公司门口，进行信息的交流与邮票的交换。经过特殊历史时期的封闭的集邮者们，有了一个可以公开活动的场所，他们互相打探着以前的集邮朋友的消息，也互相交换着各自得到的邮票发行资料。

1978 年，有关部门开始将“文革”中查没的邮票归还给集邮者本人。但是，由于“内乱”时期北京的查没行动最早，许多查没物品没有登记在册，致使相当多的集邮者的邮票无处查找。

记述我国 1979—1981 年集邮活动的图书《复苏》

上海是中国集邮的发祥地，集邮在上海有着广泛的群众基础。“文革”中，上海集邮界也有大规模的查没。在集邮活动恢复时期，这些查没物品多有归还。

20 世纪 70 年代末期，上海市有关部门开始退还“文革”中查没的邮票。由于邮集大部分登记在案，并在上海市博物馆保存，因而使许多邮集能顺利地物归原主。在退还过程中，有些珍贵的邮集，如“清代台湾地方邮票”邮集，经过商议，由邮政部门收购了几部。

集邮人数成倍增长，刘广实是上海集邮界的活跃人物，这一时期他与上海集邮家以及中青年集邮者都有密切交往。他的家一度成为中老年集邮者的聚会场所。交往中，邮友间以邮会友，以诗会友。

天津的集邮活动也有着悠久的历史。“文革”时期，天津集邮虽也受到冲击，但是，原天津集邮公司的一些营业员调到邮局工作后，仍负责出售邮票。出于对集邮者的同情，他们在领取邮票时，常设法多凑一些成套邮票卖给集邮者，起到了保护集邮的作用。因此，进入新时期，天津的集邮活动很快恢复起来。

1979 年，成都暑袜街邮电局集邮台恢复集邮业务，成都市的集邮爱好者闻讯后，纷纷相约来到暑袜街邮局。他们有的来补充没有的邮票，有的来看看情况，有的互相打听邮友的情况，有的就开始交换邮票。随着时间推移，这里的集邮爱好者越聚越多，使暑袜街邮局的营业大厅形成了自发的邮市。此后，暑袜街发展成具有相当规模的沿街为市的邮票交易市场。

1979 年 9 月 1 日，呼和浩特市邮政局恢复集邮业务，在中山路邮局营业厅自发

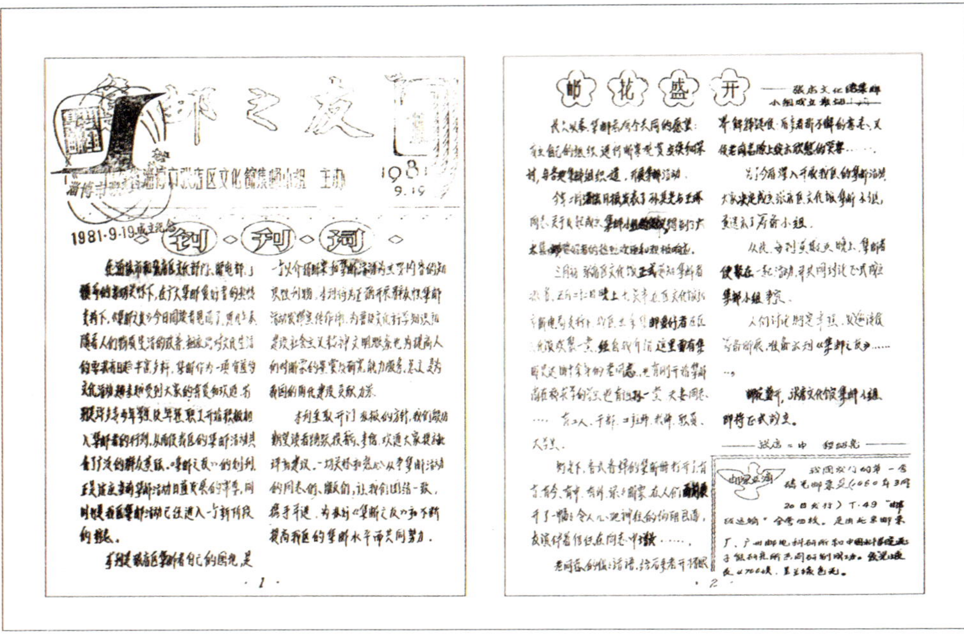

邮之友

1981·9·19

创刊词

邮花盛开

1981 年山东淄博的邮品交换刊《邮之友》

地形成一个集邮交流场所，呼和浩特市及周边的集邮爱好者多到此聚会、相识、交换邮票，以后很多人成为内蒙古集邮活动的骨干。

全国各地的情况差不多，都是在当地的邮电局恢复集邮业务、出售邮票后，集邮者闻讯聚集在邮局内外，购买邮票、拾遗补缺，从交换邮票发展到买卖邮票，逐渐形成邮票交易的自由市场。同时，也出现了收购、出售邮票的邮商。有的市场不只是交易邮票，还有钱币、火花、书籍、证章等收藏品的交易。有些资深的集邮者就开始寻觅邮友、交流信息。

三、探索中诞生的第一批集邮组织

20 世纪 70 年代末期，中国的改革开放刚刚拉开序幕。当时人们的文化生活还相对单调，集邮就成为为数不多的大众化活动。很多集邮者早已不满足个体化的集藏行为，他们进行横向联合，定期举行集邮活动，在有关部门的支持下，成立了改革开放后的第一批集邮组织。

1. 北京鼓楼集邮研究会成立

北京鼓楼集邮研究会是北京市东城区文化馆领导下的群众性的集邮组织。它是中华人民共和国成立后北京市第一个跨行业的社会集邮团体，也是“文革”结束后中国最早成立的集邮组织之一。

在当时的特定条件下，北京的朱祖威与周围中老年集邮者形成了一个活跃的集邮群体。这个群体的成员有较深的集邮资历、丰富的邮识，藏品具有一定水准。他们的集聚使个人的集邮活动能力得以充分发挥。在这些集邮骨干的影响下，很多集邮者不断聚集加入，而且影响了更多的人加入进来。1979 年成立的北京鼓楼集邮研究会，就是以他们作为该会的骨干。

1979 年 7 月，北京市东城区文化馆编创组成员成志伟在馆办的铅印小报《钟鼓楼》上发表了一篇谈论集邮的短文——《邮票杂谈》。他在文中谈到了邮票的各种功能，特别强调了文化方面的功能，以及收集邮票的好处。该文刊登后，立即引起京城集邮者的关注。集邮者刘肇宁给东城区文化馆写了一封信，建议文化馆将集邮爱好者聚集起来，开展集邮活动，并把他所了解的北京集邮者的情况作了介绍。成志伟向东城区文化馆馆长孙运显汇报了此事。孙运显以其对群众文化事业的责任心与敏锐感，意识到集邮与文化的密切关系，于是组织召开了一次北京集邮者座谈会，一边了解情况、一边考虑筹建集邮组织问题。东城区文化馆随即上报东城区委宣传部、东城区文化办公室，获准设立集邮活动组。

具有 700 年历史的北京鼓楼，当时属东城区文化馆的一个活动站。1979 年 8 月 19 日，“北京市东城区文化馆业余集邮研究会”宣布成立。这是“文革”后北京乃至全国经政府批准最早成立的群众性集邮组织。东城区文化馆业余集邮研究会首批会员有 22 人，由各个不同工作单位、不同年龄段、不同经历的集邮人组成。该研究会虽然设在东城，但却云集了当时北京市的集邮知名人士，如朱星南、袁香举、赫崇佩、杨立、邹毅、程本正、陈乃丰、水泗宏、王泰来、黄扶民、张振武等。

集邮研究会成立之初不设会长，推选成志伟、朱祖威、刘肇宁、邹毅、林轩为研究会领导成员。会后编印一期《集邮简讯》，报道成立大会情况，并附有研究会的

北京市东城区文化馆业余集邮研究会成员

章程。1980 年，朱祖威被推举为会长，成志伟、林轩、陈乃丰、刘开文为副会长，以后陆续有赵人龙、刘铭彝、吴鸿选、应鸿、朱培基、施慧中、黄鼎峙、吴书庆等集邮家加入。

北京市东城区文化馆业余集邮研究会成立后，经常在鼓楼大厅举办邮展、讲座及例会活动。后来，集邮研究会取“鼓楼”两字的文化涵义，于 1981 年 3 月改名为“北京鼓楼集邮研究会”，当年会员数达到近 50 人。不少鼓楼集邮研究会的会员，就是北京各基层集邮组织的负责人，日后也成为北京市各区、县集邮协会和各专门集邮协会的骨干力量。鼓楼集邮研究会除立足于办邮展、编邮刊、举办讲座一类传统的集邮活动形式外，还采取把集邮活动与国家的中心任务或重要活动结合起来的方法，把时代信息引入邮会活动，使邮会具有时代的朝气。

1981 年夏，四川、陕西、甘肃一些地区遭受特大水灾。当时全社会正在开展“五讲、四美、三热爱”建设社会主义精神文明的活动，鼓楼邮会与时俱进，号召会员捐款赈灾。为了把赈灾与集邮活动挂钩，邮会建议会员捐出自己的邮品在会内义拍，所收款项全部支援灾区。这次活动得到会员全力支持，47 名会员人人捐出邮品使义拍大获成功。此次颇具影响的义拍，不仅突破了严禁会内买卖邮票的规定，也为邮品交流提供了一种新形式。

北京市东城区文化馆业余集邮研究会成立后，结合国家的中心任务和重大活动举办了多次集邮展览，1979 年 10 月 1 日至 20 日，在鼓楼大厅举办了“庆祝中华人民共和国成立 30 周年集邮展览会”。1980 年春节，该研究会推出“鼓楼春节邮票展

1980 年北京市东城区文化馆“鼓楼春节邮票展览会”

览会”，当年还举办了“日本邮票展览”“东城区文化馆业余集邮研究会成立一周年会员个人集邮收藏品展览”。1981 年举办了“第二届鼓楼迎春邮票展览”“庆祝中国共产党成立 60 周年邮票展览”。该会还于 1980 年 4 月创办会刊《鼓楼邮刊》，截至 1981 年共出版了 14 期。

建立跨行业、跨部门的集邮组织，该由政府哪个部门来负责管理？是文化部门、邮政部门还是民政部门？这个问题自 20 世纪 50 年代以来一直没有得到妥善解决。进入新时期，社会的大变革为发展集邮、建立有领导的集邮组织提供了适宜的社会环境。北京市东城区文化馆以新时期的开拓精神，勇为人先，成立了集邮研究会，为后来一些外省市解决集邮组织挂靠问题提供了经验。从此，在政府部门领导下的有组织的群众集邮活动开始成为主流。

在改革开放初期，成立群众性组织并不是一件容易的事，尤其是集邮组织，需要有关方面层层审批。但是，集邮者的执着和努力最终成为现实，京城首家集邮组织诞生的意义，已被载入中国集邮的史册。北京鼓楼集邮研究会的成立，以及所开展的集邮活动，在全国集邮界引起强烈反响。这对恢复中的中国集邮，起到了促进的作用。

2. 广州市集邮学会成立

广东省集邮的复苏在国内是较早的。1980 年 1 月 1 日，“文革”后在广州文化公园举办的邮展，标志着广东集邮的复苏。1 月 27 日，十几位集邮者自发地在广州文化公园聚会，商讨发展广州集邮，建立集邮组织的问题，并推举常增书、蔡浩强、

广州市集邮学会成立纪念封

肖家有、张文光等11人进行筹备。广州市文学艺术界联合会和广州市青年联合会表示支持，分别派出许率真和梁丽荣参与筹备工作。3月20日，在广州吉祥路百花园举行“广州市集邮学会”成立大会，广州市委、市文联有关负责人到会祝贺。大会通过了《广州市集邮学会章程》，选举常增书、蔡浩强、肖家有等13人为理事会理事，聘请广东省邮电管理局局长李清万为名誉会长，推选常增书为会长、蔡浩强等为副会长、焦志伟为秘书长。4月13日在青年文化宫举办了首批会员入会座谈会，50多位会员首次聚会并填写了入会申请表，得到了贴有《庚申年》猴票的集邮学会成立纪念封。广州市集邮学会会刊《集邮家》创刊于1980年9月15日。首届广州邮票展览于1981年春节举办。

广州市集邮学会归属于广州市文学艺术界联合会领导，成为有组织、有主管的新部门，启示了各地组成集邮团体的新途径。

广州市集邮学会成立后，注重集邮的普及和发展基层集邮组织等工作。与市青年文化宫合作开办集邮俱乐部，举办集邮讲座、交换邮票等活动。1980年4月底，广州市集邮学会和青年文化宫举办了首次集邮讲座，会长常增书讲述了集邮的起源、发展与现实意义，然后观摩了会员送展的10框专题邮票以及我国近年发行的纪、特邮票。这次集邮活动的参会者有500多人，并自发进行了藏品观摩、交换活动。根据群众的要求，广州市集邮学会决定每月举办一次讲座与活动。1981年4月起，在青年文化宫一楼设立了集邮俱乐部，定期交

广州市集邮学会成立理事合影

流集邮心得并交换邮票，把邮票交换活动纳入正途，参加者从开始的 80 余人增加到 300 多人。

广州市集邮学会还组织会员分区活动，推动工厂、学校建立集邮组织，开展群众集邮活动。1980 年，暨南大学、中山大学、华南工学院等十几所大专院校先后成立集邮组织。1981 年，广州越秀区 200 多名少年集邮爱好者与广州市集邮学会的集邮家相聚，常增书向小朋友介绍集邮知识。会上，成立了越秀区小集邮爱好者活动组，推动了广州少儿集邮活动的发展。

广州市集邮学会的创建以及开展的各种活动，为广东省一些市县集邮者提供了经验。1981 年元旦，顺德县文联、文化馆在 1979 年恢复集邮活动的顺德县新风集邮小组的基础上组建了顺德县集邮协会，这是广东省第一个县级集邮组织。该会的会长为徐峰，副会长为伍焯煊，编印有《顺德集邮》。1981 年，韶关市、佛山市、茂名市、梅县等集邮组织都按照广州市集邮学会的组织模式挂靠在当地文化部门，广东省集邮呈现繁荣景象，这为 1982 年 1 月 28 日成立广东省集邮联合会奠定了基础。

1981 年 1 月 1 日，广州市集邮学会发出《关于筹组全国集邮团体的倡议》（刊于《集邮家》报第 3 期）。该倡议中指出："'文革'之后，集邮活动逐步恢复，集邮公司复业，《集邮》杂志复刊，各地陆续成立了或正在筹组地区性的群众集邮组织，集邮活动呈现出蓬勃发展的景象。""为了加强国内各地集邮组织之间的经常联系和交流经验，并开展对外交流，有必要迅速筹组以各地集邮组织为会员的全国性集邮团体。"该倡议得到了全国各地集邮组织和集邮者的积极响应，一致认为反映了集邮者的心愿，希望能迅速实现。

后来，广州市集邮学会根据中华全国集邮联合会对全国省、市及基层集邮组织名称统一为"协会"的要求，将"广州市集邮学会"改名为"广州市集邮协会"。原来由广州市文联领导，改由广州市邮政局领导，纳入中华全国集邮联合会组织系统。

张文光（1914—2009），广东江门出生，1928 年开始集邮，1936 年在新会举办了广东首次邮展。1982 年，他出席了中华全国集邮联合会第一次全国代表大会，当选第一、二届全国集邮联学术委员。他的《中国清代红印花》《孙中山像邮票》邮集参加广东省及全国集邮展览并荣获高奖。他力行"集邮重在研究、贵在有恒"的理念。2003 年，张文光被授予中华全国集邮联合会第一批名誉会士。

3. 各地成立的集邮组织

改革开放初期，各地成立的集邮组织大多挂靠在当地的文化部门。

上海市工人文化宫职工集邮爱好者协会成立于 1981 年 5 月 30 日，成立时有会

张文光和夫人

员 1154 人，包括十多个工厂的集邮组织为团体会员，产生了 19 人的干事会，符诗伯任总干事。该会聘请马任全、唐无忌为名誉顾问，屠松鉴为顾问。在此前后，上海市南市区工人俱乐部集邮爱好者协会、上海市虹口区职工集邮组、上海市南汇县集邮组、青浦县集邮协会等集邮组织陆续成立。

在江苏，南京市集邮爱好者董光呈、沈宗海相约与南京市邮政局和市工人文化宫领导见面，介绍各地集邮恢复活动的情况，并提出恢复市工人文化宫集邮组的建议，得到了支持。1979 年 11 月 25 日，在南京市工人文化宫，40 多位集邮爱好者聚会，正式恢复集邮组，推选董光呈为组长，沈宗海、杨勇伟为副组长。南京市工人文化宫集邮组陆续举办了集邮讲座、佳邮评选座谈会等活动。1981 年 1 月 1 日，集邮组更名为南京市工人文化宫集邮研究会，董光呈任会长，创办《金陵邮刊》，并在创刊号上发出《关于筹组全国集邮团体的响应书》。1981 年 3 月，南京市工人文化宫集邮研究会组织了邮票交换活动。

1980 年 7 月 1 日，无锡市工人文化宫集邮组成立，它由市总工会和市工人文化宫领导，曹学铭任会长，后改称无锡市职工集邮协会。1981 年 11 月，《无锡邮讯》创刊。1980 年 11 月 20 日，无锡市文化馆集邮研究会成立，它是在原崇安区工人俱乐部集邮小组成员的基础上，吸收新成员组成，由文化馆馆长出任理事长，选出窦莲孙、陈文龙、张筱弇等为理事，孙君毅为顾问。无锡市文化馆集邮研究会又一次吸收了外地通讯会员，一时影响较大。该会的成立也被视作原无锡邮票研究会的正式复会，为此，当日在市文化馆举办“中外邮票展览”以资庆祝。1981 年 6 月，《邮友信箱》恢复编印。

1981 年 1 月 1 日，苏州市工人文化宫集邮研究会宣告成立，167 名会员来自全市各地，其中包括 7 位原文化宫集邮组的成员。汪日荣被选举为会长。邮会编印有会刊《研究与交流》。

1981 年 2 月 5 日，在常州天宁区文化馆领导的支持下，常州市业余集邮研究会成立，聘请赵善长为名誉会长，选举任同生为会长、曹源福等为理事。集邮研究会陆续举办了集邮讲座、佳邮评选、票品调剂等活动，编印会刊《天宁集邮》。

江苏省各地，先后成立的集邮组织还有南通市文化馆集邮小组（1979.11.18）、清江市文化馆集邮小组（1980.7.11）、镇江市工人文化宫集邮协会（1980.11）、徐州市群众艺术馆集邮研究会（1981.4.15）、连云港市职工集邮协会（1981.7.26）、扬州市文化馆集邮研究会（1981.10.1）、吴江县集邮协会（1981.10.1）、如皋县集邮协会（1981.10.1）等。

在安徽，1980 年 5 月 1 日，安徽省亳县业余集邮研究小组成立。1981 年，亳县集邮协会、铜陵市集邮研究会、芜湖市集邮协会先后成立。

在浙江，1981 年，浙江湖州市工人集邮协会、金华市工人集邮小组成立。

在福建，1981 年 3 月 20 日，漳州市集邮协会成为福建省最早成立的市级集邮协会，其后龙岩市集邮协会经市文化局批准成立。

在河北，1981 年 4 月 1 日，河北省邯郸市业余集邮协会成立。

邯郸市业余集邮协会成立纪念封

在湖北，1980 年上半年，湖北宜昌一些集邮爱好者自发地组成集邮活动小组。几经联系，1981 年 1 月 25 日，宜昌市群众艺术馆集邮组正式成立，选举刘洪为集邮组组长、邓礼洁等为副组长，聘请群众艺术馆领导为名誉组长。市群众艺术馆提供场地，每周日下午举行邮票交换会，不定期地举办集邮讲座，编印会刊《夷陵集邮

长沙市集邮组成立纪念封

者》。12 月 27 日，又以宜昌市群众艺术馆集邮组为基础成立了宜昌市集邮协会。

1980 年 9 月 11 日，湖北沙市工人文化宫成立了沙市集邮小组，举办了邮票交换会、邮票观摩会、编印《沙市集邮》。1981 年 9 月 27 日，经沙市市总工会批准，沙市市集邮协会成立。

在湖南，1981 年 3 月 29 日，经湖南益阳文联批准的益阳市集邮协会正式成立，谢树里任会长。

1981 年 7 月 1 日，由长沙市文化局领导的长沙市集邮组在市文化宫举行成立大会，通过了章程，聘请张盛裕为顾问，推选黎泽重为组长，孔浩鸿、孙德奎为副组长。同日，由津市市文化馆领导的津市市集邮协会成立，选举曾泽生为会长。

1981 年 8 月 18 日，经常德市总工会同意，常德市集邮协会成立。在此期间，湖南省湘潭、株洲、湘西等地成立了集邮协会筹备组。

在广西，1981 年 2 月，广西柳州职工集邮小组成为该自治区最早的集邮组织，同年 9 月创刊《龙城集邮》。

在天津，1981 年 6 月 28 日，静海县集邮研究会成立，这是天津市成立最早的集邮组织。

在内蒙古，1981 年 2 月 5 日，在赤峰市总工会的支持下，赤峰集邮小组成立，成为内蒙古第一个民间集邮组织，组长田健行，创办内蒙古第一份民间邮刊《草原邮讯》。

在黑龙江，哈尔滨道里文化馆集邮小组于 1979 年 10 月恢复活动，1981 年 1 月更名为哈尔滨道里文化馆集邮研究组，易富顺为组长，李登汉、朱庆林为副组长，恢复编印《太阳岛邮讯》。

在辽宁，1981 年 2 月 5 日，辽宁省辽阳市总工会批准成立辽阳市集邮协会。

沈阳市工人文化宫集邮组成立于 1981 年 5 月 1 日。同期成立的还有大连铁路分局文化宫集邮学会等。

在吉林，1980 年 8 月 27 日，吉林省长春市职工业余集邮活动组成立，组长赵刃池。活动组坚持每月例会，举办集邮讲座，编印会刊《集邮活动》。1981 年 5 月 31 日，吉林市集邮协会成立，成为吉林市文联的团体会员。1981 年 8 月 16 日通化市业余集邮协会成立。

在青海，西宁市集邮协会 1981 年 1 月 25 日成立，成为西宁市文联的团体会员。推选王武夫为会长，吴廷琦等为副会长，下设宣传组、组织组、对外联络组、青少年集邮辅导组、财务组、《西宁集邮》编辑组。7 月，该会举办了纪念中国共产党成立 60 周年邮票展览。

在新疆，1981 年 2 月 1 日，奎屯市文化馆率先成立全自治区最早的集邮组织。

这些市县级集邮组织成立后，大都挂靠在不同级别的文化部门或工会，由主管的文化部门拨出经费，提供活动场地，或者派驻工作人员，开始了有领导、有计划的活动。后来，随着国务院明确批准集邮归口邮政部门，由邮政部门领导的上海市集邮协会、北京市集邮协会成立，集邮组织划归邮政部门领导已成大势，这些早期成立的集邮组织多改由邮政部门统一管理。

4. 各基层成立的集邮组织

除了市、县一级的集邮组织外，集邮复苏时期最多、最有生机的还是各基层如雨后春笋般涌现的集邮小组、集邮协会、

上海市大学生集邮协会成立

兴趣协会。它们遍及祖国天南海北、各行各业，一时蔚为大观。大中专院校是学生汇集之地，他们兴趣广泛、接受能力强，对于成立集邮组织是比较积极的。

大专院校的集邮组织不断涌现。1981年4月1日，北京邮电学院在校庆26周年之际，宣告成立集邮会。130余名集邮爱好者齐聚一堂，学院院长孟贵民担任名誉会长，邵柏林为集邮会成立设计了纪念戳。7月1日，中央财政金融学院成立集邮学会。同年成立的集邮组织还有北京第二外国语学院集邮会、陕西机械学院集邮小组、广州师范学院集邮学社、郑州纺织机电专科学校集邮小组、中山大学集邮社、华南工学院机械系学生集邮小组、云南大学集邮协会、山东大学光学系集邮小组、大连工学院集邮协会、暨南大学集邮社、中山医学院集邮协会、山东海洋学院集邮协会、贵州大学集邮协会、辽宁师范学院集邮协会、北京外贸学院集邮协会等。

1981年5月8日，上海市学生联合会主管的上海市大学生集邮协会宣告成立。此前的1980年11月3日，上海师范学院集邮协会成立；1981年1月6日，上海交通大学集邮协会成立；3月9日，华东纺织大学集邮协会成立；3月20日，复旦大学集邮协会成立；4月1日，同济大学集邮协会成立；随后上海科技大学集邮社、华东师大仪电分校集邮协会、华东化工学院集邮协会、同济分校集邮协会、华东政法学院集邮协会等也相继成立。上海市大学生集邮协会成立初期的骨干高校有上海师范学院、上海交通大学、同济大学、复旦大学等十余所。上海各高校的大学生集邮协会纷纷举办邮展和集邮讲座，开展邮票交换、集邮知识竞赛等各种集邮活动，成了当时沪上集邮界一道靓丽的风景。

1981 年 11 月 15 日，由共青团上海市委、中国福利会、市青年宫、少年宫、《青年报》《少年报》《儿童时代》等单位发起的上海市青少年集邮协会正式成立，目的是加强对青少年集邮活动的指导。

这一时期，中小学校的集邮组织也纷纷成立。1979 年年底，浙江温州市城南第一小学建立了小学生集邮小组，1981 年 1 月在这个学校成立了温州市第一个小学生集邮协会。1980 年 9 月，杭州市江城中学成立了以学生为主体的少先队集邮小组。11 月 24 日，青岛十八中学集邮小组成立。1981 年 5 月 3 日，以中学生为主体的广州黄埔港湾学校集邮小组成立。同年 9 月 15 日，石家庄市第 26 中学在高晓恩老师指导下成立了业余集邮小组，刻有纪念图章，编印油印邮刊《邮友》。1981 年 9 月 25 日，拉萨市第二中学在援藏教师徐坚身指导下，成立了高原集邮小组，小组成员有一半是藏族学生。他们每周活动一次，观摩和交换邮票。《集邮》杂志登出高原集邮小组成立的消息后，邮票设计者刘硕仁和许多内地集邮者给他们寄去贺信与邮品。

机关、事业单位也相继成立集邮协会。1980 年，辽宁省农垦局成立集邮小组。1981 年 1 月，宁夏回族自治区物资局成立集邮小组。1981 年 6 月 6 日，南京市财政局成立了集邮组。1981 年 10 月 1 日，广东黄埔港务局集邮会在局党委支持下成立。

工厂、矿山、交通企业的集邮协会大多由工会出面组织，有一定经费，有活动场地，大多比较活跃，活动场面也较大。一些工厂企业率先成立了集邮小组或集邮协会。1979 年 5 月 1 日，无锡柴油机厂四达邮趣会成立。1980 年 6 月，大冶钢厂钢花集邮小组成立。7 月 1 日，济南无线电十厂集邮小组成立。10 月 28 日，常州曙光化工厂成立集邮组。12 月 8 日，无锡农药厂、无锡造漆厂成立集邮组织。1980 年 9 月 16 日，上海燎原工具厂集邮小组成立，之后上海市先锋电机厂集邮小组、上海机床厂集邮小组、上海汽轮机厂集邮爱好者协会、上海飞机制造厂集邮小组相继成立。

1981 年，各地成立的工矿企业集邮小组或集邮协会的还有很多，如江苏连云港市职工集邮协会、大庆油田研究设计院设计所集邮小组、大连造船厂工人集邮会、北京半导体器件研究所集邮小组、铁道部株洲车辆厂集邮小组、北京东方红炼油厂集邮小组、广州石油化工厂集邮小组、甘肃白银金属甘肃集邮小组、兰州化学工业公司集邮组、湖北大冶铜绿山矿邮趣会、上海石油化工总厂集邮协会等。1981 年 10 月 1 日这一天成立集邮团体的，有北京有机玻璃制品厂、北京第二机床厂、大同市机床厂、芜湖江东船厂、广州客车装备厂等。

农村的集邮活动发展则范围有限，1980 年国庆前夕成立的辽阳市柳壕公社南教厂大队幸福集邮小组、上海崇明县前进农场供应站集邮小组、上海东海农场集邮小组等是较早成立的一批。

在部队，军人集邮者大多是个人爱好，也有少数军队的机关、后勤、科研单位成立了集邮组织。1980 年 8 月 22 日，北京基建工程部队某部一营为配合部队人生观教育办了一个小型邮展，得到上级肯定，随即成立了集邮小组，定期开展集邮活动，还在附近学校举办了邮展。1981 年 10 月 1

江苏连云港市职工集邮协会成立纪念封

日，总参谋部第51研究所成立集邮小组。南海舰队后勤部某部团支部，注意培养战士们的业余爱好，于1981年12月成立了集邮小组，利用业余时间开展集邮活动。

当时也有少数集邮者自发组织的集邮兴趣团体，不挂靠在地区或单位，如湖南长沙的潇湘邮学社、重庆的山城集邮组、湖北天门的鸿渐邮社等。

四、上海、北京、广东、四川集邮协会成立

20世纪80年代初，全国的大、中、小城市以及县城的集邮者大多自发地在本部门、本单位成立了集邮组织。此期间，要求成立跨行业、跨部门的全国性集邮组织的呼声日益高涨，而各省、自治区、直辖市先行成立统一的集邮组织，则是实现这一目标的必然过程。

1. 上海市集邮协会成立

上海历史上就是中国集邮活动最活跃的地区之一，“文革”结束后，上海的集邮活动很快得到恢复。1979年，上海少年宫举办“少年集邮展览”，许多青少年加入了集邮者的行列。1980年年初，上海市工人文化宫举办“迎春集邮展览”及集邮知识讲座，推动了全市的集邮进一步发展。上海汽轮机厂、上海针织四厂、上海机床厂、上海师范学院、静安区工人俱乐部等相继成立集邮组织，为上海市集邮协会的成立打下了基础。

1980年年初，中国邮票总公司向上海市有关方面提出先行成立市级集邮协会的建议。9月25日，由胡辛人、林醒民邀请马任全等几位著名集邮家和有关部门的负责人举行座谈会，商议成立上海市集邮协会事宜。1980年10月20日，在上海市委

宣传部和有关单位的协助下，成立了上海市集邮协会筹备委员会，推举胡辛人为组长，林醒民、马任全、唐无忌为副组长着手筹备工作。筹备期间，通过委员的推荐介绍、经筹委会讨论批准，吸收了113名会员，其中以中老年集邮者居多。

1981年1月10日，上海市集邮协会成立大会在西藏中路上海市工人文化宫举行。林醒民致开幕词，胡辛人作了《筹备工作概况和今年活动打算》的报告，马任全作了《关于协会章程的说明》报告。中共上海市委副书记兼宣传部长陈沂发来贺信。会议选举产生了理事会，推举胡辛人为会长，林醒民、马任全、唐无忌为副会长，唐无忌兼任秘书长。聘请陈沂为名誉会长。大会印制了纪念封，上海市邮政局刻制1枚纪念邮戳以资庆贺。邮戳由上海市邮票公司设在会场的临时服务台使用。会场上还展出了新中国30年最佳邮票。

胡辛人（1920—2009），江苏东台人，学生时代开始集邮，1944年在苏中区时收集解放区邮票。他是上海复旦大学正局级离休干部，原上海第一医学院党委书记。1981年，胡辛人主持创建上海市集邮协会，历任会长、名誉会长。他当选过中华全国集邮联合会第一届至第四届理事。胡辛人的专题邮集参加过全国邮展。他撰写的《对开放邮票市场的管见》以特别奖入选《全国优秀集邮学术论文集（1982—2001）》。

2. 北京市集邮协会成立

1980年4月，北京鼓楼集邮研究会会长朱祖威以集邮研究会的名义致函北京市文学艺术联合会和北京市邮政局，希望由北京市文联及市邮局出面组织北京市集邮协会。北京市文联对此很重视，指派郑德山联络各方，促成此事。在北京市邮政局的支持下，北京市邮票分公司副经理刘国珍着手筹建北京市集邮协会。10月30日，

上海市集邮协会成立大会

胡辛人

北京市邮票分公司邀请市文联、市劳动人民文化宫、鼓楼集邮研究会等几个方面的负责人进行座谈，对成立北京市集邮协会事项交换了意见。1981 年 1 月 30 日，由市邮政局、市总工会、市文联、团市委 4 个部门联合起草的《关于筹备成立北京市集邮协会的报告》，呈北京市委宣传部审批。3 月 4 日，市委宣传部批复同意成立北京市集邮协会和筹备组人员名单。

1981 年 4 月 9 日，北京市集邮协会第一次筹备会议召开，中国邮票总公司总经理宋兴民、北京市邮政局党委书记杜庆云参加了筹备会议，宣布了市委宣传部的批复。随后，举行了第二次、第三次筹委会会议，拟定了协会章程草案，审批了第一批 77 名会员，协商了理事候选人名单。至此，完成了北京市集邮协会成立的各项准备工作。

1981 年 10 月 30 日，北京市集邮协会成立大会在全国工商联礼堂隆重开幕。北京市政协副主席廖沫沙、邮电部副部长赵志刚、中国邮票总公司总经理宋兴民等领导，首都新闻单位和有关方面人士，以及

北京市集邮协会成立大会

集邮爱好者共120余人参加了成立大会。大会选举杜庆云为北京市集邮协会会长，沈曾华、张关基、郑德山为副会长，刘国珍为秘书长。

杜庆云（1921—1997），河北省安平县人。1938年参加革命工作，历任《人民日报》发行部第一副部长、北京邮局发行处处长、交通部邮政总局负责人、北京市邮政局党委书记等职。1981年，杜庆云参与筹建北京市集邮协会，当选北京市集邮协会一至四届会长。他在任内创办了会刊《北京集邮》，组织编写了《实用集邮词典》《中国邮票全集》。杜庆云曾经当选中华全国集邮联合会第一届至第四届常务理事。

上海市集邮协会和北京市集邮协会成立后不久，在筹建全国集邮联合会时，由国务院明确指示：集邮协会由邮政部门主管以后，各地集邮协会便统一归省、市邮电管理部门领导，由邮电管理部门委派专职人员负责协会的日常工作。这个机构的定位，为其他省（自治区、直辖市）集邮协会的成立，理顺了组织关系。由政府部门主管并委派专职人员主持集邮协会的各项工作，拨款支持集邮协会各项活动，这些新的机制，推动了一度停滞的中国集邮迅速发展。

杜庆云

1981年，还有一些省、自治区、直辖市也正在积极筹备成立省级的集邮协会。1981年6月10日，天津市历史博物馆举办中国邮驿史及邮票展览时，时任天津市文化局文化处副处长的集邮家罗真邀集天津多位知名集邮家共商成立天津市集邮协会之事。大家一致同意立即着手筹建，推举罗真负责、李明协助。

3. 广东省集邮协会成立

1980年，广州市集邮学会成立后，全省各地集邮者也先后建起立本地区的集邮组织。至1981年年底，全省已有广州、顺德、佛山、梅县、韶关、茂名6个市、县建立了集邮团体。1982年1月下旬，这6个集邮团体的代表共17人在广州就建立广东省集邮团体问题进行讨论，草拟和通过了《广东省集邮联合会章程》，协商以各集邮团体代表组成理事会。1982年1月28日，广东省集邮联合会宣告成立，常增书当选为会长，蔡浩强当选为副会长，何乃基当选为秘书长，省邮电管理局局长李清万被聘为名誉会长。

李清万（1920—1989），山东省新城县人，出生于邮工世家，15岁开始随父跑邮路。李清万于1937年参加八路军，历任山东郯城县战邮局局长、广州市邮电局及广东省邮电管理局局长。在山东战时邮政总局工作期间，李清万开始集邮。他曾担任广州市集邮协会、广东省集邮协会名誉会长。1982年，李清万当选中华全国集邮联合会第一届理事会常务理事。

广东省集邮协会第一次会员代表大会

4. 四川省集邮协会成立

四川省是中国西南地区集邮活动活跃的省份。1980年9月25日，在四川省文化局副局长、省文联党组副书记兼秘书长彭长登的支持下，李鸿远、蒋国钧等人组成了四川省集邮协会筹备组，推举彭长登任顾问，李鸿远任组长，赵恕中、张延铨为副组长。筹备组经过一年多的活动，召开了12次会议，发展了93位会员，遍及全省14个地、市、州，其中一半以上是中老年集邮者。1982年5月23日，四川省集邮协会成立，聘请彭长登、李少言、严永洁为名誉会长；熊祖芳当选为会长，周亮节、蒋国钧、赵恕中、李鸿远当选为副会长，周亮节兼秘书长。

李鸿远（1934—2017），北京市人，曾任四川省集邮协会副会长兼邮展委员会主任、四川省体育集邮协会副主席等职，国家级邮展评审员。他的《中国西南解放区人民邮政》展品在中国1999世界邮展获得镀金奖。李鸿远曾参与《中国邮票目录·民国卷》《解放区邮票目录》《中华世界邮票目录》等集邮书籍的编纂工作。1994年，李鸿远当选中华全国集邮联合会第四届副会长。2003年，他被授予中华全国集邮联合会第一批会士。

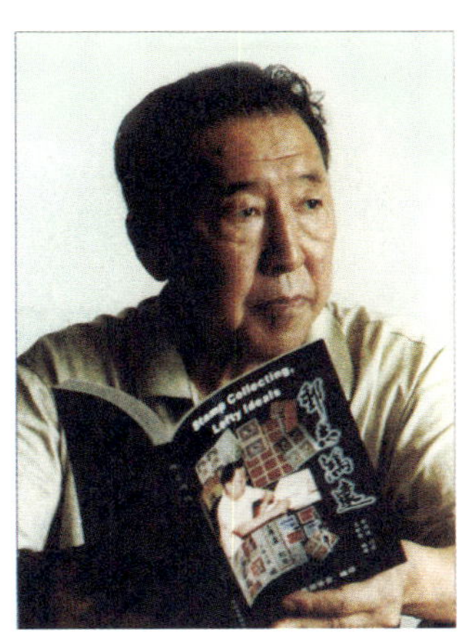

李鸿远

第二节　集邮宣传的导向作用

改革开放以来，中国集邮的复苏很大程度上依靠于媒体的宣传。除了以《集邮》杂志为主的专业媒体外，各省级集邮协会、基层集邮组织以及民间集邮刊物都发挥了重要作用。此外，社会媒体对邮票发行信息的宣传以及对重要集邮活动的报道，都对集邮活动的复苏起到了导向作用。

一、《集邮》杂志复刊

中国邮票总公司成立后，为加强对新中国邮票的宣传，决定将停刊 14 年的《集邮》杂志复刊。随即，中国邮票总公司决定由宣传展览处负责其编辑工作，宣展处处长王庸声，任《集邮》杂志主编。

1980 年《集邮》复刊号

1980 年 1 月，《集邮》复刊第一期出版，其封面为 J.45M《中华人民共和国成立三十周年》小型张放大图，与创刊号的封面——纪 6《中华人民共和国开国一周年纪念》（5–3）“中华人民共和国国旗”的邮票图案产生历史的呼应。复刊的第 1 期，总期号为 126 期，以后依次顺延。

《集邮》复刊号中《致读者》一文，言简意赅，为集邮正名，肯定了“集邮是一项有益的文化教育和娱乐活动”。文章阐明了办刊思想：《集邮》杂志是“以介绍邮票和集邮活动为主要内容的知识性刊物，它将为开展社会主义的群众性集邮活动，为在集邮领域里普及文化科学知识尽一切力量。”它的复刊“显示着我国集邮活动又重新恢复它的活力”。

复刊号正文以夏衍的《集邮寄语》开篇，文章以他自身的集邮经历阐明集邮的意义，为集邮正名。在文章的结尾，夏衍写道：“我认为，为了促进我国的集邮事业不断发展，我们也应该建立全国性的集邮协会，以便沟通与各国集邮者之间的联系，增进相互了解和友谊。”复刊的《集邮》为 16 开本，1980 年上半年为双月刊，自下半年起改为月刊，全年总共出版了 9 期。复刊号的出版受到集邮者热烈欢迎，15 万册很快售空，其中有数千册通过各种渠道进入台湾地区集邮界。

《集邮》杂志在全社会引起反响。当时

邓颖超同志看了《集邮》后，批示道："此刊确实办得不错。望认真总结经验，把此刊办得更好。请以后每期都送一份给我参阅。"沈阳一位集邮者因为集邮在"文革"中受到迫害，当他在《人民日报》上看到《集邮》杂志复刊的信息后，专程到北京购买《集邮》杂志。他到编辑部走访，拿着一本《集邮》杂志，热泪夺眶而出。他说，他因为喜欢集邮，曾遭迫害。现在国家恢复了集邮活动，恢复了《集邮》杂志，这本杂志正是为他平反的实证。

复刊后的《集邮》杂志，设立了众多栏目，"集邮入门""集邮知识""专题集邮"栏目，为初集邮者提供了常识性的信息；"少年集邮讲座"栏目的启蒙文章，激发了少年集邮爱好者的集邮热情；"集邮研究"栏目则是集邮家从事研究的用武之地；其他如"新邮资料""封片简戳""工作研究""邮票画廊""人物志"等栏目，都是针对不同层次、不同收集内容的集邮者而设立的。信息量大、指导性强，是《集邮》复刊初期的特点。

此外，《集邮在美国》和《邮票和她的创始人罗兰·希尔》等文章，把国外的集邮信息、集邮知识传给封闭十几年的中国集邮者。复刊后的《集邮》杂志，以内容丰富、信息量大博得集邮者的喜爱，很快成为全世界发行量最大的集邮刊物。

1980 年 7 月，《集邮》编辑部组织人力，编译了一本不定期的内部参考刊物——《国际集邮动态》。此刊为油印，其内容为翻译境外的信息、集邮文章，供有关领导及杂志社编辑参考，有适合公众阅读的文章就在《集邮》上发表。在第一期的《国际集邮动态》上，刊登了日本众议院议员后藤茂的《我的访华报告》、水原明窗的《读孙志平先生的〈大龙邮票发行日期〉一文》和《苏联集邮现状》等文章。

《中国集邮》英文版创刊号

此外，1982 年 1 月，《中国集邮》创刊。该刊初为英文季刊，1983 年起成为全国集邮联会刊，改双月刊并在美国出版发行北美版。该刊是一份融知识性、学术性于一体的集邮刊物，主要报道中国邮票的发行信息，国内外研究者对中国邮票和邮品的研究成果，介绍中国集邮活动和国际集邮的交往，辟有"东方集藏"栏目，主要读者对象为海外的"华邮"收藏者和研究者等。

二、各级集邮组织及集邮者创办的邮刊

会刊、会报既是集邮协会的对外窗口，又是集邮协会内在活力的象征。随着《集邮》杂志 1980 年复刊，广东《集邮家》报、

《上海集邮协会会刊》（后改为《上海集邮》）等相继创刊。后来，各省（自治区、直辖市）集邮协会也创办了邮刊。而民办邮刊的大量涌现，既丰富了集邮刊物的种类，也促进了集邮队伍的壮大。

1. 省、市级集邮协会创办的刊物

各协会对于会刊（会报）莫不给予极大的重视，在其成立伊始便开始创办。此时省（自治区、直辖市）级邮协创办的会刊会报主要有以下几种。

《集邮家》报，1980 年 9 月 15 日创刊，广州市集邮学会主办，由广东省新闻出版管理部门批准发行。此报为 8 开 4 版，是"文革"后全国第一份市级集邮团体编印的正式出版物。《集邮家》报在其 1980 年创刊号上发起"集邮回忆""我的集邮生活"征文活动，得到各地集邮者的响应。该报的"邮苑人物志"专栏专门介绍集邮人士的集邮活动、经验和成就，使读者从他人事迹中受到启迪、鼓舞。《集邮家》报在全国公开发行，对推动广东省及全国集邮活动的开展起到了很好的作用。

《上海市集邮协会会刊》，1981 年 4 月创刊，16 开 48 页，季刊，1982 年更名为《上海集邮》，仍是上海市集邮协会会刊，由《上海集邮》编辑部编辑出版。该刊是

集邮家

第 1 期

广州市集邮学会编印　一九八〇年九月十五日

推动广州集邮活动
活跃群众文化生活

广州市集邮学会章程

第一章　总　则

第二章　会　员

第三章　组织和职权

第七条　本会的组织原则是民主集中制。

第四章　经　费

一九八〇年三月二十一日

首次广州邮票展览

广州市集邮学会《集邮家》报

《上海集邮》1982 年第 1 期

《北京集邮》创刊号

以知识性、学术性为特点的综合性集邮刊物，以邮政史、邮票史研究和新邮票介绍等内容见长，主要栏目有“邮坛纵横”“华夏文化”“百家论坛”“放眼世界”“邮坛足迹”“信息荟萃”“读者园地”等。每年举办的中国集邮十大新闻评选，是其办刊特色之一。

《北京集邮》是北京市集邮协会会刊。1982 年 7 月《北京集邮》创刊号问世，是一份不定期出版的集邮刊物，由北京市集邮协会主办。从第 2 期起，《北京集邮》固定为季刊，彩色封面。1983 年年底，《北京集邮》获得公开出版许可证，于 1984 年向国内外公开发行。1986 年《北京集邮》改为双月刊。从 1987 年起，《北京集邮》更名为《集邮博览》。该刊立足首都，面向全国，知识性、学术性、趣味性并重，在集邮界具有较大影响力。

2. 基层集邮组织及集邮者自行编印的刊物

在中国集邮的历史上，绝大多数集邮组织有过一份自己编印的邮刊。邮会兴旺，邮刊随之活跃；邮会衰落，邮刊则衰微，两者息息相关。编者把邮刊视为倾诉情怀、互通信息的园地；读者把邮刊看作“惠我邮识”的良师，并当作研究资料细心收藏起来。进入 20 世纪 80 年代，集邮者筹办邮刊的积极性非常高涨，各种形式的自创邮刊纷纷涌现，呈现出前所未有的繁荣景象。其中一些邮刊影响面较大。

《钟鼓楼集邮专刊》，是北京市东城区文化馆1979年10月专为该馆业余集邮研究会举办“庆祝中华人民共和国成立30周年邮票展览会”编印的。该专刊为铅印，4开4版，印量1万份，售价8分，主要在展场和东城区几个售报点出售。《钟鼓楼集邮专刊》仅出版了一期，受到集邮者热烈欢迎，有的报点很快售罄。

《鼓楼邮刊》，北京鼓楼集邮研究会会刊，1980年4月创办。该刊主编为朱祖威，16开26页，以手工刻写印版后油印，初为双月刊，后改为不定期的铅印本。该刊的内容侧重于集邮研究和资料汇集。从创刊号到第17期发表的文章包括清代邮政邮票研究与介绍，如《中国清代邮政史话》《浅谈红印花加盖暂作邮票》《大清快信邮票管见》等；解放区邮票研究，如《首套解放区邮票辨析》《新发现的几枚四川加盖票》《加盖“皖南邮政”一元变体票版式初探》《陕北苏维埃邮票存世已无》《东北邮电管理局并非正式发行无齿孔邮票》《中国解放区邮票史》等；新中国邮票研究，如《普12分版鉴别》《“鸡”“刻舟求剑”小本票复组印刷全张介绍》《普12、普13部分邮票研究》《奇花辨异》等；邮政邮票资料辑录，如《有关大龙邮票发行日期史料辑录》《1927年全国民信局一览表》等；外邮研究介绍，如《万众瞻仰光辉永存》《瑞士邮票史话》《“欧罗巴”邮票的来龙去脉》《塞拉利昂的异形宣传邮票》等。此外，该刊还发表有邮票选题、设计的相关文章以及邮会活动报道。《鼓楼邮刊》的配图是采取将图案制成锌版，印刷出大张图纸后，分裁成小的图案，再分别贴在邮刊相应的文章预留的空白处。尽管这样印出的图案并不清晰，但在20世纪80年代初期，民间邮刊能有这样的配图也实属不易。封面是多色丝网漏印套印的，也属于当时最有特色的印刷手段了。

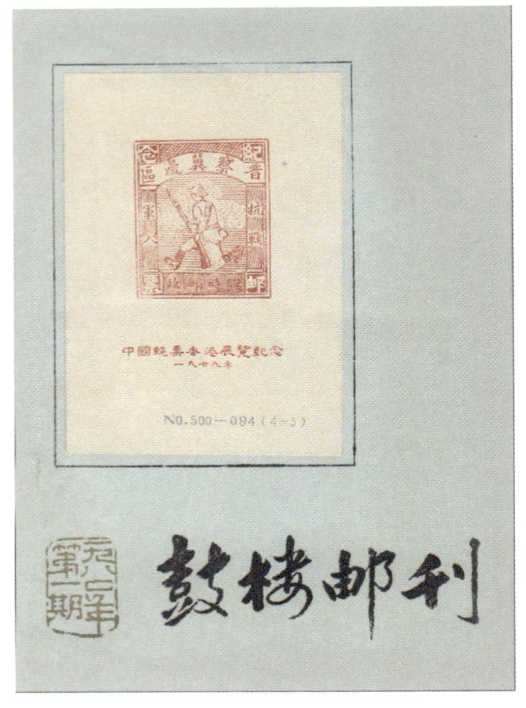

《鼓楼邮刊》

《集邮通讯》，1980年6月1日创刊，山东省德州地区艺术馆编印，双月刊，16开，16页，手工刻写印版，油印，主编为王永成。《集邮通讯》的内容以各地集邮活动、邮票行情、集邮者广告信息为主，其文章侧重于市场，如《论邮票提价》《邮票保值增值学》《邮票保值投资漫话》等。该刊刊登的邮票行情，如《中国珍邮在美拍卖价目·1981.4》首次披露蓝军邮新票在美国拍价为6000美元，还有《“文革”票在香港身价百倍》《区票、“文革”票在美拍卖价格惊人》《“文革”票在日本暴涨》等信息，引起广大集邮者的关注。此外，每期《集邮通讯》都刊登集邮者交换、买卖邮票的广告。由于该刊适应刚刚起步的市场所需，订阅者遍及全国28个省（自治区、直辖市）。该刊于1982年6月停刊，共编印了13期。

《金陵邮刊》，南京市工人文化宫集邮研究会会刊，1981年1月20日创刊，16开，手工刻写印版，油印。该刊原定为季刊，后增加2期，1981年共出版了6期，每期28页至30页不等。《金陵邮刊》的内容侧重于新中国当代邮票的研究和介绍，其文章有《“文革”及编号邮票中变异初探》《“中日邮展”小本票的印刷全张初探》《小本票与印刷全张》《普11“延安图”的暗记》等；有关解放区邮票的介绍文章有《苏北盐阜解放区发行邮票史略》《苏中解放区发行邮票史略》《苏皖边区发行邮票史略》；集邮资料方面刊登了《新中国早期纪、特邮票版别区别》《中国人民邮政邮资明信片简目》《国内报刊主要集邮资料索引》等。《金陵邮刊》在邮票知识介绍方面，以有关江苏省、南京地区的相关邮票为主，如“金陵书信馆邮票”以及苏中、盐阜、苏皖边区邮票介绍等文章，都体现了这一办刊意向。《金陵邮刊》的封面为套色铅印，每期装饰图案采用不同的邮票图，使这份油印刊物极富特色。

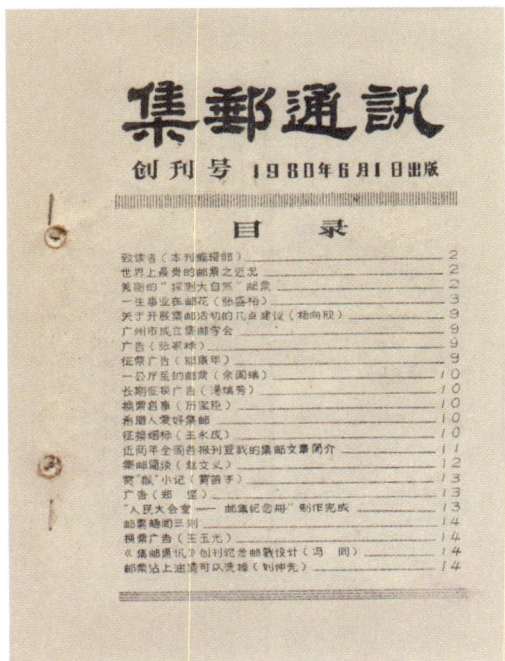

《邮友信箱》，无锡市文化馆集邮研究会编印，1981年6月复刊，16开，每期4页至12页不等，手工刻写印版，油印。《邮友信箱》的内容以研究性、知识性为特点。该会组织邮票通信竞买，其竞买目录散编于邮刊之中。开展公开的邮票竞买活动，在当时的社会背景下是要承担风险的。《邮友信箱》独有的内容特色，受到全国各地集邮者的欢迎。该刊自复刊到1982年发表的文章有关于新中国邮政、邮票的，如《纪、特票的暗记连载》《早期纪特票的版别和印刷变异》《普通邮票的暗记》《特45—10分确有错色票》等；有关于清代邮政邮票的，如《谈莫斯信封》《莫斯不是中国海关人员》《西子湖畔话红花》《“红学”征名》以及关于“红印花”的研究文章；有关于邮品辨伪的，如《抗战军人邮票》《从不同的印刷方法来鉴定真伪》《山东战邮火炬五分票伪品》《记一种山东地图一元伪票》《谈日本早期邮票的仿制品》《黔区加盖中的官版私盖票》等；有关于集邮资料辑录的，如《无锡邮局建局史资料》《无

集郵通訊

创刊号　1980年6月1日出版

目录

致读者（本刊编辑部）…… 2
世界上最贵的邮票之近况 …… 2
美国的“探测大自然”邮票 …… 2
一生事业在邮花（张盛裕）…… 3
关于开展集邮活动的几点建议（杨向欣）…… 9
广州市成立集邮学会 …… 9
广告（张永禄）…… 9
征票广告（郑康年）…… 9
一公斤重的邮票（余国瑞）…… 10
长期征换广告（潘镇芳）…… 10
换票启事（厉宝臣）…… 10
希腊人爱好集邮 …… 10
征换烟标（王永成）…… 10
近两年全国各报刊登载的集邮文章简介 …… 11
集邮闲谈（赵文义）…… 12
赏“猴”小记（黄茜子）…… 13
广告（郑　坚）…… 13
“人民大会堂——邮集纪念册”制作完成 …… 13
邮票趣闻三则 …… 14
换票广告（王玉光）…… 14
《集邮通讯》创刊纪念邮戳设计（冯　朗）…… 14
邮票沾上油渍可以洗掉（刘仲元）…… 14

《集邮通讯》

锡民信局封戳初谈》《我国最早介绍集邮文章小考》《区票资料拾零》等。

《津门邮花》，1981 年 5 月 10 日创刊，16 开本，手工刻写印版，油印，双月刊，每期 250 份，由杨洪儒主编。该刊除连载《津门邮坛琐忆》《中国早期华邮简述》两部长篇邮文外，还刊登了《清代信局种种》《关于抗战军人邮票的辨伪》《邮票辨伪杂谈》《东北区的封口纸》等文章，以及报道天津地区的一些邮事活动。该刊在创办期间得到老集邮家黎震寰热情扶植，帮助批改文章。在《天津集邮》创刊之前，《津门邮花》对天津的集邮信息交流起到积极的作用。

《春城邮刊》，昆明市春城集邮组编印，1981 年 7 月创刊，16 开，手工刻写印版，油印。该刊为月刊，每期 4 页至 8 页，印量 80 份。该刊侧重介绍云南邮票、邮史、邮事，其中重要文章是连载已故老集邮家戴郁华的《历次加盖邮票在云南发行的概述》。此文是戴郁华未发表的遗作，全文 3 万多字，原稿大部分在“文革”中散失，只有前两节幸存。《春城邮刊》刊载的重要文章还有：《云南解放初期使用的邮票》《云南解放初期邮票简目》《〈春城晚报〉集邮文章索引》《非洲国家纪念列宁的邮票资料》《指掌方寸五十年》《并蒂莲开话“五洲”》《邮林记趣》等。《春城邮刊》共出版了 6 期。

《邮友》，长沙集邮组编印，1981 年 8 月创刊，16 开，手工刻写印版，油印。该刊不定期出版，每期 20 页至 40 页。该刊自创刊到 1982 年的 4 期中，主要连载姜治方的《集邮六十年》，还有《一生事业在邮花——记集邮家姜治方》《珍藏中山先生像邮票》《绘画邮票之窗——匈牙利近年绘画邮票简介》等文章。

《北方邮刊》，1981 年 5 月 15 日创刊，不定期出版，16 开，每期 20 页，手工刻写印版，油印，封面、封底及配图均用复印机复印。该刊由哈尔滨市赵洪章主办，共出刊 3 期。《北方邮刊》着力介绍有关东北地区的邮票，如《解放初期东北地方邮政邮票》《略谈牡丹江、双城加盖邮票》。其他方面的重要文章有《普 8 纸张之我见》《一枚盐阜区邮票——新发现不见经传的革命文物》《日本集邮周邮票》《不丹邮票概况》等。

此时期还有一些民间邮刊也有一定影响，如陕西长武县阎志和自办的《国内外业余集邮爱好者通信录》、贵阳集邮研究会

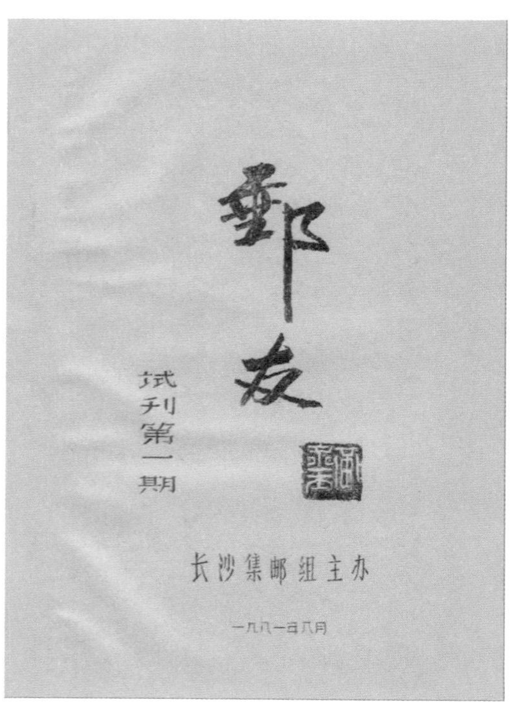

《邮友》试刊号

（筹）的《贵阳邮刊》等。

据统计，从1979—1981年这3年中，全国各地基层集邮组织及集邮者个人编印的邮刊邮报有近百种之多。自办邮刊、邮报的大量涌现，迎合了当时广大群众的集邮兴趣，对普及集邮知识、提升集邮爱好者的理论水准与实践能力，起到了积极的促进作用。集邮者自办邮刊、邮报，是新时期的文化产物，它铭记了这一历史时期集邮者的收集取向、集邮方法、收集水平，反映出改革开放初期中国集邮者的审美特征。它们中的一部分，将作为文献、作为史实留迹在中国集邮的历史上。

三、社会媒体关注集邮活动

20世纪70年代末至80年代初，《集邮》杂志尚未复刊，民间邮刊也鲜有面世，新邮票发行的信息和对集邮的宣传，主要靠各家社会媒体。

1. 社会媒体发表集邮文章

1978年是中国恢复集邮活动重要的一年。7月1日，中国邮票公司恢复国内营业。这一年，《人民日报》《光明日报》《体育报》等报纸均以较大篇幅介绍了清代邮票、解放区邮票、新中国邮票、外国体育专题邮票以及邮票展览信息。此前，集邮文章已有十几年未见报端，它们的发表在广大集邮者中产生了共鸣，使他们看到了中国集邮的希望。这几家重要报纸发表关于集邮、邮票的文章，也使社会对集邮逐渐有了正确的认识，同时激发了许多青年人的集邮兴趣，推动了恢复集邮活动的进程。

1978年，《光明日报》先后发表了3篇有关邮票、邮展和集邮的文章，引起较大反响。1月27日，《光明日报》在第三版“文物与考古”专栏发表邮电部原邮票发行局资料档案室编写的《湘赣边区的邮政——介绍几件珍贵的革命文物》一文。文中着重介绍了毛泽东、朱德同志关心邮政事业的建设和发展，以及当时递送信件的情况。随文还刊出当年保护邮政的文件及4枚边区邮票的图样。

10月5日，《光明日报》第三版刊登了新华社记者朱荫枝发自捷克布拉格的通讯——《布拉格世界邮票展览》，文中的3个小标题分别为“邮展和比赛”“中国的展出”“广泛的集邮活动”。该文介绍了9月8日至17日在布拉格举行的1978年世界邮票展览，中国应邀参加正式展出，展品是新中国的纪念邮票和特种邮票。

这篇通讯中还专门报道了一位国内熟知的外国集邮家：“在伏契克公园的展览大厅里，日本集邮者水原明窗展出了他精心收藏的1930—1949年中国人民革命战争时期的数百枚邮票。这些邮票都是当时中国革命根据地发行和使用的。从1930年到现在，已经半个世纪过去了，而这些邮票却被很好地保存下来，可见这位日本集邮者是花费了心血的。”这篇通讯不仅以国家通讯社的形式全面详尽地对国外邮展进行综述性报道，而且专门提及展出中国解放区邮票的外国集邮家水原明窗。文章中的“集邮者”一词，对广大中国集邮者而言仿佛在当时集邮尚未复苏的气氛中吹来一股清新的春风。

10月6日，《光明日报》第四版发表了《漫话邮票》一文，作者沙子芬当时是邮票发行局资料档案室主任。该报发表的这篇文章是他应报社之邀撰写。该文从中国古代通信到现代邮政的建立，直至发行的邮

科技小品

漫话邮票

沙子芬

邮票，好象腾空飞翔的信鸽、鸿雁，把你的信息传递到你的亲人手中。用邮票作为缴纳邮资的凭证，是邮政在营业管理上最简便、最科学的一种方法，同时又方便群众。因此，邮票和货币一样，在预见的时间内是不会取消的。

邮票的历史，不能脱离邮政通信历史。谈到我国古代的邮政通信，早在商代甲骨文中，就有边疆上的通信兵——“儋”，传递军情的记载。周朝有了利用烽火传递信息的方法，这表明有组织的通信方法，在我国很早就出现了。孔子曾说过：“德之流行，速于置邮而传命”，意思是孔子所提倡的道德学说，会比邮驿传送命令传播得更快。可见那时邮驿通信不仅相当完备，而且传递速度也相当高了。《春秋》所记诸侯王国间的朝聘、会盟以及战争大约近千次。这些政治和军事活动，都少不了邮驿通信、运输等工作。秦始皇统一全国后，交通、文字都大有改进，“车同轨”、“书同文”等措施，促进了邮驿通信的发展。汉代把“邮”改称为“驿”。到了唐代，邮驿得到大发展，当时全国的水、陆驿站达一千六百多处，服役人员约一万七千人。宋代把民役改为士兵称“驿卒”，另外设专递军情的“急递铺”，从事铺递的士兵又称“铺兵”。元代版图大，沿袭宋代的办法，在各州县广泛设置“急递铺”，全国估计约有两万处。到清代末年，现代邮政逐渐发展起来，代替了古老的驿站制度。“排单”、“将军火票”，就是清代邮驿用来传递公文的凭证。由于中国古代的邮驿是专门为官府传递公文的，不收民间书信，所以没有发行邮票。在明代，出现了专为民间传递信件的信局。清代道光、咸丰、同治年间（公元一八二一至一八七四年），是信局发展最盛时期，当时全国大小信局有几千家。这种组织由商人经营，用“酒力”或“酒资”的名义收取邮费，这可以说是我国邮票诞生前最早的邮资凭证的形式。

第 12 期

世界上最早发行邮票的是英国，在一八四〇年发行了印有英女王维多利亚头像的所谓“黑便士”邮票，至今有将近一百四十年的历史。我国邮票是在清光绪四年（公元一八七八年）开始发行的，至今已有一百年历史。一九二九年在毛主席创建的井冈山革命根据地的湘赣边省赤色邮政，发行了革命战争时期我国第一套邮票——湘赣边省赤色邮票，至今也有了五十年历史。

邮票一诞生，除了作为邮资凭证外，还由于邮票多种多样的画面，起到一定的宣传教育作用，因而具有鲜明的阶级性。例如我国清王朝发行的第一套邮票，把象征封建帝王的“龙”作为图案。湘赣边省赤色邮票的图案为五角星、镰刀、铁锤，象征着党的领导和工农革命。为了使邮票起到这个作用，我国经常发行纪念邮票和特种邮票。因此，邮票又是思想性很强的小型艺术品。

五彩缤纷的邮票，是经过精心印制过程制造的。目前我国常用的印制方法有：影写版、雕刻版、影写版雕刻版套印和胶版等。如常见的影写版，要进行分色（目前使用普通分色和电子扫描分色两种方法），并根据邮票的要求进行修版、联拍、拼版和制版等工序。新中国成立以来，我国发行了三百四十多套邮票，其中纪念和特种邮票占各种邮票发行套数百分之九十三，深受国内外广大集邮者的欢迎。

集邮在我国是一种有意义的群众性的文化活动。通过集邮，可以丰富知识，培养艺术鉴赏能力。但是“四人帮”却把集邮斥之为“封、资、修”，是“搞投机倒把，玩古董”，使我国正常的集邮活动遭到严重的摧残，撤销了集邮公司，一度停止出口邮票，国内集邮业务停办了，《集邮》杂志停刊了。打倒了“四人帮”，中国邮票事业得解放。今年七月一日成立了中国邮票公司，恢复了国内集邮业务。最近，峨眉电影制片厂摄制了一部科教影片《中国邮票》，将和广大群众见面。《集邮》杂志亦将复刊。我们相信，在春光明媚的祖国大花园里，邮票这一朵花，必将开得更加绚丽多采。

3561　定价每月九角　今日四版　零售每份四分　昨日本报（北京版）开印时间：3时5分，印完时间：9时25分

《光明日报》发表沙子芬的文章《漫话邮票》

票，作了概括的介绍。文章最后特别提到中国邮票公司已于1978年7月1日成立，峨眉电影制片厂摄制了一部科教片《中国邮票》，以及《集邮》杂志将要复刊等信息。

沙子芬（1925—2016），出生于湖北宜昌，1940年在重庆加入中华邮政，服务于抗战时期的邮政总局所在地——黄桷垭邮局。抗战胜利后，他飞赴南京参与接收敌伪邮政。1949年5月，他去到上海，先后在华东邮政总局、华东邮电管理局邮政处、邮电部邮政总局业务处做乡邮、军邮工作。1973年，沙子芬到邮电部邮票发行局，负责资料档案室。1982年以来，他筹备了中华全国集邮联合会第一次代表大会和首届全国邮展。2007年，沙子芬被授予中华全国集邮联合会第二批名誉会士。

沙子芬

1978 年 4 月 26 日，《体育报》的“国际体育之窗”副刊刊登了王泰来写的《世界各国体育邮票简介》，文中附有十多幅邮票图案。11 月，《人民日报》出版的《战地》增刊第 2 期，登载了刘肇宁写的《我国第一套邮票发行一百周年》一文。12 月，吉林出版社出版的《社会科学战线》第 4 期，刊登了刘肇宁写的《有毛主席光辉形象的解放区邮票》一文，其彩页邮票图由朱祖威提供。

这些文章大都是介绍有关邮政和邮票方面的知识，尚未明言集邮。这反映出集邮者和新闻单位当时对公开宣传集邮尚有顾虑，于是以宣传邮票来间接宣传集邮。尽管如此，这类十多年未见报端的文章在集邮读者中仍产生了共鸣，他们相信，全面恢复集邮活动的一天为期不远了。

1979 年 2 月 23 日的《工人日报》刊登了赵文义的《世界第一枚邮票的诞生》一文，向读者讲述世界第一枚邮票“黑便士”诞生的故事，以普及邮票知识。

1979 年 5 月 13 日的《人民日报》刊登了王扬、臧克非的文章——《寸方纸上，气象万千》，该文叙述了邮票的问世、当代世界邮票选题取向，以及邮票的形状、印制材质的历史变迁，该文言简意赅，后经中央人民广播电台广播，还被选入小学语文课本。

1979 年，《中国青年报》《北京晚报》以及《我们爱科学》《人文杂志》《文化与生活》《辅导员》等各家媒体也陆续刊登了有关集邮和邮票知识的文章。1981 年 5 月 17 日，《福建日报》刊登了《一个工人的业余爱好——访五一邮展及其主人》一文，

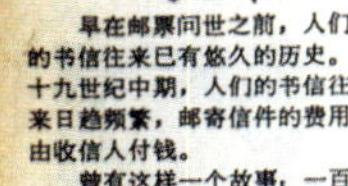

寸方纸上，气象万千

——世界邮票漫谈

王扬　臧克非

早在邮票问世之前，人们的书信往来已有悠久的历史。十九世纪中期，人们的书信往来日趋频繁，邮寄信件的费用由收信人付钱。

曾有这样一个故事：一百多年以前，英国一个小姑娘收到一封信，只往信封上看了一眼就说：“我没有钱收信”，要邮差将信退回。邮差与她争执起来。这时有个英国贵族罗兰·希尔散步走过来，看到这种情况，便出钱为她交付邮费。小姑娘一面感激他，一面对他说：“我家里很穷，没有钱付邮费，我和哥哥约好，如果他身体安好，就在信封上画个圆圈，我收信时看到圆圈，就知道他身体很好，可以不必付钱取信了。”罗兰·希尔由此向英国政府提出改革邮政管理制度的建议，由寄信人购买邮票作为交付邮费的凭证。英国政府采纳了他的建议，于一八四〇年五月六日首次正式发行邮票。

世界第一枚邮票的图案是英国女王维多利亚的头像。邮票为黑色，面值一便士，所以有“黑便士”的别称。早期的邮票，票幅很小，没有齿孔，使用时用剪刀一枚枚地剪开。当时的邮票只是作为交付邮费的凭证，图案和色彩都很单调。那时候收集邮票的人很少，发行的数量也不多，因而许多邮票都散失了。能够流传至今的便成了稀有的珍品。圭亚那一八五六年发行帆船图案的邮票，其中面值一分的那一枚，据说目前世界上仅存一枚，还是一个当地的英国学生从故纸堆里找出来的。

上图为一八四七年发行的两枚毛里求斯邮票。一九六八年在纽约拍卖时，售价三十八万美元。

一八九三年，为了纪念哥伦布发现美洲新大陆四百周年，美国发行了一套邮票，以十六种图案描绘了哥伦布航海的一生。这套邮票被认为是世界上第一套纪念邮票。从此，人们又赋予邮票以新的使命——纪念世界上重大的政治、经济、历史、文化事件。

随着邮政事业的发展，邮票的形式也不断创新。一九〇六年，卢森堡发行一种由四十枚邮票组成的“小型张”。一九二一年比利时等国也相继发行，但只在展览会上出售。所谓“小型张”，是把一枚或一套邮票印在一张小纸上，邮票四周的纸边上，印着有关邮票的文字说明，扩大邮票的宣传作用和纪念意义。

第二次世界大战以前，邮票的思想内容比较贫乏。使用邮票较早的国家，发行过一些纪念文化名人的邮票，如纪念哥白尼、易卜生、伦勃朗、拜伦的邮票，但数量不多。亚非拉广大殖民地、半殖民地国家使用的邮票，大多印着殖民者或帝王的头像，形式基本雷同。只有当时列宁缔造的社会主义苏联，赋予邮票以新的思想内容。一九二一年苏联正式发行的第一套邮票，图案是一个工人脚下踩死一只象征旧世界的妖龙。早期的苏联邮票，有的反映出苏联在社会主义革命和建设中取得的成就。

第二次世界大战以后，亚非拉广大殖民地、半殖民地国家纷纷取得独立。许多发展中国家对邮票的发行工作十分重视，有不少邮票反映出第三世界人民反帝、反霸的斗争情景和民族经济及文化事业的发展概况。

邮票的图案设计、边框的图案装饰、色彩的运用、文字说明和面值数字的安排，都凝结着无数美术工作者的辛勤劳动。各国的邮票在图案设计上都有自己的特点和民族艺术的风格，成为一种小型的民族艺术品，在国际文化交流中起着积极的作用。

邮票的形状，一般以长方形居多。一八五三年非洲好望角首次发行三角形邮票，一八五四年圭亚那出现圆形邮票，一八九八年土耳其发行一种八角形邮票。到目前为止，很多几何形的邮票都曾有过。近年来，塞拉利昂和汤加曾发行过各种形状的邮票，有地图形、水果形等等，塞拉利昂曾发行过可可形的邮票。

邮票是经过精心印刷制造出来的。早期的邮票大多采用雕刻版、胶版，以后逐渐使用影写版印刷。随着印刷工业的发展，邮票的印制越来越精。要在邮票的寸方之纸上，非常准确地套印许多颜色，印出五彩缤纷的邮票，没有先进的印刷技术是不可能的。一般的邮票都是印在纸上的，一九五五年匈牙利为纪念制铝工业二十周年，用金属箔代替纸张，首次发行用铝箔印制的邮票。此后有许多国家发行了用丝绸、尼龙、银箔、金箔印制的邮票。在塑料工业发展的推动下，出现了立体印刷。七十年代初期，立体印刷技术也使用在邮票的印制上。

纵观一百四十年来人类使用过的邮票，虽然大小不过方寸，但大多都在不同程度上从不同的侧面反映出人类的进步。尤其是近十几年来第三世界国家发行的邮票，大大地丰富了这个艺术宝库。它犹如一本大部头的百科全书，开扩了人们的视野，丰富了人们的知识，提高了人们对艺术的鉴赏能力，促进了各国人民之间的相互了解。世界上每年都要举办许多各种类型的邮票展览会，集邮爱好者也越来越多。

《人民日报》刊登的《寸方纸上，气象万千》

介绍古田县印刷厂的郑恩德的集邮经历。当时新创刊的《市场报》，也出现了集邮者征换邮票的广告。

集邮家姜治方以《集邮六十年》为题撰写的回忆录，于1979年8月在湖南的《湘江文艺》第8期上开始连载，同时也在香港的《百花》周刊上发表。该回忆录记叙了作者从1917年10岁时开始集邮，直到1977年这60年的集邮生涯。作者阅历丰富、见多识广，以个人的集邮经历，讲述了大量关于中国名贵邮票的来龙去脉，涉及广泛而深入的历史背景以及众多的历史名人，从一个侧面反映了历史的变迁和集邮的发展。这篇回忆录于1980年由香港的南粤出版社以《集邮六十年》为名出版；后经作者修改补充，以《集邮和我的生活道路》为名，由北京的外文出版社和《集邮》杂志社于1982年7月联合出版。

姜治方回忆录《集邮和我的生活道路》

在短暂的集邮恢复期，报刊上发表集邮文章的作者大多为两类人，一是邮政部门的工作人员，二是活跃的集邮者。他们出于对恢复集邮的渴望和热情，积极撰文，表明恢复集邮是人心所向。

2. 影视节目中的集邮题材

由邮电部邮票发行局组织编写、拍摄的《中国邮票》和《集邮》是峨眉电影制片厂于1978年拍摄的两部彩色纪录片。《集邮》影片长24分钟，以筹备一次邮票展览为线索，介绍中国的集邮活动，并通过邮票画面，再现了中国悠久的历史、灿烂辉煌的文化艺术和秀丽的山川。这部影片的拍摄手法活泼，充分利用电影艺术手段，采用实景、动画、资料等将中国和外国发行的邮票有机地结合在一起。邮票将老集邮家张包子俊、马任全、居治群等进行学术探讨、少年儿童丰富多彩的集邮展览、各种珍贵邮票的特写镜头巧妙地结合在一起，在民族音乐的伴配下，显得轻松、活泼、愉悦。该影片在香港“中国邮票展览”期间放映时，受到中外观众的好评。《中国邮票》反映了中国各历史时期的邮票概况，介绍了中国邮票的有关知识。影片重点表现了新中国邮票的选题、设计、印制、发行以及审美特征。

在新中国的影片中，反映中国邮票和中国集邮活动的专题片以前未见摄制。这两部电影的上映，对恢复集邮、推动集邮活动起到了一定的启迪作用。

上海电视台录制的电视片《片片邮花映丰碑》，由上海市集邮协会供稿，1981

年7月11日在“文化生活”节目中播出。该电视片以邮票为主要素材讲述我国人民在中国共产党领导下建立的丰功伟绩，大量插入集邮家及集邮展览的镜头，片长12分15秒。上海电视台录制的电视专题片《集邮小常识》，1981年10月25日晚间播出。该电视片由邵林撰稿，唐无忌主讲，上海市集邮协会和上海市邮票公司协助录制，片长23分30秒。

云南电视台在“文化与生活”节目中，增加了“集邮爱好者”专题，于1981年9月23日开播，内容有云南大学的邮展、胡维菁教授等人讲集邮、邮票上的云南风光等，共播出了8集。

“为您服务”一度是20世纪80年代中央电视台收视率较高的节目之一。1982年7月，为配合《集邮》杂志举办“新中国最佳首日封评选”活动，该节目摄制组录制了《漫话首日封》节目。剧组人员先后采访了沈曾华、赵人龙等集邮家，并且拍摄了他们各自珍藏多年的首日封、实寄封等邮品。

《漫话首日封》节目从首日封的由来、首日封的特点、首日封的设计讲到首日封的评选。节目播出后，受到观众热烈欢迎。鉴于此，该摄制组又先后录制了《有趣的邮票世界》，介绍了邮票的由来、产生、发展，中外邮票的种类，以及它们的设计与印刷；《猪年与十二生肖邮票》向观众们介绍了中国传统历法和十二生肖纪年法的渊源。在这些节目录制中，都有集邮家的积极配合。

3. 集邮资料编印与集邮书籍出版

1979年以前，群众集邮必备的诸如邮票目录一类的工具书奇缺，给收集新中国邮票、特别是“文革”邮票带来极大不便。因此，这一时期，集邮工具书和其他集邮图书的出版已成当务之急。

（1）这一时期编印的集邮资料

1979年，北京集邮者包志成编印了一本《集邮目录》，汇集1955年至1966年《集邮》杂志上“新中国邮票的邮票目录”的内容，增加了普通邮票、“文”字邮票、编号邮票以及新J、T邮票。由于恢复营业后的集邮公司门市部没有邮票目录提供给集邮者，因此这本刻印较简陋的《邮票目录》在集邮公司门口的交换市场中出售，很受欢迎，在很短时期就加印了。1981年又增加内容重印，并改名为《中华人民共和国邮票目录》。

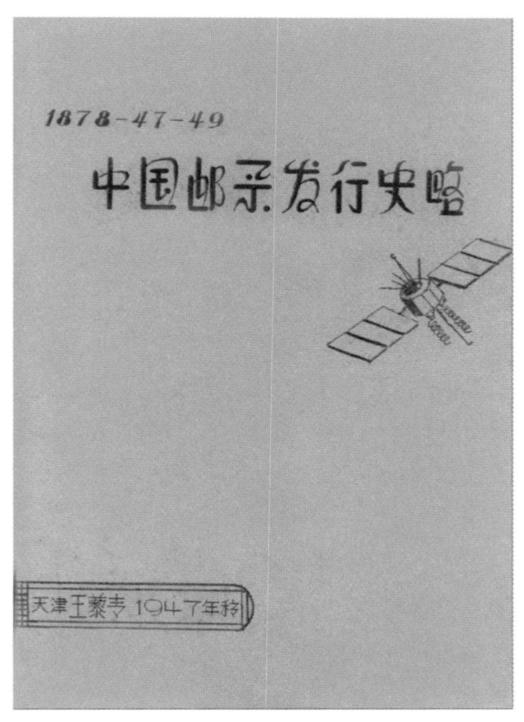

《中国邮票发行史略》

1979 年 10 月，北京集邮者朱祖威、王泰来编印了一本《文化大革命期间邮票目录》，小 32 开，共 10 页，封面为套色油印。该目录以表格形式介绍“文革”邮票，设有编号、发行日期、票名、图案、刷色、面值、齿孔 6 项资料，并对一些邮票的特殊情况作了注释。该目录共印刷了 40 册，非卖品，大多在鼓楼集邮研究会内赠阅。

1979 年 10 月印行的《中国邮票发行史略》为 32 开本，80 页，由天津王黎青编写，收入了王黎青 1947 年发表于天津《民国日报》上的同名文章，附以林敏中撰写的《台湾邮票史略》、徐昌成撰写的《古代邮政述略》等内容，油印了 200 册分赠邮人。

北京市邮票公司于 1980 年 4 月编印的《中华人民共和国邮票目录（1949—1979）》，为 32 开，铅印，没有配图。该目录只在北京邮票公司营业厅出售，每本 2.50 元，因需者众多很快售罄。

《新中国邮票价格参考目录》，1981 年 6 月由上海市大学生集邮协会、同济大学集邮协会编印，这是有关新中国邮票的第一本价格目录。

《外国邮票地名汇编》为广州市集邮学会于 1981 年 6 月编印，属内部印发。

《有关约开商埠邮票参考资料的三篇译文》由史济宏译注，1981 年 12 月印制，16 开，油印本，共印有 50 册。这本册子翻译了绵嘉义的《厦门邮票纪要》《福州邮政局》两份史料，还有一篇《烟台局章程》。这 3 篇史料在国内翻译尚属首次。作者另于当年 4 月编印了一本《中国不平等条约商埠邮票简目》。史济宏是中国收集研究商埠邮票的专家，对史料中不明之处，均作出附注。此书对研究商埠邮政邮票史有重要参考价值。

杨洪儒、郝九川于 1980 年年底，刻写、油印了《解放区邮票简目》，其内容是 1950 年杨耀增、黎震寰合编的《新中国邮票手册》中重新校订后的有关部分。

在当时，正规出版图书需要一两年或更长的时间，在集邮的意义没有完全被社会认识的时候，出版集邮图书更为艰难。以上图书虽不是正式出版物，但它们及时满足了集邮者的需求。

（2）这一时期的集邮出版物

《中华人民共和国邮票目录（1949—1980）》，由中国邮票总公司编写，人民邮电出版社 1981 年 10 月出版。该目录为 24 开本，铜版纸彩色精印，这是继 1964 年以

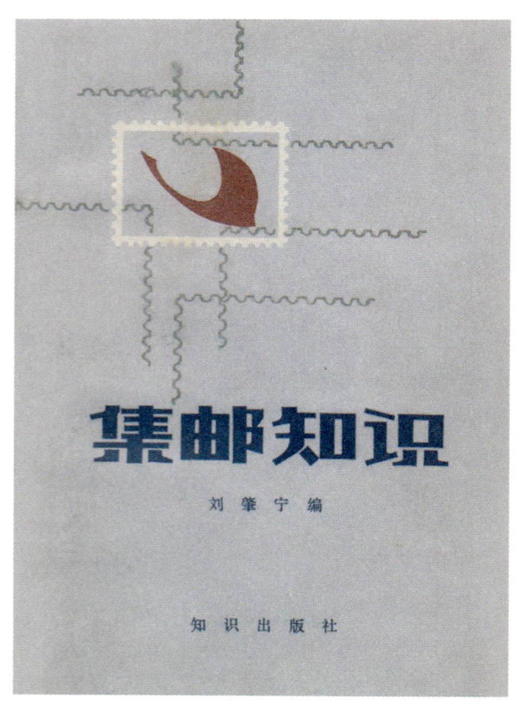

《集邮知识》

后，时隔 17 年才又一次出版的新中国邮票目录。这本目录收录了 1949 年至 1980 年中国发行的纪念邮票、特种邮票、普通邮票、航空邮票及欠资邮票 5 个票种。对每套邮票的编号、票名、发行日期、齿孔、全套枚数、印刷厂家以及每枚邮票的图名、面值等项目都列有文字资料。由于历史的局限，该目录没有收进新中国的军人贴用邮票和包裹邮票。

《集邮知识》，由刘肇宁编著，小 32 开本，1981 年 9 月由知识出版社出版。该书不分章节，将邮票、明信片、封、集邮用品，以及邮票保存等各方面知识一一介绍。书后附有英汉对照常用集邮词汇和常见外国地名两份资料。该作者另于 1981 年 10 月由上海文化出版社出版了《中国邮票史话》一书。该书为大 32 开本，附有彩图 12 页，以介绍新中国邮票为主，扼要叙述了大龙邮票发行以后百年来邮政的发展演变和珍邮。

这些正式出版的集邮图书的水平在总体上高于“文革”前集邮图书的水平。然而，这个时期的图书编著译者，多为 20 世纪 50 年代的集邮者，具有一定的集邮经验，而这些经验是多年积累的。

第三节　集邮活动逐渐增多

随着集邮活动的普及与深入，以及收藏品种与范围的不断拓展，新时期集邮活动的形式也是日新月异，基本上完成了由单纯的个人爱好向社会行为的转化，以及由小众文化向大众文化的转化。

一、邮票收集范围的拓展

中华人民共和国成立后的二十世纪五六十年代，《集邮》杂志是全国唯一的权威性邮刊。中国集邮者所能了解到的邮识、信息，唯有从《集邮》上获取。有关新中国邮票的特殊信息，如错版票出现，只要《集邮》不予披露，集邮界便基本不多为知。

对于新中国邮票中那些因所谓政治问题未发行的邮票以及因各种原因出现的错版票等，“文革”前的《集邮》杂志从未做过介绍，致使20世纪60年代的青少年集邮者，对纪20《伟大的苏联十月革命三十五周年纪念》错版票、纪92《中国古代科学家（第二组）》中的“公元前”错票、特15《首都名胜》中的“天安门放光芒”票、特62《京剧脸谱》未发行票等情况一无所知。

《伟大的苏联十月革命三十五周年纪念》撤销发行邮票

20世纪70年代末期，拨乱反正的政治氛围提高了集邮者的主观收集意识和审美需求。这一时期，集邮者要求破除对清代、中华民国以及中华人民共和国的一些邮票的收藏禁锢。这一时期，台湾地区发行的邮票也开始少量进入大陆；二十世纪五六十年代曾出售过的苏联及东欧诸国的邮票，又出现在北京的邮票市场上；日本、法国、美国、德国的专题邮票也陆续纳入集邮者收集范围。集邮活动要求打开国门，反映不同文化艺术的外国邮票开始走进中国。多年的集邮“禁区”一个个地被冲破。

思想解放、收藏意识较高的集邮者，开始把目光投向二十世纪五六十年代那几套错版票和未正式发行的邮票上来。20世纪80年代初，有集邮者以高价寻求纪20《伟大的苏联十月革命三十五周年纪念》撤销发行邮票。这套邮票错误在票名，因为十月革命是1917年爆发的，革命成功后建立的政权叫作俄罗斯苏维埃联邦社会主义共和国，简称“苏俄”；而苏联是1922年才成立的。这套邮票定于1953年2月14日发行。2月7日，上海邮局从发行公告中看出邮票名称有误，向邮政总局指出。经请示中宣部，中宣部明确答复：上海发现的问题是对的，邮票若未出售，应该停止。邮电部即通电全国邮局停止出售这套邮票，但已有近百个邮局卖出4万多枚。

这一时期，集邮者关注的还有特15《首都名胜》中的“天安门放光芒”票、纪54《第五届世界学生代表大会》等撤销发行邮票。1956年6月15日发行的特15《首都名胜》邮票，其中第3枚票的图案为天安门。邮票的画面表现了天安门城楼在朝阳下光芒四射的场景。但由于印刷条件所限，只能用雕刻版单色印刷，旭日彩霞的色彩无法表现出来。尽管在设计、印制过程中，经多次审查与征求意见，仍效果不佳。6月9日邮电部急电，通知各省、直辖市、自治区：暂停发售天安门图的邮票，“扫数退回，不得流入公众之手。其余四枚仍按期发行，所缺天安门图票修正重印后再补充发行”。由于各地均有提前发售的现象，尽管抓紧回收，仍有800多枚流出。

原拟于1958年9月1日发行的纪54邮票票名应为“国际学联第五届代表大会”，却误印成“第五届世界学生代表大会”。邮政总局于8月28日急电通知这套邮票停售撤回，并利用原邮票图案更换名称，于9月4日重新印制发行。但停售的邮票已有数百枚售出，流入社会。20世纪80年代，曾见有《第五届世界学生代表大会》22分错票实寄封在上海集邮公司寄售。

“天安门放光芒”撤销发行邮票

1980年1月25日，《京剧脸谱》特种邮票发行后，深受集邮者欢迎。一些中老年集邮者开始寻求拟在1964年发行的那套《京剧脸谱》邮票，原编号为特62，一套8枚，当时已经印出6枚。《集邮》杂志也公布了新邮预报，但迟迟未见发行，原因是恐被曲解为与当时的京剧“样板戏”唱反调。后来，那些已印好的邮票被送到北京通县一家造纸厂，粉碎化浆再造纸。但在粉碎过程中，有些邮票因背胶凝结，邮票未能完全粉碎化浆。当地农民从作为垃圾的浆渣中捡到该票，致使此票有少量流出。

这一时期，一些民间邮刊上，陆续刊登一些新中国票幅和变体票的资料、信息。如山东德州的《集邮通讯》载文，介绍纪28《北京苏联经济及文化建设成就展览会开幕纪念》有6种票幅；特2《土地改革》100元、200元、400元面值票有漏齿票；纪14《国际保卫儿童会议》有横齿孔移位等。北京的《鼓楼邮刊》则以连载的方式，刊登文章《奇花辨异》，对新中国纪、特、普、“文”、编号邮票的版别、纸质、齿孔、票幅、刷色等等变异情况一一列出。

二、举办最佳邮票评选活动

1980年《集邮》杂志再次复刊，这是当时由官方主办的唯一的集邮专业刊物。在集邮活动开始复苏的年代，广大集邮者对这本杂志的依赖程度是很高的。正因为如此，刚刚复刊的《集邮》杂志为推动集邮活动进一步发展，举办了最佳邮票评选活动。

1. 举办“三十年最佳邮票”评选活动

为了宣传新中国邮票，扩大邮票在社会上的影响，进一步普及集邮活动，《集邮》杂志在1980年第3期（总第127期）刊发了举办“三十年最佳邮票”评选活动的评选办法和选票，让广大群众以直接投票的方式，选出新中国1949—1979年发行的自己最喜欢的邮票。

“三十年最佳邮票”评选活动是集邮媒体主办的全国性文化活动，其内容、形式、规模都是史无前例的，是富有这一时期集邮特征的文化活动。

从1980年3月下旬到4月底，《集邮》杂志编辑部共收到来自全国29个省（自治区、直辖市）的选票57326张；收到港澳地区，以及日本、美国、英国、西德、荷兰、马来西亚、印度尼西亚、坦桑尼亚等国的海外华人、华侨、留学生和外国集邮者寄来的选票369张。据最后统计，各省（自治区、直辖市）选中票28327张，选中率49.4%。在此期间，《集邮》编辑部收到群众来信7600多封，他们热情地介绍自己的集邮情况，评论邮票，支持最佳邮票评选活动。南京市邮局、市工人文化宫和南京市集邮分公司为此联合举办了“建国30年邮票展览”，让人们熟悉新中国30年发行的邮票。在长白山区的一个林场，工人们各自拿出自己多年来从信封上取下的邮票，也举办了一个小型邮票展览。

《集邮》杂志“三十年最佳邮票评选专辑”

经过群众投票，评选出最佳纪念邮票、特种邮票各14套，最佳普通邮票2套。其中“文革”前17年发行的纪念邮票、特种邮票、普通邮票被选中的有：纪71《中华人民共和国成立十周年》（第五组）、纪94《梅兰芳舞台艺术》及小型张、纪50《关汉卿戏剧创作七百年》及小全张、纪33《中国古代科学家》（第一组）及小型张、纪116《中华人民共和国第二届运动会》、纪4《中华人民共和国开国纪念》、纪86《第26届世界乒乓球锦标赛》及小全张、纪92《中国古代科学家》（第二组），特44《菊花》、特38《金鱼》、特57《黄山风景》、特61《牡丹》及小型张、特56《蝴蝶》、特48《丹顶鹤》、特60《金丝猴》、特46《唐三彩》和普10《花卉》。这些邮票大多是在“文革”期间被认定为“有问题”，予以批判。这些邮票的选题策划人、设计者、原画作者，也受到不同程度的批判。这次评选“三十年最佳邮票”，是人民群众做出的公正选择。在此次评选中，由孙传哲设

周令钊

计的各类邮票有 11 套当选。

除了群众投票评选外，主办方还特设“荣誉奖”，由周令钊设计的《中华人民共和国成立十周年（第四组）》纪念邮票与《熊猫》《林业建设》3 套邮票获得了这一项奖。

周令钊，1919 年出生于湖南平江，1948 年应徐悲鸿聘请任教北平国立艺专，曾担任中央美术学院壁画系民族画室主任、中国美术家协会理事、邮电部邮票图稿评议委员会委员等职。在他几十年的美术生涯中，其代表作有：开国大典天安门城楼上的毛主席像，八一勋章、独立自由勋章、解放勋章，并参与了国徽的设计。他设计的邮票有：《中华人民共和国成立十周年邮票（第一组）》《壬戌年》《中国历代名楼》《戊戌年》等。1982 年，周令钊出席中华全国集邮联合会第一次代表大会。

“三十年最佳邮票”评选活动颁奖大会于 1980 年 7 月 1 日在北京隆重举行。宋庆龄副委员长为邮票评选活动题词“发展集

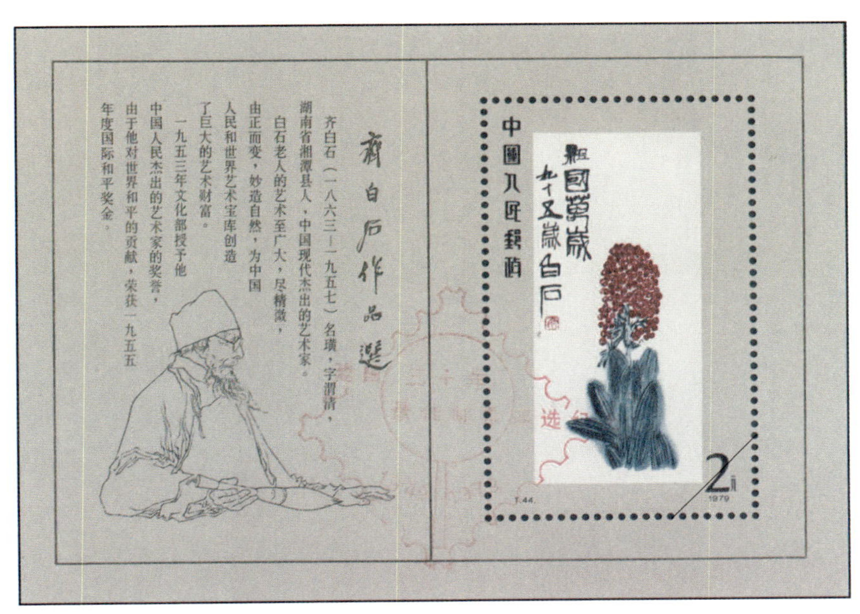

“三十年最佳邮票”评选纪念张

邮，丰富文化生活，传播友谊”。邮电部部长王子纲、全国人大常委会副秘书长罗青长和中共中央、国务院有关部门负责人出席了大会。

这次评选活动是对新中国成立30年来发行邮票作一次群众性检阅，密切了邮票发行部门与广大集邮者的联系，进一步扩大了邮票在社会上的影响，对恢复集邮活动产生了积极的推动作用。为了鼓励群众的参与，主办方对投票选中一半以上者赠送1枚T.44《齐白石作品选》邮票小型张加盖纪念戳制成的评选纪念张。

2. 最佳邮票评选活动常态化

《集邮》杂志社1980年主办的“三十年最佳邮票评选”活动，在社会上掀起一股集邮热潮。主办方原来没有打算每年都举办这种全国性的邮票评选活动。但根据评选活动的实际效果和广泛影响来看，它的意义已经超出活动本身。在集邮界、社会各界的积极呼吁和支持下，《集邮》杂志社于1981年举行了“1980年最佳邮票评选”。在此次评选中，邓锡清设计的《中国古代科学家（第三组）》和邵柏林设计的《齐白石作品选》分别获得最佳纪念邮票和最佳特种邮票。

1980年最佳邮票评选纪念张

邵柏林，出生于1930年，天津市人，原邮电部邮票发行局总设计师，从事邮票设计工作近50年，曾设计过多套邮票及首日封。其中《牡丹》《齐白石作品选》《中国绘画·唐·簪花仕女图》《故宫博物院建院六十周年》等邮票被评为最佳邮票；《庚申年》邮票备受集邮者推崇。他还为中国邮票总公司设计了标志。

此后，这项活动得以延续，每年都举办一次，成为中国集邮界的一项重要活动。1981年举办的第1届全国最佳邮票评选活动中，主办方共收到选票12万张；1982年收到的评选票为28万张。在此后举办的各届佳邮评选中，由于主办方不断调整思路、改革评选方式，使此项活动参与人数不断变化。

三、举办各类集邮讲座

集邮讲座是普及集邮知识的较好形式。特别是在改革开放初期，各地集邮活动形式还很单调，集邮交流平台较窄，集邮者获取集邮知识的渠道也很有限。因此，各种集邮讲座吸引大批集邮者的参与，促进了集邮水平的提高。

1983 年邵柏林向外国友人介绍邮票设计

改革开放以来，最早面向社会公众举办集邮讲座的是北京鼓楼集邮研究会。鼓楼集邮研究会成立后，把向社会普及集邮知识作为一项常规的工作，他们利用向公众开放的鼓楼大厅，举办集邮讲座。不仅面对集邮研究会的会员，也吸引了研究会以外的人士，主要是附近的学生前来听课。1979 年 12 月，在鼓楼大厅首次进行集邮

鼓楼集邮研究会首次集邮讲座

知识讲座，由朱祖威主讲《集邮是健康的群众文化活动》。随后，陆续举办了由王庸声主讲的《日本集邮见闻》、林轩和刘开文主讲的系列讲座《外国邮票收集基础知识》《青少年集邮知识》等。鼓楼集邮研究会的例会活动，多安排有集邮家的专题讲座，在当时吸引了会内外许多集邮者参加。

上海市工人文化宫为了丰富群众的业余文化生活、促进集邮活动进一步开展，于1980年5月至8月利用周末的业余时间，举办多场集邮知识讲座。这些讲座的内容很丰富，涉及中国早期邮票、解放区邮票和新中国邮票，马任全、史济宏等老集邮家都做过讲座。此外，还有关于邮票首日封、邮戳、邮票版式等方面的知识介绍，对提高集邮者的收藏水平起到很好的作用。

上海市静安区工人俱乐部为了丰富职工的业余文化生活，配合开展“五讲四美”活动，于1981年5月组织了4场集邮知识讲座，由宋知新主讲《邮票的诞生和集邮的起源》等。

1981年11月22日，北京集邮家沈曾华到长春市出差。应长春市邮票分公司、长春市工人文化宫、长春市职工业余集邮活动小组的邀请，为长春市400多名集邮爱好者举办集邮讲座。讲座内容包括：集邮的意义、邮票的收集与整理、国内外集邮活动概况等，并结合个人的集邮经历、对邮票的研究心得，介绍了中国解放区邮票的印制和发行情况。此次讲座受到长春市广大集邮者的欢迎。

自1981年起，北京市集邮协会在部分新邮票发行前后，举办专题报告会，邀请有关专家对一些经典邮票进行权威性解读，提高广大集邮者对邮票的欣赏能力。通过举办这样的活动，使更多的人喜爱上邮票。1981年11月15日，北京市集邮协会在第二炮兵礼堂举行报告会，邀请著名红学家、《红楼梦学刊》主编李希凡作关于中国古典文学名著《红楼梦》的研究报告；邮电部邮票发行局局长宋兴民作《红楼梦——金陵十二钗》邮票专题报告，北京市集邮界

《红楼梦——金陵十二钗》邮票小型张

约 800 人参加了此次报告会。李希凡向集邮者介绍了曹雪芹和他的《红楼梦》以及这部名著在中国文学史中的重要地位，详细介绍了“金陵十二钗”的艺术特色以及对邮票构图的看法；宋兴民介绍了发行中国古典文学名著《红楼梦——金陵十二钗》特种邮票的意义以及该套邮票的设计情况。

《红楼梦——金陵十二钗》特种邮票于 1981 年 11 月 20 日发行（其中 6 枚于 1982 年 4 月 24 日发行），全套 12 枚，另发行小型张 1 枚。该邮票的图稿由著名画家刘旦宅绘制，邮票由潘可明设计，北京邮票厂以影写版印制。该套邮票被评为 1981 年度最佳邮票。

重庆市山城集邮组将集邮讲座与展览相结合，活跃了当地集邮活动的气氛。1981 年 11 月，在该集邮组举办集邮讲座时，展示的多种签名邮票引起集邮者的浓厚兴趣。在这些邮票上，留下了老一辈无产阶级革命家朱德、董必武、吴玉章、谢觉哉和郭沫若等人的字迹，还有宋庆龄、王光美以及电影艺术家赵丹、白杨、黄宗英，作家巴金、曹禺、臧克家，画家吴作人、华君武，运动员容国团、邱钟惠、马艳红等知名人士签名的邮票。在展示这些邮票的同时，还附有签名者的生平资料介绍。

第四节　对外交流的初始阶段

中国改革开放以来，集邮人数明显上升，集邮组织也在不断增多。但是，这种群众性的文化活动还处于一个较低的水平。由于长时间的封闭，中国的集邮与世界集邮拉开了较大差距。要缩小这段差距，必须开展对外交流活动，开阔眼界，以推动中国集邮前进的步伐。在改革开放初期，与中国集邮界交往较多的是欧洲的罗马尼亚和亚洲的日本。

一、与欧美国家集邮界的交往

中国与罗马尼亚自1949年10月5日建交以来，一直保持着友好合作关系。在中国改革开放初期，两国在文化方面交往频繁。在集邮方面，中国受罗马尼亚的影响较深。

1980年9月19—25日，“罗中邮票展览”在罗马尼亚首都布加勒斯特艺术收藏馆举行。中国派出以邮电部邮票发行局副局长曹双禄为团长的邮政代表团参加此次活动。中罗双方各展出30块展板。中国展出的邮票主要是新中国成立就以来发行的邮票，还有一些中国解放区邮票和清代邮票。本次邮展举办之时，正值罗马尼亚庆祝该国历史上第一个中央集权和独立的国家——达契亚国建立2050周年，中国邮政为此发行了J.61纪念邮票。当这套邮票出现在展场时，引起罗马尼亚集邮者极大的兴趣。

1981年9月23日，中国和罗马尼亚联

中国罗马尼亚邮票展览纪念邮戳卡

合举办的“中国—罗马尼亚邮票展览”在北京中国美术馆开幕。这是根据中罗两国文化交流协定，继1980年在罗马尼亚举行的第一次联合邮展的回展。这是中国改革开放以来，较早举办的外国邮票展览。由于北京在那个年代缺少外国邮票展览，因此该邮展引起了京城内外集邮者的广泛兴趣，纷纷来到中国美术馆参观。集邮者饶有兴趣地观赏内容丰富、缤纷多彩的罗马尼亚邮票，这些邮票给专题集邮者提供了丰富的信息。

中国集邮者对展览上的极限集邮产生很大兴趣。罗马尼亚布加勒斯特汉学教授本·威克斯列尔展出了133枚用新中国邮票制作的极限明信片。看到外国人在北京展示中国邮票制作的邮品，观众感到非常亲切。极限明信片属于复合邮品，它比单纯收集邮票更具有观赏性和趣味性。在所展示的极限片中，就有多枚是北京集邮家朱祖威、王泰来帮助本·威克斯列尔教授制作的。

该展览结束后，《集邮》杂志于1981年第12期封底刊登了本·威克斯列尔教授的部分极限明信片。其中有：“南京长江大桥”“延安宝塔山”“遵义会议会址”“人民大会堂”“唐三彩马”“鎏金镶嵌铜砚盒”“北京故宫太和殿”等。这些极限明信片引起中国集邮者的强烈反响。很多集邮者纷纷效仿，自己动手制作极限明信片。从此，中国极限集邮迅速兴起。

应《光明日报》社的邀请，美国《迈阿密先驱论坛报》星期一商业新闻版编辑帕尔杰及其夫人来华访问。帕尔杰夫人是美国中华邮票会的会员，帕尔杰受美国《林氏邮票新闻周刊》的委托，将为该周刊提供中国集邮界近况的专稿。上海市集邮协会副会长马任全、唐无忌，理事史济宏、邵林，上海市邮票公司的王兆桢，集邮家刘广实等于1981年10月24日与帕尔杰夫妇座谈，交流中美两国集邮活动情况。

二、与日本集邮界的交往

中华人民共和国与日本国于1972年实现邦交正常化，1978年两国签订了《中日和平友好条约》。从此，中国与日本集邮界开始频繁交流并且向深层次开展。当时日本集邮在亚洲及世界处于较高的水平，因此成为中国集邮界学习和赶超的目标之一。

1. 与来访的日本集邮界代表团交流

1979年9月，日本邮趣协会理事长、集邮家水原明窗来到上海，在上海市邮政局的组织下，与上海市的集邮家马任全、史济宏、刘广实、邵林等会见。他带来一些参加国际邮展获奖的中国展品的复印件，如《中国海关邮政史》《中国人民邮政邮票》《东北近代史》等，引起了大家的兴趣。上海集邮家也挑选了一些藏品供水原明窗观看、研究。双方还对早期的邮政邮票史进行了切磋。刘广实还陪同水原明窗考察了原外国邮局在上海的建筑旧址，讨论了中国的“客邮史”。这次会见是“文革”结束后上海集邮界第一次正式国际交往活动。

1980年9月20日，以日本邮趣协会理事长水原明窗为团长，日本众议院议员、日本邮趣协会理事后藤茂，日本圣心女子大学教授、日本邮趣协会理事山口修组成的日本集邮界访华代表团，应《集邮》杂志社的邀请，来中国进行友好访问。日本集邮界代表团到京后，提出会见北京市东城区文化馆业余集邮研究会的请求，希望能见到研究日本邮票的专家袁香举。

在改革开放初期，国内民间组织与国外民间组织的会见需要通过严格的审批，程序十分烦琐。《集邮》杂志主编王庸声几经周折办妥了此事。东城区文化馆业余集邮研究会组成了由孙运显、朱祖威、林轩、陈乃丰、刘开文、袁香举、李金华 7 人参加的北京集邮界代表团。

1980 年 9 月 21 日上午，北京集邮界代表团与翻译等一行 10 人来到北京饭店，与下榻在这里的日本集邮界代表团进行座谈。朱祖威介绍了东城区文化馆业余集邮研究会成立一年来开展活动的情况。袁香举介绍了东城集邮研究会的会员和日本集邮者长期通信交流的情况，以及刚刚在北京鼓楼举办的日本邮票展览的盛况。水原明窗介绍了日本邮趣协会推广使用贴片，提高邮集制作水平，在国际邮展屡获高奖的经验。双方交流热烈，分别时仍意犹未尽。

袁香举（?—1992），曾用名袁维邦，辽宁银州人，1936—1937 年间在日本东京芝公园递信官吏训练所第一部行政科任职，回国后辗转丹东、长春、沈阳等地工作，解放前夕到北平，曾执教中学地理。袁香举 15 岁开始集邮，1934 年年底加入甲戌（132 号）和新光（507 号）邮票会，1946 年年底加入东北邮票会（99 号），1948 年年底加入北平邮票会（364 号），曾参加 1941 年沈阳邮展和 1942 年长春邮展。

9 月 22 日是中国传统的中秋节，中日

北京集邮界代表团与日本集邮界代表团进行交流

日本集邮家在中国参观邮展

两国集邮界代表团在北京东安门大街中国邮票总公司二楼继续举行座谈。双方首先互祝节日快乐，然后就集邮信息、集邮刊物、集邮研究等领域的交流合作进行了讨论。会见结束时，双方互赠礼品，并合影留念。北京集邮界与日本集邮界的友好会见，很快由中国的《集邮》杂志和日本的《邮趣》杂志进行了报道。

1981年7月10日，继上海访问之后，日本集邮家水原明窗与阿部达也又访问了无锡集邮研究会。孙君毅会长以及窦莲荪、陈文龙、陆荣泉等十余人会见日本客人并进行了座谈。

1981年11月8日，在上海展出“中国邮票藏品展览”期间，日本邮趣协会理事长水原明窗和常任理事鱼木五夫等到上海中国福利会少年宫，与上海青少年集邮协会筹备组的40余位集邮者会面交谈。鱼木五夫还对青少年集邮者的集邮活动进行了现场指导。

日本邮趣协会的会刊《邮趣》《中国集邮》对中国新邮票和集邮活动的报道相当及时。例如，对1979年5月常州东风区文化馆举办的“中日邮票展览”，对1979年10月北京东城区文化馆在鼓楼举办的国庆邮展均作了相当详细的报道。

2. 到日本与日本集邮界进行交流

1980年4月19—20日，日本邮趣协会举办第四届邮票展览。中国邮票总公司代表团应邀参加了此次活动。在本次展览中，《中国人民邮政五十年》专题展品被安排在显著的位置。展品反映了1930年中国人民邮政初创到1949年各解放区所发行的邮票，以及新中国成立30年来所发行的邮票。展览期间，还举行了中国邮票会的例会，中国代表团和日本的中国邮票会会员举行了亲切的交谈。

1980年9—10月，中日友好协会代表团到日本进行访问。代表团团长夏衍于10月2日在新大谷饭店会见了日本邮趣协会理事长水原明窗。双方共进午餐，并就今后如何更好地开展中日两国的集邮活动交

夏衍会见水原明窗

换了意见。夏衍向水原明窗赠送了几枚寄给他本人的邮票首日封，水原明窗回赠了《华邮集锦》第三卷至第六卷。两位集邮家还就邮票的收集和研究进行了广泛的切磋。

除了官方层面的交流，中外集邮者之间的交流也随着开放而日益增多。例如，1981 年 7 月下旬，日本著名集邮家织田三郎随日本“大陆科学院会访中团”来华，在长春下榻的酒店会见了集邮家韦介夫和邓庆余，研讨邮学，洽谈甚欢。10 月，韦介夫和邓庆余又在赴京参观日本集邮家水原明窗的“中国邮票藏品展览”时，会见水原明窗与古庄昭夫，并建立了经常联系。

第五节　在国内外举办邮票展览

20 世纪 70 年代末，刚刚复苏的中国集邮就在集邮展览方面迈开步伐。由于当时中华全国集邮联合会尚未成立，中国集邮界还无法选派邮集参加国际集邮联和亚洲集邮联举办的世界邮展和亚洲国际邮展。在这段时期，中国在国外举办邮展或参加外国邮展主要是由中国邮票总公司筹集展品，其目的是向各国的集邮者宣传中国邮票，展现中国集邮的风采。与此同时，随着国内集邮活动的普及与深入，各省级集邮协会和地方、基层集邮组织也纷纷举办邮票展览，成为当时集邮活动的一项重要内容。

一、中国邮票总公司在国内外举办的邮展

为了进一步加强对外宣传，让更多的外国集邮者了解中国邮票，并通过邮票认识新中国，进而促进中国邮票出口，中国邮票总公司以前所未有的力度，在境外多次举办邮票展览，扩大了中国邮票在国际上的影响。

1. 中国邮票总公司在国外举办的邮展

为了向世界各国展现中国集邮方面的成就，1978—1981 年，中国邮票公司多次在国外举办中国邮票展览，或提供展品参加外国举办的邮票展览。通过这些展览让世界各国进一步了解中国的文化。

（1）参加里乔内第 30 届国际邮票博览会

1978 年 8 月，中国邮票公司参加在意大利举行的“里乔内第 30 届国际邮票博览会”。里乔内位于意大利西北部亚得里亚海海滨，每年夏季来自世界各地的旅游者到

中国代表团成员沙子芬向法国观众介绍中国珍邮

此地避暑。为了活跃旅游生活，里乔内旅游界在市政府支持下，每年8月底到9月初，在里乔内市中心旅游大厦举办一次国际邮票博览会。每届都有几十个国家和地区参加。1978年，我国与博览会恢复了中断十几年的关系并组团参加，这是“文革”后中国首次参加国际邮票展览和邮票贸易活动。1979年8月25日，中国邮票总公司又参加了里乔内第31届博览会，邮电部为此利用T.38M《万里长城》小型张，专门加字发行了J.41M《里乔内第31届国际邮票博览会》小型张。此外，中国邮票总公司还在展场出售了一套明信片，受到当地集邮者的欢迎。1980年和1981年中国邮票总公司又参加了里乔内第32届和第33届博览会。

（2）参加奥斯陆1980年国际邮票展览

1980年6月13日至22日，由挪威邮政局和挪威集邮联盟联合举办的“挪威国际邮票展览”在奥斯陆最大的展览馆——挪威交易会举行。中国邮票总公司代表团代表邮电部应邀参加了官方级展出。这是中国邮票第一次在挪威展出，丰富多彩的新中国邮票引起了挪威集邮者的浓厚兴趣。当他们见到《云南山茶花》《奔马》《齐白石作品选》等邮票时，都赞叹不已、争相购买。很多挪威集邮者还要求长期预订中国邮票。在本次邮展上，日本的水原明窗等4位外国集邮家的展品引人注目。这些展品的主题是：“中国人民邮政”“中国人民革命战争时期邮政”“大清邮政”“中国海关邮政”等。中国邮票总公司为此刻制了一枚邮展纪念戳。

（3）在美国举办中国邮票展览

“中华人民共和国邮票展览·美国”于

《中华人民共和国展览会》邮票小版张

1980 年 9 月 13 日—12 月 21 日，分别在美国的旧金山、芝加哥、纽约举行。这次的展览会由中国国际贸易促进会和美国展览公司共同主办，中国邮票总公司派员参加。这是一次贸易性的展览会，也是在美国举办的一次规模最大、内容最丰富的中国邮票展览，展出了新中国发行的纪、特邮票，分为政治、经济、文化艺术、体育卫生、妇女儿童、祖国风光、花卉动物等十几个专题。我国邮电部特为这次展览会发行了 J.59 纪念邮票一套，同时第一次发行邮票小版张。这种小版张由美国展览公司包销了 2.5 万套，在国内仅出售了 2000 套。

（4）在意大利米兰举办中国邮票展览

由中国邮票总公司、意中经济文化交流协会和伦巴第储蓄银行联合主办的“中华人民共和国邮票展览”，于 1980 年 10 月 25 日在意大利米兰举行。这是中国邮票总公司在欧洲举办的一次规模最大、内容最丰富的中国邮票展览。展品有中国各个时期的邮票 800 多套 3600 多枚，还有邮票图稿、雕刻母模、制版钢轴等珍贵的实物和部分集邮用品。意大利邮电部副部长评价说：“中国邮展是中国这样一个文化悠久、艺术辉煌的国家的镜子，是中国人民——伟大而光荣的中华民族传播友谊的使者、意中经济文化交流的纽带、实现和平愿望的工具。”本次邮展共 16 天，观众达 3 万多人次。中国邮票总公司为此印制纪念封一枚，贴用同日发行的《苏州园林——留园》邮票。

（5）在日本举办中国邮票展览

由中国邮票总公司与日本邮趣协会联合主办的“中华人民共和国邮票展览”于 1981 年 4 月 29 日在日本神户开幕。此次邮展以中华人民共和国邮票为主，同时

“中华人民共和国邮票展览 · 日本”纪念封

还展出中国人民革命战争时期（1930—1950）、中华民国时期（1912—1949）、清代（1878—1911）这3个时期的邮票800余套3700多枚。此外，还展出了早期邮政文物、邮票图稿、邮票雕刻原版、印样等多种珍品。如画家吴作人为《熊猫》邮票所作的原画、田世光为《牡丹》邮票所作的原画、陈之佛为《丹顶鹤》邮票所作的原画、刘继卣为《金丝猴》邮票所作的原画等，都受到日本集邮者的青睐。中国邮政为本次邮展发行J.63《中华人民共和国邮票展览·日本》纪念邮票一套2枚，另发行小本票一册。本次邮展还在名古屋和东京展出。

中国在意大利米兰邮展和日本神户、名古屋、东京邮展的展品基本上选择了1979年举办中国香港邮展时的展品，这些国宝级展品一次次博得各国集邮者赞扬。

（6）在澳大利亚举办中国邮票展览

1981年9月底至11月初，中国邮票总公司先后在澳大利亚布里斯班、墨尔本和悉尼3个城市举办了“中国邮票展览”。展品包括新中国邮票和首日封、中国解放区邮票和清代、民国时期的邮票，同时还展出了部分中国古代邮驿史料及复制品。本次邮票展览是在澳大利亚外交部和澳中理事会赞助下，由澳大利亚促进会主办。展览的全部邮票和首日封都是中国邮票总公司提供的。天津市历史博物馆提供了邮驿史资料。在当时，中国邮票对澳大利亚集邮者来说还是比较陌生的，这次展览为有兴趣了解中国邮票的人提供了交流机会。

除此之外，中国邮票总公司还参加了1978年捷克斯洛伐克世界邮展、1978年和1980年德意志联邦共和国埃森第二届和第三届国际邮票博览会、1980年在新加坡举办的中国邮票展览、1980年在罗马尼亚举办的“中罗邮票展览”、1981年奥地利国际邮展、1981年“全美国邮票展览·纽约”等，有力地扩大了中国邮票在国际上的影响力。

2. 中国邮票总公司在中国香港举办中国邮票展览

1979年11月10日至25日，中国邮票总公司和香港商务印书馆联合在中国香港举办“中华人民共和国邮票展览”。这次邮展是“文革”后，中国官方举办的第一次大规模的邮展，对香港、澳门、台湾地区，以及东南亚诸国有着深远的政治、文化影响。为筹办这次邮展，提高展出质量，中国邮票总公司委派专人到港实地考察。此次邮展的内容非常丰富，展出新中国邮票近400套1500余枚，大受观众欢迎。出于当时的历史背景，1959年发行的纪71《中华人民共和国成立十周年》（第五组）“开国大典”邮票格外引人注目。因为这枚邮票的画面中有刘少奇形象，“文革”期间此票匿迹10年，此次在香港得以公开展出，许多香港同胞在这枚邮票前摄影留念。展出的中国解放区邮票有不少珍邮，其中湘赣边省赤色邮票中的8分票，引得许多观众要透过展板的放大镜观看；清代珍邮——“红印花”小一元邮票的展框前，也总是围满了人。这次邮展，破例展出了许多邮票图稿、原画、原印版。对清代“万寿”邮票的设计者费拉尔的一些图稿也作展出介绍。邮电部为这次展览，利用T.37M《云南山茶花》小型张，专门加字发行了J.42M《中华人民共和国邮票展览·香港》小型张。据统计，此次邮展的观众达

《中华人民共和国邮票展览·香港》邮票小型张

13 万人次，出售邮品收入 60 万港元，特供邮票成交 120 万港元，可谓政治影响及商业运作双成功。中国邮票总公司为此次邮展印制了两枚纪念封及一本精美的宣传册，还有 4 枚雕刻印样。

中国邮票总公司在境外举办邮展，旨在宣传中国邮票，增加邮票出口额，另一方面也是为了把国外先进的集邮方法、集邮用具引进来，让中国集邮者了解当代世界集邮的新动向，提高中国的集邮水平。

3. 中国邮票总公司在内地举办的邮展

（1）在北京举办“中国邮票展览”

为推动国内集邮活动的开展，中国邮票总公司于 1980 年 3 月 23 日至 4 月 6 日，在北京中国美术馆举办“中国邮票展览”。这是新中国成立以来，也是“文革”后在国内首次由官方主办的规模最大的邮展。本次展览共分三部分：第一部分展示新中国成立以来发行的各类邮票 1600 多种；第二部分展示了 1930 年至 1949 年中国各解放区发行的邮票 1500 多种；第三部分展示了中国清代发行的邮票 100 多种。

本次邮票展览倍受集邮者的重视和欢迎，许多外省（自治区、直辖市）集邮者专程来京参观。在邮展上，许多集邮者第一次看见了早已慕名的中国第一套邮票——大龙邮票和中国珍邮——红印花小字当一元邮票。人们从展出的清代邮票、民国邮票、解放区邮票和新中国邮票中，看到了中国各时期邮票的时代特征，了解了中国邮票的历史脉络，提高了集邮者对中国邮票的认识。

（2）主办日本集邮家水原明窗“中国邮票藏品展览”

1981 年 10 月 22 日至 11 月 9 日，由中国邮票总公司主办的日本集邮家水原明窗的“中国邮票藏品展览”在北京中国美术馆开幕。为外国集邮家举办个人邮展，在中国尚属首次。水原明窗所藏的中国邮票，自清代大龙邮票以来，直到新中国邮票，几乎全部集齐。他对中国邮票的研究已有30多年历史，造诣颇深。他在历次国际邮展中送展的中国邮集，曾获大金奖、金奖、银奖等共45枚奖牌。

这次展出的邮品，有中国各时期的邮票、邮票印样、邮戳剪片约1.3万多枚，还有800多件实寄封。展品中每个时期的邮票都有珍品，如整版的大龙邮票、大龙邮票实寄封、红印花原票四方连，珍贵的红印花小一元票有3枚之多。这次展览的解放区邮票以邮集的贴片展出，共700多页贴片。观众在这里见到了赣西南1分票双连实寄封、赣西南赤色邮政3分和8分邮票、唐县临时邮政邮票、晋察冀边区半白日徽邮票以及晋冀鲁豫、晋绥、山东、淮南、苏中等解放区的珍贵邮票和实寄封。在新中国邮票中，人们观赏了纪20《伟大的苏联十月革命35周年纪念》错版票和罕见的“蓝军邮”。为了向中国观众介绍当代世界邮展的展品编组形式、方法，还展出《在上海日本邮局邮政史》《在上海美国邮局邮政史》《山东近代邮政史》3部邮政史邮集的部分贴片，还有一部专题邮集《东北近代史》的部分贴片。

水原明窗“中国邮票藏品展览”宣传册

水原明窗的获奖邮集，是以当代世界流行的方法整理编组的，成千上万观众在这里第一次看见贴片，一张贴片上布置着邮票、邮戳、封片，贴片把一件件单一的票品联系起来，表现一个完整的内容。

1981年11月3—9日，“中国邮票藏品展览”移至上海美术馆展出，展览由中国邮票总公司、上海市集邮协会和上海市邮票分公司联合主办。展品是水原明窗所有邮集的精华，分7个部分陈列，重点是解放区邮票和大龙邮票及实寄封等，上海各媒体都做了宣传报道。

二、中国邮驿史及邮票展览

1981年6月10日，天津市历史博物馆以馆藏品为主，举办了“中国邮驿史及邮票展览”，这是20世纪80年代初期北方大城市举行的规模较大的邮展。邮驿史部分展出了中国历代传递信息的机构、制度、符牌、印信等文物和史料。其中有周幽王烽火戏诸侯的文献资料，长沙出土的战国时期传递信息的凭证——“铜龙节”、甘肃出土的汉代驿使图画像砖、西夏驿站的铜牌、清代驿站的排单与清代邮差的号衣。这些史料和实物引起不少观众的兴趣。邮票部分展品丰富，按发行时间的顺序展出，包括：（1）商埠邮票和各类邮政用品；（2）清代邮政的大龙、小龙、万寿邮票，红印花加盖暂作邮票，还有一些试色样票；（3）民国票中，珍罕的加盖“临时中立”邮票23种；（4）解放区邮票中，有引人注目的湘赣边省赤色邮票、苏维埃花卉图邮票以及华北、华东等7个解放区发行的邮票，其中名贵的票品有晋冀鲁豫代邮券8种、抗战军人销印封等；（5）新中国发行的各种邮票。此次邮展影响很大，外省市及香港等地的集邮组织及集邮者，都专程赴津参观。

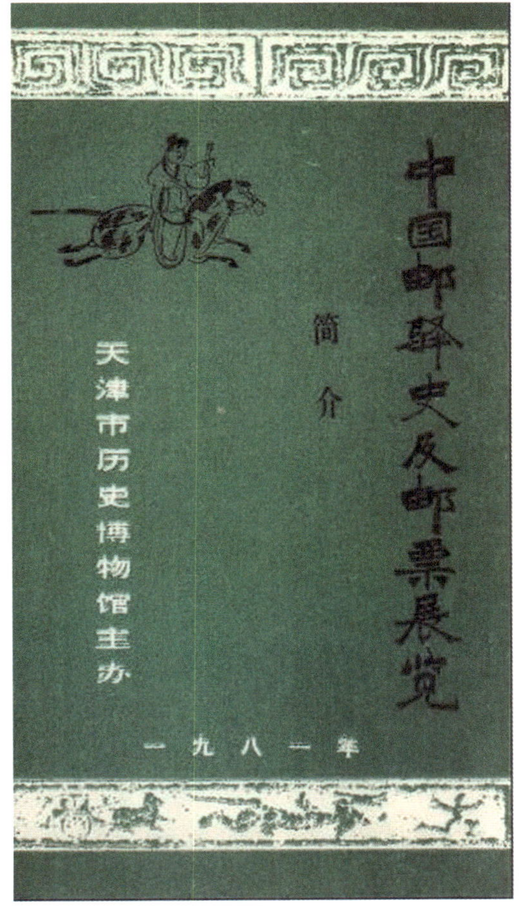

中国邮驿史及邮票展览简介

由邮电部、天津市历史博物馆、中国革命博物馆、中国历史博物馆联合举办的“中国邮驿史料及邮票展览”，于1981年8月15日在北京中国历史博物馆举行。这次展览在天津历史博物馆举办的“中国邮驿史及邮票展览”的基础上，经过充实重新组织，丰富了内容，提高了展览的学术价值。

这次展览的展品有各类文物、文献资料1000多件，邮票约3000枚。邮展第一部分展示了中国商周至明清各时期的邮驿实物。通过卜辞、简牍、符牌、印信、火票、排单等实物介绍了历代邮驿活动、组织机构、律令和制度；第二部分是中国现代邮政史料和邮票，其中“国共通邮”专题，以珍贵的资料和照片展示土地革命战争、抗日战争、解放战争3个时期国共通邮谈判，达成协议及通邮情况；第三部分展出新中国邮票中的古代文化，以这个题材的邮票、明信片、实物来反映中国古代的灿烂文化。邮展原定于9月5日闭幕，后应广大观众的要求延期5天。在25天的展期里，先后有4万人次入场参观。

三、各级邮协和基层举办的集邮展览

20世纪70年代末期，国内各地集邮活动异常活跃，而举办集邮展览是各项活动中最频繁的。各省级集邮协会以及各基层集邮组织及个人频繁举办集邮展览，为刚刚复苏的中国集邮活动注入新的活力。

1. 各省市邮协举办的集邮展览

1981年春节期间，广州市集邮学会在广州文化公园举办首届广州邮票展览。展览分58个专题，共展出了288个展框和

17 个展柜，展品有邮票、首日封、实寄封、极限明信片、邮戳以及集邮报刊等。展品由广州市集邮学会向包括港、澳在内的全国及美国、日本、加拿大等国家和地区的近 2000 位集邮者征集，经过评审选出 124 位个人、2 个单位的优秀邮品参展。邮展于 2 月 5 日开幕，当日使用纪念邮戳。邮展为期 20 天，观众达 15 万人，盛况空前。《广州日报》《羊城晚报》《北京晚报》《集邮》杂志对此次展览均有报道。

1981 年 7 月 1 日，上海市集邮协会主办了“庆祝中国共产党成立六十周年、纪念辛亥革命七十周年中国邮票展览”。展品布置在 170 个展框、8 个展柜内。展出内容除邮票外还有明信片、实寄封、邮简以及配合展出的章、戳和钞票。展品中新中国邮票最引人注目，其中纪念邮票和特种邮票的原版票、再版票并列展出，意在普及邮票的版别知识。此次邮展的一个重要突破就是新中国错版票登上大雅之堂，纪 20《伟大的苏联十月革命三十五周年纪念》错版全套票及纪 54《第五届世界学生代表大会》错版 22 分邮票公开展出。展品中还有民国票中的珍品，清代各版大龙邮票。已捐献给邮电部邮票资料室的红印花“小一元”新、旧票各一枚及若干珍邮，也同框展示。2 万多人参观了这次邮展。邮电部邮票发行局资料室派人前来参加展出。这可能是第一次由邮电部派人支持地方邮展。

1981 年 10 月 1 日至 10 日，重庆市集邮协会（筹）在市劳动人民文化宫举办重庆市首届邮票展览，共展出 311 框 8000 多枚中外邮票和各类集邮品。除该市集邮者的展品外，还邀集了外地集邮者的展品，重庆邮票分公司、重庆市图书馆也都提供了展品。10 天展期，约有 16 万观众前来参观，这是新中国成立以来重庆集邮界规模最大的一次邮展活动，影响较大。《重庆日报》、重庆电视台先后进行了报道。

2. 各地较早举办的特色邮展

1978 年改革开放后，湖南集邮家黎泽重翻出珍藏的邮票装入镜框，并且向众人展示，办成一次特殊的个人邮展。1979 年 5 月 1 日，由江苏省常州市曹源福和上海市屠松鉴发起，在常州东风区文化馆举办的“中日邮票展览会”，是“文革”后中国举办的较早的公开集邮展览。本次展出了 3000 多枚邮品，由发起者提供，包括清代的排单、中国清代邮票、解放区邮票、全部的新中国邮票和日本大部分早期邮票。《常州报》上刊登了该邮展的广告。主办者还专门绘制了宣传画张贴，刻制了纪念图章供参观者留念。此次邮展整整持续了一个月，上海、苏州、无锡、扬州、南京等地的集邮者专程前往参观，引起很大的社

黎泽重举办个人邮展

会反响，对常州以及周边地区集邮活动的迅速恢复起到了积极的推动作用。

1979年10月23日—11月5日，为纪念《中日和平友好条约》签订一周年，上海集邮家居松鉴又与傅德霖等人在上海闸北公园，举办了“文革”后上海首次面向社会的集邮展览——“中日邮票展览”，展出中国和日本的邮票相当齐全。该邮展的影响较大，有数千人参观了邮展，对上海的集邮复苏起到了促进作用。

1979年7月1日，安徽省亳县集邮者贾宝珊在县文化馆举办了新中国邮票展览。随后，亳县集邮协会与县文化馆多次举办各类邮展，这在县级邮协里是不多见的。

1980年1月1日，广州市两位青年集邮者焦志伟、莫志强在广州文化公园，举办了一次为期10天的集邮展览，展出新中国邮票360套1700多枚，以及部分外国邮票和集邮书刊。广州市邮局为此刻制了纪念图章。这是“文革”后广东举办的第一次邮展，它标志着广东集邮的复苏。邮展结束后的1月27日，十几位集邮者自发地在广州文化公园聚会，商讨发展广州集邮、建立集邮组织的问题。

1981年5月1日，江苏省常州市首届百花邮展在天宁区文化馆开幕，展出邮票约5000枚，包括早期中华邮政邮票、革命战争时期发行的邮票与纸币、专题邮票、集邮品及各种集邮文献。上海、南京、无锡等地的集邮家前往参观并进行了座谈。在邮展座谈会上，刘广实提出常州1918年举办的“世界邮票展览会”可能是我国最早的竞赛型邮票展览会。

改革开放之初，国有大中型企业不仅是经济建设的主力军，也是文化活动不可或缺的重要参与者。1980年10月28日，

20世纪80年代初期的集邮展览将镜框悬挂在墙上

常州曙光化工厂在厂工会举办首届邮展，特邀著名集邮家赵善长到现场指导。

除上述大城市外，集邮展览在各地校园也活跃起来。1980 年 9 月，南昌市第二十中学举办了“社会主义好”集邮展览，共展出中外邮票近 3000 枚。这是“文革”后江西省的第一次邮票展览，在社会上引起强烈反响。《江西日报》《南昌晚报》以及江西人民广播电台等新闻媒体对这次邮展先后作了报道。

3. 基层邮协举办的邮展

1979 年 10 月 1 日至 20 日，北京市东城区业余集邮研究会在鼓楼大厅举办“庆祝中华人民共和国成立 30 周年邮票展览会”。这是“文革”后北京首次公开的邮展。邮展展出了全部新中国的纪、特、普、航空、欠资、J、T 票及所有的小型张，还有解放区邮票中的一些珍贵邮票，清代的大龙邮票、小龙邮票、万寿邮票，此外，还展出了外国的专题邮票。这个特殊的文化窗口，引起了参观者极大的兴趣。据统计，1979 年国庆节期间，有上万人到鼓楼参观邮展。

这次邮展的方式仍是 20 年前的方法，没有护邮袋和贴片的概念，而是把邮票直接放在镜框内悬挂墙上。展框有大有小，形状不一、颜色不一，几近“原始”状态，但这里面凝聚着新时期集邮者的一种矢志不移的精神。北京人民广播电台、《工人日报》报道了举办邮展的简讯，1980 年复刊的《集邮》杂志也报道了此次邮展的简讯。

1980 年国庆期间，长沙市集邮协会筹备处与长沙市工人文化宫联合举办了“国庆邮展”。邮展内容十分丰富，有新中国邮票、首日封、苏联及东欧国家的邮票、中日集邮家交换的邮票和通信实物等。长沙邮票分公司在展场设立了服务台，出售邮票、首日封及集邮用品。展览会专门刻制

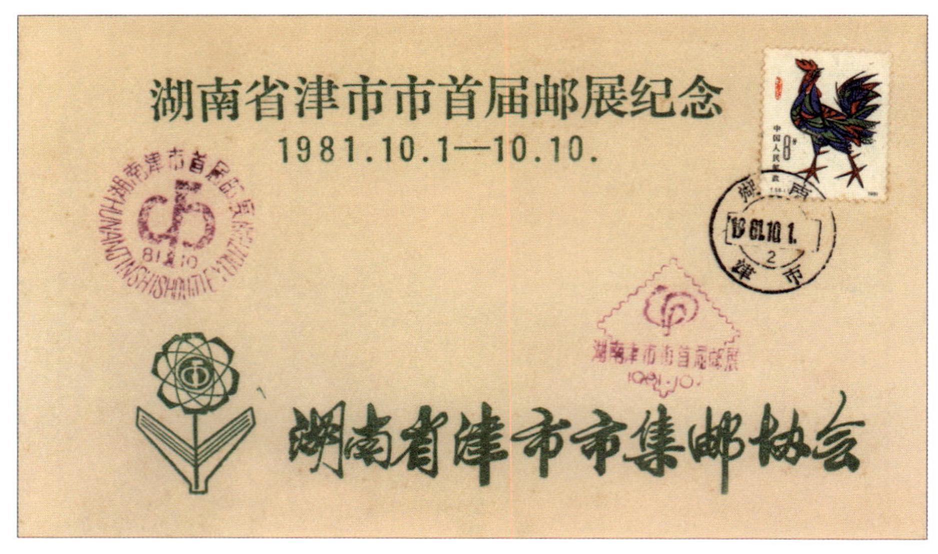

湖南省津市市首届邮展纪念封

了纪念图章，印制了贴有《庚申年》猴票的参观券。1981年10月1日至10日，湖南省津市市集邮协会在市文化馆举办了首届集邮展览。

1981年国庆节期间，湖北省十堰市在二汽俱乐部举办了该市首次邮票展览——“百花”邮展。展品包括3000余枚邮票和首日封，以及部分民间邮刊。邮展期间，有关单位还刻制了3枚纪念图章供参观者加盖。

1981年10月1日，浙江省湖州市邮电局和市工人集邮协会在湖州市人民公园联合举办了庆祝中华人民共和国成立32周年邮票展览。本次邮展共展示新中国邮票、小型张、首日封150框。展览历时7天，首日就有6000多名观众前来参观，这在当时只有12万人的湖州引起了很大的反响。

1980年2月16日—3月10日，上海市工人文化宫举办了“迎春集邮展览”，展出我国早期邮票、解放区邮票、新中国邮票、外国的专题邮票、异形和异质邮票以及集邮知识专栏等100多框，展品有赤色邮票、抗战军人邮票、驿站排单、兵部火票、“黑便士”邮票等。展出期间观众达万人以上。开幕日还刻制、使用了临时邮局纪念邮戳。1981年2月5日，上海市工人文化宫举办了“第二届迎春集邮展览”，展出中外邮政信封及各种明信片、邮戳等共150余框，其中包括大龙邮票实寄封等邮品。

1980年春节期间，北京东城区业余集邮研究会推出了“鼓楼春节邮票展览”，除了展示各类专题邮票外，还展出了年历片、火花等小型艺术收藏品。展品中有异形邮票、金箔邮票、唱片邮票等特殊品种，许多观众还是第一次见到，开阔了眼界。1980年5—6月，“日本邮票展览”在北京鼓楼举办，分为22个专题。1981年，该会

北京鼓楼举办“日本邮票展览”

举办了“第二届鼓楼迎春邮票展览”，由于在《北京日报》《北京晚报》和北京市邮票公司门前都做了广告宣传，在12天的展期内，约有1.2万人前去参观，对普及集邮知识、宣传集邮活动起到积极作用。

1981年春节期间，在广西柳州市工人文化宫举办了柳州市春节职工集邮展览，这是广西集邮复苏后的首次邮展。展框是文化宫装照片的镜框，有30框之多。老集邮家阎东魁亲临展场指导。邮展期间成立了柳州市职工集邮小组。

1981年春节期间，湖南省长沙市集邮协会筹备组也举办了“新春邮展”。

1981年6月1日，湖北省天门县工人俱乐部举办邮展，专门供少年儿童参观。此次邮展展出了2000余枚邮票，分“祖国的花朵”“伟大的祖国”“科学家、艺术家”“百花坛”等专题，展品由天门县职工业余组织鸿渐邮社提供。

1981年6月1—10日，安徽省亳县集邮协会与县文化馆举办儿童邮展，展出了平均年龄在12岁的10位小集邮者收藏的1000多枚新中国邮票，分别按伟大的祖国、悠久的历史、社会主义好、幸福的一代、奔向四化等专题分组陈列，展览还通过评比给最佳展品颁奖鼓励。

第六节　集邮研究的恢复与成果

集邮研究是集邮活动的一个重要组成部分，集邮研究的成果标志着集邮者、集邮组织的总体集邮水平。在 1966—1977 年的特殊历史时期，中国集邮界在学术研究方面基本处于停顿状态。改革开放初期，集邮活动恢复后，集邮研究有了一个宽松的环境。但是，刚刚恢复的集邮研究所涉及的内容很有限，而且交流平台也局限于为数不多的几家集邮媒体。尽管如此，这个阶段的集邮研究为此后开展的多方面学术研究活动奠定了基础。

一、对大龙邮票发行日期的研究

中国第一套邮票——大龙邮票的发行日期在很长时间内无从查考，多年来集邮家们对此的说法不一，有 1878 年 9 月发行之说，还有“7 月说”“8 月说”“12 月说”等。

1980 年第 3 期《集邮》杂志刊登了孙

大龙邮票与集邮研究

——与刘肇宁同志商榷

亦　鸣

一九七九年春，老集邮家崔显堂老师从北京寄给我一本一九七八年出版的《战地》增刊第二期，内有刘肇宁同志写的《我国第一套邮票发行一百周年》一文（以下简称刘文）。集邮活动遭受摧残已达十年之久，读到一篇专题性的集邮文章，是很令人高兴的。况且它在我国邮政史上是占有重要地位的第一套邮票。但读了刘文之后，觉得他对史实的论述和研究都未免轻率。后来又在其它刊物上看到刘肇宁同志的另外几篇集邮文章，也有同样的弊病。本文打算先着重讨论几个与大龙邮票有直接关系的问题。

一、大龙邮票发行前的邮递事务。刘文说从筹印到发行邮票期间，是使用英文“海关邮政资费已付”戳记，但语焉不详。如果确有所见，希望能把戳样和使用地点等情况发表。我们所知上海一地曾用过椭园形英文“上海海关资费已付”日戳（插图上），时间为一八七二年至一八七五年，此戳与大龙邮票不存在既定的接替关系。

大龙邮票的发行日期尚无定论。一八七八年的一些邮政、邮务开创日期对于分析大龙邮票的发行日期是有帮助的，但需详加

二、关于大龙邮票的分类。刘文提到除了$12\frac{1}{2}$度齿外，还有$11\frac{1}{2}$度齿的大龙邮票，又说薄纸

七五年已在信件上使用，大龙邮票发行之初也用园戳盖销，一八七九年起才见椭园戳使用，所以应该说园戳在先，椭园戳在后。另外，园戳上的英文是“××海关”（见插图下），我们没见过如刘文所说的“海关邮政局”诸字并列于一戳者。

德璀琳是德国人，刘文误称之为英国人。此外，刘文内还有不少问题，如《天津条约》中关于保护外交信使一节，能否视为“特权”；大龙邮票的设计人是否是马斯；“邮政司”是否为专职官衔；使用“海关书信馆”这一名称是否妥当；邮票的“票幅”与“图幅”能否混为一谈等等，在这篇短文中就不一一详谈了。

我们认为，对于历史票的记叙或研究，既应如实记录自己的收藏、见闻与研究心得，也要有分析有比较地引用历史资料和前人著作。凡有新的看法或材料，都应加以论证或说明。如果把传闻当作史实，把听到的说成是亲眼目睹，或者是模棱两可地转录各篇成文，甚至张冠李戴，以讹传讹，人为地造成学术讨论上的混乱，这应当是大家所最不希望的事吧！

《集邮》杂志刊登亦鸣的《大龙邮票与集邮研究》

志平的文章《大龙邮票发行日期之我见》，引起国内外集邮界的关注。于是，对大龙邮票发行日期的研究，成为20世纪80年代集邮研究的开场戏。此后又陆续刊登了亦鸣的《大龙邮票与集邮研究》等文章。

后来查到清代海关档案记载，大龙邮票在上海印刷，每一种面值票印好之后即发往天津海关税务司德璀琳处。大龙邮票到达天津的时间分别为：1878年7月24日收到面值5分银邮票，7月29日收到3分银邮票，1分银邮票于1878年9月4日送达。

孙志平认为，天津于1878年7月下旬收到上海海关总署造册处寄来的5分银邮票后，“于1878年7月下旬首先在天津、北京开始发行这些邮票，应是无疑的”。但作者认为“这套邮票还不完备”，因为收到5分银、3分银邮票时，1分银邮票尚未付印。孙志平以德璀琳8月6日发给各海关公函要求按其“发布的命令”统一于8月15日执行邮务办法为依据，认证大龙邮票发行日期应为1878年8月15日。

无锡的孙君毅以及台湾的薛聘文、吴乐园比较倾向于孙志平的观点，但认为以1878年8月15日作大龙邮票发行日不能定论。

毕杰、张俊桓、许和平撰文认为，大龙邮票正式发行之日，当是3种面值票汇齐之时。1分银邮票于9月2日或3日到津，以9月5日发行3种邮票为宜。

刘广实依据德璀琳在1878年7月29日函告上海收到3分银邮票后，同日发往牛庄、烟台，牛庄收到后当日发售的事实，认为“天津邮局于7月29日就开始发行5分银和3分银邮票也是合乎情理”。

杜圣余根据新发现的档案资料证明，5分银大龙邮票是上海海关总署造册处于1878年7月18日随第68号公函寄往天津，天津海关于7月24日收到。按照当时实际情况，大龙邮票5分银的发行日为1878年7月24日，3分银、1分银邮票应是7月27日和9月2日或3日发行。

杨耀增认为，“杜圣余所找到的第68号文件和收文联系单，足以证明了天津于1878年7月24日可以出售邮票的合法性。”建议“把1878年7月24日定为大龙邮票发行首日，使争议多年的悬案，暂告结束。”

王庸声认为，“研究历史，必须从当时的历史背景和实际条件出发，来分析判断有关的人和事，而不能用今天的概念看待过去。”“所谓全套，这是后人归纳的，当时并没有这样规定，只不过是需要什么面值就印什么面值。如果照那样的归纳法，英国1840年发行的黑便士和蓝便士（前后间隔只有一周）也应该是一套。但人们只称黑便士是世界上第一枚邮票，而不把蓝便士包括在内。”他认为中国第一种邮票是大龙5分银邮票，发行于1878年7月24日。这里不包括3分银和1分银的大龙邮票。

中国台湾的黄建斌、新加坡的蔡琦心、日本的水原明窗对“7月说”基本上表示赞同。

这一次由中外集邮家、史学工作者参与的研究活动，使大龙邮票发行日期基本明朗。

二、对“区票”的研究

自1927年起，中国共产党领导的工农武装力量先后建立了十几个革命根据地。

这些根据地中有的建立邮政机构并且发行了邮票。由于处于艰苦的战争年代，与之相关的档案史料大多失散，使中国解放区邮政邮票史的研究难度增加。因此，中国集邮界多年来始终不放弃对解放区邮票的收集和研究，并在这一阶段取得不少重要的成果。

1. 沈曾华对解放区邮票的研究

1980 年《集邮》杂志刚复刊不久，就从第 4 期上开始连载北京集邮家沈曾华（笔名曾丰秧）的文章——《解放区邮票杂谈》，共连载了 11 期。该系列文章介绍了多枚鲜为人知的解放区邮票、邮戳和实寄封，特别是用彩色版刊登了罕见的“稿”字邮票四方连，震惊了国内外邮坛。他在文中对淮南区邮票的发行情况进行了补充，认为淮南区邮票在华中的几个地区当中发行最早；淮南区津浦路东发行的第一版共 5 套 8 种票面，有“平”“机”“快”“私”“稿”5 种。有些在国内外邮刊上还未报道。

沈曾华在 1980 年第 6 期《集邮》上发表的《解放区邮票杂谈（二）》中，介绍了一种“稿”字新闻专用邮票。这种邮票仅供记者、报社通讯员或向报社投稿的人员使用。1943 年，沈曾华获得了一件全新的“稿”字邮票四方连。在战争年代，无论发生什么情况，他都将夹着“稿”字邮票四方连的小本子随身携带。“稿”字邮票在解放区邮票中非常独特，流传下来的如凤毛麟角，以四方连保持下来的仅此一件，成为解放区邮票中的珍品。在这期《集邮》的封二上，用彩色版刊登了“稿”字邮票四方连的正、反面，引起中国集邮界乃至国际集邮界的高度重视。

除此以外，沈曾华还介绍了一些老解放区邮票目录中未收录到的邮票，例如，淮南区津浦路西发行的“内部贴用”邮票等。他还介绍了华东解放区的一些邮票、实寄封以及解放区邮政使用的邮戳。由于沈曾华的新四军老战士身份，他对解放区邮票的研究与展示，一直受到国内外集邮界的关注。

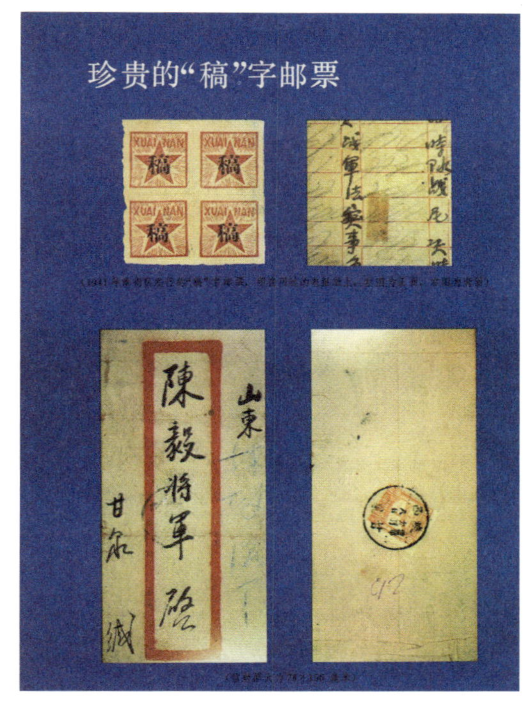

《集邮》杂志刊载的解放区邮票邮品彩图

2. 集邮界对首套“区票”的研究

解放区中的人民邮政最早于何时、何地发行邮票？对此，中国邮政部门和国内外集邮界最初普遍认为，湘赣边区（即井冈山根据地）最早建立了赤色邮政机构，并于 1929 年发行了中国解放区第一套邮票。这种邮票以五角星、镰刀、铁锤作图，无齿孔，共有 1 分、2 分和 8 分 3 种面值票，其中 8 分票存世稀少。

这种说法，最早见于《近代邮刊》1951 年第 3 期陈印白的一篇文章，认为 1928 年湘赣边区建立邮政并发行邮票。1955 年第 2 期《集邮》杂志，刊载陈印白《长征以前的革命根据地邮票》一文，重述了这个观点：湘赣边区的邮政设置和邮票发行，均在 1928 年年初。其邮票目前所常见的只有两三种……横长方形，上为“湘赣边省”4 字，下为“赤色邮票”4 字，中间是红五星，星内嵌铁锤镰刀，并认为这是“我国人民邮政的第一套邮票”。

人民邮电出版 1960 年出版的《中国人民革命战争时期的邮票》一书，将“湘赣边省赤色邮票”记作 1929 年发行。这本书在当时具有一定权威性。以后集邮者撰文著书，涉及解放区首套邮票时，均以此为据。

1977 年 9 月 25 日，《人民日报》发表邮电部理论组的文章《沿着毛主席指引的人民邮电方向胜利前进》，文中指出：“1928 年，在毛主席领导的井冈山革命根据地，湘赣边区工农民主政府正式成立了为工农服务的‘赤色邮政’，并于 1929 年发行了以红星和镰刀、斧头为图案的邮票。”这篇文章把这套邮票作为毛泽东领导的井冈山革命根据地的革命业绩加以颂扬。

但是，这个似为定论的结论，被一位在校学习党史的集邮爱好者王力军所否定。1981 年，王力军到井冈山考察时，结合自己的爱好，重点考察井冈山根据地时期的邮政史、邮票发行史。考察结果出人意料：井冈山革命根据地根本没有建立邮政机构，更未发行邮票。他发现之所以造成这种邮政邮票史的历史谬误是人们把毛泽东领导的湘赣边区和湘赣边省混为一谈了。他指出：“湘赣边区根据地和湘赣边省根据地不是一个概念，不是一个根据地的两个名称，而是成立时间不同、管辖范围不同、历史地位不同的两个革命根据地。”湘赣边省根据地于 1931 年 10 月成立，随后，中华赤色邮政湘赣省总局才发行“湘赣边省赤色邮票”3 枚。王力军认为，赣西南革命根据地 1930 年上半年发行的赣西南赤色邮政邮票才是解放区首套邮票，湘赣边省赤色邮票发行在其后。

后来，王力军与邮友田小利把他的考察写成《首套解放区邮票辨析》，在北京的《鼓楼邮刊》1982 年第 1 期上发表，同期香港的《邮票世界》以《哪套邮票才是首套边区邮票？》为名发表了同样内容的文章。1982 年第 6 期《集邮》杂志刊登了锡铭的《王力军等提出解放区首套邮票的新论点》，将这一研究成果公之于众。自此，首套解放区邮票的研究，在国内外的区票收集研究领域引起极大关注，推动了解放区邮票研究活动的深入开展。

三、对中华人民共和国邮票的研究

“文革”之前，《集邮》杂志对新中国邮票侧重于邮票发行背景、邮票主题的设计表现及邮票画面内容的介绍，对邮票的版别、版铭、纸质、齿孔、背胶、刷色的差异则予以回避，至于对这一时期邮票的暗记、变体或是错票更是讳莫如深。

20 世纪 70 年代中期，日本集邮家对中国纪念邮票、特种邮票暗记的研究成果明显。20 世纪 80 年代初，中国的集邮者开始重视对邮票暗记的研究。

这一时期，对新中国普通邮票齿孔的

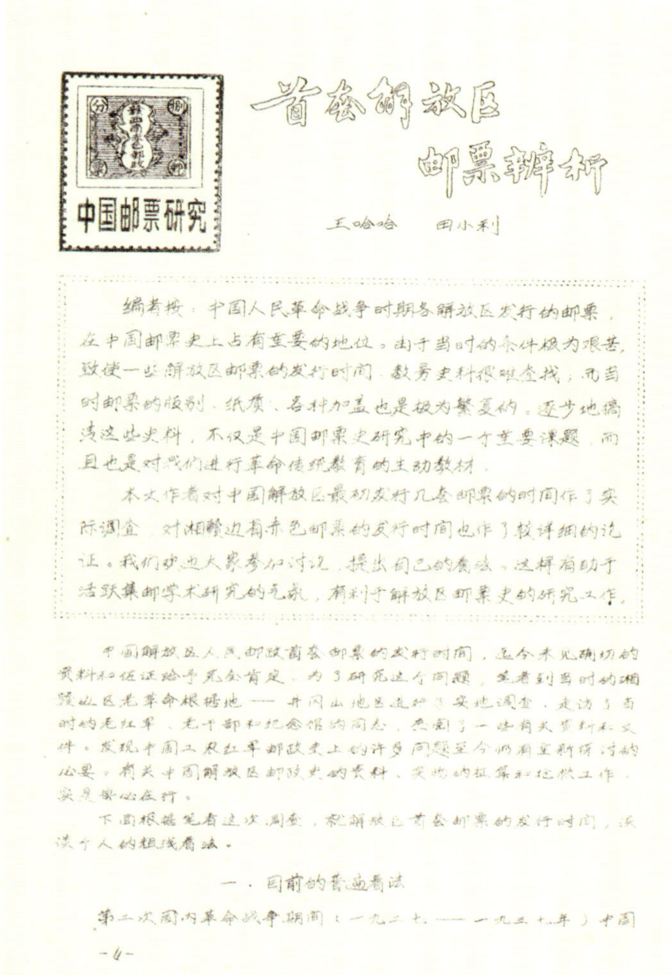

中国邮票研究

首套解放区邮票辨析

王哈哈　田小利

编者按：中国人民革命战争时期各解放区发行的邮票，在中国邮票史上占有重要的地位。由于当时的条件极为艰苦，致使一些解放区邮票的发行时间、数另史料很难查找；而当时邮票的版别、纸质、各种加盖也是极为繁复的。逐步地搞清这些史料，不仅是中国邮票史研究中的一个重要课题，而且也是对我们进行革命传统教育的生动教材。

本文作者对中国解放区最初发行几套邮票的时间作了实际调查，对湘赣边省赤色邮票的发行时间也作了较详细的论证。我们欢迎大家参加讨论，提出自己的看法，这样有助于活跃集邮学术研究的气氛，有利于解放区邮票史的研究工作。

中国解放区人民邮政首套邮票的发行时间，迄今未见确切的资料和佐证给予完全肯定。为了研究这个问题，笔者到当时的湘赣边区老革命根据地——井冈山地区进行了实地调查，走访了当时的老红军、老干部和纪念馆的同志，查阅了一些有关资料和文件。发现中国工农红军邮政史上的许多问题至今仍有重新探讨的必要。有关中国解放区邮政史的资料、实物的征集和挖掘工作，实是势在必行。

下面根据笔者这次调查，就解放区首套邮票的发行时间，谈谈个人的粗浅看法。

一、目前的普遍看法

第二次国内革命战争期间（一九二七——一九三七年）中国

-4-

《鼓楼邮刊》刊载的《首套解放区邮票辨析》

研究也取得长足进展。例如，通过对普12齿孔的研究测定，认定了该票的不同版别。后来发现，面值8分延安宝塔山那枚邮票的齿孔度数有3种，有的收集难度较大。对“文革”中发行的普通邮票的齿孔研究也有所发现，其中面值4分、10分、20分、1/2分票都有2种齿孔度数，有的甚为罕见。

其他邮票如编号邮票（7）《严惩入侵之敌》齿孔度数变化很大，实测竟有4种之多。集邮者对1981年发行的J、T邮票的齿孔度数作详细的实测后，发现有不少属于“1/4”“3/4”度数级，但中国邮票总公司的《新邮预报》和《集邮》杂志的新邮消息报道中，新邮票的齿孔没有这个度数。这说明只有通过研究，通过实际的考证，才能得出正确的结论。

《白鳖豚》邮票小本票“五拼图”

1981年第4期的《上海市集邮协会会刊》发表了《J.64实录》，该文以J.64《中国共产党成立六十周年》全张邮票作实例，阐述对我国现行邮票作传统研究的项目内容递进程序等，就研究方法而言，该文对集邮者的研究实践具有指导意义。

1980年，邮电部开始发行小本票，这个新品种引起集邮者收集研究的兴趣。《白鳖豚》小本票将1枚60分邮票置于小张纸上，邮票四周的纸上饰以图案，形式犹如1枚小型张。集邮者发现，其边纸的花纹图案有5种之多，这5种的底花纹可以拼成一个完整、连续的花纹图案。1981年，《鼓楼邮刊》刊出该小本票5枚连图的示意图，并对 5 种图案的版式进行了研究，阐述其连图的成因。这些研究成果，引导集邮者在收集邮品过程中，注重邮票和邮品的自身变化，将具有集邮价值的信息从理论上进行阐述。

当时，对新中国邮票的传统研究内容、方式没有前车之鉴，集邮者借鉴对古典邮票的研究方法对新中国邮票进行研究，并且取得初步成果，这标志着中国集邮研究已进入新的发展阶段。

第七节　集邮经营与邮票交换市场的形成

改革开放初期，邮电部既是负责邮票和邮政用品发行的政府职能机关，也是集邮事业的管理者与领导者。为支持集邮事业的有序发展，推动集邮活动的持久与进步，邮电部积极理顺生产与经营的关系，建立起一整套逐步完善的经营与管理体制，较好地满足了集邮者的需求。与此同时，由于集邮的特性以及人们意识形态的转变，集邮者自发形成的邮票交换市场在各地普遍出现。

一、形成以国企为主体的集邮经营

1979 年 1 月中国邮票总公司成立后，确立了以国有企业为主体的集邮经营。除了在北京设立营业部外，在很多大城市也设立了营业部。这些营业部既负责新邮票的发行业务，也出售过去发行的部分邮票。为了体现集邮的收藏价值和企业获得利润，中国邮票总公司适时调整邮票的价格。此举对集邮群体的扩大，起到了刺激作用。

1. 中国邮票公司营业部开业

中国邮票总公司国内营业部于 1978 年 7 月 1 日在北京重张开业。该营业部设在北京东安门大街 28 号，营业面积大约 40 平方米，以出售 J、T 邮票为主，另外还出售部分“纪”“特”字头的新票和盖销票。为了方便集邮者购买邮票，该营业部于 1981

中国邮票总公司营业部

年开办新邮票预订业务。

这是恢复集邮活动的一个重大步骤。但该营业部经营的邮品数量少，品种也单调，“文革”邮票、编号邮票、外国邮票均不经营。其售品以 J、T 票为主，各有 20 多种，另有小部分“文革”前的纪、特邮票，合计不足 100 种。倘若将全部品种悉数购买，金额不会超过 200 元。不过，令人为之惊喜的是，当年被横扫的“花鸟鱼虫”邮票重见天日了。特种邮票《菊花》《牡丹》《蝴蝶》，还有画面生动活泼的 3 套《民间舞蹈》、富有童趣的《儿童》邮票都引人驻足，因而购买率较高。J、T 邮票按面值出售，老纪、特邮票的售价略高于面值。来这里购买邮票的大多是二十世纪五六十年代开始集邮的集邮者，他们仍沿着老套路只买 1 套邮票，而买 2 套的人则是为了预备 1 套以作交换。他们没有市场意识，认为囤积邮票是不光彩的；加之工资收入低，每购买 1 套邮票，都要进行盘算。当时，营业厅里的售货员毫无利润压力，很多邮票滞销。如新发行的 T.25《全国科技大会》小全张，每枚售价 0.50 元，在柜台里足足摆了两年多。

2. 对邮票价格进行调整

20 世纪 70 年代末至 80 年代初，中国尚未全面进入经济社会，这也体现在当时邮政部门的邮票经营、集邮者的收藏意识上，当时集邮者自发形成的邮票交易市场也相对平静。一些具有经营意识的人投资邮票，并且在邮票交易中获取了很大利益，从而引发了邮政部门对邮票价格的调整。

1978 年，中国邮票公司恢复国内营业时，根据邮票库存数量，只将部分纪念邮票、特种邮票作小幅度的价格调整。由于集邮活动发展迅速，市场需求量日益增加，特别是一些人开始囤积邮票，营业销售量越来越大，库存邮票数量锐减。更严重的是，当时新中国邮票在国际市场上的售价比国内要高得多，有的价格相差几十倍，甚至百倍。一些邮人受到境外市场的诱惑，使新中国邮票大量外流，同时出现严重的走私现象。据当时一位香港集邮者给《集邮》杂志写信反映，一位著名的港商在上海收购了约 10 万元港币的邮票。另一香港邮商于 1981 年 3 月在广州、北京收购不少邮票，有纪 54 错版票、“公元前”错版票、《全国山河一片红》邮票、福州对剖票和民国票等。还有一个邮商于广州春节邮展期间在广州、河南、湖南等地活动，收购了许多区票。此外“红灯记”样票、“珍宝岛”样票也涌入香港。这些邮票到港后市价攀升，“红灯记”样票每枚 100 元港币，“珍宝岛”每枚 300 元港币。一些政治性题材的邮票，如《大寨红旗》《把批林批孔运动普及、深入持久地进行下去》等邮票也大量流进香港。

经济体制转轨、市场经济的到来，促使邮票价格的调整势在必行。1979 年，中国邮票总公司将门市部所售纪念邮票、特

“红灯记”试机样票

种邮票的价格作了一次调整，其中个别邮票提价幅度较大。1980 年 8 月 15 日，中国邮票总公司对所有 1978 年以前发行的纪念邮票、特种邮票、普通、航空及欠资邮票全面进行了大幅度提价。有几套选题、设计、印制俱佳的特种邮票提幅最大。特 38《金鱼》新票提到 48 元，为面值的 60 倍；特 44《菊花（第一组）》提到 61.40 元；其他如《牡丹》《蝴蝶》《黄山风景》《石油工业》《新安江水电站》等邮票的价格也都作了大幅提升。这次提价，使国内外价格基本平衡，也保护了国家利益。

集邮者面对提价后的新中国邮票，虽然产生了购买的畏难情绪，但也感受到自己藏有的新中国邮票在一夜之间升值数倍，使自己获得了陡增的财富，这种情绪很快便得到化解。为此，中国邮票总公司营业部负责人在回答《集邮》杂志记者提问时表示："邮票有两种使命，一是邮资凭证；二是作为商品用于集邮。邮票属于商品，就有它的价值规律，就是按照国际、国内市场与集邮者的供求关系随时变化的。邮票不同于一般商品，它具有文物和艺术品的性质。随着时间的推移，它的历史价值和艺术价值远远超出了它本身的价值。在这种情况下，邮票调价是客观发展趋势的必然结果。"

中国邮票总公司于 1980 年进行的邮票大调价，以及此后对邮票价格的多次调整，及时、有力地保护了新中国邮票的地位以及广大集邮者的利益，使中国集邮界的邮票经营和集邮观念，都向市场经济迈进了一步。

二、各地集邮经营逐渐恢复

1978 年 6 月，邮电部发出《关于恢复国内集邮业务问题的通知》，将"中国邮票出口公司"改为"中国邮票公司"，并在北京、上海、天津、广州成立分公司，其他省会所在地原则上均可成立分公司，较大的市、县局可设集邮门市部或专售纪念邮票、特种邮票的窗口。通知还规定，邮票售价、调价由中国邮票公司制定，各地不得自行变动。

1. 部分省、市邮票公司相继成立

1979 年 5 月 1 日，中国邮票公司天津邮票分公司恢复营业，劝业场代售点也同时恢复，继续出售新中国邮票。集邮者在营业厅内外交换邮票，很快形成一个邮票市场。逢节假日，北京也来人在这里集聚买卖，促进了京津两地邮品的流通。1981 年，天津还增设了东南角、佟楼、天津大学等集邮门市部。

中国邮票公司北京邮票分公司于 1979 年 9 月 1 日成立。公司营业部于同年 12 月 1 日对外营业，地点位于北京西长安街六部口，与西长安街邮电局相邻，营业面积较小。该公司前期主要出售邮票，有零散出售和预订出售两种方式。在集邮热升温以前，在营业部还可以买到早期的 J、T 邮票，有单套、四方连和整版票，集邮者可以根据需要选购。另外，该营业部还将 J、T 邮票和小型张按序号插册出售，除了 J.25M、J.41、J.42、T.41M 等量少小全张和小型张外，其余邮票和小型张基本齐全，包括 T.46《庚申年》邮票。

1979 年 10 月 1 日，南昌市邮政局集邮门市部在南昌八一公园邮电所开业，广大集邮者纷纷到此购买邮票，交换邮票，一个自发的邮票交换市场随之形成。

1981 年 5 月 1 日，武汉市在江汉路循

邮票公司门前购买《红楼梦——金陵十二钗》邮票的人群

礼门、航空路、彭刘杨路、钟家村和武珞路等较大支局设立集邮专柜，向集邮者销售纪、特邮票。与此同时，湖北省各地也相继开办了集邮业务。

从 1978 年 7 月—1981 年上半年，设立邮票分公司的有北京、上海、天津、长沙、哈尔滨、西安、南京、石家庄、昆明、旅大、沈阳、贵阳、南宁、成都、大庆等城市。此外，从 1978 年 7 月—1980 年上半年，设立集邮门市部的有重庆、郑州、太原、银川、长春、南昌、吉林、扬州、镇江、无锡、常州、苏州、鞍山、泉州、大同、厦门等城市。

2. 邮票销售网点增多

随着全国各地的集邮人数剧增，邮票公司营业网点却没有新的增加，很快便形成邮票供销的矛盾。到 1981 年，北京、上海等一些大城市就出现了“买票难”的局面。北京发售新邮的营业点只有中国邮票总公司东安门营业处和北京邮票分公司六部口营业处两处。每逢新邮发行就有数千人涌在这里排队，有几次还挤坏门窗和柜台，后来便形成了警察维持购票秩序的现象。

上海自 1981 年《辛酉年》邮票发行以来，新邮在发行首日便全部售罄。J.68《中国共产党成立六十周年》邮票发售当天，邮票公司的柜台曾被挤坏。“买票难”的现象在全国各地持续了数年时间。以后，邮电部不得不采取加大新邮发行量、施行新邮预订、增加新邮销售网点等一系列措施，买票难的问题才有所缓解。

三、民间自发邮票市场的形成

邮票经营是一种商业行为，将本求利也是一种市场现象，历来的中外邮商都是这样经营邮票买卖的。在计划经济体制下对集邮的宣传只强调其文化功能，而对集邮活动中的商业属性却予以回避。进入改革开放时期，经济开始转轨，市场经济催生了邮票交易市场，而且一发则不可止。

20 世纪 80 年代初的上海市邮票公司

1979 年 10 月，北京东城区文化馆举办国庆邮展之时，北京自发的邮票市场已具雏形，市场意识也走进了邮展展场。有集邮者在邮展闭幕后以 500 元买断全部老纪、特新票及所有小型张。这个在公众场合高价购买邮票的实例，成为新中国集邮历史上的首次。尽管它与当时国家计划经济体制下的具体政策相左，却昭示了集邮市场的前景。

1. 民间自发邮票市场的出现

“买票难”的现象，诱发了囤积倒卖、被称为“二道贩子”的群体产生。他们抢购新邮、邮卡、首日封，然后加价卖给买不到邮品的集邮者。他们得票有术，很快便垄断了营业部柜台以外的邮票市场。这种买卖市场在当时被称为“黑市”。北京的集邮市场规模在全国是最大的，影响也最大。

自 1978 年下半年开始，在北京东安门大街中国邮票公司营业厅内外，一个由集邮者自发的邮票交换、交易市场渐渐形成，而且规模越来越大。在这个市场中，邮票种类较多，除了新中国邮票外，还有清代邮票、民国邮票、中低档的解放区邮票，以及外国邮票。到了假日，自发邮票交换市场的人数不断增加，甚至占据了人行道和马路，影响到交通。而部分在营业大厅内进行邮票交换活动的集邮者，直接影响到邮票公司正常的经营秩序。

集邮者手中拿着集邮册，供人挑选和

交换。交换方法还是采用二十世纪五六十年代的方式，以票换票，差额可到邮票公司里买一两套邮票相抵，或是直接用钱找补。起初，这种交换是以邮票公司公布的价目表为依据，如果交换的价格不对等，就在数量上找齐。但这样的交换在熟人之间进行还可以，如果双方不认识，有时就很难进行。因此，越来越多的集邮者选择了直接以现金交易。除了集邮者外，一些利用集邮赚钱的邮票贩子完全采用现金交易的方式，他们出售的既有较早期的邮票，也有近期的紧俏邮票。其价格已经脱离邮票公司价目表，随行就市了。

这样一来，邮票交换的性质完全改变了，甚至出现倒买倒卖的现象。在那个年代，不允许这种个人经营邮票的现象存在。对此，公安部门、治安联防队、综合治理办公室等多次出面，进行取缔行动。有时查抄的力度很大，经营者除了被批评教育外，邮票和邮册也被没收，损失很大，而且这种查抄往往伤及普通的集邮爱好者，引起人们的不满甚至对抗，有关部门接到了大量集邮者的投诉。

2. 民间自发邮票市场交易活跃

国营邮票公司的邮票品种远远满足不了与日俱增的集邮者的需求，而民间自发形成的邮票交换市场的邮品种类却十分丰富。这里不仅有各个时期的邮票，还有来自山区甚至太行山解放区的实寄封，也有老集邮家的藏品。一些不见经传的珍稀邮票也出现了。1980 年，有人在北京自发邮市出让大票幅的“一片红”（即“大一片红”），索价 400 元；“全面胜利”索价 450 元。因为这两枚邮票当时未见记载，北京

邮票公司门前自发的邮票市场

几位资深的集邮家都未敢染指。小票幅的“一片红”时价 300 元可以成交。因为此票敏感性太强，卖方不愿在街面邮市出手，大多在邮市上谈妥价钱，另约地点出手。“文”字邮票最为抢手，一是集邮者买进补缺；二是流传至境外的“文”字邮票标价很高，有的香港邮商在北京找人代为收购邮票，使“文”字邮票价格与日俱增。

1981 年夏天，一套 5 枚的文 4《祝毛主席万寿无疆》新票已卖到 100 元，一套 1 枚的文 12《毛主席去安源》新票卖到 5 元。这个时期，有些邮商开始到偏远山区或自己插过队的地方收购信封，到农村供销社邮票代售点收购积压的邮票。邮商收购上来的实寄封大部分是很有价值的，1957 年至 1959 年的美术邮资封，每件 5 元至 10 元不等，这些封大多也收自偏僻地区。有些家藏的邮票，也被发掘出来。20 世纪 80 年代初，天津一位从事邮票买卖的人，以每枚 1 分钱的价格在锦州郊区收购到数万枚日本早期的新套票，其中包括公园票、航空票等。自发的邮票交换市场让集邮者活动活跃起来，手中的藏品也丰富起来。这对广泛开展集邮活动，发展中国的邮票业都是有利的。

3. 有关部门对自发邮票市场的管控

进入 20 世纪 80 年代，自发邮票交换市场的人数迅速扩大，逢节假日均有近千人聚集在北京中国邮票总公司门前的马路上，进行邮票交易。凡是邮票公司没有的，在这里多能买到。因无任何政府部门出面管理，邮市处于自然状态。北京出现过多次对自发邮票市场的查抄事件，有关部门以“影响市容”为由对市场进行取缔。由于法律不健全，执法人员在没收邮票后不给予收据，使不少前来交换邮票的集邮者蒙受了经济上的损失。

上海的集邮市场最初也是在上海市邮票公司营业厅内外形成的。每逢节假日，营业厅内外挤满了人，交易的票种远比邮票公司的齐全。在思南路有一个规模更大的自发邮票交换市场，星期天有近千人在这里买卖邮票。有的当场成交，有的因数量大或涉及珍贵邮票，便在此谈妥价钱，易地成交。此市场也难免因影响市容而被查抄。据上海人民广播电台 1982 年 1 月 28 日广播：近期一次围抄，没收了非法邮票市场的 1 万多枚邮票。

其他大城市的邮市状态与北京、上海差不多。20 世纪 80 年代初，民间自发的邮票市场始终没有真正消失过，无论遇到怎样的情况，集邮市场都在顽强地生存着。尽管这样的邮票交换市场存在一定的负面影响，但它对后来逐步走向正规的集邮市场奠定了较好的基础。

第八节　中华全国集邮联合会诞生

从20世纪50年代中国集邮者倡议成立全国性的集邮组织，到20世纪80年代中华全国集邮联合会成立，历史已经过去了20多年。在这漫长的岁月里，中国的集邮事业走过了艰难曲折的历程。

20世纪50年代中期，邮电部曾派人向各界征求成立全国集邮组织的可行性意见。当时，有关方面认为集邮是一项文化活动，领导这种文化活动，不在邮电部门的职能职权之内，苏联的经验是在文化部中设集邮局指导全国集邮活动。因此，邮电部又与文化部多次商议成立全国集邮组织事宜。成立全国性集邮组织，意味着这个跨部门、跨行业的横向群众结社，把不同文化层次、不同职业、不同阶层的人集聚在一起娱乐，这在当时的社会政治氛围中，是做不到的。所以，到了20世纪60年代，“成立全国集邮组织”只能作为动议反复酝酿，无法付诸实施。进入20世纪80年代，事情出现转机，全国集邮的人数、集邮活跃程度均超过以往，中国集邮进入了新的发展时期。乘着改革开放的春风，成立中华全国集邮联合会，自然是水到渠成之事。

一、全国性集邮组织的酝酿

1980年,《集邮》杂志复刊号发表了夏衍的文章，重提成立全国性集邮组织的建议。夏衍是著名集邮家、原文化部副部长，他的建议具有一定的影响力，很快得到集邮界积极响应。

1980年第2期《集邮》杂志刊登集邮者常增书来信，他在呼吁为集邮活动恢复名誉的同时，建议成立全国性集邮组织。1980年9月，马任全以上海长宁区政协委员的名义，通过全国政协委员倪家玺、陈铭珊向全国政协提交提案（第393号），建议政府加强对集邮活动的领导和成立全国集邮组织。1980年4月，安徽省亳县20多位集邮者联名写公开信给邮电部、文化部、全国文联，倡议成立全国性的集邮组织。1981年1月，广州市集邮学会在刚刚创刊的《集邮家》报上发表《关于筹组全国集邮团体的倡议书》。这个倡议，得到了上海、江苏、辽宁、四川、浙江等省、直辖市集邮者和集邮组织的热烈响应。

广大集邮者、集邮组织的倡议，说明成立全国性集邮组织已是势在必行。随着改革开放逐步深入，集邮在社会文化生活中渐成热点，过去那些束缚集邮活动的偏见正日渐消亡。集邮者从封闭的个人收集环境中走出来，视野不断扩大。通过一些国际交往人们认识到，中国的集邮状况，无论在收集方式、研究方法、活动形式，以及集邮用品研制生产等各方面，与先进国家相比还有较大差距。赶上先进，不是集邮者个人或是一两个地区集邮组织的努力能够做到的，必须有一个全国性的集邮组织。

中国集邮活动的迅速发展，引起海外集邮者及有关机构的关注。1982年，中国在国际集邮活动领域经历了恢复和发展两个时期，不失时机地“走出去”办邮展，

邮电部
外交部 文件

(1982)邮票联字298号　　签发：文敏生
浦寿昌

关于拟建立中华全国集邮联合会和加入国际集邮联合会问题的请示

国务院：

近两年来，我国集邮活动发展很快，参加集邮的人数大量增加，基层和地方集邮组织纷纷建立。上海、北京、

—1—

《关于拟建立中华全国集邮联合会和加入国际集邮联合会问题的请示》

又适时地"请进来"虚心学习，在国际交往中赢得众多国际朋友的理解和支持。因此，成立中华全国集邮联合会，并以其代表中国数百万集邮者成为国际集邮联合会大家庭的一员，当属历史的必然。

二、中华全国集邮联合会成立

1982年年初，邮电部、外交部联名向国务院呈送《关于拟建立中华全国集邮联合会和加入国际集邮联合会问题的请示》，阐述了当时集邮活动概况："近两年来，我国集邮活动发展很快，参加集邮的人数大量增加，基层和地方集邮组织纷纷建立。上海、北京、广东已建立了省（市）一级的集邮协会，还有几个省（市）的协会正在筹建。我国对外集邮活动也日益增多起来。"并指出当时存在的主要问题是集邮组织归口问题。文件说，大多数基层集邮组织是自发建立的。有些地方集邮组织虽经当地党委批准后成立，但分散归属当地宣

李洪义

传、文化、邮电、工会等部门领导，而且对基层组织又不承担指导任务。集邮活动基本上处于分散的缺乏统一领导的状况。文件认为，目前需要建立一个全国性的统一的组织，以利于在集邮领域贯彻党的路线和方针，把群众集邮活动引导到建设社会主义精神文明的轨道上来。

文件在阐述国际集邮联合会组织概况和加入该组织的意义时指出，该组织赞助的国际邮票展览，对世界集邮活动和邮票贸易有着重要影响。近几年来，我国已多次参加这类邮展。为了提高我国集邮事业的国际地位，在全国集邮组织成立后，有必要参加国际集邮联合会。

文件提出成立“中华全国集邮联合会”，为各省、自治区、直辖市集邮协会的联合机构。它的任务是对全国集邮活动进行方针、政策和业务上的指导。目前尚未成立集邮协会的省、直辖市、自治区，视具体条件逐步建立。对台湾的集邮组织，欢迎作为一个省级的成员参加全国集邮联合会，以中华全国集邮联合会的名义申请加入国际集邮联合会。

该文件得到国务院的批准，筹备工作随之紧锣密鼓进行。李洪义主持成立全国集邮联合会筹备班子，开展前期准备工作。筹备工作得到了群众的广泛支持。在筹备期间，接待了来自全国各地的集邮者，倾听他们对成立全国集邮联合会的具体意见。

李洪义（1922—2014），出生于陕西临潼，1937 年 5 月参加革命，1938 年 11 月加入中国共产党，历任陕西延长县一区教育助理、县政府督学，河北张家口邮电局党委书记、局长，邮电部邮政总局处长、副局长，1980 年任邮电科学研究院副院长。1982 年，李洪义任中华全国集邮联合会第一届理事会秘书长。

1982 年 1 月 30 日，中华全国集邮联合会在北京宣告成立。这是中国集邮历史上第一个全国性的集邮组织。它的成立，使全国集邮者的活动得到了政府的支持和保护，几代集邮者的愿望自此得以实现。

结　语

1978年至1982年，是中国集邮由复苏到全面发展的过渡阶段。党和政府关心和支持集邮事业的发展，并将集邮列入社会主义精神文明建设的重要组成部分，让中国集邮得到了前所未有的发展空间。

改革开放给中国集邮带来了新生与光明。复苏后的中国集邮冲破了种种禁区。集邮者自发地成立集邮组织，是中国集邮进入新时期的重要标志。改革开放使集邮者以空前的积极性投入集邮组织的活动中。他们以奉献、服务于社会作为行为准则，使当时集邮组织富有活力、充满生机。

中国集邮曾经与国际集邮界隔绝，使集邮这项源自外国的集藏活动在中国的发展受到影响。改革开放之初，有少部分集邮者通过与国际集邮界交往，使新的集邮理念和收集方法传到中国，并且使旧的集邮观念和传统意识逐步改变。在这个时期，中国集邮完成了历史性的转折，从封闭走向开放，从复苏走向发展。

在中国进入新的历史时期的大好形势下，中国集邮即将产生质的飞跃，亟需成立一个全国性的集邮组织，以领导全国集邮爱好者开创中国集邮的新局面，并且要尽快与国际集邮组织接轨。因此，无论是广大集邮者，还是邮政部门，都在呼唤成立全国性的集邮组织，而且此时此刻的呼声更加强烈和迫切。对于主管部门来说，这是一个具有历史性的机遇。

1982年1月中华全国集邮联合会的诞生，不仅是中国集邮史上的一座重要的里程碑，而且让中国集邮即将迎来一个更加美好的新时期。

第九章　改革开放促进中国集邮

（1982—1992）

概　　述

1982 年，中国改革开放稳步前行，国家政治稳定、经济发展、人民的精神生活与物质生活水平明显提高，为集邮的繁荣创造了有利条件。

1982 年，中国共产党第十二次全国代表大会召开。大会报告《全面开创社会主义现代化建设新局面》指出：经济体制的改革，不仅会引起人们经济生活的重大变化，而且会引起人们生活方式和精神状态的重大变化。社会主义物质文明和精神文明的建设要一起抓，这是我们党坚定不移的方针。在创立充满生机和活力的社会主义经济体制的同时，要努力在全社会形成适应现代生产力发展和社会进步要求的，文明的、健康的、科学的生活方式，摒弃那些落后的、愚昧的、腐朽的东西；要努力在全社会振奋起积极的、向上的、进取的精神，克服那些安于现状、思想懒惰、惧怕变革、墨守成规的习惯势力。这样的生活方式和精神状态，是社会主义精神文明建设的重要内容，是推进经济体制改革和物质文明建设的巨大力量。

1982 年召开的中华全国集邮联合会第一次代表大会指出：明确集邮事业在我国新的历史时期所担负的使命，团结广大集邮爱好者、邮学工作者、邮票设计工作者，充分发挥大家的积极性和创造性，为发展集邮事业，建设社会主义精神文明，增进与世界各国集邮组织之间的友好合作而努力。

中华全国集邮联合会成立后，各级地方集邮协会和行业集邮协会相继成立，逐步形成全国统一、组织完善、功能健全的集邮组织网络，从而把众多基层集邮组织和广大集邮者联系在一起，有效地推动了各方面的工作，全面发挥了指导与服务的作用。

1982—1983 年，中国集邮有两件大事：一是中华全国集邮联合会成立，中国集邮自此进入了一个有组织、有计划的蓬勃发展时期；二是中华全国集邮联合会加入了国际集邮联合会（FIP）和亚洲集邮联合会（FIAP），使中国集邮与国际接轨。

在中华全国集邮联合会和各级集邮协会的推动下，中国集邮界开展了广泛深入的集邮学术研究。尤其对大龙邮票、红印花加盖票、中国共产党领导的红色区域的邮票进行研究，取得了突破性成果。集邮学术研究的深入发展，带来集邮图书出版物的繁荣。各种知识性、学术性、普及性的集邮读物和目录、辞书等工具书相继出版。其中《中国集邮大辞典》《中国解放区邮票史》《中国集邮百科全书》等集邮文献在国际性邮展上屡获高奖。

这一时期，开展了多种形式的集邮活动，吸引了越来越多的集邮者，为集邮的普及与提高奠定了广泛的群众基础，将原本松散的集邮活动形成整体。这一时期，集邮展览频繁举办。中华全国集邮联合会根据国际邮展规则，制定了适合中国国情的邮展规则和指导要点，建立了评审员与征集员队伍，使集邮展览走向专业化、规范化，并逐步与国际接轨。中国与国际集邮界的交流日益加强，集邮展品水平逐步提高，在国际邮展中不断提高成绩。

集邮报刊与社会主流媒体对于集邮进行了广泛宣传。在正确引导和普及集邮、扩大集邮的社会影响等方面，起到了积极作用。

1992 年 1 月 18 日至 2 月 21 日，邓小平同志先后到武昌、深圳、珠海、上海等地视察，并发表了一系列重要讲话，通称南方谈话。南方谈话科学总结了党的十一届三中全会以来的实践探索和基本经验，从理论上深刻回答了长期困扰和束缚人们思想的许多重大问题，是把改革开放和现代化建设推向新阶段的又一个解放思想、实事求是的宣言书。

南方谈话标志着中国改革开放进入新的历史阶段。为适应新的形势，中国邮政也不断深化改革，从经营体制到邮票发行，都发生了新的变化。中华全国集邮联合会通过举办一系列活动，积极配合党的中心工作，并通过对外交流，与国际接轨，使中国集邮呈现出一个崭新的局面。

第一节　中华全国集邮联合会第一次代表大会

1982年1月30日，中华全国集邮联合会在北京成立。这是中国集邮历史上第一个全国性的集邮组织。它的成立，实现了几代集邮者的愿望。从此，全国各地的集邮者开展集邮活动，得到了政府的支持和保护，同时也得到必要的指导。经过半年的紧张筹备，召开中华全国集邮联合会第一次代表大会已是水到渠成。

一、中华全国集邮联合会一大召开

中华全国集邮联合会第一次代表大会于1982年8月25日在北京人民大会堂隆重开幕，8月29日闭幕。第五届全国人大常委会副委员长朱学范，中共中央宣传部部长邓力群，邮电部部长文敏生和副部长杨泰芳、朱高峰、李玉奎、成安玉，全国政协常委、原邮电部部长王子纲，中华全国总工会、共青团中央、全国学联的代表出席了开幕式。

成安玉致开幕词。他说，这次大会的主要任务是，明确集邮事业在我国新的历史时期所担负的使命，团结广大集邮爱好者、邮学工作者、邮票设计工作者，充分发挥大家的积极性和创造性，为发展集邮事业，建设社会主义精神文明，增进与世界各国集邮组织之间的友好合作而努力。这次大会的主要议程是听取并审议大会工作报告，通过《中华全国集邮联合会章程》，选举理事会，交流工作经验。大会发表了《致台湾集邮界同仁书》。

中华全国集邮联合会第一次代表大会

1985年5月启用的中华全国集邮联合会会徽

朱学范

朱学范在讲话中指出，在积极发展祖国集邮事业的时候必须同建设社会主义精神文明联系起来，同建设社会主义现代化联系起来，使集邮活动成为建设精神文明的重要一环。

朱学范（1905—1996），浙江嘉善（今上海金山）人，著名政治活动家。中华人民共和国成立后，他长期担任邮电部部长。第五届至第七届全国人大常委会副委员长。作为邮电部的老部长和国家领导人，他自1982年以来，连续担任中华全国集邮联合会第一、二、三、四届名誉会长，为发展中国邮电事业和集邮事业做出了重要贡献。

文敏生在讲话中指出，集邮是一项群众性的文化活动，是建设社会主义精神文明不可忽视的一个方面。他号召老一代集邮家搞好传、帮、带，为我国集邮事业造就一代新的集邮家、邮学家，使我们的事业后继有人。

王子纲在讲话中希望中华全国集邮联合会进一步团结全国的集邮爱好者和邮学工作者，搞好集邮队伍的组织建设和思想建设，为发展我国集邮事业，建设社会主义精神文明，增进与世界各国集邮组织之间的友好合作而努力。

二、中华全国集邮联合会今后的任务

成安玉向大会作了《发展集邮 建设社会主义精神文明》的工作报告。他在报告中提出今后的任务：

1. 建立和健全各级集邮组织

首先是健全省（自治区、直辖市）的集邮协会，使各协会成为名副其实的有能力指导本地区工作的集邮活动中心。在建立组织中，要考虑到各地不同的情况，在步骤、方法和组织形式上都应区别对待，因地制宜。

欢迎台湾省的集邮协会参加到中华全国集邮联合会合会中来，并希望逐步开展海峡两岸各级集邮组织和集邮者之间的往来，让全国广大集邮爱好者在完成祖国统一大业中做出自己的贡献。

2. 开展集邮教育，搞好我国集邮队伍的思想建设

要使广大集邮者从建设精神文明的高度正确认识集邮的目的和自己的责任，了解集邮的历史和发展方向，懂得集邮的范围和内容，掌握科学的集邮方法，不断提高邮德修养。当前应当大力开展普及教育。

3. 办好邮展，努力提高展览水平

1983 年下半年将举办第一届全国个人邮票藏品展览。希望有条件的省、自治区、直辖市集邮协会，在 1983 年上半年举办本地区个人邮展。

4. 加强集邮出版工作，为群众提供又多又好的集邮出版物

在办好会刊《集邮》、英文版《中国集邮》的同时，还要出版以学术研究为主要内容的专业性邮刊和少年集邮刊物。要组织集邮图书和各种邮票目录的出版。当前，要特别注意群众急需的普及性、辞书性、资料性读物的出版。

5. 开展学术研究，重视史料的征集和收藏

特别要注意对我国解放区邮票和新中国邮票的研究，做好有关邮票和邮政资料、历史文物的收集和整理工作，为建立中国邮票博物馆做好准备。

6. 大力开展集邮服务工作

建议集邮服务部门做好市场调查，增加服务网点，扩大邮票预订，开办外地邮购业务，解决“买票难”的问题。建议各地邮票公司开办信销票的回收和袋票出售业务，有条件的大、中城市开办委托收购业务，组织好集邮用品的生产。

7. 发展我国与世界各国集邮者的友好往来

中华全国集邮联合会的成立，为发展我国与世界各国集邮组织之间的往来和参加国际集邮活动创造了更为有利的条件。我们将作为中国唯一的全国性集邮组织向国际集邮联提出入会申请，为促进各国集邮者之间的相互了解和合作，发展世界集邮事业而努力。

成安玉在报告结束时说：我国集邮虽然已有大约百年的历史，但像今天这样具有全国规模、有统一组织和指导的集邮活动还是刚刚开始。我们还缺乏经验，这就要学习，要总结和学习群众中不断创造出来的新鲜经验。

《中华全国集邮联合会第一次代表大会》邮票小型张

三、选举产生第一届中华全国集邮联合会领导

8 月 29 日下午，大会经过投票选举，组成第一届理事会。在理事会第一次会议上，选出由 18 人组成的常务理事会。由于台湾省集邮组织没有派代表出席，理事会和常务理事会为台湾省保留了席位。理事会选举成安玉为会长，宋兴民、马任全、张包子俊为副会长，李洪义为秘书长。理事会还聘请朱学范为中华全国集邮联合会名誉会长。

成安玉

成安玉（1916—2006），山西潞城人。曾任晋察冀边区邮政管理局局长，华北邮电总局副局长，1949 年担任北平军管会交通接管部副部长负责接管北平邮政，代行局长职责，1956 年任邮电部部长助理，1964 年任邮电部副部长。1982 年在中华全国集邮联合会第一届一次理事会上，成安玉当选中华全国集邮联合会第一届会长。

参加这次大会的各省、自治区、直辖市集邮协会代表和特邀代表共 169 人。各省级邮电管理局、邮票公司和中国邮票总公司的负责人也参加了大会。

大会于 8 月 29 日下午闭幕。马任全致闭幕词。

中华全国集邮联合会第一次代表大会以后，中国的集邮队伍迅速壮大，集邮组织迅速发展。据统计，截至第二次代表大会之前，集邮人数从十几万增加到 400 万人，青少年集邮者占 70%。全国 29 个省（自治区、直辖市）和半数以上的地市以及全国五分之一的县都成立了集邮协会，同时还出现了全国行业性集邮组织。

中华全国集邮联合会第一次代表大会的召开，堪称中国集邮史上的里程碑。中国集邮从此以新的起点开启新的历程。

中华全国集邮联合会第一届理事会合影

第二节　邮票发行和集邮状况

1982—1991年，是邮票发行和集邮活动稳步发展的时期。随着集邮者的大量增加，邮票发行出现了供不应求的局面。在此情况下，邮电部除了适当加大发行量外，还开发了一些新的邮资票品。这一时期的纪、特邮票，在设计上保持了较好的水平，涌现出一批集邮者喜爱的邮票。

1990年7月31日，对国内邮政资费进行了第八次调整，在平信外埠资费0.08元执行了40年后，经国务院批准，国家发改委、邮电部邮政总局发出通知，对国内邮政资费进行了调整：将信函平信的本埠从0.04元调整为0.1元、外埠平信从0.08元调整为0.20元；明信片的本埠从0.015元调整为0.04元、外埠从0.03元调整为0.08；挂号信由0.12元调整为0.30元。这次资费调整对邮资票品的发行和集邮者的收藏都产生了一定的影响。

一、邮资票品发行状况

1978年改革开放以来，中国邮票在选题、设计和印制方面产生了令人欣喜的变化，这种良好的势头被延续到20世纪80年代，被集邮者称作“中国邮票的第二个黄金时期”。这一时期邮政部门为了解决买票难的问题，采取了多种措施，一方面调解邮票的发行量，另一方面努力提高邮票的选题、设计和印制水平。

1. 邮票选题、设计、印制情况

1982—1991年，邮电部共发行了纪念邮票113套235枚（含小型张），特种邮票99套369枚（含小型张），普通邮票6套29枚（含小型张），无编号小型张1枚，小本票13本。

这一时期发行的纪念邮票在选题方面分为国内外的重要事件、会议、年节日、人物群组和个人，运动会等。这一时期的人物纪念邮票发行密度较大，共发行了45套，包括人物群组6套。其中《中华人民共和国名誉主席宋庆龄同志逝世一周年》《马克思逝世一百周年》《刘少奇同志诞生八十五周年》《任弼时同志诞生八十周年（第一组）》《中国人民之友》《故宫博物院建院六十周年》《孙中山诞生一百二十周年》《朱德同志诞生一百周年》《明代地理学家、旅行家徐霞客诞生四百周年》《孔子诞生二千五百四十周年》《诺尔曼·白求恩诞生一百周年（中国和加拿大联合发行）》《陈毅同志诞生九十周年》在历届最佳邮票评选中获奖。

这一时期发行的特种邮票选题丰富、设计精美，发行量适中。其中《益鸟》《明清扇面画》《西厢记》《簪花仕女图》《吴昌硕作品选》《峨眉风光》《梅花》《航天》《珍稀濒危木兰科植物》《中国古典文学名著——〈水浒传〉（第一组）》《猛禽》《曾侯乙编钟》《中国古典文学名著——〈三国演义〉》（第一组）》《中国兰花》《泰山》《华山》《杭州西湖》《韩熙载夜宴图》《恒山》《景德镇瓷器》等在历届最佳邮票评选中获奖。

1986—1991年分四组发行的《民居》普通邮票共21枚，其选题贴近大众、设计简练而富有装饰性、面值配置合理、印刷

《故宫博物院建院六十周年》纪念邮票

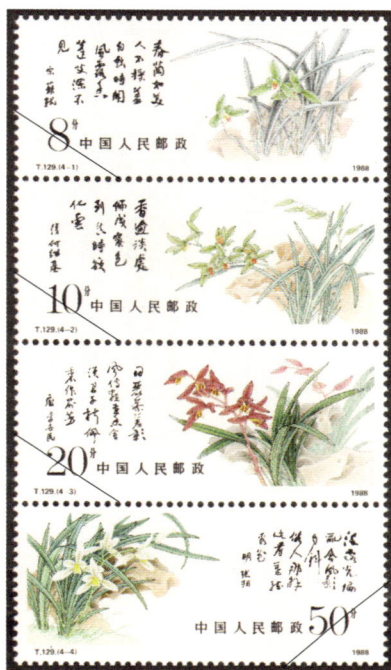

《中国兰花》特种邮票

批次多、使用周期长，所产生的变体票也多，成为此后集邮者编组邮集的重要选题和素材。

2. 开启邮政用品新系列

为了缓解邮政通信用邮的压力，丰富邮资票品的品种，邮电部在这一时期开启了多个邮政用品系列的发行。这些系列邮政用品发行后，引起集邮者的重视和收藏热情。在这些邮政用品的印制和发行环节，产生了少量集邮者感兴趣的变体邮品，成为日后集邮者编组现代类邮集的适用素材。

1982 年 8 月 26 日，邮电部发行了《纳米比亚日》纪念邮资信封一套 1 枚，开启了以“JF”字头的纪念邮资信封系列。至 1991 年，共发行纪念邮资信封 34 套 34 枚。纪念邮资信封的题材主要有重要的国际、国内事件、纪念日、会议、活动等，是对纪念邮票的一种补充。

1984 年 8 月 1—19 日，邮电部发行了《中国在第 23 届奥运会获金质奖章纪念》纪念邮资明信片一套 16 枚，开启了以“JP”字头的纪念邮资明信片系列。至 1991 年，共发行纪念邮资明信片 31 套 55 枚。纪念邮资明信片的题材与纪念邮资信封近似，也是对纪念邮票的一种补充。

这一时期，国内的旅游业迅速发展。为了满足旅游与集邮的需求，1984 年 8 月 20 日，邮电部发行了《桂林山水》邮资明信片一套 10 枚，分为 A、B 两组，A 组为国内外埠资费；B 组为国际资费，开启了旅

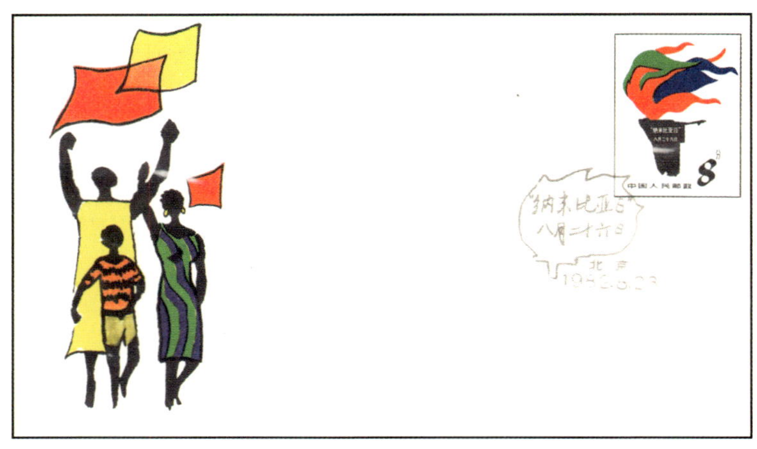

《纳米比亚日》纪念邮资信封

游邮资明信片的发行。

1991 年 12 月 1 日，邮电部发行了《1992 年贺年（有奖）邮资明信片》一套 12 枚，开启了以“HP”字头的贺年（有奖）邮资明信片系列。

此外，邮电部还于 1983 年 4 月 1 日发行了 M1 花卉图美术邮资信封一套 10 枚，采用胶版和压凸工艺印制。

二、邮电部对邮票发行的新举措

中华全国集邮联合会的成立，促进了集邮队伍的迅速扩大。这一时期反映突出的问题有两个：一是集邮者的审美能力不断提高，他们对部分邮票的设计不甚满意；二是集邮者购买新发行的邮票往往要排起长队，成为当时社会一景。为了解决这些问题，邮电部采取了相应的对策，成立邮票图稿评审委员会，实行新邮票预订业务，有效地缓解了这些问题。

1. 成立邮票图稿评审委员会

集邮队伍的扩大不仅时邮票的需求量大幅度增加，而且集邮者对邮票的审美能力也在提高。他们对邮票的选题、设计和印制期望值越来越高。为了保持集邮的大好局面，促进中国邮票达到更高的水平，邮电部决定成立由美术家、印刷专家和集邮家等组成的“邮票图稿评审委员会”。

邮电部第一届邮票图稿评审委员会于 1985 年 10 月 25 日在北京成立。邮票发行局局长赵永源任主任；华君武、张仃、黄永玉任副主任委员。委员有：刘天瑞、周令钊、郁风、伍必端、邱陵、邵柏林、王仿子、成志伟、林丰年、董纯琦、李印清。秘书长由邵柏林兼任。根据会议讨论，一致通过了《邮票图稿评审委员会章程》。评委会不仅要对邮票图稿进行评审，还要对提高邮票设计、印刷质量提出意见和建议，并参与全国最佳邮票的评选工作。

邮电部第二届邮票图稿评审委员会于 1990 年 5 月 31 日在北京成立，同时更名为“邮票图稿评议委员会”。邮政总局局长黄宪明任主任，靳尚谊任副主任。委员有：

袁运甫、伍必端、邱陵、侯一民、周令钊、贾又福、董纯琦、郑德琛、沈曾华、刘凯鹏、袁纪录、刘殿杰、陈文骐（郑德琛去世后，增补了刘延年）。本届委员会实际工作至1999年。

2. 国营集邮企业的三级经营体制和新邮预订

1982年，为解决买票难等问题，邮电部决定进一步改革体制，调整供货渠道，要求各省、自治区、直辖市均建立省级邮票公司，由中国邮票总公司供给集邮用票。为了鼓励各地成立邮票公司，发展集邮业务的积极性，中国邮票总公司将此前发行的邮票，无偿拨给各省级邮票公司。

在此之前，全国范围内只有北京、上海、天津、广州、哈尔滨设有集邮分公司，西安、武汉设有集邮门市部。体制调整后，各地均成立了邮票公司，形成由中国邮票总公司、省级邮票公司、地市邮票公司构成的，全国集邮企业三级营销网络体制。

邮票图稿评议委员会第四次会议

北京市邮票分公司营业部

西藏首次开展集邮业务纪念邮戳

中国邮票总公司（邮票发行局）负责邮票的设计、印制、发行和销售管理，指导集邮业务，供应邮票和调整价格，统一经营邮票进出口业务。各省邮票公司在省邮电管理局领导下，负责全省集邮经营管理和业务领导，向中国邮票总公司编报邮票和集邮品计划，供应全省邮票和其他集邮品。

1985 年 6 月 18 日，邮电部将邮票发行和集邮业务分开，将原来的中国邮票总公司一分为二，分别设立邮票发行局和中国集邮总公司，均为邮电部直属局级单位。邮票发行局行使邮电部赋予的邮票发行和管理的行政职能；中国集邮总公司是负责经营、管理全国集邮业务工作的部直属企业，是自主经营、自负盈亏的经济实体。原属集邮总公司的新邮零售业务，移交北京市邮政局办理。

1990 年 2 月 9 日，邮电部决定在 1985 年改革邮票管理体制取得成绩的基础上，再次对邮票发行和集邮管理的体制和机构

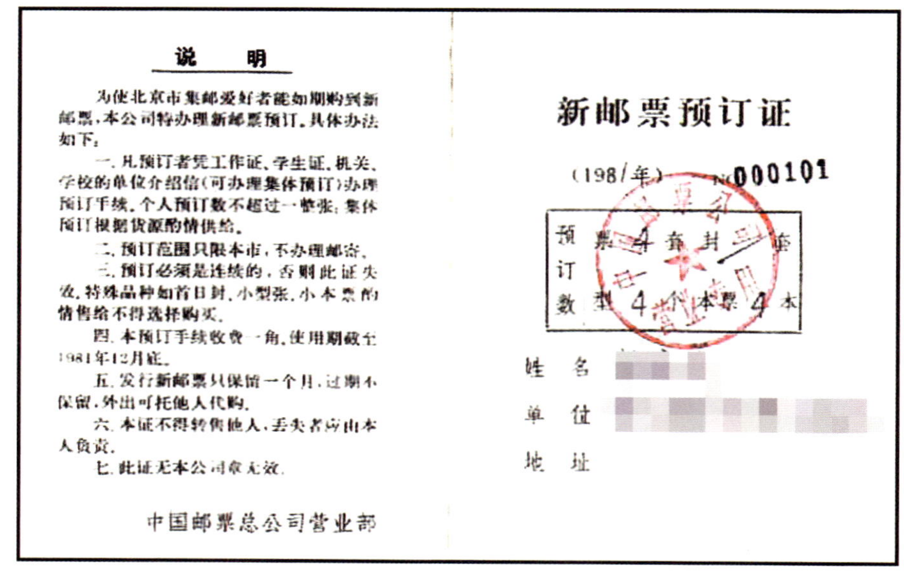

说　明

为使北京市集邮爱好者能如期购到新邮票，本公司特办理新邮票预订。具体办法如下：

一、凡预订者凭工作证、学生证、机关、学校的单位介绍信（可办理集体预订）办理预订手续。个人预订数不超过一整张；集体预订根据货源酌情供给。

二、预订范围只限本市，不办理邮寄。

三、预订必须是连续的，否则此证失效。特殊品种如首日封、小型张、小本票酌情售给不得选择购买。

四、本预订手续收费一角，使用期截至1981年12月底。

五、发行新邮票只保留一个月，过期不保留，外出可托他人代购。

六、本证不得转售他人，丢失者应由本人负责。

七、此证无本公司章无效。

中国邮票总公司营业部

新邮票预订证

（198/年）　No 000101

预订数　票 4 套　封 / 套　型 4 个　本票 4 本

姓　名

单　位

地　址

中国邮票公司 1981 年新邮票预订证

做出调整。调整步骤是：重新将邮电部邮票发行局和中国集邮总公司合并，组建中国邮票总公司，负责邮票的设计、生产（包括计划的编制和实施）、储运和集邮业务的经营管理，负责有关集邮业务方面的外事活动。新组建的中国邮票总公司为部直属局级企业单位。北京邮票厂由中国邮票总公司领导，刘殿杰任总经理。邮政总局行使邮票管理的行政职能，负责政府有关邮票方面的外事活动。

做好新邮的销售工作，是国营集邮企业经营业务的主要内容。过去，新发行邮票均在邮局和集邮公司、集邮门市部公开出售，售完为止，只有中国邮票总公司于1981年单独开始了新邮预订业务。随着集邮热的升温，买票难的问题开始出现。为了比较准确地把握新邮的发行量，保证集邮爱好者在集邮窗口能买到邮票，1982年在确立集邮企业三级管理体制的同时，决定在全国范围开展新邮预订业务。这项业务是为集邮者提供方便，有计划地开拓市场的重要经营措施。据统计，1982年作为在全国范围开展新邮预订业务的开端，邮票预订户是31.6万户，1985年增为130.6万户，以后连续增长。

第三节 集邮交流开创新局面

中华全国集邮联合会成立后，以前所未有的开放态势积极参加国际性集邮活动，很快提升了中国在国际集邮界的地位和影响力。特别是中国加入国际集邮联合会和亚洲集邮联合会，标志着中国集邮开始走向世界和融入国际集邮大家庭。通过经常性地“走出去、请进来”，努力学习境外先进的集邮经验，不断加大与世界各国以及港澳台地区的集邮交往，中国集邮界的对外交流出现了崭新格局。

国际集邮联合会会旗

一、中国加入国际集邮联合会

国际集邮联合会（FEDERATION INTERNATIONALE DE PHILATELIE），简称国际集邮联（FIP），是永久性、非营利性的国际民间组织，成立于1926年6月18日。其宗旨是促进国际集邮事业的全面发展，促进各国人民的和平与友谊，增强世界集邮者之间的友好与合作，颁布有关规章制度，指导管理各项集邮活动，支持国际集邮联成员组织的集邮活动。国际集邮联的最高权力机构为代表大会，通常每年召开一次。日常领导机构为理事会。理事会由1名主席、3名副主席、5名理事组成，任期4年。秘书处设在瑞士苏黎世。为增进与世界各国（地区）集邮组织与集邮者之间的交流与合作，中华全国集邮联合会自成立之日起，就为加入国际集邮联而展开工作。

1. 中国加入国际集邮联的过程

中华全国集邮联合会是唯一代表中国的合法集邮组织。因此，中华全国集邮联合会成立伊始，即于1982年上半年向国际集邮联提出入会申请。当时，中国台湾地区的集邮组织也向国际集邮联递交了入会申请，国际集邮联定于1982年6月在第51届代表大会上进行审议。按照国际集邮联章程，一个国家只能有一个全国性的集邮组织入会。鉴于此，国际集邮联决定推迟审议，有关中国及中国台湾地区集邮组织的入会问题在1982年12月国际集邮联第11次理事会议再行讨论。

1982年12月，在比利时举行的国际集邮联第11次理事会，按照章程规定的原则，讨论了中华全国集邮联合会与“中国集邮协会·台北”的入会问题。会议决定，责成副主席、日本的市田左右一和理事、印度的加迪亚代表国际集邮联于1983年3月在东京邀请中华全国集邮联合会与中国台湾地区集邮组织的代表举行三方会谈，共同讨论海峡两岸集邮组织加入国际集邮联问题。1983 年 3 月 1 日，应国际集邮联邀请，以李洪义为团长的中华全国集邮联合会代表团抵达东京。由于中国台湾地区集邮组织拒绝参加三方会谈，李洪义等与市田左右一和加迪亚进行了会谈。经过商谈，达成如下共识：（1）同意一个中国的原则；（2）国际集邮联决定采用国际奥林匹克委员会的原则接纳海峡两岸集邮组织入会；（3）中华全国集邮联合会作为中国全国性集邮组织加入国际集邮联，而中国台湾地区集邮组织则以地区组织名义加入，其名称为“中国台北集邮协会”，同时要求中国台北集邮协会在参加有关活动时使用的旗、徽、歌，必须经国际集邮联和中国的同意。会谈还确定在所有国际集邮联出版物及所能涉及的场合，在提及两岸组织名称时，应遵照如下名称：

（1）中华全国集邮联合会　中国北京

（2）中国台北集邮协会　中国·台湾台北

根据会谈结果，国际集邮联合会的代表要求中华全国集邮联合会于 3 月向国际集邮联总部寄交正式入会申请书。

1983 年 4 月在苏黎世举行的国际集邮联合会第 12 次理事会议确认了东京会谈达成的协议。

1983 年 7 月 28 日，国际集邮联合会第 52 届代表大会在巴西里约热内卢举行。大会审议了中国的入会申请。以宋兴民为团长的中国集邮代表团出席大会，并宣读了中华全国集邮联合会加入国际集邮联合会的申请书，介绍了中国集邮发展的情况，阐述了中国加入国际集邮联合会的原则立场。经大会表决，一致通过中华全国集邮联合会加入国际集邮联合会。

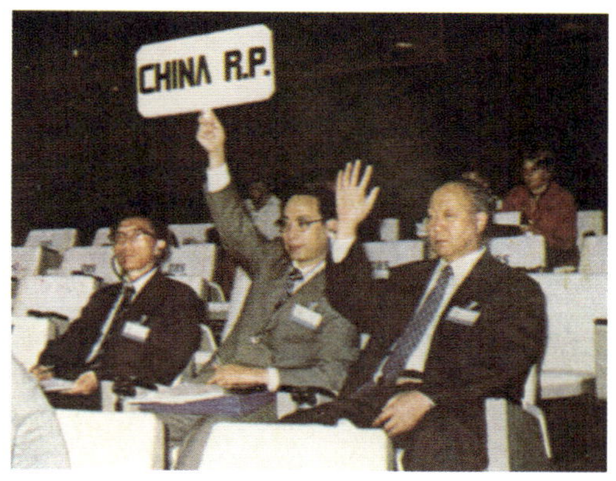

中华全国集邮联合会参加 FIP 第 52 届大会

宋兴民宣读加入 FIP 申请书

2. 中国代表团参加国际集邮联代表大会

中国加入国际集邮联合会以后，认真履行应尽的责任和义务。1984 年 5 月，以李洪义为团长的中国集邮代表团出席了在西班牙马德里召开的国际集邮联第 53 届代表大会。这是中国第一次以正式会员身份出席大会。

1985—1987 年，中国集邮代表团多次参加了FIP代表大会：1985年11月参加了在意大利罗马召开的FIP第54届代表大会，会上，中国香港地区的集邮组织被接纳为FIP会员；1986年9月参加了在瑞典斯德哥尔摩召开的FIP第55届代表大会；1987年10月参加了在丹麦哥本哈根召开的FIP第56届代表大会，这次代表大会通过了多项关于对国际集邮联章程和邮展规则的修改决议。

1989—1991年，中国集邮代表团参加了其间历届FIP代表大会：1989年5月参加了在保加利亚索非亚召开的FIP第58届代表大会，以贾明为团长的中国集邮代表团出席，会议期间中国集邮代表团与各会员组织以及国际集邮联各技术委员会的成员进行了多方面交流；1990年5月参加了在英国伦敦召开的FIP第59届代表大会；1991年11月参加了在日本东京召开的FIP第60届代表大会。

3. 海峡两岸代表共同出席国际集邮联代表大会

国际集邮联第57届代表大会于1988年9月4—6日在捷克斯洛伐克首都布拉格举行，56个国家和地区的代表、观察员以及相关国际组织代表150余人出席了大会。贾明、张国庆和焦晓光组成的中国集邮代表团以会员身份参加了大会。本届大会一个重要议题是讨论“中国台北集邮协会”的入会问题。中国台湾代表团以观察员身份列席了会议。

在讨论此问题时，中华全国集邮联合会代表首先发言，按照国际集邮联章程8.2条及1987年12月新加坡协议，欢迎“中国台北集邮协会”加入国际集邮联合会，并希望中国各地集邮组织能与其加强合作。贾明的发言赢得了全场热烈的掌声。随后会议进行投票表决，结果以52票赞成，2票弃权获得通过。自此，中国台北集邮协会成为国际集邮联合会会员。

中国台湾的代表走上主席台向全体代表鞠躬致谢，他们表示，保证遵守国际集邮联章程及1987年的新加坡协议。会议期间，海峡两岸代表亲切交往，利用一切间隙交流两岸的集邮情况、畅谈各自的看法。双方共同表示，要为加强海峡两岸集邮界的交流、振兴中华集邮事业而努力。

二、中国加入亚洲集邮联合会

亚洲集邮联合会（FEDERATION OF INTER-ASIAN PHILATELY），简称亚洲集邮联（FIAP），是亚洲和大洋洲区域性的国际集邮组织，成立于1974年，总部设在新加坡。亚洲集邮联合会为国际集邮联合会的准会员，其宗旨是通过开展集邮活动，促进亚洲和大洋洲集邮组织和集邮者之间的友谊与合作。亚洲集邮联合会的最高权力机构为代表大会，每两年召开一次。日常领导机构为执委会，由1名主席、2名副主席、9名执委和秘书长、司库组成，任期4年。亚洲集邮联合会执委会每年举行1—2次会议。

亚洲集邮联合会会徽

1. 中国加入亚洲集邮联的过程

为了增进中国与亚太地区集邮组织与集邮者之间的联系，中华全国集邮联合会会长成安玉于1983年6月致函亚洲集邮联合会，表达了中国的入会意愿。7月，中华全国集邮联合会秘书长李洪义再次致函并寄去中华全国集邮联合会章程等文件。1983年7月，中华全国集邮联合会正式向亚洲集邮联合会寄出入会申请书。

1983年8月4—13日，泰国1983国际邮票展览在曼谷举行。其间，亚洲集邮联合会第5次代表大会于12日在曼谷召开。以李洪义为团长的中国集邮代表团应邀参加。经过大会讨论，各个国家和地区的代表一致同意接纳中华全国集邮联合会为亚洲集邮联合会正式会员。

2. 中国代表团参加亚洲集邮联执委会和代表大会

中国加入亚洲集邮联以来，重视对FIAP的支持与合作，发挥了一个集邮大国的作用，在亚洲集邮的影响力日益增强。1985年9月，亚洲集邮联合会第6次代表大会在印度尼西亚雅加达召开，以李洪义为团长的中华全国集邮联合会代表团出席了会议。这是中国第一次以正式会员身份出席FIAP代表大会。在这次会议上，推选中国的贾明为FIAP执行委员。

中华全国集邮联合会代表参加FIAP曼谷大会

1986年8月，贾明执委第一次参加了FIAP在澳大利亚阿德莱德召开的执委会会议。在此之前，1985年4月亚洲集邮联在尼泊尔加德满都召开执委会议，刘钟林以观察员身份列席了会议。

1987—1991年，中华全国集邮联合会多次派代表团出席FIAP代表大会和执委会议：1987年4月出席了在马来西亚槟榔屿召开的执委会议；1987年12月出席了在新加坡召开的FIAP第7届代表大会；1989年1月出席了在印度新德里召开的执委会议，沈曾华列席这次会议；1989年8月出席了在泰国曼谷召开的FIAP第8届代表大会，这次大会按照FIP的原则，接纳中国台北集邮协会以中国地区性集邮组织的名义入会；1990年9月出席了在新西兰奥克兰召开的FIAP执委会会议；1991年11月出席了在日本东京召开的FIAP第9届代表大会，在这次大会上，改选了执委会，中国代表刘天瑞任执委。

3. 中国首次承办亚洲集邮联执委会会议

中国集邮不断发展与提高，引起亚洲集邮联的高度重视，遂将1988年执委会会议安排在中国举行。1988年4月22日，FIAP执委（扩大）会议在北京昆仑饭店召开。来自中国、日本、印度、泰国、澳大利亚、新西兰、新加坡、马来西亚、尼泊尔、韩国等亚太国家以及中国香港和中国澳门地区的代表和观察员共36人参加了会议。邮电部副部长、中华全国集邮联合会会长朱高峰会见了亚洲集邮联主席郑炳贤等人。中华全国集邮联合会副会长许宇唐、宋兴民等和亚洲集邮联副主席加迪亚、贝斯顿、音度索冯，秘书长康永弘，理事许少全等出席了会议。

本次执委会活动内容丰富：4 月 22 日在北京中国美术馆举办“亚洲集邮联执委会集邮展览”；4 月 23 日在北京友谊宾馆举行集邮学术研讨会，由中国集邮家介绍中国解放区邮票发行与收藏情况及中国集邮活动开展情况，外国集邮家介绍编组邮集的技巧。期间，还安排了各国（地区）代表参观游览了故宫博物院、颐和园和长城。朱高峰在人民大会堂宴请了出席执委会的各国（地区）代表。

郑炳贤在接受记者采访时表示：“中国集邮活动很活跃、形势很好、潜力很大。特别是解放区邮票，要加强宣传，使国际集邮界逐渐认识到其珍贵性。”对发展中的中国集邮给予极大鼓舞和鞭策。

三、中国与各国开展的集邮交流

随着中华全国集邮联合会加入国际集邮组织，中国与国际集邮界的交流活动逐渐趋于常态化，并以多种形式在多方面开展。这一时期，中国集邮界与印度、日本和新加坡等国家集邮界交往较多，特别是亚洲集邮联执委会集邮展览在中国举办，让中国集邮者大开眼界。

1. 承办亚洲集邮联执委会集邮展览

亚洲集邮联合会执委会会议于 1988 年 4 月 22 日上午在北京开幕。当天下午，中华全国集邮联合会在北京中国美术馆举办了“亚洲集邮联执委会集邮展览”。邮电部副部长朱高峰、亚洲集邮联合会主席郑炳贤为邮展剪彩。本次邮展对于国内集邮者来说，是一次难得的观摩机会。特别是这些外国集邮家的展品，代表了世界邮展各

亚洲集邮联执委会议’88 北京

亚洲集邮联执委会邮展开幕式

个类别中的较高水平。按国际邮展设置的类别展出的邮集，也让国内集邮者耳目一新。

本次邮展的规模虽然不大，却非常精彩。展品分两个部分：第一部分为印度、泰国、新加坡、澳大利亚、日本等6个国家的代表提供的9部展品；第二部分由中国集邮家提供。其中澳大利亚B.P.贝斯顿的专题类邮集《邮箱的演变》、泰国P.音度索冯的传统类邮集《暹罗古典邮票》、澳大利亚纳尔逊·尤斯蒂斯的航空类邮集《澳大利亚早期航空邮政》、新加坡许少全的邮政历史类邮集《19世纪东南亚联盟国通信》等展品给观众留下深刻的印象。中国集邮家沈曾华的邮政历史类邮集《华东解放区邮政史》、吴书庆的传统类邮集《天安门邮票》参加了本次邮展。

2. 与印度集邮界的友好交流

印度集邮历史悠久，集邮者人数较多。印度集邮联盟于1975年成立，而且各州都有集邮协会或集邮俱乐部。印度每隔两年举办一次全国邮展，各邦、各区邮展经常举办。《印度集邮》杂志于1897年创刊，一直延续下来。

由中华全国集邮联合会主办的“中印集邮展览”于1985年4月14—23日在北京中国美术馆举行。这次邮展展出了中国和印度的个人集邮展品各100框。印度展出的20部邮集，都是在国际邮展中的获奖邮集，其中有4部获得过大金奖，6部获得过金奖，最低的也获得过银奖。这些展品中，有很多珍贵的素材，令观众大饱眼福。

印度集邮家加迪亚，是国际集邮联副主席、亚洲集邮联副主席。在京期间，加迪亚与北京集邮家举行了座谈。4月17—18日，印度集邮联盟代表团在北京市邮政局举行了两次集邮讲学，由加迪亚及亚洲集邮联执委帕依、印度集邮联主席等主讲。北京市50多位集邮者聆听了讲座。印度集邮家首先介绍了世界集邮发展的历史，然后分类介绍了传统、邮政历史、邮政用品、航空、专题、极限、航天等集邮展品，并具体讲解了这些集邮类别的特点，其素材的收集与运用，以及邮集的编组方法。

印度集邮家告诫中国集邮者，目前的国际邮展中，越来越重视实寄封的使用，过去总是将信封上的邮票揭下来，是一种不好的习惯。在专题邮集中，新、旧邮票最好不要混用，更不要出现非集邮素材。参加国际邮展的邮集，必须是获得全国邮展银牌以上的邮集。这些宝贵的经验对中国集邮者是全新的信息。

3. 与日本集邮界的友好交流

日本著名集邮家水原明窗始终致力于中日两国集邮界的友好交流。1983 年 11 月，首届中华全国集邮展览在北京举行。本次邮展不但在国内引起轰动，而且还引起了日本集邮界重视。水原明窗专程从日本来到北京，除了参观邮展外，还与北京集邮家进行了友好交流。水原明窗在对邮展提出很多改进意见后，还介绍了国际集邮界的一些新动向：如世界集邮呈现出多样化的趋势，除了传统集邮实力较强外，邮政历史集邮、专题集邮、主题集邮都有广阔的发展前景。特别是专题集邮，可能成为今后的主要方向。相对传统集邮而言，专题集邮省钱省力，还可以学到很多知识。在日本，绝大多数青少年从专题收集入手。

1985 年 10 月，在意大利罗马举行的世界邮展中，水原明窗的邮集《中国海关邮政及其前史》荣获国际大奖。这是亚洲集邮家首次获此殊荣。应中国集邮出版社邀请，水原明窗于 1985 年 12 月 17 日到达北京，进行集邮交流。12 月 18 日下午，“水原明窗集邮学术报告会”在北京举行，100 多名中国集邮者参加了报告会。水原明窗首先介绍了罗马世界邮展概况，然后讲述

北京市集邮协会会长杜庆云会见加迪亚

了传统集邮、邮政历史集邮、专题集邮和主题集邮的含义与特征，最后介绍了《中国海关邮政及其前史》邮集的编组特点。他还现场回答了热心听众提出的各种问题。1988年10月，水原明窗参加了第二届上海电视节集邮展览，并到复旦大学与大学生集邮协会的同学交流座谈集邮。

根据中日两国领导人的约定，1984年9月，有3000名日本青年来到北京，与中国青年进行大联欢。中日两国领导人都为本次活动题了词。胡耀邦总书记的题词是：“中日友好，代代相传。”中曾根首相的题词是：“友好永远。”中华全国青年联合会副主席刘延东在《集邮》杂志上发表了题为《有朋自远方来不亦乐乎》的文章，对本次活动表示祝贺。在这3000名日本青年中，就有日本邮趣协会派出的3位青年集邮家：泽和久、田边龙太、前川雅夫。

《中日青年友好联欢·1984》纪念邮票

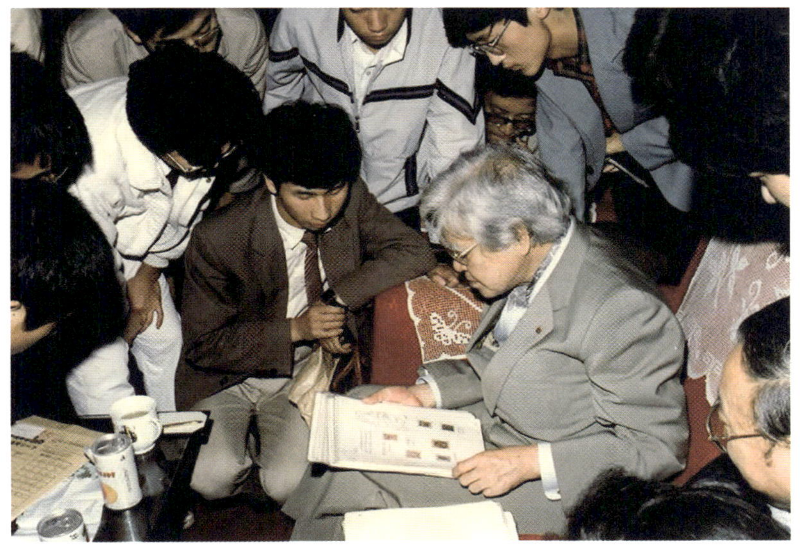
水原明窗与上海大学生

1984年9月30日，日本邮趣协会青年代表团来到北京邮票厂参观。日本客人由北京邮票厂厂长蒋寿昌陪同观摩了《牡丹亭》邮票小型张的印制过程。当晚，中日青年集邮爱好者座谈会在中国邮票总公司举行。中国方面选派了刘超、龚继春、乔珊英3位青年集邮者参加座谈会。其中刘超携带他在全国邮展上的获奖邮集《新中国邮票上的帽子》与日本朋友切磋。中国音乐学院的乔珊英用古琴为客人们演奏了一首中国古曲《阳关三叠》，自弹自唱，悠扬动听，博得全场热烈掌声。座谈会上，中日两国青年集邮者互赠了礼品，交流了开展集邮活动的经验，增进了彼此间友谊。

4. 与新加坡集邮界的友好交流

新加坡在国际集邮界享有很高声誉，有多位新加坡集邮家当选国际集邮联和亚洲集邮联领导人。新加坡集邮界对中国集邮界影响很深。1989年5月6—12日，由新加坡牛车水集邮会、新加坡集邮俱乐部、中国集邮总公司、中华全国集邮联合会联合举办的“新加坡邮票展览”在北京中国邮票博物馆举行。邮电部副部长、中华全国集邮联合会会长朱高峰，新加坡集邮代表团团长黄利鸿，以及两国集邮界200多人出席了开幕式。本次邮展共展出25部141框展品，内容包括1856年印度邮票在新加坡使用时期一直到近期邮票，并且汇集了100多年来的实寄封、明信片、邮戳等珍品。

当天下午，中华全国集邮联合会在北京饭店举办了由中新两国集邮家和北京集邮者100多人参加的集邮学术研讨会。在这次会上，新加坡集邮家林子明就其如何编组《新加坡欠资邮票》邮集进行了详尽地介绍。新加坡集邮家孙士毅介绍了如何编组传统邮集以及他参加国际邮展的经验。中国集邮家沈曾华、唐无忌、朱祖威等也分别在研讨会上发言。中国集邮者对新加坡集邮家的收藏和研究方法、水平表示钦佩。

作为双边交流项目，由中国邮票总公司副总经理王开元率领的中国集邮代表团携带200框展品参加在新加坡举办的中国邮票展览。该展览于1991年6月1日在新加坡大会堂开幕。展品分为三个部分：一是中国邮票博物馆提供的40框展品，包括了百余年来中国各个历史时期的珍贵票品；二是中国22位集邮家的各类邮集，有的是在世界邮展获得高奖的邮集；三是新加坡7位集邮家的邮集，包括著名集邮家许少全、陈为乐的邮集。

此外，1989年10月，在北京1989第3届中华全国集邮展览期间，新加坡集邮俱乐部主席、国际邮展评审员陈为乐两次做客讲座，为中国集邮者讲解邮集参展与评审知识。这对于长期处于封闭状态的中国集邮者来说，无疑是一次提高的机会。北京市集邮协会主编的《集邮简报》分9次刊登了讲座录音稿。这两次讲座开阔了集邮者的眼界。此后，陈为乐又先后在天津、上海、福州和广州讲授了“如何组织和编排参展邮集”，对提高中国竞赛性展品的水平起到了促进作用。

5. 中外联合发行邮票

1990年3月3日，中国与加拿大联合发行《诺尔曼·白求恩诞生一百周年》纪念邮票一套2枚。这是中国和加拿大首次联合发行邮票，并按中外联合选题与设计，同时推出同图案邮票的形式发行模式。自

“中国邮票展览 · 新加坡”展场

《诺尔曼 · 白求恩诞生一百周年》邮票首发式

此，形成新的中外联合发行系列邮票。中国和加拿大都在这一天举行了隆重的邮票首发式。中方的首发式在河北石家庄白求恩国际和平医院礼堂举行。该医院前身是晋察冀军分区后方医院，白求恩生前曾在此救治过八路军伤员，1940 年更为现名。

邮电部副部长朱高峰等领导、加拿大驻中国大使馆代办余斯本携夫人专程前往参加邮票首发式。朱高峰和余斯本先后致辞，他们深切回顾了白求恩崇高的国际主义精神，盛赞中加两国人民的友谊。首发式后，朱高峰等和加拿大驻华使馆代表共同向白求恩烈士墓敬献了花篮。

同日，在白求恩的故乡——加拿大安大略省格雷文赫斯特市，加拿大邮政也举行了隆重的首发式。中国驻加大使、加邮政负责人、白求恩纪念馆负责人等近千人参加了首发式。首发式在欢快的乐曲中举行，乐队演奏了中加两国国歌。邮票揭幕后，加拿大文艺团体特地表演了中国民间舞蹈红绸舞。为配合此次邮票首发式，当地还举办了中国文化节。

6. 外国领导人为纪念邮资片揭幕

1991 年是意大利著名数学家、天文学家、物理学家伽利略发现“惯性质量和引力质量等价”400 周年。根据著名物理学家李政道博士建议，中国邮政发行了一枚纪念邮资明信片。这枚纪念邮资明信片的首发式于 1991 年 9 月 16 日在北京亚运村邮电局隆重举行。应邀出席首发式的嘉宾有意大利共和国总理安德烈奥蒂和夫人利维亚·安德烈奥蒂女士，随同总理访华的意大利来宾，意大利驻华大使，中国政府陪同团团长、贸易部部长李岚清和夫人，邮电部部长杨泰芳，中国科学院院长周光召，著名物理学家李政道博士和夫人等。

安德烈奥蒂总理在首发式上发表了热情洋溢的讲话。他对中国邮政（为伽利略及其业绩）发行纪念邮资明信片表示衷心感谢，为自己的祖国产生了伽利略这样伟大的科学家而感到自豪。杨泰芳部长在致辞中说：发行这套邮资明信片体现出中国政府对科学技术的重视和支持。随后，安德烈奥蒂总理和杨泰芳部长共同为纪念邮资明信片揭幕。安德烈奥蒂总理还寄发了第一枚纪念邮资明信片。

《伽利略发现“惯性质量和引力质量等价”四百周年》纪念邮资明信片首发式

7. 全非洲邮票展在十一城市巡展

为纪念非洲解放日 25 周年，由中国人民对外友好协会、中国——非洲人民友好协会、非洲国家驻华使团主办，北京市东城区集邮协会、北京鼓楼集邮研究会承办的“全非洲邮票展览”，于 1988 年 5 月 26 日在北京开幕。全国人大常委会副委员长赛福鼎·艾则孜、物理学家周培源、对外友协会长章文晋、邮电部副部长朱高峰，以及 27 个非洲国家驻华大使等出席了开幕式。

展品共 100 框，全面介绍了非洲各国的政治、经济、文化、艺术以及自然风光、民俗风貌、独立斗争等内容。第一部分为非洲 50 个国家的邮票，每国一框，其中 40 框由各国驻华使馆提供。内容包括各国的世界遗产邮票、民族服饰和民居邮票，坦赞铁路邮票，以及木质邮票、金箔邮票、异形邮票等；第二部分为非洲题材的专题邮集，包括 18 位中国集邮者提供的 17 部专题邮集。有《中国——非洲友谊团结》《非洲风土人情》《布隆迪绘画邮票》《非洲鸟类之乡》《非洲动物》《非洲小型张首日封选》等。

全非洲邮票展览在北京展出后，于 6 月 6 日至 9 月 25 日又辗转到呼和浩特、银川、兰州、西宁、郑州、长沙、贵阳、昆明、成都、南京 10 个城市巡回展出。展览每到一个城市，特别是在西部边远城市，都成为当地文化生活中的大事。媒体对此广为宣传，集邮协会同时开展集邮活动，邮票公司现场销售邮品。这次巡展从当年春节后启动筹备展品，到 10 月 25 日召开表彰颁奖大会，历时 9 个月，行程几万里，影响广泛，是涉外集邮文化交流的成功尝试。

四、与港澳台集邮界的交流

中国加入国际集邮联和亚洲集邮联后，内地与港澳以及大陆与台湾集邮界的交流

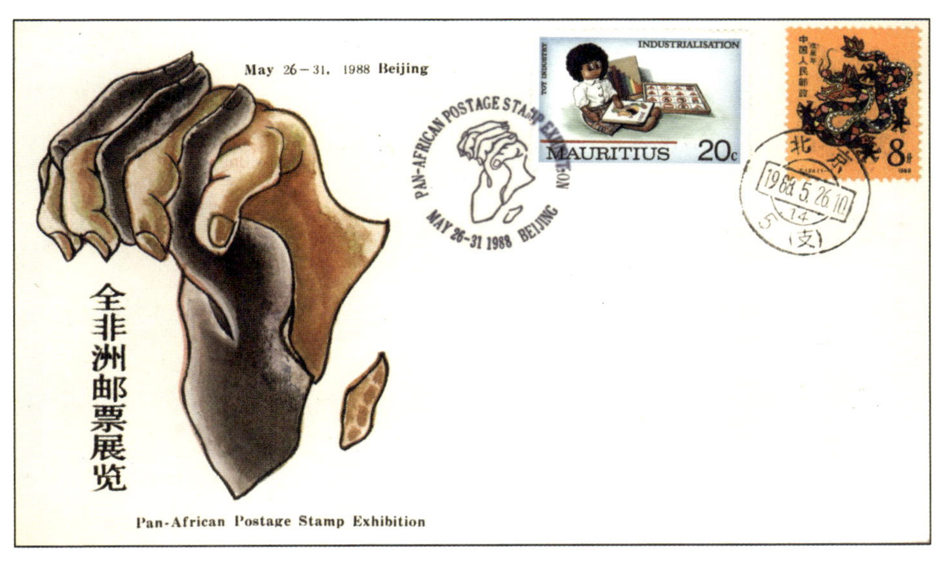

全非洲邮票展览纪念封

活动也日趋活跃。时值香港和澳门回归祖国之前，广泛的集邮交流对于加强联系有着积极的、历史性的意义。

1.“大陆·香港集邮知识联谊赛”

20世纪90年代初，为了促进内地与香港以及海外广大集邮者的交流和往来，由《集邮》杂志社、《经济时报》社、香港中国经济出版社等单位联合举办的“’90大陆·香港集邮知识联谊赛”于1990年5月举行。朱学范副委员长为联谊赛题词“同胞情谊”。此次活动的组委会设在广东深圳。组委会和评委会由内地和香港集邮家及有关人士组成。内地方面有李东初、常增书、成志伟、范苏龙等；香港方面有潘鉴良、凌蟠、张金炽等。竞赛采取公开答卷的方式，共设奖2060个。竞赛试题在《集邮》杂志、《经济时报》，香港《经济时报》刊登。试题内容涉及中国邮政历史及邮票、中国香港的邮政历史及邮票、世界各国邮政及邮票等方面的知识。

竞赛共设120道选择题，每道题有4个选项。这项赛事于1990年7月25日在深圳市落下帷幕。中华全国集邮联合会副会长、本次竞赛评委会主任常增书，竞赛组委会副主任张金炽等在颁奖大会上为获奖者颁奖。参加本次知识竞赛的有6万多名集邮者，他们来自中国内地及中国香港、中国澳门、中国台湾，甚至还有东南亚的部分国家。获奖者共2060名，获得优秀组织奖的有5个单位。

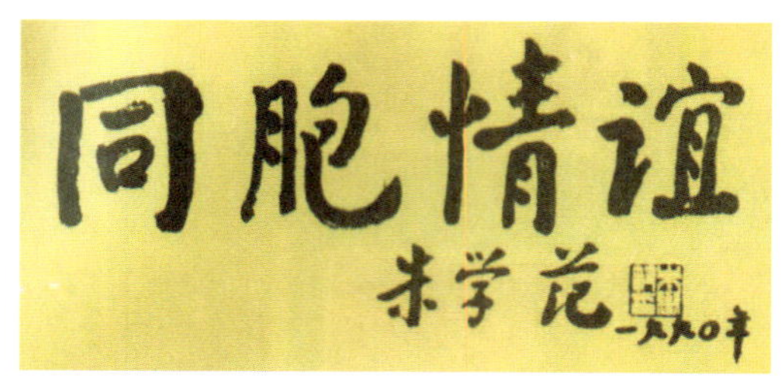

朱学范题词

2. 粤港澳集邮学术研讨会

1987年召开的广东省集邮协会第二次代表大会期间，部分代表认为有必要加强粤港澳三地的集邮学术交流。经三地代表洽谈后，决定定期举行粤港澳集邮学术研讨会。首次举办的“’87粤港澳集邮学术研讨会”于1987年11月22日在广州举行。出席会议的香港代表为潘鉴良、张金炽；澳门代表为邝日昌、陈树荣、王炳钊、黄润光、钟耀坤等；广东省代表为在穗的省集邮协会学术委员及部分省集邮协会常务理事。中华全国集邮联合会副会长常增书、常务理事周之同参加了此次会议。会上9位代表宣读了论文。经三地代表协商，成立了“粤港澳集邮学术研讨会联络组”。

“’88粤港澳集邮学术研讨会”于1988年12月11日在珠海举行，由香港主办，潘鉴良主持。参加会议的有香港、澳门地区和广东省的代表。中华全国集邮联合会、《集邮》杂志、《中国集邮》杂志以及福建集邮协会都派代表出席了此次会议。本次研讨会的主题是“中国解放区邮票”。会议宣读论文5篇，并通过了“粤港澳集邮学术基金会章程”。

“’89粤港澳集邮学术研讨会”于1989年12月16日在澳门举行，由澳门主办。出席会议的有广东省和香港、澳门地区集邮界代表。澳门邮电司代理司长肖万里、副司长罗庇士出席了此次会议。会议决定成立学术基金组织。澳门会员捐赠了一批邮品作为基金使用，后因该基金会未开展活动而全部退回。此次会议决定1990年学术研讨会邀请中国台湾地区参加，在香港举行。后因故未召开。

3. 海峡两岸的集邮交流

中共十一届三中全会后，党中央在毛泽东、周恩来等老一辈革命家关于争取和平解放台湾思想的基础上，正视历史现实，创造性地提出“一国两制”的伟大构想，开辟了以和平方式实现祖国统一的新途径。

1982年中华全国集邮联合会成立之际，曾经致电台湾集邮界，希望能派代表来北京参加盛会、共商邮事。8月29日，大会以全体代表名义，发表了《致台湾集邮界同仁书》。其中写到：“我们都是炎黄子孙，实现祖国之和平统一，乃民族千秋大业。切盼集邮界同仁，群策群力、促进和谈、共襄伟业。”表现出大陆集邮界的关切之心和宽广胸怀。

1987年10月15日，台湾当局有限制地开放探亲后，两岸人员往来和经济文化交流迅速展开。10月16日，经国务院批准，国务院办公厅公布了《关于台湾同胞来祖国大陆探亲旅游接待办法的通知》，两岸打破了自1949年以来长达38年的冰封期。为此，中国邮政于1988年2月10日发行了JP.13《欢迎台胞探亲旅游》纪念邮资明信片一套2枚。邮资图案由花灯、水仙花和元宵组成；明信片图案分别是大陆的长城和台湾的阿里山、大陆的杭州西湖三潭印月和台湾的日月潭。

为了给回大陆探亲旅游的台湾同胞提供通信服务，大陆各地邮局均开办了对台函寄业务。其中，信函、明信片、印刷品、盲人邮件等业务在所有邮局均可办理；小包、保价信函等业务在指定邮局办理。

台湾当局开放对大陆探亲寻亲后，1988年4月18日公布了《对大陆通信办法》，实行“互不接触”的所谓“通信不通邮”。两岸主要通过台北市10099邮局第50000号信箱中转中国香港间接通邮。“50000号信箱”名义上由国际红十字会租用，实为台湾邮政代办，设在台北北区邮政管理局二楼，由专门机构处理大陆信件。这些信件采取独特的“母子封”形式处理，所有寄往大陆的信件都要通过一个特制的中式“母封”寄到“50000号信箱”，经拆封取出“子封”及相应邮资，再经香港中转寄达内地。“子封”上只写收件人名址，寄件人名址统一为“香港·内详”，以体现台湾当局所谓“不通邮”原则。这种奇特用邮方式多有不便，在公众反对下，于1989年6月底废止。这年6月7日，台湾当局通过了《简化对大陆通信办法》，自6月10日起，台湾民众可直接与大陆通邮。此后，两岸集邮界民间交流日益频繁，互寄首日封、互换邮票、交流集邮刊物，形成了风气，推动了两岸集邮活动的发展。

1988年是中国农历龙年。这一年的正月初一，两岸第一个民间集邮组织“海峡两岸民间集邮交流会”在美国纽约皇后区贝奇弗德大厦隆重成立。出席成立大会的都是海峡两岸的集邮爱好者。专程由中国台湾到美国探亲的著名集邮家、台北集邮协会理事朱光明在发言中说：“在海峡两岸分离的今天，海峡两岸民间集邮交流会的成立，是我们台湾集邮者的愿望，有助于增进双方的了解、维护和平的作用。”知名爱国人士潘维疆也表示：“海峡两岸民间集

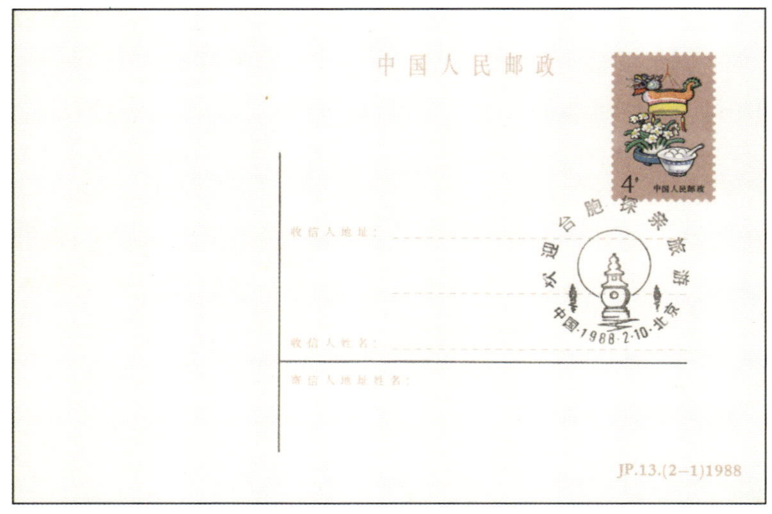

《欢迎台胞探亲旅游》纪念邮资明信片

邮交流会的成立，开创了海峡两岸各行各业互相交往的先河，两岸同胞邮友到笔友，相信在不知不觉地交往中，增强了台胞的民族感情，这种感情必然会导致中华民族大统一的洪流。”成立大会的最后，按照中国传统进行了团拜。

1989年10月12日上午，中国台湾集邮家李文亮、黄瑀、徐祖钦等来到北京中国美术馆参观中华全国集邮展览。中华全国集邮联合会副会长常增书到机场迎接，陪同他们进入展场参观。朱高峰会长在展场热情会见了台湾集邮家，说道：“欢迎你们回祖国大陆参加集邮盛会。”李文亮表示，愿与大陆集邮同仁多接触、多交流，共同繁荣中华集邮事业。海峡两岸集邮界的这次交流在中华民族集邮史上留下了难忘的一页。

1990 年 10 月 25—29 日，在北京中国邮票博物馆举办了“海峡两岸集邮家首届邮展”，共展出北京市和台湾集邮家的 25 部 200 框展品。邮展期间，两岸集邮家举行了座谈会，就如何提高中国集邮水平进行探讨。台湾集邮家还兴致勃勃地参观了北京邮票厂、月坛集邮市场，游览了慕田峪长城，并与《集邮》杂志社编辑、读者进行了座谈。

海峡两岸集邮家首届邮展开幕式

第四节　集邮组织迅速发展

中华全国集邮联合会第一次代表大会的召开，使中国集邮组织进入迅速发展的新时期。这一时期，集邮队伍的发展规模，集邮组织的健全完善，以及集邮活动得到国家与社会各界的支持程度，都是此前中国集邮发展史上任何一个时期无法比拟的。

一、中华全国集邮联合会第二次、第三次代表大会

这一时期，中华全国集邮联合会分别在 1986 年和 1990 年召开了第二次、第三次全国代表大会。这两次大会的召开均处于中国集邮发展的重大节点上，有着十分重要的现实意义和历史意义。

1. 中华全国集邮联合会第二次代表大会

中华全国集邮联合会第二次代表大会于 1986 年 10 月 17—21 日在北京举行。这次大会的召开，正值全国开展社会主义精神文明教育之际。会议的中心议题是：总结 4 年来的工作，交流经验；拟定今后工作方针任务；修改中华全国集邮联合会章程；选举第二届理事会。

第五届全国人大常委会副委员长、中华全国集邮联合会名誉会长朱学范出席了会议。邮电部、中共中央宣传部、解放军总政治部、共青团中央、中华全国总工会、中华全国妇女联合会、国家教育委员会、国家体育运动委员会、文化部、公安部、工商行政管理局等部门领导和文化界、美术界知名人士，以及中国香港、中国澳门集邮界的来宾出席了大会开幕式。

出席这次大会的代表有 228 人，代表

中华全国集邮联合会第二次代表大会

中有为推动中国集邮事业发展做出贡献的领导和集邮工作者，有著名的集邮家、教育家、美术家、邮票设计家和文化艺术界的知名人士，有来自边防前线的解放军战士，有少数民族代表和妇女代表。

朱学范在开幕式讲话中提出，集邮应对实现祖国统一大业发挥积极作用。会议期间，以中华全国集邮联合会第二次代表大会的名义发表了《致台湾集邮界同仁书》，提出“同为炎黄子孙，实现祖国和平统一是我们共同的责任。至盼集邮界同仁精诚团结，群策群力，共谋振兴中华之大业”。

会长成安玉代表中华全国集邮联合会第一届理事会，向大会做了题为《发展和繁荣我国的集邮活动，为社会主义精神文明做出新贡献》的工作报告。报告指出，自中华全国集邮联合会“一大”以来的4年中，中国的集邮活动呈现出蓬勃发展的喜人景象。这主要表现在：

（1）集邮的益智、怡情、交友等社会功能逐步为越来越多的人所理解，为政府有关部门所重视，为社会主义精神文明建设做出一定的贡献。

（2）集邮组织和集邮队伍空前发展，各级集邮协会充分发挥了指导作用。4年间，全国29个省、自治区、直辖市都成立了省级集邮协会。同时，市、县和基层集邮协会也纷纷成立。截至1985年年底，全国地、市一级已成立集邮协会285个，占全国地、市总数的53.6%。县级集邮协会353个，占全国总县数的16.5%。厂矿、企业、机关、团体、学校、城镇及农村基层集邮组织（团体会员）2788个。此外，还成立了一些行业集邮组织。据1985年年底统计，全国在册会员已有243744人。

（3）集邮活动丰富多彩，充实和活跃了群众文化生活。全国各地在开展集邮活动的形式上不断开拓创新，积累了丰富经验。

（4）集邮学术研究向纵深发展，取得一批研究成果，培养锻炼了一支人数众多的研究队伍。据1986年6月统计，全国已有21个省、自治区、直辖市集邮协会成立了学术委员会，一些基层集邮协会也成立了学术研究会或研究小组。

（5）增进国际交往，提高了中国在国际集邮界的地位。1983年7月28日，中国被国际集邮联正式接纳为会员国，同年8月12日又被亚洲集邮联接纳为会员国，标志着中国的集邮活动已跻身于国际集邮行列。

为适应新形势的要求，大会提出，今后几年内中华全国集邮联合会的中心任务是：团结广大集邮爱好者，广泛深入地开展集邮活动，提高集邮水平，促进集邮人才成长；加强与其他国家的集邮交流，积极参加国际邮展；为集邮者服务，把各级集邮协会办成“集邮者之家”；为社会主义精神文明建设做出新的贡献。具体要求如下：

（1）坚持为社会主义精神文明建设服务的方向，开展丰富多彩的集邮活动。大力开展集邮活动，活跃群众文化生活，是各级集邮组织的重要任务。集邮协会是群众集邮活动的组织者和领导者。各级集邮组织一定要依靠广大会员和社会各界的力量，努力开拓新形式，举办群众喜闻乐见的各种集邮活动，不断提高活动效果。

加强对青少年集邮者的教育。青少年集邮者是中国集邮事业的接班人。他们的

《中华全国集邮联合会第二次代表大会》邮票小型张

成长关系到中国集邮事业的发展和未来。各级集邮组织要把引导和培养青少年集邮的工作列为重点任务之一。要根据青少年的特点和实际，有针对性地加强宣传教育和具体辅导，使他们了解集邮的目的和意义，掌握集邮知识，不断提高集邮水平。

有些农民也加入集邮者行列中来，是集邮事业发展的新事物，要予以积极组织和引导。各级集邮协会要努力会同有关部门做好农村集邮的组织服务工作。

（2）坚持理论密切联系实际的方针，繁荣集邮学术研究。要把当前迫切需要解决的问题，集邮在社会主义精神文明建设中的地位和作用，中国社会主义集邮的特色和发展道路等，作为研究课题。中华全国集邮联合会学术委员会要拟定全国学术研究课题规划，有计划地组织重点课题研究。省级协会要在一两年内尽快把学术委员会建立起来，拟定出本地区学术研究课题计划。在开展集邮学术研究的同时，还要特别重视挖掘、整理和出版集邮史料的工作。

（3）加强集邮宣传，扩大社会影响。充分利用一切可以利用的宣传手段和媒介，大力宣传有关集邮的方针和政策，集邮的目的、意义和社会主义的集邮道德，介绍国外集邮发展的动态和有益的经验，促进集邮事业的发展。同时要加强集邮的对外宣传工作，扩大中国在国际邮坛的影响。

（4）继续发展壮大集邮队伍，建设好“集邮者之家”。重点抓好市、县和基层集邮组织的建立，加强会员管理工作。

为提高集邮专职干部的素质，中华全国集邮联合会和各省级协会要对所有在编的协会工作人员分期分批进行培训。

（5）积极开展国际集邮交流活动。集邮是一项国际性活动，要组织力量，研究国际集邮动态和各项规则，吸收外国有益经验，在普及的基础上，重点帮助一些集邮者做好参加国际邮展的组集工作。中华全国集邮联合会要有计划地邀请国外集邮友好人士来华交流。通过集邮活动加强同台、港、澳地区邮友的联系，为和平统一祖国做出贡献。

中华全国集邮联合会二大于10月21日通过了修改后的《中华全国集邮联合会章程》(以下简称《章程》)。大会对原《章程》中的如下部分进行了修改补充：

（1）在原《章程》第三条本会的主要任务中，增加了“积极向有关方面反映会员的意见和要求，维护会员的合法权益”的内容。在第三条第三款“普及集邮知识”之后加了“提高集邮水平”。

（2）关于会员的权利与义务。原《章程》只写了会员的义务，没有反映出会员的权利。这次改写了会员的权利与义务条款，具体地表述了会员的权利与义务。

（3）关于聘请名誉会长和顾问，原《章程》只写了聘请名誉会长。根据工作需要，在新《章程》第三章第十条增加了“顾问”二字。

（4）关于奖励。原《章程》第十五条只写了对有突出贡献和有重大研究成果的个人给予表彰和奖励，而没有提及表彰集体。因此，在该条中增加了“集体”二字。

（5）关于“名誉会员”称号改为“荣誉会员”称号。原《章程》规定，对发展我国集邮事业有重要贡献的集邮爱好者、邮学研究者可授予名誉会员称号。根据一些理事的意见和各方面的反映，认为改为“荣誉会员”更好些，因此将原《章程》中的“名誉”改为“荣誉”二字。荣誉会员为永久会员，权利和义务与普通会员相同，但可免交会费。

大会于10月21日聘请和选举了新一届领导成员：名誉会长薄一波、朱学范，顾问成安玉；会长朱高峰，副会长许宇唐、宋兴民、马任全、张包子俊、常增书；秘书长贾明。新一届理事共100人，其中常务理事26人。

朱高峰1935年出生于上海市，原籍浙江宁波，1964年加入中国共产党，中国工程院院士，通信技术与管理专家，历任邮电部邮电科学研究院工程师、教授级高级工程师、邮电部第六研究所总工程师、邮电部副部长、中国工程院首任常务副院长、

全国集邮联第二届理事会理事合影

中国通信标准化协会理事长、中国电子学会副理事长、澳门特别行政区科技委员会顾问、第九届全国政协委员。1986年和1990年，朱高峰分别当选中华全国集邮联合会第二、第三届会长。

朱高峰

中华全国集邮联合会二大的召开，标志着中国集邮活动进入了一个新阶段。这次大会对中国集邮事业的进一步发展和社会主义精神文明建设都起到积极的推动作用。

2. 中华全国集邮联合会第三次代表大会

中华全国集邮联合会第三次代表大会于1990年11月26—29日在北京举行。出席这次代表大会的代表共230人。代表中有老一辈集邮家，也有近年来涌现出的新秀；有热心支持集邮事业的有关部门领导，也有为发展集邮活动辛勤耕耘的集邮工作者。在这一届的代表中，年纪最大的90岁，最小的只有10岁。

中共中央顾问委员会副主任、中华全国集邮联合会名誉会长薄一波在开幕式上作了重要讲话。他指出：集邮是一项情趣高尚的群众性文化活动。通过集邮可以开

中华全国集邮联合会第三次代表大会

阔视野、了解历史、增长知识、丰富生活、陶冶情操。这个事业做好了，对促进有中国特色的社会主义精神文明和物质文明建设都会起积极作用。

朱高峰会长代表中华全国集邮联合会第二届理事会向大会做了题为《为建设有中国特色的社会主义集邮事业而奋斗》的工作报告。报告对我国集邮事业的发展进行了回顾。4 年来，我国集邮组织迅速发展，全国 30 个省、自治区、直辖市已全部建立了集邮协会。全国已有基层集邮组织近万个，许多地方成立了行业性集邮组织，有些地方还建立了农民集邮协会。全国会员总数已达 88.9 万多人，集邮爱好者估计有 800 多万人。一些少数民族地区的集邮活动也有了发展。

集邮作为一种群众性的社会文化活动受到社会各界的重视和支持，其社会功能和社会价值被充分肯定。1989 年，中共中央宣传部将“1989 年全国集邮展览”列为国庆 40 周年十大庆祝活动项目之一。1990 年亚运会期间，在各地集邮协会积极配合下，亚运会组委会举办了有 30 个国家和地区参加的“第十一届亚运会国际体育集邮展览”，受到各国运动员和来宾的赞扬和好评。

集邮规章制度的建设取得了进展。中华全国集邮联合会于 1988 年颁发了《中华全国集邮联合会集邮展览总规则》和《中华全国集邮联合会集邮展览评审总规则》。1989 年在全国建立了集邮评审队伍。甘肃、辽宁、河南、湖北、黑龙江、江西、吉林、安徽等省集邮协会相继举办了评审员学习班。在全国各地举办的邮展中，各级评审员发挥了重要作用。中华全国集邮联合会于 1990 年 10 月颁发了《在世界和国际邮展中获奖者的奖励暂行办法》，对激励我国集邮家参加国际邮展，为国争光起到了积极作用。

30 个省、自治区、直辖市集邮协会均建立了学术委员会，学术委员有 500 多人。许多地市和一些基层集邮协会也成立了学术研究组织，参加学术研究的有上千人，取得了多项研究成果，在一些重要课题上取得突破性进展。如对“红印花”的由来，大龙邮票的发行日期等，已取得比较一致的认识。挖掘出一批有价值的解放区邮票档案资料，澄清了一些历史悬案。集邮学术研究工作的进展，也推动了集邮图书的出版，如：《大龙邮票纪念专集》《中国邮票全集》《中国解放区邮票史・苏区卷》《中国邮票博物馆藏品集》《列宁邮票全集》《亚运会邮票全集》《实用集邮辞典》，以及我国各个时期的邮票目录等陆续出版。

加强了与港、澳、台地区集邮界的联系，积极参与国际集邮活动。1989 年全国集邮展览，邀请台湾集邮家参加了展出，接待了台湾“探亲观邮”参观团。1990 年 10 月北京市集邮协会举办了海峡两岸集邮家邮展。这些活动增进了海峡两岸集邮界的了解和友谊。

4 年来，中国先后参加世界和国际邮展 12 次，共获得奖牌 64 枚，其中获镀金奖以上的奖牌 10 枚。还举办了亚洲集邮联合会执委会邮展、新加坡邮展、非洲邮展以及墨西哥、西班牙、美国、罗马尼亚、苏联、意大利等国邮展。

大会认为，今后 4 年集邮工作的指导思想是：团结广大集邮爱好者，使集邮活动更好地为社会主义精神文明建设服务，为繁荣和发展具有中国特色的社会主义集邮事业做出贡献。大会明确提出今后 4 年要着重做好如下 6 项工作：

（1）进一步加深对集邮性质、特点和作用的认识，更加自觉地为社会主义精神文明建设服务。要努力争取各级领导和社会各界的广泛支持。努力提高集邮者与集邮工作者的素质，加强组织工作，促进集邮水平的提高。

（2）各级集邮组织应加强对集邮活动的统筹规划和组织指导，充分发挥集邮协会的领导作用。在组织建设上应采取巩固提高、稳步发展的原则，从城市逐步向农村发展。要努力把各级集邮组织办成“集邮者之家”，做好服务工作，创造群众组织群众办的经验。加强骨干队伍建设，提高省、地（市）、县集邮协会工作人员的思想与业务水平。

（3）开展丰富多彩的集邮活动，努力满足集邮者的需要。引导群众积极参与，认真总结群众性集邮活动的好经验。加强对青少年集邮活动的指导，使青少年集邮活动健康发展。

（4）坚持普及与提高相结合，努力提高集邮水平。普及的对象重点在会员，应使广大会员掌握集邮知识，培养编组邮集、学术研究的骨干力量，通过会员带动广大集邮爱好者。提高编组邮集的技巧，在国际邮展上为国争光。

（5）加强邮展征集员、评审员队伍的建设，不断提高他们的业务素质。同时要拟定各类邮展专用规则，建立邮集讲评制度。

（6）开展对外集邮活动，进一步扩大中国在国际集邮界的影响。要遵循国家对外文化交流的方针，增进与各国集邮界的联系。在国际集邮文化交流中。既要学习他国的经验，又要坚持中国社会主义集邮的特点。

进一步加强大陆与台湾和港澳集邮界的联系，以邮会友，交流经验，增进了解，共商振兴中华集邮大业。

《中华全国集邮联合会第三次代表大会》邮票小型张

中华全国集邮联合会第三次代表大会代表投票选举

中华全国集邮联合会二大修改的《中华全国集邮联合会章程》对推动中国集邮事业发展，加强各级集邮组织建设，指导各地集邮活动，发挥了积极作用。随着改革开放的深入和集邮事业的发展，在广泛征求意见的基础上，三大又对《章程》的个别文字和条款作了适当修改和补充，具体内容为：

（1）原《章程》第一条只列“行业性集邮组织”为本会的组成成员，为了使“行业性集邮组织”的含义更加明确，在“行业性集邮组织”前面增加了“全国”字样。对《章程》第三条第一款和第五条中的“行业性集邮组织”字样，也作了相应修改。

（2）《章程》第二条“本会宗旨”中，增加了“坚持四项基本原则”字样；在“增进与世界各国集邮组织之间的友好合作”条文款中增加了“和地区”字样。

（3）为精减文字，将《章程》第十四条与第十五条合并，改为“常务理事会下设秘书处负责日常会务工作，根据工作需要设若干专业工作委员会”。

大会于11月19日聘请和选举了新一届领导成员：名誉会长薄一波、朱学范；会长朱高峰，副会长陈昌本、张包子俊、刘天瑞、宋兴民、常增书、刘殿杰；秘书长刘天瑞（兼）。新一届理事共98人，其中常务理事27人。

这次大会全面总结了开展集邮活动的经验，提出了今后4年进一步开展集邮活动的方针、任务和具体措施，为推动中国集邮事业的发展起到积极作用。

二、各级集邮协会陆续成立

中华全国集邮联合会一大提出建立各级集邮组织的号召，得到了各省、自治区、直辖市的积极响应。各省级集邮协会陆续成立并推动所属地区和市县集邮协会广泛成立，它们担负着组织各省（自治区、直辖市）和区域内各行业集邮者开展活动，发展集邮事业，提高集邮水平的重任。

1. 各省级集邮协会成立

在1982年成立的省级集邮协会还有浙江省、黑龙江省、福建省、辽宁省、贵州省、陕西省、内蒙古自治区、宁夏回族自治区、山西省、河北省、吉林省、河南省、天津市。

1982年7月22日，邮电部发布了《关于贯彻国务院批准建立集邮组织的通知》，要求年内抓紧省一级集邮组织的建立。这次代表大会召开前后，尚未成立相关组织的各省（自治区、直辖市）纷纷行动起来，着手筹组地方集邮协会。

11月4—6日，浙江省集邮协会成立并召开第一次代表大会，大会通过协会工作报告和章程，柴及、张包子俊被聘为名誉会长，孔宪德当选为会长，张长忠、朱国华、关长文为副会长，陈志明为秘书长。

11月16—18日，黑龙江省集邮协会成立并召开第一次代表大会，大会传达了中华全国集邮联合会一大精神，通过协会章程，聘请省委书记陈剑飞为名誉会长，白景文当选为会长，唐连第、滕树人、易富顺为副会长，刘佳维为秘书长。

11月30日，福建省集邮协会成立并召开第一次代表大会，聘请王炎为名誉会长，选举臧明兴为会长，孙明、万兴为副会长，马玉鲜为秘书长。

12月6日，辽宁省集邮协会第一次代表大会在沈阳召开，聘请陈素芝为名誉会长，选举何子朋为会长，刘忠信、高一清、李松樵、邹抗为副会长，齐家为秘书长。

12月7日，贵州省集邮协会第一次代表大会在贵阳召开，聘请徐挹江为名誉会长，选举贺志刚为会长，苏立成、郭润康为副会长，唐金玉为秘书长。

12月10日，陕西省集邮协会第一次代表大会在西安召开，聘请谈维煦为名誉会长，选举董之平为会长，陈国光、李振华

黑龙江省集邮协会第一次代表大会

为副会长，史海生为秘书长。

12 月 10 日，内蒙古自治区集邮协会第一次代表大会在呼和浩特召开，聘请潮洛蒙为名誉会长，选举李宗辉为会长，景克法、沈潜、白歌乐为副会长，刘春宇为秘书长。

12 月 11 日，宁夏回族自治区集邮协会第一次代表大会在银川召开，聘请王一清为名誉会长，选举李远为会长，张洙曾、周志清、郭基元为副会长，郑田德为秘书长。

12 月 13 日，山西省集邮协会第一次代表大会在太原召开，聘请史纪言为名誉会长，选举郭增瑞为会长，吕立中、程向前、王孝雄、郝枫为副会长，郝枫兼秘书长。

12 月 16 日，河北省集邮协会成立，选举刘瑞龙为会长，刘佩章、庄楚、洪鑫发为副会长，聂利书为秘书长，推举郐天柱为名誉会长。

12 月 21 日，吉林省集邮协会第一次代表大会在长春召开，聘请董昕为名誉会长，选举杨振山为会长，刘允禄、韦介夫、刘传连为副会长，刘贵庭为秘书长。

12 月 26—29 日，河南省集邮协会成立并召开第一次代表大会，大会通过协会章程，选举高继明为会长，刘德臣、张拱辰为副会长，梁德恒为秘书长。

12 月 30 日，天津市集邮协会成立，选举刘长恒为会长，周济、王瑞、林崧、罗真为副会长，推举陆达为名誉会长。

1983 年，湖北省、广西壮族自治区、甘肃省、青海省、湖南省、山东省、安徽省、江苏省、新疆维吾尔自治区、云南省、江西省也相继成立了集邮协会。

1 月 18 日，湖北省暨武汉市集邮协会第一次代表大会在武汉召开，推举余英为名誉会长，选举王丹墀为会长，张志勋、任福田、欧阳承庆为副会长，李树森为秘书长。

3 月 21—23 日，广西壮族自治区集邮协会在南宁召开第一次代表大会，大会通过协会工作报告及章程，聘请罗立斌为名誉会长，尚秀桐当选为会长，岳平、梁进

天津市集邮协会成立大会纪念封

杰为副会长，张一德为秘书长。

3 月 24—25 日，甘肃省集邮协会第一次代表大会在兰州召开，大会通过协会工作报告和章程，聘请杨植霖为名誉会长，刘亚斌当选为会长，杨世昌、李春升为副会长，李福玺、李雯、刘国良为秘书长。

4 月 20—22 日，青海省集邮协会第一次代表大会在西宁召开，杨新成当选为会长，陈业恒、吴廷琦为副会长，陈凤占为秘书长，青海省副省长沈岭被聘为名誉会长。

4 月 26—28 日，湖南省集邮协会第一次代表大会在长沙召开，聘请尚子锦为名誉会长，选举肖抗为会长，李国栋、高云志、肖兵、聂光堉为副会长，桂申保为秘书长。

5 月 10—12 日，山东省集邮协会第一次代表大会在济南召开，聘请高启云为名誉会

青海省集邮协会第一次代表大会

山东省集邮协会第一次代表大会

长，选举陈世宾为会长，赵庆、赵永连、吕光辉、李祖训为副会长，宋敬之为秘书长。

5 月 27—30 日，安徽省集邮协会第一次代表大会在合肥召开，聘请安徽省政协主席张恺帆为名誉会长，选举吴朗为会长，金运扬、戴瑞德、周美福为副会长，余星樵为秘书长。

6 月 7—10 日，江苏省集邮协会第一次代表大会在南京召开，江苏省副省长金逊为名誉会长，赵善长、孙君毅为顾问，选举洪德泽为会长，杨勇伟、孙桂林为副会长，帅长和为秘书长。

9 月 1—3 日，新疆维吾尔自治区集邮协会在乌鲁木齐召开第一次代表大会。聘请刘子谟为名誉会长，选举张勇为会长，司马义·哈提甫、夏熙为副会长，王希乔为秘书长。

12 月 13—15 日，云南省集邮协会第一次代表大会在昆明召开，聘请云南省人大常委会副主任张子斋为名誉会长，选举何振宇为会长，丁云馨为副会长，徐兴奇为秘书长。

12 月 26—28 日，江西省集邮协会第一次代表大会在南昌召开，聘请钱家铭为名誉会长，选举刘兆存为会长，狄治顺、江浩、张文桂、雷殷为副会长，罗贤裕为秘书长，胡管生为顾问。

湖北省邮电管理局于 1982 年 10 月 7 日向湖北省人民政府呈交了请求批准成立湖北省暨武汉市集邮协会的报告。11 月 19 日获省政府办公厅批复：同意成立省集邮协会。湖北省邮电管理局决定于 1983 年 1 月 18 日召开湖北省暨武汉市集邮协会第一次代表大会。至此，湖北省暨武汉市集邮协会正式成立。

1984 年 9 月 5 日，西藏自治区集邮协会成立并召开第一次代表大会。

至此，全国除台湾省以外的各省、自治区、直辖市的集邮协会均已成立。

湖北省暨武汉市集邮协会第一次代表大会

建省前的海南岛，集邮只是少数人的雅兴。1988 年 4 月，为庆祝海南省成立，中国邮票博物馆和海南省邮电局、邮票公司举办了邮票展览，把海南省的集邮活动推向高潮。1989 年 4 月 13 日，海南省成立了集邮协会，中华全国集邮联合会秘书长贾明专门发电祝贺。从此，海南省的集邮活动和集邮经营进入了一个新阶段。

2. 全国地市县级集邮协会成立

与此同时，全国地、市、县级集邮协会发展很快，历年呈上升趋势。到 1984 年年底，全国 438 个市，有 304 个市成立了集邮协会；2136 个县，有 205 个县成立了集邮协会。1988 年，地市级集邮协会达 318 个，县级集邮协会达 717 个。吉林、福建、江苏、江西全省的市县都成立了集邮协会。1990 年全国基层集邮协会达 1 万多个。

随着集邮活动的发展，集邮协会会员的数量迅速增长。中华全国集邮联合会成立后的第一年——1983 年，在册会员为 5 万人；1985 年上升为 25 万人；1986 年中华全国集邮联合会二大时，在册会员为 32.5 万人；1990 年中华全国集邮联合会“三大”时，在册会员为 97.8 万人。

各级集邮组织的成立与发展，得到了社会各界的广泛支持。1982 年 10 月 12 日，中华全国总工会宣传部发出通知，要求各级工会充分利用文化宫、俱乐部等设施积极开展职工集邮活动。1984 年 6 月 25 日，邮电部、文化部、教育部、中华全国总工会、全国妇联、共青团中央、中华全国集邮联合会联合发出《关于加强集邮工作领导和管理的通知》，明确指出：集邮不仅是一项群众性的文化活动，也是社会主义精神文明建设的一个方面，是一项利国利民的好事。通知要求各级文化、教育部门，工会、共青团、妇联都要重视、关心和支持群众的集邮活动，努力发展集邮事业。

自此，集邮活动得到各级政府和有关部门越来越多的支持。这就为各地建立基层集邮组织，开展集邮活动，提供了重要保证和良好的社会环境。

拉萨市集邮协会成立大会

3. 少数民族地区集邮组织的建成立

中国有蒙古族、回族、藏族、维吾尔族、壮族等 55 个少数民族，人口仅占全国总人口的 8.5% 左右。他们主要分布在西南、西北和东北等边疆地区。少数民族地区集邮活动起步较晚，只是在改革开放之后，集邮组织和群众性集邮活动才有了较快的发展。

在 1982 年中华全国集邮联合会第一次代表大会上，多名来自边疆少数民族地区的代表参加了大会主席团或中华全国集邮联合会首届理事会。此后，中华全国集邮联合会每届代表大会都有少数民族地区的代表参加。

中华全国集邮联合会一大把成立少数民族地区的省、自治区的集邮协会列为首要任务。从 1982 年 12 月至 1984 年 9 月，全国 5 个少数民族自治区全部成立了集邮协会。各自治区集邮协会成立后，注意在少数民族聚居地成立集邮组织，逐步发展集邮队伍，从而使少数民族地区群众性集邮活动的开展有了可靠的组织保证。

新疆青少年的集邮活动

三、规范集邮组织体系

20 世纪 80 年代以来，中国集邮组织的突出特点是，有了一个全国统一的组织机构。中国的集邮组织梯次建制为：中华全国集邮联合会；各省、自治区、直辖市和行业集邮协会；地、市、县集邮协会；企业、乡村、部队、机关和事业单位、校园等集邮协会。

中华全国集邮联合会采取团体会员制的管理模式。各省、自治区、直辖市集邮协会和全国行业性集邮协会是中华全国集邮联合会的团体会员。各地、市、县的集邮协会和省级行业协会是各省、自治区、直辖市集邮协会的团体会员。中华全国集邮联合会负责指导、协调各省、自治区、直辖市集邮协会和行业性集邮协会的工作；各省、自治区、直辖市集邮协会负责指导、协调地、市、县集邮协会和省行业集邮协会的工作。

1. 代表大会与理事会

中华全国集邮联合会、各省级集邮协会作为社会团体的决策机构，包括会员代表大会、理事会和常务理事会。各级代表大会是各级集邮协会的最高权力机构。代表大会的职责是，听取理事会工作报告，审议、制订与修改协会章程，选举产生理事会。会员代表大会通常每 4 年召开一次。会员代表大会由团体会员的代表、特邀代表和上届理事会理事组成，团体会员代表由民主选举产生。

理事会是会员代表大会闭会期间的执行机构。理事会由会员代表大会选举产生。理事会的职责是：（1）聘请名誉会长及顾问；（2）推选常务理事、会长、副会长、秘书长、副秘书长，组成常务理事会；（3）执行会员代表大会的决议；（4）审议工作报告和制定工作计划；（5）批准团体会员，授予荣誉会员称号；（6）审议财务工作报告；（7）召开会员代表大会；理事会闭会期间由常务理事会执行其职责。集邮协会的性质决定了理事会的组成具有广泛的代表性。理事会成员的数量是由各级集邮组织根据实际情况、组织规模、会员数量等因素，从有利于集邮发展的原则出发，民主协商确定的。

2. 秘书处与专业委员会

中华全国集邮联合会、各省级集邮协会和全国行业性集邮协会都设有秘书处，在秘书长、副秘书长领导下，根据代表大会提出的任务和理事会的决定，进行日常工作。中华全国集邮联合会秘书处设有主管组织、宣传、学术、邮展、外事的工作部门。省级集邮协会与全国行业性集邮协会也设有相应的专职或兼职干部。

根据中华全国集邮联合会章程，中华全国集邮联合会下设若干专业委员会，负责组织研究各专业领域内的重要问题，推动各专业集邮活动的发展。学术委员会于1983年2月成立，邮展委员会于1991年4月成立，集邮名词审定委员会于1991年5月成立，青少年集邮工作委员会于1991年9月成立，集邮宣传工作委员会于1992年7月成立。这些专业委员会的成立，对推动全国集邮活动的发展与分类指导起到了积极的作用。专业委员会的日常办事机构设在秘书处的相关工作部门。

中华全国集邮联合会和各省、自治区、直辖市集邮协会所属各专业委员会，在各自领域发挥积极作用，调动了社会各界集邮专家、集邮活动积极分子的力量，为推动集邮事业的发展、提高集邮水平，做了不懈的努力，取得了令人欣慰的成绩。

3. 地方集邮协会

为加强各级地方集邮协会的组织建设，1984年7月，中华全国集邮联合会一届二次理事会通过并下发了《关于加强集邮组织建设的意见》的通知。通知的主要精神是：（1）进一步抓好省、自治区、直辖市集邮协会的建设，配备好省、自治区、直辖市集邮协会和省会市集邮协会的专职干部，充分发挥各级理事会作用，落实好经费的使用和管理；（2）要求有条件的市、县逐步把市、县集邮协会建成立起来，并明确了市、县集邮协会受市、县邮电部门和上级集邮协会双重领导的组织体制；（3）规定省级集邮协会原则上吸收团体会员，省会市集邮协会应以发展团体会员为主，适当吸收个人会员，一般市县集邮协会应以发展个人会员为主，或适当吸收团体会员的原则。

省、地、县级集邮协会都属地方性集邮组织。省级集邮协会都有严格的组织章程和严密的组织体系，并有自己的会报或会刊。

4. 行业性集邮协会

全国行业性集邮协会是同一行业系统中的集邮者组成的集邮组织，是中华全国集邮联合会的团体会员。中国体育集邮协会成立于1986年，是最早成立的全国行业性集邮协会；中国石油集邮协会和中国人民解放军第二炮兵集邮协会都成立于1989年；中国航天集邮协会成立于1991年。

省、自治区、直辖市范围内，有的也成立了行业性集邮协会，作为所在省、自治区、直辖市集邮协会的团体会员。

全国各行业性集邮协会的活动一直很

萨马兰奇为中国奥林匹克邮展题词

首届全国石油职工集邮展览开幕式

有特色。他们利用行业的优势和特点，与地方的集邮协会携手，开展了各种集邮活动。各行业性集邮协会所属的会员组织，围绕社会和行业的重大事件，围绕企业文化建设，组织了丰富多彩的集邮活动。中国体育集邮协会为配合奥运会、亚运会、全运会举办集邮展览，中国航天集邮协会配合卫星发射制作航天封，中国石油集邮协会举行大规模的职工邮展，都在社会上产生了一定影响。全国行业性集邮协会组织得到各自上级主管部门的支持，能确保开展集邮活动有规划、有场地、有资金。

5. 基层集邮组织

基层集邮组织一般分 3 种类型。

第一类是单位、部门内的集邮组织。主要是机关、工厂、企业、事业、学校、部队等内部的集邮组织，以及按行业系统成立的基层集邮组织。这些集邮组织由其所在单位的工会、共青团、学生会、文化宣教部门或政治工作部门管理，不具有独立法人资格，可以作为团体会员加入所在地区集邮协会。

第二类是根据年龄、职业特点、生理特点分别成立的青少年、老年、妇女、残疾人集邮组织，以及职工集邮协会、农民集邮协会等，都可作为团体会员加入地区集邮协会，根据自身特点开展集邮活动。

第三类是为提高专项集邮水平，在一些地区成立的专项、专题集邮组织。这一类，多数属于集邮学术性质的专门研究会、研究小组，不是独立的集邮组织，成员一般是某一集邮协会的交叉会员。

四、加强集邮组织建设

中华全国集邮联合会成立后，为搞好集邮组织和会员的管理工作，建立和健全了一系列条例与工作制度，有力地推动了集邮组织的建设和各项工作的开展。

1. 完善集邮协会各项制度

中华全国集邮联合会和各省级集邮协会始终坚持会员代表大会、理事会、常务理事会和秘书处的会议制度，把集邮组织的章程作为集邮协会的行为规范。为保证集邮工作和活动有序地进行，中华全国集邮联合会从国情出发，先后制定了《中华全国集邮联合会组织工作条例》以及《加强集邮组织建设的意见》（1984 年）、《关于优先照顾常务理事、理事和荣誉会员购买集邮票品的通知》（1988 年）、《中华全国集邮联合会秘书处工作职责》（1991 年）以及各专业工作委员会组织条例等。这些条例、制度的建立与不断完善，对加强各级集邮组织建设发挥了重要作用。各省级集邮协会认真贯彻执行这些文件，在对会员进行管理、对会费进行管理、对秘书处人员进行管理、解决会员买票难等问题上，进一步细化制度，做到有章可循。

2. 配备集邮协会专职干部

1984 年 11 月，中华全国集邮联合会在福建省泉州市召开了全国组织工作经验交流会，提出新形势下集邮组织工作的任务。为了适应集邮活动开展的需要，中华全国集邮联合会下发了《关于下达各省市自治区集邮协会人员编制标准的通知》，各省、自治区、直辖市集邮协会与省会市集邮协会配备了专职干部。其中广东、江苏、四川、浙江、辽宁等省定员为8人，北京、上海定员为7人，湖北、黑龙江、陕西定员为 6 人，天津、福建、河南、吉林、湖南、广西定员为 5 人，山西、山东、安徽、河北、内蒙古、贵州、云南、江西、甘肃、新疆定员为 4 人，青海、宁夏定员为 3 人，西藏定员为 2 人，总共 150 名专职干部。随后，中华全国集邮联合会又下发了 3 号文件，要求加强对省级集邮协会的领导，明确了省级集邮协会秘书处机构的地位，强调配备好专职秘书长或副秘书长，并根据所属市（地）、县集邮协会的数量与会员数量，适当增加和配齐相应数量的干部，以适应开展组织、宣传、学术、邮展等各项工作的需要。

3. 对集邮专职干部和集邮骨干的培训

中华全国集邮联合会于 1985 年在上海举办了全国集邮工作者培训班，这是首次对协会专职干部进行培训。1988 年 10 月，中华全国集邮联合会在长沙举办了全国邮展评审员培训班。此后又在山东威海举办了邮展征集员培训班。培训内容主要有：（1）集邮工作者、邮展评审员、征集员各自职责与要求；（2）集邮的目的和意义；（3）邮驿史、邮政史、邮票史、集邮史知识；（4）集邮基本知识；（5）邮展总规则、邮展评审总规则与评审工作；（6）邮展展品制作与参展常识；（7）集邮组织与集邮活动；（8）邮政和集邮有关法规及其他有关知识。

中华全国集邮联合会针对集邮专职干部的实际情况，连年举办省级集邮协会秘书长工作研讨班，总结工作，交流经验。各省级集邮协会仿照这个做法，不断举办地、市、县集邮专、兼职干部培训班或工作研讨班。通过短期集中培训，或定期工作研讨，对这些干部掌握集邮知识、国家法律与集邮规章、各项集邮活动规则，适应集邮发展形势，改进工作方法，增强服务意识，都起到了积极作用。

中华全国集邮联合会还多次邀请国外集邮家来华讲学，介绍国际集邮发展趋势及编组邮集技巧，各省级集邮协会骨干参加此类学习后，对提高干部素质和集邮水平也起到了很大作用。

4. 建设“集邮者之家”

1986 年 10 月召开的中华全国集邮联合会第二次代表大会上，提出在全国集邮组织中开展建设“集邮者之家”的活动。为使这项活动的检查评比具有可操作性，中华全国集邮联合会于 1991 年 6 月专门制定了《建设集邮者之家的一般条件》，从集邮组织建设、设施建设、制度建设到职能建设均作出了一般性规范。

随着这项活动的深入发展，仅 1995 年即有 317 个地、市、县级集邮组织成为“集邮者之家”，建起了功能较齐全的集邮活动中心，为集邮者提供了固定的集会、活动、图书阅览场地，为集邮组织开展经常性的活动提供了良好的条件。

“集邮者之家”是一种适应中国集邮活动发展的组织形式，其目标是注重社会效益和凝聚集邮者。“家”能否建成并发挥作用，主要取决于领导者的决心、实施者的工作成效和一定的人力、物力与财力支持。

经济较发达的江苏省在建设“集邮者之家”活动中成绩显著。该省的“建家”

粤桂两省（区）集邮协会秘书长、专职干部培训班暨经验交流会

宁夏创建集邮者之家会议

活动始于1987年。无锡、常州投资2000万元，建起了集邮活动中心。徐州、扬州、盐城、连云港、南京的集邮活动中心均位于繁华闹市区，为商业城市增添了文化气息，而苏州、淮阴、南通、镇江则改造旧房“建家”，因地制宜成效明显。

“建家”活动也得到了工会组织的大力支持和参与，不少地方工会把集邮活动纳入工作议程，特别是甘肃省总工会成功地把职工之家和集邮者之家的建设结合起来。人们说，这里有一批“集邮专业”的工会干部。上海杨浦区集邮协会在20世纪80年代初，依托“沪东工人文化宫”诞生，在上海最早建起了基层集邮组织联谊会，首创“集邮沙龙”，进行厂际间横向联系。上海益民食品一厂的一个车间，以“职工之家”为“集邮者之家”。广州驻军老年集邮协会和地方携手，共建“集邮者之家”，成功地把部队的优良传统和作风带到了集邮界。

5. 建立奖励制度

形成激励机制，表彰和奖励积极推动集邮事业发展的集体和积极分子，是集邮组织建设的内容之一，是调动各级集邮组织的积极性、促进集邮事业发展的必要手段。

1987年，中华全国集邮联合会召开了第一次全国集邮先进集体、先进个人表彰大会，表彰了全国50个先进集体和95名先进个人。河北、广东、甘肃、吉林、江苏、辽宁、山西等省也相继举办了纪念本省集邮协会成立10周年暨集邮先进表彰活动。

从中华全国集邮联合会到各级集邮组织，普遍建立了奖励制度或奖励办法。一般规定是：凡获上一级邮展奖的邮集作者、在上一级学术研讨会上发表论文的作者、有集邮专著出版的作者，根据不同奖级可获得一定的精神和物质奖励，以表彰他们为其所在组织争得荣誉。

1986年10月，为表彰刘汉超的《中国解放区邮票》邮集在澳大利亚1986第2届亚洲邮展荣获大银奖（这在当时是中国展品参加国际邮展所获的最佳成绩），辽宁省集邮协会授予他荣誉会员称号，他所在的沈阳矿山机械厂特为他晋升一级工资，“集邮好还能长工资”，一时传为佳话。

6. 发挥骨干作用

在集邮事业的发展过程中，始终有一批热心的集邮骨干长期积极参与各项集邮协会工作。他们由不同职业、不同年龄、不同文化程度、不同性别的人构成。爱好集邮和热心集邮活动是他们共同的特点。这些骨干在各地的集邮活动中，都做出了无私奉献。在各地集邮协会理事会、常务理事会的组成中，集邮骨干占有一定比例，他们为集邮活动的开展承担了大量具体工作，占用了大量业余时间。有些人还在编组邮集、学术研究、著书立说和撰写论文等方面取得优异成绩。集邮骨干的工作是对集邮协会秘书处工作的有机补充，是集邮事业发展必不可少的力量。

为了更加充分地发挥集邮骨干的示范和激励作用，推动集邮事业的发展，北京市集邮协会借鉴学会组织管理惯例，于1988年12月通过了《北京市集邮协会会士条例（暂行）》，凡在参展邮集获高奖（国际或世界邮展获银奖以上、国家邮展获金奖以上）、集邮藏品丰富、集邮学术研究或推动集邮事业发展的某一方面取得显著成果的会员，可以申报会士称号。1989年12月，经评定，批准杜庆云等7人为北京市集邮协会第一批会士。会士评定工作在集邮界产生了积极的影响。

北京市集邮协会会士评定委员会
第一次会议纪要

时　间：1989年12月2日上午
地　点：北京市集邮协会会议室
主持人：杜庆云
出　席：吴凤岗、朱祖威、王泰来、赵　珩、林丰年
列　席：李保联、张林侠
请　假：沈曾华

一、根据《北京市集邮协会会士条例（暂行）》第四条有关规定，经广泛提名，认真评议，最后采取无记名投票表决，一致同意授予下列七位会员会士称号（第一批）：

杜庆云、吴凤岗、沈曾华、赵人龙、刘铭彝、杨　立、朱祖威

以此表彰他们在发展北京以至我国集邮事业当中做出的功绩，并希望他们再接再厉，为我国集邮事业做出新贡献。

二、会士是北京市集邮协会在我国省级集邮组织当中创设的一种高级会员称号，有别于荣誉会士称号，为防止国内外集邮界误解，决定使用英文缩写：BPALF。

一九八九年十二月二日

报：中华全国集邮联合会、北京市邮局
送：各位理事、各区集邮协会

北京市集邮协会会士评定委员会第一次会议纪要

五、主管部门重视集邮组织建设

中华全国集邮联合会第三次代表大会召开以来，集邮队伍发展迅速，基层集邮协会和会员的数量迅速增长，邮电部根据全国各级集邮协会组织状况和人员素质与集邮形势不相适应的实际情况，于 1992 年 1 月 6 日向各省、自治区、直辖市邮电管理局下发了《关于加强各级集邮协会工作的通知》[邮部（1992）3 号]，简称“3 号文件”。1999 年，邮电分营后的国家邮政局也于 8 月 9 日下发了《关于加强各级集邮协会工作的通知》。此文件与“3 号文件”标题完全相同，文件精神也相一致。作为我国集邮协会业务主管部门所下发的这两个文件，在当时和此后若干年里，对于加强各级集邮协会的领导和管理，特别是组织建设，起到重要的指导作用。

1. 邮电部“3 号文件”出台

邮电部“3 号文件”基于国内集邮组织蓬勃发展的状况，指出“当前各级集邮协会状况和人员素质与集邮形势甚不适应”。为此，文件要求加强对省级集邮协会的领导，明确了省集邮协会秘书处机构的地位，

邮电部文件

邮部〔1992〕3号

关于加强各级集邮协会工作的通知

各省、自治区、直辖市邮电管理局：

中华全国集邮联合会自一九八二年成立以来，在各级党政领导和社会各方面的支持下，我国群众性的集邮活动由分散、自发状态走上了有组织、有领导的发展道路。现在，集邮组织已发展到一万多个，会员达九十多万人。集邮活动由少数人收藏、欣赏、研究的范围，进入了群众性社会主义精神文明建设的领域，逐渐显示出集邮文化的社会教育功能。一九八三年全国集邮联合会成为国际集邮联合会的会员组织而进入世界邮坛，为我国民间对外文化交流开辟了一条渠道。我与台港澳集邮界进行了交往，有利于祖国的统一大业。国内外的集邮活动又推动了我国集邮业务的大发展。

但是，当前各级集邮协会的组织状况和人员素质与集邮形势甚不适应。必须大力加强各级集邮协会的组织建设，提高协

-1-

邮电部《关于加强各级集邮协会工作的通知》

强调配备好专职秘书长或副秘书长，并根据所属市（地）县集邮协会数量与会员数量，适当增加和配齐相应数量的干部，以适应开展组织、宣传、学术、邮展等各项工作的需要。就加强各级集邮协会的组织建设提出了4个方面的措施：

（1）加强各级邮电部门对集邮协会的领导。“明确一名局级领导分管协会，定期讨论集邮协会的工作”，并保证对专职干部的配备、任免和待遇的落实、办公用房和集邮活动场所的提供等。

（2）加强各级集邮协会的基础管理工作。各级集邮协会要“建立健全人、财、物的管理和文件资料、数据统计的管理以及计划、总结、报告等工作制度”“建立健全群众组织群众办的组织形式和工作内容”。

（3）加强集邮协会同社会有关方面协作配合，把集邮活动纳入城乡群众文化生活。

（4）关于集邮协会活动经费，除了“向会员收取会费，不足部分，由挂靠单位解决”“相关邮电企业财务部门应积极支持集邮协会工作，妥善解决好各级集邮协会经费”。

2. 落实文件精神，促进集邮协会组织建设

1992年1月12日，在中华全国集邮联合会第三届二次理事会议上，朱高峰会长在讲话中强调，中华全国集邮联合会要把贯彻落实邮电部“3号文件”作为加强组织建设的重要抓手，在加强自身组织建设和制度建设的同时，要求各地集邮协会根据文件精神，找出存在的主要问题，争取管理局领导支持，在人力、物力和财力上全面落实文件精神。

中华全国集邮联合会从自身做起，首先建立和完善制度，陆续制订了《关于中华全国集邮联合会秘书处承办的重大活动审批和办理程序的规定》《关于个人会员会费的管理办法》，以及《关于行业集邮协会管理的暂行办法》等，进一步完善和规范了秘书处承办各种会议和重大活动的程序，加强了对会员会费和全国行业性组织的管理。

“3号文件”下发到各省后，吉林、江苏、福建、湖北、陕西等省邮电管理局贯彻文件精神行动较快，结合实际情况，对本省各级集邮协会干部配备、经费来源、基础管理等做出具体规定，并认真督促检查，逐一落实。

六、民间专项集邮组织的成立

由中华全国集邮联合会和各省、自治区、直辖市集邮协会为主导的各级集邮组织，均是以行政区域建立的。由行政区域建立的集邮组织不可能顾及集邮的各个方面。因此，一些具有共同兴趣的集邮者便自发地联合起来对某个集邮课题进行专门收集和研究。这与中华全国集邮联合会组织的集邮研究活动相辅相成，同样为推进中国集邮事业发挥了积极的作用。

1. 与国际接轨的民间专项集邮组织

1987年1月29日，“极限集邮研究会”在上海成立。该会多次针对认识上有分歧的问题开展讨论。例如，“相关片是否属于极限片”“绘画片能否制作成极限片”“专印片（专门为制作极限片而印制的图画明信片）的品位、价值和使用”“极限片销戳地和邮票原地的关系”“FIP极限集邮规则的探讨”等。

1990年5月1日，以北京爱好者为主的极限集邮者成立了“京华极限集邮研究会”，并创办了会刊《极限纵横》。该会除注重极限集邮理论的研究外，对极限片的制作、邮集的编组等方面也有深入的研究。1993 年和 1995 年该会在北京两次举办“全国民间极限集邮展览”，同时召开过两次“全国极限集邮学术研讨会”。

1990 年 11 月 4 日，以武汉爱好者为主的极限集邮者成立了“楚天极限集邮研究会”。该会除重点研究极限集邮理论外，还特别注重对 FIP 极限集邮规则进行宣传与研讨，也对编组竞赛性极限展品作过许多研究。

1991 年 12 月 1 日，“航天邮友联谊会”成立。该会旨在专门收集、整理、研究航天题材邮票和航天类邮品。该会在全国范围联络、团结、指导收集航天邮品的集邮爱好者开展活动，为发展中国航天集邮做出了较大贡献。

2. 中国特有的民间专项集邮组织

1990 年 1 月 17 日，“附加费之友”邮会在江苏成立。此后，该会作为江苏省扬州市集邮协会学术委员会的分支曾经发展到 100 多人。

极限纵横

1990.5.1　总第1期

京华极限集邮研讨社章程

第一章：总则

第二章：社员

第三章：组织（略）

第四章：经费

见面话

— 1 —

《极限纵横》创刊号

原地封是在与邮票主题或主图直接有关的地点邮寄的信封。1986年6月16日“原地封研究会”在上海成立，并创办了会刊《原地封知音》，提出以收集、研究原地实寄封以及相关邮品为宗旨。该会除具研究性质外，还以为会友经办首日原地实寄封为己任，从而吸引了不少爱好者，并在有条件的省成立了分会。该会在香港也成立了分会，台湾、澳门也有同好参加。

“火车邮戳研究会”于1988年10月1日在上海成立。该会以互寄国内火车邮戳封片，通报国内火车邮戳信息，研究火车邮戳集邮为宗旨，为进一步研究火车邮戳集邮奠定了基础。

“龙的传人集邮研究会”于1988年2月17日在北京成立。这一天适逢中国农历戊辰龙年正月初一。于是，该会以“龙的传人”冠名。该会是以收集自然形成的各类邮品，以邮政历史、邮票史和集邮史的研究为主的集邮组织。

原地封知音

试刊号
1986.4.20

邮乐原地封研究网
（Y·Y·W）网刊

邮乐原地封研究网简章（摘）
[illegible]

为提高收集封片的水平而努力！
祝原地封研究网成立
陈光道
86.3.5

鼓舞 鞭策 期望

北京梁钢：我认为应尽可能使用邮政日戳，而少用纪念戳，这样可使封的人为加工痕迹小一些，否则加用纪戳的话到不如买著名邮票公司的首日封。

苏州陶宝强：网友通讯录最好标好序号、姓名、年龄、单位、职业、邮龄、收集重点与专题，使于各网友了解和交流。

[illegible]

昆明胡承恩：对编委要有一定要求，比如某月份某某同志要提供一篇什么内容的文章，印刷的经费可从基金中支出。

[illegible]

南宁[illegible]：原地封还是以邮局、邮协印制、贴有关新邮为好，不用普通封，如纪念名人可用某某纪念馆的公事封。

小词一首
陈文
连东西，结南北，只为同好传信息，
建网络，觅知音，共与邮友丰藏品。

加强原地封研究，
推动集邮事业发展，
祝贺原地封知音创刊
樊文强
86.3.30

祝全国原地封网对我国的集邮事业作出重大贡献
赵建民　86.3.5

试刊小启
[illegible]

本刊编委：
陶宝强　吴凯　胡承恩
郁贻诚　梁钢　张文彪

本期联系人　上海闵行新闵路5号　张文彪

《原地封知音》创刊号

第五节　群众性集邮活动蓬勃兴起

1982 年召开的中华全国集邮联合会第一次代表大会明确制定了发展集邮、建设社会主义精神文明的指导方针，为我国新时期集邮工作和集邮活动的开展指明了方向。随后建立起各级地方集邮组织，保证了集邮活动有领导、有计划、有组织地开展。同时，集邮活动被纳入我国社会主义精神文明建设范畴，得到各级党政部门和社会各界的关心和支持，有力推动了全国范围内群众性集邮活动的开展。

一、集邮活动纳入精神文明建设

中华全国集邮联合会和各地集邮组织，围绕党的中心任务，配合国家和地方的重要纪念活动，丰富群众文化生活，组织开展了丰富多彩、形式多样的集邮活动。活动中注意集邮的宣传教育功能和知识传播作用，寓教于乐，受到不同年龄、不同职业和不同文化层次的集邮爱好者的欢迎。同时，集邮作为一种雅俗共赏、情趣高雅的群众性文化活动，也进一步得到了社会各界的认同。

1. 集邮活动得到多方面支持

1984 年 6 月 25 日，邮电部、文化部、教育部、全国总工会、共青团中央、全国妇联与中华全国集邮联合会发出《关于加强集邮工作领导和管理的联合通知》，要求各级邮电部门、文化部门、工会、共青团和妇联等组织，要重视、关心和支持群众的集邮活动，大力发展我国的集邮事业。希望全社会，特别是学校和集邮组织，教师和家长也要教育青少年正确地对待集邮活动。

这一时期，集邮活动得到了党和国家领导人的鼓励和支持。1987 年 11 月 1 日，是中国共产党第十三次全国代表大会闭幕的日子。当大会宣布闭幕的一刻，十三大代表、中国女排队长孙晋芳按捺不住激动的心情，直奔主席台，将一枚《中国共产党第十三次全国代表大会》纪念邮票首日封通过一位秘书递给即将离开会场的邓小平同志，请邓小平同志签名留念。邓小平同志签名后，还面带微笑地向台下的孙晋芳招手，随后将首日封传给其他中央领导同志签名。在 1997 名十三大代表中，孙晋芳是唯一得到这样珍贵的签名封的人。这枚签名封，成为一件值得收藏的名人签名封。

1989 年举办的中华全国集邮展览被列入“国庆 40 周年十大庆祝活动”项目之一。党和国家领导人李鹏、薄一波、朱学范等为此次邮展题词；胡乔木、刘澜涛、朱学范等出席了邮展开幕式。全国各地的报刊、广播、电视等新闻媒介对这一集邮活动进行了大量报道。出版界和影视界也越来越重视对集邮的宣传，如 1984 年由桑弧导演、郭凯敏主演的电影《邮缘》上映。国家主席李先念于 1990 年 11 月 12 日题写了“发展集邮文化”的题词。

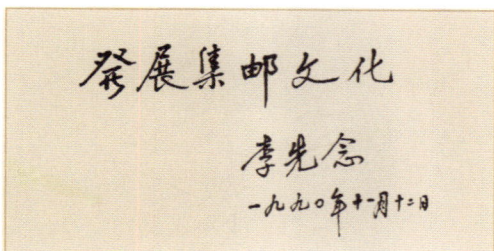

發展集邮文化
李先念
一九九〇年十一月十二日

李先念为集邮活动题词

朱学范为集邮活动题词

中华全国集邮联合会和各地集邮协会在组织一些重要活动时，往往采取与社会有关方面联合举办的方式，有效地促进了群众性集邮活动开展。集邮活动还得到了各级领导的重视和关心。原中共中央顾问委员会副主任薄一波、第五届至第七届全国人大常委会副委员长朱学范，第八、九届全国人大常委会副委员长田纪云、第六届至第九届全国政协副主席钱伟长先后担任过中华全国集邮联合会名誉会长；各地有近 50 位省级领导、400 多位地市级领导和近 3000 名县级领导分别担任各级集邮协会的名誉会长或顾问。

集邮活动逐渐渗透到社会各界群众的文化生活中，在青少年集邮、老年集邮、职工集邮、农民集邮、残疾人集邮、军营集邮等方面涌现出许多先进集体和个人，创造了不少成功的做法，取得了不少宝贵经验，引起了国际集邮联和世界集邮界人士的关注。

1992 年亚洲集邮联执委会会议期间，委员们参观了黑龙江大庆市中小学和大庆油田的集邮活动，与集邮界的代表举行了座谈，他们尤其对“集邮育人”产生的社会效果留下了深刻印象。

2. 参与“爱我中华，修我长城”活动

“爱我中华，修我长城”是一次捐款修复长城的活动。1984 年 7 月，由《北京日报》《北京晚报》、八达岭特区办事处、《北京日报·郊区报》《经济日报》《工人日报》等单位联合发起，并成立了“爱我中华，修我长城”社会赞助活动委员会。邓小平同志为这一活动亲笔题词。国内 30 个省、自治区、直辖市及港、澳地区数千万人，以及巴基斯坦政府，希腊、日本、美国、英国、法国、德国、苏联、瑞典等 26 个国家的团体、友好人士和侨胞参加了赞助活动。在这些人中，包括很多集邮者。为此，邮票设计家万维生专门为这项活动设计了一套 4 枚纪念封，由北京市邮票公司印制发行。

1985 年 2 月 22 日，《集邮家》报在“广州第五届邮票展览会”期间主办了“爱我中华，修我长城”义捐拍卖会。参加拍卖会的有 200 多位来自广东以及北京、杭州、湖南和港澳地区的集邮界人士。付拍的邮品有 100 多组，包括清代、解放区、中华人民共和国的邮品以及外国一些邮品。义捐者分布在全国 27 个省市和港澳地区，共

“爱我中华　修我长城”活动纪念封

拍得4万多元人民币，全部捐献给了长城修复工程。

有关部门用捐款修复了八达岭长城的北八至北十敌楼、怀柔慕田峪长城的三座楼、密云司马台长城、门头沟沿河城长城等，总计修复长城墙体约7公里、城楼90多座。这些长城段落如今已经成为旅游胜地，每年吸引着数千万中外游客慕名而来。

3. 老山前线集邮活动采访报告会

1986年5月23日，北京市东城区集邮协会和鼓楼集邮研究会联合举行“老山前线集邮活动采访报告会”。由《集邮》杂志社赴老山前线采访的记者李玲为大家讲述老山前线部队的英模事迹和他们开展集邮活动的情况。

听完报告以后，会员们深受感动，他们为新一代“最可爱的人”在保卫祖国边疆的战斗中英勇无畏的表现，以及对集邮的执着感到钦佩。会员们还踊跃为老山前线的战士们捐赠了300多件邮品，表示对战士们深深的敬意和对他们集邮的支持。

老山前线战士在猫耳洞内看邮票

4. 集邮界赈灾济困

1991年7月，中国南方部分地区遭受严重的洪涝灾害，给人民生命财产造成极大损失。“一方有难，八方支援”，全社会都行动起来，投入抗洪救灾之中。为此，邮电部决定发行《赈灾》特种邮票。新闻发布会暨捐款仪式于1991年8月7日在邮电部举行。国务院副秘书长安成信、邮电部部长杨泰芳等出席仪式。刘平源副部长代表邮电部宣布："邮电部决定1991年9月14日发行《赈灾》特种邮票一套1枚。我们将把这套《赈灾》特种邮票的1200万元收入，全部捐给中国国际减灾十年委员会，支援灾区恢复生产、重建家园，以表达全国100万邮电职工的一片心意。"这是中华人民共和国成立以来第一次发行赈灾邮票。

《赈灾》特种邮票

中国集邮界也同时行动起来，与全国人民一道，掀起为灾区人民献爱心的赈灾活动。据《集邮》杂志报道：北京市、上海市、江苏省、山西省、吉林省、宁夏回族自治区、河南省、湖北省、四川省、广东省、安徽省、山东省、江西省等地的集邮协会纷纷以捐款、捐物、捐邮品拍卖等形式，投入抗洪救灾行动中。其中江苏省集邮协会副会长杨勇伟捐赠了价值2000元的邮品，南京市集邮界将赈灾邮品拍卖会所得善款以及集邮者捐款1万余元全部捐给灾区。盐城市集邮协会号召会员以缴纳"特别会费"的形式向灾区人民捐款，广大会员积极响应，有1090位会员义捐"特别会费"近3000元。

二、最佳邮票评选按年度举办

这一时期，全国最佳邮票评选活动共举办了9届。最佳邮票颁奖仪式的内容不

邮电部《赈灾》邮票首发式

断丰富，形式渐趋多样，由最初单一的颁奖仪式和文艺晚会，逐步增加到由邮展观摩、集邮学术报告会、集邮知识讲座、集邮游园、邮友联谊、集邮热点辩论、集邮票品销售等组成的综合性集邮活动。1983年以前，每年的最佳邮票评选颁奖活动都在北京举办。1983年收到的评选票为32万张，1984年收到的评选票为54万张，1985年收到的评选票为37万张，1986年收到的评选票为20万张，1987年收到的评选票为11万张，1988年收到的评选票为30万张，1989年收到的评选票为30万张，1990年收到的评选为30万张，1991年收到的评选票为33万张。这些票数，随选中难度调整有起有伏，总体呈上升趋势。

1984年后，颁奖活动开始在北京以外的8个城市举办。这些变化都使最佳邮票评选活动经久不衰，充满活力。

1. 最佳邮票评选颁奖大会的变化

随着集邮者参与佳邮评选活动热情增高，颁奖大会也向高规格、高品位、多元化发展。自1983年开始，佳邮评选颁奖大会发生了两个变化。第一个变化是颁奖大会规模增大，而且增加了文艺演出。1983年4月9日，第3届全国最佳邮票评选颁奖大会在北京能容纳1.8万观众的首都体育馆举行，可谓声势浩大。党和国家领导人习仲勋、薄一波、邓力群、张爱萍、何长工、程子华等出席了大会。颁奖以后，解放军军乐团、北京军区战友歌舞团、东方歌舞团、中国铁路文工团、中国广播艺术团说唱团、北京舞蹈学院芭蕾舞团等演出了精彩的文艺节目。国家一流的演出团队的表演为颁奖大会增色不少。

第二个变化是自本届评选活动以后，佳邮评选颁奖大会开始转向北京以外的城市。第3届之后，北京市仅承办了第6、7、10届颁奖大会，广州市于1984年承办了第4届颁奖大会，福州市于1985年承办了第5届颁奖大会，南京市于1988年承办了第8届颁奖大会，大连市于1989年承办了第9届颁奖大会，武汉市于1991年承办了第11届颁奖大会。其中广州在中山纪念堂举办，福州在省邮电俱乐部举办，南京、大连和武汉在当地体育馆举办。

2. 最佳邮票评选项目的变化

为使佳邮评选结果更加公正、合理，评选项目也在进行调整和变化。1980—1981年的最佳邮票评选，仅评选纪念邮票和特种邮票各1套；1981年增选“最佳普通邮票”1套。1982—1983年举办的第2届和第3届评选，将奖项改为分别从纪念邮票和特种邮票中评选“最佳选题”和“最佳设计”，另设“最佳印刷”“最佳雕刻版”等奖项，由专家评选。1982年最佳邮票的评选结果是：《中国共产党第十二次全国代表大会》获得最佳纪念邮票选题奖，《九星会聚》获得最佳特种邮票选题奖，《中华人民共和国名誉主席宋庆龄同志逝世一周年》获得最佳纪念邮票设计奖，《益鸟》获得最佳特种邮票设计奖，《西周青铜器》中的“折觥”获得最佳雕刻奖，《明清扇面画》中的“竹雀图”、《益鸟》中的“斑啄木鸟”和《益鸟》小型张等获得最佳印刷奖。

1984—1989年举办的最佳邮票评选活动，不分纪念邮票和特种邮票，也不再区分“选题”与“设计”，投票者在全年邮票中选择3套，其中1986—1987年要求评选

4套。例如，1984年最佳邮票的评选结果是：《中国绘画·唐·簪花仕女图》《峨眉风光》《吴昌硕作品选》3套特种邮票当选最佳邮票，《任弼时同志诞生八十周年》获最佳雕刻奖，《中日青年友好联欢·1984》获最佳印刷奖。1983年、1984年、1986年设"最佳雕刻版"奖，其余均未设该奖项。随着雕刻版邮票的逐年减少，1986年后，"最佳雕刻版"奖项就没再设立。而"最佳印刷"奖则一直延续下来。

1990年设"最佳邮票"奖1套、"优秀邮票"奖2套；1991年设"最佳邮票"奖1套，优秀纪念邮票奖1套、优秀特种邮票奖1套，"（1950—1991）最佳普通邮票"奖1套。

3. 主办单位的变化

这一时期，最佳邮票评选活动主办单位出现过3次重要变化。特别是邮电部邮票发行主管部门和中央电视台等新闻媒体，以及中华全国集邮联合会的加入，极大地提升了佳邮评选活动的权威性和受众面。

第一次变化是原主办单位的变化。1982—1983年最佳邮票评选活动的主办单位为《集邮》杂志社；1983年6月，中国集邮出版社成立，因此1984—1989年最佳邮票评选活动的主办单位改为"中国集邮出版社"；1989年，中国集邮出版社并入人民邮电出版社后，1990年最佳邮票评选活动的主办单位改为"人民邮电出版社"。

第二次变化是多家新闻媒体的加入。1984年佳邮评选活动的主办单位有：中国集邮出版社、中央电视台、《中国青年报》《工人日报》《人民邮电》报等5家。新闻媒体的加入，使此项活动的社会知名度得到很大提高。

第三次变化是邮票发行主管部门和中华全国集邮联合会的加入。1988年佳邮评选活动的主办单位增加了中华全国集邮联合会、邮电部邮票印制局和中国集邮总公司，使主办单位增加到8家。

《中国绘画·唐·簪花仕女图》邮票小型张

第九届全国最佳邮票评选颁奖大会

三、遍及各行业和地域的集邮活动

自20世纪80年代中期，在全国各地各级集邮协会努力推动下，城市基层集邮组织广泛成立，一些乡镇也陆续成立了集邮组织。集邮组织与集邮活动相辅相成，遍及各行业各地域的集邮活动由点到面，逐步推开，成为中国集邮事业发展的一个显著特色。

1. 职工集邮活动的开展

在“文革”以前，职工集邮活动主要在各地文化宫或文化馆有序开展，到20世纪70年代末又在一些省市工会的领导下，更加广泛开展起来。1982年8月，全国总工会的代表应邀出席了中华全国集邮联合会一大。此后，全国总工会宣传部专门就开展职工集邮活动向全国下发了通知，各省、自治区、直辖市集邮协会也把推动职工集邮活动列为工作重点。全国各地许多厂矿企业热烈响应，纷纷开展了形式多样的业余集邮活动，并视其为企业文化建设的组成部分。

各地职工群众对集邮活动的兴趣和热情，引起中华全国集邮联合会和全国总工会进一步重视和关心。1983年12月召开的中华全国集邮联合会一届二次理事会议提出，各级集邮组织对职工集邮要过问，要建立密切联系，帮助他们解决问题和给予经常性的指导。1984年6月，全国总工会与中华全国集邮联合会等7个单位联合下发了《关于加强集邮工作领导和管理的通知》。这个文件对企业职工集邮活动的组织和动员工作起到了有力的推动作用。

1983年，沈阳市工人文化宫集邮协会主办了规模空前的沈阳市第二届职工邮展；北京特殊钢厂举办了“华夏之春”邮展。同年12月，江苏徐州煤矿成立了集邮协会，并举办了首届集邮巡展；北京燕山石油化学总公司集邮协会以“伟大祖国的光辉前程”为主题举办了成立后的第一次邮展。在庆祝中华人民共和国成立40周年、中国共产党建党70周年等一系列重大活动中，许多企业举办了不同形式的集邮活动，既产生了良好的宣传效应，又体现了集邮的社会价值。

职工集邮活动在普及的基础上迈向提高的阶段，其主要标志之一是1991年在甘肃兰州举办的全国职工集邮展览。这次邮展的主题是“热爱祖国、热爱党、热爱社会主义”，展出了全国各省、自治区、直辖市、计划单列市和全国产业工会选送的专题邮集展品。

2. 农村集邮活动的开展

1983年中华全国集邮联合会一届二次理事会的《工作报告》指出：“随着党在农村的各项经济政策不断落实，广大农村形势发生了巨大变化。农民生活的富裕，推动了农村的文化活动。在一些地区，出现集邮活动从城市向农村发展的势头，开始出现了农民集邮爱好者队伍。要不失时机地对他们进行扶持、引导，这对整个集邮事业会产生深远的影响。”

湖北是农业大省。受城市集邮的影响，1980年年初大冶、阳新、天门等县城和农村的集邮活动已显活跃。省集邮协会成立后，一直注重开展城乡集邮联谊活动，城市带动乡村，以此推动农村集邮发展。1984年10月1日，黄石市大冶县殷祖镇农民集邮协会成立，这是湖北省，也是全国较早成立的农村集邮组织。

江西省农业人口占80%。省集邮协会较早地把开展农村集邮活动纳入工作计划，并采取措施抓好落实。1986年2月，江西南丰县第一个农民集邮小组在果园村成立。半年内，全县8个乡镇相继成立了农民集邮小组，为县农民集邮协会的成立奠定了

成安玉在北京重型机械厂参观邮展

基础。江西省集邮协会于1988年与省农牧渔业厅、水利厅、林业厅等7个单位联合举办了江西省首届农民集邮展览，先后在全省10个地区巡回展出，历时64天，行程3000余公里，观众达3万多人次。这次邮展成为全国省一级首次举办的农民邮展。

1986年6月，吉林省第一个农民集邮协会——德惠县大房身镇集邮协会在省和县集邮协会帮助下，举办了以“在希望的田野上”为主题的首届邮展。展出了由农民集邮者编组的20多部反映农村题材的邮集，深受农民群众欢迎，开幕当天就有700多人观展。此后，集邮活动在这个只有3万人的小镇蓬勃发展起来。

1987年，山东掖县文化局为71岁的农民林宗河举办了个人集邮展览。林宗河20世纪30年代初在邮政代办所做事时开始集邮，后中断。中华人民共和国成立后，他又开始零星地收集邮票。改革开放后，他的集邮兴趣更浓了，几年内收集中外邮票5000多枚。作为全省唯一的农民代表，他出席了山东省集邮协会第一次代表大会。《集邮》杂志1984年第7期以《农民集邮家》为题，报道了他的集邮事迹。

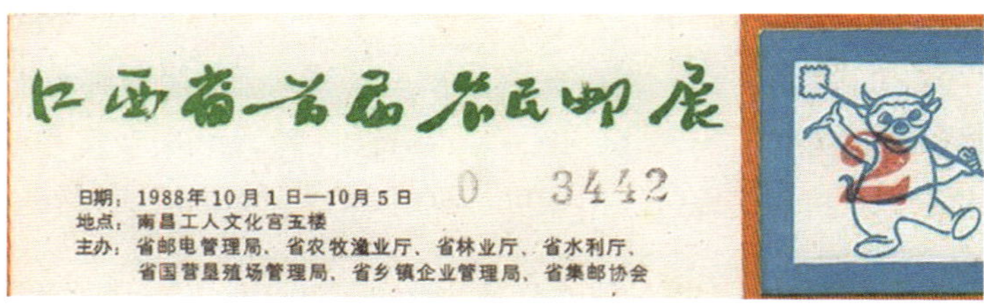

江西省首届农民邮展门票

江西农民在自己的婚礼上举办邮展

1992 年 5 月 4—5 日，由湖北天门、大冶等市县集邮协会联合发起的“湖北乡镇集邮文化节”在天门市岳口镇举行。来自应城、钟祥、京山、潜江、石首、洪湖、老河口、房县等市县的 30 多个乡镇集邮协会参加了此次集邮文化节活动。

3. 军队集邮活动的开展

中国人民解放军具有开展群众性文化活动的优良传统。随着军营文化建设的不断拓宽，不少基层部队都把组织和引导官兵开展集邮活动作为寓教于乐、活跃部队文化生活的一种好形式。1982 年中华全国集邮联合会一大上，解放军总政治部文化部副部长周之同应邀出席。周之同是从战争年代走过来的集邮家，对中国解放区邮票的收集和研究有切身经历。

20 世纪 80 年代，各级集邮协会召开代表大会都吸收军队代表参加，有的代表被选为理事会成员。1983 年，解放军总政治部文化部就在部队中开展集邮活动下发了通知。此后，集邮活动在部队很快得到普及。1983 年 2 月，《解放军报》社成立了主要由编辑、记者组成的集邮小组，并于当年春节期间在报社大院内举办了第一次个人邮展。1985 年 2—3 月，乌鲁木齐军区在乌鲁木齐市举办了首届邮展。这是大军区举办的第一个邮展，展出专题邮集 41 部，军区首长及部队官兵 4000 多人先后观看了邮展。1987 年建军节和 1988 年春节期间，第二炮兵和兰州军区分别在北京、兰州举办了首届集邮展览，展出本部官兵的邮集，增添了军营节庆气氛，活跃了部队文化生活。

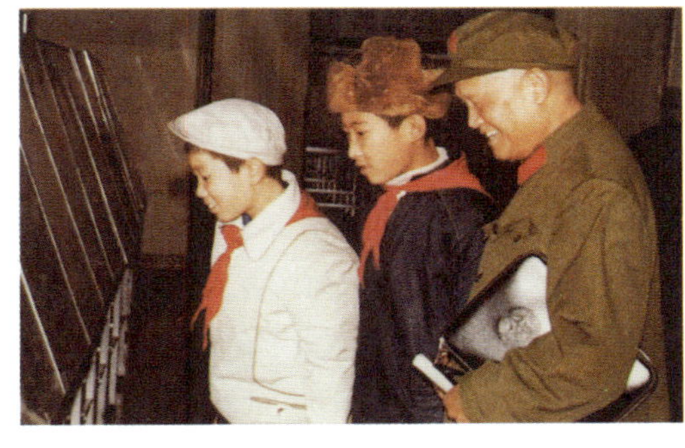

周之同与青少年参观邮展

1985 年，位于海拔 4300 米的解放军某部哨卡成立了集邮小组。由于山上交通不便，常年雪雨不断，哨卡团支部主动与重庆、成都、拉萨、北京等地区 7 个邮局的团组织建立了联系，请对方每月给哨卡寄一封信，交流集邮知识，介绍内地集邮情况，并寄来新发行的邮票。当年，这个集邮小组便举办了 4 次小型邮展，受到上级领导的支持和赞扬。《中国青年报》记者到该哨卡采访后，报道了他们集邮活动的情况。1988 年 11 月，位于祖国最南端的南沙群岛永暑礁建立了一个很小的邮政局，每当永暑礁码头上停靠航艇，小邮局门前必定排起等着盖邮戳的长队，有时多达 100 多名官兵。

1985 年 3 月，云南老山前线的解放军某部与昆明集邮协会和邮票公司取得联系，把一些反映祖国面貌的邮票送到战士手中，深受战士们的欢迎。1985 年 11 月，老山前线某部一连六班班长张玉文收到《集邮》编辑部赠送的一批杂志和邮票后，给《集邮》编辑部全体人员写了一封热情洋溢的感谢信。

此后张玉文在战斗之余，经常在猫耳洞中向战士们展示他编排的“锦绣河山”等 6 个专题邮集，激励战士们的斗志。

来自老山前线的一封复信

尊敬的《集邮》杂志编辑部全体同志：

你们好！

首先请你们接受战斗在老山前线无名高地的战士和集邮爱好者最崇高的战斗敬礼和感谢！

当我收到你们赠给我的四捆杂志和一本集邮册及邮票时，我心情激动，控制不住感情的闸门，泪水夺眶而出。它使我在血与火、生与死的战场上，增添了十倍、百倍惩罚越南侵略者的坚强信念和决心。

你们赠的集邮杂志，我分送给了无名高地其他几名集邮爱好者。我们向你们，向全国人民保证：为了祖国的安全，为了民族的兴旺，为了四化建设，不惜流血牺牲，一定完成中央军委交给我们的战斗任务，用胜利的喜报和军功章回答你们的关怀和支持。

随信寄上一枚纪念章。小小礼物，不成敬意。它虽微不足道，却是我唯一喜爱的纪念章。请你们收下我的一片心。

致以战斗的敬礼

张玉文　1985年11月25日写于老山前线

《集邮》杂志登载张玉文的复信

1986 年 10 月，在中华全国集邮联合会二大上，来自扣林山前线的集邮者王锦志代表前线部队向大会赠送了用炮弹壳做成的礼品。

1989 年 4 月，总后勤部在某部召开“总后直属部队基层文化工作座谈会”，主要参观现场就有集邮展览，总政治部有关领导到会。该部队因为担负任务特殊，所属各部多位于深山老林，文化生活缺乏。在部队首长和政治工作机关支持下，官兵们很早就开始了集邮活动，很有特色。他们结合本职工作制作了汽车、火药与兵器、解放军军服、中医药、营区风光等专题邮集，并举办邮展展出，在大山沟里营造出独特的文化风景。该部队所属干部训练大队训练处参谋马驎，曾在 1985 年面向全国举行的“北京集邮知识竞赛”中获唯一的特等奖。部队为表彰马驎，给他荣记了三等军功，这在全国还是首例。

4. 少数民族集邮活动的开展

举办邮展是少数民族地区集邮活动经常采用的形式。1982 年，广西壮族自治区在南宁市举办了首次邮票展览，展出清代、民国、解放区、新中国等不同时期的邮票 5500 多枚，观众达 1200 多人。这是少数民族自治区最早举办的省级邮展。

西藏自治区集邮协会于 1984 年 9 月 5 日成立。至 1991 年，该协会已经有 30 个下属集邮组织，其中 7 个专区（地区）全部成立了集邮协会。在册会员 4000 多名，集邮爱好者 8000 多名，其中藏族等少数民族集邮者占 20% 左右。1984 年，西藏自治区集邮协会举办了首届邮展。1985 年，为庆祝西藏自治区成立 20 周年，区集邮协会再次举办了邮展，当地报纸和电视台进行了大量报道。

西藏自治区集邮协会成立暨首届邮展纪念张

1985 年 9—10 月，新疆维吾尔自治区成立 30 周年集邮展览在乌鲁木齐市举办。全自治区有 14 个地、州、市提供了展品，共展出邮集 73 部，各种邮票、邮品 7072 件，参展者有维吾尔、汉、蒙古、柯尔克孜、回、锡伯、俄罗斯 7 个民族的集邮爱好者。新疆集邮活动开展活跃的地区有乌鲁木齐、克拉玛依、吐鲁番、巴音郭楞、奎屯、石河子等。

1987 年 8 月，内蒙古自治区集邮协会为配合自治区成立 40 周年纪念活动，与有关单位共同举办了以“内蒙古在腾飞”为主题的大型邮展。此后，自治区的集邮活动频繁开展。仅在 1990 年的国庆期间，内蒙古自治区各级集邮组织就举办各类邮展 80 多次。

宁夏回族自治区集邮协会自 1982 年成立后的 10 年间，先后举办了 4 次全自治区性的邮展。其中，《中华体坛展英姿》在第 11 届亚运会邮展中获镀银奖；还有 3 部邮集在上海 1991 全国邮展中，分别获大银奖、银奖和铜奖；回族学生杨志斌的邮集获银奖，是参展的 25 部青少年邮集中的最高奖。

为了加强横向交流，西藏、广西、云南、贵州、四川等西南五省（区）集邮协会和邮票公司于 1990 年 7—8 月先后在南宁、贵阳、昆明、成都、拉萨等城市举办了集邮联展，展出了各自省（区）参加北京 1989 全国邮展、第三届全国体育邮展以及在各省（区）邮展中获奖的部分展品。

四、特定群体开展的集邮活动

在中国集邮队伍中，有一些集邮群体情况显得较为特别，他们包括青少年集邮者、老年集邮者和残疾人集邮者。中华全国集邮联合会十分重视这些特定的群体，对他们开展的集邮活动给予更悉心地指导和更大力地支持。

1. 青少年集邮活动

中华全国集邮联合会一大召开后，始终把对青少年集邮活动的组织和引导工作摆在重要议事日程。中华全国集邮联合会“一大”工作报告中指出：“青少年是我国的未来，他们的健康成长，将是实现我们的理想和希望的保证。他们在集邮活动中能不能走上正确的道路，将对我国未来的集邮事业产生重要的影响。”“关心青少年的集邮活动，帮助青少年健康成长，是我们义不容辞的责任。”

为了促进青少年集邮活动的开展，中华全国集邮联合会和共青团中央于 1984 年 7 月 20—30 日在山东青岛举办了第一次全国性的青少年集邮夏令营。第六届全国政协副主席肖华自始至终参加了这一活动。活动期间，主办方安排了小型邮展、集邮讲座、集邮观摩、集邮知识竞赛、参观和联欢，并出版了《邮营生活》简报。来自全国 27 个省、自治区、直辖市，以及各行业的

116名青少年集邮者参加了夏令营活动。

各地在开展青少年集邮活动中，除了举办青少年集邮展览这一基本的活动形式外，还有集邮夏令营、集邮知识竞赛、集邮作文竞赛、集邮演讲、集邮长廊、集邮班会、集邮主题队会、集邮联谊会、集邮故事会、集邮热点讨论、“小小邮票设计家”等丰富多彩的活动，使青少年集邮活动充满生机和活力。

1984年，中华全国集邮联合会在各地开展青少年集邮展览活动的基础上，首次遴选出3部青少年邮集，参加了10月5—11日在保加利亚首都索非亚举行的第8届世界青少年集邮展览。1987年7月，中华全国集邮联合会与共青团中央、全国妇联、中国教育学会联合举办了“1987全国青少年专题集邮展览”。这是中国首次举办的全国性青少年集邮展览，对青少年集邮活动的开展，提高青少年集邮水平起到了积极的促进作用。

1987中华全国青少年专题集邮展览纪念章

1988年，河南郑州经三路小学集邮协会为了帮助同学们学习收集实寄封，在本校一个班内举办了一次名为“喜看家乡新面貌”的活动，组织全班同学写信给各地亲友，请他们回信谈谈家乡的发展变化和风景名胜。短短一个多月，同学们收到来自新疆、黑龙江等15个省、自治区、直辖市的42封来信，信中介绍了各地生产、建设成就等情况，内容生动感人，使学生受到了一次教育。

全国首届青少年集邮夏令营

1991年9月，中华全国集邮联合会成立了青少年集邮工作委员会，首次工作会议在黑龙江省大庆市召开。会议讨论了《青少年集邮工作委员会组织条例》，研究了今后3年工作计划，交流了各地开展青少年集邮活动的情况和经验，听取了大庆市开展青少年集邮活动的经验介绍，考察参观了大庆市青少年集邮活动先进单位。

2. 老年人集邮活动

20世纪80年代初，集邮活动处于恢复和发展时期。曾经活跃于邮坛的集邮家大都进入老年，他们在日益发展的集邮活动中起着特殊的历史作用。

在中华全国集邮联合会“一大”上，邮电部部长文敏生在讲话中对老一代集邮家寄予厚望。他说：“在我国的集邮领域里，造就了一批老一代集邮家、邮学家，他们不仅富有我国文明集邮的良好传统作风，同时还具有丰富的集邮经验。”

1987年6月25日，“八省市老干部集

全国集邮联青少年集邮工作会议

十七城市老干部集邮展览

邮巡展”在浙江省湖州市揭幕。此次邮展的展品由浙江湖州市、江西南昌市、贵州安顺县、黑龙江哈尔滨市、山东济南市、陕西延安市、江苏滨海县和无锡市等地的老干部提供。随后，邮展巡回到这些地方展出。这次集邮巡展的主题是纪念中国人民解放军建军 60 周年和抗日战争 50 周年。47 部邮集的送展者大多是革命战争年代参加工作的离休老干部。巡展途经的一些地方，老干部集邮组织纷纷成立。这次巡展历时两个半月，行程 2 万公里，近 3 万人观展，被新闻媒介称为“集邮界的一次新长征”。

北京市老年集邮会是 1987 年 10 月在北京老年集邮小组的基础上成立的。他们坚持活动的经常化和制度化，以小组为基础，每月定时定点活动一次，活动内容包括赏析新邮、交流邮识、座谈邮展、学术探讨等，还定期举办学习班，对会员进行普遍培训，每期 30 多学时。协会的学术研究小组撰写、发表了许多有分量的论文。

广州驻军老年集邮协会在全国老年集邮协会中规模最大、会员最多、发展最快。这个被称为“将校集邮之家”的协会办有会刊《戎马邮趣》，经常组织会员学习交流，从而排解了一些干部离退休后的失落感，使之融入社会和服务社会，老有所乐、老有所为。协会每年选送部分优秀邮集参加国内外邮展，先后有 48 部邮集在市级以上竞赛性邮展中获奖。协会还多次组织集邮知识竞赛和学术研讨会，不少论文在全国性集邮学术会议上发表或入选全国集邮学术论文集。

在普及集邮知识、推动群众性集邮活动中，老年集邮者发挥了独特的作用。1984 年四五月间，浙江省集邮协会组织部分老集邮家到省内金华、永康、湖州、嘉兴、东阳、定海等地宣讲。1985 年江西省集邮协会组织了两个演讲团，分赴省内 10 个城市进行巡回演讲，历时 14 天，有 4000 多名集邮爱好者听讲。1986 年，南京市集邮协会成立了有老年集邮家参加的集邮知识讲座团，安排了 15 次专题集邮知识讲座，到基层宣讲集邮知识。福建省集邮活动一直比较活跃，这也与包括老集邮家在内的骨干的积极作用是分不开的。

3. 残疾人集邮活动

1982 年，全国各地集邮组织陆续成立以后，各地残疾人中的集邮爱好者以自尊、自强、自立的姿态出现，在集邮活动中发挥自己的聪明才智。残疾人的集邮活动逐渐融入全国的集邮事业中，赢得集邮界的认同和赞誉。

早在 1982 年，北京市集邮协会举办的“伟大的祖国、可爱的北京”专题邮展中，就有 3 名聋哑人组集参展。因公负伤、失去整条右腿的浙江杭州市变压器厂工程师李少华先后编组了 10 多部邮集。1983 年，他编组的《计划生育》邮集荣获全国邮展银奖和浙江省计划生育宣传作品一等奖，并被有关部门制成彩色图片，作为宣传计划生育的资料发向全国。

1984 年 6 月 17 日，在上海市青少年集邮协会举办的“话说集邮”演讲比赛中，失去右手的南洋中学学生胡奭敏介绍了自己身残志不残，通过集邮充实业余生活、增强生活勇气，并获得留校工作机会的事迹，赢得满场掌声。

各地残疾人集邮组织建成立后，组织残疾人集邮者开展了各种活动，包括集邮

李少华和残疾集邮爱好者

展览、学术研讨、知识讲座、知识竞赛、征文演讲等。杭州市残疾人集邮协会每年都要结合“国际残疾人日”“全国助残日”等开展集邮活动。

残疾人集邮活动得到了政府相关部门，中华全国集邮联合会与各省、自治区、直辖市集邮协会，以及社会各界的关心和支持。多位国家领导人为支持残疾人集邮活动题词或讲话。中华全国集邮联合会在代表大会、年度工作总结会、先进表彰会上，多次肯定了残疾人开展集邮活动的做法和成绩。

北京市集邮协会于1985年3月举办了“北京聋哑人首届邮展”，共展出18部邮集，观众达4000多人。中华全国集邮联合会名誉会长朱学范出席了邮展开幕式，并题词：“残荷成藕，邮苑生辉”。1985年11月，共青团上海市委邀请被誉为“青年先锋、时代楷模”的山东省聊城残疾女青年、集邮爱好者张海迪到上海参观访问，并印制了纪念封。

五、举办各种集邮知识竞赛

二十世纪八九十年代，国内的集邮活动主要采取聚会形式。除了座谈会、报告会和集邮讲座外，集邮知识竞赛在当时成为集邮者喜闻乐见的活动方式。各级集邮协会对参加集邮知识竞赛也非常重视，从组织上和人员上都予以精心安排。此外，集邮知识竞赛在各基层集邮组织也普遍开展，集邮者参加踊跃。

1. 北京集邮知识竞赛

为普及集邮知识，提高广大集邮爱好者的邮识水平，由北京市集邮协会发起，《工人日报》《中国教育报》《北京晚报》、北京电视台、北京人民广播电台、《生活参谋报》《人民邮电》报、《北京集邮》等媒体联合主办的“北京集邮知识竞赛”于

朱学范参观北京聋哑人首届邮展

工作人员为知识竞赛判卷

1985年9月1日至10月20日举行。全部试题共100道填空题，刊登于1985年第3期《北京集邮》杂志。本次竞赛设特等奖1名，奖励1974—1982年中华人民共和国发行的全部纪、特、普邮票；一等奖3名，二等奖20名，分别奖励数量不等的纪、特邮票；三等奖100名，四等奖500名，分别奖励《实用集邮词典》和1986全年《北京集邮》；鼓励奖1000名，寄赠特制纪念封1枚。

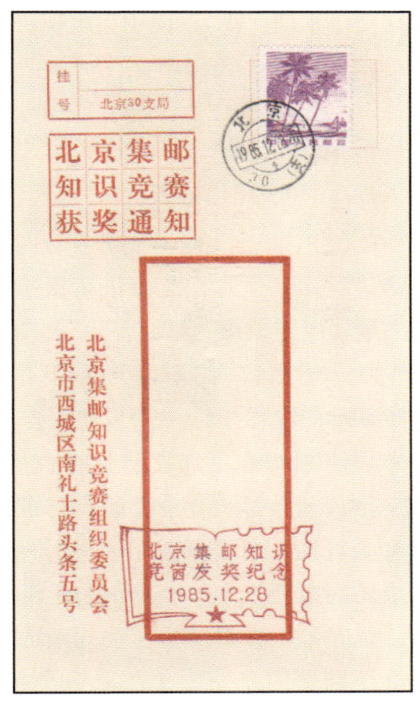

北京集邮知识竞赛获奖通知特制信封

这次集邮知识竞赛引起极大反响，共收到来自全国29个省、自治区、直辖市，以及香港地区的有效答卷9145份。经过紧张而认真的判卷，共有1624人获奖。其中，解放军驻武汉某部正营职军官马驎获得特等奖，安徽合肥51中教师贺镇德、北京林科院王化平、中国作家协会李小慧获一等奖。1985年12月28日晚，“北京集邮知识竞赛”发奖大会在北京市劳动人民文化宫召开。

“北京集邮知识竞赛”是改革开放以来首次全国范围的大规模集邮知识竞赛活动，在全国造成较大声势。此后，各地的集邮知识竞赛活动此起彼伏，不断举办，对普及集邮知识、扩大集邮队伍起到了很大的促进作用。

2. 邮票上的科学文化知识竞赛

由中华全国集邮联合会、中央电视台、中国科协青少年工作部、中国通信学会、中国集邮总公司、中国邮票博物馆、《集邮》杂志社联合举办的“邮票上的科学文化知识竞赛”于1987年5月至10月举行。本次竞赛分为书面预赛和复赛、电视决赛两个阶段。

《集邮》杂志1987年第5期刊登了全部试题，共100道填空题。出题内容主要参考1980—1986年《集邮》杂志和人民邮电出版社出版的《邮票上的科学》，科学普及出版社的《新中国首日封目录》《中国邮资明信片目录》等书，以及中华人民共和国邮票画面所反映的内容。试题题材涉及自然科学、社会科学以及集邮方面的知识。

预赛阶段是在试题公布后，参赛者将答题试卷投寄到各省、自治区、直辖市集邮协会，各集邮协会评出15名优胜者，由竞赛组委会统一颁发奖品和证书。其名单在《集邮》杂志上公布。参加此次竞赛活动的集邮者十分踊跃，参赛者包含了各个行业中不同年龄段的集邮者。

预赛共收到有效答卷23万多份。江西、辽宁、上海、陕西、天津、河南、山东、山西、新疆、黑龙江等地除组织书面答卷外，还举办了本地区电视选拔赛。参加预赛的有工人、农民、学生、解放军指战员、科教文卫工作者以及离退休干部等，年龄最大的80岁，最小的仅11岁。由于参赛面和知识涉及面较广，竞赛活动过程也是向广大参赛群众普及科学文化知识的过程。10月，全国各地选拔出的74名优秀选手汇聚北京，参加第二阶段的复赛和决赛。全国人大常委会、全国政协、中国科协、邮电部、中华全国集邮联合会、中国通信学会、广播电影电视部等单位领导和著名科学家观看了复赛和决赛。中央电视台于1988年春节期间，播放了决赛的实况录像，扩大了社会影响。

决赛阶段的参赛者，先以笔试参加复赛，胜出者参加电视竞赛节目，采取单人对抗赛形式筛选，设一、二、三等奖和优秀奖、纪念奖若干名。决赛阶段的竞赛于1987年10月19—26日在中央电视台举行。这次竞赛是一次规模较大的由各界集邮人士参加，以科学文化知识教育和爱国主义教育为主要内容的全国性的群众集邮活动。

3. “新时代杯”京津汉穗文化系列大赛

为了推动社会主义精神文明建设的开展，展现群众业余文化艺术活动中涌现出的优秀艺术作品，由北京、天津、武汉、广州四城市文化部门发起，文化部、广播电影电视部决定，四地联合主办“京津汉穗群众文化系列大赛”，由中央电视台、北京市群众艺术馆、天津市文化局、武汉市文化局和《北京晚报》《今晚报》《羊城晚报》等单位联合承办。

大赛在1988年4—9月进行。4—7月为初赛和复赛阶段，各初、复赛分别在四个城市同时进行。8—9月在北京进行摄影、集邮、书画、中国象棋、灯谜、声乐、器乐、舞蹈、现代舞厅舞、京剧等项目的决赛和演出，并举行了大赛的闭幕式暨发奖大会。

为了使四城市集邮大赛具有权威性，群众文化系列大赛组委会聘请北京市集邮协会会长杜庆云任集邮大赛组委会主任，朱祖威任副主任。集邮大赛组委会由主办单位、协办单位和赞助单位共同组成。该组委会还聘请中华全国集邮联合会领导、北京市集邮协会工作人员和集邮界知名人士担任邮展评委会委员：聘请梁鸿贵担任邮展评委会主任，吴凤岗担任集邮学术评

邮票上的科学文化知识竞赛

委会主任，中华全国集邮联合会李洪义、宋兴民为特邀评审员。

8 月 10—18 日，“龙年腾飞集邮展览”在中国邮票博物馆展出，京、津、汉、穗参赛的展品由 22 部 91 框组成，陈列在两个展厅内。10 日上午 9 时，在中国邮票博物馆举行了隆重的邮展开幕式。中央电视台、北京电视台和 4 个参赛城市的报刊、集邮媒体对邮展盛况进行了报道。在邮展举办的同时，“龙年腾飞集邮学术研讨会”也在北京市崇文区文化馆开幕，为期两天的研讨会共有 12 位集邮者宣读了学术论文。

根据群众文化系列大赛组委会比赛细则和集邮赛组委会评审规则，评委会用了 5 天时间评出了集邮、书法、中国画、摄影、灯谜、中国象棋 6 个奖项。在集邮展览中，吴书庆的《天安门》等邮集获得一等奖；在集邮学术研讨会中，林轩的论文《论集邮文化》等获得一等奖。

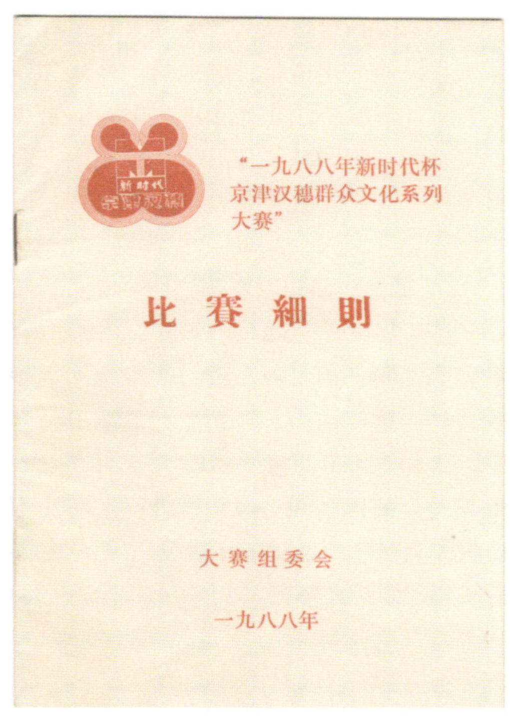

群众文化系列大赛比赛细则

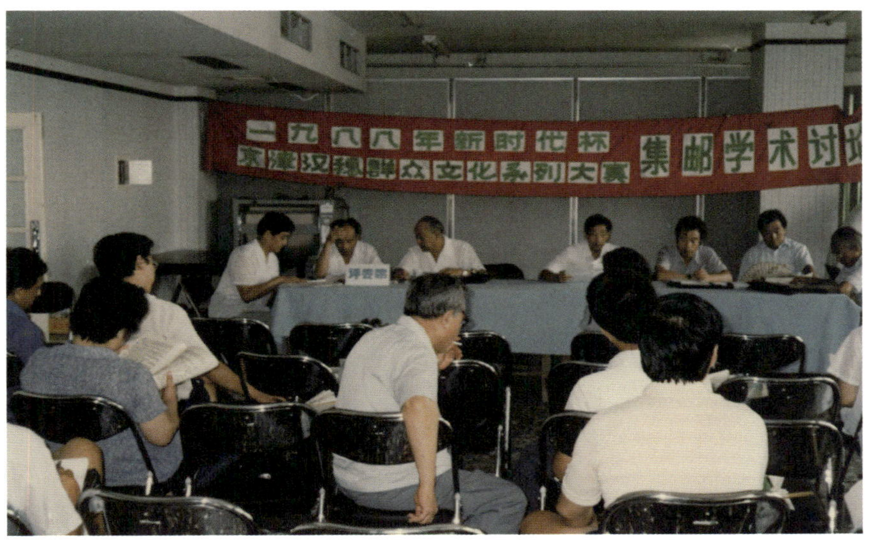

龙年腾飞集邮学术研讨会

9 月 15 日，群众文化系列大赛组委会在北京民族文化宫举行隆重的闭幕式和颁奖大会。集邮大赛组委会由于工作出色，4 个城市的集邮团队协作好，成绩突出，获得团体一等奖。获奖者分别获得奖杯、证书和奖金。

4．职工集邮知识竞赛

集邮知识竞赛对于普及职工集邮知识，提高职工的文化素养，吸引职工参加集邮活动具有重要作用，因而受到各地工会和职工集邮组织的重视。1985 年 2 月，上海市职工集邮协会和上海电视台、上海《劳动报》在工人文化宫联合举办了“上海市职工集邮知识大奖赛”，上海电视台进行了实况录像转播。报名参加大奖赛的有 100 多个基层单位组成的代表队。

1986 年 7—9 月，山西省总工会举行了全省职工集邮知识竞赛，并通过《山西工人报》和有关集邮报刊进行了宣传报道。除本省各企业的职工参加外，河北、河南、北京、上海、江苏、陕西、辽宁、湖北、安徽等地的职工集邮爱好者也纷纷寄来答卷。此次活动事实上成为面向全国职工的一次文化活动。

上海市和山西省的职工集邮知识竞赛的成功举办，不仅促进了本地职工集邮活动的开展，而且也推动了其他地方的职工集邮活动。1987 年，安徽省滁州地区集邮协会举办了首届职工集邮知识竞赛；1987 年 9 月陕西省集邮协会举办了“‘钟楼杯’邮票上的科学文化知识竞赛”；1989 年石家庄市集邮协会与《河北日报》联合举办了“‘石拖杯’集邮知识竞赛”；1990 年 5 月江西省总工会举办了“红五月职工集邮知识邀请赛”；1991 年中国共产党成立 70 周年之际，河北省总工会与河北省集邮协会举办了“党在我心中”集邮知识竞赛，13 个省、自治区、直辖市的 13000 余名职工集邮爱好者参赛。

六、集邮活动形式多样

这一时期，群众性的集邮活动广泛开展，活动形式也不断创新。除了最常见的各种主题的集邮展览外，中华全国集邮联合会及各地各级集邮协会不断创新出一些令集邮者喜闻乐见的活动方式。对影响集邮史进程的“黑便士”和大龙邮票，也适时为其举办了纪念活动。

1．举办新发行邮票报告会

中华全国集邮联合会和北京市集邮协会多次邀请有关专家举办邮票的背景及设计方面的讲座。1983 年 2 月 21 日，中国邮政发行了《西厢记》特种邮票一套 4 枚及小型张 1 枚。这套精美的邮票得到广大集邮者青睐。为此，中华全国集邮联合会和北京市集邮协会于 1983 年 3 月 12 日在北京市邮政公寓举办了“中国古典文学名著《西厢记》邮票报告会”，邀请中华书局编辑黄克、邮票设计家刘硕仁主讲。北京集邮界近千人聆听了讲座。黄克从文学艺术角度介绍了王实甫和他的《西厢记》；刘硕仁从绘画艺术角度介绍了邮票原画作者王叔晖和她的工笔人物画，兼谈邮票的设计艺术。

1983 年 8 月 10 日，中国邮政发行《中国古代文学家（第一组）》纪念邮票一套 4 枚。中华全国集邮联合会和北京市集邮协会于当年 6 月 26 日在北京卫戍区礼堂举办“《中国古代文学家（第一组）》邮票报告会”，邀请中央美术学院教授刘凌沧、北京

1982 年卢天骄邮票设计讲座

大学教授吴小如主讲。北京市集邮界有 600 余人参加了报告会。执教 40 余年的刘凌沧教授讲述了创作《中国古代文学家（第一组）》邮票的体会和中国画艺术中人物画的特点；吴小如教授介绍了李白、杜甫、韩愈、柳宗元 4 位文学巨匠的生平以及文学特色。在报告会上，展示了该套邮票的原画稿和邮票印样，使与会者先睹为快。

1984 年 8 月 27 日，中国邮政发行了《吴昌硕作品选》特种邮票一套 8 枚。为此，中华全国集邮联合会和北京市集邮协会于 9 月 16 日在第二炮兵礼堂共同举办“《吴昌硕作品选》邮票报告会”，邀请中央美术学院教授薛永年主讲。北京市集邮界约 1000 人参加了报告会。薛教授向与会者介绍了艺术大师吴昌硕在中国画艺术、书法艺术和金石篆刻艺术上的卓越成就，并就出现在《吴昌硕作品选》邮票上的 9 件书法、绘画、篆刻作品进行介绍与评价。

2. 举办全国集邮摄影大赛

摄影术诞生于 1839 年，而邮票诞生于 1840 年，二者问世的时间十分接近。1989 年是摄影诞生 150 周年，为此，《集邮》编辑部和上海仪表电讯工业局集邮协会于 1989 年联合举办了集邮摄影大赛，目的是通过摄影形式表现集邮题材，开创集邮与摄影结合起来的一种新的活动形式。大赛设立了组织委员会和评审委员会，从 1988 年年底到 1989 年，全国 30 个省、自治区、直辖市及港澳地区，还有新加坡等国的摄影爱好者，向大赛组委会寄送摄影作品 1000 余幅。

参赛作者以业余摄影爱好者为主，年龄最大的是广东船运总公司 77 岁的高级工程师曾凯元，最小的是乌鲁木齐市一位 14 岁的学生。在这些参赛者中，还有《解放军报》社、新华社的专业记者。

本次大赛的评审工作十分严格，体现出权威性和严肃性。评审委员会由知名度很高的专业人士组成，著名摄影家和摄影理论家袁毅平担任评委会主任。经过初审、复审，评出一等奖、二等奖、三等奖和优胜奖。湖南杨守伟拍摄的《老邮迷》、云南刘建明拍摄的《品相如何》获得一等奖。1989 年 10 月 15 日，全国集邮摄影大赛颁奖仪式在上海举行。中国邮政于同日发行了《摄影诞生 150 年》特种邮票一套 1 枚。

杨守伟拍摄的《老邮迷》

3. 各地举办的“集邮日”活动

20世纪80年代中期以来，集邮日（周）活动陆续在一些大城市出现。这些集邮日（周）属于综合性集邮活动，内容和形式很丰富，主办方基本上由各地邮政部门和省级集邮协会等组成。

1986年，上海市集邮协会决定将协会成立日（1月10日）定为上海市集邮活动日。首届集邮活动日于当年由市集邮协会、市邮票公司和《新民晚报》读者服务公司联合举办。活动日期间，全市840多个基层集邮组织参与各种活动，市集邮协会主办集邮学术研究会和邮品交换会，区、县、局各工、青、学集邮协会举办集邮演讲、邮品拍卖、邮识竞赛、邮展等。为方便更多集邮爱好者参加活动，组织者还专门举行了电视联欢会。此次集邮活动日中，十多项活动前后历时40多天，吸引了15万人参加。此后，上海集邮活动日每年举办一次，活动面逐年扩大，内容不断丰富，有效地促进了上海市群众性集邮活动的开展。

1990年3月，广州市集邮协会和广州

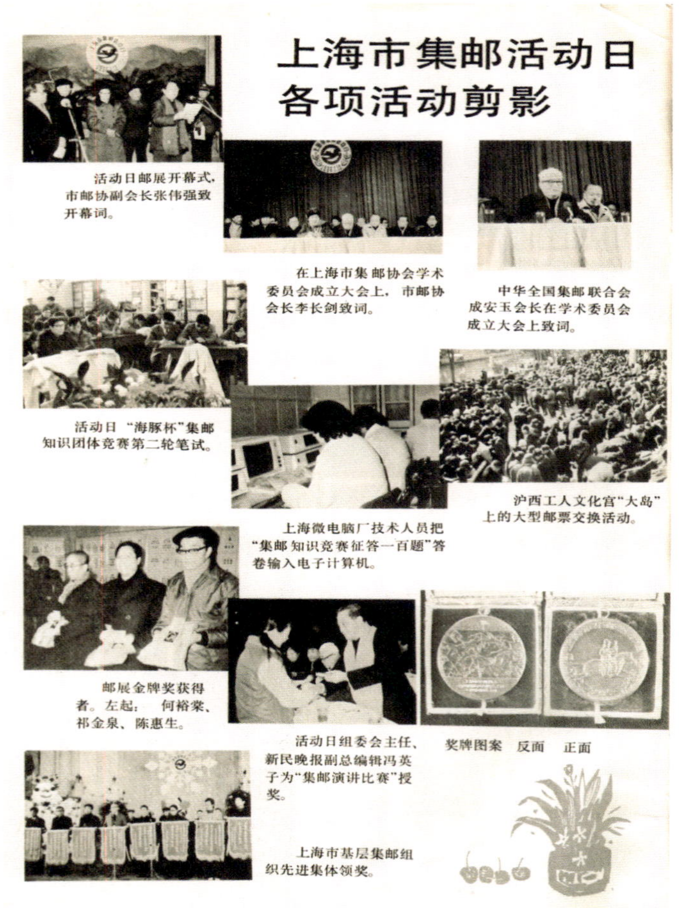

上海市首次集邮活动日活动剪影

市邮票公司在市图书馆举办了首次“羊城集邮日”，并且确定将今后每年3月的第3个星期日作为羊城集邮日。首次集邮日适逢广州市集邮协会成立10周年，并于第10次广州集邮展览同日开幕，活动内容包括集邮捐资抽奖、集邮猜谜及游园、集邮家与集邮爱好者交流、邮品集市等。此后每年羊城集邮日的内容和形式都有创新。活动内容有“穗、台、港、澳集邮联展”、集邮书刊展览、集邮知识竞赛、集邮演讲比赛、邮政业务咨询和邮品销售、集邮咨询、集邮抽奖、少年集邮有奖游戏等。

1991年6月20—25日，由江西省南昌市人民政府、省邮电局、省集邮协会等联合主办的“首届南昌集邮文化艺术周”在新落成的南昌集邮大楼举行。中华全国集邮联合会、中国邮票总公司以及江西省和南昌市有关方面领导为此次活动剪彩。邮电部副部长朱高峰打来电话表示祝贺。此次活动作为江西省纪念中国共产党成立70周年的一项内容，包括“中国解放区邮票展览”“中国解放区邮票学术报告会”“滕王阁集邮文章笔会”“集邮、美术、书法、摄影展览”、集邮文艺演出、全国邮品交流会等多种活动。邮展中展示了“区票”及其实寄封等一些鲜为人知的珍稀邮品和相关文献史料，令前来参观的集邮者大饱眼福。

4. 中国大龙邮票发行110周年纪念会

1988年7月2日，中国大龙邮票发行110周年纪念会在人民大会堂隆重举行。党和国家领导人薄一波、朱学范，著名科学家周培源，以及国务院、中宣部、文化部、电子工业部、海关总署、对外友协、全国总工会、全国妇联、邮电部和北京市委有关领导出席了大会。邮电部副部长、中华全国集邮联合会会长朱高峰担任组委会主任委员。专程来北京参加纪念活动的有日本、美国、法国、瑞士、加拿大、菲律宾等国以及我国的香港、澳门地区的集邮界朋友。朱高峰发表讲话说，现代邮政通信和集邮活动都是国际性的，我们今天举办

中国大龙邮票发行110周年纪念会

这次纪念活动，就是为了宣传和普及中国邮政史，促进大龙邮票的研究与学术交流，加强我国集邮界同各国及中国的台港澳地区集邮界人士的交往和友谊。100 多年来，为纪念重大历史事件、历史人物，中国不断发行纪念邮票。然而为一套邮票举行如此隆重的纪念大会，在中国还是首次，足见大龙邮票在中国邮政史和集邮史上的特殊地位。

《中国大龙邮票发行一百一十周年》邮票小型张

5. 纪念“黑便士”邮票诞生 150 年座谈会

1840 年，英国人罗兰·希尔提出“均一邮资制”建议，从而引发了世界邮政改革。同年 5 月 6 日，英国邮政正式发行“黑便士”邮票。此后，许多国家纷纷效仿，开创了邮票发行的纪元，同时也引发了人们收集邮票、研究邮政史的集邮活动。为了纪念“黑便士”邮票诞生 150 周年，由中华全国集邮联合会、邮电部邮政总局、北京市集邮协会联合举办的“纪念世界上第一枚邮票发行 150 周年座谈会”于 1990 年 5 月 5 日在北京举行。中华全国集邮联合会顾问成安玉，副会长许宇唐、宋兴民，邮政总局副局长袁纪录，北京市邮政局局长刘平源，北京市集邮协会会长杜庆云，人民邮电出版社社长牛田佳等，以及首都集邮界、新闻出版界人士 60 余人出席座谈会。

袁纪录详细介绍了“黑便士”邮票诞生的意义和背景，指出“黑便士”邮票的发行是近代邮政的重要标志之一，是近代邮政发展史的一座里程碑，它推动了近代邮政事业的发展。与会者在发言中赞扬了罗兰·希尔在邮政改革上所做出的贡献，以及第一枚邮票发行对世界邮票史、集邮史所产生的重要影响。中华全国集邮联合会秘书长李洪义认为：前些年，我们的主要精力放在收集和研究中国邮票上，现在开始研究外国邮票，这是新的发展。要提高我国的专题集邮水平，必须收集和研究外国邮票。

这是中华全国集邮联合会成立以来，首次举行关于外国邮票的纪念活动。座谈会对国内集邮界广泛开展外国邮票的收集和研究，起到推动作用。

第六节　集邮展览的探索与实践

改革开放以来，中国集邮事业蓬勃发展，为办好集邮展览和提高参展邮集水平创造了有利条件。中华全国集邮联合会成立后，随即把筹办集邮展览、制定邮展规则、培养专业人才、建立参展者队伍作为重要工作内容，促使邮展工作逐步走向制度化、规范化，并逐步与国际邮展接轨。

一、各省和行业集邮协会举办的集邮展览

随着各省级集邮协会和全国行业集邮协会陆续成立，举办省级集邮展览，不断发掘和定期检阅本级集邮协会的邮集成果，并从中选拔参加全国集邮展览的展品，是各省级集邮协会和行业集邮协会工作的重点。这一时期的邮展活动，广东省和北京市走在了全国前列。

1. 省级集邮协会举办的集邮展览

（1）“伟大的祖国　可爱的北京”个人专题集邮展览

1982 年 11 月 26 日，北京市集邮协会主办的首届邮展——“伟大的祖国　可爱的北京”个人专题集邮展览开幕。第五届全国人大常委会副委员长朱学范，邮电部部长杨泰芳，邮电部副部长、中华全国集邮联合会会长成安玉，北京市政协副主席、市集邮协会名誉会长廖沫沙，总政文化部副部长周之同，文化艺术界知名人士刘开渠、华君武、周令钊、王遐举、张君秋，以及北京市邮政局、市集邮协会有关领导参加了预展和开幕式。展览期间，新华社、《人民日报》、中央电视台、中国新闻社、《光明日报》《中国日报》《工人日报》《中国青年报》《北京日报》《北京青年报》等

“伟大的祖国　可爱的北京”邮展

20 多家新闻单位进行了报道。

本次邮展共展出 87 位参展者的 94 部展品，按专题分为 5 个部分：革命的历程，辉煌的成就；珍贵的邮品，艺术的精华；悠久的历史，灿烂的文化；雄伟的山河，美丽的风光；多彩的生活，丰富的情趣。这些展品的作者有工人、干部、学生、军人、科研人员、医生、编辑等。年龄最大的有 80 多岁，最小的只有 14 岁。展品以中华人民共和国邮票为主，也有清代大龙邮票和红印花加盖票、民国邮票和解放区邮票等。最引人瞩目的是集邮家沈曾华展示的“区票”瑰宝——“稿”字邮票四方连，观众争先恐后一睹存世孤品珍邮的芳容。邮展展期 8 天，接待观众 4 万多人次，是中国美术馆建馆以来出现的场面最火爆的展览。

（2）广州市第三次邮票展览

1983 年 2 月 13—22 日，由广东省集邮协会和广州市集邮学会主办的“广州市第三次邮票展览”在广州市文化公园举行。本次邮展共展出 350 框展品，内容包括中国邮驿、邮政史料和各类邮票、实寄封片等。中国邮票总公司、中国历史博物馆和天津市历史博物馆为邮展提供了大量展品。这次展出的史料，是在天津、北京邮展基础上作了进一步充实，反映出中国从商代甲骨文记载的传递信息活动到清代裁驿归邮为止的 3000 多年邮驿通信的历史。

广东参展者的展品中，不乏珍贵邮品。其中有清末民初寄给章太炎、黎元洪、段祺瑞的信封；有清代民信局、华洋书信馆、蟠龙邮票、红印花小 2 分邮票的实寄封等；很多中国解放区邮票和实寄封也是首次展出。展品中还有中华人民共和国最佳邮票、最佳首日封等。

本次邮展开幕日正逢农历正月初一，当天观众达 3 万人次。参观者除了本省集邮者外，还有来自港、澳地区以及北京、上海、浙江、湖南、湖北、四川、辽宁和江西等省市集邮组织的代表。前来参观邮展的嘉宾有中共广东省委书记、广州市市长梁灵光和夫人，国际集邮联理事、印度集邮家 D. N. 加迪亚，中国集邮家郭润康、邮票设计家卢天骄等。

（3）各省举办邮展迎接全国邮展

为了备战首届中华全国集邮展览，各省级集邮协会纷纷举办了竞赛性邮展。多数邮展是首次举办的省级邮展，或是其史上规模最大的邮展。

江苏省邮展于 1983 年 6 月 9—14 日在南京举行。共展出 180 个专题 20000 多枚中外邮票，实寄封、片、戳等。有传统、专题等邮集参展。其中大龙阔边黄 5 分票、“叶挺县”邮戳、《赈济难民》附捐邮票加盖改值小全张、集邮家孙君毅的集邮著作手稿等，引起观众注意。

陕西省邮展于 1983 年 6 月 24 日在西安举行，共展出展品 200 框。在《解放区珍邮一瞥》邮集中，有中华苏维埃邮政发行的早期邮票“花卉图”“农耕图”等。还有抗战期间晋察冀边区邮政发行的一、二版“全白日徽”和“抗战军人”等邮票。

上海市邮展于 1983 年 7 月 8 日在上海展览馆举办，共展出展品 258 框 3096 贴片，这是上海集邮史上规模最大的一次个人藏品展览，解放区邮票是这次邮展的重点。其中陈昌明的“半白日图黑色五分票”“唐县一分票”四方连，马佐璋的《解放区纪念邮票集》等都是难得一见的珍藏。

加迪亚参观广州市第三次邮展

浙江省邮展于1983年7月8日在杭州举办，共展出100多位集邮者的378框展品。在这些展品中，邮戳展品格外显眼，其中14枚清代蟠龙干支邮戳实寄封引起观众的浓厚兴趣。另一部《1906—1966年中国纪念邮戳》共收集清代、中华民国、解放战争时期和中华人民共和国成立以来的各式纪念邮戳封片350余枚。

内蒙古自治区邮展于1983年8月1日在呼和浩特举办。邮展汇集了蒙古族、回族、满族、鄂伦春族、达斡尔族等54位集邮者的展品。他们中年龄最大的75岁，最小的11岁。专题展品特色明显，《民族政策的伟大胜利》《伟大的祖国》《祖国的未来》《知识与史料》《邮苑拾趣》等专题受到观众好评。

河南省邮展于1983年7月27日在郑州举办。来自全省17个地级市及1个直管市的234位集邮者展出了140多部465框展品。他们当中年龄最大的87岁，最小的11岁。珍贵展品有《1903年福州对剖票实寄封》《抗战时期的中原解放区邮票》等。地方特色展品有《黄河——母亲》等。

1983年4—8月，全国有27个省、自治区、直辖市先后举办了邮展。据统计，这些地区参展总人数达2400余人，展品总数近5万张贴片，观众约55万人次。为全国邮展推荐了700多位作者，近2万张贴片的展品，确保了全国邮展展品遴选工作顺利进行。

为配合1985年举办的“中国人民革命战争时期邮票展览”，全国有10多个省级集邮协会及其所属地方及基层集邮组织相应举办了以“区票”为主的邮展。辽宁省于8月25日在沈阳举办辽宁省第二届邮展，展出了大量东北解放区邮票及珍罕的地方加盖票等。此外，贵州省为了纪念遵义会议 50 周年，于 1985 年 1 月在遵义举办了邮展。甘肃省也举办了“纪念遵义会议 50 周年邮展”。

深圳市首届邮票展览

在这一时段，一些地市级集邮组织也举办邮展，还有兄弟省之间联合举办的邮展。如在广东省，1984 年 10 月举办了深圳市首届邮展。在沈阳，1987 年 8 月黑龙江、吉林、辽宁三省集邮协会联合举办了东北三省青少年专题邮展。

2. 各行业集邮协会举办的集邮展览

1987—1991 年，先后有体育、第二炮兵、航天、石油、煤炭举办过本行业、本系统邮展，全国总工会还举办了全国职工邮展，其中影响较大的是由中国体育集邮协会主办的第 11 届亚运会国际体育邮展，以及由全国总工会主办的两届全国职工邮展。

（1）第 11 届亚运会国际体育邮展

1990 年 9 月 22 日至 10 月 7 日，第 11 届亚洲运动会在北京举行。为配合本届亚

东北三省青少年专题集邮联展

运会的举办，由中国体育集邮协会主办的“第 11 届亚运会国际体育集邮展览”于 9 月 21 日在北京中国革命博物馆举行。举办这次邮展，是 1987 年第 6 届全运会期间，国际奥委会主席萨马兰奇向邮电部部长杨泰芳提议的。萨马兰奇率领国际奥委会全体委员以及各个单项国际体育联合会的主席一行 200 余人，参加了这次邮展的开幕式。邮展展品分为荣誉、官方、竞赛 3 大类，共计 203 部 1374 框。包括萨马兰奇的展品 40 框、特邀欧洲集邮家和评审员的展品 6 部 41 框、亚洲各国官方展品 17 部 295 框，亚洲 27 个国家（地区）的竞赛性展品 179 部 998 框，竞赛性展品中含青少年展品 15 部 51 框。

邮展评审委员会由国际邮展评审员、意大利的提卡迪和中国的梁鸿贵等人组成，他们按照国际邮展规则，对参赛展品进行了评审。中国苏钟文的《篮球》获得金奖。

《第 11 届亚洲运动会国际体育邮展》邮票小型张

萨马兰奇对这届邮展给予了很高评价。他说，我相信奥林匹克体育邮展又一次显示了它的文化和历史的价值，增进了各国人民之间的友谊。我衷心地希望，事实也再次证明，集邮和体育能成功地得到结合。

这是中国体育集邮协会举办的首次国际竞赛性邮展，为此，邮电部专为这次邮展发行了一枚《第十一届亚洲运动会国际体育集邮展览》邮票小型张，图案是第 11 届亚运会吉祥物大熊猫“盼盼”。

（2）全国职工邮展

1991 年 8 月 26 日上午，由中华全国总工会主办、甘肃省总工会等承办的“’91 全国职工集邮展览”在甘肃兰州市开幕。这是首次举办的全国性的职工邮展，共有 27 个省、自治区、直辖市征集的 222 部 1782 框展品参展，其中特邀展品 4 部、竞赛性展品 194 部、集邮文献 28 部。邮电部部长杨泰芳、甘肃省委书记顾金池、全国总工会副主席郑万通等出席开幕式并为邮展剪彩。

本次邮展具有 3 个特点：一是展品主题反映爱党、爱国、爱社会主义，歌颂中国人民在中国共产党领导下进行艰苦卓绝革命斗争成为主旋律；二是具有浓郁的职工集邮特色，反映中国工业题材的展品引人注目；三是出自职工编纂的集邮文献具有较高水准。

此次邮展是对我国职工集邮水平的一次大检阅。在 7 天的展期里，观众达 5 万多人次。经过评审，共评出金奖 3 个、镀金奖 13 个、银奖 32 个、镀银奖 58 个、铜奖 75 个、纪念奖 37 个。9 月 1 日下午，举行了邮展颁奖大会，邮展闭幕。本次邮展的举办，在全国职工中掀起一次集邮热潮，为此后举办全国职工邮展开了先河。

'91 全国职工集邮展览开幕式

二、中华全国集邮展览

中华全国集邮联合会第一次代表大会工作报告指出："邮票展览是当代集邮中一个关键环节。它不仅为集邮者提供了开阔眼界，增长邮识和互相观摩、学习的机会，而且也是开展各种集邮活动的最好时机。办好邮展是各级集邮组织的一项很重要的工作。展览工作应从现有的基础出发，立足于本地条件，以自筹展品为主，从简到繁，逐步提高。当前在多数地区仍应着眼于普及。展出方法要不拘一格，包括综合的、分期的、专题的、个人的等各方面，并尽可能与当地其他文化活动相结合。"具有国家名义和水平的中华全国集邮展览自此开办。

1. 全国综合性邮展

根据计划，1983—1991 年，中华全国集邮联合会会同有关部门成功举办了 4 次全国综合性邮展，从而积累了举办国家级邮展的经验，培养和锻炼了举办全国的邮展人才，使我国的邮展工作，从开创和探索逐步走向成熟。

（1）中华全国集邮展览 · 1983 · 北京

1983 年 11 月举办的"中华全国集邮展览 · 1983 · 北京"是中国集邮史上的首次全国集邮展览，也是中国改革开放后具有深远影响的一次集邮展览。

举办这次邮展在中华全国集邮联合会第一次代表大会上就已经确定。大会的工作报告提出："明年下半年将举办第一届全国个人邮票藏品展览。通过评议，对思想和艺术上较好的展品颁发不同等级的奖牌。这次全国展览，将以各省、市、自治区的个人藏品展览为基础，从中选拔优秀作品参加全国展出。因此，希望有条件的省、市、自治区集邮协会在明年上半年举办本地区的个人邮展。我们将参照国内外经验，制定展览规则和评审标准。"在这次代表大会上，广东省集邮协会和广州市集邮协会分别介绍了其在广州举办两次邮票展览的经验。

1983年11月29日—12月8日，由邮电部、全国总工会、共青团中央、全国妇联、中华全国集邮联合会5个单位联合举办的首届中华全国集邮展览在北京中国美术馆举行。邮电部副部长、邮展组委会主任成安玉主持开幕式。邮电部部长文敏生讲话。第六届全国人大常委会副委员长、中华全国集邮联合会名誉会长朱学范为邮展开幕式剪彩。

朱学范副委员长和全国文联副主席夏

朱学范为邮展剪彩

首届全国邮展展场

衔的展品参加荣誉类展出。参加本次邮展的除15个团体单位外，有来自29个省、自治区、直辖市和香港地区的集邮者送展的448部展品，共计10559张贴片、900个展框。其中非竞赛级展品27部，除“团体单位展品”12部外，以“荣誉级”参展的还有马任全和张包子俊的展品；特邀参展的有香港地区集邮家林文琰和潘鉴良的展品以及上海集邮家史济宏的《中国商埠邮票》和已故集邮家陈湘涛的《大龙邮票集》；还有“评审员类”5人6部展品。参加竞赛级展出的有398人（其中少年集邮者53人）422部展品，其中中华人民共和国邮票占展品总数45.96%，解放区邮票占13.27%，清代、民国邮票占11.84%，专题邮票占10.73%，外国邮票占5.13%，邮驿、邮政史料占0.77%，少年集邮展品占6.42%。

邮展期间，共接待观众13万人次。其中，许多人是从外地专程来北京参观的。距北京较近的省、市集邮协会组团参观。外国驻华使团的官员、记者和一些专程来京的外国友人、港澳同胞参观了邮展。

邮电部为这次邮展发行了一套2枚纪念邮票，由黄里设计。票图首次采用票中票的形式，分别以中华人民共和国特1“国徽”邮票和解放区“延安宝塔山”邮票为图案。观众争相购买这套纪念邮票和展场出售的各种邮品、纪念品。仅中国邮票总公司在邮展期间的销售收入就超过了100万元。现场观众之多，场面之热烈，是中国美术馆开馆以来所没有过的。

1983年12月5日晚，邮展组委会安排国家领导参观专场。前往参观的党和国家领导人有杨尚昆、江华、陈锡联、李鹏、廖汉生、黄华、宋平、郑天翔、杨易辰、胡子昂、王昆仑、钱昌照、周培源、包尔汉、屈武。12月8日晚，从外地视察工作回京的国家主席李先念兴致勃勃地参观了邮展。当他听说老集邮家不愿把中国早期珍邮卖给外国人时，称赞说：“看来集邮中也有爱国主义。这种精神值得提倡。”并指出：“通过解放区邮票的展览可以使广大青少年受到深刻的革命传统教育。集邮确实是一项有益的文化活动。”

《中华全国集邮展览·1983·北京》邮票

李先念主席在展场听取邮展工作汇报

本次邮展组成了由宋兴民为主任，马任全、张包子俊、倪贯一、吴凤岗、梁鸿贵为副主任的评审委员会。经过评审，河南吴辅全的《新中国首日实寄封》，北京林丰年的《璀璨瑰丽巧夺天工》、黎晓宏的《新中国邮票上“中国的世界之最”》和沈曾华的《淮南区邮票、解放区实寄封》，天津林崧的《中国人民革命战争时期邮票（华北区）》等展品获得金奖。获银奖的展品有18部，获铜奖的展品有58部，获得少年奖的展品有15部，此外为证书。12月10日，在中南海礼堂举行了颁奖大会。

这次邮展引起宣传媒体的重视，中外新闻界进行了大量报道。新华社、中央人民广播电台、中央电视台、《人民日报》《光明日报》《工人日报》《北京日报》《北京晚报》等发表了邮展消息和文章，日本、联邦德国、瑞士、奥地利、美国新闻记者也报道了邮展盛况。

第一届全国邮展的成功举办，具有重要意义。它开创了全国邮展的历史，标志着中国集邮活动进入一个全面、健康发展的新时期，是对改革开放以来中国集邮成果的一次大检阅；取得了组织全国邮展的宝贵经验，为今后举办大型邮展打下了良好基础。由于这是第一次举办全国邮展，无论主办方还是参展者，对当时国际集邮展览的规则缺乏了解，奖牌数量又是事先做好的，所以奖牌数也不能扩大。在邮集的选题、展出素材的要求、贴片的制作，以及竞赛级展品的分类、评审标准等方面都存在明显的差距。

（2）中国人民革命战争时期邮票展览

1985年4月召开的中华全国集邮联合会一届三次理事会决定，1985年10月13—22日在北京举办“中国人民革命战争时期邮票展览”。这次邮展的宗旨是：纪念

中国人民革命战争时期邮票展览

遵义会议召开50周年和抗日战争胜利40周年。这次邮展由中华全国集邮联合会、中国革命博物馆和中国人民革命军事博物馆共同举办，由邮电部邮票发行局、中国邮票总公司赞助。这次邮展共征集展品145部600框，其中团体展品21部，个人展品124部。

这次邮展成立了以许宇唐为主任，吴凤岗、沙子芬为副主任的评审委员会，并按邮展评审条例规定设置金奖、镀金奖、银奖、镀银奖、铜奖和证书6个等级，比1983年全国邮展增加了3个等级。

中国人民革命战争时期邮展奖牌

1985年10月13日，中国人民革命战争时期邮票展览在北京劳动保护展览馆开幕。党和国家领导人邓颖超、薄一波、周谷城、朱学范等为本次邮展题词。邓颖超的题词是："开展集邮活动，建设精神文明"。显示出党和国家领导人对我国集邮活动的支持和对这次邮展的重视。全国人大常委会副委员长朱学范为邮展剪彩。薄一波、李德生、王平、朱学范、周谷城、廖汉生、陈锡联、陈再道、刘道生、杨易晨、杜义德等领导同志参观了邮展。邮电部专门为这次邮展发行JP.6《中国人民革命战争时期邮票展览》纪念邮资明信片一套1枚。

展品中的非竞赛类展品分为官方、荣誉和评审员3部分。在官方类中，中国革命博物馆展出了"江西东北邮政"邮票；福建龙岩地区文管会和龙岩市邮电局展出了《闽西红色邮政史》邮集，其中包括"闽西赤色邮花"发行前的7件无票实寄封；江西展出了"中华苏维埃旗球图"油印邮票等珍品；安徽送展的盖有赤诚（金寨）县第一区和第七区赤色邮政支局邮戳（1932年）的实寄封，证明了鄂豫皖苏区虽未发行邮票，但确有赤色邮政机构存在。

在荣誉类中，展出了香港地区3位集邮家的展品，其中张金炽的晋冀鲁豫边区"代邮券"10枚、15枚和25枚的大连票难得一见；潘鉴良的《旅大地区"区票"全集》，票品齐全、研究精深，给人以深刻印象。在评审员类中，杨立的《"区票"选粹》以西南区地方加盖票最为珍贵，是一部有实力的展品。

竞赛级展品中，几乎囊括了中国人民革命战争时期各革命根据地和解放区发行的全部邮票，其中引人注目的是沈曾华的"稿"字四方连。经过评审，获得金奖的展品是：上海陈明昌的《华北解放区邮票》、北京沈曾华的《新四军地区发行的邮票》、天津林崧的《中国人民革命战争时期邮票（华东区）》、浙江蒋康宁的《中国人民革命战争时期邮票》。获得镀金奖的展品是：北京刘铭彝的《晋绥及冀察热辽解放区邮票》、天津吴国华的《东北和旅大区的邮票和实寄封》和游乃器的《解放区邮戳集》、辽宁刘汉超的《解放区邮票（部分）》、广东邝文本的《中国解放区毛泽东像邮票选集》。另外，还评出银奖展品12部、镀银奖展品14部和铜奖展品24部。

《中国人民革命战争时期邮票展览目录》

全国一些收藏有解放区邮资票品和有关史料、文物的博物馆、纪念馆、档案馆等都送展了重要藏品，其中有些是首次面世的，有相当部分是珍品或新发现。这次邮展推动了各地文物部门、博物馆、纪念馆重新对“区票”和相关史料的发掘、研究和保护工作，激发了集邮者进一步收藏研究“区票”的热情，扩大了“区票”的社会影响，为提高“区票”邮集在国际邮展中的地位和获得高奖奠定了基础。

（3）1989 年中华全国集邮展览

1988 年 4 月召开的中华全国集邮联合会二届二次理事会决定，1989 年举办一次全国综合性集邮展览。其宗旨是庆祝中华人民共和国成立 40 周年，宣传改革开放以来所取得的伟大成就，进一步繁荣集邮事业。1989 年 1 月，由邮电部、文化部、全国总工会、共青团中央、全国妇联和中华全国集邮联合会组成了邮展组委会，全国集邮展览定于 1989 年 10 月中旬在北京中国美术馆举行。邮展口号为“团结奋斗 振兴中华”。

1989 年中华全国集邮展览于 10 月 12 日在北京中国美术馆开幕。邮展共展出邮集 204 部 1060 框、集邮文献展品 87 部。非竞赛类设 6 个类别，展品共计 21 部 177 框。竞赛类设 7 个类别，展品共计 183 部 883 框。

1989 年中华全国集邮展览

非竞赛部分包括荣誉类、官方类、特邀类和评审员类。特邀类首次邀请中国台湾、澳门地区集邮家的展品参展。竞赛部分包括传统集邮类、专题集邮类、邮政历史类、邮政用品类、航空航天类、极限集邮类、集邮文献类和青少年集邮类。其中传统类占11.7%、专题类占53.5%、邮政史类占13%、邮政用品类占4%、极限集邮类占6%、青少年类占11%，集邮文献类展品近100部。这是首次按照国际邮展规则设置类别。

邮展评审委员会主任由国际邮展评审员梁鸿贵担任，副主任由国家级邮展评审员吴凤岗和国际邮展评审员刘广实担任，委员全部为国家级邮展评审员。

评审委员会根据试行的《中华全国集邮展览评审总规则》制定了《1989年全国集邮展览评审规则》。此次邮展共评出金奖展品12部，其中有上海高承栋的《华北解放区邮票》、广东关家祺的《新中国邮政用品》、北京李曙光的《新中国军邮史》、福建王朱唇的《侨批发展史》，以及上海马任全的《中国邮票图鉴》（文献类，并获特别奖）等。此外，还评出镀金奖展品23部，其中2部为文献展品；3部邮集荣获特别奖；银奖展品39部；镀银奖展品40部和铜奖展品66部。获奖者占参展人数的68%。

这次邮展具有这样几个特点：一是在竞赛性展品的类别设置上首次与国际接轨，在邮政历史类中展示了“军邮”“侨批”等展品，预示着中国邮政历史类展品前景广阔；二是专题集邮类展品的编组与制作水平有了进一步提高，其中有两部展品荣获金奖；三是集邮文献类首次作为一个展览类别参赛；四是邮展评审试行了中华全国集邮联合会制订的评审规则。

《中华全国集邮展览’89 · 北京》邮票小型张

这次邮展展品总体水平虽然有了明显提高，但航空、航天类没有展品参展，极限类展品还处于起步阶段，传统类中也缺少清代和民国时期的题材，多数类别较国际水平还有较大差距。

10月21日，邮展闭幕式和发奖大会在全国政协礼堂举行。本届邮展被列为“国庆40周年十大活动”之一。邮电部为此发行了一枚邮票小型张。

（4）光辉的七十年——纪念中国共产党成立七十周年全国集邮展览

为纪念中国共产党成立70周年，由中华全国集邮联合会和上海市集邮协会举办的“光辉的七十年——纪念中国共产党成立七十周年全国集邮展览”，于1991年6月

28日至7月8日在上海展览中心举行。本次邮展以回顾中国共产党领导中国人民走过的光辉历程，宣传党领导下取得的新民主主义革命与社会主义革命和建设的伟大胜利，特别是十一届三中全会以来改革开放所取得的举世瞩目的伟大成就为主题。

本次邮展的非竞赛性展品分为官方类、国际邮展获奖类和评审委员类3部分，共计11部94框。竞赛性展品分传统、专题、航空、邮政历史、邮政用品、青少年、极限、集邮文献和现代集邮诸项类别，共征集竞赛性各类展品167部638框以及集邮文献42部。根据本届邮展主题，将纪念中国共产党成立70周年选题的展品布置在展厅前部，充分彰显出这部分展品的爱国主义和革命传统教育功能。

本次邮展评委会由中华全国集邮联合会副会长、邮展工作委员会主任宋兴民任主任，国际邮展评审员梁鸿贵和刘广实任副主任，14位国家级邮展评审员为委员，并接纳3名省级邮展评审员进行实习评审。经评审委员会评定，有183部展品获奖，占参赛展品总数209部（含文献类展品）的87.5%。评出大金奖展品4部，分别是天津吴国华的《东北解放区邮票》、上海高承栋的《西北、中南、西南解放区邮票》、江苏徐宝煌的《新中国普通邮票（1950—1964）》、北京李曙光的《新中国军邮》。评出金奖展品10部、镀金奖展品15部、大银奖展品24部、银奖展品25部、镀银奖展品43部和铜奖展品62部。

本次邮展11天中共接待观众6万多人次。邮展的闭幕式暨发奖大会于7月8日隆重举行。本次邮展主题鲜明，特别是一些展品做到了思想性与竞赛性的有机结合，给观众留下难忘印象。竞赛性类别设置上增加了航空集邮类和现代集邮类展品，使展品的门类更加齐全。

光辉的七十年——纪念中国共产党成立七十周年全国集邮展览

2. 全国专项集邮展览

这一时期，国内举办的全国集邮展览还包括专项邮展。这类邮展也属于竞赛性，是对全国综合性邮展的延续和补充。

在1986年10月召开的中华全国集邮联合会第二次代表大会决定：1987年暑期举办“中华全国青少年专题集邮展览”。邮展的宗旨是：引导青少年健康、正确开展集邮活动，树立具有中国社会主义特色的集邮观，培养青少年的“四有”精神，为中国集邮事业建立后备军。邮展的主题是“理想、道德、文化、纪律”。

为了办好这次邮展，中华全国集邮联合会制定了《关于青少年参加集邮展览的规则》。该规则以国际集邮联1985年10月在罗马代表大会通过并将于1987年开始执行的《青少年展品评审专门规则》为参考依据。

为了搞好展品的征集和选拔工作，从1986年下半年开始，全国绝大多数的省、自治区、直辖市都在当地的工会、共青团、妇联及文化、教育部门配合下与集邮协会联合举办了各自的青少年邮展。经过29个省级集邮协会共同努力，共选了155名参展者的389部展品（4668张贴片）。

1987年7月20日上午，由共青团中央、全国妇联、中国教育学会和中华全国集邮联合会联合举办的“中华全国青少年专题集邮展览”在中国革命博物馆开幕。这是中国首次举办全国专项集邮展览。朱学范为邮展开幕剪彩。邮电部为这次邮展发行了一枚《中华全国青少年专题集邮展览》纪念邮资明信片。

本次邮展设特邀类和竞赛类两个部分。特邀展品包括11部1984年以来中国参加国际和世界邮展的获奖展品，竞赛类展出

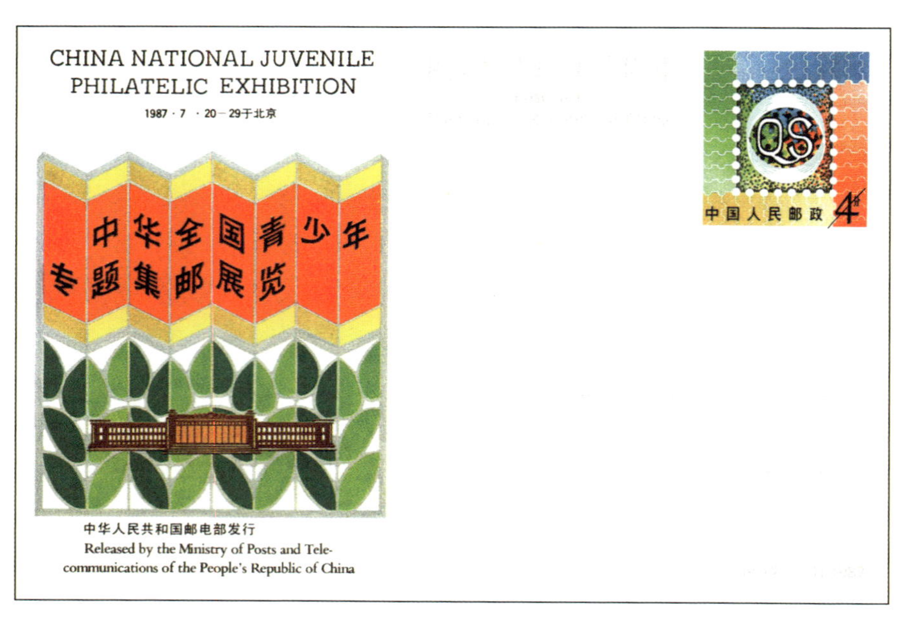

《中华全国青少年专题集邮展览》纪念邮资明信片

155 名青少年的展品。

本届邮展成立了以梁鸿贵为主任的邮展评审委员会，并参照国际邮展规则制订了《1987 年中华全国青少年专题集邮展览评审规则》。其中规定根据参展者不同的年龄段，分为 A、B、C、D 组；展品评定实行评分制，以 100 分为满分，分 5 个等级：特等奖（90 分以上，金牌），一等奖（80—89 分，金牌），二等奖（70—79 分，银牌），三等奖（60—69 分，铜牌），参展证书（50—59 分）。

经过评委会评审，评出金奖展品 7 部：A 组是福建方舟的《我和前线叔叔的通信》、河南胡斌的《你喜欢手的故事吗》，B 组是江西彭曦宏的《人民英雄纪念碑史话》，C 组是北京张巍巍的《蝶类世界》，D 组是湖北杜坚的《集邮与邮政》、天津陈振宙的《铁道机车车辆的演进》和上海王晓丹的《桥》；评出银奖展品 25 部，其中 A 组展品 7 部，B 组展品 6 部，C 组展品 4 部，D 组展品 8 部；铜奖展品 62 部。获奖展品占全部展品的 60%。

张文光为青少年介绍邮集

邮展期间围绕主题组织了集邮联谊会、集邮学术报告会等活动。7 月 29 日下午，发奖仪式和闭幕式在北京中山公园音乐堂举行。颁奖大会首次采用与文艺演出相结合的方式。

这次邮展的观众达到 2 万人次。有些省集邮协会组织集邮夏令营的青少年专程前来参观。这次邮展虽然是青少年专项邮展，但反映出中国邮展水平有了明显提高。展品的邮政意义及专题意识得到加强，素材丰富、展品制作水平明显提高。

三、其他重要的集邮展览

1982—1991 年，国内举办了多次具有较大影响力的竞赛性和非竞赛性集邮展览。这些邮展多数是为配合这段时期国内重要事件或重大集邮活动而举办的，邮展产生了良好的社会效益，促进了中国集邮事业发展。

1．全国首届体育集邮展览

为庆祝中华人民共和国成立 35 周年和中国体育代表团参加第 23 届奥林匹克运动会，由国家体委体育文史工作委员会和中国奥委会新闻委员会联合主办的“全国首届体育集邮展览”于 1984 年 7 月 28 日至 8 月 12 日在北京中国革命博物馆举行。第六届全国人大常委会副委员长许德珩为邮展题词：“体育强国家　集邮观天下”。国务委员宋任穷也题了词：“体育为国争荣光　集邮树人新风尚”。

本次邮展在京城掀起一阵体育集邮热潮。邮展开幕当天的门票销售一空，参观人数以万计，购买邮展纪念品的人排起长队。参加本次邮展的邮集来自全国各省、自治区、直辖市的运动员、教练员以及体育集邮爱好者 138 人。其中有著名运动员李宁、杨锡兰、吴佳妮等人的展品。这些展品共展出世界各国体育题材邮票3万多枚。经过评审，共评出优秀展品50部。展览期间，还对中国发行的30套体育题材邮票举行了评选活动，由观众投票。《第二十三届奥林匹克运动会》《第十三届冬季奥林匹克运动会》《中华人民共和国第五届运动会》《体操运动》《中华人民共和国第二届运动会》《第26届世界乒乓球锦标赛》等当选为最佳体育邮票。

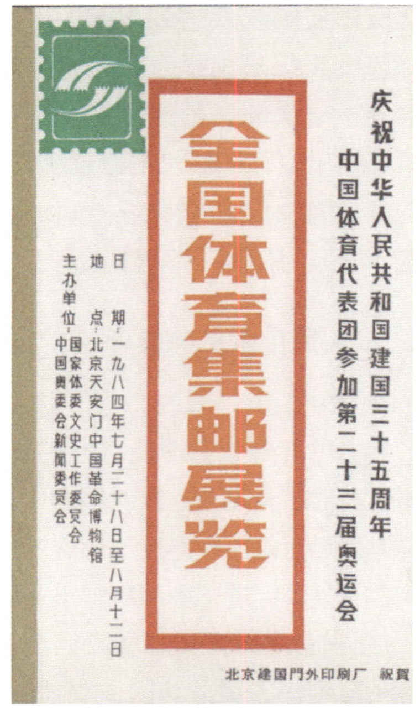

全国体育集邮展览参观券

2. 纪念大龙邮票发行110周年邮展

作为中国大龙邮票发行110周年纪念活动的重要组成部分，由纪念中国大龙邮票发行110周年活动组委会主办的“纪念大龙邮票发行110周年邮票展览”于1988年7月2日下午在北京中国邮票博物馆开幕。国内外知名集邮家及北京部分集邮者参加了邮展开幕式。在展场外，为购买《中国大龙邮票发行110周年》纪念邮票小型张和各种集邮品的群众排起长队，场面异常火爆。

本次邮展分官方和个人展品两个部分。官方部分由中国邮票博物馆、上海海关、天津海关、中国第一历史档案馆、中国第二历史档案馆、南京太平天国历史档案馆和天津

纪念中国大龙邮票发行110周年邮展

档案馆等提供。这些珍贵展品是从国家珍藏的历史档案中，提取有关部分并系统地编排，展示了大龙邮票的印制和发行过程，再现了大龙邮票发行前后那段中国邮政历史。其中很多资料是首次公开展出。

13 部个人展品中，有很多珍贵邮品。如日本集邮家水原明窗和中国香港集邮家林文琰展出了数十枚大龙邮票实寄封，中国香港集邮家展示了 796 枚大龙邮票。展品中，还有已故集邮家陈湘涛的大龙邮票专集等。中国邮票博物馆为此次邮展发行一套 4 枚纪念封，贴有当日发行的《中国大龙邮票发行 110 周年》纪念邮票小型张。

3. 纪念“区票”发行 60 周年邮票展览

作为“区票”发行 60 周年纪念活动的组成部分，“纪念中国人民革命战争时期邮票发行 60 周年邮票展览”于 1990 年 8 月 3 日在北京中国人民革命军事博物馆开幕。本次邮展展出了 174 框和 13 个展柜的展品。虽然规模不大，但却荟萃了海内外集邮家在历次国际邮展中获得高奖的展品，以及国内一些博物馆、革命纪念馆馆藏的“区票”实寄封等珍邮和重要文献。其中首次面世的珍贵邮品与文献有：闽西赤色邮花 40 枚全张，苏维埃邮政邮票九方连，赣西南赤色邮政 1 分票实寄封，毛泽东 1937 年通过邮政寄递的贴邮票的实寄封，山东战邮实寄封，冀南抗日邮政 1 分票四方连，1932 年中华苏维埃共和国邮政章程原件，1940 年周恩来“传邮万里 国脉所系”题词原件，1948 年周恩来修改、签发的中共中央致中原局关于邮票加盖的复电，1949 年由周恩来起草、刘少奇修改的中央致华北局关于统一邮资的复电等。

第七届全国人大常委会副委员长习仲勋、第七届全国政协副主席侯镜如和邮电部部长杨泰芳等出席邮展开幕式并剪彩。中华全国集邮联合会会长朱高峰、副会长兼秘书长刘天瑞等参加了开幕式，并陪同习仲勋等领导同志参观了邮展。

8 月 9 日下午，本次邮展闭幕式及座谈会在军事博物馆举行。

四、健全邮展组织机构与制定规则

中华全国集邮联合会成立后，十分重视集邮展览工作，自 1983 年起，开始举办全国邮展，并选送优秀邮集出境参加国际和世界邮展；与此同时，更注重总结实践经验和学习外展成熟做法，从而引为借鉴，从健全邮展组织机构和制定邮展评审规则入手，有效提高邮展组织能力，提高邮集参展水平。

1. 成立中华全国集邮联合会邮展委员会

1988 年 12 月中华全国集邮联合会二届四次理事会议决定成立全国邮展委员会。在该委员会未成立前，由中华全国集邮联合会学术委员会担负有关邮展学术方面的工作。中华全国集邮联合会于 1991 年 4 月 2—4 日在河南郑州市召开了中华全国集邮联合会邮展委员会的成立会议。会上，中华全国集邮联合会副会长宋兴民就邮展委员会的职责、任务以及邮展工作作了报告。第一届邮展委员会共 14 人组成，由宋兴民任主任，沈曾华、梁鸿贵任副主任。

邮展委员会的工作任务是：（1）负责拟定全国邮展发展规划与计划，推动全国集邮展览活动的发展；（2）负责拟定和推动实施中国邮展各项规则，宣传普及集邮知识，推动集邮水平的提高；（3）调查研究国内外邮展动态，组织交流经验，指导各地邮展活动；（4）培训全国邮展征集员和（国家级）邮展评审员；（5）组织研究国际邮展规则，对出国展品组织会审，促进国际交流活动；（6）负责办理中华全国集邮联合会交给的其他任务。

2. 引进国际集邮联邮展规则

中华全国集邮联合会加入国际集邮联和亚洲集邮联，并连续参加4次世界邮展后，认识到中国集邮展品存在着差距，主要原因是对国际集邮联的邮展规则不了解。为此，中华全国集邮联合会组织人员翻译了国际集邮联的各种邮展规则，并在《集邮研究》《集邮》杂志上先后刊发了FIP《集邮展览总规则》《邮展评审总规则》以及各类别的《评审专用规则》及其《实施要点》。1990年6月由北京燕山出版社出版《国际集邮联合会集邮展览与评审各项规则》，收入了国际集邮联制定的章程、邮展总规则、评审总规则以及9大类的评审专用规则及其“实施要点”，成为中国第一部介绍国际集邮展览各项规则的专用集邮工具书。

《国际集邮联合会集邮展览与评审各项规则》

1992年2月，中华全国集邮联合会决定将邮展委员会分成4个工作小组，包括：传统、邮政用品组；邮政历史、航天、航空组；专题、极限组；青少年、文献、现代组。各工作小组根据各自的工作计划开展工作，除了对参加全国性邮展展品进行审查外，还对邮展工作中的一些理论性问题，全国性邮展与省、市、县级邮展，全国性邮展与国际邮展的辩证关系、普及提高集邮水平的战略措施等问题进行了深入探讨，并指导各省、自治区、直辖市集邮协会开展邮展工作。

3. 制定中华全国集邮联合会邮展规则

制定符合中国国情的邮展规则的工作早就提上了日程，并于1987年下半年启动。先行拟定了两个重要规则：《中华全国集邮联合会集邮展览总规则》，共5章28条；《中华全国集邮联合会集邮展览评审总规则》，共7条。这两个邮展规则从1988年1月1日起试行。

1990年3月，中华全国集邮联合会对上述两个展览规则进行了修订，并于1990年3月30日下发文件征求意见。1991年春，中华全国集邮联合会对这两个规则再行修改。修改后的《中华全国集邮联合会集邮展览总规则》为5章23条；《中华全国集邮联合会集邮展览评审总规则》也有相应改动，主要是增加了一些具体规定，在名词使用上进一步规范统一。修改后的规则于1991年6月1日正式实施。

五、对各级邮展评审员和征集员的培养

1988 年 1 月 1 日试行的《中华全国集邮联合会集邮展览总规则》中，第四章“评审和评审委员会”规定：集邮展览评审委员由经过考核的正式任命的评审员担任。全国性邮展的评委，由国家级邮展评审员担任。因此，培养一批符合条件、胜任工作的评审员就成了一项紧迫任务。

1. 培训国家级邮展评审员

1988 年中华全国集邮联合会二届二次理事会决定在下半年组织一期评审员培训考核。当年 10 月 15—29 日在湖南长沙市举办了全国第一期评审员的培训与考核。各省、自治区、直辖市和体育集邮协会共推荐了 30 名学员参加。聘请国际邮展评审员梁鸿贵和专家吴凤岗、俞鲁三授课，重点讲授中国邮驿史、邮政史、邮票史、集邮史和集邮的基本知识以及国际邮展的评审规则要领，介绍国际邮展发展的趋势及评审的要求，同时将翻译的国际集邮联合会的各项规则作为阅读教材发给学员。经过培训，学员成绩普遍达到基本要求。

中华全国集邮联合会制定的《关于评定国家级邮展评审员的暂行办法（草案）》，经 1989 年 2 月召开的中华全国集邮联合会二届五次常务理事会议审议通过。按照该办法评定出了中国第一批国家级邮展评审员 28 名，以及省级邮展评审员 45 名。至此，中国的邮展评审员队伍正式建立起来，中国的集邮展览评审工作走向了正轨。

2. 培训国家级邮展征集员

根据 1990 年 11 月 26 日中华全国集邮联合会第三次代表大会工作报告中关于“要加强邮展征集员、评审员队伍的建设”的要求，中华全国集邮联合会于 1991 年 9 月发出《关于邮展征集员培训考核的通知》。决定于 10 月 19—26 日在山东威海市开办首届国家级邮展征集员培训班，邀请

海南省邮展评审员、征集员培训班

梁鸿贵、刘广实、唐无忌、俞鲁三等就邮展征集员的职责任务、各类邮集编组的基本特点和各类评审专用规则的要求等进行授课。开办培训班之前，中华全国集邮联合会拟定了《关于评定国家级邮展征集员的办法（草案）》，编写了“征集员培训教材提纲”。来自28个省、自治区、直辖市及全国行业性集邮协会选派的近60名学员参加了培训。

3. 培养国际邮展评审员

从1984年参加西班牙世界邮展起，中华全国集邮联合会就开始认识到国际邮展评审员的重要性，并着手有计划地培养中国的国际邮展评审员。

1985年7月，在阿根廷举办’85世界专题集邮展览之际，中华全国集邮联合会选派梁鸿贵前往参加邮展的见习评审。通过考核，梁鸿贵成为中国第一位FIP国际邮展评审员，具有评审专题集邮类展品的资格。此后，他先后参加了布拉格’88世界邮展、法国’89世界邮展和日本’91世界邮展的评审工作。

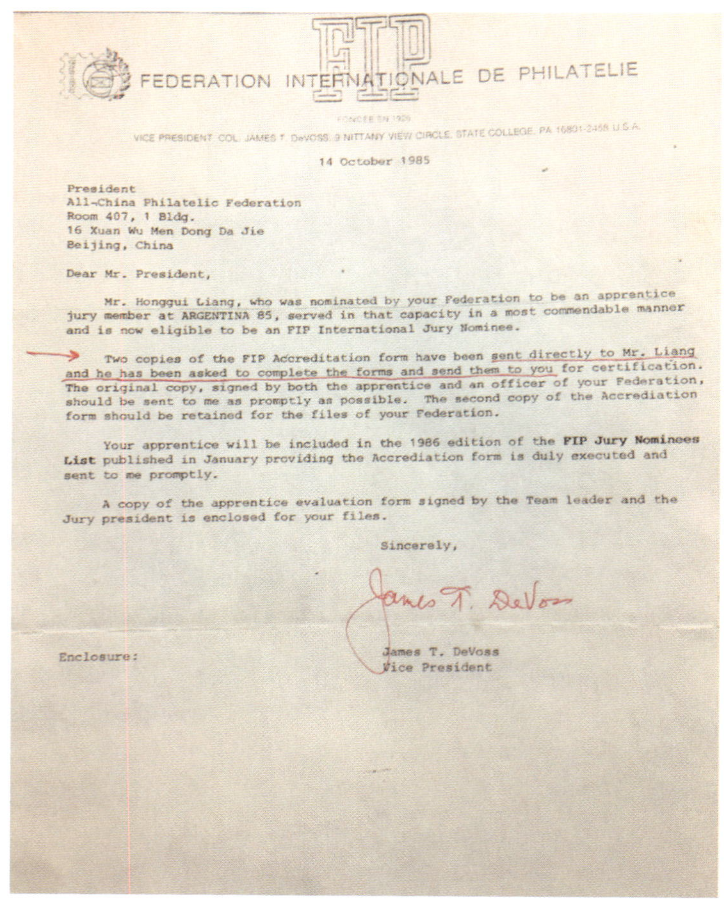

FIP

FEDERATION INTERNATIONALE DE PHILATELIE

FONDEE EN 1926

VICE PRESIDENT COL. JAMES T. DeVOSS, 9 NITTANY VIEW CIRCLE, STATE COLLEGE, PA 16801-2458 U.S.A.

14 October 1985

President
All-China Philatelic Federation
Room 407, 1 Bldg.
16 Xuan Wu Men Dong Da Jie
Beijing, China

Dear Mr. President,

Mr. Honggui Liang, who was nominated by your Federation to be an apprentice jury member at ARGENTINA 85, served in that capacity in a most commendable manner and is now eligible to be an FIP International Jury Nominee.

Two copies of the FIP Accreditation form have been sent directly to Mr. Liang and he has been asked to complete the forms and send them to you for certification. The original copy, signed by both the apprentice and an officer of your Federation, should be sent to me as promptly as possible. The second copy of the Accrediation form should be retained for the files of your Federation.

Your apprentice will be included in the 1986 edition of the **FIP Jury Nominees List** published in January providing the Accrediation form is duly executed and sent to me promptly.

A copy of the apprentice evaluation form signed by the Team leader and the Jury president is enclosed for your files.

Sincerely,

James T. DeVoss

James T. DeVoss
Vice President

Enclosure:

国际集邮联批准梁鸿贵成为FIP评审员的通知

梁鸿贵

梁鸿贵出生于1928年，祖籍广东东莞，生于越南西贡。他1936年开始集邮，收集中国各时期及外国邮票。梁鸿贵曾任中国集邮出版社社长、人民邮电出版社副社长；1982年当选中华全国集邮联合会第一届理事会理事，中华全国集邮联合会第二届邮展委员会主任。1985年他参加在阿根廷举办的世界专题集邮展览的见习后，成为中国第一位FIP国际邮展评审员。他曾经担任中国1999世界邮展、中国2009世界邮展评审委员会主任。2003年，他被授予中华全国集邮联合会第一批会士。

1987年12月21—23日，第3届亚洲国际邮展在新加坡举行。焦晓光在这次邮展的青少年组参加了见习评审，并获得亚洲国际邮展评审员资格。

1989年1月20—29日，在印度'89世界邮展中，刘广实通过见习评审，成为中国第二位FIP国际邮展评审员，具有邮政历史类展品的评审资格。此后他参加了新西兰'90世界邮展评审工作。

六、参加国际性集邮展览

1983年，中华全国集邮联合会先后加入国际集邮联会和亚洲集邮联合会，为中国参加国际集邮展览与世界集邮展览创造了条件。中国参加外展之初，成绩很不理想。中华全国集邮联合会和参展者及时总结经验，不断学习进步，采取有效措施，使随后参展的成绩稳步提高，终于实现了金牌榜上零的突破。

1. 初次参展成绩不尽人意

中国参加的第一个世界邮展是1984年4月27日至5月6日在马德里举办的西班牙'84世界集邮展览。此次邮展规模宏大，有5000余框，近800部展品参加竞赛性展出。中华全国集邮联合会从1983年全国邮展获奖邮集中精选出4部展品参展，有上海陈湘涛的《中国大龙邮票版式研究》、天津林崧的《中国人民革命战争时期华北区邮政史（1937.12—1949.12）》、河南吴辅全的《新中国首日封（1957—1966）》和北京林丰年的《中国工艺美术》。这4部邮集在全国邮展中除陈湘涛获特邀奖外，其余均获金奖。但在西班牙世界邮展上，陈湘涛、林崧的展品仅获得大银奖，其余展品只获得证书。

1984年9月21—30日，澳大利亚'84世界邮展在墨尔本举办。中华全国集邮联合会从1983年全国邮展获奖邮集中遴选出马佐璋的《中国解放区纪念邮票》、陈明昌的《中华苏维埃和山东战邮邮政史》、任渺的《中国早期新疆地方邮票》、林鹗明的《欧洲音乐史》、吴廷琦的《中华人民共和国普通邮票》和北京黎晓宏的《文明古国智慧之光》6部展品参加竞赛。结果最高的获得大银奖，成绩也不理想。

中国参加马德里国际邮展纪念封

同年10月5—11日，第8届世界青少年集邮展览在保加利亚索非亚举办。中国选送3部在全国邮展中获少年奖的展品参展，结果无一获奖。

1985年7月5—14日，在布宜诺斯艾利斯举办的阿根廷1985世界专题集邮展览，这是一次专题集邮的盛会，共展出近2000框展品，竞赛性展品300余部。中华全国集邮联合会精选了3部在全国邮展中获高奖的专题展品参展，结果均获铜奖。

同年10月25日—11月3日，在罗马举办的意大利1985世界邮展上，天津林崧的《中国人民革命战争时期华北区邮票（1937.12—1949.12）》修改后再次参展，仍获大银奖。另一部展品，福建王克原的《清代实寄封》，仅获铜奖。

多次代表国家参加外展评审工作并登台领奖的国际邮展评审员梁鸿贵，对此体会尤深。他说，每次领奖心里总不是滋味，别国评审员都是拿着提袋装奖牌，金光灿灿；而自己就随手将奖牌放在裤兜里，还未沾金。

两年参展均未获佳绩，其主要原因是对FIP邮展评审规则缺乏了解，送展邮集不符合国际邮展的评审要求。

1986—1990年，中华全国集邮联合会共选送19部邮集参加了4届FIAP亚洲国际集邮展览，获得大镀金奖1个、大银奖4个、银奖5个、镀银奖5个、铜奖4个；1984—1991年，中华全国集邮联合会共选送73部邮集和15部集邮文献，18次参加在各国举办的世界集邮展览，获得金奖1个、大镀金奖4个、镀金奖5个、大银奖17个、银奖9个、银奖17个、铜奖27个、参展证书4个。

2. 中华全国集邮联合会的3项措施

面对我国展品在国际性邮展成绩不佳的局面，中华全国集邮联合会和参展者认识到，应该走出国门，了解世界，学习先进方法，改进邮集制作，与国际集邮规则接轨，紧跟流行趋势，中国的邮集展品在世界邮展上取得佳绩也并非难事。为提高中国邮集的参展水平，中华全国集邮联合会在1988—1990年3年中，连续推出3项措施。

第一项措施：学习外国制作邮集的经

验。1988年4月22日，亚洲集邮联执委会在北京召开。中华全国集邮联合会邀请亚洲集邮联会员的6部邮集与中国的6部邮集在北京中国美术馆举行了一次小规模的“执委会国际邮展”。此次邮展给中国集邮界带来了新气象，拓宽了人们的视野，使得众多没有机会参观国际邮展的集邮者看到了国际邮展的最新动向，也看清了中国邮集与国外邮集的差距。

陈为乐在点评邮集

第二项措施：聘请外国集邮家来华讲学。1989年中华全国邮展期间，中华全国集邮联合会聘请新加坡的国际邮展评审员陈为乐对参展展品进行点评，并举办专题讲座。他的讲座对中国集邮者启发很大，增进了中国集邮者对国际邮展评审规则和展品制作要领的了解。此后几年，陈为乐多次来华讲学指导，对提高中国参展展品特别是专题展品的制作水平，起了很大作用。

第三项措施：翻译FIP邮展总规则和评审规则。1990年，中华全国集邮联合会组织翻译、出版了《国际集邮联合会（FIP）集邮展览与评审各项规则》。该书的出版，既开阔了中国广大集邮者的眼界，又为邮集作者制作参展展品提供了理论指导和行动指南。

3. 在国际性邮展中有所突破

1985年4月，中华全国集邮联合会主办的“中印集邮展览”在北京举行。其间，邀请印度集邮家、国际集邮联和亚洲集邮联副主席加迪亚等在华交流讲学。针对中国参加西班牙1984世界邮展的4部展品，加迪亚中肯地指出：“你们应该好好研究一下国际邮展的评审规则。”加迪亚还请来几位国际邮展评审员，让他们对中国展品进行点评。国际邮展评审员认为：“这些邮集，有些很有研究，如果将这些研究成果发表，将是非常好的学术论文。例如，《中国大龙邮票版式研究》做了那么多版式研究，但作为参赛展品却没有很好地展示自己的收藏水平，恰恰暴露了自己的弱点。《新中国首日封（1957—1966）》是地道的集邮品。这些集邮品也许非常难得，但它毕竟是集邮品，与邮政自身的发展没有太多的直接联系。”“在邮集制作和展示上注意让邮品自己说话。”这些评论让中国集邮者受益匪浅，特别是从中了解到为什么当时中国最好的邮集，在世界邮展上却得不到高奖的原因。

1986年8月28日—9月7日，在斯德哥尔摩举办的瑞典’86世界邮展上，天津游乃器的《中国革命战争时期实寄封选粹》获得镀金奖。这是中华全国集邮联合会自参加世界邮展以来获得的第一枚镀金奖。在1985年全国邮展上，这部邮集并未引起人们注意。作者未做多少修改，却能获得世界邮展镀金奖，使人感到有些意外。游乃器本人也说："我当时根本不知道应该如何制作邮集，只是把实寄封逐个摆在贴片上，写上说明文字。原想，最多得个铜奖，真没想到能得镀金奖。"看似偶然，实有其必然。这部邮集除了知识性、研究性、珍罕性等因素之外，能够较好地体现"邮政意义"和"让邮品自己说话"的评审原则，符合国际性邮展的要求。

此后，凡是在邮集制作上符合国际性邮展要求的高水平邮集，均能获得较好的成绩。1987 年，上海刘广实的《中国民信局》在丹麦哥本哈根世界邮展上首次参展便获镀金奖；广东常增书的《中国快信邮票》在新加坡举办的第 3 届亚洲邮展上首次参展获得大镀金奖（当时相当于世界邮展的镀金奖）。北京沈曾华的《华东解放区邮政史》在布拉格举办的捷克斯洛伐克 1988 世界邮展上首次参展获得大镀金奖，继而在伦敦举办的具有顶尖水平的英国 1990 世界邮展上，为中国斩获第一个世界邮展金奖。

"西班牙 1992 世界集邮展览"于 1992 年 4 月 24 日至 5 月 3 日在格拉纳达举办。中华全国集邮联合会选送了 3 部展品参展。沈曾华的《华东人民邮政》获得大镀金奖加评委会祝贺，李曙光的《新中国早期军邮》获得大镀金奖，常增书的《中国早期航空邮政（1921—1941）》获得镀金奖。中国的国际邮展评审员刘广实参加了本次邮展的评审工作。

参加本次邮展的中国代表团的突破是：中国邮集参加世界邮展以来，首次双双获得大镀金奖。

这一时期，中国集邮总公司还多次参加在各国和地区举办的邮票展览，如里乔内国际邮票博览会、埃森国际邮票博览会。中国集邮总公司还在外国举办中国邮票展览，如"中国邮票展览 · 巴黎""中国邮票展览 · 阿尔及尔"等；与友好国家举办双边邮票展览，如"印中集邮展览 · 新德里""约旦 · 中国邮票展览 · 安曼"等。

"中国邮票展览 · 巴黎"纪念封

第七节　集邮学术研究与著述出版

集邮是一项国际化的文化交流活动。就一国集邮水平的体现而言，邮集和集邮研究是两个最重要的方面。在国际性邮展的竞赛级展品评审中，“集邮研究”的深度与广度，对一部展品的评价至关重要。而集邮学术研究的成果，不仅是对集邮展品研究的支撑，也是整个集邮事业的一翼。因此，中华全国集邮联合会成立后，十分重视有组织、有计划地开展集邮学术研究活动，通过不断加强学术工作和扩大国际集邮交流，力求更多地出成果、出人才、出经验。

一、建立全国集邮学术组织

以往很长一段时期，中国集邮界对邮资票品的研究还属于松散和无序状态，主要是没有组织领导，缺少统一指导。1980年《集邮》杂志复刊后，为集邮者发表研究成果重新提供了园地。该刊接连刊登了多篇有重要学术价值和理论指导意义的研究文章，但是还不能做到有组织、有计划地开展学术研究活动。中华全国集邮联合会成立之后，中国集邮事业发展走上了快车道，尽快建立全国集邮学术组织，不仅是时代需要，同时也具备了条件。

1．中华全国集邮联合会学术委员会成立

1983年2月18—20日，中华全国集邮联合会学术委员会成立大会在广州市艺园举行。会上讨论并通过了《中华全国集邮联合会学术委员会组织暂行条例》。

该条例的第一条规定，学术委员会的性质及宗旨：“中华全国集邮联合会学术委员会是在联合会理事会领导下，负责组织集邮方面的学术性活动的学术机构。在学

中华全国集邮联合会学术委员会成立大会

术活动中，要贯彻‘百花齐放，百家争鸣’的方针，坚持理论联系实际，实事求是的学风，调动广大集邮爱好者的积极性，为促进我国集邮事业的发展，为建设社会主义精神文明贡献力量。”

第二条“任务”中，包括“提出开展学术研究的方向和重大课题”“指导各省、市、自治区集邮协会开展学术活动”“组织开展国内外学术交流活动”和“推荐或审议参加相关国际会议的论文或报告”等。在有关“组织”中，明确规定：“学术委员会委员均由联合会常务理事会聘任，任期三年”，学术委员会的日常工作由中华全国集邮联合会学术工作部负责。

中华全国集邮联合会学术委员会成立纪念邮戳

根据以上“组织条例”，聘任首届学术委员26人，并选举吴凤岗为主任委员，沈曾华、梁鸿贵为副主任委员。

会议要求在今后一个时期里，加强集邮理论的研究，着重抓好解放区邮票和新中国邮票的研究，重视史料的征集、保管和服务工作；同时要注意发掘和培养中青年研究人才，使集邮学术研究后继有人。

2. 中华全国集邮联合会学术委员会的换届

（1）第二届学术委员会成立

中华全国集邮联合会学术委员会1986年年会于12月20—23日在四川省重庆市召开。这次会议的主要议题有3条：其一是听取第一届学术委员会主任吴凤岗所作的第一届学术委员会工作总结；其二是聘任新委员并组成第二届全国学术委员会；其三是研究制定1987—1990年4年学术研究规划。会议认为，要提倡不同观点、不同见解之间的自由争论，发扬学术民主，创造一种民主、和谐、宽松的气氛。会议提出：“当前的重点应放在宏观研究上，这对我国集邮事业的兴衰有着至关重要的意义。宏观研究应紧密结合各地的历史背景、经济、文化特点及群众文化素质等，注重社会效益，为提高我国集邮水平服务。”

第二届学术委员会由37人组成，李洪义为主任委员，沈曾华、吴凤岗、梁鸿贵、商彻为副主任委员。

新的学术委员会根据4年来的工作经验及当时集邮活动的状况，为了加强学术研究的具体指导和充分发挥每位学术委员的专长，决定在学术委员会之下设立4个研究小组：专题组、传统组、理论组和史学组。

会议遵循中华全国集邮联合会二大精神，提出和议定1987—1990年集邮学术研究工作规划，确定这段时间学术研究的方向是：集邮理论与集邮学理论；集邮活动的发展战略与政策；邮票选题、设计、印制、发行与经营管理；集邮品市场的开

中华全国集邮联合会 1986 年学术讨论会

第三届学术委员会工作会议合影

放与管理；集邮人才培养、管理及社会地位等。

会议还吁请有关部门积极创造条件，将邮票鉴定和集邮名词审定两个委员会建立起来。

（2）第三届学术委员会成立

第三届学术委员会工作会议于 1991 年 5 月 9—12 日在福州市召开。会上，聘任学术委员共 40 人，李洪义为主任委员，吴凤岗、陈芳烈、商彻为副主任委员。

这次会议正式将“集邮文化的内涵及其发展”作为加强集邮理论研究的一个方面，纳入第三届学术委员会的工作。会议还确定了下一步工作：一是召开中华全国集邮联合会学术委员会年会；二是成立全国集邮名词审定委员会；三是讨论今后集邮宣传工作的重点、组织形式和宣传方法。

会上，李洪义代表第二届学术委员会作题为《做好学术研究工作，发展我国集邮事业》的工作总结，归纳了4年来的主要学术成果：一是从理论上讲清了我国集邮活动与两个文明建设的关系，重视集邮学研究，逐步探索了有中国特色的社会主义集邮理论；二是在邮票的考证与研究中，重视同相关历史的联系与结合，在大龙邮票与清代邮史的学术研究上取得了历史性成就；三是总结与发展“区票”研究成果，组织编写《中国解放区邮票史》，提高了我国“区票”的历史地位与国际地位；四是提倡收集、研究中华人民共和国邮票，使它成为国史教育和社会主义教育的形象教材；五是组织国际集邮学术交流，吸取外国有益经验，促进了我国集邮事业的提高与发展；六是集邮研究的成果有力地推动了我国集邮出版事业的发展；七是集邮学术研究工作的体会是，目标要明确，邮史要结合，上下要协同，内外要交流；八是对第三届学术工作委员会工作的几点建议，其中第3项建议是“加强集邮理论研究，更好地指导集邮实践。通过几年实践，在建设具有中国特色的社会主义集邮事业上取得若干经验。”

这届年会将“集邮学术委员会”，改名为“集邮学术工作委员会”。委员由中华全国集邮联合会聘任制改为各省、自治区、直辖市集邮协会推荐，经中华全国集邮联合会批准。

3. 各省级集邮协会和行业集邮协会建立学术组织开展活动

随着中华全国集邮联合会学术委员会的建立及其学术活动的开展，各省、自治区、直辖市集邮协会也相应建立了学术组织。从1983年天津市集邮协会成立学术委员会，至1989年全国30个省、自治区、直辖市集邮协会全部建立了学术组织。中国石油集邮协会于1990年8月成立了学术委员会。各省级集邮学术委员会建立以后，按照中华全国集邮联合会学术委员会工作规划，结合当地条件开展了多方面的学术研究活动。

广东省集邮协会学术委员会于1984年1月成立后，以研究“区票”为主撰写了《安东二版邮票背面图案复组》《汕头加盖“解放暂用”》等论文，在1985年全国学术研讨会上宣读；《专题集邮概述》一文在1986年兰州学术会议上宣读。

北京市集邮协会学术委员会成立于1985年7月。其学术活动特点之一是重视对宏观方面的研究。在1986年1月30日专门召开了一次“集邮学研讨会”，会后由市集邮协会印发了《集邮学概论提纲》。

河北省的集邮学术活动重点围绕与本省有关的解放区邮票展开。他们对“冀南抗日邮政”“唐县临时邮政”和“石门加盖”“石家庄加盖”“濮阳加盖”“热河加盖”“平山加盖”，以及“唐山版”“石家庄版”等邮票的设计、印制、发行等情况进行调查研究；同时，还结合本省的特点开展古邮驿研究；1991年出版了《井陉暨东天门古驿论集》。

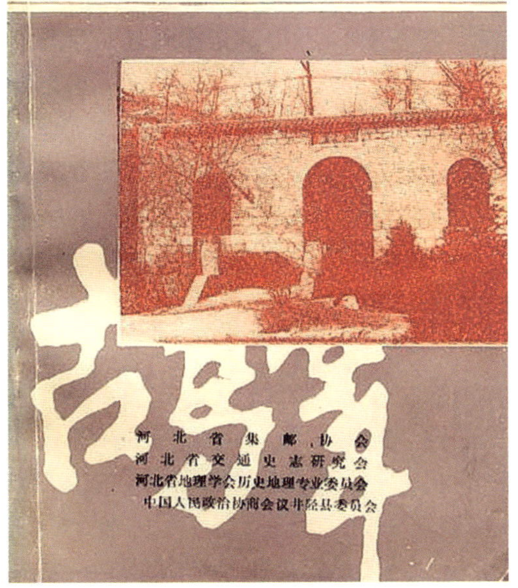

《井陉暨东天门古驿论集》

天津集邮协会学术委员会按照全国首届学术委员会提出的“着重抓好解放区邮票和新中国邮票的研究，重视史料的征集、保管和服务工作”的要求，以调查研究天津解放初期印制和发行的几套解放区邮票为重点，组织委员在津查档，派人赴上海、济南调研，写出了论文《对解放初期天津发行的邮票、包裹印纸、免费戳的研究》《华东邮电管理局在天津印制的几套邮票》《〈华东邮电管理局在天津印制的几套邮票〉后记》等。

各省、直辖市、自治区集邮学术委员会成立以后，在群众性学术研究的基础上，定期或不定期组织编印过集邮论文选集的有：北京、陕西、上海、贵州、宁夏、云南、江西、山西、兰州、湖北、福建、江苏、新疆、四川、安徽等集邮协会。

二、集邮名词审定工作

在1986年召开的学术委员会年会上，与会委员就曾吁请有关部门积极创造条件，组建集邮名词审定委员会。随着全国集邮形势发展，到了1990年，已经办理登记手续的集邮报刊多达数百种，且各种非集邮刊物也纷纷刊载集邮文章、开辟集邮专栏，集邮知识在社会上的传播广泛而迅速。同时，随着中华全国集邮联合会加入亚洲集邮联合会和国际集邮联合会，以及国际交往中不断地引进一些新的集邮外来语，建立一个专门委员会来解决集邮用语规范化和集邮名词标准化的问题十分迫切。

1. 集邮名词审定委员会成立

经中华全国集邮联合会二届六次常务理事会审议，原则同意建立集邮名词审定委员会，以便加强宏观研究和指导，按标准规范和统一使用集邮术语，进一步推动集邮活动健康发展。据此，集邮联秘书处于1990年3月10日下达了关于建立该委员会的通知，并将其设想和组织办法同时下发，征求意见。

1991年5月9日，中华全国集邮联合会集邮名词审定委员会在福州市成立。会上宣布聘任委员19人，选举常增书为主任委员，周之同、孙少颖为副主任委员。同时召开第一次工作会议，讨论并通过了该委员会的组织办法和工作计划。组织办法第四条规定其任务是：（1）负责我国集邮名词标准化、规范化的工作，制定有关工作规划和具体实施方案；（2）负责组织有关人员撰写词目；（3）负责对词目的审定；（4）负责分期分批公布审定结果；（5）负责编辑出版《中国集邮大辞典》及其他出版物；（6）负责检查落实已审定词目的使用情况。

1991年10月11日，集邮名词审定委员会在广东中山市召开工作会议，审定了第一批词目共80条；落实了第二批词目撰写任务，由5位委员撰写释义，并对各省级集邮协会开展名词审定工作做了研究。会后，集邮联学术部下发了《关于征求第一批集邮名词审定稿意见的通知》，要求各省级集邮协会将第一批集邮名词征求意见稿公开发表，组织人员进行讨论，并于1992年4月上报意见。

2. 集邮名词审定工作初见成效

1992年8月30日，《中国集邮报》用一整版发布了集邮名词审定委员会第一号公告，全文刊登了第一批审定并试行的集邮名词80条。公告指出："集邮名词的规范化、标准化，是我国集邮学术活动的一项非常迫切、极其主要的基础性工作，一定要通过广泛发扬民主、集思广益的做法，把我们的集邮名词审定工作健康地开展起来。"

第一批集邮名词征求意见稿的发表，促进了集邮学术研究的深入开展。北京、天津、上海、湖北、广东、山西、陕西、宁夏等地集邮协会分别召开座谈会，提出修改建议448条，涉及80条集邮名词中的75条。

三、有计划地开展学术研究活动

中华全国集邮联合会学术委员会成立后，随即举行第一届年会。在此后的每年中，均有计划、有目的地召集学术年会和开展各类学术活动。这些学术活动有的是由中华全国集邮联合会主办的，也有的是由相邻的各省、自治区、直辖市集邮协会联合举办的。

中华全国集邮联合会集邮名词审定委员会委员合影

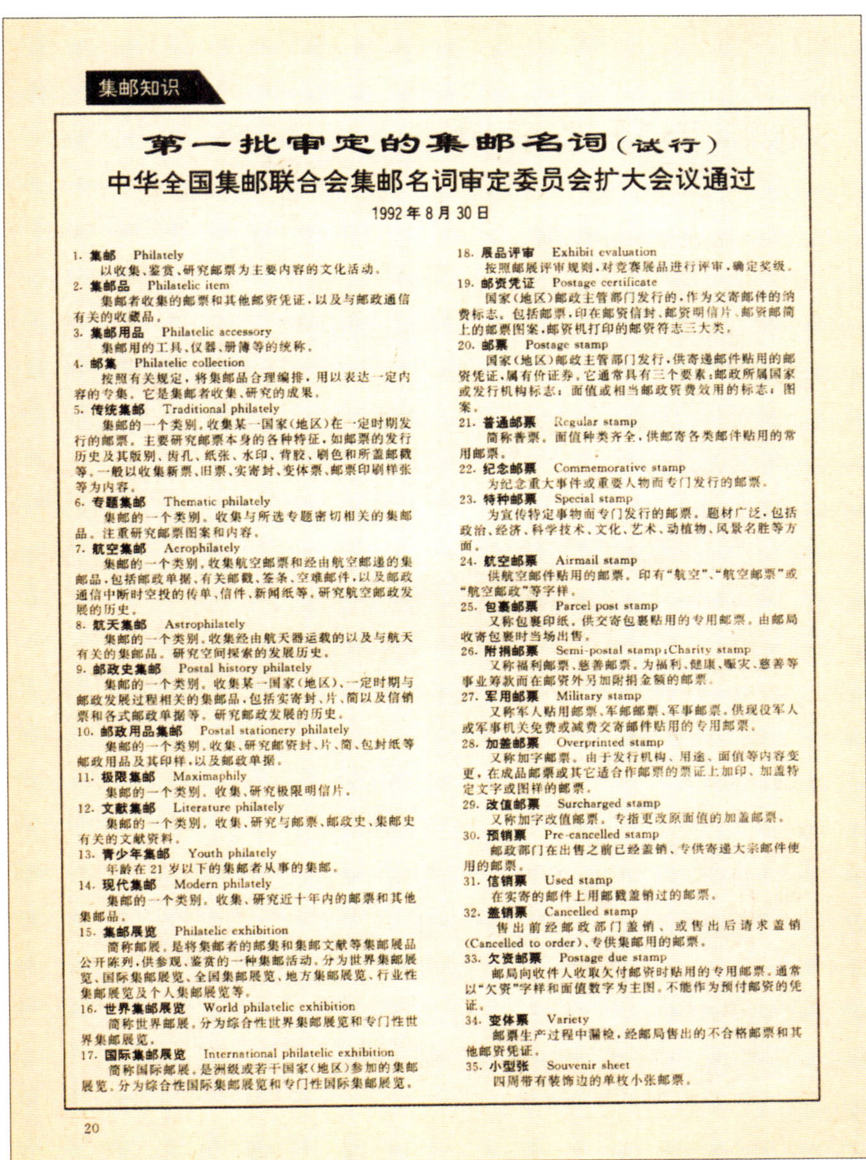

集邮知识

第一批审定的集邮名词（试行）

中华全国集邮联合会集邮名词审定委员会扩大会议通过

1992 年 8 月 30 日

1. **集邮**　Philately
以收集、鉴赏、研究邮票为主要内容的文化活动。
2. **集邮品**　Philatelic item
集邮者收集的邮票和其他邮资凭证，以及与邮政通信有关的收藏品。
3. **集邮用品**　Philatelic accessory
集邮用的工具、仪器、册簿等的统称。
4. **邮集**　Philatelic collection
按照有关规定，将集邮品合理编排，用以表达一定内容的专集。它是集邮者收集、研究的成果。
5. **传统集邮**　Traditional philately
集邮的一个类别，收集某一国家（地区）在一定时期发行的邮票。主要研究邮票本身的各种特征，如邮票的发行历史及其版别、齿孔、纸张、水印、背胶、刷色和所盖邮戳等。一般以收集新票、旧票、实寄封、变体票、邮票印刷样张等为内容。
6. **专题集邮**　Thematic philately
集邮的一个类别。收集与所选专题密切相关的集邮品。注重研究邮票图案和内容。
7. **航空集邮**　Aerophilately
集邮的一个类别，收集航空邮票和经由航空邮递的集邮品，包括邮政单据、有关邮戳、签条、空难邮件，以及邮政通信中断时空投的传单、信件、新闻纸等。研究航空邮政发展的历史。
8. **航天集邮**　Astrophilately
集邮的一个类别，收集经由航天器运载的以及与航天有关的集邮品。研究空间探索的发展历史。
9. **邮政史集邮**　Postal history philately
集邮的一个类别。收集某一国家（地区）、一定时期与邮政发展过程相关的集邮品，包括实寄封、片、简以及信销票和各式邮政单据等。研究邮政发展的历史。
10. **邮政用品集邮**　Postal stationery philately
集邮的一个类别，收集、研究邮资封、片、简、包封纸等邮政用品及其印样，以及邮政单据。
11. **极限集邮**　Maximaphily
集邮的一个类别。收集、研究极限明信片。
12. **文献集邮**　Literature philately
集邮的一个类别。收集、研究与邮票、邮政史、集邮史有关的文献资料。
13. **青少年集邮**　Youth philately
年龄在 21 岁以下的集邮者从事的集邮。
14. **现代集邮**　Modern philately
集邮的一个类别。收集、研究近十年内的邮票和其他集邮品。
15. **集邮展览**　Philatelic exhibition
简称邮展，是将集邮者的邮集和集邮文献等集邮展品公开陈列，供参观、鉴赏的一种集邮活动。分为世界集邮展览、国际集邮展览、全国集邮展览、地方集邮展览、行业性集邮展览及个人集邮展览等。
16. **世界集邮展览**　World philatelic exhibition
简称世界邮展，分为综合性世界集邮展览和专门性世界集邮展览。
17. **国际集邮展览**　International philatelic exhibition
简称国际邮展，是洲级或若干国家（地区）参加的集邮展览，分为综合性国际集邮展览和专门性国际集邮展览。
18. **展品评审**　Exhibit evaluation
按照邮展评审规则，对竞赛展品进行评审，确定奖级。
19. **邮资凭证**　Postage certificate
国家（地区）邮政主管部门发行的，作为交寄邮件的纳费标志。包括邮票，印在邮资信封、邮资明信片、邮资邮简上的邮票图案，邮资机打印的邮资符志三大类。
20. **邮票**　Postage stamp
国家（地区）邮政主管部门发行，供寄递邮件贴用的邮资凭证，属有价证券。它通常具有三个要素：邮政所属国家或发行机构标志；面值或相当邮政资费效用的标志；图案。
21. **普通邮票**　Regular stamp
简称普票。面值种类齐全，供邮寄各类邮件贴用的常用邮票。
22. **纪念邮票**　Commemorative stamp
为纪念重大事件或重要人物而专门发行的邮票。
23. **特种邮票**　Special stamp
为宣传特定事物而专门发行的邮票。题材广泛，包括政治、经济、科学技术、文化、艺术、动植物、风景名胜等方面。
24. **航空邮票**　Airmail stamp
供航空邮件贴用的邮票。印有“航空”、“航空邮票”或“航空邮政”等字样。
25. **包裹邮票**　Parcel post stamp
又称包裹印纸。供交寄包裹贴用的专用邮票。由邮局收寄包裹时当场出售。
26. **附捐邮票**　Semi-postal stamp；Charity stamp
又称福利邮票、慈善邮票。为福利、健康、赈灾、慈善等事业筹款而在邮资外另加附捐金额的邮票。
27. **军用邮票**　Military stamp
又称军人贴用邮票、军邮邮票、军事邮票。供现役军人或军事机关免费或减费交寄邮件贴用的专用邮票。
28. **加盖邮票**　Overprinted stamp
又称加字邮票。由于发行机构、用途、面值等内容变更，在成品邮票或其它适合作邮票的票证上加印、加盖特定文字或图样的邮票。
29. **改值邮票**　Surcharged stamp
又称加字改值邮票。专指更改原面值的加盖邮票。
30. **预销票**　Pre-cancelled stamp
邮政部门在出售之前已经盖销、专供寄递大宗邮件使用的邮票。
31. **信销票**　Used stamp
在实寄的邮件上用邮戳盖销过的邮票。
32. **盖销票**　Cancelled stamp
售出前经邮政部门盖销、或售出后请求盖销（Cancelled to order）、专供集邮用的邮票。
33. **欠资邮票**　Postage due stamp
邮局向收件人收取欠付邮资时贴用的专用邮票。通常以“欠资”字样和面值数字为主图。不能作为预付邮资的凭证。
34. **变体票**　Variety
邮票生产过程中漏检，经邮局售出的不合格邮票和其他邮资凭证。
35. **小型张**　Souvenir sheet
四周带有装饰边的单枚小张邮票。

20

《集邮》杂志刊发第一批审定的集邮名词

1. 举办全国集邮学术委员会年会

中华全国集邮联合会第一届学术委员会年会于 1983 年 2 月 21—22 日在广州举行。刘广实、孙君毅、孙志平和沈曾华分别就海关大龙邮票的发行日期和解放区邮票研究中的问题作了学术报告。一部分委员还举行了“红印花”专题讨论会，赵人龙等就“红印花和红印花小字壹圆票”的缘起等问题进行了讨论。

为了组织好中华全国集邮联合会学术

委员会年会及学术讨论会，中华全国集邮联合会按照学术研究计划和课题，及时下达征集学术讨论会论文的通知，要求各省、直辖市、自治区集邮协会组织撰写论文，召开省级学术年会，并向全国推荐论文。

中华全国集邮联合会学术委员会第二届年会暨学术讲座于1984年11月1—6日在西安举行。有8人在大会上宣读了论文，有32人在小组会上宣读论文并进行了广泛讨论。与会代表以中华人民共和国邮票为主，兼及其他方面的学术讨论，并提出了中国集邮领域里需要研究解决的一些课题。会后编辑了《集邮学术论文汇编》，收录了这次会议上宣读的论文31篇，其中有关集邮理论研究的7篇、中华人民共和国邮票研究的8篇、解放区邮票研究的5篇、早期邮票研究的3篇。

《集邮学术论文汇编》

中华全国集邮联合会学术委员会第三届年会于1985年9月7—11日在安徽黄山市举行。本届年会是以解放区邮票为主题的学术讨论会。会上有6人宣读了论文，11人在小组会上宣读了论文。这些论文涉及的主要问题是：（1）解放区邮政、邮票的性质和地位问题；（2）最早建立的苏区邮政和最先发行的“区票”；（3）一些区域性的邮票和加盖邮票问题。会议肯定了几年来我国在解放区邮政历史、邮品收集、整理和研究方面取得的进展和成果。通过论证，否定了湘赣边省最早建立赤色邮政、发行赤色邮票的习惯说法；明确了解放区邮政和邮票史是中国革命斗争史的一个组成部分。会议认为，发掘抢救解放区邮政、邮票史料已经是一项刻不容缓的任务。

1986年，专题集邮在中国广泛普及，水平有较大程度提高。当年7月19—23日学术委员会在兰州举行年会，主要议题是专题集邮，宣读论文22篇。其中，《再论我国专题集邮的发展与现状》《试论专题集邮》《提倡专题集邮》《关于提高专题集邮水平的探讨》《新中国专题集邮邮品开拓的几个问题》《专题集邮的评审工作》等论文，从不同角度探讨了专题集邮的发展现状、组集方法、参展规则和收集方式与范围。梁鸿贵就20世纪80年代以来世界专题集邮的发展与形式作了专题报告。

这次学术讨论会归集了一些重要成果：（1）对专题集邮的实质内容与方式有了统一的认识；（2）对长期以来不统一的提法，即专题集邮（Thematic Philately）与主题集邮（Topical Philately）混淆不清的问题，作出了明确规定，将二者统称专题集邮，英文统一称为“Thematic Philately”；（3）在组

中华全国集邮联合会学术委员会1985年年会

集时大量使用外国素材的问题上达成共识，倡导使用素材的多样性。

1989年学术委员会年会暨学术讨论会，于当年9月25—27日在北京举行。会上讨论通过了李洪义代表学术委员会所作的一年半来的工作总结报告和下一年重点工作安排。学术讨论会以中华人民共和国邮票为主题，宣读论文16篇。这批论文是从各省、自治区、直辖市集邮协会推荐的124篇论文中精选出来的，水平较高。李曙光的论文《关于军人贴用邮票研究》，通过查阅有关档案，纠正了过去认为军人贴用邮票之所以分为黄、棕、蓝3种刷色，是为了分别发至陆、空、海军专用的误解。此外，《新中国邮票三个问题之我见》《散论我国现行邮票的齿度》《关于普通邮票的发行》《东北贴用普通邮票子模特征》《普无号邮票分组辨析》等论文在研究上都有新的突破。

2. 开展区域性集邮学术活动

区域性集邮学术研讨会是有关省、自治区、直辖市集邮协会及其所属地、市集邮协会横向联合、共享资源，对本地区重大或疑难学术课题共同进行学术研讨的一种方式。

东北三省集邮学术讨论会是围绕东北解放区初期加盖票的认定问题开展的。第一次“东北三省集邮学术讨论会”于1987年12月11—14日，在辽宁省大连市举行。会上共发表了18篇论文，并讨论通过了《东北解放区地方加盖邮票认定标准（试行稿）》。第二次“东北三省集邮学术讨论会”于1988年9月14—16日在黑龙江省大庆市举行。会上共发表14篇论文，讨论了关于成立东北解放战争时期加盖邮票鉴定委员会的问题。第三次“东北三省集邮学术讨论会”

于1990年5月21—22日在吉林省吉林市举行。会上发表13篇论文，讨论了编纂《中国解放区邮票史·东北卷》的有关问题。

华北地区集邮活动协作会议1988年11月26—28日在北京召开。会议通过了开展邮展、学术研究、经验交流等各项协作活动的纪要，成立了由北京、天津、河北、山西、内蒙古等地集邮协会组成的华北地区集邮协作活动组委会。1989年2月22日，组委会在石家庄召开第一次会议，确定本年召开华北“区票”学术讨论会。

1989年4月1—2日，华北集邮协作活动组委会在北京怀柔召开第一次集邮学术工作会议，共提出23条关于华北解放区邮票的悬而未决的问题。为了迎接1990年中国人民革命战争时期邮票发行60周年，12月9—11日，组委会在北京召开了首次集邮学术讨论会，主要研讨两项课题：（1）“区票”名称、定义、发行时间的上下限；（2）华北“区票”发行历史情况。这次会议共发表论文20篇，出版了《华北地区首次集邮学术（区票）讨论会论文汇编》。其中一项重要研究成果是否定了“贝子庙加盖票”的存在。

西北五省解放区邮票学术研讨会于1989年12月20—21日在兰州举行。入选论文对厘清陕甘宁边区邮政史及邮票发行始末很有价值。会议还对新疆“伊塔阿”三区邮票的历史地位进行了研讨，但对其1946年以前发行的两套加盖邮票是否应列入“区票”有意见分歧。李大斌在论文《陕南邮票在西北地区邮票中的地位和价值》中指出：“根据党史资料，成立‘陕南军区’时，即明令不再属于‘华中邮政管理局’范围，过去‘陕南区票为华中邮政管理局发行’的提法应予以改正。”

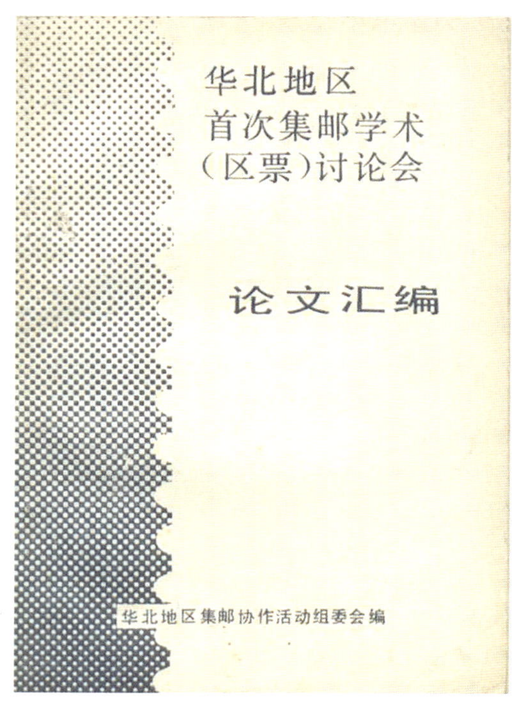

《华北地区首次集邮学术（区票）讨论会论文汇编》

1990年6月4—6日，华东地区为纪念解放区邮票发行60周年，在上海召开了“华东六省一市集邮学术交流会”。1991年3月12—14日，“华东地区集邮学术交流第二次会议”在安徽黄山市召开，有23人参加会议。中心议题是讨论《中国解放区邮票史·华东卷》的编写问题。会上宣读了6篇论文。

四、举办全国重大主题集邮学术活动

20世纪80年代后期，随着社会主义精神文明建设深入发展，中华全国集邮联合会学术委员会更加看重学术活动的社会价值及其影响力。在开展学术活动时，既注重与当年社会或集邮领域的重大纪念事件相结合，从时机和地点选择上突出主题；又注重学术

活动的规模化，紧紧围绕主题在全国范围开展学术研究，征集学术论文，适时举办学术研讨会总结成果，取得明显成效。

1. 中国大龙邮票发行 110 周年学术活动

作为纪念大龙邮票发行 110 周年活动内容之一，1988 年 7 月 3 日，中华全国集邮联合会学术工作委员会在北京香山饭店举行了“纪念中国大龙邮票发行 110 周年国际学术讨论会”。中国邮票博物馆馆长孙少颖宣读了论文《大龙邮票与中国近代邮政史》。他从中国近代史研究的角度出发，论述了中国近代邮政和中国大龙邮票产生以及带来的影响，并赞成“大龙邮票是 1878 年 7 月 24 日起发行”，认为这种提法比较切合实际。

上海海关杜圣余宣读了论文《大龙邮票发行日期》，认为应将“邮票收到日期作为发行首日……即 7 月 24 日或 25 日”。此外，会上还分发了杨耀增的文章《大龙邮票的发行日期到了作出定论的时候了》，该文“建议把 7 月 24 日定为大龙邮票发行首日”，以及刘广实的《论大龙邮票的齿度》、赵人龙的《大龙 3 分银邮票子模和版式的讨论》、王泰来的《大龙邮票的龙图及图源研究》等 5 篇论文书面交流。

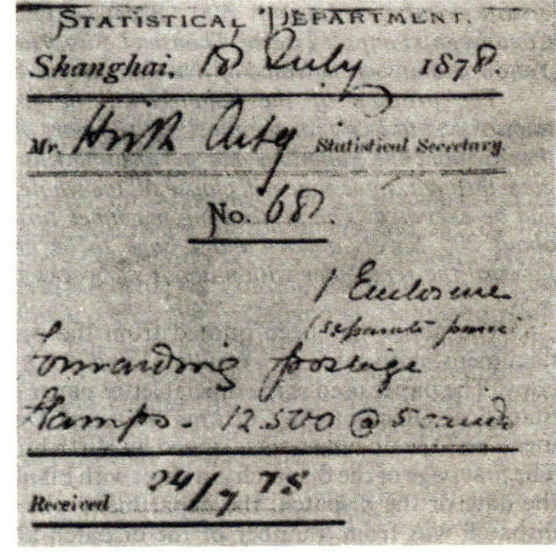
STATISTICAL DEPARTMENT,
Shanghai, 18 July 1878.
Mr. ... Statistical Secretary.
No. 68.
1 Enclosure
forwarding postage
stamps - 12500 @ 5 ...
Received 24/7 78

天津海关签署的 1878 年 7 月 24 日收到大龙五分银邮票 12500 枚收据

纪念大龙邮票发行 110 周年学术讨论会

与会各国集邮家对“大龙”邮票的发行日期等有关问题进行了热烈讨论。讨论会不仅就宏观问题进行了深入的探讨，对一些微观问题也发表了不少有见地的观点。孙少颖在发言中提出：（1）中国近代邮政始于 1878 年的海关试办邮政；（2）对于评价赫德等人在中国邮政创办中的作用，要采取实事求是的态度。

会上，法国集邮家马士舍夫斯基夫妇的学术论文引起大家的浓厚兴趣。他们别开生面地用幻灯放映了其对大龙邮票的研究成果。研究内容涉及版式、刷色、齿孔、子模等各个方面。

2.“区票”发行 60 周年学术活动

1990 年是中国共产党领导的红色区域的邮票发行 60 周年。为此，邮电部、中共中央党史研究室、解放军总政治部、国家教委、文化部、中华全国集邮联合会、中国革命博物馆、中国人民革命军事博物馆联合主办了隆重的纪念活动。党和国家领导人对此次活动给予了高度重视和大力支持。李鹏、刘华清、宋任穷等分别为活动题词；徐向前为《中国解放区邮票史》题写了书名，薄一波为该书作序；杨得志为电视片《“区票”传奇》题写片名。纪念活动从 7 月 30 日至 8 月 9 日持续进行，其中 8 月 2—4 日先后召开纪念大会和学术研讨会。

8 月 2 日，“中国人民革命战争时期邮票发行 60 周年纪念大会”在人民大会堂隆重举行。党和国家领导人习仲勋、王首道、陈锡联、雷洁琼、康克清等，以及中华全国集邮联合会和各有关方面领导同志，各省、自治区、直辖市集邮协会负责人和邮电部老领导，首都集邮界代表和集邮联学术委员会全体委员，外国收集、研究中国“区票”的著名集邮家古庄昭夫（日）、水原明窗（日）、罗曼·汤森（美）、克特·达恩克（联邦德国），以及中国澳门集邮界

中国人民革命战争时期邮票发行 60 周年纪念活动组委会第一次会议

人士薛福中等共500多人参加了纪念大会。大会由邮电部副部长、本次活动组委会主任、中华全国集邮联合会会长朱高峰主持。第七届全国人大常委会副委员长习仲勋、邮电部部长杨泰芳、集邮家代表沈曾华先后在大会讲话、致辞。

8月3—4日，中华全国集邮联合会在人民大会堂圆厅举行了“中国解放区邮票发行60周年学术研讨会”。学术委员会主任李洪义主持会议。会上共宣读了13篇论文。通过讨论，解决了一些历史疑难问题，如关于冀南抗日邮政邮票的认定、苏维埃油印邮票的真伪、云南澜沧解放区发行邮票的历史情况及山东战邮的基本情况等。研讨会气氛活跃，与会者争相发言、各抒己见。日本、美国、联邦德国等国以及中国澳门地区的集邮家也参加了讨论，对于提高中国“区票”在国际邮坛上的地位起到了积极作用。

中华全国集邮联合会秘书长刘天瑞在研讨会即将结束时说：“本次研讨会的结束并不意味着‘区票’的发掘、收集、鉴别、整理和研究的结束，还有许多任务需要我们这一代人完成。我们要大力宣传‘区票’在中国邮政史中的作用，使其在世界邮坛获得应有的地位。”

3. 庆祝中国共产党成立70周年学术活动

为庆祝中国共产党成立70周年，中华全国集邮联合会于1991年6月25日在北京人民大会堂圆厅举行学术报告会。第七届全国人大常委会副委员长雷洁琼，中华全国集邮联合会会长朱高峰，文化部副部长、中华全国集邮联合会副会长陈昌本及有关部门领导和集邮家出席了会议。参加论文交流的代表分别来自北京、上海、浙江、广东、云南和甘肃等地。

中华全国集邮联合会副会长兼秘书长

庆祝中国共产党成立70周年集邮学术报告会

刘天瑞主持了会议。北京大学马克思主义理论教育中心副主任江长仁的《从邮票看中国共产党在新民主主义革命时期的光辉历程》和上海铁路局干以明的《集邮学党史，同铸爱国心》两篇论文受到与会者好评。在会上交流的还有：云南楚雄地区第三中学副校长陈若龙、浙江残疾人集邮家李少华、广东离休老干部徐勤全、甘肃总工会主席王新中。他们不仅在集邮领域做出成绩，而且是优秀共产党员。他们从集邮角度宣传中国共产党70年来所走过的光辉历程，并且用生动的事例证明集邮是社会主义精神文明的组成部分。

4. 纪念辛亥革命80周年学术活动

1991年是辛亥革命80周年。为此，中华全国集邮联合会于1991年10月11—13日在广东省中山市举行“纪念辛亥革命80周年集邮学术讨论会”。中华全国集邮联合会副会长张包子俊主持了开幕式，副会长常增书、副秘书长刘钟林，中山市人大常委会和市政府领导、邮电局局长以及中华全国集邮联合会学术委员会委员、集邮名词审定委员会委员，新闻媒体，港、澳、台地区集邮界人士10余人参加了讨论会。

本次讨论会共征集到论文44篇，入选14篇。其中吴凤岗的《论民初地方加盖票的成因》和赵强的《未发行〈光复纪念〉邮票考》得到与会者好评。港、澳、台地区集邮家黄瑀、何辉庆等也在会上宣读了论文。大陆与港、澳、台地区集邮家同聚一堂、切磋邮识，共同缅怀孙中山先生及辛亥革命的伟大功绩，为促进祖国的统一大业发挥积极作用。

同年10月10日上午，浙江省邮电局、绍兴市人民政府在绍兴市举行了《辛亥革命时期著名人物》纪念邮票首发式。当天下午，绍兴市邮电局还举行了《辛亥革命时期著名人物》邮票座谈会，由邮票设计者王书朋讲述该邮票的创作过程。

五、重大学术课题的研究及成果

这一时期，是中国集邮界学术成果产量较高的时期。此前在中国集邮界争论多年而且悬而未解的一些课题，经过学术研

纪念辛亥革命八十周年集邮学术讨论会

讨活动达成共识或予以澄清。

1. 大龙邮票发行日期的研究

在1983年2月21—22日举行的中华全国集邮联合会学术委员会讨论会上，关于海关大龙邮票发行日期再次成为重要课题之一。刘广实、孙君毅、孙志平结合1980—1983年1月以来所披露的或过去没有引起重视的档案或材料分别作了重点发言，其他委员也就此提出了个人见解。与会者一致否定了过去的“8月说”“9月说”“10月说”“12月说”，把海关大龙邮票的发行时间范围集中到7月24日至8月1日之间。1984年第2期《集邮研究》刊发了署名齐生（王庸声）的文章——《关于大龙邮票发行日期的一点看法》。文章通过分析认为：“中国第一种邮票是5分银大龙，发行于1878年7月24日。”

在1988年举行的大龙邮票学术讨论会上，得出了基本的共识。关于大龙邮票发行日期应以“1878年7月24日为上限，以后陆续发行”的提法为妥。中国近代邮政开办时间，倾向于从清代海关1878年奉命试办邮政算起。对于当时海关邮政的历史人物，包括外籍雇员赫德、德璀琳等人的功过是非，也作了实事求是的评价。这些成果扩大了中国集邮学术研究在国际上的影响。

2. 对“区票”的界定与研究

（1）第一套“区票”的发行年份

1982年，“区票”收藏家王力军、田小利著文对苏区发行的首套邮票为《湘赣边省赤色邮票》提出了异议。此前的观点认为该票是毛泽东于1927年10月率秋收起义部队到达江西井冈山后创建的“湘赣边界割据地区”于1929年发行的。根据王、田两人的实际调查，当时的井冈山根据地简称为“湘赣边界”或“边界”，而邮票上所印的“湘赣边省”铭记，与“湘赣边界”根本不是一回事。根据当时的文件，1931年8—10月底，湘赣苏区的省委才称之为“湘赣边省”。因此，此前的看法认为苏区首套邮票是1929年发行的《湘赣边省赤色邮票》是不符合史实的。

1987年第4期《集邮》杂志刊登了江西邮管局邮电史编辑室《对湘赣、赣西南苏区邮政、邮票有关问题的考证》一文。该文指出：“湘赣边界虽设立过县一级的赤色邮局，但由于当时环境和条件的限制，边界政府没有成立统一领导边界各县赤色邮政的管理机构，没有颁发邮政章程，也没有发行邮票。”

从王力军、田小利的实地调查和江西省邮管局邮电史编辑室的文章可以得出这样的结论：苏区的第一套邮票是1930年发行的“赣西南赤色邮政”邮票，而不是“湘赣边省赤色邮票。”

（2）“区票”的名称及其发行时间的上限与下限

关于中国共产党领导的红色区域邮票的名称与发行的上、下时限讨论：苏区第一套邮票是“赣西南赤色邮政”邮票。它发行于1930年5月。这是“区票”发行时间的上限。那么解放区邮票发行时间的下限又是何年何月呢？从1982年开始，中国集邮界对此问题进行了一次热烈讨论。

这个问题的实质是：“区票”与中华人民共和国邮票的划界问题。1982年11月7日，无锡集邮研究会专门举行了一次该问题的研讨会。会上共有12人发言，主要分歧是，能否以中华人民共和国成立之日——1949年10月1日作为“区票”与中

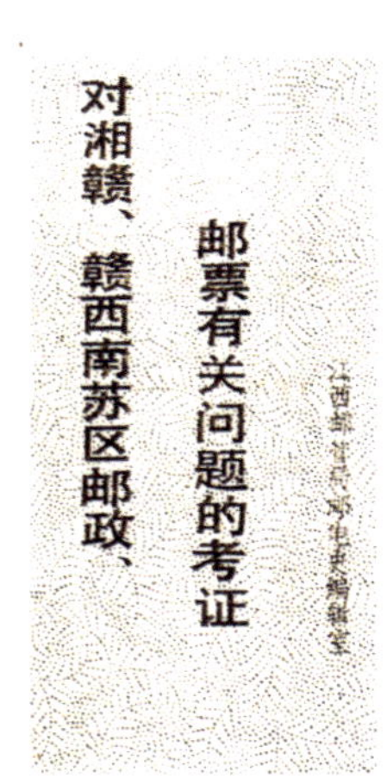

对湘赣、赣西南苏区邮政、邮票有关问题的考证

江西邮管局邮电史编辑室

编者按：第一套解放区邮票何时、何地发行，这是我国邮政史上的一个重要课题。现发表此文，供大家研究参考。

一、湘赣边界各县1928年前后普遍建立了赤色邮局

自1927年10月创建湘赣边界根据地开始，到1928年7月根据地进入全盛时期，根据地内大部分县先后建立了红色政权和赤色邮政。1928年8月以后边界受敌侵扰，邮政机构随红色政权转移或处于停顿状态。1929年战争取得胜利，邮政通信又随之恢复和发展。

湘赣边界第一个赤色邮局，是1927年10月工农革命军到宁冈后，接收和改造国民党的龙头市（砻市）邮局。工农革命军第一营营长陈毅安1927年10月3日寄给妻子的信（现藏中国革命博物馆）其通信处是“江西宁冈县龙头邮局”。1928年2月，宁冈县工农兵政府在龙头市成立，龙头邮局改名“宁冈县赤色邮局”。

遂川县工农兵政府于1928年1月成立后不久，就建立了赤色邮局，局长为康保民。

据莲花县大事表记载，1928年“设立了一个赤色邮局”。据1929年在莲花赤色邮局任邮递员的颜桂珍回忆：“29年冬，在我县北门正式成立邮局，局长陈志万。”

据《永新人民革命史》记载：“1929年12月，全县光复，便建立了永新县赤色邮政局。局址设于北街正太和商号内”，局长刘志远。

据《湖南省邮电志》记载，“1929年冬，茶陵正式成立县苏维埃政府于严塘井泉湾，设立了赤色邮局”。“1927年至1929年间，攸县苏维埃政府设在东冲，同时建立了攸县赤色邮政局，局内工作人员共六名，其中局长一人，交通员二人，其他人员三人。”

据湘赣革命根据地党史征编协作小组整理的《酃县苏区邮政工作概况》记载：“酃县邮政局成立于1929年7、8月间，局址设在石州横店里，局长段斌。”

由于当时环境和条件的限制，边界政府没有成立统一领导边界各县赤色邮政的管理机构，没有颁发邮政章程，也没有发行邮票。除赤色邮政外，边界政府和红军还利用联合通信站和秘密交通来完成特殊的通信任务。县以下，主要通过交通站和递步哨完成短距离通信任务。

二、湘赣边省邮政总局的成立及其局名的演变

目前一些研究苏区邮政的书籍和文章，均未提到“中华赤色邮政湘赣边省总局”这一机构名称。有

的把“湘赣边省赤色邮票”看作是湘赣边界政府于1928年发行的，有的认为是1929年发行的，有的说是湘赣省邮政总局于1932年初发行的，众说纷纭。造成这种混乱说法的原因，主要是对湘赣边界、湘赣边省、湘赣省三个苏区名称没有加以区别，混为一谈。

湘赣边界是1927年10月建立的革命根据地，那时没有省的建制。1930年“二七”会议后，湘赣边界特委与赣西、赣南特委合并，成立赣西南特委和赣西南苏维埃政府，湘赣边界根据地撤销。

湘赣边省和湘赣省是同一行政区域的前后不同的名称。湘赣边省是湘赣省前期名称。根据当时文件，1931年8月到10月底，湘赣苏区的省委均称“湘赣边省”。10月25日在永新成立湘赣省苏维埃政府之后，其文件均用“湘赣省”，而不再用“湘赣边省”了。

江西省档案馆珍藏的《赤色邮务须知》（见图）印有“中华赤色邮政湘赣边省总局印　九月十五日”

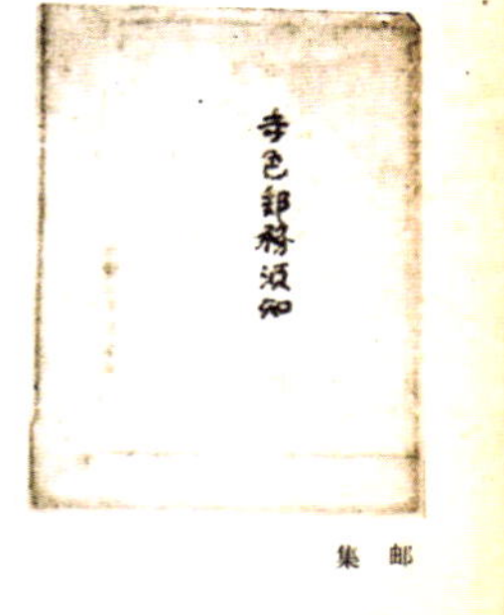

·22·　集邮

《集邮》杂志登载的《对湘赣、赣西南苏区邮政、邮票有关问题的考证》

华人民共和国邮票的分水岭。

在《邮友信箱》1983年第3期、第4期合刊上，吴廷琦发表文章认为：“‘解放区邮票’一词概括不了整个中国人民革命战争的全过程。是否把‘解放区邮票’概念理解为‘凡在中国人民革命战争时期由各地人民政府所领导的邮政机构或地方邮局印制或改值的邮票’为‘解放区票’，这样就可以把解放区邮票与新中国邮票的划分界限解决。1949年10月1日新中国成立，当时中国人民革命战争并未完全结束，凡在解放战争继续进行的地区，由地方人民政权所发行的邮票也应划为‘中国人民革命战争时期邮票’”。

吴廷琦（1925—2012），笔名延陵，出生于陕西韩城。他1943年开始集邮，一直致

力于系统收集和研究解放区邮票、新中国普通邮票及邮资封、片、简等。吴廷琦编组的《中华人民共和国普通邮票》邮集曾多次参加国内、国际邮展并获奖。他以延陵为笔名，在国内外集邮报刊发表集邮研究论文1000余篇。他参与了《中国人民革命战争时期邮票目录》《中国解放区邮票史》等多部集邮文献的编写工作。1982年，吴廷琦出席了中华全国集邮联合会第一次代表大会。2003年，他被授予中华全国集邮联合会第一批会士。

1990年第1期《集邮研究》全文发表了孙少颖在上述学术讨论会上的论文《解放区邮票与人民革命战争》。他认为，邮票的学术问题必须把它放到特定的历史背景去考察。1949年10月1日，中华人民共和国宣告成立后，全国解放战争仍在向华南、西南进军，新解放地区的邮政邮票在继续发行使用。因此，中国解放区邮票史，应按邮电部邮政总局通令“1950年6月底停售”的时间作为下限。

3. 关于“红印花”邮票的研究

1983年2月19日，在广州中华全国集邮联合会学术委员会成立暨学术研讨会期间，全国学术委员16人举行了一次有关红印花研究的座谈会。这次座谈会是继1981年“西子湖畔话红花”和1982年“天安门前续红谱”之后的第三次。这次“三谈红花五羊城”的纪要发表在《邮友信箱》1983年第3、4期的合刊上。赵人龙从《邮友信箱》复刊起就在该刊以“红花×话”为专栏，共计写了18“话”之多。其中有几“话”还分成若干篇文章，对红印花邮票进行了专门的研究。1987年，赵人龙又在中国香港的集邮刊物——《邮票世界》连载长篇文章《读“红印花邮票”小识》，从1987年第20期至1990年第105期，每期一节，共刊发了28节。

赵人龙（1918—2014）江苏张家港人。1930年开始集邮，收集中国邮票和外国邮票。曾是中华邮票会、新光邮票会、甲戌邮票会和各地若干邮票会的会员。中国邮票博物馆邮票鉴定专家，中华全国集邮联合会学术委员会第一、二届委员。他对大龙邮票和红印花加盖票的研究成果显著。20世纪80年代以来，赵人龙公开发表研究文章300余篇。1982年，他当选中华全国集邮联合会第一届理事会理事。2003年，他被授予中华全国集邮联合会第一批名誉会士。

吴廷琦

赵人龙

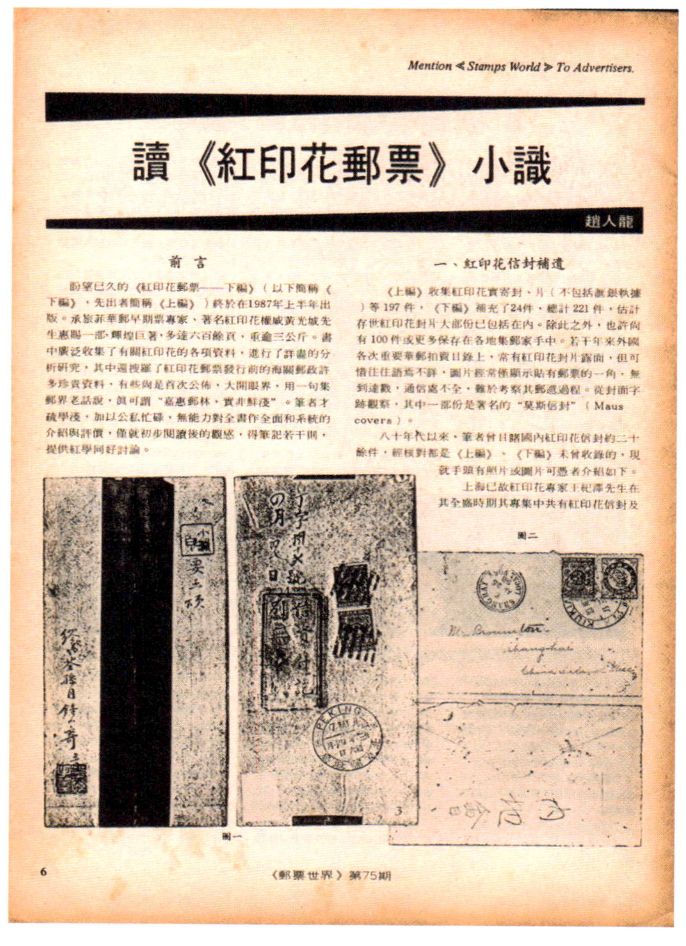

Mention ≪Stamps World≫ To Advertisers.

讀《紅印花郵票》小識

趙人龍

前言

盼望已久的《紅印花郵票——下編》（以下簡稱《下編》，先出者簡稱《上編》）終於在1987年上半年出版。承旅菲華郵早期票專家、著名紅印花權威黃光城先生惠賜一部，輝煌巨著，多達六百餘頁，重逾三公斤。書中廣泛收集了有關紅印花的各項資料，進行了詳盡的分析研究，其中還搜羅了紅印花郵票發行前的海關郵政許多珍貴資料，有些尚是首次公佈，大開眼界，用一句集郵界老話說，眞可謂“嘉惠郵林，實非鮮淺”。筆者才疏學淺，加以公私忙碌，無能力對全書作全面和系統的介紹與評價，僅就初步閱讀後的觀感，得筆記若干則，提供紅學同好討論。

一、紅印花信封補遺

《上編》收集紅印花實寄封、片（不包括匯銀執據）等197件，《下編》補充了24件，總計221件，估計存世紅印花封片大部份已包括在內。除此之外，也許尚有100件或更多保存在各地集郵家手中。若干年來外國各次重要華郵拍賣目錄上，常有紅印花封片露面，但可惜往往語焉不詳，圖片經常僅顯示貼有郵票的一角，無到達戳，通信處不全，難於考察其郵遞過程。從封面字跡觀察，其中一部份是著名的“莫斯信封”（Maus covers）。

八十年代以來，筆者曾目睹國內紅印花信封約二十餘件，經核對都是《上編》、《下編》未曾收錄的，現就手頭有照片或圖片可憑者介紹如下。

上海已故紅印花專家王紀澤先生在其全盛時期其專集中共有紅印花信封及

圖一

圖二

6　《郵票世界》第75期

《读〈红印花邮票〉小识》

中国台湾出版的《今日邮政》第326期上刊登了一篇《红印花不是印花税票》的文章，其根据是菲律宾华侨集邮家陈国珍收集到一全张100枚面值3分，酷似红印花原票（唯刷色不同）的票品。该全版票的边纸上印有5行英文字，其中文意译为：

> 兹收到大洋三圆整，以供给印花（百枚），备贴于进口货物报关签单上。
>
> 此票商人不准分拆，需将整票呈阅。
>
> 税务司奉命敬启

再根据江海关1885年修订实施的上海口岸派司制度，得出了红印花原票是在1885年，至迟1890年左右已经问世的结论。并指出了待证的问题：红印花原票可能是仅供海关内部作业使用的“收费票”，即“海关印纸”。

1988年第4期《集邮研究》刊登了杜圣余的论文《关于红印花原票的考证》。该文从“红印花原票的由来之谜”谈起，谈到“派司制度的起源”，谈到“上海口岸派司制度”，认定1885年前后海关印花还未设计并印制。又从“上海口岸派司制度的弊端”谈到“使用印花票的建议”。该论文在“海关印花票的设计图样及说明”一节中指出：海关印花票的图样，在江海关第3923号报告中就出现了。而后在江海关11月16日第4209号报告中正式提出，经总税务司署核准，寄送海关驻伦敦办事处按图样印制。论文还有两节专谈“海关印花票计值单位的变迁”（由关平银改为洋银的过程），以及“红印花加盖邮票”（该票加盖的过程）。最后又有两节谈到“承印单位华德路公司”和“红印花原票的名称”。

4．关于中华人民共和国邮票邮史的研究

对中华人民共和国邮资票品及其所涉邮史的研究，一直被学术委员会列入重点计划，在全国和省级的学术研讨会上多次研讨。1989年10月在北京召开了“新中国邮票、邮品学术讨论会”，与会者有老集邮家和中青年学术骨干。他们的研究成果主要反映在那些以中华人民共和国邮资票品为素材的展品中，并在国内外竞赛性邮展上获奖，同时以此为基础，发表了大量研究论文和文章。这些论文和文章，主要集中在以下5个方面：（1）对版式、版铭、齿孔的研究；（2）对邮票选题、设计的研究；（3）对邮资票品设计、印刷、发行日期和使用的研究；（4）对邮资票品发行背景的研究；（5）对邮政历史、邮戳的研究等。

由于中华人民共和国成立初期各项规章制度不够完善，集邮者很难接触到有关的档案材料，从而造成了某些早期邮资票品的发行和使用情况不明，或集邮界习惯的说法与实际情况有出入。自20世纪80年代以来，根据有关档案材料或存世实寄的邮品，一些学术骨干对这一领域深入开展了研究。其中代表性的论文有：《邮票与邮票印刷》《普票第10组为什么只有三枚》《也谈新中国第一套邮票的发行日期》《10月8日——“纪1”法定发行日期》《关于“纪4”邮票的发行日期》《新中国普通邮票暗记种种》《试谈我国的邮票设计》《揭开“普东2”5万圆票是否正式发行之谜》《文13发行日期之谜》《“改8”“改9”邮票发行新说》《普东2，12500元及250元邮票发行日期考》《关于“改1”的发行日期》《“军人贴用”邮票发行始末》《东北贴用天安门普通邮票发行日期的研究》等。

此外，较有代表性的是邮票发行局邮票设计室主任孙少颖连续发表在《集邮》杂志1983年第5—10期上的论文《中国邮票的选题》。该文共分12部分，全面地论述了这一课题，包括选题原则和内容、邮票发行的主要宗旨和在邮票设计过程中的一些规律性问题。这篇论文，对邮票发行部门确定选题计划起到长期指导作用，也使集邮者较为透彻地了解了我国邮票选题的基本原则和具体内容。

六、对“区票”的发掘和认定

中国共产党领导的红色区域邮票的发行和使用是处在战争条件下，特别是在土地革命战争和抗日战争时期，面临游击战争的恶劣环境，加之活动地区又是经济、文化相对落后的地区，集邮收藏仅是个别人，并没有完整的档案或资料保存下来。而更多的收集“区票”的集邮者处在国统区，他们的收集和研究是在极其不利的条件下进行的，也很难全面地了解各个苏区、抗日根据地和解放区邮票的发行和使用情况。因此，到 20 世纪 80 年代，仍不断有新的“区票”被发现。

1. 对陕甘宁“中华邮政”邮票的确认

关于陕甘宁特区发行的以“中华邮政”为铭记的邮票，因其真伪难辨，过去在集邮界一直存疑。1982 年第 2 期《集邮》杂志上刊发了居治群、刘广实合写的《也谈陕甘宁边区早期票》一文。此文认为该票的选题和风格都与中央苏区发行的苏维埃邮票相同，因此“此票不假”。该文并提到叶顺庆（叶斌）曾回忆，1940 年或 1941 年在上海时，他从新光邮票会的会员录上看到会员徐敏的通讯处是“肤施（延安）邮政局转交”，于是便去信询问彼处有无特殊票品。回信的信封上贴用中华邮政的孙中山像邮票，盖‘肤施’邮戳，信内附有此种半分票一枚，未加以说明。从地点和时间上提供了极其有说服力的旁证。

1983 年第 11 期《集邮》杂志上刊登了《新发现的陕甘宁根据地早期邮票》一文，披露了邮电部离休干部吴元亮珍藏着几枚未见经传的陕甘宁根据地早期邮票。这些邮票是 1937—1938 年他在延安工作时收集到的，其中有一枚信销的中华邮政红军

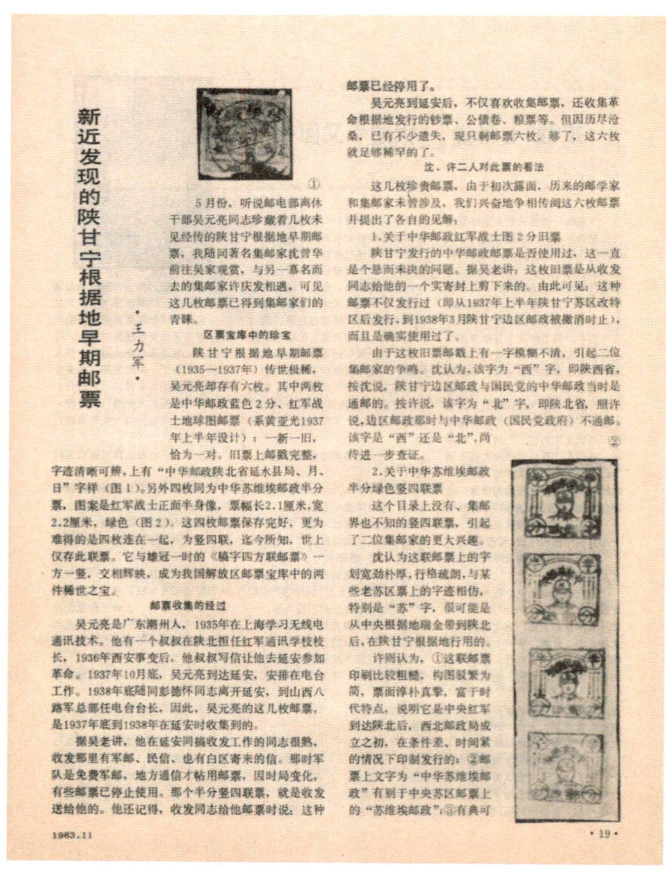

新近发现的陕甘宁根据地早期邮票

·王力军·

①

5 月份，听说邮电部离休干部吴元亮同志珍藏着几枚未见经传的陕甘宁根据地早期邮票，我随同著名集邮家沈曾华前往吴家观赏，与另一慕名而去的集邮家许庆发相遇，可见这几枚邮票已得到集邮家们的青睐。

区票宝库中的珍宝

陕甘宁根据地早期邮票（1935—1937年）传世极稀，吴元亮却存有六枚。其中两枚是中华邮政蓝色 2 分、红军战士地球图邮票（系黄亚光1937年上半年设计）；一新一旧，恰为一对。旧票上邮戳完整，字迹清晰可辨，上有“中华邮政陕北省延水县局、月、日”字样（图 1）。另外四枚同为中华苏维埃邮政半分票，图案是红军战士正面半身像，票幅长2.1厘米，宽2.2厘米，绿色（图 2）。这四枚邮票保存完好，更为难得的是四枚连在一起，为竖四联，迄今所知，世上仅存此联票。它与雄冠一时的《稿字四方联邮票》一方一竖，交相辉映，成为我国解放区邮票宝库中的两件稀世之宝。

邮票收集的经过

吴元亮是广东潮州人，1935年在上海学习无线电通讯技术。他有一个叔叔在陕北担任红军通讯学校校长，1936年西安事变后，他叔叔写信让他去延安参加革命。1937年10月底，吴元亮到达延安，安排在电台工作。1938年底随同彭德怀同志离开延安，到山西八路军总部任电台台长，因此，吴元亮的这几枚邮票，是1937年底到1938年在延安时收集到的。

据吴老讲，他在延安同搞收发工作的同志很熟，收发那里有军邮、民信、也有白区寄来的信。那时军队是免费军邮，地方通信才帖用邮票，因时局变化，有些邮票已停止使用。那个半分竖四联票，就是收发送给他的。他还记得，收发同志给他邮票时说：这种邮票已经停用了。

吴元亮到延安后，不仅喜欢收集邮票，还收集革命根据地发行的钞票、公债卷、粮票等。但因历尽沧桑，已有不少遗失，现只剩邮票六枚。够了，这六枚就足够稀罕的了。

沈、许二人对此票的看法

这几枚珍贵邮票，由于初次露面，历来的邮学家和集邮家未曾涉及，我们兴奋地争相传阅这六枚邮票并提出了各自的见解：

1.关于中华邮政红军战士图 2 分旧票

陕甘宁发行的中华邮政邮票是否使用过，这一直是个悬而未决的问题。据吴老讲：这枚旧票是从收发同志给他的一个实寄封上剪下来的。由此可见：这种邮票不仅发行过（即从1937年上半年陕甘宁苏区改特区后发行，到1938年3月陕甘宁边区邮政被撤消时止），而且是确实使用过了。

由于这枚旧票邮戳上有一字模糊不清，引起二位集邮家的争鸣。沈认为，该字为“西”字，即陕西省，按沈说，陕甘宁边区邮政与国民党的中华邮政当时是通邮的。按许说，该字为“北”字，即陕北省，照许说，边区邮政那时与中华邮政（国民党政府）不通邮。该字是“西”还是“北”，尚待进一步查证。

②

2.关于中华苏维埃邮政半分绿色竖四联票

这个目录上没有、集邮界也不知的竖四联票，引起了二位集邮家的更大兴趣。

沈认为这联邮票上的字划宽劲朴厚，行格疏朗，与某些老苏区票上的字迹相仿，特别是“苏”字，很可能是从中央根据地瑞金带到陕北后，在陕甘宁根据地行用的。

许则认为，①这联邮票印刷比较粗糙，构图驭繁为简，票面淳朴真挚，富于时代特点，说明它是中央红军到达陕北后，西北邮政局成立之初，在条件差、时间紧的情况下印制发行的；②邮票上文字为“中华苏维埃邮政”有别于中央苏区邮票上的“苏维埃邮政”；③有典可

1983.11 · 19 ·

《集邮》杂志上刊登的《新发现的陕甘宁根据地早期邮票》

战士图 2 分票，其上邮戳十分清楚。该票和中华苏维埃半分战士像竖四连票在 1983 年全国邮展上展出，从而引起了集邮界注意。在 1984 年第 10 期《集邮》杂志上，刊出《中华苏维埃半分战士像邮票在天津》一文，又披露了黎震寰与该半分票的一段“姻缘”，以及集邮家林崧收藏一枚该票的事实。刘广实认为，该票为石印正式发行票，而吴元亮所藏则是“试模样票”。

2. 对山东“县办报刊专用”邮票的披露

1984 年第 2 期《集邮》杂志在“新发现”专栏中刊登朱星南《山东解放区发行的“县办报刊专用”邮票》一文，披露其老战友王殿文藏有一枚盖有日照邮戳面值 1 角的山东“县办报刊专用”邮票。请《集邮》编辑部就此进行鉴定。

此文引来原山东战邮总局局长、邮电部副部长赵志刚的回忆文章《“县办报刊专用”邮票发行情况的点滴回忆》，载于《集邮》杂志 1984 年第 3 期。他肯定了那是山东邮政局发行的“县办报刊专用”邮票。同期《集邮》还刊登了王殿文的《我收集“县办报刊专用”邮票的经过》一文。他写道：“1947 年 5 月的一天，我在日照县寄来

《集邮》杂志刊登的“县办报刊专用”邮票

的油印小报的信封上，见到一枚盖有日照县邮局戳记的红色‘县办报刊专用’邮票后，很是喜欢，便小心翼翼地将它剪下来，夹在我的采访本里。很可惜，那时我不懂收集实寄封。”该期《集邮》杂志还刊登了中国革命博物馆收藏的两枚面值1角的“县办报刊专用”邮票新票的图样。

3. “江西赤色邮政”邮票的发现

该票的发现是先从档案材料上认定，而后又发掘出来的。1985年第2期《集邮研究》上全文刊登了《赤色邮政暂行章程》，共计15章52条。在刊登该“章程”的“编者按”中提出了几个问题，其中之一是：“为何目前没有发现江西省苏维埃赤色邮政邮票？”福建医学院的李国方教授写信给《集邮》杂志请求鉴定他珍藏50年的一枚“江西赤色邮政”面值1分的邮票。随后，1986年第1期《集邮》杂志发表了严亿北访李教授的文章——《邮海藏珍》。李国方说，他很小的时候就对邮票发生了兴趣。他的父亲恰好又是中华邮政福建省局的医生，为他收集邮票提供了方便。记得在1933年左右，他父亲交给他一枚贴有“江西赤色邮政”邮票的实寄封，要他好好收存。但他少年时热衷于收集邮票，就把这枚邮票从信封上剪下来，把珍贵的实寄封丢掉了。李国方对这枚邮票的真实可靠性从不怀疑，邮票收藏后从未易手，也未给人看，因而鲜为人知。

4. 对晋西北加盖“暂作”改值10元邮票的披露

这枚邮票也是先发现档案记载，然后才识别的。过去对晋西北邮政管理分局改值邮票仅知一种，即晋绥二版毛泽东像手盖“暂作叁拾圆”票，当时称其为“朔县加盖改值邮票”（因存世该票上信销山西朔县邮戳而得名）。1984年第10期《集邮家》报上刊登了李明的《有关“朔县加盖暂作邮票”的史料》一文，其中提供了一份民国38年10月2日晋西北邮政管理分局的《通知》：

兹将毛主席的价值旧伍百圆邮票与本区其他暂作邮票一种，分别改为暂作价值人民币拾圆与叁拾圆的字迹，以红黑油墨区别之。此种暂作票与本区其他暂作邮票一样使用，特此通知。

时隔不久，在中国香港出版的1985年第2期《邮票世界》上刊出《美国盖乔治·阿里维素第48期拍卖》一文，谈及拍品中有3枚颇值得注意的晋绥边区加盖改值票中的一枚就是这种晋西北加盖“暂作拾圆”票，并配有插图。随后，在1986年第6期《邮票世界》上，又披露了由“区票迷”君珍藏的另外一枚该票，上面所销邮戳仅见一个“山”字。

5. 一批华中抗日根据地邮票的发现

1986年第7期《集邮》杂志刊登了刘广实的《“区票”又一重大发现》一文，作者在走访新四军老战士杨雪林时，发现了一批“区票”珍品。其中有：

（1）淮南区无面值加盖暂作有面值票，已知分为手盖和机盖两种，但以前只有5个品种，这次又发现了9个新品种。

（2）津浦路西区10分邮票新发现一新一旧共两枚。15分邮票过去仅见沈曾华藏有一个实寄封，而这次又新发现了一枚新票。

（3）新发现了盐阜区和苏中区票属于已知品种中不同形式。苏中“机”票加盖“暂作平邮”旧票一枚是正盖的，而过去只见倒盖票而没见过正盖票。另一枚新发现的盐阜区邮票是在二次 5 分票上加盖“改新抗”的旧票。过去只知加盖“改新抗”3 字是右读的，而这次新发现的是左读的，且“抗”字是卧排。

这些邮票都是杨雪林在战争环境中收集的，特别是在战略转移，上级要求“能丢的东西就丢，不能丢的西就烧”时，他不但舍不得这样做，而且见到别人要烧时，却拾起来加以收藏，从而保存了这一批珍贵的“区票”。而且一次发掘出这么多不见经传的“区票”也是空前的。

6. 对面值 5 分和 1 角“冀南抗日邮政”邮票的认定

1985 年第 5 期《集邮研究》刊登了原冀南抗日邮政五分局局长张锡海的回忆文

《集邮》杂志登载的《新发现的解放区珍邮》

章《冀南根据地的抗日交通邮政》。其中介绍："1941年2月成立了冀南抗日邮政总局，并发行了抗日邮票，面值1分、5分、1角"。与此同时，王泰来发表了《冀南抗日邮政和邮票》一文。作者认为：从文献看，冀南抗日邮政总局是1940年6月成立的，至于邮票的发行时间，据《冀南工作纪要》文献记载是："1941年2月，推行抗日邮票。"

《集邮研究》1989年第1、3期分别刊登了《浅谈冀南抗日邮政邮票》《有关冀南抗日邮政的珍贵史料》的文章均认为：再根据"晋冀鲁豫边区邮务管理局1946年4月编印的《晋冀鲁豫边区邮政建设》一文称，'冀南区亦于1940年6月，以政府之交通处和报社的发行组织为基础，成立抗日邮政总局，1941年2月发行邮票（到1942年6月因敌人对解放区之疯狂进攻而停止了），1946年4月又开始发行邮票'"的正式记载，1941年2月发行了"冀南抗日邮政"邮票是无疑的。

7. 对原票为伪满洲国邮票的东北加盖改值邮票的认定

1945年抗日战争胜利后，在东北地区出现了大量的在伪满洲国邮票上加盖各种各样的"中华民国""中华邮政""中国邮政暂用""暂作×元""暂用×角"等字样的邮票。其中有中华邮政发行的，也有东北解放区发行的，更有众多的臆造票。长期以来因鱼目混珠而使真正的"区票"也陷入真假难辨的境地。为了去伪存真，查清这批"区票"，东北三省集邮协会决定联合进行调查研究。

1987年举行的"东北三省集邮学术讨论会"的论文，都集中在对上述"区票"的鉴别和认定上，并讨论通过了《东北解放区地方加盖邮票认定标准（试行稿）》。会议认定了一部分"区票"，同时也提出了一些新课题。

七、各省级集邮协会开展的学术活动

在中华全国集邮联合会学术委员会的部署和指导下，各省级集邮协会学术委员会也开展了各类集邮学术活动。其中对"区票"的研究，仍然是各地集邮家坚持不懈的课题。此外，集邮文化理论研究已经引起集邮界的重视。

1. 各省集邮协会对"区票"的研究

安徽省集邮协会于1984年6月至1985年5月，召开了两次有关"江淮区票"的专门学术讨论会。会上宣读了一些颇有深度的论文，如：《试论江淮区票及安徽地方票的特色》《对江淮区票的初步考证》《太湖加盖票的新发现》《探索"太平加盖"之谜》《解放初期"蚌埠加盖票"问题质疑再考》等。与此同时，还在全省范围内进行了一次关于江淮区票和地方加盖票的普查工作，并成立了地区邮史征集小组，在各自地区内开展调查和挖掘邮史资料的工作。鄂豫皖苏区时期的盖有"赤城"赤色邮戳的实寄封，就是六安集邮协会在金寨县调查时发现的珍品。同时还发现一枚新的太湖加盖邮票，并否定了"蚌埠加盖"票的讹传。

河南省集邮协会组成中原解放区邮票调查研究小组，从1988年开始，深入基层寻访当事人，查档案、找实物。在一年半的时间里，对"郑州改作本币"邮票进行了细致的调查，廓清了其发行经过和加盖方法，以及原票及加盖数量等。他们又找到了“郑州版毛泽东像”邮票的设计者徐增新，了解这套邮票的设计经过、印制厂家、印刷方法、印制数量等，并对“鲁山版毛泽东像”邮票进行了初步研究。

山东省邮电局为了解决山东“区票”所遗留的问题，推动《中国解放区邮票史·华东卷（上册）》的编撰工作，于1989年11月15—18日与中华全国集邮联合会、邮电部邮票发行局，在青岛联合举办了“山东解放区邮票史研讨会”。出席会议的有中国人民革命军事博物馆、福建省集邮协会、上海市集邮协会、山东省集邮协会、山东省档案局等单位的代表。

这次研讨会共涉及8个方面问题：（1）加盖“总局之章”邮票；（2）山东战时邮政方形邮票；（3）耕牛图及掷弹图邮票的印制与发行问题；（4）抗日战争胜利纪念邮票；（5）华东解放区毛泽东像邮票（青州二版）；（6）清河区五角星图邮票（发行和停用时间、发行量、面值、版次等）；（7）关于“区票”名称问题；（8）关于“区票”发行下限问题。

2. 各省级集邮协会开展多种学术活动

北京市集邮协会从1984年即开始举办集邮学术讨论会，参加讨论会的论文由各区或基层集邮协会推荐。1985年市集邮协会学术委员会成立后，确定每年举办一次全市性的学术研讨会，到1991年共举办了7次。这些研讨会涉及集邮领域的方方面面，包括中国各时期邮资票品、外国邮票，邮政史、集邮史和集邮市场，特别是在集邮理论的探讨和研究上，不断提出新课题，推出新成果，一直在全国起着引领作用。

新疆的集邮学术活动采取集邮论文竞赛的办法。1988年，自治区集邮协会举办了首届集邮论文竞赛，共收到11个地区的19篇论文，全部是关于研究新疆邮品的。其中李一民的《新疆“伊塔阿”三区邮票初探》和伊宁市张应祥的《关于“伊塔阿”三区邮票二三事》，提供了三区邮票的一些新事实。哈密范承渠的《新疆公文贴用

首届山东解放区邮票邮史研讨会

邮票》叙述了该票发行和使用的一些情况。戴玉堂的《试论北平——迪化试航时间与必要性》一文肯定了“实际首次试航的时间应为民国 20 年 12 月 19 日”。

1987 年 4 月 20 日，中国体育集邮协会在河南洛阳举办第二届全国体育票展，同时举办了首届全国体育集邮论文报告会。会上宣读论文 10 篇，分别就新中国的体育邮票及体育史实、体育与集邮及国际体育邮展的动向进行了研讨。

“辽宁省普及集邮知识研讨会”于 1988 年 8 月 16—21 日在抚顺市召开。参加会议的有 13 个市级集邮协会的集邮骨干。会议期间，通过讲授集邮知识和共同研讨，使与会人员对中国邮政史、中国集邮史有了系统的了解，并对集邮的目的、意义及方法等进行了深入研讨。

广东省集邮协会学术委员会的《广东集邮研究》季刊，大力倡导集邮学术研究，刊登关于集邮史、邮政史、邮票史方面的研究论文，尤其是有关该省地方特色的集邮研究论文，汇集了大量有较高学术价值的文献资料。

八、集邮著述和图书的出版

这一时期，是中国集邮图书报刊出版发行的一个高峰时期。在这段时间，快速发展的集邮组织和广大集邮者迫切需要充实集邮知识，掌握集邮方面的资料。他们还迫切希望得到有关国际集邮动向的资讯。为了顺应形势需要，各出版部门积极出版了大量集邮图书和刊物，包括工具书、图集、普及读物、学术著作和文献史料等，集邮书刊出版与集邮事业同步繁荣、相互促进。

1.《中国解放区邮票史》的编纂与出版

为了将中国人民革命战争时期发行邮票的史实编辑成一部《中国解放区邮票史》，中华全国集邮联合会学术委员会史学组和部分省、自治区、直辖市有关人士于

沈曾华、吴凤岗参加集邮学术交流活动

1987 年 5 月 18—20 日，在安徽省歙县举行了“解放区邮票史座谈会”。会议决定编辑出版《中国解放区邮票史》，并就编辑体例、方针、编写要求和出版形式等作了相应安排。

此后，成立了以朱高峰为主任委员的 8 人顾问委员会。由有关各省、市组织力量，在各地邮电管理局和集邮协会的领导下分卷编撰。该书分“苏区卷”“西北卷”“华北卷”“华东卷（上、下）”“东北卷”“中南卷”“西南卷”，共 7 卷 8 册，在体例和内容上统一要求：（1）邮票产生的时代背景（当时的革命形势，邮政通信状况等）；（2）发行邮票的单位、地点、发行时间、图案设计、印制过程、版式和邮票面值；（3）邮票使用情况，流通地域；（4）邮票发行、使用中的革命史迹；（5）每卷应附有革命根据地地图、解放区革命形势图和邮票发行一览表，邮政、邮票大事年表等资料。

经过 3 年多努力，作为对“区票”发行 60 周年的献礼，《中国解放区邮票史·苏区卷》于 1990 年 7 月由人民邮电出版社出版。7 月 30 日在人民大会堂山东厅为这部文献及《中国邮票博物馆馆藏集 · 革命战争时期卷》《中国邮票全集 · 解放区卷》一并举行了首发式。第七届全国人大常委会副委员长彭冲、中共中央党史研究室副主任郑惠出席首发式。郑惠在讲话中对这几部文献给予了高度评价，他说：“这 3 部图书的出版，不仅是对这次‘区票’发行 60 周年纪念活动献出的一份厚礼，而且是为社会主义文化出版事业增添了宝贵的成果。”

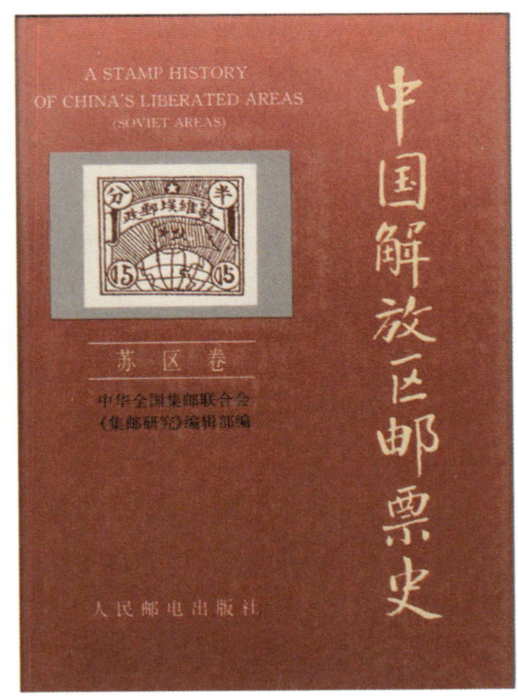

《中国解放区邮票史 · 苏区卷》

2. 集邮图书和期刊的出版

1983 年 6 月，中国第一个集邮专业出版社——中国集邮出版社成立，这是这一时期集邮出版事业受到社会关注的重要标志。出版社同时出版《集邮》《中国集邮》《少年集邮》《集邮研究》等杂志和各类集邮图书，将国内外不同层次、不同年龄的读者合理分流，形成了一个全方位的布局，为集邮出版事业的全面发展奠定了基础。1989 年，中国集邮出版社并入人民邮电出版社。在这期间，国内很多出版社也出版了集邮方面的图书。

（1）集邮工具书

工具书主体是邮票目录和集邮辞书，按门类齐全、功能完善、释义准确的方向，先后出版了中国各个历史时期的邮票目录、封片简目录、部分外国邮票目录和各类辞书、百科全书、手册等。有些目录和辞书在系统性、完整性、准确性和实用性方面都达到了较高水准。

《中华人民共和国邮票目录》继1981年初版后，1985年和1989年相继增订出版；从1991年开始，连续每年增订出版，与国际上通行的邮票目录出版的惯例相一致。经过不断改进，这部目录在内容、形式、印刷、装帧、开本等方面逐年有新面目。《中华人民共和国邮票目录》于1982年出版英文版。1987年的英文版在中国香港出版。1988—1990年，《中国清代邮票目录》（1988）、《中国人民革命战争时期邮票目录》（1988）和《中华民国邮票目录》（1990）相继出版，从而完成了中国邮票目录编纂的系统工程。

20世纪80年代后期开始出版的另一套大型图鉴式邮票目录，是《中国邮票全集》。该书全套含6卷5册，其中1991年之前已经出版的有：《中国邮票全集·清代卷·中华民国卷》（1988）、《中国邮票全集·中华人民共和国卷》（1989）、《中国邮票全集·解放区卷》（1990）。这套多卷本邮票目录本着历史唯物主义态度和实事求是的原则，保持历史本来面目，体例严谨、结构完整、文风朴实。

为纪念世界语诞生100周年而编纂的《世界语邮票目录》（1988）得到了国际集邮界和世界语者的高度评价。日本《（世界语）运动》杂志说：“它已超出邮票目录的范围，是一部插图小百科全书。它不仅对集邮者，而且对非集邮者也是一部世界语史的文献。”《法国集邮》认为；“这个目录是迄今唯一的世界语邮票目录，是收集世界语专题集邮者必备的工具书。”

《中国邮票全集·中华人民共和国卷》

朱学范出席《中国邮票全集（清代卷·中华民国卷）》首发式

随着集邮的普及，广大集邮者对集邮辞书的需求也日益迫切。从20世纪80年代后期起，相继出版了《实用集邮辞典》（1986）、《集邮辞典》（1988）、《新编集邮辞典》（1991）等。

为了帮助集邮者了解国际集邮发展趋势和有关集邮展览、评审规则，促进集邮水平的提高和与国际集邮接轨，中华全国集邮联合会编译出版了《国际集邮联合会（FIP）集邮展览与评审各项规则》（1990）。

（2）集邮图集和普及读物

出版各种集邮图集，是这一时期集邮出版的特色之一。其中，纪念伟大历史人物的集邮图集有《列宁邮票全集》（1990）、《孙中山邮票全集》（1991）、《毛泽东邮票全集》（1991）等，反映重大历史进程和历史事件的有《光辉的历程——纪念中国共产党成立七十周年邮票图集》（1991），反映体育运动的有《亚运会邮票全集》（1990）、《世界足球邮票大全》（1991）等。

集邮普及读物，包括一般集邮知识、邮品知识、集邮方法、集邮展览、集邮市场和邮票中的各类知识等图书，在这一时期出版最多，约占同期集邮图书总数的三分之一。《集邮基础》（1983）是第一部系统介绍集邮知识的读物。该书面对初集邮的广大青少年，对集邮的概念和意义、历史和现状、邮品的范围和特征、邮票的印制、集邮方法、邮集制作以及新的集邮用品等都做了较为新鲜和准确的阐述。

《少年集邮指导》（1986）、《少年集邮入门》（1986）等都是以青少年集邮者为对象的读物，从不同的角度帮助他们培养集邮兴趣，提高收集、整理、欣赏水平，受到广大读者欢迎。

《集邮要领与实践》（1991）较为全面地介绍了集邮基础知识、国际集邮联和中华全国集邮联合会颁行的各类邮展评审规则及其实用方法，专题集邮的要领和编排技巧、邮票辨伪、品相处理技术及珍邮，国内外部分集邮组织、集邮刊物和集邮人物等。

《中国集邮史话》（1981）介绍了中国古代邮驿、清代邮政、中华邮政和中国人民邮政发展简史和重要人物。《中国集邮百科知识》（1987）介绍了中华人民共和国已发行各套邮票的时代背景、每枚邮票的图案主题和所涉及的有关知识。

《中国集邮史话》

外国集邮图书的翻译出版也占有席位。其中影响较大的有:《集邮图鉴》(英 1982)、《集邮百科全书》(捷 1985)、《邮坛巨星》(美 1985)、《邮票与艺术家》(苏 1989)、《专题集邮的收集方法》(日 1988)和《世界珍邮》(1—3 集)(美 1986—1991)。

(3)集邮学术著作

随着集邮研究的不断深入，学术著作的出版空前繁荣。其中有不少著作在海内外都产生了较大的影响。

《清代邮戳志》(1984)，作者孙君毅集 40 余年积累的实寄封片素材和资料，对清代 1200 多种不同类型、不同用途、不同式样的邮戳进行了详细的考证和分析，使该书成为研究中国邮政史、邮戳史的经典文献，同时也是鉴别清代实寄封的重要依据。

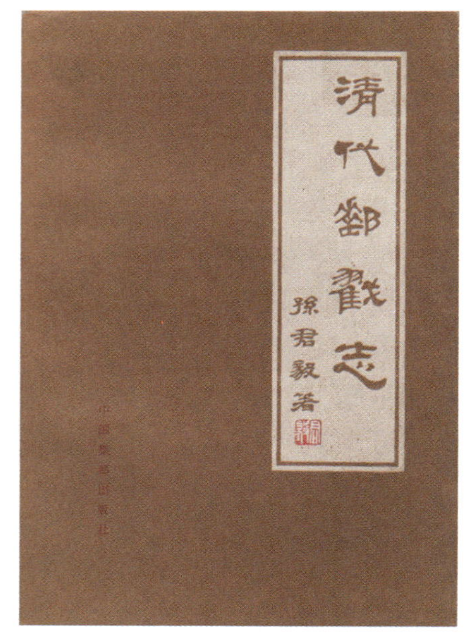

《清代邮戳志》

《大龙邮票纪念专集》(1988)是为纪念大龙邮票发行 110 周年而编辑的大型综合性、文献性专著。该书有选择地收录了部分实物文献图片、史料和近百年来海内外学者撰写的研究文章，其中辑录了中国近年来对大龙邮票发行时间研究的新成果，包括过去未曾披露过的大龙邮票实寄封 10 余个，以及首次露面的用朝鲜、日本、法国邮戳盖销的大龙邮票等。

《大龙邮票与清代邮史》(1989)运用邮票、印样、样票、实寄封、历史文献等资料，论述了大龙邮票的发行与使用情况，以及中国近代邮政创办初期的官办邮驿、私营信局、商埠书信馆、外国在华邮局等通信组织并存的历史状况。该书是一部用中、英文对照出版的重要实物文献专著。

(4)集邮文献史料

文献史料的出版为广泛开展集邮研究提供了必要的依据。《中国海关与邮政》(1983)是《帝国主义与中国海关资料丛编》之八。该书选用了大量海关档案，弥补了 1897 年以前海关邮政时期史料的匮乏，匡正了许多误漏，是研究清代邮政邮票的重要文献。《清末天津海关邮政档案选编》(1988)有选择地翻译了 1877—1881 年海关邮政从筹备到试办时期的重要档案，其中许多文献是第一次公布于世的珍贵史料。

集邮回忆录是补充和佐证集邮史的重要文献。姜治方的《集邮和我的生活道路》(1982)，开创了中国集邮家个人撰著长篇集邮回忆录之先河。日本集邮家水原明窗评价此书:“以 1918 年南北军阀混战开始的历史大变迁为背景，描述了中国一个大集邮家的足迹，这将引起人们莫大的兴趣。”《集邮回忆录》(1987)通过 20 余位老集邮家的亲身体验和所见所闻，生动地回忆了北京的集邮历史。

第八节　集邮宣传多向展开

中华全国集邮联合会成立后，对集邮宣传工作十分重视。各级地方集邮组织和社会新闻媒体也很重视集邮宣传，并且在宣传内容、形式、规模等方面都向前迈进了一大步，极大地促进了集邮事业的发展。集邮宣传的持续活跃与不断创新，满足了广大集邮者对资讯了解、信息交流、知识传播的渴求，也表明中华全国集邮联合会和各地方集邮组织的宣传工作取得了明显成效。

一、对重要集邮活动的宣传

在党中央社会主义精神文明建设方针的统领下，由中华全国集邮联合会和各地方集邮组织的集邮报刊以及专业集邮媒体和大众传媒组成的集邮宣传网络，通过内容新颖、形式多样的宣传活动，以提高指导普及，以普及促进提高，使集邮成为社会普及率较高的文化活动。集邮作为精神文明建设的组成部分，其思想教育意义、社会文化价值得到了充分体现。

1. 中华全国集邮联合会对集邮宣传的重视和指导

中华全国集邮联合会“一大”通过的章程中，主要任务的第二条即为“普及集邮知识，宣传正确的集邮目的，倡导高尚的[illegible]品德。”根据这一要求，中华全国集邮联合会成立后，即于1982年11月创办了内部刊物《集邮通讯》。自1983年起将《集邮》《中国集邮》定为会刊，1983年11月创办《集邮研究》。这些刊物针对不同的读者群，各有侧重，以便及时交流信息、普及邮识、介绍经验、汇集学术成果，对全国各地集邮活动的开展发挥了重要的指导和推动作用。

1983年12月，中华全国集邮联合会一届二次理事会的工作报告明确指出：“要积极争取和依靠新闻、出版、广播、电视和电影等部门，依靠工会、共青团，充分利用工人文化宫、俱乐部、少年宫、青年宫和文化馆站，大力宣传社会主义集邮的意义、目的、邮风和邮德，引导广大集邮者走健康有益的集邮道路。”此后几年间，中

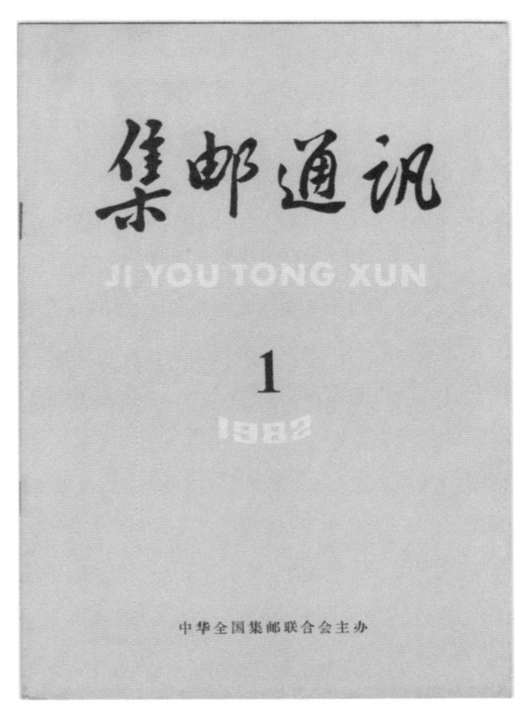

《集邮通讯》第1期

《集邮研究》创刊号

华全国集邮联合会一方面通过会刊大力加强集邮宣传工作，另一方面紧紧依靠新闻媒体，扩大集邮的社会影响。仅中央电视台和北京电视台每年播放有关集邮的节目就各有20余次，有的节目长达1小时。

1990年11月，中华全国集邮联合会“三大”工作报告强调，要加强对集邮文化、集邮社会价值、“集邮者之家”建设与社会主义邮德、邮风的宣传，树立集邮的完整概念和良好形象，对集邮组织则要着重提高集邮者与集邮工作者的素质，促进集邮水平与组织工作的提高。会议之后，这一宣传重点成为各级集邮协会的主要任务，迅速得到贯彻落实。

1991年5月，首次全国集邮宣传工作会议在福州召开。会议总结了4年来集邮宣传工作的基本情况，并研究了今后的工作重点、形式和方法。会议要求：认真贯彻中华全国集邮联合会“三大”精神，更好地坚持集邮工作的指导方针，坚持正确方向，努力办好集邮协会会刊，加强同非集邮报刊和广播、电视台的协作配合。

此后，个别省级集邮协会在全国率先成立了集邮宣传工作委员会，起到了带头作用，有力地促进了当地集邮宣传工作和集邮活动的开展。

2. 中华全国集邮联合会组织的大型集邮宣传活动

为了庆祝中华人民共和国成立35周年，中华全国集邮联合会和北京市集邮协会于1984年8月共同举办了《祖国颂》邮票欣赏文艺晚会。著名词曲作家施光南、陈晓光、石祥等专门创作了以集邮为内容的歌曲。著名舞蹈家陈爱莲表演了以“黛玉葬花”邮票为内容的舞蹈。北京儿童艺术剧院演出了以猴、鸡、狗、猪、鼠5枚生肖票为题材的微型话剧，内容生动活泼，使人们在美的享受中增长了集邮和文化知识。中央电视台和北京电视台都进行了选播，在全国产生很大影响。

1987年5—10月，由中华全国集邮联合会等7个单位联合举办了“邮票上的科学文化知识竞赛”。中华全国集邮联合会充分利用各媒体对此次活动进行宣传，还积极配合中央电视台录播竞赛决赛实况。1988年春节期间，中央电视台播放了3场准决赛和决赛的实况录像。该节目获中央电视台1987年度最佳节目三等奖。这次竞赛是通过电视普及集邮知识的一次成功尝试，不仅在全国的影响很大，而且也在国际上产生了积极影响。

1989年，中华全国集邮联合会与首都

邮票上的科学文化知识竞赛电视竞赛

新闻出版界集邮联谊会举办了全国最佳集邮宣传报道文章评选活动。参加评选的有全国 49 家报纸、18 个省级集邮协会报刊，共推荐参评文章 200 多篇。此次活动共评出一等奖 4 篇、二等奖 7 篇、三等奖 18 篇。这项活动对提高集邮宣传报道文章的质量产生了较为深远的影响。

随着彩色电视机进入千家万户，电视节目的普及率陡然增长，成为受众面最广的大众传媒。1992 年 4 月，中央电视台“综艺大观”节目首次播出第 12 届全国最佳邮票评选颁奖晚会。1992 年 10 月，中央电视台的“综艺大观”第 44 期，播出了集邮专题晚会。著名笑星牛群创作并领衔主演的群口相声《十二生肖争功》，使广大观众在笑声中普及了集邮知识。

二、集邮媒体成为宣传主体

20 世纪 80 年代是中国改革开放的初期。这一时期，人们的信息来源还很有限，更多依赖于纸质媒体、广播和电视。在这其中，专门从事集邮宣传的基本上是纸质媒体，以其受众广泛、图文并茂、利于收藏查阅等特点，成为当时集邮宣传的主力军。

1．中华全国集邮联合会会刊

1982 年中华全国集邮联合会成立后，就确定《集邮》杂志为其会刊。在当时，国内集邮专业刊物屈指可数，远远赶不上日益增多的集邮群体对集邮知识的渴望和需求。因此，该刊物的发行量很快突破 30 万册，成为世界上发行量最大的集邮刊物。

《集邮》杂志从 1980 年复刊至 1991 年间，一直保持 32 页的文字容量；自 1984 年起，增加了 4 个中心彩色插页；自 1987 年第 3 期起，开设了“获奖邮集”栏目。首次出现在该栏目中的是马长利采写的《难得的一部区票实寄封邮集——访瑞典邮展镀金奖获得者游乃器》，较为详尽地介绍了中华全国集邮联合会选送参加世界邮展获得的第一枚镀金奖邮集的编组情况。看似平常的一篇采访记，却引起不平常的效应。当时国内参展者都迫切希望看到邮集和参展方面的指导性文章。此后，该栏目又介绍了《中国民信局》《中原解放区邮票》等获奖邮集。

自从 1984 年中国参加在马德里举办的西班牙’84 世界集邮展览以来，《集邮》杂志就一直追踪报道关于中国参加国际邮展和世界邮展的信息。1984 年第 9 期《集邮》杂志刊登了署名“中华全国集邮联合会代表团”的文章——《从马德里看我们的差距》；1989 年第 7 期刊登沈曾华、刘广实的文章——《漫谈印度’89 世界邮展》；1990 年第 1 期刊登董至德的文章——《走马观花 修枝剪叶花更艳——听新加坡集邮家陈为乐点评邮集》；1991 年第 1 期刊登署名“晓光”的文章——《’90 新加坡亚洲国际邮展和新西兰世界邮展观感》；1991 年第 5 期刊登刘广实的文章——《世界邮展中的“税票类”》。这些文章，对中国集邮者开阔眼界、了解外展动向、提高邮集的参展水平具有很强的指导性。

从马德里邮展看我们的差距

编者按： 我国这次参加马德里国际邮展，获得了成功，四部邮集有三部获奖，一些外国朋友向我们表示了祝贺。为了尽快地提高我国的集邮水平，现将一些评审员和集邮家对我国参展邮集的意见刊登出来，供集邮者参考。

1、由于展框的限制，所能展出的邮集只能是集邮者从他的整部邮集中挑选出来的最有价值，与其主题相应的一部分藏品，而这一部分就其展出的要求来说应该是完整的，集邮的品种（票、封、签、戳等）尽可能的包括齐全，要反映出邮品收集的难度，而且邮品的选择与分类要与参展的级别相对应。例如：邮集如果主要是邮票，实寄封不多，应参加传统级竞赛，不要参加历史级。邮政历史级的邮集，应以相应历史时期内的实寄封为主体，以封、戳说明反映的主题，邮票只是辅助角色。所选用的邮票亦应为盖销过的邮票，而不能是新票。参加传统级竞赛的邮集，要求邮品要尽可能齐全。如果只有整张和单枚票，缺少四方连、实寄封等，则感到不足。如果单纯展出首日封（尤其是空白封）说明不了邮品收集的难度和研究的深度。

2、收集相同内容邮品的人可能很多。但要构成一部高水平的展品，其邮品的运用与编排则很重要。展品的编排应简明生动，耐人寻味，比例平衡，艺术美观。据反映，我们参展的邮集排列较乱，按一般习惯应该横向，不能竖向；因为排列不好，邮集显得零乱，上下左右不能平衡，也不美观，影响效果。所用护邮袋不能过大，黑边压过了票品，使人看起来不舒服；票品排列不要过密，要整齐，不能有东倒西歪之感。有人认为，我们使用的贴片不够理想，上面的线条较深。有的展品可以采用白色贴片，反衬效果会更好。邮品的品相也很重要，应该精益求精，择优选用。整部邮集的编排要讲究完整性，每一框的展品亦要注意其完整性，尽量避免一个主题的邮品跨框排列。

3、邮集上的文字说明既要体现出邮集的主题、内容、展品的重要价值，起到所展邮品的放大作用和示导作用，又要从中体现出展出者邮识和对邮品的鉴赏研究水平。展品的文字要短小精悍，使用专业术语，从整体上看，要围绕主题前后相互联系，文字清晰流畅。开头的说明部分要用简练的文字把本邮集的主题和主要内容高度概括出来，同时要说明邮集包括哪几个主要部分（即邮集中展示的小标题）和所在哪几个贴片上，起到索引的作用。据反映，我们参展的邮集，文字说明不够理想，没有达到高水平的要求。书写的文字要整齐美观。文字说明可以放在票品的下端，也可以在整个贴页的上端或下端，避免在贴页的各个角落都出现文字说明。为适应评审委员能看懂，除使用中文外，应主要使用 F I P正式语文（英、法、德、西班牙、俄文）中的一种文字作为说明文字。如果手写达不到整齐美观的要求，可以使用打字机打印。专题邮集中的票品一般不要重复（如用了邮票，即不需要再用首日封、极限明信片），如果有其他国家发行的同类主题的邮票，应尽量包括在邮集中，以反映收集的难度。邮集的展品只能采用邮政部门承认的邮品（如邮票、明信片、邮资符志、邮用签条、日戳等），为了说明需要可以采用有限的地图或方框图，但不能自画插图。

4、评定一部邮集的水平高低，邮集上所体现出展出者的邮识水平，研究水平，对邮品的评论及独到的见解占有重要成份。对邮品的选择和评论，要反映出展出者的邮识水平；对邮品的论证，要有新的发现，要用实际论证的材料加以证明，不能只有说明，而无票品。对邮品的评论不能平铺直叙，要突出重点。整部展品必须贯通一气，重要展品放的位置要突出，只有展品而无研究，体现不出深度和邮识。

以上情况说明，我们对国际邮展规则和要求不够了解和熟悉；也反映出我们的集邮和展览水平还不高，缺乏经验。为了尽快提高我国集邮水平，力争在今后的国际邮展中取得更好成绩，为国争光，为“冲出亚洲，走向世界”做出贡献，我们认为今后应注意：

1、经常搜集、整理、研究有关国际邮展资料，把国际上的一些规定和指导性的资料及时向国内集邮协会和集邮者作介绍。也可以通过座谈会、培训班等形式，组织学习和探讨国内外经验，培养集邮骨干。

2、积极参加国际集邮展览和活动，加强内外交流，注意吸取外国好的经验。为了向国外推荐更多更好的展品，各地要多组织一些邮展，以实例相互交流经验，从中选拔出高水平的邮集。我们也应注意在国内多举办一些外国邮展，有计划地邀请国外一些专家和人士来华介绍国际集邮经验。

中华全国集邮联合会代表团

1984.9 ·17·

《集邮》刊登介绍马德里国际邮展的文章

1991年第2期《集邮》杂志刊登了《FIP集邮展览评审总规则》；此后，陆续刊登了传统类、专题类评审规则和《中华全国集邮联合会集邮展览评审总规则》等，紧跟邮展动态，及时将集邮展览评审规则介绍给读者。

2. 其他全国性集邮刊物

与《集邮》《中国集邮》共同构成面向国内外不同读者的集邮刊物布局的，还有《集邮研究》《少年集邮》，前者以集邮研究者为对象，后者的读者对象是青少年集邮者。

《集邮研究》是学术性、资料性双月刊，1983年11月创刊，1985年出至总13期后休刊，1988年3月复刊，改为季刊，1991年后再度休刊，累计出版29期。该刊以提高集邮学术水平为主，兼顾学术普及，主要栏目有：邮票研究、集邮品研究、邮集技艺、邮政邮票考略、集邮史、文献与资料、论文选粹、邮学讨论、改革与探讨、邮品辨伪、学术动态、大事记等，是唯一一本全国性的集邮研究刊物，深得国内外“华邮”收藏界赞誉。

《少年集邮》月刊，1983年10月创刊，内容通俗易懂，知识性、趣味性较强，图文并茂。1988年出至总63期后，其开本由24开改为16开。1989年出至总75期后休刊。《少年集邮》主要特色栏目有：第七十三行、看图学集邮、我爱这一枚、邮中乐、试一试、辅导员、集邮爷爷信箱、小信鸽、小毛学集邮、获奖少年、望远镜、烽火台、小辞典、邮票上的故事、集邮路上、文学课堂、语文课堂、艺术课堂、历史课堂、物理课堂、化学课堂、生物课堂、地理课堂、生理课堂、体育课堂和集邮作文等。该刊是中国唯一面向少儿读者的集邮启蒙刊物，深受广大青少年集邮者喜爱。

3. 各省级集邮协会的会刊会报

这一时期，全国各省级集邮协会纷纷成立，而且创办自己的会刊。这些刊物除了宣传国内外重要的集邮活动外，更侧重于本地区集邮活动的宣传。

《天津集邮》是天津市集邮协会会刊，1983年6月创刊，是普及性、综合性的集邮季刊，1985年起在国内公开发行。该刊主要特色是按邮票分期和邮品分类设置栏目，侧重地方邮政史和集邮史研究。

各省、自治区、直辖市集邮协会主办的内部发行的集邮报刊的主要特点是：集邮工作交流与集邮知识宣传相得益彰，数量庞大且地域性强，因地制宜结合实际。办刊的主要方向是普及集邮知识，宣传集

《天津集邮》创刊号

邮的教育功能，总结地方集邮工作经验，交流集邮实践体会等。其中社会影响比较大的期刊有：《重庆集邮》《福建邮花》《江苏集邮》《安徽集邮》等；影响比较大的月报有：《湖北集邮报》《浙江集邮》《陕西集邮》《贵州集邮》《甘肃集邮》《河南集邮》《河北集邮》《吉林集邮》《辽宁集邮》《四川集邮报》《齐鲁邮苑》《江西集邮》《内蒙古集邮》《黑龙江集邮》等。

在此阶段，面向全国公开发行的省级会刊：期刊有《天津集邮》（1983）、《湖南集邮》（1984）和《江苏集邮》（1985）等；报纸有：《集邮报》（1990）、《湖北集邮报》（1990）等。

各地方集邮协会主办的内部发行的集邮报刊，主要分布在大、中城市，反映出这些地区的文化环境和集邮实力。其中有一定社会影响的是：《武汉集邮》《沈阳邮报》《大连集邮》《齐鲁邮苑》《金陵邮坛》《虹口集邮》《杨浦集邮》《苏州集邮》《常州集邮》《常熟集邮》《南昌集邮》《抚州集邮》《庐阳邮刊》《榕城集邮》《南宁集邮》《蜀都邮苑》《滇池邮苑》《株洲集邮》等。

4. 集邮媒体的宣传效果

无论集邮专业媒体还是社会媒体，宣传集邮活动，都遵循弘扬中国集邮文化、服务于广大集邮者的宗旨，让集邮活动融入社会文化，丰富人民群众的文化生活。

1986年第7期《集邮》杂志刊登了该刊记者李玲的采访录——《没有被遗忘的角落》。文章通过“集邮架起了师生间相互理解的桥梁”“集邮净化了孩子们的心灵”两个方面，向广大读者详细介绍了北京朝阳工读学校的集邮活动。记者在朝阳工读学校与部分学生进行了接触，发现这里的学生通过集邮，重新树立了对生活的信心，树立了为国家成为有用的人才的决心。

集邮媒体一向支持和参与学术课题的研究。《集邮研究》编辑部和中国邮票博物馆于1988年9月20日在北京召开了“中国人民革命战争时期邮票认定标准研究座谈会”。会议邀请了北京和天津两地有关人士参加。座谈会中心议题是对中国解放区邮票的名称、定义及其发行的上、下限时间问题进行研讨。经过多方面研究后确定下限可以延长到1950年或1951年。

1988年的邮票拍卖活动风靡全国，组织者大多数是各级集邮协会。这给集邮界带来了争论。对拍卖怎么看待？邮票拍卖是利大还是弊大？围绕这些问题，集邮界展开了一场大讨论。《集邮》杂志以及北京、广州、天津、武汉、南京、吉林、山西等地的集邮报刊纷纷刊登文章。中华全国集邮联合会副会长宋兴民、许宇唐、常增书、张包子俊、秘书长贾明和老集邮家郭润康等都发表了看法。多数意见对邮票拍卖持肯定态度，认为拍卖作为邮品流通的一种形式，完全可以为发展有中国特色的集邮事业服务。

1991年，国内掀起第一次集邮市场的狂潮。这种现象引起了全社会广泛关注。原本不报道集邮活动的媒体也将关注焦点转向集邮市场或集邮活动。在邮市的狂潮期间，新闻媒体积极发挥着正面引导的作用。1991年8月出版的第4期《集邮博览》刊文《警惕身边的狼》，披露了发生在月坛集邮市场内的种种骗局。同期，《北京日报》刊登了《邮市怪圈要砸烂》的署名文章，再次告诫炒邮族邮票暴涨所隐藏的风险及带来的危害。

《集邮博览》杂志增刊

三、社会媒体助力集邮宣传

这一时期，随着中华全国集邮联合会成立、中国加入国际集邮组织、集邮市场的火爆等因素，促使中国集邮活动呈现出前所未有的繁荣景象。其中社会媒体对集邮活动的宣传功不可没。这一时期，社会媒体与各级集邮协会合作，开创了新颖的集邮宣传形式。

1. 各地广电媒体对集邮的宣传

各地集邮协会不断加强与社会传媒的联系与合作，发挥这些单位集邮爱好者的作用。内蒙古自治区集邮协会聘请新闻单位的集邮者担任理事，协会每次举办活动，他们都能即时了解，有利于及时报道。宁夏回族自治区集邮协会请电台一名老记者专门负责集邮协会宣传工作，在宁夏和银川广播电台均开辟了集邮专题节目，还在宁夏电视台播放了有关集邮的专题片。黑龙江省集邮协会1991年年初举办了省报、广播电台、电视台等多家新闻单位记者参加的集邮知识学习班，确定了宣传工作计划。在省、市报刊和广播电台、电视台均开辟了集邮专栏或专题节目。湖北省襄樊市新闻工作者集邮协会由《襄樊日报》、襄樊电视台、襄樊人民广播电台3家新闻单位的集邮爱好者组成，对市集邮协会开展的每项活动都及时进行了报道。

四川人民广播电台开办了《集邮知识广播讲座》，同时编辑出版《集邮广播基础知识》教材。1985年9月，《北京集邮》与《工人日报》《中国教育报》《北京晚报》、北京电视台、北京人民广播电台等单位联合举办“北京集邮知识竞赛”，全国各地的集邮者踊跃参加，收到答卷9145份，有1624人获奖，并在劳动人民文化宫举行了发奖大会。浙江省集邮协会在纪念毛泽东同志诞生100周年的活动中举行了集邮知识竞赛活动，并通过电视台播放，社会影响很大。新疆电视台、包头市电视台播放了集邮知识竞赛决赛实况。

各地集邮组织用文艺演出的形式进行集邮宣传，体现了寓教于乐的特点。1985年9月，郑州市集邮协会组织了一台由各基层集邮协会会员自编自演的集邮文艺汇演，有以熊猫邮票造型的小学生舞蹈，身穿邮票图案服装的时装表演，以及有关集邮的相声、哑剧、歌曲等。省、市电视台转播了这次演出实况，使广大群众增强了对集邮的兴趣。

《集邮知识广播讲座》

2. 影视作品对集邮的宣传

（1）彩色故事影片《邮缘》

《邮缘》是上海电影制片厂于1984年摄制的一部以集邮为题材的彩色故事影片，由著名导演桑弧执导，郭凯敏、陈燕华主演。其主要剧情为青年工人丁大森与邮递员周芹一段饶有情趣的故事。由于十年动乱的影响，丁大森的文化知识极度贫乏，可他又经常不懂装懂，引出不少笑话。与周芹结识后，他为自己的无知而感到羞惭，产生了强烈的求知欲。集邮活动将两个性格迥异的青年男女连接在一起，信使又为无数对恋人做了红娘。大森的姐姐慧娟在弟弟的集邮中获得启发，以邮票传递信息，与黄山农场的恋人高强喜结良缘。

各地集邮组织广泛利用电视专题片、讲座等节目宣传集邮。进入20世纪90年代以来，这种宣传形式日趋普遍。辽宁省集邮协会与省邮票公司、沈阳电视台联合摄制了电视剧《珍邮奇缘》，先后在沈阳和中央电视台播放。阜新、本溪、锦州市集邮协会录制了专题集邮电视片，在市电视台和大型企业闭路电视节目中播放。

1992年2月1日，云南省澄江县举办了首届农民集邮展览，云南省委农村工作部及《云南日报》、云南电视台等应邀参加了开幕式。同日，中央电视台、云南电视台新闻节目播出了这届农民邮展的盛况。

故事影片《邮缘》海报

这是中国第一部以集邮为题材的故事影片，1985 年获得文化部 1984 年优秀影片二等奖；1986 年获法国第一届科罗米埃国际消遣片电影节青年观众奖。

（2）科普影片《中国邮票和集邮》

为配合中华人民共和国成立 40 周年庆祝活动，1989 年由刘克礼编导、北京科学教育电影制片厂摄制的影片《中国邮票和集邮》摄制完成。该片运用大量珍贵的历史资料，阐明自 1878 年发行大龙邮票起，中国邮票就与中国历史融为一体，邮票是中国历史的记录者和见证者。影片突破邮票狭小的票面局限，将邮票画面所反映的名胜古迹、自然风光、动物植物等引向实景。该影片发往世界上 100 多个国家放映，对宣传中国邮票和集邮活动起到重要作用。

（3）电视系列片《大龙邮票》

为纪念中国大龙邮票发行 110 周年，1988 年 6 月，由中国大龙邮票发行 110 周年纪念活动组织委员会和北京国际声像艺术公司联合摄制、海南音像出版社出版发行的《中国邮票电视系列片（一）· 大龙邮票》摄制完成。这是中国大龙邮票发行 110 周年纪念活动的一个重要内容。此片再现了大龙邮票设计、印制和发行的历史过程，突出了邮票与集邮的魅力，声像并茂、深入浅出、雅俗共赏，有助于集邮者了解中国近代邮票史。

（4）电视系列片《国脉所系》

1990 年 5 月 9 日，纪念周恩来题词“传邮万里　国脉所系”题写 50 周年之际，由中国邮电企业管理协会和中央电视台联合摄制的电视系列片《国脉所系》从 1991 年 3 月 5 日起在中央电视台陆续播出。本片由刘建辉撰稿，李近朱编导，陈铎和虹云解说。《国脉所系》循着中国邮电通信的发展轨迹，向观众展示了中华人民共和国成立

《国脉所系》电视系列片开拍纪念封

以来，特别是改革开放以来，邮电通信发生的巨大变化，表现出百万邮电职工默默耕耘、平凡感人的事迹。该电视片以饶有趣味的画面和生动的解说词告诉观众，邮电通信系着国之命脉、民之生计。全片共分9集："烽火台的诉说""百年与十年""话务员的一天""绿衣使者""南边的风""一封信的经历""方寸之间""他们离太阳最近""电话厅的启示"。《国脉所系》在福安开拍那天，港澳同胞、台湾同胞以及海外华人、华侨、华裔纷纷来信、来电庆贺。《国脉所系》在广电总局获得电视系列片二等奖。电视片播出后，时任邮电部副部长的谢高觉为陈铎、虹云和总编导李近朱颁发了具有邮电特色的大奖——每人一枚"猴票"和一部电话机。

（5）电视专题片《"区票"传奇》等

1990年8月，为配合"区票"发行60周年纪念活动，中华全国集邮联合会组织摄制了《"区票"传奇》《中国邮票的瑰宝》《"区票"发行60周年纪念活动巡礼》3部电视专题片，经中央电视台播放后，在全国受到集邮者及各界好评。这些电视片，有助于普及"区票"知识，扩大"区票"影响，提高其国际知名度，寓教于乐地宣传了党史和中国革命光辉历程。许多地方集邮组织建议中央电视台重播并制作拷贝，发给各地电视台播出，反映出这些电视片广受欢迎。

四、民间邮刊大量涌现

20世纪80年代初，国内的集邮活动还处于探索和发展时期。新闻媒体对集邮的宣传力度正日渐加强。集邮宣传主要依托报纸、杂志等平面媒体。除了集邮专业媒体和各级集邮协会创办的刊物外，民间集邮组织自办的刊物几乎覆盖了全国各大中城市。这些民间邮刊多数属于专项研究性质，对官办邮刊是很好的补充。

1．各类民间集邮刊物

这一时期，国内集邮组织发展迅速，伴随民间专项集邮组织成立，民间集邮刊物也不断涌现。这些民间邮刊多以专项研究为特色，也有少许综合性的刊物。

《原地封知音》是原地封研究会会刊，于1986年6月创刊。该刊重点论文有《原地封概论》《试探原地封的起源、现状和发展趋势》《原地封收集活动的兴起与发展》《原地封集邮前景的展望及其他》等。

《极限集邮》是极限集邮研究会会刊，于1986年创刊，双月刊。该刊多次就极限集邮的相关问题发表文章。如《相关片是否属于极限片》《专印片的品位、价值和使用》《极限片销戳地和邮票原地的关系》《FIP极限集邮规则的探讨》等。

《钟鼓楼邮讯》是北京东城区集邮协会会刊，1988年1月创刊，16开，油印。该刊如实报道了国内外重大集邮活动、北京市集邮活动要点、集邮学术研究成果、集邮活动花絮等内容。

《火车邮戳通讯》是火车邮戳研究会会刊。1988年10月创刊。该刊发表了大量火车邮戳信息和有关的探讨文章，以及近300个火车邮局的上千枚火车邮戳图谱，反映了二十世纪八九十年代各地派押火车邮局和邮路设置的变迁情况。

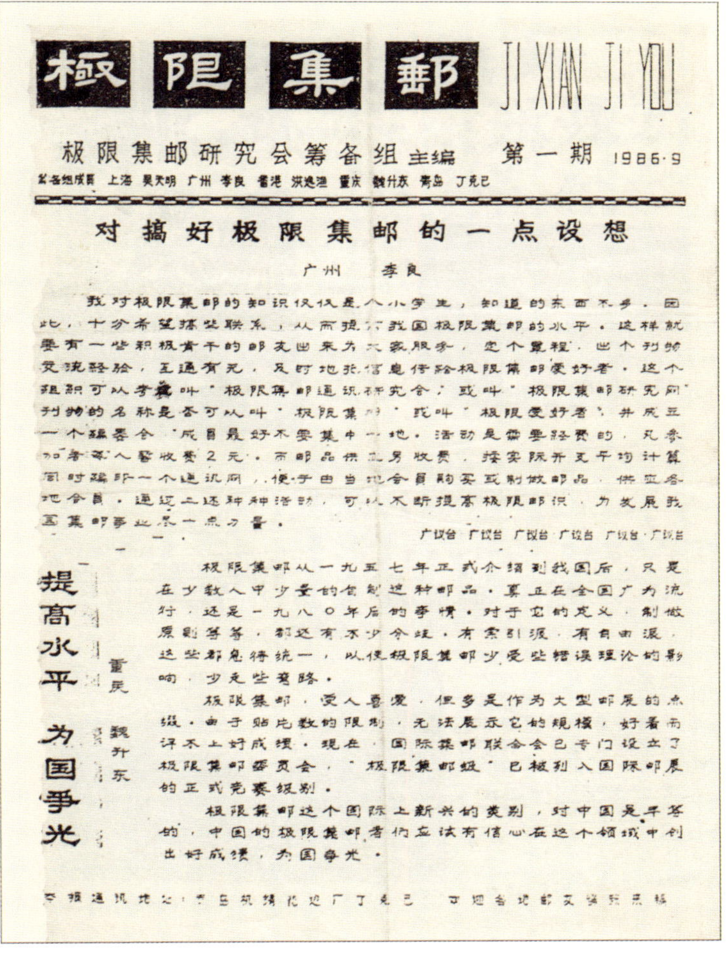

极限集邮 JI XIAN JI YOU

极限集邮研究会筹备组主编　第一期　1986·9

筹备组成员　上海　吴天明　广州　李良　香港　洪逸湛　重庆　魏升东　青岛　丁克己

对搞好极限集邮的一点设想

广州　李良

我对极限集邮的知识仅仅是个小学生，知道的东西不多。因此，十分希望搞些联系，从而提高我国极限集邮的水平。这样就要有一些积极肯干的邮友出来为大家服务，定个章程，出个刊物，交流经验，互通有无，及时地把信息传给极限集邮爱好者。这个组织可以考虑叫"极限集邮通讯研究会"或叫"极限集邮研究网"，刊物的名称是否可以叫"极限集邮"或叫"极限爱好者"，并成立一个编委会，成员最好不要集中一地。活动是需要经费的，凡参加者每人暂收费2元。而邮品供应另收费，按实际开支平均计算。同时编印一个通讯网，便于由当地会员购买或制做邮品，供应各地会员。通过上述种种活动，可以不断提高极限邮识，为发展我国集邮事业尽一点力量。

提高水平　为国争光

重庆　魏升东

极限集邮从一九五七年正式介绍到我国后，只是在少数人中少量的自制这种邮品。真正在全国广为流行，还是一九八〇年后的事情。对于它的定义、制做原则等等，都还有不少分歧，有索引派，有自由派，这些都急待统一，以使极限集邮少受些错误理论的影响，少走些弯路。

极限集邮，受人喜爱，但多是作为大型邮展的点缀。由于贴片数的限制，无法展示它的规模，好看而评不上好成绩。现在，国际集邮联合会已专门设立了极限集邮委员会，"极限集邮级"已被列入国际邮展的正式竞赛级别。

极限集邮这个国际上新兴的类别，对中国是平等的，中国的极限集邮者们应该有信心在这个领域中创出好成绩，为国争光。

《极限集邮》第一期

《环球邮苑》是龙的传人集邮研究会会刊，创刊于1988年12月，铅印，32开，10页。这是一份综合性集邮刊物，主要内容有：集邮新闻报道、集邮理论探讨、邮品制作指南、邮品佳作欣赏等。主要研究方向是邮政历史。

《附加费之友》是附加费邮友会会刊，1990年1月创刊。该刊以刊登研究邮政附加费的文章为主，并及时介绍全国各地收取附加费的情况。

《极限纵横》创刊于1990年5月1日，为京华极限集邮研究会会刊。该刊除注重极限集邮理论的研究外，对极限片的制作、邮集的编组等方面也有严谨的研究。

《极限邮讯》创刊于1990年11月，是楚天极限集邮研究会会刊。除重点研究极限集邮理论外，该刊还特别注重对FIP极限集邮规则进行宣传与研讨，也对编组竞

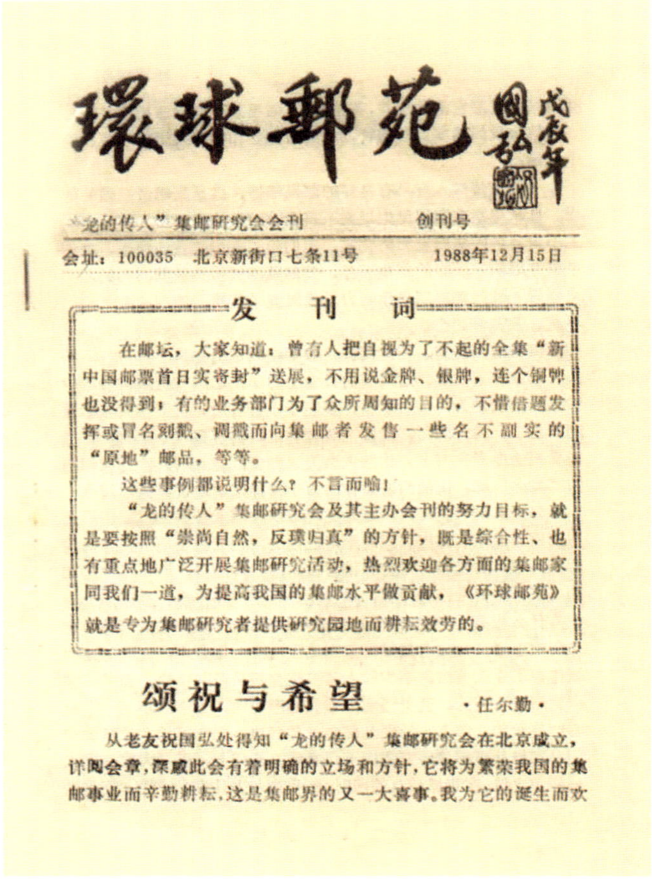

環球郵苑 国弘 戊辰年

"龙的传人"集邮研究会会刊　　创刊号

会址：100035　北京新街口七条11号　　1988年12月15日

发　刊　词

在邮坛，大家知道：曾有人把自视为了不起的全集"新中国邮票首日实寄封"送展，不用说金牌、银牌，连个铜牌也没得到；有的业务部门为了众所周知的目的，不惜借题发挥或冒名刻戳、调戳而向集邮者发售一些名不副实的"原地"邮品，等等。

这些事例都说明什么？不言而喻！

"龙的传人"集邮研究会及其主办会刊的努力目标，就是要按照"崇尚自然，反璞归真"的方针，既是综合性、也有重点地广泛开展集邮研究活动，热烈欢迎各方面的集邮家同我们一道，为提高我国的集邮水平做贡献，《环球邮苑》就是专为集邮研究者提供研究园地而耕耘效劳的。

颂祝与希望　·任尔勤·

从老友祝国弘处得知"龙的传人"集邮研究会在北京成立，详阅会章，深感此会有着明确的立场和方针，它将为繁荣我国的集邮事业而辛勤耕耘，这是集邮界的又一大喜事。我为它的诞生而欢

《环球邮苑》创刊号

赛性极限展品作过许多研究。

《航天邮友》是航天邮友联谊会会刊，于 1991 年 12 月创刊。该刊十分注重航天集邮的学术研究，并宣传国内外航天集邮成就。

2. 民间邮刊的宣传效果

民间邮刊的主办者大都是各级集邮协会的骨干和领导者，或是某一集邮领域的资深者。因此，很多邮刊发表的研究文章具有较高水准，其宣传效果和影响力并不亚于官办邮刊。

1982 年出版的《鼓楼邮刊》第 15 期上，发表了王力军、田小利的文章《首套解放区邮票辨析》。作者经过实地考察和查阅有关资料、文件，对国内集邮界关于"湘赣省赤色邮票是解放区的第一套邮票"的说法提出异议。作者认为，赣西南赤色邮政发行的邮票，才是解放区首次发行的邮票。这篇在民间邮刊最先发表的文章，引起集邮界广泛关注和热烈反响。鼓楼集邮研究会专门召开了两次讨论会，参加讨论的人有 70 多位。与会者认为，文章作者通过实

航天邮友

SPACE PHILATELIST

航天邮友联谊会编　创刊号（1992年1月10日）

热烈祝贺中国航天邮友联谊会成立！

发　刊　词

新的一年来临了，在广大邮友的热情支持下，《航天邮友》和大家见面了。

本刊作为中国航天邮友联谊会的会刊，将积极为邮友们服务，及时报道邮友们活动情况，充分反映邮友的要求、意见，尽量为大家提供邮品的资料、信息，努力促进邮品的交流，推进我国的航天专集向世界水平发展。

中国航天邮友联谊会（简称航天邮友会）在成立之前称“中华航天集邮协会”，这是在第二届全国邮展时，参展的航天同好发起的，随着筹备工作的开展，邮友们不断加入，队伍不断扩大，到正式成立之前已扩大到上百人的队伍，包括了全国个别省区之外的航天邮票收集者。这标志着邮友们共同的愿望：希望能够扩大交流，建立具有同一收集目标的专题性质的集邮协会，而当时中华航天集邮协会正是随着历史潮流，应运而生，所办的正是大家想办而未能办到的事情。

在这两年的筹备工作中，凌福根、陈启新、崔建平、韦力等邮友都为此作出了努力，他们为邮友出刊物，邮寄航天封片，推动筹备工作的开展。由于客观原因使协会的成立面对重要困难，但是筹备工作还是迈出了艰难的第一步。

随着今年9月航天部系统成立集邮协会，加重了我们的危机，官办或半官办的路已被堵死，出路只有两条，要么在沉默中消亡，要么在奋斗中倔起，我们选择了后者，但是要想生存，更名之事势在必行，因此乘航天部系统举办首届邮展的东风，京内外和部内外邮友会聚之际，经过商讨决定，协会改名“航天邮友联谊会”，在名称上为航天部系统的“中国航天集邮协会”让路，舍弃久而未决的挂靠问题。改名后的组织将完全是民间的集邮爱好者的组织，但是也不排除在条件成熟时解决挂靠问题。

在本刊正式发行之际，需要提一下陈启新为会刊所作的工作，在本会两年筹办时间中，他创办的《航天邮友通讯》和《航天集邮》为本会会员的联络和发展起了重要的作用，在两年所发行的五期刊物中凝结着他的点点心血，我想大家是不会忘记的。

现在中国航天邮友联谊会已经成立，会刊也在北京正式发行，希望广大会员同心协力，将本刊视为知己，积极向本刊投稿，对本刊的工作和内容提出各种建设性建议、要求、批评。为共同办好本刊作出努力。

我们的口号是：“愿我们的友谊象茫茫的太空一样，宽广、永存”。

中国航天邮友联谊会在京成立

全国航天集邮爱好者盼望已久的中国航天邮友联谊会在经过了两年的筹备后，于1991年12月1日在北京航空航天大学召开了成立大会。来自航空航天部所属驻京企事业单位、国防科工委、中国民航、第二炮兵以及北京航空航天大学、北京理工大学的航天集邮爱好者20余人参加了成立大会，河北省和西昌卫星发射中心的航天集邮爱好者也兴致勃勃地来到了会场，

与会同志听取了陈启新同志、凌福根同志关于联谊会筹备工作情况汇报，对中国航天邮友联谊会章程（讨论稿）进行了讨论并提出了进一步修改意见，就联谊会理事会的组成人员结构，各地区的名额分配问题以及筹备组提出的理事会候选人名进行了热烈讨论，就中国航天纪念邮品的制作与发行工作发表了很好的意见，与会同志对筹备组成立两年以来所作的大量工作给予高度评价，对中国航天邮友联谊会寄予极大希望，大家一致认为，中国航天邮友联谊会筹备组的工作以及航天邮友联谊会的正式成立为推动我国航天专题集邮活动的健康发展奠定了良好基础。会上宣读了上海市和四川省航天邮友的部份来信，各地邮友对航天邮友联谊会的成立表示祝贺，就联谊会章程（讨论稿），理事会组成和联谊会今后的工作等问题发表了很好的意见。

会议最后选举产生了第一届中国航天邮友联谊会理事会，通过了中国航天邮友联谊会章程，中国航天邮友联谊会正式成立。（陈博）

—1—

《航天邮友》创刊号

地考察以及查阅相关资料，对苏区第一套邮票进行研究和论证，是十分可贵的。

1982年11月7日，无锡集邮研究会对中国共产党领导的红色区域邮票与中华人民共和国邮票的划界问题，专门举行了一次研讨会。1983年第1期《邮友信箱》同时刊登了这次研讨中的两篇观点对立的文章——曹源福的《根据特殊历史条件进行具体分析》和孙君毅的《从矛盾的对立统一来探讨》。其讨论焦点集中在中华人民共和国成立之日，是否就是“区票”与中华人民共和国邮票的分界线。在《邮友信箱》

1983 年第 3、4 期合刊上，吴廷琦发表文章提出对“区票”概念的完整和准确认识。他认为，以往将“区票”下限划在中华人民共和国成立之时是不妥当的，因为当时中国人民革命战争并未完全结束。据此，应把“解放区邮票”的概念，理解为“凡在中国人民革命战争时期由各地人民政府所领导的邮政机构或地方邮局印制或改值的邮票”，这样就可以把“区票”与新中国邮票的划分界限解决。这些源于民间邮刊的研究文章，对“区票”与中华人民共和国邮票的划界产生了重要影响。

《邮友信箱》还于 1982 年发表了《评〈中华人民共和国邮票目录〉》。该文作者通过对中华人民共和国邮票的缜密研究，发现 1981 年人民邮电出版社出版的《中华人民共和国邮票目录》中有许多错误。对发行日期、齿孔度数、印刷厂家、纸质特征、全张枚数等各方面作了 50 多处补正。

《金陵邮刊》于 1982 年发表了《也谈小本票》《小本票与印刷全张》等文，对小本票里的邮票与原印刷全张的版式关系作了研究分析。此后又陆续刊登了《“辛酉年”“刻舟求剑”小本票重组印刷全张》《“中日邮展”小本票的印刷全张初探》等文，对小本票的全张版式作了较深入的探讨。类似于这样有独到研究的文章在当时官办邮刊上也是不多见的。

五、中国邮票博物馆的建立

中国邮票博物馆于 1985 年正式成立，馆址设在北京和平门中国邮票总公司大楼内。多年来，邮票博物馆以其丰富的馆藏、一流的展品和精美的出版物、特色邮品，

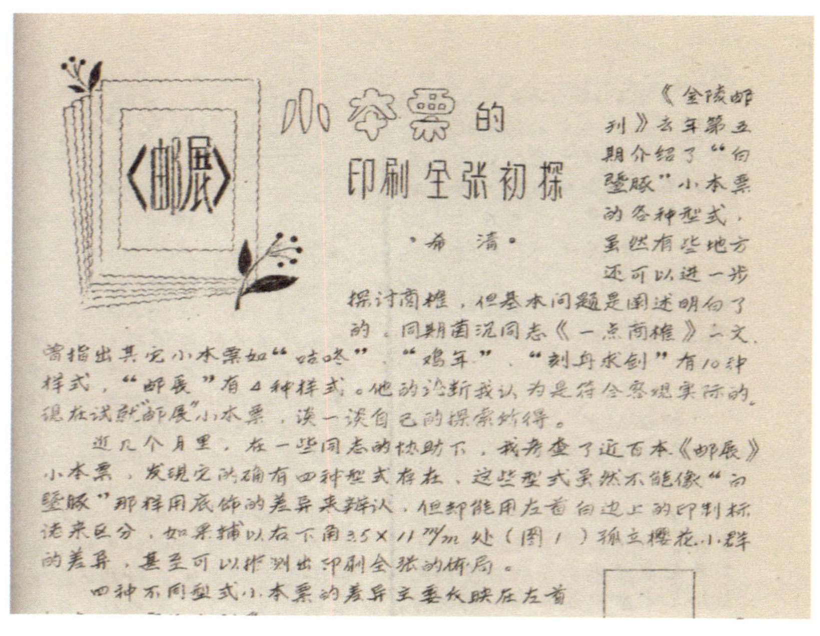

《邮展》小本票的印刷全张初探

·希 清·

《金陵邮刊》去年第五期介绍了“白暨豚”小本票的各种型式，虽然有些地方还可以进一步探讨商榷，但基本问题是阐述明白了的。同期菌泥同志《一点商榷》一文，曾指出其它小本票如“咕咚”、“鸡年”、“刻舟求剑”有10种样式，“邮展”有4种样式。他的论断我认为是符合客观实际的。现在试就“邮展”小本票，谈一谈自己的探索所得。

近几个月里，在一些同志的协助下，我考查了近百本《邮展》小本票，发现它的确有四种型式存在。这些型式虽然不能像“白暨豚”那样用底饰的差异来辨认，但却能用左首白边上的印制标志来区分，如果辅以右下角3.5×11㎜处（图1）孤立樱花小群的差异，甚至可以推测出印刷全张的布局。

四种不同型式小本票的差异主要反映在左首

《金陵邮刊》谈小本票的文章

吸引了众多的集邮者，为宣传邮票与集邮，促进国际文化交流做出了贡献。

1. 邮票博物馆的成立

中华人民共和国成立后的20世纪50年代，邮票发行部门就有了兴办邮票博物馆的设想，并在出访中专程考察了匈牙利邮票博物馆。至20世纪60年代，邮票发行局相继入藏了邮电部移交的清代、民国邮政所存国家邮票档案和“区票”，还有爱国集邮家捐献的包括存世孤品在内的华邮珍品。但这一进程在“文革”期间受阻，所幸集邮家的捐献无一损毁。1972年，邮票发行局资料档案室正式建立，沙子芬为负责人。20世纪80年代初，在兴建和平门中国邮票总公司大楼的过程中，开始了邮票博物馆的筹备工作。邮票发行局局长宋兴民在出访中，特地索取了瑞士“比格拉”邮票展示柜的工艺资料，回国后请上海邮电设备厂予以仿制，并陆续安装于新建展厅内。1984年，中国邮票博物馆筹备处成立，吴凤岗为主任。1985年7且，中国邮票博物馆经邮电部批准正式成立，孙少颖为首任馆长。

孙少颖出生于1929年，祖籍山东茌平，1969—1979年担任邮电部邮政总局综合处处长，1979年6月担任邮票设计室主任，1985年7月任中国邮票博物馆第一任馆长，1986年任中华全国集邮联合会第二届学术委员会史学组组长，1990年离休后被聘为中国邮票博物馆顾问、邮票鉴定室专家。1996年，孙少颖担任《中国集邮史》主编。1982年，他出席了中华全国集邮联合会第一次代表大会。2003年。他被授予中华全国集邮联合会第一批会士。

2. 邮票档案的典藏机构

中国自清代末期以来，历届邮政当局都有保存邮票资料档案的工作制度。自1878年大龙邮票发行以来，无论是当时的清代海关邮政，还是后来的民国的中华邮政，每逢有新邮票发行时，都存档几百套至上千套邮票作为资料，称为“存档古票”。中华人民共和国成立后，邮电部仍按前例，于每次邮票发行时保存上千套邮票作档案资料。

中国邮票博物馆展厅

孙少颖

这些档案邮票构成了中国邮票博物馆馆藏的主体。此外，通过万国邮政联盟交换的外国邮票，爱国集邮家和国际友人捐献的邮票、邮品等，使国家邮票藏品日臻完善。

中国邮票博物馆馆藏中外邮票达 30 万种，总数超过亿枚，并藏有大量邮票发行档案和部分邮政史料、文物。藏品的主体构成是：

（1）清代，自 1878 年起，海关邮政和国家邮政所遗存的邮票资料；

（2）民国时期，北洋政府和南京国民政府交通部邮政总局留存的邮票资料和部分邮票发行档案；

（3）中国人民革命战争时期，自 1930 年起，各苏区、边区、解放区保存的各类邮票；

（4）中华人民共和国成立后，邮票发行和印制部门移交的邮票资料和邮票发行档案，包括邮票图稿、雕刻原版、原版印样、签样、未用图稿和未发行邮票，以及邮票发行的方案档案；

（5）代表国家邮政，参加万国邮政联盟组织交换的所有成员的邮票，目前已达 188 个国家和地区，涉及的邮票发行单位超过 250 个；

（6）与外国邮政部门双边交换的邮票，主要是 20 世纪 50 年代与苏联、东欧国家交换的邮票；

（7）20 世纪 50 年代以来，爱国集邮家和国际友人的捐献，以及向各方征集的邮票、邮品、书刊文献。

中国邮票博物馆馆藏票品中，还有国家通过特别渠道搜集的珍贵资料。如 20 世纪 50 年代，对外贸易部移交的从原清代海关驻伦敦办事处所存遗物中清理出的红印花原票、慈禧寿辰样票、清代明信片设计图样等。

中国邮票博物馆保管部设 4 个保管组，其中中国邮票设 3 个组，即历史票（清代、民国）组、“区票”组和中华人民共和国票组。

3. 文化交流的使者

中国邮票博物馆因邮票而建立，其主要的社会功用在于典藏国家邮票档案、文物，引导和推动集邮活动，特别是对青少年的集邮启蒙，并通过举办邮票展览，促进中外文化交流。

1988 年，配合全国集邮界的重大活动，中国邮票博物馆承办了“纪念大龙邮票发行 110 周年邮展”。在中华全国集邮联合会的统筹下，中国邮票博物馆全力以赴，与中国第一、第二历史档案馆，天津档案馆，南京太平天国历史博物馆，以及上海海关、天津海关多次洽商，或复制、或借调有关邮驿、邮政历史的档案文献，并将这些档案与馆内的珍藏，统一编排成大型展集，全面、形象地介绍了大龙邮票酝酿、设计、印制和发行使用的过程，展示了清末 50 年间，海关邮政和国家邮政发展的历史。在北京展出结束后，该展览又调整了内容，在 1988 年 7—12 月长达半年的时间里，相继在天津、营口、烟台、香港和澳门巡展。

纪念大龙邮票发行 110 周年邮展澳门巡展

1990 年，中国邮票博物馆与中国人民革命军事博物馆共同承办了“中国人民革命战争时期邮票发行 60 周年纪念展览”。两馆联合中央档案馆、中国革命博物馆展出了大型官方邮集《中国人民革命战争时期邮票史》，包容了 1930—1950 年的 21 年间，各苏区、边区和解放区发行的 2000 余枚邮票、上百件实寄封、明信片及邮政单据。全国各省的 30 余位集邮家以及中国香港的“区票”收藏家与来自美国、日本、澳大利亚的收藏家展出了近 40 部个人邮集，使这次展览成为一次空前的“区票”珍品荟萃，在海内外的中国邮票收藏者中引起强烈反响。

在此期间，中国邮票博物馆还赴全国各地举办了 70 多次中、小型巡展，展出地点远及新疆、云南、海南、内蒙古等省、自治区。1989 年，中国邮票博物馆还将展览送到位于“世界屋脊”的西藏拉萨，促进了边疆少数民族地区的集邮活动。1989 年以来，中国台湾和海外华裔集邮家组团，数次光临中国邮票博物馆，切磋观摩、交流研讨。1990 年，“赵俊先生珍藏世界凹版雕刻艺术展览”和“海峡两岸集邮家首届邮展”在邮票博物馆举办。

1985 年以来，根据政府间文化交流协定，中国邮票博物馆相继承办了墨西哥、西班牙、罗马尼亚、意大利、圣马力诺、泰国等国家的邮票展览，自身的中国邮票藏品则远赴五大洲近 40 座城市展出。

海峡两岸集邮家首届邮展

第九节 集邮经营与市场的发展

中国改革开放以后，集邮经营活动逐渐活跃起来。初期为计划经济体制下的市场行为；随着市场经济的发展，各种思想禁锢和体制上的弊端不断受到冲击，集邮市场在市场经济规律的制约下不断得到发展和完善。中国的集邮市场，包括一级市场和二级市场。一级市场主要是指由国家邮政发行体系及国家邮政集邮经营部门组成的市场，二级市场是指在合法经营的基础上，由多种经济成分参与的自由市场。

一、国营集邮企业的体制变化和经营服务

1978 年 6 月，国内恢复集邮业务以后，为适应集邮事业发展的需要，邮政部门多次改革和调整集邮经营管理体制。1979 年 8 月成立了中国邮票总公司，实行邮票设计、印刷、发行、销售的统一管理。

1. 国营集邮企业的经营与服务

搞好集邮品的开发，为集邮者服务，是国营集邮企业的重要任务。这一时期，各级邮票公司开发、制作了大量为广大集邮者喜闻乐见的集邮品。中国邮票总公司于 1982 年发行首套极限明信片——MC1《益鸟》，首次发行镶嵌封——“中国古代钱币”首日封；1986 年开发了第一个新邮邮折——PZ1《丙寅年》，发行系列纪念图卡的第一套——PTK1《红军长征胜利 50 周年》。各级邮票公司发行的集邮品，往往为配合重大纪念活动和宣传社会主义建设成就，因而发挥了较好的宣传作用。以 1990 年为例，为配合第 11 届亚运会在中国

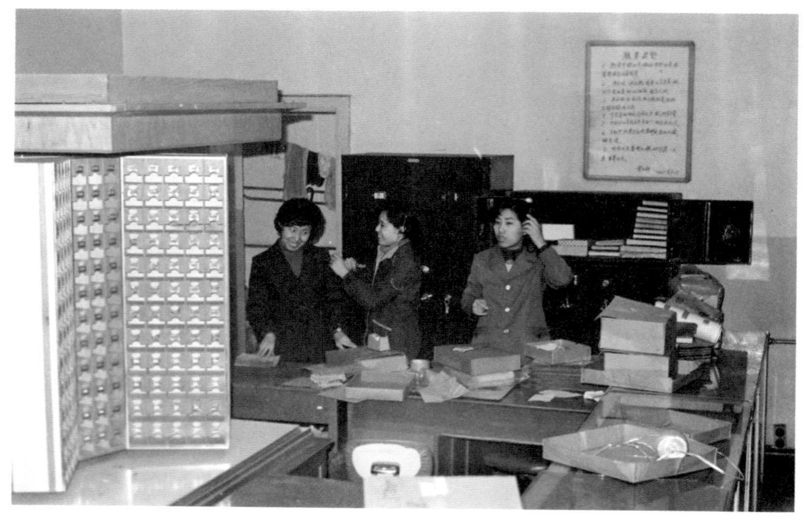

中国邮票总公司营业部

举办，中国邮票总公司开发、制作了 12 种集邮品，受到收藏者欢迎。

邮票进出口业务由中国邮票总公司统一经营管理。1984 年 12 月 12 日和 1985 年 10 月 6 日，邮电部两次重申和强调这一原则。1982—1985 年，中国邮票出口收入达到 2397 万元。这期间的出口方式以发展代理商为主。主要代理商有中国香港的香港商务印书馆、日本邮趣服务社、美国万国首日封公司、德国布莱克公司等。1988 年，中国邮票总公司对外部开办了海外中国首日封实寄业务。通过坚持不懈的努力，中国邮票总公司在世界 50 多个国家和地区建立了经销、代销业务。

积极开展以沟通两岸同胞亲情、促进文化交流为目的的对台贸易，为台湾地区流行的“大陆邮票热”注入了活力。国内的集邮热、邮市热，带动了国际市场的“中国邮票收藏热”。针对这种情况，中国邮票总公司采取既限量又增收的经营策略。同时，注意加强中国邮票的宣传工作，投入较大力量，印制多种宣传品，通过国际展览会、广交会及北美、欧洲代理商广泛宣传。中国发行的外文版杂志也经常刊登新中国邮票发行消息，成为对外宣传的又一窗口。

为实现国有集邮企业对集邮市场的指导，中国邮票的价格需要经常进行调整。中国邮票总公司于 1983 年的 6 月和 9 月两次调整邮票价格。调价的依据主要是邮票市场的变化。每次调价，各种邮票价格向上调整的幅度均有所不同。邮票调价显示了邮票的保值、升值功能，扩大了集邮的影响，吸引了越来越多的人加入集邮队伍。

中国の切手

宇宙開発　　T. 108

楽声環宇（東方紅一号衛星）4分（6—1）

天外帰来（衛星を回収する）8分（6—2）

雷震海天（海中からロケットを発射）8分（6—3）

新中国成立以来、宇宙開発事業は急速に発展しており、とくに、ここ数年の成果は目ざましいものがある。中国の宇宙開発事業の大きな成果を伝えるために、郵電部（郵政省）はこの切手セットを発行した。6種1セット。本欄では2回に分けて紹介する。デザインは劉碩仁。

《人民中国》杂志日文版夹发的新邮报道

外国邮票进口工作由中国邮票总公司统一办理，这项业务在20世纪90年代以后才形成一定的规模。外国邮票的进口在一定程度上满足了国内收藏外邮的需求。随着香港及澳门回归祖国日期临近，港、澳邮票渐成另一个收藏热点。此外，与我国联合发行的外国邮票及部分专题邮票也十分受国内集邮者欢迎。这些业务，都在中国邮票总公司经营之列。

2. 加强经营管理，维护市场秩序和集邮者利益

20世纪80年代以来，集邮热的兴起和发展，使得集邮成为全社会十分关注的领域。邮电部和各级集邮公司都很重视加强经营管理，端正经营作风，将此作为发展集邮业务的长期战略任务。中国邮票总公司提出了“为集邮者服务，对集邮者负责，为两个文明多做贡献”的业务指导方针，把发展集邮队伍作为中心任务，通过优质服务和多种宣传，扩大集邮的影响。1983年11月，首届全国邮展在北京中国美术馆举行。中国邮票总公司等在展场外设立临时摊位，销售为本次邮展发行的纪念邮票、首日封、纪念封和纪念张等多种邮品，开启了展场销售的经营模式。

1984年，随着集邮事业的迅速发展，买票难的问题变得十分尖锐。中国邮票总公司对此作了认真调查，发现造成买票难的原因，既有发行量的问题，也有管理方面的问题，其中主要是库存量不合理而导致供不应求。各省平均库存为进票量的25.23%，有4个省的库存在40%以上。针对这种情况，中国邮票总公司提出一个重要观点：让邮票在集邮者手里升值，不要在邮票公司仓库里升值；要求各级公司采取有效措施，落实关于纪、特邮票库存不超过5%的规定。

1990年，邮电部原拟于5月17日发行JP.22《香港中银大厦落成纪念》邮资明信片，因片上英文翻译有误，中国香港有关方面建议停止发行该片，集邮市场称其为“中银错片”。邮电部于5月15日向

首届全国邮展邮品销售现场

在流动服务车前排队购买《西厢记》邮票

停止发行的《香港中银大厦落成纪念》邮资明信片

各省级邮电部门发出加急电报，将已分发各地的“中银错片”收回销毁。绝大多数单位执行了电报指示，但有个别单位或个人违反纪律，提前售出，致使少量“中银错片”外流。对于这些单位或个人，有关方面进行了通报批评，同时予以经济上的重罚。

1991 年，国内出现了“邮市狂潮”，涉及邮电部门内部的不少问题，如低于面值抛售邮票，在规定的发行日之前出售邮票。为解决这些问题，保证邮票发行和集邮业务正常发展，同年 9 月，中国邮票总公司在大连召开了全国集邮用邮票计划会议，决定第二年采取加大发行量、发展预订户、加强内部管理、进行舆论引导等措施。11 月 19 日，邮电部专门印发了《关于加强邮票发行和集邮业务经营管理工作的通知》，要求必须采取有力措施，加强内部管理，端正经营指导思想，堵塞漏洞，切实纠正行业不正之风。通知的下发和执行，对于加强邮票发行和集邮业务经营工作的管理，保护邮市，发展邮市，保障集邮者利益，起到了积极的作用。

二、民间集邮经营活动形成

20 世纪 80 年代初期，改革开放激发了全国性的集邮热潮，集邮者的最大愿望是集到邮票。但是，大多数国营邮票公司仅出售发行期内的邮票，想收集其他时期的邮票就要靠个人之间调剂余缺。于是，以集邮者个人之间交换邮票为主要方式的民间集邮经营活动便逐渐形成。

1. 民间邮票交换市场的形成与变化

这一时期的民间邮市都是自发形成，存在于街头巷尾，并且多数依托于邮票公司或集邮门市部内外。邮票交换活动主要在节假日，交换方式虽然也有以票换票的情况，但多数是现金交易。1984 年 7 月 8 日，北京市集邮协会借《北京日报》读者日之机在劳动人民文化宫联合举办北京市首次群众邮票交换日活动，集邮者踊跃参加，颇有收获。邮电部部长杨泰芳、中华全国集邮联合会会长成安玉、中国邮票总公司总经理宋兴民等到场视察，并向与会者征求意见。集邮者反映，希望这样的活动经常化。但由于当时计划经济占主导地位，个人经营受到种种限制，个人之间的邮票交易被视为“投机倒把”，民间邮市则被视为非法的“黑市”。

1982—1985 年，北京的自发邮票交换

北京市首次群众邮票交换日

市场经历了多次变化。集邮者最早在中国邮票总公司东安门营业部大厅内外进行交换，后来辗转于六部口、三里河、三里屯、和平门、南礼士路等邮局或邮票公司门前。三里河邮局集邮门市部前自发形成了规模很大的邮市，而在这里就树立着一个“禁止黑市交易”的牌子。《北京日报》专门发表了一篇特写，对“‘禁止黑市交易’牌下的黑市交易”进行了抨击。随后，有关部门出动人力对邮市予以取缔，对从事邮票交易的“邮贩子”给予处罚。当时，在全国各地像这样邮市被取缔、集邮者被驱赶、邮册被没收的现象多次发生。

2. 集邮界领导呼吁建立邮市

广大集邮者强烈呼吁开放民间集邮市场，这个问题受到了各级集邮组织的关注。在 1985 年 4 月召开的中华全国集邮联合会一届三次理事会上，宋兴民副会长在讲到需要解决的新问题时，第一个就是集邮市场的开放、搞活与调节。他指出，这里面有理论性问题，也有政策性问题，目前大家的认识还不一致，解决起来需要一个过程。

1986 年 10 月 21 日，邮电部副部长朱高峰在中华全国集邮联合会“二大”闭幕词中，专门讲到广开集邮品的流通渠道问题。他指出：“开放固定的、定期的集邮品交换场所，是大家关心的问题。国家保护集邮者正当的邮票交换活动，取缔非法倒卖活动，根本目的是保护集邮者的利益。从目前情况来看，集邮品交换场地，实际上也是一个集邮品市场。希望在座的各省、自治区、直辖市的同志及社会各界的同志协助，向当地主管部门积极呼吁，向当地

北京市邮票公司营业部门外的街头邮市

工青妇组织呼吁，在公园、广场、文化宫、工人俱乐部、青年宫、剧场或其他有条件的地方，辟出场地，定期或不定期地举办邮票交换活动，满足广大集邮者的这一要求。”

3. 新闻媒体呼吁建立邮市

1983 年 8 月，广州《集邮家》报发表了题为《谈邮票的交换与流通》一文，并加编者按，发起了为时半年的“关于票品流通问题的讨论”。该文全面、较早地提出邮票买卖和邮商问题。文章指出，调剂邮票余缺，是广大集邮者的强烈愿望，事实说明，它是难以禁止的。过去有些正直的邮商，为我国集邮事业的发展做出了贡献，不容抹杀。今后是不是可能产生这种正直的邮商呢？由此引发了各种各样的看法。

中华全国集邮联合会的刊物《集邮研究》对开放邮市的问题十分关注。该刊 1984 年第 2 期转发了广州《集邮家》关于上述讨论的综述；第 6 期又发表了《对开放邮票市场的意见》一文。该文旗帜鲜明地提出，开放集邮市场势在必行。要以国营邮票公司为集邮市场的主体，允许集体和个体有组织、有条件地参与邮市经营活动，作为国有企业的辅助和补充。

开放邮市问题同样引起了社会舆论的关注。1986 年 10 月 16 日，《光明日报》在头版头条位置发表工作研究《改革集邮管理体制，开放邮票市场》。文章从更新观念、改革体制的角度研究邮市问题，对开放集邮市场进行了深层次思考。文章建议：要开放集邮市场，调动一切积极因素，在国家政策指导下，坚决实行国家、集体、个体一起上的方针，发展多种经营方式，鼓励和支持钟笑炉式的邮商参与邮票市场的经营活动。

光明日報

GUANG MING RIBAO　（代号1—16）

1986年10月16日　星期四　农历丙寅年九月十三　第13471号

工作研究

改革集邮管理体制　开放邮票市场

全国集邮爱好者已达五百万人。开放邮票市场是社会主义商品经济发展的需要。建议在国家政策指导下，实行国家集体个人一起上的方针，加强市场管理，制定切实可行的集邮法规

中华全国集邮联合会成立以来我国的集邮事业有了很大的发展，目前，全国集邮爱好者人数已达五百万人，并造就了一批新中国的集邮家和集邮学家。

最近一段时间内，我国的集邮活动与邮票销售中出现了燃眉现象。是集邮管理体制与我国集邮事业发展之间多年来积累起来的矛盾的反映。有关集邮的一些基本理论问题，以及集邮活动中一直存在的如邮票和集邮品的流通渠道问题、交换问题、买卖问题等等，也日益尖锐地提到议事日程上来。

我国现行邮票是国家发行的一种有价票证，在国家邮政通信中，现行邮票是交纳邮资、预付邮政劳务的凭证。该种有价票证不同于可以兑换现金的有价证券如支票、股票等，一经国家邮政营业窗口售出后便具有不可逆转性，也就是不得到邮政部门兑换成等面值的现金。我国现行邮票的印刷权、发行权属于邮电部，这是国家权力的重要组成部分。毫无疑问，国家对现行邮票必须采取专卖政策。

但是邮票发行以后，进入集邮领域中的这一部分邮票的作用却发生了质的变化。

邮票在集邮领域中所具有的文化价值、艺术美学价值已经被人们所理解和接受，而它的最本质的属性即商品性，尤其是我国现行邮票或新发行的邮票在集邮中所具有的商品属性却还没有完全被人们理解和接受。目前我国的集邮管理体制就在实践上否定了集邮品的交换和买卖是正常的集邮活动，否定了集邮商品的价值规律，从而极大地限制了集邮品的正常流通，使得集邮领域成为当今中国在改革、开放、搞活一派大好形势下的一个沉闷的角落。

集邮活动在我国作为社会主义精神文明建设的一个重要内容，它所表现出来的文化艺术现象不仅反映着人们对精神文化生活的需要，同时也反映了人们在参与集邮活动过程中所进行的经济活动。邮票之所以能够有别于一版再版，印刷精良的美术印刷品，就在于它的自身价值、集邮储蓄、集邮保值是我国集邮队伍中客观存在的较为普遍的现象。人们购买邮票，丰富文化生活，保护货币价值与他们购买金银首饰大有异曲同工之处，这是无可非议的。回避集邮活动中这些特有的经济现象不是唯物主义者应有的求实态度，也无助于问题的解决，而只能使我们对集邮活动的宏观控制和对策研究陷入自相矛盾而又不可自拔的境地。近年来全国各大城市中，集邮者自发的街头邮票交换买卖市场已经形成，几年中，集邮市场虽遭多次打击，几经取缔，却终不能彻底消灭掉。确实，一些街头自发的邮票交换买卖市场由于缺乏管理，情况较为混乱，出现过妨碍交通、影响市容卫生、扰民等现象，一些不法分子也混迹其中，对这些不法分子必须予以坚决的打击，因为他们本来就不是真正的集邮者。事实说明，堵塞不如疏导，封闭不如开放，与其受有关部门对集邮品流通的禁止，而促其消极地转入地下，不如公开组织邮票市场，允许邮票交易，因为开放邮票市场实际上是社会主义商品经济发展的客观需要。

要开放邮票市场，必须调动一切积极因素，在国家政策指导下，坚持实行国家、集体、个人一起上的方针，发展多种经营方式，鼓励和支持钟笑炉式的邮商，启照营业，参与邮票市场的经营活动。自觉运用价值规律，建立合理的价格体系，加强市场管理，制定切实可行的集邮法规。将我国邮票市场的经营活动，纳入国家法律秩序的轨道。这是繁荣我国集邮事业的必由之路。

开放邮票市场给我国集邮者创造一个宽松的环境不仅在马克思主义的经济理论和党的方针政策上有着坚实的理论基础，而且在实践上存在着极大的可能，因为开放邮票市场是中国五百万集邮爱好者的强烈要求与殷切的希望。

王三义

《光明日报》关于开放邮票市场的工作研究

4. 二级集邮市场的建立及其经营

1987—1988 年，一些大、中城市的集邮协会积极与有关部门和单位联系，参与到邮市的建设和管理之中，使得街头邮市纷纷进入公园、文化宫等公共场地。20 世纪 80 年代末至 90 年代初，许多城市建立了具有固定场地的邮市。其中大多为露天

经营，没有固定摊位，设施比较简陋。有关集邮组织在这里举办邮展、讲座、学术研讨、免费咨询、邮票拍卖、集邮联谊等多种多样的活动，宣传了集邮知识，吸引了集邮者，扩大了集邮在社会上的影响。各级集邮协会在建立邮市方面的努力，得到广大集邮者和邮电部领导的肯定。

北京市宣武区集邮协会于1986年在位于东琉璃厂街的宣武区文化馆开办周末邮票交换市场，这是北京开办最早而且是定期开放的邮票市场。1988年5月，经北京市政府批准，北京市集邮协会及其下属的西城区集邮协会在月坛公园开办了邮票市场。经过苦心经营，月坛邮市成为全国影响力最大的邮市，有“全国看北京，北京看月坛”之说。1991年“邮市狂潮”中，月坛邮市因成为炒邮中心而备受社会舆论关注。每天入市人数从过去的1000多人猛增到1万人次以上，邮市面积由初期的600平方米扩大了一倍以上。在邮市狂潮高峰期，由于秩序混乱等原因，月坛邮市于1991年11月被停业整顿。

上海的邮市产生于20世纪80年代初，最早是在南京东路河南路口东侧的第一条弄堂里，后又转移到黄陂路的街心花园、思南路、中山公园等处。1983年，集邮者在徐汇区太原路口、肇嘉浜路的街心花园自发进行交换活动，逐渐形成了全国“四大邮市”之一的太原路邮市，1988年10月，经有关部门批准正式挂牌开张，成为正规的露天邮市。上海的卢工邮市其前身也出现于1983年。当年1月，成立不久的上海市卢湾区职工集邮协会，在上海重庆南路229弄5号底层活动室开辟了集邮交换室，以方便会员间交换邮品，并有步骤地将思南路邮局旁的自发市场引导入室。由于该

北京市海淀集邮协会在大钟寺举办集邮交流活动

邮市规模日渐扩大，遂于1991年8月迁入卢湾区工人体育场内，称为“卢工集邮品交换市场”。

广州的邮市始于20世纪80年代初。那时，广州部分集邮家每月一次在北京路青年文化宫聚会。为了满足集邮者调剂余缺的需要，青年文化宫在有关部门的支持下，在宫内开辟了交换邮票的场所。1983年，青年文化宫扩建，邮市撤出，交换邮票的人们开始“打游击”。1985年，广州市人民公园邮市自发形成。后来公园特辟出一块场地作为邮市，派员进行管理，凭券进场，但设施比较简陋，无固定摊位。

暑袜街邮市是成都市当时唯一的邮市，被《经济参考》报称为中国“四大邮市”之一。它由集邮者自发形成，位于成都市暑袜街集邮门市部内外，沿街为市、露天经营，没有固定摊位。1988—1989年，由于该邮市的影响力越来越大，吸引了海外邮商的注意，多次派代理商购去大量票品。根据成都市政府的指示，该邮市交由政府部门管理，向有组织、有秩序方向发展。

5. 民间邮社的开办及其经营活动

20世纪80年代中期以后，日益发展的个体经济在中国国民经济总额中占有的成分越来越大。集邮领域的个体经营活动更加活跃，个体邮商、邮贩大量涌现。许多大中城市有了相对固定的邮市，为邮商、邮贩设摊经营提供了场地。以经营邮票作为主业的人虽然多了，但多数人还属于行商，利用业余时间做邮票生意。1985年，第一家民间邮票商社广州集雅斋成立。1988—1989年，以店铺形式出现的民间邮商引起人们高度关注，并进入快速发展期。1988年10月14日，民间邮票商社“广州南方集邮服务公司”成立；1989年1月5

上海市太原路邮市

日，集邮家王力军在北京和平门开办了名为“聚雅斋”的邮社，同时创刊《聚雅斋邮声》。该邮社还举办过邮品拍卖会。此后，各地先后成立了不少个体或集体所有制性质的邮社，这些邮社与活跃在民间邮市上的摊商、行商一起，组成了中国的民间邮商队伍。

北京聚雅斋邮社

三、对民间集邮市场的管控

中国集邮的二级市场和民间邮票交易一直在起伏和变化中发展。受社会因素影响，中国民间邮市在初创期经历了多次动荡。在这种情况下，政府部门及时出台政策法规，有效地控制了邮市的发展方向，使中国集邮在健康的轨道上前行。

1. 管控自发的邮票交换市场

1984—1985 年，集邮热持续升温。在这两年，自发的邮票交换市场在全国各地十分活跃。由于这种市场无人管理，引发了一些治安问题。特别是各家新闻媒体的曝光，社会舆论压力较大。在这种情况下，邮电部、国家工商行政管理局、公安部于 1986 年 1 月 30 日联合发出《关于加强集邮管理取缔非法倒卖邮票活动》的公告。

公告中说：“近年来，集邮爱好者大量增加，纪念邮票、特种邮票需要量较大，群众求购心切，少数邮票贩子乘机大量套购抢购，在一些自发形成的交易场所，哄抬票价，非法倒卖、进行投机倒把活动，扰乱了社会治安和经济秩序，损害了正常的集邮活动。广大群众对此强烈不满。为了加强集邮管理，维护社会治安和正常的经济秩序，取缔非法倒卖邮票的黑市，打击投机倒把活动，把集邮纳入健康发展的轨道。”公告中还说：“国家保护集邮爱好者正当的邮票交换活动。群众性交换活动，应在各地政府和群众团体支持下，在指定的邮票交换地点进行，以维护集邮活动的正常秩序。”

自发的邮票交易市场，是特定条件下的特殊产物。自发形成的商品交易市场都是不合法的，存在很多问题，尤其是影响到周边环境、市容、治安、交通等，存在诸多问题。但从另一视角看，在二级集邮市场尚未建立之前，自发的邮票交换市场缓解了邮票经营上的部分供求矛盾，表达了群众在这方面的诉求，这也促使有关部门转变思路，下决心开放民间集邮市场。

2. 关于开放民间集邮市场的通知

为了促进开放集邮市场，中华全国集邮联合会于 1988 年 5 月向邮电部报送了

《关于进一步开放邮品流通渠道允许个体经营问题的报告》，经有关部门共同讨论，取得一致意见。在此基础上，邮电部、国家工商行政管理局、公安部、国家税务局、海关总署于1989年2月10日联合下发了《关于允许个体工商户经营邮票和集邮品的联合通知》。该通知指出，为了活跃集邮市场，更好地满足广大集邮者对不同层次的集邮品的需求，促进集邮事业的发展，在保持国营集邮企业主体经营的前提下，决定允许个体工商户（包括个人合伙）经营邮票和集邮品。

《关于允许个体工商户经营邮票和集邮品的联合通知》规定：核准经营邮票和集邮品的个体工商户，可以经营新中国邮票，解放区邮票，1949年10月1日前中华邮政发行的邮票，清代邮票，外国邮票，国家邮电部门发行的邮资信封、邮资明信片、邮简等，由国家邮政业务部门发行的首日封、纪念封和邮卡、邮折等，国内外各种实寄封、实寄明信片和实寄邮简等；不准经营内容反动、伪造或变造的邮票和集邮品，不准以任何形式经营邮票和集邮品的进出口业务。经营所需货源一律自筹，邮电部门及国营集邮企业不承担供货义务。严禁个体工商户与国营邮电企业职工内外勾结，大量套购邮票、集邮品，非法倒卖。新发行的邮票（包括小型张、小全张），自发行之日起一年内不得加价或变相加价销售，其他邮票、集邮品，可根据市场供求情况，实行浮动价格。必须按规定办理税务登记，建立健全账簿，正确核算盈亏，依法纳税。按通知规定合法经营邮票和集邮品的个体工商户，受国家法律保护。违反规定，擅自经营、非法倒卖邮票、集邮品的，由工商行政管理机关视其情节，依法没收其邮票、集邮品及非法所得，罚款直至吊销营业执照。违反税务、海关和邮政法令规定的，由有关部门依法查处。触犯刑律的，由司法机关依法追究其刑事责任。

二级邮票市场中的摊位

《关于允许个体工商户经营邮票和集邮品的联合通知》印发后，按规定先在北京、上海、天津、广州、沈阳、南京、杭州、武汉、西安、成都十城市实行，待条件成熟后再推向全国。这个通知的印发，使民间邮商取得了合法地位，个体工商户依法经营邮票和集邮品的活动得到国家的许可和保护。个体邮商的合法化，使其在市场竞争中，以其经营灵活等特点，成为国营公司必要的补充，这对国营公司的体制改革起了促进作用。

3. 抑制二级集邮市场的炒作现象

1991年以前，国内的集邮市场是相对平

稳和正常的，很少出现恶性炒作的现象。从1991年6月以后，全国的集邮市场出现了不正常情况，对新发行邮票的炒作现象愈演愈烈，这已经远远超出集邮活动范畴。因此，炒作邮票的现象立即引起全社会广泛关注。

1991年，由于国内经济形式变化，银行利率有所下调，股票市场没有达到人们预期收益，于是，有些人把手中资金转向邮市。当年5月23日发行的J.176《和平解放西藏四十周年》邮票小型张成为1991年邮市狂潮的爆发点。这枚面值2元的小型张，整封（100枚）价格从350元炒到700元、850元；而1988年发行的《中国古代文学名著——〈三国演义〉（一）》邮票小型张，一周内其整封价，从850元暴涨到1500元。这种炒作，也带动了其他邮票和邮品上涨，使少数参与炒作的人收获了巨大经济利益。于是，社会上更多的人携带资金参与到邮市炒作。

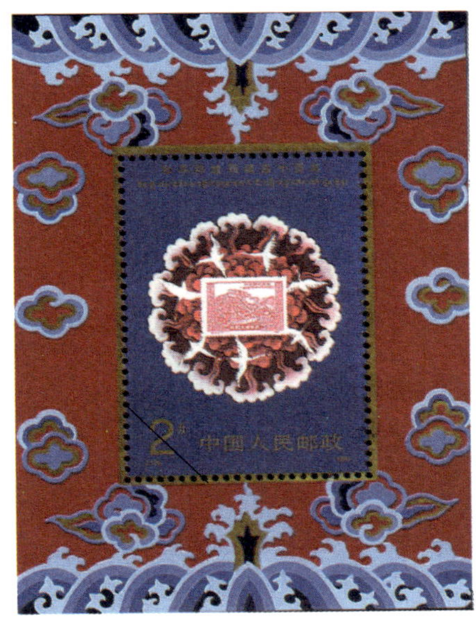

《和平解放西藏四十周年》邮票小型张

这种突如其来的炒作，使国内各家邮市的人流陡然剧增，形成人满为患的局面。尽管有关方面通过媒体进行“邮市有风险，入市需谨慎”的宣传，但仍然阻挡不住试图在邮市获取利益的人们。此时的邮市，完全变成一个从事有价证券炒作的场所。在月坛邮市，每天涌进的炒作者，可达数千甚至上万人。这些人，很大部分来自北京以外城市。邮市管理者不得不以提高门票价格来控制人流。尽管如此，5元一张的门票，仍然无法抵挡蜂拥而来的炒邮者。在人满为患的月坛邮市，治安问题越来越突出，盗窃、抢劫、诈骗等案件时有发生。邮市内的环境卫生状况也令人担忧，特别是月坛公园门外的自行车占满了行人道，严重影响到交通安全和市容市貌。由于特殊的地理位置、便利的交通条件等因素，月坛集邮市场的一举一动直接影响到全国其他集邮市场的动向。于是就有了“全国看北京，北京看月坛”的说法。因此，在邮市狂潮期间，北京月坛集邮市场成为全国集邮品炒作中心。

1991年10月，中华全国集邮联合会发出通知，要求集邮协会不要开办和管理集邮市场，会员不得设摊买卖邮品。1991年11月10日，北京市西城公安分局、工商行政管理局、文化局联合发布公告：月坛集邮市场停办整顿。作为中国第一邮市，它的停办对于中国所有集邮市场起到风向标的作用。此后，中国邮市的炒作现象逐渐减少并恢复正常。

四、邮票拍卖活动逐渐活跃

20世纪80年代中至90年代初，邮品拍卖活动在中国还处于探索和尝试阶段，显得比较幼稚。但即便如此，拍卖活动作为中国集邮界解放思想的产物，刚一问世就显示了强大的感染力和生命力，不仅在集邮界，而且在社会上引起轰动，并成为一个新闻热点加以传播，为此后成立的邮品专业拍卖公司奠定了基础。

1. 邮票拍卖活动的兴起

1985年2月22日,《集邮家》报在“广州第五届邮票展览会”期间主办的“爱我中华，修我长城”义捐拍卖会，敲响了新时期邮票拍卖活动第一槌。这次拍卖会拍卖共得人民币4万多元，全部捐献给了长城修复工程。这次拍卖，虽然不是商业意义上的拍卖，但已经具备了商业拍卖的多种特征。这次拍卖的情况在全国集邮界传播开来，成为集邮领域拍卖活动的先声。

首次商业意义上的邮品拍卖活动，是北京鼓楼集邮研究会于1985年8月12日尝试举办的。这次拍卖会在东城区文化馆举行，参与者有该会会员及北京集邮者共60多人，出品人和买受人也都是这些集邮者。这次拍卖的拍品有29项，多为低档的单件邮品；成交20项，多为底价成交，个别的高于底价，成交额632元。这场拍卖，虽为初次举办，缺乏经验，却显示了邮票拍卖在开拓市场、互通有无等方面所具有的优越性。

这一时期在全国产生较大影响的拍卖活动是1986年10月北京宣武区集邮协会和东城区集邮协会联合举办的集邮品拍卖会。时值中华全国集邮联合会合会“二大”期间，为了推动邮票市场的开放和建立、促进集邮活动进一步开展，拍卖组织者特邀全国各地的“二大”代表参加。这次拍卖会的拍品共有39项，包括中国各时期邮品；拍出24项，成交额1100元，拍出邮品的成交价，绝大多数高出底价。“二大”代表对此留下深刻印象，从而催生了大规模的邮票拍卖热潮。

1987年1月9日，上海市集邮协会组织拍卖已故著名邮商钟笑炉的邮品。钟笑炉邮品拍卖会，是第一个由省级集邮协会举办的拍卖活动，也是第一次为个人藏品

“爱我中华，修我长城”义捐拍卖会纪念封

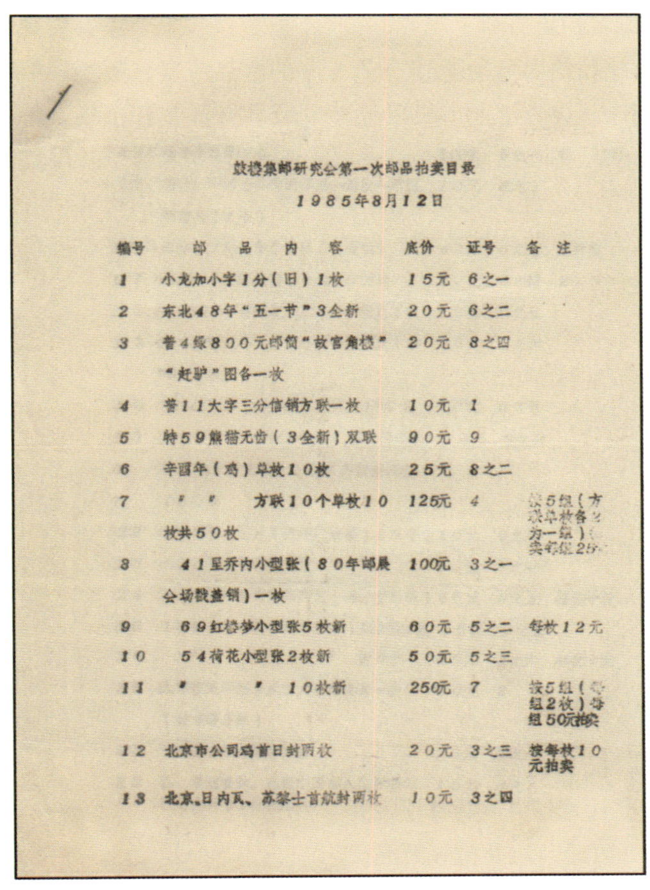

鼓楼集邮研究会第一次邮品拍卖目录

1985年8月12日

编号	邮品内容	底价	证号	备注
1	小龙加小字1分（旧）1枚	15元	6之一	
2	东北48年"五一节"3全新	20元	6之二	
3	普4练800元邮简"故宫角楼""赶驴"图各一枚	20元	8之四	
4	普11大字三分信销方联一枚	10元	1	
5	特59熊猫无齿（3全新）双联	90元	9	
6	辛酉年（鸡）单枚10枚	25元	8之二	
7	〃 〃 方联10个单枚10枚共50枚	125元	4	按5组（方联单枚各?为一组）拍卖每组25[illegible]
8	41昼乔内小型张（80年邮展会场戳盖销）一枚	100元	3之一	
9	69红楼梦小型张5枚新	60元	5之二	每枚12元
10	54荷花小型张2枚新	50元	5之三	
11	〃 〃 10枚新	250元	7	按5组（每组2枚）每组50元拍卖
12	北京市公司鸡首日封两枚	20元	3之三	按每枚10元拍卖
13	北京、日内瓦、苏黎士首航封两枚	10元	3之四	

鼓楼邮会拍卖目录

举行的专门拍卖会。125项拍品，均为钟笑炉藏品，其中103项是清代、民国邮票和“区票”，其余为较珍贵的清代、解放区实寄封。约有300人参加了这次拍卖会。组织者印发了拍卖目录，预付50元保证金的参拍者人手一份。拍卖程序比较正规，现场竞争激烈，最终拍出89项，成交价大多高于市价。这次拍卖会，主办者的规格、邮品档次、成交比例都较高。

1987年3月29日，西安市邮票公司和集邮协会在市邮政局俱乐部联合举办了西安首次邮票拍卖会，500多人参拍。从上午9时进行到下午2时，122件拍品拍出64件。这是国营邮票公司最早参与举办的拍卖活动，从此各地邮票公司开始越来越多地介入邮票拍卖活动。

10月9—10日举行的中州邮票交换拍卖大会，是1987年全国范围内规模最大的一次拍卖活动。大会由郑州、开封、洛阳、许昌、漯河、安阳6座城市的集邮协会联合举办。这次活动得到郑州市委、市政府、省集邮协会支持，在全国产生了积极影响。

2. 1988年的邮票拍卖热潮

1988年，国内邮品拍卖活动达到一个高潮。据不完全统计，这一年地市级以上城市举办大、中型邮品拍卖活动达140余场，成交额超100万元。此次拍卖热潮，具有规模大、参与者多、拍品档次高、竞争激烈、成交额高等特点。

1988年，北京、沈阳、福州、长沙、广州、成都等城市举办的拍卖活动，已趋成熟。在这其中，规模最大、影响最大的，当属12月11日北京东城区集邮协会主办、聚雅斋邮社协办的北京东城民间邮品拍卖大会。它创造了邮票拍卖恢复以来的多项纪录：拍品总底价之高创纪录，30万元；成交额之高创纪录，28.4万元；拍品档次之高创纪录，多为清代、民国、解放区邮品；拍品知名度、珍罕性之高创纪录，仅“文革”珍邮“全国山河一片红”就拍出4枚；单项拍价之高创纪录，清代红印花大字1分25枚全格新票，底价2万元，成交价6万元；单项拍品的底价与成交价倍数之大创纪录。对于一些较大规模的拍卖会，各地媒体乃至中央级的报纸、电台、电视台多方进行报道，从而加大了集邮的社会影响力。

中华全国集邮联合会在《1988年工作总结和1989年工作安排》中，对邮票拍卖提出看法。一方面肯定了许多地方举办的集邮票品拍卖活动，另一方面指出集邮界对拍卖活动还有一些不同意见和看法，目前拍卖活动本身还有一些值得研究和改进的问题。“从集邮组织的角度来说，拍卖应该以解决邮品在集邮者之间流通，满足集邮者的需要为目的。”针对有人提议拍卖活动应在会员之间开展，或者组织不同层次集邮者参加，中华全国集邮联合会指出：拍卖在客观上还存有弊端，所以，经常性的票品流通，还要靠组织好日常的交换活动和开放集邮市场来解决，不应使各级集邮协会，尤其是基层集邮协会花很大精力去参与举办拍卖活动。集邮协会主要应配合有关部门解决交换场地，组织好日常交换活动。

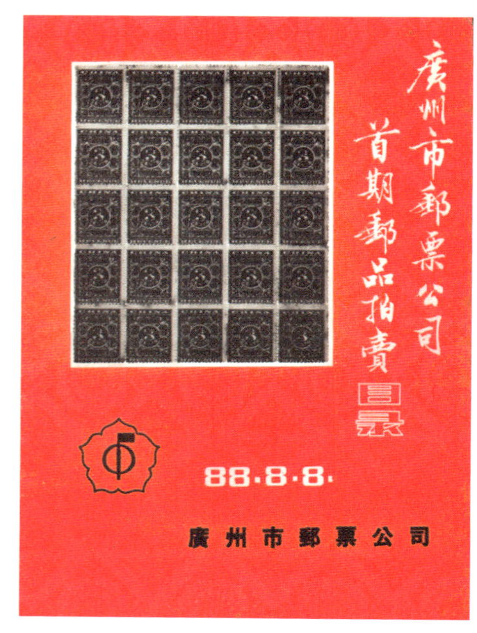

广州市邮票公司首期邮品拍卖目录

1988年西藏自治区举办首次邮品拍卖会

3. 邮票拍卖活动的持续发展

在经历了1989年的邮市低潮以后，1990年新一轮拍卖活动的序曲是本年年底举办的北京第二届民间邮品拍卖会。为庆祝中华全国集邮联合会“三大”，北京鼓楼集邮研究会和聚雅斋邮票社于1990年12月2日在东城区文化馆举办了“北京市第二届民间邮品拍卖会”。中华全国集邮联合会、北京市集邮协会部分领导，参加中华全国集邮联合会“三大”的部分代表，以及首都新闻界、集邮界人士600余人参加了拍卖活动。本次拍卖的邮品，是从全国各地征集而来的，共170余项，全部是中国各时期的邮品，总底价合33万元人民币。这次拍卖会由朱祖威主持，林轩、刘开文主拍。

值得一提的是，在此次拍卖会上，经过组织者与出品人商议，从国家利益大局出发，中国邮票博物馆以底价收购了清光绪十八年（1892年）郑孝胥出任日本国使臣所用的通信封套及排单实递封套、驿站封套等12件实寄邮品，总价16400元，从而开创了国家收藏机构出资收购民间拍卖邮品的先例。这一义举赢得全场热烈掌声。中央电视台、北京电视台均在新闻节目中实播了拍卖会场面。

1991年，邮市狂潮再现。各种邮品经过人为炒作，其价格以惊人的速度上涨，购买邮票以求保值、增值成了许多人的选择。在这种情况下，邮票拍卖市场保持了相当的热度。在这一年，拍卖活动密度较小，特别是基层举办的较少，而多为大、中城市举办。与邮市的整体狂热相比，无论是资金流量，还是社会关注程度，都有相当大的差距。这表明，邮票拍卖市场和整个邮市的关系正悄然发生变化，它的热度，在很大程度上取决于邮市冷热，同时又给邮市以反作用。

北京市第二届民间邮品拍卖会

邮品拍卖会竞拍

结　语

中华全国集邮联合会成立后的第一个十年，是中国集邮事业冲破旧的思想束缚、不断开拓进取的十年；是中国集邮活动蓬勃发展、不断探索的十年。这一时期，中国集邮活动的社会影响之大，集邮人数之多，组织之健全，社会各界关注度之高，在中国百年集邮史上前所未有。

稳定、宽松的政治环境和国民经济的恢复与日趋繁荣，为中国集邮事业的发展创造了有利条件，为广大集邮者开拓了自由活动的广阔空间。几代集邮人多年呼吁成立全国性集邮组织的愿望得以实现，在中华全国集邮联合会的领导下，中国集邮事业得到长足的发展。

建立全国统一的健全的组织系统，各项活动在中华全国集邮联合会以及地方各级集邮协会统一指导与服务下进行，集邮的普及与提高并重，充分发挥集邮的组织作用。这是中国集邮事业得以稳步前进和成效显著的组织保证。

走出国门、展望世界，促进中国集邮水平的提高。集邮是一项国际性文化活动，中华全国集邮联合会加入国际集邮联和亚洲集邮联以后，积极参加国际性邮展，聘请外国集邮家来华讲学，使中国集邮者了解国际集邮动向，国际集邮界也对中国集邮有所了解。这对于提高中国集邮水平和与国际接轨起到促进作用。

国家的重视和社会各界的大力支持，是中国集邮事业发展的重要保证。中华全国集邮联合会成立以后，始终把集邮活动作为社会主义文化建设的一项重要内容，配合社会的重大活动举办各项集邮活动，因而受到各级政府高度重视，得到文化、教育和工会、共青团、妇联等社会各界的支持，大大提高了集邮的社会地位，使中国集邮始终在健康有序的轨道上前行。

第十章　走向社会主义市场经济的中国集邮

（1992—1999）

概　述

1992—1999 年，是中国改革开放深入发展和社会主义经济建设取得重要成果的重要时期。

1992 年召开的中国共产党第十四次全国代表大会报告题为《加快改革开放和现代化建设步伐，夺取有中国特色社会主义事业的更大胜利》。报告强调：必须以马克思主义为指导，努力建设精神文明。要根据十二届六中全会关于精神文明建设的决议，按照“有理想、有道德、有文化、有纪律”的要求，提高整个民族的思想道德素质和科学文化素质。

在 1996 年 10 月召开的中国共产党十四届六中全会上，通过了《中共中央关于加强社会主义精神文明建设若干重要问题的决议》。本次会议把主要讨论方向放在思想道德和文化建设方面。

1997 年召开的中国共产党第十五次全国代表大会提出：“把建设有中国特色社会主义事业全面推向 21 世纪”。

以建立、完善社会主义市场经济体制为标志，中国改革开放走向了新阶段。这一时期，国内政治局势稳定、经济形势向好、人民生活水平不断提升，为发展集邮事业奠定了物质基础。

1994 年召开的中华全国集邮联合会第四次代表大会提出，今后四年的主要目标是：组织建设基本规范，集邮队伍整体素质逐步提高，集邮活动灵活多样，社会效益更加显著，舆论宣传引导正确，社会影响广为扩大，国际邮展多获高奖，理论研究有新成果，对外交流更为活跃，举办’96 亚洲国际邮展获得成功。

这一时期，国家和国际的大事、要事连连：毛泽东同志诞辰 100 周年、抗日战争和世界反法西斯战争胜利 50 周年、中国工农红军长征胜利 60 周年、香港回归祖国、中华人民共和国成立 50 周年、澳门回归祖国、迎接新世纪。中国集邮始终围绕和配合这些重大事件开展各项活动。

在邮政领域，我国迎来中国邮政开办 100 周年，“第 22 届万国邮联代表大会”在京举办、邮电体制改革、邮票发行体制改革等重要事项；中国邮政开始使用新的邮票铭记和新的志号排序。

在集邮领域，举办了 3 次全国综合性集邮展览；先后举办了“中国 1996 第 9 届亚洲国际集邮展览”“中国 1999 世界集邮展览”。这些都引起中国集邮者密切关注，中国集邮事业得以在这些活动中实现了传承、创新和发展。

1992—1999 年，中国集邮组织经历了发展、壮大的过程。中华全国集邮联合会作为中国集邮的引领者，在集邮组织的发展与建设方面做了大量扎实的工作，在全国形成多层面、多形式的集邮活动群体，会员人数达到 360 万人的历史高峰。与此同时，全国民间集邮组织也在共同发展的轨道上稳步前行。

受益于改革开放，中国集邮界与国际集邮界的交流由正常化转为经常化。这为中国集邮者拓宽了收藏渠道，也丰富了知识，开阔了视野；参加国际邮展和世界邮展的获奖成绩明显提高。在集邮学术研究领域，中国集邮家取得的成果十分显著，在各项研究方面不断有所突破，编纂出版的集邮图书多次获得国家、国际和世界邮展文献类高奖。

媒体对于集邮活动的多样化宣传与报道，进一步提升了集邮的社会影响力和社会地位。《人民日报》、中央电视台等权威媒体，《集邮》杂志、《中国集邮报》等集邮专业媒体，以及各省（区、市）的集邮协会会刊和社会媒体都在关注这一时期中国集邮事业的发展与成果，在宣传上做了大量富有成效的工作。

集邮市场进一步完善。这一时期，市场经济体制逐步确立，以中国邮政为主导的集邮经营与服务工作，为促进中国集邮发展提供了基础性保障。健康发展的二级集邮市场，作为对一级集邮市场的有益补充，也保持了良好势头。

进入 20 世纪 90 年代，中国集邮不断迈进，开始在国际集邮界显现出一个集邮大国的形象和地位。

第一节 邮票发行和邮政企业改革

1992年以来，随着中国改革开放的不断深入，邮政改革也在深入进行。为了适应社会掀起的两次集邮热潮，以及此后一度出现的低潮，邮政部门采取了多种措施进行宏观调节和管控，缓解买票难和低面值出售邮票等问题。为了提高邮票的设计和印制水平，国家邮政局还成立了邮票图稿评议委员会。

信息产业部成立

一、邮政资费调整和邮票发行的变化

邮政改革反映在邮票发行方面的有，邮票铭记和志号的变化，有序发行地方选题邮票。此外，在邮票的印制方面也一改此前相对固定的模式，出现了各种连印形式的邮票，以及“金箔小型张”。这些变化都给集邮者带来收藏上的乐趣。

1. 邮政资费的多次调整

1996年12月1日，中国邮政进行了国内邮资的第九次调整：取消本埠、外埠之分，统一资费标准：信函调整为0.50元、明信片调整为0.40元、印刷品调整为0.30元、挂号费调整为1元。

1998年3月，经中华人民共和国第九届全国人民代表大会第一次会议批准，在邮电部和电子工业部的基础上建立信息产业部。成立国家邮政局，由信息产业部管理。邮电部被撤销，其职能由信息产业部与国家邮政局接管。

1999年3月1日，中国邮政对国内邮政资费进行了第十次调整：恢复本埠、外埠资费之分，信函的本埠为0.60元、外埠为0.80元；明信片的资费为0.60元；印刷品的本埠为0.30元、外埠为0.60元；挂号费调整为2元。为了适应这两次资费调整，中国邮政均及时发行了相应面值的各类邮票。

2. 邮票铭记、志号出现重大变化

自1992年起，中国邮政按照万国邮政联盟有关规定，自1992年1月起，对新发行的纪念邮票和特种邮票的志号进行了两项重大的改革。一是对邮票票面文字、志号作出调整，将原邮票上的“中国人民邮政”字样简化为“中国邮政”，并增加英译“CHINA”；二是过去用汉语拼音“J”“T”字头来分别表示纪念邮票和特种邮票的编号方式不再使用，采取了按年份统一编号

的方式作为邮票的新志号。集邮界把自1992年起发行的邮票称为“编年邮票”。

1992年1月25日，中国邮政发行了1992-1《壬申年》（T）特种邮票一套2枚，邮票铭记为“中国邮政”，同时增加了英文“CHINA”；邮票志号也改为1992-1。这一改变，宣告了历时18年（1974—1991）以“中国人民邮政”为铭记、以汉语拼音字头“J”（纪念邮票）、“T”（特种邮票）为志号的J、T邮票发行已成为历史。

1992年5月23日，中国邮政发行了1992-5《纪念〈在延安文艺座谈会上的讲话〉发表五十周年》（J）纪念邮票一套1枚，邮票铭记为“中国邮政”，和英文“CHINA”，这是编年邮票中的第一套纪念邮票。

《壬申年》特种邮票

这一时期，编年邮票从铭记、编号、选题、设计到印刷工艺、票幅票型、防伪措施等多个方面，都出现了新的变化。

这一时期，中国邮政于1997—1999年发行了普28《长城》普通邮票一套3枚，并分5组发行了普29《万里长城（明）》普通邮票一套21枚。这是邮票铭记为“中国邮政”和英文“CHINA”的第一套普通邮票，邮票表现了从辽宁虎山到甘肃嘉峪关之间的长城关隘，涉及9个省、直辖市和自治区。

3. 印制邮票厂家增多

为了适应这一时期人民群众对邮票的需求，缓解北京邮票厂的压力，邮电部于1992年对邮票印制厂家进行扩大，辽宁省邮电印刷厂和河南省邮电印刷厂也担负起印制邮票的任务。

1992年10月4日，《妈祖》特种邮票发行，由辽宁省沈阳邮电印刷厂采用胶版印制。这是该厂印制的首套邮票。该印刷厂成立于1979年9月。此后，该厂每年都会印制多套胶版邮票。1994年该厂印制的《宜兴紫砂陶》特种邮票在第15届全国最佳邮票评选中获得最佳印刷奖。

《纪念〈在延安文艺座谈会上的讲话〉发表五十周年》邮票

《妈祖》特种邮票

1992 年 10 月 28 日，《党的好干部——焦裕禄》纪念邮票发行，由河南省邮电印刷厂采用胶版印制。这是该厂印制的首套邮票。该印刷厂成立于 1970 年。此后，该厂每年都会印制多套邮票。1993 年印制了首枚小型张《龙门石窟》，1992 年印制的《青田石雕》特种邮票在第 13 届全国最佳邮票评选中获得最佳印刷奖。

《党的好干部——焦裕禄》纪念邮票

4. 新增地方选题邮票

随着我国集邮文化活动的日益普及，邮票特有的社会宣传功能日益受到全国各地相关部门的重视。为了妥善解决各地对地方特色邮票日益增长的发行要求，同时也为拓宽邮票选题及设计思路，邮电部于 1994 年 1 月 24 日发出通知决定：“对部分邮票的选题征集和图稿组织工作实行改革”，发行“地方选题”邮票。

地方选题邮票多数属于特种邮票，体现出地方特色，题材包括经济建设成就、文物古迹、风景名胜、民俗风情、珍稀物种等，但不包括历史事件和人物选题。并规定由各省、直辖市、自治区邮电管理局申报“地方推荐邮票选题”3—5 个，从中选定一个，逐步发行。各地方只负责推荐选题并配合设计，国家邮政主管部门仍掌握邮票的审定权和发行权，以确保邮票作为国家邮资凭证的权威性和统一性。

当时是按 30 个省、市、自治区（重庆直辖市还没有成立）策划的，计划用 3 年时间（1995—1997 年）完成第一轮“地方选题”邮票的发行，每年安排发行 10 套。1995 年 1 月 12 日，中国邮政发行了《吉林雾凇》特种邮票一套 2 枚，这是首套“地方选题”邮票。

《吉林雾凇》特种邮票

1995 年发行的 8 套邮票是：1995-2《吉林雾凇》（吉林）、1995-3《鼎湖山》（广东）、1995-12《太湖》（江苏）、1995-14《少林寺建寺一千五百周年年》（河南）、1995-16《西藏文物》（西藏）、1995-20《九华胜境》（安徽）、1995-24《三清山》（江西）、1995-26《孙子兵法》（山东）。

1996 年发行的 8 套邮票是：1996-3《沈阳故宫》（辽宁）、1996-10《河姆渡遗址》（浙江）、1996-15《经略台真武阁》（广西）、1996-17《震后新唐山》（河北）、1996-19《天山天池》（新疆）、1996-21《西夏陵》（宁夏）、1996-26《上海浦东》（上海）、1996-30《天津民间彩塑》（天津）。

1997 年发行的 6 套邮票是 1997-8《侗族建筑》（贵州）、1997-9《麦积山石窟》（甘肃）、1997-11《五台古刹》（山西）、1997-13《寿山石雕》（福建）、1997-18《北京天坛》（北京）、1997-19《西安城墙》（陕西）。

1998 年发行的 11 套邮票是：1998-2《岭南庭园》（广东）、1998-6《九寨沟》（四川）、1998-8《傣族建筑》（云南）、1998-9《海南特区建设》（海南）、1998-13《神农架》（湖北）、1998-14《重庆风貌》（重庆）、1998-16《锡林郭勒草原》（内蒙古）、1998-17《镜泊湖》（黑龙江）、1998-21《贺兰山岩画》（宁夏）、1998-23《炎帝陵》（湖南）、1998-27《灵渠》（广西）。

1999 年仅发行了 1 套，为 1999-6《普陀秀色》（浙江）。

2001 年，国家邮政局决定停止地方选题邮票的发行。至此，中国邮政历时 6 年发行的地方选题邮票，共计发行了 39 套 166 枚邮票（其中包括小型张 6 枚，小全张 2 枚）。

5. 开启新邮资明信片系列

1995 年 5 月 18 日，中国邮政发行了 FP.1《河北风光》风光邮资明信片一套，分 A、B 两组各 10 枚，A 组为国内资费，B 组为国际资费。两组的邮资图相同，选取了河北省的 10 处著名景观。至 1999 年，还发行了《云南风光》《江苏风光》《山西风光》《新疆风光》《辽宁风光》《武陵源风光》《贵州风光》《福建风光》《河南风光》《北京风光》风光邮资明信片。

1994 年 1 月 5 日，中国邮政发行了《哈尔滨冰雪风光》特种邮资明信片一套，分 A、B 两组各 10 枚，A 组为国内资费，B 组为国际资费。两组的邮资图相同，图案为画家于志学、杨秀坤绘制的表现冰雪景观的水墨画。至 1999 年，还发行了《梅兰

《河北风光》风光邮资片

芳京剧艺术》《周信芳京剧艺术》《钱江潮》《周恩来故里》《朱德故里》《毛泽东故里》《孔庙、孔府、孔林》《高山花卉》《长江三峡》《钓鱼台》特种邮资明信片。

6. 邮票图稿评议委员会成立

中国邮票选题、设计、印制等方面的提高，一方面是最佳邮票评选活动起到一定作用，另一方面与邮票图稿评议委员会的工作密不可分。1999 年 4 月 5 日，国家邮政局第一届邮票图稿评议委员会在北京成立。靳尚谊任主任，刘建辉任副主任。委员有：袁运甫、杜大凯、谭平、吴山明、徐启雄、李曙光、李近朱、纪永忠、董纯琦、刘延年、邓慧国、陈文骐。

靳尚谊，1934 年出生，河南焦作人。曾任中央美术学院院长、教授，第五任、第六任中国美术家协会主席，中国文联副主席，全国政协常委。他设计的《孙中山诞生一百二十周年》小型张被评为 1986 年度最佳邮票；他创作的油画《送别》《数风流人物还看今朝》《毛泽东在十二月会议上》也被用作邮票图案。

靳尚谊

2003 年国家邮政局第一届邮票图稿评议委员会成员合影

二、邮政企业调整管理体制

随着经济体制改革逐步深入，邮电部决定：自 1994 年 1 月 1 日起，调整邮资票品管理体制。这次调整以邮政法为依据，坚持政企分开的原则，实现邮资票品的发行、销售、集邮相互分离，以解决纪特邮票与通信相脱节的问题。新发行邮资票品，由邮局和集邮部门同时出售。超过发售期的纪特邮资票品，邮局停售；由集邮部门经营，以市价出售。中国集邮总公司的主要职能是开辟集邮市场、制作集邮品，以及经营集邮业务。

按照政企职责分开的原则，调整邮资票品发行、管理体制和集邮机构，在此期间主要有 3 点变化：

1. 中国邮票总公司改名为中国集邮总公司。原中国邮票总公司担负的邮票发行方面的政府职能移交邮电部邮政司；各类邮资票品的组稿、设计、印制和对邮票厂的管理工作移交新成立的邮票印制局；各类邮资票品的计划分配、集邮业务管理移交邮政总局；原先代管的中国邮票博物馆移交邮电部文史中心。

1994 年北京邮票厂划归邮票印制局

2. 各省、自治区、直辖市根据邮资票品管理体制的调整，逐步对邮票公司的职能做了相应调整，名称也随之更改。

3. 用于出售的各类邮资票品，一律通过邮政通信渠道下发。由邮政总局分配到各省、自治区、直辖市邮电管理局的邮政处和中国集邮总公司。

中国邮票总公司改名为中国集邮总公司，虽只有一字之差，性质却发生了变化。邮票的政府管理职能去掉了，经营职能加强了。邮电部对中国集邮总公司由计划经济管理方式转向了市场经济管理方式。根据新的体制，中国集邮总公司的主要任务是：发行国家级的集邮品，主导国内集邮市场，推动集邮事业的发展；组织国内外大型集邮展览，组织集邮品评选活动，组织邮票拍卖活动；代表国家专营中国邮票出口业务，努力培育和开拓中国邮票的国际市场，传播中国文化，扩大中国邮票在国际上的影响；同外国邮政部门建立邮交换关系，做外国邮票在中国销售的代理；配合邮电部做好邮资票品发行和集邮市场的宏观调控工作。

转轨改制后的中国集邮总公司，在经营方面推出了一系列新举措。1995 年与中国金币总公司联合举办了北京 1995 国际邮票钱币博览会就是中国集邮总公司走向市场后第一个大动作。

此次博览会获得成功，随即在全国掀起了集邮、集币的新热潮。1997 年 11 月，中国集邮总公司和中国金币总公司在上海再次举办了国际邮币博览会，并将此项展会固定为每两年举办一次。

中国集邮总公司北京分公司东营业厅

三、邮政部门的管控举措

自 1992 年以来，国内二级集邮市场出现了低于面值出售邮票的现象，而且屡禁不止，给中国邮政企业和集邮事业带来极大的危害。为此，邮政部门采取了两项措施：一是颁布了有关规定，从制度上进行管控；二是通过市场调查，对发行过剩的库存邮票进行销毁，以维护中国邮票的声誉和集邮者的利益。

1. 及时制止低于面值出售邮票的现象

邮电部于 1994 年 7 月发出紧急通知，要求各地尽快制止低于面值销售邮票的违纪行为。通知要求：各级邮电企业必须端正经营指导思想、严格遵章守纪，任何邮票都不得低于面值向社会出售，也不得低于面值向企业多种经营和信托门市部出售。今后纪特邮票省际的横向调剂必须经邮政总局书面批准。

邮政部门还与工商部门共同整顿集邮市场，建立健全集邮市场管理法规。对普通邮票实行邮政部门专营，不允许在二级集邮市场低于面值出售。通知还规定了二级集邮市场只允许销售超过发售期的纪特邮票，不准经营普通邮票。

针对社会集邮热潮中所出现的各种违规开发集邮品的问题，邮电部于 1995 年 11 月颁发了《关于集邮业务管理的若干规定》。该规定强调集邮业务经营工作应坚持开拓市场、遵纪守法、提高效益，以优质服务促进精神文明建设。该规定对集邮品的分类、编号、制发的原则做出了具体要求，并特别提出从严掌握人物纪念封的发行，对在世的人物不发行纪念封，涉及政治性的图稿须征求地方党政有关部门的意见。规定还对邮政日戳、纪念邮戳和纪念戳的刻制及使用做出了具体要求。各省、自治区、直辖市邮政部门根据此项规定分别对所在区域的集邮市场进行了整顿和规范化管理。

2. 销毁过剩的邮票

根据邮电部文件精神，加强通信用邮票的管理工作，解决通信用邮资票品低于面值销售问题，邮电部邮政总局决定，对发行量较大的 1992—1994 年部分纪特邮票进行销毁。1992—1994 年发行的纪特邮票经过几年的消耗，仍然有很多库存。给邮政部门经营带来很大困难，引发了很多管理问题，损害了集邮者的利益，也不利于集邮市场的启动。而且，大量积压的纪特邮票也是造成二级市场低于面值出售邮票的重要因素。

此次邮票销毁行动在全国范围内展开，自 1996 年 9 月 15 日起，到 11 月 30 日结束。北京地区最早进行销毁行动，1996 年 10 月 24 日，北京邮票厂职工将数吨已经被裁碎的 1992—1994 年纪特邮票装满一辆密封的邮政汽车，在邮电部邮票销毁小组的押运下，送到位于北京大兴的光明造纸厂。经过近两个小时的处理，数吨被裁碎的邮票全部化为纸浆。

此后，新疆、江苏、青海、安徽、浙江、上海、四川、海南、山东、西藏等地的邮政部门也在邮电部邮票销毁小组的监督下，先后进行了邮票销毁行动。

邮电部邮政总局有关人士认为，邮电部此次销毁邮票的举动意义深远，不仅能够极大地改变当前邮票低于面值销售的现象、树立国家邮政的良好形象，也为启动集邮市场带来契机。

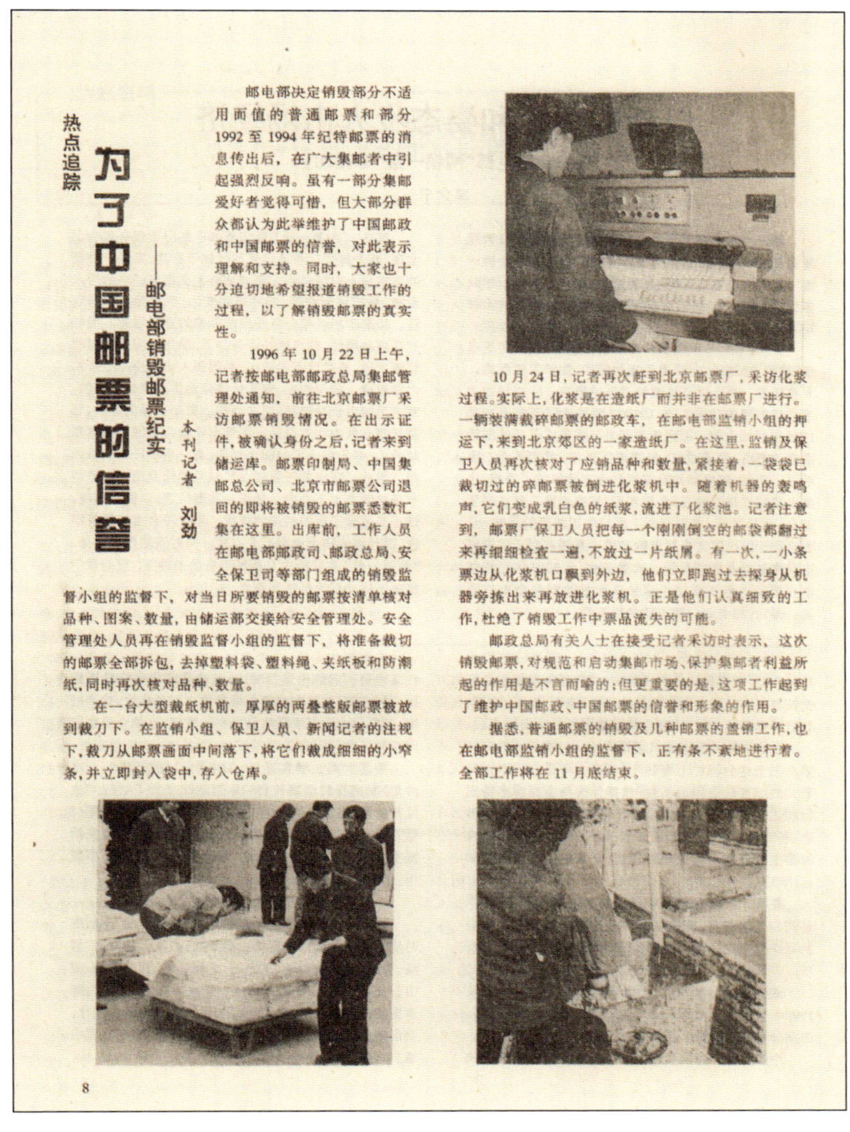

热点追踪

为了中国邮票的信誉

——邮电部销毁邮票纪实

本刊记者　刘劲

邮电部决定销毁部分不适用面值的普通邮票和部分1992至1994年纪特邮票的消息传出后，在广大集邮者中引起强烈反响。虽有一部分集邮爱好者觉得可惜，但大部分群众都认为此举维护了中国邮政和中国邮票的信誉，对此表示理解和支持。同时，大家也十分迫切地希望报道销毁工作的过程，以了解销毁邮票的真实性。

1996年10月22日上午，记者按邮电部邮政总局集邮管理处通知，前往北京邮票厂采访邮票销毁情况。在出示证件，被确认身份之后，记者来到储运库。邮票印制局、中国集邮总公司、北京市邮票公司退回的即将被销毁的邮票悉数汇集在这里。出库前，工作人员在邮电部邮政司、邮政总局、安全保卫司等部门组成的销毁监督小组的监督下，对当日所要销毁的邮票按清单核对品种、图案、数量，由储运部交接给安全管理处。安全管理处人员再在销毁监督小组的监督下，将准备裁切的邮票全部拆包，去掉塑料袋、塑料绳、夹纸板和防潮纸，同时再次核对品种、数量。

在一台大型裁纸机前，厚厚的两叠整版邮票被放到裁刀下。在监销小组、保卫人员、新闻记者的注视下，裁刀从邮票画面中间落下，将它们裁成细细的小窄条，并立即封入袋中，存入仓库。

10月24日，记者再次赶到北京邮票厂，采访化浆过程。实际上，化浆是在造纸厂而并非在邮票厂进行。一辆装满裁碎邮票的邮政车，在邮电部监销小组的押运下，来到北京郊区的一家造纸厂。在这里，监销及保卫人员再次核对了应销品种和数量，紧接着，一袋袋已裁切过的碎邮票被倒进化浆机中。随着机器的轰鸣声，它们变成乳白色的纸浆，流进了化浆池。记者注意到，邮票厂保卫人员把每一个刚刚倒空的邮袋都翻过来再细细检查一遍，不放过一片纸屑。有一次，一小条票边从化浆机口飘到外边，他们立即跑过去探身从机器旁拣出来再放进化浆机。正是他们认真细致的工作，杜绝了销毁工作中票品流失的可能。

邮政总局有关人士在接受记者采访时表示，这次销毁邮票，对规范和启动集邮市场、保护集邮者利益所起的作用是不言而喻的；但更重要的是，这项工作起到了维护中国邮政、中国邮票的信誉和形象的作用。

据悉，普通邮票的销毁及几种邮票的盖销工作，也在邮电部监销小组的监督下，正有条不紊地进行着。全部工作将在11月底结束。

8

《集邮》杂志记者追踪报道销毁过剩邮票全过程

第二节 集邮组织的巩固与完善

1992—1999年，在建设中国特色社会主义条件下，集邮的文化功能日益增强、社会化程度显著提高，中国集邮组织建设不断得到改善和加强，集邮队伍规模不断扩大，为我国集邮事业的持续繁荣，提供了坚实的组织保障。

一、中华全国集邮联合会第四次代表大会

中华全国集邮联合会第四次代表大会于1994年11月17—21日在北京举行。17日上午，大会开幕式在人民大会堂举行。第八届全国人大常委会副委员长田纪云，原中顾委副主任宋任穷，第八届全国政协副主席孙孚凌，第八届全国人大常委会副秘书长王书明，第八届全国政协副秘书长赵喜明，国务院副秘书长刘奇葆，中宣部副部长、文化部部长刘忠德，邮电部部长吴基传，文化部副部长陈昌本，广播电影电视部副部长杨伟光，外交部部长助理武韬，共青团中央书记吉炳轩，时任国务院新闻办公室副主任李源潮，邮电部副部长刘平源等出席了开幕式。邮电部副部长、中华全国集邮联合会会长朱高峰主持了大会。出席这次大会的代表有233名，年龄最大的89岁，最小的11岁。

1. 对过去4年工作的回顾和总结

朱高峰代表第三届理事会向大会做了题为《团结奋斗，开拓进取，发展有中国特色的社会主义集邮文化事业》的工作报告。该报告提出，“三大”以来的四年，是走有中国特色社会主义集邮道路的4年，是大力发展集邮文化的四年。

该报告还介绍了我国集邮文化与社会群众文化相结合所体现的广泛的社会效益：19个省级集邮协会成立了青少年集邮工作委员会；20多个省、自治区、直辖市建立了老年人基层集邮组织；江苏、浙江、江西、山西、辽宁、吉林、黑龙江、河北、山东、湖北、安徽、福建等地都有了村镇集邮协会；浙江举办的全国残疾人邮展社会反响很大，得到国际集邮联主席加迪亚的赞赏。

该报告对4年来的集邮宣传工作给予充分肯定。为加强集邮宣传力度，成立了由在京各有关新闻单位参加的集邮宣传工作委员会，创办了《中国集邮报》，成立了集邮报刊研究会。

中华全国集邮联合会四大主席台

中华全国集邮联合会第四次代表大会

该报告还从集邮展览和集邮学术研究两个方面回顾总结。四年中举办全国邮展两次，省级邮展79次，市（县）级基层邮展3100余次；中国组团参加国际邮展8次；完成了《中国解放区邮票史》的撰写工作；《中国集邮大词典》的编撰工作全面展开。

该报告回顾了四年来开展国际集邮交流的主要情况，并肯定了这一时期与台、港、澳地区的集邮交往。

该报告分析了"三大"以来集邮界广泛开展集邮文化讨论取得的明显成效，对集邮文化理论研究的进展和成果进行了全面回顾总结。该报告从组织建设和队伍发展、加强对集邮工作的领导、大力开展建设"集邮者之家"工作和加强培训工作与制度建设等方面，回顾总结了4年来取得的显著成效。地、市、县级集邮协会已有2158个，比1990年增加了43%；省级行业集邮协会达120个，全国行业集邮协会有5个。基层集邮组织达到40608个，比1990年增长了3倍。会员数量成倍增长，全国会员总数达211.5万多人，比1990年增长了138%。县级以上集集邮协会会建起的"集邮者之家"已有522个。

该报告根据4年来的集邮工作实践，总结出5条基本经验：必须坚持集邮的正确方向，提高走有中国特色社会主义集邮道路的自觉性和坚定性；必须坚持理论与实践相结合的原则，使集邮工作更具有主动性、自觉性和创造性；必须坚持普及与提高相结合的方针，促进集邮文化事业的繁荣和发展；必须坚持群众组织群众办，使集邮工作保持旺盛的生命力；必须坚持加强集集邮协会会的自身建设，建立一支适应集邮工作需要的专业干部队伍。

2. 提出今后主要工作目标和任务

该报告提出今后4年的主要目标是：组织建设基本规范，集邮队伍整体素质逐

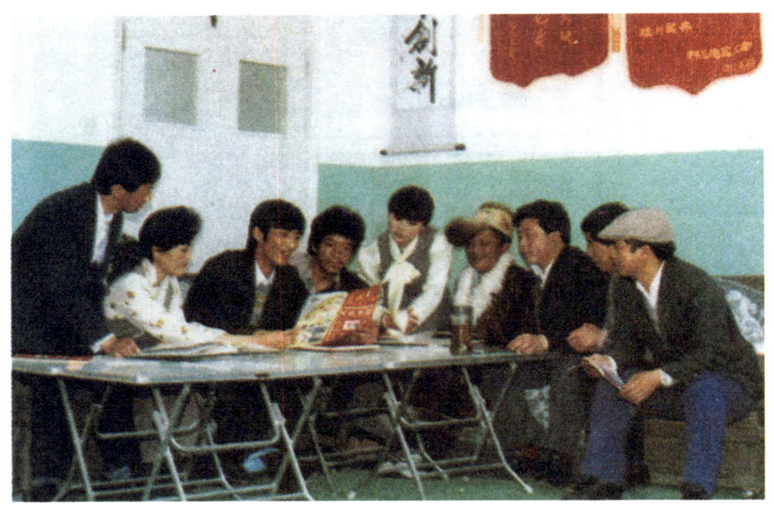

西藏林芝地区“世界屋脊上的第一个集邮者之家”

步提高，集邮活动灵活多样，社会效益更加显著，舆论宣传引导正确，社会影响广为扩大，国际邮展多获高奖，理论研究有新成果，对外交流更为活跃，举办1996年亚洲国际邮展获得成功。

为此，重点抓好以下工作：

要制定出进行爱国主义教育的具体实施方案，推动各级集邮协会贯彻落实，并不断总结与推广先进经验。各级集邮协会应结合当地特点，重点抓好青少年集邮工作，通过青少年喜闻乐见的多种形式，开展以爱国主义、集体主义、社会主义教育为内容的集邮活动。

要按照“一定要办出中国特色”的要求，做好1996年亚洲国际邮展筹备工作。要具体落实邮展组委会的工作方案，同时着手进行1999年世界邮展的筹备工作。

要继续抓紧完成《中国集邮史》《解放区邮票史》《中国集邮大辞典》的编撰、出版工作。同时，要加强群众性的集邮活动和理论研究，多出一些有学术价值的论文和书籍，并注意发现和培养一批中青年骨干力量。

要大力宣传集邮的社会作用，不断扩大集邮的社会影响。

要在大力培养国际邮展评审员和集邮活动家的同时，加强对国际邮坛一些重要规则制度的研究，加强对国际集邮活动的发展现状、问题与趋势的研究，并大力开展对外宣传工作。

3. 修改《章程》和选举新一届领导成员

（1）《章程》改动较大之处

第一章：第一条，有关中华全国集邮联合会的性质，在结尾处增加“是依法登记的社团法人”及“属非营利性社团组织”字样。第三条第二款，原文为“普及集邮知识，提高集邮水平，宣传正确的集邮目的，倡导高尚的集邮道德”。修改后，在“普及集邮知识”前面增加了“组织研究集邮学术和集邮文化理论，宣传集邮文化的社会作用”字样，删去“宣传正确的集邮目的”。

第二章：第六条，原文为“对发展中国集邮事业有贡献的集邮爱好者、集邮研究者和集邮工作者，可授予荣誉会员称号”。修改为“第十条，对已连任两届和两届以上的理事会理事，不再连选连任的，根据其在任期间的工作情况，经本会会员代表大会通过，可授予荣誉会员”。

第三章：第八条，原文“本会组织原则实行民主集中制……”修改后，将“本会组织原则实行民主集中制”删去。第十条第五款，原文为“批准会员和授予荣誉会员称号”修改为“批准团体会员”，删去“授予荣誉会员称号”。第十一条，原文“理事会每年召开一次全体会”。修改后，在“理事会”前面增加“理事会组成要体现群众性和代表性。理事会成员每届更新不少于四分之一”。

第五章：第十六条，原文为“会费收入、社会捐助和国家资助。”修改为“会费收入、邮电部门拨款、有关单位资助、有偿服务、国内外捐赠和其他合法收入”。

（2）新当选的中华全国集邮联合会主要领导有：

名誉会长：田纪云、薄一波、钱伟长、朱学范

会长：罗淑珍

副会长：陈昌本、常增书、史维林、王新中、李鸿远、赵连荣

秘书长：史维林（兼）

副秘书长：刘建辉

大会选举理事111名，其中常务理事35名。大会还聘请了荣誉理事14名。

罗淑珍，1934年出生，北京人，1953年加入中国共产党，历任北京市邮政局投递员、科长，邮电部邮政总局副局长、邮电部副部长，中国邮电工会全国委员会主席。她是中共十大、十一大代表，第二、三届全国人大代表，第六届全国政协委员。罗淑珍在任投递员期间，创造了投递122万件信件、报刊无差错的优秀纪录，曾3

《中华全国集邮联合会第四次代表大会》邮票小型张

次被评为北京市劳动模范，1956 年获“全国先进生产者”称号。1994 年当选中华全国集邮联合会第四届会长。

罗淑珍

二、国家邮政局重视集邮组织建设

根据国家机构改革和邮政、电信发展的需要，信息产业部做出了在全国实施邮电分营的重大决策。1998 年国家邮政局成立。1999 年 1 月全国范围的邮电分营完成。独立运行的邮政管理体制的建立，标志着中国邮政改革走出了重要一步。分营后的中国邮政面临一定困难，处在改革发展的关键时期，同时国家对邮政发展提出了更高的要求。随着邮电分营、机构调整、人员变化、经费紧缩，集邮工作的开展面临着一些新的问题。

1. 国家邮政局“530 号文件”出台

新成立的国家邮政局为了加强对各级集邮协会的领导，进一步发挥集邮组织的作用，促进邮政和集邮事业全面发展，于 1999 年 8 月 9 日下发了 530 号文件《关于加强各级集邮协会工作的通知》，针对邮电分营后的新情况，进一步明确以下 3 点：

（1）省级邮政部门对本省集邮协会负有的领导责任，包括：按照党和国家关于社会群众文化工作及管理社会团体方面的方针、政策和中华全国集邮联合会章程、条例，对集邮协会进行领导和管理。各省、区、市邮政局要明确一名局级领导分管协会，并及时讨论协会工作；根据工作需要，为其配备专兼职人员，并保持队伍的相对稳定。协会人员的政治待遇、职务晋升、职称评定、生活福利等，可按邮政部门同类人员待遇的有关规定执行。

（2）加强各级集邮协会的日常管理工作，建立和健全各级集邮协会的组织机构。各省邮政局对本省集邮协会的办事机构（秘书处），比照邮政局的二级机构管理，并根据工作需要核定相应的人员编制。地市、县级集邮协会的机构、人员配置，具体由省级邮政局确定。

（3）关于集邮协会的经费来源。各级集邮协会应逐步实现经费自立，在目前一定时期内，各邮政局应适当给予经费支持，以保证正常活动的开展。

针对全国落实“3 号文件”还有不到位的情况。1993 年 7 月 31 日，中华全国集邮联合会秘书长刘天瑞在全国省级集邮协会秘书长工作研讨会上讲话指出：“3 号文件下发一年半了，还有 12 个省没有转发和布置，7 个省没有配备主持日常工作的副秘书长，目前干部配不齐，甚至有些省连 1984 年邮电部下达的编制指标都没有达到。”

为了进一步促进“3 号文件”的落实，邮电部办公厅于 1994 年 1 月 21 日发出《关于继续加强各级集邮协会工作的通知》，针对我国邮资票品管理体制调整后的新情况，

国家邮政局文件

国邮〔1999〕530 号

关于加强各级集邮协会工作的通知

各省、自治区、直辖市邮政局：

1998 年，国家对邮电体制进行了重大改革，建立了独立运行的邮政管理体制。为了加强对各级集邮协会的领导，更进一步地发挥集邮组织的作用，促进邮政和集邮事业的全面发展，现就有关问题通知如下：

一、加强省级邮政局对集邮协会的领导

省级邮政部门对本省集邮协会负有领导责任，其主要责任是：

1、按照党和国家关于社会群众文化工作及管理社会团体方面的方针、政策和全国集邮联章程、条例，对集邮协会进行领导和管理。各省、区、市邮政局要明确一名局

— 1 —

国家邮政局《关于加强各级集邮协会工作的通知》

就各地集邮协会的机构设置及经费保障等问题，提出了具体意见，并要求各级邮电部门检查 1992 年“3 号文件”的落实情况，并将检查结果于当年 9 月之前报邮电部办公厅。这一通知的下发，对各地集邮工作起到了督促作用。

1994 年中华全国集邮联合会四大召开之后，邮电部党组书记、部长吴基传，党组成员、副部长刘平源，于 11 月 21 日下午召集中华全国集邮联合会新当选的罗淑珍会长和史维林、赵连荣副会长，就中华全国集邮联合会工作做出了指示，重点是进一步明确集邮工作是社会主义精神文明的组成部分，要处理好集邮与邮政和与邮票市场的关系，尤其强调“要加强各级集邮协会的自身建设，提高工作人员的素质。”

中华全国集邮联合会在加强自身建设的同时，也不断督促各地贯彻落实“3 号文件”。在中华全国集邮联合会的推动和各级邮政部门的支持下，各地集邮协会贯彻“3 号文件”的力度逐渐加大，组织建

设出现了新的局面。

福建省集邮协会在专职干部配备齐全、明确分工的基础上，首先从建章立制入手，加强省集邮协会秘书处自身建设，制订了《秘书处各岗位工作职责》《年度工作计划实施分工安排》，以及每周集邮知识学习制度，提高专职干部的业务素质和工作效率；其次是加强对各地市集邮协会工作的指导。

江苏省邮电管理局专门发文，对集邮协会干部的编制作出规定：南京市集邮协会配专职干部3人，无锡、苏州市集邮协会配2人，其余省辖市及集邮活动较多的县级市集邮协会配1人，其他县（市）集邮协会配兼职干部。至1994年已全部配齐。省集邮协会作为省局二级单位，配备了副处级专职秘书长。

湖北省集邮协会也重新修订了省地（市）县集邮协会工作职责，明确了三级集邮协会工作的范围和责任，并再次明确各市（地）县邮电局有一名局领导出任集邮协会会长，为市（地）县集邮协会配齐专职人员、提供必要的办公用房和活动经费。

陕西省集邮协会与集邮公司一道，公开为会员服务的8条规定，目标明确，责任到人。

江西抚州、云南昆明、安徽合肥等集邮协会运用目标管理方法，把领导重视、设施建设、队伍建设、经费投入、活动开展等纳入一体，工作成效明显。

吉林辽源市集邮协会为了解决集邮活动场所问题，动员全市会员和集邮爱好者募捐，并在省、市邮电部门资助下，集资48万元修建了一座300平方米的“集邮活动中心”，于1995年9月投入使用。

为了总结贯彻“3号文件”、加强集邮组织建设的经验，中华全国集邮联合会于1997年7月23—24日，在山西阳泉矿务局召开全国集邮工作经验交流现场会。上海市集邮协会、福建省集邮协会、

全国集邮工作经验交流现场会

甘肃省总工会、山西省阳泉矿务局等单位介绍了加强集邮工作和开展集邮活动的做法和经验。

2. 贯彻国家邮政局 1999 年“530 号文件”

国家邮政局 1999 年“530 号文件”的传达和贯彻，从组织上制度上保证了邮电分营后各级邮政部门对集邮协会管理的加强，有力地促进了集邮协会的建设和各项工作的开展。

广东省集邮协会起草并经省邮政局下发了《关于加强各级集邮协会工作的通知》，明确全省各级邮政局对集邮协会负有领导责任，各级集邮协会秘书处职责管理范围，以及集邮协会的编制、经费、人员的待遇，并规定各级集邮协会的经费来源与集邮业务收入挂钩。四川、江西、海南、内蒙古、新疆等省、自治区在邮政独立运营业后，也都专门下发了有关加强集邮协会工作的通知。

河南南阳市于 1998 年 11 月实行邮电分营。新机构成立后，市邮政局长办公会研究的第一个议题就是“如何加强对集邮协会的领导”。市邮政局局长、市集邮协会会长杨汉振首先对协会工作提出“四个保证”，即人员保证、经费保证、设施保证和票品保证，每项都有具体措施。如市集邮协会除设负责日常工作的副会长和副秘书长各 1 名外，还配备了集邮专职人员 6 名，拨出专项费用 30 多万元，为协会购置了工作所需设备和资料，还对出版集邮普及读物、办报刊、开展活动和表彰奖励等拨出专款。在邮电分营后生产和办公用房十分紧张的情况下，保证了协会办公用房，同时建立了“集邮者之家”多功能活动室，并配备了电化教学设施和相应的设备。

三、进一步加强集邮组织建设

这一时期，中华全国集邮联合会及其所属各级地方和行业集邮协会，都积极开展了建设“集邮者之家”活动，同时，大力加强了自身建设，通过调研、培训、表彰等基础工作和完善各项工作制度，推动集邮组织建设再上新台阶，有效发挥了集邮组织在各项集邮工作中的引领作用。

1. 更多集邮协会成为“集邮者之家”

1986 年中华全国集邮联合会二大提出在全国集邮组织中广泛开展“建家”活动，这项工作逐渐引起各地重视，取得了一定成果，但发展还不平衡。从 1992 年起的 8 年里，中华全国集邮联合会在各种场合反复强调“建家”工作，并根据 1991 年 6 月制定的《建设集邮者之家的一般条件》，从这项活动的检查评比入手，促进集邮协会加强机构建设、设施建设、制度建设和职能建设。各地集邮协会随后普遍行动起来，结合实际，采取多种方法落实“建家”措施，使这项工作取得了实质性进展和成果。1992 年，上海市集邮协会命名上棉十七厂、上海农药厂等 19 个基层集邮协会为本地第一批“集邮者之家”。1994 年，武汉市集邮协会命名武钢、硚口工人文化宫、武昌车辆厂、汉阳钢厂、市工商银行、总后武汉第一干休所等 10 个基层集邮协会为武汉首批“集邮者之家”。

“建家”工作最先起步的江苏省集邮协会，在原有基础上继续推进“建家”，不断巩固和扩大了成果：11 个地市集邮协会建起的“集邮者之家”，都完善了内部工作制度和岗位职责。无锡和常州共投资 2000 万元，建起各自的集邮活动中心；徐州、扬州、盐城、连云港、南京的集邮活动中心，均设置在繁华闹市区，为商业城市增添了文化气息；苏州、淮阴、南通、镇江则改造旧房建“家”。到1995年，江苏71个地市县全部建起了“集邮者之家”。成为全国第一个实现“建家”全覆盖的省份。

集邮活动中心的建立，不仅为集邮组织开展经常性的活动提供了良好条件，也成为各地集邮协会“建家”的标志性成果。继江西、安徽、青海、浙江省的集邮活动中心建成之后，山东、湖南的集邮大楼也于1995年投入使用。随着建设“集邮者之家”活动的深入发展，仅1995年就有317个地市县级集邮组织建立“集邮者之家”，建起了功能较齐全的集邮活动中心，为集邮者提供了固定的集会、活动、图书阅览场地，为集邮组织开展经常性的活动创造了良好条件。

建设“集邮者之家”更离不开日常的管理、维护和活动。唐山市集邮协会拥有500多平方米的集邮活动中心，为了方便会员活动，创建了业余部长值班制度。所设组织、学术、宣传、保卫部部长均系社会上的集邮骨干。每逢周日他们就放弃休息，赶到活动中心为集邮者服务。

安徽省蚌埠市集邮协会鉴于部分会员居住分散，不便参加活动，从实际出发，把一些条件较好的企事业单位作为“建家”工作的重点，每年指导和验收一批“建家”的基层单位。沈阳市集邮协会在“建家”活动中，创造了对会员分层次管理的经验，涉及会员的覆盖面达到80%，有效地提高了会员管理工作的质量。

“建家”活动也得到了工会组织的大力支持和参与。不少地方工会把集邮活动纳入了工会工作议程，特别是甘肃省总工会成功地把“职工之家”和“集邮者之家”的建设结合起来，产生了一批热心集邮工作的工会干部。广州驻军老年集邮协会和地方携手共建“集邮者之家”活动，把部队的优良传统和作风带到集邮界。

安徽省集邮协会“集邮者之家”授牌仪式

2. 大兴调查研究之风

中华全国集邮联合会秘书长刘天瑞在1992年1月20日召开的三届二次理事会报告中指出："为了适应当前集邮协会工作发展需要，中华全国集邮联合会秘书处的主要工作精力应放在深入调查研究，总结交流典型经验、检查指导、培训干部等工作上。"此后，重视调查研究，加强宏观指导，推动工作落实，成为中华全国集邮联合会一段时期工作重点之一。

陕西省集邮协会秘书处在加强制度建设的基础上，切实改进工作作风，定期深入基层调查研究，帮助解决实际问题。1992年，省集邮协会干部先后94人次到28个市县和26个基层单位调研，参加各类集邮活动，登门拜访了40余位集邮协会骨干。此后，省集邮协会还专门召开座谈会，听取理事和基层代表对调查报告的修改意见，并将调查成果和典型经验用于指导协会建设和集邮工作，取得良好效果。

1993年，江西省集邮协会专门组织了对广昌个体集邮协会的考察，中国石油集邮协会在全行业开展了一次问卷调查。中华全国集邮联合会领导认为："这种注重调查研究的精神值得提倡议"。为此，中华全国集邮联合会于当年8月30日，向各省、自治区、直辖市集邮协会和全国行业性集邮协会发出了《关于深入基层、加强调查研究的通知》，要求各级集邮协会干部都应重视调查研究，"学会这项基本功，以利把握正确的工作方向，推动各项工作的落实"。并提出"今后集邮协会专职干部每年下基层调查研究的时间应不少于1个月，在实践中学会解剖麻雀、总结经验、以点带面、推动工作，要学会写调查报告，这也是考核工作实绩的内容之一"。

1994年4月24—26日，中华全国集邮联合会在江苏扬州召开全国城市集邮工作研讨会。全国27个省、自治区和直辖市的60多名省级和省会城市集邮协会的秘书

中华全国集邮联合会邮展战略与措施研讨会

长和专职干部参加会议。与会者听取了江苏省、扬州市、广州市、沈阳市、唐山市等省、市集邮协会的典型经验介绍，交流了开展城市集邮工作和创建“集邮者之家”的做法。会议期间，代表们对扬州集邮活动中心进行了实地参观考察。

1992—1999 年，全国行业性集邮协会连续 3 年召开工作研讨会，从理论和实践上总结了行业性集邮组织在全国集邮工作中的作用和地位，强调行业集邮协会的工作要发挥优势，突出特点，明确了行业系统集邮工作的着力点和前进方向。

3. 继续培训集邮工作骨干

1993 年 7 月 25—31 日，中华全国集邮联合会在吉林省吉林市举办了全国省级集邮协会秘书长工作研讨会，以会代训。全国 25 个省、自治区、直辖市和 3 个行业集邮协会秘书长参加了研讨会。就适应改革开放、经济建设需要，探索新的组织形式、活动方式和工作手段；集邮文化的理论与实践；加强省级集邮协会秘书处的建设；建立集邮者之家的工作；抓好地市县以及行业集邮协会的工作；会员的分层管理问题，以及怎样当好秘书长等课题，通过研讨相互交流，更新知识。此后，中华全国集邮联合会针对集邮专职干部的实际情况，连年举办省级集邮协会秘书长工作研讨班，总结工作，交流经验。1994 年 5 月 18—25 日，全国省级集邮协会秘书长工作研讨会在湖北襄樊市举行。25 个省市的 39 名集邮协会干部参加了为期 7 天的工作研讨和业务培训。

全国多数省级集邮协会也通过举办地市县集邮专职、兼职干部培训班或研讨班，加强对省、市、县集邮协会秘书长、专职干部和集邮骨干的培训。

吉林省集邮协会于 1992 年 8 月 9—14 日，在延吉市举办全省各市、县集邮协会秘书长培训班。1994 年 11 月 8—10 日，在长春举办各市、县集邮协会秘书长研讨班。

甘肃职工集邮工作研讨会

1996 年 11 月 12—15 日，在省邮电学校举办集邮骨干培训班。通过培训，集邮干部的业务素质和各地集邮协会的工作质量有了明显提高。

北京市集邮协会为提高远郊区县集邮协会会长、秘书长集邮知识和集邮活动组织水平，于 1999 年 4 月 9—11 日在大兴邮政局举办了郊县集邮协会会长、秘书长培训班，培训内容包括国内外集邮组织情况，集邮协会组织工作要求，如何做好会长、秘书长工作，集邮宣传、集邮展览和邮集制作等。

上海市集邮协会从 1994—1999 年，先后举办了 5 期直属团体会员秘书长培训班，每期 3—5 天，交流组织建设情况和集邮协会工作经验，着重分析新形势下集邮工作面临的新情况，探讨开展集邮活动的有效途径和方法。每期培训班突出一个主题，如探讨国企改革和机制转换后，基层集邮协会面临的活动时间被挤压、活动经费减少等情况，以及工人下岗或转岗给组织建设带来的新问题，提出解决问题的办法和措施。

广东、广西、山西、辽宁、福建、煤炭集邮协会及西南各省区集邮协会等，也都通过举办秘书长培训班，交流总结经验，探讨在新形势下开展集邮活动的新方法，提高参训者业务素质和工作能力。

4. 表彰和树立集邮典型

1992 年，中华全国集邮联合会延续了 1987 年首次全国范围的表彰活动，再次表彰了一批全国集邮先进集体和个人，以此鼓励为中国集邮事业做出奉献的集邮者和专职人员。

这年 10 月 13—16 日，中华全国集邮联合会成立 10 周年暨集邮先进表彰大会在北京召开。大会得到了党和国家有关领导和部门的重视和关怀。名誉会长、中顾委副主任薄一波和第七届全国人大常委会副委员长朱学范发来贺信，邮电部党组书记、部长杨泰芳作了书面讲话。大会宣布了《中华全国集邮联合会关于表彰全国集邮先进集体先进个人的决定》，196 个单位和 284 名人员被分别授予“全国集邮先进集体”和“全国集邮先进个人”称号。会上，受表彰的铁道部兰州机床厂集邮协会、甘肃省总工会、江西省南丰县农民集邮协会、吉林省松原市扶余区实验小学集邮协会、江苏省常州市集邮协会、河北省唐山市集邮协会、辽宁省营口市集邮协会等先进集体的代表，分别介绍了他们开展集邮工作和集邮活动的做法和经验。李少华、许率真、毛国化、李复俊、郭立军、赵承钜、赵忠等先进个人，介绍了他们为发展我国集邮事业无私奉献的事迹。会后，由受到表彰的湖北、江西、浙江等省集邮先进集体代表和集邮先进个人组成集邮先进事迹报告团，于 1993 年 3 月 17 日至 4 月 21 日，赴四川、云南、贵州、浙江、湖南等地巡回报告 17 场，近 3000 名集邮协会骨干和会员听了报告。当年 6 月 10 日至 7 月 4 日，报告团又先后赴内蒙古、宁夏、甘肃、河北 4 省（区）巡回演讲 12 场，产生了较大的影响和良好的社会效应。

湖北、河北、广东、甘肃、吉林、江苏、辽宁、山西等省集邮协会都在建会 10 周年之际，表彰了集邮先进集体和个人，宣传推广他们的典型事迹。平时各省、地（市）、县集邮协会表彰先进的工作，一般与协会换届同时进行。

中华全国集邮联合会成立十周年暨集邮先进表彰大会会场

中华全国集邮联合会还先后通过工作简报，转发了江苏省集邮协会建设“集邮者之家”的经验介绍；甘肃省兰州市集邮协会注重发挥集邮的教育功能，充分发挥骨干作用，开展小型、多样的集邮活动的做法和经验；山西省集邮协会组织全省青少年进行以“集邮与学习”为主题的集邮演讲比赛，并由山西电视台向全省播放的典型做法；甘肃省总工会系统重视职工集邮，举办全国职工集邮展览的经验等，促进了各地集邮协会的工作。

5. 健全和落实各项规章制度

各级集邮协会在加强协会组织建设时，尤其注重健全和完善各项规章制度，使各项集邮工作有章可循，保持其稳定性和连续性。

根据精神鼓励和物质鼓励相结合的原则，各级集邮协会在对集邮先进给予精神鼓励的同时，逐步建立起奖励制度。对邮集参展获奖或集邮学术研究取得显著成果者，按标准给予适当物质奖励。

1993 年 11 月，北京集邮家沈曾华和李曙光的邮集获得世界邮展金奖，中华全国集邮联合会根据《在世界和国际邮展中获奖者的奖励暂行办法》做出《关于表彰沈曾华、李曙光同志的决定》，并号召全国集邮者为国争光，在国际邮展中不断取得好成绩。

沈曾华获得伦敦 1990 世界邮展金奖奖牌

中国1996第9届亚洲国际集邮展览在北京举办之后，北京市集邮协会专门召开了颁奖大会，对该市所有参展获奖者给予相应奖励。

在1993年12月召开的四川省集邮协会四届二次理事会上，对参加“’93中华全国集邮展览”的14名邮集获奖者颁发了奖金，对在展品征集和邮展组织工作中成绩突出的5个单位颁发了组织奖。次年12月，该省集邮协会对当年在世界和国际邮展中连续取得优异成绩的集邮家李世琦颁奖。1996年11月，该省集邮协会发布了《四川省获奖邮集奖励办法（修订稿）》，其奖励标准更为全面具体。为了规范集邮学术研究成果奖励工作，还同时颁布了《四川省集邮学术研究奖励办法》。

1994年9月8日召开的黑龙江省集邮协会第四次代表大会，通过了“邮集奖励办法”，对由本省选送参加国际、国内重大邮展的获奖邮集的作者给予相应标准的奖励。

江苏省集邮协会及南京市集邮协会、南通市集邮协会等，都先后制订和实施了邮集奖励办法。

成立于1988年5月28日的钟笑炉集邮基金会，于1992年3月30日被批准为社团法人。这一由著名集邮家钟笑炉的家属捐赠其藏品、上海市集邮协会创立的基金，用于奖励在国内外邮展、集邮学术研究和集邮活动中取得优异成绩的集邮家、集邮工作者和集邮组织。1992年11月10日，钟笑炉集邮基金会理事会首次举行颁奖活动，对在1988年5月至1992年5月期间，在国内外邮展中取得优异成绩的集邮家进行了奖励表彰。此后，这种奖励表彰活动逐步改为一年一次，以进一步激励广大会员的积极性。

缴纳会费是集邮协会每个会员应尽的义务，也是协会正常运转的保证和会员管理

中国’96亚洲国际邮展北京市颁奖大会

工作的重要环节。为加强会员会费缴纳与使用管理工作，中华全国集邮联合会于1992年8月24日下发了《中华全国集邮联合会会费管理办法》，要求各级集邮组织加强管理工作，会费收入主要用于会员活动支出和集邮骨干的培训费用，严禁挪作他用。要求做到合理使用，定期公布，严格监督。1993年2月6日下发了《关于缴纳团体会费的通知》，明确要求"各省级协会每年向中华全国集邮联合会缴纳一定数量的团体会费，其数额按应收会费的1%计算"。1998年9月8日，中华全国集邮联合会下发了关于《个人会员会费的管理办法》的通知。

各省、自治区、直辖市集邮协会对会费收缴和管理都十分重视。上海市集邮协会从成立起就制定了较为完善的会费收取与管理办法，向会员收取的会费60%留给基层协会，40%作为市集邮协会开展活动的费用。

北京市集邮协会在1992年3月16日召开的三届六次理事会上，通过了新的《会费管理办法》，此后坚持在会员代表大会上公布会费收缴和使用情况。在1993年10月召开的四大上，北京市集邮协会公布了《北京市集邮协会1988—1993年会员会费收支情况的报告》；在1997年11月召开的五大上，公布了《北京市集邮协会1994—1997年会费收支情况的报告》。这一做法，也在各地各级集邮协会代表大会上普遍施行。

为了适应组织建设需要，加强会员管理工作，中华全国集邮联合会于1996年下发了《关于全国统一更换会员证的通知》，要求各地做到会员人数、换证数和上缴会费三符合，以此健全会员档案，规范会员会籍管理。北京市集邮协会于1997年3月底开始，统一更换会员证，经过半年的努力，换证和收缴当年会费的工作圆满结束。全国各地集邮协会也都按要求落实了此项工作。此次换证工作的进行，对于保证集邮协会会员管理工作更加科学、严谨，以及会员会费管理工作的更为规范和透明，起到了积极作用。

中华全国集邮联合会会员证

四、集邮协会的规模型发展

1992—1999年，在集邮文化广泛传播的基础上，我国集邮组织的社会化程度空前提高。从中华全国集邮联合会到各省级和地（市、州）、县（区、市）以至基层单位集邮协会，作为自上而下、统一完整的组织体系，呈现出规模型发展，体现为组织数量不断增加，会员人数大幅增长。

1. 行业性集邮协会增加

1992年以后，全国行业性集邮协会在原有的体育集邮协会、石油集邮协会、第二炮兵集邮协会和航天集邮协会基础上，增加了

1992 年 4 月 25 日成立的中国煤炭集邮协会，1995 年 12 月 20 日成立的中国海员集邮协会。

这一时期，部分省、自治区、直辖市也陆续成立了行业性集邮协会，如 1992 年 1 月 3 日，福建省新闻界集邮协会成立；1992 年 4 月 10 日，福建省煤矿集邮协会在漳平煤矿成立；1992 年 9 月 25 日，山西省集邮协会煤炭分会成立；1994 年 5 月 6 日，河南省高校集邮联合会作为法人社团，在郑州大学成立；1996 年 12 月 3 日，山西省集邮协会水利分会成立。各地行业集邮协会成立后，大多作为所在地集邮协会的团体会员，也有的直接在地方民政部门注册登记。

为了加强对全国行业集邮协会的指导和管理，中华全国集邮联合会于 1997 年 8 月 16—18 日，在安徽召开了行业集邮协会座谈会。体育、石油、二炮、航天、煤炭、海员等行业集邮协会代表参加了会议，讨论了《关于行业集邮协会管理的暂行办法》，并就行业集邮活动中普遍存在的活动形式、活动经费和处理普及与提高的关系等问题进行了讨论和交流。

中国煤矿文化宣传基金会集邮研究会成立大会

中国海员集邮协会举办的主题邮展

2. 城市集邮组织快速发展

这一时期，各大中城市集邮协会在党政部门的支持和基层集邮协会的协助下，会员队伍不断扩大，组织发展普遍较快。

上海市集邮协会在中华全国集邮联合会四大召开后的5年里，主动争取上海市委、市政府的支持，依靠社会各界领导和集邮骨干，全力加强组织建设，不断壮大集邮队伍。集邮协会会员从1994年年底的17万人，发展到1999年年底的30余万人；基层集邮组织从1994年年底的233个，发展到1999年年底的286个，为上海集邮活动长盛不衰奠定了坚实基础。

北京市集邮协会的组织发展工作成效显著。1988年6月北京市集邮协会三大时，全市共有基层团体会员160个，会员人数仅1万人；1993年10月召开四大时，全市基层团体会员达到331个，会员总数达到2万多人；1997年11月五大时，会员人数达到4.1万人。当时，北京市集邮协会所属海淀、宣武、西城、石景山、崇文、东城、丰台、通县等8个下属区、县集邮协会是1989年以前成立的。为了使组织建设取得突破性进展，市集邮协会“五大”提出目标，力争在一年之内，把尚未成立集邮协会的区、县的集邮协会建立起来。1991年1月10日，延庆县集邮协会成立，成为北京远郊县最早成立的集邮协会；1998年，大兴县、朝阳区、昌平县、房山区、门头沟区、密云县等相继成立了集邮协会，如期实现了健全北京区县级集邮组织的目标。

与此同时，全国各大中城市，特别是省会城市的集邮组织，也都在快车道上发展。至世纪之交，全国城市集邮组织除西藏、青海等个别地方，普遍健全，集邮协会会员也主要集中在城市集邮组织。

3. 农村集邮组织继续发展

中华全国集邮联合会1993年二届三次理事会会议提出：要高度重视农村集邮组织的发展，“农村集邮工作的重点是壮大农民集邮队伍……集邮活动要在村镇文

江苏扬州市集邮活动中心

江西南丰县农民集邮协会会员活动

化建设中发挥应有的作用，为培养农村四有新人、为建设文明富裕的社会主义新农村服务。”

吉林省集邮协会对建立乡镇集邮组织，发展农村集邮十分重视。认为在吉林“这样一个农业大省，如果没有广大农村群众的参加，没有农村集邮活动的蓬勃开展，就没有全省集邮事业的大发展”。1994 年，吉林从经济、文化都不够发达的东川县的所有乡镇都成立了集邮协会这一典型案例着手，组织调查组深入调查，发现这些乡镇确实有组织、有活动、有成效。这些基层集邮协会，会员多的有 60 多人，少的也有近 20 人。有的乡镇领导不仅了解集邮知识，而且集邮兴趣浓厚。据此，他们写出调查报告发到全省，要求各市、县向东丰县学习，广泛建立乡镇集邮协会，大力发展农村集邮事业。在党中央提出开展科技、文化、卫生“三下乡”号召后，从 1996 年开始，吉林省集邮协会强调“集邮下乡”的口号，把建立乡镇集邮协会作为工作重点。经过几年努力，到 1999 年年底，全省 898 个乡镇成立集邮协会达 571 个，占全省乡镇总数的 63.5%。乡镇集邮协会结合农村特点开展集邮活动，对丰富农村人民群众的文化生活，建设社会主义新农村，起到了积极作用。

江苏省集邮协会通过抓点带面、总结推广的方式，使全省村镇文化建设出现了新局面，农村集邮组织也发展较快。到 1998 年年底，全省农村集邮协会达 606 个，会员达 2.7 万人。

1992—1996 年，是湖北省农村集邮组织发展的高峰期。1992 年，枝江第一个农村集邮组织紫荆岭集邮协会成立。1993 年 4 月，阳新太子镇集邮协会成立；此后，该县陆续有排市、白沙和国营军垦农场等 8 个乡镇及富池化肥厂、沙石总公司等乡镇企业成立了集邮协会。天门市集邮协会从 1987 年成立之日起，就确定了“以城促乡”的发展方针。到了 1994 年，天门市区以外的 26 个乡镇和国营农场中，有 9 个乡镇成立了集邮协会，其中 4 个乡镇的 7 个村有农民集邮协会。乡镇会员占全市会员的二分之一。宜昌县农村集邮组织的数量占乡村总数 45%。

从全国较早成立的农民集邮组织——1981 年成立的广东顺德农民集邮协会开始，至 1999 年，全国农民集邮协会会员已达几万人。

4. 青少年集邮组织建设得到加强

1991 年年底，中华全国集邮联合会下发通知，要求各省级集邮协会成立青少年集邮工作委员会。至 1993 年上半年，全国有 19 个省成立了青少年集邮工作委员会。但部分地区对这项工作重视不够，发展并不平衡。为此，中华全国集邮联合会在 1993 年 9 月 6 日下发的《关于加强青少年集邮工作的几点意见》中，要求继续“加强青少年集邮组织建设”“没有成立青工委

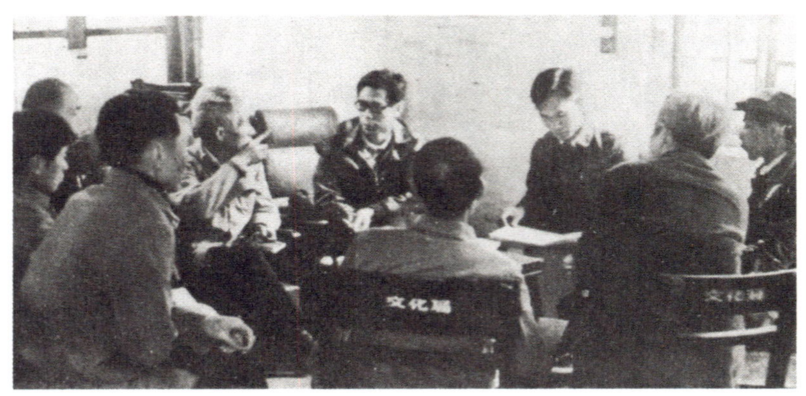

顺德农民集邮协会成员讨论工作

的省，要把青少年集邮工作提到协会的工作日程进行研究，提高对其重要性的认识，要有专人负责，积极创造条件，主动与当地省教委、团省委联系，争取尽早成立青工委”。

1992 年，陕西、吉林、新疆等 13 个省、自治区、直辖市成立了青少年集邮工作委员会。截至 1994 年年底，全国三分之二的省、自治区、直辖市成立了青少年集邮工作委员会。到了 1999 年，全国建立、健全了青少年集邮工作委员会的省级集邮协会已有 23 个。

乌鲁木齐民族小学举办的示范邮展

青少年集邮组织建设还体现在高等校园内，1994 年 5 月 6 日，河南省高校集邮联合会在郑州大学成立。河南省高校集邮联合会是经河南省教委批准，在河南省民政厅注册的，全省各高校的集邮协会是该会的团体会员。

由于得到了省教委的支持，各大学的集邮活动均得到了校方的支持，集邮活动搞得有声有色，配合社会教育先后举办或参与举办了一系列大型活动，得到了社会各界的关注和好评。1994 年 9 月为庆祝中华人民共和国成立 45 周年举办了大型集邮知识竞赛。

1994 年 10 月 5 日 ，在山东团省委支持下，原由其主管、隶属于山东青年联合会的山东省青年集邮协会，向山东省集邮协会提出申请，拟作为团体会员加入山东省集邮协会。经省集邮协会 10 月 10 日批准后，山东省青年集邮协会于 10 月 11 日在团省委礼堂召开了成立大会。截至 2008 年年底，该省青年集邮协会拥有 60 余个团体会员。

青少年集邮工作的加强，有力地促进了青少年集邮组织的发展和集邮队伍的扩大。

5. 基层组织和会员人数大幅增长

这一时期，在各级集邮协会和广大集邮骨干的共同努力下，我国集邮组织的发展和会员人数增长较快。全国地、市、县集邮协会从1991年年底的1889个发展到1999年年底的2321个，增长了22.86%；基层集邮协会从1991年年底的19000多个增长到44959个，增长136.62%。全国集邮协会会员从1991年年底的133.16万人，增加到1999年年底的421.48万人，增长了216.52%。集邮协会的数量和会员人数都大幅增长，达到了前所未有的规模。其中，上海市集邮协会的会员首次超过30万人，江苏省集邮协会的会员总数达33.4万人，湖北省集邮协会的会员人数也达到30万的历史高峰。

五、民间集邮组织的建立与发展

随着我国集邮文化的繁荣和社会发展多元化趋势的出现，在由上而下采取团体会员制的中华全国集邮联合会组织系列之外，还出现了一批自愿结合、自发建立的集邮团体，它们分布在全国各地，在中国集邮界习称“民间邮会”。

1. 民间集邮组织的总体状况

进入20世纪90年代，民间集邮团体不断出现。他们与此前建立的同样性质的邮会一道，活跃在大江南北，显现出强韧的生命力，成为我国集邮事业发展一支不可忽视的力量。以其收藏和研究对象或范围看，可分为综合性和专项性两大类。

综合性民间集邮组织，研究领域和活动内容较为宽泛，会员层次也相差较大。其活动的开展，相对于专项性邮会，更重视集邮知识的普及和会员之间的联谊。在同样具有综合性特征的所在地集邮协会日趋活跃的情况下，他们往往以跨地区开展活动为主。这一阶段，在全国产生影响的主要有1997年在南京成立的蜀陵邮学会和1998年10月1日在山东成立的齐鲁集邮研究会等。

专项性民间集邮团体，通常有各自较为确定的研究方向和领域，其规模不等，总体数量远多于综合性邮会，在开展集邮活动方面，相对于综合性邮会，更注重专项性和学术性。专项性邮会中，既有跨地区发展会员、开展活动的，也有的仅限于发展本地会员、以在本地开展专项活动为主的。不少专项性邮会的负责人，也是当地集邮协会的骨干。此期间出现的这类专项性邮会，还可以进一步细分。

以专题集邮研究为主的有：上海市专题集邮研究会、成都专题集邮研究会、武汉专题集邮者联谊会、中俄专题集邮研究会等。

以特定邮品或特定区域邮票为研究对象的有：江苏邮资封片研究会、金卡集邮联谊会（北京）、金卡集邮河南联谊会、嘉兴极限集邮研究会、闽都极限集邮研究会、广州港澳邮票研究会等。

以特定的收集类型和研究方式为主的有：生肖集邮研究会、原地封研究会、东联原地集邮研究会、北京原地集邮研究会、航天邮友研究会、广州航空航天集邮研究会等。

以特定集邮群体或研究对象为主的有：中华医学集邮研究会、孙传哲邮票艺术集邮文化研究会、郭润康集邮研究会等。

孙传哲（左）和李少华在一起

这一阶段自发成立的民间集邮组织中，仅有郭润康集邮研究会、生肖集邮研究会和孙传哲邮票艺术集邮文化研究会在成立时通过民政部门社团登记注册，具有了社团法人资格。这类集邮组织在我国民办集邮组织中所占比例较小，其他民间邮会大部分不符合我国社团管理规定的要求，属于自然人组织，始终面临着合法性的困惑，其发展受到一定制约。但他们大多能够自觉地参照法人社团的做法，制定组织章程、设立理事会并定期开会，会员交纳会费，并通过加强内部管理，规范会员行为，维护会员权益。

民间邮会的建立和发展，满足了集邮者多层次、多样性的需求，他们在推动集邮的普及、提高我国集邮研究水平和扩大集邮的社会影响力等方面，发挥了积极作用。

2. 具有一定影响力的民间集邮团体

20 世纪 90 年代是国内民间集邮组织较为活跃的时期，除了此前成立的各类民间邮会外，还出现了一批具有鲜明特色和影响力的综合性和专项性民间邮会。它们为广大集邮者搭建了交往和研究的平台，弥补了中国集邮领域中的一些空缺。

生肖集邮研究会于 1997 年 6 月 14 日在江苏苏州市成立。通过了该会《章程》，选举产生了第一届理事会。首任会长周治华，副会长任连荣、邢宝良。该会经苏州市民政局社团登记注册，自筹经费，自主管理，会部设在苏州，办有会刊《生肖集邮》。

生肖集邮研究会成立会议

该会成立后，团结和联系会员、会友开展对生肖邮票和生肖文化的研究，通过举办生肖集邮展览、召开生肖集邮学术研讨会、组织编辑出版生肖集邮书籍、组织开展青少年生肖集邮活动等方式，推动全国生肖文化的普及和生肖集邮活动的开展。

郭润康集邮研究会于1997年3月24日，由贵阳市老年邮友联谊会倡导成立。该会经贵阳市民政局注册登记，并接受贵阳市科协和贵州省集邮协会的业务指导。首任会长王殿臣，常务副会长刘庆田，副会长吴鸿钧、徐昌荣、陈云康，办有会刊《金竹邮风》，先后发展会员千余名。

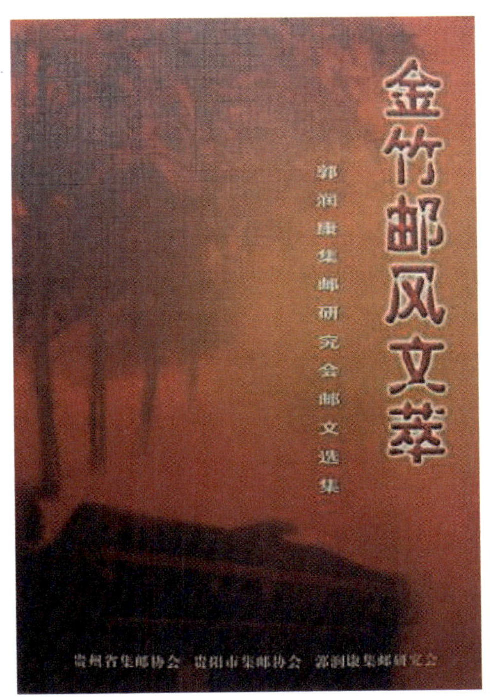

《金竹邮风文萃》

该会的宗旨是：学习研究郭润康的集邮理念和业绩，研究探讨群众集邮文化，培养社会主义新型集邮人才，概括为"学郭、研邮、育人"。郭润康曾多次要求该会不仅"研郭"，更要"研邮"，通过普及集邮知识，弘扬集邮文化，推动集邮事业发展。该会陆续组织编印了包括《郭润康集邮文选》和会员邮文选编在内的10多本集邮图书。

该会除了举办集邮学术研讨会、组织集邮展览，还围绕集邮，完成了贵阳市科委交给的科普方面的任务，多次获得贵阳市科协颁发的岗位目标责任制奖项。

东联原地集邮研究会成立于1994年3月7日，由上海一群20岁左右的原地集邮爱好者发起。该会后来挂靠上海市集邮协会，会员发展至1100多名，会长张胤寅，两年后由刘观锡担任，办有会刊。该会会刊自创刊号至51期为报纸型《东方集邮信息报》，从第52期起，改为杂志型《春申邮刊》。该会为会员办理原地邮品，讲究原地选点精确。

1997年4月25日，在邮票设计家孙传哲逝世两周年之际，经诸暨市民政部门登记核准，孙传哲邮票艺术集邮文化研究会在浙江诸暨市成立。诸暨市邮政局局长斯财灿任会长。该会旨在通过对孙传哲邮票设计生涯及其邮票设计作品的研究，推动我国集邮文化的普及。该研究会成立后，先后在杭州、上海以及浙江的诸暨、青田、缙云等地召开过十余次研究会年会、孙传哲邮票设计艺术研讨会、举办了孙传哲邮票设计作品展览等，在全国范围开展了关于孙传哲邮票设计的征文活动。还和浙江省邮票局一起，联合开发了四套以孙传哲画稿为内容的《孙传哲画稿选》邮资明信片。

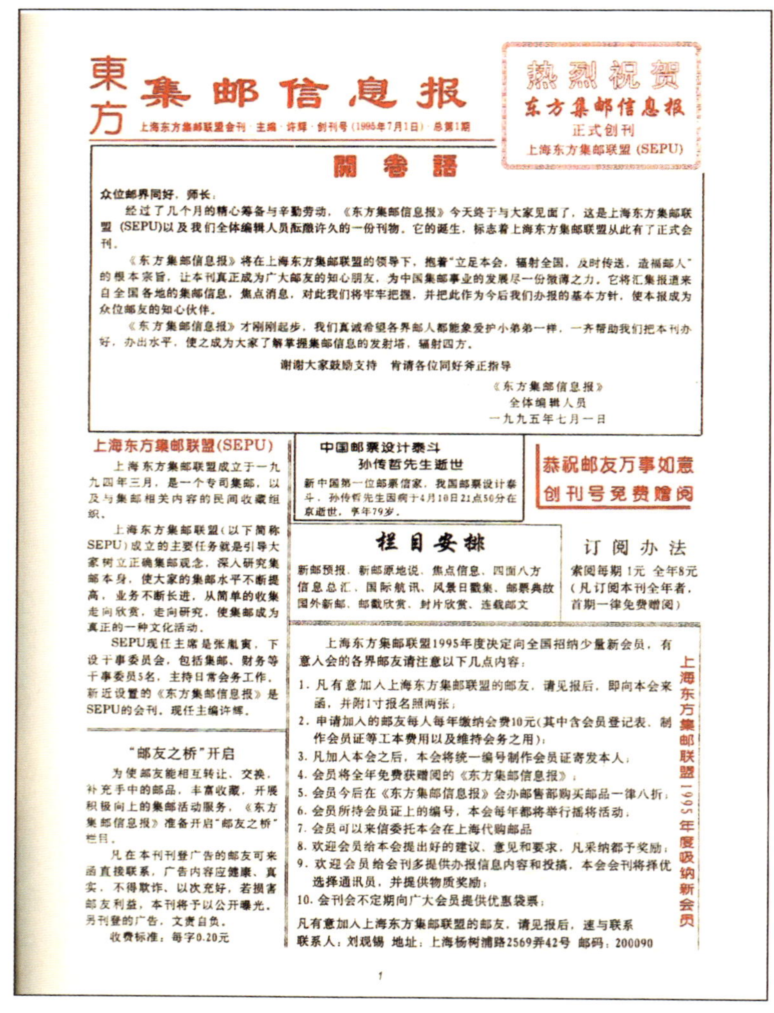

東方集邮信息报

上海东方集邮联盟会刊 · 主编 · 许晖 · 创刊号（1995年7月1日）· 总第1期

热烈祝贺
东方集邮信息报
正式创刊
上海东方集邮联盟（SEPU）

開卷語

众位邮界同好，师长：

经过了几个月的精心筹备与辛勤劳动，《东方集邮信息报》今天终于与大家见面了，这是上海东方集邮联盟（SEPU）以及我们全体编辑人员酝酿许久的一份刊物。它的诞生，标志着上海东方集邮联盟从此有了正式会刊。

《东方集邮信息报》将在上海东方集邮联盟的领导下，抱着"立足本会，辐射全国，及时传送，造福邮人"的根本宗旨，让本刊真正成为广大邮友的知心朋友，为中国集邮事业的发展尽一份微薄之力。它将汇集报道来自全国各地的集邮信息，焦点消息，对此我们将牢牢把握，并把此作为今后我们办报的基本方针，使本报成为众位邮友的知心伙伴。

《东方集邮信息报》才刚刚起步，我们真诚希望各界邮人都能象爱护小弟弟一样，一齐帮助我们把本刊办好，办出水平，使之成为大家了解掌握集邮信息的发射塔，辐射四方。

谢谢大家鼓励支持　肯请各位同好斧正指导

《东方集邮信息报》
全体编辑人员
一九九五年七月一日

上海东方集邮联盟（SEPU）

上海东方集邮联盟成立于一九九四年三月，是一个专司集邮，以及与集邮相关内容的民间收藏组织。

上海东方集邮联盟（以下简称SEPU）成立的主要任务就是引导大家树立正确集邮观念，深入研究集邮本身，使大家的集邮水平不断提高，业务不断长进，从简单的收集走向欣赏，走向研究，使集邮成为真正的一种文化活动。

SEPU现任主席是张胤寅，下设干事委员会，包括集邮、财务等干事委员5名，主持日常会务工作。新近设置的《东方集邮信息报》是SEPU的会刊，现任主编许辉。

中国邮票设计泰斗 孙传哲先生逝世

新中国第一位邮票信家，我国邮票设计泰斗，孙传哲先生因病于4月10日21点50分在京逝世，享年79岁。

恭祝邮友万事如意
创刊号免费赠阅

栏目安排

新邮预报、新邮原地说、焦点信息、四面八方信息总汇、国际航讯、风景日戳集、邮票典故国外新邮、邮戳欣赏、封片欣赏、连载邮文

订阅办法

索阅每期1元　全年8元（凡订阅本刊全年者，首期一律免费赠阅）

上海东方集邮联盟1995年度吸纳新会员

上海东方集邮联盟1995年度决定向全国招纳少量新会员，有意入会的各界邮友请注意以下几点内容：

1. 凡有意加入上海东方集邮联盟的邮友，请见报后，即向本会来函，并附1寸报名照两张；
2. 申请加入的邮友每人每年缴纳会费10元（其中含会员登记表、制作会员证等工本费用以及维持会务之用）；
3. 凡加入本会之后，本会将统一编号制作会员证寄发本人；
4. 会员将全年免费获赠阅的《东方集邮信息报》；
5. 会员今后在《东方集邮信息报》会办邮售部购买邮品一律八折；
6. 会员所持会员证上的编号，本会每年都将举行摇将活动；
7. 会员可以来信委托本会在上海代购邮品
8. 欢迎会员给本会提出好的建议、意见和要求，凡采纳都予奖励；
9. 欢迎会员给会刊多提供办报信息内容和投搞，本会会刊将择优选择通讯员，并提供物质奖励；
10. 会刊会不定期向广大会员提供优惠袋票；

凡有意加入上海东方集邮联盟的邮友，请见报后，速与联系
联系人：刘观锡　地址：上海杨树浦路2569弄42号　邮码：200090

"邮友之桥"开启

为使邮友能相互转让、交换，补充手中的邮品，丰富收藏，开展积极向上的集邮活动服务，《东方集邮信息报》准备开启"邮友之桥"栏目。

凡在本刊刊登广告的邮友可来函直接联系，广告内容应健康、真实，不得欺诈、以次充好，若损害邮友利益，本刊将予以公开曝光。另刊登的广告，文责自负。

收费标准：每字0.20元

1

《东方集邮信息报》

第三节　集邮活动广泛开展

20 世纪 90 年代正处于世纪之交，国际、国内引人瞩目的大事、要事、喜事接踵而至。中华全国集邮联合会和各地集邮协会以及各地民间集邮组织积极配合国家、社会和集邮界的一系列重大事件，开展了一系列丰富多彩的集邮活动，有效地扩大了集邮文化在社会上的积极影响。

一、配合中心工作开展集邮活动

20 世纪 90 年代，国内外最关注的重大事件就是香港和澳门回归祖国。此外，中华人民共和国成立 50 周年大庆、毛泽东同志诞辰 100 周年和红军长征胜利 60 周年也是国人关切之事。无论社会还是集邮界，很多活动都是围绕这些主题开展的。这充分表明，集邮文化与时代背景紧密相连。

1. 举办“邮票上的毛泽东”知识竞赛

1993 年 12 月 26 日，是中国人民伟大领袖毛泽东同志诞辰 100 周年。为此，《人民邮电》报社、《中国集邮报》社、湖南韶山邮电局、韶山集邮协会、韶山毛泽东纪念馆及韶山文化总社联合主办，北京、上海、广州、武汉等数十家集邮协会协办的“邮票上的毛泽东”知识竞赛，于当年 7 月份拉开序幕。《中国集邮报》从 7 月开始，陆续推出“韶山专版”，连载“邮票上的毛泽东”系列文章；随文刊发 50 道试题，从中选 10 道必答题印在由韶山邮电局发行的图画明信片上。参赛者将正确答案标在所附的答题卡上，然后寄到韶山邮电局。竞赛试题明信片共发行了 20 种，正片的图案分别选自毛泽东 1922—1966 年间的 20 幅历史照片，可作为收藏；副片则印有答题栏。

本次竞赛设特等奖 1 名，一等奖 2 名，二等奖 10 名，三等奖 100 名，四等奖 1000 名，纪念奖 10000 名。该竞赛历时半年，于 12 月 26 日在韶山圆满结束。全国各地共有 3 万多名集邮者参赛，组委会收到有效选票 20774 张。抽奖仪式在韶山新落成的毛泽东铜像广场举行，113 人分别获得特等奖和一、二、三等奖。此次知识竞赛覆盖面广、影响力大、参与者多，以集邮特色为全社会纪念毛泽东同志诞辰 100 周年活动增添了光彩。

2. 纪念红军长征胜利 60 周年

1996 年 10 月 22 日是中国工农红军长征胜利 60 周年，为纪念这项人类历史上的伟大壮举、弘扬长征精神，中国邮政和中国集邮界开展了多项纪念活动。

为彰显“长征精神”，邮电部向全国邮政系统 160 多位健在的老红军赠送了中国集邮总公司发行的《长征》专题邮票纪念册，向这些老红军表示亲切慰问。这些老红军年龄最大的 93 岁，最小的 70 多岁。他们当中，有多位参加过二万五千里长征。《长征》邮册内有中国邮政发行的反映老一辈无产阶级革命家、革命圣地题材的邮票，以及《中国工农红军长征胜利六十周年》纪念邮票，并配有红军长征时期的历史照片和在“军民重走长征路”活动中拍摄的今日长征路沿途新貌的照片。邮电部举办

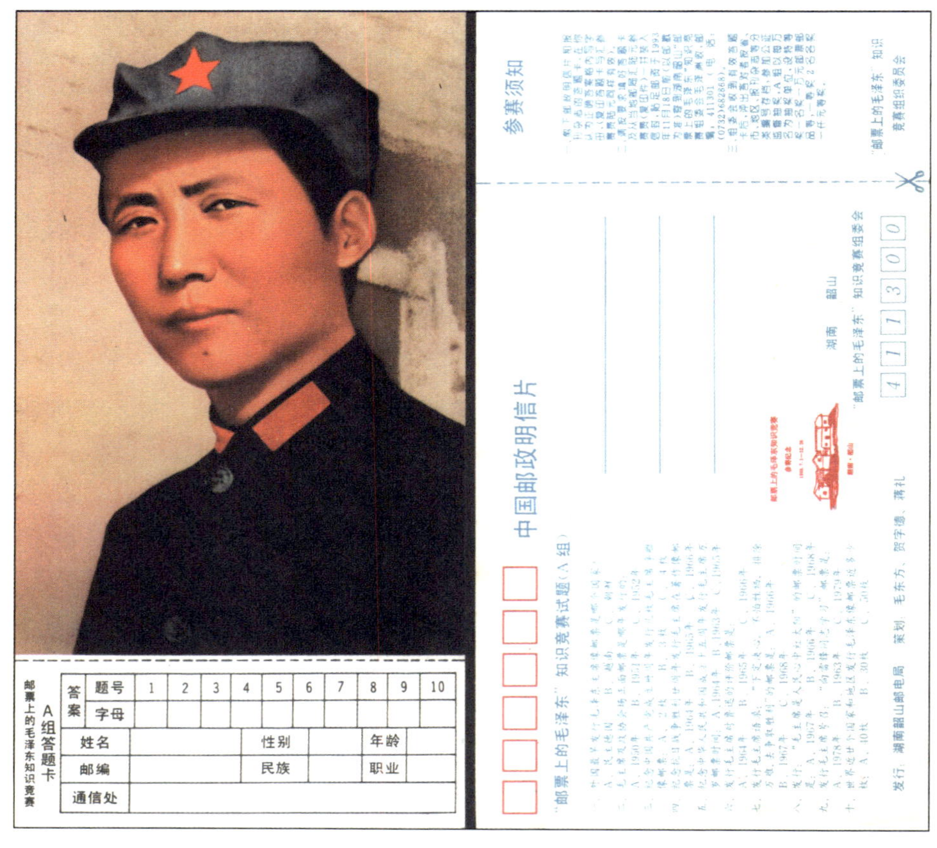

“邮票上的毛泽东”知识竞赛明信片

此项活动，意在弘扬老一辈无产阶级革命家的奋斗精神，推动中国邮电事业的大发展。

“军民重走长征路”活动，用重走长征路的形式缅怀红军的英雄伟业、弘扬长征精神。这次活动是邮电部有关领导提议，经中国人民解放军总政治部和邮电部批准，由中国人民革命军事博物馆和中国集邮总公司联合举办的。

1996 年 5 月 4 日，此次活动的授旗仪式在中国人民革命军事博物馆举行。18 位参加过长征的老红军和邮电部、解放军总政治部领导参加了授旗仪式，并在旗帜上签名。由中国人民革命军事博物馆和中国集邮总公司 10 余名党团员组成的长征联队当日出发，途经湘江、遵义、赤水、泸定、夹金山、松潘、会宁、永坪等地，最终到达延安。此次活动历时近一个月，长征联队横跨了 7 个省、自治区，沿途邀请老红军回忆当年长征的艰苦经历，了解当地邮电职工生活的巨大变化，宣传红军长征精神，慰问老红军和老干部。

中国集邮总公司为本次活动制作了系列特种纪念封。每到一个纪念地，推出一枚纪念封，10 个纪念封组成长征系列邮品。

军民重走长征路联队与瑞金老红军座谈会

本次活动不仅宣传了长征精神，同时还宣传了集邮。此外，长征联队还代表中国集邮总公司向延安革命纪念馆捐赠了 20 万元人民币，用于塑造一座毛泽东巨型铜像，矗立于该纪念馆前。

1996 年 10 月下旬，以“扬长征精神、振时代雄风”为理念的集邮展览在全国多地举办。甘肃会宁县是长征大会师的地方。甘肃省集邮协会与白银市集邮协会，以及会宁县邮电局，于 10 月 9—13 日在会宁举办了主题邮展，共展出 31 部长征及红色题材展品，每天至少有四五百人前来参观。

由陕西省邮电管理局、陕西省集邮协会举办的纪念中国工农红军长征胜利 60 周年集邮展览于 1996 年 10 月 22—27 日在西安市举办。本次邮展共展出 28 部 72 框展品，其题材均与长征相关。如《长征》《革命圣地——延安》等展品，形象地再现了红军长征的光辉历程和不屈不挠的革命精神。

3. 喜迎香港回归祖国

1997 年 7 月 1 日，中华人民共和国中央人民政府恢复对香港行使主权，中华人民共和国香港特别行政区成立。为此，中国邮政和香港特区邮政分别发行了纪念邮票，各地邮政部门和集邮组织也纷纷举办了丰富多彩的集邮活动，纪念和庆祝这一历史性时刻。

1997 年 4—6 月，各地纷纷举办了迎香港回归祖国的集邮知识竞赛。中国集邮总公司、北京市集邮协会、北京市少年宫于 4—5 月联合主办“迎香港回归集邮知识竞赛”，全市共有 100 多所中小学的 17000 多名学生参加竞赛。5 月 31 日，主办单位在北京市少年宫举行“’97 北京青少年迎香港回归集邮活动日”，对参赛获奖者颁奖。由青海省集邮协会主办的“青海省迎接香港回归知识竞赛”于1997年6月举办。全省集邮爱好者行动起来，积极参与此项活动。此外，在这段时间里，河南省新乡市举办了“迎回归香港邮票知识竞赛”，山西铝厂集邮协会、工会、团委联合举办了“迎香港回归雪百年国耻”集邮知识竞赛。

香港回归祖国前夕，全国各地众多集邮组织举办的以迎“回归”为主题的邮展，不仅表达了集邮者的喜悦，也为香港回归营造了喜庆、热烈的气氛。1997年5月1—24日，安徽省集邮协会分别在合肥、淮北、阜阳、铜陵、芜湖等市举办“安徽省迎接香港回归集邮巡回展览”。巡展所到之地，都吸引了众多市民驻足观看，把当地庆“回归”的活动推向高潮。5月16—21日，河北省集邮协会在省博物馆举办第五届集邮展览。开幕式现场设置了9.71米长的“迎香港回归”签名长卷，供观众签名。6月26—28日，中国邮票博物馆、北京市集邮协会、北京市邮票公司等单位联合在建内大街邮电局举办“迎香港回归祖国集邮展览”，展出了《迎’97香港回归》等展品，吸引不少观众。6月28日—7月2日，湖北省集邮协会在襄樊市举办“庆祝香港回归——’97湖北省集邮展览”，展出了55部竞赛性展品，来自全省各地3万多名集邮者参观了邮展。上海市集邮协会、中国国际贸易促进委员会上海浦东分会、香港邮学会等6家单位，于7月1日在上海市浦东新区华诚大厦举办了“庆回归’97上海浦东·香港集邮展览”，共展出沪港两地51部240框展品，为回归日增添了喜庆气氛。

“迎接香港回归祖国”上海港务局集邮协会举办集邮演讲比赛

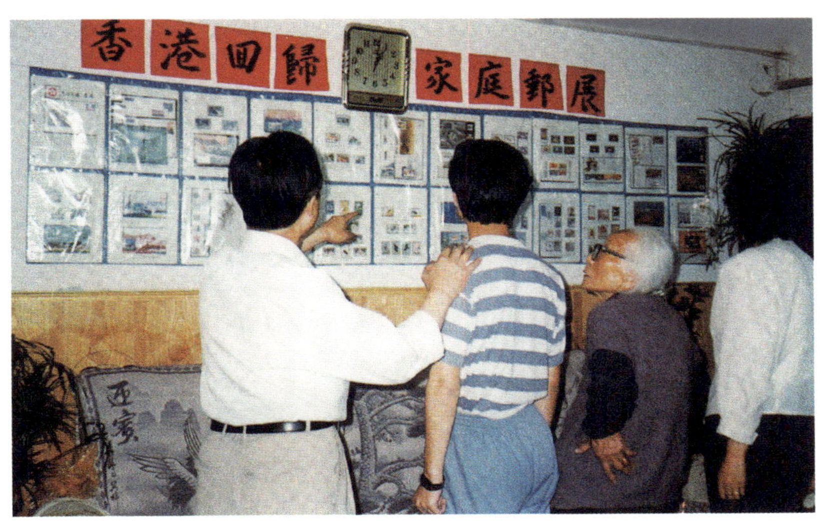

青海的庆香港回归祖国家庭邮展

4. 中华人民共和国 50 周年大庆

1999 年是中华人民共和国成立 50 周年。为展现伟大祖国 50 年辉煌成就，自 1999 年上半年起，各地纷纷举办以国庆为主题的邮展，为国庆添彩。中国邮政于 10 月 1 日发行了《中华人民共和国成立五十周年——民族大团结》纪念邮票一套 56 枚，表现中国 56 个民族载歌载舞的场面。这套邮票以鸿篇巨制，为国庆活动增添了靓丽的色彩。

中国集邮总公司与湖南、湖北和江苏 3 省邮政局，于 4 月起联合举办了“庆祝中华人民共和国成立 50 周年集邮巡回展”，为此特发行了一枚《毛泽东同志诞生一百周年》加字小型张，总印量 100 万枚。该巡展分 3 站：首站于 4 月 9—11 日在长沙举办；第二站于 4 月 16—18 日在武汉举办；第三站于 4 月 23—25 日在南京举办。每站展期 3 天，分别设立“国庆 50 周年日”“迎接万国邮联大会日”和“迎接 21 新世纪日”。本次邮展展出了有关老一辈无产阶级革命家、社会主义建设成就题材的邮资票品，国家邮政局组织的“展望新世纪”儿童邮票设计大赛入围作品，以及“庆祝香港回归”集邮摄影大赛的获奖作品等，共 100 框。

由第四届城运会组委会、陕西省邮政局和陕西省集邮协会主办的“全国第四届城市运动会暨陕西省庆祝中华人民共和国成立 50 周年集邮展览”于 1999 年 9 月 12 日在西安市开幕。邮展展品共 42 部，其中包括在中国 1999 世界邮展上获得佳绩、为陕西争得荣誉的 3 部邮集和 7 部集邮文献。

9—10 月，各省及其各地邮政部门和集邮协会举办的国庆邮展达到高潮。江西于 9 月下旬在省革命烈士纪念堂举办邮展；安徽在合肥、安庆、池州、宣城、马鞍山、

《中华人民共和国成立五十周年——民族大团结》纪念邮票

滁州、淮北等地举行了为期 3 个月的巡回邮展；广西于国庆期间在柳州举办邮展；内蒙古于国庆期间在包头市举办了规模为 300 框的综合性邮展。10 月 8—12 日，湖北在武汉举办了“庆建国 50 周年——湖北省集邮展览”，展出示范性和竞赛性展品 65 部 255 框，邮展期间，观众始终络绎不绝。

5. 庆贺澳门回归祖国

1999 年 12 月 20 日，中华人民共和国中央人民政府恢复对澳门行使主权。同时，中华人民共和国澳门特别行政区成立。为此，中国邮政发行了《澳门回归祖国》纪念邮票一套 2 枚，另发行邮票小型张 1 枚

河南开封中小学生“祖国在我心中”集邮演讲比赛

“迎澳门回归”全国青少年集邮知识竞赛

以及金箔小型张1枚。

澳门回归祖国前夕，中国集邮总公司和中华全国青年联合会分别举办了全国性的集邮知识大赛活动，均在集邮界产生了较大影响。“澳门回归祖国”倒计时一周年之际，中国集邮总公司、《中国集邮报》于1998年11月25日—12月20日联合举办“迎澳门1999年回归祖国——港澳邮票知识大奖赛”。该竞赛共收到全国各地答卷6万多份。经公开抽奖，从正确答卷中产生一至三等奖的各个奖项，其中幸运奖达1000名。临近澳门回归日，由中华全国青年联合会主办、《中国集邮报》等单位承办的“迎澳门回归”全国青少年集邮知识竞赛活动于1999年10月在全国展开。竞赛围绕澳门历史文化和与澳门题材有关的邮票内容，融爱国主义和集邮文化于一体，被团中央列为“迎澳门回归祖国”系列活动之一。全国各省（自治区、直辖市）、各行业团委、青联，中央国家机关团工委、青联等单位，精心组织了此次竞赛活动。此次大赛于当年12月落下帷幕，共收到近20万份参赛答卷。从全部答对的问卷中，产生出133名幸运获奖者。

1998年12月18—20日，广东珠海市邮政局举办了“庆祝澳门回归祖国倒计时一周年”系列集邮活动。活动内容有以澳门回归为主题的一框邮集展览，以及“展望新世纪邮票”儿童设计画展等。天津市邮政局于1999年12月19日在和平区澳门路港澳大厦设立澳门路临时邮局，并举办以澳门回归为主题的邮展、中小学生设计的纪念封揭幕仪式、“澳门回归平安夜”知识竞猜以及为邮迷加盖大型纪念戳等活动。湖北省集邮协会于1999年9—12月举办了“迎澳门回归”湖北集邮知识大奖赛。省邮政局为这次大赛发行了印有试题及抽奖流水号的双连邮资明信片一套。12月20日，按10%中奖率摇号产生了一至四等奖。

1999年6月3日，北京市邮政管理局在圆明园遗址公园举办了以“同在蓝天下，鸿雁传真情”为主题的首都少年儿童迎澳门回归祖国手绘信封绘画活动。1999名首都少年儿童在现场用五颜六色的彩笔分别在一个特大号信封上绘制出各自心中的澳门景象，表达祖国儿童对澳门回归的渴望之情。现场还将1999名儿童签名的巨型横幅及他们亲手绘制的信封交给北京邮政职工代表，通过邮寄投递方式转交给澳门的少年儿童。

1999年12月19日23时至12月20日凌晨2时，外交部集邮协会和新华社集邮协会举行了“迎澳门回归祖国互寄活动”，现场用《澳门回归祖国》邮票和金箔小型张制作了纪念封，以集邮的这种特殊方式见证这一历史时刻。外交部集邮协会还为此次活动制作了252枚纪念封，贴《澳门回归祖国》邮票后寄至我国所有各驻外使领馆和各省（自治区、直辖市）外事办公室。同时，外交部集邮协会还通过明码电报，组织所有驻外使领馆用当地的信封和使领馆公函封，贴驻在国发行的反映澳门回归祖国题材的邮票或具有当地特点的邮票，由驻外使节签名，制作成具有外交部集邮协会特色的签名实寄封寄往外交部和外交部驻澳门特派员公署，以表达我驻外使节对这一历史性时刻的特殊感情。各省（自治区、直辖市）外事办公室也在同时制作签名实寄封寄往外交部、外交部驻澳门特派员公署。外交部驻澳门特派员公署也以澳门发行的回归邮票和制作的实寄封回馈外交部、外交部驻澳门特派员公署、各驻外使领馆和各省（自治区、直辖市）外事办公室。

二、最佳邮票评选活动延续

每年举行一届的全国最佳邮票评选活动开始于1980年，并且一直延续下来，从未间断。20世纪90年代，这项具有中国特色的重大集邮活动达到高潮，其参与人数及社会影响力都达到前所未有的程度。

1. 佳邮评选活动的社会影响力

随着主办单位的扩大和各界群众参与人数的迅速增加，以及承办颁奖大会城市

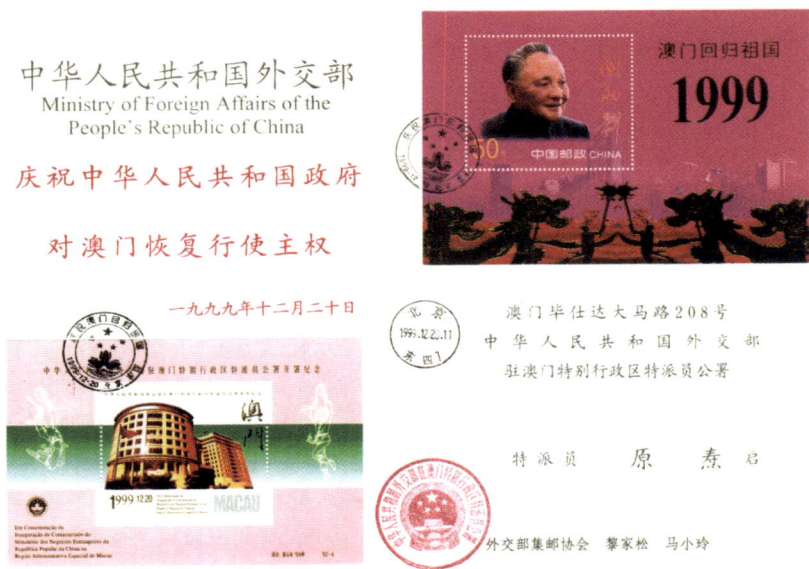

外交部庆祝澳门回归祖国致外交部驻澳门特派员实寄封

的轮换，全国最佳邮票评选活动的社会影响力与日俱增。

全国最佳邮票评选的主办单位，从最初的《集邮》杂志一家，经过几次变化不断扩大。其间，从1990年第10届起，因中国集邮出版社撤销，由人民邮电出版社主办，并正式成立全国最佳邮票评选活动组委会及其常设机构最佳邮票评选办公室，组委会后来改称为全国最佳邮票评选委员会。从1994第14届起，主办单位变为9家，增加了《人民日报》社。1995年第15届至1998年第18届，主办单位又增加了邮电部邮政总局。

1992—1999年，共举办过8届佳邮评选活动。在这段时间内，参加佳邮评选投票人次大多在40万—60万，波动较大。除了广大集邮爱好者积极参与评选活动外，来自社会各界的选票成为选票总数波动的重要原因。这种情况主要受当时社会掀起的集邮热潮影响。其中，1996年举办的第16届投票人次最少，只收到36.04万张选票；而1998年举办的第18届评选活动选票达到146.62万张，创造了空前的纪录，其主要因素是受到1997年国内邮市出现的前所未有的热潮影响。随着国内邮市由热趋冷，在此后举办的佳邮评选活动，投票人次出现下滑。

由于最佳邮票评选活动受到广大集邮爱好者的喜爱与追捧，其社会影响力越来越大。因此，引发各地积极争办最佳邮票评选颁奖大会，并将其作为推动当地文化发展的平台。全国最佳邮票评选颁奖仪式的承办城市，从开始仅在北京举办到向全国各地辐射，形成了各地争办、遍地开花的良好局面。1992—1999年的第12—19届最佳邮票评选颁奖大会的承办城市，全部是直辖市或省会城市。这些城市依次为北京、上海、成都、哈尔滨、福州、海口、合肥、广州。颁奖大会由各地轮流举办，充分调动了各地相关部门的积极性，促进了当地集邮事业的发展。

2. 佳邮评选活动的改革与变化

作为一项持续多年的大众化评选活动，也需要不断进行调整和变化，以使评选结果更加合理，从而达到两个“提高”的目的，即提高我国邮票选题、设计和印制水平，提高人民群众对邮票的鉴赏水平。

从1995年第15届开始，评选项目相对固定，变化较小，基本形成了群众评选一套“最佳”、两套“优秀”邮票，专家评出最佳雕刻、最佳印刷邮票和最佳设计奖（专家奖）等项目。

由专家评审并结合佳邮评选活动一起颁奖的，还有全国最佳集邮品评选。它是由中国集邮总公司发起和牵头、中华全国集邮联合会等共同举办的评选活动。1995年举办了首届全国最佳集邮品评选，范围是1992—1994年度的集邮品；1997年举办了第2届，评选1995—1996年度的集邮品。这两届评选的颁奖仪式均单独举行，地点分别在北京和辽宁大连。

1998年第18届佳邮评选，有两个重要变化是往届评选活动中不曾有的：一是评选选票上首次加印了由画家韩美林设计的防伪标志，印在选票的隐蔽之处，在验钞灯下可以显现，这既维护了广大集邮者的利益，又维护了佳邮评选活动的严肃性；二是加强了评选活动的宣传力度，首次在中央电视台“新闻30分”栏目进行了专门宣传。

这一时期，佳邮评选颁奖活动的内容愈加丰富起来，加入了较多的集邮活动，

1996年全国最佳邮票评选活动颁奖大会在海口举办

成为盛大的集邮节日。由最初单一的颁奖仪式和文艺晚会，增加到有邮票设计研讨会、集邮学术报告会、集邮知识讲座、集邮展览、集邮游园、邮友联谊、集邮热点辩论、邮品拍卖、邮品销售、海峡两岸集邮交流和青少年集邮等组成的综合性集邮活动。1992 年在北京举办的第 12 届评选颁奖晚会，在中央电视台《综艺大观》节目中播出。1993 年在上海举办的第 13 届评选颁奖活动除发奖大会外，还组织了包括海峡两岸集邮同仁联谊座谈会和邮友游园会等活动。1994 年第 14 届颁奖大会前后，成都市举办了全国集邮界（成都）联谊会、大型集邮游园和历时 1 个月的最佳邮票评选知识有奖竞猜等活动。1995 年在哈尔滨举办的第 15 届颁奖活动历时 3 天，内容包括集邮游园会、邮票设计家作品展、邮品拍卖会、集邮报告会、集邮学术研讨会和颁奖晚会。

三、邮政和集邮领域的社会公益活动

1998 年 8 月，长江流域和东北地区遭受了历史上罕见的洪水灾害。灾情牵动了全国人民的心，也引发广大集邮者极大关切。一方有难，八方支援，全社会都行动起来，投入到抗洪救灾的斗争之中。中国邮政及全国各地各级集邮组织、广大集邮者，也积极响应国家号召，纷纷向灾区捐款捐物、奉献爱心。

1. 中国邮政发行《抗洪赈灾》附捐邮票

1998 年 9 月 10 日，国家邮政局发行《抗洪赈灾》附捐邮票一套 1 枚，并于当日在北京建国门内大街邮电局隆重举行了邮票首发式，现场将首批捐款 2000 万元交给民政部。

第 18 届最佳邮票评选颁奖活动开幕式

国家邮政局印制《抗洪赈灾》附捐邮票动员大会

《抗洪赈灾》附捐邮票主图上半部分为蓝底色上的洪水浪花，下方为两行一大一小手拉手的红色“人”字，象征阻挡洪水的人墙，中间的一个大的“人”字与下面两个小的“人”字又组成一个“众”字，寓意众志成城，战胜洪水；在邮资部分，上书“爱心同在，众志成城”8个字；附票图案为主票图案的缩印，但没有洪水浪花，象征洪水退去，抗洪救灾取得胜利。从8月12日国家邮政局决定增发这套邮票，到24日邮票全部印制完成，仅用12天，这在中国邮票印刷史上是空前的。这套邮票的印版于9月8日销毁。此枚邮票的正票邮资50分，附捐50分，发行量3000万枚，其销售收入共3000万元，全部交给国家有关部门用于灾区人民抗洪和重建家园，其中邮资部分的1500万元则体现了全国50万邮政职工心系灾区的一片爱心。

《抗洪赈灾》邮票

各地邮政部门在邮票首发日纷纷举办了义卖捐献活动，支援灾区重建工作。浙江省邮票局和杭州市邮政局在杭州的武林广场、浙江大学、浙江省政府、杭州市政府等地进行邮票的发行宣传并义卖邮票。在排成“长龙”的购买队伍中，有不少是并不集邮的过路人，他们见是赈灾义卖，纷纷解囊，为灾区人民献上一片爱心。上海市邮电管理局、上海市民政局、《解放日报》社和浦东新区党委宣传部联合在浦东主办了《抗洪赈灾》附捐邮票首发签名募捐活动。上海邮政部门将该枚邮票的销售收入 144.45 万元全部上缴国家邮政局，用于赈灾及灾区重建工作。上海市集邮总公司同时将该公司制作销售的《爱心同在 众志成城》明信片收入总计 10 万元捐赠给民政部门。浦东新区邮政局也将当日邮品销售收入 6 万余元捐给民政部门。出席邮票首发式签名活动的领导、嘉宾带头捐款并现场签名募捐。

2. 集邮界为灾区人民献爱心活动

当新闻媒体公布灾情后，各地邮政部门和集邮组织纷纷行动起来，或自发或联合相关单位，以捐款捐物或邮品义卖等方式，向灾区奉献爱心。

为了表达邮政部门和集邮协会对灾区人民的情谊，各地邮政部门印制各类集邮品，筹集善款。1998 年 8 月 15 日，深圳市邮电局与《深圳商报》社联合发行“全国军民抗洪纪念封”一枚，并将此封全部赠送给奋战在抗洪抢险第一线的军民。8 月 20 日，为表达对解放军、武警官兵在抗洪抢险中做出重大贡献的感激之情，湖北省黄石市邮电局将印制的 2000 枚纪念明信片在抗洪赈灾义演晚会上赠送给参加抗洪的官兵和干部群众，其余 3000 枚在市区义卖，所得款全部捐赠给在黄石抗洪抢险中英勇献身的抗洪英雄彭志龙、柯琴芳的家属。此外，天津市邮政局、广东省连南县集邮协会、长春市邮政局等纷纷制作了赈灾公益邮资明信片，并将全部销售收入捐献给灾区。

全国各地集邮协会会员以及广大集邮者得知灾情后，纷纷自发踊跃捐款捐物，积极支援灾区重建。北京福尼特月坛邮市管委会组织了名为“支援灾区慷慨解囊”的募捐活动，共收到捐款 6727.3 元；江西省萍乡市凤凰街中山集邮协会发出向灾区人民献爱心的倡议，共收到 300 多名会员的捐款 2765 元，衣物 476 件；上海市天山

上海市集邮总公司、上海市集邮协会向灾区捐献邮票义卖款

地区集邮协会理事会临时会议决议，向灾区人民捐款千元；重庆市涪陵区直属机关集邮协会会员捐款750元；北京重型电机厂集邮协会决定把准备举办邮展的1000元捐给灾区；福建省武夷山市邮电局和集邮协会联合举办了邮品赈灾义卖活动，共募集1307.5元；江苏省南通市集邮协会与华联收藏品市场联合举办捐邮赈灾活动，捐邮折款达18421元，个人捐邮价值最高的达1050元；湖北省宜昌市集邮协会举办了“抗洪赈灾邮品义捐拍卖会”，得到善款总计19408元；北京鼓楼集邮研究会、东城区集邮协会、前门邮市、东单邮市为抗洪赈灾开展义捐义卖邮品活动，所得善款3300元；南京市集邮协会等举办了“义捐邮品赈灾拍卖会”，成交额14327元。

这些善举不仅为灾区人民奉献了爱心，也在中国集邮史上留下了色彩浓重的一笔。

四、各地举办多样化的集邮活动

20世纪90年代，是中国集邮创新发展的重要时期，其特点是邮政对集邮活动的主导和支撑力度加大，地方也常借助集邮活动促进本地文化、经济发展。在这段时期内，各类集邮活动也脱离了原来那种较为传统和单调的模式，从形式和内容等方面都在向时尚化和多样化转变。

1. 综合性集邮活动形式多样

这一时期，各地开展的集邮活动有两个特点：一是形式多样，根据本地条件，采取适当形式；二是综合性强，一次活动中包含多种形式及内容。

江苏高邮是国内著名的集邮之乡。中国邮政1995年发行的《古代驿站》特种邮票的第一枚“盂城驿”就坐落在高邮。1997年10月9—10日，由江苏省人民政府、

抗洪救灾邮品义捐拍卖会

邮电部、国家文物局联合主办，高邮市人民政府承办的’97中国邮文化节在高邮市体育场举办。活动内容包括：’97中国邮文化节节旗传送活动——1997年10月4日北京出发，10月8日抵高邮；“邮之魂”专场文艺演出；《第22届万国邮政联盟大会·1999北京》邮资片首发式；邮品拍卖；学术讨论会；秦邮碑亭揭牌仪式；盂城驿揭牌仪式；“邮驿之路”雕塑揭幕；邮文化节合资合作项目“产学研”签字仪式等。

自1986年开始的上海集邮日，从1998年改为上海集邮节。当年3月5日，’98上海集邮节在新落成的上海集邮大楼隆重举行。作为’98上海旅游节的系列活动之一，集邮节将群众性集邮活动推向了一个新的高度。刘广实、游乃器、常珉和张巍巍等国际邮展评审员在本次集邮节的学术报告会上作了精彩演讲。

1993年7月，黑龙江省集邮协会和哈尔滨市集邮协会联合举办了大型“集邮活动周”。期间，除举办邮展和集邮学术报告会外，还召开了集邮协会秘书长研讨会、集邮演讲会，并举行了集邮知识咨询、邮品拍卖会、邮品销售等活动。

1992年，北京市集邮协会确定建立“北京市集邮活动日”，首次按春、夏、秋、冬四季系列举行。在市集邮协会统一组织下，“北京市集邮活动日”先后由海淀区、东城区、西城区和崇文区集邮协会承办，分别于当年的4月26日、7月26日、10月18日和1993年1月22日在紫竹院公园、东城区文化馆、月坛公园和龙潭湖公园举办。举办活动时，各区集邮协会在现场设置服务台，提供咨询服务、邮品鉴别，办理入会手续，同时举行有奖游戏、邮票设计家签名、集邮知识竞赛、邮展等活动。在四季集邮活动日中，“冬”日活动与一年一度的龙潭湖春节庙会合为一体，给集邮活动与春节庙会都带来新气象。1993年后，“北京市集邮活动日”仍按年举办一次，活动内容依然丰富多彩。

为迎接中华人民共和国成立50周年、第22届万国邮联大会及中国1999世

“邮驿之路”雕塑揭幕

'98 上海集邮节开幕式

界集邮展览在北京举行，北京市集邮协会于 1999 年 7 月 3 日在东单集邮市场举办了“'99 北京集邮活动日”，内容包括：集邮展览、集邮知识竞赛、集邮谜语、有奖游艺、邮品拍卖、集邮咨询服务、邮票设计家与文体明星签名、播放集邮录像等。

此外，全国各地还举办了多种形式的集邮联谊活动，对强化集邮组织的凝聚力和集邮文化影响力，起到积极作用。较有影响的活动包括：河南省集邮协会与省、市邮政部门、宣传文化部门、企业联手，从 1988—1995 年，连续举办了 8 届中州集邮联谊活动，成为中原地区集邮者的盛大节日。这项大型活动由邮展、学术研讨、集邮演讲等内容组成，吸引了上万名集邮者参加。1993 年 6 月，南昌市举办了首届集邮文化艺术节活动。1998 年 5 月 27—29 日，浙江省诸暨市邮电局、集邮协会、孙传哲邮票艺术集邮文化研究会举办了“诸暨第六届集邮联谊节”活动，内容包括：邮票设计、印制知识讲座，邮票辨伪展览等。

2. 主题性集邮活动内容丰富

各地由集邮协会牵头开展的主题性集邮活动，以其鲜明的特色成为各地文化生活的亮点。

在新春佳节来临之际，开展集邮活动增添节日气氛是 20 世纪 90 年代的经常做法。1992 年 2 月 2—6 日，由成都市武侯区文化广播电视局和武侯区集邮协会（筹）联合举办的“武侯闹春集邮文化宣传周”活动在成都市南郊公园举行。活动内容包括：集邮展览、集邮灯谜、集邮咨询、邮品销售、集邮论文研讨等。这种活动在成都尚属首次，吸引了大量游人，对宣传集邮文化和丰富成都市民的文化生活发挥了积极作用。

广州市集邮协会是内地较早与港澳台地区集邮界联合开展集邮活动的城市。1992 年 3 月 22 日，由广州市集邮协会和市邮票公司等 9 家单位联合举办的“‘钢花’穗台港澳集邮联展”在广州市图书馆举办。

重庆集邮沙龙纪念中国邮政一百周年一框邮展

这是四地在国内的首次联展，共展出了17部邮集，不少邮集曾在国际或国内邮展上获得过奖项。除集邮联展外，此次活动还安排了集邮演讲比赛、邮品销售等内容。此类活动很好地呼应了当时全国人民迎接港澳回归的热情。

为筹集“希望工程”基金、扩大集邮的社会影响、促进青少年集邮活动的开展，以“集邮献爱心”为主题的“’96佛山集邮日”活动，由广东佛山市集邮协会主办，于1996年10月20日举行。此次活动中一项重要内容是为“希望工程”组织了一场总值2万多元的邮品拍卖，所有拍品底价均为10元，出价高者获得。此次拍卖的全部收入，捐赠给国内贫困地区的失学儿童。

五、青少年集邮活动富有特色

20世纪90年代是国内青少年集邮活动高峰时期。这一时期的青少年集邮活动，参与人数多，形式活泼多样，针对性强，效果显著。除举办青少年邮展这一基本的活动形式外，这一时期的青少年集邮活动还包括集邮夏令营、集邮知识竞赛、集邮作文竞赛、集邮演讲、集邮长廊、集邮班会、集邮主题队会、集邮联谊会、集邮故事会、集邮热点讨论、“小小邮票设计家”等丰富多彩的内容。

1. 中华全国集邮联合会组织和引导青少年集邮活动

中华全国集邮联合会十分重视青少年集邮活动，从建立青少年集邮组织到举办全国性的青少年集邮活动，都做了具体部署和周密计划。

中华全国集邮联合会青少年集邮工作委员会于1991年9月在黑龙江省大庆市成立并召开首届工作会议。此次会议为全国青少年集邮工作指明了方向。1992年以后，各省级集邮协会相继成立青少年集邮工作

北京'96 少年儿童集邮夏令营开营仪式

'96 亚洲邮展青少年集邮日暨中国'96 青少年邮票设计比赛颁奖仪式

委员会，不少市、县集邮协会也建立了相应机构。到 1999 年，基本形成了全国性的青少年集邮工作指导体系。

1992 年 4 月 9—14 日，全国青少年集邮工作委员会在甘肃兰州举行“全国青少年集邮辅导员工作研讨会”。来自全国各地 28 个省市区的 50 余人参加了研讨会。在此次会议上，吉林扶余市实验小学、内蒙古包头市红旗农场学校、湖南长沙市西区少年宫代表介绍了他们开展青少年集邮活动的经验和体会。

此后，中华全国集邮联合会一直注重总

结和推广青少年集邮工作经验、树立典型，以推动各地青少年集邮活动的开展。1992年6月22日，亚洲集邮联合会执委会议在黑龙江大庆市召开。会议结束后，安排委员们参观了大庆市艺术节邮展和东风新村一小和二十三中的富有特色的校园集邮活动。活动形式多样、寓教于邮，给执委们留下了深刻印象，他们认为中国集邮大有希望。

出版适合青少年阅读的集邮图书和杂志，是推动青少年集邮活动又一举措。由人民邮电出版社创办的《中国少年集邮》杂志于1993年1月8日正式创刊。这是一本集邮启蒙读物。由全国青少年集邮工作委员会编写的《青少年集邮辅导指南》于1999年5月出版。该书介绍了青少年集邮的意义与作用、活动内容与形式、指导工作方法与艺术、邮集的制作与欣赏、中国青少年邮集在国家级以上邮展获奖简表以及中小学各科教材与新中国邮票的联系等，填补了青少年集邮辅导资料的空白。

2. 举办邮票、邮品设计竞赛活动

开展青少年邮票和集邮品设计竞赛，是广大青少年最喜闻乐见和乐于参与的活动之一。

1995年，为纪念联合国儿童基金会成立50周年，在广大中小学生中宣传关心世界、热爱和平的思想，联合国邮政总局、联合国集邮协会、《中国少年集邮》杂志、《星星火炬报》、浙江省邮票局、中国少先队事业发展中心等单位联合举办了以“我们热爱和平”为主题的中国少年邮票设计比赛。本次活动共收到来自全国近30个省、自治区、直辖市的作品74000多件。9月8日，主办单位在北京中国儿童少年活动中心举行了发奖大会，联合国邮政总局局长傅瑞克为获奖者颁发了获奖证书和奖品。1996年9月17日，联合国邮政总局发行了《祈祷和平》邮票一套6枚，邮票图案均从这次竞赛的特等奖和一等奖作品中选出。这套邮票图案的6位作者分别是：北京的彭玥、曹晨雨、徐康登、杜可青、陈昱和浙江的周静。

为迎接中国1996第9届亚洲国际集邮展览在北京举行，中华全国集邮联合会于1996年1月举办了主题为“我们的祖国”青少年邮票设计比赛。全国27个省、自治区、直辖市及石油行业集邮协会选拔推荐了230多件中、小学优秀作品参赛。评选结果于3月7日在福建晋江市揭晓。福建省的黄茂荣、广西壮族自治区的麦穗慧等24位学生的作品分别获得中、小学组一、二、三等奖。

由中国儿童设计的联合国邮票《祈祷和平》

少儿邮票设计比赛

在21世纪即将来临之际，联合国邮政总局与人民邮电出版社、中国少先队事业发展中心联合举办了“世界少年手拉手，迎接21世纪挑战”邮票图稿设计大赛。这是联合国邮政总局又一次向中国少年发出邀请。此次邮票图稿设计的宗旨是：通过设计邮票加强世界少年儿童的沟通和交流，激发他们热爱世界的美好情感，展示跨世纪少年放眼全球、积极向上的精神风貌。此次大赛历时8个月，于1999年8月落下帷幕。此次大赛收到来自全国10多个省、自治区、直辖市的2万余幅作品。参赛少年用灵巧的双手创作出丰富多彩的作品，表达了少年儿童热爱生活、热爱和平、向往科学文明、反对战争和暴力的思想境界。大赛评出一等奖12个，二等奖24个，三等奖48个。联合国邮政总局局长哈罗德·绍伯先生为获奖者颁奖。

由国家邮政局主办，中华全国集邮联合会、中国集邮总公司承办的“展望新世纪邮票”少年儿童设计竞赛于1998年7月15日在全国范围内拉开帷幕。本次竞赛的作品主题为“21世纪展望”。参赛者就21世纪的发明创造、衣食住行、生活乐趣，以及21世纪人类面临的生态环境、自然资源保护等主题，充分发挥想象力进行创作。全国有37430名少年儿童参加了该竞赛。各省、自治区、直辖市共上报万余件作品。经专家评审，筛选出50幅入围作品，并邀请小作者进京现场作画。在此基础上，国家邮政局组织竞赛作品评选委员会进行评选，确定了其中的8幅作品成为将于2000年发行的《世纪交替 千年更始——21世纪展望》纪念邮票图稿并授予设计奖。

3. 各地开展的青少年集邮活动

1992—1999年，全国青少年集邮活动的形式上丰富多彩。在互联网尚未普及的时期，青少年集邮活动主要以聚会形式开

“展望新世纪邮票”少年儿童设计竞赛获奖者

展。中华全国集邮联合会、共青团中央、国家教委等部门起到了主导作用。

利用假期举办青少年集邮夏令营是这个年代青少年集邮活动的一大特色。为庆祝中国共产主义青年团建团70周年，中华全国集邮联合会与共青团中央宣传部、国家教委基础教育司于1992年8月在浙江舟山市朱家尖岛举办了全国青少年集邮夏令营。各省、自治区、直辖市集邮协会选送了100名优秀青少年集邮者参加本次夏令营。各省级青少年集邮工作委员会组队参加，并举行了全国青少年集邮工作委员会研讨会。

1995年8月，南京市集邮协会举办了青少年集邮夏令营，29名营员全部是南京地区参加1993年全国中小学生集邮征文比赛和1994年南京市青少年集邮征文比赛的获奖者和参赛者。1995年8月，内蒙古自治区中、小学生集邮夏令营（东营）在赤峰市举办。来自东部三盟一市的20多名营员展示了自编的邮集、自创的邮票设计图，进行了有奖邮识抢答和集邮游艺活动。营员们还倾听当地的老集邮家讲述集邮知识和邮政发展史，与集邮爱好者进行座谈。在闭营仪式上，每个营员都以日记的形式进行了活动汇报。1993—1999年，湖北省青少年集邮工作委员会先后组织了4次集邮夏令营。参加活动的青少年集邮者结合邮票，游览了庐山、南昌八一纪念馆、西安兵马俑、长江三峡和北京长城等名胜古迹，开阔了视野，学到了邮识，受到了生动的爱国主义教育。

青少年邮展是青少年集邮活动的常见形式。1992年11月，全国青少年集邮工作委员会在上海举行了’92全国青少年集邮

小学生集邮爱好者

联展大奖赛，有18个省、自治区、直辖市的青少年集邮者参赛。为纪念中国人民抗日战争和世界反法西斯战争胜利50周年，以“魂系华夏”为主题的山东省大学生集邮作品展于1995年5月在济南市举行，展出了全省12所高校的21部邮集，使广大高校学生和青少年大开眼界，并引起社会各界的极大关注。1998年10月，河南省高校集邮联合会在省内9所高校举办集邮巡展，历时两个月，参观学生近万人。

1990年北京亚运会结束后，安徽省铜陵市第五中学的学生陈炜从亚运邮展中得到启发，想用集邮的形式，表现一个中国青年对奥林匹克精神的理解和支持。他向各国领导人去信，募集邮品和签名照片。在两年的时间里，他得到了76个国家和地区领导人的支持，共收集到邮票2000多枚、实寄封400余枚，以及30多个国家和地区领导人及知名人士的签名照片50多张。1992年4月16日，他在北京台湾饭店用这些藏品举办了“中国中学生陈炜为第25届奥运会集资”世界邮品展览。这次展览所募集的资金和所有展品，全部捐献给第25届奥运会组委会。国际奥委会主席萨

马兰奇委托中国奥委会主席何振梁，对陈炜的行动给予热情鼓励。

青少年集邮知识竞赛和集邮征文，也是各地青少年集邮活动的常见形式。1993年，中华全国集邮联合会与团中央和国家教委联合举办了以歌颂老一辈无产阶级革命家为主题的“全国中小学生集邮征文赛”。1994年10月9日，邮电部邮政总局、《中国少年集邮》杂志、《中国少年报》联合举办以“56个民族小朋友手拉手做21世纪的主人”为主题的“1994中国少年书信比赛”在全国拉开帷幕。比赛历时1个月，收到26个省、自治区、直辖市的中小学生参赛作品171万件。经评审，评出获奖作品320件。

为迎接中国1999世界邮展，中华全国集邮联合会于1998年2月举办了全国青少年集邮知识竞赛活动。此次竞赛由各省、自治区、直辖市集邮协会组织初赛、选拔，在全国分为6个大区，即华北、华东、东北、中南、西南、西北区，各区再通过协商推荐或以选拔赛的方式选出一支代表队，每队3人，参加决赛。1999年8月22日，决赛在中央电视台第10演播室进行，山西省代表队最终捧得冠军奖杯。

青少年集邮活动日是一项综合性的集邮活动，包括邮展、集邮知识讲座、集邮游艺、集邮知识解答等内容。1993年3月25日，上海市大学生集邮协会与上海师范大学联合举办了“’93上海大学生集邮活动日”。来自各大学集邮协会的骨干、集邮专家及一些邮品经营者围绕“集邮与市场”这一主题，探讨了集邮文化与集邮经济方面的学术课题。

1995年5月31日，由北京市集邮协会与中国集邮总公司联合主办、北京市少年宫承办的“北京’95首届少年儿童集邮活动日”在北京市少年宫举行。这次活动

迎接中国 ’99 世界邮展全国青少年集邮知识竞赛第一赛区决赛

的内容有：集邮展览、集邮知识讲座、游艺、咨询、邮品销售等。此后，在每年的“六一”国际儿童节前夕，北京市集邮协会都与中国集邮总公司和北京市少年宫共同举办“少年儿童集邮活动日”，合作持续到1999年，总共举办了5届，全市共有10万多人次的中、小学生参加了该活动。

1999年10月2日，内蒙古自治区集邮协会在包钢四中举办的青少年集邮日活动，包括赏析邮票、朗诵诗文、饰演小品、讲述开国大典的故事等内容，同时还举行了“展望新世纪”邮票设计比赛、集邮谜语竞猜等活动。

在社会集邮热不断升温的环境下，社会媒体的聚焦点之一转向集邮活动。这些活动特别是青少年集邮活动的节目，在各地电视台播出后，更加引起社会的广泛关注。1996年，上海电视台与上海市集邮协会联合摄制了集邮电视专题片《放大镜下的邮趣》，共14集，以通俗、趣味的节目，向青少年普及集邮知识。1995年10月4日，一部反映校园集邮故事的电视短剧《方寸情怀》，在中央电视台第一套节目“大风车”栏目中播放。这部获得“银屏奖”的电视短剧，是由北京第18中学集邮协会的师生们编剧并演出的。1997年8月，由中央电视台青少年部和《集邮》杂志联合推出的一部长达15集的少年集邮知识系列电视片，在中央电视台“大风车”“芝麻开门”栏目中播出。该系列节目共分为《邮票的诞生》《邮票要素》《邮票种类》《邮票的应用》《邮票设计》《邮票的印刷》《集邮工具》《邮票的收集和保存》《邮品的种类》《邮戳》《邮票上的知识》《邮票欣赏》等内容，通过中、小学生答题闯关挑战的形式，引导孩子们欣赏邮票、增长知识、爱上集邮。

少年邮局是县以上邮政部门命名并列入建制，由在校学生管理，按照邮政规章办理部分邮政业务，主要服务于青少年集邮的邮局。1993年10月9日，江苏徐州市成立了红领巾邮电局。1997年2月20日，全国第一个正式以“少年邮局”命名的杭州市“西湖少年邮局”诞生，迈出了具有历史意义的第一步。此后至1999年，又相继成立了上海市松江少年邮局、天津市红

北京'95首届少年儿童集邮活动日

领巾邮局、广州市开心天地小邮局等。这些少年邮局的成立，对丰富青少年集邮活动产生了积极作用。

4. 集邮进校园

各地集邮协会除了吸引青少年参加校外举办的各类集邮活动，还普遍开展了“集邮进校园”活动。其中包括临时性集邮活动和固定性集邮活动两类，后者以开展集邮教学为主导。各地青少年集邮工作委员会在以集邮促进中、小学校由应试教育向素质教育的转变中，发挥了重要作用。

在中学率先把集邮课纳入学校课程的，是内蒙古包头红旗农场中学集邮协会。该集邮协会在学校支持下，使集邮与教学相结合，着力提高学生素质，受到中华全国集邮联合会表彰。江苏南通市实验小学从1995年起，在初中一年级开设了集邮选修课，做到有集邮教材、有教学计划、有备课笔记，定时间、定教员、定地点，保证教学效果。江苏仪征市胥浦中心小学把集邮活动纳入学校素质教育总计划。该校每周安排两节课，作为集邮兴趣小组活动时间，并把集邮辅导工作计入教师每周工作量。浙江余杭县临平中学将集邮与语文教学结合，选择了150多枚相关邮票用于授课，并以《邮票上的浙江名人》为题，布置学生写作文。江西抚州市南城一中在历史和地理等课程教学中，引导学生“观邮学史”，通过观赏《中国近现代史》邮集，增进对历史人物及重大历史事件的了解与记忆；通过《神州风采》邮集，学习地理知识。

大专院校开设集邮课，使学校的素质教育水平得到明显提升。1992年9月，西北师范大学开设了基础集邮学课作为必选课，受到国内外集邮界关注。基础集邮学课在该校的中文、外语、体育、教育4个系开展，取得了良好的教学效果。1993年2月，第2期基础集邮学课又在数学、化学、地理、物理4个理科系开设。第2期集邮学教学，更注重联系实际、加强实践、培养能力，除讲授关于邮票、邮品等系统性知识外，还介绍了邮驿史、邮政史、邮票史、集邮史，组织学生针对集邮经济、

杭州西湖少年邮局

邮票市场等问题进行调研、讨论；加强邮展知识的讲授，强化技能训练，指导学生参观邮展。此外，还在校集邮协会会刊上辟出专版，发表学生的集邮习作、论文。

1994 年 9 月，江苏苏州大学在全省高校率先开设“集邮学基础”选修课程。至 1997 年年底，苏州全市共有 30 多所大、中、小学开设集邮选修、辅导、兴趣课。1995 年 9 月，新疆大学将集邮基础知识讲座定为该校公共选修课。1998 年 9 月，四川省师范学院开设了基础集邮学课程。该课程作为全校三年级学生的选修课。为上好基础集邮学课，学院领导指定了 3 位集邮多年、邮识丰富的教授、副教授为教学小组集体备课。该课程的开设受到了学生普遍欢迎。

《基础集邮学教程》

培养青少年集邮辅导员和集邮教学师资是“集邮进校园”的关键一环。福建省教委、福建省集邮协会和福建省大中专院校集邮联委托厦门大学于 1995 年举办了福建省首届集邮学师资培训班。来自福建省各大中专院校的集邮学师资及负责集邮活动的教师 20 余人参加培训。培训班采用录像教学，讲授了集邮学基础、集邮学教学法研究、邮展评审、邮票艺术鉴赏、集邮经济学、外邮鉴别鉴赏等内容，并实习了邮展贴片制作。学员通过作业和笔试，全部合格，获得厦门大学成人教育学院颁发的正式结业证书。在他们之中，不少人后来成为各大专院校集邮课的主讲教师，还担任培训新教师的任务。之后，福建省集邮协会又举办了 7 期集邮培训班，为学校培养了不少集邮教师。此外，上海、江苏、浙江、河南、湖北、广东、辽宁等地也都先后采取各种形式培训青少年集邮辅导员。到 1999 年，全国大部分省、自治区、直辖市基本上都有一支既热爱教学，又懂集邮，并有一定组织能力的集邮辅导员队伍。

厦门大学何大仁教授讲授集邮课

厦门大学还较早开展了网络集邮。该校于1996年7月2日在校园网BBS上开通集邮版“网上邮情”，设有“集邮杂谈”“邮市行情”“邮票欣赏”“邮海拾贝”“集邮茶座”“邮坛舌战”等9个栏目。在学校网络中心和集邮协会的支持下，他们在“集邮茶座”举行了两次较大活动，主题分别是“聊聊‘网上邮情’，侃侃‘集邮茶座’”“祖国名山与邮票”。1996年11月初，厦门大学BBS“网上邮情”与上海交通大学BBS“集邮者之家”结为友好版，联合举办了两次较大型的活动。第一次是“网上邮坛”辩论赛，辩题为“集邮是不是为了增值”。正方为上海交大代表队，反方为厦门大学代表队；第二次是“迎新年联欢会”，主要内容有颁奖和文艺演出，其间还穿插有关集邮知识竞猜活动。

六、各行业和民间开展的集邮活动

在全国集邮迅速发展的热潮中，各地基层、行业和民间集邮活动也在蓬勃开展，从内容到形式不断创新。这些集邮活动成为全国集邮活动不可或缺的组成部分，也是对各省域范围集邮活动的有益补充。

1. 覆盖面广的基层集邮活动

（1）职工集邮活动

进入20世纪90年代后，特别是1991年和1996年两届全国职工邮展的成功举办，标志着中国职工集邮活动在普及的基础上迈向提高阶段。

甘肃省的职工集邮活动起步早，发动面广，成效显著，为这一时期全国职工集邮活动的开展提供了可供借鉴的经验。1994年9月14日，甘肃省总工会在职工大厦召开全省职工集邮工作座谈会，与会人员就职工集邮活动的必要性、加强职工集邮活动的组织领导，开展职工活动的做法和经验等内容进行了讨论。

1996年8月15—21日，由中华全国总工会主办、甘肃省总工会和甘肃省皇台酒厂承办的第二届全国职工邮展在兰州市举办。该邮展以爱国主义教育为主题，展出

第二届全国职工邮展

了来自全国各省、自治区、直辖市和计划单列市总工会提供的1500框展品。邮展既是对全国职工集邮成果的检阅，也是对全国职工集邮活动的有力推动。

行业邮展对职工集邮活动也产生了较大影响和推动作用。1992年10月22—29日，中国石油集邮协会在北京中国美术馆举办了全国石油职工第二届邮展，展出59部邮集269框。时任中共中央顾问委员会常委余秋里参加了邮展开幕式；1994年9月23—28日，由中国煤矿文化基金会、中国煤矿地质工会、平顶山矿务局联合举办的中国煤矿第二届邮展在河南平顶山市举行，展出了来自全国15个省、自治区的38个煤矿选送的75部邮集。

渔民在观赏集邮册

（2）集邮活动进乡村

全国农村集邮活动的开展，是一种正能量的传播，对移风易俗，抵制诸如赌博、迷信等不良风俗，倡导健康的文化生活，起到了积极作用。

1993年5月，河北省张家口市举行了集邮巡回展览。巡展在14个县进行，历时50天，至6月中旬在赤城县结束。这次巡展吸引了数万名集邮者观看。巡展期间，万全、怀安、阳原、张兆、康保、赤城、沽源、涿鹿8个区县先后成立了集邮协会。至此，张家口地区14个区县全部建立了集邮组织。1996年10月，山西灵石县集邮协会举办了以爱国主义教育为主题的集邮巡展，先后在县内的马和、静升等8个乡镇展出20天，2万多农民和中、小学生参观了邮展。1998年7月31日，重庆忠县、丰都、石柱等3个县的邮政局和集邮协会共同举办了“ ’98三峡库区忠县、丰都、石柱三县集邮巡回展览”，这是继1995年三峡库区三县集邮联展之后的又一次联合行动，邮展活跃了乡村文化生化，促进了乡镇集邮发展。

（3）集邮活动进军营

这一时期，部队的集邮活动持续活跃。不少政治机关和基层连队都把组织和引导官兵开展集邮活动作为丰富军营文化生活、寓教于乐的一种有效形式。最常见的是举办集邮展览，这种直观的展示，官兵们喜闻乐见。

为纪念毛泽东同志诞辰100周年，解放军总后勤部政治部文化部于1993年9月29日至10月6日在总后文化活动中心举办首届集邮展览。总后政委周克玉，毛主席的亲属邵华、工作人员孟锦云，总后政治部文化部部长卢江林，中华全国集邮联合会副秘书长刘建辉，北京市集邮协会会长杜庆云等出席了开幕式。7天的邮展吸引了大批官兵前来参观，为国庆期间的军营生活平添了许多节日气氛。著名邮票设计师孙传哲为该邮展设计了纪念封。此后，总后政治部文化部为每次在总后部队开展的文体活动都发行了纪念封，形成一个有军营文化特色的“ZHJF”纪念封系列。1995年9月12—17日，解放军总参谋部政治部、总参老战士集邮协会在总参老干部俱乐部举办了“纪念抗日战争胜利五十周年集邮展览”。参展邮集的作者中大部分人亲身经历和参加了那场艰苦卓绝、气壮山河的伟大战争，为国家的独立、民族的解放建立了卓越的历史功勋。

这一时期，解放军总参管理局也在北京北极寺干休所举办了“第六届集邮展览”；江西省抚州地委宣传部、军分区政治部在军分区司令部联合举办了“纪念红军长征胜利60周年集邮展览”；河北省武警黄金八支队举办了“光辉的历程”等邮展。

（4）老年集邮活动

这一时期，全国各地建有老干部或老年集邮协会近百个。在各地离退休干部集邮协会中，许多会员有从事领导工作的经验和组织能力。因此，这类集邮协会大多组织健全、活动规律，尤其注重集邮活动的教育意义和社会影响。

福州市老干部集邮协会成立后，坚持每年举办一次邮展。江苏无锡市离休干部集邮协会，其会员先后编组邮集90余部，举办邮展11次，1994年被无锡市委、市政府授予“精神文明先进集体”称号。

北京市老年集邮协会，自1996年开始尝试举办一框邮集展览，激起会员的参展兴趣。此后，该会又多次举办此类邮展，为一框邮集进入北京市邮展和全国邮展，先期进行了有益探索。

从1992年起，广州驻军老年集邮协会与广州市集邮协会携手建立了“军民共建”制度。多年来，驻军集邮协会举办集邮知识讲座、邮展、学术研究、培训班等活动，都邀请广州市集邮协会给予指导；广州市集邮协会举办的各项活动，驻军集邮协会都给予大力支持，尤其对部队周边中、小学开展的青少年集邮活动，集邮协会这些退休将校们，更以关心下一代的情怀，悉心帮助和辅导。

军营新春邮展

（5）残疾人集邮活动

各地残疾人集邮组织建立后，使残疾人集邮活动从自发和分散状态发展为有组织的群体状态。1993年“全国助残日”前夕，杭州市残疾人集邮协会和杭州市集邮协会联合举办了“扶助与共进”联谊会。市残联领导向关心和支持残疾人集邮活动的集邮家张包子俊、居洽群以及浙江省和杭州市集邮协会的主要领导等，颁发了“残疾集邮者挚友”荣誉证书。杭州市政府还在杭州市残疾人事业“九五”规划中，规定了进一步健全市残联所属的盲、聋、肢残和集邮4个专门协会的组织领导，把支持和发展残疾人集邮活动作为丰富残疾人精神文化生活的一项内容。

1994年10月6—9日，在中国残疾人

浙江湖州老年集邮活动

中国首届残疾人集邮展览

联合会、中华全国集邮联合会支持下，浙江省邮电管理局、民政局、残联、集邮协会等单位，为配合第六届远南残疾人运动会举行，在杭州联合举办了中国首届残疾人集邮展览。邮展主题是“自强、理解、参与、共进”。这是中国残疾人集邮者的一次盛会，全国18个省、自治区、直辖市集邮协会选送了50余部残疾集邮者编组的邮集参展。20多个省、自治区、直辖市的数百名残疾集邮者代表从各地汇聚杭州，参加“残疾人与集邮”征文演讲会、联欢会、集邮学术讲座等活动。

2. 特色鲜明的集邮沙龙

集邮沙龙是集邮组织常见的活动形式之一，内容多为就某一话题进行较深入探讨。通过这种宽松、自由的活动形式，达到会员间交流、切磋的目的。1992年9月，上海市杨浦区成立了由区党政机关、企事业单位处以上领导干部组成的集邮沙龙。沙龙每次活动都要宣传集邮形势，交流集邮信息，邀请集邮家进行专题讲演。每次活动都会展示一组专题邮品，引导成员从一般性收集到专题集邮，从单一的邮票收藏到编组邮集。沙龙每次活动都有不同主题，先后组织了“纪念毛泽东诞生100周年主题活动”“东亚运邮票主题活动”“原地邮品主题评赏活动”等，不断增长成员的集邮知识。

这一时期，北京市老年集邮沙龙每月活动一次，内容包括珍邮欣赏、信息传递、组集技巧、学术探讨等。天津市津沽集邮沙龙，每月编印一期会刊，每月组织一次集邮讲座，同时还举办一些小型邮展、邮品交换和拍卖等活动。

集邮组织的活动一般都以各自所涉集邮领域的研究为主开展学术研讨活动。在这一时期，生肖集邮研究会举办了3次影响较大的研讨会，就我国生肖邮票的设计、生肖邮展的举办等话题进行了深入研讨。金卡集邮联谊会围绕企业金卡的设计、发行等问题组织了两次研讨活动。北京海淀区圆明园邮学研究会，以沙龙形式活动，每次活动都设定一个主题，进行深入研讨。他们在世界环境日当天，围绕“拯救地球，就是拯救我们的未来”的主题探讨，畅谈人类保护环境的重要性，提出借助集邮，广泛宣传保护森林、自然、野生动物和水资源的重要性。

很多民间集邮组织克服困难、自筹资金，举办了富有特色的邮展，其中一些邮展在当地乃至全国产生了一定影响。1994年12月3—7日，甘肃省封片戳研究会、西北师范大学基础集邮学课程教研组在兰州联合举办了“’94兰州全国首届集邮文章邀请展”，全国25个省、自治区、直辖市的85名集邮者的89部作品参展。展览期间，主办者还举办了集邮文章作者联谊会、集邮文章学术研讨会等活动。京华极限集邮研究会分别于1993年和1996年两次举办了“全国民间极限集邮展览”，每次参展邮集都在100框以上。此外，1992年10月1日成立的江西广昌县个体劳动者集邮协会，是全国第一个个体劳动者集邮协会。1993年10月1日，协会会员自发捐款举办了第二届邮展，同时发出成立全国个体劳动者集邮联谊会的倡议书。1994年2月8日，他们与县集邮协会共同在武警中队和消防中队举办邮展，加深了军民感情。

这一时期，各地民间集邮组织主动配合国家、社会和集邮界的大事，开展了一

1999 年京华极限集邮研究会研讨交流会

江西省广昌县个体劳动者集邮协会

系列有声有色的主题集邮活动，在社会上产生了积极影响。北京鼓楼集邮研究会在1995 年北京第四届世界妇女大会期间，与东城区集邮协会和全国体育集邮协会一道，用世界各国反映女性题材的邮票贴成 50 米的长卷，请各国妇女代表在长卷上签名，并将其献给联合国珍存。1998 年 10 月 8 日至 11 月 30 日，北京鼓楼集邮研究会与中国航空技术进出口总公司集邮协会、中国科学院集邮协会等首都 12 个集邮团体联合在前门集邮市场和东单集邮市场举办“迎接中国’99 世界邮展集邮宣传月”系列活动，还举办了彭德怀诞生一百周年中朝邮品发行纪念会、朝鲜邮票展览、苏联邮票展览、《中华世界邮票目录（美洲卷）》首发活动，在北京集邮界引起较大反响。

第四节　集邮交流成效显著

20 世纪 90 年代是中国集邮界对外交流十分活跃和成效显著的时期。其主要特征是，国外集邮组织代表和集邮家经常来华，集邮界人士出国访问或进行集邮交流日渐频繁。特别是中国 1996 第 9 届亚洲国际邮展和中国 1999 世界邮展的举办，为中国集邮界打开了一扇对外交流的大门，国际集邮专家的到访，直接带来了国际集邮的新动向和新思维，促进了我国集邮整体实力的提升，为中国集邮与国际接轨奠定了基础。

一、走出国门考察学习

1992 年召开的中华全国集邮联合会三届三次常务理事会确定了之后三年的主要工作措施，其中指出："争取多一些人出国观摩，开阔视野，加强与国际集邮界的交流，提高我国集邮水平。今年的四项外展活动，有两项已定由省里组织，组团应保证参展人的名额。并采取请进来的办法进行讲学"。此后，中国积极开展了国际集邮交流，更多地参与国际邮展活动，人员交流活动更为频繁。同时，与港澳台地区的集邮交往也日益增多。

1. 将国际交流成果及时传达到国内

20 世纪 90 年代初，中国集邮界还处于相对封闭的状态。尽管广大集邮者迫切需要掌握国际集邮发展的最新动态，毕竟当时与国际集邮界的交流通道还不够宽畅。因此，中国的国际邮展评审员利用为数不多的出国评审机会，开展国际交流，就成为重要的信息来源。1992 年第 4、5 期《集邮》杂志刊登了我国第一位国际邮展评审员梁鸿贵参加日本'91 世界邮展评审工作后的评审心得《从'91 日本邮展看专题集邮的发展》。作者向中国专题集邮者介绍了国际专题集邮的新动向，并且从邮集的选题、结构、拓展、素材、外观等方面，结合具体案例进行讲解。在当时情况下，这种从技术角度的分析、讲解，令人耳目一新。

1994 年 2 月，中国集邮家沈曾华参加了香港'94 邮票展览。4 月 2 日，北京市集邮协会举行报告会，请沈曾华对这次香港邮展的评审，中国展品获奖情况和存在的差距，颁奖大会和邮展的组织及邮商摊位设置等方面的情况，进行了全方位介绍，让与会者开阔了眼界。同年，上海市集邮协会举办了"中新邮展学术报告会"，邀请新加坡集邮家许少全、黎德川、李雅杰、严文楠和中国集邮家邵林等，就国际邮展，新加坡邮政史、集邮史和上海集邮史进行了广泛交流。

2. 通过邮展、出访进行交流

在改革开放新形势下，中国集邮在多方面开展国际交流与合作。这一时期，无论是邮政部门还是各级集邮协会，都积极组织人员多次参与国际性集邮活动。

中国集邮总公司多次派出代表团进行对外交流。1993 年 3 月 13—20 日和 6 月 15—18 日，中国集邮总公司分别在泰国曼谷和芬兰赫尔辛基举办了"中国邮票展览

从'91日本邮展看专题集邮的发展（续）

梁鸿贵

根据在世界邮展上看到的种种实例，笔者感到，编组一部较好的专题邮集，除了以前讲过的一些原则外，还要注意以下几个问题：

（一）专题集邮由专题和集邮两个因素构成，二者并重，不可偏废。专题因素主要指专题知识、专题开拓、专题说明，整个邮集从头到尾都要贯穿着专题内容。集邮因素主要指邮票邮品、集邮知识、集邮研究，要力争选用切题的、品种多样的、古今中外的票品并附有必要的集邮研究和集邮说明。

一部专题邮集，尽管票品珍罕齐全，如果没有相应的专题开拓，在邮展中评价极低。这次日本邮展上有部《防痨邮票》专集，相关票品应有尽有，但在编排处理上只按发行国家发行时间列出，几乎没有专题说明，结果勉强得了个铜牌。反之，邮品廖廖无几，虽然专题开拓充分，这种邮集同样评价极低。在我国的邮展上，时而就能看到文字密密麻麻、用大块笔墨包围着零星点缀邮品的邮集。这两种情况，都应避免。

我们常说："尽量让邮品说话。"一般说来，这是对的。邮品已经说明的问题，当然不必再用文字赘述。但是，有些话邮品是说不出来的，在这种情况下，用简练扼要的文字叙述是完全必要的。例如，"奥运会"邮集可用文字适当介绍每届特点：增加新项目，参加人数，发生的特别事件等。因为这些情况在票品上是看不出来的。每张贴片，除相关票品和必要的集邮说明外，一定要有适当的专题说明。专题说明习惯写在贴片上方（个别票品的专题信息，如必要可注于票品下方），而集邮说明则写票品下面或旁边。

（二）专题开拓要有创新。专题开拓要求完整、正确、平衡、符合逻辑并有新意。近年来，大量专题邮集出现，其中大同小异、缺乏个性者甚多。因此，国际评审员越来越注重邮集的独创性，视为评价邮集的重要依据之一。独创性主要表现在新鲜的选题和内容、独到的见解和新颖的编排手法上。邮集作者应广泛阅读有关书刊和资料，深入了解专题知识（包括其边缘知识），开动脑筋，寻求开拓新的专题领域和集邮领域。从世界邮展看，冷门专题如《胡子》、《风车》、《啤酒》、《谋杀》、《间谍》等很受欢迎；热门专题，如能重点突出某一部分而编排又有新意，同样很受欢迎，如奥运会专题中的《1936年柏林奥运会》、《奥运圣火》等；动植物专题中的《大象》、《企鹅》、《玫瑰》等；科技专题中的《桥梁》、《开发水资源》等。有些自然科学专题，还采用人格化手法，以第一人称说话，如《我的名字叫汽车》、《漂亮、迷人……自豪（兰花自述）》等。专题内部各个章节，也应尽量向更深更高的层次挖掘，如《胡子》专题扩展到"胡子的敌人——剪刀和刮胡刀"；《植物》专题扩展到"药用植物"、"观赏植物"以至"盆景"、"木雕"；《航天》专题可加一节"古老的梦想——嫦娥奔月、天国"等等。

（三）尽量选用各类邮品。目前，单一邮票的专题邮集评价不高。因此，除邮票外，应选用多种多样的邮品，特别是邮政用品（邮资封片简）、小本票封面、邮票边饰和附票、邮戳和史前邮品。每张贴片一般应摆邮票若干，另有封片简戳至少一枚。

（四）力求有些珍罕票品。受传统观念的影响，国际上对专题集邮所用票品，依然强调其珍罕性。如能展出切题的古典、早期票品及各种变体票，加上少量版式研究，定能取得高分。有些票品，不算珍罕，但别人在这个专题中没有用过，经过邮集作者巧妙编排，恰当运用于邮集，也会受到好评。

（五）要下功夫修饰外观。邮集外观虽然最多只得五分，但这五分相对来说易于取得，不要轻易放弃。而且，这也是印象分，印象好坏会影响评审员对整部展品的评价。目前世界邮展展品普遍采用白色无格标准贴片和黑底护邮袋；文字多用电子打字机打出，标题、章节、说明分别用不同字号字体；除邮戳外，其他邮品不能用剪片形式（邮戳剪片要完整展示邮票和邮戳）；大型邮品若空白、无用部分太多，可"开天窗"露出有用部分，但不可剪裁；破损封片简可以适当修补，但不能修补邮票、邮资图及邮戳。

以上所述，主要是世界邮展评审工作的见闻观感。我国专题集邮要考虑我国国情，要有自己的特色，强调邮集的思想性，注重其社会教育功能。但是，国际经验有许多东西值得借鉴。一些基础较好、有条件出国参展的邮集，当然应该按照国际标准改进展品，以增强其在国际角逐中的竞争力。专题集邮在我国有广泛的群众基础，全国邮展半数展品属专题类，吸取国际上专题集邮的编组经验，定能有助于我国整个集邮水平的提高。

·18·

《集邮》杂志登载的《从'91日本邮展看专题集邮的发展》

会"，展出40框中华人民共和国邮票。期间，代表团向两国集邮者、华侨华人介绍了清代、民国和中华人民共和国等各时期的邮票，并在曼谷市与华泰邮票有限公司交流了集邮和邮票经营经验。在赫尔辛基举办邮展，是第一次展出中华人民共和国邮票，深受芬兰观众欢迎，每天参观者络绎不绝。观众表示，这些邮票给他们留下深刻的印象，并激发了他们到中国旅游的愿望。1995年7月1—8日，为纪念中泰建交20周年，中国集邮总公司赴曼谷举办了"中泰建交二十周年——中国邮票展览"。

这次邮展盛况空前，中国集邮总公司经邮电部批准，在《龙门石窟》小型张上加印“中泰建交二十周年——中国邮票展览”字样，特发编号 PJZ-1 加字小型张 1 枚，自此开辟一个新的邮品系列，受到两国集邮爱好者普遍欢迎。

1995—1996 年，中国集邮总公司连续两年派代表团参加德意志联邦共和国举办的第十届埃森国际邮票博览会和第十一届埃森国际邮票博览会暨第一届国际电话磁卡博览会，既了解了国际集邮动态，又宣传、销售了中国邮品。1996 年，中国集邮总公司先后参加了 5 月 7—12 日在列支敦士登公国举办的邮票展览；5 月 10—13 日在中国香港举办的中国邮票展览；8 月 30 日—9 月 1 日参加了在意大利举办的第 48 届里乔内国际邮票博览会；9 月 27—29 日举办了美国旧金山中国邮票展览；10 月 9 日举办了新加坡“中新联合发行邮票展览”等。这些对外交流活动都取得了较好的成效。

地域性的出国集邮交流日益增多。1993 年 4 月 28 日至 5 月 19 日，福建莆田市集邮协会会长钟忠耀一行 4 人，应新加坡菜市集邮会会长庄祖初先生邀请，赴新加坡参访。通过广泛交流，加深了两会之间的友谊和交往。次年 7—14 日，福建省集邮协会代表团杨学权一行 3 人，应新加坡邮学会会长胡鸿祥和顾问庄祖初邀请，赴新加坡参加由福建省集邮协会赞助、新加坡醉邮协会和广东澄海市集邮协会主办的大型联谊邮展，获得圆满成功。在新期间，代表团成员感受到邮情之外的友情和乡情。

1995 年 5 月 9—14 日，中华全国集邮联合会派代表团到莫斯科参加俄罗斯“伟大的胜利——50”邮展活动，与俄罗斯集邮联盟进行座谈。双方集邮家介绍了各自国家的集邮情况，并接受俄罗斯电台中文部记者采访。1996 年，中华全国集邮联合会与吉林省外事办还批准了吉林省集邮协会与韩国釜山邮趣会结为友好协会。

中泰建交二十周年中国邮票展览加字小型张

辽宁、吉林和黑龙江省集邮协会，利用地域优势与韩国、俄罗斯建立了较为密切的联系。1992 年 10 月 31 日，延边长白集邮协会与韩国的“一粒”邮趣会开展了联谊活动，互通书信、互赠邮品，保持长期交往。

举办双边邮展是提升集邮对外交流质量的较好形式。1992 年 11 月 7—15 日，新疆维吾尔自治区集邮协会在乌鲁木齐市举办了“中国新疆·哈萨克斯坦双边集邮展览”。参展的展品有 20 部 100 框，均为新疆和哈萨克斯坦共和国的高水平邮集。1992 年 11 月 7—15 日，辽宁大连市集邮协会组团赴日本舞鹤市与日方联办了“中国大连与日本舞鹤结为友好城市十周年集邮展览”，展出 18 部不同类别的邮集。1996 年 10 月，内蒙古自治区在呼和浩特市举办了“中国内蒙古·蒙古国集邮展览”，展出邮集 20 部 80 框。在这些邮展中，都开展了内容多样的双边集邮交流活动。

1992 年中国参加西班牙国际体育邮展

3. 出国参加国际性邮展

这一时期，中华全国集邮联合会也多次携带邮集参加在外国举办的国际邮展和世界邮展，为以后办好国内邮展及承办国际性邮展积累了宝贵经验。

1992—1997 年，中华全国集邮联合会 17 次派团，分别参加了在加拿大、西班牙、意大利、巴西、泰国、丹麦、韩国、芬兰、新加坡、印度尼西亚、美国、土耳其、俄罗斯、印度等国举办的国际邮展、世界专项和综合邮展。通过参展活动，一方面增进我国与各国集邮组织的联系，扩大我国的对外影响，显示我国集邮水平；另一方面，通过对国外集邮活动的考察，努力增强我国邮集在国际邮坛的竞争力，同时为举办中国 1996 第 9 届亚洲国际邮展和中国 1999 世界邮展做好准备。

1998 年是筹备中国 1999 世界邮展的最后一年，中华全国集邮联合会积极开展对外交流活动，为办好世界邮展创造条件。刘建辉副秘书长率中国集邮代表团于 5 月 13—21 日在以色列特拉维夫，7 月 23—26 日在新加坡，分别参加了以色列 1998 世界邮展和新加坡 1998 第 12 届亚洲国际邮展，考察了邮展的保卫、海关监管和邮商管理等工作，学习了青少年集邮园地和集邮讲座的做法。10 月 23 日—11 月 1 日，史维林秘书长率团赴米兰，参加意大利 1998 世界专项邮展，择机举行了中国 1999 世界邮展招待会，盛邀各国与地区邮政部门、集邮组织和邮票商社参加将于 1999 年在中国首次举办的世界邮展。

以色列'98 世界邮展参观者对中国邮票爱不释手

来访的外国集邮家在中华全国集邮联合会

二、请国际集邮专家来华讲学

我国集邮展品跨出国门参展，在世界邮坛获奖成绩稳步提高。但通过参展也明显比出了中国邮集与世界的差距。为了缩小这一差距，跟上世界先进水平，中华全国集邮联合会分期、分批请来国际集邮专家来华讲学和指导，引进当今国际集邮界的先进经验，供国内集邮者学习借鉴。

1. 外国集邮家巡回讲学

针对国内集邮展品在国际、世界邮展上的差距，1995 年 4 月 16—19 日，中华全国集邮联合会邀请国际集邮联合会主席加迪亚、亚洲集邮联合会主席郑炳贤、澳大利亚集邮家德鲁斯先生和特纳克女士来华讲学。外国集邮家分别就“集邮迈进 21 世纪”“发展集邮事业的艰巨任务”“竞赛性集邮展品的制作”等课题进行讲学，并当场点评了中国几部传统、专题、税票邮集。这是我国首次邀请国外顶级集邮专家来华讲学。讲学活动分南北两片，分别在杭州、西安举办，通过介绍当今世界集邮新动态及对策、不同类别展品的特点和编组技巧，以及对具体邮集的点评，使在场听课的中国邮展评审员、征集员及参展者备受启发。

为了备战中国 1999 世界集邮展览，1997 年 11 月至 1998 年 12 月，中华全国集邮联合会分 3 批邀请了多位国际知名集邮专家来华讲学。他们是国际集邮联合会传统集邮委员会主席沃尔伯格（瑞典人）、专题集邮委员会主席莫洛里（意大利人）、邮政历史委员会主席沃克夫妇（美国人）、青少年集邮委员会主席马德斯克（加拿大人）、邮政用品委员会主席哈金斯（英国人）等。专家们在福建厦门、北京、上海等地，分别就传统、专题、邮政历史、邮政用品、青少年和开放类集邮等展品，分门别类进行了深入讲学。不仅从理论上，结合展品评审对选择素材、进行处理、表达知识与研究、掌握平衡和做好外观等内容，进行了较为全面的阐述；而且还结合实际，对中国多部展品进行了现场点评，并与作者面对面地探讨。这次巡回讲学收效明显，对增强中国集邮展品参加国际邮展和世界邮展的竞争实力，可谓影响深远。

2. 外国集邮家现场指导

国际邮展评审员、新加坡集邮家陈为乐是第一位来华讲学的集邮家，他对中国集邮的发展做出了较大贡献。1993 年以来，他多次辅导了北京的专题邮集作者李伯琴、张巍巍、李近朱、焦晓光、李卫等，这些作者的邮集先后在全国邮展和亚洲邮展中获得大金奖、金奖和大镀金奖、镀金奖。他还辅导过上海、福建、广东等地的专题邮集作者创作竞赛性展品，其中福建长乐的罗道光多次向他请教，在他的悉心指导下，组集技艺得到较快提高。陈为乐培养了中国第一批具备竞争实力的专题集邮参展者，通过这些参展者，将世界专题集邮的新认识、新手法、新技巧普及到了全国。

此外，国际集邮联合会协调员许少全和亚洲集邮联合会主席郑炳贤，对提高中国集邮展品参展水平和竞争实力，也做出了较多贡献。应黑龙江、福建等省集邮协会的邀请，他们在黑龙江哈尔滨、福建福州与厦门对当地的获奖邮集进行了点评和指导，有效提升了当地集邮展品的参展水平。1998 年 4 月 1—4 日和 12 月 4—10 日，中华全国集邮联合会邀请国际集邮专家来华讲学。在北京市讲课现场，李理的《清代驿站》，以及刘佳的《图书》和孟翔宇的《中式建筑屋顶》这两部青少年邮集，分别接受了国际邮展评审员德鲁斯和国际集邮联合会青少年集邮委员会主席马德斯克的指导；沈曾华的《华东人民邮政》、李理的《清代驿站》和刘铭彝的《晋绥解放区邮票》等传统类和邮史类展品，也分别受到国际集邮联合会传统委员会主席沃尔博格和邮政用品委员会主席哈金斯的指导。

国际邮展评审员德鲁斯在中国讲学

马德斯克指导中国邮集

三、与国际集邮界的交流

1992 年以来，中国开始举办国际性邮展，继续保持并不断加强与亚洲集邮联合会（FIAP）和国际集邮联合会（FIP）的联系。通过这些渠道，中国集邮界与国际集邮界的交流由正常化走向了经常化。

1. 外国集邮代表团来访

应中华全国集邮联合会的邀请，1995 年 9 月 18—29 日，越南集邮代表团一行 5 人来华考察，先后访问了北京、济南、上海和广州，与当地集邮协会进行了深入交流；次年 9 月 23—30 日，中华中华全国集邮联合会派出代表团对越回访，到访河内市、胡志明市、广宁省、庆和省，并与当地集邮组织进行了广泛交流。双方探讨了联办邮展、建立友好集邮协会和进行广泛合作的意向。越方共有 28 个省 170 多人参与了交流，由此增进了中越两国集邮组织之间的相互了解和友谊。1996 年 10 月，新加坡集邮代表团到江苏苏州访问。苏州市集邮协会召开了中新集邮文化交流座谈会，双方 20 多位集邮家参加，交流了邮识，增进了友谊。

1996 年 5 月 27 日晚，美国中华集邮会负责人帕特里克·斯凯恩（中文名为潘思凯）率领美国中华集邮会访华团一行 18 人，在参观完中国 1996 亚洲国际邮展后到访武汉，出席了武汉专题集邮者联谊会在汉口举办的座谈会。会上，中美两国邮友互相观摩邮集，并互赠了礼品。与会的武汉老集邮家姜士楚，意外地见到美国客人展示的一件 1949 年 7 月 21 日华中区第一版“工农兵图”邮票首日封，正是他当年从汉口实寄给上海集邮家钟笑炉的原件。相隔 47 年后，由美国邮友从大洋彼岸带来而得以重见此封，令年过古稀的姜士楚备感激动。

2. 与亚洲集邮联的交往

1992—1999 年，中华全国集邮联合会继续履行所应承担的国际义务，以集邮大国的身份，积极参加亚洲集邮联合会（FIAP）各项活动，主动发挥作用，体现责任担当，与 FIAP 建立了更紧密的联系。

中华全国集邮联合会多次参与或承办 FIAP 执委会。1992 年 6 月 20—25 日，中华全国集邮联合会在黑龙江大庆举办了 FIAP 执委会会议。会议安排参观中小学生“爱我中华”集邮主题班会、大庆市第七届邮展；邀请 FIAP 执委到黑龙江哈尔滨、辽宁大连等地讲学。1994 年 2 月 18—22 日，中华全国集邮联合会参加了在中国香港举行的 FIAP 执委会会议，择机召开了中国’96 亚洲国际邮展招待会。在这次会上，全国集邮联公布的邮展方案，得到了执委会充分肯定。1995 年 8 月 28 日—9 月 15 日，中华全国集邮联合会参加了在新加坡举行的 FIAP 执委会会议，并考察了新加坡邮展工作。1995 年 2 月 13—22 日，中华全国集邮联合会参加了在越南举行的 FIAP 执委会会议。在这次会上，商讨了次年 FIAP 换届的议题和越南集邮代表团来中国参观考察事宜。1996 年 5 月 24 日，中国 1996 第 9 届亚洲国际邮展期间，在北京举办了 FIAP 第 11 届代表大会和 FIAP 执委会会议。在这次会上，中华全国集邮联合会副会长兼秘书长史维林再次当选执委。1996 年 10 月 23—29 日，中华全国集邮联合会参加在中国台北举行的 FIAP 执委会会议，达成了合作出版《FIAP 邮展展品制作指南》的意向。1997 年 2 月 12—16 日，中华全国集邮联合会参加了在中国香港举行的 FIAP 执委会会议。1997 年 9 月 12 日，中华全国集邮联合会参加了在马来西亚举行的 FIAP 执委会会议。1999 年 3 月 15—27 日，中华全国集邮联合会参加了在澳大利亚举行的 FIAP 执委会会议。通过这些会议，中华全国集邮联合会与亚洲、大洋洲各国（地区）集邮组织进行了广泛的接触。

1993 年 10 月 1—12 日，中华全国集邮联合会派员参加在泰国曼谷举行的 FIAP 第 10 届代表大会，协调有关方面审议、通过了中国举办第 9 届亚洲国际邮展的申请，并就我国青少年集邮活动作了介绍。

在对外交流中，维护中国核心利益是中国代表团恪守的原则。1993 年 5 月 29 日—6 月 4 日，印度尼西亚 1993 第 6 届亚洲国际集邮展览在泗水举行。应印度尼西亚邮电部邮政总局邀请，中国邮电部邮政总局首次以官方身份参加了此次邮展。进入展厅，中国代表团发现，该邮展印发资料的封面上，印有台湾所谓“国旗”邮票的图案，此做法损害了中华人民共和国的利益，也违反了两国签订的相关条约。随即，中国代表团在中国驻印度尼西亚大使馆和邮电部领导的指示下，与邮展主办方进行了严正交涉，最终迫使主办方纠正了原来的错误做法，坚决维护了“一个中国”的原则和立场。

3. 参加国际集邮联合会的活动

中华全国集邮联合会加入国际集邮联合会（FIP）后，一直遵照“坚持原则、实事求是、友好合作、多做工作”的原则积极参与国际集邮联合会的各项活动。

1992—1999 年，中华全国集邮联合会合多次派代表团出席 FIP 召开的代表大会。1992 年 4 月 24 日—5 月 5 日，中华全国集邮联合会出席了在西班牙格拉纳达召开的第 61 届代表大会。1993 年 8 月 16—26 日，中华全国集邮联合会出席了在泰国曼谷召开的第 62 届代表大会。1994 年 8 月 16—26 日，中华全国集邮联合会出席了在韩国汉城召开的第 63 届代表大会。1996 年 10

郑炳贤在黑龙江参加青少年集邮活动

月 6—7 日，中华全国集邮联合会出席了在土耳其伊斯坦布尔召开的第 64 届代表大会。1998 年 11 月 21 日，中华全国集邮联合会出席了在意大利米兰召开的第 65 届代表大会。通过出席这些会议，中华全国集邮联合会与 FIP 定期保持沟通，让 FIP 更多地了解中国的集邮状况，支持和指导中国集邮；同时，增进了与世界各国集邮组织相互间的联系，加强与建交及友好国家的广泛的集邮交流。

1996 年 5 月 21—22 日，国际集邮联合会第 43 届理事会于中国 '96 亚洲国际邮展期间在北京举行。

为进一步加强与 FIP 的联系与合作。1998 年 3 月，中华全国集邮联合会派出秘书长史维林、副秘书长刘钟林，到瑞士苏

国际集邮联第 43 届理事会

中华全国集邮联合会代表团访问国际集邮联合会总部

黎世国际集邮联合会总部，拜访了国际集邮联领导人，与加迪亚、摩尔、海莉等进行了交流。

1998年4月，受万国邮政联盟的邀请，中华全国集邮联合会代表刘佳维和中国集邮总公司代表孟小正出席了在瑞士伯尔尼万国邮政联盟总部举行的世界集邮发展协会（AMDP）第三次会议。该协会是1996年由万国邮政联盟、国际集邮联合会、国际集邮记者联合会、国际邮票目录出版者联合会、国际邮商联合会等多家国际组织发起成立的，其任务是拟定促进世界集邮发展的长远规划，拟定集邮发展指南，出版各国邮政、集邮业务汇编，以实现其指导世界集邮正确发展，宣传集邮的意义，统一集邮认识和行动。我国代表在此次会议上介绍了中国集邮的发展状况，以及中国1999世界集邮展览的筹备情况。

1998年6月18日，中华全国集邮联合会秘书长史维林率团参加了卢森堡'98世界专项邮展，向FIP理事会报告了中国1999世界邮展的筹备情况。理事会对中国政府特别重视和全力支持1999世界邮展表示赞赏。

4. 省级集邮协会组团出访

1992年3月25—29日，第11届世界青少年邮展在加拿大蒙特利尔举办，为了借鉴外国举办邮展和开展青少年集邮的经验，我国派出了由江西省和山东省集邮协会组成的代表团。此次出访，学习了国外邮展上组织青少年集邮咨询、邮票交换、邮票设计表演、书信比赛和播放邮票知识专题片等做法；向外国同行介绍了我国开展青少年集邮知识竞赛和夏令营活动的情况，增进了相互了解和友谊。1995年5月和9月，我国先后派出浙江省集邮协会、中国煤炭集邮协会代表团，参加在芬兰和新加坡举办的世界邮展并进行双边交流，其中对新加坡的集邮访问是我国行业集邮协会首次组团出国交流。

1994年8月31日—9月3日，第7届亚洲国际邮展在新加坡举办。北京市集邮协会应邀组团赴新加坡进行了为期6天的考察活动。代表团除了参观邮展外，还邀请新加坡国际邮展评审员陈为乐现场为北京市送展的邮集进行个别指导。通过与国际邮展评审员面对面的交流与请教，中国集邮者清楚地看到邮集存在的差距，同时也认清了改进方向。考察期间，代表团还拜访了新加坡集邮界知名人士和牛车水集邮会，双方就集邮方面的一些问题进行了广泛交流。

此外，1996—1998年，中华全国集邮联合会陆续组织了福建、湖南、河北、江西、浙江、四川、黑龙江、宁夏、辽宁、内蒙古等省、自治区集邮协会组团参加国际性邮展活动，扩大了省级集邮协会组织与外国集邮界的交流。

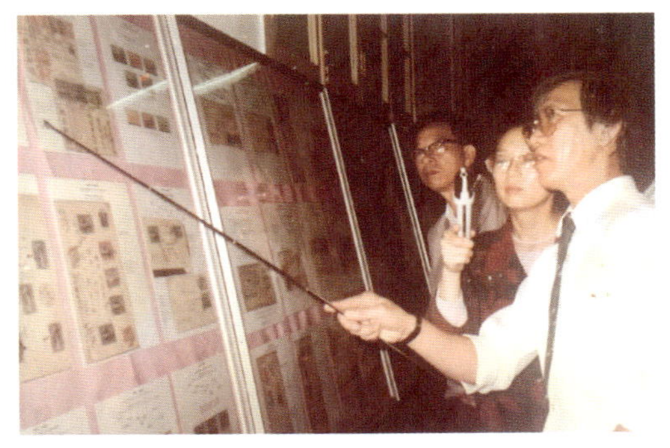

陈为乐在新加坡'94亚洲邮展为中国集邮者讲评邮集

四、与港澳台集邮界的交流

随着两岸交流正常化和港澳回归祖国的临近，内地与港澳台集邮界的交流也日益增多。这一时期，北京和广东等城市的集邮组织与港澳台集邮界的交流较多。随着“汪辜会谈”的举行以及《两岸挂号信函查询、补偿事宜协议》生效，大陆与台湾集邮者之间的个人交流不断增多。

1. 与港澳集邮界的交流

粤、闽两省与港、澳的集邮交流活动由来已久，特别是香港、澳门回归前后，各方的集邮交流更是频繁不断。在以往粤、港、澳联办集邮学术研讨会的基础上，1990年广东深圳举行的“'90粤港澳集邮学术研讨会”决定将研讨会扩大到粤、闽、台、港、澳五地。

1992年11月29—30日，“'92粤闽台港澳集邮学术研讨会”在广州举行。出席会议的有中华全国集邮联合会、《集邮》《中国集邮》《少年集邮》及五地代表70多人，交流面不断扩大。“'93粤闽台港澳集邮学术研讨会”由福建省轮值，在福州市召开，到会代表40人，除中华全国集邮联合会有关人员和五地代表出席外，还特邀海南省代表参会。会议决定接纳海南省集邮协会参加研讨会。“'94粤闽琼台港澳集邮学术研讨会”在海南省海口市举行，这是与港、澳、台集邮交流鼎盛时期参与地区最多的盛会，有代表27人出席研讨会。

此后该活动恢复了粤、港、澳交流的原貌，并确定每两年举办一届。1996年9月30日，“'96穗汕港澳台集邮学术研讨会”在广州举办。那一年适逢广州建城2210周年和第二届亚洲太平洋城市首脑会议召开，研讨会成为“广州城庆”活动的组成部分。孙志彦、范孟荣、纪觉英（港）、姚鸿光（澳）等7人在会上宣读了论文，常增书、

'94粤闽琼台港澳集邮学术研讨会

张金炽（港）、王炳钊（澳）、齐红等做了发言。1997年12月27—29日，“’97粤港澳台集邮学术研讨会”在澳门举行。

北京也是较早与港、澳集邮界开展交流的城市。1991年12月25—29日，北京市集邮协会与澳门集邮协会在民族文化宫联合举办了“澳门集邮展览·北京”。期间，北京市集邮协会与澳门集邮家进行了座谈交流。次年7月25—28日，两地举办的“澳门·北京联合邮展”移师澳门南湾商业学校。期间，北京市赴澳门参展团与澳门集邮界进行了多项交流活动。1998年7月2日，由东城区集邮协会、首都新闻出版界集邮协会、中国体育集邮协会、老年集邮协会、宣武区集邮协会与香港集邮沙龙在东城区文化馆联合举办了“庆祝香港回归一周年”活动。朱祖威代表内地邮会向香港客人赠送了由协会会员签名的“庆祝香港回归祖国周年”横幅和香港区旗；陈国富代表香港邮会向内地同好赠送了用香港邮票拼贴出来的“97”“98”“7.1”字样的信封，以及邮册和其他纪念品。

1993年11月16—20日，“纪念毛泽东诞生一百周年暨世界名人邮票展”在香港商务印书馆中区分馆举行，这是中国香港首次举办毛泽东专题邮票展览。所有展品均由中国邮票博物馆提供。展品共分3个部分：毛泽东邮票展、中国名人邮票展、外国名人邮票展。毛泽东邮票部分，展示了1944年山东解放区战时邮政总局首次发行的毛泽东像邮票与此后发行的79套共341枚毛泽东邮票。适逢11月16日中国邮政首发《毛泽东同志诞生一百周年》纪念邮票小型张，香港商务印书馆同时销售，并在展场提供纪念封及纪念邮戳，供集邮者加盖留念。

2. 与台湾集邮界的交流

在香港、澳门回归过程中，党中央稳步推进海峡两岸关系的发展。1990年12月，党中央召开全国对台工作会议，重申国共两党应尽早接触谈判，目前当务之急是尽快实现两岸双向、直接“三通”（即通航、通邮、通商）。1991年底，祖国大陆成立海峡两岸关系协会（简称海协会），以促进两岸关系的实质性进展。

1992年3月，海峡两岸关系协会与台湾海峡交流基金会（简称台湾海基会）开始进行事务性商谈，于11月达成各自以口头方式表述“海峡两岸均坚持一个中国原则”的共识，后被称为“九二共识”。在此基础上，海协会会长汪道涵、台湾海基会董事长辜振甫于1993年4月在新加坡成功举行“汪辜会谈”，签署《汪辜会谈共同协议》《两岸公证书使用查证协议》《两岸挂号信函查询、补偿事宜协议》《两会联系与会谈制度协议》4项协议，由此突破了以往台湾当局规定的同大陆“不接触、不谈判、不妥协”的“三不”政策。

《两岸挂号信函查询、补偿事宜协议》于1993年5月29日生效。该协议规定，两岸互办挂号函件的范围是：信函、明信片、邮简、印刷物、新闻纸、杂志及盲人文件。挂号函件如发生遗失、被窃或毁损等情形，采取各自理赔方式，不互相结算。20世纪90年代，两岸集邮者交流的主要方式依赖于邮件。此协议的正式生效，无疑受到两岸集邮者欢迎。它对于促进两岸集邮界信息互通及邮品交流，起到了保护作用。正缘于此，1993年6月以来，两岸集邮者之间交流的各类邮件有了大幅度增加。

1993 年 9 月，福州市举办榕台文化交流系列活动周。内容包括：“旅台福州同乡社团第三次返乡恳亲会”“两岸闽籍书画作品联展”“闽台文化交流诗会”“榕台邮友集邮文化研讨会”等。台湾专题集邮协会理事长俞兆年应邀率团来福州参加“榕台文化交流周”。“榕台邮友集邮文化研讨会”于 27 日举行。会上，两岸邮友第一次进行了学术交流。与会者围绕“如何编组专题邮集”“福州对剖票”“福州早期邮票商社”“福州近年集邮活动概况”“断鸿复飞”5 个议题发言。随后，两岸邮友还互相交换了纪念品。会上，还签署了闽台两地邮友加强联谊的意向书，表达了双方都希望能互相交换集邮信息、切磋集邮知识，并争取每年举办一次两岸互访的集邮活动的愿望。这之后，闽台邮友时常相互交流，台湾新发行邮票时，台湾邮友就会寄给福建邮友；大陆新发行邮票时，大陆邮友也会寄给台湾邮友。

1992 年 10 月举办的安徽—台北集邮家联展

台湾“邮史研究会”成员与福建集邮家交流

20世纪90年代初，中国台湾知名集邮家、台北集邮协会名誉理事长陈继勋，台湾火车邮票俱乐部《铁路邮刊》主编郑玉藩，以及张敏生、何辉庆、王宗权、俞兆年、卢家富、毛明忠、蔡诗滨、许耀荣、吴国堂等，借返乡探亲和内地参访，与大陆集邮者进行了广泛的接触与交流。他们或座谈，或互换邮刊，或切磋组集技艺，或交流邮识，或交换邮品，其意切切，其乐融融，亲如一家。1993年9月7—9日，台湾海峡两岸邮史研究会“大陆邮学之旅”来上海访问交流。10日晚，该团又与浙江省市集邮界、原新光邮票会会员联谊会举行联谊活动。团友何辉庆表示：“杭州是中国集邮活动的发祥地之一，我们怀着仰慕的心情来到这里，此行的目的是交流邮学、结识邮友、研究探讨邮史。”

与台湾集邮家来访相呼应。1993年3月，北京燕山出版社社长陈文良、北京市集邮协会副会长吴凤岗应邀赴台，举办“海峡两岸首届邮票大展”。

五、多种交流开阔集邮者眼界

这一时期国内多次举办了友好交流性的涉外邮展和邮票钱币博览会，密集与外国联合发行邮票，首创外交封，这些举措，都使中国集邮者开阔了眼界，拓宽了与外界交往的渠道。

1．举办邮展进行集邮交流

1994年6月22—26日，由上海市集邮协会和新加坡菜市集邮协会联合举办的“中国上海·新加坡菜市集邮展览”在上海举行。展出亚洲集邮联主席郑炳贤和新加坡集邮家许少全、张美寅、林子明、蔡友忠，以及上海集邮家刘广实、唐无忌、高承栋、傅德霖等人的传统、邮政历史、邮政用品、航空、专题等类别展品43部200框。中华全国集邮联合会副秘书长刘钟林和新加坡菜市集邮协会会长李雅杰分别为邮展致辞，祝愿上海和菜市两地集邮界通过集邮这一纽带，进一步促进两国集邮者的交流和友谊，共同提高亚洲集邮水平。

海峡两岸首届邮票大展参展纪念牌

中国上海·新加坡菜市集邮展览

1994 年 4 月 18—28 日和 8 月 25 日—9 月 3 日，中国与圣马力诺共和国分别在北京和圣马力诺举办了“圣马力诺共和国邮票展览”和“中国邮票展览”。邮电部部长吴基传出席了在北京举行的开幕式，中国集邮总公司总经理张志和等赴圣马力诺共和国进行访问交流。当年 5 月 7—15 日，为庆祝中泰建交 20 周年，增进两国人民的友谊和互相了解，促进两国文化和集邮界交流，在北京举行了“泰国邮票展览”，展出了泰国邮票全集和两国获奖邮集。1995 年 9 月 1—5 日，为配合中国和澳大利亚联合发行《珍稀动物》邮票，中国集邮总公司和澳大利亚邮政公司在北京联合举办了“澳大利亚邮票展览”。邮电部副部长刘平源和澳大利亚邮政总局局长约翰·格雷姆共同出席开幕式活动并为联合发行邮票揭幕。

1997 年 10 月 28—31 日和 11 月 15—18 日，第 9 届中国——罗马尼亚邮票展览分别在杭州天鸿饭店和成都国际会展中心举办，各界来宾分别在两地参加了展览交流活动。罗方代表团团长在开幕式上介绍了罗马尼亚邮政事业的发展情况并颂扬了罗中友谊。邮展展出了罗方提供的 1957—1997 年该国发行的邮票，以及中方提供的重庆 1997 年全国邮展部分获奖邮集。

2. 举办邮票钱币博览会促进集邮交流

1995 年 9 月 14—18 日，中国集邮总公司与中国金币总公司在北京国贸中心联合举办了“北京’95 国际邮票、钱币博览会”，邀请国际收藏界、集邮界专业人士前来交流。这是中华人民共和国成立以来首次举办的融钱币与邮票、展览与展销为一体的国际性博览会，短短 5 天吸引了数十万观众，创下中国集邮史、中国钱币史上诸多第一，赢得参展各国和地区的邮政官员、邮商交口赞誉。邮电部为这届博览会发行了以《桂花》特种邮票为主图的纪念小全张，包括有齿、无齿各 1 枚。博览会期间，举行了“邮票设计家签名活动”“集邮日”“集

北京’95 国际邮票钱币博览会开幕式

币日”“青少年集邮日”“中国 ’96 亚洲邮展日”及邮票、钱币拍卖会。这届博览会首次推出集邮护照。澳大利亚、圣马力诺、马绍尔群岛、密克罗尼西亚、朝鲜、越南等国邮政为此次博览会发行了邮票。

此后，这一国际邮票钱币博览会每两年举行一次，继续由中国集邮总公司、中国金币总公司联合主办。第二届国际邮票钱币博览会，由中国人民银行上海市分行、上海市邮电管理局协办，1997 年 11 月 19—23 日在上海展览中心举行。来自美国、澳大利亚、瑞典、加拿大、意大利、瑞士、俄罗斯、匈牙利等 80 多个国家和地区的邮政、造币厂、邮商、钱币商及我国各省、自治区、直辖市的集邮公司赴上海，参加了为期 5 天的会展活动。期间，举办了“中国集邮日”“中国集币日”“青少年集邮日”“庆祝香港回归日”和“第 22 届万国邮联大会及’99 世界邮展宣传日”主题活动，还举办了邮票拍卖会、国际集邮学术研讨会、国际集币学术研讨会、中国集邮海外代理联谊会等活动，内容丰富多彩。本届博览会是一次世界各国、各地区邮票、钱币和制作工艺，及其人文历史、风土人情的交流盛会；为此而发行专供邮品和纪念银币、举办学术研讨和拍卖会，则成为这一国际邮票钱币博览会的品牌。

3. 与外国联合发行邮票

1994—1999 年，中国邮政先后与 12 个国家联合发行了纪念邮票和特种邮票。

1994 年 10 月 9 日，中国与美国联合发行《鹤》特种邮票一套 2 枚。为了发行这套邮票，两国邮政早在 1991 年就开始磋商，1992 年 10 月在华盛顿签署协议，1993 年 12 月双方确认设计图稿，1994 年年初开始印制邮票。这套邮票的发行，增强了两国邮政之间的合作，并且为此后中外邮政联合发行邮票奠定了较好基础。

此后，中国邮政于 1995 年与泰国联合发行了《中泰建交二十周年》纪念邮票，与澳大利亚联合发行了《珍稀动物》特种邮票；1996 年与圣马力诺联合发行了《古代建筑》特种邮票，与新加坡联合发行了《城市风光》特种邮票；1997 年与瑞典联合发行了《珍禽》特种邮票，与新西兰联合发行了《花卉》特种邮票；1998 年与德国联合发行了《承德普宁寺和维尔茨堡宫》特种邮票，与法国联合发行了《故宫和卢浮宫》特种邮票，与瑞士联合发行了《瘦西湖和莱芒湖》特种邮票；1999 年与俄罗斯联合发行了《马鹿》特种邮票，与朝鲜联合发行了《庐山与金刚山》特种邮票。

4. 外交封成为中外交流使者

外交部集邮协会与中国集邮总公司合作，于 1999 年 1 月 1 日制作发行了《中华人民共和国与美利坚合众国建交二十周年》外交系列特种纪念封 PETN · WJ-1，信封图案为中国和美国国旗，贴有中国与美国联合发行的《鹤》邮票，盖销纪念邮戳。该封的发行量为 5 万枚。中国首任驻美国大使柴泽民等在此纪念封上签名。1979 年，中美两国正式建立外交关系，中美关系在曲折中发展。20 世纪 90 年代两国关系跨入新的历史时期。1994 年中美两国邮政经过友好协商，联合发行了特种邮票《鹤》，图案分别是中国珍稀鸟类黑颈鹤与美国珍稀鸟类美洲鹤。由中国的詹庚西和美国的克兰斯 · 李共同设计。这枚特种纪念封开启了一个新的邮品系列，习称“外交封”。随后，外交封按顺序发行，至 1999 年共发行

《故宫和卢浮宫》特种邮票首发式

《中华人民共和国与美利坚合众国建交二十周年》外交纪念封

25 枚，受到集邮者喜爱和欢迎。

为反映中华人民共和国外交 50 年成就，外交部集邮协会商请中国各驻外使馆、领事馆协助，于 1999 年 10 月 1 日开展了一次“中国驻外使节国庆环球实寄封”活动。我国各驻外使节使用驻在国配图信封或使、领馆的公函封，贴驻在国发行的中国题材邮票或反映驻在国典型的自然风光、人文景观等邮票，在国庆日当天同时邮寄到中华人民共和国外交部。很多国家政府首脑还在实寄封上签名及留言，对中华人民共和国成立 50 周年表示了美好祝福。

第五节　集邮展览向国际化迈进

集邮展览是集邮活动中重要的形式之一，其影响力大、辐射面广、参与人数多，为人们喜闻乐见。尤其是竞赛性邮展，对推动集邮成果的交流、激励竞争意识、提高集邮水平具有重要作用。集邮展览也是衡量一个国家集邮水平的重要尺度。中国集邮曾经一度失去与国际集邮界的交流与合作，并且与集邮发达国家拉开较大差距。

中华全国集邮联合会成立后，致力于缩小与国际集邮界的差距。特别是在20世纪90年代，采取多方面措施与国际集邮界接轨，并且在1992年至1999年的8年中，创造了中国集邮前所未有的辉煌。

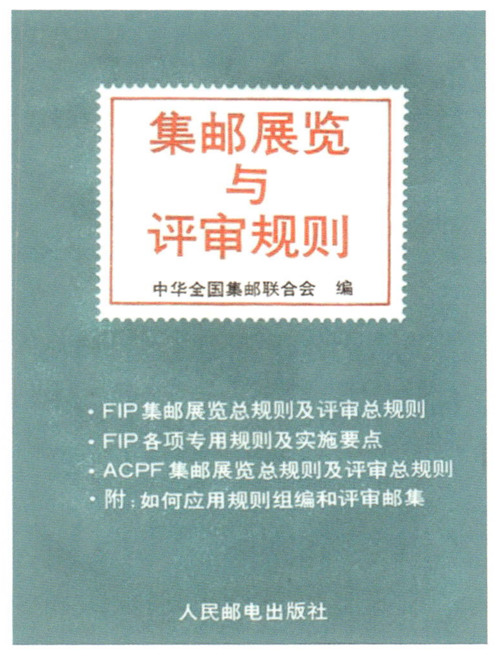

《集邮展览与评审规则》1992年版

一、中华全国集邮联合会邮展委员会的各项措施

中华全国集邮联合会邮展工作委员会成立以来，为全面提升中国集邮展览水平和与国际接轨，做出了多项努力。这些努力在20世纪90年代收到了明显成效。

1. 制定和修订国家邮展评审规则

为使邮展工作逐步正规化、规范化，国际集邮联合会于1992年对FIP邮展的各项规则进行了修订，中华全国集邮联合会于1992年重新修订了《中华全国集邮联合会集邮展览总规则》和《中华全国集邮联合会集邮展览评审总规则》，并将重新修订的两个展览总规则和国际集邮联修订的国际邮展各项规则汇编为《集邮展览与评审规则》，由人民邮电出版社1992年10月出版。

1993年3月，中华全国集邮联合会组织部分邮展委员会委员及国家级邮展评审员共同就各项专用评审规则进行拟定工作，完成了传统集邮类、邮政历史类、邮政用品类、航空集邮类、航天集邮类、专题集邮类、极限集邮类、青少年集邮类、集邮文献类9项专用评审规则的草案。经中华全国集邮联合会三届三次理事会审议后，于1993年6月21日开始实行，随即用于当年11月举办的全国邮展的评审。

此后，中华全国集邮联合会还于1994年拟订了《收费票（税票）类展品评审专用规则》及《现代集邮沙龙展品参展及评审指南》，经邮展委员会通过后于1996年6月1日起实行。至此，中华全国集邮联合会在各项邮展评审规则的制定及引进方面基本完善。这为中国集邮展览的评审工作创造了良好条件，对竞赛性展品的评审也有了更明确的依据。

2. 及时编译国际邮展评审规则

中国加入国际集邮联和亚洲集邮联之后，选送邮集参加了4次世界邮展。在分析参展成绩不佳的原因时，中华全国集邮联合会认识到一个重要因素是对国际集邮联的邮展规则不了解。为此，中华全国集邮联合会组织人员翻译了国际集邮联的各项邮展规则，并陆续在《集邮》《集邮研究》杂志以及《中国集邮报》上发表。

1992年10月，由中华全国集邮联合会主编、人民邮电出版社出版的《集邮展览与评审规则》，收入了国际集邮联制定的章程、邮展总规则、评审总规则以及9大类展品的评审专用规则及其实施细则，成为中国第一部介绍国际集邮展览各项规则的集邮工具书。这些规则包括：国际集邮联的《集邮展览总规则》《邮展评审总规则》以及各类别展品的评审专用规则。

随着国际集邮展览的发展变化，其邮展规则也在不断修订。1998年11月，中华全国集邮联合会组织人员根据国际集邮联公布并于1995年开始执行的国际邮展各项评审规则进行翻译，并且汇编成《国际集邮联合会（FIP）集邮展览各项规则》，由人民邮电出版社于1999年8月出版发行。该书除了将国际集邮联邮展总规则、评审总规则、11大类别展品的评审专用规则以及评审指导要点翻译成中文外，还将这些规则的英文附在书中，以便集邮者对照参考。这本书成为中国邮集作者和邮展评审员掌握和运用国际集邮联FIP规则的经典教科书。

3. 及时推进国际新兴类别的普及

20世纪90年代，也是国际集邮界不断创新的年代。为了使更多的人参与集邮展览，不断丰富集邮展览的类别，国际集邮联尝试将印花税票等集邮方式接纳到邮展中。中华全国集邮联合会积极支持国际集邮联的创新举动，及时让这些新兴类别出现在国家级邮展之中，并且选送优秀邮集参加国际邮展。

《国际集邮联合会（FIP）集邮展览各项规则》1999年版

1992 年，印花税票被国际集邮联接纳为正式类别。印花税票类邮集的编组方式与传统类邮集相似，可以展示和研究各种印花票的版式、用纸、齿孔等情况，重点是研究它们的使用情况。中华全国集邮联合会在北京 1993 全国邮展上设立了印花税票类，有 5 部展品参展。

1994 年，中华全国集邮联合会根据 FIP 的邮展规则，制定了印花（税票）的评审规则，使印花（税票）引起了不少集藏者的关注。同年，中国第一次选送董光呈的《中华民国印花税票》参加了新加坡第 7 届亚洲国际邮展，获得银奖；1996 年，又选送 4 部印花税票类展品参加了中国第 9 届亚洲国际邮展，贾文春的《中国陕甘宁边区税票》获得镀金奖，其他 3 部展品中 1 部获得大银奖，2 部获得银奖。

现代集邮沙龙展品以邮展年之前 15 年（1994 年汉城 FIP 代表大会前定为 10 年）内发行的邮票及邮品组成邮集参展的展品，为国际集邮联合会（FIP）规定的邮展试验类别。《FIP 现代集邮沙龙指导规则》规定，现代集邮沙龙展品包括近 15 年（10 年）来发行的邮票及邮品，由参展者自由组集展出。允许参展者选择各种集邮方式来阐述有关的主题和使用素材。现代集邮沙龙展品可采取按年代顺序或按专题及其他的方式编组，但在前言中应加以说明。每次邮展安排现代集邮沙龙展品应为 50—150 框，每部展品 3—5 框。展品无类别、年龄、人数的限制。现代集邮展品免收参展费。

在北京 1993 中华全国集邮展览上，首次展出现代集邮沙龙展品 3 部 12 框。中华全国集邮联合会曾在 1994 年首次选送 7 部现代集邮沙龙展品参加丹麦哈夫尼亚’94 国际邮展，是一次非常有意义的尝试。接下来，在许多国际大展中，相继出现了中国现代集邮展品的身影。1994 年，中国第一次选送 2 部现代集邮沙龙类展品参加了新加坡第 7 届亚洲国际邮展，周良的《中国南极邮政（1984—1993）》获该类第一名。1996 年的北京第 9 届亚洲国际邮展，王宝恭的《民居普票》邮集一举夺得现代集邮沙龙镀金奖，在国内集邮界引起不小的震动。

开放集邮类起源于北欧一些国家，20 世纪 90 年代末被引进中国。开放类展品对素材要求比较宽松，邮品、非邮品，只要能上贴片便于展示的，什么素材都可以，而且题材也可任意选择和发挥。1998 年 12 月，时任 FIP 传统集邮委员会主席、瑞典集邮家沃尔伯格在西安讲学时介绍：开放类邮集的好处是不用花很多钱，没有限制，可以使用你的想象力自由自在地做邮集。唯一的限制是邮品可以放 50%，另外 50% 可以放你认为必要的东西。评审主要看创造性、故事性、知识性、想象力及外观、编排与文学艺术性等方面。

北京市集邮协会根据来自澳大利亚国家级邮展开放类集邮评审规则的相关内容，结合中国的一些具体情况，制定了《开放类集邮展品评审专用规则》，并且在 1999 年 7 月举办的“北京市开放类暨一框集邮展览”中试行。这是国内首次举办的竞赛性开放类邮展，共展出开放类展品 21 部 30 框。

中国 1999 世界集邮展览首次接纳了开放类展品，将其与“现代类”和“社会类”并入“试验类”。此次世界邮展共展出来自各国（地区）的 21 部开放类展品中，中国

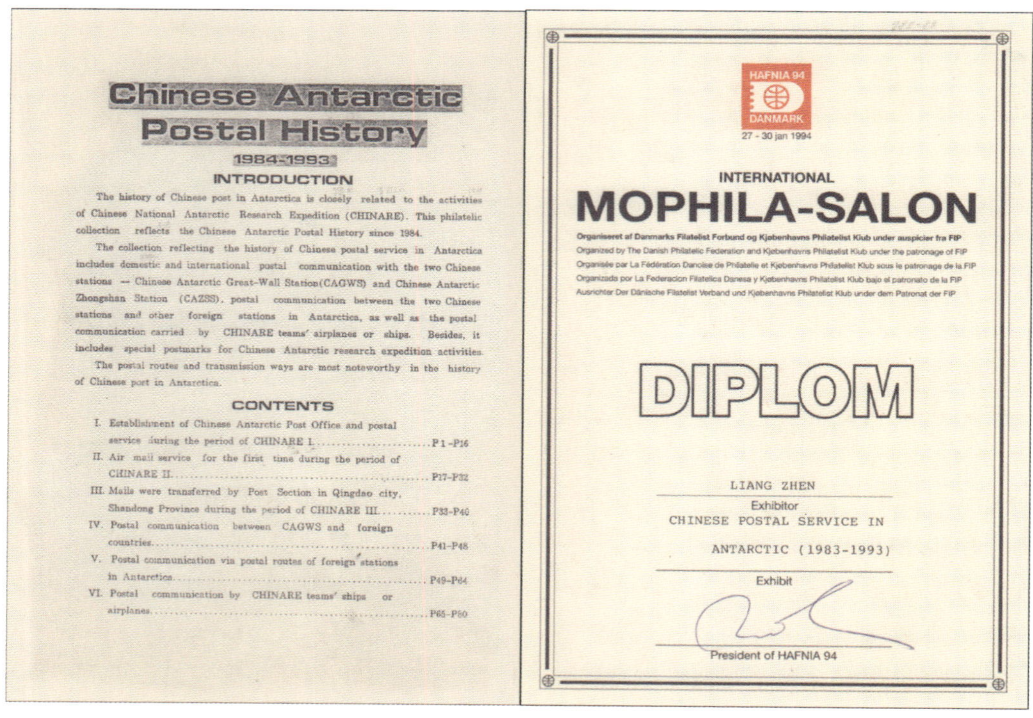

Chinese Antarctic Postal History

1984-1993

INTRODUCTION

The history of Chinese post in Antarctica is closely related to the activities of Chinese National Antarctic Research Expedition (CHINARE). This philatelic collection reflects the Chinese Antarctic Postal History since 1984.

The collection reflecting the history of Chinese postal service in Antarctica includes domestic and international postal communication with the two Chinese stations — Chinese Antarctic Great-Wall Station(CAGWS) and Chinese Antarctic Zhongshan Station (CAZSS), postal communication between the two Chinese stations and other foreign stations in Antarctica, as well as the postal communication carried by CHINARE teams' airplanes or ships. Besides, it includes special postmarks for Chinese Antarctic research expedition activities.

The postal routes and transmission ways are most noteworthy in the history of Chinese port in Antarctica.

CONTENTS

I. Establishment of Chinese Antarctic Post Office and postal service during the period of CHINARE I. P1-P16

II. Air mail service for the first time during the period of CHINARE II. P17-P32

III. Mails were transferred by Post Section in Qingdao city, Shandong Province during the period of CHINARE III. P33-P40

IV. Postal communication between CAGWS and foreign countries. P41-P48

V. Postal communication via postal routes of foreign stations in Antarctica. P49-P64

VI. Postal communication by CHINARE teams' ships or airplanes. P65-P80

HAFNIA 94

DANMARK

27 - 30 jan 1994

INTERNATIONAL

MOPHILA-SALON

Organiseret af Danmarks Filatelist Forbund og Kjøbenhavns Philatelist Klub under auspicier fra FIP

Organized by The Danish Philatelic Federation and Kjøbenhavns Philatelist Klub under the patronage of FIP

Organisée par La Fédération Danoise de Philatelie et Kjøbenhavns Philatelist Klub sous le patronage de la FIP

Organizada por La Federacion Filatelica Danesa y Kjøbenhavns Philatelist Klub bajo el patronato de la FIP

Ausrichter Der Dänische Filatelist Verband und Kjøbenhavns Philatelist Klub under dem Patronat der FIP

DIPLOM

LIANG ZHEN

Exhibitor

CHINESE POSTAL SERVICE IN ANTARCTIC (1983-1993)

Exhibit

President of HAFNIA 94

《中国南极邮政（1984—1993）》邮集题目和纲要页及丹麦’94国际邮展参展证书

占了17部。广东谢小融的《中国戏剧》获得试验类最佳奖，陕西贾虎的《秦陵兵马俑》获得第三名。

4. 汇编图书指导参展者

20世纪90年代中后期，国内多数集邮者在编组邮集时，可参照的高水平的范本很少，他们迫切需要以各个类别中出类拔萃的邮集作参照，以提高自己编组邮集的能力。在这种情况下，中华全国集邮联合会及时组织人员编写图文并茂的教科书，对提高中国’96第9届亚洲国际集邮展览和中国1999世界集邮展览的参展水平起到了促进作用。

（1）编写《FIAP邮展展品制作指南》

为了提高我国的集邮水平，特别是邮集制作水平，由亚洲集邮联合会与中华全国集邮联合会共同编辑的《FIAP邮展展品制作指南》于1996年5月由安徽教育出版社出版。

《FIAP邮展展品制作指南》

《FIAP 邮展展品制作指南》是由亚洲集邮联合会（FIAP）和中华全国集邮联合会决定共同编辑出版的集邮展品图集，旨在适应中国集邮者参加国际邮展和世界邮展的要求，指导参展者熟悉相关邮展规则，提高展品制作水平。这套图书共收入亚太地区知名集邮家及青少年作者的传统集邮类、航空集邮类、邮政历史类、邮政用品类、税票类和青少年集邮展品 19 部，选择了其中有代表性的贴片原样印刷，每部展品前有亚洲集邮联专家的分析和评述，是一部很实用的邮集制作指导教材。

本书第一卷邀请了国际集邮联主席加迪亚和本书主编、亚洲集邮联合会主席郑炳贤等人撰写前言和导论，精选了在世界邮展和国际邮展上获得高奖的传统类、航空类、印花税票类的 7 部邮集，以原贴片的彩色图为主，并由编委会邀请集邮专家对这些邮集进行分析和评述。

此后，该部书的第二卷、第三卷于 1999 年陆续出版发行。第三卷选取了中国集邮家常珉、刘广实、李曙光以及青少年集邮者杨珖的 4 部邮集。

（2）编写《国际集邮专家讲学录》

为了迎接中国 1999 世界邮展，中华全国集邮联合会自 1997 年以来分 3 批邀请国际集邮专家来华讲学。他们是国际集邮联合会传统集邮委员会主席沃尔伯格、专题委员会主席莫洛里、邮政历史委员会主席沃克、青少年委员会主席马德斯克、邮政用品委员会主席哈金斯等。他们分别就传统、邮政历史、邮政用品、专题、青少年和开放集邮在厦门、北京、上海等地进行了讲学，对提高中国集邮者参加竞赛性集邮展览的水平具有现实的指导意义。

由于讲学活动受到时间、地点等因素限制，能够直接聆听国际集邮专家授课的集邮者只是少数。为此，中华全国集邮联合会根据专家讲学的录音和记录稿，以资料汇编的形式编辑出版了《国际集邮专家讲学录》一书，由人民邮电出版社于 1999 年 5 月出版。该书以每位专家为一个单元，分别就传统、专题、邮政历史、青少年、邮政用品、现代、极限等类别的评审规则和邮集编组实践，深入浅出地讲述了邮集的编组要领。

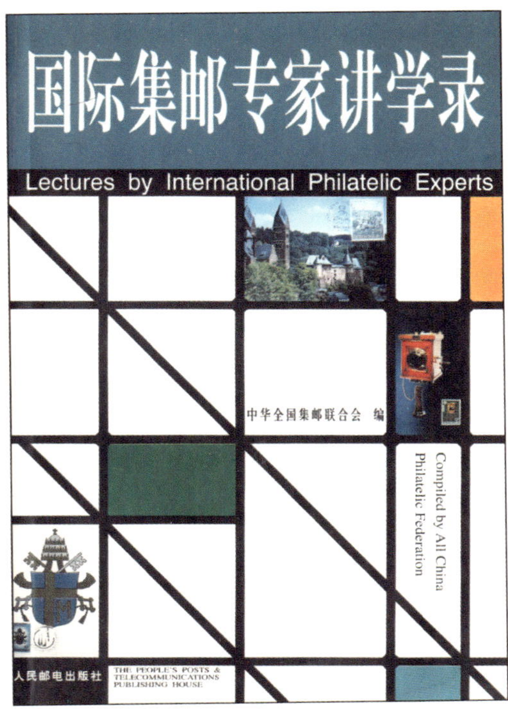

《国际集邮专家讲学录》

二、亚洲集邮联执委会邮展的深远影响

为了给中国邮集参加世界邮展和亚洲国际邮展创造更好的条件，“亚洲集邮联执委会集邮展览”1992年6月在北京举办，这对中国以后举办的国家级邮展起到了示范作用。通过观摩“亚洲集邮联执委会集邮展览”，使更多的集邮爱好者能够欣赏和面对面地学习世界高水平邮集的编组技巧，为中国参展者在以后的邮集编组上迅速进入国际先进行列起到了引导作用。

1. 北京举办亚洲集邮联执委会集邮展览

为了促进中国集邮界与亚太地区集邮界的友好交往，提高中国集邮者的邮集编组水平，以及配合亚洲集邮联执委会会议的召开，由中华全国集邮联合会主办、北京市集邮协会承办的“亚洲集邮联执委会集邮展览”于1992年6月20—25日在北京民族文化宫举办。来华参加执委会的各国和地区代表、北京各界人士及中华全国集邮联合会在京常务理事、理事计300余人出席了开幕式。开幕式由中华全国集邮联合会副会长宋兴民主持，亚洲集邮联执委、中华全国集邮联合会副会长兼秘书长刘天瑞及亚洲集邮联合会主席郑炳贤分别在开幕式上致辞。郑炳贤和中华全国集邮联合会会长朱高峰为邮展剪彩。

本次邮展共展出来自泰国、日本、澳大利亚、新西兰及中国5个国家的集邮家的18部100框集邮展品，包括传统类、邮政历史类、专题类、航空类和青少年类邮集，其中包括我国集邮家李曙光的邮政历史邮集《新中国早期军邮》、张巍巍的专题邮集《昆虫展望》。刚刚在1991年日本世界邮展上获得大金奖的泰国集邮家苏拉吉的传统邮集《暹罗——货币十进制之前》应邀参展。其他展品分别为日本门胁义彦的邮政史邮集《伊势邮政历史》、新西兰墨菲的专题邮集《英国君主制》、澳大利亚豪

亚洲集邮联执委会邮展

金森的专题邮集《地图》、澳大利亚史密斯的青少年邮集《火车轨道和时间》、杰尼森的《马》等在国际邮展上获得高奖的各类别邮集。这些高水平的邮集制作规范，前言页的说明简洁扼要，知识研究水平高，邮品品种丰富多彩，素材的品相良好，邮品的珍罕度高。

这次展览属于非竞赛性的观摩展，这些高水平的获奖邮集引起中国集邮者的浓厚兴趣，很多集邮者反复到展厅观看展品，从中得到启示。当时的中国集邮界还处于相对封闭状态，限于条件，普通集邮者很难在国内欣赏到国外高水平的集邮展品，北京市集邮协会将本次邮展作为一次难得的学习和交流的机会，专门组织相关邮集作者对邮展进行观摩、剖析、研讨，以学习和借鉴他人之长，提高邮集编组水平。这次观摩展览为1993年全国邮展的成功举办和邮集编组水平的迅速提升起到了重要作用。

2. 执委会期间执委在各地进行集邮讲学

亚洲集邮联执委会集邮展览举办期间，亚洲集邮联领导郑炳贤、贝斯顿、渡边良夫、摩尔等一行除参加执委会会议外，还分别在黑龙江的大庆和哈尔滨、辽宁大连、天津进行集邮讲学，和集邮爱好者座谈，对如何尽快提高中国集邮水平提出了许多建设性的宝贵建议。他们渊博的邮识、热情友好的态度以及对中国集邮事业的关注，得到我国集邮界的广泛好评。

通过在我国举办的亚洲集邮联执委会会议和亚洲集邮联执委会邮展，密切了我国集邮界与亚洲各国和地区集邮组织的联系，增进了相互之间的了解和友谊，为提高我国集邮者的集邮水平，推动具有中国特色集邮文化的蓬勃发展起到了积极的作用。

1983—1991年，中华全国集邮联合会先后举办过6次国家级邮展，虽然积累了大量的运作经验，但在诸多方面还没有完全与国际接轨。1992年在北京举办的亚洲集邮联执委会邮展以及随后在各地的讲学活动，对中国集邮界产生了深远的影响。这次展览使得1993年在北京举办的全国邮展全面与国际接轨。这届邮展还邀请到中国香港以及来自日本、德国、美国、菲律宾、新加坡的高水平邮集作为特邀展品，使中国的集邮者再一次欣赏到高水平的展品。

亚洲集邮联合会执委会邮展参观券

三、加强中国各级邮展评审员的培养

这段时期，中华全国集邮联合会加强了邮展评审员队伍的建设，在国家级邮展中采用国际邮展的评审标准来指导邮集的评审，使中国集邮展览的各项工作与国际接轨，集邮水平逐步提高，邮展工作卓有成效。中国的邮集在国内和国际邮展上的获奖成绩进步明显，优秀邮集不断涌现。

1. 对国际邮展评审员的培养

20 世纪 90 年代以前，中国仅拥有两位国际邮展评审员。这对于迫切需要与国际邮展接轨的中国集邮来说就显示出人才匮乏的问题。因此，培养和选拔新的国际邮展评审员迫在眉睫。

1994 年 2 月，中国集邮家游乃器作为观察员列席了香港'94 邮展的评审工作。同年 8 月 16—25 日，他参加了在汉城举办的韩国'94 世界邮展的见习评审，并顺利通过，成为中国第 3 位 FIP 国际邮展评审员，获得了邮政历史类邮集的评审资格。此后，他先后参加了雅加达'95 亚洲国际邮展、中国'96 亚洲国际邮展、'97 印度世界邮展、'98 意大利世界邮展、'99 澳大利亚世界邮展、中国 1999 世界邮展的评审工作。

游乃器

游乃器（1936—2009），出生于印度尼西亚，祖籍福建平和。他 1957 年回国，供职于天津市半导体研究所理化分析中心，高级工程师。曾为天津市第九届政协委员。游乃器少年时期开始集邮，其区票的收集涉及 8 个解放区，对中国解放区邮政史研究造诣很深。1994 年，他成为中国第三位 FIP 国际邮展评审员。他的《中国解放区邮政史》邮集在中国 2009 世界集邮展览上获得金奖。2003 年被授予中华全国集邮联合会第一批会士。

1996 年 5 月 18—24 日，中国 1996 第 9 届亚洲国际邮展在北京举办，中国集邮家常珉参加了国家组的见习评审，获得通过，成为亚洲国际邮展评审员，具有邮政历史类和邮政用品类邮集的评审资格。在 1997 年 8 月举办的'97 俄罗斯世界邮展上，常珉参加了实习评审获得通过，成为中国第四位 FIP 国际邮展评审员。

1995 年，亚洲集邮联提出要求：亚洲国家和地区的集邮家须获得亚洲国际邮展评审员资格后，才能再获取 FIP 评审员资格。根据此项要求，1995 年 8 月 19 日至 25 日，中国集邮家张巍巍参加了印度尼西亚雅加达'95 第 8 届亚洲国际邮展专题集邮类的评审，并获得通过，成为亚洲国际邮展评审员，具有专题集邮类邮集的评审资格。此后他又在 1997 年 12 月举办的'97 印度世界邮展参加实习评审，获得通过。

到1999年年底，中国拥有FIP国际邮展评审员5名、FIAP亚洲国际邮展评审员6名（包括5名FIP世界邮展评审员），这使中国开始有能力派出评审员参与世界和亚洲国际邮展的评审工作，对提高中国在国际集邮界的地位和影响力起到非常重要的作用。

2. 对国家级邮展评审员的培养

为了加强国家级邮展评审员队伍建设，中华全国集邮联合会在20世纪90年代继续加大对国家级邮展评审员的培养力度，利用举办全国邮展之际，确定合适人选参加邮展的见习评审工作。根据有关规定：见习国家级邮展评审员必须得到所在省级集邮协会的推荐，且必须是省级邮展评审员，再由中华全国集邮联合会确定人选，在全国邮展上通过实习评审，最终由中华全国集邮联合会常务理事会批准。

中华全国集邮联合会邮展工作委员会根据中华全国集邮联合会1989年2月制定、并且经中华全国集邮联合会二届五次常务理事会议审议通过的《关于评定国家级邮展评审员的暂行办法》，于北京1993年全国邮展安排了5名见习评审员；重庆1997年全国邮展安排了9名见习评审员；天津1998年全国邮展安排了6名见习评审员。在总共20名见习评审员中，女性占了3位。加上此前获得资质的31人，到1999年，我国的国家级邮展评审员人数已经超过50人。他们为提高我国邮集编组制作水平起到促进作用。

3. 各省对省级邮展评审员的培养

由于国家级邮展评审员要出自省级邮展评审员队伍，因此，各省、自治区、直辖市集邮协会十分重视对省级邮展评审员的培养。

杨耀增在展场指导评审员和征集员

江苏省集邮协会把本省的评审员培养工作放在重要位置。1992年11月28日至12月1日，省集邮协会在无锡举办了集邮骨干培训班，来自全省的11个省辖市30余名集邮骨干参加培训。培训班聘请了刘广实、唐无忌、马佑璋、宋绳坦等作为授课老师，为1993年江苏省参加全国邮展取得好成绩打下基础。此后，该省又于1994年在胥浦再次举办邮展征集员、评审员培训班，全省共有40余人参加培训。

山东省集邮协会于1993年11月27—29日，聘请新加坡国际邮展评审员陈为乐在济南为山东邮集作者进行讲学和培训；1994年12月10—14日邀请亚洲集邮联合会主席郑炳贤为征集员、评审员和集邮者讲课，使参加培训的评审员开阔了视野；1997年，山东省集邮协会聘请了国际邮展评审员梁鸿贵、邮学家吴凤岗在“山东省集邮干部培训班”授课，为山东省组建合格的评审员队伍创造了条件。

陈为乐为山东集邮者讲邮集

福建省集邮协会于1992年12月23—27日，在三明市举办了全省征集员和评审员培训班，聘请国际邮展评审员梁鸿贵、刘广实以及国家级邮展评审员严亿北就邮集类别、评审员条件、国际邮展发展趋势，以及专题、传统、邮政史、极限、航空等5类邮集的编排和评审进行了系统的讲解。来自全省的57位征集员、评审员和邮集作者通过了结业考试。

为提高邮展征集员、评审员的水平，熟练掌握邮展评审规则，指导本地区邮集作者编组高质量的展品，北京、上海、广东等省级集邮协会都及时举办评审员培训班，采取“请进来，走出去”，下基层办班等方式，有计划、有组织、有目的地分期分批举办全市或全省的邮展评审员培训班。

四、全国综合性邮展与国际接轨

1992—1999年，综合性全国集邮展览共举办了3届。这一时期，全国综合性邮展已经全面与国际邮展接轨，各省级集邮协会举办的邮展水平也有大幅度提高。这些都为中国举办亚洲国际邮展和世界邮展积蓄了力量、积累了经验。

1. ’93中华全国集邮展览——纪念毛泽东同志诞辰100周年

“’93中华全国集邮展览——纪念毛泽东同志诞辰100周年”于1993年11月16—25日在北京民族文化宫举办。

’93中华全国集邮展览——纪念毛泽东同志诞辰100周年

本届邮展由邮电部、文化部、中国人民解放军总政治部文化部、北京市政府、国家教委、广播电影电视部、中共中央党史研究室、新华通讯社、全国总工会、团中央、全国妇联、全国文联、中华全国集邮联合会、中国革命博物馆、中国历史博物馆等 15 个单位联合主办，共展出 354 部 1061 框展品。非竞赛性展品 34 部 166 框，包括荣誉类 10 部 22 框、官方类 5 部 45 框、评审委员类 5 部 15 框、特邀类 14 部 84 框；竞赛性展品 320 部 895 框，包括传统类 38 部 169 框、税票类 5 部 23 框、邮政历史类 31 部 139 框、邮政用品类 7 部 34 框、航空类 3 部 14 框、航天类 3 部 12 框、专题类 92 部 387 框、极限类 6 部 24 框、现代类 3 部 12 框、青少年类 30 部 81 框、集邮文献类 102 部等 11 个类别。评出大金奖 7 部、金奖 15 部、镀金奖 39 部、大银奖 43 部、银奖 62 部、镀银奖 49 部、铜奖 77 部、奖状 22 部。

天津林崧的《毛泽东邮票》、北京杨立的《中国解放区毛泽东像邮票》、四川李世琦的《中国普通片封简（1897—1949）》等 7 部展品获得大金奖。

本届邮展有两个特点：一是参照国际集邮展览设置项目类别；二是首次设立了“航天类”和“现代集邮沙龙”。

李世琦

李世琦（1919—2018），四川崇宁县（今成都市郫县唐昌镇）人。少年时期受其父李秋潭（辛亥革命老人）的启发，迷上集邮，执着追求，遂成终身爱好。重点收集和研究中国各时期邮资片、封、简，成果颇丰。他的《清代邮政明信片》《四川使用的单位、基数、银圆邮票》等邮集在全国邮展、亚洲国际邮展和世界邮展上，多次获得镀金奖和金奖。曾任中华全国集邮联合会第三届学术委员，2003 年被授予中华全国集邮联合会第一批名誉会士。

2. 1997 年中华全国集邮展览

“1997 年中华全国集邮展览”于 1997 年 10 月 18—24 日在重庆工贸大厦举办。本届邮展由中华全国集邮联合会主办，重庆市邮政管理局、重庆市集邮协会承办，四川省邮电管理局、四川省集邮协会协办。

本届邮展展品共 267 部 992 框。非竞赛性展品 12 部 79 框，其中官方类 2 部 40 框、特邀类 4 部 22 框、评审员类 2 部 13 框、一框类 4 部；竞赛性展品有 11 个类别，共有展品 255 部 913 框，包括传统集邮类 31 部 155 框、邮政历史类 25 部 125 框、邮政用品类 10 部 50 框、航空集邮类 6 部 30 框、航天集邮类 5 部 25 框、专题集邮类 64 部 320 框、极限集邮类 7 部 35 框、青少年集邮类 33 部 78 框、收费（税）票类 14 部 70 框、现代集邮沙龙 5 部 25 框、集邮文献类 55 部。最终评出大金奖 3 个、金奖 17 个、大镀金奖 19 个、镀金奖 41 个、大银奖 47

1997 年中华全国集邮展览开幕式

纪念中国大龙邮票发行 120 周年暨中国 '99 世界集邮展览候选展品展场外景

个、银奖 57 个、镀银奖 33 个、铜奖 33 个；评出现代集邮沙龙展品一等奖 2 个、二等奖 1 个、三等奖 2 个。

北京邓琳姝的《中华人民共和国旧币面值普通邮票》、张志和的《中国航空（1920—1937）》，浙江林衡夫的《中国航空邮政（1920—1937）》3 部展品获得大金奖。

本次邮展评委会首次设立专家组，负责展品中存疑素材的鉴定工作。

3. 纪念中国大龙邮票发行 120 周年暨中国'99 候选展品集邮展览

"纪念中国大龙邮票发行 120 周年暨中

国’99 候选展品集邮展览”于 1998 年 10 月 9—13 日在天津国际展览中心举行。

本届邮展由国家邮政局主办，中华全国集邮联合会、天津市邮电管理局承办，天津市邮政局、天津市集邮协会、天津市集邮公司、天津国际展览中心协办，共展出 171 部 746 框展品。非竞赛性展品 51 部 173 框，中国邮票博物馆藏 18 框、天津市邮展 50 部 155 框；竞赛性展品有 10 个类别，共计 120 部 573 框，包括传统类 15 部 75 框、邮政历史类 22 部 113 框、邮政用品类 6 部 30 框、航空类 3 部 15 框、航天类 3 部 15 框、专题类 37 部 185 框、极限类 2 部 10 框、税票类 10 部 50 框、青少年类 18 部 60 框、试验类 4 部 20 框。最终评出金奖 13 个、大镀金奖 36 个、镀金奖 47 个、大银奖 11 个、银奖 6 个、镀银奖 3 个；评出试验类一等奖 3 个、二等奖 1 个。

本次邮展有两个特点：一是评审委员会施用《国际集邮联合会竞赛性展品评审规则》进行评审，首次实现了与国际接轨；二是没有评出大金奖展品，也没有颁发特别奖。获得本届邮展镀金奖以上的展品，大多数参加了中国 1999 世界集邮展览。

五、举办各级邮展参展邮集会审

为了确保参加中国 1996 年第 9 届亚洲国际邮展和中国 1999 世界邮展的中国展品达到较高的水准，中华全国集邮联合会分别成立了邮展指导小组和专家组，并对参展邮集进行了多次会审。对重点邮集采取按区域、按类别，以分组的方式对位指导。实践证明，这种会审对中国军团获得较好的成绩至关重要。

1. 对国际邮展参展邮集的会审

中华全国集邮联合会邮展委员会于 1994 年在甘肃兰州召开了扩大会议，进行动员部署。各省级集邮协会对展品的征集工作都非常重视，很多省都相继成立了“省代表队”。北京、内蒙古、河南等地为配合中国 ’96 亚洲邮展专门举办了专家讲座。中华全国集邮联合会还成立了中国 1996 亚洲邮展邮集指导小组，专门负责参展邮集的遴选和提高工作。为保证参展邮集的质量，中华全国集邮联合会秘书处组织邮集指导小组的专家及部分邮展委员会委员于 1995 年六七月间对各省、自治区、直辖市及全国行业性集邮协会选报的重点邮集分批进行了会审。传统、邮政用品、青少年、税票和现代集邮沙龙类邮集展品会审工作于 6 月 10—16 日在江苏溧阳市举行；邮政历史、专题、航空、航天和极限类邮集展品的会审于 6 月 27 日至 7 月 2 日在宁夏银川市举行。两地共会审邮集 108 部。本次会审后，中华全国集邮联合会从中遴选出参展展品。

2. 对世界邮展参展邮集的会审

根据之前几年全国邮展成绩和参加外展的获奖情况、结合各省、自治区、直辖市推荐，中国邮集专家指导小组共进行 4 次会审和筛选，初步确定了参加中国 1999 世界邮展竞赛类的中国展品。1998 年 4 月 5—6 日，中华全国集邮联合会在北京邮电疗养院正式成立了“中国 1999 世界集邮展览邮集指导小组”，并随即召开了第一次会议。指导小组由 13 人组成（专家组 2 人），梁鸿贵任组长，刘佳维、刘钟林任副组长。

根据中国 1999 世界邮展筹备工作计划

会审中国'99 世界邮展参展邮集

纲要和秘书处 1998 年工作安排，为做好中国参展邮集的征集工作，根据重庆 1997 年第 6 届中华全国集邮展览和当时选送参加国外邮展的展品获奖情况，经指导小组审议，报秘书处批准，按类别提出了我国参加中国 1999 世界集邮展览的候选邮集名单，共计 120 部。在秘书处领导下，由我国国际评审员、国家级评审员和著名集邮家组成的“中国 1999 世界集邮展览邮集指导小组”于 1998 年 5 月、6 月、7 月连续 3 次对邮政历史、航空、专题、青少年、传统、邮政用品和税票等类别的 50 部重点邮集进行了集中会审。

会审的情况表明，秘书处所确定的中国参展总体战略目标是正确的，所采取的相应措施和具体步骤是可行的，组织邮集会审是非常必要的。大家一致认为：将每部邮集原件装框展示，让邮集作者向指导小组介绍本人邮集编排构思情况；相关协会的征集员也到场配合会审工作，再由专家按照国际集邮联的各项邮展规则和评审规则从评审的角度指点邮集，这种做法对提高邮集水平起到了很大的推动作用。

会审中国'99 世界邮展北京入围邮集

1998 年 8 月 25—30 日，中华全国集邮联合会在辽宁邮电培训中心召开了“中国 1999 世界集邮展览邮集指导小组和专家工作会议”，会议主要任务是：在三次会审的基础上，进一步落实指导小组的职责、任务和分工；根据各国报名参展的邮集情况，研究我国参展的策略与对策；充分发挥指导小组和专家的特长，请他们献计献策、具体指导，全面提高我国参展邮集水平。

1998 年在天津举办的全国邮展结束后，中国 1999 世界邮展邮集指导小组分成 3 个组赴相关省、自治区、直辖市，于 11 月中旬至 12 月上旬分别在北京、成都、太原、南京、广东江门、浙江余姚 6 个城市对入围的 34 部重点邮集组织会审，对重点邮集进行检查、督促和指导，在编排及文字处理上具体帮助修改，特别是做好邮集的英文翻译工作。邮集的英文翻译对参展邮集能否获得高奖有着极其重要的作用，能使邮集在原有的基础上得到进一步提高。

3. 会审参展邮集的成效

邮集会审是参展者与评审员交流的重要平台。它采取展览与会议相结合的方式，由参展者对自己的邮集进行介绍，再由各级邮展评审员进行评议，特别是指出邮集需要改进之处。经过多年努力，到 1999 年，中国邮集在国际邮展和世界邮展上不断突破、屡获佳绩。这主要体现在两个方面：一是局部突破，在部分类别中获得高奖；二是整体突破，扩大金奖展品作者群体。

在曼谷’93 世界邮展上，中国集邮家沈曾华的《华东人民邮政》获得金奖加特别奖；李曙光的《新中国军邮史》获金奖，这是中国在世界邮展上第 2 部获金奖的展品，也是中国邮政历史类展品在世界邮展上第一次获得金奖，同时也是世界上第一部由新中国邮品组成的展品获得世界邮展金奖。

在韩国 1994 世界邮展上，刘广实的《中国民信局》获得金奖，是中国第 3 部获世界邮展金奖的邮集展品。常珉的《中华人民共和国普通邮票》获镀金奖。这是中华人民共和国普通邮票邮集在世界邮展上获得的第一枚镀金奖牌。张巍巍的《昆虫与人类》获专题类镀金奖，这是中国专题类展品第一次在世界邮展上获得镀金奖。此后，这部展品还在法国 1999 世界邮展上获得大镀金奖，成为第一次在世界邮展上获得大镀金奖的中国专题类展品。

1994 年对于中国集邮界和中国集邮家来说是收获的一年。在中国香港举办的香港’94 邮票展览会，是一次由亚洲集邮联合会赞助的地区性邮展。中华全国集邮联合会选送了 19 部邮集和 4 部集邮文献参展，共获大金奖 2 个、金奖 4 个、大镀金奖 2 个、镀金奖 10 个。其中，沈曾华的《华东人民邮政》除获大金奖加特别奖外，还获得了最佳参赛展品大奖。李曙光的《新中国早期军邮史》获得大金奖。河北杨珧的《信和邮政的来历》获镀金奖加最佳青少年奖。许多外国集邮家、国际邮展评审员、征集员都认为中国展品的水平进步之快、佳作之多，令人振奋。他们尤其是对张巍巍的《昆虫与人类》和杨珧的《信和邮政的来历》两部展品大加赞赏，认为中国的集邮事业前途无量。

20 世纪 90 年代，中国的青少年邮集参展成绩大幅度提高，而且获高奖面也在

新中国军邮史

三野军邮免资实寄封

1946年6月，三野政治部统一制发了木刻“军邮免资”戳记，以志免费。

蓝色“军邮免资”戳记

1949年8月27日，三野寄南京邮政总局。

红色“军邮免资”戳记

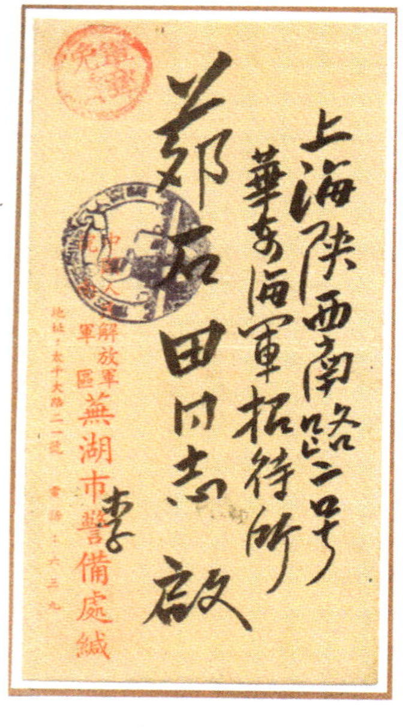

1949年，芜湖警备处寄上海华东海军招待所。

李曙光的《新中国军邮史》邮集贴片

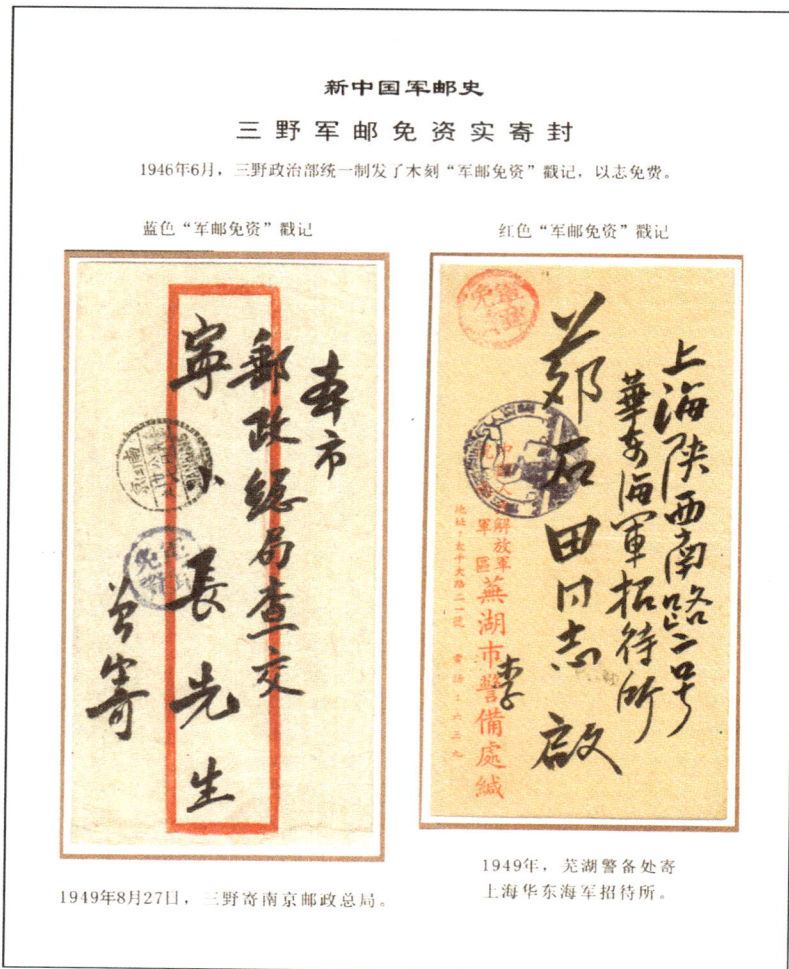

不断扩大。自从杨珧的《信和邮政的来历》在香港1994邮票展览上为中国首次获得青少年大奖之后，又于新加坡1994第7届亚洲国际邮展上再次获得青少年最佳奖。

六、参加亚洲国际邮展和世界邮展

1992—1999年，中华全国集邮联合会不断将全国邮展中获得佳绩的邮集和集邮文献选送参加在各国或地区举办的各类国际性邮展，以促进中国邮集水平的提高。这一时期，中华全国集邮联合会共选送了82部（次）邮集和25部集邮文献参加了6届FIAP亚洲国际邮展；选送112部（次）邮集和33部集邮文献参加了21次FIP世界邮展。在这些邮展中，中国参加亚洲国际邮展的展品共获得金奖3个、大镀金奖10个、镀金奖15个；在世界邮展中获得金奖8个、大镀金奖10个、镀金奖36个。

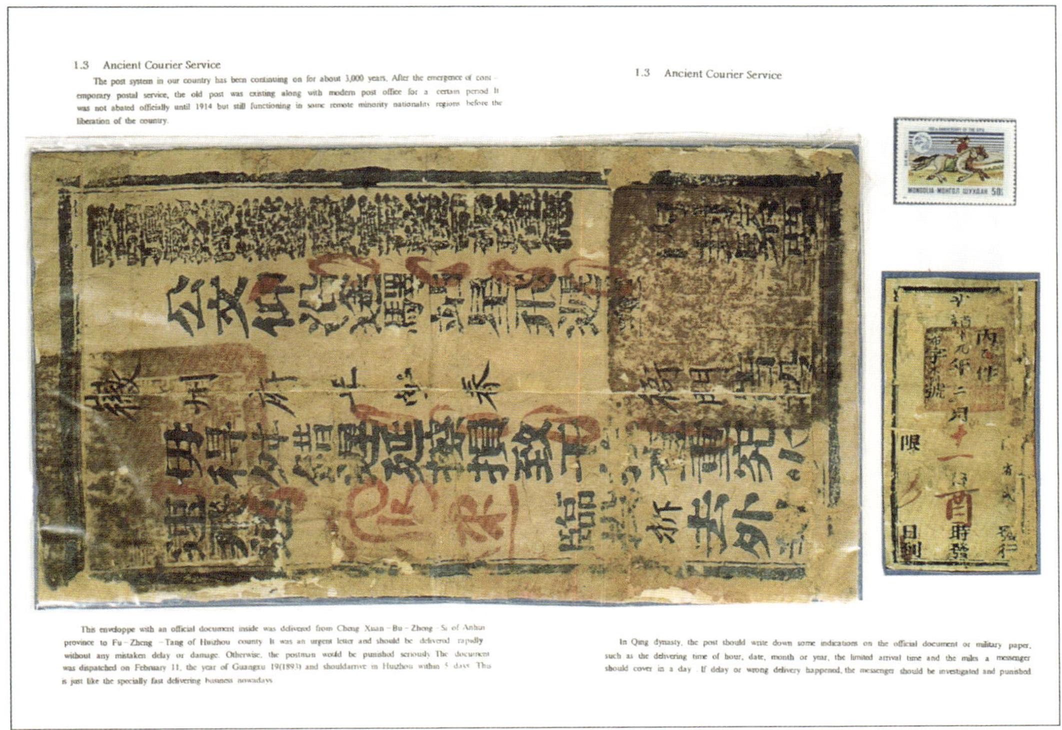

杨珖的《信和邮政的来历》邮集贴片

1. 参加亚洲国际集邮展览

（1）马来西亚 1992 年第 5 届亚洲国际邮展

“马来西亚 1992 年第 5 届亚洲国际集邮展览”于 1992 年 9 月 1—7 日在吉隆坡举办。中华全国集邮联合会选送了 9 部邮集和 3 部集邮文献参展。梁荫宗的《解放战争时期的人民军邮》获得大镀金奖，这是中国邮政历史类展品在亚洲国际邮展上获得的首个大镀金奖；张明聚的《中华邮政国内邮资变化（1945—1949）》获得镀金奖。其他展品获得大银奖 3 个、银奖 6 部各、镀银奖 1 个。

参加本次邮展的中国代表团所有展品全部获奖，取得了自 1986 年以来参加亚洲国际邮展的最好成绩。

（2）新加坡 1994 年第 7 届亚洲国际邮展

“新加坡 1994 年第 7 届亚洲国际集邮展览”于 1994 年 8 月 31 日至 9 月 3 日在新加坡举办。中华全国集邮联合会选送了 16 部邮集和 6 部集邮文献参展。李曙光的《中国军邮史》和刘广实的《中国民信局》两部邮政历史类展品双双获得金奖加特别奖。这是中国自 1986 年以来，参加亚洲国际邮展首次获得金奖。送展的其他展品获得大镀金奖 1 个、镀金奖 5 个、大银奖 6 个、银奖 4 个、镀银奖 1 个、铜奖 1 个、第一名 1 个（现代集邮沙龙展品）、参展证书 1 个。

本次邮展是中国参加亚洲国际邮展选送邮集最多的一次，也是获奖成绩最好的一次。

（3）新加坡1998年第12届亚洲国际邮展

“新加坡1998年第12届亚洲国际集邮展览”于1998年7月23—26日在新加坡举办。中华全国集邮联合会选送了13部邮集和3部集邮文献参展。中华全国集邮联合会编著的《中国集邮大辞典》获得金奖，常珉的《早期中国人民邮政（1948—1956）》、李理的《清代驿站（1644—1911）》、唐秋涛的《中国人民解放军军邮》、罗道光的《帆船》获得大镀金奖，陆游的《中国的国际邮路（1914—1945）》等5部展品获得镀金奖，其他展品获得大银奖3个、银奖3个。中国的国际邮展评审员张巍巍参加了本届邮展的评审工作。

常珉

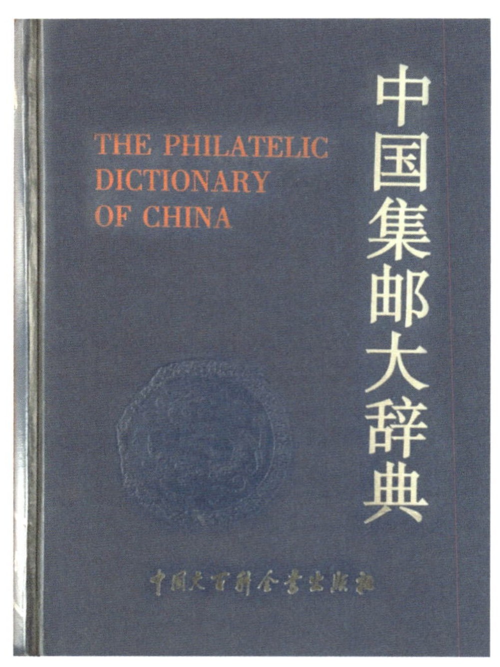

《中国集邮大辞典》

常珉出生于1952年，湖北武汉人，曾工作于湖北省药检所。1997年，常珉成为中国第四位FIP国际邮展评审员，2005年以后任历届全国综合性邮展评委会副主任。他先后有6部不同类别的邮集参加FIP世界邮展，其中《人民中国：建国前后邮政历史（1946—1956）》在伦敦2000世界邮展获得大金奖，在马来西亚2014第29届亚洲国际邮展获得大金奖加荣誉大奖。2017年被授予中华全国集邮联合会第四批会士。

此外，中华全国集邮联合会还选送了44部邮集和13部集邮文献参加了印度尼西亚1993第6届亚洲国际邮展、印度尼西亚1995第8届亚洲国际邮展、中国香港1997第11届亚洲国际邮展，获得大镀金奖4个、镀金奖9个，以及1项青少年最佳奖。

2. 参加世界集邮展览

（1）泰国1993世界集邮展览

“泰国1993世界集邮展览”于1993年10月1—10日在曼谷举办。中华全国集邮联合会选送了6部邮集和6部集邮文献参展。沈曾华的《华东人民邮政》获得金奖加特别奖，李曙光的《中国军邮史》获得金奖，邹金盛的《中国在泰国的海外批信局史》获得镀金奖加评委会祝贺，许明亮的《中国人民邮政用品》获得镀金奖。参展的其他展品获得大银奖 2 个、银奖 1 个、镀银奖 2 个、铜奖 3 个。

参加本次邮展的中国代表团的突破是：中国邮集参加世界邮展以来，首次双双获得金奖。

（2）韩国 1994 世界集邮展览

"韩国 1994 世界集邮展览"于 1994 年 8 月 16—25 日在汉城举办。中华全国集邮联合会选送了 12 部邮集和 7 部集邮文献参展。沈曾华的《华东人民邮政》获得金奖加特别奖，刘广实的《中国民信局》、李曙光的《中国军邮史》获得金奖，常珉的《新中国早期普票》、李世琦的《中国普通片封简》、常增书的《中国早期航空邮政》、张巍巍的《昆虫与人类》获得镀金奖。其他参展邮集获得大银奖 1 个、银奖 1 个、镀银奖 7 个、铜奖 3 个。中国的国际邮展评审员梁鸿贵参加了本次邮展评审工作，游乃器参加了见习评审。

参加本次邮展的中国代表团的突破是：首次在世界邮展上同时获得 3 个金奖。

（3）美国 1997 世界集邮展览

"美国 1997 世界集邮展览"于 1997 年 5 月 29 日—6 月 8 日在旧金山举办。中华全国集邮联合会选送了 6 部邮集和 2 部集邮文献参展。中华全国集邮联合会编著的《中国集邮大辞典》获得金奖加评委会祝贺，贾文春的《中国东北印花税票》获得大镀金奖加评委会祝贺，杨珧的《信的故事》获得镀金奖加特别奖，荣正光的《华东人民邮政》、中华全国集邮联合会编著的《中国解放区邮票史》获得镀金奖。其他参展邮集获得大银奖 2 个、银奖 1 个。中国的国际邮展评审员游乃器参加了本次邮展评审工作。

参加本次邮展的中国代表团有两个突破：一是中国的集邮文献类展品在世界邮展上获得首个金奖；二是中国的印花税票邮集第二次参加世界邮展并且获得首个大镀金奖。

（4）意大利 1998 世界集邮展览

"意大利 1998 世界集邮展览"于 1998 年 10 月 23 日—11 月 1 日在米兰举办。中华全国集邮联合会选送了 4 部展品参展。王朱唇的《侨批》获得金奖，张巍巍的《昆虫》、李伯琴的《鹰》获得镀金奖，戴英樟的《陶瓷》获得大银奖。中国的国际邮展评审员游乃器参加了本次邮展的评审工作。

参加本次邮展的中国代表团的突破是：以侨批为题材的邮政历史类邮集首次获得金奖。

（5）法国 1999 世界集邮展览

"法国 1999 世界集邮展览"于 1999 年 7 月 2—11 日在巴黎举办。中华全国集邮联合会选送了 5 部邮集参加了本次邮展。邵常炜的《因为有了水》获得大镀金奖加青少年最佳奖，张巍巍的《昆虫》获得大镀金奖，滕晓凡的《中国挂号邮资（1912—1949）》获得镀金奖。送展的其他展品获得大银奖 1 个、银奖 1 个。中国的国际邮展评审员常珉参加了本次邮展的评审工作。

参加本次邮展的中国代表团的突破是：获得中国邮集在世界邮展上的首个青少年最佳奖；获得中国专题邮集在世界邮展上的首个大镀金奖。

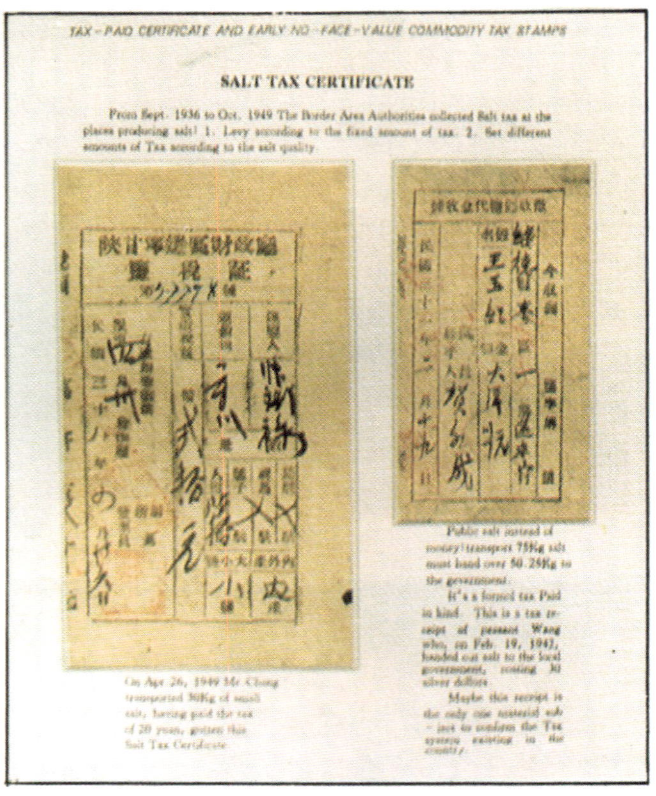

贾文春的《陕甘宁边区税票》展品贴片

张巍巍

张巍巍出生于1968年，自幼爱上集邮。5岁时曾经将100多枚信销票贴在窗户的玻璃上，当有人经过时，他就使劲敲打玻璃，以吸引路人的目光，展示自己收藏的邮票，这成为他最早举办的“个人邮展”。1995年他参加了亚洲国际邮展的评审见习；1997年参加了世界邮展的评审见习，成为当时世界最年轻的FIP国际邮展评审员。2017年被授予中华全国集邮联合会第四批会士。2018年在以色列耶路撒冷获第一批FIP评审会士（JF）称号。

此外，中华全国集邮联合会还选送了95部邮集和16部集邮文献参加了加拿大1992世界邮展、意大利1992世界邮展、巴西1993世界邮展、丹麦1994世界邮展、芬兰1995世界邮展、新加坡1995世界邮展、印度尼西亚1996世界邮展、加拿大1996世界邮展、土耳其1996世界邮展、俄罗斯1997世界邮展、印度1997世界邮展、以色列1998世界邮展、卢森堡1998世界邮展、澳大利亚1999世界邮展、德国1999世界邮展等，获得金奖2个、大镀金奖5个、镀金奖24个。

3. 参加其他国际竞赛性邮展

1992年7月29日—8月6日，“西班牙1992国际奥林匹克体育集邮展览”在巴塞罗那举办。本次邮展与巴塞罗那1992第25届奥林匹克运动会同期举行。中国选送了13部邮集和1部集邮文献参展。其中12部参加竞赛类的展品，获得银奖3个、镀银奖5个、铜奖2个、参展证书4个。

1996年7月19日—8月3日，“美国1996国际奥林匹克体育集邮展览”在亚特兰大举办。本次邮展与亚特兰大1996第26届奥林匹克运动会同期举办。中国选送了17部展品参展，获得大银奖3个、银奖5个、镀银奖5个、铜奖4个。

七、中国首次举办亚洲国际邮展和世界邮展

20世纪90年代，中国集邮最辉煌的成就是首次举办了亚洲国际集邮展览和世界集邮展览，向世界展示了中国已具备举办大型国际集邮活动的能力。在这两次重要的邮展中，中国集邮家不负众望，创造了前所未有的佳绩。

1. 中国筹办1996第9届亚洲国际集邮展览

为纪念中国邮政开办100周年，促进中国集邮文化事业的全面发展，增进中国与亚洲集邮联合会成员组织和集邮者的了解与合作关系，促进亚太地区集邮活动的全面发展，中国定于1996年5月18日至5月24日在北京举办第9届亚洲国际邮展。

举办亚洲国际邮展是中国集邮界的夙愿。随着群众性集邮活动的蓬勃发展，中国举办国际邮展的条件逐步成熟。1996年是中国邮政创办100周年，为此，经过多次论证，并报有关部门批准，中国决定申办1996年第9届亚洲国际集邮展览。

1993年10月7日，亚洲集邮联第10届代表大会在曼谷举行。在这次代表大会上，中国正式提出于1996年举办第9届亚洲国际集邮展览，并获一致通过。

这是中国首次举办的国际集邮展览。为了把这次邮展办出具有热烈、祥和、友谊、庄重的特色，并使中国展品能取得好的成绩，邮展组委会秘书处在多方面作出努力。

此次邮展的正式名称是：中国1996第9届亚洲国际集邮展览，简称“中国’96亚洲邮展”，定于1996年5月18日至24日在北京中国国际展览中心举办。邮展组委会将邀请亚洲集邮联20个成员组织参加展出。拟设非竞赛和竞赛类两大部分。其中，竞赛部分包括：锦标赛、传统、邮政历史、邮政用品、航空、航天、专题、极限、青少年、集邮文献、税票和现代集邮沙龙12个类别，共1500框。

1994年5月20日，中国1996第9届亚洲国际邮展组织委员会在北京鸿翔大厦宣告成立。邮电部部长吴基传任组委会主

中国'96 北京亚洲国际邮展工作人员动员大会

中国'96 亚洲国际邮展展徽和吉祥物

席，国务院副秘书长张克智及邮电部、文化部、贸促会的有关领导任副主席，外交、公安、民航、海关、铁路等有关部门负责人任组委会委员。中国'96 亚洲邮展秘书处设在中华全国集邮联合会。

1994 年 3 月 2 日，中华全国集邮联合会在国内各主要报刊上刊登启事，向社会各界公开征集邮展展徽和吉祥物。经过严格筛选，中央工艺美术学院教授张国藩设计的展徽和该院的王国伦与北京工艺美术学校的王静共同设计的吉祥物分别中选。展徽主图为展翅飞翔的鸿雁。在中国，鸿雁被视为吉祥之鸟，“鸿雁传书”的美丽传说自古以来就家喻户晓。同时，鸿雁也是中国邮政的象征。邮展吉祥物为中国古典文学名著《西游记》中的神话人物孙悟空，手持航空信，象征着高效、迅速的中国现代邮政和集邮事业的蓬勃发展；它乘着由“96”字样演化成的祥云，面带微笑，张臂热情欢迎亚洲、大洋洲集邮界的朋友们。

邮展组委会成立后，即由秘书处向亚洲集邮联 20 个成员组织发出邀请信，请他们委任征集员在本国（地区）征集展品。1994 年，中华全国集邮联合会邮展委员会扩大会议在兰州召开，会上作了动员部署。各省级集邮协会对展品的征集工作都非常重视，很多省都相继成立了“省代表队”。北京、内蒙古、河南等地为配合中国’96 亚洲邮展专门举办了专家讲座。中华全国集邮联合会还成立了中国’96 亚洲邮展邮集指导小组，专门负责参展邮集的遴选和提高工作。

为保证参展邮集的质量，中华全国集邮联合会秘书处组织邮集指导小组的专家及部分邮展委员会委员于 1995 年六七月间对各省、自治区、直辖市及全国行业性集邮协会选报的重点邮集分批进行了会审。传统、邮政用品、青少年、税票和现代集邮沙龙类邮集展品会审工作于 6 月 10 日至 16 日在江苏溧阳举行；邮政历史、专题、航空、航天和极限类邮集展品的会审，于 6 月 27 日至 7 月 2 日在银川举行。两地共会审邮集 108 部。通过会审，中华全国集邮联合会遴选出了参展展品。

中国’96 亚洲邮展组委会除 1994 世界邮展期间，在韩国汉城举行招待会外，还于 1995 年 9 月 3 日新加坡’95 世界邮展期间，在新加坡威信大酒店举办了隆重的招待会。在国内，邮展组委会秘书处先后向亚洲集邮联会员组织及各国（地区）邮政部门寄发了中国’96 亚洲邮展的邮展公告共 4 期，全面介绍了邮展的筹备情况以及中国邮政与集邮的历史和现状。

中国’96 亚洲邮展组委会秘书长对韩国和新加坡等国际邮展分别进行考察，从邮展的组织工作到每一个“硬件”建设都进行详细了解，这对搞好本届邮展有着极大的帮助。特别是对展框的制作，在收集、研究外国展框资料的基础上，采取招标方式，最终选用了天津、上海两个厂家生产的展框。这些展框展出期间受到各国（地区）专家的好评，认为其达到了国际先进

四川省集邮协会举办参加中国’96 亚展邮集会审

《中国’96 第九届亚洲国际邮展公告》

中国’96 亚洲国际邮展开幕典礼

水平。国际集邮联主席加迪亚称赞说：“这是世界一流的邮展展框。”

2. 中国’96 第 9 届亚洲国际邮展成功举办

1996 年 5 月 18 日，中国 1996 第 9 届亚洲国际集邮展览在北京中国国际展览中心隆重开幕。这一天，中国国际展览中心装饰一新，腾空而起的气球悬挂着条幅，上面写着“金猴腾云展神州方寸，鸿雁亮翅迎亚太邮人”“集古今中外邮，交东西南北友”，表达了中国集邮正在走向世界的豪迈情怀。

第八届全国人大常委会副委员长田纪云、国务院副总理邹家华及有关部门负责人出席了开幕式并参观了邮展，邮展组委会主席、邮电部部长吴基传和邮展协调员、亚洲集邮联主席郑炳贤分别致辞。田纪云、邹家华、吴基传共同为邮展剪彩。邮展开幕式当晚，邮电部部长、中国’96第9届亚洲邮展组委会主席吴基传在人民大会堂举行了盛大的招待会，热情款待各国来宾和有关人士。

亚洲集邮联20个成员组织参加了此次邮展，共展出邮集283部1541框，集邮文献96部。邮展非竞赛展品有荣誉类、评审员类、官方类。荣誉类展出了新加坡郑炳贤、许少全、张东孝、日本渡边良夫、泰国苏拉吉·贡瓦塔纳、姚万妮·尼兰得娜、艾迪·英度索蓬、菲律宾郭清溜、澳大利亚贝蒂·范·特纳克等人的著名邮集。18个国家和地区的邮政当局参加了官方展出。中国邮票博物馆展出了清代、民国、解放区的珍邮。延安革命博物馆展出了陕甘宁革命根据地邮票。

按照国际集邮联集邮展览规则的要求，本次邮展竞赛类展品分为锦标赛、传统、邮政历史、邮政用品、航空、航天、专题、极限、青少年、集邮文献、税票和现代集邮沙龙12个类别。中华全国集邮联合会选送了73部邮集和74部集邮文献参加竞赛性展出，获得大金奖2个、大镀金奖8个、镀金奖19个。此外，沈曾华获得了国家大奖、康乐获得了青少年最佳奖。这是中国邮集和集邮文献参加国际邮展以来获得的最好成绩。

按照邮展特别规则的要求，参加中国’96亚洲邮展锦标赛类的展品，必须是在过去10年中获得过3枚世界邮展金奖或亚洲邮展大金奖的邮集。中国集邮家李曙光的《中国军邮史（1934—1953）》曾在曼谷’93、韩国’94、新加坡’95世界邮展上3次获得金奖，成为第一部参加亚洲国际邮展锦标赛类的中国邮集，并获大金奖。

沈曾华获得中国’96亚洲国际邮展国家大奖

李曙光出生于1951年，山东邹平人。自学生时代受父亲影响开始集邮。他是一名国际邮展评审员，在中国军邮领域有着深入的研究和丰富的收藏。他的《新中国军邮史》展品参加中国1996第9届亚洲国际邮展时获得大金奖加评委会祝贺。此后，他的两部展品多次在世界邮展获得大金奖。他是当选中华全国集邮联合会第六届、第七届副会长，第四届、第五届邮展委员会主任；2003年他被授予中华全国集邮联合会第一批会士。

李曙光

中国’96亚洲邮展组委会于5月23日下午在北京国际会议中心举行了隆重的颁奖典礼和文艺演出。有关部门负责人出席了颁奖仪式。

在颁奖会上，评委会主席郑炳贤作评审报告。他说，此次展览是成功的，竞赛类展品水平之高和中国集邮者高质量邮集的参展，预示着中国1999年世界邮展成功在握。评委会副主席梁鸿贵宣布评审结果并主持颁奖。吴基传、加迪亚、郑炳贤、张克智等分别为获奖者颁奖。

3. 中国筹办1999世界集邮展览

为庆祝中华人民共和国成立50周年和祝贺万国邮政联盟第22届大会的召开，展示我国改革开放以来所取得的巨大成就，推动我国和世界邮政与集邮事业的发展，促进各国之间文化的交流，中国1999世界集邮展览定于1999年8月21日至30日在北京中国国际展览中心举行。

中国在1999年举办世界邮展的申请于1994年8月在韩国汉城召开的国际集邮联合会第63届代表大会上审议通过。国际集邮联合会指派许少全担任中国1999世界邮展的协调员，亚洲集邮联合会主席郑炳贤担任顾问。

这是中国第一次举办世界邮展，中国政府非常重视首次在中国举办的世界邮展，国务院副总理、中国1999世界邮展组委会主席吴邦国于1996年7月主持召开了组委会第一次会议，对邮展做出相应的决定。

在1996北京第9届亚洲国际邮展成功举办后，中国1999世界邮展组委会于1996年7月18日在北京成立，中华人民共和国主席江泽民担任邮展组委会名誉主席，吴邦国副总理为邮展组委会主席，吴基传部长为邮展组委会常务副主席，组委会秘书处设在中华全国集邮联合会。中华人民共和国国务院副总理、中国1999世界邮展组委会主席吴邦国代表中国发出邀请，欢迎各国与地区的邮政界和集邮界人士来华参

中国’96亚洲国际邮展颁奖晚会

加盛会。

在邮展组委会和邮电部党组的领导下，积极争取有关部门的支持和协助，认真贯彻我国的外交政策，履行应承担的国际义务，维护我国的正当权益，按照国际集邮联合会的要求，结合我国实际，办出我国特色，增进与各国和地区的邮政与集邮组织的友好关系和合作，扩大我国的影响，确保邮展圆满成功，为国争光。

此次邮展的正式名称是：中国1999世界集邮展览，定于1999年8月21日至30日在北京中国国际展览中心举办。设非竞赛和竞赛类两大部分。非竞赛类包括官方类展品和荣誉类展品；竞赛类包括锦标赛、传统、邮政历史、邮政用品、航空、航天、专题、极限、青少年、集邮文献、税票和开放类12个类别，共3500框。本次邮展设立荣誉大奖、国家大奖、国际大奖3个大奖和青少年最佳奖、现代集邮最佳奖。

邮展的各项工作分为4个阶段（起始阶段、基础阶段、关键阶段、实施阶段）进行筹备，有计划地全面落实，力争在1998年年底邮展的前期工作基本就绪。

为扩大中国1999世界邮展的影响，邮展组委会秘书处在1996年起通过《人民日报》、新华社等新闻媒体对邮展的展徽和吉祥物进行广泛征集，共收到设计图稿1900多幅，经过专家评选后，由中央工艺美院袁运甫、刘巨德教授设计的图稿报邮展组委会领导审议通过，展徽上方为3个“9”字组成的祥云，下方为象征邮票齿孔和长城城垛的图案，两侧为英文“中国”及“1999”字样，图案寓意：中国1999世界邮展在中国北京举办，将充满友谊和祥和。秘书处举办的迎中国1999世界邮展宣传用语的征集活动，共收到各地来稿1万多条，经专家评定，评选出10条作为广泛宣传的用语。其中有“盛会聚五洲邮友 方寸集四海风情”“龙腾海天庆邮展 国逢华诞迎盛会”等。

中国’99世界邮展组委会秘书处第一次会议

中国 ’99 世界邮展展徽和吉祥物

邮展组委会以组委会秘书处名义向国际集邮联合会和亚洲集邮联合会的 82 个成员组织发出邀请。中国参加 1999 世界邮展的竞赛类展品已初步确定，根据近几年全国邮展与参加外展的获奖情况，结合各省、自治区、直辖市集邮协会推荐，中国邮集专家指导小组组织了 4 次会审和筛选。此外，还成立了中国 1999 世界邮展邮集指导小组，由梁鸿贵任组长，刘佳维、刘钟林任副组长。

在天津 1998 年全国邮展获奖展品的基础上，优中选优，最后确定参展名单。要争取“低奖不丢，中奖不让，高奖力争”，树立全国一盘棋的意识，充分调动和发挥集邮协会、邮集作者和专家指导三方面的积极性，采取各种措施，努力把我国的展品水平提高一步，为国争光。

为了提高我国参展展品水平，按照筹备工作计划，报经邮电部批准，以中华全国集邮联合会的名义邀请国际集邮联合会传统委员会主席沃尔伯格（瑞典）和专题委员会主席莫洛里（意大利）于 1997 年 11 中下旬来华讲学，并对我国重点邮集进行具体指导。

1998 年 4 月 1—4 日，组委会秘书处邀请了国际集邮联合会邮政历史委员会主席沃克（美国）、青少年集邮委员会主席马德斯克和国际邮展评审员德鲁斯（澳大利亚）来华分别就邮政历史和青少年集邮的编组技巧和评分标准进行讲学，沃克夫人（美国集邮协会副会长、国际邮展评审员）也进行了邮政历史的辅导，各省、自治区、直辖市集邮协会和行业集邮协会的专职干部、国家级邮展评审员、征集员、邮集作者等 90 余人参加了听课。

为加强信息管理，配合邮展的征集、评审工作，邮展组委会秘书处在 1996 亚洲国际邮展的基础上，与北京邮电大学共同研发了中国 1999 世界邮展的信息管理系统。为了保证中国 1999 邮展的展框的使用，按照“坚固、耐用、美观、安全、方便”的原则要求，在’96 亚洲邮展的基础上，通过考察，选定了天津邮电通信设备厂的展框，通过国家鉴定并获得国家专利。

4. 中国 1999 世界集邮展览成功举办

经过近 5 年的筹备，中国 1999 世界集邮展览于 1999 年 8 月 21 日上午在北京中国国际展览中心隆重开幕。这是中国几代集邮前辈梦寐以求的盛会。出席中国 1999 世界集邮展览开幕式的有：第九届全国人大常委会副委员长、中华全国集邮联合会名誉会长田纪云，国务院副总理、中国 1999 世界邮展组委会主席吴邦国，第九届全国政协副主席、中华全国集邮联合会名誉会长钱伟长，中国 1999 世界邮展组委会常务副主席、信息产业部部长吴基传，国际集邮联合会主席摩尔，万国邮联国际局总局长利维等 2000 余名海内外嘉宾。开幕式由国家邮政局局长刘立清主持，吴基传致开幕辞，田纪云、吴邦国、钱伟长与摩尔共同为开幕式剪彩。会后，田纪云等领导兴致勃勃地步入展厅，一睹世界邮展的风采。

邮展期间，党和国家领导人李鹏、尉健行、李铁映、布赫、何鲁丽、马万祺、吴仪、刘华清、铁木尔·达瓦买提、彭珮云、蒋正华、李贵鲜、张思卿、钱正英、万国权、白立忱、经叔平等参观了邮展。

本次邮展在选择邀请非竞赛类邮集方

期待中国'99 世界邮展开幕

中国'99 世界邮展开幕典礼

面做得很好。观众看到了真正的邮票设计原稿、试模印样等邮品。毛里求斯1847年“邮政局”一便士邮票舞会邀请信实寄封（当时全球最贵的实寄封），也是第一次在北京展出。中国香港林文琰提供的两件珍贵展品——红印花小字当1元邮票四方连和大龙阔边黄五分邮票全张，两件都是存世孤品，多年来没在内地展出过。他的另外一部展品是《中国古典邮票》，共有25框。其他被邀请的邮集也是经过认真考虑挑选的，有传统、邮政史、航空、专题、印花税票和青少年等不同类别的邮集，这让中国集邮者有机会看到各式各样的好邮集。

国际集邮联的锦标赛类展品的参展要求是，只有在国际邮展上，在不同的3年内拿到过3次大金奖的邮集才有资格入选（在同一年内得到过两次或两次以上大金奖只算一次）。中国集邮者的邮集在这之前的国际集邮联邮展上从未得到过大金奖，所以在这个类别中没有中国集邮者的邮集。本次邮展共有9部邮集入围锦标赛类，3部是传统类邮集，其余的是邮政史类邮集。最终，韩国的李钟国所展的《大韩王国和帝国（1884—1905）》传统邮集获荣誉大奖。

中华全国集邮联合会选送了102部邮集和97部集邮文献参加了本届邮展竞赛性展出。沈曾华和李曙光的展品分别获得大金奖加特别奖。中国军团还获得了金奖5个、大镀金奖27个、镀金奖36个。此外，沈曾华还获得了国家大奖，谢小融获得了实验类最佳奖，杨珖获得了青少年类最佳奖。

8月29日下午2时，中国1999世界邮展颁奖大会在北京世纪剧场举行，中国集邮家沈曾华举起国家大奖，成为中国第一位荣获此项殊荣的集邮家。

5. 中国首次举办世界邮展获得高度评价

中国成功举办了这次世界邮展，对于展示我国改革开放和新中国成立50年来所

沈曾华获得中国’99世界邮展国家大奖

取得的巨大成就，推动我国和世界邮政与集邮事业的发展，促进各国之间文化的交流，具有重要的意义。

亚洲集邮联主席郑炳贤说："中国1999世界邮展将作为一个里程碑载入亚洲集邮史册。"国际集邮联合会主席努·摩尔说："在举办邮展上，中国已经具备了国际水平"。

中国1999世界集邮展览组委会负责人刘建辉高度概括了本届邮展的五大特色：第一是规模大，在世界邮展上也属少见；第二是参展邮集水平高，中外珍邮云集北京；第三是观众踊跃，不仅销售火爆，而且参观人数达到35万人次，且秩序良好；第四是中国的邮集水平有了空前的提高，获得两枚世界邮展的大金奖加特别奖；第五是邮展组织工作严谨，软硬件都达到了国际水平。

荣誉证书

国际集邮联合会副主席
中国'99世界邮展协调员 许少全先生

您为中国1999世界集邮展览的成功举办，作出了积极的贡献。

特颁发此证书

中国'99世界邮展组委会主席
中华人民共和国国务院副总理

一九九九年八月二十九日

中国'99世界邮展组委会颁发给许少全的荣誉证书

八、各省、自治区、直辖市举办的竞赛性邮展

中国集邮水平的提高，离不开各省、自治区、直辖市以及行业集邮协会所做的普及工作。而在这些工作中，对集邮展览的普及又是至关重要的。在这一时期，各省级集邮协会举办的竞赛性邮展的主要目的是为1993年全国邮展和1997年全国邮展选拔展品。

1. 为1993年全国邮展选拔展品

1993—1997年，各省级集邮协会及行业集邮协会为选拔参加全国邮展的展品，纷纷举办竞赛性集邮展览。特别是1993年，正逢全社会隆重纪念毛泽东同志诞辰100周年，因此，很多邮展冠以"纪念毛泽东同志诞辰一百周年"的主题。

由中国石油集邮协会主办、胜利油田集邮协会承办的全国石油职工第二届邮展于1992年10月22—29日在北京中国美术馆举行。本届邮展展出了传统类、邮政历史类、专题类和极限类共59部269框展品。全国石油系统的27个局厂集邮协会中有24个参加了此次邮展。国务院原副总理余秋里出席了邮展开幕式，朱学范、马文瑞、康世恩等领导同志为邮展题词。经过由宋兴民、梁鸿贵、刘佳维、焦晓光、周新民组成的评委会评审，柯愈劲的《一部艰苦奋斗的史诗——记当代中国石油工业》、田润普的《发展石油 造福人类》、杨继良的《外国在华发行的邮票》、韩华的《山东战时邮政邮票、封、戳》获得金奖。

为纪念西藏和平解放42周年和毛泽东同志诞辰100周年，由西藏自治区邮电局和自治区集邮协会主办的"西藏自治区第

三届集邮展览”于1993年5月23日在拉萨开幕。自治区的党委、政府、人大常委会、政协的领导和西藏各民族集邮爱好者，以及新闻、文化、宣传、教育等部门的相关人士出席了邮展开幕式。本届邮展展出了16部展品。这些展品从政治、经济和文化等方面表现了中国所取得的巨大成就，以及西藏人民在促进民族大团结、促进祖国统一所发挥的重要作用。从展品的素材、编组和制作方面看，均有了明显的进步。

山西省第五届集邮展览于1993年7月中旬举行。本届邮展竞赛性展品分为传统类、邮政历史类、邮政用品类、航空类、航天类、专题类、极限类、印花类、青少年类，共有61部展品。最终评出一等奖5名、二等奖10名、三等奖15名。其中获得一、二等奖的展品被推荐参加全国邮展预审。邮电部副部长、中华全国集邮联合会会长朱高峰参观了邮展，并与参展者亲切交谈。

由贵州省邮电局和省集邮协会主办的“'93贵州省集邮展览”于1993年8月13日在贵阳市开幕。本次邮展共展出35部167框展品，包括传统、邮政用品、航空、航天、专题、青少年等类别。贵州省省长陈士能展示了自己收藏的部分珍贵邮品，并且为邮展剪彩。这是贵州省类别最多、水平最高的一次邮展。

为纪念毛泽东同志诞辰100周年，由中国人民解放军总后勤部政治部、文化部举办的首届集邮展览于1993年9月29日至10月6日在北京总后文化活动中心举行。展览分为竞赛性和非竞赛性两类，共有104框展品。竞赛性展品有31部，包括传统、专题和极限等类别。经卢江林、刘格文、马驎、纪玉成和凌福根组成的评委会评审，朱莉的《风云激荡铸丰碑》、耿志东的《龙的故事》获得一等奖，另有6部展品获得二等奖、10部展品获得三等奖。总后勤部领导周克玉、许胜、杨德清，中华

西藏自治区第三届集邮展览

贵州省省长陈士能为’93 贵州省邮展剪彩

解放军总后勤部纪念毛泽东同志诞辰一百周年邮展

全国集邮联合会和北京市集邮协会领导刘建辉、杜庆云，以及毛泽东同志亲属邵华、原总政文化部领导周之同等出席了邮展开幕式。此外，云南省在昆明市、河北省在石家庄市、青海省在西宁市、浙江省在杭州市、安徽省在合肥市都于 1993 年内举办了竞赛性集邮展览。

2. 为1997年全国邮展选拔展品

由中国煤矿文化基金会、中国煤矿地质工会和河南平顶山矿务局联合举办的中国煤矿第二届集邮展览于1994年9月23—27日在平顶山市举行。煤炭部、河南省、中华全国集邮联合会、平顶山市的有关领导出席了邮展开幕式。本届邮展共展出来自全国15个省、自治区、直辖市的38个煤矿选送的75部展品，涉及传统、邮政历史、邮政用品、航天、专题、极限、印花、青少年、集邮文献等类别。经过评审，吴世茂的《火车邮局》等5部展品获得一等奖，另有10部展品获得二等奖、20部展品获得三等奖。有部分展品经过全国邮展的历练，在更换素材和重新编组后，显示出一定实力，为参加1997年全国邮展打下较好的基础。

以纪念中国人民抗日战争和世界反法西斯战争胜利50周年为主题的上海市第三届集邮展览，于1995年6月10—14日在上海展览中心举办。中共上海市委副书记、市集邮协会名誉会长陈至立专程参观了邮展。本届邮展共展出80部336框展品，其中竞赛性73部，70%为初次参展，且不乏上乘之作。经过评审，胡不为的《新中国旧币面值普通邮票》、傅德霖的《中信版孙中山像邮票及16分加盖改值票》和荣正光的《华东人民邮政史》获得金奖；胡稼的《中国人民志愿军军邮史》等6部展品获得镀金奖。这些展品被推荐参加中国1996第9届亚洲邮展。约有2.5万人参观了本届邮展。

为庆祝中华人民共和国成立46周年暨新疆维吾尔自治区成立40周年，由新疆邮电管理局等多家单位举办的大型集邮展览于1995年9月29日至10月3日在乌鲁木齐国际展览中心举行。本次邮展共展出42部展品168框，以及15部集邮文献。其中谢伟景的《新疆邮政史》获得大金奖。该展品曾经在1993年全国邮展上获得金奖。

上海市第三届邮展

另有24位参展者分别获得金奖、大镀金奖、镀金奖、大银奖、银奖、镀银奖和铜奖。本次邮展是新疆集邮史上规模最大、水平最高的一次邮展。有1万余名各族群众参观了邮展。

由北京市集邮协会主办的“纪念北京市集邮协会成立15周年集邮展览”于1996年10月30日至11月3日在北京东城区文化馆举办。这是北京市集邮协会成立以来举办的第2次竞赛性邮展。本次邮展除特邀参加中国1996第9届亚洲国际邮展的部分展品外，有42部展品参加了竞赛性展出，而且大多是新展品。经过评委会评审，施冥的《载人航天史》、罗贻声的《火车的“路”》获得金奖，董继志的《大东版邮票史话》、吴书庆的《天安门图普票》等6部展品获得镀金奖。在这些展品中，有4部入选了1997年全国邮展。

四川省第七届集邮展览于1997年5月26—30日在成都市劳动人民文化宫举办。这是四川省为备战重庆1997全国邮展选拔展品而举办的。该省在传统、邮政历史、邮政用品等类别上，具有较强的竞争力。四川集邮起步较晚，省集邮协会采取“夯实基础、逐步提高”的策略，对参展邮集实施集体会审等方式，使本届邮展水平高于以往任何一届。像《中国人民邮政旧币面值普通邮票》《中国邮政挂号邮资史》《中华民国四川印花税票》等展品，在本次邮展上获得了较高评价。

第六节　集邮学术研究显现成果

1991 年中华全国集邮联合会第三届集邮学术工作委员会成立以来，在继续开展对各个时期的邮票、邮品，以及各类集邮方式研究的同时，特别注重在全国范围有计划、有组织地开展集邮理论研究和集邮工作规律性研究，并注重做好集邮学术研究的一些基础性工作，集中全国力量，加强团队协作，实施课题攻关，适时汇集推广成果，以期通过理论更好地指导集邮实践，把我国集邮事业不断推向前进。

一、集邮名词审定工作延续

1992 年 8 月 27 日，第三次集邮名词审定（扩大）会议在山西大同市召开。会议总结了前段工作，审议通过了第一批集邮名词修订稿，研究部署了下一步工作任务。会议还审议了集邮名词的框架、翻译及撰写体例要求，确定了集邮名词审定工作程序。会后，于 11 月 3 日正式公布试行审定的第一批集邮名词，并请各级集邮协会及其理事、各专业委员会委员和集邮报刊率先使用经过审定的集邮名词，逐步停止使用不规范的名词。

1993 年 11 月 22—25 日，在北京召开了第四次集邮名词审定会议。自 1993 年 8 月，第二批、第三批集邮名词征求意见稿在《中国集邮报》相继公布后，共收到各种意见和建议 403 条，经整理，提交会议讨论、审定的共 299 条。此次会议讨论了 133 条，认定了 109 条。1994 年 1 月 31 日，中华全国集邮联合会正式公布试行第二批审定的集邮名词，共计 109 条。

1994 年 6 月 11—15 日，集邮名词审定会议在河北邯郸市举行。提交这次会议审定的集邮名词共 207 条，讨论认定 145 条。1994 年 7 月 6 日，中华全国集邮联合会将

第四次集邮名词审定会

这次会议审定的145条集邮名词正式公布试行。为使已审定的集邮名词能为广大集邮爱好者普遍使用，邯郸会议上提议，将1992—1994年审定的集邮名词，共334条，汇编成册，出版发行。

集邮名词的审定，为组织编纂《中国集邮大辞典》和其他集邮名词出版物奠定了基础。这是中国集邮学术研究取得的一项重大成果。它为当时编撰《中国集邮大辞典》奠定了稳固基础，也为以后开展学术研究及报刊上普及集邮知识提供了用语上的规范和标准，影响深远。

二、集邮文化理论探讨与研究

中华全国集邮联合会第三次代表大会报告明确提出，要加强集邮文化理论建设，通过对重大课题的研究，建立集邮文化理论体系。自1991年年底至1992年年初开始，中国集邮界对集邮文化的概念、内涵、外延，集邮文化的形成、形式、特性、功能、应用，以及集邮文化事业建设，集邮的普及与提高，集邮者素质和道德观念等课题，开展了广泛的大讨论。经过两年多时间的集中研究，初步形成有中国特色的集邮文化理论基础，对指导集邮事业发展起到了积极作用。

1. 集邮理论探讨、研究的缘起

在1982年中华全国集邮联合会第一次代表大会的工作报告中，就着重阐述了发展集邮与建设社会主义精神文明的关系，提出“集邮是一项群众性文化活动，是社会主义文化生活的一部分，属于人类的精神文明”。对于“集邮在社会生活中的作用与意义”，提出了集邮“是进行爱国主义教育的好形式”“是传播科学文化知识的课堂”“是一种美的教育”“又是一种史料的收集与研究”“也是一种健康的有益的娱乐”。从这5个方面，论述集邮“在人类文化生活中发挥的独特的作用”。此后，这5个方面被归纳为集邮具有思想性、知识性、艺术性、史料性、娱乐性，代表中国的集邮观主流，长期指导着我国群众性集邮活动。

中华全国集邮联合会三大会议后，全国各地闻风而动，掀起宣传集邮社会价值和研究集邮文化理论的热潮，其核心是树立集邮的完整概念。这当中除北京以外，较有影响和代表性的有：1991年4月，广州市集邮协会《集邮家》报发表许率真署名“直人”的文章《集邮文化浅识》，率先展开对集邮文化的研讨。同年5月，山西《集邮报》刊出消息《我国集邮进入高新层次，集邮文化理论将引导集邮发展》，并接续发表湖南孔浩鸿的《略谈集邮文化的基本内容》和《浅议集邮文化的特点》，以及李英萍采访于宗琪的《集邮文化访谈录》等文章，具有较强导向性。这些文章，对集邮与文化的关系，集邮文化的概念、内涵、功能、意义，以及如何建设集邮文化等问题，提出了初步见解。

2. 全国集邮学术年会主题转入集邮理论研究

1991年8月，中华全国集邮联合会秘书长刘天瑞在《集邮》杂志撰文，以《浅谈集邮文化和几个需商榷的问题》为题，号召广大会员和集邮者深入研究和探讨集邮文化。《集邮》编辑部加编者按，正式提出“开展集邮文化的讨论”“望广大集邮爱好者积极踊跃参加这一讨论。”这标志着学术研究范围扩大到集邮理论研究。

根据中华全国集邮联合会三大部署，第三届学术工作委员会于1992年3月在安徽马鞍山市召开专门会议，确定了编撰《集邮文化基础理论》一书的方案和撰稿人。同年7月18—20日，中华全国集邮联合会在北京召开了“集邮文化讨论汇报会”，部分省市集邮协会干部及研究集邮文化理论的集邮者聚集一堂，试图把集邮文化研讨推进一步。但此时集邮文化讨论在全国发展极不平衡，三分之二的省（自治区、直辖市）对这项讨论本身持不同意见。中华全国集邮联合会副会长兼秘书长刘天瑞在会议上强调，今后一段时间里，集邮文化讨论要分层次进行：骨干力量集中研究和充实完善理论部分；积极分子分批组织研讨会，用生动活泼的形式宣传集邮文化的社会价值。中华全国集邮联合会会刊、会报要舍得版面，宣传要有声势。整个讨论要以点带面、分类指导，力争在广度、深度上都有进展。这次会后，各地闻风而动，短期内全国共召开了28次省级集邮文化理论研讨会，发表论文450余篇。

1993年5月12—13日，中华全国集邮联合会学术工作委员会在山东青岛市召开年会。李洪义作了《1992年集邮学术工作情况和1993年工作安排》的报告。他从5个方面总结了1992年全国学术工作情况：（1）开展了以集邮文化理论为重点的研究活动；（2）以新中国邮票为重点的研究活动在全国已经开始；（3）重视了集邮研究成果的推广工作；（4）《中国解放区邮票史》一书的编辑工作在加紧进行；（5）做了编纂《中国邮票史》和《集邮学术干部手册》的准备工作。对1993年的学术工作安排，李洪义提出7点建议：（1）加强集邮学术研究组织和队伍的建设；（2）注意在建立社会主义市场经济过程中，对集邮领域出现的新情况、新问题的研究；（3）组织好纪念毛泽东同志诞辰100周年集邮学术报告会；（4）继续开展新中国邮票和解放区

中华全国集邮联合会集邮文化讨论汇报会

邮票的研究；（5）做好集邮史、书、论文汇编和手册的编辑出版工作；（6）做好评选优秀图书的推荐工作；（7）充分发挥中华全国集邮联合会学术工作委员会委员的作用。

1994年8月21—26日，中华全国集邮联合会在辽宁省大连市召开“集邮文化理论研讨会暨《集邮文化学基础》审稿会”。出席会议的有20多位来自社会和集邮界的专家、学者及该书稿的作者。中华全国集邮联合会秘书长刘天瑞自始至终参加了讨论研究。

3. 集邮文化大讨论及其成果

20世纪90年代，中国集邮界学术研讨的一项重要成果就是通过集邮文化大讨论形成基本观点。这些基本观点符合改革开放时期，建设精神文明和物质文明的理论，对中国集邮事业的根本方向和长远发展具有指导意义。

中华全国集邮联合会于1991年10月18日发出《关于抓紧组织集邮文化讨论的通知》，自此，在全国形成一场有组织、有规模、群众性的集邮文化大讨论。这场大讨论，前后经历了两个阶段，历时两年半。前期是在中华全国集邮联合会组织下进行，全国各省级集邮协会及主要大、中城市集邮协会几乎都参加了讨论，并召开学术研讨会或出版论文集，交流、汇集了各自的成果。1992年7月，中华全国集邮联合会在北京怀柔召开集邮文化讨论汇报会，集中讨论了关于集邮文化的定义、内涵、特点、作用等基础理论问题。江苏葛建亚的《论集邮文化概念》，北京赵珩的《论集邮的文化属性与集邮文化的形成》，四川李鸿远的《论集邮文化的内涵》，山西于宗琪、辽宁何乃航的《谈集邮文化的着力点》和于宗琪的《谈集邮文化的社会功能》等论文，是这一时期主要理论成果。

《集邮文化学基础》审稿会

1992 年，邓小平南方谈话及中共十四大报告，都明确提出建立社会主义市场经济。为此，《集邮》杂志当年第 8 期发表署名“文心”的评论员文章《移开“琵琶”》，指出：集邮界不能讳言邮票的商品属性和集邮的市场行为，“犹抱琵琶半遮面”，不愿或不敢对之做出明确、肯定的回答。这篇文章的作者是《解放军报》评论部主任刘格文，1991 年他还曾发表集邮市场纪实文章《猴票》，让社会普遍了解到集邮保值、增值的作用和猴票的升值神话。1992 年为祝贺中华全国集邮联合会成立 10 周年，他在《中国集邮报》发表短评《并不简单的“……是什么”》，首倡坚持“重点论”基础上的“两点论”。他这里说的“两点论”，是指集邮的社会文化价值和经济价值应并行不悖；“重点论”是指在全面看待集邮价值问题时，作为集邮者和集邮组织，更要特别注重集邮的社会文化价值。这些文章，引起人们对集邮文化的深入思考，也带来一些困惑。

1993 年 1 月，《中国集邮报》发表署名“直人”来信《关于“集邮是什么”的困惑》，针对刘格文的文章观点提出商榷，意在单纯强调集邮的文化属性。《中国集邮报》加编者按《直面现实，清醒认识》，指出，要在新形势下，全面准确地认识和确立我国社会主义集邮理论，并进而指导实践，推动集邮事业的更大发展。由此，再次拉开大讨论的帷幕，这次讨论的题目是“集邮是什么？”讨论引起极大反响，从年头到年尾，有 200 多位参与者撰文谈出各自见解，绝大多数人赞同刘格文的文章观点。12 月 15 日的《中国集邮报》以整版篇幅刊出了题为《集邮是群众性的文化活动》的编辑部文章，对“集邮是什么”大讨论做了总结性归纳，明确指出，集邮不是经济活动，而是文化活动；要正确区分邮票与集邮文化的不同功能；不同价值取向的集邮者组成浩荡的精神文明建设大军；集邮协会的性质不能扭曲和改变。

值得一提的是，这场大讨论始终是在中华全国集邮联合会主导下进行，但后期，集邮媒体——尤其是《集邮》《中国集邮报》和山西《集邮报》起了关键作用。

经过两年半的大讨论，集邮文化理论基本形成。其观点主要体现在以下 7 个方面：

（1）邮票的本质属性和价值。邮票来源于邮政，第一属性是邮资凭证，具有文化价值和商品价值。

（2）集邮文化的起源和定义。集邮文化是邮政经济和邮票价值的反映，其定义可以从多个角度表述，有如“文化”的定义难以精准，集邮文化的定义也很难统一认识，只能按不同理解诠释概念。

（3）集邮文化的形成和发展。集邮文化肇始于西方，在中国改革开放新时期取得长足发展，尤其将集邮与文化直接连接成“集邮文化”，是中国对世界集邮文化做出的重要贡献。

（4）集邮文化的特征。思想性、社会性、创造性、继承性、复合性、民族性、群众性等。

（5）集邮文化的功能。文化的基本功能即教育功能、认识功能、审美功能、娱乐功能，这 4 点集邮文化都具备。

（6）集邮文化与邮品经营的关系。集邮是文化活动，后者是前者的物质基础；尽管后者不是集邮协会工作任务，但了解和联系它有利集邮工作。

中国集邮报
CHINA PHILATELY NEWS
1993年12月15日　第50期（总第77期）　中华全国集邮联合会主办
国内统一刊号：CN11—0201　邮发代号：1—164　每星期三出版

集邮是群众性的文化活动

——关于“集邮是什么”大讨论的结语

本报编辑部

“集邮是什么？”在集邮文化大讨论的紧锣密鼓中，200多位邮人在一年的时间内或以论文，或以杂文，或以书信等形式纷纷向本报发表了自己的见解。全国不少邮刊邮报也紧扣“集邮是什么”的论题各展高见，争鸣邮苑，为集邮文化大讨论的深入高扬起顺风的帆。

“集邮是什么？”当这个不成问题的问题在社会主义市场经济大潮的波峰浪尖中呈现短暂的混沌迷蒙，而使一些集邮者感到困惑的时候；当集邮文化大讨论一波三折，邮人们那探求集邮真谛而积极思维的大脑感到一时性徘徊迷离的时候，本报及时组织了“集邮是什么”的大讨论。这场讨论是集邮文化大讨论的一部分，也是为深化大讨论进行的清除障碍，铺路架桥的工作。从今年1月13日开始，一载的争鸣伴随着改革中的大浪淘沙和如水时光的流去，邮真理之“石”已显露在市场经济不断运作中的集邮文化建设的“水”面上了。

集邮不是经济活动，而是文化活动

“集邮是什么”？多么简单的问题，人们似乎对讨论这一问题的必要性、重要性产生了不解和疑惑。但当你看到众多集邮者对这一简单问题所作出的更使你不解和疑惑的回答时，你就会通过市场经济的运作、商品意识的折射，新旧观念的撞击，看到集邮者在改革的新形势下那纷繁复杂和动荡不定的心态，看到围绕“集邮是什么”的概念界定的争鸣展现出的建设具有中国特色的集邮文化那崎岖而漫长的路。

“集邮是什么”？争鸣的集邮者们各抒己见。

——“集邮是文化气息最浓的经济活动。”

——“集邮就是爱好加经济价值。”

——“集邮是经济范畴。”

——“集邮是文化活动和经济活动的总和。”

——“集邮是离不开正当经济行为的文化活动。”

——“集邮对一些人是文化活动，对另一些人则是储财活动，因人而异。”

——“集邮分为文化集邮、经济集邮和其它集邮。”

——“集邮就是集财。”

还有众多的邮人，在讨论的“困惑”中无奈地作出了更“困惑”的答案：

——“集邮就是玩。”

——“集邮概念无定形。”

——“集邮就是集邮，它什么也不是。”

（下转第6版）

《中国集邮报》关于“集邮是什么”大讨论的结语

（7）集邮文化的发展规律。有赖于邮政通信产业的发展；有赖于集邮活动的广泛开展和不断创新；有赖于借鉴和融合其他社会文化；有赖于集邮市场的发育和健全；有赖于集邮理论研究的进一步深入。

集邮文化大讨论，实质是中国集邮界一次思想解放。在当时条件下，虽然有一定局限性，但最终并未脱离时代和社会大环境。特别是联系发展社会主义市场经济的实际，探讨集邮文化建设，首先坚持了集邮的文化性质，其次也肯定了集邮不能离开市场，二者关系不是对立的，而是相辅相成、相互促进。

三、对邮资票品和邮政史的深入研究

1992年，适逢中华全国集邮联合会成立10周年，朱高峰会长在纪念暨表彰大会上再次肯定我国集邮活动基本经验之一，就是坚持发挥集邮的社会功能，围绕党和政府的中心工作开展活动。20世纪最后10年，全国瞩目的大事、喜事连连，全国集邮活动都围绕国家大事以及重大集邮活动开展。

1. 举办主题性全国集邮学术活动

为配合国家重大事件和活动，20 世纪 90 年代的集邮学术活动，大都有明确的主题，而研究重点，仍然落脚于中国各个历史时期发行的邮资票品与其体现的邮政历史，不断有新发现、新认识和新突破。

1993 年 11 月 17 日，中华全国集邮联合会在北京人民大会堂隆重举行了“纪念毛泽东同志诞辰一百周年集邮报告会”。

朱高峰会长主持会议，第八届全国人大常委会副委员长程思远出席大会并进行了题为《方寸之中缅怀伟人功绩》的讲话。在报告会上宣读的论文有:《毛主席重视邮电工作二三事》《从设计新中国第一套邮票想到的》《毛泽东同志为刘胡兰烈士题词“生的伟大　死的光荣”始末》《浅说毛泽东邮票》。次日，在北京民族饭店举行了“新中国邮票研讨会”。入选的国内外论文共 49 篇，瑞士、美国以及中国香港等国家和地区的集邮界人士也撰写了论文。孙家华的《试论新中国邮票民族文化之表现》等 10 篇论文在会上交流，现场宣读的有 6 篇。这些论文从新中国邮票的设计、分类、特色、印刷、发行等方面进行研究，并就提高邮票质量、抢救历史资料等问题提出了建设性意见。

1997 年是香港回归祖国之年。当年年初，围绕我国对香港恢复行使主权和党的十五大召开这两件重大事件，集邮界广泛开展了对香港邮政发行的邮票和中国邮政发行的邮票、邮品的研究，以及对“客邮”和商埠邮票的研究。在全国范围征集论文 100 余篇。10 月 21 日，全国集邮学术研讨会在重庆工贸大厦举行。内地和香港特别行政区集邮人士参加了研讨会。宁夏曹益民的《从邮资封片看邓小平同志的

纪念毛泽东同志诞辰一百周年集邮报告会

丰功伟绩》、香港张金炽的《香港邮政与邮票（1841—1997.6.30）》、北京客文达的《中国极限集邮的回顾与展望》、上海刘广实的《“普 2” 1 千元和 3 千元邮票版式研究》、山东边锋的《从新中国邮票看社会主义建设成就》等 5 篇论文在会上宣读。

1998 年 7 月 24—25 日，中华全国集邮联合会和天津市邮电管理局在天津举行“纪念大龙邮票发行 120 周年学术研讨会。”天津邮政文史专家阎文启做了题为《中国第一套邮票——大龙邮票在津发行 120 周年纪实》的讲演。研讨会上有 8 人发言，4 人提交了书面论文。赵强的《李鸿章与中国海关试办邮政》一文较为系统地论述了李鸿章如何在幕后筹划，积极支持赫德试办邮政和扶持华洋书信馆，引用的史料颇有新意；张家禄的《津海新关旧址考》以充分的档案史料和图片，核实了新关旧址的确切位置，解决了大龙邮票发行具体所在地的悬案问题；屈浩然的《海关大龙邮票印量探讨》对过去的发行量提出质疑，并就个人的判断进行了论证；刘广实的《中国海关邮政三议》对海关邮政的起始、向公众开放日期，兼办与试办的历史阶段的提法，以及海关邮政与邮票当时的地位及历史影响，进行了论述。会后印发了《纪念大龙邮票发行 120 周年集邮学术研讨会论文汇编》。

2. 协作互补的省际集邮学术活动

20 世纪 90 年代，集邮学术活动的一个主要特点是省际横向联合的活动明显增多。这种形式将相邻的部分省、自治区、直辖市连在一起，弥补了各省、自治区、直辖市各自开展学术活动的局限性，取得了较好的效果。

中国大龙邮票学术研讨会

东北三省集邮学术讨论会是围绕东北解放区初期加盖票的认定问题开展的。1992年8月18—21日，东北解放战争时期地方加盖邮票审定委员会第二次（扩大）会议在黑龙江牡丹江市召开。会议在前期对东北解放区加盖票审定工作的基础上，新认定2套共10枚邮票。中华全国集邮联合会秘书长李洪义在会上对东三省联合开展学术活动再次给予高度评价："东北三省解放区加盖邮票的真伪问题基本搞清楚了，是一项了不起的成就。"24—25日，在吉林市召开了东北三省解放区邮票审定委员会第一次会议，认定第一批共53套194枚加盖票为东北解放区邮票。从1988年至1992年，东三省联合协作，花了5年时间，终于从浩瀚的加盖改值票中，认定55套204枚解放区邮票。至此，东三省联合讨论审定解放区加盖邮票工作暂告一段落。

《东北三省集邮学术讨论会论文选编》

研究"侨批"的省际合作始于1988年。当年9月4日，广东、福建两省在广东省著名侨乡澄海县共同举办了第一次"粤闽侨批学术研讨会"，共收到有关论文7篇，宣读了5篇。经双方商定，成立"粤闽侨批专题研究组"，共有成员14人，由广东和福建分任组长。1994年3月16—18日，粤闽琼第二次"侨批学术研讨会"在福建省晋江市召开，会上宣读了10多篇论文。会议决定第三次研讨会在海南省举行后，这次学术活动合并于"'94粤闽琼台港澳集邮学术研讨会"，会上宣读了《琼州侨批史》等论文。

西南五省区学术讨论会主要围绕全国统一研究课题及区域特点展开，不定期轮流举行。首届讨论会于1992年12月23—26日在昆明举行。会上宣读论文15篇，涉及集邮文化的内涵、价值、地位和功能，地方加盖票、邮票版式、附加费研究、邮戳研究、邮票规格和志号研究，以及边疆民族地区的集邮活动等。

1995年10月12—15日，西南五省区第三次集邮协会工作研讨会在贵州省遵义召开。会议主要内容是对近几年来各省、自治区集邮协会在加强协会自身建设、开展各类集邮活动、普及集邮知识、创建集邮者之家、为广大集邮好者服务、协会参与市场经营活动等方面的经验进行交流和研讨。会议收到论文及经验交流材料共29篇，大会宣读了12篇，评出优秀论文2篇，先进典型材料7篇，并颁发了奖状和奖金。

1996年8月19—23日，西南五省区集邮与市场经济学术研讨会在西藏拉萨召开。

西南五省（区）集邮学术讨论会

会议收到论文36篇，宣读了15篇，评出优秀论文5篇。会议紧密围绕在社会主义市场经济条件下集邮协会如何开展活动这个中心议题，与会者各抒己见、畅所欲言，积极探讨了集邮活动与市场经济的内在联系、客观条件和发展规律。

1998年4月21—25日，以“集邮的普及与提高”为主题的西南六省区市“大西南集邮学术研讨会”在重庆市召开，共征集到论文36篇，从中评出优秀论文14篇于大会宣读。

1994年6月3—7日，中南六省区集邮学术研讨会在深圳召开，结合《中国解放区邮票史・中南卷》的统编审定工作，研讨了有关课题。内容包括中原解放区、华中解放区和华南解放区的邮政机构、邮路、邮政资费情况，对所发行的人民邮政邮票进行了史实认定。

3. 突出地方行业特色的省级集邮协会学术活动

据中华全国集邮联合会四大工作总结报告，截至1994年，全国省级集邮协会学术委员达592人，地市学术小组191个1778人；省、地市共召开研讨会793次，发表论文3657篇，极大丰富了集邮学术研究活动的内容。

北京市的集邮学术活动一向重视集邮理论研究和集邮活动新动向。在1992—1994年的集邮文化理论研究热潮中，担当了先锋角色。1992年第3期《集邮博览》刊登了文化部副部长陈昌本的署名文章《探索社会主义集邮文化的特点》。文章肯定了“社会主义集邮文化”是完全成立的。他指出：文化的基本功能有四点：教育功能，认识功能，审美功能，娱乐功能，这些功能集邮都具备。

集邮界对市场在集邮活动中的地位与作用争论不断，渐成热点。此时，集邮市场已如雨后春笋，出现在全国各大、中城市。1998年3月，在北京市集邮协会召开的学术研讨会上，许庆发宣读了《邮票非有价证券　邮市不是股市》的论文，从6个方面分析了邮票与股票的本质区别。他认为，邮票和股票两者绝不能相提并论，

1996 年全国煤矿集邮理论研讨班

混为一谈。并且针对 1992 年以来集邮市场状况指出，集邮市场炒作风气严重，需要加以引导，否则会给健康发展的中国集邮带来负面影响，甚至造成危害。

1993 年是毛泽东同志诞辰 100 周年。湖南省作为毛泽东主席的故乡，特别提出了本年度学术研究课题是对毛主席题材邮票、邮品的研究，以此纪念这位世纪伟人的百年诞辰。全省集邮学术骨干先后发表在集邮报刊的主要文章有：《试论新中国毛泽东邮票的分类》《浅谈毛主席诗词邮票的几点特色》《浅谈毛泽东墨迹邮票》《试论解放区毛泽东像邮票的特点》《毛泽东像邮票及其分类》《新中国邮票上的“毛体”书法》《毛泽东圈点邮驿诗》等。省集邮协会于当年举办了'96 集邮学术论文年会，共收到论文 28 篇，评出一、二、三等奖 16 篇；对长期致力于学术研究的会员，发给每人奖金 500 元。

辽宁省集邮协会学术活动的特色是坚持一年一度召开集邮学术研讨会，围绕当年集邮热点问题进行深入研讨。1993 年举行的第 7、第 8 两次学术研讨会，重点是研讨毛泽东像邮票和毛主席书法邮票及新中国邮票。1994—1996 年举行的 3 次学术年会，主要研讨辽宁邮史和东北区票。这 3 年，全省撰写集邮理论研究文章 500 多篇，其中百余篇获奖。1996 年，省集邮协会收到各地市推荐的集邮论文 55 篇，有 21 篇入选在大会发表，其中 7 篇获奖。

上海市的集邮学术活动更注重邮政、邮票和邮史内容，以会刊《上海集邮》为园地，面向国内外，长年不断。在《上海集邮》杂志上，时常可见国内外华邮研究者的真知灼见。唐无忌从国内外学术研究及邮集成绩比较上，认为国内集邮家对新中国邮票的研究本该居领先地位，但却让海外人士在某些领域占了先，故撰文《重视对新中国邮票的研究》阐述了这一观点，并指出，对新中国邮票的研究刻不容缓。陈振业的《“包东 1”的发行日期》一文，以新发现的原东北邮电管理总局 1950 年 2 月 1 日第 91 期《局报》为佐证，指出发行日期一直不详的“包东 1”和“普东 1”

同于1950年1月25日发行。清代开展邮务较多的是京、津、沪、烟台、牛庄（营口）、镇江6地，刘广实编译了烟台和镇江海关税务司致总税务司赫德的邮务报告全文，分别载于《上海集邮》1999年第11、第12期，为研究大龙邮票和清代邮史提供了重要译文资料。

浙江省是中国早期集邮组织新光邮票研究会发源地。该省十分重视传承新光精神，省内学术风气浓郁。自1992年7月始，由新光会创始人张包子俊发起，在省集邮协会会刊《浙江集邮》上开设“新光邮话”专栏，成为一块固定的学术园地，逐月与读者见面。该专栏发表了诸多有分量的学术文章，包括新光实录、邮史掌故、人物春秋和华邮研究等内容，如张包子俊的《费拉尔其人》，美籍华人张恺升的《我认识的邮友》（连载）、《杭州关邮政局注销戳实寄封的发现》，傅湘洲的《传统集邮研究·图案·版别》《齿孔刍谈》，钟韵玉的《新疆木戳航空邮票》；郭润康的《胶上印的钩沉》，陆俊德的《八卦戳趣谈》《大清邮政明信片》，徐星瑛的《改2实寄封》，陈鑫川的《梅兰芳与傅铭山集邮文艺交谊》，施文骥的《大龙古封踪迹》，叶季戎的《万寿加盖改值著名变体票——四复、八倒、三漏》（连载）；居洽群的《纪3原版与再版票区别新议》；赵人龙的《记杭州大圆戳红印花封》；朱国华的《新光邮票研究会的首次邮展》等。

福建省集邮学术活动历来注重研究与本省有史缘、地缘关系的课题。该省的集邮学术委员会成立伊始，即提出本省集邮学术研究的三大课题：一是早期邮政邮票史；二是抢救、挖掘、整理中央苏区红色邮政史；三是侨批史。1992—2000年，按4年一届坚持正常换届3次，期间基本保证每年召开1—2次学术年会及专题研讨会或培训讲学，取得了较多学术成果。如1996年第四届学术委员会成立并召开研讨会，

浙江原新光邮票会会员联谊会集邮茶话会

会议共征集论文20余篇，其中《福州银元邮票初探》《志愿军军邮研究笔记》《关于普四、普九（无号）邮资片版式浅议》《谢国秋、谢选卿与福州加盖对剖票封》《加盖厦门改值基数邮票是假票》等9篇论文于大会宣读。特别是严亿北的论文《闽西赤色邮政与闽西赤色邮花邮票》发表后，在全国产生了较大影响。

吉林省集邮学术活动一向活跃。1992年以前，在重点突破区票研究和新中国邮票研究的同时，开始组织学术力量收集、整理和研究伪满时期邮政史料及邮票发行资料，在全国率先从学术的角度，对伪满洲国的邮政史和邮票发行史进行深入研究。1994年7月，省集邮协会将10年来的研究成果汇编成文，以《勿忘国耻——伪满洲国邮票介绍与研究》为题，在社科杂志《长春古今》辟专刊发表（1994年第3期）。这篇长文，揭示了伪满邮政和邮票的历史背景，对伪满邮票和其他邮品逐套剖析了其发行目的，内容和表现形式，以及邮票版式、面值、刷色、印刷厂家等，是研究伪满邮政史、伪满发行邮资票品的重要参考资料。

湖北省集邮学术活动重点在对湘鄂西赤色邮政和邮票史实进行研究。监利县，原处湘鄂西苏区。1985年8月，该县邵明杰对外披露了其先辈早年收集的“湘鄂西省赤色邮务总局壹角邮票”连张新票，并将其中1枚捐赠监利县博物馆收藏。此后，在湖北省和荆州市集邮协会主导下，江泰尧、陈方权、党仁珊、陈波、宋润泉等，对湘鄂西苏区赤色邮政史及其邮票发行情况进行了多方调查与研究。

1998年4月，调研工作取得可喜进展，根据对1930年4月至1932年9月先后存在的鄂西赤色邮务总局、湘鄂西赤色邮务总局和湘鄂西省赤色邮务总局沿革史实及相关历史档案、文献记载，得出如下结论：湘鄂西省赤色邮务总局共发行过1分、3分、5分和1角面值的4种邮票。这项研究报告以《湘鄂西苏区的邮政和邮票》为题，刊于《上海集邮》1998年第4期。刘广实加编者按：“在老苏区邮票中，湘鄂西邮票的档案和实用记录都很缺乏，本文写作难度相较大。”“通过本文可对老苏区邮政有更多的认识，也希望有关邮票的论述能得到进一步的论证。”

1998年4月，湖北荆州市集邮协会召开了湘鄂西苏区邮政史学术报告会。刘广实在会上重提，湘鄂西赤色邮务总局极有可能发行过面值“肆分”的邮票。宋润泉、江泰尧在当年第12期《集邮》发表题为《湘鄂西赤色邮政肆分票之我见》的署名文章，以湘鄂西苏区邮政经历过程“湘鄂西赤色邮务总局”的阶段及有实物见证为依据，肯定了这枚苏区邮票的发行和存世，从而将关于湘鄂西苏区邮政邮票的研究向前推进一步。

山东省的集邮学术重点一直放在对山东解放区战时邮政和邮票的研究上，其中对山东战邮发行的邮资及免资封片有重大突破性发现，这些封片是解放区邮品中的精品和珍品，很多还是孤品，带有显著的时代特征和浓厚的乡土气息，国内外集邮界关注度较高。1993年11月—1994年1月，《中国集邮报》发表了张玉文的题为《山东解放区封片研究》的长篇连载文章，对有实物和档案记载的山东解放区封片逐件详尽描述，并结合当时历史背景及现有资

·邮政足迹·

湘鄂西苏区的邮政和邮票

湖北　江泰尧　陈方权　党仁珊

第二次国内革命战争时期，湘鄂西苏区的交邮机构经历了下述五个阶段：

1. 地下交通站（1927年9月—1930年4月）

2. 鄂西赤色邮务总局（1930年4月—1930年10月16日）

3. 湘鄂西赤色邮务总局（1930年10月16日—1931年12月11日）

4. 湘鄂西省赤色邮务总局（1931年12月11日—1932年9月）

5. 恢复地下交通站（1932年9月—1934年9月）

本文着重介绍2、3、4三个阶段红色政权的邮政及在调研工作中获悉的邮资凭证。

一、鄂西赤色邮务总局

1930年4月，中共鄂西特委在石首县调弦口（亦称调关）黄陵庙召开江陵、石首、监利、沔阳、潜江五县工农兵贫民代表大会（亦称鄂西第一次工农兵贫民代表大会），成立"鄂西苏维埃五县联县政府"。下设鄂西赤色邮务总局。并发出通知，要求各"县、区委须有计划的建立全部交通网"。据《石首火种》（解放军出版社，1987）记载：该局曾设于调弦口河堤街熊同春药店内，魏炳奎任局长。同年6月魏调联县政府工作，局长之职由交通部长屈阳春兼任。总局分为收发、交通、秘书、油印四股。并分设了石首、华容、横沟、塔市驿四个直属支局，任命王秀文、刘曹中、曾宪彬和夏××四人分别任支局长。总局收发股将收到的邮件清理、登记、盖印、装袋后，由交通股派人分到上述四个支局，然后再由各支局按各自邮路送达有关县属。根据规定：石首支局传送公安、沙市方向；横沟市支局传送江陵、潜江方向；塔市驿支局传送监利之洪湖方向；华容支局传送湖南方向。特委机关刊物《鄂西通讯》、《党的生活》等，一直是以邮务传递的方式进行发送的。赤色邮政都是在秘密交通的基础上发展的。由于形成了较为健全的网络，党的指令及各级组织的情况，比较及时、准确地得到交流。

《石首火种》还记载：鄂西赤色邮务总局在设于调弦口的石印局印制了3分、5分、1角三种票面的邮票，票面上绘有马克思（亦说列宁）头像和"鄂西赤色邮务总局"字样，在全苏区发行。

另据仙桃市档案局武身龙（在《沔阳苏区邮政拾零》（打印稿，1996年）中报道）1996年4月29日访问覃修坦老人（时年75岁，1930年的列宁小学学生，儿童团员）得知，沔阳县苏维埃邮务局沙湖邮政支局于1930年7月成立。最初，该局所用邮票是用"棉纸"（质地坚韧的白纸）油印的，横式长方形，有两种票图：①党徽（镰刀斧头图案）；②工人农民半身头像。面值均为铜元"二十文"，蓝色，齿孔用缝纫机针扎成。

二、湘鄂西赤色邮务总局

1930年7月上旬，红二军团成立，9月22日，攻占监利县城，24日，召开联席会议，宣布中共湘鄂西特委成立。在30日的《邓中夏给中央的报告》中有："须设立驿站，把各县亲密的联系起来。自监利攻下后，联县政府搬来，已开始此项工作"等语。10月16日，特委在监利城桑庵庙召开湘鄂西第二次工农兵贫民代表大会，选举产生"湘鄂西苏维埃联县政府"，至此，湘鄂西苏区正式形成，下辖24个县市。邮局机构也改名为湘鄂西赤色邮务总局。据几位老同志回忆，此时的邮务总局设在监利县城郑永盛商号内。联县政府军委会还专门设立了交通科，科长由监利县早期党员、原潜沔临时县委书记陈克昌出任，负责区内外的交通工作。同月，《中共湘鄂西特委给中央的报告》中曾有："同志中……在行动上就有反对邮局售票，把赤色邮票当着白色印花票，以为这是剥削他了"的记述。

湘鄂西"二代会"后，苏区领导机关于11月迁到石首调关。此时创办的《湘鄂西苏维埃（三日报）》成为邮发的主要内容。后领导机关又由华容蒋桥一带渡江北进监利县境。1931年3月27日，在监利桥市楼房村宣布湘鄂西中央分局成立，4月初，赤色邮务总局随领导机关迁驻监利瞿家湾（现属洪湖市）。

目前尚未发现湘鄂西联县政府发行邮票的原始资料。集邮界流传有铭记为"湘鄂西"（不带"省"字）和"赤色邮政"字样的、面值4分的直面邮票（图1）。可能是这段时期红色政权的邮资凭证。

图1

又据武身龙在上述《拾零》中记述：1931年5月，中共沔阳县委、县苏维埃政府（包括邮务局）迁至沙湖镇罗家当铺中，由县列宁书店附设的印刷厂石印三种邮票使用：①党徽，高粱红色，二十文，横式长方形；②工人农民半身头像，蓝色，二十文，横式长方形；③列宁半身头像，深咖啡色，四十文，竖式长方形。

— 25 —　　上海集邮　总335I

《上海集邮》登载的《湘鄂西苏区的邮政和邮票》

料进行了较全面的考证与研究。作者同时指出，这些特定历史条件下产生的邮品，其发行时间、数量、历史背景、设计和印刷过程等情况中，还存在诸多悬而未决的研究课题，仍待进一步的考证和研究给出结论。

河北省的集邮学术活动重点围绕与本省有关的解放区邮票展开，如对"冀南抗日邮政""唐县临时邮政""石门加盖""石家庄加盖""濮阳加盖""热河加盖""平山加盖""唐山版""石家庄版"等邮票的设计、印制、发行等情况进行调查研究。此外，还结合本省条件开展了对古邮驿的研究，于1991年出版了《井陉暨东天门古驿论文集》。

1999年11月26日，陕西省集邮协会召开了一年一度的集邮学术研讨会，会上宣读了4篇学术论文。1992年以来，陕西省的集邮研究成果突出在地方特色上。陕西是周秦政治中心，陕西邮驿史在中国邮驿史占据举足轻重地位。1993年蒋兆林发表了论文《关于清代陕西南部军塘站考证》，通过研究祖传邮驿公文封套，断定陕西东、南路当时均有军用塘站设置，这一发现在清代邮驿史料中未见记载，引起国内邮史研究领域关注，把陕西邮驿史研究推向了新的阶段。此外，对陕甘宁边区邮政和邮票的研究是陕西集邮家始终认真坚持的重点课题。

《中国西藏邮政邮票史》

西藏的邮政、邮票历史，向来受到国内外集邮界重视，这些情况与西藏的神秘面貌一样，长时间不被人们了解。自治区集邮协会成立后，学术工作受到重视，集邮研究向纵深发展。在刘原、卢秀璋、叶于顺等相关专家辛勤努力下，通过广泛查证档案资料，寻访老员工和国内外集邮家，基本掌握了西藏噶厦邮政发行的邮票和电报邮票的印制发行时间、品种、面值，以及开办邮政的情况，蟠龙加盖邮票的面值及其使用情况，外国在藏邮政情况等。在此基础上，历时9年，几易其稿，写成《中国西藏邮政邮票史》一书，于1995年9月1日西藏自治区成立30周年之际正式出版。全书包括西藏邮驿、清代西藏邮政邮票、噶厦政府邮政、新中国成立后的西藏邮政等内容，引起国内外集邮界关注。

江苏的集邮学术活动依托本省集邮家深入进行，取得了诸多成果。马佑璋根据所见所藏，分析研究了1905年开始使用的清代三联式汇票的特征，进而研究了沿用至今的近代邮政汇款制度，写出《罕见的清代三联式汇票——兼谈我国汇兑制度的一次重要变革》一文，发表在1992年第4期《集邮》杂志。文章指出，这种具有“核对据”、贴用邮票、在兑付时必须验明收款人身份的汇款制度，比以前使用汇银执据在实用和安全方面具有重大进步，故沿用到近代。这一研究成果也为现代邮政汇兑制度提供了历史依据。

董光呈对中国历代印花税票研究数十年。早前人们认为，清代印花税票美版印于1899年，日版印于1907年，这一认识始自周今觉1926年说法，影响中国邮坛达60多年之久。董光呈考证出清代日本版印花税票印于1902年，美国版印花税票印于

1908年，纠正了以往错误认识。不仅于此，董光呈对于民国时期部分印花税票的发行年代、民国长城图印花税票印制发行史，以及民国联运图印花税票设计、试印也有深入研究，并在多种集邮报刊上发表研究文章，受到各界关注和好评。

徐宝煌通过研究，首先发现“改10”50元/50元中信版倒盖信销票，存世仅见一枚；朱遵筱对“普13”邮票组外品研究发现，除了众所周知的8分票有3种线式齿外，“普13”的4分票也有线式齿组外品。他为此撰文《普13组外品的新发现》刊于《中国集邮报》，首次向集邮界披露这一新的发现。

1992年以来，新疆召开过两次集邮文化研讨会，以集邮文化和新疆“三区票”研究为重点，发表论文20余篇。至1996年的4年间，全自治区收到学术论文100多篇，报送4篇参加全国研讨会，在报刊公开发表15篇。1996年出版了《新疆集邮论文选集》。

海南建省后很快于1989年成立了集邮协会及其学术委员会。到了1993年，全省各市、县全部成立了集邮学术组织。到了1999年，共召开过4次学术会议。海南根据自身特点，其集邮学术活动主要围绕着集邮工作研究、集邮与旅游和海南侨批等课题进行，在研讨会和报刊发表论文29篇，完成了《海南集邮史》的组稿与编写。

四、对不同集邮课题的专项研究

由中华全国集邮联合会组织的学术研究活动大都集中在重大课题上，不可能顾及集邮的各个方面。因此，一些具有共同兴趣的集邮者便自发地联合起来，对某种集邮方式或某个集邮课题进行专门研究，这与中华全国集邮联合会组织的集邮研究活动相辅相成。二十世纪八九十年代以来，一些专门性的群众集邮研究组织纷纷建立，他们志同道合、横向联合，收集、交流相关票品和资料，出版会刊，开展专项研究活动。在中国邮坛上形成了一个上下交织，纵横交错的集邮学术研究网络。

1. 对航空、航天和极限集邮的研究

20世纪90年代，随着国内集邮展览的各个类别与国际接轨，在理论研究方面也出现了从全方位向专项发展的格局。这些专项研究是与集邮展览各类别相对应的，并且对集邮展品的编组产生了重要影响。

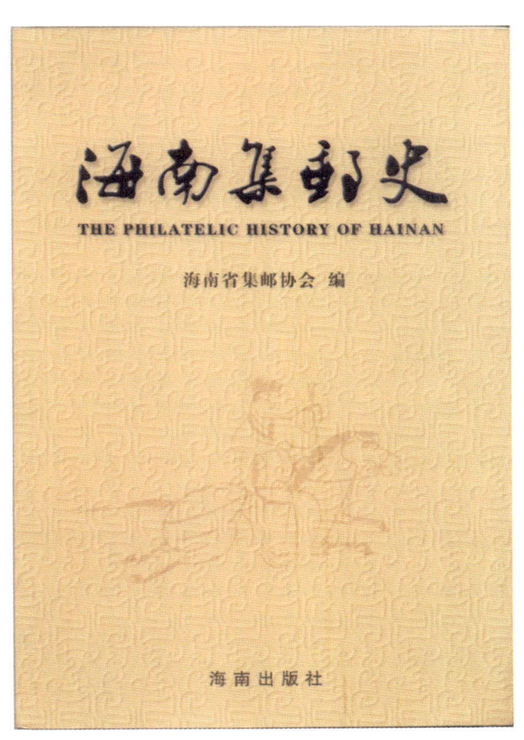

《海南集邮史》

航空集邮是FIP竞赛性邮展的一个类别。早在中国航空邮政开创时期，航空邮品就受到了集邮家的重视。为迅速提高中国航空集邮水平，以常增书为首的一批集邮爱好者于1994年8月15日成立了“全国航空集邮研讨会”。同年12月，首届全国航空航天集邮展览在广州航空博览会期间举办，并在广州天河体育中心会议厅举行了“全国航空集邮研讨会”。研讨会共收到论文22篇，会上宣读了7篇，会后，这些论文全部编入《1994年全国航空集邮研讨会论文资料汇编》。

1996年9月23—25日，由中国航空技术进出口总公司集邮协会主办的第二届全国航空集邮研讨会在北京举行。这次会议有200多人出席，收到论文23篇，宣读了10篇。论文涉及首航封分类，早期中外航空实寄封研究，航空邮票的收集与整理，航空邮品的开发，以及开展航空集邮活动探讨等方面内容。

1999年8月22日中国1999世界邮展期间，第三届全国航空集邮研讨会在北京举行。会上宣读了10余篇近年来涌现的优秀学术论文，重点研讨了如何发展中国航空专题集邮等课题。

航天邮友联谊会于1991年12月1日在北京成立，宗旨在于联络、团结、指导收集航天邮品的集邮爱好者开展活动，以推动中国航天集邮的发展。北京、上海、沈阳等十几个地区分别成立了分会或小组，组织会员在当地集邮协会指导下开展航天集邮活动。该会十分注重航天集邮学术研究，办有会刊《航天邮友》。由会员编著出版的航天集邮图书有《邮票与航天》《航天邮票目录（欧亚部分）》《中国航天邮品图录》《世界航天邮票精品集》等。这些著作在1993年、1997年全国集邮展览上全部获奖。在全国各种邮刊上经常可见其会员撰写的航天方面的集邮文章。多年来，他们积极参与各项航天集邮展览和学术交流，开发航天邮品，介绍国际上有关航天集邮的组集方法、理念和动态，积极宣传和推动航天集邮发展，是中国航天集邮活动的一支生力军。

极限集邮是20世纪50年代从国外传入中国的。20世纪70年代末，我国的集邮活动恢复后，许多集邮者对这种集邮方式产生了极大兴趣。20世纪90年代是国内极限集邮迅速发展的时期，以《极限集邮》《极限纵横》《极限邮讯》为代表的极限集邮专业刊物经常发表具有一定学术价值的研究文章，在极限集邮研究方面发挥了重要作用。

1993年全国邮展和中国’96亚洲国际邮展期间，由各极限集邮组织联合举办了“全国民间极限集邮展览”和“极限集邮研讨会”等活动。

1997年，在重庆举行的全国集邮学术研讨会上，客文达的《中国极限集邮的回顾与展望》论文在大会宣读，这是极限集邮论文首次在全国集邮学术活动中交流。该论文回顾了中国极限集邮的兴起、形成与发展过程，指出了当时极限集邮存在的一些问题并针对问题提出以后的努力方向。

2. 对中国特色邮品的研究

国内集邮者大多选择有本国特色的邮品为收集和研究对象，从而形成一些独创性的集邮方式和具有鲜明特色的集邮课题。

侨批是对海外华侨与其国内亲属通信与汇款等特殊邮传载体的合称。素有侨乡之称的福建泉州市和广东汕头市留下了很

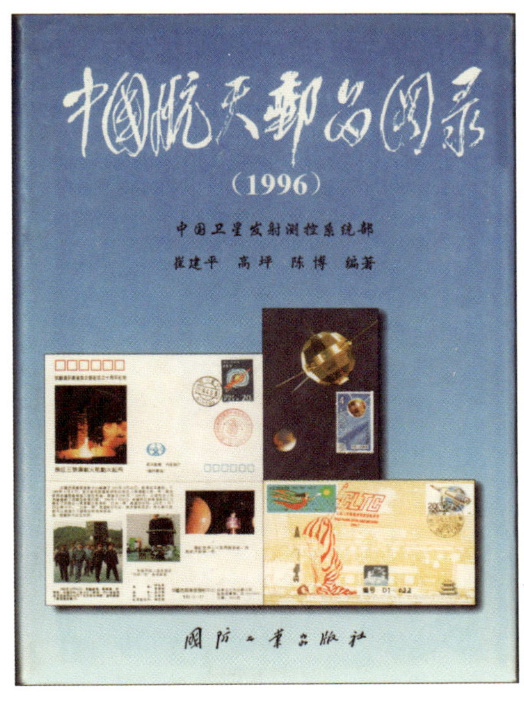

《中国航天邮品图录》

《世界航天邮票精品集》

多有关侨批的实物，为侨批研究提供了丰富的史料。多年来，广东省和福建省集邮协会根据自身特点，积极组织开展侨批研究。1984 年，广东省集邮协会学术委员会将侨批列入集邮学术研究课题，自此，侨批研究由浅入深，由少数人发展成一支队伍，研究课题不断拓宽。1988 年 9 月，粤闽侨批研讨会在澄海召开，会上发表论文 5 篇。1994 年又在福建晋江召开了闽、粤、琼侨批研讨会，会上发表论文 8 篇。这些论文对侨批局产生的社会背景和发展、侨批邮戳、侨批封等进行了深入探讨，取得了很多成果。

这一时期，学术研究的重要研究成果还有火车邮戳。“火车邮戳研究会”于 1988 年 10 月 1 日在上海成立。其宗旨是收集、研究我国各时期的火车邮戳，互寄国内火车邮戳封片，通报国内火车邮戳信息，探讨火车邮戳集邮。该会编印的会刊《火车邮戳通讯》小报，截至 1999 年年底出刊 50 多期，发表了大量火车邮戳信息和有关探讨文章，以及近 300 多个火车邮局的上千枚火车邮戳图谱，反映了二十世纪八九十年代各地派押火车邮局和邮路设置的变迁情况，为进一步研究火车邮戳奠定了基础。赵善长为该刊创刊号撰稿《汴洛铁路火车邮戳》，介绍了 1910 年 1 月启用的“郑洛火车”和“开洛火车”两枚邮戳。各地火车邮戳爱好者也依托该会及会刊，长期坚持、积极收集和研究当代的火车邮戳，对各火车邮戳的戳式、使用起止时间、辨伪等内容均有较深入的研究。

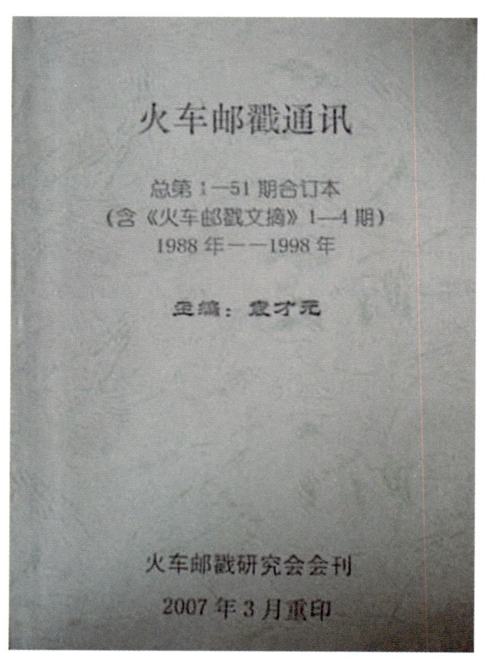

《火车邮戳通讯》合订本

《全国首届附加费集邮研讨会论文汇编》

对邮政附加费的系统研究，主要始于这一期间。1987年1月6日，广东省邮电管理局经省物价局批准，开始在广东全省对给据邮件和印刷品等在全国统一的邮政资费之外，另加收地方“邮政附加费”，为本省邮电基本建设筹集资金。随后，全国有10多个省（自治区、直辖市）开始收取地方性“邮政附加费”。由于全国各地在收取“邮政附加费”的资费标准、操作方式等方面均不相同，因此“附加费”的收取，在不同的时间和地点，在邮品上的反映各异。1993年11月，北京宣武区集邮协会主持召开了首届全国附加费集邮研讨会。会上交流论文20余篇，并汇编成册。1994年5月，《中国集邮》开辟了“附加费集邮”专栏，系统介绍各省（自治区、直辖市）附加费邮品并发表了《邮政附加费凭证属邮政税邮票》一文。

中国1999世界邮展期间，北京市宣武区集邮协会又主办了“全国第二届邮政附加费集邮研讨会”，来自20多个省、自治区、直辖市的50多位附加费集邮爱好者参加了研讨活动。会上交流论文20多篇并汇编成册。与此同时，还举办了“全国邮政附加费藏品展览”。这些活动为此后邮政附加费藏品名正言顺地参加各级集邮展览，起到了促进作用。

成立于1986年的原地封集邮研究会，是20世纪90年代国内较为活跃的原地集邮组织。该会会刊《原地封知音》是刊发原地集邮研究文章的主要载体，并印行了《原地封研究会文集》4册。其中重点论文有《原地封概论》《试探原地封的起源、现状和发展趋势》《原地封收集活动的兴起与发展》《原地封集邮前景的展望及其他》《原地封收集基本原则探讨》《原地集邮评审专用规则（试行稿）》等。

1999年，中国邮政发行了《中华人民共和国成立五十周年——民族大团结》纪念邮票。该会于邮票发行首日从56个民族各自的聚居地寄发原地封，概括出“代表性原地”名词并以此指导原地封寄发与收集，以求原地溯源方法的科学性和精准性。这一学术成果，也为中华人民共和国邮票研究引导了一个新的方向。

1993年，在中国邮政贺年（有奖）邮资明信片上加印广告图文的“企业金卡”首次发行。此后，每年发行的企业金卡日渐增多。由于加印广告的图文信息量巨大，而且每年以贺年有奖邮资片为载体稳定发行，企业金卡不仅成为邮政用品集邮的一个分支，也被当作专题集邮的素材。因此，也引起广大集邮者收集与研究的兴趣，很快兴起了企业金卡集邮，简称“金卡集邮”。1994年4月20日，北京举办了首次“金卡集邮研讨会”。截至1999年，在全国各地举办过多次专项研讨会和金卡邮展，在各种报刊上发表了大量研究企业金卡和金卡集邮的学术文章。同时，爱好者还协

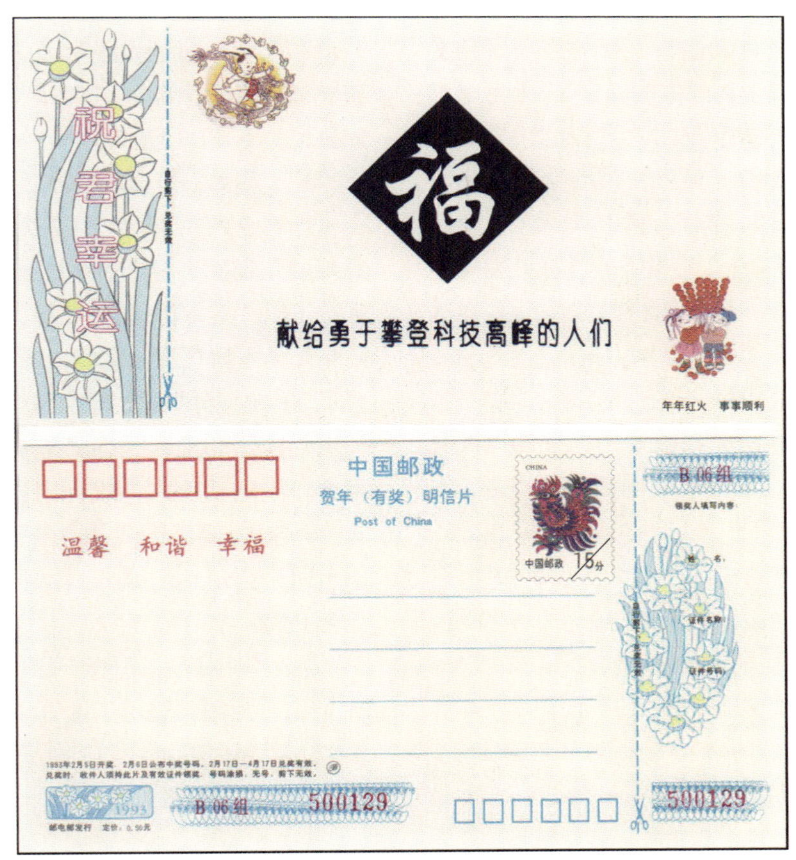

首次发行的“企业金卡”

助有关方面编印各地的企业金卡目录，参与企业金卡评选活动。从1995年开始，北京金卡集邮联谊会还受主管部门委托，承担了“全国十佳”金卡的评选活动。

十二生肖是中华民族传统民俗文化，已有2000多年历史。1980年，中国邮政开始发行生肖邮票。1992年年底，美国也仿效中国从癸酉鸡年起，逐年发行生肖邮票祝贺华人新年。此后，世界各大洲许多国家和地区也都开始为庆贺中国新年发行生肖邮票。随着全球生肖邮资票品越来越丰富，生肖集邮爱好者也越来越多。

1997年6月14日，生肖集邮研究会在江苏苏州成立，周治华担任会长。该会会刊《生肖集邮》杂志发表了很多关于生肖邮票、生肖集邮和生肖文化的专项研究文章，如《浅议生肖邮戳的界定》《生肖邮票的界定》《干支纪年法与生肖邮票》《生肖地名与赶场》等。此外，该会会员还编著了一些生肖集邮专著，其中具有代表性的是会长周治华1997年出版的《世界生肖邮票大观》以及《世界生肖邮票精品系列丛书》等。

周治华，1934年出生于江苏江宁。他是江苏省集邮协会副会长、生肖集邮研究会会长、《生肖集邮》杂志主编，其编写的《世界生肖邮票大观》《世界生肖邮票精品系列丛书》等图书，分别在南京2001年全国邮展上获得文献类银奖，在中国2003第16届亚洲国际邮展上获得镀银奖，在2004年全国集邮文献评比中获得一等奖，为中国生肖集邮文化的发展做出了突出贡献。2007年，周治华被授予中华全国集邮联合会第二批会士。

周治华

五、举办国际集邮学术研讨会

20世纪90年代，在中国1996第9届亚洲国际邮展和中国1999世界邮展期间，举办了两次重要的国际集邮论坛。以此为窗口和平台，向世界展示了中国集邮学术研究成果，与国际知名集邮人士进行了共同研讨，影响广泛而深远。

1．“集邮，迈向21世纪”学术研讨会

1996年5月22日，第9届亚洲国际集邮展览期间，在北京中国国际展览中心举行了以“集邮迈向21世纪”为主题的国际集邮学术研讨会。来自中国（含港、澳、台）、美国、新西兰、澳大利亚、德国、新加坡等国家和地区的集邮家400余人出席大会。这场盛会，共收到国内外论文137篇，入选54篇汇编成《中国’96国际集邮学术研讨会论文汇编》，其中10篇论文在大会上宣读。

国际集邮联主席加迪亚以《集邮迈向21世纪》为题，进行了发言。他从历史到未来，谈到集邮也在与时俱进，因而不会消亡，给人以深刻启迪。

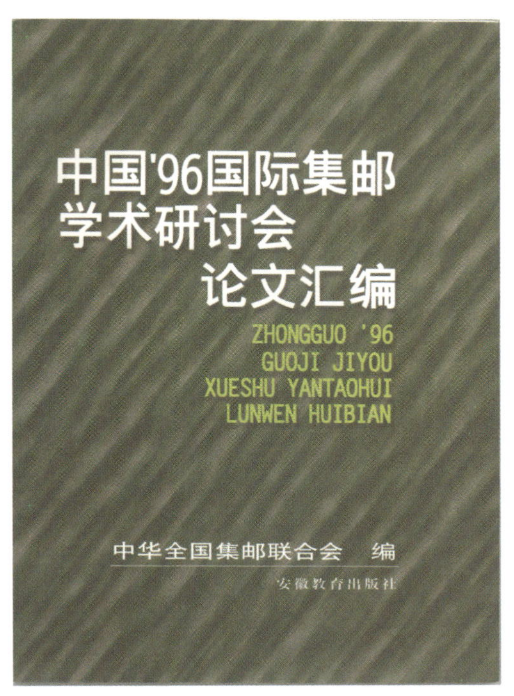

《中国'96 国际集邮学术研讨会论文汇编》

吴凤岗的论文题目为《中国集邮学术活动的历史回顾与展望》。他将集邮学术研究方法归纳为传统、邮政历史和专题三大类：即邮票印刷制作发行方面的研究；邮票在邮政业务上使用方面的研究；邮票图案所反映的有关学科方面的研究。作者断言，中国的集邮学术活动将促使集邮学科为社会所公认，从而屹立于世界学术之林。

李曙光在《论〈军人贴用〉邮票三军分用之说》中提出充分理由，质疑并否定了以往普遍认为的黄、紫、蓝军邮分别为陆、空、海军贴用的说法，其核心观点是：军队最高领导机关和国家邮电部有关指示中，没有提到过《军人贴用》邮票要三军分用；设计者孙传哲回忆这套邮票的设计过程，也没有考虑区别军种的事；可以查到的档案文献资料表明，《军人贴用》邮票设计决策过程中的主导思想，一直是一套1枚。据此推论，《军人贴用》邮票由原设计一套1枚，改为一套3枚，完全因印刷所致——邮政总局提供5种底纹颜色的邮票样张，被军委总政治部和军邮总局首长圈定3种，以此改变了邮政总局的初衷。

中国 '96 亚洲国际邮展学术研讨会

杨耀增的《大龙中文封真伪论》一文，针对海内外对“1988年我国举办大龙邮票110周年纪念邮展和出版《大龙邮票纪念专辑》中，出现的大龙中式封全是假的”之说进行了批驳，提出截然不同的结论：其所见20件大龙中文封，除一件尚需进一步论证外，其余19件，并非“假货”。

叶于顺在《蟠龙西藏加盖票是“基数邮票”》一文中提出，1911年大清邮政在西藏发行了11种加盖汉文、藏文及英文的蟠龙邮票，以往人们对此望文生义，误以为3种文字分别表示3种币值的面值，这是错误看法。实际上，加盖的藏文仅是对所加盖汉文的翻译；汉文加盖并非银元面值，而是一个换算邮票的基数，其不变规律是中文“壹分”等于印币半安那，可变规律是根据当时外汇市价确定中文分值。结论：蟠龙西藏加盖邮票是一种基数邮票，可谓我国发行基数邮票之先驱。

2. “中国与21世纪集邮的发展”学术研讨会

作为中国1999世界邮展活动重要内容之一的“中国与21世纪集邮的发展”国际集邮学术研讨会，于1999年8月22日在北京中国国际展览中心综合楼学术报告厅举行。本届世界邮展首要宗旨是庆祝中华人民共和国成立50周年，故研讨会围绕中华人民共和国邮票的收集与未来发展、华邮研究及其发展趋势、走向21世纪的世界集邮等主题展开。本次研讨会入选的10篇论文是：中国邵林的《新中国邮票的题材》、挪威英戈尔夫·佩尔鲁德的《迈向21世纪的世界集邮》、中国高山的《关于对中国集邮活动发展的研究》、德国卡尔拉·米歇尔的《伪造的“一片红”实寄封辨析》、中国王泰来的《对〈伪造的“一片红”实寄封辨析〉的增补》、澳大利亚E. 德鲁斯的《新世纪集邮》、中国董纯琦的《中华人民共和国邮票的设计和印制》、中国台湾何辉庆的《如何在21世纪建立华邮之世界地位》、中国王渭的《试论新中国自然科学邮票》、中国赵强的《论邮票的产生》。

《迈向21世纪的世界集邮》一文，从20世纪世界各国邮政和集邮所发生的重大变化，对即将到来的21世纪集邮形势做出了前瞻。作者认为，新的千年将有许多新的集邮活动，我们要通过邮票的收集和展出，创造性地展示信息、知识和经验，来满足这些活动的需要。这些活动就会比人们想象的更加有趣，才吸引更多的人参加这些活动。

《关于对中国集邮活动发展的研究》一文对1978年以来的20年中国集邮活动的发展进行了较全面的分析。作者从“中国集邮活动要向普及大众集邮方向发展”“中国集邮活动要充分挖掘其文化内涵”“市场经济的发展对集邮活动的促进”“中国集邮者参与集邮活动的保值、升值心理对集邮活动发挥着不可低估的影响”“集邮活动要注意‘阳春白雪’与‘下里巴人’的有机结合”“要摆正集邮活动与培养队伍的关系”“中国集邮活动发展的展望”7个方面进行了阐述。

《如何在21世纪建立华邮之世界地位》一文从重要性、文化性、经济性等方面，对华邮如何成为21世纪世界邮学研究的重点，阐述了自己的观点。作者认为，中国邮票在现有基础上，应提高其重要性和文化性，以及附属的经济性等特质，让中国邮票在21世纪光照环宇。

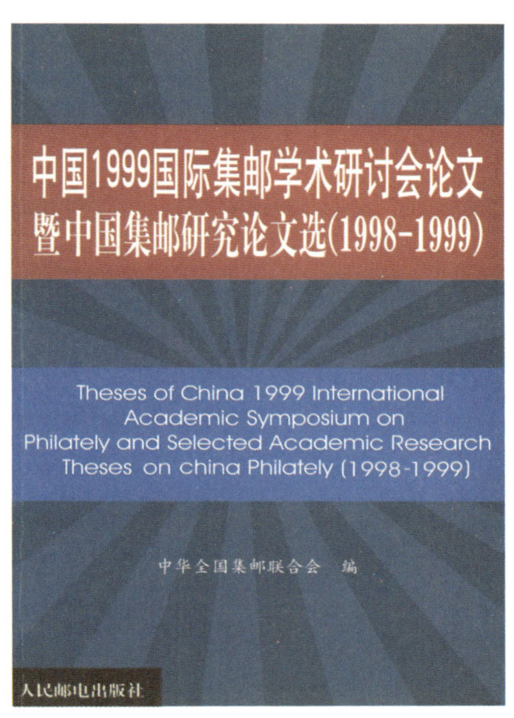

《中国 1999 国际集邮学术研讨会论文暨中国集邮研究论文选（1998—1999）》

六、编纂出版各类集邮专著

1992—1999 年，全国出版的集邮图书数量极大。盛世修书、修史，数量超过从前已在其次，更重要的是，集邮图书的体量与质量比以往有了很大提高。此期出版的集邮图书，内容日益丰富，装帧愈加精美，工具书、图集、普及读物、学术著作和文献史料全面发展，呈现出一个与集邮事业同步繁荣的崭新局面。

1. 中华全国集邮联合会主持编纂的重要专著

中国集邮图书出版在 20 世纪最后 10 年走进了繁荣期，其中值得浓笔述及的就是以《中国集邮大辞典》和《中国解放区邮票史》为里程碑的集邮辞书和史书的出版发行。这是国内学者历时十余年共同努力的结晶，开创了集邮合作研究的新途径。

（1）《中国集邮大辞典》的编纂出版与修订

出版一部大型集邮辞书是当代中国集邮活动的需要，也是集邮界人士多年夙愿。1991 年 5 月，编纂《中国集邮大辞典》的

《中国集邮大辞典》修订会

计划在中华全国集邮联合会名词审定委员会成立大会上提出，1993 年，编纂工作计划确定，1994 年开始组织编写。在邮电部支持下，部机关和 18 个省市集邮协会、邮票博物馆等单位 150 余人参加了撰写与审稿，并如期完成编撰工作。1996 年 2 月,《中国集邮大辞典》由中国大百科全书出版社出版。

这是一部具有权威性、科学性、知识性的大型集邮辞书，是几代人的集邮研究成果和传承集邮知识的总汇。该书共分综论、邮驿、邮政、邮票的发行设计印刷、封片简戳、邮票种类、重要邮票与珍邮、集邮活动、集邮组织、集邮文献、邮品市场、邮政与集邮人物 12 个部分，收录 6000 余词条，200 万字，彩页与插图 700 余幅，附录 24 种。词头为中、英文对照，有分类、音序、英文 3 种索引，16 开精装。

《中国集邮大辞典》出版后，陆续反馈了一些差错和遗漏，特别是词条重复和排序不够科学等问题，为保持这部集邮基础工具书的权威性和实用性，同时向中国 1999 年世界邮展献礼，中华全国集邮联合会决定对其进行全面修订。1999 年 8 月,《中国集邮大辞典》（修订版）出版，面目焕然一新。

（2）《中国解放区邮票史》的编纂与出版

自 1986 年 12 月中华全国集邮联合会确定编辑出版《中国解放区邮票史》，至 1995 年 9 月，编纂工作经历 9 年后，这部 200 万字、200 余幅珍贵图片并附有中、英文内容简介及邮票发行一览表、邮政邮票大事年表、参考文献等大量珍贵史料的巨著正式出版发行。该书依据大量史料文献，第一次系统、全面、翔实地记录和总结了中国邮政史学界、集邮学术界和其他研究机构、学者关于中国共产党领导的红色区域邮票史研究的新进展、新资料、新成果。其内容涉及土地革命战争时期、全民族抗日战争时期、解放战争时期 70 多个红色区域约 170 余个邮政机构发行的 400 余套 2000 余种邮票及其历史背景。全书分“苏区卷”“西北卷”“华北卷”“华东卷（上、下）”“东北卷”“中南卷”“西南卷”，共 7 卷 8 册。

首卷为苏区卷，1990 年 8 月由人民邮电出版社出版该分册。1995 年 9 月，经修订后本书由安徽教育出版社合卷正式出版。其他各卷，均由安徽教育出版社出版。时间上，除西北卷出版于 1994 年 12 月，余皆与苏区卷同时出版。这部史书凝聚了撰写人员大量辛劳和智慧。

西北卷在编写出版时遇到一个争议较大的问题，就是要不要收录新疆“伊塔阿三区邮票”。审定人员本着对历史负责的原则决定：对涉及重大政治历史背景的问题，在没有掌握可靠档案材料的情况下，应尊重有关部门的意见，不宜过早下结论。根据国家民族事务委员会与新疆维吾尔自治区党委的意见，西北卷仅收录了 1949 年 2 月“三区邮政”发行的“劳动人民图”邮票。

东北卷的撰写最为艰辛，由于东北各地处于特殊历史时期，邮票发行背景相当复杂，特别是地方加盖邮票种类繁多、数量惊人。1989 年，东北三省邮电管理局联合成立了“东北解放战争时期地方加盖邮票审定委员会”，组织大量人力，深入调查研究，对东北解放区邮票的鉴别、认定做出了重要贡献。与此情况一致，中南卷和

《中国解放区邮票史》

西南卷的编撰人员，也同样做了大量细致工作。

华东卷下册包括苏中区、淮南区、盐阜区、苏皖边区、华中解放区、华东解放区发行的 74 套 328 枚邮票，6 组 20 种汇兑印纸、包裹印纸、明信片的发行和流通等历史情况。为了查找淮南区“稿”字邮票、苏中五分区发行的无面值“平”“机”邮票和盐城县发行的“005 本区交通”邮票的历史依据，江苏省和安徽省集邮协会多次派人到当年“苏中区”“盐城县”所在地查档，访问当事人，基本搞清了这些邮票的发行和使用情况，使华东区一直存有争议的几套珍贵邮票得以确认。

2. 重要集邮工具书的出版

要提高中国集邮的水平，离不开各种工具书，特别是广大集邮者翘首以盼的中外邮票目录。这一时期，以《中华人民共和国邮票目录》为代表的多种工具书的面世，为广大集邮者收集邮票、邮品，研究我国集邮历史、增长邮识提供了确实可信的资料。

（1）邮票目录

1997 年，人民邮电出版社对 1988—1990 年陆续出版的《中国清代邮票目录》《中华民国邮票目录》和《中国解放区邮票目录》，以历史唯物主义和实事求是的科学态度重新进行了修订再版。修订后的这套目录，资料更翔实精准，并标有最新的市场参考价。特别是对“客邮”和“商埠邮票”辑录完整，还附录了集邮研究不可或缺的佐证资料：各时期的邮票年表和邮资表；清代目录附有清代邮戳图录。与此成姊妹篇的还有人民邮电出版社 1999 年出版的《实用中国邮票价格总目录》。该目录收录了包括自 1878 年 7 月至 1997 年 12 月以前的清代邮票、中华民国邮票、中国共产党领导的红色区域邮票、中华人民共和国邮政主管部门发行的全部邮票及其最新市场参考价。

20世纪90年代，收集外国邮票的集邮者大幅度增加。此间，多种外国邮票目录也陆续出版。有《苏联邮票总目录》（1994）、《匈牙利邮票目录》（1995）、《联合国邮票目录》（1995）等。其中《中华世界邮票目录》是一部规模宏大、自成体系，囊括世界各国邮票的大型目录，按五大洲分卷，陆续出版，此间已出版的有《中华世界邮票目录·亚洲卷》（1993）、《中华世界邮票目录·欧洲卷》上下册（1995）和《中华世界邮票目录·美洲卷》上下册（1999）。

邮资封片简目录有《中华人民共和国邮资封片简图录》（1993）、《中国邮政贺年（有奖）明信片目录》（1994）等。

（2）集邮辞书

1996年与《中国集邮大辞典》同时问世的另一部大型综合辞书是《中国集邮百科全书》，由海内外多位集邮专家、学者历时2年编纂而成。全书约150万字，分邮驿·邮政、集邮史、邮票、世界邮票、中国邮票、邮政用品、实寄邮品、邮政戳记、集邮人物、集邮组织、集邮活动、集邮展览、集邮研究、集邮文献、邮票市场15个大类，词条1200余条，索引条目4000余条，配有1000余幅插图。这本百科全书基本覆盖了集邮领域的基础性知识，并着重反映了近20年的最新资料和研究成果。

1999年出版的《中国邮票大图典》是人民邮电出版社和辽宁、江苏、山东、广东4省邮电管理局、省集邮协会共同编纂的又一套图鉴式大型集邮工具书，由清代卷、中华民国卷、解放区卷和中华人民共和国卷组成，收录1878—1997年中国各时期的邮票2500余套7000余种。

（3）集邮图集

《中国邮票博物馆藏品集》4卷5册（1988—1997），是一套大型实物性文献资料系列图集，分《中国邮票博物馆藏品集·清代卷》、《中国邮票博物馆藏品集·中华民国卷（一）》《中国邮票博物馆藏品

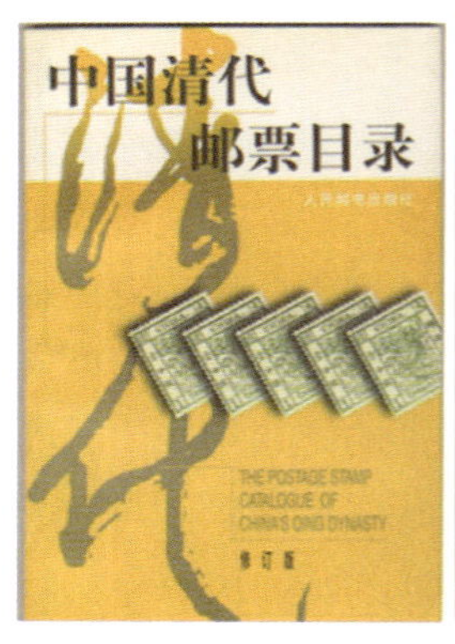

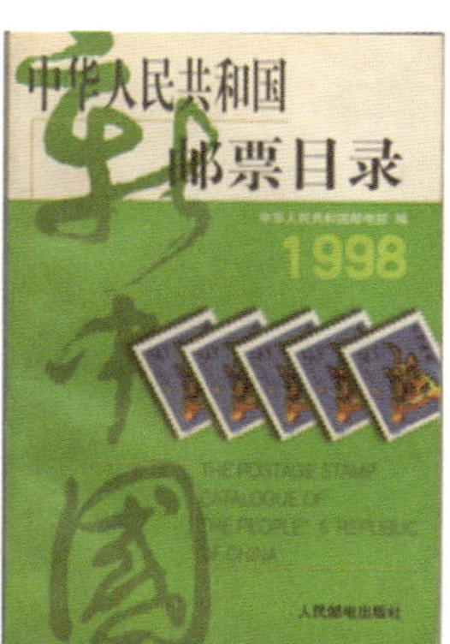

中国各时期邮票目录

集·中华民国卷（二）》《中国邮票博物馆藏品集·革命战争时期卷》和《中国邮票博物馆藏品集·中华人民共和国卷》出版。这套藏品集收录了馆藏的邮票原图、样票、旧票、方连、大张、实寄封片、邮戳及部分邮政文献，并以丰富的实物图片再现了邮票的设计、印制、发行和使用过程。此后，《中国邮票博物馆馆藏珍品选》（1999）接续出版，全书包括清代邮驿、邮政史料，清代海关试办邮政时期、国家邮政时期，中华民国邮政时期，土地革命战争时期，全民族抗日战争时期，全国解放战争时期共七个部分，收录了馆藏的各时期珍邮及重要文档资料。

这一时期出版的集邮图集非常多，反映国家纪念活动的有《百花颂——纪念毛泽东同志〈在延安文艺座谈会上的讲话〉发表五十周年邮票图集》（1992）、《长城颂——中国人民解放军战斗历程邮票图集》（1994）、《世界著名妇女邮票图集》（1995）和《历史呼唤和平》（1995）等。

（4）集邮光盘

20世纪90年代初，先进的数字化多媒体技术开始在世界兴起。我国的科技工作者很快就掌握了其中的关键技术，并将其应用到中国的出版事业中。1991年，中国第一家多媒体公司北京金盘电子有限公司开始策划、制作第一部新型载体工具书——多媒体只读式光盘图书CD-ROM，选取了中国邮票为内容，约请了集邮专家林轩、施慧中、许庆发、王泰来、朱祖威等参与策划和编写工作。历时一年半，《邮票上的中国——历史与文化》CD-ROM于1993年问世，成为中国第一张集邮多媒体光盘，也成为第一部中国邮票的电子出版物。该光盘收录了从1878年中国海关大龙邮票起，到1992年年底的全部中国邮票近万枚，每枚邮票均有高清图像及说明文字，总共有80万字的汉字文本，并全部译成英文，还配有音乐、历史照片和录音，以及计算机动画等。读者可从邮政机构、发行年代、邮票种类、邮票专题等方面检索全

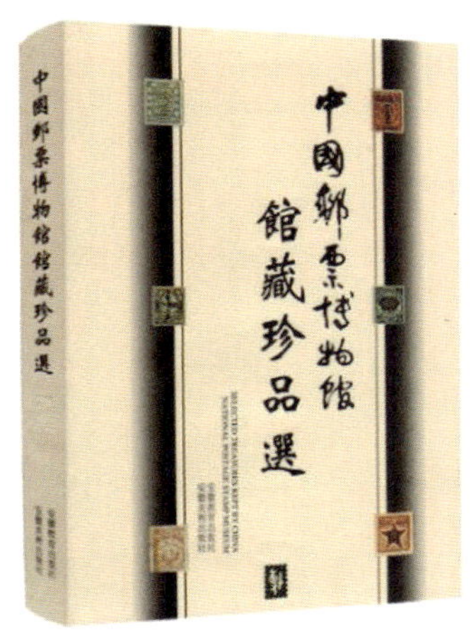

《中国邮票博物馆馆藏珍品选》

《邮票上的中国——历史与文化》光盘第二版

部邮票。此后，该光盘还经过了两次改版，发行数万套，为多媒体电子集邮文献的发展开创了道路。

3. 集邮普及读物和集邮教材的出版

普及读物仍是这一时期数量最多的集邮书籍。这一时期的集邮普及读物，更注重普及与提高相结合，并逐步针对特定的读者群出版，分类的专业性增强，特别是开始普及各类邮集知识和国际邮展规则，以及面向高等教育出版集邮教材，表明中国集邮在走向世界的进程中，又迈上了一个新台阶。其中较有特色的有《基础集邮学教程》（1992）、《世界邮票知识手册》（1992）、《新中国邮票的收藏与研究》（1992）、《集邮展览与评审规则》（1992）、《1993中华全国集邮展览获奖邮集赏析》（1995）、《青少年集邮知识丛书》（1993）、《珍邮大观》（1994）、《实用集邮操作技巧》（1996）等。随着集邮市场的成长，有关市场活动的图书以及反映邮票市场价格的出版物也有多种问世。如:《集邮交易指南》（1992）、《新中国邮票、封、片价格手册》（1993）、《世界集邮市场》（1995）、《集邮品拍卖指南》（1996）、《集邮市场与经营策略》（1998）等。

《世界邮票知识手册》

4. 集邮学术著作和文献史料的出版

这一时期的集邮学术专著出版较多，如《清代民国快信邮票研究》（1993）。该书依据大量邮政历史文献和研究分析，详细论证了快信业务从研究、试办到正式开办的历程和快信邮票的邮政功能。特别是对快信邮票的印制地点、版次等予以明确解答。《中国早期航空邮政》（1993）一书，以丰富的集邮实物收藏为基础，以大量的邮政文献为依托，对中国1920—1941年早期航空邮政发展历史进行了深入浅出的阐述。书中以中国航空邮政创办和发展的时间为序，以开办航空邮路的单位与航线为线索逐一展开，层次分明、有理有据。《潮汕侨批论文集》（1993）一书，通过14篇论文集中而系统地介绍了潮汕地区侨批信局的历史，从中国社会历史背景、民族文化背景和交通沿革等不同视角，分析和论证了侨批组织创办与发展的原因，并以实寄封、签条、戳式等通信实物为依据，对侨批的信、物寄递方式、汇兑结算方法、戳章使用等进行了分析研讨和综述。

从1994年开始，中华全国集邮联合会启动了《中国集邮史》的编纂工作。从1996年组织实施撰写，到1999年3月《中国集邮史》初编本出版，历时5年将这部描绘中国集邮活动的历史长卷呈现在新世纪面前。此举同时推动了各地集邮史料的陆续出版，特别是直接引起全国各省、自治区、直辖市集邮协会及其所属地、市、州、县集邮协会对出版本地集邮史的重视。在世纪之交不断有地方集邮史问世，陆续出版的有《合肥集邮史》（1992）、《南京集邮十年鉴（1983—1993）》（1993）、《云南集邮十年（1983—1993）》（1993）、《武汉集邮要览》（1994）、《甘肃职工集邮通鉴》（1994）、《津沽邮坛》（1995）、《重庆集邮史（1928—1949）》（1996）、《成都集邮史》（1997）、《广东集邮志》（1997）、《甘肃集邮史萃》（1998）、《吉林省集邮史》（1999）、《福建集邮史》（1999）、《辽宁集邮志》（1999）、《陕西集邮史》（1999）、《山西集邮史》（1999）等。

此外，1993 年由《当代中国》丛书编辑委员会出版的《当代中国的邮电事业》，1994 年由中国邮电百科全书编辑委员会出版的《中国邮电百科全书·邮政卷》，1996 年为纪念中国邮政诞生 100 周年出版的《中国邮政一百年》画册和《中国清代邮政图集》《中华邮政图集》《中国解放区邮政图集》《中华人民共和国邮政图集》《华东战时交通通讯史料汇编》12 卷（1995—1999）等，辑录了大量相关文献史料，特别是珍贵的历史档案和照片，对研究中国邮驿史、邮政史、邮票史和集邮史有着不可替代的作用。

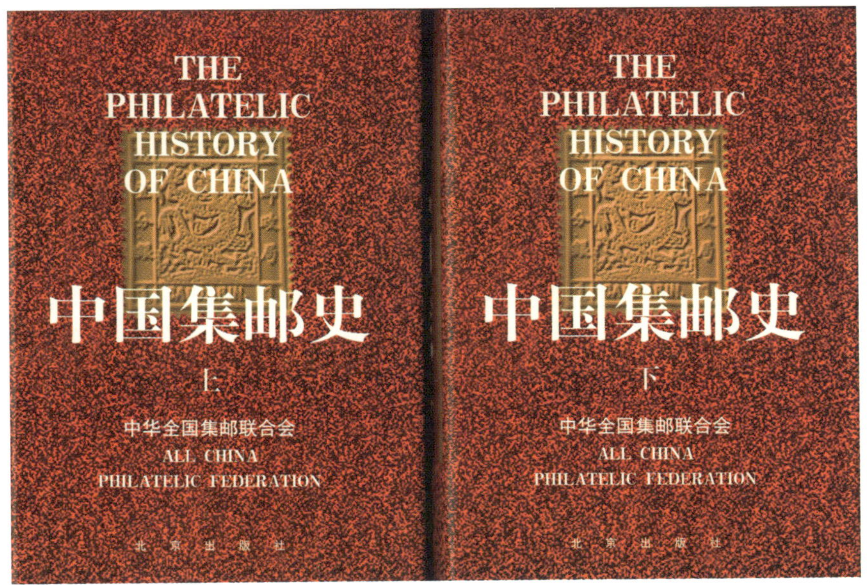

《中国集邮史》1999 年版

第七节　集邮宣传扩大影响

1992年，中国改革开放进入了一个新的阶段，建立社会主义市场经济体制的认识逐渐深入人心。在这样的大环境下，如何引导人们在市场经济条件下树立起正确的集邮观，坚持正确的集邮方向？如何提高人们对集邮意义的认识，倡导高尚的集邮道德，促进社会主义精神文明建设？这些都给这一时期的集邮宣传工作带来新的课题。

一、中华全国集邮联合会加快推进集邮宣传工作

在市场经济热潮中，坚持正确的舆论导向成为集邮宣传工作的当务之急。中华全国集邮联合会在集邮宣传方面采取了多种举措，首先是加强组织保障和建章立制，各地集邮组织和社会新闻媒体因此积极行动起来。这一时期的集邮宣传，从内容、形式、规模等方面都有创新，达到前所未有的活跃程度。

1. 全国集邮宣传工作委员会成立

为了加强集邮宣传的组织领导和统一规划，中华全国集邮联合会于1992年7月16日在北京召开了中华全国集邮联合会宣传工作会议。在本次会议上，成立了中华全国集邮联合会集邮宣传工作委员会。该委员会由来自在京各大新闻单位、文化宣传部门和中华全国集邮联合会会报、会刊及省级集邮协会有关人员共36人组成，设立了“国内组”“宣传组”“信息组”“对外组”，成志伟任主任。该委员会的任务是，指导全国集邮宣传工作，研究、制定全国集邮宣传工作规划和实施方案，总结交流宣传工作典型经验，指导办好各级集邮协会会报、会刊，协调社会宣传部门的集邮宣传工作等。集邮宣传工作委员会的成立，把集邮组织、集邮报刊和社会传媒更加紧密地结合在一起，使集邮宣传进入新的发展阶段。

在该委员会推动下，全国集邮的宣传工作得到加强。1994年，贵州、宁夏、辽宁、吉林、安徽、山西、湖南、湖北、甘肃、青海、黑龙江等各省级集邮协会陆续成立了集邮宣传工作委员会，有力地促进了当地的集邮宣传。新邮发行、集邮活动、集邮知识、集邮研究成果等各种信息，经常不断地出现在各地集邮报刊和其他媒体上，对扩大集邮的社会影响起了较大作用。

成立于1985年首都新闻出版界集邮联谊会，以团结同业中的集邮爱好者、新闻工作者，开展集邮活动，广泛宣传集邮为宗旨。该会成员多为全国集邮宣传工作委员会委员。至1996年9月，在北京的中央新闻单位、北京市新闻单位和全国性及北京市集邮报刊全部加入到该组织。《集邮》杂志、《中国集邮报》《中国集邮》杂志、《集邮博览》杂志、《邮政业务指南报》等集邮报刊同时进入该会的常务理事会。这些媒体参加或参与策划了所有在京举行的有关集邮的新闻发布会，发挥该会的优势，在全国各报刊上发表了集邮新闻或文章近万篇。对及时把握集邮领域正确的舆论导向，广泛宣传集邮的社会文化价值，发挥了重要作用。

2. 全国集邮宣传工作会议

根据中共中央关于坚持正确的舆论导向，加强社会主义精神文明建设的总体部署，为进一步办好会刊、会报，中华全国集邮联合会多次召开会刊、会报负责人和主编座谈会，落实中央部署，推进集邮报刊宣传工作。

1993 年 5 月 8 日召开的会议，明确了在今后的报刊宣传中，要加强思想性，把握正确的宣传方向；加强纪律性，保证正确的舆论导向；加强联系，建立信息渠道；健全制度，宣传报道统一归口。1995 年 4 月召开的会议，主要传达学习了邮电部部长吴基传关于集邮工作的指示，研究进一

首都新闻出版界集邮联合会成立 10 周年座谈会

中华全国集邮联合会集邮宣传工作会议

步发挥会报、会刊的喉舌作用，坚持正确的舆论导向。同时，要求会报、会刊及时报道中国 1996 亚洲国际邮展筹备情况及各地的集邮动态和经验。

1994 年 4 月，中华全国集邮联合会下发《1994 年集邮宣传工作要点》，要求各地在集邮宣传工作中着重抓好以下工作：（1）深入宣传集邮文化讨论成果，总结典型经验，大力宣传集邮的社会价值；（2）做好集邮联四大宣传工作；（3）做好筹备“中国’96 亚洲国际邮展”的宣传；（4）大力普及集邮知识；（5）加强培训，提高宣传队伍素质，加强对外宣传工作。

这一时期，由中华全国集邮联合会发起成立的全国集邮报刊编辑委员会，对集邮宣传起到较大的推动作用。该委员会是为了加强对集邮报刊的指导和协调，由中华全国集邮联合会、邮电部办公厅、邮政总局政策法规司、中国邮政文史中心、中国邮票总公司、《中国集邮报》社、人民邮电出版社等单位的领导共同组成，负责审定集邮报刊的年度报道计划和选题计划，把握报道方向，协调报道内容等。

1992 年 4 月 14 日，第二届集邮报刊编辑委员会会议在北京召开。这次会议主要研究、讨论了《中国集邮报》的创刊与发行及其相关事宜。1993 年 5 月 26—28 日，该委员会在北京召开了首次全国集邮报刊工作会议。会议分析了全国集邮报刊的基本情况，肯定了十余年来集邮报刊的作用和成绩，并根据形势需要，以原全国集邮报刊编辑委员会为基础，成立了中国邮电新闻工作者协会集邮报刊研究会。《人民邮电》报社社长兼总编辑孙士修任会长，人民邮电出版社总编辑陈芳烈、中华全国集邮联合会副秘书长刘建辉任副会长。其宗旨为：“团结全国集邮报刊工作者，贯彻党的路线、方针、政策，充分发挥集邮报刊的宣传舆论作用，进一步繁荣和发展有中国特色的社会主义集邮事业。”来自全国地市以上的 28 家集邮报刊负责人参加了此次会议。

3. 中华全国集邮联合会的会刊、会报

中华全国集邮联合会的会刊和会报在这一时期有《集邮》杂志、《中国集邮》杂志和《中国集邮报》。这些刊物当时发行量很大，是集邮者获取各类集邮信息的主要来源。

《集邮》杂志复刊后发行量持续上升，1992 年第 6 期的发行量近 50 万册，达到创刊以来的峰值。其后大致保持在 45 万册左右，是世界上发行量最大的集邮刊物，行销到 60 多个国家和地区。《集邮》曾多次在国际邮展中获奖，并入选国家新闻出版署 1998 年公布的社科类期刊“百刊工程”。为了适应新时期集邮发展，该杂志于 1992 年改版增容，由原来的 32 页增加到 48 页。此外，在栏目的设置上，也有较大调整。特别是“邮展指南”“获奖邮集”等栏目，重点介绍 FIP 邮展规则和高水平邮集，深受读者欢迎。1999 年，《集邮》杂志已增容到 72 页。

《中国集邮报》是中华全国集邮联合会会报，1992 年 5 月试刊，7 月正式创刊。该报初期为周报，4 开 8 版。该报以集邮的新闻性、邮票的知识性、集邮工作的指导性为主要内容，开辟有：要闻版、综合新闻、集邮知识、封片简戳、探讨与研究、新邮天地、市场纵横等 20 个板块，100 余个栏目。该报注意充分发挥其出版周期短、

时效快、信息量大、指导性强等特点，紧密结合国内外集邮新趋势和市场动向，时常发表读者来信，赢得了广大集邮者信任。1999 年，该报扩充到 16 版，彩色印刷。

《中国集邮》是中华全国集邮联合会面向海外读者的会刊，双月刊，1993 年改为

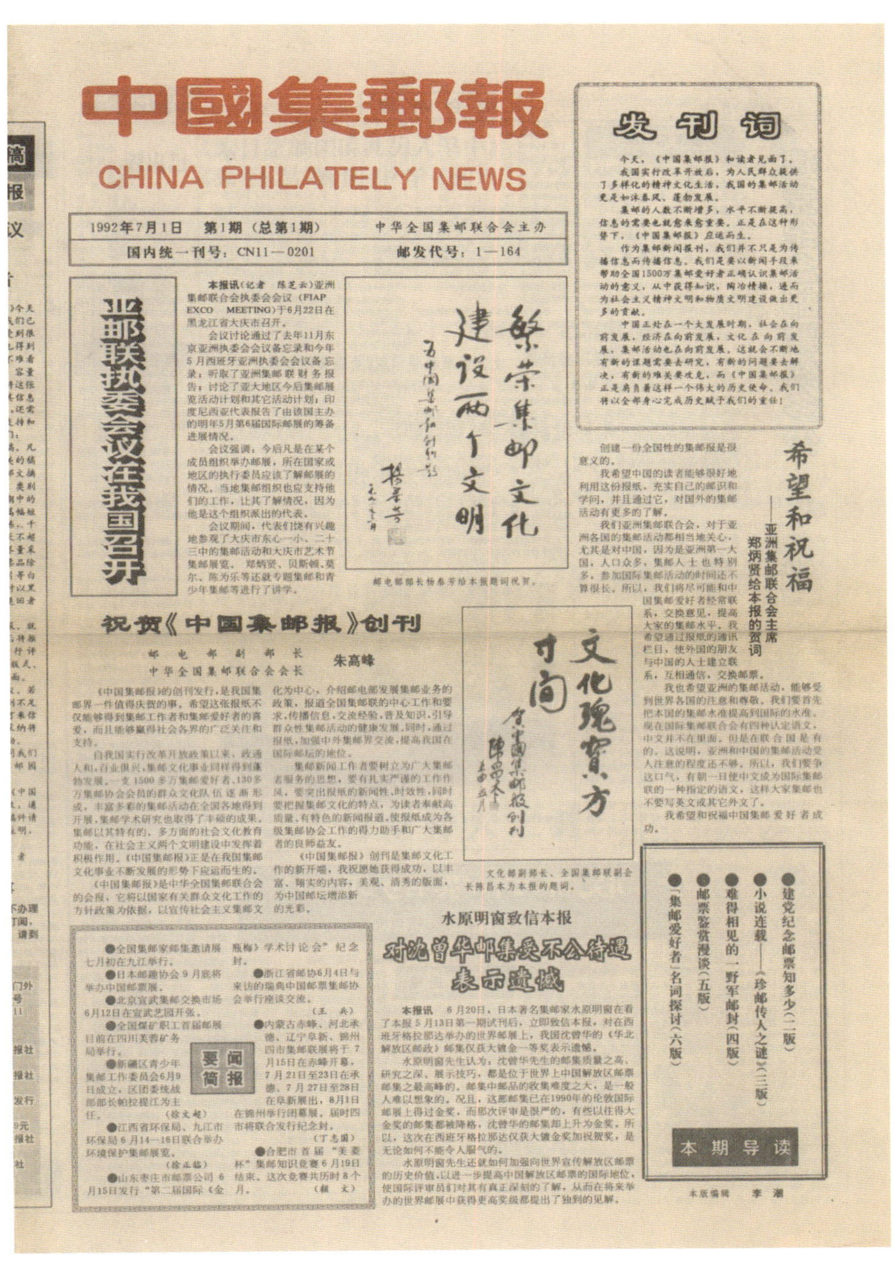

中國集郵報

CHINA PHILATELY NEWS

1992年7月1日　第1期（总第1期）　中华全国集邮联合会主办

国内统一刊号：CN11—0201　邮发代号：1—164

发刊词

今天，《中国集邮报》和读者见面了。

我国实行改革开放后，为人民群众提供了多样化的精神文化生活，我国的集邮活动更是如沐春风，蓬勃发展。

集邮的人数不断增多，水平不断提高，信息的需要也就愈来愈重要。正是在这种形势下，《中国集邮报》应运而生。

作为集邮新闻报刊，我们并不只是为传播信息而传播信息。我们是要以新闻手段来帮助全国1500万集邮爱好者正确认识集邮活动的意义，从中获得知识，陶冶情操，进而为社会主义精神文明和物质文明建设做出更多的贡献。

中国正处在一个大发展时期，社会在向前发展，经济在向前发展，文化在向前发展，集邮活动也在向前发展。这就会不断地有新的课题需要去研究，有新的问题要去解决，有新的难关要攻克。而《中国集邮报》正是肩负着这样一个伟大的历史使命。我们将以全部身心完成历史赋予我们的重任！

亚邮联执委会议在我国召开

本报讯（记者　陈芝云）亚洲集邮联合会执委会会议（FIAP EXCO　MEETING）于6月22日在黑龙江省大庆市召开。

会议讨论通过了去年11月东京亚洲执委会会议备忘录和今年5月西班牙亚洲执委会会议备忘录；听取了亚洲集邮联财务报告；讨论了亚大地区今后集邮展览活动计划和其它活动计划；印度尼西亚代表报告了由该国主办的明年5月第6届国际邮展的筹备进展情况。

会议强调：今后凡是在某个成员组织举办邮展，所在国家或地区的执行委员应该了解邮展的情况，当地集邮组织也应支持他们的工作，让其了解情况，因为他是这个组织派出的代表。

会议期间，代表们饶有兴趣地参观了大庆市东心一小、二十三中的集邮活动和大庆市艺术节集邮展览。郑炳贤、贝斯顿、莫尔、陈为乐等还就专题集邮和青少年集邮等进行了讲学。

繁荣集邮文化　建设两个文明

为中国集邮报创刊题　杨泰芳

邮电部部长杨泰芳给本报题词祝贺。

希望和祝福

——亚洲集邮联合会主席郑炳贤给本报的贺词

创建一份全国性的集邮报是很有意义的。

我希望中国的读者能够很好地利用这份报纸，充实自己的邮识和学问，并且通过它，对国外的集邮活动有更多的了解。

我们亚洲集邮联合会，对于亚洲各国的集邮活动都相当地关心，尤其是对中国，因为是亚洲第一大国，人口众多，集邮人士也特别多，参加国际集邮活动的时间还不算很长。所以，我们将尽可能和中国集邮爱好者经常联系，交换意见，提高大家的集邮水平。我希望通过报纸的通讯栏目，使外国的朋友与中国的人士建立联系，互相通信，交换邮票。

我也希望亚洲的集邮活动，能够受到世界各国的注意和尊敬。我们要首先把本国的集邮水准提高到国际的水准。现在国际集邮联合会有四种认定语文，中文并不在里面。但是在联合国是有的。这说明，亚洲和中国的集邮活动受人注意的程度还不够。所以，我们要争这口气，有朝一日使中文成为国际集邮联的一种指定的语文，这样大家集邮也不要写英文或其它外文了。

我希望和祝福中国集邮爱好者成功。

祝贺《中国集邮报》创刊

邮电部副部长　中华全国集邮联合会会长　朱高峰

《中国集邮报》的创刊发行，是我国集邮界一件值得庆贺的事。希望这张报纸不仅能够得到集邮工作者和集邮爱好者的喜爱，而且能够赢得社会各界的广泛关注和支持。

自我国实行改革开放政策以来，政通人和，百业俱兴，集邮文化事业同样得到蓬勃发展。一支1500多万集邮爱好者、130多万集邮协会会员的群众文化队伍逐渐形成，丰富多彩的集邮活动在全国各地得到开展，集邮学术研究也取得了丰硕的成果。集邮以其特有的、多方面的社会文化教育功能，在社会主义两个文明建设中发挥着积极作用。《中国集邮报》正是在我国集邮文化事业不断发展的形势下应运而生的。

《中国集邮报》是中华全国集邮联合会的会报，它将以国家有关群众文化工作的方针政策为依据，以宣传社会主义集邮文化为中心，介绍邮电部发展集邮业务的政策，报道全国集邮联的中心工作和要求，传播信息，交流经验，普及知识，引导群众性集邮活动的健康发展。同时，通过报纸，加强中外集邮界交流，提高我国在国际邮坛的地位。

集邮新闻工作者要树立为广大集邮者服务的思想，要有扎实严谨的工作作风，要突出报纸的新闻性、时效性，同时要把握集邮文化的特点，为读者奉献高质量、有特色的新闻报道，使报纸成为各级集邮协会工作的得力助手和广大集邮者的良师益友。

《中国集邮报》创刊是集邮文化工作的新开端，我祝愿她获得成功，以丰富、翔实的内容，美观、清秀的版面，为中国邮坛增添新的光彩。

文化瑰宝　方寸间

贺中国集邮报创刊　陈昌本

文化部副部长、全国集邮联副会长陈昌本为本报的题词。

要闻简报

●全国集邮家邮集邀请展七月初在九江举行。

●日本邮趣协会9月底将举办中国邮票展。

●北京宣武集邮交换市场6月12日在宣武艺园开张。

●全国煤矿职工首届邮展日前在四川芙蓉矿务局举行。

●新疆区青少年集邮工作委员会6月9日成立，区团委统战部部长帕拉提江为主任。（徐文超）

●江西省环保局、九江市环保局6月14—16日联合举办环境保护集邮展览。（徐正銘）

●山东枣庄市邮票公司6月15日发行"第二届国际《金瓶梅》学术讨论会"纪念封。

●浙江省邮协6月4日与来访的瑞典中国邮票集邮协会举行座谈交流。（王兵）

●内蒙古赤峰、河北承德、辽宁阜新、锦州四市集邮联展将于7月15日在赤峰开幕，7月21日至23日在承德、7月27日至28日在阜新展出，8月1日在锦州举行闭幕展。届时四市将联合发行纪念封。（丁志国）

●合肥市首届"美菱杯"集邮知识竞赛6月19日结束。这次竞赛共历时8个月。（赖文）

水原明窗致信本报　对沈曾华邮集受不公待遇表示遗憾

本报讯　6月20日，日本著名集邮家水原明窗在看了本报5月13日第一期试刊后，立即致信本报，对在西班牙格拉那达举办的世界邮展上，我国沈曾华的《华北解放区邮政》邮集仅获大镀金一等奖表示遗憾。

水原明窗先生认为，沈曾华先生的邮集质量之高、研究之深、展示技巧，都是位于世界上中国解放区邮票邮集之最高峰的。邮集中邮品的收集难度之大，是一般人难以想象的。况且，这部邮集已在1990年的伦敦国际邮展上得过金奖，而那次评审是很严的，有些以往得大金奖的邮集都被降格，沈曾华的邮集却上升为金奖。所以，这次在西班牙格拉那达仅获大镀金奖加祝贺奖，是无论如何不能令人服气的。

水原明窗先生还就如何加强向世界宣传解放区邮票的历史价值，以进一步提高中国解放区邮票的国际地位，使国际评审员们对其有真正深刻的了解，从而在将来举办的世界邮展中获得更高奖级都提出了独到的见解。

本期导读

●建党纪念邮票知多少（二版）

●小说连载——《珍邮传人之谜》（三版）

●难得相见的一野军邮封（四版）

●邮票鉴赏漫谈（五版）

●「集邮爱好者」名词探讨（六版）

本版编辑　李湘

《中国集邮报》创刊号

中、英文版。这次改版是采纳了北京集邮家朱培基的建议。1993年第1期《中国集邮》刊出的“致读者”信指出：改版后的《中国集邮》将以全新的面貌与读者见面，中、英文两部分不重复。突出资料性、商业性、趣味性和学术性这“四性”。每期刊登海外主要邮票商有关中国邮票的行情；报道国内邮票市场的新情况；系列报道中国邮票；介绍中国基层集邮组织和集邮家等，为海内外集邮者牵线搭桥。

此外，全国性集邮刊物还有人民邮电出版社创办的《中国少年集邮》月刊。该刊的前身是创刊于1983年的《少年集邮》。《中国少年集邮》于1992年9月试刊一期，1993年1月正式出版。著名儿童文学家冰心题词：“《中国少年集邮》月刊对少年理解世界有很大的作用。”著名儿童文学家严文井撰写了《发刊词》。他写道：“我相信，连我这个不懂集邮的老头儿也将从这个刊物中得到益处。”至1998年12月，该刊出至总第72期后停刊。

《中国少年集邮》创刊号

二、中华全国集邮联合会开展的集邮宣传

在新形势下紧密配合党的中心工作和全国重大活动，加强集邮宣传在社会主义精神文明建设中的作用，是中华全国集邮联合会集邮宣传工作在这一时期不懈的努力方向。通过开展内容新颖、形式多样的宣传活动，既普及了集邮知识，又增强了集邮组织凝聚力。

1. 集邮宣传思路开阔

进入20世纪90年代，广播和电视媒体是受众面和影响面最大的一种传媒方式。采用电视专题片、电台专题讲座等形式，向广大群众普及集邮知识，成为当时集邮宣传一大特色。

1992年，中央电视台先后播放了吉林省集邮协会组织拍摄的电视专题片《集邮重镇》和反映青少年集邮活动的电视片《集邮新苗》。上海市集邮协会组织拍摄了《集邮天地》《邮苑绽春花》等电视专题片并制作录像带发行。1994年1月9日，中央电视台第一套节目晚间“十二演播室”栏目播出了电视专题系列节目“青年热点讨论”的第一集《漫谈青年集邮热》，对青年集邮热、青年集邮的目的和意义进行了讨论。1994年4月，中央电视台第四套节目“夕阳红”栏目在开封拍摄了专题片《邮师》，对河南老集邮家杨景美进行了专访。

组织集邮先进事迹报告团进行集邮宣讲，是这一时期集邮宣传的创新形式。1992年，中华全国集邮联合会在成立10周年之际表彰了一批集邮先进集体和个人。中华全国集邮联合会从中选出9个先进集体代表和先进个人典型，组成“全国集邮先进事迹报告团”。其中有黑龙江大庆市青少年集邮协会、河北唐山市集邮协会、甘肃兰州机车工厂集邮协会、江西省南丰县农民集邮协会等单位代表和李少华等个人集邮典型。报告团分两批先后赴内蒙古、宁夏、甘肃、河北等9个省、自治区的24个地区，行程1万多公里，在首府（省会）、基层单位、工矿企业、学校巡回报告29场。报告团成员的集邮事迹感动了到场的集邮爱好者。各地电视台、电台和报纸对报告团的活动进行了30多次报道。

《中国少年集邮》创刊后，一直保持活跃态势。1993年4月，《中国儿童报》《中国少年集邮》联合举办的“全国小学生集邮长知识”征文比赛活动评选结果在京揭晓。1994年10月9日，由邮电部邮政总局、《中国少年集邮》杂志和《中国少年报》联合主办的“中国少年书信比赛”活动在北京拉开帷幕。该活动以“56个民族小朋友手拉手——做21世纪的主人”为主题，收到来自26个省、自治区、直辖市的171万件作品。次年1月，评比结果揭晓，320件作品获奖。

全国青少年邮票、邮品设计比赛

为迎接中国1999世界邮展在北京举办，中华全国集邮联合会于1997年9月12日下发〔1997〕集联字28号文，决定编撰出版大型画册《共绘集邮春秋》，以向国内外全面展示我国改革开放以来蓬勃发展的集邮事业。这部画册在中国集邮总公司、各省级集邮协会和全国行业性集邮协会全力配合下如期出版。第九届全国人大常委会副委员长田纪云为画册题词，国家邮政局局长刘立清为画册致辞。该画册充分体现了党和国家领导人对集邮事业的关心，社会各界对集邮活动的支持，展示了全国集邮组织的发展，以及丰富多彩的集邮活动和取得的丰硕成果。

《共绘集邮春秋》图册

中华全国集邮联合会还于1996年协助邮电部出版了《中国邮政一百年》画册，辑录了相关的集邮资料照片，为研究中国集邮历史、邮票发行史提供了重要文献资料。

2. 集邮专业媒体紧跟形势

随着改革开放不断深入，社会主义市场经济发展，人们的经济意识随之增强，集邮者的集邮观念和眼界，都产生了很大变化。集邮宣传紧跟时代潮流，顺势而动，始终把握住了正确的舆论导向。

关于集邮热点问题的大讨论，是这一时期集邮宣传的重点。1993年1—12月，为配合中华全国集邮联合会发起的集邮文化大讨论，《中国集邮报》在第1版开展了“集邮是什么”的讨论，以“讲真话，吐真言，实事求是，追求真理”为目的，请广大读者畅所欲言，投入到讨论中来。这次讨论理论联系实际，持续时间较长，有结论意见，对引导集邮者在改革开放和发展市场经济的形势下，坚定正确的集邮观，起到了积极作用。

1994年4月27日，《中国集邮报》刊登了一篇读者来信《邮市冷暖以什么衡量》，引发了为期半年的“逛邮市说冷热”大讨论。此后，全国各地来稿近百篇，热议邮市话题。这些讨论中所涉及的问题，从本质上说，是中国集邮界又一轮思想解放。在当时的历史条件下，虽然带有局限性，但始终是联系集邮与改革开放、集邮与发展社会主义市场经济的关系等重大理论与实践问题而展开的，有益于推进中国特色集邮文化事业。

1996年11月—1997年4月，中华全国集邮联合会在《中国集邮报》组织开展了“什么是社会主义的集邮道德观”的全国大讨论，得到了全国各地广大读者的支持和响应，来稿近千篇。在大讨论结束时，邮电部副部长刘立清在《中国集邮报》头版头条发表了题为《树立正确的集邮道德观》的总结性文章，从理论和实践的高度阐明了关于社会主义精神文明建设和树立正确集邮道德观之间的关系，并对加强社会主义集邮道德观的建设提出了指导意见。中央人民广播电台、《北京晚报》等社会媒体都摘发了这篇文章。

为鼓励集邮专业媒体把握正确的舆论导向，宣传正确的集邮目的；同时，提高集邮宣传工作水平和相关编辑人员业务素质，中华全国集邮联合会集邮宣传工作委员会、中国邮电新闻工作者协会集邮报刊研究会和中华全国集邮联合会宣传部，多次联合组织开展了优秀集邮宣传文章的评选活动。

1993年7—10月，“全国优秀集邮宣传报道文章评选”活动举行，评选范围是1992年1月至1993年6月在省级以上报刊发表的集邮宣传报道文章。通过读者推荐和报刊自荐，共收到待评文章500余篇，选自全国60多家报刊，经过评选有17篇文章分获一、二、三等奖。

1994年10月31日，“1994年全国集邮报刊好文章评选”活动在北京揭晓。有24篇文章分别获得一、二、三等奖；《集邮是群众性的文化活动》一文获得了特等奖。

三、社会媒体积极宣传集邮活动

1992—1999年，中国集邮界多次开展大型活动。除了在北京举办的亚洲国际邮展和世界邮展外，还为配合自身与社会的

展场日报 1999.8.26

中国 CHINA 1999 WORLD PHILATELIC EXHIBITION

1999世界集邮展览

中国1999世界集邮展览组委会 主办　中国集邮报社 编辑出版　北京市东区邮电局 协办

国内统一刊号：CN11—临 0295'　邮发代号：1—999　总 10—6 期

标题新闻

据来自中国'99世界邮展评审委员会的消息，我国沈曾华的邮集《华东人民邮政》、李曙光的邮集《中国军邮史（1934－1953）》荣获本次大展的大金奖加特别奖，其中沈曾华的邮集成为国家大奖的候选。

另外，广东谢小融的邮集《中国戏剧》获试验类最佳奖。青少年最佳奖将在我国杨珑的《信的故事》、陈慰星的《新中国普通邮票（1950－1954）》两部邮集中产生。（胡虎）

事实证明：我们有能力办好世界邮展

——中国'99世界邮展组委会秘书长史维林、组委会秘书处副主任兼安保办公室主任黄学斌答记者问

本报记者 周[illegible]成/文　庞斐生　吴继学/摄

8月25日，中国'99世界邮展组委会秘书长史维林和组委会秘书处副主任兼安保办公室主任黄学斌接受了记者采访。

史维林告诉记者，邮展开幕以来盛况空前，非常圆满，得到中外嘉宾、广大集邮者交口称赞，舆论认为这次世界邮展场面恢宏、气氛热烈、盛况空前，水平之高、规模之大、秩序之好、效果之佳、感染力之强也都是前所少有。他引用国际集邮界一些领导人的话说，本次世界邮展很有特色，办出了一流水平。他打趣地告诉记者说：“许多外国朋友问我的嘴唇为什么起了泡，我告诉他们，这不是起泡，这叫‘火爆’！”

他指出，中国'99世界邮展是一次综合性大型世界邮展，是本世纪最后一次集邮奥运盛会，又恰逢我国迎接建国50周年大庆，各国参展空前踊跃，有111个国家和地区参展，展品数量达到3300余框和228部文献类展品，90多个国家和地区参与邮品销售，均属罕见，同时参观人数日均超过3万人，在广大公安干警、武警指战员的辛勤工作下，场内外秩序良好。他热情地告诉记者，这次邮展的展品汇聚了百年集邮精华，凝聚百年果实，展品中有些稀世珍邮和孤品属首次亮相。

（下转第3版）

假如记忆可以移植

老　蔡

有人将世界邮展称为邮坛高考，而参展邮集作者则是赶考的学子——一个颇有趣的比喻。

“千军万马过独木桥”的高考之于我，已是个遥远的事情，遥远得已令我记不起当年考试的作文。今年高考作文题目是一个颇需要想象力方能作答的题目——《假如记忆可以移植》，对于吾等缺乏奇思妙想者而言，实庆幸未在今年应考。今硬着头皮借集邮发挥一番，勉强为文：

假如记忆可以移植，当先移植“邮票之父”罗兰·希尔之记忆，重温“黑便士”诞生的故事；移植P·湿地美伦的记忆，看看这位开人类邮展先河的比利时医生当时的妙想；移植诸位国际评审员和金奖集邮家的记忆，解破邮坛冲顶的迷津；移植周今觉、姜治方、马任全、张包子俊、陈志川等众多我国集邮耆楚的记忆，移植他们的记忆，便移植了一笔丰厚的邮识财富，移植了一部中国集邮创业的历史；将中外德高望重的邮商之记忆移植给今日邮坛那些见利忘义者，让邮商的形象重在世人心目中变得可亲可敬；移植邮市几度轮回、暴涨暴落留给人们的记忆，让我们鉴往知来，学会静观市场冷暖……

若将此文移植于高考答卷上，名落孙山当属正常，而我则深深祝愿我国集邮家们在本次邮坛高考中创出佳绩。

50年前，当时国内规模最大的一次邮展在沪举办，集邮家徐星瑛主编邮展会刊《上海邮展速报》，每日一期，共办七期，该报的诸多妙文至今读来仍颇有教益，今日为中国'99世界邮展办“展场日报”的吾辈真想将徐老当年之记忆移植过来。手边恰有今年在法国、澳大利亚举办的两次世界邮展的“展场日报”，精美的印刷、颇具现代感的版式令人赞叹，但愿亦能移植这些外国同仁们的记忆……

也把我们关于中国'99世界邮展的记忆移植给后人吧，让他们去品味此次千年之交的邮坛盛会。

十日谈

今日提醒

10时，公布展品获奖结果。

明日预报

9时，意大利莫洛里专题、瑞典沃尔伯格青少年集邮报告会。

19时，印尼邮政在长城饭店举行招待会。

中国 '99 世界邮展《展场日报》

一系列重大事件，举办了迎接和庆祝中国共产党第十四届全国代表大会召开、纪念毛泽东同志诞辰100周年、纪念抗战胜利50周年、中国对香港和澳门恢复行使主权、大龙邮票发行120周年、中华人民共和国成立50周年、迎接新世纪等集邮活动。社会媒体对这些活动，都充分进行了报道，从不同层面和角度引起全社会对开展集邮

活动的关注，进一步扩大了集邮的社会影响力。

1. 社会媒体关注邮展活动

“’93 中华全国集邮展览——纪念毛泽东同志诞辰 100 周年”是一次主题鲜明的重大集邮活动。为此，中华全国集邮联合会及时召开新闻发布会，为社会传媒提供邮展消息。据统计，在邮展期间，《人民日报》等 23 家全国主要报刊刊发报道 66 次；中央电视台先后报道 6 次，其中一次在黄金时间播放邮展专题片 55 分钟；中央人民广播电台、国际广播电台、北京人民广播电台播出新闻 22 条，直播采访节目 3 次共 120 分钟。这些媒体通过报道全国邮展的盛况，向海内外广泛宣传了蓬勃发展的中国集邮活动。

中国 1996 第 9 届亚洲国际集邮展览开幕之前，宣传工作提早启动。首都主要街头，竖起大型广告牌，形成全方位宣传声势，扩大了社会影响。据统计，邮展期间，中央电视台及北京电视台播出新闻和专题片共 25 次，中央人民广播电台、国际广播电台等电台广播 70 多次，24 家报刊发稿 54 篇，使中国首次举办国际性邮展的盛况和意义家喻户晓，取得了良好的社会效果。

举办中国 1999 世界集邮展览，适逢中华人民共和国成立 50 周年。这对于展示我国改革开放和新中国成立 50 年来所取得的巨大成就，扩大我国在世界上的影响力，推动我国邮政事业和集邮事业的发展，具有重要意义。为此，中华全国集邮联合会于 1997 年 6 月召开了全国集邮宣传工作座谈会，讨论和部署邮展宣传方案。在邮展期间，中央电视台共播出新闻 50 多条，北京电视台播出新闻 100 多条；中央人民广播电台、中国国际广播电台、北京人民广播电台等播报新闻 30 多条；在北京的中央及地方的 75 家报刊共发稿 500 多篇，许多报刊以专版或专栏形式集中报道邮展盛况；各种新闻媒体播发中国 1999 世界集邮展览的消息、报道达 2000 多条，在国内外产生了广泛的影响。

2. 社会媒体多途径宣传集邮

随着人们物质生活水平的提高，在精神层面的追求也在不断扩大。人们在各类信息的获取方面更加多样化，形式也更为丰富。除了平面媒体等传统宣传形式外，形式活泼多样的电子媒体也逐步介入，对这一时期宣传中国集邮起到了较大的助推作用。

《人民日报》在国内具有很高的权威性和影响力。1997 年春，该报刊出康宏志的署名文章《冷眼静看集邮热》。文章对当时国内集邮市场出现的不正常现象进行理性分析，代表了主流媒体对群众性集邮活动发展的正确认识，有利于集邮健康发展。1998 年 11 月 18 日，《人民日报》主管的《江南时报 · 大江南收藏》发表的新闻特写《国家邮政局重拳出击 违规邮品不容横行》报道：“今年以来，国家邮政局已组织从市场上收购提前销售的邮票和发行期内低于面值销售的邮票 258 批共 7.4 万版，共 144 万套，合计面值 637.6 万元。”放出管理层加强管控集邮市场的信号，有效遏制了因低面值销售引发的市场颓势。

1995 年 6 月 6 日，中央电视台向全国现场直播《方寸情缘——中国集邮笑迎明天》大型电视综艺晚会。

在中央电视台 1998 年春节联欢晚会上，演员潘长江、黑妹、大山联袂演出小品《一张邮票》。通过一枚小小的“风筝”

中央电视台播出集邮题材综艺节目

邮票，表达了海峡两岸隔不断的浓浓亲情，在全国观众及海内外华人中引起强烈反响。

由国家邮政局和中央电视台联合摄制的18集电视连续剧《绿衣红娘》，于1999年8月17日起，每日21时在中央电视台第二套节目播出。该剧作为向第22届万国邮联大会和中国1999世界邮展的献礼，围绕中国著名珍邮“红印花”加盖票中的“绿衣红娘”邮票展开，讲述了一段发生在二十世纪二三十年代的哀婉的爱情故事。该电视剧是中国首部以邮票为题材的中长篇电视连续剧。

电视剧《绿衣红娘》

中央电视台“焦点访谈”栏目的影响力众所周知，1995年1月16日该栏目播出了关于新邮为何在邮市跌破面值的访谈节目，在社会上引起强烈反响。1998年5月，中央电视台《新闻30分》栏目播出了第18届全国最佳邮票评选活动的专题宣传节目，极大提升了佳邮评选活动的影响力。1997年8月，中央电视台“大风车”“芝麻开门”等栏目播出了少年集邮知识系列电视片15集，由中央电视台青少年部和《集邮》杂志联合推出。

四、全国各地开展的集邮宣传

在中华全国集邮联合会统一部署下，各地集邮协会也不断加大了集邮宣传工作力度，因地制宜、因时制宜地开展了多种形式的集邮宣传活动。集邮在各地的宣传范围不断扩大、宣传形式不断创新，既注重普及集邮知识的经常性宣传，又重视围绕重大集邮活动集中进行宣传。与此同时，个别有条件的地方继中国邮票博物馆之后，也在着手建设本地的邮驿、邮政博物馆，成为永久性的邮政和集邮文化宣传设施。各地民间集邮组织也通过自办刊物，积极加入集邮宣传行列。由此，这一时期的全国集邮宣传工作呈现出一派新面貌。

1. 地方集邮协会会刊担当宣传主力

随着集邮组织发展，以各地、各级集邮协会会刊为主体的全国地方集邮期刊、报纸的种数和发行量，都有很大增长，几乎覆盖了全国各大中城市。据1994年中华全国集邮联合会四大工作报告显示，全国已有200多种集邮报刊，发行量达180多万份。

在面向全国公开出版发行的集邮报刊中，一些地方集邮报刊各具特色，形成了相对稳定的读者群，一直在全国具有一定影响。

北京市集邮协会主办的《集邮博览》，1994年由双月刊改为月刊。该刊延续一贯风格，重视集邮理论的宏观研究和集邮史料的编辑整理，有较多的对国内早期集邮文献和国外集邮文献的介绍，在“世界集邮”“国外见闻”栏目中发表了许多独家新闻。1992年6月，针对上一年出现的邮市狂潮，出版增刊《中国邮票大爆炸·集邮纪实文学专号》，成为当时的畅销出版物。随后，围绕集邮界关注热点，在1997年6月香港回归祖国前夕，推出《香港回归集邮专刊》（总103期）；1999年9月，推出《中国1999世界集邮展览专刊》。

上海市集邮协会主办的《上海集邮》，

《集邮博览》1994年第1期

《上海集邮》1998年第1期

1998年由双月刊改为月刊，当年每期的总页数减为32页，次年恢复至48页。改刊期后的1998年第1期《上海集邮》首页发表了上海市集邮协会会长王观铝的署名文章《繁荣集邮事业 办出海派特色》。文章指出，新的《上海集邮》月刊将坚持正确的舆论导向，办出月刊的“海派”特色，热忱为集邮者服务。

《集邮报》是一份新闻性、知识性、趣味性和资料性兼顾的集邮报纸。1992年7月从山西运城迁址太原，由内部发行改为国内公开发行，同时由旬报改为周报，由山西省邮政局主管和主办。主要栏目有：邮票世界、邮展指南、极限纵横、邮苑文

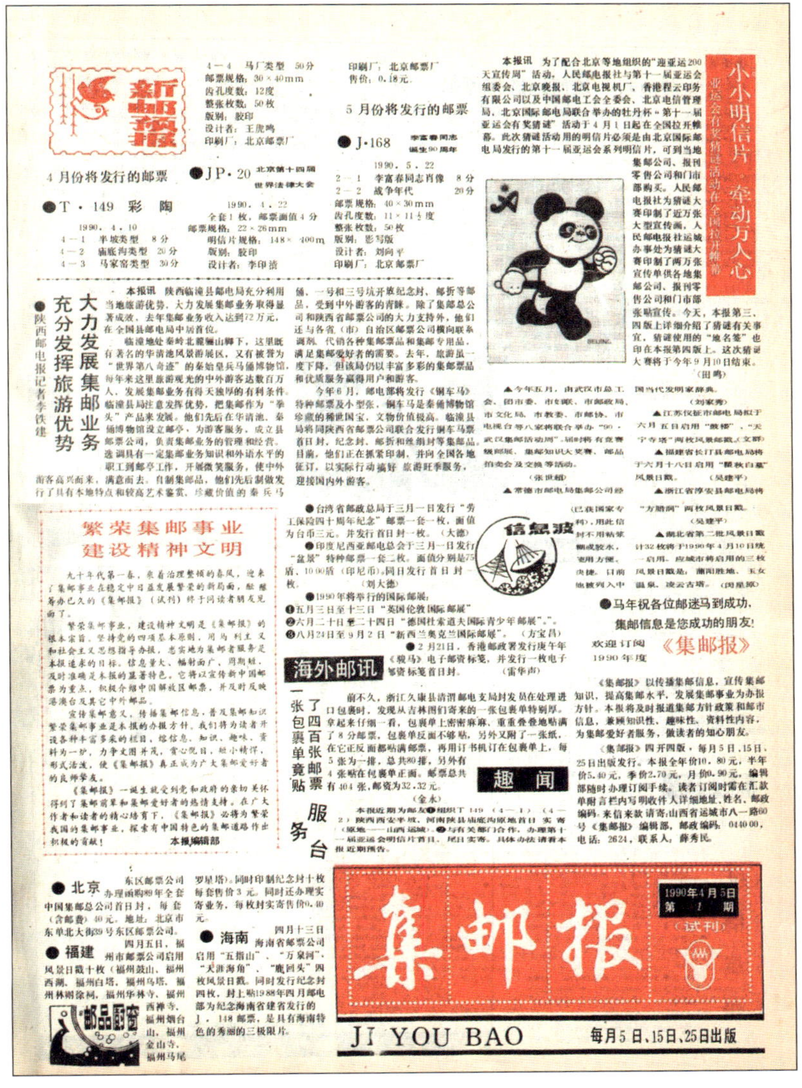
新邮预报

4月份将发行的邮票

●T·149 彩陶

1990.4.10

4—1 半坡类型 8分
4—2 庙底沟类型 20分
4—3 马家窑类型 30分
4—4 马厂类型 50分
邮票规格：30×40mm
齿孔度数：12度
整张枚数：50枚
版别：胶印
设计者：王虎鸣
印刷厂：北京邮票厂

●JP·20 北京第十四届世界法律大会

1990.4.22

全套1枚，邮票面值4分
邮票规格：22×26mm
明信片规格：148×100mm
版别：胶印
设计者：李印清
印刷厂：北京邮票厂
售价：0.18元。

5月份将发行的邮票

●J·168 李富春同志诞生90周年

1990.5.22

2—1 李富春同志肖像 8分
2—2 战争年代 20分
邮票规格：40×30mm
齿孔度数：11×11½度
整张枚数：50枚
版别：影写版
设计者：刘向平
印刷厂：北京邮票厂

小小明信片　牵动万人心
亚运会有奖猜谜活动在全国拉开帷幕

本报讯　为了配合北京等地组织的“迎亚运200天宣传周”活动，人民邮电报社与第十一届亚运会组委会、北京晚报、北京电视机厂、香港程云印务有限公司以及中国邮电工会全委会、北京电信管理局、北京国际邮电局联合举办的牡丹杯“第十一届亚运会有奖猜谜”活动于4月1日起在全国拉开帷幕。此次猜谜活动用的明信片必须是由北京国际邮电局发行的第十一届亚运会系列明信片，可到当地集邮公司、报刊零售公司和门市部购买。人民邮电报社为猜谜大赛印制了近万张大型宣传画，人民邮电报社运城办事处为猜谜大赛印制了两万张宣传单供各地集邮公司、报刊零售公司和门市部张贴宣传。今天，本报第三、四版上详细介绍了猜谜有关事宜，猜谜使用的“地名签”也印在本报第四版上。这次猜谜大赛将于今年9月10日结束。（田鸣）

大力发展集邮业务　充分发挥旅游优势
●陕西邮电报记者李铁建

本报讯　陕西临潼县邮电局充分利用当地旅游优势，大力发展集邮业务取得显著成效，去年集邮业务收入达到72万元，在全国县邮电局中居首位。

临潼地处秦岭北麓骊山脚下，这里既有著名的华清池风景游展区，又有被誉为“世界第八奇迹”的秦始皇兵马俑博物馆，每年来这里旅游观光的中外游客达数百万人，发展集邮业务有得天独厚的有利条件。临潼县局注意发挥优势，把集邮作为“拳头”产品来发展。他们先后在华清池、秦俑博物馆设立邮亭，为游客服务，成立县邮票公司，负责集邮业务的管理和经营。选调具有一定集邮业务知识和外语水平的职工到邮亭工作，开展微笑服务，使中外游客高兴而来，满意而去。自制集邮品，他们先后制做发行了具有本地特点和较高艺术鉴赏、珍藏价值的秦兵马俑、一号和三号坑开放纪念封、邮折等邮品，受到中外游客的青睐。除了集邮总公司和陕西省邮票公司的大力支持外，他们还与各省（市）自治区邮票公司横向联系调剂，代销各种集邮票品和集邮专用品，满足集邮爱好者的需要。去年，旅游虽一度下降，但该局仍以丰富多彩的集邮票品和优质服务赢得用户和游客。

今年6月，邮电部将发行《铜车马》特种邮票及小型张，铜车马是秦俑博物馆珍藏的稀世国宝，文物价值极高。临潼县局将同陕西省邮票公司联合发行铜车马票首日封，纪念封，邮折和丝绢封等集邮品。目前，他们正在抓紧印制，并向全国各地征订，以实际行动搞好旅游旺季服务，迎接国内外游客。

▲今年五月，由武汉市总工会、团市委、市妇联、市邮政局、市文化局、市教委、市邮协、市电视台等八家将联合举办“90·武汉集邮活动周”，届时将有竞赛级邮展、集邮知识大奖赛、邮品拍卖会及交换等活动。（张世朝）

▲常德市邮电局集邮公司经……（已获国家专利），用此信封不用粘浆糊或胶水，使用方便、快捷。目前……地被列入中国当代发明家辞典。（刘家秀）

▲江苏仪征市邮电局拟于六月五日启用“鼓楼”、“天宁寺塔”两枚风景邮戳。（文群）

▲福建省长汀县邮电局将于六月十八日启用“赣秋白墓”风景日戳。（吴建平）

▲浙江省淳安县邮电局将……“方腊洞”两枚风景日戳。（吴建平）

▲湖北省第二批风景日戳计32枚将于1990年4月10日统一启用。应城市将启用的三枚风景日戳是：蒲阳胜地、玉女温泉、凌云古塔。（闵星源）

信息波

繁荣集邮事业　建设精神文明

九十年代第一春，乘着治理整顿的春风，迎来了集邮事业在稳定中日益发展繁荣的新局面，酝酿筹办已久的《集邮报》（试刊）终于同读者朋友见面了。

繁荣集邮事业，建设精神文明是《集邮报》的根本宗旨。坚持党的四项基本原则，用马列主义和社会主义思想指导办报，忠实地为集邮者服务是本报追求的目标。信息量大、辐射面广，周期短，及时准确是本报的显著特色。它将以宣传新中国邮票为重点，积极介绍中国解放区邮票，并及时反映港澳台及其它中外邮品。

宣传集邮意义，传播集邮信息，普及集邮知识繁荣集邮事业是本报的办报方针。我们将为读者开设各种丰富多采的栏目，熔信息、知识、趣味、资料为一炉，力争文图并茂，赏心悦目，短小精悍，形式活泼，使《集邮报》真正成为广大集邮爱好者的良师挚友。

《集邮报》一诞生就受到党和政府的亲切关怀得到了集邮前辈和集邮爱好者的热情支持。在广大作者和读者的精心培育下，《集邮报》必将为繁荣我国的集邮事业，探索有中国特色的集邮道路作出积极的贡献！

本报编辑部

海外邮讯

●台湾省邮政总局于三月一日发行“劳工保险四十周年纪念”邮票一套一枚，面值为台币三元。并发行首日封一枚。（大德）

●印度尼西亚邮电总会于三月一日发行“盆景”特种邮票一套二枚。面值分别是75盾、1000盾（印尼币）。同日发行首日封一枚。（刘大德）

●1990年将举行的国际邮展：
❶五月三日至十三日“英国伦敦国际邮展”
❷六月二十日至二十四日“德国杜塞道夫国际青少年邮展”。
❸八月24日至9月2日“新西兰奥克兰国际邮展”。（方宝昌）

●2月21日，香港邮政署发行庚午年《骏马》电子邮资标签，并发行一枚电子邮资标签首日封。（雷华声）

趣闻

一张包裹单竟贴了四百张邮票

前不久，浙江久康县清渭邮电支局封发员在处理进口包裹时，发现从吉林图们寄来的一张包裹单特别厚。拿起来仔细一看，包裹单上密密麻麻、重重叠叠地贴满了8分邮票，包裹单反面不够贴，另外又附了一张纸，在它正反面都贴满邮票，再用订书机订在包裹单上，每5张为一排，总共80排，另外有4张贴在包裹单正面。邮票总共有404张，邮资为32.32元。（金水）

服务台

本报近期为邮友❶组织T149（4—1）（4—2）陕西西安半坡、河南陕县庙底沟原地首日实寄（原地——山西运城）。❷与有关部门合作，办理第十一届亚运会明信片首日、尾日实寄。具体办法请看本报近期预告。

●马年祝各位邮迷马到成功，集邮信息是您成功的朋友！

欢迎订阅1990年度《集邮报》

《集邮报》以传播集邮信息，宣传集邮知识，提高集邮水平，发展集邮事业为办报方针。本报将及时报道集邮方针政策和邮市信息，兼顾知识性、趣味性、资料性内容，为集邮爱好者服务，做读者的知心朋友。

《集邮报》四开四版，每月5日、15日、25日出版发行。本报全年价10.80元，半年价5.40元，季价2.70元，月价0.90元，编辑部随时办理订阅手续。读者订阅时需在汇款单附言栏内写明收件人详细地址、姓名、邮政编码。来信来款请寄：山西省运城市八一路60号《集邮报》编辑部，邮政编码：044000，电话：2624，联系人：薛秀民。

邮品橱窗

●北京　东区邮票公司办理函购89年全套中国集邮总公司首日封，每套（含邮费）40元。地址：北京市东单北大街39号东区邮票公司。

●福建　四月五日，福州市邮票公司启用风景日戳十枚（福州鼓山、福州西湖、福州白塔、福州乌塔、福州林则徐祠、福州华林寺、福州西禅寺、福州烟台山、福州金山寺、福州马尾罗星塔）。同时印制纪念封十枚每套售价3元。同时还办理实寄业务，每枚封实寄售价0.40元。

●海南　四月十三日海南省邮票公司启用“五指山”、“万泉河”、“天涯海角”、“鹿回头”四枚风景日戳。同时发行纪念封四枚，封上贴1988年四月邮电部为纪念海南省建省发行的J.148邮票，是具有海南特色的秀丽的三极限片。

集邮报　1990年4月5日　第1期　（试刊）
JI YOU BAO　每月5日、15日、25日出版

《集邮报》创刊号

章、封片简戳、收藏天地、邮市大观等。1994 年 5 月起增办《月末邮市》专刊。

2. 创建邮驿、邮政博物馆

盂城驿是京杭大运河沿岸景观的重要组成部分，始建于明朝洪武八年（1375 年），位于江苏省高邮市城南历史文化街区，是全国规模最大、保存最完好的明代驿站遗址，被誉为中国邮驿的“活化石”。1993—1995 年，在邮电部、江苏省人民政府以及省各级邮电、文化、城建等部门和社会各界大力支持下，高邮市人民政府对盂城驿再次修缮，并在此基础上设立了中国唯一的邮驿博物馆。中国明史学会、中国社科院历史所、邮电部文史中心于 1995 年 8 月 17 日在高邮召开了 1995 邮驿文化国际学术讨论会。同日，邮电部发行了《古代驿站》特种邮票，其中第一枚就是“盂城驿”。第七届全国人大常委会副委员长朱学范为盂城驿题写了“古盂城驿”横匾。

清代北京邮界邮政总局旧址（1905—1907）位于北京市崇文门内大街小报房胡同内。1914 年，这里是北京第一邮务支局所在地。为纪念北京邮政开办 100 周年，北京市邮政管理局于 1996 年年底对该旧址按原貌进行了修复，建成北京邮政博物馆。该博物馆展示了大量邮政珍贵文物，见证了北京邮政的发展历程。1997 年 2 月 19 日，新修建的北京邮政博物馆和小报房邮政局同时开门迎宾。

3. 地方集邮宣传形式多样

以省、自治区、直辖市和省会市为主力的地方集邮宣传工作，除了利用纸质媒体外，各地集邮协会也特别重视与地方电视台、广播电台密切合作，充分发挥电视

“盂城驿博物馆”极限明信片

和广播的宣传效应，积极报道集邮活动。

1993年7月，河南省开封经济广播电台开办的“空中之友”栏目，大力宣传集邮，先后编播了有关邮票的品相、保管、真伪识别，集邮文化和集邮活动等方面内容的稿件近40篇，受到集邮爱好者欢迎。

1994年，北京人民广播电台举办为期一年的“方寸世界”广播节目，中华全国集邮联合会名誉会长薄一波为该节目题词。“方寸世界”每周一讲，全年共有52讲，在周六中午828千赫播出。“方寸世界”系统介绍了集邮知识，跟踪报道集邮热点，及时播出集邮信息。

1994—1995年，贵州电视台及贵阳市电视台播出了电视系列片《著名集邮家郭润康》，让这位中国集邮传奇人物的事迹广为传颂。

1996年7—9月，上海电视台播出了集邮系列专题片《放大镜下的邮趣》。该片由上海电视台与上海市集邮协会联合摄制，共14集，系统介绍了集邮知识和邮票故事。

1997年1—3月，甘肃电视台播出了集邮系列节目《专题集邮》，共6集，按专题形式介绍了邮票上的故事。

1997年12月，山东电视台播出了电视专题片《第三野战军军邮》，详细介绍了解放区邮票的曲折故事。

4. 民间集邮组织积极宣传集邮

20世纪90年代正值国内民间集邮组织的活跃时期。全国各地数以万计的厂矿企业、高等学校、科研院所、事业单位等基层集邮组织或集邮者个人自编的，用手刻蜡纸油印、打字机打印或机器铅印的集邮小报、邮刊、售品目录等，数量众多，当在万种以上，形成了一个遍及全国，星罗棋布，纵横交错的集邮传播网络。这其中，一些较有特色的综合性或专项性民间邮刊，成为各地集邮宣传工作的有益补充。

综合性民间邮刊出自综合性民间集邮组织，大多数刊物都能把握正确的导向，以报道集邮活动、交流信息、传播知识为己任，对于当地社会各界认识集邮、了解集邮、进而加入集邮行列起到了积极作用。比如，在这段时间内创刊的郭润康集邮研

上海电视台集邮系列专题片《放大镜下的邮趣》

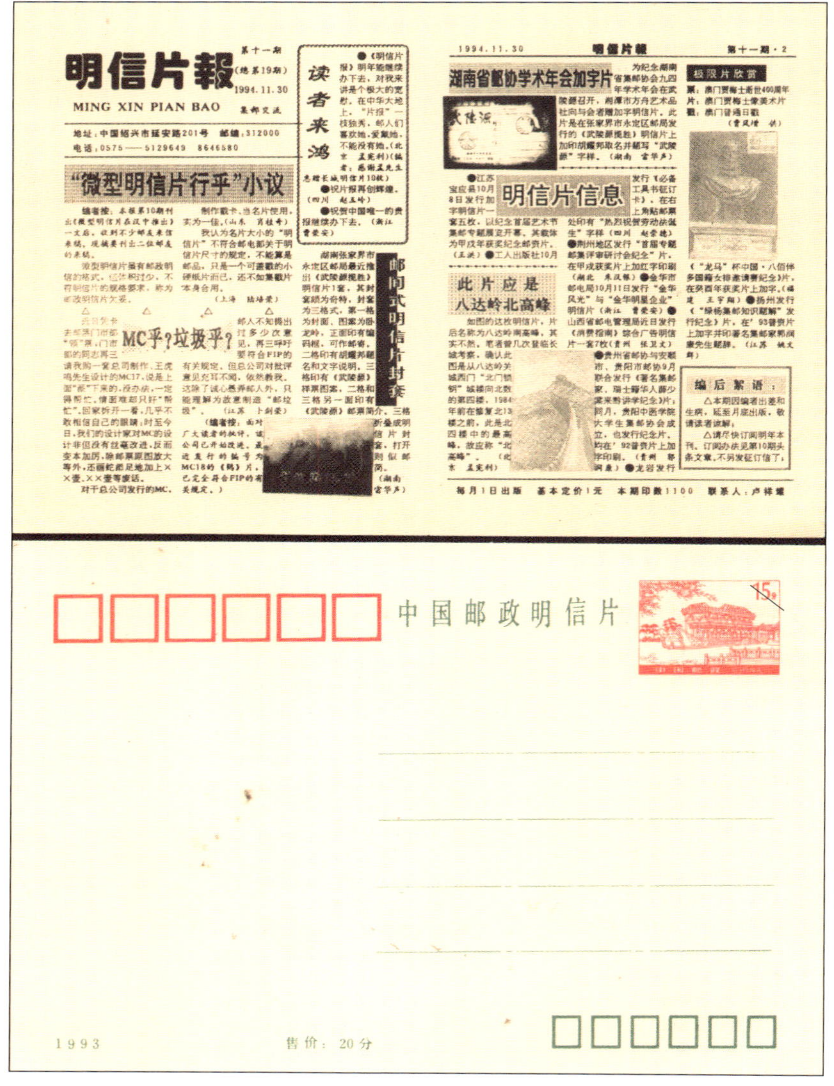

明信片報

第十一期（总第19期） 1994.11.30 集邮交流

MING XIN PIAN BAO

地址：中国绍兴市延安路201号 邮编：312000

电话：0575——5129649 8646580

读者来鸿

●《明信片报》明年能继续办下去，对我来讲是个极大的宽慰。在中华大地上，"片报"一枝独秀，邮人们喜欢她，爱戴她，不能没有她。（北京 孟宪利）（编者：感谢孟先生惠赠长城明信片10枚）

●祝片报再创辉煌。（四川 赵玉岭）

●祝贺中国唯一的贵报继续办下去。（浙江 曹荣安）

"微型明信片行乎"小议

编者按：本报第10期刊出《微型明信片在汉中推出》一文后，收到不少邮友来信来稿，现摘要刊出二位邮友的来稿。

微型明信片虽有邮政明信的格式，但体积过少，不符明信片的规格要求，称为邮政明信片欠妥。制作贺卡、当名片使用，实为一佳。（山东 肖桂号）

我认为名片大小的"明信片"不符合邮电部关于明信片尺寸的规定，不能算是邮品，只是一个可盖戳的小硬纸片而已，还不如集戳片本身合用。（上海 陆培荣）

△ △ △ △

MC乎？垃圾乎？

……去年某门市部"领"票，门市部的同志再三请我购一套总公司制作、王虎鸣先生设计的MC17，说是上面"派"下来的，没办法，一定得帮忙。情面难却只好"帮忙"。回家拆开一看，几乎不敢相信自己的眼睛；时至今日，我们的设计家对MC的设计非但没有丝毫改进，反而变本加厉，除邮票原图放大等外，还画蛇添足地加上××壹、××壹等废话。

对于总公司发行的MC，邮人不知提出过多少改意见，再三呼吁要符合FIP的有关规定，但总公司对批评意见充耳不闻，依然故我。这除了诚心愚弄邮人外，只能理解为故意制造"邮垃圾"。（江苏 卜剑索）

（编者按：面对广大读者的批评，该公司已开始改进。最近发行的编号为MC18的《鹤》片，已完全符合FIP的有关规定。）

邮向式明信片封套

湖南张家界市永定区邮局最近推出《武陵源揽胜》明信片1套，其封套颇为奇特，封套为三格式，第一格为封面，图案为卧龙岭，正面印有编码框，可作邮寄。二格印有胡耀邦题名和文字说明，三格印有《武陵源》样票图案，二格和三格另一面印有《武陵源》邮票简介。三格折叠成明信片封……打开则似邮……（湖南 雷华声）

1994.11.30 明信片報 第十一期·2

湖南省邮协学术年会加字片

为纪念湖南省集邮协会九四年学术年会在武陵源召开，湘潭市方舟艺术品社向与会者赠加字明信片。此片是在张家界市永定区邮局发行的《武陵源揽胜》明信片上加印胡耀邦取名并题写"武陵源"字样。（湖南 雷华声）

明信片信息

●江苏宝应县10月8日发行加字明信片一套五枚，以纪念首届艺术节集邮专题展览开幕，其载体为甲戌年获奖纪念邮资片。（王洪）●工人出版社10月发行《必备工具书征订卡》，在右上角贴邮票处印有"热烈祝贺劳动快诞生"字样（四川 赵常德）●荆州地区发行"首届专题邮集评审研讨会纪念"片，在甲戌获奖片上加红字印刷（湖北 朱汉锋）●金华市邮电局10月11日发行"金华风光"与"金华明星企业"明信片（浙江 曹荣安）●山西省邮电管理局近日发行《消费指南》综合广告明信片一套7枚（贵州 张卫文）●贵州省邮协与安顺市、贵阳市邮协9月联合发行《著名集邮家、瑞士籍华人薛少棠来黔讲学纪念》片；同月，贵阳中医学院大学生集邮协会成立，也发行纪念片。均在'92普资片上加字印刷。（贵州 郭润康）●龙岩发行《"龙马"杯中国·八佰伴多国籍女排邀请赛纪念》片，在癸酉年获奖片上加字。（福建 王字翔）●扬州发行《"绿杨集邮知识题解"发行纪念》片，在'93普资片上加字并印著名集邮家郭润康先生题辞。（江苏 姚文群）

此片应是八达岭北高峰

如图的这枚明信片，片后名称为八达岭南高峰，其实不然。笔者曾几次登临长城考察，确认此图是从八达岭关城西门"北门锁钥"城楼向北数的第四楼。1984年前在修复北13楼之前，此是北四楼中的最高峰，故应称"北高峰"。（北京 孟宪利）

极限片欣赏

票：澳门贾梅士逝世400周年

片：澳门贾梅士像美术片

戳：澳门普通日戳

（曹风增 供）

编后絮语：

△本期因编者出差和生病，延至月底出版，敬请读者谅解。

△请尽快订阅明年本刊，订阅办法见第10期头条文章，不另发征订信了。

每月1日出版 基本定价1元 本期印数1100 联系人：卢祥耀

中国邮政明信片

15分

1993 售价：20分

1993年浙江绍兴集邮者自办的《明信片报》

究会的《金竹邮风》就属此例。

受国外专项集邮组织的影响，国内专项集邮的民间组织不断涌现。这些集邮组织专门从事某一集邮类别或某项邮品的收集和研究，其依托的平台主要是邮刊。在这段时间内创刊并产生一定影响的刊物主要有：《航天邮友》《金卡集邮》《生肖集邮》《金陵极限集邮》等。这些刊物注重在自身关注范围内，比较深入和系统地传播集邮知识、开展集邮研究、组织集邮交流，因而受到有相同兴趣的集邮者的喜爱，它们也有着各自独立的发展空间。

第八节　集邮经营与市场的完善

改革开放深入发展时期，中国集邮界与国际全面接轨，集邮市场也随之发生了较大变化，逐步形成了以一级市场为主导、二级市场为辅助的格局。这个时期，受社会大环境的影响，集邮市场出现过较大波动。有关方面及时应对和调控，使中国的集邮市场在健康轨道上稳步前行。

一、国有集邮企业的经营

20 世纪 90 年代，中国正在由计划经济逐步向市场经济迈进。竞争是市场经济的重要特征，在日渐激烈的市场竞争中，中国集邮总公司和各省、自治区、直辖市邮票公司在集邮市场中占据了主导地位，发挥了主导作用，形成中国集邮服务与集邮经营的主体部分。

1. 全国各级集邮公司联手进入市场

按照新的体制，各邮电部门所设立的集邮公司都是独立自主经营的经济组织。从中国集邮总公司到省、地级集邮公司，相互之间不存在隶属关系，而是各自在市场经济中开拓集邮业务。

1995 年 11 月 9—11 日，中国集邮总公司召开了全国集邮营销会议。来自全国各省、自治区、直辖市的代表一致认为，集邮企业应当建立互惠、互利、密切合作的关系，充分利用网络的整体优势，形成巨大合力，促进集邮企业发展。中国集邮总公司在会议期间出台了《中国集邮总公司集邮品销售办法》《中国集邮总公司外票销售管理办法》《中国集邮总公司邮品业务宣传员聘任办法》等文件，并与各地代表签订了集邮品经销合同书。从此，进一步确立了全国集邮企业联手进入市场的格局。

联手的一个重要措施，是中国集邮总公司和地方公司之间、地方公司和地方公司之间联合举办活动。这一时期，中国集邮总公司以纪念中国邮政开办百年、庆祝内蒙古自治区成立 50 周年、中国和瑞典联合发行“珍禽”邮票、中国和新加坡联合发行“城市风光”邮票、中国和新西兰联合发行“花卉”邮票等热点邮品为契机，分别与江苏、内蒙古、陕西、天津等地方集邮公司联合举办了邮品展销活动，都取得了较好的效益。

根据新体制的要求，中国集邮总公司的内部机构也做了相应调整，实行二级核算。1996 年 1 月 1 日，二级机构分别更名为邮品分公司、进出口分公司、集邮服务中心，成为中国集邮总公司的二级公司，目的是适应集邮体制改革的要求，促使其更好地开辟市场。中国集邮总公司逐渐形成了以新邮和邮品为主体业务，以港、澳邮票和老纪、特邮票为辅助业务，以同各地公司联手营销为特色业务的营业结构。

以往，全国的邮票公司每年要开一次邮品调剂会，以调余补缺。随着邮资票品发行体制的调整，以平价调拨邮品的调剂会销声匿迹，而集邮商品订货交易会等形式则应运而生。

1994 年 4 月 1—3 日，由浙江省承办

热点邮品吸引各界人士购买

中国集邮总公司上海分公司营业厅

的华东首届集邮商品交易会在杭州举行。这是各级邮票公司走向市场的第一次全国性的邮品交易会。有21个省级邮票公司以及其他一些公司、邮商和集邮用品厂商前来参加。现场交易额近百万元。此外还以委托交易货单的形式，达成200多个品种、约1000万元的交易。交易会期间，还举办了“转换机制，走向市场”研讨会。各邮票公司的代表就国营集邮企业如何理顺机制、走向市场进行了讨论。会议认为，在邮资票品管理体制调整后，国营公司应积极采取切合本地实际的对策和措施、加强信息的交流，凭借国有企业的实力起到调控市场的作用。

在新的体制下，各级集邮企业按照各自的权限和分工，积极开展集邮品出口及经营中国香港、中国澳门邮票的业务。到了1997年年底，全国经营港、澳邮票业务的集邮公司有200多家，收集港、澳邮票的人数多达数十万。出售港、澳邮票的收入成为中国集邮收入的新的增长点。中国集邮总公司在这方面的目标是最大限度地占领国内外票市场。中国集邮总公司从1994年开始代理其他邮政机构发行的邮票，至今除代理中国香港、中国澳门发行的邮票外，还成为联合国、美国、新加坡、澳大利亚、新西兰邮票和集邮品的中国代理。中国集邮总公司开办的港、澳邮票业务，销售形式以批发为主。1994年时，销量只有2000多套，其后每年均以惊人的倍率增长，1997年一跃达到了50万套，营业收入2亿多元。

2. 邮票预订业务的改革

随着邮票发行体制的改革，于20世纪80年代中期开办的邮票预订业务，在20世纪90年代有了较大改革。各地邮票预订虽然情况各异，但由交少量定金改为交全额预订款的方案却是一致的。

在新的邮票发行体制下，配合新邮发行实行预订，仍是各级集邮企业的重要业务。1994年之前，新邮预订主要采取预交保证金的方法。1994年年底的新邮预订工作开始前，邮电部发文公布，要坚决贯彻“增套减量”的政策，从1995年起取消原有的邮票预订制度，各地可结合本地实际，采用多种方式，为集邮者提供购票方便。另外在自愿的前提下，可以采取由用户预交一年票款，由集邮经营部门按用户要求留票。预收款金额为每套邮票60元，年终结算，多退少补。以前采取预交保证金办法时，难以准确地掌握邮票印量。有些人缴纳很少量的保证金套购大量紧俏票，邮票不紧俏时就不取，给集邮企业的经营造成很大困难，直接损害了广大集邮者的利益。采取新的预订办法，有助于解决以上问题。

湖南邮政为离退休老干部办理邮票预订证

全额收取邮票预订金，曾一度引起广大集邮者的不解。对此，邮政部门及时向广大邮票预订户作出两点解释：一是可以避免有些人缴纳很少量的保证金套购大量的紧俏票，当邮票不紧俏时就不取，给集邮企业的经营造成损失；二是邮票发行部门可以相对比较准确地掌握集邮者所需要的邮票数量，以便安排生产。广大集邮者从自身根本利益及长远利益考量，普遍能够接受邮政部门的改革方案。

随着邮政业务的资费调整，邮票面值的陆续加大，邮票预订款全额的数量也在不断增加。尽管这样，在1997年集邮市场掀起狂潮时，竟然出现一证难求的现象。当邮市狂潮退却后，新邮预订也恢复了原有的平静。可以说，邮票预订的确受到二级集邮市场波动的影响。

3. 集邮柜台、集邮信托部的设立

这一时期，集邮业务已经成为邮政的一项重要收入。因此，全国各地邮电支局大多数设立了集邮柜台，有专门的营业员负责经营。集邮柜台面向社会办理集邮预订业务，集邮者可以就近预订当年发行的邮票。这样既可以方便广大集邮者，又可以减轻各级集邮公司的压力。

北京市东区邮电局下属30个支局，西区邮电局下属19个支局，南区邮电局下属22个支局，海淀区邮电局下属15个支局，加上郊区县的各个邮局以及部分邮电所，集邮网点超过100个。每当新邮票发行时，集邮柜台还要零售一部分邮票。除了出售邮票外，集邮柜台还出售中国邮政发行的贺年有奖邮资明信片，中国集邮总公司开发的各类集邮品，北京市邮票公司开发的各类集邮品等。不过，品种过于单调的集邮品远远不能满足集邮者的需求。

此外，全国各地的邮局也大多设立了集邮柜台，特别是在一些旅游风景区设立了邮局和集邮门市部，并且出售具有当地特色的集邮品，丰富了广大集邮者的收藏。

青海牧区邮局集邮柜台

陕西临潼兵马俑博物馆集邮亭

1992年11月20日，中国邮票总公司邮票信托部在北京成立，其业务范围，除向全国集邮者提供各种邮票、集邮用品和钱币外，还兼营工艺美术品、文化用品和集邮书刊，并设有个人委托寄售、上门收购、代购等业务，价格随行就市。邮票信托部在成立一周年的时候，举办了第一次大型邮品拍卖会。其后，邮票拍卖成为信托部的经常性业务。许多省级集邮企业也进行了这方面的尝试。

4. 开创集邮展会现场经销的新模式

在1993年11月举办的全国邮展上，参照国外邮展设置邮品销售区的模式，组委会开创性地安排了展场邮品销售。本次邮展展场的销售摊位无论从销售品种，还是销售方式，都给人耳目一新的感觉。从此，中国邮政开启了集邮展会销售的新模式。

1993年11月16—25日，全国邮展在北京民族文化宫举办。与以往的全国邮展不同的是，这次专门开设了一个展销厅，为国内外各邮票公司和个体邮商设置销售摊位。在10天的邮展中，光顾邮品销售厅的集邮者甚至超过参观邮展的人数，场面异常火爆。各地邮票公司使出全身解数，纷纷将自己的优势产品拿出销售，收到了较好的经济效益。

销售大厅内唯一的外国邮商，是一位来自意大利的邮商格里高利，特别引人注目。这是一家三口的经营之家，妻子和儿子协助格里高利向集邮者介绍邮品。在他们的摊位前，中国集邮者总是络绎不绝。他的经营与众不同，不仅仅出售近期邮票，更多地出售各个国家不同年代的复合邮品，特别是一些早期邮票、邮政用品、自然形成的实寄封片等，非常适合参展者编组邮集之用。相比之下，国内大多数摊位出售的邮品，对邮集的适用性有限。此外，该邮商将邮品按专题分出类别，只要集邮者说出专题，他们就能准确地指出相关邮品

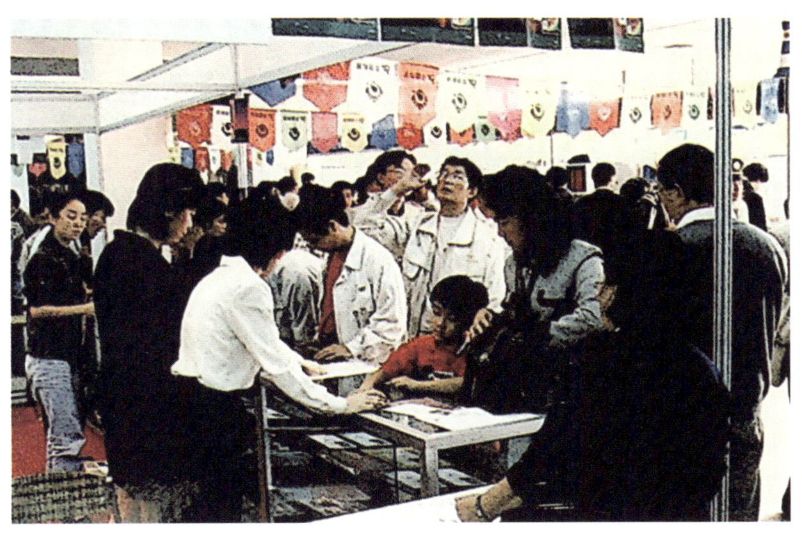

重庆’97全国邮展邮品销售厅

所在的位置，集邮者可以自由挑选。

全国邮展的展场销售还延续到了重庆1997全国邮展和天津1998全国邮展，以及在北京举办的亚洲国际邮展和世界邮展。

1996年5月18—24日，第9届亚洲国际集邮展览在北京中国国际展览中心举办。主办方专门开设了一个展厅用于邮品销售。来自世界各地的70多个国家和地区的邮政部门和邮商在展场设立了160多个摊位，出售各类邮品。中国集邮总公司以及各省、自治区、直辖市邮票公司均在展场设置了摊位，纷纷推出富有地方特色的集邮品。

1999年8月21—30日，中国1999世界集邮展览在北京中国国际展览中心举行。主办方将1号馆上下两层共4个大厅用于邮品销售，总面积达到15000平方米，设置标准摊位300多个。一层主要安排中国邮政部门以及其他国家和地区的邮政部门设立摊位；二层安排来自国内和世界各地的参展商以及个体邮商摆设摊位。这是中国邮政在20世纪举办的规模最大、规格最高的一次集邮商业活动。

二、二级集邮市场的变化

20世纪90年代，中国的二级集邮市场是在跌宕起伏的状态下生存的，这种情况与当时全社会经济的大背景息息相关。在有关部门的宏观管控和集邮界有识之士的积极配合以及媒体正面宣传下，全国二级集邮市场朝着健康方向发展。

1. 二级集邮市场的整改与变迁

为适应快速发展的集邮队伍对邮资票品的需求，发展和规范二级集邮市场迫在眉睫。这一时期，全国大部分城市都建立了较为规范的二级集邮市场，而一些大城市的二级市场更是不断进行升级改造。

北京月坛集邮市场经过7个月整顿和

中国’96亚洲邮展邮品销售馆外排队的人们

改造，于 1992 年 6 月 28 日重新对外开放。北京市西城区政府、中华全国集邮联合会、北京市邮政管理局和北京市集邮协会的领导参加了开业典礼。重新开放的月坛集邮市场，面貌焕然一新，安装了彩色遮阳棚和固定摊位，使用面积比原来扩大了一倍。为了加强管理，邮市还成立了由工商、公安、文化、园林等部门组成的市场管理所。1997 年 6 月 8 日，占据月坛公园 9 年之久的月坛集邮市场，搬迁到位于西城区马甸附近的新场所，邮市名称改为“北京福尼特月坛邮币卡市场”。

北京福尼特月坛邮币卡市场

上海太原路集邮市场，于 1997 年 2 月 22 日迁入附近的云洲商厦，改名太原路云洲集邮市场。另一家卢工集邮品交换市场，也于 1996 年对原有设施进行投资改造，改变了地摊集市交易的模式，并首创了由工商、公安、税务驻场联合办公的管理模式。整个市场由室内邮市、邮币卡长廊、交换广场 3 部分组成，全日开放，可容纳万人，成为当时全国最大的邮市之一。

广州人民公园邮市也经历了变迁。广州集邮俱乐部于 1994 年 11 月与人民公园签订协议，在公园西北角和原集邮区域辟出 1800 平方米的场地，先后投资 200 余万元，对邮市进行了较大的改造，建成 300 平方米的展览大厅和 800 平方米的展廊，设有固定展位 400 多个。这里开展了包括邮展、学术研讨会、咨询在内的集邮活动，成为港澳和内地邮票交易的中介地、中南地区最大的邮票集散地。1997 年 5 月，人民公园邮市被撤销。广州集邮俱乐部在位于海珠区的南华中心二楼再建了广州市集邮票品市场。

成都冻青树邮市由集邮者自发形成。1992 年 9 月，邮市迁入附近的冻青树综合市场三楼营业，并跻身于全国“四大邮市”行列。冻青树邮市由成都市工商局市场管理处主管，总面积为 1020 平方米，设摊位 350 个，是西南地区最大的邮市。

2. 国内掀起大办邮市之风

1992 年 12 月 17 日，国务院下发了《国务院关于进一步加强证券市场宏观管理的通知》，它是在证券市场短期内出现深幅调整和剧烈震荡的背景下发出的，是中国第一个有关证券市场管理与发展的比较系统的指导性文件。这一通知的发布，标志着对中国证券市场的管理进入规范化轨道。在此形势下，中国股市发展迅速，但也经历了跌宕起伏，并且直接影响到集邮市场的发展态势。

自 1996 年 10 月起，全国邮市行情开始迅速上涨，除了邮票以外，邮资封、片，以及钱币等收藏品全面上涨。由于临近香港回归，“中银错片”成为耀眼的明星，单枚市价突破了4000元。与此同时，JP.2《中英关于香港问题的联合声明正式签署》纪念邮资明信片，从原来的90元上涨到260元。其他邮票和邮品，也出现了较大幅度上涨。由于某些邮票公司的介入，新邮炒作成为这一轮邮市狂潮的一个特征。例如，1996年当年发行、面值5元的《上海浦东》小型张，最高时市价达到了60元，而1996年邮票年册也被炒到300元以上。

到了1997年年初，全国各大集邮市场每天都呈现出人山人海的景象。北京月坛邮市每天进入的炒作者在1万人以上，周末竟达到13000人，比起1991年的邮市狂潮有过之而无不及。面对如此态势，邮市管理者再次采用提高门票价格的方法控制人流，但是5元的门票也阻挡不了狂热的炒邮者。尽管邮市一再扩大交易区面积，仍然不能容纳日益增多的人群。那时的月坛邮市，每平方米都价值不菲。

在此期间，北京市兴起大办邮市之风，1997年全市拥有11家集邮市场，但随着邮市高潮的退去，这其中的大部分邮市在1998年后陆续停业。国内其他大城市的集邮市场，也出现了类似情况。

3. 社会因素对邮市产生的影响

1996年5月，第9届亚洲国际邮展在北京成功举办，唤起了中国集邮者的极大热情，很多人加入到集邮队伍中来。据1998年5月21—22日召开的中华全国集邮联合会四届三次理事扩大会上公布的信息：1997年全国集邮爱好者接近2000万人，全国集邮在册会员人数达到了历史最高点的360.33万人，比上一年增长39.5%。在增长的新人中，有的被集邮文化所吸引，逐渐成为真正的集邮者；有的（而且是相当数量的），则是冲着邮票升值可获得经济利益的目的而来。当他们在集邮队伍中没有达到期盼的目的时，选择退出也是自然而然的结果了。

1997年的北京月坛邮市

任何一次邮市狂潮的出现都有其社会背景。1996年以来，由于银行存款利率两次下调，并且取消了保值优惠政策，同时，股市暴跌，下半年综合指数从900点下降到700多点，股民损失惨重，股市风险增大，而楼市炒作在这一时期还未形成气候，因此，手中握有大量资金的投资者，再次将目光投向刚刚有所转机的邮市，这必然刺激邮市新一轮的升温。在此背景下，北京月坛集邮市场再次成为全国邮市狂潮的爆发点。在那个时期，月坛集邮市场每天都聚集了大批来自全国各地从事邮票交易的人。与此同时，国内具有影响力的上海太原路邮市、卢工邮市，成都的冻青树邮市和广州的集邮市场，也与北京月坛邮市的情况大致相同，由平稳到高潮，然后再转入低谷。

1997 年，全国非邮政部门的单位和个人经营集邮业务的已遍布 31 个省、自治区、直辖市的 251 个城市。个体邮商人员构成比较复杂，集邮素养参差不齐，经营方式和手段也不尽相同，其中多数人属于跟风者或邮票投机商。

1997 年 7 月 1 日，中国政府恢复对香港行使主权。为庆祝这个历史时刻，中国邮政发行了一枚金箔小型张。由于这是中国邮政首次发行金箔小型张，又逢邮市处于高峰期，因此，这枚小型张受到广大集邮者以及各界群众的热捧，连夜排队购票的人们遍布全国各地。这枚小型张必然成为邮市炒作的新宠儿。内装面值 50 元金箔小型张的邮折，售价 120 元，被炒到 300 元以上，很多人将资金投向这枚小型张。然而，令人意想不到的是，这枚金箔小型张的发行量有 2000 万枚，这使得对它的炒作不久就到了拐点，那些囤积者被牢牢套住，邮市狂潮迅速回落。

1999 年第四季度，在一些城市出现了争相预订 2000 年纪特邮票的热潮。

中国集邮报

CHINA PHILATELY NEWS

中华全国集邮联合会主办　人民邮电报社编辑出版　■国内刊号 CN11－0201　■邮发代号：1－164　■网址 http://www.chinainfo.com.cn

1999 年 12 月 14 日
第 99 期
（总第 439 期）
每星期二、五出版

忍看朋辈近痴狂

我为『邮』狂

看，这是日前辽宁省大连市换发 2000 年新邮预订证的场面！据悉，南京市等地也出现了这种场景。然而，各地新邮预订的情况却是冷热不均。有的地区的邮协会员因订不到 2000 年新邮而不满，有的地区的集邮公司经理却在为新邮订不出去而发愁。

明年的新邮是否会降低印量？提前支付了全额预订款会不会又面临新邮几乎全面打折的尴尬？但愿明天会更好，但愿众多经历过无数次失望而又对集邮始终抱有热望的人们不再失望。

卢国忠/摄　邮人/文

为伊"挤"得人憔悴

《中国集邮报》刊载《我为“邮”狂》

三、加强对集邮市场的管理

国家邮政管理部门对国内各级集邮市场始终履行了宏观调控和管理的职能。这一时期，针对国内各地集邮市场不断变化，多次颁发各项法规和文件，对集邮市场的健康发展起到了关键作用。

1. 邮政管理部门对二级集邮市场的调查

为加强对集邮市场的管理，了解集邮市场的状况，邮电部有关部门于1997年下半年组织各省、自治区、直辖市的邮政机构对地级市以上城市的集邮市场进行了一次全面调查。调查的重点是集邮票品交易市场的开办情况、非邮政部门的单位和个人经营集邮业务情况以及违法违纪经营、超范围经营等情况。调查结果表明，当时全国非邮政部门的单位和个人经营集邮业务的共有两万多个，分布于全国31个省、自治区、直辖市的251个城市，其中77%的经营者在集邮票品交易市场内经营，2.7%的经营者有自己独立经营场地，19.6%的人为零散经营。

此外，全国有117个城市开办了集邮票品交易市场200余个，有独立场所经营的为700家，零散的集邮摊点5000余个。调查还发现，很多地方仍然存在违规经营、销售假邮票等现象。

2. 对个体集邮经营者的管理

1995年9月26日，邮电部、国家工商行政管理局联合制定颁发了《个人经营集邮票品管理办法》。这是上述《通知》试行几年来形成的正式文件。其实行范围不再仅限于10个城市，而是面向全国。对个人经营范围的规定大部分未变，只有一个重要的修改，即把普通邮票排除在外。《个人经营集邮票品管理办法》对个人经营的集邮票品解释为“除普通邮票之外的邮资票品和集邮品”，规定“作为通信使用的普通

中华全国集邮联合会、中国集邮总公司领导在合肥邮市调研

邮票，由邮政企业专营。除邮政企业和邮政企业委托的邮票代售处以外，任何单位和个人均不得经营普通邮票”。另一个重要修改是，把“个人经营货源一律自筹”，改为“经依法核准经营集邮票品的个体工商户，应到当地县级或县级以上邮政部门办理有关手续，邮政部门可根据票源情况按面值（或售价）酌情提供一定数量的集邮票品”。这个文件的发布与贯彻执行，使各地二级集邮市场的管理有章可循，无照经营的比例大幅度下降，市场的经营秩序明显好转。

3. 查处非法经销集邮品商户

1996年1月4日，上海邮政与工商部门联手对上海卢湾集邮市场违规销售集邮品进行暗查。检查人员对某摊位上成摞的义务兵专用邮票全张进行盘查，并将摊主和邮票带回作进一步处理。此次突查，共查获义务兵专用邮票3655枚，普通邮票6000余枚，总面值达2.2万元。与此同时，执法人员还在上海太原路邮市查获了一批普通邮票和义务兵专用邮票。

1996年9月，公然冒用“中华全国集邮联合会监制”名义销售假冒邮品的安徽铁力实业有限公司等两家经销商，受到安徽省通信行政执法稽查大队查处，非法假冒邮品被全部没收。该公司所谓《中国珍品集邮纪念册》中，包括假冒的海关大龙邮票、赣西南赤色邮政邮票、中华苏维埃邮政欠资邮票、中国人民邮政航空邮票以及大量的金属仿制邮票。稽查大队根据《中华人民共和国邮政法》第三章第十七条、第四章第二十八条规定，对涉嫌非法制假售假的两家公司立案查处。

邮电部　国家工商行政管理局

关于印发《个人经营集邮票品管理办法》的通知

邮部联[1995]672号

各省、自治区、直辖市邮电管理局，工商行政管理局：

为维护集邮市场秩序，保护集邮爱好者及集邮票品经营者的合法权益，现将《个人经营集邮票品管理方法》印发给你们，请认真贯彻执行，并就有关问题通知如下：

一、各级工商行政管理机关应结合《个人经营集邮票品管理办法》的贯彻执行，对当地集邮市场管理情况进行一次检查，坚决查处倒卖集邮票品的行为，取缔非法经营。

二、各省、自治区、直辖市邮电管理局应积极配合工商行政管理机关对集邮市场进行清理整顿，发现违反《个人经营集邮票品管理办法》有关规定的，应及时配合工商行政管理机关依法查处。

三、各邮政企业应认真做好邮资票品的经营管理工作，对邮政企业内部的单位或个人向非邮政企业委托代售单位和个人提供普通邮票或内外勾结非法倒卖集邮票品的，应根据邮电部的有关规定予以相应处理。

四、各级工商行政管理机关及邮电部门应加强联系，及时研究《个人经营集邮票品管理办法》贯彻执行中的问题，并将贯彻执行情况分别报国家工商行政管理局和邮电部。

附件：个人经营集邮票品管理办法

一九九五年九月二十六日

邮电部、国家工商行政管理局联合颁发《个人经营集邮票品管理办法》

在此期间内，贵阳市公安部门在邮政部门配合下，破获一起在邮票公司门前出售伪造的“文革”邮票、“梅兰芳”小型张、“祖国山河一片红”等珍稀邮票案。多名不法分子在公共场合利用假邮票公开行骗，有7人上当，经济损失金额达到万元。破获此案让当地集邮者拍手称快。

四、邮品拍卖步入正轨

随着中国集邮大发展，各地的邮品拍卖活动也愈加活跃起来。特别是参加高级别邮展的邮集作者，需要从拍卖会上获得高档次邮品，以提高展品的重要性和素材的珍罕性。此外，具备投资实力的集邮者，也需要通过拍卖公司获得具有收藏价值的集邮品，并实现保值增值。1997年1月1日，《中华人民共和国拍卖法》正式实施。它为国内邮品拍卖活动提供了法律保护。此后，全国各地拍卖公司发展迅速，而且大多数都增加了邮品拍卖项目。

1. 专业邮品拍卖公司成立

在20世纪90年代初，中国的邮品拍卖活动大多属于业余性质，主要由各级集邮组织举办。拍品基本上由集邮协会会员提供，拍卖活动参照国外拍卖模式进行，没有相应的法律依据和纳税机制。

专业拍卖公司从邮品的征集、拍卖活动的规范性、邮品的档次、拍前的邮品展示等方面，都明显强于业余拍卖会。专业拍卖公司的出现，不仅取代了很多业余拍卖活动，而且标志着中国邮品拍卖活动进入了一个规范的、成熟的、合法的新阶段。

1996年5月17日，中国1996第9届亚洲国际集邮展览开幕前一天，由北京邮星贸易总公司推出的邮品拍卖会在北京王府饭店水晶厅举行。引人瞩目的第8号拍品中国著名珍邮“红印花加盖小字当一元”新票喜获成交。这枚底价为160万元的珍邮，最终以180万元成交。这是中华人民共和国成立以来规模最大、档次最高、珍邮最全、品种最精、成交额最大的一次邮品拍卖会。

1997年2月，京城一家专业邮品拍卖公司“中邮大地邮票拍卖有限责任公司”宣告成立。该公司依托实力雄厚的中国集邮总公司，专门从事邮品拍卖活动。该公司的邮品拍卖会就在和平门中国集邮总公司大楼7层大厅举行。时任《集邮博览》杂志主编的林轩担任该公司兼职拍卖师。该拍卖公司经常在重大集邮活动期间举办拍卖会，收到较好的经济效益和社会反响。

2. 各拍卖公司的邮品拍卖专场

中国嘉德国际拍卖有限公司于1995年11月开始设立邮品部，并举办邮品拍卖专场。1996—1999年，该公司先后举办了10场大型邮品拍卖会、2场周末邮品拍卖以及1次邮品钱币拍卖。其邮品拍卖业绩在京城同行中独占鳌头。

1995年10月，“嘉德”举办秋季艺术品拍卖专场。曾经在“文革”期间名噪一时的油画作品《毛主席去安源》出现在此次拍卖会上，引起集邮界的广泛关注。油画《毛主席去安源》作为票图的同名邮票，于1968年8月1日由邮电部发行，印量高达5000万枚。该邮票发行后在使用时曾出现过邮电部门“不予盖销”的特例。这幅油画的拍品底价为人民币180万元，最终以605万元人民币成交，创造了当时新中国油画拍卖成交的最高纪录。

中国'99世界邮展中邮大地邮品拍卖会目录

1996年12月19日，上海工达实业公司在上海好望角大酒店举办邮品拍卖会，拍品392项的总成交额为108.5万元，其中《无产阶级文化大革命的全面胜利万岁》新票以24万元成交，“黑题词”新票以17万元成交，紫军邮四方连以1.9万元成交。此次拍卖，买方依国际惯例按成交额另外支付5%的佣金，这在国内还是一种新的尝试。

北京举办的邮品拍卖会

结　语

1992—1999 年，中国集邮处于一个全面上升时期。集邮展览全面与国际接轨，群众性集邮活动再次掀起热潮，集邮市场热度增加并向规范化发展。这种形势的出现，是基于对“集邮文化”理论认知的准确定位。党和政府以及社会各界充分认可集邮的文化属性，并将集邮作为社会主义文化建设的组成部分，给予大力支持。

中华全国集邮联合会于 1994 年召开第四次代表大会，对中国集邮在新形势下的发展目标和具体工作，进行了规划和部署。这一时期，中华全国集邮联合会分别于 1993 年、1997 年和 1998 年举办了全国集邮展览；于 1996 年和 1999 年成功举办了“中国 1996 第 9 届亚洲国际集邮展览”和“中国 1999 世界集邮展览”，我国的参展展品取得了前所未有的佳绩。集邮家沈曾华赢得了中国在世界邮展上的第一个“国家大奖”，圆了老一辈集邮家让中国集邮走向世界的梦想。

第十一章　世纪之初的中国集邮

（2000—2010）

概　述

2000 年，人类踏入历史新纪元。进入 21 世纪的中国迎来全面建设小康社会，加快推进社会主义现代化，开创中国特色社会主义事业的新局面。

2002 年召开的中国共产党第十七次全国代表大会报告提出：高举中国特色社会主义伟大旗帜，“继续解放思想，坚持改革开放，推动科学发展，促进社会和谐，为夺取全面建设小康社会新胜利而奋斗”。

2000—2010 年，中国经历了多个全国性和国际性重要事件。2001 年纪念中国共产党成立 80 周年、中国申办第 29 届奥林匹克运动会获得成功，2002 年庆祝中国共产党第十六次全国代表大会召开，2003 年纪念毛泽东同志诞辰 110 周年，2005 年纪念中国人民抗日战争暨世界反法西斯战争胜利 60 周年，2006 年纪念中国工农红军长征胜利 70 周年，2007 年庆祝中国共产党第十七次全国代表大会召开，2008 年纪念中国改革开放 30 周年，2009 年庆祝中华人民共和国成立 60 周年。在党和国家的“主旋律”统领下，中国集邮界开展了丰富的活动，成为社会主义先进文化的一个重要组成部分。

2003 年，中国既面临着“非典”疫情的严峻考验，也享受着首次载人航天飞行成功的喜悦。特别是在“非典”时期，中国集邮者显示出高度的社会责任感和互助精神，积极支持国家“抗击非典”的斗争。2008 年和 2010 年，四川汶川和青海玉树发生了特大地震，给人民生命财产造成巨大损失。在灾难面前，中国集邮者再次用自己的方式向灾区人民奉献爱心。

2008 年第 29 届奥林匹克运动会在中国北京举办，中国集邮者利用各种集邮方式，宣传奥运、参与奥运、服务奥运，并尽情享受着奥运带来的自豪与快乐。2008 年还是中国改革开放 30 周年，中国集邮界开展了多种活动纪念这一历史性的重要事件。

在邮政领域，国家邮政局根据国务院 2006 年 8 月 28 日的批复，实施政企分开，在保留国家邮政局的同时，于 2007 年 1 月 29 日成立了中国邮政集团公司。邮资票品的选题、设计与发行，由国家邮政局和中国邮政集团公司根据各自职责分别负责。

此次邮政体制改革，使集邮服务与集邮经营体制也发生了重大变化，对集邮活动产生了深刻影响。政企分开之后，中华全国集邮联合会由国家邮政局主管。为促进中国集邮文化事业的发展，国家邮政局进一步加强了对集邮文化活动的领导，适时修订出台了一系列关于邮资票品的管理办法，加大了对中华全国集邮联合会工作的指导和支持力度，将集邮文化活动纳入邮政事业整体发展之中。为此，国家邮政局领导多次到全国集邮联调研，多次召开会议专题研究集邮文化，在干部配备、经费保障、重大活动等方面相继采取了一系列措施。中国邮政集团公司也进一步加大了对集邮文化活动的支持力度，在集邮文化活动经费、省级以下集邮协会人员配备、各项集邮活动落实等方面提供了保障和支持，支持全国集邮联组织开展活动。

在此期间，中华全国集邮联合会第五、六次代表大会相继召开，为进入 21 世纪的中国集邮重新规划了发展蓝图。

为加强对中国集邮后备人才的培养，全国集邮联于 2002 年在全国范围内开展了实施创建“青少年集邮示范基地”的举措，并开展了多种适合青少年参加的集邮活动。

自 2003 年起，一年一度的最佳邮票评选活动改由中华全国集邮联合会牵头组织，使这项传统活动更好地延续下来。

这一时期，全国集邮联还围绕社会重大事件开展了多项主题性的学术研讨活动，并取得了研究成果。

2003 年，四川绵阳成功举办了“中国 2003 第 16 届亚洲国际集邮展览”；2009 年，河南洛阳成功举办了“中国 2009 世界集邮展览”，有效地提高了中国邮集在国际邮展和世界邮展上的成绩；这一时期，全国集邮联共举办了 6 届综合性集邮展览和 9 次专项集邮展览，成为举办邮展最密集的一段时期。

中华全国集邮联合会的代表分别于 2001 年和 2005 年当选亚洲集邮联执委会执委和亚洲集邮联副主席，中国在亚洲集邮联合会上获得更多的话语权。中国与世界各国在集邮上的交往，内地与港澳集邮界以及海峡两岸集邮界的交往，都在相互沟通和友好往来中，促进了中国集邮水平的提升，确立了中国集邮在海内外的重要地位。

第一节　邮票发行与邮政改革

随着体制改革的深入，政企分开已势在必行。2007 年 1 月 29 日，重组后的国家邮政局和中国邮政集团公司在北京人民大会堂举行揭牌仪式。两家单位的正式挂牌，意味着中国邮政体制实现监管和经营分离。根据改革方案，重组之后的国家邮政局将作为中国邮政行业的政府监管机构。新设立的中国邮政集团公司将承担中国国内和国际邮件寄递、报刊等出版物发行、邮政汇兑、邮政储蓄、邮票发行等邮政业务。

中国邮政面对 21 世纪的市场经济和集邮形势，采取了多种应对措施，其中对邮票发行政策的改革主要体现在增加邮资票品的品种、对邮票发行量的调控以及加大邮票印制的技术含量，增强邮票的观赏性等方面。

国家邮政局和中国邮政集团公司揭牌仪式

一、邮票发行的变化

中国邮政在邮票发行方面的变化首先源于邮政资费的调整。2000—2010 年，中国邮政对国内邮政资费做了 3 次调整。

2004 年 1 月 1 日，中国邮政对邮政资费进行了第 11 次调整：将国内邮件挂号资费从 2 元调整为 3 元。

2006 年 1 月 1 日，中国邮政对邮政资费进行了第 12 次调整：将国内印刷品资费调整为：本埠为 0.40 元、外埠为 0.70 元。

2006 年 11 月 15 日，中国邮政对邮政资费进行了第 13 次调整：信函本埠为 0.80 元、外埠为 1.20 元；明信片的资费为 0.80 元。

为了确保资费调整后的业务顺畅，中国邮政发行的各类邮资票品的面值均有所调整。邮政资费的调整，对于集邮者的收藏产生了一定的影响。此外，中国邮政还在这一时期开辟了多种新的邮资票品，为集邮者提供了新的收藏品种。

1．采取“纪票特发”形式

进入 21 世纪以来，中国邮政在邮票发行方面作出了一些调整和尝试，“纪票特发”就是其中的一项变化。每逢遇到重要的纪念日、重要会议、重大活动时，按照以往惯例要发行纪念邮票，以发行特种邮票的形式，取代纪念邮票是一种变化。发行特种邮票具有一定的象征性，较含蓄地迎合了重要纪念日、重要会议和重大活动，从一定程度上缓解了纪念邮票图案雷同的现象。

2002 年 11 月 8 日，中国共产党第十六次全国代表大会在北京开幕。为此，中国邮政发行了编号为2002-21GM《黄河壶口瀑布》（T）金箔小型张一套1枚。小型张图案为位于山西省和陕西省交界处的黄河壶口瀑布，边纸上以压凸工艺印着“与时俱进 一往无前”的金字。该小型张被评为2002年度最佳邮票。

2003年3月5日，中华人民共和国第十届全国人民代表大会第一次会议在北京开幕。为此，中国邮政发行了编号为2003-4《百合花》（T）特种邮票一套4枚，另发行小型张1枚。百合花有“百事合意”的寓意，以此庆贺全国人大会议的召开。

此后，中国邮政还发行了《苏州园林——网师园》《祖国边陲风光》《防灾减灾》《国家图书馆》《中国芭蕾——红色娘子军》等特种邮票，都属于“纪票特发”性质。

2. 开启“特别发行邮票”系列

自2000年起，编年邮票在纪念邮票和特种邮票之外，又开启了一个新的志号——“特”字头系列邮票，以此与纪念邮票和特种邮票相区别，集邮界将其称为“特别发行邮票”。该系邮票属于当年邮票发行计划之外的、专为具有重大历史意义并且在国际上产生深远影响的事物，或突发的重大事件等特别增加发行的邮票。

2000年1月1日，中国邮政发行了2000-特1GM《港澳回归 世纪盛事》邮票一套2枚，是在1997年7月1日发行的《香港回归祖国》和1999年12月20日发行的《澳门回归祖国》纪念邮票小型张上加印“港澳回归 世纪盛事”字样，及新志号、发行年份而成。香港和澳门回归祖国是20世纪末发生在中国的重大历史事件，因此国家邮政局选用这两枚小型张作为载体并加字成为特别发行邮票。

2001年7月13日夜晚，北京申办第

《黄河壶口瀑布》金箔小型张

29 届奥林匹克运动会获得成功，全国上下沉浸在一片欢腾之中。为了庆祝北京申奥成功，中国邮政于 2001 年 7 月 14 日发行了“特 2-2001”《北京申办 2008 年奥运会成功纪念》邮票一套 1 枚，该邮票设计新颖，运用了正票 + 附票的形式，邮票主图为北京申奥标志，附票图案为雍容华贵的牡丹花。该票获得了 2001 年度“优秀邮票”和“最佳邮票专家奖”二项桂冠。

此后至 2008 年，中国邮政还发行了“特 3-2001”《中国加入世界贸易组织》、“特 4-2003”《万众一心 抗击“非典”》、“特 5-2003”《中国首次载人航天飞行成功》、特 6-2007《中国探月首飞成功纪念》、特 7-2008《抗震救灾 众志成城》邮票。

《北京申办 2008 年奥运会成功纪念》特别发行邮票

《如意》个性化服务专用邮票

3. 发行个性化服务专用邮票

2002 年 5 月 10 日，中国邮政发行了第一套个性化服务专用邮票《如意》一套 1 枚，开启了个性化服务业务。邮票个性化服务业务是利用邮政部门发行的带有空白附票的个性化专用邮票为载体，在空白附票上印制个性化的内容，赋予空白附票个性化特征，向社会提供邮票个性化服务的业务。个性化邮票可表现节日喜庆活动、比较重要的经贸活动、大型文化活动、观光旅游活动、体育竞赛活动、民间民俗活动、校庆活动、企业庆典、环境保护宣传活动等方面内容。2002—2009 年，中国邮政共发行个性化服务专用邮票 20 套 20 枚，并且有多家中央国家机关，企事业单位以及个人接受了个性化邮票服务。

此外，中国邮政还自 2006 年 11 月 1 日开始发行贺年专用邮票，每年发行 1 套，进一步丰富了邮票的品种。

4. 采用多种工艺印制邮票

2000 年以后，中国邮政所发行的各类邮票，无论质量还是印刷都有明显的提升。在邮票印制工艺上，陆续推出“胶版、压凸版”印制的《昭陵六骏》小版张，用胶雕套印版印制的《毛泽东同志诞生一百一十周年》纪念邮票，《中华人民共和国国旗国徽》邮票“不干胶”小版张，绢质《文房四宝》邮票小版张，胶雕、丝印混合版印制的《唐诗三百首》邮票小全张等多个品种。

2002 年 2 月 1 日，中国邮政发行《保护人类共有的家园》普通邮票，采用邮票上下两边各打一个异形齿孔的新的防伪工艺。此外，邮票印制部门还采取了“蓝色防伪纤维纸”“防伪荧光油墨”“无色荧光喷码”“镂空图形”“微缩文字”等多项新工艺，多管齐下解决邮票防伪的问题，确保广大用邮者的消费权益。为了改变多年

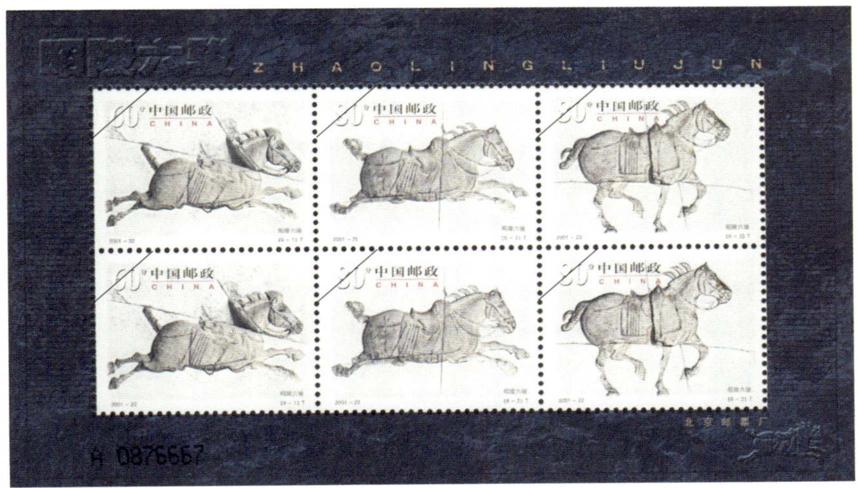

《昭陵六骏》邮票小版张

来中国邮票较单一的票型，自2000年以后，中国邮政所发行的纪念邮票、特种邮票、个性化专用邮票不断出现方形、菱形、圆形、五边形、六边形、三角形、异形等。在小本票的设计上，也有多种变化，使中国邮票的观赏性明显提高。

5. 增加“缩量邮票”次数

自2000年以后，中国邮政陆续加大发行“缩量邮票”的次数。2000年1月29日，中国邮政发行《春节》特种邮票及小型张，同时发行该邮票的小版张，发行量为50万枚；2000年9月15日，中国邮政在发行《第二十七届奥林匹克运动会》邮票小型张的同时，还发行了一枚双连小型张，发行量为98.05万枚；2003年11月20日，中国邮政在发行《中国2003第十六届亚洲国际集邮展览》纪念邮票的同时，还发行了该邮票“叠色样张”，发行量仅10万枚，是最小的缩量品种。这些缩量邮票对刺激市场起到一定的作用。

《春节》邮票小版张

此外，中国邮政还在发行邮票的同时，推出了《中国工农红军长征胜利七十周年》“邮票本册”以及中国邮政与中国香港、中国澳门邮政共同印制的《中国首次载人航天飞行成功》小本票等新品种。这些类型的邮票极大丰富了中国邮票的印制、装帧工艺，同时也丰富了广大集邮者的收藏品种。

6. 成立邮票选题咨询委员会

2007 年国家邮政局成立后，对邮票的选题、设计、印制和发行十分重视，采取了一系列措施。2007 年 6 月 14 日，重组后的国家邮政局邮票选题咨询委员会在北京正式成立。邮票作为“国家名片”，今后其选题的确定，将首先经过此委员会的研究论证。该咨询委员会负责纪念邮票的选题和图案审查、审定纪念邮票和特种邮票年度计划等工作。科学确定邮票的选题，做好邮票发行管理工作，既是国家邮政局的职责所在，也是社会经济和文化发展的形势所需，意义极其重大。邮票选题咨询委员会均由社会各界专家、知名人士出任，共 17 位。他们中有中国科学院及中国社会科学院的院士或著名专家，有全国人大常委会、国家邮政局以及宣传、文化艺术等领域的负责同志。

7. 销毁过剩邮票

为了堵塞 1992—2000 年的纪特邮票大量和大幅度打折并用于邮政通信，避免我国邮政收入的损失，国家邮政总局和各省市县邮政部门于 2000—2006 年先后 5 次大规模销毁邮票，销毁范围全部为编年邮票，销毁的重点是 1992—2000 年的邮票，涉及总金额近百亿元。经过 5 次大销毁后，这一时期邮票的存世量明显减少。用这种手段确保集邮市场的在科学、客观的环境中运营和平稳发展。

国家邮政局于 2000 年销毁不适用面值通信用邮票和超库存标准的 1992—1999 年发行的纪特邮票，并将盖销部分邮票和小型张（每个品种 60 万）在“六一”儿童节免费赠送青少年。此次销毁行动有效地抑制了“打折票”的蔓延，并使部分邮票的价格上涨。最显著的是 1995 年发行的《社会发展 共创未来》纪念邮票，一度高出面值近 40 倍。

国家邮政局于 2003 年决定，除留存少量本省（自治区、直辖市）题材邮票外，其余库存 1992—2001 年纪特邮票全部销毁，共销毁纪特邮票 32.21 亿枚，面值金额为 34.41 亿元，销毁邮票数量占各省（区、市）局库存总量的 94%，创下了中国邮政史上力度最大的销毁规模。《庚辰年》特种邮票在此次销毁行动后，市场价格快速攀升，邮票全张曾一度高出面值 30 多倍，并带动其他生肖题材邮票较大幅度上涨。

2006 年 12 月 7 日，国家邮政局对当年一季度发行的《丙戌年》等 7 套在邮政营业窗口超过 6 个月发行期而未零售出的纪特邮票进行统一销毁，并据此公布纪特邮票发行量。这是借鉴世界上大多数国家和地区邮政部门确定邮票发行量的方式——在邮票发行期结束后，按照纪特邮票的实际销售量确定发行数量。

本次销毁工作在国家邮政局有关部门组成的监销小组的监督下，国家邮政局邮票印制局专门选出的担任销毁工作的职工从专门设置的仓库中把退缴的纪特邮票一包包提出，核对无误后再逐一开包，一沓沓地送入粉碎机中。未零售出的纪特邮票销毁工作的实施，是邮政部门遵循市场经

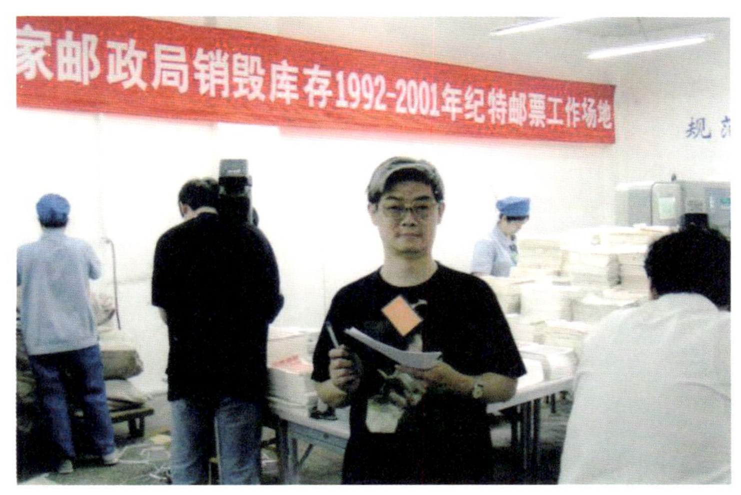

国家邮政局销毁库存 1992—2001 年纪特邮票现场

济规律，转变经营管理方式，改革和发展集邮业务，为社会提供优质集邮服务的重要举措。

二、国有集邮企业的改革

进入 21 世纪以来，随着网络的普及，传统的通信方式受到较大影响，邮票的邮政资费功能在减退，其收藏功能逐步显现出来。这就造成邮票的自然消耗减少，更多地进入收藏领域。此外，一些新兴的娱乐方式吸引了青少年的兴趣，而传统的集邮活动受到冷遇。随着邮政部门对集邮经营重新定位和转型，在邮资票品的发行方面不断作出调整和变化。

1. 集邮业务的调整与转型

2004 年以来，国家邮政局经过大量调查研究，明确了集邮业务处于发展的调整转型期。为此，国家邮政局大规模整顿集邮市场，采取了宏观调控手段为集邮业务搭建了科学发展和科学管理两个战略平台，并且采取了相应的措施。

（1）“两个定位”是指邮票发行量年定位为 800 万套，比最高年减少 75%，并且以市场为导向，每期发行量可增可减，以达到供求平衡；消除高指标压市场的现象，杜绝违规行为。2006 年集邮收入定位为 32 个亿，比最高年计划指标减少 65%。

（2）“两项改革”是指邮票发行方面将预订与零售并举，发行期改为 6 个月，过期销毁；经营方式推行省内专业化经营。

（3）“三个转变”是指从单纯追求业务规模扩大转变到提高运行质量上来；从单纯注重企业效益转变到不仅要注重企业效益，更要注重集邮者利益上来；从粗放的经营方式转变到以市场为前提的专业化经销和个性化服务上来。

（4）“三个转型”是指收入从数量向质量转型；业务构成由单一依靠邮票资源向多元化礼品转型；经营方式由依靠倒推收入向订单营销转型。

2005年10月17日，全国集邮业务经营管理工作会议在郑州召开，国家邮政局公众服务部、邮资票品司、计财部、行管司、中国集邮总公司、邮票服务中心、邮票印制局、全国集邮联合会和各省（自治区、直辖市）邮政局相关领导参加了会议。国家邮政局副局长冯新生在讲话中说，今年国家局结合新邮发行推出了多项主题营销活动，取得了良好的社会效益和经济效益。各省（自治区、直辖市）局充分利用新邮发行的契机，通过新闻媒体宣传、调动社会各界资源等多种方式扩大新邮发行的社会影响力，形成邮品销售的热点。在新邮首发式项目的运作上越来越成熟，企业效益也越发突出。定向集邮品开发成效突出，集邮营销部门转变经营思路，采取多种营销手段，通过为用户提供优质的服务、优良的设计和完善的售后服务，巩固和扩大了定向集邮品的市场规模。

邮票个性化业务快速发展。邮票个性化服务业务，成为新的业务增长点。国家局在治理内部经营环境，解决低面值销售纪特邮票问题上采取了一系列严厉且行之有效的举措。一是缩减普票印量规模；二是降低纪特邮票的发行量；三是适当收取邮票预订金；四是开展了全国集邮品库存封存、盘点清理工作；五是加强了对邮票市场的监管。

2. 集邮产品的开发与创新

随着经济改革的不断深入，集邮业务也面临严峻的挑战和机遇，中国集邮公司和各省、自治区、直辖市邮票公司，认真贯彻和执行国家邮政局的改革方案，将集邮文化与集邮经营相融合，打开一条新的营销之路。

云南大理邮政销售地方特色邮品

2001年12月11日，中国加入世界贸易组织当天，国家邮政局在中国国际贸易中心举行了《中国加入世界贸易组织》邮票首发式。中国集邮总公司配合《中国加入世界贸易组织》邮票的发行，开发相关题材的系列邮品。此次发行的系列邮品包括《盛世中华——为中国喝彩》专题卡书、《世界贸易组织成员邮票专题册》等。此次首发式标志着集邮产品开发进入了一个新的时期。

2001年是中国共产党成立80周年，中国邮票公司开发出10种集邮产品投放市场，这些集邮产品是：本册式普通明信片一套，记录和展示了党的历程；还开发有小版票卡册、专题邮票册、专题邮票卡书等。集邮产品形成系列，供不同人群选购。这些新产品特别受到国家机关和企事业单位的选购。

2003年中国“神舟”飞船首次载人飞行成功。中国集邮公司开发了《中国首次载人航天飞行成功》纪念封1套；特种纪念封一套3枚；《中国科学技术发展——中国首次载人航天飞行成功》纪念封1枚；纪念册1本，册页内插《中国首次载人航

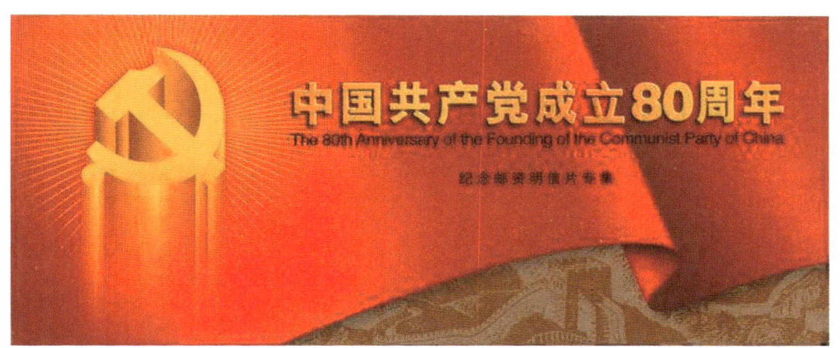

《中国共产党成立 80 周年》本册式邮资明信片

天飞行成功》中国邮政及香港、澳门特别行政区邮票版票各 1 张。该系列产品的发行，引起集邮界一股航天题材邮品的收集热潮。

北京 2008 年奥运会成功申办后，中国集邮总公司开发了一批新型集邮产品。为迎接北京奥运会倒计时一周年，北京奥组委和中国集邮总公司联合发行的世界首套《北京奥运会会徽与吉祥物》巨型邮册。巨型邮册包括运动项目、体育场馆、会徽和吉祥物等邮票；北京 2008 年奥运会比赛场馆邮票专题册；运动项目专题册，还有吉祥物、体育场馆邮资明信片和普通明信片等。

2009 年是中华人民共和国成立 60 周年之年。中国集邮公司开发了《国庆大典》邮册，邮册采用独创双轴滚动形式再现国庆阅兵及游行场景，首次在超长邮票卷轴上采用“和谐”“天安门”两种个性化邮票主图，配以 120 幅新华社授权使用的阅兵及群众游行方阵照片的超大附图，全景展现国庆 60 周年盛典时刻。

第二节　集邮组织的探索和多元化发展

2000—2010 年，我国集邮事业经历了复杂而又曲折的发展历程。集邮组织建设面临新的情况和新的挑战，进行了有益的探索和尝试，呈现出多元化发展的新局面。全国集邮联会员人数从持续下降到平稳回升，基础性工作和制度建设得到切实加强，为我国集邮组织的健康发展奠定了良好的基础。

一、中华全国集邮联合会的两次代表大会

2000—2010 年，中华全国集邮联合会先后召开了第五、六两次代表大会，分别在回顾和总结前一届代表大会以来工作业绩和经验的基础上，规划和部署此后几年的工作，为这 11 年以至 21 世纪我国集邮工作的重点和集邮事业的发展，指明了方向。

1. 中华全国集邮联合会第五次代表大会

中华全国集邮联合会第五次代表大会，是在千年交汇、世纪更替的重要历史时刻召开的一次集邮盛会。

（1）大会的筹备和召开

全国集邮联十分重视这次大会的筹备工作。秘书处用近 4 个月时间撰写出大会报告初稿后，印发所有理事和各省市集邮协会和行业集邮协会，并通过座谈会和实地调研的方式广泛征求意见，再经四届四次常务理事会议讨论，先后五易其稿，才完成提交大会的审议稿。与此同时，通过由上下结合、协商推荐的方式，产生了出席大会的代表。大会秘书处编印了由广东、福建、上海等省市集邮协会和石油等行业集邮协会提供的 15 份经验介绍材料，供会议交流。

2000 年 7 月 18 日，中华全国集邮联合会第五次代表大会在北京人民大会堂举行开幕式，第九届全国人大常委会副委员长、全国集邮联名誉会长田纪云出席了开幕式。国家有关部门的负责人和来自全国各省、自治区、直辖市的 350 名代表出席了会议。全国集邮联名誉会长薄一波和第九届全国政协副主席、全国集邮联名誉会长钱伟长发来贺信。国际集邮联主席努德·摩尔和亚洲集邮联主席郑炳贤也向大会发来了贺信。中国香港、中国澳门的集邮人士作为特邀代表出席了开幕式。全国集邮联秘书长史维林主持开幕式，会长罗淑珍致开幕词。信息产业部部长吴基传、国家邮政局局长刘立清出席开幕式并讲话。

罗淑珍会长代表第四届理事会做了工作报告。代表们对工作报告进行了认真讨论，围绕发展我国集邮事业的方针大计，提出许多宝贵建议。经审议，该工作报告获得通过。大会还讨论通过了修改中华全国集邮联合会章程，选举产生了第五届理事会和常务理事会，聘请了名誉会长和顾问，对在我国集邮事业发展中做出贡献的 55 位同志授予“荣誉会员”称号。全国集邮联五大在圆满完成各项议程后，于 7 月 20 日胜利闭幕。

（2）大会工作报告的主要内容

罗淑珍会长代表第四届理事会所作题

中华全国集邮联合会第五次代表大会

为《积极进取，扎实工作，为二十一世纪中国集邮事业的蓬勃发展而努力奋斗》的工作报告，包括以下3部分内容。

该报告认为，过去的5年，是我国各级集邮组织振奋精神、开拓进取、顽强拼搏、真抓实干，各项工作全面推进的5年；是解放思想、实事求是、积极探索、大胆实践，集邮工作取得突破性进展的5年；是以改革求发展，以作为求地位，在精神文明建设中发挥积极作用的5年；是积极与国际接轨，加强与各国集邮界交流，集邮水平和国际地位显著提高的5年。该报告总结归纳出4条主要经验：党和政府的高度重视是我国集邮事业长期健康发展的根本保证；为社会主义精神文明服务是发展我国集邮事业的根本方针；集中全国集邮界的力量组织大型活动是中国集邮事业发展的独特优势；增强中外集邮交流是提高我国集邮水平的重要途径。

该报告提出了今后4年集邮工作的指导思想和总体要求："以邓小平理论和党的基本路线为指导，认真贯彻党的十五大精神，在国家邮政局党组领导下，依靠各级集邮组织，团结广大会员和集邮爱好者，紧密围绕为社会主义精神文明建设服务，为促进邮政事业的发展服务，为广大会员服务，抓住机遇，积极进取，振奋精神，真抓实干，加大力度，全面发展，为有中国特色的社会主义集邮事业在21世纪的繁荣和发展而努力奋斗。"

该报告提出了今后4年集邮工作的主要任务："广泛开展集邮活动，促进社会主义精神文明建设；继续加强队伍建设，全面提高整体素质；普及集邮知识，提高集邮水平；坚持正确的舆论导向，升华集邮文化；维护会员合法权益，积极反映群众意见；力求多出精品，努力为国争光。”

（3）《中华全国集邮联合会章程》的修改和大会的选举

7月20日，出席全国集邮联五大的代表一致通过了关于修改《中华全国集邮联合会章程》的决议。

此次章程修改的背景和依据是：5年来，随着社会主义市场经济的深入发展，我国的法制建设进一步加强。国务院在清理整顿社会团体的基础上，重新修订和颁布了《社会团体登记管理条例》，要求社会团体逐步纳入法制化、规范化的管理轨道。1998年，国家对邮电体制进行了重大改革，实行邮电分营，全国集邮联的领导单位也由原邮电部改为国家邮政局。针对这一新情况，国家邮政局专门发文，明确了各级集邮协会的体制、编制以及经费问题。

基于上述情况，为使章程更加符合实际、规范具体和便于操作，这次修改和补充的内容涉及了7章近30条，是历届代表大会章程修订幅度最大的一次。其中主要修订的内容有以下几部分。

“第一章　总则”，增加了中华全国集邮联合会的英文译名和缩写；“本会宗旨”增加了“高举邓小平理论的伟大旗帜”，强调要“遵守宪法、法律、法规和国家政策，遵守社会道德风尚”；明确了“本会接受国家邮政局的领导，民政部门的监督管理”等。

“第二章　业务范围”，增加了“发展集邮组织，行使组织服务、沟通协调和管理监督的职能”；增加了“对有关邮票、邮政用品设计、选题、发行等工作提出建议”和“积极寻求自我发展的途径，努力为会员提供服务”等。

“第三章　会员”，增加了“入会的必

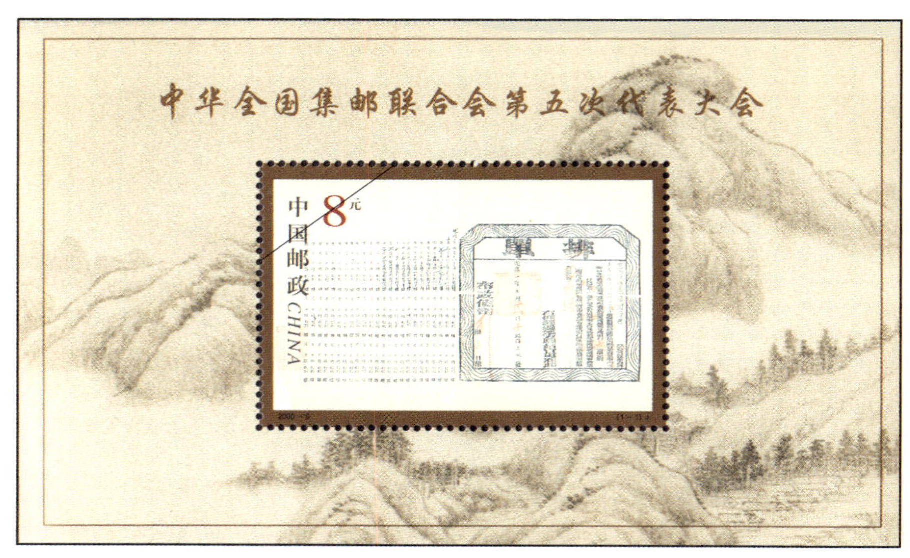

《中华全国集邮联合会第五次代表大会》邮票小型张

备条件”和“入会程序”，并将原章程“免费获得本会出版的会报、会刊”，改为“优先获得本会出版的会报、会刊、资料和有关的集邮品”等。

此外，对“组织机构和负责人产生、罢免”“资产管理、使用原则”“章程的修改程序”等方面内容，也作了修改和补充。

全国集邮联五大的全体大会经无记名投票，选举于丁等142人为第五届理事会理事；第五届一次理事会选举产生了新一届组织机构，刘平源当选为会长，常延廷、李源潮、吉佩定、许孔让、盛名环、常增书、王新中、程路、谭小为、杨裕华当选为副会长，盛名环兼任秘书长，有57位代表当选为中华全国集邮联合会常务理事。

中国集邮报

CHINA PHILATELY NEWS

中华全国集邮联合会主办　人民邮电报社编辑出版　■国内刊号 CN11－0201　■邮发代号：1－164　■网址 http://www.chinainfo.com.cn

2000年7月21日　第57期（总第501期）每星期二、五出版

全国集邮联“五大”胜利闭幕

乘势而上　再创佳绩

刘平源会长在“五大”致闭幕词

盛名环在“五大”闭幕式上的讲话

第三届全国最佳集邮品评选颁奖活动落幕

■国外发行代号：D1219　■国外总发行：中国国际图书贸易总公司

《中国集邮报》登载中华全国集邮联合会五大的报道

刘平源

刘平源，1936年出生，山东新泰人，1952—1953年在四川省邮电干部训练班学习。1953年后，他先后任阿坝州马尔康县邮电局报务员、电信组长、副局长，1985—1991年任北京市邮政管理局局长兼党委书记，1991—1996年任邮电部副部长，1996—1999年任第22届世界邮联大会中国组委会副主席兼秘书长，2000年当选中华全国集邮联合会第五届会长。

五届一次理事会还通过决议，聘请第九届全国人大常委会副委员长田纪云、第九届全国政协副主席钱伟长继续担任名誉会长，聘请罗淑珍、宋兴民、史维林、沈曾华为顾问。

2. 中华全国集邮联合会第六次代表大会

中华全国集邮联合会第六次代表大会是在我国邮政体制经历改革、实行政企分开，新的国家邮政局成立之后，集邮界召开的一次盛会。

（1）大会召开的背景和概况

根据2000年7月20日全国集邮联五大通过的《中华全国集邮联合会章程》，“会员代表大会每届四年”，因特殊情况“延期换届最长不超过一年”。而全国集邮联六大推迟到2007年7月28日召开，与上一届代表大会相隔了7年，这与中国邮政体制改革的进程直接相关。

中国邮政政企分开的体制改革，从酝酿到2005年7月国务院常务会议正式通过方案，再到2007年1月国家邮政局和中国邮政集团公司在人民大会堂举行揭牌仪式。作为业务主管单位的国家邮政局经历的体制变动，直接关系到作为群众文化团体的全国集邮联的换届选举和管理模式。2005年和2006年，全国集邮联都曾把筹备召开六大列入当年的工作任务，但都因条件不成熟而推迟。

2007年1月15日，是国家邮政局政企分开后的第一天，国家邮政局局长马军胜、副局长徐建洲以及3位司长来到全国集邮联调研，了解全国集邮联和各级集邮组织的现状和集邮联秘书处自身建设的情况。此后，召开全国集邮联六大的筹备工作正式启动。

2007年7月10日上午，全国集邮联在北京召开座谈会，由全国集邮联六大筹备工作领导小组组长杨贤足、副组长谭小为、副秘书长刘佳维与北京市集邮协会代表举行座谈，听取对六大以及新一届全国集邮联工作的建议和要求。

2007年7月28日至29日，中华全国集邮联合会第六次代表大会在北京隆重举行。第十届全国人大常委会副委员长何鲁丽、第十届全国政协副主席张怀西出席了28日上午在人民大会堂举行的开幕式。中华全国集邮联合会第五届会长刘平源致开幕词，信息产业部副部长蒋耀平、国家邮政局局长马军胜、中国邮政集团公司总经理刘安东分别致辞。

会议选举产生了新一届组织机构。全国政协委员、原信息产业部副部长杨贤足当选为会长，谭小为、王新中、冯新生、刘广实、刘佳维、李近朱、李辉、李曙光、杨裕华、常增书当选为副会长，刘佳维兼任秘书长。大会选举产生了第六届理事会，有78位代表当选为中华全国集邮联合会常务理事。

杨贤足，1939年出生于广东揭阳，1965年毕业于武汉邮电学院。1983—1986年任湖北省邮电管理局副局长，1986—1990年任河南省邮电管理局局长、高级工程师，1990年后历任邮电部副部长、信息产业部副部长。2007年当选中华全国集邮联合会第六届会长。

杨贤足

中华全国集邮联合会第六次代表大会

大会聘请何鲁丽副委员长、张怀西副主席为中华全国集邮联合会名誉会长，聘请刘平源、常延廷、许孔让、盛名环为中华全国集邮联合会顾问。

大会听取并通过了第五届副会长常延廷代表第五届理事会所做的工作报告，讨论修改了《中华全国集邮联合会章程》，审议批准白乐歌等 10 人为中华全国集邮联合会名誉会士、马家骏等 18 人为中华全国集邮联合会会士，审议批准刘家琪等 46 人为国家级邮展评审员，授予广东省佛山市顺德区大良街道办事处为“中国集邮名镇”称号，授予于丁等 77 位对发展我国集邮事业做出贡献的人士“荣誉会员”称号。

（2）大会工作报告的主要内容

常延廷副会长代表第五届理事会作题为《高举先进文化旗帜 不断开拓创新 推动我国集邮事业持续健康发展》的工作报告，包括以下 3 部分内容。

该报告认为，全国集邮联五大召开以来的 7 年，是全国集邮联和各级集邮组织高举先进文化旗帜，以人为本，与时俱进，不断促进集邮事业发展的 7 年；是为促进精神文明建设、邮政改革发挥更大作用的 7 年；是国际交流日益增加，在国际集邮界地位进一步提高的 7 年。

该报告还对今后 5 年的主要工作提出建议：要继续坚持集邮的正确方向，坚持集邮的群众文化性质，坚持集邮为社会主义物质文明、政治文明、精神文明建设服务，为邮政事业发展服务，为广大会员服务的宗旨，坚持求真务实开拓创新，勇于克服前进中的困难，全面推进我国集邮事业的发展。

（3）对《中华全国集邮联合会章程》的修改

根据形势发展和工作的需要，本次代

《中华全国集邮联合会第六次代表大会》邮票小型张

表大会对《中华全国集邮联合会章程》进行了必要的修改。其中主要修订内容如下。

“第一章　总则”之“本会宗旨”，增加了“深入贯彻落实科学发展观”等内容。将原“为丰富和活跃各民族人民群众文化生活服务，为建设社会主义物质文明、精神文明服务”改为“为社会主义精神文明建设和构建和谐社会服务，为邮政事业发展服务，为广大会员服务”。

“第四章　会士”。这是新增加的内容。全国集邮联五届三次常务理事会审议并通过了《中华全国集邮联合会会士评选工作条例》，本章对全国集邮联会士的地位、基本条件、权利、义务等都作了明确规定，以保证今后会士的评审工作有序进行。

“第五章　组织机构和负责人产生、罢免”，将原章程规定的“会员代表大会每届四年”改为“会员代表大会每届五年”；在原条文后面增加“理事会由全国各省级集邮协会、全国行业性集邮协会、在京相关单位、相关部门推荐的理事组成。理事应积极发挥各自的作用，对做出突出成绩和贡献者应给予表彰”；将“理事会须有2/3以上理事出席方能召开”修改为“理事会须有1/2以上理事出席方能召开”；将“常务理事会须有2/3以上常务理事出席方能召开”，修改为“常务理事会须有1/2以上常务理事出席方能召开”，增加“根据工作需要可设常务副会长。”

“第七章　章程的修改程序”，将原文“对本会章程的修改，经理事会表决通过后报会员代表大会审议”，修改为“对本会章程的修改，须经理事会或常务理事会表决通过后报会员代表大会审议。”

《中华全国集邮联合会第六次代表大会文件汇编》

二、表彰先进和会员分级管理

全国集邮联和各级集邮协会通过发现、培养和鼓励先进，运用典型示范，以点带面推动集邮工作，并通过分级管理和评选全国集邮联会士，促进集邮队伍建设和整体素质提高，使这一时期集邮协会组织工作达到了新的水准。

1. 表彰全国集邮先进集体和个人

2002年是全国集邮联成立20周年。为了回顾总结20年来的发展历程，表彰先进，推动我国集邮事业的更大发展，全国集邮联于当年2月28日下发了《关于开展纪念中华全国集邮联合会成立20周年活动》的通知，并成立了纪念活动办公室，在全国范围内评选集邮先进集体和先进个人，宣传他们的典型经验和事迹。

2002年8月26日，纪念全国集邮联成立20周年表彰大会在国家邮政局电视会议大厅举行。来自全国各地的先进单位、先进个人代表300余人参加大会。各省（自治区、直辖市）设立了分会场，由各省（自治区、直辖市）集邮协会组织未进京的先进集体、先进个人就近参加会议。

全国集邮联副会长常延廷宣读了表彰决定，对福建省集邮协会等14个集邮先进集体、河南省南阳市集邮协会等161个先进集体和郭润康等1025个集邮先进个人予以表彰。

在表彰大会上，广东省集邮协会、上海市集邮协会、贵州省集邮协会、中国石油集邮协会、河南省南阳市集邮协会、新疆巴音郭楞蒙古自治州集邮协会、吉林省德惠市大房身镇集邮协会、浙江省集邮协会副秘书长林衡夫、广州驻军老年集邮协会会长张国兴和湖北省荆州市太岳高级中学校长杨爱明这10个先进集体和先进个人的代表进行了经验交流。

2. 重视典型的示范推动作用

开展工作竞赛和运用典型示范推动集邮，是进入21世纪后集邮组织工作的特点之一。

福建省集邮协会在全省开展了“地市集邮协会工作竞赛”活动，于2000年年初专门发文，从基本要求、组织工作、宣传工作、学术工作、邮展工作5个方面，规定了26条竞赛内容。7月27日至8月18日，省集邮协会秘书处全体人员分三路对全省九地市集邮协会开展竞赛活动情况进行初检。通过听取汇报、检查硬件实施和档案资料、走访基层集邮协会和召开骨干座谈会，了解各协会的工作成绩、存在问题和

纪念中华全国集邮联合会成立20周年表彰大会

改进措施。当年年底，福建省集邮协会在全年竞赛活动基础上，在全省范围内评选先进集邮协会并给予了表彰。此后，全省地市集邮协会工作竞赛和检查一年一度，持续开展。到2003年年底，全省“建家”工作基本完成。

广东省集邮协会从2004年3月起，在全省开展了创建“集邮示范单位”的工作。从整体部署到基层申报、各市推荐、实地检查、评定各环节，均严格按规定程序和标准进行，注重实效。2005年3月28日，广东省首批集邮示范单位授牌仪式在中山市举行，广东省36所学校（6所大学、18所中学、12所小学）被共青团广东省委员会、广东省邮政局、广东省集邮协会授予首批“集邮示范学校”称号；全省12个社区、4个乡镇被广东省文化厅、广东省邮政局、广东省集邮协会授予首批“集邮示范社区”或“集邮示范乡镇”称号。

江苏省高邮市在2000年以前有基层集邮协会47个，此后由于撤乡并镇、企业改制等原因，基层集邮组织受到一定程度的冲击。针对这一情况，高邮市于2000年年初成立了集邮活动指导委员会，由分管市长亲自担任会长，教育、邮政等部门的负责人任副会长，全方位推动集邮工作，力保队伍不散、会员不减。2003年，高邮抓住举办第2届邮文化节的契机，进一步加大组织建设力度，全市21个乡镇建会率达100%，机关企事业单位建有分会42个。截至当年年底，全市共有基层集邮协会107个，会员8468人。2003年8月27日，全国集邮联授予高邮市“中国集邮之乡”称号。

3. 实行会员分级管理和会士制度

2000年5月，全国集邮联五大期间，新当选的副会长兼秘书长盛名环在接受采访时指出：“目前，全国的420万会员都称作‘会员’，是否可以把会员等级化，分为会员、高级会员、会士。分等标准可依据（会员的）学术著作、邮集参加展览的级别……鼓励广大集邮爱好者钻研集邮知识，撰写邮文，编组邮集，这样就可以提高我们的整体水平。”这篇访问稿在集邮者中引起了反响，北京市集邮协会1988年已经实行的会士制度的经验得以重视。

（1）部分省级集邮协会实行会员分级管理

2002年2月3日，陕西省集邮协会在五届二次常务理事扩大会上，通过了“陕西省集邮协会关于对会员实行分级管理的提案”，提出了“实行会员分级管理制度”，规定全省会员统一划分为高级、普通、初级会员，分别规定了不同的资格条件、权利和义务，以及分级管理的原则和要求。会后，该协会出台了《关于会员实行分级管理和收缴会费的试行办法》。

陕西省集邮协会实施会员分级管理的做法，在全国集邮界引起了不小反响，全国又先后有湖北、河南、江西3个省级集邮协会实施了会员分级管理。

2002年6月27日，湖北省集邮协会公布了《湖北省集邮协会会员分级管理暂行办法》，规定了会员分级的条件、会员的义务与权利。此后成立了会员分级管理评定小组，全省会员按省级会员、市（州、直管市）级会员、会员（普通会员）3个层次进行分级管理。初次评定工作在当年完成。

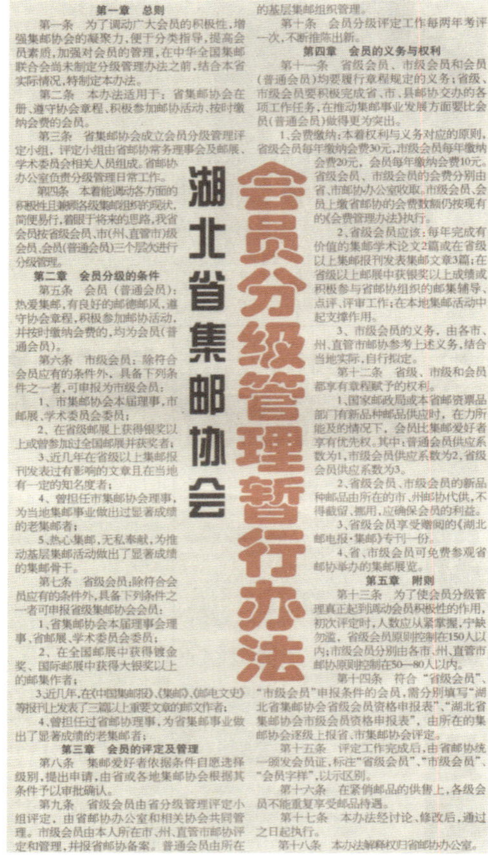

湖北省集邮协会

会员分级管理暂行办法

第一章 总则

第一条 为了调动广大会员的积极性，增强集邮协会的凝聚力，便于分类指导，提高会员素质，加强对会员的管理，在中华全国集邮联合会尚未制定分级管理办法之前，结合本省实际情况，特制定本办法。

第二条 本办法适用于：省集邮协会在册、遵守协会章程、积极参加邮协活动、按时缴纳会费的会员。

第三条 省集邮协会成立会员分级管理评定小组，评定小组由省邮协常务理事会及邮展、学术委员会相关人员组成。省邮协办公室负责分级管理日常工作。

第四条 本着能调动各方面的积极性且兼顾各级集邮组织的现状，简便易行，着眼于将来的思路，我省会员按省级会员、市（州、直管市）级会员、会员（普通会员）三个层次进行分级管理。

第二章 会员分级的条件

第五条 会员（普通会员）：热爱集邮，有良好的邮德邮风，遵守协会章程，积极参加邮协活动，并按时缴纳会费的，均为会员（普通会员）。

第六条 市级会员：除符合会员应有的条件外，具备下列条件之一者，可申报为市级会员：

1、市集邮协会本届理事，市邮展、学术委员会委员；

2、在省级邮展上获得银奖以上或曾参加过全国邮展并获奖者；

3、近几年在省级以上集邮报刊发表过有影响的文章且在当地有一定的知名度者；

4、曾担任市集邮协会理事，为当地集邮事业做出过显著成绩的老集邮者；

5、热心集邮，无私奉献，为推动基层集邮活动做出了显著成绩的集邮骨干。

第七条 省级会员：除符合会员应有的条件外，具备下列条件之一者可申报省级集邮协会会员：

1、省集邮协会本届理事会理事，省邮展、学术委员会委员；

2、在全国邮展中获得镀金奖、国际邮展中获得大银奖以上的邮集作者；

3、近几年，在《中国集邮报》、《集邮》、《邮电文史》等报刊上发表了三篇以上重要文章的邮文作者；

4、曾担任过省邮协理事，为省集邮事业做出了显著成绩的老集邮者；

第三章 会员的评定及管理

第八条 集邮爱好者依据条件自愿选择级别，提出申请，由省或各地集邮协会根据其条件予以审批确认。

第九条 省级会员由省分级管理评定小组评定，由省邮协办公室和相关协会共同管理。市级会员由本人所在市、州、直管市邮协评定和管理，并报省邮协备案。普通会员由所在的基层集邮组织管理。

第十条 会员分级评定工作每两年考评一次，不断推陈出新。

第四章 会员的义务与权利

第十一条 省级会员、市级会员和会员（普通会员）均要履行章程规定的义务；省级、市级会员要积极完成省、市、县邮协交办的各项工作任务，在推动集邮事业发展方面要比会员（普通会员）做得更为突出。

1、会费缴纳：本着权利与义务对应的原则，省级会员每年缴纳会费30元，市级会员每年缴纳会费20元，会员每年缴纳会费10元。省级会员、市级会员的会费分别由省、市邮协办公室收取，市级会员、会员上缴省邮协的会费数额仍按现有的《会费管理办法》执行。

2、省级会员应该：每年完成有价值的集邮学术论文2篇或在省级以上集邮报刊发表集邮文章3篇；在省级以上邮展中获银奖以上成绩或积极参与省邮协组织的邮集辅导、点评、评审工作；在本地集邮活动中起支撑作用。

3、市级会员的义务，由各市、州、直管市邮协参考上述义务，结合当地实际，自行拟定。

第十二条 省级、市级和会员都享有章程赋予的权利。

1、国家邮政局或本省邮资票品部门有新品种邮品供应时，在力所能及的情况下，会员比集邮爱好者享有优先权。其中：普通会员供应系数为1，市级会员供应系数为2，省级会员供应系数为3。

2、省级会员、市级会员的新品种邮品由所在的市、州邮协代供，不得截留、挪用，应确保会员的利益。

3、省级会员享受赠阅的《湖北邮电报·集邮》专刊一份。

4、省、市级会员可免费参观省邮协举办的集邮展览。

第五章 附则

第十三条 为了使会员分级管理真正起到调动会员积极性的作用，初次评定时，人数应从紧掌握，宁缺勿滥，省级会员原则控制在150人以内；市级会员分别由各市、州、直管市邮协原则控制在50—80人以内。

第十四条 符合“省级会员”、“市级会员”申报条件的会员，需分别填写“湖北省集邮协会省级会员资格申报表”、“湖北省集邮协会市级会员资格申报表”，由所在的集邮协会逐级上报省、市集邮协会评定。

第十五条 评定工作完成后，由省邮协统一颁发会员证，标注“省级会员”、“市级会员”、“会员字样”，以示区别。

第十六条 在紧俏邮品的供售上，各级会员不能重复享受邮品待遇。

第十七条 本办法经讨论、修改后，通过之日起执行。

第十八条 本办法解释权归省邮协办公室。

《中国集邮报》刊载的《湖北省集邮协会会员分级管理暂行办法》

2002年10月，河南省集邮协会下发了《河南省集邮协会高级会员管理办法》，规定了高级会员的条件、权利和义务。2003年5月20日，河南省集邮协会审定批准了首批363名河南省集邮协会高级会员。

2003年3月19日，江西省集邮协会召开首届会士大会，向南昌市集邮协会授予的首批26名和第二批30名共56名会士颁发了会士证。

（2）全国集邮联实施会士评选制度

在部分省级集邮协会尝试实施会员分级管理或评选会士的同时，全国集邮联也启动了全国集邮联实施会士制度的论证和筹备工作。

2001年5月10日，全国集邮联组织工作部在北京召开集邮者座谈会，刘平源会长、盛名环副会长兼秘书长等人听取了北京集邮工作者对当前集邮工作的意见。一些与会者建议，协会今后应对会员实行分级管理。

2003年1月17日，全国集邮联秘书长工作会议确定，年内将制定会员分级管理的条件和办法，评选出第一批全国集邮联会士，推动我国集邮事业向更高的目标发展。

2003年8月27日，在江苏省高邮市召开的全国集邮联五届三次常务理事会上，讨论并原则通过了《中华全国集邮联合会会士评选工作条例（草案）》，规定“中华全国集邮联合会会士是中华全国集邮联合会设立的最高层次的会员，即为集邮家、为终身荣誉”，并规定了会士的权利、义务、条件以及评选会士的工作机构和评选程序与评选办法。会议审议批准了李世琦、杨勇伟、沈曾华、张文光、张莘农、居治群、周之同、赵人龙、徐星瑛、郭润康10人为中华全国集邮联合会首批名誉会士，马佑璋、刘广实、孙少颖、李鸿远、李曙光、吴廷琦、林衡夫、张芝繇、常增书、梁鸿贵、游乃器11人为中华全国集邮联合会首批会士。

全国集邮联会士制度的建立和首批会士的评选，在集邮界产生了较大影响。为了做好第二批会士的评选工作，全国集邮联于2004年10月18日在杭州召开了中华全国集邮联合会会士评选委员会成立暨第一次会议。这次会议成立的会士评选委员会由首批 11 名会士组成，推选常增书为主任，李鸿远、林衡夫为副主任。会议讨论完善了《中华全国集邮联合会会士评选工作条例》，并研究了第二批会士的产生办法。

2007 年 7 月 29 日，全国集邮联六届一次理事会议审议批准了白歌乐、李登汉、管载仁、欧阳承庆、刘国霖、姜士楚、张国兴、彭长登、钱敏、沙子芬 10 人为第二批名誉会士，李伯琴、唐秋涛、马家骏、钟恕、刘汉超、唐无忌、周治华、张雄、何大仁、王景文、姚伦湘、马驎、黎泽重、容源辉、田润德、赖景耀、李殿文、刘佳维 18 人为中华全国集邮联合会第二批会士。

三、探索集邮组织发展的新途径

进入 21 世纪后，集邮工作面对新的挑战和机遇。全国集邮联解放思想，以对集邮事业负责的态度，进行了一些有益的探索，其中包括两个值得回顾和借鉴的创新尝试。一些地方集邮协会也与时俱进，想方设法开拓集邮工作新途径。

1. 建立若干集邮指导工作小组

2005 年，全国集邮联为了加强集邮工作的专业性指导，经过酝酿和广泛征求意见后，于 6 月 9 日向各省级集邮协会和各行业集邮协会下发了《关于全国邮展委员会成立若干集邮指导工作小组的通知》。

该通知提出了组建小组的 3 项原则：一是按国际邮展规则设立各工作小组；二是为了便于工作，将各个小组放在省级集邮协会，条件是所在协会的相关类别展品曾在国际或全国邮展中获得突出成绩，或具备相关专家，且该协会同意设置工作小组，拥有热衷于此项工作的专家及人员；三是原则上各类展品设一个小组，考虑到传统、专题及青少年类涉及面广的特殊性，这 3 类各设两个小组。

该通知下发后，全国集邮联有关人员与相关的省级集邮协会和集邮专家进行了沟通和酝酿。2005 年 12 月 30 日，全国集邮联航天集邮指导工作小组首先在黑龙江成立。经过一年的工作，全国集邮联邮展工作委员会下设的 11 个类别的 14 个集邮

全国集邮联会士评选委员会成立暨第一次会议

指导工作小组相继成立。牵头的省级集邮协会和小组负责人分别为：传统集邮指导工作小组有两个，分别由山西省集邮协会和广东省集邮协会牵头；邮政历史集邮指导工作小组由天津市集邮协会牵头；邮政用品集邮指导工作小组由江西省集邮协会牵头；航空集邮指导工作小组由北京市集邮协会牵头；航天集邮指导工作小组由黑龙江省集邮协会牵头；专题集邮指导工作小组有两个，分别由北京市集邮协会和四川省集邮协会牵头；极限集邮指导工作小组由重庆市集邮协会牵头；文献集邮指导工作小组由江苏省集邮协会牵头；税票集邮指导工作小组由陕西省集邮协会牵头；青少年集邮指导工作小组有两个，分别由河南省集邮协会和湖北省集邮协会牵头；现代集邮指导工作小组由北京市集邮协会牵头。

各集邮工作指导小组成立后的几年里，在相关省市集邮协会的支持和各小组成员的努力下，对集邮类别的学术研究、邮集编组的交流和指导、专项邮展的组织，以及创办邮刊或出版学术专著等方面，发挥了积极而又有效的作用。但2008年全国集邮联换届后，对集邮指导工作小组未提出新的要求，也未宣布撤销。这些集邮工作指导小组逐渐退出人们的视线，但少数小组至今仍以各种方式开展活动。

集邮工作指导小组在我国21世纪集邮发展史上留下了清晰的足迹。

2. 成立中华全国集邮发展基金会

为了探索在市场经济条件下集邮协会利用各种形式补充活动经费、增强自我生存与自我发展的能力，全国集邮联根据民政部下发的全国性社团成立专项基金管理委员会的有关规定，经有关部门批准，于2001年12月16日召开五届二次常务理事会，讨论全国集邮联成立中华全国集邮发

2005年全国专题、现代集邮工作指导小组成立大会

展基金会的构想，经过讨论，理事会一致同意了这一构想，并确定该基金会作为全国集邮联下属的二级机构。当时考虑启动基金的来源包括国家主管部门的拨款、社会各界包括企业和个人的赞助及其他方式。基金会所筹资金计划用于资助各种形式的集邮活动，为推动集邮事业的发展增添“动力”。2002年2月28日，全国集邮联于向各省、自治区、直辖市下发了《关于筹建中华集邮发展基金会有关事宜的通知》。此后，全国集邮联通过会报、会刊对此进行了相关宣传，并公布了办公地点和联系电话，“呼吁集邮界有识之士，踊跃为基金会添砖加瓦”。基金会成立后得到集邮界一些人士的资助，尽管由于社团改革整体联动未到位，基金会工作未得以实质性运行，但通过接受社会赞助举行集邮活动的方式，对于全国集邮联通过自主创新，增强自我生存和发展能力，不失为一次有益的探索和尝试。

四、推动社区集邮组织的新模式

进入21世纪后，我国集邮工作的一大亮点是社区集邮的兴起。社区集邮组织的建立和发展，是与时俱进的新举措，是伴随基层集邮组织结构变化出现的新的增长点，对于我国集邮事业的持续健康发展具有重要的战略意义。

1. 社区集邮组织出现的背景

2000年11月出台的《民政部关于在全国推进城市社区建设的意见》中提出：“社区建设是一项新的工作，大力推进社区建设，是我国城市经济和社会发展到一定阶段的必然要求，是面向新世纪我国城市现代化建设的重要途径。”我国社区集邮组织的出现并非偶然，而是在我国大力推进社区建设的背景下，集邮组织发展的必然要求和结果。

改革开放以后，在我国由上而下形成的集邮协会组织系统内，以企业和单位为主的众多基层集邮协会，从20世纪80年代起，就已成为我国集邮事业发展的基础。从20世纪90年代后期到21世纪初期，随着我国经济体制改革的深化，尤其是企业改制、人员下岗分流，加上企业逐步将原先担负的一些社会职能剥离，造成相当多原有的基层集邮协会或不复存在，或名存实亡，或会员锐减。大量“单位人”转为“社会人”，社区成为他们相对集中和稳定的集结地。不论企事业单位员工，还是个体劳动者，或下岗和退休人员，大多居住和生活在社区。正如《民政部关于在全国推进城市社区建设的意见》所指出的：“经常组织具有社区特色的群众性文体活动，丰富居民精神文化生活，可以增强社区的凝聚力，形成科学文明健康的生活方式。”因而社区为集邮文化提供了新的拓展空间。有计划地选择集邮爱好者居住相对集中的社区建立集邮组织，把集邮活动纳入社区的文化建设和精神文明建设的轨道，逐步成为城市集邮协会推进基层集邮工作的亮点。在新世纪集邮事业的发展进程中，社区集邮的重要性和发展前景日益显现。

2. 社区集邮组织在大中城市的涌现

进入21世纪后，关于社区集邮组织建立和开展活动的信息，不时出现在国内的各种集邮媒体上。从全国范围看，社区集邮组织主要出现在人口较为密集的大中城市。但由于地区间信息横向传播的错位，对于某一城市乃至全国最早建立的社区集邮组织是哪个，媒体的报道难免会出现差异。

2000 年 7 月 30 日，上海松江区松江镇人乐小区集邮协会召开成立大会，松江区委、市集邮公司等领导到场祝贺。当时的地方媒体在报道这一消息时，称其为“松江地区成立的第一个社区性集邮协会”。2001 年 3 月 28 日，浙江杭州庆春门社区集邮协会成立，这是杭州市成立最早的社区集邮协会。该社区还成立了集邮党支部，建立了首家社区集邮夜校，通过专题讲座，普及集邮知识。同时，该协会注重培养青少年集邮队伍，通过举办夏令营、开展邮品欣赏、组织邮品设计等活动，激发了青少年的集邮兴趣，扩大了社区文化的影响力。由于组织建设和举办集邮活动都相当出色，庆春门社区集邮协会被杭州市集邮协会评为先进集体，并通过了“集邮者之家”的验收。

进入 21 世纪后，各大中城市社区集邮组织陆续挂牌成立，各地较早成立的社区集邮协会包括：2001 年成立的深圳市万科四季花城社区集邮协会，2002 年成立的长春市铁客一社区集邮协会、无锡市江溪街道太湖花园第二社区集邮协会、南通市虹杵社区集邮协会、厦门市员当街道社区集邮协会，2003 年成立的芜湖市杏园社区集邮协会、扬州市凤凰桥社区集邮协会、邯郸市安居社区集邮协会、南昌市东湖区省政府大院社区集邮协会、长春市南湖街道湖东社区集邮协会，2004 年成立的南京市天津新村社区集邮协会、大连市西岗区北京街道九三社区集邮协会、重庆市大渡口跃进村街道大堰一村二社区集邮协会，2006 年成立的北京市双井街道垂西社区集邮协会、北京市广安门内大街东社区集邮协会、太原市新源里社区集邮协会、宁波市华严社区集邮协会，2007 年成立的佛山市石湾镇街道集邮协会、沈阳市铁西区兴顺街道建二社区集邮协会等。

北京市双井街道垂西社区集邮协会举办的集邮活动

3. 全国集邮联和省级集邮协会的大力推动

社区集邮组织在部分城市的陆续出现，引起了全国集邮联的高度重视。2003 年，全国集邮联把“开展社区集邮活动，开辟集邮工作的新领域”作为年度十大任务之一。此后，社区集邮被全国集邮联列入每年的工作重点，召开的多次省级集邮协会秘书长工作会议，都要强调抓“集邮进社区”。2006 年，全国集邮联布置全年工作任务时，要求“抓好社区集邮活动在建设和谐社会中的典型，为集邮进社区经验交流做好基础工作”。2007 年 7 月召开的全国集邮联六大提出了“要发挥集邮文化在社区建设的功能，创造文化社区、和谐社区”的工作任务。为了鼓励广东省佛山市顺德区大良街道办事处在社区集邮工作中取得的突出成绩、推广他们的成功经验，全国集邮联于 2007 年 11 月 3 日授予其“中华集邮名镇”称号，大良成为全国唯一获此殊荣的街镇。

全国一些省、市的集邮协会从实际出发，积极探索社区集邮工作新路子，使这项工作取得了突破性进展。

吉林省集邮协会 2002 年就把在社区建立集邮协会作为集邮组织新的增长点，向全省各级集邮协会进行了部署并做了大量工作。当年 10 月 30 日，长春市铁西街道办事处铁客一社区集邮协会成立，成为长春市也是全省的第一个社区集邮组织。该协会规定，每月 10 日举办一次集邮沙龙活动。到 2003 年年底，该协会的会员人数已发展到 180 多人。省集邮协会及时推广了他们的经验。此后，不仅长春市，该省的辽源、吉林、通化、敦化等地的一些社区也相继建立了集邮协会。为了进一步推动这项工作，吉林省集邮协会于 2004 年 8 月 4 日在长春市湖东区召开了“全省集邮进社区经验交流会”，南湖社区等 5 个社区集邮协会介绍了建立社区集邮组织和开展社区

全国集邮联领导在“中华集邮名镇”广东佛山市顺德区大良街道调研

集邮活动的做法和经验。

2002 年，福建省邮政局、省精神文明建设指导委员会办公室、省集邮协会下发了《关于把集邮融入社区精神文明建设活动的通知》。2001 年，福州市就决定把“集邮进社区”、建立社区邮协作为组织建设的一项重要工作，与全市多个社区进行了接洽。但历时一年，该市连一个社区集邮协会也未能建立。经调查分析，主要是社区领导对于集邮在社区文化建设上能起到的作用缺乏认识，担心开展集邮活动增加额外的负担。为了打开局面，市集邮协会于 2002 年 4 月抽调了 5 名骨干组成“集邮进社区宣传联络组”，并明确该小组的 6 项任务，即主动介入、调查摸底、宣传教育、引导试点、联络协调、成立协会。联络组成员陆续前往全市各街道社区，拜访领导、沟通协调、具体指导。经过 3 个多月的努力，到当年 7 月底，相继在福铁社区、建华社区、新民社区成立了集邮协会。

北京宣武区集邮协会在抓社区集邮组织建设的行动中，坚持“边实践、边探索、边总结”的工作方针。2002 年，该协会以天桥地区为重点，全面启动“集邮活动社区化”的试点工作，并根据当地社区的特点，以“文明与文化”为主题，强化集邮的宣传教育功能，因地制宜地开展社区集邮活动，加强集邮队伍建设，提高社区别集邮的文化感召力。

2004 年年初，广东省集邮协会把发展社区集邮，作为实施建设广东集邮文化大省战略的重要任务，提出用 4 年时间创建 100 个集邮示范社区的目标，并采取扎实的措施加以落实。经过努力，这项工作很快取得了突破性的进展。2004—2005 年，全省共有 16 个社区被广东省文化厅、广东省邮政局、广东省集邮协会授予“广东省集邮示范社区”称号。2006 年 7 月 22—24 日，广东省集邮协会在深圳市召开了“广东省社区集邮工作研讨会”，22 个团体会员、16 个示范社区的近 100 名代表参加了研讨会。与会者在总结前一阶段社区集邮工作

福建霞浦县三沙渔民集邮协会成立大会

的基础上，对社区集邮组织建设和社区集邮工作进行了探讨，形成了做好社区集邮工作的“六点共识”和发展社区集邮组织的“四种模式”。“六点共识”是：要有各级党政部门和本部门、本单位领导的重视和支持；要有对社区集邮工作重要性和紧迫性的充分认识；要有社区集邮的完善组织和机制；要有一批集邮骨干带头和带动；要有适合特点、灵活多样的集邮活动；要有热心为社区集邮服务的集邮协会干部。“四种模式”是：街道式集邮社区，如广州市大塘街道集邮俱乐部；楼盘式集邮社区，如深圳市万科四季花城集邮协会；企业单位式集邮社区，如深圳市国税局集邮协会、韶关市钢铁集团公司；居住地点式集邮社区，如广州驻军三元里集邮小组。

2000—2010 年，社区集邮组织的建立和社区集邮活动的开展，成为中国邮坛的一道新的风景线。尽管从全国建立社区集邮组织的总量看，还处于初步发展阶段，全国各地社区集邮的发展也不够平衡。但已经成立的社区集邮协会大多能够持续发展，成为当地集邮活动的生力军。社区集邮的发展在实践中显现出强大的生命力，展示出新世纪中国集邮组织的转型和发展具有广阔的前景。

五、加强集邮组织的自身建设

以增强集邮组织的凝聚力为目标，抓好工作落实，搞好会员服务，稳定和扩大会员队伍，为集邮事业发展打下良好的基础，是这一时期集邮协会组织建设的着眼点和着力点。

1. 巩固和加强各级集邮协会自身建设

2003 年 8 月 5 日，国家邮政局谭小为副局长、邮资票品司刘建辉司长等，受刘安东局长的委托，到全国集邮联办公地进行调研，听取工作汇报，并表示国家邮政局将切实加强对全国集邮联和各级集邮协会的领导，并尽力帮助全国集邮联克服面临的困难。

2003 年 11 月 12 日，国家邮政局下发了《关于加强集邮协会工作的通知》，重申了各级邮政部门对同级集邮协会应负的领导责任，包括各级集邮协会机构的设置，省、地、市集邮协会秘书长和专（兼）职干部配备、待遇以及经费来源，体现了国家邮政局领导对全国集邮联和各级集邮协会的重视和支持。河南、安徽、海南、青海、福建、湖北、浙江、陕西、河北等省邮政局在转发该文件的基础上，根据各自的情况提出了具体的贯彻落实措施。2004 年 3 月 9—11 日，全国集邮联在安徽省合肥市召开了省级集邮协会秘书长会议，各地汇报了落实该文件的情况。

全国集邮联从完善内部制度入手，进一步加强内部建设。截至 2003 年年底，全国集邮联先后制订出台了《全国集邮联办公会议制度》《全国集邮联工作人员守则》《全国集邮联财务管理制度》《全国集邮联党支部会议制度》等 11 项规章制度，提高了自身的规范化管理水平和工作效率。

在贯彻国家邮政局文件的过程中，各地邮政局和集邮协会从实际出发，抓好制度建设和工作落实。

福建省邮政局为进一步发挥集邮组织的作用，除了按文件精神明确分管领导、保证专职干部编制和待遇外，还从实际出发，明确按当地集邮收入的千分之二保证

国家邮政局文件

国邮〔2003〕365号

关于加强各级集邮协会工作的通知

各省、自治区、直辖市邮政局：

中华全国集邮联合会自成立以来，高举集邮文化的旗帜，在各级党政领导和社会各方面的支持下，开展了各种形式的丰富多彩的集邮活动，促进了我国邮政事业的发展和社会主义精神文明建设。但近年来，一些单位忽视或削弱了对集邮工作的领导，出现了部分集邮协会组织状况和人员素质与集邮形势发展不相适应的情况。为了加强对各级集邮协会的领导，进一步发挥集邮组织的作用，促进集邮事业全面健康的发展，现就有关问题重申如下：

一、各级邮政部门要加强对集邮协会的领导

各级邮政部门对同级集邮协会负有领导责任。其主要责任

— 1 —

国家邮政局《关于加强各级集邮协会工作的通知》

集邮协会的正常活动经费。

河北省集邮协会完善了市级集邮协会综合考核办法，把市级集邮协会工作分解为四大项共40条，并确定相应的分值，进行量化考核，以保证工作成效。省集邮协会秘书处每月召开一次座谈会，听取集邮专家和集邮爱好者的意见和建议，认真改进工作。省集邮协会领导和工作人员经常利用工休时间参加群众性集邮活动，“越是公休假日越忙乎，一年到头不知牺牲了多少休息时间。”

陕西省集邮协会在完善工作制度的基础上，采取达标考核的措施，强化组织建设。2007年3月21日，陕西省集邮协会下发了《关于各市集邮协会工作达标的通知》，制定了考核标准，提出了包括有固定活动场所、活动经常化、组织机构健全、按时交纳会费等在内的8条标准。2008年1月16日，省集邮协会下发了《关于对2007年“基层集邮协会达标”执行情况进行检查的通知》，按照所定标准对各市集邮协会进行对照检查，促使市、县集邮协会

的工作走上规范化、标准化的轨道。

2. 提高集邮工作人员的业务素质

集邮队伍建设是集邮事业发展的关键，要提高集邮工作人员的素质，就必须高度重视集邮协会骨干，尤其是专职干部的业务培训。

以会代训，是全国集邮联培训集邮专职干部的基本方法。2000 年 10 月 11—25 日，全国集邮联领导班子分片召开了全国省级集邮协会秘书长座谈会，将调查、研讨和培训相结合，在摸清集邮协会工作的底细和现状的同时，共同研究新形势下集邮工作面临的新问题，统一思想认识，增强克服困难做好工作的信心和勇气。当年 11 月底，全国集邮联又在福建武夷山市召开了关于加强青少年集邮工作的研讨会。

2002 年 4 月 24—26 日，全国集邮联在石家庄市召开了 2002 年度全国省级集邮协会秘书长工作会议，在汇报交流工作情况和经验的基础上，由国家民政局有关部门负责人乔申乾和北京大学教授张东风，分别做了有关社团组织建设及中国加入 WTO 后的新情况和社团组织如何适应新形势的报告。刘平源会长和常延延副会长就“如何当好秘书长”“如何做好集邮协会工作”分别作了阐述。

2003 年 4 月 2 日，由全国集邮联主办、江西省邮政局承办的全国集邮组织工作研讨会在南昌召开。来自全国 27 个省、市集邮协会的秘书长以及分管集邮协会组织工作的领导参加了会议。与会者总结交流了工作经验，并就抓好建家工作、会员分级管理和进一步搞好会员服务等问题进行探讨，达成了共识。

2002 年全国省级集邮协会秘书长工作会议

各省级集邮协会积极开展培训工作。2000年11月11—13日，上海市集邮协会与浙江省集邮协会首次合作举办的沪浙基层集邮协会培训班在上海青浦举行。此次培训班以探索在新世纪中如何当好集邮协会秘书长为主题。国际邮展评审员梁鸿贵、全国集邮联组织部副部长王立明应邀授课。参加培训的近80位秘书长学习了组织建设方面的知识，增强了做好工作的责任心和信心。培训班还组织了9个基层集邮协会秘书长交流集邮工作的经验。

2005年7月，由吉林省集邮协会编著的《基层集邮协会秘书长读本》，由人民邮电出版社出版，并得到全国集邮联推荐。全书分7章，对基层集邮协会的地位和作用，对基层集邮协会的组织工作、宣传工作、学术研究工作、集邮展览工作、各种集邮活动，以及基层集邮协会秘书长应掌握的基础知识等进行了详尽的阐述，是集邮工作人员参加教育和培训、提高业务素质的实用教材。

2007年6月7—9日，由重庆市集邮协会主办的“西南六省区市集邮协会工作经验交流会”在重庆市召开。重庆、四川、广西、云南、西藏和贵州的集邮协会秘书处负责人和专职干部40多人参加了会议，着重交流了各自加强集邮协会工作的做法和经验，这在中国邮政体制改革取得实质性进展的新形势下，显得尤为重要。

2007年11月28日，全国行业集邮工作研讨会在江苏徐州举行，煤炭、体育、水利、石油、海员、航空、公安等行业集邮协会的代表参加会议，汇报工作并探讨研究了工作中遇到的实际问题。

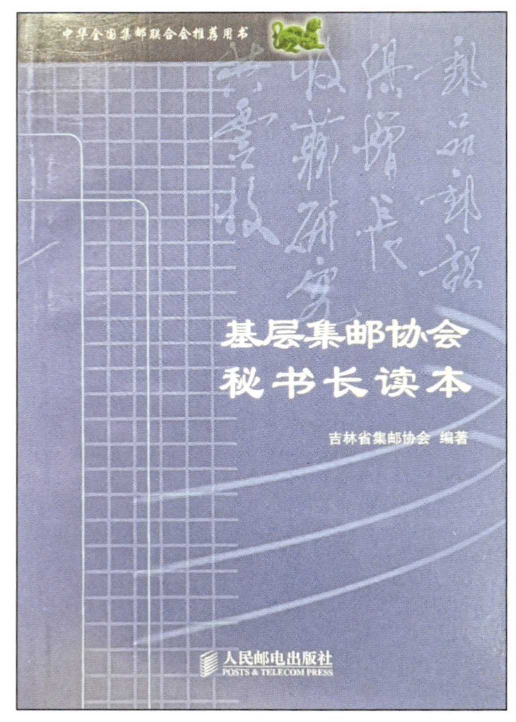

《基层集邮协会秘书长读本》

3. 会员普查及建立信息系统

搞好会员普查工作、建立会员信息资料管理系统，是加强集邮协会组织建设、提高集邮工作效率的重要措施，有助于提升会员管理和会员服务水平。

2003年6月，全国集邮联发出《关于在全国开展集邮组织普查工作的通知》，要求各省市集邮协会在当年10月底前摸清基层组织和个人会员的基本状况及地、市级以上集邮协会干部的配备情况。各地市、县级集邮协会要责成专人负责扎扎实实地做好普查工作，切勿遗漏。对基层集邮协会组织和个人会员要重新登记，各行业协会应按属地关系在当地登记，个人会员普查的范围为16周岁以上的公民。对于一些

2009 年全国水利系统集邮培训班

因厂矿企业或事业单位关、停、并、转而失去关系的会员，各区、县集邮协会应直接将他们吸收到集邮协会组织中来，并重新办理相关手续。对于自由职业者或民营企业家想入会的，也要热情欢迎他们，及时办理入会手续。全国集邮联组织工作部从当年 12 月起，对部分省级集邮协会的普查工作进行验收。

天津市集邮协会在全国集邮组织中率先探索对会员信息资料进行计算机管理。该协会从 2003 年年初开始，组织开发《集邮协会会员管理系统》，并于 2004 年正式应用集资料管理、情况统计、表格（卡片）打印、数据维护功能于一体的软件系统，管理会员信息资料。该系统不仅能储存大量的会员基础信息，而且能对会员的邮龄、集邮特长等诸多特色项目进行便捷的检索，对科学管理会员、有针对性地开展集邮工作提供了科学依据。

2004 年，湖北省集邮协会开展会员名址基础档案资料的征集和整理工作。他们认为：收集会员名址基础档案资料是了解和掌握全省集邮协会会员基本情况的原始依据。为有利于集邮协会与普通会员实现“零距离”对话，以及时、准确地传递信息、交流感情，2005 年春节期间，省集邮协会根据各地提供的会员名址，以省集邮协会会长的名义，向每位会员寄赠了一枚“会员封”。

至 2008 年年底，我国以省（自治区、直辖市）集邮协会为单位，初步建立起了以市、县集邮协会为基点的全国会员信息资料计算机管理系统，从而为加强集邮协会的管理和做好为会员服务的工作提供了依据。

中国集邮报

CHINA PHILATELY NEWS

中华全国集邮联合会主办　人民邮电报社编辑出版　■国内刊号 CN11－0201　■邮发代号：1－164　■网址 http://www.chinainfo.com.cn

2000 年 10 月 17 日
第 82 期
（总第 526 期）
每星期二、五出版

刘平源会长扬州调研时指出

解决好会员流失问题是当务之急

本报讯（记者 王宏伟）10月11日至12日，华东、东北省级邮协秘书长座谈会在江苏省扬州市举行，这是全国集邮联领导深入基层调研的第一站。

座谈会上，来自江苏、吉林、上海等省市集邮协会的秘书长按照全国集邮联会长刘平源提出的"说真话、说实话、说心里话"的会议要求，对当前我国基层邮协普遍存在的集邮协会凝聚力下降、会员大量流失、会费收缴困难、集邮活动萎缩等诸多问题进行了汇报。与会秘书长反映，进入2000年以后，集邮协会会员流失现象十分严重。如：吉林省1999年会员人数是28万，2000年只有18万，一年流失了10万；山东省1999年会员人数是21万，2000年只有15万，一年流失了6万；江西省1999年会员人数是12万，2000年只有10万，一年流失了2万。

刘平源会长在座谈会上作了总结发言，他认为，当前基层邮协普遍存在的种种问题，诸如会员流失问题，其表现虽在下面，其根源却在上面，说明各级集邮协会的领导辜负了全国集邮者、集邮协会会员的期望。

刘会长指出，会员是我们开展一切工作的基础，没有会员还谈什么集邮工作。对此问题，各级集邮协会的领导都要有清醒的认识。会员大量流失现象，为我们的集邮工作敲响了警钟，表明我们的集邮工作已经到了"最危急的关头"，这个问题解决不好，我们的集邮工作就会陷入非常被动的局面，各级集邮协会的领导迟早会成为"光杆司令"。

刘平源要求，解决好会员大量流失问题，要从三个方面着手。第一，加强协会自身建设，提高协会干部的素质，协会是会员的"娘家"，协会干部要热爱集邮事业，关心邮协会员，要给会员"一张笑脸、一句暖话、一杯热茶"。会员提出的困难，能解决的要立即解决；不能立即解决的，也要做好解释工作。对于那些在集邮工作岗位上没有功劳，甚至没有"苦劳"的协会干部，要令其"另谋高就"。第二，以丰富多彩的集邮活动将那些离开集邮协会的会员重新吸引过来。"集邮协会的生命力在于活动"，这是人人皆知的硬道理。会员大量流失的一个重要原因，是因为集邮协会开展的活动太少了，太单调了。有的协会成立时轰轰烈烈，但成立后就悄无声息了，这种现状要改变。就全国而言，争取做到小活动天天要，大活动月月有。同时，活动的形式也要注意创新。第三，解决好会员反映强烈的"会员特供邮品"问题，给会员更多的实惠。

全国集邮联副会长常延廷也在座谈会上作了重要讲话。

别只盯美……

本报讯 最近，美国邮政、美国集邮协会和美国邮商协会达成一项协议，决定在三方联合举办的邮展上由美国邮政完全控制青少年展区。这个决定在美国集邮协会会员中引起了担忧：一切以市场为导向、以利润为目的的美国邮政将把青少年集邮引向何方？

《中国集邮报》刊载刘平源会长关于解决会员流失问题的文章

4. 增加集邮协会凝聚力

会员是集邮组织开展一切工作的基础。各级集邮协会一方面通过多种渠道和方式反映会员和集邮者的呼声，建议有关部门采取切实措施，保护集邮者的利益；另一方面以会员为核心，为会员办实事，增强集邮协会的凝聚力。

国家邮政局为体现对集邮协会工作的支持和对广大集邮协会会员的关心，从2001 年起，采取了发行会员特供邮品、紧俏邮品供应向会员倾斜，并逐渐开放新邮预订方式、规范和改善集邮服务等措施。从 2003 年起，全国集邮联每年为会员特别制作"会员专用邮票册"。从 2007 年开始，会员特供邮品采用小型张双连张的形式，并延续发行。这些措施的实行，对于稳定集邮队伍起到了积极的作用。

改善会员服务，为会员办实事，体现在许多集邮协会的日常工作中。河北省集邮协会每月召开一次集邮座谈会，征求意见并认真研究采纳。他们还为 80 多位省集邮协会理事订阅会报、会刊。陕西省集邮协会从 2005 年起，推出了"陕西省集邮协会丛书"计划，对会员申报的集邮图书选题进行筛选，选定后给予资助出版。福建省各地市集邮协会设立了会员服务部，为会员代购、代销、代订集邮票品和集邮书刊。广西壮族自治区集邮协会为会员提供集邮咨询、订购邮品等服务，对年老体弱的会员预订新邮提供送票上门的服务。

通过改善会员服务和增强集邮协会的凝聚力，终于使会员连年流失的现象得到了遏制，会员人数开始企稳回升。2008 年，全国集邮协会的会员总数从 2007 年的 122 万余人增加到 145 万余人；2009 年，会员人数已增加到 155 万人。尽管上升的幅度有限，而且各地集邮协会的发展也并不平衡，但在各种主客观因素的制约下，

《中华全国集邮联合会第六次代表大会》邮票双连小型张

集邮队伍建设取得这样的进展却是难能可贵的。

六、民间邮会的大量涌现及其作用

进入21世纪后，我国邮坛出现了一种前所未有的现象：一方面，集邮协会会员的流失，使集邮协会工作面临与时俱进、重聚人气、改革创新、健康发展的问题；另一方面，因集邮兴趣相投进，而自由组合、自发建立的民间集邮研究会层出不穷，且活动频繁。我国集邮组织的呈现出多元化发展的态势。

1. 民间邮会的大量涌现

2000—2010年，在我国集邮协会组织系统之外，民间邮会大量涌现，组织规模有大小，它们有按地区发展会员的，也有跨地区发展会员的。各种专项或专类民间邮会的出现，适应了当代集邮专向化、多元化发展的趋势和集邮者在集邮文化活动中的多样化需求。

（1）与邮展类别接轨的民间邮会

这一时期成立的民间邮会，有的是以传统类和邮政史类研究为主的，如2000年7月20日成立的“中国解放区邮票研究会”、

2001年9月21日成立的“新中国普通邮票研究会”、2002年8月15日在长沙成立的“邮政汇兑研究会”、2004年10月6日在广州成立的“‘文革’邮史研究会”、2005年3月26日成立的“广州普通邮票集邮研究会”、2005年5月17日成立的“河南邮政附加费研究会”、2005年6月成立的“中国免资集邮研究会”、2005年11月6日成立的“中国附加费集邮联谊会”（2006年更名为“中国附加费集邮研究会”）、2007年4月21日在江苏常州成立的以研究邮政历史为主的“延陵邮学会”。

这一时期成立的民间邮会也有以邮政用品类研究为主的，如2002年8月31日成立的“南粤普资片研究会”、2005年1月23日成立的“广州包裹邮品集邮研究会”、2005年2月26日在浙江成立的“瓯越邮政用品研究会”、2008年1月8日在安徽淮南市成立的“封片戳研究会”。

这一时期成立的民间邮会还有以专题类、航空类、极限类等研究为主的，如2000年1月1日成立的“无锡极限集邮研究会”、2001年4月14日成立的“北京金卡集邮研究会”、2002年8月28日在北京成立的“华夏专题集邮研究会”、2002年10月25日在山东淄博成立的“专题集邮研究会”、2003年10月13日成立的“北京航空集邮联谊会”、2005年6月4日在福建南平成立的“八闽专题邮会”、2005年3月12日成立的“苏州极限集邮研究会”、2008年4月20日山东潍坊成立的“山东极限集邮研究会”等。

（2）具有中国特色的民间邮会

这一时期成立的民间邮会有的是以特定对象研究或特定群体为主的，如2003年6月8日在北京成立的“自动化集邮研究会”、2003年10月10日在北京成立的“外交封爱好者联谊会”、2004年10月17日在福建厦门成立的“海峡两岸集邮文化研究会”、2008年12月20日在青岛成立的

延陵邮学会成立大会

"海军封之友联谊会"（后更名为"海军集邮研究会"）、2009 年 4 月 8 日在北京成立的"首都新闻工作者集邮联谊会"、2009 年 4 月 12 日在洛阳成立的"中国残疾人集邮联谊会"。

这一时期成立的民间邮会有的是以集邮文献研究为主的，如 2002 年 2 月 8 日在北京成立的以《集邮博览》读者为主的"文献集邮联谊会"、2003 年 1 月 20 日成立的"重庆文献集邮研究会"、2004 年 4 月 13 日成立的"黑龙江文献集邮研究会"。2004 年 6 月 27 日成立的"文献集邮研究会"，立足江苏、面向全国发展会员，截至 2009 年，在江苏南通、南京、扬州、镇江等地，以及北京、陕西、上海、四川等省市成立分会。

此外，以网络为交流平台建立的极限集邮网络联谊会和网络集邮研究会，分别于 2003 年 1 月和 2007 年 6 月成立。

（3）网络集邮组织兴起

随着网络集邮的兴起，集邮者的交往范围逐渐扩大，交流更为方便快捷，共同的集邮爱好和网上互动交流的需要，促进了民间网络集邮组织的建立和发展。

最先发起成立的网络集邮团体称为"E 邮迷沙龙"。2006 年 2 月 28 日，《中国集邮报》刊登了署名黄敦的《有信纸与无信纸》一文，其内容与次日通过网络发布的一份倡议书完全相同。这份倡议书是由湖南长沙的黄敦、宾黔生、叶建新、万勇，株洲的胥奕绯和江苏常州的沙正华 6 位老年集邮爱好者发出的。其中写道："近几年网络的发展，写信不用像过去那样用纸写好通过邮局寄递。现在只要在电脑里将信写好，用鼠标轻轻一点，E-mail 就发出去。不到几秒，对方就收到了……我们发起成立一个用 E-mail 交流、联络的邮迷组织，暂且就叫他'E 邮迷沙龙'吧！""E 邮迷沙龙"自此成立，一年内发展到 53 名会员，其后陆续开展了网络一页邮集展览、网上邮品即时拍卖、"E 邮迷沙龙论坛"等活动，并且连续多年通过电子邮件发送《天心阁》《外邮》和《龙城封片》等电子版民间邮刊，有效地促进了集邮交流。

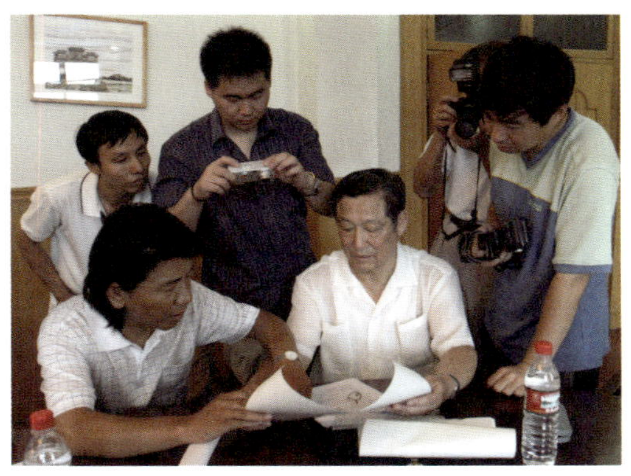

自动化集邮研究会活动

"网络集邮研究会"成立于 2006 年 11 月 13 日，由程文高等 14 位集邮爱好者通过网络发起，并于 2007 年 1 月 1 日创办网络邮刊《博客论邮》。"网络集邮研究会第一次会员大会"于 2007 年 6 月 1—10 日在网上召开，选举产生了第一届理事会，推选程文高为会长。

2. 民间邮会的"挂靠"措施

进入 21 世纪后，层出不穷的我国民间邮会，越来越引起包括全国集邮联在内的各级集邮协会的关注和重视。如何解决"体制"内外集邮组织的融合问题，成为新世纪中国集邮事业发展的一个新课题。尽管大量自发成立的民间邮会活动频繁，作用日益显现，但在现有体制下，多数民间邮会是不具备在民政部门注册登记条件的，其生存和发展面临的“合理不合法”的矛盾，一直使各级集邮协会干部为之困扰。

2004 年 11 月 1 日，备受集邮界特别是民间邮会关注的《关于加强对民间集邮研究组织指导性的工作意见》（邮联〔2004〕29 号），经过长达半年的征求意见，正式以全国集邮联文件的形式颁发。这份“工作意见”对民间集邮研究组织的发展和作用给予了积极的评价，指出这些民间集邮研究组织“从不同的角度延伸了我国集邮研究的领域，为我国集邮学术研究和邮展水平的提高发挥了一定的作用”，但同时认为“这些组织的松散性和跨地区性又给我们集邮组织的管理带来一定的困难”。

为发挥民间集邮组织的积极性，引导民间集邮组织健康发展，更好地发挥其作用，全国集邮联提出“提高认识，指导服务”“摆正位置，搞好关系”“可以挂靠，办理手续”“完善制度，指导工作”4 项指导意见。

《关于加强对民间集邮研究组织指导性的工作意见》颁发后，在全国集邮界引起了强烈反响。各地民间邮会纷纷向当地集邮协会申请办理挂靠手续，主动接受工作指导。许多地方集邮协会也认真研究，结合本地情况贯彻文件精神。

江苏省集邮协会不仅接受符合条件的民间邮会挂靠，而且将民间邮会当作“自家人”。江苏省邮政公司总经理、省集邮协会会长顾汶提出“一体多翼，开拓创新，聚集人气，持续发展”的思路。2008 年 11 月江苏省集邮协会在召开七大时，给挂靠其名下的生肖集邮研究会、文献集邮研究会和江苏邮资封片研究会分配了代表名额、理事会候选人名额、表彰先进名额。该集邮协会在工作报告中专门写有“关心和支持民间集邮组织的发展”，并把“指导民间集邮组织的工作”写入《章程》，列入省集邮协会“主要任务”之一。

2008 年 12 月，全国集邮联组织“民间集邮组织的现状与发展趋势”课题调研时，共调查统计了 100 个民间邮会，其中经民政部门注册的有 6 个，在集邮协会等法人团体办理了“挂靠”手续的有 69 个。

3. 民间邮会的积极作用

民间邮会客观上已成为我国集邮事业发展的一支重要力量，发挥着越来越显著的作用。民间邮会拓展了集邮学术研究领域，满足了集邮者多层次多样性需求。会刊是民间邮会的纽带和发表学术研究成果的平台。这些邮刊专业性强，尤其是杂志型会刊，多以介绍专类集邮知识和刊登研究性文章为主，研究的专题几乎涉及了传统集邮研究和当代拓展性研究的所有领域。

2006 年，文献集邮研究会策划并联合南京市集邮协会、《集邮》《集邮博览》《上海集邮》《天津集邮》等杂志以及《集邮报》社等，共同举办了 2005 全国“五佳”“十优”集邮报刊评选活动，共收到评选投票逾万张，对促进民间集邮报刊质量的提高起到了积极作用。

在 2008 年全国集邮联问卷调查的 100 个民间邮会中，召开过集邮学术研讨会的约占 75%，出版过集邮学术专著或论文集以及支持会员出版集邮图书的约占 87%。各类专门性集邮研究会的涌现顺应和满足了集邮者日益增长的多样化集邮需求，客观上起到了稳定和扩大了集邮者队伍的作用。

“五佳”“十优”集邮报刊评选活动在第 13 届南京集邮文化节揭晓

民间邮会扩大了邮集作者队伍，推动了中国邮展水平提高。各类民间邮会越来越注重邮集编组和邮展活动。根据 2008 年全国集邮联对 100 个民间邮会的调查，其中 40% 的民间集邮组织举办或参与举办过集邮展览。专题邮友联谊会协助全国集邮联和浙江省台州市政府举办了 2002 年全国专题集邮精品展；广州极限集邮研究会先后协助广州市集邮协会举办了 5 次全国极限邮展；国内快件附加费凭证研究会于 2004 年 11 月与黑龙江省集邮协会联合举办了首届国内快件附加费邮展。1999 年，成都专题集邮研究会成立之前，四川几乎没有像样的专题邮集，该会成立后，有多名会员的专题邮集在国内外大型邮展中获奖。

4．民间邮会的联谊活动

民间邮会在自筹资金、自办发行、自主活动的同时，也希望联合更多的邮会共同举办活动，全国大大小小的民间邮会也希望有一个能够展示自己的平台，相互交流，取长补短，共同进步。

为推动民间集邮组织健康发展，2002 年 6 月 29 日，山西《集邮报》发起并牵头国内部分较有影响的近 20 家民间邮会在山西平遥举办了全国首届民间集邮组织联谊活动。在活动中，每个邮会有机会自报家门，就其研究方向、组织结构、发展会员、挂靠关系、举办活动等方面介绍各自的心得体会，为中国集邮献计献策，真正做到了邮会间互通有无。会上决定，利用每次全国邮展大家都去参展观摩的机会，由山西《集邮报》负责组织协调，举办联谊活动。此后，民间集邮组织先后于 2003 年 11 月在四川省绵阳市、2005 年 6 月在湖北省武汉市、2006 年 7 月在山西省太原市、2008 年 10 月在山东省济南市举办了联谊活动。最多时有100多个民间邮会的200多人参加，代表们争先恐后，踊跃发言，交流研讨的氛围甚浓，延续至今。

这项活动形成由牵头单位组织、借助全国性集邮活动搭台、各地民间集邮研究共同参与的模式，在民间集邮组织中产生了较大的影响，受到广大集邮爱好者的欢迎。

民间邮会开创了新的集邮方式，给中国集邮发展注入了新的活力。2005年6月，中国免资集邮研究会向全国集邮联提出附加费、免资封片参展“解禁”的建议，得到全国集邮联的采纳。原地封集邮研究会和东联原地集邮研究会在原地封的收集、原地集邮理论研究以及原地邮展的举办等方面，取得显著成绩。

太原并州集邮沙龙在省、市集邮协会的支持帮助下，积极组织会员开展丰富多彩的活动，就地取材、身体力行，倡导快乐集邮、和谐集邮、科学集邮，取得了可喜的成绩。2010年，并州集邮沙龙邮事频繁，围绕社会热点题材，提前策划，精心设计，刻制了首发纪念戳、临时戳、宣传戳共计16枚，同时积极配合邮政部门在全省启用了“党史人物”“关公”“辛亥革命100周年”等11枚风景日戳，受到了广泛好评。

第四次全国集邮研究会联谊活动

第三节　集邮活动深入开展

2000—2010 年，中国迎来经济快速发展时期，集邮活动在全国各地呈现出丰富多彩、不断创新的良好发展态势，集邮文化被赋予了更高的使命和广阔的发展空间。这一时期集邮活动的突出特点是，从新的视角开拓进取，营造出一种“新时期、新思路、新面貌、新成就”的大好局面。全国集邮联和各级集邮组织，围绕着国家重大事件进行，彰显了各级集邮组织和广大集邮者极高的社会责任感和互助精神，表现了集邮文化的特殊魅力。

一、迎接新世纪集邮活动

2000 年是人类社会一个新纪元的年份，2001 年是人类社会跨入 21 世纪的第一年。在这千年一遇的时刻，各地邮政部门和广大集邮者纷纷以集邮方式，记录下这一历史性时刻。

1. 集邮界喜迎新纪元到来

1999 年 12 月 31 日夜至 2000 年 1 月 1 日晨，对于中国邮政和每一个集邮者来说是一个不眠之夜。他们放弃休息，用各类邮品记录下这千载难逢的跨世纪的到来。

国家邮政局于 1999 年 12 月 31 日发行了《世纪交替 千年更始——20 世纪回顾》纪念邮票一套 8 枚，图案以票中票形式，反映了 20 世纪中国历史上“辛亥革命”“五四运动”“中共诞生”“抗战胜利”“开国大典”“两弹一星”“改革开放”“港澳回归”等重要节点。2000 年 1 月 1 日，国家邮政局发行了 2000– 特 1《港澳回归 世纪盛事》加字金箔小型张一套 2 枚。这两套邮票的发行，成为集邮界迎接新纪元活动的核心内容。

《世纪交替 千年更始——20 世纪回顾》纪念邮票

《港澳回归 世纪盛事》加字金箔小型张

国家邮政局等单位在北京邮电疗养院举办“20世纪回顾”“相逢2000年”签名封跨世纪实寄活动。邮票设计家黄里、杨文清等到现场为集邮者签名；中华世纪坛邮局工作人员在活动现场为邮人加盖邮戳。现场还抽取了幸运邮件，零时过后，海淀区邮局派邮车将邮件送往幸运用户家中。

在新纪元到来之际，北京建内大街邮电局挤满了前来购买邮票及邮寄首日封的集邮者。该邮局专门设立了“新世纪邮局”，启用带有“新世纪”字样的邮政日戳。随着零点钟声的敲响，《港澳回归 世纪盛事》金箔小型张开始出售，“新世纪”邮戳随即加盖在贴有这套金箔小型张的首日封上，让集邮品见证了难忘的历史时刻。

经国家邮政局批准，中国集邮总公司于2000年4月底至5月初，分别与辽宁、山西、河北、重庆等省市邮政局联合举办了“迎接新世纪”集邮巡回展。为此，中国集邮总公司专门为本次巡回展发行了《春节》加字小型张，共计60万枚，在举办巡回展的城市进行销售。

巡展的第一站于4月28—30日在沈阳和太原举办；第二站于5月5—7日在石家庄举办，5月3—5日在重庆举办。两站四地的巡展包括3项内容，一是外交部集邮协会编组的在新中国成立50周年纪念日、香港回归祖国日、澳门回归祖国日，以及2000年元旦，由中国驻外使（领）馆寄给外交部的环球实寄封邮集；二是中国集邮总公司近年来发行的邮品；三是各省选送的获奖邮集和主题邮集。每站展览规模为200框至300框。除展览外，四地还分别安排了集邮学术研讨、青少年集邮活动、邮票设计家签名、邮品拍卖和销售活动。香港和澳门特别行政区的邮政部门参加了在沈阳站和重庆站举办的展销活动。

南京市举办以“集邮，走向新世纪”为主题的’99第六届南京集邮文化节。从北京运来的大型邮票打孔机摆在现场，通过邮票原稿、图片、样票、邮品等组成的60个展框，再现了邮票从选题、设计、印制的全过程。南京市集邮公司为此次集邮文化节制作了世纪之交专题邮品供集邮者选购。“千禧邮品专用邮箱”的推出和“世纪回顾”系列章、戳的使用，使集邮者在追寻中尽享世纪之交的乐趣。此外，全市34个邮政支局同时还备有“世纪回顾”纪念戳，从12月31日起为集邮者加盖。

河南省南阳市集邮协会和市邮票公司联合举办了“迎接新世纪集邮庆典”活动。包括“世纪之交”纪念封首发式、邮品销售、跨世纪邮政信箱等内容，吸引了众多集邮者和市民参加。该活动持续到1月1日凌晨3时结束。

2. 迎接新纪元的第一缕曙光

集邮界迎接新纪元活动体现出地域特色，各地根据所处的地理位置和自然条件举办了与众不同的庆祝活动。

黑龙江省抚远县乌苏镇是中国最东端的行政乡镇，号称“东方第一镇”。乌苏镇是中国每天最早迎来曙光的地方，每年夏至（6月21日左右），凌晨2时10分，太阳的光芒就照射到“东极小镇”了。中国2000年委员会将中国新世纪第一秒定在乌苏镇。在世纪之交的时刻，抚远县乌苏镇举行“拥抱新世纪中国第一秒”活动。抚远县邮政局设立了临时邮局，县集邮协会为这次活动专门设计了一枚纪念封。

2000年1月1日10时，一座高2.1米（象征21世纪）、长4.2米（象征4200万黑龙江省人民）的巨型纪念封模型的揭幕仪式和市民签名活动在哈尔滨市邮政局隆重举行。该纪念封内还有一封超大的寄给国际奥委会主席萨马兰奇的信，表达了黑龙江省人民支持北京申办2008年第29届奥林匹克运动会的心愿。哈尔滨市集邮公司特发行与巨型封图案相同的普通纪念封2008枚。其中第0001号封赠送黑龙江省博物馆收藏，第2001号封寄至北京奥申委，第2008号封寄给国际奥委会主席萨马兰奇。

迎接新世纪集邮巡回展邮折

北京新世纪邮局设立的2000年倒计时牌

为迎接新世纪的到来和哈尔滨冰雪艺术博览会的举办，哈尔滨市集邮协会自2000年12月31日至2001年1月5日举办集邮周活动。活动包括新人新作邮展、支持北京申办2008年奥运会和“世纪交替”邮票首发式、集邮讲座等内容。

浙江省舟山市的东极岛，位于东经122.4°、北纬30.1°，是中国大陆最东的岛屿之一。为迎接新世纪中国海洋的第一缕曙光，浙江省舟山市邮政局和普陀区邮政局分别在定海和沈家门营业大厅设置“跨世纪信件”专用信箱，盖销跨世纪日戳和“跨世纪信件专用信箱”戳。舟山市邮政局和市委宣传部、舟山联通等单位联合举办了“展望21世纪联通国信寻呼杯”邮票设计比赛、“寄语新世纪”贺辞大赛。2000年12月31日，杭州市邮政局在吴山广场隆重举行《世纪交替 千年更始——迈入21世纪》邮票首发式大型活动。活动吸引数万名市民参加。很多市民纷纷争购“世纪交替纪念封”“新世纪第一缕阳光”题材纪念封。

《北京申办2008年奥运会成功纪念》邮票全张

二、中国集邮者的奥运情结

北京申办奥运会的道路是曲折的，有失落也有欣喜。全国各地的集邮者对北京申办2008年第29届奥林匹克运动会充满信心与期待。他们用各种不同的集邮方式，记录着北京申奥的艰难历程，享受着申奥成功给全国人民带来的欢乐，用集邮的方式为北京奥运会和残奥会的举办贡献力量。

1. 为“申奥”活动助威呐喊

2001年是北京申办2008年奥运会的关键之年。各地集邮组织纷纷在上半年举办了内容丰的集邮活动，为“申奥”助威呐喊。2月22日至3月15日，全国集邮联和北京2008年奥运会申办委员会在中华世纪坛联合举办了“奥运百年集邮展览——支持北京申办2008年奥运会”。本次邮展是为迎接国际奥委会考察团来访而举办，共展出邮集29部112框，其中大部分为体育题材展品。

北京市集邮协会国脉集邮活动中心于2月8—10日在新东安市场举办了“首都邮人盼奥运”活动。奥运冠军顾俊、杨凌，老一辈世界冠军等体育界知名人士现场助阵为群众签名。现场还举办了体育专题邮展。海淀区集邮协会制作的长达50米的“支持申奥群众签名画卷”摆在现场供群众签名。此次活动共接待群众3万多人。5月1—3日，“新北京、新奥运、首都人民盼奥运”活动在北京翠微大厦举行。现场准备了印有申奥标志的大型明信片和申奥签名长卷，同时还举办了小型集邮展览。主办者还邀请了奥运冠军、世界冠军、著名艺术家、北京电视台节目主持人、集邮家等人士为群众和集邮者签名。

2. 为迎接北京奥运会喝彩

2008 年 5 月 23—28 日，南京市第 15 届集邮文化节在鼓楼市民广场举行。本届集邮文化节以“喜迎奥运圣火、情系灾区人民”为主题，安排了一系列丰富多彩的集邮活动，包括集邮爱好者“奥运寄语”征集活动、南京集邮界“喜迎奥运圣火”万人签名活动、“迎接奥运”邮展、奥运冠军为邮迷现场签名等。南京市集邮协会在全市各基层集邮协会共征集到“奥运寄语”2000 多条，参与者超过千人。

为支持北京申办 2008 年奥运会，集邮幽默漫画家王九成于 2008 年 4 月 13 日在北京当代美术馆举办“五环下的幽默·老九集邮幽默画展”，展出他最新创作的近百幅体育类集邮幽默漫画，作品用邮票与漫画结合，新颖别致，画面无文字说明，耐人寻味。观众可从夸张幽默的形式中看到画家对有悖体育道德行为的抨击和对奥林匹克精神的弘扬。

2008 年 7 月 8 日，上海市闸北区总工会、闸北区职工集邮爱好者协会在汇贡大厦举行“为北京奥运喝彩”——闸北职工沿“京杭大运河”自行车骑旅集邮考察活动发车仪式。此次活动历时 1 个月，车队从上海出发后直奔京杭大运河的终点——杭州，然后途经浙江、江苏、山东、河北、天津等省市，在奥运会开幕前骑抵北京。考察团沿途在各个相关邮局制作和寄发集邮品，用集邮方式记录了全部活动路线和内容。

3. 举办奥运巡回邮展

以邮展的方式宣传奥林匹克精神是集邮人特有的方式。从北京申办奥运成功到奥运会成功举办，全国各地集邮界多次举办不同规模、不同形式的以奥运为主题的邮展，抒发集邮者对在中国举办奥运会的喜悦心情。

2001 年 2 月 22 日，全国集邮联与北京 2008 年奥运会申办委员会在北京中华世纪

“为北京奥运喝彩”自行车骑旅集邮考察活动

坛举办的“奥运百年集邮展览”开幕，展品汇集了北京市体育和传统文化等方面题材的优秀邮集。

2004年4月16—18日，北京市集邮协会在北京当代商城举办“情系2008——当代奥运邮品展”，展出了由北京集邮者涂越明提供的《百年圆梦》展品30余框。这部大型开放类展品由4500余件与奥运会相关的集邮素材和非集邮素材组成，分为5个部分：奥运会历史、奥运会梦想、参加奥运会、申办奥运会、奥运会圆梦。有近万人参观了该邮展。为了让更多的北京市民了解、关心和支持奥运，普及集邮知识，北京市邮政公司和市集邮协会等单位于2008年5月17—26日在郊区10个区、县举办了“北京市迎奥运巡回邮展”。

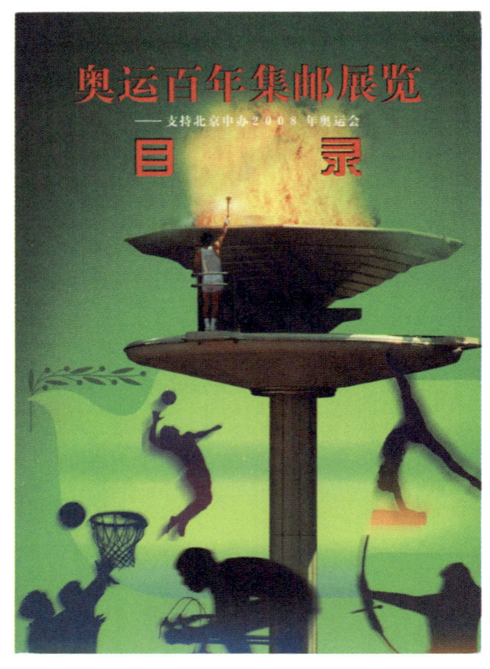

奥运百年集邮展览目录

2008年9月3日，杭州市残疾人集邮协会举办“喜迎残奥　放飞梦想——杭州市残疾人第三届邮展”。展出的40部邮集中，既有表现残疾健儿拼搏的邮集，也有反映残疾人自强不息精神的邮集，还有以2008北京奥运会及抗震救灾为题材编组的邮集，是杭州市残疾人集邮协会举办的规模最大、水平最高的一次邮展。

4. 举办首届奥林匹克博览会

2008年8月8—18日，由国际奥委会、北京奥组委、中国奥委会、中国邮政集团公司共同主办，中国邮政集团公司承办的以“传承奥运 激情北京”为主题的北京2008年奥林匹克博览会在北京展览馆隆重举行。作为首届奥博会，通过奥林匹克集邮、钱币、徽章、艺术品等多种收藏形式，使人们真正感受国际奥林匹克运动坚持友谊、团结、和平和友好的理念，以及更快、更高、更强的奥林匹克精神。展品包括：国际奥委会藏品展（包括萨马兰奇邮集、钱币展）、中国邮政邮票博物馆世界奥林匹克邮票专题展、中国钱币博物馆奥林匹克专题展、国际集邮家奥林匹克专题集邮展、国际奥林匹克纪念品收藏展、国际奥林匹克艺术品收藏展。本届奥博会期间，组委会设立了5个主题日：媒体日（8月9日）、青少年日（8月11日）、集邮日（8月13日）、文化日（8月15日）、志愿者日（8月17日），在现场分别举办了相关活动。

5. 积极参与奥运火炬传递活动

北京奥运会圣火在澳门传递后，于2008年5月4日抵达海南省，开始在境内为期97天的传递。整个传递活动途经113个城市和地区，总里程为4万公里，平均每天的行程为425公里。奥运圣火会传遍

北京 2008 年奥林匹克博览会集邮活动日

涂越明传递奥运火炬

辽阔的中华大地，并抵达世界最高峰——珠穆朗玛峰，最终于 2008 年 8 月 8 日到达北京奥运会开幕式会场，点燃奥运会主火炬。奥运火炬所到之处，各地邮政部门和广大集邮者纷纷用集邮方式，记录下这个难忘的时刻。

北京集邮者涂越明 1980 年开始集邮，主要收集体育和奥林匹克运动会邮品，并与国际奥委会主席萨马兰奇结下深厚的友谊。在 2004 年雅典奥运会火炬在中国境内传递时，他发现火炬手中没有一个是集邮者。因此，他萌生了一个想法，力争担当北京奥运会的火炬传递手，为中国集邮界争得荣誉，并为此做出不懈的努力。2008 年 8 月 3 日，涂越明如愿以偿地以集邮爱好者的身份被推介为北京奥运火炬传递手。2008 年 8 月 6 日中午，涂越明有幸成为北京地区第 259 棒火炬手，在石景山地区进行了传递活动。

三、最佳邮票评选活动影响力扩大

全国最佳邮票评选是参与人数最多的一项集邮活动，对普及集邮知识、提高研究鉴赏能力，促进邮票选题、设计、印制水平的提高发挥了积极作用。为了使这项活动的生命力更长久，主办方尽可能让这项活动产生创新和变化。

1. 评选方式不断变化

与 20 世纪 90 年代相比，2000—2009 年间参与全国最佳邮票评选的人数呈现递减的态势。投票最多的年份是 2000 年，共有 40 万人参与；投票最少的年份是 2003 年，只有 14 万人参与，其他年份基本维持在 10 多万至 30 多万张。1981 年第 1 届至 2006 年第 26 届全国最佳邮票评选，一直使用无固定格式、无邮资的选票。从 2004 年第 24 届起，主办方采用专用明信片选票。这种选票上印有生肖动物图案，而且与当年生肖相对应；明信片上还预印了收件人地址，更方便了投票者。此外，主办方还会将选中的选票，寄回给投票者，让投票者获得一件具有收藏意义的邮品。从 2007 年第 27 届起，选票再次发生变化，改为专用邮资图普通邮资明信片，选票采取出售的方式。这种选票既可用于投选佳邮，又可以作为邮政用品进行收藏。如果投票者中选，主办方同样会把选票寄回给投票者，丰富投票者的收藏。这种举动深得集邮者的欢迎。

自 1993 年的第 13 届全国最佳邮票评选起，评选奖项中增设了“专家奖”。从 2007 年第 27 届起，专家奖改称“最佳设计”奖，与“最佳印刷”奖并列，成为固定的专家评审项目；原评选中的“最佳”“优秀 1”“优秀 2”3 个奖项的产生方式，改为从全年纪、特邮票中评选出 1 套最佳邮票，得票数列第二、第三名的 2 套邮票自然当选优秀邮票。自第 27 届评选活动起，设立了“评委席”，由若干名评委投票选出“最佳设计”和“最佳印刷”奖项。生肖题材的邮票是集邮者喜闻乐见的集邮品，当中国邮政发行的第二轮生肖邮票结束后，2003 年的评选活动增加了“第二轮生肖邮票奖”。此外，为了使评选结果更加公正，避免投票者为得到纪念品而违心投票，主办方自第 29 届评选活动起，将评选结果与纪念品脱钩，是否获得奖品由主办方抽签决定，明信片选票的获奖概率为 50%。

网络为中国集邮注入了活力，这一点也体现在佳邮评选活动中。2009 年第 29 届评选活动增加了网络投票的方式，投票在指定的湖北集邮网进行。这届评选活动网络投票与传统投票同步进行，共收到有效选票 28 万张（含网络投票），是进入新世纪以来收到选票最多的一届，其中，传统投仍按原方式出售选票，网络投票免费进行，且一个身份证号最多可投票 5 次。以明信片投票者中奖后即可获赠 1 枚评选纪念张和自己经实寄投出的选票；网络投票者的所有有效选票，均可参加第 29 届全国佳邮评选的电脑随机抽奖，从总有效票中随机产生 10% 的中奖者。这一变化对充分利用网络资源优势，扩大全国佳邮评选活动的成效产生了显著的影响，也促进了青少年参加佳邮评选活动。

第 27 届全国最佳邮票评选明信片选票

第 29 届全国最佳邮票评选网络投票启动仪式

2. 全国集邮联牵头主办评选活动

自 2003 年举办的第 23 届最佳邮票评选活动起，“全国最佳邮票评选委员会”成立，突显了此项活动的专业性和权威性。同时，由原来人民邮电出版社牵头主办，改由中华全国集邮联合会牵头主办。

为了吸引广大集邮者的参与热情，主办方从 6 万多张中选的选票中，抽出 10 名幸运者，由主办方承担费用到泰国参观“曼谷’2003 世界集邮展览”。这项举措也是最具有吸引力的。

由全国集邮联组织的“曼谷邮展参观团”包含了 10 名中奖的幸运者，于 2003 年 10 月 10 日到达曼谷国际会展中心邮展现场。全国集邮联副会长兼秘书长刘佳维在展场热情接待了 10 位中奖的幸运者，亲切地向他们表示祝贺，鼓励他们回国后更好地集邮，在集邮活动中发挥积极作用。他还向每位幸运者赠送了一枚泰国邮政为这次邮展发行的小全张。各位幸运者利用这次难得的机会，认真观摩获奖展品，还抽出时间浏览邮品展销厅，寄发纪念封等邮品。此后，这种奖励方式继续被该项活动采用，如 2004 年，“集邮之旅”赴新加坡参观了当年的世界邮展。

从 2004 年第 24 届评选活动起，主办方对组织选票销售超过 1 万枚以上的省份和承办颁奖活动的省份，授予组织奖，获奖省份可选派一名代表参加“集邮之旅”的活动。此外，主办方还会在中奖者中另抽取百余名一、二等奖，奖励不同邮品。

第 27 届全国邮票评选活动又有创新，中国邮政在颁奖时发行一枚“全国最佳邮票评选获奖邮票纪念张”，选用了 2006-25《中国工农红军长征胜利七十周年》纪念邮票为图案。此后，这种以获奖邮票为主图的纪念张持续发行。

第 27 届全国最佳邮票评选获奖邮票纪念张

3. 颁奖活动的变化

颁奖活动是全国最佳邮票评选活动的重头戏，也是集邮者的一个节日，其中也蕴藏着商机。因此，各地邮政部门不仅积极申办颁奖活动，还尽量综合利用颁奖活动这一平台使其产生更为丰富的效益。

2000—2010 年，佳邮评选颁奖活动继续采取各省市轮流承办的原则。第 20—30 届佳邮评选颁奖活动有 4 次是由省会城市以外的城市承办的，其余均在直辖市或省会市举办。这些城市依次为南昌市、北京市、北京市、江苏省高邮市、昆明市、武汉市、太原市、河南省洛阳市、山东省潍坊市、银川市、河北省邯郸市。各地牢牢抓住举办颁奖活动的契机，开展多种集邮活动和集邮经营。

中华全国集邮联合会牵头主办佳邮评选活动后，就将颁奖活动安排在江苏省高邮市。高邮是全国县（市）中，唯一地名带有“邮”字的城市，其寓意深远。第 23 届佳邮评选颁奖晚会的主题为“相聚在高邮”，突出了地方特色，由中央电视台文艺部副主任刘铁民执导，中央电视台第三套节目对晚会进行了 100 分钟的实况转播。

此后，富有地方文化色彩的颁奖晚会主题不断涌现，其中第 24 届颁奖晚会的主题为“情牵彩云南”，第 26 届颁奖晚会的主题为“方寸世界　魅力太原”，第 28 届颁奖晚会的主题为“儒风泰山之夜”；第 30 届颁奖晚会的主题为“成语之乡 魅力邯郸”等。

进入 21 世纪后，颁奖活动内容已不再是初期单纯的评选活动，承办城市更加注重活动的综合性。除了举办高规格的颁奖仪式外，还有文艺演出、集邮展览、集邮知识竞赛、邮品展销、邮品交换等。

2000 年的第 20 届佳邮颁奖活动在南昌举行。主要内容包括开幕式、幸运摇奖、“千年方寸情”颁奖音乐会、“展望新世纪”少年儿童邮票设计比赛及展览、集邮学术报告会、邮品拍卖、集邮展览、邮品销售

第 24 届最佳邮票评选颁奖晚会

等。与前 19 届佳邮评选颁奖活动相比，这一届的内容更为丰富。

第 25 届全国最佳邮票评选颁奖大会

第 26 届佳邮评选颁奖活动于 2006 年 6 月 30 日在山西省太原市举行。与此同时，“光辉的历程——纪念中国共产党成立 85 周年太原 2006 第 11 届中华全国集邮展览”也于 6 月 30 日至 7 月 4 日在太原举行。这是佳邮评选活动首次与全国集邮联主办的综合性集邮展览同步举行。

第 28 届佳邮评选颁奖活动于 2008 年 4 月 20 日在山东省潍坊市举行。与此同时，“潍坊 2008 第 12 届中华全国集邮展览”也于 2008 年 4 月 19—21 日在该市举行。这是佳邮评选活动第二次与全国集邮联主办的综合性集邮展览同步举行。在本届佳邮评选颁奖活动期间，还举办了第 25 届潍坊国际风筝会开幕式，充分展现出潍坊市的人文地理、集邮文化和世界风筝之都的魅力。

4．评选活动的促进作用

最佳邮票评选活动促进了中国邮票选题、设计和印制水平的提高。这一点体现在中国邮票在国际政府间邮票印制业者大会上获奖次数和奖项的增加。由王虎鸣设计的《古代金面罩头像》特种邮票获得第9届政府间邮票印制业者大会最佳凹（影写）版印刷奖；由王虎鸣设计的《民间传说——梁山伯与祝英台》小本票获得第10届政府间邮票印制业者大会最佳创新奖；由郝旭东设计的《祖国边陲风光·呼伦贝尔草原》特种邮票获得第11届政府间邮票印制业者大会最佳凹印奖，由王虎鸣设计的《鸡血石印》特种邮票获得最佳胶印奖。

在第13届政府间邮票印制者大会上，中国邮票一举获得3个奖项：由李群设计的《国家图书馆·古籍馆》特种邮票获得最佳影写版奖；由曾孝廉设计的《中国鸟》特种邮票获得最佳连票奖；由王虎鸣设计的《唐诗三百首》特种邮票获得最佳创新奖。

王虎鸣

王虎鸣生于1962年，内蒙古人，1987年毕业于中央工艺美院装潢设计系，2001—2002年在清华大学美术学院研修班学习，现为中国邮政集团公司邮票印制局主任设计师、副总设计师，中国首届设计业十大杰出青年，享受国务院政府特殊津贴。1987以来先后设计邮票100余套，其中《韩熙载夜宴图》《文房四宝》《唐诗三百首》等多套邮票在国际、国内举行的评选活动中获奖。

四、集邮界奉献爱心活动

全国各地的广大集邮者在国家或地方突发灾难性事件的时刻、在身边的邮友需要帮助的时候，他们总是在第一时间挺身而出，积极捐款捐物，展示出大爱无疆的宽广胸怀，使集邮界乃至全社会都充满了爱的温情。

1. 积极为抗击“非典”奉献力量

2003年年初，人类前所未有的传染病——非典型性肺炎（学名“SARS”，俗称“非典”）瘟疫在中国各地蔓延，并扩散至东南亚乃至全球。直至2003年年中，这场疫情才被逐渐消灭。在这段时期，中国举国上下都投入到抗击“非典”的战斗中。

中国邮政于2003年5月19日发行了特4–2003《万众一心 抗击“非典”》邮票一套1枚，以此形式表达对战斗在抗击“非典”一线的“白衣战士”的崇高敬意和全国50万邮政职工的爱国情怀。5月19日，在北京举行的《万众一心 抗击“非典”》特种邮票的首发式上，国家邮政局将邮政部门捐赠的500万元现金支票交给卫生部。与此同时，价值500万元人民币的邮票和邮品，也由各省（自治区、直辖市）邮政局分别赠送当地卫生厅、局，作为广大医务工作者参加抗击“非典”战斗的珍贵纪念。

邮票发行当天，各省（自治区、直辖市）邮政局纷纷举行首发式并向本地抗击“非典”的白衣战士表达崇高的敬意。北京百余名集邮者早早地来到北京市邮票公司营业部门外，等待购买此套邮票。为配合此套邮票发行，邮票公司举行了“与你同心”为主题的邮品签售活动，并为此独立编号、印制了“与你同心”特种封一枚，还将其中一部分邮品赠送给首都防治“非典”的医护工作者，献上对“白衣天使”的慰问与祝福。《万众一心 抗击“非典”》邮票发行后，北京市东区邮票公司也及时为战斗在一线的医护人员送上了首日封。在上海集邮大楼举行的邮票首发式上，前来购买邮票的集邮者排起了近百米的“长龙”，其中很多人清晨就来排队等候。上海市集邮公司特印制了相关纪念封并刻制纪念戳，不少集邮者现场以上海收治“非典”医院的公函封自制邮品。在江西省邮政局门前的邮票首发式上，举行了江西邮政部门支援抗“非典”斗争捐赠仪式，江西省邮政向省卫生厅现场捐赠11000件邮品，总价值11万元。甘肃、河南、陕西、天津、辽宁等省（市）邮政局，都向本地卫生部门捐赠了数量不等的《万众一心 抗击“非典”》邮票及相关邮品，表达了中国邮政对坚守抗击“非典”一线的医护人员的崇高敬意。2003年6月24日下午3时，世界卫生组织宣布对前往北京旅行和“SARS”疫区的“双解除”，北京市人民迎来了抗击“非典”的最后胜利。作为“非典”定点医院之一的北京中日友好医院，其医院集邮协会的63名会员中，有53名参加了抗击“非典”的战斗，直接奋战在一线的医护人员有12人，其中6名护士荣登《北京晚报》“阻击‘非典’护士英雄榜”。

《万众一心 抗击非典》邮票全张

上海市《万众一心 抗击非典》邮票捐赠仪式

2. 为自然灾害地区奉献爱心

2008年5月12日，四川汶川发生里氏8级的强烈地震，造成惨重人员伤亡和财产损失。面对地震灾难，为响应党中央、国务院抗震救灾的号召，进一步向地震灾区提供社会援助，中国邮政于5月20日特发行《抗震救灾 众志成城》附捐邮票一套1枚，并决定将此套邮票的全部邮资收入1560万元和附捐款1300万元，共计2860万元通过民政部门捐赠给地震灾区。

汶川地震发生后，中华全国集邮联合会立即在《中国集邮报》发出倡议，并公布爱心账号，希望广大集邮者向地震灾区人民伸出援手，踊跃捐款。至6月中旬，全国集邮联爱心账号共接收到全国各地近百名集邮者的爱心捐款4万余元。全国各地集邮组织和广大集邮者纷纷响应倡议，立即投入到抗震救灾、奉献爱心的队伍之中。他们采取不同方式，通过不同渠道，向地震灾区捐款总额达110万元。《中国集邮报》及时设立了“爱心榜”，对捐款的集邮者表示感谢。

北京市老年集邮会会员针对赈灾的捐款达到了10万元。北京市朝阳区集邮协会在举办“社区一家亲”抗震救灾邮展的同时，还举办了邮品义卖活动，共得善款4331元。上海市专题集邮研究会举行邮品义拍活动，共筹得善款3500多元。江苏南通市集邮协会在全市范围内广泛征集义卖邮品，并联络出品人和拍品人。上海储能中学和上海中小学集邮研究中心联合举行了生肖集邮书法作品义拍会，募集了54000多元。在广州大学城大学生邮局的号召组织下，大学城各高校集邮协会纷纷踊跃捐款，至5月18日，共筹得善款1629元，捐给灾区。

5月14日一早，一场抗震义捐活动在上海卢工邮市大厅内举行。至当天中午，

广西壮族自治区集邮协会抗震救灾邮品义卖活动

共有 325 人次捐出善款 126640 元。午后，不少邮商还去献血站献血，再次奉献爱心。北京万家马甸邮市的商户也积极向灾区捐款，到 5 月 16 日中午，他们通过各种渠道捐款的数额有 125672 元。在武汉收藏品市场、湖北省收藏家协会等单位联合举办捐赠活动中，社会各界人士 100 多人参加捐赠，共收到捐赠款 15630 元。

为缅怀在汶川大地震中遇难的同胞，鼓舞灾区人民，增强民族凝聚力，在外交部集邮协会的组织策划下，我国 160 多位驻外使节及外国政要、国际友人于 2009 年 5 月 12 日从他们所在的不同国家和地区，向四川省汶川县映秀镇 5 · 12 信箱寄出由他们亲笔题词和签名、并加盖驻在国邮局 5 月 12 日邮戳的纪念实寄封，以铭记这一举世震惊、给我国带来巨大生命、财产损失的特大地震。外交部集邮协会于 2009 年 4 月开始组织策划这项活动，我驻外使馆对此积极响应。四川映秀镇 5 · 12 信箱共收到了来自世界五大洲 160 多个国家（地区）的 400 多个实寄封。此项活动彰显了中华民族四海一心、大爱无疆的传统美德，也表达了外交官们与灾区人民血肉相连的感情。

自 2009 年秋季以来，广西部分市、县遭遇了百年不遇的特大干旱，灾情持续加重，导致大面积人畜饮水困难，农作物减产，给人民群众的生活及当地经济发展造成严重影响。由广西壮族自治区集邮协会向全自治区广大集邮协会会员和集邮爱好者发出号召，为受灾地区献爱心。集邮协会发出邮品义卖号召后，很多会员和集邮爱好者将自己珍藏多年的票品捐赠出来。2010 年 4 月 10 日，广西壮族自治区集邮协会举行了“全区抗旱救灾集邮票品义卖活动”，并与自治区红十字会在现场开展募捐活动。此次集邮票品义卖和募捐共筹得款项 13930 元，其中集邮票品义卖款为 12090 元，募捐款为 1840 元。广西集邮界以实际行动表达了对灾区的关心和帮助。

2010 年 4 月 14 日，青海省玉树藏族自治州玉树市发生 7.1 级地震，此后余震不断，造成大量人员伤亡和房屋倒塌。青海玉树地震发生后，引起了集邮爱好者的广泛关注，集邮爱好者纷纷慷慨解囊捐款捐物，奉献爱心。各地集邮协会因势利导，倡议开展捐助邮品、爱心义卖、现场竞拍等活动来筹集善款，支援灾区同胞。2010 年 4 月 24 日，江苏沭阳红十字会、沭阳集邮协会联合举办了“大爱无疆 情系玉树——抗震赈灾集邮品义卖活动”，广大集邮爱好者和市民纷纷前来认购邮品，捐献一份爱心。还有集邮协会会员主动献出藏品。仅上午 3 个小时，就募集到捐款 5.1 万元，此款全部用于玉树抗震救灾。

3. 向国家捐赠珍藏邮品

武汉市邮政局退休干部姜士楚，将其收藏多年的《华中人民邮政》邮集无偿捐献给中国邮票博物馆。该邮集共有 48 个贴片，包括各种邮票、相关文件资料原件和实寄封等。国家邮政局对他的爱国精神极为赞赏，在 2000 年 8 月 1 日举办的纪念中国人民革命战争时期邮票发行 70 周年邮展（北京）开幕式上，向姜士楚颁发了捐赠证书，并展出了该邮集。姜士楚表示，把邮集捐献给国家，可以充实华中区的邮票史料，为国家提供一份完整的华中区邮票藏品。2001 年 5 月 15 日，86 岁的姜士楚向武汉市革命博物馆捐出了自己收藏的武汉解放后发行的第一套华中区邮票和第一套《武汉解放纪念》邮票。

浙江省作家协会副研究员张雄，于2003年11月22日向中国邮票博物馆捐赠了保存多年的4枚早期“民信局”实寄封。捐赠仪式在四川绵阳王子大酒店举行。张雄集邮受张包子俊、居洽群等老集邮家多年教诲，他认为：“邮品如果放在自己手中，只能自己欣赏，而捐赠给国家会发挥更大的作用。”

2009年12月12日，北京原地集邮研究会副会长何欣将自己珍藏的多件原地邮品捐献给南京中山陵管理局孙中山纪念馆。在这批邮品中，《孙总理国葬纪念邮票》原地封是中国早期原地邮品中的少见品。这些邮品不仅具有较高的集邮价值，而且具有一定的文物价值。

何欣向南京孙中山纪念馆捐赠邮品

五、各地举办主题鲜明的集邮活动

进入21世纪后，党和国家以及地方的大事频繁，各地集邮组织抓住这一机遇，联合当地党政部门开展了各种形式且颇具特色的集邮活动，彰显了集邮文化的特殊魅力，为繁荣社会主义先进文化，付出了积极的努力，并取得了显著成效。

1. 配合党和国家大事举办的集邮活动

富有中国特色的集邮活动主要体现在将集邮文化融入社会大文化之中。在不同的历史时期，集邮活动总能与社会大文化并行，这是中国集邮界多年来引以为豪的事。

（1）庆祝中国共产党成立80周年活动

2001年是中国共产党成立80周年，各地集邮组织联合当地党政有关部门纷纷举办了不同形式的集邮活动，纪念这一历史性时刻。

共青团安徽省委、安徽省教育厅、省邮政局和安徽省集邮协会联合举办校园集邮巡回展览，分别在合肥工业大学、安徽师范大学、滁州师范专科学校、蚌埠医学院、淮北职业技术学院、阜阳师范学院等院校展出。参展邮集从不角度歌颂了中国共产党的光辉历程和社会主义建设成就。

浙江省邮政局、嘉兴市纪念建党80周年活动组委会、浙江省集邮协会联合举办了集邮展览，同时还举办了学术报告会、青少年集邮讲座、邮识竞赛、演讲比赛等活动。浙江省集邮协会、省教育厅和共青团浙江省委联合举办青少年集邮征文比赛，对全省广大青少年进行了一次生动的爱国主义和革命传统教育。

河南省集邮协会开展的“党在我心中”集邮小报竞赛活动，由学生自己动手，编辑制作一份主题鲜明、形式新颖的集邮小报，全省共收到作品近2万份。河北省委宣传部与省邮政局举办邮展，邮集从不同角度生动再现了中国共产党成立80年来发展壮大的光辉历程和老一辈革命家的丰功伟绩，展示了社会主义建设取得的伟大成就。

上海市纪念中国共产党成立 80 周年集邮展览

（2）毛泽东同志诞辰 110 周年纪念活动

2003 年 12 月 26 日是毛泽东诞辰 110 周年纪念日，全国各地集邮组织纷纷采取各种形式举办集邮活动，缅怀毛泽东的丰功伟绩。湖南省湘潭市委宣传部、市邮政局、市集邮协会隆重举行“纪念毛泽东同志诞辰 110 周年”大型邮展。毛泽东的儿媳邵华、孙子毛新宇等出席了开幕式，并为邮展剪彩。此次邮展展出了 26 部 110 框反映毛泽东光辉一生和丰功伟绩的邮集，吸引了来自全国各地的游客和集邮者观看。邵华参观完邮展后激动地说：“韶山是毛主席的家乡，也是毛主席青少年时期生活、学习、劳动和早期从事革命活动的地方。毛泽东同志诞辰 110 周年之际，在他的家乡韶山举办这种大型集邮展览非常有意义。”

在此期间，陕西、福建、浙江、甘肃、辽宁、上海、北京、山西、安徽、重庆、江西、陕西、河北、天津、河南、江苏、湖北等省（自治区、直辖市）集邮协会以及相关省的基层集邮协会，分别以邮展、集邮讲座、集邮研讨会等形式举办了纪念毛泽东诞辰 110 周年集邮活动。

安徽芜湖纪念毛泽东诞辰 110 周年邮票展览

（3）纪念抗战胜利 60 周年系列集邮活动

2005 年是中国人民抗日战争暨世界反法西斯战争胜利 60 周年。各地集邮组织相继举办了包括邮展、讲座、知识竞赛为内容的集邮活动，纪念这一特殊的日子。

国家邮政局、全国集邮联等单位在中

国邮票博物馆举行《中国人民抗日战争暨世界反法西斯战争胜利六十周年》纪念邮票首发式，同时举办“正义的凯歌”专题邮展。邮展展出了 90 框，包括 2500 余枚邮票，30 多枚实寄封、纪念封、首日封，18 幅邮票设计原图，同时还展出中国人民解放战争时期的邮票石印版等珍贵文物。

国家邮政局、重庆市人民政府、重庆市邮政管理局等单位在重庆市三峡博物馆联合主办了大型主题邮展和《中国人民抗日战争暨世界反法西斯战争胜利 60 周年》纪念邮票首发式。邮展展出 36 部 168 框邮集，吸引了重庆市各区、县（市）数千名集邮者前来参观。

中国集邮总公司、中国邮票博物馆、陕西省集邮公司、西安市邮票公司、西安市集邮协会等单位在西安钟楼联合举办主题邮展，省内 10 个地市也同时举办了主题集邮活动。邮展期间，西安市邮票公司和市集邮协会召开主题座谈会，邀请抗日老战士以及革命烈士的亲属与西安市各界人士和集邮者进行座谈，为大家上了一堂生动的爱国主义教育课。

在此期间，山西、河北、浙江、黑龙江、湖南等省集邮协会，以及安徽、江苏、湖北、山西、江西、四川、广东、浙江、辽宁、福建、贵州、北京等省（直辖市）各基层集邮协会也举办了同主题邮展。

（4）庆祝中华人民共和国成立 60 周年活动

2009 年，中华人民共和国迎来成立 60 周年华诞。各地集邮组织纷纷举办以讴歌新中国建设成就为主题的邮展，广大集邮者爱好者积极参与，通过精心制作的邮集抒发对祖国深爱的情怀，扩大了集邮活动在社会上影响。

由上海市总工会等单位主办，市邮政公司、市集邮协会承办的“庆祝中华人民

黑龙江省纪念中国人民抗日战争暨世界反法西斯战争胜利 60 周年邮展

共和国成立60周年　迎接中国2010年上海世博会集邮展览”在此期间举行。展览内容涵盖了FIP邮展全部的11个类别，共展出365部756框展品。本次邮展在国庆长假期间开设了“青少年书信文化日”“集邮讲座日”“集邮论坛暨‘我最喜爱的纪念封’评选日”3个主题活动日，吸引了大批集邮者和青少年学生参与。

由江西省集邮协会主办、全省各市集邮协会承办的以“祖国万岁”为主题的集邮巡回展览分别在九江、上饶、新余、抚州、吉安、南昌、瑞金等地举行。巡展所到之处，都得到当地邮政局和集邮协会的重视，并把巡展纳入到当地2009年的重大活动之一。九江市的邮展设在人流量较大的市图书馆，与《唐诗三百首》邮票首发式同时举办，人气大增；瑞金市的邮展配合《中华人民共和国成立六十周年》邮票首发式举办，使整个活动显得隆重而热烈。

此外，北京、黑龙江、安徽、福建、浙江、甘肃、重庆、辽宁、河南、陕西、云南，以及全国公安等省级集邮协会和部分省（自治区、直辖市）的基层集邮协会都举办了规模不等的集邮活动。

庆祝中华人民共和国成立60周年邮票展览在香港举办

（5）庆祝中国人民解放军建军80周年活动

2007年，中国人民解放军迎来建军80周年，中国邮政于8月1日发行了《中国人民解放军建军八十周年》纪念邮票，各地邮政部门纷纷举行邮票首发式和各类集邮活动，庆祝这一光辉的纪念日。中国邮政集团公司、陕西省邮政管理局、陕西省邮政公司在西安大雁塔举行了邮票首发式，还邀请了参加过抗日战争和解放战争的老八路和老战士参加。辽宁省大连市的邮票首发式在老虎滩干休所举行，同时举办了邮展，把集邮活动和邮展送到军营里，受到了官兵的欢迎和称赞。江西省人民政府、中国邮政集团公司和江西省军区联合在南昌八一起义纪念馆和新落成的陈列大楼广场举行首发式，并同时举办全省邮展。

举行这套邮票首发式并举办邮展或巡回邮展的还有：甘肃、上海、天津、湖南、内蒙古、辽宁、浙江、湖北、吉林、河北等地集邮协会。

2. 举办富有特色的集邮活动

2000—2009年，国内大事、要事频繁，各地集邮活动大都围绕着这些重要事件开展。在这个时期，集邮活动从原来的单独举办，转变为与邮政部门协同举办，使活动的综合性和社会效益得到加强。

为迎接中国2009世界集邮展览，国家邮政局、中国邮政集团公司、中国2009世界邮展执委会、全国集邮联共同主办了“华诞六十·邮情天下”巡邮活动。此次巡邮活动从2008年11月3日到2009年4月1日，相继在河南、江苏、广东、黑龙江、青海、甘肃、陕西、山西、内蒙古、贵州、重庆、北京、海南、安徽、山东、河北、天津、宁夏、浙江、福建、江西、湖南、辽宁、吉林、湖北、上海、四川、新疆等28个省（自治区、直辖市）的60个城市以及香港特别行政区进行，行程8.3万公里，直接参与人数达8万人。各地巡邮活动的主要内容包括：国际集邮联合会会旗展示、赠送国际集邮联合会会旗模型、中国2009世界邮展特制巨型纪念封签字、集邮文化使者讲集邮、邮展等。本次巡邮活动地域之广、举办城市之多、影响范围之大、持续时间之长、宣传声势之大，在世界邮展史上史无前例。

由全国集邮联主办的“四达杯”集邮情文化交流活动于2001年7月29日在北京启程，在河北、山西、陕西、甘肃等地进行了为期10天的集文化交流活动。8月29日至9月9日，报告团再次启程，首先在哈尔滨举行报告会，然后赴上海、浙江、安徽等地进行集邮文化交流活动。此次活动报告团成员由邮票设计家、集邮家、喜爱集邮的作家、邮品经营者、行业集邮协会和青少年集邮代表组成。活动内容包括集邮报告会、集邮联谊交流活动、随团记者实地采访等。报告团共在9个省市进行了集邮文化交流活动，行程1万多公里，听众达5000余人。报告团所到之处，都成为当地集邮界和新闻媒体关注的热点。

2003年8月27日，在全国集邮联五届三次常务理事会上，决定授予高邮市“中国集邮之乡”称号。8月28日，第二届中国邮文化节在高邮揭幕，“中国集邮之乡”的授牌仪式和盂城驿成为全国邮政系统爱国主义教育基地的授牌仪式同时举行。2007年10月18日，第四届中国邮文化节

“华诞六十·邮情天下”巡邮活动安徽合肥站

在江苏高邮邮都文化广场隆重开幕。本届文化节围绕“弘扬邮文化、引进大项目、展示新形象”的主题展开。为期两天的活动还举办了“庆十七大，迎奥运会”邮展，以及文献集邮研究会、中华集邮文献馆、《文献集邮》杂志社挂牌仪式等系列活动，以及“邮人绘邮”、名家现场绘邮、“邮文化与邮产业发展”高层论坛等活动也为邮文化节添彩。

“中国集邮之乡”授牌仪式

各地集邮协会，配合党政部门参与本地区的重大活动，与文化、体育等机构合作，联合举办富有地方和民族特色的主题集邮活动，扩大了集邮的社会影响力。2002 年 7 月至 8 月，云南省第十一届运动会在楚雄彝族自治州举办，以迎接“省运会”、欢庆“火把节”为主题的集邮展览与国际书画邀请展同期开幕，成为内涵丰富的文化盛会。

六、青少年集邮活动的新趋势

2000—2009 年，全国青少年集邮活动进入了一个快速发展时期。全国集邮联采取得力措施，各地集邮协会积极响应，使各地青少年集邮活动呈现出令人欣喜的局面，为中国集邮的人才储备打下较好的基础。

欢庆火把节邮展开幕式

1. 建立青少年集邮活动示范基地

为不断巩固和发展我国青少年集邮工作的成果，全国集邮联于2002年发出通知，将对常年坚持开展青少年集邮活动并取得显著成效的先进单位（包括学校、青少年宫等）授予“全国青少年集邮活动示范基地”称号。

2003年10月28—30日，由全国集邮联组织工作部和全国青少年集邮工作委员会顾问组成的评审小组，对各省级集邮协会推荐的100多份申报材料集中进行了审阅与评选，确定了首批95家全国青少年集邮活动示范基地单位名单，其中有小学、中学、中专和大学，还有青年宫、少年宫和市、区、县的青少年集邮组织。这些单位不仅做到了活动经常化、制度化，且工作不断创新。

2005年6月21—23日，第二批全国青少年集邮活动示范基地评审工作在北京举行。有关领导和专家对全国29个省级集邮协会选送的基层单位材料进行了认真评审。106所学校被授予第二批“全国青少年集邮活动示范基地”称号。

第二批“示范基地”创建活动有几个突出特点：一是参评单位的面更宽了，包括各种大中小学、中等专业学校、职校及青少年宫等，遍布城乡和厂矿；二是参评单位的知名度更高了，他们中有来自省、地市级的重点学校及教育系统的重点实验学校，有当地的“明星学校”“十佳学校”“文明学校”等；三是参评单位的基础更牢固了，其中很多本身就是省、地市级的“示范基地”，在当地早已发挥着青少年集邮活动的示范作用。到2009年，全国青少年集邮活动示范基地共有201个。

全国集邮联关于建立青少年集邮活动示范基地的举措引起各省市集邮协会的高度重视，各地纷纷创建本地的青少年集邮活动示范基地，待条件成熟再向全国选送。

2. 校园集邮的新气象

这一时期，全国各地的校园集邮活动出现了新的面貌。无论是校园邮展、集邮

“湖南青少年集邮活动示范基地”授牌仪式

课程，还是编写集邮教材，都普遍重视了理论与实践相结合的探索，把集邮文化与校本知识更加紧密地结合起来。

江苏南通崇川区中小学生劳动与技术教育中心将集邮纳入劳动与技术教育的内容，成为该区实施九年义务教育课改的一个新举措。该中心聘请热心集邮事业的教师任教，专门设立集邮活动室，制订了有新意、大容量、能充分发挥学生自主学习能力的教学计划，为辖区内中小学生提供了学习集邮知识，开展集邮活动的良好条件。易家桥中学在集邮课教学过程中，采用《集邮常识读本》为主要教材，自编了补充教材，充分利用课堂教学，结合邮集欣赏、集邮知识竞赛、猜邮迷等活动。山西以许天合编撰的青少年集邮知识丛书之一《集邮常识读本》作为中小学课外活动的教材。

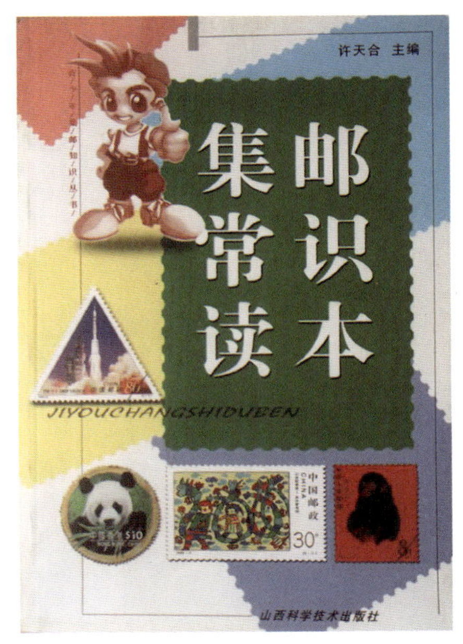

《集邮常识读本》

福建厦门金鸡亭小学于2002年正式启动集邮校本课程，对“开放式教育”进行探索与研究，集邮课正式进入该校1至6年级每一个班的课堂。中国香港特别行政区的一位集邮者寄来近千枚邮票赠送给该校，并表示将这些邮票分发给学生，使他们能够分享集邮的乐趣。该校的集邮课还受到海外友人的关注。2002年，两位美国友人写来热情洋溢的信，并寄来美国邮票。2004年2月，加拿大邮政总局官员J.菲利普斯一行对该校集邮校本课程的开发情况进行考察，并观看了该校举办的邮票设计比赛，对该校所开展的集邮活动给予了高度评价。2004年6月16日，国际集邮联合会主席许少全、亚洲集邮联合会主席苏拉吉一行来到金鸡亭小学，参观了学校的集邮文化走廊、集邮活动室，并接受了小记者的采访。

这一时期，开设集邮课的大专院校有清华大学、同济大学、吉林大学、河北农业大学、郑州大学、内蒙古农业大学、安徽工程科技学院、皖南医学院、河南大学、西华师范大学、沈阳东北大学、厦门大学漳州校区、西北大学、浙江大学、上海第二军医大学等。

福建省集邮协会于2001年开办了中小学集邮师资培训班。该培训班除了讲授邮识，还包括集邮教学实践交流等内容。除开设集邮基础教学课外，还举办集邮教学研讨、集邮教学大纲研讨和如何上好一堂集邮课的交流研讨。全省近百所中小学校的数百位老师参加了集邮辅导员培训，每期参加培训的人数都达80人以上。

南京市教育局中教处于2001年组建南京市中学生集邮活动中心，以加强对中学生集邮活动的管理。2002 年，他们又成立了南京市教师集邮协会，同时举办了南京市中学集邮活动辅导教师培训班，并陆续在一些学校开设集邮基础知识选修课，以加强学生的素质教育。

浙江省集邮协会举办全省青少年集邮辅导员培训班。来自省内各地学校的领导、集邮辅导老师及集邮协会专干参加了培训。培训内容包括：青少年集邮、开展青少年集邮活动方式、网络集邮、如何上好集邮课等方面的知识。

3. 举办各具特色的青少年集邮活动

这一时期，各地集邮组织更加注重青少年集邮夏令营内容的创新，使之成为吸引广大青少年踊跃参加的集邮活动之一，为这项传统的青少年集邮活动注入了新的活力。

2004 年以“致 2008 年北京奥运会的一封信”为主题，举办了第一届全国少年儿童书信写作比赛。共收到全国 27 个省、自治区、直辖市少年儿童的 1800 万封来信，充分显示出传统书信的魅力所在。

福建厦门市教委、市集邮协会于 2005 年 7 月 23 日举办海峡两岸中学生集邮夏令营。内容包括邮票鉴赏、邮集制作、邮政史和集邮基础知识集邮讲座，校园集邮活动交流与讨论等。来自金门和厦门的 40 名小营员参加了此次夏令营活动。两岸中学生进行集邮知识交流，开展与厦门邮票主题相关原地的采风活动，通过活动，使学生们学到了更多集邮方面的知识。

共青团郑州市委、郑州市邮局、市集邮协会、郑州经济广播电台等单位于 2004 年分批举办了郑州市青少年集邮夏令营这

湖南湘西州第二届校园集邮巡回展览

一大型社会公益活动。该夏令营面对郑州市数万名中小学生，可自愿报名参加，而且不收费用。参加夏令营的学生共有3000多人，分为16个班。各期夏令营通过上午班和下午班两个半天学习集邮基础知识和参加贴片手工制作课，第三天两个班的学生一道进行参观和社会实践。小营员们在少年邮局参与社会实践，参观河南邮电印刷厂和邮政作业现场。

共青团中央、教育部、国家邮政局、全国少工委共同主办的第二届全国少年儿童书信写作比赛活动于2005年12月14日启动。此次活动以“爸爸、妈妈，我想对您说”为主题。在启动仪式上，主办单位为第一届活动的获奖者代表颁发了证书及奖品。

2009年4月11日是中国2009世界邮展的青少年活动日。当天，由全国60个城市选派的3600名7岁至14岁的少年儿童，在洛阳体育中心广场进行现场邮票设计绘画比赛。参赛选手按“河图洛书”布阵，摆成100个方队，列成河图、洛书两个方阵，场景十分壮观，展现了十三朝帝都洛阳深厚的文化底蕴。大赛组委会邀请有关专家，从画面表现的内容主旨、绘画技法的运用、构图的思路等方面，对作品进行认真评比，北京的王雯宁等10人获得特等奖，此外，还评出一等奖100名、二等奖300名。

共青团陕西省委、陕西省妇联、省邮政公司和省集邮协会于2009年6—10月开展以“我爱祖国”为主题内容的青少年集邮知识竞赛活动。竞赛以邮票所反映的各个时期党和国家的重大事件、重要人物，回忆、歌颂祖国60年的光辉历程，缅怀老一辈无产阶级革命家和革命烈士为主要内容，由省集邮协会牵头，团委、妇联、邮局共同组织，以青少年集邮活动示范基地

浙江德清清溪小学的集邮主题班会

为主，带动和辐射其他学校广泛参与。

进入 21 世纪后，全国各地纷纷开办少年邮局，从最初的沿海省份发展到内陆多个省份，从城市学校向乡镇学校深入拓展。至 2009 年，全国各地已成立 95 家少年邮局，其中有 87 家是在 2000 年以后成立的。

2009 年时值杭州西湖少年邮局成立 12 周年。全国集邮联青少年集邮工作委员会于 2 月 20—21 日在杭州市保俶塔实验学校举办第一届全国少年邮局联谊活动。在经验交流会上，代表们交流了各地少年邮局活动的经验，对少年邮局的开办形式，以及少年邮局对促进青少年素质教育的作用及成效等内容进行了交流。本次活动还发出了《建立全国少年邮局联谊会的倡议书》。15 个省（自治区、直辖市）的 26 个城市的少年邮局的辅导员、小局长，以及各地部分学校和集邮协会人员参加了此次活动。黑龙江、山西、河南、安徽、江苏、浙江、福建、广东等地的 19 家少年邮局在现场设立临时邮局提供邮政服务。

第一届全国少年邮局联谊活动

第四节　集邮交流在多层面开展

2000—2010年，中华全国集邮联合会与国际集邮联合会、亚洲集邮联合会的交流合作更加密切。中国集邮者通过走出国门，参观国际和世界集邮展览，开阔了眼界，促进了中国集邮水平的提高。进入新世纪的10年，集邮交流在形式上有所拓展和创新，体现出新世纪集邮交流中拓展、包容、合作等特点。

一、外事活动中的集邮交流

进入21世纪后，中国集邮界在对外交流方面的一个突出特点是，集邮活动延伸到国事活动中。以集邮为媒介的友好交流出现在很多国事活动中。特别是中国与各国领导人共同参加邮资票品的揭幕仪式，极大地提升了集邮活动的地位和影响力。

1．国家领导人为邮资票品揭幕

2000—2010年，中国集邮总公司外交封的发行进入了一个高峰期。在这段时期，正式发行的外交封有169枚。每逢新的外交封面世，外交部集邮协会和中国集邮总公司都会举行发行仪式，其中多次是由中国与外国领导人共同出席发行仪式并为纪念封揭幕和签名留念的。

为纪念中华人民共和国与丹麦王国建交50周年，中国集邮总公司与外交部集邮协会合作发行《中华人民共和国与丹麦王国建交50周年》纪念封1枚。中国人民对外友好协会和丹麦驻华大使馆于2000年5月11日在北京人民大会堂联合举行庆祝中国—丹麦建交50周年招待会。在招待会上，全国人民代表大会常务委员会副委员长王光英和丹麦首相波尔·尼鲁普·拉斯穆森夫妇为《中华人民共和国与丹麦王国建交50周年》纪念封揭幕。国家邮政局副局长刘安东向拉斯穆森首相赠送了50枚“中丹建交纪念封”。

为庆祝中国和尼日利亚建交30周年，中国人民对外友好协会和中国非洲人民友好协会于2001年2月9日在北京举行招待会。在招待会上，全国人民代表大会常务委员会副委员长布赫与尼日利亚驻华大使奥拉贡朱·阿德萨金共同为《中华人民共和国与尼日利亚联邦共和国建交30周年》纪念封揭幕，并在纪念封上签名。中国集邮总公司副总经理高山向尼日利亚驻华大使赠送了50枚“中尼建交纪念封”。尼日利亚驻华大使奥拉贡朱·阿德萨金在讲话中盛赞了中方发行的纪念封所表现出的对尼日利亚和非洲人民的友好情谊。

2002年12月19日，在北京人民大会堂举办了中国与澳大利亚、中国与新西兰建交30周年庆祝招待会。全国人大常委会委员长李鹏分别与澳大利亚驻华大使艾大伟、新西兰驻华大使麦康年一同为《中华人民共和国—澳大利亚建交三十周年》纪念封和《中华人民共和国—新西兰建交三十周年》纪念封揭幕。在招待会上，外交部副部长李肇星分别向艾大伟大使、麦康年大使各赠送了50枚“中澳建交纪念封”“中新建交纪念封”。李鹏委员长和夫人朱琳、李肇星副部长还在纪念封上签名留念。

李鹏与麦康年共同出席中新建交三十周年纪念封揭幕仪式

何鲁丽向西班牙王后赠送中西建交三十周年纪念封

2003 年 3 月 7 日晚，在北京钓鱼台国宾馆芳菲苑，隆重举行欢迎西班牙王后陛下访华暨中国与西班牙建交三十周年宴会。外交部领导乔宗淮和西班牙驻华大使布雷戈拉特为《中华人民共和国—西班牙建交三十周年》纪念封揭幕。全国人大常委会副委员长何鲁丽向西班牙王后赠送了“中西建交纪念封”，索菲亚王后在纪念封上签名。

2004 年 9 月 9 日，加蓬邮政发行的“中加建交三十周年”木质小型张揭幕仪式在北京钓鱼台国宾馆隆重举行。前来中国访问的加蓬共和国总统邦戈与中国国务委员唐家璇共同为小型张和相关纪念封揭幕。在揭幕仪式上，国家邮政局局长刘安东向邦戈总统交付了象征中加建交三十周年的 30 枚木质小型张绢质纪念封和 30 个木质小型张邮折。此套木质小型张共两枚，图案分别为中加两国国徽及两国领导人胡锦涛主席和邦戈总统，象征中加两国长盛不衰的友好合作关系和两国领导人及两国人民的真诚友谊。该木质小型张委托河南省邮电印刷厂印制。

阿富汗邮政发行由中国承印的《纪念中阿建交 50 周年》丝绸小型张于 2005 年 4 月 25 日在北京人民大会堂向公众展示。中国国家副主席曾庆红与来访的阿富汗副总统哈利利在会谈结束后共同为这枚丝绸小型张揭幕。阿富汗《纪念中阿建交 50 周年》丝绸小型张是在中国首枚以丝绸为材料印制的邮票，丝绸产自浙江湖州。小型张图案是经过艺术处理过的中阿两国国旗以及象征两国人民友谊的紧握的双手、中国长城和阿富汗古城堡等。小型张边纸上的图案有中国汉代纹饰和骆驼。上面还有“中华人民共和国—阿富汗伊斯兰共和国建交50周年”和“丝绸之路”字样。

2. 外国元首寄语双边集邮交流

2002年10月12日，中国与斯洛伐克联合发行的《亭台与城堡》特种邮票首发式在河北邯郸举行。中国国家邮政局局长马军胜和斯洛伐克驻中国大使皮特·保伦为《亭台与城堡》邮票揭幕。在首发式上，皮特·保伦大使宣读了斯洛伐克总统鲁道夫·舒斯特的贺信。贺信中说：“在中国与斯洛伐克这样友好国家和民族的生活中，总会有情绪高昂的时候，让我们意识到我们两国团结的感召力和力量。我个人认为，这次美好的邮票首发式就是这样一个时刻。”斯洛伐克《亭台与城堡》邮票首发式同一天在斯洛伐克西部的博伊尼采城堡举行，斯洛伐克邮政总局局长多布罗特卡、中国邮政代表团团长盛汇萍、中国驻斯洛伐克大使苑桂森出席了首发式。中国和斯洛伐克集邮者分别在本国参加了邮票首发式，并且踊跃购买相关集邮品。

《亭台与城堡》邮票

2003年是中国和柬埔寨建交45周年。为此，柬埔寨邮政部门发行了一套2枚纪念邮票，图案分别是柬埔寨吴哥窟和中国长城。中国集邮总公司与外交部集邮协会合作发行的《中华人民共和国—柬埔寨王国建交45周年》纪念封贴的就是此套邮票。2003年7月12日，柬埔寨国王诺罗敦·西哈努克在即将发行的纪念封上写下：“在柬埔寨和中国正式建立外交关系45周年之际，谨向伟大的中国人民致以最亲切的问候。”西哈努克亲王是中国人民的老朋友，而且是位集邮爱好者。他对“中柬建交”纪念封

《中华人民共和国—柬埔寨王国建交45周年》纪念封

大加赞赏，他表示：中国有1700万集邮者，这枚纪念封的意义已经超出了集邮的范畴，我想在这里向全体伟大的中国人民致以问候。中国集邮总公司还向柬埔寨方面赠送了3000枚“中柬建交”纪念封。

二、与世界各国开展多方面集邮交流

随着改革开放不断深入和中国国际地位的不断提高，中国集邮界也加快了与国际集邮界的交流与合作。在与国际集邮界的交往过程中，仍然秉承“走出去、请进来”的方式，通过在各国举办重要集邮活动之际，加强与国际集邮联和亚洲集邮联的沟通与合作，让中国集邮界受益匪浅。

1. 与国际集邮界的多方面交流

新世纪前10年，中国集邮界最重要的两次活动就是举办中国2003第16届亚洲国际邮展和中国2009世界邮展。这些机遇的获得，同中国集邮界与国际集邮联和亚洲集邮联的交流密不可分。2000年10月14—15日，在西班牙马德里举行的“西班牙2000世界集邮展览”期间召开了第66届FIP代表大会。中华全国集邮联合会派出以副会长兼秘书长盛名环、顾问史维林等人组成的代表团参加大会。大会期间，亚洲集邮联主席郑炳贤在与中国代表团会见时谈到，希望2002年在中国召开FIAP执委会、2003年在中国举办亚洲国际邮展。

2001年2月3日，2001第15届亚洲国际集邮展览在香港地区举办期间，FIAP执委会会议召开。中华全国集邮联合会副会长兼秘书长盛名环等出席了此次会议。会上，FIAP执委会讨论并同意关于中国举办2003年举办第16届亚洲国际集邮展览的申请。同年8月6日，在日本东京举行世界邮展期间，FIAP执委会会议召开。在此次会议上，中华全国集邮联合会副秘书长刘佳维当选FIAP执委会执委。

中华全国集邮联合会副秘书长刘佳维当选 FIAP 执委会执委

2001 年 8 月 1 日，日本 2001 世界集邮展览在东京国际展示中心开幕。中国集邮总公司代表团一行 4 人于 7 月 31 日下午来到展场布置摊位。在紧张的工作中，代表团发现台湾地区邮政的展位眉板上赫然写着“台湾”的日、英两种文字。根据 1978 年在东京举行的国际集邮联会议决定：台湾地区邮政参加国际邮展和世界邮展只能以“中国台北”的名义。代表团在临行前也收到日方邮展组委会的保证函，保证函称台湾的征集员、评审员、参展展品、邮政展销摊位等均以“中国台北”名义出现。然而，展场却出现了这种情况。中国代表团随即派代表到日方邮展组委会办公室进行交涉。中方代表从中日关系大局谈到“台独”逆潮，从日方邮展组委会的保证函中谈到展场出现的“一中一台”局面。在中方据理力争下，经过一个通宵的努力，日方邮展组委会不得不在邮展开幕前，将台湾展销摊位眉板上的文字做了更改。对此，台湾地区邮政代表团也对更改眉板文字予以默认。

2002 年 1 月 12 日，FIAP 执委会在泰国清迈召开，中华全国集邮联合会代表团一行 3 人前往参会。本次会议的一个重要议题就是听取中国承办 2003 年亚洲国际集邮展览筹备工作的进展情况。会上，各位执委对中国介绍亚洲邮展的筹备情况怀有极大兴趣，他们对前期工作中的拟订方案、筹划资金、制定特别规则等表示满意，而且询问了主办地点的自然环境和硬件条件等问题。会议当即决定指派亚洲集邮联前主席郑炳贤担任中国 2003 亚洲国际邮展的协调员。

2005 年 4 月 21—25 日，澳大利亚 2005 世界集邮展览在悉尼会展中心举行。中华全国集邮联合会代表团参加了本次邮展的所有活动，其中包括与国际集邮联领导人的交流。4 月 22 日晚，刘平源会长宴请国际集邮联主席许少全、亚洲集邮联主席苏拉吉和夫人，以及新加坡集邮家郑炳贤。刘平源感谢国际集邮界多年来与中国的友好合作以及对中国的支持和帮助。他还希望今后加强合作，促进世界集邮活动不断发展，并且不断提高中国在国际集邮界的地位。席间，新老朋友频频举杯，共祝集邮活动在全世界的发展。国际集邮联的朋友希望中国在不久的将来再次举办世界邮展。中国代表团在邮展期间，还与国际集邮联和亚洲集邮联以及各方友好人士和专家、学者进行了广泛交流。

2005 年 8 月 24 日，在中国台北举行的亚洲集邮联合会（FIAP）第 18 届亚洲国际邮展期间召开了亚洲集邮联执委会会议。会议讨论和研究了 2006—2009 年亚洲国际邮展计划、调整理事会部分领导成员。中华全国集邮联合会副秘书长、亚洲集邮联合会执委刘佳维当选为亚洲集邮联副主席。

2007 年 6 月 19—25 日，在俄罗斯圣彼得堡举行的“俄罗斯 2007 世界集邮展览”期间召开了国际集邮联合会理事会。以中华全国集邮联合会副会长常延庭和洛阳市委书记、副市长郭洪昌等人组成的中国代表团应邀参加会议，并作了主题汇报，向国际集邮联提出举办“中国 2009 世界集邮展览”的申请。汇报得到国际集邮联的高度评价，为洛阳市申办世界邮展奠定了坚实的基础。

2. 参加邮展进行的交流

在日本 2001 世界集邮展览闭幕当天晚

上，日本邮趣协会会长落和宙一宴请了中国集邮代表团，包括中国集邮总公司和中华全国集邮联合会人员以及中国的国际邮展评审员等。落和宙一是日本邮趣协会前会长、中国集邮界老朋友水原明窗的儿子。席间，双方共同回顾中日集邮界友好关系的奠基人宋兴民和水原明窗。中方人士认为，水原明窗生前一贯主张不应掩饰对日本侵华战争的认定，不应掩饰日本人民对历史真相的知晓，不应掩饰对侵略者良心的责难，不应掩饰对侵华日军暴行的谴责。水原明窗曾经为1991年华东的特大水灾慷慨捐款的善举，也被中国集邮界所铭记。在宴会上，中方代表倡议，中日两国集邮界业已建立起来的深厚友谊应该由年轻一代传下去。中日两国集邮界应该多加强沟通，密切联系、加强合作。日方对此表示积极响应，他们对北京获得2008年第29届奥运会主办权表示祝贺。

2002年11月29日至12月2日，摩纳哥2002国际集邮展览在蒙特卡洛举行。中国集邮总公司代表团应邀参加邮展活动。12月2—3日，国际展览局第132次代表大会也在这里举行，各成员国代表将在中国、俄罗斯、墨西哥、波兰和韩国5个申办国中投票选出2010年世界博览会的举办城市。中国集邮总公司代表团决定要利用国际邮展机会，充分展示中国及上海的魅力，为上海申办助威。

代表团在展场上悬挂起五星红旗，然后在两旁摆放了特大的中国结，并且在展位的突出位置张贴了《上海浦东》和《京剧脸谱》邮票放大图，以此突出中国特色。代表团还不厌其烦地向前来中国摊位的人们宣传中国改革开放以来所取得的巨大成就，以及中国悠久的传统文化。代表团成员还向各国朋友赠送了同心结、书签等纪念品，赢得各国朋友的赞扬。

地处长江三角洲北缘的江苏省高邮市，是全国2000多个县（市）中唯一以“邮”命名的城市。为了开发和利用高邮市独特的“邮文化”资源，2006年6月，高邮市

中国集邮代表团参加日本2001世界邮展

派出考察团赴欧洲相关国家进行考察和交流。此次高邮市访欧代表团的主要目的，是考察和了解欧洲乃至世界先进国家在历史、邮文化、邮产业等方面的先进经验，为将高邮市打造成为“东方邮都”奠定基础。

在列支敦士登和圣马力诺这两个有“邮票王国”之称的国家，高邮市代表团进行了考察和学习，在万国邮政联盟和国际电信联盟，高邮市代表团以“邮乡”的特殊身份破例参观了很多重要的场所，联盟的负责人对高邮市打造“东方邮都”给予了充分肯定，并表示将帮助高邮市申办重要的国际邮事活动，支持高邮市弘扬邮文化。高邮市举行的“东方邮都”推介会受到了欧洲客商、华侨的热烈欢迎。在西班牙马德里，意大利罗马、威尼斯等地的推介会上，已经在高邮市投资欧洲城项目的财团和意丽斯服饰公司的客商代表们，主动向与会者推介高邮市的投资环境。此次考察和交流获得一定成果，高邮市在随后打造“东方邮都”的过程中，不断迈出新的步伐。

三、与港澳台集邮界的交流

香港和澳门回归祖国是20世纪90年代中国重要的历史事件。进入21世纪，中国内地集邮界与香港和澳门集邮界的交往更为密切；中国大陆集邮界与台湾集邮界的交往在21世纪得到进一步加强。特别是两岸实现直接通邮后，为两岸集邮界的交流大大缩短了时间。

1. 与港澳集邮界的交流

2004年1月30日至2月3日，中国香港举办了第17届亚洲国际集邮展览。这届邮展重在宣传旅游和集邮的普及。为此，中华全国集邮联合会组织了近百人的集邮交流团到香港观摩邮展，并与香港、澳门以及台湾地区的集邮家进行了多方面的交流。

1月31日至2月1日，集邮交流团参加了由中华全国集邮联合会、香港邮学会、中国邮学会等举办的国际集邮学术研讨会，还于1月31日与港澳台集邮家开展了自动化邮票的研讨交流活动。与会者分别发言，对自动化邮票的术语和全套枚数的认定进行了初步探讨并取得了一致的意见。

集邮交流团在2月3日，还参加了《香港景致》邮票小全张的发行仪式。这款小全张是配合邮展“旅游”的主题而发行的。此次组织集邮交流团参加香港2004亚洲国际邮展，是香港回归祖国后，全国集邮联组织的一次较大规模的与香港集邮界的交流活动。

香港邮政为加强与内地其他省份的学习交流，在香港校际邮集设计比赛获奖作品展览期间，邀请浙江、广东的青少年邮集来香港参展。2006年4月12—16日，应香港邮政的邀请，浙江省推荐出温州、嘉兴两地12部18框青少年邮集于参加了在香港中央图书馆展览馆举行的香港第七届校际邮集设计比赛获奖作品展览的示范展出，与香港的青少年获奖作品同场展览。

澳门回归祖国后，加强与内地在集邮方面的交流。由上海市集邮协会与澳门集邮协会联合举办“迎新世纪 庆澳门回归一周年——上海·澳门集邮展览”于2000年12月30日至2001年1月1日在上海集邮大楼举行。本次邮展为非竞赛性，其中上海参展展品为20部100框；澳门参展展品

香港·银川集邮联展开幕式

上海·澳门集邮展览开幕式

为14部50框。在这些展品中，有曾获得世界邮展高奖的《中国军邮史》《华北解放区邮政》《中信版孙中山像邮票及16分加盖改值》《贝多芬》《澳门邮戳》等。上海市邮政局局长王观锠、澳门集邮协会副会长黄润光等嘉宾出席了邮展开幕式并分别致辞。邮展期间，两地集邮家还进行了学术交流活动。

为庆祝澳门回归祖国两周年，由澳门集邮协会和上海市集邮协会主办的“澳门—上海联合邮展”于2001年12月30至2002年1月1日在澳门殷皇子马路葡文学校展览厅举行。为此，上海市集邮协会派代表团专程赴澳参加邮展。此次邮展展出25部170框展品，其中上海展出曾经在国际邮展和全国邮展的获奖展品21部140框。上海市集邮协会副会长沈世瑞、澳门集邮协会会长王炳钊等嘉宾出席了邮展开幕仪式。

2005年11月18日，由澳门集邮协会主办的“澳门集邮协会银禧纪念暨澳港穗集邮展览”在澳门特别行政区千禧展览馆和广州邮政博览馆开幕。这是澳门集邮协会成立25年以来举办的一次规模较大的集邮展览。邮展汇集了广州、香港和澳门三地7个集邮团体的33部105框展品。展品内容丰富，其中《航海女神》《五谷女神》是澳门珍贵的邮票专集，《世界童军》《俄国在华客邮》《美国在华客邮》等是香港展品中的佼佼者。同年12月，该邮展在广州邮政博物馆展出。

2008年11月26—28日，由澳门集邮协会、泉州市集邮协会主办，澳门邮政局、澳门文化局和澳门基金会赞助的“澳门—泉州联合邮展”，在澳门教科文中心多功能厅举办。这是澳门集邮协会第一次和福建省集邮界进行联谊展览和互访。邮展共展出两地涉及各种类别的邮集27部（100框）和5部集邮文献。澳门邮政局特为联展批准印制纪念封1枚，刻制纪念邮戳1枚。纪念封（戳）均以泉州老君岩和澳门大三巴牌坊这两地代表性古迹为主图。联展期间，泉州集邮协会代表团拜访了澳门集邮协会会所，并与澳港邮友亲切座谈，促进与澳港邮会的交流。

澳门—泉州联合邮展纪念邮戳

2009年12月17日，为纪念澳门回归祖国十周年，由澳门特别行政区民政总署、外交部驻澳门特别行政区特派员公署、澳门邮政局、澳门基金会联合主办的“庆澳门回归中国外交邮品展”在澳门民政总署开幕。邮展展出的“环球实寄封”，有1999年12月20日澳门回归祖国、2009年10月1日中华人民共和国成立60周年当日，中国各驻外使领馆从驻地发出的实寄封，以及中外领导人和各国使节签字的外交纪念封等，近500枚。邮展从一个侧面展示了新中国独立自主的和平外交政策和全面推进同世界各国友好合作关系的辉煌成就。邮展为期两个多月，澳门邮政局为邮展开幕和闭幕发行纪念封，启用纪念邮戳。

2. 与台湾地区集邮界的交流

2008年3月，在台湾地区举行的选举中，顽固坚持“台独”立场的民进党下台，国民党重新执政。台湾局势出现了积极变化。两岸关系发展迎来了难得的历史机遇。中共中央作出开创两岸关系和平发展新局面的决策部署。两岸双方本着“建立互信、搁置争议、求同存异、共创双赢”的精神，共同致力于两岸关系改善与发展。2008年6月，海协会与台湾海基会在“九二共识”基础上恢复制度化协商。11月，海协会代表团首次赴台商谈。

2008年11月4日，海峡两岸关系协会会长陈云林与台湾海峡交流基金会董事长江丙坤在台北签署了《海峡两岸邮政协议》。该协议的内容是，为扩大两岸邮政业务合作，便利两岸人民联系与交流，海峡两岸关系协会与财团法人海峡交流基金会就两岸直接邮政合作事宜，经平等协商，双方同意开办两岸直接平常和挂号函件（包括信函、明信片、邮简、印刷品、新闻纸、杂志、盲人文件）、小包、包裹、特快专递（快捷邮件）、邮政汇兑等业务，并加强其他邮政业务合作。

大陆方面的邮件封发局为北京、上海、广州、福州、厦门、西安、南京、成都；台湾方面的邮件封发局为台北、高雄、基隆、金门、马祖。双方可视需要，增加或调整邮件封发局，并由增加或调整一方通知对方。直邮启动后的 2009 年，两岸包裹和快捷邮件数量剧增，增幅分别达到 2017% 和 2215%，其后逐年稳定增长。

2008 年 12 月 15 日，两岸海、空直航及直接通邮正式启动，两岸全面直接双向“三通”迈开历史性步伐。在当天上午，“海峡两岸直接通邮仪式”在北京首都国际机场北京航空邮件交换站举行。中国邮政集团公司总经理刘安东在致辞中表示：中国邮政集团公司将认真履行《海峡两岸邮政协议》的各项内容，以积极、热情、务实的台态度，为两岸人民提供优质的邮政服务。刘安东总经理还在现场投交了给台湾“中华邮政公司”董事长吴民佑的贺卡邮件。下午 18 时，刘安东总经理收到了台湾“中华邮政公司”董事长吴民佑于当天上午寄出的首件由台湾直达大陆的 EMS 包裹邮件，内含《海峡两岸通邮纪念邮票》首日封、2009 年新春贺年卡等。

海峡两岸直接通邮开通仪式

台湾地区邮政部门于 2008 年 12 月 15 日发行了 1 枚以和平鸽送信为主图的《海峡两岸通邮纪念》自动化邮票，并且印制了首日封、刻制了纪念邮戳。台北、高雄等地邮局启用了临时邮局邮戳。大陆的西安、济南等多地邮局启用纪念邮戳。在这一天，海峡两岸的集邮者纷纷制作纪念封、首航封等邮品，记录这个值得纪念的日子。

2003 年 12 月 6—7 日，福州市人大常委会办公厅、福州海峡两岸和平统一促进会、福州市榕台新闻交流协会、福州市台资企业协会联合在福州于山福州画院举办了以“三通、交流、统一”为主题的“呼唤——纪念全国人大常委会发表《告台湾同胞书》25 周年集邮展览”，展品由两岸的集邮家提供。来自两岸的多位集邮家和各界群众参观了这一邮展。

2005 年 6 月 4 日，福建省南平市集邮协会为纪念中国人民抗日战争胜利 60 周年而举行了“百城版孙中山像邮票”学术研讨会。主办方特意邀请到印制该套邮票的原福建百城印务局创办人黄百城之子——台湾东海大学教授黄大津，到会与大陆集邮家一同探讨百城版邮票的足迹。出生于南平市、56年来首次回大陆的黄大津教授在会上展示了他带来的部分百城印务局承印邮票的原始资料、照片及影印件，为深入研究百城版邮票提供了翔实而宝贵的史料。研讨会期间，还举行了两岸集邮家互相赠送集邮史料的仪式，举办了百城版邮票主题集邮展览。台北集邮协会理事长俞兆年特意为此次活动送来贺辞。

四、开展多种主题的交流活动

2000—2009年，有很多重要历史事件的纪念日。中国集邮界在这些重要的节点，与相关国家集邮界联合举行各类纪念活动，让集邮的社会效益不仅在国内得到充分显现，也在相关国家产生深刻影响。

1. 纪念郑成功收复台湾340周年

郑成功是17世纪明末抗清名将、民族英雄。1661年（明永历十五年）3月，郑成功亲率2.5万名将士分乘300余艘战船，一举从荷兰侵略者手里收复了沦陷38年的中国领土台湾。为纪念郑成功收复台湾340周年，国家邮政局于2001年12月13日发行《郑成功收复台湾三百四十周年》纪念邮票1套3枚。邮票图案分别是："闽海雄风""箪食壶浆""日月重光"。

由国家邮政局主办、福建省邮政局和厦门市人民政府承办的《郑成功收复台湾340周年》纪念邮票首发式暨"闽台集邮展览"开幕式于2001年12月13日在厦门举行。国家邮政局、福建省和厦门市领导，来自台湾集邮界的嘉宾参加了邮票首发式并为纪念邮票揭幕。海峡两岸嘉宾还兴致勃勃地为集邮展览剪彩，并且一同参观了邮展。首发式活动期间，主办方还与台湾集邮界联合举办"闽台集邮学术交流会"。来自中华全国集邮联合会、福建省集邮协会、台湾集邮界的海峡两岸集邮专家、学者欢聚一堂，共叙友情。本次邮票首发式及其学术交流活动是纪念郑成功收复台湾340周年系列活动的重要组成部分。

2. 纪念中日邦交正常化30周年

2002年9月20日，"中日邦交正常化30周年邮票展"开幕式在上海邮政大楼举行。上海市邮政局局长王观锠、日本驻沪总领事杉本信行出席了开幕式并分别致辞。他们还为《中日邦交正常化30周年纪念》个性化邮票及首日封、"中日邦交正常化30周年邮票展览"纪念邮戳揭幕，为"中日邦交正常化30周年邮票展"剪彩。嘉宾们还在现场为广大集邮者签名留念。

本次邮展的展品共有69框，由中日双方提供。其中日本的精彩展品有：1871年发行的第一套普通邮票《龙切手》和实寄封、1936—2002年发行的《贺年邮票》、中日友好题材纪念邮票、日本举办的夏季和冬季奥运会邮票、日本的世界遗产邮票等。中国精彩的展品有：古代驿站封、民信局封、1878年发行的"大龙邮票"、1885年发行的"小龙邮票"、1894年发行的"万寿邮票"、中日友好题材纪念邮票、中国古典文学和生肖题材邮票等。

中国邮票博物馆还为本次展览提供了"建国三十周年最佳邮票"和"文"字邮票、编号邮票大全套等展品。主办方还特邀上海、广州等地荣获全国邮展镀金奖以上的获奖展品参展。此次邮展结束后，日本方

中日邦交正常化 30 周年邮票展开幕式

面提供的展品还在在合肥、杭州、南京和苏州进行巡回展出。

3. 纪念和平共处五项原则创立 50 周年

中国和印度同为文明古国，又是友好邻邦。印度集邮在亚洲具有较高水平，曾经对中国集邮产生一定影响。印度于 1977 年举办了首届亚洲国际集邮展览。多年来，中国和印度在集邮领域进行了多种交流与合作。2004 年 10 月 28 日，由中国国家邮政局和印度驻华大使馆共同主办的“纪念和平共处五项原则创立 50 周年——中国·印度邮票展览”在北京中国邮票博物馆开幕。中国和印度早在 1950 年就建立了外交关系。两国共同倡导和平共处五项原则，为促进世界和平与发展发挥了重要作用。此次邮展旨在通过邮票展示两国在政治、经济、文化等方面的成就，架起两国人民友谊的桥梁，为两国集邮者提供欣赏两国邮票的机会。展览共有 50 个展框，其中印度有 150 套邮票参展。国家邮政局副局长张亚非、印度驻华大使公使白先杰出席了开幕式。首都各界人士近百人在开幕当日参观了邮展。

4. 纪念郑和下西洋 600 周年

2005 年是郑和下西洋 600 周年，为了纪念人类航海史上这一伟大壮举，中国邮政与中国香港邮政、中国澳门邮政以及新加坡、马来西亚、泰国邮政取得联系，经协商决定，各方在同一时间就同一主题共同发行邮票。虽然邮票主题相同，但各方分别设计，图案各不相同。

中国邮政、中国香港邮政、中国澳门邮政各发行 1 套 3 枚邮票和 1 枚小型张。3 枚邮票以郑和像、睦邻友好、科学航海为主题，以不同图案和方式表现。郑和七次下西洋都到过新加坡，为此，新加坡邮政于 2005 年 6 月 28 日发行《郑和下西洋 600 周年》纪念邮票 1 套 4 枚。图案分别是郑和像、郑和下西洋时的各类船只等。邮票背景则是郑和下西洋时使用的地图。在同

《郑和下西洋600周年》纪念邮票

时发行的邮票小版张边纸上，有用中文标注“郑和下西洋”、用中国书法中的行书字体标注的“郑和”二字，还详细列出郑和七次下西洋的起止年份。此外，马来西亚和泰国邮政也发行了同题材纪念邮票。

2005年6月25日，为纪念莫桑比克与中国建交30周年和《郑和下西洋到达莫桑比克600周年》纪念邮票发行，中国人民对外友好协会制作了CPAFFC友好系列纪念封，从莫桑比克首都寄往北京，成为中外友好交流合作的历史见证。至2010年10月，该系列纪念封已发行了22枚。

为纪念郑和下西洋600周年，中国外交部集邮协会推出了一部专集《郑和下西洋沿线相关国家驻华大使和中国驻外大使签名封》，于2005年7月23—29日在广东省深圳市市民中心举办的“外交官看世界”集邮、钱币、摄影展览中展出。这些纪念封上，均有郑和下西洋所到国家的驻华大使亲笔签名，并盖有使馆馆章。越南、马来西亚、印度尼西亚、斯里兰卡、印度、伊朗、泰国、新加坡、沙特阿拉伯、阿曼、索马里、肯尼亚、也门、文莱、坦桑尼亚、孟加拉、柬埔寨、菲律宾等国驻华大使也纷纷在纪念封上签名，他们盛赞郑和是600年前世界上伟大的航海家。

江苏太仓自古就是文化之乡。1405年，郑和率两万余人从太仓刘家港起锚，开启了他七下西洋的航海伟业。太仓与东南亚各国展开文化交流很早，并留下碑文、实物、著作等历史性重要文物。2005年6月28日，《郑和下西洋600周年》纪念邮票首发式暨“扬帆高张600年——中、新、马、泰联合集邮展览”开幕式在江苏省太仓市隆重举办。国家邮政局特别批准在邮展现场推出个性化邮票制作业务，吸引了众多的参观者。国家邮政局副局长冯新生、全国集邮联副会长兼秘书长盛名环以及新加坡驻沪总领事谢德强、马来西亚驻沪总领事贾默、泰国驻沪副总领事帕萨纳，原亚洲集邮联合会主席郑炳贤、泰国集邮协会会长姚万妮等嘉宾出席了邮票首发式并参观了邮展。

本次邮展由中华全国集邮联合会、江苏省太仓市人民政府主办，江苏省邮政局等承办。为期 3 天的邮展以航海为主题，共有展品 200 框，其中有新加坡、马来西亚、泰国集邮组织选送的 13 部 63 框展品，其中很多展品与邮展主题相关。有《船》《马六甲》《纪念郑和下西洋 600 周年》《东南亚侨批》《神奇的龟》等。中国邮票博物馆展出的《航海》邮集中汇集了几十个国家发行的相关邮票。江苏省也选送了部分优秀邮集参家此次展览。

五、开展多种形式的交流活动

中国集邮界对外交流活动的扩展，也体现在形式上。通过不同形式的交流，达到宣传中国传统文化的目的，同时借鉴外国先进集邮理念，以此进一步提高中国集邮界的整体水平。

1. 与各国合作发行中外友好邮票

与各国联合发行邮票，是中国邮政自 20 世纪 90 年代初开启的交流模式，并在 21 世纪的前十年得到延续。在此阶段，中国邮政先后与哈萨克斯坦、古巴、巴西、比利时、埃及、葡萄牙、马来西亚、斯洛伐克、韩国、伊朗、匈牙利、新加坡、希腊、罗马尼亚、西班牙、列支敦士登、荷兰、加拿大、波兰、奥地利、印度尼西亚、墨西哥、印度、英国、乌克兰这 25 个国家的邮政部门联合发行了邮票。

中国人民对外友好协会把集邮作为开展中外文化交流的一项重要内容。2004 年，

《郑和下西洋 600 周年》纪念邮票首发式

中国人民对外友好协会与圣马力诺邮政合作，双方共同设计，由圣马力诺发行了《祝福中国——庆祝中华人民共和国成立55周年、纪念中国人民对外友好协会成立50周年》纪念邮票小全张。当年10月在人民大会堂为该邮票小全张举办发行仪式。此后，中国人民对外友好协会又与莫桑比克、古巴、萨摩亚、科摩罗、马达加斯加、蒙古、朝鲜、老挝、坦桑尼亚、赞比亚、海地、乌克兰等国合作，或策划、设计，或受外方委托印制中外友好题材邮票。

2. 利用邮展进行集邮交流活动

通过举办邮票展览进行国际友好交流，是中国集邮界经常采取的方式。邮票展览往往聚集大量的观众，从而达到宣传和交流的目的。由中华全国集邮联合会、中国人民对外友好协会、朝鲜邮票社和朝鲜邮票爱护者国家联盟共同举办的“朝鲜邮票巡回展”于2002年1月19日在北京全国政协礼堂举行。全国政协副主席万国权、朝鲜驻中国大使崔镇洙、全国记协主席邵华泽、对外友协副会长王运泽、全国集邮联会长刘平源以及首都各界人士和集邮者300余人参观了邮展。在参观过程中，万国权副主席说：“20世纪50年代初期的朝鲜邮票记载了抗美援朝的历史，是对今天的青少年进行爱国主义教育的好教材。”参观邮展的嘉宾还有老一辈无产阶级革命家毛泽东、刘少奇和朱德同志的亲属邵华、刘爱琴和朱敏等。

3. 利用夏令营进行交流活动

夏令营是青少年集邮者喜闻乐见的活动形式。2002年8月2—11日，“韩国2002世界集邮展览”在韩国首都汉城举行。为了加强我国与国际集邮界的交流，开阔青少年集邮者的眼界，由全国集邮联主办的“中韩之旅——2002中国青少年集邮夏令营”7月31日在天津举行开营仪式后于8

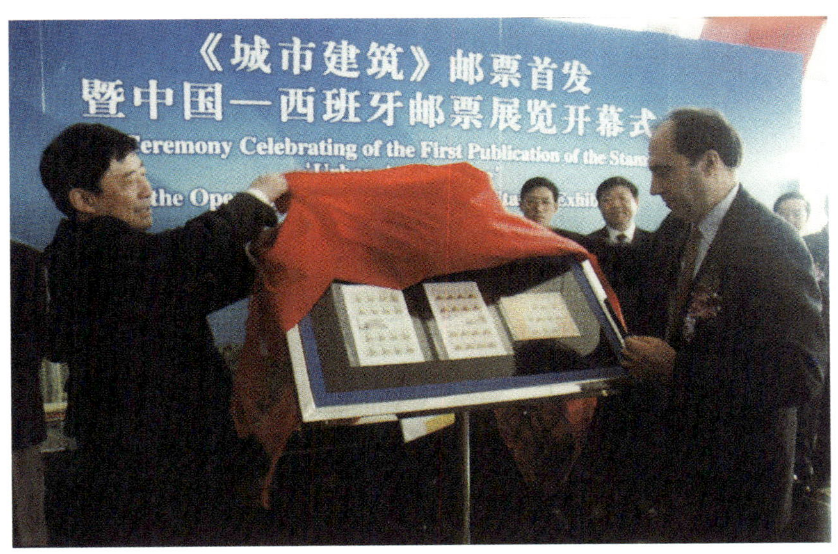

中国与西班牙联合发行《城市建筑》邮票上海首发式

朝鲜邮票巡回展北京站

中韩之旅——2002 中国青少年集邮夏令营

月 1 日抵达韩国。夏令营营员来自全国 23 个省、自治区、直辖市的 172 名青少年集邮者。8 月 2 日，全体营员列队走进汉城会展中心，参观由 150 多个国家的 3500 框展品。在展场上，营员们在老集邮家的讲解和指导下，认识了中国清代古典邮票，知道了传统集邮与专题集邮的区别，还见识了外国高水平的集邮展品。

当天晚上，营员们在亚细亚宾馆参加中韩双方的联欢会，全国集邮联会长刘平源专程赶来参加交流活动。在晚会上，延熙大学教授许璧首先讲话，他回忆起青年时代在中国的经历，又讲到邮票和集邮。在随后举行的联欢中，当来自吉林的朝鲜族营员用朝语演唱《家乡的春天》时，汉城（今首尔）恩平区邮政局局长金炳瑾激动地上台与她共同唱完这首旋律优美的歌曲。随后，金局长向中国全体营员赠送了邮票和纪念品。

在韩国期间，中国青少年集邮者领略了韩国的风土人情，参加了世界邮展开幕式，与韩国青少年集邮者开展了联欢、互赠邮品等活动，达到了丰富生活、开阔视野、普及邮识、提高素质的目的。

黑龙江省集邮协会于2000年举办俄罗斯之旅青少年集邮夏令营，中、俄两国青少年举行了联谊联欢晚会，互赠礼物、畅叙友谊，并竞相登台表演节目。通过这次夏令营活动，使中国青少年了解了俄罗斯的风土人情，增强了集邮兴趣，更重要的是对青少年进行了一次爱好和平、珍惜友谊的教育。

4. 通过外国最佳邮票评选进行交流

为了增进中国集邮者对外国邮票的了解，推动中国集邮与世界集邮接轨，加强中国集邮者与世界各国人民和集邮者之间的友谊，扩大中国集邮的国际影响，提高《中华世界邮票目录》的编辑水平，由中国人民对外友好协会、中华全国集邮联合会、《中华世界邮票目录》编辑委员会主办的“外国最佳邮票评选活动”于2002年开始举办。此项评选活动已成为继全国最佳邮票评选活动之后又一项具有较大影响力的群众性集邮活动。

2002年，中国第一届外国最佳邮票年度评选活动在北京拉开了序幕，有30个国家的集邮组织和集邮家参加评选。2002年12月20日，首届外邮评选颁奖大会在全

杨贤足会长为获奖的加拿大邮政代表颁奖

国政协礼堂举行，第九届全国政协副主席经叔平出席了颁奖大会。中国人民对外友好协会会长陈昊苏发表了热情洋溢的讲话。中华全国集邮联合会会长刘平源宣布获奖名单。出席颁奖活动的嘉宾还有：原电子工业部部长钱敏，原邮电部副部长成安玉，全国集邮联副会长盛名环、许孔让，以及古巴、保加利亚驻华大使，南非驻华代办，日本、加拿大使馆官员，克罗地亚邮政代表和首都集邮界、新闻界人士1000余人。

获奖国家或地区的代表被邀请参加颁奖大会，有时还会请驻华使馆代表领奖。历届颁奖典礼和外国邮票节，都有国家领导人、社会名流、驻华使馆官员、群众代表出席，先后有60多个国家驻华大使和官员光临这一活动。德国、加拿大、博茨瓦纳、蒙古、朝鲜等国邮政多次派代表到会。

此后，历届外国最佳邮票评选活动颁奖大会的举办地点不断变动，每届都有国家领导人、社会名流、驻华使馆官员、各国邮政代表等人的参加，为颁奖大会增色不少。此外，评选活动均举办参评国家邮票展览、中外友好邮展、中外集邮者联谊等活动。

第五节　集邮展览的普及与提高

进入21世纪后，中国频频举办的集邮展览呈现出水平逐步提高的良好态势。2000年至2010年上半年，中华全国集邮联合会共举办了15次国家级邮展，1次亚洲国际邮展和1次世界邮展，选送优秀展品参加了10次FIAP亚洲国际邮展和19次FIP世界邮展，展品水平有了显著提高，传统类、邮政历史类的展品已达到问鼎世界高奖的水平。与此同时，各级集邮协会坚持普及与提高并重的宗旨，不断摸索创新邮展的形式和内容，为促进中国集邮活动的繁荣发展，作出了积极的努力。

一、全国综合性邮展定期举办

这一时期，中华全国集邮联合会延续每两年举办一次国家级综合性邮展的做法，促进了中国集邮水平的不断提高。在这一时期，全国综合性邮展共举办了6次，由各省级集邮协会推荐的展品在这些邮展中得到锤炼，为参加国际邮展和世界邮展积蓄力量。

1. 南京2001中华全国集邮展览

“南京2001中华全国集邮展览”于2001年9月21—25日在南京国际展览中心举办。本次邮展由国家邮政局、江苏省人民政府主办，中华全国集邮联合会、江苏省邮政局承办。参加本次展览的展品来自全国31个省（自治区、直辖市）集邮协会和行业集邮协会。由于当年7月已举办过全国青少年专项邮展，所以本次邮展没有设青少年集邮类。本届邮展共展出258部1292框展品、集邮文献83部，其中竞赛

南京2001中华全国集邮展览

性展品244部1223框，包括传统、邮政历史、邮政用品、航空、航天、专题、极限、税票、集邮文献、试验10个类别。

以梁鸿贵为主任的评审委员会共评出大金奖10个、金奖21个、大镀金奖35个、镀金奖62个、大银奖67个、银奖39个、镀银奖42个、铜奖26个，实验类展品评出一等奖7个、二等奖10个、三等奖4个。获得大金奖的展品是：陈国成的传统类展品《中国人民普通邮票（1950—1954）》、吕景新的传统类展品《新中国旧币值天安门图普通邮票》、薛路的传统类展品《中国“文革”邮票》、唐秋涛的邮政历史类展品《中国人民解放军军邮（1945—1958）》、寇磊的邮政历史类展品《中国军邮史》、陆树笙的邮政用品类展品《清代邮资明信片（1897—1911）》、龚振鑫的邮政用品类展品《中国人民邮政邮简、邮资信封（1950—1970）》、胡松云的航空类展品《中华人民共和国早期航空邮政（1949—1956）》、李伯琴的专题类展品《鹰》等10部展品。

本届邮展具有4个特点：一是这是中国跨入新世纪后举办的首届全国邮展，也是自1983年以来规模最大的一次全国邮展；二是半数以上展品是新编组的邮集，体现了我国集邮界兴旺发达、后继有人的良好局面；三是实验类中包含了开放类，这是全国综合性邮展中首次出现开放类展品；四是除了竞赛性展品以外，还设立了非竞赛性展品，内容包括移动电话史、钱币、火花、电话卡、中国邮票的设计和印刷等。

2. 纪念毛泽东同志诞辰110周年暨亚洲邮展候选展品集邮展览

“纪念毛泽东同志诞辰110周年暨亚洲邮展候选展品集邮展览”于2003年4月17—21日在重庆市沙坪坝三峡广场举办。本次邮展由中国2003年第16届亚洲国际邮票展览执委会、重庆市人民政府主办，中华全国集邮联合会、重庆市邮政管理局、沙坪坝区人民政府、重庆市集邮协会承办。

纪念毛泽东同志诞辰110周年暨亚洲邮展候选展品集邮展览

邮展共展出37个省级集邮协会选送的竞赛性展品298部1042框，包括传统、邮政历史、邮政用品、航空、航天、专题、极限、税票、青少年、现代、开放、一框和集邮文献，共13个类别。

以常增书为主任的评审委员会，共评出大金奖14个、金奖36个、大镀金奖54个、镀金奖62个，大银奖38个、银奖29个、镀银奖19个、铜奖12个；现代、开放、一框类展品评出一等奖9个、二等奖13个、三等奖3个；另有一部获参展纪念奖，一部不予评审。获得大金奖的有14部展品：传统类展品有孙蒋涛的《上海工部书信馆——大龙邮票》、荣正光的《华东解放区邮票》、洪澍的《新中国文字邮票》、陈国成的《新中国普票（1950—1954）》、吕景新的《中国天安门图普通邮票（1950—1954）》；邮政历史类展品有余耀强的《“银圆”时期的广东邮政》、李曙光的《民国军邮史（1912—1949）》、张国兴的《中国人民军事邮政（1937—1951）》、魏钢的《蒙古邮政史》；邮政用品类展品有陆树笙的《清代明信片》、瞿百顺的《中国邮资信封（1956—1970）》；专题类展品有宋庆忠的《人类与昆虫的渊源》、常珉的《广告》、施邑屏的《走近贝多芬》等。

本届邮展具有两个特点：一是全国邮展首次设立了“一框展品”，共有25部展品参展；二是与国际邮展接轨，首次向参展者收取参展费。

3. 2005中华历史文明全国集邮展览

“2005中华历史文明全国集邮展览”于2005年11月6—8日在湖南澧县第一中学体育馆举办。本次邮展由中华全国集邮联合会赞助，湖南省邮政局、常德市人民政府主办，常德市邮政局、澧县人民政府承办。本次邮展共展出竞赛性展品149部552框，包括传统、邮政历史、航天、专题、现代、一框，共6个类别。以李曙光为主任的评审委员会，共评出金奖2个、大镀金奖8个、镀

2005年中华历史文明全国集邮展览颁奖大会

金奖14个、大银奖26个、银奖17个、镀银奖11个、铜奖12个、证书5个；现代及一框类评出一等奖10个、二等奖21个、三等奖17个、证书6个。

国际集邮联理事、亚洲集邮联顾问郑炳贤被聘为本届邮展评委会顾问，并在邮展期间应邀进行了集邮讲座，着重阐述了国际邮展评审与专家鉴定的关系，同时对中国集邮今后十年的发展寄予厚望。

本届邮展具有两个特点：一是全国综合性邮展首次在县（市）举办，而且将展场设在校园，充分体现出国家级邮展面向基层的姿态；二是中国邮政附加费展品第一次参加竞赛性展出。

4. 光辉的历程——纪念中国共产党成立85周年全国集邮展览

“光辉的历程——纪念中国共产党成立85周年全国集邮展览”于2006年6月30日至7月4日在太原山西省博物院举办。本次邮展由中华全国集邮联合会、中共山西省委宣传部主办，山西省邮政局、太原市人民政府、山西省集邮协会承办。邮展规模为1000框，分竞赛性和非竞赛性两部分展品，其中竞赛性展品241部800框，由全国31个省（自治区、直辖市）集邮协会和5个全国行业集邮协会选送，包括传统、邮政历史、邮政用品、航空、航天、专题（纪念中国共产党成立85周年题材）、极限、税票、青少年、现代、一框、开放，共12个类别。李曙光任评审委员会主任。

孙蒋涛的传统类展品《解放区毛泽东像》获得本次邮展唯一的大金奖。其他展品共评出金奖3个、大镀金奖15个、镀金奖20个、大银奖26个、银奖28个、镀银奖13个、铜奖22个、证书4个，现代、一框、开放等展品共评出一等奖19个、二等奖49个、三等奖40个、证书1个。

本届邮展具有两个特点：一是全国综合性邮展首次与最佳邮票评选颁奖活动同期、同地举行；二是极限类展品达到25部，

光辉的历程——纪念中国共产党成立85周年全国集邮展览

创历届全国邮展之最。

5. 2008 中华全国新人新作集邮展览

“2008 中华全国新人新作集邮展览”于 2008 年 4 月 19—21 日在山东潍坊富华国际展览中心举办。本次邮展由中华全国集邮联合会主办，山东省邮政公司、山东省邮政管理局、潍坊市人民政府、山东省集邮协会承办。邮展分竞赛性和非竞赛性两部分展品。竞赛性部分共展出来自全国 30 个省（自治区、直辖市）集邮协会和 7 个行业集邮协会选送的 286 部 1000 框展品，包括传统、邮政历史、邮政用品、航空、航天、专题、极限、青少年、税票、一框，共 10 个类别。以李曙光为主任的评审委员会，共评出一等奖 30 个、二等奖 86 个、三等奖 65 个，一框类展品评出一等奖 8 个、二等奖 46 个、三等奖 42 个、参展证书 9 个。

本届邮展是为迎接中国 2009 世界邮展、进一步发现和培养集邮人才、选拔新人新作入围将在江西南昌举办的“南昌 2008 中华全国集邮展览”而举办的。按照本届邮展“特别规则”的规定，邮展中获一等奖和部分二等奖的展品，被列入“南昌 2008 中华全国集邮展览”候选展品范围。全国集邮联邮展委员会根据候选展品征集情况综合考虑后确定入围展品。本届邮展另一个特点是：一框展品达到 101 个，创历届全国邮展之最。

6. 2008 中华全国集邮展览 · 南昌

“2008 中华全国集邮展览 · 南昌”于 2008 年 9 月 19—23 日在南昌市江西省展览中心举办。本次邮展由中华全国集邮联合会主办，江西省邮政公司、江西省集邮协

2008 年中华全国新人新作集邮展览

2008 中华全国集邮展览 · 南昌

会承办。

全国 31 个省（自治区、直辖市）集邮协会和 9 个全国行业集邮协会选送的 284 部 1204 框邮集和 113 部集邮文献参加了展出。邮展展出非竞赛性荣誉类展品 8 部，竞赛性展品 276 部，包括传统、邮政历史、邮政用品、航空、航天、专题、极限、青少年、税票、一框，共 10 个类别。李曙光任评审委员会主任。孙蒋涛的传统类展品《中国解放区邮票》和丁劲松的传统类展品《中国 1897 年红印花加盖邮票》获大金奖，其他展品共评出金奖 17 个、大镀金奖 63 个、镀金奖 84 个、大银奖 55 个、银奖 56 个、镀银奖 30 个、铜奖 23 个、参展证书 1 个；一框集邮类展品共评出金奖 8 个、镀金奖 24 个、银奖 18 个、铜奖 4 个、参展证书 2 个。

由于本届邮展的展品大多是从同年在潍坊举行的全国新人新作邮展中选拔而来，因此，展品总体水平较高，并且涌现出一批具有发展前景和竞争力的展品。孙蒋涛的《中国解放区邮票》和丁劲松的《中国 1897 年红印花加盖邮票》引起集邮界的高度关注。

二、全国专项邮展适时举办

2000—2010 年，是全国专项集邮展览频繁举办的时期。全国集邮联于各省级集邮协会密切合作，充分发挥各地在某一专项的优势。在这个时期，全国专项邮展共举办了 9 次，有力地推动了多种集邮方式的提高和发展。

1. 北京 2001 中华全国青少年集邮展览

“与世纪同行——2001‘博美堂杯’全国青少年集邮展览”于 2001 年 7 月 28—30 日在北京中国儿童中心举办。本次邮展由中华全国集邮联合会、国家教育部基础教育司、共青团中央宣传部、全国少工委办公室、中国关心下一代委员会办公室联合主办，北京市集邮协会、中国儿童中心承办。全国政协副主席万国权出席了邮展开幕式。

本次邮展共展出全国30个省（自治区、直辖市）集邮协会和3个行业集邮协会选送的156部501框展品，涉及传统、邮政历史、极限、专题、开放等类别，新人新作达到92%。以沈曾华为主任的评审委员会，共评出大镀金奖7个、镀金奖21个、大银奖25个、银奖25个、镀银奖32个、铜奖29个。其中，林海峰的展品《牛》获大镀金奖加青少年最佳奖（博美堂杯），贾小虎的展品《秦兵马俑》获开放类最佳奖，孟翔宇的展品《中国传统建筑上的“帽子”》、张安的展品《中国普通邮票（1955—1985）》和陆佳的展品《新中国小本票集》获得镀金奖加评委会祝贺。

本次邮展具有两个特点：一是采用国际集邮联最新规则进行评审，展品分A、B、C共3个年龄组，这是一次真正意义上的按国际集邮联的邮展规则进行评审的青少年竞赛性邮展，与1987年“中华全国青少年专题集邮展览”相比，更符合国际规范，更具有青少年集邮的特点；二是在全国集邮展览中首次设立开放类，共有16个省级集邮协会选送的17部展品参展。

2. 广州2002中华全国首届老年集邮展览

“广州2002中华全国首届老年集邮展览”于2002年5月16—18日在广州信源大厦举行。本次邮展由中华全国集邮联合会、广东省邮政局、广东省老年学学会主办，广东省集邮协会、广东省集邮总公司承办。邮展共展出全国30个省（自治区、直辖市）集邮协会和4个行业集邮协会选送的184部700框展品，包括非竞赛类46部196框和竞赛类139部508框展品。以常增书为主任的评审委员会，共评出大金奖1个、金奖7个、大镀金奖5个、镀金奖21个、大银奖23个、银奖25个、镀银奖15个、铜奖6个，实验类一等奖5个、

广州2002中华全国首届老年集邮展览开幕式

二等奖 12 个、三等奖 19 个。

本届邮展的展品不乏亮点，广东的八路军老战士张国兴的邮政历史类展品《中国人民军事邮政野战军军邮（1949—1951）》获得唯一的大金奖，刘广实的《清代国家邮政邮戳》是一部国内高水平的研究邮戳的邮政历史类展品，何宏的《东北解放区邮票》是该领域中水平较高的展品。

本届老年邮展在世界邮坛也是罕见的，为老年集邮者展示自己的才华提供了平台，因此而得到全国各地老年集邮者的积极响应和普遍肯定。

3. 岳阳 2004 全国民间文化专题集邮展览

“岳阳 2004 全国民间文化专题集邮展览”于 2004 年 7 月 17—20 日在湖南省岳阳市博物馆举办。本次邮展由中华全国集邮联合会主办，湖南省邮政局、岳阳市人民政府承办。邮展以展示民间文化专题集邮为主题，通过不同选题的邮集、邮品反映我国各民族的历史风貌、生活习俗、文化情趣和独特的魅力。邮展共展出全国 27 个省（自治区、直辖市）集邮协会和行业集邮协会选送的 101 部 498 框展品，其中有 84 部 420 框竞赛类展品。以张东海为主任的评审委员会共评出镀金奖 5 个、大银奖 10 个、银奖 20 个、镀银奖 21 个、铜奖 16 个、参展证书 12 个。非专题类展品、主题展品和参加 2000 年以来全国邮展的 17 部展品没有评分。本次邮展聘请新加坡国际邮展评审员陈为乐担任评委会顾问。

本次邮展的特点是：竞赛性展品全部是 5 框专题类。由于邮展主题限定于“民间文化”，因此参展的展品多数侧重于文化方面的题材。

4. 北京 2006 中华全国税票集邮展览

“北京 2006 中华全国税票集邮展览”于 2006 年 4 月 22—24 日在北京报国寺收藏品市场举办。本次邮展由中华全国集邮联合会主办，北京市宣武区集邮协会、中国税票集邮研究会（筹）承办。邮展共展出全国 18 省（自治区、直辖市），以及我国台湾地区的共 32 部 137 框展品（含 4 部税票文献展品）。以刘佳维为主任的评审委员会，共评出金奖 8 个（85 分以上）、银奖 10 个（75—84 分）、铜奖 4 个（60—74 分），一框和开放类展品共评出一等奖 1 个、二等奖 3 个、三等奖 2 个，4 部税票文献类展品均获纪念奖。

本次邮展是全国首次举办的税票邮展，而且将展场设置在收藏品市场，让全国邮展进一步“接地气”；本次邮展仅设金、银、铜 3 个奖级，这在国家级邮展中是不多见的；以税票为题材的开放类展品参加了本次邮展的竞赛，扩展了开放类展品的表现范围。

2006 全国首届税票类邮展

5. 广州 2006 中华全国极限集邮展览

“广州 2006 中华全国极限集邮展览”于 2006 年 10 月 1—3 日在广州邮政博览馆举办。本次邮展由中华全国集邮联合会主办、广东省邮政局、广东省集邮协会承办。邮展共有全国 15 个省（自治区、直辖市）的 102 部 310 框展品参展，包括非竞赛级和竞赛级两大类。非竞赛级展品为组委会特邀曾获得过高奖的极限集邮展品；竞赛级展品为 FIP 极限展品、一框极限展品、三框极限展品和图画明信片展品。以李曙光为主任的评审委员会，在五框极限展品中共评出金奖 1 个、镀金奖 2 个、大银奖 1 个、银奖 6 个、镀银奖 7 个、铜奖 14 个、参展证书 8 个；三框极限展品共评出银奖证书 4 个、铜奖证书 3 个、参展证书 2 个；一框极限展品共评出金奖证书 1 个、银奖证书 7 个、铜奖证书 37 个、参展证书 6 个；图画明信片类展品评出二等奖 2 个、三等奖 5 个、参展证书 1 个。

本次邮展的特点是：这是由全国集邮联主办的首次全国极限集邮展览；三框极限展品和图画明信片类照片是首次在国家级邮展上；中国国际评审员常珉的《1940 年以前的世界自然景观和人文景观》获得唯一的金奖。

6. 全国首届集邮文献及文献集邮展览

“全国首届集邮文献及文献集邮展览”于 2006 年 10 月 21—22 日在江苏高邮赞化中学举办。本次邮展由中华全国集邮联合会、江苏省邮政局、高邮市人民政府主办，江苏省集邮协会、高邮市邮政局承办。邮展展出来自全国 29 个省（自治区、直辖市）报送的各类展品 380 部，包括非竞赛类 144 部，竞赛类 236 部。在竞赛类展品中，集邮文献创作成果展品 194 部，集邮

全国首届集邮文献及文献集邮展览

文献二次整理成果展品 20 部，集邮文献收藏研究展品 22 部。以刘佳维为主任的评审委员会，评出集邮文献展品大镀金奖 2 个、镀金奖 15 个、大银奖 19 个、银奖 48 个、镀银奖 34 个、铜奖 60 个、参展证书 3 个，文献集邮展品金奖 1 个、镀金奖 9 个、银奖 11 个、镀银奖 5 个、铜奖 3 个、参展证书 7 个，另有一部不予评审。

本次邮展的特点是首次将“文献集邮”列入全国竞赛性邮展。此类展品除了展示集邮文献原件外，还将收藏者对集邮文献的学习和整理成果以文字形式附在集邮文献旁，这是中国集邮界的首创。

7. 2006“德胜杯”全国专题集邮展览

“2006‘德胜杯’全国专题集邮展览”于 2006 年 12 月 2—6 日在北京德胜国际文化交流中心举办。本次邮展由中华全国集邮联合会、北京市邮政管理局主办，北京市集邮协会、德胜国际文化交流中心承办。共展出全国 30 个省级集邮协会选选的 235 部 875 框展品，包括专题、一框、开放 3 个类别。本次邮展全部为竞赛性展品。

以焦晓光为主任的评审委员会，评出专题类展品金奖 5 个、大镀金奖 8 个、镀金奖 33 个、大银奖 37 个、银奖 28 个、镀银奖 18 个、铜奖 16 个，评出开放类和一框类展品金奖 2 个、镀金奖 7 个、银奖 24 个、镀银奖 30 个、铜奖 28 个、参展证书 1 个。

本次邮展具有两个特点：一是展品代表了当时全国专题类展品的最高，有《阳光》《咖啡》《第三帝国的兴亡》《钱》《马——从驯化到野化》《沐浴》，以及一框展品《生活垃圾》《加油站》等参展。

8. 首届中华全国网络集邮展览

“首届中华全国网络集邮展览”于 2006 年 11 月 1 日至 2007 年 7 月 29 日在湖北集邮网举办。本次邮展由中华全国集邮联合会主办，湖北省集邮协会承办。本次邮展共展出全国 37 个省级集邮协会选送的 80 部 748 框展品，包括锦标赛类以及传统、邮政历史、邮政用品、航空、航天、专题、极限、税票、青少年、现代、一框，共 12 个类别。以李曙光为主任的评审委员会，

2006“德胜杯”全国专题集邮展览

评出锦标赛冠军1个、大金奖1个、金奖1个、大镀金奖8个、镀金奖14个、大银奖15个、银奖25个、镀银奖20个、铜奖11个、参展证书3个，评出现代集邮类镀金奖2个、镀银奖5个、铜奖10个、参展证书1个，评出一框类金奖5个、镀金奖13个、银奖30个、镀银奖34个、铜奖58个、参展证书16个，另授予参展荣誉证书7部。傅骧的传统类展品《中南解放区邮票（1948.8—1950.9）》获得锦标赛冠军，陈国成的传统类展品《中国人民邮政普通邮票（1950—1954）》获得大金奖。

本次邮展具有3个特点：一是邮展以湖北集邮网为平台举办的首届全国网络邮展，开创了我国网络邮展之先河；二是首次有中国香港、澳门以及台湾地区的展品；三是开创了国家级邮展的新方式，是对传统邮展的挑战和创新，被集邮者称为“永不落幕的邮展”。

9. 2007中华全国生肖集邮展览

“2007第三届全国生肖集邮展览”于2007年1月5—7日在江苏苏州举行。本次邮展由中华全国集邮联合会、江苏省集邮协会主办，生肖集邮研究会、苏州市集邮协会承办。全国24个省（自治区、直辖市）的139部展品参加了竞赛性展出。展品分为“生肖邮品专门研究类”“生肖专题集邮类”和“生肖集邮试验类”。以常增书为主任的评审委员会，在专门研究类和专题类展品中共评出金奖3个、大镀金奖4个、镀金奖7个、大银奖5个、银奖18个、镀银奖12个、铜奖20个、参展证书2个；试验类展品共评出一等奖4个、二等奖17个、三等奖37个、参展证书10个。

本次邮展具有3个特点：一是全国集邮联成为主办单位之一，彰显了生肖集邮的无穷魅力；二是以研究近期邮资票品的展品大面积出现，为此后形成的促进类及现代类作出先期实践；三是生肖集邮在中国有广泛的群众基础，办邮展吸引了更多的爱好者加入集邮队伍。

首届中华全国网络邮展颁奖仪式

2007 中华全国生肖集邮展览

10. 全国集邮联举办的其他专项邮展

2002 年 11 月 16—18 日，由中华全国集邮联合会和浙江省台州市人民政府主办的“全国首届专题集邮精品展”在台州市新华书店举办。本次邮展共展出专题邮集 73 部 387 框，展品都是从我国历年来在世界邮展、亚洲国际邮展和全国邮展中获奖邮集中选出的精品，代表了当时我国专题集邮的最高水平。邮展由观众投票选出了“最佳创意奖”“最佳编排奖”“最有价值奖”。邮展期间，全国集邮联还举办了专题集邮讲座，中国国际邮展评审员梁鸿贵、张巍巍，分别就专题集邮的编组技巧及创新等问题和与会者进行了交流并讲解。

本次邮展是全国集邮联成立以来首次举办全国性的专题邮展，也是第一次在非省会城市及书店举办的全国观摩性邮展。邮展采取的观众投票评选方式在全国性邮展中尚属首次。

“洛阳 2007 全国获奖邮集精品展”于 2007 年 4 月 10—15 日在河南洛阳新区中原康城举行。本次邮展由中华全国集邮联合会、中国邮政集团公司文史中心、洛阳市人民政府、河南省邮政公司主办。本次邮展规模为 601 框，展品由两部分组成：一是特邀中国邮票博物馆馆藏珍邮、世界花卉专题邮票和历届全国最佳邮票；二是选送 2001 年以来我国在国内、国际各类大型邮展上获高奖的展品。参展展品来自全国 28 个省（自治区、直辖市）集邮协会。

此时正值第 27 届全国最佳邮票评选颁奖活动在洛阳举办之际，该展览丰富了本届佳邮评选颁奖活动的内容，也让更多集邮者领略到中国高水平的集邮展品。

三、参加亚洲邮展和世界邮展

中华全国集邮联合会适时选送在全国邮展中获镀金奖（含）以上奖项的邮集展品参加各类国际性邮展，既锻炼了我国集邮展品在国际邮展上的挑战能力，展品水平也得到不断提高。2000—2009 年，全国集邮联共选送 332 部（次）展品参加了 10 届 FIAP 亚洲国际邮展，选送 344 部（次）展品参加了 20 次 FIP 世界邮展。这些选送的展品在亚洲国际邮展中，获得 1 次荣誉大奖、1 次国家大奖、1 次国际大奖，在世界邮展中获得 1 次国家大奖，并在两类邮展共获得镀金奖及以上的奖项 374 个，为中国集邮界赢得了荣誉。

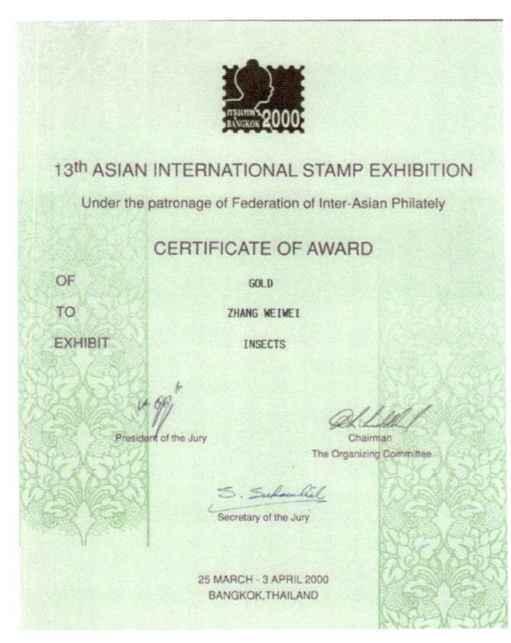

《昆虫》展品获金奖证书

1. 参加亚洲国际集邮展览

2000—2009 年，中华全国集邮联合会共选送了 143 部展品参加了在外国以及中国香港举行的 7 次亚洲国际邮展，共获得大金奖 5 个、金奖 5 个、大镀金奖 27 个、镀金奖 39 个，以及其他奖项。

（1）泰国 2000 第 13 届亚洲国际邮展

“泰国 2000 第 13 届亚洲国际集邮展览”于 2000 年 3 月 25 日—4 月 2 日在曼谷举办。这是进入新纪元后首次举办的亚洲国际邮展。中华全国集邮联合会选送 10 部展品参展，李理的《清代驿站》和张巍巍的《昆虫》获得金奖；其他展品获得大镀金奖 2 个、镀金奖 1 个、大银奖 4 个、银奖 1 个。中国国际邮展评审员焦晓光参加了本届邮展的评审工作。

参加本次邮展的中国代表团所有展品全部获奖，取得了 2000 年参加在国外举办的国际邮展的“开门红”。特别是张巍巍的《昆虫》为中国在国际邮展上获得了第一个金奖。

（2）印度 2000 第 14 届亚洲国际邮展

“印度 2000 第 14 届亚洲国际集邮展览”于 2000 年 12 月 7—12 日在孟买举办。中华全国集邮联合会选送 12 部展品参展，唐秋涛的《中国人民解放军军邮（1945—1958）》和谢孜学的《华北人民邮政（1945—1949）》、李伯琴的《鹰》这 3 部展品获得金奖，其他展品获得大镀金奖 4 个、大银奖 3 个、银奖 2 个。中国国际邮展评审员刘广实参加了本届邮展的评审工作。

参加本届邮展的中国代表团有 3 部邮集获得金奖，均是在参加中国 1999 世界邮展后，在一年时间内由 5 框扩充到 8 框再参展的展品，保持了良好成绩。

（3）香港 2001 第 15 届亚洲国际邮展

“香港 2001 第 15 届亚洲国际集邮展览”

于 2001 年 2 月 1—5 日在香港会议展览中心举办。中华全国集邮联合会选送 16 部展品参展。李曙光的《中国军邮史（1931—1953）》参加锦标赛类展出获得大金奖和荣誉大奖。这是中国展品自 1983 年参加国际邮展以来首次获得的殊荣。送展的其他展品还获得大镀金奖 1 个、镀金奖 5 个、大银奖 4 个、银奖 1 个、镀银奖 1 个；送展的 3 部开放类展品获二等奖 2 个、三等奖 1 个的好成绩。我国国际邮展评审员梁鸿贵参加了本届邮展的评审工作。

本次邮展是香港回归祖国后首次举办的亚洲国际邮展，为中国香港邮政主办、香港集邮协会协办，并获得亚洲集邮联合会赞助。本届邮展的另一个特点是开放类展品首次作为试验类展出。本届亚洲国际邮展首次设立了“锦标赛”类，凡是连续在世界邮展上获得 3 次大金奖的展品有资格参加锦标赛类。

（4）香港 2004 第 17 届亚洲国际邮展

“香港 2004 第 17 届亚洲国际集邮展览”于 2004 年 1 月 30 日至 2 月 3 日在香港会议展览中心举办。中华全国集邮联合会选送了 18 部展品参展。常珉的《新中国早期邮政（1946—1956）》参加锦标赛类展出获得大金奖；陆游的《中国航空邮政及其史前（1870—1945）》获得大金奖，其他展品还获得了大镀金奖 3 个、镀金奖 4 个、大银奖 6 个、银奖 3 个的好成绩。我国国际邮展评审员游乃器参加了本届邮展的评审工作。

HONG KONG 2001 Stamp Exhibition
15th Asian International Stamp Exhibition
Under the Patronage of F.I.A.P

第十五屆亞洲國際郵票展覽會
亞洲集郵聯合會贊助
香港二〇〇一郵票展覽會

嘉奬狀
Certificate of Award
LARGE GOLD WITH SPECIAL PRIZE
參展者 Exhibitor
LI Shu Guang
展品 Title of Exhibit
Military Mail of China 1934 - 53

1-5•2•2001

《中国军邮史（1931—1953）》展品获大金奖证书和荣誉大奖奖品

（5）印度尼西亚 2008 第 22 届亚洲国际邮展

“印度尼西亚 2008 第 22 届亚洲国际集邮展览”于 2008 年 10 月 23—28 日在印度尼西亚雅加达举办。中华全国集邮联合会选送了 16 部展品参加了本届邮展。魏钢的《蒙古邮政史（1841—1937）》获得大金奖加特别奖，并获得国际大奖。其他展品获得大镀金奖 7 个、镀金奖 3 个、大银奖 2 个、银奖 2 个、镀银奖 1 个。中国国际邮展评审员孙海平、施邑屏参加了本届邮展的评审工作。

中国代表团参加本届邮展的最大突破是魏钢获得国际大奖，这是中国集邮家首次在国际邮展上获得此项殊荣。

魏钢出生于 1951 年，山东滕州人。他有 50 多年的集邮经历，主要从事传统集邮、邮政历史、航空集邮等方面的收藏和研究。10 多年来，他的邮政历史类邮集《中国蒙古邮政史（1841—1937）》在国际邮展和世界邮展上获得了国家大奖、国际大奖和荣誉大奖。2011 年被授予中华全国集邮联合会第三批会士。

魏钢

此外，孙蒋涛的《中国海关时期邮票（1878—1896）》《中国解放区邮票（1930—1950）》、李知非的《清代邮资明信片》等展品首次参加亚洲邮展，显示出较强的竞争力。

（6）韩国 2009 第 24 届亚洲国际邮展

“韩国 2009 第 24 届亚洲国际集邮展览”于 2009 年 7 月 30 日至 8 月 4 日在首尔举办。中华全国集邮联合会选送了 20 部展品参展。陆游的《中国的航邮及其史前（1870—1945）》获得大金奖，邢建旭的《羽毛》获得大镀金奖加青少年最佳奖。送展的其他展品获得大镀金奖 2 个、镀金奖 9 个、大银奖 6 个，1 部一框类展品获得了 70 分。我国的国际邮展评审员李曙光、张巍巍参加了邮展的评审工作，李汇祥参加了见习评审。

邢建旭所获得的奖项是 2000—2009 年间，中国参加在外国举行的亚洲国际邮展上唯一获得的大镀金奖加青少年最佳奖。

除了以上邮展外，中华全国集邮联合会还选送了 47 部邮集和 4 部集邮文献参加了阿联酋 2006 第 19 届亚洲国际邮展、泰国 2007 第 20 届亚洲国际邮展、香港 2009 第 23 届亚洲国际邮展。

2. 参加世界集邮展览

2000—2009 年，中华全国集邮联合会共选送了 207 部展品参加了在外国举行的 20 次世界邮展。共获得大金奖 7 个、金奖 33 个、大镀金奖 42 个、镀金奖 51 个，以及其他奖牌。无论是参展展品的数量，还是所获奖级都明显超出 20 世纪 90 年代。

（1）泰国 2000 世界青少年集邮展览

“泰国 2000 世纪青少年集邮展览”于 2000 年 3 月 25 日至 4 月 3 日在曼谷王后会议中心举行。本次邮展与“曼谷 2000 第 13 届亚洲国际集邮展览”同时举办。中华全国集邮联合会选送了 14 部展品参展。康乐的《中国解放区纪念邮票》获得大镀金奖加“青少年最佳奖”，其他展品获得大镀金奖 3 个、镀金奖 4 个、大银奖 2 个、银奖 1 个、镀银奖 3 个。中国国际邮展评审员张巍巍参加了本次邮展的评审工作。

参加本次邮展的中国代表团最大的收获是中国展品第一次在世界青少年专项邮展中获得青少年最佳奖。此外，这也是中国参加在国外举行的世界邮展青少年集邮展览展品最多的一次，显示出中国集邮后继有人。

（2）英国 2000 世界集邮展览

“英国 2000 世界集邮展览”于 2000 年 5 月 22—28 日在伦敦举办。此次邮展为纪念“黑便士”邮票发行 160 周年而举办，令国际集邮界所瞩目。中华全国集邮联合会选送了 6 部展品参展。李曙光的《中国军邮史（1931—1953）》和常珉的《新中国早期邮政（1948—1956）》双双获得大金奖，这是继中国 1999 世界邮展之后，我国展品再次双双获得大金奖。在强手如林的伦敦世界邮展上，中国代表团获得了在外国参加世界邮展的历史最好成绩，实属不易。参展的其他展品还获得了大镀金奖 2 个、大银奖 2 个。

李曙光获伦敦世界邮展大金奖奖牌

英国是世界第一枚邮票的诞生地，每隔 10 年举办一次的伦敦世界邮展，历来被公认为世界上水平最高的邮展之一。因此，本次邮展吸引了各国资深集邮家报名参展。一些资深的国际评审员宁肯放弃参加评审工作，也要报名参加本次邮展的竞赛，足见对该邮展的重视程度。

（3）韩国 2002 世界集邮展览

“韩国 2002 世界集邮展览”于 2002 年 8 月 2—11 日在汉城举办。中全国集邮联合会选送了 10 部展品参展。李曙光的《中国军邮史（1931—1953）》和常珉的《新中国邮政历史（1946—1956）》继伦敦世界邮展之后，再次获得大金奖；李理的《中国古代邮驿史（公元前 400 年—公元 1911 年）》和龚振鑫的《中国人民邮政邮简、邮资信封（1950—1970）》获得金奖。其他参展展品获得镀金奖 5 个、大银奖 1 个。我国国际邮展评审员游乃器、张巍巍参加本次邮展评审工作，焦晓光参加见习评审，成为中国首位女性 FIP 国际邮展评审员。

焦晓光

焦晓光出生于1951年，河南叶县人。1985—1992年在中华全国集邮联合会展览外事部工作。曾多次出席国际集邮联代表大会及亚洲集邮联执委会会议。她的邮集《说茶》在亚洲邮展和世界邮展中获得镀金奖、大镀金奖，并多次参加国际集邮展览和世界集邮展览的评审工作。2011年被授予中华全国集邮联合会第三批会士；2013年当选全国集邮联第七届副会长。

参加本次邮展的中国代表团除了获得两个大金奖外，最大突破是龚振鑫所获得的奖项，它是中国邮政用品类展品首次在世界邮展上获得的金奖加特别奖。

（4）泰国2003世界集邮展览

“泰国2003世界集邮展览”于2003年10月4—13日在曼谷举办。中华全国集邮联合会选送了11部展品参展。陆游的《中国航空邮政及其史前（1870—1945）》、周林的《清代驿站》、寇磊的《中国军邮史（1945—1953）》3部展品获得金奖，其他展品获得大镀金奖1个、镀金奖1个、大银奖5个。中国的国际邮展评审员游乃器参加了本次邮展评审工作。

参加本次邮展的中国代表团的突破是，陆游所获得的奖项是中国航空类展品在世界邮展上获得的第一个金奖。此外，本次邮展首次设立了一框展品，张巍巍的《误作邮票使用的税票》获得银奖。这也是中国参加世界邮展的首部一框展品。这种试验类展品本次只设金奖、银奖和铜奖3种奖项。

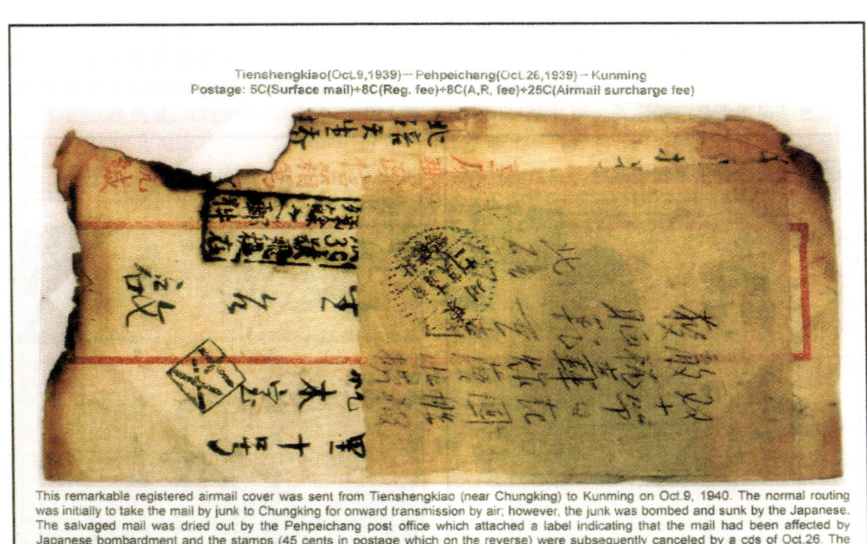

Tienshengkiao(Oct.9,1939)→Pehpeichang(Oct.26,1939)→Kunming
Postage: 5C(Surface mail)+8C(Reg. fee)+8C(A,R, fee)+25C(Airmail surcharge fee)
This remarkable registered airmail cover was sent from Tienshengkiao (near Chungking) to Kunming on Oct.9, 1940. The normal routing was initially to take the mail by junk to Chungking for onward transmission by air; however, the junk was bombed and sunk by the Japanese. The salvaged mail was dried out by the Pehpeichang post office which attached a label indicating that the mail had been affected by Japanese bombardment and the stamps (45 cents in postage which on the reverse) were subsequently canceled by a cds of Oct.26. The cover was then flown by CNAC plane No.39, which was also shot down in flames by the Japanese on Oct.29 at Jemeyi (near Kunming). Although the mail was salvaged, it was badly burnt, and the Kunming post office applied a rectangular cachet indicating what had happened.
A highly unusual “double” crash cover and the only such example recorded to date.

《中国航空邮政及其史前（1870—1945）》展品

（5）新加坡2004世界集邮展览

“新加坡2004世界集邮展览”于2004年8月28日至9月1日在新加坡举办。中华全国集邮联合会选送了15部展品参展，获得金奖7个、大镀金奖6个、镀金奖2个的好成绩。7部获金奖的展品分别是：洪澍的《新中国“文”字邮票》、魏钢的《蒙古邮政史（1854—1937）》、龚振鑫的《中国人民邮政邮简和邮资信封（1950—1970）》、陆游的《中国航空及史前（1870—1945）》、李伯琴的《鹰》，以及蔡文坡的两部集邮文献类展品《中国邮票史》《中国早期集邮文献集成》。李曙光的《中华民国军邮（1913—1949）》获大镀金奖加评委会祝贺。送展的其他展品还获得大镀金奖5个、镀金奖2个。我国国际邮展评审员刘广实参加了本次邮展的评审工作。邮展期间，FIP各委员会举行了会议及改选。全国集邮联副秘书长刘佳维当选文献委员会委员。

本次邮展有两个重要变化：一是传统类展品按照3个时期划分，其中第一时期为19世纪的素材、第二时期为1900—1945年的素材、第三时期为第二次世界大战以后的素材；二是自本次世界邮展起设立“锦标赛类”，成为世界邮展中最高级别的竞赛。在本次邮展上，中国代表团获得7个金奖，成为2000—2009年参加在国外举办的世界邮展，获得金奖最多的一次。

（6）澳大利亚2005年世界集邮展览

“澳大利亚2005世界集邮展览”于2005年4月21—24日在悉尼举办。中华全国集邮联合会选送了9部展品参加本次邮展。唐秋涛的《中国人民解放军军邮（1945—1958）》、魏钢的《蒙古邮政史（1854—1937）》、蔡正钧的《中华民国第一套印花税票“长城图”（1913—1928）》这3部展品获得金奖。参展的其他展品获得大镀金奖2个、镀金奖3个、大银奖1个。中国国际邮展评审员焦晓光参加了本次邮展的评审工作。

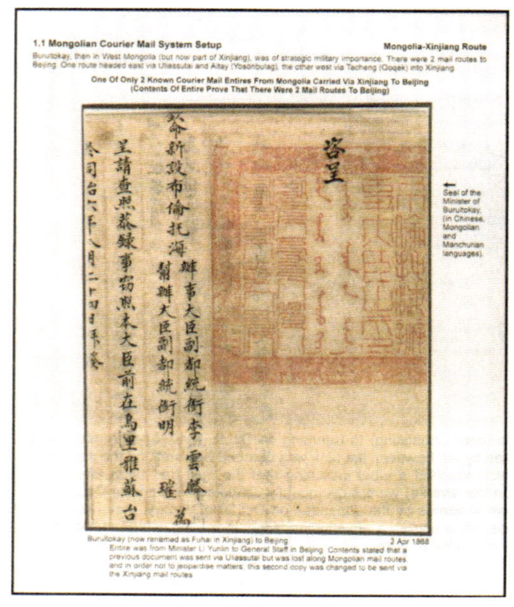

《蒙古邮政史（1854—1937）》展品

中国代表团在本次邮展上的突破是，蔡正钧获得中国税票类展品在世界邮展上的第一个金奖，也是当时中国在该类别展品中获得的最高奖项。魏钢首次参展的《蒙古邮政史（1854—1937）》显示出较强的实力，引人关注。

（7）美国2006世界集邮展览

“美国2006世界集邮展览”于2006年5月27日至6月3日在华盛顿特区会展中心举办。中华全国集邮联合会选送了12部展品参加本次邮展。李曙光的《中华民国军邮史（1912—1949）》、陆游的《中国航空（1870—1945）》、周林的《清代邮驿（1644—1912）》、龚振鑫的《中国人民邮政邮简、邮资信封（1950—1970）》获得金奖，送展的其他展品获得大镀金奖4个、镀金奖1个、大银奖2个。中国国际邮展评审员常珉参加了本次邮展的评审工作。

中国参加此次世界邮展最突出的有3点：一是李曙光的两部展品同时参展，并分获得大金奖和金奖，这在我国集邮界尚属首次；二是李曙光参加锦标赛的展品《中国军邮史（1931—1953）》获得大金奖，这是中国集邮家首次参加FIP锦标赛类竞赛并获得大金奖；三是中国专题类展品在构思、创新、素材选用等方面有了长足进步。

（8）罗马尼亚2008世界集邮展览

2008年6月20—27日在布加勒斯特展览中心举办。中华全国集邮联合会选送了14部展品参展，李曙光的《中国军邮史（1913—1953）》参加锦标赛类获得大金奖，李曙光的另一部展品《中华民国军邮史（1913—1949）》，以及寇磊的《中国人民解放军军邮史（1945—1954）》、周林的《清代驿站（1644—1911）》、傅嘉驹的《中南解放区邮票（1948.9—1950.8）》等获得金奖；其他展品获得大镀金奖4个、镀金奖2个、大银奖3个。中国国际邮展评审员常珉参加了此次邮展的评审工作，陆游参加了此次邮展的见习评审。

本次邮展首次引入新的试验性竞赛项目，即用最近3年内发行的邮资票品编组邮集，并且以各国邮政名义参加竞赛。万国邮政联盟中的29个成员参加了这一新项目的竞赛。

除了以上邮展外，中华全国集邮联合会还选送了85部邮集和13部集邮文献，参加了西班牙2000世界邮展、比利时2001世界邮展、日本2001世界邮展、丹麦2001世界邮展、西班牙2004世界邮展、西班牙2006世界邮展、比利时2006世界邮展、俄罗斯2007世界邮展、以色列2008世界邮展和捷克2008世界邮展。

3. 参加其他国际竞赛性邮展

2000年9月15—28日，“澳大利亚2000国际奥林匹克体育集邮展览”在悉尼和堪培拉举办。本次邮展与悉尼2000第27届奥林匹克运动会同期举办。中华全国集邮联合会中国选送了19部展品参展，其中10部展品参加了竞赛类展出，9部展品参加了促进类展出。10部参加竞赛类的展品获得大镀金奖1个、镀金奖2个、大银奖1个、银奖4个、镀银奖2个，9部参加促进类的展品，获得大银奖1个、银奖2个、镀银奖4个、铜奖2个。

2004年8月12—22日，第8届世界奥林匹克邮展在希腊的欧洲展览和推广中心举办。本次邮展与雅典2004第28届奥林匹克运动会同期举办。中国选送了10部展品参展。其中的7部竞赛级展品获大镀金奖1个、镀金奖4个、大银奖2个，3部促进级展品获大银奖2个、银奖1个。中国国际邮展评审员焦晓光参加了本届邮展的评审工作。

2008年8月8—18日，北京2008年奥林匹克博览会邮展在北京展览馆举办。本次邮展与北京2008第29届奥林匹克运动会同期举办。共有23个国家的173部近1100框邮集展品和42部集邮文献展品参加了竞赛性展出。评审委员会共评出金奖18个、镀金奖69个、银奖82个、铜奖40个。中国体育集邮协会共选送了51部展品参加了竞赛性展品，包括专题、极限、青少年、集邮文献、开放5个类别。其中，李静波的专题类展品《自行车》、宋刚的集邮类展品《奥林匹克运动的魅力》、梅海涛的极限类展品《夏季奥运会的竞赛项目》获得金奖，中国送展的其他展品获得镀金奖14个、银奖23个、铜奖9个。人民邮电出版社的集邮文献类展品《萨马兰奇奥林匹克体育邮票全集（1至5卷）》获特别荣誉奖。柳光明的专题类展品《进来吧！加入自行车队伍》组委会特别奖。按照本届奥博会邮展特别规则，评委会从18部获得金奖的展品中确定了6部作为“金奖冠军”“银奖冠军”和“铜奖冠军”的备选展品。经过全体评审员无记名投票，李静波的专题类展品《自行车》获得“金奖冠军”。

为纪念中泰建交30周年、郑和下西洋600周年，由中国、泰国和马来西亚联合举办的国际邮展于2005年8月3—7日在泰国曼谷国际会展中心举办。中华全国集邮联合会选送了19部103框展品参展。李曙光的邮政历史类展品《中华民国军邮史》获得大金奖，邹金盛的邮政历史类展品《侨批》和王朱唇的邮政历史类展品《侨批百年》获得金奖，其他展品获得大镀金奖9个、镀金奖5个、大银奖1个、银奖1个。中国国际邮展评审员刘广实参加了本次邮展的评审工作。

为纪念人民空军建立60周年和中国航空百年、中国航空邮政开办90周年，由中国航空工业集团公司、中国邮政集团公司和空军装备部联合主办的“北京2009国际航空集邮展览”于2009年11月12—16日在中国邮政邮票博物馆举办。这次邮展有来自亚洲、欧洲和大洋洲14个国家的84部邮集、文献参展，其中59部邮集和文献

李静波的专题类展品《自行车》荣获“金奖冠军”

北京 2009 国际航空集邮展览

参与竞赛。中国有 14 部展品参展。魏钢的《中国航空邮政（1920—1943）》展品获得大金奖加国家大奖，苏辰的《中国航空邮政（1921—1948）》获得镀金奖加青少年最佳奖，其他展品获大镀金奖 1 个、镀金奖 3 个、大银奖 4 个、银奖 4 个。

四、中国再次举办国际邮展和世界邮展

中国于 2003 年第 2 次举办了亚洲国际邮展，2009 年第 2 次举办了世界邮展。这两次重要的邮展都是第一次在北京以外的省份举办，而且分别在两个地级城市四川绵阳和河南洛阳举办。两次邮展均取得了圆满成功，在国际集邮界引起一片赞誉，为中国集邮在国际邮坛再次赢得了良好声誉。

1. 中国 2003 第 16 届亚洲国际集邮展览

在“中国 2003 第 16 届亚洲国际集邮展览”举办的当年春季，我国及世界 30 多个国家（地区）爆发的“非典”疫情引起各界人士的高度重视。为了保证各国（地区）集邮官员、征集员、评审员、参展者及广大集邮爱好者的身体健康，使邮展能顺利圆满举办，中国 2003 亚洲国际邮展执委会考虑到“非典”疫情流行的形势，经与 FIAP 邮展协调员商定，将本届邮展的举办日期由原定的 9 月 20—24 日，延期至当年的 11 月 20—24 日。

本届邮展在开幕之前的几天，绵阳主要街道上的几乎每辆出租汽车后窗上，都可以见到邮展的宣传标语；而相同的内容

中国 2003 第 16 届亚洲国际集邮展览开幕式

在从成都到绵阳的高速公路两侧也随时可见。邮展期间的每天下午和晚上，绵阳市各民间艺术团体及艺术学校轮流在五一广场、文化广场、铁牛广场等场所举行各具特色的演出活动，祝愿本届邮展圆满成功。

本次邮展于 2003 年 11 月 20—24 日在四川省绵阳市博物馆举行。第十届全国人大常委会副委员长何鲁丽出席开幕式，并为邮展揭幕。这是新世纪中国首次举办的国际性邮展。本届邮展的宗旨是：促进亚洲、大洋洲各国和地区集邮文化交流，增进各国人民的友谊和了解；展示中国经济建设和改革开放的成就，促进中国西部大开发；纪念中国第一套邮票——大龙邮票发行 125 周年。在亚洲集邮联的 28 个会员组织中，有 24 国家和地区参展。总规模为 1500 框，包括邮集 275 部，集邮文献 100 部。邮展第一次引入开放类、现代集邮和一框展品 3 种新的展览内容，以鼓励更多新人的参展兴趣。

中国 2003 第 16 届亚洲国际邮展展徽和吉祥物

邮展期间举办了大型文艺晚会、青少年集邮活动、集邮学术研讨会和广场文艺等活动。本届邮展云集了多部在世界邮展和国际邮展荣获大金奖的邮集。在荣誉类展品中，有 FIP 主席、FIAP 主席、FIAP 协调员和中国邮票博物馆的珍邮藏品，此外还有中国和其他国家（地区）邮政部门和集邮人士收藏的精品。本次邮展，为亚洲集邮界提供了交流和合作的平台，为促进亚洲集邮活动的开展，起到积极作用。本届邮展共有约 16 万人参观。

本届邮展共评出大金奖 5 个、金奖 18 个、大镀金奖 49 个、镀金奖 74 个、大银奖 53 个、银奖 49 个、镀银奖 61 个、铜奖 30 个、参展证书 1 个。中华全国集邮联合会选送了 198 部展品参展，获得大金奖 2 个、金奖 8 个、大镀金奖 28 个、镀金奖 45 个的好成绩。其中，陆游的航空类展品《中国航空邮政及其史前（1870—1945）》获得大金奖加国家大奖，这是继沈曾华在北京 1996 第 9 届亚洲国际邮展获得国家大奖之后，中国展品在亚洲国际邮展中获得的第二个国家大奖；常珉的邮政历史类展品《新中国早期邮政（1948—1956）》获得大金奖加国家大奖候选；获得金奖的 8 部展品是：洪澍的传统类展品《新中国“文”字邮票》、寇磊的邮政历史类展品《中国人民解放军军邮（1945—1954）》、周林的邮政历史类展品《清代邮驿》、唐秋涛的邮政历史类展品《中国人民解放军军邮（1945—1958）》、魏钢的邮政历史类展品《蒙古邮政史》、北京出版社的集邮文献类展品《中国集邮史（上、下册）》、蔡文波的集邮文献类展品《中国邮票史（1—9 卷）》、马骏昌的《中国早期集邮文献集成》。送展的其他展品获得大镀金奖 28 个，其中，刘元翔的青少年类展品《聆听树的故事》获青少年 A 组最佳奖，刘天松的青少年类展品获青少年 B 组最佳奖；获得镀金奖 45 个、大银奖 21 个、银奖 25 个、镀银奖 41 个、铜奖 16 个；现代类展品获银奖 2 个、镀银奖 1 个；开放类展品获得“非常好”“好”“优秀”奖的各一部；在一框展品中，姚树人的《金圆、银圆国际航空邮资》获得金奖，其他一框展品获得银奖 4 个、铜奖 1 个。中国国际邮展评审员刘广实任评审委员会主任，游乃器、张巍巍、焦晓光参加了评审工作，傅湘洲参加了专家组工作，李曙光等参加了见习评审。

中国邮政为本届邮展发行了纪念邮票一套 1 枚，以及“叠色样张”1 枚，主图为绵阳出土的“东汉铜马”。

本届邮展诸多的“第一”成为邮展亮点：一是第一次在首都北京以外地区举办国际邮展；二是第一次在国际邮展中集中囊括了 FIP 倡导的全部 14 个集邮类别；三是第一次集中在国际邮展上允许青少年集邮展品的文字说明使用中文；四是第一次制作发行了邮票的叠色样张，并在北京以外地区放开了个性化邮票的制作量；五是经绵阳市人民政府推荐、组委会审定同意，在国内举办的国际邮展上，第一次由著名企业家四川长虹公司总裁倪润峰出任形象大使，开创双赢模式，彰显集邮文化魅力。

2. 中国 2009 世界集邮展览

“中国 2009 世界集邮展览”于 2009 年 4 月 10—16 日在河南洛阳博物馆新馆举办。中共中央政治局委员、国务院副总理张德江参加开幕式并宣布邮展开幕。

《中国 2003 第 16 届亚洲国际邮票展览》邮票印刷叠色样张

中国 2009 世界邮展

本次世界邮展由国家邮政局、河南省人民政府、中国邮政集团公司、中华全国集邮联合会主办，洛阳市人民政府承办。本次邮展共有 76 个国家和地区报名参展，展出邮集展品 3200 框和集邮文献展品 131 部。中国有 3 部展品《中国邮政邮票博物馆馆藏华珍品》《中国印象》《中国邮票集粹》参加了非竞赛性展出。

中国2009世界邮展展徽和吉祥物

中华全国集邮联合会选送的103部503框邮集展品和28部集邮文献展品参加了竞赛性展出，并且成绩优异。魏钢的邮政历史类展品《中国蒙古邮政史（1841—1921）》获得大金奖加特别奖，并获得国家大奖；李曙光的两部邮政历史类展品《中华民国军邮史》《中国军邮史》均获得大金奖，成为我国在一次世界邮展上同时获得两个大金奖的第一人；常珉的邮政历史类展品《人民中国——建国前后邮政历史（1946—1956）》获得大金奖。《中华民国军邮史》和《人民中国——建国前后邮政历史（1946—1956）》展品还同时获得国家大奖候选。

获得金奖的14部展品分别是：丁劲松的传统类展品《中国1897年红印花加盖邮票》、孙蒋涛的传统类展品《中国解放区和毛泽东像邮票（1937—1950）》（加评委会祝贺）、洪澍的传统类展品《中国"文"字邮票（1967.4—1970.1）》、傅骥的传统类展品《中南解放区邮票（1948.9—1950.8）》、寇磊的邮政历史类展品《中国人民解放军军事邮政（1945—1954）》、周林的邮政历史类展品《中国清代邮驿（1644—1911）》、唐秋涛的邮政历史类展品《中国人民解放军军邮（1945—1958）》、游乃器的邮政历史类展品《中国解放区邮政史》、赵建的邮政用品类展品《清代邮政用品（1877—

获得大金奖展品的作者合影，左起：李曙光、魏钢、常珉

1911）》、龚振鑫的邮政用品类展品《中国人民邮政邮简、邮资信封（1950—1970）》、林衡夫的航空类展品《中国的航邮——1920到1941年中国航空及其邮政服务的发展与研究》、田润普的专题类展品《阳光》、柳光明的税票类展品《中华民国烟酒税票（1912—1949）》、蔡正钧的税票类展品《中华民国第一套印花税票（1913—1935）》等。

参展的中国各类别展品还获得大镀金奖30个（其中，杨盼琛的展品《中国解放区纪念邮票（1938.9—1950.1）》获青少年A组最佳奖）、镀金奖43个、大银奖14个、银奖11个、镀银奖5个、铜奖3个、一框类镀金奖1个、一框类银奖6个。中国有多名国际邮展评审员参与了邮展的评委会工作，其中梁鸿贵任评审委员会主任，焦晓光任副主任；张巍巍、陆游参加了评审工作；谢孜学参加了专家组工作；孙海平、施邑屏参加了见习评审。

4月13日，为庆祝亚洲集邮联合会成立35周年而举办的亚洲集邮联合会执委会会议在洛阳钼都利豪国际酒店举行。执委们对正在举办的中国2009世界邮展给予了高度评价。为感谢中国2009世界邮展的成功举办和中国为筹办亚洲集邮联合执委会会议所做出的积极努力，亚洲集邮联合会主席苏拉吉·宫瓦塔纳特别向全国集邮联颁发了纪念牌。在本次世界邮展颁奖晚会上，国际集邮联发表了《洛阳宣言》，这是世界邮展史上第一次正式发布的国际性“宣言”，成为世界集邮史上的一个里程碑，世界邮展在全世界范围内将集邮事业提升到了一个新的高度。

本次邮展期间，全国集邮联举办了3

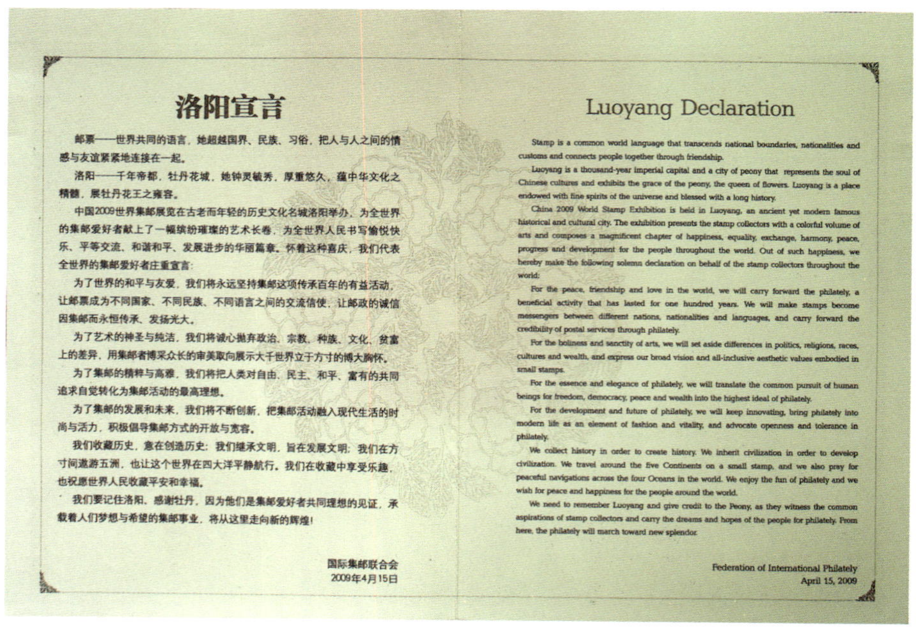

洛阳宣言

邮票——世界共同的语言，她超越国界、民族、习俗，把人与人之间的情感与友谊紧紧地连接在一起。

洛阳——千年帝都，牡丹花城，她钟灵毓秀，厚重悠久，蕴中华文化之精髓，展牡丹花王之雍容。

中国2009世界集邮展览在古老而年轻的历史文化名城洛阳举办，为全世界的集邮爱好者献上了一幅缤纷璀璨的艺术长卷，为全世界人民书写愉悦快乐、平等交流、和谐和平、发展进步的华丽篇章。怀着这种喜庆，我们代表全世界的集邮爱好者庄重宣言：

为了世界的和平与友爱，我们将永远坚持集邮这项传承百年的有益活动，让邮票成为不同国家、不同民族、不同语言之间的交流信使，让邮政的诚信因集邮而永恒传承、发扬光大。

为了艺术的神圣与纯洁，我们将诚心抛弃政治、宗教、种族、文化、贫富上的差异，用集邮者博采众长的审美取向展示大千世界立于方寸的博大胸怀。

为了集邮的精粹与高雅，我们将把人类对自由、民主、和平、富有的共同追求自觉转化为集邮活动的最高理想。

为了集邮的发展和未来，我们将不断创新，把集邮活动融入现代生活的时尚与活力，积极倡导集邮方式的开放与宽容。

我们收藏历史，意在创造历史；我们继承文明，旨在发展文明；我们在方寸间遨游五洲，也让这个世界在四大洋平静航行。我们在收藏中享受乐趣，也祝愿世界人民收藏平安和幸福。

我们要记住洛阳，感谢牡丹，因为他们是集邮爱好者共同理想的见证，承载着人们梦想与希望的集邮事业，将从这里走向新的辉煌！

国际集邮联合会

2009年4月15日

Luoyang Declaration

Stamp is a common world language that transcends national boundaries, nationalities and customs and connects people together through friendship.

Luoyang is a thousand-year imperial capital and a city of peony that represents the soul of Chinese cultures and exhibits the grace of the peony, the queen of flowers. Luoyang is a place endowed with fine spirits of the universe and blessed with a long history.

China 2009 World Stamp Exhibition is held in Luoyang, an ancient yet modern famous historical and cultural city. The exhibition presents the stamp collectors with a colorful volume of arts and composes a magnificent chapter of happiness, equality, exchange, harmony, peace, progress and development for the people throughout the world. Out of such happiness, we hereby make the following solemn declaration on behalf of the stamp collectors throughout the world:

For the peace, friendship and love in the world, we will carry forward the philately, a beneficial activity that has lasted for one hundred years. We will make stamps become messengers between different nations, nationalities and languages, and carry forward the credibility of postal services through philately.

For the holiness and sanctity of arts, we will set aside differences in politics, religions, races, cultures and wealth, and express our broad vision and all-inclusive aesthetic values embodied in small stamps.

For the essence and elegance of philately, we will translate the common pursuit of human beings for freedom, democracy, peace and wealth into the highest ideal of philately.

For the development and future of philately, we will keep innovating, bring philately into modern life as an element of fashion and vitality, and advocate openness and tolerance in philately.

We collect history in order to create history. We inherit civilization in order to develop civilization. We travel around the five Continents on a small stamp, and we also pray for peaceful navigations across the four Oceans in the world. We enjoy the fun of philately and we wish for peace and happiness for the people around the world.

We need to remember Luoyang and give credit to the Peony, as they witness the common aspirations of stamp collectors and carry the dreams and hopes of the people for philately. From here, the philately will march toward new splendor.

Federation of International Philately

April 15, 2009

国际集邮联合会2009《洛阳宣言》

场国际集邮讲座，为邮展添彩。4月13日，国际集邮联合会副主席彼得·麦克凯恩在邮展现场报告厅举办集邮知识讲座，讲述了什么是一框类邮集，一框类邮集的制作理念、组集技巧和评审要点等内容。4月15日上午，全国集邮联副会长李曙光针对当前国内外展品中经常出现、技术高超且真假难辨的伪品、赝品现象举办了防伪辨伪知识讲座。当日下午，国际集邮联合会专题委员会主席达缅·拉格，结合国际集邮联合会评审规则和自己的实际评审经验，详细解析了专题类展品的评审和编组技巧。

在本次邮展举办之前，邮展组委会还在全国60个城市举办了巡回集邮展览，在社会上造成了广泛的积极影响。此次邮展，不仅将我国集邮事业提升到了一个新的高度，更是一场东西方文化交融、邮情和友情传递、传承的盛会。

中国邮政为本次邮展发行纪念邮票1套2枚还有纸质、绢质小型张各1枚。邮票图案均为中国各历史时期的牡丹图文物。

本次邮展历时7天，邮展组委会分别组织了“邮展日、青少年日、邮政日、河洛文化日、国际集邮高峰论坛日、颁奖日、FIP/FIAP日”等主题活动，日均接待参观者5万。在展场内，参观“珍宝馆”展品的人数最多，每天都会排起长长的队伍，成为展场内一道风景线。电视节目主持人杨澜担任本届邮展的形象大使。

《中国2009世界集邮展览》绢质邮票小型张

五、加大培养各级邮展评审员和征集员的力度

进入21世纪后，全国集邮联邮展委员会加大了国家级和国际级邮展评审员的培养力度，为评审员队伍补充了大量新鲜“血液”。这一时期，共新增了80名国家级邮展评审员，全国集邮联派出19人（次）参加了FIP世界邮展的评审工作，5人参加了见习评审；派出18人（次）参加了FIAP国际邮展的评审工作，7人参加了见习评审。同时，全国集邮联还发挥邮展委员会的指导作用，及时翻译和公布FIP最新评审规则；不定期组织国际集邮专家来华讲学活动，为各级邮展评审员、征集员和邮集作者及时“充电”，提高他们的集邮理论水平和“实战”经验。各省级集邮协会也适时举办相关邮展培训班，为邮集制作水平和展品评审水平的提高做出了积极和有效的努力，促进了我国集邮整体水平的快速提升。

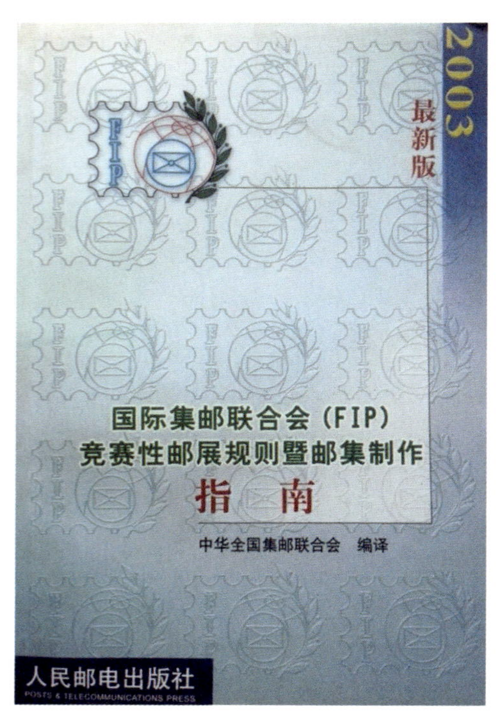

《国际集邮联合会（FIP）竞赛性邮展规则暨邮集制作指南》

1. 发挥邮展委员会的指导作用

2001年9月25日，全国集邮联第三届邮展委员会会议在南京召开。与会委员就第二届邮展委员会的工作、三届邮展委员会的工作建议及邮展工作改革意见稿进行了认真讨论。第三届邮展委员会由25人组成，委员分别来自北京、广东、天津、上海、江苏、四川、辽宁、黑龙江、吉林、新疆、宁夏、重庆、安徽、湖北、河北、山西、浙江等省（自治区、直辖市）。梁鸿贵、沈曾华、刘钟林任顾问，常增书任主任，张东海、彭济彬任副主任。

全国集邮联第四届邮展工作委员会于2008年8月26—27日在吉林省延吉市召开第一次会议。会议讨论并原则通过了《全国集邮联邮展工作委员会工作规则（试行）》《国家级邮展评审员管理条例（试行）》《中华全国集邮展览评审委员会工作条例（试行）》；会议还讨论了邮展工作委员会工作计划、邮展工作委员会应如何在中国2009世界邮展及其他全国性邮展活动中发挥作用、中国展品如何在中国2009世界邮展上提高竞争力的具体措施等内容。第四届邮展工作委员会由31人组成，顾问为梁鸿贵、游乃器；主任为李曙光，副主任为马佑璋、李伯琴；秘书长为李捷；委员分别由北京、天津、河北、吉林、黑龙江、山东、江苏、浙江、安徽、福建、湖北、湖南、河南、四川、云南、重庆、江西、广东、广西、宁夏、体育等省级集邮

协会相关人员组成。

2008年，国际集邮联对各类展品评审专用规则及其指导要点进行了修改，以适应正在变化的国际集邮新形势。为了迎接中国2009世界邮展，让我国集邮者能够全面了解国际集邮联新规则，全国集邮联立即组织有关专家对国际集邮联新规则进行了翻译，并将翻译成中文的各类规则于2009年陆续公布。

2009年11月21—22日，全国集邮联第四届邮展工作委员会第三次会议在广州珠江宾馆举行。会议讨论修改并通过了《中华全国集邮联合会邮展工作委员会工作规则》《中华全国集邮联合会国家级邮展评审员管理条例》和《中华全国集邮联合会集邮展览评审委员会工作条例》；讨论修改了《中华全国集邮联合会集邮展览总规则》和《中华全国集邮联合会集邮展览评审总规则》；讨论了全国集邮联成立以来所主办的国家级集邮展览的排序问题；讨论了选拔、培养国际邮展评审员的具体措施及方案；讨论了加强国际邮展评审员的管理问题；讨论了关于我国邮集参加国际邮展的若干问题。

2010年12月，全国集邮联邮展工作委员会根据国际集邮联（FIP）有关规则的修改，对《中华全国集邮联合会（ACPF）集邮展览总规则》和《中华全国集邮联合会（ACPF）集邮展览评审总规则》进行了修订，并于当年12月30日起实行。

2. 举办邮展培训研讨班

2000年11月15—21日，全国集邮联在山东威海举办了国家级邮展评审员、征集员培训班。参加本次培训的80名学员来自全国27个省（自治区、直辖市）和7个全国行业集邮协会。培训班由国际级和国家级邮展评审员以及优秀邮集作者担当授课老师。梁鸿贵以多年来参加国际邮展评审的实践体会，全面介绍了国际邮展及其评审委员会的工作；刘广实以《新中国普

全国集邮联第四届邮展工作委员会成立暨第一次会议

票》邮集为例，逐项讲授了传统集邮类展品的评审知识；游乃器以丰富的中外邮品和文献史料，介绍了中国及世界邮政、邮票和集邮的发展沿革；张巍巍讲解了专题邮集素材的选择和使用；李明介绍了如何按照评审规则编组、评审邮政用品、极限、印花（税票）展品的体会；唐秋涛以自己获奖邮集《中国人民解放军军邮史》为例，介绍了编组邮政史展品的体会。

为提高我国邮集在国际邮展中的竞争能力，提高邮集作者的综合素质，中华全国集邮联合会于2002年11月6—10日在北京平谷举办了首届邮展高级培训班，以此为2003年在我国举办的第16届亚洲国际邮展做准备。此次培训班聘请了国际集邮联理事郑炳贤、国际邮展评审员陈为乐、香港集邮家潘鉴良、国家级邮展评审员李明介绍了当前国际邮展的发展趋势，讲解了有关评审的最新规则，并对92部备战亚洲邮展的邮集进行了会审。

2004年6月14—18日，中华全国集邮联合会在福建厦门驿缘酒店举办第二届全国邮展高级理论研讨暨邮展评审员培训班。来自全国24个省（自治区、直辖市）的100余名学员参加了这次培训。国际集邮联主席许少全、亚洲集邮联主席苏拉吉·宫瓦塔纳、国际集邮联理事郑炳贤，以及新加坡、澳大利亚、菲律宾、泰国的集邮专家为培训班授课。许少全就世界集邮发展的新趋势及税票集邮进行了讲解，并现场回答了学员提出的问题；我国国际邮展评审员李曙光讲授了编组FIP邮政历史类邮集的基本要领；国际集邮联传统委员会主席布莱克、国际邮展评审员陈为乐分别讲授了传统邮集、邮政历史邮集以及专题邮集的编组技巧和方法。

学习期间，学员们还在辅导老师的带领下，分组会审了传统类、邮政历史类、航空类、专题类、现代类、开放类等类别的邮集。本次培训班的举办，对提高我国邮集在国际邮展的竞争力，了解和掌握国际集邮发展的新形势、新动向具有积极的

中华全国集邮联合会邮展高级培训班

第二届全国邮展高级理论研讨暨邮展评审员培训班

意义，对推动和提升中国邮集作者的编组能力起到了一定的促进作用。

2007 年 5 月 3—7 日，中华全国集邮联合会在杭州东方文化园举办国际邮展培训研讨班。来自全国 19 个省（自治区、直辖市）集邮协会和行业集邮协会的各级邮展评审员、征集员、邮集作者、集邮工作者共 150 多人参加了本次培训研讨班。国际集邮联前任主席许少全、国际集邮联理事郑炳贤、亚洲集邮联主席苏拉吉·宫瓦塔纳、国际邮展评审员陈为乐担任本次培训的主讲老师。

国际邮展培训研讨班陈为乐（右二）讲评邮集

陈为乐以邮集为例讲解了专题邮集评审的 5 个基本原则：思路、素材的选择、素材和思路的关联、素材的范围和多样性、表述的方式；邮集成功的三大要素：平衡性、正确谨慎的判断、连贯性；专题规则和总规则的关系等内容。许少全结合素材介绍了税票的种类，并重点讲解了与奥林匹克有关的税票的发行和发展历史。郑炳贤介绍了一框邮集在 FIP 邮展上从出现到目前已基本定型的过程，讲述了 FIP 发展一框邮集的目的，以及 FIP 对于一框邮集的组成原则、参展资格、评审标准、奖级设定等情况，并就他本人 30 年参加国际邮展的经验向大家做了介绍，号召集邮者尽量找机会参观并参与各类大小型邮展，以充实自己、获得启发、乐在其中。苏拉吉·宫瓦塔纳讲解了传统邮集的组成原则，以及在FIP邮展中，如何根据FIP指南和特别规则评审传统邮集等内容。

此外，听课者带来的各类别邮集在培训班上接受了专家的点评与指导。培训班结束时进行了考试，成绩合格者获得了由4位授课专家签名的培训结业证书。

3. 邀请国际集邮专家来华讲学

为做好中国2009世界邮展筹备工作、提高我国参展邮集水平及竞争力，经国际集邮联同意，中华全国集邮联合会于2008年11月10—13日在河南洛阳举办了国际集邮讲学活动。应邀参加讲学活动的专家包括FIP主席约瑟夫·沃尔夫（卢森堡）、FIP副主席瑞蒙·托德（澳大利亚）、FIP理事郑炳贤（新加坡）、FIP理事贝尔纳·吉姆内斯（法国）、FIP秘书长安得·楚玛（卢森堡）、亚洲集邮联主席苏拉吉·宫瓦塔纳（泰国）、FIP专题委员会主席达缅·拉格（德国）、FIP邮政历史委员会委员张文德（中国香港）。本次讲学的主题是“从评审员的角度谈制作邮集的技巧”。各位专家将讲解FIP规则、剖析邮集、答疑和个别指导相结合，涉及了传统、邮政历史、邮政用品、航空、航天、极限、税票、专题、青少年集邮共9个集邮类别的内容。全国27个省（自治区、直辖市）的国家级邮展评审员、集邮协会专干和邮集作者近160人参加了此次讲学活动。讲学期间，专家还对学员带来的邮集给予了点评指导。

4. 各省级集邮协会举办的邮展培训班

2000—2010年，各省级集邮协会加大了对邮展评审员和征集员培训的力度，邀请国内知名评审员就邮展评审规则和各类集邮展品编组制作等内容对参培人员进行讲解，有效地提高了展品的评审水平和征集水平。

广东省集邮协会在佛山举办省级邮展

国际集邮联合会集邮讲座

评审员、征集员培训班，以《国际集邮联合会（FIP）集邮展览各项规则》和《国际集邮专家讲学录》为主要教材，重点学习了国内外集邮展览状况和发展趋势，邮展总规则和各类集邮展品评审规则，集邮素材的收集和运用，编组集邮展品的模式和技巧，评审规则的实际应用，电脑制作集邮展品的技巧等。

山西省集邮协会在太原举办了征集培训班，学员们分别就专题类、现代类和开放类邮集的编组，以及邮展规则、邮展类别及传统类邮集的编组、素材的运用等内容进行了系统学习。

陕西省集邮协会在西安举办了第三届邮展征集员、评审员培训班，讲解各类邮集的编组与评审。省集邮协会还主办了“陕西、宁夏、甘肃、青海、新疆西北五省（区）邮展高级培训班”，分别就传统、邮政历史、邮政用品、航空、航天、专题、极限类展品的组集知识进行了讲解。授课老师不但解析邮展规则，而且还对学员带来的邮集进行了点评指导。

陈为乐（站立者）、刘广实在西北五省区邮展高级培训班授课

北京市集邮协会举办了4次省级邮展评审员资格考核培训班。讲课内容包括：国际邮展和全国邮展各相关评审规则，以及现代邮展各类展品评审规则。

天津市集邮协会举办了首届省级邮展评审员、征集员培训班，为学员讲解世界邮展发展动态、FIP评审规则以及评审员和征集员的职责和义务等内容。

福建省集邮协会举办了邮展评审员、征集员培训班，分别就传统、邮政历史、专题、现代等类别的邮集编组技巧和评审规则进行了讲解。

河南省集邮协会举办了邮展培训班，介绍国内外邮展新动向，各个类别邮集的选题、编组和评审邮集等方面的知识。

山东省集邮协会在济南举办了展品制作评审培训班，讲课内容包括：传统集邮、邮政历史集邮及其邮集的制作与评审，专题邮集的编组方法与技巧，邮展及展品类别、邮展的组织机构及相关人员、邮展的实施、展品素材、展品的制作、展品的评审等内容。

江西省集邮协会举办评审员、征集员培训班，来自各地市集邮协会秘书长、专干、县邮政局长、邮集作者等30余人接受了培训。

六、省级邮展水平稳步提高

按照全国集邮联邮展方面的规则规定，只有取得省级邮展镀金奖及以上奖项的邮集展品，才有资格参加国家级邮展。因此，举办省级邮展，从中选拔优秀展品参加国家级邮展，就显得尤为重要。2000—2010年，各省级集邮协会把举办邮展作为工作中的重中之重，通过定期或不定期举办竞赛性邮展，向国家级邮展源源不断地输送优秀展品，推动了地区和中国集邮水平的不断提高。

1. 各省级集邮协会举办的综合性邮展

为备战南京2001全国邮展，四川省集邮协会举办了第8届邮展，展出55部250框展品，包括传统、邮政历史、专题、税票、集邮文献等13个类别。其中专题类展品达22部，展品水平高、精品多，在四川邮展历史上是空前的。四川省集邮协会还在2009年9月举办了第9届邮展，展出传统、专题、航天、极限、青少年、一框、集邮文献等11个类别共90部286框展品。2001—2008年间，四川省参加全国综合性邮展的展品获得大金奖1个、金奖1个、大镀金奖7个，总体取得了长足的进步。

2004年11月，江苏省集邮协会举办了第七届邮展，把曾经在全国邮展中获得过金奖以上奖项或在国际邮展中获得过镀金奖以上奖项的12部高水平邮集，作为特邀类展品参加非竞赛级展出。本次邮展的规模为502框，包括10个类别的竞赛级展品377框和11部集邮文献。本届邮展是江苏省历史上规模最大、水平最高的一次邮展，无论在制作技巧、素材的运用和处理、邮品的品相及珍罕性等方面，都比以往各届邮展有所进步。2001—2008年，江苏省参加全国综合性邮展的展品获得大金奖4个、金奖7个，显示出江苏省邮集水平明显提高。

广东省集邮协会于2001年7月举办了全省邮展，共展出93部400框展品，包括传统、邮政历史、邮政用品、航天、专题、极限、青少年、印花（税票）、集邮文献、试验，共10个类别。本次邮展是广东新世纪第一次大型集邮盛会，也是广东省规模最大、水平最高的综合性竞赛级邮展，是广东集邮最新成果的一次大检阅。广东省集邮协会还于2004年9月再次举办全省邮展，展出13个类别的150部512框展品。两次邮展在评出各个奖项的同时，全体评审员还以无记名投票的方式选出全场最佳

2001年广东省集邮展览开幕式

展品。2001—2008 年，广东省参加全国综合性邮展的展品获得大金奖 9 个、金奖 14 个，这个成绩名列全国第一。

2004 年 9 月，湖北省集邮协会举办全省邮展，展出竞赛性展品 64 部 162 框，包括传统、邮政历史、邮政用品、专题、极限、税票、青少年、开放、现代、一框、集邮文献等类别。为促进全国邮集的更新换代和鼓励扶持新人新作，本次邮展只接受以前从未参加过省级邮展的新展品参展。在评出各个奖项的同时，还评出“最佳制作奖”“最佳素材奖”和“最佳选题奖”，以表示对这些新人新作的鼓励。2001—2008 年间，湖北省参加全国综合性邮展的展品获得大金奖 1 个、金奖 2 个。

上海市集邮协会借一年一度的上海集邮节举办邮展活动。在 2005 年上海集邮节上，集邮协会举办了全市综合性邮展，展出的 150 位作者的 150 部一框类展品成为本次集邮节的最大亮点，参展者人数众多，是前几次集邮节未曾有过的。这些展品包括传统、邮政历史、邮政用品、航空、航天、专题、极限、青少年、税票、开放、现代等集邮类别。2001—2008 年，上海市参加全国综合性邮展的展品获得大金奖 5 个、金奖 3 个，显示出雄厚的实力。

2. 各行业集邮协会举办的综合性邮展

全国性行业集邮协会也适时举办了全行业综合性邮展，促进会员集邮水平的提高。2000 年 10 月，中国海员集邮协会在上海举办首届邮展，展出了 83 部 260 框展品；2001 年 5 月，水利集邮协会举办第二届邮展，展出了 73 部 265 框展品，包括传统、邮政历史、专题、极限、开放等类别。本届邮展规模比第一届大，展品水平也有很大提高。部分展品制作规范，具有一定的竞赛实力。

中国石油集邮协会于 2001 年 7 月在北京举办第四届邮展，展出 57 部 242 框展品。本届邮展为获金奖的专题集邮类展品《石油》给予“评委会祝贺”，这在行业邮展中尚属首次。2005 年 9 月，中国石油集邮协

2007 湖北省集邮展览

会举办了第五届邮展，展出65部246框展品，包括传统、邮政历史、邮政用品、航天、专题、极限、青少年、集邮文献8个类别。

为选拔代表中国参加在希腊雅典举办的第八届国际奥林匹克体育邮展的展品，中国体育集邮协会等单位在江苏苏州举办第五届全国体育邮展。本届邮展分荣誉级、竞赛类、青少年类、开放类、一框类和文献等类别，参展邮集共66部306框，涉及21个省（自治区、直辖市），其规模为历届之最。中国体育集邮协会还于2009年10月在济南举办了第十一届全运会体育邮展，展出74部300框展品，包括荣誉类以及专题、传统、邮政用品、极限、开放、一框、集邮文献等类别，有22个省（自治区、直辖市）送展，香港特别行政区首次参加了这一邮展。

2001—2008年，航空、航天、煤炭、石油、水利、海员、体育等行业集邮协会多次选送展品参加全国综合性和专项邮展，共获得大金奖1个、金奖2个、大镀金奖3个、镀金奖28个。

2009年全国公安集邮协会和外交部集邮协会联合举办集邮展览

3. 配合重要活动举办的竞赛性邮展

为纪念天津建城600年，由国家邮政局、天津市人民政府主办，天津市集邮协会等单位承办的“纪念天津建600周年暨天津市第七届邮展”于2004年12月23—26日在天津国际展览中心举办。本次邮展为综合性展览，共展出78部200框展品，展品分特邀、竞赛、开放及一框4类，充分展示了天津市的整体集邮水平。

以“弘扬集邮文化，构建和谐社会”为主题2006年上海集邮节于2006年3月5—7日在上海邮政博物馆举办。为纪念上海市集邮协会成立25周年，本次集邮节还举办了一项重要的活动——“上海获奖邮集汇报展”。该展览展出了上海市集邮协会会员在全国邮展和国际性邮展中获奖的36部210框展品，吸引了众多集邮爱好者参观。

为配合中国邮政《中华全国总工会成立八十周年》邮票首发式在江西省萍乡市举办，江西省集邮协会于2005年5月1日举办了2005江西省集邮展览，展出53部100框展品，包括邮政历史、邮政用品、航天、专题、极限、开放、一框等类别。本次邮展旨在普及与提高，重在发现新展品。这次参展邮集及作者有68%是新展品、新作者，涌现出许多构想独特的一框展品。

在第25届全国佳邮评选揭晓颁奖在武汉举办之际，湖北省集邮协会于2005年6月1—3日在武汉举办了全省邮展，展出的非竞赛性展品共24部165框，包括特邀展品，以及来自北京、上海、江苏、四川、广东等省级集邮协会选送的示范性展品；竞赛性展品共71部215框，丰富了佳邮评选活动内容。

为庆祝中华人民共和国成立60周年，在国庆期间各省级集邮协会接连举办邮展，营造喜庆气氛。陕西省集邮协会举办了全省邮展，展出100多部300余框展品，成为陕西省规模最大的一次邮展。其中竞赛类展品有76部251框，包括传统、邮政历史、邮政用品、航空、专题、极限、青少年、现代、一框、税票、开放，共11个类别；云南省集邮协会举办了第八届邮展，共展出特邀类、传统类、邮政历史类等展品40部191框。本届邮展省邮政公司和省集邮协会是按照3个展览主题和展出时段举办的，另外两个邮展是云南省老干部邮展和歌颂祖国主题邮展，整个邮展活动历时30天。上海市集邮协会等单位在上海邮政博物馆举办了“庆祝中华人民共和国成立60周年　迎接中国上海2010年世博会集邮展览”。本次邮展是上海举办的规模最大、时间最长、类别最全的省级竞赛性邮展。内容涵盖FIP邮展全部11个类别，共展出265部756框展品。

为纪念世界卫生组织成立60周年、配合国际医学集邮研讨会在天津召开，天津市集邮协会等单位于2008年4月5—7日举办了国际医学邮展。本次邮展分非竞赛性和竞赛性两部分展品，来自中国、罗马尼亚、澳大利亚、英国、新西兰等国的医学集邮展品共129部300框参加了展出。展品主要包括专题、集邮文献、一框、开放等类别，其中竞赛性展品为111部，评出金奖、银奖、铜奖和优秀奖等奖项。

4. 基层和民间组织举办的全国邀请展

由广州市集邮协会举办的“全国极限集邮邀请展”于2000年国庆期间在首届羊城集邮文化节期间举行，28部展品分别来自包括香港、澳门特别行政区及全国各地。

广西全州举办庆祝新中国成立60周年集邮展览

邮展还同时展出广州市的一框展品和特别邀请的香港、澳门特别行政区极限展品。此后，这项邮展得到延续，每两年在国庆期间举办一次，来自全国各地的参展者十分踊跃。

由武汉专题集邮者联会、武汉收藏品集邮市场和湖北邮政附加费研究会举办的“邮政附加费集邮邀请展”于2007年12月在武汉举行。来自15个省（自治区、直辖市）的29部114框邮政附加费邮集和附加费集邮文献参展。随着邮政附加费素材和展品允许参加国家级邮展，激起邮政附加费爱好者的参展热情。

邮政汇兑研究会于2007年12月在广州举办全国第二届邮政汇兑集邮展览。共展出27部113框展品，包括特邀类和竞赛类展品。邮政汇兑是邮政历史类展品的一项题材，在国内拥有大批收藏者。

广东省的传统集邮开展普遍，而且水平较高。广州市集邮协会于2007年10月举办了“全国首届传统集邮邀请展”，共展出50部22框展品。其中部分高水平的展品代表了中国当时传统集邮最高水平，为中国传统类展品参加国际邮展和世界邮展提供了一次很好的演练机会。

七、新兴集邮展览的实践

进入21世纪以来，全国很多集邮组织在举办竞赛性邮展，提高展品在参加国家级邮展竞争实力的同时，也在努力摸索和创新集邮展览的新形式和新内容。相对于FIP规定的集邮类别而言，一框、开放、节俭、图画明信片、原地等现代集邮理念的实践，为广大集邮者提供了一个展示的平台，相对宽松的参展要求，使普通集邮者有机会、有能力把自己的藏品变成展品，

2009世界邮展中国获奖邮集精品银川邀请展开幕式

从而实现参展的愿望。

1. 现代集邮理念的提出与实践

20 世纪 90 年代末，北京市集邮协会大力倡导现代集邮的理念，并着手制订出现代集邮各个类别展品的评审专用规则，这些规则的类别包括：一框、开放、节俭、灰姑娘、图画明信片、首日封、原地、生肖、自动化、极地、文献集邮等类别。制定这些规则既不与国际集邮联合会（FIP）和中华全国集邮联合会（ACPF）的相关评审规则相悖，又要考虑到不同类别的展品有不同的特点，以及现代集邮的大众化的特点，规则简洁、通俗易懂、可操作性强。这些规则对于展品所获奖项也突出了“现代”的特点。一框集邮类展品的奖项按宝石的名称排列，开放类展品的奖项按名花的名称排列等，这样做的目的是淡化奖级差别、增加趣味性、鼓励参与、注重提高。

北京市集邮协会于 2002 年 9 月 7—18 日举办了首届现代集邮展览。本届邮展包括非竞赛性和竞赛性两部分共 312 框展品。其中竞赛性展品设立了一框、开放、现代集邮沙龙、节俭、灰姑娘、首日封、图画明信片等共 7 个类别。本次邮展举办后，受到广大集邮者的欢迎和称赞。此后至 2009 年间，北京市集邮协会又举办了 3 次现代邮展，在国内集邮界引起较强烈反响，每次邮展都吸引大批外省市集邮者报名参展，彰显了现代集邮展览的魅力。

为了延伸现代邮展的内容，北京市集邮协会于 2007 年 11 月举办了以“弘扬书信文化，倡导封片集邮”为主题的“北京市首届封片集邮展览”。本次邮展为非竞赛性，展品以封片为编组素材，涉及了现代集邮中的一框、原地、首日封、生肖、自动化、极地、图画明信片等类别，共展出 98 部 229 框展品。邮展组委会在展场内设置投票箱，以观众投票的方式选出了本届邮展的 5 个“最佳邮集奖”，并从选票中抽取了 5 名“热心参与奖”。

2002 北京市现代集邮展览

2. 新兴集邮类别在全国各地的实践

2000—2010 年，各省级集邮协会和基层集邮组织广泛开展了创新性集邮类别的尝试，成为这一时期中国邮展活动的一大亮点。现代集邮的理念被越来越多的集邮者所接受，并被吸引到邮展之中，推动了各地方集邮活动的健康发展。

福建省集邮协会举办的现代邮展，展出 31 部 109 框开放类展品。省集邮协会邀请了一批省内集邮界人士和普通观众对每部展品进行评议，就展品的选题、编组技巧、外观制作等方面提出不同的意见，评出“好”“较好”“一般”评议结果，供展品作者参考，以利其不断修改提高。湖北省集邮协会举办了首届开放类集邮巡回展，历时四个半月，途经 15 个城市，展出了 42 部 100 框开放类展品。本次邮展的评审采取评审员评审和各展场观众评分相结合的形式，按展品得分多少评定奖项，充分体现了群众参与意识和邮展的开放意识。广东省集邮协会举办了竞赛级一框邮展，展出 310 框展品。本次邮展开创了省级邮展收取参展费的先河，收取适当参展报名费，以提升省级邮展的权威性、可视性。陕西省集邮协会举办开放类邮展，以西部大开发为主题，展出 56 部 150 框展品。与历届邮展不同的是，参展者展品既有个人的展品，也有各地市集邮协会的集体展品。

主题为“集邮，使您生活更精彩”的 2003 年上海集邮节于 2003 年 3 月 5 日在上海市集邮大楼拉开序幕。本届集邮节举办的国内首次趣味邮展，成为本次集邮节的最大亮点。展出的 71 部 182 框展品全部为非竞赛性，展览制定了特别规则，从而使各类钱币、火花、烟标、磁卡、徽章等收藏品与邮票、集邮品一同展出，使收藏的内涵得到了延伸。部分签名封和自绘封也允许展出，体现出本次邮展的创新性

2003 济南“一框邮集”全国邀请展

和包容性，因而吸引大量集邮者和观众驻足欣赏。

中国航天集邮协会举办了历时半年之久的“2009全国航天网络集邮展览”。本次邮展体现了时代特色，突出了网络的时效性、互动性、广泛性，是一次有意义的探索和尝试。展品由18个省、市及6个航天单位集邮协会选送，共展出73部191框展品，包括航天、专题、极限、青少年、一框、开放等类别。

2003—2008年，济南市集邮协会和济南市铁路局集邮协会等单位举办了3届“济南一框邮集全国邀请展”，吸引全国各地集邮者报名参加。首届邮展展出了120部展品，成为民间集邮组织首次举办的全国范围的一框邮集展览；第2届邮展展出了182部展品，展品的奖项分别由宝石名称冠名；第3届邮展展出了306部展品，包括传统、邮政历史、邮政用品、专题、极限、航空、航天、税票、开放、现代、生肖、图画明信片、文献共13个类别。

广州首次举办的竞赛性现代邮展是在2003年国庆期间举办的“第四届羊城集邮文化节”上亮相。邮展共展出了84部197框展品，分为一框、节俭、试验、图画明信片、灰姑娘、首日封、纪念封、签名封等类别。之后展出的全国邮政附加费邀请展，展出来自全国约20个省份（包括台湾地区）的170多框展品和附加费集邮文献18部。

第六节　集邮学术研究深入开展

进入 2000 年以来，中国集邮界的视野更加开阔。尤其是中国 1996 第 9 届亚洲国际邮展和中国 1999 世界邮展先后在北京举办，表明我国集邮事业的发展已经全面与国际接轨。中国集邮在迎来新机遇的同时，也面对着新的挑战。集邮学术工作的任务，一直是为开展集邮活动提供理论指导和知识学术支撑。在新世纪开端，如何让世界了解中国邮票、特别是中国人民革命战争时期的邮票和中华人民共和国各时期邮票，了解中国特色的集邮学术研究与其成果，以及如何利用世界集邮大舞台，及时拓宽我们的集邮学术领域，取得更大成果？所有这些，对新世纪的集邮学术研究提出了全新需要和紧迫要求。

一、健全学术组织、培训工作骨干

中华全国集邮联合会成立后，我国的集邮学术研究工作自上而下，逐渐形成了一个以全国集邮联学术委员会为核心、各省和行业集邮协会学术委员会为支撑、各地市集邮协会及基层集邮协会学术小组或学术骨干为基础的完善的组织体系，从而为有领导、有计划、有落实地开展学术研究提供了组织保证。这一时期，全国集邮联学术委员会通过两次换届和对集邮协会专职人员的培训，不断加强自身建设，同时带动全国各地集邮学术组织适时换届，重视培训骨干，不断补充新人，进一步巩固了全国集邮学术工作的组织基础。

1. 全国集邮联第四届学术委员会成立

2001 年 5 月 24—25 日，第四届学术委员会成立会议在北京大观园酒店召开。这次会议的主要议程是：（1）听取集邮联学术部部长张国华代表第三届学术工作委员会做的工作总结；（2）修订并讨论通过《中华全国集邮联合会学术委员会组织条例》；（3）研究制定 2001—2004 四年学术研究规划；（4）决定在当年 9 月南京全国邮展期间举行学术研讨会。会议强调：学术研究要面向 21 世纪。新世纪的经济生活、文化特点给集邮学术研究提出了新的课题。要处理好继承和发展的关系，要注意健康性和前瞻性，对当前变化多端的集邮活动方式和内容积极关注并跟踪研究，加强宏观指导。走中国特色集邮道路的同时，还应注意国际学术交流。会议建议，第四届学术委员会的工作重点：一是继续加强对各个历史时期邮品的研究，力争不断有新的发现、新的突破；二是努力开展集邮理论研究，探索集邮活动规律。会议决定，恢复以往的“学术委员会”称谓，去掉“工作”二字，以定位于学术研究专项职能；委员由各团体会员推荐、全国集邮联批准和集邮联直接聘任相结合产生。

本届学术委员会由 50 人组成。顾问为居洽群、吴廷琦、张莘农，主任委员为许孔让，副主任委员为郭润康、沈曾华、刘广实、张国华，另有委员 42 人。

经全国集邮联确定，不再单设集邮名词审定委员会，其任务自本届起并入学术委员会，成立于1991年的集邮名词审定委员会自此终结。该委员会走过10年历程，前期工作主要是分批审定、公布集邮名词，推动我国集邮名词的规范化、标准化，后期工作主要是参与《中国集邮大辞典》的撰写、审稿和修订工作。他们卓有成效的工作，为我国集邮学术活动健康开展夯实了基础，也为《中国集邮大辞典》的编纂出版和修订再版提供了有力支撑。

本届学委会按研究方向细分成6个研究小组，分别是：清代和民国邮票研究小组、解放区邮票研究小组、新中国邮票研究小组、史学研究小组、理论研究小组、外国邮票研究小组。各研究小组同时提出了本组具体的研究计划。

2. 第五届学术委员会成立

全国集邮联第五届学术委员会成立暨第一次会议，以及“2008年全国集邮学术研讨会”，于2008年11月17—18日先后在北京的广西大厦及中国邮政邮票博物馆召开。在成立会议上，全国集邮联副秘书长张国华代表第四届学术委员会进行工作总结时特别指出，这届学委会的工作与成果突出，7年来共组织了15次全国性学术研讨会，平均每年2次。收到学术论文1000多篇，其中810余篇论文获奖。在2003年评选的全国集邮联第一批21名会士中，有9名是第四届学术委员会委员；在2007年评选的第二批会士中，又有3名是第五届学术委员会委员，这说明了学术委员的学术造诣及在全国的影响力。

会上讨论通过了新修订的《中华全国集邮联合会学术委员会组织条例》和新制定的全国集邮联《集邮学术论文评审规则》试行草案，以及《中华全国集邮联合会学术委员会工作计划》。工作计划时限为2008—2012年，其中提出集邮学术研究必须适应集邮活动发展和广大集邮爱好者的

全国集邮联第五届学术委员会成立暨第一次会议

需要，要围绕国内外重要纪念活动以及邮政史、邮票史的重大事件开展学术研究工作；每年至少举办一次全国集邮学术征文或研讨会，2008 年举办以改革开放与集邮发展以及清代邮票邮史为主要内容的学术征文，并适时举办红印花邮票研讨会。

第五届学术委员会任期调整为 5 年，由 30 人组成。顾问为郭润康、赵人龙、吴廷琦、孙少颖，主任委员为刘广实，副主任委员为葛建亚、谢孜学，秘书长为成冬青，另有委员 22 人。

3. 全国集邮学术工作培训研讨班

为加强集邮协会干部队伍建设，提高专职人员业务素质和学术工作水平，全国集邮联于 2004 年 8 月 18—20 日在河北香河第一城会议中心举办了集邮学术工作培训班，培训对象主要为各省级集邮协会专职秘书长及工作人员。在开班仪式上，全国集邮联副会长兼秘书长盛名环开宗明义，指出这次培训研讨的目的，是学习有关集邮学术方面的理论和知识，交流集邮学术工作的经验，这对于提高协会干部的业务素质和学术工作水平，进一步抓好集邮学术研究活动的普及与提高，都有着重要的意义，对今后我国集邮学术研究活动必将产生有力的推动作用。他同时提出今后进一步加强集邮学术工作的意见：（1）既要抓好普及，又要抓好提高；（2）培养一批高水平的邮学家和集邮骨干；（3）集邮学术工作要与集邮展览工作相互促进；（4）集邮理论研究要促进集邮活动，以成果指导实践。

培训研讨班分两阶段进行。主要的培训课程有：（1）学术研究与集邮学术研究的方法与内容；（2）集邮学术的源流、面临的新情况与对策；（3）中国集邮学术研究成果与国际交流；（4）集邮学术论文的撰写与评审；（5）集邮研究成果的宣传与

全国集邮联集邮学术工作培训班

转化。聘请全国集邮联会士及有关方面专家孙少颖、刘广实、陈京和刘劲分别任课。研讨会内容为:（1）本地开展学术研究活动的主要做法与经验;（2）如何提高本省（自治区、直辖市）学术工作和学术研究水平;（3）对重大学术研究课题与研究活动的建议。与会者联系培训收获，围绕这几个问题深入进行了研讨。

全国集邮学术工作培训研讨班是首次举办，其间还举办了首届全国优秀集邮图书评选活动发奖仪式。在结束时，全国集邮联副秘书长刘佳维、副会长常延廷先后讲话。常延廷特别指出，中国集邮学术研究不仅在中国，在亚洲而且在世界也是有影响的。但我们不能满足，离集邮强国的要求还有差距，与自然科学、社会科学的学术研究差距更大，还需集邮界共同努力。

集邮学术组织成立以来，一直是以学术骨干为主体开展自身的研究工作。本期培训班着重于提高省级集邮协会专职人员的学术工作水平和综合能力，这为今后加强对全国集邮学术活动的指导与服务奠定了基础。

二、为纪念重大事件举办的学术活动

自 20 世纪 90 年代起，中国集邮学术活动已稳步走向常态化。每年围绕党和国家重大事项，以及集邮界关注焦点确立主题，紧密联系相关邮票和邮政历史开展学术研究。这种应时、应景的学术活动已成为中国特色集邮活动的组成部分。

1. 全国集邮联举办的主题学术研讨会

（1）纪念建党 80 周年和辛亥革命 90 周年

2001 年是中国共产党成立 80 周年和辛亥革命 90 周年。为配合全社会开展的纪念活动，中华全国集邮联合会于 2001 年 9 月 23 日在南京鼓楼邮政大厦多功能厅举行以“纪念中国共产党成立 80 周年和辛亥革命 90 周年”为主题的“2001 年全国集邮学术研讨会”。这是第四届学术委员会成立后召开的首次学术年会和全国性研讨会。28 个省级集邮协会共报送论文 142 篇，经专家评审，遴选出优秀论文 73 篇，其内容覆盖了集邮理论、清代和民国、解放区以及新中国邮票等研究领域。其中 9 篇在会上交流的论文是：赵强的《“临时中立”邮票新论》、魏升东的《中国第一套包裹印纸——“民包 1”探讨》、艾云厚的《依据吉林省邮务会议决议发行的解放区邮票》、游开国的《云南邮政管理局发行的西南区票》、陈波的《湘鄂西赤色邮政始末》、王泰来的《我国邮政用品分类代号的几个问题》、李潮与曾优良合写的《论信息技术对集邮的影响及集邮的未来》、葛建亚的《集邮，面对新世纪的思考》、徐立的《青少年集邮工作方式的转变和创新》。

（2）纪念中华全国集邮联合会成立 20 周年

2002 年 8 月是中华全国集邮联合会成立 20 周年。为此，全国集邮联举办了集邮学术研讨会并对全国集邮联合会成立 20 年以来的优秀学术论文进行评选。本次研讨会的课题有 3 项：一是新中国邮票、邮品与邮史研究；二是集邮活动 20 年的回顾与思考；三是中外集邮文化比较研究。8 月 8—10 日，全国优秀集邮学术论文评审会在北京举行，从各省推荐及重要邮刊筛选的 300 余篇论文中，评出代表我国 20 年集邮学术水平的优秀论文 79 篇。其中 13 篇产生过较大影响的学术文章被评为特别奖，分别是杜圣余的《大龙邮票的发行日期》，孙君毅的《1903 年福州对剖票封研究》，王力军和田小利的《首套解放区邮票辨析》，王华新的《湘赣边省赤色邮票发行于 1931 年 8、9 月》，罗真、杨耀增、李明的《对解放初期天津发行的邮票、包裹印纸、免费戳的研究》，郝振芳的《冀南抗日邮政邮票探究》，许明亮的《新中国东北地区邮票的发行日期和用途及邮资变化》，吴廷琦的《白纸坊承印的新中国邮票考略》，李曙光的《四十年疑案解决——〈军人贴用〉邮票确非三军分用》，居洽群的《木刻图邮资封综述》，胡辛人的《对开放邮票市场的管见》，林轩的《论集邮文化》，王三义的《论新中国邮票在我国的法律地位》。其他 66 篇论文均获得优秀奖。

《中国集邮研究文选（2000—2001）》

（3）纪念中国人民抗日战争胜利 60 周年

2005 年 9 月是中国人民抗日战争和世界反法西斯战争胜利 60 周年。为此，中华全国集邮联合会于当年 8 月 30 日至 9 月 1 日，在内蒙古包头市邮电大厦举行“纪念抗日战争胜利 60 周年集邮学术研讨会”。全国共报送论文 50 余篇，评出一等奖 1 篇，为李曙光的《抗日战争时期陕甘宁边区内中华邮政实寄封研究》；二等奖 5 篇，分别是许锡良的《〈新路东〉报与“稿”字邮票》、李汇祥的《陕甘宁边区与晋西北抗日根据地的邮政与交通》、张雄和唐中杰的《抗战时期经中华邮政寄递的新四军邮件研究》、王景文的《山东大众日报社“战邮总局”邮资封考证》、朱祖威的《从朝鲜抗日战争题材邮票看东北抗日联军的英勇斗争》；吴宝国的《渝加航线和“驼峰航线”新说》等 10 篇论文获得三等奖；周祥林的《盐阜区邮政与一至三版有面值邮票版式之研究》等 10 篇论文获得纪念奖。这些论文从不同角度考证、论述了抗日邮政或战时邮政在抗日战争中发挥的作用及意义，代表了我国集邮界近年来有关抗战课题的最新学术成果。许锡良等 8 位获奖论文作者在会上简述论文。

（4）纪念中国工农红军长征胜利 70 周年

2006 年 10 月是中国工农红军长征胜利 70 周年。为此，中华全国集邮联合会于 2006 年 9 月 23 日，在陕西西安市举办了“新长征集邮热点问题研讨会”，全国集邮联副会长盛名环、王新中与长征经过省区及其他部分省市和陕西省各地市集邮协会代表，就当前集邮热点问题展开研讨。大会收到论文 50 余篇，有 12 篇在大会宣读。其中，李宁勇的《尊重历史 实事求是——谈长征胜利与三军会师的几个问题》论文以一名研究军事史的业余爱好者和邮政工作者的身份，就长征胜利与三军会师的时间、地点等几个问题进行了阐述；在研讨会上宣读的论文还有：宋小林的《集邮业务的变化与思考》，何国平《论集邮宣传工作如何把握正确色舆论导向》、葛建亚的《从长三角集邮圈的构建看我国区域集邮活动的发展》、王新中的《集邮与构建和谐社会》、刘劲的《最佳邮票评选改革之我见》、李毅民的《20世纪90年代以来中国邮票的进步与不足》等。这批论文聚焦集邮发展面临的实际问题，以新的见解、新的发现和新的思路剖析现状、纵论未来，提出了许多有学术价值兼具指导意义的观点。

（5）庆祝香港回归祖国10周年

为庆祝香港回归祖国10周年，促进内地与香港集邮界的交流与合作，由中华全国集邮联合会主办、广东省集邮协会承办的“庆祝香港回归十周年2007全国集邮学术论坛”于2007年7月1日在广东省深圳市举行。这次论坛的主题为“建设和谐文化与集邮持续发展”，共收到全国报送的论文140多篇。最终，这批论文评出一等奖2篇，为郭润康的《创建和谐集邮，促进集邮文化持续发展》和杨树辉的《创新工作机制 构建和谐环境 不断增强集邮的社会创造活力》；二等奖4篇，分别为李升平的《香港第一第二系列生肖邮票研究》、狄超英的《谈抗日战争时期香港印刷的中华邮政邮票》、佟正光的《高举先进文化旗帜，巩固发展集邮组织》和田圣德的《略论建设和谐文化社会与集邮文化持续发展》；常增书的《晋察冀边区“全白日徽”临时邮票是国共合作抗日的历史见证》等20篇获三等奖，另外64篇获纪念奖。这次

新长征集邮热点问题研讨会

研讨会是近年关于建设和谐文化与香港邮票研究的一次盛会，研讨文章同时涉及各个时期邮票邮史。

（6）纪念中国改革开放 30 周年

2008 年是中国改革开放 30 周年。为此，中华全国集邮联合会于 2008 年 11 月 18 日，在北京中国邮政文史中心多功能厅举办了“2008 年全国集邮学术研讨会”。研讨内容有 3 项：一是清代大龙、红印花邮票研究；二是中国解放区邮票研究；三是改革开放 30 年与集邮。全国报送论文 70 余篇。经评审委员会评审，评出一等奖 1 篇，为喻金钢的《集邮文化与改革开放三十年》；二等奖 4 篇，分别为李汇祥的《豫皖苏解放区交通局的建立与业务发展》、王景文的《山东战邮一版毛泽东像邮票之研究》、李毅民的《30 年来中国邮票展现的新面貌》和陈国成的《新中国第一套加字改值邮票的研究》；傅骥的《近期出现的华南邮政邮资券临时邮票的研究》等 8 篇获三等奖；张雄和唐中杰的《华野西线兵团“军邮免资”戳记之初探》等 16 篇获纪念奖。这些论文代表了我国集邮界一年来新的学术研究成果。其中喻金钢、李汇祥、李毅民、陈国成等 6 位获奖论文作者在会上以简述论文的形式进行了交流。

2. 举办首届全国优秀集邮学术论文评选活动

为庆祝中华全国集邮联合会成立 20 周年，全国集邮联学术部于 2002 年举办了首届全国优秀集邮学术论文评选活动。为此，全国集邮联组成了以盛名环为主任，吕晓春、刘佳维为副主任，11 人为委员的评审委员会。经过评审，79 篇论文入选由人民邮电出版社出版的《全国优秀集邮学术论文集（1982—2001）》。这本论文集所选用的论文均为全国性和各省级集邮报刊上发表过的，是中国集邮 20 年来研究成果的一个总结和缩影，其中有 16 篇论文是在 2000 年以后发表的。

2008 年全国集邮学术研讨会

《全国优秀集邮学术论文集（1982—2001）》

在这部论文集中，“清代邮史、票品研究”部分共有9篇论文。其中赵人龙的《清代红印花原票张号的研究》阐述了红印花原票的印制与邮政的关系、红印花原票的印刷张号和研究红印花票张号的意义。作者指出：通过邮票四方连边纸的版号和实寄封上邮票边纸的版号，可以统计红印花原票的印刷数量、确定8种红印花加盖邮票的加盖程序、推算8种红印花加盖票的数量、判定红印花原票一次打孔几全张。张怡至的《西藏贴用蟠龙加盖邮票面值考》是作者在探索西藏邮政史的过程中，对早期邮路的构建、英国和印度在西藏的客邮、后期西藏地方邮票时期的邮资进行了较深入研究，不仅为作者编组《西藏邮史》邮集搭建了大致的结构，而且对一些悬而未解的课题的研究取得了突破。

“民国邮史、票品研究”部分共有9篇论文。其中郭经华的《抗日战争胜利后的长春加盖邮票》针对“长春不存在解放区的加盖邮票”的过往认定进行了新的探究。作者通过查阅了档案资料和邮刊记载，并结合票品实物证实了长春在抗日战争胜利后的国统区内，有过3种长春加盖邮票，纠正了此前的认识和结论。魏升东的《中国第一套包裹印纸——“民包1”探讨》依据邮政档案和集邮资料对“民包1”邮票各枚的发行日期、印刷厂家、纸质、发行量以及全套枚数等问题进行探讨。

“解放区邮史、票品研究”部分共有24篇论文。其中黄新生的《苏区最早的赤色邮票》通过“赣西南赤色邮政总局的成立”“赤色邮票的发行”“赤色邮票的又一史证”“尚未发行最早赤色邮票实物的原因”等方面，较全面地从历史背景和邮政史料等方面入手，阐述了最早的赤色邮票发行和使用的史实以及难见实物的原因。谢孜学的《专为党中央服务的晋察冀“山河”邮局》通过一件珍贵的实寄封，证实了1947年中共中央主动撤离延安进入西柏坡后，晋察冀边区邮政筹建专门为中央机关服务的“山河”邮局的经过，以及该邮局存世一年多，期间的邮路、业务、邮戳、资费等情况。

“新中国邮史、票品研究”部分共有12篇论文。其中许明亮的《新中国东北地区邮票的发行日期和用途及邮资变化》阐述了新中国成立后，东北地区由于币制与全国不统一，一段时间内使用的邮票和邮资标准与全国不能统一，具有特殊性和复杂性。作者将东北邮政总局发行的纪念邮票、普通邮票、改值邮票的各种面值及其用途进行了详细的介绍。吴书庆的《关于东北贴用天安门图普通邮票的几个问题》依据作者所收藏的东北贴用天安门图普通邮票四方连和整版票，论述了邮票发行日期、版铭、邮局全张枚数、用纸及水印等方面的问题。

“理论和其他邮史、票品研究”部分共有 25 篇论文。其中徐立的《青少年集邮工作方式的转变和创新》探讨了在市场经济条件下，集邮活动大环境的变化给青少年集邮普及工作带来一系列新情况和新问题。提出了青少年集邮应运用科学有效方法进行，重视活动载体和主动性，依托校园文化、营造集邮教育环境，运用网络和现代信息技术、加强集邮教育时效性等观点。葛建亚的《集邮，面对新世纪的思考》从“文化建设与集邮事业的可持续发展”“定位：重新审视与思考”“经费：突破制约集邮协会发展的瓶颈”等视角，阐述了进入 21 世纪后中国集邮发展的若干问题。

三、开展不同主题的学术活动

由全国集邮联根据集邮活动情况制定研究课题，在各级集邮协会及其学术组织中，先自上而下进行工作部署，再自下而上进行论文征集，适时召开全国性集邮学术研讨会汇总成果。进入 21 世纪后，这一特征更为明显。通过定期召开全国范围或层面的集邮学术研讨会，引领和推动各省（自治区、直辖市）的学术活动向全方位、多层次发展。

1. 新世纪集邮研究学术研讨会

进入 21 世纪后，全国集邮联举办的首次学术活动是以“新世纪集邮研究”为题的研讨会，于 2000 年 12 月 27 日在北京中驿大厦举行。在此次研讨会上，刘格文、林轩、许庆发、赵珩、葛建亚等 10 位参会者发言，就新世纪集邮理论研究方向与内容进行了广泛研讨。与会者提出一个观点：集邮经历了 150 年，过去集邮界的某些定论以现在的观念衡量，就有些站不住脚了。例如，对赫德等历史人物的评价问题，集邮学术研究的对象、方法也要更新。再如，关于邮票的版式研究，在集邮尚不普及、鲜有档案记载的年代，研究版式是有意义的，但在印刷技术成熟、档案记录普遍的今天，再细究新发行邮票的版式研究价值就大不如前了。与会者认为，集邮学术研究要有前瞻性，对当前日益变化的集邮展览、集邮市场以及网络集邮等，应给予宏观指导。集邮学术研究坚持中国特色的同时，也要与国际集邮接轨。全国集邮联会长刘平源一起参与了此次研讨。全国集邮联副会长兼秘书长盛名环在总结发言时指出，学术研究要历史、现在、未来三结合，重点是研究现状，解决现实问题。

2002 年 8 月 27 日，“全国优秀集邮学术论文发奖大会暨 2002 年全国集邮学术研讨会”在北京陶然大厦召开。大会从报送的 112 篇论文中评选出 9 篇在会上交流，包括那家佑的《新中国早期云南火车邮戳及其实寄封研究》、赵人龙的《新中国普无号 10 分细齿票的研究》、陈京的《邮票上荧光油墨、荧光号码的采用及其意义》、宋晓文的《从新中国邮票看“邮票学”的特性》、葛建亚和李茂长的《中国集邮活动的现状与发展趋势》、李竺桉的《新世纪发展我国集邮事业的对策建议》、谢宇的《当代世界邮票和集邮的新发展》、李毅民的《集邮人物研究的发展与新特点》，施惠中、林轩的《大力提倡文献集邮》等。

2. 全国高等院校集邮教学互联网交流研讨会

2003 年 6 月，全国集邮联与《人民邮电报》社合作，首次通过互联网举行了“全国高等院校集邮教学互联网交流研讨会”。这次互联网交流研讨会于 6 月中旬在京举行。自 1986 年厦门大学在全国首开集邮选修课以来，许多高等院校陆续开设了各具特色的集邮课。至 2002 年年底，全国开设集邮课的高等院校有 26 所。此次研讨活动分为论文征集和网上研讨两个阶段。6 月 16 日，中原工学院院长凌德麟的《集邮教学在素质教育中的地位和作用》、第二军医大学副校长李曙光的《集邮选修课教学的实践与体会》等 20 多所高校领导和师生的 30 余篇论文上网发表。19 日下午，全国集邮联副会长常延廷、副会长兼秘书长盛名环、副秘书长刘佳维，《人民邮电报》社副社长周家奎、蒋林等在中华集邮网主会场参加研讨，通过网络与各地高校师生、集邮协会干部以及集邮爱好者就高校集邮课教学问题进行交流。

常延廷认为，高校集邮教育工作是我国集邮事业重要组成部分。一个人在学校受到的系统教育将使其终生受益。集邮选修课不仅仅是传授集邮知识，还将对大学生的思想道德、文化品位、科学素养、审美情趣等都产生很大影响，充分发挥出集邮具有的广泛的教育功能。在 90 分钟的网上研讨期间，各地高校和集邮协会发言十分踊跃，提出很多建设性意见。到研讨会结束，总计发帖达到 340 篇。

3. 民间传说题材邮票研讨会

2003 年 10 月 17—18 日，全国集邮联与江苏省集邮协会在江苏宜兴市联合举办了“民间传说题材邮票研讨会”。这是全国首次举办专题学术研讨，此次研讨会配合中国邮政《梁山伯与祝英台》特种邮票首发式活动，在梁祝传说发源地之一的宜兴市举行。研讨内容包括 6 方面：（1）从民间传说题材邮票看中国邮票的民族传统文化；（2）民间传说题材邮票的设计特色；（3）民间传说题材邮票的选题标准；（4）中外民间传说题材邮票之比较；（5）台港澳

民间传说题材邮票研讨会

民间传说题材邮票评析；（6）如何增强邮票选题的民族性和文化性。

此次从全国征集论文56篇。经评审委员会评选，田圣德的《试论民间传说题材邮票的选题》、朱马牛的《关于民间传说邮票若干问题之我见》论文获得一等奖；李齐品的《浅谈我国民间传说邮票的选题与发行》、熊元斌的《民间传说题材邮票与中华传统文化》、林轩的《重视少数民族民间传说题材邮票的开发》、朱祖威的《世界民间传说邮票发行情况及思考》、汪代保的《研究历史 尊重历史——试论民间传说邮票原地之争》等获得二等奖；另有10篇论文获得三等奖。

在10月17日举行的研讨会上，7篇获奖论文在会上交流。全国集邮联副会长、学术委员会主任许孔让在总结发言中指出：近些年出现的关于历史故事的“原地之争”并非有据有理，主管部门必须防止原地太多太滥，过分炒作和恶性竞争，发行环节还要使集邮者满意，给集邮者更多方便。

4. 2005全国文献集邮论坛

2005年7月16—17日，“2005全国文献集邮论坛”在江苏南通市中城大酒店举行。论坛由全国集邮联主办，文献集邮研究会承办，这是全国集邮联首次与民间集邮团体合作开展的学术活动。研讨内容包括：集邮文献与文献集邮的定义和范畴；文献集邮活动的形成、发展和意义；集邮文献的收集整理与分类研究；集邮文献的创作与评论；集邮文献的展示与评审；集邮图书的编辑与出版；办好集邮报刊的做法与经验。论坛收到各地选送论文48篇，经评委会评审，评出一等奖2篇，分别是柳承美的《集邮文献的定义与分类的探讨》、邵林的《探索我国集邮期刊可持续发展的道路》；二等奖4篇，分别是胡建康的《论文献集邮的意义、演进和发展趋势》，刘大有的《完善邮文索引、服务集邮研究》、李毅民的《八十年代以来中国图书创造的新特点》、陈京的《评刊·读刊·作文》；赖景耀的《文献集邮的现状与发展》等8篇获得三等奖。田圣德《浅议集邮文献和文献集邮的意义和范畴》等10篇获纪念奖。柳承美等14位获奖论文作者在大会上发言。

2000—2009年，全国集邮联还与各地集邮协会联合举办了多次学术活动。其中有2006年11月10—11日，在辽宁盘锦市举办了“2006年全国体育集邮论坛”。本次论坛，旨在迎接2008年北京奥运会，纪念中国体育集邮协会成立20周年。论坛收到47篇论文；2007年4月11日，第27届全国最佳邮票颁奖活动期间，举办了“中国洛阳·2007集邮高峰论坛”。王新中的《建设和谐集邮文化》等5篇论文在论坛上宣读。

5. 生肖集邮学术研讨会

2010年正值世界生肖邮票发行60周年、我国生肖邮票发行30周年。由中华全国集邮联合会主办，生肖集邮研究会承办，《中国集邮报》《集邮》《集邮博览》《集邮报》《上海集邮》协办的全国首届生肖集邮学术研讨会于2010年7月7日在江苏省苏州市举行全国首届生肖集邮学术研讨会）。本次研讨会共有24个省（自治区、直辖市）的116位作者报送应征论文131篇，经全国集邮联副会长兼学术委员会主任刘广实任主任的评审委员会评审，评出各个等级的奖项共50篇。

2006 全国体育集邮论坛

全国首届生肖集邮学术研讨会

与会者围绕生肖集邮进行了学术宣讲和研讨。其中王新中的《生肖集邮研究会的成功之路》、骆远鑫的《生肖之源与生肖集邮特色》、蒋宇冰的《生肖邮集同质化倾向议》、田圣德的《生肖邮票的文化内涵和美学特征》、胡白鸥的《生肖审美文化形态的演变》、刘战的《用生肖邮票激活少年儿童的方寸情趣》、陈一军的《编组生肖邮集的思考》、李茂长的《中国生肖集邮活动的世界影响》、张建伟的《近年生肖邮戳研究》共 9 篇论文获得荣誉奖和一、二等奖，这些文章与另外 11 篇获得三等奖的论文一并编入《全国首届生肖集邮研究会论文集》。

四、多种范畴集邮研究及成果

进入 21 世纪后，中国集邮界在学术研究领域朝着更加广泛和深入开展。在对早

《普邮研究》

期古典邮票和解放区邮票研究的同时，加强了对新中国邮票和邮政历史方面的研究以及对外国邮资票品的研究，特别是注重对近期邮品的研究。

1. 对中国邮资票品的研究

在学术研究领域，既有固守传统型研究方向，初心不变的一批学术骨干，更多的是跟随集邮发展趋势，以研究新兴集邮方式为己任的一些新生代学术力量。他们的集邮研究成果，主要体现在中外邮品邮史的各个方面，成为全国主流研究和地方特色研究的极好补充。

对新中国普票系统收集与全方位究向来是我国集邮者特别重视的课题之一，其研究成果在中国传统集邮研究中具有代表性。成立于2001年新中国普通邮票研究会始终致力于推动新中国普票研究。会刊《普邮研究》基本汇集了这一时期本领域的主要学术成果。对天安门图案人民币旧币值普票的研究：普1发行日期应以国家邮政总局1950年2月10日明令发行为准，而不应以贴有其800元票的1950年2月8日超前售用封为准；普旅1即旅大贴用普票，是凸版印刷而非胶版印刷。普2的10000元票，存在200枚大版和50枚小版，其版模特征、拼版模式与子模特征互有联系，并可认定50（10×5）枚小版是200（20×10）枚大版印版制版的四分之一。普3部分800元版票，其100号位的邮票图案中，天安门城楼屋檐与华表之间存在“大雁”子模特征。普5出现的2万元无齿票，是普5印制初期的试模样票。

改1的200元、500元、800元和1000元4种面值票，发售时间应为1950年2月下旬；300元面值票是1950年3月上旬；100元面值票是1950年6月中旬，以上观点均有实寄封为证。改3的100元/4元、100元/10元、400元/20元这3种票的“中央一版”加盖组外品，出现多种版别的赝品，通过加盖特征剖析可辨。改4的800元面值票，其发行时间为1950年6月下旬，有1950年6月28日贴有该票的实寄邮品为据。改5的发售时间，应在1950年7月下旬，有1950年7月31日贴用该票的国际航空信函为据；改5边纸出现的“工铭”，系印刷厂加盖人员的姓或名简称，至少有9种（《中国邮票史》第七卷记载为8种），分别为戴、汤、鲍、吴、赵5姓和瑜、明、忻、坤4个名字简称，客观反映出加盖工厂为短时间内完成1.3亿枚“改5”加盖任务而采取的特殊工作流程和责任标记。

普 23《民居》邮票全套 14 枚，自 1986 年 4 月 1 日至 12 月 25 日历经 269 天，分 10 次发行完毕。以后陆续发行普 25—27 共 3 套 7 枚，合计 4 套 21 枚，使用时间长达 11 年。《民居》普票首次用计算机设计、制版，其用量之大、印次之多、版型版式变化之快，在中国邮票发行史上前所未有。从而成为新中国普票研究的一个前景广阔的领域。我国普票研究者发表的颇有见地的“民居”研究文章达 400 多篇，发现与述及“民居”变体邮票 16 类逾百种。吕增春的《中国民居普通邮票研究》专著，提出 36 个《民居》普票观察点及其研究方向。不少研究者将其成果融入《民居》普票邮集，频频亮相全国乃至世界邮展。

《中国民居普通邮票研究》

以邮资封片简和信卡为主体的邮政用品历来是集邮者热衷于收集和研究的对象。21 世纪前后 10 年，中国邮政为适应人民群众需求，发行了品种众多、数量巨大的邮资封片简卡，包括贺年邮资片封卡系列、礼仪邮资封卡系列、专用邮资图普通邮资封片卡系列，以及从普资片中单列出来、专用于开发旅游景点门券的小规格《马踏飞燕》邮资图（后期也有以景区标志性景点为邮资图的，但集邮者通称“小马片”）明信片系列等。这些富有时代气息和地方特色的邮政用品，一直深受广大集邮爱好者欢迎，人们以等同邮票的兴趣对之进行收集和研究。

成立于 2005 年的瓯越邮政用品研究会，是研究邮政用品的集邮组织。会刊《瓯越邮讯》和年刊《邮政用品研究》以学术研究为主，每期基本汇总了当年全国集邮者的邮政用品研究新成果。该会在浙江省及温州市集邮协会支持下，面向全国举办了两次学术论文研讨会，在新世纪集邮中始终保持着活跃态势。

2. 对邮政历史的研究

对中国邮史研究一项重要成果是“沙鱼涌”邮史考察活动。沙鱼涌，地处深圳现龙岗区葵涌境内。1938 年 10 月广州被日寇占领，中国从广州通往国际的最后一条邮路受阻，中华邮政遂于 1939 年 11 月 9 日在偏僻的沙鱼涌开辟一条秘密国际邮路。设立国际邮件互换局，对外挂牌名“沙鱼涌邮局”，利用来往于香港至沙鱼涌的“士丹利”号货船转运邮件物质，维持了国际邮路畅通。直至 1941 年 2 月日寇占领沙鱼涌后关闭，邮政员工撤至香港待命。

2006 年 9 月 22 日和 28 日，在深圳市集邮协会主导下，以中国邮戳研究会骨干为主的考察组再次踏上“重访沙鱼涌”之旅。这次考察活动与首次考察路线大致相似，经过实地查勘，更借助当地健在的知情人口述往事，结合当年由沙鱼涌经转的实寄封、旧文献资料和当下研究者论著等归纳出一些共识：即“沙鱼涌邮局”是抗战最艰难时期广州市邮政局香港分信处在深圳大鹏湾叠福地区建立的邮局，它的性质是充当进出口国际邮件转运中心。有局牌，有日戳（全汉文日戳和用于国际邮件业务的汉英文日戳）。与世界40多个国际邮件互换局直封邮件总包，地位与当年的伦敦、巴黎、纽约、悉尼、马赛齐名。该局具体方位处于沙鱼涌南边约12里水路的叠福村下围（又称“下沙”），旧时叠福码头一侧。

同年10月，广东卫视对这次学术活动作了专题新闻报导。《深圳集邮》学术版刊出周林撰写的考察专稿《重访沙鱼涌》，文章论证了1938年10月24日第七军邮总视察段第四视察分段张新瑶12号呈文有关“沙鱼涌邮局”与当年深圳邮政局的关系，指出当时设于九龙海关叠福分关一旁的沙

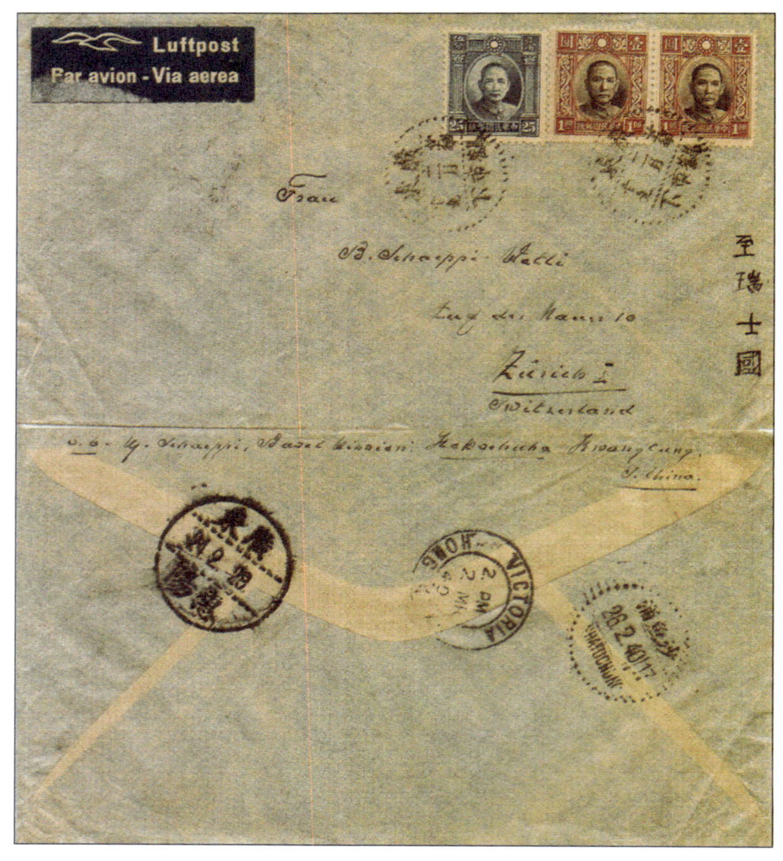

沙鱼涌邮局实寄封

鱼涌邮局是广东省邮政管理局直属的相当于国际互换局的机构，不公开对外业务，更不是抗战期间深圳邮局易地办公，因此与深圳邮局不存在从属关系。

邮资是邮史研究的一个重要方面，也是研究邮品的基础内容。成立于2003年的中国欠资研究会，专门研究中国各历史时期的欠资邮票、邮件，对其承载的邮史等内容。“邮费不足称欠资（郭润康语）”，对欠资邮件一般采取按邮政规章补资或罚资的办法处置，并贴用欠资邮票或加盖欠资邮戳等表示。欠资邮件处理方式及过程具有丰富邮史内涵。中国欠资邮史起自清代，延续至今。会刊《中国欠资研究》发表了全国各地诸多欠资研究者的学术文章。

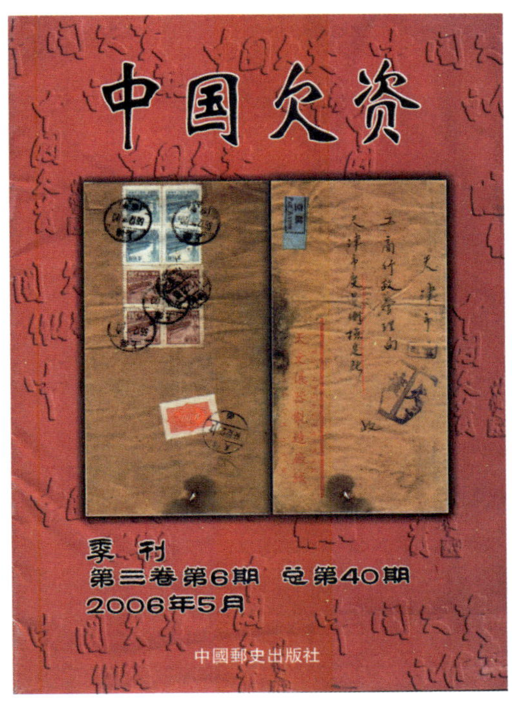

《中国欠资》

免资集邮以免资邮品为对象。免资邮品包括各种免资邮票及封片简等。中国的免资邮票从军邮发端，较早的免资明信片是1929年发行的《西湖博览会纪念明信片》。改革开放以来，特别是2000年前后，我国各地发行过不少免资邮品，引起部分集邮者的兴趣，逐步形成这一新兴集邮方式。免资集邮研究会成立以来，就自身集藏范围开展了专深独到的研究，以会刊《免资集邮》为园地，不断发表了诸多研究中国各历史时期免资邮品的学术文章，并陆续推出一些学术专著如《西湖博览会纪念明信片研究与图鉴》。与此同时，免资邮集也开始步入国内外高级别邮展并获得较好成绩。

3. 扩展集邮研究的新领域

邮电部于1987年11月10日，在全国196个大中城市同时开办“国内邮政快件业务”，并制定一系列处理程序及保障措施。国内邮政快件业务是当时继特快专递和邮政储蓄业务之后开办的又一项新型业务。由于邮政业务的快速和发展，该项业务也完成了它的使命，于1998年7月1日停办。历时10年左右的邮政快件历经了0.5元、0.8元、1元和2元4个邮资阶段，以及多种不同的快件业务。期间，还叠加了两次征收地方附加费，邮政史的内涵极为丰富，成为广大集邮者收集和研究的对象。2002年成立的“国内邮政快件研究会”推动了邮政快件邮品的专项研究。会刊在其研究范畴发表了许多有学术价值的文章。在深入研究基础上，以邮政快件为素材的展品也在国家级邮展上展出。

文献集邮起源实际很早，从有集邮文献出现，就有人开始收集集邮文献。但长期以来，人们收集集邮文献的目的主要是辅助邮票和邮史研究，对文献集邮自身的研究则是从其成为一种集邮方式开始的。2002 年 2 月 8 日，在北京成立了“文献集邮联谊会”，重庆、陕西等地也相继成立了文献集邮组织。2004 年，以江苏省为主、由全国文献集邮爱好者志愿组成的跨地区的“文献集邮研究会”在镇江成立。

2005 年 7 月 16—17 日，在全国集邮联支持与参与下，该会在江苏南通市举办了“全国文献集邮论坛”。这次论坛基本汇集了文献集邮研究的最新成果，特别是对文献集邮的定义、研究对象和范畴，以及文献集邮与集邮文献的关系等进行了全面总结和比较完整的归纳，从而初步建立起文献集邮的基础理论。

自动化邮票于 1969 年 3 月 1 日在法国首次出现，此后普及到世界诸多国家和地区。1984 年，自动化邮票被万国邮联确认。1999 年 12 月 30 日，北京西站自助邮局自动售票机开始发售自动化邮票，标志着中国第一套自动化邮票诞生。2001 年 10 月人民邮电出版社出版《中华人民共和国邮票目录・新世纪版》收录了自动化邮票，编号“自 1”。自动化邮票在北京只发售了 16 个月，但却激发了全国广大集邮者收集和研究自动化邮票的热情。北京一些自动化集邮爱好者率先在专业集邮报刊发表了大量研究自动化邮票的文章，还用这类近期素材编组邮集。2003 年 8 月 3 日，在北京举办了“自动化邮票学术研讨会”，就我国自动化邮票的使用、地位及其防伪性能等课题进行了深入研讨。其中关于“自 1”邮票中“蓝电子”的出现时间及数量，是与会者最为关心的问题。“蓝电子”是北京发售“自 1”时于 2000 年春节前的一段时

“自 1”邮票研讨会

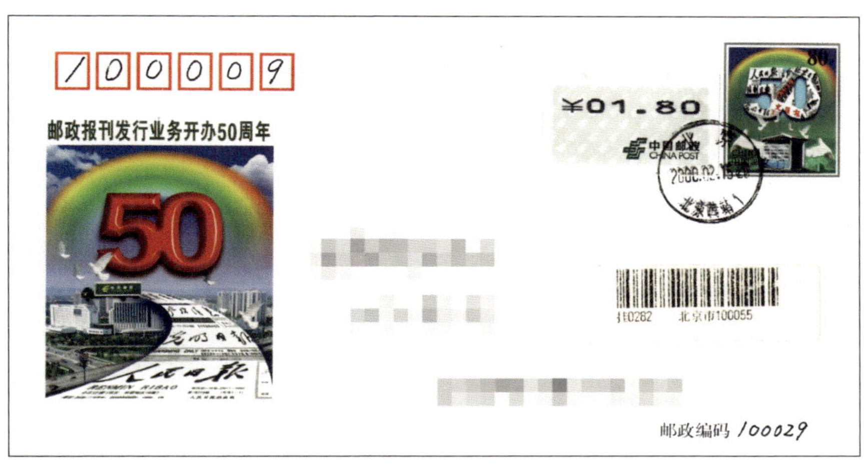

“蓝电子”邮票补资实寄封

间内，出现的用蓝色色带打印出的自动化邮票。由于这部分邮票出现时间较短，售出数量很少，故其出售的时间和数量，一直是集邮界探讨的重要课题。经过这次会议研讨，基本上可以确定，“蓝电子”的出售时间为 2000 年 2 月 12 日至 26 日，售出数量大约为 4000 枚。

4．对外国邮资票品的研究

中国集邮界在学术研究领域，多年来都是以研究本国的邮资票品为主，很少涉及外国的邮资票品。随着集邮国际化程度的提高，部分集邮者开始对外国邮资票品进行深入研究，并将研究成果予以发表。

2000 年 5 月是世界第一枚邮票“黑便士”诞生 160 周年。为此，《中国集邮报》编辑部推出“邮票诞生 160 周年纪念”专号。在这份专号上，有多位国内资深集邮家撰写的研究“黑便士”邮票以及其他外国邮资票品的文章，如李明的《黑便士的长辈们》《黑便士出世》《黑便士的孪生姊妹马尔雷迪邮政用品》、沙子芬的《改变世界邮政历史的英国爵士》、胡大幸的《一便士邮资的由来及其意义》、马坤善的《早期世界各国（地区）首枚邮票》、夏明鉴的《第一枚……邮票》、赵文义的《外国珍邮》《邮票令世界更精彩》等。将多篇系统介绍和研究外国邮资票品的文章集中在一期专号，在专业集邮媒体中还是首次。

马尔雷迪邮政用品是世界上最早由国家邮政部门正式发行的邮资信封和邮资资信简，与黑便士邮票同时于 1840 年 5 月 1 日在英国发售，5 月 6 日开始使用。由于其邮资图案是当时著名的美术家威廉·马尔雷迪设计，其封和简也就以马尔雷迪命名。20 世纪 90 年代以来，中国的专题集邮者对其运用越来越广泛。北京集邮家王志刚在从事专题集邮收藏与研究的同时，还善于从邮品自身进行深入研究。2000 年第 69 期和第 70 期《中国集邮报》用两个整版篇幅刊登了王志刚的《说不尽的马尔雷迪邮政用品》研究文章。该文从 5 个方面对马尔雷迪邮政用品进行研究：（1）马尔雷迪是世界上第一枚邮政用品吗；（2）马尔雷迪邮政用品的基本情况；（3）马尔雷迪邮政用品所涉及的专题信息；（4）马尔雷迪邮政用品的价格；（5）马尔雷迪邮政用品拍卖辑录。文章中有很多观点是作者自己的研究成果。

埃及金字塔邮票极限明信片是世界古典极限片的重要主题之一，多年来在极限集邮类展品中成为珍贵素材，并且成为世界各国极限集邮者研究的对象。2000 年以来，中国集邮者在编组邮集中引进较多的外国极限片，其中就有早期的金字塔极限片。但是，由于缺乏资料和判断能力，一些赝品未被识别出来，造成损失。《集邮》杂志 2009 年 3—4 期分别刊登了钟玉龙的《金字塔及斯芬克斯极限片》和郑玮的《金字塔古典极限片的研究》文章。文章对早期金字塔极限片的邮票贴用、资费标准、邮路、邮戳特征、加盖地点、明信片规格、版式、印刷、书写情况，以及极限片的存世量、国际拍卖行情等多个方面进行了较深入的研究。

五、开展国际集邮学术活动

2000—2010 年，中国分别在四川绵阳举办了亚洲国际邮展，在河南洛阳举办了世界邮展。在这两次重要的国际集邮活动中，中华全国集邮联合会与邮展组委会共同主办了“中国 2003 国际集邮学术研讨会”和“中国 2009 国际集邮高峰论坛”，旨在

第69期 OPN

（总第513期）■2000年9月1日

特稿　中国集邮报

■本版编辑/王宏伟 ■电话 64963002 ■网址 http://www.chinainfo.com.cn

图一

编者按：今年正值世界首枚邮票——英国黑便士邮票诞生160周年，也是世界首套邮政用品——英国马尔雷迪邮政用品诞生160周年。马尔雷迪邮政用品与世界首枚邮票——黑便士同时诞生，即与黑便士同时在1840年5月1日出售，5月6日开始使用，共同走过了160周年的风风雨雨。马尔雷迪邮政用品包括邮资信封和邮资信简，邮资封和邮简分别又有1便士（用于不超过半盎司重）和2便士（用于不超过1盎司重）两种面值，故马尔雷迪邮政用品共有4个品种。近几年来，随着我国集邮水平的不断提高，特别是专题集邮在大中城市的普及，集邮者对外国邮品的收集越来越重视，同时在邮集中也大量涉及外国中高档邮品的使用。但由于语言障碍、文化背景差异及资料缺乏等不利因素的存在，大多数外国邮品收集者对所收集的邮品及欲收集的邮品了解并不深入，甚或了解很少，也给其邮集水平的进一步提升造成了困难。这一问题在马尔雷迪邮政用品的认识上表现得较为突出。为此，本报特邀请研究马尔雷迪邮政用品的专家王志刚先生，就有关马尔雷迪邮政用品的几个问题撰文阐述，以飨读者。此文将分为上下两篇刊登。

说不尽的马尔雷迪邮政用品（上）

□ 王志刚

马尔雷迪是世界上第一枚邮政用品吗

对于这个问题，可能有的邮友会说，这不是早有公论么。其实，笔者之所以提起这个话题，是因为在马尔雷迪是否为世界第一枚邮政用品上仍有争论。而事实上，在马尔雷迪之前也确有邮政用品存在。

许多人都知道马尔雷迪封、简是与世界第一枚邮票——黑便士同时诞生的，即与黑便士同时在 1840 年 5 月 1 日出售，5 月 6 日开始使用。但据记载和实物，在马尔雷迪之前，至少存在着二种具备现代邮政用品特征的邮品，它们是：(1)1819 年和 1820 年意大利撒丁岛(Sardinia) 使用的预盖或预印有邮资的信简 (Letter Sheets)；(2)1838 年新南威尔士(New South Wales)发行并使用的压凸邮资信封和信简。下面对这两种邮品略作介绍。

撒丁信简亦称加瓦里尼(Cavallini，意为小骑士)或小骑士信简，主要是因为该信简的邮资图案为骑马吹号角的小骑士。从邮资面值上看，撒丁信简有三种规格：15 分(在 15 英里以内传递有效)，25 分(在 35 英里以内传递有效)和 50 分(可作 35 英里以上传递)；从信

马尔雷迪邮政用品的基本情况

马尔雷迪邮政用品的发行渊源至少可以追溯到1837年。被称为“邮票之父”的英国人罗兰·希尔(Rolland Hill)在那一年发表了对现代邮政有划时代影响的一本小册子《论邮政改革：其重要性和实践性》(Post Office Reform: Its Importanceand Practice)，提出了邮资预付的办法，并建议使用有背胶的邮票、邮资信封和邮资信简。他的这一建议得到了工商界广泛的支持，并最终获得了成功。1840年初，邮政用品和有背胶邮票的“出世”条件已经成熟。

我们抛开邮票不谈，单说马尔雷迪邮政用品的产生。当时，有关方面委托著名的美术家、皇家艺术学会会员威廉·马尔雷迪(William Mulready)设计一个适当的图案，以便加印到信封和信简上去。但马尔雷迪先生所设计的图案从画面上看却很复杂，完全可称得上是一幅绘画作品。从而，以马尔雷迪先生名字命名的、对后世有很大影响的“马尔雷迪邮政用品”诞生了。下面我们从几个侧面来较系统地对马尔雷迪邮政用品进行认识。

1. 品种。马尔雷迪邮政用品包括邮资信封(下面简称邮资封)和邮资信简(下面简称邮简)，邮资封和邮简分别又有1便士(用于不超过半盎司重)和2便士(用于不超过1盎司重)两种面值，故马尔雷迪邮政用品共有4个品种。从按图案折叠后的形状来看，邮资封与邮简的区别不大；但展开后的形状，邮简呈矩形(参见图一)，邮资封则为菱形(参见图二)。从图案刷色来看，1便士的封、简为黑色；2便士的封、简为蓝色。

2. 印刷及用纸。马尔雷迪封、简的一个印刷全张为12枚，每个铅版上带有一个相同的号码，印在其背面的固定位置上，并以“A”(用于1便士面值的封、简)或“a”(用于2便士面值的封、简)字母打头，后面跟阿拉伯数码。据说阿拉伯数码编号从1到321，但至今还有许多号码的封、简尚未发现。为了增加防伪，马尔雷迪邮政用品选用了约翰·迪金森(John Dickinson)公司生产的特种纸印制，该纸内嵌红蓝两色纤维线。从印成品观察，每个邮简上有5根线，其中有三根红线在(展开)的图案上方，二根蓝线在图案的下方；每个邮资封上有6根线，两根红线夹一根蓝线分别位于图案左右两侧。

3. 使用情况。马尔雷迪邮政用品发行后，并没有受到人们的欢迎，反而招致了报界和社会上的种种非议。有些人认

《中国集邮报》刊载王志刚研究马尔雷迪邮政用品的文章

加强国际集邮联各成员组织间的学术交流，增进相互了解与合作，促进集邮学术研究水平共同提高。

1．中国2003国际集邮学术研讨会

2003年11月21日，“中国2003国际集邮学术研讨会”在四川绵阳举行。来自亚太各国和地区的集邮家、邮展征集员，中国集邮界代表和绵阳市的集邮者共200余人参加了研讨会。研讨会由中华全国集邮联合会副秘书长刘佳维主持，副会长常延廷在会上讲话。中华全国集邮联合会学术工作委员会面向全国征集了150篇论文，并从中选拔出10篇作为大会宣读论文。这些论文是：赵人龙的《清末民初快信邮票若干问题的研究》、何辉庆的《红印花邮票使用概况——由华著〈红印花封片简执据存世考〉分析》、孙士毅的《中国永宁加盖“方框在上”邮票发行日期的商榷》、许庆发的《庆祝东北人代会免费信封考》、关卓然的《山东邮政朱德像邮票版式研究》、王华新的《赣西赤色邮政之研究》、王泰来的《中外邮票设计比较研究》、戴定国的《美国邮票之发行与邮政服务》、阮铭的《中国自动化邮票》和曹朝的《网络信息时代发展网络集邮的思考》。

在研讨会上宣读的论文中，台湾集邮家何辉庆根据600多件贴用红印花邮票的实物列出11个表格，深入研究了红印花邮票在国内和国际业务中的使用情况，其资料和分析难能可贵；香港集邮家关卓然通过细微的观察和对比，发现1946年山东战时邮务局发行的朱德像邮票存在“宋体字”6种不同形式，“楷体字”6种不同形式；江西集邮家王华新试图从研究“赣西赤色邮政”邮戳入手，沿着赣西苏维埃政府的由来与发展，揭开赣西赤色邮政的真实面目，将中国邮政历史研究推向深入；北京集邮家阮铭则针对发行于1999—2001年的中国第一套自动化邮票进行研究。这些成果的出现，进一步丰富了中国集邮学术研究的成果。

2．中国2009国际集邮高峰论坛

2009年4月，中国2009“中国与21世纪的集邮发展”国际集邮高峰论坛在河南洛阳举办。国际集邮联理事、中国2009世界邮展顾问郑炳贤，中华全国集邮联合会副会长兼秘书长刘佳维、副会长王新中、李近朱，中外集邮学术论文作者代表出席论坛。来自各国和各地区的邮展征集员、评审员和邮集作者，各省、自治区、直辖市邮政专职干部和集邮爱好者参加活动。论坛由全国集邮联副秘书长张国华主持。

在此次高峰论坛上，新加坡郑炳贤的《世界集邮与中国集邮的发展》、中国北京王泰来的《普6、普8图案选题设计研究》、中国甘肃王新中的《集邮文化理念的确立、实践与发展》、中国台北陈友安的《中国清代邮政用品展集之组建》、中国香港区德仁的《中国早期邮政史》、新加坡孙士毅的《国际邮展邮集用语之我见》、美国杰弗瑞·S．舒耐特的《中国海关第一套邮票的设计稿及样票》、英国柯林·弗雷泽的《2009世界华邮市场及其未来展望》等论文进行宣读。

王泰来的《普6、普8图案选题设计研究》获得一等奖。该论文论证了中国20世纪50年代发行的部分普通邮票的选题、设计与苏联和东欧社会主义国家的趋同现象，分析了其产生的政治背景与思路，提出当今全球经济一体化，文化趋同的大环境下，

中国 2009 国际集邮高峰论坛

如何注重在民族传统文化基础上借鉴外国先进的表现手法来丰富中国的邮票选题与设计。

中国 2009 国际集邮高峰论坛自 2008 年 9 月开始向国内外集邮组织和集邮家征稿，共收到来自中国、美国、英国、新加坡、韩国，以及中国香港、中国台湾的论文 60 余篇，反映了我国和海外集邮界近年来关于中国邮票研究等课题的最新学术研究成果。经过评委会认真评审，共评出一等奖 3 篇、二等奖 12 篇、三等奖 18 篇、纪念奖 22 篇。其中获一、二等奖的 15 篇论文和 1 篇特邀论文汇编成集。

香港 2004 集邮学术研讨会

3. 参加香港 2004 国际集邮学术研讨会

在香港 2004 年举办的第 17 届亚洲国际集邮展览期间，由中华全国集邮联合会、香港邮学会、中国邮学会等举办的国际集邮学术研讨会于 2004 年 1 月 31 日和 2 月 1 日在香港会议中心举行。中华全国集邮联合会副会长兼秘书长盛名环、副秘书长刘佳维到会场看望了由中华全国集邮联合会组织的集邮交流团。

此次国际集邮研讨会由刘佳维主持，共有 17 篇集邮学术论文宣读。其中有国际集邮联合会传统委员会主席米歇尔撰写的关于传统集邮的发展为内容的论文。中华全国集邮联合会集邮交流团宣读的论文有：刘广实的《中国的旅大天安门50元邮票版式研究》、陈波的《汉口五国租借“客邮”始末》、许庆发的《走出邮政史研究的误区》、宋晓文的《旅游因集邮而精彩》、林轩和黄玉魁的《集邮与旅游相得益彰》等。其中《集邮与旅游相得益彰》的题目很新颖，作者从“集邮与旅游密切相关”“集邮与旅游将进一步结合”“集邮与旅游结合，可以促进人们的身心健康”3个方面，阐述了集邮与旅游相结合可以使更多的人增加集邮兴趣，使集邮者触发新的灵感。香港2004年举办的第17届亚洲国际集邮展览的主题为“旅游”，因此，部分论文的题材与旅游相关。

六、集邮图书评选和集邮文献参展

进入21世纪后，延续以往集邮图书出版的繁荣，加之文献集邮在我国兴起，广大集邮者研究、写作热情日益高涨，这时也带来了新的问题：一方面是集邮著述数量不断增加，但出版与销售并不容易，大家都在呼唤“出书难”；另一方面是从这些未出和已出的集邮图书看，真正让人们喜闻乐见和具有较高学术价值的，实际数量却相对有限。“出书难”和“好书少”，是我国集邮图书在繁荣表象下，一直面临的同一问题的两个侧面。针对这一问题，全国集邮联学术部与《中国集邮报》于2003年联合主办了一次“集邮图书出版大家谈”专栏研讨活动。这次大讨论在全国引起广泛反响，大家在讨论中建立起共识——繁荣集邮图书出版的根本在于多出精品，这也是化解“出书难”的根本措施。

1. 对集邮图书出版的讨论

2003年6月，集邮文献研究者陈京主编《中国集邮文献概览·集邮书典》由科学技术文献出版社出版。这部书典，收录了此前出版的集邮图书1000余部，基本反映了中国集邮图书全貌。在通览这些集邮图书之后，陈京认为“真正值得称道，写出了一些真东西的图书的确不多，约占30%”“其中最多的现象是对集邮基本知识相互抄袭和转录”“尤其是那些通篇的市场分析、邮品价格走势论述、新邮评述（指没有个人见地的）等，实在是缺乏阅读亮点”。这些看法表明我国出版集邮图书数质量不平衡、质量亟需提高的观点，也引起了集邮学术界及有关方面的重视和反思。

《中国集邮文献概览·集邮书典》

2003年10月17日，全国集邮联学术部在《中国集邮报》开辟专栏，以“集邮图书出版大家谈”为题，两家联合主办，向全国征文研讨。这场研讨活动历时4个月，至2004年2月27日结束，分11次发表近30篇来稿。葛建亚撰写题为《集邮事业发展呼唤集邮图书的繁荣》的文章，从“出书，挡不住的‘诱惑’”“辩证看待‘出书难’”“出书，贵有精品意识”“打造精品集邮图书”等方面归纳了大家的讨论意见，在此基础上提出“解决‘出书难’的措施”：（1）要提倡、鼓励会员写书、出书；（2）提倡文献集邮，组织开展图书评论和图书评选活动；（3）开展集邮图书助印活动；（4）由集邮协会会刊出版会员的作品丛书；（5）建立集邮图书出版基金，扶持集邮图书的出版；（6）各地文献集邮研究会、集邮报刊读者联谊会，要以为会员服务为宗旨，组织集邮图书的交流或等价互换。结语指出：集邮事业的发展呼唤集邮图书的繁荣——“出书难”问题的多渠道解决，必将为集邮图书的繁荣创造有利条件，从而促进集邮文化的普及和我国集邮事业的蓬勃发展。

这次讨论，一方面鼓励和保护了广大集邮者写书、出书的积极性；另一方面对著述人提出了应努力提高写书水准和出书质量的要求。要“多出书”更要“出好书”，确立精品意识，对于繁荣集邮图书的创作和出版，推动集邮研究的深入和集邮事业的发展具有重要作用。这次讨论的意义和价值，很快由随后进行的全国优秀集邮图书评选体现出来。

2. 首届全国优秀集邮图书评选活动

全国优秀集邮图书评选活动是在我国集邮图书出版日益繁荣，文献集邮活动广泛开展的情况下举办的。旨在普及集邮知识，提高集邮研究水平，交流学术成果，促进集邮图书出版的繁荣和质量的提高，推动集邮事业的深入发展。本次活动的主办方是中华全国集邮联合会。

评选范围为1994年1月至2003年12月，这十年间我国公开出版发行的有正式书号的集邮图书。优秀集邮图书征集工作得到了各地集邮协会的大力支持和集邮图书作者的热情响应。从2004年3月开始，截至6月底，共收到福建、江苏、上海、山西、广东、湖北等28个省级集邮协会、2个全行业集邮协会和部分作者，以及邮政文史中心、邮票博物馆报送的各类集邮书籍228部（套）。反映出世纪之交十年里我国集邮学术研究的丰硕成果和集邮图书出版的繁荣。

2004年7月，全国优秀集邮图书评审工作在京举行。评审委员会由集邮联学术委员会部分委员、出版界专家和集邮联秘书处相关人员组成。7月6—8日，评委会集中3个工作日，连带晚间加班，对入选图书进行评审。全国集邮联副会长兼秘书长盛名环、副秘书长刘佳维出席评审会。

参评图书分集邮知识类、专集专著类、集邮史学类、工具书类和集邮图集类等5大类。认定符合参评条件的书籍有192部，其中集邮知识类62部、专集专著47部、集邮史学类（含传记回忆录）36部、工具书14部、集邮图集33部。由评委会分成4个小组，按集邮价值和研究深度（40分）、文字水平和可读性（30分）、编排技巧（20分）和印刷装帧（10分）4项标准进行评审。经4个小组分类初审、各组交叉复评、

全国优秀集邮图书评审委员会评委

集体研究终审等步骤，使每部（套）图书都通过4轮评审和最后终审，确保评审公正。7月8日评选揭晓，共评出一等奖16个、二等奖45个、三等奖77个、纪念奖54个。

在16部获得一等奖的图书中，周治华的《世界生肖邮票精品》、黄越的《银色的诱惑——邮票上的世界电影艺术史话》、施水浪的《邮驿春秋》为集邮知识类一等奖；李世琦的《中华邮政单位、基数、银元邮票专论》《钟笑炉集邮文存》、王景文的《胶东邮史邮品研究》为专集专著类一等奖；《中国邮票史》《江苏集邮史》《吉林省集邮史》为集邮史学类一等奖；《中国早期集邮文献集成》、狄超英和金柳的《世界邮票铭记速查手册》《中国集邮旅游地图册》为工具书类一等奖；《中国人民解放军军邮史图集》《中国邮票博物馆馆藏珍品选》、朱祖熹的《方寸洞天——邮票上的隧道与地铁》、崔以泰的《世界医学邮票大观》为集邮图集类一等奖。

《邮驿春秋》

在45部获得二等奖的图书中，包括黄祥辉《基础集邮学》等集邮知识书籍11部，《孙君毅集邮文选》等专集专著14部，《湖北集邮史》等集邮史著9部，陈志深《中国片封简图鉴（1874—1974）》和《中国片封简图鉴·续编（1975—1998）》等集邮工具书4部，包明伟《民国时期版图旗印花税票图录》等集邮图集7部。

在77部获得三等奖的图书中，包括克东的《方寸探美》等集邮知识书籍28部，《河北集邮文选》等专集专著20部，《山西集邮史》等集邮史著13部，甄树隆的《中华人民共和国邮票全书》（上下卷）等集邮工具书5部，王钟强的《邮票上的航空史》等集邮图集11部。首届全国优秀集邮图书评选，为今后造就更多精品集邮图书，夯实了基础铺开了路。

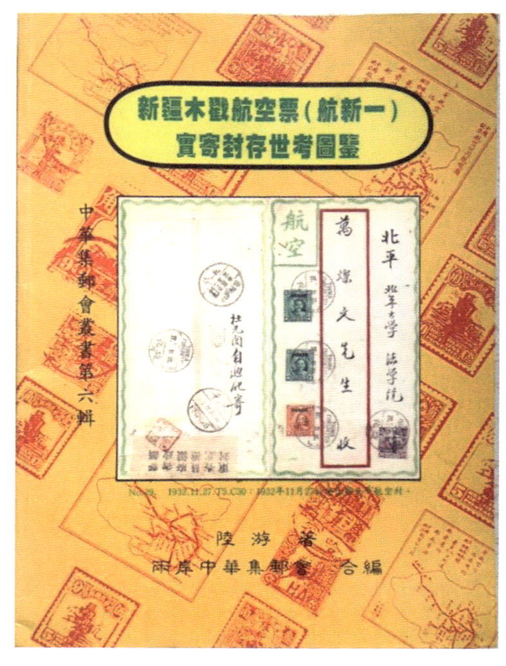

《新疆木戳航空票（航新一）实寄封存世考图鉴》

3. **集邮文献参加竞赛性邮展**

2000—2010年，正是我国集邮图书出版的兴旺时期，各类集邮文献不断参加全国邮展、亚洲邮展和世界邮展。特别是在中国举行的国际邮展和世界邮展，为我国集邮文献参展提供了展示平台。其中部分集邮文献获得较好的成绩。

（1）在全国集邮展览上获奖的集邮文献

在南京2001第8届全国邮展上，参展文献81部全部获奖。其中，《中国人民解放军军邮史图集》和陆游的《新疆木戳航空票（航新一）实寄封存世考图鉴》获得大镀金奖加特别奖；《中国印花税票总目录》和包明伟的《民国时期版图旗印花税票图录》、王华新的《苏维埃邮票知多少》获得镀金奖。

在重庆2003第9届全国邮展上，参展文献69部均获奖。其中，饶立新的《中国印花税与印花税票》获得镀金奖加特别奖；邹金盛的《潮帮批信局》、晏星的《沙鱼涌邮史研究》、留伯仙的《红印花加盖票古封录》、黄剑波的《常增书集邮文集》、吴廷琦的《延陵集邮文存》、仇润喜的《邮人说信》获得镀金奖。

在南昌2008第13届全国邮展上，参展文献达111部，有100部获奖。其中，郭学广的《洪流集藏——沈曾华〈华东人民邮政〉收藏集》、冯威的《世界奥林匹克运动邮票目录》、童国忠的《原地集邮概论和图鉴》、黄剑波的《山外集——孙少颖邮文选辑》等获得大镀金奖；周治华的《世界生肖邮票目录》、翁如泉的《厦门旧影》、王景文的《胶东战时邮政》、刘延年的《老明信片中的黑龙江》、黑龙江省集邮协会的《中国东北邮史研究会丛书》（共 10 册）、张玉生的《大清浙江实寄封片考》、张志强和宋庆忠的《吉林文报局史》等获得镀金奖。

（2）在亚洲国际邮展上获奖的集邮文献

在印度 2000 第 14 届亚洲邮展上，中国参展文献 2 部获奖。其中，中华全国集邮联合会《中国 1999 国际集邮学术研讨会论文暨中国集邮研究论文选》获得大银奖。

在中国 2003 第 16 届亚洲邮展上，中华全国集邮联合会参展文献 82 部全部获奖。其中，由中华全国集邮联合会编著的《中国集邮史》、中国邮政文史中心的《中国邮票史》（1—9 卷）和《中国早期集邮文献集成》获得金奖；王以和的《中国集邮文献概览 · 集邮学术研究文献索引》、李世琦的《西南区邮票研究》、施水浪的《邮驿春秋》、陈京的《中国集邮文献概览 · 集邮书典》、刘铭彝的《晋绥边区邮票研究》、广州驻军老年集邮协会的《中国人民解放军军邮史图集》获得镀金奖；吴廷琦的《延陵集邮文存》、张立的《邮驿续笔》、刘佳维的《邮苑情缘》、中国税务出版社的《中国印花税票总目录》以及《集邮》杂志编辑部的《集邮》（2002 合订本）获得大银奖。

在泰国 2007 第 20 届亚洲邮展上，中华全国集邮联合会选送的文献类展品为蔡文波的《中国邮政事务总论》，获得镀金奖。

（3）在世界邮展上获奖的集邮文献

在新加坡 2004 世界邮展上，中华全国集邮联合会参展文献 3 部全部获奖。其中，中国邮政文史中心的《中国邮票史》《中国早期集邮文献集成》获得金奖加特别奖；中华全国集邮联合会编著的《中国集邮史》获得大镀金奖。

《洪流集藏——沈曾华〈华东人民邮政〉收藏集》

《中国早期集邮文献集成》

《中国邮票史》

在西班牙2006世界邮展上，中华全国集邮联合会选送的文献类展品2部，中华全国集邮联合会的《中国集邮人物风采录》（第一卷）获得镀金奖；李曙光的《实用集邮学教程》获得大银奖。

在俄罗斯2007世界邮展上，中华全国集邮联合会选送的4部文献类展品全部获奖。其中，《中国邮票史》获得金奖；《中国早期集邮文献集成》获得镀金奖。

在以色列2008世界邮展上，中华全国集邮联合会选送的3部文献类展品全部获奖。其中，陆游的《中国集邮学报》（第一卷）获得镀金奖；《集邮》（2007合订本）获银奖。同年，在捷克2008世界邮展上，中国参展文献4部获奖。其中，陆游《中国集邮学报》（第二卷）获得镀金奖；《集邮博览》（2007合订本）和《中华人民共和国邮票目录》（2007年）获得大银奖。

在中国2009世界邮展上，中华全国集邮联合会选送的28部文献类展品全部获奖。其中，中华全国集邮联合会编著的《中国集邮大辞典（2009年版）》《中国集邮人物风采录（珍藏版）》获得大镀金奖；郭学广的《洪流集藏——沈曾华〈华东人民邮政〉收藏集》、中国邮政文史中心的《中国近期集邮文献集成》《中国邮票史》（2、3、4、9卷）获得镀金奖。

七、各地开展的特色学术活动

2000—2010年，一些综合性全国集邮学术年会被全国和地方联合举办的专题性集邮论坛所替代。在这一时期，全国各地集邮论坛频繁举办，而且多数论坛根据当年社会大环境和大事件，冠以鲜明的主题。

1. 举办各种集邮论坛

“2004·西安集邮文化论坛”于2004年5月12—16日在西安举办，面向全国征集论文，主题为“集邮文化活动的现状与未来”。本次活动共收到论文数十篇，涉及面广泛，对集邮学及其框架、集邮经营、邮票市场的发展、集邮宣传与集邮经营的互动、集邮文献、集邮与旅游、集邮教学、集邮文化在企业文化中的地位与作用、陕甘宁边区邮票等课题进行了研究。王新中、任永信、蔡旸、刘劲、林轩、赖景耀、戈中博、何修、李毅民9位论文作者在大会交流发言。论坛与“票中游”陕西题材邮票原地考察相结合，赋予论坛新的内容和形式。

2005年以后，落实全国集邮联五届三次理事会工作要点关于“适应新形势需要，开展多渠道、多形式的集邮学术工作”的要求，面向全国的地方集邮论坛愈加活跃。

集邮文化论坛 · 2004 西安

2005 中国集邮论坛

5 月 27 日，“2005 中国集邮论坛”在重庆市邮政管理局会议室举行。这次论坛经过一年多筹备，共征集到论文 141 篇，经全国集邮联聘任的论文评审委员会四审评审，田圣德的《刍议把集邮文化融入先进文化建设大潮》获得一等奖；王光力的《试论实现集邮强国》、赵人龙的《清代国家邮政时期大圆日戳的研究》等 4 篇论文获得二等奖；王新中的《把集邮文化融入先进文化建设的大潮》等 10 篇获三等奖。其中，田圣德、王光力、赵人龙和林轩等人获奖论文在大会宣读。

《2005 中国集邮论坛·重庆获奖论文集》

2006 年 10 月 21 日，在江苏高邮市行政中心举办了“2006 全国文献集邮高层论坛”。孙少颖、林衡夫、林轩、邵林、李毅民、葛建亚、刘嵩等就相关课题发表演讲。发言者的共同观点是：当前，文献集邮活动已成为我国集邮文化事业发展新亮点和新的增长点。文献集邮的实践，对集邮学术研究提出了新的课题，迫切需要从理论上给予回答。要以文献学、集邮学为指导，提高集邮文献研究的规范性、科学性和有效性，从而促进文献集邮活动健康发展。

2. 巩固和开展区域性的集邮学术研讨会

为落实全国集邮联五届三次理事会关于“适应新形势需要，开展多渠道、多形式的集邮学术工作”的精神，更好地开展集邮学术研究，促进集邮文化的发展，加强兄弟省（自治区、直辖市）集邮协会之间的横向联系，北方六省（市、区）集邮协会的秘书长经过协商确定，于 2005 年 9 月 13 日首先在山东青岛召开学术研讨会。2006 年河北加入，成为北方七省（市、区）集邮学术研讨会，又先后在北京、锡林浩特、西安、太原、天津、承德举办，至 2011 年共举办了七届。七届研讨会的主题分别是：集邮文化与构建和谐社会、邮政与集邮、集邮与构建和谐社会、新时期的集邮协会、新中国集邮的强盛之路、解放区邮票研究、纪念中国共产党成立九十周年等。每个承办研讨会的省级集邮协会都把这项工作当作一项重要工作来抓，从确定征集论文的主题、要求、研讨内容以及会务安排等，在各方面精心筹备。七届研讨会共征集论文三百多篇。从第二届开始编印论文集，6 册共收录论文 222 篇。存目 67 篇。在 7 个省（市、区）集邮协会的共同努力下，这种区域性的集邮学术活动形式一直延续下来。

此外，西北五省（区）、中南六省（区）、西南六省（市、区）等均在 20 世纪末就开展了区域性的集邮学术活动，在新世纪继续巩固这一传统形式，如包括重庆、四川、云南、贵州、西藏、广西在内的西南六省（市、区）集邮协会就分别于 2000 年 6 月在云南大理和 2008 年 12 月在云南昆明举办了学术研讨会。区域性的集邮学术活动的特点在于相邻省份活动方便，研究邮路、邮史也能够相知、相通。为弘扬集邮先进文化，巩固和开展地区间集邮学术交流，进一步推动了集邮事业健康发展。

3. 在媒体上进行集邮热门话题讨论

2002 年以来，集邮界经常谈论的话题就是“如何从集邮大国走向集邮强国”。刘平源等全国集邮联几位领导都对此表示了极

北方七省（市、区）集邮学术研讨会论文集

大关注，在不同场合多次强调要确立建设集邮强国的发展目标。2003 年 4 月 25 日，《中国集邮报》头版刊出天津李明来信，文中提到，我国现在已经成为名副其实的集邮大国，但与世界集邮强国相比还有较大差距，建议《中国集邮报》开展一次“如何从集邮大国走向集邮强国”的讨论。以此为开端，在《中国集邮报》上展开了一场全国范围大讨论。这次研讨活动以“集邮强国论坛”形式，由集邮联学术部与《中国集邮报》联合主办。全国集邮者反响强烈，《中国集邮报》从各地踊跃来稿中先后选登或摘编 50 余篇在论坛发表。8 月 29 日，《中国集邮报》发表特约评论员综述文章。从“集邮大国辩证看”“集邮强国不是梦”“奋发图强谋发展”三个方面归纳了众人的认识、分析与建议。这次讨论与其成果，对指导我国 21 世纪集邮活动具有启示作用。

《中国集邮报》的集邮论坛或征文活动不断举行。2005 年与福建省大中专院校集邮联合会共同举办高校集邮论坛。2006 年 4 月 28 日—6 月 28 日，为迎接太原全国邮展，推出“我与全国邮展”征文，为办好全国邮展献计献策。2007 年 6—8 月，为迎接建军 80 周年，举办《我说“大进军”邮票》征文，共收到征文近百篇，对这套独具特色的解放区邮票进行了多层面多角度的研究与回忆，从中评出一等奖《大进军与“进军图”邮票》等获奖文章 10 篇。同年 8—12 月，举办“我眼中的建国 60 周年邮票”“我所了解的国外邮票发行、销售、管理情况”“2009 年、2010 年纪念邮票选题建议”“仿印邮票图案管理办法建议”系列征文，共收到征文近千篇。2009 年 7—11 月，举办“纪念共和国六十华诞——新中国邮资票品研究”征文，发表文章涉及新中国邮资票品从选题、设计、印制、发行和使用到邮史内容等各个方面。

第七节 集邮宣传呈现多元化

在2000年召开的中华全国集邮联合会第五次代表大会上，提出了“加强舆论导向，升华集邮文化”的指导方针。在全盘的工作要点中，将集邮宣传工作放在重要位置。加大集邮宣传工作力度，以科学的理论和正确的定位，把握集邮宣传的舆论导向，引导集邮活动弘扬主旋律。在这一阶段，集邮宣传工作以构建社会主义和谐社会的宗旨，全面配合党和国家的中心工作及重大活动。

一、全国集邮联健全集邮宣传体制

中华全国集邮联合会第五次代表大会于2000年7月18日在北京开幕。在历经了20世纪90年代后期邮电分营、管理体制改革、二级集邮市场起伏和会员流失等情况后，面对新世纪的中国集邮，全国集邮联对集邮宣传工作首先抓组织落实，成立了宣传工作委员会，并且制定集邮宣传方针和工作职责。

1. 集邮宣传工作的组织保障

全国邮政集邮宣传工作委员会2002年3月18日在河北保定成立，标志着全国邮政系统的集邮宣传工作步入一个新阶段。自国家邮政局成立后，有公开发行刊号的省级集邮报刊4家、邮政报刊8家；有内部发行准印证的省级集邮、邮政报刊各20家，几乎所有的省级邮政报刊都辟有集邮专版。该委员会由国家邮政局邮资票品管理司和全国邮政新闻宣传中心领导，定期下发集邮宣传方针、协调集邮宣传口径、向成员单位提供相关信息和资料，通过发布新闻通稿的形

全国邮政集邮宣传工作委员会成立大会

式，将国家邮政局的邮资票品发行政策及重大集邮活动的报道在各地邮政、集邮报刊发表，使广大集邮者能及时了解到国家邮政局的准确信息，起到指导全国集邮宣传工作、扩大集邮社会影响的作用。此后，该委员会2003年2月在上海、2004年2月在江苏扬州、2005年3月在山西临汾，分别召开了第2—4届工作年会。

2007年全国集邮联“五大”工作报告关于今后工作建议中提出：“要坚持正面的宣传引导，加强对外宣传报道。深入研究集邮工作的特点和规律，把握集邮活动发展的正确方向，做好集邮报纸和杂志的舆论宣传，占领集邮舆论阵地；重视和加强对外宣传，扩大我国集邮活动的影响。”

2008年6月17日，全国集邮联第二届宣传工作委员会在北京成立，由39人组成，全国集邮联副会长李近朱担任主任。该委员会旨在提高集邮宣传工作的地位，扩大集邮宣传的影响，从专业角度从事集邮宣传，指导各级集邮组织开展集邮宣传工作。该委员会作为中国集邮界宣传工作的最高工作机构，担负起向社会宣传集邮活动的意义和价值，向集邮界宣传正确的集邮理念，宣传集邮的文化功能的重任。

李近朱出生于1945年，天津人，中央电视台高级编辑。李近朱1952年开始集邮，主要收集中国邮票。1960年，他开始学习音乐，又开始收集音乐题材邮票。他还是国家级邮展评审员。他的专题邮集《维也纳的音乐故事》和极限邮集《西方音乐五百年》分别获得全国邮展金奖、世界邮展大银奖，亚洲邮展大镀金奖。2007年，李近朱当选中华全国集邮联合会第六届副会长；2011年被授予中华全国集邮联合会第三批会士。

李近朱

2008年9月25—27日，全国集邮联宣传工作委员会在石家庄召开第一次会议。会议以《中华全国集邮联合会五年工作纲要》为依据，研讨近期的宣传规划和工作计划，把集邮宣传作为推动和发展集邮事业的一项重要工作。

2. 集邮宣传工作的部署与行动

全国集邮联于2000年12月召开宣传工作座谈会并下发《2000—2004年宣传工作纲要》。15个省市的代表探讨集邮宣传新思路，交流集邮宣传的工作经验。各级集邮协会面临的新课题、新任务是集邮宣传如何常抓不懈，加强领导，拓展宣传领域，强化宣传手段，繁荣集邮创作，丰富集邮活动。要从集邮理论和集邮知识两个方面加强集邮文化的宣传，提高会员素质，稳定会员队伍；强化集邮的理论研究，培养一支集邮理论评论员队伍和宣传队伍；在全国选拔和培训集邮典型，组成巡回演讲团，针对不同层次集邮者，进行有效的宣传。

2003年为配合在四川省绵阳市举办的“中国2003第16届亚洲国际邮票展览”，

中华全国集邮联合会文件

邮联发[2008]37号

关于贯彻《中华全国集邮联合会
五年工作纲要》的通知

各省、自治区、直辖市集邮协会，全国各行业集邮协会：

为了进一步推动我国集邮事业持续健康发展，根据全国集邮联2008年工作要点和杨贤足会长的指示，全国集邮联制定了《中华全国集邮联合会五年工作纲要》，经2008年6月10日全国集邮联会长会议审议通过，并经国家邮政局审批，现印发你们并将有关贯彻落实的意见通知如下：

1、《中华全国集邮联合会五年工作纲要》是在认真分析形势、深化思想认识、广泛发扬民主、集中群众智慧的基础上产生的，是对今后五年集邮联工作的全面部署和安排，是今后五年集邮联工作的指导性文件。各省级集邮协会和行业集邮协会要认真组织传达、学习和贯彻执行。

2、要以科学发展观为指导，从各地、各行业的实际出发，对现状和发展趋势进行认真的分析、研究，广泛听取理事、所属协会和会

1

《关于贯彻〈中华全国集邮联合会五年工作纲要〉的通知》

举办了多次新闻发布会，录制邮展专题宣传片，印制邮展宣传招贴画，在当地设立大型户外宣传广告牌、倒计时牌、邮展纪念碑。中央、省、市新闻媒体78家，记者230余人进行了采访，共发稿3600余篇。会刊会报、各省（自治区、直辖市）邮报邮刊自始至终做了多角度的宣传报道。

2004年3月22—27日，“全国集邮报刊研讨暨集邮宣传培训工作会议”在湖南长沙举行。全国集邮联副会长兼秘书长盛名环要求“全国集邮宣传工作要着重探讨集邮文化理论，正本清源，弘扬集邮文化，组织和建设集邮宣传阵地，培育一支高水平的集邮宣传队伍”“各级集邮宣传部门要加强与社会媒体的联合与合作，提供宣传技巧，扩大社会宣传效果。集邮宣传要唱响主旋律，把握好报刊的舆论导向”。

为配合在河南省洛阳市举办的中国2009世界集邮展览，全国集邮联宣传工作委员会广泛动员、组织新闻媒体参与报

道60个城市的巡回宣传活动，历时5个月，跨越29个省、自治区、直辖市，行程8.3万多公里。在中国2009世界集邮展览期间，先后6次举行新闻发布会，及时向记者提供详尽的邮展信息，向新闻媒体广泛介绍中国集邮事业的发展。中央电视台、中央人民广播电台、《人民日报》《光明日报》等20余家国家级新闻媒体在主要位置大量刊发了世界邮展的相关报道。50多家境内外媒体的原发报道达240多篇次。

二、集邮媒体的改版和变化

在网络宣传逐渐进入集邮领域的情况下，各集邮专业媒体一方面固守传统媒体的优势，另一方面积极采取多种措施，以应对新形势下的宣传工作。根据全国集邮联宣传工作的重点和要求，坚持正确舆论导向，突出集邮文化导向，加强对先进经验、典型事迹的宣传，成为这一时期集邮专业媒体的主要特点。

1. 全国集邮联会刊会报的改版与变化

《集邮》杂志、《集邮博览》杂志和《中国集邮报》作为全国集邮联的会刊会报，是广大集邮者长期以来依赖的主要信息来源。进入21世纪，随着网络进入集邮领域，传统的纸质刊物受到一定的挑战，发行量有所下降。这些会刊会报面对现实，努力寻找对策，认真挖掘纸质媒体的潜力和优势。

进入21世纪后，《集邮》杂志面对近50万庞大的读者群，发行到60多个国家和地区的局面，采取扩版增容的策略，将页

中国2009世界集邮展览开馆

4月10日，中国2009世界集邮展览开馆式在河南洛阳博物馆新馆举行。

左图：在邮展期间，洛阳市将举办一系列与集邮相关的活动，不仅拓展邮展的内容，更能丰富人们的集邮知识，提高鉴赏水平，让他们从“方寸”之中享受到快乐。一位参加“洛阳市4000人同场同时寄发明信片活动”的女孩，高兴地展示她刚领到的明信片。　　新华社记者　王　颂摄

下图：4月10日，一位外国集邮爱好者在参观邮票珍品。本届邮展首次实现了国际集邮联合会84个成员组织全部报名参展，展品达3200框，其中特邀80框世界珍邮参展。

新华社记者　王　颂摄

《人民日报》报道《中国2009世界集邮展览开馆》

数从 60 页增加到 80 页，再到 80 页 + 不定期彩页，装订从骑马订变为胶订，规格从正 16 开变为大 16 开。2007 年 10 月发行了彩版试刊号，2008 年改为全彩版 80 页起脊胶订。改版后的《集邮》杂志于 2001 年被新闻出版总署列入中国期刊方阵，评为“双百期刊”；2003 年和 2005 年两次获“国家期刊奖百种重点期刊”。

该杂志在这一阶段还不断调整栏目，2000—2004 年增设的“获奖邮集”栏目为参展者提供参照；2001—2003 年增设的“新中国邮票设计家巡礼”栏目系统介绍邮票设计家及其作品；2006—2008 年开设的“奥运集邮”栏目为北京奥运助力加油；2000 年以后推出的第 3—14 期增刊，专注于对邮资票品的研究和集邮理论探讨，成为汇聚各年度学术研究成果的重要载体。

《集邮博览》杂志复刊号

《集邮博览》杂志进入 21 世纪后，也采取扩版增容的策略，规格从正 16 开的 48 页增加到 64 页，再到 96+4 彩页，装订从骑马订变为胶脊装订，成为全国容量最大的集邮期刊之一。《集邮博览》原为北京市邮政局主办，于 2006 年 12 月后休刊。

2007 年 8 月，《集邮博览》杂志复刊，由中国邮政集团公司主管，中国邮政文史中心主办，率先改为大 16 开全彩版 80 页起脊胶订的全新杂志。改版后的杂志 2008 年获准冠名为全国集邮联会刊。该刊依托于中国邮政文史中心的中国邮政邮票博物馆，利用独特的邮政历史资源，为集邮者提供珍贵的资料。专题性的组稿思路也是该刊的一个特色。

该杂志在 2000—2009 年不断推出年刊、增刊和专号。2002—2005 年度的《中国集邮年刊》；增刊有《税票研究专号》《附加费集邮研究专刊》《专题与自动化学术专刊》；专号有拍卖专号、文献集邮专号、极限集邮专号、金卡集邮专号、火车邮政专号、现代集邮专号、附加费集邮专号、外邮专号、风景戳专号等；还有《三色江西》《〈牡丹花城〉特刊》等。

《中国集邮报》自 2001 年起改为每期彩色印刷，在这一阶段发行量达到 20 多万份。该报没有增版和提价，而是充分发挥了新闻性、时效性强的优势，利用出版周期短、信息量大的特点，紧密结合国内外集邮新趋势和市场动向，对全国集邮联各个阶段的中心工作进行及时的报道，以此赢得各界的好评。

2000 年中国集邮报推出《邮票诞生 160 周年纪念》专号。这份多达 78 版的专号汇集了中国集邮界多位集邮家撰写的数十篇独家稿件，既有介绍和研究“黑便士”等中外古典邮票的文章，又有介绍和研究现代珍邮的文章。内容丰富、资料性强；2008年为报道在北京举办的国际集藏博览会，首次推出了“号外”；2009年为报道在洛阳举办的世界邮展，首次出版了大16开16版的展场日报——“贴片报”。该报还经常组织一些与读者互动的活动，以加强报纸与读者的联系。

2. 各省级集邮协会集邮刊物的调整变化

各省（直辖市、自治区）集邮协会的专业集邮刊物，对集邮活动的宣传都产生了各自的作用。杂志型的《上海集邮》《湖北集邮》《江西集邮》《江苏集邮》《宁夏集邮》《福建邮花》等杂志经过改版增容，发挥各自的地域优势，为提高广大会员的集邮水平，扩大集邮文化的影响力发挥重要作用。有条件的地方由报纸型改为杂志型，如浙江省集邮协会会刊《浙江集邮》自2002年元月起改为16开本月刊，发行量1.6万份，2004年起又发行了网络版。

以报纸型面世的《集邮报》《北京集邮》等也积极行动，采取了增版等方式。《集邮报》2002年起改为周三发行，成为我国发行周期最短的集邮类报纸，推出青少年、集藏、文摘、邮市四大专刊。特别是该报打出了“《集邮报》，集邮者自己的报纸”的宣传用语，显示出贴近普通集邮者的姿态；北京市集邮协会的会报《集邮简报》自2004年1月起更名为《北京集邮》，版面增加到4开4版，每月末以《邮政周报·集邮资讯》为载体发行。自2005年第7期起，《北京集邮》脱离《邮政周报·集邮资讯》体系，开始独立编辑、出版和发行，各版面大体保持原来的模式。该报不仅详细记录了北京市集邮活动的信息，还刊登了大量的邮展、学术研究信息，介绍集邮、邮政知识。

3. 民间集邮组织邮刊的变化

进入21世纪以来，各地民间邮刊与全国集邮联会刊会报同样受到网络等因素的影响。在订户下降的情况下，很多民间邮刊难以维持而自行停刊，能够勉强生存下来的，需要在信誉度和可读性两个方面作出努力。

综合性民间邮刊大都能够把握正确的

部分省级集集邮协会会刊

导向，弥补官方邮刊“接地气”的不足，各具地方特色的自写自登，对读者颇具亲和力和可读性，显得更加贴近生活、贴近实际。以介绍当地集邮活动、交流集邮信息、传播集邮知识为己任。内容贴近当地读者，图文并茂；文章深入浅出，雅俗共赏。在这一时期较有影响力的有：郭润康集邮研究会的会刊《金竹邮风》月刊，16开20页。齐鲁邮学会会刊《齐鲁集邮》，双月刊，16开48页。上海蜀陵邮学研究会会报《蜀陵》，月报，16开4—8版等。其中既有普及性的集邮读物，也有研究性的学术专刊。

民间专项集邮组织专门从事某一类别或某项邮品的研究，而它们依托的平台主要是会刊。这些民间专项集邮会刊，既有对应于国际集邮联的集邮展览正式类别如专题、极限、航天集邮等专项性邮刊，也有富有中国特色的集邮方式如生肖、原地、文献、自动化集邮等专业性很强的邮刊：生肖集邮研究会的会刊《生肖集邮》，双月刊，16开28—32页；文献集邮研究会的会刊《文献集邮》，双月刊，16开56页；新中国普通邮票研究会会刊《普邮研究》，季刊，16开32页；原地封研究会会刊《原地集邮》，双月刊，16开36页；北京、山西、江苏等地极限集邮组织合办的《极限集邮者》，双月刊，16开48页。

《齐鲁集邮》创刊号

三、举办大型活动宣传集邮

全国集邮联在2000年以来，与其他相关单位联合举办了多次大型集邮活动，以此提高了集邮在社会的认知度和影响。此外，全国邮政宣传工作委员会、全国集邮联宣传工作委员会举办了相应的评选优秀图书和集邮宣传优秀作品活动，有效地促进了集邮宣传工作的开展。

1. 举办首届中国集邮文化节

为庆祝中华人民共和国成立55周年，全面展示新中国集邮事业的发展水平，拓展、创新、发展我国的集邮文化事业，由中华全国集邮联合会、中国文学艺术界联合会、中国国际交流促进会、中央电视台、中国摄影家协会、浙江省邮政局联合主办；浙江省邮票局、浙江省集邮协会、杭州市邮政局、杭州市集邮协会承办；中国邮政文史中心协办的“首届中国集邮文艺节”于2004年10月16—18日在杭州举办。

首届中国集邮文艺节共征集到来自全国集邮爱好者的上万件集邮文艺作品，全国29个省、自治区、直辖市集邮协会和5个全国性行业集邮协会在自身组织评选参赛活动的基础上，经过层层遴选推荐，向

首届中国集邮文化节开幕式

组委会报送了1213件集邮文艺作品，内容包括集邮书法类、摄影类、漫画类、歌曲类、诗歌类、散文类、小品类。组委会聘请了16位著名专家学者进行评选，按照上述7个类别分别进行评选。共有350件入选作品，其中一等奖7个、二等奖17个、三等奖30个。

首届中国集邮文艺节是配合西湖博览会开展的活动，还举办了“首届中国集邮文化节获奖作品暨2004中国（杭州）集邮文化展”，于2004年10月16—18日在浙江图书馆展出。作为西博会重要参展项目之一，举办了“中国邮票博物馆馆藏精品展”，由中国邮票博物馆提供的珍藏邮品亮相展出，其中的“红印花小字当一元”尤其吸引观众。展览期间，每天都确定了活动主题：16日是“邮苑风采日”；17日是“邮艺展示日”；18日是“邮情联谊日”。新华社、中央人民广播电台、中央电视台等中央新闻单位，浙江省、杭州市的20多家新闻媒体都进行了采访报道，据不完全统计，先后有100多篇有关首届中国集邮文艺节的消息和报道在中央、省、市的报刊、广播、电视中播出或刊登，扩大了集邮文化的社会认知度和影响力，提高了集邮文化的品位。

2. 开展集邮情文化交流巡回活动

由北京四达邮币社独家赞助、全国集邮联合会主办的“四达杯”集邮情文化交流活动，2001年7月29日在全国政协礼堂召开首场报告会，这项全国性大型集邮活动目的是搞好典型宣传教育，普及集邮知识。内容包括集邮报告会、集邮联谊交流活动、记者实地采访和跟踪报道等。历时近50天，先后到北京、河北、山西、陕西、甘肃、黑龙江、上海、浙江、安徽9省市的石家庄、太原、西安、兰州、哈尔滨、杭州、诸暨、合肥等10个城市，行程一万余公里，残疾集邮者李少华等人生动感人的集邮事迹，震撼了集邮爱好者的心灵，在邮人间引起了强烈的反响。此次活动引起中国教育电视台《方寸天地》节目组的重视，跟踪采访连续报道；中央电视台、中央人民广播电台、新华社、《光明日报》《中国文化报》《中国青年报》等全国各地40余家媒体进行了全方位的宣传报道，突出了“集邮连着我和你”的主题，以事感人，以情动人，该活动贴近广大集邮者，倡导树立正确的集邮价值观、文化观、市场观。

3. 全国邮政集邮宣传优秀作品评选活动

全国邮政集邮宣传工作委员会举行的首次“全国邮政集邮宣传优秀作品评选”活动于2002年6月23日揭晓，此次活动自2002年4月初发出通知后，共收到22个省（自治区、直辖市）邮政和集邮报刊报送的集邮宣传作品100余篇，按照《关于举办全国邮政集邮宣传优秀作品评选的通知》的规定，分为通讯类、言论类、摄影类、知识学术类、消息类进行评选，共52篇作品分获一、二、三等奖。通讯类：《“出线”手记》《俗中见雅话“聊斋”》《编余琐记》；言论类：《从“佳邮评选无悬念”说起》《能不能先别“吹”》；摄影类：《欢庆北京申奥成功》；知识学术类：《2002年新邮资料原地漫谈》《e时代点击@字符邮票》《丰富多彩的荧光邮票》《观全国邮展极限展品后的思考》获一等奖。

《方寸天地》集邮节目光盘

在此后的数年中，这项活动得以延续，2003年2月25日在上海、2004年2月25日在江苏扬州、2005年3月3日在山西临汾、2007年6月6日在甘肃兰州，分别召开了年会并公布了各年度的全国邮政集邮宣传优秀作品评选结果。

四、社会媒体的集邮宣传

全国集邮联宣传工作委员会每逢重大集邮活动都制订宣传方案，广泛争取各级社会主流传媒的支持，发动新闻媒体参与集邮活动的报道，营造良好的舆论范围，强化对外宣传的举措，从而提高了集邮活动的社会地位和影响力。

1. 社会媒体对集邮的关注与宣传

每逢重大集邮活动开展之前，全国集邮联宣传工作委员会都主动向中央国家机关有关部门汇报宣传工作，积极争取宣传、新闻、文化、出版等部门的支持，尽力提升集邮宣传媒体的级别，以此作为集邮宣传工作的先行之举。

2000年以来，全国集邮联宣传工作委

员会到国家外文局以及《人民日报》海外版、《中国日报》等媒体联系合作事宜，邀请凤凰卫视、香港《文汇报》《大公报》等媒体对内地集邮事业的发展进行宣传报道，让港澳台同胞和海外华人华侨对中国集邮引起普遍关注。此外，全国集邮联还邀请《人民日报》、中央电视台、《工人日报》《中国青年报》等媒体参与主办一年一度的全国最佳邮票评选活动。正是由于这些新闻媒体的参与，才使佳邮评选等集邮活动产生较大的社会影响，而且使活动聚拢人气，达到较好的宣传效果。

《人民日报》2000 年 4 月 14 日第 5 版发表署名文章《中国邮市提高透明度》。文章写道："过去，邮资封片的发行量要等到次年才对外公布。从今年 4 月开始，我国将提前公布。""国家邮政局最近还严肃查处了低于面值销售邮票的违规行为，在市场上回购 4 万多套低面值邮票，对所有涉案的省邮政局下发了处罚通知，按收购邮票面值的 4 倍价格进行罚款，并扣减纪特邮票分配计划。某些邮政企业提前销售邮票，此次也受到查处。"

2001 年 2 月 9 日出版的《人民日报》第 12 版刊登了北京集邮界知名人士刘格文、康宏志的文章《我国邮市前景如何？》。文章回顾了 20 世纪末中国邮市"潮起潮落、亦冷亦热"的根本原因，以及国家邮政局进行宏观调控的多种措施。

2. 中央电视台播出集邮专题节目

中央电视台作为国家级主流媒体，对集邮的宣传具有很强的权威性。2003 年 2

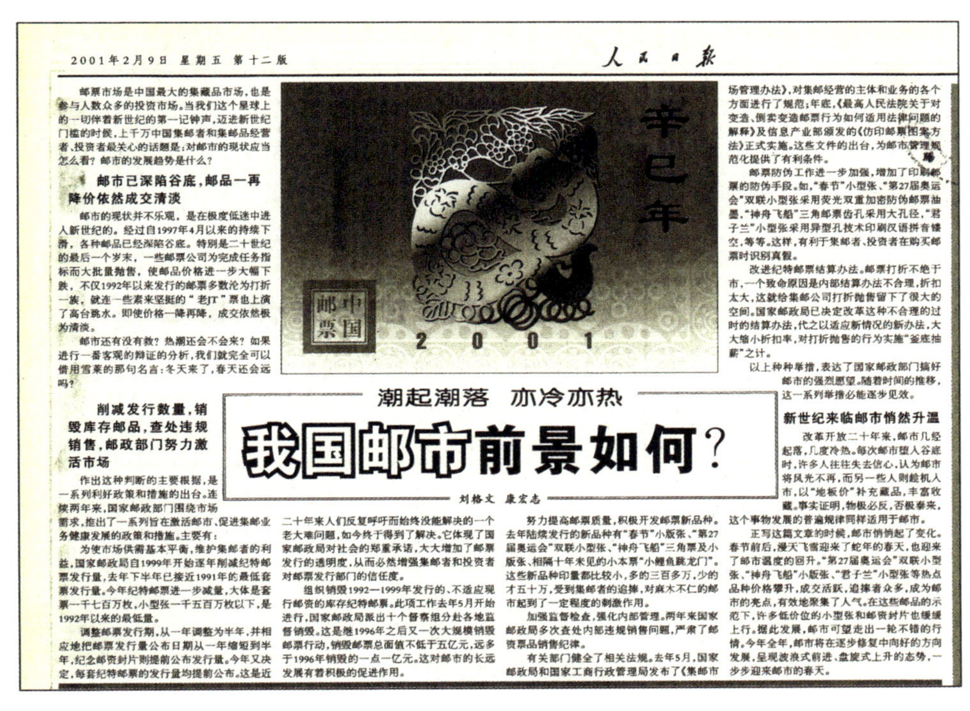

2001年2月9日　星期五　第十二版　人民日报

潮起潮落　亦冷亦热

我国邮市前景如何？

刘格文　康宏志

邮票市场是中国最大的集藏品市场，也是参与人数众多的投资市场。当我们这个星球上的一切伴着新世纪的第一记钟声，迈进新世纪门槛的时候，上千万中国集邮者和集邮品经营者、投资者最关心的话题是：对邮市的现状应当怎么看？邮市的发展趋势是什么？

邮市已深陷谷底，邮品一再降价依然成交清淡

邮市的现状并不乐观，是在极度低迷中进入新世纪的。经过自1997年4月以来的持续下滑，各种邮品已经深陷谷底。特别是二十世纪的最后一个岁末，一些邮票公司为完成任务指标而大批量抛售，使邮品价格进一步大幅下跌，不仅1992年以来发行的邮票多数沦为打折一族，就连一些素来坚挺的"老JT"票也上演了高台跳水。即使价格一降再降，成交依然极为清淡。

邮市还有没有救？热潮还会不会来？如果进行一番客观的辩证的分析，我们就完全可以借用雪莱的那句名言：冬天来了，春天还会远吗？

削减发行数量，销毁库存邮品，查处违规销售，邮政部门努力激活市场

作出这种判断的主要根据，是一系列利好政策和措施的出台。连续两年来，国家邮政部门围绕市场需求，推出了一系列旨在激活邮市、促进集邮业务健康发展的政策和措施。主要有：

为使市场供需基本平衡，维护集邮者的利益，国家邮政局自1999年开始逐年削减纪特邮票发行量，去年下半年已接近1991年的最低套票发行量。今年纪特邮票进一步减量，大体是套票一千七百万枚，小型张一千五百万枚以下，是1992年以来的最低量。

调整邮票发行期，从一年调整为半年，并相应地把邮票发行量公布日期从一年缩短到半年，纪念邮资封片则提前公布发行量。今年又决定，每套纪特邮票的发行量均提前公布。这是近二十年来人们反复呼吁而始终没能解决的一个老大难问题，如今终于得到了解决。它体现了国家邮政局对社会的郑重承诺，大大增加了邮票发行的透明度，从而必然增强集邮者和投资者对邮票发行部门的信任度。

组织销毁1992—1999年发行的、不适应现行邮资的库存纪特邮票。此项工作去年5月开始进行，国家邮政局派出十个督察组分赴各地监督销毁。这是继1996年之后又一次大规模销毁邮票行动，销毁邮票总面值不低于五亿元，远多于1996年销毁的一点一亿元。这对邮市的长远发展有着积极的促进作用。

努力提高邮票质量，积极开发邮票新品种。去年陆续发行的新品种有"春节"小版张、"第27届奥运会"双联小型张、"神舟飞船"三角票及小版张、相隔十年未见的小本票"小鲤鱼跳龙门"。这些新品种印量都比较小，多的三百多万，少的才五十万，受到集邮者的追捧，对麻木不仁的邮市起到了一定程度的刺激作用。

加强监督检查，强化内部管理。两年来国家邮政局多次查处内部违规销售问题，严肃了邮资票品销售纪律。

有关部门健全了相关法规。去年5月，国家邮政局和国家工商行政管理局发布了《集邮市场管理办法》，对集邮经营的主体和业务的各个方面进行了规范；年底，《最高人民法院关于对变造、倒卖变造邮票行为如何适用法律问题的解释》及信息产业部颁发的《仿印邮票图案方法》正式实施。这些文件的出台，为邮市管理规范化提供了有利条件。

邮票防伪工作进一步加强，增加了印刷邮票的防伪手段。如，"春节"小型张、"第27届奥运会"双联小型张采用荧光双重加密防伪邮票油墨，"神舟飞船"三角邮票齿孔采用大孔径，"君子兰"小型张采用异型孔技术印刷汉语拼音镂空，等等。这样，有利于集邮者、投资者在购买邮票时识别真假。

改进纪特邮票结算办法。邮票打折不绝于市，一个致命原因是内部结算办法不合理，折扣太大，这就给集邮公司打折抛售留下了很大的空间。国家邮政局已决定改革这种不合理的过时的结算办法，代之以适应新情况的新办法，大大缩小折扣率，对打折抛售的行为实施"釜底抽薪"之计。

以上种种举措，表达了国家邮政部门搞好邮市的强烈愿望。随着时间的推移，这一系列举措必能逐步见效。

新世纪来临邮市悄然升温

改革开放二十年来，邮市几经起落，几度冷热。每次邮市堕入谷底时，许多人往往失去信心，认为邮市将风光不再，而另一些人则趁机入市，以"地板价"补充藏品，丰富收藏。事实证明，物极必反，否极泰来，这个事物发展的普遍规律同样适用于邮市。

正写这篇文章的时候，邮市悄悄起了变化。春节前后，漫天飞雪迎来了蛇年的春天，也迎来了邮市温度的回升。"第27届奥运会"双联小型张、"神舟飞船"小版张、"君子兰"小型张等热点品种价格攀升，成交活跃，追捧者众多，成为邮市的亮点，有效地聚集了人气。在这些邮品的示范下，许多低价位的小型张和邮资封片也缓缓上行。据此发展，邮市可望走出一轮不错的行情。今年全年，邮市将在逐步修复中向好的方向发展，呈现波浪式前进、盘旋式上升的态势，一步步迎来邮市的春天。

《人民日报》刊登探讨邮市的文章

月13日16点23分，中央电视台第一套节目《世纪回眸》栏目播出了《春节·生肖·邮票》节目。国家邮政局邮资票品司副司长邓慧国、原邮票设计室主任董纯琦、著名美术家韩美林与北京集邮家朱祖威、王泰来、刘开文等应邀参加了该节目的录制。在这期节目中，各位嘉宾围绕着中国第一轮和第二轮生肖邮票，特别是《庚申年》邮票以及世界上第一枚生肖邮票——日本于1950年发行的虎年邮票及小全张的趣闻轶事，并结合中华民族特有的传统文化进行谈论。视频上还出现了《庚申年》邮票和首日封，还有其余11枚生肖邮票和小本票等其他生肖邮品。本次节目的播出，正直中国传统新春佳节期间，对于人们了解生中国传统肖文化，调动人们对生肖邮票的收集欲望，都起到了宣传作用。

2005年3月7日，中央电视台“艺术品投资”栏目特别推出“乍暖还寒的邮票市场”节目，北京市部分邮商、邮市评论家与主持人一起探讨了2005年邮市的走向。由于国家邮政局推出一系列相关举措，2004年的集邮市场出现了局部回暖现象，这种情况引起了中央电视台财经频道的注意，于是邀请了部分邮市管理者、邮商和集邮者做客电视台。2006年12月12日，中央电视台第二套节目《第一时间》栏目播出了题为“邮品投资风险较小，前景看好”的新闻报道。在此节目中，不同的人发表了自己对邮市投资的看法。其中“虽然说邮品投资风险是比较小的，但也不是说随便就能赚到钱”的论述更引起观众的谨慎。

3. 社会媒体追踪报道集邮热点

进入21世纪后，社会媒体对集邮的宣传更为客观、公正和理性。在这一阶段，社会媒体尤其关注的是全国人大代表提出的“关于解决邮票深幅打折议案”。

新华网于2004年3月22日转载了《中国商报》发表的署名文章《邮票打折造成国有资产大量流失》文章。文中说道：在十届全国人大二次会议上，以杨先龙为首的30多位人大代表联名提案，要求有关部门采取措施，坚决杜绝我国目前普遍存在的邮资票品长期深幅打折销售问题。此事在以后的几年里持续进展。2005年3月10日《中国商报·拍卖收藏导报》发表署名文章《杨先龙代表再提邮票打折议案》，人人收藏网于同日进行了转载。

2009年3月11日，在十一届全国人大二次会议上，杨先龙等30多位人大代表，在之前三次议案中涉及的坚决杜绝邮票打折、允许特快专递贴用邮票、公开邮票销毁清单等一系列问题仍未得到有效解决的情况下，第4次提出关于解决邮票17年深幅打折问题的议案，在“两会”上对国家邮政局提交了质询案，《法制晚报》《中国消费者报》《中国商报》等媒体同步跟踪采访。

杨先龙的提案得到国家邮政局的高度重视，并给予认真回复，态度诚恳，全文有6000多字。国家邮政局针对杨代表提出的问题逐一给予回复。就杜绝邮票打折、恢复邮票的使用功能，扩大使用渠道、改革邮票发行销售机制、与市场接轨等问题提出了具体措施，以及邮政与邮票公司的改革改制及部分地区的试点工作作了充分说明。回复中对政治题材邮票给予了特别关注：“发行政治题材的邮票要做到面值不高、设计精美、发行量适中。”

4. 宣传邮政和集邮的影视作品

作为庆祝中华全国集邮联合会成立20

周年的献礼片——《集邮在中国》电视专题片于2001年开始拍摄。中央电视台拍摄并播出了电视专题片《集邮在中国》，该片共3集，每集20分钟。内容包括：早期中国集邮的发展状况；新中国成立后丰富多彩的集邮活动和蓬勃发展的集邮组织；全国集邮联举办的国内、国际展览和邮票评选、发行等重大活动；集邮报刊、电视、网络等多种传媒形式的宣传情况；以及邮票公司、市场、商社、拍卖与集邮文化的关系。

电视连续剧《大龙邮票》

2003年11月，电视连续剧《大龙邮票》在全国各地电视台陆续播出，该片为纪念中国第一套邮票——大龙邮票诞生125周年而拍摄，共20集。剧情围绕清末发行的大龙邮票展开：清朝民间已有邮政机构问世，邮差梅村送信途中结识了礼部侍郎之女容格格，一次邂逅，遂改变了两人其后的半生命运。慈禧太后谕令创制邮票，梅村被受以监制之职。一直垂涎容格格的康贝勒乘机发难，以格格私下印制的一对错票相威胁，梅村与容格格无奈把错票各携其一，生离死别。电视剧通过故事化处理，让观众了解到中国第一套邮票发行情况。

2009年4月26日，中央电视台第七频道播出由中央新闻纪录电影制片厂摄制的六集大型文献纪录片《国脉所系——新中国邮政60年》。全片共分六集，分别为“邮政新生”“从瑞金到中南海”“天路运邮”“邮通两岸”“方寸之地画春秋”和“信达天下”。该片将通过探寻新中国邮政发展的非凡道路，发掘重大事件背后的鲜活故事，解密历史档案中鲜为人知的细节，从而真实再

纪录片《国脉所系——新中国邮政60年》开机仪式

现新中国邮政的光辉业绩。

五、网络进入集邮宣传领域

互联网作为 20 世纪最伟大的一项科技成果，在进入 21 世纪后把人类带入网络世界。随着网络进入人们的日常生活，集邮领域也被网络快速覆盖，给以往的传统集邮文化注入了全新的内容和活力。网络不仅是集邮可以利用的工具，而且是扩大集邮影响、提供全新集邮展示窗口、实现快速交流的重要途径。网络集邮已经成为 21 世纪集邮文化的重要组成部分。

1．网络媒体的兴起

国内的集邮网站大量出现于 2006 年。这一时期，正是中国互联网的普及时期。2006 年 3 月，全国集邮联在确定年度工作任务时提出“力争恢复开通全国集邮联网站，为会员和广大集邮爱好者拓展增长知识、交流互动的渠道”。

国内集邮网站按性质划分，大体可分为官办、商办、民办 3 类。官方办的集邮网站是指各级邮票公司、省级以上集邮协会主办的集邮网站。在这些网站中，民办网站占据 60% 以上。官办的集邮网站主要指各级邮票公司、省级以上集邮协会主办的集邮网站。官方集邮网站以集邮新闻为主，注重报道最新集邮信息，新邮发行信息。

中华全国集邮联合会网站（www.acpf-cn.org）于 2009 年 4 月 8 日正式开通。主要栏目有：“集邮组织”“集邮知识”“邮展史话”“邮展规则”“珍邮欣赏”等。全国集邮联的工作方针和部署及时在网站上发布。

中国集邮总公司网站（http://cpi.chinapost.com.cn/），2009 年 4 月 30 日正式开通（当时网址为 www.cpi.com.cn）。邮票预报、邮资票品预报栏目，是集邮者了解最新集邮消息的窗口。该网站比较有特点的栏目是邮市动态，其中“新邮点评”“热点评论”

中华全国集邮联合会网站首页

等栏目办的生动活泼，富有新意。

中华集邮网（www.cnjy.com.cn）是《中国集邮报》网站，于2002年5月17日开通。该网站致力于“新闻”和“信息”两个要素，实现了新闻、信息、商务三位一体，形成了自己的风格。

官方集邮网站使集邮宣传工作从传统的平面媒体方式，跨入现代化的网络时代相关网络组织相继举办了生肖赠送版寄送情况网络查询、“我与全国邮展”网络征文、群众最喜爱的2005年邮票网络评选、网上中国邮票设计艺术展、小型网络邮品拍卖会、网络无底价集邮文献拍卖等活动，新颖的集邮形式、便捷的参与方式、即时的沟通交流，使网络集邮一时成为集邮热潮之一。

商办的网站主要指有正规营业场所的邮商主办的集邮网站。网站的首要目的是经营集邮品。一些邮商在利用传统方式经营邮票的同时，办起网上集邮商店，促进了集邮信息的传播，丰富了集邮者选购的途径。邮商网站旨在出让邮票、邮品，对市场行情的宣传和报道比较及时。

亿邮网于2000年8月18日开通，设有“新闻速递”“集邮论坛”“名家看市”“邮币卡行情”等栏目，集邮聊天室可以实时与集邮评论家进行交流。

中国邮币卡网是北京市四达邮币社的网站，2009年9月开通。这是综合性的邮品交易网站，对京城、沪市信息报道及时，并发表了一些有研究深度的文章。

2. 各省级集邮协会创建的网站

湖北集邮网（www.hbjy88.com）于2006年4月18日正式开通，是首家由省级集邮协会创办的集邮专业门户网站。网站以“弘扬集邮文化，交流集邮信息，传播集邮知识，提高集邮水平”为宗旨，以及时性、广泛性、知识性和原创性为特色，利用网络快速便捷、信息量大、覆盖面广、交流互动的优势，与省集邮协会会刊《湖北集邮》杂志“刊网互动”、与广大集邮爱好者“人网互动”。网站开通以来，已开设覆盖集邮方方面面的频道20余个、集邮论坛1

湖北集邮网开通仪式

个（内含子版块近20个、专区10余个），日点击数在5万次以上。

北京市集邮协会网站（www.bjpost.com.cn）于2006年5月中旬正式开通。该网站开设的栏目有："协会基础信息""《北京集邮》网络版""集邮动态""集邮专栏""网上会议"等。"会基础信息"栏目反映了北京市集邮协会和各区、县集邮协会，各直属集邮协会以及各专业集邮组织的基本情况。其内容主要有：各集邮协会的综合文字介绍，图片介绍，各集邮协会的大事记等网页。"《北京集邮》网络版"栏目由北京市集邮协会刊报《北京集邮》的部分固定版面和栏目组成。其主要内容有："要闻""集邮知识""集邮百科""集邮文艺""读者之声"等。

八闽集邮网（www.fj8w.com），最初由中华全国集邮联合会理事、会士，福建省集邮协会常务理事、泉州市集邮协会副会长魏文彬创办的集邮主体网站，于2005年1月18日正式开通，2008年成为福建省集邮协会官方网站。该网站开通以来，始终坚持正确的导向，以"立足福建特色、促进两个文明、面向全国邮友"的方针，以及时准确的信息、丰富多彩的内容和清新浓郁的"邮味"，得到了省内外众多集邮者的一致肯定。

3. 民办集邮网站

民办集邮网站是指集邮爱好者、邮票收藏者自办的利用网络传播集邮文化的网站。民间集邮团体在利用网络方面捷足先登，且占网站数量60%以上。

中华医学集邮网是中华医学集邮研究会的会网，于2003年5月"非典"期间开通。截至2015年8月12日12时，网站显示总访问量133495人次，总浏览量91.7万人次，日均访问229人次。该网站设有9个主板块和7个辅助板块。"首页"，介绍各个版块的最新目录和最新重要文章，类似于要闻。"协会"，介绍协会的活动和每个会员的基本情况。

在这段时期，企业拜年卡网、专题邮戳网、极限集邮网、中国外交封网等网站很活跃，围绕某一集邮专类展开自己的收藏和研究，形成了自己的风格。

民办网站主要指集邮爱好者、邮票收藏者自办的集邮网站。一些集邮者将自己多年的收藏和对集邮的感悟，通过网站形式发布。他们并非专业人员，但对网站进行精心维护和管理。集邮者自办的网站形式多样，内容丰富多彩，有的以新闻为主，有的以邮识为主，有的以邮品为主，更多的则是专题形式。

六、各级邮政、邮票博物馆的建设

邮政邮票博物馆是收藏和利用邮政、邮票文物进行学术研究与交流的专业博物馆，它们从不同层次向观众展示了中国邮政的起源和发展历程以及丰富多彩的中外邮票。集思想性、科学性、知识性、时代性、趣味性于一体，成为宣传中国邮政悠久历史的重要场所。

1. 中国邮政邮票博物馆重新组建

中国邮政邮票博物馆2007年8月22日举行开馆庆典仪式，正式对外开放。该馆由中国邮政集团公司主持建设，由原邮电博物馆的邮政部分和中国邮票博物馆组合而成，位于北京市东城区贡院西街6号，拥有4层共7500平方米的展览大厅、6000平方米的文物库房和近万件邮政文物、数亿枚中国邮票（包括香港邮票和澳门邮票），以及200多个国家和地区发行的有特色、观赏性强的邮品等藏品。馆内设有“原始通信”“古代邮驿”“近代邮政”“当代邮政”“邮票展厅”“特展区”“珍宝馆”7个主要展区。向观众近距离地展现了数千枚珍贵的邮票、数百件珍贵的邮政文物、数十幅经典的邮票图稿和原作。除常设展览外，中国邮政邮票博物馆还适时举办临时性展览，以充分发挥邮政设施的宣传作用。该馆于2008年举办了国际奥委会珍品收藏邮集展览；2009年为配合国际博物馆日，该馆举办了“我爱祖国主题展”；2009年该馆还举办了“百花芬芳——纪念中国文联成立60周年集邮展览”“祝中华人民共和国成立六十周年外交部、公安部集邮展览”和“新中国邮票六十年”大型主题展览。为宣传集邮文化发挥了重要作用。

2．各地邮政博物馆的建立

广州邮政博览馆位于荔湾区沿江西路43号的省级文物保护单位——广东邮务管理局旧址内，2002年8月对外开放，是集展览、收藏和销售等功能于一体的综合性博览馆。博物馆展示中国悠久的邮政通信发展历史和具有岭南特色的广州邮政历史变迁，包括反映古代邮驿通信、近代邮政和新中国改革开放前人民邮政的发展历史以及改革开放后，广州邮政的发展和邮政通信科技的新成果。

上海邮政博物馆位于四川路桥北堍北苏州路276号，设在全国重点文物保护单位——上海邮政大楼内，于2006年1月1日正式开馆。博物馆恢复了近百年前初建成时的原貌，重现当年“远东第一厅”的风貌。展示了“大清邮政”的马车、1917年的第一辆邮运汽车实体模型、用于第一条航空定期邮路的飞机模型。博物馆以翔实的史料和实物，运用现代科技手段，追溯了上海邮政的起源和发展历程。

中国邮政邮票博物馆邮政展陈

上海邮政博物馆开馆

宁夏邮政博物馆位于银川市兴庆区解放西街1号的邮政大厦三楼，于2008年1月16日开馆。博物馆展出具有深厚文化底蕴的珍贵邮政文物，追溯中国通信的起源和邮政发展历史，反映宁夏邮政员工为地方经济跨越式发展服务的无私奉献精神，成为观众了解宁夏邮政的窗口。

2006年5月25日，国务院公布了《第六批全国重点文物保护单位名单》。期中与邮政相关的文物有：河北陉县的“井陉古驿道”、安徽肥西的“刘铭传旧居”、福建龙海的“天一总局”、山东烟台的“烟台山近代建筑群”、北京的“民国政府财政部印刷局旧址”、江西瑞金的“中华苏维埃共和国邮政总局旧址”。

中华苏维埃邮政总局是土地革命战争时期，中央苏区革命根据地最高邮政领导机构，统一领导和管理苏区的邮政工作。当年还发行了“中华苏维埃邮政”邮票。这一旧址是典型的客家民居祠堂，分别是当地的谢氏宗祠和张氏宗祠。2005年采用现代建筑与传统工艺相结合的形式修旧如旧地修复，并安排了原状与辅助陈列，反映中华苏维埃共和国、赣南闽西苏区及赣湘鄂其他苏区邮政史料。

3. 与集邮有关的其他展馆

万维生邮票艺术馆坐落于历史文化名城泉州市刺桐东路中段，占地4亩，总建筑面积3500平方米，2003年2月15日作为“中国闽南文化节暨第二届中国泉州‘海上丝绸之路’文化节”的一项重要内容开馆。该馆是以福建泉州籍邮票设计家万维生冠名的文化设施，是我国第一个收藏、展出个人邮票作品的专门展览馆。收藏并展览万维生无偿捐献给家乡泉州的“全国山河一片红”等珍邮图稿、凝聚其毕生心血邮票作品及其所收藏的名家字画。

2008年6月22日在江苏盱眙黄花塘新四军军部纪念馆举行“新四军集邮家沈曾华事迹展览”揭牌仪式，该展览作为新四军军部纪念馆收藏永久性展出。内容分七个部分：生平简介、七十年生死邮缘、世

参观宁夏邮政博物馆

界集邮史上的孤品、中国汽车工业的先驱者、世界集邮大奖俱乐部中国第一人、历史不会忘记。展品包括沈曾华生前的集邮册、图书、笔记本及其主持生产的汽车模型等。

此外，各地以收藏集邮报刊、集邮资料为主要内容的集邮文献藏馆也不断出现，为广大集邮者查阅集邮资料提供了便利。在这一时期较有影响力的有：筹建于1993年的上海李锦林的“集邮文献收藏馆”，2002年迁居新馆；创建于2003年的西安黄剑波“集邮文献交流收藏馆”；贵州遵义岑忠健的集邮文献收藏馆，2004年1月珍藏了郭润康无偿捐赠的全部集邮书籍、报刊近3万份。

新四军集邮家沈曾华事迹展览揭牌仪式

第八节　集邮服务与集邮经营的新格局

进入 21 世纪以来，中国的集邮市场发生了较大变化。以中国邮政为主体的集邮经营调整原有的经营思路、改变经营作风、不断创新经营品种，在市场经济大环境中寻求发展；二级集邮市场在经历了 20 世纪 90 年代的波动后，进一步向理性化发展。随着人们生活水平的不断提高，集邮者对高端邮品的需求也越来越多，给邮品拍卖带来广阔的空间。有关部门通过多种手段对集邮市场进行宏观调控，确保集邮市场在良性轨道上前行。

一、集邮市场的运作与形态

中国集邮市场在进入 21 世纪后，出现了一种优胜劣汰的良性竞争时期。20 世纪 90 年代后期那种争相开办邮市的局面大幅度萎缩，经过优化组合，一些规范的、硬件设施完备的集邮市场在各个城市站住脚跟。此外，邮政部门对邮票发行政策的调整也影响到二级市场变化。

1. 集邮市场的整合与建设

曾经被称为“中国第一邮市”的北京万家马甸邮币卡市场于 2003 年 6 月 1 日落定在北京西城马甸并正式营业。为了扩大经营面积，解决要求入场经营商户的需求，该市场兼并了一墙之隔的福丽特观赏鱼市场，并改建为磁卡厅。尽管该邮市几经辗转，但凭借着 15 年积淀的底蕴，在管理和经营上逐步走入正轨，成为京城一处稳定而规范的邮币卡交易市场。

上海卢工邮币卡交易市场，发展的历程相对平稳。2009 年年底，新的邮市大楼

全国邮市联谊会第七届年会 2004 年在杭州召开

竣工。新大楼室内共分3个区域，总面积约6600平方米。上海卢工邮市已形成较大的完整经营规模，较为先进的基础设施。国际、国内集邮组织、国家邮政局领导多次前来视察，创立了“邮市以邮文化为基础，邮文化以邮市为依托”的特色。

厦门邮币卡市场在2008年经历了一场“改庭换面”，其邮币卡市场由虎园路6号转移至夏商周古玩城，经营项目得到扩充，与之前的古玩市场逐渐融为一体形成了“厦门收藏一条街”的格局。

哈尔滨铁路文化宫集邮交易市场，多年来坚持为广大集邮者服务的宗旨不变。不因市场火爆而加大业户及顾客的负担，也不因市场低迷而降低服务质量，反而提高服务质量、增加服务项目。除为业户提供安全舒适的经营场所外，还为业户订餐、提供开水、在市场内安装磁卡电话等，使他们工作起来顺心、安心。其次，组织各项活动，提升人气，增强市场凝聚力。市场还利用哈铁文化宫的有力条件积极与省、市集邮协会联系，在举办集邮知识讲座、报告会、联谊会、集邮资讯、集邮沙龙和大型集邮展览、邮品拍卖会等为集邮者服务。吸引了更多的集邮者来到这里。

厦门虎园路邮币卡市场

2007年12月31日，成都大发邮币卡市场在经过15年后，被分解成两个市场经营。一是成都冻青树邮币卡市场，经营面积600平方米，有21个包房和120个摊位；二是成都太升南路赛格广场三楼邮币卡市场，邮币卡市场占地1500平方米，包房和摊位都比冻青树邮市显得宽松。

2. 邮票发行与市场行情

进入21世纪后，国内集邮市场没有再出现20世纪90年代那种因疯狂炒作引起的大起大落，无论集邮者还是邮品投资者以及邮商，都从理性化方面看待市场和进入市场。因此，二级市场一度出现萧条的景象，而且出现了部分邮票低于面值出售的情况。为了维护集邮者的利益，重新唤起邮票市场的热度，国家邮政局在邮票发行方面采取了多种措施。

2000年以来，中国邮政逐渐加大对邮票小版张的发行力度。自2000-2《春节》邮票小版张发行后，逐年增加发行次数。2000年为2次，2001年为4次，2002年为2次。特别是2003年多达24次，而且发行量大多控制在50万套左右，并采取预订的方式销售。显然，这种被集邮者称作“短腿邮票”的量少品种在二级市场上成为炒作的热点。2003年二级市场出现的三次波动都是以小版张为核心的。尤其是发行量为40万版的《崆峒山》、发行量为42万版的《鼓浪屿》和发行量为46万版的《篆书》小版张等，更成为二级市场的炒作对象。受其影响，其他品种也或多或少地跟随上涨。但是，因小版张而引起的市场波动在较短的时间内得以平静。

2000 年以后的二级邮票市场趋于平静

市场炒作《第二十七届奥林匹克运动会》邮票双连小型张

2000 年 9 月 15 日，中国邮政发行《第二十七届奥林匹克运动会》邮票小型张一枚。同年 10 月 31 日开始销售这枚小型张的双连张，发行量为 98.05 万枚，从而开启了一项新的品种。自 2007 年起，这种双连小型张继续发行，发售对象改为中华全国集邮联合会会员。集邮协会会员是中国集邮的中坚力量，因此，每年为集邮协会会员特供一件特殊邮品，就是对他们的一种特殊服务和褒奖。1989—2009 年，中国邮政陆续发行了 14 套各类会员特供邮品。其中有小型张、无齿小型张、金箔小型张、小版张、小本票、双连小型张和邮资邮简等品种。2007 年以后，会员特供邮品的品种相对固定，采取双连小型张的形式。特别是《第二十七届奥林匹克运动会》双连小型张发行量不足 100 万枚，曾经在二级市场被炒作，市场价格较高。

2006 年，国家邮政局对纪特邮票发行销售政策进行了重大调整，销售政策由“预订为主，零售为辅”调整为“预订和零售并举”，进一步加大了邮政营业窗口纪特邮票的零售数量，以满足社会各界的多样化需求，促进纪特邮票在通信领域中的使用。按照新邮出售办法规定，纪特邮票自发行之日起，在全国各地邮局出售，出售期限为 6 个月，逾期所有邮局的营业窗口都不能再销售。

这种举措对二级集邮素材产生较大影响。以《和谐铁路建设》《乌兰夫同志诞生一百周年》两套邮票最具代表性，发行量分别为 720 万套和 690 万套。特别是《乌兰夫同志诞生一百周年》作为单枚套票，与 2000 年发行的同题材《革命终身伴侣百年诞辰》的 3148.5 万枚相比，相距甚远。因为这两套邮票在 2006 年 12 月下旬发行的，影响到邮票年册的生产，因此，2006 年邮票年册就成为二级市场上炒作的重点邮票。在很长一段时间内，2006 年年册的价格居高不下。2006 年纪特邮票中《全面取消农业税》《中国共产党早期领导人（二）》《青藏铁路通车纪念》等在二级市场中不仅数量较少，而且价格也高。这些邮票带动了市场上其他邮品的上涨，客观上起到了稳定市场的作用。

3. 外国邮品的经营与交换

2001年12月11日，中国正式加入世界贸易组织（WTO）。中国集邮市场早已成为外国邮政和邮商的目标，他们发行的邮资票品很快进入中国市场。2000年以前，外国邮票进口税占进口邮票价值的34.45%。2000年以后，邮票进口税占进口邮票价值的26.3%。中国加入WTO以后，邮票进口税过高的问题得到改善，税率下降到10%左右。中国邮票进出口公司利用这个契机，发挥集邮企业外国邮票经营的主渠道作用以满足集邮者对外国邮票的需求。此外，在各地二级邮票市场中，也有从事外国邮票交易的邮商。

北京集邮市场中的“外邮角”自20世纪80年代就已经形成。多年来，随着邮市的变迁而不断变更地点。“外邮角”聚集了北京及全国多位经营外邮的邮商，很多编组邮集的集邮者都是通过“外邮角”找到了他们编组邮集所需要的素材。2000年以后，“外邮角”曾先后在马连道邮币卡市场、北京西站文化邮币卡市场、前门方寸斋集邮市场立足，成为当时北京乃至全国闻名的外国邮品收集的理想之地。自2001年起，为配合一年一度的“最佳外国邮票评选”活动，方寸斋集邮市场举办一年一度的“外邮节”，形成自己的特色品牌。

“静工邮市”是上海市静安区集邮协会创办的非营利性的外国邮票交流场所，坐落于上海市中心的静安区工人文化宫内。自1985年1月5日上海市集邮活动日把邮票交换场地安排在静安区工人文化宫后，此地逐渐为集邮爱好者在休假日前来交换邮票的场所。由于到该市场的外国邮票爱好者较多，在交换场所内逐步占了上风。当上海“云洲”和“卢工”两处成为中国邮票交流市场后，“静工邮市”就成为外邮交流的主要场所。

二、维护集邮市场的正常秩序

进入21世纪后，我国集邮市场已具有较大规模。其中邮政集邮网点11000个，形成了以大中城市为依托的二级集邮市场207处；邮资票品集中交易市场约20000个

上海市静安区工人文化宫的外国邮票交流场所

摊位，各类邮社700多处，其他零星网点5000多个。集邮协会会员400余万人，集邮爱好者近2000万人。为了使集邮市场真正成为我国集邮事业的后勤保障，有关部门采取了多项措施，对集邮市场给予指导、管控与维护。

1.《集邮市场管理办法》出台

2000年5月24日，由国家邮政局局长刘立清和国家工商行政管理局局长王众厚共同签发的第1号令《集邮市场管理办法》正式施行。该法规的主要内容是：从事批销、零售、拍卖、预订、邮购等经营集邮票品的活动和集邮品的制作活动。申请开办集邮票品集中交易市场的单位，必须经所在地省邮政行业管理部门审查批准，办理《集邮票品集中交易市场开办许可证》，并持此证到当地工商行政管理部门申请办理登记后方准开业。

该法规布后，在全国集邮市场引起不小的反响。北京宜美嘉月坛邮币卡市场的管理者认为：这个法规的出台，市场经营有法可依，就是一种进步，它对今后进一步规范集邮市场一定会带来很好的效果。上海卢工邮市管理者认为，这是一个很及时的办法，其中不少条款在上海卢工内已经实行。有序的市场才是投资者和集邮爱好者的乐园，作为上海卢工邮市的管理者来讲，认真贯彻和执行"办法"才能很好的维护市场的秩序。

中国邮政于2000年11月20日，发行2001年贺年（有奖）邮资明信片。但在此日之前，北京的二级集邮市场上就已经有人出售，而且低于原售价出售，在社会上造成不良影响。国家邮政局对此事极为重视，立即组织人员进行查处。经过调查发现，这些提前出售的贺年邮资片来自沈阳市邮政局。检查人员随即回收了市场上的邮资片，并且要求辽宁省及沈阳市邮政局严肃处理了责任单位和责任人。

国家邮政局
国家工商行政管理局
令

第1号

[illegible]对集邮票品经营活动的管理，维护集邮市场秩[illegible]邮事业健康发展，国家邮政局、国家工商行政管[illegible]订了《集邮市场管理办法》，经国家邮政局局务[illegible]产业部审议通过，国家工商行政管理局局务会[illegible]，现予发布，自发布之日起施行。

[illegible]政局局长 刘立清
[illegible]政管理局局长 王众厚

二〇〇〇年五月二十四日

—1—

《集邮市场管理办法》鸣笛启航

本报讯（记者 戚韩丽）我国集邮市场已颇具规模，但至今还没有一个全面的、面向全国和整个社会、具有相应法律效力的集邮市场管理法律规范。针对集邮市场中出现的问题和集邮市场规范发展的需要，酝酿五年之久的《集邮市场管理办法》终于出台，10000份公告将张贴在全国各邮局、邮市及地铁等公共场所，第三季度国家邮政局将会同工商部门对集邮市场集中检查。

6月20日，记者从《集邮市场管理办法》新闻透气会上获悉，国家邮政局、国家工商行政管理局联合制订的《集邮市场管理办法》于5月24日以行政首长令的形式发布施行。

我国现有邮政集邮网点11000个，并形成了以大中城市为依托的二级集邮市场，有207处集邮票品集中交易市场，约20000个摊位，各类邮社700余处，以及其它零星摊点5000多个。邮协会员400余万人，集邮爱好者近2000万人。

近年来，由于缺乏有效管理，我国集邮市场出现了低于面值销售邮票，未经邮政主管部门批准经销普通邮票，伪造、变造邮票，假冒邮政主管部门的名义，制作各类集邮品，以邮购邮票的方式骗取钱财进行诈骗活动等问题，严重损害了政府的形象，扰乱了集邮市场的正常秩序，损害了广大集邮爱好者和邮政企业的利益。

1998年国务院机构改革后，国家邮政局负责集邮市场的管理工作，在实际操作中，法律依据不足是一大问题，迫切需要出台一个面向社会，具有一定法律效力的邮市管理办法。

《集邮市场管理办法》的颁布实施将使集邮市场的管理从此有法可依，集邮市场的经营与管理都将纳入法制化轨道，维护国家利益和广大集邮爱好者的合法利益，同时保护集邮票品经营者在依法经营前提下的正当利益。

《集邮市场管理办法》主要内容分为五章。分别是总则（4条）、经营主体的管理（10条）、经营业务的管理（9条）、罚则（7条）、附则（6条），共计36条。

该办法的主要特点是：

第一，该办法面向社会，规范整个行业市场的集邮票品经营活动。既规范社会上一般经营者、邮市主办者，也规范邮政企业。

第二，对集邮票品集中交易市场如北京宜美嘉月坛邮市、上海卢工邮市等实行许可证制度，要求集邮市场的组织者也要承担管理市场的义务，这些市场摊位多，交易集中，影响面大，将重点予以规范；对一般经营者实行工商登记邮政行管备案制度。

第三，针对近年来集邮市场发生的热点问题提出明确的管理规定。

第四，对违规行为设定了相应的处罚种类和处罚幅度，具有较强的可操作性。邮政行管对涉及"市场准入、邮资凭证出售、集邮品制作经营、仿印仿制邮票图案"等违规行为负责实施处罚。工商负责"打假、打击走私、公平交易"等方面的处罚。

（本报今日第7版全文刊发《集邮市场管理办法》）

《中国集邮报》登载《集邮市场管理办法》

2000年出台的《集邮市场管理办法》是我国有集邮市场以来第一个集邮市场行业管理办法。是中国邮政行业法制建设取得的一个新成果，它对于新时期我国集邮市场以及集邮品拍卖市场的健康发展，无疑是强有力的保障。

2. 打击制造贩卖假邮票的行为

2000年以来，一些不法分子利用伪造假邮资票品欺骗和坑害集邮者案件不时发生，造成严重的不良社会影响。各地公安部门在群众的配合下，多次破获制造和贩卖假邮资票品案件，有效打击了制假贩假的违法行为。

2002年2月，重庆市破获了一起新中国成立以来最大的制假邮品案，假邮票面值竟高达1.6亿元，涉及邮票、邮品近3000多种。案犯肖建军原是邮商，后来觉的卖假邮票赚钱快，就雇了两个大学生帮助制版。他们伪造的各种邮品大部分是新中国初期的珍稀普通邮票和纪特邮票。在肖建军的制假窝点，执法人员对查获的物品清点了多天，仅制假用具用品就有9麻袋，还有几麻袋各种假邮戳、3000余张邮品胶片。此次查获的假邮品重约500公斤，印好的假邮票更是不计其数，一旦流入市场将造成严重后果。

2004年4月29日，郑州市公安局破获一起利用伪造的《全国山河一片红》邮票，骗取受害人巨款的案件。犯罪嫌疑人姜振楠伙同他人于2002年10月利用伪造的《全国山河一片红》邮票，骗取受害人余某人民币15.2万元及美元350元后逃往外地。2003年10月，姜振楠等人在郑州骗取柳某人民币10万元及美元0.4万元。2004年3月，姜振楠再次来到郑州，以同样手段骗取卫某人民币7.5万元及美元1.57万元，后受害人报案。当这伙犯罪嫌疑人于2004年4月29日再次作案时被公安机关抓获。其主犯姜振楠也于当年10月被抓获。在这起案件中，上当受骗的3人均为年过六旬的老人。

2003年5月21日，北京市邮票公司收到上海一名集邮爱好者寄来的40枚普通邮资信封，图案为报春花，寄发人请求加盖风景日戳。公司人员盖戳后，突然感觉该邮资封十分陌生，于是向国家邮政局邮品司查实。其结果令人震惊，中国邮政从未发行过这种邮资封。北京市邮政管理局将情况上报国家邮政局后，国家邮政局发出通知，要求各地严堵“报春花”臆造邮资封，并追查源头。为追查该封的来源，邮政部门协同公安部门从北京追到上海，从上海追到江西，奔波5省市，最后又追回到北京马甸邮市。8月，北京批发“报春花”臆造邮资封的最大邮商终于暴露，10685枚“报春花”臆造邮资封被封存。据该邮商交待，单从他手中流向全国的“报春花”就达10万枚。至此，全国已有20多个省市发现不法分子臆造的“报春花”邮资信封。

三、集邮市场服务于集邮活动

2002年12月，国家邮政局在《关于宣传贯彻集邮业务指导方针有关问题的通知》在阐述集邮业务指导方针的四句话时指出，传播文明是职责、诚信服务是宗旨、面向市场是出路、健康发展是目标。中国集邮市场通过多年的经营与实践，深刻认识到将集邮回归文化领域才是长远之计。因此，各级集邮市场积极与各级集邮协会保持密切联系，支持集邮协会开展的各项活动。

通过多方面的交流与合作，达到各自利益上的双赢。

1. 支持、赞助和开展各类集邮活动

邮票和集邮品的补缺，是很多集邮者都面临的问题，有些二级集邮市场，专门开设了集邮和邮品补缺的店铺，满足集邮者的要求。同时，邮币卡市场腾出宝贵的邮市面积方便集邮协会或相关组织举办集邮展览或专项展览。有效的为集邮者提供服务。

北京四达邮币社于 1994 年 1 月注册，位于北京月坛公园内。邮社开业以来，秉承“诚信为本，服务取胜”的宗旨从事经营活动。1994 年组织了《苏联邮票总目录》海内外总发行；1997 年配合邮电部和公安机关打掉了“全国首例伪造特片案”的造假犯罪团伙；长期指导中国人民大学等高校集邮协会开展集邮活动；1999 年策划组织并独家赞助了中国 1999 世界邮展首都大学生志愿者服务队；2001 年出资 30 多万元独家赞助了中华全国集邮联合会主办的“‘四达杯’集邮情文化交流活动”。

2005 年 3 月 8 日，以“让集邮爱好者擦亮眼睛”为主题的打假辨伪邮展在上海卢工邮市展厅举行。此次展览以真假对比的方式展出，向集邮者介绍了《庚申年》真假邮票的多处区别；《咕咚》小本票伪品的 4 种版本；《梅兰芳舞台艺术》真假小型张在刷色和印刷网点等方面的区别等。通过这样的展览，可以提高广大集邮者的辨伪能力。

云洲古玩城邮币卡市场的前身是上海太原路邮币交易市场，进入 21 世纪后，市场日益活跃。每逢双休日，这里举办的露天集市适合普通集邮者浏览。这里摊位最多时可达 500 多个，在上海乃至全国集邮品交流交易市场，及广大集邮爱好者中具有较高的知名度，享有邮品缺零补整配成套“好去处”的绝佳口碑。该市场每月举办一次集邮文献、生肖集邮沙龙等活动。

上海云洲古玩城邮币卡市场

同时不定期约请著名集邮家进行大型集邮知识讲座，多年来从未间断。

2004年3月13日，由《北京青年报》《中国集邮报》《集邮》杂志、北京电视台经济频道、外交部集邮协会等单位联合举办的“外交封鉴赏与投资”讲座在北京万家马甸邮币卡市场举行。100多位集邮爱好者兴致勃勃地听了由《北京日报》的集邮评论家康宏志、外交部集邮协会黎家松介绍有关外交封收集背后鲜为人知的故事，以及外交封组外品等相关知识。

2. 邮币卡市场承办集邮展览

各级集邮协会在组织各类活动中，最大的难题就是举办集邮展览的场地问题。集邮市场缺乏人气，集邮协会缺少场地，将集邮展览办进集邮市场，既解决了人气问题，又解决了场地问题，真是一举两得。

2008年10月9日，由上海市徐汇区文化局主办，上海云洲古玩城承办的“首届上海中国邮票钱币博览会”开幕。博览会吸引了来自美国、英国、法国、日本、蒙古国、印度尼西亚以及香港、澳门和台湾地区的参展商前来参展。此后，该市场每年举办一次邮票钱币博览会，成为上海对外交流的一张文化名片。

2001年10月26日，为了祝贺乌鲁木齐市老年集邮协会的成立，乌鲁木齐集邮协会在该市红山集邮市场的二楼举办了乌鲁木齐首届老年集邮展览，展览规模虽小，但对提高该市场的知名度起到宣传作用。在这次邮展中，一位集邮者还对自己的参展邮集进行了标价出售。不定期的举办各类集邮展览已经成为红山集邮市场的一种传统。

马连道邮币卡市场位于北京市西城区马连道15号院，西邻六里桥、莲花池，北接北京西站南广场。邮市一期工程占地面积6000米，开设6个营业大厅，共设1100多个摊位，2002年1月8日开业。在当年9月，该市场拨出资金承办了北京市首届现代集邮展览。

德胜国际文化交流中心位于北京市西城区黄寺大街26号，在北二环路与北三环路之间，毗邻北京万家马甸邮币卡市场。该中心于2006年10月12日开业，建筑面积20000平方米，设有邮币卡市场、集邮展览大厅、拍卖行、典当行、会议室、多功能厅等设施，成为当时国内一流的邮币卡市场。该中心自开业以来，积极支持集邮活动，举办了北京市第三届现代集邮展览、纪念中国工农红军长征胜利70周年邮票设计及书画艺术展、2006“德胜杯”中华全国专题集邮展览等多项集邮活动。

为活跃成都邮币卡市场，提高收藏品位及为广大收藏爱好者提供交流平台，四川封片戳研究会与成都邮币卡市场自2006年11月11日起每周在成都邮币卡市场交流大厅举办周末小型收藏品展览，展品内容和形式没有局限，而且有众多个人收藏精品与集邮爱好者们见面。

四、邮品拍卖市场趋向成熟

集邮品拍卖市场的运作与业绩取决于集邮事业的发展，人们的消费能力，集邮家对高档邮品的需求等诸多因素。因此，它不可能像集邮市场那样出现较大的波动。新世纪来集邮品拍卖市场在平稳中寻求发展，成交额稳步上升。

1. 对珍罕邮品的需求不断增长

中国经济的发展促进了人们的消费，这一点也体现在集邮者和邮品投资者在拍

全国专题邮展颁奖大会在邮币卡市场举行

卖会上的竞争能力以及对珍罕邮品的追求，还体现在中国集邮家的展品在国际邮展和世界邮展上成绩的不断提高。

红印花加盖票不仅被中国集邮界所重视，而且在世界邮坛也享有崇高地位。在中国2009世界集邮展览上，中国集邮家丁劲松的传统类展品《1897年中国红印花票》获得金奖，为中国古典邮票争得了荣誉。而展品中大量的珍贵素材，主要来源于邮品拍卖会。

在中国嘉德2000年秋季邮品拍卖会邮品钱币专场上，有多项清代"红印花"邮品参拍。其中，一枚"红印花"加盖暂作邮票小字2分加盖字体复盖票以40万元成交；一枚"红印花"加盖暂作邮票小字4分新票以6.6万元成交；一件"红印花"加盖暂作邮票大字4分25枚全格盖销票以6.6万元成交。2001年，上海拍卖行推出的"红印花"加盖暂作邮票1分八方连左逢漏齿以180万元成交；中国嘉德拍卖公司推出的"红印花"加盖暂作邮票小字4分的剪片以110万元成交；上海拍卖行2001年春拍会上，一枚源于著名的集邮家的"红印花"加盖移位变体票以8万元成交；在2006年上海拍卖行举行的春季邮品拍卖会上，一枚存世仅有11枚的"红印花"加盖暂作邮票小字2分倒盖兼复盖变体新票以68万元成交，另有一枚存世少于22枚的"红印花"加盖暂作邮票小字4分紫黑色复盖新票以50万元成交。

以新中国"文"字邮票为题材的传统类邮集在全国邮展中已展出了多部，一些因故撤销发行的邮票以及实寄封是增强竞争力的素材。在上海拍卖行2000年秋季邮品拍卖会上，一枚《全国山河一片红》新票以5.9万元成交；在2001年中邮大地拍卖公司春季拍卖会上，一件竖双连带左边色标的《全国山河一片红》新票以25.75万元成交；在中邮大地2003年春季邮品拍卖会上，一枚"大一片红"邮票以66万元成

2008 年奥博会中国嘉德邮品专场拍卖会

交，一件《无产阶级文化大革命全面胜利万岁》邮票四方连以 121 万元成交。2009 中国嘉德拍卖有限公司秋季拍卖会邮品专场中，一枚《无产阶级文化大革命的全面胜利万岁》未发行邮票以 280 万元人民币成交，创出当时国内拍卖价新高；另一枚《全国山河一片红》撤销发行邮票以 78.4 万元人民币成交，创出“小一片红”邮票拍卖新纪录。在这些拍卖会上，竞拍者对“文”字邮票竞争激烈，使价格不断攀升。

2. 大型展会期间的邮品拍卖活动

（1）国际邮票钱币博览会期间的拍卖会

2000 年以来，各专业拍卖公司借助国内举办大型展会之际，举行多次邮品专场拍卖会，而且获得较好的效益。中邮大地拍卖公司在 2000 年广州国际邮票钱币博览会期间，举行了邮品钱币拍卖会，346 件邮品成交率为 36.71%，成交额为 251.785 万元。其中一枚“红印花”原票以 50 万元拍出。在新中国邮品中，一枚贴有《全国山河一片红》邮票的实寄封，以 18.5 万元拍出；一枚“天安门放光芒”信销票以 7 万元拍出。

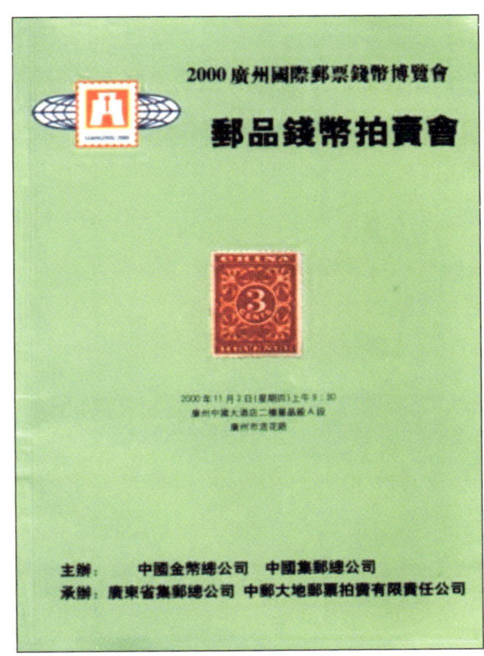

2000 广州国际邮票钱币博览会拍卖目录

2002 北京国际邮票钱币博览会期间，在北京华辰拍卖公司举行的邮品拍卖会上，一件 1885 年由李圭拟具的《译拟邮政局寄信条规》，是中国海关试办邮政时期的重要文件之一，成交价为 28.6 万元；一件 1897 年“红印花”加盖暂作邮票大字 4 分 25 枚全格，成交价为 6.38 万元；中国嘉德拍卖公司推出的薄纸大龙邮票 3 枚全张，其中含 3 分银第 12 号模右下“破龙爪”、5 分银第 8 号模“大字长捺”、1 分银全张，成交价为 38.5 万元；中邮大地拍卖公司推出的 1969 年 1 月 28 日河南寄北京的“一片红”过期贴用实寄封以 22 万元成交，“红印花”大变体邮票以 4.4 万元成交。

（2）绵阳 2003 亚洲邮展期间的拍卖会

在四川绵阳 2003 年举行的第 16 届亚洲国际邮展期间，中邮大地拍卖公司举办的邮品钱币拍卖会于 11 月 21 日举行。邮品汇集了中国清代、民国、解放区和新中国等各个时期的珍贵邮品，其中有 1933 年“红军免资”实寄封、“中华苏维埃邮政”邮票等。一部《中国军邮（1949—1957）》邮集以 1.1 万元成交；一枚“天安门放光芒”邮票以 7 万元成交；一件贴有纪 20“苏联十月革命”撤销发行邮票的实寄封以 14.5 万元成交；一枚《无产阶级文化大革命全面胜利万岁》撤销发行的新票以 10 万元成交。本次拍卖会总成交额为 121.3 万元，成交率为 37.6%。

在 11 月 26 日举行的嘉德公司拍卖会上，一枚“红印花”小字当 1 元新票从 176 万元起拍，经过 10 多个回合竞价，最终以 220 万元成交，创造了该邮票在国内单枚拍卖的最高纪录；一件自龙州挂号寄比利时的清三次双片，邮路和邮戳极为珍罕，是存世最完好的一件。该片从 4.8 万元起拍，最终以 22.5 万元成交，创造了清代邮政用品拍卖的最高纪录。本场拍卖会总成交额为 1156 万元，成交率为 51%。

在 11 月 27 日举行的华辰公司拍卖会上，从主持人到拍卖师、从记录员到工作人员都是女性，成为本场拍卖会的一个特色。在拍品中，出自日本已故集邮家水原明窗的《华邮集锦——中国解放区》邮集原贴片共 39 页，以 19.8 万元成交；一件 1897 年“红印花”加盖暂作邮票大字当 1 元 25 枚复组全格以 19.8 万元成交。本场拍卖会总成交额为 617.1 万元，成交率为 47.1%。

（3）洛阳 2009 世界邮展期间的拍卖会

2009 世界邮展中国嘉德专场拍卖会于 2009 年 4 月 12 日在洛阳博物馆新馆举行。本场拍卖会从 9 点进行到 19 点，有 875 项珍罕邮品参拍。吸引了众多来自海内外的藏家及集邮爱好者的参与，拍卖会现场气氛热烈，拍品竞价高潮迭起，最终总成交额为 622 万元人民币，总成交率超过 85%。

此次的中国嘉德专场拍卖，汇集了著名集邮家张恺升、林崧及海外名家的珍藏精品。此次拍卖会上，新中国拍品得到藏家的格外青睐。第 3859 号拍品是原包装、未开封的 100 枚 T.41《从小爱科学》邮票小型张，是首次出现在拍卖会上，最终以 63.84 万元成交；第 3760 号拍品是 1953 年发行的军人贴用邮票（黄色）90 枚全张 5 件，以 45.92 万元成交；一件“晋冀鲁豫边区第二版代邮券 2 分八方连”为集邮家林崧藏品，最终以 5.82 万元成交。

3. 举办集邮家收藏专场拍卖会

这一时期，在国内举行的拍卖会中，

中国 2009 世界邮展嘉德专场拍卖会

引人瞩目的是两位著名集邮家邮品收藏专场拍卖。这两位集邮家曾经在国际邮展和世界邮展上为中国争得荣誉，他们的收藏品有很高的珍罕性。为了让这些邮品在其他集邮家的邮集中继续发挥作用，集邮家及其家属将一些珍罕的邮品拍卖。

（1）林崧邮品收藏专场拍卖会

林崧是天津集邮家，自 20 世纪 80 年代初起，他多次代表我国参加国际邮展。在中国 1999 世界邮展上，他的传统类展品《华北解放区邮票》获得金奖。林崧于 1999 年 12 月 6 日去世。他倾注半个多世纪心血珍藏的邮品于 2004 年开始拍卖。2004 年 11 月 9 日，中国嘉德 2004 秋拍“林崧邮品收藏”专场拍卖会在北京国际饭店举行，这也是国内首次举行的集邮家藏品专场拍卖会。拍品包括林崧收藏的中国清代、民国、解放区和新中国的邮票、实寄封片等 1000 余件。其中，一枚 1940 年山东清河战时邮政总局“五星图”深棕色 5 分

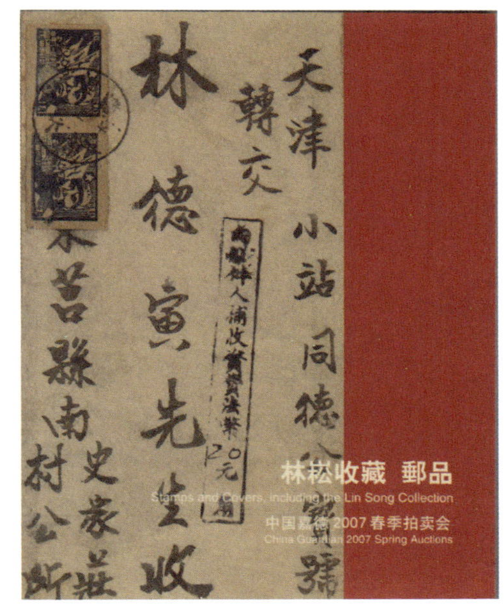

林崧收藏邮品拍卖目录

邮票，成交价为 57.2 万元；一枚“红印花”加盖暂作邮票小字 4 分票，成交价为 46. 2 万元；一枚晋察冀边区“半白日徽图”蓝

色 5 分邮票，以 9.02 万元成交；纪东 6 原版 5 枚全 50 套和纪东 4 原版 4 枚全 50 套全张分别以 9.02 万元和 7.7 万元成交。此次专场拍卖会创出了 100% 成交的纪录，总成交额为 423.2 万元。

嘉德拍卖公司在 2005 年 5 月 13 日举行的春季拍卖中又继续推出了林崧的解放区邮品专场。一枚 1935 年中华苏维埃邮政红军战士图邮票半分，估价 4 万元，成交价为 42.9 万元。嘉德拍卖公司在 2007 年 5 月举行的 2007 春季邮品拍卖专场上，数百项林崧藏品再次亮相。其中有中信版包裹印纸锦州加盖“限东北贴用”3 枚全一套、品相尚佳的香港版孙中山像及烈士像加盖“限冀省贴用”及“限鲁省贴用”（未发行）邮票 33 枚大全套等。在新中国邮品中，有纪 94《梅兰芳舞台艺术》（无齿）邮票全套十方连、纪 20《伟大的苏联十月革命三十五周年纪念》撤销发行邮票等。

（2）沈曾华收藏及邮品专场拍卖会

2005 年适值中国人民抗日战争暨世界反法西斯战争胜利 60 周年，“中国嘉德 2005 秋季拍卖会”于 2005 年 11 月 4—7 日将在北京昆仑饭店举行。此次特别推出新四军老战士、著名集邮家沈曾华藏品专场。在经过艰苦的战争年代，许多邮品已成为孤品，更显示出其珍贵的历史价值，其中包括中国解放区邮票中的孤品“稿”字邮票四方连。这件拍品最终以 220 万元成交，创中国解放区邮票单项拍卖世界纪录。在拍品中还有 1943 年淮南区第一版无面值邮票红“机”绿火炬，销红色“淮南总站 1943.6”日戳的信封纸、1943 年淮南区第一版无面值邮票 18 枚全张、1946 年陕西甘泉寄陈毅将军的实寄封等。沈曾华是中国第一个获得国家大奖的集邮家。他的传统类邮集《华东人民邮政》在国际邮展中获得大金奖 3 次。2005 年 11 月，83 岁的沈曾华将他珍藏了 63 年的“稿”字邮票四方连拍卖，其目的是希望这件珍贵邮品能够在集邮家之间流动，对研究解放区邮票发挥更大作用。此后，这件珍贵的“稿”字邮票四方连易主后又出现在全国邮展中，并且在国际邮展和世界邮展中不断为国争光。

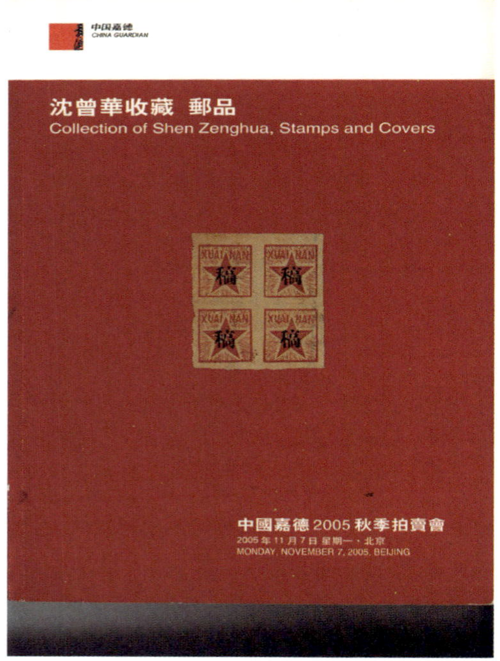

沈曾华收藏邮品专场拍卖目录

结　语

在20世纪的最后一年，中国集邮界以成功举办中国1999世界集邮展览，迎接21世纪的到来。自2000年起，进入新世纪的中国集邮开始向着新的目标前行。

在跨入新世纪的新阶段中，中国集邮在组织建设、集邮交流、集邮展览、学术研究、集邮宣传以及培养青少年集邮等方面，取得显著成果。在中华全国集邮联合会的统一规划和具体实施中，这些工作从新的视角开拓进取，营造出一种“新思路、新面貌、新成就”的大好局面。

2000—2010年，是中国集邮深入发展时期。这一时期，集邮组织的发展，更加注重素质的培养；集邮活动的开展，更加注重质量的提升；集邮对外的交流，更加注重层次的广泛；集邮的各类各层次展览，更加注重提高与普及；集邮学术研究，更加注重深度与广度；集邮的宣传工作，更加注重导向与效果；集邮市场的开发，更加注重理性与服务；青少年集邮，更侧重于引导与务实。这一时期，中国集邮为促使集邮文化融入社会，进行了有益的探索与实践，提高了集邮在社会上的地位和认知度。

2000—2010年，也是中国在集邮展览方面缩小与世界集邮展览差距的时期。特别是中国2009世界集邮展览的成功举办，得到国际集邮界的高度评价。在这次邮展中，中国获得一项国家大奖，4部展品获大金奖，创造了前所未有的佳绩，书写了中国集邮史上的又一华章。也为中国集邮进入新时期，打下坚实的基础。

第十二章　全面深化改革激活中国集邮

（2010—2018）

概　述

2010年以来，中国迎来国内经济快速发展时期。2012年召开的中国共产党第十八次全国代表大会提出："高举中国特色社会主义伟大旗帜，以邓小平理论、'三个代表'重要思想、科学发展观为指导，解放思想，改革开放，凝聚力量，攻坚克难，坚定不移沿着中国特色社会主义道路前进，为全面建成小康社会而奋斗。"

经济越发展，就越需要文化来支撑。2011年10月，《中共中央关于深化文化体制改革、推动社会主义文化大发展大繁荣若干重大问题的决定》出台，为中国集邮事业发展提供了新的发展机遇。因此，集邮文化在这段时期被赋予更高的使命，发挥更大的作用。

2010—2018年间，中国迎来多项重大事件：2010年上海世界博览会，2011年隆重纪念中国共产党成立90周年、辛亥革命100周年，2012年中国共产党第十八次全国代表大会胜利召开，2013年隆重纪念毛泽东同志诞辰120周年，2015年隆重纪念中国人民抗日战争和世界反法西斯战争胜利70周年，2016年隆重纪念中国工农红军长征胜利80周年，2017年中国成功举办"一带一路"国际高峰论坛、中国共产党第十九次全国代表大会胜利召开，2018年隆重纪念改革开放40周年。

中国共产党第十九次全国代表大会报告指出：文化是一个国家、一个民族的灵魂。文化兴则国运兴，文化强则民族强。没有高度的文化自信，没有文化的繁荣兴盛，就没有中华民族伟大复兴。要坚持中国特色社会主义文化发展道路，激发全民族文化创新创造活力，建设社会主义文化强国。

伴随着中国特色社会主义文化事业的大繁荣、大发展，我国集邮文化活动内容也不断丰富，形式更加多样。这一时期，在国家邮政局党组的领导下，全国集邮联紧密围绕党和国家的一系列中心工作开展工作，先后以庆祝中国共产党成立90周年、辛亥革命100周年、纪念毛泽东同志诞辰120周年、纪念中国人民抗日战争和世界反法西斯战争胜利70周年、纪念中国工农红军长征胜利80周年、"一带一路"国际合作高峰论坛、庆祝改革开放40周年等为主题的集邮文化活动，产生了广泛而深刻的社会影响，不但展现出集邮文化的独特魅力，而且使中国集邮出现了前所未有的新局面。

这一时期，在国家邮政局的领导和中国邮政集团公司的大力支持下，中华全国集邮联合会召开了第七届代表大会。大会根据新时代中国集邮的现状和形势，提出了大国集邮的新格局，拓展和深化了集邮文化的新内涵。新一届全国集邮联领导在探讨中国特色集邮活动的重要题旨上砥砺践行，以文化理念指导工作，以创新精神拓展工作，以组织形式推进工作。坚持普及与提高并行，扎实地在集邮的各个领域创造新的成果和积累新的经验。支持群众性集邮活动，重视民间集邮组织对发展中国集邮文化所起的积极作用。

这一时期，国家邮政局进一步加大了对集邮文化活动的指导和支持力度。国家邮政局主要领导多次参加全国性的集邮文化活动。

这一时期，集邮展览频繁举办，除如期举办了杭州 2010 全国邮展、呼和浩特 2012 全国邮展、长沙 2014 全国邮展、西安 2016 全国邮展、常州 2018 全国邮展，以及多次举办全国专项邮展，还成功举办了中国 2011 第 27 届亚洲国际邮展和中国 2016 第 33 届亚洲国际邮展，并且加大力度选送展品参加在其他国家和地区举办的国际邮展和世界邮展，进一步提高了中国在国际集邮界的地位。

中华全国集邮联合会在努力提高中国集邮水平的同时，还努力促进集邮的普及，注重集邮文化的群众性。在继续办好一年一度的最佳邮票评选活动外，自 2016 年起，每年在全国范围内举办“集邮周”活动。通过这种创新性的活动，不仅加强了集邮协会会员的凝聚力，还使集邮组织得到稳定和发展。

2018 年，中国集邮界迎来大龙邮票发行 140 周年。为此，中华全国集邮联合会与各方面协同合作，举办了多种纪念活动。

青少年集邮是中国集邮的未来。为此，全国集邮联十分重视引导和开展青少年集邮活动，发现和培养青少年集邮人才，继续创建青少年集邮示范基地，并举办全国性的青少年集邮活动。

随着集邮产业化理论的提出与实践，邮政部门在集邮服务与集邮经营方面，发生了较大变化。从邮票发行的调控和对二级市场的管控，都有利于中国集邮市场在健康发展的轨道上前行。这些都成为中国集邮文化发展的有力保障。

互联网的普及改变了社会的方方面面，同样也对中国集邮产生了重要影响。在集邮展览、集邮宣传、集邮交流和集邮经营等方面，无不体现出互联网带来的便利和快捷。

这一时期，在中华全国集邮联合会第六、第七次代表大会制定的方针指引下，中国集邮事业不断取得新的成果。

第一节　邮票发行及管控措施

2010 年以来，国家邮政局在邮票选题、设计、印制和发行方面不断进行改进，出台了多项政策和文件。特别是《邮票发行监督管理办法》的颁布，对邮票发行的具体步骤，都做出了详细的规范。这对于加强对邮票发行的监督管理，保障邮政通信需要，促进集邮市场健康发展，维护国家利益和消费者、邮政企业权益，具有十分重要的意义。

一、邮票选题和设计特点

2010 年以来，中国邮政在邮票发行方面进行了多方面改进，分别采取调查研究、专家论证、召开座谈会等方式，征集和确定邮票选题。在邮票设计方面，采取由专业设计人员与社会美术家参与和竞争的方式，征集、评议、确定邮票图稿，使邮票设计水平有了明显提高。

1. 紧密围绕时代主旋律

中国邮政为配合国内外重大会议和纪念日，2011 年发行了《中国共产党成立九十周年》《辛亥革命一百周年》纪念邮票；2012 年发行了《中国共产党第十八次全国代表大会》纪念邮票；2013 年发行了《毛泽东“向雷锋同志学习”题词发表五十周年》《毛泽东同志诞生一百二十周年》纪念邮票；2015 年发行了《中国人民抗日战争和世界反法西斯战争胜利七十周年》纪念邮票；2016 年发行了《中国工农红军长征胜利八十周年》《孙中山诞生一百五十周年》纪念邮票；2017 年发行了《中国人民解放军建军九十周年》《中国共产党第十九次全国代表大会》纪念邮票。

为配合中国的主场外交活动，2014 年发行了《亚太经合组织第二十二次领导人非正式会议》纪念邮票；2016 年发行了《2016 年二十国集团杭州峰会》纪念邮票；2017 年发行了《“一带一路”国际合作高峰论坛》《金砖国家领导人厦门会晤》纪念邮票；2018 年发行了《上海合作组织青岛峰会》纪念邮票。

为反映国家战略和经济建设方针和成就，2013—2015 年分别发行了《中国梦——国家富强》《中国梦——民族振兴》《中国梦——人民幸福》特种邮票；2016 年发行了《海上丝绸之路》特种邮票；2017 年发行了《京津冀协同发展》特种邮票和《河北雄安新区设立纪念》纪念邮票。

2. 弘扬中华民族传统文化

为传承民族传统文化，并体现古为今用的理念，2011 年开启了中国古代先贤邮票系列。2011 年发行了《关公》特种邮票；2014 年发行了《诸葛亮》特种邮票；2015 年

《“一带一路”国际合作高峰论坛》纪念邮票

发行了《包公》特种邮票；2016 年发行了《玄奘》特种邮票；2017 年发行了《张骞》特种邮票，2018 年发行了《屈原》特种邮票。每套邮票均为 2 枚及 1 枚小型张。

2015—2018 年，发行了爱情鸟特种邮票系列。2015 年发行了《鸳鸯》；2016 年发行了《相思鸟》；2017 年发行了《喜鹊》；2018 年发行了《大雁》。每套邮票 1 枚，设计上除了保持动物的自然面目外，更强调了它们的文化寓意。

为弘扬中华民族忠孝的优良传统，2014 年开启了《中华孝道》系列邮票。分别于 2014 年和 2016 年各发行一套。

此外，2013 年开始发行的《中国古镇》系列邮票，2015 年开始发行的《二十四节气》系列邮票，2017 年开始发行的《儿童游戏》系列邮票，2018 年开始发行的《丝绸之路文物》系列邮票，都受到集邮者的好评。

此外，2013 年《美丽中国》（一）普通邮票一套 6 枚发行，2016 年《美丽中国》（二）普通邮票一套 4 枚发行。该邮票表现了祖国各地的绿水青山。

3. 以长卷形式发行邮票

为了调节邮票选题和设计风格，给集邮者带来全新的感觉，中国邮政策划并发行了多套以中国画长卷形式设计的邮票，受到集邮者的普遍好评。

《关公》邮票小型张

2014 年 9 月 14 日，中国邮政发行了《长江》特种邮票一套 9 枚，并首次发行《长江》特种邮票长卷版。该套邮票以长卷形式将跨越 11 个省、自治区和直辖市，长达 6397 公里的长江景色收入画面，表现出长江在生态、人文和经济等方面的新面貌。该邮票被评为 2014 年度最佳邮票。

《长江》特种邮票长卷版

2015 年 8 月 23 日，中国邮政发行了《黄河》特种邮票一套 9 枚，同时发行了《黄河》特种邮票长卷版。该套邮票延续了《长江》特种邮票的设计风格，以长卷形式描绘了从青海到山东 5464 公里的沿岸风光和名胜古迹。该邮票被评为 2015 年度优秀邮票。

2016 年 8 月 20 日，中国邮政发行了《长城》特种邮票一套 9 枚，同时发行了《长城》特种邮票长卷版。该套邮票以中国画形式描绘了从辽宁虎山到甘肃嘉峪关长达 8851 千米的明代长城。该邮票被评为 2016 年度优秀邮票。

2017 年 2 月 25 日，中国邮政发行了《千里江山图》特种邮票一套 9 枚，同时发行了《千里江山图》特种邮票长卷版。《千里江山图》是故宫博物院的藏画，为宋代王希孟所作。该邮票被评为 2016 年度优秀邮票。

二、为重点邮票举行开机仪式

2012 年 9 月 17 日，《中国共产党第十八次全国代表大会》纪念邮票印刷开机仪式在北京邮票厂举行。这是中国邮政首次举行邮票印刷开机仪式。中国邮政集团公司领导出席了开机仪式并为纪念邮票的印刷启动了开机水晶球。李丕征副总经理在讲话中指出，多年来，中国邮政一直致力于通过邮票宣传党和国家政治生活的重大事件和各项建设所取得的伟大成就。这套邮票是一套精心组织、精心设计的佳作，凝聚着中国邮政人的心血。举行邮票印刷开机仪式，是为了向全社会宣传该套邮票的发行意义和重要价值，对该邮票及其产品的销售起到推动作用。此后，中国邮政又分别为生肖等题材的邮票举行了印刷开机仪式，并向社会进行直播。

2015 年 8 月 6 日下午，《丙申年》特种邮票印刷开机仪式在中国邮政集团公司邮票印制局北京邮票厂的印刷车间内举行。《丙申年》邮票设计者黄永玉、中国邮政集团公司总经理李国华、副总经理李丕征等领导，与多家媒体记者参加了开机仪式。李丕征副总经理与黄永玉分别讲话，并认真签署了邮票印样，共同开启了 2016 年生肖邮票《丙申年》的印刷按钮。这标志着中国邮政即将开启第四轮生肖邮票的发行。

2016 年 6 月 18 日，《殷墟》特种邮票印刷开机仪式在河南邮电印刷厂举行。开机仪式由中国邮政集团公司邮票发行部、中国邮政集团公司河南省分公司、安阳市人民政府共同举办。中国邮政集团公司邮票发行部总经理高山等领导，该套邮票的设计者王虎鸣等嘉宾参加仪式。开机仪式由中央电视台主持人陈铎主持。仪式现场对邮票样张进行了签字确认，并启动印刷机。

为配合集邮周中的“生肖与集邮”主题日，中国邮政集团公司在这一天特意安排了生肖邮票开机仪式。2016 年 8 月 8 日是集邮周“乐邮丁酉”生肖主题日，中国邮政首次与腾讯新闻联合进行线上直播，通过手机和电脑都能够在第一时间观看到在北京邮票厂举行的《丁酉年》生肖邮票的开机印刷仪式。全国集邮者通过线上观看开机直播、线下参与生肖大小版摇号抽奖，真正参与到了这场“集邮嘉年华”当中。中国邮政集团公司领导、《丁酉年》特种邮票设计者韩美林参加了开机仪式。

《丁酉年》生肖邮票开机仪式直播

韩美林

韩美林，1936 年生于山东济南，著名艺术家。韩美林艺术风格独到，个性特征鲜明，曾经为《癸亥年》《熊猫》特种邮票绘制图稿；《第 29 届奥林匹克运动会——会徽和吉祥物》纪念邮票中吉祥物的设计者；设计了《丁酉年》《己亥年》邮票；多次为全国最佳邮票评选活动设计纪念张、纪念封等邮品。

2017 年 8 月 2 日是集邮周“乐邮戊戌”生肖主题日，中国邮政集团公司在邮票印制局举办了《戊戌年》特种邮票印刷开机仪式。中国邮政集团公司领导、《戊戌年》邮票设计者周令钊参加了开机仪式，活动由陈铎主持。此次印刷开机仪式也是第四轮生肖邮票发行以来又一次采用网络视频直播的方式与全国集邮爱好者共同揭晓生肖邮票的设计者和邮票图稿。此次开机仪式的当天，视频直播时段同时在线观看人数最高达到 12 万人，当天点播总人数超过 37 万人次。

三、国家邮政局对邮票发行的引导和管控

为了使邮票发行工作适应现代化邮政和人民群众对邮票的需求，邮政部门从多个方面采取切实可行的举措，确保邮票发行的正常进行，以及受众的利益。2010 年以来，邮票二级市场面临着一些新的问题。尤其是随着电子商务的发展，邮资票品的网络交易非常活跃，而且其交易规模已超过线下的实体交易。而不法分子销售假邮品，给消费者造成经济损失，也严重扰乱了集邮市场秩序。为此，有关部门及时进行引导和管控，以使集邮市场在健康的道路上发展。

1. 第二届邮票选题咨询委员会成立

2011 年 1 月 21 日，国家邮政局第二届邮票选题咨询委员会成立。由来自国家邮政局以及外交、科技、文化、艺术、建筑、教育等领域的多位专家和学者组成。该委员会既是国家邮政局推进科学民主化决策的一支重要力量，也是国家邮政局履行职责，出色完成党和国家交给的邮票发行监管任务的重要帮手。选题委员会为推进我国邮票发行事业发展和推动社会主义文化大发展大繁荣做出了重要贡献。

2. 颁布《集邮市场管理办法》等法规

2011 年 5 月 6 日，由交通运输部部长

李盛霖签署的2011年第6号令《集邮市场管理办法》颁布，并自2011年8月1日起施行。该法规是在2000年原国家邮政局、国家工商行政管理局第1号令颁布的《集邮市场管理办法》基础上进行修订的。该法规的主要内容是：

邮政企业应当依法开展集邮票品的制作、销售业务；举办集邮票品拍卖活动的主办单位，应当在拍卖活动举行15日前到当地省级邮政管理机构办理备案手续；开办集邮票品集中交易市场，应当依法取得《集邮票品集中交易市场开办许可证》；制作集邮品，应当在集邮品上注明集邮品的发行单位；使用仿印仿制邮票图案制作集邮品，应该符合国家有关仿印仿制邮票图案的规定；集邮票品的进口业务由国务院邮政管理部门指定经营。未经指定，任何单位和个人不得经营集邮票品的进口业务。

为了适应邮品交易市场出现的新情况，中华人民共和国交通运输部于2016年新修订了《集邮市场管理办法》，并于同年8月1日正式施行。

新修订的《集邮市场管理办法》取消了开办集邮票品集中交易市场行政许可后，通过事后备案制度加强主体管理，并通过细化相关规定，特别是将集邮票品网络交易主体纳入监管范围，从而强化了对消费者合法权益的保护。通过事后备案，一方面为政府部门有针对性开展现场监督检查提供了必要条件，另一方面也向社会提供查询途径，方便消费者对相关经营者进行识别和事后维权。

新修订的《集邮市场管理办法》坚持社会共治的理念，强化集中交易市场开办者的管理责任，充分发挥社会监督作用，积极支持与引导集邮票品经营者组建行业协会，实现自我管理、自我服务、自我教育和自我监督。

新修订的《集邮市场管理办法》，在法律责任的界定方面，除继续沿用警告、行政罚款等举措外，还增加了通过网站等平台向社会公布集邮市场“黑名单”等手段。

贯彻落实《集邮市场管理办法》研讨会

仿印邮票图案及其制品审批是邮政管理部门的一项重要职责，为进一步做好此项工作，根据《中华人民共和国邮政法》等法律法规规章，2015年5月，国家邮政局就有关问题提出若干条意见：（1）充分认识做好仿印邮票图案及其制品审批工作的重要意义；（2）做好仿印邮票图案及其制品审批工作的总体要求；（3）做好仿印邮票图案及其制品审批工作的具体要求。

3. 国家邮政局组织“诚实守信、共建和谐集邮市场”专项行动

2014年的“3·15”国际消费者权益日期间，国家邮政局在多地开展了“诚实守信、共建和谐集邮市场”活动，深入宣传贯彻《集邮市场管理办法》，引导集邮市场主体合法经营，提高集邮消费者的维权意识，营造诚实守信、和谐发展的集邮市场环境。

2014年3月15日，国家邮政局市场监管司派出两路工作组，分赴京、津两地的集邮市场。在北京，工作组与北京市邮政管理局负责人、市场处的全体人员及相关监管派出机构负责人一起，在福丽特玩家收藏品交易市场等地组织了专项活动。通过发放宣传册、听取集邮票品经营者和消费者关于集邮市场监管工作的建议，受理举报，组织集邮协会集邮专家到现场参加活动等方式，提升市场管理人员、商户及广大集邮爱好者的法制意识。

同日，另一路工作组与天津市邮政管理局、和平邮政管理局来到位于南开区东马路邮局内的津邮集藏专卖店、和平区鞍山道的中心集邮市场进行巡查。在津邮集藏专卖店，“3·15邮品辨伪现场会”邀请了在津集邮专家对如何鉴别邮票真伪展开专题讲座，吸引了众多集邮爱好者旁听。此次活动期间，各级邮政管理部门还在政府网站开设专栏，宣传相关法律规定和政策要求、邮票辨伪的基本知识、近年来查获的重大伪造邮票案例，以及集邮市场案件举报的途径渠道和处理流程等。

2012年1月5日，中国邮政发行的《壬辰年》生肖龙特种邮票深受广大集邮者喜爱，很多集邮者希望购买整版票。一些不法分子抓住集邮者的这种心理，利用高科技手段伪造假的《壬辰年》版票。国家邮政局市场监管司针对消费者从网上购买到假《壬辰年》版票的情况，于2012年2月8日在国家邮政局网站发布《关于互联网邮票消费及〈壬辰年〉特种邮票版票假票的消费提示》，提醒广大消费者谨防上当受骗。全文如下。

近期，邮政管理部门发现个别涉嫌利用互联网非法发布虚假邮票信息和违法违规销售伪造邮票的行为，严重损害了广大消费者的合法权益。例如，北京一名消费者近日通过某网站购买的“2012-1《壬辰年》特种邮票版票（20枚一版）”，经鉴定为伪造品。为使广大消费者理性消费，谨防上当受骗，现公告如下：

《壬辰年》特种邮票

一、本次发现的“2012-1《壬辰年》特种邮票版票（20枚一版）”假票特征为：胶版印刷，印制粗糙，线条模糊，未使用荧光油墨，在紫光灯下无荧光反射。

二、消费者通过互联网购买集邮票品时，要仔细了解相关信息，不要购买来历不明的集邮票品。

三、建议消费者选择到证照齐全、有固定经营场所的集邮票品集中交易市场、经营者处购买邮票。相关信息可以登录国家邮政局网站（http://www.spb.gov.cn/）“市场监管”之“集邮市场监管”栏目查询。

四、广大消费者对热门紧俏的集邮票品更要仔细辨别。

五、消费者通过互联网购买集邮票品时，要注意索要相关凭证，核对内容并妥善保存。在消费过程中遇到问题，要及时向相关部门投诉举报。

《关于互联网邮票消费及〈壬辰年〉特种邮票版票假票的消费提示》的发布，及时有效地避免了更多集邮者和消费者上当受骗，有力地维护了“国家名片”的权威性。

第二节　集邮组织的稳定与变化

2010—2018年，我国社会主义文化建设进入大繁荣大发展时期。在互联网技术更为普及、集邮产业加速转型、社会管理面临变革的新态势下，集邮组织建设和发展面临各种新的课题。以科学发展观为指导思想，从调查研究入手，探索加强集邮组织建设的有效途径，保证集邮组织的稳定与发展，成为这一阶段各级集邮协会组织工作的重点。

全国集邮联七大筹备领导小组第一次会议

一、中华全国集邮联合会第七次代表大会

中华全国集邮联合会第七次代表大会于2013年4月25日在北京隆重召开。这次代表大会是在贯彻中国共产党第十八次全国代表大会精神、推动社会主义文化大发展大繁荣的新形势下召开的。

1. 大会的筹备和召开

2013年1月31日，中华全国集邮联合会第七次全国代表大会筹备工作领导小组第一次会议在北京召开。会议就全国集邮联换届筹备工作进行了全面部署。国家邮政局局长马军胜，领导小组组长、党组成员、原交通运输部纪检组长杨利民，领导小组副组长、全国集邮联第六届会长杨贤足出席会议并讲话。会议由国家邮政局副局长苏和主持，领导小组办公室主任徐建洲就启动筹备工作提出初步安排意见，国家邮政局相关司局、全国集邮联有关部门同志参加了会议。

马军胜在讲话中充分肯定了全国集邮联第六次代表大会以来取得的工作成效，强调要集中力量做好全国集邮联换届筹备工作，这是各级集邮协会、广大会员和集邮爱好者关注的一件要事。在筹备工作中，要认真贯彻落实党的十八大精神，以邓小平理论、“三个代表”重要思想、科学发展观为指导，严格按章办事，广泛听取意见，凝聚各方力量，扎实开展工作。要做到把换届筹备过程转变为统一认识、振奋精神、提升服务的过程；加强换届筹备的统筹安排，提高工作的实效性；加强对换届筹备的领导，保障工作的有序性。此后，大会筹备工作紧张有序地展开。

4月1日，中华全国集邮联合会第七次代表大会筹备工作领导小组第三次会议在京举行。会议讨论了拟提交第七次代表大会选举的全国集邮联第七届理事会理常务理事候选人建议名单，还讨论了大会各项议程和大会选举工作建议方案。筹备工作领导小组组长杨利民在讲话中指出，全国集邮联第七次代表大会筹备工作富有成效，既严格按照《中华全国集邮联合会章程》办事，又充分考虑到历史沿革、当前的工作实际等情况。

中华全国集邮联合会第七次代表大会，于2013年4月25日在北京人民大会堂开幕。名誉会长何鲁丽、张怀西出席。国家邮政局局长马军胜、中纪委驻工业和信息化部纪检组长郭炎炎、中国邮政集团公司总经理李国华、全国集邮联会长杨贤足、中纪委驻交通运输部原纪检组长杨利民等有关方面领导出席了会议。来自各省（自治区、直辖市）集邮协会、行业集邮协会的265名代表参加了大会。

全国集邮联常务副会长谭小为代表全国集邮联第六届理事会作了工作报告。马军胜在讲话中代表国家邮政局对全国集邮联的工作提出三点希望：一是坚持正确方向，努力开创集邮事业发展的新局面；二是不断加强集邮文化建设，扩大集邮的社会影响；三是加强组织建设，增强集邮协会的凝聚力。

4月25日下午，中华全国集邮联合会第七次代表大会在北京国谊宾馆召开全体会议，王新中副会长作代表资格审查报告；李近朱副会长作章程修改说明，会议代表审议并通过了新的章程。选举产生了第七届理事会。接着召开了七届一次理事会议，大会根据《中华全国集邮联合会章程》选举产生了第七届理事会。在七届一次理事会上，选举产生了常务理事会，并选举杨利民为第七届理事会会长，徐建洲、刘佳维、孙蒋涛、宋涛、李丕征、李曙光、郭炎炎、焦晓光（女）（以姓氏笔画为序）为副会长，徐建洲为常务副会长兼秘书长。

中华全国集邮联合会第七次代表大会

中华全国集邮联合会七届一次常务理事会

杨利民，1948年出生，甘肃酒泉人，20世纪50年代开始集邮，先后担任甘肃省集邮协会名誉会长、内蒙古自治区集邮协会名誉会长；曾任中央纪委驻交通部纪检组组长，交通部党组成员；中共十五大、十六大、十七大代表，中共十六届中央候补委员，第十七届中央纪委委员；2013年9月被聘任为国务院参事室特约研究员。

杨利民

大会审议通过了第六届理事会工作报告和章程修改、授予荣誉会员的决议。聘请张平、王家瑞、黄孟复、何鲁丽、张怀西担任名誉会长。聘请杨贤足、谭小为、冯新生、李辉、陈士能为中华全国集邮联合会第七届理事会顾问。

2. 中华全国集邮联合会第七次代表大会工作报告

全国集邮联常务副会长谭小为代表第六届理事会作了题为《团结奋进，务实创新，推动集邮文化大发展大繁荣》的工作报告（以下简称《报告》）。

《报告》对过去5年工作进行了回顾，对今后5年工作提出了建议。

《报告》认为，5年来，全国集邮联积极创新，扎实工作，圆满完成了第六次代表大会制定的工作任务，为促进我国集邮事业持续健康发展付出了不懈努力并做出了积极贡献。集邮协会组织建设明显加强；会员人数大幅增加，集邮文化建设取得新的重大进展，集邮领域国际交流不断扩大，集邮活动丰富多彩，国际和国家级大型集邮活动影响大、反响好，集邮文化的社会影响力明显提升。

《报告》回顾和分析了5年来群众性集邮活动开展的情况和特点。全国地、市、县集邮协会和企业、机关、校园、社区等各类集邮组织数量从2006年的42000个增加到2012年的54000多个。2012年的会员人数达243万人，比2007年的122万人有了大幅度增加。

《报告》指出：5年来，集邮文化先进城市创建活动进一步拓展了集邮文化的发展空间，开辟了集邮文化融入地方文化建设的新渠道。2010年起开展的这一活动吸引了全国14个省、自治区的29个城市积极参与，江苏南京、广东广州、江西南昌等10个省的18个城市荣获首批全国集邮文化先进城市称号。

《报告》对举办高水平国际性和国家级邮展活动、全国最佳邮票评选活动、全国青少年集邮活动示范基地建设、开展集邮宣传和集邮学术活动尤其是重点课题研究，以及中外集邮文化交流等方面取得的显著成绩，给予了充分肯定。

《报告》认为，过去5年的成绩，是党的各项方针政策的正确指引、邮政部门和社会各界广泛支持以及各级集邮工作者、集邮协会理事和广大会员、集邮爱好者团结奋斗的结果。其主要体会：一是邮政部门和社会各界广泛支持是发展集邮事业的根本保障；二是集邮文化融入社会文化是发展集邮事业的重要途径；三是积极创新是发展集邮事业的强大推动力。

《中华全国集邮联合会第七次代表大会》邮票小型张

《报告》为中国集邮文化的繁荣发展提供更为有利的社会环境，抓住机遇，团结一致，攻坚克难，推动集邮事业在新的起点上不断前进，对今后5年的工作提出建议：

一是强化各级集邮协会组织建设。要继续抓好各级集邮协会组织建设，转变工作作风，提高为会员服务的能力，丰富服务内容，完善服务手段，增强集邮协会组织的凝聚力，稳步壮大会员队伍。要高度重视理事会、会士、邮展评审员、专业委员会等集邮骨干队伍建设，进一步做好选拔、培养、帮扶工作，努力打造一支作风优良、业务精通的集邮骨干队伍，努力适应集邮事业不断发展的需要。

二是开创集邮文化建设新局面。集邮文化先进城市创建活动是在成功经验基础上的新发展，要继续总结、推广创建活动的成功经验，推进全国和省级创建活动的持续开展。要以创建集邮文化先进城市为载体，为集邮文化融入社会文化拓展更大发展空间，提升集邮文化的社会影响。

三是推动全国最佳邮票评选活动在创新中发展。要进一步总结举办全国最佳邮票评选活动的经验，积极创新，完善评选办法，统筹组织工作，在创新中不断推动该活动持续发展，吸引更多的参与者，进一步提高该活动的社会效益。

四是促进青少年集邮工作不断取得新进展。要不断加强校园集邮文化建设，主动争取教育主管部门、少工委、共青团、大中小学、少年宫等有关单位的支持，开展以突出爱国主义教育和青少年素质教育为主要内容的校园集邮文化活动。做好全国和省级青少年集邮活动示范基地巩固创新工作，加强青少年集邮辅导员队伍建设，适时做好第四批全国青少年集邮活动示范基地的申报、评定工作。

五是广泛开展形式多样的集邮活动。各级集邮协会要坚持普及与提高并重，面向基层、面向集邮爱好者开展形式多样、内容丰富的集邮活动。要进一步创新活动的内容和形式，积极弘扬主旋律，积极弘扬先进文化。把集邮活动与中心工作、社会热点、集邮爱好者的实际需求有机结合起来，以充分发挥集邮文化的社会功能，扩大集邮文化的社会影响。

六是积极开展与国际集邮界和港澳台的集邮交流。要完善和发展海峡两岸暨香港、澳门的集邮交流机制，深化海峡两岸暨香港、澳门的集邮交流与合作。鼓励、支持各级集邮协会广泛开展多领域、多渠道的国际民间集邮文化交流活动，以集邮为载体，增进各国、地区间的友好往来和人文交流，更好地服务“中国文化走出去”的发展战略，为促进中外民间文化交流发挥更大作用。

二、集邮协会与邮票公司进一步互补发展

社会的多元化，经济组织方式的变化，必然会给集邮事业和集邮产业的发展带来影响和变化。而集邮协会与集邮公司在工作中实现优势互补，成为这一阶段集邮事业与集邮产业互动发展的主要特点。

1. 客观要求与发展需要

2010年以来，集邮已成为一项与邮政发展密切相关的文化事业，同时也成为一项相对独立并具一定规模的文化产业。集邮文化事业的繁荣，有待集邮组织自我生

人民日报

RENMIN RIBAO

2011年10月

26

经胡锦涛主席批准

中央军委批转《关于进一步加强军队资产管理的意见》

中共中央关于深化文化体制改革推动社会主义文化大发展大繁荣若干重大问题的决定

（2011年10月18日中国共产党第十七届中央委员会第六次全体会议通过）

《人民日报》刊载的 2011 年 10 月 18 日中共中央决定

存和发展能力的提高，更需要得到包括邮政企业在内的社会各界的帮助和支持。而集邮文化产业的发展则有赖于集邮事业的繁荣。

2011 年 10 月 18 日，《中共中央关于深化文化体制改革、推动社会主义文化大发展大繁荣若干重大问题的决定》出台，其中提出我国文化发展的一个重要方针，就是要坚持把社会效益放在首位，坚持社会效益和经济效益有机统一，一手抓繁荣、一手抓管理，推动文化事业和文化产业全面协调可持续发展。这对我国集邮协会和集邮公司的发展都有重要的指导作用。

为了贯彻党中央关于深化文化体制改革、推动社会主义文化大发展大繁荣的战略部署，在 2012 年 1 月全国邮政工作会议上，中国邮政集团公司总经理李国华提出“邮政企业要当好集邮文化产业健康发展的推动者”，要求“提高集邮资源使用效能，整合外部资源服务社会和企业”。

2013 年 4 月产生的中华全国集邮联合会新一届领导，对集邮事业与集邮产业的互动发展十分重视，在各地调研和召开各种集邮工作会议时，都要强调处理好集邮与邮政发展的关系。各省（自治区、直辖市）集邮协会在换届后，会长大多数由邮政部门主要领导或退居二线的领导担任，在若干名副会长中邮政部门领导也占据一定比例，以确保邮政与集邮的协调发展。例如，在江苏省集邮协会2010年召开的七届二次理事会上，中国邮政集团公司江苏省分公司总经理、党组书记顾汶当选集邮协会会长；在2013年10月举行的北京市集邮协会第八次会员代表大会上，中国邮政集团公司北京市分公司原总经理章干泉当选为会长；在2017年12月举行的上海市集邮协会第八次会员代表大会上，中国邮政集团公司上海市分公司副总经理毕晓哉当选为上海市集邮协会新一届会长。

各地对集邮协会与邮政共同发展的问题也多有探讨。2014年5月14日，北京市集邮协会与北京市邮政公司在房山区邮政局召开了集邮专业与集邮协会协同发展推进会，对“协调发展”问题进行研讨。会议听取了房山区集邮爱好者协会和房山区邮政部门协同发展，取得良好的社会效益和经济效益的情况汇报。会议要求各区县邮政部门与邮协要加强协调和互动，邮协要依托邮政开展多种形式的集邮活动，并主动争取各区邮政领导的支持，同时要关心和支持邮政企业的发展；邮政要加大对集邮协会的支持力度，努力提高为集邮协会会员的服务质量，并促进和支持尚未成立集邮协会的区县尽快成立集邮协会。

2014年下半年，中国邮政集团公司福建省分公司副总经理、省集邮协会会长黄建计在对本省各区市集邮协会工作调研时提出：集邮协会要善于“借势”，使集邮发展融入邮政和地方经济发展大潮；集邮公司要善于“借道”，即利用好集邮平台，推进邮政业务发展。

2. 集邮协会与集邮公司的相互支持

集邮协会与集邮公司工作上的互补，体现在相互间的沟通、理解和支持。而这样做的基础，是二者既有共同的服务对象，即以集邮协会会员为主的集邮者；又有共同的目标，即繁荣和发展我国的集邮事业。

我国集邮协会作为依托邮政建立起来的群众文化团体，经费来源除了会费收入外，也在于能够得到邮政方面的保障和支持。邮政实行政企分开以后，各省、市、县的集邮协会的办公用房，专（兼）职人员的工资、办公和活动经费等，由相应的邮政企业承担。各种大型邮展也得到邮政企业的赞助。同时，集邮公司坚持以服务集邮者、满足集邮者的需要为宗旨。

2011年8月，四川省集邮协会在成都成立了省邮政企业行业分会。为了便于组织管理和开展活动，四川省邮政企业行业分会分为3个层级，在全省21个市、州均设县一级集邮小组。

2013年，中国邮政集团公司新疆吐鲁番市分公司为了使员工增强为集邮者服务的意识，在该市集邮协会的协助下，安排集邮专家给员工上集邮课，普及集邮知识。同时，在中心邮政支局设立集邮文化园地，举办小型集邮展览，宣传和弘扬集邮文化。他们还倡导员工预订纪特邮票、掌握集邮信息、提高集邮业务水准，并通过培养集邮兴趣，增加与集邮者的思想感情交流，更好地服务广大集邮者。

2014年，北京市邮票公司根据北京市集邮协会的建议，在部分区邮票公司开设会员售票窗口，同时在年底专门为会员寄出纪念封或明信片。北京市集邮协会还在市邮票公司的支持下，于2014年和2015

吐鲁番邮政走进滨湖社区

年为会员制作了“八达岭长城图”“天安门图”双连普通邮资明信片等特供邮品，并通过组织系统按会员人数进行发放。

安徽省马鞍山市集邮协会提出与集邮公司打造命运共同体，发挥集邮骨干的优势，积极主动地配合集邮公司开展市场调查、意见征询、邮品开发和销售工作，尤其是配合集邮公司做好一年一度的新邮预订工作。2014 年 10 月，马鞍山市集邮协会在认真总结往年新邮预订工作的做法的基础上，就如何做好 2015 年新邮预订工作下发了文件。《马鞍山集邮》出版了“新邮预订专版”，并利用配合新邮预订做好会员发展工作，既有力地支持了集邮公司业务工作，又促进了集邮协会的组织建设。

江苏省南京市集邮协会把协助集邮公司开展新邮预订，作为年度工作的一项重要内容，每年有布置、有检查、有总结、有表彰，保证新邮预订工作走在全省前列。2017 年 2 月 21 日，南京市集邮协会在其召开的 2017 年会员发展及新邮预订表彰大会上，对宏光空降装备有限公司集邮协会等 47 个单位颁发了组织奖。

全国各地的集邮协会骨干和会员对集邮产业发展及其取得的成绩十分关注。2015 年 1 月 9 日，中国集邮总公司成立 60 周年纪念活动在京隆重举行，中国集邮总公司李永明书记宣布“我与中国集邮六十年”征文活动评选结果。历时 50 天的征文活动共计收到集邮者来稿 277 篇，李近朱、李少华、单启顺的作品分获优秀奖，蔡志新等 20 位作者的 20 篇作品分别获鼓励奖。

中华全国集邮联合会对中国集邮总公司等邮政企业和单位的支持给予充分肯定。2016 年 12 月 2 日，在全国集邮联七届三次常务理事会南宁会议上，中华全国集邮联合会授予中国集邮总公司、中国邮政文史中心、邮票印制局和湖北省委省直机关工作委员会 4 家单位“全国先进集邮单位”荣誉称号，感谢这 4 家单位多年来在推动集邮文化建设和集邮事业发展所做出的突出贡献。

3. 集邮协会与集邮公司互补的实践

围绕邮政和集邮事业的发展，集邮协会与集邮公司双向互动、优势互补，通过邮政业务的拓展和延伸，以及举办主题活动，共造“亮点”，实现双赢。

全国先进集邮单位奖状

北京市房山区集邮爱好者协会在房山区邮政部门的支持下积极开展各类集邮活动，该会先后公开举办了迎奥运、迎国庆、纪念中国共产党诞生90周年、毛泽东同志诞辰120周年、中国人民抗日战争暨世界反法西斯战争胜利70周年、中国工农红军长征胜利80周年等多种主题的集邮展览；开办集邮讲座、邮品交流等活动。特别是2012年，认真开展了“争创集邮文化先进区县”活动，不仅完善了协会基础工作，同时扩大了协会的影响力。在开展活动的同时，房山区集邮爱好者协会还协助当地邮政部门开发邮品，先后印制过周口店猿人遗址、十渡风光、房山云居寺、房山石花洞和上方山等纪念封；在区委、区政府的支持下，申请发行“琉璃河商周遗址”邮资片1枚。既扩大了集邮协会的影响，又为当地邮政部门创造了良好的经济效益。

“辽宁省文明社区”——大连市长利社区为了给社区的集邮爱好者提供活动场所，于2014年3月6日成立了“大连长利集邮俱乐部”。大连市邮政部门与桃源街道办事处、长利社区对俱乐部给予很多支持。长利集邮俱乐部于2014年1月20日在大连市中山区民政局成功注册。该俱乐部邀请了大连市生肖、专题、极限、个性化邮票、签名封等专项集邮组织组成主体，以此带动俱乐部成员提高集邮水平。该俱乐部还配合邮票首发式和社会重大活动，多次举办了迎三八妇女节集邮展览、纪念抗战胜利70周年集邮展览、纪念大连解放70周年集邮展览等，已成为国内知名度较高的集邮团体。

三、集邮组织的转型与发展

2012年11月召开的党的十八大提出了“创新社会管理”的方针，我国社团体制改

大连长利集邮俱乐部2018年会表彰先进

革提上了议事日程。我国各级集邮协会，虽然具有完整的组织体系和良好的工作基础，但在新形势下也面临着转型发展和功能再造的新课题。尽管这一课题涉及管理层面和制度，同时组织转型具有系统性和阶段性的特点，突破的条件尚待成熟，但在实践和渐进中取得了一定的成效和进展，为此后进一步转型发展创造了有利条件。

1. 转变观念，奠定组织转型的思想基础

2007 年中国邮政完成政企分开的体制改革后，国家邮政局及各省、市邮政管理机构实行了以邮政监管为主的职能转变，同时伴随履行职能方式的转变。全国集邮联和各级集邮协会从邮政部门所得到的不再是行政拨款，而主要是政策指导和通过政府购买服务方式给予的适当支持，这在客观上对全国集邮联和各级集邮协会的工作提出了新的更高的要求。

集邮协会工作的转型关键在于功能再造，增强自我管理和自我发展能力，逐步成为服务型的社会集邮组织。为此，全国集邮联在 2013 年召开的第七次全国代表大会的章程修订时，再次明确了“三个服务”：为广大会员服务，为邮政事业发展服务，为繁荣社会主义文化事业服务。所不同的是，将“为广大会员服务”从原章程中“三个服务”之三移至首位，体现了对办会宗旨认识的深化。

为了探寻我国集邮组织创新管理和转型发展的有效途径，全国集邮联新一届领导班子根据国家邮政局的要求，将“新时期集邮文化的创新与发展研究”“社会集邮组织的发展和管理研究”列为 2014 年课题研究重点项目，采取定点调查、召开座谈会和问卷调查的方式，进行专题调研。全国集邮联先后在上海、北京、西安和太原等地召开座谈会，并专门请民政部职能部门负责人前来座谈，咨询国家有关社会组织管理的政策走向，听取其对集邮组织转型发展的指导意见。与此同时，全国集邮联向各省级和行业集邮协会下发了调查问卷，两个课题分别收到有效问卷 2208 份、1735 份。通过调查研究，进一步明确了新时期集邮文化创新和集邮组织转型发展的方向、目标和主要措施，为我国集邮组织在转型基础上的功能再造和健康、持续发展，奠定了思想理论基础。

在工作实践中，全国集邮联领导层对我国集邮组织发展的方向有了进一步的认识。2017 年 12 月 9 日，在四川绵阳召开的全国省级集邮协会秘书长工作会议上，杨利民会长在讲话中提出，我国的集邮事业从根本上有别于西方，大众化集邮理念是中国特色集邮文化事业的显著特征。要贯彻党的十九大精神，坚持社会主义文化自信，在改革、创新和发展中全面开创我国集邮文化建设新局面，从而进一步明确了中国集邮组织转型发展的政治方向。

2. 提高集邮协会自我生存能力

我国各级集邮协会在成立后的 30 多年里，得到各级邮政主管单位多方面的支持，保证了自身的发展和壮大，成为我国集邮事业发展的独特优势。但也使集邮协会的管理和运行呈现出行政化的模式。在新形势下，集邮协会转型和发展，面临逐步减少行政化、增加自主性和自我生存能力的问题。集邮组织去行政化首先涉及的是活动经费的来源。在我国邮政实行政企分开之后，全国集邮联除了会费收入外，行政拨款被取消，人员经费和活动开支主要靠自筹资金解决。为了自我生存和集邮事业发展的需要，全国集邮联从实际出发，努力探索和拓展经费收入的合法渠道。包括为政府部门完成研究课题，提供智力服务取得收入；主办大型活动，争取适当赞助和合理回报；在邮政企业支持下，开发和销售集邮者所需要的邮品等，基本解决了经费开支问题。与此同时，按照我国现行社会保障制度，为新招聘的工作人员购买社会保险，从而加强了自身队伍建设，提高了组织生存能力。

这一时期，各省、市、县的集邮协会专、兼职工作人员的工资，办公和活动经费等，通常由相应的邮政企业承担。但与过去相比，各集邮协会普遍在开展集邮文化活动的同时，加大了对集邮经营工作支持的力度，并节省开支，减轻邮政企业负担。比如：上海市集邮协会通过会刊出版征订，福建省集邮协会通过策划集邮文化项目和出版集邮图书等，由单纯靠拨款到探索“自我造血”。

集邮协会的转型发展也出现了变化幅度较大的案例。2015 年 1 月 14 日，《集邮报》刊登了一则题为《沈阳市集邮协会转变职能与主管单位脱钩》的消息：“目前，辽宁省沈阳市集邮协会按照沈阳市人民政府的要求，已与主管单位办理了脱钩手续。”依据第十二届全国人大一次会议审议通过的《国务院机构改革和职能转变方案》，沈阳市全面展开了行业协会与主管单位脱钩工作，并由中共沈阳市委、市政府办公厅牵头，限期完成。

为此，沈阳市集邮协会于 2015 年 1 月按照要求与主管单位办理了脱钩手续。此后，沈阳市集邮协会按照规定进行了民间化转型，举措包括：重新审核与修订章程，普遍落实协会“五自四无”改革，即“自愿发起、自选会长、自筹经费、自聘人员、自主会务”“无行政级别、无行政事业编制、无行政业务主管部门、无现职工作人员兼

沈阳市集邮协会与主管单位脱钩

【本报讯】党的十八届二中全会和十二届全国人大一次会议审议通过的《国务院机构改革和职能转变方案》提出行业协会与主管单位脱钩的方案。由中共沈阳市委、沈阳市政府牵头，要求在2014 年 12 月底前完成脱钩工作，并试点一业多会，要求行业协会商会在 2015 年底前实现从官方化向民间化、从政社不分向政社合作的成功转型。目前沈阳市集邮协会按照要求已与主管单位办理了脱钩手续。

根据要求，下一步沈阳市集邮协会按照规定进行民间化转型，举措包括：重新审核与修订章程，普遍落实协会“五自四无”改革，即“自愿发起、自选会长、自筹经费、自聘人员、自主会务”，“无行政级别、无行政事业编制、无行政业务主管部门、无现职工作人员兼职”，引导和支持通过章程程序，推举由龙头企业负责人或者有威望的企业家出任会长。、要从职能、机构、工作人员、财务等方面与政府及其部门、企事业单位彻底分开，目前市集邮协会正在着手抓紧办理。

《沈阳邮讯》刊载的《沈阳市集邮协会与主管单位脱钩》消息

职”，引导和支持通过章程程序，推举由龙头企业负责人或者有威望的喜爱集邮的企业家出任会长，从职能、机构、工作人员、财务等方面与政府及其部门、企事业单位彻底分开，并办理了相关手续。沈阳的做法在集邮界引起了广泛关注。

3．加强科学管理，促进集邮协会自身建设

调整组织机制，规范内部管理，是集邮协会自身建设和转型发展的需要和保障。各级集邮协会通过加强自身建设，提升了参与社会竞争和公共服务的意识和能力。

面对转型发展的需要，全国集邮联注重提高科学管理水平，加强工作的计划性和指导性。在完成2008—2012年《全国集邮联五年工作纲要》的基础上，又充分调查研究，制定和实施了2013—2018年《全国集邮联五年工作纲要》，保证了我国集邮工作的有序推进和发展。各地集邮协会依法办会的意识逐渐增强，各项规章制度进一步健全，管理方式逐步改变。

2012年8月25日，中华全国集邮联合会成立30周年纪念大会在北京隆重召开。大会对13个全国集邮先进单位、144个全国先进集邮组织、1027名全国集邮先进个人和15个全国集邮活动突出贡献奖获得者进行了表彰。2016年12月2日，中华全国集邮联合会在南宁对荣获2016年度全国先进集邮协会的24个省级（区、市、行业）集邮协会、137个市级（州、县、区、基层行业）集邮协会、4个全国先进集邮单位，以及137名全国先进集邮工作者进行表彰。实践证明，通过表彰先进，调动集邮组织和集邮骨干的积极性，是弘扬集邮文化、促进集邮队伍建设的有效措施。

中华全国集邮联合会成立30周年纪念大会北京主会场

中华全国集邮联合会成立 30 周年纪念大会甘肃分会场

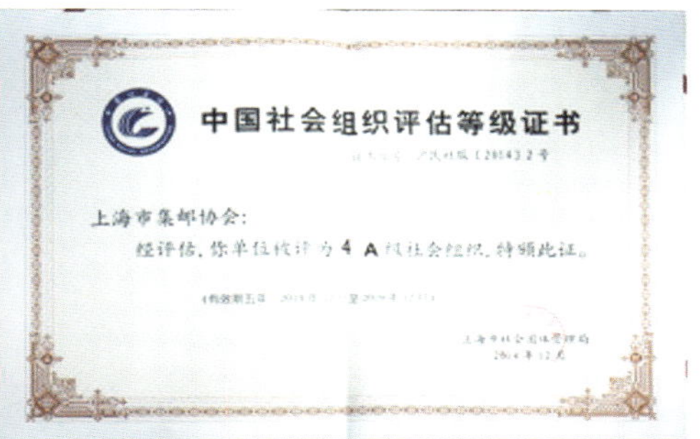

上海市集邮协会 4A 级社会组织证书

福建、湖北、陕西、江西等省集邮协会，将人员分工、职责等明确化，将例会、活动、总结、评比等工作制度化，建立健全内部规章制度，提高办公自动化、信息化水平，推进工作机构规范化建设和工作人员职业化水准，提高了工作效率。江苏省集邮协会为使各级集邮协会的工作引进竞争机制，增加透明度，实现公开化，建立年终考评制度，以量化方式将考评项目细化并确定分值，实行百分制计分考核、验收，以此结果为依据进行奖惩，促进全省各级集邮协会内部管理实现制度化。

集邮协会自身建设的加强和作用的发挥，越来越多地得到了社会有关方面的肯定和鼓励。其中，上海市集邮协会于 2015 年被上海市民政局、上海市社会团体管理局评为 4A 级社会组织；长春市集邮协会于 2017 年 5 月 23 日召开的全国大中城市社科联工作会议称号。

自 2017 年起，全国各省（自治区、直辖市）邮政分公司相继开展了经营组织架构改革。本次改革后，部分省（自治区、直辖市）的集邮协会被集邮业务室取代，过去的秘书处被业务管理岗和系统管理岗取代。集邮业务室的职能范围扩大，承担贯彻落实上级部门集邮业务转型发展精神和工作要求，制定集邮业务发展管理制度建设及发展方案，协调、对接上级部门及合作单位，组织集邮专业会议和业务培训，支撑市场营销部门推进工作，督导基层集邮业务发展，评估集邮工作推进实施效果，完成集邮协会日常管理工作等一系列任务。

集邮协会专（兼）职干部的业务素质和工作能力，直接体现集邮协会自身建设的水准，直接关系到集邮协会的工作效率。全国集邮联除了分别举办全国邮展征集员、评审员培训班，以及集邮学术和集邮宣传骨干培训班外，还于 2017 年 6 月 20—22 日，与石家庄邮电职业技术学院联合举办了全国首期集邮文化辅导员培训班。培训内容包括邮票知识、集邮知识、邮集制作、集邮工作、集邮课程设计等方面的内容，并设置了课程设计成果展示、模拟授课考评、学员观摩教学等环节。参训学员在学业完成并考核后得到了“全国集邮文化辅导员”资格证书。当年 11 月 20—22 日，山西省集邮协会在太原市山西邮电学校举办了本省首期集邮文化辅导员培训班。来自全省 11 个地市集邮协会、部分行业集邮协会与民间邮会的近百名协会秘书长、专职干部、校园青少年集邮辅导员以及行业集邮协会的集邮骨干参加了培训。

4. 全国集邮联第三、第四批会士的评选

根据《中华全国集邮联合会会士条例》，全国集邮联分别于 2011 年和 2017 年进行了第三批和第四批会士的评选工作。

2011 年 11 月 11 日下午，在无锡凯莱大酒店召开的全国集邮联第六届五次理事会会议上，表决并通过了第三批名誉会士、会士的名单。姚树人被授予名誉会士称号；丁劲松、王宏伟、王泰来、王新中、王新生、戈中博、田润普、冯舒拉、朱祖威、孙海平、孙蒋涛、杨桂松、李宏、李明、李汇祥、李近朱、李秋实、李毅民、李德铭、邵林、林轩、周林、赵健、胡松云、荣正光、柯愈劲、施邑屏、龚振鑫、焦晓光、葛建亚、傅嘉驹、寇磊、谢洪学、魏钢、魏文彬、瞿百顺 36 人被授予会士称号。

2017 年 8 月 28 日下午，中华全国集邮联合会第四批会士评选会议在江苏省高邮市举行。经与会会士对 71 名被推荐者进行无记名投票，以及当场选举产生的会士评审小组的审议，产生了第四批会士人选共 54 名。后经 12 月 9 日中华全国集邮联合会七届三次常务理事会绵阳会议审议通过，授予梅海涛、张巍巍、刘大有、凌福根、王志刚、刘建辉、刘劲、许锡良、谢孜学、康国文、王景云、胡玉良、赵忠威、许明亮、马卫东、杨成录、王若维、童国忠、倪文才、郑炜、李知非、黄国建、张健、李少华、李少可、张庶元、陈国成、罗道光、宋晓文、王华新、陆游、刘洪毅、崔丙亮、杨汉振、常珉、唐白桦、林大安、罗平、蔡少明、沈敦武、黄斗、李向荣、肖庆元、魏迹泓、张国文、孔东明、王怀亮、刘信生、王泰广、谢伟景、王俊生、胡不为、田圣德、吕向 54 人会士称号。

四、关怀青少年和老年集邮群体

在当代中国集邮事业的发展中，青少

年和老年集邮群体成为集邮组织的重点工作对象。对这“一老一少”的关爱关心，体现了中国集邮的社会主义文化属性和发展特色。重视并做好青少年和老年集邮的组织领导工作，不仅是各级集邮协会的工作职责，也得到社会的广泛支持。

1. 从调研入手，关爱老少集邮

对青少年和老年集邮群体的现状和发展的调查，是做好青少年和老年集邮工作的基础和前提。全国集邮联着眼中国集邮事业的可持续发展，先后于2012年和2016年分别将“青少年集邮发展研究”和“中国老年集邮的现状与发展研究”列为年度重点研究课题。全国集邮联组成了专项课题调研组，通过问卷调查、召开座谈会、实地考察、典型分析等方式，对我国青少年和老年集邮群体和组织的现状与特点、青少年和老年集邮工作中的问题及主要原因等，进行了深入调查，并分别提出了加强我国青少年和老年集邮工作的措施和办法。这两个课题的完成，对于加强对这两方面的工作指导，起到了积极的作用。

全国集邮联领导对青少年和老年集邮群体的关爱关心，体现在日常工作和具体行为中。2015年3月11日下午，全国集邮联杨利民会长一行来到广东省深圳市考察社区集邮工作时，了解到福田区莲花北社区集邮协会与莲花北学区青少年集邮协会按照“立足社区、联合互助、老少携手、共享邮乐”的思路，推动学区青少年集邮活动蓬勃开展，取得了显著成效。杨会长题词“大手拉小手邮乐你我他”。2015年5月15日，杨利民会长在甘肃省兰州市西北师范大学调研集邮教学工作后认为：西北师大的集邮教学播撒了集邮的优质种子，促进了青少年集邮工作的开展，使集邮后继有人落到实处，应在全国推广。经全国集邮联研究，决定次年在兰州召开“全国高校集邮发展研讨会”。

杨利民在西北师范大学调研集邮教学工作

2016 年 4 月 22 日，杨利民会长在贵阳参加了黔、渝两地老年集邮组织的联谊座谈会。贵阳市老年邮友联谊会会长郭润康、常务副会长刘庆田和重庆市老年集邮研究会会长夏虎，分别介绍了各自老年集邮组织情况和活动成果。杨会长对两地老年集邮组织的工作经验和活动成果给予充分肯定。2017 年 11 月 30 日，北京市老年集邮会在京举办成立 30 周年纪念大会，全国集邮联杨利民会长到会热情鼓励大家："集邮本身就是中华文化的传承，由我们这一代老年集邮者传承对中国集邮事业发展有着十分重大的意义。我们老同志身上要有一种对文化传承的神圣使命感、责任感，做新时代中华优秀传统文化的忠实传承者和弘扬者，运用自身的优势，积极引导青少年开展健康的集邮活动。这对弘扬社会主义核心价值观，树立正气，有不可估量的意义"。

曾担任 3 届全国集邮联副会长的王新中，对青少年和老年集邮群体十分关心，经常到各地指导青少年和老年集邮活动，进行集邮讲座，捐赠邮品和集邮图书。全国集邮联副会长李曙光连续 19 年在上海第二军医大学开设选修课"实用集邮学"，深受大学生欢迎。

江西省集邮协会为了推动高校集邮工作，经与省委教育工委、省教育厅等方面协商，于 2013 年 12 月 30 日成立了江西省集邮协会高校集邮工作委员会，在省集邮协会的指导下开展工作，主要负责指导全省高校集邮组织的工作，推动高校集邮组织的发展和集邮活动的开展，做好集邮进校园、进课堂、进教材的工作。

福建省集邮协会联合共青团福建省委、省教育厅和省邮政管理局，连续 14 年开展青少年集邮比赛活动。2014 年，又与福建省精神文明办公室联合，在中小学校开展

北京市老年集邮会成立 30 周年纪念大会

了“公共文化服务校园行”活动，以素质教育为切入点，通过“集邮伴我成长”征文和青少年集邮体验，将青少年集邮文化与校园文化相结合，促进学校的素质教育。此次活动得到教育部门和参与学校领导重视，也受到教师和学生的欢迎。

我国老年集邮群体在接受社会各界关怀的同时，也把关爱青少年集邮作为自身的责任和义务。2016 年 5 月 31 日，河南省集邮协会、河南省老干部集邮协会与河南省老干部活动中心，联合主办“河南省关心下一代邮品捐赠启动仪式暨集邮交流会”。主办单位的领导和来自 6 所学校的师生代表 100 余人参加了邮品捐赠启动仪式。与会各校学生代表接受集邮家、集邮协会骨干及省、市集邮协会捐赠的邮票（品）。在启动仪式上，还通过了将每年 5 月最后一个星期四作为“关心下一代邮品捐赠日”的决议。

2. 健全机构，发挥示范作用

青少年和老年集邮工作的加强，有赖于相应组织机构的建立健全和作用的发挥。2013 年 7 月 25 日，全国集邮联在山东省威海市召开了第五届青少年集邮工作委员会成立暨第一次会议。第五届青少年集邮工作委员会由 35 人组成，焦晓光任主任，康国明、唐白桦任副主任，王新中为顾问，李志勇为秘书长。会议回顾了第四届青少年集邮工作委员会的工作，提出了今后 5 年青少年集邮工作的主要任务。新一届全国集邮联青少年集邮工作委员会的建立后，通过调查研究、经验交流和工作部署，以及全国青少年集邮示范基地评定标准的修订完善等，加强了对全国青少年集邮工作的宏观指导，同时继续抓紧了全国青少年集邮示范基地的审核验收工作。各省级集邮协会所属的青少年集邮工作委员会的作用也得到不同程度的发挥。

关心下一代邮品捐赠仪式

全国集邮联第五届青少年集邮工作委员会成立大会

重庆市集邮协会为了推动中小学集邮工作，于2012年5月11日以全国青少年集邮活动示范基地的学校为龙头，成立了包括重庆市巴南区鱼洞南区学校、重庆市沙坪坝区金沙街小学、重庆市沙坪坝区天星小学、重庆市黔江区民族小学、重庆市涪陵区实验小学等成员在内的重庆市青少年集邮学校联合体，并通过了青少年集邮学校联合体章程，形成了开展青少年集邮的“重庆模式”。2014年4月30日，为检阅重庆青少年集邮成效、推进青少年集邮活动的开展，青少年集邮学校联合体举办了重庆市首届青少年集邮节。

根据2016年全国集邮联的调查，多年来我国老年集邮事业取得了显著成绩和进步，尤其是广州驻军老年集邮协会、云南省老干部集邮协会、陕西省老年集邮联谊会、江苏省省级机关老干部集邮协会等老年集邮组织，积累了丰富的老年集邮工作经验。但从全国范围内看，老年集邮组织发展不够平衡，老年集邮工作缺少统筹规划和组织协调。全国集邮联在调研论证的基础上，决定采纳各地老年集邮者，特别是老年集邮组织的意见，设立全国老年集邮工作委员会，负责指导和协调全国老年集邮工作和老年集邮活动的开展，保障老年集邮者的权益。

2017年12月11日，全国老年集邮工作委员会成立暨第一次工作会议在四川绵阳召开。全国集邮联副会长兼秘书长张玉虎主持会议，会上审议通过了老年集邮工作委员会成员名单和组织条例。由全国集邮联常务副会长徐建洲任主任，倪文才、巩玉生、吉毅、王若维任副主任，薛宁任秘书长。徐建洲主任作了2018年老年集邮工作报告；杨利民会长出席会议并讲话，要求老年集邮工作委员会全体成员，充分认识老年集邮工作的重要性和肩负的历史使命，通过发动、引导、支持、鼓励等举措，切实加强我国老年集邮工作，保证我国集邮文化事业薪火相传。

全国老年集邮工作委员会成立大会

3. 抓好典型，培训骨干

通过抓好典型、以点带面促发展，通过骨干培训、带动队伍素质提高，是推动青少年和老年集邮组织工作的两个有效措施。

创建“全国青少年集邮活动示范基地”，是全国集邮联在各省（自治区、直辖市）集邮协会协助和配合下，通过发现和培养典型，推动青少年集邮工作开展的重要形式。2014年5月23日，第四批“全国青少年集邮活动示范基地”授牌仪式在长沙举行。唐白桦总结了第四批“全国青少年集邮活动示范基地”相关工作，徐建洲宣布了授予北京市朝阳区垂西社区集邮协会青少年文化活动中心等23个省（自治区、直辖市）的86个单位“全国青少年集邮活动示范基地”称号的决定。至此，“全国青少年集邮活动示范基地”已有330多个。各省级集邮协会在抓好“全国青少年集邮活动示范基地”创建的同时，根据本地区实际，有计划加强省级青少年集邮活动示范基地建设。全国和各省的青少年集邮活动示范基地，对于推动我国青少年集邮的发展，起到了重要示范和辐射作用。

全国集邮联历来重视加强对青少年集邮工作骨干的培训，分别于2016年和2017年举办了两期全国青少年集邮文化辅导员培训班。全国各地集邮协会也按照全国集邮联的要求，加强了青少年骨干队伍的培训工作。福建、广东、安徽、湖北、河南等省级集邮协会重视青少年集邮师资队伍的培训和本省青少年集邮工作水准的提高。福建省集邮协会从2001—2016年，连续每年举办一期全省青少年集邮辅导员培训班，参加培训的青少年集邮辅导员超过1000人次。

全国集邮联对老年集邮组织在我国老年集邮活动和集邮事业发展中所起的重要

北京朝阳垂西社区青少年集邮文化培训班

作用，给予充分肯定。2012 年 8 月，在全国集邮联成立 30 周年时表彰的集邮先进集体中，就有 11 个老年集邮组织，它们是：北京市老年集邮会、江苏省省级机关老干部集邮协会、福建省老干老年集邮联谊会、河南省老年集邮联合会、云南省老干部集邮协会、陕西省老年集邮联谊会、内蒙古自治区呼和浩特地区老干部集邮协会、浙江省舟山市老干部集邮协会、安徽省合肥老年人集邮协会、湖北省咸宁市老年集邮协会和广东省广州驻军老年集邮协会。

一些老年集邮工作开展得较好的地区，普遍重视抓老年集邮知识的普及和典型经验的交流。2013 年 7 月 21 日，北京市老年集邮会与北京黄寺大街西社区联合举办了“2013 北京老年集邮知识学习班”；陕西省集邮协会于 2013 年 10 月 10 日召开了“全省老年集邮工作经验交流暨纪念省老年集邮联谊会成立 10 周年座谈会”，在交流经验的基础上，对陕西省老年集邮联谊会和宝鸡市、汉中市、延安市的老年集邮组织进行了表彰；2018 年 3 月 7 日，上海市集邮协会召开了老年集邮工作经验交流会，浦东社区、普陀区石泉社区、杨浦区、松江区、闵行区职工、嘉定区等集邮协会以及黄浦区牌楼老年集邮小组交流了老年集邮工作的经验。

五、信息化对集邮组织建设的影响

信息化时代的来临，互联网技术的飞速发展，深刻影响着人们的生活方式，也越来越多地影响着集邮组织的建设和发展。集邮组织对网络技术的应用，以及网络集邮组织的出现，成为中国邮坛一道新的风景线。

1. “互联网 +”促进集邮组织建设

随着我国网络技术的迅速普及和广泛运用，集邮文化与网络资源的融合越来越密切，集邮信息的网络传播渠道越来越宽，网络终端的集邮者数量越来越多。各级集邮组织为了适应自身建设和集邮文化宣传的需要，或建立网站，或搭建临时网络平台，发挥组织功能，推动集邮活动。

中华全国集邮联合会不仅利用其网站发挥作用，还于2015年建立了微信公众号，其下属的各个专业委员会也建立了微信群。过去召开会议或开展活动要靠信函、短信、电子信箱等方式通知，建立微信群后，进一步加快了信息传递速度。在西安2016全国邮展期间，评审委员会首次建立了临时微信群，并全程利用微信群与各位评审员联络。由于微信群发布信息可以图文并茂、简便快捷，因此在集邮组织中发挥着越来越突出的作用。

各省级集邮协会也充分利用网站和微信群的优点，加快信息传递和覆盖面，促进了集邮组织的发展。内蒙古自治区集邮协会利用网络平台宣传集邮知识并发展会员。安徽省集邮协会于2012年举办了“红色足迹——安徽省青少年迎接党的十八大胜利召开模拟邮集网络评选”活动。江苏省集邮协会于2013年通过“中邮快购”网站举办了江苏省第9届集邮展览，采用“网下评审、网上展出”的方式进行，使观赏邮集变得方便快捷。

为配合中国邮政每年1月5日生肖邮票的发行，生肖集邮研究会于2007年、2008年两年举办了“生肖集邮国际交流展览”。展览活动由生肖集邮研究会协同中国人民对外友好协会、江苏省集邮协会、苏州市邮政局、苏州市集邮协会、《集邮》杂志社、《集邮报》社、苏州市人民对外友好协会共同举办，活动不接受海外人员邮寄展品参展，统一要求通过E-mail和中国生肖集邮网报名。中国、日本、美国、澳大利亚、新加坡、加拿大等地的生肖集邮者踊跃参加了邮展。

“红色足迹”模拟邮集网络评选网页

2. 网络集邮组织的建立和发展

随着网络集邮的兴起，集邮者的交往范围逐渐扩大，交流更为方便快捷，共同的集邮爱好和网上互动交流的需要，促进了民间网络集邮组织的建立和发展。

最先发起成立的网络集邮团体称为“E邮迷沙龙”。2006年2月28日，《中国集邮报》刊登了署名黄敦的《有信纸与无信纸》一文，其内容与次日通过网络发布的一份倡议书完全相同。这份倡议书是由湖南长沙的黄敦、宾黔生、叶建新、万勇，株洲的胥奕绯和江苏常州的沙正华等6位老年集邮爱好者发出的。其中写道：“近几年网络的发展，写信不用像过去那样用纸写好通过邮局寄递。现在只要在电脑里将信写好，用鼠标轻轻一点，E-mail就发出去。不要几秒钟，对方就收到了……我们发起成立一个用E-mail交流、联络的邮迷组织，暂且就叫他‘E邮迷沙龙’吧！”“E邮迷沙龙”自此成立，一年内发展到53名会员，其后陆续开展了网络一页邮集展览、网上邮品即时拍卖、“E邮迷沙龙论坛”等活动，并且连续多年通过电子邮件发送《天心阁》《外邮》和《龙城封片》等电子版民间邮刊，有效地促进了集邮交流。

“网络集邮研究会”成立于2006年11月13日，由程文高等14位集邮爱好者通过网络发起，并于2007年1月1日创办网络邮刊《博客论邮》。“网络集邮研究会第一次会员大会”于2007年6月1—10日在网上召开，选举产生了第一届理事会，推选程文高为会长。2011年6月和2015年6月，该会先后召开第二、第三次会员大会进行了换届改选。

E邮迷沙龙网上报道长沙集邮文化中心成立

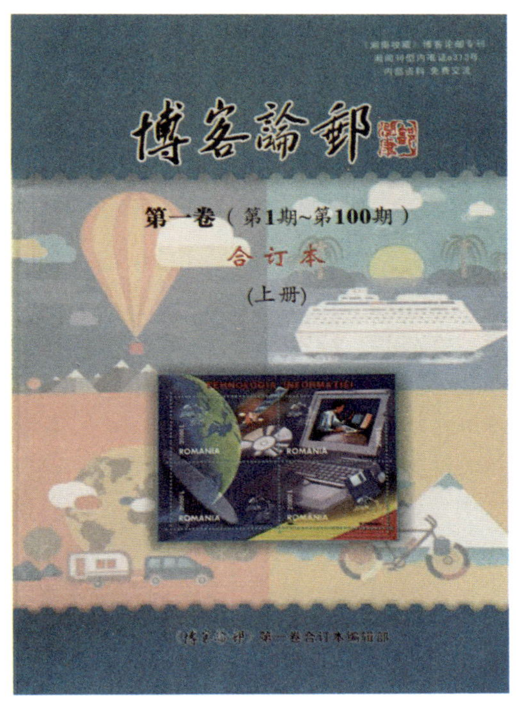

《博客论邮》在网刊 100 期时制作的纸质合订本

此后，网络集邮研究会在新浪网开辟了“网络集邮研究会论坛”，又建立门户网站，并在“941 集邮网”开通了该会的分论坛。截至 2018 年 2 月，该会的会员人数已有 683 人，在该会的网站、论坛上活跃的网络集邮爱好者有 2000 余人。该会先后在网上举办了“迎奥运集邮征文”、网络一页邮集比赛、“我与网络集邮”征文、网络集邮灯谜竞猜、青少年网络集邮知识竞赛等活动，以及“网邮会可持续发展”网上大讨论。每位会员过生日，该会网站都会滚动播出祝福语，使会员感受到“家”的温暖。

2010 年 8 月 15 日，以“集邮、旅游、交友、网游”为宗旨的网络集邮联谊会在河北邢台成立，来自北京、安徽、河南、河北等地的网络集邮者代表参加了成立大会，首批会员 95 名，分布在全国各地。该会成立后，组织会员利用网络平台发布集邮信息，为会员提供集邮习作园地，开展邮品调剂，交流邮识和邮集编组经验等。

2011 年 8 月 13 日，甘肃网络集邮联谊会在定西成立，其成员以甘肃省中青年集邮骨干为主。该会利用网络开展邮友联谊、举办“我邮我快乐”“自制封片展评”等网络集邮活动，并交流集邮文献的创作和邮集编组方面的经验体会，取得了显著成绩。

2014 年 12 月 17 日，“新重庆集邮群”微信群建立。其中 70% 为 1980 年后出生的青年集邮者。该微信群通过开展集邮知识讲座、在线邮品拍卖、跨区域邮友联谊、送邮识到基层等线上线下活动吸引群友，群友编组的 3 部邮集在国内外邮展中获奖，群友撰写的邮文在集邮报刊发表近百篇。

六、加强对民间集邮组织的指导和管理

在推动我国集邮事业发展的过程中，处于主体地位的中华全国集邮联合会及各地集邮协会，从现阶段的实际出发，对自愿组合、自发成立的民间集邮组织，进行了必要的指导和有效管理。

1. 对民间集邮组织进行调研

在中国集邮文化日益繁荣和社会多元化发展的背景下，在中华全国集邮联合会的组织序列之外，全国各地或跨地区、跨行业的集邮爱好者自发建立和自由组合，组建了一大批民间集邮组织，其规模有大有小，人数有多有少，组织方式、活动方式也不尽相同。如何处理好与民间集邮组织的关系，并加强对民间集邮组织的指导

和管理，是摆在全国集邮联和各地集邮协会面前的一个课题。

为了贯彻科学发展观和党中央提出的“创新社会管理”的精神，中华全国集邮联合会先后于2008年和2014年，进行了“民间集邮组织的现状与发展趋势”和“社会集邮组织的发展与管理研究”两个相辅相成的课题研究。课题组分别采用定性定量和抽样分析的方法，在组织座谈、实地考察、问卷调查、收集资料的基础上进行了分析和研究。前一课题在考察分析我国民间集邮组织的现状基础上，提出了鼓励和规范民间集邮组织发展的建议；后一课题对整个“体制”内外集邮组织的发展和管理现状、面临的问题进行调研分析，对创新社会集邮组织管理、整合社会集邮组织资源、促进“体制”内外集邮组织的融合问题进行探讨，并提出了解决问题的方案。

2. 对民间集邮组织的关注和指导

民间集邮组织在我国集邮事业发展中的作用不可忽视。全国集邮联和各级集邮协会领导对民间集邮组织的关注和指导，体现了对我国集邮事业发展的责任感和全局意识。

2011—2017年，全国民间集邮研究会联谊活动先后举办了4次，全国集邮联每次都有领导或部门负责人到场了解情况，表示支持并给予指导。2015年9月24日，第八次全国民间集邮研究会联谊活动在北京举行，来自全国的100多个民间集邮组织的代表到会。全国集邮联会长杨利民在讲话中肯定了民间集邮组织在中国集邮事业发展中发挥的重要作用，同时要求民间集邮组织坚持正确的政治方向。2017年11月25日，第九次全国民间集邮研究会联谊活动在福建省泉州市举行。来自全国各地70多个民间集邮组织的200余人到会，交流办会经验和集邮研究成果。全国集邮联副会长兼秘书长张玉虎在讲话中希望各地民间集邮组织坚定文化自信，自觉成为党的十九大精神和社会主义核心价值观的传播者。

全国集邮联领导还经常通过座谈会和参加相关活动，对民间集邮组织的发展给予关心和指导。2013年10月17日，“第六届中国邮文化节”在江苏高邮举行期间，全国集邮联常务副会长徐建洲在文献集邮研究会理事扩大会的讲话中表示，全国集

第八次全国民间集邮研究会联谊活动合影

邮联对社会集邮组织将更多地关注、了解和支持。2014 年 8 月至 2017 年期间，杨利民会长先后在甘肃、广州、北京、江苏、山东、海南等地调研或参加民间集邮组织的活动。2017 年 11 月 4—5 日，首届“黄河专题集邮学术征文研讨会暨山东省首届民间集邮组织座谈会”在济南举行。杨利民会长对黄河集邮研究会等山东民间集邮组织“接地气、充满活力”的风采留下了深刻印象，他从坚定文化自信、开创中国特色集邮文化新局面和建设集邮强国的高度，对民间集邮组织的工作提出了具体要求。

根据全国集邮联的要求，各地集邮协会也切实加强了对民间集邮组织的工作指导。2012 年 10 月 27 日，由甘肃封片戳研究会发起，甘肃 11 个民间邮会共同在兰州举行了“甘肃省首届民间邮会高端研讨会”。甘肃省集邮协会和兰州市集邮协会的负责人应邀出席会议。与会代表经过协商研讨取得共识，决定成立“甘肃省民间邮会联盟”，以加强横向联系，整合并共享集邮资源，取长补短形成合力，共同促进甘肃集邮的发展。此后，甘肃省集邮协会和兰州市集邮协会主要通过甘肃民间邮会联盟，加强与民间集邮组织的联系和沟通，并定期召开民间集邮组织负责人座谈会，一方面征求对集邮协会工作的意见，另一方面传达全国集邮联和省市集邮协会有关集邮组织建设和集邮工作的要求。

2016 年 11 月 6 日，宁夏回族自治区集邮协会举行了宁夏社会集邮组织发展研讨会，邀请全自治区 8 个社会集邮组织的负责人、北方民族大学和宁夏财经学院的集邮课授课教师、银川市部分集邮骨干参加。通过研讨、梳理工作思路，会议形成了指导社会集邮组织发展的 5 点共识：继续坚持开展具有自身特色的集邮活动，不断丰

山东首届民间集邮组织座谈会

富集邮文化的内涵；不断提高集邮水平，促进集邮文化大发展；在宁夏回族自治区集邮协会的统一领导下紧紧围绕国家和自治区的重大活动开展系列集邮活动；统一思想，形成合力开展一些有影响力的集邮活动，为集邮业务的发展创造良好的外部环境；注重发挥各级集邮骨干的作用。

3. 对民间集邮组织的管理

社团管理是社团发展和延续的重要保证。未经社团登记、自发建立的民间集邮组织，目前是以自我管理为主，其中挂靠集邮协会的，则在一定程度上接受其管理。因而现阶段集邮协会对民间集邮组织的管理，具有间接性和过渡性。

接受民间集邮组织的挂靠，是集邮协会对民间集邮组织进行适当程度管理的前提。根据《社会团体登记管理条例》的规定，民间集邮组织因无上级主管单位或其他原因，不能成为集邮协会的团体会员，传统的集邮组织体制已难以适应集邮组织多元化发展的需要。2004 年全国集邮联经过反复调查论证后，下发《关于加强民间集邮研究组织指导性的工作意见》，采取建立组织挂靠关系的过渡性措施，先后得到了全国大部分省市集邮协会和民间集邮组织的响应。2014 年，在全国集邮联重点调查的全国 100 个民间集邮组织中，有 77 个先后与当地集邮协会办理手续，建立了挂靠关系。

上海市集邮协会 2005 年就接受民间集邮组织挂靠，但在 2012 年年初，由于某些原因，上海市民政局要求已挂靠的民间集邮组织全部“脱钩”。为了解决此问题，上海市集邮协会经过法律咨询和反复研究，起草了《关于上海市民间集邮研究组织自治管理学术挂靠问题的通知》，以及《民间集邮研究组织自治管理学术挂靠上海市集邮协会的办法》《民间集邮研究组织自治管理学术挂靠申请书》《民间集邮研究组织自治管理学术挂靠协议书》《民间集邮组织会员信息表》4 个附件，经有关方面同意，于 2014 年 9 月 10 日作为“沪邮协 [2014]6”号文件发出。9 月 12 日，上海市集邮协会召开民间集邮研究组织协议挂靠通气会，来自上海 20 余家民间集邮组织的代表出席了会议。

武汉市集邮协会对本市民间集邮组织实行分类指导和间接管理，先后将经过整合的 4 家集邮联谊会，即武汉地区高校集邮联谊会、武汉残疾人集邮联谊会、武汉老年人集邮联谊会和武汉集邮研究会联谊会，纳入市集邮协会统一管理。其中，2011 年 3 月 7 日成立的武汉集邮研究会联谊会，包括了武汉专题集邮者联谊会、楚天极限集邮研究会、生肖集邮研究会武汉分会等。

上海市集邮协会民间集邮研究组织协议挂靠通气会

第三节　集邮活动的扩展与创新

2010—2018年，中国进行全面深化改革，经济获得快速发展，同时也是中国着力推动社会主义先进文化建设，推动社会主义精神文明和物质文明全面发展的重要时期。在此段时间内，中华全国集邮联合会牢牢把握中国集邮的大方向，围绕国内外重大事件开展了多项大型集邮活动。各地邮政部门与集邮协会密切合作，将集邮活动与邮票首发式结合起来，使活动的内容更加丰富，集邮经营也获得显著效益。计划性、组织性和综合性是这段时期集邮活动的新特点。

一、集邮活动与社会大文化紧密结合

2010年以来，全国集邮联将集邮文化活动与社会大文化紧密结合，举办了一系列内容丰富、形式多样的集邮文化活动，对全国各级集邮协会加强指导，始终坚持正确的集邮文化发展方向，弘扬社会主义先进文化的主旋律，开创了具有中国特色的集邮文化事业。

1. 中国集邮活动坚持正确的发展方向

在2011年10月15—18日召开的中国共产党第十七届中央委员会第六次全体会议上，通过了《中共中央关于深化文化体制改革、推动社会主义文化大发展大繁荣若干重大问题的决定》，提出要努力建设社会主义文化强国，并提出了到2020年的文化改革发展奋斗目标。这些都给中国集邮事业的发展带来新的机遇。

中国共产党第十八次全国代表大会，是在我国进入全面建成小康社会决定性阶段召开的一次十分重要的大会。为了贯彻十八大精神，加强了各级集邮组织党的建设，一些集邮组织成立了党支部，开展了“邮票党课”。2012年11月18日，内蒙古自治区第一家临时集邮党支部——中共扎兰屯市青松社区集邮党支部组织本支部19名党员、积极分子召开十八大文件学习座谈会。座谈会由青松社区集邮党支部副书记杨桂彬主持。集邮党支部向与会党员和积极分子发放了《中国共产党第十八次全国代表大会关于十七届中央委员会报告的决议》《中国共产党第十八次全国代表大会关于〈中国共产党章程（修订案）〉的决议》等材料进行学习并展开了热烈讨论。

中国共产党第十九次全国代表大会于2017年10月18—24日在北京举行。党的十九大是在全面建成小康社会决胜阶段、中国特色社会主义发展关键时期召开的一次十分重要的大会。为了贯彻党的十九大精神，全国集邮联于2017年10月27日召开了会长联席会，围绕如何贯彻落实十九大精神，开创集邮文化建设新局面进行了讨论。会议确定：全国集邮联的工作要以十九大精神为指引，增强文化自信，努力开创中国特色集邮文化建设新局面为主题，以“向建设中国特色集邮强国迈进”为奋斗目标，通过树立一批集邮先进典型，加强集邮组织建设，尤其要加强对民间集邮组织引领和指导，壮大集邮队伍，创新集邮文化活动方式，推动集邮事业发展。

2017 年 12 月 9 日，在四川绵阳召开的全国省级秘书长工作会议上，杨利民会长指出："新时期我国集邮文化事业要以习近平新时代中国特色社会主义思想为行动指南，加强党对集邮事业的领导，以新思路、新观念、新气象、新作为创新工作方式，丰富活动内容，壮大集邮队伍。"集邮活动就是围绕邮票、邮品开展的一系列群众性文化活动。广大集邮爱好者通过编组邮集、集邮展览、票品研究、集邮论坛、佳邮评选等方式的集邮活动，就是将邮票中的这些国家、民族文化印记更好的传承、弘扬的具体行为。

胜利油田集邮协会作为企业集邮协会，会员遍布油田生产建设的各个岗位，其中不乏从事基层党建工作的集邮骨干。2018 年以来，油田集邮协会大力推广"邮票党课"，让邮票成为落实"两学一做"常态化制度化的重要载体。

杨利民参加邮票党课

胜利采油厂党校推出了"用邮票讲党史"的系列课程，作为采油厂全体党员轮训的重要培训模块，用邮票图案展示了中国共产党从一大到十九大的光辉历程，受到了参训党员的热烈欢迎。"邮票党课"新颖别致，一改往日说教式的授课模式，起到了良好的教育效果。

2018 年 5 月 14 日，全国集邮联杨利民会长到上海市江川路街道社区党建服务中心，调研了闵行区职工集邮协会为中国邮政上海市闵行分公司、徐汇分公司的党员干部举办的邮票党课。

课程结束后，杨会长参观了与党课配套的小型邮展，并与上海市集邮协会领导、区集邮协会骨干和邮票党课讲师团的成员进行了交流座谈。杨会长指出，上海闵行的邮票党课给了我们很多启发。中国特色集邮应该是广大集邮爱好者和广大群众参与的大众喜爱的集邮文化活动，同时这个集邮文化活动又要为精神文明建设服务，包括为我们党的建设服务。把集邮文化融入全国大文化建设的领域中去，我们的小集邮文化才有生命力，才能受到大家的关注、了解和支持。杨利民感谢闵行区集邮协会在江川路街道党工委的领导下，创造了邮票党课这种新形式，在全国带了头，做了一个很好的榜样。杨利民会长题词："让有温度的城市党建引领温暖的美丽家园""学习宣传闵行江川党建服务中心创造的邮票党课经验"。

2. 举办纪念抗战胜利 70 周年全国集邮巡回展

2015 年是中国人民抗日战争暨世界反法西斯胜利 70 周年。为此，中华全国集邮联合会在全国范围内开展了规模空前的主题巡回集邮展览。全国各省级集邮协会积极响应、密切配合，有力地提高了此项活动的社会影响力。

2015 年 6 月 5 日，“纪念中国人民抗日战争暨世界反法西斯战争胜利 70 周年全国集邮巡回展览”在北京中国邮政邮票博物馆启动。巡展北京站的展出时间为 6 月 5—7 日，展出的展品共有 79 部总计 203 框，从不同角度再现了艰苦卓绝、波澜壮阔的中国人民抗日战争历史和正义战胜邪恶、光明战胜黑暗的英雄史诗。第十二届全国政协副主席、中华全国集邮联合会名誉会长王家瑞宣布巡展活动正式启动；国家邮政局、中国邮政集团公司领导为《中国人民抗日战争暨世界反法西斯战争胜利 70 周年》纪念邮资明信片揭幕；中华全国集邮联合会领导为《纪念中国人民抗日战争暨世界反法西斯战争胜利 70 周年全国集邮巡回展览》纪念封揭幕。

巡展活动随后在各省会城市及相关地举行。天津市将巡展活动安排在平津战役纪念馆举行，河北省将巡展活动安排在冉庄地道战纪念馆举行，辽宁省将巡展活动安排在沈阳九一八历史纪念馆举行，江苏省将巡展活动安排在侵华日军南京大屠杀遇难同胞纪念馆和盐城新四军纪念馆举行，山东省将巡展活动安排在著名的台儿庄大捷发生地台儿庄举行，陕西省将巡展活动安排在抗战时期中共中央所在地延安举行，云南省将巡展活动安排在滇缅公路所在地畹町和滇西缅北战役发生地腾冲举行，湖南省将巡展活动安排在湘北战役发生地常德和衡阳会战发生地衡阳举行，黑龙江省将巡展活动安排在“二战”终结地鸡西举行。这种刻意安排更增加了巡展活动的影响力。

王家瑞（中）参观邮展

巡展活动陕西延安站

中国邮政于 2015 年 9 月 3 日发行了《中国人民抗日战争暨世界反法西斯战争胜利七十周年》纪念邮票一套 13 枚及小型张 1 枚，将全国开展的巡回邮展活动推向高潮。在这一天，有多个城市举办了主题性集邮活动。此次主题巡展活动历时 3 个月，在全国 22 个省、自治区和直辖市陆续巡展 41 场，展出各类集邮展品 8300 框，参观人数达到数百万人。这种由全国集邮联主办、各省级集邮协会承办的跨省、自治区和直辖市的大型集邮活动，在中国集邮史上是空前的。

3. 各地举办红军长征胜利 80 周年集邮活动

2016 年是中国工农红军长征胜利 80 周年。为纪念这一伟大壮举，中国邮政集团公司与中华全国集邮联合会开展了“弘扬长征魂，同筑中国梦”纪念中国工农红军长征胜利 80 周年全国青少年集邮教育实践活动。这项活动以红军长征经过的省市为主线，组织开展形式多样的青少年集邮教育实践活动，通过开展集邮展览、邮集制作、书信、演讲比赛等集邮教育实践活动，再次抒写长征史歌，让长征精神在青少年中广泛传播和弘扬。

此次活动的首站于 2016 年 5 月 13 日在江西南昌举行启动仪式。第九届全国人大常委会副委员长、中华全国集邮联合会名誉会长何鲁丽，中华全国集邮联合会会长杨利民出席了启动仪式。在启动仪式上，何鲁丽为青少年学生代表赠书并宣布活动启动。嘉宾们还为《纪念中国工农红军长征胜利 80 周年邮资明信片》揭幕。江西是中国工农红军长征的出发地，并且孕育了伟大的长征精神、井冈山精神和苏区精神，江西作为此次活动第一站有着特殊的意义。

此次活动启动仪式后，全国各省级集邮协会陆续在本地举行相关活动。福建省将主题活动安排在闽西革命老区龙岩举行；湖南省将主题活动安排在红军长征经过地娄底举行；河南省在红军长征经过的信阳、南阳、驻马店、洛阳、三门峡 5 个地市举办活动；湖北省将主题活动安排在全国著名的“将军县”红安举行；贵州省将主题活动安排在红军长征途中著名战役发生地贵阳和安顺举行，并且将主题活动及《薪火相传》个性化邮票首发式安排在遵义市的遵义会议的会址举行；四川省将主题活动安排在红军长征通过的彝族区凉山州举行；云南省将主题活动安排在红军长征经过地丽江举行；甘肃省在白银市会宁县会师园举行活动并举办了《中国工农红军长征胜利 80 周年》纪念明信片首发式。

2016 年 10 月 22 日，“弘扬长征魂同筑中国梦”中国工农红军长征胜利 80 周年全

“弘扬长征魂，同筑中国梦”全国青少年集邮教育实践活动湖北站

国青少年集邮教育实践活动暨陕西“薪火相传”集邮巡展活动闭幕式在革命圣地延安隆重举行。来自延安八一敬老院的24位老战士，以及国家邮政局、中华全国集邮联合会、中国集邮总公司和来自全国各省集邮协会的嘉宾，延安市党、政、军各界嘉宾和学生代表及多家新闻媒体、集邮爱好者参加了闭幕式。嘉宾们还为中国邮政当日发行的《中国工农红军长征胜利80周年》纪念邮票揭幕。

此次活动自5月从江西启动，在红军长征经过的15个省（自治区、直辖市）依次展开，各省联合地方人民政府及相关部门，以青少年集邮活动示范基地为阵地，结合当地教育部门开展了系列主题教育活动，在广大青少年中举办集邮展览、邮集制作、书信、演讲比赛等集邮教育实践活动，取得了圆满成功。

4. 举办“驿路·丝路·复兴路”全国巡回邮展

2017年，我国举办了“一带一路”国际合作高峰论坛，召开了中国共产党第十九次全国代表大会。为配合这两次重要的会议，由中国邮政集团公司、中华全国集邮联合会举办的“驿路·丝路·复兴路——行走新丝路喜迎十九大”全国集邮巡回展于2017年5月14日在“一带一路”国际合作高峰论坛举办地北京、古代海上丝绸之路的起点——福建泉州、“丝绸之路”经济带的重要节点新疆乌鲁木齐同时开幕。

泉州站的启动仪式在中国闽台缘博物馆隆重举行。第十二届全国政协副主席、中华全国集邮联合会名誉会长王家瑞出席了启动仪式。此次泉州首站集邮展览共展出邮集83部计200框，还设立了“海丝”主题邮局配合这一活动，举办“海上丝绸

王家瑞（中）出席“驿路·丝路·复兴路”全国巡回邮展泉州站启动仪式

之路”集邮大讲堂等相关集邮文化活动，以集邮的名义，助力泉州“古泉州（刺桐）史迹”申报世界文化遗产。此外，泉州在海上丝绸之路国际艺术公园·亚洲园设立永久邮票墙，展示泉州题材邮票的风采。巡展期间还举行了摄影展、书画展、书信比赛等系列活动。

北京站的启动仪式在北京大学百周年讲堂纪念大厅举行。第九届全国人大常委会副委员长、中华全国集邮联合会名誉会长何鲁丽出席了启动仪式。参加活动的领导为纪念邮票、明信片及集邮巡回展览纪念封揭幕。中国邮政还推出了《同路》和《丝路远播》主题邮册、丝绢纪念封和明信片等多款以“一带一路”为主题的邮政文化产品，通过邮票这一国家名片，展现出“一带一路”经济发展的美好愿望、博大精深的历史文化以及中国与相关各国的传统深厚友谊。

新疆站的启动仪式在乌鲁木齐的新疆古生态园举行。新疆维吾尔自治区人民政府、国家邮政局、中国邮政集团公司、中华全国集邮联合会等多位领导共同为启动仪式揭幕，并且为《“一带一路”国际合作高峰论坛》纪念邮票揭幕。此后，巡展还在新疆的奎屯、吐鲁番、哈密、阿克苏等地陆续进行。

本次巡展从5月持续到11月，陆续在全国31个省（自治区、直辖市）的100多个地方巡回开展。以集邮文化和邮票为载体，开展线上线下主题邮展、邮资票品首发式、全国青少年集邮贴片网络展评、集邮文化大讲堂、集邮学术研讨会、“丝绸之路”主题邮局等群众性集邮文化活动。

何鲁丽（中）在北京大学参观“驿路·丝路·复兴路”全国巡回邮展

5. 举办庆祝改革开放四十周年集邮文化巡回活动

2018年适逢改革开放四十周年，为配合党和国家的相关庆祝活动，以集邮文化为载体，回顾改革开放四十周年伟大成就，展望十九大胜利召开后全面深化改革、全面决胜小康社会的伟大前景，中国邮政集团公司、中华全国集邮联合会在全国范围内开展“不忘初心、筑梦前行”庆祝改革开放四十周年集邮文化巡回活动，5月19日，活动在安徽凤阳和陕西西安两地同时启动。

在安徽凤阳，出席启动仪式的领导分别致辞，并为《伟大历程》个性化服务专用邮票和《改革开放40周年》纪念邮资明信片全国首发揭幕，启动了此次全国巡回活动。为配合活动启动，安徽省集邮协会还举办了“不忘初心、筑梦前行”改革开放四十周年纪念邮展。

本次庆祝改革开放四十周年集邮文化巡回活动历时7个多月，遍及全国31个省（自治区、直辖市）的208个城市，以独特方式集中展示了我国改革开放40年来特别是党的十八大以来中国特色社会主义建设

“不忘初心 筑梦前行”全国集邮文化巡回活动安徽凤阳启动仪式

取得的伟大成就，有力地发挥了集邮文化的宣教功能，进一步增强了中国特色社会主义文化自信。全国集邮联还为此展开了“庆祝改革开放 40 周年”全国优秀集邮图书评选和“庆祝改革开放 40 周年”全国优秀集邮征文评选等活动。

二、评选全国集邮文化先进城市

为响应国家弘扬社会主义先进文化的号召，从 2010 年开始，由中宣部、文化部、教育部、中央国家机关工委、国家邮政局、中国邮政集团公司、全国集邮联组织创建“全国集邮文化先进城市”活动，以集邮打造城市特色品牌，提升城市在国内外的知名度和美誉度，促进城市经济发展和社会进步而开展的一项活动，旨在利用集邮文化创建，提升市民素质，推动精神文明建设，提速城市经济发展。

1. 首批“全国集邮文化先进城市”诞生

为进一步推动集邮文化融入社会文化，在总结集邮文化建设成功经验的基础上，中华全国集邮联合会会同有关部门于 2010 年开展了全国集邮文化先进城市创建活动，取得了显著的成效。该活动由中华全国集邮联合会主办，每两年命名一次，全国 14 个省（自治区）的 29 个城市积极响应。2011 年 11 月，经创建领导小组研究决定，江苏南京、广东广州、江西南昌等 10 个省的 18 个城市荣获首批“全国集邮文化先进城市”称号。

在江苏无锡市举办的中国 2011 第 27 届亚洲国际集邮展览期间，举行了“全国集邮文化先进城市”授牌仪式活动。获得首批“全国集邮文化先进城市”称号的 18 个城市分别是：邯郸市、珲春市、南京市、苏州市、高邮市、长乐市、南昌市、新余市、萍乡市、青岛市、烟台市、洛阳市、黄石市、宜昌市、广州市、深圳市、佛山市、泸州市。首批创建工作取得了一定成果，产生了较好的社会反响。

全国集邮联名誉会长黄孟复、何鲁丽、张怀西为首批全国集邮文化先进城市授牌

在社会各界积极推动文化大发展、大繁荣的形势下，为服务党和政府的中心工作，积极打造集邮文化品牌，努力拓展集邮文化发展空间，促进集邮文化与城市文化建设有机融合，推动城市经济、文化和集邮事业持续发展，提升城市知名度和美誉度，全国集邮联在2012年3月南宁座谈会广泛征求意见并不断总结经验的基础上，制订了《开展创建省级集邮文化先进城市活动指导意见》，在全国范围内开展创建先进集邮文化城市活动。进一步夯实创建基础、推动创建活动在全国深入开展。创建“全国集邮文化先进城市”是加快推动城市文化建设的一件大事，也是丰富群众文化生活的一件好事，更是有利于经济社会长远发展的一件实事。

2. 创建“全国集邮文化先进城市”的要求和措施

首批创建达标城市，要把巩固创建成果工作摆在重要位置来抓。巩固成果的核心是打牢基础，形成促进集邮文化发展的长效机制，最基本的要求是要保持现有的先进水平不降低，防止创建工作一阵风。全国集邮联和相关省（自治区）集邮协会和创建达标城市的集邮协会要加强信息沟通，形成工作合力，做好对首批创建达标城市的指导工作，使创建达标城市成为名副其实的“示范作用显著、其他城市信服、各级领导认可、集邮爱好者拥护”的全国集邮文化先进典型，并保持持续、健康发展的良好态势。

为夯实创建全国集邮文化先进城市工作基础，中华全国集邮联合会六届五次理事会提出了因地制宜，开展省级创建活动的工作任务，明确把省级集邮文化先进城市作为申报全国集邮文化先进城市的必要条件，今后，只有获得省级集邮文化先进城市称号才有资格申报全国集邮文化先进城市。2012年全国计划开展省级创建活动的18个省（自治区）中，有13个省（自治区）确定了19个城市为省级创建目标。还有部分省（自治区）正在筹划。这项工作做得好的比如吉林、湖北、福建、宁夏、安徽等地积极与省委、省政府相关部门协调，并会同相关部门联合印发了文件，部署了本省（自治区）创建工作。黑龙江、山东、湖南等也先后发文部署了创建工作。有的地方还制订了本省的创建标准和评定办法。北京市集邮协会研究制订了“北京市创建集邮文化先进城区标准”和相应的工作方案，山西省集邮协会推出了“山西省集邮协会三年组织规划发展”目标，对创建全国集邮文化先进城市提出了具体的方案和思路。

经验交流是推进创建活动深入开展的措施之一，在集邮文化先进城市创建活动的实践中，加强交流，相互学习，相互借鉴，相互促进，共同提高。一是全国层面的交流。全国集邮联利用大型集邮活动的机会，尽可能安排一些交流内容，提供全国交流的平台，同时将各省（自治区、直辖市）的典型经验和好的做法宣传好，达到以点带面的效果。二是各省（自治区、直辖市）之间的交流。部分省（自治区、直辖市）开展省级创建活动，各地情况不同，各有特色，多联系，多沟通，多交流，善于发现兄弟省份的亮点，为我所用，不断提高本地创建工作水平。

3. 各地积极创建“全国集邮文化先进城市”

2010年年初，全国集邮联要求在全国部分县级以上城市开展创建“集邮文化先进城市”活动，有些省市集邮协会还下发了《关于开展创建“集邮文化先进城市”的通知》，内容包括活动范围、创建和验收标准、活动周期、活动的组织领导、工作和审批程序、首批命名时间安排、注意事项等，为各地市县开展此项活动进行部署，为创建“全国集邮文化先进城市”活动在全国拉开了序幕。

在创建过程中，全国各省（自治区、直辖市）领导高度重视，把创建“全国集邮先进文化城市”活动作为推动地方经济和文化产业的一张名片，精心打造。江西省和湖北省黄石市、宜昌市的领导出席了活动，广大集邮协会和集邮爱好者积极参与。正因为政府的高度重视和社会的广泛参与，创建活动弘扬了社会主义先进文化，提升了城市在国内外的知名度和美誉度，打造了集邮文化品牌，促进了城市的经济发展和社会进步。

2012年4月26日，全国创建集邮文化先进城市活动现场经验交流会在四川泸州召开。中华全国集邮联合会、四川省集邮协会领导，以及来自全国31个省、自治区、直辖市的集邮协会领导出席会议。泸州创建成为全国集邮文化先进城市后又制订了新的目标，巩固和扩大创建成果。市委、市政府已经把集邮文化纳入市文化建设总体规划并作为相关部门的考核目标，还建立了由宣传部、总工会、文明办、教育、文化、民政、广电、共青团、工委、邮政、新闻媒体等相关部门和单位参与的联席会议制度，定期沟通情况、解决问题，促进集邮文化建设持续健康发展。泸州市创建工作的做法和经验值得在全国推广和学习。

全国创建集邮文化先进城市活动现场经验交流会

河北省邯郸市人民政府非常重视创建“集邮文化先进城市”工作，于2011年1月成立了邯郸市创建全国“集邮文化先进城市”领导小组。该小组认真贯彻创建“集邮文化先进城市”通知精神，深入调查研究，结合该市实际，明确了目标任务，制定了实施方案，并以市委、市政府文件印发所属党委、政府和市直属单位执行。

2012年11月12日，新疆维吾尔自治区伊宁市顺利通过自治区集邮文化先进城市验收，成为新疆2012年以来第三个验收合格的单位。新疆邮政秉承中国传统文化精神，开展集邮文化先进城市创建活动，是新疆邮政开展集邮工作的新思路和新尝试。2012年年初，在新疆维吾尔自治区集邮协会六届五次理事会年会上，集邮文化先进城市的创建工作被列入重要日程。首批研究确定了阿克苏、石河子为区内省级集邮文化先进城市创建城市。2013年，新疆邮政确定乌鲁木齐、伊宁、库尔勒作为第二批创建城市，分别于当年全部验收合格。

三、为全国最佳邮票评选活动注入新活力

2010年以来，全国最佳邮票评选活动不断创新与发展，为促进地方经济、文化的大发展发挥了特有的作用，逐步得到更多地方人民政府和社会各界的广泛关注和支持。佳邮评选活动经过30多年的实践，不仅为中国集邮活动注入了新活力，而且形成中国集邮的一个品牌和无形资产。

1. 评选活动的改革与创新

全国最佳邮票评选活动有着广泛的群众基础和社会影响。2010—2018年，在中华全国集邮联合会的周密策划下，评选活动的形式不断改革和创新。特别是在原有的明信片选票和网络投票的基础上，又增加了手机短信和手机微信的投票方式，吸引了更多的参与者、进一步扩大了评选活动的规模，使一年一度的全国最佳邮票评选成为集邮者期盼的盛大活动。2012年举办的第32届全国最佳邮票评选活动共收到群众投票167万张，创历史新高。多年来，

评选活动一直在发展中创新，在创新中逐步完善。

自第23届佳邮评选活动以后，佳邮评选活动改由中华全国集邮联合会、人民邮电出版社召集，中国集邮总公司、国家邮政局邮票印制局、《人民日报》社、中央电视台、《工人日报》社、《中国青年报》社和《人民邮电报》社共9家单位主办。自2010年第30届全国最佳邮票评选活动起，主办单位又增加了中国邮政文史中心，变为10家。

自第30届佳邮评选活动开始，主办方采取了将评选结果与投票者获得奖品完全脱钩的做法。并在选票上注明："投票者是否中奖与评选结果无关"。此举对解决多年来部分地区存在的有组织投票且对评选结果产生影响的做法起到了较好的纠正作用。这也是佳邮评选活动多年来力度最大的改革。

为了使佳邮评选活动的生命力不断延续，主办方也不断推出新的评选项目。2014年，在福州市举办的第34届全国最佳邮票评选颁奖活动中，首次采用由大会现场投票评选2013年度"最佳设计奖"的方式。在最佳设计奖的评选过程中，先由专家评审选出2013年度最佳设计奖入围邮票3套，然后在最佳邮票评选颁奖大会上交由大众评审团进行现场投票。大众评审团由评选委员会专家、集邮者代表和媒体代表共40人组成。得票数最高者获得"最佳设计奖"。此方式增加了评选活动的神秘感、新鲜感和参与感。

自2007年第27届全国最佳邮票评选起，中国邮政为评选活动发行了"获奖邮票纪念张"。此后至2018年，这种特殊邮品继续发行。其中部分纪念张由于发行量小而成为二级邮票市场的热点。各承办城市的邮政部门还围绕佳邮评选开发具有地方特色的集邮品，形成每年集邮经营的常规产品，为邮政企业增加了效益。

2. 新增短信和微信投票方式

为了吸引更多集邮爱好者参与，利用现代通信方式投票，自2011年第31届全国最佳邮票评选起，新增了手机短信投票方式。国内所有移动、联通、电信手机用户，均可在有效期内通过编辑"佳邮＋邮票序号"，发送到12114参与手机投票。确认投票后，投票者需支付1元/条的信息费。短信投票不限定每个手机号的投票次数，但每条短信只能选择1套邮票，多选无效。每个手机号可多次参与投票，但每个手机号单日投票总量不得超过50次。投票结束后，主办方在预定时间通过电脑从所有参与短信投票的手机号中随机抽取10%的中奖者。

为适应智能手机快速发展和广大用户的需要，在邮资明信片、网络和手机短信投票基础上，2015年的第35届全国最佳邮票评选活动新增加了手机微信投票方式，这一新举措方便了集邮爱好者，参与投票人数大幅度增加。手机微信投票，由电脑随机抽出500个手机号，中奖者获得本届评选纪念张、颁奖大会纪念张、纪念封各一枚。

全国最佳邮票评选活动自1980年举办以来，到2018年已连续举办了38届。最初参加评选的人数只有十几万，此后每年逐步增多，陆续发展到几十万人，最高年度达到146万人。30多年来，年度参评的人数平均为38万多人次，逐年累计参评投票的人数已超过1000万人次。由此看出，这项活动具有广泛的群众基础和旺盛的生命力。正是由于这项活动知名度高、影响大，因此被集邮爱好者誉为“中国集邮的盛事”。评选活动以集邮爱好者喜闻乐见的形式普及宣传了集邮知识，提高了集邮爱好者对邮票的研究和鉴赏能力，对我国邮票选题、设计、印制等工作发挥了积极的促进作用。

3. 颁奖活动的变化

每届佳邮评选颁奖活动都成为举办地当时文化生活中的最大亮点，具有鲜明的特色和很好的反响。2010年以后举行的佳邮评选颁奖大会，继续在各个城市轮流举行，而且已经形成相对固定的举办时间。2010—2013年的颁奖大会在每年4月的中下旬举行；2014—2018年的颁奖大会全部在4月下旬的20—25日之间举行。举办地点分别为河北邯郸、安徽马鞍山、四川泸州、北京、福州、江西井冈山、贵阳、广东深圳和武汉。

佳邮评选活动得到宣传媒体的广泛关注。每届颁奖活动基本坚持以“集邮主题、地方特色、国家水平、不断创新”为总体要求，每届的评选活动各具特色，更迭出新。中央电视台选择黄金时间段播出佳邮电视节目，许多著名主持人都主持过佳邮评选颁奖文艺晚会。各届颁奖晚会都以弘扬主旋律，热情颂扬邮票的魅力和我国邮政事业的发展为主旨。此外，各地颁奖活动还向综合性集邮盛会的方向不断发展，形成了以颁奖大会为中心，将集邮展览、学术研讨会、知识竞赛、集邮经营等多种活动融为一体的大型综合性活动。

安徽马鞍山第31届全国最佳邮票评选颁奖晚会

何鲁丽、张怀西名誉会长在四川泸州第 32 届全国最佳邮票评选颁奖晚会上颁奖

各地举办的颁奖晚会还会穿插文艺演出，以富有地方特色的节目呼应。2010 年在河北邯郸举行的颁奖大会的主题为“成语之乡魅力邯郸”；2012 年在四川泸州举行的颁奖大会的主题为“醉美泸州邮传万家”；2014 年在福州举行的颁奖大会的主题为“清新福建邮韵榕城”；2015 年在江西井冈山举行的颁奖大会的主题为“秀美赣鄱动情井冈”；2016 年在贵阳举行的颁奖大会的主题为“多彩贵州爽爽贵阳”；2017 年在广东深圳举行的颁奖大会的主题为“魅力广东邮动鹏城”；2018 年在武汉举行的颁奖大会的主题为“知音湖北邮美江城”等。

四、开展全国集邮周活动

世界上许多国家很早就设立过“集邮周（日）”，并且发行了纪念邮票，为宣传本国文化和集邮发挥了重要作用。拥有自己的“集邮节日”是中国集邮者一直期盼的梦想。为此，中国集邮界也一直酝酿设立中国的集邮周。在中国邮政集团公司和中华全国集邮联合会的努力下，确定自 2016 年开始在全国设立“集邮周”。

1. 中国邮政为集邮周的奉献

中国邮政于 2016 年 8 月 5 日首届集邮周开幕日发行了 JP.218《中国 2016 集邮周》纪念邮资明信片 1 套 1 枚；2017 年 7 月 29 日第二届集邮周开幕日发行 JP.227《中国 2017 集邮周》纪念邮资明信片 1 套 1 枚。明信片上的邮资图为集邮周的标识。

中国邮政集团公司还在集邮周期间精心安排了多套邮票的发行，并且在各地举办邮票首发式活动，成为各地集邮周活动的核心内容。2016 年集邮周期间发行的邮票包括：8 月 5 日发行的《第三十一届奥林匹克运动会》纪念邮票 1 套 2 枚，8 月 9 日发行的《相思鸟》特种邮票 1 套 1 枚。2017 年集邮周期间发行的邮票包括：7 月 29 日发行的《凤（文物）》特种邮票 1 套 6 枚，8 月 1 日发行的《中国人民解放军建军九十周年》纪念邮票1套6枚及小型张1枚。

2. 主办方对集邮周的精心筹划

中国邮政集团公司、中华全国集邮联合会为集邮周的设立和实施进行了科学论证、精心筹划和部署。为做好“2016集邮周”“2017集邮周”文化活动整体工作，中国邮政集团公司和全国集邮联特制订了具体的活动方案，征集“集邮周”标识及海报。根据整体安排，各省级集邮协会利用各种渠道开展多种形式的集邮周宣传活动，发挥牵头协调和窗口载体作用，搭建好平台，动员好社会资源，加大宣传工作力度，充分利用报刊、电视、网络、微信等媒体进行宣传，以扩大“集邮周”的影响力和参与度。

“集邮周”标识

“集邮周”标识于2016年3月面向社会公开征集，有近百幅来自全国各地的作品参与投稿，经由专家初选、集邮网厅网络投票决定最终方案。此次发布的集邮周标识，表现了“人文和谐，快乐集邮”的活动理念，五彩缤纷的邮票形状围绕在人的四周，寓意集邮活动丰富多彩；标识中心“人”的形象由集邮的汉语拼音首字母“J、Y”组合而成，托起一本书的造型寓意邮票即百科全书；标识的流畅线条充满活力，圆形轮廓体现全球化和五湖四海的深意。此外，集邮周的海报也一并发布，很好地诠释了集邮周6个主题日的丰富内涵。

2016年7月13日，由中国邮政集团公司、中华全国集邮联合会主办，河南安阳市人民政府、中国邮政集团公司河南省分公司等单位承办的《殷墟》特种邮票首发暨“集邮周”标识发布仪式在安阳举行。

为了让广大青少年积极参加此项活动，集邮周的时间均安排在每年的暑假期间。在2016年和2017年集邮周期间，参与活动的青少年集邮者明显增多。

2016年的集邮周于8月5—10日举行。全国31省（自治区、直辖市）超过300个地市加入到“集邮周”活动，组织活动1000余场，内容十分丰富。2016年、2017年连续两年在全国范围开展了以“中国梦 集邮情”为主题的集邮周系列文化活动，增强了集邮的社会影响力。2017年集邮周期间，全国31个省（自治区、直辖市）的290个重点地市开展了1900余场不同形式和规模的集邮活动。

3. 集邮周期间分设多个主题日

每年举办的集邮周都要设立主题，而且集邮周的每天还要设立一个主题活动。在每天的主题活动中，各省（自治区、直辖市）举办每日联动活动。在各省（自治

集邮周标识发布仪式

区、直辖市）举办的每一个主题日活动中，每个省都有一个重点主题日活动。

2016 年集邮周以“中国梦，集邮情”为主题，设立了 6 个主题日，分别是：“畅游奥运（集邮与奥运）”“老邮所乐（集邮与老年）”“少邮所学（集邮与少年）”“乐邮丁酉（集邮与生肖）”“爱邮所期（集邮与爱情）”和“全民邮玩（集邮会员日）”。8 月 5 日是里约奥运会即将开幕之际，这天上午，“中国梦集邮情·2016 集邮周”开幕暨《第三十一届奥林匹克运动会》纪念邮票首发仪式在北京奥林匹克塔举行。现场活动围绕“集邮与奥运”的主题展开，中国邮政集团公司领导和全国集邮联常务副会长兼秘书长徐建洲共同启动“集邮周”活动，并为北京奥林匹克塔主题邮局揭牌，李丕征和前中国女排运动员薛明一起为邮票揭幕。

2017 年的集邮周以“中国梦，集邮情”为主题，设立了 6 个主题日，分别是：“邮藏古今（集邮与收藏）”“少邮所学（集邮与少年）”“畅邮冬奥（集邮与冬奥）”“拥军邮情（集邮与建军）”“乐邮戊戌（集邮与生肖）”“全民邮玩（集邮会员日）”。7 月 29 日是 2017 年集邮周“集邮与冬奥”主题日，“驿路·丝路·复兴路——行走新丝路喜迎十九大”全国巡回邮展北京延庆站，在 2022 年北京冬奥会举办地之一的北京延庆区八达岭国际会展中心开幕。本次邮展共展出 60 框展品，其中 30 框为“一带一路”题材，另 30 框为冬季奥运会题材。

4. 集邮周开展的特色活动

自 2010 年以来，网络已成为集邮者开展集邮活动的重要媒介。2016 集邮周充分利用网络平台，从先期发布活动信息到举办“互联网 + 集邮”活动，网络始终贯穿于集邮周每天的主题之中。为配合集邮周的活动，中国邮政集邮网上营业厅集邮网络学院正式上线，向公众展示邮票的知识性、鉴赏性、收藏性，吸引更多人群参与集邮活动，营造全社会集邮氛围。本次活动每天向集邮者提供一款特供产品，每天一个主题。2016年集邮周每天向集邮者推出的6门课程为：李毅民的“集邮与奥运”、杨文忠的“邮票，央视·中国珍邮”、高晓恩的“集邮与老年”、李近朱的“集邮与少年”、林轩的“集邮与爱情”、刘建辉的“集邮与生肖”。中国邮政集邮网上营业厅推出的这6门集邮课与集邮周每天的主题相对应。

2016集邮周活动中，湖南省邮政联合中华全国集邮联合会、省妇女联合会、张家界市委宣传部举办了“2016湖南省张家界市首届留守儿童北京集邮夏令营”活动。在北京奥体中心举办的首届“中国集邮周”活动启动仪式及《第三十一届奥林匹克运动会》邮票首发式上，20名留守儿童与阔别已久的父母见面。在8月6日“老邮所乐”主题日，衡阳、长沙、娄底、永州、益阳、怀化、湘西等地开展了老年邮迷集邮沙龙、与老年大学联合举办集邮培训、组织老年人体验集邮网厅等活动。在8月7日的“少邮所学”主题日，张家界、衡阳、邵阳、常德、湘西、郴州等地开展集邮夏令营，组织青少年举办集邮文化知识讲座、参观革命先辈故居、点评青少年设计的邮票等活动。

山东省在2016年集邮周期间，多个市的邮政分公司邀请社会各界人士参与集邮周，充分造势，提高了集邮周的影响力。济南分公司邀请了悉尼奥运会举重冠军林伟宁现场签售邮品，助阵奥运邮票首发仪

湖南张家界留守儿童在北京集邮夏令营

式。由淄博市分公司、沂源县人民政府承办的《相思鸟》邮票首发活动，邀请了设计家任怀平、马立强为“集邮与爱情”主题日精心设计了多枚首日封。济宁分公司邀请了当地文化艺术界学者担当老年才艺大赛评委。烟台邀请鲁东大学教授讲授生肖文化知识。莱芜分公司联合书法家协会开展书法才艺表演。烟台分公司联合市文化广电新闻出版局举办了“中国梦·集邮情”文化活动。

为普及邮票知识，鼓励更多青少年关注邮票，2017 年 7 月 29 日，河北保定新华小记者受邀参加保定市 2017 集邮周活动。活动中现场听取集邮收藏知识讲座，并通过互动访谈环节，与邮票专家面对面，探索邮票的奥秘。采访环节中，新华小记者就“青少年学习邮票知识的现实意义”等相关问题对国家邮政局邮资票品管理司原司长刘建辉进行了体验采访。通过采访得知，每枚邮票的题材无一不传承了中国历史文化，值得每位集邮者回味与感知。他希望青少年重视对邮票的了解，愿更多孩子走进多彩的邮票世界。

五、各地富有特色的集邮活动

2010 年以来，在国家致力于提高文化软实力和推动文化大发展、大繁荣的战略布局下，我国各地开展的集邮活动有了较大的发展空间，呈现出多主题、多形式的新局面。这个阶段集邮活动的显著特点是，各地邮政部门与集邮协会互相支持、紧密合作，在重点题材邮票发行时开展各类集邮活动，对社会产生影响。

1. 各地邮政开展的主题集邮活动

（1）纪念中国共产党成立 90 周年

上海是中国共产党的诞生地之一。2011 年 6 月 22 日，由中共上海市委组织部、宣传部，中国邮政集团公司等主办，上海市集邮协会、中共一大会址纪念馆、上海邮政博物馆等承办的《中国共产党成立九十周年》纪念邮票首发暨纪念中国共产党成立九十周年集邮展览开幕式在中共一大会址举行。出席首发式的嘉宾分别为《中国共产党成立九十周年》纪念邮票及小

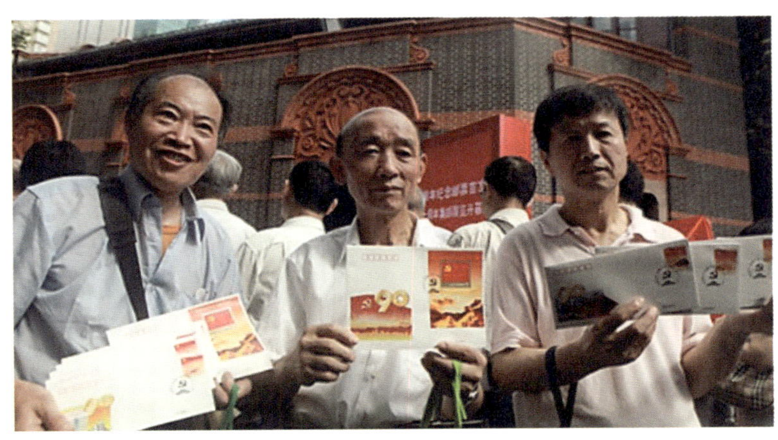

《中国共产党成立九十周年》纪念邮票上海首发式

型张以及“伟大的历程——纪念中国共产党成立90周年集邮展览”揭幕。主席台上的嘉宾们在大型首日封上签名留念。与会者还参观了中共一大会址纪念馆和主题集邮展览。本次邮展展品以解放区邮票和新中国邮票为主，共展出各类展品33部138框。邮展分期在中共一大会址纪念馆和上海邮政博物馆展出。

宁夏回族自治区集邮协会于2011年6月16日至7月3日举办了以纪念中国共产党成立90年的光辉历史和伟大成就为主题的全自治区集邮巡回展览，分别在石嘴山市惠农区、吴忠市、中卫市中宁县和固原市展出，各类展品26部95框亮相。

围绕《中国共产党成立九十周年》纪念邮票的发行，各地广泛开展了多种集邮活动。北京的首发式在中国邮政邮票博物馆举行，同时举办了以“东方红日”为主题的大型邮展，由9个部分共200框展品组成；湖北省的首发式在武汉革命博物馆举行，同时举办了规模为100框的纪念建党90周年邮展；陕西省的首发式在延安市举行，同时举办了纪念建党90周年邮展；贵州省的首发式在黔东南州黎平县的中国共产党黎平会议纪念馆举行；江西省的首发式在新余市举行，同时举办了“光辉的历程”邮展；河南省的首发式在郑州市举行，同时举办了“红色经典集邮展览”。

（2）纪念毛泽东“向雷锋同志学习”题词发表五十周年

2013年3月5日，由中国邮政集团公司、辽宁省委宣传部、辽宁省邮政公司等主办的《毛泽东“向雷锋同志学习”题词发表五十周年》纪念邮票首发式暨辽宁省第十一届集邮展览在抚顺雷锋纪念馆前举行。中国邮政集团公司、辽宁省委宣传部、辽宁省邮政公司等领导、雷锋生前所在团、抚顺武警支队及市直属有关部门负责同志，抚顺市学雷锋先进人物、先进单位代表参加了首发式。中国邮政集团公司邮票发行部总经理高山向抚顺市雷锋纪念馆、雷锋生前所在团、雷锋小学等单位赠送了“雷锋”邮票。辽宁省第十一届集邮展览于3月5—7日在雷锋纪念馆举办，展出了74部200框展品。

在这一天，位于湖南省长沙市望城区的雷锋纪念馆广场举行了邮票首发式，长沙市邮政部门向雷锋纪念馆赠送了《邮票上的雷锋》邮资票品集。在雷锋纪念馆还举办了“向雷锋同志学习”集邮巡回展览。位于北京紫竹院的雷锋邮局举行揭牌仪式，雷锋邮局与北京雷锋小学签署了“共育、共学、共建、共创”协议，以共同开展学雷锋活动。位于湖北省宜昌市的雷锋军校也举行了邮票首发式和雷锋专题邮展，同时为军校“湖北省青少年集邮活动示范基地”和宜昌市“学雷锋示范学校”“宜昌雷锋军校少年邮局”揭牌。

（3）纪念中国邮政开办120周年

天津作为中国近代邮政的发祥地，在2016年3月20日中国邮政开办120周年之际，配合《中国邮政开办一百二十周年》纪念邮票首发式举办了形式多样的纪念活动。中国集邮总公司与天津邮政联合在天津举办“大龙行天下丙申双甲子”“纪念中国邮政开办一百二十周年客户文化会暨百年珍邮展”活动。参加活动的嘉宾有集邮家李曙光、仇润喜，原天津邮政领导田玉海，凤凰卫视主持人王鲁湘，以及邮票设计师郭振山、姜伟杰、王虎鸣、李庆发、

《毛泽东"向雷锋同志学习"题词发表五十周年》纪念邮票长沙首发式

邵立辰等。嘉宾就中国近代邮政的起源、解放区时期的中国邮政、天津邮政博物馆建设，以及现代邮政的发展变化等内容进行了深入畅谈。本次邮展的亮点是清代珍邮原票首次公开展示。在天津邮政博物馆举办的纪念《中国邮政开办120周年》珍品展揭幕仪式上，3件珍藏于天津邮政博物馆的清代的鸡鸣驿驿丞木枕、民信局笔筒和民国时期的恰克图驿站戳首次亮相。这些珍贵的展品，见证了中国邮政的悠久历史和中国近代邮政独特的邮驿文化。

《中国邮政开办一百二十周年》纪念邮票首发式还在全国各地举行。中国邮政山东淄博周村区分公司在周村大清邮局举行了邮品首发式，并为集邮者提供特色邮品和便民服务；北京邮政在位于什刹海烟袋斜街的大清邮政信柜举行了邮品首发式，重新开张的信柜新增设了邮驿博物馆；云南省在昆明市举办邮票首发式，同时举办"中国邮政开办100周年集邮展览"；新疆伊犁在举行邮票首发式的同时，还举办了11部22框规模的集邮展览，展现出新时期中国邮政的风采；甘肃省在兰州市举行了邮票首发式，并举办了"情系万家信达天下——纪念中国邮政开办120周年集邮展览"。

2. 各地集邮协会开展的集邮活动

我国首次举办的以"廉洁从税勤政为民"为主题的集邮展览于2013年4月23—25日在南京举办。本次邮展由江苏省地方税务局主办，南京地方税务局、江苏省集邮协会协办。本次主题邮展是江苏省地税局推进全系统廉政文化建设的一项重要内容，也是第22个税收宣传月的一项主要活动。本次邮展除了在南京展出外，还在宿迁、苏州两地展出。在60框的展品中，林

《中国邮政开办一百二十周年》纪念邮票北京首发式

则徐“不扰民、严禁收受馈赠”，陶行知先生“捧着一颗心来、不带半根草去”“爱满天下”的操守和信念，令观众肃然起敬。此外，“完善制度体系、强化监督制约”“岁寒三友松、竹、梅，从税三要廉、正、清”等主题，更是生动地展现了税务系统深入推进廉政文化建设的成果，以及地税干部爱岗敬业、公正执法、诚信服务、廉洁奉公的精神风貌。

集邮灯谜是将集邮与灯谜两种高雅的文化活动相融合而产生的文化形式，是集邮与灯谜两栖爱好者共同开垦的园地。集邮灯谜的创作和竞猜活动，已成为独具中国特色的新型集邮活动。早在1992年，《集邮报》与西北师大百花邮票研究会就曾联合举办过“全国首届元宵集邮灯谜竞猜活动”，近万人参加了竞猜。此后，该活动又举办了多次。2011年春节，网络集邮研究会与《中国集邮报》成功举办了“网络集邮灯谜竞猜”活动，评选出10条“佳谜”和10名“打虎英雄”，影响甚大。2015年，《趣味集邮灯谜》由学苑出版社出版，此书收录了50余位作者创作的集邮灯谜3000余条，发行后受到广大集邮、灯谜爱好者的欢迎。近年来，集邮灯谜赛事更加活跃，呈现出创作繁荣、活动频繁、参加者多的可喜景象。

山东省烟台市集邮协会大力支持开展的“中国梦·邮乐行”活动，已经成为当地群众性集邮活动的品牌。2013年开始，烟台集邮爱好者们发起的这项集邮公益联展活动，用集邮的形式生动形象地描绘中国梦蓝图。他们编组了“中国航天”“奥运冠军”“美好童年”“科技强国”等邮集100

山东烟台“中国梦 · 邮乐行”活动走进文化路小学

多框，走进大中小学、社区、农村、军营、商场、博物馆。截至2018年上半年，该活动已经进行了67站，累计观众和互动人数超过4万人。

3. 残疾人集邮活动得到支持

中国集邮界历来重视残疾人集邮活动，并且给予充分的支持和帮助。2011年10月13日，以“生命阳光情满浙江”为主题的第八届全国残疾人运动会集邮展览在浙江世界贸易中心隆重开幕。本届邮展是继杭州1994年中国首届残疾人邮展、上海2000年第五届全国残运会邮展、南京2003年第六届全国残运会邮展后，又一次大规模的全国残疾人集邮展览。共展出17个省（自治区、直辖市）以及香港特别行政区残疾集邮爱好者的各类展品共140部257框。邮展期间，设立了开幕日、爱心日、联谊日、自强日及颁奖日等主题集邮活动。

2016年10月30日，由中国残疾人集邮联谊会、南京特殊教育师范学院主办的第六届全国残疾人邮展开幕式暨个性化邮票首发式，在南京特殊教育师范学院举行。全国集邮联副会长孙蒋涛、《中国残疾人》附捐邮票设计者吴建坤等嘉宾出席了邮展活动，并且为“全国残疾人邮展”个性化邮票揭幕。本次邮展重点关注了特殊教育以及残疾人的集邮活动。孙建华的《我的残疾兄弟姐妹》、王家兴的《急救》《地球自述：我发烧了！》3部专题类邮集在第六届全国残疾人邮展上获得金奖。有多位国家级邮展评审员参加了本次邮展的评审工作。

2018年5月20日，我国第28次全国助残日。中华全国集邮联合会会长杨利民、南京特殊教育师范学院党委书记李久生、江苏省集邮协会会长王曙东和中国邮政集团公司南京市分公司总经理李春江共同为坐落在南京特殊教育师范学院的“中国残疾人集邮馆”开馆及“共享新时代——世界残疾人题材邮展”揭幕。中国残疾人集邮馆是目前全国乃至全世界范围内唯一一座以残疾人题材邮票为馆藏特色的专题性博物馆，藏有来自全世界220多个国家（地区）发行的残疾人题材邮票，以及新中国成立以来我国各地残疾人集邮组织创建和开展残疾人集邮文化活动的大量珍贵史料。

4. 集邮界为灾区献爱心活动

全国各地的广大集邮者在国家或地方突发灾难性事件时，总是在第一时间挺身而出，积极捐款捐物，向社会传达暖暖爱意。

2013年4月20日，四川省雅安市芦山县发生了7.0级地震，给当地群众造成重大伤亡和灾难。2013年5月10日，一场专为雅安地震灾区举办的“情系雅安、献爱心”邮品义卖活动在乌鲁木齐举行。此次义卖由乌鲁木齐市邮政局和乌鲁木齐市集邮协会联合组织，得到了广大集邮爱好者的积极响应和支持。义卖邮品全部由乌鲁木齐市的37个基层集邮协会及百名集邮协会会员无偿提供。义卖当日，410件邮品全部成交，所得的7062元及现场捐款共计7852元，全部捐给雅安地震灾区红十字会及有关部门。各地集邮界也举办了多种形式的邮品义拍、义捐活动，支援灾区。

六、集邮活动融入地方文化

全国集邮联将“发展我国集邮事业，建设社会主义精神文明”的宗旨写入章程。这个宗旨在实践中逐步完善成为“三个服务”：为社会主义精神文明建设和构建和谐社会服务；为邮政事业发展服务；为广大会员服务。全国集邮联及各省级集邮协会把集邮活动融合到地方党和政府开展的一

杨利民在中国残疾人集邮联谊会会长李少华的陪同下参观中国残疾人集邮馆

福州集邮界的情系雅安义捐活动

系列文化活动当中，既丰富了群众业余文化生活，也为地方文化添彩。

1. 集邮与地方文化相结合

集邮具有广泛的群众基础和深厚的人文魅力，也是地方文化建设的重要内容之一。2010年以来，集邮活动与地方文化活动有机结合，将集邮文化与社会经济、旅游事业的发展结合起来，让其在推动城市精神文明建设中发挥作用。

山东曲阜是中国古代思想家孔子的故乡。“中国曲阜国际孔子文化节”始于1989年。该活动主要是以纪念孔子、弘扬民族优秀文化为主题，以达到纪念先哲、交流文化、发展旅游、繁荣经济的目的。孔子文化节每年9月28日孔子诞辰日在历史文化名城曲阜市举行。2010年9月28日，中国邮政发行了《孔庙、孔府、孔林》特种邮票1套3枚及小全张1枚。该邮票首发式被中国国际孔子文化节列入十大主题活动，以孔子儒家文化为主题的邮票再次成为孔子文化节的重头戏。

山西运城是中国古代文化的发祥地之一，也是关公故里。自1990年起，运城每年10月都要举办大型旅游节庆活动——关公国际文化节。2011年9月12日，由山西省委宣传部、中国邮政集团公司和运城市委、市政府主办的第22届国际关公文化旅游节暨《关公》特种邮票首发式在解州关帝庙举办。此次文化节以“关公故里、和谐运城、诚信天下、共谋发展”为主题，邮票首发式被列为2011年关公国际文化节三大特色主题之一。中国邮政集团公司和山西省有关领导出席了开幕式。山西省邮政部门推出了多种关公题材的邮品。

成都是一座历史文化沉淀深厚的城市，给人留下印象最深的还是诸葛亮与三国文化。2014年8月28日，中国邮政发行了《诸葛亮》特种邮票1套2枚及小型张1枚。由中国集邮总公司、四川省邮政公司、四川省集邮协会主办，成都武侯祠博物馆等

《孔庙、孔府、孔林》特种邮票山东曲阜首发式临时邮局

协办的《诸葛亮》特种邮票首发仪式在成都武侯祠大门广场举行。与此同时，四川省 20 多个区、市、县邮政局也在当地同步举行了首发活动。在首发式现场，成都市邮政部门不仅出售诸葛亮题材的邮资票品，还为集邮爱好者提供加盖纪念邮戳、实寄邮品等服务。在现场举行的集邮展览展出了三国蜀都文化专题展品 30 框，使首发式活动内容更为丰富。在同一天，湖北省在襄阳、河南省在南阳、山东省在临沂、重庆市在奉节都举行了《诸葛亮》特种邮票首发式，并且举办了以诸葛亮与三国文化主题的集邮展览。

河南开封是中国历史上的八朝古都。特别是北宋时期，开封作为一个帝都，留下了丰富的历史文化遗产。其中“包公文化”是大宋文化中极具代表性的一部分。因此，开封市形成了以包公文化为核心的旅游项目开发。2015 年 8 月 8 日，中国邮政发行了《包公》特种邮票 1 套 2 枚及小型张 1 枚。为此，开封市人民政府、中国邮政集团公司河南省分公司在开封府广场举行了《包公》特种邮票首发式。首发式吸引了众多游客和开封市集邮爱好者到场参加，首发式上演出了《开封有个包青天》《铡美案》《清廉颂》等文艺节目表演，气氛热烈。为烘托《包公》特种邮票的首发氛围，在开封府还举办了主题为清风正气的“古代名人暨开封市收藏名家邮票展览”。

2. 各地举办的集邮节活动

多年来，一些地方把阶段性集邮活动定名为集邮节。集邮节有创意、有邮展、有培训、有讲座、有佳邮赏析、有集邮研讨以及集邮活动摄影展等多项专题活动。

上海集邮节自 1986 年以来，至 2018 年已经举办了 21 届。每年 3 月 5 日是上海

2011 年上海集邮节开幕式

集邮节开幕的日子。这项活动已成为长三角地区综合性集邮活动的品牌，是上海各界集邮组织和各项集邮类别的爱好者们交流成果、展示藏品的重要平台。2010 年 3 月 5—14 日，2010 年上海集邮节暨“集邮，为世博添彩”签名封集邮展览在上海邮政博物馆开幕。本次邮展为非竞赛性邮展，展品为各类签名封邮集，包括世博会签名封、邮展与集邮活动签名封、世界邮政日签名封、人大代表签名封、画家与艺术家签名封和各界名人签名封等，共 67 部 138 框，旨在以签名封这种集邮方式，进一步宣传上海世博会，让更多市民了解、参与上海世博会。2010 年上海集邮节由上海市邮政公司、上海市集邮协会等单位主办，并设分会场，有 15 家基层会员单位以及集邮研究组织举办了 17 场精彩纷呈的活动。

天津市集邮节自 2009 年起每两年举办一次。2015 年 9 月 18 日，天津市第四届集邮节暨第十一届天津集邮展览在天津梅江国际会展中心开幕。天津市集邮节是天津邮政为推广普及集邮文化，活跃百姓文化生活推出的一项大众性文化活动。本届集邮节由天津邮政与天津市旅游局共同举办，以“邮游乡情同筑梦想”为主题，借助 2015 中国旅游产业博览会，突出“邮”与“游”的结合，通过大型集邮展、摄影展览的举办，真诚为广大旅游爱好者与集邮爱好者打造了一场专属盛宴。同时，第十一届天津集邮展同步开幕。为配合本次邮展，天津邮政在梅江会展中心举办了启动仪式，天津市集邮公司发行的主题纪念封、主题邮册也在当日首发。

南京集邮文化节自 1995 年以来，已经

天津市第四届集邮节“邮游乡情同筑梦想”邮展

第 20 届南京集邮文化节开幕式

连续举办了 22 届，形成了南京集邮活动的一个品牌，吸引了南京及周边城市邮迷的热情参与。2015 年 8 月 11 日，第 21 届南京集邮文化节隆重开幕。本届集邮文化节的主题是“用邮品诉说抗战历史，为中华民族伟大复兴而奋斗”。本届南京集邮文化节举行了“以邮为证，以史为鉴——纪念抗战胜利 70 周年”集邮学术研讨会、参观南京民间抗日战争博物馆、聘请专家举行抗战历史讲座；“用邮品诉说历史”专题讲座、“纪念抗战胜利 70 周年”青少年集邮夏令营以及青少年集邮演讲比赛、《中国人民抗日战争暨世界反法西斯战争胜利七十周年》纪念邮票首发式暨全国集邮巡展南京站等活动。

3. 少数民族地区的集邮活动

新疆作为古丝绸之路上重要的一段，留有重要的文物遗址。2012 年 8 月 1 日，中国邮政发行《丝绸之路》特种邮票 1 套 4 枚及小型张 1 枚。为此，乌鲁木齐、昌吉、伊犁、哈密、吐鲁番、巴州、阿克苏、喀什 8 个地州市同时举行了《丝绸之路》特种邮票首发式和集邮展览等多项活动。《丝绸之路》特种邮票首发式在巴音郭楞蒙古自治州的举行有着十分重大而又特殊的意义，有利于进一步打造“楼兰文化”品牌，扩大巴州对外影响力。首发式当天，在自治州文体广电影视局文化展示厅内，“喜迎十八大胜利召开集邮展览”也同时开幕，反映中国共产党历史和新中国建设的邮票吸引了众多的邮票爱好者前来观赏。《丝绸之路》特种邮票设计者李群，特意从北京赶到巴州参与活动。

刘三姐是民间传说中壮族的民间歌手，素有“歌仙”之誉。多年来，刘三姐的故事已经成为广西特有的文化，每年农历的三月三也是当地传统的歌节。2012 年 8 月 23 日上午，由广西壮族自治区人民政府、中国邮政集团公司、中华全国集邮联合会联合主办的《民间传说——刘三姐》特种邮票首发式暨首届中国—东盟邮票文化珍藏品博览会开幕式在南宁国际会展中心隆重举行。在活动现场，广西第五代“刘三姐”传人王予嘉演唱了耳熟能详的刘三姐影视歌曲。广大集邮者踊跃购买相关邮品，并加盖纪念邮戳。首届中国—东盟邮票文化珍藏品博览会分为中国邮政邮票博物馆珍邮及辨伪邮票展区、“东盟 10+3”国家邮票展区、国家和国际性集邮展览获奖邮集展区、广西民族文化邮票展区、广西新人新作集邮展览展区等部分，共展出邮集 68 部 309 框。

2015 年 9 月 1 日，是西藏自治区成立

《丝绸之路》特种邮票乌鲁木齐首发式和集邮展览

50 周年。此时恰逢西藏举办第二届中国西藏旅游文化国际博览会，西藏博物馆推出了一系列内容丰富的藏文化主题展览。9 月 1 日，由中国邮政集团公司发行的以“美丽西藏、和谐西藏、幸福西藏”为主题的《西藏自治区成立五十周年》纪念邮票首发仪式在西藏博物馆举行。邮票设计者叶星生参加了首发式活动。由中国邮政集团公司西藏自治区分公司主办、西藏自治区集邮协会承办的“辉煌成就，共筑梦想——庆祝西藏自治区成立五十周年集邮展”也于同期在西藏博物馆举办。自治区主席甲热·洛桑丹增出席并致辞。展览共展出邮票 1541 枚，来自西藏、重庆、云南、四川、湖北 5 个省级集邮协会的会员。

内蒙古自治区是全国最早成立的民族自治区。2017 年 5 月 1 日，是内蒙古自治区成立 70 周年。由内蒙古自治区人民政府、中国邮政集团公司主办的“喜迎十九大同庆内蒙古自治区成立七十周年华诞——《内蒙古自治区成立七十周年》纪念邮票首发式暨集邮展览”在呼和浩特市举行。本次邮展展出 66 部 200 框展品，展现了历史和政治、经济、文化等各方面的发展面貌。近年来，内蒙古自治区集邮协会以集邮进校园、进课堂和进教材为重点，把集邮文化和学校素质教育紧密结合，寓教于乐，先后培育和建立了全国青少年集邮活动示范基地 4 处、自治区青少年集邮活动示范基地 10 处，涌现出了包钢七小、扎兰屯林业学校、内蒙古农业大学等一批先进集体典型。

叶星生在《西藏自治区成立五十周年》纪念邮票拉萨首发式签名

七、民间集邮组织创新活动

2010—2018 年，全国各地民间集邮组织也配合全国集邮联提出的“五进”工作部署，积极举办集邮展览、召开学术研讨会、开展集邮联谊等活动，有力地推动了集邮文化的发展，扩大了集邮在社会上的影响力。民间集邮活动成为这段时期中国特色集邮活动的重要组成部分。

1. 民间组织举办的集邮展览

民间集邮组织举办集邮展览往往是非竞赛性，其目的是通过邮展增加集邮爱好者的凝聚力。这种邮展对各地集邮协会开展的活动是很好的补充。

2013 年 4 月 29 日，苏州风景戳研究会迎来建会 25 年周年纪念日。全国集邮联会士、江苏省集邮协会副会长、生肖集邮研究会会长周治华和来自全国各地的风景日戳爱好者欢聚一堂，共同参加首届风景日戳专题邮展。此次邮展共展出 14 部 43

框风景日戳邮集，分为邮政历史、极限和专题 3 类。其中《新中国风景日戳》5 框邮集展示了新中国风景日戳演变过程；《章亚魁设计景戳作品欣赏》3 框邮集展示了风景日戳设计者的图稿；《八十年代风景日戳》1 框邮集展示了新中国早期风景日戳；《湖南省风景日戳》5 框邮集讲述了湖南风景日戳的历史；《长城题材风景邮戳展示与研究》2 框邮集展示了长城题材风景日戳的魅力。首届风景日戳专题邮展是老集邮家郭润康倡议的，历经 1 年多的筹备，终于如愿举办。

2015 年是安徽芜湖邮票沙龙成立的第五个年头。作为一个公益性团体，芜湖集

传播邮识　沟通信息　研究探讨　广结邮缘

风景戳

4　2012

内部资料

2012年11月　（总第157期）

风景戳研究会会刊

历经25年风雨的《风景戳》

张建伟

1987年冬，沈禹民与各地邮友商议建立"风景戳实寄网"事宜，得到同好的赞同和支持，随后在《集邮》杂志1988年6月号上刊发广告。后经邮友建议，改称为"风景戳协会"（现为风景戳研究会），于1988年5月1日在苏州市成立，会刊《风景戳》也同日创刊。从此《风景戳》历经25年的风风雨雨，至2012年8月已经发行了156期。《风景戳》是新中国最早的、出版时间最长的、也是在集邮界有着重要影响的风景日戳专刊。《风景戳》的发展大致可划分为四个阶段：

一、初创

《风景戳》刊头由朱贵荣先生题写，限于当时的条件，《风景戳》最初是由首任主编陶安强先生利用业余时间一字一字手写，然后制版胶印。《风景戳》创刊号刊有沈禹民先生《创刊寄语》；陶安强先生的《风景邮戳》；雷风增先生的《风景日戳的收集、研究之我见》；陆咪咪的《盘门三景·吴中胜景》；胡钦禄的《南湖风景日戳启用小记》；并刊有编读对话、戳讯等。创刊号只印了300份，实际只寄出30多份。随着研究会在集邮界影响逐渐扩大，索刊、补刊者渐多，最后全部散落于邮人手中。陶安强先生主编了26期《风景戳》，他事后回忆道："我主编《风景戳》两年，当时我们都是在职人员，白天上班，会务工作只能放在晚上和周日。由于会员发展较多，会务工作繁重，我既要编刊，又要到邮局寄片给代办人员，日子一长有一种身疲力竭之感。再说，有些会员不讲信誉，拖赖代办费用迟迟不缴，会务亏损由沈、陶、唐三人支付。还有一个原因就是，我当时的兴趣已不仅仅满足于风景戳，对各种封片戳都有兴趣了，于是我就自编了《封戳精华》。我于1990年9月以书面形式向沈禹民先生提交辞职退会要求，沈禹民先生尊重了我的个人选择。"《风景戳》于第27期（1990年7月）后停刊。

（转第6页）

風景戳

FENG JING CHUO 风景戳协会

第1期

创刊寄语

（作者系风景戳研究会常务副会长、浙江省邮协理事、宁波市邮协常务理事）

— 01 —

苏州风景戳研究会会刊《风景戳》

邮沙龙努力发挥共产党员的模范带头作用，通过一次次邮展活动向社会大众弘扬主旋律，传播正能量。2015 年 6 月 15 日，为了庆祝中国人民抗日战争暨世界反法西斯战争胜利 70 周年，镜湖区图书馆联合市集邮协会举办了“芜湖集邮沙龙集邮活动走进镜湖区图书馆”邮票展览。主题有：抗日精神永记、中国梦、美丽中国、党的光辉历程、中华美德等。其中有的展品是沙龙成员在全国邮展中的获奖邮集。本次展览为期 2 天，吸引了 500 多位读者前来观展。

2017 年 3 月 8 日，广州妇女集邮研究会在广州市中山四路东鸣轩举办了 2017 年广州妇女集邮研究会成立七周年集邮展览。广东省集邮协会老领导与广州市集邮协会、广州市 15 家集邮研究会领导，以及集邮爱好者 100 多人参加了开幕式活动。此次集邮展览共展出邮集 20 部 33 框。广州妇女集邮研究会成立于 2010 年 3 月 8 日，是广州市集邮协会学术委员会下属的一个民间集邮组织。该会成立以来，开展活动、互相学习、互相促进，并通过举办妇女集邮展览，积极选送邮集参加各级集邮展览，组织集邮活动进校园、到部队，取得了较好的集邮文化宣传效果。

2. 民间组织开展各种集邮活动

集邮进军营是全国集邮联提出的集邮“五进”活动之一。2011 年 7 月 21 日下午，海军集邮研究会借访问北海舰队的巴基斯坦军舰举行“市民开放日”活动的机会，组织青岛会员 20 余人登舰参观并与外方人员进行交流。海军集邮协会会员登上外国军舰后，不仅参观了军舰上的设施，还在军舰来访纪念封上加盖了军舰舰戳，并和巴基斯坦海军官兵互赠邮品、互相在邮品上签名、合影留念。在加盖舰戳的过程中，引来众多参观者围观，他们纷纷上前询问相关的集邮知识，会员们耐心地解答了“集邮”“纪念封”“舰戳”等问题，对集邮活动是一次极好的宣传，也加深了中国和巴基斯坦人民之间的友谊。

崇尚学术是中国集邮发展的需要，而集邮学术要发展，更需要不断地推陈出新，不断地注入新鲜内容。为此，齐鲁集邮研究会学术委员会根据齐鲁会年度会务工作意见的安排，本着学术研究“最新建议、最新见解、最新发现、最新成果、最新领域”的宗旨，于 2014 年主办了以“崇尚最学术”为主题的全国有奖征文活动。本次活动共收到来自全国各地的论文 29 篇。2014 年 8 月 13 日，“崇尚最学术”全国征文评奖揭晓：河北唐山裘真的《漫话普 12 革命圣地图普票》、山东青岛孙振国的《对 1921 年青岛加盖“军事”邮票发行背景的探究》、山东德州杨树辉的《从中国古代邮驿历史发展中看德州邮驿的兴衰》荣获一等奖；甘肃平凉王正理的《纪念毛主席〈在延安文艺座谈会上的讲话〉发表七十周年》等 6 篇论文荣获二等奖；黑龙江虎林李靖《浅谈“红色题材”邮票与核心价值体系教育》等 11 篇论文荣获三等奖。

三晋极限集邮研究会是我国比较早的民间极限集邮组织。20 年来，该会与全国各地的极限集邮民间组织友好相处、通力合作，开展了多种富有特色的活动。在 2010—2018 年，该会与北京京华极限集邮研究会、南京金陵极限集邮研究会和无锡极限集邮研究会等联合举办了多次“年度

海军集邮研究会会刊《海军集邮》

中国极限集邮十大新闻评选”“‘和谐杯’年度最佳极限片评选”“‘极限集邮者杯’一框极限邮集复印件竞赛”3 项活动，在全国极限集邮界产生很大影响。在年度最佳极限片竞赛中获奖的极限片，多次被推荐参加由 FIP 极限集邮委员会主办的“国际最佳极限片竞赛”。而一框极限邮集复印件竞赛，由于成本低廉、辅导性强，吸引了会员踊跃参加，最多时参赛作品超过 50 部。组织者邀请国际级和国家级评审员以文字形式点评邮集，让参赛者受益匪浅。

2017 年 10 月 31 日，中共中央总书记习近平带领新一届中央政治局常委来到上海瞻仰了中共一大会址，然后到浙江嘉兴南湖瞻仰了“红船”和南湖革命纪念馆，开启了“不忘初心、牢记使命”之旅。上海体育集邮研究会的“不忘初心、携手共进”特别例会于2017年11月26日在浙江嘉兴举行，与会者一行27人先去南湖寻访了“访踪亭”和南湖红船，在南湖边上矗立着一面鲜红的党旗，会员中老党员李华德夫妇激动地在党旗下默默宣誓，重温入党誓言，不忘初心。随后，会员们又来到纪念馆，重温中国共产党领导人民群众推翻“三座大山”，让一个曾经贫穷落后的旧中国成为如今世界第二大经济体的奋斗历程。在南湖革命纪念馆的出口处，设有“红船邮局”，会员们纷纷将自己的邮品投入信筒，记录下这次难忘的寻访红色足迹之旅。

3. 民间开展的集邮沙龙活动

民间集邮沙龙活动是各地民间集邮组织经常开展集邮活动的方式，围绕一个话题及活动主题开展，形式自由、交流邮识，沟通信息，沟通探讨和研究集邮课题，能达到了以邮会友的目的，广受民间及基层集邮组织的欢迎。

2012年11月17日，银川集邮沙龙开展了一次“国内民间集邮组织介绍”活动。目的是了解国内民间集邮组织的活动情况、做法和经验，对银川集邮沙龙开展集邮活动和健康发展起到借鉴、学习作用。一些会员参加国内民间集邮组织的活动后，把这些组织的情况及时带回来向集邮沙龙介绍，起到互相交流、互相促进、共同提高的作用。根据宁夏及银川参与国内民间集邮组织的情况，主要介绍了生肖集邮研究会、网络集邮研究会、中华医学集邮研究会、文献集邮研究会等10个民间集邮组织的发展、宗旨、活动、组织和特点等情况，参加活动的会员对这些民间集邮组织及活

上海体育集邮研究会寻访红色足迹之旅在嘉兴南湖革命纪念馆

动表示了兴趣和关注。

2010 年以来，南宁唐人文化集邮沙龙十分活跃。该沙龙在每周六、周日的固定时间开展邮品拍卖会，已经举办了 700 多场。每逢周末，位于南宁唐人文化园的“集邮沙龙平民邮品拍卖会”活动便开始了。在这个邮迷的小天地里，他们“淘一淘”自己喜欢的邮品，聊一聊集邮的感受，甚至现场“客串”邮品拍卖师。每当“拍卖师”拿出一件邮品时，围坐在小方桌四周的几十位邮迷的目光便统一投向邮品；当拍卖的底价一出，他们便开始互相竞价。竞拍者可以随时索取邮品来浏览，还可以讨价还价，整个拍卖的过程都在非常欢乐的氛围中进行。

这一时期，湖南的集邮沙龙活动十分活跃。长沙集邮沙龙、株洲集邮沙龙、湘潭集邮沙龙、岳阳集邮沙龙等不仅各自举办活动，也多次联合推出各种集邮交流。长、株、潭、岳四地的集邮沙龙组成联盟，轮流承办联谊活动，推动这 4 个城市集邮活动的共同发展。

“长株潭岳”集邮沙龙联盟联谊活动

第四节 集邮交流促进中国集邮发展

2010—2018 年，中国集邮界与世界各国开展的交流活动不断增加，而且向深层次发展。邮资票品经常在国际交流中扮演重要角色；中华全国集邮联合会积极参加国际集邮联和亚洲集邮联的会议和活动，并且拥有越来越多的话语权；各类集邮活动逐渐发展到国际领域，成为各国之间友好交流的平台和媒介。在这段时间内，海峡两岸的集邮交流、内地与港澳的集邮交流都上升到了一个较高的层次。

一、邮资票品在国际交流中的角色

2010 年以来，邮资票品继续在国际事务中成为人们视觉的焦点。各国领导人经常出席邮资票品的揭幕仪式；邮资票品作为礼物成为友好使者；用发行邮资票品的形式记录重要的国际事务，体现出集邮收藏的品位和魅力。

1. 邮票在外交活动中的作用和影响

2015 年 10 月 20 日，正在英国进行国事访问的中国国家主席习近平向英国女王赠送礼物，其中就有一本《中国》邮折。英国是邮票的发祥地，在英国王室的各种珍贵的收藏品中，邮票所占比重很大，而且价值连城。2015 年是英国“黑便士”邮票发行 175 周年，伊丽莎白二世女王又是热心的集邮爱好者，在此之际送给英国女王中国邮票有着不同寻常的意义。

《中国》国礼邮折采用中国传统的经折装形式，封面使用立体起凸双色烫金技术，

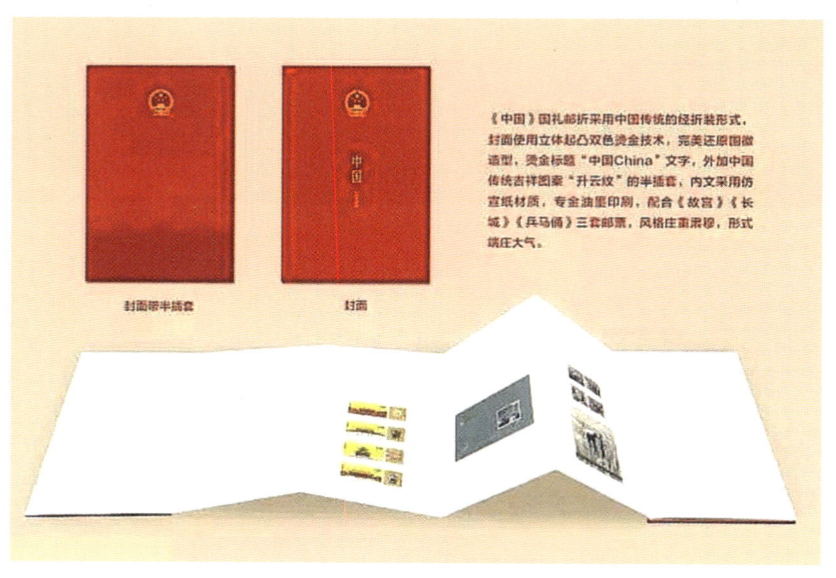

《中国》国礼邮折

完美还原了国徽造型，烫金“中国 China”字样，并衬以中国传统“升云纹”吉祥图案的半插套，内文采用了仿宣纸材质，装帧考究。册内配以《万里长城》《秦始皇陵兵马俑》《故宫博物院》3 套邮票，风格庄重而大气。

2015 年 9 月 27 日上午，联合国教科文组织促进女童和妇女教育特使彭丽媛在纽约出席残疾人主题邮票纪念版张首发式。彭丽媛同联合国秘书长潘基文夫人柳淳泽一道为纪念版张揭幕。彭丽媛发表致辞表示，在联合国成立 70 周年之际，中国和联合国共同发行以中国残疾人为主题的邮票纪念版张，反映了中国和联合国对残疾人事业的重视，意义重大。中国政府和全社会都关心残疾人，残疾人事业取得举世瞩目的成绩。促进残疾人事业发展，使全体残疾人共享公平、尊重、关爱，是全社会的共同责任。中国残联主席张海迪主持了揭幕仪式。

中华人民共和国同乌拉圭于 1988 年建立外交关系。建交以来，两国友好关系发展顺利。2018 年是中乌建交 30 周年，为此，乌拉圭邮政发行《乌拉圭与中国建交 30 周年》纪念邮票小全张 1 枚，内含邮票 2 枚。图案分别为竹中的一只大熊猫与开花的拉帕乔树上的两只小食蚁兽。票面左下角印有中、乌两国的国旗，右边分别印有两种动物的名称。小型张左边纸印有中文“中国—乌拉圭建交三十周年”字样，票面下边纸印有竹子与拉帕乔树的名称。2018 年 1 月 24 日，中国国务委员、外交部部长王毅在乌拉圭首都蒙得维的亚与乌拉圭外长尼恩共同出席了乌政府与社会各界共同举行的中乌建交 30 周年大型招待会。在招待会上，两国外长共同为乌拉圭邮政发行的《中国—乌拉圭建交 30 周年》纪念邮票揭幕，并且为邮票首日封加盖纪念邮戳。

2. 外交纪念封继续发挥纽带作用

由中国集邮总公司和外交部集邮协会联合开发的外交活动纪念封自 2010 年以来继续发行。该系列纪念封既是中国外交成

乌拉圭《中国—乌拉圭建交 30 周年》纪念邮票揭幕仪式

就的缩影，更是文化交流的载体和集邮者寻觅的收藏品。特别是各国领导人多次出席外交活动纪念封的揭幕仪式，使外交活动纪念封在国际交往中格外耀眼。

瑞典于1950年1月14日承认中华人民共和国，1950年5月9日同中国建交，是第一个与新中国建交的西方国家。两国建交后，中瑞关系平稳发展，在政治、经济、文化等各个领域和各个层次的交流与合作日益增多并取得显著成果。为庆祝中瑞建交65周年，中国集邮总公司与外交部集邮协会特联合发行纪念封1枚。2015年3月27日下午，国务院总理李克强在人民大会堂同来华出席博鳌亚洲论坛2015年年会的瑞典首相勒文举行会谈。会谈结束后，李克强和勒文共同出席中瑞建交65周年纪念封揭幕仪式，并在两枚纪念封上签字。两国高层领导人为纪念封揭幕并签名，显示出外交封特有的政治历史价值和魅力。

外交纪念封还是记录或回忆重要外交事件的载体。2012年3月17日，92岁的美国前国务卿基辛格在北京受到国家主席习近平的接见。习近平称赞基辛格是中美关系的开拓者和见证者，赞赏他数十年来为推动中美关系发展做出的重要贡献。

3月20日，外交学会副会长、外交部集邮协会常务副会长卢树民向基辛格赠送了其访华40周年纪念封。1971年7月9—11日，时任美国总统国家安全事务助理的基辛格作为美国总统尼克松的特使秘密访华，为中美改善关系大门的开启做出了历史性贡献。2011年基辛格访华40周年之际，外交部集邮协会特别制作了纪念封，纪念封主图为基辛格首次访华时同周恩来总理会谈。2012年基辛格再度访华时，在该纪念封上亲笔题写了“祝中美两国人民友谊长青”。

由中国集邮总公司和外交部集邮协会联合制作、中国集邮总公司发行的外交系列特种纪念封，自1999—2018年已发行了300多套。其中2010—2017年正式发行的外交封达170枚。

二、与亚洲集邮联和国际集邮联的交往

在历次亚洲国际邮展和世界邮展举办之际，亚洲国际集邮联合会或国际集邮联合会都要举行各项工作会议，进行换届选举、研究和部署以后的邮展和活动。中华全国集邮联合会代表团都要参加这些会议，并且积极申办国际邮展和世界邮展。此外，中国集邮界还与各国开展交流活动，以此带动中国集邮的水平。

1. 与亚洲集邮联和国际集邮联的交往

为纪念泰国邮政服务和第一枚邮票发行130周年，由国际集邮联合会赞助、亚洲集邮联合会誉助，泰国邮政与集邮协会举办的“泰国2013世界集邮展览”于2013年8月2—8日在曼谷暹罗百丽宫会展中心开幕。亚洲集邮联合会在此期间召开了执委会会议和第19届代表大会。在这次会议上，中华全国集邮联合会展览工作部副主任李知非当选新一届执委会执委，任期4年。这是中国在亚洲集邮联执委会当选的第二位执委。

2016年7月25日，国际集邮联合会（FIP）主席郑炳贤、亚洲集邮联合会（FIAP）主席苏拉吉在中华全国集邮联合会接受了全国集邮联会刊《集邮》杂志、《集邮博览》杂志和会报《中国集邮报》记者的联合采访。

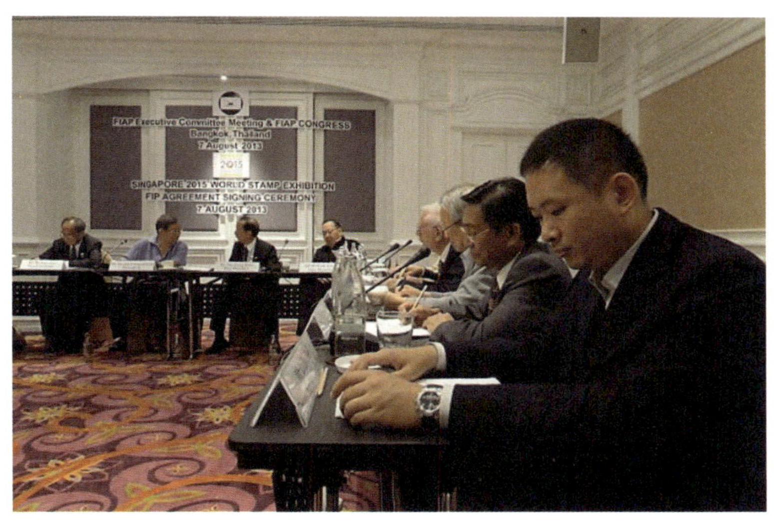

李知非在亚洲集邮联合会第 19 届代表大会当选执委会执委

对记者首先提出的“中国集邮处于世界集邮什么水平”这个问题，郑炳贤回答说：“中国集邮从 1983 年走出国门，参与世界性集邮活动，第一次参加了在马德里举办的世界邮展，这么多年发展下来，中国的集邮展品已经越来越多地出现在亚洲邮展、世界邮展中。中国在国际性邮展上的获奖成绩逐年提高，已达到了世界水平。但还有进步的空间。”

苏拉吉回顾了中国先后举办的 3 次亚洲国际邮展，认为在办展理念、参观人数、展品类别、获奖成绩等方面都有了不同程度的进步。他期待 2016 年 12 月南宁亚洲国际邮展能成功举办，为全亚洲的集邮者奉献一场精彩无比的集邮盛会。郑炳贤和苏拉吉还回答了记者提出的关于网络对集邮的挑战、现代类和开放类邮集的编组、青少年集邮和老年集邮的开展等问题。

2016 年 12 月 2 日上午，交通运输部部长李小鹏在广西南宁会见了出席中国 2016 亚洲国际集邮展览的国际集邮联合会主席郑炳贤、亚洲集邮联合会主席苏拉吉和万国邮政联盟国际局集邮部门负责人。国家邮政局、广西壮族自治区人民政府、中国邮政集团公司、中华全国集邮联合会等有关方面领导参加了会见。

李小鹏部长对郑炳贤、苏拉吉等国际集邮组织负责人的到访表示热烈欢迎，对万国邮政联盟、国际集邮联合会、亚洲集邮联合会多年来对中国参与国际组织活动、加强国际合作等方面给予的大力支持表示感谢。他指出，中国集邮文化建设不断取得新的重大进展，集邮领域国际交流逐渐扩大，集邮活动丰富多彩，集邮水平日益进步，国际和国家级大型集邮活动影响大、反响好，集邮文化的社会影响力持续提升。郑炳贤、苏拉吉对中国集邮事业所取得的成绩给予了高度评价，表示将继续支持中国集邮事业的发展，并预祝此次在南宁举办的亚洲邮展取得圆满成功。

2017 年 8 月 6 日，亚洲集邮联合会在印度尼西亚万隆召开了执委会会议以及第 21 届代表大会。会议选举产生了 FIAP 新一届（2017—2021）执委会成员，泰国的普拉科·吉拉凯特当选主席，中华全国集邮联合会副秘书长潘勇华、中国台北的陈友安、阿联酋的阿普杜拉·MT·胡瑞当选副主席，新加坡的陈仲翰当选秘书长。国际集邮联合会主席郑炳贤出席了本次会议。

2. 积极申办国际邮展和世界邮展

2009 年年底，江苏省无锡市向中华全国集邮联合会表达了申办第 27 届亚洲国际邮展的意向。经国务院批准，此次邮展被命名为“中国 2011 第 27 届亚洲国际集邮展览”。随后，中华全国集邮联合会向亚洲国际集邮联合会正式提出申请，并且获得了邮展主办权。2010 年 10 月 30 日，第 26 届亚洲国际集邮展览闭幕式在南非约翰内斯堡举行。中华全国集邮联合会副会长刘佳维与江苏省无锡市市政府秘书长吴峰枫一同从亚洲集邮联主席苏拉吉手中接过“中国 2011 第 27 届亚洲国际集邮展览”的会旗。

2014 年 12 月 1—6 日，马来西亚 2014 第 29 届亚洲国际邮展暨世界青少年专项邮展在吉隆坡国际会展中心举办。中华全国集邮联合会常务副会长兼秘书长徐建洲率中国代表团出席了邮展活动，并会见了国际集邮联主席郑炳贤和亚洲集邮联主席苏拉吉。亚洲集邮联在邮展期间召开了执委会会议，中国执委李知非出席，并向亚洲集邮联表示了中国有意于 2016 年年底或 2017 年年初举办亚洲邮展的意向。

南宁市申办亚洲国际邮展，是为了让亚洲集邮联各成员更好地了解南宁。2015 年

在亚邮联第 21 届代表大会上潘勇华当选亚邮联副主席

11 月 21 日，在“香港 2015 第 31 届亚洲国际邮展”期间，南宁市人民政府与中华全国集邮联合会在中国香港联合举办了“中国 2016 第 33 届亚洲国际集邮展览”南宁宣传推介会。

2015 年 10 月 29 日，亚洲集邮联合会主席苏拉吉、国际集邮联合会主席郑炳贤、中华全国集邮联合会会长杨利民等组成考察组赴广西南宁考察中国 2016 年亚洲国际邮展准备工作，广西壮族自治区人民政府相关人员、广西壮族自治区邮政管理局、南宁市邮政管理局领导陪同考察并进行交流座谈。考察组对南宁的各项筹备工作予以充分肯定。考察团还与南宁市部分集邮爱好者代表进行了座谈。

2017 年 6 月 23 日下午，国家邮政局副局长赵晓光在北京会见了国际集邮联合会主席郑炳贤，就进一步加强与国际集邮联合会和亚洲集邮联合会的交流合作、考虑在中国筹办 2019 年世界邮展等问题交换了意见。赵晓光表示，集邮是一个国家文化历史的缩影，中国集邮文化历史悠久，有着深厚的社会和群众基础，随着人民精神文化生活的日益丰富，集邮作为文化载体的功能日益突出。国家邮政局将积极配合国际集邮联合会，做好中国 2019 世界集邮展览的筹备工作，为促进中外文化交流和国际集邮事业发展做出新贡献。

在江苏举办的常州 2018 全国邮展期间，中华全国集邮联合会会长杨利民会见了国际集邮联合会主席郑炳贤一行。杨利民详细介绍了近年来中国集邮文化的发展情况。他表示，广泛的群众性是中国集邮文化活动的显著特点，健全的组织建设是集邮文化活动的重要保障，稳定的集邮队伍使得群众性集邮文化活动发展迅猛。郑炳贤对中国普及集邮文化的做法表示赞同，并希望未来要支持鼓励现代邮集的出现，吸引更多人参与集邮。双方就中国举办 2019 世界邮展有关事宜进行深入交谈。

三、开展多种形式的国际集邮交流

将集邮收藏活动与外交活动结合在一起，实际上是文化交流的全面升华。2010—2018 年，中国与世界上很多国家开展了以邮票为媒介的文化交流活动，给广大集邮者留下珍贵的纪念品和难忘的印象。

1. 举办和参加国际集邮交流活动

中国和巴基斯坦于 1951 年建立外交关系。长期以来，两国一直保持友好关系。2011 年是中国与巴基斯坦建交 60 周年，为此，巴基斯坦邮政部门于 5 月 21 日发行纪念邮票 1 套 2 枚，主图为两国领导人亲切握手的场景。中国集邮总公司和外交部集邮协会也合作发行外交特种纪念封 1 枚。

此外，巴基斯坦驻华使馆、外交部集邮协会、《中国集邮报》社联合举办了“纪念中巴建交 60 周年集邮知识有奖问答”活动。有奖问答共有 5 道题，参赛者从每道问题的几个备选答案中选出正确的答案号填在明信片的背面，寄至指定地点。巴基斯坦驻华使馆、外交部集邮协会、《中国集邮报》社等主办单位从全部回答正确的读者中抽取 30 名幸运获奖者。奖品为中国、巴基斯坦分别为两国建交 60 周年发行的两款纪念封和巴基斯坦发行的《纪念巴中建交 60 周年暨巴中友好年》纪念邮票 1 套 2 枚。

为庆祝斯洛伐克共和国成立 20 周年，斯洛伐克驻华大使馆采取了举办集邮活动

纪念中巴建交 60 周年集邮知识有奖问答抽奖仪式

的庆贺方式，于 2013 年 4 月 11 日举办了斯洛伐克和中国邮票展览，展出了斯洛伐克近 20 年发行的部分邮票和中国邮政发行的部分邮票，以及北京市集邮者的部分邮集。多年来，中、斯两国邮政一直以来保持着密切的友好交往和合作关系。国家邮政局副局长苏和出席了此次邮票展的开幕式。斯洛伐克驻华大使弗兰季谢克 · 德霍波切克和苏和副局长分别致辞。

苏和副局长在致辞中指出，展览展出了斯洛伐克和中国的精美邮票，将中、斯两国的优美风光、灿烂文化展现人们眼前，再一次体现了两国友好关系的继承和发展。希望两国以后继续加强交流，促进共同发展。国家邮政局、中华全国集邮联合会领导，北京市集邮爱好者以及各国嘉宾近百人参加了此次交流活动及晚宴。

为进一步促进四川绵阳市与海湾国家的政治、经济、文化交流，由绵阳市人民政府、人民邮电出版社、四川省邮政公司、四川省集邮协会共同主办，《集邮》杂志社、绵阳博览事务局、绵阳市邮政公司共同承办的“2014 中国（绵阳）科技城 · 海湾国家集邮文化交流展览暨 2013 中国最美邮票评选结果揭晓发布会”于 2014 年 5 月 30 日在绵阳市著名的风景区越王楼拉开帷幕。

亚洲集邮联合会执委、卡塔尔集邮与钱币俱乐部副主席侯赛因 · 伊斯玛依勒在开幕式上致辞；人民邮电出版社副社长蒋伟宣布了由《集邮》杂志创办的“2013 年最美邮票评选”结果。出席开幕式的有关领导、外国来宾分组为“2013 中国最美邮票”:《捣练图（小型张）》《感恩母亲》《癸巳年》以及《2014 中国（绵阳）科技城·海湾国家集邮文化交流展览主题封》《阿拉伯文化主题封》《2014 中国（绵阳）科技城·海湾国家集邮文化交流展览暨 2013 中国最美邮票评选颁奖活动纪念册 / 封》揭幕。

2014 中国（绵阳）科技城 · 海湾国家集邮文化交流展览

开幕式后，中外嘉宾共同参观了邮展。来自卡塔尔、阿拉伯联合酋长国、沙特阿拉伯、阿曼、巴林等国的集邮组织精心挑选了 33 部 100 框邮集参展，其中多部展品曾获世界邮展、亚洲邮展、海湾国家邮展的最高奖项。中国邮政共组织了 39 部 102 框邮集参展，部分展品曾获国际级、国家级、省级集邮展览的奖项。邮展吸引了众多市民驻足观看，许多市民争相购买本次活动的主题封和纪念封。此次集邮展览为期两天，其间还组织开展了阿拉伯文化展示活动、中外集邮文化交流论坛等活动。

由中国邮政集团公司湖北省分公司、中华全国集邮联合会青少年工作委员会和外交部集邮协会联合举办的“纪念中华人民共和国与亚美尼亚共和国建交 25 周年”两国青少年互寄书信活动，于 2017 年 7 月 19 日在湖北省黄石市“美丽乡愁”文化主题邮局拉开序幕。亚美尼亚驻华大使谢尔盖 · 马纳萨良出席了该活动。2017 年是中国和亚美尼亚共和国建交 25 周年，此次活动旨在践行“一带一路”的倡议，增进中国与亚美尼亚的传统友谊，促进两国青少年友好交往。同时，也是中国邮政、中华全国集邮联合会共同开展的“驿路 · 丝路 · 复兴路——行走新丝路，喜迎十九大”2017 全国集邮巡回展览湖北站的活动之一。在活动现场，谢尔盖 · 马纳萨良等嘉宾为活动特制的纪念封揭幕。全国集邮联向亚美尼亚孔子学院等学校赠送了集邮图书、盖销邮票和古筝乐器。黄石市 25 名青少年代表向亚美尼亚孔子学院青少年邮寄了书信。谢尔盖 · 马纳萨良表示，希望通过互寄书信活动，积极推动两国间的友好交流。

2. 在外国举办邮展进行的集邮交流

中国与新加坡的集邮交流自 1980 年就已经开始，多年来双方在对方的城市多次举办过邮票展览。为纪念中国与新加坡建交 20 周年，由新加坡集邮协会主办，新加坡邮政、新加坡集邮馆、新加坡集邮总会和“醉邮学会”协办的“中国—新加坡集邮交流展”于 2010 年 10 月 1 日在新加坡华贸商场举行。中国集邮代表团一行 5 人出席了邮展开幕式。新加坡集邮家、新加坡文化奖得主张美寅主持开幕式，国际集邮联合会理事郑炳贤、新加坡集邮协会会长吴启煌等为交流展剪彩。

“中国—新加坡集邮交流展”展出了 100 框展品，分别由中国集邮家和新加坡集邮家提供，其中有《水》《蝴蝶》《新加坡航空邮简》《华人春节风俗》等邮集，大部分是在国际邮展和世界邮展上的获奖展品。10 月 3 日下午，“中国—新加坡集邮交流展”主办方在新加坡集邮馆举办了“集邮交流讲座”，新加坡集邮家孙士毅、黎德川介绍了新加坡邮票与集邮概况，中国集邮家介绍了本国的集邮活动开展情况。中国—新加坡友好协会会长许孔让、新加坡—中国友好协会会长潘国驹、中国集邮家赵人龙等为邮展发来了贺词。

以中国为主宾国的 2012 伦敦书展于 2012 年 4 月 15 日傍晚在英国伦敦文华酒店开幕。作为主宾国系列活动之一的“中国邮票展览”于 4 月 16 日上午在伦敦英国皇家邮学会会所举行了开幕仪式。这次邮票展览是由中国国家邮政局主办，中华全国集邮联合会、中国邮政邮票博物馆承办。新闻出版总署副署长邬书林、国家邮政局

中国邮票展览在伦敦书展开幕

副局长徐建洲和英国皇家邮学会、英国皇家邮政等方面的嘉宾一同出席了邮展开幕式。中国驻英国大使刘晓明为邮展发来书面贺词，充分肯定了中国邮票展览为中英文化交流发挥的积极促进作用。

中国邮票展览为期 3 天，展出了 4 部 48 框中国集邮界的顶尖展品。以研究中国古典邮票的展品引人瞩目，其中孙蒋涛提供的《海关大龙邮票（1878—1897）》，展示了大龙邮票试样、印样等珍罕素材；丁劲松提供的《中国 1897 红印花加盖邮票》，展示了“红印花”小字当 1 元、被誉为“绿衣红娘”的绿色加盖红印花小字 2 分试样票等珍罕素材；另一部展品是新中国邮票，涵盖了陶瓷、书法、绘画、文学、建筑、戏曲、音乐、民俗等广受海外集邮者青睐的邮品；还有一部展品是中国邮票的精密印制技术专题展示。邮展开幕式前，徐建洲副局长会见了英国皇家邮学会布莱恩·特洛特会长等英国集邮家。邮展期间，中、英两国集邮家在英国皇家邮学会就加强两国的集邮文化交流进行了深入探讨。

2012 年 12 月 4 日，由中国外交部集邮协会和阿联酋集邮协会联合举办的“见证友谊”集邮展览在阿联酋迪拜龙城开幕。这是中国和阿联酋首次开展的双边集邮展活动，开辟了两国间人文交流的新领域。中国驻迪拜总领事詹京保、阿联酋集邮协会主席阿卜杜拉在集邮展开幕式上分别讲话。詹京保总领事说，这次中、阿双方举办的“见证友谊”集邮展，回顾了中、阿传统友谊，传播了和平文化理念，开中国和阿拉伯国家举办双边集邮展之先河，是一条新丝绸之路、友谊之路。

本次集邮展经过中、阿合作双方长时间的酝酿和筹备，各方均为此次邮展提供了特殊且难得一见的珍贵邮品。中国外交部集邮协会展出的邮品记录了近年来中国外交取得的成就，包括中国为纪念与其他国家建交发行的、由许多国家领导人亲笔签名的外交系列特种纪念封等。

阿联酋集邮协会的展品则展示了阿联酋建国前各酋长国发行的系列邮票和难得一见的错票及倒印票，1971 年 12 月 2 日建国后至 2010 年以阿拉伯联合酋长国发行的全部邮票以及未发行邮票及错票藏品，纪念海湾合作委员会成立的特种纪念邮票等。通过展出阿联酋建国后发行的全部邮票，可以窥见阿联酋在各个领域中所发生的巨大变化。

2018 年 6 月 13—24 日，中国集邮家博物馆一行 16 人赴英国考察团进行了黑便士邮票探秘之旅活动。考察团一行参观或拜访了英国邮政博物馆、斯宾客拍卖行、英国皇家邮学会、大英图书馆，还拜谒了邮票之父——罗兰·希尔出生的小镇以及安葬的教堂。考察团在拜访英国皇家邮学会时，受到会长马邃理的热情接待，他向考察团成员专门颁发了英国皇家邮学会首次制作的到访证书。

四、与港澳台集邮界的交流

2010—2018 年，中华全国集邮联合会以及各省级集邮协会，与香港特别行政区和澳门特别行政区集邮协会以及中国台湾地区集邮组织的集邮交流活动进一步加强，合作内容进一步深化、取得了前所未有的成果。通过各种集邮交流活动，使海峡两岸以及香港、澳门的集邮界加深了友谊。

1. 与港澳集邮界的合作与交流

在邮政领域，中国邮政与中国香港邮政和中国澳门邮政多次共同印制了同题材邮票。为纪念辛亥革命一百周年，三方邮政部门于2011年10月10日共同印制了《辛亥革命生一百周年》小型张本票1册，内含中国邮政、中国香港邮政、中国澳门邮政小型张各1枚，3枚小型张采用了连印方式，呈风琴折式样。为纪念孙中山诞辰150周年，三方邮政部门于2016年11月12日共同印制了《孙中山诞生一百五十周年》邮票小全张1枚，内含中国邮政、中国香港邮政、中国澳门邮政发行的同题材邮票各一套4枚。此外，为庆祝香港回归祖国20周年，中国邮政与中国香港邮政共同印制的《香港回归祖国二十周年》纪念邮票及小全张于2017年7月1日分别在内地和香港发行。

2016年12月2日，国家邮政局局长马军胜在广西南宁会见了前来参加亚洲国际集邮展览的中国香港邮政署署长丁叶燕薇及中国澳门邮政局代表。马军胜局长对中国香港邮政署及中国澳门邮政局代表团参加亚洲邮展表示热烈欢迎，并介绍了近期内地集邮发展的情况。马军胜指出，近年来内地不断加强集邮文化建设，增强集邮领域互动交流，推动了集邮活动的进一步增强和集邮事业的进一步繁荣。希望内地与港、澳邮政加强合作，携手并进，推动集邮事业协同发展。

中国香港邮政署署长丁叶燕薇表示，本次亚洲邮展的成功举办，展示了内地集邮事业的繁荣，突显了内地集邮事业在亚洲乃至世界集邮事业中的重要地位，希望港、澳邮政能够进一步加强与内地在邮票设计、发行、流通等环节的合作，保持集邮领域密切交流，实现互利共赢。

为纪念孙中山先生诞辰150周年，展现孙中山邮票的文化内涵和独特魅力，2016年9月23日，“纪念孙中山诞辰150周年粤港澳集邮展览”在广东省中山市青少年活动中心开幕。本次邮展由中山市社会科学界联合会、广东省集邮协会、中国香港特区邮学会、澳门集邮协会主办，中国邮政集团公司中山市分公司等5家单位协办。

孙中山先生与邮票有着很深的渊源。在组织领导辛亥革命推翻封建帝制之后，孙中山亲自指导设计邮票、关心“国家名片”曾经被传为佳话。孙中山逝世之后，世界各国陆续发行了许多以孙中山为题材的纪念邮票，目前数量多达2000多种，这在世界上是极为少见的。这些孙中山纪念邮票，成为传承孙中山精神与文化的重要载体。

广东省中山市是孙中山的诞生地，广东省、香港、澳门是孙中山先生的重要活动地。本次展出孙中山题材的集邮展品100框，展品由广东省集邮协会、中国香港特区邮学会、澳门集邮协会组织选送。展览期间，来自广东、香港、澳门以及全国各地的集邮界人士还利用学术交流会、座谈会等方式进行了交流。

为促进海峡两岸暨香港、澳门警务人员的文化交流，由全国公安文联和澳门公务员文化协会联合主办的“‘濠江水·海峡情’海峡两岸暨香港、澳门警察集邮展览”于2011年8月15日在位于中国澳门议事亭前地的商务旅游中心展览厅举行，共展出海峡两岸暨香港、澳门警务人员制作的

纪念孙中山诞辰 150 周年粤港澳集邮展览开幕式

邮集 29 部 60 框，其中内地 21 部、香港 6 部，澳门和台湾各 1 部，不少邮集都以“警察”和各地风情为主题。

中国澳门邮政于当天特为此次邮展启用了 1 枚纪念邮戳，发行了 1 枚纪念封，还在展场设置临时邮局柜台，向参观者免费发放纪念封和提供加盖纪念邮戳服务，同时出售各类中国澳门的集邮品。8 月 13—14 日，海峡两岸暨香港、澳门警务人员还先期进行了集邮文化研讨和交流。全国公安文联副秘书长盛清宪、中国澳门邮政局局长刘惠明、全国公安集邮协会会长巩玉生以及中央人民政府驻澳门特别行政区联络办公室、澳门保安司治安警察局、香港警务处等部门的领导出席了相关活动。

2011 年 8 月 20—21 日，为纪念中国香港特区邮学会成立 16 周年、进一步加强武汉和香港两地集邮界的友好交往，由中国香港特区邮学会主办、武汉专题集邮者联谊会协办的“中国香港特区邮学会第 13 次集邮展览暨 2011 武汉—香港集邮交流展”在香港上环市政大厦 6 楼文娱中心展览厅举行，来自香港和武汉两地的 29 部 61 框展品参加了此次展出。

中国香港特区邮学会的前身是 20 世纪 90 年代中期成立的“香港集邮沙龙”，是目前香港最有活力的集邮组织之一，多年来坚持开展每月例会、年度邮展等各种活动，并定期编印、出版《香港特区集邮》和《香港集邮年刊》等刊物，在中国香港及国内外集邮界享有良好的声誉。自 1998 年以来，该会与武汉专题集邮者联谊会长期保持友好交往，双方通过会员个人通信、互相走访、联办邮展等各种形式，已多次举行集邮交流活动，促进了两地集邮文化的繁荣和发展。为参加此次活动，武汉专题集邮者联谊会精心选送了《中南区旗球图印花税票》《颜色》《城市轨道交通》《汉

2011 武汉—香港集邮交流展在香港举办

口民信局》《台阶》《J.150 小型张微观研究》等 12 部展品参展，而且还特地派出由 11 人组成的集邮参访团前往香港进行交流活动。

2. 海峡两岸实现集邮交流常态化

自 2008 年 12 月海峡两岸实现直接通邮后，双边邮政和集邮业务的往来显著上升。2009 年 1 月至 2013 年 10 月，两岸函件往来总数为 4118 万余件；两岸包裹和快捷邮件累计分别达到 48 万余件和 208 万余件，其中包括大量的集邮品交流。

2013 年 1 月，两岸首条横跨台湾海峡的海底光缆“海峡光缆 1 号”开通，两岸通信业务至此告别“绕航”、实现“直航”，成为两岸通邮的又一重要进展。这条由两岸电信运营商共同建设的光缆从台湾淡水直连福建省福州管辖的长乐市（2017 年改为福州市长乐区），总长约 270 公里，它使两岸通信能力大幅增强，两岸信息流互通实现了更高质量、更高速率的升级换代。

在邮票发行方面，两岸也有开拓性进展。2010 年 3 月 14 日，在第十一届全国人大三次会议的记者会上，国务院总理温家宝在回答中国台湾《联合报》记者提问时，特别提到中国古代名画《富春山居图》。温总理希望一半在大陆、另一半在台湾的《富春山居图》能够合成一幅完整的画。2010 年 3 月 20 日，中国邮政发行了《富春山居图》特种邮票一套 6 枚，从文化交流意义上实现了温总理对《富春山居图》“合二为一”的愿望。该邮票的发行，对两岸通过文化加强交流起到推动作用。

为加强海峡两岸邮政和集邮方面的合作，海峡两岸邮政部门于 2014 年以“鸿雁传书”为主题分别发行了邮票一套 1 枚。这是海峡两岸邮政部门第一次进行此类合作，迈出了历史性的一大步。

“海峡两岸珍邮特展”是两岸邮政部门集邮交流的重要活动之一。根据双方确定，此项邮展轮流在双方各城市举行。

《富春山居图》特种邮票

首届海峡两岸珍邮特展开幕式

首届“海峡两岸珍邮特展”于2013年12月16日在台北开幕。这是60多年来两岸首次联合举办邮票展，展品皆为两岸邮政博物馆的馆藏精华，内容包含珍邮、封片、邮集、史料及文物等。在此次展览上，大陆方面提供的“红印花加盖小字2分倒盖邮票”“海关小龙邮票5分银样票”及中国邮票设计史上首位设计师——费拉尔的“蟠龙邮票手稿”；台湾方面则有“1875年台湾打狗海关时期戳封”“上海版飞雁邮票原票全张”“伦敦版帆船、农获、辟雍邮票全张”等，都是难得一见、价值连城的集邮珍品，其中有的系存世孤品。令人关注的是，孙中山先生在101年前用英文亲笔签名的一个信封，也在这次邮展上现身。

国家邮政局局长、海峡两岸邮政交流协会名誉会长马军胜率团参加了本次交流活动，并饶有兴致地观看了邮展。2013年时值两岸通邮5周年之际，“两岸邮政e小包”同日宣布开通，台湾地区1322个邮局开始受理民众交寄。

此后，第二届海峡两岸珍邮特展于

2014 年在北京举办；第三届于 2015 年在台中举办；第四届于 2017 年在天津举办。每一届都有新展品出现，这是一项意义深远的集邮交流活动，也是两岸邮政合作丰硕成果的重要体现。

五、开展多种主题的交流活动

2010—2018 年，为配合国内外重要的社会活动，中国与相关国家开展了多次主题鲜明、形式多样的集邮交流活动。通过交流很多加深了各国人民对中国的了解和友谊，而邮票又成为交流活动的载体。

1. 中国—阿拉伯国家集邮交流展览

为增进中国和阿拉伯国家的文化交流，以“传承友谊、深化合作、共同发展”为宗旨，以“中阿携手、面向全球”为主题的“中国—阿拉伯国家博览会”于 2013 年 9 月 15 日在银川开幕。为了丰富此次博览会的内容，经全国集邮联批准，由宁夏回族自治区人民政府主办、宁夏回族自治区邮政公司承办、宁夏回族自治区集邮协会协办的首届“中国—阿拉伯国家博览会集邮展览”于 2013 年 9 月 15—17 日在银川国际会展中心举行，共展出中国和阿拉伯国家精品邮集 52 部 240 框。北京、内蒙古等地曾获高奖的部分展品应邀参加了展出。阿拉伯国家和地区集邮展品的数量占到参展邮品的五分之一，这也是阿拉伯国家（地区）的邮品首次在我国参展。

9 月 15 日下午，在银川国际会展中心举行了盛大的集邮展览开幕式，全国集邮联常务副会长兼秘书长徐建洲出席了开幕式，中国集邮总公司党委书记李永明宣读 JP.179《2013 中国—阿拉伯国家博览会》邮资明信片的发行通告，宁夏回族自治区党委常委、宣传部长蔡国英和中国邮政集团公司副总经理李丕征分别致辞，并且共同为 JP.179《2013 中国—阿拉伯国家博览

《2013 中国—阿拉伯国家博览会》邮资明信片

会》邮资明信片揭幕。来自中国、阿拉伯联合酋长国等国家的参展邮集作者，宁夏回族自治区各地的集邮者也参加了开幕式并进行了友好交流。

2. 中俄抗战将领后代友好交流活动

由中华全国集邮联合会、黑龙江省人民政府主办，黑龙江省邮政管理局协办，中国邮政集团公司黑龙江省分公司、黑龙江省集邮协会、俄罗斯邮政阿穆尔州邮政通信分局承办的“纪念中国人民抗日战争暨世界反法西斯战争胜利七十周年中国—俄罗斯集邮联合展览”于2015年9月1—3日在哈尔滨市波斯特酒店举行。共展出黑龙江省集邮展品9部20框，俄罗斯展品4部20框。中俄两国集邮界领导和集邮者200余人参加了开幕式。

9月5日下午，由中国国际友好联络会、黑龙江省人民政府和省军区举办的“‘牢记历史珍爱和平’东北抗联将领和苏军将帅后代见面会”在黑龙江省军区举行。参加此次活动的有东北抗联将领和苏军将帅后代约100名，其中有杨靖宇将军的孙子马继志、赵尚志将军的侄女赵晓霞、李兆麟将军的女儿张卓娅等。苏军将领后代则身着将帅服装，胸前挂着勋章，手捧前辈的照片参加活动。俄罗斯联邦委员会原副主席尼古拉耶夫、阿塞拜疆驻华大使甘基洛夫、乌克兰退役军人协会基辅分会会长乌沙科娃等嘉宾参加了此次活动。中方参加活动的嘉宾有黑龙江省副省长孙尧、外交部原副部长张德广、黑龙江省军区政委马学义等。

参加中国—俄罗斯集邮联合展览的展品，全部转移到见面会现场，为活动增加气氛。中国集邮总公司为本次活动特别印制了纪念封，并且赠送给前来参加活动的两国嘉宾。这些集邮品成为现场嘉宾签名留念的最好载体。中国邮政集团公司哈尔滨市分公司还在现场设置了临时邮局，俄罗斯来宾纷纷将写好地址的纪念封投进信

俄罗斯集邮家介绍俄方展品

简。见面会结束后，孙尧副省长陪同俄罗斯代表团团长观看集邮展览，并亲自为俄罗斯嘉宾解说。

3. 举办“一带一路”集邮展览

由中华人民共和国商务部、黑龙江省人民政府、俄罗斯联邦经济发展部、俄罗斯联邦工业和贸易部共同主办的“第二届中国—俄罗斯博览会”，于 2015 年 10 月 11 日在黑龙江省哈尔滨市哈尔滨国际会展体育中心开幕。本届中俄博览会以“对接合作——丝路经济带新机遇”为主题。在博览会期间，由中国邮政集团公司黑龙江省分公司、黑龙江省集邮协会主办的“第二届中国—俄罗斯博览会‘一带一路’国家集邮展览”同期举行。中国邮政邮票博物馆馆藏邮票和“一带一路”涉及的 65 个国家发行的精美邮票，以及从北京、上海、江苏、河北、四川、黑龙江征集的 19 部邮集参展，展览规模共 100 框。本次邮展展品有的反映了“一带一路”沿线国家卡塔尔的神庙、马尔代夫的总统府，也有带有贵族火漆标志的 1639 年帝国马车史前封和带着杨利伟等 14 名航天员签名，随“神舟五号”太空遨游的太空飞行封等。

2017 年 9 月 28 日，是中国古代伟大的思想家、教育家、儒家学派创始人孔子诞辰 2568 年纪念日。在这前一天，比利时鲁汶大学孔子学院举办了“一带一路”中国邮票国际交流展，以庆祝“全球孔子学院日”，增进中、比两国的文化交流。本次邮展共展出 1628 枚邮票，时间跨度从中国第一套邮票——1878 年发行的清代“大龙”邮票到 2017 年最新发行的“一带一路”纪念邮票。鲁汶市副市长德尼斯·范德沃特、比利时皇家集邮协会联合会秘书长鲁迪·德·沃尔斯、比中经贸委员会董事艾

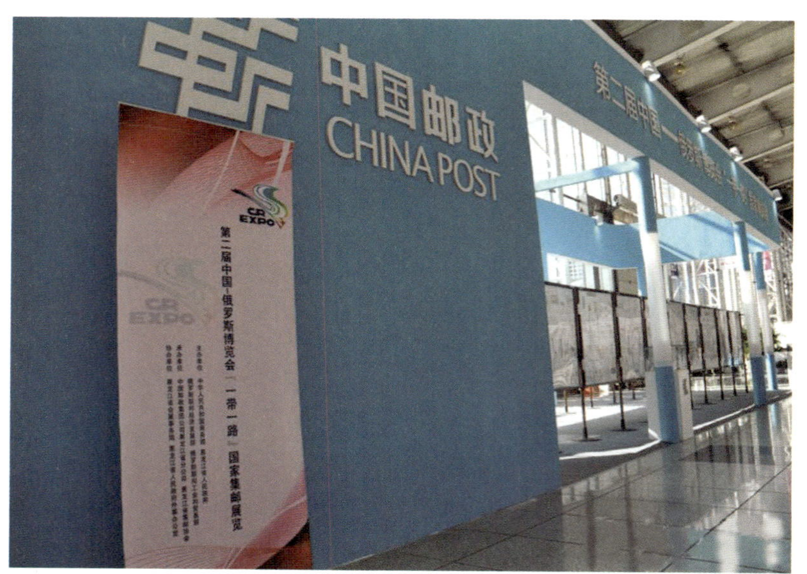

中俄博览会“一带一路”国家集邮展览展场

瑞克·法米尔、鲁汶大学校长顾问并任孔子学院理事会学术主任的弗兰克·巴特教授以及鲁汶大学师生、当地民众、比利时邮票收藏爱好者等300余人出席了邮票展开幕式。法米尔认为，邮票折射了一个国家的发展历史，不像历史书会被改写，邮票一旦发行，就不能被篡改。他本人就是一位邮票收藏爱好者，对中国邮票有着浓厚的兴趣，希望通过邮票对中国历史有更深的了解。他还特别关注到本次中国邮票国际交流展的主题是“一带一路”，认为中国的“一带一路”倡议是历史性项目，它不仅惠及亚洲，同时也将惠及世界上的其他地区。

六、以邮资票品为媒介的友好交流

邮票不但被世界各国公认为“微型艺术品”，而且可以成为各国进行友好交流的媒介。中国邮政部门和集邮界十分重视发挥邮票的这种传播友谊的重要作用，不断与各国（地区）邮政联合发行邮票，为广大集邮者提供更多的收藏品。通过邮票这一窗口，了解并且融入大千世界，不断获得与世界各国进行集邮交流的成果。

1. 继续与各国邮政联合发行邮票

中国和以色列都有着悠久历史、灿烂文化，两国人民勤劳、勇敢、智慧，友好交往源远流长。自1992年1月24日两国建立外交关系以来，在两国政府和人民的共同努力下，两国在政治、经贸和文化等领域的友好合作稳步发展。为纪念中国和以色列建交20周年、增进两国人民之间的相互了解和友谊，两国邮政于2012年3月20日联合发行了《太平鸟与和平鸽》特种邮票1套2枚，由中国著名平面设计师陈绍华设计。两枚邮票主图分别表现了寓意

比利时鲁汶大学孔子学院举办的“一带一路”中国邮票国际交流展

安宁和平、吉祥太平的太平鸟及象征和平、友谊、团结和圣洁的和平鸽。

2012 年 3 月 20 日上午，中国和以色列双方的外交官员、邮政官员，以及集邮爱好者和媒体记者等上百人聚集在北京国家博物馆白玉厅，参加在这里隆重举办的中、以联合发行邮票——《太平鸟与和平鸽》首发式。

中国邮政集团公司总经理李国华和以色列邮政有限公司董事会主席萨西・希洛在首发式上分别致辞。李国华说，邮票被誉为国家名片，是传播文化的重要载体，两国联合发行邮票不仅是两国在邮政领域的一次成功合作，也是两国文化交流的有益尝试。

萨西・希洛在致辞中提到："（二战）期间中国向超过 3 万名犹太人伸出了援助之手。我们永远也不会忘记，在那段黑暗的大屠杀时期，当他们抵达上海时，中国人民是如何接纳了他们，并挽救了他们的生命。"萨西・希洛说："和平鸽对犹太人民来说是和平的象征，太平鸟对中国人民来说是和平的象征。两者共同出现在纪念邮票上，象征着中国人民和以色列人民之间的友谊与团结。"

为庆祝中国和法国建交 50 周年，中国邮政和法国邮政联合发行纪念邮票 1 套 2 枚。图案分别为中国南京的秦淮河和法国巴黎的塞纳河。2014 年 1 月 27 日，中法建交 50 周年庆祝招待会在北京人民大会堂举行。全国人大常委会委员长张德江和法国国民议会议长巴尔托洛内出席了招待会并致辞。在招待会上，举行了《中法建交五十周年》纪念邮票揭幕仪式。来自中、法各界的友好人士 200 多人出席了招待会。

中国邮政与法国邮政联合发行的《法中建交五十周年》纪念邮票于 3 月 27 日在法国发行。邮票由享誉世界的法国艺术家伊夫・博雅尔设计。法国国家邮政总局总裁菲利普・瓦尔和中国邮政集团公司总经理李国华出席了在巴黎举行的邮票首发式。

2010—2018 年，中国邮政与外国联合发行的邮票还有：2011 年与丹麦联合发行的《古代天文仪器》特种邮票、2012 年与土耳其联合发行的《泰州长江公路大桥与伊斯坦布尔博斯普鲁斯海峡大桥》特种邮票、2013 年与瑞典联合发行的《乒乓球运动》特种邮票、2017 与柬埔寨联合发行的

《中法建交五十周年》纪念邮票

《沧州铁狮子与巴肯寺狮子》特种邮票。

2010 年是中国和古巴建交 50 周年。为此，古巴邮政发行了纪念邮票一套 4 枚，其中 2 枚分别选用了江西井冈山黄洋界和井冈山胜利会师的历史事件作为邮票主图。中国集邮总公司首次为江西省外事活动特别制作的友好纪念封并举行了首发式。该纪念封选用中国井冈山和古巴马埃斯特腊山为主要图案，上面贴有《井冈翠竹》邮票、古巴邮政为中古建交 50 周年发行的纪念邮票，并加盖了两国纪念邮戳。2010 年 12 月 5 日，中国—古巴建交 50 周年外交封和友好封揭幕仪式暨中古集邮展览开幕式在井冈山革命博物馆举行。

在此次首发式中，古巴驻华大使卡洛斯·米格尔·佩雷斯·埃尔南德斯和井冈山管理局局长、井冈山市市长龙波舟分别在仪式上致辞。外交部拉美司副司长赵本堂与古巴驻华大使埃尔南德斯为“中国—古巴建交五十周年”外交纪念封揭幕；吉安市委常委、井冈山管理局党工委书记、井冈山市委书记梅黎明与古巴驻华大使埃尔南德斯共同为“中古建交五十周年友好封”揭幕，并与嘉宾一起在友好封上签名；吉安市副市长李庐琦和中国外交部工会副主席刘佳带领中方少年儿童向古巴少年儿童邮寄友好封。

2. 延续最佳外国邮票评选活动

外国最佳邮票评选活动是中国文化界、集邮界共同创造的重要品牌。这项活动在 2010—2016 年间得以延续，并成功举办了 4 届评选活动。

2010 年 12 月 16 日上午，由中国人民对外友好协会发起，中华全国集邮联合会、中国西部研究与发展促进会、《中华世界邮票目录》编委会共同主办的中国第 9 届外

中国第 9 届外国最佳邮票评选颁奖大会

国最佳邮票评选结果在北京揭晓。共有33个国家和地区推荐了本国（地区）于2009年发行的邮票参评，3万多人参加了投票。

中国第9届外国最佳邮票评选活动组委会主任、全国政协委员、第九届全国工商联副主席、中国西部研究与发展促进会常务副理事长程路，中共中央统战部原副部长田鹤年，全国人大常委会原副秘书长许孔让，中华全国集邮联合会副会长刘佳维以及有关国家驻华使节等嘉宾应邀出席了颁奖大会。

在2012年举办的第11届外国最佳邮票评选活动中，组委会收到了38个国家（地区）报送的参评邮票，其中有国家邮政26家，交流范围进一步扩大。

2016年11月10日上午，由中国人民对外友好协会发起，中国西部研究与发展促进会主办，中国西部研究与发展促进会集邮发展中心等单位承办的第12届中国年度外国最佳邮票评选活动在北京中央电视台梅地亚中心举行了盛大的颁奖典礼。此次评选活动共收到来自德国、加拿大、瑞士、斯洛文尼亚、列支敦士登、匈牙利、克罗地亚、捷克等29个国家（地区）及联合国邮政寄送的2015年度参评邮票。

第五节　集邮展览的规范化与繁荣

2010—2018 年，中国的集邮展览活动呈现出快速、健康发展的良好态势。在这段时期，中国举办了 2 次亚洲国际集邮展览，并且选送展品参加了 9 届亚洲国际邮展和 14 次世界邮展，不断取得新的突破；中华全国集邮联合会举办了 5 次国家级综合性邮展和 5 次国家级专项邮展，在展品水平稳步提高的同时，努力发现新人新作。这一时期，全国集邮联还加强了对邮展的管理，使全国邮展更加规范。各省级集邮协会坚持创新的理念，推出了一些为广大集邮者普遍欢迎的邮展新类别、新方式，为中国邮展活动的发展注入了新的活力。

一、全国邮展的制度化、规范化管理

全国集邮联历来重视集邮展览工作，每次换届后都要及时成立新的邮展工作委员会。新的邮展工作委员会成立后，继续履行其职责，将普及集邮展览、提高中国邮集的参展水平作为工作目标，并采取了多种有效措施。

1. 第五届邮展工作委员会成立及会议

2013 年 8 月 28—29 日，全国集邮联第五届邮展工作委员会成立暨第一次会议在成都太成宾馆召开。会议总结回顾了第四届邮展工作委员会的工作情况，研究讨论了今后 5 年邮展工作的主要任务。全国集邮联副秘书长潘勇华宣布了第五届邮展工作委员会组成名单。全国集邮联副会长、第四届邮展工作委员会主任李曙光对第四届邮展工作委员会的工作进行了总结；全国集邮联展览工作部副主任李知非对今后 5 年的邮展工作进行了部署。全国集邮联

全国集邮联第五届邮展工作委员会成立大会

常务副会长兼秘书长徐建洲在讲话中充分肯定了第四届邮展工作委员会的工作，要求委员们充分认识邮展工作的重要性，发挥邮展委员会及其骨干的作用，加强对邮展评审员队伍的组织建设，努力做好今后5年的工作。

第五届邮展工作委员会由34人组成，李曙光任主任，杨桂松、赵京莉为副主任，李知非为秘书长；委员由北京、天津、内蒙古、山西、辽宁、吉林、黑龙江、上海、江苏、浙江、安徽、福建、江西、山东、河南、湖北、湖南、广东、广西、重庆、四川、云南、甘肃、宁夏、煤炭等省级集邮协会的30人组成。各位委员就今后5年的工作计划进行了认真讨论。

2016年11月2—3日，第五届邮展工作委员会第二次会议在北京牡丹宾馆举行。全国集邮联邮展委员会部分委员参加了会议。李曙光主任就此前邮展委员会的工作进行了总结，并再次重申要强化邮展评审员纪律。会议还就南宁2016亚洲国际邮展的相关事宜进行了布置。

2. 对国家级邮展的规范化排序

自1983年成立至2012年，中华全国集邮联合会共举办了26次国家级邮展，其中竞赛性邮展24次、非竞赛性邮展2次，集邮展览的水平稳步提高。但是，每次邮展的名称不尽相同，各举办城市为邮展的冠名差异较大。2009年第12期《上海集邮》刊登了全国集邮联邮展工作委员会主任李曙光的文章——《再谈怎样进一步办好国家邮展》，文章提出了对全国邮展统一排序的建议和具体方案。

为规范国家级邮展名称，便于梳理邮展历史的沿革，全国集邮联在广泛征求意见的基础上，经全国集邮联邮展工作委员会讨论研究，并经全国集邮联会长会议审议，于2011年年初发文公布，决定除2次非竞赛性邮展外，根据国家级竞赛性邮展的规模及类别，将国家级邮展分为国家级综合性邮展（共14次）和国家级专项邮展（共10次）。对于国家级综合性邮展，以“举办城市＋年份＋第×届中华全国集邮展览”的方式表述并排序；对于国家级专项邮展，不按届排序而依照邮展举办时间顺序，以“举办城市＋年份＋中华全国专项集邮展览”的方式表述并排列。

《中国当代集邮展览资料大全》

（1）历届国家级综合性邮展列表

邮展原名称	重新排序后名称
1983 年中华全国集邮展览（北京）	北京 1983 第 1 届中华全国集邮展览
中国人民革命战争时期邮票展览（北京）	北京 1985 第 2 届中华全国集邮展览
1989 年中华全国集邮展览（北京）	北京 1989 第 3 届中华全国集邮展览
“光辉的七十年——纪念中国共产党成立七十周年”全国集邮展览（上海）	上海 1991 第 4 届中华全国集邮展览
’93 中华全国集邮展览——纪念毛泽东同志诞辰 100 周年（北京）	北京 1993 第 5 届中华全国集邮展览
1997 年中华全国集邮展览（重庆）	重庆 1997 第 6 届中华全国集邮展览
纪念中国大龙邮票发行 120 周年暨中国’99 候选展品集邮展览（天津）	天津 1998 第 7 届中华全国集邮展览
二〇〇一年中华全国集邮展览（江苏南京）	南京 2001 第 8 届中华全国集邮展览
纪念毛泽东同志诞辰 110 周年暨亚洲邮展候选展品集邮展览（重庆）	重庆 2003 第 9 届中华全国集邮展览
2005 中华历史文明全国集邮展览（湖南澧县）	澧县 2005 第 10 届中华全国集邮展览
光辉的历程——纪念中国共产党成立 85 周年全国集邮展览（山西太原）	太原 2006 第 11 届中华全国集邮展览
2008 中华全国新人新作集邮展览（山东潍坊）	潍坊 2008 第 12 届中华全国集邮展览
2008 中华全国集邮展览·南昌（江西南昌）	南昌 2008 第 13 届中华全国集邮展览
杭州 2010 中华全国集邮展览（浙江杭州）	杭州 2010 第 14 届中华全国集邮展览

（2）历届国家级专项邮展列表

原名称	重新排序后名称
中华全国青少年专题集邮展览’87（北京）	北京 1987 中华全国青少年专题集邮展览
与世纪同行——2001 博美堂杯全国青少年集邮展览（北京）	北京 2001 中华全国青少年集邮展览
2002 年中华全国首届老年集邮展览（广东广州）	广州 2002 中华全国老年集邮展览
2004 全国（首届）民间文化专题集邮展览（湖南岳阳）	岳阳 2004 中华全国专题集邮展览
2006 全国首届税票类展览（北京）	北京 2006 中华全国税票集邮展览
2006 全国极限集邮展览（广东广州）	广州 2006 中华全国极限集邮展览
全国首届集邮文献及文献集邮展览（江苏高邮）	高邮 2006 中华全国文献集邮展览
2006“德胜杯”全国专题集邮展览（北京）	北京 2006 中华全国专题集邮展览
首届中华全国网络集邮展览（湖北武汉）	武汉 2006 中华全国网络集邮展览
2007 第 3 届全国生肖集邮展览（江苏苏州）	苏州 2007 中华全国生肖集邮展览

3. 修订集邮展览的相关规则

为规范我国集邮者参加国际邮展的程序，全国集邮联重新修订了《我国展品参加国际性集邮展览的管理办法》，并于 2014 年 2 月 1 日起实施。《我国展品参加国际性集邮展览的管理办法》从“报名和推荐”“汇总和审定”“确认和参展”3 个方面，对我国集邮者参加国际性邮展重新进行了规范。《我国展品参加国际性集邮展览的管理办法》指出，各省级集邮协会负责向全国集邮联展览工作部推荐展品参加国际性邮展，其展品应在国家级邮展中曾获镀金奖及以上奖项（青少年为大银奖及以上奖项）；在保证展品质量的前提下，应注重选拔新人新作（新人是指从未参加过国际性邮展的展品作者，新作是指在国际性邮展中题材新颖的展品）。《我国展品参加国际性集邮展览的管理办法》还规定，参展者应缴纳国际性邮展参展费。为奖励获世界邮展金奖以上（含）、亚洲国际邮展大金奖展品作者，以及获国际性邮展大奖的锦标赛类展品作者，全国集邮联将承担其参加该次邮展的参展费。《我国展品参加国际性集邮展览的管理办法》的实施，对进一步做好我国展品参加国际性邮展的工作，完善和规范参展展品报名、推荐及审定的工作流程，都起到了较好的规范作用。

2010—2018 年，全国集邮联还加大对邮展评审员的管理力度，出台了一系列评审员的行为准则规范文件，对提高评审员自律能力起到了一定的促进作用。同时，全国集邮联和各省级集邮协会为提高邮展评审员的业务素质，举办了不同形式的培训班，聘请集邮专家讲规则、评邮集，有效地提升了评审水平。

2010 年 12 月，全国集邮联邮展工作委员会根据国际集邮联（FIP）有关规则的修改，对《中华全国集邮联合会（ACPF）集邮展览总规则》和《中华全国集邮联合会（ACPF）集邮展览评审总规则》进行了修订。

为了适应集邮形势的发展，全国集邮联邮展工作委员会于 2016 年再次对《中华全国集邮联合会（ACPF）集邮展览总规则》进行了修订，并于 2016 年 4 月 1 日起实行。新修订的《中华全国集邮联合会（ACPF）集邮展览总规则》共有 7 章 34 条，其中，第六章“评审员和评审委员会”共有 14 条，占《中华全国集邮联合会（ACPF）集邮展览总规则》条款的 40% 以上，包括“国家级邮展评审员的条件、国际邮展评审员候选人、评审员的纪律、评审员的职责、评审员工作的监督、评审员的待遇、评审委员会的组成、评审委员会成员的聘任程序、评审委员会主任及评审小组组长的聘任条件、评审委员会工作程序、评审委员会工作的条件、评审委员会工作的保密原则、奖级的确定、专家组成员的条件和职责”等内容。

2018 年 1 月 16—17 日，全国集邮联在北京邮电会议中心召开专门会议，对日前组织翻译的 FIP 邮展规则进行审定。评审员管理考核小组成员和部分国际级、国家级邮展评审员等参加了会议。他们对近几年各类别国际邮展规则的新变化的翻译进行了全面梳理和讨论；对展览总规则、评审总规则，传统、邮政历史、航空、航天、专题、极限、税票、青少年、文献、现代、开放这 13 个规则的译文逐一进行了核校；决定下一步对翻译中有争议、不通顺的条款与国际相关集邮专家逐一进行核对。

FIP 邮展规则翻译稿审定会

4. 对各级邮展评审员加强管理

在西安2016第17届全国邮展评审委员会第一次会议上，全国集邮联邮展工作委员会主任、本届全国邮展评委会主任李曙光宣布了评审员在邮展评审期间的“八不准”纪律：

（1）不准接受邮集作者的馈赠；

（2）不准参加邮集作者的宴请；

（3）不准前往销售区购买邮品；

（4）不准评审本人编组或出让的展品；

（5）不准评审自己亲属的展品；

（6）不准为熟人的展品说情；

（7）不准泄露评审机密；

（8）不准迟到、早退和擅离评审岗位。

“八不准”纪律成为国家级邮展上评审员必须遵守的纪律，这既表明邮展委员会整顿评审员队伍的坚定信心和果断措施，也回应了广大邮集作者的呼声。“八不准”纪律公布后，得到了广大集邮者和邮展评审员的强烈反响和拥护。对于参展者来说，打消了原有的一些顾虑；对于评审员来说，可以借此推掉一些不必要的应酬，专心致志地投入评审工作中。

2016年9月26日，全国集邮联颁发《关于公布本届评审员管理与考核小组成员名单的通知》，根据《中华全国集邮联合会集邮展览总规则（2016年3月修订）》，邮展工作委员会从2016年1月1日起设立下属常设机构——评审员管理与考核小组，设组长1名、副组长1名、成员5至6名。其中组长由当届邮展委员会主任担任，副组长及成员人选由当届邮展工作委员会主任、副主任、秘书长共同商定，组员由国际邮展评审员及集邮联展览工作部工作人员担任。成员任期同邮展委员会届期。为确保工作的延续性，小组成员每次改选、更换的人数不得超过总成员人数的三分之一。该小组的主要职能包括：负责国家级邮展评审员的日常管理和年度考核，并根据考核结果决定对国家级邮展评审员的任用；负责国家级邮展的评审委员会组成；确定国家级实习评审员人选并考核；考核并推荐国际邮展实习评审候选人；定期召开会议，通报情况并听取意见和建议；向省级邮展派出观察员，监督省级邮展评审工作流程及评审员工作。

5. 提高评审员和征集员的业务素质

全国集邮联继续稳步推进国家级邮展评审员和国际邮展评审员的培养工作，2010—2018年，共新增国际邮展评审员6名，新增国家级邮展评审员32人。

为了提高国家级邮展评审员、征集员的理论水平与实践技能，全国集邮联于2015年11月4—5日在北京举办了国家级邮展评审员、征集员培训班，来自全国各省级集邮协会和行业集邮协会的国家级邮展评审员、征集员100余人参加了培训。在为期两天的国家级邮展评审员培训班上，国际邮展评审员常珉就如何评审邮政历史类邮集，国际邮展评审员焦晓光就专题邮集的珍罕性与评审，国际邮展评审员张巍巍就青少年类邮集和现代类邮集的评审，国际邮展评审员李曙光就邮集编组的精髓，新加坡国际邮展评审员陈为乐就如何成为一名合格的评审员等课程进行了精彩的解读。在为期一天的国家级邮展征集员培训班上，由齐辅玲讲授了邮集征集的经验与体会。

2018年1月18—19日，全国集邮联在北京再次举办了国家级邮展征集员培训班。

2015 年国家级邮展评审员培训班

在培训班上，国际邮展评审员李曙光主讲了“集邮展览与征集员”，国际邮展评审员焦晓光主讲了“做一个合格的征集员”，国际邮展评审员杨桂松主讲了“适用和不适用的素材”，国家级邮展评审员刘劲主讲了“全国邮展文献类展品的评审与征集”，国家级邮展评审员常悦主讲了“国家级邮展征集员的具体工作”。培训结束后，还进行了结业考试。来自全国各省级集邮协会的 70 余位邮展征集员参加了此次培训班。

6. 各省级集邮协会对省级邮展评审员的培训

2010—2018 年，各省级集邮协会把对省级邮展评审员和征集员的培训作为重点工作来抓，有效地提升了各地区邮展的评审水平和展品的征集水平。

安徽省集邮协会举办了全省邮展评审员培训班，就专题、极限、传统、邮政历史和邮政用品等类别邮集的评审规则及相关知识进行了讲解，并对部分邮集作了现场点评。广东省集邮协会举办了邮展评审员、征集员培训班，就相关类别邮集的评审内容进行了讲解，每个类别都选用一部获奖邮集作为范例，现场进行点评。

江西省集邮协会举办了全省邮展评审员、征集员培训班，系统讲授了相关类别邮集的编组、制作和评审知识。

上海市集邮协会举办了邮展评审员、邮集作者培训班，就怎样编组邮政历史邮集和专题邮集的编组与评审等内容进行了讲解。

宁夏回族自治区集邮协会举办了评审员培训班，讲授了不同类别邮集的制作和评审知识。

北京市集邮协会举办了两期省级邮展评审员资格认定培训班，分别就现代集邮相关类别展品的编组方式和评审要点进行了详细讲解。北京市集邮协会和中国石油集邮协会还联合在京举办了邮展评审员培训班，授课老师分别就传统、邮政历史、邮政用品、专题、极限、一框、FIP 现代集邮、开放、图画明信片等类别邮集的编组和评审，以及FIP邮展参展与评审等内容进行了讲解。课程结束后，授课老师还对中国石油集邮协会带来的全部邮集进行了会审指导。

河南省集邮协会举办了邮展评审员、征集员培训班，就邮展知识、邮集评审、邮集制作，以及怎样做好邮展征集员和邮展讲解工作进行了讲授。

重庆市集邮协会举办了邮集编组培训班，就相关类别展品的评审规则进行解读，并通过实例详细讲解了相关展品在编组时的注意事项和素材收集方法。

江苏省集邮协会举办了邮展培训班，就邮政历史、专题、邮政用品等类别展品的编组与评审进行了讲解。培训除按邮展类别进行专门讲解外，还准备了相关邮集供授课老师点评，使受训者既有理论上的进步，又有实践上的提高。

甘肃省集邮协会举办了全省邮展征集员、评审员培训班，授课老师就传统和专题邮集制作的基本要求、需遵守的规则、注意的要点等内容做了系统讲授。

这一时期举办了省级邮展评审员培训班的还有四川、天津、吉林、陕西等省（市）集邮协会，对推动本地区邮展评审水平和展品征集水平做出了积极努力。

二、举办全国综合性邮展和专项邮展

全国集邮联继续保持国家级综合性邮展坚持每两年举办一次，国家级专项邮展则根据需要适时举办的惯例。2010—2018年，共举办了5次国家级综合性邮展、5次国家级专项邮展，并且对此前举行的国家级邮展名称进行了规范化表述和排序，使国家级邮展的名称更加统一和规范。

陕西省邮展征集员、评审员培训班

1. 举办国家级竞赛性综合邮展

（1）杭州2010中华全国集邮展览

杭州2010中华全国集邮展览于2010年12月10—13日在杭州市民中心图书馆举办。此次邮展由中华全国集邮联合会主办，浙江省集邮协会、浙江省邮政管理局、浙江省邮政公司承办。展览包括非竞赛性和竞赛性两部分。非竞赛性展品包括荣誉类、评审员类；竞赛性展品包括传统、邮政历史、邮政用品、航空、航天、专题、极限、税票、青少年、集邮文献、一框、开放，共12个类别。此次邮展共展出了来自全国31个省（自治区、直辖市）集邮协会和8个行业集邮协会选送的301部1194框邮集和83部集邮文献展品。

由李曙光任主任的评审委员会，共评出大金奖2个、金奖12个、大镀金奖47个、镀金奖74个、大银奖66个、银奖50个、镀银奖32个、铜奖13个；一框类金奖8个、一框类镀金奖26个、一框类银奖34个、一框类铜奖7个；开放类一等奖2个、开放类二等奖3个、开放类三等奖1个。邮展期间，组委会安排了开幕日、青少年日、新光日、颁奖日等主题集邮活动。本届邮展是为迎接中国2011第27届亚洲国际邮展而举办的。

本届邮展的特点是：来自广东的两位参展者——孙蒋涛的传统类展品《东北解放区邮票（1948.9—1950.8）》和傅骧的传统类展品《中南解放区邮票》双双获得大金奖，显示出广东省在传统集邮方面的强劲实力。

（2）呼和浩特2012第15届中华全国集邮展览

2012年7月20—22日在呼和浩特市内蒙古展览馆举办。本次邮展由中华全国集邮联合会主办，内蒙古自治区邮政管理局、内蒙古自治区邮政公司、内蒙古自治区集邮协会承办。本届邮展包括传统、邮政历史、邮政用品、航天、专题、极限、青少年、税票、集邮文献、一框、现代，共11个类别。此次邮展共展出了来自31个省

杭州2010中华全国集邮展览

（自治区、直辖市）集邮协会和8个行业集邮协会选送的340部1060框展品。由李曙光任主任的评审委员会，共评出金奖3个、大镀金奖29个、镀金奖33个、大银奖51个、银奖43个、镀银奖18个、铜奖10个、参展证书1个；评出一框类金奖7个、一框类镀金奖45个、一框类银奖71个、一框类铜奖18个、参展证书1个；评出促进类一等奖1个、促进类二等奖5个、促进类三等奖4个。

本届邮展的特点有3个：一是这是第一次在我国少数民族地区举办的全国邮展，被内蒙古自治区列为呼和浩特市第13届昭君文化节的大型活动项目之一；二是本届邮展是全国集邮联举办的第二届新人新作邮展，也是全国邮展重新排序后的第一次全国邮展。邮展期间，内蒙古自治区邮展同时举办，共展出了248部展品；三是自本届邮展开始，全国集邮展览的名称按届数排序。

（3）长沙2014第16届中华全国集邮展览

长沙2014第16届中华全国集邮展览于2014年5月23—25日在长沙市湖南省展览馆举办。本次邮展由中华全国集邮联合会主办，湖南省集邮协会承办。本届邮展由非竞赛性和竞赛性展品组成。邮展展出来了自全国31个省（自治区、直辖市）集邮协会和10个行业集邮协会选送的431部1196框邮集和108部集邮文献。其中包括非竞赛性展品6部22框，竞赛性展品425部1174框。竞赛性展品包括传统、邮政史、邮政用品、航空、航天、专题、极限、税票、青少年、集邮文献、一框、现代、开放，共13个类别。

由李曙光任主任的评审委员会，共评

呼和浩特2012第15届中华全国集邮展览

长沙 2014 第 16 届中华全国集邮展览颁奖及闭幕式

出大金奖 1 个、金奖 20 个、大镀金奖 45 个、镀金奖 79 个、大银奖 71 个、银奖 57 个、镀银奖 26 个、铜奖 2 个；评出一框类金奖 8 个、一框类镀金奖 31 个、一框类银奖 38 个、一框类铜奖 13 个；评出现代类金奖 1 个、现代类镀金奖 6 个、现代类银奖 8 个、现代类铜奖 3 个；评出开放类一等奖 1 个、开放类二等奖 4 个、开放类三等奖 5 个；另有参展证书 1 个，以及 5 部不予评审。

本届邮展的特点是：经过多年的培训、提高，我国邮展的评审工作已经与国际接轨，做到了职责严明；规则严格，程序严谨，确保了全国邮展圆满成功。

邮展期间，亚洲集邮联执委会于 5 月 24 日在长沙召开会议，讨论了亚洲集邮联合会近期将举办的亚洲邮展和世界邮展等事宜。5 月 24 日，全国集邮联组织了一次国际集邮联集邮讲座。该讲座由国际集邮联主办，马来西亚的国际邮展评审员陈志辉和中国台湾的国际邮展评审员林茂兴分别讲述了传统类和邮政历史类展品的编组方法和技巧。

（4）西安 2016 第 17 届中华全国集邮展览

西安 2016 第 17 届中华全国集邮展览于 2016 年 4 月 8—10 日在西安曲江国际会展中心举办。本次邮展由中华全国集邮联合会主办，西安市人民政府、陕西省邮政管理局、中国邮政集团公司陕西省分公司、

西安 2016 第 17 届中华全国集邮展览

陕西省集邮协会承办。全国政协副主席、全国集邮联名誉会长王家瑞，全国政协原副主席、全国集邮联名誉会长黄孟复出席开幕式并共同启动了邮展开幕水晶球。

本届邮展由非竞赛性和竞赛性两部分展品组成，邮展规模为 334 部 1123 框。其中，非竞赛性展品 27 部 132 框，竞赛性邮集展品 265 部 991 框，文献展品 42 部。竞赛性展品包括传统、邮政历史、邮政用品、航空、航天、专题、极限、税票、青少年、集邮文献、一框、现代、开放，共 13 个类别。展品来自全国 31 个省（自治区、直辖市）集邮协会和 7 个行业集邮协会。

由李曙光任主任的评审委员会，共评出金奖 12 个、大镀金奖 28 个、镀金奖 73 个、大银奖 64 个、银奖 38 个、镀银奖 10 个、铜奖 3 个，不予评审 1 个；评出一框类金奖 2 个、一框类镀金奖 23 个、一框类银奖 37 个、一框类铜奖 11 个；开放类一等奖 1 个、二等奖 1 个、三等奖 3 个。邮展期间，全国集邮联还举办了高端集邮知识讲座活动。

本届邮展的特点是：涌现了一批从选题到编组都有所创新的新展品，为“南宁 2016 第 33 届亚洲国际集邮展览”选拔优秀的参展展品。因此，展品代表了当时国内邮集的最好水平。

（5）常州 2018 第 18 届中华全国集邮展览

为纪念中国首次举办集邮展览 100 周年，常州 2018 第 18 届中华全国集邮展览于 2018 年 5 月 11—13 日在江苏常州国际会展中心举办。本届邮展由中华全国集邮联合会主办，常州市人民政府、中国邮政集团公司江苏省分公司、江苏省集邮协会承办，中国邮政集团公司常州市分公司、常州市集邮协会协办。第十届全国政协副主席、全国集邮联名誉会长张怀西，第十二届全国政协副主席、全国集邮联名誉会长王家瑞出席并启动本届邮展。

常州 2018 第 18 届中华全国集邮展览

本届邮展由非竞赛性和竞赛性展品组成，规模为 1422 框，文献展品 75 部。来自全国 31 个省（自治区、直辖市）集邮协会和 8 个行业集邮协会选送了展品参展。竞赛性展品包括 261 部 1073 框邮集和 72 部集邮文献。展品包括传统、邮政历史、邮政用品、航空、专题、极限、印花、青少年、一框、现代、开放、原地、命题共 13 个类别。命题集邮类以反映中国改革开放 40 周年为主题。

由李曙光任主任的评审委员会对参加竞赛性展出的展品进行了认真、细致的评审。孙蒋涛的传统类展品《中国海关大龙邮票（1878—1897）》（8 框）获得本届邮展唯一的大金奖。其他竞赛性展品共评出金奖 12 个、大镀金奖 46 个、镀金奖 61 个、大银奖 49 个、银奖 79 个、镀银奖 21 个、铜奖 4 个；评出一框镀金奖 20 个、一框银奖 22 个、一框铜奖 5 个；命题类一等奖 1 个、二等奖 5 个、三等奖 5 个；参展证书 1 个；1 部集邮文献不予评审。

本届邮展的特点有两个：一是举办地常州在 100 年前曾举办过中国首次竞赛性邮展，在此地、此时举办全国邮展意义非凡；二是本届邮展新增了富有中国特色的原地集邮类和命题集邮类，体现出全国邮展在不断创新。

邮展期间，国际集邮联主席郑炳贤、副主席伯纳德·贝斯顿和亚洲集邮联主席普拉科·吉拉凯特就图画明信片类的评审规则、评审技巧以及素材研究等方面为我国邮展评审员开展专场培训，并对邮品鉴定、邮识研究等问题与国内评审员进行了深入交流。

2. 举办国家级竞赛性专项邮展

（1）北京 2015 中华全国现代集邮展览

2015 年 11 月 6—8 日在北京市东城区第一文化馆举办。本届邮展由中华全国集邮联合会、中国邮政集团公司北京市分公司主办，北京市集邮协会、北京市东城区文化委员会暨第一文化馆、东城区集邮协会承办。邮展共展出90部231框展品，其中包括非竞赛性展品18部64框，竞赛性展品72部167框。根据全国集邮联与韩国集邮联签订的集邮交流活动协议，本次邮展还邀请了50框韩国展品参加了非竞赛性展出，展品主要以现代类和开放类为主。全国集邮联还同时邀请了罗马尼亚集邮家巴托克先生以中、罗友谊为主题编组的一框类和开放类展品6框。竞赛性展品包括FIP现代、开放、图画明信片、一框，共4个类别，由全国21个省（自治区、直辖市）集邮协会和3个全国行业集邮协会选送。

由国际邮展评审员焦晓光任主任的评审委员会，在FIP现代类、开放类、图画明信片类展品中，共评出大镀金奖4个、镀金奖5个、大银奖6个、银奖2个、镀银奖5个、铜奖3个，2部现代类展品由于类别不符，不予评审；在一框类展品中，共评出金奖6个、镀金奖16个、银奖15个、铜奖8个。

本次邮展的特点是：“图画明信片”第一次作为类别被纳入全国邮展之中，有7部展品参展，引发众多集邮爱好者的关注和兴趣。

（2）北京2016中华全国航天集邮展览

该展览于2016年8月8日至10月11日期间以微信的形式举办。邮展的举办宗旨是为纪念中国航天事业创建60周年，由中华全国集邮联合会主办，中国航天集邮协会承办。该邮展共展出了来自全国23个省（自治区、直辖市）集邮协会和全国行业集邮协会选送的54部展品。其中包括非竞赛性展品7部、竞赛性展品47部。竞赛

北京2015中华全国现代集邮展览颁奖仪式

性展品包括航天、专题、青少年、集邮文献、一框、开放，6个类别。

由国际邮展评审员焦晓光任主任的评审委员会，共评出金奖1个、大镀金奖3个、镀金奖7个、大银奖9个、银奖6个、镀银奖4个、铜奖2个；一框类镀金奖5个、一框类银奖6个、一框类铜奖3个；开放类一等奖1个。

2016年12月13日，2016中华全国航天集邮展览颁奖仪式在京举行。中华全国集邮联合会会长杨利民，中国航天科技集团公司党组副书记、副总经理袁洁等参加仪式。

本次邮展的特点是：这是全国集邮联首次以微信形式主办邮展，以中国航天集邮协会官方微信公众号为展示平台，展示了集邮文化与现代科技紧密结合的无穷魅力。

（3）通辽2017中华全国税票集邮展览

2017年8月25—27日，本次邮展在内蒙古通辽市博物馆举办。该邮展由中华全国集邮联合会主办，通辽市人民政府、中国邮政集团公司内蒙古自治区分公司、内蒙古自治区集邮协会承办。本次展览规格高、规模大，展品种类丰富。共展出来自23个省（区）的49部200框竞赛性展品，其中五框展品37部188框，一框展品12部12框。这些展品大多是获得省级以上邮展镀金奖以上奖级的邮集。

本次邮展为全国专项竞赛性邮展，组委会专门成立了评审委员会。由李曙光任主任的评审委员会，共评出金奖6个、大镀金奖14个、镀金奖11个、大银奖2个、银奖4个，评出一框类镀金奖7个、银奖4个、参展证书1个。通辽市“税收史料精

2016 中华全国航天集邮展览颁奖仪式

税务人员参观全国税票集邮展览

品邀请展”和“优秀邮集作品邀请展”也同场亮相。

本次邮展的特点是：继2006年后第二次举办的全国税票邮展，得到了税务部门的大力支持，邮展上涌现出一批新作，显示出印花税票领域后继有人。

（4）绵阳2017中华全国专项集邮展览

2017年12月8—10日，本次邮展在四川省绵阳市国际会展中心举办。该邮展由中华全国集邮联合会主办，中国邮政集团公司四川省分公司、四川省集邮协会承办。邮展分为竞赛类和非竞赛类（特邀类）两大部分展品，竞赛类展品包括传统、邮政历史、现代和开放4个类别，规模为499框，由全国31个省级集邮协会选送。非竞赛类（特邀类）展出5部25框展品。另有31部98框“一带一路”主题邮展和27部85框绵阳邮友邮展也同场亮相。主办方在历时3天的邮展中设立3个主题日，分别为：“方寸世界、邮乐绵阳”邮展开幕日；“富乐之乡、魅力绵阳”文化旅游日；“科技之城、青春绵阳”邮展闭幕日。

由李曙光任主任的评审委员会，共评出金奖3个、大镀金奖9个、镀金奖23个、大银奖25个、银奖17个、镀银奖10个、铜奖4个、参展证书5个。

本次邮展具有3个特点：一是现代类和开放类被正式列入全国邮展之中，开放类获奖展品第一次被颁发奖牌；二是本次邮展评委会第一次给低于85分的展品颁发特别奖。以“国际性”为获得镀金奖的《法国自动化邮票》颁发特别奖，以“创新性”为获得大银奖的开放类展品《投票选佳邮》颁发特别奖，开创了全国邮展的先河，也显示出对开放类展品的极大鼓励；三是邮展组委会首次设立大会“特别奖”，颁发给88岁的第二野战军军政大学老战士、四川集邮家赵慈生。

赵慈生向少年集邮者介绍自己的展品

3. 参加或举办的东亚集邮展览

首届东亚集邮展览于2011年8月3—7日在中国香港举办。本次邮展由中华全国集邮联合会、香港邮学会、澳门集邮协会、中国台北集邮团体联合会共同主办，香港邮学会承办。该邮展为非竞赛性邮展，展品均由曾获世界或亚洲国际邮展金奖以上奖项的展品组成。这些展品有来自海峡两岸暨中国香港、中国澳门的展品，还有日本、新加坡、韩国送展的29部207框展品。中华全国集邮联合会选送了10部74框展品参展。

第2届东亚集邮展览于2012年12月28—30日在中国澳门理工学院体育馆举办。本次邮展由澳门集邮协会主办，并得到中华全国集邮联合会及澳门邮政的支持。邮展共展出荣誉类展品58框、竞赛类展品285框，集邮文献6部。中华全国集邮联合会选送了44部展品参展，其中3部参加荣誉类展出。在竞赛性展品中，获金奖1个、大镀金奖9个、镀金奖11个、大银奖7个、银奖1个，一框类展品获镀金奖证书6个、银奖证书和铜奖证书2部。本次邮展共设9个类别，包括：传统、邮政历史、邮政用品、专题、极限、税票、一框。邮展开幕前，又增加了青少年和集邮文献。邮展评委会主任由孙海平担任。从本届开始，中华全国集邮联合会选送参加竞赛性展出的展品所获奖项，与国级邮展的奖项等同。

第3届东亚集邮展览于2013年5月19—21日在广东珠海画院举办。邮展由中华全国集邮联合会主办，珠海市人民政府、广东省集邮协会、广东省邮政管理局、广东省邮政公司承办。本次邮展展出了海峡两岸暨中国香港、中国澳门选送的 144 部 621 框展品。其中，非竞赛性荣誉类、特邀类展品 34 部 211 框，竞赛性展品 110 部 410 框。焦晓光任邮展评委会主任。本届邮展共评出金奖 16 个、大镀金奖 15 个、镀金奖 24 个、大银奖 15 个、银奖 3 个、镀银奖 1 个、铜奖 2 个；评出一框类金奖 2 个、一框类镀金奖 18 个、一框类银奖 13 个。全国集邮联送展的 111 部（原为 112 部，一部一框邮集最终未能送展）471 框展品参展。

第 4 届东亚集邮展览于 2014 年 12 月 19—22 日在中国台北举办。中华全国集邮联合会前任会长杨贤足等相关领导出席了展览。为了提高此次活动的影响力，还特别邀请了日本、韩国、新加坡、蒙古等地集邮组织的著名集邮人士参与，并请日、韩两地邮会评审员，共同参加评审工作。

本次邮展展出了传统类展品 14 部、邮政史类展品 13 部、邮政用品类展品 1 部、专题类展品 18 部、极限类展品 5 部、印花税票类展品 6 部、一框类展品 7 部、青少年类展品 5 部、文献类展品 13 部等，全体评审委员进行了认真严谨的评审，共计评出大金牌 2 个、金牌 6 个、大镀金牌 24 个、镀金牌 22 个、大银牌 14 个、银牌 4 个、铜牌 3 个，同时也评出一框类金牌 6 个、一框类银奖 1 个。

广东、湖北和福建三省集邮协会共选送了 13 部 60 框展品参展。其中湖北查道庆的邮政历史类展品《德国通货膨胀时期函件邮资（1920—1923）》获得金奖。

东亚邮展秉承集邮文化交流的宗旨，由倡议的中华全国集邮联合会以及中国香港集邮协会、中国澳门集邮协会和中华台北集邮协会共同提供展品，并且轮流在各

第四届东亚邮展全国集邮联代表团

自选定的城市举行。

三、在国际邮展和世界邮展上再创佳绩

2010年至2018年上半年，中华全国集邮联合会多次选送优秀邮集参加在外国举办的世界邮展，参加在外国和中国香港举办的亚洲国际邮展，并且在获奖成绩方面不断提高。这一时期，我国参加国际性邮展出现了传统、邮政历史等类别的展品继续保持问鼎高奖和大奖的势头；专题集邮类展品实现突破；其他类别展品也有提高的可喜局面。

1. 参加亚洲国际邮展

（1）泰国2010第25届亚洲国际集邮展览

泰国2010第25届亚洲国际集邮展览于2010年8月4—12日在曼谷诗丽吉王后会展中心举办。在本次邮展中，中华全国集邮联合会选送了24部展品参展。其中，常珉的《人民中国：建国前后邮政历史（1946—1956）》参加了锦标赛类展出并获得大金奖。其他展品获得大镀金奖5个、镀金奖4个、大银奖8个、银奖2个、镀银奖3个，1部一框类展品获73分。中国国际邮展评审员李曙光、李汇祥参加了评审，李宏参加了见习评审。

本届邮展中国代表团的最大收获是，常珉的邮政历史类展品《人民中国：建国前后邮政历史（1946—1956）》第2次获得锦标赛类大金奖。

（2）马来西亚2014第29届亚洲国际集邮展览

马来西亚2014第29届亚洲国际集邮展览于2014年12月1—6日在吉隆坡国际会展中心举办。为庆祝马来西亚第一枚邮票发行160周年，主办方提出了“邮票是我们的遗产”的主题。本次邮展由马来西亚通讯与多媒体部和马来西亚集邮协会共同举办。本届邮展与世界青少年专项邮展同时举办。在本次邮展中，中华全国集邮联合会选送了14部展品参展。其中常珉的《人民中国（1946—1956）——建国前后的邮政历史》参加了锦标赛类展出，获得大金奖加荣誉大奖；其他展品获得大镀金奖4个、镀金奖2个、大银奖2个、银奖2个、镀银奖1个，3部一框类展品分获85分、83分和75分。我国国际邮展评审员施邑屏、寇磊参加了本届邮展的评审工作。邮展期间召开了亚洲集邮联执委会会议，中国执委李知非出席，并向亚洲集邮联表示了中国将举办亚洲国际邮展的意向。

本届邮展中国代表团最大收获是：常珉的邮政历史类展品《人民中国（1946—1956）——建国前后的邮政历史》获得锦标赛类大金奖加荣誉大奖。这是该展品首次获得此项殊荣。

（3）泰国2016第32届亚洲国际集邮展览

泰国2016第32届亚洲国际集邮展览于2016年8月10—15日在曼谷暖武里府纳加文宛购物中心举办。在本次邮展中，中华全国集邮联合会选送了34部展品参展。其中丁劲松的《中国1897年红印花加盖邮票》获大金奖和国际大奖。其他展品获得大镀金奖3个、镀金奖14个、大银奖6个、银奖2个、镀银奖2个；送展的6部一框类邮集分别获得88分至73分不等的分数。

本届邮展中国代表团的最大收获是：

常珉获锦标赛大金奖加荣誉大奖

丁劲松的传统类展品《中国1897年红印花加盖邮票》获大金奖和国际大奖，这是该展品又一次在亚洲国际邮展上获得国际大奖，表明该展品在国际邮展上又登上新的台阶。

丁劲松出生于1969年，江苏泰州人，自幼开始集邮。主要收集范围是清代及民国早期邮品。他的《中国1897红印花加盖邮票》在中国2011第27届亚洲邮展获得大金奖加特别奖并获得国家大奖；《蒙古邮政史1854—1921》在新加坡2015世界邮展获得大金奖加特别奖。2011年被授予中华全国集邮联第三批会士；2017年当选上海市集邮协会副会长。

丁劲松获大金奖加国际大奖

本届亚洲邮展的颁奖晚会于8月14日晚在曼谷亚洲酒店举行。由于第33届亚洲国际邮展将于2016年12月2—6日在中国广西南宁举行，因此，晚会还举行了授旗仪式，南宁市代表从亚洲集邮联合会主席苏拉吉的手中接过亚洲集邮联合会的会旗。

（4）澳大利亚2017第34届亚洲国际集邮展览

澳大利亚2017第34届亚洲国际集邮展览于2017年3月30日至4月2日在澳大利亚墨尔本考菲尔德赛马场举办。在本次邮展中，中华全国集邮联合会选送了18部展品参加竞赛性展出。另有中国集邮家常珉、丁劲松、陆游等人的展品参加了大奖俱乐部的非竞赛性荣誉类展出。中国参加竞赛性展品获得大镀金奖 8 个、镀金奖 3 个、大银奖 4 个、银奖 1 个，2 部一框类展品分获 74 分和 73 分。我国国际邮展评审员张巍巍、李知非参加了本届邮展的评审工作。

本次邮展中国代表团选送的展品多数没有参加 2016 年在南宁举办的第 33 届亚洲邮展。

本届邮展的突出变化是：开放类首次被接纳为国际邮展的正式类别，这对中国集邮者来说，确实是令人欣喜的好消息。

此外，中华全国集邮联合会还选送了 50 部邮集和 8 部集邮文献分别参加了南非 2010 第 16 届、阿联酋 2012 第 28 届、中国香港 2015 第 31 届亚洲国际邮展，获得大金奖 1 个、金奖 1 个、大镀金奖 15 个、镀金奖 18 个。保持了成绩总体上升的势头。

2. 参加世界邮展

（1）英国 2010 世界集邮展览

英国 2010 世界集邮展览于 2010 年 5 月 8—15 日在英国伦敦伊斯林顿业务设计中心举办。中华全国集邮联合会选送了 6 部展品参展。在本次邮展中，丁劲松的《中国 1897 年红印花加盖邮票》获得大金奖，李知非的《中国大清邮资明信片》获得金奖，张雄的《中国人民解放军军邮（1933—1951）》、蔡增辉的《中华人民共和国第一套印花税票国旗地球图（1949—1955）》获得大镀金奖，陈山的《中华邮政国际挂号资费（1912—1949）》、罗庆泉的《消毒》获得镀金奖。

中华全国集邮联合会选送的展品能够在强手如林的伦敦世界邮展上获得如此佳绩，充分证明了中国在传统、邮政历史、邮政用品等类别上有了长足进步。特别是中国古典邮票和邮政用品题材展品被国际集邮界所重视。

（2）葡萄牙 2010 世界集邮展览

葡萄牙 2010 世界集邮展览于 2010 年 10 月 1—10 日在里斯本举办。该邮展是为庆祝葡萄牙共和国成立 100 周年而举办的，得到国际集邮联合会和欧洲集邮联合会赞助，是一次综合性邮展，展品还包括一框类和开放类。在本次邮展中，中华全国集邮联合会选送了 8 部展品参展。常珉的《人民中国：建国前后的邮政历史（1946—1956》获得锦标赛类大金奖、孙蒋涛的《中国解放区邮票（1937—1950）》获得大金奖、吕景新的《天安门普通邮票（1950—1954》获得大镀金奖、林捷凌的《风》获得大镀金奖。其他展品获得镀金奖 3 个、一框类银奖 1 个。中国的国际邮展评审员孙海平参加了本次邮展的评审工作。

本次邮展中国代表团的最大收获是：孙蒋涛的传统类展品《中国解放区邮票（1937—1950）》获得大金奖，这不仅是该展品在世界邮展上的最好成绩，而且巩固了中国解放区邮票在国际集邮界的地位。

（3）日本 2011 世界集邮展览

日本 2011 世界集邮展览于 2011 年 7 月 28 日—8 月 2 日在横滨太平洋会展中心举行。中华全国集邮联合会选送了 14 部展品参展。在本次邮展中，孙蒋涛的《中国解放区邮票（1930—1950）》获得大金奖，王志刚的《图书》获得金奖。其他送展展品获得了大镀金奖 4 个、镀金奖 5 个、大银奖 1 个、银奖 2 个。我国国际邮展评审员施邑屏参加了本次邮展的评审工作。

本次邮展中国代表团的最大突破是：

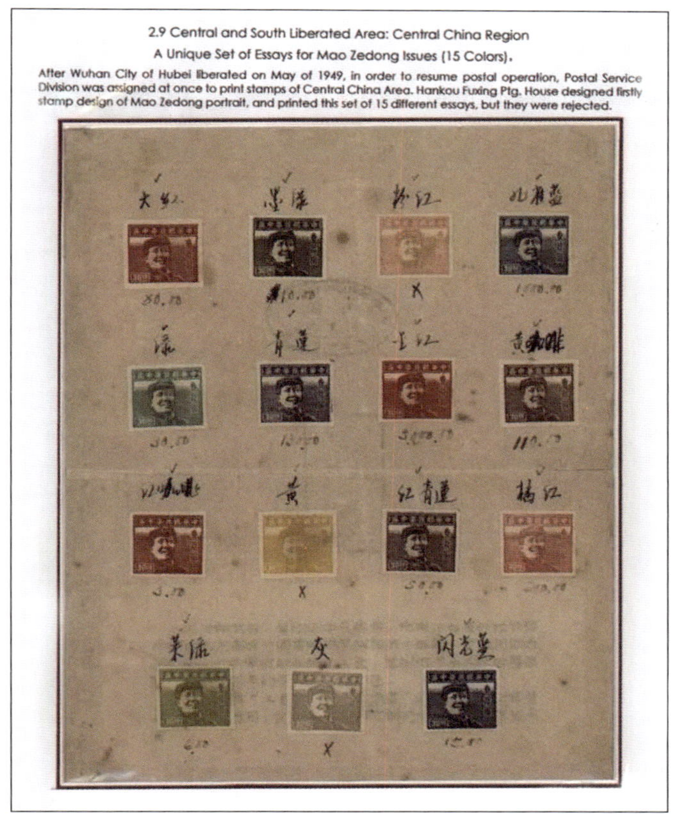

传统类展品《中国解放区邮票（1937—1950）》贴片

王志刚的专题类展品《图书》获得金奖，成为中国第 3 部获得世界邮展金奖的专题类展品。

（4）泰国 2013 世界集邮展览

泰国 2013 世界集邮展览于 2013 年 8 月 2—8 日在曼谷暹罗百丽宫会展中心举办。中华全国集邮联合会选送了 23 部展品参展。在本次邮展中，梅军的《踢足球》和黄国健的《帆船的故事——它们的产生、发展和衰落》获得金奖。其他展品获得大镀金奖 8 个、镀金奖 7 个、大银奖 3 个、银奖 1 个，2 部一框类展品均获得了 80 分的成绩。我国国际邮展评审员焦晓光参加了评审工作。

本次邮展中国代表团的最大突破是：有两部专题类展品获得金奖，使中国在世界邮票上获得金奖的专题类展品增加到 6 部。

（5）美国 2016 世界集邮展览

美国 2016 世界集邮展览于 2016 年 5 月 28 日至 6 月 4 日在纽约贾维茨会展中心举办。在本次邮展中，中华全国集邮联合会选送了 13 部展品参展，并全部“沾金”。魏钢的《中国：蒙古邮政史（1841—

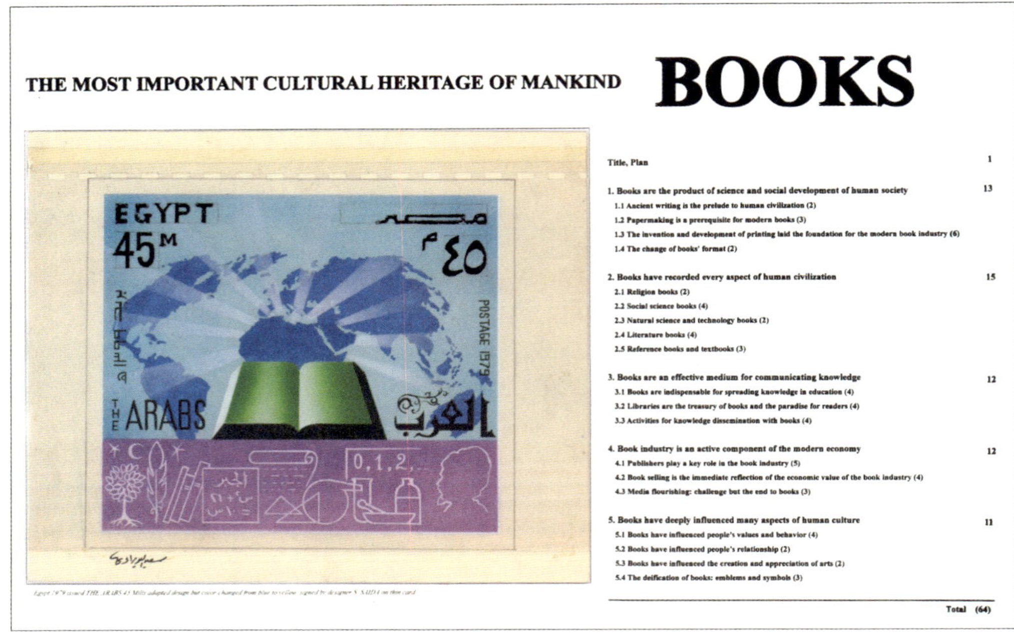

THE MOST IMPORTANT CULTURAL HERITAGE OF MANKIND **BOOKS**

Title, Plan	1
1. Books are the product of science and social development of human society	13
1.1 Ancient writing is the prelude to human civilization (2)	
1.2 Papermaking is a prerequisite for modern books (3)	
1.3 The invention and development of printing laid the foundation for the modern book industry (6)	
1.4 The change of books' format (2)	
2. Books have recorded every aspect of human civilization	15
2.1 Religion books (2)	
2.2 Social science books (4)	
2.3 Natural science and technology books (2)	
2.4 Literature books (4)	
2.5 Reference books and textbooks (3)	
3. Books are an effective medium for communicating knowledge	12
3.1 Books are indispensable for spreading knowledge in education (4)	
3.2 Libraries are the treasury of books and the paradise for readers (4)	
3.3 Activities for knowledge dissemination with books (4)	
4. Book industry is an active component of the modern economy	12
4.1 Publishers play a key role in the book industry (5)	
4.2 Book selling is the immediate reflection of the economic value of the book industry (4)	
4.3 Media flourishing: challenge but the end to books (3)	
5. Books have deeply influenced many aspects of human culture	11
5.1 Books have influenced people's values and behavior (4)	
5.2 Books have influenced people's relationship (2)	
5.3 Books have influenced the creation and appreciation of arts (2)	
5.4 The deification of books: emblems and symbols (3)	
Total	(64)

专题类展品《图书》贴片

1921）》获得大金奖，并最终获得了国际大奖；罗道光的《带泡沫的液体面包——啤酒》获得金奖。其他参展展品获得了大镀金奖6个、镀金奖5个。

本次邮展中国代表团的最大突破是：魏钢获得了中国在世界邮展上的第一个“国际大奖”。此项国际大奖竞争激烈，评委会要通过投票，从4部同获97分的大金奖展品中产生1个国际大奖。经过32位国际邮展评审员投票，《中国：蒙古邮政史（1841—1921）》摘得本次邮展竞赛类的最高奖项。

此外，康永昌的邮政历史类展品《中国人民志愿军军邮（1950—1958）》以89分获得大镀金奖，实属不易；王志刚的邮政用品类展品《世界邮政用品鼻祖——威尼斯共和国AQ邮简（17世纪部分）》获得大镀金奖，这是中国集邮者编组外国邮政用品展品在世界邮展上取得的最好成绩。

（6）印度尼西亚2017世界集邮展览

印度尼西亚2017世界集邮展览于2017年8月3—8日在万隆Trans Studi·会展中心举办。在本次邮展中，中华全国集邮联合会选送了23部展品参展。其中丁劲松的《中国1897年红印花加盖邮票》获得了大金奖加特别奖加国际大奖；罗道光的《啤酒》获得了大金奖。其他参展展品获得了大镀金奖4个、镀金奖9个、大银奖2个、银奖2个、镀银奖1个，1部一框类展品获84分。我国国际邮展评审员焦晓光、张巍巍参加了本次邮展的评审工作。

本次邮展中国代表团最大的突破有两

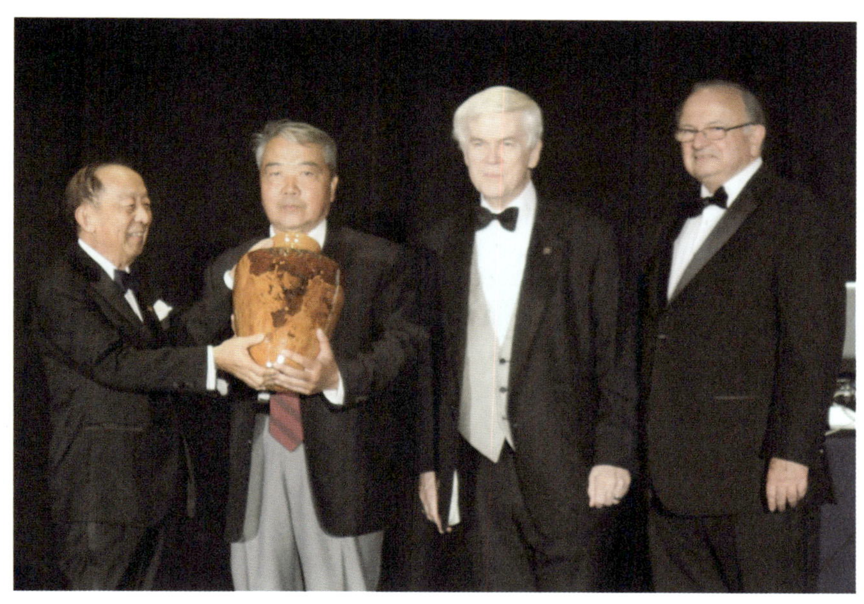

魏钢荣获中国在世界邮展第一个国际大奖

点：一是丁劲松的《中国1897红印花加盖邮票》以97分获得传统类大金奖加特别奖加国际大奖，这是中国集邮家第二次在世界邮展上获得国际大奖；二是专题类展品再次突破，参展的6部专题类展品中，罗道光的《啤酒》获得大金奖，这是中国专题类展品首次获此殊荣。此外，黄育敏的《马——从驯化到野化》和孔东明的《我是大自然的小精灵——电》获得了金奖；王俊生的《干杯！让我们喝酒吧》、赵忠威的《从出生到幼儿园》获得了大镀金奖；罗清泉的《消毒让你更健康》获得了镀金奖。从整体上看，这是中国专题类展品参加世界邮展以来的最好成绩。

（7）以色列2018世界集邮展览

以色列2018世界集邮展览于5月27—31日在耶路撒冷国际会展中心举办。本次邮展为专项世界邮展，由世界锦标赛邮展和包括传统、邮政历史、现代（传统、邮政历史）、集邮文献4类专项组成。在本次邮展中，中华全国集邮联合会选送了7部邮集和4部集邮文献参展。其中，魏钢的《蒙古邮政史（1755—1921）》参加锦标赛邮展获得大金奖，这也是中国集邮展品第一次参加世界锦标赛邮展。中华全国集邮联合会选送的另外10部展品全部参加了专项世界邮展，其中丁劲松的《蒙古邮政史（1854—1921）》获大金奖，其他展品获得了大镀金奖2个、镀金奖4个、大银奖2个、银奖1个。

我国国际邮展评审员张巍巍受邀参加了此次邮展的评审工作，并参加了FIP首

罗道光聆听国际集邮联专题委员会主席彼得为他点评《啤酒》邮集

次举办的评审员培训，成为我国首位参加FIP评审员培训的国际邮展评审员。

（8）巴西2017世界集邮展览

巴西2017世界集邮展览于2017年10月24—29日在巴西利亚的尤利塞斯·吉马良斯会展中心举行。本届邮展为专项世界邮展，包括FIP锦标赛类、传统类、邮政历史类、邮政用品类、专题类、青少年类、一框类、现代类、集邮文献等。中华全国集邮联合会选送了11部邮集以及3部集邮文献参展。中国国际邮展评审员常珉、李知非参加了本次邮展的评审工作。

在本次邮展上，中华全国集邮联合会选送的展品成绩优异，施邑屏的专题类展品《走进贝多芬》获得金奖加特别奖；高路的专题类展品《一项关于嘴的奥秘的研究：在人类的视角下》获得金奖。其他展品获得大镀金奖4个、镀金奖4个、银奖1个，另有1部一框展品获得82分。

2010—2017年，中华全国集邮联合会还选送了97部邮集和19部集邮文献，参加了印度2011、印度尼西亚2012、巴西2013、澳大利亚2013、韩国2014、马来西亚2014青少年专项、新加坡2015世界邮展，获得了大金奖1个、金奖6个、大镀金奖37个、镀金奖34个的好成绩。中国国际评审员有9人次分别参加了这些邮展的评审工作，全国集邮联还选派了2人参加评审见习。

四、中国成功举办两届国际邮展

2011—2018年，中国举办了两次亚洲国际集邮展览。第一次是2011年在江苏无锡举办的“中国2011第27届亚洲国际邮展”；第二次是2016年在广西南宁举办的“中国2016第33届亚洲国际邮展”。这两次国际邮展的举办，不仅进一步推动了中国集邮活动的发展，而且也带动了举办城市的经济、旅游、服务等方面的发展。

1. 中国2011第27届亚洲国际邮展

为更好地宣传本届邮展，邮展执委会和中华全国集邮联合会于2011年3月14日开始，向社会各界进行为期一个月的征集邮展宣传口号的活动。4月25日，邮展执委会在江苏无锡国邮大厦举行了迎亚洲国际邮展倒计时200天主题活动，现场揭晓了本次邮展宣传口号的征集结果。邮展组委会共收到全国各地及海外的应征作品3631条，评出一等奖1条、二等奖5条、三等奖10条。鲍金明的应征宣传口号"'邮'缘千里来相会——中国无锡欢迎您"获得一等奖。从7月中旬起，本届邮展的宣传口号开始在无锡市市区4040辆出租车的LED流动显示屏上滚动播出，对加强邮展的宣传、营造浓厚的社会氛围起到了强大的推动作用。

2011年11月11日，中国2011第27届亚洲国际邮展在无锡太湖国际博览中心隆重开幕。本届邮展由国家邮政局、江苏省人民政府、中国邮政集团公司和中华全国集邮联合会共同主办，无锡市人民政府承办。在邮展开幕式上，第十、第十一届全国政协副主席、全国集邮联名誉会长黄孟复，第九届全国人大常委会副委员长、全国集邮联名誉会长何鲁丽，第十届全国政协副主席、全国集邮联名誉会长张怀西共同为邮展纪念邮票揭幕。

本届邮展共有49个国家和地区报名参展，展品分非竞赛和竞赛两部分，共展出309部1373框展品。其中，非竞赛性展品21部119框，包括万国邮联送展的24个国家的各一框展品、泰国诗琳通公主提供的珍藏、中国邮政邮票博物馆的馆藏珍品、国际集邮联主席郑炳贤先生的荷属东印度

中国2011—第27届亚洲国际集邮展览开幕式

群岛古典邮票珍藏，亚洲集邮联主席苏拉吉先生的泰国古典邮票珍藏。竞赛性展品共288部1254框，亚洲集邮联31个成员组织全部参展，首次实现了大团圆。竞赛类展品包括锦标赛、传统、邮政历史、邮政用品、航空、航天、专题、极限、税票、青少年、集邮文献、一框、促进，共13个类别。

中国邮政为本届邮展发行2011-29《中国2011—第27届亚洲国际集邮展览》纪念邮票一套2枚，另发行小型张1枚。本届邮展共持续5天，邮展组委会分别安排了邮展日、青少年集邮日、吴文化日、颁奖日、亚洲集邮联日等主题活动，丰富了邮展的内容。11月14日，本届邮展执委会举办了一次国际集邮讲座，中国香港国际邮展评审员张文德、新加坡国际邮展评审员陈为乐、中国国际邮展评审员焦晓光分别就邮政历史和专题集邮的邮集编组和评审等内容进行了讲解。

本届邮展的观展人次高达20.22万，实现了邮展组委会提出的办出一届有特色、高水平、平安、精彩、圆满的盛会的目标。亚洲集邮联合会主席苏拉吉对本届邮展给予了高度评价，他认为无锡亚洲邮展是一届富有新意、有创造性的集邮展览，必将载入世界集邮和亚洲集邮的史册。亚洲集邮联合会执委会则一致认为，本届邮展水平高，为亚洲集邮史增添了亮丽一笔，是迄今为止最好的一届亚洲邮展。

为了使中国参展的展品在本届亚洲邮展上获得好成绩，中华全国集邮联合会于2011年8月24—28日，在江苏苏州组织了“中国2011”亚洲邮展邮集展品会审。我国部分国际邮展评审员参加了会审，为参展者献计献策。

中华全国集邮联合会共选送了109部423框展品参加竞赛性展出，其中，魏钢的邮政历史类展品《中国蒙古邮政史（1841—1921）》参加锦标赛类展出，获得大金奖并获荣誉大奖；丁劲松的传统类展品《中国1897红印花加盖邮票》获大金奖加特别奖，并最终获得国家大奖。孙蒋涛的传统类展品《中国解放区邮票（1930—1950）》获大金奖加特别奖。其他参展展品还获得了6个金奖，中国参展展品所获金奖和大金奖数量，占本届亚洲邮展金奖、大金奖总数的三分之一。此外，中国的参展展品还获得了大镀金奖21个（其中，邢建旭的青少年C组展品《羽毛》获得青少年最佳奖）、镀金奖34个、大银奖13个、银奖16个、铜奖1个，12部一框类展品和3部促进类展品分别获得71分至86分的成绩。

我国有10名国际邮展评审员参加了本届邮展的评审工作。其中：刘广实任评审委员会顾问；李曙光任评审委员会主任，常珉、张巍巍、焦晓光、陆游（兼专家组成员）、孙海平、施邑屏、李汇祥、李宏（秘书助理）参加了评审。李曙光、焦晓光、张巍巍分别参加了传统集邮类（中国组）、专题集邮类、青少年集邮类评审组长实习。李知非、杨桂松、刘信生、寇磊参加了见习评审。这是我国参与评审工作人数最多的一届国际邮展。

本届邮展竞赛性展品共评出大金奖11个、金奖17个、大镀金奖57个、镀金奖67个、大银奖41个、银奖37个、镀银奖14个、铜奖9个，参展的25部一框类和10部促进类展品只给出评审分数，未评出奖级。

本届邮展中国代表团收获颇丰，魏钢的邮政历史类展品《中国蒙古邮政史（1841—1921）》参加锦标赛类展出并获得大金奖加荣誉大奖；丁劲松的传统类展品《中国 1897 红印花加盖邮票》获得大金奖加特别奖加国家大奖；孙蒋涛的传统类展品《中国解放区邮票（1930—1950）》获得大金奖加特别奖。

2. 中国 2016 第 33 届亚洲国际邮展

2016 年 5 月 16 日，南宁市人民政府在广西壮族自治区图书馆举办了本届邮展倒计时 200 天活动。南宁有关行业的代表邮寄明信片，送出对亚洲邮展的祝福。活动现场还开展了迎亚洲邮展祝福寄语万人签名活动和亚洲邮展宣传巡邮活动会旗的传递仪式。巡邮活动从南宁首站开始，在广西壮族自治区各地开展了近 40 场巡邮活动，对这次亚洲邮展的举办进行了广泛宣传。在 8 月 24 日倒计时 100 天时，也举办了内容丰富、颇具影响力的活动。为了扩大南宁亚洲邮展的宣传，组委会不仅在西安全国邮展上进行了推介，而且南宁城市形象宣传片《中国 · 南宁》（NANNING CHINA）登陆了美国纽约时报广场“中国屏”，向国际社会展示南宁经济社会发展取得的巨大成就，并向世界发出到南宁参加 2016 亚洲国际邮展的邀请。这部时长 30 秒的宣传片每天播出 40 次，连续播出一年。邮展举办之前，组委会还在广西 21 个城市进行了邮展巡游等系列宣传活动，以在全自治区营造关心邮展、了解邮展、宣传邮展、支持邮展、参与邮展的良好声势。

2016 年 12 月 2—6 日，本届邮展在南宁国际会展中心金桂花厅隆重举办。这是我国首次在少数民族地区承办的亚洲国际邮展。本届邮展由国家邮政局、广西壮族自治区人民政府、中国邮政集团公司和中华全国集邮联合会主办，并得到亚洲集邮

中国 2016 第 33 届亚洲国际邮展展场

联合会（FIAP）赞助、国际集邮联合会（FIP）的认可。第十届全国政协原副主席、全国集邮联名誉会长张怀西，交通运输部部长李小鹏等参加邮展开幕式，张怀西宣布邮展开幕。

本届邮展为综合性国际邮展，展品分竞赛性和非竞赛性两大部分。非竞赛性展品包括官方集邮展品，由万国邮政联盟征集，展示来自 26 个国家（地区）的 34 框展品，还有亚洲集邮联大奖俱乐部的 20 框展品，均为历届亚洲邮展上获得大奖的展品，其中有国际集邮联合会主席、亚洲集邮联合会主席等知名人士的珍贵藏品。在非竞赛性展品的珍邮展区，展示了中国邮政邮票博物馆的馆藏珍品。竞赛性展品设立 FIAP 锦标赛类，以及传统、邮政历史、邮政用品、航空、航天、专题、极限、税票、青少年、集邮文献、一框、现代，共 13 个类别，展品来自 FIAP 的 22 个成员组织。展览规模为 291 部 1298 框邮集展品和 51 部集邮文献展品。

中国邮政为本届邮展发行了 2016-33《中国 2016 亚洲国际集邮展览》纪念邮票一套 2 枚及小型张 1 枚（另印制有特种珠光纸小型张 1 枚）。组委会为 5 天的邮展设立了 5 个主题日：开幕日、南宁日、青少年日、生肖日、闭幕日。邮展期间还举办了珍邮展、生肖邮票文化展及全国主题邮局文化展，以及万国邮政联盟和国家邮政局联办的国际集邮研讨会、2016 年中国邮政明信片第四期开奖活动、“迎亚洲邮展炫魅力南宁”青少年明信片设计大赛颁奖仪式等系列活动。

为了使中国的参展展品在本届亚洲邮

中国 2016 第 33 届亚洲国际邮展开幕式

铜鼓主题邮局

展上获得好成绩，中华全国集邮联合会于2016年10月29日至11月1日，在北京举办了参展邮集会审。李曙光等10位国际邮展评审员为在全国邮展上获得大镀金奖以上的邮集进行会审，有11个省级集邮协会参加。

中华全国集邮联合会共选送了152部（应为153部，1部因故未送展）展品参加了竞赛类展出，其中，李曙光的邮政历史类展品《中国早期军邮史（1913—1946）》获得大金奖加国家大奖，孙蒋涛的传统类展品《中国解放区邮票（1930—1950）》获得大金奖加国家大奖候选；获得金奖的10部分别是：周昇渊的传统类展品《中国解放区邮票（1930—1945）》、邓亚露的传统类展品《华东解放区朱德像邮票》、李向荣的邮政历史类展品《清代邮政挂号函件》、魏钢的航空集邮类展品《联系中国的洲际航空线（1911—1943）》、黄育敏的专题类展品《马——从驯化迈向野化》、高路的专题类展品《一项关于嘴的奥秘的研究：在人类视角下》、罗道光的专题集邮类展品《“液体面包”——啤酒》、黄国建的专题类展品《帆船的故事——它们的产生、发展和衰落》、张前声的税票类展品《中国大楼图状面印纸及改制品（1900—1940）》、李昊的青少年类（C组）展品《中国领事服务费用印花（“外交部收据”）》。送展的其他展品获得大镀金奖31个、镀金奖34个、大银奖35个、银奖11个、镀银奖5个；送展的21部一框类展品分别获得了64分至89分的成绩；另有3部展品不予评审。

李曙光获得大金奖加国家大奖

我国国际邮展评审员焦晓光任评审委员会主任，常珉、陆游、寇磊、李知非、刘信生、施邑屏、杨桂松、张巍巍参加了本届邮展的评审工作；王志刚参加了见习评审；刘广实、周林参加了专家组工作。

五、各地举办的创新性集邮展览

随着中国社会不断与世界接轨，中国集邮爱好者在学习、领会国外的集邮理念和收藏方式后，也结合本国国情，创新集邮活动。集邮爱好者们不再局限于一切活动都照搬过去的条条框框，不再把传统的邮展类别评审规则，作为集邮的唯一标准，创造出许多中国独特的集邮方式，如附加费集邮、原地集邮、生肖集邮等。

2010—2018年，中国集邮活动出现了百花齐放、蓬勃发展的可喜局面。全国各地集邮协会纷纷尝试举办新兴集邮类别邮展的实践，这种“低门槛”的大众集邮形式，受到广大集邮者特别是初学者的欢迎和参与。全国集邮联为鼓励这种接地气的邮展活动，陆续将部分类别纳入到全国邮展之中进行实验，对这些新兴集邮类别的发展给予了前所未有的助推作用，使广大集邮者实现了把藏品变为展品和步入国家邮展殿堂的梦想。

1. 新兴邮展与亚洲邮展同步举行

2011年11月11日，生肖集邮研究会、文献集邮研究会、原地封研究会、东联原地集邮研究会4家集邮团体策划并承办，江苏省集邮协会、上海市集邮协会主办的“2011·中国新兴集邮联展”在无锡亚洲邮展展场楼上同期举行。这次邮展展出了生肖、原地、文献3个类别的展品37部149框，不仅得到当地政府和集邮协会的支持与认可，而且吸引了大批集邮者的观展，为亚洲集邮展览聚人气、增光彩。

本次邮展由3种新兴的集邮方式的展品组成。一是生肖集邮类，这是具有中国特色的集邮方式，近年来不仅国内有越来越多的追逐者，而且影响到世界各地。每年发行的生肖邮票，不断为这种集邮方式注入新的活力。二是原地集邮类，它起源于20世纪80年代，由中国集邮者命名并总结出理论。这种集邮方式最能体现出创新特质和求真理念，着力提高集邮品的收藏精度和难度。这种集邮方式以邮票为基础，以邮政传递为本，追溯和了解与邮票主题或主图相关的人文、历史、地理等方面的知识，突显集邮文化的价值观。因此，这种新颖的集邮方式受到新老集邮者的普遍喜爱。三是文献集邮类，这也是中国民间集邮者创造的一种崭新的集邮方式。它

2011 · 中国新兴集邮联展开幕

是以收藏集邮文献为素材，以整理、研究、创作和展示为主要特征的集邮收藏活动。通过这种集藏活动，可以深入、持续、有序、全面地对集邮文献进行发掘和研究，提高中国集邮文献的集藏水平。

本次邮展与亚洲国际邮展同时、同地展出，体现了中华全国集邮联合会和亚洲邮展组委会的支持。这些展品向国际集邮界宣传和展示了具有中国特色的集邮新理念、新形式，与本届亚洲国际邮展相映成趣，给前来观展的国内外观众留下了深刻的印象。

2. 北京现代邮展不断创新

北京市集邮协会是现代集邮的倡导者和实践者。自 2002 年举办首届现代邮展以来，这种探索新型集邮方式的实践活动从未间断。2010—2018 年，北京市集邮协会共举办了 4 届现代邮展，每届邮展都吸引各地集邮者踊跃参加，邮展规模逐届扩大，展品水平逐届提高。邮展所设的一框、开放、节俭、图画明信片、生肖、原地等类别，一直保持着较高的人气。北京市集邮协会在多年实践的基础上，先后编写出版了《现代集邮指南》和《中国现代集邮》图书，对规范现代集邮类别的展品编组和评审，对现代集邮在中国的健康发展起到了积极的推动作用。为吸引更多的集邮者参与邮展活动，北京市集邮协会举办了两届封片邮展。邮展采取观众投票和邮展评审员投票的方式，分别选出“优秀展品”和“最佳展品”，组委会还从所有选票中抽出幸运观众奖。

在积极推动现代邮展开展的同时，由北京市集邮协会主办，北京市朝阳区集邮协会和朝阳区文化馆承办，《集邮》杂志、《中国集邮报》《集邮博览》杂志、《集邮报》《邮政周报》协办的“北京 2012 全国一片集邮邀请展”于 2012 年 8 月 4—5 日在北京市朝阳区文化馆举行。本次邮展共展出了来自 21 个省（自治区、直辖市）集邮协会会员的展品，其中竞赛性展品达到961部，参展者有502位。参展者中既有初次组集者，也有资深的参展者，还有在世界邮展中获得高奖的集邮家。其参与者人数之多、参与面之广，都是前所未有的。

3. 各地举办的现代邮展

这一时期，现代邮展的影响在全国逐步扩大，各地纷纷尝试举办现代邮展，受到当地集邮者的欢迎。例如，成都市集邮协会举办的首届现代邮展，展出一框、生肖、首日封、原地封、图画明信片、灰姑娘、自动化和签名封等类别共50部69框展品。广东深圳市邮政局主办的“纪念深圳经济特区建立三十周年暨现代类集邮展览”，分为特邀类和竞赛类两大部分，竞赛类展品主要为现代类集邮展品，包括一框、开放、画画明信片、图文信封、纪念封、生肖、自动化等类别，共75部202框。浙江省集邮协会举办的首届现代邮展，展出123部316框展品。竞赛类展品包括开放、生肖、图画明信片、首日封、原地、节俭、自动化、灰姑娘、一框等类别。广州市邮政局主办的现代邮展，展出40部108框展品，包括一框、灰姑娘、图画明信片、首日封、原地、纪念封、促进、生肖、文献集邮等类别。内蒙古直属机关老年集邮协会主办的2011内蒙古首届现代集邮邀请展，展出各类展品65部89框。

4. 命题集邮展览实践成功

命题集邮就是参展者按照邮展组委会规定的题目或素材选择范围，在规定的展出面积和编组方式下制作的集邮展品。2014年，北京市集邮协会开始对命题邮展进行尝试。6月15—30日，北京市集邮协会和张一元茶叶有限责任公司在张一元总店共同主办了“张一元杯·集邮收藏展”。本次展览以“春”“茶”为主题，展出了75部29框集邮品和5部与茶有关的收藏品。

“张一元杯”集邮收藏展

本次展览既是北京市邮展的一项创新举措，也是中国茶文化和集邮文化相结合的一次有益尝试。

在此次邮展的基础上，北京市集邮协会又于当年11月21—23日主办了北京市首届命题邮展。邮展以庆祝中华人民共和国成立65周年，弘扬集邮文化，倡导大众集邮理念，不断开创邮展的新形式为宗旨，以“中华人民共和国国庆”“北京”“马年说马”“21世纪的现代邮政”4个命题为主要内容，共展出139部154框展品。邮展还吸引来自上海、辽宁、山东、河北、江苏等地集邮者报名参展。展品由竞赛性和非竞赛性两部分组成。其中，非竞赛性展品21部36框；竞赛性展品每部限定为1框规模，共展出118部。本届邮展在特别奖的颁发方面有所创新，一是根据评审员评议确定总数中50%的特别奖归属，称“评审特别奖”；二是根据观众投票确定总数中50%的特别奖归属，称“大众喜爱奖”。邮展组委会还在现场从观众的有效选票中，抽取了幸运观众奖。

2017年10月15—16日，中国海员集邮协会主办、上海多家民间集邮组织共同举办了“2016丙申年生肖一框邮集全国邀请展”，100框竞赛类、10框荣誉类展品别开生面。其最大亮点是所有参展展品中2016年生肖猴票及相关素材的数量都达到了整部展品的80%以上。

5. 签名封片集邮展览凝聚人气

签名封片是长时间以来许多集邮者热衷收藏的集邮品。2014年，江苏省无锡市集邮协会主办了全国首届签名封片邀请展。至2017年，这一全国性的签名封片邮展共举办了4届，为全国签名封片集邮爱好者提供了交流、探讨、学习的平台。2015年的第二届邮展，共有19个省份的31个城市的集邮者参展，展出74部200框展品，

北京市首届命题集邮展览

签名封片集邮研究会同时宣告正式成立。签名封片集邮研究会根据参与的群体和邮展的实际情况，制定了邮展评审规则，通过邮展的不断举办，规则也在不断地修改、补充、完善。

2017 年 9 月 16 日，为进一步推动签名封片集邮队伍发展，展示签名封片集邮成果，由江苏省集邮协会主办，无锡市集邮协会、签名封片集邮研究会承办，《中国集邮报》等媒体支持的“无锡 2017 全国签名封片集邮展览”在江苏无锡何振梁与奥林匹克陈列馆开展。全国集邮联副会长刘佳维、江苏省集邮协会领导和邮票设计家李庆发以及来自北京、上海、河南等地的签名封片爱好者近百人参加了开幕式。

收藏签名封片的活动在国内外源远流长，凡在重大集邮活动中，名家签名处总是人头攒动，场面火爆。我国集邮者自 20 世纪 80 年代初开始，收集签名封片的热情逐渐高涨，30 多年来，签名封片的收集已颇具规模，这一新兴的集邮形式已被我国集邮界所认可和接受。

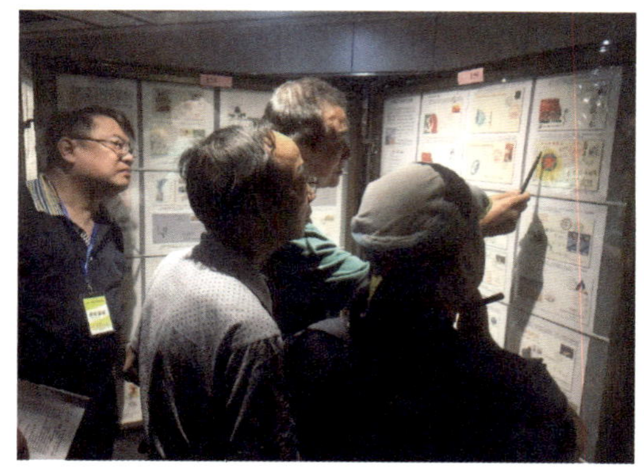

全国签名封片集邮展览

6. 利用微信公众号平台举办邮展

由《集邮博览》杂志社举办的“集邮博览 2015（首届）一页集邮微展”于 2015 年 6 月 5 日正式启动。本次邮展是《集邮博览》杂志社推出的一项与读者互动的活动，给更多的集邮者一个展示自己藏品、切磋交流的机会。所有喜爱集邮的社会大众都可以参加。本次邮展以“纪念中国人民抗日战争暨世界反法西斯战争胜利 70 周年”为主题。参展者在 6 月 5 日至 8 月 15 日期间，以“贴片扫描”的形式，提交到集邮博览微信公众号，即可参加评比。

截至 8 月 15 日，该杂志社共收到参赛展品 100 多件，经过遴选，有 57 件展品得以网络展示并参加评奖。评奖采取网络投票和专家评审相结合的方式，其中网络选票共收到 4000 余张。网络投票和专家评审意见各占 50%，以此决定评奖结果。利用微信公众号举办集邮展览是一项新的创举，它充分利用大众化的网络工具，开展大众化的集邮活动，因此收到很好的效果。

7. 全国集邮联对新兴类别的支持

在现代集邮中，一些参与人数较多的类别受到全国集邮联的重视，并被陆续纳入全国邮展中，这对这些类别的健康发展起到了强有力的推动作用。例如，全国集邮联于 2015 年 11 月 6—8 日在北京举办了全国专项集邮展——北京 2015 中华全国现代集邮展览。展出竞赛性展品 72 部 167 框，包括 FIP 现代、开放、图画明信片、一框，共 4 个类别，由全国 21 个省（自治区、直辖市）集邮协会和 3 个全国行业集邮协会选送。FIP 现代类、开放类、一框类在此前已被纳入国家级邮展，而图画明信片类则是第一次，有 7 部展品参展。本次邮展在评审时，图画明信片类展品与 FIP 现代类和开放类的奖项一致，只颁发证书，不颁发奖牌。绵阳 2017 全国专项邮展正式设立了开放类和现代集邮类，获奖展品第一次被授予奖牌。常州 2018 全国邮展除展出常规的 12 个竞赛类展品外，还增加了以改革开放 40 年成果为主题的命题集邮、具有中国特色的原地集邮展品，以鼓励更多的集邮爱好者加入邮展队伍，多做邮集，不断提高。

六、全国集邮邀请展持续举办

普及与提高相结合，是各地集邮组织开展邮展工作坚持的原则。多年来，各地集邮协会结合当地重大活动，举办了丰富多彩、形式各异的邮展活动。这些邮展活动，地域特色浓厚、时代信息强烈，为推动当地经济和文化发展、促进中国集邮的更加繁荣，起到了积极的作用。

绵阳 2017 全国专项邮展开放类展品

1. 全国极限集邮邀请展

由广州市邮政局、广州市集邮协会举办的“第 14 届羊城集邮文化节暨广州 2012 第 7 届全国极限集邮展览”于 2012 年 9 月 30 日至 10 月 2 日在广州市骏源大厦举行。本届羊城集邮文化节的主题为“文化您畅享，集邮我给力”，著名邮票设计家、《和田玉》邮票设计者曹国伟亲临现场为《和田玉》邮品签名。

本届邮展展出了来自全国 17 个省（自治区、直辖市）的极限集邮展品 133 部 356 框，其中，特邀类展品 4 部，竞赛类展品 129 部，是自 2000 年以来规模最大的一届。竞赛类展品类别主要包括国际集邮联合会（FIP）规定的极限集邮类、集邮文献类（仅限极限集邮内容），还有现代集邮类的一框类、图画明信片类等。为纪念这次羊城集邮文化节和全国极限集邮展览，广州市邮政局还特别设计制作了 2 枚纪念封和 5 枚纪念邮戳，为这次活动丰富了收藏品。

广州市邮政局举办的两年一度的全国极限集邮展览是羊城集邮文化节和广州市集邮协会的活动品牌。该项邮展还于 2010 年举办了第 13 届、2014 年举办了第 15 届、2016 年举办了第 16 届。举办这一专项集邮展览活动的宗旨是以邮会友，加强与全国各地极限集邮爱好者的交流联系，为其提供一个互相学习、互相交流的一个平台，检阅我国极限集邮发展的成果，提高我国的极限集邮水平。

2. 全国邮政附加费集邮展览

由广州市集邮协会主办、羊城邮政附加费研究会协办的“2014 广州第 3 届全国邮政附加费集邮展览”于2014年9月5—7日在广州邮政博物馆举行。此次展览为竞赛级邮展，在参加展览的展品中，特邀类有4部16框；竞赛级邮集有54部179框，其中邮政史类32部、传统类21部、其他类1部；文献类有10部参加了评审。

邮政附加费是邮政改革转型特殊历史时期的产物。广东省自1987年1月1日开始征收邮政附加费，是最早使用邮政附加费的省份。此后全国部分省、市、自治区相继效仿。1999年2月28日，全国结束征收邮政附加费。羊城邮政附加费研究会成立于2003年8月，该会先后于2003年、2008年在广州举办了两次全国邮政附加费集邮展览。

此次活动推进了中国邮政附加费集邮活动的开展，丰富了收集中国邮政附加费集邮爱好者的文化生活，帮助中国邮政附加费集邮爱好者的以邮交友、互相学习、互相交流，为这一具有中国特色的集邮类别增添了色彩。

3. 全国自动化集邮邀请展

为纪念重庆市集邮协会成立30周年，促进集邮文化的普及与提高，推动邮政和集邮事业的持续发展，由重庆市集邮协会、自动化集邮研究会主办的“2012重庆第二届自动化集邮全国邀请展览”于2012年11月17—18日在重庆市朝天门历史名人馆举办。本届邮展为自动化集邮类全国邀请展览，是全国自动化集邮规模最大的一届集邮展览，展出了62部152框集邮展品，由北京、上海、重庆、江苏、河南、湖南、山东、安徽、广东、福建、浙江、香港共50余名作者提供。

2015年9月3—4日，由重庆市集邮协会、自动化集邮研究会主办的第三届全国自动化集邮邀请展在重庆中国三峡博物馆举办。本届邮展共展出来自上海、江苏、香港、澳门等14个省、直辖市、特别行政区集邮者的78部173框展品。本届邮展总体水平比前两届有较大提升，是对我国自

2014广州第三届全国邮政附加费集邮展览

动化集邮最新成果的大检阅。

2018 年 6 月 28—30 日，由安徽省集邮协会、自动化集邮研究会主办的第四届全国自动化集邮邀请展在安徽合肥举办。本次展览共展出自动化邮集 75 部 180 框，其中荣誉类邮集 6 部 26 框；竞赛类邮集 69 部 154 框。本届邀请展共设立传统集邮类、邮政历史类、极限类、一框类 4 个竞赛类别，参展的邮集来自北京、上海、重庆、广东、辽宁等地。

4. 济南全国一框邮集邀请展

为纪念中国人民抗日战争暨世界反法西斯战争胜利 70 周年、配合《黄河》特种邮票的发行，“2015 济南第六届一框邮集全国邀请展”于 2015 年 8 月 22—24 日在济南铁路工人文化宫举行。本次邀请展由中国邮政集团公司济南市分公司、济南铁路局工会共同主办。展品由全国 21 个省、直辖市、自治区及香港特别行政区选送，包括传统、邮政历史、邮政用品、专题、极限、航空航天、开放、现代、青少年、图画明信片 10 大类共 200 部展品。

本届邮展设传统、邮政历史、邮政用品、专题、极限、航空航天、开放、现代、青少年、图画明信片 10 个类别。评审奖项设置为：金奖、镀金奖、银奖、铜奖和优秀展品特别奖。共展出北京、天津、上海、吉林、内蒙古、香港等 21 个省、直辖市、自治区、特别行政区选送的 200 部展品（其中荣誉类 14 框）。本次邮展的展期为 3 天，每天一个主题，分别为：邮展日、学术交流日、颁奖日。3 个活动日还陆续推出 3 枚马踏飞燕邮资加印片、3 枚邮资机戳、3 枚纪念戳。

济南全国一框邮集邀请展自 2003 年创办以来，每两年举办一次。在集邮界具有较为广泛的影响，已成为济南集邮的一个品牌。该项邮展还分别在 2010 年举办了第 4 届、2012 年举办了第 5 届。其中在 2012 年举办第 5 届邮展时，首次邀请了香港特别行政区、澳门特别行政区以及中国台湾

2012 济南第五届一框邮集全国邀请展

的集邮者携带展品参展，进一步扩大了该项邮展的影响。

5.“瓯越杯”全国邮政用品展览

为庆贺浙江温州市集邮协会成立25周年及“瓯越邮政用品研究会”成立5周年，首届“瓯越杯”全国邮政用品集邮邀请展于2010年10月5—6日在温州市展览馆举行，规模为230框。本次邀请展共展出来自全国19个省、直辖市、自治区集邮者选送的91部214框邮政用品邮集（包括6部21框荣誉类）。这其中既有邮坛名家在世界邮展和全国邮展中获得过高奖的邮集，也有崭露头角的新人新作。由林衡夫等集邮家组成的评审委员会，共评出五框类展品金奖2个、大镀金奖3个、镀金奖4个、大银奖4个、银奖3个、镀银奖5个、铜奖6个；还评出一框类展品金奖4个、镀金奖17个、银奖22个、铜奖15个。

由“瓯越邮政用品研究会”主办的“瓯越杯”全国邮政用品展览于2013年举办第2届邮展、2015年举办第3届邮展。2017年在合肥举办的第4届邮展为现代邮政用品竞赛类展览，展示了以1980年以来发行的邮政用品为素材的邮集49部151框。展品来自全国19个省（自治区、直辖市）。

6. 全国生肖集邮邀请展

由中华全国集邮联合会支持，江苏省集邮协会、苏州邮政局主办，生肖集邮研究会、苏州市集邮协会承办，《集邮》杂志社、《集邮博览》杂志社、《中国集邮报》社、《集邮报》社协办的第5届全国生肖集邮展览于2014年1月5—6日在苏州图书馆隆重举办。本届邮展是苏州第五届生肖文化节的组成部分。本届生肖文化节内容丰富多彩、形式多样，规格高，参与人数多。本届生肖文化节包括《甲午年》生肖邮票首发式、第五届全国生肖集邮展览、全国第五届生肖《甲午年》个性化邮票青少年设计大赛优秀作品展、第六届生肖《甲午年》画信展、苏州大讲堂、参观生肖邮票

第四届“瓯越杯”全国邮政用品集邮展览

第五届全国生肖集邮展览

博物馆等活动。

本届邮展的展品分为专门研究类、专题类、极限类、试验类；共展出118部、381框展品和11部集邮文献。其中《中国首轮生肖邮票》《日本贺年邮票（1936—1954）》《日本贺年邮票（1936—1951）》《清代干支邮戳》《生肖的故事》等展品显示出较强的实力，分别获得金奖。经过评委会认真细致的评审，共评出金奖邮集6部、大镀金奖邮集5部、镀金奖邮集14部、大银奖邮集14部、银奖邮集12部、镀银奖邮集11部、铜奖邮集6部；同时评出试验类金奖证书邮集3部、镀金奖证书邮集10部、银奖证书邮集19部、铜奖证书邮集29部。

全国竞赛性生肖集邮展览自2004年起开始举办，2010年举办了第4届邮展、2018年举办了第6届邮展。该项邮展为推动全国范围的生肖集邮热潮，起到了十分重要的作用。

七、各地举办的主题性集邮展览

2010—2018年间，全国各地集邮组织还举办了多次主题性的集邮展览，目的是配合各类社会重要事件和活动。这种积极的做法，不仅让集邮活动融入社会，而且提高了集邮展览在社会上的知名度。

1. 纪念中国共产党成立90周年邮展

为纪念中国共产党成立90周年，由北京市邮政公司、北京市集邮协会主办的“北京2011年全国专题集邮邀请展”于6月18—21日在北京民族文化宫举办。本次邮展以歌颂党的光辉革命历程和伟大成就为主题，共展出来自全国25个省（自治区、直辖市）及全国4个行业集邮协会会员送展的153部472框展品，旨在促进中国专题集邮水平的不断提高，为专题集邮者提供展示新作的舞台，迎接中国无锡第27届亚洲国际邮展。本次邮展展品分非竞赛性和竞赛性两部分。非竞赛性展品由建党主题的展品和珍邮展品组成。竞赛性展品全部为专题集邮方式编组的展品，包括专题、青少年、一框、促进4个类别，其中，不乏在全国、亚洲和世界邮展中获奖的展品，也有初次参展的新作。

邮展期间，邮展组委会分别安排了以“庆祝中国共产党成立90周年主题活动日”“专题集邮论坛日”“集邮联谊日”“颁奖日”为主题的集邮活动。4天的邮展，参观总人数达1万余人，创北京市集邮协会举办的邮展参观人数之最。中国邮政集团北京市分公司分批组织党员干部前往民族文化宫参观邮展。

2.“美丽中国、精彩电力”邮展

2013年10月29—31日，由中国电力文学艺术协会主办，中国电力集邮协会、中国华电集团公司工委承办的“美丽中国、精彩电力”2013全国电力行业邮展在北京华电大厦举办。这是电力行业为纪念毛泽东同志诞辰120周年举办的邮展，也是电力体制改革后电力行业举办的首次大型集邮活动。中国电力企业联合会副秘书长孙永安主持了邮展开幕式，全国集邮联副会长焦晓光出席开幕式，全国集邮联副秘书长潘勇华、中电联秘书长白俊文分别在开幕式上致辞。来自国家电网公司、华能集团、大唐集团、华电集团、国电集团、中电投集团、浙能集团等电力

北京2011年全国专题集邮邀请展

行业的领导和集邮爱好者共计 2000 余人参观了集邮展览。

本次集邮展览展品丰富，有代表国家在世界邮展上摘金夺银、为国争光的精品邮集；有代表电力集邮协会在国家级邮展中荣获奖牌、为电力争光的优秀邮集；还有参加过省、市级邮展并获奖的新人新作邮集。其中有荣誉类展品 7 部、竞赛类展品 62 部。竞赛类展品包括传统类 3 部、邮政史类 9 部、邮政用品类 3 部、专题类 34 部、极限类 4 部、开放（现代）类 9 部。本次邮展按照国际集邮展览的各项规则评审并颁发了证书，对各协办单位颁发了“优秀组织奖”奖牌和证书。为丰富本次邮展的内容，展览期间还安排了集邮专家的专题讲座和获奖展品专家点评。

3. 京津冀协同发展巡回集邮展览

为了助推京津冀协同发展规划的落实，大力宣传京津冀绿色发展、协同发展理念，由北京市、天津市、河北省集邮协会联合主办的“协同发展共享绿色 · 京津冀集邮巡回展览”于 2016 年 5—8 月，分别在北京市房山区（5 月 19—21 日）、天津市滨海新区（6 月 24—26 日）、河北省张家口市（8 月 20—22 日）举办。本次巡展展出了京津冀三地选送的以旅游、文化、人文、绿色环保等为题材的集邮展品 64 部 203 框，包括传统、邮政历史、航天、专题、极限、印花税票、现代、一框、开放、原地、图画明信片共 11 个类别。

京津冀三地在“协同发展共享绿色”的基础上各显神通，主打地方文化品牌。

“美丽中国 精彩电力”北京 2013 全国电力行业集邮展览

京津冀集邮巡回展览·天津站

北京市房山以“北京之源”为题，增添了具有“龙乡文化”特色的邮展作品40框，向参观者展现了出土过古猿人——“北京人”的周口店遗址、北京城的发源地琉璃河商周遗址和素有“北京敦煌”之称的千年古刹云居寺，开发了素有“房山古塔冠京师”的邮资明信片、个性化邮票等邮品；天津市滨海新区以“津门文化”为题作文章，邮展期间分别开设了“协同发展共享绿色”邮展日、“邮学邮乐伴我成长”青少年日、“快乐集邮你我共享”邮迷交流日，展览增添了青少年集邮展品20框，拓展了集邮文化广泛的社会教育意义；河北省张家口市以“燕赵文化”为题，突显长城特色，开发了“大好河山——张家口”系列邮品，邮展中还增添助力冬奥内容的邮集40框，深化了“燕赵文化”的丰富内容。

4．为京杭大运河申遗举办的邮展

为了弘扬大运河文化、加强运河环境保护、推动中国大运河早日申遗成功，经大运河沿岸多座城市集邮组织协商，于2011年在浙江、江苏、山东3个省举办“情系运河杯”邮展活动。本次巡展规模为100框，包括专题、现代和文献3个类别。巡展分别在杭州、江苏扬州、江苏常州、山东济宁等城市举办。

2011年5月18日，在第35个国际博物馆日到来之际，由山东省济宁市文物局、济宁市运河文化研究会主办，运河集邮研究会、济宁市博物馆承办的“博物馆与记忆”喜迎5.18国际博物馆日暨2011年京杭大运河（济宁）首届巡回集邮展览在济宁市博物馆举行。

来自京杭大运河沿岸的杭州、常州、扬州、丹阳、金坛以及山东省各城市与济宁市当地集邮爱好者近500人参加开幕式。济宁市政协原副主席张自义、济宁市文物局局长孙美荣、运河集邮研究会会长王景

京杭大运河（济宁）首届巡回集邮展览开幕式

生分别讲话。中华集邮联合会会士、浙江省集邮协会副会长、本届京杭大运河首届巡回集邮展览组委会主任张雄宣布集邮展览开幕。此次集邮展览共展出北京、济宁、扬州、常州、丹阳、杭州6个城市集邮爱好者组编的各类邮集47部120个标准展框，涉及专题集邮类、现代集邮类、文献集邮类、一框集邮类等多个邮展类别，展现了京杭大运河从北京通州至杭州拱宸桥的名胜古迹、典故传说、风土人情、历史人物、民间故事、历史变迁和大运河的故事等内容。

由浙江杭州、江苏常州、江苏扬州、山东济宁等城市联合举办的2011年京杭大运河首届巡回集邮展览于4月16—17日在杭州、4月18—20日在扬州、4月20—30日在常州先后进行举办了展览。5月18—20日在济宁举行的展览是“京杭大运河首届巡回集邮展览”的最后一站，同时本届巡回集邮展览圆满落下了帷幕。

5. 举办“红色足迹”网络集邮展览

为迎接中国共产党第十八次全国代表大会胜利召开、促进青少年素质教育、普及集邮知识、发挥互联网的优势，安徽省集邮协会于2012年在全省举办了“红色足迹——安徽省青少年迎接党的十八大胜利召开模拟邮集网络展览”。本次展览的参展对象为安徽省中小学生，展品内容要求利用邮票、邮品编组邮集，歌颂中国共产党成立以来领导中国人民战胜封建压迫和帝国主义侵略，建设伟大祖国的光辉历程；歌颂老一辈无产阶级革命家的丰功伟绩；反映社会主义建设成就特别是改革开放以来社会主义建设新成就；反映伟大祖国五千年文明史和绚丽风光。

为突出知识性和趣味性，展品要求以专题类、极限类、一框类和促进类等方式编组。展品要求为电子版形式，作者把邮品进行扫描后按照各类邮集的模式进行编排，或将实物编排后扫描成电子版形式。在邮集制作过程中，也可从网络下载邮品图片进行编排。本次活动于6月在全省启动，得到了各地集邮协会和教育部门的积极响应和大力支持。各地集邮协会还组织专门指导小组到相关学校进行指导，帮助广大青少年编组邮集。全省有10个市选送了58部模拟邮集作品参展。安徽省集邮协会聘请专家和邮展评审员组成评委会，按照青少年类邮集评审标准和各类别邮集评审专用规则，参考观众投票，评出一等奖5名、二等奖10名、三等奖20名，其他参展邮集均颁发纪念奖，分别给予不同档次的邮品奖励。

辅导青少年参加红色足迹模拟邮集网络展览

第六节　学术研究的拓展和多种形式

2010—2013 年，在第五届学术委员会的领导下，全国集邮学术工作计划得以完成。特别是 2012 年第二届全国优秀集邮学术论文评选活动，是第五届学术委员会工作成绩的集中体现。2013 年全国集邮联第七次会员代表大会召开后，学术委员会更名为“学术工作委员”。2013 年第六届学术工作委员会成立后，进一步明确了集邮学术研究活动的方向和任务。2013 年以后，全国集邮联主办了多次全国性的学术征文活动和研讨会，并且多次编辑出版了学术论文集。在这段时期，学术研究的课题得以进一步拓展，集邮研究新成果也不断涌现。

一、学术委员会换届和组织培训

2013 年中华全国集邮联合会第七次代表大会召开后，学术工作委员会也在同年进行换届。此次换届留任的上届学术委员占 39%，新任委员占 61%。新组建的学术工作委员会肩负着引领全国各省级集邮协会开展学术活动，积累学术研究成果的重要任务。为此，全国集邮联学术工作委员会举办了两次学术委员培训班。

1. 全国集邮联第六届学术工作委员会成立

2013 年 8 月 17—18 日，中华全国集邮联合会第六届学术工作委员会成立暨第一次会议在广州珠江宾馆召开。全国集邮联常务副会长徐建洲、副会长孙蒋涛、副秘书长李寒梅以及来自全国各省（自治区、直辖市）集邮协会的近 40 名代表参加了会议。广东省邮政管理局局长罗建青、广东省集邮协会会长张宗武、广东省邮政公司副总经理陈明志等领导到会祝贺。

全国集邮联第六届学术工作委员会成立大会暨第一次会议成员由 33 人组成，大

全国集邮联第六届学术工作委员会成立大会

会宣布全国集邮联第六届学术工作委员会顾问为刘广实，主任为孙蒋涛，副主任为谢孜学、林轩，秘书长为成冬青。此次会议总结并回顾了第五届学术工作委员会的工作情况，提出并探讨了今后5年学术研究工作的主要任务。

孙蒋涛出生于1960年，江苏人，广东省人民政府文史馆特聘馆员、中国美术家协会常委理事。他的《中国海关大龙邮票（1878—1897）》《海关小龙邮票（1885—1897）》《中国解放区邮票（1930—1950）》等邮集多次在亚洲邮展和世界邮展上获得大金奖。孙蒋涛于2011年被授予中华全国集邮联合会第三批会士，2013年当选中华全国集邮联合会副会长。

中华全国集邮联合会常务副会长徐建洲在第六届学术工作委员会成立暨第一次会议上充分肯定了第五届学术委员会的工作并给予了高度评价。他在讲话中说，1983年全国集邮联学术委员会也是在广州召开的第一届成立大会，在30年所经历的五届学术委员会中，汇集了一批又一批集邮研究高端人才，为促进集邮学术工作不断发展做出了积极贡献。全国集邮联六大以来，国内外集邮学术交流活动大大加强，各地群众性学术活动广泛开展，集邮学术工作取得了显著成绩。他对学术工作委员会未来5年的工作计划，从充分认识做好集邮学术研究工作的重要性、充分发挥学术委员的骨干作用和坚持以党的十八大精神为指导，努力开创集邮学术研究新局面三个方面提出了要求。他指出，集邮学术研究水平是一个国家集邮水平的重要体现，看一个国家的集邮水平，主要看其参展邮集的质量和学术研究的水平。他强调，开展集邮学术研究，必须要坚持以党的十八大精神为指导，对集邮实践活动中各种事物的性质、特征及其发展规律进行深入分析和研究，努力多出成果，出好成果。他希望，本届学术委员会要在全国集邮联的领导下，团结广大集邮爱好者和集邮学术骨干，锐意进取，开拓创新，扎实工作，进一步提高我国集邮学术水平，努力为推动集邮学术研究活动的深入发展做出新的更大的贡献。

孙蒋涛

会议分组讨论了《中华全国集邮联合会第六届学术工作委员会五年工作计划》（草案）、《集邮学术论文评审规则》（试行），各组组长分别向大会报告讨论的意见和建议，与会代表就做好学术工作畅所欲言，积极献计献策，表示今后5年在新一届学术工作委员会的领导下，认真完成2013—2017年的各项工作，并紧紧依靠广大集邮爱好者和集邮研究者，努力探索集邮研究工作新方式，不断总结新经验，努力开创集邮学术研究的新局面。

2. 全国集邮联第六届学术委员会举办培训班

全国集邮联第六届学术工作委员会于

2014 年和 2016 年两次举行了学术委员培训班，邀请我国集邮领域的各方面的专家，从不同视角让学术委员明确了自己的工作职责范围、集邮学术研究方式和方法。

2014 年 6 月 14—15 日，全国集邮联第六届学术工作委员会在广东珠海阳光机场酒店举办了首届集邮学术委员培训班。参加这次培训的有全国集邮联学术工作委员会委员，各省（自治区、直辖市）集邮协会以及公安、电力、石油、航天、海员等行业集邮协会也都派人参加了这次培训。在此次培训班上，全国集邮联学术工作委员会副主任林轩主讲了“集邮学术研究的内容和方法”；广东省集邮协会副会长孙海平主讲了“中国集邮学术研究成果与国际交流”；北京市集邮协会副会长魏钢主讲了“集邮学术论文的撰写与评审”；北京市集邮协会副会长李近朱主讲了“集邮学术研究的一个构成——集邮评论”；全国集邮联学术工作委员会副主任谢孜学主讲“集邮学术研究应用于邮集编组”。这次培训使学术委员们开阔了视野。

2016 年 2 月 28—29 日上午，中华全国集邮联合会第六届学术工作委员会年会暨学术委员培训班在中国邮政邮票博物馆召开，来自全国各地的 30 余位学术委员参会。会上，学术工作委员会秘书长成冬青作了第六届学术工作委员会 2014—2015 年工作总结，全体委员根据《中华全国集邮联合会五年工作纲要》，讨论研究学术工作委员会 2016—2018 年工作计划。学术工作委员会还对学术论文的评审标准进行了修订。在随后举办的培训班上，全国集邮联副会长李曙光主讲了“学术研究应用于竞赛邮集制作”；北京市集邮协会副会长魏钢主讲了“从集邮角度看世界邮展”；全国集邮联副会长、学术工作委员会主任孙蒋涛主讲了“邮集评析与集邮学术研究”；全国集邮联副会长刘佳维主讲了“集邮学术研究的方法与内容”。

全国集邮联第六届学术工作委员会年会暨学术委员培训班

通过两次集中培训，学术委员们对集邮学术工作重要意义的认识和撰写学术论文的能力提高了，他们将在各省级集邮协会发挥更大作用。

二、开展主题性集邮学术活动

根据 2008 年全国集邮联第五届学术委员会成立时的工作部署，要围绕国内外重要纪念活动以及邮政史、邮票史的重大事件开展学术研究工作，每年至少举办一次全国集邮学术征文或研讨会。2010—2017 年，全国集邮联主办了多次主题性集邮学术研讨会，有力地配合了国内外重要事件的纪念活动。

1. 全国集邮联举办的主题学术研讨会

（1）纪念“区票”发行 80 周年

2010 年是中国共产党领导的红色区域邮票发行 80 周年。为推动“区票”研究的深入开展，全国集邮联于 2010 年 10 月 19 日在中国邮政邮票博物馆召开了“纪念中国人民革命战争时期邮票发行 80 周年学术研讨会”。全国集邮联副会长兼秘书长刘佳维，副会长兼学术委员会主任刘广实及全体学术委员参加了研讨会。会上，学术委员会主任刘广实介绍了论文评审的情况，学术委员会秘书长成冬青公布了获奖论文名单，部分论文作者宣读了论文。与会者各抒己见，对论文进行了广泛的探讨。常珉的《旅大解放区邮资研究》，论文作者根据文件、资料和实寄封进行分析和研究，探知整个旅大解放区邮政时期（1946 年 4 月 1 日至 1950 年 6 月 30 日）的 7 个邮资期和 6 次邮资调整过程。肖庆元的《四川解放初期阆中、江油、冕宁加盖邮票的研究》，通过对阆中加盖“人民邮政”邮票实寄封的介绍，就其出处及实寄封使用时期的历史背景进行研究，证实此三地在解放初期发行加盖邮票的真实性，从而为西南地方加盖邮票增加了阆中、江油、冕宁 3 个新品种。中华全国集邮联合会学术委员会认为，本次交流的获奖学术论文是近年来研究中国解放区邮票和邮政史学术水准最高的研究成果，具有很高的史料和参考价值。

在征集到的 88 篇论文中，全国集邮联学术委员会将获得一、二等奖的《旅大解放区邮资研究》《四川解放初期阆中、江油、冕宁加盖邮票的研究》《太岳区区军邮的组建与发展》《“郑州加盖‘中原解放区改作本币’邮票”的最新调查与研究》《解放区免资封片简存世、性质、影响》等 34 篇获奖论文，以及 4 篇评审委员论文，汇集出版了《纪念中国人民革命战争时期邮票发行 80 周年集邮学术论文集》。

（2）纪念毛泽东同志诞辰 120 周年

为毛泽东同志诞辰 120 周年，中华全国集邮联合会于 2013 年举办了“纪念毛泽东同志诞生 120 周年”集邮学术征文活动，共收到全国 29 个省（自治区、直辖市）集邮协会及 4 个行业集邮协会报送论文 166 篇。经过评审委员会评审，田圣德的《略论新中国邮票上毛泽东形象的表现形式和艺术特色》、陈国成和陈慰星的《毛泽东思想传播过程中的毛泽东图像邮票——兼论邮票媒介与时代思想的传播》、陈波的《华中区毛泽东像邮票印样始末探究》、李少华的《孙传哲设计的有毛主席形象的邮票及其艺术特色》、王志刚的《探讨核心价值观邮票选题》、傅骥的《“武汉解放纪念邮票”加盖票研究》6 篇论文获得二等奖，

《纪念中国人民革命战争时期邮票发行 80 周年集邮学术论文集》

黄广洲的《解放区毛泽东像邮票研究》等 10 篇论文获得三等奖，另有 15 篇论文获得纪念奖。

《华中区毛泽东像邮票印样始末探究》一文对 1949 年 6 月武汉市军管会交通接管部邮政处主持设计与印制的华中解放区毛泽东像邮票印样进行了分析和研究。作者通过图片、查阅档案资料等方式，阐述了这套邮票设计和印样的面世过程，并且对该邮票未发行的原因进行了分析。该论文还对这套邮票印样的存世量、市场拍卖价格和存世现状作了介绍。

《孙传哲设计的有毛主席形象的邮票及其艺术特色》一文，作者依据所掌握的大量资料，介绍了孙传哲设计的有毛泽东形象的各类邮票，并在此基础上对其邮票的艺术特色作了分析和研究。作者把孙传哲设计的带有毛泽东形象的邮票，分为用毛泽东头像做主图的邮票、带有毛泽东头像的邮票、依据毛泽东绘画或摄影作品设计的邮票共 3 类，这些邮票从 1949 年 6 月至 1967 年 10 月共涉及 16 套邮票。

王家瑞（左）、张怀西为研讨会纪念封揭幕

12 月 18 日，中华全国集邮联合会和延安精神研究会在北京邮电会议中心举行了“毛泽东同志诞生一百二十周年纪念邮票研讨会”。第十二届全国政协副主席、中华全国集邮联合会名誉会长王家瑞，第十届全国政协副主席、中华全国集邮联合会名誉会长张怀西出席研讨会，并为《毛泽东同志诞生一百二十周年》纪念封揭幕。

（3）纪念中国人民抗日战争暨世界反法西斯战争胜利 70 周年

为铭记中国人民反抗日本帝国主义侵略的艰苦卓绝的斗争，缅怀在中国人民抗日战争中英勇献身的英烈和所有为中国人民抗日战争胜利做出贡献的人们，弘扬以爱国主义为核心的伟大民族精神，进一步加强集邮学术交流，促进集邮研究水平的提高，中华全国集邮联合会于 2015 年 9 月 2 日在哈尔滨举办了以“纪念中国人民抗日战争暨世界反法西斯战争胜利 70 周年”为主题的集邮学术研究活动。

此次集邮学术研究内容为：中国人民抗日战争时期邮史、邮品研究；新中国发行有关抗日战争题材的邮品研究；世界反法西斯战争邮史、邮品研究。孙蒋涛、刘佳维、张学伟、张雄、李汇祥、李近朱在论坛会上宣读了论文。全国集邮联为本次活动编辑出版了《纪念中国人民抗日战争暨世界反法西斯战争胜利 70 周年集邮学术研究文选》。

孙蒋涛的论文《试论抗日战争时期晋察冀边区与唐县临时邮政邮票的作用和意义》通过多件珍贵的邮票和实寄封，系统地介绍了抗战期间晋察冀边区与唐县临时邮政邮票在极端艰难困苦的条件下印制的，真实地反映出抗日政权创立邮政的艰辛历程。论文还对晋察冀边区临时邮政发行的“半白日图”邮票、“抗战军人纪念”邮票以及唐县临时邮政发行的邮票的版式、印刷等方面进行了研究。

李汇祥的论文《抗战胜利后中国对日俘日侨的遣返和邮件检查》介绍了 1945 年日本宣布无条件投降后，100 余万在华日军俘虏、200 多万在华的日侨遣返回国的过程。论文通过一批难得的日俘、日侨邮件检查实物，对日俘、日侨遣返回国的邮政检查历史做出较为全面的研究。

（4）“驿路·丝路·复兴路”集邮学术论坛

由中华全国集邮联合会主办，人民邮电出版社《集邮》杂志承办、北京市集邮协会协办的“驿路·丝路·复兴路”全国集邮学术论坛 2017 年 12 月 15 日在邮电出

纪念中国人民抗日战争暨世界反法西斯战争胜利 70 周年全国集邮学术论坛

版大厦举行。中华全国集邮联合会会长杨利民、副会长兼秘书长张玉虎、副会长孙蒋涛等出席了论坛。

此次主题集邮学术活动旨在以集邮文化为载体，展现“一带一路”国家战略所取得的伟大成就，进一步加强集邮学术交流，促进集邮研究水平的提高，迎接党的十九大召开。在全国27个省（自治区、直辖市）集邮协会及3个行业集邮协会报送的105篇论文中，李毅民的《中国特色集邮活动走向世界的新“丝路”》、缪书峰的《丝绸之路上的临时邮局一试述兰新铁路建设初期的临时邮局》、康国文的《做好草原丝路文章，推进内蒙古集邮发展》、魏金华的《丝路侨批——“驿路”上文化交流的特殊载体》4篇论文获得一等奖；王以和的《从新中国邮票看古丝路、驿路的兴衰沉浮与“一带一路”的振兴》等14篇论文获得二等奖，另有24篇论文获得三等奖、54篇论文获得纪念奖。

《丝绸之路上的临时邮局——试述兰新铁路建设初期的临时邮局》论文依据现有被发现的实寄封，论述中华人民共和国成立初期，在古老的丝绸之路中国境内甘肃段，为修建天兰铁路、兰新铁路而设立的临时邮局的史实。作者通过调查和分析，证明了在古丝绸之路上，为筑路大军设立临时邮局，弥补了相关史料记载的空缺；《丝路侨批——“驿路”上文化交流的特殊载体》论文以海上丝绸之路留存的侨批文物，见证广东梅州参与海上丝绸之路建设与交流的史实，见证了中国海上丝绸之路的发展与繁荣，为中国建设21世纪海上丝绸之路的重大战略决策，推动“友善、包容、互惠、共生、坚韧”的海上丝绸之路目标提供了可靠的实物证据。

“驿路·丝路·复兴路”全国集邮学术论坛

（5）纪念大龙邮票发行140周年学术研讨会

大龙邮票是中国发行的第一套邮票在中国邮政史、邮票发行史上有着极其重要的地位。为纪念大龙邮票发行140周年，中华全国集邮联合会于2018年7月24日在天津举办了“纪念大龙邮票发行140周年集邮学术研讨会”。中华全国集邮联合会常务副会长徐建洲致辞，中华全国集邮联合会副会长兼秘书长张玉虎作总结讲话。

此次学术研究内容为：大龙邮票研究的新见解、新发现、新成果；大龙邮票的发行史料、收集、挖掘、研究、鉴别和辨伪；清代邮政历史的研究及邮政史实的考证等。应征论文涵盖面广、史料翔实、见解独到、研究方式有所创新，是对近年来有关“清代邮票、邮史”研究成果的一次检阅。

孙蒋涛的论文《海关大龙邮票研究（1878—1897）》，从自己珍藏的实物入手，对大龙邮票的设计图稿、试样与印样，各面值邮票的版式及用纸，在不同邮政业务的使用等方面，做了全面深入细致的传统研究，勾勒出清晰完整的大龙邮票家族图谱；并推断大龙邮票三种设计图稿大龙图、六和塔图、万年有象图均是由中国人绘制；李明的论文《清代的天津海关与海关大龙邮票发行之再研讨》，以《天津海关志》中一幅“1867年津海关地理位置及停船界限图”上的各“关”为契机，还原出19世纪末天津特殊的地理概貌。论文将海关大龙邮票“1878年7月24日在天津首发”的充分必要条件罗列而出，结尾又以一段故事佐证，为关涉大龙邮票发行日期的世纪之谜提供了强有力的印证和文献支持；李曙光的论文《大清邮政早期欠资邮件》对大

纪念大龙邮票发行 140 周年全国集邮学术研讨会

清邮政早期欠资邮件的时间界定作了清晰的划分，将1904年4月1日大清邮政发行欠资邮票之前出现的欠资邮件，称之为大清邮政早期的欠资邮件。其后，还对中国最早的欠资邮件出现于何时、中国最早的标识欠资邮件的邮政戳记及中国最早的关于欠资邮件的官方规则等悉数进行推断与分析。

在本次研讨会上，陆游、傅嘉驹、赵岳、张效建等也就大龙邮票及清代邮史，从不同的侧面、不同的角度，就本人研究的最新成果进行了演讲。与会专家一致认为，这几篇论文进一步丰富了大龙邮票研究的内容，拓展了我国集邮学术研究的范围，提升了大龙邮票的学术研究水平。

此外，2010—2017年，全国集邮联还于2011年举行“纪念中国共产党成立90周年集邮论文征集”活动；2014年举行“纪念黄埔军校建校90周年学术论文研讨会”；2016年举行“第二届新长征集邮热点问题研讨会”；2017年举行“中国人民解放军建军九十周年集邮学术研讨会”等。

《全国优秀集邮学术论文集（2002—2011）》

2. 第二届全国优秀集邮学术论文评选活动

2012年8月，为纪念中华全国集邮联合会成立30周年，检阅30年来特别是近10年来，中国集邮界对邮资票品研究、邮史研究以及集邮理论研究3个领域的集邮研究成果，中华全国集邮联合会举办了“第二届全国优秀集邮学术论文”评选活动。此次活动共征集到全国31个省、自治区、直辖市集邮协会及4个行业集邮协会选送的231篇集邮学术论文。

全国集邮联成立了以副会长兼秘书长刘佳维为主任，副会长刘广实、李近朱为副主任，以及由16名委员组成的评审委员会。经过评委会的认真评审，共评出代表我国近10年集邮学术水平的优秀论文74篇。全国集邮联与《集邮》杂志编辑部共同编辑出版了《全国优秀集邮学术论文集（2002—2011）》。

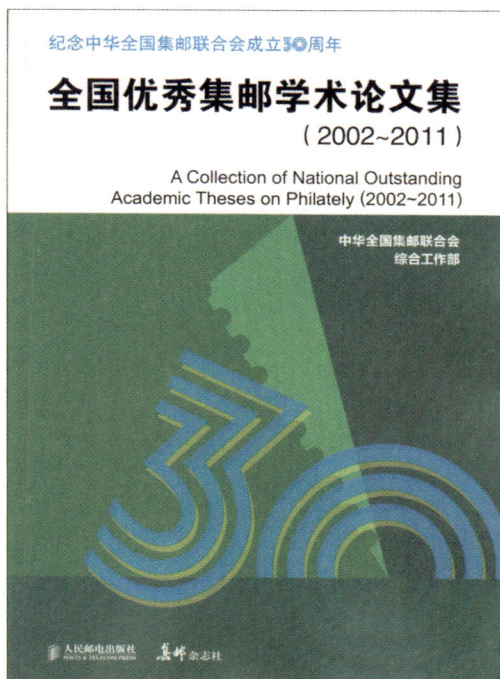

该论文集分为五大板块，其中的“清代邮史、票品研究”共有6篇论文。其中孙海平的《上海工部书信馆“万国商团”专用明信片研究》就上海工部书信馆1873年发行的首套邮政用品之一的“万国商团”专用明信片的发行背景、印刷版式、使用情况以及在集邮中的性质和重要性和收集难度等方面，进行了系统研究和阐述；丁劲松的《红印花“小二分”票字模加盖探究》根据作者本人收集的邮品，结合前人

研究成果的基础上，对红印花小字“2”加盖票进行了较为全面的研究。作者在“加盖厂家与印刷方式不同”“‘小贰分’大、小字模分类的优化”“几组近似特征字模的对比”等方面得出结论。

“民国邮史、票品研究”共有 7 篇论文。其中余耀强、黄锡昌的《抗战期间前山经转的海外邮路》阐述了广东珠海前山邮局，作为抗战期间国际邮件互换局，与 1939 年 10 月成立的沙鱼涌邮局同为抗战期间中国通往海外的邮路。作者根据盖有“前山”中转邮戳的珍贵实寄封，结合邮政档案进行研究，并且纠正一些误解；魏升东的《重庆中华版孙中山像邮票诸多问题新解》通过对文书档案及邮票收藏的研究，对民普 35 重庆中华版孙中山像邮票的设计和雕刻者，用纸标准的称谓，全套邮票齿孔的粗孔和细孔分布情况，200 枚版 3 元粗孔和细孔以及 100 枚版 3 元细孔票的发行时序，提出了新的见解。

“解放区邮史、票品研究”共有 13 篇论文。其中王景文的《山东战邮一版毛泽东像邮票之研究》在作者多年来研究山东毛泽东像邮票的基础上，对战邮一版毛泽

Philatelic Panorama 本期专题

毛澤東同志傳略

图 2

图 3

坚从延安回胶东，带回一张毛泽东的正面半身画像，就成了胶东的新闻，把它作为毛泽东的标准像，被新闻界广泛地仿制使用，许多单位请人按比例手描放大，作为礼堂前和召开群众大会的领袖挂像。为了宣传领袖的形象，胶东的《大众报》《前线报》《群力报》等，每逢节日，都在头版刊登此画像，介绍毛泽东的生平小传。笔者的旧藏中，就有1946年《大众报》“七·一”专刊所登载的此种画像（图2），它与一版毛像邮票的形象很相似。我分析，杨厂长所说的“像片”，很可能就是宣传科根据此画像所设计的邮票图稿。

当然，这也仅仅是分析推论，欢迎当事人和知情者，能

博、南京的戴无涯和西宁的王武夫所藏）“粘存簿”，结都与王永的不同，都是一套3枚俱全。这可证明，3枚邮票一次印刷的。王永同志“粘存簿”中缺了1角邮票，可能是贴或脱落。于安的回忆中说，她用自行车带去4块印版，也北海银行印钞厂杨厂长的记忆不一样，杨厂长说共计6块，每票用两块印版。

5.纸质与齿孔

该票用纸为白纸，也有少数报纸票。为何如此？原很简单，当时纸张缺乏，白纸不够用了，就用报纸顶替，过，报纸为数极少。

王景文的研究论文

东像邮票的系统总结。作者对该邮票的产生背景、设计制版、印制发行、收藏研究等多个方面，均进行了阐述，特别是对集邮界存在异议的悬疑问题，和以往邮票史中的讹误，进行了深入调查和分析；许锡良的《〈新东路〉报于“稿”字邮票》通过作者多方面寻觅及查阅部分《新东路》报和相关史料，并采访了健在的原淮南交通总站站长杨秉超和原《新东路》报编辑沈文英、报务员潘子仪等，对《新东路》报及“稿”字邮票的情况作了调查研究，使存世的“稿”字邮票四方连诞生背景得以解读，进一步验证了“稿”字邮票的用纸和印刷的史实。

“新中国邮史、票品研究”共有17篇论文。其中陈国成的《新中国第一套加字改值邮票的研究》从“为何要对库存的中华邮政邮票加字改值使用”“发行加字改值邮票最初为临时性措施”“第一套加字改值邮票的发行时间考证”“对加字改值的‘香港亚洲版’100元票的性质认定”“‘改1’的组外品和变体票”等方面对该邮票进行了深入研究；卢伯雄的《纪45（3–3）邮票图的探索考证》通过作者查阅有关原始资料和文献，并专函咨询了该套邮票的设计者周令钊教授，揭秘了该枚邮票图案的设计原型，结束了集邮界针对该票图展开的争论。

“理论和其他邮史票品研究”共有31篇论文。其中刘武奇的《论集邮协会干部的素质与培养》从集邮协会干部素质的现状及存在问题入手，就集邮协会干部应具备的六种特有的素质和怎样进行培养进行了研究和阐述；陈东海的《网络集邮文献初探》就网络集邮文献的产生，它的性质和内涵，它的发展过程，它的无可替代的优势等问题，进行了全方位的探讨。

本次评选活动是对2002年为纪念中华全国集邮联合会成立20周年而举行的“全国优秀集邮学术论文”评选活动的延续，是对2002年以来集邮研究新成果的集中展现。

三、全国集邮联专项课题研究报告

自2007年起，中华全国集邮联合会组织开展关于集邮方面的软科学课题项目调研。全国集邮联每年针对各种课题成立专项课题调研组，组织全国各地有关专家70余人次，采取走出去调研、集中研究并撰写报告的方式，先后完成了20多个课题的研究报告，特别是党的十八大以来，着重围绕集邮活动方面进行研究，对政府部门决策的制定，起到了参考作用，得到国家邮政局相关主管部门的充分肯定。

1．邮票选题方面的研究报告

为了给邮票发行管理部门制订每年的纪念邮票发行计划提供参考依据，全国集邮联自2007年起，面向全国各地集邮协会会员和集邮工作者征集纪念邮票选题。为此，全国集邮联专门成立课题组，在充分征集选题的基础上，对所有选题进行汇总、梳理和归类，提出两年的纪念邮票推荐选题和备用选题，供邮政部门确定选题和设计发行时参考。

如《2011年、2012年纪念邮票选题征集研究报告》课题组，向全国各省级集邮协会和行业集邮协会下发了关于征集2011年、2012年纪念邮票选题的调查问卷，召开邮票选题座谈会，并通过集邮报刊广泛征求邮票选题。

此后，全国集邮联还分别于2011年、2013年、2015年和2017年，完成了《2013年、2014年纪念邮票选题征集研究报告》《2015年、2016年纪念邮票选题征集研究报告》《2017年、2018年纪念邮票选题征集研究报告》《2019年、2020年纪念邮票选题征集研究报告》。这些研究报告得到国家邮政局的较好评价。其中研究报告中建议的选题被国家邮政局邮票发行部门采纳。例如，2013年发行了《世界水日》纪念邮票，2014年发行了《国际家庭日》纪念邮资明信片，2015年发行的《中国船舶工业》则是根据报告中“江南造船厂建厂150周年”选题采取“纪票特发”的。

此外，全国集邮联还于2013年完成了《邮票选题规划研究报告》；2016年完成了《新时期中国邮票选题、设计和印制研究报告》、2018年完成了《国庆70周年纪念邮票选题的设计、印制和发行研究报告》。这些报告通过大量的调查研究获得的数据和分析，为邮票发行主管部门在邮票发行决策时提供了参考。

2. 集邮组织方面的研究报告

进入21世纪以来，全国青少年集邮活动发生了新的变化。为此全国集邮联完成了《青少年集邮发展工作研究报告》。2011年10月18日，为考察广东省青少年集邮工作的开展情况、总结全国集邮的典型经验，《青少年集邮发展工作研究报告》调研组来到广州大学进行调研交流。广东省集邮协会副会长孙海平等和课题组成员与广州大学、广东工业大学、中山大学、华南理工大学等高校的集邮学生代表，就青少年集邮发展问题进行了相互探讨和交流。

课题组对广州大学集邮协会建立30年以来一直坚持“以邮育人，以邮求知，普及集邮，学术强会”的方针，开展“普及性、特色性、实践性、文化性”的集邮活

纪念邮票选题调研会在呼伦贝尔举行

动，推动高校集邮文化的发展，培养了一批又一批集邮人才，为广东省集邮储备了雄厚的后备力量的做法给予了肯定。并将广东省在青少年集邮工作的先进经验作为典型写入研究报告。

此外，全国集邮联还于 2014 年完成了《社会集邮组织的发展与管理研究报告》、2016 年完成了《中国老年集邮的现状与发展研究报告》、2018 年完成《新时代如何做好会员的管理和服务研究报告》。为完成这些研究课题，全国集邮联学术负责人率领各课题组深入各省、自治区、直辖市的基层集邮组织展开调研，召开专题座谈会，获取第一手资料，从而使报告的参考性进一步加强。

3. 集邮文化等方面的研究报告

2000 年以后，随着互联网的普及，中国集邮形势发生了较大变化。为此，全国集邮联选择了《网络时代的中国集邮研究报告》的课题。面对这个全新的课题，全国集邮联专门成立了课题组，将互联网对集邮活动产生的影响全面进行分析和总结，并且有针对性地在北京、内蒙古呼伦贝尔、黑龙江哈尔滨等地进行调研，了解当地不同年龄段的集邮者对互联网的依赖程度。同时，课题组还拟定了 18 道问答题，以调查问卷形式下发到各省级集邮协会。课题组共收回纸质问卷 1463 张、网络问卷 954 张，为报告提供了有效的数据支撑。

《网络时代的中国集邮研究报告》分为“中国集邮进入网络时代”“网络让中国集邮出现新形态”“网络催生出中国集邮的新成果”“网络时代中国集邮出现的新问题”“网络时代中国集邮界的应对措施”“网络时代中国集邮发展前瞻”6 个部分。报告以典型事例反映出“互联网缩小了我国各地集邮水平的差距，拉近了集邮者之间的距离，促进了集邮收藏品的交流和信息的

新时代如何做好会员的管理和服务调研会在呼和浩特举行

传递”的现状。报告也反映了网络集邮中存在的问题，并提出了改进措施和建议。

此外，全国集邮联还于2012年完成了《获奖邮集选编与评析研究报告》、2014年完成了《新时期集邮文化的创新与发展研究报告》、2017年完成了《集邮服务与集邮经营融合发展研究报告》《集邮展会组织与运作的研究报告》、2018年完成了《集邮文化在中国特色社会主义文化中的地位和作用研究报告》。为完成这些报告，各课题组分别赴陕西、山西、辽宁、河南、河北、天津等地调研，显示出为了完成这些研究报告自下而上的运作过程。

四、举办国际集邮论坛

2010—2017年举行的大型国际集邮学术活动在研讨课题上有所变化，从过去专门对邮资票品和集邮理论等方面的研究，转向集邮经营方面的研究。这种国际化的集邮学术活动是在中国举办亚洲国际邮展和国际集藏博览会的同时开展的，为邮政和邮票经营者提供了合作平台和交流机遇。

1. 举办亚洲邮展国际集邮论坛

2011年11月13日，中国2011亚洲国际集邮展览期间，由亚洲邮展执委会主办。江苏省邮政公司、无锡市人民政府承办的无锡亚洲邮展“集邮文化论坛”在无锡凯莱大饭店礼堂举行。全国集邮联副会长兼秘书长刘佳维、中国邮政广告公司总经理高山、人民邮电出版社副社长蒋伟等参加了讨论。在讨论上，上海集邮家丁劲松首先进行题为“快乐集邮”演讲。他向与会者介绍了自己从青少年时期就喜爱收藏邮票，并介绍了他的《中国1897年红印花加盖邮票》邮集，以及他对红印花加盖邮票的不解之缘。享有“世界第一邮商”之称的马克斯·斯托恩做了题为“集邮收藏与

全国集邮联在辽宁大连召开调研座谈会

投资”的讲演。他介绍了自己不平凡的邮票经营经历，以及他协助组建澳大利亚全国集邮协会，与澳大利亚邮政配合设立全国“集邮月”，获得澳大利亚特殊贡献勋章的事迹。

2016 年 12 月 5 日，在中国 2016 亚洲国际集邮展览期间，万国邮政联盟、国家邮政局在广西南宁举办国际集邮研讨会，共同探讨“集邮的传承与发展”。国家邮政局副局长赵晓光、南宁市副市长覃卫国、万国邮联国际局集邮部负责人路易斯·维吉尔和全球集邮发展协会主席阿尔乔姆·阿迪贝科夫以及万国邮联部分成员国专家和代表出席研讨会。

赵晓光在发言中指出，技术进步特别是互联网的快速发展给全球社会带来深远影响，也影响着各国邮政，包括邮票领域。集邮的传承与发展成为世界各国邮政共同面临的重要课题。希望以研讨会为契机促进各国各地区邮政同行的交流，促进中国集邮和世界集邮创新、协调、绿色、开放、共享发展。研讨会上，来自中国邮政集团公司、中国集邮总公司、中华全国集邮联合会以及俄罗斯集邮联合会等公司和组织的专家围绕如何推动传统与现代交汇融合中的集邮发展等问题进行主题演讲。

在中国 2016 亚洲国际邮展期间，还举办了“不借助珍罕素材提高专题邮集成绩之路”等主题的集邮讲座。新加坡国际邮展评审员陈为乐，FIP 专题集邮委员会秘书长、印度尼西亚的托诺·普特兰托，本届邮展评审委员会主任焦晓光，共同向专题邮集作者宣传快乐集邮、理性集邮的理念：只要无限追求更好的处理、更丰富准确的知识表达、展现更美观的贴片，也能在国际邮展上获得镀金奖或大镀金奖，而加大投入资金会让奖牌成色更纯。

“集邮的传承与发展”集邮研讨会

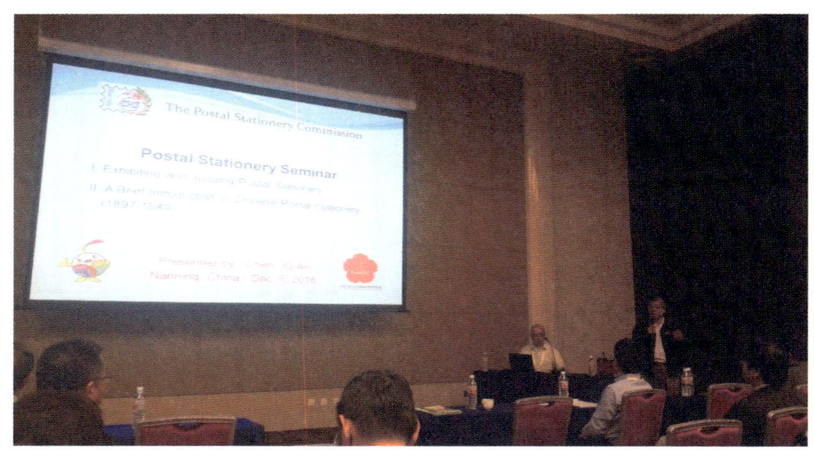

中国 2016 亚洲国际邮展期间的集邮讲座

2. 创立集邮文化发展国际论坛

2013 年以来，由中国集邮总公司与中国国际贸易中心股份有限公司联合主办的中国国际文化集藏博览会每两年举办一届。在此期间，由中国集邮总公司和万国邮联联合主办的集邮文化发展国际论坛也同期举办。

2013 年 9 月 28 日，以“集邮文化产业的发展和未来”为主题的首届集邮文化发展国际论坛在北京新世纪日航饭店举行。中国邮政集团公司副总经理李丕征、中国邮政集团公司邮票发行部总经理高山、中国集邮总公司总经理刘燕明与来自奥地利、丹麦、芬兰、列支敦士登等国家和地区的邮政代表和来自中国澳门的邮政人员、国际知名邮商等近百人参加了论坛。论坛由中国集邮总公司副总经理李永明主持。

在中国邮政集团公司副总经理李丕征致辞之后，中国集邮总公司总经理刘燕明、奥地利邮政代表玛蒂娜·普林茨、丹麦邮政代表波·霍依菲尔德、中国澳门邮政代表梁丽嫦、芬兰邮政代表马库·潘提纳、丹麦 Nordfrim 公司代表俄林·多格德、列支敦士登邮政代表史蒂芬·约瑟夫·厄恩和中国邮政集团公司邮票发行部总经理高山等作了主题发言。与会嘉宾围绕“集邮文化产业未来发展”“如何吸引集邮者”“邮票和邮品的创新”等主题，并结合各自国家（地区）集邮的实际现状，对未来国际集邮的发展建言献策。

玛蒂娜·普林茨在首届集邮文化发展国际论坛发言

2015 年 9 月 27 日，以“今天的集邮——集邮收藏领域的新趋势与创新思维”为主题的第二届集邮文化发展国际论坛在北京新世纪日航饭店举办。中国邮政集团公司副总经理李丕征在致辞中指出，集邮不仅仅是邮政的业务，也是文化产业的一部分。今天的集邮除邮资凭证功能外，集收藏鉴赏投资宣传纪念礼品于一身。在互联网时代背景下，研讨集邮的发展趋势和创新对策，具有非常重要的意义。

万国邮政联盟、中国集邮总公司、北欧邮政、法国邮政集邮公司、比利时邮政、丹麦诺菲集邮公司等中外代表在论坛上发言，分享了各国（地区）邮政和集邮公司的创新思维和集邮产品。

2017 年 9 月 10 日，以“邮票发行和集邮经营如何面对今天的集邮市场变化”为主题的第三届集邮文化发展国际论坛在南京国际展览中心举行。此次论坛旨在创造交流机会，促进国际集邮文化发展，提高中国邮政在国际集邮界的知名度，为今后与各国邮政的进一步合作奠定更为牢固的基础。

中国邮政集团公司副总经理李丕征出席论坛并发言。万国邮联集邮项目经理莫卡戴姆女士就当今集邮市场的结构和趋势进行了一次大数据分析，充分阐述集邮市场的利益关系，提出在当今阶段，每个角色都必须清楚集邮产业里参与者的作用，才能紧跟市场变化趋势。中国邮政集团公司邮票发行部印制监管处处长王冬秋对针对雕刻邮票做了精彩的介绍。联合国邮政管理局局长谢德胜从发行计划、设计工艺、市场营销与推广、印刷技术等多方面为我们介绍了正在蓬勃发展的联合国集邮事业。

丹麦邮票雕刻师马丁·莫克在第三届集邮文化发展国际论坛发言

澳大利亚邮政集邮部副经理谢丽尔·罗伊女士介绍了澳大利亚邮政 2017 年集邮月活动。法国 CART·R 安全印务公司代表从邮票印刷者的角度展示了许多国家通过邮票设计及工艺的创新，在当今市场上取得的傲人成绩。

五、不断取得学术研究新成果

坚持不懈地对我国古典的、重要的邮资票品展开研究，是让中国集邮在世界上占有一席之地的重要步骤。进入 21 世纪以来，我国中青年集邮家对我国古典邮资票品的挖掘与研究并没有间断，而是在前辈研究成果的基础上有所突破。此外，集邮者还不断拓展研究范围，从事对外国邮资票品和近期邮资票品的研究。

1. 延续对重要邮资票品的研究

我国老一代集邮家坚持不懈地对古典票品研究挖掘的精神，也激发了新生代集邮家对古典票品研究的传承。2010 年 5 月 21 日出版的《中国集邮报》发表了丁劲松、赵岳的文章《红印花加盖大字 2 分“折白”

邮票的发现和研究》，作者通过与红印花原票同在英国华德路公司印刷的伦敦版蟠龙、伦敦版帆船等邮票中均有“折白”现象出现，得出红印花邮票完全有产生“折白”可能性的推论；又通过红印花原票印制数量相对偏少（仅100万枚），又在中国进行了二次加盖，分析出红印花原票“折白”变体稀少的原因；通过加盖特征认定“折白”票在加盖25枚全格中应属于第5号位，对于印刷全张100枚而言，可能的位置就存在4种情况，并推断出产生“折白”现象的邮票在基于“折白”线在全张中基本呈现平行线条状的情况下，理论存在的枚数值；通过盖销戳记进一步断定：现已发现的两枚红印花“折白”邮票，虽销盖不同的戳型，但在1897年9月，确实完全有可能出现在同一邮局全张或相近全张之上。

2011年10月，由新中国普通邮票研究会主办、中华全国集邮联合会支持、多家集邮专业媒体协办的全国首届中国普通邮票学术研讨会征文活动开展，共收到21个省市发来的论文60篇。经过评审，产生一等奖2篇、二等奖4篇、三等奖10篇、纪念奖16篇。获得一等奖的钱希清的论文《综述普三十、普三十一（2002—2010）的版式》对2002年开始发行的普三十、普三十一邮票的版式及采用的多项防伪措施进行了系统全面的研究，分析了逐年顺序更换的荧光喷码，使后续研究有了分辨的依据。作者肯定了普三十、普三十一在我国普票中首先启用高科技无底片数字化制版工艺，据此提出“由于科技的发展，高科技数字化制版工艺的崛起，具有百余年历史的传统版式研究内容亟需调整和变革”。

刘源于2014年发表于《集邮报》的文

首届中国普通邮票学术研讨会

章《清代国家邮政时期挂号邮资考》，结合相关史料和相应的实寄封，重点分析了清代国家邮政时期国际、国内挂号邮资和国内挂号邮资调整；香港、澳门、胶州（青岛）、广州湾等“租界地”的特殊邮资；蒙古、新疆、西藏等边疆省份的特殊邮资；云南、龙州等经国际邮路寄递的邮资，较为完整地呈现了清代国家邮政时期的挂号邮资。

2. 开展对近期邮资票品的研究

随着中国邮政发行邮资票品的种类也不断增加。在新票品印刷技术水平、印制工艺创新不断提高的同时，对新票品研究的内容也在不断扩容。研究近期邮资票品的群体也在不断扩大。

由江苏邮资封片与个性化邮票研究会编发的《邮资封片与个性化邮票研究》双月刊，对新邮资票品的研究显示出极大的热情。李茂长、葛建亚、郑炜分别撰文《关于个性化邮票研究内容的思考》《重视个性化邮票现状与发展的研究》《探究中国个性化邮票》，对我国个性化邮票内容、现状和发展进行了研究和探讨；沈庆达的《我国首枚影写版印刷的个性化邮票》发现并研究了唯一一枚同时使用胶版和影写版印刷的个性化邮票；张东的《个性化服务专用邮票同图异齿票研究》通过对33套（42枚）个性化邮票的长期研究，发现在一套（枚）邮票同时存在12.0度、12.5度、13.0度、12.0度 ×12.5度、12.5度 ×12.0度5种齿孔度数的达到9枚，4种齿孔度数的达到16枚，并研究了发行时间；焦疆的《“同心结”个性化服务专用邮票研究》研究了一套邮票的设计、印刷、纸张、齿孔、使用，并将研究成果用作邮集，于2018年参加了世界邮展。

从1981年国内开始规模使用邮资机以来，其使用多见于商函、信函的使用，邮资机符志在其他邮政业务上的使用较为少见。邮资机符志在邮政汇款业务中的使用，目前仅见10余枚实例。安舟于2016年发表在《邮资机符志研究》总第4期的《邮资机符志在邮政汇款及相关业务中的应用》一文，就带有邮资机符志的汇款单的3个使用地点、7种戳式在“收取快件费”“收取航空费”“收取退汇手续费”“用于补收汇费”“汇款查询费”5种邮政汇款业务中的实际应用，以及应用过程中产生的特例做出了解释。

2017年第4期《集邮》杂志刊登了梅海涛的《余音未消的“阿福片”——’92中国友好观光年纪念邮资明信片研究》。作者将“大阿福片”与“阿福片”对比研究得出心得：（1）“阿福片”与“大阿福片”，两片具有基本一致的子模特征；（2）“阿福片”长149毫米，宽100毫米；“大阿福片”长147毫米，宽100毫米；（3）“大阿福片”邮资图、图形、色彩、规格等与“阿福片”别无他恙；（4）总体观察：“大阿福片”印刷色彩偏深，而“阿福片”则整体刷色略微偏浅。

为加快邮政现代化发展的进程，我国自20世纪80年代初开始大量引进和研制并推广使用这一兼具记账和结算功能的自动化邮资机具。2016年第8期《上海集邮》刊登了武玮璘的《浙邮YFM118E型邮资机符志款式的变化》一文，针对2013年由浙江工大普特科技有限公司研发继YFM118型邮资机后研制生产的一款新式数码邮资机，根据其在上海、重庆、云南、

票品研究 Researches on Philatelic Items

余音未消的“阿福片”

——JP.32《’92 中国友好观光年》纪念邮资明信片探究

梅海涛

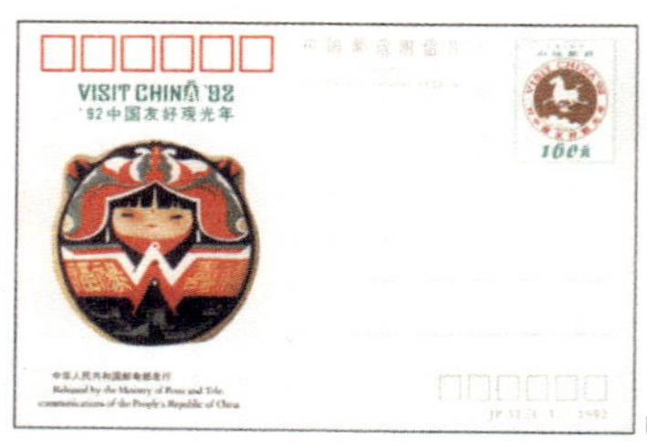

图1

图2

图3

1992 年 4 月 17 日，原邮电部发行了 JP.32 纪念邮资明信片《’92 中国友好观光年》一套 1 枚（图 1）。由于邮资片上印有一个阿福图案，所以被集邮界俗称为“阿福片”。而当年曾经撤销发行的一枚同题材片被称作“大阿福片”。25 年过去了，关于“阿福片”发行的一些问题仍然是集邮界研究和探讨的话题。

关于“阿福片”的研究

信片邮资符志规格为 24mm × 30mm，表现的是“游中国，交朋友”中国友好观光年标志。其主图“马踏飞燕”为我国东汉时期青铜器的剪影。这件文物 1969 年出土于甘肃省武威市雷台汉墓，这是东汉时期镇守张掖的军事长官及其妻合葬墓中出土，现藏甘肃省博物馆。1986 年“马踏飞燕”被定为国宝级文物。标志的下方为中国长城剪影。

1983 年 10 月，“马踏飞燕”被国家旅游局确定为中国旅游标志（图 2），

人张”第四代传人、中央工艺美术学院副教授张锠先生创作的陶瓷艺术品《阿福》。2015 年 7 月 8 日至 15 日，由北京市文学艺术界联合会、清华大学美术学院联合主办的“雕形塑意汇心语——‘泥人张’（北京支）彩塑艺术展”在中国美术馆举行。该展览展出了这件《阿福》（图 3）。这件 40cm × 40cm 的艺术品，在微缩到明信片图案后，出现了几点变化：一是陶瓷作品的高光和立体感削弱了；二是女童的年龄似乎增大了；

《余音未消的“阿福片”》研究文章

山东、安徽、浙江等地区使用的实例，及 YFM118 型、YFM118E 型、YFM118E–II 型 3 种机型的对比，研究了各地区启用的时间；符志框线的粗细、邮资戳上方的铭记和下方的机号的行距、邮资戳尺寸、日戳直径的变化；蓝色、蓝紫色油墨和红色喷墨打印使用的地区和时间；唯一码中设备号、随机号与邮件流水编号字母或数字的转换规律。对这一较为普遍使用的邮资机机型，作了系统的研究。

在自动化集邮研究会 2011 年年会上，姬新平发表了《具有子模特征的“自 1”电子票——“鱼钩状”底图白斑》论文。作者针对业内“自 1”邮票底图白斑是版模破损导致还是隔物印刷导致两种成因观点，通过多种对比，测量出底图白斑在不同底图出现的角度旋转变化，论证出“底图白斑”的形状变化和位置移动基本可以认定“鱼钩”状“底图白斑”产生的原因并非破版，是印刷中粘有异物遮挡所致。

3. 开展对外国邮资票品的研究

随着我国接连举办亚洲和世界邮展，集邮者参加国外集邮展览的次数不断增加，集邮研究更为重视外邮资票品在专题

集邮中的应用，以及对传统、邮政历史、邮政用品、航空、航天、极限等多个领域的研究。

在2010年发行的《集邮》杂志第16期增刊上，发表了金雷撰写的《苏联2枚小型张版式探微》一文，根据中国、德国、俄罗斯3国目录及作者本人收集的邮品的对比，对苏联1944年《彼得格勒勒解围纪念》和1945年《斯大林格勒战役胜利2周年》两枚小型张进行了详细研究。总结了多种字体以及字体的复印、斜印、漏印、倒印等变异以及纸张的变化、多种裁切尺寸，指出了人民邮电出版社《苏联邮票总目录（1918—1991）》（1994年第一版）其中的多项遗漏和错误。

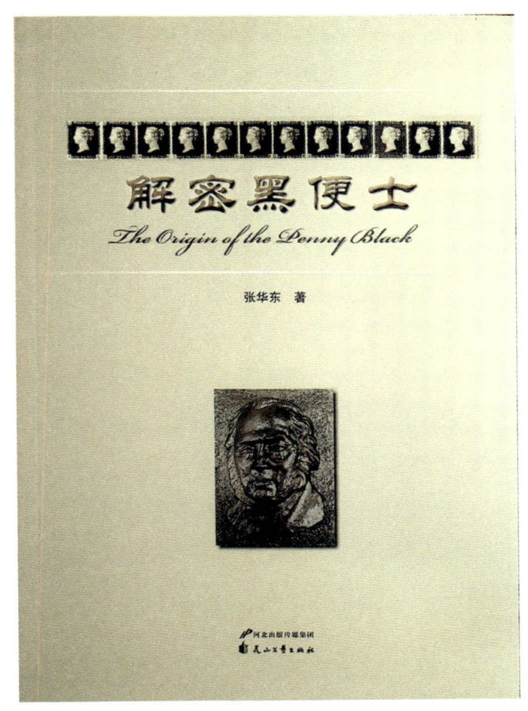

《解密黑便士》

2015年，张华东编著的《解密黑便士》以大量英国权威人士提供的资料、图片及建议为基础，从1840年黑便士邮票诞生前几百年的英国邮政到黑便士邮票诞生、诞生原因、版别辨认；从黑便士发明人罗兰·希尔与黑便士邮票有关的事件、公司、故事和其他主要人物，到纪念黑便士邮票和罗兰·希尔以及英国黑便士邮票的学者、收藏家、邮商及其作品、藏品等方面，解读了黑便士邮票，对世界上发行的第一枚邮票——黑便士邮票的前世今生，进行了全面的、深入的、开创性的研究，为世界第一枚邮票诞生175年献上了贺礼。

随着中国生肖文化在世界各地的影响力不断扩大，国外众多国家（地区）也开始发行中国题材的邮资票品，尤其是对中国生肖题材的邮资票品发行日益增多，更增添了我国集邮者对国外邮资票品研究的热情。在2013年发行的《集邮》杂志增刊21期上，发表了柳承美的《新加坡发行的第一轮生肖邮票》一文。作者以大量的数据，讲述了新加坡邮政1996年至2007年发行的第一轮12种生肖邮票。从其独特的设计形式、多种的印制和不同的邮票齿孔到与众不同的发行方式，以及演变出多种不同的生肖邮品和错版设计等，对12年间发行的51种版式（大全张、小型张、小全张、金箔和银箔邮票）进行了细致的研究。

六、出版各类图书和学术论文集

我国集邮学者系统地、有目的地对集邮研究成果进行收集、整理和研究，出版了大量的集邮图书。集邮界出现了出书热、办刊热、收藏热、研究热和集邮文献参展热等特点，表明我国集邮队伍素质有了质的变化。集邮文献收藏的兴起，对于提高我国集邮者的集邮研究和集邮鉴赏水平、提高邮识水平、邮集编组水平产生了积极的作用。

1. 出版各类集邮图书

（1）史志类集邮图书

中国邮政文史中心、中国邮票印制局、北京印刷学院共同编撰的《中华人民共和国邮票印制史》，是一本贯穿邮票史、邮政史、印刷史的专著。介绍了从1949年至2013年我国邮票印制的历史过程；清代和民国时期邮票的印制；各种版别邮票的印制技术和印制手段；邮票的真伪辨别。

《中华人民共和国邮票印制史》

全国集邮联第五届学术委员会提出，各省级集邮协会应尽快编纂或续编本省（自治区、直辖市）的集邮史。因此，这一时期有多家省级集邮协会推出了本地的集邮史。

北京市集邮协会编著的《北京集邮史》，记述了从清朝末年至2011年北京集邮活动的全貌。全书按时间顺序共分8章，介绍了不同时期的时代背景、邮政状况、集邮者、集邮市场、集邮活动以及集邮展览和集邮出版的状况。该书还编纂了北京集邮大事记，记录了北京集邮的各项重要事件。附录中收录了关于北京市集邮活动中的大量资料。

山东省集邮协会编著的《山东集邮史》，全书由7章和附录组成，共40余万字。介绍了山东近代邮政的开办与发展；中国早期邮会与山东早期集邮活动；济南新生邮票会、青岛集邮会的建立、活动以及邮票社的发展；山东解放区邮票的收藏、研究、传播与影响；新中国成立以来的山东的集邮活动。

广东省集邮协会编撰的《广东集邮志（1995—2009）》，全本书分为8章，内容包括：集邮组织、集邮活动与交流、集邮展览、集邮学术与文献、青少年集邮、邮资票品与邮戳、集邮经营与服务、集邮人物。

福建省集邮协会编撰的《福建集邮史》，记载了福建集邮百余年的历史，特别是突出介绍了改革开放至今的30多年福建集邮在组织发展、集邮文化宣传、集邮"五进"、老（少）年集邮、学术研究、邮集参展、"三个服务"（为社会主义精神文明服务、为广大会员和集邮者服务、为邮政事业发展服务）等方面所取得的成果。

北京、山东、福建、陕西、浙江的集邮史和《广东集邮志》书影

2012 年出版的《福建集邮史》修订本，在正文前的彩色插页刊发了习近平同志 1996 年 2 月任中共福建省委副书记、福州市委书记时，为集邮活动题词手迹“陶冶情操　增长知识”。

陕西省集邮协会新编撰的《陕西集邮史（1998—2010）》是《陕西集邮史》1999 年版的续集，书中展示了 1998—2010 年陕西省的集邮活动。全书分导言、组织建设、集邮展览、学术研究、集邮宣传、青少年集邮、老年集邮、各市集邮活动、集邮业务与管理服务、集邮人物和附录等章节。

浙江省集邮协会编撰的《浙江集邮史》，是一部反映浙江近 30 年为主要时间段，兼顾 20 世纪 20 年代新光邮票研究会成立以来的集邮活动专史，是目前为止该省在集邮历史、集邮活动、集邮人物等诸方面一应俱全的全面、系统的综录大观，是记载该省集邮各个方面的一本史料性工具书。

（2）工具类集邮图书

由孙蒋涛编著的《中国人民革命战争邮票集》（第 1、2 册），内含中国共产党领导的红色区域发行的苏区邮票、边区邮票和解放区邮票和实寄封，其中一些成为珍贵的历史文物，如举世无双的“稿”字邮票四方连等，另有诸多试印样票、变体票、实寄封等孤品与罕品，极具文献史料价值由李秋实编著的《中国普通邮票图鉴（1950—2013）》，收录了中华人民共和国成立以来邮政部门自1950年至2013年所发行的全部普通邮票，含全国通用普通邮票、加字改值普通邮票、限东北贴用普通邮票、限旅大贴用普通邮票，总计48套345枚（含小型张、小全张、小本票）。除正票外，图鉴的精华部分在于对每套邮票印制过程中产生的珍贵组外品、变体票以及目前所见到的邮票画稿、印样、未发行票等，都做到了较全面而又有选择地收录。

内蒙古赤峰市集邮协会编著的《赤峰邮政日戳图谱》，收录赤峰市1949—2008年邮戳4400多枚，宣传戳、纪念戳327枚，简图73幅。真实地反映了赤峰市近60年的邮政历史。

由徐永胜主编的《世界自动化邮票目录（2015）》，依据德国出版《米歇尔自动化邮票目录2013/2014》的资料编译而成。书中囊括世界66个国家和地区截至2014年发行的1200余种自动化邮票的彩图和详细内容，是集邮者了解世界自动化邮票全貌的工具书。

（3）专著类集邮图书

由陆游编著的《抱犊崮邮史研究》，收录了早期《邮乘》、香港《邮票世界》、《中国集邮学报》等邮刊上有关“临城劫车案”“抱犊崮土匪邮票”和海峡两岸“抱犊崮土匪邮票”实寄封收藏者陆游先生、何辉庆教授所撰的邮文，以及一篇英文文章。这是我国第一部关于抱犊崮邮史研究的专著。

《邮票图说昆虫世界》

由王荫长、张巍巍编著的《邮票图说昆虫世界》，以世界各国昆虫题材邮票，展现了昆虫世界的精华，浓缩了人类认知昆虫的历史，反映了人类和昆虫的关系。

由李近朱编著的《邮票上的毛泽东》，介绍了各个时期中外发行的纪念毛泽东或与其相关的邮票、邮资票品637枚，以丰富、翔实的图谱，诠释了毛泽东的丰功伟绩与影响。

（4）集邮学术论文集

全国集邮联历次主办学术研讨活动，都编辑出版学术论文集，这其中有《纪念辛亥革命100周年集邮学术论文集》《纪念中国共产党成立90周年集邮学术论文集》《纪念中华全国集邮联合会成立30周年全国优秀集邮学术论文集（2002—2011）》《纪念毛泽东同志诞生一百二十周年集邮学术论文集》《纪念黄埔军校建校90周年集邮学术研究专刊》《青少年集邮与理论研究学术论文集》《纪念中国人民革命战争时期邮票发行80周年集邮学术论文集》《纪念中国人民抗日战争暨世界反法西斯战争胜利70周年集邮学术论文选》《纪念红军长征胜利80周年新长征集邮热点研讨会大会交流论文集》等。

《纪念毛泽东同志诞生一百二十周年集邮学术论文集》

北京市集邮协会继续编辑年度学术论文汇编，2010年至2017年又印发了8册，内容包括会员参加全国集邮联征文活动和研讨会，在北方集邮论坛、北京集邮茶座和基层学术研讨会等发表的论文，8年间入选232篇。

河北省集邮协会编辑的《河北集邮文选》分为：古代邮驿清代民国邮史、解放区邮票税票集邮史、新中国邮票集邮史、集邮论坛四部分，共遴选了2003—2012年，在省级以上各种报纸、杂志以及各级集邮学术研讨发表的优秀集邮论文和集邮文章87篇。还有新疆维吾尔自治区集邮协会编辑的《新疆集邮论文集（第五辑）》、荆州市集邮协会编辑的《湘鄂西苏区邮政史研究文集》、四川省集邮协会编辑的《四川集邮研究文选——纪念中国共产党成立90周年邮文特辑》等。

2. 集邮文献参加集邮展览

2010—2018年，我国各类集邮文献多次参加全国邮展、亚洲邮展和世界邮展，并且取得较好的成绩。

由孙明、钟醒夫编著的《国内邮政快件探讨》，以大量的实寄邮品及其他比较翔实的资料记录了邮政快件业务开办、发展、变化及存在的问题直至停办的全过程，以各种单式等实物印证了各生产环节，对快件的经传传递操作等程序作了较系统、多层面的阐释和探讨。由郑造桓编著的《集邮与浙江文化》以浙江自然风貌与社会历史、政治经济、科技文化等为线索，选用了大量珍贵的邮品，反映自古以来的重大事件、历史人物、时代英模及创造活动，汇集和折射了浙江精神的人文基础，展示了浙江深厚的史前与现代文明。以上两部研究性集邮文献，在印度2011世界邮展中获得镀金奖。

由李曙光编著的《千军万马方寸间——中国军邮研究》通过实寄封、邮简、明信片叙述了军邮局的建立和发展、军邮戳记

获奖集邮文献

的使用、军事邮路的变化、军邮票、封、简的诞生，以及寄信人和收信人之间的友情、亲情、爱情以及军旅生涯的传奇与艰辛，还有革命战争给中华民族带来的非凡命运。该书在中国 2016 第 33 届亚洲邮展上获得大镀金奖加特别奖。

由沈敦武编著的《冲破封锁线——中国在抗日战争时期的对外邮路》，通过近千件抗战时期的通信文物及实寄封，首次全面、系统地揭开了中国在抗日战争时期的多条对外邮路这段鲜为人知的邮政史。该书在中国 2016 第 33 届亚洲邮展上“南宁 2016 亚洲集邮展览”中获得镀金奖。

此外，陆游的《中国的航邮及史前》分别在泰国 2013 世界邮展、韩国 2014 世界邮展上获得镀金奖；中华全国集邮联合会的《纪念中国人民革命战争时期邮票发行 80 周年集邮学术论文集》和延陵邮学会的《延陵邮刊》在中国 2016 第 33 届亚洲邮展上获得大镀金奖。这些获奖文献集中代表了我国这一时期集邮学术研究的最高理论水平和研究成果。

七、各地具有特色的学术研究活动

2010—2018 年，各省级集邮协会和民间集邮组织在全国集邮联的指导和支持下，开展了形式多样的学术研究活动。这一时期，开展区域性的、周期性的集邮学术活动成为主要特点，学术活动往往围绕某个主题展开，各位全国集邮联学术委员会委员在其中发挥了自己的作用。这些学术活动不仅召开研讨会，而且还出版集邮学术论文集。

1. 省级集邮协会开展的学术研究活动

（1）北方十省（市、区）集邮论坛

由北京市、天津市、河北省、山东省、山西省、陕西省、内蒙古自治区、辽宁省、吉林省、黑龙江省等省（自治区、直辖市）集邮协会举办的“北方十省（市、区）集邮论坛”，2012 年 9 月 14 日在北京市房山区良乡邮局举行。全国集邮联副会长李近朱、全国集邮联学术委员会秘书长成冬青，北京市集邮协会副会长由利颖、房山区集邮协会名誉会长郭先英到会并讲话，来自十省（自治区、直辖市）集邮协会的秘书长、论文作者和北京市集邮协会部分学术委员等 40 余人出席论坛。

“北方十省（市、区）集邮论坛”的前身是“北方七省（市、区）集邮学术研讨会”，自 2005—2011 年一共举办了 7 届，参与的省级集邮协会有北京、天津、河北、山西、陕西、山东、内蒙古。

为了适应我国集邮事业不断发展壮大的新形势，自 2012 年起，增加了东北的辽宁、吉林、黑龙江 3 省集邮协会，更名为“北方十省（市、区）集邮论坛”，北京市集邮协会承办首届论坛。从发出征集论文通知后，共收到 10 个省（自治区、直辖市）集邮爱好者和集邮工作者的论文 51 篇。经北京市集邮协会学术委员会组织专家审读，一致认为，首届集邮论坛征集的论文质量普遍较高，不仅有较高的学术价值，而且

北京 2012 北方十省（区、市）集邮论坛

有较高的推广和应用价值，是集邮学术界的一次突破。山西程惠平、黑龙江宫旭志、辽宁徐洪、内蒙古李志忠、河北武书敏、北京许庆发、天津李明、山东侯海波 8 人在集邮论坛上宣读了论文。会议下发了由北京市集邮协会编印的《2012 年北方十省（市、区）集邮论坛文集》，该文集为大 32 开 313 页，收录论文 41 篇，另有 10 篇论文存目附后。

首届“北方十省（市、区）集邮论坛”的举办，标志着我国北方区域性、自发性集邮学术活动的日臻成熟。为了将今后的论坛办好，首届论坛期间，10 个省级集邮协会的领导就承办集邮论坛的顺序、论坛的内容和形式、论文汇编等，进行了广泛讨论。此后，“北方十省（市、区）集邮论坛”于 2015 年在内蒙古巴彦淖尔、2016 年在黑龙江省哈尔滨、2017 年在山西省平遥等地轮流举办，形成了制度性的学术研讨机制，并将每次论坛的优秀论文编入《北方十省（市、区）集邮论坛文集》。

（2）北京集邮茶座

北京集邮茶座由北京鼓楼集邮研究会 2000 年 8 月 19 日创办，自 2003 年起由北京市集邮协会与东城区集邮协会、鼓楼集邮研究会联合举办。活动基本每月一次，每次三四十人参加，最多超过百人，也有各地邮友和外国集邮人士。茶座主题涉及邮票邮品、邮政历史、专题研究、邮集邮展、集邮文献等多方面。主讲人中有著名集邮家、全国集邮联有关领导、邮票设计家、邮展评审员和北京市集邮协会学术委员等近百人。自 2011 年起，每年还举办北京集邮十大新闻评选活动。至 2018 年 6 月，北京集邮茶座已举办 184 次，促进了会员集邮学术水平的提高，成为北京市集邮学

北京集邮茶座

术交流的品牌活动。

（3）上海集邮学术报告会

上海市集邮协会自2013年7月开始举办月度学术研讨会，至2018年3月共举办57场，演讲集邮论文和邮文97篇，超3000人次参加。其中以邮政史为主，涉及传统、邮政用品、专题、极限、文献和自动化、原地等多种类别。在97位人次的演讲中，不乏全国集邮联副会长李曙光以及马佑璋、孙海平、龚振鑫、施邑屏、胡不为、李汇祥，以及中国台湾的林茂兴等集邮家、国际（国家）级邮展评审员，更多的是对某一方面研究在全国处于领先地位的普通集邮者。这一持续性的学术研讨活动，推动和促进了上海各级集邮协会学术活动的蓬勃开展，也为全国的集邮学术活动提供了借鉴。

上海集邮学术报告会

为纪念毛泽东同志诞辰120周年，上海市集邮协会于2013年12月22日在三楼会议室举行12月学术研讨会暨学术委员第二次全体会议。由化工集邮协会韩海麟宣读《两套毛泽东像雕刻版邮票比较》论文，学术委员钱存之宣读《简析毛泽东邮票的时代特征》论文，与会委员就论文提出意见和建议，供作者修改作参考。这种互动的研讨方式得到了与会者的一致认同，有助于学术研究水平的提高。学术委员会主任邵林就上海应征全国集邮联征文的工作进行汇报，并就集邮学术论文写作的基本常识讲述了自己的体会。

2016年8月28日，上海市集邮协会学术委员会举行月度学术研讨会，由中国台湾邮票印刷和研究专家廖光禹先生主讲《自动化邮票的探索与研究》、江西的港、澳电子邮票收藏家郭基玉主讲《香港十二生肖自动化邮票的印记特征》。廖光禹先生从印刷角度剖析电子邮票各种变异的产生原因，结合中国台湾电子邮票从设计到完成发行的全过程，包括印刷、打孔、打印、裁切、用纸、油墨、机器以及相关制度、规定等作了全面综述；郭基玉从面值设置、调资变化、打印数字特征、印记颜色及变异、裁切特征和变异及产生的重叠打印、测试票等，全面阐述了香港十二生肖自动化邮票的整体情况。

西南六省区市集邮学术经验交流会于2015年5月28—29日在昆明召开，来自重庆、四川、贵州、广西、西藏、云南的50余名集邮代表围绕"新时期如何加强集邮学术研究和交流""西南地区集邮学术研究选题及研究方法"等主题在会上进行了交流。全国集邮联学术工作委员会秘书长成冬青参会并发言。

首次西南六省区市集邮学术经验交流会于1992年12月23—26日在云南安宁召开，20余年来，以学术讨论会、工作研讨会、秘书长工作研讨会等多种论题和形式组织学术交流，促进了西南片区集邮学术研讨、集邮工作方法探索以及集邮活动的开展。部分研讨成果还汇编成集，成为西南片区宝贵的集邮文献。

2. 各民间邮会开展的学术研究活动

（1）新中国普通邮票研究

2011年11月，由全国集邮联学术委员会与普票研究会联合举办、《中国集邮报》《集邮》《集邮博览》《上海集邮》《集邮报》协办的“全国首届中国普通邮票学术研讨会暨纪念新中国普票研究会成立十周年”征文活动，共收到海内外60多篇邮文。2013年，普票研究会与福建省集邮协会联合举办了面向全国的《首届中国普通邮票网络邮展》，展品从5月开始陆续在“八闽集邮网”展示。2015为纪念中华人民共和国第一套普通邮票发行66周年，迎接普票研究会成立15周年，普票研究会与福建省集邮协会联合举办了第二届中国普票学术研讨会征文。全国各地普票研究者、爱好者撰写的61篇征文，内容年代跨度大，既有清代、民国普票，又有解放区、中华人民共和国早期普票，还有大家耳熟能详的“民居”“环保”“中国鸟”“美丽中国”等近期普票；作者既有全国普票学术研究的行家，也有崭露头角的年轻人。活动组织者在西安2016全国邮展期间召开了优秀论文颁奖会。

（2）生肖集邮研究

生肖集邮研究会自1997年6月成立以后，重视学术研究，多次召开了学术研讨

首届中国普票网络邮展颁奖会

《原地集邮概论和图鉴》

会和生肖邮票设计研讨会，其会刊《生肖集邮》重点对生肖文化、生肖邮票和生肖集邮进行了多层次、多角度的学术研究。2010 年，该会在苏州承办了由中华全国集邮联合会学术委员会主办的“全国首届生肖集邮学术研讨会”。通过学术研讨，确立了生肖邮票的定义，包括生肖邮票与动物邮票的联系和区别、生肖邮票与贺年邮票的联系和区别；探讨了十二生肖的起源、生肖文化的积极因素；分别提出了对中国第三轮生肖邮票设计的建议，对中国第四轮生肖邮票设计的建议，对“生肖”英文译名的建议；制定了全国生肖集邮展览展品评审规则及其指导要点；组织编写了《生肖集邮概说》《生肖集邮学术研讨会论文集》4 册；周治华、郑炜编著的《世界生肖邮票目录（2011）》，收录了从 1950 庚寅虎年世界上第一套生肖邮票至 2010 庚寅虎年世界 96 个国家和地区邮政部门发行的全部生肖邮票（包括小型张、小全张、小本票和部分小版张）共 2538 种。内容丰富、资料翔实，是生肖集邮的重要工具书。

（3）原地集邮研究

由《中国集邮报》《集邮报》和东联原地集邮研究会联合举办的全国性年度“我喜爱的原地封”评选活动，从 2014—2017 年连续举办了 4 届，并且每年还编撰了全彩印、16 开的《中国邮政原地邮品鉴赏》专辑，积累了大量的学术性图文资料。会刊《春申邮刊》为原地研究性双月刊，至 2017 年末已连续发刊 138 期，刊登了大量有关原地集邮的资料信息和学术研究文章。童国忠的《原地集邮对我国新邮首发式形成的贡献》一文细述了我国新邮首发活动从 1987 年出现至今，原地集邮活动对推动我国邮票首发式的形成过程和密切的关系。刘观锡的《缤纷异彩的原地同题材加贴实寄封片》一文将同题材邮品细分为 20 个类别，逐一归纳，并结合邮展评审规则，阐明了“原地同题材加贴”的制作方法和归类技巧。两年一届的原地集邮展览，展品规模从首届的 25 部 70 框发展至第五届的 72 部 252 框。这一展览的连续成功举办，有力地推动了全国集邮联将“原地类”集邮，纳入到了“常州 2018 全国邮展”竞赛类别当中。

（4）邮政历史等邮学研究

延陵邮学会自 2007 年 4 月 21 日在江苏常州成立以来，坚持每月组织会员开展学术研讨交流例会活动，围绕一个专题或者主题，开展学术研讨交流。延陵邮学会近百名会员编组的邮集在世界邮展、国际邮展以及全国性邮展上屡获奖牌，取得了非常优异的成绩。会刊《延陵邮刊》，刊发会员在邮政历史、传统集邮等方面的学术研究成果。2016 年《延陵邮刊》荣获国际邮展镀金奖。苏州邮政史集邮研究会，致力于传承和弘扬吴文化精神，倡导和推广“开放包容、顽强进取、务实求真、开拓创新”的集邮文化理念，会刊《苏州邮史研究》每年发表集邮论文 30 多篇。以加强和促进邮史研究与学术交流为重点，“请进来、走出去”，与《集邮博览》、英国皇家邮学会一道倡导和发起了对民间通信史的研究，在苏州成功举办了三届“民信局研讨会”。范利清的《苏州邮政史（清代篇）》系统研究了苏州邮政的开办发展，以及苏州民信局、驿站的历史，其集邮展品《苏州邮政史（1865—1949）》，2016 年获得亚洲邮展镀金奖。

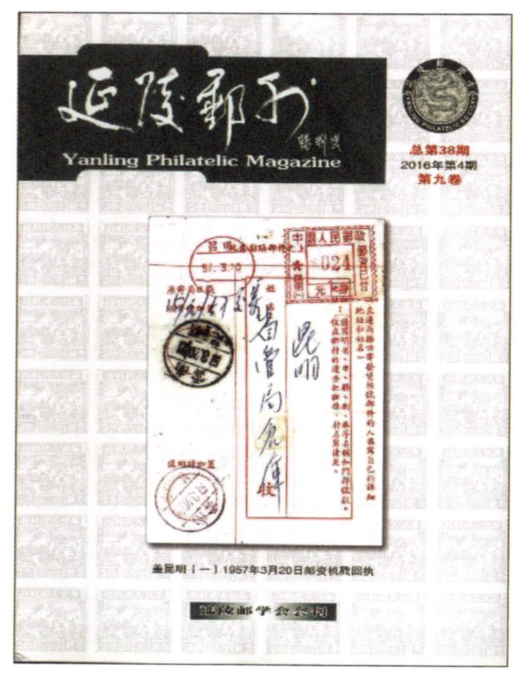

《延陵邮刊》

第七节　集邮宣传迎来挑战和新机

2010 年以来，全国集邮联在集邮文化的宣传方面，始终围绕着党和政府的中心工作及重大事件，始终围绕着国家邮政和集邮的方针政策和中心活动，始终围绕着为广大集邮好者服务的宗旨而开展。我国的集邮文化事业不仅在两个文明建设中发挥出巨大的社会作用，而且在提高中国邮票的国际地位方面，在扩大我国与国际集邮组织间的交流与合作方面，在集邮宣传报道和图书出版、音像作品方面，在集邮的网络宣传、社会媒体的宣传方面都取得了长足的发展和进步。

一、全国集邮联对宣传工作的引领

2010 年以来，全国集邮联在集邮宣传中认真贯彻“以科学的理论武装人，以正确的舆论引导人，以高尚的精神塑造人，以优秀的作品鼓舞人”的工作方针，以集邮文化为载体，坚持正确舆论导向，大力弘扬以爱国主义为核心的民族精神和以改革创新为核心的时代精神，广泛宣传集邮文化服务社会主义文化事业和邮政事业发展、丰富群众的业余文化生活。

1. 不断推出集邮宣传的新举措

全国集邮联在集邮宣传工作方面的宗旨就是与党中央的宣传工作保持一致，倡导和树立正确的集邮观。在不同时期，全国集邮联开展多次如何树立正确的集邮道德观的大讨论，全国集邮联“五大”以来进行的典型宣传教育活动，都产生了深远的影响。2010 年 12 月 9 日，全国集邮联宣传工作委员会一届二次会议在杭州召开，会上传达了全国集邮联年度宣传工作重点，交流集邮宣传工作经验，强调提高集邮宣传队伍的综合能力，对集邮宣传工作提出了具体的要求和目标。

全国集邮联第三届集邮宣传工作委员会成立大会

2013年8月15日，全国集邮联第三届宣传工作委员会成立暨第一次会议在河南郑州召开，来自各省（自治区、直辖市）和行业集邮协会代表共40余人参加了会议。第三届集邮宣传工作委员会由42人组成，刘佳维担任主任，张英伟、钟奇志为副主任，何冬立为秘书长，委员37名。此次换届使全国集邮宣传工作进一步加强。

杨利民会长在全国集邮联第三届集邮宣传工作委员会成立暨第一次会议上强调，全国各级集邮协会要高度重视和切实加强对宣传工作的领导和支持，强调集邮宣传要坚持正确舆论导向，积极做好集邮宣传工作；充分利用整合各种资源，努力增强宣传工作的实效性；加强集邮宣传队伍建设，更好地适应工作需要。要做到“三个融入”，即把集邮宣传工作融入全国集邮联的中心工作中，融入广大集邮爱好者和人民群众的文化生活中，融入地方的社会主义精神文明建设中。要加强集邮宣传队伍建设和集邮宣传工作者的作风建设，努力提高集邮宣传队伍的综合能力，使集邮宣传工作实现“三个贴近”，即贴近生活、贴近实际、贴近集邮爱好者。为集邮宣传指明了方向。

中华全国集邮联合会于2016年3月15日在北京召开集邮宣传工作会议，学习贯彻党的新闻舆论工作会议精神，交流研讨集邮宣传工作。全国集邮联会报会刊代表、国家邮政局新闻宣传中心代表、中国邮政集团公司新闻中心代表参加了会议。全国集邮联常务副会长徐建洲领导大家学习了习近平总书记在党的新闻舆论工作座谈会上的重要讲话精神。杨利民会长对集邮宣传工作提出了明确要求：一是认真学习、深入贯彻总书记的重要讲话精神；二是把

2016年集邮宣传工作交流会

握正确政治方向，指导好各类集邮报刊宣传工作；三是遵循集邮文化特征，引导好集邮文化的方方面面；四是不断改进宣传的手段和方式。提高集邮宣传的影响力和号召力。

2017 年 12 月 9 日，全国省级集邮协会秘书长工作会议在四川绵阳召开，会议研究推动集邮文化发展的新目标、新思路和新举措，在改革、创新、发展中全面开创我国集邮文化建设新局面。明确了我国集邮组织的政治方向和文化属性，坚持党的领导，坚持社会主义文化发展方向、广泛坚实的群众基础、大众化集邮理念是中国特色集邮文化事业的显著特征。党的十八大以来，在邮政部门的重视支持下，各级集邮协会上下联动、共同努力，开展了一系列具有中国特色的、有社会影响力的集邮文化活动，集邮宣传大格局逐渐形成。

2018 年 1 月 10—11 日，全国集邮联在北京举办全国集邮宣传培训班，以更好地在集邮宣传中贯彻党的十九大精神，提高集邮协会宣传骨干的业务水平，组建全国集邮联的集邮通讯员队伍，进一步加强全国集邮宣传的力量。培训班由全国集邮联学术宣传部主任成冬青主持，全国集邮联副会长刘佳维启动开班仪式，邀请相关媒体权威人士，从新闻的选题策划、新闻写作的导向与规范等不同的角度授课，让大家受益匪浅。黑龙江、江西、河南、贵州、宁夏、云南、河北等地代表分别交流了各地的集邮宣传经验。全国集邮联副会长兼秘书长张玉虎出席了结业仪式。他要求以党的十九大精神为核心，加强中国集邮文化的正确政治方向和宣传舆论的导向，坚定文化自信，进一步推动中国特色集邮文化的发展。

2018 年 6 月 6 日，由《中国邮政快递报》举办的一场别开生面的集邮讲座在国家邮政局举行。集邮家李近朱以“集邮与集邮的由来”“一枚邮票、四大特征”“一个行为、四大功能”等话题，并结合邮票发行和集邮的现状，讲述了“集邮的特征、

全国集邮宣传培训班

价值与魅力”。国家邮政局从事邮政宣传、邮票发行等工作的百余人与会听讲。讲座使大家就邮票及集邮的有关内容有了从感性到理性的进一步认识与理解，增强了大家为邮票发行和集邮做好宣传与服务工作的动力。

2. 发挥集邮报刊的宣传作用

集邮是以收集、鉴赏、研究邮票为主体的群众性文化活动。集邮活动的全过程就是一个宣传的过程。据统计，2010 年以来，各级集邮协会及民间集邮组织创办的获得准印号的、专门宣传集邮的报刊已超过 300 种。其中《集邮》杂志、《集邮博览》杂志和《中国集邮报》是全国集邮联的会刊、会报。各省市集邮协会大部分都办有会刊、会报。多年来，全国集邮联依靠《集邮》杂志、《集邮博览》杂志和《中国集邮报》以及全国各地发行的集邮报刊，宣传中国集邮，传播中国集邮信息和集邮知识，推动着中国集邮事业的蓬勃发展。

我国集邮报刊的出版、发行，有着强烈的时代特征、文化特征和舆论导向性，是宣传集邮文化，寓教于邮、寓教于乐的文化阵地，也是蓬勃发展的中国集邮事业的记录与写照。各级集邮刊物围绕年度重点报道题材，在“创建全国集邮文化先进城市”、2011 年庆祝中国共产党成立 90 周年活动、2012 年“喜迎十八大红色文化年”全国集邮巡展活动、2015 年“纪念中国人民抗日战争胜利暨世界反法西斯战争胜利 70 周年”全国集邮巡展活动、2016 年纪念中国工农红军长征胜利 80 周年全国青少年集邮活动以及全国邮展、亚洲邮展等活动中，从不同的角度，开展了形式多样的集邮宣传活动，扩大了集邮在社会上的影响。

3. 各地通过多种方式加强集邮宣传

2010 年，福建省集邮协会在组建集邮讲师团的基础上，审议通过了福建省集邮协会讲师团工作条例，规定了省学术委员和宣传委员对宣传集邮文化的任务和要求，较好地调动了两委委员的积极性。2012 年，集邮协会还组织部分学术宣传委员到闽北政和县开学术宣传年会暨《古代廊桥》邮票选题研讨会。充分利用一切活动机会，做好集邮宣传工作。莆田市集邮协会多年来重视集邮宣传工作，认真编辑会刊，发动协会会员积极撰写集邮稿件。据不完全统计，莆田市集邮协会的会员在 2012 年共刊发集邮宣传报道 296 篇，其中在国家级、省级、地方媒体刊发的数量分别是 28 篇、48 篇和 220 篇，比 2011 年增长了 60%，达到历史最高水平，实现了跨越式发展。莆田的集邮宣传工作迈上了新台阶。

2010 年 5 月 18 日是第 34 个“国际博物馆日”。为了纪念和宣传这个国际日，中国长城博物馆和北京市国土资源局延庆分局联合举办了以“穿越时空、与历史对话”为主题的集邮展览。中国长城博物馆坐落在北京八达岭长城脚下，是八达岭长城景区的组成部分。在这里举办宣传活动，能收到较好的效果。这次邮展展出了“一框类”“开放类”“首日封类”“图画明信片类”“集邮文献类”等展品共 63 框。活动吸引了文物界、集邮界的名人前来助兴，著名长城专家罗哲文、成大林等嘉宾在开幕式上讲话。

湖北省集邮协会会刊《湖北集邮》自 2010 年改版以来，继续立足湖北、放眼全国，以起点高、内容广、视角新为特色，

罗哲文（左二）观看“穿越时空、与历史对话”集邮展览

深得各地读者好评。改版当年，该杂志的2010年合订本即荣获2010年杭州全国邮展大银奖。宜昌市集邮协会的《三峡集邮》、黄石市集邮协会的《黄石集邮》、天门市集邮协会的《天门集邮》、仙桃市集邮协会的《仙桃集邮》、鄂州市集邮协会的《鄂州集邮》、蕲春县李时珍集邮研究会的《时珍邮报》等杂志型会刊，几年来水平与质量不断提升。这些刊物立足对本地集邮文化的宣传，每月不间断出版，成为湖北省集邮宣传工作中的重要助力。

2016年以来，山西经济广播电台每周日中午开播FM95.8集邮系列节目，由太原市集邮协会的嘉宾主讲集邮。其内容包括讲述集邮故事，传播集邮知识，在轻松、时尚、互动的氛围中，宣传集邮，扩大影响。太原市集邮协会多年来和山西经济广播电台合作，策划制作播出的集邮节目，受到集邮爱好者和广大市民的欢迎。

二、社会媒体对集邮的宣传力度

发挥社会媒体对集邮的宣传作用，是全国集邮联及各地集邮协会利用各种社会新闻媒体广泛宣传集邮文化、扩大集邮文化传播的又一个重要措施。要做好集邮宣传工作，不仅需要注重在业内报刊上的集邮宣传，更应重视与各级党报、社会报刊、广电媒体的密切联系，主动提供集邮活动信息，主动邀请社会媒体参与，在社会媒体上全方位宣传集邮文化，加大集邮宣传的力度，这也成为集邮文化宣传的一大亮点。

1. 电视媒体对集邮的宣传

由江西省外事侨务办公室、古巴驻华大使馆、吉安市人民政府、外交部集邮协会、江西省邮政公司、井冈山管理局主办，

湖北邮刊荟萃

井冈山市人民政府、吉安市外事侨务办公室、江西省集邮协会、吉安市邮政局承办的“中国—古巴建交五十周年外交封和友好封揭幕仪式暨中古集邮展览开幕仪式”于 2010 年 12 月 5 日在井冈山革命博物馆隆重举行，井冈山少年儿童现场向古巴少年儿童寄递友好封。当天晚上，中央电视台《新闻联播》栏目报道了这次集邮交流活动。

2012 年国庆期间，中央电视台“焦点访谈”栏目特别制作并播出了“国庆的礼物”系列专题节目。在 10 月 1 日播出的第一集《方寸见巨变》中，向观众介绍了中华人民共和国邮政部门发行的国庆题材纪念邮票。邓连普是新中国成立时期中国邮政邮票发行负责人之一，他讲述了中华人民共和国开国纪念邮票设计印制过程中鲜为人知的故事；中国邮政邮票博物馆副馆长朱彤介绍了 1979 年为国庆三十周年发行的纪念邮票的设计情况；曾经设计过国庆纪念邮票的著名邮票设计家万维生也在节目中亮相。“如果您有一套新中国成立以来的所有国庆邮票的话，就可以在邮票之间听到我国前进的脚步声”，这是该节目中的一段解说词。这期节目还向观众介绍了即将在中国共产党第十八次全国代表大会开幕日发行的纪念邮票的设计和印制情况。

邓连普谈新中国国庆邮票

2015 年 1 月 28 日，《中国珍邮》纪录片在北京举行开机仪式。《中国珍邮》是国内首部以珍邮为题材的大型系列纪录片，由中国邮政集团公司出品，中国邮政集团公司新闻宣传中心摄制。此部纪录片遴选出清代的大龙、红印花邮票，民国时期的“宫门倒”邮票，解放区的“稿”字邮票四方连，以及中国邮政第一套生肖邮票等多套邮中珍品，真实地还原了这些邮票的诞生过程以及隐藏在它们身后鲜为人知的历史故事。该纪录片第一批共拍摄了 6 集。2016 年 3 月 20 日，为纪念中国邮政开办 120 周年，该片在中央电视台第 10 频道《探索发现》节目中播出。

《中国珍邮》纪录片先后在中央电视台、亚太第一卫视、国家新闻出版广电总局下属几十家视频网站和网络电视台进行展播，引起热烈反响。国家新闻出版广电总局组织的 2016 年“弘扬社会主义核心价值观共筑中国梦”主题原创网络视听节目展播活动推选中，《中国珍邮》从全国电视台、视频网站等推选的几千部作品中脱颖而出，成为全国 72 部获奖作品之一，获评

《中国珍邮》纪录片开机仪式

“优秀原创网络视听节目（非剧情类）”。

江苏省高邮市被誉为中华邮驿历史上的活化石。由中宣部推广、中央电视台出品的大型系列纪录片《中国影像方志·江苏卷高邮篇》于2017年11月25日在中央电视台科教频道播出。在近40分钟的节目中，讲述了高邮的前世今生。《中国影像方志》属于史志体例的特殊类型纪录片，是一部传承方志文化、记录当代中国的大型纪录片。该纪录片为央视首批50集展播的节目之一，以“邮”字为纽带，用真实而细腻的拍摄手法，通过朴素而生动的个人故事，全面而生动地展示了高邮市的风土人情、丰饶物产与时代变迁等。该片的播出对于广大观众了解中国悠久的“邮文化”起到积极作用。

2017年2月18日，中央电视台播出的“朗读者”节目请来了一位96岁高龄的老人，他就是北京大学教授、著名翻译家许渊冲。据许老回忆，1941年8月中国空军美国航空志愿队成立，克莱尔·李·陈纳德担任上校队长，在中国与侵华日军进行空中作战。许渊冲就在美国来华志愿航空队做英文翻译，为中国抗战的国际合作做出了贡献。许渊冲从小爱上集邮，上小学时他对学英语并没有什么兴趣。升入中学后，因他和几个同学都喜欢集邮，而且收集外国邮票，这时才觉得学英文有用。1938年他考入国立西南联合大学外文系。抗战期间他坚持集邮，集邮也对他日后从事翻译工作有很多益处。

2. 平面媒体对集邮的宣传

《人民日报》2016年10月9日第12版，刊登了中华全国集邮联合会原副会长李近朱的文章——《方寸天地中的长征颂歌》。文章从3个部分解读了中国工农红军长征题材的纪念邮票。其中“邮花记录历史事件”介绍了20世纪30年代中华苏维埃邮政发行的“赤色邮花”以及中国邮政1956年、1960年和1985年为纪念红军长征发行

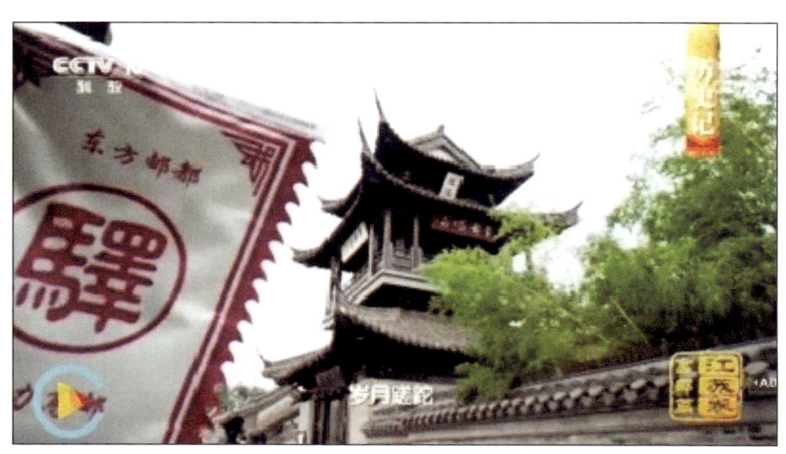

电视纪录片《中国影像方志·江苏卷高邮篇》

的邮票；“方寸再现万里征程”介绍了中国邮政2006年和2016年为纪念红军长征发行的邮票；“画境尽显中国风范”介绍了这些纪念邮票的艺术特色。作者写道：“小小一枚邮票，承载着厚重的历史信息，弘扬民族精神，积极传承红色基因。中国工农红军的万里长征，是中国革命走向胜利的一次艰难的大进军。在中国和世界历史上，长征是壮举、是奇迹、是史诗。在现实中，长征又是弘扬崇高信仰、继承艰苦奋斗精神、坚定胜利信心的伟大典范，其所凝聚的‘长征精神’，将是新时代实现中华民族复兴‘中国梦’的一个动力。”

在2016—2017年，全国“集邮周”活动举办期间，新闻报道在数量和力度上均有所突破。“集邮周”的宣传取得了显著的成效，大获成功。2017年全国“集邮周”的规模和影响都超越首届，再次取得骄人

副刊 12　人民日报

方寸天地中的长征颂歌

《人民日报》刊载《方寸天地中的长征颂歌》

成绩。全国 31 个省（自治区、直辖市）共举办了 1900 多场活动，线上、线下的参与人数超过 150 万人次。媒体对“集邮周”的报道逐步突破了以往行业媒体报道强、社会媒体报道弱的状况，《人民日报》和《人民日报·海外版》《经济日报》《中国商报》、新华社、中国新闻社、中央人民广播电台、《光明日报》等主流媒体全面参与报道，腾讯、新浪等影响力较大的网络新媒体也积极参与了宣传报道。

3. 社会媒体聚焦国际集邮展览

我国于 2011 年和 2016 年分别在江苏无锡和广西南宁举办了亚洲国际邮展。在这两次邮展期间，新闻宣传建立了多层次、广覆盖的工作机制，力争提升层次、扩大范围，以达到最好的宣传效果。2011 年无锡亚洲邮展共接待各级、各类媒体 50 多家。中央电视台新闻频道 2010 年 11 月 12 日中午以《亚洲邮展开幕罕贵华邮纷纷亮相》为题播报了邮展的有关情况，凤凰卫视的《焦点新闻》11 日晚播出了《亚洲国际集邮展览无锡举行》的报道。江苏卫视、新华网、中央人民广播电台、中新社、人民网、光明日报、文汇报、新华日报、扬子晚报、现代快报、新浪网新闻视频以及文汇报、大公报等 50 多家颇具影响力的境内外媒体的原发报道达 240 多篇次；2016 年南宁亚洲邮展期间，中央各家媒体和各省、市、自治区媒体以及境外媒体共刊播亚洲邮展的稿件 800 多篇（幅），其中，中央媒体刊播稿件 260 多篇（幅），邮政行业媒体刊发稿件 100 多篇（幅），自治区媒体刊播稿件 80 多篇（幅），市属媒体共刊发有关宣传中国 2016 亚洲国际集邮展的新闻稿件、公益广告和宣传用语 300 多篇（幅）。在网上搜索“亚洲邮展”信息超过 10 万条，各媒体开设“亚洲邮展”专题专栏共计达 30 多个。

在 2010—2018 年这段时期，还举办了多次全国综合性邮展和全国巡回邮展，社会各家媒体都给予较充分的报道，向社会宣传了集邮文化的作用和魅力。

三、传统媒体寻求发展新机

随着新媒体迅速介入集邮领域，为传统媒体发展带来了新的挑战和机遇。在网络对传统的集邮媒体的冲击下，使全国集邮报刊预订户锐减，报刊发行量不断下降。如何更好地生存和创新，以适应新形势的发展，成为传统媒体不断探索的一个重要问题。2014 年 8 月 18 日，中央全面深化改革领导小组第四次会议通过了《关于推动传统媒体和新兴媒体融合发展的指导意见》，为传统媒体与新兴媒体的融合指明了方向。中华全国集邮联合会的会刊会报在努力挖掘传统媒体的潜力和优势的同时，积极采用新媒体、新技术，以立体的多种手段，推动传统媒体和新兴媒体融合发展，增强集邮的宣传效果和感染力，开创了集邮宣传的新局面。

1. 全国集邮联会刊会报的调整与变化

进入 21 世纪以来，随着邮票功能性的减退，集邮活动也遇到一些挫折。在这种形势下，加强集邮宣传才能有效地促进集邮的发展。杨利民会长在全国集邮联第三届宣传工作委员会成立时指出：“各级协会要克服困难，继续办好各级会报会刊，不断提高会报会刊的质量，充分发挥会报会刊集邮宣传的主渠道作用，力争在提高报刊质量上年年有新举措，在增强可读性上

中国2011

第27届亚洲国际集邮展览

CHINA 2011 - THE 27TH ASIAN INTERNATIONAL STAMP EXHIBITION

CHINA 2011
第27届亚洲国际集邮展览

亚洲集邮联日

2011年11月15日

再见，美丽的无锡！

五个非比寻常的日子，瞬间流过。中国2011－第27届亚洲国际集邮展览即将落幕。告别的时刻，总让人不舍……

无锡，美丽的相聚之地。

53个国家和地区的集邮爱好者们来了。他们带来了用心血制作的集邮收藏成果，收获了满满的大奖和经验。

5大洲的国际嘉宾们来了。他们带来了对中国的祝福和向往，收获了满满的情谊，领略了东道主的热情，欣赏了无锡胜景。

集邮家、邮学家和国内外的集邮组织们来了。他们带来了厚重的邮识，收获了丰富的信息和珍贵的邮谊。

全国各地的青少年们来了。带来了用梦想和希望精心绘制的邮票设计图案，收获了集邮海洋里精彩的文化食粮。

国内外的邮票经营者们来了，带来了各具特色、精美丰富的集邮品，收获了财富和眼界。

邮迷们和普通市民们来了。他们带来了对本届亚展的憧憬，收获了心仪的珍邮奇品、共享了社会文化发展成果。

这一切，得益于亚展主办方的高度重视和精心组织；这一切，得益于无锡政府的倾情奉献；这一切，是集邮赐予我们的享受。这场盛会，让我们感受到包容、创造、精彩、平安、圆满；让我们感受到集邮文化与江南人文交相辉映的独特魅力。

作为编辑这份《中国2011—第27届亚洲国际集邮展览》现场专报的《江苏集邮》编辑部人士，我们有幸见证了这场盛会，有幸亲历了每个感动瞬间。同样，对每一位参与者而言，都是一笔财富。

再见，美丽的无锡！你用江南的婉约、热情的服务、精细的组织、务实的作风，让我们享受了一场高品位的集邮盛会。难忘，美丽的无锡！我们还会再来。

文：杨海宁

主办：无锡亚洲邮展执委会　承办：江苏省邮政公司　编辑：《江苏集邮》编辑部

中国 2011 亚洲国际邮展展场专刊

年年有新亮点，在扩大发行量上年年有新突破。不能总搞体制内的宣传，一定要想法拓展出去、发扬出去、宣传出去”。为此，各集邮专业媒体采取各种措施以适应新形势。

2010 年以来，《集邮》杂志开办了网站，设有“新邮报道”“资讯”“邮识”“邮趣”“币卡”“展会与活动”“市场”等栏目，还推出《集邮》杂志电子版及微信公众号，运用多种新媒体方式，从多角度，强化集邮宣传。此外，该杂志自 2014 年起，开始举办一年一度的“最美中国邮票评选”活动，从上一年中国邮政发行的纪特邮票及小型张中评选 1 枚最美邮票和 1 位最受读者喜爱的邮票设计师。评选选票在《集邮》杂志中夹发。《集邮》杂志社在全部有效选票中随机抽取若干名获奖者，并赠送纪念品。2014 年 5 月 30 日，《集邮》杂志社在四川绵阳举办“海湾国家集邮交流展览”的同时，公布了“2013 中国最美邮票”评选结果和投票获奖人员名单。

2018 年是中国大龙邮票发行 140 周年。《集邮》杂志社为此策划了学术增刊并于当年 6 月出版。该增刊由全国集邮联学术工作委员会进行学术指导，以特约撰稿、专门访谈、公开征稿以及集邮联征文选登为主的组稿方式，以大龙邮票专题为主，涵盖海关邮政、清代邮史为重心的主题范畴，分为“大龙邮票”“清代邮史”“人物访谈”“集邮联征文选登”四大板块，其中关于大龙邮票的文章 20 余篇，包括中外集邮家最新的研究成果、海内外名家的访谈实录、收藏研究著述等方面的回顾总结。

《集邮博览》杂志自 2015 年由大 16 开全彩 96 页扩为大 16 开全彩 112 页，而且每年推出一本年刊。同时，它开辟了集邮博览微信公众号、手机版客户端，通过手机 APP 可以随时浏览。《集邮博览》杂志开办的网站，设有“集邮资讯”“邮政纵览”“新邮上市”“在线阅读”“馆藏浏览”等栏目。该杂志社于 2016 年举办的“集邮博览 2015（首届）一页集邮微展”以“纪念中国人民抗日战争暨世界反法西斯战争胜利 70 周年”为主题。参展者以“贴片扫描”的形式，提交到集邮博览公众微信，即可参加评比。此次活动共收到参赛展品 100 多件，经过遴选，有 57 件展品参与网络展示并参加评奖。评奖采取网络投票和专家评审相结合的方式，其中网络选票共收到 4000 余张。网络投票和专家评审意见各占 50%，以此决定评奖结果。本次集邮展览是一项新的创举，它充分利用大众化的网络工具开展大众化的集邮活动，收到很好的宣传效果。

《中国集邮报》具有信息发布及时、容量大等特点。近年来，《中国集邮报》开办了网站，设有“各期导读”“新闻速递”“集邮知识”“编读往来”“邮市解析”等栏目。自 2013 年起，《中国集邮报》每年与北京市集邮协会等多家单位共同举办“中国梦，我的梦”等主题的全国青少年集邮知识竞赛活动，以进一步激发广大青少年热爱祖

《集邮》杂志微博页面

《集邮博览》杂志微博页面

中国信息产业网《中国集邮报》网页

国、共同追寻美好中国梦的激情。集邮知识竞赛试题在《中国集邮报》上刊登，参赛者进行填写并寄递到报社，由报社组织相关人员进行评审，并评出一等奖10名、二等奖15名、三等奖30名、纪念奖100名、组织奖10名，另设特别表扬奖若干名，表彰积极组织参赛的单位。

2010—2018年，《集邮》杂志、《集邮博览》杂志和《中国集邮报》还利用国内举办大型集邮展会活动之际，在展场设立摊位进行推介宣传。在推介活动中，各编辑部通过主编带领编辑与读者进行互动、邀请邮票设计家现场为集邮者签名、举行新书首发式、销售各自的特色邮品、发放文字材料等达到宣传目的。为了吸引观众，各个展位还精心设计和布置，以突出自身的特色。

2. 各地集邮刊物的调整与变化

面对网络新媒体的挑战，各省（直辖市、自治区）集邮协会和专项集邮组织也在调整各自的刊物。像《上海集邮》《湖北集邮》《江西集邮》《江苏集邮》《甘肃集邮》《宁夏集邮》《北京集邮》等经过改版增容，或以杂志型或以报纸型面世，发挥各自的优势，为扩大集邮文化的影响力发挥重要作用。

湖北省集邮协会从2010年1月起，把报纸型的《湖北集邮报》和《湖北邮电报集邮》进行了“报改刊”的调整，改为16开全彩版的双月刊《湖北集邮》，并且于当年年底召开座谈会，及时总结经验，安排次年的办刊计划。湖北省集邮协会在继续办好《湖北集邮》杂志的同时，调整出版周期，顺应新形势，创办集邮网络平台。湖北集邮网是国内首家由省级集邮协会创办的集邮专业门户网站。已开设覆盖集邮方方面面的频道20余个、集邮论坛1个（内含子版块近20个、专区10余个），日点击数在5万次以上。该网站以及时性、广泛性、知识性、原创性为特色，与会刊《湖北集邮》同步发展。2018年，《湖北集邮》以“报网互动”“人网互动”为策略，走进

《上海集邮》增刊

《湖北集邮》杂志告别印刷本走进湖北集邮网

湖北集邮网。网站坚持“新闻不过夜”理念，凡是全国、全省重大集邮活动，均及时进行图文并茂的全方位报道。这一转型创新发展模式，受到各协会媒体及集邮爱好者的关注。

《甘肃集邮》自 2010 年 1 月起，由正 16 开 16 页双月刊改为大 16 开 48 页季刊。《江西集邮》自 2010 年 8 月起，由正 16 开双月刊改为大 16 开 48 页双月刊。《重庆集邮》自 2011 年 1 月起，由正 16 开黑白版改为大 16 开 36 页全彩版季刊。《浙江集邮》自 2011 年 1 月起，由正 16 开 16 页扩为 16 开 32 页。《广西集邮》自 2012 年 2 月再度复刊，为正 16 开季刊。

《集邮报》是中国第一份公开发行的集邮类报纸。2010 年以来，《集邮报》多次进行改版。为适应传统媒体的发展，面对集邮媒体发展的新趋势，《集邮报》与时俱进，开展了“关于集邮民生的讨论”，响亮地提出“关注集邮民生，服务集邮大众”的办报宗旨，同时推出网上电子版，把集邮宣传提升到一个新高度，受到广大集邮爱好者的响应和支持，稳固了一大批老读者。

很多省市集邮协会的会刊也纷纷开通微信公众号，与网络“联姻”。《江苏集邮》《江西集邮》《福建邮花》《宁夏集邮》《甘肃集邮》等刊物开通了微信公众号，实现了纸媒和网络的对接。2015 年 5 月，停刊 7 年的《天津集邮》杂志以《天津集邮》微杂志的形式重归邮坛。创新集邮宣传形式，适应新媒体发展，带来了新的变化。《天津集邮》微杂志搭载天津集邮微信服务号平台，内容主要有集邮信息、集邮史料、邮品点评、天津民俗、心灵感悟等多个方面，文体多样、版面活泼、图文并茂，是融知识性、可读性、娱乐性于一体的平台。

欢迎订阅

2018 年《集邮报》

新闻板块

及时报道准确资讯，突出报道基层邮事，坚持强势舆论监督，深度解析深层问题。

邮识板块

提供丰富、翔实、有用、有趣的集邮知识。突出实用性、加强互动性。

文化板块

反映集邮者生活、经历、情感，展示集邮者多姿多彩的生活。培育读者之间真挚美好的邮情邮谊 。

集邮市场板块

报道邮市热点；解析邮市走向；提供市场行情；推广正确入市理念。

少年集邮板块

培养青少年的集邮兴趣；报道青少年集邮活动；介绍集邮基础知识，是少年集邮者的开心乐园。

关注集邮民生
服务集邮大众

PHILATELY NEWS

集邮报

邮发代号：21-62
全年 52 期 每周三出版
全年订价：78 元
全国各地邮局订阅（接受破季、破月）

国内统一刊号：CN14-0053 | 2018 年第 1 期 | 总第 8 期

杨利民会长谈 2018 年中国集邮

全国集邮联杨利民会长在深入全国各地调研中，明确提出了中国集邮 2018 年的工作重点。

2018 年，我国集邮要以习近平新时代中国特色社会主义思想为指导，以"三个服务"为宗旨，不忘初心，砥砺前行，通过主题鲜明、丰富多彩的集邮文化活动，唱响主旋律、弘扬正能量。要深刻认识中国集邮文化的本质特征，坚持从中国集邮文化发展的实际出发，进一步增强中国集邮文化自信，努力推动中国集邮由大国向强国迈进。全国集邮届要以新思路、新观念、新气象、新作为，创新工作方式、丰富活动内容，壮大集邮爱好者队伍，为繁荣社会主义文化做贡献。要通过各种方式团结、支持、引导民间集邮组织健康发展，充分调动广大集邮爱好者的聪明才智，争取邮政部门和社会各界的广泛支持，开拓创新，积极进取，为开创中国特色的集邮文化新局面做出贡献。

关注集邮民生 服务集邮大众

杨会长为本报题词

第九次全国民间集邮组织联谊活动在泉州举行

第十次活动 2019 年由重庆航天邮会承办

2017 年 11 月 25 日，第九次全国民间集邮组织联谊活动在福建泉州隆重举行。全国集邮联杨利民会长题词祝贺：集邮兄弟心连心，团结一致向前进。副会长兼秘书长张玉虎参加活动并讲话。来自全国各地 70 余家民间集邮组织 200 多人欢聚一堂，共同谋划新时期民间集邮活动发展大计。

会上，进行了工作展示和经验交流；举办了"海丝"集邮论坛；会士与劳模座谈会；专题邮集编组讲座；进行了"全国航天集邮组织现状和发展"课题调研总结与颁奖等丰富多彩的活动。与会者还走访了万维生邮票艺术馆及"古泉州史迹"世界遗产申报点，实地感受了"方寸泉州"的文化魅力。会上，确定了第十次联谊活动将于 2019 年在重庆举办，由重庆航天集邮研究会承办。该会会长周建华向与会代表通报了第十次联谊活动的承办构想。

读者联谊会欢迎您

读者朋友只需将订阅全年《集邮报》的订报收据复印件寄到报社"读者联谊会"（欢迎使用电子邮件），经报社认证即成为会员。

我们向会员提供如下服务：免费在"联谊会园地"刊登两次会员信息（上、下半年各一次，100 字内。超过字数，等同两次）；购买本报销售的邮品、邮书等，享受折扣优惠；投寄的稿件，在同等条件下优先刊发；并获赠集邮报明信片报一枚；刊登会员交流心得体会。

联系人：李霞

电话：13613443560（可加微信）

□社址：山西省太原市五一东街 2 号邮政公寓 3 层
□邮编：030001
□电话：（0351）
总编办：4111613
编辑部：4111614

2 版　报社邮箱：jybs1992@163.com　集邮报

本报 2 0 1 8 年报道重点

2018 年，《集邮报》要以习近平新时代中国特色社会主义思想为指导，坚定集邮文化自信，全面报道主题鲜明、丰富多彩的集邮文化活动，唱响主旋律，弘扬正能量。在报道中继续坚持"关注集邮民生，服务集邮大众"的宗旨，坚持面向基层、面向普通集邮者、面向民间集邮组织的报道方针。在新闻板块上，突出新闻的新鲜、基层、准确；在邮识板块上，突出集邮知识的实用、有趣、互动；在文化板块上，突出邮情、邮趣、邮谊，展示集邮者多姿多彩的生活。

2018 年，本报继续开展集邮十大新闻评比，最佳最差邮票评选，有奖读报知识竞赛等等活动，积极参与和推动民间集邮组织开展的各种活动。

关于电子邮件稿件问题告读者

如今电子稿件已经成为来稿的主要部分，但是电子稿件存在的问题经常影响稿件的正常采用，主要表现在：

1、邮件标题不明确。诸如"投稿"抑或一串拼音缩写等等标题，使得编辑无法从大量的邮件中快速判定是稿件还是广告，是集邮稿件还是非集邮稿件。希望在邮件主题上写明文章标题，稿件中写明作者真实姓名和准确的联系方法。

2、稿件格式类型多样，有的邮件甚至无法打开。希望稿件正文用 Word 文件，配图使用 JPG 格式，并以附件方式发送。

3、图片成为来稿中的突出问题。主要是像素不够，曝光不准、角度不对等。有的拍照时因为光线等原因，造成焦距不准图片模糊；有的相机没有对正拍照对象，造成画面变形。此类图片往往导致相关文章无法使用。希望在拍照时，把照相机端平对正，在良好的光线下（最好是自然光）拍照。当然有扫描件最好。

有作者认为编辑可以通过技术手段把照片加工好，但如果照片基础太差编辑也无能为力。

在传送稿件时，配图以正文附件的方式发送，尽量避免在文字内容中直接粘贴图片。尽量单独发送。图片至少要达到 300 以上分辨率，100%（原大）。图多请打包并标清图序，请在文章的最后注明您的真实姓名、联系地址、电话、电子邮箱、QQ 号、邮政编码等内容，以方便联系沟通。

此外，我们对手写稿件一样采用，敬请不会使用电脑的读者朋友放心。

18-140100-13-0004-000 中国邮政集团公司太原市分公司发布

《集邮报》明信片报 2018 年版

四、网络成为集邮宣传的重要形式

面对日新月异的网络集邮活动，为进一步加强网络集邮宣传，加强联系，增进友谊，推动网络集邮活动的开展与繁荣，指导和宣传全国的集邮工作，各地集邮协会也陆续开通了网络集邮平台，公众服务号，通过运用网络技术，创新集邮宣传方式，传播集邮信息，研讨新时期集邮活动的新内容，开辟集邮活动的新领域。

1. 全国集邮联对网络的重视和利用

随着网络技术进入集邮领域，给这一时期的集邮宣传工作带来了新的挑战和机遇。全国集邮联在积极构建集邮文化大宣传格局，对网络集邮有着清醒的认识。杨利民会长在 2013 年全国集邮联第三届宣传工作委员会成立大会上指出，要"充分利用和拓展各种资源，努力增强宣传工作的实效性""要采取多种宣传形式，不断拓展各种宣传渠道，建立全方位立体的大宣传格局"。全国集邮联于 2015 年 1 月 1 日开通了微信服务号，并于 2018 年 2 月 1 日改版为微信订阅号。2017 年 12 月 9 日，中华全国集邮联合会网站上线，时任全国政协副主席王家瑞特为全国集邮联网站开通上线发来寄语。全国集邮联组织的重要活动和工作部署将及时在微信平台及网站上发布。此后，全国集邮联的宣传工作以会刊、会报、网站及其新媒体为主要平台，充分利用行业内外的传统媒体和新兴媒体，集中宣传集邮文化在中国特色社会主义文化事业发展中的地位和特色优势。

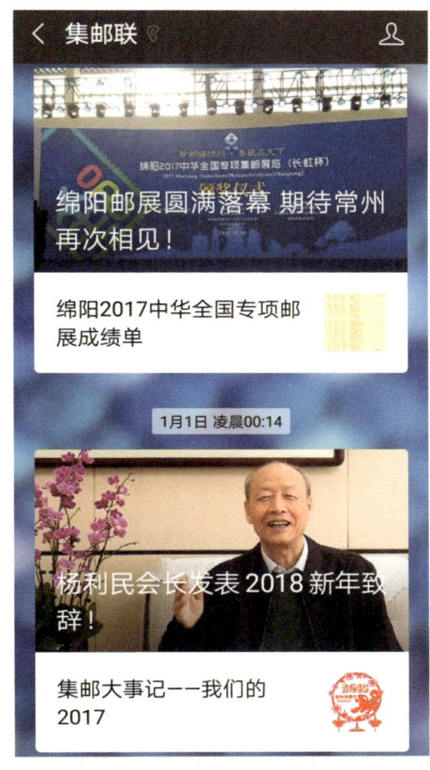

全国集邮联微信公众号页面

面对网络集邮的蓬勃发展，全国集邮联成立了由学术委员会秘书长成冬青为项目负责人、李近朱等专家组成的“网络时代的中国集邮”研究报告课题组，组织开展问卷调查。课题组共收到来自全国28个省（直辖市、自治区）集邮协会返回的纸质版问卷1463张、电子版问卷954张。接受问卷调查的集邮者年龄段在10—80岁之间。该课题组还于2015年5月13日来到内蒙古呼伦贝尔市、2015年9月2日来到黑龙江哈尔滨市，与当地集邮者进行座谈，调研当地网络集邮开展的情况。

2. 人民网推出集邮访谈节目

为了使广大集邮爱好者能够很好地了解集邮、了解邮票，从中获取更多的知识，中国邮政集团公司与《人民日报》人民网联合主办“集邮论坛”节目。2010年10月27日13时30分，“集邮论坛”栏目举行首播式。中国邮政集团公司邮票发行部总经理邓慧国、中华全国集邮联合会副会长

“集邮论坛”首播式

李近朱做客人民网，与网友交流相关内容。人民网副总裁罗华出席此次首播仪式。“集邮论坛”的内容根据网友的需要和集邮热点话题来确定，每期确定一个主题，以座谈的形式邀请相关的专家、学者来给大家讲解。

首期节目播出后，网友反映强烈，并期待着下期节目的播出。2010 年 11 月 23 日，针对中国邮政集团公司向社会公布的 2011 年的纪、特邮票发行计划，为了使广大网民朋友更好地了解邮票发行计划的具体内容，人民网“集邮论坛”栏目邀请《中国集邮报》总编辑蔡旸，《集邮》杂志总编辑刘劲，中国邮政集团公司邮票印制局编辑部主任、邮票设计家阎炳武这 3 位嘉宾给大家解读 2011 年纪、特邮票的发行计划和评论。

此后，“集邮论坛”栏目又相继播出了“邮票——国家形象、中国气派”“邮票的社会功能”“邮票上的毛泽东”“2013 年生肖邮票中的文化与故事”等节目，集邮界和社会知名人士刘佳维、刘建辉、刘格文、康宏志、刘劲、蔡旸、杨劭劼、刘晓翔、姚鸿、张颐武、吴冠英等分别做客人民网。

2014 年 8 月 13 日，“集邮论坛”栏目再次推出集邮访谈节目，邀请文化学者朱相远、中国邮政集团公司邮票印制局邮票图稿编辑部主任阎炳武、中国人民大学教授郭剑化等人就中国邮政即将发行的《诸葛亮》特种邮票的策划、设计细节，以及邮票人物背后的故事，为广大网友进行精彩的解读。

3．各地利用网络开展的集邮宣传

2014 年 7 月 24 日，由甘肃省经营公司、甘肃省集邮协会主办的“甘肃集邮网”开通。甘肃省集邮网使用单独域名，网站设有“邮话甘肃”“文萃集锦”“邮集鉴赏”“青少年集邮”“精品推荐”“投资收藏”“陇邮之家”“论坛”等版块，重点介绍甘肃省的邮资票品，尤其是《敦煌壁画》《丝绸之路》系列特种邮票，还有《邮票上的甘肃》专题片等内容。在“论坛”版块，除了常规栏目之外，还特意给民间集邮组织开设了“民间社团”栏目，为甘肃省内的民间集邮组织提供了一个交流园地。

湖南省集邮公司于 2013 年年初开设了官方微博，而且每天都在更新。内容包括“围观珍邮”“佳邮共赏”“实寄封片”“产品推介”等几个板块。微博通过发布新的集邮资讯吸引集邮者的关注，通过欣赏优秀邮票提高广大集邮者对微博的兴趣。依靠微博聚拢人气，同时也打造了自己的品牌。作为省集邮公司的官方微博，“口碑营销”成为管理者心中的重中之重。

2017 年 9 月 24 日，为期 3 天的“首届全国青少年集邮活动创新与发展研讨会”在山东济南圆满结束。来自全国 16 个省的代表聚集泉城，展开交流与研讨。岳阳新闻网作为本次研讨会唯一的网络媒体邀请代表出席，其《借网络宣传推广“一页邮集”的实践》的主题演讲，受到全国集邮联领导和与会者的关注和好评。岳阳新闻网积极宣传集邮文化，先后发稿 100 余篇，被新浪网、红网转发了上千次，扩大了岳阳集邮文化在全国的影响，尤其是开展网络青少年集邮活动更走在全国前列。该网站每天有 5000 多网友点击参与。

2017 全国集邮巡回展山西站于 9 月 20 日至 24 日在平遥举办，邮展各项活动吸引了全社会的广泛关注，本次活动与第 17 届平遥国际摄影大展同时举办，影展与邮展完美结合，取得了圆满成功。山西省集邮协会宣传报道组撰写刊发了各类活动图文信息动态 12 篇，平遥邮展受到社会各界尤其是主流媒体的关注。据不完全统计，邮展开幕以来，先后有 30 多家全国、省、市级媒体及新闻网站参与报道，通过手机微信美篇发送邮展信息。这次宣传报道的力度前所未有，社会影响大，总阅读量达到百万人次。

4.“集邮博客”开启网络宣传新模式

网络化为集邮宣传创造了新的机遇，并有别于传统的宣传方式。网站的兴起，为集邮宣传开辟了新的阵地；博客的大众性，为集邮者提供了一个展现自我的平台。进入门槛低，操作运作简单，让自媒体大受欢迎，发展迅速。“互联网 +”不但改变集邮者的生活方式与集邮方式，也为集邮宣传注入了新的活力。

博客又称网络日志，是一种由个人管理、不定期张贴新文章的网站。博客内容以文字为主，集邮者可以将自己在集邮过程中的所思所想，通过博客这一平台公开发表在网络上，有目的记录集邮、宣传集邮。每逢重要的集邮活动，这些博客还具有现场直播的功能。2015 年 6 月 5 日 10 时，在北京中国邮政邮票博物馆举行的“纪念抗日战争暨世界反法西斯战争胜利七十周年全国集邮巡回展览”启动仪式刚刚结束，相关的图片和文字报道随即就在集邮者的博客、集邮网站以及微信中呈现给广大网友。而其他传统的社会媒体最快也在当天下午 4 时以后才报道，如中央电视台新闻频道是当天下午 5 时对此次活动进行了报道。而纸质集邮媒体的相关报道最快是在 3 天以后才能面世。

2017 全国集邮巡回展山西站开幕式

博客的大众性，为集邮者提供了一个展现自我的平台，很多集邮类的博客得到普通集邮者的拥戴。截至 2017 年 12 月，全国有集邮博客 3200 多个。集邮者通过自己的博客在网络上传播集邮资讯。

五、集邮宣传基础设施建设和作用

2010 年以来，全国各地大力建设文化设施，各种类型的博物馆纷纷落成。其中的邮政、邮票博物馆秉承“继承历史、传播文明、弘扬文化”的社会使命，扩大了社会对集邮的认知度，成为各地开展集邮宣传依托的实体和集邮文化科普、研究和展示中心，展现集邮文化事业成就与对外交流的重要窗口。

1. 各省建立的邮政邮票博物馆

黑龙江邮政博物馆位于哈尔滨市南岗区民益街 92 号，2010 年 9 月 25 日正式开馆，展出面积 3290 平方米。该馆展览由“邮苑春秋”“驿道万里——古代黑龙江邮驿的起源与沿革”“国脉所系——近代黑龙江邮政的开办与发展”“邮舞龙江——当代黑龙江邮政的发展与跨越”等部分组成。该馆作为东北地区唯一的邮政专业博物馆，馆藏贵重文物 1000 余件，珍贵照片 500 余张，展示了从古代邮驿到现代邮政的发展历程。

天津邮政博物馆位于和平区解放北路 111 号，2010 年 10 月 9 日开馆。该馆坐落地为“大清邮政津局”旧址，历史上曾是清代海关试办邮政时海关邮局的所在地，是当时海关邮政的总部，为 2 层带半地下的欧式风格建筑，其本身就是近代中国邮政史上珍贵的建筑文物。该馆展览面积约为 1500 平方米，展示内容从时间跨度上分为“古邮驿时期”“近代邮政创办时期”“大清邮政时期”“中华邮政时期”“人

天津邮政博物馆开馆仪式

民邮政时期”5个阶段，介绍了中国近代邮政的创办发展历程以及天津邮政百余年的历史变迁。

山东战邮纪念馆坐落于山东省临沂市沂南县马牧池乡邮电支局内，于1992年5月建成，为3层楼房，占地面积560平方米。2012年4月经过改建、扩建后正式开馆。该馆展陈面积近400平方米，以红色山东战时邮政为主线，以中华人民共和国成立后的人民邮政和现代邮政为辅线，立足沂蒙山革命老区，在展馆造型上突出古朴庄重、简洁大方的风格；在展陈方式上采用原木、石材、青砖等原生态材料为主，力求朴实、厚重；在色彩上选用红色、黄色和邮政标准绿色，既体现了红色文化的内涵，又反映了邮政行业的特色。

生肖邮票博物馆位于江苏省苏州市姑苏区山塘街东杨安浜2号玉涵堂西一路，坐落于山塘历史文化保护街区明代吏部尚书吴一鹏故居，建筑面积660平方米，其中展厅面积550平方米，于2013年5月18日开馆。该馆是收藏、展示和利用生肖邮票，研究传播生肖文化和生肖集邮的专题类博物馆。该馆收藏有1950年世界上第一枚生肖邮票发行以来，100多个国家和地区发行的全部生肖邮票和一批有关生肖邮票的出版物。

民国邮政博物馆位于江苏省南京市玄武区中山陵景区的邮局路，设在1934年建成的老建筑“陵园新村邮局”旧址内，占地面积250平方米，2013年7月24日向市民免费开放。该馆作为民国时期的邮局旧址，生动再现了当时邮局的工作场景：两名蜡像“民国邮差”的正在格子间里收发包裹，加盖邮戳；一旁的墙壁上，排列着一个个绿色信箱，里面陈列了一些当时的邮票、书信、明信片以及“干支戳”“南京国际航空邮运创办纪念”等邮戳。

山东华夏书信文化博物馆位于济南市市中区经一路91号，坐落在始建于1904年的济南电报大楼原址，这也是济南现存最早的电讯建筑。该馆以弘扬传统书信文化为主题，展览面积870平方米，2016年3月19日正式开馆。该展馆共有2层，一层陈列“书信文化史”和“古代书信集萃”，二层陈列“近现代书信集萃”和“山东名人书信集萃”，共展出近300幅图片和100多件真迹，除展现书信文化史及相关书信知识外，还展示了一些近现代代表性人物的书信。

湖北邮政文史展馆位于武汉市江汉经济开发区中国邮政集团公司湖北省分公司机关办公大楼4楼，面积2200平方米，2016年10月9日正式开馆。该馆以传承书信文化为宗旨，经历了3个春秋的筹划和建设。该馆的展览内容按照历史纵线呈现荆楚古驿的演变脉络，叙说湖北邮政的发展历程，分为古代邮驿、近代邮政、中华邮政、红色邮政、人民邮政、邮政腾飞、行稳致远、方寸荆楚8个部分。

南通邮政博物馆位于江苏省南通市崇川区人民中路51号邮政大楼内，展陈面积320平方米，共有展品2194件，2018年1月6日向社会开放。该馆作为邮政行业性博物馆，融邮政行业特点和南通区域特色于一身，以性质为纬线、时间为经线，分为古代至民国、地下交通、新中国邮政、爱心邮路、集邮专馆和成就梦想6个专题，通过实物、场景还原、多媒体等元素让参观者全方位了解南通邮政历史文化。

山东华夏书信文化博物馆

2. 各博物馆展览的宣传作用

进入 21 世纪，我国的博物馆事业也随着社会的发展迈入了社会主义市场经济时代。在这段时间，全国 10 多家各类邮政博物馆结合每年的“世界博物馆日”主题活动等节日，开展多种集邮宣传活动。

为纪念世界首枚邮票——黑便士邮票诞生 170 周年，中国邮政邮票博物馆于 2010 年 4 月 28 日举行了票中票专题邮票展览。展览分为两大部分，第一部分为“票中票馆藏集萃”；第二部分为“黑便士与罗兰·希尔——汪建熙个人收藏展”。本次展览内容不仅包括黑便士、蓝便士和红便士原邮票，而且还有大量的票中票小型张、首日封和明信片等，是宣传集邮悠久历史的好教材。

侨批是清代以来海外侨胞寄给国内亲人的书信与汇款凭据的合称，是一种“银信合一”的家书。见证了中国与海外交流的“百年跨国两地书——福建侨批档案展”于 2012 年 12 月 11 日在福建省档案馆开展，“中国侨批·世界记忆”国际学术研讨会也同期举行。福建省档案局发布了“福建侨批与申请”研究报告，助推中国侨批列入“世界记忆名录”的步伐。国家档案局副局长、中央档案馆副馆长李明华，以及来自日本、新加坡、泰国等国家高校、档案系统、民间收藏界、侨界的专家学者参观了福建侨批档案展，并出席研讨会。2013 年 6 月 19 日，国家档案局申报的“侨批档案”顺利通过评审，成功入选《世界记忆名录》。

为助力北京和张家口联合申办 2022 年冬奥会，进一步打造旅游文化品牌，由河北省怀来县人民政府和河北省邮政公司张家口分公司主办的“第四届中国·怀来鸡

福建侨批档案巡回展览

鸣驿邮驿文化旅游节”于2014年8月16日开幕。在这一天，“中国鸡鸣驿邮驿博物馆”和“驿文化主题邮局”同时落成。中国鸡鸣驿博物馆从古代邮驿、鸡鸣驿城、鸡鸣驿的故事、鸡鸣驿的文化韵味和鸡鸣驿的复兴5个方面介绍鸡鸣驿起源和发展历程。本次旅游节得到中国邮政邮票博物馆的支持，在邮驿博物馆举行的中国珍邮展览中，清代大龙邮票、万寿邮票以及新中国发行的部分珍贵邮票也同时展出。

3. 建立集邮领域的博物馆

除了邮政系统建立的邮政邮票博物馆之外，其他行业、企业及个人也建立了与一些与邮政、邮票相关的博物馆和收藏馆，它们与业内的邮政邮票博物馆一样，成为各地的人文旅游景点和城市文化名片。

2016年5月10日，中华全国集邮联合会和江苏省常州市人民政府在常州市人民公园举行了“中国首次邮票展览会举办地遗址”纪念碑揭幕仪式。中华全国集邮联合会会长杨利民、常州市政协主席邹宏国等领导出席了揭幕仪式。1918年5月10日，常州集邮家魏柏熙、左起善等人在常州人民公园内举办了中国首次竞赛性集邮展览——“世界邮票展览会”。这次集邮展览会，目前已被集邮界公认为中国现代竞赛性集邮展览的创始和雏形。为纪念中国集邮史上这一重要事件，中华全国集邮联合会和常州市人民政府共同在这次邮展的举办地——常州市人民公园树立“中国首次邮票展览会举办地遗址”纪念碑。该纪念碑为三棱柱体，碑面为全铜制作，碑身高达3.8米。正面为竖排“中国首次邮票展览会举办地遗址”正文，侧面为刊登了首次邮展举办新闻的重要史料——《武进》报的报样，和描绘邮展盛况的碑文；背面为常州市集邮界名士共同编撰的纪念碑碑记。

常州中国首次邮票展览会举办地遗址纪念碑

中国集邮家博物馆位于江苏省高邮市南门大街盂城驿的东侧，2017 年 10 月 28 日正式对外开放。该馆占地面积 3000 平方米，建筑面积 1460 平方米，分为 7 个展厅：序厅、集邮简史展厅、早期集邮家展厅、邮集展厅、珍品展厅、影视资料展厅、全国集邮联会士展厅。该馆通过图片、文字、实物和视频等形式，从历史的角度和时代的要求出发，介绍中国集邮家的人生履痕、集邮生涯、集邮业绩，深入挖掘、诠释邮文化的多元价值，展现他们为中国当代集邮事业繁荣、发展创新、竭诚奉献的主要事迹和精神风貌。

2018 年 5 月 20 日是全国第 28 个助残日。南京特殊教育师范学院在本校的中国特殊教育博物馆的基础上，组织筹建了中国残疾人集邮馆并于 5 月 20 日开馆，成为全国乃至全国界范围内唯一一座以残疾人

高邮中国集邮家博物馆开馆典礼

题材邮票为馆藏特色的专题性博物馆。在开馆之日，展出的“共享新时代——世界残疾人题材邮票”展示了中华人民共和国成立以来各地残疾人集邮组织的创建和开展残疾人集邮文化活动的大量珍贵史料，并集中展陈了《轮椅人生》《盲人》《我的残疾兄弟》等来自全世界220多个国家（地区）发行的大量残疾人题材邮票、信封等历史资料。

其他的行业博物馆还有烟台邮政博物馆、山东省邮电博物馆、北京榆林驿博物馆、河北鸡鸣驿博物馆、浙江宁波的孙传哲纪念馆及各地个人开办的集邮文献资料馆、税票博物馆等。这些博物馆利用自身的特点，不断完善集邮基础设施建设，成为活跃在全国各地集邮宣传的基础阵地。

六、民间专项邮刊的补充作用

尽管网络时代的到来对纸质邮刊造成了冲击，但纸质邮刊不会被取代。这不仅是因为广大文献集邮者的存在，而且纸质邮刊目前在实用性上目前还具有不可替代的现状，有很多资料在网络上是查不到的，仍需要从纸质邮刊上获取。从集邮意义上讲，无论“官刊”还是“民刊”，同样对集邮活动产生积极影响。有些民间邮刊具有较高水准，是对官方邮刊的有力补充。

1. 民间邮会报刊优胜劣汰

全国集邮联的会刊、会报或省（自治区、直辖市）级的邮报、邮刊，属于综合性、指导性的集邮刊物，它们把握集邮活动的大方向。但是，要让各有专长、年纪有别的集邮爱好者能阅读适合自己的专项集邮文章，还要靠不同专项的民间邮刊。在传统集邮领域，有《普邮研究》《自动化集邮》等；在邮政历史领域，有《中国邮史》《延陵邮刊》《中国邮戳》《戳林》等；在邮政用品领域，有《邮政用品研究》等；在航天集邮领域，有《航天集邮》等；在专题集邮领域，有《专题世界》《驭海邮艺》等；在极限集邮领域，有《中国极限集邮》《外国极限》等；在文献集邮领域，有《文献集邮》《集邮文献研究》等。还有许多基层集邮协会的刊物，从本地区、本单位出发，兼顾普及与提高，为初涉邮者传授基础邮识，为开展集邮活动提供信息和经验，推动了本地区、本单位的集邮活动的开展。

2010年以来，各民间邮刊重视争取自己的读者群，根据这些读者的阅读需求组稿和定位，以满足这部分读者的需要。《中国邮史》《文献集邮》《生肖集邮》等邮刊分别面向邮史、文献、生肖等读者群体；《戎马邮趣》《残疾人集邮》《邮苑钟声》等民间邮刊办出了自己的特色，分别面对军队官兵、残疾人、教师队伍等不同群体的集邮爱好者；而各基层集邮协会的会刊、会报，则注意结合本地区情况，从普及和提高两个方面加强邮刊的建设，以吸引、维系会员，推动本地区、本单位的群众性集邮活动。

2. 顽强生存的专项民间邮刊

2010—2018年，是民间集邮刊物生存十分艰难的时期，也是优胜劣汰的时期。在这一阶段，地方和民间集邮刊物出版的成本不断增加，发行量却急剧下降，能够维持下来的民间邮刊实属不易。

《生肖集邮》是生肖集邮研究会的会刊，自1997年创刊已经坚持了20多年。该刊的重点是研究和探讨生肖文化、生肖邮票、生肖邮集等方面。主要研究内容有

民间邮刊荟萃

对生肖文化的研究、对中国生肖邮票和外国生肖邮票的研究、对生肖地名邮戳的研究以及对生肖集邮展品编组、展出和评审的研究等。该刊强调大家动手，既刊出有深度的研究文章，又提供会员有兴趣的生肖信息资料，以普及为主，普及与提高相结合。特别注意刊出会员来稿，97%以上的稿件来自会员。由于生肖集邮研究会有广泛的会员基础，因此《生肖集邮》杂志的生存状况明显好于其他邮刊。

《延陵邮刊》是江苏常州延陵邮学会的会刊，该邮会是由江苏的常州、江阴等地热衷于邮政历史类的集邮爱好者组成的民间邮会。在古代，延陵所辖范围相当于现在的常州、江阴、丹阳一带，已有2500多年的历史。《延陵邮刊》立足于常州，聚集了当地一批中青年集邮骨干，并发展省内外会员。有多位国内知名集邮家加入到该会。该刊主要以研究传统集邮和邮政历史类素材、探讨邮集编组为主，以邮证史，以史述邮，且专门成立了中国邮路研究小组，并已在西伯利亚邮路、抗战邮路方面的研究取得了可喜成果。在国内多数邮刊面临困难时，该刊却显示出不凡的面貌。

《极限集邮者》是三晋极限集邮研究会主办的《三晋极限》刊物和京华极限集邮研究会主办的《极限纵横》刊物合二为一的会刊，由两家共同主办。面对新形势的发展变化，《极限集邮者》自2011年起正式更名为《中国极限集邮》，出版周期仍为季刊，采用大16开本，印数为1000册，由三晋极限集邮研究会、京华极限集邮研究会、金陵极限集邮研究会、无锡极限集邮研究会4家每家各出1期，轮流出刊，发挥多家邮会的合力，使该刊延续下来。到2018年3月，《中国极限集邮》杂志已经出刊104期。

信誉是民间邮会和民间邮刊生存和发展的重要因素。这就如同商业领域中的老字号，要经过多年的沉淀和积累，才得到人们的认可。像国内的《甲子邮刊》《生肖集邮》《文献集邮》《中国极限集邮》等刊物，经过多年的积累，口碑都不错。

China Maximphilatelist

极限集邮者

·第1期·

2000年1月出刊

本期16版

京华极限集邮研究会
三晋极限集邮研究会　合办

致读者

●本刊编辑组

在我们迎来新千年这一令人难忘时刻之际，由京华会和三晋会合办的《极限集邮者》与会员见面了，这是两会奉献给会员和广大极限集邮者的世纪礼物！

从极限集邮诞生以来的一百多年中，她以其独特的魅力吸引着越来越多的集邮者，随着我国集邮事业的蓬勃发展，极限集邮将迎来巨大的发展空间，我们对此充满了信心。

新千年、新刊物，《极限集邮者》在出刊后，将本着"求新求实"的原则，为读者提供更多新鲜的极限邮文和更翔实的极限资料，力求办出特色，奉献给广大读者一份满意的刊物。

《极限集邮者》是读者自己的刊物，京华会、三晋会是会员之"家"，在新的一年里，我们将竭诚为广大会员服务，帮助广大读者排忧解难，在提供信息、余缺调剂、代购代戳、解惑答疑方面为会员搞好服务，真正把研究会和刊物办成读者和会员的良朋益友。我们也衷心希望广大会员都来关心这份刊物，积极支持我们办好刊物。

愿我们共同携手，为中国极限集邮的发展而努力！

京华极限研究会、三晋极限研究会联合评出

1999年中国极限集邮十大新闻

1、在1999北京世界集邮展览上，中国参展的极限邮集取得较好成绩，《门》获得镀金奖，《哺乳动物》获得大银奖。

2、'99世界邮展期间，全国各地100多名极限集邮者在京城大聚会，与希腊极限集邮家玛格丽特·科托波里共同度过一个难忘的夜晚。

3、《中华人民共和国极限明信片图录》由上海学林出版社出版发行，并在'99北京世界邮展文献类别展出，获得银奖。

4、在山西、湖北等省级邮展上，黄伟、吕汉松、刘旭等人的极限邮集获得镀金奖以上的奖级，使我国极限邮集的金牌队伍继续扩大。

5、在台北1999国际邮票邀请展上，参展的8部极限邮集全部获奖，其中获大镀金奖的3部邮集均为专题式编组。

6、重庆市首届极限集邮展览于7月1日在合川市举办，共展出124框展品，创国内极限邮展框数新纪录。

7、三晋极限集邮研究会与京华极限集邮研究会在新世纪到来之前达成协议，两会于2000年开始联合办刊，刊名为《极限集邮者》。

8、极限集邮家、京华极限集邮研究会会长应鸿先生遇车祸不幸逝世。

9、由湘籍武汉极限集邮者谭云东个人出资创办的《中华极限集邮》于3月试刊，这是一本大16开彩色封面的极限集邮刊物。

10、《民族大团结》纪念邮票极限片成为中国、乃至世界上枚数最多、盖戳地点最分散、制作难度最大的极限片。

（1999年12月）

民族大团结自制片竞赛

片展，一九九八年广西融水苗族自治县邮政局《融水风情风光》片名为情满融水侗戳，广西融水首日戳获奖者，广西贺志文评委，曹凤增（三晋会举办）

极限要闻

●江苏无锡市极限集邮研究会于2000年1月1日成立，京华极限集邮研究会发去的贺词是："迎千禧天涯共此时，看极限太湖绝佳处"，三晋极限集邮研究会的贺词是：祝贺无锡极限研究会成立。成立当天举办了极限邮展，共18部35框。

●据有关方面消息：2001年和2003年将举办一次全国邮展，这对极限集邮者是一次展示自己邮集的机会，有志于参展者应不失时机地整理邮集，先参加今年的省级邮展，力争镀金奖以上奖级，为参加全国邮展打下坚实的基础。

●'99邮文邮集巡回展于1999年12月18日在湖北武汉落幕，此次巡回展览应邀参展的极限集邮类文献有六部，均取得了不俗的成绩，其中上海吴天明、吴洪熙、陆麟编著的《中华人民共和国极限明信片图录》获镀金奖。（■）

●本期要目

□一点希望，几点建议（路海柱）……（2版）
□同样的素材，不同的效果（逊言）……（3版）
□埃及早期狮身人面、金字塔极限片再探（龙炳寰）……（4版）
□极限片？相关片？联想片？（陈进权）……（5版）
□关于平型关的新说法（客文达）……（6版）
□金丝猴的种类与销戳地（宋迎涛）……（7版）
□极限戳源（李德涛）……（8版）
□重点保护野生动物片源……（9版）
□野生动物极限资料（雷华声）……（12版）
□中原明珠话河南（孟庆杰）……（14版）

《极限集邮者》

第八节　集邮服务与集邮经营的改革与实践

2010—2018年，由中国邮政集团公司为主体的集邮经营仍然在集邮市场中发挥重要作用。邮政企业在市场经济中寻求发展，调整原有的经营思路，改变经营作风，不断创新经营品种，拓宽服务对象和服务范围。在互联网的影响下，二级邮票市场也发生了较大变化。集邮者可以从多种渠道，既方便又快捷地获得自己所需要的邮品。

一、集邮产业化理论的提出与实践

进入2010年以来，文化产业化已在多个领域取得了明显的经济效益。集邮既然属于文化范畴，就有“集邮产业化”理论的产生和论证。以中国邮政集团公司为首的各级集邮经营企业，对集邮产业化理论进行了多方面的实践。

1. 集邮产业化理论的提出

2012年4月23日，“中国集邮文化产业发展论坛”在中国国家博物馆五楼白玉厅举行。此次论坛是中国集邮总公司为认真贯彻落实党的十七届六中全会关于推动社会主义文化大发展大繁荣的战略部署，落实中国邮政集团公司关于“邮政企业要当好集邮文化产业健康发展的推动者”“创新集邮业务发展模式、积极打造集邮文化品牌、引导构建集邮文化产业链、不断拓展集邮文化市场”的指示精神，经中国邮政集团公司批准而举办的。在此次论坛上，各位专家学者从不同角度探讨了中国集邮文化产业的发展方向和内容。

中国人民外交学会副会长卢树民论述了集邮文化在政治、军事、外交等领域的作用及未来发展；中共中央党校党建教授张希贤对文化产业发展相关政策，以及集邮文化在文化产业中的位置进行了解读；观复博物馆馆长、收藏家马未都阐述了文化收藏产业的发展，以及集邮在收藏领域的地位和发展前景；清华大学人文社会科学院文化创意产业执行主任李季对文化产业发展相关政策，以及集邮文化在文化产业中的位置进行解读；中国人民大学文化创意产业研究所所长金元浦从集邮文化在文化产业中的位置，以及集邮文化如何顺应文化发展趋势的角度阐述了自己的观点；中央电视台高级编辑、中华全国集邮联合会副会长李近朱就中国集邮在发展传统业务、服务国家大事要事方面展现出特有的文化形象进行了阐述。

2014年5月28—29日，中国邮政集团公司2014年集邮业务转型发展推进工作电视电话会议在京举行。中国邮政集团公司领导对集邮专业的具体工作提出了3点要求：一要进一步解放思想，研究集邮专业发展战略。邮资凭证是邮票的本质属性，但要突破只把邮票作为邮资凭证的思维定式，将其打造成集鉴赏、收藏等多种功能于一体的特殊文化商品；二要开拓市场，灵活经营，适时发行在设计思路、印制工艺和技术上创新的广受市场欢迎的特殊品种；三要强化管理、规范经营，保障集邮业务健康发展。

外交学会副会长卢树民在论坛发言

2. 集邮产业化理论的实践

邮票是集邮活动的起因，也是集邮活动中的核心内容。2010年以来，中国邮政集团公司在集邮经营上出现多种变化。其中发行跨省题材邮票并举行首发式、举办集邮品鉴会、开办主题邮局等一系列举措，开创了集邮经营一种新格局。

（1）各种集邮品鉴会的兴起

在“中国集邮文化季”开启之前，广东省在2010年就曾兴起一个“集邮品鉴会”，并获得丰厚的经济效益。集邮品鉴会的与会者，主要是不集邮的社会人士，特别是企业界、商界的高端人士，就是将集邮产品的推销对象瞄准社会高端群体。2014，“中国集邮文化季”。

2014年7月30日，海南省邮政公司三亚市分公司举办了以“牵手百年品牌·共享珍邮盛宴”为主题的集邮品鉴赏会，主办者向前来观摩的集邮爱好者们展示了《庚申年》整版邮票、《生肖瑰宝》（第一轮生肖邮票）、《中国生肖邮票》珍藏册（第二轮生肖邮票大版册）等一批珍贵的邮品，为集邮爱好者品鉴和收藏提供了难得的机会。鉴赏会上还邀请了集邮界人士以“猴票”为例向现场的集邮爱好者详细讲解了集邮收藏品鉴等相关知识。此次品鉴会吸引了120多名各界人士观摩。

湖北省武汉市借助《长江》特种邮票首发式的热潮，以高端访谈形式举办了“母亲河、荆楚情”为主题的大型集邮品鉴会。曾经编导过《话说长江》《再说长江》电视片的央视导演李近朱、《长江》邮票设计者之一袁加、邮票设计家阎炳武等为300多名社会高端人士从自然、文化、艺术、收藏等多个视角，解读了《长江》邮票的艺术魅力。引发了与会者对《长江》集邮品的购买热情。仅一个上午，集邮公司的营业额就达到435万元。此外，在长江沿岸的多个城市，围绕《长江》邮票发行而举办多场集邮品鉴会。在“中国集邮文化季”活动中，各地政府部门、中国集邮总公司以及各地邮政公司、集邮公司、集邮协会，积极投入到这个有创意的宣传活动中。

母亲河、荆楚情集邮品鉴会

（2）跨省题材邮票产生多省联动效益

2015年8月23日，中国邮政发行了《黄河》特种邮票1套9枚。陕西省邮政部门在西安、宜川、渭南、华阴、宝鸡、榆林、府谷、咸阳8个市、县举办了邮票首发活动，为集邮者提供多种黄河题材集邮品，邮品销售收入为241万元。特别是在宜川县黄河壶口瀑布景区举行的首发式，反响热烈。

山西吉县黄河壶口瀑布景区也举行了《黄河》特种邮票首发式，并为“黄河邮局”揭牌。同时销售《黄河》邮票首日封、极限片、明信片等邮品，实现销售收入103万元。“黄河邮局”名誉局长、原国家邮政局邮资票品司司长刘建辉和《黄河》邮票设计者、著名画家袁加亲临现场参加首发活动签售，引来大批全国各地的集邮爱好者。在这一天，山西吕梁市、河曲县、永济市，宁夏银川市、甘肃兰州市、合作市、河南郑州市、新乡市、洛阳市、濮阳县、山东聊城市、泰安市等，四川若尔盖县、河北邯郸市、青海西宁市、内蒙古包头市等黄河沿线地区城镇也都举行了邮票首发式及经销活动。

2016年8月20日，中国邮政发行了《长城》特种邮票1套9枚。此套邮票涉及辽宁、河北、天津、北京、山西、内蒙古、陕西、宁夏、甘肃9个省、直辖市市和自治区。由张家口市人民政府、中国邮政集团公司河北省分公司主办的“长城邮文化节——长城邮票首发系列宣传活动暨京津冀集邮巡回展览”于8月20日在张家口市的长城景观——大境门前开幕。中国集邮总公司副总经理顾军、《长城》特种邮票设计者许仁龙等嘉宾，以及全国各地集邮爱好者、游客数千人参加了活动。这一天，辽宁省在丹东市、葫芦岛市，河北省在秦皇岛市、迁西县、张家口市，天津市在蓟州区黄崖关，北京市在延庆八达岭，山西省在大同市、朔州市、忻州市、阳泉市，陕西省在榆林市、宁夏回族自治区在银川市、甘肃省在嘉峪关市也都分别举行了《长城》特种邮票首发式及销售活动。

（3）各地主题邮局的兴起

主题邮局是中国邮政依托自身的资源优势，将传统邮政服务与文化创意相结合，借助社会热点事件或地域特色，在创造良好社会与经济效益的同时，进一步提升邮政百年品牌美誉度的举措。

早在1997年10月16日，为配合《天

《长城》邮票河北张家口首发式

坛》特种邮票的发行，北京永安路邮政局在天坛祈年殿设立天坛主题邮局。随后，北京又成立了新世纪邮局等多家主题邮局。2010年后，主题邮局在全国各地迅速发展。

2011年6月24日，《中国集邮报》刊登了《主题邮局引领集邮新潮流》的署名文章。文章提到："6月18日，在民族文化宫举办的'北京2011全国专题集邮邀请展'上，中南海邮局、天安门邮局携手两家新成立的'主题邮局'——电影邮局和老北京邮局集体亮相，在向邮人销售邮品、免费盖戳的同时，也在集邮界掀起了一股主题特色的浪潮。'主题邮局'的出现，受到了集邮者的追捧，邮展期间，盖戳的、买封的集邮者始终将这四家邮局围得水泄不通"。

2015年8月30日至9月1日，由中国邮政集团公司主办的2015年中国邮政明信片第二期开奖暨中国邮政主题邮局文化展系列活动在福建省泉州市举行鼓浪屿主题邮局、天津相声主题邮局、泉州天湖邮局等30家主题邮局展示近万套各具特色的邮政文化产品，搭配特色纪念戳、风景戳加盖服务，让人们近距离体验了邮政文化的魅力。

主题邮局将个性文化与邮政服务有机地嫁接起来，服务于特定目标客户，是邮政转型发展的尝试，特别是配合邮票发行以及社会重要事物而设立的主题邮局，对集邮者有较强的吸引力，对集邮经营也起到很好的促进作用。

3. 集邮服务与集邮经营的拓展

集邮专卖店是邮政体制改革的一项举措，也是集邮产业化的产物。自中国集邮专卖店样板店于2009年4月23日在长沙市开业后，这种将集邮业务全面与市场衔

展会上的“包公”主题邮局

中国集邮专卖店江西赣州店开业

接的集邮经营新模式随即在全国展开。中国集邮专卖店湖南长沙店地处长沙市蔡锷南路的繁华商业区，店面的装修样式、风格和标识由中国集邮总公司统一精心设计，通过声、光、电等高科技手段完美地展现了以“邮”文化为核心的全新集邮理念。中国集邮专卖店不但能为广大集邮爱好者提供传统集邮品和集邮服务，同时也能为年轻人提供诸如美国职业篮球联赛（NBA）官方授权开发的新概念集邮品，以及其他具有时尚元素的特许授权礼品。集邮专卖店突破了以往集邮窗口那种传统的形象，形成了自己新的面貌。

对于中华人民共和国全国人民代表大

会和中国人民政治协商会议的集邮服务，是每年中国邮政的重要工作。为邮政部门"两会"开发的集邮品不仅受到参加"两会"的代表的青睐，也受到社会各界的喜爱。中国集邮总公司于2013年3月初宣布，将于"两会"期间发行十二届全国人大一次会议首日封、纪念封以及全国政协十二届一次会议纪念封及相关邮品共7款。此后，邮政部门每年都会推出"两会"特色邮品。

每逢"两会"期间，位于北京人民大会堂一层的邮局就会排起长队，人们争相购买关于"两会"的集邮文化产品。有的代表一下子就购买了价值超过2000元的邮品，其中有不少是受朋友之托购买的。有的代表自己并不集邮，但是觉得"两会"集邮文化产品有特殊意义，因此也来排队购买。除了人民大会堂，在"两会"代表各个驻地的临时邮局里也总是顾客盈门。设在"两会"代表驻地显著位置的临时邮局，主要为与会人员提供信函、包裹、印刷品、特快专递等邮件的寄递服务，同时提供"两会"纪念封等集邮品销售和其他特色服务。担负"两会"集邮服务的北京市邮票公司将此项任务作为工作的重中之重。

二、二级邮票市场的趋势和变化

2010—2018年，实体性的二级邮票市场没有出现20世纪90年代那种恶性炒作或较大的起伏，但存在短期的波动。这个时期的特点是，部分题材邮票的价格出现短期攀升，带动市场行情的变化。邮品电子盘的出现，影响了实体邮市的行情，成为这一时期集邮界和社会关注的焦点。

"两会"代表、委员在人民大会堂邮局购买集邮品

1. 二级邮票市场向理性化转变

自2011年起，“红色题材”邮票开始走俏，一些人物题材、建党题材、国庆题材和革命战争题材的邮票的价格上涨幅度较大，有的一个多月就飞涨了近30倍。出现这种情况的原因之一就是有很多企业开发红色题材集邮产品。像《红色90》经典邮票四方连珍藏册，共收入了90套各类红色题材邮票四方连，其中有14套人物邮票、14套革命战争题材邮票、10套党和国家重要会议题材邮票、24套经济建设题材邮票，等等。为了制作这些主题集邮品，有些开发商需要从二级市场购买邮票，因此刺激了这类题材邮票的上涨。到2017年下半年，即便是整体低潮的情况下，红色题材邮票仍然在市场中具有一定的成交量。

黄永玉查看《丙申年》邮票试印样

生肖题材邮票一直是集邮者喜爱的题材，也是二级市场中价格浮动较大的邮票。每年1月5日，中国邮政发行生肖邮票时，都会引起集邮界和社会的联动。2012年中国邮政发行了《戊辰年》生肖龙特种邮票，该票在发行前就被炒作，发行后其市场价格很快超出面值数十倍，而且带动了其他邮资票品的上涨；2014年中国邮政发行了《甲午年》特种邮票，其大版票随即被炒作到300元左右，也引发了其他邮资票品的行情。中国邮政自2016年起，开始发行第四轮生肖邮票。由于1980年发行的《庚申年》特种邮票的特别效应，使集邮界和社会各界对《丙申年》特种邮票给予了特别关注。特别是该邮票仍由《庚申年》邮票的设计者黄永玉设计，引发了受众的浓厚兴趣。该邮票发行后即被炒作，市价迅速超过其面值20多倍。但每次生肖邮票引起的市场波动都不会持续太久，在较短的时间内邮市仍会恢复平静。

2. 电子盘对实体邮品市场的影响

2010—2018年，对二级邮票市场产生重大影响的是各地“文交所”的电子盘。2013年8月23日，南京文化艺术产权交易所钱币邮票交易中心正式宣告成立。该中心聚集了从事钱币、邮票、股票、期货交易的人士，组成国内第一家钱币、邮票实物电子交易平台。同年10月21日，该交易中心正式上线。上线9个月后，该交易中心就创下市值超10亿元、日成交额过亿元的纪录。此时全国各地不同平台的邮品电子盘不断涌现，实体邮票市场受电子盘的影响，出现了一种特殊的局部行情，很多被集邮者冷遇的邮资票品在电子盘上获得新机。比如《庚寅年》邮票大版，2014年年底时在实体市场的价格接近800元，而此时其在电子盘的价格却高达15000多元，因此，电子盘一时成为改变一种邮品板块或一个品种命运的平台。

2014—2015 年邮票市场行情幕后最大的推手就是“文交所”邮品电子盘。大量社会资金的快速涌进，使得部分邮资票品完全脱离本身的价值，电子盘上邮品价格的投机现象越来越突出。到 2016 年，国内陆续成立了 200 余家“文交所”。由于部分“文交所”受幕后人操盘，并且存在不规范运作，导致投资人被坑害的情况频发，投诉者不断增多。到 2015 年下半年，邮品电子盘开始呈下跌趋势。

2016 年 12 月 14 日，“清理整顿各类交易所部际联合会议办公室”印发了盖有“中国证监会办公厅”印章的《关于地方交易场所涉嫌非法证券期货活动风险提示的函》。其中整顿重点之一就是以邮资票品、钱币、磁卡等为交易标的交易场所涉嫌违规组织“类证券”交易活动。

2017 年 1 月 9 日下午，文化部召集了 27 家交易所展开座谈。会议认为，邮币卡定性为印刷品，而非艺术品，即“文交所”职责范围内的艺术品经营监管归口文化部，而邮币卡业务则不是。邮币卡电子盘的监管职责归地方政府。同日，清理整顿各类交易场所部际联席会议第三次会议在北京召开。这次会议由证监会主席刘士余主持召开。会议指出，部分邮币卡类交易场所开展现货发售模式涉嫌市场价格操纵。明确了要用半年时间集中整治。

自从邮品电子盘出现，就引起集邮界的质疑之声。因为电子盘的不正常运作，造成多年来经过市场沉积和考验的经典邮资票品价值受到颠覆，并且造成集邮者和投资人经济上的损失。

3. 各地开办的临时邮品交易市场

随着集邮市场的规范化进程，多数城市已经告别“跳蚤市场”式的邮品市场。但是，很多集邮者还是怀念那种摆地摊式的邮品交流活动。2010—2017 年，在杭州 2010 全国邮展、长沙 2014 全国邮展、绵阳

杭州 2010 全国邮展场外的邮品交流区

2017全国专项邮展、中国2011第27届亚洲国际邮展等展场外，主办方都开辟出专门区域，安排个体邮商和集邮者摆地摊进行邮品交流。

自2011年开始，广州邮政部门在广州市天河区天河东路155号的广州骏源邮局大厅举办每月举行一次的邮品集市，吸引了各地邮币爱好者来赶集。集市免费为邮币爱好者提供交易摊位，现场有资深集邮家专门对邮票和钱币进行鉴定和辨伪，安保人员全天维护集市秩序。羊城邮币交易集市一般在每月最后一个星期日举行，每到交易日，香港、深圳、佛山等地的邮商，纷纷带着邮币藏品赶到广州骏源邮局进行交易。来自广州和外地的众多集邮爱好者也会在交易日聚集到羊城邮币交易集市，寻觅他们需要的集邮品。

2016年9月10日，在《海上丝绸之路》邮票发行日，由山东省济南市集邮协会、齐鲁集邮研究会等10家集邮组织联合举办的“首届邮品交流大会”在山东周村开市。来自北京、河北、江苏、四川及山东周村周边地区的集邮者参加了这一邮品交流大会。他们在现场摆设地摊，将各式各样的纪念封、原地封、极限片等邮品从家里带到现场进行交流。

4. 开展“共建和谐集邮市场”主题活动

2014年3月初，中华全国集邮联合会发出《关于开展“共建和谐集邮市场”主题宣传活动的通知》。“通知”中说，为深入宣传贯彻《集邮市场管理办法》，引导广大会员、集邮爱好者支持、参与共建和谐集邮市场有关工作，发挥协会组织桥梁纽带作用，履行集邮协会组织服务职能，在“3·15”即将来临之际，请各地集邮协会结合实际开展“共建和谐集邮市场”主题宣传活动。为响应中华全国集邮联合会的号召，全国各地集邮协会在2014年3月14—22日，举办了多种形式的主题宣传活动。

河南省集邮协会主办的“诚实守信，共建和谐集邮市场主题宣传座谈会”在郑州召开。各行业集邮协会的集邮爱好者和集邮市场经营者的代表30余人参加了座谈会。座谈会上，集邮协会骨干为大家讲解了邮票真伪鉴别的知识和方法。与会者还欣赏了由郑州市集邮协会常务理事制作的《真假邮票的对比》专题邮集。

天津市集邮协会举办了维护消费者权益、防伪打假集邮讲座，邮品辨伪展览和现场邮品鉴定等活动。在集邮讲座上，由市集邮协会学术委员、宣传委员向部分会员和集邮者讲解防伪辨假的集邮常识，展示了近10年来在邮市上出现的10余种假邮票，并从印刷、齿孔、暗记、背胶等方面介绍了真伪邮品的区别。

广州市邮政局组织市集邮协会、集邮交易市场经营者、集邮票品经营者等在全市三大集邮市场开展了“诚实守信、共建和谐集邮市场”宣传月活动。主会场设置在广州市天下宝贝收藏品交易中心，通过悬挂宣传横幅、举办邮票辨伪展览、现场知识讲解、随机抽奖等多种方式，营造良好的宣传氛围。

三、集邮经营向网络化发展

进入21世纪，“互联网+”已深入人们生活的方方面面，这一状况也体现在集邮品经营上。2015年3月16日，在德国汉诺威国际消费电子、信息及通信博览会

广州邮市的“诚实守信、共建和谐集邮市场”活动

的开幕仪式上，马云在现场为中国国务院副总理马凯和德国总理默克尔演示“刷脸支付”（Smile to Pay）技术，从淘宝网购买了20欧元的一枚1948年汉诺威纪念邮票，并将这枚邮票送给了展会。其实，淘宝网上的集邮品经营早已经开始，成为集邮者购买邮品的渠道之一。

1. 中国邮政网上营业厅上线运营

为更好地开展邮票发行工作、做好新邮票品宣传，搭建邮资票品直销、互动平台，中国集邮总公司于2014年11月1日0时开办集邮新平台——中国集邮网上营业厅（http://jiyou.11185.cn）。中国集邮网上营业厅是集邮交流、票品欣赏、集邮文化传播、交易于一体的集邮线上综合服务平台。其通过线上网厅、线下网点相结合的平台建设与业务融合，满足社会各界集邮爱好者的多样需求。广大集邮爱好者可登录集邮网上营业厅，通过实名注册成为会员用户，享受新邮预订、新邮零售、集邮品销售、原地邮品实寄等全面服务。

中国集邮网厅开办以来，陆续推出了多项服务举措和集邮互动活动。仅2015年1—6月，中国集邮网厅实现收入5008.54万元，上线产品2800余件，有效订单27万余单，累计点击量1.2亿次，访问量354万人次。

上海邮政于2015年3月初完成了中国集邮网上营业厅中上海集邮网上营业厅的建设和试运营工作，随后正式上线。上海集邮网上营业厅的经营品种包括生肖贺岁系列的产品，也有代表上海特色的产品。此后，其他一些省、自治区、直辖市也相继筹备建立网上营业厅，并且针对集邮者和购邮者推出诸多利于集邮发展的事项。集邮者和购邮者可以足不出户在网上预订

中国集邮网上营业厅页面

和购买集邮品，极大地方便了集邮者。

2. 电子商务与集邮品经营

电子商务市场逐步进入集邮者的视野，并成为集邮者收集、研究、展示其邮票等收藏品的重要平台。互联网集邮品经营也体现在一些专业集邮组织建立的专业化网站。其中“中邮网”“华邮网”“驭海邮艺网”“邮来邮网”等网站持续关注并驱动集邮领域的中国电子商务发展，为广大集邮者提供更加富有竞争力的商品和服务。

“中邮网”于2005年4月1日上线，是国内邮币卡收藏领域实力较雄厚的邮票和钱币的零售网站其前身是北京马甸月坛邮币卡市场的一个邮票社，经过多年的经营，逐渐成为集邮收藏界一家具有一定影响力的企业，在海内外集邮收藏界具有很高的知名度。

驭海邮艺专题集邮网是由集邮家个人创办的以交易、学术交流为主的网站，于1998年开通。在邮品交易方面，交易方式分成在线竞拍和现买两种方式，邮品类型分成现货和非现货两种类型。现货为自营邮品，非现货为代拍代购等。

2017年4月18日，拥有独立二级域名的京东邮币商城正式上线，为集邮者增添了一处网购邮品的平台。京东进入集邮行业，并不涉及电子盘业务，仅是以服务实体经济为宗旨，为邮币业务开通了独立频道，开设P2P模式的邮币店铺商城。随着网络的迅速发展，消费者只要轻点鼠标或是刷刷手机屏，足不出户即可买到梦寐以求的邮票、钱币以及其他各类收藏品，既节省了时间又降低了成本。

四、展会经营的开拓与创新

集邮展会销售一直是集邮经营的重要平台。2010—2018年，在国内举办的重大集邮活动是在江苏无锡举行的中国2011第

中邮网首页

27 届亚洲国际集邮展览和在广西南宁举行的中国 2016 第 33 届亚洲国际集邮展览。相关部门抓住时机，开展展会经销。此外，邮政部门还在这一时期创建了“国际集藏文化博览会”这一新品牌。

1. 集邮展会销售的运作

中国 2011 第 27 届亚洲国际邮展于 2011 年在江苏无锡举行。此次展会除了像以往那样在现场为各国（地区）邮政以及一些机构组织设立摊位，销售各种邮品，还增加了其他层面的文化和经营活动，使展会活动丰富多彩。在面积 2000 平方米的邮票、钱币展销厅，共设摊位 315 个，其中境外摊位 60 个，境内摊位 255 个。中国集邮总公司的展台是历年来规模最大的一次，有展销该公司 2011 年主题营销成果的巨型台历，有可供观众拍照留念的关公立体画，还有邮票拼图触摸屏等。江苏省邮政在展场设立的展区具有江南韵味，其展台的墙壁成为一个展示江苏题材邮票的世界。各展销摊位纷纷推出具有地方特色的集邮品，吸引众多集邮者前来购买。为聚拢人气，一些经营者还邀请了多位邮票设计家在展销区现场为集邮者签名。

中国 2016 第 33 届亚洲国际集邮展览于 2016 年 12 月 2—6 日在广西南宁国际会展中心开幕。集藏品展销区共设立 245 个标准展位。中国集邮总公司和中国邮政南宁分公司等国内各省、自治区、直辖市以及香港特别行政区和澳门特别行政区的邮政部门都设立了展位，并且带来具有各自特色的邮品或邮册。赵涌集团等 54 家知名邮商参展。来自俄罗斯、韩国、秘鲁、新西兰、尼泊尔、立陶宛、马恩岛、丹麦、奥兰群岛、列支敦士登、澳大利亚、越南、朝鲜、法国等 25 个国家或地区的邮政（或其代理商）也在此设摊，销售其精美的邮票。在展会期间，共设 2 处临时邮局为观众提供便利、快捷的公共服务。收寄国内信函 7000 余件、国际信函 1600 余件，快递包裹 500 件。10 处盖戳区在展会期间日均盖销邮戳 2 万枚次，其中，开幕日高峰期盖销量超过 3.5 万枚次。南宁亚洲邮展展期 5 天，观展人数达 13 万，接待了来自 35 个国家和地区的境外展商 77 人。

2010—2018 年，比较重要的集邮展会还有数次综合性全国邮展，包括在浙江杭州举行的第 14 届全国邮展、在内蒙古呼和浩特举行的第 15 届全国邮展、在湖南长沙举行的第 16 届全国邮展、在陕西西安举行的第 17 届全国邮展、在江苏常州举行的第 18 届全国邮展。此外，各地还举办过若干次全国专项邮展。在这些展会期间，各承办方均开辟了专门场地为各类、各级邮政部门设置销售摊位。多数邮展的展销区面积不小于或超出邮展展场的面积。为了吸引观众，展销摊位的布置也越来越具有装饰性和时尚性。

2. 创建国际集藏文化博览会品牌

中国国际集藏文化博览会（简称“集藏文博会”）是由中华人民共和国商务部和中国邮政集团公司批准、中国集邮总公司与中国国际贸易中心股份有限公司联合主办的，是内容丰富、规模较大的国际性集藏综合展会。首届中国国际集藏文化博览会于 2013 年 9 月 26—29 日在北京展览馆举办，本届集藏文博会以“追逐梦想、乐享集藏”为主题，体现了集藏文化的广泛性、时尚性、文化性、品位性。展会中既有国家级的、高端的作品，也有贴近百姓的民间藏品；既有文化展示、又有销售互动，还有百姓喜闻乐见的“鉴宝”活动。全国 31 个省、自治区、直辖市进行了特色地域文化展示。还有 35 个国家和地区的 45 家参展商前来参展，展销各类外国邮票（邮品）、集邮用品以及邮币封等。

南宁亚洲邮展邮品展销摊位

企业文化展区是中国邮政储蓄银行、中国邮政速递物流有限公司、中邮保险有限公司等中国邮政“三大板块”的企业和邮票印制局等直属单位，以及邮品、钱币等相关企业的文化展示。中国邮政为此次展会发行了《2013（第一届）中国国际集藏文化博览会》纪念邮资明信片一套1枚。

此后，第二届集藏文博会于2015年9月25—28日在北京展览馆举办；第三届集藏文博会于2017年9月8—11日在江苏南京举办。通过举办大型综合性展会，不仅为集邮活动搭建了平台，而且为集邮经营创造了有利契机。

五、邮品拍卖市场稳步前行

2000—2018年，邮票的一级市场和二级市场处于改革和调整阶段，集邮品拍卖市场则处于相对平稳发展的时期。在这一时期，国内基本上形成以北京和上海未中心的拍卖市场，而且定期举行邮品拍卖专场，为参展者和收藏者提供了高端、珍稀的邮资票品，为提高中国集邮展品水平做出贡献。

1. 重大集邮活动中的拍卖专场

利用国内举办重大集邮活动之时举办邮品拍卖会，是各拍卖公司通常采用的做法。在江苏无锡举办2011亚洲国际邮展和江苏南京举办第三届中国国际集藏文化博览会期间，拍卖公司都在展会期间举办了高端邮品专场拍卖会，并且收到取得了较好的经济效益。

2011年11月13日，由上海泓盛拍卖有限公司负责的亚邮展邮品拍卖会在江苏无锡太湖国际展览中心二楼举行。为了办好此次拍卖会，主办方进行了长达半年的准备，筹备了900多件拍品，有传统、邮

北京第二届集藏文博会

政历史邮集，清代、民国时期邮票、新中国邮票等。其中137号拍品是1枚罕见的1896年红印花3分原票新票，颜色鲜艳、原胶未贴用，上中品相。经过3个回合的竞拍，这枚红印花原票以68万最终落锤成交，成为全场的最高成交价。

358号拍品是一件1937年从美国三番市（旧金山）寄往中国南京的实寄封，信封贴美国邮票2枚，邮资5分，销12月10日戳。就在这一天，包围南京城的日军对手无寸铁的南京民众进行了长达数月惨绝人寰的大规模屠杀。该邮件1938年1月29日经上海中转，因不能到达南京便被上海邮局盖邮路受阻退回副戳，于1938年2月21日由上海退回美国，销红色上海当日退回日戳，经三番市盖手型退回戳，有美国到达戳，邮路清晰、保存完好。此封见证了1937年日军在南京进行大屠杀的罪行。该封以1.38万元成交。

1937年从美国旧金山寄往中国南京受阻退回的实寄封

上海泓盛拍卖公司2011无锡亚洲邮展邮品拍卖会

2017年9月10日下午，第三届中国国际集藏文化博览会保利专场拍卖会在南京国际展览中心多功能厅举行。此次保利专场拍卖会主要以邮票、钞票、金银币等拍品为主。拍卖会吸引了近300人参加，拍品总计131件，以583万元的总成交额圆满收槌。其中1枚存世约10枚的1925年北京二版帆船4分票加盖“暂作三分”倒盖新票以138万元成交；1组品相完好的1980—1991年十二生肖邮票全张拍品经过激烈竞争，最终以201.25万元成交；1枚《全国山河一片红》新票以63.25万元成交。

2. 各拍卖公司推出热点拍品

为了使邮品拍卖会更具人气，各家拍卖公司尽可能推出应时应景的拍品成为一个特点。2011年是辛亥革命100周年，由上海泓盛拍卖公司举办的无锡亚洲邮展专场拍卖会上，一套伦敦版蟠龙加盖“中华民国临时中立”新票全套8枚以21.85万元成交；2013年是毛泽东同志诞辰120周年。在中国嘉德2013秋季邮品钱币拍卖会上，1件毛泽东亲笔书写的公函封成为拍卖会的亮点，以655.5万元成交，另一件10套全张4件连号、金色光亮、颜色鲜艳、品相完好的文1《战无不胜的毛泽东思想万岁》邮票以180.55万元高价成交；在上海泓盛拍卖有限公司举办的2013春季邮品拍卖会上，曾经在太原2006全国邮展、杭州2010全国邮展获得银奖的《毛泽东手迹》一框邮集1部，共16个贴片。因为这部邮集中有“文革”期间中止发行的《毛主席为日本工人题词》信销票，最后以28.75万元成交。

2015年是中国人民抗日战争暨世界反法西斯战争胜利70周年。在上海泓盛2015年春季拍卖会邮品钱币专场上，1件品相完好、仅存2件的“胶东战邮敬赠拥军函件免费寄递”封，以4.37万元成交；在北京诚轩2015春季邮品钱币拍卖会上，1件1947年东北区“七七抗战十周年纪念”邮票小全张四连体，其中50元邮票图案均套印移位，带套色十字校准线的罕见品，以11.5万元成交；在“2015北京保利十周年方寸聚九州邮品专场”拍卖会上，上拍了1件“二战”期间驼峰航线检查封。

2016年是中国邮政开办120周年和孙中山先生诞辰150周年。中国嘉德2016秋季邮品钱币拍卖会筹集了民国时期发行的孙中山像邮票达到千余种。其中1枚被列为“民国五珍”的纽约版孙中山像贰元倒印邮票是最珍贵的，以149.5万元成交。另一件1912年海外华侨麦乔英寄孙中山大总统的信函，以1.26万元成交；1件1895年北京寄美国费城的实寄封，贴小龙邮票1分银3枚，加贴美国客邮邮票5分1枚，经过美国上海客邮局寄美国，这种混贴实寄封存世不足5枚，是研究海关邮政的重要素材。在“华宇拍卖2016年秋季邮品专场”上，1件品相上乘的1942年孙中山像中信版16分墨绿色宽边试投票1件，与发行时的棕色不同颜色的存世孤品以38万元成交。

2017年是中国红印花加盖票发行120周年和俄国十月革命100周年。在中国嘉德2017春季邮品拍卖会上，1枚罕见的红印花小贰分倒盖旧票以5.75万元成交；1套极为少见的带厂铭的纪20《伟大的苏联十月革命三十五周年纪念》为发行票以65.55万元成交。

3. 网络和微信群进行的邮品拍卖

随着网络信息技术的快速发展，集邮的电子商务发展也很迅速，大邮商有网站，小邮商有网店。广大集邮爱好者根据集邮

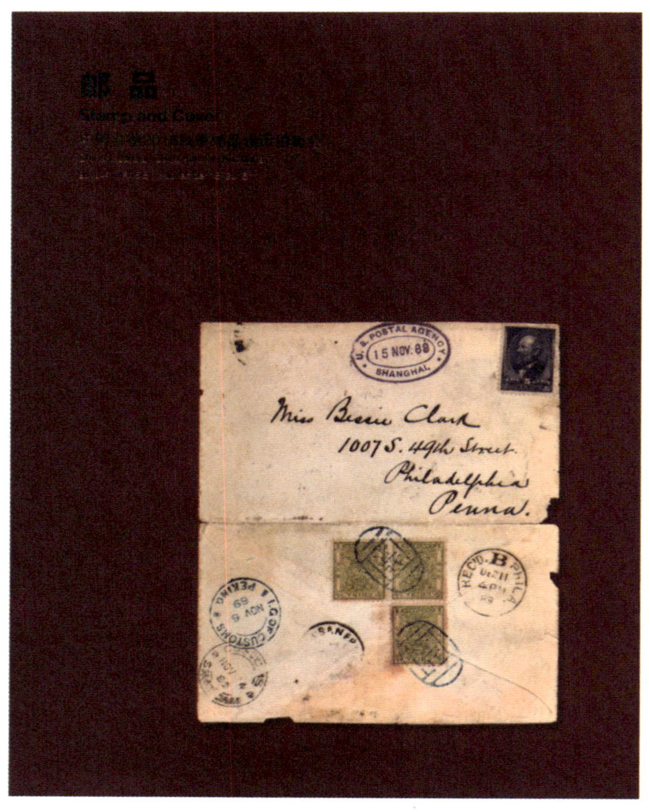

2016 年嘉德秋拍邮品目录

的分类和自己的爱好，建立或参加许多精彩纷呈的 QQ 群和微信群，这里既可以传播集邮知识，也可以进行集邮品的交流，丰富大家的藏品。自 2015 年以后，这些集邮群又增加了新的交流方式，就是周末邮品跳蚤市场和邮品微型拍卖，群友只要在电脑或手机上轻点几下，就可以拥有自己所需的邮品。

中华民俗文化集邮沙龙 QQ 群的微拍主要以民俗集邮品为主，同时兼顾大众化杂品的拍卖，拍品基本上以 20 世纪 80 年代后的实寄邮品和极限片为主，拍卖通常采取无底价的方式，一次拍卖的拍品数量以不超过 20 件为宜，拍卖时间一般在每周四晚上进行，周日也偶尔会有民俗类邮品专场微拍。从拍卖情况看，经过寄递的纪念邮资封片和普通邮资封片更加抢手。

北京原地集邮微信群的拍卖活动自 2015 年 12 月开始，重点以近期首日原地实寄邮品为主。该群拍卖有严格的规则，拍卖时间一般在每周一、周三、周五的晚上，采取无底价起拍形式。这种拍卖活动主要目的不在经济效益，而是邮品流通。像 1993 年《郑板桥作品选》邮票首日上海博物馆原地实寄公函封，成交价为 30 元。这种低端邮品拍卖适合普通集邮者编组邮集的需要。

结　语

从 2010 年到 2018 年，中国集邮正处在一个新的发展阶段。2017 年召开的中国共产党第十九次全国代表大会提出“不忘初心，牢记使命，高举中国特色社会主义伟大旗帜，决胜全面建成小康社会，夺取新时代中国特色社会主义伟大胜利，为实现中华民族伟大复兴的中国梦不懈奋斗”的奋斗目标。中华民族的伟大复兴，包括了文化复兴，集邮文化也在其中。

新时代的中国集邮，要紧紧把握集邮是社会主义文化建设事业一部分的大格局，以大国集邮姿态开展丰富多彩的集邮活动。在普及与提高两个方向，在集邮的诸多领域取得卓有成就的业绩。中华全国集邮联合会在集邮组织的发展与建设上，在集邮学术研究、集邮展览、集邮宣传以及培养青少年集邮等方面，都取得新的成绩。各省市级集邮协会以及各专项集邮组织的活动，始终围绕着党的中心工作和国家重大事件进行，使集邮文化成为社会主义先进文化的一个组成部分。

2010—2018 年，中华全国集邮联合会不断选送优秀邮集展品参加亚洲国际集邮展览和世界集邮展览，参展成绩不断提高。这一时期，中国集邮家在国际邮展和世界邮展的成就不仅有较快的提高，而且呈现出整体性进步。许多邮集在亚洲国际邮展和世界邮展中，接连荣获竞赛级大奖，以及“国家大奖”“国际大奖”和“荣誉大奖”；振奋了中国集邮界，体现出了大国集邮的优势和成就。

2018 年 7 月 24 日，中国集邮界隆重纪念大龙邮票发行 140 周年，举行了“纪念大龙邮票发行 140 周年全国集邮学术研讨会”“龙行华夏国脉传承——大龙邮票诞生 140 周年文物珍品巡展”等多项活动。这个隆重的纪念活动，充分体现出了集邮这项个体性很强的集藏行为，在中国成功地发展为有完整组织体系的群众性集藏文化活动。

从 1878 年中国第一套大龙邮票的发行以及中国集邮活动的萌生，到 2018 年中国集邮走过了不同时代和不同历史阶段的 140 个年头。中国集邮这 140 度春秋的不懈追求和探索，在中国文化进程上留下了辉煌的足迹。未来，中国集邮事业必将迎来更加宽广的发展空间，中国特色的集邮活动也将对国际集邮界产生影响，中国集邮也将为世界集邮事业的发展而努力奋斗。

中国集邮大事年表

（1878—2018）

1878 年

3 月 9 日　北京、天津、烟台、牛庄（营口）、上海海关试办邮政，收寄华洋公众信件。

5 月 1 日　天津海关邮局公布邮件资费表。

7 月 18 日　海关造册处由上海发往天津的首批五分银大龙邮票有 500 个全张计 12500 枚，于 7 月 24 日运抵天津海关，由德催琳签收。大龙邮票是中国第一套邮票。

当年　在上海的英国集邮家欧瓦尔大量订购大龙邮票；“华邮第一古封”诞生。

1879 年

6 月 13 日　上海《申报》刊出一则上海新泰兴洋行名为“哈立斯”的收买邮票的广告。

1880 年

6 月　上海《花图新报》刊出宣传集邮的文章《各国信馆之印图》。

1882 年

3 月　清代海关邮政发行大龙邮票第二期（即“阔边大龙”）。

1883 年

5 月　清代海关邮政发行大龙邮票第三期（即“厚纸大龙”）。

1885 年

当年　清代海关邮政发行小龙邮票，这是我国最早发行的带有水印的邮票。

1888 年

3 月 22 日　台湾省巡抚刘铭传改革驿站，在台湾创办近代邮政，成立台湾邮政总局并发行地方邮票。

1889 年

当年　李辉堂开始兼营邮业，并于 20 世纪初在上海开办邮票社，成为中国的早期邮商。

1890 年

2 月 22 日　上海《申报》刊登了鲁意师摩洋行拍卖邮票的广告。

1893 年

1 月 1 日　武汉汉口工部局设立汉口书信馆并发行邮票。

7 月　山东烟台商埠邮局成立并发行邮票。

1894 年

6 月 1 日　江西九江工部局书信馆成立并发行邮票。

8 月 6 日　江苏镇江工部局开办商埠邮局并发行邮票。

11 月 1 日　湖北宜昌外侨委员会开办宜昌书信馆并发行邮票。

11 月 14 日　清代海关邮政发行《慈禧寿辰》邮票，这是中国第一套纪念邮票。

11 月 15 日　福建厦门开办商埠邮局并发行邮票。

1895 年

1 月 1 日　福州商埠邮局成立并发行邮票。

5月2日　康有为联合会试举人向清光绪皇帝上书（即《公车上书》），将建立国家邮政列为富国六法之一。

7月31日　刘永福在台湾建立抗日政权，创办邮政并发行“独虎图”邮票。

1896年

3月20日　中国国家邮政开办。

当年　南京外侨团体开办金陵书信馆，并发行邮票。

1897年

2月2日　大清邮政发行“红印花加盖暂作邮票”。

2月20日　大清邮政—邮政官局正式营业。

10月1日　大清邮政发行蟠龙图邮资明信片，这是中国第一套邮政用品。

11月1日　上海工部局书信馆由清代国家邮政接管，其他商埠书信馆（邮局）随之陆续关闭。

1899年

11月16日　邮政部门在“上海维多利亚护理学校筹款义卖会”上设立了邮局，并启用一枚全英文纪念邮戳。

当年　《大清邮政章程》颁布，这是中国第一部邮政法规。

1903年

10月22日　福州邮局1分邮票售缺，将2分红色蟠龙票对角斜剖一分为二，充1分票在邮政窗口贴用。

当年　朱世杰兼营邮业，后开办集古社。

1904年

4月1日　大清邮政发行第一套欠资邮票（加盖改作）。

1905年

11月4日　大清邮政发行第一套快信邮票。

1906年

3月　绵嘉义编写的《华邮报告书》附在《大清海关贸易统计报告书》中出版，此为中国集邮史上第一部华邮目录。

11月6日　清政府设邮传部，邮政、铁路等业务全部并入其管理。

1909年

9月8日　大清邮政发行“宣统御极”纪念邮票。

当年　魏叔彝在福州开设“世界邮票社”。

1910年

当年　俄侨耶路史味趣在哈尔滨经营邮业。

1911年

5月28日　邮传部从海关接管邮政，邮政自此与海关分立。

5月30日　邮传部邮政总局成立。

10月10日　武昌起义爆发。起义军攻克武汉三镇后，即派员接管邮政和电报机关，制定《暂定邮政办理章程》。

1912年

1月1日　中华民国临时政府在南京成

立。孙中山就任临时大总统后不久下令废除原邮政局名中的“大清”两字，中国邮政进入“中华邮政”时期。

1 月 30 日　福州邮局发售加盖“临时中立”邮票，南京临时政府外交、交通两部电令邮政总办帛黎立即停售。

2 月 5 日　孙中山主持内阁会议，内阁决议“《光复纪念》邮票用孙中山大总统肖像”。

3 月 19 日　孙中山致电袁世凯，抗议将加盖“中华民国　临时中立”字样的邮票交汉口、南京、长沙三地发售。

3 月 23 日　邮政总局通令将加盖“中华民国　临时中立”字样的邮票如数收回。

5 月　北洋政府将邮传部改为交通部，下设北京邮政总局。

12 月 15 日　中华邮政发行同枚数、同刷色、同面值的《中华民国光复纪念》《中华民国共和纪念》邮票各一套。上海《时报》《申报》提前 3 天分别刊登《快购纪念邮票》《发行纪念邮票预告》短讯，报道中华民国首套纪念邮票发行的消息。

12 月 18 日　上海外侨成立上海邮票会，此为在中国出现的第一个集邮团体，首任会长拉奇。

1913 年

当年　绵嘉义编辑的英文版《中国邮政票》贴票册由上海别发洋行出版。

交通部明令废除全部驿站。

1914 年

3 月 1 日　中华邮政加入万国邮政联盟。

7 月　福州邮商魏叔彝和美籍邮商卜威利在福建展览会中展示中外邮票，这是中国最早的邮票展览。

10 月 10 日　北京邮局启用“北京国庆日”纪念邮戳。

当年　天津印字馆印行英文版中国邮票目录《The Postage Stamps of China 1878—1914》。

1915 年

7 月　苇如的《邮票考略》一文在《中华小说界》长篇连载，至 1916 年 6 月该刊停刊，共刊登了 12 期。

当年　新疆邮政管理局发行的在“限新省贴用”邮票上凿孔“公文贴用”字样邮票，成为我国最早的公事邮票。

张景盂在江苏苏州开办五洲邮票社。

1916 年

当年　上海中美邮票总社、苏州五洲邮票社以及常州集成邮票社、大陆邮票公司、中西旧邮券公司、万国旧邮公司、寰球邮票公司、萃华社等多家邮票商社售邮广告，相继登载于上海《申报》《时报》《新闻报》《小说日报》上。

1917 年

10 月 10 日　中华邮政发行黄色和绿色两种“中华邮局邮票册”，其内均含面值合计 1 元的北京一版“帆船”邮票，这是中国最早的小本票。

1918 年

2 月　白狄人编辑的《邮志界》，由世界邮花联合会出版，此为我国最早的集邮刊物。

4 月　许剑鸣编辑的《邮乘丛刊》，由江苏常州兰陵编译社出版。

5月10日　江苏常州魏柏熙等人在武进商会图书馆（今常州人民公园）举办“邮票展览会”，这是中国最早的竞赛性邮展。

1919年

7月28日　秋叶撰写的《邮苑琐话》在《申报·自由谈》连载，共计9篇。

当年　中华邮政编印出版了《邮政纲要》。

1920年

4月　美国邮商薛多尔在上海创办《邮票话题》（*Stamp Topics*），自当年11月第8期起，该刊转为上海邮票会会刊。

5月7日　北洋政府交通部在北京至天津的飞机上带运邮件往返飞行试验成功。

12月1日　中华邮政发行《加盖“附收赈捐”》邮票，这是我国最早的慈善邮票。

1921年

6月　在中国香港的外籍集邮家组织成立香港邮票会，迪克（H. W. Dick）任会长。

7月1日　中华邮政开办航空邮班、发行航空邮票，并刻用“首次创设航空邮运纪念”邮戳。

1922年

6月15日　上海邮票会在上海法兴书局举办邮票展览，绵嘉义、李辉堂的华邮参展。

8月　我国最早的集邮团体——神州邮票研究会在上海成立，张棣郛任会长。

当年　江苏太仓世界邮票通信营业社编印的《邮票杂志》《邮票新闻》出版。

1923年

1月　《神州邮票研究会会刊》在上海出版。

陈复祥、张承惠主编，中华邮票公司出版的《邮票月刊》在上海创刊。

11月3日　邮商区甘源主编，上海邮声社出版的《邮声》创刊。

当年　裕懋霆在北京创办万国交换通信社，并编印英文季刊一种。

1924年

1月　上海《晶报》开始连载周今觉的集邮随笔《邮话》，至1925年2月24日止，共计55篇，分70期连载。

11月　由张棣郛、周今觉、陈复祥发起，成立“海上邮界联欢会”。

1925年

7月11日　“中华邮票会”在上海成立，周今觉任会长。

10月　周今觉主编的中华邮票会会刊《邮乘》创刊；他编著的《华邮图鉴》开始在《邮乘》上发表，至1936年4月，共刊发了12篇。

当年　福州基督教青年会集邮团成立，阮景光、魏叔彝分别任正、副团长。

1926年

1月1日　新光邮票研究会在杭州成立，创办会刊《邮票新声》，由张包子俊主编。

1月6日　中华邮票会与上海邮票会在上海博物院演说堂联合举办邮票大杯赛。

4月2日　新光邮票研究会在杭州青年会礼堂举办邮票陈列会。

4 月　陈复祥、卢赋梅编著的《中国邮票汇编》由苏州卢义思邮票公司出版。

当年春　正在广州学习的姜治方在毛泽东的帮助下收集到一批中外邮票实寄封。

7 月 24 日　周今觉在上海开洛无线电台发表集邮演讲《集邮之趣味及裨益》。

7 月　朱世杰编《中国集邮图谱》定位贴票册由上海集古社出版。

10 月 30 日　上海《晶报》开始长篇连载袁寒云的集邮随笔《说邮》，至 1927 年 11 月 6 日止，共计 54 篇。

10 月　中华邮票会会刊《邮乘》在纽约万国邮票博览会上获得特别铜牌奖。

当年　北京邮票交换会成立，王汉强任会长，创办会刊《北京邮票交换会会志》。

辽宁海城华北邮票交换俱乐部（后更名为“蓂郎邮票会”）成立，宋尧阶任会长，创办会刊《邮趣》。

1927 年

1 月 6 日　南京邮票研究会（外籍）在美侨司丹逊私宅，举办第二次万国邮票展览会。

1 月　张景盂编写的《集邮须知》由苏州五洲邮票社出版。

11 月　井冈山革命根据地建立赤色邮局。

当年　《远东邮票》（*Far Eastern Stamp*）在哈尔滨创刊，先后由 P. Langnar 和 J. V. Swect 主编。

1928 年

5 月 1 日　贺伯辛、蒋伯埙、蔡寄云等在重庆基督教青年会举办重庆邮票展览。

5 月　湘赣边区工农民主政府成立，正式设立赤色邮政湘赣总局。

10 月　新光邮票研究会的第二种会刊《新光月刊》创刊。

11 月 15 日　中华邮票会会刊《邮学月刊》创刊。

当年　国民政府下令撤销北京邮政总局，由南京交通部邮政总局统一管理全国的邮务；国民政府召开交通工作会议通过决议：“民信局应于民国十九年（1930 年）一律废止”。

张赓伯、孙曼君合撰的《华邮小史》在沈阳《大亚画报》连载，至 1930 年 5 月，共计 50 篇。

1929 年

3 月 21 日　福建教育厅在福州西湖公园开办福州出品协会，世界邮票社的邮票陈列在开化寺举办。

5 月 24 日　江苏邮务管理局在孙中山奉安期间特设 6 处临时邮局，同时启用“南京总理奉安临时邮局”邮戳。

5 月 30 日　中华邮政发行《孙总理国葬》纪念邮票。

9 月　贵阳《民众日报》社集邮者成立繁星邮社。

12 月　红四军军长朱德、政治委员毛泽东在福建上杭古田签署了“保护邮局，照常转递”的命令。

1930 年

3 月 26 日　第一个赤色邮政管理机构——赣西南赤色邮政总局在江西吉安富田成立。

9 月 13 日　德国柏林国际邮展揭幕，邮展组织者聘周今觉为名誉董事。

10 月　赣西南赤色邮政总局发行“赣西南赤色邮票”，这是中国共产党领导的红色区域邮政早期发行的邮票。

11 月　津津邮票会在天津成立，陈叔道任会长，会刊《邮票界》附载于《蜜丝》杂志。

1931 年

2 月 12 日　英国皇家邮学会理事会批准周今觉为会友。

2 月 21 日　东西两半球的“华邮大王”周今觉、施塔相会于上海银行俱乐部，并与中华邮票会会友合影留念。

7 月　《邮学月刊》第 3 卷第 8、第 9 期合刊首次报道了闽西苏区赤色邮票。

12 月　谢鄂常、张包子俊编著的《中国邮戳纪略》由新光邮票研究会作为《集邮丛书》之一出版。

当年　维也纳国际集邮展览会将于 1933 年举办。该会函聘周今觉任中国董事，阮景光、梁芸斋、刘子惠、陆志韦为名誉董事，翌年又加聘周今觉为邮展评审员。

1932 年

4 月　《新光月刊》4 卷 6 期发表了阎东魁的《再谈赤邮》文章。

5 月 1 日　中华苏维埃共和国邮政总局成立。当年 5 月至 1934 年 10 月，邮政总局在中央苏区共发行 9 种 15 枚不同面值的苏维埃邮票。

7 月 10 日　天津美术馆邮票研究会成立。

8 月 5 日　张镜秋在昆明市民众教育馆举办世界语通讯展览时展出 40 多个国家（地区）的邮票。

1933 年

9 月 1 日　安徽芜湖集邮者组建大同邮票会，主持人谢慎修。1935 年 5 月创办会刊《邮话月刊》，一年后改为《邮话》。

当年　姜治方的《中国首航封》展品参加比利时布鲁塞尔航邮展览会，获得银奖。

李国方从其父亲那里得到一件实寄封，封上贴的一枚 1 分面值的江西赤色邮政邮票，成为至今发现的唯一保存下来的一枚江西赤色邮政邮票。

1934 年

1 月　王汉强编辑的《中国邮票图集》由上海文华图书公司印行。

5 月 1 日　甲戌邮票会在郑州成立，王聘彦任会长，创办会刊《甲戌邮刊》。

9 月 1 日　交通部召开全国邮政会议，决定“创设国内邮票特销课，向国内外邮票收存家出售本国及各国现在邮票”；当年，上海邮局率先在四川路设立特销课。

10 月　福建省永定县赤树坪村的赤卫队员张贡祥，将本地天德乡苏维埃政府使用的赤卫队旗、袖章、印章和 116 枚闽西赤色邮票藏匿在一祠堂内，1940 年被发现。

12 月 23 日　由樊沙维趣（A. N. Vansovich）发起，上海俄侨集邮者成立旅华俄国邮票会。

1935 年

2 月 1 日　《新光月刊》4 卷第 4 期刊登了介绍湘赣赤邮实寄封和邮票的文章。

3 月 7 日　美国纽约国际邮展筹委会聘请周今觉为邮展评审员，周今觉因华邮被降奖级问题，不予接受。后在周今觉的抗争下，邮展将华邮定为金牌级，周今觉接受聘请，但未赴会。

8月8日　云南基督教青年会在新会址落成当天举办中外邮票展览。

8月　姜治方选送《新光邮票杂志》《甲戌邮刊》参加在布鲁塞尔举办的国际邮展，获得奖状，并代表上述刊物加入万国邮学刊物联盟会。

10月　中央红军（红一方面军）长征胜利到达陕北后，于当年11月在瓦窑堡成立中华苏维埃西北邮政管理局，领导陕甘宁苏区的邮政工作。

12月11日　香港邮票会在南华早报议事厅举办邮票展览年会。

当年　武汉汉口圣潮中学发起组织“圣潮集邮研究会”，编印《圣潮邮票半月刊》。

姜治方收藏到一枚贴用《赣西南赤色邮票》8分票的实寄封和一枚贴有《湘赣边省赤色邮票》1分票的快件实寄封。

1936年

1月1日　中国邮商公会在上海成立，推举陈复祥、李辉堂为公会领导人。

3月　中华邮票会会刊《邮讯》创刊。

4月1日　广东省新会县民众教育馆举办邮票展览。

4月　中华邮票会会刊《邮典》创刊。

5月5日　浙江嘉兴邮票研究会成立，崔福隆、基础民分任正、副会长，创办的会刊《邮亭》附载在《嘉区民国日报》。

8月17日　安徽芜湖大同邮票会在芜湖青年会会堂举办首届邮展。

10月10日　中华邮政发行《中华邮政开办四十周年》纪念邮票。

11月　王一介主编的《集邮专页》在天津《语美画刊》上开设，至1937年7月共连载23期。

12月9日　香港邮票会在南华早报议事厅举办第二届邮票展览年会。

12月　绿洲邮票会在上海成立，华特生任会长，创办会刊《青春邮语月刊》。

1937年

3月1日　天津市立美术馆在河北公园举办世界邮票展览。

3月21日　新光邮票研究会在上海八仙桥青年会举办邮展。

4月11日　上海邮票会在上海亚洲文会新楼伍连德讲堂举办邮票展览。

6月5日　甲戌邮票会在开封基督教青年会举办邮展，首次展出赣西南赤色邮政发行的邮票。

6月8日　长沙广雅中学举办邮展。

6月　绵嘉义编著、周今觉校订的英文版《华邮纪要》由中华邮票会出版并赠送会员。

7月7日　北平发生卢沟桥事变，揭开了中华民族全民族抗日战争的序幕。交通部于7月18日密令各地邮局：邮政人员不随军政机关一起撤退，仍在沦陷区维持邮政运行。

9月　中华邮政当局在《申报》刊登启事，向社会公开征求“航空救国”邮票设计图稿。

10月20日　北平的日伪当局以暴力强行从北平邮局抢走5万元邮票。

10月　吴元亮到延安参加革命工作。他收藏的《中华苏维埃邮票》“战士图”半分票直四连，成为至今发现的此种邮票唯一的连票。

12 月　晋冀察边区临时邮政总局发行“半白日徽图”晋冀察边区临时邮政邮票。

当年　天津北洋工学院成立友联集邮会并举办邮展。

1938 年

3 月　甲戌邮票会迁至西安继续活动，新光邮票研究会总会在上海恢复活动。

新光邮票研究会在上海成立拍卖部。

4 月 1 日　《甲戌邮刊》第 5 卷第 3、4 期合刊发表了赵善长的文章《晋省发行临时邮票》，率先在邮刊上公开介绍晋察冀边区邮票。

9 月　晋察冀边区临时邮政总局发行《抗战军人》纪念邮票。

当年　张景盂编著的《邮苑珍闻》由五洲邮票社出版。

五洲邮票社从江苏苏州迁址到上海。

青年作家周立波编著的《晋察冀边区印象记》《战地日记》在汉口公开出版。书中披露了晋察冀边区首次发行的邮票。

1939 年

3 月　新光邮票研究会在上海恢复会刊出版。

4 月 11 日　中国红十字会总会为呈请印行红十字邮票成立专门委员会。

4 月 16 日　旅华俄国邮票会举办春季邮票交易会。

5 月 31 日　新光邮票研究会参加古今柬帖展览会附设的邮票展览，其中最为引人注目的是中国共产党领导的江西、湘鄂及西北等苏区邮票。

6 月　五洲邮票社出版张景盂编著的中国第一本各国邮票地名参考书《标准中西地名对照表》；英文版《亚细亚邮刊》（*The Asia Stamp Journal*）在上海出版，其主编为 A. F. Kerneck，至 1941 年 4 月止共计发行 2 卷 23 期。

7 月 25 日　新光邮票研究会召开年度会员大会。

7 月　《甲戌邮刊》连续刊载介绍晋察冀边区发行的邮票的文章。

10 月 18 日　中华邮政在深圳成立沙鱼涌邮局，成为中国抗战前期一条重要的国际邮路。

11 月 23 日　中华邮票会在上海银行俱乐部聚会商议复会。

12 月 23 日　新光邮票研究会选送展品参加上海文艺展览会邮票展览。

当年　李世琦在成都华西协合高级中学举办个人邮展。

张包子俊、钟韵玉、张承惠、柳志川在上海合作开办奥伦多邮票公司。

1940 年

1 月 7 日　天津邮票会成立，雷润生任会长，创办会刊《天津邮刊》。

1 月 15 日　中华邮票会复会，《邮典》第一卷出版。

2 月　甲戌邮票会、中华邮票会共同在《邮典》第 2 期刊登《启事》，结束两会恩怨。

4 月　陈焕彪编著的《集邮入门》在上海出版。

5 月 5 日　为纪念黑便士邮票诞生 100 周年，新光邮票研究会召开年度会员大会，并印制了中国最早的集邮纪念张。

5月9日　为倡导国共通邮，周恩来为中华邮政总局第三军邮视察段总视察林卓午题词："传邮万里，国脉所系"。

6月　俄侨休门编著的《休门氏中国邮票专门目录》（英文版）由上海美古邮票公司出版（至1943年1月共发行5版）。

7月　陈志川开办的国粹邮票公司开业。

8月　楼祖诒编著的《中国邮驿发达史》由上海中华书局出版。

9月　由陈复祥执笔，以俄侨罗门名义编著的《中国及商埠邮票罗门氏专门目录》（英文版）由上海罗门邮票公司出版。

10月　新光邮票研究会会刊因香港邮政局"禁止沦陷区印刷品转寄大后方"而发行受阻。

11月　张包子俊、钟韵玉、徐秉鸿合作的上海邮人服务社开业。

当年　李弗如在成都开设蓉锦邮票社。

1941年

1月5日　天津邮票会举办成立一周年庆祝大会及邮展。

2月1日　天津基督教青年会设立集邮班，讲授集邮知识。

2月23日　陕西城固西北师范附中举办首次邮展。

4月20日　苏州集邮会成立，徐逢生、谈佐麟分任正、副会长；翌日在民众教育馆举办邮展。

6月10日　"苏州集邮会"改称"大华邮票会"，当年出版会刊《大华邮刊》2期。

6月21日　中华邮政发行《节约建国》特种邮票及小全张。

6月　新光会员赵品三等25人联署公函呈请北平邮政总局设立集邮处，当年7月获准并设立。

7月1日　"重庆国民政府交通部邮人联谊会"改组为"交通部同人集邮会"，赵翔云任会长，创办会刊《交邮月刊》。

10月10日　中华邮政发行《中华民国创建三十周年》纪念邮票，南京启用纪念邮戳。

11月3日　新光邮票研究会在上海大新公司举办邮展。

12月25日　上海麦伦中学集邮会举办邮展。

12月　蓉锦邮票社编辑发行的《蓉锦邮朏》创刊。

当年　英、俄文合刊的《旅华俄国邮票会6周年纪念专刊》在上海出版。

同仁邮票研究会在保定同仁中学成立，春夏间举办一次邮展。

1942年

1月11日　山城邮票会在重庆成立，赵达甫任会长。

1月24日　新光邮票会召开理事会，决定由梁芸斋任主席理事。

1月　张包子俊主编并由上海奥伦多邮票公司出版的《邮话》创刊。

2月　陈志川编著的《国邮简目》由上海国粹邮票公司出版。

3月1日　陈志川主编并由上海国粹邮票公司出版的《国粹邮刊》创刊。

4月　黎震寰编著的《近代中国邮票图鉴》在天津出版。

5月　陈复祥编著的《红印花暂作小二分版号识别法》由上海中华邮票公司出版。

7月1日　西南邮票社编辑发行的《西南邮刊》创刊。

7月12日　成都邮票会（后更名为“成都集邮会”）成立，吴孔昭任主席理事，当年10月创办会刊《邮苑》。

8月23日　金竹邮票会在贵阳成立，许庆民任理事长，当年9月创办会刊《金竹邮刊》。

9月9日　王纪泽、严西峤合办的万寿邮票公司开业。

10月2日　上海《新申报》副刊刊发《人文邮票图志》，至当年12月31日共连载91期。

10月10日　金竹邮票会选送邮品参加贵州全省文化科学教育展览会。

11月11日　陈志川、张包子俊、张赓伯等在上海发起组织“邮星小集”。

宋和鸣编著的《集邮散记》由江苏泰兴艺鸣邮票社出版。

1943年

2月17日　正在美国访问和疗养的宋美龄，将一部中国珍贵邮票作为国礼馈赠美国总统罗斯福。

2月28日　旅华俄国邮票会在上海安凯弟总会举办邮展。

3月1日　贵阳黎明邮票社主办的《黎明邮刊》创刊；初翕（邵洵美）的《中国邮票讲话》在上海《新申报》开始连载，至4月29日共刊载60篇。

3月11日　金竹邮票会在贵阳民众教育馆展出邮品。

4月1日　党恩来编著的《国邮要目》由重庆业余出版社出版。

4月15日　《国粹邮刊》第16期刊出张赓伯的《北海票之疑问》（此后又于第18、19期刊出周今觉、张赓伯的文章），揭露海关洋员费拉尔利用职权制作“罕品”的勾当。

6月6日　重庆市邮票研究会（前称“陪都邮人座谈会”“陪都邮票会”）正式成立，郑汝纯任理事长，当年7月创办会刊《陪都邮声》。

6月　天津万邮馆黄钟善创办《万邮简报》。

7月4日　新光邮票研究会在永安公司举办“华北急赈邮票义卖”活动。

7月7日　广东阳江民众教育馆举办邮展。

8月20日　《国粹邮刊》第22期刊出张包子俊《中国民信局漫谈》的文章，首次专门论述中国旧式通信业务。

8月22日　金竹邮票会召开成立一周年纪念大会。

8月　沈曾华收集到淮南交通总站发行的“稿”字邮票四方连。

《闽友邮刊》开始在福州多种报纸上刊出，闽友集邮社主办，先后出刊40多期。

9月5日　重庆市邮票研究会举行首次“雅集月会”。

11月1日　重庆鱼光邮票社主办的《邮讯》创刊。

12月25日　李超然在成都举办“超然邮集展览会”。

当年春　驻沪侵华日军搜查五洲邮票社、绿光邮票社、奥伦多邮票公司以及新光邮票研究会会员住宅，查抄《庆祝美国建国150周年》纪念邮票。

1944 年

1 月　黎震寰编著的《中国邮票图鉴全集》在天津出版。

3 月 1 日　新光邮票研究会选举张赓伯为主席理事。

3 月　山东战时邮务总局发行第一版《毛泽东像》邮票。

4 月　金城邮票会在兰州成立，陈明述任理事长，当年 6 月 1 日出版会刊《金城邮刊》。

闽友集邮社在福建省民众教育馆举办邮展。

6 月　马任全编著的《国邮手册》由上海国粹邮票公司出版。

7 月 2 日　新光邮票研究会举行筹募会所基金第一次拍卖。

7 月 5 日　新光邮票研究会召开临时理事会议，决定由马任全、陈志川、钟笑炉、张包子俊、李友芳组成基金临时运用委员会。

9 月 23 日　李有年在成都美术学会举办个人邮展。

10 月 10 日　东川邮政管理局在重庆国防科学展览会交通馆展出邮票，首次公开披露包括未发行邮票在内的全套蟠龙加盖“临时中立”邮票和欠资加盖“临时中立”邮票。

贵州省立民众教育馆开办博物院，金竹邮票会会员提供邮票进行经常性展出。

11 月 26 日　江苏无锡邮友联谊座谈会成立。

当年　姜治方的《中国邮票及实寄封》展品参加葡萄牙首届国际邮展并获镀金奖。

1945 年

1 月　陈志川编著的《她的集邮生活》由上海国粹邮学研究出版社出版。

4 月　贵阳万寿邮刊社主办的《万寿》邮刊创刊；郭润康编著的《邮学辞林》在《金竹邮刊》上连载。

6 月 19 日　新光邮票研究会租用上海福煦路（今延安中路）830 号 203 室为会所。

6 月 28 日　甘肃老君庙油矿集邮者召开“老君庙业余邮人座谈会”，决定 7 月 1 日成立业余集邮会，创办会刊《集邮生活》。

6 月　江苏苏州邮人联谊会成立，1946 年 5 月创办会刊《苏州邮刊》（1947 年 6 月起由苏州邮币会接办）。

7 月 1 日　湄江邮票会在贵州湄潭浙江大学分校召开成立大会。

7 月 22 日　涪陵邮票会在四川涪陵召开成立大会。

8 月 15 日　日本宣布无条件投降。中华邮政总局筹备接收收复区和光复区的邮政。

8 月 19 日　金城邮票会在兰州图书馆举办首届邮展。

9 月 1 日　韦景贤主编、北平邮币公司出版的《北平邮刊》创刊。

9 月 3 日　中华邮政总局通令各地邮局一律使用带有“抗战胜利纪念”字样的纪念邮戳。

9 月　辽东集邮会在沈阳成立，出版《辽东集邮会临时邮刊》（1946 年 6 月会刊更名为《邮泉》）。

10 月 1 日　四川灌县空军幼年学校集邮研究会成立，10 日举办邮展，创办会刊《亚峨邮刊》。

10 月 10 日　中华邮政发行《庆祝胜利》纪念邮票。

无锡集邮研究会成立并举行邮展，发行庆祝抗战胜利邮展纪念特刊《邮友》。

10月　山东战时邮务总局发行《中共七代大会》纪念邮票，这是首次为中国共产党全国代表大会发行邮票。

11月15日　济南邮友联谊会（后更名为“新生邮票会”）成立，王耕春任会长，会刊《新生邮刊》。

11月18日　成都建国中学怡友邮票研究会成立，丁昌佑任会长，1946年元旦会刊《行远邮刊》创刊。

11月底　一名学生在重庆市东川邮政管理局集邮组购得纽约版二元孙中山像中心倒印邮票一全张（50枚）。

12月　晋察冀边区邮政管理局陆续发行《抗战胜利纪念》邮票。

华原邮票研究会在陕西耀县成立，创办会刊《华原邮刊》。

当年春　四川成都华西坝五所大学集邮爱好者筹组“大学邮票研究社”，并举办邮展。

当年　陈湘涛赴英国期间参加英国集邮学会中国小组活动。

1946年

1月20日　浙江大学湄江邮票会在贵州湄潭校区举办邮展。

1月　钟笑炉主编的《近代邮刊》在上海创刊。

东北邮票会在长春成立，会刊《集邮先声》，从第2期起改名为《东北邮刊》。

无锡集邮研究会出版《邮友》创刊号。

2月3日　重庆市邮票研究会在重庆七星岗江苏同乡会举办“陪都邮展”。

2月17日　李东园、雷润生等召集天津邮票会复会筹备会。

2月23日　金城邮票会在兰州民国路青年馆举办第二次邮展。

2月24日　香港中国邮学会成立，陈江峰任理事长。

2月　上海邮人服务社出版《邮人》季刊（后迁至杭州办刊）。

3月16日　甘肃老君庙业余集邮会举办邮展。

3月31日　天津邮票会复会，更名为“天津邮币学会”，李东园任理事长，但该会恢复活动后不久解体。

4月20日　新生邮票会在济南基督教青年会举办第一次邮展。

4月30日　为有利于军事调处执行部在北平谈判期间的活动，中共首席代表叶剑英致函晋冀鲁豫军区领导人刘伯承、邓小平，要求“将你区各种各色的邮票及边币样子，各收集几十份委托人速送来平为荷”。

4月　晋察冀边区邮政管理局陆续发行《抗战胜利纪念》（小型）邮票。

5月12日　四川绵竹集邮研究会成立并举办邮展，两月后出版会刊《邮传》。

5月　胶东战邮管理局将抗战时期发行的山东战邮邮票，汇编为一种装订简易的《山东解放区邮政出版各类邮票粘存簿》。

晋冀鲁豫边区政府致函边区邮务总局：“公谊救护队国际友人要求给他们你局最近出版的6种邮票，每种10张……”

6月14日　贺伯辛等在四川宜宾举办首次邮展。

7月15日　贵州省邮政管理局成立集邮处。

7月　香港《中国邮学会会刊》创刊（1948年6月出版第7期后，更名为《邮光》）。

重庆南开中学成立南开邮钞币学会，并在沙坪坝举办邮展，创办会刊《万千邮刊》。

北平邮币公司编印出版《中国邮友通讯录》。

9月20日　湘桂黔铁路同仁邮学研究会在广西柳州成立，肖伯瑜任常务理事，1947年3月出版会刊《西南邮风》。

9月25日　武汉邮票公司创刊《武汉邮坛》，仅出1期。

10月10日　吴戈在甘肃天水中山公园举办天水首次邮展。

10月20日　刘瑞章、蔡保德编辑，景吕邮票公司发行的《邮侣》在重庆创刊。

10月　孙君毅编著的《邮学词典》以甲戌邮票会丛书名义出版。

12月　重庆沙坪集邮会成立，创办《沙坪邮风》。

当年春　北平中美邮票会成立，当年5月编印《华北日占区邮票简目》。

1947年

1月1日　沈阳邮泉研究会宣告成立，会所设盛京邮票社内，创办会刊《沈阳邮泉》。

湘桂黔铁路同仁邮学研究会在广西柳州举办首届邮展。

怡友邮票研究会在成都举办邮展。

成都兵工厂业余集邮会举办邮展。

新光邮票会杭州分会在浙江省立民教馆举办杭州第一次邮币展览会。

1月4日　山东省邮政管理局发行“县办报刊专用”邮票。

1月5日　四川资中侠勇集邮研究会成立，创办《蜀资邮刊》。

1月6日　南昌青年业余邮票社成立，顾菱生任理事长，社址设在南昌青年会内。

1月15日　福州绿榕邮学研究社出版《绿榕邮刊》。

长沙尚美集邮社出版《尚美邮刊》。

2月　长春艺光邮票社出版《艺光邮报》。

《辽西邮刊》在辽宁锦州出版。

4月1日　福州中外邮票社创办《中外邮刊》（后更名为《中外邮学杂志》）。

4月26日　贵州遵义社会服务处举办新闻照片、书画、邮票展览。

4月　中华邮政总局召集5邮区管理局长会，作出“增加人民对集邮之兴趣、并设法予以便利”等决议，并于当月26日在南京鼓楼邮局设立总局集邮组。

5月22日　东北邮电管理总局在哈尔滨南岗长官公署街42号设立集邮服务处出售邮品。

6月14日　广州邮票研究会成立，林萍湘任理事长，创办会刊《广州邮刊》。

7月　东北邮电管理总局印制《东北解放区邮票汇编》。

马任全编著的《国邮图鉴》由上海Shun-chang公司出版。

7月7日　东北邮电管理总局发行《七七抗战十周年纪念》邮票及小全张。

8月1日　时代邮会在安徽祁门成立，1948年1月创办会刊《时代邮刊》。

8月17日　青岛集邮会举行成立大会，会刊《青岛邮刊》更名为《青岛邮学月刊》。

9月1日　江苏、陕西邮政管理局集邮组分别在南京和西安开业。

9月7日　首都集邮学会在南京成立，张枕鹤任理事长，创办会刊《首都邮刊》。

9月28日　福州市邮票研究会成立，阮景光任理事长，1948年7月创办会刊《福州邮刊》。

10 月 10 日　中华全国美术会在南京主办美术展览会，邀请邮政总局展出“临时中立”邮票大全套以及其他名贵华邮。

新生邮票会在济南基督教青年会举办第二次邮展。

10 月 15 日　河南邮政管理局集邮台在开封成立。

10 月 25 日　中华邮政发行《台湾光复》纪念邮票；台北邮政为庆祝光复节联合展览会设立临时邮局并启用临时邮戳。

10 月 31 日　《近代邮刊》报道：中华邮政已在上海、北平、重庆、西安、长沙、贵阳、南京、广州、昆明、杭州、汉口、兰州、开封、天津、福州 15 地开办集邮业务。

11 月 1 日　浙江萧山邮海月刊社《邮海月刊》创刊。

11 月 12 日　重庆第二届邮展在市立民众教育馆开幕。

当年　四川重庆青木关中学成立斯坦福集邮会。

1948 年

1 月 1 日　湘桂黔铁路同仁邮学研究会在广西柳州举办第二次邮展；长沙民教馆及青年馆与尚美集邮社联合举办“长沙首届中西邮票展览会”。

上海邮刊社《上海邮刊》创刊。

江苏苏州《邮摘周报》创刊。

1 月 2 日　江苏无锡集邮研究会举办邮展。

1 月 24 日　香港中国邮学会在香港胜斯酒店举办首届邮票展览。

1 月　马则新编著的《中国片封大全》在上海出版。

2 月 7 日　北平邮票会召开第二次筹备会议，韦景贤将《北平邮刊》发行权赠予邮会。

2 月　晋察冀边区邮政管理局在西柏坡专门成立了为党中央提供通信服务的“山河”邮局。

3 月 14 日　四川自贡集邮学会成立，出版会刊《自贡邮刊》。

3 月 19 日　中华邮政总局在南京举办纪念国家邮政开办 52 周年邮展。4 月 1 日又移至交通部大礼堂展出。

3 月 20 日　中华邮政发行《邮政纪念日邮票展览》纪念邮票，南京、北平、上海等地启用纪念邮戳及临时邮戳。

4 月　《甲戌邮刊》与《西南邮风》发行联合版；江苏溱潼宓宁邮票社出版《宓宁邮刊》。

5 月 19 日　中华邮政总局与新光邮票研究会在上海联合举办邮票展览。

6 月 2 日　北平广播电台开办《集邮之趣味》讲座，由刘铭彝、郑汝纯、韦景贤等人主讲。

6 月 6 日　北平邮票会成立，郑汝纯任理事长，会刊《北平邮刊》。

7 月 1 日　南京伟光集邮社出版《伟光邮刊》。

7 月　福建仙游举办首届邮展。

张宇仲主编的《邮坛》（后改名为《邮坛画刊》）在四川自贡创办。

8 月 15 日　上海邮钞快讯社出版《邮钞快讯》。

8 月　四川泸县学友邮刊社出版《学友邮刊》。

福州邮谈社出版《邮谈》半月刊（后更名为《福建邮谈》）。

武汉邮风社在《正风报》副刊设《武

汉邮风》专栏，当年9月起独立出刊。

9月11日　北平邮票会在北平东单青年馆举办邮票展览，展品中有山东战邮和晋察冀边区邮政发行的抗战胜利内容的邮票。

12月3日　浙江新闻报社副刊《中国邮报》在杭州出版。

12月12日　汉口邮票研究会筹备会在汉口书业公会举行。

12月　毛泽东在河北西柏坡为邮政和电信事业题词："人民邮电"。

1949年

1月1日　湘桂黔邮学会在柳州举办第三次邮展。

1月30日　广西贵县东湖集邮社举办首次邮展。

1月31日　北平和平解放。中国人民解放军北平军管会于2月初接管北平邮局。

3月20日　湖南桃源民教馆举办邮展。

4月3日　"长沙市交通机关春季联合业务展览大会"举办，展品包含委托尚美邮票社征集的邮集50框。

4月　华东财办邮电管理总局发行《淮海战役胜利纪念邮票》。

5月1日　天津邮局的集邮台恢复营业，出售《淮海战役胜利纪念邮票》等邮票。

5月30日　华北邮政总局发行《五一国际劳动节纪念》邮票。

5月　平、津两地集邮台发布公告，预订华北邮政总局5月31日发行的《五一国际劳动节纪念》邮票，该票分为有齿及无齿两组，还可以预订中缝无齿的四方连集邮邮票。

6月30日　《近代邮刊》复刊，刊文对中国各解放区邮票作详细介绍。

7月1日　华北邮政总局发行《中国共产党诞生二十八周年纪念》邮票。

7月27日　华北邮政总局分别致函东北邮电管理总局、华东邮政管理总局、西北邮政总局、华中邮政管理总局，请各局将所有中华邮政邮票集中管理，以便出口换取外汇。

8月1日　华东邮政管理总局发行《中国人民解放军廿二周年纪念》邮票。

8月1日　华北邮政总局商请华东、华中、东北、西北各总局将各区发行的普通及纪念邮票，每种各2000枚发往北平管理局，每种各4000枚发往天津管理局应售。请各区代售华北区发行的《五一国际劳动节纪念》和《中国共产党诞生廿八周年纪念》邮票。

8月21日　江苏泰州苾宁邮票社出版《集邮月刊》。

8月　晋绥邮政管理局为集邮者提供《晋绥邮政现售集邮票种类价目表》等4种资料；孙君毅编译《集邮家的罗斯福》，作为无锡集邮研究会的小丛书出版。

9月1日　《青岛邮学月刊》《伟光邮刊》在南京联合编辑、出版了《青光邮刊》。

9月12日　华东邮政管理总局发行《毛泽东像供给制明信片》，盖销后在上海邮政局集邮台出售。

10月1日　中华人民共和国成立。经中国人民政治协商会议第一届全体会议决定，10月1日在天安门广场举行开国大典，定都北平，并将北平改名为北京。为此，北平邮政管理局于当天启用了一种带有"北京"字样的日戳，用于取代之前带有"北平"

字样的日戳；华北邮政总局在北京和天津等地启用“庆祝中华人民共和国成立纪念”“庆祝中央人民政府成立纪念”邮戳。

10月8日　华北邮政总局以“中华人民邮政”铭记发行纪1《庆祝中国人民政治协商会议第一届全体会议》邮票，这是新中国发行的第一套邮票。我国邮票发行史上首次使用邮票志号，开启了以“纪”字头排序纪念邮票的方式。

10月14日　香港中国邮学会在香港举办第二次邮票展览。

11月1日　中华人民共和国邮电部成立。

11月16日　纪3《世界共联亚洲澳洲工会会议纪念》邮票发行。自此，新中国邮政部门开始专门为邮票发行启用纪念邮戳。

11月25日　华北邮政总局发行《天安门图》邮票。

12月10日　邮电部在北京召开第一届全国邮政会议，确定统一邮资，确定全国邮票由邮电部统一发行，邮政名称定为“中国人民邮政”。

12月13日　东川邮政管理局分别向江苏、河北、湖北、甘宁青和旅大邮政管理局发出公函，请求拨寄各区发行的各种邮票5000套以“供各界集邮人士购买”。

12月23日　东川邮政管理局向旅大邮政管理局发出公函，请求拨寄《庆祝斯大林七十寿辰》纪念邮票5000套供集邮者购买。

当年　卢澜（美国）编著、孙君毅翻译的《中国快信邮票志》列为无锡集邮研究会丛书，由无锡艺海美术印书馆出版。

1950年

1月1日　邮电部邮政总局在北京成立。

1月28日　上海市邮政管理局集邮台将《加盖华东邮政改值包裹印纸》（甲、乙两组）盖销后按面值出售。

2月10日　《天安门图案》（第一版）普通邮票发行。自本套邮票起，铭记由“中华人民邮政”改为“中国人民邮政”。

2月26日　上海中华俄国邮票会举办邮展。

4月　《天津邮学月刊》创刊。

6月　《京联邮讯》创刊。

7月1日　纪4《中华人民共和国开国纪念》邮票，以“中国人民邮政”铭记发行。

7月　《东方邮刊》创刊，主编为吴喜祥。

9月25日　中国人民解放军华北军区政治部等部门向在北京召开的全国战斗英雄代表大会的与会人员赠送《人民胜利纪念》军用明信片。

10月1日　纪6《中华人民共和国开国一周年纪念》邮票发行，统一制式的“中华人民共和国开国一周年”纪念邮戳在全国启用。

10月　我国选送展品参加捷克斯洛伐克国际邮展。

11月15日　贵州省人民邮政管理局在贵阳市举办集邮展览，庆祝该市解放一周年。

11月30日　黎震寰、杨耀增合编的《新中国邮票手册》问世。该书是一本系统介绍解放区邮票的简明目录。

12月7日　波兰罗兹邮票展览会开幕，

我国参加捷克斯洛伐克邮展的展品转寄罗兹展出。

12 月　新中国成立后的第一个经人民政权确认的集邮组织——新光集邮会在杭州成立，会址在杭州仁和路 41 号。1951 年元旦，该会创办会刊《新光》。

当年　张包子俊向浙江省中苏友好协会捐赠苏联邮票。

1951 年

1 月 23 日　东北邮电管理局发行抗美援朝邮资邮简两种，面值东北币 5000 元。

3 月 1 日　中国人民解放军军邮总局成立，此后寄递的军邮陆续改用“中国军邮”日戳。

5 月 1 日　新中国第一套航空邮票发行。

东北邮电管理局决定：自本日起停售东北币面值邮票、明信片、邮简，7 月 1 日起停止使用。

5 月　黎震寰编著的《中国人民邮票图鉴》在香港出版。

7 月 1 日　纪 9《中国共产党三十周年》纪念邮票发行；邮电部制发统一制式的“中国共产党卅周年纪念”邮戳在全国刻制使用。

东北地区实行全国统一邮资。

8 月 15 日　纪 10《保卫世界和平》（第二组）纪念邮票发行，该票为三角形，是新中国发行的第一套异形邮票。

8 月 24 日　上海集邮界王纪泽等 50 余位人士座谈，倡议筹组全国性集邮组织。

8 月 31 日　《近代邮刊》刊发《发起筹组“中国集邮会”座谈会纪略》《中国集邮会章程草案》《告全国邮友》书等文章，在集邮界反响强烈。

10 月 1 日　特 1《国徽》邮票发行，开启了以“特”字头排序特种邮票的方式。

10 月 6 日　匈牙利国际邮票展览会开幕，我国选送了 124 套邮票作为官方类展品参展。

12 月　邮电部发布《关于镌刻邮政日戳事项》，规定镌刻的文字必须用正体字。

1952 年

1 月 1 日　普 4 型天安门图邮资明信片和普 4 型天安门图国内平信邮资邮简发行。

1 月 11 日　邮电部在印度孟买国际工业展览会上展出新中国邮票。

7 月 7 日　《抗日战争十五周年纪念》邮票发行；邮电部制发统一制式的“抗日战争十五周年纪念”邮戳在全国刻制使用。

8 月 1 日　《庆祝中国人民解放军建军二十五周年》纪念邮票发行；邮电部制发统一制式的“中国人民解放军建军二十五周年纪念”邮戳在全国刻制使用。

8 月　匈牙利人民共和国展览会在北京举办，展出和销售匈牙利邮票。12 月，此展览移至上海展出，

11 月 15 日　纪 19《中国人民志愿军出国作战二周年纪念》邮票发行。

11 月 22 日　贵阳市举办“中苏邮票展览会”。

当年初　中国国际书店开始进口苏联邮票。

1953 年

1 月　钟笑炉在日本《邮趣》杂志连载

《新中国邮票漫谈》。

4月　中国人民志愿军后方勤务司令部卫生部向志愿军战士赠送《中国人民志愿军战士卫生邮简》和《中国人民志愿军军邮明信片》。

8月24日　“军人贴用”邮票首次发行，后中止发行。

10月1日　人民邮电出版社在北京成立。

当年　中国人民赴朝慰问团向中国人民志愿军战士赠送军邮明信片。

1954年

8月1日　中华人民共和国发行的加字改值邮票停止使用。

10月25日　毛泽东主席和其他党和国家领导人参观在北京展览馆举行的“苏联经济及文化建设成就展览会”中的“苏联邮票展览”。

11月7日　纪28《北京苏联经济及文化建设成就展览会开幕纪念》邮票发行。

11月15日　国务院决定“中央人民政府邮电部”改为“中华人民共和国邮电部”，邮票发行体制不变。

12月8日　邮电部规定并使用新式“国内邮资已付”戳记式样、规格。

12月30日　《中华人民共和国第一届全国人民代表大会》《中华人民共和国宪法》纪念邮票发行。

1955年

1月9日　中国集邮公司在北京成立。

1月10日　中国集邮公司营业部在北京东安门大街77号开业。

邮电部将1949年至1952年发行的24套纪、特邮票重新制版印刷发行。

1月28日　《集邮》杂志创刊。

3月1日　人民币币制改革，新旧人民币折合比率为1∶10000，邮票面值相应调整。

6月25日　《中国红十字会成立五十周年纪念》邮票发行，这是第一套新币面值邮票。

7月　上海中国福利会少年宫举办的夏令营活动开设集邮俱乐部。

9月10日　邮电部选送新中国邮票作为官方类展品参加捷克斯洛伐克国际邮展。

10月23日　中国集邮公司上海市分公司开业。

12月30日　《中国工农红军胜利完成二万五千里长征二十周年》纪念邮票发行。

12月　经钟笑炉校订、水原明窗编辑的《新中国邮票图鉴》在日本发行。

1956年

1月1日　全国停售人民币旧币面值邮票，并于4月1日起停用。

《中国古代科学家》（第一组）小型张发行，这是新中国第一套邮票小型张。

1月15日　北京市少年之家为少年集邮爱好者举办集邮活动。

2月　马然编著的《新中国邮票》由人民邮电出版社出版。

3月1日　“中国人民志愿军免费邮件”戳记启用。

4月1日　欠资邮件停止使用欠资邮票。

4月　中国集邮公司开始供应解放区邮票。

5月10日　邮电部公布《出售纪念邮

票和特种邮票办法》。

5 月 13 日　北京大学集邮工作组和中国集邮公司联合举办邮展。

6 月 20 日　南斯拉夫第 3 届集邮展览会开幕，我国选送官方类展品参展。

7 月 1 日　邮电部邮票发行局成立。

7 月 10 日　普 9 型天安门图邮资信封发行。同时规定邮资信封上的邮资符志不能剪下使用。

7 月 15 日　新中国第一个市级集邮组织——南宁市集邮小组成立。

7 月　马任全向上海市博物馆捐献红印花加盖小字当 1 元旧票等珍贵邮票。

10 月 30 日　邮电部发布通知，统一全国邮政日戳的规格、式样。

11 月 10 日　《中国共产党第八次全国代表大会》纪念邮票发行。

11 月 12 日　《孙中山诞生九十周年》纪念邮票发行。

当年　中央新闻纪录电影制片厂拍摄的集邮活动作为《新闻简报》的内容公映。

1957 年

3 月 15 日　邮电部、对外贸易部联合发出《关于邮票进出口贸易由中国集邮公司统一经营的规定》。

5 月 1 日　庆祝内蒙古自治区成立 10 周年邮票展览在呼和浩特举办。

5 月 4 日　摩洛哥卡萨布兰卡第 13 届国际博览会开幕。在此次博览会上，首次设立的中国馆有新中国邮票展出。

6 月　武汉市邮局在汉口中苏友好宫（今武汉展览馆）举办武汉第一次大型集邮展览。

7 月 28 日　苏联莫斯科“第 6 届世界青年与学生和平友谊联欢节”国际集邮展览开幕。在此次邮展上，姜治方的《首航封、“大龙”邮票实寄封、驿站排单和苏区邮票实寄封》展品获得金奖。

8 月　日本集邮家水原明窗应邀到北京和上海访问。

9 月 1 日　军事邮件寄递工作移交各地邮局办理，启用“免费军事邮件”三角形戳记。军邮站取消。

9 月 6 日　我国参加莫斯科国际集邮展览的获奖展品在北京中国美术家协会展出。

10 月 13 日　成都市邮局在劳动人民文化宫举办全市性的邮展。

10 月 15 日　《武汉长江大桥》纪念邮票发行；武汉市邮局发行武汉长江大桥通车美术明信片，并刻制纪念邮戳。

10 月　《中华人民共和国邮票目录》由人民邮电出版社出版。

11 月 2 日　“庆祝伟大的十月社会主义革命 40 周年图片展览会”在北京中山公园中山堂举办，其中包括 546 套苏联邮票。朱德副主席、陈毅副总理出席开幕式并观看了展品。

11 月 7 日　中国集邮公司发行新中国第一套首日封——《伟大的十月社会主义革命 40 周年纪念》邮票首日封。

上海市集邮分公司、市青年宫联合举办“庆祝伟大的十月社会主义革命 40 周年”邮票展览会。

11 月　中国集邮公司开始供应新中国旧币面值盖销邮票。

1958 年

2 月 25 日　北京市劳动人民文化宫邀请姜治方举办集邮讲座。

3 月 5 日　广西壮族自治区成立，在南宁、桂林等地启用“庆祝广西壮族自治区成立”纪念邮戳。

3 月 15 日　中国集邮公司参加伦敦国际集邮展览。

4 月 26 日　姜治方应邀到清华大学举办集邮展览和讲座。

5 月　陈印白编译的《外国邮票地名译文手册》由人民邮电出版社出版。

8 月 1 日　上海市集邮分公司、市青年宫联合举办“中国革命的道路”邮票展览会。

8 月 10 日　《集邮》杂志召开在京读者、作者座谈会。

11 月 5 日　白金林的《俄罗斯和苏联地方邮政机关发行的邮票》展品在罗马尼亚国际邮展上获得铜奖。

11 月 20 日　《中国人民志愿军凯旋归国纪念》邮票发行。

当年　邮电部决定，邮票发行局和中国集邮公司内部合并，对外仍保留原名称。

1959 年

2 月 8 日　天津市历史博物馆举办中国革命邮票展览。

4 月 30 日　中国波兰友好协会在北京举办波兰邮票、书刊展览会。该展览 5 月中旬移至天津展出。

5 月 1 日　上海市集邮分公司、市青年宫联合举办“劳动创造世界”邮票展览。

6 月 29 日　中国集邮公司出席匈牙利布达佩斯社会主义国家集邮企业代表会议。

7 月 1 日　《“五四”运动四十周年》纪念邮票发行，这是中国邮政发行的第一套影写版邮票。

9 月 6 日　邮电部邮票发行局和中国集邮公司在北京劳动人民文化宫联合举办“国庆十周年邮票展览”。

9 月 25 日　由捷克斯洛伐克援建的北京邮票厂建成投产。

9 月 28 日　《中华人民共和国成立十周年》（第一组）纪念邮票发行。

10 月 1 日　《中华人民共和国成立十周年》纪念邮票第二至第五组发行，其中第三组是中国邮政第一套影雕套印版邮票。

毛泽东主席在中南海为杨绍明的纪 71《中华人民共和国成立十周年》（第五组）纪念邮票签名。

邮电部邮政总局制发统一规格的“中华人民共和国成立十周年”纪念邮戳，全国各省、自治区、直辖市分别刻制，在各主要市县邮电局使用。

11 月 21 日　全国人大常委会委员长朱德同志视察北京邮票厂。

1960 年

1 月 25 日　《遵义会议二十五周年》纪念邮票发行。

4 月　人民邮电出版社编辑出版《中华人民共和国的邮票（1949—1959）》。

6 月 1 日　《金鱼》特种邮票发行，这是中国邮政发行的第一套动物题材邮票及第一套影写版特种邮票。

8 月　《集邮》杂志停刊。

10 月 1 日　中国集邮公司天津市分公司开业。

1961年

7月1日 《中国共产党成立四十周年》纪念邮票发行。

7月 《集邮》杂志恢复出刊。

9月 白金林的《新中国纪念、特种邮票的版式研究》展品在匈牙利国际邮展上获得铜奖。

10月10日 《辛亥革命五十周年》纪念邮票发行。

1962年

3月14日 上海青年宫主办集邮讲座，王纪泽主讲“怎样来集邮”。

4月12日 天津市邮政局举办中国邮票展览。

8月1日 中国集邮公司广州市分公司开业。

11月15日 沈阳市文联和市邮政局联合举办邮展，并设服务台供应邮票邮品。

12月5日 江苏无锡举办“亚非拉人民的觉醒”邮展。

当年 由陈复祥主编，孙君毅、刘广实、张赓伯、梁芸斋等参与编写的《中国邮戳志》由无锡市崇安区工人俱乐部集邮小组印发油印本。

1963年

3月 广州市工人文化宫职工集邮筹备小组成立，并出版会刊《集邮简讯》《广州职工集邮》。

6月1日 《儿童》特种邮票及无齿票发行，这是新中国第一套无齿邮票。

7月 上海刘广实编著的《老苏区的邮票》由哈尔滨市道里区文化馆集邮小组印发油印本。

8月1日 广州市集邮分公司举办中国邮票展览。

9月25日 江苏无锡崇安区工人俱乐部举办革命根据地邮展。

10月1日 广州市工人文化宫业余集邮小组举办“伟大的祖国”邮票展览。

10月26日 江苏常州新闸人民公社举办国庆十四周年流动邮票展览。

11月1日 中国集邮公司沈阳市分公司开业。

当年 中华人民共和国邮票展览分别在瑞典、芬兰、卢森堡等国举办。

1964年

3月 中国集邮公司广州市分公司举办“1963年我最喜爱的集邮邮票”评选活动。

4月2日 中国驻挪威大使馆和挪威外交部文化司联合举办中华人民共和国邮票展览会。

5月 邮电部邮政总局局长苏幼农、中国集邮公司经理王安国等就筹组全国性集邮组织在广州征询意见。

6月28日 河南安阳市邮电局、工人文化宫联合举办“七一邮票展览会”。

8月5日 《牡丹》邮票小型张发行，这是新中国第一枚特种邮票小型张。

8月27日 意大利里乔内第16届国际邮票博览会开幕，我国选送展品参加官方类展出。

8月 刘广实编写的《中国集邮书刊简目（初稿）》，由贵阳市南明区文化馆集邮小组印发油印本。

日本集邮家水原明窗到北京等地访问。

10月1日 《中华人民共和国成立十五

周年》纪念邮票及小全张发行；邮电部邮政总局制发统一规格的“中华人民共和国成立十五周年”纪念邮戳在全国各省、自治区、直辖市分别刻制使用；全国多地举行集邮活动庆祝国庆。

当年　上海市集邮分公司编印体育运动、音乐舞蹈、动物、花卉植物专题邮票目录，分赠集邮者。

1965 年

1 月 28 日　《集邮》杂志发起“怎样实现集邮革命化”大讨论。

1 月 31 日　《遵义会议三十周年》纪念邮票发行。

2 月 2 日　广州市集邮分公司与广东省博物馆联合举办新中国邮票展览，以及评选“1964 年我最喜爱的集邮邮票”活动。

3 月 18 日　邮电部公布邮电标识图案。

6 月　陈湘涛与豪克（P. P. Hock）合作的文章《大龙邮票版式》，在英国《中国集邮杂志》连续 3 个月分期发表。

9 月 3 日　《纪念抗日战争胜利二十周年》纪念邮票发行。

10 月 1 日　新疆维吾尔自治区邮电管理局为庆祝自治区成立十周年，刻制纪念戳发给全区 52 个邮电局在当天使用。

广州市工人文化宫集邮小组举办“伟大的社会主义祖国”邮票展览。

当年　集邮家王纪泽再次向国家捐献“红印花”加盖票等珍贵邮票。

1966 年

1 月 29 日　邮电部举行授奖仪式，嘉奖集邮家王纪泽向国家捐献珍贵邮集的爱国行为。

4 月 10 日　邮电部通知停止出售有关古巴的特 51、纪 97、纪 102 这 3 套邮票。

4 月　史济宏、陈复祥在英国《中国集邮杂志》发表《南京商埠邮票版式研究》。

5 月 1 日　北京市通县商业局举办“热爱党、热爱社会主义邮票展览”。

5 月 16 日　“文化大革命”运动开始。此后十年“内乱”中，全国范围内的集邮活动受到严重影响。

5 月　邮政总局发出通知，停办外国集邮邮票业务。

6 月 23 日　邮电部急电通知暂停出售纪 28、纪 44、纪 67、纪 75、纪 78、纪 79、纪 89 等 13 套与苏联、东欧等国家有关的邮票。

6 月　集邮家姜治方将其收藏的珍贵邮票和邮史文物全部捐献给国家。

《集邮》杂志第 6 期（总第 125 期）告读者：“因全力参加‘文化大革命’运动”，暂时停刊。

8 月 10 日　邮政总局发布通知，规定：“文革印刷品”“革命印刷品”每重 100 克收费 1 分；“革命串联信”减半收费；邮寄毛主席著作一律免费，按挂号邮件处理。

8 月　中国集邮公司停业。

9 月 13 日　各省（自治区、直辖市）邮电管理局转发邮电部邮政总局通知，决定“应即暂停办理集邮业务”。

11 月 12 日　《孙中山诞生一百周年》纪念邮票发行。

1967 年

1 月 1 日　湖南湘潭邮电局启用一种带有风景图的日戳——“毛主席旧居”八角形风景日戳，被集邮界视作新中国风景日戳的雏形。

3月31日 邮电部下发文件《关于取消纪特邮票编印志号的通知》。

4月20日 邮电部发行《战无不胜的毛泽东思想万岁》邮票，开启了新中国邮票的无志号时期。

8月 《天安门图毛主席语录》邮资信封发行。

当年 中国集邮公司挂牌“中国人民邮票服务处”，出售邮票。

1968年

2月22日 邮电部军管会发出通知，自1969年起停止办理集邮业务。

5月12日 邮电部军管会决定撤销邮票发行局、人民邮电出版社。

8月1日 《毛主席去安源》邮票发行。邮票发行前，邮电部军管会发出紧急通知，收寄日戳不准盖在《毛主席去安源》邮票的画面上，如有误盖立即换贴。

11月23日 邮电部军管会发出电报通知，停售、收回《全国山河一片红》邮票。

当年 邮电部直属单位相关组织在北京中山公园联合举办“毛泽东思想胜利万岁”邮票展览。

1969年

1月1日 全国邮政部门停办集邮业务。

邮电部军管会通知：取消义务兵役制士兵免费邮寄平信的规定。

1月 邮电部军管会决定撤销中国集邮公司。

5月1日 《南京长江大桥》邮票发行，这是“文”字邮票中仅有的经济建设题材的邮票。

10月1日 无编号的《工农兵和革命圣地图案》普通邮票陆续发行。

11月5日 国务院、中央军委决定自1970年起，撤销邮电部，邮政、电信分设。铁道、交通、邮政部门合并成立交通部，邮政总局归交通部领导，对外称中华人民共和国邮政总局。

当年 邮电部发行机盖红字“敬祝毛主席万寿无疆”邮资明信片。

1970年

1月21日 交通部邮政总局决定成立邮票设计发行组，归属北京邮票厂领导。

8月1日 《革命现代京剧〈智取威虎山〉》邮票发行，结束了“文”字邮票无编号状态，开启了每枚邮票连续编号的新的排序方式。

1971年

6月 国务院主管邮政工作的粟裕同志在听取邮政总局负责人工作汇报时指示：应开办集邮业务，恢复出口邮票。

7月1日 《庆祝中国共产党成立五十周年》邮票发行。

8月13日 国务院批准交通部恢复邮票出口业务，成立中国邮票出口公司，由北京市邮局管理。

1972年

1月1日 中国邮票出口公司在北京东安门大街28号开业，只对外国人营业。

4月12日 万国邮政联盟承认中华人民共和国为中国唯一合法代表。

9月2日 中国邮票出口公司发行《第一届亚洲乒乓球锦标赛》邮票首日封（对

外供应）。

9 月 19 日　交通部邮政总局发出“‘交邮国’字第 693 号”《关于增加出口邮票品种问题的批复》。

10 月 15 日　中国邮票出口公司在广州第 32 届中国出口商品交易会上，举办新中国邮票展览。以后历届广交会上该公司都对外展销邮票。

11 月 2 日　经交通部批准，中国邮票出口公司向国外出售盖销邮票。

11 月 25 日　日本邮趣协会理事长水原明窗应邀来华访问。

当年　西安铁路局的韦殿才、居洽群编辑油印《邮票目录（1967—1972）》，分送各地邮友。

上海市邮局启用“白毛女图”“天安门图”邮资机戳。

1973 年

1 月 1 日　交通部邮票发行局成立，负责邮票的设计、发行、供应、出口管理，北京邮票厂设置的邮票设计、发行机构同时撤销。

江苏无锡邮局启用“白毛女图”邮资机戳。

6 月 1 日　邮电部恢复建制，邮票发行局复归邮电部。

10 月 18 日　中国邮票出口公司归邮电部领导。

1974 年

1 月 1 日　邮票发行编号排序阶段结束。T.1《体操运动》邮票发行，开启了以“T”字头排序特种邮票的方式。

1 月　邮电部将中国邮票出口公司与邮票发行局合并。

4 月 15 日　邮电部在广州出口商品交易会设邮票专馆展览邮票。

5 月 15 日　J1.《万国邮政联盟一百周年纪念》邮票发行，开启了以“J”字头排序纪念邮票的方式。

5 月 22 日　在瑞士洛桑举行的万国邮政联盟第 17 次代表大会上，中国代表被选为本届大会副主席。

9 月 6 日　马耳他第 5 届集邮展览开幕，我国选送展品参加官方类展出。

10 月 1 日　《中华人民共和国成立二十五周年》纪念邮票分两组发行。

1975 年

1 月 25 日　《中华人民共和国第四届全国人民代表大会》纪念邮票发行。

6 月 10 日　《武术》特种邮票发行，首次采用对倒方式印刷。

当年　中国邮票出口公司发行《中华人民共和国邮票（1974—1975 年彩图目录）》，并发始发行邮票年历卡。

1976 年

10 月 6 日　粉碎“四人帮”，“文化大革命”结束。中国集邮迎来新机。

10 月 24 日　朱祖威、王泰来编印的《毛泽东永远活在我们心中（资料集）》，首次披露《毛泽东给日本工人朋友题词》撤销发行邮票。

12 月 26 日　《革命纪念地——韶山》特种邮票发行。湖南韶山邮电局在韶山火车站广场设立临时摊位出售该套邮票。

1977 年

1 月 8 日 《中国人民伟大的无产阶级革命家、杰出的共产主义战士周恩来同志逝世一周年》纪念邮票发行。

7 月 6 日 《中国人民伟大的无产阶级革命家朱德同志逝世一周年》纪念邮票发行。

8 月 22 日 《中国共产党第十一次全国代表大会》纪念邮票发行。

9 月 9 日 《伟大的领袖和导师毛泽东主席逝世一周年》《伟大的领袖和导师毛泽东主席纪念堂》纪念邮票发行。

当年　由窦莲荪、赵善长、孙君毅发起，将几十位老集邮家抒发欣喜心情的诗作，汇集油印成一本小册子——《丁巳邮人唱和集》。

1978 年

1 月 27 日 《光明日报》在“文物与考古”专栏发表邮票发行局资料档案室的文章《湘赣边区的邮政——介绍几件珍贵的革命文物》。

2 月 3 日　国务院批准邮电部《关于邮票发行和扩大邮票出口意见的报告》，同意恢复国内集邮业务。

3 月 5 日　为纪念毛泽东主席为雷锋同志题词发表 15 周年，《向雷锋同志学习》纪念邮票发行。

4 月 26 日 《体育报》副刊刊登王泰来的文章《世界各国体育邮票简介》。

5 月 5 日 《奔马》特种邮票及小型张发行。自此，中国邮票的选题和设计出现明显改观。

6 月　邮电部发布《关于恢复国内集邮业务问题的通知》，“中国邮票出口公司”改名为“中国邮票公司”，上海、广州、天津成立分公司；其余各省市只办国内业务，不办出口业务；邮票的售价和调价均由“中国邮票公司”制定。

7 月 1 日　中国邮票公司恢复国内营业。

8 月 25 日　中国邮票公司参加意大利里乔内第 30 届国际邮票博览会，并开始发行外展纪念封。

9 月 8 日　中国邮票公司参加捷克斯洛伐克世界邮票展览。

10 月 6 日 《光明日报》刊登沙子芬的文章《漫话邮票》，简述了邮票的历史与作用。

11 月 1 日　中国邮票公司参加联邦德国埃森第 2 届国际邮票博览会。

11 月 《人民日报》增刊《战地》第 2 期刊登集邮家刘肇宁的文章《我国第一套邮票发行一百周年》。

12 月 18 日　中国共产党十一届三中全会召开，开启了改革开放和社会主义现代化建设新时期。中国集邮进入复苏时期。

当年　峨眉电影制片厂摄制的彩色纪录片《集邮》《中国邮票》公映。

《光明日报》发表署名“法兴”的文章《中国邮票在国外》。

1979 年

1 月 1 日　全国人大常委会发表《告台湾同胞书》，郑重宣示了争取祖国和平统一的大政方针。其中提到“我们希望双方尽快实现通航通邮，以利双方同胞直接接触，互通讯息……”。

1 月　邮电部决定把邮票发行局、北京邮票厂、中国邮票公司 3 个单位合并，成立中国邮票总公司。

2月16日　邮电部在湖南大学举行授奖仪式，嘉奖姜治方1966年捐献全部邮票和邮史文物的爱国之举。

5月1日　中国邮票公司天津邮票分公司恢复营业。

曹源福和屠松鉴发起的“中日邮票展览”在江苏常州举办。

5月5日　邮电部发布《关于扩大收寄台湾邮件的规定》，恢复办理寄台湾的挂号函件。

7月1日　中国邮票总公司西安分公司成立。

8月19日　改革开放后全国第一个民间集邮组织“北京东城区文化馆业余集邮研究会”成立。1980年4月，该会创办会刊《鼓楼邮刊》。1981年3月，该会改名为“北京鼓楼集邮研究会”。

8月25日　中国邮票总公司参加意大利里乔内第31届国际邮票博览会。《里乔内第31届国际邮票博览会》小型张发行。

8月　姜治方以《集邮六十年》为题撰写的回忆录在《湘江文艺》第8期上开始连载，同时在香港《百花》周刊上发表。

9月1日　中国邮票总公司北京邮票分公司成立，其营业部于当年12月1日对外营业。

9月15日　上海市少年宫举办少年集邮展览。

9月20日　中国邮票总公司上海市分公司恢复营业。

9月23日　上海集邮界人士与到访的日本集邮家水原明窗进行交流。

9月30日　湖南省株洲市文化馆举办国庆30周年邮票展览。

10月1日　《中华人民共和国成立三十周年》纪念邮票分5组发行。

全国多地举办集邮展览庆祝国庆。

10月23日　中日邮票展览在上海闸北公园举办。

11月10日　中国邮票总公司和香港商务印书馆在香港联合举办“中华人民共和国邮票展览”。《中华人民共和国邮票展览·香港》小型张发行。

11月25日　南京市工人文化宫集邮小组成立。

12月1日　中国邮票总公司北京市分公司营业部正式对外营业。

当年　邮电部邮政总局就集邮者要求邮局盖销邮票问题发布通知。

邮票发行局对即将发行的邮票开始发布新邮预报。

1980年

1月　《集邮》杂志复刊。

中国邮票总公司选送展品参加印度世界邮票展览获得银奖。

2月15日　《庚申年》特种邮票发行，这是新中国首套生肖题材邮票。

2月16日　上海市工人文化宫举办迎春邮展。

3月20日　《邮政运输》特种邮票发行，这是中国首套磷光邮票。

新中国第一个市级集邮组织广州市集邮学会成立（后改名为广州市集邮协会），当年9月15日创办了会刊《集邮家》。

3月23日　中国邮票总公司在北京中国美术馆举办中国邮票展览。

4月19日　中国邮票总公司选送展品

应邀赴日本参加日本邮趣协会举办的第四届邮票展览。

5 月 27 日　北京鼓楼集邮研究会举办日本邮票展览。

5 月　邮电部邮票发行局举行授奖仪式，嘉奖向国家捐献清代邮票的江苏省镇江市邮电局退休职工俞开华。

6 月 13 日　中国选送展品参加挪威奥斯陆国际邮展官方类展出。

7月1日　由《集邮》杂志社主办的“建国三十年最佳邮票评选”颁奖大会在北京举行。全国人大常委会副委员长宋庆龄为邮票评选活动题词“发展集邮，丰富文化生活，传播友谊”。

邮电部决定在全国范围内推行邮政编码制度。

9 月 2 日　上海市长宁区政协委员马任全向全国政协五届三次会议提交《建议政府加强对集邮工作的领导，迅速成立全国性的集邮协会，加入国际集邮联合会，以提高我国在集邮方面的国际地位和作用案》。

9 月 13 日　中国国际贸易促进会和美国展览公司共同在美国的旧金山、芝加哥、纽约举办中华人民共和国展览会，内设中国邮票馆。《中华人民共和国展览会》纪念邮票及小版张发行，这是新中国发行的首套邮票小版张。

9 月 19 日　“罗中邮票展览”在罗马尼亚布加勒斯特举办。

9 月 20 日　《童话——“咕咚”》特种邮票及小本票发行，这是新中国第一本小本票。

9 月 21 日　北京集邮界人士与到访的日本集邮代表团进行集邮交流。

10 月 25 日　中国邮票总公司、意中经济文化交流协会和伦巴第储蓄银行在意大利米兰联合举办中华人民共和国邮票展览。

美国万国首日封公司在怀俄明州国家首日封博物馆举办中国首日封展览。

10 月 26 日　南京市工人文化宫举办日本邮票展览。

11 月 15 日　中国邮票总公司参加联邦德国埃森第 3 届国际邮票博览会。

11 月　中国邮票北美代销局在美国万国首日封公司成立。

当年　《集邮》每期刊登新邮预报，并公布邮票发行量。

1981 年

1 月 1 日　南京市工人文化宫集邮小组更名为南京市工人文化宫集邮研究会。当月 20 日，该会创办会刊《金陵邮刊》。

1 月 10 日　全国第一个省级集邮组织——上海市集邮协会在上海成立并召开第一次全体会员大会。

1 月 15 日　《集邮家》报刊发广州市集邮学会《关于筹组全国集邮团体的倡议书》。

1 月 25 日　江苏省邮电管理局举办江苏省邮票巡回展。

2 月 5 日　广州市首次邮票展览在广州文化公园开幕。

4 月 29 日　中华人民共和国邮票展览在日本神户开幕，之后移至名古屋、东京展出。《中华人民共和国邮票展览·日本》纪念邮票及小本票发行。

4 月　《上海市集邮协会会刊》创刊（1982 年更名为《上海集邮》）。

5 月 9 日　《传邮万里　国脉所系》纪

念邮票发行。

5月22日　奥地利第3次国际邮票展览开幕，中国邮票总公司选送展品参加官方类展出，并首次发行以“WZ”编号的外展系列纪念封。

5月26日　邮电部在北京举行授奖仪式，嘉奖向国家捐献周恩来题词“传邮万里　国脉所系”等文物的林孝祥夫妇。

5月30日　上海市工人文化宫职工集邮爱好者协会成立。

6月10日　天津市历史博物馆举办中国邮驿史及邮票展览。

7月1日　《中国共产党成立六十周年》纪念邮票发行。上海市邮协举办“庆祝中国共产党成立六十周年、纪念辛亥革命七十周年中国邮票展览”。

邮电部启用第二代邮电标识。

7月11日　电视片《片片邮花映丰碑》在上海电视台“文化生活”节目中播出。

7月15日　第1届（1980年度）全国最佳邮票评选颁奖活动在北京举行。

7月　集邮家马任全向国家捐献《新中国邮票首日实寄封专集》、新疆塔城加盖邮票等珍贵邮品。

8月15日　中国邮驿史及邮票展览在北京中国历史博物馆举办。

8月　中国邮票总公司决定在开设邮票分公司的城市开办新邮票预订、函购业务。

9月23日　中国和罗马尼亚联合举办的“罗马尼亚邮票展览”在北京中国美术馆开幕。

9月　全国最早的省级青少年集邮组织——上海市青少年集邮协会成立。

10月2日　中国邮票展览在澳大利亚布里斯班举办。之后，该邮展移至墨尔本、悉尼展出。

10月5日　邮电部举行授奖仪式，嘉奖山西集邮家吕立中向国家捐献珍贵邮票的爱国行为。

10月10日　《辛亥革命七十周年》纪念邮票发行。广东中山、武汉、南京等多地邮票公司发行首日封。

10月20日　邮电部举行授奖仪式，嘉奖香港爱国人士孙禄芳向国家捐献珍贵邮票的爱国行为。

10月22日　由中国邮票总公司主办的日本集邮家水原明窗的“中国邮票藏品展览”在北京中国美术馆开幕。11月3日，该展览移至上海展出。

10月30日　北京市集邮协会在北京成立并召开第一次代表大会。

12月20日　新中国第一套贺年邮资明信片HP1《1982年贺年邮资明信片》发行。

1982年

1月28日　广东省集邮联合会在广州成立并召开第一次代表大会（后改为“广东省集邮协会”）。

1月30日　中华全国集邮联合会在北京成立，这是中国集邮历史上第一个全国性的集邮组织。

1月　邮电部、外交部联名向国务院呈送《关于拟建立中华全国集邮联合会和加入国际集邮联合会问题的请示》，并很快得到国务院的批复。

英文版《中国集邮》杂志创刊。《集邮》杂志成为中华全国集邮联合会会刊。

2月26日　贵州电视台播出郭润康等编导的电视纪录片《雁翎之花》。

3月3日　邮电部在上海举行授奖仪

式，嘉奖集邮家马任全向国家捐献珍贵邮票的爱国行为。

3月6日　邮电部在杭州举行授奖仪式，嘉奖集邮家居洽群向国家捐献珍贵邮票的爱国行为。

4月13日　第2届（1981年度）全国最佳邮票评选颁奖活动在北京举行。

4月29日　邮电部决定建立中国邮票总公司、省邮票公司、地市邮票公司三级经营管理体制。要求各省（自治区、直辖市）建立邮票公司，负责领导和推动各地集邮工作。

5月23日　四川省集邮协会在成都成立并召开第一次代表大会，同时举办首届集邮展览。

6月11日　中国邮票总公司参加法国巴黎世界邮展。

6月24日　上海市集邮协会举办专题集邮展览。

7月22日　邮电部发布《关于贯彻国务院批准建立集邮组织的通知》，要求年内抓紧建立省级集邮组织。

7月　北京市集邮协会会刊《北京集邮》创刊（1987年更名为《集邮博览》）。

《集邮》杂志社举办最佳首日封评选活动。

8月10日　重庆市集邮协会成立。

8月25日　中华全国集邮联合会第一次代表大会在北京召开；《中华全国集邮联合会第一次代表大会》小型张发行。

8月26日　JF.1《纳米比亚日》纪念邮资信封发行，这是新中国第一套纪念邮资信封。

8月29日　中华全国集邮联合会第一次全国代表大会发表《致台湾集邮界同仁书》。

8月　四川省集邮协会会刊《四川集邮》创刊，1990年4月改为《四川集邮报》。

9月1日　《中国共产党第十二次全国代表大会》纪念邮票发行。

9月　《福州邮花》创刊。1983年第1期更名为《福建邮花》。

10月15日　中国邮票总公司与香港商务印书馆在香港联合举办中国解放区邮票展览。

10月27日　北京市集邮协会在中国美术馆举办“‘伟大的祖国 可爱的北京’个人专题邮展”。沈曾华珍藏的区票瑰宝——“稿”字邮票四方连第一次与公众见面。

11月2日　全国集邮联主办的《集邮通讯》创刊。

11月4日　浙江省集邮协会在杭州成立并召开第一次代表大会。

11月16日　黑龙江省集邮协会在哈尔滨成立并召开第一次代表大会。

11月23日　国际集邮联合会主席德沃拉齐克应邀来访，就中国加入国际集邮联合会问题交换意见。

11月30日　福建省集邮协会在福州成立并召开第一次代表大会。

12月6日　辽宁省集邮协会在沈阳成立并召开第一次代表大会。

12月7日　贵州省集邮协会在贵阳成立并召开第一次代表大会。

12月10日　陕西省集邮协会在西安成立并召开第一次代表大会。

内蒙古自治区集邮协会在呼和浩特成立并召开第一次代表大会。

12月11日　宁夏回族自治区集邮协会在银川成立并召开第一次代表大会。

12 月 13 日　山西省集邮协会在太原成立并召开第一次代表大会。

12 月 16 日　河北省集邮协会在石家庄成立并召开第一次代表大会。

12 月 21 日　吉林省集邮协会在长春成立并召开第一次代表大会。

12 月 26 日　河南省集邮协会在郑州成立并召开第一次代表大会。

12 月 30 日　天津市集邮协会在天津成立并召开第一次代表大会。

12 月　浙江省集邮协会会刊《浙江集邮》创刊。

当年　浙江省话剧团创作演出四幕儿童剧《集邮迷的故事》，获全国儿童剧优秀演出奖。

1983 年

1 月 18 日　湖北省集邮协会在武汉成立并召开第一次代表大会。

2 月 1 日　江苏无锡邮电局启用新中国第一批风景邮戳。

2 月 13 日　“广州市第三次邮票展览”在广州举办。

2 月 18 日　全国集邮联第一届学术委员会在广州成立并召开集邮学术讨论会。

2 月 23 日　中国邮票总公司在巴黎等 5 个城市举办“从中国邮票看中国历史的发展”邮票展览。

3 月 3 日　内蒙古自治区集邮协会会刊《内蒙古集邮》创刊。

3 月 15 日　宁夏回族自治区集邮协会会刊《宁夏集邮》创刊，1986 年 3 月更名为《宁夏集邮简讯》。

3 月 21 日　中华全国集邮联合会向国际集邮联合会正式提出入会申请。

广西壮族自治区集邮协会在南宁成立并召开第一次代表大会。

3 月 24 日　甘肃省集邮协会在兰州成立并召开第一次代表大会。

3 月 25 日　陕西省集邮协会会刊《陕西集邮》创刊。

4 月 9 日　第 3 届（1982 年度）全国最佳邮票评选颁奖活动在北京举行。

4 月 20 日　青海省集邮协会在西宁成立并召开第一次代表大会。

4 月 26 日　湖南省集邮协会在长沙成立并召开第一次代表大会，首届集邮展览同时举办。

5 月 10 日　山东省集邮协会在济南成立并召开第一次代表大会。

5 月 11 日　山东省首届集邮展览在济南市工人文化宫举办。

5 月 21 日　瑞士国际专题集邮展览开幕，我国选送展品参加官方类展出。

湖北省暨武汉市首届集邮展览在武汉展览馆举办。

5 月 22 日　黑龙江省首届集邮展览在哈尔滨市工人文化宫举办。

5 月 27 日　安徽省集邮协会在合肥成立并召开第一次代表大会，同时举办首届集邮展览。

河南省集邮协会会刊《河南集邮》试刊号发行。

6 月 1 日　宁夏回族自治区首届集邮展览在银川举办。

6 月 7 日　江苏省集邮协会在南京成立并召开第一次代表大会。

6 月 9 日　江苏省首届集邮展览在南京市美术馆举办。

6 月 11 日　贵州省集邮协会会刊《贵

州集邮》创刊；贵州省首届集邮展览在贵阳举办。

江西省首届邮票展览在南昌举办。

6月18日　天津市首届集邮展览在天津市群众艺术馆展览馆举办。

6月21日　河北省首届集邮展览在石家庄举办。

6月24日　陕西省首届集邮展览在西安举办。

6月25日　中国集邮出版社在北京成立。

吉林省暨长春市首届集邮展览在吉林省博物馆举办。

6月26日　天津市集邮协会会刊《天津集邮》创刊。

福建省首届个人集邮藏品展览在福州举办。

6月29日　辽宁省首届集邮展览在沈阳市工业展览馆举办。

6月　《中国集邮》杂志北美版由美国万国首日封公司印刷发行。

7月1日　山西省暨太原市首届集邮展览在太原举办。

甘肃省首届集邮展览在兰州举办。

7月8日　上海市首届集邮展览在上海展览馆举办。

浙江省首届集邮展览在杭州举办。

7月27日　河南省首届集邮展览在郑州市省博物馆举办。

7月28日　国际集邮联合会（FIP）接纳中华全国集邮联合会为正式会员。

7月29日　中国选送展品参加巴西里约热内卢国际集邮展览官方类展出。

8月1日　内蒙古自治区首届集邮展览在呼和浩特举办。

8月4日　中国选送展品参加泰国曼谷国际集邮展览官方类展出。

8月12日　亚洲集邮联合会（FIAP）接纳中华全国集邮联合会为正式会员。

8月20日　广西壮族自治区首届集邮展览在南宁市广西展览馆举办。

8月27日　中国邮票总公司选送展品参加里意大利里乔内第35届国际邮票博览会。

8月　甘肃省集邮协会会刊《甘肃集邮》创刊。

9月1日　新疆维吾尔自治区集邮协会在乌鲁木齐成立并召开第一次代表大会。

9月4日　新疆维吾尔自治区首届集邮展览在自治区文联展厅举办。

9月16日　上海市总工会举办体育运动邮票展览，国际奥委会主席萨马兰奇出席开幕式并参观邮展。

10月　《少年集邮》创刊。

11月5日　北京市邮票公司举办“最佳首日封、邮折、纪念戳评选”活动。

11月29日　“中华全国集邮展览·1983·北京”在北京中国美术馆举办；《中华全国集邮展览1983·北京》纪念邮票发行。

11月　全国集邮联学术会刊《集邮研究》创刊。

12月10日　广西壮族自治区集邮协会会刊《广西集邮》创刊。

12月13日　云南省集邮协会在昆明成立并召开第一次代表大会。

12月26日　《毛泽东同志诞生九十周年》纪念邮票发行；湖南省集邮协会在长沙清水塘举办纪念毛泽东同志诞辰90周年集邮展览。

江西省集邮协会在南昌成立并召开第一次代表大会。

12 月　山西省集邮协会会刊《山西集邮》创刊。

河北省集邮协会会刊《河北集邮》创刊。

1984 年

1 月　青海省集邮协会会刊《青海集邮》创刊。

2 月 16 日　新中国首套附捐邮票 T.92《儿童》发行。

3 月 8 日　广东省集邮协会召开第一次学术讨论会。

3 月 10 日　第 4 届（1983 年度）全国最佳邮票评选颁奖活动在广州举行。

3 月　广东省集邮协会与广州市集邮学会合办的《集邮家》创刊。

湖南省集邮协会会刊《湖南集邮》创刊。

4 月 27 日　西班牙 1984 世界集邮展览开幕。在本次邮展上，我国陈湘涛的《中国大龙邮票版式研究（1878—1887）》和林崧的《中国人民革命战争时期华北区邮政史》展品获得大银奖。

5 月 15 日　西北五省区集邮联展在兰州市少年宫开幕。至 7 月 16 日，联展先后在银川、西宁、西安、乌鲁木齐展出。

5 月 16 日　上海市集邮协会第一次代表大会在上海召开。

5 月　中华全国集邮联合会代表团出席了在西班牙马德里召开的国际集邮联第 53 届代表大会，这是中国第一次以正式会员身份出席大会。

6 月 19 日　中国选送展品参加联邦德国汉堡第 19 届万国邮政联盟大会集邮展览。

6 月 25 日　邮电部、全国集邮联等单位联合下发《关于加强集邮工作领导和管理的通知》。

6 月　孙君毅编著的《清代邮戳志》由中国集邮出版社出版。

《集邮家》报等单位举办全国青少年设计邮票图案征集活动。

7 月 8 日　北京市集邮协会与《北京日报》在北京市劳动人民文化宫联合举办北京市首次群众邮票交换日活动。

7 月 15 日　辽宁省集邮协会会刊《辽宁集邮》创刊。

7 月 20 日　共青团中央、全国集邮联在山东青岛举办全国第一届青少年集邮夏令营。

7 月 28 日　《第二十三届奥林匹克运动会》纪念邮票及小型张发行。

全国首届体育集邮展览在北京中国革命博物馆举办。

7 月　中国邮票博物馆筹备处在北京成立。

江西省集邮协会会刊《江西集邮》创刊。

8 月 1 日　JP.1《中国在第 23 届奥运会获金质奖章纪念》开始陆续发行，这是新中国第一套纪念邮资明信片。

8 月 3 日　云南省首届集邮展览在昆明市云南省博物馆举办。

8 月 10 日　全国集邮联与北京市集邮协会联合举办“祖国颂”邮票欣赏文艺晚会。

8 月 11 日　中国邮票展览在约旦安曼举办。

8 月 20 日　新中国首套风光邮资明信片《桂林山水》（A、B 组）发行。

9月5日　西藏自治区集邮协会在拉萨成立并召开第一次代表大会。

青海省首届集邮展览在西宁举办。

9月8日　西藏自治区首届集邮展览在拉萨举办。

9月21日　澳大利亚1984世界集邮展览开幕。在本次邮展上，我国马佐璋的《中国解放区纪念邮票》展品获得大银奖。

9月24日　山东省集邮协会会刊《齐鲁邮苑》创刊。

10月1日　《中华人民共和国成立三十五周年》纪念邮票发行。邮电部制发统一规格的“中华人民共和国成立三十五周年”纪念邮戳在全国各地市启用。

“义务兵免费信件”三角形戳记开始启用。

我国第一部以集邮为题材的故事片《邮缘》公映。

10月5日　保加利亚1984世界青少年集邮展览开幕。在本次邮展上，我国张战的《中国邮票上的绘画》等3部展品参展。

10月7日　辽宁省集邮协会召开第一次集邮学术研讨会。

10月25日　北京市集邮协会召开第一次集邮学术讨论会。

11月1日　1984年全国集邮学术讨论会在西安召开。

11月8日　中国邮票展览先后在西班牙马德里和巴塞罗那举办。

12月28日　邮电部在上海举行授奖仪式，嘉奖集邮家史济宏向国家捐献珍贵邮票。

当年　邮电部、文化部发布《关于仿印邮票图案管理规定的联合通知》。

1985年

1月2日　贵州省集邮协会举办纪念遵义会议50周年集邮展览。

1月5日　《遵义会议五十周年》纪念邮票发行。

2月20日　中国南极长城站邮局正式开业。

3月18日　瑞士1985国际奥林匹克体育集邮展览开幕。本次邮展为非竞赛性邮展。我国李立的《田径》等6部展品获得纪念奖。

3月26日　北京市集邮协会第二次代表大会在北京召开。

3月　全国集邮联编印的《集邮学术论文汇编（1984·西安）》面世。

4月7日　第5届（1984年度）全国最佳邮票评选颁奖活动在福州举行。

4月14日　“中印集邮展览”在北京开幕。

4月18日　全国集邮联一届三次理事会议审议通过《中华全国集邮联合会组织暂行条例》和会徽图案。

4月　邮电部决定中国集邮出版社整建制并入人民邮电出版社。

5月1日　中南五省区集邮协会在长沙召开集邮工作座谈会。

5月17日　中国解放区邮票展览在西安举办。

5月24日　《熊猫》特种邮票及小型张发行，邮电部将该票销售收入的10万元捐赠给中国野生动物保护协会。

5月30日　全国集邮联与北京市集邮协会在北京联合召开国际青年集邮座谈会。

5月　江苏省集邮协会会刊《江苏集

邮》创刊。

6月8日　“菲中邮票展览”在菲律宾举办，中国选送展品参加官方类展出。

6月26日　中国邮票展览在德意志联邦共和国举办。

7月1日　中国邮票总公司改名为“中国集邮总公司”。中国邮票博物馆在北京成立，隶属邮票发行局。

7月5日　阿根廷1985世界专题集邮展览开幕。在本次邮展上，我国黄明心的《欧洲美术史》等3部展品获得铜奖。梁鸿贵参加本次邮展见习评审并通过考核。

7月27日　邮电部将风景日戳列为邮政日戳。

8月1日　西北五省区首届少年集邮夏令营在西安举办。

9月1日　首次全国范围的“北京集邮知识竞赛”在《北京集邮》杂志拉开帷幕，至10月20日结束。

9月3日　《抗日战争和世界反法西斯战争胜利四十周年》纪念邮票发行。

9月7日　全国集邮联在安徽省黄山市召开中国解放区邮票学术讨论会。

9月13日　首次全国集邮工作者培训班在上海举办。

9月　中华全国集邮联合会代表团出席在印度尼西亚雅加达举行的亚洲集邮联合会第6次代表大会，这是中国第一次以正式会员的身份出席亚洲集邮合会代表大会。

10月9日　吉林省集邮协会第二次代表大会在长春召开。

10月13日　“中国人民革命战争时期邮票展览”在北京劳动保护展览馆举办。《中国人民革命战争时期邮票展览》纪念邮资明信片发行。

10月16日　中国邮票展览在日本东京举办。

10月25日　邮电部第一届邮票图稿评审委员会。

意大利1985世界集邮展览开幕。在本次邮展上，我国林崧的《中国革命战争时期华北区邮票（1937.12—1940.12）》展品获得大银奖。

10月14日　国际集邮联合会审议通过梁鸿贵为评审员，梁鸿贵成为中国第一位FIP国际邮展评审员。

11月9日　全国集邮联在上海举办“新光邮票会成立60周年”纪念活动。

11月17日　河北省集邮协会召开第一次集邮学术讨论会。

11月26日　中国邮票展览在阿尔及利亚阿尔及尔举办。

12月15日　河南省集邮协会第二次代表大会在郑州召开。

12月25日　辽宁省集邮协会第二次代表大会在沈阳召开。

1986年

1月10日　上海市集邮活动日举办首次活动。

1月23日　黑龙江集邮协会会刊《黑龙江集邮》创刊。

1月25日　云南省集邮协会和昆明市集邮协会合编的《滇池邮苑》创刊。

1月30日　邮电部、国家工商行政管理局、公安部联合发布《关于加强集邮管理取缔非法倒卖邮票活动的公告》。

3月15日　吉林省集邮协会会刊《吉林集邮》试刊第1期出版。

3月16日　拉萨市首次集邮爱好者活动日在西藏自治区群艺馆举办。

3月29日　湖北省集邮协会第二次代表大会在武汉召开。

黑龙江省集邮协会召开第一次集邮学术讨论会。

4月29日　中国体育集邮协会在北京成立。

5月4日　江西省首届青少年集邮展览在南昌举办。

5月17日　中国邮票展览在意大利罗马举办。

吉林省集邮协会召开第一次集邮学术讨论会。

福建省集邮协会第二次代表大会在福州召开。

6月12日　第6届（1985年度）全国最佳邮票评选颁奖活动在北京举行。

宁夏回族自治区集邮协会第二次代表大会在银川召开。

6月28日　内蒙古自治区集邮协会第二次代表大会在呼和浩特召开。

6月　北京市集邮协会编著的《实用集邮辞典》由科学普及出版社出版。

7月10日　广西壮族自治区集邮协会第二次代表大会在南宁召开。

7月19日　全国集邮联在兰州召开集邮学术讨论会。

7月25日　中国兰州市和日本秋田市邮票联展在兰州举办。

7月　四川省集邮协会举办首届青少年集邮知识竞赛活动。

厦门大学开设“基础集邮学”选修课程。

8月4日　澳大利亚1986第2届亚洲国际集邮展览开幕。在本次邮展上，我国刘超汉的《中国解放区邮票》展品获得大银奖。

8月14日　浙江省首届青少年集邮展览在杭州举办。

8月28日　瑞典1986世界集邮展览开幕。在本次邮展上，我国游乃器的《中国革命战争时期实寄封选粹》展品获得镀金奖。

9月20日　全国12城市青少年集邮获奖作品联展在黑龙江大庆举办，此后又移至广州、上海展出。

9月23日　贵州省集邮协会第二次代表大会在贵阳召开。

9月26日　陕西省青少年专题集邮展览在西安举办。

9月27日　贵州省首届青少年专题邮展在贵阳举办。

10月1日　湖北省青少年专题集邮展览在武汉举办。

10月17日　中华全国集邮联合会第二次代表大会在北京召开。《中华全国集邮联合会第二次代表大会》小型张发行。

10月22日　为纪念中国工农红军长征胜利50周年，中国集邮总公司发行PTK·1《长征胜利五十周年》纪念图卡一套，福建、江西、云南、甘肃等多地邮票公司发行纪念封。

10月　江西省集邮协会召开第一次集邮学术研讨会。

11月1日　天津市集邮协会第二次代表大会在天津召开。

11月4日　宁夏回族自治区首届青少年集邮展览在银川举办。

11月12日　《孙中山诞生一百二十周

年》纪念邮票小型张发行。

11月14日　“印中双边邮票展览”在印度新德里举行。

11月16日　黑龙江省集邮协会第二次代表大会在哈尔滨召开。

11月21日　中国邮驿史展览在吉隆坡举办。此后于12月17日在澳门展出

12月4日　浙江省集邮协会第二次代表大会在杭州召开。

12月5日　安徽省集邮协会第二次代表大会在合肥召开。

12月10日　陕西省集邮协会第二次代表大会在西安召开。

12月12日　山西省集邮协会第二次代表大会在太原召开。

12月17日　甘肃省集邮协会第二次代表大会在兰州召开。

12月20日　全国集邮联第二届学术年会在四川重庆召开。

12月25日　江西省集邮协会第二次代表大会在南昌召开。

12月26日　四川省集邮协会第二次代表大会在成都召开。

1987年

1月1日　《中华人民共和国邮政法》实施。

1月14日　河北省集邮协会第二次代表大会在石家庄召开。

2月11日　东北三省集邮协会联席会议在哈尔滨召开。

2月17日　全国集邮联二届一次常务理事会议审议通过《中华全国集邮联合会组织条例》。

2月22日　上海市集邮协会举办青少年专题集邮展览。

3月28日　广东省集邮协会第二次代表大会在广州召开。

5月4日　黑龙江省集邮协会召开第一次集邮学术讨论会。

5月7日　中国邮票展览在墨西哥的墨西哥城举办。

国际红十字邮票展览在中国邮票博物馆举办。

5月18日　全国集邮联在安徽歙县召开《中国解放区邮票史》编撰工作座谈会。

5月19日　中国邮票展览在玻利维亚举办。

5月20日　江苏省集邮协会第二次代表大会在南京召开。

5月28日　第7届（1986年度）全国最佳邮票评选颁奖活动在北京举行。

山东省集邮协会第二次代表大会在济南召开。

5月　中国第一部集邮年鉴《中国集邮年鉴》（1986）由中国集邮出版社出版。

“邮票上的科学文化知识竞赛”在《集邮》杂志拉开帷幕。10月26日，该竞赛活动在北京中国大剧院进行电视决赛。

6月13日　加拿大1987世界集邮展览开幕。在本次邮展上，我国常增书的《中国快信邮票》等3部展品获得大银奖。

6月24日　青海省集邮协会第二次代表大会在西宁召开。

6月25日　全国八省市老干部集邮巡回展览在浙江湖州开幕。

6月28日　天津市集邮协会召开第一次学术讨论会。

6月　宁夏回族自治区集邮协会会刊

《宁夏集邮》创刊。

7月19日　上海、北京和黑龙江大庆青少年集邮联谊座谈会在北京市少年宫召开。

7月20日　“中华全国青少年专题集邮展览”在北京中国革命博物馆举办；《中华全国青少年专题集邮展览》纪念邮资明信片发行。

8月9日　东北三省青少年专题邮展在沈阳举办；此后分别在长春、哈尔滨巡回展出。

8月15日　内蒙古自治区集邮协会在呼和浩特举办“内蒙古在腾飞”集邮展览。

8月29日　意大利1987国际奥林匹克体育集邮展览开幕。在本次邮展中，我国周新民的《奥运之歌》等7部展品获得铜奖；中国邮政发行《世界奥林匹克集邮展览》纪念邮资信封。

9月1日　云南省集邮协会第二次代表大会在昆明召开。

新疆维吾尔自治区集邮协会第二次代表大会在乌鲁木齐召开。

9月23日　四川省集邮协会第三次代表大会在成都召开。

10月1日　川陕鄂毗邻地区集邮展览在湖北十堰举办。

10月16日　丹麦1987世界集邮展览开幕。在本次邮展上，我国刘广实的《中国民信局》展品获得镀金奖。

10月25日　《中国共产党第十三次全国代表大会》纪念邮票发行。

11月1日　邓小平同志为中国女排队长孙晋芳在《中国共产党第十三次全国代表大会》纪念邮票首日封签名。

11月18日　首届中国奥林匹克集邮展览在广州举办，国际奥委会主席萨马兰奇出席开幕式。

11月22日　粤港澳集邮学术研讨会在广州召开。

11月25日　全国集邮先进集体、先进个人表彰大会在北京召开。

12月10日　《曾侯乙编钟》小型张发行，编钟出土地湖北随州举办了首发式。

12月11日　第一次东北三省集邮学术研讨会在辽宁大连召开。

12月21日　新加坡1987第3届亚洲国际集邮展览开幕。在本次邮展上，我国常增书的《中国快信邮票》展品获得大镀金奖。

12月　安徽省集邮协会会刊《安徽集邮》创刊。

1988年

1月13日　湖南省集邮协会第二次代表大会在长沙召开。

2月10日　《欢迎台胞探亲旅游》纪念邮资明信片发行。

2月17日　“海峡两岸民间集邮交流会”在美国纽约成立。

3月22日　“纪念台湾地方邮政一百周年邮展暨学术座谈会”在福州举行。

3月23日　天津市邮政局举办纪念天津邮政开办及大龙邮票发行110周年“今日邮政展示会”。

3月29日　卢森堡1988世界青少年集邮展览开幕。在本次邮展上，我国陆游的《中国书法》展品获得镀银奖。

4月22日　由文化部、广播电影电视部联合主办“1988年‘新时代杯’京津汉穗群众文化系列大赛”拉开帷幕。8月14日在北京进行决赛。

亚洲集邮联合会执委会（扩大）会议在北京召开，期间举办学术交流会和集邮展览等活动。这是中国第一次承办亚洲集邮联合会执委会会议。

5月14日　第8届（1987年度）全国最佳邮票评选颁奖活动在南京举行。

5月26日　“全非洲邮票展览”首站在北京开幕。自6月6日起，先后在呼和浩特、银川、兰州、西宁、郑州、长沙、贵阳、昆明、成都、南京10个城市展出，至9月25日结束。

5月28日　上海市集邮协会第二次代表大会在上海召开。“钟笑炉集邮基金会”成立。

5月29日　上海、浙江、广东、安徽、杭州5省市在杭州联合举办邮品拍卖会。

5月　北京月坛邮票市场经北京市西城区人民政府批准开办。

6月4日　黑龙江大庆、四川重庆、广东深圳3市集邮联展在大庆市举办。

6月26日　北京市集邮协会第三次代表大会在北京召开。

6月　《中国人民革命战争时期邮票目录》由中国集邮出版社出版。

电视片《大龙邮票》在中央电视台播出。

7月1日　《中国邮票全集·清代卷》《中国邮票全集·中华民国卷》由北京燕山出版社出版。

7月2日　《中国大龙邮票发行一百一十周年》小型张发行。

中国大龙邮票发行110周年纪念会在北京人民大会堂举行。纪念中国大龙邮票发行110周年邮票展览在北京中国邮票博物馆举办。此后，该展览先后在天津、辽宁营口、山东烟台，以及香港、澳门等地巡展。

7月3日　纪念中国大龙邮票发行110周年国际学术讨论会在北京香山饭店召开。

全国集邮联学术委员会公布1983—1987年优秀集邮论文评选结果。

8月26日　捷克斯洛伐克1988世界集邮展览开幕。在本次邮展上，我国沈曾华的《华东解放区邮政史》展品获得大镀金奖。

9月15日　西藏自治区集邮协会第二次代表大会在拉萨召开。

9月18日　中南六省区集邮联展在郑州开幕，依次在武汉、长沙、广西柳州、广东湛江、海口展出，至11月24日结束。

9月20日　中国邮票博物馆、《集邮研究》编辑部联合在北京召开“解放区邮票认定标准座谈会”。

10月7日　“1983—1987年最佳首日封评选”颁奖大会在成都举行。

10月15日　全国集邮联在长沙举办第一期邮展评审员培训班。

10月20日　上海市集邮协会和上海电视台联合举办“1988上海电视节国际集邮展览”。

12月13日　中国环境科学学会和《集邮博览》杂志社在北京中国美术馆联合主办“人与环境邮票展览”。

12月　马任全编著的《中国邮票图鉴（1897—1949）》由上海文化出版社出版。

1989年

1月20日　印度1989世界集邮展览开

幕。在本次邮展上，我国沈曾华的《华东解放区邮政史》展品获得大镀金奖。

2月10日　邮电部、国家工商行政管理局等单位联合颁布《关于允许个体工商户经营邮票和集邮品的联合通知》。

2月　中华全国集邮联合会二届五次常务理事会议审议通过《关于评定国家级邮展评审员的暂行办法（草案）》，按此办法评定出首批国家级邮展评审员28名、省级邮展评审员45名。

3月22日　湖北省集邮协会第三次代表大会在武汉召开。

4月1日　华北地区集邮协作活动组委会在北京举行第一次集邮学术工作会议。

4月13日　海南省集邮协会在海口成立并召开第一次代表大会。

4月20日　《海南建省》纪念邮票发行。

5月6日　新加坡邮票展览在北京开幕。

5月10日　闽浙赣边界集邮联谊会在福建浦城成立，同时举办集邮联展。

5月12日　新疆维吾尔自治区集邮协会会刊《新疆集邮》创刊。

5月19日　山西省集邮协会召开第一次集邮学术讨论会。

5月22日　保加利亚1989世界集邮展览开幕。在本次邮展上，我国林崧的《中国解放区邮票（1932—1950）》展品获得大银奖。

5月27日　第9届（1988年度）全国最佳邮票评选颁奖活动在辽宁大连举行。

6月5日　新疆维吾尔自治区集邮协会召开第一次集邮学术讨论会。

6月22日　全国集邮联学术部、江西省集邮协会在江西九江联合召开“中国人民革命战争时期邮票认定标准研究座谈会”。

7月7日　法国1989世界集邮展览开幕。在本次邮展上，我国林崧的《中国解放区邮票》展品获得大银奖。

7月15日　全国集邮联和首都新闻出版界集邮联谊会联合举办全国最佳集邮宣传报道文章评选活动。

7月　《中国邮票全集·中华人民共和国卷》由北京燕山出版社出版。

8月4日　泰国1989第4届亚洲国际集邮展览开幕。在本次邮展上，我国杨景美的《中原解放区邮票》和陆游的《书法渊源》展品获得大银奖。

9月1日　陕西渭南、山西运城、河南三门峡共同举办“秦晋豫三地市集邮联展”。

9月4日　广东省和福建省集邮协会联合召开侨批史专题研讨会。

9月23日　全国十七城市老干部（老年）集邮组织在杭州联合举办巡回邮展；11月19日在广州、11月26日在上海展出。

9月28日　《孔子诞生二千五百四十周年》纪念邮票及小型张发行。

10月1日　《中华人民共和国成立四十周年》纪念邮票及小型张发行。湖南韶山、江西井冈山、陕西延安、贵州遵义四市在韶山毛泽东纪念馆联合举办“革命纪念地庆祝国庆40周年集邮展览”，10月13日移至遵义市展出。

10月12日　“一九八九年中华全国集邮展览”在北京中国美术馆举办。普24甲《中华全国集邮展览’89·北京》小型张发行。

10月21日　中国石油集邮协会在河南濮阳成立，并举办首届集邮展览。

10月25日　全国集邮联学术委员会在北京召开年会暨学术讨论会。

11 月 15 日　“首届山东解放区邮票史研讨会”在山东青岛召开。

第二炮兵集邮协会在北京成立。

11 月 17 日　北京科教电影制片厂摄制的影片《中国邮票和集邮》公映。

12 月 8 日　江西省集邮协会第三次代表大会在南昌召开。

12 月 9 日　华北集邮协作活动组委会首次集邮学术讨论会在北京召开。

12 月 11 日　广西壮族自治区集邮协会举办纪念百色起义 60 周年邮票展览。

12 月 20 日　全国首届高校集邮学教学研讨会在福建厦门召开。

“西北五省解放区邮票学术研讨会”在兰州召开。

12 月 23 日　邮电部决定保留人民邮电出版社，停止使用中国集邮出版社副牌。

1990 年

1 月 1 日　第 11 届亚运会国际体育集邮展览选拔展暨第三届全国体育邮展在北京中国工艺美术馆举办。

3 月 3 日　中国和加拿大联合发行同图案的《诺尔曼・白求恩诞生一百周年》纪念邮票，此为中国首次与外国联合发行邮票。

3 月 18 日　穗港澳台集邮联谊会成立并举办第一次集邮联谊活动。

3 月 28 日　河南省集邮协会第三次会员代表大会在郑州召开。

3 月 30 日　吉林省集邮协会第三次会员代表大会在长春召开。

3 月　“羊城集邮日”在广州市图书馆举办首次活动。

4 月 16 日　全国集邮联学术委员会在湖北宜昌召开《中南解放区邮票史》调研编写工作联席会。

4 月 21 日　全国集邮联等单位举办列宁邮票展览，同期举行《列宁邮票全集》图书首发式。

5 月 1 日　纪念海南解放 40 周年集邮展览在海口举办。

5 月 3 日　英国 1990 世界集邮展览开幕。在本次邮展上，我国沈曾华的《华东解放区邮政史》展品获得金奖。

5 月 5 日　邮电部邮政总局、全国集邮联等单位在北京召开黑便士邮票发行 150 周年座谈会。

5 月 31 日　邮电部第二届邮票图稿评议委员会在北京成立。

5 月　《集邮》杂志、《经济时报》社、香港中国经济出版社等单位联合举办“’90 大陆・香港集邮知识联谊赛”。

全国多地集邮协会于 5 至 8 月陆续举办以“纪念中国人民革命战争时期邮票发行 60 周年”为主题的集邮展览和座谈会等活动。

6 月 4 日　华东六省一市集邮学术交流会在上海召开。

6 月 8 日　第 10 届（1989 年度）全国最佳邮票评选颁奖活动在北京举行。

6 月 20 日　全国集邮联在贵阳召开邮展工作研讨会。

6 月 28 日　全国集邮联在江苏徐州召开建设“集邮者之家”经验交流会。

6 月 30 日　全国集邮联编译的《国际集邮联合会（FIP）集邮展览与评审各项规则》由北京燕山出版社出版。

7 月 14 日　西南五省区集邮联展在南宁开幕，至 8 月 22 日依次在贵阳、昆明、成都、拉萨展出。

“闽浙赣边界3省6地市集邮联展”在浙江衢州开幕。7月24日在浙江丽水闭幕。

7月16日　华北五省市区第二次集邮学术（区票）讨论会在河北承德召开。

7月24日　辽宁省集邮协会第三次代表大会在沈阳召开。

7月30日　《中国人民革命战争时期邮票发行六十周年》图书首发式在北京人民大会堂举行，徐向前同志为《中国解放区邮票史》题写了书名。

8月1日　《中国人民革命战争时期邮票发行六十周年》纪念邮票发行。

8月2日　“中国人民革命战争时期邮票发行60周年纪念大会”在北京人民大会堂召开，习仲勋等党和国家领导人出席大会。

8月3日　“纪念中国人民革命战争时期邮票发行60周年邮展”在北京中国人民革命军事博物馆举办，习仲勋等党和国家领导人出席开幕式。

“中国解放区邮票发行60周年学术研讨会”在北京人民大会堂召开。

8月6日　内蒙古自治区集邮协会第三次代表大会在呼和浩特召开。

8月16日　新加坡1990第1届亚洲专题暨青少年集邮展览开幕。在本次邮展上，我国张巍巍的《昆虫世界》展品获得大银奖。

8月24日　新西兰1990世界集邮展览开幕。在本次邮展上，我国李曙光的《新中国军邮史》展品获得大镀金奖。

8月25日　宁夏回族自治区集邮协会第三次代表大会在银川召开。

9月9日　“陕甘川毗邻9地市集邮展览”在陕西宝鸡拉开帷幕。

9月13日　全国集邮联在郑州召开华东、中南地区集邮战略研讨会。

9月15日　天津市集邮协会第三次代表大会在天津召开。

9月21日　第11届亚运会国际体育集邮展览在北京中国革命博物馆举办；《第十一届亚洲运动会国际体育集邮展览》无编号小型张发行。

10月13日　广东省集邮协会第三次代表大会在广州召开。

10月20日　湖北省集邮协会会刊《湖北集邮报》创刊。1998年，该刊更名为《湖北邮电报·集邮》专刊；2018年改为《湖北集邮》电子杂志、微信杂志。

10月22日　黑龙江省集邮协会首届集邮研讨会在哈尔滨召开。

10月25日　“海峡两岸集邮家首届邮展”在北京举办。

11月8日　安徽省集邮协会第三次代表大会在合肥召开。

11月15日　内蒙古自治区集邮协会第一次学术讨论会在呼和浩特召开。

11月26日　中华全国集邮联合会第三次代表大会在北京召开；《中华全国集邮联合会第三次代表大会》小型张发行。

12月7日　中国石油集邮协会第一次学术论文交流会在黑龙江大庆召开。

12月12日　山西省集邮协会第三次代表大会在太原召开。

12月18日　浙江省集邮协会第三次代表大会在杭州召开。

12月21日　黑龙江省集邮协会第三次代表大会在哈尔滨召开。

12月24日　河北省集邮协会第三次代表大会在石家庄召开。

1991 年

1 月 1 日　邮电部调整部分国际邮资。

1 月 21 日　邮电部发布《邮票图稿评审办法》。

1 月 23 日　夏衍向上海博物馆捐赠一批珍贵邮品。

2 月 25 日　全国集邮联转发万国邮政联盟《适用于邮政联盟会员国的集邮准则》及国际集邮联合会等组织联合发布的有害邮品名单。

3 月 10 日　陕西省集邮协会第三次代表大会在西安召开。

3 月 14 日　甘肃省集邮协会第三次代表大会在兰州召开。

3 月 21 日　广西壮族自治区集邮协会第三次代表大会在南宁召开。

3 月 30 日　海南省集邮协会会刊《海南集邮报》创刊。

4 月 2 日　全国集邮联第一届邮展委员会在郑州成立。

4 月 4 日　全国集邮联在郑州对参加国际邮展的邮集进行会审。

4 月 6 日　贵州省集邮协会第三次代表大会在贵阳召开。

4 月 24 日　山东省集邮协会第三次代表大会在济南召开。

5 月 9 日　全国集邮联集邮名词审定委员会在福州成立。全国集邮联第三届学术委员会换届选举暨集邮宣传工作会议在福州召开。

5 月 16 日　第 11 届（1990 年度）全国最佳邮票评选颁奖活动在武汉举行。

5 月 18 日　华北五省区市和全国石油系统邮展评审员培训班在天津举办。

5 月 25 日　浙江省集邮协会举办纪念中国共产党成立 70 周年集邮展览。

6 月 1 日　中国邮票展览在新加坡举办。

全国集邮联颁布《中华全国集邮联合会邮展总规则》和《中华全国集邮联合会邮展评审总规则》。

6 月 11 日　江苏省集邮协会第三次代表大会在南京召开。

6 月 25 日　全国集邮联在北京人民大会堂召开庆祝中国共产党成立 70 周年集邮学术报告会。

6 月 28 日　“光辉的七十年——纪念中国共产党成立七十周年全国集邮展览”在上海展览中心举办，李先念、聂荣臻、薄一波、朱学范等党和国家领导人为邮展题词。

6 月　为庆祝中国共产党成立 70 周年，全国多地相继举办集邮展览、集邮学术报告会、集邮知识竞赛等活动。

7 月 1 日 《中国共产党成立七十周年》纪念邮票发行。

7 月 24 日　青海省集邮协会第三次代表大会在西宁召开。

8 月 26 日　“’91 全国职工集邮展览”在兰州举办。

9 月 5 日　新疆维吾尔自治区集邮协会第三次代表大会在乌鲁木齐召开。

9 月 12 日 《孙中山邮票图集》首发式在北京人民大会堂举行，陈丕显等党和国家领导人出席。

9 月 14 日 《赈灾》特种邮票发行，邮电部将收入的 1200 万元全部捐献给灾区。

9 月 18 日　全国集邮联第一届青少年集邮工作委员会在黑龙江大庆成立。

9 月 20 日　中国航天集邮协会在北京成立。

10月10日　《辛亥革命时期著名人物》纪念邮票发行。

10月11日　全国集邮联在广东中山召开纪念辛亥革命80周年集邮学术讨论会，同时召开了集邮名词审定会议。

10月19日　全国集邮联在山东威海举办首届国家级邮展征集员培训班。

11月13日　云南省集邮协会第三次代表大会在昆明召开。

11月16日　日本1991世界集邮展览开幕。在本次邮展上，中华全国集邮联合会的集邮文献展品《中国解放区邮政史（苏区卷）》获得镀金奖。

11月19日　邮电部下发《关于加强邮票发行和集邮业务经营管理工作的通知》。

11月23日　邮电部发布《关于调整邮票票面文字、志号的通知》，决定自1992年1月起将邮票铭记由“中国人民邮政”改为“中国邮政”，并增加英文国名“CHINA”；邮票上的纪、特志号改为按年度顺序编号。

12月1日　《1992年中国邮政贺年（有奖）明信片》发行，这是中国邮政发行的第一套有奖贺年明信片，也是第一套印有“中国邮政”铭记的邮资票品。

福建省集邮协会第三次代表大会在福州召开。

12月25日　北京市集邮协会和澳门集邮协会在北京举办澳门集邮展览。

1992年

1月5日　《集邮报》在山西运城创刊。同年7月1日，该报改在太原出版，面向全国发行。

1月6日　邮电部下发《关于加强各级集邮协会工作的通知》。

1月10日　全国集邮联发布《关于国家级邮展征集员的评定办法》。

1月18日　中央电视台“神州风采”栏目播放专题片《集邮“重镇”——记吉林省德惠县大房身镇集邮活动》。

1月25日　《壬申年（T）》特种邮票发行，志号为“1992-1”。这是第一套编年特种邮票，开启了中国邮票按年度顺序编号的方式。

3月22日　穗港集邮联展在广州举办。

3月25日　加拿大1992世界青少年集邮展览开幕。在本次邮展上，我国周齐的《飞机发展史》等4部展品获得镀银奖。

4月9日　全国青少年集邮辅导员工作研讨会在兰州召开。

4月14日　全国集邮联在北京召开集邮报刊编辑委员会会议。

4月24日　西班牙1992世界集邮展览开幕。在本次邮展上，我国沈曾华的《华东人民邮政》和李曙光的《新中国早期军邮》展品获得大镀金奖。

4月28日　纪念山东战邮50周年集邮展览在山东临沂举办。

5月1日　《中华苏维埃共和国邮政总局成立六十周年》纪念邮资信封发行。

5月5日　第12届（1991年度）全国最佳邮票评选颁奖活动在北京举行。

5月13日　《百花颂——纪念毛泽东同志〈在延安文艺座谈会上的讲话〉发表50周年邮票图集》出版座谈会在北京全国政协礼堂举行。

《中国集邮报》试刊，当年7月1日正式创刊发行。

5月23日　《纪念〈在延安文艺座谈会

上的讲话〉发表五十周年》邮票发行，这是第一套编年纪念邮票。

5 月 25 日　中国煤炭集邮协会第一次代表大会在四川宜宾召开，同时举办首届集邮展览。

5 月 30 日　“纪念晋冀鲁豫边区邮票发行 50 周年座谈会”在太原召开。

6 月 20 日　亚洲集邮联合会执委会邮展在北京民族文化宫举办。

6 月 22 日　亚洲集邮联合会执委会（扩大）会议在黑龙江大庆召开。

7 月 16 日　全国集邮联第一届集邮宣传工作委员会在北京成立。

7 月 17 日　全国集邮联在北京召开集邮文化讨论汇报会。

7 月 20 日　贵州人民广播电台与贵州省集邮协会联合举办集邮基础知识广播讲座。

7 月 25 日　北京市集邮协会和澳门集邮协会在澳门举办北京集邮展览。

7 月 29 日　西班牙 1992 国际奥林匹克体育集邮展览开幕。在本次邮展上，我国王心惠的《新中国邮戳上——中华体育之窗》等 3 部展品获得银奖。

7 月　《优秀集邮学术论文集（1983—1991）》由北京科学技术出版社出版。

8 月 1 日　全国青少年集邮夏令营在浙江舟山举办。

8 月 11 日　河南省集邮协会与内蒙古自治区集邮协会在内蒙古包头联合举办优秀邮集交流展览。

9 月 1 日　马来西亚 1992 第 5 届亚洲国际集邮展览开幕。在本次邮展上，我国梁荫宗的《解放战争时期的人民军邮》展品获得大镀金奖。

9 月 12 日　首届中国丝绸之路集邮展览在兰州举办。

9 月 18 日　意大利 1992 世界专题集邮展览开幕。在本次邮展上，我国施冥的《宇宙在召唤》展品获得银奖。

9 月 23 日　中国新疆·哈萨克斯坦双边集邮展览在乌鲁木齐举办。

9 月 26 日　海南省首届集邮展览在海口举办。

10 月 12 日　《中国共产党第十四次全国代表大会》纪念邮票发行。

10 月 13 日　中华全国集邮联合会成立十周年暨集邮先进表彰大会在北京召开。《中华全国集邮联合会成立十周年》纪念邮资明信片发行。

10 月 14 日　“安徽——台北集邮家邮集展览”在安徽的合肥、芜湖、黄山三地巡回展出。

10 月 28 日　《党的好干部——焦裕禄》纪念邮票发行。

11 月 3 日　全国集邮联公布第一批集邮名词。

11 月 10 日　上海市集邮协会第三次代表大会在上海召开。

11 月 15 日　1992 全国青少年集邮联展大奖赛在上海举办。

11 月 26 日　四川省集邮协会第四次代表大会在成都召开。

11 月 29 日　’92 粤闽台港澳集邮学术研讨会在广州召开。

12 月 23 日　西南五省区集邮学术讨论会在云南昆明召开。

1993 年

1 月 8 日　《中国少年集邮》创刊。

2月8日　中央电视台“神州风采”栏目播放《高邮说邮》节目。

3月17日　全国集邮联组织集邮先进事迹报告团，赴四川、云南、贵州、浙江、湖南等省巡回报告17场。

3月18日　湖北省集邮协会第四次代表大会在武汉召开。

3月26日　海峡两岸首届邮票展览在台湾举办。

5月10日　第一届东亚运动会集邮展览在上海举办。

5月20日　闽浙赣皖10地市中小学生邮票设计比赛在江西抚州举办。

5月26日　全国集邮报刊工作会议在北京召开，中国邮电新闻工作者协会集邮报刊研究会同时成立。

湖南省集邮协会第三次代表大会在长沙召开。

5月29日　印度尼西亚1993第6届亚洲国际集邮展览开幕。在本次邮展上，我国谢富胜的《新中国军邮》等3部展品获得镀金奖。

5月30日　第13届（1992年度）全国最佳邮票评选颁奖活动在上海举行。

6月2日　中国新疆和哈萨克斯坦共和国双边集邮展览在阿拉木图举办。

6月10日　全国集邮联组织集邮先进事迹巡回报告团，赴内蒙古、宁夏、甘肃、河北等省、自治区巡回报告12场。

7月8日　西藏自治区集邮协会第三次代表大会在拉萨召开。

7月30日　巴西1993世界集邮展览开幕。在本次邮展上，我国李廷芬的《中华民国信函邮资变迁》和游乃器的《解放区邮政简史》展品获得镀金奖。

7月　18集电视系列片《方寸世界》在北京电视台播出。

9月15日　1993全国中小学生集邮征文比赛成绩揭晓。

9月18日　“榕台文化交流周”活动在福州举办。

9月24日　《中国四川成都’93国际熊猫节》纪念邮资明信片发行；“中国四川成都’93国际熊猫节”集邮展览在成都举办。

10月1日　泰国1993世界集邮展览开幕。在本次邮展上，我国沈曾华的《华东人民邮政》和李曙光的《新中国早期军邮史》展品获得金奖。

10月23日　北京市集邮协会第四次代表大会在北京召开。

10月30日　“1993粤闽琼台港澳集邮学术研讨会”在福州召开。

闽浙赣皖4省10地市联合举办中小学生邮票设计比赛作品展览。

11月16日　《毛泽东同志诞生一百周年》小型张发行。“纪念毛泽东同志诞辰100周年’93中华全国集邮展览”在北京民族文化宫举办。《’93中华全国集邮展览——纪念毛泽东同志诞辰100周年》纪念邮资明信片发行。

11月17日　纪念毛泽东同志诞辰100周年集邮报告会在北京人民大会堂举行。

11月18日　全国集邮联在北京召开新中国邮票学术讨论会。

11月19日　邮电部下发《关于调整邮资票品管理体制的通知》。

11月20日　北京市邮政管理局、北京市集邮协会邀请德国、美国、瑞士、菲律宾、泰国等国家和中国香港地区的集邮界人士进行座谈。

12 月 12 日　海南国际体育邮票展览交流会在海口举办。

12 月 26 日　《毛泽东同志诞生一百周年》纪念邮票发行。

湖南省集邮协会在韶山毛泽东同志纪念馆举办邮展。

当年　为纪念毛泽东同志诞辰 100 周年，全国多地集邮协会相继举办集邮展览、集邮征文、集邮知识竞赛、学术讨论会、集邮专题报告会等活动。

1994 年

1 月 1 日　中国邮票总公司更名为“中国集邮总公司”。

1 月 5 日　TP.1《哈尔滨冰雪风光》（A、B 组）发行，这是首套特种邮资明信片。

1 月 21 日　邮电部发出《关于继续加强各级集邮协会工作的通知》。

1 月 27 日　丹麦 1994 国际集邮展览（文献、现代集邮沙龙）开幕。在本次邮展上，我国朱祖威的《亚运会邮票全集》等 5 部展品获得镀银奖。

1 月 31 日　全国集邮联公布第二批集邮名词。

2 月 1 日　《中华世界邮票目录·亚洲卷》由人民邮电出版社出版。

2 月 18 日　香港 1994 邮票展览开幕。在本次邮展上，沈曾华的《华东人民邮政》和李曙光的《新中国早期军邮史》展品获得大金奖。

3 月 11 日　《中国集邮大辞典》编纂工作在北京启动。

4 月 29 日　河南省集邮人士在郑州召开甲戌邮票会成立 60 周年纪念会。

5 月 1 日　黑龙江省集邮巡回展览在省内 14 个口岸市、县巡回展出。

5 月 20 日　中国 1996 第 9 届亚洲国际集邮展览组委会成立。

5 月 24 日　第 14 届（1993 年度）全国最佳邮票评选颁奖活动在成都举行。

5 月 28 日　粤闽琼台港澳集邮学术研讨会在海南海口和兴隆召开。

中国石油集邮协会第二次代表大会在辽河召开。

6 月 11 日　全国集邮联在河北邯郸召开集邮名词审定（扩大）会议，审定通过第三批集邮名词。

6 月 22 日　上海市集邮协会与新加坡莱市集邮会联合举办的“中国上海·新加坡莱市集邮展览”在上海开幕。

7 月 6 日　全国集邮联公布第三批集邮名词。

8 月 9 日　美国斯科特出版公司副总裁访问北京，向中华全国集邮联合会赠送一批《斯科特邮票目录》。

8 月 16 日　韩国 1994 世界集邮展览开幕。在本次邮展上，我国沈曾华的《华东人民邮政》、李曙光的《中国军邮史》、刘广实的《中国民信局》展品获得金奖。

8 月 25 日　全国少数民族自治区集邮邀请展在呼和浩特举办。

8 月 31 日　新加坡 1994 第 7 届亚洲国际集邮展览开幕。在本次邮展上，我国李曙光的《中国军邮史》和刘广实的《中国民信局》展品获得金奖。

9 月 8 日　黑龙江省集邮协会第四次代表大会在哈尔滨召开。

9 月 10 日　国际集邮联合会秘书长海莉访问北京和上海。

10月4日　广东省集邮协会第四次代表大会在广州召开。

10月5日　中国体育集邮协会被国际奥林匹克集邮联合会接纳为团体会员。

10月6日　中国首届残疾人集邮展览在杭州举办。

10月9日《万国邮政联盟成立一百二十周年》纪念邮票小型张发行。万国邮政联盟成立120周年邮票展览在北京举办。

11月17日　中华全国集邮联合会第四次代表大会在北京召开。《中华全国集邮联合会第四次代表大会》小型张发行。

11月21日　中国邮票博物馆邮票鉴定室成立。

12月1日　安徽省集邮协会第四次代表大会在合肥召开。

12月17日　天津市集邮协会第四次代表大会在天津召开。

12月23日　山西省集邮协会第四次代表大会在太原召开。

全国航空航天集邮展览暨学术研讨会在广州召开。

12月25日　首届南京集邮文化节在郑和公园开幕。

1995年

1月12日　辽宁省集邮协会第四次代表大会在沈阳召开。

1月15日　浙江省集邮协会第四次代表大会在杭州召开。

1月18日《中国集邮笑迎明天》纪念邮资明信片发行。

3月14日　江西省集邮协会第四次代表大会在南昌召开。

3月15日　吉林省集邮协会第四次代表大会在长春召开。

3月《中华世界邮票目录·欧洲卷》由人民邮电出版社出版。

4月11日　贵州省集邮协会第四次代表大会在贵阳召开。

4月14日　河北省集邮协会第四次代表大会在石家庄召开。

4月16日　国际集邮联合会主席加迪亚、亚洲集邮联合会主席郑炳贤应中华全国集邮联合会邀请到西安、杭州讲学。

4月25日　西藏自治区集邮协会会刊《西藏集邮简报》创刊。

5月8日　甘肃省集邮协会第四次代表大会在兰州召开。

5月9日　中国选送展品参加在莫斯科举办的纪念反法西斯战争胜利50周年集邮展览。

5月10日　芬兰1995世界集邮展览（邮政历史、邮政用品）开幕。在本次邮展上，我国刘广实的《新中国邮政用品》展品获得镀金奖。

5月16日　湖北省集邮巡回展览在武汉启动，历时3个月在12个地市展出。

6月3日　第15届（1994年度）全国最佳邮票评选颁奖活动在哈尔滨举行。

6月6日　中央电视台向全国现场直播《方寸情缘——中国集邮笑迎明天》大型电视综艺晚会。

河南省集邮协会第四次代表大会在郑州召开。

6月8日　海南广播电台开办《集邮天地》节目。

6月27日　广西壮族自治区集邮协会第四次代表大会在南宁召开。

6月28日　陕西省集邮协会第四次代表大会在西安召开。

6月　全国多地集邮协会举办纪念抗日战争暨世界反法西斯战争胜利50周年集邮展览。

7月4日　青海省集邮协会第四次代表大会在西宁召开。

7月《历史呼唤和平——纪念中国抗日战争暨世界反法西斯战争胜利50周年邮票图集》由人民邮电出版社出版。

8月1日　“义务兵专用”邮票发行。

8月17日　邮电部文史中心在江苏高邮召开邮驿文化国际学术讨论会。《古代驿站》特种邮票发行。

8月19日　印度尼西亚1995第8届亚洲国际集邮展览开幕。在本次邮展上，我国梁荫宗的《中国解放战争时期人民军邮》展品获得大镀金奖。

9月1日　新加坡1995世界集邮展览开幕。在本次邮展上，我国李曙光的《中国军邮史》展品获得金奖。

9月3日《抗日战争及世界反法西斯战争胜利五十周年》纪念邮票发行。

为纪念抗日战争及世界反法西斯战争胜利50周年，中国集邮总公司发行邮票专集，陕西延安等地邮票公司发行纪念封，全国多地集邮协会举行纪念活动。

9月14日　1995国际邮票钱币博览会在北京国际贸易中心举办；《国际邮票、钱币博览会北京·1995》小全张及无齿小全张发行。

9月18日　纪念抗日战争胜利50周年暨《中国解放区邮票史》首发式在北京人民大会堂举行，党和国家领导人王丙乾等出席。

9月26日　邮电部和国家工商行政管理局联合下发《个人经营集邮票品管理办法》。

9月28日　新疆维吾尔自治区集邮协会第四次代表大会在乌鲁木齐召开。

9月29日　新疆维吾尔自治区成立40周年集邮展览在乌鲁木齐举办。

10月4日　邮电部邮政总局经国家工商局核准登记，将企业名称正式定为“中国邮电部邮政总局”，简称“中国邮政”，同时启用“中国邮政”标识。

10月6日　邮电部发布《关于集邮业务管理的若干规定（试行）》。

10月24日　纪念联合国成立50周年集邮展览在北京民族文化宫举办。

11月13日　江苏省集邮协会第四次代表大会在南京召开。

11月18日　福建省集邮协会第四次代表大会在福州召开。

11月25日　中国邮票博物馆在广州举办“中国邮票辨伪展览”。

12月20日　中国海员集邮协会在上海成立。

1996年

3月7日　全国青少年邮票设计比赛评选结果在福建晋江揭晓。

3月20日《中国邮政开办一百周年》纪念邮票及小型张发行，全国多地举办集邮展览、集邮知识竞赛等纪念活动。

3月21日　印度尼西亚1996世界青少年集邮展览开幕。在本次邮展上，我国杨珧的《信的故事》展品获得镀金奖。

4月21日　第16届（1995年度）全国最佳邮票评选颁奖活动在福州举行。

4 月 25 日　山东省集邮协会第四次代表大会在济南召开。

5 月 9 日 《中国集邮大辞典》首发座谈会在北京举行。

5 月 18 日　中国 1996 第 9 届亚洲国际集邮展览在北京中国国际展览中心开幕。在本次邮展上，我国沈曾华的《华东人民邮政》展品获得大金奖加国家大奖，李曙光的《中国军邮史（1934—1953）》获得大金奖；《1996 中国—第九届亚洲国际集邮展览》小型张发行，同时发行无齿小型张。

5 月 21 日　国际集邮联合会（FIP）第 43 届理事会在北京举行。

5 月 22 日　“集邮迈向 21 世纪”国际集邮学术研讨会在北京召开。

5 月 24 日　亚洲集邮联合会第 11 届代表大会和亚洲集邮联执委会会议在北京举行。

5 月　苏鲁豫皖 4 省 17 市集邮联谊会及拍卖活动在江苏淮阴举行。

6 月 8 日　加拿大 1996 世界集邮展览开幕。在本次邮展上，我国王朱唇的《侨批》展品获得大镀金奖。

6 月　内蒙古自治区集邮协会主办草原集邮万里行活动。

7 月 16 日　内蒙古自治区集邮协会第四次代表大会在呼和浩特召开。

7 月 18 日　第 22 届万国邮政联盟大会中国组委会暨中国 1999 世界集邮展览组委会在北京成立。

7 月 19 日　美国 1996 国际奥林匹克体育集邮展览开幕，我国选送了 17 部展品参展。

8 月 15 日　第二届全国职工集邮展览在兰州举办。

8 月 19 日　西南五省区集邮协会研讨会在拉萨召开。

9 月 9 日 《毛泽东故里》特种邮资明信片首发式在湖南韶山举行，湖南省集邮协会在此举办邮展。

9 月 15 日　邮电部决定销毁部分不适用面值的普通邮票和销毁、盖销部分 1992 年至 1994 年纪念邮票和特种邮票。

9 月 21 日　中国邮政首次采用微缩文字防伪方式印制的《上海浦东》特种邮票小型张发行。

9 月 27 日　土耳其 1996 世界集邮展览开幕。在本次邮展上，我国刘广实的《中国民信局》展品获得金奖。

10 月 10 日　中国水利集邮协会在湖南张家界成立。

10 月 22 日 《中国工农红军长征胜利六十周年》纪念邮票首发式在甘肃会宁等多地举行。

为纪念中国工农红军长征胜利 60 周年，中国集邮总公司发行纪念封和专题邮票册等邮品，并于当年举行“军民重走长征路”集邮活动。

10 月 26 日　宁夏回族自治区集邮协会第四次代表大会在银川召开。

11 月 12 日 《孙中山诞生一百三十周年》纪念邮资明信片发行。

全国集邮联在广东中山举行孙中山诞生 130 周年纪念活动。

11 月 《中国集邮报》开展“什么是社会主义的集邮道德观”大讨论。

12 月 1 日　邮电部调整邮政资费。

12 月 12 日　中华全国集邮联合会在广西北海举办邮展征集员、评审员培训班。

12 月 16 日　《中国邮票史》编纂工作启动。

12 月 19 日　四川省集邮协会第五次代表大会在成都召开。

1997 年

1 月 18 日　天津科技集邮展览在天津科技馆举办。

2 月 12 日　香港 1997 第 11 届亚洲国际集邮展览开幕。在本次邮展上，我国张巍巍的《昆虫》等 3 部展品获得大镀金奖。

3 月 21 日　迎 1997 香港回归祖国集邮博览会在广州举办。

4 月 15 日　“义务兵专用邮票”停止使用。

4 月　中国 1999 世界集邮展览徽志、吉祥物图稿征集和评选活动结果在北京揭晓。

《广东集邮志》由广东高等教育出版社出版。

5 月 7 日　迎中国 1999 世界集邮展览宣传用语征集活动圆满结束。

5 月 8 日　湖北省集邮协会第五次代表大会在武汉召开。

5 月 22 日　《中国集邮史》编纂工作启动。

5 月 23 日　中国水利行业首届集邮展览在湖南株洲举办。

5 月 25 日　第 17 届（1996 年度）全国最佳邮票评选颁奖活动在海口举行。

5 月 29 日　美国 1997 世界集邮展览开幕。在本次邮展上，中华全国集邮联合会编著的《中国集邮大辞典》获得金奖。

6 月 8 日　北京月坛邮市整体迁移。

6 月 21 日　上海市集邮协会第四次代表大会在上海召开。

7 月 1 日　中国邮政发行《香港回归祖国》纪念邮票一套 2 枚、小型张及金箔小型张各 1 枚；中国香港特别行政区邮政署为庆祝中华人民共和国香港特别行政区政府成立，发行纪念邮票一套 6 枚、小型张 1 枚；全国多地举行集邮活动，庆祝香港回归祖国。

7 月 7 日　纪念全民族全面抗战爆发 60 周年集邮展览在北京中国人民抗日战争纪念馆举办。

7 月 31 日　江西省纪念中国人民解放军建军 70 周年集邮展览在南昌举办。

8 月 8 日　内蒙古自治区成立 50 周年集邮展览暨邮票首发式在呼和浩特举办。

8 月 11 日　全国集邮联第二届邮展委员会在北京成立。

8 月 13 日　中华人民共和国第八届运动会体育集邮展览在上海举办。

8 月 19 日　中央电视台在“芝麻开门”栏目播出 15 集青少年集邮知识系列片。

8 月 27 日　中华全国集邮联合会第二届青少年工作委员会在银川成立。

8 月 30 日　俄罗斯 1997 世界集邮展览开幕。在本次邮展上，我国邹金盛的《侨批》和马佑璋的《中国明信片（1914—1932）》展品获得镀金奖。

9 月 12 日　《中国共产党第十五次全国代表大会》纪念邮票发行。

10 月 1 日　中国邮票博览会在广州举办。

10 月 4 日　1997 中国邮文化节在北京举行授旗仪式，10 月 8 日到达江苏高邮。

10 月 9 日　中国和新西兰联合发行《花卉》特种邮票，两国双边邮展在天津和惠灵顿同时举办。

首届中国邮文化节在江苏高邮举办。

10 月 18 日　“1997 年中华全国集邮展览”在重庆工贸大厦举办。《1997 年中华全国集邮展览》纪念邮资明信片发行。

中国煤炭集邮协会第二次代表大会在重庆召开。

11 月 14 日　北京市集邮协会第五次代表大会在北京召开。

11 月 19 日　1997 上海国际邮票钱币博览会在上海展览中心举办。

国际集邮联合会传统集邮委员会主席沃尔伯洛、专题集邮委员会主席莫洛里在福建厦门讲学。

12 月 5 日　1997 中国邮票展览在泰国曼谷举办。

12 月 15 日　印度 1997 世界集邮展览开幕。在本次邮展上，我国董光呈的《中国早期印花税票（1930—1945）》和叶骞的《孙中山像普通邮票（1931—1949）》展品获得大镀金奖。

1998 年

1 月 2 日　西安经济广播电台开播集邮专题节目“集邮之声”。

2 月 25 日　重庆市设立直辖市后，重庆市集邮协会召开第一次代表大会。

3 月 5 日　上海集邮活动日改为上海集邮节并举办首次活动。

3 月　经第九届全国人大第一次会议批准，在邮电部和电子工业部的基础上建立信息产业部，国家邮政局为其下属。邮电部从此被正式撤销，其职能由信息产业部与国家邮政局接管。

中央人民广播电台“小喇叭”节目开办“小小邮票大世界”栏目。

4 月 5 日　中国 1999 世界集邮展览中国参展邮集指导小组在北京成立。

4 月 21 日　西南六省区市集邮学术研讨会在重庆召开。

4 月 28 日　国家邮政局正式挂牌。

4 月　中央电视台在“商务电视”栏目推出“集邮与收藏”节目。

5 月 5 日　“今日澳门”摄影暨邮票展在北京中国历史博物馆举办。

5 月 13 日　以色列 1998 世界集邮展览开幕。在本次邮展上，我国邓琳姝的《新中国旧币面值普票》等 4 部展品获得镀金奖。

5 月 23 日　第 18 届（1997 年度）全国最佳邮票评选颁奖活动在合肥举行。

6 月 18 日　卢森堡 1998 世界集邮展览（邮政历史、青少年）开幕。在本次邮展上，我国常珉的《早期中国人民邮政（1948—1956）》展品获得大镀金奖。

6 月 19 日　中国集邮总公司与香港邮政署等联合举办“香港回归集邮展”，该展览陆续在武汉、南昌、深圳、福州、香港等地巡展。

6 月 27 日　中国邮政发行《何香凝国画作品》特种邮票，该邮票首次采用了异形齿孔工艺。

7 月 12 日　北京电视台生活频道开播集邮节目“方寸天地”。

7 月 23 日　新加坡 1998 第 12 届亚洲国际集邮展览开幕。在本次邮展上，中华全国集邮联合会的集邮文献《中国集邮大辞典》获得金奖。

7 月 24 日　纪念大龙邮票发行 120 周年全国集邮学术研讨会在天津召开。

8 月 7 日　全国集邮联与中央人民广播

电台联合开办“集邮大世界”专题节目。

8月16日　中国1999世界集邮展览青少年集邮知识竞赛举行大区决赛。

9月10日　《抗洪赈灾》附捐邮票发行，国家邮政局将2000万元收入捐赠民政部。

9月15日　中国水利集邮协会会刊《水利邮讯》创刊。

9月23日　宁夏回族自治区成立40周年集邮展览在银川举办。

10月9日　“纪念中国大龙邮票发行120周年暨中国’99候选展品集邮展览”在天津国际展览中心举办。

10月23日　意大利1998世界集邮展览（邮政历史、航天、专题、文献）开幕。在本次邮展上，我国王朱唇的《侨批》展品获得金奖。

12月13日　庆祝广西壮族自治区成立40周年集邮展览在南宁举办。

12月18日　《中国共产党十一届三中全会二十周年》纪念邮票发行。

12月26日　《毛泽东同志题词“人民邮电”五十周年》纪念邮资明信片发行。

12月　《甘肃集邮史萃》由甘肃人民美术出版社出版。

1999年

1月1日　“PETN·WJ”编号外交系列特种纪念封由中国集邮总公司发行。

1月8日　中国体育集邮协会第二次代表大会在北京召开。

2月9日　中国1999世界集邮展览青少年集邮知识竞赛（中南区）选拔赛在广东电视台演播厅开赛。

3月4日　中国1999世界集邮展览青少年集邮知识竞赛（西北区）选拔赛在西安举行。

3月5日　1999上海集邮节开幕，首次举办上海老集邮家集邮成果展览。

3月6日　中国1999世界集邮展览青少年集邮知识竞赛（华东区）选拔赛在上海举行。

3月19日　澳大利亚1999世界集邮展览开幕。在本次邮展上，我国李旭光的《华北人民邮政》等3部展品获得镀金奖。

4月5日　国家邮政局第一届邮票图稿评议委员会在北京成立。

4月10日　广东省集邮协会第五次代表大会在广州召开。

4月27日　德国1999世界集邮展览开幕。在本次邮展上，我国刘信生的《对称》展品获得镀金奖。

4月　《中国集邮学术研究文选（1994—1997）》由人民邮电出版社出版。

5月21日　第19届（1998年度）全国最佳邮票评选颁奖活动在广州举行。

5月29日　安徽省集邮协会第五次代表大会在合肥召开。

5月　《山西集邮史》由山西科学技术出版社出版。

6月12日　中国石油集邮协会第三次代表大会在陕西临潼召开。

6月15日　浙江省集邮协会第五次代表大会在杭州召开。

6月18日　“展望新世纪邮票”儿童设计获奖作品在北京揭晓。

6月　《陕西集邮史》由陕西人民出版社出版。

《福建集邮史》由海潮摄影艺术出版社出版。

7月2日　法国1999世界集邮展览开幕。在本次邮展上，我国邵常炜的《因为有个水》展品获得大镀金奖加青少年最佳奖，张巍巍的《昆虫》展品获得大镀金奖。

7月4日　北京市开放类暨一框集邮展览在北京建内大街邮电局举办。

7月　《吉林省集邮史》由人民邮电出版社出版。

8月6日　《中国集邮史》《中国集邮大辞典》（修订版）首发座谈会在北京人民大会堂召开。

8月9日　国家邮政局下发《关于加强各级集邮协会工作的通知》

8月17日　18集电视连续剧《绿衣红娘》在中央电视台第二套节目播出。

8月21日　中国1999世界集邮展览在北京中国国际展览中心开幕。在本次邮展上，我国沈曾华的《华东人民邮政》展品获得大金奖加国际大奖，李曙光的《中国军邮史》获大金奖；《中国1999世界集邮展览》小型张、纪念邮资信封发行。

8月22日　中国1999世界集邮展览青少年集邮知识竞赛决赛在中央电视台第10演播室进行，山西省代表队夺得冠军。

“中国与21世纪集邮的发展”国际集邮学术研讨会在北京召开。

8月23日　第22届万国邮政联盟大会在北京举行。

8月25日　中国1999全国集邮宣传优秀作品颁奖仪式在北京举行。

8月　全国集邮联编印的画册《共绘集邮春秋》面世。

“世界少年手拉手，迎接21世纪挑战”邮票图稿设计大赛颁奖仪式在北京举行。

9月25日　《北京邮票厂建厂40周年》纪念邮资信封发行。

9月26日　江西省集邮协会第五次代表大会在南昌召开。

9月30日　内蒙古自治区集邮协会第五次代表大会在包头召开。

10月1日　《中华人民共和国成立五十周年——民族大团结》纪念邮票发行，这套邮票共计56枚，是中国邮政发行的枚数最多的一套邮票。

外交部集邮协会组织我国驻外使领馆举办全球性的“中国驻外使节国庆环球实寄”活动。

10月16日　福建省集邮协会第五次代表大会在福州召开。

10月29日　中国水利集邮协会第二次代表大会在山西侯马召开。

11月9日　“迎澳门回归”全国青少年集邮知识竞赛活动拉开帷幕。

11月27日　湖南省集邮协会第四次代表大会在长沙召开。

12月7日　广西壮族自治区集邮协会第五次代表大会在南宁召开。

12月10日　吉林省集邮协会第五次代表大会在长春召开。

河南省集邮协会第五次代表大会在郑州召开。

12月12日　云南省集邮协会第四次代表大会在昆明召开。

12月13日　山西省集邮协会第五次代表大会在太原召开。

12月20日　中国邮政发行《澳门回归祖国》纪念邮票一套2枚、小型张及金箔小型张各1枚。中国澳门特别行政区邮政局发行纪念邮票一套6枚、小型张1枚。全国多地举行集邮活动，庆祝澳门回归祖国。

12 月 30 日　北京首家安装自动化邮票售卖机的自助邮局在北京西站邮局试营业。自 1《中国邮政徽志》自动化邮票开始发行，共有 9 种机设面值。

12 月 31 日　《世纪交替 千年更始——20 世纪回顾》纪念邮票发行。

2000 年

1 月 1 日　2000- 特 1《港澳回归 世纪盛事》金箔小型张发行。全国各地举行多种集邮活动迎接新纪元。

国家邮政局调整邮资票品面值单位标注方式，恢复“元”“分”在邮票面值中并存的标注形式。

1 月 29 日　《春节》特种邮票发行。北京邮票厂首次使用荧光防伪油墨印制该套邮票小型张。

2 月 29 日　黑龙江省集邮协会第五次代表大会在哈尔滨召开。

3 月 5 日　以“集邮文化——精神文明的组成部分”为主题的 2000 年上海集邮节在上海集邮大楼开幕。

3 月 25 日　泰国 2000 第 13 届亚洲国际集邮展览开幕。在本次邮展上，我国李理的《清代驿站》和张巍巍的《昆虫》展品获得金奖。泰国 2000 世界青少年集邮展览开幕。在本次邮展上，我国康乐的《中国解放区纪念邮票》展品获得大镀金奖加青少年最佳奖。

4 月 16 日　江苏省集邮协会第五次代表大会在南京召开。

4 月 19 日　陕西省集邮协会第五次代表大会在西安召开。

4 月 27 日　辽宁省集邮协会第五次会员代表大会在沈阳召开。

4 月 28 日　迎接新世纪集邮巡回展览第一站在沈阳和太原举办。

4 月 30 日　中国——瑞士邮票展览在武汉举办。《中国——瑞士邮票展览》纪念邮资明信片发行。

4 月　北京市集邮协会等单位主办的一年一度的中国“小公民道德建设计划集邮知识竞赛活动”启动。

5 月 3 日　迎接新世纪集邮巡回展览第二站在重庆举办，5 月 5 日在石家庄举办。

5 月 11 日　中国全国人大常委会副委员长王光英和丹麦首相波尔・尼鲁普・拉斯穆森在北京人民大会堂为《中华人民共和国与丹麦王国建交 50 周年》纪念封揭幕。

5 月 19 日　第 20 届（1999 年度）全国最佳邮票评选颁奖活动在南昌举行。

5 月 22 日　英国 2000 世界集邮展览开幕。在本次邮展上，我国李曙光的《中国军邮史》和常珉的《新中国早期邮政（1948—1956）》展品获得大金奖。

5 月 24 日　由国家邮政局和国家工商行政管理局联合制定的《集邮市场管理办法》正式施行。

6 月 1 日　展望新世纪少年儿童集邮日系列活动在北京中国人民革命军事博物馆举办。由 8 位少年儿童设计的《世纪交替 千年更始——21 世纪展望》纪念邮票发行。

6 月 5 日　湖北省首届开放类集邮巡回展览在荆州举办。

6 月 25 日　西南六省区市集邮研讨会在云南大理召开。

6 月 28 日　中国和哈萨克斯坦邮票展览在江西景德镇举办。

湖北省集邮协会第六次代表大会在武汉召开。

7月9日 《世纪交替 千年更始——21世纪展望》纪念邮票第3枚和第5枚的原画作者李照和秦添，应美国邮政总局邀请赴美国参加世界儿童大会。

7月15日 1997—1999年全国最佳集邮品评选结果在山东青岛揭晓。

7月18日 中华全国集邮联合会第五次代表大会在北京召开。《中华全国集邮联合会第五次代表大会》小型张发行。

8月1日 “中国人民革命战争时期邮票发行70周年纪念大会”在北京召开。“中国人民革命战争时期邮票发行70周年邮票展览”在中国邮票博物馆举办。在邮展开幕式上，国家邮政局向无偿捐献《华中解放区邮票》邮集的湖北集邮家姜士楚颁发捐赠证书。《中国人民革命战争时期邮票发行70周年》纪念邮资信封发行。

8月8日 甘肃省集邮协会第五次代表大会在兰州召开。

8月19日 北京集邮茶座在东城区文化馆举办首次活动。

9月7日 贵州省集邮协会第五次代表大会在贵阳召开。

9月15日 澳大利亚2000国际奥林匹克体育集邮展览开幕。我国李静波的《自行车运动》展品在本次邮展上获得大镀金奖。

9月17日 河北省集邮协会第五次代表大会在石家庄召开。

10月3日 首届羊城集邮文化节在广州举办，同时举办首届全国极限集邮邀请展。

10月6日 西班牙2000世界集邮展览开幕。在本次邮展上，我国董光呈的《中国早期印花税票》展品获得大镀金奖。

10月13日 新疆维吾尔自治区集邮协会第五次代表大会在乌鲁木齐召开。

10月31日 2000广州国际邮票钱币博览会在中国出口商品交易会展览馆举办。《第二十七届奥林匹克运动会》小型张双连张出售，这是中国邮政首次发行小型张双连张。

11月15日 全国集邮联在山东威海举办国家级邮展评审员、征集员培训班。

12月1日 青海省集邮协会第五次代表大会在西宁召开。

12月7日 印度2000第14届亚洲国际集邮展览开幕。在本次邮展上，我国唐秋涛的《中国人民解放军军邮（1945—1958）》等3部展品获得金奖。

12月27日 全国集邮联在北京召开新世纪集邮研讨会。

12月30日 上海市集邮协会与澳门集邮协会联合在上海举办“迎新世纪 庆澳门回归一周年——上海·澳门集邮展览”。

12月31日 《中国古钟》特种邮票发行；全国各地举行多种集邮活动辞别20世纪。

2001年

1月1日 《世纪交替 千年更始——迈入21世纪》纪念邮票发行。全国各地举行多种集邮活动迎接21世纪。

2月1日 香港2001第15届亚洲国际集邮展览开幕。在本次邮展上，我国李曙光的《中国军邮史（1931—1953）》展品获得荣誉大奖。

2月8日 北京市集邮协会在北京新东

安市场举办首都邮人盼奥运集邮活动。

2月9日　全国人大常委会副委员长布赫与尼日利亚驻华大使奥拉贡朱·阿德萨金在北京共同为《中华人民共和国与尼日利亚联邦共和国建交30周年》纪念封揭幕。

2月13日　宁夏回族自治区第五次代表大会在银川召开。

2月22日　“奥运百年集邮展览——支持北京申办2008年奥运会”在北京中华世纪坛举办。

3月5日　2001上海集邮节暨纪念上海市集邮协会成立20周年邮展在上海集邮大楼开幕。

3月23日　全国集邮联第三届青少年工作委员会在长沙成立。

3月29日　全国集邮联学术部在北京召开“为21世纪集邮学术研究献计献策座谈会”。

3月31日　天津市集邮协会第五次代表大会在天津召开。

4月7日　全国首届生肖集邮展览在江苏苏州举办。

4月　全国集邮联等单位将2001年定为与世纪同行青少年集邮活动年。

5月1日　北京市集邮协会在北京翠微大厦举办“新北京、新奥运、首都人民盼奥运”集邮活动。

5月24日　全国集邮联第四届学术工作委员会在北京成立。

5月25日　第21届（2000年度）全国最佳邮票评选颁奖活动在北京举行。

6月9日　比利时2001世界集邮展览开幕。在本次邮展上，我国李理的《中国邮驿（公元前400年—公元1911年）》展品获得金奖。

6月12日　中国和比利时双边邮票展览在南昌举办。

7月1日　江泽民同志为《中国共产党成立八十周年》纪念封题词。《中国共产党成立八十周年》纪念邮票发行。

上海等多地举办纪念中国共产党成立80周年集邮展览。

7月14日　由国家邮政局、香港邮政署、澳门邮政局共同制作的《北京申办2008年奥运会成功纪念》三方邮票连印版票发行。

7月28日　与世纪同行——2001“博美堂杯”全国青少年集邮展览在北京中国儿童中心举办。

7月29日　中华全国集邮联合会主办的“四达杯”集邮情文化交流活动在北京启动，至当年9月9日，共在9个省市进行了集邮文化交流活动。

8月1日　日本2001世界集邮展览开幕。在本次邮展上，我国李伯琴的《鹰》展品获得金奖。

8月24日　第21届世界大学生运动会文化节集邮展览在北京举办。

9月21日　“二〇〇一年中华全国集邮展览”在南京国际展览中心举办。

9月23日　纪念中国共产党成立80周年和辛亥革命90周年全国集邮学术研讨会在南京召开。

9月25日　全国集邮联第三届邮展委员会在南京成立。

9月　《安徽集邮史》由安徽教育出版社出版。

10月10日　《辛亥革命90周年》纪念邮资明信片发行。

10月16日　丹麦2001世界集邮展览开幕。在本次邮展上，我国陈慰星的《新中国旧币面值普通邮票》展品获得大镀金奖。

10月28日　中国邮政首次采取压凸版印制的《昭陵六骏》特种邮票版式二，特供集邮协会会员。

12月13日　《郑成功收复台湾340周年》纪念邮票首发式暨闽台集邮展览在福建厦门举办。

12月30日　澳门集邮协会和上海市集邮协会在澳门举办庆祝澳门回归两周年“澳门—上海联合集邮展览”。

2002年

1月5日　黑龙江省集邮协会举办生肖文化集邮展览。

1月19日　中华全国集邮联合会、中国人民对外友好协会、朝鲜邮票社和朝鲜邮票爱护者国家联盟共同在北京全国政协礼堂举办朝鲜邮票巡回展。

2月3日　北京市集邮协会召开首都集邮界新春联谊会。

3月5日　以“开创更加灿烂的明天”为主题的2002年上海集邮节在上海集邮大楼举办。

3月18日　全国邮政集邮宣传工作委员会在河北保定成立。

3月30日　全国集邮联在重庆举办全国首届老年集邮展览参展邮集会审。

3月　《江苏集邮史》由江苏人民出版社出版。

5月10日　《如意》个性化服务专用邮票发行，中国邮政开启邮票个性化服务业务。

5月12日　中国水利集邮协会第三次代表大会在湖北丹江口召开。

5月16日　“2002年中华全国首届老年集邮展览”在广州信源大厦举办。

6月1日　河南省集邮协会等单位举办的“爱祖国，讲道德”青少年手绘封大赛启动，至9月30日结束。

6月10日　第22届（2001年度）全国最佳邮票评选颁奖活动在北京举行。

6月22日　上海市集邮协会第五次代表大会在上海召开。

6月23日　2001年度全国邮政集邮宣传优秀作品评选活动揭晓。

6月29日　山西《集邮报》社发起并牵头在山西平遥举办了全国首届民间集邮组织联谊活动。

6月　《内蒙古集邮史》由内蒙古人民出版社出版。

7月18日　中国2003第16届亚洲国际集邮展览执委会在北京成立并召开第一次会议。

7月31日　中韩之旅——2002中国青少年集邮夏令营开营仪式在天津举行。

8月2日　韩国2002世界集邮展览开幕。在本次邮展上，我国李曙光的《中国军邮史（1931—1953）》和常珉的《新中国邮政历史（1946—1956）》展品获得大金奖。

8月8日　全国集邮联在北京召开集邮学术研讨会，并对近10年的优秀集邮学术论文进行评选。

8月25日　中国兰州市与日本秋田市建立友好城市关系20周年邮票展览在兰州举办。

8月26日　纪念中华全国集邮联合会成立20周年表彰大会在北京召开。

8月27日　全国优秀集邮学术论文发

奖大会暨2002年全国集邮学术研讨会在北京召开。

8月　广州邮政博览馆对外开放。

9月2日　西南六省（市、区）集邮学术研讨会在贵阳召开。

9月7日　北京市首届现代集邮展览在马连道邮币卡市场举办。

9月9日　四川省集邮协会第六次代表大会在成都召开。

9月14日　“纪念‘稿’字邮票发行60周年暨解放区邮票学术讨论会”在江苏盱眙召开。

9月26日　2002北京国际邮票钱币博览会在中国国际贸易中心举办。《中秋节》邮票加字小版张出售。

10月12日　《亭台与城堡》邮票首发式分别在中国河北邯郸的丛台和斯洛伐克的博伊尼采城堡举行，中国和斯洛伐克邮票展览在河北邯郸举办。

10月18日　第五届全国体育集邮展览在江苏苏州举办。

10月19日　山东省集邮协会第五次代表大会在济南召开。

10月26日　国家邮政局批准四地同时举办《民间传说——董永与七仙女》特种邮票首发式，由此开启一套邮票由多地举办首发式的先例。

2000—2001年全国最佳集邮品评选结果在湖北孝感揭晓。

11月6日　全国集邮联首届邮展高级培训班在北京举办。

11月8日　为庆祝中共十六大召开，中国邮政发行《黄河壶口瀑布》特种邮票金箔小型张1枚。

11月16日　全国首届专题集邮精品展在浙江台州新华书店举办。

11月17日　西班牙2002世界青少年集邮展览开幕。在本次邮展上，我国刘元翔的《聆听树的故事》和韩松的《雪》展品获得镀金奖。

11月20日　中国和韩国邮票展览在河北沧州举办。

12月19日　全国人大常委会委员长李鹏在北京分别与澳大利亚驻华大使艾大伟、新西兰驻华大使麦康年为《中华人民共和国—澳大利亚建交三十周年》纪念封和《中华人民共和国—新西兰建交三十周年》纪念封揭幕。

12月20日　第1届外国最佳邮票评选颁奖活动在北京举办。

当年　全国集邮联学术部举办首届全国优秀集邮学术论文评选活动，79篇论文入选由人民邮电出版社出版的《全国优秀集邮学术论文集（1982—2001）》。

2003年

2月23日　中央电视台在“夕阳红”栏目播出“老年集邮”专题节目。

2月25日　2002年度全国邮政集邮宣传优秀作品评选活动揭晓。

3月5日　为庆祝第十届全国人民代表大会第一次会议召开，中国邮政发行《百合花》特种邮票一套及小型张1枚。

以“集邮，使您生活更精彩”为主题的2003年上海集邮节在上海集邮大楼举办，期间举办了趣味集邮展览。

3月18日　国家邮政局在北京举办邮票辨伪培训班。

3月23日　内蒙古自治区集邮协会第六次代表大会在呼和浩特召开。

4 月 2 日　全国集邮组织工作研讨会在南昌召开。

4 月 17 日　“纪念毛泽东同志诞辰 110 周年暨亚洲邮展候选展品集邮展览”在重庆沙坪坝三峡广场举办。

4 月　河北省首届“邮政杯”青少年书信文化和邮票设计大赛活动拉开帷幕。

5 月 19 日　中国邮政发行特 4–2003《万众一心 抗击“非典”》邮票一套 1 枚，以此表达对抗击“非典”一线“白衣战士”的敬意。

6 月 19 日　全国集邮联与人民邮电报社在北京首次通过互联网举办“全国高等院校集邮教学互联网交流研讨会”。

6 月　全国集邮联发出《关于在全国开展集邮组织普查工作的通知》。

7 月 20 日　全国集邮联在广东汕头分批对中国参加 2003 第 16 届亚洲国际集邮展览的邮集进行会审。

7 月 29 日　重庆市集邮协会第二次代表大会在重庆召开。

8 月 27 日　全国集邮联在江苏高邮召开五届三次常务理事会，讨论并原则通过《中华全国集邮联合会会士评选工作条例（草案）》，审议批准首批会士名单，并决定授予高邮市“中国集邮之乡”称号。

8 月 28 日　第二届中国邮文化节在江苏高邮举办，“中国集邮之乡”授牌仪式同时举行。

第 23 届（2002 年度）全国最佳邮票评选颁奖活动在高邮举行。自此次评选活动起，成立了全国最佳邮票评选委员会，佳邮评选活动由原来人民邮电出版社牵头主办，改由中华全国集邮联合会牵头主办。

9 月 3 日　中国石油集邮协会第四次代表大会在山东烟台召开。

9 月 6 日　全国体育集邮精品展览在银川举办。

9 月 19 日　广东省集邮协会第六次代表大会在广州召开。

10 月 1 日　第一届全国邮政附加费集邮展览在广州举办。

10 月 3 日　2003 济南“一框邮集”全国邀请展在济南铁路局文化宫举办。

10 月 4 日　泰国 2003 世界集邮展览开幕。在本次邮展上，我国陆游的《中国航空邮政及其史前（1870—1945）》等 3 部展品获得金奖。

10 月 17 日　全国集邮联在江苏宜兴召开民间传说题材邮票研讨会。

第五届全国城市运动会体育集邮展览暨 2004 年世界奥林匹克集邮展览选拔展在长沙举办。

10 月 28 日　全国集邮联确定首批 95 家全国青少年集邮活动示范基地单位名单。

11 月 2 日　安徽省集邮协会第六次代表大会在合肥召开。

11 月 5 日　云南省集邮协会第五次代表大会在昆明召开。

11 月 12 日　国家邮政局下发《关于加强各级集邮协会工作的通知》。

11 月 18 日　中国煤炭集邮协会第三次代表大会在成都召开。

11 月 20 日　中国 2003 第 16 届亚洲国际集邮展览在四川绵阳开幕。在本次邮展上，我国陆游的《中国航空邮政及其史前（1870—1945）》展品获得大金奖加国家大奖。常珉的《新中国早期邮政（1948—1956）》展品获得大金奖加国家大奖候选。

《中国 2003 第十六届亚洲国际邮票展

览》纪念邮票及小版张发行，另发行200万版加印中华全国集邮联合会会徽后特供全国集邮协会会员，同时发行该邮票的印刷叠色样张10万枚。

11月21日　中国2003国际集邮学术研讨会在四川绵阳召开。

11月26日　一枚红印花小字当一元邮票在中国嘉德2003秋季拍卖会邮品专场以220万元人民币成交，创该枚邮票拍卖成交价的新纪录。

12月6日　《毛泽东同志诞生一百一十周年》纪念邮票首发式暨湖南省第十届集邮展览在长沙清水塘举办。

12月10日　全国集邮联在广州培正中学召开全国青少年集邮活动示范基地经验交流会，同时向获得首批全国青少年集邮活动示范基地的95所学校授牌并颁发证书。

12月23日　福建省集邮协会第六次代表大会在福州召开。

12月26日　纪念毛泽东同志诞辰110周年集邮展览在湖南韶山毛泽东图书馆举办。

12月　《湖北集邮史》由武汉出版社出版发行。

当年　全国各地集邮组织分别以邮展、集邮讲座、集邮研讨会等形式纪念毛泽东诞辰110周年。

2004年

1月5日　中国邮政发行《甲申年》特种邮票（版式三），用于赠送2004年纪特邮票全额交款预订户。

2004第2届全国生肖集邮展览在江苏苏州举办。

1月19日　第2届外国最佳邮票评选颁奖活动在北京举办。

1月30日　香港2004第17届亚洲国际集邮展览开幕。在本次邮展上，我国常珉的《新中国早期邮政（1946—1956）》和陆游的《中国航空邮政及其史前（1870—1945）》展品获得大金奖。

1月31日　中华全国集邮联合会、香港邮学会、中国邮学会在香港召开国际集邮学术研讨会。

1月　北京市集邮协会会刊《集邮简报》更名为《北京集邮》。

2月7日　纪念飞机百年“国航/中航技杯”全国航空集邮知识竞赛在北京落幕。

2月25日　2003年度全国邮政集邮宣传优秀作品评选活动揭晓。

3月5日　以“做一个可爱的上海集邮人”为主题的2004年上海集邮节在上海集邮大楼举办，上海市专题集邮展览在集邮节上亮相。

3月22日　全国集邮报刊研讨暨集邮宣传培训工作会议在长沙举行。

3月　全国优秀集邮图书评选活动启动。当年7月8日评选揭晓，共评出一等奖16部、二等奖45部、三等奖77部、纪念奖54部。

4月16日　北京市集邮协会在北京当代商城举办“情系2008——当代奥运邮品展”。

4月20日　中国体育集邮协会第三次代表大会在杭州召开。

4月29日　山西省集邮协会第六次代表大会在太原召开。

5月1日　2004全国民间集邮文献展

览在江苏无锡江南大学逸夫馆举办。

5月11日　“方寸中见中国——中国邮票展览”在巴黎邮政博物馆举办。

5月12日　全国集邮联与陕西省集邮协会在西安举办“2004·西安集邮文化论坛”。

5月24日　西班牙2004世界集邮展览开幕。在本次邮展上，我国李汇祥的《中华民国国内信函邮资》等3部展品获得大镀金奖。

5月30日　第24届（2003年度）全国最佳邮票评选颁奖活动在昆明举行。

6月11日　黑龙江省集邮协会第六次代表大会在哈尔滨召开。

6月14日　第二届全国邮展高级理论研讨暨邮展评审员培训班在福建厦门举办。

7月17日　2004全国（首届）民间文化专题集邮展览在湖南岳阳市博物馆举办。

8月4日　北京市集邮协会第六次代表大会在北京召开。

8月12日　第8届世界奥林匹克体育邮展开幕。在本次邮展上，我国李静波的《自行车运动》展品获得大镀金奖。

8月18日　全国集邮联在河北香河举办集邮学术工作培训班。

8月22日　《邓小平同志诞生一百周年》纪念邮票及小型张发行。

8月28日　新加坡2004世界集邮展览开幕。在本次邮展上，我国洪澍的《新中国“文”字邮票》等7部展品获得金奖。

9月9日　国务委员唐家璇与加蓬共和国总统邦戈在北京钓鱼台国宾馆共同为《中国—加蓬共和国建交30周年》木质小型张和纪念封揭幕。

9月11日　“从雅典到北京—世界奥林匹克百年珍邮展”在中国邮票博物馆举办。

9月16日　北京市集邮协会在清华大学开设“集邮文化与研究”选修课。

9月30日　《中华人民共和国国旗国徽》特种邮票发行。

10月1日　《祖国边陲风光》特种邮票及小全张发行。

第五届羊城集邮文化节在广州举办，同时举办广州—香港集邮联展和2004年广州专题集邮展览。

10月9日　国家邮政局在中国邮票博物馆举办纪念世界邮政日青少年集邮活动。

10月16日　首届中国集邮文艺节在杭州举办。

10月18日　中华全国集邮联合会会士评选委员会在杭州成立。

10月26日　首届中国邮币卡市场发展高层论坛在北京举办。

10月28日　2004北京国际邮票钱币博览会在中国国际贸易中心举办。《中华人民共和国国旗国徽》不干胶小版张出售，这是中国邮政首套不干胶邮票。

“纪念和平共处五项原则创立50周年—中国·印度邮票展览”在中国邮票博物馆举办。

11月10日　湖南省集邮协会第五次代表大会在长沙召开。

11月13日　北京市第二届现代集邮展览在建内大街邮电局举办。

11月25日　江苏省集邮协会第六届代表大会在南京召开。

11月　全国集邮联下发《关于加强对

民间集邮研究组织指导性的工作意见》。

12月10日　第3届外国最佳邮票评选颁奖活动在北京举办。

12月24日　吉林省集邮协会第六次代表大会在长春召开。

12月29日　湖北省集邮协会第七次代表大会在武汉召开。

当年　共青团中央、教育部、国家邮政局、全国少工委共同主办以“致2008年北京奥运会的一封信”为主题的第一届全国少年儿童书信写作比赛。

2005年

1月5日　全国生肖邮币卡券藏品展览和中国邮票博物馆邮票辨伪展在江苏苏州举办。

1月25日　《中国邮政开办集邮业务50周年》纪念邮资明信片发行。

2月9日　首届世界昆虫专题邮票展览在上海昆虫和宠物乐园举办。

3月3日　2004年度全国邮政集邮宣传优秀作品评选活动揭晓。

3月5日　以“集邮为城市文明添彩”为主题的2005年上海集邮节在上海集邮大楼举行，首次举办一框集邮展览。

3月15日　北京市集邮协会举办“学集邮知识，创编新童谣”竞赛活动。

3月28日　广东省首批集邮示范学校、社区、乡镇授牌仪式暨经验交流会在中山举行。

4月21日　澳大利亚2005世界集邮展览开幕。在本次邮展上，我国唐秋涛的《中国人民解放军军邮（1945—1958）》等3部展品获得金奖。

4月25日　由阿富汗邮政发行、中国承印的《纪念中阿建交50周年》丝绸小型张在北京人民大会堂展示。中国国家副主席曾庆红与阿富汗副总统哈利利共同为这枚丝绸小型张揭幕。

4月27日　海南省集邮协会第二次代表大会在海口召开。

5月20日　全国集邮联宣传部陆续在北京等多地召开“弘扬集邮文化　构建和谐社会”集邮研讨会。

5月31日　第25届（2004年度）全国最佳邮票评选颁奖活动在武汉举行。

2002—2004年全国最佳集邮品评选结果在武汉揭晓。

6月21日　第二批全国青少年集邮活动示范基地评审工在北京举行。106所学校被授予第二批“全国青少年集邮活动示范基地”称号。

6月28日　《郑和下西洋600周年》纪念邮票首发式暨中国、新加坡、马来西亚、泰国四国集邮展览在江苏太仓举办。

7月16日　2005全国文献集邮论坛在江苏南通举办。

8月3日　中国、泰国、马来西亚三国国际集邮展览在泰国曼谷国际会展中心开幕。在本次邮展上，我国李曙光的《中华民国军邮史（1913—1949）》展品获得大金奖。

8月15日　《中国人民抗日战争暨世界反法西斯战争胜利六十周年》纪念邮票及小型张首发式在中国邮票博物馆举行；中国邮票博物馆举办“正义的凯歌”专题邮票展览；全国多地开展了同主题集邮活动。

8月24日　中华全国集邮联合会副秘书长刘佳维当选为亚洲集邮联合会副主席。

8月30日　全国集邮联在内蒙古包头

召开纪念抗日战争胜利60周年集邮学术研讨会。

9月13日　北方六省区市集邮学术研讨会在山东青岛召开。

9月25日　第三届中国邮文化节在江苏高邮举办。

10月11日　中华人民共和国第十届运动会体育集邮展览在南京博物院举办。

11月6日　“2005中华历史文明全国集邮展览”在湖南省澧县举办。

11月7日　中国嘉德拍卖公司举办沈曾华收藏邮品拍卖专场，“稿”字邮票四方连以220万元成交。

12月2日　广西壮族自治区集邮协会第六次代表大会在南宁召开。

12月9日　第4届外国最佳邮票评选颁奖活动在北京举办。

12月14日　以“爸爸、妈妈，我想对您说”为主题的第二届全国少年儿童书信写作比赛活动启动。

2006年

1月1日　上海邮政博物馆开馆。

1月7日　河北省集邮协会第六次代表大会在石家庄召开。

1月14日　全国集邮联等单位在北京举办迎新春少儿集邮活动日。

3月5日　以“弘扬集邮文化，构建和谐社会”为主题的2006年上海集邮节在上海邮政博物馆举办。

4月1日　中国航天集邮协会第二次代表大会在北京召开。

4月18日　湖北集邮网正式开通。

4月22日　“2006全国首届税票类展览”在北京报国寺收藏品市场举办。

5月27日　美国2006世界集邮展览开幕。在本次邮展上，我国李曙光的《中国军邮史（1931—1953）》展品获得大金奖。

5月　北京市集邮协会网站正式开通。

6月8日　江苏省首届专题集邮展览在江阴天华文化中心举办。

6月30日　“光辉的历程——纪念中国共产党成立85周年”全国集邮展览在太原山西省博物院举办。

第26届（2005年度）全国最佳邮票评选颁奖活动在太原举行。

首届全国公安集邮展览在太原举办。

7月15日　长三角城市集邮联谊会在南京成立。

8月8日　中国邮政首次局部采用UV油墨印制的《第29届奥林匹克运动会奥运项目（一）》纪念邮票发行。

9月12日　北方七省市区集邮学术研讨会在北京召开。

9月23日　全国集邮联在西安召开新长征集邮热点问题研讨会。

10月1日　“2006中华全国极限集邮展览”在广州邮政博物馆举办。

10月7日　西班牙2006世界集邮展览开幕。在本次邮展上，我国魏钢的《蒙古邮政史（1854—1937）》展品获得大金奖。

10月12日　北京市第三届现代集邮展览在德胜国际文化交流中心举办。

10月21日　“全国首届集邮文献及文献集邮展览”在江苏高邮赞化中学举办。

10月22日　《中国工农红军长征胜利七十周年》纪念邮票及小型张发行，并首次发行纪念邮票本册。

“燃情岁月——纪念中国工农红军长征胜利70周年邮票设计及书画艺术展”在北

京德胜文化交流中心举办。

10月25日　第5届外国最佳邮票评选颁奖活动在北京举办。

10月26日　2006北京国际邮票钱币博览会在中国国际贸易中心举办；《文房四宝》绢质邮票出售。

11月1日　《2007年贺年专用邮票》发行，开启“贺年专用”这一新的邮票类别。

“首届中华全国网络集邮展览”在湖北集邮网开幕，至2007年7月29日闭幕。

11月10日　2006年全国体育集邮论坛在辽宁盘锦举办。

11月12日　《孙中山诞生一百四十周年》纪念邮票首发式在广东中山大学举行，同时举办粤港澳台集邮展览。

11月13日　阿联酋2006第19届亚洲国际集邮展览开幕。在本次邮展上，我国孙蒋涛的《中国解放区毛泽东像邮票》等4部展品获得大镀金奖。

11月16日　比利时2006世界集邮展览开幕。在本次邮展上，何平的《抗击非典》和李龙英的《茶》展品获得金奖。

12月2日　“2006‘德胜杯’全国专题集邮展览”在北京德胜国际文化交流中心举办。

12月3日　罗马尼亚邮票展览暨辽宁省邮票展览在沈阳举办。

2007年

1月5日　“2007第三届全国生肖集邮展览”在江苏苏州举办。

1月29日　重组后的国家邮政局和中国邮政集团公司在北京人民大会堂举行揭牌仪式，中国邮政体制实现监管和经营分离。邮票发行、集邮等业务由中国邮政集团公司承担。

1月　《黑龙江集邮史》由人民邮电出版社出版。

3月5日　2007年上海集邮节在上海邮政物物馆举办。

3月7日　国家邮政局普遍服务司陆续在浙江、重庆、广西、宁夏、江苏和湖北等省（区、市）进行邮票发行调研工作。

4月10日　第27届（2006年度）全国最佳邮票评选颁奖活动在河南洛阳举行。从本届起，评选选票改为专用邮资图普通邮资明信片，并发行获奖邮票纪念张。

2005—2006年全国最佳集邮品评选结果在河南洛阳揭晓。

洛阳2007全国获奖邮集精品展览在河南洛阳举办。

4月11日　中国洛阳·2007集邮高峰论坛在河南洛阳举办。

5月3日　全国集邮联在杭州举办国际邮展培训研讨班。

6月6日　2005年度、2006年度全国邮政集邮宣传优秀作品评选活动揭晓。

6月7日　西南六省区市集邮协会工作经验交流会在重庆召开。

6月14日　国家邮政局重组的邮票选题咨询委员会（第一届）在北京成立。

6月19日　俄罗斯2007世界集邮展览开幕。在本次邮展上，我国周林的《清代邮驿（1644—1911）》等4部展品获得金奖。

7月1日　庆祝香港回归10周年2007全国集邮学术论坛在广东深圳举办。

7月28日　中华全国集邮联合会第六次代表大会在北京召开；《中华全国集邮联合会第六次代表大会》小型张发行。

7月29日　全国集邮联六届一次理事

会议审议批准全国集邮联第二批名誉会士和会士。

8月1日 《中国人民解放军建军八十周年》纪念邮票发行，全国多地举行邮票首发式和各类集邮活动。

8月3日　泰国2007第20届亚洲国际集邮展览开幕。在本次邮展上，我国寇磊的《中国人民解放军军邮（1945—1954）》等3部展品获得大镀金奖。

8月22日　中国邮政邮票博物馆正式对外开放；《中国邮政邮票博物馆开馆》纪念邮资信封发行。

9月11日　新疆维吾尔自治区集邮协会第六次代表大会在乌鲁木齐召开。

9月21日　青海省集邮协会第六次代表大会在西宁召开。

9月25日　中国—罗马尼亚联合邮票展览在布加勒斯特举办。

10月15日 《中国共产党第十七次全国代表大会》纪念邮票及小型张发行。

10月18日　第四届中国邮文化节在江苏高邮举办。

11月3日　“中华集邮名镇”授牌仪式在广东佛山大良镇举行。

11月15日　第6届外国最佳邮票评选颁奖活动在北京举办。

11月24日　北京市首届封片集邮展览在德胜国际文化交流中心举办。

11月28日　全国行业集邮工作研讨会在江苏徐州召开。

12月12日　宁夏回族自治区集邮协会第六次代表大会在银川召开。

12月27日　浙江省集邮协会第六次代表大会在杭州召开。

12月29日　福建省集邮协会第七次代表大会在福州召开。

12月　全国邮政附加费集邮邀请展在武汉举办。

2008年

1月16日　宁夏邮政博物馆正式开馆。

2月14日　中国水利集邮协会第四次代表大会在北京召开。

2月26日　江西省集邮协会第六次代表大会在南昌召开。

3月5日　2008年上海集邮节在上海邮政博物馆举办，迎奥运体育集邮展览在集邮节上亮相。

3月22日　“纪念天津开办邮政130周年暨天津市第八届集邮展览”在天津市举办。

4月5日　天津市集邮协会等单位在天津举办国际医学邮展。

4月10日　陕西省集邮协会第六次代表大会在西安召开。

4月19日　“2008中华全国新人新作集邮展览”在山东潍坊富华国际展览中心举办。

4月20日　第28届（2007年度）全国最佳邮票评选颁奖活动在山东潍坊举行。

4月27日　重庆市集邮协会第三次代表大会在重庆召开。

5月12日　四川汶川发生强烈地震，全国集邮界掀起向灾区人民献爱心活动。

5月14日　以色列2008世界邮票锦标赛开幕。在本次邮展上，我国蔡正钧的《中国西部地方税票（1920—1940）》展品获得金奖。

北方七省市区集邮学术研讨会在西安召开。

5 月 17 日　北京市邮政公司和北京市集邮协会在郊区 10 个区（县）举办迎奥运巡回邮展。

5 月 18 日　上海市集邮协会第六次代表大会在上海召开。

5 月 20 日　《抗震救灾 众志成城》附捐邮票发行，中国邮政将此套邮票的收入 1560 万元和附捐款 1300 万元捐赠给四川地震灾区。

6 月 10 日　《中国举办邮票展览会 90 周年》纪念邮资明信片发行。

6 月 17 日　全国集邮联第二届宣传工作委员会在北京成立。

6 月 20 日　罗马尼亚 2008 世界集邮展览开幕。在本次邮展上，我国李曙光的《中国军邮史（1913—1953）》展品获得大金奖。

7 月 24 日　《中国大龙邮票发行 130 周年》纪念邮资明信片首发式在天津博物馆举行。

8 月 6 日　北京集邮者涂越明代表全国的集邮爱好者在北京传递了北京奥运会火炬。

8 月 8 日　北京 2008 第 29 届奥林匹克运动会在北京隆重开幕。《北京 2008 第 29 届奥林匹克运动会开幕纪念》邮票发行。

北京 2008 年奥林匹克博览会在北京展览馆开幕。《北京 2008 年奥林匹克博览会开幕纪念》邮票及小型张发行，另发行绢质等多种小型张。在本次邮展上，李静波的《自行车》等 3 部展品获得金奖，人民邮电出版社出版的《萨马兰奇奥林匹克体育邮票全集》获特别荣誉奖。

8 月 22 日　国际奥林匹克委员会珍品收藏邮集在中国邮政邮票博物馆展出。

8 月 26 日　全国集邮联第四届邮展工作委员会在吉林延吉成立。

9 月 12 日　捷克 2008 世界集邮展览开幕。在本次邮展上，我国吕景新的《中国天安门普票（1950—1954）》和李汇祥的《中国人民解放军军邮（1938—1951）》展品获得大镀金奖。

9 月 19 日　“2008 中华全国集邮展览・南昌”在南昌江西省展览中心举办。《2008 中华全国集邮展览・南昌》纪念邮资明信片发行。

9 月 25 日　全国集邮联第二届宣传工作委员会在石家庄召开第一次会议。

9 月 26 日　山东省集邮协会第六次代表大会在济南召开。

10 月 23 日　印度尼西亚 2008 第 22 届亚洲国际集邮展览开幕。在本次邮展上，我国魏钢的《蒙古邮政史（1841—1937）》展品获得大金奖并获国际大奖。

10 月 24 日　2008 北京国际邮票钱币博览会在中国国际贸易中心举办；《北京 2008 第 29 届奥林匹克运动会开幕纪念》全息彩色邮票出售。

10 月 29 日　全国集邮联第四届青少年工作委员会在南宁成立。

11 月 3 日　“华诞六十・邮情天下”巡回邮展启动，至 2009 年 4 月 1 日结束。活动相继在 28 个省（区、市）的 60 个城市进行和香港特别行政区举行。

11 月 6 日　江苏省集邮协会第七次代表大会在南京召开。

11 月 9 日　第 7 届外国最佳邮票评选颁奖活动在北京举办。

11 月 10 日　全国集邮联在河南洛阳举办国际集邮讲学活动。

11 月 17 日　全国集邮联第五届学术工作委员会在北京成立。

11 月 18 日　全国集邮联在北京召开 2008 年全国集邮学术研讨会。

11 月 29 日　贵州省集邮协会第六次代表大会在贵阳召开。

12 月 3 日　广东省集邮协会第七次代表大会在广州召开。

12 月 12 日　山西省集邮协会第七次代表大会太原召开。

12 月 18 日《改革开放三十周年》纪念邮票及小型张发行。

12 月 23 日　全国电力集邮协会在北京成立。

12 月 30 日　全国公安集邮协会在北京成立。

12 月《海南集邮史》由海南出版社出版。

2009 年

1 月 28 日　中国邮政在中国南极昆仑站和中山站设立的邮局正式通邮。

2 月 20 日　河南省集邮协会第六次代表大会在郑州召开。

第一届全国少年邮局联谊活动在杭州保俶塔实验学校举办。

3 月 5 日　2009 年上海集邮节在上海邮政博物馆举办，上海获奖邮集汇报展览在集邮节上展出。

4 月 10 日　中国 2009 世界集邮展览在河南洛阳博物馆新馆开幕。在本次邮展上，我国魏钢的《中国蒙古邮政史（1841—1921）》展品获得大金奖并获国家大奖，李曙光的《中华民国军邮史》和常珉的《人民中国——建国前后邮政历史（1946—1956）》展品获得大金奖和国家大奖候选，李曙光的另一部展品《中国军邮史》同时获得大金奖。《中国 2009 世界集邮展览》纪念邮票及小型张发行，同时发行绢质小型张。

4 月 11 日　由全国 60 个城市选派的 3600 名 7 至 14 岁的少年儿童，在洛阳体育中心广场进行现场邮票设计绘画比赛。北京的王雯宁等 10 个小画家获得特等奖。

4 月 14 日　中国与 21 世纪的集邮发展国际集邮高峰论坛在河南洛阳举办。

5 月 6 日　安徽省集邮协会第七次代表大会在合肥召开。

5 月 14 日　香港 2009 第 23 届亚洲国际集邮展览开幕。在本次邮展上，我国陈国成的《新中国普通邮票（1955—1970）》等 4 部展品获得镀金奖。

6 月 30 日　四川省集邮协会第七次代表大会在成都召开。

2009 全国航天题材网络集邮展览开幕，于当年 12 月 10 日闭幕。

7 月 1 日　全国集邮联下发通知，在青少年集邮组织中开展以《祖国颂》为主题的集邮教学活动。

7 月 10 日　西南六省（区、市）集邮协会在南宁举办集邮发展研讨会暨邮展评审员和征集员培训班。

7 月 30 日　韩国 2009 第 24 届亚洲国际集邮展览开幕。在本次邮展上，我国陆游的《中国的航邮及其史前（1870—1945）》展品获得大金奖。

8 月 12 日　第 29 届（2008 年度）全国最佳邮票评选颁奖活动在银川举行。从本届开始，增加了网络投票方式。

2007—2008 年全国最佳集邮品评选结果在银川揭晓。

9 月 13 日　中国邮政首套多媒体邮票《唐诗三百首》特种邮票发行。全国 12 个省（市）的 27 个城市举办了邮票首发式。

9 月 16 日　天津市集邮协会第六次代表大会在天津召开。

9 月 27 日　“新中国邮票六十年”大型主题展览在中国邮政邮票博物馆举办。

10 月 1 日　《中华人民共和国成立六十周年》《中华人民共和国成立 60 周年国庆首都阅兵》纪念邮票发行。全国统一制式的“庆祝中华人民共和国成立六十周年”纪念邮戳启用。

外交部邮协组织我国 171 位驻外使节，从所在国家寄出亲笔题词并签名的纪念封，以纪念中华人民共和国成立 60 周年。

10 月 16 日　中华人民共和国第十一届运动会体育集邮展览在济南举办。

10 月 18 日　北京市集邮协会第七次代表大会在北京召开。

10 月 28 日　第五届中国邮文化节在江苏高邮举办。

11 月 12 日　北京 2009 国际航空集邮展览在中国邮政邮票博物馆开幕，魏钢的《中国航空邮政（1920—1943）》展品获得大金奖并获国家大奖。

11 月 18 日　中国体育集邮协会第四次代表大会在北京召开。

11 月 20 日　北京市第四届现代集邮展览在中国邮政邮票博物馆举办。

12 月 12 日　庆祝澳门回归祖国 10 周年——鄂澳集邮联展在武汉举办。

12 月 16 日　湖北省集邮协会组团赴澳门参加澳鄂集邮学术交流座谈会。

12 月 19 日　第 8 届外国最佳邮票评选颁奖活动在北京举办。

当年　浙江宁波发现清道光年间记载我国民营信局史实的石碑。

2010 年

1 月 5 日　《庚寅年》特种邮票首发式暨 2010 第 4 届全国生肖集邮展览在江苏苏州举办。

2 月 8 日　“祝福祖国”全国大型寄语活动最佳寄语评选颁奖活动在北京举办。

2 月　《陕西集邮史（1998—2010）》由陕西人民出版社出版。

3 月 5 日　以“集邮，为世博添彩”为主题的 2010 年上海集邮节在上海邮政博物馆举办，签名封邮展首次在集邮节上举办。

3 月 19 日　甘肃省集邮协会第六次代表大会在兰州召开。

3 月 20 日　《富春山居图》特种邮票首发式在杭州浙江省博物馆举行。

3 月　全国创建集邮文化先进城市活动启动。

4 月 14 日　经民政部批准，中国体育集邮协会更名为中国体育集邮与收藏协会。

4 月 18 日　第 30 届（2009 年度）全国最佳邮票评选颁奖活动在河北邯郸举行。

4 月 23 日　中国航天集邮协会在北京举办纪念中国第一颗人造卫星发射成功 40 周年集邮展览。

4 月 30 日　中国 2010 年上海世博会开幕。

5 月 1 日　《中国 2010 年上海世博会开幕纪念》邮票发行；中国邮政首次特别制

作的《上海世博园》小型张四连张开始出售。

5 月 8 日　英国 2010 世界集邮展览开幕。在本次邮展上，我国丁劲松的《中国 1897 年红印花加盖邮票》展品获得大金奖。

5 月 10 日　中央电视台“新闻 30 分”节目在“世博寻宝之旅”栏目中播出上海世博会天津馆展出的大龙邮票。

5 月 15 日　第四届全国体育大会集邮展览在合肥举办。

5 月 18 日　内蒙古自治区集邮协会第七次代表大会在呼和浩特召开。

6 月 2 日　中国煤炭集邮协会第四次代表大会在上海召开。

6 月 4 日　吉林省集邮协会第七次代表大会在长春召开。

6 月 12 日　中国邮政发行世界首套多媒体视听邮票——《昆曲》特种邮票。

7 月 7 日　全国首届生肖集邮学术研讨会在江苏苏州召开。

2010 年西南六省（市、区）集邮学术研讨会在贵阳召开。

8 月 4 日　泰国 2010 第 25 届亚洲国际集邮展览开幕。在本次邮展上，我国常珉的《人民中国：建国前后邮政历史（1946—1956）》展品获得大金奖。

9 月 1 日　全国集邮联授予北京市东城区东四九条小学等 80 个单位第三批全国青少年集邮活动示范基地称号。

9 月 16 日　中国石油集邮协会第五次代表大会在新疆克拉玛依召开。

10 月 1 日　葡萄牙 2010 世界集邮展览开幕。在本次邮展上，我国孙蒋涛的《中国解放区邮票（1937—1950）》展品获得大金奖。

10 月 9 日　天津邮政博物馆开馆。

10 月 19 日　“中国人民革命战争时期邮票发行 80 周年纪念大会”在北京中国人民革命军事博物馆召开；“纪念中国人民革命战争时期邮票发行 80 周年集邮展览”和集邮学术研讨会在北京中国邮政邮票博物馆举办。

10 月 25 日　首届全国公安集邮学术研讨会在江苏江阴召开。

10 月 27 日　南非 2010 第 26 届亚洲国际集邮展览开幕。在本次邮展上，我国李向荣的《中国邮资信封（1956—1970）》展品获得金奖。

中国邮政集团公司与《人民日报》人民网联合主办的“集邮论坛”节目上线开播。

11 月 2 日　辽宁省集邮协会第六次代表大会在沈阳召开。

11 月 7 日　2010 北京国际邮票钱币博览会在中国国际贸易中心举办。《梅兰竹菊》无齿邮票出售。

11 月 11 日　中国集邮总公司开始通过其网上商城开展邮资票品预订工作。

11 月 21 日　以色列 2010 四国（中国、美国、英国和以色列）集邮邀请展开幕。在本次邮展上，代表中国参展的 14 部展品有 3 部获得大镀金奖。

12 月 8 日　中国 2011 第 27 届亚洲国际集邮展览执委会成立。

12 月 10 日　“杭州 2010 中华全国集邮展览”在杭州市民中心图书馆举办。《杭州 2010 中华全国集邮展览》纪念邮资明信片发行。

12 月 16 日　第 9 届外国最佳邮票评选颁奖活动在北京举办。

12 月　我国第一部以校园集邮活动为题材的校园电影——《青春起跑》正式公映。

2011 年

1 月 1 日　国家邮政局《邮票发行监督管理办法》正式实施。

1 月 5 日　《辛卯年》特种邮票首发式暨 2011 苏州生肖文化节在江苏苏州举行。

1 月 15 日　中国 2011 第 27 届亚洲国际集邮展览展徽、吉祥物正式发布。

1 月 21 日　国家邮政局第二届邮票选题咨询委员会在北京成立。

1 月 30 日　全国集邮联召开会报、会刊负责人座谈会。

2 月 2 日　印度 2011 世界集邮展览开幕。在本次邮展上，我国陆游的《中国航空及其史前（1870—1945）》展品获得大金奖加特别奖。

2 月 22 日　黑龙江省集邮协会第七次代表大会在哈尔滨召开。

3 月 5 日　以“集邮，让生活更美好”为主题的 2011 年上海集邮节在上海邮政大楼举办。

3 月 14 日　中国 2011 第 27 届亚洲国际集邮展览组委会向社会各界征集邮展宣传口号。

3 月 24 日　中俄航天集邮文化周系列活动在北京举办。

中国航天集邮协会第三次代表大会在北京召开。

4 月 14 日　“情系运河杯”首届京杭大运河集邮巡回联展在杭州举办。

4 月 15 日　第 31 届（2010 年度）全国最佳邮票评选颁奖活动在安徽马鞍山举行。从本届开始，增加了手机短信投票方式。

2009—2010 年全国最佳集邮品评选结果在安徽马鞍山揭晓。

4 月 29 日　湖北省集邮协会第八次代表大会在武汉召开。

5 月 6 日　中华人民共和国交通运输部新修订的《集邮市场管理办法》公布。

5 月 7 日　中共中央政治局委员、中宣部部长刘云山在长春湖东社区与社区集邮协会会长马林谈集邮。

5 月 13 日　“迎第 26 届世界大学生夏季运动会”广东省体育集邮展览在深圳举办。

5 月 26 日　海南省集邮协会第三次代表大会在海口召开。

5 月 31 日　湖南省集邮协会第六次代表大会在长沙召开。

6 月 8 日　中国咸阳—日本宇治缔结友好城市 25 周年暨第 15 届集邮联展在陕西咸阳举办。

6 月 18 日　北京 2011 全国专题集邮邀请展在北京民族文化宫举办。

6 月 22 日　《中国共产党成立九十周年》纪念邮票首发式暨“伟大的历程——纪念中国共产党成立 90 周年”主题集邮展览在上海中共一大会址开幕。

东方红日——建党 90 周年集邮展览在中国邮政邮票博物馆举办。

6 月 24 日　《中国集邮报》刊登名为《主题邮局引领集邮新潮流》的署名文章，“主题邮局”的称谓由此而来。

6 月 29 日　河北省集邮协会第七次代表大会在石家庄召开。

6 月　纪念中国共产党成立 90 周年全

国集邮论文评选揭晓。

7月4日　全国集邮文化先进城市验收工作圆满结束，首批18个全国集邮文化先进城市于当年11月11日在江苏无锡授牌。

7月28日　日本2011世界集邮展览开幕。在本次邮展上，我国孙蒋涛的《中国解放区邮票（1930—1950）》的展品获得大金奖。

8月3日　首届东亚集邮展览在中国香港举办。

8月15日　“濠江水·海峡情——海峡两岸暨香港、澳门警察集邮展览”在澳门举行。

8月30日　北方七省市区集邮学术研讨会在河北承德召开。

10月10日　为纪念辛亥革命100周年，中国邮政、中国香港邮政和中国澳门邮政分别发行1套纪念邮票，还共同印制了同题材小型张本票。

《辛亥革命一百周年》纪念邮票首发式在南京原中华民国临时大总统办公室门前广场举行，同时举办纪念辛亥革命100周年集邮展览。

10月11日　中国邮政邮票博物馆举办“孙中山与辛亥革命——纪念辛亥革命一百周年”邮票展览。

10月27日　北京市第五届现代集邮展览在东城区第一文化馆举办。

11月3日　太空邮局在北京航天城邮政所成立，杨利伟任名誉局长。

11月11日　中国2011第27届亚洲国际集邮展览在江苏无锡太湖国际博览中心开幕。在本次邮展上，我国魏钢的《中国蒙古邮政史（1841—1921）》展品获得大金奖并获荣誉大奖，丁劲松的《中国1897红印花加盖邮票》展品获得大金奖并获国家大奖，孙蒋涛的《中国解放区邮票（1930—1950）》展品获得大金奖。《中国2011—第27届亚洲国际集邮展览》纪念邮票及小型张、无齿小型张发行。

全国集邮联公布第三批名誉会士和会士名单。

全国集邮联在无锡举行授牌仪式，18个城市被授予“全国集邮文化先进城市”称号。

“2011·中国新兴集邮联展”与本次亚洲国际邮展同期举办。

11月13日　中国2011第27届亚洲国际集邮展览集邮文化论坛在江苏无锡举行。

11月24日　第10届外国最佳邮票评选颁奖活动在北京举办。

12月2日　广西壮族自治区集邮协会第七次代表大会在南宁召开。

2012年

1月5日　《壬辰年》特种邮票首发式暨2012苏州生肖文化节在江苏苏州举行。

3月5日　以“集邮，伴随我们成长”为主题的2012年上海集邮节在上海邮政博物馆举办。

3月20日　中国和以色列联合发行的《太平鸟与和平鸽》特种邮票首发式在中国国家博物馆举行。

4月23日　2012中国集邮文化产业发展论坛暨集邮业务研讨会在中国国家博物馆举行。

4月26日　全国创建集邮文化先进城市活动现场经验交流会在四川泸州举行。

4月27日　中国邮政首次采用局部烫印工艺印制的《福禄寿喜》特种邮票发行。

第32届（2011年度）全国最佳邮票评选颁奖活动在四川泸州举行。

5月4日　“喜迎十八大　红色文化年”全国集邮巡展在江西共青城启动。

5月12日　《国际护士节一百周年》纪念邮票首发式在卫生部北京医院举行。

2012北京市新人新作集邮展览暨2012全国一片集邮邀请展北京选拔展在朝阳区文化馆举办。

5月13日　西北五省（区）集邮研讨暨《陕西集邮史（1998—2010）》出版座谈会在西安举行。

5月21日　中国嘉德邮品拍卖落槌，一枚《无产阶级文化大革命的全面胜利万岁》撤销发行邮票以730.25万元成交。

6月18日　印度尼西亚2012世界集邮展览开幕。在本次邮展上，我国瞿百顺的《中国邮资信封（1956—1970）》和杨桂松的《驾驶汽车》展品获得金奖。

7月20日　呼和浩特2012第15届中华全国集邮展览在呼和浩特内蒙古展览馆举办。自本届起，全国邮展开始按届排序。《呼和浩特2012中华全国集邮展览》纪念邮资明信片发行。

7月22日　中华全国集邮联合会成立30周年优秀论文评选揭晓。

7月24日　海南省三沙市成立大会暨揭牌仪式在三沙市永兴岛举行，三沙市新邮政日戳也随之启用。

8月4日　北京2012全国一片邮集邀请展在朝阳区文化馆举办。

8月25日　中华全国集邮联合会成立30周年纪念大会在北京召开；《中华全国集邮联合会成立30周年》纪念邮资信封发行。

9月14日　首届北方十省市区集邮论坛在北京举行。

9月17日　《中国共产党第十八次全国代表大会》纪念邮票印刷开机仪式在邮票印制局举行，这是中国邮政首次举行邮票印刷开机仪式。

10月1日　中央电视台“焦点访谈”节目谈论国庆题材纪念邮票。

10月23日　首届全国青少年生肖集邮联谊活动在江苏南通举办。

10月　《福建集邮史》（修订版）由福建人民出版社出版。

11月2日　《中国共产党第十八次全国代表大会》纪念邮票及小型张发行。

2012北京国际邮票钱币博览会在中国国际贸易中心举办。《宋词》宣纸邮票出售。

11月20日　阿联酋2012第28届亚洲国际集邮展览开幕。在本次邮展上，我国常珉的《人民中国（1946—1956）——建国前后的邮政历史》展品获得大金奖。

11月23日　第11届外国最佳邮票评选颁奖活动在北京举办。

12月12日　广东省集邮协会第八次代表大会在广州召开。

12月28日　第二届东亚集邮展览在中国澳门举办。

12月　《浙江集邮史》由浙江大学出版社出版。

由全国公安集邮协会主办的《中国警察集邮》创刊。

2013 年

1 月 5 日　《癸巳年》特种邮票首发式暨 2013 苏州生肖文化节在江苏苏州举办。

1 月 24 日　上海市集邮协会第七次代表大会在上海召开。

3 月 5 日　《毛泽东“向雷锋同志学习”题词发表五十周年》纪念邮票发行，全国多地举行首发式和集邮活动。

2013 年上海集邮节在上海邮政大楼举办。极限集邮展览、极限集邮学术论坛成为本届集邮节的重点。

3 月 30 日　福建省集邮协会第八次代表大会在福州召开。

4 月 16 日　第 33 届（2012 年度）全国最佳邮票评选颁奖活动在北京举行。

2011—2012 年全国最佳集邮品评选结果在北京揭晓。

4 月 17 日　全国公安红色集邮展览在石家庄举办。

4 月 25 日　中华全国集邮联合会第七次代表大会在北京召开；《中华全国集邮联合会第七次代表大会》邮票小型张发行。

4 月　《四川集邮史》由成都时代出版社出版。

5 月 3 日　中国邮政为四川雅安地震临时增发特 8《齐心协力 抗震救灾》邮票一套，并将其收入 1200 万元全部捐赠灾区。

5 月 10 日　澳大利亚 2013 世界集邮展览开幕。在本次邮展上，我国柳光明的《中华民国烟酒税票（1912—1949）》展品获得金奖。

5 月 18 日　江苏苏州生肖邮票博物馆开馆。

5 月 19 日　第三届东亚集邮展览在广东珠海举办。

5 月 25 日　一枚 1941 年“孙中山像贰圆中心图像倒印”错体邮票，在上海华宇拍卖有限公司举办的 2013 年邮品春季现场拍卖会上，以 204.7 万元成交。

5 月　在北京东方大观春季拍卖会上，一枚 1897 年“红印花”加盖小字当一元新票以 577.3 万元成交。

6 月 19 日　“侨批档案”成功入选《世界记忆名录》。

新疆维吾尔自治区集邮协会第七次代表大会在乌鲁木齐召开。

6 月 24 日　江苏省集邮协会第八次代表大会在南京召开。

7 月 3 日　在上海弘盛拍卖有限公司春季拍卖会上，一枚“天安门放光芒”未发行邮票以 112.7 万元成交。

7 月 24 日　“龙腾津沽 珍邮传奇”大龙邮票发行 135 周年纪念活动在天津举办。

7 月 25 日　全国集邮联第五届青少年工作委员会在山东威海成立。

8 月 2 日　泰国 2013 世界集邮展览开幕。在本次邮展上，我国梅军的《踢足球》和黄国健的《帆船的故事——它们的产生、发展和衰落》展品获得金奖。

8 月 15 日　全国集邮联第三届宣传工作委员会在郑州成立。

8 月 17 日　全国集邮联第六届学术工作委员会在广州成立。

8 月 27 日　四川省集邮协会第八次代表大会在成都召开。

8 月 28 日　全国集邮联第五届邮展工作委员会在成都成立。

9 月 15 日　首届中国—阿拉伯国家博览会集邮展览在银川举办。

9 月 26 日　首届中国国际集藏文化博览会在北京展览馆举办；《2013（第一届）中国国际集藏文化博览会》纪念邮资明信片发行；《琴棋书画》绢质邮票出售。

10 月 15 日　西南六省市区集邮协会经验交流会在四川都江堰举行。

10 月 18 日　第六届中国邮文化节在江苏高邮举办。

“中国解放区邮票研究会”在江苏高邮召开换届会议。

10 月 26 日　北京市集邮协会第八次代表大会在北京召开。

10 月 29 日　全国电力行业集邮展览在北京举办。

11 月 16 日　《毛泽东同志诞生一百二十周年》纪念邮票首发式暨红色专题集邮展览在湖南韶山举办。全国多地举办邮展等纪念活动。

11 月 19 日　巴西 2013 世界集邮展览开幕。在本次邮展上，我国罗道光的《啤酒》和魏迹泓的《桥——它的发展和变化》展品获得金奖。

12 月 12 日　云南省集邮协会第六次代表大会在昆明召开。

12 月 16 日　首届海峡两岸珍邮特展在中国台北举办。

12 月 18 日　由全国集邮联主办的“纪念毛泽东同志诞生 120 周年集邮学术研讨会”在北京召开。

12 月 20 日　北京市第六届现代集邮展览在朝阳区文化馆举办。

12 月 26 日　中国邮政邮票博物馆展出不同历史时期发行的毛泽东题材邮票。

宁夏回族自治区集邮协会第七次代表大会在银川召开。

2014 年

1 月 5 日　《甲午年》特种邮票首发式暨 2014 苏州生肖集文化节、2014 第五届全国生肖集邮展览在苏州举办。

1 月 27 日　中国邮政和法国邮政联合发行的《中法建交五十周年》纪念邮票，在人民大会堂举行的庆祝中法建交五十周年招待会上揭幕。

1 月　《北京集邮史》由人民邮电出版社出版。

2 月 1 日　新修订的《我国展品参加国际性集邮展览的管理办法》正式实施。

3 月 5 日　以“我的集邮，我的梦”为主题的 2014 年上海集邮节在上海邮大楼举办。

3 月 14 日　全国集邮联举办共建和谐集邮市场主题宣传活动。

3 月 18 日　吉林省集邮协会第八次代表大会在长春召开。

4 月 20 日　第 34 届（2013 年度）全国最佳邮票评选颁奖活动在福州举行。

4 月 30 日　重庆市首届青少年集邮节在沙坪坝举办。

5 月 10 日　中国邮政邮票博物馆举办中国邮政书信文化展览。

5 月 23 日　长沙 2014 第 16 届中华全国集邮展览在长沙湖南省展览馆举办。《长沙 2014 中华全国集邮展览》纪念邮资明信片发行。

第四批 86 个“全国青少年集邮活动示范基地”授牌仪式在长沙举行。

5 月 24 日　全国集邮联在长沙举办集邮讲座，邀请国际集邮专家为中国邮展评审员讲解集邮展品的编组。

5月 《山东集邮史》由黄河出版社出版。

6月1日 中国邮政首次在《动画——大闹天宫》特种邮票的附票上加载二维码。

6月12日 浙江省集邮协会第七次代表大会在杭州召开。

中国体育集邮与收藏协会第五次代表大会在北京召开。

6月14日 全国集邮联学术工作委员会在广东珠海举办集邮学术委员培训班。

6月15日 纪念黄埔军校建校九十周年全国集邮学术研讨会在广东珠海举行。

北京市集邮协会在张一元茶业总店举办以“春”“茶”为主题的集邮收藏展。

6月16日 《黄埔军校建校九十周年》纪念邮票首发式、广东省邮协纪念黄埔军校建校90周年论文评选颁奖活动在广州黄埔军校旧址举行。

7月4日 全国第一家以纪念抗战为主题的邮局——抗战纪念馆邮局在北京中国人民抗日战争纪念馆开业。

7月7日 第二届海峡两岸珍邮特展在北京举办。

8月7日 韩国2014世界集邮展览开幕。在本次邮展上，我国傅嘉驹的《爱尔兰邮政历史（17世纪至19世纪末）》等4部展品获得大镀金奖。

9月13日 《长江》特种邮票及长卷版发行，长江沿岸多地举办首发式。

9月18日 沈阳市第一个主题邮局——“九一八”邮局开业。

9月30日 《中华孝道（一）》特种邮票发行，李岚清同志为邮票图名篆印。

11月1日 中国集邮网上营业厅正式上线试运营。

11月21日 北京市首届命题集邮展览在东城区第一文化馆举办。

12月1日 马来西亚2014第29届亚洲国际集邮展览开幕。在本次邮展上，我国常珉的《人民中国（1946—1956）——建国前后的邮政历史》展品获得大金奖并获荣誉大奖。

12月19日 第四届东亚集邮展览在中国台北举办。

2015年

1月5日 《乙未年》特种邮票首发式暨2015苏州生肖文化节在江苏苏州举办。

1月9日 中国集邮总公司成立60周年纪念活动在北京举行。

1月10日 《中国集邮 承载历史 弘扬文化》纪念邮资明信片发行。

1月15日 《遵义会议八十周年》纪念邮票发行。

贵阳市集邮协会召开纪念遵义会议80周年学术研讨会。

1月28日 我国首部以珍邮为题材的大型系列纪录片《中国珍邮》在北京开机。

2月2日 香港特区首次红色文物、邮票展览——毛泽东书法诗词真迹展览暨红军到解放军历程邮票展览在香港举办。

3月5日 以“弘扬伟大抗战精神，同心共筑美丽中国”为主题的2015年上海集邮节在上海邮政大楼举办。

3月11日 全国集邮联会长杨利民到深圳调研社区集邮工作。

3月27日 国务院总理李克强与瑞典首相勒文在北京人民大会堂共同为中瑞建交65周年纪念封揭幕。

4月3日 方寸寄怀——夏衍旧藏珍邮展在上海博物馆举办。

4 月 18 日　孙传哲纪念馆落成暨《瘦西湖》特种邮票首发式在浙江宁波举行。

4 月 25 日　第 35 届（2014 年度）全国最佳邮票评选颁奖活动在江西井冈山举行。从本届评选开始，增加了手机微信投票方式。

2013—2014 年全国最佳集邮品评选结果在江西井冈山揭晓。

4 月 26 日　第 53 届世界乒乓球锦标赛专题集邮展览在江苏苏州举办。

5 月 1 日　中国邮政集团公司由原母子公司两级法人体制改为总公司一级法人体制，在全国各省、自治区、直辖市、各地市、县设置邮政分公司。

5 月 15 日　全国集邮联会长杨利民到兰州西北师范大学调研集邮教学工作。

5 月 22 日　纪念中国人民抗日战争暨世界反法西斯战争胜利七十周年中国——俄罗斯集邮联展在俄罗斯布拉戈维申斯克市举办。

6 月 5 日　纪念中国人民抗日战争暨世界反法西斯战争胜利七十周年全国集邮巡展启动仪式在北京中国邮政邮票博物馆举行。巡展活动持续 3 个月，先后在 22 个省（自治区、直辖市）举办 41 场，参观人达到数百万人。

6 月 10 日　安徽省集邮协会第八次代表大会在合肥召开。

7 月 31 日　北京获得 2022 年第 24 届冬季奥林匹克运动会主办权，中国邮政发行特 9–2015《北京申办 2022 年冬奥会成功纪念》邮票一套。

8 月 6 日　《丙申年》特种邮票印刷开机仪式在北京举行，92 岁的黄永玉再次设计“猴票”并出席开机仪式。

8 月 13 日　新加坡 2015 世界集邮展览开幕。在本次邮展上，我国丁劲松的《蒙古邮政史（1854—1921）》获得金奖。

8 月 23 日　《黄河》特种邮票及长卷版发行，黄河沿岸多地举办首发式。

9 月 1 日　纪念中国人民抗日战争暨世界反法西斯战争胜利七十周年中国—俄罗斯集邮联合展览在哈尔滨举办。

9 月 2 日　纪念中国人民抗日战争暨世界反法西斯战争胜利七十周年全国集邮学术论坛在哈尔滨举办。

9 月 3 日　《中国人民抗日战争暨世界反法西斯战争胜利七十周年》纪念邮票及小型张发行，全国多地举办首发式和集邮展览等活动。

9 月 4 日　中国邮政邮票博物馆举办纪念抗日战争和世界反法西斯战争胜利 70 周年集邮展览。

9 月 25 日　第二届中国国际集藏文化博览会在北京展览馆举办；《2015（第二届）中国国际集藏文化博览会》纪念邮资明信片发行；《挥扇仕女图》绢质小型张出售。

9 月 27 日　联合国教科文组织促进女童和妇女教育特使彭丽媛与联合国秘书长潘基文夫人柳淳泽在纽约联合国总部共同为联合国邮政发行的残疾人主题邮票揭幕。

10 月 1 日　《新疆维吾尔自治区成立六十周年》纪念邮票首发式暨新疆维吾尔自治区成立六十周年集邮展览在乌鲁木齐举办。

10 月 20 日　到英国访问的中国国家主席习近平和夫人彭丽媛，将一本精美的中国邮票册作为国礼赠送给伊丽莎白女王和菲利普亲王。

10月27日　首届全国残疾人一片集邮展览在杭州举办。

11月4日　全国集邮联在北京举办国家级邮展评审员、征集员培训班。

11月6日　北京2015中华全国现代集邮展览在北京市东城区第一文化馆举办。

11月9日　北京市第七届现代集邮展览在东城区第一文化馆举办。

11月12日　第七届中国邮文化节开幕式暨《诗词歌赋》特种邮票首发式在江苏高邮盂城驿举行。

12月3日　《罗兰·希尔与黑便士邮票》纪念邮资明信片发行。

12月16日　第三届海峡两岸珍邮特展在中国台湾台中举办。

12月22日　纪念中国工农红军长征胜利80周年全国青少年集邮巡回活动研讨会在武汉举办。

12月26日　2015年北方十省市区集邮论坛在内蒙古巴彦淖尔举办。

2016年

1月5日　《丙申年》特种邮票首发式暨2016苏州生肖文化节在江苏苏州举行。

1月10日　全国人大常委会副委员长顾秀莲在北京人民大会堂为《拜年》特种邮票揭幕。

1月12日　中国邮政邮票博物馆举办馆藏生肖邮票展览。

1月29日　首届京津冀文献集邮论坛和文献集邮展览在天津举办。

2月28日　全国集邮联第六届学术工作委员会年会暨学术委员培训班在北京举办。

3月5日　全国集邮联在北京召开集邮宣传工作会议，学习贯彻党的新闻舆论工作会议精神。

主题为“展望‘十三五’适应新常态 创新集邮新‘丝’路”的2016年上海集邮节在上海邮政大楼举办。

3月16日　《刘海粟作品选》特种邮票发行，此套邮票共3枚，首次由国内3家邮票印刷厂采用3种版别印制。

3月20日　《中国邮政开办一百二十周年》纪念邮票发行；纪念中国邮政开办120周年珍邮展览在天津举办。

4月8日　西安2016第17届中华全国集邮展览在西安曲江国际会展中心举办。《西安2016中华全国集邮展览》纪念邮资明信片发行。

4月22日　全国集邮联会长杨利民到贵阳调研老年集邮工作。

4月23日　第36届（2015年度）全国最佳邮票评选颁奖活动在贵阳举行。

4月25日　国家邮政局印发《关于严厉查处制售假〈丙申年〉邮票等违法行为的通知》。

5月10日　中国首次邮票展览会举办地遗址纪念碑在江苏常州人民公园落成。

5月13日　“弘扬长征魂，同筑中国梦”纪念中国工农红军长征胜利80周年暨全国青少年集邮教育实践活动在南昌启动。活动在红军经过的15个省（自治区、直辖市）依次展开，至10月22日在陕西省延安市闭幕。

5月19日　协同发展 共享绿色——京津冀集邮巡回展览（北京站）在北京市房山区举办。

5月28日　美国2016世界集邮展览开

幕。在本次邮展上，我国魏钢的《蒙古邮政史（1841—1921）》展品获得大金奖并获国际大奖。

6 月 19 日　未发行的纪 54《第五届世界学生代表大会》邮票（全套新票）在上海拍卖行 2016 年春拍中以 101.2 万元成交。

6 月 22 日　全国高校集邮发展研讨会在兰州西北师范大学召开。

6 月 24 日　“协同发展　共享绿色——京津冀集邮巡回展览”（天津站）在天津市滨海新区举办。

8 月 5 日　主题为“中国梦・集邮情”的 2016 集邮周在全国各地举行;《2016 集邮周》纪念邮资明信片发行。

8 月 8 日　北京 2016 中华全国航天集邮展览在中国航天集邮协会官方微信平台以微信形式举办。邮展至当年 10 月 11 日闭幕。

8 月 10 日　泰国 2016 第 32 届亚洲国际集邮展览开幕。在本次邮展上，我国丁劲松的《中国 1897 年红印花加盖邮票》展品获得大金奖并获国际大奖。

8 月 20 日　《长城》特种邮票及长卷版发行，长城沿线多地举办首发式。

“协同发展 共享绿色——京津冀集邮巡回展览”（河北站）在河北省张家口市举办。

9 月 10 日　《海上丝绸之路》特种邮票发行，福建泉州和南京等多地举行首发式。

9 月 23 日　由全国集邮联主办的纪念孙中山诞辰 150 周年集邮学术研讨会在广东中山召开；纪念孙中山诞辰 150 周年粤港澳集邮展览在广东中山举办。

9 月 24 日　珠海 2016 首届中国航空航天集邮展览在广东珠海博物馆举办。

10 月 22 日　《中国工农红军长征胜利八十周年》纪念邮票发行，甘肃会宁等多地举行首发式。纪念中国工农红军长征胜利 80 周年全国青少年集邮教育实践活动在陕西延安落幕。

10 月 28 日　山西省集邮协会第八次代表大会在太原召开。

11 月 5 日　中国电力集邮协会首次集邮学术研讨会在长春召开。

11 月 10 日　第 12 届外国最佳邮票评选颁奖活动在北京举办。

11 月 12 日　《孙中山诞生一百五十周年》纪念邮票发行，广东中山、武汉、南京等多地举行首发式；纪念孙中山诞生 150 周年邮票展览在广州黄埔军校旧址纪念馆举办。

12 月 2 日　中国 2016 第 33 届亚洲国际集邮展览在南宁国际会展中心举办。在本次邮展上，我国李曙光的《中国早期军邮史（1913—1946）》展品获得大金奖并获国家大奖。《中国 2016 亚洲国际集邮展览》纪念邮票及小型张发行。

12 月 5 日　万国邮政联盟和中国国家邮政局在南宁召开国际集邮研讨会，共同探讨集邮的传承与发展。

2017 年

1 月 5 日　《丁酉年》特种邮票首发式暨 2017 苏州生肖文化节在江苏苏州生肖邮票博物馆举行。

3 月 5 日　以“喜迎十九大——驿路、丝路、复兴路”为主题的 2017 年上海集邮节在上海邮政大楼举办。

3月30日　澳大利亚2017第34届亚洲国际集邮展览开幕。在本次邮展上，我国王晓舟的《摄影——一曲工业革命与视觉艺术相生相伴的乐章》展品获得大镀金奖。

4月22日　第37届（2016年度）全国最佳邮票评选颁奖活动在广东深圳举行。

5月14日　《"一带一路"国际合作高峰论坛》纪念邮票首发式、"驿路·丝路·复兴路——行走新丝路，喜迎十九大"2017全国集邮巡回展览启动仪式分别在北京、福建泉州和乌鲁木齐同时举办。巡展活动先后在31个省（自治区、直辖市）展开，至11月结束。

5月18日　甘肃省集邮协会第七次代表大会在兰州召开。

5月27日　《中国集邮史（1878—2018）》编纂启动仪式在北京举行，全国政协副主席、全国集邮联名誉会长王家瑞出席仪式。

6月20日　全国集邮联在石家庄举办首期集邮文化辅导员培训班。

7月1日　中国邮政与中国香港邮政分别发行《香港回归祖国二十周年》纪念邮票。

7月19日　庆祝中华人民共和国与亚美尼亚共和国建交25周年两国青少年互寄书信活动在湖北黄石举行。

7月29日　主题为"相约集邮周 共筑中国梦"的2017集邮周在全国各地举行。《2017集邮周》纪念邮资明信片发行。

8月1日　《中国人民解放军建军九十周年》纪念邮票发行，南昌等多地举行首发式。

8月2日　《戊戌年》特种邮票印刷开机仪式在北京举行，99岁的周令钊再次设计"狗票"并出席开机仪式。

8月3日　印度尼西亚2017世界集邮展览开幕。在本次邮展上，我国罗道光的《啤酒》展品获得大金奖。

8月6日　中华全国集邮联合会副秘书长潘勇华当选为亚洲集邮联合会副主席。

8月25日　通辽2017中华全国税票集邮展览在内蒙古通辽市博物馆举办。

9月8日　第三届中国国际集藏文化博览会在南京国际会展中心举办。《2017（第三届）中国国际集藏文化博览会》纪念邮资明信片发行。

9月9日　2015—2016年全国最佳集邮品评选结果在南京揭晓。

9月14日　北京市第八届现代集邮展览在东城区第一文化馆举办。

9月15日　第四届海峡两岸珍邮特展在天津举办。

9月23日　中国体育集邮与收藏协会在内蒙古包头召开第六次代表大会。

9月29日　陕西省集邮协会第七次代表大会在西安召开。

10月17日　国家邮政局和中国邮政集团公司在北京民族文化宫举行《中国共产党第十九次全国代表大会》纪念邮票及小型张揭幕仪式，全国政协副主席、全国集邮联名誉会长王家瑞为邮票揭幕。该套邮票及小型张于10月18日正式发行。

10月24日　巴西2017世界集邮展览开幕。在本次邮展上，我国施邑屏的《走进贝多芬》展品获得金奖。

10月28日　第八届中国邮文化节在江苏高邮举办，中国集邮家博物馆于同日正式开馆。

11 月 9 日　浙江省淳安县下姜村村民接到习近平总书记给下姜村干部群众寄来亲笔签名的《中国共产党第十九次全国代表大会》纪念邮票首日封。

12 月 8 日　绵阳 2017 中华全国专项集邮展览在四川绵阳国际会展中心举办。《绵阳 2017 中华全国专项集邮展览》纪念邮资明信片发行。

12 月 9 日　全国集邮联网站正式开通上线，全国政协副主席、全国集邮联名誉会长王家瑞特发来寄语并提出希望。

全国集邮联公布第四批会士名单。

12 月 11 日　全国老年集邮工作委员会在四川绵阳成立。

12 月 15 日　“驿路 · 丝路 · 复兴路”全国集邮学术论坛在北京邮电出版大厦举行。

12 月 26 日　上海市集邮协会第八次代表大会在上海召开。

2018 年

1 月 5 日 《戊戌年》特种邮票首发式暨 2108 第 6 届全国生肖集邮展览在江苏苏州举办。

1 月 10 日　全国集邮宣传培训班在北京举办。

1 月 18 日　全国集邮联在北京举办国家级邮展征集员培训班。

1 月 24 日　国务委员兼外交部部长王毅在乌拉圭首都蒙得维的亚出席中乌建交 30 周年招待会时，同乌拉圭外交部部长尼恩共同为乌拉圭邮政发行的《乌拉圭与中国建交 30 周年》纪念小型张邮票揭幕。

2 月 1 日　广西壮族自治区集邮协会第八次代表大会在南宁召开。

2 月 24 日　中国邮政集邮集团公司、中国集邮总公司与部分在京媒体召开座谈会，就邮品打假和维权等话题进行交流。

3 月 5 日　以“纪念改革开放 40 周年”为主题的 2018 年上海集邮节在上海邮政大楼举办。

4 月 22 日　第 38 届（2017 年度）全国最佳邮票评选颁奖活动在武汉举行。

4 月 25 日　河北省集邮协会第八次代表大会在石家庄召开。

天津市集邮协会第七次代表大会在天津召开。

5 月 11 日　常州 2018 第 18 届中华全国集邮展览在江苏常州国际会展中心举办；《常州 2018 中华全国集邮展览》纪念邮资明信片发行。

5 月 19 日　由中国邮政集团公司和中华全国集邮联合会主办的“不忘初心 筑梦前行”庆祝改革开放四十周年集邮文化巡回活动在安徽凤阳和西安两地同时启幕。活动历时 8 个月，在全国设 208 站，31 个省级邮协和行业邮协参与。

5 月 20 日　中国残疾人集邮馆在南京特殊教育师范学院开馆。

5 月 27 日　以色列 2018 世界集邮锦标赛开幕。在本次邮展上，我国魏钢的《蒙古邮政史（1755—1921）》和丁劲松的《蒙古邮政史（1854—1921）》展品获得大金奖。

6 月 29 日　青海省集邮协会第七次代表大会在西宁召开。

6 月　全国集邮联宣传委员会与《中国集邮报》社联合举办“风雨兼程 方寸邮情——我与改革开放 40 年”征文活动。

《集邮》杂志社出版纪念大龙邮票发行 140 周年增刊。

《集邮博览》杂志社编辑纪念大龙邮票发行 140 周年专号。

7 月 24 日 《中国大龙邮票发行 140 周年》纪念邮资明信片发行。

纪念大龙邮票发行 140 周年全国集邮学术研讨会在天津举办。

“龙行华夏 国脉传承——大龙邮票诞生 140 周年文物珍品巡展”首站在天津举办。此后，该展览于同年 8 月 4—7 日在北京举办，8 月 10—12 日在营口举办，8 月 17—19 日在烟台举办，8 月 24—26 日在上海举办。

主要参考信息与文献资料

本书在编写过程中参阅了大量文献资料，有的为辗转查找，未能一一列出，已在《中国集邮史》1999 年版中列出的部分早期参考文献，本书未列，在此一并表示感谢！

1. 图书

中共中央党史研究室 . 中国共产党的九十年 [M]. 北京：中共党史出版社，党建读物出版社，2016.

中华人民共和国信息产业部《中国邮票史》编审委员会 . 中国邮票史 [M]. 北京：商务印书馆，1999-2004.

中华全国集邮联合会 . 中国集邮史 [M]. 北京：北京出版社，1999.

北京市集邮协会 . 北京集邮史 [M]. 北京：人民邮电出版社，2014.

朱永坤 . 上海集邮文献史 1872-1949[M]. 上海：上海文化出版社，2018.

天津市邮政公司 . 天津集邮发展史（1878-2007）[M]. 北京：人民邮电出版社，2008.

天津市集邮协会 . 津沽邮坛 [M]. 天津：百花文艺出版社，1995.

仇润喜 . 天津邮政史料：第 1-2 辑 [M]. 北京：北京航空航天大学出版社，1988/1989.

重庆市集邮学术委员会 . 重庆集邮史（1928-1949）[M]. 重庆：重庆出版社，1996.

山西省集邮协会 . 山西集邮史 [M]. 太原：山西科学技术出版社，1999.

内蒙古自治区集邮协会 . 内蒙古集邮史 [M]. 呼和浩特：内蒙古人民出版社，2002.

吉林省集邮协会 . 吉林集邮史 [M]. 北京：人民邮电出版社，1999.

黑龙江省集邮协会 . 黑龙江集邮史 [M]. 北京：人民邮电出版社，2007.

安徽省集邮协会 . 安徽集邮史 [M]. 合肥：安徽教育出版社，2001.

马佑璋，鲍君禾 . 江苏集邮史 [M]. 南京：江苏人民出版社，2002.

浙江省集邮协会 . 浙江集邮史 [M]. 杭州：浙江大学出版社，2012.

山东省集邮协会 . 山东集邮史 [M]. 济南：黄河出版社，2014.

湖北省集邮协会 . 湖北集邮史 [M]. 武汉：武汉出版社，2003.

福建省集邮协会 . 福建集邮史 [M]. 福州：福建人民出版社，2012.

广东省邮电管理局，广东省集邮协会 . 广东集邮志（1834-1994）[M]. 广州：广东高等教育出版社，1997.

广东省邮政公司，广东省集邮协会 . 广东集邮志（1995-2009）[M]. 广州：广东人民出版社，2011.

广东省邮政公司，广东省集邮协会 . 广东集邮志（2010-2016）[M]. 广州：广东人民出版社，2018.

海南省集邮协会 . 海南集邮史 [M]. 海口：海南出版社，2008.

四川省集邮协会 . 四川集邮史 [M]. 成都：成都时代出版社，2013.

云南省邮政局，云南省集邮协会 . 云南集邮二十年 [M]. 昆明：云南美术出版社，2003.

陕西省集邮协会 . 陕西集邮史 [M]. 西安：陕西人民出版社，1999.

陕西省集邮协会 . 陕西集邮史（1998–2010）[M]. 西安：陕西人民出版社，2012.

甘肃省集邮协会 . 甘肃集邮史萃 [M]. 兰州：甘肃人民美术出版社，1998.

郑州市集邮协会 . 郑州集邮史 [M]. 北京：人民邮电出版社，2003.

谢伟 . 方寸读城 寻找邮票中的广州 [M]. 广州：岭南美术出版社，2012.

中华全国集邮联合会 . 中国集邮人物风采录（珍藏版）[M]. 北京：人民邮电出版社，2009.

中华全国集邮联合会 . 中国集邮大辞典（2009 年版）[M]. 北京：中国大百科全书出版社，2009.

本书编委会 . 中国集邮百科全书 [M]. 北京：人民邮电出版社，1998.

集邮杂志社 . 中华人民共和国邮票目录 [M]. 北京：人民邮电出版社，2018.

吉林省集邮协会 . 毋忘国耻 – 从伪满洲国邮票看日本侵华罪行 [M]. 北京：人民邮电出版社，2005.

北京市邮政管理局文史中心 . 中国邮政事务总论 [M]. 北京：北京燕山出版社，1995.

上海钟笑炉集邮基金会 . 钟笑炉集邮文存 [M]. 上海：上海辞书出版社，2003.

李毅民 . 中国集邮史话 [M]. 北京 . 人民邮电出版社 .1993.

马骏昌 . 集邮回忆录 [M]. 北京燕山出版社 .1987.

杨耀增 . 邮坛闻见录 [M]. 西安：陕西人民出版社，2002.

……

2. 期刊

集邮杂志社 . 集邮 [J]. 北京：人民邮电出版社，1955–2018.

北京集邮编辑部 . 北京集邮 [J]. 北京：北京集邮编辑部 ,1982–1986.

集邮博览编辑部 . 集邮博览 [J]. 北京：北京市邮政局，1987–2006.

集邮博览杂志社 . 集邮博览 [J]. 北京：中国邮政文史中心，2007–2018.

上海集邮编辑部 . 上海集邮 [J]. 上海：上海市邮政局 / 邮政公司，1981–2018.

……

3. 报纸

中国集邮报社 . 中国集邮报 [N]. 北京：人民邮电报社，1992–2018

集邮报社 . 集邮报 [N]. 山西：山西省邮政局 / 邮政公司，1992–2018

……

4. 内部资料性出版物

《共绘集邮春秋》编辑部 . 共绘集邮春秋 [Z]. 北京：中华全国集邮联合会，1998.

《邮苑风采》编委会 . 邮苑风采：中华全国集邮联合会成立 30 周年纪念，1982–2012[Z].

北京：中华全国集邮联合会，2012.

辽宁省集邮协会 . 辽宁集邮志（1878-1996）[Z]. 沈阳：辽宁省集邮协会，1999.

湖南省邮政局、湖南省集邮协会 . 湖南集邮史 [Z]. 长沙：湖南省集邮协会，2004.

成都市集邮协会 . 成都集邮史 [Z]. 成都：成都市集邮协会，1997.

……

5. 电子资源

人民网股份有限公司 . 人民网 [DB/OL]. http://www.people.com.cn

北京新浪互联信息服务有限公司 . 新浪网 [DB/OL]. https://www.sina.com.cn

上海图书馆《全国报刊索引》编辑部 . 上图晚清和民国期刊全文数据库 [DS/OL]. http://www.cnbksy.cn/home

清华同方知网（北京）技术有限公司 . 中国知网 – 全文期刊 [DS/OL]. http://gb.oversea.cnki.net/kns55/brief/result.aspx?dbPrefix=CJFD

重庆维普资讯有限公司 . 维普期刊资源整合服务平台 [DS/OL]. http://qikan.cqvip.com/

北京爱如生数字化技术研究中心 . 申报数据库 [DS/OL].http://www.sbsjk.com

北京时代瀚堂科技有限公司 . 瀚堂近代报刊数据库 [DS/OL]. https://www.neohytung.com/

北京世纪读秀技术有限公司 . 读秀学术搜索 [DS/OL].http://www.duxiu.com

北京大成公司 . 大成老旧刊全文数据库 [DS/OL].http://www.dachengdata.com/tuijian/showTuijianList.action?cataid=1

……

后记

中国集邮走过了140年。一个个活生生的集邮的时日，演绎出一部分量甚重的集邮历史。中国集邮者期待有一部较为完备的关于中国集邮历史的记录。百余年来，集邮界的有识之士，断续地留下过很有价值的关于集邮的记载。

直到1996年，中华全国集邮联合会组织相关人员，由孙少颖先生担任主编，编撰了1999年版《中国集邮史》。这是书写中国集邮历史进程的第一部书，是开集邮修史先河的一部重要著述。它向人们展示了中国集邮百年之遥古今风貌，开阔了集邮人的视野。

这部《中国集邮史》从19世纪末叶清代邮政发端的集邮行为写起，直到20世纪末叶的1996年。这一时段集邮大事要事、重要人物和集邮成果，以及对于集邮的种种思考，均在这部史书中表达和撰述。

20多年过去了。跨世纪的这20度春秋，是中国集邮进程中的一个重要发展时期。集邮的组织、活动、交流、邮展、学术、宣传，以及市场等诸多领域，在1996年至2018年这20多年中，有着前所未有的大变革大发展大成就，并愈益彰显出了中国集邮的“中国特色”。因此，全国集邮联决定，自2017年始，启动编纂新版《中国集邮史（1878—2018）》工程。

新的修史定位在从1878年中国第一套邮票发行之年开始，至2018年“大龙邮票”发行140周年时日止。修订增补的是1999年版《中国集邮史》；新撰续写的是自1996年至2018年这22年集邮史程。

2017年5月27日，《中国集邮史（1878—2018）》编纂工程启动。参与编纂的来自全国十几位集邮专家，承担了这项修史重任。

工程启动之刻，我们认识到，在时代发展中和社会演变中，在邮政前行中和邮票发行中，集邮已成为具有历史价值的一项文化性集藏行为。140年，中国集邮踏出的脚步，有着可铭于史的价值，可以而且能够成为现实的社会主义文化事业的一部分。

工程启动之刻，我们认识到，这部邮史是在新的视角下回望历史，是在新的成果中重新撰史。全书立足于“新”，力求以新的信息和新的观点书写140年中国集邮的历史进程。其中，任何集邮的人与事皆应置于时代的、社会的大背景之下。对于活跃于中国近代史程中的中国集邮，要在中国共产党历史和新中国历史的规范表述中，透看其历史的与文化的现象、特征与价值。

此外，我们还认识到，《中国集邮史（1878—2018）》有着离我们最远和最近的历史叙说。彪炳于史的亮点，最大价值不仅在于对历史本身的表达，更在于以史为鉴，让今日集邮在现实中不忘初心、牢记使命、砥砺前行。

在具体编纂中，我们认为，《中国集邮史（1878—2018）》百万余字篇章，要以“新撰”意识，通古达今，透视中国集邮历史的与现实的价值。

2017年5月之后，邮史撰写组对全书的框架，进行了六易其稿研讨，制定了增修与新撰原则，提出了拉通撰写的新模式与分工。此外，对于全书章节设定，多次专门召开会议深入研讨和精细框定。

在历时近两年的写作过程中，来自全国的作者，既有个人静心伏案的研究与撰著，又有频次繁多的沟通，以及多次全体